BB

Bücher des Betriebs-Beraters

Öffentliche Übernahmeangebote

Kommentar zum Wertpapiererwerbs- und Übernahmegesetz

Herausgegeben von

Prof. Dr. Wilhelm Haarmann
Rechtsanwalt, Wirtschaftsprüfer, Steuerberater, Frankfurt am Main

Dr. Klaus Riehmer, LL.M.
Rechtsanwalt, Frankfurt am Main

Dr. Matthias Schüppen
Rechtsanwalt, Wirtschaftsprüfer, Steuerberater, Stuttgart

Bearbeitet von

Prof. Dr. Peter Hommelhoff · Prof. Dr. Thomas Rönnau
Prof. Dr. Wilhelm Haarmann · Dr. Kristian Hohn
Dr. Wolfgang Renner, LL.M. · Dr. Klaus Riehmer, LL.M.
Dr. Lars Röh · Dr. Oliver Schröder, LL.M.
Dr. Matthias Schüppen · Dr. Kerstin Schweizer, LL.M.
Dr. Thomas Stögmüller, LL.M. · Dr. Hans-Gert Vogel
Dr. Carl-Heinz Witt, LL.M.

Verlag Recht und Wirtschaft GmbH
Heidelberg

Die Deutsche Bibliothek – CIP-Einheitsaufnahme

Öffentliche Übernahmeangebote: Kommentar zum Wertpapiererwerbs- und Übernahmegesetz / hrsg. von Wilhelm Haarmann … Bearb. von Peter Hommelhoff … . – Heidelberg: Verl. Recht und Wirtschaft, 2002

(Bücher des Betriebs-Beraters)

ISBN 3-8005-1299-8

ISBN 3-8005-1299-8

Satzkonvertierung: ProSatz Unger, 69469 Weinheim

Druck und Verarbeitung: Wilhelm & Adam, Werbe- und Verlagsdruck GmbH, 63150 Heusenstamm

♾ Gedruckt auf säurefreiem, alterungsbeständigem Papier, hergestellt aus chlorfrei gebleichtem Zellstoff (TCF-Norm)

Printed in Germany

Vorwort

Übernahmen von börsennotierten Unternehmen, vor allem in ihrer Version der „Feindlichen Übernahmeangebote“, sind ein beliebtes Spielfeld für ökonomische Spekulation und juristische wie belletristische Phantasie und Gestaltungskunst. Obwohl es sich dabei um ein Phänomen handelt, das Ausprägungen (und Auswüchse) vor allem im angloamerikanischen Wirtschaftsraum erfahren hat, gehören öffentliche Übernahmeangebote auch in Kontinentaleuropa schon seit Jahren zum Wirtschaftsalltag. Spätestens seit dem erfolgreichen öffentlichen Übernahmeangebot der Vodafone Airtouch Plc für die Aktien der Mannesmann AG im Jahre 2000 handelt es sich auch in Deutschland um ein Thema von höchstem rechtspolitischen und publizistischen Aufmerksamkeitswert.

Nachdem auf europäischer Ebene nach jahrzehntelangen Verhandlungen eine europäische Richtlinie kurz vor der Verabschiedung schien und die meisten europäischen Staaten über verbindliche Normen zur Regelung öffentlicher Übernahmeangebote verfügten, hat auch der deutsche Gesetzgeber im Jahre 2000 die Initiative für ein deutsches Gesetz zur Regelung öffentlicher Angebote ergriffen. Hierbei ist nach ausführlichen Diskussionen ein schon recht fein ziseliertes Regelwerk entstanden, das nicht nur auf Übernahmeangebote, sondern auf jegliche öffentliche Angebote zum Erwerb börsennotierter Wertpapiere anwendbar ist. Dennoch wird der Schwerpunkt der Anwendung des neuen „Wertpapiererwerbs- und Übernahmegesetzes“ tatsächlich bei Übernahmeangeboten liegen. Gerade dann, wenn ein Angebot nicht einvernehmlich zwischen Bieter- und Zielgesellschaft abgestimmt ist, wird das Gesetz seine Bewährungsprobe zu bestehen haben. Sicherlich wird das neue Gesetz und die hierzu bereits entfachte Diskussion zur Ausbildung eines eigenen Rechtsgebietes im Felde der Regelung öffentlicher Wertpapierangebote bzw. von Übernahmeangeboten führen. Daneben wird die kapitalmarktrechtliche Seite des Aktienrechts weiter durchdrungen werden (müssen).

Das Gesetz ist zum 1. Januar 2002 in Kraft getreten. Die Herausgeber danken sehr herzlich den Autoren und den Mitarbeitern des Verlags, vor allem aber auch einer aufgrund ihrer Zahl hier namenlosen Gruppe von Sekretärinnen und Assistenten, die ein Erscheinen der Kommentierung in der vorliegenden Form und zum jetzigen frühen Zeitpunkt durch überobligationsmäßigen Einsatz möglich gemacht haben.

Die Kommentierung ist durchgängig auf dem Stand vom 2. Februar 2002. Später erschienene Literatur konnte nur noch vereinzelt berücksichtigt werden. Der damit gegebenen Herausforderung, trotz der zeitnahen Bearbeitung einen für Praxis und Wissenschaft weiterführenden Beitrag zu liefern, hat sich das Autorenteam mit großem Engagement gestellt. Über das Gelingen dieses Vorhabens ebenso wie über den Erfolg der intendierten Mischung von wissenschaftlichen, verbandsjuristischen und beratungspraktischen Sichtweisen mögen Sie als Leser und Benutzer der vorliegenden Kommentierung urteilen. Herausgeber und Verlag freuen sich über jede Anregung und Kritik.

Frankfurt/Stuttgart, im April 2002

Wilhelm Haarmann *Klaus Riehmer* *Matthias Schüppen*

Verzeichnis der Bearbeiter

Prof. Dr. Wilhelm Haarmann	§ 31
Dr. Kristian Hohn,	Vor § 61, §§ 61–65, 67
Prof. Dr. Peter Hommelhoff	Vor § 35, §§ 35–39, 59
Dr. Wolfgang Renner, LL.M.	§§ 11, 12
Dr. Klaus Riehmer, LL.M.	§§ 10, 14–19, 26, Vor § 29, §§ 29, 30
Dr. Lars Röh	§§ 27, 28, 33
Prof. Dr. Thomas Rönnau	Vor § 60, § 60
Dr. Oliver Schröder, LL.M.	§§ 21–25
Dr. Matthias Schüppen	Einleitung, Vor § 1, §§ 1–3, 41, Anhang § 41, §§ 42, 48–58, Vor § 59, §§ 66, 68
Dr. Kerstin Schweizer, LL.M.	§ 41, Anhang § 41, §§ 42, 48–58, § 66
Dr. Thomas Stögmüller, LL.M.	§§ 4–9, 40, 43–47
Dr. Hans-Gert Vogel	§§ 13, 20, 32, 34
Dr. Carl-Heinz Witt, LL.M.	Vor § 35, §§ 35–39, 59

Adressen der Herausgeber und Bearbeiter

Professor Dr. Wilhelm Haarmann
Rechtsanwalt, Wirtschaftsprüfer, Steuerberater
c/o Haarmann, Hemmelrath & Partner
Neue Mainzer Straße 75 · 60311 Frankfurt · Tel.: 0 69/9 20 59-0
Fax: 0 69/9 20 59-1 33 · E-Mail: wilhelm_haarmann@hhp.de

Dr. Klaus Riehmer, LL.M.
Rechtsanwalt
c/o Haarmann, Hemmelrath & Partner
Neue Mainzer Straße 75 · 60311 Frankfurt · Tel.: 0 69/9 20 59-0
Fax: 0 69/9 20 59-1 33 · E-Mail: klaus_riehmer@hhp.de

Dr. Matthias Schüppen
Rechtsanwalt, Wirtschaftsprüfer, Steuerberater
c/o Haarmann, Hemmelrath & Partner
Breitscheidstraße 8 · 70174 Stuttgart · Tel.: 07 11/2 84 50-0
Fax: 07 11/2 84 50-1 33 · E-Mail: matthias_schueppen@hhp.de

Prof. Dr. Peter Hommelhoff
c/o Ruprecht-Karls-Universität Heidelberg
Institut für deutsches und europäisches Gesellschafts- und Wirtschaftsrecht
Friedrich-Ebert-Platz 2 · 69117 Heidelberg · Tel.: 0 62 21/54 72 74
Fax: 0 62 21/54 76 14 · E-Mail: peter.hommelhoff@urz.uni-heidelberg.de

Dr. Carl-Heinz Witt, LL.M.
Wissenschaftlicher Assistent
c/o Ruprecht-Karls-Universität Heidelberg
Institut für deutsches und europäisches Gesellschafts- und Wirtschaftsrecht
Friedrich-Ebert-Platz 2 · 69117 Heidelberg · Tel.: 0 62 21/54 72 74
Fax: 0 62 21/54 76 14 · E-Mail: carl-heinz.witt@urz.uni-heidelberg.de

Prof. Dr. Thomas Rönnau
c/o Bucerius Law School
Lehrstuhl für Strafrecht, Wirtschaftsstrafrecht und Strafprozessrecht
Jungiusstraße 6 · 20355 Hamburg · Tel.: 0 40/30 70 62 10
Fax: 0 40/30 70 62 15 · E-Mail: thomas.roennau@law-school.de

Dr. Kristian Hohn
Wissenschaftlicher Assistent
c/o Bucerius Law School
Lehrstuhl für Strafrecht, Wirtschaftsstrafrecht und Strafprozessrecht
Jungiusstraße 6 · 20355 Hamburg · Tel.: 0 40/30 70 62 10
Fax: 0 40/30 70 62 15 · E-Mail: kristian.hohn@law-school.de

Dr. Lars Röh
Rechtsanwalt
c/o Deutscher Sparkassen- und Giroverband
Behrenstraße 31 · 10117 Berlin · Tel.: 0 30/20 22 53 79
Fax: 0 30/20 22 51 76 · E-Mail: Lars.Roeh@dgsv.de

Dr. Hans-Gert Vogel
Rechtsanwalt
c/o Deutscher Sparkassen- und Giroverband
Behrenstraße 31 · 10117 Berlin · Tel.: 0 30/20 22 51 43
Fax: 0 30/20 22 51 76 · E-Mail: Hans-Gert.Vogel@dgsv.de

Dr. Wolfgang Renner, LL.M.
Rechtsanwalt
c/o Haarmann, Hemmelrath & Partner
Maximilianstraße 35 · 80539 München · Tel.: 0 89/2 16 36-0
Fax: 0 89/2 16 36-1 33 · E-Mail: wolfgang_renner@hhp.de

Dr. Thomas Stögmüller, LL.M.
Rechtsanwalt
c/o Haarmann, Hemmelrath & Partner
Neue Mainzer Straße 75 · 60311 Frankfurt am Main · Tel.: 0 69/9 2059-0
Fax: 0 69/9 20 59-1 33 · E-Mail: thomas_stoegmueller@hhp.de

Adressen der Herausgeber und Bearbeiter

Dr. Oliver Schröder, LL.M.
Rechtsanwalt
c/o Haarmann, Hemmelrath & Partner
Neue Mainzer Straße 75 · 60311 Frankfurt/M. · Tel.: 0 69/9 2059-0
Fax: 0 69/9 20 59-1 33 · E-Mail: oliver_schroeder@hhp.de

Dr. Kerstin Schweizer, LL.M.
Rechtsanwältin
c/o Haarmann, Hemmelrath & Partner
Breitscheidstraße 8 · 70174 Stuttgart · Tel.: 07 11/2 84 50-0
Fax: 07 11/2 84 50-1 33 · E-Mail: kerstin_schweizer@hhp.de

Neue Bezeichnung der Aufsichtsbehörde:

Bundesanstalt für Finanzdienstleistungsaufsicht

Mit Wirkung zum 1. Mai 2002 hat sich die Bezeichnung des *Bundesaufsichtsamts für den Wertpapierhandel* (BAWe) geändert.

Die Behörde heißt nunmehr **Bundesanstalt für Finanzdienstleistungsaufsicht**.

Das Wertpapiererwerbs- und Übernahmegesetz wurde durch die Erste Verordnung zur Anpassung von Bezeichnungen nach dem Finanzdienstleistungsaufsichtsgesetz vom 29. April 2002 (BGBl. I S. 1495) entsprechend geändert.

Inhaltsverzeichnis

Abkürzungsverzeichnis

AuslInvestmG	Auslandinvestment-Gesetz vom 09.09.1998, BGBl. I 1998, S. 2820
AngebotsVO	WpÜG-Angebotsverordnung vom 27.12.2001, BGBl. I 2001, S. 4263
BAKred	Bundesaufsichtsamt für das Kreditwesen
BAV	Bundesaufsichtsamt für das Versicherungswesen
BAWe	Bundesaufsichtsamt für den Wertpapierhandel
BB	Betriebs-Berater
BeiratsVO	WpÜG-Beiratsverordnung vom 27.12.2001, BGBl. I 2001, S. 4259
BMF	Bundesministerium der Finanzen
BörsG	Börsengesetz vom 09.09.1998, BGBl. I 1998, S. 2682
BSK	Börsensachverständigenkommission beim Bundesministerium der Finanzen
CMF	Conseil des Marchés Financiers
DiskE/DiskE-ÜG	Diskussionsentwurf des Bundesministeriums der Finanzen zum Übernahmegesetz vom 29.06.2000, NZG 2000, 844 ff.
EFD	Eidgenössiches Finanzdepartement
E-ÜbernahmeRL	Gemeinsamer Entwurf einer Richtlinie des Europäischen Parlaments und des Rates auf dem Gebiete des Gesellschaftsrechts betreffend Übernahmeangebote in der vom Vermittlungsausschuss am 06.06.2001 gebilligten Fassung, abgedruckt in: ZIP 2001, 1120, 1123
EuGH	Gerichtshof der Europäischen Gemeinschaften
GebührenVO	WpÜG-Gebührenverordnung vom 27.12.2001, BGBl. I 2001, S. 4267
IRG	Gesetz über die Internationale Rechtshilfe in Strafsachen

JP/PV	Juristische Person/Personenvereinigung
KonTraG	Gesetz zur Kontrolle und Transparenz im Unternehmensbereich vom 27. 04. 1998, BGBl. I 1998, S. 786
KAGG	Gesetz über Kapitalanlagegesellschaften vom 09. 09. 1998, BGBl. I 1998, S. 2726
LBO	Leveraged-Buy-Out
London City Code	The City Code on Takeovers and Mergers, www.thetakeoverpanel.org.uk/code
öÜbG	Bundesgesetz betreffend Übernahmeangebote sowie über Änderungen des Börsegesetzes und des Einführungsgesetzes zu den Verwaltungsgesetzen 1991, Österreich
1. öÜbV	1. Verordnung der Übernahmekommission vom 09. 03. 1999 zum Übernahmegesetz, Österreich
2. öÜBV	2. Verordnung der Übernahmekommission vom 21. 02. 2000 zum Übernahmegesetz, Österreich
RefE/RefE-ÜG	Referentenentwurf eines Gesetzes zur Regelung von öffentlichen Angeboten zum Erwerb von Wertpapieren und von Unternehmensübernahmen vom 12. 02. 2001
RCMF	Réglement général du Conseil des Marchés Financiers
sBEHG	Bundesgesetz über die Börsen und den Effektenhandel vom 24. 03. 1995, Schweiz
sBEHV	Verordnung über die Börsen und den Effektenhandel vom 02. 12. 1996, Schweiz
sBEHV-EBK	Verordnung der Eidgenössischen Bankenkommission über die Börsen und den Effektenhandel vom 25. 06. 1997, Schweiz
sUEV-UEK	Verordnung der Übernahmekommission über öffentliche Kaufangebote vom 21. 07. 1997, Schweiz
T.U.	Testo unico delle disposizioni in materia di intermediazione finanziaria

VerkProspG	Wertpapier-Verkaufsprospektgesetz vom 09.09.1998, BGBl. I 1998, S. 2701
VerkProspVO	Verordnung über Wertpapier-Verkaufsprospekte vom 17.09.1998, BGBl. I, S. 2853
WAusschVO	WpÜG-Widerspruchsausschuß-Verordnung vom 27.12.2001, BGBl. I 2001, S. 4261
WpHG	Gesetz über den Wertpapierhandel vom 09.09.1998, BGBl. I 1998, S. 2708
WpÜG	Gesetz zur Regelung von öffentlichen Angeboten zum Erwerb von Wertpapieren und von Unternehmensübernahmen vom 20.12.2001, BGBl. I 2001, S. 3822

Sonstige Gesetzesabkürzungen wie in *Kirchner*, Abkürzungsverzeichnis der Rechtssprache, 4. Aufl., 1993 etc.

Gesetz zur Regelung von öffentlichen Angeboten zum Erwerb von Wertpapieren und von Unternehmensübernahmen

Vom 20. Dezember 2001

Der Bundestag hat das folgende Gesetz beschlossen:

Artikel 1
Wertpapiererwerbs- und Übernahmegesetz (WpÜG)

Inhaltsübersicht

Abschnitt 1
Allgemeine Vorschriften

§ 1 Anwendungsbereich

Dieses Gesetz ist anzuwenden auf Angebote zum Erwerb von Wertpapieren, die von einer Zielgesellschaft ausgegeben wurden und zum Handel an einem organisierten Markt zugelassen sind.

§ 2 Begriffsbestimmungen

(1) Angebote sind freiwillige oder auf Grund einer Verpflichtung nach diesem Gesetz erfolgende öffentliche Kauf- oder Tauschangebote zum Erwerb von Wertpapieren einer Zielgesellschaft.

(2) Wertpapiere sind, auch wenn für sie keine Urkunden ausgestellt sind,

1. Aktien, mit diesen vergleichbare Wertpapiere und Zertifikate, die Aktien vertreten,
2. andere Wertpapiere, die den Erwerb von Aktien, mit diesen vergleichbaren Wertpapieren oder Zertifikaten, die Aktien vertreten, zum Gegenstand haben.

(3) Zielgesellschaften sind Aktiengesellschaften oder Kommanditgesellschaften auf Aktien mit Sitz im Inland.

(4) Bieter sind natürliche oder juristische Personen oder Personengesellschaften, die allein oder gemeinsam mit anderen Personen ein Angebot abgeben, ein solches beabsichtigen oder zur Abgabe verpflichtet sind.

(5) Gemeinsam handelnde Personen sind natürliche oder juristische Personen, die ihr Verhalten im Hinblick auf ihren Erwerb von Wertpapieren der Zielgesellschaft oder ihre Ausübung von Stimmrechten aus Aktien der Zielgesellschaft mit dem Bieter auf Grund einer Vereinbarung oder in sonstiger Weise abstimmen. Tochterunternehmen des Bieters gelten als mit diesem gemeinsam handelnde Personen.

(6) Tochterunternehmen sind Unternehmen, die als Tochterunternehmen im Sinne des § 290 des Handelsgesetzbuchs gelten oder auf die ein beherrschender Einfluss ausgeübt werden kann, ohne dass es auf die Rechtsform oder den Sitz ankommt.

(7) Organisierter Markt sind der amtliche Handel oder geregelte Markt an einer Börse im Inland und der geregelte Markt im Sinne des Artikels 1 Nr. 13 der Richtlinie 93/22/EWG des Rates vom 10. Mai 1993 über Wertpapier-

dienstleistungen (ABl. EG Nr. L 141 S. 27) in einem anderen Staat des Europäischen Wirtschaftsraums.

(8) Der Europäische Wirtschaftsraum umfasst die Staaten der Europäischen Gemeinschaften sowie die Staaten des Abkommens über den Europäischen Wirtschaftsraum.

§ 3 Allgemeine Grundsätze

(1) Inhaber von Wertpapieren der Zielgesellschaft, die derselben Gattung angehören, sind gleich zu behandeln.

(2) Inhaber von Wertpapieren der Zielgesellschaft müssen über genügend Zeit und ausreichende Informationen verfügen, um in Kenntnis der Sachlage über das Angebot entscheiden zu können.

(3) Vorstand und Aufsichtsrat der Zielgesellschaft müssen im Interesse der Zielgesellschaft handeln.

(4) Der Bieter und die Zielgesellschaft haben das Verfahren rasch durchzuführen. Die Zielgesellschaft darf nicht über einen angemessenen Zeitraum hinaus in ihrer Geschäftstätigkeit behindert werden.

(5) Beim Handel mit Wertpapieren der Zielgesellschaft, der Bietergesellschaft oder anderer durch das Angebot betroffener Gesellschaften dürfen keine Marktverzerrungen geschaffen werden.

Abschnitt 2
Zuständigkeit des Bundesaufsichtsamtes für den Wertpapierhandel

§ 4 Aufgaben und Befugnisse

(1) Das Bundesaufsichtsamt für den Wertpapierhandel (Bundesaufsichtsamt) übt die Aufsicht bei Angeboten nach den Vorschriften dieses Gesetzes aus. Es hat im Rahmen der ihm zugewiesenen Aufgaben Missständen entgegenzuwirken, welche die ordnungsmäßige Durchführung des Verfahrens beeinträchtigen oder erhebliche Nachteile für den Wertpapiermarkt bewirken können. Das Bundesaufsichtsamt kann Anordnungen treffen, die geeignet und erforderlich sind, diese Missstände zu beseitigen oder zu verhindern.

(2) Das Bundesaufsichtsamt nimmt die ihm nach diesem Gesetz zugewiesenen Aufgaben und Befugnisse nur im öffentlichen Interesse wahr.

§ 5 Beirat

(1) Beim Bundesaufsichtsamt wird ein Beirat gebildet. Der Beirat besteht aus

1. vier Vertretern der Emittenten,
2. je zwei Vertretern der institutionellen und der privaten Anleger,
3. drei Vertretern der Wertpapierdienstleistungsunternehmen im Sinne des § 2 Abs. 4 des Wertpapierhandelsgesetzes,
4. zwei Vertretern der Arbeitnehmer,
5. zwei Vertretern der Wissenschaft.

Die Mitglieder des Beirates werden vom Bundesministerium der Finanzen für jeweils fünf Jahre bestellt; die Bestellung der in Satz 2 Nr. 1 bis 4 genannten Mitglieder erfolgt nach Anhörung der betroffenen Kreise. Die Mitglieder des Beirates müssen fachlich besonders geeignet sein; insbesondere müssen sie über Kenntnisse über die Funktionsweise der Kapitalmärkte sowie über Kenntnisse auf dem Gebiet des Gesellschaftsrechts, des Bilanzwesens oder des Arbeitsrechts verfügen. Die Mitglieder des Beirates verwalten ihr Amt als unentgeltliches Ehrenamt. Für ihre Teilnahme an Sitzungen erhalten sie Tagegelder und Vergütung der Reisekosten nach festen Sätzen, die das Bundesministerium der Finanzen bestimmt. An den Sitzungen können Vertreter der Bundesministerien der Finanzen, der Justiz sowie für Wirtschaft und Technologie teilnehmen.

(2) Das Bundesministerium der Finanzen kann durch Rechtsverordnung, die nicht der Zustimmung des Bundesrates bedarf, nähere Bestimmungen über die Zusammensetzung des Beirates, die Einzelheiten der Bestellung seiner Mitglieder, die vorzeitige Beendigung der Mitgliedschaft, das Verfahren und die Kosten erlassen. Das Bundesministerium der Finanzen kann die Ermächtigung durch Rechtsverordnung auf das Bundesaufsichtsamt übertragen.

(3) Der Beirat wirkt bei der Aufsicht mit. Er berät das Bundesaufsichtsamt, insbesondere bei dem Erlass von Rechtsverordnungen für die Aufsichtstätigkeit des Bundesaufsichtsamtes. Er unterbreitet mit Zustimmung von zwei Dritteln seiner Mitglieder Vorschläge für die ehrenamtlichen Beisitzer des Widerspruchsausschusses und deren Vertreter.

(4) Der Präsident des Bundesaufsichtsamtes lädt zu den Sitzungen des Beirates ein. Die Sitzungen werden vom Präsidenten des Bundesaufsichtsamtes oder einem von ihm beauftragten Beamten geleitet.

(5) Der Beirat gibt sich eine Geschäftsordnung.

§ 6 Widerspruchsausschuss

(1) Beim Bundesaufsichtsamt wird ein Widerspruchsausschuss gebildet. Dieser entscheidet über Widersprüche gegen Verfügungen des Bundesaufsichtsamtes nach § 4 Abs. 1 Satz 3, § 10 Abs. 1 Satz 3, Abs. 2 Satz 3, § 15 Abs. 1 und 2, § 20 Abs. 1, §§ 24, 28 Abs. 1, §§ 36 und 37.

(2) Der Widerspruchsausschuss besteht aus

1. dem Präsidenten des Bundesaufsichtsamtes oder einem von ihm beauftragten Beamten, der die Befähigung zum Richteramt hat, als Vorsitzendem,
2. zwei vom Präsidenten des Bundesaufsichtsamtes beauftragten Beamten als Beisitzern,
3. drei vom Präsidenten des Bundesaufsichtsamtes bestellten ehrenamtlichen Beisitzern.

Bei Stimmengleichheit entscheidet der Vorsitzende.

(3) Die ehrenamtlichen Beisitzer werden vom Präsidenten des Bundesaufsichtsamtes für fünf Jahre als Mitglieder des Widerspruchsausschusses bestellt.

(4) Das Bundesministerium der Finanzen kann durch Rechtsverordnung, die nicht der Zustimmung des Bundesrates bedarf, nähere Bestimmungen über das Verfahren, die Einzelheiten der Bestellung der ehrenamtlichen Beisitzer, die vorzeitige Beendigung und die Vertretung erlassen. Das Bundesministerium der Finanzen kann die Ermächtigung durch Rechtsverordnung auf das Bundesaufsichtsamt übertragen.

§ 7 Zusammenarbeit mit Aufsichtsbehörden im Inland

(1) Das Bundeskartellamt, das Bundesaufsichtsamt für das Kreditwesen, das Bundesaufsichtsamt für das Versicherungswesen sowie das Bundesaufsichtsamt haben einander die für die Erfüllung ihrer Aufgaben erforderlichen Informationen mitzuteilen. Bei der Übermittlung personenbezogener Daten ist § 15 des Bundesdatenschutzgesetzes anzuwenden.

(2) Das Bundesaufsichtsamt kann sich bei der Durchführung seiner Aufgaben nach diesem Gesetz privater Personen und Einrichtungen bedienen.

§ 8 Zusammenarbeit mit zuständigen Stellen im Ausland

(1) Dem Bundesaufsichtsamt obliegt die Zusammenarbeit mit den für die Überwachung von Angeboten zum Erwerb von Wertpapieren, Börsen oder anderen Wertpapier- oder Derivatemärkten sowie den Handel in Wertpapieren und Derivaten zuständigen Stellen anderer Staaten.

(2) Im Rahmen der Zusammenarbeit nach Absatz 1 darf das Bundesaufsichtsamt Tatsachen übermitteln, die für die Überwachung von Angeboten zum Erwerb von Wertpapieren oder damit zusammenhängender Verwaltungs- oder Gerichtsverfahren erforderlich sind; hierbei kann es von seinen Befugnissen nach § 40 Abs. 1 bis 4 Gebrauch machen. Bei der Übermittlung personenbezogener Daten hat das Bundesaufsichtsamt den Zweck zu bestimmen, für den diese verwendet werden dürfen. Der Empfänger ist darauf hinzuweisen, dass die Daten nur zu dem Zweck verarbeitet oder genutzt werden dürfen, zu dessen Erfüllung sie übermittelt wurden. Eine Übermittlung unterbleibt, soweit Grund zu der Annahme besteht, dass durch sie gegen den Zweck eines deutschen Gesetzes verstoßen wird. Die Übermittlung unterbleibt außerdem, wenn durch sie schutzwürdige Interessen des Betroffenen beeinträchtigt würden, insbesondere wenn im Empfängerland ein angemessener Datenschutzstandard nicht gewährleistet wäre.

(3) Werden dem Bundesaufsichtsamt von einer Stelle eines anderen Staates personenbezogene Daten mitgeteilt, so dürfen diese nur unter Beachtung der Zweckbestimmung durch diese Stelle verarbeitet oder genutzt werden. Das Bundesaufsichtsamt darf die Daten unter Beachtung der Zweckbestimmung dem Bundesaufsichtsamt für das Kreditwesen, dem Bundesaufsichtsamt für das Versicherungswesen, den Börsenaufsichtsbehörden und den Handelsüberwachungsstellen der Börsen mitteilen.

(4) Die Regelungen über die internationale Rechtshilfe in Strafsachen bleiben unberührt.

§ 9 Verschwiegenheitspflicht

(1) Die beim Bundesaufsichtsamt und bei Einrichtungen nach § 7 Abs. 2 Beschäftigten, die Personen, derer sich das Bundesaufsichtsamt nach § 7 Abs. 2 bedient, sowie die Mitglieder des Beirates und Beisitzer des Widerspruchsausschusses dürfen ihnen bei ihrer Tätigkeit bekannt gewordene Tatsachen, deren Geheimhaltung im Interesse eines nach diesem Gesetz Verpflichteten oder eines Dritten liegt, insbesondere Geschäfts- und Betriebsgeheimnisse, sowie personenbezogene Daten auch nach Beendigung ihres Dienstverhältnisses oder ihrer Tätigkeit nicht unbefugt offenbaren oder verwerten. Dies gilt auch für andere Personen, die durch dienstliche Berichterstattung Kenntnis von den in Satz 1 bezeichneten Tatsachen erhalten. Ein unbefugtes Offenbaren oder Verwerten im Sinne des Satzes 1 liegt insbesondere nicht vor, wenn Tatsachen weitergegeben werden an

1. Strafverfolgungsbehörden oder für Straf- und Bußgeldsachen zuständige Gerichte,
2. Stellen, die kraft Gesetzes oder im öffentlichen Auftrag mit der Bekämpfung von Wettbewerbsbeschränkungen, der Überwachung von Angeboten zum Erwerb von Wertpapieren oder der Überwachung von Börsen oder anderen Wertpapier- oder Derivatemärkten, des Wertpapier- oder Derivatehandels, von Kreditinstituten, Finanzdienstleistungsinstituten, Investmentgesellschaften, Finanzunternehmen oder Versicherungsunternehmen betraut sind, sowie von solchen Stellen beauftragte Personen,

soweit die Tatsachen für die Erfüllung der Aufgaben dieser Stellen oder Personen erforderlich sind. Für die bei den in Satz 3 genannten Stellen beschäftigten oder von ihnen beauftragten Personen gilt die Verschwiegenheitspflicht nach den Sätzen 1 bis 3 entsprechend. An eine ausländische Stelle dürfen die Tatsachen nur weitergegeben werden, wenn diese Stelle und die von ihr beauftragten Personen einer den Sätzen 1 bis 3 entsprechenden Verschwiegenheitspflicht unterliegen.

(2) Die §§ 93, 97, 105 Abs. 1, § 111 Abs. 5 in Verbindung mit § 105 Abs. 1 sowie § 116 Abs. 1 der Abgabenordnung gelten nicht für die in Absatz 1 Satz 1 und 2 bezeichneten Personen, soweit sie zur Durchführung dieses Gesetzes tätig werden. Sie finden Anwendung, soweit die Finanzbehörden die Kenntnisse für die Durchführung eines Verfahrens wegen einer Steuerstraftat sowie eines damit zusammenhängenden Besteuerungsverfahrens benötigen, an deren Verfolgung ein zwingendes öffentliches Interesse besteht, und nicht Tatsachen betroffen sind, die den in Absatz 1 Satz 1 oder 2 bezeichneten Personen durch eine Stelle eines anderen Staates im Sinne von Absatz 1 Satz 3 Nr. 2 oder durch von dieser Stelle beauftragte Personen mitgeteilt worden sind.

(3) Die Mitglieder des Beirates und die ehrenamtlichen Beisitzer des Widerspruchsausschusses sind nach dem Verpflichtungsgesetz vom 2. März 1974 (BGBl. I S. 469, 547), geändert durch § 1 Nr. 4 des Gesetzes vom 15. August 1974 (BGBl. I S. 1942), in der jeweils geltenden Fassung vom Bundesaufsichtsamt auf eine gewissenhafte Erfüllung ihrer Obliegenheiten zu verpflichten.

Abschnitt 3
Angebote zum Erwerb von Wertpapieren

§ 10 Veröffentlichung der Entscheidung zur Abgabe eines Angebots

(1) Der Bieter hat seine Entscheidung zur Abgabe eines Angebots unverzüglich gemäß Absatz 3 Satz 1 zu veröffentlichen. Die Verpflichtung nach Satz 1 besteht auch, wenn für die Entscheidung nach Satz 1 der Beschluss der Gesellschafterversammlung des Bieters erforderlich ist und ein solcher Beschluss noch nicht erfolgt ist. Das Bundesaufsichtsamt kann dem Bieter auf Antrag abweichend von Satz 2 gestatten, eine Veröffentlichung erst nach dem Beschluss der Gesellschafterversammlung vorzunehmen, wenn der Bieter durch geeignete Vorkehrungen sicherstellt, dass dadurch Marktverzerrungen nicht zu befürchten sind.

(2) Der Bieter hat die Entscheidung nach Absatz 1 Satz 1 vor der Veröffentlichung

1. den Geschäftsführungen der Börsen, an denen Wertpapiere des Bieters, der Zielgesellschaft und anderer durch das Angebot unmittelbar betroffener Gesellschaften zum Handel zugelassen sind,
2. den Geschäftsführungen der Börsen, an denen Derivate im Sinne des § 2 Abs. 2 des Wertpapierhandelsgesetzes gehandelt werden, sofern die Wertpapiere Gegenstand der Derivate sind, und
3. dem Bundesaufsichtsamt

mitzuteilen. Die Geschäftsführungen dürfen die ihnen nach Satz 1 mitgeteilten Entscheidungen vor der Veröffentlichung nur zum Zwecke der Entscheidung verwenden, ob die Feststellung des Börsenpreises auszusetzen oder einzustellen ist. Das Bundesaufsichtsamt kann gestatten, dass Bieter mit Wohnort oder Sitz im Ausland die Mitteilung nach Satz 1 gleichzeitig mit der Veröffentlichung vornehmen, wenn dadurch die Entscheidungen der Geschäftsführungen über die Aussetzung oder Einstellung der Feststellung des Börsenpreises nicht beeinträchtigt werden.

(3) Die Veröffentlichung der Entscheidung nach Absatz 1 Satz 1 ist

1. in mindestens einem überregionalen Börsenpflichtblatt oder
2. über ein elektronisch betriebenes Informationsverbreitungssystem, das bei Kreditinstituten, Finanzdienstleistungsinstituten, nach § 53 Abs. 1 des Gesetzes über das Kreditwesen tätigen Unternehmen, anderen Unternehmen, die ihren Sitz im Inland haben und an einer inländischen Börse zur Teilnahme am Handel zugelassen sind, und Versicherungsunternehmen weit verbreitet ist,

in deutscher Sprache vorzunehmen. Dabei hat der Bieter auch die Adresse anzugeben, unter der die Veröffentlichung der Angebotsunterlage im Internet nach § 14 Abs. 3 Satz 1 Nr. 1 erfolgen wird. Eine Veröffentlichung in anderer Weise darf nicht vor der Veröffentlichung nach Satz 1 vorgenommen werden.

(4) Der Bieter hat die Veröffentlichung nach Absatz 3 Satz 1 unverzüglich den Geschäftsführungen der in Absatz 2 Satz 1 Nr. 1 und 2 erfassten Börsen und

dem Bundesaufsichtsamt zu übersenden. Dies gilt nicht, soweit das Bundesaufsichtsamt nach Absatz 2 Satz 3 gestattet hat, die Mitteilung nach Absatz 2 Satz 1 gleichzeitig mit der Veröffentlichung vorzunehmen.

(5) Der Bieter hat dem Vorstand der Zielgesellschaft unverzüglich nach der Veröffentlichung nach Absatz 3 Satz 1 die Entscheidung zur Abgabe eines Angebots schriftlich mitzuteilen. Der Vorstand der Zielgesellschaft unterrichtet den zuständigen Betriebsrat oder, sofern ein solcher nicht besteht, unmittelbar die Arbeitnehmer, unverzüglich über die Mitteilung nach Satz 1.

(6) § 15 des Wertpapierhandelsgesetzes gilt nicht für Entscheidungen zur Abgabe eines Angebots.

§ 11 Angebotsunterlage

(1) Der Bieter hat eine Unterlage über das Angebot (Angebotsunterlage) zu erstellen und zu veröffentlichen. Die Angebotsunterlage muss die Angaben enthalten, die notwendig sind, um in Kenntnis der Sachlage über das Angebot entscheiden zu können. Die Angaben müssen richtig und vollständig sein. Die Angebotsunterlage ist in deutscher Sprache und in einer Form abzufassen, die ihr Verständnis und ihre Auswertung erleichtert. Sie ist von dem Bieter zu unterzeichnen.

(2) Die Angebotsunterlage hat den Inhalt des Angebots und ergänzende Angaben zu enthalten. Angaben über den Inhalt des Angebots sind

1. Name oder Firma und Anschrift oder Sitz sowie, wenn es sich um eine Gesellschaft handelt, die Rechtsform des Bieters,
2. Firma, Sitz und Rechtsform der Zielgesellschaft,
3. die Wertpapiere, die Gegenstand des Angebots sind,
4. Art und Höhe der für die Wertpapiere der Zielgesellschaft gebotenen Gegenleistung,
5. die Bedingungen, von denen die Wirksamkeit des Angebots abhängt,
6. der Beginn und das Ende der Annahmefrist.

Ergänzende Angaben sind

1. Angaben zu den notwendigen Maßnahmen, die sicherstellen, dass dem Bieter die zur vollständigen Erfüllung des Angebots notwendigen Mittel zur Verfügung stehen, und zu den erwarteten Auswirkungen eines erfolgreichen Angebots auf die Vermögens-, Finanz- und Ertragslage des Bieters,
2. Angaben über die Absichten des Bieters im Hinblick auf die künftige Geschäftstätigkeit der Zielgesellschaft, insbesondere den Sitz und den Standort wesentlicher Unternehmensteile, die Verwendung ihres Vermögens, ihre künftigen Verpflichtungen, die Arbeitnehmer und deren Vertretungen, die Mitglieder ihrer Geschäftsführungsorgane und wesentliche Änderungen der Beschäftigungsbedingungen einschließlich der insoweit vorgesehenen Maßnahmen,

3. Angaben über Geldleistungen oder andere geldwerte Vorteile, die Vorstands- oder Aufsichtsratsmitgliedern der Zielgesellschaft gewährt oder in Aussicht gestellt werden,
4. die Bestätigung nach § 13 Abs. 1 Satz 2 unter Angabe von Firma, Sitz und Rechtsform des Wertpapierdienstleistungsunternehmens.

(3) Die Angebotsunterlage muss Namen und Anschrift, bei juristischen Personen oder Gesellschaften Firma, Sitz und Rechtsform, der Personen oder Gesellschaften aufführen, die für den Inhalt der Angebotsunterlage die Verantwortung übernehmen; sie muss eine Erklärung dieser Personen oder Gesellschaften enthalten, dass ihres Wissens die Angaben richtig und keine wesentlichen Umstände ausgelassen sind.

(4) Das Bundesministerium der Finanzen kann durch Rechtsverordnung, die nicht der Zustimmung des Bundesrates bedarf,

1. nähere Bestimmungen über die Gestaltung und die in die Angebotsunterlage aufzunehmenden Angaben erlassen und
2. weitere ergänzende Angaben vorschreiben, soweit dies notwendig ist, um den Empfängern des Angebots ein zutreffendes und vollständiges Urteil über den Bieter, die mit ihm gemeinsam handelnden Personen und das Angebot zu ermöglichen.

(5) Das Bundesministerium der Finanzen kann die Ermächtigung nach Absatz 4 durch Rechtsverordnung auf das Bundesaufsichtsamt übertragen.

§ 12 Haftung für die Angebotsunterlage

(1) Sind für die Beurteilung des Angebots wesentliche Angaben der Angebotsunterlage unrichtig oder unvollständig, so kann derjenige, der das Angebot angenommen hat,

1. von denjenigen, die für die Angebotsunterlage die Verantwortung übernommen haben, und
2. von denjenigen, von denen der Erlass der Angebotsunterlage ausgeht,

als Gesamtschuldner den Ersatz des ihm aus der Annahme des Angebots entstandenen Schadens verlangen.

(2) Nach Absatz 1 kann nicht in Anspruch genommen werden, wer nachweist, dass er die Unrichtigkeit oder Unvollständigkeit der Angaben der Angebotsunterlage nicht gekannt hat und die Unkenntnis nicht auf grober Fahrlässigkeit beruht.

(3) Der Anspruch nach Absatz 1 besteht nicht, sofern

1. die Annahme des Angebots nicht auf Grund der Angebotsunterlage erfolgt ist,
2. derjenige, der das Angebot angenommen hat, die Unrichtigkeit oder Unvollständigkeit der Angaben der Angebotsunterlage bei der Abgabe der Annahmeerklärung kannte oder
3. vor der Annahme des Angebots in einer Veröffentlichung nach § 15 Abs. 3 des Wertpapierhandelsgesetzes oder einer vergleichbaren Bekanntmachung

eine deutlich gestaltete Berichtigung der unrichtigen oder unvollständigen Angaben im Inland veröffentlicht wurde.

(4) Der Anspruch nach Absatz 1 verjährt in einem Jahr seit dem Zeitpunkt, zu dem derjenige, der das Angebot angenommen hat, von der Unrichtigkeit oder Unvollständigkeit der Angaben der Angebotsunterlage Kenntnis erlangt hat, spätestens jedoch in drei Jahren seit der Veröffentlichung der Angebotsunterlage.

(5) Eine Vereinbarung, durch die der Anspruch nach Absatz 1 im Voraus ermäßigt oder erlassen wird, ist unwirksam.

(6) Weitergehende Ansprüche, die nach den Vorschriften des bürgerlichen Rechts auf Grund von Verträgen oder vorsätzlichen unerlaubten Handlungen erhoben werden können, bleiben unberührt.

§ 13 Finanzierung des Angebots

(1) Der Bieter hat vor der Veröffentlichung der Angebotsunterlage die notwendigen Maßnahmen zu treffen, um sicherzustellen, dass ihm die zur vollständigen Erfüllung des Angebots notwendigen Mittel zum Zeitpunkt der Fälligkeit des Anspruchs auf die Gegenleistung zur Verfügung stehen. Für den Fall, dass das Angebot als Gegenleistung die Zahlung einer Geldleistung vorsieht, ist durch ein vom Bieter unabhängiges Wertpapierdienstleistungsunternehmen schriftlich zu bestätigen, dass der Bieter die notwendigen Maßnahmen getroffen hat, um sicherzustellen, dass die zur vollständigen Erfüllung des Angebots notwendigen Mittel zum Zeitpunkt der Fälligkeit des Anspruchs auf die Geldleistung zur Verfügung stehen.

(2) Hat der Bieter die nach Absatz 1 Satz 2 notwendigen Maßnahmen nicht getroffen und stehen ihm zum Zeitpunkt der Fälligkeit des Anspruchs auf die Geldleistung aus diesem Grunde die notwendigen Mittel nicht zur Verfügung, so kann derjenige, der das Angebot angenommen hat, von dem Wertpapierdienstleistungsunternehmen, das die schriftliche Bestätigung erteilt hat, den Ersatz des ihm aus der nicht vollständigen Erfüllung entstandenen Schadens verlangen.

(3) § 12 Abs. 2 bis 6 gilt entsprechend.

§ 14 Übermittlung und Veröffentlichung der Angebotsunterlage

(1) Der Bieter hat die Angebotsunterlage innerhalb von vier Wochen nach der Veröffentlichung der Entscheidung zur Abgabe eines Angebots dem Bundesaufsichtsamt zu übermitteln. Das Bundesaufsichtsamt bestätigt dem Bieter den Tag des Eingangs der Angebotsunterlage. Das Bundesaufsichtsamt kann die Frist nach Satz 1 auf Antrag um bis zu vier Wochen verlängern, wenn dem Bieter die Einhaltung der Frist nach Satz 1 auf Grund eines grenzüberschreitenden Angebots oder erforderlicher Kapitalmaßnahmen nicht möglich ist.

(2) Die Angebotsunterlage ist gemäß Absatz 3 Satz 1 unverzüglich zu veröffentlichen, wenn das Bundesaufsichtsamt die Veröffentlichung gestattet hat

oder wenn seit dem Eingang der Angebotsunterlage zehn Werktage verstrichen sind, ohne dass das Bundesaufsichtsamt das Angebot untersagt hat. Vor der Veröffentlichung nach Satz 1 darf die Angebotsunterlage nicht bekannt gegeben werden. Das Bundesaufsichtsamt kann vor einer Untersagung des Angebots die Frist nach Satz 1 um bis zu fünf Werktage verlängern, wenn die Angebotsunterlage nicht vollständig ist oder sonst den Vorschriften dieses Gesetzes oder einer auf Grund dieses Gesetzes erlassenen Rechtsverordnung nicht entspricht.

(3) Die Angebotsunterlage ist zu veröffentlichen durch

1. Bekanntgabe im Internet und
2. Abdruck in einem überregionalen Börsenpflichtblatt oder durch Bereithalten zur kostenlosen Ausgabe bei einer geeigneten Stelle im Inland; im letzteren Fall ist in einem überregionalen Börsenpflichtblatt bekannt zu machen, bei welcher Stelle die Angebotsunterlage bereit gehalten wird.

Der Bieter hat dem Bundesaufsichtsamt unverzüglich einen Beleg über die Veröffentlichung nach Satz 1 Nr. 2 zu übersenden.

(4) Der Bieter hat die Angebotsunterlage dem Vorstand der Zielgesellschaft unverzüglich nach der Veröffentlichung nach Absatz 3 Satz 1 zu übermitteln. Der Vorstand der Zielgesellschaft hat die Angebotsunterlage unverzüglich dem zuständigen Betriebsrat oder, sofern ein solcher nicht besteht, unmittelbar den Arbeitnehmern zu übermitteln.

§ 15 Untersagung des Angebots

(1) Das Bundesaufsichtsamt untersagt das Angebot, wenn

1. die Angebotsunterlage nicht die Angaben enthält, die nach § 11 Abs. 2 oder einer auf Grund des § 11 Abs. 4 erlassenen Rechtsverordnung erforderlich sind,
2. die in der Angebotsunterlage enthaltenen Angaben offensichtlich gegen Vorschriften dieses Gesetzes oder einer auf Grund dieses Gesetzes erlassenen Rechtsverordnung verstoßen,
3. der Bieter entgegen § 14 Abs. 1 Satz 1 dem Bundesaufsichtsamt keine Angebotsunterlage übermittelt oder
4. der Bieter entgegen § 14 Abs. 2 Satz 1 die Angebotsunterlage nicht veröffentlicht hat.

(2) Das Bundesaufsichtsamt kann das Angebot untersagen, wenn der Bieter die Veröffentlichung nicht in der in § 14 Abs. 3 Satz 1 vorgeschriebenen Form vornimmt.

(3) Ist das Angebot nach Absatz 1 oder 2 untersagt worden, so ist die Veröffentlichung der Angebotsunterlage verboten. Ein Rechtsgeschäft auf Grund eines nach Absatz 1 oder 2 untersagten Angebots ist nichtig.

§ 16 Annahmefristen; Einberufung der Hauptversammlung

(1) Die Frist für die Annahme des Angebots (Annahmefrist) darf nicht weniger als vier Wochen und unbeschadet der Vorschriften des § 21 Abs. 5 und § 22 Abs. 2 nicht mehr als zehn Wochen betragen. Die Annahmefrist beginnt mit der Veröffentlichung der Angebotsunterlage gemäß § 14 Abs. 3 Satz 1.

(2) Bei einem Übernahmeangebot können die Aktionäre der Zielgesellschaft, die das Angebot nicht angenommen haben, das Angebot innerhalb von zwei Wochen nach der in § 23 Abs. 1 Satz 1 Nr. 2 genannten Veröffentlichung (weitere Annahmefrist) annehmen. Satz 1 gilt nicht, wenn der Bieter das Angebot von dem Erwerb eines Mindestanteils der Aktien abhängig gemacht hat und dieser Mindestanteil nach Ablauf der Annahmefrist nicht erreicht wurde.

(3) Wird im Zusammenhang mit dem Angebot nach der Veröffentlichung der Angebotsunterlage eine Hauptversammlung der Zielgesellschaft einberufen, beträgt die Annahmefrist unbeschadet der Vorschriften des § 21 Abs. 5 und § 22 Abs. 2 zehn Wochen ab der Veröffentlichung der Angebotsunterlage. Der Vorstand der Zielgesellschaft hat die Einberufung der Hauptversammlung der Zielgesellschaft unverzüglich dem Bieter und dem Bundesaufsichtsamt mitzuteilen. Der Bieter hat die Mitteilung nach Satz 2 unter Angabe des Ablaufs der Annahmefrist unverzüglich in einem überregionalen Börsenpflichtblatt zu veröffentlichen. Er hat dem Bundesaufsichtsamt unverzüglich einen Beleg über die Veröffentlichung zu übersenden.

(4) Die Hauptversammlung nach Absatz 3 kann bis spätestens zwei Wochen vor dem Tag der Versammlung einberufen werden. Abweichend von § 121 Abs. 5 des Aktiengesetzes und etwaigen Bestimmungen der Satzung ist die Gesellschaft bei der Wahl des Versammlungsortes frei. Wird die Monatsfrist des § 123 Abs. 1 des Aktiengesetzes unterschritten, so betragen die Anmelde- und Hinterlegungsfristen und die Frist nach § 125 Abs. 1 Satz 1 des Aktiengesetzes vier Tage. Die Gesellschaft hat den Aktionären die Erteilung von Stimmrechtsvollmachten soweit nach Gesetz und Satzung möglich zu erleichtern. Mitteilungen an die Aktionäre, ein Bericht nach § 186 Abs. 4 Satz 2 des Aktiengesetzes und fristgerecht eingereichte Anträge von Aktionären sind allen Aktionären zugänglich und in Kurzfassung bekannt zu machen. Die Zusendung von Mitteilungen und Gegenanträgen kann unterbleiben, wenn zur Überzeugung des Vorstands mit Zustimmung des Aufsichtsrats der rechtzeitige Eingang bei den Aktionären nicht wahrscheinlich ist. Für Abstimmungsvorschläge gilt § 128 Abs. 2 Satz 2 des Aktiengesetzes in diesem Fall auch bei Inhaberaktien.

§ 17 Unzulässigkeit der öffentlichen Aufforderung zur Abgabe von Angeboten

Eine öffentliche auf den Erwerb von Wertpapieren der Zielgesellschaft gerichtete Aufforderung des Bieters zur Abgabe von Angeboten durch die Inhaber der Wertpapiere ist unzulässig.

§ 18 Bedingungen; Unzulässigkeit des Vorbehalts des Rücktritts und des Widerrufs

(1) Ein Angebot darf vorbehaltlich § 25 nicht von Bedingungen abhängig gemacht werden, deren Eintritt der Bieter, mit ihm gemeinsam handelnde Personen oder deren Tochterunternehmen oder im Zusammenhang mit dem Angebot für diese Personen oder Unternehmen tätige Berater ausschließlich selbst herbeiführen können.

(2) Ein Angebot, das unter dem Vorbehalt des Widerrufs oder des Rücktritts abgegeben wird, ist unzulässig.

§ 19 Zuteilung bei einem Teilangebot

Ist bei einem Angebot, das auf den Erwerb nur eines bestimmten Anteils oder einer bestimmten Anzahl der Wertpapiere gerichtet ist, der Anteil oder die Anzahl der Wertpapiere, die der Bieter erwerben kann, höher als der Anteil oder die Anzahl der Wertpapiere, die der Bieter zu erwerben sich verpflichtet hat, so sind die Annahmeerklärungen grundsätzlich verhältnismäßig zu berücksichtigen.

§ 20 Handelsbestand

(1) Das Bundesaufsichtsamt lässt auf schriftlichen Antrag des Bieters zu, dass Wertpapiere der Zielgesellschaft bei den ergänzenden Angaben nach § 11 Abs. 4 Nr. 2, den Veröffentlichungspflichten nach § 23, der Berechnung des Stimmrechtsanteils nach § 29 Abs. 2 und der Bestimmung der Gegenleistung nach § 31 Abs. 1, 3 und 4 und der Geldleistung nach § 31 Abs. 5 unberücksichtigt bleiben.

(2) Ein Befreiungsantrag nach Absatz 1 kann gestellt werden, wenn der Bieter, die mit ihm gemeinsam handelnden Personen oder deren Tochterunternehmen

1. die betreffenden Wertpapiere halten oder zu halten beabsichtigen, um bestehende oder erwartete Unterschiede zwischen dem Erwerbspreis und dem Veräußerungspreis kurzfristig zu nutzen und
2. darlegen, dass mit dem Erwerb der Wertpapiere, soweit es sich um stimmberechtigte Aktien handelt, nicht beabsichtigt ist, auf die Geschäftsführung der Gesellschaft Einfluss zu nehmen.

(3) Stimmrechte aus Aktien, die auf Grund einer Befreiung nach Absatz 1 unberücksichtigt bleiben, können nicht ausgeübt werden, wenn im Falle ihrer Berücksichtigung ein Angebot als Übernahmeangebot abzugeben wäre oder eine Verpflichtung nach § 35 Abs. 1 Satz 1 und Abs. 2 Satz 1 bestünde.

(4) Beabsichtigt der Bieter Wertpapiere, für die eine Befreiung nach Absatz 1 erteilt worden ist, nicht mehr zu den in Absatz 1 Nr. 1 genannten Zwecken zu halten oder auf die Geschäftsführung der Gesellschaft Einfluss zu nehmen, ist dies dem Bundesaufsichtsamt unverzüglich mitzuteilen. Das Bundesaufsichtsamt kann die Befreiung nach Absatz 1 außer nach den Vorschriften des Verwaltungsverfahrensgesetzes widerrufen, wenn die Verpflichtung nach Satz 1 nicht erfüllt worden ist.

§ 21 Änderung des Angebots

(1) Der Bieter kann bis zu einem Werktag vor Ablauf der Annahmefrist

1. die Gegenleistung erhöhen,
2. wahlweise eine andere Gegenleistung anbieten,
3. den Mindestanteil oder die Mindestzahl der Wertpapiere oder den Mindestanteil der Stimmrechte, von dessen Erwerb der Bieter die Wirksamkeit seines Angebots abhängig gemacht hat, verringern oder
4. auf Bedingungen verzichten.

Für die Wahrung der Frist nach Satz 1 ist auf die Veröffentlichung der Änderung nach Absatz 2 abzustellen.

(2) Der Bieter hat die Änderung des Angebots unter Hinweis auf das Rücktrittsrecht nach Absatz 4 unverzüglich gemäß § 14 Abs. 3 Satz 1 zu veröffentlichen. § 14 Abs. 3 Satz 2 und Abs. 4 gilt entsprechend.

(3) § 11 Abs. 1 Satz 2 bis 5, Abs. 3, §§ 12, 13 und 15 Abs. 1 Nr. 2 gelten entsprechend.

(4) Im Falle einer Änderung des Angebots können die Inhaber von Wertpapieren der Zielgesellschaft, die das Angebot vor Veröffentlichung der Änderung nach Absatz 2 angenommen haben, von dem Vertrag bis zum Ablauf der Annahmefrist zurücktreten.

(5) Im Falle einer Änderung des Angebots verlängert sich die Annahmefrist um zwei Wochen, sofern die Veröffentlichung der Änderung innerhalb der letzten zwei Wochen vor Ablauf der Angebotsfrist erfolgt. Dies gilt auch, falls das geänderte Angebot gegen Rechtsvorschriften verstößt.

(6) Eine erneute Änderung des Angebots innerhalb der in Absatz 5 genannten Frist von zwei Wochen ist unzulässig.

§ 22 Konkurrierende Angebote

(1) Konkurrierende Angebote sind Angebote, die während der Annahmefrist eines Angebots von einem Dritten abgegeben werden.

(2) Läuft im Falle konkurrierender Angebote die Annahmefrist für das Angebot vor Ablauf der Annahmefrist für das konkurrierende Angebot ab, bestimmt sich der Ablauf der Annahmefrist für das Angebot nach dem Ablauf der Annahmefrist für das konkurrierende Angebot. Dies gilt auch, falls das konkurrierende Angebot geändert oder untersagt wird oder gegen Rechtsvorschriften verstößt.

(3) Inhaber von Wertpapieren der Zielgesellschaft, die das Angebot angenommen haben, können bis zum Ablauf der Annahmefrist vom Vertrag zurücktreten, sofern der Vertragsschluss vor Veröffentlichung der Angebotsunterlage des konkurrierenden Angebots erfolgte.

§ 23 Veröffentlichungspflichten des Bieters nach Abgabe des Angebots

(1) Der Bieter ist verpflichtet, die Anzahl sämtlicher ihm, den mit ihm gemeinsam handelnden Personen und deren Tochterunternehmen zustehenden Wertpapiere der Zielgesellschaft einschließlich der Höhe der jeweiligen Anteile und der ihm zustehenden und nach § 30 zuzurechnenden Stimmrechtsanteile sowie die sich aus den ihm zugegangenen Annahmeerklärungen ergebende Anzahl der Wertpapiere, die Gegenstand des Angebots sind, einschließlich der Höhe der Wertpapier- und Stimmrechtsanteile

1. nach Veröffentlichung der Angebotsunterlage wöchentlich sowie in der letzten Woche vor Ablauf der Annahmefrist täglich,
2. unverzüglich nach Ablauf der Annahmefrist und
3. unverzüglich nach Ablauf der weiteren Annahmefrist gemäß § 14 Abs. 3 Satz 1 zu veröffentlichen und dem Bundesaufsichtsamt mitzuteilen. § 14 Abs. 3 Satz 2 und § 31 Abs. 6 gelten entsprechend.

(2) Erwerben bei Übernahmeangeboten, bei denen der Bieter die Kontrolle über die Zielgesellschaft erlangt hat, und bei Pflichtangeboten der Bieter, mit ihm gemeinsam handelnde Personen oder deren Tochterunternehmen nach der Veröffentlichung der Angebotsunterlage und vor Ablauf eines Jahres nach der Veröffentlichung gemäß Absatz 1 Nr. 2 außerhalb des Angebotsverfahrens Aktien der Zielgesellschaft, so hat der Bieter die Höhe der erworbenen Aktien- und Stimmrechtsanteile unter Angabe der Art und Höhe der für jeden Anteil gewährten Gegenleistung unverzüglich gemäß § 14 Abs. 3 Satz 1 zu veröffentlichen und dem Bundesaufsichtsamt mitzuteilen. § 31 Abs. 6 gilt entsprechend.

§ 24 Grenzüberschreitende Angebote

Hat der Bieter bei grenzüberschreitenden Angeboten zugleich die Vorschriften eines anderen Staates außerhalb des Europäischen Wirtschaftsraums einzuhalten und ist dem Bieter deshalb ein Angebot an alle Inhaber von Wertpapieren unzumutbar, kann das Bundesaufsichtsamt dem Bieter auf Antrag gestatten, bestimmte Inhaber von Wertpapieren mit Wohnsitz, Sitz oder gewöhnlichem Aufenthalt in dem Staat von dem Angebot auszunehmen.

§ 25 Beschluss der Gesellschafterversammlung des Bieters

Hat der Bieter das Angebot unter der Bedingung eines Beschlusses seiner Gesellschafterversammlung abgegeben, hat er den Beschluss unverzüglich, spätestens bis zum fünften Werktag vor Ablauf der Annahmefrist, herbeizuführen.

§ 26 Sperrfrist

(1) Ist ein Angebot nach § 15 Abs. 1 oder 2 untersagt worden, ist ein erneutes Angebot des Bieters vor Ablauf eines Jahres unzulässig. Gleiches gilt, wenn der Bieter ein Angebot von dem Erwerb eines Mindestanteils der Wertpapiere abhängig gemacht hat und dieser Mindestanteil nach Ablauf der Annahmefrist

nicht erreicht wurde. Die Sätze 1 und 2 gelten nicht, wenn der Bieter zur Veröffentlichung nach § 35 Abs. 1 Satz 1 und zur Abgabe eines Angebots nach § 35 Abs. 2 Satz 1 verpflichtet ist.

(2) Das Bundesaufsichtsamt kann den Bieter auf schriftlichen Antrag von dem Verbot des Absatzes 1 Satz 1 und 2 befreien, wenn die Zielgesellschaft der Befreiung zustimmt.

§ 27 Stellungnahme des Vorstands und Aufsichtsrats der Zielgesellschaft

(1) Der Vorstand und der Aufsichtsrat der Zielgesellschaft haben eine begründete Stellungnahme zu dem Angebot sowie zu jeder seiner Änderungen abzugeben. Die Stellungnahme muss insbesondere eingehen auf

1. die Art und Höhe der angebotenen Gegenleistung,
2. die voraussichtlichen Folgen eines erfolgreichen Angebots für die Zielgesellschaft, die Arbeitnehmer und hre Vertretungen, die Beschäftigungsbedingungen und die Standorte der Zielgesellschaft,
3. die vom Bieter mit dem Angebot verfolgten Ziele,
4. die Absicht der Mitglieder des Vorstands und des Aufsichtsrats, soweit sie Inhaber von Wertpapieren der Zielgesellschaft sind, das Angebot anzunehmen.

(2) Übermitteln der zuständige Betriebsrat oder, sofern ein solcher nicht besteht, unmittelbar die Arbeitnehmer der Zielgesellschaft dem Vorstand eine Stellungnahme zu dem Angebot, hat der Vorstand unbeschadet seiner Verpflichtung nach Absatz 3 Satz 1 diese seiner Stellungnahme beizufügen.

(3) Der Vorstand und der Aufsichtsrat der Zielgesellschaft haben die Stellungnahme unverzüglich nach Übermittlung der Angebotsunterlage und deren Änderungen durch den Bieter gemäß § 14 Abs. 3 Satz 1 zu veröffentlichen. Sie haben die Stellungnahme gleichzeitig dem zuständigen Betriebsrat oder, sofern ein solcher nicht besteht, unmittelbar den Arbeitnehmern zu übermitteln. Der Vorstand und der Aufsichtsrat der Zielgesellschaft haben dem Bundesaufsichtsamt unverzüglich einen Beleg über die Veröffentlichung gemäß § 14 Abs. 3 Satz 1 Nr. 2 zu übersenden.

§ 28 Werbung

(1) Um Missständen bei der Werbung im Zusammenhang mit Angeboten zum Erwerb von Wertpapieren zu begegnen, kann das Bundesaufsichtsamt bestimmte Arten der Werbung untersagen.

(2) Vor allgemeinen Maßnahmen nach Absatz 1 ist der Beirat zu hören.

Abschnitt 4
Übernahmeangebote

§ 29 Begriffsbestimmungen

(1) Übernahmeangebote sind Angebote, die auf den Erwerb der Kontrolle gerichtet sind.

(2) Kontrolle ist das Halten von mindestens 30 Prozent der Stimmrechte an der Zielgesellschaft.

§ 30 Zurechnung von Stimmrechten

(1) Stimmrechten des Bieters stehen Stimmrechte aus Aktien der Zielgesellschaft gleich,

1. die einem Tochterunternehmen des Bieters gehören,
2. die einem Dritten gehören und von ihm für Rechnung des Bieters gehalten werden,
3. die der Bieter einem Dritten als Sicherheit übertragen hat, es sei denn, der Dritte ist zur Ausübung der Stimmrechte aus diesen Aktien befugt und bekundet die Absicht, die Stimmrechte unabhängig von den Weisungen des Bieters auszuüben,
4. an denen zugunsten des Bieters ein Nießbrauch bestellt ist,
5. die der Bieter durch eine Willenserklärung erwerben kann,
6. die dem Bieter anvertraut sind, sofern er die Stimmrechte aus diesen Aktien nach eigenem Ermessen ausüben kann, wenn keine besonderen Weisungen des Aktionärs vorliegen.

Für die Zurechnung nach Satz 1 Nr. 2 bis 6 stehen dem Bieter Tochterunternehmen des Bieters gleich. Stimmrechte des Tochterunternehmens werden dem Bieter in voller Höhe zugerechnet.

(2) Dem Bieter werden auch Stimmrechte eines Dritten aus Aktien der Zielgesellschaft in voller Höhe zugerechnet, mit dem der Bieter oder sein Tochterunternehmen sein Verhalten in Bezug auf die Zielgesellschaft auf Grund einer Vereinbarung oder in sonstiger Weise abstimmt; ausgenommen sind Vereinbarungen über die Ausübung von Stimmrechten in Einzelfällen. Für die Berechnung des Stimmrechtsanteils des Dritten gilt Absatz 1 entsprechend.

§ 31 Gegenleistung

(1) Der Bieter hat den Aktionären der Zielgesellschaft eine angemessene Gegenleistung anzubieten. Bei der Bestimmung der angemessenen Gegenleistung sind grundsätzlich der durchschnittliche Börsenkurs der Aktien der Zielgesellschaft und Erwerbe von Aktien der Zielgesellschaft durch den Bieter, mit ihm gemeinsam handelnder Personen oder deren Tochterunternehmen zu berücksichtigen.

(2) Die Gegenleistung hat in einer Geldleistung in Euro oder in liquiden Aktien zu bestehen, die zum Handel an einem organisierten Markt zugelassen sind. Werden Inhabern stimmberechtigter Aktien als Gegenleistung Aktien angeboten, müssen diese Aktien ebenfalls ein Stimmrecht gewähren.

(3) Der Bieter hat den Aktionären der Zielgesellschaft eine Geldleistung in Euro anzubieten, wenn er, mit ihm gemeinsam handelnde Personen oder deren Tochterunternehmen

1. in den drei Monaten vor der Veröffentlichung gemäß § 10 Abs. 3 Satz 1 insgesamt mindestens 5 Prozent der Aktien oder Stimmrechte an der Zielgesellschaft oder
2. nach der Veröffentlichung gemäß § 10 Abs. 3 Satz 1 und vor Ablauf der Annahmefrist insgesamt mindestens 1 Prozent der Aktien oder Stimmrechte an der Zielgesellschaft

gegen Zahlung einer Geldleistung erworben haben.

(4) Erwerben der Bieter, mit ihm gemeinsam handelnde Personen oder deren Tochterunternehmen nach Veröffentlichung der Angebotsunterlage und vor der Veröffentlichung gemäß § 23 Abs. 1 Satz 1 Nr. 2 Aktien der Zielgesellschaft und wird hierfür wertmäßig eine höhere als die im Angebot genannte Gegenleistung gewährt oder vereinbart, erhöht sich die den Angebotsempfängern der jeweiligen Aktiengattung geschuldete Gegenleistung wertmäßig um den Unterschiedsbetrag.

(5) Erwerben der Bieter, mit ihm gemeinsam handelnde Personen oder deren Tochterunternehmen innerhalb eines Jahres nach der Veröffentlichung gemäß § 23 Abs. 1 Satz 1 Nr. 2 außerhalb der Börse Aktien der Zielgesellschaft und wird hierfür wertmäßig eine höhere als die im Angebot genannte Gegenleistung gewährt oder vereinbart, ist der Bieter gegenüber den Inhabern der Aktien, die das Angebot angenommen haben, zur Zahlung einer Geldleistung in Euro in Höhe des Unterschiedsbetrages verpflichtet. Satz 1 gilt nicht für den Erwerb von Aktien im Zusammenhang mit einer gesetzlichen Verpflichtung zur Gewährung einer Abfindung an Aktionäre der Zielgesellschaft und für den Erwerb des Vermögens oder von Teilen des Vermögens der Zielgesellschaft durch Verschmelzung, Spaltung oder Vermögensübertragung.

(6) Dem Erwerb im Sinne der Absätze 3 bis 5 gleichgestellt sind Vereinbarungen, auf Grund derer die Übereignung von Aktien verlangt werden kann. Als Erwerb gilt nicht die Ausübung eines gesetzlichen Bezugsrechts auf Grund einer Erhöhung des Grundkapitals der Zielgesellschaft.

(7) Das Bundesministerium der Finanzen kann durch Rechtsverordnung, die nicht der Zustimmung des Bundesrates bedarf, nähere Bestimmungen über die Angemessenheit der Gegenleistung nach Absatz 1, insbesondere die Berücksichtigung des durchschnittlichen Börsenkurses der Aktien der Zielgesellschaft und der Erwerbe von Aktien der Zielgesellschaft durch den Bieter, mit ihm gemeinsam handelnder Personen oder deren Tochterunternehmen und die hierbei maßgeblichen Zeiträume sowie über Ausnahmen von dem in Absatz 1 Satz 2 genannten Grundsatz und die Ermittlung des Unterschiedsbetrages

nach den Absätzen 4 und 5 erlassen. Das Bundesministerium der Finanzen kann die Ermächtigung durch Rechtsverordnung auf das Bundesaufsichtsamt übertragen.

§ 32 Unzulässigkeit von Teilangeboten

Ein Übernahmeangebot, das sich nur auf einen Teil der Aktien der Zielgesellschaft erstreckt, ist unbeschadet der Vorschrift des § 24 unzulässig.

§ 33 Handlungen des Vorstands der Zielgesellschaft

(1) Nach Veröffentlichung der Entscheidung zur Abgabe eines Angebots bis zur Veröffentlichung des Ergebnisses nach § 23 Abs. 1 Satz 1 Nr. 2 darf der Vorstand der Zielgesellschaft keine Handlungen vornehmen, durch die der Erfolg des Angebots verhindert werden könnte. Dies gilt nicht für Handlungen, die auch ein ordentlicher und gewissenhafter Geschäftsleiter einer Gesellschaft, die nicht von einem Übernahmeangebot betroffen ist, vorgenommen hätte, für die Suche nach einem konkurrierenden Angebot sowie für Handlungen, denen der Aufsichtsrat der Zielgesellschaft zugestimmt hat.

(2) Ermächtigt die Hauptversammlung den Vorstand vor dem in Absatz 1 Satz 1 genannten Zeitraum zur Vornahme von Handlungen, die in die Zuständigkeit der Hauptversammlung fallen, um den Erfolg von Übernahmeangeboten zu verhindern, sind diese Handlungen in der Ermächtigung der Art nach zu bestimmen. Die Ermächtigung kann für höchstens 18 Monate erteilt werden. Der Beschluss der Hauptversammlung bedarf einer Mehrheit, die mindestens drei Viertel des bei der Beschlussfassung vertretenen Grundkapitals umfasst; die Satzung kann eine größere Kapitalmehrheit und weitere Erfordernisse bestimmen. Handlungen des Vorstands auf Grund einer Ermächtigung nach Satz 1 bedürfen der Zustimmung des Aufsichtsrats.

(3) Dem Bieter und mit ihm gemeinsam handelnden Personen ist es verboten, Vorstands- oder Aufsichtsratsmitgliedern der Zielgesellschaft im Zusammenhang mit dem Angebot ungerechtfertigte Geldleistungen oder andere ungerechtfertigte geldwerte Vorteile zu gewähren oder in Aussicht zu stellen.

§ 34 Anwendung der Vorschriften des Abschnitts 3

Für Übernahmeangebote gelten die Vorschriften des Abschnitts 3, soweit sich aus den vorstehenden Vorschriften nichts anderes ergibt.

Abschnitt 5
Pflichtangebote

§ 35 Verpflichtung zur Veröffentlichung und zur Abgabe eines Angebots

(1) Wer unmittelbar oder mittelbar die Kontrolle über eine Zielgesellschaft erlangt, hat dies unter Angabe der Höhe seines Stimmrechtsanteils unverzüglich, spätestens innerhalb von sieben Kalendertagen, gemäß § 10 Abs. 3

Satz 1 und 2 zu veröffentlichen. Die Frist beginnt mit dem Zeitpunkt, zu dem der Bieter Kenntnis davon hat oder nach den Umständen haben musste, dass er die Kontrolle über die Zielgesellschaft erlangt hat. In der Veröffentlichung sind die nach § 30 zuzurechnenden Stimmrechte für jeden Zurechnungstatbestand getrennt anzugeben. § 10 Abs. 2, 3 Satz 3 und Abs. 4 bis 6 gilt entsprechend.

(2) Der Bieter hat innerhalb von vier Wochen nach der Veröffentlichung der Erlangung der Kontrolle über eine Zielgesellschaft dem Bundesaufsichtsamt eine Angebotsunterlage zu übermitteln und nach § 14 Abs. 2 Satz 1 ein Angebot zu veröffentlichen. § 14 Abs. 2 Satz 2, Abs. 3 und 4 gilt entsprechend. Ausgenommen von der Verpflichtung nach Satz 1 sind eigene Aktien der Zielgesellschaft, Aktien der Zielgesellschaft, die einem abhängigen oder im Mehrheitsbesitz stehenden Unternehmen der Zielgesellschaft gehören, und Aktien der Zielgesellschaft, die einem Dritten gehören, jedoch für Rechnung der Zielgesellschaft, eines abhängigen oder eines im Mehrheitsbesitz stehenden Unternehmens der Zielgesellschaft gehalten werden.

(3) Wird die Kontrolle über die Zielgesellschaft auf Grund eines Übernahmeangebots erworben, besteht keine Verpflichtung nach Absatz 1 Satz 1 und Absatz 2 Satz 1.

§ 36 Nichtberücksichtigung von Stimmrechten

Das Bundesaufsichtsamt lässt auf schriftlichen Antrag zu, dass Stimmrechte aus Aktien der Zielgesellschaft bei der Berechnung des Stimmrechtsanteils unberücksichtigt bleiben, wenn die Aktien erlangt wurden durch

1. Erbgang, Erbauseinandersetzung oder unentgeltliche Zuwendung unter Ehegatten, Lebenspartnern oder Verwandten in gerader Linie und bis zum dritten Grade oder durch Vermögensauseinandersetzung aus Anlass der Auflösung einer Ehe oder Lebenspartnerschaft,
2. Rechtsformwechsel oder
3. Umstrukturierungen innerhalb eines Konzerns.

§ 37 Befreiung von der Verpflichtung zur Veröffentlichung und zur Abgabe eines Angebots

(1) Das Bundesaufsichtsamt kann auf schriftlichen Antrag den Bieter von den Verpflichtungen nach § 35 Abs. 1 Satz 1 und Abs. 2 Satz 1 befreien, sofern dies im Hinblick auf die Art der Erlangung, die mit der Erlangung der Kontrolle beabsichtigte Zielsetzung, ein nach der Erlangung der Kontrolle erfolgendes Unterschreiten der Kontrollschwelle, die Beteiligungsverhältnisse an der Zielgesellschaft oder die tatsächliche Möglichkeit zur Ausübung der Kontrolle unter Berücksichtigung der Interessen des Antragstellers und der Inhaber der Aktien der Zielgesellschaft gerechtfertigt erscheint.

(2) Das Bundesministerium der Finanzen kann durch Rechtsverordnung, die nicht der Zustimmung des Bundesrates bedarf, nähere Bestimmungen über die Befreiung von den Verpflichtungen nach § 35 Abs. 1 Satz 1, Abs. 2 Satz 1

erlassen. Das Bundesministerium der Finanzen kann die Ermächtigung durch Rechtsverordnung auf das Bundesaufsichtsamt übertragen.

§ 38 Anspruch auf Zinsen

Der Bieter ist den Aktionären der Zielgesellschaft für die Dauer des Verstoßes zur Zahlung von Zinsen auf die Gegenleistung in Höhe von fünf Prozentpunkten auf das Jahr über dem jeweiligen Basiszinssatz verpflichtet, wenn

1. er entgegen § 35 Abs. 1 Satz 1 keine Veröffentlichung gemäß § 10 Abs. 3 Satz 1 vornimmt,
2. er entgegen § 35 Abs. 2 Satz 1 kein Angebot gemäß § 14 Abs. 3 Satz 1 abgibt oder
3. ihm ein Angebot im Sinne des § 35 Abs. 2 Satz 1 nach § 15 Abs. 1 Nr. 1, 2 oder 3 untersagt worden ist.

§ 39 Anwendung der Vorschriften des Abschnitts 3 und 4

Für Angebote nach § 35 Abs. 2 Satz 1 gelten mit Ausnahme von § 10 Abs. 1 Satz 1, § 14 Abs. 1 Satz 1, § 16 Abs. 2, § 18 Abs. 1, §§ 19, 25, 26 und 34 die Vorschriften der Abschnitte 3 und 4 sinngemäß.

Abschnitt 6
Verfahren

§ 40 Ermittlungsbefugnisse des Bundesaufsichtsamtes

(1) Der Bieter, die mit ihm gemeinsam handelnden Personen sowie deren Tochterunternehmen haben auf Verlangen des Bundesaufsichtsamtes Auskünfte zu erteilen und Unterlagen vorzulegen, die das Bundesaufsichtsamt benötigt zur Überwachung der Einhaltung der Pflichten

1. nach § 10 Abs. 1 bis 5 Satz 1, § 14 Abs. 1 bis 4 Satz 1, § 21 Abs. 2, §§ 23, 27 Abs. 2 und 3 und § 31 Abs. 1 bis 6 oder auf Grund einer nach § 31 Abs. 7 erlassenen Rechtsverordnung, § 35 Abs. 1 und 2 Satz 1 und 2 und
2. nach § 11 Abs. 1 oder zur Prüfung, ob die Angebotsunterlage die Angaben enthält, die nach § 11 Abs. 2 oder einer auf Grund des § 11 Abs. 4 und 5 erlassenen Rechtsverordnung erforderlich sind.

(2) Die Zielgesellschaft hat auf Verlangen des Bundesaufsichtsamtes Auskünfte zu erteilen und Unterlagen vorzulegen, die das Bundesaufsichtsamt zur Überwachung der Einhaltung der Pflichten nach § 10 Abs. 5 Satz 2, § 14 Abs. 4 Satz 2, §§ 27 und 33 benötigt.

(3) Die Zielgesellschaft, deren Aktionäre und ehemaligen Aktionäre sowie Wertpapierdienstleistungsunternehmen haben auf Verlangen des Bundesaufsichtsamtes Auskünfte zu erteilen und Unterlagen vorzulegen, die das Bundesaufsichtsamt zur Überwachung der Einhaltung der Pflichten nach § 31 Abs. 1, auch in Verbindung mit einer Rechtverordnung nach Abs. 7, und § 35 Abs. 1

und 2 benötigt. Dies gilt entsprechend für Personen und Unternehmen, deren Stimmrechte dem Bieter nach § 30 zuzurechnen sind.

(4) Die inländischen Börsen haben auf Verlangen des Bundesaufsichtsamtes Auskünfte zu erteilen und Unterlagen vorzulegen, die das Bundesaufsichtsamt zur Überwachung der Einhaltung der Pflichten nach § 31 Abs. 1, 4 und 5, jeweils auch in Verbindung mit einer Rechtsverordnung nach Abs. 7, benötigt.

(5) Der zur Erteilung einer Auskunft Verpflichtete kann die Auskunft auf solche Fragen verweigern, deren Beantwortung ihn selbst oder einen der in § 383 Abs. 1 Nr. 1 bis 3 der Zivilprozessordnung bezeichneten Angehörigen der Gefahr strafgerichtlicher Verfolgung oder eines Verfahrens nach dem Gesetz über Ordnungswidrigkeiten aussetzen würde. Der Verpflichtete ist über sein Recht zur Verweigerung der Auskunft zu belehren.

§ 41 Widerspruchsverfahren

(1) Vor Einlegung der Beschwerde sind Rechtmäßigkeit und Zweckmäßigkeit der Verfügungen des Bundesaufsichtsamtes in einem Widerspruchsverfahren nachzuprüfen. Einer solchen Nachprüfung bedarf es nicht, wenn der Abhilfebescheid oder der Widerspruchsbescheid erstmalig eine Beschwer enthält. Für das Widerspruchsverfahren gelten die §§ 68 bis 73 der Verwaltungsgerichtsordnung, soweit in diesem Gesetz nichts Abweichendes geregelt ist.

(2) Das Bundesaufsichtsamt trifft seine Entscheidung innerhalb einer Frist von zwei Wochen ab Eingang des Widerspruchs. Bei besonderen tatsächlichen oder rechtlichen Schwierigkeiten oder bei einer Vielzahl von Widerspruchsverfahren kann das Bundesaufsichtsamt die Frist durch unanfechtbaren Beschluss verlängern.

(3) Die Beteiligten haben an der Aufklärung des Sachverhaltes mitzuwirken, wie es einem auf Förderung und raschen Abschluss des Verfahrens bedachten Vorgehen entspricht. Den Beteiligten können Fristen gesetzt werden, nach deren Ablauf weiterer Vortrag unbeachtet bleibt.

(4) Der Widerspruchsausschuss kann das Verfahren ohne mündliche Verhandlung dem Vorsitzenden durch unanfechtbaren Beschluss zur alleinigen Entscheidung übertragen. Diese Übertragung ist nur zulässig, sofern die Sache keine wesentlichen Schwierigkeiten in tatsächlicher und rechtlicher Hinsicht aufweist und die Entscheidung nicht von grundsätzlicher Bedeutung sein wird.

§ 42 Sofortige Vollziehbarkeit

Der Widerspruch gegen Maßnahmen des Bundesaufsichtsamtes nach § 4 Abs. 1 Satz 3, § 15 Abs. 1 oder 2, § 28 Abs. 1 oder § 40 Abs. 1 bis 4 hat keine aufschiebende Wirkung.

§ 43 Bekanntgabe und Zustellung

(1) Verfügungen, die gegenüber einer Person mit Wohnsitz oder einem Unternehmen mit Sitz außerhalb des Geltungsbereichs dieses Gesetzes ergehen,

gibt das Bundesaufsichtsamt der Person bekannt, die als Bevollmächtigte benannt wurde. Ist kein Bevollmächtigter benannt, so erfolgt die Bekanntgabe durch öffentliche Bekanntmachung im Bundesanzeiger.

(2) Ist die Verfügung zuzustellen, so erfolgt die Zustellung bei Personen mit Wohnsitz oder Unternehmen mit Sitz außerhalb des Geltungsbereichs dieses Gesetzes an die Person, die als Bevollmächtigte benannt wurde. Ist kein Bevollmächtigter benannt, so erfolgt die Zustellung durch öffentliche Bekanntmachung im Bundesanzeiger.

§ 44 Veröffentlichungsrecht des Bundesaufsichtsamtes

Das Bundesaufsichtsamt kann seine Verfügungen nach § 4 Abs. 1 Satz 3, § 10 Abs. 2 Satz 3, § 15 Abs. 1 und 2, § 20 Abs. 1, § 28 Abs. 1, § 36 oder § 37 Abs. 1, auch in Verbindung mit einer Rechtsverordnung nach Abs. 2, auf Kosten des Adressaten der Verfügung im Bundesanzeiger veröffentlichen.

§ 45 Mitteilungen an das Bundesaufsichtsamt

Anträge und Mitteilungen an das Bundesaufsichtsamt haben in schriftlicher Form zu erfolgen. Eine Übermittlung im Wege der elektronischen Datenfernübertragung ist zulässig, sofern der Absender zweifelsfrei zu erkennen ist.

§ 46 Zwangsmittel

Das Bundesaufsichtsamt kann Verfügungen, die nach diesem Gesetz ergehen, mit Zwangsmitteln nach den Bestimmungen des Verwaltungs-Vollstreckungsgesetzes durchsetzen. Es kann auch Zwangsmittel gegen juristische Personen des öffentlichen Rechts anwenden. Widerspruch und Beschwerde gegen die Androhung und Festsetzung der Zwangsmittel nach den §§ 13 und 14 des Verwaltungs-Vollstreckungsgesetzes haben keine aufschiebende Wirkung. Die Höhe des Zwangsgeldes beträgt abweichend von § 11 des Verwaltungs-Vollstreckungsgesetzes bis zu 500 000 Euro.

§ 47 Kosten

Das Bundesaufsichtsamt erhebt für Amtshandlungen auf Grund von § 10 Abs. 2 Satz 3, §§ 14 und 15 Abs. 1 oder 2, §§ 20, 24, 28 Abs. 1, §§ 36, 37 Abs. 1, auch in Verbindung mit einer Rechtsverordnung nach Abs. 2, oder § 41 in Verbindung mit § 6 Kosten (Gebühren und Auslagen). Das Bundesministerium der Finanzen bestimmt die Kostentatbestände im Einzelnen und die Höhe der Kosten durch Rechtsverordnung, die nicht der Zustimmung des Bundesrates bedarf. Das Bundesministerium der Finanzen kann die Ermächtigung durch Rechtsverordnung auf das Bundesaufsichtsamt übertragen.

Abschnitt 7
Rechtsmittel

§ 48 Statthaftigkeit, Zuständigkeit

(1) Gegen Verfügungen des Bundesaufsichtsamtes ist die Beschwerde statthaft. Sie kann auch auf neue Tatsachen und Beweismittel gestützt werden.

(2) Die Beschwerde steht den am Verfahren vor dem Bundesaufsichtsamt Beteiligten zu.

(3) Die Beschwerde ist auch gegen die Unterlassung einer beantragten Verfügung des Bundesaufsichtsamtes statthaft, auf deren Vornahme der Antragsteller ein Recht zu haben behauptet. Als Unterlassung gilt es auch, wenn das Bundesaufsichtsamt den Antrag auf Vornahme der Verfügung ohne zureichenden Grund in angemessener Frist nicht beschieden hat. Die Unterlassung ist dann einer Ablehnung gleich zu erachten.

(4) Über die Beschwerde entscheidet ausschließlich das für den Sitz des Bundesaufsichtsamtes in Frankfurt am Main zuständige Oberlandesgericht.

§ 49 Aufschiebende Wirkung

Die Beschwerde hat aufschiebende Wirkung, soweit durch die angefochtene Verfügung eine Befreiung nach § 10 Abs. 1 Satz 3 oder § 37 Abs. 1, auch in Verbindung mit einer Rechtsverordnung nach Abs. 2, oder eine Nichtberücksichtigung von Stimmrechtsanteilen nach § 36 widerrufen wird.

§ 50 Anordnung der sofortigen Vollziehung

(1) Das Bundesaufsichtsamt kann in den Fällen des § 49 die sofortige Vollziehung der Verfügung anordnen, wenn dies im öffentlichen Interesse oder im überwiegenden Interesse eines Beteiligten geboten ist.

(2) Die Anordnung nach Absatz 1 kann bereits vor der Einreichung der Beschwerde getroffen werden.

(3) Auf Antrag kann das Beschwerdegericht die aufschiebende Wirkung von Widerspruch oder Beschwerde ganz oder teilweise anordnen oder wiederherstellen, wenn

1. die Voraussetzungen für die Anordnung nach Absatz 1 nicht vorgelegen haben oder nicht mehr vorliegen,
2. ernstliche Zweifel an der Rechtmäßigkeit der angefochtenen Verfügung bestehen oder
3. die Vollziehung für den Betroffenen eine unbillige, nicht durch überwiegende öffentliche Interessen gebotene Härte zur Folge hätte.

(4) Der Antrag nach Absatz 3 ist schon vor Einreichung der Beschwerde zulässig. Die Tatsachen, auf die der Antrag gestützt wird, sind vom Antragsteller glaubhaft zu machen. Ist die Verfügung im Zeitpunkt der Entscheidung schon vollzogen, kann das Gericht auch die Aufhebung der Vollziehung anordnen.

Die Anordnung der aufschiebenden Wirkung kann von der Leistung einer Sicherheit oder von anderen Auflagen abhängig gemacht werden. Sie kann auch befristet werden.

(5) Beschlüsse über Anträge nach Absatz 3 können jederzeit geändert oder aufgehoben werden. Soweit durch sie den Anträgen entsprochen ist, sind sie unanfechtbar.

§ 51 Frist und Form

(1) Die Beschwerde ist binnen einer Notfrist von einem Monat bei dem Beschwerdegericht schriftlich einzureichen. Die Frist beginnt mit der Bekanntgabe oder der Zustellung des Widerspruchsbescheides des Bundesaufsichtsamtes.

(2) Ergeht auf einen Antrag keine Verfügung, so ist die Beschwerde an keine Frist gebunden.

(3) Die Beschwerde ist zu begründen. Die Frist für die Beschwerdebegründung beträgt einen Monat; sie beginnt mit der Einlegung der Beschwerde und kann auf Antrag von dem Vorsitzenden des Beschwerdegerichts verlängert werden.

(4) Die Beschwerdebegründung muss enthalten

1. die Erklärung, inwieweit die Verfügung angefochten und ihre Abänderung oder Aufhebung beantragt wird, und
2. die Angabe der Tatsachen und Beweismittel, auf die sich die Beschwerde stützt.

§ 52 Beteiligte am Beschwerdeverfahren

An dem Verfahren vor dem Beschwerdegericht sind der Beschwerdeführer und das Bundesaufsichtsamt beteiligt.

§ 53 Anwaltszwang

Vor dem Beschwerdegericht müssen die Beteiligten sich durch einen bei einem deutschen Gericht zugelassenen Rechtsanwalt oder Rechtslehrer an einer deutschen Hochschule im Sinne des Hochschulrahmengesetzes mit Befähigung zum Richteramt als Bevollmächtigten vertreten lassen. Das Bundesaufsichtsamt kann sich durch einen Beamten auf Lebenszeit mit Befähigung zum Richteramt vertreten lassen.

§ 54 Mündliche Verhandlung

(1) Das Beschwerdegericht entscheidet über die Beschwerde auf Grund mündlicher Verhandlung; mit Einverständnis der Beteiligten kann ohne mündliche Verhandlung entschieden werden.

(2) Sind die Beteiligten in dem Verhandlungstermin trotz rechtzeitiger Benachrichtigung nicht erschienen oder gehörig vertreten, so kann gleichwohl in der Sache verhandelt und entschieden werden.

§ 55 Untersuchungsgrundsatz

(1) Das Beschwerdegericht erforscht den Sachverhalt von Amts wegen.

(2) Das Gericht hat darauf hinzuwirken, dass Formfehler beseitigt, unklare Anträge erläutert, sachdienliche Anträge gestellt, ungenügende tatsächliche Angaben ergänzt, ferner alle für die Feststellung und Beurteilung des Sachverhalts wesentlichen Erklärungen abgegeben werden.

(3) Das Beschwerdegericht kann den Beteiligten aufgeben, sich innerhalb einer zu bestimmenden Frist über aufklärungsbedürftige Punkte zu äußern, Beweismittel zu bezeichnen und in ihren Händen befindliche Urkunden sowie andere Beweismittel vorzulegen. Bei Versäumung der Frist kann nach Lage der Sache ohne Berücksichtigung der nicht beigebrachten Beweismittel entschieden werden.

§ 56 Beschwerdeentscheidung; Vorlagepflicht

(1) Das Beschwerdegericht entscheidet durch Beschluss nach seiner freien, aus dem Gesamtergebnis des Verfahrens gewonnenen Überzeugung. Der Beschluss darf nur auf Tatsachen und Beweismittel gestützt werden, zu denen die Beteiligten sich äußern konnten. Das Beschwerdegericht kann hiervon abweichen, soweit Beigeladenen aus berechtigten Interessen der Beteiligten oder dritter Personen Akteneinsicht nicht gewährt und der Akteninhalt aus diesen Gründen auch nicht vorgetragen worden ist. Dies gilt nicht für solche Beigeladene, die an dem streitigen Rechtsverhältnis derart beteiligt sind, dass die Entscheidung auch ihnen gegenüber nur einheitlich ergehen kann.

(2) Hält das Beschwerdegericht die Verfügung des Bundesaufsichtsamtes für unzulässig oder unbegründet, so hebt es sie auf. Hat sich die Verfügung vorher durch Zurücknahme oder auf andere Weise erledigt, so spricht das Beschwerdegericht auf Antrag aus, dass die Verfügung des Bundesaufsichtsamtes unzulässig oder unbegründet gewesen ist, wenn der Beschwerdeführer ein berechtigtes Interesse an dieser Feststellung hat.

(3) Hält das Beschwerdegericht die Ablehnung oder Unterlassung der Verfügung für unzulässig oder unbegründet, so spricht es die Verpflichtung des Bundesaufsichtsamtes aus, die beantragte Verfügung vorzunehmen.

(4) Die Verfügung ist auch dann unzulässig oder unbegründet, wenn das Bundesaufsichtsamt von seinem Ermessen fehlerhaft Gebrauch gemacht hat, insbesondere wenn es die gesetzlichen Grenzen des Ermessens überschritten oder durch die Ermessensentscheidung Sinn und Zweck dieses Gesetzes verletzt hat.

(5) Der Beschluss ist zu begründen und den Beteiligten zuzustellen.

(6) Will das Beschwerdegericht von einer Entscheidung eines Oberlandesgerichts oder des Bundesgerichtshofs abweichen, so legt es die Sache dem Bundesgerichtshof vor. Der Bundesgerichtshof entscheidet anstelle des Oberlandesgerichts.

§ 57 Akteneinsicht

(1) Die in § 52 bezeichneten Beteiligten können die Akten des Beschwerdegerichts einsehen und sich durch die Geschäftsstelle auf ihre Kosten Ausfertigungen, Auszüge und Abschriften erteilen lassen. § 299 Abs. 3 der Zivilprozessordnung gilt entsprechend.

(2) Einsicht in Vorakten, Beiakten, Gutachten und Unterlagen über Auskünfte ist nur mit Zustimmung der Stellen zulässig, denen die Akten gehören oder die die Äußerung eingeholt haben. Das Bundesaufsichtsamt hat die Zustimmung zur Einsicht in die ihm gehörigen Unterlagen zu versagen, soweit dies aus wichtigen Gründen, insbesondere zur Wahrung von berechtigten Interessen Beteiligter oder dritter Personen, geboten ist. Wird die Einsicht abgelehnt oder ist sie unzulässig, dürfen diese Unterlagen der Entscheidung nur insoweit zugrunde gelegt werden, als ihr Inhalt vorgetragen worden ist. Das Beschwerdegericht kann die Offenlegung von Tatsachen oder Beweismitteln, deren Geheimhaltung aus wichtigen Gründen, insbesondere zur Wahrung von berechtigten Interessen Beteiligter oder Dritter verlangt wird, nach Anhörung des von der Offenlegung Betroffenen durch Beschluss anordnen, soweit es für die Entscheidung auf diese Tatsachen oder Beweismittel ankommt, andere Möglichkeiten der Sachaufklärung nicht bestehen und nach Abwägung aller Umstände des Einzelfalles die Bedeutung der Sache für die Sicherung eines ordnungsgemäßen Verfahrens das Interesse des Betroffenen an der Geheimhaltung überwiegt. Der Beschluss ist zu begründen. In dem Verfahren nach Satz 4 muss sich der Betroffene nicht anwaltlich vertreten lassen.

§ 58 Geltung von Vorschriften des Gerichtsverfassungsgesetzes und der Zivilprozessordnung

Im Verfahren vor dem Beschwerdegericht gelten, soweit nichts anderes bestimmt ist, entsprechend

1. die Vorschriften der §§ 169 bis 197 des Gerichtsverfassungsgesetzes über Öffentlichkeit, Sitzungspolizei, Gerichtssprache, Beratung und Abstimmung und
2. die Vorschriften der Zivilprozessordnung über Ausschließung und Ablehnung eines Richters, über Prozessbevollmächtigte und Beistände, über die Zustellung von Amts wegen, über Ladungen, Termine und Fristen, über die Anordnung des persönlichen Erscheinens der Parteien, über die Verbindung mehrerer Prozesse, über die Erledigung des Zeugen- und Sachverständigenbeweises sowie über die sonstigen Arten des Beweisverfahrens, über die Wiedereinsetzung in den vorigen Stand gegen die Versäumung einer Frist.

Abschnitt 8
Sanktionen

§ 59 Rechtsverlust

Rechte aus Aktien, die dem Bieter, mit ihm gemeinsam handelnden Personen oder deren Tochterunternehmen gehören oder aus denen ihm, mit ihm gemeinsam handelnden Personen oder deren Tochterunternehmen Stimmrechte gemäß § 30 Abs. 1 Satz 1 Nr. 2 zugerechnet werden, bestehen nicht für die Zeit, für welche die Pflichten nach § 35 Abs. 1 oder 2 nicht erfüllt werden. Dies gilt nicht für Ansprüche nach § 58 Abs. 4 des Aktiengesetzes und § 271 des Aktiengesetzes, wenn die Veröffentlichung oder das Angebot nach § 35 Abs. 1 Satz 1 oder Abs. 2 Satz 1 nicht vorsätzlich unterlassen wurde und nachgeholt worden ist.

§ 60 Bußgeldvorschriften

(1) Ordnungswidrig handelt, wer vorsätzlich oder leichtfertig

1. entgegen
   a) § 10 Abs. 1 Satz 1, § 14 Abs. 2 Satz 1 oder § 35 Abs. 1 Satz 1 oder Abs. 2 Satz 1 oder
   b) § 21 Abs. 2 Satz 1, § 23 Abs. 1 Satz 1 oder Abs. 2 Satz 1 oder § 27 Abs. 3 Satz 1

   eine Veröffentlichung nicht, nicht richtig, nicht vollständig, nicht in der vorgeschriebenen Weise oder nicht rechtzeitig vornimmt,
2. entgegen
   a) § 10 Abs. 2 Satz 1, auch in Verbindung mit § 35 Abs. 1 Satz 4, § 14 Abs. 1 Satz 1 oder § 35 Abs. 2 Satz 1,
   b) § 10 Abs. 5, auch in Verbindung mit § 35 Abs. 1 Satz 4, oder § 14 Abs. 4, auch in Verbindung mit § 21 Abs. 2 Satz 2 oder § 35 Abs. 2 Satz 2, oder
   c) § 27 Abs. 3 Satz 2

   eine Mitteilung, Unterrichtung oder Übermittlung nicht, nicht richtig, nicht vollständig, nicht in der vorgeschriebenen Weise oder nicht rechtzeitig vornimmt,
3. entgegen § 10 Abs. 3 Satz 3, auch in Verbindung mit § 35 Abs. 1 Satz 4, oder § 14 Abs. 2 Satz 2, auch in Verbindung mit § 35 Abs. 2 Satz 2, eine Veröffentlichung vornimmt oder eine Angebotsunterlage bekannt gibt,
4. entgegen § 10 Abs. 4 Satz 1, auch in Verbindung mit § 35 Abs. 1 Satz 4, eine Veröffentlichung nicht, nicht richtig, nicht vollständig oder nicht rechtzeitig übersendet,
5. entgegen § 14 Abs. 3 Satz 2, auch in Verbindung mit § 21 Abs. 2 Satz 2, § 23 Abs. 1 Satz 2 oder § 35 Abs. 2 Satz 2, oder entgegen § 27 Abs. 3 Satz 3 einen Beleg nicht, nicht richtig oder nicht rechtzeitig übersendet,

6. entgegen § 15 Abs. 3 eine Veröffentlichung vornimmt,
7. entgegen § 26 Abs. 1 Satz 1 oder 2 ein Angebot abgibt oder
8. entgegen § 33 Abs. 1 Satz 1 eine dort genannte Handlung vornimmt.

(2) Ordnungswidrig handelt, wer vorsätzlich oder fahrlässig
1. einer vollziehbaren Anordnung nach § 28 Abs. 1 zuwiderhandelt oder
2. entgegen § 40 Abs. 1, 2 oder 3 Satz 1, auch in Verbindung mit Satz 2, eine Auskunft nicht, nicht richtig, nicht vollständig oder nicht rechtzeitig erteilt oder eine Unterlage nicht, nicht richtig, nicht vollständig oder nicht rechtzeitig vorlegt.

(3) Die Ordnungswidrigkeit kann in den Fällen des Absatzes 1 Nr. 1 Buchstabe a, Nr. 3, 6 bis 8 mit einer Geldbuße bis zu einer Million Euro, in den Fällen des Absatzes 1 Nr. 1 Buchstabe b, Nr. 2 Buchstabe a und Nr. 4 mit einer Geldbuße bis zu fünfhunderttausend Euro, in den übrigen Fällen mit einer Geldbuße bis zu zweihunderttausend Euro geahndet werden.

§ 61 Zuständige Verwaltungsbehörde

Verwaltungsbehörde im Sinne des § 36 Abs. 1 Nr. 1 des Gesetzes über Ordnungswidrigkeiten ist das Bundesaufsichtsamt.

§ 62 Zuständigkeit des Oberlandesgerichts im gerichtlichen Verfahren

(1) Im gerichtlichen Verfahren wegen einer Ordnungswidrigkeit nach § 60 entscheidet das für den Sitz des Bundesaufsichtsamtes in Frankfurt am Main zuständige Oberlandesgericht; es entscheidet auch über einen Antrag auf gerichtliche Entscheidung (§ 62 des Gesetzes über Ordnungswidrigkeiten) in den Fällen des § 52 Abs. 2 Satz 3 und des § 69 Abs. 1 Satz 2 des Gesetzes über Ordnungswidrigkeiten. § 140 Abs. 1 Nr. 1 der Strafprozessordnung in Verbindung mit § 46 Abs. 1 des Gesetzes über Ordnungswidrigkeiten findet keine Anwendung.

(2) Das Oberlandesgericht entscheidet in der Besetzung von drei Mitgliedern mit Einschluss des vorsitzenden Mitglieds.

§ 63 Rechtsbeschwerde zum Bundesgerichtshof

Über die Rechtsbeschwerde (§ 79 des Gesetzes über Ordnungswidrigkeiten) entscheidet der Bundesgerichtshof. Hebt er die angefochtene Entscheidung auf, ohne in der Sache selbst zu entscheiden, so verweist er die Sache an das Oberlandesgericht, dessen Entscheidung aufgehoben wird, zurück.

§ 64 Wiederaufnahme gegen Bußgeldbescheid

Im Wiederaufnahmeverfahren gegen den Bußgeldbescheid des Bundesaufsichtsamtes (§ 85 Abs. 4 des Gesetzes über Ordnungswidrigkeiten) entscheidet das nach § 62 Abs. 1 zuständige Gericht.

§ 65 Gerichtliche Entscheidung bei der Vollstreckung

Die bei der Vollstreckung notwendig werdenden gerichtlichen Entscheidungen (§ 104 des Gesetzes über Ordnungswidrigkeiten) werden von dem nach § 62 Abs. 1 zuständigen Gericht erlassen.

Abschnitt 9
Gerichtliche Zuständigkeit; Übergangsregelungen

§ 66 Gerichte für Wertpapiererwerbs- und Übernahmesachen

(1) Für bürgerliche Rechtsstreitigkeiten, die sich aus diesem Gesetz ergeben, sind ohne Rücksicht auf den Wert des Streitgegenstandes die Landgerichte ausschließlich zuständig. Satz 1 gilt auch für die in § 12 Abs. 6 genannten Ansprüche und für den Fall, dass die Entscheidung eines Rechtsstreits ganz oder teilweise von einer Entscheidung abhängt, die nach diesem Gesetz zu treffen ist. Für Klagen, die auf Grund dieses Gesetzes oder wegen der in § 12 Abs. 6 genannten Ansprüche erhoben werden, ist auch das Landgericht zuständig, in dessen Bezirk die Zielgesellschaft ihren Sitz hat.

(2) Die Rechtsstreitigkeiten sind Handelssachen im Sinne der §§ 93 bis 114 des Gerichtsverfassungsgesetzes.

(3) Die Landesregierungen werden ermächtigt, durch Rechtsverordnung bürgerliche Rechtsstreitigkeiten, für die nach Absatz 1 ausschließlich die Landgerichte zuständig sind, einem Landgericht für die Bezirke mehrerer Landgerichte zuzuweisen, wenn eine solche Zusammenfassung der Rechtspflege in Wertpapiererwerbs- und Übernahmesachen dienlich ist. Sie werden ferner ermächtigt, die Entscheidungen über Berufungen und Beschwerden gegen Entscheidungen der nach Absatz 1 zuständigen Landgerichte in bürgerlichen Rechtsstreitigkeiten einem oder einigen der Oberlandesgerichte zuzuweisen, wenn in einem Land mehrere Oberlandesgerichte errichtet sind. Die Landesregierungen können die Ermächtigungen auf die Landesjustizverwaltungen übertragen. Durch Staatsverträge zwischen den Ländern kann die Zuständigkeit eines Landgerichts für einzelne Bezirke oder das gesamte Gebiet mehrerer Länder begründet werden.

(4) Wird gegen eine Entscheidung des Gerichts für Wertpapiererwerbs- und Übernahmesachen Berufung eingelegt, können sich die Parteien durch Rechtsanwälte vertreten lassen, die bei dem Oberlandesgericht zugelassen sind, vor das die Berufung ohne eine Regelung nach Absatz 3 gehören würde. Die Mehrkosten, die einer Partei dadurch erwachsen, dass sie sich nach Satz 1 durch einen nicht bei dem Prozessgericht zugelassenen Anwalt vertreten lässt, sind nicht zu erstatten.

§ 67 Senat für Wertpapiererwerbs- und Übernahmesachen beim Oberlandesgericht

In den ihm nach § 48 Abs. 4, § 62 Abs. 1, §§ 64 und 65 zugewiesenen Rechtssachen entscheidet das Oberlandesgericht durch einen Wertpapiererwerbs- und Übernahmesenat.

§ 68 Übergangsregelungen

(1) Der Widerspruchsausschuss besteht bis zur Bestellung von ehrenamtlichen Beisitzern auf Grund von Vorschlägen des Beirats nach § 5 Abs. 3 Satz 3, spätestens bis zum 30. Juni 2002, ausschließlich aus den in § 6 Abs. 2 Satz 1 Nr. 1 und 2 genannten Personen.

(2) Dieses Gesetz findet vorbehaltlich Absatz 3 keine Anwendung auf Angebote, die vor dem 1. Januar 2002 veröffentlicht wurden.

(3) Wer nach dem 1. Januar 2002 die Kontrolle auf Grund eines Angebots erlangt, das vor dem 1. Januar 2002 veröffentlicht wurde, hat die Verpflichtungen nach § 35 Abs. 1 Satz 1 und Abs. 2 Satz 1 einzuhalten. Das Bundesaufsichtsamt befreit den Bieter auf schriftlichen Antrag von den Verpflichtungen nach Satz 1, wenn das Angebot den Vorgaben nach §§ 31 und 32 entspricht. Über Widersprüche gegen Verfügungen des Bundesaufsichtsamtes nach Satz 2 entscheidet der Widerspruchsausschuss.

Artikel 2*

Änderung des Wertpapierhandelsgesetzes

Das Wertpapierhandelsgesetz in der Fassung der Bekanntmachung vom 9. September 1998 (BGBl. I S. 2708), zuletzt geändert durch Artikel 93 der Verordnung vom 29. Oktober 2001 (BGBl. I S. 2785), wird wie folgt geändert:

1. In § 21 Abs. 1 a und 2 werden jeweils die Wörter „zum amtlichen Handel an einer Börse" durch die Wörter „zum Handel an einem organisierten Markt" ersetzt.
2. § 22 wird wie folgt gefasst:

„§ 22

Zurechnung von Stimmrechten

(1) Für die Mitteilungspflichten nach § 21 Abs. 1 und 1 a stehen den Stimmrechten des Meldepflichtigen Stimmrechte aus Aktien der börsennotierten Gesellschaft gleich,

1. die einem Tochterunternehmen des Meldepflichtigen gehören,
2. die einem Dritten gehören und von ihm für Rechnung des Meldepflichtigen gehalten werden,
3. die der Meldepflichtige einem Dritten als Sicherheit übertragen hat, es sei denn, der Dritte ist zur Ausübung der Stimmrechte aus diesen Aktien befugt und bekundet die Absicht, die Stimmrechte unabhängig von den Weisungen des Meldepflichtigen auszuüben,
4. an denen zugunsten des Meldepflichtigen ein Nießbrauch bestellt ist,
5. die der Meldepflichtige durch eine Willenserklärung erwerben kann,
6. die dem Meldepflichtigen anvertraut sind, sofern er die Stimmrechte

---

* Art. 2–9 sind nicht Gegenstand der Kommentierung, werden hier der Vollständigkeit halber aber mit abgedruckt.

aus diesen Aktien nach eigenem Ermessen ausüben kann, wenn keine besonderen Weisungen des Aktionärs vorliegen.

Für die Zurechnung nach Satz 1 Nr. 2 bis 6 stehen dem Meldepflichtigen Tochterunternehmen des Meldepflichtigen gleich. Stimmrechte des Tochterunternehmens werden dem Meldepflichtigen in voller Höhe zugerechnet.

(2) Dem Meldepflichtigen werden auch Stimmrechte eines Dritten aus Aktien der börsennotierten Gesellschaft in voller Höhe zugerechnet, mit dem der Meldepflichtige oder sein Tochterunternehmen sein Verhalten in Bezug auf die börsennotierte Gesellschaft auf Grund einer Vereinbarung oder in sonstiger Weise abstimmt; ausgenommen sind Vereinbarungen über die Ausübung von Stimmrechten in Einzelfällen. Für die Berechnung des Stimmrechtsanteils des Dritten gilt Absatz 1 entsprechend.

(3) Tochterunternehmen sind Unternehmen, die als Tochterunternehmen im Sinne des § 290 des Handelsgesetzbuchs gelten oder auf die ein beherrschender Einfluss ausgeübt werden kann, ohne dass es auf die Rechtsform oder den Sitz ankommt.

(4) Die zuzurechnenden Stimmrechte sind in den Mitteilungen nach § 21 Abs. 1 und 1 a für jede der Nummern in Absatz 1 und für Absatz 2 Satz 1 getrennt anzugeben."

3. In § 25 Abs. 2 Satz 1, § 26 Abs. 1 Satz 1, Abs. 3 und § 30 Abs. 1 Nr. 4 werden jeweils die Wörter „zum amtlichen Handel an einer Börse" durch die Wörter „zum Handel an einem organisierten Markt" ersetzt.
4. In § 28 Satz 1 wird die Angabe „§ 22 Abs. 1 Nr. 1 oder 2" durch die Angabe „§ 22 Abs. 1 Satz 1 Nr. 1 oder 2" ersetzt.
5. In § 39 Abs. 1 Nr. 1 Buchstabe c wird die Angabe „§ 22 Abs. 1 oder 2" durch die Angabe „§ 22 Abs. 1, 2 oder 4" ersetzt.
6. § 41 wird wie folgt geändert:
   a) Die Überschrift wird wie folgt gefasst:

      „Übergangsregelung für Mitteilungs- und Veröffentlichungspflichten".

   b) Absatz 2 wird wie folgt gefasst:

      „(2) Wem am 1. April 2002 unter Berücksichtigung des § 22 Abs. 1 und 2 fünf Prozent oder mehr der Stimmrechte einer börsennotierten Gesellschaft zustehen, hat der Gesellschaft und dem Bundesaufsichtsamt unverzüglich, spätestens innerhalb von sieben Kalendertagen, die Höhe seines Stimmrechtsanteils unter Angabe seiner Anschrift schriftlich mitzuteilen; in der Mitteilung sind die zuzurechnenden Stimmrechte für jeden Zurechnungstatbestand getrennt anzugeben. Eine Verpflichtung nach Satz 1 besteht nicht, sofern nach dem 1. Januar 2002 und vor dem 1. April 2002 bereits eine Mitteilung gemäß § 21 Abs. 1 oder 1 a abgegeben worden ist."

   c) In Absatz 3 wird die Angabe „§ 25 Abs. 1 Satz 1, Abs. 2" durch die Angabe „§ 25 Abs. 1 Satz 1 und 2, Abs. 2" ersetzt.

d) In Absatz 4 wird die Angabe „§§ 23, 24, 25 Abs. 1 Satz 3, Abs. 3 Satz 2, Abs. 4“ durch die Angabe „§§ 23, 24, 25 Abs. 3 Satz 2, Abs. 4“ ersetzt.

e) In Absatz 5 Nr. 2 wird die Angabe „§ 25 Abs. 1 Satz 1 oder Abs. 2“ durch die Angabe „§ 25 Abs. 1 Satz 1, 2 oder Abs. 2“ ersetzt.

Artikel 3
Änderung des Gesetzes über Kapitalanlagegesellschaften

§ 10 Abs. 1a des Gesetzes über Kapitalanlagegesellschaften in der Fassung der Bekanntmachung vom 9. September 1998 (BGBl. I S. 2726), das zuletzt durch Artikel 33 des Gesetzes vom 20. Dezember 2001 (BGBl. I S. 3794) geändert worden ist, wird wie folgt gefasst:

„(1a) Die Kapitalanlagegesellschaft ist hinsichtlich der von ihr verwalteten Sondervermögen kein Tochterunternehmen im Sinne des § 22 Abs. 3 des Wertpapierhandelsgesetzes und des § 2 Abs. 6 des Wertpapiererwerbsund Übernahmegesetzes und keine Mehrheitsbeteiligung im Sinne des § 135 Abs. 1 Satz 3 des Aktiengesetzes. Stimmrechte aus Aktien, die zu einem von der Kapitalanlagegesellschaft verwalteten Sondervermögen gehören, das kein Spezialfonds ist und dessen Vermögensgegenstände im Miteigentum der Anteilinhaber stehen, gelten für die Anwendung des § 21 Abs. 1 des Wertpapierhandelsgesetzes und des § 29 Abs. 2 des Wertpapiererwerbs- und Übernahmegesetzes als Stimmrechte der Kapitalanlagegesellschaft; stehen die Vermögensgegenstände dieses Sondervermögens im Eigentum der Kapitalanlagegesellschaft, sind auf die Stimmrechte § 22 Abs. 1 des Wertpapierhandelsgesetzes und § 30 Abs. 1 des Wertpapiererwerbs- und Übernahmegesetzes nicht anzuwenden.“

Artikel 4
Änderung des Auslandinvestment-Gesetzes

§ 15b Abs. 2 des Auslandinvestment-Gesetzes in der Fassung der Bekanntmachung vom 9. September 1998 (BGBl. I S. 2820), das zuletzt durch Artikel 34 des Gesetzes vom 20. Dezember 2001 (BGBl. I S. 3794) geändert worden ist, wird wie folgt gefasst:

„(2) Die Investmentgesellschaft ist hinsichtlich der von ihr verwalteten ausländischen Investmentvermögen kein Tochterunternehmen im Sinne des § 22 Abs. 3 des Wertpapierhandelsgesetzes und des § 2 Abs. 6 des Wertpapiererwerbs- und Übernahmegesetzes. Kann der Anteilinhaber im Regelfall keine Weisungen für die Ausübung der Stimmrechte erteilen, gelten Stimmrechte aus Aktien, die zu einem von der Investmentgesellschaft verwalteten Investmentvermögen gehören, dessen Vermögensgegenstände im Miteigentum der Anteilinhaber stehen, für die Anwendung des § 21 Abs. 1 des Wertpapierhandelsgesetzes und des § 29 Abs. 2 des Wertpapiererwerbsund Übernahmegesetzes als Stimmrechte der Investmentgesellschaft; stehen die Vermögensgegenstände des Investmentvermögens im Eigentum der Investmentgesellschaft, sind auf die Stimmrechte § 22 Abs. 1 des Wertpapierhandelsgesetzes und § 30 Abs. 1 des Wertpapiererwerbs- und Übernahmegesetzes nicht anzuwenden."

Artikel 5
Änderung des Gesetzes über das Kreditwesen

In § 1 Abs. 9 Satz 2 des Gesetzes über das Kreditwesen in der Fassung der Bekanntmachung vom 9. September 1998 (BGBl. I S. 2776), das zuletzt durch Artikel 29 des Gesetzes vom 13. Juli 2001 (BGBl. I S. 1542), geändert worden ist, wird die Angabe „§ 22 Abs. 1 und 3 des Wertpapierhandelsgesetzes" durch die Angabe „§ 22 Abs. 1 bis 3 des Wertpapierhandelsgesetzes" ersetzt.

Artikel 6
Änderung des Verkaufsprospektgesetzes

In § 4 Abs. 1 des Verkaufsprospektgesetzes in der Fassung der Bekanntmachung vom 9. September 1998 (BGBl. I S. 2701), das durch Artikel 3 Abs. 4 des Gesetzes vom 21. Dezember 2000 (BGBl. I S. 1857) geändert worden ist, wird nach Nummer 8 der Punkt durch ein Semikolon ersetzt und folgende Nummer 9 angefügt:

„9. als Gegenleistung im Rahmen eines Angebots nach dem Wertpapiererwerbs- und Übernahmegesetz angeboten werden."

Artikel 7
Änderung des Aktiengesetzes

Das Aktiengesetz vom 6. September 1965 (BGBl. I S. 1089), zuletzt geändert durch Artikel 5 des Gesetzes vom 10. Dezember 2001 (BGBl. I S. 3422), wird wie folgt geändert:

1. Die Inhaltsübersicht vor § 1 wird wie folgt geändert:
   a) Nach der Überschrift des Dritten Teils des Dritten Buches wird folgende neue Überschrift eingefügt:
      „Vierter Teil. Ausschluss von Minderheitsaktionären 327 a – 327 f".
   b) Die Überschrift des Vierten Teils des Dritten Buches wird durch folgende Überschrift ersetzt:
      „Fünfter Teil. Wechselseitig beteiligte Unternehmen 328".
   c) Die Überschrift des Fünften Teils des Dritten Buches wird durch folgende Überschrift ersetzt:
      „Sechster Teil. Rechnungslegung im Konzern 337".

2. Nach § 327 wird folgender neuer Teil eingefügt:

„Vierter Teil
Ausschluss von Minderheitsaktionären

§ 327 a
Übertragung von Aktien gegen Barabfindung

(1) Die Hauptversammlung einer Aktiengesellschaft oder einer Kommanditgesellschaft auf Aktien kann auf Verlangen eines Aktionärs, dem Aktien der Gesellschaft in Höhe von 95 vom Hundert des Grundkapitals gehören (Hauptaktionär), die Übertragung der Aktien der übrigen Aktionäre (Minderheitsaktionäre) auf den Hauptaktionär gegen Gewährung einer angemessenen Barabfindung beschließen. § 285 Abs. 2 Satz 1 findet keine Anwendung.

(2) Für die Feststellung, ob dem Hauptaktionär 95 vom Hundert der Aktien gehören, gilt § 16 Abs. 2 und 4.

§ 327 b
Barabfindung

(1) Der Hauptaktionär legt die Höhe der Barabfindung fest; sie muss die Verhältnisse der Gesellschaft im Zeitpunkt der Beschlussfassung ihrer Hauptversammlung berücksichtigen. Der Vorstand hat dem Hauptaktionär alle dafür notwendigen Unterlagen zur Verfügung zu stellen und Auskünfte zu erteilen.

(2) Die Barabfindung ist von der Bekanntmachung der Eintragung des Übertragungsbeschlusses in das Handelsregister an mit jährlich 2 vom Hundert über dem jeweiligen Basiszinssatz zu verzinsen; die Geltendmachung eines weiteren Schadens ist nicht ausgeschlossen.

(3) Vor Einberufung der Hauptversammlung hat der Hauptaktionär dem Vorstand die Erklärung eines im Geltungsbereich dieses Gesetzes zum Geschäftsbetrieb befugten Kreditinstituts zu übermitteln, durch die das Kreditinstitut die Gewährleistung für die Erfüllung der Verpflichtung des Hauptaktionärs übernimmt, den Minderheitsaktionären nach Eintragung des Übertragungsbeschlusses unverzüglich die festgelegte Barabfindung für die übergegangenen Aktien zu zahlen.

§ 327 c
Vorbereitung der Hauptversammlung

(1) Die Bekanntmachung der Übertragung als Gegenstand der Tagesordnung hat folgende Angaben zu enthalten:

1. Firma und Sitz des Hauptaktionärs, bei natürlichen Personen Name und Adresse;
2. die vom Hauptaktionär festgelegte Barabfindung.

(2) Der Hauptaktionär hat der Hauptversammlung einen schriftlichen Bericht zu erstatten, in dem die Voraussetzungen für die Übertragung dargelegt und die Angemessenheit der Barabfindung erläutert und begründet

werden. Die Angemessenheit der Barabfindung ist durch einen oder mehrere sachverständige Prüfer zu prüfen. Diese werden auf Antrag des Hauptaktionärs vom Gericht ausgewählt und bestellt. § 293a Abs. 2 und 3, § 293c Abs. 1 Satz 3 bis 5 sowie die §§ 293d und 293e sind sinngemäß anzuwenden. In Rechtsverordnungen nach § 293c Abs. 2 kann die Entscheidung nach Satz 3 in Verbindung mit § 293c Abs. 1 Satz 3 bis 5 entsprechend übertragen werden.

(3) Von der Einberufung der Hauptversammlung an sind in dem Geschäftsraum der Gesellschaft zur Einsicht der Aktionäre auszulegen

1. der Entwurf des Übertragungsbeschlusses;
2. die Jahresabschlüsse und Lageberichte für die letzten drei Geschäftsjahre;
3. der nach Absatz 2 Satz 1 erstattete Bericht des Hauptaktionärs;
4. der nach Absatz 2 Satz 2 bis 4 erstattete Prüfungsbericht.

(4) Auf Verlangen ist jedem Aktionär unverzüglich und kostenlos eine Abschrift der in Absatz 3 bezeichneten Unterlagen zu erteilen.

§ 327d
Durchführung der Hauptversammlung

In der Hauptversammlung sind die in § 327c Abs. 3 bezeichneten Unterlagen auszulegen. Der Vorstand kann dem Hauptaktionär Gelegenheit geben, den Entwurf des Übertragungsbeschlusses und die Bemessung der Höhe der Barabfindung zu Beginn der Verhandlung mündlich zu erläutern.

§ 327e
Eintragung des Übertragungsbeschlusses

(1) Der Vorstand hat den Übertragungsbeschluss zur Eintragung in das Handelsregister anzumelden. Der Anmeldung sind die Niederschrift des Übertragungsbeschlusses und seine Anlagen in Ausfertigung oder öffentlich beglaubigter Abschrift beizufügen.

(2) § 319 Abs. 5 und 6 gilt sinngemäß.

(3) Mit der Eintragung des Übertragungsbeschlusses in das Handelsregister gehen alle Aktien der Minderheitsaktionäre auf den Hauptaktionär über. Sind über diese Aktien Aktienurkunden ausgegeben, so verbriefen sie bis zu ihrer Aushändigung an den Hauptaktionär nur den Anspruch auf Barabfindung.

§ 327f.
Gerichtliche Nachprüfung der Abfindung

(1) Die Anfechtung des Übertragungsbeschlusses kann nicht auf § 243 Abs. 2 oder darauf gestützt werden, dass die durch den Hauptaktionär festgelegte Barabfindung nicht angemessen ist. Ist die Barabfindung nicht angemessen, so hat das in § 306 bestimmte Gericht auf Antrag die angemessene Barabfindung zu bestimmen. Das Gleiche gilt, wenn der Hauptaktionär eine Barabfindung nicht oder nicht ordnungsgemäß angeboten

hat und eine hierauf gestützte Anfechtungsklage innerhalb der Anfechtungsfrist nicht erhoben, zurückgenommen oder rechtskräftig abgewiesen worden ist.

(2) Antragsberechtigt ist jeder ausgeschiedene Minderheitsaktionär. Der Antrag kann nur binnen zwei Monaten nach dem Tage gestellt werden, an dem die Eintragung des Übertragungsbeschlusses in das Handelsregister nach § 10 des Handelsgesetzbuchs als bekannt gemacht gilt. Für das Verfahren und die Kosten des Verfahrens gilt § 306 sinngemäß."

3. Der bisherige Vierte und der bisherige Fünfte Teil des Dritten Buches werden Fünfter und Sechster Teil.

Artikel 8
Änderung des Gerichtskostengesetzes

Das Gerichtskostengesetz in der Fassung der Bekanntmachung vom 15. Dezember 1975 (BGBl. I S. 3047), zuletzt geändert durch Artikel 2 des Gesetzes vom 13. Dezember 2001 (BGBl. I S. 3638), wird wie folgt geändert:

1. In § 1 Abs. 1 Buchstabe a werden nach dem Wort „Wettbewerbsbeschränkungen" ein Komma und die Wörter „nach dem Wertpapiererwerbs- und Übernahmegesetz" eingefügt.
2. § 12a wird wie folgt geändert:
   a) Die Überschrift wird wie folgt gefasst:

      „§ 12a
      Wertberechnung in Beschwerdeverfahren nach dem Gesetz gegen Wettbewerbsbeschränkungen und nach dem Wertpapiererwerbs- und Übernahmegesetz".

   b) Absatz 1 Satz 1 wird wie folgt gefasst:

      „Im Verfahren über Beschwerden gegen Verfügungen der Kartellbehörde, über Rechtsbeschwerden (§§ 63 und 74 des Gesetzes gegen Wettbewerbsbeschränkungen) und über Beschwerden gegen Verfügungen des Bundesaufsichtsamtes für den Wertpapierhandel (§ 48 des Wertpapiererwerbsund Übernahmegesetzes) bestimmt sich der Wert nach § 3 der Zivilprozessordnung."
3. § 20 wird wie folgt geändert:
   a) In der Überschrift werden nach der Angabe „Verfahren nach § 319 Abs. 6 des Aktiengesetzes" ein Komma und die Angabe „auch in Verbindung mit § 327e Abs. 2 des Aktiengesetzes," eingefügt.
   b) In Absatz 3 werden nach der Angabe „§ 80a Abs. 3 der Verwaltungsgerichtsordnung" das Wort „oder" durch ein Komma ersetzt und nach der Angabe „§ 69 Abs. 3, 5 der Finanzgerichtsordnung" die Angabe „oder § 50 Abs. 3 bis 5 des Wertpapiererwerbs- und Übernahmegesetzes" eingefügt.

c) Absatz 4 wird wie folgt geändert:

aa) In Satz 1 werden nach der Angabe „Verfahren nach § 319 Abs. 6 des Aktiengesetzes“ ein Komma und die Angabe „auch in Verbindung mit § 327e Abs. 2 des Aktiengesetzes,“ eingefügt.

bb) In Satz 2 werden vor den Wörtern „ein Zehntel des Grundkapitals“ die Wörter „im Falle des § 319 Abs. 6 des Aktiengesetzes oder des § 16 Abs. 3 des Umwandlungsgesetzes“ eingefügt.

4. Die Anlage 1 wird wie folgt geändert:

a) Die Überschrift der Gliederung des Teils 1 und die Überschrift des Teils 1 werden jeweils wie folgt gefasst:

„Teil 1
Bürgerliche Rechtsstreitigkeiten, Verfahren nach § 1 Abs. 2 und 3 GKG und Beschwerdeverfahren nach dem Gesetz gegen Wettbewerbsbeschränkungen und dem Wertpapiererwerbs- und Übernahmegesetz vor den ordentlichen Gerichten außer Verfahren der Zwangsversteigerung und Zwangsverwaltung“.

b) In der Überschrift des Abschnitts II.2 des Teils 1 wird die Angabe „§§ 63 und 116 GWB“ durch die Angabe „§§ 63, 116 GWB und § 48 WpÜG“ ersetzt.

c) In der Vorbemerkung zu den Nummern 1226 und 1227 wird die Angabe „§§ 63 und 116 GWB“ durch die Angabe „§§ 63, 116 GWB und § 48 WpÜG“ ersetzt.

d) In Nummer 1650 wird nach der Angabe „§ 319 Abs. 6 AktG“ ein Komma und die Angabe „auch i.V.m. § 327e Abs. 2 AktG,“ eingefügt.

e) Nach Nummer 1650 wird folgende Nummer 1651 eingefügt:

Nr.	Gebührentatbestand	Gebührenbetrag oder Satz der Gebühr nach § 11 Abs. 2 GKG
„1651	Verfahren über den Antrag nach § 50 Abs. 3 bis 5 WpÜG. Mehrere Verfahren gelten innerhalb eines Rechtszuges als ein Verfahren	0,5“.

Artikel 9
Änderung der Bundesgebührenordnung für Rechtsanwälte

Die Bundesgebührenordnung für Rechtsanwälte in der im Bundesgesetzblatt Teil III, Gliederungsnummer 368–1, veröffentlichten bereinigten Fassung, zuletzt geändert durch Artikel 6 des Gesetzes vom 13. Dezember 2001 (BGBl. I S. 3656), wird wie folgt geändert:

1. § 42 wird wie folgt gefasst:

„§ 42
Verfahren nach § 319 Abs. 6 des Aktiengesetzes,
auch in Verbindung mit § 327e Abs. 2 des Aktiengesetzes,
oder § 16 Abs. 3 des Umwandlungsgesetzes

In Verfahren nach § 319 Abs. 6 des Aktiengesetzes, auch in Verbindung mit § 327e Abs. 2 des Aktiengesetzes, oder § 16 Abs. 3 des Umwandlungsgesetzes erhält der Rechtsanwalt die Hälfte der in § 31 bestimmten Gebühren."

2. Nach § 65b wird folgender § 65c eingefügt:

„§ 65c
Verfahren nach dem Wertpapiererwerbs- und Übernahmegesetz

Im Beschwerdeverfahren nach dem Wertpapiererwerbs- und Übernahmegesetz gelten die Vorschriften dieses Abschnitts sinngemäß. Im Verfahren über einen Antrag nach § 50 Abs. 3 bis 5 des Wertpapiererwerbs- und Übernahmegesetzes gilt § 40 sinngemäß. Die Gebühren richten sich nach § 11 Abs. 1 Satz 4."

Artikel 10
Änderung der Verkaufsprospekt-Verordnung

Dem § 4 der Verkaufsprospekt-Verordnung in der Fassung der Bekanntmachung vom 9. September 1998 (BGBl. I S. 2853) wird folgender Satz angefügt:

„Werden Aktien angeboten, hat der Verkaufsprospekt einen Hinweis darauf zu enthalten, dass die Regelungen des Wertpapiererwerbs- und Übernahmegesetzes, insbesondere die Verpflichtung zur Abgabe eines Angebots an alle Aktionäre bei Erlangung der Kontrolle über den Emittenten, keine Anwendung finden."

Artikel 11
Rückkehr zum einheitlichen Verordnungsrang

Die auf Artikel 10 beruhenden Teile der dort geänderten Rechtsverordnung können auf Grund der jeweils einschlägigen Ermächtigung durch Rechtsverordnung geändert werden.

Artikel 12
Inkrafttreten

Dieses Gesetz tritt vorbehaltlich des Satzes 2 am 1. Januar 2002 in Kraft. Vorschriften des Artikels 1, die zum Erlass von Rechtsverordnungen ermächtigen, treten am Tage nach der Verkündung in Kraft.

Einleitung

Literatur: *Assmann/Basaldua/Bozenhardt/Peltzer*, Übernahmeangebote, 1990; *Assmann*, Erwerbs-, Übernahme- und Pflichtangebote nach dem Wertpapiererwerbs- und Übernahmegesetz aus der Sicht der Bietergesellschaft, AG 2002, 114; *Assmann*, Verhaltensregeln für freiwillige öffentliche Übernahmeangebote, AG 1995, 563; *Beckmann*, Der Richtlinienvorschlag betreffend Übernahmeangebote auf dem Weg zu einer europäischen Rechtsangleichung, DB 1995, 2407; *Diekmann*, Hinweise zur Anwendung des Übernahmekodexes der Börsensachverständigenkommission, WM 1997, 897; *Habersack*, Der Finanzplatz Deutschland und die Rechte der Aktionäre, ZIP 2001, 1230; *Habersack/Mayer*, Der neue Vorschlag 1997 einer Takeover-Richtlinie, Überlegungen zur Umsetzung in das deutsche Recht, ZIP 1997, 2141; *Halm*, „Squeeze-out" heute und morgen: Eine Bestandsaufnahme nach dem künftigen Übernahmerecht, NZG 2000, 1162; *Handelsrechtsausschuß des Deutschen Anwaltsvereins e.V.*, Stellungnahme zur Ergänzung des AktG durch einen Titel „Aktienerwerb durch Hauptaktionär", NZG 1999, 850; *Hommelhoff*, Konzerneingangsschutz durch Takeover-Recht, in FS Semler S. 455; *Hopt*, Europäisches und deutsches Übernahmerecht, ZHR 161 (1997), 368; *Kallmeyer*, Pflichtangebote nach dem Übernahmekodex und dem neuen Vorschlag einer Takeover-Richtlinie, ZIP 1997, 2147; *Kalss*, Das neue Übernahmegesetz als Teil des Kapitalmarktrechtes in Österreich, NZG 1999, 421; *Karollus/Geist*, Das österreichische Übernahmegesetz – (K)ein Papiertiger?! – eine Fallstudie, NZG 2000, 1145; *Kirchner*, Neutralitäts- und Stillhaltepflicht des Vorstandes der Zielgesellschaft im Übernahmerecht, AG 1999, 481; *ders.*, Managementpflichten bei „feindlichen" Übernahmeangeboten, WM 2000, 1821; *Knoll*, Die Übernahme von Kapitalgesellschaften, 1991; *Krause*, Der revidierte Vorschlag einer Takeover-Richtlinie (1996), AG 1996, 209; *ders.*, Die geplante Takeover-Richtlinie in der EU mit Aussicht auf das geplante deutsche Übernahmegesetz, NZG 2000, 905; *Kreutzer* (Hrsg.), Öffentliche Übernahmeangebote, 1992; *Land*, Das neue deutsche Wertpapiererwerbs- und Übernahmegesetz, DB 2001, 1707; *Martens*, Der Einfluß von Vorstand und Aufsichtsrat auf Kompetenz und Struktur der Aktionäre – Unternehmensverantwortung contra Neutralitätspflicht, FS Beusch S. 529; *Mülbert*, Übernahmerecht zwischen Kapitalmarktrecht und Aktien(konzern)recht – die konzeptionelle Schwachstelle des RegE WpÜG, ZIP 2001, 1221; *ders.*, Die Zielgesellschaft im Vorschlag '97 einer Takeover-Richtlinie – zwei folgenreiche Eingriffe ins deutsche Aktienrecht, IStR, 1999, 83; *Neye*, Der neue Vorschlag der Kommission für eine dreizehnte Richtlinie über Übernahmeangebote, DB 1996, 1121; *ders.*, Der Vorschlag 1997 einer Takeover-Richtlinie, ZIP 1997, 2172; *ders.*, Der gemeinsame Standpunkt des Rates zur 13. Richtlinie – ein entscheidender Schritt auf dem Weg zu einem europäischen Übernahmerecht, AG 2000,

289; *Peltzer*, Der Kommissionsentwurf für eine 13. Richtlinie über Übernahmeangebote, AG 1997, 145; *Pietzke*, Das zwingende Übernahmeangebot bei Erwerb einer Kontrollmehrheit, FS Fikentscher S. 601; *Pötzsch/Möller*, Das künftige Übernahmerecht, WM-Sonderbeilage 2/2000; *Riehmer/Schröder*, Der Entwurf des Übernahmegesetzes im Lichte von Vodafone/Mannesmann, NZG 2000, 820; *Röhrich*, Gleichbehandlungspflicht bei Kontrollakquisitionen: Eine Analyse der dreizehnten EG-Richtlinie aus ökonomischer Sicht, RIW 1993, 93; *Roos*, Der neue Vorschlag für eine EG-Übernahme-Richtlinie, WM 1996, 2177; *Roth/Zinser*, Österreichisches Übernahmegesetz vom 1.1.1999; Musterregelung für das deutsche Recht, EWS 2000, 233; *Rümker*, Übernahmeangebot – Verhaltenspflichten des Vorstandes der Zielgesellschaft und Abwehrmöglichkeiten, FS Heinsius S. 688; *Schilling*, Shareholdervalue und Aktiengesetz, BB 1997, 373; *S. Schuster/Zschocke*, Übernahmerecht: Takeoverlaw, 1996; *Schneider*, Die Zielgesellschaft nach Abgabe eines Übernahme- oder Pflichtangebots, AG 2002, 125; *G. Schuster*, Der neue Vorschlag einer EG-Takeover-Richtlinie und seine Auswirkungen auf den Übernahmekodex, EuZW 1997, 237; *Thaeter/Barth*, RefE eines Wertpapiererwerbs- und Übernahmegesetzes, NZG 2001, 545; *Theisen*, Der Konzern, 2000; *Weisgerber*, Der Übernahmekodex in der Praxis, ZHR 161 (1997) 421; *Wiesner*, Protektionismus oder Marktöffnung? – Zur Übernahmerichtlinie zeichnet sich ein Paradigmenwechsel ab, ZIP 2002, 208; *Witte*, Diskussionsentwurf zur Regelung von Unternehmensübernahmen: Abwehrmaßnahmen des Vorstandes der Zielgesellschaft, BB 2000, 2161; *Zinser*, Der geänderte Vorschlag einer Takeover-Richtlinie vom 10.11.1997, EWS 1999, 133; *ders.*, Der RefE eines „Gesetzes zur Regelung von öffentlichen Angeboten zum Erwerb von Wertpapieren und von Unternehmensübernahmen", vom 12.3.2001, NZG 2001, 391.

Übersicht

I. Überblick

1. WpÜG als Teil eines „Artikelgesetzes"

Das „Wertpapiererwerbs- und Übernahmegesetz **(WpÜG)**" ist das Herzstück des „Gesetzes zur Regelung von öffentlichen Angeboten zum Erwerb von Wertpapieren und von Unternehmensübernahmen", als dessen Art. 1 es am 22. 12. 2001 verkündet worden ist.[1] Art. 2 bis 6 des Gesetzes enthalten Marginalkorrekturen – in Konsequenz und zur Abrundung des WpÜG – des Wertpapierhandelsgesetzes, des Gesetzes über Kapitalanlagegesellschaften, des Auslandsinvestmentgesetzes, des Gesetzes über das Kreditwesen sowie des Verkaufsprospektgesetzes. Das Gesetz ist insgesamt am 1. 1. 2002 in Kraft getreten.[2] 1

Eigenständige Bedeutung hat daneben Art. 7, der das Aktiengesetz durch Einführung eines vierten Teils über den **„Ausschluss von Minderheitsaktionären"** ändert und ergänzt. In Art. 7 des Gesetzes ist die Einfügung der §§ 327 a–327 f AktG als neuer „Vierter Teil" vorgesehen, die künftig den Ausschluss von Minderheitsaktionären ermöglichen werden.[3] Beliebt und selbst in der amtlichen Gesetzesbegründung verwendet, ist die lautmalerische englische Bezeichnung als **„Squeeze-Out"**. Zwischen Übernahmerecht und diesem neuen Rechtsinstitut besteht kein zwangsläufiger Zusammenhang, so dass es sich um eine Kodifikation „bei Gelegenheit" handelt.[4] Dennoch besteht eine thematische Nähe, da der Ausschluss von Minderheitsaktionären häufig im Anschluss an Übernahmeangebote relevant wird. Eine vorgesehene inhaltliche Verknüpfung (Bemessung der Barabfindung in bestimmten Fällen entsprechend dem öffentlichen Angebot) wurde in der Endphase des Gesetzgebungsverfahrens fallengelassen.[5] Der Gesetzgeber hat sich auch bewusst dafür entschieden, die Anwendung der neuen Vorschriften weder auf börsennotierte Gesellschaften 2

1 BGBl. I. S. 3822.

2 Siehe zu den Übergangsbestimmungen *Schüppen* § 1 Rn. 14 und § 68 Rn. 1 ff.

3 Zu den §§ 327 a ff. AktG u. a. *Halm*, NZG 2000, 1162; *Vetter*, DB 2001, 743; *Pötzsch/Möller*, WM-Sonderbeilage 2/2000, S. 29 f.

4 Bedürfnisse und Anregungen der Praxis haben den Gesetzgeber ausweislich der Regierungsbegründung aktiviert, eine entsprechende Regelung im Gesetz vorzusehen. Auch Vorarbeiten der Praxis haben, so weit man dies am Gesetzgebungsergebnis ablesen kann, dabei erhebliche Bedeutung gehabt: Vorschlag des Handelsrechtsausschusses des Deutschen Anwaltsvereins, NZG 1999, 850.

5 Beschlussempfehlung des *Finanzausschusses*, BT-Drucks 14/7477.

zu beschränken, noch ihre Anwendung von einem vorangegangenen Übernahme- oder Pflichtangebot abhängig zu machen.[6]

2. Inhalt des WpÜG

3 Das *Wertpapiererwerbs- und Übernahmegesetz* selbst enthält nach den **allgemeinen Vorschriften** und **Zuständigkeitsregelungen** zunächst in einem Abschnitt 3 die **für alle Angebote zum Erwerb von Wertpapieren geltenden Vorschriften**. Das durch das Gesetz etablierte Verfahren zeichnet sich durch eine **Zweistufigkeit** aus: Auf der ersten Stufe ist der Bieter verpflichtet, eine von ihm getroffene Entscheidung zur Abgabe eines Angebotes „unverzüglich" zu veröffentlichen (§ 10 Abs. 1). Innerhalb von vier Wochen nach Veröffentlichung der Entscheidung zur Angebotsabgabe hat der Bieter dem Bundesaufsichtsamt die Angebotsunterlage zu übermitteln (§ 14 Abs. 1). **Zentrales Dokument** öffentlicher Erwerbsangebote ist die im Gesetz so genannte *"Angebotsunterlage"*. Der *notwendige Inhalt* ist relativ detailliert in § 11 und in § 2 der auf der Grundlage von § 11 Abs. 4 erlassenen Rechtsverordnung („Übernahmeverordnung" nachfolgend: ÜVO) geregelt. Mit der **Veröffentlichung der Angebotsunterlage** beginnt der Lauf der Annahmefrist. Der Vorstand der Zielgesellschaft kann nach Veröffentlichung der Angebotsunterlage eine Hauptversammlung einberufen, die sich mit Fragen im Zusammenhang mit dem Angebot befassen soll; für diese Hauptversammlung gelten besondere, reduzierte Formerfordernisse (§ 16 Abs. 3 und 4), ihre Einberufung kann unter Umständen zu einer Verlängerung der Annahmefrist führen. Noch bis zu einem Werktag vor Ablauf der Annahmefrist kann der Bieter das Angebot ändern, indem er die Gegenleistung erhöht, wahlweise eine andere Gegenleistung anbietet, den im Angebot vorgegeben Mindesterwerbsumfang reduziert oder auf Bedingungen verzichtet (§ 21 Abs. 1). Eine solche **Angebotsänderung** löst für Aktionäre und Wertpapierinhaber, die das Angebot vor der Veröffentlichung der Änderung bereits angenommen hatten, ein gesetzliches Rücktrittsrecht aus (§ 21 Abs. 4), damit sie nunmehr ebenfalls Gelegenheit haben, von dem verbesserten Angebot Gebrauch zu machen. Die im Zentrum eines öffentlichen Erwerbsangebots stehende Frist ist die *Annahmefrist*. Diese wird prinzipiell vom Bieter festgelegt; sie muss nach der gesetzlichen Vorgabe (§ 16 Abs. 1) mindestens vier Wochen und darf höchstens zehn Wochen ab Ver-

6 Kritisch deshalb *Habersack*, ZIP 2001, 1230, 1234ff.: „Neuregelung schießt weit über das Ziel hinaus", weil außerhalb dieses engen Anwendungsbereiches die Systematik des deutschen Gesellschaftsrechts verlassen werde und der gebotene Gleichlauf von Ausschließungs- und Austrittsrecht nicht gegeben sei.

öffentlichung der Angebotsunterlage betragen. Wird innerhalb der letzten zwei Wochen der Frist eine Änderung des Angebots veröffentlicht, so verlängert sich die Annahmefrist um zwei Wochen (§ 21 Abs. 5). Wird während der Annahmefrist durch einen Dritten ein Angebot für dieselben Wertpapiere abgegeben („konkurrierendes Angebot"), so endet die Annahmefrist erst mit der des konkurrierenden Angebots.

Abschnitt 4 des Gesetzes enthält sodann die speziell für öffentliche Angebote, die auf die Kontrolle über eine Zielgesellschaft zielen **(„Übernahmeangebote")**, gültigen Normen. Nach dem Gesetzesentwurf sind dies Angebote, die auf den Erwerb von mindestens 30% der Stimmrechte an der Zielgesellschaft gerichtet sind (§ 29). Das Übernahmerecht – der praktisch weit wichtigste Teil des Gesetzes – ist damit dogmatisch durchaus zutreffend als ein **Spezialfall der öffentlichen Kaufangebote** insgesamt geregelt. Gesetzestechnisch kommt das darin zum Ausdruck, dass § 34 die für alle öffentlichen Angebote geltenden Vorschriften für entsprechend anwendbar erklärt, so weit sich aus den Spezialvorschriften des Abschnitts 4 (§§ 29–34) nichts anderes ergibt. Die Besonderheiten liegen in der Unzulässigkeit von Teilangeboten (§ 32), in detaillierten (Mindest-)Preisvorschriften (§ 31 i.V.m. der ÜVO) sowie in spezifischen Verhaltensanforderungen an den Vorstand (§ 33, irreführend „Neutralitätspflicht"). **4**

Abschnitt 5 (§§ 35 bis 39) bestimmt, in welchen Situationen öffentliche Übernahmeangebote gesetzlich zwingend abgegeben werden müssen **(„Pflichtangebote")**. § 39 ordnet – mit im Einzelnen näher bezeichneten Ausnahmen – die sinngemäße Anwendung der Abschnitte 3 und 4 an; das Pflichtangebot wird damit zu einem **Spezialfall des Übernahmeangebots**, das ja seinerseits schon ein Spezialfall der generellen Erwerbsangebote ist. Die Verpflichtung zur Veröffentlichung einer Angebotsunterlage und zur Abgabe eines Angebots wird ausgelöst durch den unmittelbaren oder mittelbaren Erwerb der Kontrolle über eine Zielgesellschaft (§ 35 Abs. 1). **5**

Zur Durchsetzung der durch das WpÜG aufgestellten Ge- und Verbote ist ein verwobenes Geflecht von **zivilrechtlichen Rechtsfolgen, Verwaltungsbefugnissen** und **quasi-strafrechtlichen Verwaltungsstrafen** vorgesehen (Überblick vor § 59 Rn. 1 ff.). **6**

Für die Durchführung des Gesetzes ist das Bundesaufsichtsamt für den Wertpapierhandel **(BAWe)** zuständig.[7]

---

7 Das Bundesaufsichtsamt für den Wertpapierhandel soll in absehbarer Zeit in einer integrierten Finanzmarktaufsicht aufgehen. Durch Zusammenlegung des Bundesauf-

Es übt die Aufsicht aus und hat Missständen entgegenzuwirken (§ 4 Abs. 1). Sowohl im Verwaltungsverfahren als auch bei sämtlichen in Ordnungswidrigkeitsverfahren erforderlichen gerichtlichen Entscheidungen entscheidet das **Oberlandesgericht** durch einen dort einzurichtenden Wertpapiererwerbs- und Übernahmesenat. Für das gerichtliche Verfahren in Ordnungswidrigkeiten ist ausschließlich das Oberlandesgericht Frankfurt am Main als das für den Sitz des Bundesaufsichtsamtes zuständige Oberlandesgericht zuständig.

3. Systematische Einordnung und Ausstrahlwirkungen

7 Das WpÜG ist systematisch *Kapitalmarktrecht.*[8] Es knüpft an die Börsenzulassung der Zielgesellschaft an und wird begründet mit der Notwendigkeit, den Kapitalmärkten **verlässliche Rahmenbedingungen für öffentliche Angebote** zur Verfügung zu stellen und in diesem Rahmen die Kapitalmarktkontrolle unternehmerischer Tätigkeit zu ermöglichen. Durchaus typisch für kapitalmarktrechtliche Regelungen handelt es sich inhaltlich fast ausschließlich um *Verfahrensrecht*. Das Gesetz beschreibt – neben Behördenzuständigkeiten und Verwaltungsverfahren – Abläufe, Fristen, Informationspflichten und formale Anforderungen an zu veröffentlichende Dokumente und Informationen.

8 Von Bedeutung sind mögliche **Ausstrahlwirkungen** des Gesetzes auf andere Rechtsmaterien. Die Diskussion über eine mögliche „Neutralitätspflicht" (unten § 33 Rn. 9), aber auch die generelle Verpflichtung der Organe auf den Gesellschaftszweck (unten § 3 Rn. 12) können für das allgemeine Aktienrecht von erheblicher Bedeutung sein. Ebenso werden die Bewertungsvorschriften des Gesetzes über ihren Geltungs-

---

sichtsamtes für den Wertpapierhandel, des Bundesaufsichtsamtes für das Kreditwesen und des Bundesamtes für das Versicherungswesen soll eine nicht nur größere, sondern auch effizientere und schlagkräftigere Behörde geschaffen werden. Der Referentenentwurf eines „Gesetzes zur Schaffung einer integrierten Finanzmarktaufsicht" liegt vor. Aufgrund politischer Widerstände aus den Bundesländern ist allerdings fraglich, wann die gesetzlichen Voraussetzungen einer solchen „Allfinanzbehörde" tatsächlich geschaffen werden und anstelle des Bundesaufsichtsamtes für Wertpapierhandel die neue „Bundesanstalt für Allfinanzaufsicht" tätig wird. Ob es mit dem Gesetz gelungen ist, einen positiven Beitrag im internationalen Wettbewerb verschiedener nationaler Finanzpläne zu leisten, bleibt abzuwarten. Da es sich hierbei in erster Linie um eine Frage der Rezeption durch die Marktteilnehmer handelt, wird ein Urteil erst in einigen Jahren möglich sein.

8 Eine Doppelfunktion hat die Normierung der Pflichtangebote. Hierbei handelt es sich – jedenfalls auch – systematisch um eine Materie des Konzernrechts, vgl. *Mülbert*, ZIP 2001, 1221, 1226.

bereich hinaus Bedeutung erlangen. Speziell zur Ermittlung des Börsenkurses enthält die einschlägige Rechtsverordnung detaillierte Vorschriften. Es spricht einiges dafür, dass sich diese Vorschriften in „entsprechender Anwendung“ durchsetzen, so weit der Börsenkurs bei anderen Bewertungsanlässen als maßgebliche Größe heranzuziehen ist. Beachtlich sind schließlich auch die Interdependenzen zwischen Aktienkonzernrecht und Pflichtangebot (hierzu unten vor § 35 Rn. 30 ff.), die mit der Einführung einer Konzerneingangskontrolle im faktischen Konzern erhebliche Auswirkungen haben werden. Schließlich ist das Verhältnis zum Umwandlungsrecht zu nennen, bei dem es weniger um Interdependenzen als um Abgrenzung geht (hierzu unten § 2 Rn. 18).

II. Das deutsche Gesetzgebungsverfahren

1. Der Übernahmekodex

Als Vorläufer des Wertpapiererwerbs- und Übernahmegesetzes zu nennen ist der *Übernahmekodex* der Börsen-Sachverständigenkommission.[9] Dessen Charme – **freiwillige Selbstregulierung** und damit Parallele zum englischen Modell – und Schwächen – Geltung nur kraft freiwilligen Beitritts und selbst im Geltungsfalle **faktische Sanktionslosigkeit** von Verstößen – sind in den 90er Jahren viel diskutiert worden. Im Ergebnis hat die Börsen-Sachverständigenkommission selbst den freiwilligen Übernahmekodex für nicht (mehr) ausreichend erachtet und eine *gesetzliche Regelung empfohlen.*[10] 9

2. Vom Diskussionsentwurf zum Regierungsentwurf

Hiervon ausgehend hatte das Bundesfinanzministerium zunächst einen sog. **„Diskussionsentwurf“** eines Übernahmegesetzes vorgelegt, der breite Beachtung fand und seinen in der Bezeichnung zum Ausdruck gebrachten Zweck erfüllte.[11] Unter Berücksichtigung dieser ausführlichen Diskussion folgte sodann im Juni 2001 der **Referentenentwurf** des Bundesfinanzministeriums, der allerdings nunmehr unter der 10

9 Hierzu z. B. *Assmann*, AG 1995, 563; *Hopt*, FS Böllner (1997), S. 253, 263; *Dickmann*, WM 1997, 897; *Weisgerber*, ZHR 161 (1997), 421. Text der seit 1.1.1998 geltenden revidierten Fassung abgedruckt in: AG 1998, 133 und NZG 2000, 390.

10 Standpunkte der *Börsensachverständigenkommission* zur künftigen Regelung von Unternehmensübernahmen, S. 9.

11 Text auch in NZG 2000, 844 ff.; hierzu z. B. *Pötzsch/Möller*, WM, Sonderbeilage Nr. 2/2000; *Land/Hasselbach*, DB 2000, 1747; *Riehmer/Schröder*, NZG 2000, 820.

Überschrift eines „Wertpapiererwerbs- und Übernahmegesetzes" firmierte. Anders als noch im Diskussionsentwurf waren Regelungsgegenstand nicht nur Übernahmeangebote, sondern sämtliche öffentlichen Angebote, die auf den Erwerb von börsennotierten Wertpapieren gerichtet sind. Auch der Referentenentwurf war Gegenstand lebhafter Diskussionen, vielfältiger Stellungnahmen und einer Anhörung der Verbände und interessierten Wirtschaftskreise im Bundesfinanzministerium.[12] Nach weiterer Überarbeitung – das Bundesfinanzministerium verzeichnet etwa 100 Änderungen zum Referentenentwurf – entstand die vom Bundeskabinett verabschiedete Fassung.[13] Von besonderer Bedeutung war dabei die weitgehende Einschränkung des noch im Referentenentwurf vorgesehenen partiellen Abwehrverbots (irreführend häufig „Neutralitätspflicht" genannt, siehe § 33).

3. Die Schlussphase

11 Am 11.7.2001 hatte das Kabinett den *„Gesetzentwurf der Bundesregierung"* verabschiedet.[14] Entgegen manchen Erwartungen war damit die Diskussion nicht beendet. Die Stellungnahme des Bundesrats vom 27.9.2001,[15] dessen Zustimmung das Gesetz allerdings nicht bedurfte, deutete dies bereits an. Zu einem Aufeinanderprallen der verschiedenen Meinungen kam es im Finanzausschuss. Dabei ging es erneut um den Umfang des Abwehrverbots **(„Neutralitätspflicht")** und die **Voraussetzungen von Abwehrmaßnahmen**. Die öffentliche Anhörung zeigte ein Spektrum der Meinungen: Während der Regierungsentwurf einigen schon zu weit ging, ging er anderen nicht weit genug. Im dem Vernehmen nach durch Einschaltung des Bundeskanzleramtes wesentlich mit beeinflussten Ergebnis empfahl der Finanzausschuss eine beträchtliche Zahl von **Änderungen**.[16] Im Zentrum stand eine weitere Erleichterung von Abwehrmaßnahmen: Einerseits wurde die Möglichkeit der Ermächtigungen des Vorstands durch Vorabbeschlüsse der Hauptversammlungen gegenüber dem Regierungsentwurf signifikant erweitert. Andererseits wurde die Möglichkeit eingeführt, ad-hoc

---

12 Hierzu z. B. *Riehmer/Schröder*, BB 2001, Beilage 5; *Thaeter/Barth*, NZG 2001, 545; *Zinser*, NZG 2001, 391; Stellungnahme des *Handelsrechtsausschusses des DAV*, NZG 2001, 420.

13 Zum Regierungsentwurf: *Möller/Pötzsch*, ZIP 2001, 1256; *Land*, DB 2001, 1707.

14 Im Internet unter www.bundesfinanzministerium.de.

15 BR-Drucks 574/01.

16 Beschlussempfehlung und Bericht des Finanzausschusses (7. Ausschuss), BT-Drucks 14/7477 vom 14. November 2001.

durch den Aufsichtsrat Abwehrmaßnahmen beschließen zu lassen. In der Fassung der Beschlussempfehlung passierte das Gesetz sodann anstandslos die zweite und dritte Lesung des Bundestages; der Bundesrat stimmte in seiner Sitzung am 30. 11. 2001 zu.

Bemerkenswert ist, dass der im Bundesgesetzblatt am 22. 12. 2001 **verkündete Text** des Gesetzes in verschiedener Hinsicht **nicht mit** dem vom Bundestag **beschlossenen** Gesetzestext **übereinstimmt**. Am auffälligsten ist dies hinsichtlich der Paragrafennummerierung, bei der im Bundestagsbeschluss neben der Paragrafenziffer 42 vermerkt ist „entfällt". Demgegenüber ist in der verkündeten Gesetzesfassung wieder eine fortlaufende Nummerierung festzustellen. Entsprechend waren auch zahlreiche Verweise redaktionell anzupassen; als redaktionelle Anpassungen wurden aber auch Änderungen durchgeführt, die über das Auswechseln von Ziffern hinausgehen. Solche **„redaktionellen Bereinigungen"** eines Gesetzes zwischen Gesetzesbeschluss und Verkündung sind nicht selten und finden ihre Rechtsgrundlage ausgehend von Art. 78 und 82 GG in § 122 Abs. 3 GO BT und § 61 GGO, bleiben aber gleichwohl generell und im konkreten Fall problematisch.[17] 12

III. Regelungsversuche auf EU-Ebene

1. Ursprünge

Zunächst parallel zum deutschen Gesetzgebungsverfahren verliefen die Bemühungen auf *euopäischer Ebene*, die 13. Europäische Richtlinie auf dem Gebiet des Gesellschaftsrechts, die sog. **„Übernahmerichtlinie"**, zu verabschieden. Die fast 30 Jahre zurückreichenden Bemühungen[18] mündeten über Entwurfsstadien 1989,[19] 1990,[20] 1996[21] und 1997[22] in einen Richtlinienentwurf, der im Jahre 2000 dem Europäischen Parlament zur Zustimmung vorlag. 13

17 Vgl. BverfGE 48, 18; *Reich*, DÖV 1973, 847.

18 Pennington-Report „on Takeover and other General Bids", EG-Dokument XI/56/74-D, dazu *Behrens,* ZGR 1975, 434; Bess, AG 1976, 169; Pennington-Entwurf 1977 (vgl. Pennington, FS Duden (1977), S. 379).

19 ZIP 1989, 606 ff. und 675 ff. und dazu *Hommelhoff/Kleindieck*, AG 1990, 106 ff.

20 ABl. EG Nr. C 240 vom 26. 9. 1990, 7 ff. = BT-Drucks. 11/4338, dazu *Grunewald,* WM 1991, 1361 ff.

21 AG 1996, 217 ff.; dazu *Neye*, DB 1996, 1121 ff.

22 ZIP 1997, 2172 ff. m. Einf. *Neye*, dazu *Habersack/Mayer*, ZIP 1997, 2141 ff.

2. Gemeinsamer Standpunkt

14 Dieser „Gemeinsame Standpunkt im Hinblick auf den Erlass der Richtlinie des Europäischen Parlaments und des Rates auf dem Gebiet des Gesellschaftsrechts betreffend Übernahmeangebote“[23] ist am 19.6.2000 durch den Ministerrat verabschiedet worden. In 12 Artikeln, versehen mit einer Präambel von 17 Erwägungsgründen und ausführlichen kommentierenden Erläuterungen für das Ratsprotokoll, sollte ein **europäischer Rechtsrahmen für öffentliche Übernahmeangebote** geschaffen werden. Vorgesehen war ein Umsetzungszeitraum für die Mitgliedstaaten von 4 Jahren nach deren Inkrafttreten.

15 Insgesamt war der durch die Richtlinie vorgesehene **Spielraum für die Mitgliedstaaten** bei der Umsetzung der Richtlinie relativ eng; lediglich weitergehende und strengere Regelungen sollten in großem Umfang zugelassen werden. Vorgesehen war ein an die Kontrollerlangung anknüpfendes **Pflichtangebot**, wobei die Bestimmung des den Kontrollerwerb begründenden Stimmrechtsanteils allerdings dem nationalen Recht überlassen wurde. In Art. 8 war unter der Überschrift „Pflichten des Leitungs- oder des Verwaltungsorgans der Zielgesellschaft“ ein **striktes Abwehrverbot** vorgesehen, wonach das Leitungs- oder Verwaltungsorgan mit Ausnahme der Suche nach konkurrierenden Angeboten den Abschluss jedweder Handlungen zu unterlassen hatte, durch die das Angebot vereitelt würde, ausgenommen mit Zustimmung der Hauptversammlung. Darüber hinaus waren eine umfangreiche mehrseitige **Kollisionsregelung für den internationalen Anwendungsbereich** (Art. 1 und Art. 4, anknüpfend an Sitzstatut und Marktstatut der Zielgesellschaft, so weit identisch, im Übrigen an das Marktstatut unter Berücksichtigung von Priorität der Börsenzulassung bei mehrfachem Marktstatut) sowie **allgemeine Grundsätze**, die inhaltlich weitestgehend und zum Teil bis in die Formulierungen mit den allgemeinen Grundsätzen des WpÜG übereinstimmen, vorgesehen. Dies ist kein Zufall, sondern beruht darauf, dass die im Sommer 2000 bereits weit fortgeschrittenen Vorarbeiten zum WpÜG sich weitgehend an der aktuellen Fassung des Richtlinienentwurfs orientierten.

16 Aufgrund der zwischen dem Richtlinienentwurf 1997 und dem vom Rat verabschiedeten gemeinsamen Standpunkts durchgeführten Änderungen war jedoch gemäß Art. 251 EG-Vertrag (in der Amsterdamer

---

23 Abl. EG Nr. C 23 vom 24.1.2001, Text vom 9.6.2000, verabschiedet am 19.6.2000, abgedruckt auch mit ausführlichen Kommentaren von *Neye,* AG 2000, 289 ff., und von *Pötsch/Möller*, WM 2000, Sonderbeilage Nr. 2.

Fassung) erneut die **Zustimmung des Europäischen Parlaments** einzuholen. Dort formierte sich ein von deutscher Seite angeführter **Widerstand**,[24] der sich im Kern an dem **Abwehrverbot** („Neutralitätsbericht") entzündete. Dieses – so wurde befürchtet – führe **zu ungleichen Wettbewerbsbedingungen**, weil z.B. in den USA auch in Abwehrsituationen die **„Business Judgement Rule"** gelte und in vielen anderen Ländern zahlreiche strukturelle Übernahmehindernisse, wie **„golden shares"**, Mehrstimmrechte, Höchststimmrechte etc. bestünden, die in Deutschland abgeschafft worden seien. Es **fehle** insoweit an einem **„level playing field"**.

3. Vermittlungsausschuss und Scheitern

Nach Ablehnung des Vorschlags durch das Parlament[25] ging es darum, zwischen Parlament und Rat in dem in Art. 251 Abs. 3–7 vorgesehenen Vermittlungsverfahren eine Einigung zu erzielen. Einziger wesentlicher **Streitpunkt** war hierbei die **Ausgestaltung des (partiellen) Abwehrverbotes für die Organe der Zielgesellschaft**. Ein Vermittlungsergebnis konnte zwar zunächst nach zähem Ringen im Vermittlungsausschuss in einer Kampfabstimmung gegen die Position der Deutschen Bundesregierung, die für eine Abschwächung des Verbotes durch die Zulässigkeit von Vorratsbeschlüssen plädiert hatte, erzielt werden.[26] Bei der Abstimmung im Parlament fand der „gemeinsame Entwurf" jedoch mit dem denkbar knappsten Ergebnis – Stimmengleichheit – keine Zustimmung, sodass die Verabschiedung einer Europäischen Richtlinie gescheitert ist.[27] 17

4. Nationale Regelungen des Übernahmerechts

Der Deutsche Gesetzgeber war damit bei der gesetzlichen Regelung des Übernahmerechts nicht durch europarechtliche Vorgaben gebunden und befindet sich insoweit in der gleichen Situation wie andere europäische Staaten, die ungeachtet des Fehlens einer Richtlinie ganz überwiegend bereits nationale Übernahmegesetzgebungen implementiert haben.[28] 18

24 Der in entsprechenden Pressedarstellungen stets in Verbindung gebracht wurde mit dem Namen des deutschen Europaabgeordneten und Berichterstatters in dieser Sache *Karl-Heinz Lehne*.

25 Änderungswünsche des Parlaments Pak. Nr. A 5-0368/2000 vom 13.12.2000, Gegenstellungnahme der Kommission KOM (2001) endg. 1995/0341 (COD) vom 12.2.2001.

26 Text mit Anmerkungen von *Neye* in ZIP 2001, 1120 ff.

27 Abstimmung am 4. Juli 2001 mit 273 : 273 Stimmen, vgl. FAZ vom 5. Juli 2001.

28 *Bohrer*, Unfriendly Takeovers: Unfreundliche Unternehmensübernahmen nach schweizerischem Kapital- und Aktienmarktrecht, 1997; *Claudy*, Takeovers and fi-

Namentlich die in der Schweiz[29] und in Österreich[30] verabschiedeten Gesetze bieten aufgrund der Ähnlichkeit der rechtlichen Ausgangssituation, z. B. im Gesellschaftsrecht, interessantes Anschauungsmaterial und eine erste Entscheidungspraxis.[31]

5. Perspektiven

19 Kommission und Rat waren und sind verständlicherweise nicht bereit, nach gut 30 Jahren ein endgültiges Scheitern der Bemühungen um eine europäische Richtlinie zu Unternehmensübernahmen zu akzeptieren. Es soll kurzfristig ein erneuter Anlauf mit einem **weiteren Richtlinienvorschlag** unternommen werden. Um diesen Anlauf politisch und argumentativ zu fundieren, hat der Binnenmarktkommissar Bolkestein eine internationale Juristenkommission eingesetzt mit dem Ziel, die Rahmenbedingungen einer Richtlinienregelung nochmals auszuarbeiten und Vorschläge zu unterbreiten, um das **„level playing field"** herzustellen. Diese Gruppe, als Teil des politischen Marketings als „high level group of company law experts" bezeichnet, hat unter dem Vorsitz von Jaap Winter ihren „Report on Issues related to Takeover Bids" am 10. 1. 2001 präsentiert.[32] Angesichts der Kürze der dieser Gruppe zur Verfügung stehenden Zeit sind Bericht und Empfehlungen erstaunlich fundiert; kritisch ist allerdings anzumerken, dass die Kommission bei der Besetzung der Expertengruppe auf eine Ausgewogenheit im Sinne des Pluralismus der vertretenen Standpunkte keine Rücksicht genommen hat.[33]

20 Analyse und Vorschläge der Expertengruppe können hier nicht im Einzelnen nachgezeichnet werden. Festzuhalten ist, dass die Empfeh-

---

nancial reporting in the UK, 1993; *Diemer/Hasselbach*, Öffentliche Übernahmegebote in Italien, NZG 2000, 824; *J. Ortega de la Pena*, Public takeover bids in Spain, 2000; *Rojo*, Das öffentliche Übernahmeangebot im spanischen Recht, AG 1994, 16; *T. Schmid*, Öffentliche Übernahmeangebote in Italien, AG 1999, 402; *D. Schmidt*, Das obligatorische öffentliche Übernahmeangebot von Unternehmensteilen im französischen Recht, AG 1994, 12; *Zinser*, Pflichtangebotsregelungen in europäischen Staaten, NZG 2000, 573.

29 Bundesgesetz über Börsen und den Effektenhandel (Börsengesetz, BEHG), BGBl I 1993, 1369, in Kraft seit 1. 1. 1999.

30 Bundesgesetz betreffend Übernahmeangebote (Übernahmegesetz – ÜbG), BGBl I 1998, 127, in Kraft seit 1. 1. 1999.

31 Vgl. etwa Österreichische Übernahmekommission, Entscheidung in der Sache HVB/Bank Austria, NZG 2001, 282.

32 http:\www.europa.eu.int\comm\internal market\en\company\company\official\index.htm

33 So war etwa die Position des deutschen Mitglieds *Hopt* für ein striktes Abwehrverbot naturgemäß bekannt.

lungen in vielen Punkten mit dem WpÜG unvereinbar sind und ihre europäische Umsetzung zu einem deutlichen **Änderungsbedarf des deutschen Gesetzes** führen würde. Zum anderen wird eine so genannte **„Break-through-Rule"** vorgeschlagen, durch die im Kontext von Übernahmeangeboten bestimmte nationale gesellschaftsrechtliche Beschränkungen außer Kraft gesetzt werden sollen, wenn der Bieter eine bestimmte Beteiligungshöhe erreicht hat. Noch weitergehend soll diese Durchbrechungsregel zur Unwirksamkeit von Vinkulierungen führen und sogar schuldrechtliche Verfügungsbeschränkungen und Stimmbindungsverträge unwirksam werden lassen. Ob ein solches Konzept sich nach einer näheren Beschäftigung und Konkretisierung als praktikabel und letztlich zur Herstellung eines „level playing field" geeignet erweisen wird, bleibt abzuwarten.[34]

IV. Zielsetzungen des WpÜG und ökonomischer Hintergrund

1. Ökonomischer Hintergrund

Öffentliche Übernahmeangebote werfen eine Reihe interessanter volkswirtschaftlicher, kapitalmarkttheoretischer und betriebswirtschaftlicher Fragen auf. Vor diesem Hintergrund ist es überraschend, dass ökonomische Aspekte von öffentlichen Übernahmeangeboten in der europäischen und der deutschen Diskussion der vergangenen Jahre relativ wenig Beachtung gefunden haben und selten diskutiert wurden.[35] **21**

Generell wird als **Vorteil von Unternehmensübernahmen** angesehen, dass sie Wohlfahrtszuwächse durch die Ausnutzung von Synergien erlauben; außerdem stellen sie eine Möglichkeit dar, zu einer optimalen Unternehmensgröße zu wachsen. Dabei wird auch betont, dass durch die Globalisierung und das Zusammenwachsen der Märkte (z. B. auch in Europa) veränderte Unternehmensgrößen sich als optimal erweisen können. Aus der Sicht des einzelnen Anteilseigners bieten (insbesondere öffentliche) Übernahmeangebote die Möglichkeit, einen über dem Marktpreis liegenden Preis zu erzielen. Speziell für öffentliche Übernahmeangebote wird die Funktion der Disziplinierung der Unternehmensleitung betont. Dadurch, dass schlechter geführte Unterneh- **22**

34 Eine erste Darstellung und Kommentierung der Vorschläge der Expertengruppe bei *Wiesner*, ZIP 2002, 208 ff.

35 Vgl. jedoch *Röhrich*, RIW 1993, 93; *Kirchner*, WM 2000, 1821, 1823; *Wiese/Demisch*, DB 2001, 849.

men eine ungünstigere Kapitalmarktbewertung erfahren würden als gut geführte Unternehmen, würde es letzteren ermöglicht, erstere zu übernehmen. Dies führe zu einer wünschenswerten Kapitalmarktkontrolle, die eine Disziplinierung der Unternehmensführung und eine sinnvolle Ressourcen-Allokation langfristig sicherstelle. Dies sei nicht nur im Interesse der Anteilseigner, sondern auf lange Sicht auch im Interesse aller „Stakeholder" einschließlich der Arbeitnehmer und der Allgemeinheit.[36]

23 Von den **Gegnern eines liberalen Übernahmerechts** im politischen Lager und im Lager der sich als bedroht empfindenden Unternehmen wird demgegenüber die Gefahr betont, dass – in Analogie zum berühmt-berüchtigten räuberischen Aktionär und in Erinnerung an verschiedene wahre und fiktive Erzählungen aus den USA – die Unternehmen durch **„Raider"** zerschlagen werden, die lediglich einen schnellen Arbitrage-Gewinn erzielen (wollen), anstatt ökonomisch sinnvolle Synergien oder Skaleneffekte anzustreben. Des Weiteren wird auf Ergebnisse empirischer Studien verwiesen, die belegen (sollen), dass Unternehmensübernahmen praktisch nie oder selten positive Effekte zeitigen.[37]

24 Obwohl die dargestellten ökonomischen Fragen und Positionen vielfach nicht dargestellt und offengelegt werden, wird praktisch jede Stellungnahme von einem Vorverständnis bestimmt, das von einer dieser beiden Positionen herkommt.

2. Absichtserklärungen

25 Der **Wirtschaftsstandort und Finanzplatz Deutschland** soll im internationalen Wettbewerb **gestärkt** werden, so lautet die in der Regierungsbegründung zum Gesetz etwas versteckt formulierte Vorgabe.[38] In der bisher „im Gegensatz zu anderen führenden Finanzmärkten" fehlenden gesetzlichen Regelung wird, auch vor dem Hintergrund „der wachsenden Anzahl und Bedeutung öffentlicher Angebote", ein Nachteil gesehen, der nunmehr beseitigt wird. Angestrebt wird ein

---

36 Vorstehende Ausführungen sind im Wesentlichen eine knappe Wiedergabe der konzentrierten Darstellung der ökonomischen Aspekte von Unternehmensübernahmen im Report of the high-level group of Company Law Experts on issues related to take-over bids vom 10. Januar 2002, siehe hierzu bereits oben Rn. 19 f.

37 Besonders massiv vorgetragen in den Stellungnahmen der *Volkswagen AG* im Gesetzgebungsverfahren.

38 Regierungsbegründung, BT-Drucks. 14/7034, S. 28.

„verlässlicher Rechtsrahmen“;[39] den **„Anforderungen der Globalisierung“** soll ein Gesetz Rechnung tragen, das für öffentliche Angebote ein von den Prinzipien der Fairness, Transparenz und Beschleunigung[40] beherrschtes Verfahren etabliert.

„Finanzmarktförderung“ ist schon seit einigen Jahren ein beliebter Topos der deutschen Gesetzgebungsarbeit (von den diversen Finanzmarktförderungsgesetzen über das KontraG und die Regierungskommissionen Corporate Governance und das TranspuG bis hin zum WpÜG). Im Zusammenhang mit einer Regulierung des Übernahmerechts setzt das Bekenntnis zur Finanzmarktförderung durch Übernahmeregulierung voraus, dass die Möglichkeit der Unternehmenskontrolle über den Kapitalmarkt und der Disziplinierung und Kontrolle der Unternehmensführungen durch die Möglichkeit öffentlicher Übernahmeangebote im Grundsatz positiv beurteilt wird. Von diesem Ausgangspunkt ausgehend hat der deutsche Gesetzgeber letztlich inkonsequent gehandelt, indem er an verschiedenen Stellen, insbesondere bei den Verhaltenspflichten von Vorstand und Aufsichtsrat von einem liberalistischen Modell abgewichen ist. Zu bedenken ist allerdings, dass die Begründungsformulierung zu Zielen und Absichten der Gesetzgebung schon in einem wesentlich früheren Gesetzgebungsstadium formuliert wurde und später keine Anpassung mehr erfahren hat. 26

3. Bewertung

Das Problem der ökonomischen Diskussion des Übernahmerechts liegt häufig darin, dass – z.T. innerhalb derselben Stellungnahme – auf verschiedenen Ebenen argumentiert wird. Die Vorteile eines liberalen Übernahmerechts sind (nur) dann plausibel, wenn prinzipiell effiziente Kapitalmärkte unterstellt werden. Unterstellt man jedoch effiziente Kapitalmärkte, so kann es keinen Bedenken begegnen, den Gesellschaften Dispositionsfreiheit hinsichtlich der Schaffung von Übernahmehindernissen zu geben, sofern diese transparent und öffentlich sind. Unter Effizienzbedingungen findet dann eine entsprechende Selbstregulierung statt. Problematisch ist es hingegen, wenn man hinsichtlich der Unternehmenskontrolle durch Kapitalmärkte einen ausreichend gut funktionierenden Kapitalmarkt unterstellt, Gestaltungsmöglichkeiten der Unternehmen jedoch mit Hinweis auf die Ineffizi- 27

39 Regierungsbegründung, BT-Drucks. 14/7034, S. 27.
40 Regierungsbegründung, BT-Drucks. 14/7034, S. 28.

enz der realen Märkte ablehnt, wie dies die sog. „high-level" Expertengruppe tut.[41]

28 Vor diesem Hintergrund und dem nationalen und internationalen Presse-Echo sowohl auf das Scheitern der EU-Richtlinie als auch zur letztlich Gesetz gewordenen Fassung des WpÜG ist nicht zu erwarten, dass das Gesetz sich als ein die Attraktivität des deutschen Finanzmarktes und der deutschen Börsenplätze erhöhender Faktor auswirkt. Ebenso fraglich – und zu verneinen – ist jedoch, dass sich das Gesetz als spezieller Nachteil auswirkt. Reale Märkte sind allenfalls partiell effizient und ein „level-playing-field" existiert derzeit weder europa- noch weltweit, weder in gesellschaftsrechtlicher noch in übernahmerechtlicher Hinsicht.[42]

41 „Report of the high-level group of Company Law Experts on issues related to takeover bids", S. 2

42 Dies hat auch die sog. „high-level" Expertengruppe deutlich festgestellt und insoweit denjenigen Recht gegeben, die massive Bedenken gegen frühere Entwürfe des Gesetzes angemeldet hatten.

Abschnitt 1

Allgemeine Vorschriften

Vor § 1

Literatur: *Assmann/Basaldua/Bozenhardt/Peltzer*, Übernahmeangebote, 1990; *Beckmann*, Der Richtlinienvorschlag betreffend Übernahmeangebote auf dem Weg zu einer europäischen Rechtsangleichung, DB 1995, 2407; *Fleischer*, Zum Begriff des öffentlichen Angebots im Wertpapiererwerbs- und Übernahmegesetz, ZIP 2001, 1653; *Geibel/Süßmann*, Erwerbsangebote nach dem Wertpapiererwerbs- und Übernahmegesetz, BKR 2002, 52; *Habersack/Mayer*; Der neue Vorschlag 1997 einer Takeover-Richtlinie, Überlegungen zur Umsetzung in das deutsche Recht, ZIP 1997, 2141; *Hommelhoff*, Konzerneingangsschutz durch Takeover-Recht, in FS Semler, 455; *Hopt*, Europäisches und deutsches Übernahmerecht, ZHR 161 (1997), 368; *Kallmeyer*, Pflichtangebote nach dem Übernahmekodex und dem neuen Vorschlag einer Takeover-Richtlinie, ZIP 1997, 2147; *Kalss*, Das neue Übernahmegesetz als Teil des Kapitalmarktrechtes in Österreich, NZG 1999, 421; *Karollus/Geist*; Das österreichische Übernahmegesetz – (K)ein Papiertiger?! – eine Fallstudie, NZG 2000, 1145; *Kirchner*, Neutralitäts- und Stillhaltepflicht des Vorstandes der Zielgesellschaft im Übernahmerecht, AG 1999, 481; *ders.*, Managementpflichten bei feindlichen Übernahmeangeboten, WM 2000, 1821; *Knoll*, Die Übernahme von Kapitalgesellschaften, 1991; *Krause*, Der revidierte Vorschlag einer Takeover-Richtlinie (1996), AG 1996, 209; *ders.*, Die geplante Takeover-Richtlinie in der EU mit Aussicht auf das geplante deutsche Übernahmegesetz, NZG 2000, 905; *Kreuzer (Hrsg.)*, Öffentliche Übernahmeangebote, 1992; *Land/Hasselbach*, Das neue deutsche Übernahmegesetz, DB 2000, 1521; *Martens*, Der Einfluss von Vorstand und Aufsichtsrat auf Kompetenz und Struktur der Aktionäre – Unternehmensverantwortung contra Neutralitätspflicht, FS Beusch S. 529; *Mülbert*, Übernahmerecht zwischen Kapitalmarktrecht und Aktien(konzern)recht – die konzeptionelle Schwachstelle des RegE WpÜG, IP 2001, 1221; *ders.*, Die Zielgesellschaft im Vorschlag 97 einer Takeover-Richtlinie – zwei folgenreiche Eingriffe ins deutsche Aktienrecht, IStR, 1999, 83; *Neye*, Der neue Vorschlag der Kommission für eine dreizehnte Richtlinie über Übernahmeangebote, DB 1996, 1121; *ders.*, Der Vorschlag 1997 einer Takeover-Richtlinie, ZIP 1997, 2172; *ders.*, Der gemeinsame Standpunkt des Rates zur 13. Richtlinie – ein entscheidender Schritt auf dem Weg zu einem europäischen Übernahmerecht, AG 2000, 289; *Österreichische Übernahmekommission*, Entscheidung in der Sache HVB/Bank Austria, NZG 2001, 282; *Peltzer*, Der Kommissionsentwurf für eine 13. Richtlinie über Übernahmeangebote, AG 1997, 145; *Pietzke*, Das zwingende Übernahmeangebot bei Erwerb einer Kontrollmehrheit, FS Fikentscher S. 601; *Pötzsch/Möller*,

Das künftige Übernahmerecht, WM-Sonderbeilage 2/2000; *Riehmer/Schröder*, Praktische Aspekte bei der Planung, Durchführung und Abwicklung eines Übernahmeangebots, BB 2001, Sonderbeilage 5; *dies.*, Der Entwurf des Übernahmegesetzes im Lichte von Vodafone/Mannesmann, NZG 2000, 820; *Roos*, Der neue Vorschlag für eine EG–Übernahme-Richtlinie, WM 1996, 2177; *Roth/Zinser*, Österreichisches Übernahmegesetz vom 01.01.1999; Musterregelung für das deutsche Recht, EWS 2000, 233; *Rümker*, Übernahmeangebot – Verhaltenspflichten der Vorstandes der Zielgesellschaft und Abwehrmöglichkeiten, FS Heinsius S. 688; *W.-U. Schilling*, Shareholdervalue und Aktiengesetz, BB 1997, 373; *Schüppen*, Übernahmegesetz ante portas!, WPg 2001, 958; *Schuster/Zschocke*, Übernahmerecht: Takeoverlaw, 1996; *G. Schuster*, Der neue Vorschlag einer EG-Takeover-Richtlinie und seine Auswirkungen auf den Übernahmekodex, EuZW 1997, 237; *Seibt/Heiser*, Regelungskonkurrenz zwischen neuem Übernahmerecht und Umwandlungsrecht, ZHR 2001 (165), 466; *Theisen*, Der Konzern, 2000; *Weber-Rey/Schütz*, Zum Verhältnis von Übernahmerecht und Umwandlungsrecht, AG 2001, 325; *Winter/Harbarth*, Verhaltenspflichten von Vorstand und Aufsichtsrat der Zielgesellschaft bei feindlichen Übernahmeangeboten nach dem WpÜG, ZIP 2002, 1; *Witte*, Diskussionsentwurf zur Regelung von Unternehmensübernahmen: Abwehrmaßnahmen des Vorstandes der Zielgesellschaft, BB 2000, 2161; *Zinser,* Der geänderte Vorschlag einer Takeover-Richtlinie vom 10.11.1997, EWS 1999, 133; *ders.*, Das neue Gesetz zur Regelung von öffentlichen Angeboten zum Erwerb von Wertpapieren und von Unternehmensübernahmen, WM 2002, 15; *Zschocke*, Europapolitische Mission: Das neue Wertpapiererwerbs- und Übernahmegesetz, DB 2002, 79.

1 Der erste Abschnitt des Gesetzes besteht aus nur drei Paragrafen, die unter dem etwas nichts sagenden Titel „Allgemeine Vorschriften" stehen. Richtiger wäre „Anwendungsbereich und Grundsätze", denn das ist der Regelungsgegenstand.

2 § 1 i.V.m. § 2 normieren den sachlichen und internationalen Anwendungsbereich des Gesetzes, § 3 die „Allgemeinen Grundsätze", die als Verfahrensgrundsätze und Auslegungsleitlinien verstanden werden müssen (näher § 3 Rn. 1). Der erste Abschnitt beinhaltet damit für das gesamte Gesetz entscheidende Weichenstellungen.

§ 1 Anwendungsbereich

Dieses Gesetz ist anzuwenden auf Angebote zum Erwerb von Wertpapieren, die von einer Zielgesellschaft ausgegeben wurden und zum Handel an einem organisierten Markt zugelassen sind.

Übersicht

I. Regelungsgegenstand

1 Logisch sinnvoll wird die Bestimmung des Anwendungsbereiches an den Anfang des Gesetzes gestellt. Geregelt werden allerdings nur der **sachliche** und der **internationale Anwendungsbereich**. Außerdem ist § 1 alleine ohne Aussagekraft. Um die Aussage des Gesetzestextes zu verstehen, ist in den § 1 der § 2 hineinzulesen, in dem alle Zentralbegriffe des § 1 definiert sind: Angebot (§ 2 Abs. 1, dort Rn. 5 ff.), Wertpapiere (§ 2 Abs. 2, dort Rn. 20 ff.), Zielgesellschaft (§ 2 Abs. 3, dort Rn. 25 ff.), organisierter Markt (§ 2 Abs. 7 und 8, dort Rn. 39 ff.).

2 Nimmt man die §§ 1 und 2 zusammen, so ergibt sich: *Das WpÜG gilt für freiwillige oder aufgrund Verpflichtung nach dem WpÜG abgegebene öffentliche Kauf- oder Tauschangebote, die auf den Erwerb von durch inländische Aktiengesellschaften oder KGaA emittierte und an einem organisierten Markt des Europäischen Wirtschaftsraumes zugelassene Mitgliedschaftsrechte zielen.*

3 Der eigenständige Regelungsgehalt des § 1 beschränkt sich dabei weitgehend auf die syntaktische Verbindung der einzelnen Begriffe. Von Bedeutung ist insbesondere das unscheinbare Wörtchen „und", das für eine Doppelanknüpfung an den **inländischen Sitz der Zielgesellschaft** und die **europäische Börsenzulassung** sorgt und damit in sachlicher Hinsicht entscheidend für den internationalen Anwendungsbereich des Gesetzes ist (hierzu unten Rn. 6 ff.). Originär in § 1 gere-

gelt ist weiter, dass es auf die „Zulassung“ der Wertpapiere an einem **organisierten Markt** ankommen soll (hierzu unten Rn. 16).

4 Der **persönliche Anwendungsbereich** wird im Gesetz nicht ausdrücklich bestimmt. Aus dem Regelungsgehalt der einzelnen Vorschriften ergibt sich, dass es einerseits an (potentielle) Bieter (Definition in § 2 Abs. 4–7, dort Rn. 30), andererseits an die Organe der Zielgesellschaft adressiert ist und im Übrigen Rechtsgrundlage für das Verwaltungshandeln des Bundesaufsichtsamtes für den Wertpapierhandel ist.

5 In einem gewissen Spannungsverhältnis steht § 1 mit der Begrenzung des Anwendungsbereiches auf „Angebote“ zu den §§ 10 und 17. Nach § 10 ist die „Entscheidung zur Abgabe eines Angebots“ zu veröffentlichen. Nach § 17 sind öffentliche Aufforderungen zur Abgabe von Angeboten durch die Inhaber von Wertpapieren einer Zielgesellschaft (sog. „invitatio ad offerendum“, näher § 17 Rn. 11 ff.) untersagt. Bei Entscheidung und Aufforderung liegt schon begrifflich und auch nach dem juristischen Gehalt gerade kein Angebot vor, sodass der in § 1 definierte Anwendungsbereich überschritten wird. Erfasst wird damit auch der **Vorfeldbereich von öffentlichen Angeboten**.

II. Internationaler Anwendungsbereich

1. Anwendbarkeit des WpÜG

6 Die Anwendbarkeit des Gesetzes ist kumulativ an den **inländischen Sitz der Zielgesellschaft** und eine **Börsenzulassung im europäischen Wirtschaftsraum** geknüpft. An der Anwendbarkeit des Gesetzes gemäß § 1 hängt zugleich die Zuständigkeit des Bundesaufsichtsamtes für den Wertpapierhandel gemäß § 4, sodass auch für die Zuständigkeit der deutschen Behörde die gleiche Doppelanknüpfung maßgeblich ist. Es handelt sich um eine dem **öffentlichen (Wirtschafts-) Kollisionsrecht** zuzuordnende Norm, die – wie auf diesem Gebiet üblich – nur einseitig wirkt.[1] Aufgrund dieser Einseitigkeit der Anwendungsregelung können sich sowohl negative als auch positive Kompetenzkonflikte ergeben.

7 Ein **negativer Kompetenzkonflikt** kann dadurch auftreten, dass nationale Übernahmerechte die Anwendbarkeit ihres nationalen Übernahmerechts je unterschiedlich anknüpfen, sodass beispielsweise bei einem von einem englischen Bieter abgegebenen Übernahmeangebot für eine Gesellschaft mit Sitz in Wien, deren Aktien in Frankfurt/Lon-

1 Ausführlicher *von Hein*, AG 2001, 213, 220.

don notiert werden, weder das deutsche noch das österreichische noch das englische Übernahmerecht gelten.[2] Als eine Art „negativen Kompetenzkonflikt" kann man es auch ansehen, dass aufgrund der Doppelanknüpfung für eine Gesellschaft mit ausländischem Verwaltungssitz in ihrer Rolle als (potentielle) Zielgesellschaft auch eine exklusive Börsennotierung in Deutschland nicht zur Anwendbarkeit des WpÜG führt.[3] Die zur Schließung dieser Lücke vorgeschlagene Ergänzung der Anwendungsregelung[4] hat der Gesetzgeber nicht aufgegriffen.

Positive Kompetenzkonflikte entstehen dadurch, dass die Anwend- 8
barkeit des WpÜG die parallele Anwendbarkeit anderer nationaler Übernahmerechte, beispielsweise solcher, die für ihre Anwendbarkeit an das Marktstatut oder an den Wohnsitz der Wertpapierinhaber anknüpfen, nicht ausschließt. Der Bieter hat dann den Anforderungen sämtlicher einschlägiger nationaler Übernahmerechte zu genügen. Das kann einerseits zu signifikanten praktischen Problemen und Verzögerungen bei der Abwicklung eines öffentlichen Angebots führen, schlimmstenfalls gar zu Normkonflikten, wenn eine in Land A gebotene Maßnahme in Land B unzulässig ist. Der deutsche Gesetzgeber hat dieser Problematik partiell durch § 24 Rechnung getragen. Danach kann dem Bieter auf Antrag gestattet werden, Wertpapierinhaber in bestimmten Staaten von dem Angebot auszunehmen.[5]

Der **gemeinsame Standpunkt für eine europäische Richtlinie** hatte 9
demgegenüber eine mehrseitige Kollisionsnorm vorgesehen; zwar war diese dem Wortlaut nach auf die nationale Behördenzuständigkeit beschränkt.[6] Es ist jedoch davon auszugehen, dass damit auch zugleich eine Regelkollisionsregelung über das anwendbare Sachrecht geschaffen werden sollte.[7] Die weitere Entwicklung bleibt abzuwarten; fest steht, dass mehrseitige Kollisionsnormen wünschenswert sind, die die oben dargestellten negativen und positiven Kompetenzkonflikte vermeiden.

2 Dem Beispiel nach *von Hein* (Fn. 1), 231.

3 *Mülbert*, ZIP 2001, 1221, 1225 hält dies für einen potentiell kursrelevanten Wettbewerbsnachteil und daher für einen Verstoß gegen primäres Gemeinschaftsrecht. Damit wird die Bedeutung einer nationalen und zumal der deutschen Übernahmegesetzgebung wohl doch überschätzt.

4 *von Hein* (Fn. 1), 231.

5 Vergleiche hierzu die Kommentierung zu § 24 von *Schröder* sowie *Holzborn*, BKR 2002, 67 ff.

6 Generell zur Problematik grenzüberschreitender Wertpapieraufsicht siehe *Kurth*, WM 2000, 1521 ff.

7 *von Hein* (Fn. 1), 214 f. Die in der Richtlinie vorgeschlagene Anknüpfung ist viel diskutiert und viel kritisiert worden.

2. Anwendbares Gesellschaftsrecht und Vertragsstatut

10 Da das WpÜG stets nur in Fällen anwendbar ist, in denen die Zielgesellschaft ihren Sitz im Inland hat,[8] unterliegen bei Anwendbarkeit des WpÜG zugleich auch die **Verhaltenspflichten der Organe der Zielgesellschaft** dem **deutschen Gesellschaftsrecht**. Demgegenüber kann für Pflichten, Kompetenzen und Haftung der Organe des Bieters trotz der Anwendbarkeit des WpÜG aufgrund **ausländischen Gesellschaftsstatuts der Bieter-Gesellschaft ausländisches Gesellschaftsrecht** maßgeblich sein.

11 Wiederum von der Frage der Anwendbarkeit des WpÜG und der Frage nach dem maßgeblichen Gesellschaftsstatut zu unterscheiden, ist die Frage, welchem **Vertragsstatut das Kauf- bzw. Tauschangebot und** – nach dessen Annahme – der entsprechende **Vertrag** unterliegen. Insoweit handelt es sich – ebenso wie bei der Frage nach dem anwendbaren Gesellschaftsstatut – um eine Frage des **Internationalen Privatrechts**, das sich – anders als das öffentliche (Wirtschafts-) Kollisionsrecht – durch **mehrseitige Kollisionsnormen** auszeichnet.[9] Über die Frage, wie das Vertragsstatut eines öffentlichen Übernahmeangebots zu bestimmen ist, bestehen allerdings erhebliche Unsicherheiten.[10] In § 2 Nr. 12 der Übernahmeverordnung ist als zusätzliche Angabe in der Angebotsunterlage zwingend die Angabe des auf das Angebot anwendbaren Rechts vorgeschrieben. Die hierin liegende – zulässige – **Rechtswahlvereinbarung** löst das schwierige Problem der Bestimmung des Vertragsstatuts.[11]

III. Zeitlicher Anwendungsbereich

1. Inkrafttreten

12 Das Gesetz ist am 22.12.2001 im Bundesgesetzblatt verkündet worden und am 1.1.2002 in Kraft getreten (Art. 12 Satz 1 des „Gesetzes zur Regelung von öffentlichen Angeboten zum Erwerb von Wertpapieren und von Unternehmensübernahmen").

13 Auch die zur Anwendung des Gesetzes unverzichtbare Rechtsverordnung konnte rechtzeitig zum 1.1.2002 fertiggestellt und verkündet werden, nachdem gem. Art. 12 Satz 2 die die Rechtsverordnungser-

8 Zum „Sitz"-Begriff des WpÜG siehe unten *Schüppen* § 2 Rn. 28.
9 Vergleiche *von Hein* (Fn. 1), 220.
10 Vergleiche *Assmann*, in: Großkommentar zum Aktiengesetz, Hopt/Wiedemann (Hrsg.), 1. Lieferung, 4. Aufl., 1992, Einleitung Rn. 712 ff.; *Renner*, § 11 Rn. 66 f.
11 Siehe *Renner*, § 11 Rn. 64 ff.

mächtigung enthaltenden Vorschriften des WpÜG bereits am Tage nach der Verkündung in Kraft getreten waren.[12]

2. Übergangsbestimmungen

Die Verfahrensvorschriften des Gesetzes finden auf alle öffentlichen Angebote, die vor dem 1.1.2002 abgegeben wurden, grundsätzlich keine Anwendung (§ 68 Abs. 2).[13] **14**
Nach dem 31.12.2001 erfolgende Erwerbe lösen aber unter den Voraussetzungen des § 35 ein Pflichtangebot unter Anwendung der neuen Vorschriften aus. Wenn das der Erlangung der Kontrolle zugrunde liegende Angebot bereits vor dem 1.1.2002 abgegeben wurde und inhaltlich dem neuen Recht entsprach, besteht eine Befreiungsmöglichkeit (§ 68 Abs. 3).[14]

3. Verhältnis zum Übernahmekodex

Wenn die 30%-Schwelle vor dem 31.12.2001 überschritten wurde, so **15** löst weiterer Zuerwerb auch bei Überschreiten weiterer Schwellenwerte (z.B. 50%, 75%) nach dem WpÜG kein Pflichtangebot aus. Allerdings ist der Übernahmekodex formal nicht aufgehoben worden. Mit dem In-Kraft-Treten einer umfassenden gesetzlichen Normierung der Materie hat sich aber der Zweck des Übernahmekodex (Selbstregulierung) erledigt. Richtigerweise wird man daher davon ausgehen müssen, dass der Übernahmekodex seit dem 1.1.2002 keinerlei Geltung mehr beanspruchen kann.[15]

IV. Anwendung auf den Neuen Markt

Zu Fragen Anlass gibt die Anknüpfung an eine Börsennotierung an **16** einem **„organisierten Markt“** und dessen Definition (s. 1, 2 Abs. 7) – für Deutschland – als **amtlicher Handel** und **geregelter Markt**. Nach Auffassung der Gesetzesverfasser werden durch diese Definition auch „der **Neue Markt** und andere **Themenmärkte, bei denen die Zulassung der Wertpapiere im geregelten Markt** erfolgt, der **Handel je-**

12 Art. 12 des Gesetzes zur Regelung von öffentlichen Angeboten zum Erwerb von Wertpapieren und von Unternehmensübernahmen, BGBl. I 2001, S. 3822, 3841.
13 Näher *Schüppen*, § 68 Rn. 3.
14 Näher *Schüppen*, § 68 Rn. 4.
15 So jetzt auch *Börsensachverständigenkommission*, vgl. Pressemitteilung vom 19.12.2001, im Internet unter www.kodex.de unter Aktuelles.

noch 16 **doch im Freiverkehr** (…) stattfindet", erfasst.[16] Nach dem Regelwerk des Neuen Marktes müssen die Unternehmen die Zulassung zum geregelten Markt erlangen, dann aber auf die Notierungsaufnahme verzichten.[17] An die im BörsenG angelegte Unterscheidung von Zulassung (§ 36 BörsenG) einerseits, Notierungsaufnahme (§ 42 BörsenG) andererseits knüpft der Gesetzgeber an, wenn er in § 1 nur auf die Zulassung zum Handel an einem organisierten Markt abstellt. Dies führt allerdings dazu, dass vom Gesetz theoretisch auch nicht börsennotierte Wertpapiere erfasst werden: zu denken ist hierbei an Situationen, in denen ein Zulassungsbeschluss vorliegt und sich die Notierungsaufnahme sodann – aus welchen Gründen auch immer – verzögert.

§ 2 Begriffsbestimmungen

(1) Angebote sind freiwillige oder auf Grund einer Verpflichtung nach diesem Gesetz erfolgende öffentliche Kauf- oder Tauschangebote zum Erwerb von Wertpapieren einer Zielgesellschaft.

(2) Wertpapiere sind, auch wenn für sie keine Urkunden ausgestellt sind,

1. Aktien, mit diesen vergleichbare Wertpapiere und Zertifikate, die Aktien vertreten,

2. andere Wertpapiere, die den Erwerb von Aktien, mit diesen vergleichbaren Wertpapieren oder Zertifikaten, die Aktien vertreten, zum Gegenstand haben.

(3) Zielgesellschaften sind Aktiengesellschaften oder Kommanditgesellschaften auf Aktien mit Sitz im Inland.

(4) Bieter sind natürliche und juristische Personen oder Personengesellschaften, die allein oder gemeinsam mit anderen Personen ein Angebot abgeben, ein solches beabsichtigen oder zur Abgabe verpflichtet sind.

(5) Gemeinsam handelnde Personen sind natürliche oder juristische Personen, die ihr Verhalten im Hinblick auf ihren Erwerb von Wertpapieren der Zielgesellschaft oder ihre Ausübung von Stimmrechten aus Aktien der Zielgesellschaft mit dem Bieter auf

16 Regierungsbegründung, BT-Drucks. 14/7034, S. 35.

17 Vgl. hierzu *Groß*, Kapitalmarktrecht, § 7 BörsenG Rn. 3 m. w. N.

Grund einer Vereinbarung oder in sonstiger Weise abstimmen. Tochterunternehmen des Bieters gelten als mit diesem gemeinsam handelnde Personen.

(6) Tochterunternehmen sind Unternehmen, die als Tochterunternehmen im Sinne des § 290 des Handelsgesetzbuches gelten oder auf die ein beherrschender Einfluß ausgeübt werden kann, ohne daß es auf die Rechtsform oder den Sitz ankommt.

(7) Organisierter Markt sind der amtliche Handel oder geregelte Markt an einer Börse im Inland und der geregelte Markt im Sinne des Artikels 1 Nr. 13 der Richtlinie 93/22/EWG des Rates vom 10. Mai 1993 über Wertpapierdienstleistungen (ABl. EG Nr. L 141 S. 27) in einem anderen Staat des Europäischen Wirtschaftsraums.

(8) Der Europäische Wirtschaftsraum umfaßt die Staaten der Europäischen Gemeinschaften sowie die Staaten des Abkommens über den Europäischen Wirtschaftsraum.

Übersicht

I. Regelungsgegenstand

1. Definitionsnorm mit materiellem Gehalt

1 Nach Überschrift und sprachlichem Duktus handelt es sich bei § 2 um eine reine Definitionsnorm. Tatsächlich geht § 2 aber darüber weit hinaus, denn vom an sich in § 1 geregelten Anwendungsbereich des Gesetzes lässt sich nur in Verbindung mit diesen Definitionen eine Vorstellung gewinnen (s. § 1 Rn. 1–3). § 2 hat daher in wichtigen Punkten eigenständigen materiellen Gehalt.

2. Definitionsklassen

2 Man muss sich vor Augen führen, dass die acht Absätze unterschiedliches Gewicht haben.

3 Mit den Begriffen „Angebote" (Abs. 1), „Wertpapiere" (Abs. 2), „Zielgesellschaften" (Abs. 3) und „Organisierter Markt" (Abs. 7) definiert § 1 die wesentlichen sinntragenden Substantive des § 1. Eine Subdefinition zum Abs. 7 stellt Abs. 8 dar, der den dort verwendeten Begriff des „Europäischen Wirtschaftsraums" erklärt.

4 Ein weiterer, allerdings in § 1 nicht verwendeter Zentralbegriff des Gesetzes ist der „Bieter"; er wird in Abs. 4 definiert. Daran schließen sich zweifach geschachtelt Subdefinitionen an: Abs. 5 erklärt, was im Sinne von Abs. 4 als „gemeinsam handelnd" anzusehen ist, und Abs. 6 definiert „Tochterunternehmen", die in Abs. 5 als „stets gemeinsam handelnd" festgelegt wurden.

II. Angebote (Abs. 1)

1. Generelles

5 Abs. 1 ist in seinem letzten Teil vollständig redundant zu § 1, denn dass es nur um solche Angebote geht, die sich auf den Erwerb von Wertpapieren einer Zielgesellschaft richten, war schon dort zu lesen. Die Definitionsnorm enthält allerdings drei Spezifikationen des relevanten Angebotsbegriffs, die sich im Ergebnis als Einschränkung des Anwendungsbereichs des Gesetzes darstellen: es geht (i) um **„Kauf- oder Tauschangebote zum Erwerb"** (s.u. Rn. 6 ff.), es geht – vor allem – (ii) nur um **„öffentliche"** Angebote (s.u. Rn. 9 ff.) und es geht (iii) bei unfreiwilligen Angeboten nur um **durch das WpÜG erzwungene** (s.u. Rn. 14 ff.).

2. Kauf- oder Tauschangebote zum Erwerb

Der juristische Grundbegriff des **„Angebots“** als solcher bedarf keiner speziellen Definition: Nach den geläufigen Regelungen im Allgemeinen Teil des BGB handelt es sich um eine auf das Zustandekommen eines Vertrages gerichtete Willenserklärung.[1] Entscheidend ist, dass einerseits der Inhalt des Vertrages so beschrieben ist, dass der Angebotsempfänger ihn durch Annahme zu Stande kommen lassen kann; andererseits ist Merkmal des Angebotes ein entsprechender Rechtsbindungswille. Abzugrenzen ist es anhand dieses Kriteriums von der bloßen Aufforderung an andere, ihrerseits Angebote abzugeben **(„invitatio ad offerendum“)**.[2] Eine öffentliche Aufforderung an Wertpapierinhaber zur Abgabe von Angeboten ist gem. § 17 unzulässig. 6

Im **Anwendungsbereich des Gesetzes** sind nur Angebote, die auf den Erwerb von Wertpapieren zielen. Erwerb ist der Übergang des (zumindest wirtschaftlichen) Eigentums. Nicht erfasst werden damit mögliche Angebote zum Abschluss einer Wertpapierleihe oder eines Stimmbindungsvertrages **(„Poolvertrag“)**. Obwohl mit solchen Verträgen eine Zurechnung von Aktien bzw. Stimmrechten gem. § 2 Abs. 5 und/oder § 30 verbunden sein kann, führen sie nicht zu einem Erwerb. 7

Schließlich trägt die Definition der Tatsache Rechnung, dass die **angebotene Gegenleistung** nicht nur in Geld, sondern auch in Sachwerten (praktisch nur: Aktien) bestehen kann und bezieht deshalb auch Tauschvorgänge ein. Bei Tauschangeboten, die in den Anwendungsbereich des Gesetzes fallen und auf Kontrollerwerb zielen, kommen als Gegenleistung nur liquide, zum Handel an einem organisierten Markt zugelassene Aktien in Betracht.[3] 8

3. Öffentliche Angebote

Für die Anwendung des Gesetzes sind **öffentliche Angebote** von nicht-öffentlichen, quasi „privaten“ Angeboten abzugrenzen. Obwohl es um einen Zentralbegriff geht – die Materie wird häufig unter dem Oberbegriff „*öffentliche* (Übernahme-)Angebote“ diskutiert – haben sich weder Gesetz- noch Verordnungsgeber zu einer Definition in der Lage gesehen: eine solche sei „angesichts der Vielgestaltigkeit der 9

1 Das BGB verwendet allerdings in den §§ 145ff. BGB den altmodischen Begriff des „Antrags“, während der Begriff des Angebots in §§ 294, 295 BGB für tatsächliche Leistungshandlungen eingesetzt wird.

2 *Kramer*, in: Münchener Kommentar zum BGB, 3. Aufl., 1993, § 145 Rn. 8.

3 Näher hierzu und zu den Fällen der Barangebotspflicht *Haarmann*, § 31 Rn. 81ff.

möglichen Sachverhalte" nicht zu leisten und würde Umgehungsmöglichkeiten eröffnen.[4] Diese Begründung, die auf eine Institutionalisierung und Instrumentalisierung von Rechtsunsicherheit hinausläuft, ist eigenartig und jedenfalls mit dem Gesetzgebungsziel, einen verlässlichen Rechtsrahmen zu schaffen[5] nicht zu vereinbaren. In der Sache ist es aber – entgegen vielfach geäußerter Kritik[6] – eine nicht nur vertretbare, sondern sinnvolle Entscheidung des Gesetzgebers, die **Konkretisierung des Begriffs** der **künftigen Verwaltungspraxis und Rechtsprechung zu überlassen**. Es handelt sich um einen in anderen Rechtsmaterien bereits eingeführten Rechtsbegriff, bei dessen Ausfüllung im neuen Regelungszusammenhang zunächst lediglich Randunschärfen verbleiben, die ohnehin unvermeidbar sind.

10 Die **Öffentlichkeit** eines Angebots kann sich aus der **Mitteilungsform** oder aus dem **Adressatenkreis** ergeben, und scheidet – negativ – bei einem Erwerb im Börsenhandel aus: Angebote zum Erwerb von Wertpapieren sind öffentlich, wenn sie entweder (i) über ein **allgemein zugängliches Medium** verbreitet werden (Rn. 11) oder (ii) sich an einen **größeren, unpersönlichen Adressdatenkreis** richten (Rn. 12) und (iii) **nicht lediglich anonym über den Börsenhandel platziert werden** (Rn. 13).

11 Öffentlich ist jedes Angebot, das über **Medien** verbreitet wird, die sich **an jedermann** wenden: Zeitungen, Zeitschriften, allgemein zugängliche Internet-Adressen.[7] Anders als für die Anwendung des VerkaufsprospektG oder des Investmentrechts[8] spielt es keine Rolle, ob Anleger in Deutschland angesprochen werden sollen, denn Fragen des internationalen Anwendungsbereiches sind in § 1 abschließend geregelt (s. dort Rn. 6 ff.) und berühren den Begriff der „Öffentlichkeit" nicht. Ebenso können – anders als im auf den öffentlichen *Vertrieb* abstellenden Investmentrecht – vom Bieter lancierte Presseartikel den Tatbestand nicht erfüllen,[9] denn solche Berichte könnten allenfalls als invitatio ad offerendum wirken (hierzu oben Rn. 6), nicht aber als rechtsgeschäftliche Willenserklärung.

---

4 Regierungsbegründung, BT-Drucks. 14/7034, S. 33; im Übrigen wird zur Rechtfertigung auch darauf verwiesen, dass zahlreiche ausländische Regelungen ebenfalls auf eine Definition verzichten.

5 Einl. Rn. 25 (FN 39).

6 *Fleischer*, ZIP 2001, 1653.

7 BAWe, Bekanntmachung zum Verkaufsprospektgesetz, BANZ Nr. 177 v. 21. Sept. 1999, S. 16180: „auch mittels elektronischer Medien".

8 BAWe (Fn. 7), 16180.

9 Betonung des Gesetzzweckes auch bei *Fleischer*, ZIP 2001, 1653, 1658.

Trotz individueller Adressierung (Brief/Telefax, E-Mail, Telefonanruf) sind auch solche Angebote öffentlich, die sich an einen **größeren, unpersönlichen Adressatenkreis** richten. Dies ergibt sich aus der auf die Funktionsfähigkeit des Kapitalmarktes und des institutionellen Anlegerschutzes gerichteten Zielsetzung des Gesetzes.[10] Anders als für den Anwendungsbereich des VerkProspektG[11] und der Investmentgesetze[12] kann allerdings zur Abgrenzung nicht herangezogen werden, ob sich das Angebot an einen *begrenzten* Personenkreis richtet: Angebote unter dem WpÜG richten sich stets an die Inhaber bestimmter Wertpapiere und damit an einen begrenzten Personenkreis. Ein Angebot an den (begrenzten!) Kreis sämtlicher Aktionäre einer Zielgesellschaft kann auch dann „öffentlich" sein, wenn es sich um Namensaktien handelt und der Bieter aufgrund über das Aktienregister oder in sonstiger Weise erlangter Kenntnis in der Lage war, sämtliche Aktionäre individuell anzuschreiben. Entscheidend ist, ob die angeschriebenen Aktionäre dem Bieter tatsächlich im Einzelnen persönlich bekannt sind[13] oder ob es sich um eine letztlich unpersönliche „Mailingaktion" handelt. Die Grenze lässt sich nur anhand von Indizien bestimmen[14]: ein zahlenmäßig kleiner Personenkreis, persönliche Beziehungen zum Adressaten, das Fehlen von annahmequotenabhängigen Rücktrittsrechten[15], individuelle Abweichungen zwischen Angeboten an verschiedene Wertpapierinhaber sprechen u. a. für ein nicht-öffentliches Angebot – und umgekehrt. 12

In keinem Fall unter die Vorschriften des WpÜG fällt der **Erwerb von Wertpapieren über die Börse**.[16] Das anonyme Angebot richtet sich nur an den ebenfalls anonymen Kreis der Marktteilnehmer, die während des in aller Regel begrenzten Zeitraums der Gültigkeit der Kauforder eine Verkaufsorder platzieren. Die beidseitige Anonymität und die Teilnahme an einem eigenen Regeln unterliegenden System schließen es aus, eine solche Erwerbsabsicht unter den Begriff des öffentlichen Angebots zu subsumieren. 13

---

10 *Fleischer*, ZIP 2001, 1653, 1658.

11 *Groß*, Kapitalmarktrecht, § 1 VerkProspG, Rn. 22 ff.

12 *Baur*, Investmentgesetze, 2. Aufl., 1997, § 1 AuslInvestmG, Rn. 14.

13 *Fleischer*, ZIP 2001, 1653, 1659.

14 Regierungsbegründung, BT-Drucks. 14/7034, S. 33.

15 Regierungsbegründung, BT-Drucks. 14/7034, S. 33.

16 Hierzu mit Einzelheiten *Fleischer*, ZIP 2001, 1653, 1660; a. A. Stellungnahme des *Bundesrats*, BR-Drucks. 574/01 vom 27.09.01, der im Hinblick hierauf die Einführung einer Bagatellgrenze vorgeschlagen hatte.

4. Freiwillig oder aufgrund einer Verpflichtung nach diesem Gesetz

14 Wie sich aus der Antithese des Gesetzwortlauts ergibt, ist **Freiwilligkeit** als **reiner Rechtsbegriff** zu verstehen. Ein Angebot bleibt auch dann freiwillig, wenn „zwingende" wirtschaftliche Überlegungen es rechtfertigen oder wenn die Geschäftsleitung des Bieters bei Angebotsabgabe durch mehr oder weniger zwingenden Druck eines Dritten (z.B. eines Gesellschafters) bestimmt wurde. In diesem (Rechts-) Sinne freiwillige Angebote werden vom WpÜG erfasst.

15 Davon zu unterscheiden sind **Angebote, zu deren Abgabe eine Rechtspflicht besteht**. Als Beispiel nennt die Regierungsbegründung[17] einerseits die Angebotspflicht gemäß § 35, andererseits die verpflichtenden Abfindungsangebote im Umwandlungsrecht (z.B. §§ 29, 207 UmwG) oder im Recht des Vertragskonzerns (z.B. §§ 305, 320b AktG).

16 Ebenfalls in die Gruppe der Zwangsangebote einzuordnen sind ausnahmsweise denkbare Erwerbspflichten, die sich aus öffentlich-rechtlichen Verträgen oder aus Nebenbestimmungen (Auflagen) zu Verwaltungsakten, beispielsweise des Bundeskartellamtes, ergeben. Zwar wird es sich in diesen Ausnahmefällen häufig auch um „Verhandlungslösungen" handeln, aber prägend ist hier doch, dass auf der Gegenseite ein Träger von Hoheitsgewalt steht. Ergibt sich die Verpflichtung demgegenüber als rein schuldrechtliche Verpflichtung aus einem privatrechtlichen Vertrag mit einem Dritten, so handelt es sich um ein im Sinne des Gesetzes freiwilliges Angebot, denn die Verpflichtung wurde ihrerseits privatautonom begründet. Eine weitere Fallgruppe zwangsweiser Angebote kann aber die allenfalls ausnahmsweise in Betracht zu ziehende Erwerbspflicht des Mehrheitsgesellschafters aufgrund gesellschaftsrechtlicher Treuepflichten sein.[18]

17 Von den zwangsweise abzugebenden Angeboten fällt **nur** das **Pflichtangebot** nach dem WpÜG selbst in dessen Anwendungsbereich.[19] Auf alle anderen Zwangsangebote ist das WpÜG nicht anwendbar.

18 Nachdem die Regierungsbegründung[20] dies für die Fälle der Abfindungsangebote nach dem UmwG expliziert, ist damit zugleich die

17 Regierungsbegründung, BT-Drucks. 14/7034, S. 34.
18 Vgl. *Lutter*, ZHR 162 (1998), 164, 172.
19 Regierungsbegründung, BT-Drucks. 14/7034, S. 34: „Angebot im Sinne des Absatz 1 ist auch ein Angebot, zu dem der Bieter nach dem Wertpapiererwerbs- und Übernahmegesetz verpflichtet ist.
20 Regierungsbegründung, BT-Drucks. 14/7034, S. 34.

Frage des **Verhältnisses** des WpÜG **zum Umwandlungsrecht** angesprochen. Hier ist die Frage, inwieweit sich beide Regelungsmaterien überlagern (Konkurrenzverhältnis) oder verdrängen. Unbestritten ist allerdings, dass auf das Angebot zum Abschluss eines Verschmelzungs- oder Spaltungsvertrages das WpÜG ebenso wenig anzuwenden ist wie auf die über die Verträge beschließende Hauptversammlung; es geht vielmehr allein um die Frage, ob die Erlangung der Kontrolle (§ 29 Abs. 2: das Halten von mindestens 30% der Stimmrechte) über eine börsennotierte Gesellschaft das Pflichtangebot gemäß § 35 auch dann auslöst, wenn der **Kontrollerwerb auf einen Umwandlungsvorgang zurückgeht.**[21]

Gute Gründe sprechen dafür, anzunehmen, dass durch das ausgefeilte umwandlungsrechtliche Instrumentarium allen Schutzinteressen ausreichend Rechnung getragen ist und es eines weitergehenden kapitalmarktrechtlichen Schutzes durch das WpÜG nicht bedarf.[22] Die ganz überwiegende Auffassung geht jedoch – gestützt auf den Wortlaut des § 35 Abs. 1 („Wer die Kontrolle erlangt“) und die Regierungsbegründung – wonach die Art und Weise der Kontrollerlangung gleichgültig sein soll[23] – davon aus, dass **kein** Anwendungs**vorrang** des Umwandlungsgesetzes, sondern eine Anwendungs**konkurrenz** besteht.[24] Bei sachgerechter Auslegung des § 35, der das im § 2 Abs. 1 angelegte Zurücktreten des WpÜG in Betracht zu ziehen hat, ist jedoch davon auszugehen, dass ein Pflichtangebot nicht abzugeben ist, wenn insoweit umwandlungsrechtlich ein Barabfindungsangebot zu unterbreiten ist.[25] Es verbleiben dann – nachdem nur der Kontrollerwerb der börsennotierten Gesellschaften erfasst wird – nur relativ wenige Fallkonstellationen (nur Verschmelzung von Aktiengesellschaften und auch nur dann, wenn die börsennotierten Gesellschaften nicht über vinkulierte Namensaktien verfügt) und erst recht wenige praktische Fälle. 19

21 Hierzu ausführlicher Kommentierung zu § 35 von *Hommelhoff/Witt*, Rn. 25ff.

22 So in der Tat *Weber-Rey/Schütt*, AG 2001, 329; zur durch den Fall HVB/Bank Austria ausgelösten parallelen Diskussion in Österreich siehe *Karolo/Geist*, NZG 2000, 1145ff. sowie *Österreichische Übernahmekommission*, NZG 2001, 282ff.

23 Regierungsbegründung, BT-Drucks. 14/7034, S. 59.

24 Siehe Kommentierung zu § 35 von *Hommelhoff/Witt* Rn. 25; *Seibt/Heiser*, ZHR 2001 (165), 466; *Kleindieck*, ZGR 2002 (im Druck).

25 Siehe Kommentierung zu § 35 von *Hommelhoff/Witt,* Rn. 26; anderer Ansicht wohl *Seibt/Heiser*, ZHR 2001 (165), 466, 475.

III. Wertpapiere (Abs. 2)

1. Perplexer Wertpapierbegriff

20 Der Wertpapierbegriff wird in der Rechtsordnung in unterschiedlicher Bedeutung verwendet (z. B. Depotgesetz, §§ 1807 Abs. 1 Nr. 4, 702 BGB, 363, 381 Abs. 1 HGB) und ist im Einzelnen umstritten. Unbestritten ist jedoch, dass Wertpapiere **Urkunden** sind und es ohne **Verkörperung** kein Wertpapier geben kann.[26] Der Definitionsansatz des WpÜG („auch wenn für sie keine Urkunden ausgestellt sind") ist damit in sich perplex. Letztlich dürfte es sich aber nur um eine unglückliche Formulierung handeln.[27] Gemeint ist nämlich (nur), dass Angebote nur zum Erwerb der in Abs. 2 Ziffer 1 und 2 bezeichneten Rechte auch dann in den Anwendungsbereich des Gesetzes fallen, wenn diese nicht verbrieft sind. Da dies derzeit nur ausnahmsweise der Fall sein kann, war es sachgerecht, im § 1 grundsätzlich am Wertpapierbegriff festzuhalten. Angesichts der absehbaren Entwicklung der an Kapitalmärkten gehandelten Rechte von Wertpapieren hin zu reinen **Wertrechten**[28] zeigt sich das Gesetz in seiner Begrifflichkeit insoweit traditionell.

2. Mitgliedschaftsrechte

21 Einbezogen in den Anwendungsbereich des Gesetzes sind zunächst gemäß Abs. 2 Nr. 1 **Aktien**. Der Begriff der Aktie bezeichnet u. a. einerseits das Mitgliedschaftsrecht in der Aktiengesellschaft, andererseits das dieses verbriefende Wertpapier.[29] Eine Verbriefung ist zur Entstehung des Mitgliedschaftsrechts nicht erforderlich und kann bei entsprechender Regelung in der Satzung (vgl. § 10 AktG) auch nicht verlangt werden.[30] Die Zulassung von Aktien zum Börsenhandel setzt jedoch zwingend deren Verbriefung zumindest und typischerweise in einer oder mehreren Globalurkunden voraus.[31]

---

26 *Brox*, Handelsrecht und Wertpapierrecht, 14. Aufl., Rn. 475.

27 Ebenso in der Regierungsbegründung, BT-Drucks. 14/7034, S. 34, wonach eine urkundliche Verbriefung „der Wertpapiere" nicht erforderlich ist. Gemeint ist wohl, dass eine urkundliche Verbriefung der in den Anwendungsbereich des Gesetzes einbezogenen materiellen Rechte nicht erforderlich ist.

28 *Brox*, Handelsrecht und Wertpapierrecht, 14. Aufl., Rn. 482.

29 Näher *Schüppen*, in: Seibert/Kiem, Handbuch der kleinen AG, Rn. 669.

30 *A. A. Hüffer*, § 10 AktG, Rn. 3, 11; hiergegen zutreffend *Schwennicke*, AG 2001, 118.

31 *Groß*, Kapitalmarktrecht, § 36–39 BörsG, Rn. 6.

Einbezogen sind gem. Abs. 2 Nr. 1 auch den **Aktien vergleichbare Wertpapiere und Zertifikate**, also z. B. Zwischenscheine oder Deposital Receipts. Fraglich kann sein, ob in den so definierten Anwendungsbereich auch hybride Beteiligungen wie Genussrechte oder atypisch stille Beteiligungen fallen. Da solche Rechte nur schuldrechtliche Positionen vermitteln und mit ihnen keine Stimmrechte verbunden sind, können sie jedoch nicht als den Aktien „vergleichbare Wertpapiere" angesehen werden. 22

3. Rechte zum Erwerb von Mitgliedschaftsrechten

Abs. 2 Nr. 2 betrifft Rechte (das Gesetz bezeichnet sie wiederum als Wertpapiere), die den Erwerb von in Nr. 1 bezeichneten Rechten, insbesondere Aktien, zum Gegenstand haben. Inhaltlich können hierunter insbesondere Wandelschuldverschreibungen (§ 221 Abs. 1 AktG) oder Optionsanleihen, aber auch jede sonstige Form von **Wandelungs- oder Bezugsrechten** (beispielsweise Stock Options gemäß § 192 Abs. 2 Nr. 3, § 193 Abs. 2 Nr. 4 AktG) fallen. Auch diese Rechte sind typischerweise verbrieft, aber ein Zwang hierzu besteht außerhalb einer Börsennotierung nicht. 23

4. Auswirkungen

Der sachliche Anwendungsbereich des Gesetzes wird durch die **Einbeziehung der Bezugs- und Wandelungsrechte** weit gefasst. Diese weit reichende Definition hat allerdings nur eine sehr eingeschränkte Bedeutung, da sie letztlich nur für **„einfache" Wertpapiererwerbsangebote** relevant ist: wer beispielsweise durch öffentliches Erwerbsangebot den Bestand an Wandelschuldverschreibungen einer börsennotierten Gesellschaft übernehmen will, hat die Vorschriften des zweiten Abschnitts einzuhalten. Für **Übernahmeangebote und Pflichtangebote** ist die weite Begriffsbestimmung demgegenüber ohne Bedeutung: Für den Kontrollbegriff des § 29 Abs. 2 kommt es nur auf Stimmrechte an, und die sowohl für Übernahmeangebote als auch für Pflichtangebote bestehende Verpflichtung zur Abgabe von Vollangeboten richtet sich nicht auf *Wertpapiere*, sondern nur auf *Aktien* (§ 32 bzw. § 39 in Verbindung mit § 32). 24

IV. Zielgesellschaften (Abs. 3)

1. Allgemeines

25 Selbstverständlich ist das Abstellen der Definition auf die Rechtsformen der **AG** und der **KGaA**, da (nur) bei diesen beiden Rechtsformen das Grundkapital in Aktien zerlegt ist und dies wiederum zwingende Voraussetzung für den Handel der Mitgliedschaftsrechte an einer Börse ist.[32] Weniger selbstverständlich ist, dass Zielgesellschaften ausschließlich **Gesellschaften mit Sitz im Inland** sein können (Rn. 28) und die hiermit im Zusammenhang stehende Tatsache, dass entsprechende Rechtsformen ausländischen Rechts unerwähnt bleiben. Für den internationalen Anwendungsbereich des WpÜG ist dies eine entscheidende Weichenstellung.[33]

2. Aktiengesellschaften

26 Die Rechtsform der Aktiengesellschaft ist im Wesentlichen im Aktiengesetz vom 6. 9. 1965 kodifiziert.[34] Die Aktiengesellschaft ist juristische Person und Kapitalgesellschaft (vgl. § 1 AktG). Als Kapitalgesellschaft verfügt sie über ein Grundkapital, das in Aktien zerlegt ist.[35] Die Organisationsstruktur der Aktiengesellschaft beruht auf den weitestgehend zwingenden Vorschriften des Aktiengesetzes (vgl. § 23 Abs. 5 AktG) und wird in diesem Rahmen durch die Satzung (§§ 2 und 23 AktG) ausgestaltet. Das Aktiengesetz ist seit 1965 laufend geändert worden. Von wesentlicher Bedeutung ist der insbesondere durch das „Gesetz für kleine Aktiengesellschaft und zur Deregulierung des Aktiengesetzes“ vom 10. 8. 1994 eingeleitete und seitdem andauernde Trend zur Deregulierung. Zwar ist die „kleine“ Aktiengesellschaft keine eigene Rechtsform, aber die zwischenzeitlichen Gesetzesänderungen haben – obwohl diese der Gesetzgeber nicht ausdrücklich vorgesehen hat – doch relativ deutlich zu einer Differenzierung zwischen börsennotierten und nicht börsennotierten Gesellschaften geführt.[36] Diese wird durch das WpÜG weiter vertieft, nachdem dieses Gesetz nur für **börsennotierte Gesellschaften** relevant ist, vgl. § 1 WpÜG am Ende.

---

32 Regierungsbegründung, BT-Drucks. 14/7034, S. 34.

33 Zum internationalen Anwendungsbereich bereits oben Kommentierung zu § 1 Rn. 6 ff.

34 BGBl I 1965, S. 1089.

35 Zum Begriff der Aktie siehe bereits oben Rn. 21.

36 Mehr hierzu bei *Schüppen*, Satzung der kleinen AG, S. 5 ff., mit tabellarischer Übersicht über die Deregulierungsmaßnahmen seit 1994.

3. Kommanditgesellschaften auf Aktien

Die Kommanditgesellschaft auf Aktien ist neben der Aktiengesellschaft die einzige Rechtsform, deren Mitgliedschaftsrechte zum Börsenhandel zugelassen werden können. Die gesamte Rechtsform ist unter Zuhilfenahme umfangreicher Verweisungen auf das HGB und insbesondere auf das erste Buch des Aktiengesetzes, im zweiten Buch des Aktiengesetzes in nur 13 Paragrafen (§§ 278 bis 290 AktG) geregelt. Die KGaA verfügt wie die AG über ein in (Kommandit-)Aktien zerlegtes Grundkapital. Ihre Besonderheit liegt darin, dass neben die (Kommandit-)Aktionäre ein oder mehrere persönlich haftende Gesellschafter treten; seit der grundlegenden Entscheidung des Bundesgerichtshofs vom 24. 2. 1997[37] ist geklärt, dass Komplementär auch eine juristische Person sein kann. Die Zahl der börsennotierten KGaA ist gering, die Rechtsform ist jedoch in allen Marktsegmenten des Börsenhandels prominent vertreten.[38] Für das Rechtsverhältnis der persönlich haftenden Gesellschafter untereinander und gegenüber der Gesamtheit der Kommanditaktionäre sowie gegenüber Dritten gelten die Vorschriften des Handelsgesetzbuches, im Übrigen gelten die Vorschriften des Aktiengesetzes. **27**

4. Sitz im Inland

Indem Absatz 3 für die Definition der Zielgesellschaft ebenso wie § 1 Umwandlungsgesetz für die Bestimmung umwandlungsfähiger Rechtsträger auf den **„Sitz im Inland"** abstellt, wird hier wie dort die Frage aufgeworfen, ob der statutarische Sitz oder der nach dem Ort der Hauptverwaltung zu bestimmende effektive Sitz gemeint ist. Der **aktienrechtliche** Sitzbegriff ist der des **statutarischen Sitzes** (§ 5 AktG). Demgegenüber ist im Zusammenhang des **internationalen Privatrechts** für die Bestimmung des Gesellschaftstatuts der **effektive Verwaltungssitz** maßgeblich.[39] Wie zu entscheiden ist, ist für das Umwandlungsrecht außerordentlich streitig[40] und wird voraussichtlich auch für das WpÜG streitig werden. Da es inhaltlich um die Bestimmung des internationalen Anwendungsbereiches des Gesetzes geht, muss auf die Prinzipien des internationalen Gesellschaftsrechts zu- **28**

---

37 BGH, Beschluss vom 24. 2. 1997 – II ZB 11/96 = BGHZ 134, 392.

38 Siehe im Einzelnen *Schüppen*, in: Seibert/Kiem, Handbuch der kleinen AG, Rn. 812.

39 *Hüffer*, § 1 AktG, Rn. 25; *Großfeld*, in: Staudinger, Kommentar zum BGB, EGBGB/IPR, Internationales Gesellschaftsrecht, 1998, Rn. 26.

40 *Großfeld*, in: Staudinger, Kommentar zum BGB, EGBGB/IPR, Internationales Gesellschaftsrecht, 1998, Rn. 698 ff.

rückgegriffen werden und daher der effektive Verwaltungssitz als maßgeblich angesehen werden.

29 Nicht nur das Gesellschaftsstatut, sondern auch die Anerkennung von Gesellschaften mit Sitz im Ausland sowie die Behandlung grenzüberschreitender Sitzverlegungen richtet sich in der Praxis nach der in Deutschland herrschenden **Sitztheorie**.[41] Ob diese im Gefolge der **Centros-Entscheidung** des Europäischen Gerichtshofs[42] Bestand haben wird, ist fraglich und wird kontrovers diskutiert.[43] Die andauernde Geltung der Sitztheorie unterstellt, ist die Bedeutung des Streites darüber, welchen Sitzbegriff das Gesetz meint, gering. Rechtsträger mit statutarischem Sitz im Inland und Verwaltungssitz im Ausland verlieren ihre Rechtsfähigkeit und damit die Qualifikation als Aktiengesellschaft.[44] Gleiches gilt in aller Regel für (ausländische) Aktiengesellschaften mit statutarischem Sitz im Ausland und effektivem Verwaltungssitz im Inland. Eine solche Gesellschaft verliert ebenfalls ihre Rechtsfähigkeit, wenn sich nicht aus einem Staatsvertrag ausnahmsweise ergibt, dass Deutschland insoweit das ausländische Recht anzuwenden hat.[45] In diesen Sonderfällen erscheint eine ausländische Aktiengesellschaft mit inländischem Verwaltungssitz denkbar. Angesichts der sich für diese Fälle stellenden Detailprobleme und ungeklärten Fragen ist es aber außerordentlich unwahrscheinlich, dass die Aktien einer solchen Gesellschaft zum Handel an einem organisierten Markt im europäischen Wirtschaftsraum zugelassen würden.

---

41 *Großfeld*, AG 1996, 302, 305.

42 EuGHE 1999, 1459 = ZIP 1999, 438 = EuZW 1999, 216 = NZG 1999, 298 = AG 1999, 226 (Centros).

43 *Zimmer*, Die Bedeutung des Centros-Urteils des EuGH, 1999; *ders.*, ZHR 164 (2000), 23; *Behrens*, IPrax 1999, 323; *Bungert*, DB 1999, 1841; *Görk*, GmbHR 1999, 793; *Hoor*, NZG 1999, 984; *Steindorff*, JZ 1999, 1140; *Großfeld*, NZG 1999, 1143; *Fock*, RIW 2000, 42; *Borges*, RIW 2000, 167, *Hoffmann*, ZHR 164 (2000), 43; *Steding*, NZG 2000, 913; *Schaub*, NZG 2000, 953; für die Sitztheorie OLG Düsseldorf ZIP 2001, 790 = NZG 2001, 506; Einschränkungen jedoch für Österreich bei OGH NZG 2000, 36.

44 Im einzelnen *Großfeld*, in: Staudinger, Kommentar zum BGB, EGBGB/IPR, Internationales Gesellschaftsrecht, 1998, Rn. 434 ff.

45 Denkbar im Verhältnis zu den USA und zu Spanien, vgl. *Ebenroth/Bippus*, DB 1988, 842.

V. Bieter (Abs. 4)

1. Subjektqualifikation

Wer **Träger von Rechten und Pflichten** sein kann und deshalb als Subjekt rechtserheblicher Handlungen in Betracht kommt, ist in den deutschen Rechtsordnungen in den jeweiligen einzelnen Gesetzen geregelt (z.B. §§ 1, 21 BGB, 1 Abs. 1 AktG, 13 GmbHG, 124 HGB). Es wäre deshalb einfach und vollkommen ausreichend gewesen, zu bestimmen, dass Bieter ist „wer (…) anbietet“. Der Gesetzgeber hat sich stattdessen für eine Enumerationstechnik entschieden und die als Bieter in Frage kommenden Rechtssubjekte aufgezählt; der Grund dieses Vorgehens bleibt rätselhaft, denn die Gesetzesbegründung erschöpft sich in der Wiederholung des Gesetzestextes.[46] Da die Aufzählung an dieser Stelle aber sämtliche denkbaren Rechtsträger erfasst, ist dies im Ergebnis ohne Auswirkung: **Juristische Personen des Privatrechts** sind rechtsfähiger Verein und Stiftung, als Unterformen des Vereins die AG, KGaA, GmbH, Genossenschaft und VVaG; als **juristische Personen des öffentlichen Rechts** kommen Gebietskörperschaften (Bund, Länder und Gemeinden), sonstige Körperschaften des öffentlichen Rechts, rechtsfähige Anstalten und Stiftungen des öffentlichen Rechts in Betracht, als **Personengesellschaften** OHG, KG, Partnerschaftsgesellschaft, EWIV und BGB-Gesellschaften.[47] Die Rechtsfähigkeit und Geschäftsfähigkeit **natürlicher Personen** ist im BGB geregelt (§§ 1 ff., §§ 104 ff. BGB). 30

2. Handlungsprädikate

Bieter ist, wer allein oder gemeinsam mit anderen Personen ein Angebot abgibt. Dies setzt ein **aktives rechtsgeschäftliches Handeln** voraus; im Rahmen der Angebotsabgabe wird die Person des Bieters in aller Regel eindeutig zu erkennen sein. § 11 Abs. 2 Nr. 1 verlangt ausdrücklich, dass die Angebotsunterlage konkrete individualisierende Angaben zur Person des bzw. der Bieter enthalten muss. 31

Bieter ist auch, wer die **Angebotsabgabe beabsichtigt** und zur **Abgabe eines Angebotes verpflichtet** ist. Damit stellt die Definitionsnorm sicher, dass sie den Adressaten der Verpflichtung zur Veröffentli- 32

46 Regierungsbegründung, BT-Drucks. 14/7034, S. 34.

47 Letztere fallen ohnehin unter die Personengesellschaften und sind durch die neuere BGH-Rechtsprechung ebenfalls als (teil-)rechtsfähig anerkannt, vgl. BGH NJW 2001, 1056.

chung der Entscheidung zur Abgabe eines Angebots (§ 10) sowie den Adressaten der Verpflichtung zur Veröffentlichung und Abgabe eines Angebots infolge Kontrollerwerbs (§ 35) erfasst. Zu beachten ist für den Fall der Pflichtangebote gemäß § 35, dass über die **Zurechnungsnorm des § 30** möglicherweise mehrere Rechtsträger den Schwellenwert überschreiten; sie sind dann jeweils Bieter und Angebotsverpflichtete im Sinne des Absatz 4.[48]

3. Bietergemeinschaften

33 Der Bieter kann nach dem Gesetzestext allein oder gemeinsam mit anderen Personen handeln. Der Begriff der gemeinsam handelnden Personen ist in Absatz 5 definiert. Zu beachten ist in diesem Zusammenhang jedoch, dass das Gesetz zwar sagt, dass der Bieter gemeinsam mit anderen Personen handeln kann und welche Personen dies sind, es ist jedoch keineswegs der Gegenschluss zulässig, dass gemeinsam handelnde Personen stets sämtlich als Bieter anzusehen sind. Dies ist nur dann der Fall, wenn mehrere Personen gemeinsam als „Bietergemeinschaft" auftreten.[49] In diesem Fall ist **jeder Beteiligte Bieter**, sodass ihn die Verpflichtungen des Gesetzes treffen.[50]

VI. Gemeinsam handelnde Personen und Tochterunternehmen (Abs. 5 und 6)

1. Regelungsgegenstand, Verhältnis zu § 30 Abs. 2

34 Absatz 5 definiert den Begriff der „gemeinsam handelnden Person", die in verschiedenen anderen Vorschriften (Absatz 4, § 31 Abs. 3, 4, 5) eine Rolle spielt. Absatz 5 ist **keine Zurechnungsnorm**. Stattdessen wird nämlich in § 30 Abs. 2 bestimmt, unter welchen Umständen dem Bieter Stimmrechte eines Dritten zugerechnet werden. Bei dem Vergleich dieser Zurechnungsnorm mit der Definitionsnorm des Absatz 5 zeigt sich, dass diese weitestgehend identisch sind. Der einzige Unterschied besteht darin, dass die Stimmrechtszurechnung ausgeschlossen ist, wenn das abgestimmte Verhalten lediglich auf *Vereinbarung* über die Ausübung von Stimmrechten *in Einzelfällen* beruht.

48 Hierzu näher Kommentierung zu § 35 von *Hommelhoff/Witt*, Rn. 32 ff.
49 Regierungsbegründung, BT-Drucks. 14/7034, S. 34.
50 Regierungsbegründung, BT-Drucks. 14/7034, S. 34 f.

2. Subjektqualifikation

Bei Bestimmung der in Frage kommenden Rechtssubjekte hat der Gesetzgeber wiederum eine Enumerationstechnik gewählt. Es fällt auf, dass im Unterschied zu Absatz 4 (siehe oben Rn. 30) **Personengesellschaften** nicht erwähnt werden. Damit stellt sich das Problem, ob diese Änderung beabsichtigt ist, Personengesellschaften daher nicht als gemeinsam handelnde Personen in Betracht kommen. Für eine solche Annahme gibt es weder in der Regierungsbegründung noch sonst Anhaltspunkte; es wäre schlicht unverständlich wenn Personengesellschaften hier ausgeklammert bleiben. Daher ist von einem Redaktionsversehen auszugehen und der Kreis der betroffenen Rechtssubjekte ebenso wie in Absatz 4 zu bestimmen. 35

3. Abgestimmtes Verhalten

Erforderlich ist eine Abstimmung des Verhaltens im Hinblick auf den **Erwerb von Wertpapieren** der Zielgesellschaft oder im Hinblick auf die **Ausübung von Stimmrechten** aus Aktien der Zielgesellschaft. Das in diesen beiden Punkten abgestimmte Verhalten kann alternativ auf einer Vereinbarung beruhen oder „in sonstiger Weise" erfolgen. Nach der Regierungsbegründung soll hierfür beispielsweise ein gleichgerichtetes Abstimmungsverhalten in der Hauptversammlung ausreichend sein.[51] 36

4. Tochterunternehmen

Der Begriff des Tochterunternehmens ist in Absatz 6 definiert und hat zunächst insoweit Bedeutung, als Tochterunternehmen des Bieters gemäß Absatz 5 Satz 2 im Sinne einer **unwiderleglichen Vermutung** als mit diesem gemeinsam handelnde Personen gelten. Der Begriff des Tochterunternehmens ist aber auch an anderen Stellen im Gesetz von eigenständiger Bedeutung (beispielsweise § 30 Abs. 1, 2, § 31). Zu beachten ist in diesem Zusammenhang, dass der Begriff der gemeinsam handelnden Person **Tochterunternehmen des Bieters** einschließt, nicht jedoch auf einer nächsten Stufe die Tochterunternehmen der gemeinsam handelnden Personen; diese sind daher in § 31 Abs. 1, 3–5 nochmals gesondert erwähnt. 37

Nach der Regierungsbegründung erfolgte die Begriffsdefinition in Übereinstimmung mit der in § 1 Abs. 7 KWG verwandten **Definition** 38

51 Regierungsbegründung, BT-Drucks. 14/7034, S. 34.

des Tochterunternehmens.[52] Die Definition rekurriert zunächst auf § 290 HGB. Nach dessen Abs. 1 sind Tochterunternehmen solche Unternehmen, die unter der einheitlichen Leitung einer Kapitalgesellschaft stehen, die in einer der Herstellung einer dauernden Verbindung dienenden Weise gesellschaftsrechtlich beteiligt ist; dies wird im Zweifel angenommen, wenn die Beteiligung 20% des Nennkapitals überschreitet (§ 271 Abs. 1 HGB). Nach § 290 Abs. 2 HGB besteht eine unwiderlegliche Vermutung für ein Tochterunternehmen, wenn dem Mutterunternehmen die Mehrheit der Stimmrechte der Gesellschafter, das Recht, als Gesellschafter die Aufsichtsratsmehrheit zu bestimmen, oder aufgrund eines Beherrschungsvertrages das Recht, beherrschenden Einfluss auf das Unternehmen auszuüben, zusteht. Über diese der Konzernrechnungslegung entlehnte Begriffsbestimmung hinaus gelten nach Absatz 6 als Tochterunternehmen auch solche Unternehmen, auf die ein beherrschender Einfluss ausgeübt werden kann. Über die von § 290 Abs. 2 HGB erfassten Fälle hinaus wird diese Alternative nur selten Bedeutung gewinnen, etwa wenn aufgrund dauerhaft geringer Präsenzen auf Hauptversammlungen bereits eine Minderheitsbeteiligung die Möglichkeit der Beherrschung eröffnet.[53]

VII. Organisierter Markt im Inland oder im europäischen Wirtschaftsraum (Abs. 7 und 8)

1. Regelungsgegenstand und Kritik

39 Die Absätze 7 und 8 bestimmen, welcher Börsenstandort und welches Börsensegment als ausreichend angesehen werden, den Anwendungsbereich des Gesetzes zu eröffnen. Durch das Abstellen auf einen **„organisierten Markt“** fallen aus dem Anwendungsbereich nur im **Freiverkehr** (zum Sonderproblem des Neuen Marktes sogleich unten Rn. 41) oder auf **außerbörslichen Plattformen** gehandelte Wertpapiere heraus. Dies ist in der Literatur bereits als ungerechtfertigte und verfassungsrechtlich bedenkliche Ungleichbehandlung kritisiert worden.[54] Diese Kritik ist jedoch nicht gerechtfertigt. Art. 3 GG lässt sachliche Differenzierungen zu, und eine solche ist mit der gewählten Abgrenzung gegeben, nachdem sowohl die Teilnahme am Freiverkehr

52 Regierungsbegründung, BT-Drucks. 14/7034, S. 34.
53 Dies hat der BGH im Verhältnis des Landes Niedersachsen zur Volkswagen AG bejaht, vgl. BGHZ 135, 107.
54 *Mülbert*, ZIP 2001, 1221, 1227.

als auch erst recht außerbörsliche Handelssysteme anders als der organisierte Markt kein förmliches Zulassungsverfahren voraussetzen. Im Freiverkehr und im Rahmen alternativer Handelssysteme (z.B. im Internet) können Aktien selbst gegen den Willen der emittierenden Gesellschaft und der Mehrheit ihrer Aktionäre gehandelt werden.

2. Amtlicher Handel und geregelter Markt

Als organisierte Märkte gelten im Inland die Börsensegmente des amtlichen Handels (§§ 36ff. Börsengesetz) und des geregelten Marktes (§§ 71ff. Börsengesetz). Gemeinsam sind beiden Segmenten die durch das Börsengesetz und die Börsenzulassungsverordnung ausgeformten – abgestuften – Zulassungsvoraussetzungen und Zulassungsverfahren. Beide Segmente erfüllen die Anforderung eines organisierten Marktes im Sinne der EU-Richtlinie. **40**

3. Einbeziehung des „Neuen Marktes"

Nach dem Willen des Gesetzgebers sollen auch der Neue Markt und andere Themenmärkte, bei denen die Zulassung der Wertpapiere im geregelten Markt erfolgt, der Handel jedoch im Freiverkehr im Sinne des § 78 Börsengesetzes stattfindet, erfasst werden.[55] Vor dem Hintergrund dieser klaren gesetzgeberischen Intention und dem eine entsprechende Interpretation zulassenden Wortlaut dürfte dies gelungen sein:[56] Zwar ist der Freiverkehr kein organisierter Markt im Sinne des Gesetzes, wie sich aus Absatz 7 ergibt. Voraussetzung für die Anwendung des Gesetzes ist jedoch nicht der effektive Handel der Aktien an einem organisierten Markt, sondern die *Zulassung* der Aktien zum Handel an einem organisierten Markt. Nach dem Regelwerk des Neuen Marktes müssen die Unternehmen die Zulassung zum geregelten Markt erlangen, dann aber auf die Notierungsaufnahme verzichten.[57] Indem der Gesetzgeber an die im Börsengesetz angelegte Unterscheidung von Zulassung (§ 36 Börsengesetz) einerseits, Notierungsaufnahme (§ 42 Börsengesetz) andererseits anknüpft, dürfte er seine Zielsetzung erreicht haben: Der Emittent verzichtet nicht auf die Zulassung zum geregelten Markt, sondern lediglich auf die dortige Notierungsaufnahme. Nach § 1 WpÜG kommt es aber nur auf die Zulassung im relevanten Börsensegment an. **41**

55 Regierungsbegründung, BT-Drucks. 14/7034, S. 35.
56 Anderer Ansicht wohl *Mülbert*, ZIP 2001, 1221, 1227.
57 Vgl. hierzu *Groß*, Kapitalmarktrecht, § 7 BörsG Rn. 3 m.w.N.

4. Einbeziehung ausländischer Börsen

42 Für die Einbeziehung der Notierung an ausländischen Kapitalmärkten stellt das Gesetz „insoweit der deutschen Regelung entsprechend" auf die Voraussetzung eines geregelten Marktes im Sinne des Artikels 1 Nr. 13 der EG Wertpapierdienstleistungsrichtlinie ab.[58]

5. Europäischer Wirtschaftsraum

43 Allerdings führt nur die Notierung an solchen organisierten Märkten zur Einbeziehung in den Anwendungsbereich des Gesetzes, die im europäischen Wirtschaftsraum liegen. Für dessen Bestimmung sind gemäß Abs. 8 der Vertrag über die europäischen Gemeinschaften sowie das Abkommen über den europäischen Wirtschaftsraum[59] vom 2.5.1992 maßgeblich. Nachdem derzeit **sämtliche Staaten der Europäischen Gemeinschaften** auch Vertragsparteien des Abkommens über den europäischen Wirtschaftsraum sind, ist Letzteres als das eine größere Zahl von Staaten umfassende Abkommen (nämlich zusätzlich zur EU **Island, Liechtenstein und Norwegen**) maßgeblich. Unberücksichtigt bleiben damit, um die wichtigsten zu nennen, die Börsenplätze in den Vereinigten Staaten von Amerika, in der Schweiz und in Japan.

44 Die Definition des europäischen Wirtschaftsraums in Absatz 8 ist als dynamisch zu verstehen. Soweit weitere Staaten in die Verträge einbezogen werden und deren Börsen die Anforderungen an einen organisierten Markt im Sinne der EG-Wertpapierdienstleistungsrichtlinie erfüllen, wird die Zulassung in diesen Staaten anwendungsrelevant. Praktisch wird dies allerdings allenfalls dann werden, wenn sich die Schweiz entschließen sollte, einem der beiden Abkommen beizutreten. Bei weiteren als Beitragskandidaten gehandelten Ländern dürfte diese Frage praktisch keine Rolle spielen. Abzuwarten bleibt im Übrigen, ob die derzeitigen Bemühungen um eine einheitliche europäische Börsenzulassung („EU-Pass") in den jeweiligen Ländern auch eine Anpassung der Bestimmung des WpÜG zum Anwendungsbereich erfordern.[60]

---

58 Regierungsbegründung, BT-Drucks. 14/7034, S. 35.

59 Abl. EG Nr. L 1 vom 3.1.1994, S. 3; die Schweiz ist zwar Mitglied der EFTA, hat es jedoch vorgezogen, ihre Beziehungen zur EU bilateral zu regeln, vgl. http://secretariat.efta.int/euroeco/

60 Mitteilung der Kommission an das Europäische Parlament und den Rat, Politische Herausforderungen im Finanzdienstleistungssektor, 1. Juni 2001, KOM (2001) 286, 4.

§ 3 Allgemeine Grundsätze

(1) Inhaber von Wertpapieren der Zielgesellschaft, die derselben Gattung angehören, sind gleich zu behandeln.

(2) Inhaber von Wertpapieren der Zielgesellschaft müssen über genügend Zeit und ausreichende Informationen verfügen, um in Kenntnis der Sachlage über das Angebot entscheiden zu können.

(3) Vorstand und Aufsichtsrat der Zielgesellschaft müssen im Interesse der Zielgesellschaft handeln.

(4) Der Bieter und die Zielgesellschaft haben das Verfahren rasch durchzuführen. Die Zielgesellschaft darf nicht über einen angemessenen Zeitraum hinaus in ihrer Geschäftstätigkeit behindert werden.

(5) Beim Handel mit Wertpapieren der Zielgesellschaft, der Bietergesellschaft oder anderer durch das Angebot betroffener Gesellschaften dürfen keine Marktverzerrungen geschaffen werden.

Übersicht

I. Regelungszweck

1. Funktion

Die vorgesehenen Regelungen sollen **grundlegende Wertungen** des Gesetzgebers wiedergeben, die auch bei der **Auslegung** einzelner Rechtsvorschriften heranzuziehen sind.[1] So einleuchtend es auf der einen Seite ist, dass allgemeine Grundsätze wertvolle Hilfestellungen 1

1 Regierungsbegründung, BT-Drucks. 14/7034, S. 35.

für eine (teleologische) Auslegung sein können, so gefährlich ist auf der anderen Seite die aus der Allgemeinheit solcher Grundsätze naturgemäß bis zu einem gewissen Grade folgende Beliebigkeit. Hinzu kommt, dass verschiedene allgemeine Grundsätze im Konflikt stehen können (z. B. Beschleunigung und ausreichende Zeit/Information). Für die Auslegung einer konkreten Norm ist daher häufig wenig gewonnen und doch ohne Hilfe durch § 3 nach dem (primären) Zweck der Einzelvorschrift zu suchen. Schließlich ist nicht zu verkennen, dass die Bedeutung der fünf allgemeinen Grundsätze höchst unterschiedlich ist und ihre Formulierung z.T. weniger rechtliche Bedeutung hat als den Versuch einer Selbstbestätigung oder „self-fulfilling prophecy" darstellt. Für Anwendung und Verständnis des Gesetzes von wesentlicher Bedeutung ist nur Abs. 3.

2. Adressatenkreis

2 Die aus den einzelnen Grundsätzen abzuleitenden Verhaltensanforderungen haben auch **unterschiedliche Adressaten**. Zum Teil sind diese ausdrücklich genannt, zum Teil ergeben sie sich erst bei näherer Analyse der einzelnen Vorschriften. In keinem Fall wird das BAWe ausdrücklich als Adressat genannt. Dennoch ist selbstverständlich auch die Aufsichtsbehörde Adressat der allgemeinen Grundsätze und hat diese – so weit einschlägig – zu beachten. Insbesondere für die Verfahrensgrundsätze (Abs. 2, Abs. 4) muss die Verwaltungsbehörde als Hauptadressat angesehen werden.

II. Gleichbehandlung (Abs. 1)

1. Bedeutung des Grundsatzes

3 Abs. 1 statuiert einen spezifisch übernahmerechtlichen **Gleichbehandlungsgrundsatz**. Adressat ist – zumindest in erster Linie – der **Bieter**. Für die Verwaltungsbehörde ergibt sich ein Gleichbehandlungsgebot schon aus ihrer Bindung an Recht und Gesetz und das verfassungsrechtliche Gleichheitsgebot (Art. 3 GG).[2] Die Zielgesellschaft ist jedenfalls ihren Aktionären gegenüber durch den aktienrechtlichen Gleichbehandlungsgrundsatz (§ 53 a AktG) gebunden.[3] Demgegenüber unterliegt der Bieter einer solchen Verpflichtung außerhalb des Über-

---

2 *Sachs*, in: Stelkens/Bonk/Sachs, VwVfG Kommentar, 6. Aufl., 2001, § 40, Rn. 91 ff.

3 *Hüffer*, AktG § 53 a, Rn. 4.

nahmerechts nicht. Zwar mögen aus einem Erwerbsangebot durchaus vorvertragliche Pflichten folgen,[4] aber diese verdichten sich nicht zu mitgliedschaftlichen Treuepflichten oder einem Gleichbehandlungsgebot.[5] Nur bei öffentlichen Erwerbsangeboten im Anwendungsbereich des WpÜG folgt aus Abs. 1 ein Gleichbehandlungsangebot, das ausschließlich kapitalmarktrechtlich begründet ist.

Gleich zu behandeln sind Inhaber von Wertpapieren **„derselben Gattung"**. Während bei Aktien nur zwischen den beiden Gattungen Stammaktie und Vorzugsaktie unterschieden wird,[6] ist der Begriff hier in einem weiteren Sinne zu verstehen. Zunächst zielt er auf die Unterscheidung der beiden in § 2 Abs. 2 unterschiedenen Gruppen der Mitgliedschaftsrechte und der Rechte auf Mitgliedschaftsrechte. Innerhalb dieser beiden Gruppen stellen dann wieder sämtliche Wertpapiere mit jeweils unterschiedlicher Ausstattung verschiedene Gattungen dar. 4

Indem Abs. 1 im Umkehrschluss eine am Kriterium der unterschiedlichen „Wertpapiergattungen" orientierte Ungleichbehandlung zulässt, wirft er zugleich die Frage auf, ob darüber hinaus **sachlich gerechtfertigte Ungleichbehandlungen** möglich bleiben und welche weiteren Differenzierungskriterien eine etwaige Ungleichbehandlung tragen können. Die in diesem Zusammenhang zentrale Frage, ob für die bei Übernahme- und Pflichtangeboten geregelte Höhe der Gegenleistung von Vorerwerben ein sog. „Paketabschlag" vorgenommen werden kann, hat der Gesetzgeber in § 31 verneinend beantwortet. Ein Argument dafür, Abs. 1 nicht nur als Willkürverbot, sondern als Norm mit Absolutheitsanspruch zu verstehen, ist dies dennoch nicht: Der Wortlaut blieb nämlich in allen Gesetzgebungsphasen unverändert, obwohl noch im Referentenentwurf die Zulässigkeit eines Paketabschlages vorgesehen war. Man wird daher der üblichen Dogmatik von Gleichheitssätzen folgend davon auszugehen haben, dass sachliche Differenzierungen auch anhand anderer Kriterien möglich bleiben. 5

2. Anwendungsfälle

Dies gilt freilich nicht, so weit der Gesetzgeber in gesetzlicher **Konkretisierung des Gleichbehandlungsgrundsatzes** eine **abschließende Regelung** vorgenommen hat. Als solche gesetzliche Konkretisierung 6

4 *Oechsler*, NZG 2001, 817, 821.

5 Zum Verhältnis von Treuepflicht und Gleichbehandlungsgrundsatz im Aktienrecht vgl. *Hüffer*, AktG § 53 a, Rn. 2, 14.

6 *Hüffer*, AktG § 11, Rn. 7.

nennt die Regierungsbegründung u.a. die §§19 und 31.[7] In beiden Fällen (§ 19: pro-rata-Zuteilung bei Teilangeboten, § 31: Gegenleistung) scheidet einer andere Differenzierung als nach Wertpapiergattungen aus. Demgegenüber bleibt es hinsichtlich anderer Parameter eines öffentlichen Übernahmeangebots (z.B. Annahmefrist, Intensität und Medien aktiver Informations- und Werbepolitik) möglich, nach Umfang des Anteilsbesitzes und/oder Professionalität des Anlegers zu unterscheiden. Kein Verstoß gegen den übernahmerechtlichen Gleichbehandlungsgrundsatz sind daher beispielsweise Roadshows oder besondere Annahmefristen (innerhalb des gesetzlichen Rahmens) für institutionelle Anleger.

III. Fairness (Abs. 2)

1. Bedeutung des Grundsatzes

7 Abs. 2 statuiert **„genügend Zeit"** und **„ausreichende Informationen"** als entscheidende Elemente eines fairen Verfahrens, mit denen letztlich dem Wertpapierinhaber **Entscheidungsfreiheit** gesichert werden soll. **Adressat** der Verhaltensrichtlinien ist in erster Linie der Bieter, aber in der Frage ausreichender Information ist auch die Zielgesellschaft angesprochen (vgl. § 27). So hehr die Ziele dieses Grundsatzes sind, so bedeutungslos ist er: ohne Konkretisierung ist er unanwendbar und auch als Auslegungshilfe kaum tauglich. Mit der im Gesetz selbst vorgenommenen Konkretisierung verbleibt für einen „Allgemeinen Grundsatz" kaum ein Anwendungsbereich (s. sogleich unten Rn. 8).

2. Anwendungsfälle

8 **Entscheidungsfreiheit in zeitlicher Hinsicht** wird vor allem durch die Vorgabe von Untergrenzen für die **Annahmefrist** und deren zwingende Verlängerung bei bestimmten Veränderungen des Entscheidungsprozesses sichergestellt: die Annahmefrist beträgt mindestens 4 Wochen (§ 16 Abs. 1); sie verlängert sich auf die gesetzliche Maximalfrist von 10 Wochen, wenn eine „Abwehrhauptversammlung" nach der Veröffentlichung der Angebotsunterlage einberufen wird (§ 16, Abs. 3 und 4); die Frist verlängert sich um zwei Wochen, wenn eine Änderung des Angebots innerhalb der letzten beiden Wochen vor Ablauf der ursprünglichen Angebotsfrist erfolgt (§ 21 Abs. 5). Im Falle

---

7 Regierungsbegründung, BT-Drucks. 14/7034, S. 35.

von konkurrierenden Angeboten verlängert sich die Annahmefrist erforderlichenfalls so lange, dass die Annahmefrist des ursprünglichen Angebots nicht vor der des konkurrierenden Angebots abläuft (§ 22 Abs. 2). Da beliebig viele konkurrierende Angebote möglich sind und jedes Angebot gemäß § 21 im Prinzip beliebig oft geändert werden kann (nur innerhalb der gemäß § 21 Abs. 4 verlängerten Annahmefrist ist gemäß § 32 Abs. 5 eine erneute Änderung unzulässig), kann sich eine Kette ergeben, die die Annahmefrist des ursprünglichen Angebots sehr stark ausdehnt.[8] Es ist aber in jedem Fall sichergestellt, dass der Wertpapierinhaber mindestens zwei Wochen Zeit hat, sich auf veränderte Umstände einzustellen. Eine – nicht ganz einleuchtende – Ausnahme von diesem Grundsatz stellt § 25 dar, der sich auf Fälle bezieht, in denen das Angebot durch einen Zustimmungsbeschluss der Gesellschafterversammlung des Bieters bedingt ist: dieser Gesellschaftsbeschluss muss (erst) bis zum fünften Werktag vor Ablauf der Annahmefrist herbeigeführt werden, sodass dem Wertpapierinhaber in Kenntnis des Bedingungseintritts nur 4 Werktage verbleiben.

Der Sicherung der **Entscheidungsfreiheit in inhaltlicher Hinsicht durch Informationsversorgung** dienen zunächst die Vorschriften über den **Mindestinhalt der Angebotsunterlage** in § 12 und die in Ergänzung dieser auf der Grundlage des § 23 Abs. 5 erlassene Rechtsverordnung. Weitere Informationen erhält der Wertpapierinhaber durch die in § 27 vorgeschriebenen Stellungnahmen des Vorstands und Aufsichtsrats der Zielgesellschaft und ggf. durch die fakultative Stellungnahme des Betriebsrats gemäß § 27 Abs. 2. Den Bestand seiner (und der ihm zuzurechnenden) Wertpapiere und Stimmrechte (unter Berücksichtigung der zugegangenen Annahmeerklärungen im Rahmen des Angebotsverfahrens) hat der Bieter gemäß § 23 Abs. 1 laufend zu veröffentlichen (sog. „Wasserstandsmeldungen“), eine insbesondere im Hinblick auf psychologische Gegebenheiten wichtige Information.[9] Der Sicherung der Entscheidungsfreiheit des Wertpapierinhabers durch Information dient es schließlich auch, wenn § 28 einerseits Werbung grundsätzlich zulässt (argumentum e contrario), andererseits bei Missständen das Bundesaufsichtsamt zur Untersagung ermächtigt.[10] 9

Effektuiert und nachhaltig gestärkt wird die durch Absicherung der Faktoren Zeit und Information geschaffene Entscheidungsfreiheit 10

8 Siehe schon *Schüppen*, WPg 2001, 958, 964 f.
9 Hierzu insb. *Witt*, NZG 2000, 809.
10 Zur Informationsfunktion von Werbung vgl. *Immenga*, in: Kreuzer, Öffentliche Übernahmeangebote, S. 23.

durch die **gesetzlichen Rücktrittsrechte** in § 21 Abs. 4 und § 22 Abs. 3, die dem Wertpapierinhaber bei Angebotsänderungen und konkurrierenden Angeboten eine erneute Entscheidung auch dann eröffnen, wenn er das ursprüngliche Angebot bereits angenommen hat.

11 Angesichts des Detailierungsgrades der vorstehend dargestellten Regelungen ist fraglich, ob für einen allgemeinen Grundsatz ein Anwendungsbereich bleibt. Wer sich an die gesetzlichen Fristen hält und den gesetzlichen Informationsanforderungen genügt, handelt in jedem Fall rechtmäßig. So ist es beispielsweise ausgeschlossen, ein Angebot mit einer Annahmefrist von 4 Wochen zu untersagen mit dem Argument, sein Inhalt sei außergewöhnlich kompliziert, und es ergebe sich daher aus § 3 Abs. 2 das Erfordernis einer längeren Annahmefirst. Der Grundsatz kann allenfalls am Rande bei der **Auslegung unbestimmter Begriffe** ein Rolle spielen. So erscheint es denkbar, für die Bestimmung dessen, was im Rahmen des § 28 als „Missstand" angesehen wird, unter Rückgriff auf Abs. 2 – unter anderem! – den Informationsgehalt der fraglichen Werbemaßnahme zu berücksichtigen.

IV. Handeln im Gesellschaftsinteresse (Abs. 3)

1. Bedeutung des Grundsatzes

12 Abs. 3 entspricht einem im gemeinsamen Standpunkt zum Entwurf einer EU-Richtlinie vorgesehenen allgemeinen Grundsatz (dort § 5 Abs. 1 lit. c) und stellt zunächst – negativ – eine Absage an eine ausschließliche Verpflichtung der Organe auf das Aktionärsinteresse dar. Ungleich schwieriger ist es die Frage zu beantworten, wie der Begriff des Gesellschaftsinteresses positiv auszufüllen ist (hierzu unten Rn. 15). Als Verhaltensmaßstab für das Organhandeln der Zielgesellschaft bestimmt Abs. 3 die Anwendung des Gesetzes maßgeblich, beispielsweise bei der Auslegung der §§ 27 (Stellungnahme) und 28 (Werbung) sowie der Beurteilung von Abwehrmaßnahmen im Kontext des § 33. Der in der EU-Richtlinie sowie in Diskussions- und Referentenentwurf zu konstatierende Gegensatz zwischen Abs. 3 und dem Abwehrverbot („Neutralitätspflicht")[11] ist durch deren weitgehende Auflockerung und Ausformung als Kompetenznorm entfallen. Die Verpflichtung von Vorstand und Aufsichtsrat auf ein Handeln „im Interesse der Zielgesellschaft" hat daher erhebliche Bedeutung und ist für die Anwendung des Gesetzes im Wortsinne grundlegend.

11 Hierzu *Schüppen*, Wpg 2001, 958, 970.

Abs. 3 verzahnt zugleich das WpÜG als Kapitalmarktrecht mit dem Aktiengesellschaftsrecht, indem er klarstellt, dass durch das Gesetz „die **allgemeinen gesellschaftsrechtlichen Pflichten dieser Organe (…) nicht suspendiert**" werden.[12] Verdeutlicht und unterstrichen wird dies dadurch, dass § 33 Abs. 1 S. 1 (1. Alt) Handlungen des Vorstands, die außerhalb einer Übernahmesituation zulässig gewesen wären, unbeschadet einer etwaigen objektiven Abwehreignung für rechtmäßig erklärt. Zutreffend ist der Gesetzgeber dabei davon ausgegangen, dass Vorstand und Aufsichtsrat aktienrechtlich im Rahmen ihrer Leitungsverantwortung (§ 76 AktG) dem Gesellschaftsinteresse verpflichtet sind. Dies entspricht jedenfalls der vereinzelt zu diesem Thema ersichtlichen Rechtsprechung[13] und der ganz herrschenden Auffassung.[14] **13**

Für Verwirrung sorgt dabei gelegentlich der ebenfalls verwendete Begriff des **„Unternehmensinteresses"**: Dieser wird teils synonym mit dem Begriff des Gesellschaftsinteresses,[15] teils als ein Teilausschnitt desselben[16] verwendet. Dabei handelt es sich letztlich um eine (begriffliche) Geschmacksfrage; der Gesetzgeber des WpÜG hat den Gesellschaftszweck als weiten Begriff ausdrücklich gewählt, sodass das „Unternehmensinteresse" wenn überhaupt in einem engeren Sinne verwendet werden sollte. Abzulehnen ist ein das Unternehmensinteresse dem Gesellschaftsinteresse übergeordnetes, dem „Unternehmen an sich" verpflichtetes Verständnis.[17] **14**

Jenseits solcher begrifflichen und in Randbereichen rechtssystematischen und rechtsphilosophischen Probleme besteht weitestgehend Einigkeit darüber, dass mit der Kurzformel des Gesellschaftsinteresses, ein **Bündel von** in der Gesellschaft und den von ihr betriebenen Unternehmen zusammentreffenden **Interessen** zu erfassen sind.[18] Aus diesem Ansatz resultiert als entscheidende Frage die nach Bezeichnung und Gewichtung dieser für das Vorstandshandeln relevanten Interessen. Die Regierungsbegründung führt dazu aus, dass „die **Interessen der Aktionäre, der Arbeitnehmer und die Interessen der Ge-** **15**

---

12 Regierungsbegründung, BT-Drucks. 14/7034, S. 35.

13 BGH 325, 330f.; auch BVerfGE 50, 290.

14 *Hüffer*, AktG § 76, Rn. 12 m.w.N.

15 BGHZ 325, 330f.; *Hüffer*, AktG § 76, Rn. 15; *W. Müller*, FS Semler, S. 195, 207f.; *K. Schmidt*, Gesellschaftsrecht, § 28 II 1.

16 *Mülbert*, ZGR 1997, 129, 147.

17 Ebenso *Mülbert*, IstR 1999, 83, 84.

18 *W. Müller*, FS Semler, S. 195, 207f.; *K. Schmidt*, Gesellschaftsrecht, § 28 II 1; *von Werder*, ZGR 1998, 69; *Henn*, Handbuch des Aktienrechts, 7. Aufl., 2002, Rn. 570.

noch 15 **sellschaft insgesamt** zu berücksichtigen" seien.[19] Das stimmt bis auf wenige begriffliche Unschärfen überein mit durchaus als herrschend zu bezeichnenden Kommentierungen, wonach Träger der zu berücksichtigenden Interessen die Aktionäre (Kapital), die Arbeitnehmer (Arbeit) und die Öffentlichkeit (Gemeinwohl) sind.[20] Die Ausrichtung des Vorstandshandelns an einer so oder ähnlich umrissenen Mehrzahl von Interessen ist zwar in ihrer Herleitung umstritten,[21] im Ergebnis jedoch nur ganz vereinzelt bestritten. Namentlich *Mülbert* hat wiederholt versucht darzulegen, dass der Vorstand sein Handeln allein am Ziel der Gewinnmaximierung auszurichten habe.[22] Angesichts der – typischerweise – Komplexität und Größe von (börsennotierten) Aktiengesellschaften und deren Einbettung in ein vielschichtiges soziales Umfeld ist eine solche eindimensionale Zielfunktion bei allem theoretischen Reiz weder sozialwissenschaftlich und betriebswirtschaftlich[23] sinnvoll noch juristisch begründbar.[24] Der Gesetzgeber des WpÜG hat jedenfalls eine eindeutige Entscheidung für einen Pluralismus der zu berücksichtigenden Interessen getroffen, nicht nur in der Gesetzesbegründung, sondern auch im Wortlaut des Abs. 3, denn das Gesellschaftsinteresse ist offensichtlich schon sprachlich vom Gesellschafterinteresse verschieden.

---

19 Regierungsbegründung, BT-Drucks. 14/7034, S. 35.

20 *Hüffer* (Fn. 5), § 76 Rn. 12; ähnlich *K. Schmidt*, Gesellschaftsrecht, § 28 II 1; a. A. bzgl. des Gemeinwohls *Henn*, Handbuch des Aktienrechts, 7. Aufl., 2002, Rn. 570.

21 Teils wird gestützt auf die Gesetzesbegründung des AktG 1965 die Fortgeltung der in § 70 AktG 1970 enthaltenen Verpflichtungen auf die Belange des „Betriebes seiner Gefolgschaft und des gemeinen Wohls" postuliert – so *K. Schmidt*, Gesellschaftsrecht, § 28 II 1 –, teils wird auf eine verfassungsrechtliche, u. a. die Sozialbindung des Eigentums in den Blick nehmende Argumentation rekurriert, so *Rittner*, FS Gessler, S. 139, 142 ff.; JZ 1980, 113 ff.

22 *Mülbert*, ZGR 1997, 129; *Mülbert*, IStR 1999, 83, 84.

23 *von Werder*, ZGR 1998, 69.

24 Unzutreffend ist insbesondere die Verwendung des UmwG als Argumentationshilfe, denn in der Tat ist es zutreffend, gerechtfertigt und vom Gesetzgeber in Kauf genommen, dass sich mit dem Wechsel des „Rechts" auch materielle Veränderungen ergeben. Das gilt nicht nur, aber in besonderer Weise für die Stellung des Geschäftsführungsorgans, das bei der GmbH den Weisungen der Gesellschafter unterworfen ist, bei der AktG aber „in eigener Verantwortung" leitet. Insofern verstößt es keineswegs gegen Art. 3 Abs. 1 GG unterschiedliche Verhaltensmaßstäbe anzunehmen, was im Übrigen nicht bedeutet, dass der Geschäftsführer einer GmbH nicht auch andere als Gesellschafterinteressen im Auge haben kann (vgl. zur Berücksichtigung von Arbeitnehmerinteressen und Allgemeininteressen im Rahmen einer auf die Steigerung des Unternehmenswertes aufbauende Zielfunktion *Zöllner*, in Baumbach/Hueck, GmbHG, 17. Aufl., § 43 Rn. 19).

Nicht beantwortet ist die damit entscheidende Frage nach der **Gewichtung der unterschiedlichen Interessen**. Hier stehen sich **zwei Grundauffassungen** gegenüber: Nach der einen Ansicht gibt es keine Rangfolge der maßgeblichen Interessen; das bei der Gewichtung prinzipiell freie Ermessen des Vorstands wird lediglich begrenzt durch die Pflicht des Vorstands, für dauerhafte Rentabilität des Unternehmens zu sorgen.[25] Nach der anderen Ansicht lässt sich eine solche Rangfolge festlegen, wobei dann überwiegend dem Aktionärsinteresse der Vorrang eingeräumt wird.[26] Vorzugswürdig ist die erste Position, denn sie ist weniger ideologielastig und sichert dem Vorstand den vom Gesetz durch die Statuierung von Eigenverantwortung vorausgesetzten und betriebswirtschaftlich erforderlichen unternehmerischen Ermessensspielraum. Daraus ergibt sich zugleich, dass shareholder-value-Konzepte der Unternehmensführung rechtlich nicht zwingend, aber möglich sind; ihre Grenze finden sie darin, dass eine alleinige Orientierung der Unternehmensführung am Aktionärsinteresse und vergleichbare Übersteigerungen unzulässig sind,[27] eine für die rechtliche Beurteilung von Stock-Options-Plänen gewonnene Beurteilung, die für das Übernahmerecht ebenfalls gilt und hier ungleich größere praktische Bedeutung gewinnen kann. 16

2. Anwendungsfälle

Die gesetzlichen Vorschriften können in verschiedener Hinsicht auch als Manifestation der oben dargestellten Verpflichtung auf einen Interessenpluralismus gelesen werden. Am deutlichsten ist dies hinsichtlich der **Arbeitnehmerinteressen**, die auch schon in der europäischen Diskussion eine bedeutende Rolle gespielt hatten:[28] Zu nennen sind die ausdrücklich in der Angebotsunterlage vorgeschriebenen Angaben (§ 11 Abs. 2 Satz 2 Nr. 2), die ausdrückliche Pflicht von Vorstand und Aufsichtsrat in ihrer Stellungnahme die Arbeitnehmerinteressen in den Blick zu nehmen (§ 27 Abs. 1 Nr. 2), die Verpflichtung eine etwaige eigene Stellungnahme des zuständigen Betriebsrats oder – sofern ein solcher nicht besteht – unmittelbar der Arbeitnehmer der Zielgesellschaft zu veröffentlichen (§ 27 Abs. 2) und schließlich – angesichts 17

25 *Hüffer* (Fn. 5), § 76 Rn. 12 f.

26 *Mülbert*, ZGR 1997, 129; *Mülbert*, IStR 1999, 83, 84.

27 Zutreffend *Hüffer*, ZHR 1997; zur shareholder-value-Debatte: *Mülbert*, ZGR 1997, 129; *Mülbert*, IStR 1999, 83, 8; *von Werder*, ZGR 1998, 69; *W.-U. Schilling*, BB 1997, 373.

28 *Neye*, ZIP 2001, 1120.

der Arbeitnehmermitbestimmung im Aufsichtsrat – dessen Einbeziehung in die Verpflichtung zur Abgabe einer Stellungnahme gemäß § 27 Abs. 1 und dessen Herausnahme aus dem Abwehrverbot des § 33 und das an dessen Stelle tretende Recht der Mitentscheidung über Abwehrmaßnahmen.[29] Im Rahmen der Angaben in der Angebotsunterlage sowie in der Stellungnahme von Vorstand und Aufsichtsrat sind im Übrigen auch **Allgemeininteressen** zu berücksichtigten, wie namentlich die Erforderlichkeit von Angaben zu den voraussichtlichen Auswirkungen eines erfolgreichen Angebotes auf die Standorte der Zielgesellschaft zeigt. In noch weit größerem Umfang trägt das Gesetz konkretisierend **Aktionärsinteressen** Rechnung, so in den oben aufgeführten Konkretisierungen des Gleichbehandlungsgrundsatzes (Rn. 6) und des Gebotes der Fairness (Rn. 8), insbesondere aber auch in den besonderen Regelungen zu Übernahmeangeboten (Pflicht zum Vollangebot, detaillierte Vorschrift zur mindestens anzubietenden Gegenleistung) und in den Vorschriften zum Pflichtangebot nach Kontrollerwerb.

18 Trotz dieser vielfältigen Konkretisierung einer Berücksichtigung unterschiedlicher Interessen durch den Gesetzgeber bleiben diese in dem oben geschilderten Sinne für das Vorstandshandeln maßgeblich. Insbesondere für die Auslegung und Anwendung des § 33 hat der in Abs. 3 normierte Maßstab erhebliche Bedeutung. Er verdeutlicht, dass – anders als zum Teil vertreten – keineswegs das in § 33 Abs. 1 Satz 1 normierte Abwehrverbot der Grundsatz und die sodann normierten Durchbrechungen die Ausnahmen sind. Vielmehr verhält es sich so, dass zunächst § 33 Abs. 1 Satz 1 eine Ausnahme zum im § 3 Abs. 3 formulierten Grundsatz darstellt; die in § 33 folgenden Regelungen stellen sodann lediglich Beschränkungen in der Reichweite dieser Ausnahme dar.

V. Beschleunigung (Abs. 4)

1. Bedeutung des Grundsatzes

19 Während es im Interesse der Wertpapierinhaber der Zielgesellschaft liegen mag, ausreichend Zeit für eine wohl abgewogene Entscheidung über eine Annahme des Angebots zur Verfügung zu haben (siehe oben Rn. 7f.), entspricht es insbesondere dem Interesse der **Zielgesell-**

29 Beides aufgrund der Beschlussempfehlung des Finanzausschusses, vgl. BT-Drucks. 14/7477, S. 3, 22f., 25f.

schaft, das Verfahren eines öffentlichen Übernahmeangebots schnell durchzuführen. Zutreffend weist die Regierungsbegründung darauf hin, dass aufgrund der besonderen Verhaltenspflichten des Vorstands – und zu ergänzen wäre: durch die psychische und physische Inanspruchnahme von Ressourcen durch die Angebotssituation – die Gefahr besteht, dass sich insbesondere Übernahmeverfahren für die Zielgesellschaft nachteilig auswirken oder gar als Mittel der Wettbewerbsbehinderung eingesetzt werden.[30] Auch für den **Bieter** kann es, sofern er mit dem Angebot – wie in aller Regel – mehr als nur Wettbewerbsbehinderung erreichen will, wünschenswert sein, möglichst schnell Klarheit über den am Umfang der Annahmequote zu messenden Erfolg oder Misserfolg seines Angebots zu erhalten.[31] Diesem Beschleunigungsinteresse steht die Notwendigkeit gegenüber, allen Verfahrensbeteiligten die für ein geordnetes Verfahren mindestens **notwendige Zeit** einzuräumen. Dies gilt nicht nur für die bereits mehrfach erwähnte Entscheidungsfreiheit der Aktionäre, und für den Bieter für den Zeitraum, der zwischen Veröffentlichung der Entscheidung zur Abgabe eines Angebots und Veröffentlichung der Angebotsunterlage liegt, sondern auch für die Verwaltungsbehörde, die auf den unterschiedlichen Stufen des Verfahrens Zeit benötigt, um über die Veröffentlichungsfähigkeit von Angeboten zu entscheiden, beantragte Verwaltungsakte zu erlassen oder abzulehnen und über mögliche Abhilfeentscheidungen bei Rechtsbehelfen nachzudenken.

2. Anwendungsfälle

Dem Grundsatz der Beschleunigung – und der Notwendigkeit der Herstellung praktischer Konkordanz mit konfligierenden Grundsätzen – trägt der Gesetzgeber an vielen Stellen im Gesetz durch konkrete **Fristsetzungen**, die Möglichkeit zur **Fristverlängerung auf Antrag** und die häufige Verwendung der Vokabel **„unverzüglich“** Rechnung: Frist zur Übermittlung der Angebotsunterlage an das Bundesaufsichtsamt vier Wochen nach Veröffentlichung der Entscheidung, zur Abgabe eines Angebots mit Verlängerungsmöglichkeit um weitere vier Wochen (§ 14 Abs. 1), Annahmefrist für das Angebot höchstens zehn Wochen (§ 16 Abs. 1), Fiktion der Genehmigung der Angebotsunterlage durch das Bundesaufsichtsamt zehn Tage nach Eingang der Angebotsunterlage (§ 14 Abs. 2), Mitteilung des Kontrollerwerbs spätestens in- **20**

30 Regierungsbegründung, BT-Drucks. 14/7034, S. 35.
31 Auch insoweit zutreffend Regierungsbegründung, BT-Drucks. 14/7034, S. 35.

nerhalb von sieben Kalendertagen (§ 35 Abs 1), Übermittlung der Angebotsunterlage spätestens vier Wochen nach der Veröffentlichung der Erlangung der Kontrolle (§35 Abs. 2), Entscheidung des Bundesaufsichtsamtes im Widerspruchsverfahren innerhalb von zwei Wochen (§ 41 Abs. 2), Verwendung der Vokabel „unverzüglich" unter anderem in § 10 Abs. 1, § 10 Abs. 4, § 10 Abs. 5, § 14 Abs. 2, § 35 Abs. 1. Insgesamt wird man sagen können, dass das Gesetz rein formal einen geeigneten Rahmen für eine beschleunigte Verfahrensdurchführung zur Verfügung stellt.

21 Über diese gesetzlichen Konkretisierungen hinaus ist eine andere als die rein **deklaratorische Bedeutung** des Grundsatzes nicht erkennbar. Die Anwendung des Begriffes „unverzüglich" bedarf schon im Hinblick auf die Legaldefinition in § 121 Abs. 1 BGB keiner weiteren Auslegungshilfe, und so weit Fristen ohne diesen Zusatz vorgegeben sind, können sie ohne Verstoß gegen den Beschleunigungsgrundsatz ausgenutzt werden. Allenfalls gegenüber dem Bundesaufsichtsamt mag der Grundsatz als wohlfeiles, aber letztlich nutzloses Argument im konkreten Antragsfall herhalten.

VI. Vermeidung von Marktverzerrungen (Abs. 5)

1. Bedeutung des Grundsatzes

22 Um den wohl rätselhaftesten allgemeinen Grundsatz handelt es sich bei dem in Abs. 5 postulierten Verbot von Marktverzerrungen. Dies gilt sowohl für die systematische Stellung als auch die konkrete Bedeutung der Regelung. Adressat des Verbots ist grundsätzlich **jeder potentielle Teilnehmer am Börsenhandel**, sodass sowohl Bieter als auch Zielgesellschaft, prinzipiell aber auch Dritte angesprochen sind. Weder der Gesetzestext noch die Regierungsbegründung geben Aufschluss darüber, was unter Marktverzerrungen zu verstehen ist und an welche zu verhindernden Verhaltensweisen bei der Regelung gedacht wurde. Festzuhalten ist, dass der Begriff der **„Marktverzerrung"** anders als der der Kursmanipulation nicht von der Beeinflussungshandlung her, sondern vom Ergebnis her konzipiert ist. Aktien der Bietergesellschaft oder der Zielgesellschaft – oder anderer, beispielsweise als verbundene Unternehmen betroffener Gesellschaften – sollen nicht zu Kursen gehandelt werden, die sich nicht mehr als Ergebnis freier, unverzerrter Preisbildung darstellen.

2. Anwendungsfälle

Nach der Regierungsbegründung finden sich Konkretisierungen des Verbots der Marktverzerrung „in §§ 14, 38 WpHG und § 38 Börsengesetz im Hinblick auf das Verbot des Insiderhandels und der Kursmanipulation".[32] Es ist bezeichnend, dass die Motive ausschließlich außerhalb des Gesetzes stehende Normen zitieren. In der Tat ist eine Konkretisierung des Verbots im Gesetz selbst nicht ersichtlich, aber auch nicht erforderlich. Der **Schutz des Börsenhandels vor Verzerrungen** obliegt dem **Wertpapierhandelsgesetz**, dem **Börsengesetz** und den diese Gesetze durchführenden Behörden, insbesondere der Börsenaufsicht. An diese durch Statuierung eines allgemeinen Grundsatzes im WpÜG einen „Appell" zu richten, dürfte überflüssig sein. Eine **praktische Anwendungsbedeutung** des Grundsatzes ist **nicht ersichtlich**, da er sich in den genannten Regelungsbereichen auch und gerade im Hinblick auf öffentliche Erwerbsangebote von selbst versteht. Es dürfte ein wenig glückliches Konzept sein, die – berechtigten! – Sorgen und Absichten des Gesetzgebers in allgemeine Grundsätze zu transformieren. Leider findet dieses, schon in den Absätzen 2 und 4 anklingende, Prinzip in Abs. 5 seine Vollendung. Davon unberührt bleibt die Tatsache, dass sich zwischen WpÜG einerseits und den verschiedenen Regelungskomplexen des WpHG und des Börsengesetzes andererseits wichtige Abgrenzungsfragen ergeben können.[33] 23

32 Regierungsbegründung, BT-Drucks. 14/7034, S. 35.

33 Zum Verhältnis des WpÜG zum WpHG, namentlich zu den ad-hoc-Meldepflichten des § 15 WpHG und dem Insiderhandelsverbot gem. § 14 WpHG vgl. *Assmann*, ZGR 2002 (im Druck).

Abschnitt 2

Zuständigkeit des Bundesaufsichtsamtes für den Wertpapierhandel

§ 4 Aufgaben und Befugnisse

(1) Das Bundesaufsichtsamt für den Wertpapierhandel (Bundesaufsichtsamt) übt die Aufsicht bei Angeboten nach den Vorschriften dieses Gesetzes aus. Es hat im Rahmen der ihm zugewiesenen Aufgaben Mißständen entgegenzuwirken, welche die ordnungsmäßige Durchführung des Verfahrens beeinträchtigen oder erhebliche Nachteile für den Wertpapiermarkt bewirken können. Das Bundesaufsichtsamt kann Anordnungen treffen, die geeignet und erforderlich sind, diese Mißstände zu beseitigen oder zu verhindern.

(2) Das Bundesaufsichtsamt nimmt die ihm nach diesem Gesetz zugewiesenen Aufgaben und Befugnisse nur im öffentlichen Interesse wahr.

Literatur: *Deutscher Anwaltverein e.V.*, Stellungnahme des Handelsrechtsausschusses des Deutschen Anwaltvereins e.V. zum Referentenentwurf des Bundesministeriums der Finanzen für ein Gesetz zur Regelung von öffentlichen Angeboten zum Erwerb von Wertpapieren und von Unternehmensübernahmen (WÜG) (April 2001) (DAV-Stellungnahme (April 2001)); *ders.*, Stellungnahme des Handelsrechtsausschusses des Deutschen Anwaltvereins e.V. zum Regierungsentwurf für ein Gesetz zur Regelung von öffentlichen Angeboten zum Erwerb von Wertpapieren und von Unternehmensübernahmen (WpÜG) (September 2001) (DAV-Stellungnahme (September 2001)); *Hopt*, Europäisches und deutsches Übernahmerecht, ZHR 161, 368; *Liebscher*, Das Übernahmeverfahren nach dem neuen Übernahmegesetz, ZIP 2001, 853; *Peltzer*, Der Kommissionsentwurf für eine 13. Richtlinie über Übernahmeangebote vom 07.02.1996, AG 1997, 145; *Roos*, Der neue Vorschlag für eine EG-Übernahme-Richtlinie, WM 1996, 2177; *Schander*, Selbstregulierung versus Kodifizierung – Versuch einer Standortbestimmung des deutschen Übernahmerechts, NZG 1998, 799; *Schüppen*, Übernahmegesetz ante portas! – Zum Regierungsentwurf eines „Gesetzes zur Regelung von öffentlichen Angeboten zum Erwerb von Wertpapieren und von Unternehmensübernahmen", WPg 2001, 958; *Stoll*, Zum Vorschlag der EG Kommission für die 13. Richtlinie auf dem Gebiet des Gesellschaftsrechts über Übernahmeangebote, BB 1989, 1489.

Übersicht

I. Allgemeines

1 § 4 Abs. 1 enthält eine **Aufgabenzuweisung** und eine **allgemeine Befugnisnorm**. Abs. 2 bestimmt, dass das Bundesaufsichtsamt für den Wertpapierhandel (BAWe) die ihm nach dem WpÜG zugewiesenen Aufgaben und Befugnisse nur im öffentlichen Interesse wahrnimmt. Die Aufgaben des BAWe werden voraussichtlich ab 1.5.2002 von der neu errichteten Bundesanstalt für Finanzdienstleistungsaufsicht übernommen (näheres hierzu vgl. Rn. 24).

1. Systematische Stellung

2 Abschnitt 2 befasst sich mit der Zuständigkeit des BAWe. Durch die Übertragung der Aufsicht auf das **Bundesaufsichtsamt** soll sichergestellt werden, dass ein Kontrollgremium die Verfahren nach dem WpÜG beaufsichtigt, dessen Neutralität in Streitfällen außer Zweifel steht und das zugleich hoheitliche Befugnisse ausüben und wirkungsvolle Sanktionen verhängen kann. Zugleich soll durch die Schaffung eines **Beirates** (§ 5) und eines **Widerspruchsausschusses** (§ 6) der Sachverstand der betroffenen Wirtschaftskreise, der Anleger und der Arbeitnehmer in die Aufsicht eingebracht werden. Der Abschnitt ist in Zusammenhang zu sehen mit den Verfahrensregelungen des Abschnitts 6, den Rechtsmittelregelungen des Abschnitts 7, den Sanktionsvorschriften des Abschnitts 8 und der Konkretisierung der Aufgaben des BAWe sowie der besonderen im WpÜG enthaltenen Befugnisnormen.

2. Parallelvorschriften

3 Parallelvorschriften zu Abschnitt 2 WpÜG sind beispielsweise in Abschnitt 2 des WpHG, §§ 5 bis 9 KWG (hinsichtlich des Bundesaufsichtsamtes für das Kreditwesen) und § 81 VAG (hinsichtlich der Versicherungsaufsicht) enthalten. Nachdem sowohl diese Gesetze als auch weitere wirtschaftsverwaltungsrechtliche Normen, wie beispielsweise das GWB und das VAG, Zuständigkeits-, Aufgaben- und Befugnisnormen sowie Verfahrensregelungen enthalten, wäre auch ein Verweis auf die entsprechenden Regelungen denkbar gewesen; daneben gilt das **allgemeine Verwaltungsverfahrensrecht** (VwVfG, VwZG, VwVG und VwGO).[1]

3. Gesetzgebungsverfahren

4 § 4 Abs. 1 Sätze 1 und 3 sowie Abs. 2 sind seit dem Diskussionsentwurf vom 29. 6. 2000 nahezu unverändert. Lediglich Satz 2 wurde gegenüber dem Diskussionsentwurf konkretisiert. Der letztlich verabschiedete Text entspricht der Fassung des Referentenentwurfs vom 12. 3. 2001 sowie der Fassung des Regierungsentwurfs vom 11. 7. 2001; lediglich die Überschrift des § 4 wurde gegenüber dem Referentenentwurf um den Begriff „Befugnisse“ ergänzt.

4. Übernahmekodex

5 Art. 20 bis 23 des Übernahmekodex regelten die Aufgaben der **Übernahmekommission** sowie ihre Zusammensetzung. Hiernach war die Übernahmekommission, die 1995 als Kontrollorgan für den Übernahmekodex gegründet wurde, für die verbindliche Interpretation des Kodex verantwortlich. Falls sich aus der Praxis Anpassungsbedarf ergab, konnte die Übernahmekommission der Börsensachverständigenkommission (BSK) Änderungsvorschläge unterbreiten. In begründeten Einzelfällen konnte sie Befreiungen von Vorschriften des Kodex aussprechen. In Streitfällen übernahm die Übernahmekommission eine Schiedsfunktion.

6 Die Mitglieder der Übernahmekommission und ihr Vorsitzender wurden von der BSK für fünf Jahre berufen. Zuletzt bestand die Übernahmekommission aus 14 Mitgliedern, in der Vertreter von Börsen, Kreditwirtschaft, Industrie, Versicherungswesen, Privatanleger, institutionelle Investoren und Wissenschaft vertreten waren.

1 Der *Handelsrechtsausschuss des Deutschen Anwaltvereins* hält das Gesetz für „mit umfangreichen Verfahrensvorschriften überfrachtet“. Er hätte entsprechende Verweise auf das VwVfG, die VwGO und das GWB für näher liegend gehalten: vgl. *DAV*-Stellungnahme (April 2001), § 4.

Als **Exekutivorgan** der Übernahmekommission fungierte deren **Geschäftsstelle**, die bei der Deutschen Börse AG in Frankfurt am Main angesiedelt war. Die Geschäftsstelle überwachte die Einhaltung des Kodex, war Adressatin für Anerkennungserklärungen und veröffentlichte regelmäßig eine Liste der Unternehmen, die den Kodex anerkannt hatten. Schließlich beriet sie Bieter, prüfte deren Angebote, gab Stellungnahmen ab und bearbeitete Verfahren. Der Übernahmekommission oblag die Überwachung der Geschäftsstelle sowie die Berufung und Abberufung deren Leiters. 7

Der Entwurf eines Übernahmegesetzes der SPD-Fraktion vom 2.7. 1997[2] sah vor, dass die Übernahmekommission, die beim BAWe eingerichtet werden sollte, in vielerlei Hinsicht gegenüber dem Übernahmekodex verstärkt und ihr Befugnisbereich ausgedehnt werden sollte.[3] 8

II. Rechtsvergleichung

1. Österreich

Gemäß § 28 Abs. 1 des österreichischen Übernahmegesetzes (öÜbG) wird bei dem die Wiener Börse leitenden und verwaltenden Börseunternehmen eine **Übernahmekommission** eingerichtet, die aus 12 Mitgliedern (einschließlich dem Vorsitzenden und zwei Stellvertretern des Vorsitzenden) besteht. Gemäß § 29 Abs. 1 Sätze 1 und 2 öÜbG liegt die Zuständigkeit für alle in diesem Gesetz geregelten Angelegenheiten ausschließlich bei der Übernahmekommission. Sie überwacht die Anwendung dieses Gesetzes und entscheidet über alle hiernach zu beurteilenden Angelegenheiten. Das die Wiener Börse leitende und verwaltende Börseunternehmen hat den Sach- und Personalaufwand der Übernahmekommission zu tragen; es hat ihr ein Sekretariat und entsprechend qualifizierte Fachkräfte in erforderlichem Umfang zur Verfügung zu stellen. 9

2. Schweiz

Die **Eidgenössische Bankenkommission** ist gemäß Art. 34 des Schweizerischen Bundesgesetzes über die Börsen und den Effektenhandel (sBEHG) Aufsichtsbehörde. Ihre Organisation richtet sich nach Art. 23 des Bankengesetzes. Sie trifft die zum Vollzug des Gesetzes und seiner Ausführungsbestimmungen notwendigen Verfügungen und überwacht die Einhaltung der gesetzlichen und reglementarischen Vor- 10

2 Bundestags-Drucks. 13/8164.
3 *Schander*, NZG 1998, 799, 804.

schriften (Art. 35 Abs. 1 sBEHG). Erhält die Aufsichtsbehörde Kenntnis von Verletzungen des Gesetzes oder von sonstigen Missständen, so sorgt sie für die Wiederherstellung des ordnungsgemäßen Zustandes und für die Beseitigung der Missstände; sie trifft die dazu notwendigen Verfügungen (Art. 35 Abs. 3 sBEHG).

11 Gemäß Art. 23 sBEHG bestellt die Aufsichtsbehörde nach Anhörung der Börsen eine Kommission für öffentliche Kaufangebote (Übernahmekommission). Diese Kommission setzt sich aus sachverständigen Vertretern der Effektenhändler, der kotierten Gesellschaften und der Anleger zusammen. Die Übernahmekommission überprüft die Einhaltung der Bestimmungen über öffentliche Kaufangebote im Einzelfall. Dies erfolgt gemäß Art. 52 der Verordnung der Übernahmekommission über öffentliche Kaufangebote (Übernahmeverordnung) vom 21.7.1997 durch einen in der Regel aus drei Mitgliedern bestehenden Ausschuss, der im Namen der Übernahmekommission handelt. Die Übernahmekommission kann von Anbietern und Zielgesellschaften alle Auskünfte und Unterlagen einfordern und erlässt gegenüber den Beteiligten Empfehlungen. Werden ihre Empfehlungen abgelehnt oder missachtet, so meldet sie dies der Aufsichtsbehörde; diese kann eine Verfügung erlassen. Die Übernahmekommission kann somit keine zur Beseitigung von Missständen erforderlichen Verfügungen treffen, sondern lediglich Empfehlungen aussprechen und diese veröffentlichen.

12 Gemäß Art. 25 und 28 lit. d) des sBEHG muss das Angebot vor der Veröffentlichung einer **Prüfstelle** – einer von der Aufsichtsbehörde anerkannten Revisionsstelle oder einem Effektenhändler – zur Prüfung unterbreitet werden. Die Prüfstelle prüft, ob das Angebot dem Gesetz und den Ausführungsbestimmungen entspricht; das 5. Kapitel der Verordnung der Übernahmekommission über öffentliche Kaufangebote weist der Prüfstelle nähere Prüfaufgaben von Angeboten zu.

3. Vereinigtes Königreich

13 Für die Einhaltung der Bestimmungen des „City Codes on Takeovers and Mergers“ (London City Code) ist das **„Panel on Takeovers and Mergers“** (Takeover Panel) zuständig. Das 1968 einberufene Takeover Panel stellt keine gesetzlich verankerte Institution dar, wird jedoch durch eine Vielzahl gesetzlich normierter Organisationen unterstützt. Das Takeover Panel befasst sich mit der Übernahme öffentlicher Unternehmen mit Sitz in Großbritannien, unabhängig davon, ob diese gelistet sind oder nicht. Es soll das faire Verhalten im Zusammenhang mit einem Übernahmeangebot aus Sicht des Anteilsinhabers sichergestellt werden. Der London City Code selbst hat keinerlei Gesetzeskraft.

Im Tagesgeschäft agiert das Takeover Panel durch sein **„Executive“** (Geschäftsstelle), dem ein Generaldirektor vorsteht. Die Geschäftsstelle ist für die allgemeine Anwendung des London City Codes einschließlich der Durchführung von Untersuchungen und der Überprüfung einschlägiger Geschäfte verantwortlich. Auch gibt die Geschäftsstelle allgemeine Hinweise zur Auslegung des London City Codes. Falls sie der Auffassung ist, dass eine Verletzung des London City Codes vorliegt, kann die Geschäftsstelle Disziplinarverfahren einleiten. 14

4. EU-Richtlinie

Art. 4 Abs. 1 des gescheiterten Entwurfs einer EU-Richtlinie sah vor, dass die Mitgliedstaaten eine oder mehrere Stellen benennen, die für die Beaufsichtigung des Angebotsvorgangs zuständig sind. Als Aufsichtsorgan hätte entweder eine Behörde benannt werden müssen, oder aber eine Vereinigung oder eine private Einrichtung, die nach den einzelstaatlichen Rechtsvorschriften oder von den Behörden, die dazu ausdrücklich befugt sind, hätte anerkannt sein müssen. Die Mitgliedstaaten hätten dafür sorgen müssen, dass die Aufsichtsorgane ihre Aufgaben unparteiisch und unabhängig von allen Parteien des Angebots erfüllen, und hätten der Kommission die von ihnen benannten Aufsichtsorgane und gegebenenfalls jede besondere Aufgabenverteilung mitzuteilen gehabt. 15

Gemäß Erwägungsgrund 9 des E-ÜbernahmeRL sollte jeder Mitgliedstaat eine oder mehrere Stellen zur Überwachung der durch diese Richtlinie geregelten Aspekte eines Übernahmeangebotes bestimmen und sicherstellen, dass die Parteien des Angebots den gemäß der Richtlinie erlassenen Vorschriften nachkommen. Die verschiedenen Stellen sollten untereinander zusammenarbeiten. 16

Nach dem Richtlinienentwurf wäre die Aufsicht teilbar gewesen, wobei eine Aufteilung allerdings wenig zweckmäßig gewesen wäre.[4] Nach dem Wortlaut der Richtlinie hätte die Aufsicht auch durch eine „Vereinigung oder eine private Einrichtung“ ausgeübt werden können, so weit diese nach den einzelstaatlichen Rechtsvorschriften oder von den zuständigen Behörden anerkannt gewesen wäre. Hiernach hätte eine solche Vereinigung oder private Einrichtung unmittelbar als Auf- 17

4 *Peltzer*, AG 1997, 145, 149.

sichtsorgan tätig werden können, ohne dass es erst einer hoheitlichen Delegation bedurft hätte.[5] Im Falle einer Verabschiedung und Umsetzung der EU-Richtlinie wäre Aufsichtsorgan im Sinne des Art. 4 Abs. 1 E-ÜbernahmeRL das BAWe gemäß § 4 Abs. 1 gewesen. Hinsichtlich der Errichtung einer Aufsichtsbehörde wurde seitens der deutschen Wirtschaftsverbände Kritik geübt, weil dies zu „unangemessener Bürokratisierung" führen würde.[6] Nach Auffassung der Börsensachverständigenkommission (BSK) hätte hinsichtlich Art. 4 E-ÜbernahmeRL an das bestehende System der Aufgabenteilung zwischen dem Bundesaufsichtsamt für das Kreditwesen (BAKred) und dem BAWe angeknüpft werden sollen, wobei aufgrund des Sachzusammenhangs das BAWe für Unternehmensübernahmen die zuständige Behörde sein sollte. Nach Auffassung der BSK sollte die Schaffung einer neuen, zusätzlichen Behörde unbedingt vermieden werden.[7]

18 Art. 4 Abs. 2 E-ÜbernahmeRL sah Zuständigkeitsregelungen bei grenzüberschreitenden Angeboten vor. Hiernach wäre für die Beaufsichtigung des Angebotsvorgangs das Aufsichtsorgan des Mitgliedstaates zuständig gewesen, in dem die Zielgesellschaft ihren Sitz gehabt hätte, wenn die Wertpapiere dieser Gesellschaft auch an den dortigen Börsen gehandelt worden wären. Sofern die Wertpapiere der Zielgesellschaft nicht auf einem geregelten Markt ihres Sitzmitgliedstaates zum Handel zugelassen gewesen wären, hätte der EU-Richtlinienentwurf weitergehende Zuständigkeitsregelungen enthalten.[8]

19 Gemäß Erwägungsgrund 11 E-ÜbernahmeRL hätte die Überwachung durch Stellen der freiwilligen Selbstkontrolle ausgeübt werden können.

III. Bundesaufsichtsamt für den Wertpapierhandel (BAWe)

20 Die Überwachung der bei öffentlichen Angeboten und Unternehmensübernahmen geltenden Regelungen wird auf das BAWe übertragen. Hierdurch soll sichergestellt werden, dass ein Kontrollgremium die Aufsicht durchführt, dessen Neutralität in Streitfällen außer Zweifel steht und das zugleich hoheitliche Befugnisse ausüben und wirkungsvolle Sanktionen verhängen kann.[9]

5 *Roos*, WM 1996, 2177, 2187.

6 *Stoll*, BB 1989, 1489, 1491.

7 Standpunkte der *Börsensachverständigenkommission* zur künftigen Regelung von Unternehmensübernahmen, Februar 1999, S. 28.

8 Vgl. *Peltzer* (Fn. 4), 150; *Hopt*, ZHR 161 (1997), 368, 393.

9 Regierungsbegründung, BR-Drucks. 574/01, S. 72.

Die **Organisation des BAWe** ist in § 3 WpHG geregelt. Hiernach ist das BAWe eine Bundesoberbehörde im Sinne von Art. 87 Abs. 3 Satz 1 GG, die durch Verfügung des Bundesministeriums der Finanzen (BMF) mit Wirkung vom 1. 8. 1994 errichtet wurde. Das BAWe untersteht unmittelbar dem Bundesministerium der Finanzen. Sein Zuständigkeitsbereich umfasst das Gebiet der Bundesrepublik Deutschland. **21**

Gemäß § 3 Abs. 1 WpHG handelt es sich um eine „selbstständige" Bundesoberbehörde. Dieser Begriff sagt nicht aus, dass das BAWe selbstständig im rechtlichen Sinne ist. Vielmehr sollte lediglich die organisatorische Selbstständigkeit des BAWe als Behörde der unmittelbaren Bundesverwaltung hervorgehoben werden. Das BAWe untersteht – ebenso wie dessen „Schwesterbehörden", das Bundesaufsichtsamt für das Kreditwesen und das Bundesaufsichtsamt für das Versicherungswesen – der Dienstaufsicht des Bundesministers der Finanzen, der fachliche Weisungen erteilen darf. Der Bundesminister der Finanzen ist Dienstvorgesetzter und Adressat etwaiger Dienstaufsichtsbeschwerden gegen Bedienstete des BAWe. **22**

Das BAWe hat zur Bewältigung der zusätzlichen Aufgaben nach dem WpÜG einen Bedarf von 24 Planstellen geltend gemacht, die die Bundesregierung aus fachlicher und organisatorischer Sicht für notwendig erachtet. Das BAWe wird von einem Präsidenten als Behördenleiter geführt.[10] Seine Ernennung erfolgt durch den Bundespräsidenten auf Vorschlag der Bundesregierung, die einen entsprechenden Kabinettsbeschluss zu fassen hat (vgl. § 3 Abs. 2 WpHG).[11] **23**

Es wird eine selbstständige **Bundesanstalt für Finanzdienstleistungsaufsicht** errichtet, welche die Aufsichtskompetenzen der bisherigen drei Bundesoberbehörden, nämlich des Bundesaufsichtsamtes für das Kreditwesen, des Bundesaufsichtsamtes für das Versicherungswesen und des BAWe übernimmt.[12] Diese Bundesanstalt soll ihren Sitz in Bonn und in Frankfurt am Main haben und der Rechts- und Fachaufsicht des Bundesministeriums der Finanzen unterstehen.[13] **24**

---

10 Die Behördenorganisation des BAWe, Lurgiallee 12, 60439 Frankfurt am Main, Telefon: 0 69/9 59 52–0, Telefax: 0 69/9 59 52–1 23, ist im Internet unter der Adresse „http://www.bawe.de" abrufbar.

11 *Dreyling*, in: Assmann/Schneider, Wertpapierhandelsgesetz, 2. Aufl., 1999, § 3 Rn. 11.

12 Gesetz über die integrierte Finanzdienstleistungsaufsicht (Finanzdienstleistungsaufsichtsgesetz – FinDAG), in der Fassung BT Drucks. 14/8389 am 1.3.2002 vom Bundestag beschlossen.

13 § 1 Abs. 2 und § 2 FinDAG.

IV. Aufgaben- und Befugnisnorm

1. Aufgabenzuweisung

25 Gemäß § 4 Abs. 1 Satz 1 übt das BAWe die Aufsicht bei Angeboten nach den Vorschriften dieses Gesetzes aus. Satz 1 stellt klar, dass sich die Aufsichtstätigkeit des BAWe hinsichtlich der Überwachung des Ablaufs von öffentlichen Angebotsverfahren allein nach den Vorschriften dieses Gesetzes bestimmt.[14] Die Regelung entspricht § 4 Abs. 1 Satz 1 WpHG. Hierdurch wird klargestellt, dass hinsichtlich der Regelungen des WpÜG keine andere Behörde zuständig ist, insbesondere nicht das BAKred, dessen Zielsetzung die Funktionsfähigkeit des Bankwesens ist. Das BAWe hingegen hat eine allgemeine Marktaufsicht zur Stärkung des Vertrauens der Anleger in das Geschehen auf den Wertpapiermärkten zum Ziel.[15]

26 Bei § 4 Abs. 1 Satz 1 handelt es sich um die Zuweisung einer Aufgabe, also eines Kompetenzbereichs, aus der sich die Verpflichtung des BAWe ergibt, nach den Vorschriften dieser Generalnorm und aufgrund der sich aus den Einzelvorschriften ergebenden Regelungssachverhalte tätig zu werden.[16] § 4 Abs. 1 Satz 1 stellt eine **Zuständigkeitsnorm** dar, wonach das BAWe sachlich zuständige Behörde hinsichtlich der Anwendung des WpÜG ist, sich die Kompetenz des BAWe jedoch nur auf den durch das WpÜG vorgezeichneten Gesetzesrahmen beschränkt (sofern ihm nicht aufgrund anderer Gesetze wie zum Beispiel dem WpHG oder dem VerkaufsprospektG weitere Kompetenzen zugewiesen sind). Insofern dient die Norm auch der Abgrenzung gegenüber den Aufgaben des BAKred gemäß § 6 Abs. 1 KWG.

27 Die Aufsicht des BAWe lässt sich differenzieren in die Überwachung der Einhaltung der durch das WpÜG vorgegebenen Verhaltensweisen **(Beobachtungsfunktion)** und der Korrektur von Missständen, wie sich aus Satz 2 ergibt **(Berichtigungsfunktion)**.[17]

28 Gemäß § 4 Abs. 1 Satz 2 hat das BAWe im Rahmen der ihm zugewiesenen Aufgaben Missständen entgegenzuwirken, welche die ordnungsgemäße Durchführung des Verfahrens beeinträchtigen oder erhebliche Nachteile für den Wertpapiermarkt bewirken können. Dieser Satz kon-

---

14 Regierungsbegründung, BR-Drucks. 574/01, S. 84.

15 *Geibel*, in: Schäfer, Wertpapierhandelsgesetz/Börsengesetz/Verkaufsprospektgesetz, 1999, § 3 WpHG Rn. 1 und § 4 WpHG Rn. 1.

16 Vgl. *Wolff/Bachof/Stober*, Verwaltungsrecht Band 1, 11. Aufl., 1999, § 30 Rn. 18.

17 Vgl. *Geibel*, in: Schäfer (Fn. 15), § 4 WpHG Rn. 4.

kretisiert den Inhalt der Tätigkeit des BAWe im Sinne einer **Missstandsaufsicht** näher.[18] Diese Norm orientiert sich wiederum an § 4 Abs. 1 Satz 2 WpHG.

a) Zugewiesene Aufgaben

Erforderlich ist, dass dem BAWe entsprechende Aufgaben zugewiesen sind. Namentlich sind im WpÜG beispielsweise folgende Aufgaben genannt: **29**

- Zusammenarbeit mit ausländischen Behörden (§ 8 Abs. 1)
- Überprüfung von Werbung im Zusammenhang mit Angeboten (§ 28)
- Verwaltungsbehörde im Sinne des § 36 Abs. 1 Nr. 1 OWiG (§ 62)

Darüber hinaus lässt sich – da Satz 2 ausweislich der Gesetzesbegründung lediglich eine Konkretisierung des ersten Satzes darstellt – in § 4 Abs. 1 Satz 1 eine allgemeine Aufgabenzuweisung hinsichtlich der Aufsicht bei Angeboten im Sinne des § 2 Abs. 1 sehen, sodass dem BAWe eine weitgehende Kompetenz eingeräumt wird, im Rahmen des WpÜG tätig zu werden. **30**

b) Einschreiten bei Missständen

Im Rahmen der ihm zugewiesenen Aufgaben hat das BAWe „Missständen entgegenzuwirken". Hierbei handelt es sich **nicht** um eine **allgemeine Befugnisnorm** (die erst in Satz 3 enthalten ist), sondern um eine nähere Konkretisierung des Inhalts der Aufsichtstätigkeit im Sinne einer **Missstandsaufsicht**. Der **„Missstand"** ist nicht näher definiert. Es handelt sich hierbei um einen unbestimmten Rechtsbegriff, der gegenüber spezielleren sachlichen Regelungen (z.B. § 15 zur Rechtswidrigkeit von Angeboten, § 28 zu Missständen bei der Werbung) die Funktion eines Auffangtatbestandes bzw. einer Pauschalermächtigung wahrnimmt.[19] In einer Parallelvorschrift, nämlich § 81 Abs. 2 Satz 2 VAG ist „Missstand" als jedes Verhalten definiert, das den Aufsichtszielen widerspricht. Da im WpÜG jedoch – anders als z.B. in § 81 Abs. 1 Satz 2 VAG[20] – keine Aufsichtsziele definiert sind, ist letztlich auf den näheren Wortlaut von § 4 Abs. 1 Satz 2 zurückzugreifen, wonach solchen Missständen entgegenzuwirken ist, „welche die ordnungsmäßige Durchführung des Verfahrens beeinträch- **31**

18 Regierungsbegründung, BR-Drucks. 574/01, S. 85.
19 Vgl. *Schüppen*, WPg 2001, 958, 973.
20 Vgl. hierzu *Prölss*, Versicherungsaufsichtsgesetz, 11. Aufl., 1997, § 81 Rn. 12.

tigen oder erhebliche Nachteile für den Wertpapiermarkt bewirken können".

32 Die **„ordnungsgemäße Durchführung des Verfahrens"** ist ebenfalls nicht näher konkretisiert. Insbesondere ergibt sich weder aus dem Gesetzeswortlaut noch aus der Begründung, ob „Verfahren" lediglich das in Abschnitt 6 geregelte Verfahren meint, oder die in den Abschnitten 3, 4 und 5 normierten Angebote. In Anlehnung an § 6 Abs. 2 KWG und § 4 Abs. 1 Satz 2 WpHG ist unter „Verfahren" der gesamte Ablauf der Abgabe von Angeboten zu verstehen. Die Missstandsaufsicht greift hiernach ein, wenn gegen diese Normen des WpÜG verstoßen wird.

33 Durch die Alternativanknüpfung an die ordnungsgemäße Durchführung des Verfahrens einerseits und die erheblichen Nachteile für den Wertpapiermarkt andererseits kann das BAWe auch dann tätig werden, wenn zwar formal kein Gesetzesverstoß vorliegt, aber „erhebliche Nachteile für den Wertpapiermarkt" bewirkt werden können. Dies wäre möglicherweise in Anlehnung an Art. 4 Abs. 2 E-ÜbernahmeRL denkbar, wenn die Zielgesellschaft ihren Sitz im Ausland hat und die dortigen Übernahmeregelungen eingehalten sind, jedoch die Wertpapiere nicht im Sitzmitgliedstaat an einem organisierten Markt zum Handel zugelassen sind, aber an einem organisierten Markt in Deutschland. Auch wenn gemäß § 2 Abs. 3 hiernach mangels Sitzes im Inland keine Zielgesellschaft im Sinne des WpÜG vorliegt und somit der Anwendungsbereich nach § 1 vom Grundsatz her nicht eröffnet ist, ließe sich dennoch gemäß § 4 Abs. 1 Satz 2 eine Eröffnung der Kompetenz des BAWe bejahen, um Missständen entgegenzuwirken, die erhebliche Nachteile für den deutschen Wertpapiermarkt bewirken können.

2. Allgemeine Befugnisnorm

34 Gemäß § 4 Abs. 1 Satz 3 kann das BAWe „Anordnungen treffen, die geeignet und erforderlich sind, diese Missstände zu beseitigen oder zu verhindern". Dieser Satz gibt dem BAWe eine Rechtsgrundlage für entsprechendes Verwaltungshandeln und ergänzt als **allgemeine Befugnisnorm** die besonderen Ermittlungs- und Eingriffsbefugnisse in den einzelnen Vorschriften des WpÜG.[21]

35 Nur im Falle einer entsprechenden Befugnis darf eine Behörde im Wege der Eingriffsverwaltung hoheitlich tätig werden und belastende

21 Regierungsbegründung, BR-Drucks. 574/01, S. 85.

Verwaltungsakte erlassen.[22] Hiernach wird dem BAWe eine Rechtsgrundlage zur Ausübung entsprechenden Verwaltungshandelns (Anordnungskompetenz) eingeräumt. Ähnliche Regelungen finden sich z. B. in § 4 Abs. 1 Satz 3 WpHG, § 6 Abs. 3 KWG, § 81 Abs. 2 Satz 1 VAG, § 1 a Abs. 2 BörsG. Es handelt sich hierbei um eine Generalbefugnisnorm, die einen **Auffangtatbestand** darstellt und nur dann zur Anwendung kommt, so weit keine speziellen Befugnisnormen gegeben sind; insbesondere § 40 enthält spezielle Ermittlungsbefugnisse des BAWe.

a) Anordnungen

Das BAWe kann „Anordnungen" treffen. Diese können sein: **36**

- Schlichtes Verwaltungshandeln wie etwa schlichthoheitliche Mitteilungen, Bekanntmachungen, Bitten, Pressemitteilungen etc.
- Verwaltungsakte im Sinne des § 35 Satz 1 VwVfG
- Allgemeinverfügungen im Sinne des § 35 Satz 2 VwVfG

Durch § 4 Abs. 1 Satz 3 nicht gedeckt ist der Erlass von Rechtsverordnungen, weil hierfür gemäß Art. 80 Abs. 1 Satz 1 GG eine dem verfassungsrechtlichen Bestimmtheitsgebot entsprechende gesetzliche Ermächtigungsgrundlage erforderlich ist, die in dieser Norm nicht gesehen werden kann.[23] **37**

b) Verhältnismäßigkeitsprinzip

Die Anordnungen des BAWe müssen „geeignet und erforderlich sein", diese Missstände zu beseitigen oder zu verhindern. Hierdurch wird das im Verwaltungsrecht allgemein geltende Verhältnismäßigkeitsprinzip normiert. Anordnungen müssen danach **geeignet, erforderlich** und **nicht übermäßig** sein, d. h. mit der Maßnahme muss der angestrebte Zweck erreicht werden können und es darf nicht ein anderes, gleich wirksames aber weniger beeinträchtigendes Mittel zu Verfügung stehen.[24] Eine danach zulässige Maßnahme hat dann zu unterbleiben, wenn die mit ihr verbundenen Nachteile insgesamt die Vorteile überwiegen (Übermaßverbot bzw. Verhältnismäßigkeit im engeren Sinne).[25] Im Rahmen des Verhältnismäßigkeitsprinzips steht dem BAWe sowohl ein **Entschließungsermessen** zu, ob es entsprechende Anordnungen **38**

---

22 *Wolff/Bachof/Stober* (Fn. 16), § 30 Rn. 18.

23 *Sachs/Lücke*, Grundgesetz, 1996, Art. 80 Rn. 10 und 21.

24 *Schmidt-Bleibtreu/Klein*, Grundgesetz, 9. Aufl., 1999, Art. 20 Rn. 27 m. w. N.; *Wolff/Bachof/Stober* (Fn. 16), § 30 Rn. 8.

25 Vgl. *Wolff/Bachof/Stober* (Fn. 16), § 30 Rn. 8.

treffen will, als auch ein **Auswahlermessen** hinsichtlich gleichermaßen geeigneter und erforderlicher Anordnungen.[26]

39 Die Anordnungen müssen darauf gerichtet sein, Missstände im Sinne des Satzes 2 zu beseitigen oder zu verhindern, verpflichten also zu einem Handeln, Dulden oder Unterlassen. Es handelt sich somit in der Regel um einen **gestaltenden Verwaltungsakt**.[27]

c) Verfassungsmäßigkeit

40 Bei § 4 Abs. 1 Satz 3 handelt es sich um eine allgemeine Befugnisnorm, nach der das BAWe abstrakte oder konkrete Verpflichtungen durch Forderung eines Handelns, Duldens oder Unterlassens auferlegen kann. Da es sich um **Eingriffsverwaltung** handelt, ist hierfür aufgrund des Gebots der **Gesetzmäßigkeit der Verwaltung** eine unmittelbare oder mittelbare förmlichgesetzliche oder gewohnheitsrechtliche **Ermächtigung** erforderlich, die wegen Art. 19 Abs. 1 GG ein allgemeines Gesetz sein muss, wenn sie Eingriffe in Grundrechte zulässt.[28] Die Ermächtigung kann auch in einer Generalklausel erteilt sein, jedoch ist dann eine enge Begrenzung zu vermuten, wobei es genügt, wenn Inhalt und Zweck der Ermächtigung erkennbar sind und diese nicht maßlos ist.[29]

41 Bei dem Begriff **„Missstand"** im Sinne des § 4 Abs. 1 Satz 3 handelt es sich um einen unbestimmten Rechtsbegriff. Generalklauseln und **unbestimmte Rechtsbegriffe** sind – insbesondere auch vor dem verfassungsrechtlichen Gebot hinreichender Bestimmtheit – verfassungsrechtlich nicht zu beanstanden.[30] Allerdings darf der im Gesetz zum Ausdruck gebrachte Begriff nicht dermaßen unbestimmt sein, dass nicht mehr erkennbar ist, was ihm unterfällt und was nicht. Vielmehr müssen Inhalt, Gegenstand, Zweck und Ausmaß der gesetzlich erteilten Eingriffsermächtigung hinreichend bestimmt und begrenzt sein.[31] Das Ausmaß der Bestimmtheit lässt sich nicht allgemein festlegen, sondern hängt jeweils von dem zu regelnden Sachbereich, dem Ausmaß der Grundrechtsbetroffenheit und der Art des Verhaltens ab, zu dem die Verwaltung ermächtigt ist.[32]

26 Vgl. *Wolff/Bachof/Stober* (Fn. 16), § 31 Rn. 35.
27 Vgl. *Wolff/Bachof/Stober*, Verwaltungsrecht, Band 2, 6. Aufl., 2000, § 46 Rn. 3 ff.
28 *Wolff/Bachof/Stober* (Fn. 16), § 30 Rn. 18; *Schmidt-Bleibtreu/Klein* (Fn. 24), Art. 20 Rn. 26.
29 *Wolff/Bachof/Stober* (Fn. 16), § 30 Rn. 18.
30 *Schmidt-Bleibtreu/Klein* (Fn. 24), Art. 20 Rn. 34 m. w. N.
31 *Schmidt-Bleibtreu/Klein* (Fn. 24), Art. 20 Rn. 34.
32 *Wolff/Bachof/Stober* (Fn. 16), § 31 Rn. 13 m. w. N.

Legt man diese Anforderungen zu Grunde, ist § 4 Abs. 1 Satz 3 als verfassungsgemäß anzusehen, denn das WpÜG ist ein im Wege der Gesetzgebung zu Stande gekommenes formelles Gesetz[33] und Inhalt, Gegenstand, Zweck und Ausmaß des § 4 Abs. 1 Satz 3 sind hinreichend bestimmt. Dies gilt insbesondere für den Begriff des Missstands aufgrund dessen Erläuterung in § 4 Abs. 1 Satz 2.[34] 42

V. Wahrnehmung nur im öffentlichen Interesse (§ 4 Abs. 2)

Nach § 4 Abs. 2 nimmt das BAWe die ihm nach dem WpÜG zugewiesenen Aufgaben und Befugnisse nur im öffentlichen Interesse wahr.[35] Die Begründung zum Regierungsentwurf[36] führt hierzu aus, dass für die Erhaltung der **Funktionsfähigkeit der Wertpapiermärkte** das Vertrauen der Investoren in eine ordnungsgemäße Abwicklung von öffentlichen Angeboten zum Erwerb von Wertpapieren und von Unternehmensübernahmen von entscheidender Bedeutung ist. Die Vorschriften des WpÜG dienen der Sicherung dieses Vertrauens. Aufgabe des BAWe ist es, die Einhaltung dieser Vorschriften zu überwachen. Unberührt bleibt die **Pflicht zum rechtmäßigen Verhalten** in Bezug auf die von Aufsichtsmaßnahmen unmittelbar betroffenen Personen und Unternehmen. Soweit ihnen gegenüber schuldhaft Amtspflichten verletzt werden, gelten die allgemeinen Grundsätze.[37] 43

Wie in den entsprechenden Parallelvorschriften in § 6 Abs. 4 KWG, § 1 Abs. 4 BörsG, § 81 Abs. 1 Satz 3 VAG und § 4 Abs. 2 WpHG erfolgt die Aufsichtstätigkeit des BAWe zum Schutz der Funktionsfähigkeit der Wertpapiermärkte und des Vertrauens der Investoren in eine ordnungsgemäße Abwicklung von Angeboten, nicht jedoch zum Schutz des einzelnen Anlegers, der bloßer Rechtsreflex sein soll. In diesen Normen hat der deutsche Gesetzgeber ausdrücklich die Amts- 44

33 Zum Begriff des formellen Gesetzes vgl. *Wolff/Bachof/Stober* (Fn. 16), § 24 Rn. 34.

34 Vgl. oben Rn. 31.

35 Vgl. zur Parallelvorschrift in § 6 Abs. 4 KWG ausführlich *Schenke/Ruthig*, NJW 1994, 2324 ff.; differenzierend zu der Frage, ob das WpHG insgesamt nur im öffentlichen Interesse ergangen sei, *Hopt*, ZHR 159 (1995), 135, 160, wonach für jede einzelne Vorschrift aus ihrer Ausgestaltung und ihrem Zweck ermittelt werden muss, ob der Schutzgesetzcharakter und die Schadensersatzhaftung zu bejahen sind oder nicht. Zum Verhältnis gegenüber § 48 Abs. 3 vgl. *Aha*, AG 2002, 160, 161.

36 Regierungsbegründung, BR-Drucks. 574/01, S. 85.

37 Regierungsbegründung, BR-Drucks. 574/01, S. 85; die *DAV*-Stellungnahme (September 2001), S. 3, hält diesen Hinweis für irreführend.

haftung der Aufsichtsämter abgelehnt.[38] Folge ist, dass der einzelne Anleger mangels **drittschützender Norm** keinen konkreten Anspruch auf Vornahme von Handlungen durch das BAWe hat[39] und somit die Voraussetzungen des § 42 Abs. 2 VwGO, wonach der Kläger geltend machen muss, durch den Verwaltungsakt oder seine Ablehnung oder Unterlassung in seinen Rechten verletzt zu sein, nicht vorliegen.[40] Mangels Individualschutzes einzelner Anleger besteht diesen gegenüber auch keine Amtspflicht im Sinne des § 839 BGB, bei deren schuldhafter Verletzung die Bundesrepublik Deutschland als Dienstherr gemäß Art. 34 GG zu haften hätte. Lediglich die von den Anordnungen des BAWe unmittelbar betroffenen Personen und Unternehmen können, so weit das BAWe ihnen gegenüber schuldhaft Amtspflichten verletzt hat, Amtshaftungsansprüche nach den allgemeinen Vorschriften (§ 839 BGB, Art. 34 GG) geltend machen.

45 Dieser Ausschluss der Klagebefugnis Drittbetroffener gegen Entscheidungen des BAWe sowie von Amtshaftungsansprüchen stößt teils auf Kritik.[41] Zum Teil wird der Ausschluss der Amtshaftung im Hinblick auf mittelbar betroffene Anleger in den entsprechenden Regelungen des § 4 Abs. 2 WpHG bzw. § 6 Abs. 4 KWG, jedenfalls so weit diese Amtshaftung generell ausgeschlossen wird, als nicht verfassungskonform angesehen.[42]

38 *Hopt*, ZHR 161 (1997), 368, 393; *Schüppen*, WPg 2001, 958, 972.

39 Vgl. *Schwark*, Börsengesetz, 2. Aufl., 1994, § 1 Rn. 54.

40 *Dreyling*, in: Assmann/Schneider (Fn. 11), § 4 Rn. 25; *Eyermann*, Verwaltungsgerichtsordnung, 11. Aufl., 2000, § 42 Rn. 72; vgl. auch *DAV*-Stellungnahme (September 2001), S. 2 f.

41 *Liebscher*, ZIP 2001, 853, 858, wonach hierdurch „zu Lasten der Zielgesellschaft und ihrer Aktionäre empfindliche Schutzlücken entstehen" können; vgl. auch *DAV*-Stellungnahme (April 2001), § 4.

42 *Geibel*, in: Schäfer (Fn. 15), § 4 WpHG Rn. 26. Nach *Beck/Samm*, Gesetz über das Kreditwesen, Band 1, Stand: Juni 2001, § 6 Rn. 62 begegnet die Parallelregelung in § 6 Abs. 4 KWG in hohem Maße verfassungsrechtlichen Bedenken, da hier eine unzulässige Durchbrechung des grundgesetzlichen Gewaltenteilungsprinzips des Art. 20 Abs. 2 Satz 2 GG vorliegt und auch Bedenken in Hinblick auf das Rechtsstaatsprinzip bestehen. Hingegen hat das OLG Köln, 11. 1. 2001 – 7 U 104/00, WM 2001, 1372, entschieden, dass § 6 Abs. 4 KWG verfassungsgemäß sei und auch mit europäischem Gemeinschaftsrecht im Einklang stehe. S. a. *Schwennicke*, in: Geibel/Süßmann, § 4 WpÜG Rn. 13.

VI. Verordnungsermächtigungen

Das WpÜG enthält in den §§ 5 Abs. 2 Satz 1, 6 Abs. 4 Satz 1, 11 Abs. 4, 31 Abs. 7 Satz 1, 37 Abs. 2 Satz 1 und 47 Satz 2 Ermächtigungen zum Erlass von Rechtsverordnungen.[43] Gemäß Art. 80 Abs. 1 GG bedarf es zum Erlass von Rechtsverordnungen eines formellen Gesetzes im Sinne des Art. 76 GG,[44] das Inhalt, Zweck und Ausmaß der erteilten Ermächtigung bestimmen muss. Das hierin normierte **Bestimmtheitsgebot** ist durch die Verordnungsermächtigungen gewahrt, denn mit keiner der erteilten Ermächtigungen werden einzelne Gebiete im Ganzen auf den Verordnungsgeber übertragen (Verbot der Globalermächtigung).[45] Ferner ist aus den Ermächtigungen selbst bereits der Inhalt der Verordnungen erkennbar und voraussehbar, und es wurden die Tendenz und das Programm umrissen, das durch die zu erlassende Rechtsverordnung nach dem Willen des Gesetzgebers verwirklicht werden soll, sodass sich feststellen lässt, welchem Zweck die jeweilige Verordnung zu dienen bestimmt ist.[46] 46

Ermächtigungsadressat nach Art. 80 Abs. 1 Satz 1 GG ist jeweils das **Bundesministerium der Finanzen**. Soweit aufgrund Art. 80 Abs. 2 GG die jeweilige Rechtsverordnung keiner Zustimmung des Bundesrates bedarf, ist dies in der Ermächtigungsnorm ausdrücklich genannt (§§ 5 Abs. 2 Satz 1, 6 Abs. 4 Satz 1, 11 Abs. 4, 31 Abs. 7 Satz 1, 37 Abs. 2 Satz 1, 48 Satz 2). 47

Soweit das WpÜG entsprechend Art. 80 Abs. 1 Satz 4 GG die Möglichkeit der **Subdelegation** der Rechtsverordnungsgebung **auf das BAWe** vorsieht (§§ 5 Abs. 2 Satz 2, 6 Abs. 4 Satz 2, 11 Abs. 5, 31 Abs. 7 Satz 2, 37 Abs. 2 Satz 2, 48 Satz 3), wurde hiervon trotz der Vorlage eines Entwurfs einer „Verordnung zur Übertragung der Befugnis zum Erlass von Rechtsverordnungen nach dem Wertpapiererwerbs- und Übernahmegesetz auf das Bundesaufsichtsamt für den Wertpapierhandel" durch das Bundesministerium der Finanzen nicht Gebrauch gemacht. 48

---

43 Der *Zentrale Kreditausschuss* äußert den Wunsch, dass von diesen Ermächtigungen im Hinblick auf die klare und verbindliche Gestaltung des Gesetzestextes sparsam und zurückhaltend Gebrauch gemacht wird, damit das Gesetz handhabbar bleibt; eine zu große Detailtiefe könnte dem im Gesetz beabsichtigten Zweck zuwiderlaufen, vgl. *ZKA*-Stellungnahme vom 11. 10. 2001, S. 8.

44 *Schmidt-Bleibtreu/Klein* (Fn. 24), Art. 80 Rn. 36; dies ist beim WpÜG der Fall.

45 *Sachs/Lücke* (Fn. 23), Art. 80 Rn. 23.

46 *Schmidt-Bleibtreu/Klein* (Fn. 24), Art. 80 Rn. 47 und 50 m. w. N.

§ 5 Beirat

(1) Beim Bundesaufsichtsamt wird ein Beirat gebildet. Der Beirat besteht aus

1. vier Vertretern der Emittenten,

2. je zwei Vertretern der institutionellen und der privaten Anleger,

3. drei Vertretern der Wertpapierdienstleistungsunternehmen im Sinne des § 2 Abs. 4 des Wertpapierhandelsgesetzes,

4. zwei Vertretern der Arbeitnehmer,

5. zwei Vertretern der Wissenschaft.

Die Mitglieder des Beirates werden vom Bundesministerium der Finanzen für jeweils fünf Jahre bestellt; die Bestellung der in Satz 2 Nr. 1 bis 4 genannten Mitglieder erfolgt nach Anhörung der betroffenen Kreise. Die Mitglieder des Beirates müssen fachlich besonders geeignet sein; insbesondere müssen sie über Kenntnisse über die Funktionsweise der Kapitalmärkte sowie über Kenntnisse auf dem Gebiet des Gesellschaftsrechts, des Bilanzwesens oder des Arbeitsrechts verfügen. Die Mitglieder des Beirates verwalten ihr Amt als unentgeltliches Ehrenamt. Für ihre Teilnahme an Sitzungen erhalten sie Tagegelder und Vergütung der Reisekosten nach festen Sätzen, die das Bundesministerium der Finanzen bestimmt. An den Sitzungen können Vertreter der Bundesministerien der Finanzen, der Justiz sowie für Wirtschaft und Technologie teilnehmen.

(2) Das Bundesministerium der Finanzen kann durch Rechtsverordnung, die nicht der Zustimmung des Bundesrates bedarf, nähere Bestimmungen über die Zusammensetzung des Beirates, die Einzelheiten der Bestellung seiner Mitglieder, die vorzeitige Beendigung der Mitgliedschaft, das Verfahren und die Kosten erlassen. Das Bundesministerium der Finanzen kann die Ermächtigung durch Rechtsverordnung auf das Bundesaufsichtsamt übertragen.

(3) Der Beirat wirkt bei der Aufsicht mit. Er berät das Bundesaufsichtsamt, insbesondere bei dem Erlaß von Rechtsverordnungen für die Aufsichtstätigkeit des Bundesaufsichtsamtes. Er unterbreitet mit Zustimmung von zwei Dritteln seiner Mitglieder Vorschläge für die ehrenamtlichen Beisitzer des Widerspruchausschusses und deren Vertreter.

(4) Der Präsident des Bundesaufsichtsamtes lädt zu den Sitzungen des Beirates ein. Die Sitzungen werden vom Präsidenten des Bundesaufsichtsamtes oder einem von ihm beauftragten Beamten geleitet.

(5) Der Beirat gibt sich eine Geschäftsordnung.

Literatur: *Deutscher Anwaltverein e.V.*, Stellungnahme des Handelsrechtsausschusses des Deutschen Anwaltvereins e.V. zum Referentenentwurf des Bundesministeriums der Finanzen für ein Gesetz zur Regelung von öffentlichen Angeboten zum Erwerb von Wertpapieren und von Unternehmensübernahmen (WÜG) (April 2001) (DAV-Stellungnahme (April 2001)); *Berger*, Das deutsche Übernahmegesetz nimmt Formen an, Die Bank 2000, 558; *Börsensachverständigenkommission und Übernahmekommission*, Stellungnahme zum Entwurf eines Gesetzes zur Regelung von öffentlichen Angeboten zum Erwerb von Wertpapieren und von Unternehmensübernahmen, 12. Oktober 2001 (BSK/ÜK-Stellungnahme); *Land/Hasselbach*, Das neue deutsche Übernahmegesetz, DB 2000, 1747.

Übersicht

I. Allgemeines

1 Gemäß § 5 wird beim BAWe ein Beirat errichtet, dem u.a. Vertreter aus Wirtschaftskreisen, der Anleger und der Arbeitnehmer sowie weitere Experten angehören. Aufgabe des Beirats ist, bei der Aufsicht mitzuwirken, insbesondere das BAWe beim Erlass von Rechtsverordnungen zu beraten und ihm sachverständige Personen für die Besetzung des Widerspruchsausschusses gemäß § 6 vorzuschlagen, der über Widersprüche gegen bestimmte Verfügungen des BAWe entscheidet. Die Errichtung des Beirats ermöglicht die Einbeziehung des Sachverstandes der Wirtschaft bei der Aufsicht, die bereits im Rahmen der Übernahmekommission, die auf der Grundlage des Übernahmekodex der Börsensachverständigenkommission beim Bundesministerium der Finanzen errichtet wurde, Erfahrungen bei der Überwachung von Unternehmensübernahmen gewonnen hat. Die Einbeziehung der Praxis

soll zudem die Akzeptanz von Entscheidungen der Aufsicht auf der Grundlage des WpÜG fördern.[1]

1. Systematische Stellung

2 Der Beirat wird im Rahmen des Abschnitts über die Zuständigkeit des BAWe geregelt. Da der Beirat gemäß § 5 Abs. 1 Satz 1 beim BAWe gebildet wird und selbst keine Außenwirkung entfaltet, ist er in die Organisation des BAWe als Beratungsgremium eingegliedert.

2. Parallelvorschriften

3 Ein mit dem Beirat gemäß § 5 am ehesten zu vergleichendes Gremium ist der **Versicherungsbeirat** gemäß § 92 VAG, der ebenfalls aus Sachverständigen besteht, das Bundesaufsichtsamt für das Versicherungswesen berät und deren Mitglieder ehrenamtlich tätig werden. Der **Börsenrat** gemäß § 3 BörsG ist nur begrenzt vergleichbar, weil diesem zum Teil Kontroll- und Rechtsetzungsaufgaben obliegen.[2] Der beim BAWe gebildete **Wertpapierrat** nach § 5 WpHG besteht aus Vertretern der Länder, wirkt aber in ähnlicher Weise wie der Beirat bei der Aufsicht mit. § 8 des Entwurfs des Finanzdienstleistungsaufsichtsgesetzes sieht die Bildung eines Fachbeirates bei der neu zu errichtenden „Bundesanstalt für Finanzdienstleistungsaufsicht" vor, der die Bundesanstalt bei der Erfüllung ihrer Aufgaben beraten und aus 20 Mitgliedern bestehen soll.[3]

3. Gesetzgebungsverfahren

4 Im **Diskussionsentwurf** vom 29. 6. 2000 war noch von einem „Übernahmerat" die Rede, der aus 21 Mitgliedern bestehen sollte, die vom Bundesministerium der Finanzen nach Anhörung der Börsensachverständigenkommission bestellt werden sollten; die Börsensachverständigenkommission sollte hierfür Vorschläge unterbreiten. Im **Referentenentwurf** vom 12.3.2001 wurde die Terminologie in „Beirat" geändert und die Mitgliederzahl auf 15 gesenkt. Außerdem kann der Beirat gemäß § 5 Abs. 3 lediglich Vorschläge für die ehrenamtlichen Beisitzer des Widerspruchsauschusses und deren Vertreter unterbreiten und

1 Regierungsbegründung, BR-Drucks. 574/01, S. 72; *Pötzsch/Möller*, WM Sonderbeil. Nr. 2 zu Heft 31/2000, 27.

2 *Peterhoff*, in: Schäfer, Wertpapierhandelsgesetz/Börsengesetz/Verkaufsprospektgesetz, 1999, § 3 BörsG Rn. 1.

3 § 8 Abs. 1 Satz 2 und Abs. 2 Satz 1 FinDAG-E (Bundesrats-Drucks. 636/01).

diese nicht – wie im Diskussionsentwurf vorgesehen – bestellen. Im **Regierungsentwurf** wurde in § 5 Abs. 1 die Zusammensetzung des Beirats näher geregelt und das Recht der Börsensachverständigenkommission auf Anhörung und zur Unterbreitung von Vorschlägen gestrichen.[4]

4. Übernahmekodex

Mit dem Beirat wird an die **Übernahmekommission,** die auf der Grundlage des Übernahmekodex der Börsensachverständigenkommission beim Bundesministerium der Finanzen errichtet wurde und Erfahrungen bei der Überwachung von Unternehmensübernahmen gewonnen hat, angeknüpft.[5] Auch in der Übernahmekommission waren Vertreter ähnlicher Wirtschaftsorganisationen sowie der Wissenschaft vertreten, wie nun nach § 5 Abs. 1 Satz 2. Anders als der Beirat hatte die Übernahmekommission in Bezug auf den Übernahmekodex weitergehende Kompetenzen. So konnte die Übernahmekommission, die aus 14 Mitglieder bestand, beispielsweise den Übernahmekodex verbindlich interpretieren, in Einzelfällen Befreiungen von den Vorschriften des Übernahmekodex aussprechen und bei Meinungsverschiedenheiten eine Schiedsfunktion übernehmen. 5

II. Rechtsvergleichung

1. Österreich

Das österreichische Übernahmegesetz kennt kein dem Beirat entsprechendes rein beratendes Gremium. Jedoch besteht gemäß § 28 Abs. 2 öÜbG die **Übernahmekommission** selbst aus zwölf Mitgliedern, die über entsprechende Fachkenntnisse verfügen müssen und zum Teil auf Vorschlag der Wirtschaftskammer Österreichs sowie auf Vorschlag der Österreichischen Bundesarbeitskammer bestellt werden. Die Bestellung obliegt dem Bundesminister für Justiz. Die Mitglieder der Übernahmekommission sind in Ausübung dieses Amtes unabsetzbar und an keine Weisungen gebunden. Es werden Senate von jeweils vier Mitgliedern gebildet, deren Zusammensetzung und Geschäftsverteilung durch eine Geschäftsordnung geregelt ist. 6

---

4 Die *Börsensachverständigenkommission* forderte die Rücknahme dieser Änderung, vgl. *BSK/ÜK*-Stellungnahme vom 12.10.2001, Ziff. 1.

5 *Pötzsch/Möller*, WM Sonderbeil. Nr. 2 zu Heft 31/2000, 1, 27.

2. Schweiz

7 In der Schweiz besteht nach Art. 23 sBEHG eine **Übernahmekommission**, die nach Anhörung der Börsen durch die Eidgenössische Bankenkommission als Aufsichtsbehörde bestellt wird. Die Kommission setzt sich aus sachverständigen Vertretern der Effektenhändler, der kotierten Gesellschaften und der Anleger zusammen. Organisation und Verfahren der Übernahmekommission sind der Aufsichtsbehörde zur Genehmigung zu unterbreiten. Bestimmungen, die nach dem Bundesgesetz über die Börse und den Effektenhandel von der Übernahmekommission erlassen werden, bedürfen der Genehmigung durch die Aufsichtsbehörde. Die Übernahmekommission kann von Anbietern und Zielgesellschaften Auskünfte und Unterlagen einfordern und gegenüber den Beteiligten Empfehlungen erlassen sowie diese veröffentlichen. Die Kompetenz zum Erlass von Verfügungen steht jedoch lediglich der Aufsichtsbehörde zu, nicht der Übernahmekommission.

3. Vereinigtes Königreich

8 Der London City Code wird vom **„Panel on Takeovers and Mergers"** (Takeover Panel) angewendet und durchgeführt. Die Mitglieder des Takeover Panel werden vom Governor der Bank of England bestellt. Mitglieder des Takeover Panels werden von im London City Code näher bezeichneten Wirtschaftskreisen, wie beispielsweise der British Bankers Association und dem Institute of Chartered Accountants in England and Wales, nominiert. Das Tagesgeschäft des Takeover Panel wird durch das „Executive" geführt.[6]

4. EU-Richtlinie

9 Der E-ÜbernahmeRL sah kein beim Aufsichtsorgan angesiedeltes beratendes Gremium vor. Da jedoch Art. 4 regelte, dass die Mitgliedstaaten eine oder mehrere Stellen für die Beaufsichtigung – darunter auch „eine Vereinigung oder eine private Einrichtung" – benennen konnten, wäre der Beirat richtlinienkonform gewesen. Gemäß Art. 4 Abs. 1 Satz 4 E-ÜbernahmeRL hätte die Bundesrepublik Deutschland die Kommission über die Aufgabenverteilung unterrichten müssen.

6 Vgl. Kommentierung zu § 4 Rn. 14.

III. Zusammensetzung, Bestellung

10 Zwar ist das BAWe für die Überwachung und Einhaltung des WpÜG zuständig, jedoch hat der Gesetzgeber es für zweckmäßig gehalten, im Interesse einer sachgerechten Ausgestaltung von öffentlichen Angebotsverfahren dem BAWe bei der Wahrnehmung seiner Aufgabe den Sachverstand der Wirtschaft und anderer betroffener Kreise zu erschließen. Dieser Sachverstand wurde bereits im Rahmen der Übernahmekommission in die Überwachung des ordnungsgemäßen Vollzugs von Unternehmensübernahmen eingebracht. Schließlich soll die Einrichtung eines solchen Gremiums die Akzeptanz von Entscheidungen der Aufsichtsorgane fördern. Der Gesetzgeber hat sich hiermit für eine Kombinationslösung entschieden, bei der weder eine staatliche Behörde noch Vertreter der betroffenen Wirtschaftskreise ausschließlich zuständig sind.[7]

11 Der Beirat besteht aus **15 Personen**. Diese Anzahl erschien dem Gesetzgeber im Interesse einer effizienten Arbeitsweise noch vertretbar. Sachlich wird sie im Hinblick auf das weite Spektrum der relevanten Sachgebiete und der regelmäßig sehr unterschiedlichen Interessenlage der durch ein öffentliches Angebotsverfahren Betroffenen gerechtfertigt. Vergleichbar dem Börsenrat (§ 3 BörsG) sollen für den Bereich öffentlicher Angebote die von einem solchen Verfahren unmittelbar oder mittelbar Beteiligten im Beirat repräsentiert sein und sich damit die Vielzahl der im Rahmen eines solchen Verfahrens berührten Belange in der Besetzung widerspiegeln.[8] Die **Zusammensetzung** selbst ist in § 5 Abs. 1 Satz 2 geregelt. Die Beiratsmitglieder werden **vom Bundesministerium der Finanzen bestellt**, dem diesbezüglich die Letztentscheidung zusteht.[9] Die **betroffenen Kreise**, denen die einzelnen Mitglieder zugeschrieben werden, sind **vorab zu hören**; lediglich hinsichtlich der zwei Vertreter der Wissenschaft gemäß § 5 Abs. 1 Satz 2 Nr. 5 ist keine Anhörung vorgesehen. In der Praxis werden wohl die jeweiligen Interessenvertretungen wie Bankenverbände, Aktionärsvertretungen und Gewerkschaften entsprechende Vorschläge unterbreiten. Allerdings wurde der im Rahmen des Gesetzgebungsverfahrens erhobenen Forderung einiger Interessenvertretungen wie beispielsweise des DGB, wonach diese ihre Vertreter selbst bestimmen können, nicht gefolgt.

---

7 Regierungsbegründung, BR-Drucks. 574/01, S. 85; *Berger*, Die Bank 2000, 558, 560.
8 Regierungsbegründung, BR-Drucks. 574/01, S. 86.
9 Regierungsbegründung, BR-Drucks. 574/01, S. 86; *Pötzsch/Möller* (Fn. 5), 28.

12 Gemäß § 5 Abs. 1 Satz 4 müssen die Mitglieder **„fachlich besonders geeignet“** sein und insbesondere über Kenntnisse über die Funktionsweise der Kapitalmärkte sowie über Kenntnisse auf dem Gebiet des Gesellschaftsrechts, des Bilanzwesens oder des Arbeitsrechts verfügen. Unter „fachlicher Eignung“ ist zu verstehen, dass Mitglieder über die entsprechende Eignung und Fachkunde zur Ausübung ihres Amtes verfügen. Diese Voraussetzung ist vergleichbar mit den Anforderungen an öffentlich bestellte Sachverständige gemäß § 36 Abs. 1 Satz 1 GewO, die besondere Sachkunde nachweisen müssen und bei denen keine Bedenken gegen ihre Eignung bestehen dürfen (öffentlich bestellte Sachverständige müssen hiernach überdurchschnittliche Kenntnisse, Fähigkeiten und Erfahrungen besitzen und persönlich zuverlässig sowie vertrauenswürdig sein und akzeptiert werden).[10] Die Mitglieder des Beirats müssen darüber hinaus „besonders“ fachlich geeignet sein. Soweit hierdurch ein erhöhtes Anforderungsprofil festgelegt werden soll, kann letztlich mangels näherer Konkretisierung nur auf die nach **„insbesondere“** aufgeführten Kriterien zurückgegriffen werden, nämlich auf Kenntnisse über die Funktionsweise der Kapitalmärkte sowie auf Kenntnisse auf dem Gebiet des Gesellschaftsrechts, des Bilanzwesens oder des Arbeitsrechts. Durch den Satzbau ergibt sich, dass alle Mitglieder über Kenntnisse über die Funktionsweise der Kapitalmärkte verfügen müssen, von den weiterhin geforderten Kenntnissen auf dem Gebiet des Gesellschaftsrechts, des Bilanzwesens oder des Arbeitsrechts jedoch nur in einem dieser Bereiche.

13 Die Beiratsmitglieder werden in ihrer Eigenschaft als **Sachverständige** tätig; sie haben nicht die Interessen bestimmter Unternehmen oder Gruppen von Unternehmen, Berufe oder der Kreise wahrzunehmen, denen sie angehören, sondern sollen zur Lösung der Probleme im Zusammenhang mit der Beaufsichtigung von öffentlichen Angeboten nur durch die besondere Erfahrung beitragen, die sie sich in ihrem Berufs- oder Lebenskreis erworben haben.[11] Jedoch kann ein Mitglied gemäß § 2 BeiratsVO durch das Bundesministerium der Finanzen abberufen werden, wenn es nicht mehr der Gruppe nach § 5 Abs. 1 Satz 2 angehört, zu dessen Vertretung es bestellt wurde.

10 *Landmann/Rohmer*, Gewerbeordnung Band I, § 36 Rn. 60 und 71; zum Begriff der Fachkunde vgl. z. B. auch § 8 Abs. 3 Satz 2 Nr. 3 TKG, wonach ein Anbieter von Telekommunikationsdienstleistungen dann die erforderliche Fachkunde besitzt, wenn er die Gewähr dafür bietet, dass er über die erforderlichen Kenntnisse, Erfahrungen und Fertigkeiten verfügt.

11 Regierungsbegründung, BR-Drucks. 574/01, S. 86.

14 Die Mitglieder des Beirats verwalten ihr Amt als **unentgeltliches Ehrenamt** (§ 6 Satz 1 BeiratsVO). Sie erhalten für ihre Tätigkeit eine Entschädigung gemäß § 6 Satz 2 BeiratsVO. An den Sitzungen des Beirats können Vertreter der Bundesministerien der Finanzen, der Justiz sowie für Wirtschaft und Technologie teilnehmen.

15 § 5 Abs. 2 enthält eine **Verordnungsermächtigung**. Hiernach kann das Bundesministerium der Finanzen nähere Bestimmungen über die Zusammensetzung des Beirats, die Einzelheiten der Bestellung seiner Mitglieder, die vorzeitige Beendigung der Mitgliedschaft, das Verfahren und die Kosten erlassen. Das Bundesministerium der Finanzen hat von der Verordnungsermächtigung durch die „Verordnung über die Zusammensetzung, die Bestellung der Mitglieder und das Verfahren des Beirats beim Bundesaufsichtsamt für den Wertpapierhandel" (WpÜG-Beiratsverordnung – BeiratsVO) vom 27.12.2001 Gebrauch gemacht. Diese Rechtsverordnung enthält Regelungen zur Bestellung von Stellvertretern, der Beendigung der Mitgliedschaft und Abberufung sowie über Sitzungen des Beirats, Beschlussfassung, Protokolle und Entschädigung der Mitglieder.

Nach § 5 Abs. 2 Satz 2 besteht die Möglichkeit der **Subdelegation auf das BAWe**. Durch die Übertragung soll dem BAWe ermöglicht werden, auf in der Praxis gewonnene Erfahrungen zu reagieren und dabei insbesondere den Sachverstand des Beirats und der in ihm repräsentierten Fachkreise einzubeziehen.[12] Tatsächlich jedoch wurde die BeiratsVO vom Bundesministerium der Finanzen erlassen.

IV. Funktion

16 Gemäß § 5 Abs. 3 wirkt der Beirat bei der **Aufsicht** mit und berät das BAWe insbesondere bei dem **Erlass von Rechtsverordnungen** für die Aufsichtstätigkeit des BAWe. Diese Aufgaben sind nur sehr allgemein beschrieben, sodass befürchtet wird, dass die Mitwirkung des Beirats in der Praxis bedeutungslos ist. Um dem entgegenzuwirken, wurde vorgeschlagen, ein Minimum an Sitzungen festzulegen.[13] Tatsächlich hat der Beirat **keinerlei Entscheidungskompetenz**. Das BAWe ist an die Auffassung des Beirats oder einzelner Mitglieder nicht gebunden.[14] Vielmehr soll der Beirat lediglich zur Lösung der Probleme

12 Regierungsbegründung, BR-Drucks. 574/01, S. 215.
13 *DAV*-Stellungnahme (April 2001), § 5.
14 Regierungsbegründung, BR-Drucks. 574/01, S. 87; *Pötzsch/Möller* (Fn. 5), 27.

durch die besondere Erfahrung und Sachkenntnis seiner Mitglieder, die diese innerhalb ihres eigenen Berufskreises erworben haben, beitragen und diese insbesondere beim Erlass von Rechtsverordnungen des BAWe einfließen lassen.[15] Sofern im WpÜG nicht ausdrücklich Mitwirkungsrechte des Beirats normiert sind, wie z.B. in § 28 Abs. 2, wonach der Beirat vor allgemeinen Maßnahmen nach § 28 Abs. 1 zu hören ist, kann dieser letztlich nur im Rahmen seiner Sitzungen beratend tätig werden (ähnlich dem Versicherungsbeirat, der gemäß § 92 Abs. 2 Alt. 1 VAG das Bundesaufsichtsamt für das Versicherungwesen gutachtlich berät). Seine Hinzuziehung in laufenden Verfahren oder bei schwierig gelagerten Fragestellungen ist hingegen nicht ausdrücklich vorgesehen, sodass vorgeschlagen wurde, dem BAWe ausdrücklich die Möglichkeit zu geben, die wertende Einschätzung des Beirats in kritisch gelagerten Einzelfällen einzuholen.[16]

17 Soweit er beim Erlass von Rechtsverordnungen berät, sind hierbei lediglich Rechtsverordnungen erfasst, die vom BAWe erlassen werden, nicht jedoch Rechtsverordnungen des Bundesministeriums der Finanzen.[17] Ein formales Mitwirkungsrecht des Beirats beim Erlass von Rechtsverordnungen besteht nicht.[18]

18 Gemäß § 5 Abs. 3 Satz 2 unterbreitet der Beirat mit Zustimmung von zwei Dritteln seiner Mitglieder Vorschläge für die ehrenamtlichen Beisitzer des Widerspruchsausschusses und deren Vertreter. Diese können Mitglieder des Beirats sein, müssen es aber nicht.[19] Da gemäß § 6 Abs. 3 die ehrenamtlichen Beisitzer vom Präsidenten des BAWe bestellt werden, und dem Beirat lediglich ein Vorschlagsrecht zusteht, sind dessen Vorschläge für den Präsidenten des BAWe nicht bindend.

V. Verfahren

19 Nach § 5 Abs. 4 Satz 1, § 3 Abs. 1 Satz 3 BeiratsVO lädt der Präsident des BAWe zu den **Sitzungen des Beirats** ein, sodass einerseits ein Zusammentreten des Beirats jederzeit möglich ist, so weit dies erforder-

15 Regierungsbegründung, BR-Drucks. 574/01, S. 87.

16 *BSK/ÜK*-Stellungnahme vom 12.10.2001, Ziff. 1; Stellungnahme von *"Finanzplatz e.V."* vom 10.10.2001, S. 3; ähnlich auch die Stellungnahme der *Deutsche Börse AG* vom 8.10.2001, S. 2.

17 Regierungsbegründung, BR-Drucks. 574/01, S. 87.

18 Ein Anhörungsrecht wurde vom *Handelsrechtsausschuss des Deutschen Anwaltvereins* in dessen Stellungnahme vom April 2001, § 5, gefordert.

19 Regierungsbegründung, BR-Drucks. 574/01, S. 87.

lich ist, jedoch andererseits der Beirat nicht aus eigener Initiative heraus zusammentreten kann. Allerdings sind nach § 3 Abs. 1 Satz 2 BeiratsVO Sitzungen auf Antrag von mindestens acht Mitgliedern anzuberaumen. Die Sitzungen werden vom Präsidenten des BAWe oder von einem von ihm beauftragten Beamten geleitet und sind nicht öffentlich.[20] Näheres wird in §§ 3 ff. BeiratsVO geregelt.

Gemäß § 5 Abs. 5 ist der Beirat verpflichtet, sich eine **Geschäftsordnung** zu geben, in der nähere Regeln zur Ausgestaltung des Verfahrens, wie beispielsweise die Behandlung von Vorlagen und Anträgen sowie die Ansetzung und Durchführung der Sitzungen, bestimmt werden.[21] Unklar ist hiernach, ob der Beirat einen Vorsitzenden haben soll. Da jedoch Einladung und Tagungsleitung durch den Präsidenten des BAWe bzw. durch einen von ihm beauftragten Beamten erfolgen, und der Beirat keinerlei Entscheidungskompetenz oder Außenwirkung hat, erscheint die Bestimmung eines Vorsitzenden nicht erforderlich. **20**

Bei dem Beirat handelt es sich um eine **kollegiale Einrichtung** im Sinne des § 88 VwVfG, sodass §§ 89 bis 93 VwVfG Anwendung finden, soweit Rechtsvorschriften nichts Abweichendes bestimmen.[22] Soweit die BeiratsVO bzw. § 5 (wie z.B. in Abs. 4) nicht selbst Verfahrensregelungen enthalten, finden die **Vorschriften des VwVfG** über Ausschüsse Anwendung. **21**

§ 6 Widerspruchsausschuß

(1) Beim Bundesaufsichtsamt wird ein Widerspruchsausschuß gebildet. Dieser entscheidet über Widersprüche gegen Verfügungen des Bundesaufsichtsamtes nach § 4 Abs. 1 Satz 3, § 10 Abs. 1 Satz 3, Abs. 2 Satz 3, § 15 Abs. 1 und 2, § 20 Abs. 1, §§ 24, 28 Abs. 1, §§ 36 und 37.

(2) Der Widerspruchsausschuß besteht aus

1. dem Präsidenten des Bundesaufsichtsamtes oder einem von ihm beauftragten Beamten, der die Befähigung zum Richteramt hat, als Vorsitzendem,

---

20 § 4 Abs. 2 Satz 1 BeiratsVO; Regierungsbegründung, BR-Drucks. 574/01, S. 87.

21 Regierungsbegründung, BR-Drucks. 574/01, S. 88.

22 *Kopp/Ramsauer*, Verwaltungsverfahrensgesetz, 7. Aufl., 2000, § 88 Rn. 5.

2. zwei vom Präsidenten des Bundesaufsichtsamtes beauftragten Beamten als Beisitzern,

3. drei vom Präsidenten des Bundesaufsichtsamtes bestellten ehrenamtlichen Beisitzern.

Bei Stimmengleichheit entscheidet der Vorsitzende.

(3) Die ehrenamtlichen Beisitzer werden vom Präsidenten des Bundesaufsichtsamtes für fünf Jahre als Mitglieder des Widerspruchsausschusses bestellt.

(4) Das Bundesministerium der Finanzen kann durch Rechtsverordnung, die nicht der Zustimmung des Bundesrates bedarf, nähere Bestimmungen über das Verfahren, die Einzelheiten der Bestellung der ehrenamtlichen Beisitzer, die vorzeitige Beendigung und die Vertretung erlassen. Das Bundesministerium der Finanzen kann die Ermächtigung durch Rechtsverordnung auf das Bundesaufsichtsamt übertragen.

Literatur: *Berger*, Das deutsche Übernahmegesetz nimmt Formen an, Die Bank 2000, 558; *Deutscher Anwaltverein e.V.*, Stellungnahme des Handelsrechtsausschusses des Deutschen Anwaltvereins e.V. zum Referentenentwurf des Bundesministeriums der Finanzen für ein Gesetz zur Regelung von öffentlichen Angeboten zum Erwerb von Wertpapieren und von Unternehmensübernahmen (WÜG) (April 2001) (DAV-Stellungnahme (April 2001)); *Kirchne/Ehricke*, Funktionsdefizite des Übernahmekodex der Börsensachverständigenkommission, AG 1998, 105; *Krause*, Die geplante Takeover-Richtlinie der Europäischen Union mit Ausblick auf das geplante deutsche Übernahmegesetz, NZG 2000, 905; *Liebscher*, Das Übernahmeverfahren nach dem neuen Übernahmegesetz, ZIP 2001, 853.

Übersicht

I. Allgemeines

Beim BAWe wird ein Widerspruchsausschuss gebildet, der über Widersprüche gegen bestimmte Anordnungen des BAWe entscheiden soll. Der Ausschuss wird mit Beamten des BAWe und anderen sachverständigen Personen besetzt. Hinsichtlich der ehrenamtlichen Beisitzer und deren Vertreter unterbreitet der Beirat beim BAWe gemäß § 5 Abs. 3 Satz 3 Vorschläge. In Routinefällen bleiben Entscheidungen durch einzelne Bedienstete des BAWe möglich, schwierige Sachverhalte hingegen sollen durch den Widerspruchsausschuss unter Mitwirkung von Praktikern überprüft werden.[1] 1

1. Systematische Stellung

Der Widerspruchsausschuss ist im Rahmen des Abschnitts 2 über die Zuständigkeit des BAWe geregelt. Bei dem Widerspruchsausschuss handelt es sich um eine kollegiale Einrichtung im Sinne der §§ 88 ff. VwVfG, die in das BAWe eingegliedert ist. Der Widerspruchsausschuss ist **keine eigenständige Behörde** nach § 1 Abs. 4 VwVfG, sondern seine Entscheidungen werden vielmehr dem BAWe zugerechnet.[2] 2

2. Parallelvorschriften

Dem Widerspruchsausschuss ähnlich sind die **Vergabekammern** im Sinne der §§ 104 ff. GWB, die eine Nachprüfung der Vergabe öffentlicher Aufträge vornehmen und deren Besetzung nach § 105 GWB ähnlich der des Widerspruchsausschusses geregelt ist. Eine Aufteilung der funktionellen Zuständigkeit nach der Bedeutung der zu treffenden Sachentscheidung kennt auch das TKG, wonach gemäß § 73 Abs. 1 Satz 1 TKG enumerativ aufgezählte Entscheidungen von Beschlusskammern der Regulierungsbehörde für Telekommunikation und Post getroffen werden, sonstige Entscheidungen durch die Behörde selbst. 3

3. Gesetzgebungsverfahren

Der Diskussionsentwurf vom 29. 6. 2000 sah lediglich zwei ehrenamtliche Beisitzer vor. § 6 Abs. 3 und 4 bezogen sich im Diskussionsentwurf noch auf sämtliche Beisitzer, ab dem Referentenentwurf vom 4

1 Regierungsbegründung, BR-Drucks. 574/01, S. 72 f.; Empfehlungen der *Expertenkommission „Unternehmensübernahmen"* vom 17. 5. 2000, Ziff. 8.

2 Regierungsbegründung, BR-Drucks. 574/01, S. 88; vgl. *Kopp/Ramsauer*, Verwaltungsverfahrensgesetz, 7. Aufl., 2000, § 88 Rn. 3.

12.3.2001 betreffen diese Regelungen lediglich die ehrenamtlichen Beisitzer. Im Regierungsentwurf wurde die Zuständigkeit des Widerspruchsausschusses auch auf Verfügungen des BAWe nach § 10 Abs. 1 Satz 3 und § 24 erweitert.

4. Übernahmekodex

5 Der Übernahmekodex hat eine Überprüfung der getroffenen Maßnahmen nicht vorgesehen.[3]

II. Rechtsvergleichung

1. Österreich

6 Das österreichische Übernahmegesetz sieht kein dem Widerspruchsausschuss entsprechendes Beschwerdeorgan vor. Gemäß § 30 Abs. 1 Satz 2 öÜbG unterliegen die Bescheide der Übernahmekommission mit Ausnahme der Bescheide gemäß § 35 öÜbG keiner Aufhebung oder Abänderung im Verwaltungsweg.

2. Schweiz

7 Gemäß Art. 23 sBEHG kann die Übernahmekommission lediglich Empfehlungen erlassen. Werden ihre Empfehlungen abgelehnt oder missachtet, so meldet sie dies der Aufsichtsbehörde – der Eidgenössischen Bankenkommission –, die eine Verfügung erlassen kann. Gemäß Art. 39 sBEHG unterliegen Verfügungen der Aufsichtsbehörde unmittelbar der Verwaltungsgerichtsbeschwerde an das Bundesgericht. Ein dem Widerspruchsausschuss ähnliches Kollegialorgan existiert in der Schweiz nicht.

3. Vereinigtes Königreich

8 Der London City Code sieht vor, dass gegen Entscheidungen des „Panel on Takeovers and Mergers" (Takeover Panel) das „Appeal Committee" angerufen werden kann. Beschwerdefähig sind nur bestimmte im London City Code genannte Entscheidungen des Takeover Panel, wie insbesondere die Anordnung disziplinarischer Maßnahmen. In anderen Fällen bedarf die Beschwerde der Zulassung durch das Takeover Panel. Der London City Code enthält Verfahrensregelungen in Bezug auf das Appeal Committee.

3 *Kirchner/Ehricke*, AG 1998, 105, 110.

4. EU-Richtlinie

Art. 4 Abs. 6 E-ÜbernahmeRL sah vor, dass die Befugnisse der Mitgliedstaaten, die Gerichte oder Behörden zu benennen, die für die Streitbeilegung und für Entscheidungen im Falle von Unregelmäßigkeiten im Verlauf des Angebotsverfahrens zuständig sind, nicht berührt werden. Der Richtlinienentwurf hat es demnach den Mitgliedstaaten überlassen, die für Rechtsstreitigkeiten zuständigen gerichtlichen oder sonstigen Behörden zu benennen, sodass Rechtsschutz auch durch einen Rechtsbehelf beim Aufsichtsorgan gewährt werden könnte.[4] 9

III. Zuständigkeit

Gemäß § 6 Abs. 1 Satz 2 entscheidet der Widerspruchsausschuss über Widersprüche gegen Verfügungen des BAWe nach § 4 Abs. 1 Satz 3 (Verfügungen im Rahmen der Missstandsaufsicht), § 10 Abs. 1 Satz 3 (Veröffentlichung der Entscheidung zur Abgabe eines Angebots erst nach dem Beschluss der Gesellschafterversammlung), § 10 Abs. 2 Satz 3 (gleichzeitige Mitteilung der Entscheidung zur Abgabe eines Angebots zusammen mit der Veröffentlichung für ausländische Bieter), § 15 Abs. 1 und 2 (Untersagung eines Angebots), § 20 Abs. 1 (Nichtberücksichtigung von Wertpapieren der Zielgesellschaft), § 24 (Ausnahme bestimmter Inhaber von Wertpapieren bei grenzüberschreitendem Angebot), § 28 Abs. 1 (Untersagung bestimmter Arten von Werbung), § 36 (Nichtberücksichtigung von Stimmrechten) und § 37 (Befreiung von der Verpflichtung zur Veröffentlichung und zur Abgabe eines Angebots). Lediglich bei Widersprüchen gegen Verfügungen des BAWe, die aufgrund dieser enumerativ aufgezählten Vorschriften erlassen worden sind, ist der Widerspruchsausschuss zuständig. In diesen Fällen ist das **Widerspruchsverfahren** nach § 41 vor dem Widerspruchsausschuss zu führen (siehe § 41 Abs. 4). Grundlegende Sachentscheidungen sollen hiernach unter Mitwirkung von Praktikern überprüft werden, um so auch eine Erhöhung der Entscheidungsakzeptanz zu erreichen.[5] Nicht erfasst werden die schlicht verwaltende Tätigkeit und Verlautbarungen des BAWe; letztere stellen re- 10

---

4 Vgl. *Krause*, NZG 2000, 905, 906; *ders.*, AG 1996, 209, 216; Standpunkte der *Börsensachverständigenkommission* zur künftigen Regelung von Unternehmensübernahmen, Februar 1999, S. 30.

5 Regierungsbegründung, BR-Drucks. 574/01, S. 89; *Pötzsch/Möller*, WM Sonderbeil. Nr. 2 zu Heft 31/2000, 1, 28; *Liebscher*, ZIP 2001, 853, 858. Zur Frage, ob Verpflich-

gelmäßig keinen hoheitlichen Regelungsakt dar, sondern lediglich nicht rechtsverbindliche Hinweise.[6]

11 Bei Verfügungen aufgrund von Rechtsgrundlagen, die nicht in Abs. 1 Satz 2 genannt werden, findet nach § 41 zwar ebenfalls ein Widerspruchsverfahren statt, nach Auffassung des Gesetzgebers ist jedoch eine **Einbeziehung** des Widerspruchsausschusses in diesen Fällen **entbehrlich**, da es sich um Verfügungen handelt, die lediglich der Vorbereitung oder Vollziehung anderer Entscheidungen dienen. Dazu gehören etwa Verfügungen, die im Rahmen der Sachverhaltsermittlung nach § 40 Abs. 1 bis 4 ergehen. Auch bei Widersprüchen gegen Gebührenbescheide ist eine Entscheidung durch den Widerspruchsausschuss nach dem Willen des Gesetzgebers nicht angezeigt. Der Sinn der Regelung sei neben dem Gedanken der Verfahrensbeschleunigung in erster Linie die Entlastung der im Widerspruchsausschuss tätigen ehrenamtlichen Beisitzer.[7]

12 In der Begründung zum Regierungsentwurf[8] wird ausdrücklich darauf hingewiesen, dass auch in Verwaltungsverfahren, in denen keine Zuständigkeit des Widerspruchsausschusses besteht, das BAWe gemäß § 26 Abs. 1 Satz 2 Nr. 2 VwVfG Sachverständige hinzuziehen kann, die auch Mitglieder des Beirates sein können. Somit sei gewährleistet, dass die besondere Fachkompetenz der betroffenen Wirtschaftskreise und Interessengruppen in alle Entscheidungen des BAWe einfließen kann.

IV. Zusammensetzung

13 Der Widerspruchsausschuss besteht aus **drei** vom Präsidenten des BAWe beauftragten **Beamten** (sofern der Präsident des BAWe nicht selbst dem Widerspruchsausschuss angehört) und **drei** von ihm bestellten **ehrenamtlichen Beisitzern**, denen lediglich eine Entschädigung nach § 7 WAusschVO gewährt wird. Der Präsident bzw. ein vom ihm beauftragter Beamter, der die Befähigung zum Richteramt haben muss, ist **Vorsitzender** des Widerspruchsausschusses und entscheidet bei Stimmengleichheit (§ 6 Abs. 2 Satz 2). Während der Präsident des BAWe die Beamten im Rahmen seiner Dienstherreneigenschaft zu Mit-

---

tungsanträge Gegenstand der Verhandlungen des Widerspruchsausschusses sind, *Aha*, AG 2002, 160, 167.

6 Regierungsbegründung, BR-Drucks. 574/01, S. 88.

7 Regierungsbegründung, BR-Drucks. 574/01, S. 88.

8 Regierungsbegründung, BR-Drucks. 574/01, S. 89.

gliedern des Widerspruchsausschusses bestimmt und diese hiernach jederzeit auswechseln kann, werden die ehrenamtlichen Beisitzer gemäß § 5 Abs. 3 Satz 3 vom Beirat mit einer Mehrheit von zwei Dritteln vorgeschlagen und nach § 6 Abs. 3 vom Präsidenten des BAWe für fünf Jahre bestellt. Er wählt hierbei gemäß § 1 Abs. 1 WAusschVO aus einer zu erstellenden Vorschlagsliste des Beirats 15 Personen aus. Durch die Besetzung mit drei ehrenamtlichen Beisitzern soll die besondere Fachkompetenz der betroffenen Wirtschaftskreise und Interessengruppen genutzt und eine möglichst breite Akzeptanz der Entscheidungen des Widerspruchsausschusses gefördert werden. Dies soll im Interesse aller Beteiligten zu einer zügigen Abwicklung des Verfahrens beitragen.[9]

V. Verfahren

§ 6 Abs. 4 enthält eine **Verordnungsermächtigung** zu Gunsten des Bundesministeriums der Finanzen. Auf diesem Wege können Einzelheiten über das Verfahren vor dem Widerspruchsausschuss, die Bestellung der ehrenamtlichen Beisitzer, die Vertretung der Mitglieder und die vorzeitige Beendigung ihrer Tätigkeit erlassen werden.[10] Das Bundesministerium der Finanzen hat hiervon durch die „Verordnung über die Zusammensetzung und das Verfahren des Widerspruchsausschusses beim Bundesaufsichtsamt für den Wertpapierhandel“ (WpÜG-Widerspruchsausschuss-Verordnung – WAusschVO) vom 27.12.2001 Gebrauch gemacht. Diese Rechtsverordnung enthält Regelungen über die Bestellung und Abberufung der Mitglieder des Widerspruchsausschusses, die Reihenfolge der Mitwirkung, über von der Mitwirkung ausgeschlossene Personen, über die Einladung zur Sitzung und über Entscheidungen des Widerspruchsausschusses sowie über die Entschädigung der ehrenamtlichen Beisitzer. Nach § 6 Abs. 1 WAusschVO entscheidet der Widerspruchsausschuss in der Regel ohne mündliche Verhandlung, doch kann der Vorsitzende eine solche anordnen, sofern die Angelegenheit besondere Schwierigkeiten tatsächlicher oder rechtlicher Art aufweist. Die Sitzungen des Widerspruchsausschusses sind nicht öffentlich. 14

Nach der Begründung zum Regierungsentwurf[11] kann der Widerspruchsausschuss in **unterschiedlicher Besetzung** über die Widersprü- 15

9 Regierungsbegründung, BR-Drucks. 574/01, S. 89.
10 Regierungsbegründung, BR-Drucks. 574/01, S. 89 f.
11 Regierungsbegründung, BR-Drucks. 574/01, S. 89.

che entscheiden. Durch die Bestellung einer ausreichenden Anzahl von ehrenamtlichen Beisitzern durch den Beirat sei zu gewährleisten, dass auch für den Fall der Notwendigkeit einer gleichzeitigen Behandlung mehrerer Widersprüche in verschiedenen Verfahren das Gremium handlungsfähig ist. Dementsprechend wählt der Vorsitzende aus der Vorschlagsliste des Beirats 15 Personen aus (§ 1 Abs. 1 WAusschVO). Die WAusschVO sieht in § 2 Satz 2 WAusschVO vor, dass für einen abberufenen Beisitzer ein neuer bestellt wird. Die Möglichkeit der Entscheidung des Widerspruchssausschusses in unterschiedlicher Besetzung ist weder im Gesetzestext noch in der Rechtsverordnung vorgesehen. Vielmehr gibt es hiernach lediglich *einen* Widerspruchsausschuss beim BAWe, der aus den sechs in § 6 Abs. 2 bezeichneten Mitgliedern besteht. Im Rahmen der Verfahrensregelungen durch die Rechtsverordnung nach § 6 Abs. 4 ließen sich jedoch unterschiedliche „Spruchgruppen" des Widerspruchsausschusses einrichten. Dies ist letztlich in der WAusschVO nicht geschehen. § 3 WAusschVO regelt lediglich die Reihenfolge der Mitwirkung der ehrenamtlichen Beisitzer; diese wird durch Los bestimmt. Im Verhinderungsfalle gilt § 3 Abs. 3 WAusschVO.

16 Nach § 6 Abs. 4 Satz 2 kann das Bundesministerium der Finanzen die Verordnungsermächtigung durch Rechtsverordnung auf das BAWe übertragen. Tatsächlich jedoch wurde die WAusschVO vom Bundesministerium der Finanzen erlassen. Sofern § 6 Absätze 1 bis 3 oder die WAusschVO keine anderweitigen Regelungen vorsehen, gelten die **Vorschriften des Verwaltungsverfahrensgesetzes** für den Widerspruchsausschuss.

VI. Weisungsbefugnis

17 § 6 Abs. 3 Satz 2 des Diskussionsentwurfs vom 29.6.2000 sah vor, dass die Mitglieder des Widerspruchsausschusses unabhängig entscheiden und nur dem Gesetz unterworfen sind.[12] Diese Regelung wurde im Referentenentwurf gestrichen, da eine Rechtsförmlichkeitsprüfung durch das Bundesministerium der Justiz ergeben habe, dass eine solche Regelung verfassungsrechtlich nicht zulässig sei. Auch beispielsweise hinsichtlich des Versicherungsbeirats in § 92 VAG ist keine Regelung enthalten, dass Beschlusskammern als Organ des Bundesaufsichtsamtes für das Versicherungswesen von Anweisungen des ihm vorgesetzten Bundesministeriums der Finanzen frei bleiben müss-

12 Vgl. auch *Berger*, Die Bank 2000, 558, 560.

ten.[13] Die Vergabekammern nach § 104 GWB, die in der Besetzung mit einem Vorsitzenden, einem hauptamtlichen Beisitzer und einem ehrenamtlichen Beisitzer entscheiden, sind jedoch gemäß § 105 Abs. 4 Satz 2 GWB unabhängig und nur dem Gesetz unterworfen (so der identische Wortlaut des ursprünglich vorgesehenen § 6 Abs. 3 Satz 2). Zwar bestehen im Hinblick auf Art. 65 Satz 2 GG und das Demokratieprinzip verfassungsrechtliche Bedenken in Bezug auf weisungsfreie Ausschüsse, denn nach Artikel 65 Satz 2 GG ist der Bundesminister der Finanzen für die Handlungen des ihm unterstehenden BAWe verantwortlich und der Widerspruchsausschuss ist ein Kollegialorgan, das gemäß § 6 Abs. 1 Satz 1 beim BAWe gebildet wird.[14] Andererseits kennt die Rechtsordnung weisungsfreie Gremien, die in Behörden integriert sind.[15] Da außerdem gegen Entscheidungen des Widerspruchsausschusses die Beschwerde nach § 48 Abs. 1 Satz 1 statthaft ist, hätte keine Gefahr einer demokratisch nicht legitimierten Letztentscheidung durch ein weisungsunabhängiges Gremium bestanden. Demnach ist anzunehmen, dass der Gesetzgeber **keine Unabhängigkeit** des Widerspruchsausschusses normieren wollte. Vielmehr unterliegt das BAWe und somit auch der in das BAWe eingegliederte Widerspruchsausschuss der Dienstaufsicht des Bundesministers der Finanzen und ist dessen fachlichen Weisungen unterworfen.[16] noch 17

§ 7 Zusammenarbeit mit Aufsichtsbehörden im Inland

(1) Das Bundeskartellamt, das Bundesaufsichtsamt für das Kreditwesen, das Bundesaufsichtsamt für das Versicherungswesen sowie das Bundesaufsichtsamt haben einander die für die Erfüllung ihrer Aufgaben erforderlichen Informationen mitzuteilen. Bei der

13 *Fahr/Kaulbach*, Versicherungsaufsichtsgesetz, 2. Auflage, 1997, § 92.

14 Vgl. *Kopp/Ramsauer* (Fn. 2), § 88 Rn. 2 m. w. N.

15 So z. B. die Vergabekammern nach § 105 Abs. 4 Satz 2 GWB, s. *Immenga/Mestmäcker*, Kommentar zum Kartellgesetz, 3. Auflage, 2001, § 105 Rn. 4 ff.; vgl. zur Weisungsbefugnis gegenüber den Beschlussabteilungen des Bundeskartellamts: *dies.*, § 51 Rn. 5 ff.; zur Unabhängigkeit der Beschlusskammern bei der Regulierungsbehörde für Telekommunikation und Post: *Beck'scher TKG-Kommentar/Kerkhoff*, 2. Auflage, 2000, § 73 Rn. 33.

16 *Geibel*, in: Schäfer, Wertpapierhandelsgesetz/Börsengesetz/Verkaufsprospektgesetz, 1999, § 3 WpHG Rn. 4.

Übermittlung personenbezogener Daten ist § 15 des Bundesdatenschutzgesetzes anzuwenden.

(2) Das Bundesaufsichtsamt kann sich bei der Durchführung seiner Aufgaben nach diesem Gesetz privater Personen und Einrichtungen bedienen.

Literatur: *Deutscher Anwaltverein e.V.*, Stellungnahme des Handelsrechtsausschusses des Deutschen Anwaltvereins e.V. zum Referentenentwurf des Bundesministeriums der Finanzen für ein Gesetz zur Regelung von öffentlichen Angeboten zum Erwerb von Wertpapieren und von Unternehmensübernahmen (WÜG) (April 2001) (DAV-Stellungnahme (April 2001)); *Roos*, Der neue Vorschlag für eine EG Übernahme-Richtlinie, WM 1996, 2177.

Übersicht

I. Allgemeines

1 Die Vorschrift regelt die Zusammenarbeit zwischen denjenigen Aufsichtsbehörden, die für Fragestellungen, die sich im Zusammenhang mit einem öffentlichen Angebot nach dem WpÜG ergeben können, zuständig sind. Neben bank- und versicherungsaufsichtlichen Fragen kann es sich hierbei auch um kartellrechtliche Problemstellungen handeln. Das BAWe kann sich bei der Durchführung seiner Aufgaben nach dem WpÜG anderer Einrichtungen und privater Personen, beispielsweise Wirtschaftsprüfern, bedienen.[1]

1. Systematische Stellung

2 § 7 ist Teil des Abschnitts 2, der die Zuständigkeit des BAWe behandelt. Hiernach gilt § 7 allgemein für die Tätigkeit des BAWe nach dem WpÜG.

1 Regierungsbegründung, BR-Drucks. 574/01, S. 90.

2. Parallelvorschriften

Ähnliche Regelungen sind in § 6 WpHG und § 8 KWG enthalten. § 6 Abs. 3 WpHG entspricht hierbei weitestgehend § 7 Abs. 1. § 6 Abs. 1 WpHG sowie § 8 Abs. 1 KWG sind mit § 7 Abs. 2 nahezu identisch. Allerdings sind sowohl die Regelungen des WpHG als auch die des KWG umfassender als § 7. **3**

3. Gesetzgebungsverfahren

Im Diskussionsentwurf vom 29.6.2000 waren statt des Bundeskartellamts die „Kartellbehörden" sowie ferner die Börsenaufsichtsbehörden und die Handelsüberwachungsstellen genannt. Diese wurden ab dem Referentenentwurf vom 12.3.2001 gestrichen, da andernfalls gemäß Art. 77 Abs. 2a, 78, 84 Abs. 1 GG die Zustimmung des Bundesrates zum WpÜG erforderlich gewesen wäre, weil es sich bei den ursprünglich mit aufgeführten Behörden um Landesbehörden handelt.[2] **4**

Gegenüber dem Referentenentwurf wurde im Regierungsentwurf und dem verabschiedeten WpÜG ein Verweis auf § 15 BDSG hinsichtlich der Übermittlung personenbezogener Daten eingefügt. Schließlich wurden Abs. 1 und Abs. 2 gegeneinander ausgetauscht und in Abs. 2 wurde – abweichend vom Wortlaut des § 8 Abs. 1 KWG und § 6 Abs. 1 WpHG – „privater" anstelle von „anderer" Personen und Einrichtungen gesetzt. **5**

4. Übernahmekodex

Der Übernahmekodex enthielt keine entsprechende Vorschrift. **6**

II. Rechtsvergleichung

1. Österreich

Regelungen über die Zusammenarbeit der Übernahmekommission mit anderen Aufsichtsbehörden sowie über die Möglichkeit der Heranziehung privater Personen und Einrichtungen bestehen weder im österreichischen Übernahmegesetz noch in den Übernahmeverordnungen. **7**

2. Schweiz

Eine Regelung über die Zusammenarbeit der Eidgenössischen Bankenkommission als Aufsichtsbehörde mit anderen inländischen Auf- **8**

2 Vgl. *Schmidt-Bleibtreu/Klein*, Grundgesetz, 9. Aufl., 1999, Art. 78 Rn. 10.

sichtsbehörden besteht im schweizerischen Recht nicht, lediglich die Zusammenarbeit mit den Strafverfolgungsbehörden ist in Art. 35 Abs. 6 sBEHG geregelt. Hiernach hat die Aufsichtsbehörde unverzüglich die zuständigen Strafverfolgungsbehörden zu benachrichtigen, wenn sie Kenntnis von strafbaren Handlungen erhält. Diese Behörden sind zu gegenseitiger Rechtshilfe verpflichtet.

9 Gemäß Art. 25 sBEHG in Verbindung mit Artikel 25 bis 28 sUEV-UEK muss der Anbieter das Angebot vor der Veröffentlichung einer von der Aufsichtsbehörde anerkannten Revisionsstelle oder einem Effektenhändler zur Prüfung unterbreiten. Hiernach ist die Einbindung von Effektenhändlern bzw. zur Prüfung anerkannten Revisionsstellen als Prüfstelle obligatorisch. Art. 28 sUEV-UEK regelt die Kooperation zwischen Prüfstelle und Übernahmekommission. Weitergehende Vorschriften über eine Zusammenarbeit mit Behörden oder die Einschaltung privater Personen und Einrichtungen bestehen nicht.

3. Vereinigtes Königreich

10 Ziffer 2 (c) der Introduction des London City Code enthält Ausführungen zur Zusammenarbeit des Takeover Panel mit anderen Regulierungsbehörden wie dem Department of Trade and Industry, der London Stock Exchange, der Bank of England und anderen Institutionen. Diese Zusammenarbeit betrifft den gegenseitigen Austausch von Informationen und, wo erforderlich, die Unterrichtung über Verletzungen des London City Codes. Auch arbeitet hiernach das Takeover Panel eng mit der London Stock Exchange zur Überwachung des Handels zusammen. Der London City Code selbst enthält keine entsprechende Regelung.

4. EU-Richtlinie

11 Gemäß Erwägungsgrund 17 E-ÜbernahmeRL sollten die Aufsichtsorgane mit anderen Aufsichtsorganen, die die Kapitalmärkte beaufsichtigen, effizient zusammenarbeiten und ihnen unverzüglich Auskünfte erteilen. Die Aufsichtsorgane der Mitgliedstaaten hätten hiernach Amtshilfe zu leisten.[3] Art. 4 Abs. 4 E-ÜbernahmeRL sollte regeln, dass die gemäß dieser Richtlinie benannten Aufsichtsorgane der Mitgliedstaaten und andere Stellen zur Beaufsichtigung der Kapitalmärkte zusammenarbeiten und einander Auskünfte erteilen, wann immer dies zur Anwendung der gemäß dieser Richtlinie erlassenen Vorschriften erforderlich ist. Diese gegenseitig erteilten Auskünfte sollten

3 *Roos*, WM 1996, 2177, 2187 zu Art. 4 Abs. 3 EU-Richtlinienentwurf 1996.

unter das Berufsgeheimnis, zu dessen Wahrung die Personen verpflichtet sind, die bei den die Informationen empfangenden Aufsichtsorganen tätig sind oder waren, fallen. Die Zusammenarbeit sollte beinhalten, dass die erforderlichen Schriftstücke zur Durchsetzung der von den zuständigen Behörden im Zusammenhang mit den Angeboten getroffenen Maßnahmen zugestellt werden können. Ferner sollte sie Unterstützung in anderer Form umfassen, die von den für die Untersuchung zuständigen Aufsichtsorganen in angemessener Weise hätte angefordert werden können, sofern sie tatsächliche oder angebliche Verstöße gegen die Vorschriften, die zur Umsetzung dieser Richtlinie erlassen oder ausgeführt wurden, betroffen hätte.

III. Zusammenarbeit mit Aufsichtsbehörden im Inland

§ 7 Abs. 1 ist als **spezielle Ausprägung der Amtshilfe** zu sehen, die **12** sich gemäß Art. 35 Abs. 1 GG alle Behörden des Bundes und der Länder gegenseitig zu leisten haben. § 7 Abs. 1 Satz 1 nennt als zur Zusammenarbeit verpflichtete Aufsichtsbehörden das Bundeskartellamt, das Bundesaufsichtsamt für das Kreditwesen, das Bundesaufsichtsamt für das Versicherungswesen sowie das BAWe. Der Wortlaut dieser Vorschrift gestattet den Informationsaustausch, so weit die Informationen für die Erfüllung der Aufgaben der genannten Behörden erforderlich sind. Hiergegen wurde vorgebracht, dass im Rahmen des WpÜG ein Informationsaustausch nur erlaubt werden sollte, so weit die Datenweitergabe für die Erfüllung der Zwecke dieses Gesetzes erforderlich sei.[4] Aufgrund der Stellung der Vorschrift in Abschnitt 2 (Zuständigkeit des BAWe) ist sie so zu verstehen, dass sie einen **Datenaustausch** nur im Rahmen der Erfüllung der Aufgaben nach dem WpÜG gestattet. Werden die genannten Behörden in Erfüllung ihrer Aufgaben aus anderen Gesetzen tätig, gelten die hierin enthaltenen Regelungen zum Informationsaustausch (z.B. § 6 Abs. 3 WpHG). Ebenfalls gehen sonstige spezielle Regelungen zum Informationsaustausch vor (z.B. § 40 Abs. 4 oder spezialgesetzliche Regelungen des KWG).[5]

Allgemein wird der wechselseitige Informationsaustausch damit be- **13** gründet, dass aufgrund der zunehmenden, teilweise institutionell unterlegten Verbindungen zwischen den Finanzdienstleistungsunterneh-

4 *DAV*-Stellungnahme (April 2001), § 7.

5 Vgl. hierzu *Geibel*, in: Schäfer, Wertpapierhandelsgesetz/Börsengesetz/Verkaufsprospektgesetz, 1999, § 6 WpHG Rn. 10.

men verschiedener Bereiche, der wachsenden Bedeutung des Wertpapierhandels und der Wertpapieranlage sowie der wechselseitigen Inanspruchnahme von Finanzdienstleistungen eine enge Kooperation der Bundesaufsichtsämter notwendig ist.[6] Da im Rahmen des WpÜG auch kartellrechtliche Problemstellungen relevant sein können, ist auch das Bundeskartellamt mitgenannt.

14 Gemäß § 7 Abs. 1 Satz 1 müssen die genannten Aufsichtsbehörden die erforderlichen Informationen von sich aus mitteilen, sodass es keines Ersuchens der jeweils anderen Stelle bedarf. Es dürfen nur solche Informationen übermittelt werden, die zur Erfüllung der Aufgaben „erforderlich" sind. Ein allgemeiner Datenaustausch ist danach nicht möglich, sondern es muss der Aufgabenbereich des BAWe nach § 4 Abs. 1 Sätze 1 und 2 eröffnet sein.

IV. Datenschutz

15 Während § 7 Abs. 1 Satz 1 allgemein die Mitteilung von Informationen erlaubt, sagt § 7 Abs. 1 Satz 2, dass bei der **Übermittlung personenbezogener Daten** § 15 BDSG anzuwenden ist. Gemäß § 3 Abs. 1 BDSG sind personenbezogene Daten „Einzelangaben über persönliche oder sachliche Verhältnisse einer bestimmten oder bestimmbaren natürlichen Person (Betroffener)". § 15 BDSG betrifft die **Datenübermittlung an öffentliche Stellen**. Normadressaten dieser Vorschrift sind die öffentlichen Stellen des Bundes und der Länder als übermittelnde und empfangende Stellen, sodass der Verweis auf diese Norm in § 7 Abs. 1 Satz 2 lediglich klarstellende Funktion hat.[7] § 15 Abs. 1 Nr. 1 BDSG normiert die Erforderlichkeit der übermittelten personenbezogenen Daten zur Aufgabenerfüllung der übermittelnden oder empfangenden Stelle. Außerdem müssen die Voraussetzungen vorliegen, die eine Nutzung der zu übermittelnden personenbezogenen Daten nach § 14 BDSG zulassen würden. Insbesondere sind die Voraussetzung der Zweckbindung bei der Übermittlung sowie der Zweckbindung beim Empfänger (§ 15 Abs. 3 BDSG) einzuhalten, sodass auch nach § 7 Abs. 1 Satz 2 in Verbindung mit §§ 15, 14 BDSG kein allgemeiner Datentransfer zwischen den Aufsichtsbehörden möglich ist.

---

6 *Geibel*, in: Schäfer (Fn. 5), § 6 WpHG Rn. 9.

7 *Gola/Schomerus*, Bundesdatenschutzgesetz, 6. Aufl., 1997, § 15 Ziff. 1.3.

V. Einbeziehung privater Personen und Einrichtungen

Entsprechend der Regelung in § 6 Abs. 1 WpHG und § 8 Abs. 1 KWG kann sich das BAWe bei der Durchführung seiner Aufgaben nach diesem Gesetz anderer Einrichtungen und privater Personen, beispielsweise Wirtschaftsprüfern, bedienen.[8] Anders als in § 6 Abs. 1 WpHG und § 8 Abs. 1 KWG wird lediglich auf die Beiziehung „privater" Personen abgestellt, nicht allgemein auf „andere" Personen und Einrichtungen. Da alle Behörden des Bundes und der Länder gemäß Art. 35 Abs. 1 GG zur gegenseitigen Rechts- und Amtshilfe verpflichtet sind, ist der Wortlaut nach § 7 Abs. 2 konsequent, denn lediglich hinsichtlich Dritter, die keine Behörden im Sinne des Art. 35 Abs. 1 GG sind, muss dem BAWe die Möglichkeit eingeräumt werden, sich diesen bei der Durchführung ihrer Aufgaben zu bedienen, so weit das BAWe nicht originär hoheitlich tätig werden muss.[9] Mit privaten Personen und Einrichtungen schließt das BAWe in der Regel entweder einen entsprechenden **zivilrechtlichen Vertrag** oder begründet ein **öffentlich-rechtliches Auftragsverhältnis**.[10] Die entsprechenden privaten Personen und Einrichtungen können durch das BAWe rechtlich nicht zur Mitwirkung oder Unterstützung verpflichtet werden.[11] Da die in § 7 Abs. 2 genannten privaten Personen und Einrichtungen in der Regel aufgrund entsprechender zivilrechtlicher Verträge für das BAWe selbstständig und nicht hoheitlich tätig werden, ist insofern die Überschrift von § 7 („Zusammenarbeit mit Aufsichtsbehörden im Inland") irreführend. 16

Die Einschaltung privater Personen und Einrichtungen gemäß § 7 Abs. 2 ist nur zulässig, so weit sich nicht aus der Natur der Sache ergibt, dass das BAWe selbst tätig werden muss, wie es insbesondere beim Erlass von Verwaltungsakten der Fall ist. Auch im Übrigen wird das BAWe im Rahmen seines pflichtgemäßen Ermessens von der Möglichkeit dieser Vorschrift nur vorsichtig Gebrauch machen dürfen.[12] 17

---

8 Regierungsbegründung, BR-Drucks. 574/01, S. 90.

9 Vgl. *Dreyling*, in: Assmann/Schneider, Wertpapierhandelsgesetz, 2. Aufl., 1999, § 6 Rn. 4.

10 Vgl. *Beck/Samm*, Gesetz über das Kreditwesen, Band 1, Stand: Juni 2001, § 8 Rn. 10.

11 Vgl. *Dreyling*, in: Assmann/Schneider (Fn. 9), § 6 Rn. 3; *Geibel*, in: Schäfer (Fn. 5), § 6 WpHG Rn. 3.

12 Vgl. *Szagunn/Haug/Ergenzinger*, Gesetz über das Kreditwesen, 6. Aufl., 1997, § 8 Rn. 4.

§ 8 Zusammenarbeit mit zuständigen Stellen im Ausland

(1) Dem Bundesaufsichtsamt obliegt die Zusammenarbeit mit den für die Überwachung von Angeboten zum Erwerb von Wertpapieren, Börsen oder anderen Wertpapier- oder Derivatemärkten sowie den Handel in Wertpapieren und Derivaten zuständigen Stellen anderer Staaten.

(2) Im Rahmen der Zusammenarbeit nach Absatz 1 darf das Bundesaufsichtsamt Tatsachen übermitteln, die für die Überwachung von Angeboten zum Erwerb von Wertpapieren oder damit zusammenhängender Verwaltungs- oder Gerichtsverfahren erforderlich sind; hierbei kann es von seinen Befugnissen nach § 40 Abs. 1 bis 4 Gebrauch machen. Bei der Übermittlung personenbezogener Daten hat das Bundesaufsichtsamt den Zweck zu bestimmen, für den diese verwendet werden dürfen. Der Empfänger ist darauf hinzuweisen, daß die Daten nur zu dem Zweck verarbeitet oder genutzt werden dürfen, zu dessen Erfüllung sie übermittelt wurden. Eine Übermittlung unterbleibt, soweit Grund zu der Annahme besteht, daß durch sie gegen den Zweck eines deutschen Gesetzes verstoßen wird. Die Übermittlung unterbleibt außerdem, wenn durch sie schutzwürdige Interessen des Betroffenen beeinträchtigt würden, insbesondere wenn im Empfängerland ein angemessener Datenschutzstandard nicht gewährleistet wäre.

(3) Werden dem Bundesaufsichtsamt von einer Stelle eines anderen Staates personenbezogene Daten mitgeteilt, so dürfen diese nur unter Beachtung der Zweckbestimmung durch diese Stelle verarbeitet oder genutzt werden. Das Bundesaufsichtsamt darf die Daten unter Beachtung der Zweckbestimmung dem Bundesaufsichtsamt für das Kreditwesen, dem Bundesaufsichtsamt für das Versicherungswesen, den Börsenaufsichtsbehörden und den Handelsüberwachungsstellen der Börsen mitteilen.

(4) Die Regelungen über die internationale Rechtshilfe in Strafsachen bleiben unberührt.

Übersicht

I. Allgemeines

1 Nach § 8 Abs. 1 obliegt dem BAWe die Zusammenarbeit mit zuständigen Stellen im Ausland. Abs. 2 normiert die Bedingungen, unter denen das BAWe Tatsachen und insbesondere personenbezogene Daten ins Ausland übermitteln darf. Sofern dem BAWe von einer ausländischen Stelle personenbezogene Daten mitgeteilt werden, hat die Behörde darauf zu achten, dass diese Daten nur unter Beachtung der Zweckbestimmung durch die ausländische Stelle verarbeitet oder genutzt werden. Abs. 4 stellt klar, dass die Regelung über die internationale Rechtshilfe in Strafsachen unberührt bleibt.

1. Systematische Stellung

2 § 8 ist Teil des Abschnitts 2, der die Zuständigkeit des BAWe behandelt. Hiernach gilt § 8 allgemein für die Tätigkeit des BAWe nach dem WpÜG.

2. Parallelvorschriften

3 Eine nahezu inhaltsgleiche Regelung enthält § 7 WpHG.

3. Gesetzgebungsverfahren

4 Gegenüber dem Diskussionsentwurf vom 29.6.2000 wurde im Referentenentwurf vom 12.3.2001 und schließlich im verabschiedeten Gesetzestext in § 8 Abs. 2 die Regelung gestrichen, wonach das BAWe auch solche Tatsachen übermitteln darf, die für die Bekämpfung von Wettbewerbsbeschränkungen erforderlich sind. Dem ist zuzustimmen, da die Bekämpfung von Wettbewerbsbeschränkungen nicht in den An-

wendungsbereich nach § 1 fällt, sondern vielmehr unter das GWB. Seit dem Referentenentwurf wurde ferner in § 8 Abs. 2 eingefügt, dass das BAWe hierbei von seinen Befugnissen nach § 40 Abs. 1 bis 4 Gebrauch machen kann. Im Regierungsentwurf wurden gegenüber dem Referentenentwurf in § 8 Abs. 2 und 3 redaktionelle Änderungen vorgenommen.

4. Übernahmekodex

5 Der Übernahmekodex enthielt keine entsprechende Regelung über die Zusammenarbeit mit zuständigen Stellen im Ausland.

II. Rechtsvergleichung

1. Österreich

6 Das österreichische Übernahmegesetz enthält keine § 8 entsprechende Norm zur Zusammenarbeit mit zuständigen Stellen im Ausland.

2. Schweiz

7 Art. 38 sBEHG regelt die **Amtshilfe**. Nach Abs. 1 kann die Eidgenössische Bankenkommission als Aufsichtsbehörde zur Durchsetzung dieses Gesetzes ausländische Aufsichtsbehörden über Börsen und Effektenhändler um Auskünfte und Unterlagen ersuchen. Art. 38 Abs. 2 sBEHG normiert, unter welchen Voraussetzungen die Eidgenössische Bankenkommission ausländischen Aufsichtsbehörden über Börsen und Effektenhändler nicht öffentlich zugängliche Auskünfte und sachbezogene Unterlagen übermitteln darf. Art. 38 Abs. 3 sBEHG enthält einen Verweis auf das Verwaltungsverfahrensgesetz und sagt, dass die Übermittlung von Informationen über Personen, die offensichtlich nicht in die zu untersuchende Angelegenheit verwickelt sind, unzulässig ist.

8 Art. 38a sBEHG des Bundesgesetzes über die Börsen und den Effektenhandel regelt **grenzüberschreitende Prüfungen**. Hiernach kann die Aufsichtsbehörde zur Durchsetzung dieses Gesetzes direkte Prüfungen bei ausländischen Niederlassungen von Börsen und Effektenhändlern, für deren konsolidierte Aufsicht sie im Rahmen der Herkunftslandkontrolle verantwortlich ist, selber vornehmen oder durch Revisionsstellen vornehmen lassen (Art. 38a Abs. 1 sBEHG). Abs. 2 regelt, unter welchen Voraussetzungen die Aufsichtsbehörde ausländi-

schen Aufsichtsbehörden über Börsen und Effektenhändler direkte Prüfungen bei schweizerischen Niederlassungen von ausländischen Börsen und Effektenhändlern erlauben darf. Gemäß Abs. 3 dürfen durch grenzüberschreitende direkte Prüfungen nur Angaben erhoben werden, welche für eine konsolidierte Aufsicht über Börsen oder Effektenhändler notwendig sind; diese werden näher ausgeführt. Nach Art. 38a Abs. 4 sBEHG erhebt die Bankenkommission für den Fall, dass ausländische Aufsichtsbehörden über Börsen und Effektenhändler bei direkten Prüfungen in der Schweiz Informationen einsehen wollen, welche einzelne Kunden von Effektenhändlern betreffen, die Informationen selbst und übermittelt sie den ersuchenden Behörden. Das Verfahren richtet sich nach dem Verwaltungsverfahrensgesetz. Die Übermittlung von Informationen über Personen, welche offensichtlich nicht in die zu untersuchende Angelegenheit verwickelt sind, ist unzulässig. Gemäß Art. 38a Abs. 5 sBEHG des Bundesgesetzes über die Börsen und den Effektenhandel kann die Eidgenössische Bankenkommission die ausländischen Aufsichtsbehörden über Börsen und Effektenhändler bei ihren direkten Prüfungen in der Schweiz begleiten oder durch eine börsengesetzliche Revisionsstelle begleiten lassen. Die betroffenen Börsen und Effektenhändler können eine Begleitung verlangen. Art. 38a Abs. 6 sBEHG definiert „Niederlassungen“. Nach Art. 38a Abs. 7 sBEHG haben die nach schweizerischem Recht organisierten Niederlassungen den ausländischen Aufsichtsbehörden über Börsen und Effektenhändler und der Bankenkommission die zur Durchführung der direkten Prüfungen oder der Amtshilfe durch die Bankenkommission notwendigen Auskünfte zu erteilen und Einsicht in ihre Bücher zu gewähren.

3. Vereinigtes Königreich

Der London City Code enthält keine ausdrückliche Regelung über die Zusammenarbeit mit ausländischen Stellen. Ziffer 2 (c) der Introduction enthält lediglich Aussagen zur Zusammenarbeit mit anderen inländischen Behörden.[1] 9

4. EU-Richtlinie

Art. 4 Abs. 4 sowie Erwägungsgrund 17 E-ÜbernahmeRL sahen vor, 10
dass die Aufsichtsorgane der Mitgliedstaaten und andere Stellen zur Beaufsichtigung der Kapitalmärkte zusammenarbeiten und einander

1 Vgl. Kommentierung zu § 7 Rn. 10.

Auskünfte erteilen sollten.[2] Diese Regelung sollte auch eine internationale Zusammenarbeit der nationalen Aufsichtsbehörden erfassen.[3]

III. Aufgabenzuweisung zur internationalen Zusammenarbeit

11 § 8 Abs. 1 weist dem BAWe die Aufgabe zu, mit den für die Überwachung von Angeboten zum Erwerb von Wertpapieren, Börsen oder anderen Wertpapier- oder Derivatemärkten sowie den Handel in Wertpapieren und Derivaten zuständigen Stellen anderer Staaten zusammenzuarbeiten. Als Begründung wird angeführt, dass Angebote zum Erwerb von Wertpapieren nicht an den nationalen Grenzen halt machen.[4] Vielmehr haben die zuständigen Stellen immer häufiger grenzüberschreitende Sachverhalte zu beurteilen. Daher ist auch eine **enge Zusammenarbeit** des BAWe mit den zuständigen Stellen im Ausland notwendig. Diese erfolgt im Rahmen der Zuständigkeit des BAWe nach dem WpÜG. Da § 8 Abs. 1 nahezu inhaltsgleich mit § 7 Abs. 1 WpHG ist, ist bei der Anwendbarkeit des § 8 Abs. 1 darauf abzustellen, ob der Anwendungsbereich des Gesetzes gemäß § 1 eröffnet ist. Sofern die Tätigkeit des BAWe unter den Anwendungsbereich des WpHG (gemäß § 1 WpHG) fällt und der Aufgabenbereich des BAWe nach § 4 WpHG eröffnet ist, finden die Regelungen des WpHG Anwendung; hierbei gehen insbesondere §§ 19, 30 und 36c WpHG, sofern deren Tatbestandsvoraussetzungen erfüllt sind, als leges speciales vor.[5] § 8 Abs. 1 ist so weit gefasst, dass eine Zusammenarbeit mit mehreren unterschiedlichen Stellen im Ausland möglich ist, sofern die in der Norm genannten Überwachungsfunktionen auf mehrere Stellen verteilt sind.[6]

12 In der Praxis haben sich diverse Gremien der internationalen Zusammenarbeit auf dem Gebiet der Wertpapier- und Börsenaufsicht institutionalisiert.[7] Auch ist es üblich geworden, dass die Aufsichtsbehörden verschiedener Staaten untereinander sog. **„Memoranda of Under-**

2 Vgl. Kommentierung zu § 7 Rn. 11.

3 Standpunkte der *Börsensachverständigenkommission* zur künftigen Regelung von Unternehmensübernahmen, S. 28.

4 Regierungsbegründung, BR-Drucks. 574/01, S. 90.

5 *Geibel*, in: Schäfer, Wertpapierhandelsgesetz/Börsengesetz/Verkaufsprospektgesetz, 1999, § 7 WpHG Rn. 6.

6 Vgl. auch Art. 4 Abs. 1 des gescheiterten Entwurfs einer EU-Richtlinie, wonach als Aufsichtsorgane eine oder mehrere Stellen, die sowohl eine Behörde als auch eine Vereinigung oder eine private Einrichtung hätten sein können, zu benennen gewesen wären.

7 *Geibel*, in: Schäfer (Fn. 5), § 7 WpHG Rn. 4.

standing" (MoU) schließen. Hierbei handelt es sich um bilaterale Absichtserklärungen über den Austausch vertraulicher Informationen zwischen Aufsichtsbehörden, die eine grenzüberschreitende Zusammenarbeit erleichtern sollen. Dabei wird u. a. die Standardisierung von Auskunftsersuchen festgelegt.[8]

IV. Übermittlung an ausländische Stellen

§ 8 Abs. 2 enthält Regelungen über die konkrete Form der Zusammenarbeit des BAWe mit den ausländischen Stellen, die für die Überwachung von Angeboten zum Erwerb von Wertpapieren, Börsen oder anderen Wertpapier- oder Derivatemärkten, und den Handel in Wertpapieren oder Derivaten zuständig sind.[9] **13**

Soweit der Aufgabenbereich des BAWe nach § 8 Abs. 1 eröffnet ist, darf dieses **Tatsachen** an zuständige ausländische Stellen übermitteln. Anders als § 7 Abs. 1 Satz 1, der von „Informationen" spricht, müssen nach dieser Vorschrift Tatsachen vorliegen. Hierunter sind alle dem Beweis zugänglichen gegenwärtigen oder vergangenen Sachverhalte, Begebenheiten, Vorgänge, Verhältnisse oder Zustände einschließlich innerer Sachverhalte wie Motive und Absichten umfasst.[10] **14**

Bei der Ermittlung solcher Tatsachen kann das BAWe gemäß § 8 Abs. 2 Satz 1 Hs. 2 von seinen **Ermittlungsbefugnissen** nach § 40 Abs. 1 bis 4 Gebrauch machen. Auch wenn dieser Verweis § 40 Abs. 5 nicht mit einschließt, steht dem zur Auskunft Verpflichteten dennoch sein **Auskunftsverweigerungsrecht** nach dieser Vorschrift zu, und er ist hierüber gemäß § 40 Abs. 5 Satz 2 zu belehren. Denn das Auskunftsverweigerungsrecht trägt dem rechtsstaatlichen Gedanken der Unzumutbarkeit der Selbstanzeige Rechnung.[11] Der fehlende Verweis auf § 40 Abs. 5 lässt sich damit erklären, dass die Ermittlungsbefugnisses des BAWe selbst lediglich in § 40 Abs. 1 bis 4 normiert sind, nicht jedoch in Abs. 5. **15**

---

8 Vgl. *Dreyling*, in: Assmann/Schneider, Wertpapierhandelsgesetz, 2. Aufl., 1999, § 7 Rn. 3; *Schmitz*, in: Geibel/Süßmann, § 8 WpÜG Rn. 2.

9 Regierungsbegründung, BR-Drucks. 574/01, S. 91.

10 *Löffler/Ricker*, Handbuch des Presserechts, 4. Aufl., 2000, Kap. 25 Rn. 9 f. m. w. N.; *Geibel*, in: Schäfer (Fn. 5), § 7 WpHG Rn. 7; etwas anders wohl *Dreyling*, in: Assmann/Schneider (Fn. 8), § 7 Rn. 15, wonach „Tatsachen" i. S. d. § 7 Abs. 2 Satz 1 WpHG sämtliche Erkenntnisse sind, die in amtlicher Tätigkeit gewonnen werden, etwa auch die Kenntnis über bestimmte Planungsabsichten von Beaufsichtigten oder die Existenz eines Gerüchts.

11 Regierungsbegründung, BR-Drucks. 574/01, S. 155.

16 § 8 Abs. 2 Sätze 2 bis 5 betreffen die **Übermittlung personenbezogener Daten** i. S. d. § 3 Abs. 1 BDSG und sollen den Belangen des Datenschutzes Rechnung tragen.[12] Hiernach hat das BAWe bei der Übermittlung personenbezogener Daten eine Zweckbestimmung vorzunehmen und den Empfänger darauf hinzuweisen, dass die Daten nur zu diesem Zweck verarbeitet oder genutzt werden dürfen. Hinsichtlich der Begriffe der Datenverarbeitung und Datennutzung wird an die Begriffsbestimmungen von § 3 Abs. 4 und 5 BDSG anzuknüpfen sein.

17 Gemäß § 8 Abs. 2 Satz 4 hat die Übermittlung zu unterbleiben, so weit Grund zu der Annahme besteht, dass durch sie **gegen den Zweck eines deutschen Gesetzes** verstoßen wird. Unklar ist, ob sich dieser Satz allgemein auf die Übermittlung von Tatsachen gemäß Satz 1 oder lediglich auf die Übermittlung personenbezogener Daten nach Satz 2 bezieht. Da die Vorschrift allgemein gehalten ist und nicht einzusehen wäre, warum das BAWe Tatsachen – auch wenn es sich hierbei nicht um personenbezogene Daten handelt – übermitteln dürfte, wenn es hierbei gegen den Zweck eines deutschen Gesetzes verstoßen würde, ist dieses Verbot der Übermittlung auf alle Fälle des Absatzes 2 anzuwenden.[13] Falls ein entsprechender Verstoß vorliegt, besteht keinerlei Ermessensspielraum des BAWe hinsichtlich der Datenübermittlung; diese ist zu unterlassen.

18 Nach § 8 Abs. 2 Satz 5 unterbleibt die Übermittlung außerdem, wenn durch sie **schutzwürdige Interessen des Betroffenen** beeinträchtigt werden, insbesondere wenn im Empfängerland ein angemessener Datenschutzstandard nicht gewährleistet wäre. Während Satz 4 auf die Übermittlung von Tatsachen und personenbezogenen Daten Anwendung findet, kann sich die Spezifizierung derselben, nämlich die Ermittlung des angemessenen Datenschutzstandards im Empfängerland, nur auf personenbezogene Daten beziehen. Hinsichtlich der Ermittlung, ob schutzwürdige Interessen eines Betroffenen beeinträchtigt werden, ist zu berücksichtigen, dass ausweislich der Gesetzesbegründung eine enge Zusammenarbeit des BAWe mit den zuständigen Stellen im Ausland notwendig ist, um grenzüberschreitende Sachverhalte zu beurteilen.[14] Daher ist bei der Interessenabwägung nach Satz 5 zu berücksichtigen, dass das BAWe in die Lage versetzt sein muss, seine ihm nach § 4 Abs. 1 zugewiesenen Aufgaben und Befugnisse zu erfüllen.

12 Regierungsbegründung, BR-Drucks. 574/01, S. 91.
13 Ebenso *Schmitz*, in: Geibel/Süßmann, § 8 WpÜG Rn. 5.
14 Regierungsbegründung, BR-Drucks. 574/01, S. 90.

Die Regelung des § 8 Abs. 2 Satz 5, wonach im Empfängerland ein **angemessener Datenschutzstandard** gewährleistet sein muss, ist vor dem Hintergrund der „Richtlinie des Europäischen Parlaments und des Rates zum Schutz natürlicher Personen bei der Verarbeitung personenbezogener Daten und zum freien Datenverkehr“ vom 24. 10. 1995[15] zu sehen. Hiernach soll innerhalb der Europäischen Union ein gleichwertiges Schutzniveau hinsichtlich der Rechte und Freiheiten von Personen bei der Verarbeitung personenbezogener Daten geschaffen werden.[16] Sofern ein solch gleichwertiges Schutzniveau vorliegt, dürfen die Mitgliedstaaten den freien Verkehr personenbezogener Daten zwischen ihnen nicht mehr aus Gründen behindern, die den Schutz der Rechte und Freiheiten natürlicher Personen und insbesondere das Recht auf die Privatsphäre betreffen.[17] Nach Umsetzung der Richtlinie durch die Mitgliedstaaten geht man daher von einem angemessenen Datenschutzniveau innerhalb der Europäischen Union aus, sodass hierdurch insgesamt der Datenaustausch innerhalb der EU erleichtert wird.[18] In der Bundesrepublik Deutschland wurde die EG-Datenschutzrichtlinie durch das „Gesetz zur Änderung des Bundesdatenschutzgesetzes und andere Gesetze“ vom 18.5.2001[19] umgesetzt. Nach § 4b Abs. 1 BDSG (in der Fassung vom 18.5.2001) gelten für die Übermittlung personenbezogener Daten an Stellen in anderen Mitgliedstaaten der Europäischen Union, in anderen Vertragsstaaten des Abkommens über den Europäischen Wirtschaftsraum oder der Organe und Einrichtungen der Europäischen Gemeinschaft die Regelungen des BDSG (§§ 15 Abs. 1, 16 Abs. 1 und 28 bis 30), so weit die Übermittlung im Rahmen von Tätigkeiten erfolgt, die ganz oder teilweise in den Anwendungsbereich des Rechts der Europäischen Gemeinschaften fallen. Hieraus folgt, dass das BAWe die Datenübermittlung innerhalb der Europäischen Union und des Europäischen Wirtschaftsraumes (EWR) – nach Umsetzung der Datenschutzrichtlinie in den betroffenen Mitgliedstaaten – nicht mit der Begründung verweigern darf, es würde in dem Empfängerland kein angemessener Datenschutzstandard bestehen. 19

Hinsichtlich der **Übermittlung personenbezogener Daten in Drittländer** gilt Artikel 25 EG-Datenschutzrichtlinie. Hiernach sowie nach 20

15 95/46/EG, ABl. EG Nr. L 281 vom 23.11.1995, S. 31 – „EG-Datenschutzrichtlinie“.

16 Vgl. Erwägungsgrund 8 EG-Datenschutzrichtlinie.

17 Erwägungsgrund 9 EG-Datenschutzrichtlinie.

18 *Püttmann*, K&R 2000, 492, 495.

19 BGBl. I 2001, 904.

der Umsetzung dieser Vorschriften in § 4b Abs. 2 und 3 BDSG unterbleibt eine Übermittlung personenbezogener Daten in ein Drittland, wenn bei der entsprechenden ausländischen Stelle ein angemessenes Datenschutzniveau nicht gewährleistet ist (§ 4b Abs. 2 Satz 2 BDSG). Bietet ein Drittland kein angemessenes Schutzniveau, so ist laut Erwägungsgrund 57 der EG-Datenschutzrichtlinie die Übermittlung in dieses Land zwingend zu untersagen; dies gilt auch dann, wenn eine formale Feststellung der Kommission gemäß Art. 25 Abs. 4 EG-Datenschutzrichtlinie, dass kein angemessenes Schutzniveau besteht, nicht vorliegt.[20] Die Beurteilung der Angemessenheit des Schutzniveaus ergibt sich aus Art. 25 Abs. 2 EG-Datenschutzrichtlinie, § 4b Abs. 3 BDSG. Gemäß Art. 25 Abs. 6 EG-Datenschutzrichtinie kann die Europäische Kommission die Angemessenheit des Datenschutzes in einem Drittland feststellen.[21] Gestützt auf diese Vorschrift hat die Europäische Kommission am 26. 7. 2000 eine „Entscheidung über die Angemessenheit des von den Grundsätzen des ‚sicheren Hafens' … gewährleisteten Schutzes" in den USA erlassen.[22] Hiernach wird davon ausgegangen, dass die der Entscheidung beigefügten „Grundsätze des „sicheren Hafens" zum Datenschutz" des US-Handelsministeriums vom 21. 7. 2000 ein angemessenes Schutzniveau für personenbezogene Daten gemäß Art. 25 Abs. 2 EG-Datenschutzrichtlinie gewährleisten. Bei Stellen in den USA, die diese Grundsätze als verbindlich anerkennen, ist somit ebenfalls ein angemessener Datenschutzstandard gewährleistet, sodass auch diesbezüglich keine Berufung auf § 8 Abs. 2 Satz 5 zulässig ist.[23] Die Europäische Kommission hat außerdem ebenfalls am 26. 7. 2000 entsprechende Feststellungen über das angemessene Schutzniveau in der Schweiz[24] und Ungarn[25] getroffen.

V. Übermittlung von ausländischen Stellen

21 § 8 Abs. 3 enthält die zu Abs. 2 korrespondierende Regelung, wonach das BAWe darauf zu achten hat, dass personenbezogene Daten, die ihm von einer ausländischen Stelle mitgeteilt werden, nur unter **Beachtung der Zweckbestimmung** durch diese ausländische Stelle ver-

---

20 *Ehmann/Helfrich*, EG-Datenschutzrichtlinie, 1999, Art. 25 Rn. 11.
21 *Heil*, DuD 2000, 444.
22 Az. K(2000) 2441, ABl. EG Nr. L 215 vom 25. 8. 2000, S. 7.
23 *Tinnefeld*, NJW 2001, 3078, 3082.
24 Az. K(2000) 2304, ABl. EG Nr. L 215 vom 25. 8. 2000, S. 1.
25 Az. K(2000) 2305, ABl. EG Nr. L 215 vom 25. 8. 2000, S. 4.

arbeitet oder genutzt werden dürfen.[26] Die Begriffe der Verarbeitung und Nutzung sind im Sinne von § 3 Abs. 4 und 5 BDSG zu verstehen. In diesem Zusammenhang ist auch die strikte **Verschwiegenheitspflicht** nach § 9 Abs. 2 Satz 2 letzter Halbs. zu beachten, d.h. die Daten dürfen keinesfalls den Finanzbehörden zur Verfügung gestellt werden. Falls dies doch der Fall sein sollte, wäre ein **Verwertungsverbot** in Bezug auf die Finanzbehörden zu prüfen.[27]

Nach § 8 Abs. 3 Satz 2 muss die Zweckbestimmung auch bei der **Weiterübermittlung** der Daten beachtet werden. Hierbei sind ausdrücklich auch die Börsenaufsichtsbehörden und die Handelsüberwachungsstellen der Börsen genannt. Nachdem in einigen EU-Mitgliedstaaten ein direkter Datenaustausch zwischen den Börsen unzulässig ist und deshalb die betreffenden ausländischen Stellen Daten über Geschäftsabschlüsse nicht der Handelsüberwachungsstelle als Teil der Börse, sondern nur dem BAWe mitteilen können, muss das BAWe ermächtigt werden, diese Daten an die Handelsüberwachungsstelle weiterzuleiten.[28] 22

VI. Internationale Rechtshilfe in Strafsachen

§ 8 Abs. 5 stellt klar, dass die Regelungen über die internationale Rechtshilfe in Strafsachen unberührt bleiben.[29] Diese § 7 Abs. 4 WpHG entsprechende Vorschrift hat lediglich **klarstellende Funktion**. Es sind die Vorschriften des „Gesetzes über die internationale Rechtshilfe in Strafsachen“ (IRG) vom 27.6.1994[30] zu beachten. 23

§ 9 Verschwiegenheitspflicht

(1) Die beim Bundesaufsichtsamt und bei Einrichtungen nach § 7 Abs. 2 Beschäftigten, die Personen, derer sich das Bundesaufsichtsamt nach § 7 Abs. 2 bedient, sowie die Mitglieder des Beirates und Beisitzer des Widerspruchausschusses dürfen ihnen bei

26 Regierungsbegründung, BR-Drucks. 574/01, S. 91.
27 *Dreyling*, in: Assmann/Schneider (Fn. 8), § 7 Rn. 21.
28 *Geibel*, in: Schäfer (Fn. 5), § 7 WpHG Rn. 10 m.w.N.
29 Regierungsbegründung, BR-Drucks. 574/01, S. 91.
30 BGBl. I 1994, 1538ff., zuletzt geändert durch das Bundeskriminalamtgesetz vom 7.7.1997.

ihrer Tätigkeit bekannt gewordene Tatsachen, deren Geheimhaltung im Interesse eines nach diesem Gesetz Verpflichteten oder eines Dritten liegt, insbesondere Geschäfts- und Betriebsgeheimnisse, sowie personenbezogene Daten auch nach Beendigung ihres Dienstverhältnisses oder ihrer Tätigkeit nicht unbefugt offenbaren oder verwerten. Dies gilt auch für andere Personen, die durch dienstliche Berichterstattung Kenntnis von den in Satz 1 bezeichneten Tatsachen erhalten. Ein unbefugtes Offenbaren oder Verwerten im Sinne des Satzes 1 liegt insbesondere nicht vor, wenn Tatsachen weitergegeben werden an

1. Strafverfolgungsbehörden oder für Straf- und Bußgeldsachen zuständige Gerichte,

2. Stellen, die kraft Gesetzes oder im öffentlichen Auftrag mit der Bekämpfung von Wettbewerbsbeschränkungen, der Überwachung von Angeboten zum Erwerb von Wertpapieren oder der Überwachung von Börsen oder anderen Wertpapier- oder Derivatemärkten, des Wertpapier- oder Derivatehandels, von Kreditinstituten, Finanzdienstleistungsinstituten, Investmentgesellschaften, Finanzunternehmen oder Versicherungsunternehmen betraut sind, sowie von solchen Stellen beauftragte Personen,

soweit die Tatsachen für die Erfüllung der Aufgaben dieser Stellen oder Personen erforderlich sind. Für die bei den in Satz 3 genannten Stellen beschäftigten oder von ihnen beauftragten Personen gilt die Verschwiegenheitspflicht nach den Sätzen 1 bis 3 entsprechend. An eine ausländische Stelle dürfen die Tatsachen nur weitergegeben werden, wenn diese Stelle und die von ihr beauftragten Personen einer den Sätzen 1 bis 3 entsprechenden Verschwiegenheitspflicht unterliegen.

(2) Die §§ 93, 97, 105 Abs. 1, § 111 Abs. 5 in Verbindung mit § 105 Abs. 1 sowie § 116 Abs. 1 der Abgabenordnung gelten nicht für die in Absatz 1 Satz 1 und 2 bezeichneten Personen, soweit sie zur Durchführung dieses Gesetzes tätig werden. Sie finden Anwendung, soweit die Finanzbehörden die Kenntnisse für die Durchführung eines Verfahrens wegen einer Steuerstraftat sowie eines damit zusammenhängenden Besteuerungsverfahrens benötigen, an deren Verfolgung ein zwingendes öffentliches Interesse besteht, und nicht Tatsachen betroffen sind, die den in Absatz 1 Satz 1 oder 2 bezeichneten Personen durch eine Stelle eines anderen Staates im

Sinne von Absatz 1 Satz 3 Nr. 2 oder durch von dieser Stelle beauftragte Personen mitgeteilt worden sind.

(3) Die Mitglieder des Beirates und die ehrenamtlichen Beisitzer des Widerspruchsausschusses sind nach dem Verpflichtungsgesetz vom 2. März 1974 (BGBl. I S. 469, 547), geändert durch § 1 Nr. 4 des Gesetzes vom 15. August 1974 (BGBl. I S. 1942), in der jeweils geltenden Fassung vom Bundesaufsichtsamt auf eine gewissenhafte Erfüllung ihrer Obliegenheiten zu verpflichten.

Übersicht

I. Allgemeines

§ 9 statuiert in Abs. 1 eine Verschwiegenheitspflicht und ein Verwertungsverbot und enthält in Abs. 2 ein besonderes Verwertungsverbot im Verhältnis zu den Finanzbehörden. Abs. 3 verlangt eine Verpflichtung der nicht beamteten Personen nach dem Verpflichtungsgesetz. 1

1. Systematische Stellung

§ 9 befindet sich im Abschnitt 2, der die Zuständigkeit des BAWe regelt. Insofern gilt er allgemein für die beim BAWe Beschäftigten sowie die weiter in Abs. 1 genannten Personen, so weit diese im Rahmen des WpÜG tätig werden. 2

2. Parallelvorschriften

§ 8 WpHG und § 9 KWG beinhalten in weiten Teilen gleiche Regelungen. 3

3. Gesetzgebungsverfahren

4 Seit dem Diskussionsentwurf vom 29. 6. 2000 wurde die Vorschrift bis zur letztlich verabschiedeten Fassung lediglich redaktionell überarbeitet und hinsichtlich der betroffenen Personen in Abs. 1 konkretisiert. Hiermit wurde einem Anliegen des Handelsrechtsausschusses des Deutschen Anwaltvereins Rechnung getragen, der darauf hingewiesen hat, dass sich das BAWe nach § 7 Abs. 2 nicht nur Personen, sondern auch „Einrichtungen" bedienen kann.[1] Wesentliche inhaltliche Änderungen erfolgten nicht.

4. Übernahmekodex

5 Im Übernahmekodex war keine Verschwiegenheitspflicht enthalten.

II. Rechtsvergleichung

1. Österreich

6 § 30 Abs. 8 des österreichischen Übernahmegesetzes sieht vor, dass die mit den Angelegenheiten der Übernahmekommission befassten Mitarbeiter des die Wiener Börse leitenden und verwaltenden Börseunternehmens zur Verschwiegenheit verpflichtet sind; alle ihnen aus ihrer Tätigkeit nach diesem Bundesgesetz bekannt gewordenen Tatsachen dürfen sie nur zur Erfüllung ihrer Aufgaben verwenden.

2. Schweiz

7 Das schweizerische Bundesgesetz über die Börsen und den Effektenhandel enthält keine Verschwiegenheitsverpflichtung. Art. 56 Abs. 1 der Verordnung der Übernahmekommission über öffentliche Kaufangebote sagt, dass die Übernahmekommission Angebote, die ihr vor der Veröffentlichung unterbreitet werden, und Informationen, die sie in diesem Zusammenhang erhält, geheim hält. Ihre Beratungen sind geheim.

3. Vereinigtes Königreich

8 Eine Regelung über die Verschwiegenheitspflicht der Mitglieder des Takeover Panel oder des Executive enthält der London City Code nicht.

1 *DAV*-Stellungnahme (April 2001), § 9.

4. EU-Richtlinie

Gemäß Art. 4 Abs. 3 E-ÜbernahmeRL hätten die Mitgliedstaaten sicherstellen müssen, dass alle Personen, die bei den Aufsichtsorganen tätig sind oder waren, zur Wahrung des Berufsgeheimnisses verpflichtet sind. Unter das Berufsgeheimnis fallende Informationen hätten hiernach nicht an andere Personen oder Behörden weitergegeben werden dürfen, es sei denn, dies wäre aufgrund einer gesetzlichen Bestimmung geschehen. Hinsichtlich der Zusammenarbeit der Aufsichtsorgane der Mitgliedstaaten hätte Art. 4 Abs. 4 Satz 2 E-ÜbernahmeRL normiert, dass die gegenseitig erteilten Auskünfte unter das Berufsgeheimnis fallen, zu dessen Wahrung die Personen verpflichtet sind, die bei den die Informationen empfangenden Aufsichtsorganen tätig sind oder waren. Diesen europarechtlichen Vorgaben hätte § 9 entsprochen. 9

III. Verschwiegenheitspflicht und allgemeines Verwertungsverbot

Das BAWe hat Einblick in die finanziellen Verhältnisse und Geschäftsstrategien der an einem Angebot Beteiligten. Die hierbei dem BAWe bekanntgewordenen **Geschäfts- und Betriebsgeheimnisse sowie personenbezogenen Daten** des Bieters und der Zielgesellschaft sollen geschützt werden. Die Verankerung dieser besonderen gesetzlichen Verschwiegenheitspflicht ist erforderlich, um das notwendige Vertrauen in die Integrität der Aufsichtspraxis sicherzustellen.[2] Die Bestimmungen des Beamtenrechts bleiben unberührt. 10

1. Betroffene Personen

Folgende Personen fallen unter die Verschwiegenheitspflicht: 11
- das BAWe als Behörde selbst;[3]
- die Beschäftigten des BAWe, wozu dessen Beamte, Angestellte und Arbeiter sowie die zum BAWe abgeordneten Bediensteten zählen;
- die Beschäftigten der Einrichtungen, denen sich das BAWe gemäß § 7 Abs. 2 bedient;
- die privaten Personen, derer sich das BAWe nach § 7 Abs. 2 bedient;

2 Regierungsbegründung, BR-Drucks. 574/01, S. 91.
3 Str., vgl. zum Meinungsstand *Geibel,* in: Schäfer, Wertpapierhandelsgesetz/Börsengesetz/Verkaufsprospektgesetz, 1999, § 8 WpHG Rn. 7.

- die Mitglieder des Beirats gemäß § 5 Abs. 1 Satz 2;
- die Beisitzer des Widerspruchsausschusses gemäß § 6 Abs. 2 Nrn. 2 und 3;
- Personen, die gemäß § 9 Abs. 1 Satz 2 durch dienstliche Berichterstattung Kenntnis erhalten, also z. B. Bedienstete des Bundesministeriums der Finanzen als dem BAWe vorgesetzte Behörde.

12 Da sich die Regelung nicht ausdrücklich nur auf die ehrenamtlichen Beisitzer des Widerspruchsausschusses gemäß § 6 Abs. 2 Nr. 3 bezieht, werden hiervon auch die vom Präsidenten des BAWe beauftragten Beamten gemäß § 6 Abs. 2 Nr. 2 mit erfasst. Diese sind jedoch in aller Regel Beschäftigte des BAWe und fallen somit bereits unter die erste Alternative von § 9 Abs. 1.

13 Die Schweigepflicht gilt auch über die Beendigung des Dienstverhältnisses oder der Tätigkeit der betroffenen Personen fort.

2. Inhalt der Schweigepflicht

14 Die Verschwiegenheitspflicht bezieht sich auf „Tatsachen, deren Geheimhaltung im Interesse eines nach diesem Gesetz Verpflichteten oder eines Dritten liegt". **„Tatsachen"** sind alle dem Beweis zugänglichen gegenwärtigen oder vergangenen Sachverhalte, Begebenheiten, Vorgänge, Verhältnisse oder Zustände einschließlich innerer Sachverhalte wie Motive und Absichten.[4] Unter Berücksichtigung des Normzwecks, der denjenigen, der ein Geheimhaltungsinteresse hat, vor Nachteilen schützen will, die durch eine Weitergabe der erlangten Informationen an die Öffentlichkeit entstehen können, muss der Tatsachenbegriff allerdings weit ausgelegt werden und umfasst auch alle Schlussfolgerungen und Werturteile, die für den Betroffenen von Nachteil sein können, sofern diese Schlussfolgerungen oder Werturteile auf einem Tatsachenkern beruhen.[5] Namentlich sind Geschäfts- und Betriebsgeheimnisse genannt. Hierbei handelt es sich entsprechend § 30 VwVfG um Tatsachen, die im Zusammenhang mit einem Geschäftsbetrieb stehen und an deren Geheimhaltung der Unternehmer ein schutzwürdiges wirtschaftliches Interesse hat.[6] Der Begriff der „personenbezogenen Daten" richtet sich nach § 3 Abs. 1 BGSG.

---

4 *Löffler/Ricker*, Handbuch des Presserechts, 4. Aufl., 2000, Kap. 25 Rn. 9 f. m. w. N.; *Geibel,* in: Schäfer (Fn. 3), § 7 WpHG Rn. 7.

5 *Geibel,* in: Schäfer (Fn. 3), § 8 WpHG Rn. 3 n. w. N.

6 *Kopp/Ramsauer*, Verwaltungsverfahrensgesetz, 7. Aufl., 2000, § 30 Rn. 9.

Nach § 9 Abs. 1 Satz 1 ist ein **Geheimhaltungsinteresse** erforderlich. Hiernach muss die Geheimhaltung objektiv im Interesse des Betroffenen liegen und von diesem gewollt sein. Nicht erfasst werden Tatsachen, deren Geheimhaltung im Interesse des BAWe selbst liegt.[7] 15

Allgemein bekannte, d. h. offenkundige Tatsachen unterliegen nicht der Verschwiegenheitspflicht. Dies gilt ebenso für Sachverhalte, die zwar nicht „offenkundig", aber doch ohne besondere Schwierigkeiten oder Kosten von jeder beliebigen Person festgestellt werden können, z. B. handelsregisterrechtliche Eintragungen.[8] 16

Außerdienstlich bekanntgewordene Tatsachen fallen nicht unter § 9 Abs. 1, jedoch wird der Kreis des Außerdienstlichen nicht zu weit zu ziehen sein, sodass auch Tatsachen, die ein Angehöriger des BAWe entgegen der Schweigepflicht von einem Kollegen erfährt, von § 9 Abs. 1 miterfasst werden.[9] 17

3. Offenbarungs- und Verwertungsverbot

Offenbaren ist jede Form der Mitteilung, sei es mündlich, schriftlich, über elektronische Medien wie Internet oder das Einsicht nehmen lassen in Akten.[10] Unter Verwertung ist jede Verwendung zu eigenem oder fremdem Vorteil zu verstehen. Dabei ist das Bewusstsein erforderlich, aus der Benutzung des Geheimnisses oder der Verhältnisse des anderen für sich oder für andere Vorteile zu ziehen.[11] § 9 Abs. 1 statuiert neben der Verschwiegenheitspflicht ein allgemeines Verwertungsverbot, um die Ausnutzung amtlich gewonnener Erkenntnisse für private Zwecke zu verhindern.[12] 18

4. Unbefugtes Offenbaren oder Verwerten

Nur ein unbefugtes Offenbaren oder Verwerten ist verboten. In Satz 3 wird beispielhaft verdeutlicht, in welchen Fällen ein unbefugtes Offenbaren oder Verwerten im Sinne des Satzes 1 nicht vorliegt. Das BAWe darf innerstaatlich mit anderen Stellen und Personen zusammenarbei- 19

7 *Beck/Samm*, Gesetz über das Kreditwesen, Band 1, Stand: Juni 2001, § 9 Rn. 21; *Reischauer/Kleinhans*, Kreditwesengesetz, I. Band, Stand: 4/2000, § 9 Rn. 12.

8 *Beck/Samm* (Fn. 7), § 9 Rn. 29.

9 *Szagunn/Haug/Ergenzinger*, Gesetz über das Kreditwesen, 6. Aufl., 1997, § 9 Rn. 6.

10 *Dreyling*, in: Assmann/Schneider, Wertpapierhandelsgesetz, 2. Aufl., 1999, § 8 Rn. 11; *Geibel*, in: Schäfer (Fn. 3), § 8 WpHG Rn. 10.

11 *Geibel*, in: Schäfer (Fn. 3), § 8 WpHG Rn. 10 m. w. N.

12 Regierungsbegründung, BR-Drucks. 574/01, S. 91 f.

ten, deren Zuständigkeit im Zusammenhang mit einem öffentlichen Angebot betroffen sein kann und auf deren Hilfe das BAWe zur eigenen Aufgabenerfüllung zurückgreifen muss, oder die selbst für ihre Aufgabenerfüllung auf Informationen des BAWe angewiesen sind. Für diesen Kreis von Stellen und Personen wird eine enge Kooperation ohne Gefahr der Verletzung der Schweigepflicht ermöglicht. Der Schutzzweck wird nicht ausgehöhlt, weil diese Stellen ebenfalls einer Verschwiegenheitspflicht unterliegen und sie die Informationen nur zur Erfüllung der eigenen Aufgabe nutzen dürfen. Die Weitergabe von Aufsichtserkenntnissen an die zuständigen Stellen in anderen Staaten ist nur dann zulässig, wenn auch die bei den dort zuständigen Stellen beschäftigten Personen einer entsprechenden Verschwiegenheitspflicht unterliegen.[13]

20 Neben den in § 9 Abs. 1 Satz 3 aufgeführten Tatbeständen, nach denen ein Offenbaren bzw. Verwerten nicht unbefugt ist, und die nicht abschließend sind, kann eine Weitergabe auch aus anderen Gründen statthaft sein. So können etwa das **ausdrückliche Einverständnis** des Betroffenen oder **höherrangige Interessen** dies gebieten. Eine Weitergabe zur Verfolgung zivilrechtlicher Ansprüche ist in der Regel nicht gestattet, da § 9 Abs. 1 Satz 3 ausdrücklich nur Strafverfolgungsbehörden oder für Straf- und Bußgeldsachen zuständige Gerichte sowie weitere Stellen gemäß Nr. 2 benennt, nicht jedoch Zivilgerichte. Daher dürfen solche Tatsachen auch nicht im Rahmen einer Zeugenaussage im Zivilprozess vorgetragen werden. Beschäftigte im öffentlichen Dienst benötigen hierfür außerdem eine Aussagegenehmigung (§ 376 Abs. 1 ZPO, § 54 Abs. 1 StPO in Verbindung mit §§ 61 f. BBG bzw. der Beamtengesetze der Länder). Eine solche Aussagegenehmigung darf die zuständige Stelle jedoch dann nicht gewähren, wenn die Voraussetzungen für ein zulässiges Offenbaren nicht vorliegen.

IV. Keine Auskunftspflicht gegenüber Finanzbehörden

21 § 9 Abs. 2 enthält ein **besonderes Verwertungsverbot** der im Rahmen der Aufsichtstätigkeit erlangten Informationen im Verhältnis zu den Finanzbehörden. Insoweit tritt das öffentliche Interesse an einer gleichmäßigen Besteuerung gegenüber den Zielen einer effektiven Beaufsichtigung von Angeboten nach dem WpÜG zurück. Da das BAWe

13 Regierungsbegründung, BR-Drucks. 574/01, S. 92.

bei seiner Tätigkeit in hohem Maße auf die Kooperationsbereitschaft der an einem Angebotsverfahren beteiligten Personen und Unternehmen angewiesen ist, ist das Verwertungsverbot notwendig, um eine wirksame Aufsicht zu ermöglichen. Darüber hinaus werden die zuständigen Stellen in anderen Staaten vielfach nur unter dem Vorbehalt der steuerlichen Nichtverwertung zur Übermittlung von Informationen an das BAWe bereit sein.[14]

Die in § 9 Abs. 2 Satz 1 genannten Vorschriften der Abgabenordnung 22
betreffen Auskunftspflichten (§ 93 AO), Vorlagepflichten (§ 97 AO), Amtshilfepflichten (§ 111 Abs. 5 in Verbindung mit § 105 Abs. 1 AO) sowie die Pflicht zur Anzeige von Steuerstraftaten (§ 116 AO). Diese Verpflichtungen und insbesondere die Regelung des § 105 Abs. 1 AO, wonach Verschwiegenheitspflichten der Behörden und sonstiger öffentlicher Stellen nicht für ihre Auskunfts- und Vorlagepflicht gegenüber den Finanzbehörden gelten, finden auf die in § 9 Abs. 1 Satz 1 und 2 genannten Personen[15] keine Anwendung, so weit diese Personen zur Durchführung des WpÜG tätig werden.

Gegenüber dieser Ausnahme von den Vorschriften der Abgabenord- 23
nung enthält § 9 Abs. 2 Satz 2, 1. Halbsatz eine Gegenausnahme. Hiernach gelten die Regelungen der Abgabenordnung dann, wenn die Finanzbehörden die Kenntnis für die Durchführung eines Verfahrens wegen einer **Steuerstraftat** sowie eines damit zusammenhängenden Besteuerungsverfahrens benötigen, an deren Verfolgung ein **zwingendes öffentliches Interesse** besteht. Ob ein zwingendes öffentliches Interesse vorliegt, ist nach § 30 Abs. 4 Nr. 5 AO zu ermitteln. Die dort genannten Fallgruppen sind nur beispielhaft. Ein zwingendes öffentliches Interesse besteht insbesondere auch dann, wenn im Fall des Unterbleibens der Mitteilung die Gefahr besteht, dass schwere Nachteile für das allgemeine Wohl eintreten.[16]

Von dieser Gegenausnahme besteht nach § 9 Abs. 2 Satz 2, 2. Halb- 24
satz wiederum dann eine Ausnahme, wenn in dem Steuerstrafverfahren oder dem damit zusammenhängenden Besteuerungsverfahren Tatsachen verwertet würden, die dem BAWe durch eine ausländische Stelle im Sinne von Abs. 1 Satz 3 Nr. 2 oder durch von dieser Stelle beauftragte Personen mitgeteilt worden sind. Diese Regelung nimmt

14 Regierungsbegründung, BR-Drucks. 574/01, S. 92.
15 Vgl. oben Rn. 11.
16 *Geibel,* in: Schäfer (Fn. 3), § 8 Rn. 17 m. w. N.; vgl. näher *Klein/Rüsken*, Abgabenordnung, 6. Aufl., 1998, § 30 Ziff. 5 e.

darauf Rücksicht, dass andernfalls der Informationsaustausch auf internationaler Ebene gefährdet werden könnte.[17]

V. Rechtsfolgen bei Verletzung der Verschwiegenheitspflicht

25 Bei Verletzung der Verschwiegenheitspflicht sind folgende Sanktionen denkbar:

1. Zivilrechtliche Folgen

26 § 9 Abs. 1 stellt ein **Schutzgesetz** im Sinne des § 823 Abs. 2 BGB dar.[18] Eine Person, die vorsätzlich oder fahrlässig gegen die Verschwiegenheitspflicht verstößt, ist Schadensersatzansprüchen des durch die Verletzung Geschädigten, in dessen Interesse die Geheimhaltung nach § 9 Abs. 1 erfolgen soll, ausgesetzt.

27 Die Verletzung der Verschwiegenheitspflicht stellt ferner eine **Amtspflichtverletzung** im Sinne von § 839 Abs. 1 BGB in Verbindung mit Art. 34 GG dar, sodass dem Betroffenen ein Schadensersatzanspruch gegen die jeweilige Anstellungskörperschaft zusteht. Dieser Anspruch verdrängt den gegen den betroffenen Bediensteten bestehenden Anspruch. Bei Vorsatz oder grober Fahrlässigkeit kann auf den Bediensteten Rückgriff genommen werden (Art. 34 Satz 2 GG).

2. Strafrechtliche Folgen

28 Bei Verletzung der Verschwiegenheitspflicht kann ein Straftatbestand nach § 203 Abs. 2 StGB **(Verletzung von Privatgeheimnissen)** und § 204 StGB **(Verwertung fremder Geheimnisse)** vorliegen.[19] Mangels Strafandrohung für fahrlässiges Handeln (§ 15 StGB) ist Vorsatz erforderlich; es genügt bedingter Vorsatz. Es handelt sich um Antragsdelikte (§ 205 StGB). Von der Strafbarkeit betroffen sind nach § 203 Abs. 2 StGB Amtsträger (§ 11 Abs. 1 Nr. 2 StGB) sowie die weiteren in § 203 Abs. 2 Satz 1 StGB genannten Personen, insbesondere die für den öffentlichen Dienst besonders Verpflichteten i. S. d. § 11 Abs. 1 Nr. 4 StGB. Hinzu kommen die Personen, die aufgrund des Verpflichtungsgesetzes vom 2. 3. 1974[20] (geändert durch § 1 Nr. 4

---

17 Regierungsbegründung, BR-Drucks. 574/01, S. 93.
18 *Geibel*, in: Geibel/Süßmann, § 9 WpÜG Rn. 16.
19 *Boos/Fischer/Schulte-Mattler*, Kreditwesengesetz, 2000, § 9 Rn. 27.
20 BGBl. I 1974, 469, 547.

des Gesetzes vom 15. 8. 1974[21]) förmlich verpflichtet sind. Hierunter fallen insbesondere die Mitglieder des Beirates und die ehrenamtlichen Beisitzer des Widerspruchsausschusses, die gemäß § 9 Abs. 3 vom BAWe auf eine gewissenhafte Erfüllung ihrer Obliegenheiten nach dem Verpflichtungsgesetz gesondert zu verpflichten sind, denn die Verschwiegenheitspflicht und das Verwertungsverbot nach Abs. 1 gelten auch für diese Personen.[22]

21 BGBl. I 1974, 1942.
22 Regierungsbegründung, BR-Drucks. 574/01, S. 93.

Abschnitt 3
Angebote zum Erwerb von Wertpapieren

§ 10 Veröffentlichung der Entscheidung zur Abgabe eines Angebots

(1) Der Bieter hat seine Entscheidung zur Abgabe eines Angebots unverzüglich gemäß Absatz 3 Satz 1 zu veröffentlichen. Die Verpflichtung nach Satz 1 besteht auch, wenn für die Entscheidung nach Satz 1 der Beschluß der Gesellschafterversammlung des Bieters erforderlich ist und ein solcher Beschluß noch nicht erfolgt ist. Das Bundesaufsichtsamt kann dem Bieter auf Antrag abweichend von Satz 2 gestatten, eine Veröffentlichung erst nach dem Beschluß der Gesellschafterversammlung vorzunehmen, wenn der Bieter durch geeignete Vorkehrungen sicherstellt, daß dadurch Marktverzerrungen nicht zu befürchten sind.

(2) Der Bieter hat die Entscheidung nach Absatz 1 Satz 1 vor der Veröffentlichung

1. den Geschäftsführungen der Börsen, an denen Wertpapiere des Bieters, der Zielgesellschaft und anderer durch das Angebot unmittelbar betroffener Gesellschaften zum Handel zugelassen sind,

2. den Geschäftsführungen der Börsen, an denen Derivate im Sinne des § 2 Abs. 2 des Wertpapierhandelsgesetzes gehandelt werden, sofern die Wertpapiere Gegenstand der Derivate sind, und

3. dem Bundesaufsichtsamt

mitzuteilen. Die Geschäftsführungen dürfen die ihnen nach Satz 1 mitgeteilten Entscheidungen vor der Veröffentlichung nur zum Zwecke der Entscheidung verwenden, ob die Feststellung des Börsenpreises auszusetzen oder einzustellen ist. Das Bundesaufsichtsamt kann gestatten, dass Bieter mit Wohnort oder Sitz im Ausland die Mitteilung nach Satz 1 gleichzeitig mit der Veröffentlichung vornehmen, wenn dadurch die Entscheidungen der Geschäftsführungen über die Aussetzung oder Einstellung der Feststellung des Börsenpreises nicht beeinträchtigt werden.

(3) Die Veröffentlichung der Entscheidung nach Absatz 1 Satz 1 ist

1. in mindestens einem überregionalen Börsenpflichtblatt oder

2. über ein elektronisch betriebenes Informationsverbreitungssystem, das bei Kreditinstituten, Finanzdienstleistungsinstituten, nach § 53 Abs. 1 des Gesetzes über das Kreditwesen tätigen Unternehmen, anderen Unternehmen, die ihren Sitz im Inland haben und an einer inländischen Börse zur Teilnahme am Handel zugelassen sind, und Versicherungsunternehmen weit verbreitet ist,

in deutscher Sprache vorzunehmen. Dabei hat der Bieter auch die Adresse anzugeben, unter der die Veröffentlichung der Angebotsunterlage im Internet nach § 14 Abs. 3 Satz 1 Nr. 1 erfolgen wird. Eine Veröffentlichung in anderer Weise darf nicht vor der Veröffentlichung nach Satz 1 vorgenommen werden.

(4) Der Bieter hat die Veröffentlichung nach Absatz 3 Satz 1 unverzüglich den Geschäftsführungen der in Absatz 2 Satz 1 Nr. 1 und 2 erfaßten Börsen und dem Bundesaufsichtsamt zu übersenden. Dies gilt nicht, so weit das Bundesaufsichtsamt nach Absatz 2 Satz 3 gestattet hat, die Mitteilung nach Absatz 2 Satz 1 gleichzeitig mit der Veröffentlichung vorzunehmen.

(5) Der Bieter hat dem Vorstand der Zielgesellschaft unverzüglich nach der Veröffentlichung nach Absatz 3 Satz 1 die Entscheidung zur Abgabe eines Angebots schriftlich mitzuteilen. Der Vorstand der Zielgesellschaft unterrichtet den zuständigen Betriebsrat oder, sofern ein solcher nicht besteht, unmittelbar die Arbeitnehmer, unverzüglich über die Mitteilung nach Satz 1.

(6) § 15 des Wertpapierhandelsgesetzes gilt nicht für Entscheidungen zur Abgabe eines Angebots.

Literatur: *Burgard*, Ad-hoc Publizität bei gestreckten Sachverhalten und mehrstufigen Entscheidungsprozessen, ZHR 162 (1998), 51; *Diekmann*, Hinweise zur Anwendung des Übernahmekodexes der Börsensachverständigenkommission, WM 1997, 897; *Fürhoff/Wölk*, Aktuelle Fragen zur Ad hoc-Publizität, WM 1997, 449; *Hopt*, Grundsatz- und Praxisprobleme nach dem Wertpapierhandelsgesetz, ZHR 159 (1995), 135; *Kümpel*, Insiderrecht und Ad hoc-Publizität, WM 1996, 653; *Land/Hasselbach*, Das neue deutsche Übernahmegesetz, DB 2000, 1747; *Liebscher*, Das Übernahmeverfahren nach dem neuen Übernahmegesetz, ZIP 2001, 853; *Möller/Pötzsch*, Das neue Übernahmerecht – Der Regierungsentwurf vom 11. Juli 2001, ZIP 2001, 1256; *Schan-*

der/Lucas, Die Ad-hoc Publizität im Rahmen von Übernahmevorhaben, DB 1997, 2109; *Übernahmekommission*, Anmerkungen zum Übernahmekodex der Börsensachverständigenkommission, Juli 1996.

Übersicht

I. Allgemeines

1. Zweck und Wirkung der Bekanntgabe der Entscheidung

Die Vorschrift hat folgende Ziele:

(1) Die Öffentlichkeit soll frühzeitig über marktrelevante Daten informiert werden, um das **Ausnutzen von Spezialwissen** zu **verhindern**.[1] Diesbezüglich hat § 10 eine der Ad-hoc-Publizitätspflicht des § 15 WpHG entsprechende Zielrichtung. Wie § 15 WpHG bezweckt § 10 eine kontrollierte Information der so genannten Bereichsöffentlichkeit und erfüllt zudem eine Präventivwirkung im Hinblick auf die Bekämpfung des Insiderhandels: Die Entscheidung zur Abgabe eines Angebots im Sinne des § 2 Abs. 1 stellt regelmäßig eine Insidertatsache gemäß § 12 WpHG dar. Die Veröffentlichung dieser Tatsache in der Form des § 10 Abs. 3 nimmt ihr die Qualität einer Insiderinformation und entzieht damit auch dem verbotenen Insiderhandel den Boden.[2] In diesem Zusammenhang steht auch die – nicht in § 10 formulierte, aber aus den Insiderregeln des WpHG folgende – Verpflichtung, Tatsachen im Zusammenhang mit geplanten Angeboten nach § 2 Abs. 1 oder Übernahmeangeboten nach § 29 vor Abschluss des Entscheidungsprozesses geheim zu halten. Wenn die Entscheidung gefällt ist, muss sie dann aber unverzüglich nach § 10 veröffentlicht werden. War vor der Veröffentlichung bereits über ein bestimmtes Angebot spekuliert worden, wird diesbezüglich durch die Veröffentlichung nach § 10 Klarheit geschaffen. Die Regelung des § 10 fördert somit die **Transparenz** und damit auch die **Funktionsfähigkeit der Kapitalmärkte**. 1

(2) Die Veröffentlichung der Entscheidung gemäß § 10 hat darüber hinaus eine **verfahrenseröffnende Funktion**. So läuft mit der Veröffentlichung zunächst die Frist für den Bieter zur Erstellung der Angebotsunterlage gemäß § 14. Innerhalb von vier Wochen nach Veröffentlichung gemäß § 10 muss die Angebotsunterlage an das Bundesaufsichtsamt für den Wertpapierhandel (BAWe) übermittelt werden. Mit der Veröffentlichung gemäß § 10 beginnt bei Übernahmeangeboten auch der eingeschränkte Rahmen für Maßnahmen der Organe der Zielgesellschaft gemäß § 33 zu wirken. Bei allen öffentlichen Angeboten müssen später die Stellungnahmen nach § 27 abgegeben werden. Die 2

1 Regierungsbegründung, BR-Drucks. 574/01, S. 93; vgl. bereits zu § 10 RefE-ÜG: *Liebscher*, ZIP 2001, 853, 859.

2 *Geibel,* in: Schäfer, WpHG/BörsG/VerkProspG-Kommentar, 1999, § 10 WpHG Rn. 1 m.w.N.

Zielgesellschaft muss daher auch gemäß § 10 Abs. 5 informiert werden. Die Veröffentlichung der Entscheidung zur Angebotsabgabe ist damit der **„Startschuss des Angebotsverfahrens“**. Dadurch wird auch ein entscheidendes Element begründet, welches der Übernahmekodex nicht enthalten hatte. Dies führte vor Inkrafttreten des WpÜG zur Unklarheit darüber, in welchem Zeitraum eine Angebotsunterlage zu erstellen und zu veröffentlichen war. Schließlich ist Ausfluss der Verfahrenseröffnung auch eine Abgrenzungsfunktion bei Regelungen zur Bestimmung der Gegenleistung gemäß § 31 und §§ 5, 6 AngebotsVO.

2. Schutzwirkung

3 Wie auch § 15 WpHG[3] kommt § 10 ausschließlich öffentliche Schutzwirkung und **kein individualschützender Charakter** zu. Die Vorschrift dient der Sicherung der Funktionsfähigkeit des Kapitalmarkts und hat verfahrenseröffnende Funktion für das Angebotsverfahren. Auch die Mitteilungspflicht gegenüber dem Vorstand der Zielgesellschaft gemäß § 10 Abs. 5 führt nicht dazu, dass § 10 insoweit den Charakter eines Schutzgesetzes im Sinne des § 823 Abs. 2 BGB erhält. Denn auch diese Mitteilung ist im Rahmen ihrer verfahrenseröffnenden Funktion und den daraus folgenden Konsequenzen für das Vorstandshandeln gemäß § 33 zu sehen. Zu einem Individualschutz führt damit auch die Mitteilungspflicht nach § 10 Abs. 5 nicht.

3. Anwendungsbereich

4 Die Vorschrift des § 10 gilt sowohl für **Erwerbs- und Übernahmeangebote** (§ 35) als auch für **Pflichtangebote** (§ 39), bei letzteren jedoch mit Ausnahme des § 10 Abs. 1 Satz 1. Die Pflicht zur Veröffentlichung

3 Nach herrschender Meinung ist § 15 WpHG kein Schutzgesetz i. S. v. § 823 Abs. 2 BGB, siehe BT-Drucks. 12/7918, S. 102; *Kümpel*, in: Assmann/Schneider, WpHG, 2. Auflage, 1999, § 15 Rn. 188 ff.; *Dreyling/Schäfer*, Insider Recht und Ad-hoc-Publizität, 2001, Rn. 496; *Steinauer*, Insider Handelsverbot und Ad-hoc-Publizität, 1999, S. 134. Anderer Ansicht im Hinblick auf die europarechtlichen Grundlagen der Ad-hoc-Publizität: *Gehrt*, Die Ad-hoc-Publizität nach § 15 WpHG, 1997, S. 207; *von Klitzing*, Die Ad-hoc-Publizität, 1999, S. 224 ff.; kritisch auch *Hirte*, Die Ad-hoc-Publizität im System des Aktien- und Börsenrechts, Bankrechtstag 1995, S. 47, 88 f. Die Bundesregierung erwägt indessen, im Rahmen des geplanten 4. Finanzmarktförderungsgesetzes eine Verschärfung der zivilrechtlichen Sanktionen im Falle falscher Ad-hoc-Mitteilungen vorzunehmen, siehe FAZ v. 30.1.2001, S. 30; FAZ v. 28.3. 2001, S. 17, FAZ v. 1.6.2001, S. 26 und §§ 37b und 37c WpHG in der Fassung der Beschlussempfehlung des Finanzausschusses zu dem Regierungsentwurf eines Gesetzes zur weiteren Fortentwicklung des Finanzplatzes Deutschland (4. Finanzmarktförderungsgesetz) v. 20.3.2002 (BT-Drucks. 14/8600).

der Entscheidung zur Abgabe eines Angebots gemäß § 10 Abs. 1 Satz 1 erübrigt sich bei Angeboten, zu deren Abgabe der Bieter gemäß § 35 Abs. 2 Satz 1 verpflichtet ist.

4. Übernahmekodex

Eine Regelung über die Veröffentlichung der Entscheidung zur Abgabe eines Angebots entsprechend dem § 10 Abs. 1 Satz 1 existierte im Übernahmekodex nicht. Der Übernahmekodex differenzierte nicht zwischen der Veröffentlichung der Entscheidung zur Abgabe eines Angebots und der Veröffentlichung der Angebotsunterlage, sondern regelte in Art. 5 ÜK nur die **Veröffentlichung des Angebots**. Allerdings sah auch schon der Übernahmekodex eine **Pflicht des Bieters zur Unterrichtung** der Zielgesellschaft, der Börsen, des BAWe und der Geschäftsstelle der Übernahmekommission über den Inhalt des Angebots *vor* Abgabe eines öffentlichen Angebots vor (Art. 5 ÜK). 5

II. Rechtsvergleichung

1. Österreich

Das österreichische Übernahmegesetz (öÜbG) schreibt in § 5 Abs. 1 zunächst eine **Geheimhaltungspflicht** im Rahmen der Planungs- und Überlegungsphase vor Entscheidungsreife vor. Hierdurch soll ein vorzeitiges und ungleichmäßiges Bekanntwerden dieser Überlegungen verhindert werden. Hierbei hat der Bieter insbesondere alle für ihn im Zusammenhang mit dem Übernahmeverfahren tätigen Personen über ihre Geheimhaltungspflichten und das Verbot des Missbrauchs von Insiderinformationen zu unterrichten, interne Richtlinien für die Informationsweitergabe zu erlassen und deren Einhaltung zu überwachen sowie geeignete organisatorische Maßnahmen zur Verhinderung der Weitergabe von Insiderinformationen und ihrer missbräuchlichen Verwendung zu treffen. Kommt es zu erheblichen **Kursbewegungen** oder **Gerüchten und Spekulationen** bezüglich eines bevorstehenden Angebotes, hat der Bieter bereits seine Überlegungen oder die (mögliche) Absicht einer Angebotsabgabe **unverzüglich** bekannt zu machen und den Verwaltungsorganen der Zielgesellschaft mitzuteilen. Dies gilt jedenfalls dann, wenn anzunehmen ist, dass die Gerüchte bzw. Spekulationen auf die Vorbereitung des Angebots oder diesbezügliche Überlegungen oder auf Aktienkäufe durch den Bieter zurückzuführen sind. Hierdurch sollen Marktverzerrungen verhindert werden. Sobald die 6

Entscheidung zur Angebotsabgabe getroffen ist, hat der Bieter dies unverzüglich bekanntzumachen und den Verwaltungsorganen der Zielgesellschaft mitzuteilen.[4] Ist eine Entscheidung in diesem Sinne noch nicht getroffen, kann der Bieter seine Absicht, ein Angebot zu unterbreiten, auch vor der Bekanntmachung den Verwaltungsorganen der Zielgesellschaft mitteilen und mit diesen verhandeln.[5]

2. Schweiz

7 Die Verordnung der Übernahmekommission über öffentliche Kaufangebote vom 21. 7. 1997 (Stand 23. 6. 1998) enthält in Artt. 7–9 Regelungen zu einer **Voranmeldung eines Angebots**. Danach werden zwar bestimmte Regelungen für den Inhalt dieser Voranmeldung getroffen. Allerdings ist eine solche Voranmeldung fakultativ (Art. 7 sUEV-UEK). Wie nach dem WpÜG hat die Voranmeldung verfahrenseröffnende Bedeutung und damit u. a. Wirkung für die Berechnung des Preises eines obligatorischen Angebotes und die Abwehrmaßnahmen der Zielgesellschaft.

3. Vereinigtes Königreich

8 Die „General Principles" des London City Code schreiben vor, dass die **öffentliche Ankündigung eines Angebots** erst nach sorgfältigster Abwägung aller Belange erfolgen soll. Insbesondere wird gefordert, dass der Bieter von Angeboten, die seine wirtschaftliche Leistungsfähigkeit übersteigen, Abstand nimmt.[6]

9 Vor der öffentlichen Ankündigung eines Angebots muss der Bieter zunächst den **Vorstand der Zielgesellschaft informieren**. Falls das Angebot für eine dritte Person abgegeben wird, ist hierbei auch deren Identität offen zu legen.[7] Die besondere Bedeutung der **Geheimhaltung** in dieser Phase wird in Rule 2.1 London City Code betont.

10 Erforderlich ist die Ankündigung eines Angebots, wenn die Zielgesellschaft aus zuverlässiger Quelle von einem bevorstehenden Angebot erfährt, die Voraussetzungen eines Pflichtangebots nach Rule 9 London City Code vorliegen, die Zielgesellschaft Gegenstand von Spekulationen und Gerüchten ist oder ungewöhnliche Schwankungen des Aktienkurses der Zielgesellschaft zu verzeichnen sind.[8] Weiterhin muss ein

4 § 5 Abs. 3 öÜbG.
5 § 6 Abs. 1 öÜbG.
6 General Principles Nr. 3 London City Code.
7 Rule 1 a) und b) London City Code.
8 Rule 2.2 a) bis d) London City Code.

bevorstehendes Angebot öffentlich angekündigt werden, wenn der Kreis der vorab involvierten Personen eine gewisse Größe überschreitet oder die Zielgesellschaft nach Investoren sucht, die mindestens 30% der Stimmanteile erwerben wollen, und hierdurch Gerüchte, Spekulationen oder ungewöhnliche Kursschwankungen entstehen.[9]

Für die **Durchführung** der öffentlichen Ankündigung ist zunächst allein der **Bieter** verantwortlich. Nachdem der Vorstand der Zielgesellschaft über das bevorstehende Angebot informiert wurde, geht diese Verantwortlichkeit jedoch grundsätzlich auf die **Zielgesellschaft** über. Die Zielgesellschaft ist somit angehalten, ab diesem Zeitpunkt Veränderungen ihres Aktienkurses genau zu verfolgen, und gegebenenfalls durch die öffentliche Ankündigung des erwarteten Angebots zu reagieren.[10] **11**

Hinsichtlich des **Umfangs der Veröffentlichungspflicht** ist zu differenzieren: **12**

Bei Transaktionen, die noch nicht zu dem festen Entschluss, ein Angebot abzugeben, geführt haben, genügt die öffentliche Ankündigung, dass Verhandlungen stattfinden, oder dass ein potentieller Bieter ein Angebot in Betracht zieht.[11]

Ist der Bieter demgegenüber fest entschlossen, ein Angebot abzugeben, muss die Ankündigung des Angebots bspw. die Angebotsmodalitäten, die Identität des Bieters, Angaben zu bereits bestehenden Beteiligungen des Bieters an der Zielgesellschaft sowie die Bedingungen, unter denen das Angebot steht, enthalten.[12] Die Ankündigung der festen Absicht, ein Angebot abzugeben, verpflichtet den Bieter zudem, das Angebotsverfahren tatsächlich durchzuführen, sofern nicht außergewöhnliche Umstände dies verhindern.[13]

Die eigentliche **Veröffentlichung** erfolgt durch Mitteilung gegenüber der Londoner Börse, dem Informationsdienst Newstrack oder zwei überregionalen Zeitungen. Sofort nach Beginn der Annahmefrist ist die Zielgesellschaft zudem verpflichtet, die Ankündigung oder eine Zusammenfassung der Modalitäten des Angebots an die Aktionäre weiterzuleiten.[14] **13**

---

9 Rule 2.2 e) und f) London City Code.
10 Rule 2.3 London City Code.
11 Rule 2.4 London City Code.
12 Rule 2.5 London City Code.
13 Rule 2.7 London City Code.
14 Rules 2.9 und 2.6 London City Code.

14 Die öffentliche Erklärung einer Person, kein Angebot abgeben zu wollen, ist grundsätzlich für sechs Monate bindend.[15]

4. EU-Richtline

15 § 10 entspricht der Vorgabe des Art. 6 E-ÜbernahmeRL. Danach sollte eine **Entscheidung zur Abgabe** eines Angebots unverzüglich bekannt gemacht und das Aufsichtsorgan über das Angebot unterrichtet werden. Hierbei konnten die Mitgliedstaaten auch vorschreiben, dass das Aufsichtsorgan vor der Bekanntmachung zu unterrichten sei. Außerdem war vorgesehen, dass nach Angebotsbekanntgabe das Leitungs- oder das Verwaltungsorgan der Zielgesellschaft die Arbeitnehmervertreter bzw. die Arbeitnehmer selbst unterrichten solle.

III. Veröffentlichung nach § 10 Abs. 1

1. Tatbestand und Rechtsfolgen des § 10 Abs. 1 Satz 1

16 Nach § 10 Abs. 1 Satz 1 hat der Bieter seine Entscheidung zur Abgabe eines Angebots unverzüglich – d.h. ohne schuldhaftes Zögern – gemäß Abs. 3 Satz 1 zu veröffentlichen.

17 **a) Bieter**: Definiert in § 2 Abs. 4.

18 **b) Angebot**: Definiert in § 2 Abs. 1.

19 **c) Entscheidung**:[16] Das Gesetz definiert den Begriff „Entscheidung" nicht. Es handelt sich um einen **unbestimmten Rechtsbegriff**. Eine Entscheidung liegt vor, wenn der Bieter (ggf., aber nicht notwendig nach Prüfung der wirtschaftlichen und rechtlichen Rahmenbedingungen und Einholung entsprechender Beratung) unter Einbeziehung der erforderlichen Gremien den rechtsverbindlichen Entschluss gefasst hat, ein Angebot im Sinne des § 2 Abs. 1 abzugeben. Bei Transaktionen größeren Volumens dürfte es sich wegen der praktisch erforderlichen Prüfungen in Bereichen des Wettbewerbs, der Kundenreaktion, der Kapitalmärkte, der Finanzierung, der Bilanzierung, der rechtlichen Fragen oder der Steuerstruktur in der Regel um einen **mehrstufigen Prozess** handeln, bei dem innerhalb des Bieterunternehmens mehrere Abteilungen und Ebenen und außerdem verschiedene externe Berater wie Rechtsanwälte, Wirtschaftsprüfer und Banken beteiligt sind. Es

15 Rule 2.8 London City Code.

16 Zum Begriff der „Entscheidung" siehe zu § 11 DiskE-ÜG: *Land/Hasselbach*, DB 2000, 1747, 1749.

stellt sich damit ähnlich wie im Rahmen des § 15 WpHG[17] die Frage, ab welchem **Stadium** eine Entscheidung im Sinne des § 10 Abs. 1 vorliegt. Unter Berücksichtigung der verschiedenen Prüfungsbereiche und den normalerweise vorangehenden Gesprächen mit dem Zielunternehmen sind eine **Vorbereitungsphase** und eine **Entscheidungsphase** zu unterscheiden.

aa) Vorbereitungsphase

(1) Gespräche mit dem Vorstand der Zielgesellschaft

Das WpÜG enthält **keine Regelungen** dazu, dass Kontakte bzw. Verhandlungen zwischen Bieter und Zielgesellschaft vorauszugehen haben (anders noch die Sollvorschrift des Art. 4 des Übernahmekodexes, nach der durch vorherige allgemeine Gespräche zwischen Bieter und Zielgesellschaft der Bieter zu einer möglichst „freundlichen" Übernahme angehalten werden sollte).[18] Solche Gespräche finden in der Praxis jedoch regelmäßig statt. Eine gesetzliche Regelung ist insoweit nicht erforderlich. Die Verhandlungen mit dem Vorstand der Zielgesellschaft haben zum **Ziel**, die Haltung der Zielgesellschaft zu einem möglichen Angebot auszuloten und insbesondere eine Empfehlung des Vorstands gegenüber den Aktionären zu erreichen. Darüber hinaus dienen derartige Gespräche im Falle geplanter Übernahmeangebote zur Verhandlung über die Gestaltung und Strukturierung des zukünftig gemeinsamen Unternehmens, der Ermittlung von Synergieeffekten, Klärung der Art und Weise der Fortführung der einzelnen Geschäftsbereiche, strategischer Fragen, des Umfangs der Leitungsbefugnisse des herrschenden Unternehmens bzw. Unabhängigkeit der Zielgesellschaft und natürlich und vor allem von Personalfragen. Vom Verlauf dieser Gespräche wird u. a. die Entscheidung des Bieters über die Angebotsabgabe und vor allem bei Übernahmeangeboten abhängen, ob der Vorstand der Zielgesellschaft Abwehrmaßnahmen im Rahmen des § 33 bzw. die Einberufung einer Hauptversammlung gemäß § 16 anzielt. Die Reaktion des Vorstands der Zielgesellschaft ist von Bedeutung für die Erfolgschancen des Angebots, für den Transaktionsauf- **20**

17 Zur Frage, ab welchem Zeitpunkt i. R. v. mehrstufigen Entscheidungsprozessen in Aktiengesellschaften ein kursrelevanter Sachverhalt und damit eine ad-hoc-publizitätspflichtige Tatsache i. S. d. § 15 WpHG vorliegt, vgl. *Geibel,* in: Schäfer (Fn. 2), § 15 Rn. 33, 71 ff.; *Kümpel,* in: Assmann/Schneider (Fn. 3), § 15 Rn. 45 ff. m. w. N.

18 Vgl. hierzu *Übernahmekommission*, Anmerkungen zum Übernahmekodex der Börsensachverständigenkommission, Juli 1996, S. 9; *Schander*, NZG 1998, 799, 802; *Schuster*, Die Bank 1995, 609, 610.

wand, der bei „feindlichen" Angeboten naturgemäß größer ist, und auch für die Einschätzung der Integrationsmöglichkeiten der beteiligten Unternehmen durch den Kapitalmarkt für den Fall eines erfolgreichen Übernahmeangebots.

21 Die Tatsache, dass Gespräche mit dem Vorstand der Zielgesellschaft geführt werden, fällt **nicht** unter die **Veröffentlichungspflicht nach § 10**. Es handelt sich diesbezüglich um eine Vorbereitungsmaßnahme. Allerdings liegt **regelmäßig** eine **Insidertatsache** vor, sodass die diesbezüglich anwendbaren Regelungen zu beachten sind. Hier empfiehlt sich strenge Geheimhaltung, wobei in jedem Stadium eine Veröffentlichung der Tatsache, dass Gespräche geführt werden, gemäß § 15 WpHG durch die Zielgesellschaft (oder die in Deutschland an einem organisierten Markt börsennotierte Bietergesellschaft) geprüft werden sollte.[19] Dies empfiehlt sich insbesondere, wenn **Spekulationen bzw. Gerüchte** über bestimmte mögliche Angebote bereits eingesetzt haben. Ausländische Regelungen (z. B. Rule 2.2 London City Code, § 5 Abs. 2 öÜbG) sehen bei Gerüchten und Spekulationen in Aktien der Zielgesellschaft eine Verpflichtung des Bieters zu einer öffentlichen Stellungnahme vor. Dies kann Marktverzerrungen bereinigen, die gemäß § 3 Abs. 5 verhindert werden sollen.

(2) Prüfungsphase / Due Diligence

22 Aufgrund der möglicherweise gravierenden Folgen der Veröffentlichung der Entscheidung[20] sollte diese Entscheidung nur dann getroffen und veröffentlicht werden, wenn der Bieter sich sicher sein kann, dass er das Angebot abgeben kann und will.[21] Hierzu wird bei freundlichen Übernahmeangeboten i. d. R. eine **Due Diligence-Prüfung** durchgeführt.[22] Würde eine Entscheidung nur ungenügend vorbereitet und auf dieser Basis zunächst veröffentlicht, dann aber aufgrund der Ergebnisse der weiteren Prüfungen widerrufen werden, hätte dies zunächst für die Zielgesellschaft und weitere Beteiligte die vor allem bei Übernahmeangeboten mit hohem Aufwand verbundene „Verfahrenseröffnung" zur Folge. Außerdem würde sich der Kapitalmarkt auf das Angebot einstellen; die Preise der betroffenen Aktien änderten sich und müssten später korrigiert werden. Hierbei handelt es sich um **Markt-**

19 Vgl. auch *Diekmann*, WM 1997, 897, 898.
20 Siehe oben Rn. 1 f. und sogleich.
21 Vgl. z. B. General Principle No. 3 London City Code.
22 Zur Zulässigkeit vgl. nur *Schroeder*, DB 1997, 2161; einschränkend dagegen *Lutter*, ZIP 1997, 613.

verzerrungen, die das WpÜG verhindern soll. Schließlich hat auch der Bieter bei der **Rücknahme eines Angebots** mit **negativen Folgen** zu rechnen: Wird nämlich innerhalb von vier Wochen nach Veröffentlichung der Entscheidung keine Angebotsunterlage beim BAWe eingereicht (§ 14 Abs. 1) oder wird eine solche Angebotsunterlage eingereicht, aber nach Billigung nicht nach § 14 Abs. 2, 3 veröffentlicht, muss das BAWe nach § 15 Abs. 1 Nr. 3 oder Nr. 4 das Angebot untersagen. Dies wiederum hat nach § 26 eine **einjährige Sperrfrist** zur Folge; d. h. für ein volles Jahr ist der Bieter an einer erneuten Angebotsabgabe gehindert. Daneben können den Bieter im Falle der Angebotsrücknahme natürlich negative wirtschaftliche und PR-Wirkungen treffen. Die Entscheidung zur Angebotsabgabe muss daher sorgfältig und auf sicherer Grundlage gefällt werden. Auch aus der Vorstands- bzw. Geschäftsführerhaftung im Aktien- oder GmbH-Recht ergibt sich, dass das Management die wirtschaftlichen, finanziellen und rechtlichen Rahmenbedingungen eines Angebots normalerweise detailliert prüfen wird, bevor die Entscheidung tatsächlich gefällt und dann gemäß § 10 veröffentlicht wird.

bb) Entscheidungsphase

Der Bieter ist im Rahmen des Entscheidungsprozesses **Herr des Verfahrens** und kann den konkreten Zeitpunkt der Entscheidung autonom festlegen.[23] § 10 regelt nicht, welche Gremien des Bieters bei einer Entscheidung im Sinne dieser Regelung einzubeziehen sind. Dies richtet sich nach den jeweils anwendbaren **gesellschaftsrechtlichen Regelungen**. Ist Bieter lediglich eine natürliche Person, sind keine Gremien einzubeziehen. Bei Gesellschaften ist neben den geschäftsführenden bzw. Aufsichtsorganen von Personen- oder Kapitalgesellschaften an die Einbeziehung der Gesellschafterversammlung zu denken. Diesbezüglich kann ein **Zustimmungserfordernis**, bspw. bei satzungsgemäßen oder gesetzlichen Zustimmungsrechten für den Fall von Angeboten im Sinne des § 2 Abs. 1, bestehen. Die Zustimmung der Gesellschafterversammlung ist in der Regel auch erforderlich, wenn im Zusammenhang mit der Angebotsabgabe eine Kapitalerhöhung geplant ist. Nach § 10 Abs. 1 Satz 2 ist allerdings eine solche Gesellschafterversammlung für die Veröffentlichung der Entscheidung zur Angebotsabgabe nicht abzuwarten, sondern die Veröffentlichung bereits mit der Entscheidung von Geschäftsführungs- bzw. Aufsichtsorganen vorzunehmen. Wäre vor Veröffentlichung 23

23 So auch *Geibel*, in: Geibel/Süßmann, § 10 WpÜG Rn. 9.

der Entscheidung zur Angebotsabgabe auch eine Gesellschafterversammlung bei der Bietergesellschaft durchzuführen, könnte dies bei der Aktiengesellschaft zur Folge haben, dass durch die Einberufung der Hauptversammlung und Bekanntgabe der Tagesordnung die Absicht zur Abgabe eines öffentlichen Angebots bekannt gemacht wäre, sodass eine nicht koordinierte Mitteilung erfolgen würde.[24] Dies führt zu Spezialwissen und zu möglichen Marktverzerrungen. In diesem Fall ist das **Angebot unter der Bedingung der Zustimmung** der Gesellschafterversammlung abzugeben und der entsprechende Beschluss vor Ablauf der Angebotsfrist herbeizuführen (§ 25). Allerdings kann eine **Ausnahmeregelung** des BAWe gemäß § 10 Abs. 1 Satz 3 beantragt werden, die Veröffentlichung erst nach dem Beschluss der Gesellschafterversammlung vorzunehmen.[25]

Welche Gremien an der Entscheidung zur Angebotsabgabe beteiligt sein müssen, um eine veröffentlichungspflichtige Entscheidung im Sinne des § 10 Abs. 1 Satz 1 annehmen zu können, hängt von der Rechtsform der Bietergesellschaft ab:

24 **Aktiengesellschaft**: Grundsätzlich ist eine Entscheidung zur Abgabe eines Angebots vom **Vorstand** zu treffen (§ 76 Abs. 1 AktG). Handelt es sich um ein Geschäft von aus Bietersicht signifikanter Größenordnung, dürfte die Zustimmung des Aufsichtsrats erforderlich sein (§ 111 Abs. 4 Satz 2 AktG). Häufig wird eine **Zustimmung des Aufsichtsrats** für grundlegende Geschäfte oder für den Erwerb von Tochtergesellschaften ab einer bestimmten Größenordnung in der Satzung vorgesehen. Zumindest für den Bereich der Übernahmeangebote kann bezüglich der **Ermittlung des Zeitpunkts** der Veröffentlichungspflicht der „Entscheidung“ auf die Diskussion zu **mehrstufigen Entscheidungsprozessen** bei § 15 WpHG verwiesen werden. Im Rahmen von § 15 WpHG stellt sich die Situation zwar dahingehend etwas anders dar, da als „Emittent“ im Sinne des § 15 Abs. 1 Satz 1 WpHG ohnehin – anders als bei § 10 Abs. 1 Satz 1 – allein eine Aktiengesellschaft oder KGaA betroffen sein kann und somit immer das Organ des Aufsichtsrats bei der bekanntgebenden Gesellschaft besteht. Aber ähnlich wie bei § 10 muss bezüglich der Frage, ab welchem Zeitpunkt eine (veröffentlichungspflichtige) „Entscheidung“ vorliegt, auch im Rahmen von § 15 WpHG geklärt werden, ab welchem Grad der Entscheidungsdichte eine (veröffentlichungspflichtige) „Tatsache“ im Sinne des § 15 WpHG vorliegt. Nach ganz

---

24 Vgl. Regierungsbegründung, BR-Drucks. 574/01, S. 94.
25 Vgl. dazu unten: Rn. 27 ff.

herrschender Meinung ist im Rahmen des § 15 WpHG grundsätzlich eine Entscheidung des Aufsichtsrats erforderlich, um bei mehrstufigen Entscheidungsprozessen eine veröffentlichungspflichtige „Tatsache" im Sinne des § 15 WpHG zu begründen.[26] Die **Begründung zum Regierungsentwurf** des WpÜG verweist auf diese Ansicht und hält sie auf § 10 für anwendbar. Dies ist mit der Einschränkung richtig, dass es insoweit darauf ankommt, ob eine Aufsichtsratszustimmung aufgrund der gesetzlichen oder der satzungsmäßigen Regelungen erforderlich ist oder nicht. Für Übernahmeangebote einer Aktiengesellschaft als Bieterin, die gemäß § 29 auf den **Erwerb von mindestens 30 % der Stimmrechte** an der Zielgesellschaft gerichtet sind, dürfte in der Regel eine Aufsichtsratszustimmung erforderlich sein, sodass es für die Veröffentlichung nach § 10 auf den Zeitpunkt dieser Zustimmung ankommt. Für **sonstige freiwillige Angebote** zum Erwerb von Wertpapieren ist das Volumen der Transaktion relevant. Soweit für den Erwerb von Aktien einer anderen Gesellschaft (ohne Kontrollerwerb) oder die Aufstockung einer Beteiligung an einer bereits kontrollierten Gesellschaft eine Zustimmung des Aufsichtsrats erforderlich ist, dann ist auch dessen Zustimmung für Entscheidung und Zeitpunkt der Veröffentlichungspflicht nach § 10 relevant. Ist die Zustimmung des Aufsichtsrats angesichts eines zu geringen Volumens der Transaktion nicht erforderlich, reicht die Entscheidung des Vorstands aus.

GmbH: Grundsätzlich trifft die **Geschäftsführung** die Entscheidung 25
nach § 10. Auf Zustimmungsrechte der Gesellschafterversammlung kommt es für den Zeitpunkt der Veröffentlichungspflicht nach § 10 Abs. 1 Satz 2 nicht an. Existiert ein Beirat oder Aufsichtsrat, richtet sich das Zustimmungsrecht nach der Satzung bzw. nach § 52 GmbHG in Verbindung mit § 111 AktG.

OHG oder **KG**: wie GmbH bzw. je nach Ausgestaltung des Gesell- 26
schaftsvertrages.

2. Suspendierung nach § 10 Abs. 1 Satz 3

Nach § 10 Abs. 1 Satz 3 kann das BAWe dem Bieter auf (schriftlichen 27
oder im Wege der elektronischen Datenfernübertragung übermittelten, vgl. § 45) Antrag gestatten, eine **Veröffentlichung erst nach dem Beschluss der Gesellschafterversammlung** vorzunehmen. Dies setzt vo-

26 Vgl. u.a. *Geibel,* in: Schäfer (Fn. 2), § 15 WpHG Rn. 75; *Kümpel,* in: Assmann/Schneider (Fn. 3), § 15 Rn. 50; *Hopt*, ZHR 159 (1995), 135, 152; *Burgard*, ZHR 162 (1998), 51, 83; *Kümpel*, WM 1996, 653, 654.

raus, dass der Bieter durch geeignete Vorkehrungen sicherstellt, dass dadurch **Marktverzerrungen nicht zu befürchten** sind. Die Verpflichtung zur Bekanntgabe der Angebotsabsicht bereits vor Zustimmung einer Gesellschafterversammlung gemäß § 10 Abs. 1 Satz 2 erfolgt vor dem Hintergrund, dass andernfalls bei Durchführung der Gesellschafterversammlung und Verbreitung der Information zum möglichen Angebot an einen „Teil der Öffentlichkeit" (und nicht an die Bereichsöffentlichkeit) Marktverzerrungen zu befürchten sein könnten.[27] Stellt der Bieter durch **geeignete Vorkehrungen** sicher, dass solche Marktverzerrungen nicht zu befürchten sind, kann das BAWe gestatten, eine Veröffentlichung der Angebotsabsicht erst nach Beschluss der Gesellschafterversammlung vorzunehmen. Marktverzerrungen können insbesondere dann vermieden werden, wenn der Kreis der Gesellschafter, der über das Vorhaben informiert werden muss, überschaubar und die Vertraulichkeit gewährleistet ist. Dies wird sich häufig bei Personengesellschaften oder personalistisch strukturierten GmbHs oder Aktiengesellschaften erreichen lassen. Neben der Einholung der Ausnahmegenehmigung gemäß § 10 Abs. 1 Satz 3 WpHG dürfte sich in der Praxis empfehlen, die Entscheidung der Gesellschafter zeitlich so nah wie möglich an die Entscheidung des Managements heranzulegen.

28 Im Rahmen der Entscheidung über die Suspendierung der Veröffentlichung nach § 10 hat eine **Güterabwägung** zu erfolgen zwischen dem Geheimhaltungswunsch des Bieters, der erst nach Zustimmung aller einzuschaltenden Gremien mit seiner Entscheidung zur Angebotsabgabe an die Öffentlichkeit treten möchte, und dem Interesse des Kapitalmarkts an frühzeitiger Information. In diesem Zusammenhang ist zu berücksichtigen, dass möglichst gesellschaftsrechtlich endgültig abgestimmte – und damit rechtsverbindliche – Entscheidungen gegenüber den Kapitalmärkten bekannt zu geben sind. Mit (vorläufigen) Entscheidungen, zu denen noch weitere Gremienzustimmungen erfolgen müssen, ist auch dem Kapitalmarkt nicht immer gedient. Außerdem ist zu beachten, dass die Ausnahmeentscheidung des § 10 Abs. 1 Satz 3 nicht die Informationen des Kapitalmarktes generell unterbinden soll, sondern lediglich eine Verzögerung der Bekanntgabe ermöglichen kann, bis alle gesellschaftsrechtlich erforderlichen Gremien einschließlich der Gesellschafterversammlung einer Angebotsabgabe zustimmen.

29 Der Tatbestand des § 10 Abs. 1 Satz 3 enthält verschiedene **unbestimmte Rechtsbegriffe**: „Geeignete Vorkehrungen", „sicherstellen",

27 Siehe bereits oben: Rn. 23.

„Marktverzerrungen". Diese unbestimmten Rechtsbegriffe sind **in vollem Umfang** gerichtlich **überprüfbar**. Ein Beurteilungsspielraum bei der Ausfüllung dieser Begriffe steht dem BAWe nicht zu.[28] Liegt der Tatbestand für die Ausnahmeregelungen vor, d.h. ist durch geeignete Vorkehrungen sichergestellt, dass Marktverzerrungen nicht zu befürchten sind, besteht nach dem Wortlaut des § 10 Abs. 1 Satz 3 ein **Ermessensspielraum** („kann gestatten"). Da aber die Bekanntgabe der Entscheidung zur Abgabe eines Angebots allein deshalb schon vor dem Beschluss der Gesellschafterversammlung erfolgen soll, um Marktverzerrungen zu verhindern,[29] besteht bei Nichtbefürchtung von Marktverzerrungen trotz Einschaltung der Gesellschafterversammlung vor Veröffentlichung ein **gebundenes Ermessen des BAWe**. Dieses muss die Ausnahmegenehmigung dann erteilen, da eine sofortige Veröffentlichung der Entscheidung mangels drohender Marktverzerrungen nicht veranlasst ist.

Geeignete Vorkehrungen zur Vermeidung von Marktverzerrungen 30 können darin bestehen, dass bei einem überschaubaren Gesellschafterkreis die Einladung zur Gesellschafterversammlung persönlich erfolgt. Darüber hinaus kann in der Einladung auf das besondere Vertraulichkeitsinteresse hingewiesen werden und der Gesellschafter eventuell auch zur Unterzeichnung einer gesonderten Vertraulichkeitsvereinbarung aufgefordert werden. Außerdem sind geeignete Vorkehrungen zur Vermeidung von Marktverzerrungen dann erfolgsträchtiger, wenn die Frist bis zur Gesellschafterversammlung kurz ist (z.B. zehn Tage bis zwei Wochen). Andererseits wird das Bestehen geeigneter Vorkehrungen zur Vermeidung von Marktverzerrungen grundsätzlich dann von vornherein ausscheiden, wenn eine Gesellschafterversammlung durch öffentliche Einladung, z.B. im Bundesanzeiger, einzuberufen ist.

Im Rahmen der Ausnahmeregelung zur Veröffentlichung von Ad-hoc- 31 Tatsachen gemäß § 15 Abs. 1 Satz 2 WpHG wird vertreten, dass bei der **Befürchtung verbotenen Insiderhandels** die Ausnahmegenehmigung nicht erteilt werden könne.[30] Hiergegen werden jedoch berech-

28 Ein Beurteilungsspielraum der Verwaltung bei der Ausfüllung unbestimmter Rechtsbegriffe wird von der Rechtsprechung nur „ausnahmsweise" bzw. bei Vorliegen „ganz besonderer Voraussetzungen" anerkannt: BVerfGE 64, 261, 279; vgl. auch *Wolff/Bachof/Stober*, Verwaltungsrecht I, § 31 Rn. 16. Angesichts dieser Rechtsprechung ist ein Beurteilungsspielraum des BAWe zu verneinen, vgl. auch *Kümpel,* in: Assmann/Schneider (Fn. 3), § 15 Rn. 95 zu § 15 Abs. 1 Satz 2 WpHG.

29 Vgl. Regierungsbegründung, BR-Drucks. 574/01, S. 94.

30 *Kümpel*, AG 1997, 66, 71; *ders.* (Fn. 24), 659.

tigte Argumente vorgetragen.[31] Das BAWe kann jedenfalls, falls es nach Erteilung der Befreiung von der Veröffentlichungspflicht über seine Aufklärungsmöglichkeiten gemäß § 9 WpHG Insiderhandel erkennt, die Befreiung – beispielsweise über einen vorab ausgesprochenen **Widerrufsvorbehalt** gemäß § 36 Abs. 2 Nr. 3 VwVfG – zurücknehmen. Allerdings kommt der Widerruf der Befreiung nur als ultima ratio in Betracht.[32]

32 Wie in der Praxis zu § 15 Abs. 1 Satz 2 WpHG dürfte auch der **Befreiungsbescheid** des BAWe gemäß § 10 Abs. 1 Satz 3 standardmäßig einen Widerrufsvorbehalt für den Fall enthalten, dass die Absicht des geplanten Angebots während des Befreiungszeitraums öffentlich bekannt wird oder hierzu Gerüchte in Umlauf gebracht worden sind. Für diesen Fall mag der Befreiungsbescheid dem Bieter vorschreiben, eine Stellungnahme gemäß § 10 WpÜG/§ 15 WpHG vorzunehmen.

33 Die Suspendierungsentscheidung gemäß § 10 Abs. 1 Satz 3 wird auf **Antrag** erteilt. Der Bieter muss den Antrag schriftlich oder im Wege der elektronischen Datenfernübertragung beim BAWe stellen, § 45. Bis zu einer Entscheidung über den Befreiungsantrag durch das BAWe **ruht** die **Veröffentlichungspflicht**.[33] Etwas anderes kann im Falle rechtsmissbräuchlicher Befreiungsanträge gelten.[34] Bis zur Entscheidung durch das BAWe ist auch eine Mitteilung gemäß § 10 Abs. 2 Satz 1 Nr. 1 bzw. Nr. 2 an die Geschäftsführungen der Börsen nicht erforderlich.

IV. Vorbereitung und Durchführung der Veröffentlichung, § 10 Abs. 2–4

1. Überblick

34 Die bei Vorliegen einer Entscheidung zur Abgabe eines Angebots (§ 10 Abs. 1) vorzunehmenden Mitteilungen bzw. Veröffentlichungen erfolgen in **drei Stufen**: Vor der Veröffentlichung ist die Entscheidung

31 *Geibel,* in: Schäfer (Fn. 2), § 15 Rn. 117 mit dem Hinweis darauf, dass die Gefahr möglichen Insiderhandels nicht immer dem Emittenten angelastet werden könne und das BAWe wegen § 9 WpHG auch über beachtliche Aufklärungsmöglichkeiten für die Erkennung von Insiderhandel verfüge, sodass obige Auffassung zu weit gehe; *Cahn*, ZHR 162 (1998), 1, 3.

32 *Fürhoff/Wölk*, WM 1997, 449, 459 zu § 15 Abs. 1 Satz 2 WpHG.

33 *Geibel,* in: Schäfer (Fn. 2), § 15 Rn. 119; *Hopt* (Fn. 24), 158.

34 Vgl. *Kümpel,* in: Assmann/Schneider (Fn. 3), § 15 Rn. 77; *Geibel,* in: Schäfer (Fn. 2), § 15 Rn. 119.

den Geschäftsführungen der relevanten Börsen und dem BAWe **mitzuteilen**, § 10 Abs. 2. Die Mitteilungen an die relevanten Börsen dienen dazu, dass über eine Aussetzung oder Einstellung des Börsenpreises entschieden werden kann. Danach erfolgt die **Veröffentlichung** der Entscheidung in mindestens einem überregionalen Börsenpflichtblatt oder über ein elektronisch betriebenes Informationsverbreitungssystem in deutscher Sprache, § 10 Abs. 3. Schließlich hat der Bieter die Veröffentlichung unverzüglich den Geschäftsführungen der relevanten Börsen und dem BAWe zu **übersenden**, § 10 Abs. 4. § 10 Abs. 2–4 sind § 15 Abs. 2–4 WpHG teilweise wortgleich nachgebildet.

Soweit Übernahmeangebote betroffen sind, die häufig auch Gegenstand einer Ad-hoc-Mitteilungspflicht sind,[35] ist diese regelungsintensive und aufwendige Veröffentlichungspflicht nachvollziehbar. Soweit es lediglich um freiwillige Angebote geht, die von ihrer Bedeutung her nicht Gegenstand einer Ad-hoc-Mitteilungspflicht sein würden, erscheinen die Vorschriften des § 10 Abs. 2–4 überzogen und bedeuten einen unverhältnismäßigen Aufwand. **35**

Wie bei der Ad-hoc-Mitteilungspflicht gemäß § 15 WpHG ist die Mitteilung an eine breite Öffentlichkeit nicht erforderlich. **Adressat** der Veröffentlichung gemäß § 10 ist auch hier die so genannte **„Bereichsöffentlichkeit“**. Nur bestimmte Marktteilnehmer sollen unverzüglich Kenntnis von dem bevorstehenden Angebot erlangen. Nach dem Willen des Gesetzgebers ist Bereichsöffentlichkeit hergestellt, wenn die Veröffentlichung über ein Börsenpflichtblatt oder ein elektronisches Informationsverbreitungssystem erfolgt (§ 10 Abs. 3). **36**

2. Mitteilung über anstehende Veröffentlichung gemäß § 10 Abs. 2

a) Mitteilungen an Börsen und BAWe

Vor der Veröffentlichung der Entscheidung über die Angebotsabgabe hat der Bieter die Entscheidung gemäß § 10 Abs. 2 Satz 1 Nrn. 1–3 den Geschäftsführungen der Börsen, an denen Wertpapiere des Bieters, der Zielgesellschaft oder anderer durch das Angebot unmittelbar betroffener Gesellschaften zum Handel zugelassen sind bzw. relevante Derivate gehandelt werden, und dem BAWe mitzuteilen. **37**

35 Dies ist der Fall, wenn der Ankündigung des Übernahmevorhabens seitens der Bietergesellschaft ein erhebliches Kursbeeinflussungspotential für deren Aktien zuzumessen ist, vgl. *Kümpel,* in: Assmann/Schneider (Fn. 3), § 15 Rn. 40a; *Schander/Lucas*, DB 1997, 2109, 2111.

38 Aus der Verweisung auf „die Entscheidung nach Abs. 1 Satz 1" folgt, dass die Mitteilungspflicht gemäß § 10 Abs. 2 nur dann besteht, wenn eine veröffentlichungspflichtige Entscheidung im Sinne des § 10 Abs. 1 vorliegt. Besteht keine Veröffentlichungspflicht nach § 10 Abs. 1, sind auch Mitteilungen an die Börsen und das BAWe gemäß § 10 Abs. 2 nicht erforderlich.

39 Gleiches gilt, wenn der Bieter einen Befreiungsantrag gemäß § 10 Abs. 1 Satz 3 gestellt hat. Auch in diesem Fall sind Mitteilungen an die Börsen gemäß § 10 Abs. 2 Nr. 1 bzw. Nr. 2 nicht erforderlich.[36]

40 Die Mitteilungspflicht gemäß § 10 Abs. 2 Nr. 2 ist **unklar** formuliert. Es erschließt sich nämlich nicht genau, welche **„Wertpapiere"**, die Gegenstand der hier relevanten Derivate sein sollen, gemeint sind. Richtig wäre es, hier auf die Nr. 1 des Abs. 2 zu verweisen, die Wertpapiere des Bieters, der Zielgesellschaft und anderer durch das Angebot unmittelbar betroffener Gesellschaften aufführt. Ein solcher Regelungsinhalt ist hier durch **teleologische Auslegung** zu ermitteln.

41 Von der Veröffentlichung einer Entscheidung zur Abgabe eines Angebots können Wertpapiere des Bieters (soweit börsennotiert), der Zielgesellschaft und gemäß § 10 Abs. 2 Nr. 1 auch anderer durch das Angebot unmittelbar betroffener Gesellschaften berührt sein. Daher sind die Geschäftsführungen sämtlicher relevanter Börsen vor der Veröffentlichung zu informieren. Bei den hier betroffenen Wertpapieren muss es sich um solche handeln, die zum Handel an einem organisierten Markt zugelassen sind. Aufgrund der Voraussetzung der „Handelszulassung" gemäß § 10 Abs. 2 Nr. 1 besteht keine Mitteilungspflicht gegenüber denjenigen Börsen, an denen betroffene Wertpapiere lediglich in den Freiverkehr (§ 78 BörsG) einbezogen ist. Jedoch gilt § 10 auch für Wertpapiere, die von Gesellschaften ausgegeben wurden, die am Neuen Markt der Frankfurter Wertpapierbörse zugelassen sind.[37] Gesellschaften, die durch ein Angebot unmittelbar betroffen sind, können börsennotierte Tochtergesellschaften der Zielgesellschaft oder Muttergesellschaften mit einer maßgeblichen Beteiligung an der Zielgesellschaft sein.

42 Die Mitteilungen an die Geschäftsführungen der Börsen haben den **Zweck**, dass diese entscheiden können, ob die Feststellungen des jeweiligen Börsenpreises auszusetzen oder einzustellen ist. Nach § 10 Abs. 2 Satz 2 dürfen die Geschäftsführungen die ihnen mitgeteilten

36 Zur entsprechenden Situation bei § 15 WpHG vgl. *Kümpel*, in: Assmann/Schneider (Fn. 3), § 15 Rn. 82; *Fürhoff/Wölk* (Fn. 30), 457; wohl a. A. *Hopt* (Fn. 24), 153.

37 A. A. – nicht nachvollziehbar – *Geibel*, in: Geibel/Süßmann, § 10 WpÜG Rn. 43.

Entscheidungen vor der Veröffentlichung auch nur zum Zwecke dieser Entscheidung verwenden. Privatrechtliche Träger von öffentlich-rechtlichen Börsen, die ggf. neben anderen Mitbewerbern einen Informationsverbreitungsdienst anbieten, sollen durch die Mitteilungspflicht gemäß § 10 Abs. 2 keinen unzulässigen Wettbewerbsvorteil erlangen.[38]

Durch die Vorabmitteilung an das BAWe soll dieses seinen Aufsichts- und Ermittlungsaufgaben nach dem WpÜG nachkommen können.[39] **43**

b) Aussetzung bzw. Einstellen des Börsenpreises

Wie auch im Rahmen von § 15 WpHG ist unter „Aussetzung" im Sinne von § 10 Abs. 2 Satz 2 eine vorübergehende Unterbrechung des Börsenhandels **(Kursaussetzung)** zu verstehen.[40] Eine Unterbrechung des Handels an der Börse hat in erster Linie Warnfunktion und soll den Markt auf plötzlich eingetretene, neue Umstände hinweisen.[41] **44**

Gemäß §§ 43 Abs. 1, 75 Abs. 3 BörsG kann die Geschäftsführung der Börse die Notierung zugelassener Wertpapiere aussetzen, wenn ein ordnungsgemäßer Börsenhandel zeitweilig gefährdet oder wenn dies zum Schutz des Publikums geboten erscheint. **45**

Als Folge einer Kursaussetzung erlöschen alle schwebenden Kauf- und Verkaufsaufträge (§ 6 Abs. 6 der Bedingungen für Geschäfte an den deutschen Wertpapierbörsen).[42] Außerdem erlöschen gemäß Nr. 6 Satz 1 der Sonderbedingungen für Wertpapiergeschäfte der deutschen Banken[43] sämtliche an der relevanten Börse auszuführenden Kundenaufträge für die betreffenden Wertpapiere. Schließlich wird in diesem Fall regelmäßig auch der Handel in Derivaten an der Eurex ausgesetzt, wenn die in der Notierung ausgesetzten Wertpapiere Gegenstand der Derivate sind (§ 25 Abs. 1 der BörsO für die Deutsche Terminbörse).[44] **46**

Aufgrund der einschneidenden Folgen und sonstiger Nachteile (z.B. Misstrauen der Investoren; Interesse der Investoren am durchgängigen Handel) kommt eine Aussetzung nur ausnahmsweise in Betracht.[45] **47**

---

38 Zur vergleichbaren Rechtslage nach § 15 WpHG vgl. *Geibel,* in: Schäfer (Fn. 2), § 15 Rn. 126.
39 Regierungsbegründung, BR-Drucks. 574/01, S. 95.
40 *Geibel,* in: Schäfer (Fn. 2), § 15 Rn. 128 m.w.N.
41 *Geibel,* in: Schäfer (Fn. 2), § 15 Rn. 128.
42 Abgedruckt in: *Kümpel/Ott*, Kapitalmarktrecht, Kz. 450.
43 Abgedruckt in: *Kümpel/Ott* (Fn. 40) Kz. 220.
44 Abgedruckt in: *Kümpel/Ott* (Fn. 40) Kz. 471.
45 Vgl. *Geibel*, in: Schäfer (Fn. 2), § 15 Rn. 130.

48 Das Risiko einer Kursaussetzung kann durch den Zeitpunkt einer Ankündigung minimiert werden.[46] Empfohlen wird, derartige Mitteilungen abends nach Börsenschluss bzw. morgens vor Eröffnung zu versenden.

49 Ist eine Kursaussetzung als solche damit „ultima ratio“, muss auch die Dauer einer Kursaussetzung verhältnismäßig sein. Hier wird empfohlen, möglichst nur für einen Zeitraum von ca. 1 bis 1,5 Stunden auszusetzen.[47] *Schäfer/Geibel*[48] berichtet demgegenüber von einer Kursaussetzung über mehrere Tage im Falle des Übernahmeangebots von Krupp-Hoesch für die Aktien an der Thyssen AG im Frühjahr 1997.

50 Eine **„Einstellung“** des Börsenpreises ist gemäß § 43 Abs. 1 Nr. 2 BörsG möglich, wenn ein ordnungsgemäßer Börsenhandel für die Wertpapiere nicht mehr gewährleistet erscheint. Hierbei handelt es sich um die auf längere Sicht wirkende Beendigung des Börsenhandels und der Notierung in dem betreffenden Wertpapier, die nur begrenzt zulässig ist, z.B. bei Eröffnung eines Vergleichs- bzw. Insolvenzverfahrens, bei dem ein ordnungsgemäßer Börsenhandel für die Zukunft ausgeschlossen erscheint oder zumindest für einen längeren Zeitraum nicht mehr stattfinden kann. Um einen solchen Fall dürfte es sich bei der Ankündigung eines Angebots im Sinne des WpÜG keinesfalls handeln. Die Übernahme des entsprechenden Wortlauts aus § 15 WpHG in § 10 Abs. 2 Satz 2 ist daher nicht angemessen. Praktisch wird allein die Aussetzung gemäß § 43 Abs. 1 Nr. 1 BörsG relevant sein.

c) Mitteilung gleichzeitig mit Veröffentlichung

51 Im Rahmen von § 15 WpHG ist eine **Ausnahmeregelung für ausländische Emittenten** vorgesehen, um Konflikte zwischen Ad-hoc-Mitteilungspflichten nach deutschem und ausländischem Recht zu vermeiden, die dadurch entstehen können, dass der ausländische Emittent Mitteilungen und Veröffentlichungen nach den Ad-hoc-Regelungen in seinem Heimatland bereits vor Mitteilungen an deutsche Börsen vornehmen muss.[49] Ein entsprechender Konflikt kann sich auch im Rah-

46 Vgl. Hinweise bei *Geibel*, in: Schäfer (Fn. 2), § 15 Rn. 131.
47 *Groß*, Kapitalmarktrecht, § 43 BörsG Rn. 7; *Kümpel*, in: Assmann/Schneider (Fn. 3), § 15 Rn. 145.
48 *Geibel*, in: Schäfer (Fn. 2), § 15 Rn. 132.
49 Vgl. hierzu *Geibel*, in: Schäfer (Fn. 2), § 15 Rn. 133.

men der Ankündigung eines Angebots im Sinne des § 2 Abs. 1 für ausländische Bieter ergeben. Die Gestattung durch das BAWe kann im Rahmen einer Einzelfallentscheidung oder einer Allgemeinverfügung ergehen. Vorausgesetzt ist in § 10 Abs. 2 Satz 3 allerdings, dass durch eine solche Gestattung die Entscheidungen der Geschäftsführungen der Börsen über die Aussetzung oder Einstellung der Feststellung des Börsenpreises nicht beeinträchtigt werden. Im Rahmen der Ad-hoc-Mitteilungspflichten richten sich die Börsengeschäftsführungen bei der Entscheidung über die Kursaussetzung in der Regel nach der Entscheidung der jeweiligen **Heimatbörse.**[50] Sofern die ausländischen Börsen die relevanten Informationen unverzüglich an die deutschen Börsen übermitteln, an denen Wertpapiere des Bieters, der Zielgesellschaft und anderer durch das Angebot unmittelbar betroffener Gesellschaften zum Handel zugelassen sind bzw. Derivate im Sinne des § 10 Abs. 2 Nr. 2 gehandelt werden, kann auf eine Vorabmitteilung durch den Bieter verzichtet werden. Im Rahmen von § 15 WpHG hat das BAWe von der Befugnis zur Erteilung einer Ausnahmegenehmigung Gebrauch gemacht und mit Bekanntmachung vom 11. 8. 1998[51] gestattet, dass Emittenten mit Sitz im Ausland Mitteilungen nach § 15 Abs. 2 Satz 1 WpHG gleichzeitig mit ihrer Veröffentlichung vornehmen können. Eine entsprechende Vorgehensweise ist auch im Rahmen des § 10 zu erwarten.

3. Veröffentlichung der Entscheidung gemäß § 10 Abs. 3

a) Zulässige Medien

Wie gemäß § 15 WpHG kann auch die Veröffentlichung der Entscheidung nach § 10 Abs. 1 in einem **überregionalen Börsenpflichtblatt**[52] oder über ein **elektronisch betriebenes Informationsverbreitungssystem** erfolgen. Aufgrund der Verbreitung elektronischer Medien ist Kritik an einer asymmetrischen Informationsverteilung bei der Nutzung elektronischer Informationssysteme mittlerweile verstummt.[53] Außerdem verbreiten auf Wirtschaftsinformationen spezialisierte Fernsehsender und Internet-Medien mittlerweile auch Ad-hoc-Mitteilungen **52**

50 *Pötzsch*, AG 1997, 193, 199; *ders.*, WM 1998, 949, 958.

51 Bundesanzeiger Nr. 168 vom 9. 9. 1998, S. 13 Pkt. 458.

52 Gemäß § 37 Abs. 4 BörsG derzeit die folgenden Zeitungen: Börsen-Zeitung, Frankfurter Allgemeine Zeitung, Handelsblatt, Frankfurter Rundschau, Süddeutsche Zeitung, Die Welt.

53 Vgl. *Geibel,* in: Schäfer (Fn. 2), § 15 Rn. 141.

gemäß § 15 WpHG. Mitteilungen zu Angeboten gemäß § 10 werden über diese Kanäle ebenfalls Verbreitung finden.

b) Deutsche Sprache

53 Die Veröffentlichung ist in deutscher Sprache vorzunehmen. Die Möglichkeit, dass das BAWe – wie in § 15 Abs. 3 WpHG für Ad-hoc-Mitteilungen oder wie etwa auch in § 7 Abs. 2 VerkProspG in Verbindung mit § 2 Abs. 1 Satz 4 VerkProspV für Verkaufsprospekte[54] – **eine Veröffentlichung in anderer Sprache** gestatten kann, sieht das WpÜG nicht vor. Die vom BAWe für Ad-hoc-Mitteilungen gestattete Verwendung der englischen Sprache soll dazu dienen, aufgrund der Reduzierung sprachlicher Barrieren etwa eintretende Zeitverzögerungen infolge erforderlicher Übersetzungen zu vermeiden.[55] Die Begründung zum WpÜG argumentiert hierzu, dass es sich bei der Veröffentlichung nach § 10 um die Information der Öffentlichkeit über die Absicht eines Angebots zum Erwerb von Wertpapieren einer Zielgesellschaft mit Sitz im Inland handele. Vor diesem Hintergrund sei es geboten, die Information, die auch zur Unterrichtung deutscher Aktionäre und der Arbeitnehmer der Zielgesellschaft diene, ausnahmslos in deutscher Sprache vorzunehmen. Dies liegt auf einer Linie mit der Verpflichtung zur Abfassung der Angebotsunterlage nach dem WpÜG allein in deutscher Sprache (§ 11 Abs. 1 Satz 4), was im Übrigen auch für den Fall gilt, dass Wertpapiere als Gegenleistung angeboten werden und dann gemäß § 2 Nr. 2 AngebotsVO in Verbindung mit § 7 Verkaufsprospektgesetz und der Verkaufsprospekt-Verordnung sämtliche Angaben zu den angebotenen Wertpapieren in der deutschen Angebotsunterlage enthalten sein müssen.

c) Inhalt der Veröffentlichung

54 § 10 enthält keine konkreten Vorschriften zum Mindestinhalt der Veröffentlichung. Aus dem Zusammenhang ergibt sich jedoch folgendes:

54 Für den Fall, dass ein Antrag auf Zulassung zur amtlichen Notierung bereits gestellt ist, vgl. die gleichlautende Gestattungsmöglichkeit durch die Zulassungsstelle gemäß § 5 Abs. 1 VerkProspG i.V.m. § 38 Abs. 1 Nr. 2 BörsG i.V.m. § 13 Abs. 1 S. 3 BörsZulV.

55 Vgl. Bekanntmachung des BAWe vom 29.1.1996, abgedruckt in: *Kümpel/Ott* (Fn. 40) Kz. 615/2; ähnlich hinsichtlich der Verkaufsprospekte *Hamann,* in: Schäfer (Fn. 2), § 7 VerkProspG Rn. 3 i.V.m. § 40a BörsG Rn. 4a mit dem weiteren Hinweis auf die Kosten der Übersetzung und das erhöhte Haftungsrisiko aufgrund fehlerhafter Übersetzung für den ausländischen Emittenten.

(1) Zunächst muss die **Zielgesellschaft** konkret bezeichnet werden. (2) Da sich ein Angebot im Sinne des § 1 bzw. des § 2 Abs. 1 immer auf bestimmte **Wertpapiere** bezieht, sind auch diese Wertpapiere konkret anzugeben. Nicht erforderlich ist die Angabe darüber, wie viele dieser Wertpapiere der Bieter erwerben möchte bzw., ob es sich um ein Übernahmeangebot handelt oder nicht. Angaben zum beabsichtigten **Umfang des Angebots** bzw. zur Frage, ob ein Übernahmeangebot geplant ist, dürften sich jedoch normalerweise anbieten und auch bereits Gegenstand der Entscheidung sein. (3) Eine Angabe zur **Gegenleistung** ist nicht erforderlich, jedoch bei der Ankündigung von Angeboten durchaus üblich. Informationen können insoweit zur Stabilität der Preisbildung beitragen. (4) **Ausstehende Gremienentscheidungen** – wie z. B. ein Beschluss der Gesellschafterversammlung – sollten neben weiteren Bedingungen, von denen die Wirksamkeit des Angebots abhängt, ebenfalls angegeben werden. Eine Verpflichtung gemäß § 10 besteht jedoch nicht. (5) Gemäß § 10 Abs. 3 Satz 2 hat der Bieter auch die **Internetadresse** anzugeben, unter der die Veröffentlichung der Angebotsunterlage im Internet nach § 14 Abs. 3 Satz 1 Nr. 1 erfolgen wird.

Dem Bieter steht es frei, weitere Bestandteile zum Gegenstand der 55
Veröffentlichung gemäß § 10 zu machen. Insbesondere kann der Bieter hierdurch im Hinblick auf Eckpunkte des Angebots, die geeignet sind, den Börsenkurs erheblich zu beeinflussen, zugleich vermeiden, dass ihn eine neben die Veröffentlichungspflicht nach § 10 tretende zusätzliche Ad-hoc-Publizitätspflicht nach § 15 WpHG trifft.[56]

d) Verbot einer vorausgehenden anderweitigen Veröffentlichung

Vor der Veröffentlichung nach § 10 Abs. 3 Satz 1 in einem überregio- 56
nalen Börsenpflichtblatt oder einem weit verbreiteten elektronisch betriebenem Informationsverbreitungssystem darf eine Veröffentlichung auf andere Weise gemäß § 10 Abs. 3 Satz 3 nicht vorgenommen werden. Hierdurch soll die **Einheitlichkeit der** gesetzlich vorgeschriebenen **Veröffentlichungswege** gewährleistet werden.[57] Da § 10 ebenso wie § 15 WpHG das Ausnutzen von Spezialwissen durch möglichst frühzeitige Information der Öffentlichkeit über marktrelevante Daten verhindern soll, dürfte Zweck des § 10 Abs. 3 Satz 3 über die Gewähr-

56 Hierzu *Möller/Pötzsch*, ZIP 2001, 1256, 1258; vgl. auch unten VI. zu § 10 Abs. 6 WpÜG.

57 Regierungsbegründung, BR-Drucks. 574/01, S. 96, 171.

leistung der Einheitlichkeit der Veröffentlichungswege hinaus sein, eine unkontrollierte Verbreitung von Insiderinformationen zu verhindern.[58]

V. Mitteilung über erfolgte Veröffentlichung gemäß § 10 Abs. 4

57 Nach der Veröffentlichung gemäß § 10 Abs. 3 Satz 1 hat der Bieter eine **Kopie der Veröffentlichung** unverzüglich den **Geschäftsführungen der Börsen** gemäß § 10 Abs. 2 Satz 1 Nr. 1 und 2 sowie dem **BAWe** gemäß § 10 Abs. 2 Satz 1 Nr. 3 zu übersenden. Dies dient der **Überwachung der Einhaltung der Veröffentlichungspflichten** durch den Bieter. Nach der Begründung zum Regierungsentwurf verzichtet entsprechend der Regelung des § 15 Abs. 4 WpHG auch § 10 Abs. 4 bei ausländischen Bietern auf die Übersendung, sofern das BAWe gestattet hat, die Mitteilung nach § 10 Abs. 2 Satz 1 gleichzeitig mit der Veröffentlichung zu versenden. Da in diesem Fall Mitteilung und Veröffentlichung zeitgleich erfolgen, sei eine gesonderte Übersendung der Veröffentlichung, die mit der Mitteilung inhaltlich identisch sei, überflüssig.

VI. Information des Vorstands der Zielgesellschaft und der Arbeitnehmer gemäß § 10 Abs. 5

1. Benachrichtigung des Vorstands der Zielgesellschaft (§ 10 Abs. 5 Satz 1)

58 Nach § 10 Abs. 5 Satz 1 hat der Bieter die Entscheidung zur Abgabe eines Angebots dem Vorstand der Zielgesellschaft unverzüglich nach der Veröffentlichung nach § 10 Abs. 3 Satz 1 schriftlich mitzuteilen. Die Übersendung einer Kopie der Veröffentlichung gemäß § 10 Abs. 3 Satz 1 ist hierzu ausreichend. Diese Mitteilung hat folgenden **Zweck**: (1) Zunächst wird durch diese Benachrichtigung der Vorstand der Zielgesellschaft über die Verfahrenseröffnung nach dem WpÜG informiert. Der **Vorstand** hat verschiedene **Pflichten**, aber auch **Rechte** nach dem WpÜG, die für den Fall eines Angebots relevant werden: (a) Der Vorstand der Zielgesellschaft hat – wie auch der Aufsichtsrat

---

58 Zum Gesetzeszweck des § 15 Abs. 3 S. 3 WpHG vgl. *Kümpel,* in: Assmann/Schneider (Fn. 3), § 15 Rn. 162.

– nach § 27 eine **begründete Stellungnahme** zu einem Angebot abzugeben. § 27 enthält verschiedene Regelungen für den Inhalt dieser Stellungnahme. Zwar kann und soll der Vorstand der Zielgesellschaft eine Stellungnahme nicht allein auf der Basis der Ankündigung des Angebots gemäß § 10 abgeben. Dennoch kann der Vorstand verschiedene Vorbereitungsarbeiten hierzu einleiten. In diesem Rahmen hat der Vorstand insbesondere zu prüfen, wie er sich gegenüber dem Angebot verhält und ob eine Empfehlung an die Aktionäre beabsichtigt wird. (b) Handelt es sich um ein Übernahmeangebot, haben Vorstand und Aufsichtsrat der Zielgesellschaft die **Regelungen des § 33** zu beachten. (c) Die Mitteilung des Bieters versetzt den Vorstand der Zielgesellschaft schließlich in die Lage, die **Arbeitnehmer bzw. Arbeitnehmervertretung** der Zielgesellschaft entsprechend zu **informieren**. Außerdem können weitere Gremien der Zielgesellschaft unterrichtet werden, insbesondere der Aufsichtsrat.

2. Unterrichtung des Betriebsrats bzw. der Arbeitnehmer (§ 10 Abs. 5 Satz 2)

Im Rahmen der früheren Fassungen eines deutschen Übernahmegesetzes war – wie auch auf europäischer Ebene – verschiedentlich diskutiert worden, inwieweit die Arbeitnehmer an einem Übernahme- oder Angebotsverfahren beteiligt werden sollen und welche Rechte ihnen hierbei zustehen. Wie auch in dem gescheiterten Entwurf einer EU-Richtlinie vorgesehen, hat man sich hierbei auf eine Unterrichtung der Arbeitnehmervertretungen oder, so weit solche nicht existieren, der Arbeitnehmer selbst durch den Vorstand der Zielgesellschaft geeinigt. Dieser Informationsmechanismus soll die Arbeitnehmer in die Lage versetzen, ihre Rechte auszuüben. **59**

Nach § 10 Abs. 5 Satz 2 hat der Vorstand den **„zuständigen Betriebsrat“** bzw., sofern kein Betriebsrat besteht, die Arbeitnehmer selbst unverzüglich von der erfolgten Mitteilung des Bieters zu unterrichten. Das Gesetz schweigt aber darüber, wer „zuständiger Betriebsrat“ in diesem Sinne ist.[59] Allerdings lässt die Gesetzesbegründung erkennen, dass dies das jeweils **„höchste“** Betriebsratsgremium sein soll. So soll, wenn die Zielgesellschaft das herrschende Unternehmen eines **60**

59 Siehe hierzu die entsprechende Problematik bei den entsprechenden Regelungen des Umwandlungsgesetzes, die ebenfalls den Begriff des „zuständigen Betriebsrats“ gebrauchen, vgl. etwa *Lutter*, in: Lutter/Bayer, UmwG-Komm., 1996, § 5 Rn. 86; *Joost*, ZIP 1995, 976, 984 f.

Konzerns ist und dort ein (nicht obligatorischer)[60] Konzernbetriebsrat errichtet wurde, dieser der zuständige Betriebsrat sein. Anderenfalls sei der Gesamtbetriebsrat und, falls ein solcher nicht existiert, der Betriebsrat zuständiger Betriebsrat.[61] Der Vorstand der Zielgesellschaft muss in diesen Fällen also nicht sämtliche im Konzern organisierten Betriebsräte informieren.

61 Eine bestimmte Form ist für die Unterrichtung nicht vorgesehen. Eine Mitteilung an die Arbeitnehmer per E-Mail ist damit möglich. Gegenüber den Arbeitnehmern kommt auch eine Zugänglichmachung der Information an geeigneter Stelle im Betrieb in Betracht, z.B. ein Aushang am Schwarzen Brett.[62]

62 **Rechte der Arbeitnehmervertretung** bzw. der Arbeitnehmer bestehen im Zusammenhang mit der Stellungnahme des Vorstands der Zielgesellschaft gemäß § 27. Gemäß § 27 Abs. 2 können der zuständige Betriebsrat bzw. bei Fehlen eines Betriebsrats unmittelbar die Arbeitnehmer der Zielgesellschaft dem Vorstand eine Stellungnahme zu dem Angebot übermitteln. Durch diese Stellungnahme sollen sowohl der Vorstand der Zielgesellschaft als auch die Wertpapierinhaber über die Position der Arbeitnehmer der Zielgesellschaft zu dem Angebot informiert werden. Eine Verpflichtung zur Abgabe einer solchen Stellungnahme besteht jedoch nicht. Erfolgt die Übermittlung einer solchen Stellungnahme, hat der Vorstand diese seiner Stellungnahme beizufügen und gemäß § 27 Abs. 3 Satz 1 mitzuveröffentlichen. Gemäß § 27 Abs. 3 Satz 2 hat der Vorstand der Zielgesellschaft gleichzeitig mit der Veröffentlichung seine Stellungnahme dem zuständigen Betriebsrat oder, falls ein solcher nicht besteht, unmittelbar den Arbeitnehmern zu übermitteln. Die Arbeitnehmer können darüberhinaus bei mitbestimmten Unternehmen ihre Position im Rahmen der Arbeitnehmervertretung im Aufsichtsrat der Zielgesellschaft und damit auch im Rahmen der Stellungnahme nach § 27 Abs. 1 vertreten. Der Aufsichtsrat dürfte – zumindest bei Übernahmeangeboten – in die wichtigsten Entscheidung der Zielgesellschaft miteingebunden sein.

3. Unterrichtung des Aufsichtsrats der Zielgesellschaft

63 Eine Unterrichtung des Aufsichtsrats der Zielgesellschaft durch den Vorstand ist im WpÜG nicht ausdrücklich vorgesehen, wird jedoch in

60 Vgl. § 54 BetrVG.
61 Regierungsbegründung, BR-Drucks. 574/01, S. 97.
62 *Grobys*, in: Geibel/Süßmann, §10 WpÜG Rn. 49.

der Begründung zum Regierungsentwurf erwähnt. Der Vorstand muss den **Aufsichtsratsvorsitzenden** gemäß § 90 Abs. 1 Satz 2 AktG bei wichtigen Anlässen **unverzüglich informieren**. Ein solcher wichtiger Anlass kann z. B. in einem öffentlichen Erwerbs- oder Übernahmeangebot bestehen. Die Information muss zur Beschleunigung allein gegenüber dem Aufsichtsratsvorsitzenden erfolgen. Dieser entscheidet dann über die erforderlichen Maßnahmen.[63] Die Mitglieder des Aufsichtsrats sind dann aber jedenfalls in der nächsten Sitzung des Gremium vom Vorsitzenden zu unterrichten (§ 90 Abs. 5 Satz 3 AktG).

VII. Abgrenzung zur Ad-hoc-Publizität (§ 10 Abs. 6)

Nach § 10 Abs. 6 gilt § 15 WpHG nicht für Entscheidungen zur Abgabe eines Angebots. Die Begründung zum Regierungsentwurf führt aus, dass § 10 gegenüber § 15 WpHG eine **ausschließliche Sonderregelung** sei.[64] Dies gelte allerdings nur in dem Umfang, in dem die Veröffentlichung nach § 10 erfolgt sei. Wurde im Rahmen einer Mitteilung nach § 10 allein die Angebotsabsicht mitgeteilt, nicht aber die **Eckdaten des beabsichtigten Angebots**, so seien diese bei ihrem Vorliegen nach § 15 WpHG zu veröffentlichen, wenn die Informationen die **Qualität einer Ad-hoc-Mitteilung** besitzen. Diese Auslegung des § 10 Abs. 6 deckt sich nicht zwingend mit dem Gesetzeswortlaut. Dieser könnte auch dahingehend verstanden werden, dass § 10 die Regelung des § 15 WpHG insoweit ausschließt, als die – nach § 10 noch nicht veröffentlichten – Eckdaten kursrelevant sind. **64**

Aus der Begründung zum Regierungsentwurf ergibt sich demnach aber, dass auch im Rahmen der Veröffentlichung einer Entscheidung gemäß § 10 jeweils im Einzelnen zu prüfen ist, ob und inwieweit eine Ad-hoc-Publizität gemäß § 15 WpHG herzustellen ist. Hierbei kommt es zunächst darauf an, ob der **Bieter** als Emittent von Wertpapieren gilt, die zum Handel an einer inländischen Börse zugelassen sind. Ist dies nicht der Fall, scheidet eine Ad-hoc-Mitteilungspflicht nach § 15 WpHG von vornherein aus. Hat jedoch der Bieter Wertpapiere emittiert, die zum Handel an einer inländischen Börse zugelassen sind, ist zu prüfen, ob die schon vorliegenden Bestandteile der Entscheidung zur Angebotsabgabe, die nicht einer Veröffentlichung gemäß § 10 unterlagen, gemäß § 15 WpHG zu publizieren sind. **65**

---

63 *Hüffer*, Aktiengesetz-Komm., 4. Aufl., 1999, § 90 Rn. 8.

64 Vgl. bereits zu § 10 RefE-ÜG: *Liebscher*, ZIP 2001, 853, 859.

66 Gleiches gilt für die **Zielgesellschaft**, falls diese in den Entscheidungsprozess der Bietergesellschaft bereits miteinbezogen wurde und gleichfalls eine Entscheidung zur Zustimmung zu dem Angebot in den erforderlichen Gremien (Vorstand und normalerweise auch Aufsichtsrat) getroffen hat. Da § 10 lediglich von einer Entscheidung des Bieters und einer diesbezüglichen Veröffentlichung spricht, gilt für Tatsachen, die die Zielgesellschaft durch entsprechende Entscheidungen schaffen, weiterhin § 15 WpHG.

VIII. Rechtsfolgen von Verstößen

1. Bußgeldvorschriften

67 § 60 enthält verschiedene Bußgeldregelungen im Falle von Verstößen gegen einzelne Verpflichtungen gemäß § 10. Hier können Geldbußen bis zu einer Million Euro eingreifen.[65]

2. Strafrechtliche Konsequenzen

68 Die Verletzung der Veröffentlichungspflichten gemäß § 10 kann in absoluten Extremfällen auch strafrechtliche Konsequenzen haben. Einschlägig ist hier in erster Linie die Regelung des § 88 BörsG (Kursbetrug). Danach macht sich strafbar, wer zur Einwirkung auf den Börsen- oder Marktpreis von Wertpapieren, Bezugsrechten oder von Unternehmensanteilen mit Ergebnisbeteiligung entgegen bestehender Rechtsvorschriften Umstände verschweigt oder hierüber unrichtige Angaben macht, die für die Bewertung erheblich sind.[66] Als Sanktionen sind Freiheitsstrafe bis zu drei Jahren oder Geldstrafe möglich.

3. Zivilrechtliche Konsequenzen

69 Verstöße gegen die Ad-hoc-Publizität sollen nach § 15 Abs. 6 Satz 1 WpHG keine zivilrechtlichen Schadensersatzansprüche nach sich ziehen. Allerdings bleiben gemäß § 15 Abs. 6 Satz 2 WpHG Schadensersatzansprüche auf der Basis anderer Rechtsgrundlagen hiervon unberührt. § 10 enthält zwar eine derartige kapitalmarktrechtliche Haftungsbeschränkung nicht. Gleichwohl ist auch § 10 kein Schutzgesetz im

65 Zu den Einzelheiten siehe Kommentierung zu § 60.

66 Aufgrund des Entwurfs eines Gesetzes zur weiteren Fortentwicklung des Finanzplatzes Deutschland (4. Finanzmarktförderungsgesetz) soll § 88 BörsG inhaltlich überarbeitet als § 20 a in das WpHG eingefügt werden.

Sinne des § 823 Abs. 2 BGB. Die Regelung dient der frühzeitigen Information der Öffentlichkeit und damit der Sicherung der Funktionsfähigkeit des Kapitalmarkts. Der Ausschluss von Ansprüchen gemäß § 823 Abs. 2 BGB in Verbindung mit § 10 bedeutet nicht, dass auch sonstige Schadensersatzansprüche ausgeschlossen sind. Entsprechend der Regelung des § 15 Abs. 6 Satz 2 WpHG bleiben Schadensersatzansprüche, die auf anderen Rechtsgrundlagen beruhen, unberührt. Führt der Verstoß gegen § 10 zur Verletzung einer anderen Rechtsvorschrift, die ein Schutzgesetz gemäß § 823 Abs. 2 BGB darstellt, so können daraus resultierende Schadensersatzansprüche geltend gemacht werden. Auch sonstige zivilrechtliche Haftungstatbestände wie z. B. § 826 BGB sind keinesfalls ausgeschlossen. noch 69

§ 11 Angebotsunterlage

(1) Der Bieter hat eine Unterlage über das Angebot (Angebotsunterlage) zu erstellen und zu veröffentlichen. Die Angebotsunterlage muß die Angaben enthalten, die notwendig sind, um in Kenntnis der Sachlage über das Angebot entscheiden zu können. Die Angaben müssen richtig und vollständig sein. Die Angebotsunterlage ist in deutscher Sprache und in einer Form abzufassen, die ihr Verständnis und ihre Auswertung erleichtert. Sie ist von dem Bieter zu unterzeichnen.

(2) Die Angebotsunterlage hat den Inhalt des Angebots und ergänzende Angaben zu enthalten.

Angaben über den Inhalt des Angebots sind

1. **Name oder Firma und Anschrift oder Sitz sowie, wenn es sich um eine Gesellschaft handelt, die Rechtsform des Bieters,**
2. **Firma, Sitz und Rechtsform der Zielgesellschaft,**
3. **die Wertpapiere, die Gegenstand des Angebots sind,**
4. **Art und Höhe der für die Wertpapiere der Zielgesellschaft gebotenen Gegenleistung,**
5. **die Bedingungen, von denen die Wirksamkeit des Angebots abhängt,**
6. **der Beginn und das Ende der Annahmefrist.**

Ergänzende Angaben sind

1. Angaben zu den notwendigen Maßnahmen, die sicherstellen, daß dem Bieter die zur vollständigen Erfüllung des Angebots notwendigen Mittel zu Verfügung stehen, und zu den erwarteten Auswirkungen eines erfolgreichen Angebots auf die Vermögens-, Finanz- und Ertragslage des Bieters,

2. Angaben über die Absichten des Bieters im Hinblick auf die künftige Geschäftstätigkeit der Zielgesellschaft, insbesondere den Sitz und den Standort wesentlicher Unternehmensteile, die Verwendung ihres Vermögens, ihre künftigen Verpflichtungen, die Arbeitnehmer und deren Vertretungen, die Mitglieder ihrer Geschäftsführungsorgane und wesentliche Änderungen der Beschäftigungsbedingungen einschließlich der insoweit vorgesehenen Maßnahmen,

3. Angaben über Geldleistungen oder andere geldwerte Vorteile, die Vorstands- oder Aufsichtsratsmitgliedern der Zielgesellschaft gewährt oder in Aussicht gestellt werden,

4. die Bestätigung nach § 13 Abs. 1 Satz 2 unter Angabe von Firma, Sitz und Rechtsform des Wertpapierdienstleistungsunternehmens.

(3) Die Angebotsunterlage muß Namen und Anschrift, bei juristischen Personen oder Gesellschaften Firma, Sitz und Rechtsform, der Personen oder Gesellschaften aufführen, die für den Inhalt der Angebotsunterlage die Verantwortung übernehmen; sie muß eine Erklärung dieser Personen oder Gesellschaften enthalten, daß ihres Wissens die Angaben richtig und keine wesentlichen Umstände ausgelassen sind.

(4) Das Bundesministerium der Finanzen kann durch Rechtsverordnung, die nicht der Zustimmung des Bundesrates bedarf,

1. nähere Bestimmungen über die Gestaltung und die in die Angebotsunterlage aufzunehmenden Angaben erlassen und

2. weitere ergänzende Angaben vorschreiben, soweit dies notwendig ist, um den Empfängern des Angebots ein zutreffendes und vollständiges Urteil über den Bieter, die mit ihm gemeinsam handelnden Personen und das Angebot zu ermöglichen.

(5) Das Bundesministerium der Finanzen kann die Ermächtigung nach Absatz 4 durch Rechtsverordnung auf das Bundesaufsichtsamt übertragen.

Literatur: *Assmann/Bozenhardt*, Übernahmeangebote, ZGR Sonderheft 9, 1990, 83f.; *Berger*, Unternehmensübernahmen in Europa, ZIP-Report 1991, 1644; *Bess*, Eine europäische Regelung für Übernahmeangebote, AG 1976, 169; *Dürig*, Öffentliche Übernahmeangebote – Kollisionsrechtliche Anknüpfung, RIW 1999, 746; *Geibel/Süßmann*, WpÜG, 2002; *Hausmaninger*, Übernahmegesetz, 1999; *Land*, Das neue deutsche Wertpapiererwerbs- und Übernahmegesetz, DB 2001, 1710; *Liebscher*, Das Übernahmeverfahren nach dem neuen Übernahmegesetz, ZIP 2001, 853; *Pötzsch/Möller*, Das künftige Übernahmerecht, WM Sonderbeilage Nr. 2/2000; *Riehmer/Schröder*, Praktische Aspekte bei der Planung, Durchführung und Abwicklung eines Übernahmeangebots, BB 2001, Beilage 5 zu Heft 20; *Schüppen*, Übernahmegesetz ante portas!, WPg 2001, 958; *Thaeter/Barth*, RefE eines Wertpapier- und Übernahmegesetzes, NZG 2001, 545; *von Hein*, Grundfragen des europäischen Übernahmekollisionsrechts, AG 2001, 213; *Wiese/Demisch*, Unternehmensführung bei feindlichen Übernahmeangeboten, DB 2001, 849.

Übersicht

I. Allgemeines

1. Systematische Stellung der Vorschrift

1 Die **Angebotsunterlage** ist das **zentrale Dokument** öffentlicher Erwerbsangebote. § 11 legt **Form und Inhalt der Angebotsunterlage** fest, welche über das Angebot gemäß § 10 zu erstellen und zu veröffentlichen ist. Die Angebotsunterlage muss die Angaben enthalten, die zur Entscheidung über das Angebot notwendig sind (Abs. 1 Satz 2); konkret erforderliche Angaben sind aufgezählt (Abs. 2 und Abs. 3). Darüber hinaus verlangt § 11, dass die Angaben richtig und vollständig sind (Abs. 1 Satz 2). Die Angebotsunterlage ist in deutscher Sprache und in verständlicher Form abzufassen (Abs. 1 Satz 3) und vom Bieter zu unterzeichnen (Abs. 1 Satz 4). Die AngebotsVO enthält eine Reihe weiterer Angaben, die in die Angebotsunterlage aufzunehmen sind.

2. Gesetzgebungsverfahren

a) Übernahmekodex

2 Art. 2 des Übernahmekodex enthielt die Verpflichtung, dass der Bieter alle Inhaber von Wertpapieren, die Ziel des öffentlichen Angebotes sind, **mit den gleichen Informationen**, die zur Beurteilung des Angebots von Bedeutung sind, versorgt. Der Sachverhalt war korrekt und angemessen wiederzugeben. Art. 7 bis 11 des Übernahmekodex ent-

hielten ausführliche Aufzählungen der einzelnen anzuführenden Informationen.

b) Entwicklung

Die wesentlichsten Änderungen im Referentenentwurf gegenüber dem Diskussionsentwurf waren die Einführung der Pflicht zur Unterzeichnung der Angebotsunterlage (Abs. 1) und die komplette Neufassung der ergänzenden Angaben (Abs. 2 Satz 3). Sonstige Änderungen weitgehend redaktioneller Natur wurden in Abs. 2 Satz 2 Nr. 3 – Verwendung des Begriffs „Wertpapier“ an Stelle von „Aktie“ – und in Abs. 2 Satz 2 Nr. 4 und Abs. 3 vorgenommen. 3

Der Regierungsentwurf ist gegenüber dem Referentenentwurf nahezu unverändert geblieben. Lediglich in Abs. 2 Satz 3 wurde eine inhaltliche Änderung durch Einfügen der Bestätigung des Wertpapierdienstleistungsunternehmens vorgenommen. Abs. 3 und 4 wurden redaktionell geändert. 4

3. Parallelregelung im Richtlinienvorschlag

In der Präambel zum E-ÜbernahmeRL heißt es, dass die Empfänger eines Übernahmeangebotes im Wege einer Angebotsunterlage ordnungsgemäß von den Angebotskonditionen in Kenntnis gesetzt werden. Der **Inhalt dieser Angebotsunterlage** ist in Art. 6 Abs. 3 E-ÜbernahmeRL genau geregelt; sie hat mindestens folgende Angaben zu enthalten (für diese wurde jeweils ein Pendant im WpÜG bzw. der AngebotsVO gefunden): 5

- die Konditionen des Angebots (lit. a); vgl. u.a. § 2 Nr. 4 AngebotsVO,
- Personalien bzw. Rechtsform, Firma und Sitz des Bieters (lit. b); vgl. § 7 Abs. 2 Satz 2 Nr. 1 und § 2 Nr. 2 AngebotsVO,
- die Wertpapiere, die Gegenstand des Angebots sind (lit. c); vgl. § 7 Abs. 2 Satz 2 Nr. 3 bzw. § 2 Nr. 6 AngebotsVO,
- Gegenleistung sowie Bewertungsmethode (lit. d); vgl. § 7 Abs. 2 Satz 2 Nr. 4 und § 2 Nr. 3 AngebotsVO,
- den Mindest- und Höchstanteil der zu erwerbenden Wertpapiere (lit. e); vgl. § 7 Abs. 2 Satz 2 Nr. 3 i.V.m. § 21 Abs. 1 Nr. 3 bzw. § 2 Nr. 6 AngebotsVO,
- Angaben zu den bereits gehaltenen Anteilen an der Zielgesellschaft (lit. f); vgl. § 2 Nr. 5 AngebotsVO,

- Bedingungen (lit. g); vgl. § 7 Abs. 2 Satz 2 Nr. 5 AngebotsVO,
- die Absichten des Bieters in Bezug auf die Fortsetzung der Geschäftstätigkeit der Zielgesellschaft und der Weiterbeschäftigung von deren Beschäftigten und deren Geschäftsleitung einschließlich etwaiger wesentlicher Änderungen der Beschäftigungsbedingungen (lit. h); vgl. § 7 Abs. 2 Satz 3 Nr. 2 AngebotsVO,
- die Annahmefrist (lit. i); vgl. § 7 Abs. 2 Satz 2 Nr. 6 AngebotsVO,
- für den Fall, dass die Gegenleistung auch Wertpapiere jedweder Art umfasst, Angaben zu diesen Wertpapieren (lit. j); vgl. § 2 Nr. 2 und Nr. 7 AngebotsVO,
- Angaben zur Finanzierung des Angebots (lit. k); vgl. § 7 Abs. 2 Satz 3 Nr. 4,
- Angaben über gemeinsam mit dem Bieter handelnde Personen (lit. l); vgl. § 2 Nr. 1 sowie Nr. 5 AngebotsVO und
- Angaben zu den nationalen Rechtsvorschriften, denen die Verträge zwischen Bieter und Wertpapierinhabern unterliegen (lit. m); vgl. § 2 Nr. 12 AngebotsVO.

4. Regelung in Österreich

6 In Österreich ist die **Angebotsunterlage** in § 7 öÜbG geregelt. Nach der österreichischen Regelung hat die Angebotsunterlage **mindestens folgende Angaben** zu enthalten: den Inhalt des Angebots (Nr. 1), Angaben zum Bieter (Nr. 2), die Beteiligungspapiere, die Gegenstand des Angebots sind (Nr. 3), die Gegenleistung einschließlich Bewertungsmethode bzw. Grundlagen der Berechnung (Nr. 4), ggf. den Mindest- und Höchstanteil der zu erwerbenden Beteiligungspapiere einschließlich der Zuteilungsregelung (Nr. 5) sowie die Beteiligungspapiere der Zielgesellschaft, über die der Bieter bereits verfügt (Nr. 6). Bedingungen und Rücktrittsvorbehalte sind, sofern zulässig gem. § 8 öÜbG, ebenso in die Angebotsunterlage aufzunehmen (Nr. 7) wie Absichten über künftige Geschäftspolitik (Nr. 8), die Frist für Angebotsannahme und Gegenleistung (Nr. 9), im Fall der Gegenleistung in Form von Wertpapieren Prospektangaben gemäß § 7 öKMG und § 74 öBörseG, sowie die Finanzierungsbedingungen (Nr. 11). Das öÜbG hält sich bei der Formulierung der in der Angebotsunterlage erforderlichen Angaben weitgehend an die Präambel und Art. 6 Abs. 3 E-ÜbernahmeRL.

7 Die Angebotsunterlage unterliegt **doppelter Kontrolle**: Zunächst hat der Bieter einen **Sachverständigen** beizuziehen, welcher Vollständig-

keit und Gesetzmäßigkeit der Angebotsunterlage insbesondere hinsichtlich der angebotenen Gegenleistung zu prüfen hat (§ 9 öÜbG). Weiter ist die Angebotsunterlage der **Übernahmekommission** anzuzeigen, welche dazu Stellung nehmen, deren Gesetzwidrigkeit feststellen bzw. deren Veröffentlichung untersagen kann (vgl. § 10 öÜbG).

5. Regelung in der Schweiz

Gem. Art. 24 Abs. 1 sBEHG muss der Bieter das Angebot mit wahren 8
und vollständigen Informationen im **Prospekt** veröffentlichen; einen Katalog mit zwingenden Angaben enthält das sBEHG nicht. Gem. Art. 28 lit. b sBEHG kann die Übernahmekommission zusätzliche Bestimmungen über den Inhalt und die Veröffentlichung der Angebotsunterlage sowie über die Bedingungen erlassen, denen das Angebot unterworfen werden kann. Entsprechende ausführlichere Bestimmungen enthalten die Art. 17 bis 24 sUEV-UEK, wenngleich auch hier kein Katalog mit zwingenden Angaben vorgesehen ist: Gem. Art. 17 sUEV-UEK hat der Angebotsprospekt alle Informationen zu enthalten, die notwendig sind, damit die Empfänger des Angebotes ihre Entscheidung in Kenntnis der Sachlage treffen können.

II. Normzweck, Rechtscharakter und Angebotsform

1. Normzweck

Ziel der Erstellung und Veröffentlichung der Angebotsunterlage ist es, 9
die von dem Angebot Betroffenen, die Öffentlichkeit und die Aufsichtsbehörde über den genauen **Inhalt** des Angebots und über die mit dem Angebot verfolgten **Ziele** zu informieren.[1] § 11 ist Ausdruck des in § 3 Abs. 2 normierten Informations- und Transparenzgebots. Neben den Veröffentlichungspflichten des Bieters nach Abgabe des Angebots (§ 23) und der Stellungnahme des Vorstands der Zielgesellschaft (§ 27) ist die Angebotsunterlage das wichtigste Informationsmedium für die am Übernahmeverfahren beteiligten Parteien.

Primäre Adressaten der Angebotsunterlagen sind die **Inhaber der** 10
Wertpapiere der Zielgesellschaft; ihnen soll ermöglicht werden, eine informierte Entscheidung über das Angebot zu treffen. Auch die **Arbeitnehmer der Zielgesellschaft** sollen durch die Offenlegung der Absichten des Bieters im Hinblick auf die künftige Geschäftstätigkeit

---

1 Regierungsbegründung, BR-Drucks. 574/01, S. 98.

der Zielgesellschaft (§ 11 Abs. 2 Satz 3 Nr. 2) von dem Informations- und Transparenzgebot profitieren; dazu gehören insbesondere Angaben zu beabsichtigten Sitz- und Standortverlagerungen, zur Verwendung des Gesellschaftsvermögens, zu den Arbeitnehmern und deren Vertretungen sowie zu Änderungen der Beschäftigungsbedingungen.[2] Durch die Veröffentlichung der Angebotsunterlage wird diese Mitbietern wie auch der breiten Öffentlichkeit zugänglich; dadurch wird eine **Auktionssituation** geschaffen, welche zwar die Gewinnerwartung des Bieters gefährdet – immerhin können etwaige Mitbieter mit den Bedingungen des Angebots konkurrieren und Mitbewerber der Zielgesellschaft über die künftige Geschäftspolitik informieren – doch hat dies für die Inhaber der Wertpapiere den Nutzen, dass sich der Preis für ihre Wertpapiere und damit ihre Rendite erhöhen kann.[3]

2. Rechtscharakter

a) Angebot gemäß § 145 BGB

11 Die Angebotsunterlage erfüllt die wesentlichen Voraussetzungen eines Angebots (Antrags) i.S.d. § 145 BGB und ist daher ein **verbindliches, unwiderrufliches Erwerbsangebot** zum Abschluss eines **Kauf- oder Tauschvertrages.**[4] Gegenstand und Inhalt des abzuschließenden Vertrages sind inhaltlich ausreichend bestimmt und bringen den Willen des Bieters zu einer rechtlichen Bindung zum Ausdruck. **Bedingungen** sind nur beschränkt – nämlich insoweit sie vom Bieter nicht beeinflussbar sind – erlaubt, **Vorbehalte des Widerrufs oder des Rücktritts** sind unzulässig (vgl. § 18). Die veröffentlichte Angebotsunterlage – und nicht die vorher zu veröffentlichende Entscheidung zur Abgabe eines Angebots – ist das eigentliche, bindende und unwiderrufliche Angebot zum Abschluss eines entsprechenden Kauf- oder Tauschvertrags.[5] Mit der Veröffentlichung des Angebots beginnt die Frist zur Annahme.

12 Das Angebot richtet sich an die **Inhaber von Wertpapieren der Zielgesellschaft**. Der Wortlaut des § 11 und das ausdrückliche Verbot der

---

2 Regierungsbegründung, BR-Drucks. 574/01, S. 65.

3 Vgl. *Bess,* AG 1976, 169, 174, welcher Konkurrenzangebote als „Salz des Übernahmeverfahrens" bezeichnet. Vgl. auch *Hausmaninger*, Übernahmegesetz, 1999, § 7 Rn. 2.

4 *Liebscher*, ZIP 2001, 853, 862; *Geibel*, in: Geibel/Süßmann, WpÜG, § 11 Rn. 2 (vgl. dort auch zur Anwendbarkeit der §§ 305ff. BGB für Allgemeine Geschäftsbedingungen).

5 Regierungsbegründung, BR-Drucks. 574/01, S. 98.

öffentlichen Aufforderung zur Abgabe von Angeboten in § 17 lassen nicht zu, dass der Bieter die Angebotsunterlage (im Unterschied zum Emissionsprospekt) als Einladung zur Abgabe von Angeboten **(invitatio ad offerendum)** gestaltet.[6] Da die Entscheidungssituation der Wertpapierinhaber, die sich einem Übernahmeangebot gegenüber sehen, der Situation beim Einstieg in den Aktienmarkt mit der Ausnahme ähnelt, dass es sich um eine Verkaufs- und nicht um eine Kaufentscheidung handelt, kann man die Angebotsunterlage auch als „umgekehrten Verkaufsprospekt" bezeichnen.[7] Das Angebot erlischt mit Ablauf der Annahmefrist; bis dahin bleibt es aufrecht (§ 148 BGB). Sofern einzelne Wertpapierinhaber das Angebot gegenüber dem Bieter ablehnen, erlischt das Angebot hinsichtlich dieser Wertpapierinhaber gem. § 146 BGB; in diesem Fall ist der Bieter an das Angebot nicht mehr gebunden.

b) Annahme gemäß §§ 147, 148 BGB

Durch den **Zugang der Annahmeerklärung** innerhalb der nach Abs. 2 Satz 3 Nr. 6 anzugebenden Annahmefrist beim Bieter kommt es zum **Vertragsabschluss**. Die Abgabe der Annahmerklärung reicht zur Fristwahrung nicht aus.[8] Verhindert der Bieter den Zugang der Annahmeerklärung schuldhaft, steht dies einem Zugehen gleich.[9] **13**

c) Rücktritt von Angebot bzw. Annahme

Gemäß § 18 Abs. 2 darf der **Bieter** das Angebot nicht unter dem Vorbehalt des Widerrufs oder des Rücktritts abgeben.[10] Der Bieter hat jedoch die Möglichkeit, bestimmte **Bedingungen** des Angebots (Höhe und Art der Gegenleistung, Mindestzahl der Wertpapiere bzw. Stimmrechte, Verzicht auf Bedingungen) gem. § 21 Abs. 1 bis zu einem Werktag vor Ablauf der Annahmefrist zu ändern; in diesem Fall können **Wertpapierinhaber**, die das Angebot vor Veröffentlichung der Änderung bereits angenommen haben, von dem Vertrag bis zum Ablauf der Annahmefrist **zurücktreten** (§ 21 Abs. 4) bzw. verlängert sich die Annahmefrist (§ 21 Abs. 5). De facto kann der Bieter also **14**

---

6 *Schüppen*, WPg 2001, 958, 961; *Riehmer/Schröder*, BB 2001, Beilage 5 zu Heft 20, S. 4.
7 *Hausmaninger* (Fn. 3), § 7 Rn. 2.
8 *Heinrichs,* in: Palandt, BGB-Kommentar, 60. Aufl., 2001, § 148 Rn. 5; vgl. auch RG 53, 60; Ffm VersR 83, 529.
9 *Heinrichs* (Fn. 8), § 130 Rn. 18; vgl. auch BGH LM Nr. 1, BAG AP Nr. 5.
10 Vgl. dazu § 18 Rn. 21 ff.

von seinem ursprünglichen Angebot zurücktreten – selbst wenn dieses bereits angenommen wurde – und dieses (mit inhaltlichen Einschränkungen) durch ein neues Angebot ersetzen.[11]

15 § 22 Abs. 3 sieht dagegen ein **Rücktrittsrecht der Wertpapierinhaber** der Zielgesellschaft vor: Diese können, falls ein Konkurrenzangebot abgegeben wird, bis zum Ablauf der Annahmefrist vom Vertrag zurücktreten, sofern der Vertragsschluss (d. h. der Zugang der Annahmeerklärung) vor Veröffentlichung der Angebotsunterlage des konkurrierenden Angebots erfolgte.[12]

3. Angebotssprache und -form

16 Die Angebotsunterlage ist in **deutscher Sprache** und in einer **Form** abzufassen, die ihr Verständnis und ihre Auswertung erleichtert (§ 11 Abs. 1 Satz 4). Das Erfordernis der Abfassung in deutscher Sprache liegt v. a. im Interesse der Wertpapierinhaber der Zielgesellschaft und ihrer Arbeitnehmer, eine Öffnungsklausel für fremde Sprachen (vgl. z. B. § 2 Abs. 1 Satz 4 VerkProspVO) hat der Gesetzgeber wohl bewusst nicht vorgesehen.[13] Wie das Erfordernis der Verständlichkeit und Erleichterung der Auswertung zu handhaben ist, bleibt vorerst ungewiss; einiges spricht für eine restriktive Auslegung dieser generalklauselartigen Bestimmung.[14] Die Angebotsunterlage ist in **Schriftform** zu erstellen. Die Angebotsunterlage ist vom Bieter **zu unterzeichnen** (§ 11 Abs. 1 Satz 5). Mit der Unterzeichnung gibt der Bieter zu erkennen, dass er die Verantwortung für den Prospekt übernimmt und für eine unrichtige bzw. unvollständige Angebotsunterlage haftet.[15]

III. Angebotsinhalt

17 Die Angebotsunterlage muss die Angaben enthalten, die notwendig sind, um in Kenntnis der Sachlage über das Angebot entscheiden zu können (§ 11 Abs. 1 Satz 2). Die Angaben müssen richtig und vollständig sein (§ 11 Abs. 1 Satz 3). Abs. 2 unterscheidet zwischen „Inhalt des Angebotes“ – diese sind im Wesentlichen die „essentialia negotii“ – und „ergänzenden Angaben“, die in der Angebotsunterlage

11 Vgl. § 21 Rn. 9 ff.
12 Vgl. § 22 Rn. 22 ff.
13 Regierungsbegründung, BR-Drucks. 574/01, S. 98.
14 Vgl. *Geibel* (Fn. 4), §11 Rn. 6, welcher auf die ähnlich schwer justitiable Bestimmung des § 2 VerkProspVO hinweist.
15 Regierungsbegründung, BR-Drucks. 574/01, S. 98.

enthalten sein müssen.[16] Gemäß Abs. 3 muss die Angebotsunterlage die Koordinaten der Personen enthalten, die für ihren Inhalt die Verantwortung übernehmen, sowie eine entsprechende Erklärung dieser Personen, dass die Angaben in der Angebotsunterlage ihres Wissens nach richtig und keine wesentlichen Umstände ausgelassen sind.

Gemäß § 11 Abs. 4 kann das Bundesministerium für Finanzen durch Rechtsverordnung, die nicht der Zustimmung des Bundesrates bedarf, nähere Bestimmungen über Gestaltung und Inhalt der Angebotsunterlage erlassen und weitere ergänzende Angaben vorschreiben, soweit dies notwendig ist. Diese Ermächtigung kann durch Rechtsverordnung auf das Bundesaufsichtsamt übertragen werden (§ 11 Abs. 5). Von der Ermächtigung zum Erlass der Rechtsverordnung gem. Abs. 4 wurde am 27. Dezember 2001 durch Erlass der **AngebotsVO** Gebrauch gemacht (BGBl I, S. 4263), noch nicht Gebrauch gemacht wurde von der Möglichkeit, die Ermächtigung gem. Abs 5 auf das Bundesaufsichtsamt weiter zu übertragen (damit ist jedoch in naher Zukunft zu rechnen, sobald erste Erfahrungen mit Übernahmeangeboten vorliegen). § 2 AngebotsVO enthält eine Reihe weiterer Angaben, welche in die Angebotsunterlage aufzunehmen sind; die Angaben gemäß § 2 AngebotsVO dienen teils der näheren Ausführung bzw. Konkretisierung der gem. § 11 Abs. 2 erforderlichen Informationen, teils handelt es sich um eigenständige zusätzliche Informationsgebote. Die Aufsplitterung des erforderlichen Angebotsinhalts in den **„Inhalt des Angebots“** und **„ergänzende Angaben“** gemäß § 11 Abs. 2 Satz 3 und § 2 AngebotsVO überzeugt rechtstechnisch nicht. Insbesondere überrascht es, dass den ergänzenden Angaben in § 11 nicht einmal ein eigener Absatz zugestanden wird; auch ist nicht erkennbar, dass die im Gesetz verlangten „ergänzenden Angaben“ eine andere Qualität haben als die in der AngebotsVO geforderten (wenn es schon eine Rechtsverordnung gibt, hätte man die ergänzenden Angaben dort zusammenhängend regeln können).[17] Auch für die Haftung gem. § 12 macht die Unterscheidung keinen Unterschied.[18] 18

Die **in § 11 und § 2 AngebotsVO aufgezählten Angaben** sind **Mindestangaben**; ergeben diese kein vollständiges Bild bzw. vermitteln sie keinen zutreffenden Gesamteindruck des Angebots, können darüber hinaus **zusätzliche Angaben** erforderlich sein.[19] 19

16 *Liebscher* (Fn. 4), 853, 862.
17 *Schüppen* (Fn. 6), 958, 961.
18 Vgl. auch *Geibel* (Fn. 4), § 11 Rn. 8.
19 Zum Begriff der Vollständigkeit vgl. Rn. 20 f. und § 12 Rn. 22 f.

1. Richtigkeit und Vollständigkeit des Angebots

20 Die Angaben in der Angebotsunterlage müssen **richtig** und **vollständig** sein (§ 11 Abs. 1 Satz 2). Dies bezieht sich einerseits auf die in Abs. 2 und 3 und in § 2 AngebotsVO angeführten Angaben; diese müssen in der Angebotsunterlage enthalten sein, damit sie vollständig ist. Andererseits bezieht sich das Richtigkeits- und Vollständigkeitsgebot auf den Gesamteindruck der Angebotsunterlage: Die gesetzlich erforderlichen Angaben sind nicht ausreichend, wenn der dadurch vermittelte Gesamteindruck unrichtig oder unvollständig ist.

21 Das Erfordernis der Richtigkeit und Vollständigkeit der Angaben in der Angebotsunterlage ist Ausgangspunkt für die **Haftungsbestimmung des § 12** und spiegelt sich in dieser wider: Gem. § 12 Abs. 1 kann der Wertpapierinhaber den Ersatz des ihm aus der Annahme des Angebots entstandenen Schadens verlangen, wenn für die Beurteilung des Angebots wesentliche Angaben der Angebotsunterlage unrichtig oder unvollständig sind.[20]

2. Angaben über den Inhalt des Angebots gemäß § 11 Abs. 2

a) Name oder Firma und Anschrift oder Sitz sowie, wenn es sich um eine Gesellschaft handelt, die Rechtsform des Bieters

22 **Bieter** sind gemäß der Definition des § 2 Abs. 4 natürliche oder juristische Personen oder Personengesellschaften, die allein oder gemeinsam mit anderen Personen ein Angebot abgeben, ein solches beabsichtigen oder zur Abgabe verpflichtet sind.[21] Maßgebliche **Anschrift** des Bieters ist dessen Wohnsitz bzw. im Falle einer juristischen Person die Anschrift der Hauptniederlassung.[22] Maßgeblicher **Sitz** des Bieters ist der Satzungssitz gem. § 5 AktG; auf den effektiven Sitz (Gesellschaftsstatut) des Bieters kommt es nicht an. Im Falle eines satzungsmäßigen Doppelsitzes, welcher in Ausnahmefällen zulässig ist,[23] sind beide Sitze des Bieters anzugeben. Anschrift und Sitz des Bieters können voneinander abweichen. Maßgebliche **Rechtsform** des Bieters ist AG, KGaA, GmbH, aber auch Personengesellschaftsform (KG, OHG etc.), da sich der Wortlaut des WpÜG nicht auf Kapitalgesellschaften beschränkt.

---

20 Zur weiteren Erläuterung der Unrichtigkeit und Unvollständigkeit wesentlicher Angaben vgl. § 12 Rn. 11 und 12.

21 Vgl. dazu § 2 Rn. 30 ff.

22 D. h. der effektive Verwaltungssitz i. S. d. RiLi 89/666/EWG.

23 *Hüffer,* Aktiengesetz-Kommentar, 4. Aufl., 1999, § 6 Rn. 10.

Gemäß § 2 Nr. 1 AngebotsVO hat die Angebotsunterlage dieselben Angaben (Name oder Firma, Anschrift oder Sitz, ggf. Rechtsform) auch betreffend mit **dem Bieter gemeinsam handelnden Personen** und Personen, deren Stimmrechte aus Aktien der Zielgesellschaft dem Bieter nach § 30 zuzurechnen sind, zu enthalten. Gemeinsam handelnde Personen sind gemäß der Definition des § 2 Abs. 4 natürliche oder juristische Personen, die ihr Verhalten im Hinblick auf ihren Erwerb von Wertpapieren der Zielgesellschaft oder ihre Ausübung von Stimmrechten aus Aktien der Zielgesellschaft mit dem Bieter auf Grund einer Vereinbarung oder in sonstiger Weise abstimmen. **Tochterunternehmen des Bieters** gelten als mit diesem gemeinsam handelnde Personen. Tochterunternehmen sind Unternehmen, die als Tochterunternehmen im Sinne des § 290 HGB gelten oder auf die ein beherrschender Einfluss ausgeübt werden kann, ohne dass es auf die Rechtsform oder den Sitz ankommt (§ 2 Abs. 5).[24] **23**

b) Firma, Sitz und Rechtsform der Zielgesellschaft

Firma, Sitz und Rechtsform der Zielgesellschaft sind anzugeben, damit eine eindeutige Identifizierung des Angebotsziels möglich ist und auch für die Aufsicht erkennbar ist, wer am nun folgenden Angebotsverfahren beteiligt ist.[25] **Zielgesellschaften** sind in § 2 Abs. 3 definiert als Aktiengesellschaften oder Kommanditgesellschaften auf Aktien mit Sitz im Inland.[26] **24**

c) Wertpapiere, die Gegenstand des Angebots sind

aa) Begriff des Wertpapiers

Durch die **Wertpapiere**, die Gegenstand des Angebots sind, wird der Kreis der Angebotsempfänger bestimmt. Der Begriff Wertpapier ist in § 2 Abs. 2 definiert als Aktie, mit dieser vergleichbares Wertpapier oder Zertifikat, welches Aktien vertritt, sowie andere Wertpapiere, die den Erwerb von Aktien, mit diesen vergleichbaren Wertpapieren und Zertifikaten, die Aktien vertreten, zum Gegenstand haben. Zu letzteren zählen z.B. Zwischenscheine, Deposital Receipts, Wandelanleihen, Aktienoptionen und sonstige Optionsrechte. Wertpapiere können unverbrieft und verbrieft sein.[27] Die Angebotsunterlage muss die Wert- **25**

24 Zu den Stimmen, die dem Bieter gemäß § 30 zuzurechnen sind, vgl. § 30 Rn. 18ff.
25 Regierungsbegründung, BR-Drucks. 574/01, S. 99.
26 Vgl. § 2 Rn. 25ff. Zur Definition von Anschrift, Sitz und Rechtsform vgl. Rn. 22f.
27 Vgl. dazu § 2 Rn. 20ff.

papiere, die Gegenstand des Angebots sind, genau bezeichnen, z. B. auch deren Wertpapierkennnummer angeben.[28]

bb) Mindest- und Höchstzahl der Wertpapiere

26 Die Angebotsunterlage hat auch Angaben über die Mindest- und Höchstanzahl der Wertpapiere zu enthalten. Dies ergibt sich aus § 2 Nr. 6 AngebotsVO, wonach bei Teilangeboten der Anteil bzw. die Anzahl der Wertpapiere enthalten sein muss, zu deren Erwerb sich der Bieter verpflichtet. Darüber hinaus ist die Verpflichtung zur Bekanntgabe der Mindest- und Höchstanzahl der Wertpapiere auch § 21 zu entnehmen; gem. § 21 Abs. 1 Nr. 1 und 2 kann der Bieter bis zu einem Werktag vor Ablauf der Annahmefrist den Mindestanteil oder die Mindestzahl der Wertpapiere oder den Mindestanteil der Stimmrechte, von dessen Erwerb der Bieter die Wirksamkeit seines Angebots abhängig gemacht hat, verringern. Aus § 21 ergibt sich, dass der Bieter sein Angebot – zusätzlich zur Mindest- und Höchstzahl der zu erwerbenden Wertpapiere – auch von einer Mindest- bzw. Höchstzahl von zu erwerbenden Stimmrechten abhängig machen kann (nicht aber muss).

27 Während der Bieter beim **freiwilligen Angebot** bei der Auswahl der Wertpapiere, die Gegenstand des Angebots sind, frei ist, bezieht sich das **Pflichtangebot** auf alle Aktien der Zielgesellschaft (vgl. § 35).

cc) Zuteilungsregelung

28 Für den Fall, dass ein Angebot auf den Erwerb nur eines bestimmten Anteils oder einer bestimmten Anzahl von Wertpapieren gerichtet ist und der Anteil bzw. die Anzahl der Annahmeerklärungen höher als der Anteil bzw. die Anzahl von Wertpapieren ist, welche der Bieter zu erwerben beabsichtigt, enthält § 19 eine grundsätzliche **Zuteilungsregelung**. Demnach sind die Annahmeerklärungen der Wertpapierinhaber grundsätzlich **verhältnismäßig** zu berücksichtigen. Gem. § 2 Nr. 6 AngebotsVO hat der Bieter bei Teilangeboten nicht nur den Anteil bzw. die Anzahl der Wertpapiere, zu deren Erwerb er sich verpflichtet, sondern auch Angaben über die Zuteilung nach § 19 in die Angebotsunterlage aufzunehmen. Das gilt insbesondere dann, wenn vom Grundsatz der verhältnismäßigen Berücksichtigung der eingegangenen Annahmeerklärungen (ausnahmsweise) abgegangen werden soll.

---

28 Vgl. *Geibel* (Fn. 4), § 11 Rn. 12.

dd) Wertpapiere, über die der Bieter bereits verfügt

Gemäß § 2 Nr. 5 AngebotsVO hat der Bieter in die Angebotsunterlage Angaben über die Anzahl sämtlicher vom Bieter und von mit ihm gemeinsam handelnden Personen und deren Tochterunternehmen bereits gehaltenen Wertpapiere aufzunehmen; darüber hinaus hat die Angebotsunterlage Angaben über die Höhe der von den genannten Personen gehaltenen **Stimmrechtsanteile** unter Angabe der ihnen jeweils nach § 30 zuzurechnenden Stimmrechtsanteile getrennt für jeden Zurechnungstatbestand zu enthalten.[29] Nach dem Wortlaut des § 2 Nr. 5 AngebotsVO sind also einerseits stimmrechtslose Wertpapiere (z.B. stimmrechtslose Vorzugsaktien) und andererseits Stimmrechtsanteile anzuführen; unklar ist hingegen, ob auch für stimmrechtslose Wertpapiere die für die Stimmrechtsanteile erforderliche Trennung (Bieter, gemeinsam handelnde Personen, Tochterunternehmen) erfolgen muss und ob die Zurechnungstatbestände des § 30 gelten; dies ist wohl mangels ausdrücklicher Bestimmung nicht der Fall. **29**

An dieser Stelle ist auch auf diesbezügliche Veröffentlichungspflichten des Bieters nach Abgabe des Angebots gemäß § 23 hinzuweisen.[30]

d) Art und Höhe der für die Wertpapiere der Zielgesellschaft gebotenen Gegenleistung

Von besonderem Interesse für die Wertpapierinhaber ist die Angabe der für die Wertpapiere der Zielgesellschaft gebotenen Gegenleistung, die regelmäßig ausschlaggebend für die Verkaufsentscheidung der Wertpapierinhaber der Zielgesellschaft ist.[31] Anzugeben ist sowohl die Art der Gegenleistung (Geld oder Wertpapiere) als auch deren Höhe. **30**

aa) Art der Gegenleistung

Gem. § 31 Abs. 2 hat die Gegenleistung in einer **Geldleistung in Euro** oder in **liquiden Aktien** zu bestehen, die zum Handel an einem organisierten Markt zugelassen sind. Die für die Wertpapiere gebotene Gegenleistung kann also in einem bar zu zahlenden Kaufpreis **(„Barangebot“)**, in einem Tausch in andere Wertpapiere **(„Tauschangebot“)** oder in einer Mischung von Bar- und Tauschangebot bestehen. Tauschangebote sind deswegen beliebt, weil die Finanzierung des Angebots für den Bieter dadurch erleichtert wird. Der Bieter ist nicht gehindert, **31**

29 Zur Zurechnung von Stimmrechten gem. § 30 vgl. § 30 Rn. 18ff.
30 Vgl. § 23 Rn. 14ff.
31 Regierungsbegründung, BR-Drucks. 574/01, S. 99.

den Aktionären eine **andere Gegenleistung** anzubieten; in jedem Fall müssen die Aktionäre jedoch die Möglichkeit haben, entweder Geld oder die genannten liquiden Wertpapiere als Gegenleistung anzunehmen. Unter organisiertem Markt wird jede Börse im Europäischen Wirtschaftsraum verstanden. Diese Regelung ermöglicht auch Unternehmen mit Sitz außerhalb des Europäischen Wirtschaftsraums, ihre Aktien als Gegenleistung anzubieten, sofern sie ihre Aktien zum Handel an einem geregelten Markt im Europäischen Wirtschaftsraum zulassen, was ohne Probleme möglich ist, sofern die Unternehmen die europäischen Mindeststandards erfüllen.[32] Werden **Inhabern stimmberechtigter Aktien** als Gegenleistung Aktien angeboten, müssen diese Aktien ebenfalls ein Stimmrecht gewähren. In Ausprägung des allgemeinen Gleichbehandlungsgrundsatzes wird der Bieter jedoch verpflichtet, den Aktionären der Zielgesellschaft dann eine Geldleistung in Euro als Gegenleistung anzubieten, wenn er in zeitlichem Zusammenhang mit der Übernahme innerhalb der letzten drei Monate vor Abgabe des Übernahmeangebots in nicht unerheblichem Umfang, d. h. mindestens fünf Prozent, der Aktien oder Stimmrechte gegen Geldzahlung erlangt hat (§ 31 Abs. 3). Hierdurch soll ein „Anschleichen" an die Zielgesellschaft unter Ausgrenzung der Minderheitsaktionäre verhindert werden. In gleicher Weise wird der Bieter zu einer Geldleistung verpflichtet, wenn er während der Angebotsfrist „außerhalb" des Übernahmeverfahrens Aktien gegen Geld erwirbt.[33]

bb) Besondere Angaben, falls die Gegenleistung in Wertpapieren besteht

32 Werden Wertpapiere als Gegenleistung angeboten, ist die **Angebotsunterlage zugleich auch Verkaufsprospekt**. In diesem Fall sind gemäß § 2 Nr. 2 AngebotsVO Angaben nach § 7 VerkProspG in Verbindung mit der VerkProspVO erforderlich. Als Wertpapiere i. S. d. § 2 Nr. 2 AngebotsVO gelten alle vertretbaren Wertpapiere und Wertrechte, die ihrer Natur nach auf einem Markt gehandelt werden können (§ 1 VerkProspG; die enge Definition des § 2 Nr. 2 WpÜG gilt hier nicht).[34] Die Beschränkungen des § 31 Abs. 2 sind zu beachten. Die tatsächlichen und rechtlichen Verhältnisse der zum Tausch angebotenen Wertpapiere sind richtig und vollständig anzugeben. Die VerkProspVO enthält einen Katalog von Angaben, die in einem Verkaufs-

32 Regierungsbegründung, BR-Drucks. 574/01, S. 70.
33 Regierungsbegründung, BR-Drucks. 574/01, S. 70; i. Ü. vgl. dazu § 31.
34 Vgl. auch *Geibel* (Fn. 4), § 11, Rn. 44.

prospekt enthalten sein müssen. § 7 Abs. 1 VerkProspG bestimmt generalklauselartig, dass ein Verkaufsprospekt die Angaben enthalten muss, „die notwendig sind, um dem Publikum ein zutreffendes Bild über den Emittenten und die Wertpapiere zu ermöglichen“, macht also deutlich, dass u. U. Angaben über die in der VerkProspV gemachten Vorgaben erforderlich sind. In der Praxis stimmt der Inhalt des Verkaufsprospekts weitgehend mit dem des Unternehmensberichts gemäß § 71 BörsG überein, da auch § 57 Abs. 2 FBörsO für dessen Inhalt auf die Vorschriften des VerkProspG verweist.

Wurde für die als Gegenleistung angebotenen Wertpapiere vor weniger als zwölf Monaten vor Veröffentlichung der Angebotsunterlage ein Verkaufsprospekt gemäß § 7 VerkProspG, ein Prospekt auf Grund der Zulassung der Wertpapiere zum Börsenhandel mit amtlicher Notierung gemäß § 36 BörsG oder ein Unternehmensbericht gemäß § 71 BörsG im Inland in deutscher Sprache veröffentlicht, genügt die ergänzende Angabe, dass ein Prospekt oder ein Unternehmensbericht veröffentlicht wurde und wo dieser erhältlich ist, sowie die Angabe der seit der Veröffentlichung des Prospekts oder des Unternehmensberichts eingetretenen Änderungen. **33**

cc) Höhe der Gegenleistung und Bewertungsmethode

Gem. § 31 Abs. 1 hat der Bieter den Aktionären der Zielgesellschaft eine angemessene Gegenleistung anzubieten, bei deren Bestimmung zum einen grundsätzlich der **durchschnittliche Börsenkurs** der Aktien der Zielgesellschaft und zum anderen **Vorerwerbe des Bieters** in Aktien der Zielgesellschaft, mit ihm gemeinsam handelnder Personen oder deren Tochterunternehmen zu berücksichtigen sind. Einzelheiten sind im Dritten Abschnitt (§§ 3–7) der AngebotsVO geregelt: **34**

– Danach muss, falls die Aktien der Zielgesellschaft zum **Handel an einem organisierten Markt im Inland** zugelassen sind, die Gegenleistung mindestens dem gewichteten durchschnittlichen inländischen Börsenkurs dieser Aktien während der letzten drei Monate vor der Veröffentlichung der Angebotsunterlage entsprechen (§ 5 Abs. 1 AngebotsVO). Sind die Aktien der Zielgesellschaft zum Zeitpunkt der Veröffentlichung der Angebotsunterlage weniger als drei Monate börsenzugelassen, muss der Wert der Gegenleistung mindestens dem gewichteten durchschnittlichen inländischen Börsenkurs seit der Einführung der Aktien in den Handel entsprechen (§ 5 Abs. 2 AngebotsVO). Der gewichtete durchschnittliche inländi- **35** sche Börsenkurs ist in § 5 Abs. 3 AngebotsVO als „der nach Umsätzen gewichtete Durchschnittskurs der dem Bundesaufsichtsamt nach § 9 des WpHG als börslich gemeldeten Geschäfte“ definiert. Sind für die Aktien der Zielgesellschaft an weniger als einem Drittel der Börsentage Börsenkurse festgestellt worden und weichen mehrere nacheinander festgestellte Börsenkurse um mehr als fünf Prozent voneinander ab, hat die Bestimmung der Höhe der Gegenleistung auf der Grundlage einer Unternehmensbewertung der Zielgesellschaft zu erfolgen (§ 5 Abs. 4 AngebotsVO).

36 – Falls die Aktien der Zielgesellschaft **ausschließlich zum Handel an einem organisierten Markt in einem anderen Staat des Europäischen Wirtschaftsraums** zugelassen sind, muss die Gegenleistung mindestens dem durchschnittlichen Börsenkurs der letzten drei Monate vor der Veröffentlichung der Angebotsunterlage des organisierten Marktes mit den höchsten Umsätzen in den Aktien der Zielgesellschaft entsprechen (§ 6 Abs. 1 AngebotsVO); bei kürzerer Börsenzulassung gilt § 5 Abs. 3 AngebotsVO entsprechend. Der durchschnittliche Börsenkurs ist der Durchschnittskurs der täglichen Schlussauktion der Aktien der Zielgesellschaft an dem organisierten Markt bzw. – falls keine Schlussauktion durchgeführt wird – der Durchschnittskurs auf der Grundlage anderer, zur Bildung eines Durchschnittskurses geeigneter Kurse, die täglich festgestellt werden. Der Durchschnittskurs ist auf der Grundlage des jeweiligen Tageskurses in Euro umzurechnen (§ 6 Abs. 4 AngebotsVO). Die Grundlagen der Berechnung des durchschnittlichen Börsenkurses sind so zu dokumentieren, dass eine Prüfung durch das Bundesaufsichtsamt möglich ist (§ 6 Abs. 5 AngebotsVO). § 5 Abs. 4 AngebotsVO gilt entsprechend.

37 – Für **Aktien, die nicht derselben Gattung** angehören, ist die Gegenleistung getrennt zu ermitteln (§ 3 AngebotsVO).

38 – Besteht die vom Bieter angebotene **Gegenleistung in Aktien**, sind für die Bestimmung des Wertes dieser Aktien die §§ 5 und 6 AngebotsVO entsprechend anwendbar.

39 Im Fall von **Vorerwerben** muss die Gegenleistung für die Aktien der Zielgesellschaft mindestens dem Wert der höchsten vom Bieter, einer mit ihm gemeinsam handelnden Person oder deren Tochterunternehmen gewährten oder vereinbarten Gegenleistung für den Erwerb von Aktien der Zielgesellschaft innerhalb der letzten drei Monate vor der Veröffentlichung der Angebotsunterlage entsprechen.

Erwirbt der Bieter nach Veröffentlichung der Angebotsunterlage bis zum Ablauf eines Jahres nach Veröffentlichung des Endergebnisses der Übernahme Aktien, ist der Bieter grundsätzlich verpflichtet, seine Gegenleistung entsprechend nachzubessern bzw. den Differenzbetrag nachträglich zu zahlen. Auch diese Regelung ist Ausfluss des allgemeinen Gleichheitsgrundsatzes und soll eine bevorzugte Behandlung einzelner Aktionäre verhindern.[35] 40

Gem. § 2 Nr. 3 AngebotsVO hat die **Angebotsunterlage** weiter die zur Festsetzung der Gegenleistung angewandten Bewertungsmethoden und die Gründe zu enthalten, warum die Anwendung dieser Methoden angemessen ist, sowie die Angabe, welches Umtauschverhältnis oder welcher Gegenwert sich bei der Anwendung verschiedener Methoden, sofern mehrere angewandt worden sind, jeweils ergeben würde; zugleich ist darzulegen, welches Gewicht den verschiedenen Methoden bei der Bestimmung des Umtauschverhältnisses oder des Gegenwerts und der ihnen zugrunde liegenden Werte beigemessen worden ist und welche besonderen Schwierigkeiten bei der Bewertung der Gegenleistung aufgetreten sind. § 2 Nr. 3 AngebotsVO dient der Plausibilisierung und Überprüfung der Gegenleistung.[36] Der Wortlaut erinnert an die Regelung des § 12 Abs. 2 Satz 2 UmwG (Bewertungsmethoden zur Bestimmung der Angemessenheit des Umtauschverhältnisses bei Verschmelzungen). § 2 Nr. 3 AngebotsVO ist insbesondere vor dem Hintergrund von Bedeutung, dass der Bieter als Gegenleistung nicht nur Geld anbieten kann.[37] Wird als Gegenleistung ausschließlich Geld angeboten, reicht im Regelfall eine Bezugnahme auf den Börsenkurs der Wertpapiere der Zielgesellschaft aus.[38] Dasselbe gilt, wenn als Gegenleistung börsennotierte Wertpapiere angeboten werden.[39] Wird von diesem Grundsatz ausnahmsweise abgegangen, kommt der Darstellung der Bewertungsmethoden naturgemäß besondere Bedeutung zu. Der Gesetzgeber hat keine Festlegungen hinsichtlich alternativer Bewertungsmethoden getroffen; in Frage kommen wohl vorrangig das Ertragswertverfahren oder das DCF-Verfahren gem. IDW Standard S1 (IDW S1 Ziff. 7.2 und 7.3).[40] Ein Novum ist, dass die Gegenleistung für die Wertpapiere nicht nur angemessen zu sein hat, sondern dass 41

35 Regierungsbegründung, BR-Drucks. 574/01, S. 71.
36 *Schüppen* (Fn. 6), 962.
37 *Pötzsch/Möller*, WM Sonderbeilage Nr. 2/2000, S. 20.
38 So im Ergebnis auch *Geibel* (Fn. 4), § 11 Rn. 54 ff.
39 Regierungsbegründung, BR-Drucks. 574/01, S. 78.
40 Vgl. *Geibel* (Fn. 4), § 11 Rn. 58.

der Bieter in der Angebotsunterlage auch begründen muss, warum er diese Gegenleistung für angemessen hält bzw. welche Bewertungsmethoden er angewandt und warum er eben diese Bewertungsmethoden ausgewählt hat.[41]

dd) Änderung von Art und Höhe der Gegenleistung

42 Art und Höhe der Gegenleistung können geändert werden, nach der Intention des Gesetzgebers jedoch **nur zu Gunsten der Wertpapierinhaber** bzw. um das Angebot attraktiver zu machen: Gem. § 21 Abs. 1 Nr. 1 und Nr. 2 kann der Bieter bis zu einem Werktag vor Ablauf der Annahmefrist die Gegenleistung erhöhen (Nr. 1) bzw. eine andere Gegenleistung anbieten (Nr. 2).[42]

e) Bedingungen, von denen die Wirksamkeit des Angebots abhängt

43 Der Bieter hat auch über die **Bedingungen** zu informieren, von denen er die Wirksamkeit seines Angebots abhängig macht. Gemäß § 18 Abs. 1 darf der Bieter sein Angebot nicht von Bedingungen abhängig machen, deren Eintritt er, mit ihm gemeinsam handelnde Personen oder deren Tochterunternehmen ausschließlich selbst herbeiführen können. Darüber hinaus ist ein Angebot, das unter dem **Vorbehalt des Widerrufs oder des Rücktritts** abgegeben wird, unzulässig (§ 18 Abs. 2). Im Unterschied zur Rechtslage in Österreich, wo auch die nachträgliche Rücknahme einer in das Angebot aufgenommenen Bedingung in der Regel unzulässig ist,[43] ist gem. § 21 Abs. 1 Nr. 4 ein **Verzicht auf Bedingungen** bis zu einem Werktag vor Ablauf der Annahmefrist zulässig.

f) Beginn und Ende der Annahmefrist

44 Des Weiteren muss der Bieter in der Angebotsunterlage den Beginn und das Ende der Annahmefrist angeben. Gemäß § 16 Abs. 1 Satz 1 beträgt die Annahmefrist grundsätzlich **zwischen vier und** (unbeschadet der Vorschriften des § 21 Abs. 5 und § 22 Abs. 2) **zehn Wochen**. Sie beginnt mit der Veröffentlichung der Angebotsunterlage nach § 14 Abs. 3 Satz 1 (vgl. § 16 Abs. 1 Satz 2) und endet mit dem in der An-

---

41 *Schüppen* (Fn. 6), 962; nähere Angaben zur Höhe der Gegenleistung vgl. § 31 Rn. 16ff.

42 Zu den Rechtsfolgen einer solchen Angebotsänderung vgl. § 21.

43 Österreichische Übernahmekommission – Stellungnahme GZ 1999/2/3-13.

gebotsunterlage festgelegten Ablauf bzw. früher, wenn der einzelne Wertpapierinhaber das Angebot annimmt.[44]

Eine **Verlängerung der Annahmefrist** ist in Ausnahmefällen vorgesehen. Hier anzuführen ist v.a. die Verlängerung der Annahmefrist im Falle einer Änderung des Angebots nach § 21 Abs. 5 (zwei Wochen, sofern die Veröffentlichung der Änderung innerhalb der letzten zwei Wochen vor Ablauf der Angebotsfrist erfolgt) und die Annahmefrist im Falle konkurrierender Angebote nach § 22 Abs. 2 (Ablauf der Annahmefrist bestimmt sich nach dem Ablauf der Annahmefrist für das konkurrierende Angebot).[45] Gemäß § 2 Nr. 9 AngebotsVO hat die Angebotsunterlage den Hinweis auf die Annahmefrist im Falle einer Änderung des Angebots nach § 21 Abs. 5 und die Annahmefrist im Falle konkurrierender Angebote nach § 22 Abs. 2 sowie im Falle von Übernahmeangeboten den Hinweis auf die weitere Annahmefrist nach § 16 Abs. 2 zu enthalten. Diese Hinweise müssen notwendigerweise abstrakter Natur sein, da bei Veröffentlichung der Angebotsunterlage eine etwaige Verlängerung der Annahmefrist nicht feststehen kann. Ein Hinweis auf die etwaige Verlängerung der Annahmefrist bei Einberufung einer Abwehrhauptversammlung der Zielgesellschaft (§ 16 Abs. 3) ist hingegen nicht vorgeschrieben; der Bieter hat eine derartige Verlängerung gem. § 16 Abs. 3 Satz 3 zu veröffentlichen. 45

Die Annahmefrist ist ein **Kompromiss widerstreitender Interessen**: Öffentliche Übernahmeangebote belasten die Zielgesellschaft in erheblichem Maß und behindern ihre Geschäftstätigkeit; darüber hinaus wird der Kapitalmarkt durch die mit dem Angebot verbundenen Turbulenzen belastet. Die Zielgesellschaft ist daher an einem möglichst raschen Verfahrensablauf und damit an einer kurzen Annahmefrist interessiert. Dasselbe gilt für den Bieter: Er möchte seinen Informationsvorsprung maximal ausnutzen; eine zu lange Annahmefrist erleichtert anderen Übernahmeinteressenten die Unterbreitung eigener Angebote und könnte zu einer zeit- und kostenaufwendigen Übernahmeauktion führen. Die Adressaten des Übernahmeangebots haben hingegen Interesse an einem möglichst langen Angebotszeitraum, um eine wohlüberlegte Entscheidung treffen zu können bzw. um im Fall einer Übernahmeauktion ihren Gewinn zu maximieren.[46] 46

44 Vgl. § 16 Rn. 10ff.
45 Vgl. § 16 Rn. 13, § 21 Rn. 39 und § 22 Rn. 17.
46 Vgl. z.B. *Berger*, ZIP-Report 1991, 1658.

3. Ergänzende Angaben gemäß § 11 Abs. 2

a) Angaben über die Finanzierung

47 Der Bieter hat Angaben zu den notwendigen Maßnahmen zu machen, die sicherstellen, dass ihm die zur vollständigen **Erfüllung des Angebots** notwendigen Mittel zu Verfügung stehen, und zu den erwarteten **Auswirkungen eines erfolgreichen Angebots auf die Vermögens-, Finanz- und Ertragslage** des Bieters (Abs. 2 Satz 3 Nr. 1). Die Angaben sind geboten, da es weder im Interesse der Wertpapierinhaber der Zielgesellschaft noch der Zielgesellschaft selbst ist, Beteiligte eines Angebotsverfahrens zu sein, das seitens des Bieters auf keiner vertretbaren wirtschaftlichen Grundlage steht und unter Umständen von Anfang an zum Scheitern verurteilt ist.[47] Insbesondere beim **fremdfinanzierten Barangebot** haben die Angaben mehrfache Bedeutung: Die Wertpapierinhaber sind daran interessiert, ob bzw. inwieweit der Bieter seine finanziellen Verpflichtungen aus dem Angebot wahrnehmen kann. Für die Arbeitnehmer der Zielgesellschaft können die Finanzierungsbedingungen ein Hinweis auf eine Absicht des Bieters sein, Vermögensgegenstände der Zielgesellschaft zu verwerten oder Personal in der Zielgesellschaft abzubauen. Aber auch ein **Tauschangebot** kann erhebliche Auswirkungen auf die Vermögens-, Finanz- und Ertragslage des Bieters haben, etwa wenn der Bieter die zum Tausch angebotenen Aktien gemäß § 71 AktG erwirbt und dabei erhebliche finanzielle Mittel aufwenden muss.

48 Der Bieter hat einerseits Angaben darüber zu machen, welche Maßnahmen er zur Sicherstellung der zur Erfüllung notwendigen Mittel getroffen hat (z.B. Zahlungsgarantien bei einem Barangebot oder Angaben über vorhandenes genehmigtes Kapital und dessen inhaltliche Eignung bei einem Tauschangebot). Zudem hat der Bieter Auskunft über die finanziellen Belastungen eines erfolgreichen Angebots auf seine Vermögens-, Finanz- und Ertragslage zu geben.[48] Auch hierdurch soll sichergestellt werden, dass der Bieter nicht in Folge der Übernahme in finanzielle Schwierigkeiten gerät und u.U. sogar den Geschäftsbetrieb einstellen muss.[49] Nicht ausreichend ist ein schlichter Verweis auf die Finanzierungsbestätigung gem. § 13 Abs. 1, da diese lediglich eine Bestätigung enthält, dass die erforderlichen Maßnahmen für die Finanzierung getroffen wurden, nicht jedoch welcher

---

47 Regierungsbegründung, BR-Drucks. 574/01, S. 99.
48 Regierungsbegründung, BR-Drucks. 574/01, S. 99.
49 *Pötzsch/Möller* (Fn. 37), S. 20.

Art diese Maßnahmen sind und welche Auswirkungen auf die Vermögens-, Finanz- und Ertragslage des Bieters zu erwarten sind.[50]

b) Angaben über künftige Geschäftspolitik

Für die Beurteilung des Angebots ist es notwendig, dass der Bieter auch seine Absichten hinsichtlich der **künftigen Geschäftstätigkeit der Zielgesellschaft** offen legt. Hierzu gehören insbesondere Informationen über eine mögliche Sitzverlegung und die Verlagerung wesentlicher Unternehmensteile. Des Weiteren ist Auskunft über die beabsichtigte Verwendung des Vermögens der Zielgesellschaft und über deren künftige Verpflichtungen zu geben. Im Interesse der Beschäftigten der Zielgesellschaft hat der Bieter darüber hinaus über geplante wesentliche Änderungen der Beschäftigungsbedingungen sowie die Arbeitnehmer und deren Vertretungen betreffende wesentliche Veränderungen zu informieren.[51] § 11 Abs. 2 Satz 3 Nr. 2 verlangt daher Angaben über die Absichten des Bieters im Hinblick auf die künftige Geschäftstätigkeit der Zielgesellschaft, insbesondere den Sitz und den Standort wesentlicher Unternehmensteile, die Verwendung ihres Vermögens, ihre künftigen Verpflichtungen, die Arbeitnehmer und deren Vertretungen, die Mitglieder ihrer Geschäftsführungsorgane und wesentliche Änderungen der Beschäftigungsbedingungen einschließlich der insoweit vorgesehenen Maßnahmen. Denkbare Angaben sind z.B. die Absicht der Veräußerung von Vermögen der Zielgesellschaft, die Stilllegung von Betriebsstandorten, die Umstrukturierung oder Verschmelzung der Zielgesellschaft, der Abschluss von Unternehmensverträgen, der Wegfall von Betriebsräten bzw. die Kündigung von Arbeitnehmern infolge von Strukturmaßnahmen, die Umstellung von Lohn- oder Gehaltsschemen, die Einführung eines Schichtbetriebs, der Wechsel von Tarifverträgen oder Betriebsvereinbarungen etc. **49**

Die Angaben über die künftige Geschäftspolitik sind sicherlich der brisanteste Abschnitt der Angebotsunterlage und können über Erfolg oder Misserfolg eines öffentlichen Übernahmeangebots entscheiden. Zu weitgehende Offenlegungen liegen nicht im Interesse des Bieters; daher besteht zwischen **legitimen Geheimhaltungsinteressen des Bieters** in Bezug auf künftige geschäftliche Maßnahmen ein erhebliches Spannungsverhältnis gegenüber anderen Bietern, gegenüber Wettbewerbern und gegenüber den Arbeitnehmern der Zielgesellschaft. **50**

---

50 Vgl. *Geibel* (Fn. 4), § 11 Rn. 20.

51 Regierungsbegründung, BR-Drucks. 574/01, S. 100.

Zudem ist sich der Bieter bei Erstellung der Angebotsunterlage mangels Detailkenntnis des Unternehmens der Zielgesellschaft vieler erforderlicher oder gebotener Maßnahmen vielleicht gar nicht bewusst; keinesfalls kann es dem Bieter zugemutet werden, Angaben ins „Blaue" hinein zu machen und sich dadurch später angreifbar zu machen. Darüber hinaus sind die Angaben über das weitere Schicksal der Mitglieder der Geschäftsführungsorgane der Zielgesellschaft, v. a. wenn diese ersetzt werden sollen, geeignet, trotz des Neutralitätsgebots des Vorstands der Zielgesellschaft dessen Stellungnahme zu Ungunsten des Bieters zu färben.

51 Aus diesen Erwägungen sollten die Anforderungen, die an den Bieter bei der Offenlegung der künftigen Geschäftspolitik anzulegen sind, nicht überspannt werden. Angesichts der unvollkommenen Informationslage des Bieters sind detaillierte Aussagen teilweise nicht möglich. Im Fall eines erfolgreichen Angebots könnten sie sogar kontraproduktiv sein, da sich Wettbewerber der Zielgesellschaft auf Insiderinformationen, die sie sonst nicht erhalten hätten, einstellen können. Es wäre wünschenswert gewesen, hätte der Gesetzgeber klare und einschränkende Worte für diese Verpflichtung gefunden. Schließlich kann es sich bei den Angaben nur um die Darstellung von subjektiven Vorstellungen, also eine Art **Absichtserklärung** handeln. In diesem Zusammenhang ist auch festzuhalten, dass den Wertpapierinhabern bzw. den Arbeitnehmern der Zielgesellschaft aus den Angaben gem. § 11 Abs. 2 Satz 3 Nr. 2 kein einklagbarer Anspruch erwachsen kann.[52] Auch die **Haftung** für unrichtige bzw. unvollständige Angaben wird man sehr einschränkend beurteilen müssen, sofern aus der Abweichung von der Absichtserklärung überhaupt ein Anspruch entstehen kann. Ggf. ist empfehlenswert, in der Angebotsunterlage auf die Unverbindlichkeit der Absichtserklärung hinzuweisen bzw. diese unter möglichst weitreichende Vorbehalte zu stellen.[53]

52 Handelt es sich um ein **Angebot, das kein Übernahme- oder Pflichtangebot** ist und in dessen Folge auf Grund der geringen Höhe der angestrebten Beteiligung beispielsweise kein Einfluss auf die künftige Geschäftstätigkeit der Zielgesellschaft genommen werden kann, ist in der Angebotsunterlage nur darauf hinzuweisen, dass entsprechende Absichten mit der Abgabe des Angebotes nicht verbunden sind.[54]

---

52 Vgl. dazu *Geibel* (Fn. 4), § 11 Rn. 22 und 34.
53 *Liebscher* (Fn. 6), 853, 868.
54 Regierungsbegründung, BR-Drucks. 574/01, S. 100.

c) Angaben über Sonderleistungen an Organe der Zielgesellschaft

Hat der Bieter im Vorfeld des Angebots mit einzelnen Mitgliedern der Verwaltung der Zielgesellschaft Absprachen über deren berufliche Perspektiven getroffen, können daraus Interessenkonflikte resultieren, deren Kenntnis für die Wertpapierinhaber von erheblicher Bedeutung ist. Dies gilt insbesondere vor dem Hintergrund, dass der Vorstand der Zielgesellschaft eine Stellungnahme zu dem Angebot abzugeben hat. Abs. 2 Satz 3 Nr. 3 verpflichtet den Bieter daher, **in der Angebotsunterlage jede Geldleistung bzw. jeden anderen geldwerten Vorteil anzugeben**, der den Mitgliedern des Vorstands oder des Aufsichtsrats der Zielgesellschaft gewährt oder in Aussicht gestellt wird. Als geldwerter Vorteil gilt jeder wirtschaftliche Vorteil, welcher nicht in einer Geldleistung besteht und auf welchen das entsprechende Verwaltungsorgan keinen Rechtsanspruch hätte. Dazu gehören insbesondere vom Bieter gewährte erhöhte Bezüge bzw. Abfertigungs- oder Abfindungszahlungen (soweit das entsprechende Verwaltungsorgan dazu nicht ohnehin vertraglich berechtigt ist) oder Zusagen an Verwaltungsorgane im Hinblick auf bestimmte Positionen in der Zielgesellschaft.[55] Anzugeben sind sowohl die Art als auch die Höhe der jeweiligen Vorteile. Schließlich sind sowohl bereits gewährte Vorteile als auch Vereinbarungen über künftig zu gewährende Vorteile von der Angabepflicht erfasst. 53

Vorteile, die nicht aus einer Zuwendung des Bieters resultieren, sind in der Angebotsunterlage nicht zu berücksichtigen. Dabei handelt es sich z. B. um Optionen, die im Fall einer Übernahme zügig ausgeübt werden können, um Abfindungsvereinbarungen (sog. „golden parachutes“) und um eigene Aktienbestände, von welchen der Bieter und die Aktionäre der Zielgesellschaft regelmäßig keine Kenntnis haben.[56] 54

---

55 Regierungsbegründung, BR-Drucks. 574/01, S. 100. Zur Definition des Begriffes „geldwerter Vorteil“ vgl. § 8 EStG bzw. *Schmidt/Drenseck,* EStG, 20. Aufl., 2001, § 8 Rn. 30. Im Referentenentwurf war noch von dem auch in § 5 Abs. 1 Nr. 8 UmwG verwendeten Begriff des „besonderen Vorteils“ die Rede; dieser Begriff wurde offenbar bewusst durch den „geldwerten Vorteil“ ersetzt. Aufgrund des ähnlichen Regelungszusammenhangs kann aber auf die zum UmwG entwickelten Auslegungsgrundsätze zurückgegriffen werden.

56 Der britische City Code enthält im Gegensatz zum WpÜG aus diesem Grund Regelungen, die deutlich über das WpÜG hinausgehen. So sind gem. City Code Rule 25 Verträge zwischen der Zielgesellschaft und deren Leitung mit einer Restlaufzeit von mehr als 12 Monaten offenzulegen. Weiter müssen Veränderungen an Verträgen, die innerhalb einer 6-Monats-Frist vor Abgabe der Stellungnahme des Leitungsorgans der Zielgesellschaft verändert worden sind, aufgezeigt werden.

55 Die Offenlegungspflicht der Bietergesellschaft steigert die Transparenz und damit die Motivation der Unternehmensführung, ausschließlich im Fremdinteresse zu handeln.[57] Mit der Angabe in der Angebotsunterlage ist jedoch keine Entscheidung darüber getroffen, ob es sich bei den gewährten Vorteilen um **zulässige Vorteile** handelt: Gem. § 33 Abs. 3 ist es nämlich verboten, im Zusammenhang mit dem Angebot ungerechtfertigte Geldleistungen oder andere ungerechtfertigte Vorteile zu gewähren.[58]

d) Bestätigung gemäß § 13 Abs. 1 Satz 2

56 Gem. § 13 Abs. 1 Satz 2 hat im Fall eines **Barangebotes** ein vom Bieter **unabhängiges Wertpapierdienstleistungsunternehmen schriftlich zu bestätigen**, dass der Bieter die notwendigen Maßnahmen getroffen hat, um sicherzustellen, dass die zur vollständigen Erfüllung des Angebots notwendigen Mittel zum Zeitpunkt der Fälligkeit des Anspruchs auf die Geldleistung zur Verfügung stehen. So soll sichergestellt werden, dass sich der Bieter nicht „übernimmt" und ggf. ein zu ambitioniertes Angebot nicht erfüllen kann (vgl. auch § 11 Abs. 2 Satz 3 Nr. 1). Diese Vorschrift war in den ersten Entwürfen des WpÜG wesentlich schärfer formuliert; so war ursprünglich eine Bestätigung auch im Fall von Tauschangeboten vorgesehen bzw. sollte sich die Bestätigung auf die Verfügbarkeit von Mitteln (anstatt wie nun vorgesehen auf das Treffen notwendiger Maßnahmen) beziehen.

57 Die **Finanzierungsbestätigung** ist unter Angabe von Firma, Sitz und Rechtsform des Wertpapierdienstleistungsunternehmens in die Angebotsunterlage aufzunehmen (Abs. 2 Satz 3 Nr. 4). Diese Bestimmung liegt im Interesse einer möglichst umfassenden Information der Wertpapierinhaber und soll dazu dienen, diesen die Verfolgung von Ansprüchen gegen das Wertpapierdienstleistungsunternehmen gem. § 13 Abs. 2 zu erleichtern.[59] Die – im Diskussionsentwurf noch nicht vorgesehene – Regelung verringert die **Attraktivität von Bar- gegenüber Tauschangeboten**, weil davon auszugehen ist, dass der Bieter für die Bestätigung und die damit verbundene Haftung des Wertpapierdienstleistungsunternehmens eine nicht unerhebliche Prämie zahlen bzw. entsprechende Sicherheitsleistungen erbringen muss.[60] Bei Tauschangeboten entfällt die Finanzierungsbestätigung.[61]

---

57 *Wiese/Demisch*, DB 2001, 849, 852.
58 Regierungsbegründung, BR-Drucks. 574/01, S. 100; i. Ü. vgl. dazu § 33 Rn. 122 f.
59 Regierungsbegründung, BR-Drucks. 574/01, S. 100.
60 *Land*, DB 2001, 1710, 1710.
61 *Thaeter/Barth*, NZG 2001, 545, 548.

4. Ergänzende Angaben gem. § 2 AngebotsVO

Der Entwurf einer Rechtsverordnung, in dem weitere Angaben enthalten sind, ist als Anlage 1 zum Besonderen Teil der Begründung beigefügt; ihr zweiter Abschnitt (§ 2) enthält **zusätzliche in die Angebotsunterlage aufzunehmende Angaben**. Von der Ermächtigung zum Erlass der Rechtsverordnung wurde am 27. 12. 2001 durch Erlass der AngebotsVO Gebrauch gemacht. Neben den Angaben gem. Nr. 1 (Angaben über mit dem Bieter gemeinsam handelnde Personen; vgl. die Ausführungen in Rn. 23), Nr. 2 (Angaben gemäß § 7 VerkProspG; vgl. die Ausführungen in Rn. 32), Nr. 3 (Bewertungsmethoden; vgl. die Ausführungen in Rn. 41), Nr. 5 (Angaben über bereits gehaltene Wertpapiere; vgl. die Ausführungen in Rn. 29), Nr. 6 (zu erwerbende Wertpapiere und Zuteilung; vgl. die Ausführungen in Rn. 26 und 28) und Nr. 9 (Hinweise zur verlängerten bzw. erweiterten Annahmefrist; vgl. die Ausführungen in Rn. 45) sind eine Reihe von Angaben erforderlich, die hauptsächlich den Charakter sonstiger **Hintergrundinformationen** oder **Rechtsbelehrungen** haben bzw. Details zur technischen **Durchführung des Angebots** enthalten: 58

a) Abgabe der Annahmeerklärung (Nr. 4)

Die Angebotsunterlage hat Angaben über die Maßnahmen zu enthalten, welche die Empfänger des Angebots ergreifen müssen, um das Angebot anzunehmen und die Gegenleistung für die Aktien zu erhalten, die Gegenstand des Angebots sind, sowie Angaben über die mit diesen Maßnahmen für die Empfänger verbundenen Kosten und den Zeitpunkt, zu dem die Empfänger des Angebots die Gegenleistung erhalten. Zu diesen Angaben gehören z. B. die Stelle, gegenüber der die Angabe erklärt werden muss, die Form der Angebotsannahme, die Einreichung von Unterlagen sowie ggf. Provisionen, Gebühren, in- oder ausländische Steuern bzw. die Angabe, dass die Annahme des Angebots spesenfrei ist. 59

b) Art und Umfang der Gegenleistung bei Vorerwerben (Nr. 7)

Anzugeben sind Art und Umfang der jeweils für den Erwerb von Wertpapieren der Zielgesellschaft gewährten oder vereinbarten Gegenleistung von den in Nr. 5 genannten Personen und Unternehmen, sofern der Erwerb innerhalb von drei Monaten vor der Veröffentlichung gemäß § 10 Abs. 3 Satz 1 oder vor der Veröffentlichung der Angebotsunterlage gemäß § 14 Abs. 3 Satz 1 erfolgte; dem Erwerb gleichge- 60 stellt sind Vereinbarungen, auf Grund derer die Übereignung der Wertpapiere verlangt werden kann, also Optionsrechte auf den Erwerb von Wertpapieren der Zielgesellschaft. Diese Bestimmung dient der Sicherstellung, dass die angebotene Gegenleistung den gem. § 4 AngebotsVO vorgeschriebenen Mindestwert erreicht, sowie der Überprüfung, ob der Bieter ggf. eine Geldleistung gem. § 31 Abs. 3 Nr. 1 anbieten muss.

c) Angaben über behördliche Verfahren (Nr. 8)

61 Die Angebotsunterlage hat Angaben zum Erfordernis und Stand behördlicher, **insbesondere wettbewerbsrechtlicher Verfahren** im Zusammenhang mit dem Erwerb der Wertpapiere der Zielgesellschaft zu enthalten. Dies dient insbesondere zur Information der Wertpapierinhaber – und der Öffentlichkeit – bezüglich etwaiger kartellrechtlicher Bedenken gegen die Übernahme. Sofern fusionskontrollrechtlicher Handlungsbedarf besteht, ist darüber hinaus empfehlenswert, einen Kartellvorbehalt in Form einer aufschiebenden Bedingung in die Angebotsunterlage aufzunehmen.

d) Hinweis auf Veröffentlichung (Nr. 10)

62 Die Angebotsunterlage hat einen Hinweis darauf zu enthalten, wo sie veröffentlicht wird. Die Veröffentlichung hat gem. § 14 Abs. 3 Satz 1 durch Bekanntgabe im Internet sowie durch Abdruck in einem überregionalen Börsenpflichtblatt oder durch Bereithalten zur kostenlosen Ausgabe bei einer geeigneten Stelle im Inland unter Bekanntgabe in einem überregionalen Börsenpflichtblatt zu erfolgen; in letzterem Fall sind Einzelheiten zur Ausgabe der Unterlage anzugeben.[62]

e) Hinweis auf Rücktrittsrecht (Nr. 11)

63 Gem. § 2 Nr. 11 ist in die Angebotsunterlage ein abstrakter Hinweis auf das Rücktrittsrecht nach § 21 Abs. 4 und § 22 Abs. 3 aufzunehmen; dieser Hinweis hat den Charakter einer **Rechtsbelehrung**, da sich das Rücktrittsrecht aus dem Gesetz zwingend ergibt.

f) Anzuwendendes Recht (Nr. 12)

64 Die Angebotsunterlage hat Angaben darüber zu enthalten, welchem Recht die sich aus dem Angebot ergebenden Verträge zwischen dem

62 Vgl. dazu näher § 14 Rn. 23 ff.

Bieter und den Inhabern der Wertpapiere der Zielgesellschaft unterliegen **(Übernahmevertragsstatut)**.

Die Frage des Übernahmevertragsstatutes ist getrennt von der **Anwendbarkeit des WpÜG** zu betrachten: Das WpÜG findet Anwendung auf Zielgesellschaften mit Sitz im Inland, deren Aktien im amtlichen Handel oder geregelten Markt an einer Börse im Inland oder im geregelten Markt an einer Börse in einem anderen Staat des europäischen Wirtschaftsraums gehandelt werden.[63] Ist der (örtliche) Anwendungsbereich des Übernahmegesetzes gegeben, so folgt daraus auch die Zuständigkeit deutscher Behörden, und die Regelungen des WpÜG sind gemäß Art. 34 EGBGB zwingend anzuwenden. Das WpÜG enthält jedoch keine umfassende Regelung für alle Aspekte der zwischen Bieter und den einzelnen Inhabern der Wertpapiere der Zielgesellschaft aufgrund des Übernahmeangebots entstehenden Verträge. Soweit es um die schuldrechtlichen Fragen der Abwicklung der Übernahme – Verkauf/Tausch der Wertpapiere – geht, ist das Übernahmevertragsstatut nach den **allgemeinen Grundsätzen des Internationalen Privatrechts** zu bestimmen.[64] 65

Enthält das Angebot die geforderte Angabe des anwendbaren Rechts, so wählen der Bieter und der das Angebot annehmende Wertpapierinhaber ein bestimmtes Recht für den jeweiligen Kauf- bzw. Tauschvertrag gemäß Art. 27 Abs. 1 EGBGB.[65] Die Wirksamkeit dieser **Rechtswahlvereinbarung**, insbesondere die Zulässigkeit einer Wahl in **Allgemeinen Geschäftsbedingungen** – als solche sind Übernahmeangebote im Regelfall zu qualifizieren – bestimmt sich gemäß Art. 27 Abs. 4, 31 Abs. 1 EGBGB nach dem Recht, das die Parteien wählen wollen.[66] Nach deutschem Recht ist eine Rechtswahl in AGB zulässig.[67] 66

Enthält die Angebotsunterlage keine Rechtswahlklausel, gilt gemäß Art. 28 Abs. 1, 5 EGBGB der **Grundsatz der engsten Verbindung**. In Frage kämen das Recht des Staates, in welchem die Zielgesellschaft 67

63 Das WpÜG findet somit keine Anwendung auf eine Aktiengesellschaft mit Sitz im Ausland, deren Aktien ausschließlich an einer inländischen Börse notieren oder auf deutsche Aktiengesellschaft mit Sitz im Ausland mit ausschließlicher Börsennotierung außerhalb des europäischen Wirtschaftsraums (vgl. auch *Schüppen* (Fn. 6), 960).

64 *von Hein*, AG 2001, 213, 224.

65 *Dürig*, RIW 1999, 746, 748.

66 *Assmann/Bozenhardt*, ZGR Sonderheft 9, 1990, S. 83 f.

67 BGH, Urt. v. 9.3.1994 – VIII ZR 185/92, NJW 1994, 2699, 2700; *Heldrich*, in: Palandt, BGB-Kommentar, 60. Aufl., 2001, Art. 27 EGBGB, Rn. 5, 8.

ihren Sitz hat, das Recht aller Börsenorte bzw. des Hauptbörsenortes, an denen bzw. an dem die Papiere gehandelt werden, das Recht des hauptbetroffenen Marktes, das Recht des Ortes, an dem das Übernahmeangebot abgegeben wird, oder das Recht der Orte, an denen sich die Papiere tatsächlich befinden. Bei Aktienverkäufen über die Börse ist anerkannt, dass an das Recht des jeweiligen Börsenplatzes anzuknüpfen ist.[68] Auch im Fall von Übernahmeangeboten ist daher an das Recht der jeweiligen Börse, an der die Wertpapiere der Zielgesellschaft gehandelt werden, anzuknüpfen. Der daraus resultierenden – möglichen – Zersplitterung in verschiedene Übernahmevertragsstatute soll eben durch die gesetzlich vorgeschriebene Rechtswahlvereinbarung begegnet werden.

5. Angaben über und Erklärung der für die Angebotsunterlage Verantwortlichen

68 Die Angebotsunterlage bildet die maßgebliche Entscheidungsgrundlage für die Wertpapierinhaber der Zielgesellschaft. Die darin enthaltenen Angaben müssen richtig und vollständig sein. Ist dies nicht der Fall, können **Haftungsansprüche nach § 12** entstehen.[69]

69 Da die das Angebot annehmenden Wertpapierinhaber in diesem Fall wissen müssen, wem gegenüber die Ansprüche geltend gemacht werden können, hat die Angebotsunterlage die notwendigen Angaben zu den Personen zu enthalten, die für den Inhalt der Angebotsunterlage die Verantwortung übernehmen. Eine entsprechende Regelung enthalten auch § 14 BörsZulV und § 3 VerkProspV. Anzugeben sind **Name** und **Anschrift**, bei juristischen Personen oder Gesellschaften **Firma, Sitz** und **Rechtsform** (vgl. Rn. 22 f.).

IV. Ermächtigung des Bundesministeriums für Finanzen

70 Über die in Abs. 2 Sätze 2 und 3 genannten grundlegenden Angaben hinausgehend kann eine **Vielzahl weiterer Angaben** zur Beurteilung öffentlicher Angebote zweckdienlich sein. Zudem kann sich in der Praxis auf Grund der mit öffentlichen Angeboten gewonnenen Erfahrungen das Bedürfnis ergeben, zusätzliche Angaben zu verlangen. Abs. 4 ermächtigt daher das Bundesministerium der Finanzen, nähere Einzelheiten über die Gestaltung und die in die Angebotsunterlage

---

68 *Heldrich* (Fn. 67), Art 28 EGBGB Rn. 22.
69 Regierungsbegründung, BR-Drucks. 574/01, S. 101.

aufzunehmenden Angaben sowie weitere ergänzende Angaben für die Angebotsunterlage durch Rechtsverordnung vorzuschreiben. Die Verordnungsermächtigung nach Abs. 4 kann das Bundesministerium der Finanzen durch Rechtsverordnung auf das Bundesaufsichtsamt übertragen. Hierdurch kann rasch den in der Praxis gewonnenen Erfahrungen und einer sich ergebenden Notwendigkeit der Ergänzung des Informationskatalogs unter Einbeziehung der Fachkompetenz des Beirates Rechnung getragen werden.

Der Entwurf einer Rechtsverordnung, in der weitere Angaben enthalten **71**
sind, war als Anlage 1 zum Besonderen Teil der Regierungsbegründung beigefügt; die Rechtsverordnung **(AngebotsVO)** wurde am 27. 12. 2001 erlassen. Der zweite Abschnitt (§ 2) der AngebotsVO enthält zusätzliche in die Angebotsunterlage aufzunehmende Angaben, welche im Einzelnen unter Rn. 22–23, 29, 32, 34–41, 44–46 und 58–67 ausgeführt und erläutert wurden. Von der Möglichkeit, die Verordnungsermächtigung auf das Bundesaufsichtsamt zu übertragen, wurde – wie in Rn. 18 bereits ausgeführt – vorerst noch nicht Gebrauch gemacht.

§ 12 Haftung für die Angebotsunterlage

(1) Sind für die Beurteilung des Angebots wesentliche Angaben der Angebotsunterlage unrichtig oder unvollständig, so kann derjenige, der das Angebot angenommen hat,

1. von denjenigen, die für die Angebotsunterlage die Verantwortung übernommen haben, und

2. von denjenigen, von denen der Erlaß der Angebotsunterlage ausgeht,

als Gesamtschuldnern den Ersatz des ihm aus der Annahme des Angebots entstandenen Schadens verlangen.

(2) Nach Absatz 1 kann nicht in Anspruch genommen werden, wer nachweist, daß er die Unrichtigkeit oder Unvollständigkeit der Angaben der Angebotsunterlage nicht gekannt hat und die Unkenntnis nicht auf grober Fahrlässigkeit beruht

(3) Der Anspruch nach Absatz 1 besteht nicht, sofern

1. die Annahme des Angebots nicht auf Grund der Angebotsunterlage erfolgt ist,

2. derjenige, der das Angebot angenommen hat, die Unrichtigkeit oder Unvollständigkeit der Angaben der Angebotsunterlage bei der Abgabe der Annahmeerklärung kannte oder

3. vor der Annahme des Angebots in einer Veröffentlichung nach § 15 Abs. 3 des Wertpapierhandelsgesetzes oder einer vergleichbaren Bekanntmachung eine deutlich gestaltete Berichtigung der unrichtigen oder unvollständigen Angaben im Inland veröffentlicht wurde.

(4) Der Anspruch nach Absatz 1 verjährt in einem Jahr seit dem Zeitpunkt, zu dem derjenige, der das Angebot angenommen hat, von der Unrichtigkeit oder Unvollständigkeit der Angaben der Angebotsunterlage Kenntnis erlangt hat, spätestens jedoch in drei Jahren seit der Veröffentlichung der Angebotsunterlage.

(5) Eine Vereinbarung, durch die der Anspruch nach Absatz 1 im Voraus ermäßigt oder erlassen wird, ist unwirksam.

(6) Weitergehende Ansprüche, die nach den Vorschriften des bürgerlichen Rechts auf Grund von Verträgen oder vorsätzlichen unerlaubten Handlungen erhoben werden können, bleiben unberührt.

Literatur: *Assmann/Bozenhardt*, Übernahmeangebote, ZGR Sonderheft 9, 1990, 83; *Assmann/Schütze,* Handbuch des Kapitalanlagerechts, 2. Auflage 1997; *Berger*, Unternehmensübernahmen in Europa, ZIP-Report 1991, 1644; *Brawenz*, Die Prospekthaftung nach dem allgemeinen Zivilrecht, 1991; *Geibel/Süßmann*, WpÜG, 2002; *Gerber*, Die Prospekthaftung bei Wertpapieremissionen nach dem Dritten Finanzmarktförderungsgesetz, 2001; *Groß*, Die börsengesetzliche Prospekthaftung, AG 1999, 201; *Honsell/Vogt/Watter* (Hrsg.), Obligationenrecht II; *Hopt*, in: FS Koppensteiner, 2001; *Kort*, Neuere Entwicklungen im Recht der Börsenprospekthaftung (§§ 45 ff. BörsG) und der Unternehmensberichthaftung (§§ 77 BörsG), AG 1999, 9; *Lehrmann,* Die zivilrechtliche Haftung der Banken für informative Angaben im deutschen und europäischen Recht, WM 1985, 181; *Schäfer* (Hrsg.), Wertpapierhandelsgesetz, Börsengesetz, Verkaufsprospektgesetz-Kommentar, 1999; *Schnark*, Zur Haftung der Emissionsbank bei Aktienemissionen – börsen-, bilanz- und gesellschaftliche Aspekte, ZGR 1983, 162; *Schüppen*, Übernahmegesetz ante portas!, WPg 2001, 958; *Sittmann*, Die Prospekthaftung nach dem Dritten Finanzmarktförderungsgesetz, NGZ 1998, 490; *Schwark*, Börsengesetz, 2. Auflage, 1994; *Thaeter/Barth*, RefE eines Wertpapier- und Übernahmegesetzes, NZG 2001, 545; *Vogt/Watter* (Hrsg.), Bundesgesetz über die Börsen und den Effektenhandel; *Vortmann/Buthmann* (Hrsg.), Prospekthaftung und Anlageberatung – Handbuch, 2000.

Übersicht

I. Allgemeines

1. Systematische Stellung der Vorschrift

In § 12 ist die **Haftung für unrichtige bzw. unvollständige wesentliche Angaben in der** gemäß § 11 zu erstellenden **Angebotsunterlage** geregelt. Haftungsverpflichtet sind diejenigen, die für die Angebotsunterlage die Verantwortung übernommen haben und diejenigen, von denen der Erlass der Angebotsunterlage ausgeht (Abs. 1); sie haften für Kenntnis und grob fahrlässige Unkenntnis der Unrichtigkeit bzw. Unvollständigkeit (Abs. 2). Die Haftung kann durch Vereinbarung im Voraus nicht ermäßigt oder erlassen werden (Abs. 5). Abs. 3 enthält drei Haftungsausschlussgründe für die Fälle mangelnder Kausalität (Abs. 3 Nr. 1), Kenntnis der Unrichtigkeit bzw. Unvollständigkeit durch den Wertpapierinhaber (Abs. 3 Nr. 2) und rechtzeitige Berichtigung der unrichtigen bzw. unvollständigen Angaben (Abs. 3 Nr. 3). Ansprüche gemäß § 12 verjähren ein Jahr ab Kenntnis der Unrichtigkeit bzw. Unvollständigkeit bzw. spätestens drei Jahre nach Veröffentlichung der Angebotsunterlage (Abs. 4). 1

2. Gesetzgebungsverfahren

2 Bereits vor Inkrafttreten des Übernahmekodex am 1.10.1995 wurde vertreten, dass der Bieter für unrichtige und unvollständige Informationen in der Angebotsunterlage nach den allgemeinen Regeln der **c.i.c.** und des **Schadensersatzrechts** und in bestimmten Fällen auch nach den Grundsätzen der **zivilrechtlichen Prospekthaftung** (im engeren Sinne) hafte.[1]

3 Der **Übernahmekodex** selbst enthielt keine Haftungsbestimmung für unrichtige bzw. unvollständige Angaben in der Angebotsunterlage; in Art. 7 war lediglich deren Mindestinhalt festgelegt. Da die Angebotsunterlage als „umgekehrter Verkaufsprospekt" betrachtet wurde,[2] haftete der Bieter für Fehler in der Angebotsunterlage nach den Grundsätzen der zivilrechtlichen Prospekthaftung (im engeren Sinne).

4 Die nunmehrige Haftungsregelung des § 12 lehnt sich stark an den Wortlaut der Haftungsbestimmung für Börsenzulassungsprospekte (§ 45 BörsG) an. Im Referentenentwurf vom April 2001 gab es keine nennenswerten Änderungen gegenüber dem Diskussionsentwurf. Im Regierungsentwurf hingegen wurde die Verjährungsfrist in Abs. 4 von sechs Monaten auf ein Jahr verlängert; die davor vorgesehene Zuständigkeitsregelung des Abs. 7 wurde ersatzlos gestrichen. Die Verlängerung der Verjährungsfrist soll im Rahmen des Vierten Finanzmarktförderungsgesetzes auch in § 47 BörsG (wie auch in § 20 KAGG und § 12 AuslInvG) durchgeführt werden, um eine Vereinheitlichung der Verjährungsfristen zu erreichen. Die in § 12 Abs. 7 des Referentenentwurfs noch vorgesehene ausschließliche Zuständigkeit des LG Frankfurt am Main für Haftungsansprüche wurde nicht übernommen.

3. Parallelregelung im Richtlinienentwurf

5 Der Richtlinienentwurf enthält keine Sanktionsvorschrift, sondern lediglich die allgemeine Vorschrift des Art. 12, wonach jeder Mitgliedstaat die Sanktionen festzulegen hat, die bei Verstößen gegen die gemäß der Richtlinie erlassenen Vorschriften anzuwenden sind. Diese Sanktionen müssen so weit gehen, dass sie einen hinreichenden Anreiz zur Einhaltung dieser Vorschriften darstellen.

1 *Assmann/Bozenhardt*, ZGR Sonderheft 9, 1990, 98 f.
2 *Berger*, ZIP 1991, 1644, 1654.

4. Regelung in Österreich

Das öÜbG enthält **keine spezialgesetzliche Haftungsvorschrift** für die Fehlerhaftigkeit der Angebotsunterlage. Es kommen daher die Grundsätze der von der Rechtsprechung entwickelten **allgemeinen zivilrechtlichen Prospekthaftung** zur Anwendung.[3] 6

Daneben können Mitglieder des Vorstands oder des Aufsichtsrats des Bieters gem. § 255 Z 1 AktG für unrichtige Angaben in der Angebotsunterlage gemäß § 7 Z 2 und Z 10 öÜbG **mit Freiheitsstrafe bis zu zwei Jahren** oder **Geldstrafe bis zu 360 Tagessätzen** zu bestrafen sein, wenn sie in Darstellungen oder Übersichten über den Vermögensstand des Bieters dessen Verhältnisse unrichtig wiedergeben oder erhebliche Umstände verschweigen. 7

5. Regelung in der Schweiz

Ebenso wie das öÜbG enthält das sBEHG **keine Vorschriften** über die Rechtsfolgen eines Verstoßes gegen die Prospektpflicht gem. Art. 24 Abs. 1 sBEHG. In der Literatur wird die Ansicht vertreten, dass sich eine etwaige **Prospekthaftung** an die zu Art. 752 sOR entwickelten Grundsätze anzulehnen hat.[4] Demnach haftet jeder, der absichtlich oder fahrlässig an unrichtigen, irreführenden oder den gesetzlichen Anforderungen nicht entsprechenden Angaben im Prospekt mitgewirkt hat, den Erwerbern für den dadurch verursachten Schaden. 8

II. Rechtscharakter

Die Haftung für unrichtige bzw. unvollständige Angaben in der Angebotsunterlage begründet einen **Schadenersatzanspruch wegen Verletzung eines Schutzgesetzes i. S. d. § 823 Abs. 2 BGB**. 9

§ 12 hat – mit Ausnahme der Haftung für weitergehende zivilrechtliche Ansprüche aus Verträgen oder aus vorsätzlichen unerlaubten Handlungen – **abschließenden Charakter**.[5] Neben der gesetzlichen Regelung des § 12 sind daher weder die sog. „bürgerlich-rechtliche Prospekthaftung im engeren Sinn", bei der es nicht auf einen individuellen Kontakt zwischen Veranwortlichem und Wertpapierinhaber an- 10

3 *Brawenz*, Prospekthaftung, 168 ff.

4 *Tschäni/Oertle,* in: Vogt/Watter (Hrsg.), Bundesgesetz über die Börsen und den Effektenhandel (Börsengesetz, BEHG), Art. 4 Rn. 9; und *Watter,* in: Honsell/Vogt/Watter (Hrsg.), Obligationenrecht II, Art. 752 Rn. 4.

5 Vgl. dazu Rn. 50 ff.

kommt, noch die „bürgerlich-rechtliche Prospekthaftung im weiteren Sinn", die auf der *culpa in contrahendo*-Doktrin beruht und einen individuellen Kontakt zwischen Veranwortlichem und Wertpapierinhaber voraussetzt, anwendbar.

III. Kreis der Verantwortlichen und Berechtigten

1. Mögliche Verantwortliche

11 Gemäß Abs. 1 kann der geschädigte Wertpapierinhaber von denjenigen, die für die Angebotsunterlage die Verantwortung übernommen haben, und von denjenigen, von denen der Erlass der Angebotsunterlage ausgeht, als Gesamtschuldnern (§§ 421 ff. BGB) Schadensersatz verlangen. § 11 Abs. 1 ist der Regelung des § 45 Abs. 1 Satz 1 BörsG und § 13 Abs. 1 Satz 1 VerkProspG nachempfunden, wonach der Verantwortung für den Börsenzulassungsprospekt diejenigen unterliegen, die für den Prospekt die Verantwortung übernommen haben bzw. von denen der Erlass des Prospektes ausgeht. Die Angebotsunterlage geht zwingend von ihren **Unterzeichnern, d. h. vom Bieter bzw. vom Bieterkonsortium** aus.[6] Mit der Unterzeichnung der Angebotsunterlage gem. § 11 Abs. 1 gibt der Bieter zu erkennen, dass er die Verantwortung für den Prospekt übernimmt und für eine unrichtige Angebotsunterlage haftet.[7] Zusätzlich können **weitere Personen** neben dem Bieter bzw. dem Bieterkonsortium in der Angebotsunterlage ausdrücklich die Verantwortung für deren Inhalt übernehmen.[8] So ist z. B. denkbar, dass die finanzierende Bank die Angebotsunterlage mitunterzeichnet und dadurch die Verantwortung für die Angebotsunterlage übernimmt, etwa um das Prestige des Angebots zu heben.

12 Neben den Personen, von denen der Erlass der Angebotsunterlage ausgeht bzw. die nach außen erkennbar die Verantwortlichkeit für die Angebotsunterlage übernommen haben, sind die hinter der Angebotsunterlage stehenden eigentlichen Urheber bzw. Hintermänner für deren Inhalt verantwortlich. Hierunter fallen insbesondere die **Personen, die an der Übernahme ein eigenes wirtschaftliches Interesse haben** bzw. die einen **maßgeblichen Einfluss auf die Erstellung bzw. den Inhalt der Angebotsunterlage** nehmen. Ein eigenes wirtschaftliches Interesse können beispielsweise mit dem Bieter gemeinsam handelnde

6 Regierungsbegründung, BR-Drucks. 574/01, S. 102.
7 Regierungsbegründung, BR-Drucks. 574/01, S. 98.
8 Regierungsbegründung, BR-Drucks. 574/01, S. 102.

Personen, eine die Übernahme veranlassende Konzernmuttergesellschaft oder ein am Erwerb der Zielgesellschaft interessierter Großaktionär des Bieters haben.[9] Maßgeblichen Einfluss auf Erstellung und Inhalt der Angebotsunterlage nehmen unter Umständen auch die Mitglieder des Vorstands bzw. Aufsichtsrats des Bieters oder externe Berater, die sich dadurch ggf. einer Haftung aussetzen.[10]

Die **Lieferanten einzelner Teile der Angebotsunterlage**, wie z.B. Wirtschaftsprüfer, Banken, Rechtsanwälte oder andere Sachverständige übernehmen hingegen keine spezialgesetzliche Verantwortung für die Angebotsunterlage bzw. die von ihnen erstellten Beiträge, da sich der Schutzzweck der Haftung für die Angebotsunterlage nach der *ratio legis* auf die Richtigkeit und Vollständigkeit der Angebotsunterlage in ihrer Gesamtheit richtet.[11] Eine Ausnahme ist lediglich denkbar, wenn ein Sachverständiger ein eigenes geschäftliches Interesse an der Übernahme hat oder einen maßgeblichen Einfluss auf das Gesamtbild der Angebotsunterlage nimmt und damit als eigentlicher Urheber der Angebotsunterlage anzusehen ist.[12] Jeder Sachverständige haftet jedoch gegenüber seinen Auftraggebern im Innenverhältnis auf Grund positiver Vertragsverletzung, z.B. im Rahmen eines von ihm abgegebenen Letters of Comfort oder Legal Opinions. Auch eine unmittelbare Haftung von Sachverständigen gegenüber Wertpapierinhabern der Zielgesellschaft nach den Vorschriften der allgemeinen zivilrechtlichen Prospekthaftung kommt jedoch aufgrund des grundsätzlich abschließenden Charakters des § 12 nicht in Betracht.[13] 13

Eine **Spezialhaftung ist allerdings in § 13 Abs. 2 vorgesehen**: Nach dieser Vorschrift haftet das Wertpapierdienstleistungsunternehmen, welches die schriftliche Bestätigung gem. § 13 Abs. 1 ausstellt (welche gem. § 11 Abs. 2 Satz 3 Nr. 4 in die Angebotsunterlage aufzunehmen ist), falls der Bieter die zur Finanzierung notwendigen Maßnahmen nicht getroffen hat. Voraussetzung für die Haftung ist, dass dem Bieter gerade aufgrund des Nichtergreifens der Maßnahmen die notwendigen 14

9 Zur börsenrechtlichen Haftung: OLG Frankfurt, 1.2.1994 – 5 U 213/92, ZIP 1994, 282 ff.; vgl. auch *Schwark,* BörsG-Komm., 2. Aufl., 1994, §§ 45, 46 Rn. 7.

10 Zur börsengesetzlichen Haftung: *Groß,* AG 1999, 201; *Schwark* (Fn. 9), §§ 45, 46 Rn. 7.

11 Zur börsenrechtlichen Haftung: *Sittmann*, NZG 1998, 493; *Assmann/Schütze,* Handbuch des Kapitalanlagerechts, 2. Aufl., 1997, § 7 Rn. 205; *Lehrmann,* WM 1985, 181, 183.

12 Zur börsenrechtlichen Haftung: *Hauptmann,* in: Vortmann/Buthmann, Prospekthaftung u. Anlageberatung, 2000, § 3 Rn. 54, 55.

13 Vgl. Rn. 50ff.

Mittel nicht zur Verfügung stehen (haftungsbegründende Kausalität).[14] Eine Haftung des Bundesaufsichtsamts ist, wie in Rn. 25 näher ausgeführt, ausgeschlossen.

2. Mögliche Berechtigte

15 Nach dem eindeutigen Gesetzeswortlaut haften die für die Angebotsunterlage Verantwortlichen nur gegenüber denjenigen, die das Angebot angenommen haben. Berechtigt aus der Haftungsvorschrift des § 12 sind also lediglich die **Wertpapierinhaber der Zielgesellschaft, nicht z.B. deren Arbeitnehmer oder Arbeitnehmervertretungen**. Dies ist eine erhebliche Haftungseinschränkung zu Gunsten des Bieters: So wird der Wertpapierinhaber der Zielgesellschaft, der das Angebot angenommen und die Gegenleistung für seine Wertpapiere erhalten hat, im Regelfall keinen Anspruch aus § 12 haben. Denkbar sind allenfalls Ansprüche bei Tauschangeboten, falls unrichtige bzw. unvollständige Angaben in der Angebotsunterlage Auswirkungen auf den Wert der im Tauschweg erhaltenen Wertpapiere haben. Arbeitnehmer bzw. Arbeitnehmervertretungen können hingegen aufgrund unrichtiger bzw. unvollständiger Angaben (z.B. über die beabsichtigte Änderungen der Beschäftigungsbedingungen) keinen Anspruch aus § 12 ableiten;[15] für sie hat die Angebotsunterlage rein informativen Charakter.

IV. Wesentliche Unrichtigkeit bzw. Unvollständigkeit

1. Allgemeines

16 § 12 regelt den Haftungsanspruch auf Grund einer fehlerhaften Angebotsunterlage. Voraussetzung für einen Anspruch ist zunächst, dass Angaben in der Angebotsunterlage unrichtig oder unvollständig sind. Eine Unrichtigkeit bzw. Unvollständigkeit ist jedoch nur dann haftungsbegründend, wenn sie auch das Kriterium der Wesentlichkeit erfüllt (vgl. Rn. 24) bzw. wenn der Gesamteindruck der Angebotsunterlage unzutreffend ist.

14 Vgl. dazu § 13 Rn. 87.

15 Dies wurde bereits im Vorfeld der Gesetzgebung von den entsprechenden Interessenvertretungen bemängelt, ist aber trotzdem begrüßenswert. Eine Ausdehnung der Haftung für die Angebotsunterlage gegenüber den Arbeitnehmern der Zielgesellschaften bzw. ggf. sogar Arbeitnehmervertretungen hätte u.U. Signalwirkung für andere Haftungsbereiche und würde dadurch Attraktivität und Funktionstüchtigkeit des deutschen Kapitalmarkts beeinträchtigen.

2. Adressat der Angebotsunterlage

17 Von entscheidender Bedeutung für die Beurteilung der Unrichtigkeit oder Unvollständigkeit einer Angebotsunterlage ist, welche **Anforderungen an die Kenntnis und das Verständnis der Wertpapierinhaber** gestellt werden dürfen, da deren Erkenntnismöglichkeiten die Subsumtion unter die normativen Tatbestandsmerkmale beeinflussen.[16] In der Literatur werden zur börsengesetzlichen Prospekthaftung dazu unterschiedliche Auffassungen vertreten. Der **BGH** stellt im Rahmen der börsengesetzlichen Prospekthaftung jedoch zutreffenderweise auf den **„durchschnittlichen" Anleger** ab **(sog. Maßstab des bilanzkundigen Lesers)**; dieser soll zwar eine Bilanz lesen können, muss aber nicht unbedingt mit der „in eingeweihten Kreisen üblichen Schlüsselsprache" vertraut sein.[17] Dieser Maßstab gilt auch für die Haftung gem. § 12.[18] Wenngleich dagegen eingewandt werden kann, dass der tatsächliche Erkenntnishorizont des durchschnittlichen – privaten – Wertpapierinhabers regelmäßig nicht ausreicht, um eine Angebotsunterlage zu lesen und bis ins letzte Detail zu verstehen, wäre ein strengerer Maßstab nicht sachgerecht; die in der Angebotsunterlage aufzunehmenden Erläuterungen wären uferlos und dem Bieter nicht zumutbar. Darüber hinaus würde die Angebotsunterlage zu einem „Informationsfriedhof", was letztendlich auch nicht im Interesse der Wertpapierinhaber liegen kann.[19]

3. Unrichtigkeit

18 Es ist davon auszugehen, dass – wie bei der börsenrechtlichen Prospekthaftung – sowohl **unrichtige Tatsachen als auch unrichtige Werturteile und Prognosen** eine Haftung für die Angebotsunterlage begründen können.[20] Darüber hinaus sind auch der Gesamteindruck bzw. das **Gesamtbild der Angebotsunterlage** maßgeblich.[21]

---

16 Zur börsenrechtlichen Haftung: *Schwark*, ZGR 1983, 162, 167.

17 Zur börsenrechtlichen Haftung: BGH, 12.7.1982 – II ZR 175/81, WM 1982, 862, 863 (Beton- und Monierbau).

18 Vgl. *Geibel*, in: Geibel/Süßmann, WpÜG, 2002, § 12 Rn. 6.

19 Zur börsenrechtlichen Haftung: *Hauptmann* (Fn. 12), § 3 Rn. 62.

20 Zur börsenrechtlichen Haftung: BGH, 12.7.1982 – II ZR 175/81, WM 1982, 862, 863 (Beton- und Monierbau); OLG Frankfurt, 1.2.1994 – 5 U 213/92, WM 1994, 291, 295.

21 Zur börsenrechtlichen Haftung: BGH, 12.7.1982 – II ZR 175/81, WM 1982, 862, 865 (Beton- und Monierbau); OLG Frankfurt, 1.2.1994 – 5 U 213/92, WM 1994, 291, 295; OLG Frankfurt, 1.2.1994 – 5 U 213/92, ZIP 1994, 282, 284 (Bond I).

19 **Unrichtig** sind Tatsachenangaben, die nicht der Wahrheit entsprechen. Maßgeblicher Zeitpunkt ist der Zeitpunkt der Veröffentlichung der Angebotsunterlage.[22] Soweit in der Angebotsunterlage Werturteile oder Prognosen veröffentlicht werden, müssen diese auf einer ausreichenden Tatsachengrundlage stehen oder kaufmännisch vertretbar sein.[23] Auch bei der Unrichtigkeit von Werturteilen und Prognosen ist auf den Kenntnisstand im Zeitpunkt der Veröffentlichung der Angebotsunterlage abzustellen. Jede Angebotsunterlage enthält eine Reihe von Prognosen, so z.B. gemäß § 11 Abs. 2 Satz 3 Nr. 1 (erwartete Auswirkungen eines erfolgreichen Angebots auf die Vermögens-, Finanz- und Ertragslage des Bieters) oder gemäß § 11 Abs. 2 Satz 3 Nr. 2 (Angaben über die Absichten des Bieters im Hinblick auf die künftige Geschäftstätigkeit der Zielgesellschaft). Insbesondere die Prognosen über die Absichten des Bieters sind zwangsläufig Absichtserklärungen, welche nicht oder nur teilweise auf einer Tatsachengrundlage stehen. Inwieweit der Bieter später von diesen Absichtserklärungen abweichen kann, bzw. in welchen Fällen es dem Bieter nicht zuzumuten ist, an den in der Angebotsunterlage geäußerten Absichten festzuhalten, ist nicht auf der Ebene der Richtigkeit bzw. Unrichtigkeit, sondern auf der Ebene des Verschuldens zu prüfen (außer es fehlen gesetzlich erforderliche Prognosen; diesfalls ist die Angebotsunterlage unvollständig und damit auch unrichtig). Notwendig ist jedoch, dass in der Angebotsunterlage auf – im Zeitpunkt ihrer Veröffentlichung bestehende – Risiken hingewiesen wird, die dem Eintritt prognostizierter Umstände, Entwicklungen oder Absichten entgegenstehen können.[24]

20 Der **Gesamteindruck der Angebotsunterlage** ist richtig, wenn die in der Angebotsunterlage wiedergegebenen Tatsachen, Werturteile und Prognosen insgesamt das Vorhaben des Bieters richtig, vollständig, wahrheitsgetreu, verständlich, widerspruchsfrei und sachlich ausgewogen wiedergeben. Diese Kriterien entsprechen dem Prinzip des § 264 Abs. 2 Satz 1 HGB für die Erstellung von Jahresabschlüssen, welches von der Rechtsprechung auch zur börsengesetzlichen Haftung heran-

---

22 Zur börsenrechtlichen Haftung: OLG Frankfurt, 1.2.1994 – 5 U 213/92, WM 1994, 291, 295.

23 Zur börsenrechtlichen Haftung: BGH, 12.7.1982 – II ZR 175/81, WM 1982, 862, 865 (Beton- und Monierbau); OLG Düsseldorf, 5.4.1984 – 6 U 239/82, WM 1984, 586, 595; vgl. auch *Schwark* (Fn. 9), §§ 45, 46 Rn. 13 und *Sittmann* (Fn. 11), 491.

24 Zur börsenrechtlichen Haftung: BGH, 12.7.1982 – II ZR 175/81,WM 1982, 862, 865 (Beton- und Monierbau).

gezogen wird.[25] Auch die übersichtliche Aufbereitung und Darstellung der Informationen und deren Kommentierung spielt eine Rolle; eine unübersichtliche Präsentation oder das Fehlen verbaler Erläuterungen können haftungsbegründend sein, wenn sie das Verständnis der Angebotsunterlage unangemessen erschweren.[26]

Insgesamt ist festzuhalten, dass es dem Bieter bei realistischer Be- 21
trachtungsweise schwer fallen dürfte, sämtliche von ihm verlangten Angaben zu machen. Bei der Beurteilung der Angebotsunterlage ist das **Spannungsfeld zwischen umfassender Publizität und legitimen Geheimhaltungsinteressen** zu beachten. So wird z. B. eine ausführliche Darstellung der künftigen Geschäftspolitik in den meisten Fällen den Interessen von Wertpapierinhabern und Arbeitnehmern der Zielgesellschaft zuwiderlaufen, da sich die Konkurrenz darauf einstellen kann und dadurch die Gewinnerwartung der Zielgesellschaft getrübt wird.[27] Dies kann und soll nicht Zweck der Angebotsunterlage sein. Der Bieter muss daher eine Abwägung unterschiedlichster Interessen treffen, d. h. man muss dem Bieter auch einen gewissen Ermessensspielraum zugestehen, welche Angaben (insbesondere im Hinblick auf künftige Geschäftspolitik) er in die Angebotsunterlage aufnehmen möchte und die Aufnahme welcher Angaben er für nicht zielführend bzw. sogar kontraproduktiv erachtet.[28]

4. Unvollständigkeit

Bei der Unvollständigkeit handelt es sich um einen **Unterfall der Un-** 22
richtigkeit: Eine Angebotsunterlage, die nicht alle für die Anlageentscheidung erheblichen Angaben enthält, ist nicht nur unvollständig, sondern gleichzeitig aufgrund der unterlassenen Angaben auch unrichtig. Angesichts seiner Praxisrelevanz ist es jedoch geboten, diesen Fall gesondert aufzuführen.[29] Eine Angebotsunterlage ist **in der Regel vollständig**, wenn sie die gem. dem in § 11 Abs. 2 enthaltenen gesetzlichen Inhaltskatalog und die gem. § 2 AngebotsVO erforderlichen Angaben enthält. Dies muss jedoch nicht unbedingt der Fall sein, da

25 Zur börsenrechtlichen Haftung: BGH, 12.7.1982 – II ZR 175/81,WM 1982, 862, 865 (Beton- und Monierbau); OLG Frankfurt, 1.2.1994 – 5 U 213/92, WM 1994, 291, 295; LG Frankfurt, 7.10.1997 – 3/11 O 44/96, WM 1998, 1181, 1184 (MHM-Mode).

26 Zur börsenrechtlichen Haftung: *Hauptmann* (Fn. 12), § 3 Rn. 68.

27 *Berger*, ZIP-Report 1991, 1644, 1655.

28 Vgl. § 11 Rn. 49 ff.

29 Regierungsbegründung, BR-Drucks. 574/01, S. 102.

§ 11 Abs. 1 einen Auffangtatbestand enthält: Über die in § 11 Abs. 2 enthaltenen Angaben hinaus, muss die Angebotsunterlage die Angaben enthalten, die notwendig sind, um in Kenntnis der Sachlage über das Angebot entscheiden zu können. Der Katalog des § 11 Abs. 2 ist also keinesfalls abschließend. Weitere im Einzelfall erforderliche Angaben sind z. B. eine verständliche und nachvollziehbare Erläuterung von Datenmaterial sowie die Offenlegung von Interessenkonflikten und kapitalmäßiger bzw. personeller Verflechtungen von Bieter und Zielgesellschaft.[30]

23 **Negative Mitteilungen Dritter**, wie Berichte der Wirtschaftspresse oder ähnliche Mitteilungen, müssen hingegen nicht im Prospekt wiedergegeben werden. Solche Mitteilungen Dritter sind zwar als solche eine Tatsache, ihr Inhalt entspricht jedoch nicht zwingend den Tatsachen und ist kein für das Angebot wertbildender Faktor.[31] Negative Medienberichte können zwar durchaus Anlass geben, die Angebotsunterlage und ihr Gesamtbild kritisch zu untersuchen; dies bei der Entscheidung über die Annahme des Angebots in Betracht zu ziehen, obliegt jedoch den Wertpapierinhabern.

5. Wesentliche Bedeutung der Unrichtigkeit bzw. Unvollständigkeit

24 Die Haftung für die Angebotsunterlage setzt voraus, dass die unvollständige oder unrichtige Angabe für die Beurteilung des Angebots von **wesentlicher Bedeutung** ist (vgl. § 45 Abs. 1 Satz 1 BörsG). Nicht jede Angabe, die nach § 11 bzw. § 2 AngebotsVO in der Angebotsunterlage enthalten sein muss, ist von vornherein auch von wesentlicher Bedeutung für die Beurteilung des Angebots. Entscheidend ist vielmehr, ob sich im konkreten Fall bei einer ordnungsgemäßen Angabe die für die Beurteilung des Angebots maßgeblichen tatsächlichen oder rechtlichen Verhältnisse verändern würden bzw. ob ein durchschnittlicher Wertpapierinhaber die ordnungsgemäße Angabe bei seiner Entscheidung über das Angebot berücksichtigen würde.[32] So ist beispielsweise die fehlerhafte Angabe der Anschrift einer mit dem Bieter gemeinsam handelnden Person in aller Regel nicht von wesentlicher Bedeutung. Wesentlich sind hingegen nicht zutreffende Informationen über die Finanzierung des Angebots über den Stand wettbe-

30 Zur börsenrechtlichen Haftung: BGH, 14. 7. 1998 – XI ZR 173/97, WM 1998, 1772, 1774 f. (Elsflether Werft).

31 Zur börsenrechtlichen Haftung: OLG Frankfurt, 1. 2. 1994 – 5 U 213/92, WM 1994, 291, 297 (Bond I).

32 Vgl. (zur börsenrechtlichen Haftung) *Hamann*, in: Schäfer, §§ 45, 46 BörsG Rn. 76.

werbsrechtlicher Verwaltungsverfahren oder die Angaben der zu erwartenden Auswirkungen des Angebots auf die Vermögens-, Finanz- und Ertragslage des Bieters.[33]

6. Prüfung durch das Bundesaufsichtsamt

Unerheblich für die Beurteilung der Unrichtigkeit oder Unvollständigkeit (bzw. für deren Wesentlichkeit) ist, dass die Angebotsunterlage zuvor gem. § 14 Abs. 2 vom Bundesaufsichtsamt gebilligt wurde. Dies wird zum einen damit begründet, dass die Informationsbasis des Bundesaufsichtsamtes, das überprüft, ob die Angebotsunterlage die erforderlichen Angaben enthält, um dem am Angebotsverfahren Beteiligten ein zutreffendes Urteil über den Bieter und sein Angebot zu ermöglichen, wesentlich enger als diejenige des Bieters und der mit ihm gemeinsam handelnden Personen ist. Zum anderen kann im Fall einer unzutreffenden Billigung der Angebotsunterlage durch das Aufsichtsamt dies nicht zu Lasten der Wertpapierinhaber gehen.[34] Das Bundesaufsichtsamt haftet für die Ergebnisse seiner Prüfung der Angebotsunterlage nicht (§ 4 Abs. 2), selbst wenn bei der Billigung der Angebotsunterlage ein Fehler unterläuft. 25

V. Umfang des Anspruches

Der Anspruch richtet sich auf Ersatz des dem Anspruchsberechtigten aus der Annahme des Angebots entstandenen Schadens. Laut Regierungsbegründung kann der Wertpapierinhaber verlangen, so gestellt zu werden, als hätte er die wahre Sachlage gekannt.[35] Was damit gemeint ist, ist unklar: Der dem Wertpapierinhaber entstandene Schaden wird im Regelfall den **Ersatz der Differenz zwischen dem Wert der in der Angebotsunterlage angebotenen Gegenleistung und der tatsächlich erhaltenen Gegenleistung** umfassen. Die hypothetische Kenntnis der wahren Sachlage ist dabei ohne Belange. 26

– Im Fall eines **Barangebotes** trifft den Bieter keine Haftung, sobald er die Gegenleistung gemäß Angebotsunterlage in voller Höhe erbracht hat. Aus der Unrichtigkeit bzw. Unvollständigkeit sonstiger wesentli- 27

33 Regierungsbegründung, BR-Drucks. 574/01, S. 102.

34 Regierungsbegründung, BR-Drucks. 574/01, S. 102 (zur börsenrechtlichen Haftung wurde dies auch vom OLG Frankfurt, 1.2.1994 – 5 U 213/92, WM 1994, 291, 297 (Bond I) bejaht).

35 Regierungsbegründung, BR-Drucks. 574/01, S. 103.

cher Angaben der Angebotsunterlage (z. B. Angaben über die künftige Geschäftstätigkeit der Zielgesellschaft, Angaben über Geldleistungen oder andere geldwerte Vorteile, die Mitgliedern der Verwaltung der Zielgesellschaft gewährt werden) kann ein Anspruch des Wertpapierinhabers nur schwer konstruiert werden. Was für ein Schaden könnte dem Wertpapierinhaber nach Zahlung der Gegenleistung z. B. aus in der Angebotsunterlage nicht erwähnten Abfindungszahlungen an den Vorstand der Zielgesellschaft entstehen?

28 – Im Fall eines **Tauschangebots** steht dem Wertpapierinhaber ein erweiterter Prospekthaftungsanspruch zu, und zwar entweder kraft der gem. § 2 Abs. 2 AngebotsVO in die Angebotsunterlage aufzunehmenden Angaben gemäß § 7 VerkProspG oder des in der Angebotsunterlage erwähnten Prospekts bzw. Unternehmensberichts. Dies kann dann entscheidend sein, wenn die im Tauschweg erhaltenen Wertpapiere des Bieters nach erfolgter Übernahme der Zielgesellschaft aufgrund unrichtiger bzw. unvollständiger Angaben in der Angebotsunterlage an Wert verlieren.

29 Der Wortlaut des § 12 Abs. 1 enthält also eine **erhebliche Haftungseinschränkung zu Gunsten des Bieters**: In der Praxis wird die Finanzierung des Angebots in den wenigsten Fällen einen Anlass für einen Haftungsanspruch geben; dies schon wegen der erforderlichen Unterstützung der Finanzierung durch ein Wertpapierdienstleistungsunternehmen (vgl. § 13 Abs. 1 Satz 2). Häufiger werden hingegen die Arbeitnehmer der Zielgesellschaft aufgrund unrichtiger bzw. unvollständiger Angaben in der Angebotsunterlage geschädigt werden, z. B. durch nicht angegebene wesentliche Änderungen der Beschäftigungsbedingungen. Arbeitnehmer bzw. Arbeitnehmervertretungen können hingegen aufgrund unrichtiger bzw. unvollständiger Angaben (z. B. über die beabsichtigte Änderungen der Beschäftigungsbedingungen) nach dem eindeutigen Gesetzeswortlaut keine Ansprüche aus § 12 ableiten. Unzulässig ist auch, dass ein Wertpapierinhaber, der gleichzeitig Arbeitnehmer der Zielgesellschaft ist, Ansprüche aus einem Schaden geltend macht, welche ihm durch eine Änderungen seiner Beschäftigungsbedingungen entstanden ist. § 12 ist eine kapitalmarktrechtliche Vorschrift und schützt konkret die Wertpapierinhaber und nicht die Arbeitnehmer der Zielgesellschaft; letztere müssen ihre Ansprüche auf anderem Wege durchsetzen.

30 Hat der geschädigte Wertpapierinhaber einen **Anspruch gem. § 13 Abs. 2 gegen das Wertpapierdienstleistungsunternehmen**, welches

die schriftliche Finanzierungsbestätigung erteilt hat, so kann er Ersatz des ihm aus der nicht vollständigen Erfüllung entstandenen Schadens verlangen.[36] Gemeint ist damit, dass das Wertpapierdienstleistungsunternehmen die entsprechenden Wertpapiere gegen Zahlung der vom Bieter versprochenen und vom Wertpapierdienstleistungsunternehmen bestätigten Gegenleistung übernehmen muss.[37]

VI. Subjektive Tatseite

31 Nach Abs. 2 scheidet eine Inanspruchnahme aus, sofern der für die Angebotsunterlage Verantwortliche **keine Kenntnis von der Fehlerhaftigkeit der Angaben** gehabt hat und die **Unkenntnis nicht auf grober Fahrlässigkeit** beruht. Die **Beweislast** hierfür liegt beim **Anspruchsgegner** und zwar sowohl für die fehlende Kenntnis als auch für das Fehlen der groben Fahrlässigkeit. Entsprechende Regelungen enthalten auch § 46 Abs. 1 BörsG, § 20 Abs. 3 Satz 1 KAGG sowie § 12 Abs. 3 Satz 1 AuslInvG.[38]

32 **Grobe Fahrlässigkeit** setzt voraus, dass die erforderliche Sorgfalt in besonders schwerem Maße außer Acht gelassen wurde. Dies ist insbesondere dann der Fall, wenn ganz nahe liegende Überlegungen nicht angestellt wurden oder wenn nicht beachtet wurde, was im gegebenen Fall jedem hätte einleuchten müssen.[39] Die Anforderungen an den oder die Verantwortlichen – im Regelfall ist der Bieter hauptverantwortlich – sind diesbezüglich zu differenzieren:

33 – An **Beiträge in der Angebotsunterlage, welche der Bieter selbst erstellt hat**, ist ein hoher Sorgfaltsmaßstab anzulegen. Der Bieter hat die Oberaufsicht über die Erstellung der Angebotsunterlage und verfügt im Zweifelsfall über die umfangreichsten Informationen hinsichtlich sämtlicher Angaben in der Angebotsunterlage. Er ist daher verpflichtet, eigene Beiträge mit der nötigen Sorgfalt zu erstellen.

34 – Insgesamt obliegt dem Bieter die **Plausibilitätskontrolle** und die Prüfung des Gesamteindruckes der Angebotsunterlage.[40]

---

36 Regierungsbegründung, BR-Drucks. 574/01, S. 107.

37 *Thaeter/Barth*, NZG 2001, 545, 548.

38 Regierungsbegründung, BR-Drucks. 574/01, S. 103.

39 *Heinrichs,* in: Palandt, BGB-Komm., 60. Aufl., 2001, § 277 Rn. 2. Zur börsenrechtlichen Haftung: *Hamann* (Fn. 32), §§ 45, 46 BörsG Rn. 95.

40 Zur börsenrechtlichen Haftung: BGH, 12.7.1982 – II ZR 175/81, WM 1982, 862, 862 (Beton- und Monierbau); OLG Frankfurt, 1.2.1994 – 5 U 213/92, ZIP 1994, 282, 286 f. (Bond I); vgl. auch *Schwark* (Fn. 9), §§ 45, 46 Rn. 21.

35 – An **Beiträge in der Angebotsunterlage, die durch Sachverständige erstellt wurden**, ist ein geringerer Sorgfaltsmaßstab anzulegen. Der Bieter kann nur in die Haftung genommen werden, wenn er eine **Kontroll- oder Nachforschungspflicht** hinsichtlich des fehlerhaften Beitrages hatte. Grundsätzlich besteht – ähnlich wie bei der börsenrechtlichen Haftung – keine Pflicht, die Beiträge von Sachverständigen neuerlich oder selbstständig zu prüfen. Dies gilt jedoch nicht, wenn eine besondere Veranlassung für eine Prüfung besteht: Grobe Fahrlässigkeit des Bieters bei der Übernahme von fehlerhaften Fremdbeiträgen in die Angebotsunterlage liegt dann vor, wenn sich dem Bieter der Mangel geradezu aufdrängen musste.[41] Das ist der Fall, wenn dem Bieter konkrete Anhaltspunkte für die Unrichtigkeit von Angaben vorliegen oder wenn er über Informationen verfügt, die Zweifel an der Richtigkeit des Beitrages wecken müssen. Bei länger zurückliegenden Angaben hat der Bieter eine Aktualisierung der Information sicherzustellen.[42]

36 Im Ergebnis bedeutet das dennoch, dass das Verschulden der Sachverständigen, welche einzelne Beiträge zur Angebotsunterlage beisteuern, dem Bieter im Regelfall nicht zuzurechnen ist.[43]

37 Um es an einem konkreten Einzelfall zu demonstrieren: Sind die in der Angebotsunterlage enthaltenen Angaben über die Auswirkungen des Angebots auf die Finanzlage des Bieters fehlerhaft und trifft den Bieter kein Verschulden, weil sich der Mangel im Zuge einer Plausibilitätskontrolle nicht „aufdrängen" musste, hat der Wertpapierinhaber keinen Anspruch gegen den Bieter. Ein Anspruch gegen den Abschlussprüfer besteht ebenfalls nicht. Da unwahrscheinlich ist, dass ein allgemein-zivilrechtlicher Anspruch (im weiteren Sinn) gegen den Abschlussprüfer besteht, wird der Wertpapierinhaber in diesem Fall wohl leer ausgehen. Die dadurch entstehende Schutzlücke – für durch Sachverständige erstellte Beiträge besteht in aller Regel weder eine spezialgesetzliche Haftung des Bieters noch des Sachverständigen – wird vom Gesetzgeber bewusst in Kauf genommen, um Funktionstüchtigkeit und Attraktivität des deutschen Kapitalmarkts nicht durch eine überzogene Haftungsregelung zu beeinträchtigen.

38 Hinsichtlich der Sorgfaltspflicht des Wertpapierdienstleistungsunternehmens im Hinblick auf die Haftung gem. § 13 Abs. 2 wird auf § 12

41 OLG Frankfurt, 1.2.1994 – 5 U 213/92, WM 1994, 291, 297.
42 BGH, 12.7.1982 – II ZR 175/81, WM 1982, 862, 862 (Beton- und Monierbau).
43 Die Sachverständigen gelten nicht als Verrichtungsgehilfen i.S.d. § 831 BGB.

Abs. 2 bis 6 verwiesen; eine Haftung des Wertpapierdienstleistungsunternehmens setzt also grobe Fahrlässigkeit voraus.[44]

VII. Haftungsausschluss

Gem. Abs. 3 besteht der Schadensersatzanspruch nicht, sofern die Annahme des Angebots nicht auf Grund der Angebotsunterlage erfolgt ist (Nr. 1), derjenige der das Angebot angenommen hat, die Unrichtigkeit oder Unvollständigkeit der Angaben der Angebotsunterlage bei der Abgabe der Annahmeerklärung kannte (Nr. 2) oder vor der Annahme des Angebots in einer Veröffentlichung nach § 15 Abs. 3 des WpHG oder einer vergleichbaren Bekanntmachung eine deutlich gestaltete Berichtigung der unrichtigen oder unvollständigen Angaben im Inland veröffentlicht wurde (Nr. 3). 39

1. Fehlen haftungsbegründender Kausalität

Abs. 3 Nr. 1 betrifft die fehlende haftungsbegründende Kausalität: Erfolgte die Annahme des Angebots nicht auf Grund der Angebotsunterlage, war diese nicht kausal für den dem Wertpapierinhaber entstandenen Schaden. Die **Beweislast** für das Fehlen der Kausalität zwischen Veröffentlichung der Angebotsunterlage und Annahme des Angebots obliegt dem **Haftungsverpflichteten**. Die im Rahmen der Neuregelung zu § 45 BörsG in Anlehnung an die Rechtsprechung entwickelten Grundsätze zur Beweislastumkehr gelten für die Haftung wegen fehlerhafter Angebotsunterlagen nach § 12 entsprechend; d.h. die haftungsbegründende Kausalität wird ab Veröffentlichung der Angebotsunterlage vermutet.[45] Der Haftungsverpflichtete kann die Haftung also nur vermeiden, wenn er nachweisen kann, dass die Wertpapiere nicht auf Grund der Angebotsunterlage erworben wurden.[46] Dies wird freilich nur in seltenen Fällen gelingen. 40

2. Kenntnis der Unrichtigkeit oder Unvollständigkeit

Gem. Abs. 3 Nr. 2 besteht kein Anspruch, wenn der die Annahme Erklärende die Unrichtigkeit oder Unvollständigkeit der Angebotsunterlage bei der Annahmeerklärung kannte. **Positive Kenntnis** ist Voraus- 41

---

44 Vgl. Rn. 31–37 und § 13 Rn. 85 f.

45 Vgl. *Schwennicke*, in: Geibel/Süßmann, WpÜG, 2002, § 12 Rn. 11. Zur börsenrechtlichen Haftung vgl. *Kort*, AG 1999, 9, 11; *Sittmann* (Fn. 11), 494.

46 Regierungsbegründung, BR-Drucks. 574/01, S. 103.

setzung für den Haftungsausschluss; in Übereinstimmung mit den Prospekthaftungsregelungen in § 46 Abs. 2 Nr. 3 BörsG, § 20 KAGG und § 12 AuslInvG schadet grob fahrlässige Unkenntnis nicht. Den Nachweis über die Kenntnis hat der Haftungsverpflichtete zu führen. Da es sich um eine gesetzliche Sonderregelung der Frage des **Mitverschuldens des Anspruchstellers** handelt, ist im Umkehrschluss der Einwand des Mitverschuldens gegenüber dem Anspruchsteller außerhalb des Anwendungsbereichs der Nr. 2 ausgeschlossen.[47]

3. Berichtigung

42 Die Regelung in Abs. 3 Nr. 3 ermöglicht den für die Angebotsunterlage Verantwortlichen, durch eine entsprechende Berichtigung der Angebotsunterlage Haftungsansprüche derjenigen auszuschließen, die nach der Berichtigung das Angebot angenommen haben. Zum Zeitpunkt der Berichtigung bereits entstandene Ansprüche nach Abs. 1 bleiben unberührt. Sofern eine Berichtigung nach Nr. 3 erfolgt, besteht kein Anspruch nach Abs. 1, da in diesen Fällen eine **positive Kenntnis des Wertpapierinhabers gesetzlich vermutet** wird. Auf den Nachweis der Kenntnis von der Berichtigung desjenigen, der die Annahme erklärt hat, wird ebenso wie auf den Nachweis der Kenntnis des Angebotsempfängers von der Angebotsunterlage verzichtet.[48]

43 Als Berichtigungsweg steht den für die Angebotsunterlage Verantwortlichen zum einen die Möglichkeit der **Ad-hoc-Veröffentlichung nach § 15 Abs. 3 WpHG** zur Verfügung. Die Veröffentlichung hat also in mindestens einem überregionalen Börsenpflichtblatt oder über ein in der Banken- und Versicherungsbranche weit verbreitetes elektronisch betriebenes Informationssystem in deutscher Sprache zu erfolgen. Als geeignete Medien kommen z. B. in Betracht: „Börsen-Zeitung", „Handelsblatt", „Frankfurter Allgemeine Zeitung", „Frankfurter Rundschau", „Süddeutsche Zeitung", „Die Welt", „Reuters Direct", „VWD-Vereinigte Wirtschaftsdienste GmbH" sowie das von der Deutsche Börse AG betriebene „Info 15".[49]

44 Da die Veröffentlichung nach § 15 WpHG sich nur an die Emittenten von im Inland zum Börsenhandel zugelassenen Wertpapieren richtet, der Kreis der potenziellen Bieter und Prospektverantwortlichen, die

---

47 Regierungsbegründung, BR-Drucks. 574/01, S. 103; *Schwennicke* (Fn. 45), § 12 Rn. 14.

48 Regierungsbegründung, BR-Drucks. 574/01, S. 104.

49 *Geibel,* in: Schäfer, § 15 WpHG Rn. 139f.

eine Berichtigung vornehmen können, jedoch darüber hinaus geht, besteht zum anderen die Möglichkeit, die Berichtigung durch eine der Ad-hoc-Meldung **vergleichbare Bekanntmachung** vorzunehmen. Eine Vergleichbarkeit wird dann zu bejahen sein, wenn die Bekanntmachung sowohl inhaltlich wie auch in der Form der Veröffentlichung den Anforderungen an eine Ad-hoc-Meldung genügt.[50]

Die **Berichtigung** muss deutlich gestaltet sein, d.h. in einer Art und Form, die es den Adressaten ohne aufwendige Nachforschung ermöglicht, davon Kenntnis zu nehmen, dass die Berichtigung von der Angebotsunterlage abweichende Angaben enthält.[51] Z.B. kann eine unrichtige Darstellung nicht durch das bloße Beifügen einer zutreffenden Darstellung berichtigt werden; eine direkte **Gegenüberstellung der unrichtigen und der richtigen Darstellung** ist erforderlich.[52] 45

VIII. Verjährung

Der Anspruch nach Abs. 1 verjährt in **einem Jahr** seit dem Zeitpunkt, zu dem derjenige, der das Angebot angenommen hat, Kenntnis von der Unrichtigkeit oder Unvollständigkeit der Angaben der Angebotsunterlage erlangt hat, spätestens jedoch in **drei Jahren** seit der Veröffentlichung der Unterlage. Innerhalb der vorgesehenen Fristen ist es demjenigen, der das Angebot angenommen hat, zumutbar, die erforderlichen Schritte einzuleiten, um seine Ansprüche durchzusetzen. Der Beginn der dreijährigen Frist stellt auf den Zeitpunkt der Veröffentlichung ab, da zu diesem Zeitpunkt erstmalig ein unzutreffender Eindruck über den Inhalt des Angebots auf Grund der Angebotsunterlage erzeugt wurde und zudem die maximale Verjährungsfrist einheitlich für alle, die die Annahme erklärt haben, bestimmt werden kann.[53] 46

Die Vorschrift orientiert sich grundsätzlich an den Regelungen in § 47 BörsG, § 20 KAGG und § 12 AuslInvG, weicht jedoch insofern von diesen ab, als die dortigen Ansprüche bereits innerhalb von sechs Monaten ab Kenntniserlangung von der Unrichtigkeit oder Unvollständigkeit des Prospekts verjähren. Die Erfahrungen der letzten Jahre haben gezeigt, dass die Frist von sechs Monaten angesichts der Komplexität 47

50 Regierungsbegründung, BR-Drucks. 574/01, S. 104.

51 Regierungsbegründung, BR-Drucks. 574/01, S. 104.

52 Zur börsenrechtlichen Haftung: LG Frankfurt, 7.10.1997 – 3/11 O 44/96, ZIP 1998, 641, 642.

53 Regierungsbegründung, BR-Drucks. 574/01, S. 104.

zahlreicher Sachverhalte vielfach nicht ausreichend ist, um die zur Vorbereitung der Geltendmachung eines Haftungsanspruchs erforderlichen Recherchen durchzuführen. Um hier zu vermeiden, dass Anspruchsberechtigte gezwungen werden, vor einer umfassenden Klärung des Sachverhalts Klage zur Unterbrechung der Verjährung erheben, ist es daher angezeigt, die Frist auf ein Jahr zu verlängern. Die Anpassung der genannten börsengesetzlichen und investmentrechtlichen Vorschriften an die hier vorgesehene Frist von einem Jahr ist im Rahmen des Vierten Finanzmarktförderungsgesetzes geplant, welches noch innerhalb der laufenden Legislaturperiode verabschiedet werden soll.[54]

IX. Vertraglicher Haftungsausschluss

48 Nach dieser Vorschrift können die nach Abs. 1 begründeten Ansprüche nicht vor ihrem Entstehen abbedungen werden; entsprechende vertragliche Vereinbarungen sind **unwirksam**. Ist der Anspruch entstanden, können die Beteiligten über diesen beliebig, beispielsweise im Rahmen eines Vergleichs oder eines nachträglichen Erlassvertrages, verfügen.[55]

49 Die für die Unterlage Verantwortlichen haften **gesamtschuldnerisch**; gegebenenfalls bestehende abweichende Vereinbarungen im Innenverhältnis berühren die Haftung nach außen nicht.[56] Dasselbe gilt für die Haftung des Wertpapierdienstleistungsunternehmens gemäß § 13 Abs. 2.

X. Sonstige Ansprüche

50 Weitergehende Ansprüche, die nach den Vorschriften des bürgerlichen Rechts auf Grund von Verträgen oder vorsätzlichen unerlaubten Handlungen erhoben werden können, bleiben gem. Abs. 6 unberührt. Somit ist klargestellt, dass Ansprüche auf Grund zugleich bestehender schuldrechtlicher Sonderverbindungen nach bürgerlichem Recht durch die Haftungsregelung des § 12 nicht berührt werden; gleiches gilt im Hinblick auf vorsätzliche unerlaubte Handlungen.

51 – Eine **Haftung aufgrund schuldrechtlicher Sonderbindung** ist insbesondere gemäß § 311 Abs. 2 i.V.m. § 241 Abs. 2 BGB auf Grund individueller vorvertraglicher Kontakte denkbar. Kauf- bzw. tausch-

---

54 Regierungsbegründung, BR-Drucks. 574/01, S. 105.

55 Regierungsbegründung, BR-Drucks. 574/01, S. 105; zur börsenrechtlichen Haftung: *Schwark* (Fn. 9), § 48 Rn. 1; *Kort* (Fn. 45), 16; *Sittmann* (Fn. 11), 492.

56 Regierungsbegründung, BR-Drucks. 574/01, S. 102.

vertragliche Ansprüche sind zwar theoretisch möglich, werden aber ohne praktische Bedeutung bleiben: Auch beim Wertpapiertausch haftet der Bieter gem. § 453 Abs. 1 i.V.m. § 433 Abs. 1 BGB nur für den rechtlichen Bestand des Rechts, nicht aber für dessen Bonität;[57] hinsichtlich der Bonität der getauschten Wertpapiere ist die Haftung des Bieters wiederum auf die Prospekthaftung gem. § 13 VerkProspG bzw. §§ 45 ff. BörsG beschränkt.

– Eine über § 12 hinausgehende **Haftung für deliktische Ansprüche** 52 kommt nur auf Grund vorsätzlicher unerlaubter Handlungen in Frage. In erster Linie kommt hier eine Haftung wegen Verletzung eines Schutzgesetzes gem. §§ 823 ff. BGB in Betracht.[58]

Im Umkehrschluss folgt aus Abs. 6, dass **sonstige zivilrechtliche Ansprüche**, insbesondere solche aus allgemeiner zivilrechtlicher Prospekthaftung oder aus fahrlässigen unerlaubten Handlungen, im Anwendungsbereich der Haftung für fehlerhafte Angebotsunterlagen im Rahmen eines öffentlichen Angebots **ausgeschlossen** sind. Die Vorschrift ist insoweit als abschließend anzusehen.[59] § 12 stellt daher im Verhältnis zur allgemeinen zivilrechtlichen Rechtslage keine Haftungsverschärfung, sondern eine erhebliche Haftungserleichterung dar.[60] 53

§ 13 Finanzierung des Angebots

(1) Der Bieter hat vor der Veröffentlichung der Angebotsunterlage die notwendigen Maßnahmen zu treffen, um sicherzustellen, daß ihm die zur vollständigen Erfüllung des Angebots notwendigen Mittel zum Zeitpunkt der Fälligkeit des Anspruchs auf die Gegenleistung zur Verfügung stehen. Für den Fall, daß das Angebot als Gegenleistung die Zahlung einer Geldleistung vorsieht, ist durch ein vom Bieter unabhängiges Wertpapierdienstleistungsunternehmen schriftlich zu bestätigen, daß der Bieter die notwendigen Maßnahmen getroffen hat, um sicherzustellen, daß die zur voll-

57 *Hopt*, in: FS Koppensteiner, 2001, S. 78. Vgl. zur börsengesetzlichen Haftung: *Hauptmann* (Fn. 12), § 3 Rn. 142 f.

58 Vgl. zur börsengesetzlichen Haftung: *Gerber*, Die Prospekthaftung bei Wertpapieremissionen nach dem Dritten Finanzmarktförderungsgesetz, 2001, S. 171.

59 Regierungsbegründung, BR-Drucks. 574/01, S. 104; vgl. zur börsengesetzlichen Haftung: *Hauptmann* (Fn. 12), § 3 Rn. 136 und *Gerber* (Fn. 58), S. 169 f.

60 *Schüppen*, WPg 2001, 963.

ständigen Erfüllung des Angebots notwendigen Mittel zum Zeitpunkt der Fälligkeit des Anspruchs auf die Gegenleistung zur Verfügung stehen.

(2) Hat der Bieter die nach Absatz 1 Satz 2 notwendigen Maßnahmen nicht getroffen und stehen ihm zum Zeitpunkt der Fälligkeit des Anspruchs auf die Gegenleistung aus diesem Grunde die notwendigen Mittel nicht zur Verfügung, so kann derjenige, der das Angebot angenommen hat, von dem Wertpapierdienstleistungsunternehmen, das die schriftliche Bestätigung erteilt hat, den Ersatz des ihm aus der nicht vollständigen Erfüllung entstandenen Schadens verlangen.

(3) § 12 Abs. 2 bis 6 gilt entsprechend.

Literatur: (Zur Finanzierung von Buy-Out-Transaktionen): *Becker*, Gesellschaftsrechtliche Probleme der Finanzierung von Leveraged-Buy-Outs, DStR 1998, 1429; *Fleischer*, Finanzielle Unterstützung des Aktienerwerbs und Leveraged Buyout, AG 1996, 494; *Klass*, Der Buy-Out von Aktiengesellschaften, Diss., Baden-Baden, 2000; *Lutter/Wahlers*, Der Buyout: Amerikanische Fälle und die Regeln des deutschen Rechts, AG 1989, 1; *Otto*, Fremdfinanzierte Übernahmen – Gesellschafts- und steuerrechtliche Kriterien des Leveraged Buy-Out, DB 1989, 1389; *Peltzer*, Rechtliche Problematik der Finanzierung des Unternehmenskaufs beim MBO, DB 1987, 973.

Übersicht

I. Grundlagen

1. Regelungsgegenstand und -zweck

Wie die Regelungen in § 11 Abs. 2 Satz 3 Nr. 1 und 4 betrifft die Vorschrift mit der Finanzierung eine der wichtigsten Fragen im Vorfeld eines Wertpapiererwerbs- oder Übernahmeangebotes. Die Finanzierung der Transaktion zählt zu den Kernproblemen praktisch jeder Übernahmetransaktion.[1] Die Vorschrift stellt hieran zusätzliche Anforderungen, indem in Abs. 1 eine allgemeine Verpflichtung des Bieters begründet 1

1 *Solomon/Schwartz/Bauman/Weiß*, Corporations, 4. Aufl., 1998, S. 1171 f.

wird, das Vorhandensein der zur vollständigen Erfüllung des Angebots notwendigen Mittel im Zeitpunkt der Fälligkeit des Anspruches auf die Gegenleistung sicherzustellen. Während diese Verpflichtung nach Abs. 1 Satz 1 unabhängig davon gilt, ob die vorgesehene Gegenleistung in einer Geld- oder in einer Sachleistung besteht, hat nach Abs. 2 Satz 1 im Falle des Barangebots zusätzlich ein unabhängiges Wertpapierdienstleistungsunternehmen zu bestätigen, dass der Bieter alle erforderlichen Maßnahmen getroffen hat, um die Ansprüche bei Fälligkeit der Geldleistung erfüllen zu können. Damit wird dem besonderen Interesse der angesprochenen Aktionäre an der Leistungsfähigkeit des Bieters bei Barangeboten Rechnung getragen.[2] Die Bestätigung ist der Angebotsunterlage beizufügen (§ 11 Abs. 2 Satz 3 Nr. 4).

Abs. 2 erweitert im Interesse der betroffenen Wertpapierinhaber den **Kreis der** für die Angebotsunterlage **Haftenden**. Nach Abs. 2 steht demjenigen, der das Angebot angenommen hat, im Falle der Nichterfüllung der dem Bieter obliegenden Verpflichtung zur Geldleistung (auch) gegen das nach Abs. 1 Satz 2 bestätigende Wertpapierdienstleistungsunternehmen ein Schadensersatzanspruch zu. Dieser steht neben einem möglichen Anspruch aus § 12 Abs. 1 wegen einer fehlerhaften Angebotsunterlage gegen die für die Unterlage Verantwortlichen. Nach Abs. 3 finden auf den Anspruch die für unrichtige Angaben in der Angebotsunterlage geltenden Regeln (§ 12 Abs. 2 bis 6) entsprechende Anwendung.

2 Den neuen Regelungen des § 13 (wie auch des § 11 Abs. 2 Satz 3 Nr. 1, 2 und 4) liegt die Überlegung zu Grunde, dass es **weder im Interesse der Aktionäre der Zielgesellschaft noch der Zielgesellschaft** als solcher liegen kann, in ein Übernahmeverfahren gedrängt zu werden, das auf der Seite des Bieters auf keiner vertretbaren wirtschaftlichen Grundlage steht und unter Umständen von vornherein zum Scheitern verurteilt ist.[3] Im weiteren Sinne soll daneben sichergestellt werden, dass ein Bieter nicht infolge der Übernahme in finanzielle Schwierigkeiten gerät und unter Umständen sogar den Geschäftsbetrieb einstellen muss.

3 Die Vorschrift geht damit inhaltlich weiter als bislang bekannte oder übliche Mechanismen, die – wie etwa Art. 7 Ziff. 13 des früher geltenden Übernahmekodex' der Börsensachverständigenkommission oder

---

2 Vgl. *Immenga*, SAG 1975, 89, 94.

3 So die Regierungsbegründung, BR-Drucks. 574/01, S. 106. Vgl. ferner *Pötzsch/Möller*, WM 2000, Sonderbeilage 2, 20.

auch § 11 Abs. 2 Satz 3 Nr. 1 und 2 des vorliegenden Gesetzes – die Solidität eines Übernahmeangebotes auf indirekte Weise, nämlich durch entsprechende Informationspflichten zu sichern suchten. Die neue Regelung in § 13 geht den direkten Weg indem sie neben den Informationspflichten des § 11 Abs. 2 Satz 3 eine unmittelbare Verantwortlichkeit des Bieters für die Seriosität der Finanzierung seines Angebots begründet. Materiell beinhaltet die Vorschrift insofern eine **Verschärfung der Anforderungen an die Finanzierungsverantwortlichkeit des Bieters** im Vergleich zum früheren Recht. Andererseits hat der Gesetzgeber mit guten Gründen davon abgesehen, spezielle inhaltliche Anforderungen an die Finanzierung entsprechender Angebote aufzustellen. Möglichkeiten und Grenzen der Finanzierung von Angeboten ergeben sich allein unter Heranziehung der allgemeinen, dem Bieter vorgegebenen rechtlichen Rahmenbedingungen außerhalb des WpÜG.[4]

Die Regelung in § 13 Abs. 1 Satz 1 war ursprünglich vorgegeben durch 4
Art. 3 Abs. 1 lit. e) des im Juli 2001 gescheiterten Entwurfs einer Übernahmerichtlinie. Vorgesehen war dort, dass ein Bieter vor Ankündigung eines Angebots sicherzustellen hat, dass er als Gegenleistung angebotene Barzahlungen in vollem Umfang leisten kann bzw. alle „gebotenen Maßnahmen" zur Erbringung aller sonstigen Arten von Gegenleistungen treffen muss. Ein Testat oder die Absicherung durch die Haftung Dritter war dagegen nicht vorgesehen. Nach Art. 6 Abs. 3 lit. k) des Richtlinienentwurfs sollte die Angebotsunterlage lediglich „Angaben zur Finanzierung des Angebots" enthalten, sodass der deutsche Gesetzgeber mit den Regelungen des § 13 insgesamt über das nach EU-Vorgaben erforderliche Maß hinausgegangen wäre.

2. Systematische Stellung und Geltungsbereich

Wie die übrigen Vorschriften des dritten Abschnitts, insbesondere die 5
§§ 10 bis 12 und 14, ist die Vorschrift eine Ausprägung des Leitgedankens **umfassender Information der Adressaten eines öffentlichen Angebots**, sei dieses auf einen Kontrollerwerb gerichtet oder nicht (§ 34). Die Vorschrift findet Anwendung auch auf das **Pflichtangebot** nach §§ 35 ff. (§ 39). Letzteres führt letztendlich dazu, dass die maßgebliche Beteiligungsschwelle von 30% der stimmberechtigten Anteile an einer börsennotierten Gesellschaft nur dann überschritten werden darf, wenn nicht nur die Finanzierung des beabsichtigten Erwerbs eines (möglicherweise äußerst geringen) Anteils gesichert ist.

4 Dazu unten, Rn. 13 ff.

Da § 32 Teilangebote untersagt, sind bei Überschreitung der 30%-Schwelle vielmehr stets die **finanziellen Voraussetzungen des Erwerbs sämtlicher Aktien der Zielgesellschaft** sicherzustellen. Dies kann jedenfalls kurzfristig eine erhebliche und ungewollte wirtschaftliche Belastung darstellen, die es im Rahmen des einem Anteilserwerb vorausgehenden Willensbildungsprozesses zu berücksichtigen gilt. Zwar stehen die Vorschriften des WpÜG einer alsbaldigen Weiterveräußerung der im Wege eines Pflichtangebots erworbenen Anteile nicht entgegen. Gleichwohl sind aber zumindest Mittel in Höhe eines möglichen Kursverlustes vorzuhalten.

3. Genese der Regelung

a) Übernahmekodex der Börsensachverständigenkommission und „Baums-Entwurf" von 1997

6 Der Übernahmekodex der Börsensachverständigenkommission enthielt in seinen Bestimmungen über den Inhalt des Angebots eine Regelung, wonach dieses u. a. Angaben über „mögliche Auswirkungen eines erfolgreichen Angebots insbesondere auf die finanziellen Verhältnisse des Bieters und der Zielgesellschaft" beinhalten musste.[5] Dies entsprach dem „indirekten Weg" der Sicherung der Solidität der Finanzierung eines Übernahmeangebots mit Blick auf die mögliche Verwendung des Vermögens der Zielgesellschaft zur Finanzierung der (Buy-Out-) Transaktion. Eine Mitverantwortung des die Transaktion auf Bieterseite begleitenden **Wertpapierdienstleistungsunternehmens** gegenüber den Aktionären der Zielgesellschaft bestand nur ausnahmsweise bei Vorliegen der Voraussetzungen des Vertrages mit Schutzwirkung für Dritte oder aus der von der Rechtsprechung zur culpa in contrahendo entwickelten Haftung von Vertretern oder Sachwaltern.[6]

7 Die gleiche Methodik der Sicherung der Finanzierung durch Transparenz verfolgten der 1997 vorgelegte „*Baums*-Entwurf" eines „Gesetzes zu öffentlichen Übernahmeangeboten" sowie der auf diesem beruhende Entwurf der SPD-Fraktion im Deutschen Bundestag.[7] Beide Entwürfe gingen allerdings in den Anforderungen an den Inhalt des Übernahmeangebots und an die Information der Aktionäre der Zielgesellschaft über den Übernahmekodex hinaus. Im hier interessierenden

5 Art. 7 Ziff. 13 Übernahmekodex.

6 Vgl. *Groß*, DB 1996, 1909, 1913 f.

7 Der „*Baums*-Entwurf" ist abgedruckt in ZIP 1997, 1310 ff., der „SPD-Entwurf" als BT-Drucks. 13/8164.

Zusammenhang sahen beide Entwürfe die zwingende Abgabe einer Erklärung vor „über die mit Rücksicht auf die Finanzierung des Angebots wahrscheinlich eintretende künftige Verschuldung des Bieters und gegebenenfalls der Zielgesellschaft" sowie über „die von dem Bieter mit seinem Angebot verfolgten Ziele und seine Absichten in Bezug auf die Zielgesellschaft, insbesondere die Verwendung ihres Vermögens". Ähnliche Transparenzregelungen enthält das WpÜG in § 11 Abs. 2 Satz 3 Nr. 1, 2 und 4. Sie werden nunmehr jedoch flankiert durch die unmittelbare Finanzierungsverantwortlichkeit des Bieters und des die Übernahme begleitenden Wertpapierdienstleistungsunternehmens gemäß § 13.

b) Gesetzgebungsverfahren

Die Regelungen des § 13, insbesondere die Verpflichtung zur Vorlage eines Testats mit der hieran geknüpften Haftung des ausstellenden Wertpapierdienstleistungsunternehmens, gehörten zu den im Rahmen des Gesetzgebungsverfahrens **stark umstrittenen Regelungen**. Die namentlich um die **Haftung** geführte Diskussion führte zu einigen Einschränkungen der in Kraft getretenen Fassung des § 13, namentlich des Abs. 1, im Vergleich zum Diskussionsentwurf vom 29.6.2000: Abs. 1 Satz 1 stellt auf den Zeitpunkt der Veröffentlichung der Angebotsunterlage und nicht – wie ursprünglich vorgesehen – auf die Entscheidung zur Abgabe eines Angebots ab. Erst wenn die Entscheidung zur Abgabe des Angebots getroffen und veröffentlicht ist, kann der Bieter die notwendigen Maßnahmen tatsächlich ergreifen. Des Weiteren sieht Abs. 1 nur vor, dass der Bieter vor Veröffentlichung der Angebotsunterlage die notwendigen Maßnahmen treffen muss, um sicherzustellen, dass ihm die zur vollständigen Erfüllung des Angebots notwendigen Mittel zum Zeitpunkt der Fälligkeit des Anspruchs auf die Gegenleistung zur Verfügung stehen. Im Diskussionsentwurf war dagegen noch vorgesehen, dass der Bieter bereits bei Veröffentlichung des Angebots über diese Mittel verfügen muss. 8

Eine wesentliche Einschränkung hat die Regelung des Abs. 1 Satz 2 im Laufe des Gesetzgebungsverfahrens erfahren. Der Diskussionsentwurf differenzierte hinsichtlich des **Erfordernisses eines Testats** der getroffenen Finanzierungsmaßnahmen nicht zwischen Angeboten auf Geld- und auf Sachleistung. Die Verpflichtung zur Vorlage des Testats mit entsprechender Haftungsanordnung war für beide Fälle vorgesehen. Eine Beschränkung der Regelung auf Barangebote erfolgte zu Recht aufgrund zahlreicher Einwände von Praktikerseite. Namentlich 9 beim Angebot eigener Aktien wäre die Erlangung eines entsprechenden Testats problembehaftet. Allenfalls könnte bestätigt werden, dass der Bieter die erforderlichen Schritte zur Durchführung einer Kapitalerhöhung bzw. zur Ausnutzung genehmigten Kapitals geschaffen hat, nicht hingegen, dass die Kapitalerhöhung auch erfolgreich durchgeführt wurde. Noch weitergehende im Gesetzgebungsverfahren von Anwaltschaft und Kreditgewerbe erhobene Forderungen nach gänzlicher Streichung des Erfordernisses eines Testats bzw. nach Schaffung einer fakultativen Freistellung vom Gebot der Sicherstellung durch das Bundesaufsichtsamt unter Hinweis auf das erhebliche und unkalkulierbare Haftungsrisiko sowie die damit einhergehende Verteuerung für den Bieter, fanden hingegen kein Gehör. Nach dem Diskussionsentwurf sollten daneben nicht nur Wertpapierdienstleistungsunternehmen, sondern auch Wirtschaftsprüfer mit Sitz in einem Staat des Europäischen Wirtschaftsraumes das Testat erteilen können.

4. Rechtsvergleichende Hinweise

a) Österreich

10 Als **Vorbild** für die Regelungen des Abs. 1 diente in erster Linie die entsprechende Regelung des österreichischen Rechts.[8] Nach § 4 Ziff. 1 öÜbG darf der Bieter ein Übernahmeangebot nur dann abgeben, wenn er nach sorgfältiger Prüfung überzeugt ist, dass ihm die zur vollständigen Erfüllung notwendigen Mittel rechtzeitig zur Verfügung stehen werden. Andernfalls kann das Übernahmeangebot von der Übernahmekommission untersagt werden. § 9 Abs. 1 öÜbG verpflichtet den Bieter u. a. zur Bestellung eines „von ihm unabhängigen Sachverständigen" zur Prüfung der Angebotsunterlage. Als Sachverständige geeignet sind beeidete Wirtschaftsprüfer und Wirtschaftsprüfergesellschaften sowie bestimmte Kredit- und Finanzinstitute. In einem von dem Sachverständigen zu erstellenden **schriftlichen Bericht** mit bestätigender Zusammenfassung über Vollständigkeit und Gesetzmäßigkeit der Angebotsunterlage ist eine Erklärung darüber abzugeben, dass dem Bieter die zur vollständigen Erfüllung des Angebots notwendigen Mittel zur Verfügung stehen. Eine **gesonderte Haftungsnorm** enthält das öÜbG im Unterschied zum deutschen Recht nicht. Das Gesetz sieht das bestätigende Testat des Sachverständigen vielmehr in erster Linie als Instrument zur Beschleunigung des Verfahrens

8 Regierungsbegründung, BR-Drucks. 574/01, S. 106. Vgl. allgemein *Roth/Zinser*, EWS 2000, 233.

vor der Übernahmekommission. Im Übrigen ist nach der amtlichen Begründung der vom Bieter bestellte Sachverständige als dessen Erfüllungsgehilfe im Verhandlungsverhältnis gegenüber den „Beteiligungspapierinhabern" der Zielgesellschaft anzusehen.[9] Eine direkte Haftung des Sachverständigen gegenüber Aktionären der Zielgesellschaft ist nicht vorgesehen. Im Falle des unvollständigen oder unrichtigen abschließenden Testats sind diese daher an den Bieter verwiesen, der sich im Falle dessen Verschuldens beim Sachverständigen schadlos halten kann.

b) Schweiz

Das sBEHG enthält in seinem Abschnitt über „öffentliche Kaufangebote" **keine explizite Regelung** betreffend die Finanzierung von Übernahmeangeboten. Art. 25 sBEHG verlangt allerdings, dass der Bieter das Angebot vor Veröffentlichung einer von der Aufsichtsbehörde anerkannten Revisionsstelle oder einem Effektenhändler zur Prüfung der Übereinstimmung mit den bestehenden rechtlichen Vorschriften vorlegt. Maßgeblich im Einzelnen sind die in der sUEV-UEK enthaltenen Ausführungsbestimmungen. Nach Art. 20 sUEV-UEK hat die Angebotsunterlage („Angebotsprospekt") u.a. **Angaben über die Art der Finanzierung** sowie die **Bestätigung der Prüfstelle** zu enthalten, dass die Mittel zur Finanzierung verfügbar sind. Lautet das Angebot auf noch nicht verfügbare Wertpapiere als Gegenleistung, so hat der Bieter zu bestätigen, „dass alle für die Beschaffung der Titel notwendigen Maßnahmen getroffen worden sind". Die Prüfstelle ist zur Kooperation mit der (staatlichen) Übernahmekommission gehalten. Die Übernahmekommission ist mit Weisungsbefugnissen gegenüber der Prüfstelle ausgestattet. Eine **zivilrechtliche Haftung** der durch staatliche Anerkennung und Weisungsunterworfenheit in das staatliche Überwachungssystem integrierten Prüfstelle besteht nicht. 11

c) Großbritannien

Ziff. 3 der „General Principles" des London City Code untersagt dem Bieter die Veröffentlichung eines Angebots, wenn er nicht der Überzeugung sein kann, dass er dieses zu erfüllen in der Lage ist und bleiben wird. Nach Rule 1 c) London City Code haben die Verwaltungsorgane der Zielgesellschaft das Recht, sich davon zu überzeugen, dass 12

9 Erläuterungen der Regierungsvorlage zu § 9 Abs. 2 öÜBG. Im Internet abrufbar unter http://www.takeover.at/recht/erlaeut.htm, S. 13 f.

der Bieter **zur vollständigen Erfüllung des Angebots in der Lage** sein wird. Dieses Recht besteht unabhängig von der allgemeinen Verpflichtung des Bieters zur **Offenlegung seiner finanziellen Daten**, obwohl bereits diese sehr viel weiter reicht als nach deutschem Recht.[10] Nach Rule 2.5 c) London City Code soll („shall") die Angebotsunterlage eine **Bestätigung des sachverständigen Beraters** („financial adviser") oder einer sonstigen geeigneten dritten Instanz enthalten, dass der Bieter über hinreichende Mittel verfügt, um das Angebot vollständig erfüllen zu können. Rule 2.5. c) London City Code diente dem deutschen Gesetzgeber als Vorbild für die Regelung in Abs. 2.[11] Bei Sorgfaltsverstößen **haftet der Bestätigende** unmittelbar gegenüber den Adressaten des Angebots. Eine Prüfung des Angebots durch den sachverständigen Berater des Bieters ist nach Rule 3.2 London City Code in bestimmten Fällen möglicher Interessenkonflikte zwingend vorgeschrieben sowie gemäß Rule 24.7 London City Code beim (auch teilweisen) Barangebot.

II. Finanzierung von Wertpapiererwerbs- und Übernahmeangeboten

1. Allgemeines

13 Das Gesetz enthält **keine Vorgaben** für die Finanzierung selbst. Es gelten die allgemeinen rechtlichen Rahmenbedingungen für die Finanzierung von Unternehmensakquisitionen. Zwar geht die Vorschrift des § 13 weiter als frühere Regelungen des Übernahmekodexes oder vergleichbare ausländische Regelungen.[12] Obwohl in der Diskussion namentlich feindlicher Übernahmen gerade die Finanzierungspraktiken als „archimedischer Punkt"[13] identifiziert wurden, hat sich der Gesetzgeber aber gleichwohl mit Beschränkungen der zur Verfügung stehenden Finanzierungsinstrumente zurückgehalten. Amerikanische Erfahrungen der achtziger Jahre des vergangenen Jahrhunderts mit von

---

10 Unterliegt die Bietergesellschaft den Regeln des Companies Act von 1985 und sind ihre Anteile an der Börse notiert bzw. werden sie am Finanzmarkt gehandelt, hat die Angebotsunterlage gemäß Rule 24.2 a) (i) London City Code u. a. die Gewinn- und Verlustrechnungen der letzten drei Jahre, die letzte geprüfte Bilanz, einen Bericht über die Liquidität sowie detaillierte Angaben über die nach der letzten Bilanz eingetretenen Änderungen der finanziellen und wirtschaftlichen Situation zu enthalten.

11 Regierungsbegründung, BR-Drucks. 574/01, S. 106.

12 Siehe oben, Rn. 3.

13 *Liebscher*, ZIP 2001, 853, 868.

den Banken gewährten (Risiko-) Krediten zur Finanzierung von Übernahmeangeboten, die den Bieter zur anschließenden „Ausschlachtung" der Zielgesellschaft zwingen[14], rechtfertigen in Deutschland keine direkten Eingriffe in das Finanzierungsverhalten des Bieters durch entsprechende Regulierung von Übernahmeangeboten. Zu verweisen ist in diesem Zusammenhang zum einen auf die Mechanismen des Bankaufsichtsrechts zur Beschränkung von Kreditvergaben[15] und zum anderen auf die Grenzen die das deutsche Unternehmensverfassungsrecht dem herrschenden Unternehmen in der Zielgesellschaft setzt. Die ausgeprägte institutionelle Absicherung der Verwaltungsorgane deutscher Aktiengesellschaften in Kombination mit den konzernrechtlichen Schutzvorschriften des Aktiengesetzes erschwert einem Bieter den Erwerb der Zielgesellschaft unter Rückgriff auf deren Vermögen zur Finanzierung der Transaktion ohne Herbeiführung einer Verschmelzung oder Begründung eines Vertragskonzerns. In letzterem Fall greifen indes die eigenständigen aktienrechtlichen Mechanismen des Minderheitenschutzes und der Kapitalerhaltung.[16] Insgesamt gilt jedoch auch unter der neuen gesetzlichen Regelung, dass der Bieter hinsichtlich der Finanzierung über die dem jeweiligen nationalen Recht zu entnehmenden Vorgaben hinaus in der Vorangebotsphase **keinen besonderen Verhaltensbindungen** unterliegt. Hiervon zu trennen ist die aus kapitalmarktrechtlichen Publizitätsinteressen und dem Anliegen einer informierten Anlegerentscheidung heraus zu begründende Pflicht zur Information über die Finanzierung in der veröffentlichten Angebotsunterlage. Letzteres ist Regelungsgegenstand der §§ 11 bis 13.

Das Gesetz enthält in § 31 Abs. 2 Vorgaben lediglich im Hinblick auf **14** die **Art der Gegenleistung**, nicht hingegen auf die Herkunft der Mittel. Bei „schlichten Erwerbsangeboten", die nicht auf Kontrollerlangung zielen, ist der Bieter in der Wahl der Gegenleistung völlig frei. Beschränkungen bestehen aber bei Übernahme- und Pflichtangeboten. Mindestgegenleistung ist in diesen Fällen ein **Barangebot**, also eine Geldleistung in Euro, oder ein **Angebot auf Wertpapiertausch**, also liquide zum Handel an einer Börse im europäischen Wirtschaftsraum

---

14 Vgl. die Nachweise bei *Assmann/Bozenhardt,* in: Assmann/Basaldua/Bozenhardt/Peltzer (Hrsg.), Übernahmeangebote, ZGR-Sonderheft 9, 1990, 1, 58.

15 Diese sind für sich genommen freilich unzureichend. § 13 KWG beschränkt nur das Kreditvolumen einer einzelnen Bank oder Bankengruppe, nicht aber das eines Konsortiums. Im Falle eines ausländischen Bieters greifen die Kreditvergabebestimmungen des deutschen Bankaufsichtsrechts nicht.

16 *Liebscher* (Fn. 13), 868.

zugelassene Aktien.[17] Stimmberechtigte Aktien müssen gegen ebensolche eingetauscht werden (§ 31 Abs. 2 Satz 2). Es steht dem Bieter aber frei, den Aktionären der Zielgesellschaft **daneben** eine **andere Gegenleistung** anzubieten, wenn und solange die Adressaten des Angebots die Möglichkeit haben, ihre Aktien entweder gegen Zahlung einer Geldleistung in Euro zu veräußern oder gegen liquide börsenzugelassene Aktien zu tauschen. Insgesamt kann der Bieter die Transaktionswährung also relativ frei bestimmen. Auch nicht liquide Aktien oder sonstige Wertpapiere, wie Obligationen, Wandelschuldverschreibungen etc., können angeboten werden, so entweder beim „schlichten Erwerbsangebot" als alleinige Gegenleistung oder beim Übernahme- oder Pflichtangebot als Äquivalent. In allen Fällen gilt aber die allgemeine Anforderung des Abs. 1 Satz 1. Werden (auch) Schuldverschreibungen angeboten, so hat der Bieter vor Veröffentlichung der Angebotsunterlage die notwendigen Maßnahmen zu treffen, um sicherzustellen, dass ihm die zur vollständigen Erfüllung des Angebots erforderlichen Papiere zum Zeitpunkt der Fälligkeit des Anspruchs auf die Gegenleistung zur Verfügung stehen.

15 Auf derartige, „sonstige" Gegenleistungen lautende Übernahmeangebote spielen, so weit ersichtlich, in der Praxis bislang allenfalls eine geringe Rolle.[18] In der bisherigen Praxis überwiegen Barangebote eindeutig. Dies dürfte wegen der geringeren Volumina vor allem bei von den Regelungen des früheren Übernahmekodexes nicht erfassten „schlichten Erwerbsangeboten" gelten, die nicht auf die Erlangung einer Kontrollmehrheit zielen. Auch das WpÜG sieht das **Barangebot** in § 31 **als Regelfall** an. Auf das Barangebot sind die Regeln des § 13 in erster Linie zugeschnitten. Nur auf das Barangebot erstreckt sich das Erfordernis der Bestätigung nach Abs. 1 Satz 2. Allerdings wird gerade in den spektakulären Fällen der sog. „Mega-Deals" der **Tausch gegen eigene Aktien des Bieters immer mehr an Bedeutung** gewinnen. Verwiesen sei aus jüngster Zeit auf den Fall „Vodafone/Mannesmann".[19] Die Bestimmung des Abs. 1 Satz 1 verlangt in derartigen Fällen das Vorhalten einer genügenden Zahl von „Vorratsaktien" für den beabsichtigten Aktientausch. Diesen behandelt das geltende Aktienrecht mit einer gewissen Zurückhaltung (§ 56 Abs. 3 AktG), sodass auf die Instrumente des Aktienrechts zur Erhöhung des

17 Zu Einzelheiten siehe die Kommentierung zu § 31.

18 Siehe im Einzelnen den Bericht der *Übernahmekommission*, Drei Jahre Übernahmekodex, 1998, 30ff.

19 Dazu *Riehmer/Schröder*, NZG 2000, 820, 821f.

Kapitals des Bieters zurückzugreifen ist. Naturgemäß ist der Aktientausch börsennotierten Aktiengesellschaften vorbehalten. Hinsichtlich des Barangebots ergeben sich Restriktionen vor allem bei der Finanzierung unter Einsatz des Vermögens oder des Cash Flow der Zielgesellschaft.[20]

Bei der **Wahl des Finanzierungsinstruments** spielen aus Sicht des Bieters neben dem Kostenaspekt zwei Gesichtspunkte eine wesentliche Rolle. Dies ist zum einen die **Geschwindigkeit**, mit der die Finanzierungsmaßnahme durchgeführt werden kann, und zum anderen – damit zusammenhängend – die **Vermeidung einer Offenlegung der Übernahmeabsicht**. 16

2. Geldleistung (Barangebot)

Die inländische Aktiengesellschaft als Bieter kann sich zur Finanzierung eines Barangebots **Eigenkapital** beschaffen durch Maßnahmen der Innenfinanzierung (Gewinnthesaurierung, Abschreibungsfinanzierung), durch freiwillige Leistungen der Aktionäre außerhalb von Kapitalerhöhungen sowie insbesondere durch Erhöhung des Grundkapitals. Ähnliches gilt für Bieter in der Rechtsform der GmbH oder Personenhandelsgesellschaften. Daneben stehen zahlreiche Möglichkeiten zur Beschaffung von **Fremdkapital** zur Verfügung, teilweise, insbesondere bei Bietern in der Rechtsform der Aktiengesellschaft, mit eigenkapitalähnlichem Charakter. Barangebote werden bei größeren Volumina regelmäßig durch Kapitalerhöhungen finanziert, kleinere Transaktionen, etwa im mittelständischen Bereich, hingegen primär mit Fremdkapital. 17

a) Eigenfinanzierung

Neben den Mitteln der Innenfinanzierung ist, sofern kein Gesellschafter des Bieters freiwillige Leistungen erbringt, der Bieter auf die Beschaffung neuen Eigenkapitals durch Kapitalerhöhung verwiesen. 18

aa) Aktiengesellschaft als Bieter

Handelt es sich bei dem Bieter um eine Aktiengesellschaft, kann diese für die Beschaffung neuen Eigenkapitals zwischen drei Formen wählen: 19

---

20 Zu den rechtlichen Anforderungen an derartige Buy-Out-Transaktionen vgl. etwa *Becker*, DStR 1998, 1429, 1430ff. sowie *Lutter/Wahlers*, AG 1989, 1, 8ff. Siehe auch unten, Rn. 40ff.

– der regulären Kapitalerhöhung gegen Einlagen (§§ 182–191 AktG),
– der bedingten Kapitalerhöhung (§§ 192–201 AktG),
– dem genehmigten Kapital (§§ 202–206 AktG).

(1) Reguläre Kapitalerhöhung

20 Bei der regulären Kapitalerhöhung gegen Einlagen wird das **Grundkapital gegen Bar- oder Sacheinlagen unter Ausgabe neuer Aktien erhöht**. Hierzu bedarf es eines Hauptversammlungsbeschlusses mit einer Mehrheit von mindestens drei Vierteln des bei der Beschlussfassung vertretenen Kapitals (§ 182 Abs. 1 Satz 2 AktG). Zugleich muss die einfache Stimmenmehrheit des § 133 Abs. 1 AktG vorliegen.[21] Sind mehrere Aktiengattungen vorhanden, so bedarf der Kapitalerhöhungsbeschluss der Zustimmung der Aktionäre jeder Gattung in einem gesonderten Beschluss (§ 182 Abs. 2 AktG). Der Beschluss muss den Erhöhungsbetrag, die Nennbeträge und die Art der neuen Aktien (Inhaber- oder Namensaktien) beinhalten. Da die Kapitalerhöhung keiner gesonderten sachlichen Rechtfertigung bedarf,[22] braucht der Verwendungszweck des neu einzulegenden Kapitals hingegen nicht angegeben oder im Einzelnen offengelegt zu werden.

21 Insgesamt vollzieht sich die Kapitalerhöhung **in folgenden Schritten**:
– Beschlussfassung der Hauptversammlung,
– Anmeldung des Kapitalerhöhungsbeschlusses zur Eintragung ins Handelsregister,
– Zeichnung der Aktien (bei Publikumsaktiengesellschaften üblicherweise durch das Emissionskonsortium),
– Leistung der Mindesteinlagen,
– Schaffung weiterer Eintragungsvoraussetzungen (staatliche Genehmigungen etc.),
– Anmeldung und Eintragung der Durchführung der Kapitalerhöhung ins Handelsregister, die mit der Anmeldung des Kapitalerhöhungsbeschlusses verbunden werden kann,
– Ausgabe der neuen Aktien.

22 Als Instrument zur Finanzierung eines Übernahmeangebots ist die reguläre Kapitalerhöhung **nur bedingt tauglich**: Eine erst nach Reifung der Übernahmeabsicht vorzunehmende ordentliche Kapitalerhöhung

21 *Hüffer*, Aktiengesetz, 4. Aufl., 1999, § 182, Rn. 7.

22 *Krieger*, in: Münchener Handbuch des Gesellschaftsrechts, Bd. IV, 2. Aufl., 1999, § 56, Rn., 7; *Lutter*, in: Kölner Kommentar zum Aktiengesetz, 2. Aufl., 1989, Vorb. § 182, Rn. 24.

kann zwar ohne Offenlegung des mit dieser verfolgten Zwecks durchgeführt werden. Dieser Vorteil wird aber häufig aufgewogen werden durch den erforderlichen zeitlichen Aufwand.[23]

(2) Bedingtes Kapital

Die bedingte Kapitalerhöhung dient der **Schaffung neuer Aktien zu besonderen Zwecken** wie etwa der Vorbereitung von Unternehmenszusammenschlüssen (§ 192 Abs. 2 AktG). Sie ermöglicht es, Dritten Umtausch- oder Bezugsrechte auf Aktien einzuräumen. Ein gesetzliches Bezugsrecht besteht nicht. Insofern ist die bedingte Kapitalerhöhung verfahrensmäßig einfacher ausgestaltet als die reguläre Kapitalerhöhung. Der Nennbetrag des bedingten Kapitals darf höchstens 50% des bisher vorhandenen Grundkapitals betragen (§ 192 Abs. 3 AktG). Wie die reguläre Kapitalerhöhung bewirkt die Schaffung bedingten Kapitals eine Satzungsänderung, die eines Hauptversammlungsbeschlusses mit entsprechender Mehrheit bedarf. Eine Übertragung auf andere Gesellschaftsorgane ist nicht zulässig. Anders als bei der regulären Kapitalerhöhung kann die Satzung allenfalls eine größere Kapitalmehrheit bestimmen (§ 193 Abs. 1 AktG). 23

Die **Stufen der Kapitalerhöhung** sind: 24
- Kapitalerhöhungsbeschluss der Hauptversammlung,
- Anmeldung und Eintragung des Erhöhungsbeschlusses,
- Einräumung der Bezugs- und Umtauschrechte durch die Verwaltung,
- Abgabe einer Bezugserklärung durch die Berechtigten,
- Leistung des Gegenwertes für die Bezugsaktien,
- Ausgabe von Bezugsaktien durch die Verwaltung,
- Eintragung und Anmeldung der Aktienausgabe.

Die begrenzte Zwecksetzung des § 192 Abs. 2 AktG erfasst nicht nur Fälle, in denen aus mehreren Unternehmen eine rechtliche Einheit gebildet wird, sondern auch Gestaltungen, in denen die sich zusammenschließenden Unternehmen rechtlich selbstständig bleiben.[24] Insofern soll auch das Übernahmeangebot an die Aktionäre einer anderen Aktiengesellschaft als Zusammenschluss im Sinne des § 192 Abs. 2 Nr. 2 AktG zu verstehen sein, obwohl der Zusammenschluss hier nur angestrebt werden kann, in seinem Ergebnis aber keineswegs gesichert 25

23 Vgl. *Assmann/Bozenhardt* (Fn. 14), 59.
24 *Krieger* (Fn. 22), Rn. 5; *Lutter* (Fn. 22), § 192, Rn. 13, m. w. Nw.

ist.[25] **Genehmigtes Kapital scheidet** als Instrument zur Finanzierung eines Barangebots bereits aus rechtlichen Gründen immer dann **aus**, wenn das **Angebot nicht auf Erwerb sämtlicher Mitgliedschaftsrechte** an der Zielgesellschaft **gerichtet** ist, d. h. in Fällen des zulässigen „schlichten (Teil-) Erwerbsangebots" (§ 19). Beim Vollangebot spricht hingegen, ungeachtet eines möglichen Zeitvorteils, die sich aus § 193 Abs. 2 Nr. 1 AktG ergebende **Offenlegungspflicht** gegen die Tauglichkeit des genehmigten Kapitals zur Finanzierung eines (Bar-) Angebots. Danach ist bereits im Hauptversammlungsbeschluss über die bedingte Kapitalerhöhung das (Ziel-) Unternehmen sowie die Art des Zusammenschlusses zu benennen.[26] Wegen dieses Nachteils geschieht der Erwerb eines Unternehmens sowohl gegen Aktien als auch gegen Geldleistung in der Praxis regelmäßig unter Ausnutzung eines genehmigten Kapitals nach Maßgabe der §§ 202 ff. AktG. Auf diesem Wege kann die Offenlegung einer Übernahmeabsicht vermieden werden.

(3) Genehmigtes Kapital

26 Beim genehmigten Kapital wird der **Vorstand** durch die Hauptversammlung **ermächtigt, selbst** das **Grundkapital durch Ausgabe neuer Aktien** gegen Bar- oder Sacheinlagen **zu erhöhen**. Die Ermächtigung setzt keinen besonderen Zweck voraus. Sie ist aber jeweils auf fünf Jahre befristet. Ob und inwieweit das Grundkapital tatsächlich erhöht wird, entscheidet der Vorstand mit Zustimmung des Aufsichtsrats. Das genehmigte Kapital darf höchstens 50 % des zurzeit der Ermächtigung eingetragenen Grundkapitals betragen (§ 202 Abs. 3 Satz 1 AktG). Die entsprechende Ermächtigung des Vorstands erfolgt in der Satzung. Sie kann bereits in der Gründungssatzung enthalten sein (§ 202 Abs. 1 AktG) oder durch spätere Satzungsänderung erteilt werden (§ 202 Abs. 2 AktG). Zuständig für die Ermächtigung durch Satzungsänderung ist wiederum die Hauptversammlung. Eine Übertragung auf andere Gesellschaftsorgane ist nicht zulässig. Der Beschluss bedarf einer satzungsändernden Mehrheit (§ 202 Abs. 2 Satz 2 AktG). Wie bei der bedingten Kapitalerhöhung kann die Sat-

---

25 So jedenfalls *Krieger* (Fn. 22) und *Lutter* (Fn. 22), Rn. 14 unter Berufung auf BGH, 23.5.1957 – II ZR 205/55, BGHZ 24, 279 für das bei Gründung einer Interessengemeinschaft vereinbarte Übernahmeangebot.

26 *Hüffer* (Fn. 21), § 193, Rn. 5; *Krieger* (Fn. 22), Rn. 17; *Lutter* (Fn. 22), § 193, Rn. 8.

zung lediglich eine größere Kapitalmehrheit bestimmen (§ 202 Abs. 2 Satz 3 AktG).

Die denjenigen der regulären Kapitalerhöhung vergleichbaren **Verfahrensschritte** sind: 27

– Ermächtigung des Vorstands durch die Hauptversammlung,
– Anmeldung und Eintragung der Ermächtigung ins Handelsregister,
– Beschluss des Vorstands über die Ausgabe neuer Aktien,
– Zustimmung des Aufsichtsrats,
– Zeichnung der neuen Aktien,
– Leistung der Mindesteinlagen,
– Schaffung weiterer Eintragungsvoraussetzungen (staatliche Genehmigungen etc.),
– Anmeldung und Eintragung der Durchführung der Kapitalerhöhung ins Handelsregister,
– Ausgabe der neuen Aktien.

Das genehmigte Kapital ist das **in der Praxis übliche Instrument** zur 28
finanziellen Vorbereitung von Unternehmenszusammenschlüssen. Es hat den Zweck, der Gesellschaft Bewegungsfreiheit bei der Beschaffung von Kapital und bei der Angliederung anderer Unternehmen einzuräumen, was es gerade für die Finanzierung von Übernahmeangeboten attraktiv macht. Es übernimmt insofern Funktionen, die der Gesetzgeber ursprünglich dem bedingten Kapital zugedacht hatte. Gegenüber dem bedingten Kapital hat das genehmigte Kapital nicht nur den Vorteil, dass im Zeitpunkt der Beschlussfassung durch die Hauptversammlung die konkrete Übernahmeabsicht noch nicht offengelegt zu werden braucht. Daneben erlaubt das genehmigte Kapital einen größeren Handlungsspielraum für die Verwaltung als das bedingte Kapital. Es gibt der Verwaltung die Möglichkeit, das Grundkapital zu einem geeigneten Zeitpunkt, insbesondere bei günstiger Börsensituation, heraufzusetzen, ohne den schwerfälligen und teuren Apparat einer Hauptversammlung in Gang setzen zu müssen. Namentlich kann der Verwaltung beim genehmigten Kapital die Festsetzung des Ausgabekurses für die neuen Aktien überlassen werden. Kalkulierbare Nachteile mögen sich allenfalls aus der zeitlichen Begrenzung (§ 202 Abs. 2 Satz 1 AktG) sowie dem Umstand ergeben, dass die Nutzung des genehmigten Kapitals der Zustimmung des Aufsichtsrates bedarf (§ 202 Abs. 3 Satz 2 AktG).

bb) GmbH als Bieter

29 Der GmbH als Bieter steht zur Eigenkapitalbeschaffung neben der Kapitalerhöhung aus Gesellschaftsmitteln (**nominelle Kapitalerhöhung**, §§ 57c–57o GmbHG) nur die **ordentliche oder reguläre Kapitalerhöhung** (§§ 55–57b GmbHG) zur Verfügung. Anders als bei der Aktiengesellschaft kennt das GmbH-Recht weder die bedingte Kapitalerhöhung noch das genehmigte Kapital. Zuständig für die Entscheidung über die Erhöhung des Kapitals sind ausschließlich die Gesellschafter. Das Verfahren ist im Einzelnen in §§ 55ff. GmbHG geregelt. Da die Kapitalerhöhung zugleich eine Satzungsänderung beinhaltet, sind auch die hierfür maßgeblichen Vorschriften der §§ 53, 54 GmbHG zu beachten.

cc) Emission von Genussscheinen

30 Als **Alternative** zur Kapitalerhöhung, d.h. zur Beschaffung von Eigenkapital im eigentlichen Sinne, bietet sich die **Ausgabe von Genussscheinen** an.[27] Hierbei handelt es sich um ein hybrides Finanzierungsinstrument, das hinsichtlich seiner üblichen Ausgestaltung „zwischen" Eigen- und Fremdfinanzierung steht. Das verbriefte Genussrecht ist ein Gläubigerrecht, das seinem Inhalt nach ein mitgliedschaftstypisches Wertrecht verleiht, weswegen aufgenommenes Genusskapital etwa im Steuer- und Bilanzrecht, je nach Ausgestaltung, auch als Eigenkapital behandelt wird. Als verbriefte Wertrechte kommen vor allem die mittelbare Beteiligung am Gewinn und/oder am Liquidationserlös in Betracht.

31 Die Ausgabe von Genussscheinen ist **nicht auf Aktiengesellschaften beschränkt**. Das Finanzierungsinstrument des Genussscheins steht insofern auch Bietern in der Rechtsform der GmbH oder der Personengesellschaft zur Verfügung, da kein Mitgliedschaftsrecht, sondern eine schuldrechtliche Forderung verbrieft wird. Gleichwohl enthält **lediglich das AktG Regelungen** betreffend die Ausgabe von Genussscheinen: Gemäß § 221 Abs. 3 AktG bedarf der Vorstand einer Aktiengesellschaft zur Ausgabe von Genussscheinen einer Ermächtigung durch die Hauptversammlung. Der entsprechende Beschluss bedarf einer Mehrheit, die mindestens drei Viertel des bei der Beschlussfassung vertretenen Grundkapitals umfasst. Nach herrschender Ansicht

27 Zum Genussschein als Mittel der Kapitalbeschaffung vgl. *Karollus*, in: Geßler/Hefermehl/Eckardt/Kropff (Hrsg.), Aktiengesetz, 1973ff., § 221, Rn. 263f.; *Lutter* (Fn. 22), § 221, Rn. 274ff.

findet – trotz Fehlens einer ausdrücklichen Verweisung – die Vorschrift des § 221 Abs. 2 AktG **entsprechende Anwendung**.[28] Danach kann eine Ermächtigung des Vorstands zur Ausgabe von Genussscheinen für höchstens fünf Jahre erteilt werden. Der Beschluss ist mit einer Erklärung des Vorstands und des Aufsichtsratsvorsitzenden über die Ausgabe von Genussscheinen beim Handelsregister zu hinterlegen und in den Gesellschaftsblättern bekannt zu machen. Die Aktionäre haben ein gesetzliches Bezugsrecht (§ 221 Abs. 4 AktG), das nach Maßgabe des § 186 Abs. 4 AktG ausgeschlossen werden kann.[29]

In der Ausgestaltung der Genussscheine im Einzelnen ist der Emittent 32
weitgehend frei. Sein Vorteil im hier interessierenden Zusammenhang besteht in der Möglichkeit, **Vorteile des Eigenkapitals und des Fremdkapitals** zu **kombinieren**. Auf der einen Seite erhält der Inhaber keine mitgliedschaftlichen Befugnisse. Auf der anderen Seite kann das Genussscheinkapital im Hinblick auf Verzinsung und Rückzahlbarkeit dem Eigenkapital angenähert und börsengängig ausgestaltet werden.[30] Bei Banken und Versicherungen kommt hinzu, dass das Genusskapital so ausgestaltet werden kann, dass es dem haftenden Eigenkapital oder den Eigenmitteln zuzurechnen ist (§§ 10 Abs. 5 KWG, 53c Abs. 3a VAG). Genussscheine zur Kapitalbeschaffung, etwa zur Finanzierung einer Übernahme, lauten typischerweise auf den Inhaber und einen bestimmten Nennbetrag. Sie werden gegen Leistung einer Bareinlage ausgegeben und gewähren eine jährliche Ausschüttung, deren Höhe zumeist von der Höhe einer jeweils ausgeschütteten Dividende abhängig ist. Daneben kann eine bestimmte Festverzinsung des Nennbetrages vorgesehen werden. Am Liquidationserlös nehmen Genussscheininhaber in der Regel nicht teil. Zulässig ist es jedoch, ihnen für den Fall der Liquidation einen Anspruch auf Abfindungsleistung einzuräumen, der erst nach Befriedigung aller Gesellschaftsgläubiger, jedoch vor Verteilung des Liquidationserlöses an die Gesellschafter zu erfüllen ist.[31]

---

28 *Krieger* (Fn. 22), § 63, Rn. 54; *Werner*, ZHR 149 (1985), 236, 243.

29 Zum Erfordernis einer sachlichen Rechtfertigung des Bezugsrechtsausschlusses über die formalen Erfordernisse des § 186 Abs. 4 AktG hinaus, siehe *Krieger* (Fn. 22), § 63, Rn.. 55, m. w. N. Im Ergebnis wird ein Bezugsrechtsausschluss dann keines besonderen sachlichen Grundes bedürfen, wenn die ausgegebenen Genussscheine obligationsähnlich ausgestaltet sind, d. h. der Anspruch der Aktionäre auf anteilige Teilnahme am Gewinn und Liquidationserlös nicht beeinträchtigt wird.

30 Vgl. im Einzelnen die Nachweise bei *Krieger* (Fn. 22), § 63, Rn. 49, Fn. 151.

31 Zur Zulässigkeit „aktiengleicher" Genussrechte siehe *Karollus* (Fn. 27), Rn. 325 ff.

33 Eine **staatliche Genehmigung** ist auch für die Ausgabe von Inhaber-Genussscheinen seit Aufhebung des § 795 BGB zum 1.1.1991 **nicht** mehr erforderlich.

b) Fremdfinanzierung

34 Abgesehen von sog. „Mega-Deals"[32] dürften die meisten Wertpapiererwerbsgeschäfte und Unternehmensübernahmen fremdfinanziert sein. Hier stehen dem Bieterunternehmen neben den Maßnahmen zur Eigenkapitalfinanzierung die vielfältigsten Möglichkeiten der Finanzierung mit Fremdkapital zur Verfügung. Der Gestaltung sind hier grundsätzlich keine Grenzen gesetzt. Zu unterscheiden ist zwischen den allgemeinen Formen der Aufnahme von Fremdkapital, die von der Rechtsform des Bieterunternehmens unabhängig sind und insofern keinen besonderen Regeln unterliegen, und solchen Finanzierungsinstrumenten, die an die besondere Rechtsform der Aktiengesellschaft anknüpfen.[33]

aa) Kreditfinanzierung

35 Die Aufnahme kurz- und mittelfristiger **Kredite** zur Finanzierung entsprechender Transaktionen sowie die Aufnahme von Schuldscheindarlehen unterliegt keinen besonderen Anforderungen nach dem Gesetz. Für die kreditgebende Bank ergeben sich Begrenzungen möglicherweise aus den einschlägigen Vorschriften des Bankaufsichtsrechts, die sich regelmäßig allerdings durch Bildung eines Konsortiums überwinden lassen. Zuständig für die Kreditaufnahme ist etwa in der Aktiengesellschaft der Vorstand ohne Mitwirkung der Hauptversammlung, vorbehaltlich der Zustimmung des Aufsichtsrats im Einzelfall aufgrund Satzungsregelung oder Bestimmung durch diesen (§ 111 Abs. 4 Satz 2 AktG). Tilgung und Verzinsung belasten Ertrag und Liquidität des Bieterunternehmens. Unter steuerlichen Gesichtspunkten kann die Aufnahme von Krediten gleichwohl günstiger sein als etwa eine Kapitalerhöhung. Denn Zinsen mindern als Aufwand den der Körperschaftsteuer unterliegenden Ertrag, während die Zahlung von Dividenden allenfalls zu einer Senkung des Steuersatzes führt.

36 Neben der klassischen Fremdfinanzierung im Wege des (langfristigen) Einzelkredits spielen namentlich **Schuldscheindarlehen** in der Praxis

32 Siehe oben, Rn. 15.

33 Siehe allgemein *Baums/Vogel*, in: Lutter/Scheffler/Schneider (Hrsg.), Handbuch der Konzernfinanzierung, 1998, § 9, Rn. 9.25 ff.

eine große Rolle. Das Schuldscheindarlehen ist ein für größere Unternehmen attraktives Finanzierungsinstrument als Alternative zur Begebung von Anleihen. Typisch sind hohe Darlehensbeträge und lange Laufzeiten im Unterschied zum „klassischen" Bankkredit. Bei ihrer Aufnahme wird regelmäßig mit der jeweiligen Kapitalsammelstelle (öffentliche und private Versicherungen, Pensionskassen, Sozialversicherungsträger) lediglich ein Darlehensvertrag abgeschlossen und auf die Ausstellung eines gesonderten Schuldscheines verzichtet, da ein solcher mangels besonderer Formvorschriften als bloße Beweisurkunde zur Geltendmachung der Forderung nicht erforderlich und daher verzichtbar ist. Es gelten die §§ 607 bis 610 BGB.

bb) Anleihefinanzierung

(1) Allgemeines

Neben der Kapitalbeschaffung durch nicht fungible und damit nicht börslich handelbare Schuldscheindarlehen besteht für (größere) Bieterunternehmen, und zwar unabhängig von ihrer Rechtsform, die Möglichkeit der langfristigen Aufnahme von Fremdkapital in verbriefter Form über den Kapitalmarkt durch Ausgabe von **Industrieobligationen** (*bonds*, *medium term notes*, *commercial papers*). Industrieobligationen sind Inhaber- und Orderschuldverschreibungen, die zum Zwecke der mittel- oder langfristigen Deckung des Kapitalbedarfs auf dem Kapitalmarkt ausgegeben werden und den Regeln der §§ 793 ff. BGB unterliegen. Die Papiere verbriefen, als *straight bonds*, im Allgemeinen das Recht auf Rückzahlung des Nennbetrages nach Ende der Laufzeit und eine feste Verzinsung. Daneben können Sonderformen ausgegeben werden wie etwa Nullkupon-Anleihen (*zero bonds*), Anleihen mit variablem Zins (*floating rate notes*) etc. Auf dem US-amerikanischen Markt für Unternehmensübernahmen namentlich der siebziger und achtziger Jahre des vergangenen Jahrhunderts wurden Übernahmen vielfach mit nachrangigen Schuldverschreibungen (*junk bonds*) finanziert, die zwar hochverzinst werden, andererseits aber auch ein höheres Risiko beinhalten.[34] Auch nach Aufhebung des staatlichen Genehmigungserfordernisses zur Ausgabe von Inhaberschuldverschreibungen im Jahre 1991 hat diese Finanzierungsform jedoch keinen nachhaltigen Eingang in die deutsche Praxis gefunden. 37

34 Vgl. *Peltzer*, DB 1987, 973, 976; *Schiessl*, RIW 1988, 522, 525.

(2) Aktiengesellschaft als Bieter

38 Aktienrechtliche Sonderformen der Anleihe sind die **Wandel- und** die **Optionsschuldverschreibung** sowie die **Gewinnschuldverschreibung** (§ 221 Abs. 1 AktG). Bei der **Wandelschuldverschreibung** tritt neben das Recht auf feste Verzinsung während der Laufzeit und auf Rückzahlung des Nennbetrags nach Laufzeitende die Befugnis, das Papier bereits während oder nach Ablauf der Laufzeit in eine bestimmte Menge Aktien der Gesellschaft zu tauschen. Bei der **Optionsschuldverschreibung** wird dem Berechtigten neben dem Anspruch auf Verzinsung und Rückzahlung des Nennbetrags das Recht eingeräumt, innerhalb eines bestimmten Zeitraums zu einem bestimmten Preis zusätzlich eine bestimmte Menge Aktien der Gesellschaft zu erwerben. **Gewinnschuldverschreibungen** gewähren zwar keine Mitgliedschaftsrechte, werden aber in Abhängigkeit vom Gewinn der ausgebenden Gesellschaft verzinst. Diese aktienrechtlichen Sonderformen der Anleihe bedürfen, da mitgliedschaftliche Positionen der Aktionäre berührt sind, jeweils eines Hauptversammlungsbeschlusses und es besteht ein Bezugsrecht der Aktionäre (§ 221 Abs. 1 und 4 AktG). Der Beschluss bedarf einer Mehrheit, die mindestens drei Viertel des bei der Beschlussfassung vertretenen Grundkapitals erfasst (§ 221 Abs. 1 Satz 2 AktG). Ansonsten gelten die gleichen Regeln wie für die Ausgabe von Genussscheinen.[35]

39 Keine rechtsformbedingten Besonderheiten, insbesondere keine Hauptversammlungszuständigkeiten, bestehen grundsätzlich auch bei der Aktiengesellschaft für die Ausgabe von **„reinen" Anleihen (Industrieobligationen)**.[36] § 119 Abs. 1 Nr. 6 AktG, wonach die Hauptversammlung der Aktiengesellschaft über „Maßnahmen der Kapitalbeschaffung" beschließt, ist nicht einschlägig, da hiermit allein die Beschaffung von Eigenkapital gemeint ist. § 221 AktG, der das Erfordernis der Zustimmung der Hauptversammlung bei der Emission von Genussscheinen, Wandel- und Gewinnschuldverschreibungen vorsieht, erwähnt die „reine" Schuldverschreibung nicht. Eine Zuständigkeit der Hauptversammlung nach den – über den Bereich der Konzernbildungskontrolle hinaus verallgemeinerten – Grundsätzen der „Holzmüller-Entscheidung" des BGH[37] wird man angesichts der gegenteiligen gesetzgeberischen Konzeption in § 221 AktG allenfalls in besonders gelager-

35 Siehe oben, Rn. 30 ff.

36 *Karollus* (Fn. 22), § 221, Rn. 3; *Lutter* (Fn. 22), Vorb. § 182, Rn. 35.

37 BGH, 25.2.1982 – II ZR 174/80, BGHZ 83, 122 ff. Dazu im vorliegenden Zusammenhang auch *Baums/Vogel* (Fn. 33), Rn. 9.27.

ten Fällen annehmen können. Im Übrigen ist dann zu fragen, ob bereits die Emission der Anleihe selbst oder erst die Herauslegung des Übernahmeangebots den Verschuldungsgrad der Gesellschaft in einem Umfang erhöht und das zuvor bestehende Risiko der Eigenkapitalgeber in einem Ausmaß beeinträchtigt, dass hierin ein schwerwiegender Eingriff in das „rechtliche Substrat der Mitgliedschaft"[38] gesehen werden muss. Ein Bezugsrecht haben die Aktionäre bei der „reinen" Anleihe auch dann nicht, wenn die Anleihebedingungen besonders günstig sind.

cc) Insbesondere: Finanzierung unter Verwendung des Vermögens oder des Cash Flow der Zielgesellschaft (LBO)

Hat der Bieter ausreichende finanzielle Reserven, so stellt sich das Problem der Beschaffung des Kaufpreises der Aktien der Zielgesellschaft nicht. Tauscht der Erwerber dagegen Aktien der Zielgesellschaft gegen Aktien an der eigenen Gesellschaft, so kommt es nicht zu einem Abfluss finanzieller Mittel.[39] Die meisten Unternehmensübernahmen sind hingegen fremdfinanziert. Der Bedarf an Mitteln ist mitunter erheblich. Namentlich die sich aus §§ 32, 13 ergebenden Notwendigkeit, bei Abgabe eines Übernahmeangebots stets die zum vollständigen Erwerb der Zielgesellschaft erforderlichen Mittel vorzuhalten, wird hier die Anforderungen zusätzlich verschärfen, sodass möglicherweise künftig vermehrt auf **Buy-Out-Techniken** zurückgegriffen wird. Diese sind bei Übernahmeangeboten allerdings schon aus tatsächlichen Gründen nur bedingt tauglich. Denn Voraussetzung ist zum einen die Kooperation der Zielgesellschaft. Eine „feindliche" Übernahme im Wege des Buy-Out dürfte regelmäßig nicht darstellbar sein. Zum anderen verlangt die Verwendung von Assets der Zielgesellschaft einen hinreichenden Grad an Beherrschung durch den Bieter bzw. Erwerber, sodass die Finanzierung in weitem Umfang von der Akzeptanz des Angebots abhängig ist. Eine Verschmelzung im Anschluss an die Durchführung des Übernahmeangebots lässt sich etwa nur dann problemlos realisieren, wenn das Angebot zu einer Dreiviertelmehrheit in der Zielgesellschaft führt. **40**

Bei der Finanzierungstechnik des sog. **„Leveraged-Buy-Out" (LBO)** wird der im Rahmen einer Unternehmensakquisition zu zahlende Kaufpreis zum erheblichen Teil mit Fremdkapital finanziert.[40] Die **41**

---

38 *Lutter*, FS Stimpel, 1985, 825, 845.

39 Siehe dazu unten, Rn. 45 ff.

40 Hierzu allgemein *Klass*, passim; *Lerbinger*, Die Bank 1986, 133 ff.; *Otto*, DB 1989, 1389 ff.; *Peltzer*, DB 1987, 973 ff.; *ders.,* DB 1994, 2121 ff.; *ders.*, in: Lutter/Scheffler/Schneider (Hrsg.) (Fn. 33), Rn. 31.32.

Kreditmittel zur Erwerbsfinanzierung werden durch das Vermögen der zu erwerbenden Gesellschaft besichert und kurzfristig durch Zugriff auf das Vermögen der Zielgesellschaft getilgt. Der eingesetzte Kaufpreis soll möglichst schnell aus der Substanz der Zielgesellschaft zurückerlangt werden. Grundlegender Unterschied zu den herkömmlichen Formen der Unternehmensakquisition ist, dass der Erwerber die zur Finanzierung des Kaufpreises erforderlichen Darlehen nicht aufgrund von Sicherheiten erhält, die er (auch) auf sein sonstiges Vermögen bestellt hat, sondern allein das **Vermögen der zu erwerbenden Gesellschaft als Sicherungsmittel** zur Verfügung steht. Die Tilgung der für den Aktienerwerb aufgenommenen Finanzierungsmittel soll und muss aus dem Vermögen und dem Cash Flow der Zielgesellschaft erfolgen. Das Vermögen der Zielgesellschaft wird dadurch zur Finanzierung herangezogen, dass Vermögensgegenstände (etwa Tochtergesellschaften) verkauft werden. Die Verwendung des Cash Flow der Zielgesellschaft stößt auf das **rechtliche Hindernis**, dass es einer Gesellschaft grundsätzlich verwehrt ist, die Verbindlichkeiten ihres Aktionärs zu begleichen. Aus Sicht der Zielgesellschaft stellt sich die Frage, inwieweit es sich bei ihrer Unterstützungsleistung um eine Minderung ihres eigenen Eigenkapitals handelt. Neben den hinlänglich bekannten Einwänden ökonomischer Natur gegen spekulative Unternehmensübernahmen etc. ergeben sich insofern (gesellschafts-) rechtliche Probleme aus den Kapitalerhaltungsregeln des geltenden Aktienrechts sowie aus dem Verbot der Einlagenrückgewähr.[41]

42 Die herrschende Meinung versteht die Bestimmung des § 57 Abs. 1 AktG seit langem über den nur ein **Verbot der Einlagenrückgewähr** aussprechenden Wortlaut hinaus im Sinne einer Bindung nicht nur des Grundkapitals, sondern des gesamten Gesellschaftsvermögens, aus dem keinerlei Zahlungen an Aktionäre erfolgen dürfen, so weit nicht ein ausschüttungsfähiger Gewinn ordnungsgemäß festgestellt worden ist.[42] In den Schutzbereich der Vorschrift sind auch **Leistungen an zukünftige Aktionäre**, die im Hinblick auf den geplanten Aktienerwerb erbracht werden, einbezogen.[43] Insofern kann die Gewährung eines Darlehens oder die Besicherung einer Verbindlichkeit des Erwerbers, der noch kein Aktionär der Gesellschaft ist, durchaus dem Anwendungsbereich des § 57 Abs. 1 AktG unterfallen. Sowohl das Leis-

41 Vgl. hierzu *Becker* (Fn. 20), 1431 ff.; *Fleischer*, AG 1996, 494 ff.; *Lutter/Wahlers* (Fn. 20), 8 ff.

42 *Becker* (Fn. 20), 1431. Vgl. ferner die Nachweise bei *Hüffer* (Fn. 21), § 57, Rn. 2 f.

43 *Lutter* (Fn. 22), § 57, Rn. 40.

tungsversprechen als auch die Leistungserbringung unterliegen dem Anwendungsbereich von § 57 Abs. 1 Satz 1 AktG, obwohl es sich bei dem Erwerber noch um einen Nichtaktionär handelt.

Weitere Restriktionen enthält § 71a Abs. 1 Satz 1 AktG. Die Vorschrift belegt Rechtsgeschäfte, die die Gewährung eines Vorschusses oder eines Darlehens oder die Leistung einer Sicherheit durch die (Ziel-) Gesellschaft an einen anderen (den Bieter) zum Zweck des Erwerbs von Aktien dieser (Ziel-) Gesellschaft zum Gegenstand haben, mit der Rechtsfolge der **Nichtigkeit**. Der Wortlaut erfasst Fallgestaltungen, in denen die Darlehensgewährung oder Sicherheitenstellung dem Aktienerwerb zeitlich nachfolgt, nicht. Im Anschluss an *Lutter/Wahlers*[44] wird allerdings im Schrifttum unter Berufung auf den Normzweck die Auffassung vertreten, die Vorschrift erfasse auch solche Fälle, in denen eine Darlehensgewährung oder Sicherheitenstellung erst zu einem Zeitpunkt erfolgt, in dem der Erwerb bereits abgeschlossen, der Erwerber also bereits Aktionär ist.[45] Hierfür sprechen gute Gründe, zumal § 71a AktG das in § 71 AktG enthaltene Verbot des Erwerbs eigener Aktien umfassend gegen Umgehungen sichern soll. Allerdings stößt die praktische Anwendung dann auf Probleme, wenn der vollzogene Aktienerwerb im Ergebnis einen Vertrags- oder auch faktischen Konzern hervorbringt. Denn dann stellt sich die Frage, inwieweit die allgemeinen Kapitalerhaltungsregeln, d.h. auch §§ 57, 62 AktG, von den konzernrechtlichen Spezialvorschriften der §§ 302, 311 AktG überlagert werden.[46] 43

Die **Praxis** behilft sich indes mit **zweistufigen Konstruktionen**, d.h. der dem Anteilserwerb unmittelbar nachfolgenden Verschmelzung: Die Bietergesellschaft verschafft sich erforderlichen Mittel durch entsprechende Kreditaufnahme, erwirbt dann die Aktien der Zielgesellschaft in einem Umfang, der den für die Verschmelzung erforderlichen Zustimmungsbeschluss in der Hauptversammlung mit einer Dreiviertelmehrheit gewährleistet, und nimmt anschließend die Zielgesellschaft durch Verschmelzung auf. Die fortbestehende Bietergesellschaft kann nunmehr ihre neu hinzugewonnenen Aktiva zur Besicherung der aus dem Aktienerwerb entstandenen Verbindlichkeiten ver- 44

44 *Lutter/Wahlers* (Fn. 20), 8 ff.

45 So etwa *Becker* (Fn. 20), 1430 ff.; *Fleischer* (Fn. 41), 500 f.; *Hüffer* (Fn. 21), § 71a, Rn. 3. A.A. *Otto*, in: Assmann/Schütze (Hrsg.), Handbuch des Kapitalanlagerechts, 2. Aufl., 1997, § 26, Rn. 114.

46 Str. dazu OLG Stuttgart, 21.12.1993 – 10 U 48/93, AG 1994, 411; *Becker*, (Fn. 20), 1430 ff.; *Hüffer* (Fn. 21), § 311, Rn. 49.

wenden.[47] In Betracht zu ziehen ist hierbei allerdings zum einen das Anfechtungsrisiko sowie die Verpflichtung zur Sicherheitsleistung nach § 22 UmwG, die einer hoch verschuldeten Übernahme in Erwartung der anschließenden Verschmelzung gewisse faktische Grenzen setzt.

3. Sachleistung (Aktientausch)

45 Nach §§ 31 Abs. 2 Satz 1, 39 können **auch im Rahmen eines Übernahme- oder Pflichtangebots** Aktien als Gegenleistung angeboten werden. Es muss sich um **liquide Aktien** handeln, die spätestens zum Zeitpunkt der Übereignung an die Adressaten des Angebots zum Handel auf einem geregelten Markt im Sinne des Art. 1 Nr. 13 der Wertpapierdienstleistungsrichtlinie zugelassen sind. Gemeint sind hiermit nicht lediglich eigene Aktien der Bietergesellschaft selbst. Nicht ausgeschlossen sind damit Gestaltungen, in denen etwa zur Vermeidung des Anfechtungsrisikos Aktien einer eigens zu diesem Zweck gegründeten (100%-) Tochter angeboten werden, die nach Durchführung der Transaktion alsbald auf die Bietergesellschaft verschmolzen werden soll.

46 Die Bietergesellschaft steht, will sie die Gegenleistung in Gestalt eigener Aktien erbringen, vor der Notwendigkeit, **junge Aktien** für die Durchführung der Transaktion zu schaffen. Die Möglichkeiten zum unbegrenzten Halten von **„Vorratsaktien"** besteht nach deutschem Aktienrecht nicht. Die Erfüllung von Umtausch- oder Bezugsrechten durch Zeichnung eigener Aktien ist nach § 56 AktG ausgeschlossen, nach § 71 AktG nur beschränkt möglich und im Übrigen wenig attraktiv, da die Kaufpreisverpflichtung finanzielle Mittel bindet.[48] Die 1998 mit dem KonTraG eingefügte Regelung des § 71 Abs. 1 Nr. 8 AktG hilft nur begrenzt. Zwar können danach zurückerworbene eigene Aktien grundsätzlich als Akquisitionswährung eingesetzt werden, dies allerdings nur bis zur Höhe von 10% des Grundkapitals (§ 71 Abs. 2 AktG). Es muss mithin eine hinreichend große Zahl (liquider) Aktien geschaffen werden, für die das Bezugsrecht der Altaktionäre (§ 186 AktG) ausgeschlossen ist. Die erforderliche **Kapitalerhöhung** kann in Form einer regulären Kapitalerhöhung (dazu nachstehend a.), der

47 Vgl. im Einzelnen *Lutter/Wahlers* (Fn. 20), 12 f. sowie *Peltzer* (Fn. 40), Rn. 31.38.

48 *Hüffer* (Fn. 21), § 192, Rn. 2. Zur Möglichkeit der Beschaffung von Aktien im Wege der Wertpapierleihe von einem Großaktionär: *Süßmann*, in: Geibel/Süßmann, WpÜG, § 13, Rn. 8.

Schaffung genehmigten Kapitals (dazu nachstehend b.) oder der Schaffung bedingten Kapitals (dazu nachstehend c.) erfolgen.

a) Reguläre Kapitalerhöhung

Denkbar ist die Durchführung einer **ordentlichen Kapitalerhöhung** nach §§ 182 ff. AktG[49] **gegen Einbringung der Aktien der Zielgesellschaft als Sacheinlage** gemäß § 183 AktG. Neben dem zeitlichen Aspekt ergeben sich Probleme oder Risiken insbesondere aus der Ungewissheit über den Zeichnungsumfang sowie aus dem Erfordernis des Bezugsrechtsausschlusses (§ 186 Abs. 3 AktG). **47**

aa) Ungewissheit des Zeichnungsumfangs

§ 185 AktG verlangt eine **Vollzeichnung der jungen Aktien**. Zum Zeitpunkt der Beschlussfassung über die Kapitalerhöhung steht jedoch regelmäßig noch nicht fest, wie viele der angesprochenen Aktionäre der Zielgesellschaft das Umtauschangebot annehmen werden, sodass Ungewissheit über die Zahl der benötigten jungen Aktien besteht. Nach § 185 Abs. 1 Satz 3 Nr. 4 AktG hat der Zeichnungsschein den Zeitpunkt zu benennen, in dem die Zeichnung der jungen Aktien unverbindlich wird, wenn nicht bis dahin die Durchführung der Kapitalerhöhung eingetragen worden ist. Nach § 185 Abs. 2 AktG ist der Zeichnungsschein bei Fehlen dieser Angabe nichtig. Die Durchführung der Kapitalerhöhung wird nur eingetragen, wenn das Zeichnungsergebnis sich mit dem Betrag laut Kapitalerhöhungsbeschluss deckt oder in die dort festgelegte Bandbreite fällt.[50] Somit kann eine Kapitalerhöhung nur dann nach § 189 AktG mit Eintragung in das Handelsregister wirksam werden, wenn sie in ihrem tatsächlichen Umfang dem Kapitalerhöhungsbeschluss entspricht.[51] **48**

Sofern bei der Zeichnung keine Emissionsbank mit der Verpflichtung zur Verteilung der jungen Aktien an die zeichnungswilligen Bezugsberechtigten eingeschaltet wird, besteht die Ungewissheit über den Zeichnungsumfang bei jeder Kapitalerhöhung. Sie ist nicht auf den Fall des Übernahmeangebots beschränkt. Insofern wird es generell als zulässig und empfehlenswert angesehen, im Erhöhungsbeschluss einen **Mindest- und einen Höchstbetrag der Kapitalerhöhung** sowie eine **49**

---

49 Siehe dazu allgemein oben, Rn. 20 ff.

50 *Hüffer* (Fn. 21), § 182, Rn. 12.

51 *Hefermehl/Bungeroth*, in: Geßler/Hefermehl/Eckardt/Kropff (Hrsg.) (Fn. 27), § 182, Rn. 53; *Lutter* (Fn. 22), § 182, Rn. 17.

bestimmte und eng **begrenzte Zeichnungsfrist** festzulegen.[52] Der Vorstand ist an den ihm von der Hauptversammlung vorgegebenen Rahmen gebunden. Es genügt, lediglich einen Höchstbetrag zu bestimmen und die Kapitalerhöhung im Übrigen auf den geringeren Betrag zu richten, für den sich Zeichner der jungen Aktien finden.[53]

50 Die Anforderungen an die Kapitalerhöhung nach § 182 AktG werden im Fall der **Sacheinlage** durch die Regelung des § 183 AktG ergänzt. Danach sind im Kapitalerhöhungsbeschluss zusätzlich der Gegenstand der Sacheinlage, die Person des Einlegers und der Nennbetrag der Aktien, die im Umtausch gewährt werden, festzusetzen (§ 183 Abs. 1 Satz 1 AktG). Die Entscheidung, ob statt Geld andere Gegenstände auf die Einlage geleistet werden können und sollen, soll den Aktionären überlassen sein. Die Öffentlichkeit soll hierüber informiert werden. Schließlich soll die Werthaltigkeit der Sachleistung gesichert sein, d. h. ihr Wert soll mindestens dem Nominalwert der dafür ausgegebenen Aktien entsprechen.[54] Insofern erfolgt eine Wertprüfung durch einen unabhängigen Prüfer. Die Angabe von Mindest- bzw. Höchstbeträgen im Kapitalerhöhungsbeschluss beeinträchtigt vorstehende Zielsetzung nicht. Vielmehr enthält der Kapitalerhöhungsbeschluss eine Bestimmung über den Wert der Sacheinlage, beim Übernahmeangebot bestehend in Gestalt des Wertes der einzubringenden Aktien der Zielgesellschaft, sowie eine Bestimmung über den Nennwert der hierfür auszugebenden eigenen Aktien. Diese vom Sachverständigen zu prüfende Relation sichert die Werthaltigkeit der Sacheinlage auch dann, wenn anstelle eines festen Kapitalerhöhungsbetrages ein Mindest- und/oder Höchstbetrag angegeben wird.[55]

51 Vor diesem Hintergrund kann dergestalt verfahren werden, das **Übernahmeangebot** zeitlich **unmittelbar nach dem lediglich einen Mindestbetrag enthaltenden Kapitalerhöhungsbeschluss** zu erklären. Innerhalb des zulässigen zeitlichen Rahmens der Durchführungs- und Zeichnungsfrist kann der genaue Umfang der Erhöhung danach bestimmt werden, wie viele Adressaten des Angebots dieses annehmen. Die Gefahr einer zu großzügigen Bemessung der Durchführungsfrist,

---

52 *Hüffer* (Fn. 50); *Lutter* (Fn. 51) nennt hier eine Maximaldauer von sechs Monaten.

53 LG Hamburg, 2. 12. 1993 – 405 O 162/93, AG 1995, 92, 93; *Hüffer* (Fn. 50); *Wiedemann*, in: Großkommentar zum Aktiengesetz, 3. Aufl., 1970, § 182, Rn. 55.

54 *Lutter* (Fn. 22), § 183, Rn. 2.

55 Zur Formulierung eines entsprechenden Kapitalerhöhungsbeschlusses siehe *Hölters*, in: Heidenhain/Meister (Hrsg.), Münchener Vertragshandbuch, Bd. I, Gesellschaftsrecht, 3. Auflage, 1992, V.91.

sodass möglicherweise die Grenze zum genehmigten Kapital (§§ 202 ff. AktG) überschritten wird, und damit der Nichtigkeit des Beschlusses nach § 241 Nr. 3 AktG[56], besteht angesichts der Regelung des § 16 Abs. 1, der die Frist für die Annahme des Angebots auf maximal zehn Wochen begrenzt, nicht.

bb) Aufschiebende Bedingung des Kapitalerhöhungsbeschlusses

Bei der Formulierung eines Mindestbetrages handelt es sich um eine **auflösende Bedingung**. Denkbar ist daneben, die **Wirksamkeit** des Kapitalerhöhungsbeschlusses unter die **aufschiebende Bedingung** zu stellen, dass bis zu einem bestimmten Zeitpunkt neue Aktien in einem bestimmten Umfang gezeichnet sind. Gemäß § 184 Abs. 1 Satz 1 AktG haben Vorstand und Aufsichtsratsvorsitzender den Kapitalerhöhungsbeschluss beim Handelsregister zur Eintragung anzumelden. Entsprechendes gilt gemäß § 188 Abs. 1 Satz 1 AktG für die Durchführung der Kapitalerhöhung. Beide Verpflichtungen bestehen gegenüber der AG, nicht aber gegenüber der Öffentlichkeit, sodass Vorstand und Aufsichtsratsvorsitzender bei der Anmeldung an die Weisungen der Hauptversammlung gebunden sind.[57] Die Hauptversammlung kann den Zeitpunkt der Anmeldung im Kapitalerhöhungsbeschluss festlegen.[58] Im Beschluss über eine Satzungsänderung kann die Hauptversammlung darüber hinaus den Vorstand anweisen, diesen nur bei Eintritt eines bestimmten Umstands anzumelden.[59] Dies gilt auch für den (satzungsändernden) Beschluss über eine Kapitalerhöhung, sofern dieser dem Vorstand keinen eigenen Entscheidungsspielraum einräumt.[60] Die Hauptversammlung der Bietergesellschaft kann ihren Vorstand demnach anweisen, die Anmeldung des Beschlusses erst dann vorzunehmen, wenn eine bestimmte Anzahl von Aktionären der Zielgesellschaft dem Übernahmeangebot zugestimmt hat.[61] 52

56 Vgl. *Hüffer* (Fn. 21), § 182, Rn. 17.

57 *Hüffer* (Fn. 21), § 188, Rn. 2; *Lutter* (Fn. 22), § 184, Rn. 6; *Wiedemann* (Fn. 53), § 184, Rn. 13 ff.

58 *Hefermehl/Bungeroth* (Fn. 51), § 184, Rn. 19.

59 *Hefermehl/Bungeroth* (Fn. 51), § 179, Rn. 63; *Hüffer* (Fn. 21), § 179, Rn. 26; *Zöllner*, in: Kölner Kommentar zum Aktiengesetz (Fn. 22), § 179, Rn. 195.

60 *Lutter* (Fn. 22), § 184, Rn. 6; *Zöllner* (Fn. 59), § 179, Rn. 196.

61 Auch das Übernahmeangebot selbst kann an die Bedingung des Erreichens einer bestimmten Beteiligungshöhe geknüpft werden. Vgl. dazu die Regierungsbegründung zu § 18, S. 115.

cc) Anfechtbarkeit des Kapitalerhöhungsbeschlusses

53 Ein zentrales Problem liegt darin, dass das **Bezugsrecht der Altaktionäre der Bietergesellschaft** im Beschluss über die Erhöhung des Grundkapitals gemäß § 186 Abs. 3 AktG ausgeschlossen werden muss, damit die neu geschaffenen Aktien für die Durchführung des Aktientausches zur Verfügung stehen. In diesem Zusammenhang besteht zunächst das **Risiko von Anfechtungsklagen** gemäß §§ 255 Abs. 2, 243 Abs. 1 AktG. Diese können auf die Begründung gestützt werden, der Einlagewert der Aktien der Zielgesellschaft stehe in einem unangemessenen Verhältnis zum Ausgabekurs der hierfür gewährten eigenen Aktien. Eine Anfechtungsklage kann dazu führen, dass die für die Wirksamkeit der Kapitalerhöhung nach § 189 AktG erforderliche Eintragung im Handelsregister gemäß § 127 FGG unterbleibt. Das entsprechende Anfechtungsrisiko kann insbesondere dann erheblich sein, wenn sich der Einlagewert der Aktien der Zielgesellschaft nicht zuverlässig allein anhand des Börsenkurses ermitteln lässt. Voraussetzung wäre, dass die Verwaltung der Zielgesellschaft kooperiert und die erforderlichen Informationen für die Bewertung im Rahmen einer Due Diligence zur Verfügung stellt, was bei einer feindlichen Übernahme per se ausgeschlossen ist.

54 Ein weiteres Risiko ergibt sich daraus, dass dem Bezugsrechtsausschluss – über das gesetzliche Mehrheitserfordernis hinaus – durch die Rechtsprechung die zusätzliche **Schranke** einer **„sachlichen Begründung"** gesetzt wurde.[62] Auch der mit einer Sachkapitalerhöhung regelmäßig verbundene Bezugsrechtsausschluss ist rechtfertigungsbedürftig. Die Gesellschaft muss ein hinreichendes Interesse am Erwerb des Einlagegegenstandes haben.[63] Die Erforderlichkeit des Bezugsrechtsausschlusses ist nur dann gegeben, wenn der Einlagegegenstand, hier die Aktien der Zielgesellschaft, nicht unter Einsatz von Barmitteln (Barkapitalerhöhung) durch einfachen Kaufvertrag zu vergleichbaren Konditionen erworben werden kann.[64] Die Möglichkeit des vereinfachten Bezugsrechtsausschlusses nach § 186 Abs. 3 Satz 4 AktG wird insbesondere bei den sog. „Mega-Deals" keine Entlastung schaffen.

62 BGH, 13.3.1978 – II ZR 142/76, BGHZ 71, 40, 43 ff. Siehe dazu, insbesondere zur Lockerung der Anforderungen durch die „Siemens/Nold-Entscheidung" des Bundesgerichtshofs, BGH, 23.6.1997 – II ZR 132/93, BGHZ 136, 133; sowie unten Rn. 62 ff.

63 BGH, 13.3.1978 – II ZR 142/76, BGHZ 71, 40, 46.

64 *Hüffer* (Fn. 21), § 186, Rn. 34.

b) Bedingtes Kapital

aa) Zusammenschluss als zulässiger Zweck

Die Zulässigkeit einer bedingten Kapitalerhöhung[65] ist an die begrenzte Zwecksetzung nach § 192 Abs. 2 AktG gebunden. Da als Zusammenschluss im Sinne des § 192 Abs. 2 Nr. 2 AktG auch solche Gestaltungen zählen, bei denen die beteiligten Unternehmen rechtlich selbstständig bleiben, kann auch die Lieferung junger Aktien der Bietergesellschaft als Gegenleistung im Sinne des § 31 Abs. 2 grundsätzlich durch Unterlegung mit bedingtem Kapital gesichert werden. **55**

bb) Beschränkung des Umfangs

Ein möglicherweise gravierendes Hindernis resultiert aus § 192 Abs. 3 AktG. Danach darf der Nennbetrag der Kapitalerhöhung die Hälfte des Grundkapitals, das zurzeit der Beschlussfassung über die Kapitalerhöhung vorhanden ist, nicht übersteigen. **56**

cc) Bekanntgabe der Übernahmeabsicht

Als problematisch erweisen sich die **Anforderungen an den Beschlussinhalt**. Das Gesetz verlangt, dass sich das Vorhaben auf ein bestimmtes – zu benennendes – Unternehmen richtet, da andernfalls die konkrete Benennung der Bezugsberechtigten nach § 193 Abs. 2 Nr. 2 AktG nicht möglich wäre.[66] Im Fall des § 192 Abs. 2 Nr. 2 AktG ist somit die Zielgesellschaft mit Firma, Sitz und Rechtsform sowie die Art des Zusammenschlusses zu nennen, damit auch die Bezugsberechtigten gemäß § 193 Abs. 2 Nr. 2 AktG eindeutig bestimmbar sind.[67] Bei einem feindlichen Übernahmeversuch scheitert die bedingte Kapitalerhöhung als Grundlage für die Bedienung eines Umtauschangebotes daran, dass der Kapitalerhöhungsbeschluss bereits konkret das Vorhaben und das Zielunternehmen bezeichnen muss. **57**

dd) Anfechtbarkeit des Kapitalerhöhungsbeschlusses

Die bedingte Kapitalerhöhung gemäß § 192 AktG bietet den Vorteil, dass ein **Bezugsrecht der Altaktionäre** von vornherein **ausgeschlossen** und demgemäß das Anfechtungsrisiko entsprechend geringer zu veranschlagen ist. Ein solches ergibt sich jedoch auch hier aus dem nicht im **58**

65 Siehe dazu allgemein oben, Rn. 23 ff.
66 *Lutter* (Fn. 22), § 193, Rn. 14. Siehe auch oben, Rn. 25.
67 *Hüffer* (Fn. 21), § 193, Rn. 5.

Vorhinein überprüfbaren Umtauschverhältnis. Da die bedingte Kapitalerhöhung stets mit einem Bezugsrechtsausschluss einhergeht, ist der Ausgabebetrag der jungen Aktien an § 255 Abs. 2 AktG zu messen.

59 Auch wenn also ein geplantes Übernahmeangebot den Tatbestand des § 192 Abs. 2 Nr. 2 AktG erfüllt und insofern eine bedingte Kapitalerhöhung unter Ausschluss des Bezugsrechts gerechtfertigt ist, so stehen diesem Verfahren gleichwohl **erhebliche Praktikabilitätsschranken** in Gestalt des zeitaufwendigen Verfahrens sowie insbesondere der Offenlegung der Übernahmeabsicht, der Konkretisierung des Bezugskurses und der summenmäßigen Begrenzung der Kapitalerhöhung entgegen.

c) Genehmigtes Kapital

60 In Betracht kommt weiterhin, das zur Bedienung eines Umtauschangebots erforderliche Reservoir an jungen Aktien im Wege einer genehmigten Kapitalerhöhung gemäß § 202 AktG zu schaffen.[68]

aa) Beschränkung des Umfangs

61 Wie bei der bedingten Kapitalerhöhung darf der Nennbetrag des genehmigten Kapitals die Hälfte des Grundkapitals, das bei der Bietergesellschaft zurzeit der Ermächtigung vorhanden ist, nicht übersteigen (§ 202 Abs. 3 AktG).

bb) Bekanntgabe der Übernahmeabsicht

62 Auch bei der Schaffung genehmigten Kapitals zum Zwecke der Bedienung eines Umtauschangebotes besteht die **Gefahr des Publikwerdens der Übernahmeabsicht**. Die Notwendigkeit der **Information der Hauptversammlung** ergibt sich daraus, dass der Vorstand mit dem Kapitalerhöhungsbeschluss zugleich ermächtigt werden muss, das **Bezugsrecht der Altaktionäre auszuschließen**. Gemäß §§ 203 Abs. 2 Satz 2, 186 Abs. 4 Satz 2 AktG hat der Vorstand bei Beschlussfassung über den Ausschluss des Bezugsrechts im Rahmen eines genehmigten Kapitals einen schriftlichen Bericht über den Grund des Bezugsrechtsausschlusses vorzulegen. Für die **Anforderungen an Inhalt und Umfang** des Berichts sind maßgeblich zwei einschlägige Entscheidungen des BGH. Während der BGH im Fall **„Holzmann"**[69]

---

68 Siehe dazu allgemein oben, Rn. 26 ff.

69 BGH, 19.4.1982 – II ZR 55/81, BGHZ 83, 319.

eine extensive Berichtspflicht statuierte, wurde diese Rechtsprechung in der Entscheidung **„Siemens/Nold“**[70] ausdrücklich aufgehoben. Nach der neueren Rechtsprechung des BGH muss die Maßnahme, zu deren Durchführung der Vorstand ermächtigt werden soll, allgemein umschrieben und in dieser Form der Hauptversammlung bekannt gegeben werden. Sie muss ferner im Interesse der Gesellschaft liegen. Sind der Hauptversammlung außer dem abstrakt umschriebenen Vorgang bei Beschlussfassung keine weiteren Tatsachen bekannt, hat sie die Prüfung, ob der Bezugsrechtsausschluss im Gesellschaftsinteresse liegt, allein an den abstrakt umschriebenen Umständen auszurichten. Der Vorstand ist verpflichtet, im Rahmen seines unternehmerischen Interesses sorgfältig zu prüfen, ob der allein ihm bekannte vollständige Sachverhalt die Durchführung des Beschlusses im Gesellschaftsinteresse rechtfertigt.[71] Ein Hauptversammlungsbeschluss auf der Grundlage eines Vorstandsberichts, der diesen Anforderungen genügt, ist nicht anfechtbar. Den Aktionären der Bietergesellschaft bleibt allenfalls die Möglichkeit, eine etwaige Pflichtwidrigkeit des Vorstands bei der Umsetzung der Ermächtigung zum Gegenstand einer Feststellungs- oder – so weit noch möglich – einer Unterlassungsklage zu machen.[72]

Der „Siemens/Nold-Entscheidung“ ist nicht unmittelbar zu entnehmen, 63
ob der Vorstand in seinem Bericht konkrete Angaben zu machen hat, wenn ihm das Vorhaben, für das die genehmigte Kapitalerhöhung beschlossen werden soll, bereits hinreichend bekannt ist. Ein Aspekt für den Wandel der Rechtsprechung war der Umstand, dass die Anforderungen nach der „Holzmann-Entscheidung“ es unmöglich machten, der Hauptversammlung Einzelheiten aus Vorgängen, hinsichtlich derer im Interesse der Gesellschaft ein **Geheimhaltungsbedürfnis** bestand, bekannt zu geben, ohne dadurch zumindest für Konkurrenzunternehmen bedeutsame Unternehmensstrategien vorzeitig offen zu legen.[73] Entsprechendes gilt für das Vorhaben der Übernahme eines Unternehmens: Die Bekanntgabe der Absicht, den Aktionären einer bestimmten Gesellschaft ein Übernahmeangebot zu unterbreiten, wäre im Einzelfall möglicherweise geeignet, die Erfolgsaussichten des Angebots in Frage zu stellen oder gar zu vereiteln. Demnach sind auch dann keine strengeren Anforderungen an den Vorstandsbericht zu stellen,

70 BGH, 23.6.1997 – II ZR 132/93, BGHZ 136, 133.
71 BGH, 23.6.1997 – II ZR 132/93, BGHZ 136, 133, 139.
72 BGH (Fn. 71), 141.
73 BGH (Fn. 71), 138.

wenn der Vorstand den Hauptversammlungsbeschluss über die genehmigte Kapitalerhöhung im Bewusstsein eines konkreten Vorhabens herbeiführt. Soweit das Gesellschaftsinteresse die Maßnahme rechtfertigt und der Vorstand von seiner Ermächtigung erst nach pflichtgemäßer Ermessensausübung Gebrauch macht, bedarf es für den **Vorstandsbericht bei Beschlussfassung über die bedingte Kapitalerhöhung keiner exakten Angaben** über das Vorhaben. Insoweit genügt als Begründung gemäß §§ 203 Abs. 2 Satz 2, 186 Abs. 4 AktG der Hinweis auf die abstrakte Möglichkeit, Beteiligungen gegen Überlassung von Aktien erwerben zu können. Damit ist allerdings nicht ausgeschlossen, dass die Ermächtigung des Vorstands einer Publikumsgesellschaft zur Kapitalerhöhung mit Bezugsrechtsausschluss in Höhe der Hälfte des Grundkapitals Spekulationen und Gerüchten Auftrieb gibt. Insgesamt jedoch hat das genehmigte Kapital im hier interessierenden Zusammenhang durch die „Siemens/Nold-Entscheidung" an Attraktivität gewonnen.

III. Notwendige Maßnahmen zur Sicherstellung der vollständigen Erfüllung des Angebots, Abs. 1 Satz 1

1. Allgemeines

64 Die allgemeine Verpflichtung nach Abs. 1 Satz 1 besteht unabhängig davon, ob das Angebot auf eine Geldleistung oder eine Sachleistung lautet. Der Bieter muss zum Zeitpunkt des Angebots alle Schritte unternommen haben, um die aus dem Angebot resultierenden Pflichten bei Fälligkeit erfüllen zu können. Die Aufnahme eines allgemeinen und unbeschränkten Finanzierungsvorbehalts in das Übernahmeangebot ist damit ausgeschlossen. Zulässig sind allenfalls solche Vorbehalte, die erlaubte Bedingungen i. S. v. § 18 Abs. 1 darstellen.[74] Im Fall des Barangebots hat nach Satz 2 ein unabhängiges Wertpapierdienstleistungsunternehmen zu bestätigen, dass der Bieter alle „erforderlichen Maßnahmen" getroffen hat, um die Ansprüche bei Fälligkeit der Gegenleistung erfüllen zu können.

65 Weder das Gesetz noch die amtliche Begründung enthalten allerdings Vorgaben oder Hinweise auf den konkreten **Inhalt der „notwendigen Maßnahmen"**, die der Bieter vor Veröffentlichung der Angebotsunterlage im Einzelnen vorzunehmen hat. Sie bestimmen sich in Abhängig-

74 Etwa Force-Majeure-Klauseln. Vgl. *Busch*, AG 2002, 145, 150 f.

keit der gewählten Finanzierungsart. Konkrete Vorgaben verbieten sich hier schon im Hinblick auf Übernahmeangebote ausländischer Bieter. Die vorstehend aufgeführten, inländischen Bietern zur Verfügung stehenden, Finanzierungsalternativen sind nicht abschließend und können insofern nicht automatisch gleichgesetzt werden mit den „notwendigen Maßnahmen" im Sinne des Abs. 1 Satz 1. Lediglich für Umtauschangebote nach § 31 Abs. 2 Satz 1 2. Alt. bewirken die gesetzlichen Regelungen über die Beschaffung der hierfür erforderlichen eigenen Aktien (§§ 182 ff. AktG) für den inländischen Bieter einen „numerus clausus" der „notwendigen Maßnahmen". Im Übrigen ist zu unterscheiden zwischen der Frage, unter welchen Voraussetzungen die zur vollständigen Erfüllung des Angebots notwendigen Mittel zur Verfügung stehen und der weiteren Frage, welche „notwendigen Maßnahmen" vom Bieter zu treffen sind, um eben dies im Zeitpunkt der Fälligkeit des Anspruches auf die Gegenleistung sicherzustellen.

2. Maßgeblicher Zeitpunkt

Dass der Bieter zum Zeitpunkt des Angebots alle Schritte unternommen haben muss, um die aus dem Angebot resultierenden Pflichten zum Zeitpunkt ihrer Fälligkeit erfüllen zu können, bedeutet nicht, dass er etwa im Falle des Barangebots nach § 10 bereits bei Veröffentlichung der Angebotsunterlage oder gar bereits bei Entscheidung über die Abgabe eines Angebots über das Geld zum Erwerb der Aktien der Zielgesellschaft verfügen muss.[75] Ausreichend ist vielmehr, dass dem Bieter **bei Fälligkeit der Gegenleistung** die notwendigen Mittel zur Verfügung stehen.[76] Der Zeitpunkt der Fälligkeit der Leistung des Bieters ist der insofern allein maßgebliche. Gemäß § 14 Abs. 1 Satz 3 kann die Frist zur Übermittlung der Angebotsunterlage an das Bundesaufsichtsamt von vier Wochen um bis zu weitere vier Wochen verlängert werden, wenn dem Bieter die Einhaltung der Frist wegen erforderlicher Kapitalmaßnahmen nicht möglich ist. 66

3. Vollständige Erfüllung des Angebots

Abs. 1 Satz 1 verlangt nicht, dass vor der Veröffentlichung der Angebotsunterlage bereits ein dem Volumen des (Bar-) Angebots entsprechender Geldbetrag solvent zur Verfügung steht. Vielmehr ist lediglich 67

75 So aber die entsprechende Regelung in § 15 des Diskussionsentwurfes. Siehe oben, Rn. 8 f.
76 So die Regierungsbegründung, BR-Drucks. 574/01, S. 106.

sicherzustellen dass dies im Zeitpunkt der Fälligkeit der Ansprüche der das Angebot annehmenden Aktionäre der Zielgesellschaft der Fall ist. Sowohl der Fälligkeitszeitpunkt als auch der Umfang der „notwendigen" Mittel sind für den Bieter bereits in der Planungsphase kalkulierbar. Ersterer richtet sich nach der vom Bieter selbst festzulegenden Laufzeit des Angebots und tritt demgemäß grundsätzlich frühestens vier, spätestens zehn Wochen nach Veröffentlichung der Angebotsunterlage ein (§ 16 Abs. 1 und 3). Der Umfang der notwendigen Mittel hat stets die „vollständige" Erfüllung des Angebots zu gewährleisten. Ein **Abschlag** in Höhe einer erwarteten Misserfolgsquote des Angebots ist nach dem Wortlaut der Vorschrift selbst dann nicht zulässig, wenn diese im konkreten Fall auf einer realistischen Annahme beruhen sollte.

4. „Sicherstellung"

68 Nach dem Sprachverständnis des Bürgerlichen Rechts verlangt der Begriff der **„Sicherstellung"** die Leistung einer Sicherheit. Äußerungen im Rahmen der Vorarbeiten zum WpÜG gingen jedoch zutreffend davon aus, dass eine Sicherheitsleistung im technischen Sinne vorliegend gerade nicht gemeint ist. „Sicherstellung" der Erfüllbarkeit des Angebots bedeutet nicht „Sicherheitsleistung" im Sinne der §§ 232 ff. BGB, etwa in Gestalt der Hinterlegung von Geld oder Wertpapieren, der Bestellung von Grundpfandrechten an Betriebsgrundstücken oder einer selbstschuldnerischen Bürgschaft (§§ 232 Abs. 2, 239 BGB). Vor dem Hintergrund, dass die mit einem Angebot angesprochenen Aktionäre es grundsätzlich selbst in der Hand haben, ob sie dieses annehmen oder nicht, ist ihr Sicherungsbedürfnis geringer zu veranschlagen als etwa das Sicherungsbedürfnis von Gläubigern der an einer Verschmelzung beteiligten Rechtsträger oder von außenstehenden Aktionären, die im Wege des sog. „Squeeze-Out" gegen Abfindung aus der Gesellschaft ausgeschlossen werden. Die vorliegende Regelungssituation ist insofern nicht vergleichbar mit derjenigen des § 22 UmwG oder des § 327b Abs. 3 AktG.[77] Die von den letztgenannten Vorschriften Begünstigten haben im Unterschied zu den Adressaten eines Übernahmeangebots grundsätzlich keine Möglichkeit, die die Sicherungspflicht auslösende Maßnahme zu verhindern. Vor diesem Hintergrund

77 § 327b Abs. 3 AktG räumt den durch einseitigen Akt des Hauptaktionärs ausgeschlossenen Minderheitsaktionären einen zusätzlichen und unmittelbaren Anspruch aus einer Bankgarantie gegen ein Kreditinstitut ein, um die Durchsetzung des Anspruchs auf Barabfindung gegen den Hauptaktionär zu erleichtern.

kann auch nicht etwa verlangt werden, dass die erforderlichen Mittel auf einem Sperrkonto vorgehalten werden. Auch dieses wäre im Übrigen nicht gegen Vollstreckungsmaßnahmen Dritter geschützt.[78]

Die Absicherung der Adressaten eines Übernahmeangebots durch eine **Bankbürgschaft oder Bankgarantie** ist ausreichend aber nicht zwingend. Dass die Bestellung einer Bankgarantie zu Gunsten der Aktionäre der Zielgesellschaft, die von dem Angebot Gebrauch machen, nach der gesetzgeberischen Intention nicht der Standard des Abs. 1 Satz 1 sein kann, macht etwa der wörtliche Vergleich mit der gleichzeitig eingeführten Regelung des § 327b Abs. 3 AktG deutlich. Hätte der Gesetzgeber eine Bankgarantie oder ähnliche Haftungszusage eines Kreditinstituts als Mindeststandard vorausgesetzt, so hätte er eine § 327b Abs. 3 AktG vergleichbare Regelung getroffen.[79] Die in Abs. 1 Satz 2 für das Barangebot vorgeschriebene Bestätigung der Erfüllbarkeit des Angebots durch ein Wertpapierdienstleistungsunternehmen ist insofern nicht mit einer bürgschafts- oder garantiegleichen Einstandspflicht gleichzusetzen. Denn es besteht immerhin die Möglichkeit der Exkulpation gemäß Abs. 3 i.V.m. § 12 Abs. 2 und 3. Im Übrigen unterliegen der Erfüllungsanspruch und der subsidiäre Schadensersatzanspruch gegen das Wertpapierdienstleistungsunternehmen einer unterschiedlichen Verjährung (Abs. 3 i.V.m. § 12 Abs. 4). Die in Abs. 1 Satz 2 angeordnete Verschuldenshaftung ist aus Sicht der Adressaten des Angebots ein „Weniger" im Vergleich zu einer Bürgschafts- oder Garantiehaftung.[80] 69

5. Notwendige Maßnahmen

a) Barangebot

aa) Eigenfinanzierung

Müssen die zur vollständigen Erfüllung des Angebots erforderlichen (Bar-) Mittel im Wege der **(Bar-) Kapitalerhöhung** beschafft werden, so wird der Bieter seiner Verpflichtung aus Abs. 1 Satz 1 **noch nicht** notwendig bereits dann **Genüge getan** haben, wenn die **Haupt- oder Gesellschafterversammlung** des Bieterunternehmens der Kapitaler- 70

78 A. A. *Süßmann* (Fn. 48), Rn. 26.

79 Vgl. hierzu auch die amtliche Begründung zu § 9 öÜbG, S. 27, wonach der österreichische Gesetzgeber offensichtlich das Erfordernis einer Bankgarantie zum Zwecke der Absicherung der Finanzierung eines Übernahmeangebots erwogen, letztendlich aber davon Abstand genommen hat. Zu einer entsprechenden Regelung im französischen Recht siehe *Immenga* (Fn. 2), 94.

80 Missverständlich insofern die amtliche Begründung zu § 9 öÜbG (Fn. 77).

noch 70 höhung mit der erforderlichen Mehrheit **zugestimmt** hat, da im Vorhinein nicht abzusehen ist, ob die Kapitalerhöhung erfolgreich durchgeführt werden kann. Dass der Bieter den notwendigen Kapitalerhöhungsbeschluss vor Angebotsbeginn gefasst hat, ist aber die **Minimalvoraussetzung**. Ansonsten müsste das Bundesaufsichtsamt die Veröffentlichung der Angebotsunterlage wegen offensichtlichen Fehlens der Sicherstellung der Gegenleistung durch die Ausgabe neuer Aktien untersagen.[81] Der tatsächliche Zufluss der für die vollständige Erfüllung des Angebots notwendigen Mittel kann aber auch dann noch etwa durch Beschlussmängel, die zur Anfechtung oder Nichtigkeit der Kapitalerhöhung führen, hinausgezögert oder vereitelt werden. Für die **Gewährleistung der vollständigen Erfüllung des Angebots** als solche wäre das tatsächliche Vorhandensein der erforderlichen Barmittel zur freien Verfügung der Verwaltung des Bieterunternehmens im maßgeblichen Zeitpunkt zu verlangen (§ 54 Abs. 3 AktG, § 57 Abs. 2 GmbHG). Dies wäre aber selbst dann nicht in jedem Fall sichergestellt, wenn auf das endgültigen Wirksamwerden der Kapitalerhöhung abgestellt würde, d.h. bei der ordentlichen Kapitalerhöhung in der AG auf die Eintragung der Durchführung der Kapitalerhöhung in das Handelsregister (§ 189 AktG). Auch hierdurch würde nicht notwendig gewährleistet, dass die erforderlichen Mittel im maßgeblichen Zeitpunkt im vollen Umfang zur freien Verfügung des Vorstands stehen, da gemäß §§ 188 Abs. 2, 36 Abs. 2, 36a AktG nur die Mindesteinlage zu leisten ist. Diese beträgt bei Bareinlagen lediglich 25% des geringsten Ausgabebetrages (§ 36a Abs. 2 AktG). Eine vollständige Einlageleistung bereits vor oder bei Veröffentlichung der Angebotsunterlage verlangt Abs. 1 Satz 1 aber gerade nicht.[82] Andererseits dürfte die bloße Beschlussfassung über die Kapitalerhöhung dann hinreichen, wenn – etwa bei überschaubarem und solventem Gesellschafterkreis – nicht mit Opposition gegen die Kapitalerhöhung oder mangelnder Fähigkeit zur Einlageleistung zu rechnen ist. Bei Publikumsgesellschaften wird hingegen zusätzlich eine hinreichende Zeichnungsquote zu verlangen sein. Bei der bedingten Kapitalerhöhung in der AG wird regelmäßig die Abgabe der Bezugserklärungen durch die Berechtigten, nicht hingegen das endgültige Wirksamwerden der Kapitalerhöhung mit der Aktienausgabe maßgeblich sein, während die genehmigte Kapitalerhöhung den Regeln der ordentlichen Kapitalerhöhung folgt.

---

81 *Süßmann* (Fn. 48), Rn. 5.
82 Siehe oben, Rn. 67.

Insgesamt verbietet sich eine pauschale Aussage im Sinne einer Fixierung der „notwendigen Maßnahmen“ an konkreten Eckpunkten oder Verfahrensschritten innerhalb des Ablaufplans einer Kapitalerhöhung. Diesen kann allenfalls eine indizielle Bedeutung bei der – allerdings justitiablen – Einschätzungsprärogative des Bieters (oder des die Übernahme begleitenden Wertpapierdienstleistungsunternehmens) zukommen. Insofern stellt der Gesetzgeber mit dieser neuen Regelung hohe Anforderungen an das bietende Unternehmen bzw. das begleitende Wertpapierdienstleistungsunternehmen. In der Praxis wird das Problem allerdings dadurch entschärft, dass bei Publikumsaktiengesellschaften üblicherweise die neuen Aktien von einem Kreditinstitut oder Emissionskonsortium zu einem festen Betrag übernommen und sodann im Wege des mittelbaren Bezugsrechts von diesem den Aktionären zum Bezug angeboten werden. In diesem Fall ist der Mittelzufluss beim Bieter sichergestellt, sodass das Testat nach Abs. 1 Satz 2 ohne weiteres erteilt werden kann. 71

bb) Fremdfinanzierung

Noch weniger als bei der Mittelbeschaffung im Wege der Kapitalerhöhung können allgemein gültige Aussagen darüber, wann der Bieter die „notwendigen Maßnahmen“ i. S. d. Abs. 1 Satz 1 getroffen hat, bei der Fremdfinanzierung des Übernahmeangebots gemacht werden. Zum einen sind die vielfältigsten Vertragsgestaltungen und Finanzierungsbedingungen denkbar.[83] Zum anderen ist im Einzelfall nicht nur die jeweilige Vertragslage selbst maßgeblich, sondern möglicherweise auch sonstige externe Faktoren, die dazu führen können, dass ein zugesagter Kredit alsbald notleidend und u. U. noch vor vollständiger Erfüllung des Angebots gekündigt wird oder dass die beteiligten Banken noch vor Valutierung einer Anleihe vom Übernahmevertrag zurücktreten. Dementsprechend müssen, generell gesprochen, **zwei Voraussetzungen** gegeben sein: Der jeweilige Finanzierungsvertrag muss abgeschlossen sein und es darf kein Anlass zu Befürchtungen bestehen, dass vor vollständiger Erfüllung des Angebots eine Kündigung der Finanzierung nach Maßgabe der jeweiligen Finanzierungsbedingungen erfolgt. Das testierende Wertpapierdienstleistungsunternehmen (Abs. 1 Satz 2) hat insofern auch externe Faktoren in seine Prüfung einzubeziehen. Dies gilt insbesondere dann, wenn die Finanzierungsbedingungen hierzu konkreten Anlass bieten, etwa entsprechende Kündigungsregelungen oder *cross default clauses* enthalten. 72

83 Siehe im Einzelnen oben, Rn. 34 ff.

73 Wird das Übernahmeangebot **kreditfinanziert**, muss der Krediteröffnungsvertrag gewährleisten, dass, die zugesagte Kreditlinie im maßgeblichen Zeitpunkt[84] zur entsprechenden Verfügung des Bieters steht. Daneben muss (ex-ante) die vorzeitige Kündigung durch den Kreditgeber ausgeschlossen werden, wenn nicht gar die ordentliche Kündigung überhaupt. Nicht ausgeschlossen werden kann hingegen nach allgemeinen Rechtsgrundsätzen die außerordentliche Kündigung des Kredits.[85]

74 Wird zur Finanzierung des Übernahmeangebots eine **Anleihe** begeben, so muss gewährleistet sein, dass diese so bei einem Kreditinstitut oder dem Emissionskonsortium platziert werden kann, dass der zur vollständigen Erfüllung des Angebots erforderliche Geldbetrag im maßgeblichen Zeitpunkt zur Disposition des Bieters steht. Dies bedeutet, dass ein entsprechender Vertrag mit dem Emissionskonsortium über die Übernahme der Emission zum Festpreis abgeschlossen oder zumindest das entsprechende Angebotsschreiben dem Bieter zugegangen ist.[86] Des Weiteren darf (ex-ante) kein Grund zu der Befürchtung bestehen, dass das Emissionskonsortium vor vollständiger Erfüllung des Angebots vom Übernahmevertrag zurücktreten oder der Anleihetreuhänder diesen nach Maßgabe der Anleihebedingungen kündigen wird.

b) Angebot auf Aktientausch

75 Werden als Gegenleistung eigene Aktien des Bieterunternehmens angeboten,[87] können die **„notwendigen Maßnahmen"** zur Sicherstellung der vollständigen Erfüllung des Angebots im maßgeblichen Zeitpunkt naturgemäß nicht erst in der Durchführung und Herbeiführung der endgültigen Wirksamkeit der Kapitalerhöhung bestehen. Denn die Zeichnung durch die Neuaktionäre, d.h. in diesem Fall die Adressaten des Übernahmeangebots, fällt zeitlich mit der Erfüllung des Angebots zusammen. Die Zeichnung bildet erst die Mitwirkungshandlung der Adressaten zum Vollzug des Angebots. Insofern muss den Aktionären der Zielgesellschaft lediglich die hinreichend sichere Möglichkeit eingeräumt werden, die zum Tausch angebotenen Anteilsscheine der Bietergesellschaft zu zeichnen. Zu verlangen ist nur, dass der Bieter vor oder bei

84 Siehe oben, Rn. 66.

85 *Süßmann* (Fn. 48), Rn. 17f., folgert daraus, dass auf der Grundlage eines Darlehensvertrages eine Finanzierungsbestätigung nicht ausgestellt werden kann und schlägt als Alternative eine unwiderrufliche Zahlungsgarantie des das Testat ausstellenden Wertpapierdienstleistungsunternehmens vor.

86 Einzelheiten bei *Kümpel*, Bank- und Kapitalmarktrecht, 2. Aufl., 2000, Rn. 9.131 ff.

87 Siehe im Einzelnen oben, Rn. 45ff.

Veröffentlichung der Angebotsunterlage **alle erforderlichen Schritte zur Durchführung der Kapitalerhöhung** unternimmt. Vorliegen muss ein wirksamer, d. h. im Handelsregister eingetragener Kapitalerhöhungsbeschluss, der im Falle der regulären oder genehmigten Kapitalerhöhung einen Ausschluss des Bezugsrechts der Altaktionäre beinhalten muss. Im Falle des genehmigten Kapitals darf der Ermächtigungszeitraum von fünf Jahren (§ 202 Abs. 2 AktG) noch nicht abgelaufen sein.

IV. Testat eines Wertpapierdienstleistungsunternehmens beim Barangebot, Abs. 1 Satz 2

1. Allgemeines

Im praktischen Hauptfall des auf eine **Geldleistung** lautenden Über- 76
nahmeangebots hat nach Abs. 1 Satz 2 ein unabhängiges Wertpapierdienstleistungsunternehmen schriftlich zu bestätigen, dass der Bieter die notwendigen Maßnahmen getroffen hat, um sicherzustellen, dass die zur vollständigen Erfüllung des Angebots notwendigen Mittel zum Zeitpunkt der Fälligkeit des Anspruchs auf die Geldleistung zur Verfügung stehen. Dies gilt wegen § 21 Abs. 3 auch für Erhöhungen der Gegenleistung nach § 21 Abs. 1 Nr. 1, die jeweils die Vorlage eines zusätzlichen Testats erforderlich machen, **nicht hingegen** bei Nachbesserungen des Angebots nach § 31 Abs. 4 wegen des Erwerbs von Aktien der Zielgesellschaft während der Laufzeit des Angebots zu einem höheren als dem Angebotspreis. Es fehlt an einem § 21 Abs. 3 entsprechenden Verweis in § 31, sodass die Finanzierbarkeit des Nachbesserungsbetrages – jedenfalls nach dem Gesetzeswortlaut – nicht der Bestätigung bedarf. Auch **im Rahmen von Abwehrmaßnahmen ausgegebene neue Aktien der Zielgesellschaft** brauchen bei der Finanzierungsbestätigung nicht berücksichtigt werden. Von der ursprünglich vorgesehenen Erstreckung des Bestätigungserfordernisses auch auf das Angebot einer Sachleistung wurde im Laufe des Gesetzgebungsverfahrens Abstand genommen.[88] Das **schriftliche Testat** ist als ergänzende Angabe gemäß § 11 Abs. 2 Satz 3 Nr. 4 in die Angebotsunterlage aufzunehmen. Der Zweck des Bestätigungsschreibens – wie der Regelung des Abs. 1 insgesamt – besteht im Schutz der das Übernahmeangebot annehmenden Aktionäre. Für die Adressaten des Angebots stellt sich die Bestätigung der Finanzierung als eine der we-

88 Siehe oben, Rn. 8 f.

sentlichen Angaben dar, die in die Angebotsunterlage aufzunehmen sind. Zusammen mit der Angebotsunterlage selbst ist es deswegen als diese „ergänzende Angabe" gemäß § 11 Abs. 2 Satz 3 Nr. 4 beim Bundesaufsichtsamt einzureichen sowie gemäß § 14 Abs. 3. im Internet sowie durch Bekanntgabe in einem überregionalen Börsenpflichtblatt oder durch kostenlose Ausgabe bei einer geeigneten Stelle im Inland zu veröffentlichen. Die in § 11 Abs. 2 Satz genannten „ergänzenden Angaben" sind zwingender Bestandteil der Angebotsunterlage (§ 11 Abs. 2 Satz 1), sodass auch das Testat nach Abs. 1 Satz 2 dem Bundesaufsichtsamt gemäß 14 Abs. 1 vorzulegen ist. Ein **Verstoß gegen die Vorlagepflicht** des § 14 Abs. 1 führt zwingend zur Untersagung des Angebots durch das Bundesaufsichtsamt (§ 15 Abs. 1 Nr. 1), sofern nicht eine Fristverlängerung nach § 14 Abs. 1 Satz 2 gewährt wird. Ein Verstoß gegen die Veröffentlichungspflicht stellt diese Rechtsfolge immerhin ins Ermessen des Amtes (§ 15 Abs. 2).

77 Das Erfordernis einer Finanzierbarkeitsbestätigung wird die Attraktivität von Barangeboten künftig mit großer Wahrscheinlichkeit beeinträchtigen. Insbesondere vor dem Hintergrund der hieran anknüpfenden Haftung des Wertpapierdienstleistungsunternehmens nach Abs. 2 und 3 ist davon auszugehen, dass hierfür seitens der Bieter nicht unerhebliche Vergütungen zu leisten oder Sicherheiten zu bestellen sind.[89] Insgesamt geht das Testat nach Abs. 1 Satz 2 in Funktion und Bedeutung weiter als die aus der US-amerikanischen Praxis bekannten *high confident letters*, mit denen Investmentbanken den Übernahmeinteressenten nach Art einer „weichen Patronatserklärung" versichern, dass sie „größtes Vertrauen" in die Finanzierbarkeit des Takeover haben.[90]

2. Zeitpunkt

78 Entsprechend dem Vorstehenden ist es zeitlich ausreichend, wenn die Bestätigung des Wertpapierdienstleistungsunternehmens gleichzeitig mit der vollständigen Angebotsunterlage vorliegt.

3. Wertpapierdienstleistungsunternehmen

79 Bei den zur schriftlichen Bestätigung berechtigten Wertpapierdienstleistungsunternehmen handelt es sich um solche des § 2 Abs. 4 WpHG.[91] Dies sind neben den inländischen Kredit- und Finanzdienst-

89 *Land*, DB 2001, 1707, 1710; *Thaeter/Barth*, NZG 2001, 545, 548.
90 *Solomon/Schwartz/Bauman/Weiß* (Fn. 1).
91 Regierungsbegründung, BR-Drucks. 574/01, S. 106.

leistungsunternehmen[92] die entsprechenden Institute mit Sitz in einem anderen Staat des Europäischen Wirtschaftsraumes, die berechtigt sind, ohne erneute Zulassung im Inland durch Zweigniederlassungen oder im Wege des grenzüberschreitenden Dienstleistungsverkehrs im Inland tätig zu sein. Damit sind etwa Kreditinstitute mit Sitz in der Schweiz oder in den USA nicht zur Abgabe einer Finanzierungsbestätigung zugelassen. Wertpapierdienstleistungsunternehmen ist nach § 2 Abs. 4 WpHG nicht bereits jedes Unternehmen, das Wertpapierdienstleistungen allein oder zusammen mit Wertpapiernebendienstleistungen erbringt. Erfasst werden vielmehr nur solche Unternehmen, die, über die Leistung derartiger Dienste hinaus, Kreditinstitute gemäß §§ 1 Abs. 1, 2 Abs. 1 KWG oder Finanzdienstleistungsinstitute gemäß § 1 Abs. 1 a, 2 Abs. 6 KWG sind oder aber – als Bankgeschäfte oder Finanzdienstleistungen erbringende Zweigstellen eines Unternehmens mit Sitz im Ausland – gemäß § 53 Abs. 1 Satz 1 KWG als Kreditinstitute oder Finanzdienstleistungsinstitute gelten. Schließlich muss hinzukommen, dass die Wertpapier- und Wertpapiernebendienstleistungen dieser Unternehmen gewerbsmäßig oder in einem Umfang erbracht werden, der einen in kaufmännischer Weise eingerichteten Geschäftsbetrieb erfordert.[93]

Diese Regelung soll einen **möglichst hohen Überwachungsstandard** 80
über das bestätigende Unternehmen gewährleisten.[94] Vor diesem Hintergrund gilt vorliegend auch der Ausnahmetatbestand des § 2a Abs. 1 WpHG. Die dort in Nr. 1 bis 8 genannten Unternehmen (etwa Unternehmen, die Wertpapierdienstleistungen nur innerhalb eines Konzerns erbringen oder lediglich Arbeitnehmerbeteiligungen verwalten, Versicherungsunternehmen, Zentralbanken und öffentliche Schuldenverwaltung) sind vom Anwendungsbereich des fünften Abschnitts des WpHG ausgenommen. Sie unterliegen nicht den in §§ 31 ff. WpHG aufgestellten Verhaltensregeln und der entsprechenden Aufsicht des Bundesaufsichtsamts. Sie sind damit auch nicht zur Bestätigung der Finanzierbarkeit eines Übernahmeangebots zugelassen.

Das Merkmal der **„Unabhängigkeit"** des Wertpapierdienstleistungs- 81
unternehmens ist sowohl sachlich als auch persönlich zu verstehen.[95]

92 „Institute" im Sinne des § 1 Abs. 1 b KWG.
93 *Assmann*, in: Assmann/Schneider (Hrsg.), Wertpapierhandelsgesetz, 2. Aufl., 1999, § 2, Rn. 78; *Schäfer*, in: Schäfer (Hrsg.), Wertpapierhandelsgesetz Börsengesetz Verkaufsprospektgesetz, 1999, § 2 WpHG, Rn. 47 ff.
94 Regierungsbegründung, BR-Drucks. 574/01, S. 106.
95 *Zschoke*, DB 2002, 79, 80.

Es soll insbesondere verhindern, dass auf Grund einer gesellschaftsrechtlichen Verbindung zwischen Bieter und Wertpapierdienstleistungsunternehmen oder einer faktischen Einflussnahme auf das bestätigende Unternehmen durch den Bieter Gefälligkeitsbescheinigungen ausgestellt werden. Ausgeschlossen sind nicht nur Finanzierungsbestätigungen abhängiger (Tochter-)Unternehmen des Bieters, sondern auch von Schwesterunternehmen und herrschenden (Mutter-)Unternehmen.[96] Durch die Regelung ist allerdings nicht ausgeschlossen, dass es sich bei dem testierenden Unternehmen um ein solches handelt, das den Bieter bei der Vorbereitung und der Durchführung des Angebots berät.[97] Dies ist sachgerecht, da das die Übernahme auf Seiten des Bieters begleitende Kredit- oder Finanzdienstleistungsinstitut am ehesten in der Lage ist, dessen finanziellen Verhältnisse und damit die Finanzierbarkeit des Angebots zu beurteilen. Schädlichen Auswirkungen möglicherweise bestehender Interessenkonflikte wirkt die Haftung nach Abs. 3 entgegen.

4. Form und Inhalt des Bestätigungsschreibens

a) Form

82 Als zwingender Bestandteil der beim Bundesaufsichtsamt einzureichenden und zu veröffentlichenden Angebotsunterlage ist das schriftliche Testat in deutscher Sprache und in verständlicher Form abzufassen (§ 11 Abs. 1 Satz 4). Es bedarf der Unterzeichnung durch das Wertpapierdienstleistungsunternehmen. Allgemein gilt § 126 BGB.

b) Inhalt

83 Gemäß § 11 Abs. 2 Satz 3 Nr. 4 müssen in der Bestätigung – mit Blick auf die Haftung nach Abs. 3 – Firma, Sitz und Rechtsform des ausstellenden Wertpapierdienstleistungsunternehmens angegeben werden.

---

96 Wenig überzeugend ist insofern die entsprechende Differenzierung bei *Süßmann* (Fn. 48), Rn. 28 f. Danach soll ein Wertpapierdienstleistungsunternehmen, das im Verhältnis zum Bieter Mutterunternehmen ist, geeignet sein, das Testat auszustellen, nicht hingegen ein Schwesterunternehmen. Letzteres könne bei Erteilung des Testats unter dem beherrschenden Einfluss des Mutterunternehmens stehen. Wird dieser sowie das Interesse des Mutterunternehmens am Zustandekommen der Übernahme durch das Tochterunternehmen zu Recht als schädlich angesehen, so muss ein Testat des Mutterunternehmens erst recht ausgeschlossen sein.

97 Regierungsbegründung, BR-Drucks. 574/01, S. 106.

Die **materielle Aussage des Testats** hat nicht darin zu bestehen, dass dem Bieter schon bei Veröffentlichung der Angebotsunterlage die notwendigen Mittel für die Erbringung der angebotenen Geldleistung zur Verfügung stehen. Es genügt nach Abs. 1 Satz 1, dass diese Mittel bei Fälligkeit der Gegenleistung zur Verfügung stehen werden.[98] Nur hierauf kann sich die Bestätigung beziehen. Insofern korrespondieren die für den materiellen Aussagegehalt des Testats geltenden Maßstäbe mit den in Abs. 1 Satz 1 aufgestellten Anforderungen an den Bieter. Der Wortlaut des Bestätigungsschreibens hat dem Wortlaut des Abs. 1 Satz 2 zu entsprechen. Etwaige **Vorbehalte oder Einschränkungen** sind vor dem Hintergrund des Regelungszwecks regelmäßig als Verweigerung des Testats zu verstehen. Weitere Angaben, etwa zur Art der durch den Bieter getroffenen Maßnahmen zur Sicherstellung der Finanzierung, d.h. zur konkreten Herkunft der Mittel (etwa zu bestehenden Kreditlinien, zu den finanzierenden Banken, zu durchgeführten Kapitalmaßnahmen) verlangt das Gesetz nicht. Werden zusätzliche Angaben gemacht, sind sie unschädlich, sofern sie die Verständlichkeit nicht beeinträchtigen und keine Einschränkungen oder Vorbehalte beinhalten. **84**

Die Bestätigung kann sich nur auf solche Tatsachen erstrecken, die zum Zeitpunkt der Ausstellung des Testats **bekannt** sind. Für den Fall einer **nachträglichen Erhöhung des Angebots** (§ 21 Abs. 1 Nr. 1) sieht § 21 Abs. 3 deswegen u.a. die entsprechende Geltung des Finanzierungserfordernisses gemäß § 13 sowie des § 11 Abs. 2 Satz 2 bis 5 vor. Anders verhält es sich bei **Nachbesserungen** nach § 31 Abs. 4, wenn es aufgrund von Dritterwerben im zeitlichen Zusammenhang mit dem Übernahmeverfahren zu einer wertmäßig höheren als in der Angebotsunterlage genannten Gegenleistung kommt. Eine entsprechende Ergänzung des Bestätigungsschreibens erübrigt sich. Denn Voraussetzung der Anwendung des § 31 Abs. 4 ist stets ein bestehender oder bereits erfüllter Anspruch auf die Gegenleistung, d.h. die bereits erfolgte Annahme des Angebots. In diesem Zeitpunkt hat sich der Schutzzweck des § 13 Abs. 1 jedoch erledigt.

98 Siehe oben, Rn. 66.

V. Haftung des Wertpapierdienstleistungsunternehmens, Abs. 2 und 3

1. Allgemeines

85 Nach Abs. 2 steht demjenigen, der das Angebot angenommen hat, im Fall der Nichterfüllung der dem Bieter obliegenden Verpflichtung zur Geldleistung gegen das nach Abs. 1 Satz 2 bestätigende Wertpapierdienstleistungsunternehmen ein **Schadensersatzanspruch** zu. Dieser Anspruch steht neben einem möglichen Anspruch nach § 12 Abs. 1 wegen einer fehlerhaften Angebotsunterlage gegen die für die Unterlage Verantwortlichen und erweitert somit den Kreis der Haftenden. Hierin liegt die eigentliche Bedeutung des Bestätigungsschreibens nach Abs. 1 Satz 2. Die Haftung für die Finanzierungsbestätigung ist parallel der Haftung für die Angebotsunterlage geregelt (Abs. 3 i.V.m. § 12 Abs. 2 bis 6). Hinsichtlich des **Umfangs** des Schadensersatzanspruchs ist der geschädigte Aktionär der Zielgesellschaft so zu stellen, als hätte der Bieter ordnungsgemäß erfüllt. Die Haftung geht also auf das positive Interesse. Abs. 3 ordnet dabei an, dass auf den Anspruch nach Abs. 2 die für unrichtige Angaben in der Angebotsunterlage geltenden Vorschriften des § 12 Abs. 2 bis 6 entsprechend anzuwenden sind. An die Stelle der in § 12 erwähnten Angebotsunterlage tritt dabei die Finanzierungsbestätigung nach Abs. 1 Satz 2.[99]

86 Besondere Pflichten und damit vor allem eine Haftung des die Übernahme auf Bieterseite begleitenden Wertpapierdienstleistungsunternehmens gegenüber den Aktionären der Zielgesellschaft bestanden unter der Geltung des Übernahmekodexes mangels direkter vertraglicher Beziehungen allenfalls in Ausnahmefällen aus dem Gesichtspunkt des Vertrages mit Schutzwirkung für Dritte oder aus der von der Rechtsprechung zur culpa in contrahendo entwickelten Haftung von Sachwaltern ergeben.[100] Lediglich mit dem Bieterunternehmen besteht ein Geschäftsbesorgungsvertrag. Diesen unbefriedigenden Rechtszustand hat der Gesetzgeber nunmehr hinsichtlich der Finanzierungszusage beendet, indem er den Adressaten des Angebots in Abs. 2 einen eigenen und gemäß Abs. 3 i.V.m. § 12 Abs. 5 nicht abdingbaren gesetzlichen Schadensersatzanspruch gegen das Wertpapierdienstleistungsunterneh-

99 Zur Berechnung des Schadensersatzes sowie zum zeitlichen Auseinanderfallen der Abgabe der Bestätigung siehe *Thaeter/Barth* (Fn. 88), 547 f.

100 Vgl. *Assmann/Bozenhardt* (Fn. 14), 77 ff.; *Groß*, DB 1996, 1909, 1913 f.; *Schwark*, FS Stimpel, 1985, 1087, 1110.

men zuerkannt hat.[101] Allerdings ist es zulässig, im Innenverhältnis mit dem Bieter eine Haftungsfreistellung zu vereinbaren.[102] Ein eigenständiger (Auskunfts-) Vertrag soll durch das Bestätigungsschreiben nicht begründet werden, sodass es sich vorliegend um einen **gesetzlich geregelten Fall des Vertrages mit Schutzwirkung** handelt.

2. Tatbestandsvoraussetzungen

Das Angebot muss als Gegenleistung die Zahlung einer Geldleistung vorsehen und die Finanzierbarkeit muss von dem Wertpapierdienstleistungsunternehmen bestätigt worden sein. Besteht das Angebot in einer Sachleistung (Aktientausch), so fehlt es an einer Bestätigung des Wertpapierdienstleistungsunternehmens als Anknüpfungspunkt einer Haftung. Bei einem etwaigen Fehlverhalten des Wertpapierdienstleistungsunternehmens im Zusammenhang mit einem Tauschangebot sind die Aktionäre der Zielgesellschaft weiterhin auf die allgemeinen Rechtsbehelfe angewiesen. **Haftungsauslösender Tatbestand** ist unmittelbar nicht eine Pflichtverletzung des Wertpapierdienstleistungsunternehmens selbst, sondern des Bieters. Voraussetzung ist, dass der Bieter die nach Abs. 1 Satz 2 „notwendigen Maßnahmen“[103] nicht getroffen hat. Hierdurch („aus diesem Grunde“) dürfen dem Bieter die zur vollständigen Erfüllung des Angebots notwendigen Mittel im Zeitpunkt der Fälligkeit des Anspruchs auf die Gegenleistung nicht zur Verfügung stehen. Voraussetzung ist ein kausaler Zusammenhang zwischen Pflichtverletzung und Unvermögen des Bieters. Kein Kausalitätserfordernis besteht hingegen auf der Ebene des Wertpapierdienstleistungsunternehmens. Für dieses läuft die Haftung aus Abs. 2 zunächst auf eine **reine Erfolgshaftung** im Zeitpunkt der Fälligkeit der Leistung des Bieters hinaus. So kann es sich nicht darauf berufen, dass die „notwendigen Maßnahmen“ bei Testatserteilung getroffen waren und das Ausbleiben der Mittel im Zeitpunkt der Fälligkeit der Gegenleistung auf bei Testierung nicht absehbaren sonstigen Ereignissen beruhe. Dies liefe dem gesetzgeberischen Zweck der Finanzierungsbestätigung zuwider. Es besteht allerdings die Möglichkeit der **Exkulpation** nach Abs. 3 i. V. m § 12 Abs. 2.[104] Dem Adressaten des Angebots, der dieses angenommen hat, muss schließlich ein Vermö- 87

101 Zur abweichenden – indirekten – Lösung des österreichischen Rechts siehe oben, Rn. 10.

102 *Hamann*, ZIP 2001, 2249, 2254.

103 Siehe oben, Rn. 70 ff.

104 Dazu unten, Rn. 89.

gensschaden in Gestalt des ganzen oder teilweisen Ausfalls mit seiner Kaufpreisforderung gegen den Bieter oder eines Verzugsschadens entstanden sein.

3. Anspruchsinhalt

88 Bei Vorliegen der Anspruchsvoraussetzungen hat das Wertpapierdienstleistungsunternehmen demjenigen, der das Angebot angenommen hat, den diesem aus der nicht vollständigen Erfüllung entstandenen Schaden zu ersetzen. Der geschädigte Aktionär der Zielgesellschaft ist so zu stellen, als hätte der Bieter ordnungsgemäß erfüllt.[105] Bei Scheitern der Übernahme an unzureichender Finanzierung ist der Unterschiedsbetrag zwischen dem Angebotspreis und dem Börsenkurs nach Feststehen des Scheiterns zu erstatten. Das Wertpapierdienstleistungsunternehmen kann die zum Verkauf angemeldeten Aktien auch anstelle des Bieters erwerben, um einen drohenden Kurssturz und damit eine Erhöhung des Schadensersatzanspruchs zu vermeiden, was im wirtschaftlichen Ergebnis auf eine Put-Option des testierenden Wertpapierdienstleistungsunternehmens hinausläuft.[106] Parallel hierzu kann eine Haftung des nach § 12 Abs. 1 für die Fehlerhaftigkeit oder Unvollständigkeit Verantwortlichen auch bei unrichtigen oder unvollständigen Angaben hinsichtlich der Finanzierung des Angebots in Betracht kommen. In diesem Fall haften der nach § 12 Abs. 1 Verantwortliche und das Wertpapierdienstleistungsunternehmen als **Gesamtschuldner**.

4. Anspruchsausschluss

89 Die – erst nachträglich in den Regierungsentwurf aufgenommene – Verweisung auf § 12 Abs. 2 stellt klar, dass das Wertpapierdienstleistungsunternehmen nicht in Anspruch genommen werden kann, wenn es die **Unrichtigkeit des Bestätigungsschreibens nicht gekannt hat** und die **Unkenntnis nicht auf grober Fahrlässigkeit beruht**. Die Beweislast hierfür liegt allerdings beim Wertpapierdienstleistungsunternehmen als Anspruchsgegner (Beweislastumkehr).[107] Abs. 3 verweist des Weiteren auf die **Exkulpationsmöglichkeiten** des § 12 Abs. 3. Danach besteht ein Anspruch vor allem dann nicht, wenn die An-

---

105 Regierungsbegründung, BR-Drucks. 574/01, S. 107.

106 *Süßmann* (Fn. 48), Rn. 34.

107 Die Regierungsbegründung zu § 12, S. 103, verweist hier auf entsprechende Regelungen in §§ 46 Abs. 1 BörsenG, 20 Abs. 3 Satz 1 KAGG und 12 Abs. 3 Satz 1 AuslandsinvestmentG.

nahme des Angebots nicht auf Grund des Bestätigungsschreibens erfolgte (Abs. 3 i.V.m. § 12 Abs. 3 Nr. 1). Die **Beweislast** für das Fehlen der Kausalität zwischen der Veröffentlichung des Testats als Bestandteil der Angebotsunterlage obliegt ebenfalls dem Wertpapierdienstleistungsunternehmen. Nach Abs. 3 i.V.m. § 12 Abs. 3 Nr. 2 besteht kein Anspruch, wenn der das Angebot Annehmende die Unrichtigkeit des Testats positiv kannte. Grob fahrlässige Unkenntnis schadet nicht. Eine Berichtigung nach § 15 Abs. 3 WpHG oder eine vergleichbare Bekanntmachung vor Annahme des Angebots beseitigt auch die Haftung des Wertpapierdienstleistungsunternehmens (Abs. 3 i.V.m. § 12 Abs. 3 Nr. 3).

5. Verjährung

Wie der Anspruch gegen die für eine unrichtige oder unvollständige 90
Angebotsunterlage Verantwortlichen nach § 12 Abs. 1 verjährt der Schadensersatzanspruch gemäß Abs. 2 in einem Jahr seit dem Zeitpunkt, zu dem derjenige, der das Angebot angenommen hat, Kenntnis von der Unrichtigkeit des Bestätigungsschreibens erlangt hat, spätestens jedoch in drei Jahren seit Veröffentlichung des Testats (Abs. 3 i.V.m. § 12 Abs. 4).

6. Sonstige Ansprüche

Durch Verweisung auf § 12 Abs. 6 stellt Abs. 3 klar, dass etwaige 91
sonstige Ansprüche, die gegen das Wertpapierdienstleistungsunternehmen nach den Vorschriften des Bürgerlichen Rechts auf Grund – allerdings kaum vorstellbarer – vertraglicher Sonderverbindungen oder vorsätzliche unerlaubte Handlungen erhoben werden können, unberührt bleiben. Sonstige Ansprüche – etwa aus fahrlässiger unerlaubter Handlung – sind hingegen ausgeschlossen. Die Vorschrift ist insoweit als abschließend anzusehen.

7. Gerichtliche Zuständigkeit

Nachdem der Diskussionsentwurf des Gesetzes eine zentrale aus- 92
schließliche Zuständigkeit des Landgerichtes am Sitz des Bundesaufsichtsamtes vorgesehen hatte, gilt nunmehr die allgemeine Zuständigkeitsregelung des § 67.

§ 14 Übermittlung und Veröffentlichung der Angebotsunterlage

(1) Der Bieter hat die Angebotsunterlage innerhalb von vier Wochen nach der Veröffentlichung der Entscheidung zur Abgabe eines Angebots dem Bundesaufsichtsamt zu übermitteln. Das Bundesaufsichtsamt bestätigt dem Bieter den Tag des Eingangs der Angebotsunterlage. Das Bundesaufsichtsamt kann die Frist nach Satz 1 auf Antrag um bis zu vier Wochen verlängern, wenn dem Bieter die Einhaltung der Frist nach Satz 1 auf Grund eines grenzüberschreitenden Angebots oder erforderlicher Kapitalmaßnahmen nicht möglich ist.

(2) Die Angebotsunterlage ist gemäß Absatz 3 Satz 1 unverzüglich zu veröffentlichen, wenn das Bundesaufsichtsamt die Veröffentlichung gestattet hat oder wenn seit dem Eingang der Angebotsunterlage zehn Werktage verstrichen sind, ohne daß das Bundesaufsichtsamt das Angebot untersagt hat. Vor der Veröffentlichung nach Satz 1 darf die Angebotsunterlage nicht bekannt gegeben werden. Das Bundesaufsichtsamt kann vor einer Untersagung des Angebots die Frist nach Satz 1 um bis zu fünf Werktage verlängern, wenn die Angebotsunterlage nicht vollständig ist oder sonst den Vorschriften dieses Gesetzes oder einer auf Grund dieses Gesetzes erlassenen Rechtsverordnung nicht entspricht.

(3) Die Angebotsunterlage ist zu veröffentlichen durch

1. **Bekanntgabe im Internet und**
2. **Abdruck in einem überregionalen Börsenpflichtblatt oder durch Bereithalten zur kostenlosen Ausgabe bei einer geeigneten Stelle im Inland; im letzteren Fall ist in einem überregionalen Börsenpflichtblatt bekannt zu machen, bei welcher Stelle die Angebotsunterlage bereit gehalten wird.**

Der Bieter hat dem Bundesaufsichtsamt unverzüglich einen Beleg über die Veröffentlichung nach Satz 1 Nr. 2 zu übersenden.

(4) Der Bieter hat die Angebotsunterlage dem Vorstand der Zielgesellschaft unverzüglich nach der Veröffentlichung nach Absatz 3 Satz 1 zu übermitteln. Der Vorstand der Zielgesellschaft hat die Angebotsunterlage unverzüglich dem zuständigen Betriebsrat oder, sofern ein solcher nicht besteht, unmittelbar den Arbeitnehmern zu übermitteln.

Literatur: *Bundesverband der deutschen Industrie, Deutscher Industrie- und Handelstag, Bundesvereinigung der deutschen Arbeitgeberverbände*, Stellungnahme zum Referentenentwurf für ein Wertpapiererwerbs- und Übernahmegesetz – WÜG, 30.3.2001 (BDI/DIHT/BDA-Stellungnahme (März 2001)); Vorläufige Stellungnahme zum Diskussionsentwurf für ein deutsches Übernahmegesetz des gemeinsamen Arbeitsausschusses des *Bundesverbands der Deutschen Industrie, des Deutschen Industrie- und Handelstages, der Bundesvereinigung der Deutschen Arbeitgeberverbände und des Gesamtverbandes der Deutschen Versicherungswirtschaft* für Fragen des Unternehmensrechts vom 24.7.2000 (BDI/DIHT/BDA/GdDV-Stellungnahme (Juli 2000)); *Deutscher Anwaltverein e.V.,* Stellungnahme zum Referentenentwurf des Bundesministeriums der Finanzen für ein Gesetz zur Regelung von öffentlichen Angeboten zum Erwerb von Wertpapieren und von Unternehmensübernahmen (WÜG) (April 2001) (DAV-Stellungnahme (April 2001)); *Land/Hasselbach,* Das neue deutsche Übernahmegesetz, DB 2000, 1747; *Liebscher,* Das Übernahmeverfahren nach dem neuen Übernahmegesetz, ZIP 2001, 853; *Pötzsch/Möller*, Das künftige Übernahmerecht – Der Diskussionsentwurf des Bundesministeriums der Finanzen zu einem Gesetz zur Regelung von Unternehmensübernahmen und der gemeinsame Standpunkt des Rates zur europäischen Übernahmerichtlinie, WM 2000, Sonderbeilage Nr. 2; *Thaeter/Barth,* Referentenentwurf eines Wertpapiererwerbs- und Übernahmegesetzes, NZG 2001, 545; *Zinser*, Der Referentenentwurf eines „Gesetzes zur Regelung von öffentlichen Angeboten zum Erwerb von Wertpapieren und von Unternehmensübernahmen“ vom 12.3.2001, NZG 2001, 391.

Übersicht

I. Allgemeines

1. Überblick und Gesetzeszweck

1 Die Vorschrift des § 14 regelt das weitere Verfahren im Hinblick auf die Angebotsunterlage nach der Ankündigung des Angebots gemäß § 10. Dieses Verfahren vollzieht sich gemäß § 14 in **vier Stufen**:

- Übermittlung der Angebotsunterlage an das BAWe
- Prüfung durch das BAWe
- Veröffentlichung der Angebotsunterlage
- Übermittlung an Vorstand bzw. Arbeitnehmer(vertreter) der Zielgesellschaft.

2 Die Regelung soll einerseits einen festen Zeitrahmen für die Erstellung der Angebotsunterlage schaffen. Dieses resultiert insbesondere aus dem Umstand, dass – jedenfalls bei Übernahmeangeboten – der eingeschränkte Handlungsrahmen des Vorstands und Aufsichtsrats gemäß § 33 bereits mit der Veröffentlichung nach § 10 zu wirken beginnt und dieser Zeitraum nicht länger als erforderlich ausgedehnt wird. Außerdem enthält § 14 Regelungen für die Prüfungsphase durch das BAWe, welches aufgrund der Untersagungsmöglichkeiten gemäß § 15 eine zentrale Rolle bei der Erstellung der Angebotsunterlage einnimmt. Schließlich bestimmt § 14 die Medien zur Veröffentlichung der Angebotsunterlage und schreibt eine Information an Vorstand und Arbeitnehmer(vertreter) der Zielgesellschaft vor.

2. Anwendungsbereich

3 Die Vorschrift des § 14 gilt für sowohl für **Erwerbs- und Übernahme-** als auch für **Pflichtangebote**. Für letztere gilt aber gemäß § 39 nicht die Regelung des § 14 Abs. 1 Satz 1.

3. Übernahmekodex

4 Art. 5 ÜK forderte die **unverzügliche Veröffentlichung** des Angebots nach Unterrichtung der Zielgesellschaft, Börsen, BAWe und Geschäftsstelle der Übernahmekommission. Eine Frist zwischen Absichtsbekanntmachung und Veröffentlichung des Übernahmeangebots war hingegen nicht bestimmt. Allerdings interpretierte die Übernahmekommission seit Mitte des Jahres 2000 das Erfordernis der unverzüglichen Veröffentlichung dahingehend, dass die Frist zwischen Bekanntgabe der Absicht und der Veröffentlichung des definitiven Ange-

bots im Regelfall 28 Kalendertage nicht überschreiten darf.[1] Darüber hinaus behielt sich die Übernahmekommission vor, bei über Wochen hinweg umlaufenden Gerüchten den potentiellen Bieter zu einer klaren Stellungnahme aufzufordern.

II. Rechtsvergleichung

1. Österreich

Das österreichische Übernahmegesetz verlangt von dem Bieter innerhalb von zehn Börsetagen, nachdem er die Absicht, ein Angebot abzugeben, bekannt gemacht hat, die **Anzeige des Angebots** bei der Übernahmekommission unter **Vorlage der Angebotsunterlage** sowie des nach § 9 öÜbG erforderlichen **Prüfungsberichts eines Sachverständigen**. Eine Verlängerung der Frist ist möglich, wobei das Gesetz keine Begrenzung vorgibt.[2] Ausländische Bieter müssen ferner mit der Anzeige einen **Zustellungsbevollmächtigten** namhaft machen.[3] Die Übernahmekommission kann zu der Angebotsunterlage Stellung nehmen, deren Gesetzwidrigkeit feststellen sowie ihre Veröffentlichung und die Durchführung des Angebots untersagen.[4] Erfolgt eine Untersagung des Angebots nicht, kann der Bieter das Angebot frühestens am zwölften Tag und muss es spätestens am fünfzehnten Tag nach der Anzeige veröffentlichen. Die **Veröffentlichung** erfolgt entweder durch vollständigen Abdruck in einer landesweiten Zeitung oder in Form einer Broschüre, die am Sitz der Gesellschaft und des als Zahlstelle fungierenden Kreditinstituts kostenlos zur Verfügung gestellt wird. Bei der zweiten Variante muss im Amtsblatt zur Wiener Zeitung veröffentlicht werden, wo die Broschüre zu erhalten ist.[5] Schließlich ist der Bieter verpflichtet, vor der Veröffentlichung den **Vorstand und den Aufsichtsratsvorsitzenden der Zielgesellschaft** durch Übermittlung der Angebotsunterlage und des Prüfungsberichts zu informieren. Den Vorstand der Zielgesellschaft trifft eine entsprechende Informationspflicht gegenüber dem **Betriebsrat**.[6] 5

1 Vgl. Bericht zur Pressekonferenz der Übernahmekommission vom 13.6.2000.
2 § 11 Abs. 1 öÜbG.
3 § 10 Abs. 2 öÜbG.
4 § 10 Abs. 3 öÜbG.
5 § 11 Abs. 1 öÜbG i.V.m. § 78 Abs. 1 S. 1 und 2 öBörseG.
6 § 11 Abs. 2 und 3 öÜbG.

2. Schweiz

6 Nach dem sBEHG ist der Bieter vor der Veröffentlichung des Angebots zunächst zu dessen **Vorlage** bei einer von der Aufsichtsbehörde anerkannten Revisionsstelle oder einem Effektenhändler verpflichtet.[7] Diese Prüfstelle kontrolliert vor der Veröffentlichung des **Angebotsprospekts** dessen Vereinbarkeit mit den gesetzlichen Vorschriften und erstellt einen kurzen **Bericht**, der mit dem Angebotsprospekt veröffentlicht werden muss.[8] Der Bieter muss das Angebotsprospekt und ggf. dessen Zusammenfassung spätestens am Tag der **Veröffentlichung** der Übernahmekommission zuleiten.[9] Das Angebot wird veröffentlicht, indem eine Zusammenfassung des Prospekts in zwei oder mehreren Zeitungen in deutscher und französischer Sprache abgedruckt und einem elektronischen Börseninformationssystem zugestellt wird. Hierbei ist jeweils auf den vollständigen Angebotsprospekt, der ab der Veröffentlichung kostenlos zur Verfügung gestellt werden muss, zu verweisen.[10]

3. Vereinigtes Königreich

7 Da nach dem London City Code bereits die feste Absicht der Angebotsabgabe umfangreiche Informationspflichten auslösen kann,[11] ist die Veröffentlichung der eigentlichen Angebotsunterlagen weniger umfangreich geregelt. Rule 30.1 London City Code schreibt lediglich vor, dass das Angebot innerhalb von 28 Tagen nach der Ankündigung des Angebots tatsächlich abgegeben werden muss.

4. EU-Richtlinie

8 Der Regelungsgehalt des § 14 entspricht den Anforderungen des Art. 6 Abs. 2 des gescheiterten Entwurfs einer EU-Richtlinie. Hiernach sollten die Mitgliedstaaten Vorschriften erlassen, nach denen der Bieter zur **Erstellung einer Angebotsunterlage** sowie deren **rechtzeitiger Veröffentlichung** verpflichtet wäre. Dem Bieter sollte die Pflicht auferlegt werden, die Angebotsunterlage vor der Bekanntmachung dem Aufsichtsorgan zu übermitteln.[12] Eine der Regelung des § 14 Abs. 4 S. 2 entsprechende Verpflichtung der Verwaltung der Ziel-

---

7 Art. 25 Abs. 1 sBEHG.

8 Art. 26 sUEV-UEK.

9 Art. 17 Abs. 2 sUEV-UEK.

10 Art. 18 sUEV-UEK.

11 Vgl. insoweit die Darstellung bei § 10 Rn. 9 f.

12 Art. 6 Abs. 2 S. 2 E-ÜbernahmeRL.

gesellschaft, die Angebotsunterlage an die Arbeitnehmervertretung bzw. an die Arbeitnehmer zu übermitteln, war ebenfalls vorgesehen.[13] Der E-ÜbernahmeRL stellte schließlich klar, dass die Billigung der Angebotsunterlage durch die Aufsichtsbehörde eines Mitgliedstaates grundsätzlich auch die Aufsichtsbehörden anderer Mitgliedstaaten binden sollte.[14] Hinsichtlich der Art und Weise der Veröffentlichung enthielt der E-ÜbernahmeRL nur allgemeine Regelungen, nach denen sichergestellt sein sollte, dass die Informationen in allen Mitgliedstaaten, in denen die Wertpapiere der Zielgesellschaft an einem geregelten Markt zugelassen sind, für Wertpapierinhaber und Arbeitnehmer zugänglich sind.[15]

III. Übermittlung an das BAWe (§ 14 Abs. 1)

Nach der Veröffentlichung gemäß § 10 hat der Bieter einen Zeitraum von vier Wochen zur Vorbereitung der Angebotsunterlage gemäß §§ 11 ff. Innerhalb von vier Wochen nach der Veröffentlichung hat der Bieter dem BAWe die Angebotsunterlage schriftlich[16] zu übermitteln. Das Bundesaufsichtsamt kann diese vierwöchige Frist um bis zu vier weitere Wochen verlängern, wenn dem Bieter die Einhaltung der Frist nach Abs. 1 Satz 1 auf Grund eines grenzüberschreitenden Angebots oder auf Grund erforderlicher Kapitalmaßnahmen nicht möglich ist und der Bieter einen dementsprechenden Antrag beim Bundesaufsichtsamt gestellt hat (§ 14 Abs. 1 Satz 3). **9**

Bei **grenzüberschreitenden Angeboten** muss der Bieter u. U. andere, d. h. längere Fristen als nach dem WpÜG beachten oder aber entsprechende Vorbereitungen können innerhalb der Vier-Wochen-Frist nicht zum Abschluss gebracht werden. So können insbesondere die Abstimmung mit ausländischen Behörden, etwa der amerikanischen Securities and Exchange Commission, und die Anpassung des Angebots an vom deutschen Recht abweichende nationale Bestimmungen zeitintensive Verhandlungen mit sich bringen.[17] U. U. kann die Erstellung einer **10**

---

13 Art. 6 Abs. 2 S. 3 E-ÜbernahmeRL.

14 Art. 6 Abs. 2 S. 5 E-ÜbernahmeRL.

15 Art. 8 Abs. 2 E-ÜbernahmeRL.

16 Zur Übersendung in elektronischer Form gemäß § 126 a Abs. 1 BGB vgl. *Geibel*, in: Geibel/Süßmann, § 14 WpÜG Rn. 5, der die Übermittlung in elektronischer Form unter Verweis auf § 126 Abs. 3 BGB für ausreichend hält.

17 Vgl. *Riehmer/Schröder*, NZG 2000, 820, 820 f., mit Informationen zur insoweit einschlägigen Vodafone/Mannesmann-Transaktion.

eigenständigen Angebotsdokumentation für die ausländischen Aktionäre erforderlich werden. In solchen Fällen kann die Einhaltung der Vier-Wochen-Frist des Abs. 1 Satz 1 problematisch werden, sodass das BAWe auf Antrag des Bieters die Frist des Abs. 1 Satz 1 um bis zu vier weitere Wochen verlängern kann.

11 Auch wenn dem Bieter auf Grund **erforderlicher Kapitalmaßnahmen** die Einhaltung der vierwöchigen Frist des Abs. 1 Satz 1 nicht möglich ist, besteht die Möglichkeit einer Fristverlängerung. Ein solcher Fall kann insbesondere bei einem Umtauschangebot eintreten. Will der Bieter Wertpapiere als Gegenleistung anbieten, so kann er u. U. eine längere Frist benötigen, um den zur Ausgabe der Aktien notwendigen Kapitalerhöhungsbeschluss der Hauptversammlung herbeizuführen.[18] Ein solcher Beschluss der Hauptversammlung ist insbesondere dann erforderlich, wenn der Erwerb des Zielunternehmens unter Ausnutzung eines genehmigten Kapitals nicht möglich ist, weil eine Ermächtigung des Vorstands zur Ausnutzung genehmigten Kapitals durch die Hauptversammlung nicht oder zumindest nicht in Höhe des zum Kauf des Unternehmens erforderlichen Betrags vorliegt. Die dann zum Erwerb des Zielunternehmens gegen eigene Aktien erforderliche reguläre Kapitalerhöhung[19] ist mit einem hohen Zeitaufwand verbunden, der die Einhaltung der Frist des Abs. 1 Satz 1 unmöglich machen kann.

1. Fristbeginn

12 Die Vorlagefrist beträgt vier Wochen (§ 14 Abs. 1 Satz 1). Die Vorlage muss innerhalb von vier Wochen nach der Veröffentlichung der Entscheidung erfolgen. Der Fristbeginn richtet sich nach der Veröffentlichung, wobei das **Erscheinungsdatum maßgeblich** ist. Dieses ist bei einer Veröffentlichung gemäß § 10 Abs. 3 Nr. 1 in einem überregionalen Börsenpflichtblatt anhand des Erscheinungsdatums dieser Zeitung zu ermitteln. Auch bei einer Veröffentlichung gemäß § 10 Abs. 3 Nr. 2 über ein elektronisch betriebenes Informationsverbreitungssystem sind Datum und Uhrzeit der Veröffentlichung einfach zu ermitteln. Ist die Veröffentlichung nach § 10 Abs. 3 in mehr als einem Börsenpflichtblatt oder in einem Börsenpflichtblatt und über das elektronisch betriebene Informationsverbreitungssystem gemäß § 10 Abs. 3 Nr. 3 vorgenom-

---

18 S. Beschlussempfehlung und Bericht des Finanzausschusses vom 14. 11. 2001, BT-Drucks. 14/7477, S. 22.

19 Hierzu Kommentierung zu § 13 Rn. 20 ff.

men worden, ist für den Fristbeginn die frühere Veröffentlichung ausreichend, die die Anforderungen des § 10 Abs. 3 erfüllt.

2. Fristberechnung

Maßgeblich für die Fristberechnung sind §§ 187 Abs. 1, 188 Abs. 2 BGB. Erfolgte die Veröffentlichung gemäß § 10 z.B. an einem Montag, den 6. August, hat die Vorlage an das BAWe spätestens am Montag, den 3. September 24 Uhr zu erfolgen. Ist der letzte Vorlagetag am Sitz des BAWe ein staatlich anerkannter allgemeiner Feiertag, hat die Vorlage spätestens am nächsten Werktag, also am Dienstag den 4. September zu erfolgen. Erfolgte die Veröffentlichung gemäß § 10 Abs. 3 an einem Sonnabend, gilt ebenfalls § 193 BGB. Erfolgte die Veröffentlichung bspw. am Sonnabend, den 4. August, hat die Vorlage spätestens am Montag, den 4. September zu erfolgen, wenn dieser Tag kein staatlich anerkannter Feiertag ist. Durch eine Veröffentlichung gemäß § 10 Abs. 3 an einem Sonnabend kann daher eine um zwei Tage längere Frist für die Vorlage nach § 14 Abs. 1 erreicht werden, als wenn die Veröffentlichung gemäß § 10 Abs. 3 an einem normalen Werktag stattfindet. Für die Fristberechnung werden sicherlich noch Bekanntmachungen des BAWe erfolgen. 13

3. Folgen der Fristversäumnis

Wird die Frist des § 14 Abs. 1 S. 1 nicht eingehalten, muss das BAWe das Angebot nach § 15 Abs. 1 Nr. 3 untersagen. Ein Ermessen steht der Behörde in diesem Fall nicht zu. Die **Untersagung des Angebots** nach § 15 Abs. 1 Nr. 3 hat zur Folge, dass der Bieter gemäß § 26 Abs. 1 S. 1 für die Dauer eines Jahres kein weiteres Angebot abgeben darf. Es steht außer Frage, dass diese Sanktion zumindest bei reinen Erwerbsangeboten unverhältnismäßig sein dürfte. 14

4. Bestätigung des BAWe

Gemäß § 14 Abs. 1 Satz 2 bestätigt das BAWe dem Bieter den Tag des Eingangs der Angebotsunterlage. Dies dient zunächst der **Beweisführung** zur Einhaltung der Fristen vor dem Hintergrund der Untersagungsmöglichkeit bei Nichteinhaltung der Frist gemäß § 15 Abs. 1 Nr. 3. Außerdem wird es dadurch dem Bieter ermöglicht, die Prüfungsfrist von 10 Werktagen gemäß § 14 Abs. 2 zu berechnen. Falls dem BAWe Entwurfsfassungen der Angebotsunterlage übersendet werden, sollte dies ausdrücklich gekennzeichnet werden. Andernfalls 15 würde das BAWe die Vorlagefrist auch bei Nichtausschöpfung der Vierwochenfrist möglicherweise als abgelaufen betrachten, und der Prüfungszeitraum gemäß § 14 Abs. 2 (zehn Werktage, max. 15) würde beginnen.

IV. Prüfung durch das BAWe

16 An die Vorbereitungsfrist zur Erstellung der Angebotsunterlage knüpft sich eine **Prüfungsfrist** für das BAWe an. Idealvorstellung nach dem WpÜG ist, dass die Angebotsunterlage in ihrer finalen Fassung vorgelegt und daraufhin vom BAWe beurteilt wird. In der Praxis dürfte sich jedoch ein informeller Abstimmungsprozess ergeben, der bereits vor Fertigstellung der finalen Fassung der Angebotsunterlage beginnt und dem BAWe damit auch Gelegenheit gibt, bereits früher die Prüfungsarbeiten aufzunehmen. Das BAWe hat in diesem Zusammenhang auch Hinweise und Aufklärung über Regelungen des WpÜG zu geben.

1. Umfang der Prüfung

17 Das BAWe prüft die Angebotsunterlage daraufhin, ob die **erforderlichen Angaben** gemäß §§ 11 ff. in Verbindung mit der RVO zum WpÜG aufgenommen wurden.[20] Außerdem prüft das BAWe, ob im Zusammenhang mit der Fassung der Angebotsunterlage ein **Verstoß gegen Regelungen des WpÜG** vorliegt.[21] Ein solcher Verstoß kann z. B. darin bestehen, dass entgegen der Regelung des § 17 eine öffentliche Aufforderung zur Abgabe von Angeboten (invitatio ad offerendum) oder eine unzulässige Bedingung bzw. ein Rücktritts- oder Widerrufsvorbehalt gemäß § 18 oder ein unzulässiges Teilangebot nach § 19 vorliegt. Außerdem prüft das BAWe die Angemessenheit der Gegenleistung gemäß § 31 in Verbindung mit §§ 3 ff. AngebotsVO.

18 Das BAWe prüft die in der Angebotsunterlage enthaltenen Informationen nicht auf Richtigkeit.[22] Allerdings hat das BAWe gemäß § 4 Abs. 1 Satz 2 Missständen entgegenzuwirken, welche die ordnungsgemäße Durchführung des Angebotsverfahrens beeinträchtigen oder erhebliche Nachteile für den Wertpapiermarkt bewirken können. Daraus

20 Vgl. bereits zu § 17 DiskE-ÜG: *Pötzsch/Möller*, WM Sonderbeil. Nr. 2 zu Heft 31/2000, 1, 16; zu § 14 RefE-ÜG: *Liebscher*, ZIP 2001, 853, 861.

21 Regierungsbegründung, BR-Drucks. 574/01, S. 108.

22 Vgl. zur Parallelregelung in § 8 a VerkProspG *Lenz,* in: Assmann/Lenz/Ritz, VerkProspG-Kommentar, 2001, § 8 a Rn. 5 m. w. N.

ergibt sich, dass das BAWe im Rahmen seiner Prüfung der Angebotsunterlage eine **Plausibilitätskontrolle** durchführen muss.[23] Enthält die Angebotsunterlage bspw. widersprüchliche Informationen oder offensichtlich fehlerhafte Darstellungen, sind auch diesbezüglich Anordnungen des BAWe zu treffen, um diese Missstände zu beseitigen.[24] Eine Gewähr für die Richtigkeit von Informationen übernimmt das BAWe nicht. Nach § 4 Abs. 2 nimmt das BAWe die ihm nach dem WpÜG zugewiesenen Aufgaben und Befugnisse darüber hinaus nur im öffentlichen Interesse wahr.

2. Prüfungsfrist: grds. 10 Werktage

Die Prüfungsfrist des BAWe gemäß § 14 Abs. 2 Satz 1 beläuft sich grundsätzlich auf zehn Werktage, maximal 15 Werktage. Die Frist beginnt nicht bereits an dem Tag, an dem die Bestätigung des BAWe gemäß § 14 Abs. 1 S. 2 eingeht, sondern am darauf folgenden Werktag.[25] Der Sonnabend gilt als Werktag und ist deshalb in die Fristberechnung einzubeziehen. In einer Bekanntmachung des BAWe zu § 8 a Verkaufsprospektgesetz, der einen ähnlichen Regelungsgegenstand wie § 14 Abs. 2 betrifft, hat das BAWe bestätigt, dass der Sonnabend ein Werktag ist und daher bei der Frist von zehn Werktagen mitzurechnen sei.[26] Falle das Ende der Frist von zehn Werktagen auf einen Sonnabend, so ende die Frist mit Ablauf dieses Sonnabends und eine Verschiebung des Fristablaufs auf den darauf folgenden Werktag finde nicht statt.[27] Außerdem werden bei der Fristberechnung nach § 8 a Abs. 1 Verkaufsprospektgesetz nur bundeseinheitlich festgelegte Feiertage berücksichtigt. Das Fristende könne nicht auf einen solchen Sonn- oder Feiertag fallen.[28] Es ist davon auszugehen, dass das BAWe zu § 14 Abs. 2 eine entsprechende Bekanntmachung veröffentlichen wird. 19

3. Konsequenzen der Prüfung durch das BAWe

a) Das BAWe **reagiert** innerhalb der 10 Werktage **nicht**: Die Angebotsunterlage kann und muss unverzüglich veröffentlicht werden. 20

---

23 Vgl. bereits zu § 14 RefE-ÜG: *Thaeter/Barth*, NZG 2001, 545, 547.
24 Vgl. bereits zu § 14 RefE-ÜG: *Liebscher* (Fn. 16), 861.
25 So auch *Lenz,* in: Assmann/Lenz/Ritz (Fn. 18), § 8 a Rn. 17.
26 *BAWe*, Bekanntmachung vom 6.9.1999, Nr. VII.1.
27 Zweifelnd: *Land/Hasselbach* DB 2000, 1747, 1749 Fn. 26 zu § 17 DiskE-ÜG.
28 So auch *Lenz,* in: Assmann/Lenz/Ritz (Fn. 18), § 8 a Rn. 16.

21 b) Das BAWe stellt **Unvollständigkeit der Angebotsunterlage bzw. Verstöße gegen WpÜG/RVO** fest: Das BAWe kann die Angebotsfrist um bis zu 5 Werktage verlängern. Die Verlängerung steht im Ermessen des BAWe. Eine Verlängerung dürfte dann nicht in Frage kommen, wenn eine Behebung der Mängel auch innerhalb der weiteren Frist von 5 Werktagen nicht möglich ist. Demgegenüber wäre eine sofortige Untersagung nach Ablauf der Frist von 10 Werktagen dann unverhältnismäßig, wenn eine Heilung bzw. Behebung innerhalb der Verlängerungsphase möglich ist.[29] In einem solchen Fall ist daher von einer Ermessensreduzierung und damit von einem Anspruch auf Verlängerung der Prüfungsfrist auszugehen.

22 c) Das BAWe **gestattet die Veröffentlichung** innerhalb der (ggfs. verlängerten) Prüfungsfrist: Die Angebotsunterlage ist unverzüglich zu veröffentlichen.

23 d) Das BAWe **untersagt das Angebot** nach § 15: Der Bieter darf nach § 26 Abs. 1 S. 1 für ein Jahr kein neues Angebot abgeben.

V. Veröffentlichung der Angebotsunterlage

24 Die Veröffentlichung des Angebots muss **unverzüglich** erfolgen. Unverzüglich bedeutet nach § 121 Abs. 1 S. 1 BGB ohne schuldhafte Verzögerung. Da das WpÜG die rasche Durchführung öffentlicher Übernahmeverfahren sicherstellen will[30] und eine Hinzuziehung externer Berater selbst für die technische Seite der Veröffentlichung jedenfalls regelmäßig nicht erforderlich sein wird,[31] sind hier **enge Maßstäbe** anzusetzen. Demnach muss die Veröffentlichung grundsätzlich sofort nach Ablauf der 10-Tages-Frist bzw. nach Erhalt der Genehmigung durch das BAWe eingeleitet werden.[32] Unter Berücksichtigung eventueller Vorlaufzeiten für die redaktionelle Bearbeitung und die Drucklegung im Rahmen der Publizität nach § 14 Abs. 3 Nr. 2 sollte die Veröffentlichung maximal **zwei bis drei Tage** nach den genannten Zeitpunkten vollzogen sein. In Ausnahmefällen kann auch eine spätere Veröffentlichung zulässig sein.

---

29 Regierungsbegründung, BR-Drucks. 574/01, S. 108 f.

30 Regierungsbegründung, BR-Drucks. 574/01, S. 67.

31 Hierauf stellt z. B. das BAWe im Hinblick auf die Ad hoc-Publizität nach § 15 WpHG ab: *BAWe,* Leitfaden zu § 15 WpHG, S. 44.

32 Vgl. insoweit *Geibel,* in: Schäfer, WpHG, BörsG, VerkProspG-Kommentar, 1999, § 15 Rn. 54 zur Veröffentlichungspflicht nach § 15 WpHG.

Die Vorschrift des § 14 Abs. 3 regelt die Veröffentlichungspflichten in effizienter Weise. Die Bekanntgabe im Internet und die Hinweisbekanntmachung auf die Schalterpublizität ermöglichen eine kostengünstige Veröffentlichung. Es ist davon auszugehen, dass der bisher regelmäßig erfolgte vollständige Abdruck in einer überregionalen Tageszeitung in der Zukunft die Ausnahme darstellen wird. Dies führt auch dazu, dass teils mehrtägige Vorlaufzeiten vor der Drucklegung entfallen. 25

1. Bekanntgabe im Internet

Gemäß § 14 Abs. 3 Nr. 1 erfolgt die Veröffentlichung der Angebotsunterlage zunächst über eine Bekanntgabe im Internet.[33] Der Bieter kann die Angebotsunterlage in seine Website einstellen.[34] Hierbei sollte grundsätzlich die Einstellung in diejenige Website erfolgen, die im Rahmen der Ankündigung gemäß § 10 Abs. 3 Satz 2 bezeichnet wurde. Eine Abweichung, d. h. die Einstellung der Angebotsunterlage in eine andere Website als die gemäß § 10 Abs. 3 Satz 2 bezeichnete führt jedoch nicht zu Sanktionen gemäß WpÜG. 26

2. Abdruck/Bereithalten

Gemäß § 14 Abs. 3 Nr. 2 ist die Angebotsunterlage darüber hinaus entweder in einem überregionalen Börsenpflichtblatt abzudrucken (sog. **Zeitungspublizität**) oder bei einer geeigneten Stelle im Inland zur kostenlosen Ausgabe bereitzuhalten (sog. **Schalterpublizität**). Im letzteren Fall ist wie auch nach § 36 Abs. 4 Nr. 2 BörsG bzw. § 9 Abs. 2 Nr. 2 VerkProspG eine Hinweisbekanntmachung in einem überregionalen Börsenpflichtblatt zu veröffentlichen und zu informieren, bei welcher Stelle die Angebotsunterlage bereitgehalten wird. 27

3. Information des BAWe

Gemäß § 14 Abs. 3 Satz 2 hat der Bieter dem BAWe unverzüglich einen Beleg über die Veröffentlichung nach § 14 Abs. 3 Satz 1 Nr. 2 zu übersenden. Hierdurch wird es dem BAWe ermöglicht, die Einhaltung der Veröffentlichungspflichten zu überprüfen. Für den Beleg genügt es, dass im Falle der Zeitungspublizität eine Ausgabe des jeweili- 28

---

33 Zur Veröffentlichung im Internet vgl. auch *DAV*-Stellungnahme (April 2001), § 14; *Zinser*, NZG 2001, 391, 394.

34 Der Gesetzgeber hält eine Veröffentlichung auf der Website des Bieters für zweckmäßig: Regierungsbegründung, BR-Drucks. 574/01, S. 109.

gen Börsenpflichtblatts beigefügt wird. Im Falle der Schalterpublizität genügt eine Übersendung des Börsenpflichtblatts mit der Hinweisbekanntmachung. Die Übersendung eines Exemplars der Angebotsunterlage im Falle der Schalterpublizität ist nicht gesetzlich vorgeschrieben, bietet sich aber aus praktischen Gründen an.

4. Unterrichtung durch die Depotbanken

29 Gemäß Ziff. 16 der Sonderbedingungen für Wertpapiergeschäfte sind die Depotbanken verpflichtet, Informationen über Kauf- und Umtauschangebote an ihre Kunden weiterzuleiten, soweit sich die Informationen auf die Rechtsposition des Kunden erheblich auswirken können und die Benachrichtigung zur Wahrung der Interessen der jeweiligen Depotkunden erforderlich ist. Diese Verpflichtung zur Weiterleitung von Informationen an die Depotkunden bezieht sich auf Daten, die der Depotbank vom Bieter direkt zugeleitet werden und natürlich insbesondere auf die über das System der **„Wertpapier-Mitteilungen"** übermittelten Informationen. Dass die Depotbanken als Auftragnehmer ihren Kunden auch verpflichtet sind, die für die Beurteilung der rechtlichen Position und die Ausübung der Rechte des jeweiligen Depotkunden erforderlichen Informationen an diese weiterzuleiten, ergibt sich auch aus § 666 BGB. Sowohl gemäß Ziff. 16 der Sonderbedingungen für Wertpapiergeschäfte als auch nach § 666 BGB sind die Depotbanken zur vollständigen Weiterleitung der ihnen zugegangenen Angebotsunterlagen verpflichtet.[35]

VI. Übermittlung an Zielgesellschaft

30 Gemäß § 14 Abs. 4 hat der Bieter die Angebotsunterlage dem **Vorstand** der Zielgesellschaft unverzüglich nach der Veröffentlichung gemäß § 14 Abs. 3 Satz 1 zu übermitteln. Hierdurch soll der Vorstand unmittelbar über das Angebot informiert werden. Der Vorstand wird dadurch in die Lage versetzt, die Stellungnahme gemäß § 27 abzugeben und ggf. Maßnahmen gemäß § 33 zu prüfen. Der Aufsichtsrat ist nicht vom Bieter zu informieren. Dessen Unterrichtung erfolgt nach den allgemeinen Vorschriften durch den Vorstand (§ 90 AktG).

31 Außerdem hat der Vorstand gemäß § 14 Abs. 4 die Angebotsunterlage unverzüglich dem zuständigen **Betriebsrat** oder, bei Nichtbestehen

35 Vgl. ausführlich *Riehmer/Schröder*, BB 2001, Beilage 5, S. 8.

eines solchen, unmittelbar den Arbeitnehmern zu übermitteln.[36] Da die Angebotsunterlage nach § 11 Abs. 2 Angaben über die Absichten des Bieters im Hinblick auf Arbeitnehmer und deren Vertretungen enthalten muss, werden auf diese Weise der Betriebsrat bzw. die Arbeitnehmer in die Lage versetzt, die Stellungnahme gemäß § 27 Abs. 2 vorzubereiten.[37] Die Übermittlung an die Arbeitnehmer kann auch dadurch erfüllt werden, dass ein oder mehrere Exemplare zur Einsichtnahme ausgelegt werden.[38]

VII. Rechtsfolgen von Verstößen

1. Bußgeldvorschriften

§ 60 enthält verschiedene Bußgeldregelungen im Falle von Verstößen **32**
gegen einzelne Verpflichtungen gemäß § 14. Hier können Geldbußen bis zu einer Million Euro erlassen werden.[39]

2. Untersagung des Angebots

Gemäß § 15 Abs. 1 Nr. 3 führt die Nichtvorlage einer Angebotsunter- **33**
lage entgegen § 14 Abs. 1 Satz 1 zur Untersagung des Angebots durch das Bundesaufsichtsamt. Gleiches gilt gemäß § 15 Abs. 1 Satz 1 Nr. 4 bei einem Verstoß gegen die Veröffentlichungspflicht des § 14 Abs. 2. Außerdem besteht die Möglichkeit zur Untersagung nach § 15 Abs. 2, wenn der Bieter die Veröffentlichung nicht in der Form gemäß § 14 Abs. 3 Satz 1 vornimmt. An die Untersagung knüpfen sich die **Folgeregelungen** in der Form des Veröffentlichungsverbots mit der Nichtigkeitsfolge (§ 15 Abs. 3, § 134 BGB) sowie die Sperrfrist gemäß § 26.

---

36 Vgl. bereits zu § 14 RefE-ÜG *Liebscher* (Fn. 16), 861; zur Frage der Zuständigkeit des Betriebsrats vgl. *BDI/DIHT/BDA*-Stellungnahme (März 2001), S. 9 und *BDI/DIHT/BDA/GdDV*-Stellungnahme (Juli 2000), S. 4.

37 Vgl. *Zinser* (Fn. 29), 394.

38 *Grobys*, in: Geibel/Süßmann, § 14 WpÜG Rn. 57.

39 Zu Einzelheiten siehe § 60.

§ 15 Untersagung des Angebots

(1) Das Bundesaufsichtsamt untersagt das Angebot, wenn

1. die Angebotsunterlage nicht die Angaben enthält, die nach § 11 Abs. 2 oder einer auf Grund des § 11 Abs. 4 erlassenen Rechtsverordnung erforderlich sind,

2. die in der Angebotsunterlage enthaltenen Angaben offensichtlich gegen Vorschriften dieses Gesetzes oder einer auf Grund dieses Gesetzes erlassenen Rechtsverordnung verstoßen,

3. der Bieter entgegen § 14 Abs. 1 Satz 1 dem Bundesaufsichtsamt keine Angebotsunterlage übermittelt oder

4. der Bieter entgegen § 14 Abs. 2 Satz 1 die Angebotsunterlage nicht veröffentlicht hat.

(2) Das Bundesaufsichtsamt kann das Angebot untersagen, wenn der Bieter die Veröffentlichung nicht in der in § 14 Abs. 3 Satz 1 vorgeschriebenen Form vornimmt.

(3) Ist das Angebot nach Absatz 1 oder 2 untersagt worden, so ist die Veröffentlichung der Angebotsunterlage verboten. Ein Rechtsgeschäft auf Grund eines nach Absatz 1 oder 2 untersagten Angebots ist nichtig.

Übersicht

I. Allgemeines

1. Überblick

Die Vorschrift regelt die wesentlichen **Sanktionsfolgen** bei Verstößen gegen die Vorschriften zur Erstellung eines Angebots und deren Veröffentlichung. Die Regelung ist im Kern § 8 a Abs. 2 Satz 1 VerkProspG nachgebildet. Nach § 15 muss das BAWe ein Angebot in bestimmten Fällen untersagen, bei fehlerhafter Veröffentlichung kann das Angebot untersagt werden. Ein untersagtes Angebot darf nicht veröffentlicht werden und trotz der Untersagung des Angebots abgeschlossene Kauf- und Tauschverträge sind nichtig. 1

2. Übernahmekodex

Eine Befugnis zur Untersagung eines Übernahmeangebotes stand der Übernahmekommission nach dem Übernahmekodex nicht zu. Die Geschäftsstelle der Übernahmekommission konnte nach Art. 21 ÜK lediglich ihre Bemerkungen, Empfehlungen und Entscheidungen zu einem konkreten Fall nach Anhörung der Beteiligten veröffentlichen. 2

II. Rechtsvergleichung

1. Österreich

Im österreichischen Übernahmegesetz steht die Untersagung der Veröffentlichung oder der Durchführung eines Angebots stets im Ermessen der Übernahmekommission.[1] Daneben besteht die Möglichkeit, die Gesetzwidrigkeit des Angebots oder der Angebotsunterlage lediglich festzustellen. Bestimmte Fallgruppen, bei deren Vorliegen eine Untersagung erfolgen kann, werden nicht aufgeführt. Das öÜbG spricht allgemein von der Gesetzwidrigkeit des Angebots oder der An- 3

1 § 10 Abs. 3 2. HS. öÜbG.

gebotsunterlage, die eine Untersagung zur Folge haben kann. Führt der Bieter das Angebot durch, obwohl die Übernahmekommission die Gesetzwidrigkeit festgestellt oder das Angebot untersagt hat, gilt dies als schwere Verletzung des öÜbG. Die Übernahmekommission könnte in diesem Fall das Ruhen der aus den erworbenen Aktien resultierenden Rechte anordnen. Zusätzlich stünden den Verkäufern umfangreiche Rücktrittsrechte zu.[2]

2. Schweiz

4 Das schweizerische Übernahmerecht sieht nur die Überprüfung der Angebotsunterlage durch eine von der Aufsichtsbehörde anerkannte Prüfstelle sowie die Veröffentlichung der Angebotsunterlage mit dem Prüfbericht vor.[3] Sowohl der Übernahmekommission als auch der Prüfstelle steht jedoch keine ausdrückliche Untersagungsbefugnis zu.

3. Vereinigtes Königreich

5 Dem London City Code, der nach seiner Konzeption auf einer Selbstverpflichtung der Marktteilnehmer beruht,[4] ist eine Untersagung des Angebots durch die Übernahmekommission fremd.

4. EU-Richtlinie

6 In dem gescheiterten Richtlinienvorschlag ist die Befugnis, ein Angebot zu untersagen, nicht ausdrücklich normiert. Art. 12 E-ÜbernahmeRL enthält insoweit nur die allgemeine Vorgabe, dass die Mitgliedstaaten bei der Umsetzung in nationales Recht Vorschriften aufnehmen müssten, die die Einhaltung der Übernahmeregelungen sicherstellen würden.

III. BAWe muss untersagen (§ 15 Abs. 1)

1. Unvollständigkeit der Angebotsunterlage (Nr. 1)

a) Sinn und Zweck

7 Nach § 15 Abs. 1 Nr. 1 muss das BAWe ein Angebot untersagen, wenn die Angebotsunterlage nicht die Angaben enthält, die nach § 11 Abs. 2 oder nach einer aufgrund des § 11 Abs. 4 erlassenen Rechtsver-

2 § 34 Abs. 5 Nr. 1 i.V.m. § 34 Abs. 3 und 4 öÜbG.
3 Vgl. bereits zu § 14 Rn. 6.
4 Introduction 1. (c) London City Code.

ordnung erforderlich sind. Die Regelung knüpft an die Zuständigkeit des BAWe zur Prüfung der Vollständigkeit eines Angebots gemäß § 11 Abs. 2 bzw. gemäß der nach § 11 Abs. 4 erlassenen Rechtsverordnung an. Nach der Begründung zum RegE soll der Bieter durch diese Regelung angehalten werden, seinen Verpflichtungen zur Information zügig und umfassend nachzukommen.[5] Die Anordnung einer **gebundenen Entscheidung** sei gerechtfertigt, da das Verfahren bereits mit der Veröffentlichung nach § 10 für die Zielgesellschaft sehr weit reichende Wirkungen habe und die Kapazitäten des Managements der Zielgesellschaft durch das öffentliche Angebot regelmäßig in nicht unerheblichem Maße gebunden seien. Bei Übernahmeangeboten träten die besonderen Handlungsvorgaben gemäß § 33 hinzu. Der Bieter solle daher verpflichtet werden, bereits im Vorfeld fundierte Entscheidungen über seine Absichten und Fähigkeiten zur Übernahme der Zielgesellschaft zu treffen. Diese Angaben seien dann in die Angebotsunterlage gemäß § 11 einzustellen. Falls dies nicht erfolge und der Kapitalmarkt daher nicht voll informiert sei, sei es nicht gerechtfertigt, dem Bieter die Durchführung des Angebotsverfahrens mit seinen weit reichenden rechtlichen und wirtschaftlichen Konsequenzen zu gestatten.

b) Verfahren

Das BAWe prüft innerhalb der Frist des § 14 Abs. 2, ob die gemäß § 15 Abs. 1 Nr. 1 erforderlichen Angaben in der Angebotsunterlage enthalten sind. Ist dies nicht der Fall, hat das BAWe den Bieter zu informieren und zur Stellungnahme aufzufordern (§ 28 Abs. 1 VwVfG). Dadurch wird der Bieter in die Lage versetzt, die Defizite der Angebotsunterlage noch auszugleichen. Das BAWe muss bei der Anwendung seiner Eingriffsbefugnisse den **Verhältnismäßigkeitsgrundsatz** beachten. Demgemäß stellt der **Hinweis auf noch fehlende Angaben** in der Angebotsunterlage gegenüber der sofortigen Untersagung das mildere Mittel dar. Hierbei ist jedoch zu berücksichtigen, ob eine Möglichkeit zur Ergänzung der fehlenden Angaben innerhalb der – ggf. verlängerten – Prüfungsfrist des BAWe erfolgen kann. Ist dies von vornherein nicht möglich, scheidet eine Ergänzung und damit die Anwendung des milderen Mittels ggf. aus, sodass eine sofortige Untersagung rechtmäßig sein kann. **8**

5 Regierungsbegründung, BR-Drucks. 574/01, S. 110.

c) Zulässigkeit einer gebundenen Entscheidung

9 Das BAWe hat im Rahmen der Entscheidung gemäß § 15 Abs. 1 Nr. 1 kein Ermessen.[6] Liegen die Voraussetzungen des § 15 Abs. 1 Nr. 1 vor, muss das Angebot untersagt werden. Die Begründung zum RegE stellt vor allem auf die konkreten Auswirkungen im Falle von Übernahmeangeboten ab. Darüber hinaus bleiben die Argumente dafür, dass auch bei reinen Erwerbsangeboten eine gebundene Entscheidung erfolgen soll, diffus. Es sind **erhebliche Zweifel** angebracht, ob eine Untersagung, z.B. auch bei Fehlen nicht gravierender Angaben gemäß § 11, bei einem reinen Erwerbsangebot ohne angezielten Kontrollerwerb verhältnismäßig wäre. Es erscheint daher sinnvoll, zumindest für Angebote, die nicht Übernahmeangebote sind, eine Ermessensregelung vorzusehen.

d) Zurückziehung der Angebotsunterlage durch den Bieter

10 Der Bieter kann eine einmal dem BAWe übermittelte Angebotsunterlage vor einer Entscheidung durch das BAWe gemäß § 15 jederzeit zurückziehen. Stellt der Bieter auf Mitteilung durch das BAWe fest, dass eine Untersagung durch das BAWe möglich oder wahrscheinlich ist, mag sich eine Rückziehung der Angebotsunterlage anbieten, um die weiteren Rechtsfolgen der Untersagung – insbesondere die Sperrfrist gemäß § 26 – zu verhindern. Dann käme allenfalls eine Untersagung aufgrund Nichtübermittlung gemäß § 14 Abs. 1 Nr. 3 oder wegen unterlassener Veröffentlichung nach § 14 Abs. 1 Nr. 4 in Betracht.

2. Offensichtlicher Verstoß gegen Vorschriften des WpÜG bzw. der AngebotsVO (Nr. 2)

a) Sinn und Zweck

11 Das BAWe überprüft auch, ob die Angebotsunterlage gegen Vorschriften des WpÜG oder einer aufgrund des WpÜG erlassen Rechtsverordnung verstößt. Die Untersagungssanktion soll auch diesbezüglich einem Regelverstoß vorbeugen.

b) Anwendungsbeispiele

12 Ein Verstoß gegen Vorschriften des WpÜG kann z.B. in folgender Weise vorliegen:

6 So ausdrücklich Regierungsbegründung, BR-Drucks. 574/01, S. 110.

- Fehlen der Angaben gemäß § 11 Abs. 3 (verantwortliche Personen oder Gesellschaften für den Inhalt der Angebotsunterlage)
- Fehlen der Bestätigung gemäß § 13 Abs. 2 Satz 2, dass der Bieter die notwendigen Maßnahmen zur Finanzierung getroffen hat
- Falsche Annahmefrist gemäß § 16
- Kein verbindliches Angebot zum Erwerb der Wertpapiere, damit Verstoß gegen § 17 (Unzulässigkeit der öffentlichen Aufforderung zur Abgabe von Angeboten)
- Einfügung einer unzulässigen Bedingung gemäß § 18 Abs. 1 bzw. eines Widerrufsvorbehalts bzw. Rücktrittsrechts gemäß § 18 Abs. 2
- Unzulässige Änderung gemäß § 21
- Unzulässige Regelung von konkurrierenden Angeboten in der Angebotsunterlage gemäß § 32
- Verstoß gegen § 31 in Verbindung mit AngebotsVO, d.h. kein Angebot einer angemessenen Gegenleistung
- Unzulässiges Teilangebot bei einem Übernahmeangebot gemäß § 32
- Verstoß gegen die Regelungen über Pflichtangebote gemäß § 35 ff.

c) Verfahren, fehlendes Ermessen und Zurückziehung der Angebotsunterlage

13 Bezüglich Verfahren siehe oben Rn. 8, bezüglich Zulässigkeit der gebundenen Entscheidung siehe oben Rn. 9 und zur Möglichkeit der Zurückziehung der Angebotsunterlage durch den Bieter vgl. oben Rn. 10. Zur Untersagung von Änderungen des Angebots vgl. § 21.

3. Nichtübermittlung einer Angebotsunterlage (Nr. 3)

a) Sinn und Zweck

14 Das BAWe muss das Angebot außerdem untersagen, wenn entgegen § 14 Abs. 1 Satz 1 dem BAWe keine Angebotsunterlage übermittelt wird. § 14 Abs. 1 Satz 1 sieht die Vierwochenfrist nach der Veröffentlichung der Angebotsankündigung vor, in der die Angebotsunterlage dem BAWe zu übermitteln ist. Die Untersagungsfolge tritt damit nach dem Wortlaut von § 15 Abs. 1 Nr. 3 immer dann ein, wenn innerhalb dieser Frist dem BAWe keine Angebotsunterlage vorgelegt wird.

b) Teleologische Reduktion

15 Nach dem Wortlaut wäre ein Angebot damit auch zu untersagen, wenn der Bieter seine einmal veröffentlichte Ankündigung zur Herauslegung eines Angebots daraufhin wieder zurückzieht. Eine solche Zurückziehung sollte zumindest **bei reinen Erwerbsangeboten**, die nicht Übernahmeangebote sind, nicht sanktioniert werden. Daraus ergibt sich jedoch, dass eine Untersagung eines Angebots nach rechtmäßigem Widerruf der Ankündigung rechtswidrig wäre. § 15 Abs. 1 Nr. 3 muss demgemäß teleologisch insoweit reduziert werden, als die Untersagungsfolge eintritt, es sei denn, dass eine Angebotsankündigung zu einem reinen Erwerbsangebot nicht innerhalb der Frist des § 14 Abs. 1 Satz 1 zurückgenommen wurde.

4. Nichtveröffentlichung des Angebots (Nr. 4)

a) Überblick

16 Nach Genehmigung einer Angebotsunterlage durch das BAWe bzw. Ablauf der Prüfungsfristen gemäß § 14 Abs. 2 hat die Veröffentlichung der Angebotsunterlage gemäß § 14 Abs. 3 unverzüglich zu erfolgen. Bei einem Verstoß gegen die Veröffentlichungspflicht ist Rechtsfolge die Untersagung gemäß § 15 Abs. 1 Nr. 4.

b) Verfahren

17 Das BAWe hat folgendes Verfahren zu beachten: Erhält das BAWe nicht unverzüglich nach der Gestattung der Veröffentlichung den Beleg über die Veröffentlichung gemäß § 14 Abs. 3 Satz 2, hat es den Bieter zur Veröffentlichung aufzufordern. In diesem Zusammenhang empfiehlt sich eine Fristsetzung. Erhält das BAWe nicht innerhalb der gesetzten Frist die Mitteilung, dass das Angebotsverfahren nicht weitergeführt wird und erfolgt auch eine Veröffentlichung innerhalb dieser Frist nicht, hat das BAWe das Angebot gemäß § 15 Abs. 1 Nr. 4 zu untersagen.

c) Gebundene Entscheidung

18 Auch nach Gestattung der Veröffentlichung durch das BAWe gemäß § 14 Abs. 2 kann sich jedoch für den Bieter eine Situation ergeben, in der er das Angebotsverfahren nicht weiterführen möchte und seine **ursprüngliche Ankündigung widerruft**. In einem solchen Fall kann eine **Untersagung unverhältnismäßig** sein. Das gilt insbesondere, wenn es nur um ein reines Erwerbsangebot geht.

IV. BAWe darf untersagen (§ 15 Abs. 2)

1. Sinn und Zweck

19 Nach § 15 Abs. 2 kann das BAWe aufgrund einer **Ermessensentscheidung** das Angebot untersagen, wenn der Bieter die Veröffentlichung nicht in der gemäß § 14 Abs. 3 Satz 1 vorgeschriebenen Form vornimmt. Hierdurch soll der Bieter zur Einhaltung der formellen Vorschriften zur Veröffentlichung gemäß § 14 Abs. 3 angehalten werden.[7]

2. Verfahren

20 Das BAWe stellt über den Beleg zur Veröffentlichung gemäß § 14 Abs. 3 Satz 2 oder aufgrund seiner eigenen Ermittlungen (§ 40) fest, dass im Rahmen der Veröffentlichung die Formvorschriften des § 14 Abs. 3 nicht berücksichtigt wurden. Ein Verstoß gegen diese Regelungen kann bspw. darin liegen, dass eine der **kumulativen Publizitätswege nicht genutzt** wurden, z.B. zwar eine Bekanntgabe im Internet erfolgte, nicht jedoch der Abdruck in einem überregionalen Börsenpflichtblatt bzw. Hinweisbekanntmachung und Bereithaltung. Weiterhin kann der Formverstoß darin liegen, dass die Angebotsunterlage nicht bei einer geeigneten Stelle im Inland, sondern lediglich im Ausland bereitgehalten wird. Weitere Formverstöße sind denkbar. Das BAWe weist den Bieter daraufhin auf den von ihm festgestellten Formverstoß hin und fordert Abhilfe. Auch diesbezüglich empfiehlt sich eine Fristsetzung. Falls die Defizite bei der Veröffentlichung durch den Bieter nicht korrigiert werden, kann das BAWe eine Untersagung verfügen.

3. Gesichtspunkte bei der Ausübung des Ermessens

21 Das BAWe muss sein Ermessen im Rahmen der Entscheidung nach § 15 Abs. 2 rechtmäßig ausüben. Hierzu gehört insbesondere die Berücksichtigung des **Verhältnismäßigkeitsgrundsatzes**. Die Untersagung muss demgemäß das mildeste Mittel sein, welches zur Abhilfe eines Verstoßes gegen die Formvorschriften des § 14 Abs. 3 Satz 1 taugt. Vor dem Hintergrund der weit reichenden Folgen einer Untersagung (Sperrfrist, § 26; Rechtswidrigkeit der Rechtsgeschäfte, § 15 Abs. 3) dürfte eine Untersagung bei einem Verstoß gegen Formvorschriften zur Veröffentlichung nur als *ultima ratio* in Betracht kom-

7 Regierungsbegründung, BR-Drucks. 574/01, S. 111.

men. Im Rahmen seiner Ermessensausübung hat das BAWe zudem die allgemeinen Grundsätze des § 3 zu beachten. Eine Untersagung kann dann in Betracht kommen, wenn Inhaber von Wertpapieren der Zielgesellschaft aufgrund des Verstoßes gegen die Formvorschriften zur Veröffentlichung nicht genügende Informationen über das Angebot erhalten (§ 3 Abs. 2) oder falls es durch die Formverstöße zu Marktverzerrungen kommt (§ 3 Abs. 5).

V. Verbot der Veröffentlichung und Nichtigkeit von Rechtsgeschäften auf Grund eines untersagten Angebots (§ 15 Abs. 3)

22 Nach § 15 Abs. 3 Satz 1 ist im Falle einer Untersagung gemäß § 15 Abs. 1 oder Abs. 2 die Veröffentlichung der Angebotsunterlage verboten. § 15 Abs. 3 Satz 2 ordnet die Nichtigkeit eines Rechtsgeschäftes an, das auf Grund eines nach Absatz 1 oder 2 untersagten Angebots zu Stande gekommen ist.

23 Im Falle einer **Untersagung gemäß § 15 Abs. 1** ist es normalerweise nicht zu einer Veröffentlichung gekommen, bevor das BAWe über die Untersagung entschieden hat. Die Veröffentlichung verstößt damit gegen § 15 Abs. 3 Satz 1. Durch das Verbot der Veröffentlichung soll das Zustandekommen von Verträgen mit den Wertpapierinhabern über Kauf oder Tausch ihrer Wertpapiere verhindert werden. Die mit den Wertpapierinhabern der Zielgesellschaft ggf. abgeschlossenen Kauf- oder Tauschverträge über ihre Wertpapiere können daher überhaupt nur aufgrund der verbotenen Veröffentlichung zu Stande kommen. Für diesen Fall stellt § 15 Abs. 3 Satz 2 klar, dass derartige Verträge nichtig sind. Aufgrund dieser ausdrücklichen Anordnung des § 15 Abs. 3 Satz 2 gilt dies auch für Kauf- oder Tauschverträge mit Wertpapierinhabern, auf die ausländisches Recht anzuwenden ist.

24 Im Falle einer **Untersagung gemäß § 15 Abs. 2** mag es vor der Entscheidung durch das BAWe zu einer Veröffentlichung gekommen sein, die allerdings nicht die Anforderungen des WpÜG erfüllt. In diesem Szenario ist den Inhabern der Wertpapiere der Zielgesellschaft möglicherweise bereits vor Untersagung durch das BAWe ein Angebot des Bieters zugegangen. Das Verbot der Veröffentlichung der Angebotsunterlage nach 15 Abs. 3 Satz 1 kann diesbezüglich nicht in jedem Falle eine Verhinderungsfunktion erfüllen. Aber auch für den Fall, dass bereits vor der Untersagung des Angebots eine Annahme durch die

Wertpapierinhaber der Zielgesellschaft erfolgte, ordnet § 15 Abs. 3 Satz 2 die Nichtigkeit der derart zu Stande gekommenen Kauf- und Tauschverträge an. § 134 BGB muss daher für diesen Fall nicht bemüht werden.

Das Verbot gemäß § 15 Abs. 3 Satz 2 bezieht sich sowohl auf **schuldrechtliche** als auch auf **dingliche** Rechtsgeschäfte. Dies ergibt sich aus dem klaren Wortlaut der Vorschrift, wonach alle Rechtsgeschäfte „aufgrund" des untersagten Angebots nichtig sind.[8] **25**

VI. Rechtsfolgen

Nach § 26 Abs. 1 ist ein erneutes Angebot innerhalb eines Jahres unzulässig **(Sperrfrist)**. **26**

Die **Zwangsmittel** zur Durchsetzung der Untersagungsverfügung richten sich nach § 46, bei Verstößen kann ein Bußgeld nach § 60 Abs. 1 Nr. 6 erhoben werden. **Rechtsschutz** gegen Untersagungsverfügungen erfolgt im Wege des Widerspruches nach § 41, der nach § 42 keine aufschiebende Wirkung hat. Bei Nichtabhilfe des Widerspruchs kann eine Beschwerde gemäß § 48 Abs. 1 erhoben werden. Entsprechendes gilt bei der Androhung und Festsetzung von Zwangsmitteln durch das Bundesaufsichtsamt wegen Verstößen gegen eine Untersagungsverfügung. **27**

§ 16 Annahmefristen; Einberufung der Hauptversammlung

(1) Die Frist für die Annahme des Angebots (Annahmefrist) darf nicht weniger als vier Wochen und unbeschadet der Vorschriften des § 21 Abs. 5 und § 22 Abs. 2 nicht mehr als zehn Wochen betragen. Die Annahmefrist beginnt mit der Veröffentlichung der Angebotsunterlage gemäß § 14 Abs. 3 Satz 1.

(2) Bei einem Übernahmeangebot können die Aktionäre der Zielgesellschaft, die das Angebot nicht angenommen haben, das Angebot innerhalb von zwei Wochen nach der in § 23 Abs. 1 Satz 1

8 Vgl. auch *Angerer*, in: Geibel/Süßmann, § 15 WpÜG Rn. 48.

Nr. 2 genannten Veröffentlichung (weitere Annahmefrist) annehmen. Satz 1 gilt nicht, wenn der Bieter das Angebot von dem Erwerb eines Mindestanteils der Aktien abhängig gemacht hat und dieser Mindestanteil nach Ablauf der Annahmefrist nicht erreicht wurde.

(3) Wird im Zusammenhang mit dem Angebot nach der Veröffentlichung der Angebotsunterlage eine Hauptversammlung der Zielgesellschaft einberufen, beträgt die Annahmefrist unbeschadet der Vorschriften des § 21 Abs. 5 und § 22 Abs. 2 zehn Wochen ab der Veröffentlichung der Angebotsunterlage. Der Vorstand der Zielgesellschaft hat die Einberufung der Hauptversammlung der Zielgesellschaft unverzüglich dem Bieter und dem Bundesaufsichtsamt mitzuteilen. Der Bieter hat die Mitteilung nach Satz 2 unter Angabe des Ablaufs der Annahmefrist unverzüglich in einem überregionalen Börsenpflichtblatt zu veröffentlichen. Er hat dem Bundesaufsichtsamt unverzüglich einen Beleg über die Veröffentlichung zu übersenden.

(4) Die Hauptversammlung nach Absatz 3 kann bis spätestens zwei Wochen vor dem Tag der Versammlung einberufen werden. Abweichend von § 121 Abs. 5 des Aktiengesetzes und etwaigen Bestimmungen der Satzung ist die Gesellschaft bei der Wahl des Versammlungsortes frei. Wird die Monatsfrist des § 123 Abs. 1 des Aktiengesetzes unterschritten, so betragen die Anmelde- und Hinterlegungsfristen und die Frist nach § 125 Abs. 1 Satz 1 des Aktiengesetzes vier Tage. Die Gesellschaft hat den Aktionären die Erteilung von Stimmrechtsvollmachten so weit nach Gesetz und Satzung möglich zu erleichtern. Mitteilungen an die Aktionäre, ein Bericht nach § 186 Abs. 4 Satz 2 des Aktiengesetzes und fristgerecht eingereichte Anträge von Aktionären sind allen Aktionären zugänglich und in Kurzfassung bekannt zu machen. Die Zusendung von Mitteilungen und Gegenanträgen kann unterbleiben, wenn zur Überzeugung des Vorstands mit Zustimmung des Aufsichtsrats der rechtzeitige Eingang bei den Aktionären nicht wahrscheinlich ist. Für Abstimmungsvorschläge gilt § 128 Abs. 2 Satz 2 des Aktiengesetzes in diesem Fall auch bei Inhaberaktien.

Literatur: *Geibel/Süßmann*, WpÜG; *Goedecke/Heuser*, NaStraG: Erster Schritt zur Öffnung des Aktienrechts für moderne Kommunikationstechniken, BB 2001, 369; *Hüffer*, Aktiengesetz, 4. Auflage, 1999; *Riehmer/Schröder*, Der Entwurf des Übernahmegesetzes im Lichte von Vodafone/Mannesmann, NZG 2000, 820; *Schüppen*, Übernahmegesetz ante portas! – Zum Regierungsentwurf eines „Gesetzes zur Regelung von öffentlichen Angeboten zum Erwerb von Wertpapieren und von Unternehmensübernahmen", WPg 2001, 958; *Volkswagen AG*, Stellungnahme zum Regierungsentwurf des Übernahmegesetzes vom 18. Oktober 2001 (VW AG-Stellungnahme); *Zentraler Kreditausschuss*, Stellungnahme zum Entwurf eines Gesetzes zur Regelung von öffentlichen Angeboten zum Erwerb von Wertpapieren und Unternehmensübernahmen vom 11. Oktober 2001 (ZKA-Stellungnahme).

Übersicht

I. Allgemeines

1. Überblick

Die Vorschrift hat verschiedene **Regelungsgegenstände**, die mit der Laufzeit des Angebots und der Einberufung der Hauptversammlung der Zielgesellschaft zusammenhängen. In § 16 Abs. 1 wird die allgemeine Laufzeit für Angebote von vier bis zehn Wochen geregelt. § 16 Abs. 2 beinhaltet die **„Zaunkönig-Regelung"**, nach der Minderheitsaktionäre bei erfolgreichen Übernahmeangeboten eine Nach-Annahmefrist von zwei Wochen eingeräumt wird. § 16 Abs. 3 regelt, dass bei Einberufung einer Hauptversammlung der Zielgesellschaft eine Verlängerung der Annahmefrist auf zehn Wochen erfolgt. § 16 Abs. 4 enthält einige Sonderregelungen zur Einberufung der Hauptversammlung, die die Praktibilität einer solchen Versammlung während der Laufzeit der Angebotsperiode erleichtern sollen. 1

2. Anwendungsbereich

2 § 16 Abs. 1 bezieht sich auf jegliche Angebote, einschließlich der Übernahme- und Pflichtangebote (§ 34 bzw. § 39). § 16 Abs. 2 bezieht sich allein auf Übernahmeangebote. Die Regelungen in § 16 Abs. 3 und Abs. 4 beziehen sich auf Hauptversammlungen „im Zusammenhang mit dem Angebot" und sind nicht auf Übernahmeangebote beschränkt.

3. Gesetzeszweck

3 Die Vorschrift des § 16 über die Annahmefrist soll den Wertpapierinhabern einen ausreichenden Zeitraum zur Verfügung stellen, um von dem Angebot und seinen Konditionen Kenntnis nehmen zu können.[1] Durch diesen zeitlichen Rahmen soll einerseits den Aktionären ein ausreichender Zeitraum zur Beurteilung des Angebots und zur Entscheidungsfindung gewährt werden, andererseits soll die Zielgesellschaft in ihrer Geschäftstätigkeit nicht zu lange durch das Schweben des Angebots eingeschränkt werden.[2]

4. Übernahmekodex

4 Gemäß Artikel 11 des Übernahmekodex musste die Angebotsfrist mindestens 28 und durfte höchstens 60 Tage betragen. Den Adressaten des Angebotes und der Zielgesellschaft sollte damit eine angemessene Informations-, Überlegungs- und Entscheidungsfrist eingeräumt werden. Im Falle einer Änderung des Angebots in den letzten zwei Wochen der Angebotsfrist war eine automatische Verlängerung nicht vorgesehen. Dies konnte allerdings mit der Geschäftsstelle der Übernahmekommission entsprechend vereinbart werden. Bezüglich konkurrierender Angebote sah Artikel 14 eine Verlängerung der ursprünglichen Annahmefrist vor. Der Übernahmekodex enthielt weder eine Zaunkönig-Regelung noch Sonderregelungen für die Einberufung einer Hauptversammlung der Zielgesellschaft im Zusammenhang mit dem Angebot. Letzteres wäre wegen des nicht-gesetzlichen Rechtscharakters des Übernahmekodex auch gar nicht möglich gewesen.

---

1 Regierungsbegründung, BR-Drucks. 574/01, S. 111.

2 Vgl. *Schüppen*, WPg 2001, 958, 964.

II. Rechtsvergleichung

1. Österreich

Gemäß § 19 Abs. 1 öÜbG beträgt die Frist zur Annahme eines Angebots nicht weniger als 20 und nicht mehr als 50 Börsetage, endet jedoch frühestens 15 Börsetage nach Veröffentlichung der Stellungnahme des Vorstandes der Zielgesellschaft. Die Zaunkönig-Regelung ist im österreichischen Übernahmegesetz ebenfalls vorgesehen (§ 19 Abs. 3 öÜbG). **5**

2. Schweiz

Nach dem schweizerischen Übernahmerecht beträgt die Annahmefrist normalerweise mindestens 20 und höchstens 40 Börsentage (Art. 14 sUEV-UEK). **6**

3. Vereinigtes Königreich

Nach dem London City Code beträgt die Annahmefrist zumindest 21 und im Regelfall maximal 60 Tage. Eine Zaunkönig-Regelung ist in Rule 31.4 enthalten. **7**

4. EU-Richtlinie

Die Annahmefrist gemäß § 16 Abs. 1 hält sich im Rahmen der in Art. 7 E-ÜbernahmeRL vorgesehenen Zeitspanne von nicht weniger als 2 und nicht mehr als 10 Wochen ab Bekanntgabe der Angebotsunterlage. Die Zaunkönig-Regelung in § 16 Abs. 2 war von der geplanten EU-Richtlinie nicht gefordert. **8**

III. Annahmefrist

Nach § 16 Abs. 1 beträgt die Annahmefrist **mindestens** 4 Wochen und **maximal** 10 Wochen. **9**

1. Fristberechnung

Gemäß § 16 Abs. 1 Satz 2 beginnt die Annahmefrist mit der Veröffentlichung der Angebotsunterlage gemäß § 14 Abs. 3 Satz 1. Dies bedeutet, dass eine Veröffentlichung der Angebotsunterlage unter Hinweis auf den Beginn der Annahmefrist zu einem späteren Zeitpunkt nicht zulässig ist und zwingend mit der Veröffentlichung beginnen muss. **10**

Der Bieter kann die Dauer der Annahmefrist im Rahmen des § 16 Abs. 1 Satz 1 frei bestimmen. Die maximale Dauer der Annahmefrist ergibt sich aus §§ 187 Abs. 1, 188 Abs. 2 BGB. Der Bieter kann den Zeitpunkt der Veröffentlichung der Angebotsunterlage gemäß § 14 Abs. 3 Satz 1 bestimmen. Die Ausführungen zur „Fristberechnung" gemäß § 14 gelten entsprechend. Im Rahmen der Prüfung der Angebotsunterlage nach der Vorlage durch den Bieter gemäß § 14 prüft das BAWe auch die Zulässigkeit der vorgesehenen Annahmefristen. Mit Ablauf der Annahmefrist endet das Angebotsverfahren.

2. Sonderregelungen zur Dauer der Annahmefrist

11 Zwar sind nach der einmal erfolgten Festlegung der Annahmefrist im Angebot Verlängerungen durch den Bieter grundsätzlich nicht vorgesehen, doch sind in folgenden Fällen **Verlängerungen** der Annahmefrist möglich:

a) Änderung des Angebots (§ 21 Abs. 5)

12 Die Annahmefrist verlängert sich um 2 Wochen bei einer Änderung des Angebots gemäß § 21 Abs. 5, sofern die Veröffentlichung der Änderung innerhalb der letzten 2 Wochen vor Ablauf der Angebotsfrist erfolgt.

b) Konkurrierende Angebote (§ 22 Abs. 2)

13 Wird nach Abgabe eines Angebotes ein konkurrierendes Angebot abgegeben, verlängert sich die Annahmefrist für das Angebot auf das Ende der Annahmefrist des konkurrierenden Angebotes.

c) Zaunkönig-Regelung (§ 16 Abs. 2)

14 War ein Übernahmeangebot erfolgreich, gewährt § 16 Abs. 2 Satz 1 denjenigen Aktionären der Zielgesellschaft, die bis zum Ablauf der Annahmefrist das Angebot noch nicht angenommen haben, das Recht, innerhalb von zwei Wochen nach der Veröffentlichung des Ergebnisses (§ 23 Abs. 1 Nr. 2) das Angebot doch noch anzunehmen. Rechtlich gesehen stellt diese so genannte Zaunkönig-Regelung nicht eine Verlängerung der ursprünglichen Annahmefrist, sondern eine **erneute Öffnung des Angebots** dar. Denn erst nach Veröffentlichung des Ergebnisses des Angebotes gemäß § 23 Abs. 1 Nr. 2 nach Ablauf der Annahmefrist läuft die Zweiwochenfrist gemäß § 16 Abs. 2 Satz 1.

Die Zaunkönig-Regelung ermöglicht es den Aktionären der Zielgesellschaft, zunächst das Ergebnis des Übernahmeverfahrens abzuwarten und dann bei einer erfolgreichen Übernahme doch noch ihre Anteile dem Bieter zu verkaufen und aus der Gesellschaft auszuscheiden. Hierdurch soll zum einen die den Minderheitsaktionären fehlende Möglichkeit einer koordinierten Vorgehensweise bei der Entscheidung über das Übernahmeangebot kompensiert werden.[3] Zum anderen sollen die Aktionäre durch die Gewährung dieser gesetzlichen „Nachfrist" von dem Entscheidungsdruck befreit werden, das Angebot annehmen zu müssen, um sich nicht nach Ablauf der Annahmefrist in einer Minderheitsposition wiederzufinden.[4] **15**

Allerdings kann die gesetzliche Nachfrist des § 16 Abs. 2 Satz 1 dazu führen, dass bis zum regulären Ablauf der Annahmefrist nur eine begrenzte Anzahl an Annahmeerklärungen abgegeben wird. **16**

Dieses Risiko kann der Bieter allerdings dadurch reduzieren, dass er sein Übernahmeangebot vom **Erreichen eines Mindestanteils** der Aktien abhängig macht.[5] Bei Nichterreichen dieses Anteils wird gemäß § 16 Abs. 2 Satz 2 keine weitere Annahmefrist durch die Veröffentlichung des Ergebnisses ausgelöst. Einer Nachfrist bedürfte es in diesem Fall nicht, da kein Kontrollwechsel in der Zielgesellschaft stattfindet.[6] Die dem Angebot positiv gegenüberstehenden Aktionäre können die Wahrscheinlichkeit des Erfolges des Angebots erhöhen, indem sie, das Angebot schon innerhalb der ursprünglichen Annahmefrist anzunehmen und nicht erst die – ja vom Überschreiten der Mindestschwelle abhängige – Zaunkönig-Regelung abwarten.[7] **17**

d) Einberufung einer Hauptversammlung der Zielgesellschaft (§ 16 Abs. 3 und 4)

aa) Fristverlängerung

Beruft die Zielgesellschaft im Zusammenhang mit dem Angebot nach der Veröffentlichung der Angebotsunterlage eine Hauptversammlung ein, beträgt die Annahmefrist nach § 16 Abs. 3 Satz 1 unbeschadet der Vorschriften des § 21 Abs. 5 und § 22 Abs. 2 zehn Wochen ab der Veröffentlichung der Angebotsunterlage. Durch diese Verlängerung der **18**

3 Regierungsbegründung, BR-Drucks. 574/01, S. 112.
4 *Schüppen* (Fn. 2), 966.
5 Hierzu: *Schüppen* (Fn. 2), 966.
6 Regierungsbegründung, BR-Drucks. 574/01, S. 112.
7 *Riehmer/Schröder*, NZG 2000, 820, 823.

Annahmefrist auf zwingend zehn Wochen soll sichergestellt werden, dass die Hauptversammlung einberufen und durchgeführt werden kann, und mögliche Beschlüsse der Hauptversammlung zur Ermächtigung des Vorstands zu Handlungen, die den Erfolg des Angebotes verhindern könnten, durch den Vorstand umgesetzt werden können.[8]

19 Die Einberufung der Hauptversammlung muss der Vorstand der Zielgesellschaft dem Bieter und dem BAWe unverzüglich mitteilen, Abs. 3 S. 2. Zur Einhaltung dieser **Meldepflicht** sollten die Mitteilungen gleichzeitig mit dem Auftrag an den Verlag, die Einberufung in den Gesellschaftsblättern abzudrucken, verschickt werden.

20 Der Bieter ist nach Abs. 3 S. 3 wiederum verpflichtet, die Mitteilung der Zielgesellschaft und den Tag des Ablaufs der nach Abs. 3 S. 1 verlängerten Angebotsfrist zu veröffentlichen. Als Veröffentlichungsmedium ist ein überregionales Börsenpflichtblatt vorgesehen. Eine zusätzliche Veröffentlichung im Internet, wie sie nach § 14 Abs. 3 Nr. 1 vorgeschrieben ist, wird nicht verlangt. Aus Sicht des Bieters erscheint es jedoch ratsam, die Fristverlängerung auch im Internet zu veröffentlichen, um möglichst alle Aktionäre zu erreichen.

21 **Ändert** der Bieter sein **Angebot** nachdem die Hauptversammlung den Vorstand der Zielgesellschaft nach § 31 Abs. 1 S. 1 zur Vornahme von Abwehrmaßnahmen ermächtigt hat innerhalb der letzten zwei Wochen der Annahmefrist nach Abs. 3 S. 1, verlängert sich die Annahmefrist nach § 21 Abs. 5 um weitere zwei Wochen. In diesem Fall ist fraglich, ob der Vorstand der Zielgesellschaft aufgrund des Hauptversammlungsbeschlusses auch gegen das geänderte Angebot vorgehen kann oder ob ein erneuter Hauptversammlungsbeschluss erforderlich ist. Befürwortet man Letzteres, wären Verteidigungsmaßnahmen des Vorstandes der Zielgesellschaft gegen das geänderte Angebot regelmäßig ausgeschlossen, da innerhalb der um nur zwei Wochen verlängerten Annahmefrist die Durchführung einer Hauptversammlung und die Umsetzung eventueller Abwehrmaßnahmen nicht möglich ist, und das Gesetz die erneute Verlängerung der Annahmefrist durch Einberufung einer zweiten Hauptversammlung nicht vorsieht.[9] Zur Vermeidung sich hieraus ergebender Unsicherheiten im Hinblick auf die Zulässigkeit von Verteidigungsmaßnahmen gegen das geänderte Angebot sollte bereits im Rahmen des Abwehrbeschlusses der Hauptversammlung klargestellt werden, dass die Ermächtigung auch bei nachträglicher Änderung des Angebots gelten soll.

---

8 Regierungsbegründung, BR-Drucks. 574/01, S. 112 f.

9 Kritisch hierzu *VWAG*-Stellungnahme, S. 7 f.

bb) Vorbereitung der Hauptversammlung

§ 16 Abs. 4 ermöglicht abweichend von allgemeinen aktienrechtlichen Bestimmungen eine **vereinfachte Einberufung** der Hauptversammlung, damit die Zielgesellschaft sofort auf das Angebot reagieren kann. **22**

So kann entgegen der vierwöchigen **Einberufungsfrist** des § 123 Abs. 1 AktG die „Abwehrhauptversammlung" nach Abs. 3 bis spätestens zwei Wochen vor dem Tage der Versammlung einberufen werden. Der Fristbeginn richtet sich nach der Bekanntgabe der Einberufung, die bei mehreren Gesellschaftsblättern erst mit der letzten Veröffentlichung vorliegt.[10] Nach Abs. 4 S. 2 betragen die **Anmelde- und Hinterlegungsfristen** des § 123 Abs. 3, 4 AktG und die Mitteilungsfrist des § 125 Abs. 1 AktG vier Tage, wenn die im Aktiengesetz vorgesehene Monatsfrist zur Einberufung der Hauptversammlung unterschritten wird. Von Seiten der Kreditinstitute wird die Verkürzung der Einberufungsfrist kritisiert.[11] Bei Berücksichtigung der Postlaufzeiten sowie der Mitteilungs- und Hinterlegungsfristen sei die Einhaltung der zweiwöchigen Frist kaum möglich. Diese durch die Fristverkürzung eintretenden Probleme werden teilweise durch die Regelungen des Abs. 4 S. 4–7 aufgefangen. Nach Abs. 4 S. 5 müssen **Mitteilungen** an die Aktionäre, **Berichte** nach § 186 Abs. 4 S. 2 AktG und **Gegenanträge** den Aktionären nur zugänglich und in Kurzfassung bekannt gemacht werden. Die Zugänglichmachung erfolgt durch Auslegen bei der Gesellschaft und Einstellen auf der Website der Gesellschaft.[12] Bekannt gemacht werden die aufgeführten Informationen durch Abdruck in den Gesellschaftsblättern. Der bekanntzumachende Text kann kurz gehalten werden, wenn er einen Hinweis auf die Fundstelle der Vollversion auf der Website enthält.[13] Aufzunehmen sind neben dem Verweis auf die Website zumindest Firma und Sitz der Gesellschaft, Tag und Datum der Hauptversammlung sowie eine Auflistung der bekanntzumachenden Informationen. **23**

Die Publizität nach Abs. 4 S. 5 macht das **postalische Verschicken** der aufgeführten Informationen nicht grundsätzlich entbehrlich. Hierauf kann nach Abs. 4 S. 6 **nur verzichtet** werden, wenn nach der Überzeugung des Vorstandes und des Aufsichtsrats der rechtzeitige Eingang bei den Aktionären nicht wahrscheinlich ist. Abs. 4 S. 5 stellt demnach nur ein Mindestmaß an Informationsweitergabe sicher, wenn nach Abs. 4 **24**

10 *Hüffer*, AktG, 4. Aufl., 1999, § 123 Rn. 2, § 121 Rn. 9; zur Fristberechnung: *ders.*, § 123 Rn. 3.

11 *ZKA*-Stellungnahme, S. 2f.

12 Regierungsbegründung, BR-Drucks. 574/01, S. 113.

13 Regierungsbegründung, BR-Drucks. 574/01, S. 113.

S. 6 auf eine Versendung verzichtet wird. Ein derartiger Verzicht setzt voraus, dass der Zugang bei einem nicht unerheblichen Teil der Aktionäre nicht wahrscheinlich ist.[14] Bei der Prognoseentscheidung steht dem Vorstand ein Einschätzungsspielraum zu. Für das wahrscheinliche Scheitern eines rechtzeitigen Zugangs spricht insbesondere die Notwendigkeit der Weiterleitung durch Dritte (z. B. Depotbanken) oder der Zustellung im Ausland. Insbesondere bei Gegenanträgen wird die postalische Zustellung innerhalb der zweiwöchigen Frist regelmäßig ausgeschlossen sein.[15] Gleiches gilt für die Abstimmungsvorschläge der Kreditinstitute und Aktionärsvereinigungen. Nach Abs. 4 S. 7 gilt § 128 Ab. 2 S. 2 AktG in diesem Falle auch für Inhaberaktien. Ein zulässiger Verzicht auf die postalische Versendung schließt die Anfechtbarkeit des Hauptversammlungsbeschlusses in diesem Punkt aus.[16]

25 Um eine möglichst hohe **Präsenz der Kleinaktionäre** sicherzustellen, ist die Gesellschaft nach Abs. 4 S. 4 ferner verpflichtet, die Erteilung von Stimmrechtsvollmachten unter Beachtung der satzungsmäßigen und der gesetzlichen Vorgaben so weit wie möglich zu vereinfachen. Hierdurch sollen die Erleichterungen, die das NaStraG gebracht hat, umgesetzt werden.[17] Dementsprechend ist die Zielgesellschaft angehalten, in der Satzung vorgesehene Erleichterungen, deren Anwendung im Ermessen des Vorstands oder Aufsichtsrats steht, zu Gunsten der Aktionäre weitestgehend zu realisieren.

26 Abweichend vom Grundsatz des § 121 Abs. 5 Satz 1 AktG, wonach die Hauptversammlung am Sitz der Gesellschaft stattfinden soll, wenn nicht die Satzung etwas anderes bestimmt, ist die Zielgesellschaft nach Abs. 4 Satz 2 bei der Wahl des **Versammlungsortes** frei. Dies gilt auch für den Fall, dass die Satzung einen bestimmten Ort vorschreibt.[18] Die Grenze der Wahlfreiheit bildet die Zumutbarkeit des Versammlungsortes für die Aktionäre. Auch Versammlungen im Ausland sind grundsätzlich möglich, wenn die wirksame notarielle Beurkundung sichergestellt ist.[19]

---

14 Regierungsbegründung, BR-Drucks. 574/01, S. 114.

15 Regierungsbegründung, BR-Drucks. 574/01, S. 114.

16 Regierungsbegründung, BR-Drucks. 574/01, S. 114.

17 Zum NaStraG vgl. *Goedecke/Heuser*, BB 2001, 369 ff.

18 Regierungsbegründung, BR-Drucks. 574/01, S. 114.

19 Regierungsbegründung, BR-Drucks. 574/01, S. 114; zum Problem der notariellen Beurkundung im Ausland: *Hüffer* (Fn. 10), § 130 Rn. 8; die Regierungsbegründung zum WpÜG geht offensichtlich von der Möglichkeit einer wirksamen Beurkundung im Ausland aus.

§ 17 Unzulässigkeit der öffentlichen Aufforderung zur Abgabe von Angeboten

Eine öffentliche auf den Erwerb von Wertpapieren der Zielgesellschaft gerichtete Aufforderung des Bieters zur Abgabe von Angeboten durch die Inhaber der Wertpapiere ist unzulässig.

Literatur: *Deutscher Anwaltverein e.V.*, Stellungnahme des Handelsrechtsausschusses des Deutschen Anwaltvereins e.V. zum Referentenentwurf des Bundesministeriums der Finanzen für ein Gesetz zur Regelung von öffentlichen Angeboten zum Erwerb von Wertpapieren und von Unternehmensübernahmen (WÜG) (April 2001) (DAV-Stellungnahme (April 2001)); *ders.*, Stellungnahme des Handelsrechtsausschusses des Deutschen Anwaltvereins e.V. zum Regierungsentwurf für ein Gesetz zur Regelung von öffentlichen Angeboten zum Erwerb von Wertpapieren und von Unternehmensübernahmen (WpÜG) (September 2001) (DAV-Stellungnahme (September 2001)); *Diekmann*, Hinweise zur Anwendung des Übernahmekodexes der Börsensachverständigenkommission, WM 1997, 897; *Liebscher*, Das Übernahmeverfahren nach dem neuen Übernahmegesetz, ZIP 2001, 853; *Riehmer/Schröder*, Der Entwurf des Übernahmegesetzes im Lichte von Vodafone/Mannesmann, NZG 2000, 820; *Übernahmekommission*, Drei Jahre Übernahmekodex/Bericht der Übernahmekommission; *Zinser*, Der britische City Code on Takeovers and Mergers in der Fassung vom 9.3.2001, RIW 2001, 481.

Übersicht

I. Allgemeines

1. Überblick

1 Die Vorschrift des § 17 untersagt dem Bieter, die Wertpapierinhaber der Zielgesellschaft aufzufordern, ihrerseits dem Bieter Wertpapiere der Zielgesellschaft anzubieten. Eine *invitatio ad offerendum* ist dem-

nach unzulässig, d. h. der Bieter hat mit der Veröffentlichung der Angebotsunterlage verbindlich sein Angebot zum Erwerb der Aktien der Zielgesellschaft abzugeben.

2. Anwendungsbereich

2 § 17 bezieht sich auf **sämtliche Angebote**, also nicht nur auf Erwerbs- und Übernahmeangebote (§ 34), sondern auch auf Pflichtangebote (§ 39).

3. Gesetzeszweck

3 Dem in § 17 geregelten Verbot der invitatio ad offerendum liegt der Gedanke eines **angemessenen Interessenausgleichs** zwischen Bieter und Zielgesellschaft zu Grunde, der sich auch schon in § 3 Abs. 4 Satz 2 findet, wonach die Zielgesellschaft durch ein Angebot nicht über einen unangemessenen Zeitraum hinaus in ihrer Geschäftstätigkeit behindert werden darf.[1]

4 Der Gesetzgeber begründet das Verbot der invitatio ad offerendum damit, dass mit dem Angebot Auswirkungen auf die Zielgesellschaft, deren Manager und Wertpapierinhaber verbunden seien, die es nicht rechtfertigen würden, dass der **Bieter** nicht an sein **Angebot gebunden** sei. So muss das Management der Zielgesellschaft gemäß § 27 eine Stellungnahme zu dem Angebot abgeben, in der es u. a. dessen Auswirkungen auf die Zielgesellschaft darzustellen und zu beurteilen hat. Bei Übernahmeangeboten treten darüber hinaus die in § 33 normierten Verhaltenspflichten für das Management der Zielgesellschaft hinzu. Vor diesem Hintergrund, vor allem im Hinblick auf die mit einem Angebotsverfahren einhergehenden Belastungen für die Tätigkeit der Zielgesellschaft, soll der Bieter nach dem Willen des Gesetzgebers stets zur Abgabe eines rechtlich verbindlichen Angebots verpflichtet sein, das nur unter den engen Voraussetzungen der §§ 18 und 21 mit Bedingungen versehen oder geändert werden kann.

4. Gesetzgebungsverfahren

5 Der Diskussionsentwurf vom 29. 6. 2000 regelte in Anlehnung an die geplante EU-Richtlinie nur Übernahmeangebote und enthielt dementsprechend ein Verbot der invitatio ad offerendum nur für Übernahmeangebote (§ 20 DiskE-ÜG). Erst der Referentenentwurf vom 12. 3.

1 Regierungsbegründung, BR-Drucks. 574/01, S. 114.

2001 bezog in seinen Anwendungsbereich auch Angebote zum Erwerb von Wertpapieren mit ein. Erwerbs- und Übernahmeangebote sollten einheitlich in einem Gesetz geregelt sein, damit Erwerbsangebote nicht etwa weiterhin dem Anwendungsbereich des Übernahmekodexes unterfielen. Infolgedessen wurde auch die Pflicht zur Abgabe eines verbindlichen Angebotes und damit das Verbot der invitatio ad offerendum auf Erwerbsangebote erstreckt (§ 17 RefE-ÜG).

5. Übernahmekodex

Der Übernahmekodex vom 14.7.1995 ließ die invitatio ad offerendum ausdrücklich zu (Art. 7 Nr. 7). Zum Schutz der Wertpapierinhaber musste der Angebotstext aber deutlich darlegen, wann ein Kaufvertrag zu Stande kommt.[2] Im Angebotstext musste diesbezüglich gemäß Art. 7 Nr. 7 dargelegt werden, ob das Angebot bereits mit der Annahmeerklärung des Aktionärs der Zielgesellschaft angenommen wird oder ob die Wertpapierinhaber der Zielgesellschaft aufgefordert werden, ihrerseits dem Bieter Wertpapiere der Zielgesellschaft anzubieten. Der Bieter hatte also die Wahl, ob er sein Angebot als bindendes Kaufangebot an die Aktionäre der Zielgesellschaft ausgestaltete oder lediglich als invitatio ad offerendum. 6

II. Rechtsvergleichung

1. Österreich

Zwar enthält das österreichische Übernahmerecht keine ausdrückliche Bestimmung über die Unzulässigkeit der öffentlichen Aufforderung zur Abgabe von Angeboten. Aber die **Unzulässigkeit einer invitatio ad offerendum** ergibt sich unmittelbar aus § 7 Nr. 4 öÜbG, wonach die Angebotsunterlage Angaben über die Durchführung des Angebots, insbesondere über die zur Entgegennahme von Annahmeerklärungen [...] beauftragten Stellen enthalten muss. Hieraus folgt, dass das durch die Veröffentlichung der Angebotsunterlage an die Inhaber von Beteiligungspapieren der Zielgesellschaft gerichtete Angebot allein durch Zugang der Annahmeerklärung zu einem Vertragsschluss führt.[3] Das in der Angebotsunterlage vorgezeichnete Angebot erfüllt damit die wesentlichen Voraussetzungen einer Vertragsofferte, da es inhaltlich ausreichend bestimmt ist und ein endgültiger Bindungswille des Bie- 7

---

2 *Diekmann*, WM 1997, 897, 899.

3 Vgl. Erläuterungen zur Regierungsvorlage des öÜbG, § 7, S. 14.

ters zum Ausdruck kommt.[4] Nur unter den engen Voraussetzungen des § 8 öÜbG kann das Angebot an Bedingungen und Rücktrittsvorbehalte geknüpft werden.

2. Schweiz

8 Auch das schweizerische Übernahmerecht enthält kein ausdrückliches Verbot der invitatio ad offerendum. Doch ergibt sich auch hier aus dem Regelungszusammenhang, dass das durch die Veröffentlichung der Angebotsunterlage an die Wertpapierinhaber der Zielgesellschaft gerichtete Angebot allein durch den Zugang der Annahmeerklärung zu einem Vertragsschluss führen soll. Daß es sich bei dem Angebot des Bieters um ein grundsätzlich **bindendes Angebot** handeln soll, ergibt sich etwa daraus, dass das Angebot nur unter den engen Voraussetzungen der Art. 13 und 16 sUEV-UEK an Bedingungen und Widerrufsvorbehalte geknüpft werden kann.

3. Vereinigtes Königreich

9 Nach dem London City Code erklären die Anteilseigner der Zielgesellschaft die Annahme des Angebots, indem sie die den Angebotsunterlagen des Bieters beigefügten Vertragsurkunden an den Bieter übersenden. Durch die derart erfolgte Annahme des Angebots kommt ein Vertrag zwischen Bieter und dem Anteilseigner zu Stande.[5] Daraus ergibt sich mittelbar, dass auch nach dem London City Code eine bloße Aufforderung an die Aktionäre der Zielgesellschaft zur Abgabe eines Angebots nicht möglich ist.

4. EU-Richtlinie

10 Der E-ÜbernahmeRL sah für Übernahmeangebote kein Verbot der invitatio ad offerendum vor. Jedoch enthielt der E-ÜbernahmeRL in Art. 3 Abs. 1 Buchstabe f den auch dem § 17 zugrunde liegenden Gedanken, dass eine Zielgesellschaft in ihrer Geschäftstätigkeit nicht über einen angemessenen Zeitraum hinaus durch ein Angebot für ihre Wertpapiere behindert werden darf. Um dieses Ziel zu erreichen, sollten nach Art. 3 Abs. 2 lit. a die Mitgliedstaaten dafür sorgen, dass Vorschriften in Kraft sind, die diesen Mindestanforderungen entsprechen.

---

4 Vgl. Erläuterungen zur Regierungsvorlage des öÜbG, § 7, S. 14.
5 Vgl. hierzu: *Zinser*, RIW 2001, 481, 486.

III. Das Verbot der „invitatio ad offerendum“

Gemäß § 17 ist eine öffentliche auf den Erwerb von Wertpapieren der Zielgesellschaft gerichtete Aufforderung des Bieters an die Inhaber der Wertpapiere der Zielgesellschaft, ihrerseits ein Angebot an den Bieter abzugeben, unzulässig. Damit kann eine Erwerbsofferte des Bieters nicht als bloße *invitatio ad offerendum*, bei der auf Seiten des Bieters noch kein Wille zu einer rechtlichen Bindung vorhanden ist, sondern nur als **verbindliches Angebot** im Sinne des § 145 1. Halbsatz BGB zum Abschluss eines entsprechenden Erwerbsvertrages mit den Aktionären der Zielgesellschaft ausgestaltet werden.[6] Allerdings ist nicht nur eine ausdrückliche Aufforderung des Bieters an die Aktionäre der Zielgesellschaft zur Abgabe eines Angebots ihrerseits gemäß § 17 unzulässig. Ebensowenig kann der Bieter gemäß § 145 2. Halbsatz BGB lediglich die Gebundenheit an ein Erwerbs- und Übernahmeangebot ausschließen (etwa indem er sein Angebot als „unverbindliches“ Angebot bezeichnet). Auch eine solche Erklärung ist nur als Aufforderung zur Abgabe eines Angebots aufzufassen.[7] 11

Anders als noch nach dem Übernahmekodex[8] hat nunmehr der Bieter **nicht mehr die Wahl**, ob er sein Erwerbs- bzw. Übernahmeangebot als bindendes Kauf- bzw. Tauschangebot oder lediglich als invitatio ad offerendum ausgestaltet. Bei der invitatio ad offerendum kommen die Kauf- und Tauschverträge mit den Aktionären der Zielgesellschaft erst dann zu Stande, wenn nach Ende der Angebotsperiode eine entsprechende Annahmeerklärung des Bieters vorliegt. Eine solche Vorgehensweise bot sich dem Bieter insbesondere dann als vorteilhaft an, wenn er nur eine **Mindestanzahl von Wertpapieren** erwerben wollte. Bei Nichterreichen dieser Mindestanzahl konnte er dann ohne weiteres von seinem Angebot Abstand nehmen, indem er schlichtweg die Annahme der ihm angebotenen Aktien verweigerte.[9] Eine Rückabwicklung von Kaufverträgen mit Aktionären der Zielgesellschaft war damit nicht erforderlich. 12

1. Übernahmeangebote

Angesichts der mit einem Übernahmeangebot einhergehenden Belastungen[10] für die Zielgesellschaft und deren Management ist ein Verbot 13

6 *Liebscher*, ZIP 2001, 853, 861 f.
7 *Heinrichs,* in: Palandt, BGB-Kommentar, § 145 Rn. 3.
8 Siehe oben: Rn. 6.
9 Vgl. *Übernahmekommission*, Drei Jahre Übernahmekodex, S. 33.
10 Siehe oben: Rn. 3 f.

der invitatio ad offerendum durchaus **sachgerecht**. Insbesondere ist das Management der Zielgesellschaft bei Übernahmeangeboten den besonderen Verhaltenspflichten des § 33 unterworfen und wird dadurch in ihrer Geschäftstätigkeit potentiell eingeschränkt. Dies rechtfertigt es auch, dass der Bieter an ein einmal veröffentlichtes Angebot auch gebunden ist. Ohnehin ist das Verbot des § 17 aus praktischer Sicht für Übernahmeangebote weniger bedeutsam, da ein nichtbindendes Übernahmeangebot des Bieters schon aus psychologischen Gründen wenig überzeugend wirken würde.[11]

2. Pflichtangebote

14 Da das Management der Zielgesellschaft auch im Rahmen eines Pflichtangebotes den Einschränkungen des § 33 unterworfen ist (§ 39), ist auch hier das Verbot der invitatio ad offerendum **angemessen**.

3. Erwerbsangebote

15 Ein der Situation bei Übernahme- und Pflichtangeboten vergleichbares Schutzbedürfnis der Zielgesellschaft und ihrer Aktionäre besteht allerdings nicht bei Erwerbsangeboten.[12]

16 Gibt der Bieter bloß ein Erwerbsangebot ab, greift § 33 nicht ein. Das Management der Zielgesellschaft hat also nicht die dort geregelten Verhaltenspflichten zu beachten und ist deshalb auch nicht in seinen Handlungsmöglichkeiten beschränkt. Damit greift auch nicht der dem § 17 zugrunde liegende Gedanke eines angemessenen Interessenausgleichs zwischen Bieter und Zielgesellschaft ein.

17 Da durch ein Erwerbsangebot in der Regel **keine wesentliche Behinderung in der Geschäftstätigkeit** der Zielgesellschaft eintritt, ist ein Interessenausgleich in diesen Fällen durch Bindung des Bieters an sein Angebot nicht erforderlich. Das grundsätzliche **Verbot** der invitatio ad offerendum stellt sich im Rahmen von Erwerbsangeboten als **unverhältnismäßig** dar.[13]

---

11 *Riehmer/Schröder*, NZG 2000, 820, 821.

12 Vgl. *DAV*-Stellungnahme (April 2001), § 17.

13 Hinzu kommt, dass durch das Verbot der invitatio ad offerendum eine Preisbildung im Wege des Bookbuilding-Verfahrens ohne Not erschwert wird; vgl. *DAV*-Stellungnahme (September 2001), S. 7.

IV. Rechtsfolge von Verstößen

Gibt der Bieter eine invitatio ad offerendum ab, kann das Bundesaufsichtsamt das Angebot **untersagen**. In diesem Fall würde das Angebot offensichtlich gegen eine Vorschrift des WpÜG verstoßen, nämlich gegen das ausdrückliche Verbot des § 17, sodass als Untersagungsgrund § 15 Abs. 1 Nr. 2 eingreifen würde. Auch enthielte die Angebotsunterlage nicht die gemäß § 11 Abs. 4 in Verbindung mit § 2 Nr. 4 der AngebotsVO erforderliche Angabe, welche Maßnahmen die Empfänger des Angebots *zur Annahme* des Angebots ergreifen müssen, sodass auch der Untersagungsgrund des § 15 Abs. 1 Nr. 1 in Betracht käme. **18**

§ 18 Bedingungen; Unzulässigkeit des Vorbehalts des Rücktritts und des Widerrufs

(1) Ein Angebot darf vorbehaltlich § 25 nicht von Bedingungen abhängig gemacht werden, deren Eintritt der Bieter, mit ihm gemeinsam handelnde Personen oder deren Tochterunternehmen oder im Zusammenhang mit dem Angebot für diese Personen oder Unternehmen tätige Berater ausschließlich selbst herbeiführen können.

(2) Ein Angebot, das unter dem Vorbehalt des Widerrufs oder des Rücktritts abgegeben wird, ist unzulässig.

Literatur: *Busch*, Bedingungen in Übernahmeangeboten, AG 2002, 145; *Deutscher Anwaltverein e.V.*, Stellungnahme des Handelsrechtsausschusses des Deutschen Anwaltvereins e.V. zum Referentenentwurf des Bundesministeriums der Finanzen für ein Gesetz zur Regelung von öffentlichen Angeboten zum Erwerb von Wertpapieren und von Unternehmensübernahmen (WÜG) (April 2001) (DAV-Stellungnahme (April 2001)); *ders.*, Stellungnahme des Handelsrechtsausschusses des Deutschen Anwaltvereins e.V. zum Regierungsentwurf für ein Gesetz zur Regelung von öffentlichen Angeboten zum Erwerb von Wertpapieren und von Unternehmensübernahmen (WpÜG) (September 2001) (DAV-Stellungnahme (September 2001)); *Land/Hasselbach*, Das neue deutsche Übernahmegesetz, DB 2000, 1747; *Liebscher*, Das Übernahmeverfahren nach dem neuen Übernahmegesetz, ZIP 2001, 853; *Riehmer/Schröder*, Praktische Aspekte bei der Planung, Durchführung und Abwicklung eines Übernahmeangebots, BB 2001, Sonderbeilage 5; *Übernahmekommission*, Anmerkungen zum Übernahmekodex Börsensachverständigenkommission (Juli 1996); *Zinser*, Der britische City Code on Takeovers and Mergers in der Fassung vom 9.3.2001, RIW 2001, 481.

Übersicht

I. Allgemeines

1. Überblick

1 Die Vorschrift des § 18 Abs. 1 schränkt die generell gegebene Zulässigkeit von Bedingungen, von denen die Wirksamkeit des Angebots abhängen soll, dahingehend ein, als nur solche Bedingungen zulässig sind, deren Eintritt nicht ausschließlich vom Bieter bzw. den anderen in § 18 Abs. 1 genannten Personen und Unternehmen abhängig gemacht werden. § 18 Abs. 1 enthält damit ein Verbot „subjektiver" Bedingungen. Daneben enthält § 18 Abs. 2 das generelle Verbot der Abgabe eines Angebots unter einem Widerrufs- oder Rücktrittsvorbehalt.

2. Gesetzeszweck

2 Ebenso wie § 17 soll auch § 18 aus den schon zu § 17 genannten Gründen[1] sicherstellen, dass der **Bieter an** sein **Angebot gebunden** bleibt, insbesondere um dadurch unnötige mit einem Angebotsverfahren einhergehende Belastungen für die Tätigkeit der Zielgesellschaft zu vermeiden.

1 Vgl. hierzu die Kommentierung zu § 17 Rn. 3.

3. Anwendungsbereich

Die Vorschrift des § 18 Abs. 2 über das Verbot von Widerrufs- und Rücktrittsvorbehalten gilt für **alle Angebote**, gemäß § 39 auch für Pflichtangebote. 3

Die Vorschrift des § 18 Abs. 1 findet auf **Pflichtangebote** gemäß § 39 4
hingegen **keine Anwendung**. Mit diesem Ausschluss des § 18 Abs. 1 durch § 39 soll für Pflichtangebote ein umfassendes Verbot aller Bedingungen angeordnet werden. Die generelle Verpflichtung zur Abgabe eines Pflichtangebotes nach § 35 Abs. 2 Satz 1 soll ihrer Natur nach generell bedingungsfeindlich sein, da sich der Bieter ansonsten durch Aufstellung von Bedingungen seiner Verpflichtung zur Abgabe eines Pflichtangebotes wieder entziehen könnte.[2]

Gesetzestechnisch ist dieses Anliegen durch den Ausschluss des § 18 5
in § 39 allerdings **nicht** sonderlich **geglückt**. § 18 geht grundsätzlich von der Bedingungsfreiheit von Erwerbs- und Übernahmeangeboten aus. Lediglich subjektive Bedingungen sollen verboten sein. Wenn nun § 39 die Vorschrift des § 18 Abs. 1 für Pflichtangebote ausschließt, wird dadurch letztlich das Verbot subjektiver Bedingungen aufgehoben und die grundsätzliche Bedingungsfreiheit wiederhergestellt.[3] Das Gegenteil sollte aber nach dem gesetzgeberischen Willen erreicht werden.

4. Gesetzgebungsverfahren

Auch der Diskussionsentwurf vom 29. 6. 2000, dessen Anwendungsbe- 6
reich nur Übernahmeangebote erfasste, regelte die Unzulässigkeit von Bedingungen, deren Eintritt der Bieter oder mit ihm gemeinsam handelnde Personen ausschließlich selbst hätten herbeiführen können (§ 21 Abs. 1 DiskE-ÜG). Als ausdrückliche Ausnahme hiervon sah § 21 Abs. 1 S. 2 DiskE-ÜG die Zulässigkeit von Bedingungen vor, die von einer Entscheidung der Gesellschafterversammlung des Bieters abhängig gemacht werden. Ebenfalls unzulässig waren Rücktrittsvorbehalte, nicht aber Widerrufsvorbehalte (§ 21 Abs. 2 DiskE-ÜG). Mit dem Referentenentwurf vom 12. 3. 2001 wurde der Anwendungsbereich des geplanten Gesetzes auch auf Erwerbsangebote erweitert. Im Rahmen dessen wurde die Unzulässigkeit von Bedingungen und Widerrufs- und Rücktrittsvorbehalten auch auf Erwerbsangebote erstreckt.

---

2 Regierungsbegründung, BR-Drucks. 574/01, S. 153.

3 Vgl. *DAV*-Stellungnahme (September 2001), S. 19.

5. Übernahmekodex

7 Der Übernahmekodex schrieb in Art. 9 vor, dass das Übernahmeangebot nur an Bedingungen geknüpft sein durfte, deren Eintritt der Bieter nicht selbst herbeiführen konnte. Begründet wurde dieses Verbot damit, dass eine willkürliche Loslösung des Bieters von seinem Angebot während der Angebotsfrist vermieden werden sollte.[4]

II. Rechtsvergleichung

1. Österreich

8 § 8 öÜbG fordert für die Zulässigkeit von Bedingungen und von Rücktrittsvorbehalten in Übernahmeangeboten, dass sie **sachlich gerechtfertigt** sind und nennt beispielhaft für eine sachliche Rechtfertigung solche Bedingungen und Rücktrittsvorbehalte, die auf Rechtspflichten des Bieters beruhen oder deren Eintritt bzw. Geltendmachung nicht ausschließlich vom Ermessen des Bieters abhängen. Für Pflichtangebote wird in § 22 Abs. 10 öÜbG ausdrücklich klargestellt, dass diese nicht bedingt sein dürfen, es sei denn, die Bedingung sei gesetzlich geboten.

2. Schweiz

9 Gemäß Art. 13 Abs. 1 S. 1 sUEV-UEK darf ein Angebot nur an **aufschiebende Bedingungen** geknüpft werden, deren Eintritt der Anbieter selbst nicht maßgeblich beeinflussen kann. Für aufschiebende Bedingungen, zu deren Eintritt der Anbieter lediglich einen Beitrag zu leisten hat, bestimmt Art. 13 Abs. 1 S. 2 sUEV-UEK, dass der Anbieter alle ihm zumutbaren Maßnahmen ergreifen muss, damit die Bedingungen eintreten. An **auflösende Bedingungen**, über deren Ausfall erst nach Ablauf des Angebots Klarheit bestehen wird, kann das Angebot nur mit Einverständnis der Übernahmekommission geknüpft werden (Art. 13 Abs. 4 sUEV-UEK). Unter der Voraussetzung, dass sich der Anbieter durch eine nach Art. 13 sUEV-UEK zulässige Bedingung ein **Widerrufsrecht** vorbehalten hat, kann ein bereits veröffentlichtes Angebot widerrufen werden (Art. 16 sUEV-UEK). **Pflichtangebote** dürfen grundsätzlich nicht an Bedingungen geknüpft werden, es sei denn, es liegen wichtige Gründe vor (Art. 32 Abs. 2

4 *Übernahmekommission*, Anmerkungen zum Übernahmekodex der Börsensachverständigenkommission (Juli 1996), S. 13.

sBEHV-EBK). Solche liegen gemäß Art. 32 Abs. 2 sBEHV-EBK vor, wenn für den Erwerb eine behördliche Genehmigung erforderlich ist, die zu erwerbenden Aktien kein Stimmrecht verschaffen oder die wirtschaftliche Substanz der Zielgesellschaft nicht verändert werden soll.

3. Vereinigtes Königreich

Rule 13 London City Code stellt klar, dass ein Übernahmeangebot in der Regel **keine Bedingungen** enthalten darf, deren Eintritt nur von **subjektiven** Urteilen der Leitungsorgane der Bietergesellschaft abhängt oder in ihren Händen liegt. Unter bestimmten Umständen kann das Panel allerdings ein subjektives Element akzeptieren (Note 1 on Rule 13). Ansonsten bleibt es dem Bieter unbenommen, sein Angebot unter Bedingungen zu stellen. Bestimmte Bedingungen sind sogar obligatorisch.[5] So muss jedes Übernahmeangebot die Bedingung enthalten, dass es nur bei einem Erreichen von 50% der Stimmrechte durch den Bieter verbindlich wird.[6] 10

4. EU-Richtlinie

Nach Art. 10 lit. e des E-ÜbernahmeRL, die nur für Übernahmeangebote gelten sollte (Art. 1), sollten die Mitgliedstaaten dafür Sorge tragen, dass Vorschriften in Kraft sind, die die Unwiderruflichkeit des Angebots und zulässige Bedingungen regeln. 11

III. Bedingungen im Sinne des § 18 Abs. 1

1. Übernahmeangebote

Wie jedes Angebot kann auch ein Übernahmeangebot gemäß § 158 BGB von Bedingungen abhängig gemacht werden. Dementsprechend geht auch das WpÜG von der **grundsätzlichen Zulässigkeit** von Bedingungen aus (vgl. § 11 Abs. 2 Nr. 5). Eine **Einschränkung** hiervon sieht aber die Vorschrift des § 18 vor. 12

§ 18 Abs. 1 regelt, von welchen Bedingungen ein Angebot nicht abhängig gemacht werden darf. Nach dem gesetzgeberischen Willen, dass der Bieter ein grundsätzlich bindendes Angebot zum Abschluss eines entsprechenden Erwerbsvertrags abgeben soll,[7] sind solche Bedingun- 13

---

5 Hierzu: *Zinser*, RIW 2001, 481, 483.

6 Rule 10; für Pflichtangebote vgl. Rule 9.3.

7 Siehe oben Rn. 2 und Kommentierung zu § 17 Rn. 3.

gen unzulässig, deren Eintritt der Bieter oder die weiteren in § 18 Abs. 1 genannten und dem Bieter zurechenbaren Personen und Unternehmen ausschließlich selbst herbeiführen können. Hierdurch wird die Zielgesellschaft vor nicht ernstlich gewollten Übernahmeangeboten geschützt, mit denen der Bieter lediglich die Schädigung der Zielgesellschaft durch Behinderung ihrer Geschäftstätigkeit beabsichtigt.

14 Trotz der grundsätzlichen Bindungswirkung des Angebots ist dieses also nicht generell bedingungsfeindlich, sondern darf nur **nicht** von **Potestativbedingungen**, d. h. bloßen „Willensbedingungen"[8] **des Bieters** abhängig gemacht werden. Zulässig sind demnach solche Bedingungen, die nicht ausschließlich von der Entscheidung des Bieters abhängen.

15 Als **zulässige Bedingungen**, von denen die Wirksamkeit des Übernahmeangebots abhängig gemacht werden kann, kommen in Betracht:

a) Erreichen einer **bestimmten Beteiligungshöhe** durch den Bieter: Diese wird in der Praxis im Hinblick auf einen Mehrheitserwerb bei 50 %, im Hinblick auf die Möglichkeit von Satzungsänderungen, Umstrukturierungsmaßnahmen und Abschlüssen von Beherrschungs- und Gewinnabführungsverträgen bei 75 % oder im Hinblick auf die Möglichkeit der Eingliederung und des Squeeze-out bei 95 % liegen. Die Mehrheitsschwelle sichert zunächst die Durchsetzung der Kontrolle bzw. die Möglichkeit von Restrukturierungsmaßnahmen durch den Bieter ab. Außerdem entfaltet eine Mehrheitsbedingung Druck im Hinblick auf die Zaunkönigregelung gemäß § 16 Abs. 2. Nach § 21 Abs. 1 Ziffer 4 kann bis zu einem Werktag vor Ablauf der Annahmefrist auf Bedingungen (und damit auch auf eine Mehrheitsbedingung) verzichtet oder der Mindestanteil der Stimmrechte gemäß § 21 Abs. 1 Ziffer 3 verringert werden.[9]

b) **Genehmigung** des Beteiligungserwerbs durch die zuständige **Kartellbehörde**: Öffentliche Angebote können den Tatbestand eines **Zusammenschlusses** gemäß § 37 GWB erfüllen und unterliegen damit dem Vollzugsverbot gemäß § 41 GWB. Entsprechendes gilt auf europäischer Ebene gemäß Artikel 7 Abs. 1 der VO 4064/89. Allerdings besteht für öffentliche Kauf- oder Tauschangebote nach Artikel 7 Abs. 3 der VO 4064/89 die Möglichkeit, ohne Vollzugs-

8 Vgl. *Riehmer/Schröder*, BB 2001, Sonderbeilage 5, 1, 6.

9 Kritisch gegenüber Mehrheitsbedingungen jenseits von 95 %, wenn das Erreichen der Mehrheitsschwelle unwahrscheinlich ist, da dies zu einer Lockerung der Bindungswirkung des Angebots entgegen §§ 17 und 18 führe: *Handelsrechtsausschuss des DAV* zum Referentenentwurf, Anmerkung 2 zu § 21; *Busch*, AG 2002, 145, 147.

verbot ein solches Angebotsverfahren zu beenden, wenn dieses bei der Kommission angemeldet wurde und der Erwerber die mit den Anteilen verbundenen Stimmrechte nicht ausübt (oder nur unter bestimmten Beschränkungen ausübt). Hierdurch übernimmt der Erwerber das **„Kartellrisiko"** und die Aktionäre der Zielgesellschaft werden von der Ungewißheit befreit, ob die Kartellfreigabe – ggf. erst nach Ablauf der Angebotsperiode oder gar nicht – erteilt wird. Dieses Verfahren wurde bspw. im Rahmen der Vodafone/Mannesmann-Transaktion gewählt.[10] noch **15**

c) **Eintragung** der Durchführung der Sachkapitalerhöhung im **Handelsregister** und/oder **Zulassung junger Aktien** der Bietergesellschaft durch die Wertpapierbörsen der Bietergesellschaft im Falle von **Umtauschangeboten**[11]

d) **Zustimmung** der **Gesellschafterversammlung** des Bieters: Nach dem Wortlaut des § 18 Abs. 1, wonach das Angebot „vorbehaltlich § 25" nicht von (subjektiven) Bedingungen abhängig gemacht werden darf, ist die Abgabe des Angebots unter der Bedingung der Zustimmung der Gesellschafterversammlung des Bieters zulässig. Da der Bieter nach § 10 Abs. 1 S. 2 grundsätzlich verpflichtet ist, die Entscheidung zur Abgabe des Angebots bereits dann zu veröffentlichen, wenn ein Beschluss der Gesellschafterversammlung noch nicht vorliegt, muss dem Bieter die Möglichkeit eröffnet werden, sein Angebot unter diese Bedingung zu stellen.[12] In diesem Falle ist der Bieter dann aber nach § 25 verpflichtet, einen entsprechenden Gesellschafterbeschluss spätestens bis zum fünften Werktag vor Ablauf der Annahmefrist herbeizuführen, um Klarheit über den Eintritt oder Ausfall der Bedingung zu schaffen. Während bereits zum Diskussions- und Referentenentwurf im Schrifttum[13] die Kritik geäußert wurde, dass hierdurch dem Bieter ein **verstecktes Rücktrittsrecht** geschaffen werde, insbesondere, wenn eine Zustimmung der Gesellschafterversammlung des Bieters rechtlich überhaupt nicht geboten oder wenn der Bieter eine Gesellschaft im Mehrheitsbesitz ist, bei der die Verwaltung im Einver-

---

10 Insoweit unrichtig der Hinweis von *Geibel* (in: Geibel/Süßmann, § 18 Rn. 24), dass unter Geltung des Übernahmekodex von dieser Gestaltung kein Gebrauch gemacht wurde.

11 Vgl. insoweit auch die Kommentierung zu § 31; *Busch*, AG 2002, 145, 147 f.

12 Regierungsbegründung, BR-Drucks. 574/01, S. 115.

13 Vgl. *Land/Hasselbach*, DB 2000, 1747, 1751; *Liebscher*, ZIP 2001, 853, 862; *DAV*-Stellungnahme (April 2001), § 18.

noch 15 nehmen mit dem Mehrheitsgesellschafter handelt,[14] verweist die Begründung insoweit auf die Möglichkeit, dass das Bundesaufsichtsamt solche **Umgehungstatbestände** im Wege der allgemeinen Missstandsaufsicht (§ 4 Abs. 1 S. 3) aufgreifen könne.[15] Der Bieter hat zudem die Regelungen des § 162 BGB zu beachten.

e) Keine **„behindernden Maßnahmen"**:
Zulässig ist eine Bedingung, die die Wirksamkeit des Angebots davon abhängig macht, dass während des Angebotsverfahrens keine bestimmten Änderungen bei der Zielgesellschaft herbeigeführt werden, diese also nicht etwa die für den Bieter interessanten Unternehmensbestandteile veräußert.[16] Derartige Abwehrmaßnahmen seitens der Zielgesellschaft bei feindlichen Übernahmen können in vielfältiger Weise erfolgen. Der Bieter muss, wenn er die Wirksamkeit seines Angebotes vom Nichtvorliegen bestimmter Abwehrmaßnahmen seitens der Zielgesellschaft abhängig machen will, bei der Ausgestaltung seiner Bedingungen darauf achten, dass die Bestimmung über das Vorliegen solcher Abwehrmaßnahmen nicht ausschließlich in seinem Ermessen liegt.[17] Denn dann könnte es sich um eine im Sinne des § 18 unzulässige subjektive Bedingung handeln. Deshalb sollten die Abwehrmaßnahmen in der Angebotsunterlage objektiv bestimmt werden, wenn der Bieter die Wirksamkeit seines Angebots unter eine dementsprechende Bedingung stellen will.[18]

f) Eintragung des Bieters im Aktienregister

g) Nichtabgabe **konkurrierender Angebote**

---

14 So könnte derjenige, der eine börsennotierte Gesellschaft übernehmen, sich aber die Möglichkeit zur Abstandnahme von dem abgegebenen Übernahmeangebot offenhalten will, das Angebot lediglich durch eine von ihm kontrollierte Gesellschaft abgeben lassen und später seine Zustimmung in deren Gesellschafterversammlung verweigern, vgl. *Land/Hasselbach* (Fn. 12), 1751.

15 Regierungsbegründung, BR-Drucks. 574/01, S. 116.

16 So ausdrücklich auch die Regierungsbegründung, S. 116. Die Veräußerung der interessantesten Assets (sog. Crown Jewels) stellt eine Verteidigungstechnik dar, die dem Bieter sein Übernahmeinteresse nehmen soll.

17 Vgl. *Riehmer/Schröder* (Fn. 9), 6.

18 So enthielt das Angebotsdokument im Falle Vodafone/Mannesmann einen Katalog objektiv definierter Abwehrmaßnahmen, bei deren Vornahme Vodafone berechtigt war, das Angebot zu widerrufen. Als solche Abwehrmaßnahmen wurden etwa Handlungen genannt, die zur Rechtswidrigkeit oder Undurchsetzbarkeit des Umtauschangebots […] führen würden, die eine wesentliche Veränderung des Mannesmann-Aktienkapitals oder die Einleitung eines Insolvenzverfahrens zur Folge haben würden.

h) **Einleitung** eines **Insolvenzverfahrens** über die Zielgesellschaft[19]

i) Äquivalenz- oder sonstige Störungen: Aufgrund der nicht unbeträchtlichen Laufzeit von Angebotsverfahren sollten auch derartige Störungen als Bedingungsklauseln geregelt werden. Soweit beispielsweise eine Finanzierungszusage einen **„material-adverse-change-Vorbehalt"** enthält, kann dieser als Bedingung in die Angebotsunterlage eingeführt werden.[20] Gleiches gilt für **Force-Majeure-Klauseln**, soweit die Feststellung von Ereignissen nicht in das Ermessen des Bieters gestellt wird.[21] Schließlich können sich Äquivalenzstörungen gerade bei Umtauschangeboten durch Wertverschiebungen zwischen Leistung und Gegenleistung ergeben. Auch diesbezüglich können Höchstgrenzen der Wertverschiebung in der Angebotsunterlage als Bedingung geregelt werden.[22] Störungen der Geschäftsgrundlage (§ 313 BGB) können insbesondere wegen des Verbots des Rücktrittsvorbehalts gemäß § 18 Abs. 2 ebenfalls als Bedingungssachverhalte geregelt werden.[23]

Gemäß § 11 Abs. 2 Nr. 5 hat der Bieter die Bedingungen, von denen die Wirksamkeit seines Angebots abhängen sollen, in die Angebotsunterlage mitaufzunehmen. **16**

2. Pflichtangebote

Für Pflichtangebote nach einem Kontrollerwerb gilt nach § 39, dass diese **grundsätzlich bedingungsfeindlich** sind.[24] Diese können daher weder von Potestativbedingungen noch von solchen Bedingungen abhängig gemacht werden, die für Erwerbs- und Übernahmeangebote zulässig wären. Der Bieter soll sich seiner Verpflichtung zur Abgabe eines Angebots nach § 35 Abs. 2 S. 1 keinesfalls wieder entziehen können. **17**

Allerdings ist in Fällen, in denen noch eine gesetzliche, z. B. eine kartellrechtliche **Genehmigung** für die Übernahme erforderlich ist, eine **teleologische Reduktion** des § 39 erforderlich. Es kann von dem Bieter nicht verlangt werden, dass er an sein Pflichtangebot auch dann gebunden sein soll, wenn eine zum Vollzug der Übernahme gesetzlich erfor- **18**

---

19 Hierzu *Geibel*, in: Geibel/Süßmann, § 18 WpÜG Rn. 33.
20 *Busch*, AG 2002, 145, 147.
21 *Busch*, AG 2002, 145, 150f.
22 *Busch*, AG 2002, 145, 151.
23 *Geibel* (in: Geibel/Süßmann, § 18 Rn. 47) vertritt hierzu eine Einschränkung des Rücktrittsvorbehalts.
24 Hierzu bereits oben Rn. 4.

derliche Genehmigung nicht erteilt wird.[25] Anderenfalls würde man den Bieter zu einem rechtswidrigen Verhalten verpflichten. Er wäre an ein Pflichtangebot gebunden, das gegen kartellrechtliche Beschränkungen verstößt. In solchen Fällen muss demzufolge ein Pflichtangebot unter eine dementsprechende Bedingung gestellt werden können.[26]

3. Erwerbsangebote

19 Dem Verbot subjektiver Bedingungen liegt wie schon dem Verbot der invitatio ad offerendum (§ 17) der Gedanke eines **angemessenen Interessenausgleichs** zwischen Bieter und Zielgesellschaft zu Grunde. Die Zielgesellschaft soll nicht durch die Abgabe eines rechtlich nicht verbindlichen Angebots in ihrer Geschäftstätigkeit beeinträchtigt werden.

20 Erwerbsangebote lösen allerdings nicht die Verhaltenspflichten der Organe der Zielgesellschaft nach § 33 aus. Eine Behinderung der Zielgesellschaft in ihrer Geschäftstätigkeit durch Abgabe eines Erwerbsangebotes tritt damit regelmäßig nicht ein.[27] Somit ist das Verbot, ein Angebot von Bedingungen abhängig zu machen, deren Eintritt der Bieter selbst herbeiführen kann, für Erwerbsangebote in der Regel unverhältnismäßig.[28]

Aufgrund der Nichtbeeinträchtigung der Zielgesellschaft durch Erwerbsangebote sollten diese dementsprechend **generell bedingungsfreundlich** sein und nicht nur von objektiven Bedingungen abhängig gemacht werden können.

IV. Widerrufs- und Rücktrittsvorbehalt, § 18 Abs. 2

21 Nicht nur das Abhängigmachen des Angebots von Bedingungen bietet dem Bieter die Möglichkeit, sich von dem Angebot zu lösen. Ebenso könnte der Bieter einen Umstand, von dem er die Wirksamkeit seines Angebots abhängig machen will, als Widerrufs- oder Rücktrittsvorbehalt ausgestalten. Auch dies stellt für den Bieter im Falle des Nichteintretens dieses Umstandes eine einfache Möglichkeit dar, sich von seinem Angebot zu lösen.

---

25 So sehen sowohl das österreichische als auch das schweizerische Übernahmerecht Ausnahmen vom Verbot der Unzulässigkeit von Bedingungen bei Pflichtangeboten vor, vgl. oben: Rn. 8 und 9.

26 So auch die Regierungsbegründung, S. 153, wonach sich schon aus allgemeinen Rechtsgrundsätzen ergäbe, dass das Pflichtangebot unter einer entsprechenden Bedingung abzugeben sei.

27 Vgl. bereits Kommentierung zu § 17 Rn. 17.

28 *DAV*-Stellungnahme (September 2001), S. 8.

Der **Unterschied** zwischen diesen beiden Ausgestaltungsmöglichkeiten besteht darin, dass beim Nichteintritt einer Bedingung das Angebot per se unwirksam wird, wohingegen bei einem Widerrufs- oder Rücktrittsvorbehalt die (Un-)Wirksamkeit des Angebots noch von einem **Willenselement des Bieters** abhängt. Bei Bedingungen bestimmt sich die (Un-)Wirksamkeit des Angebots demnach allein nach objektiven Kriterien. Bei Widerrufs- und Rücktrittsvorbehalten wäre hingegen zusätzlich noch ein Widerruf bzw. eine Rücktrittserklärung des Bieters von seinem Angebot erforderlich. Damit läge es bei Widerrufs- und Rücktrittsvorbehalten im Ermessen des Bieters, ob sein Angebot wirksam wird oder nicht. 22

Die Vorschrift des § 18 Abs. 2 verbietet nun, ein Angebot unter dem Vorbehalt des Widerrufs oder Rücktritts abzugeben. Dadurch soll verhindert werden, dass eine nach Abs. 1 **unzulässige Bedingung** als Widerrufs- oder Rücktrittsvorbehalt ausgestaltet wird und so die in Abs. 1 genannten Anforderungen umgangen werden.[29] Entsprechend dem eindeutigen Wortlaut des § 18 Abs. 2 können aber auch gemäß § 18 Abs. 1 **zulässige Bedingungen** nicht als Widerrufs- und Rücktrittsvorbehalte ausgestaltet werden. Ein Ermessen des Bieters dahingehend, ob er an seinem Angebot bei Nichteintritt des Umstandes festhält oder nicht, wird dem Bieter damit genommen. 23

V. Rechtsfolgen von Verstößen

1. Untersagung des Angebots

Gibt der Bieter ein Angebot unter einer nach § 18 Abs. 1 unzulässigen Bedingung ab, so kann das Bundesaufsichtsamt das Angebot wegen offensichtlichen Verstoßes gegen des WpÜG gemäß § 15 Abs. 1 Nr. 2 untersagen. 24

2. Sperrfrist

Hat der Bieter ein Erwerbs- oder Übernahmeangebot vom Erreichen einer bestimmten Beteiligungshöhe abhängig gemacht, wird dieser Anteil jedoch nach Ablauf der Annahmefrist nicht erreicht, so ist gemäß § 26 Abs. 1 Satz 2 ein erneutes Angebot des Bieters vor Ablauf eines Jahres unzulässig. 25

29 Regierungsbegründung, BR-Drucks. 574/01, S. 115.

3. Erzwingung des Angebotsvollzugs

26 Beruft sich der Bieter auf den angeblichen Nichteintritt einer Bedingung, kann das Bundesaufsichtsamt den Vollzug des Angebots trotz der umfangreichen Sanktionsmöglichkeiten aufgrund des WpÜG am Ende nicht erzwingen. Insoweit sind die **Zivilgerichte** zuständig. Bei großer Aktionärszahl und langer Verfahrensdauer sind die Aussichten auf Durchsetzung des Angebots damit von vornherein schwierig.[30]

§ 19 Zuteilung bei einem Teilangebot

Ist bei einem Angebot, das auf den Erwerb nur eines bestimmten Anteils oder einer bestimmten Anzahl der Wertpapiere gerichtet ist, der Anteil oder die Anzahl der Wertpapiere, die der Bieter erwerben kann, höher als der Anteil oder die Anzahl der Wertpapiere, die der Bieter zu erwerben sich verpflichtet hat, so sind die Annahmeerklärungen grundsätzlich verhältnismäßig zu berücksichtigen.

Literatur: *Deutscher Anwaltverein e.V.*, Stellungnahme des Handelsrechtsausschusses des Deutschen Anwaltvereins e.V. zum Referentenentwurf des Bundesministeriums der Finanzen für ein Gesetz zur Regelung von öffentlichen Angeboten zum Erwerb von Wertpapieren und von Unternehmensübernahmen (WÜG) (April 2001) (DAV-Stellungnahme (April 2001)); *Diekmann*, Hinweise zur Anwendung des Übernahmekodexes der Börsensachverständigenkommission, DB 1996, 1909; *Land/Hasselbach*, Das neue deutsche Übernahmegesetz, DB 2000, 1747; *Liebscher*, Das Übernahmeverfahren nach dem neuen Übernahmegesetz, ZIP 2001, 853; *Riehmer/Schröder*, Der Entwurf des Übernahmegesetzes im Lichte von Vodafone/Mannesmann, NZG 2000, 820; *Zinser*, Der britische City Code on Takeovers and Mergers in der Fassung vom 9.3.2001, RIW 2001, 481.

Übersicht

30 *Busch*, AG 2002, 145, 152.

I. Allgemeines

1. Überblick

§ 19 verpflichtet den Bieter für den Fall, dass er sein Angebot auf den Erwerb nur eines bestimmten Anteils oder einer bestimmten Anzahl von Wertpapieren begrenzt, und ihm daraufhin mehr Annahmeerklärungen zugehen, als er Wertpapiere der Zielgesellschaft zu erwerben beabsichtigt, die annehmenden Wertpapierinhaber verhältnismäßig zu berücksichtigen. 1

2. Gesetzeszweck

Die Zuteilungsregelung des § 19 ist Ausprägung des in § 3 Abs. 1 verankerten Gleichbehandlungsgrundsatzes. 2

3. Anwendungsbereich

Die Zuteilungsregelung des § 19 ist im 3. Abschnitt der Regelungen über Angebote zum Erwerb von Wertpapieren enthalten und gilt auch **nur für Erwerbsangebote**, da nur für diese Teilangebote zulässig sind. 3

Ein **Übernahmeangebot** hingegen, also ein Angebot, welches auf das Erreichen von Kontrolle zielt, das sich aber nur auf einen Teil der Aktien der Zielgesellschaft erstreckt, ist gemäß § 32 **unzulässig.**[1] Ebenso ist ein Teilangebot im Falle eines einem **Kontrollerwerb folgenden Pflichtangebotes** gemäß § 32 in Verbindung mit § 39 unzulässig. In diesen Fällen ist der Bieter stets zur Abgabe eines Vollangebotes verpflichtet, umso Minderheitsaktionäre der Zielgesellschaft nicht „einmauern" zu können,[2] vielmehr sämtlichen Aktionären ein Austrittsrecht oder ein alternatives Investment zu ermöglichen.[3] Die insoweit maßgebliche **Kontrollschwelle** ist in § 29 Abs. 2 als das Halten von **mindestens 30 % der Stimmrechte** an der Zielgesellschaft definiert. Nur wenn der Bieter einen unterhalb dieses Schwellenwertes liegenden Anteil der Aktien der Zielgesellschaft erwerben will, ist demnach 4

---

1 Nicht möglich ist es damit, dass der Bieter sein Angebot von vornherein auf den Erwerb einer bestimmten Anzahl von Aktien, etwa nur auf so viele Aktien, als zur Sicherung einer Hauptversammlungsmehrheit von 50% oder 75% erforderlich sind, oder auf eine bestimmte Gattung von Aktien begrenzt, vgl. *Land/Hasselbach*, DB 2000, 1747, 1751.

2 *Liebscher*, ZIP 2001, 853, 862.

3 Regierungsbegründung, BR-Drucks. 574/01, S. 117; vgl. i.ü. Kommentierung zu § 32.

ein Teilangebot zulässig. In diesem Fall greift dann gegebenenfalls die pro-ratarische Zuteilungsregel des § 19 ein.

5 Die Zulässigkeit von Teilangeboten bei freiwilligen öffentlichen Erwerbsangeboten entspricht hierbei internationalen Standards und ist sowohl im Hinblick auf den Schutz des Kapitalmarkts als auch der Zielgesellschaft angemessen.[4]

4. Gesetzgebungsverfahren

6 In Anlehnung an den E-ÜbernahmeRL, der sich nur auf Übernahmeangebote bezog, regelte auch der Diskussionsentwurf nur Übernahmeangebote und im Rahmen dessen die Unzulässigkeit von Teilangeboten (§ 22 DiskE-ÜG). Regelungen über Angebote zum Erwerb von Wertpapieren und damit eine Regelung über die Zuteilung bei einem Teilangebot existierten im Diskussionsentwurf demnach nicht. Erst der Referentenentwurf bezog in seinen Anwendungsbereich auch Erwerbsangebote mit ein und regelte demgemäß in § 19 RefE-ÜG die Zuteilung bei einem Teilangebot. Dessen Wortlaut wurde in den Regierungsentwurf übernommen.

5. Übernahmekodex

7 Nach dem Übernahmekodex war der Bieter nicht dazu verpflichtet, sein Übernahmeangebot auf alle Wertpapiere der Zielgesellschaft zu erstrecken. Er konnte sein Angebot grundsätzlich nur für **Teile des Grundkapitals** der Zielgesellschaft abgeben. So konnte der Bieter Kontrolle über die Zielgesellschaft durch den Erwerb einer begrenzten Beteiligung insbesondere dann erlangen, wenn die Hauptversammlungen der Zielgesellschaft geringe Präsenzen aufwiesen.[5] Gab der Bieter ein solches Teilübernahmeangebot ab, mussten die annehmenden Inhaber der Wertpapiere der Zielgesellschaft pro rata, also anteilsmäßig berücksichtigt werden, falls die Annahmeerklärungen das Angebot überstiegen (Art. 10). Auch musste das Angebot Ausführungen über das Zuteilungsverfahren enthalten (Art. 7 Nr. 4).

8 Eine **faktische Einschränkung** der Möglichkeit zur Abgabe eines Teilübernahmeangebots ergab sich nur für den Fall, dass der Bieter bei Erfolg des Teilangebots mehr als **50 % der Stimmrechte** der Zielgesellschaft erreichte (auch unter Anrechnung bereits früher erworbener Bestände). In

---

4 *DAV*-Stellungnahme (April 2001), § 19.
5 *Riehmer/Schröder*, NZG 2000, 820, 821.

diesem Fall war der Bieter gemäß Art. 16, so weit dessen weiteren Voraussetzungen vorlagen, zur Abgabe eines Pflichtangebotes über alle noch ausstehenden Wertpapiere der Zielgesellschaft verpflichtet.

II. Rechtsvergleichung

1. Österreich

§ 20 des österreichischen Übernahmegesetzes enthält eine dem § 19 entsprechende Regelung über die **Zuteilung beim Teilangebot**. Zur Vermeidung unrunder Beträge gewährt § 20 Satz 3 öÜbG ausdrücklich eine Ausnahme vom Prinzip der verhältnismäßigen Berücksichtigung. Dadurch soll vermieden werden, dass bei Kleinstaktionären schwer handelbare Aktienbestände verbleiben.[6] Gemäß § 7 Nr. 5 öÜbG hat die vom Bieter zu erstellende Angebotsunterlage eine Darlegung der Zuteilungsregelung zu enthalten. **9**

Eine **Einschränkung** der Möglichkeit zur Abgabe eines Teilangebots ergibt sich nach dem österreichischen Übernahmegesetz aber, wenn der Bieter eine **kontrollierende Beteiligung** erwirbt. In diesem Fall ist der Bieter verpflichtet, für *alle* Beteiligungspapiere der Zielgesellschaft ein Angebot abzugeben (§ 22 öÜbG). Eine solche kontrollierende Beteiligung wird vermutet bei Erlangung von 30% (unter bestimmten Voraussetzungen schon bei Erlangung von 20%) der auf die ständig stimmberechtigten Aktien entfallenden Stimmrechte (§§ 1 bis 3 der 1. öÜbV). **10**

2. Schweiz

Auch nach dem schweizerischen Recht können öffentliche Kaufangebote[7] als **Teilangebote** abgegeben werden. Art. 10 Abs. 4 Satz 3 der Verordnung der Übernahmekommission über öffentliche Kaufangebote (BEHV), der den Gleichbehandlungsgrundsatz behandelt, bestimmt dann aber für Angebote, die nur so viele Beteiligungspapiere umfassen, dass deren Erwerb keine Pflicht zur Unterbreitung eines Angebots auf alle kotierten Beteiligungspapiere der Zielgesellschaft auslösen würde,[8] dass der Anbieter, falls er nicht alle Annahmeerklärungen erfüllen kann, diese anteilsmäßig berücksichtigen muss. **11**

6 Siehe Erläuterungen der Regierungsvorlage zum öÜbG, § 20, S. 23.

7 Angebote zum Kauf oder Tausch von Aktien, Art. 2 lit. e des Bundesgesetzes über die Börsen und den Effektenhandel, sBEHG.

8 Der Grenzwert liegt gemäß Art. 32 sBEHG bei 33 1/3% der Stimmrechte der Zielgesellschaft.

3. Vereinigtes Königreich

12 Teilangebote sind nach dem London City Code zulässig, bedürfen aber stets der **Zustimmung des Panel**.[9] Für Teilangebote, die nicht auf mehr als 30 % der Stimmrechte der Zielgesellschaft gerichtet sind, wird das Panel allerdings regelmäßig die Zustimmung erteilen. Diesem Fall liegt der Gedanke zu Grunde, dass ein solches Angebot keinen Kontrollwechsel zur Folge haben wird und Minderheitsaktionäre demnach keines Schutzes bedürfen.[10] Bei Teilangeboten, die auf Erreichung von mehr als 30 % der Stimmrechte gerichtet sind, wird hingegen eine Zustimmung des Panel normalerweise nicht erteilt.[11] Eine Ausnahme besteht nur für den Fall, dass vorab 50 % der Stimmrechtsinhaber der Zielgesellschaft, sofern diese nicht vom Bieter gehalten werden, zustimmen.[12]

13 Gehen dem Bieter Annahmeerklärungen über eine zu große Zahl von Wertpapieren zu, so müssen die das Angebot annehmenden Aktionäre nach Rule 36.7 London City Code anteilsmäßig, also auf pro rata-Basis berücksichtigt werden.

4. EU-Richtlinie

14 Die Vorschrift des § 19 hätte der Ermächtigung in Art. 3 Abs. 2 lit. a des E-ÜbernahmeRL entsprochen, wonach die Mitgliedstaaten dafür zu sorgen hatten, dass Vorschriften in Kraft sind, die den in der Richtlinie vorgeschriebenen Mindestanforderungen entsprechen. Eine solche Mindestanforderung war der in Art. 3 Abs. 1 lit. a E-ÜbernahmeRL enthaltene Gleichbehandlungsgrundsatz, dem § 3 Abs. 1 nachgebildet ist und auf den sich die Regelung des § 19 stützt.

III. Die „pro-ratarische" Zuteilung

1. Verhältnismäßige Zuteilung

15 § 19 bestimmt zur Zuteilung bei einem Teilangebot, dass die Annahmeerklärungen grundsätzlich verhältnismäßig zu berücksichtigen sind.

16 „Verhältnismäßige" Berücksichtigung bedeutet, dass der Bieter die annehmenden Inhaber der Wertpapiere der Zielgesellschaft anteilsmäßig,

9 Rule 36.1 London City Code.
10 Vgl. *Zinser*, RIW 2001, 481, 485.
11 Rule 36.2 London City Code.
12 Rule 36.5 London City Code.

d.h. „pro rata“ berücksichtigen muss, falls die Annahmeerklärungen das Angebot übersteigen. Dies bedeutet, dass eine prozentuale Zuteilung nach Maßgabe der dem Bieter von den einzelnen Aktionären tatsächlich angedienten Wertpapiere zu erfolgen hat, d.h. die Annahmeerklärung jedes Aktionärs der Zielgesellschaft ist in dem Verhältnis zu berücksichtigen, in dem das Teilangebot zur Gesamtheit der zugegangenen Annahmeerklärungen steht. Bei Erstreckung des öffentlichen Angebots auf mehrere Wertpapiergattungen erfolgt die Zuteilung für jede Wertpapiergattung gesondert.[13]

Eine **andere Zuteilung**, etwa nach dem Prioritätsprinzip oder nach dem prozentualen Anteil des Aktionärs an der Zielgesellschaft, würde einen Verstoß gegen den Gleichbehandlungsgrundsatz darstellen und wäre deshalb unzulässig. 17

2. Ausnahme

Grundsätzlich ordnet § 19 die verhältnismäßige Berücksichtigung der eingegangenen Annahmeerklärungen an. Aus **Praktikabilitätsgründen** kann jedoch von diesem Grundsatz bei Vorliegen eines sachlichen Grundes ausnahmsweise abgewichen werden. So können insbesondere kleinere Bestände angedienter Wertpapiere pauschal in vollem Umfang berücksichtigt werden.[14] Auf diese Weise können **Splitterbeteiligungen vermieden** werden. Der Verstoß gegen den Gleichbehandlungsgrundsatz kann in diesem Fall hingenommen werden, da bei kleineren Mengen einzelne Wertpapierinhaber nur unwesentlich bevorzugt werden.[15] 18

3. Angaben in Angebotsunterlage

Ebenso wie die Begrenzung des Angebots auf einen bestimmten Anteil oder eine bestimmte Anzahl ist die konkrete Zuteilungsregel in die Angebotsunterlage als ergänzende Angabe aufzunehmen (§ 11 Abs. 4 in Verbindung mit § 2 Nr. 6 AngebotsVO). Änderungen der Zuteilungsregeln sind bis zum Ende der Angebotsperiode in engen Grenzen zulässig.[16] 19

13 *Geibel*, in: Geibel/Süßmann, § 19 WpÜG Rn. 8.
14 Regierungsbegründung, BR-Drucks. 574/01, S. 116f.
15 *Diekmann*, WM 1997, 897, 899.
16 Hierzu näher *Geibel*, in Geibel/Süßmann, § 19 WpÜG Rn. 16.

§ 20 Handelsbestand

(1) Das Bundesaufsichtsamt läßt auf schriftlichen Antrag des Bieters zu, daß Wertpapiere der Zielgesellschaft bei den ergänzenden Angaben nach § 11 Abs. 4 Nr. 2, den Veröffentlichungspflichten nach § 23, der Berechnung des Stimmrechtsanteils nach § 29 Abs. 2 und der Bestimmung der Gegenleistung nach § 31 Abs. 1, 3 und 4 und der Gegenleistung nach § 31 Abs. 5 unberücksichtigt bleiben.

(2) Ein Befreiungsantrag nach Absatz 1 kann gestellt werden, wenn der Bieter, die mit ihm gemeinsam handelnden Personen oder deren Tochterunternehmen

1. **die betreffenden Wertpapiere halten oder zu halten beabsichtigen, um bestehende oder erwartete Unterschiede zwischen dem Erwerbspreis und dem Veräußerungspreis kurzfristig zu nutzen und**
2. **darlegen, daß mit dem Erwerb der Wertpapiere, so weit es sich um stimmberechtigte Aktien handelt, nicht beabsichtigt ist, auf die Geschäftsführung der Gesellschaft Einfluß zu nehmen.**

(3) Stimmrechte aus Aktien, die auf Grund einer Befreiung nach Absatz 1 unberücksichtigt bleiben, können nicht ausgeübt werden, wenn im Falle ihrer Berücksichtigung ein Angebot als Übernahmeangebot abzugeben wäre oder eine Verpflichtung nach § 35 Absatz 1 Satz 1 und Abs. 2 Satz 1 bestünde.

(4) Beabsichtigt der Bieter, Wertpapiere, für die eine Befreiung nach Absatz 1 erteilt worden ist, nicht mehr zu den in Absatz 1 Nr. 1 genannten Zwecken zu halten oder auf die Geschäftsführung der Gesellschaft Einfluß zu nehmen, ist dies dem Bundesaufsichtsamt unverzüglich mitzuteilen. Das Bundesaufsichtsamt kann die Befreiung nach Satz 1 außer nach den Vorschriften des Verwaltungsverfahrensgesetzes widerrufen, wenn die Verpflichtung nach Absatz 1 nicht erfüllt worden ist.

Übersicht

I. Grundlagen

1. Regelungsgegenstand und -zweck

Die Vorschrift orientiert sich an der bereits für den Bereich der Mittei- 1
lungs- und Veröffentlichungspflichten bei Veränderungen wesentlicher Beteiligungen geltenden Sonderregelung in § 23 WpHG.[1] Sie soll es **insbesondere Wertpapierdienstleistungsunternehmen** ermöglichen, ihr Kerngeschäft des Wertpapierhandels auch dann fortzuführen, wenn sie selbst **als Bieter**, gemeinsam handelnde Person eines anderen Bieters oder als deren Tochterunternehmen Beteiligte eines öffentlichen Angebots sind.[2] Daneben soll dem Umstand Rechnung getragen werden, dass neben Wertpapierdienstleistungsunternehmen auch andere **Unternehmen im Rahmen der Verwaltung ihres Vermögens** in Wertpapiere investieren. Sofern hiermit keine unternehmerische Betei-

1 Die Vorläuferregelung in Art. 16 Abs. 2 des Übernahmekodex' der Börsensachverständigenkommission verwies hinsichtlich der Antragstellung ausdrücklich auf § 23 WpHG. Die Regelung des § 20 steht als Spezialvorschrift neben § 23 WpHG. Eine erteilte Erlaubnis nach § 23 WpHG befreit nicht von der Antragspflicht nach § 20.

2 So jedenfalls die Regierungsbegründung, BR-Drucks. 574/01, S. 117. Siehe im Einzelnen unten, Rn. 5 f.

ligung beabsichtigt ist, die Papiere vielmehr im **Spekulationsbestand** gehalten werden, erfolgt ebenfalls eine Freistellung von den Vorschriften des Gesetzes.[3] Die Überschrift der Vorschrift ist mit „Handelsbestand" insofern zu eng.

Die Regelung soll Marktirritationen vermeiden und gleichzeitig dazu dienen, die **Funktionsfähigkeit des Finanzmarktes** sicherzustellen.[4] In enger Anlehnung an § 23 WpHG lässt die Vorschrift zu, dass Aktien der Zielgesellschaft, die nicht zu unternehmerischen Zwecken gehalten werden, insbesondere bei der Berechnung der in der Zielgesellschaft bestehenden Stimmrechte und bei der Berücksichtigung von Vorerwerben bei der Preisbestimmung außer Ansatz bleiben.

2 Nach Abs. 1 bleiben auf Antrag des Bieters Wertpapiere der Zielgesellschaft und Transaktionen in diesen Papieren unberücksichtigt, wenn die Voraussetzungen des Abs. 2 vorliegen. Nach Abs. 3 unterliegen die Stimmrechte aus Aktien, für die eine Befreiung nach Abs. 1 erteilt wurde, insoweit einer **Ausübungssperre** als im Falle eines Angebots die Vorschriften über Übernahmeangebote anzuwenden wären oder ein Pflichtangebot abzugeben wäre, d.h. die Stimmrechtsausübung in der Zielgesellschaft wird auf 30% minus eine Stimme beschränkt. Die Vorschrift dient dem Umgehungsschutz. Zu besorgen ist allerdings, dass diese Regelung zu einem weiteren Absinken der Hauptversammlungspräsenzen führt.[5] Abs. 4 erfasst schließlich die Fälle, in denen der Bieter die Wertpapiere der Bietergesellschaft zunächst ohne unternehmerische Zielsetzung hält, zu einem späteren Zeitpunkt aber eine **„Umwidmung"** vornimmt, um die Papiere als strategisches Investment nunmehr im Anlagebestand zu halten.

2. Systematische Stellung und Geltungsbereich

3 Die Vorschrift des dritten Abschnitts enthält die vor die Klammer gezogene generelle Regelung für ohne unternehmerische Zielsetzung durch den Bieter gehaltene Aktien der Zielgesellschaft in Gestalt einer enumerativen Aufzählung. Wird auf Antrag beim Bundesaufsichtsamt eine Befreiung nach Abs. 1 erteilt, so sind über die betreffenden Pa-

---

3 So die Begründung einer Beschlussempfehlung des Finanzausschusses des Bundestages, BT-Drucks. 14/7403, S. 68.

4 Regierungsbegründung, BR-Drucks. 574/01, S. 117.

5 Nach einer empirischen Untersuchung von *Baums/Fraune*, AG 1995, 97ff., beträgt diese bei börsennotierten Publikumsaktiengesellschaften in Deutschland durchschnittlich 58%.

piere keine ergänzenden Angaben gemäß § 11 Abs. 4 Nr. 2 in die Angebotsunterlage aufzunehmen. Des Weiteren sind die den Bieter während des Angebotsverfahrens und nach Abschluss des Verfahrens treffenden Veröffentlichungspflichten des § 23 nicht anwendbar. Vorstehende Erleichterungen gelten für alle Formen des Angebots, d. h. sowohl für das „schlichte Erwerbsangebot“ als auch für das Übernahme- oder Pflichtangebot (§§ 34, 39). Nicht anwendbar sind daneben bei Vorliegen einer Befreiung nach Abs. 1 die für Übernahmeangebote geltende Vorschrift des § 29 Abs. 2 zur Berechnung des ein Pflichtangebot auslösenden Stimmrechtsanteils und die Vorschriften des § 31 Abs. 1, 3 und 4 über die Bestimmung der Gegenleistung und der Geldleistung nach § 31 Abs. 5. Dies betrifft nachträgliche Käufe des Bieters nach § 31 Abs. 5 innerhalb eines Jahres nach der Veröffentlichung gemäß § 23 Nr. 2.[6] Spezielle weitere Befreiungstatbestände für die Ermittlung der Pflichtangebotsschwelle enthält § 36.

3. Genese der Regelung

Sowohl der Übernahmekodex der Börsensachverständigenkommission als auch noch der Diskussionsentwurf des vorliegenden Gesetzes enthielten keine allgemeine oder umfassende Regelung betreffend im Handels- oder Spekulationsbestand des Bieters gehaltene Aktien der Zielgesellschaft. Nach Art. 16 Abs. 2 des **Übernahmekodex’** blieben Stimmrechte aus Wertpapieren, die zum Handelsbestand gehören und für die „entsprechend der Regelungen des § 23 WpHG“ eine Befreiung durch das Bundesaufsichtsamt erteilt wurde, lediglich bei der Beurteilung, ob die für das Pflichtangebot maßgebliche Kontrollschwelle erreicht ist, unberücksichtigt. Hieran hatte sich die entsprechende Regelung in § 35 Abs. 2 des **Diskussionsentwurfs des vorliegenden Gesetzes** zunächst orientiert. Bei Vorliegen der nunmehr – in erweiterter Form – in der allgemeinen Vorschrift des Abs. 2 genannten Voraussetzungen sollte das Bundesaufsichtsamt auf schriftlichen Antrag des Bieters zulassen, dass Stimmrechte aus den im Handelsbestand gehaltenen Aktien der Zielgesellschaft bei der Berechnung des für die Pflichtangebotsschwelle maßgeblichen Stimmrechtsanteils unberücksichtigt bleiben. Erst im **Referentenentwurf** wurde die Regelung vor die Klammer gezogen und – bei zunächst unveränderter Tatbestandsseite – hinsichtlich der Rechtsfolgen einer Befreiung auf die Nichtberücksichtigung in den ergänzenden Angaben in der Angebotsunterlage 4

6 *Racky*, in: Geibel/Süßmann, WpÜG, § 20, Rn. 17.

nach § 11 Abs. 4 Nr. 2,[7] den Veröffentlichungspflichten nach § 23 und für die Bestimmung der Gegenleistung nach § 31 Abs. 1, 3 und 4 sowie der Geldleistung nach § 31 Abs. 5 ausgedehnt. Die Regelung der „Umwidmung" in Abs. 4 wurde auf Anregung aus der Anwaltschaft erst nachträglich in den Regierungsentwurf aufgenommen.

4. Insbesondere: Änderung im Finanzausschuss des Bundestages

5 Sowohl in der Fassung des Referenten- als auch des Regierungsentwurfes betraf die Vorschrift lediglich Wertpapiere im Handelsbestand eines **Wertpapierdienstleistungsunternehmens**. Als Vorbild des Abs. 2 diente ursprünglich § 23 Abs. 1 WpHG, der zwischen dem „Handelsbestand" und dem „Anlagebestand" von Wertpapierdienstleistungsunternehmen unterscheidet. Bei dem Bieter oder ggf. bei den mit ihm gemeinsam handelnden Personen oder deren Tochterunternehmen musste es sich um zur Teilnahme an einem organisierten Markt zugelassene Wertpapierdienstleistungsunternehmen handeln. Nur diese haben einen Handelsbestand. Die in Kraft getretene Fassung der Regelung beruht auf einer erst in der Schlussphase des Gesetzgebungsverfahrens umgesetzten Beschlussempfehlung des Finanzausschusses des Bundestages.[8] Der Normtext (des Abs. 2) orientiert sich nunmehr an § 23 Abs. 2 WpHG, der im Gesamtzusammenhang des § 23 WpHG einen – praktisch bislang wenig relevanten – **Auffangtatbestand** für solche Unternehmen beinhaltet, die **nicht** Wertpapierdienstleistungsunternehmen im Sinne des § 2 Abs. 4 WpHG sind. Das maßgebliche Begriffspaar besteht hier im „Spekulationsbestand" einerseits und im „Dauerbestand" andererseits.

6 Vor dem Hintergrund des mit der Beschlussempfehlung des Finanzausschusses verfolgten – berechtigten – Regelungsanliegens muss diese Änderung als missglückt bezeichnet werden. Denn ausweislich der Begründung des Finanzausschusses sollte eine **Erweiterung der Freistellungsmöglichkeit** „auch" auf andere Unternehmen (als Wertpapierhandelsunternehmen) bewirkt werden, nicht hingegen eine Einschränkung der Freistellungsmöglichkeiten für Wertpapierdienstleistungsunternehmen.[9] Die umgesetzte Formulierung bezeichnet nach Aufnahme **des Merkmals der Kurzfristigkeit** lediglich den **Spekula-**

7 Siehe aber § 12 Abs. 3 Satz 3 Nr. 6 des Diskussionsentwurfes, der hinsichtlich der ergänzenden Angaben in der Angebotsunterlage wiederum eine Verweisung auf § 35 Abs. 2 vorsah.

8 Regierungsbegründung, BT-Drucks. 14/7034, S. 21 f.

9 Regierungsbegründung, BT-Drucks. 14/7034, S. 68.

tionsbestand eines Unternehmens im Sinne des § 23 Abs. 2 WpHG. Offenbar übersehen wurde, dass dieser nicht notwendig deckungsgleich ist mit dem **Handelsbestand eines Wertpapierdienstleistungsunternehmens**, der durchaus einen gewissen Dauerbestand aufweisen kann.[10] Im Ergebnis bewirkt die durch den Finanzausschuss vorgenommene Änderung bei wörtlicher Auslegung des Abs. 2 keine Erweiterung, sondern eine – offensichtlich nicht gewollte – Modifizierung oder Einschränkung der Regelung. Dies steht bereits im Widerspruch zur gleichwohl beibehaltenen Überschrift der Vorschrift („Handelsbestand"). Dass der Gesetzgeber in § 20 einen neuen und von § 23 WpHG abweichenden Begriff des Handelsbestands kreieren wollte, ist nach der Begründung des Finanzausschusses nicht anzunehmen. Konsequenterweise hätte sowohl die Regelung des § 23 Abs. 1 WpHG als auch die des § 23 Abs. 2 WpHG übernommen werden müssen. Die Beibehaltung der Überschrift „Handelsbestand" lässt vermuten, dass dies gewollt war. Bis zur Klarstellung durch den Gesetzgeber ist daher davon auszugehen, dass sowohl der Handelsbestand von Wertpapierdienstleistungsunternehmen als auch der Spekulationsbestand sonstiger Unternehmen privilegiert ist. Ein Befreiungsantrag nach Abs. 1 ist grundsätzlich auch dann positiv zu bescheiden ist, wenn die betreffenden Papiere mit einer gewissen Dauer im Handelsbestand eines Wertpapierdienstleistungsunternehmens gehalten werden. Ist Antragsteller ein Wertpapierdienstleistungsunternehmen, so verbietet sich mithin eine restriktive Auslegung des Tatbestandsmerkmals „kurzfristig" in Abs. 2 Nr. 1.[11]

5. Rechtsvergleichende Hinweise

Das **öÜbG** enthält in § 24 Abs. 2 eine Verordnungsermächtigung zur 7
Schaffung von **Ausnahmen vom Pflichtangebot** „für die Tätigkeit von Kreditinstituten im Rahmen ihrer Wertpapiergeschäfte". Ausweislich der amtlichen Begründung sind hiermit Effektengeschäfte auf fremde Rechnung, Geschäfte im Rahmen des Investmentfondsgeschäfts und des Market-Maker-Geschäfts angesprochen. Sonstige Erleichterungen im Hinblick auf im Handelsbestand gehaltene Papiere bestehen nicht. Auch das **schweizerische Recht** enthält lediglich eine – zudem allgemein gehaltene – Regelung für das Pflichtangebot. Nach Art. 32 Abs. 2 lit. c) sBEHG kann die Aufsichtsbehörde „bei nur vor-

---

10 Vgl. hierzu *Schneider*, in: Assmann/Schneider (Hrsg.), Wertpapierhandelsgesetz, 2. Aufl., 1999, § 23, Rn. 52.

11 Siehe auch unten, Rn. 16.

übergehender Überschreitung des Grenzwertes“ eine **Ausnahme von der Angebotspflicht** vorsehen.

II. Rechtsnatur der Befreiung nach Abs. 1

8 Die Erlaubnis nach Abs. 1 ist ein **begünstigender Verwaltungsakt**, auf den die Vorschriften der §§ 35 ff. VwVfG Anwendung finden. Insbesondere kann die Erlaubnis unter den Voraussetzungen des § 36 Abs. 1 VwVfG mit einer Nebenbestimmung versehen, nach § 48 VwVfG zurückgenommen und nach § 49 VwVfG widerrufen werden.[12] Eine spezielle Widerrufsermächtigung enthält Abs. 4 Satz 2 für den Fall, dass die Verpflichtung nach Abs. 4 Satz 1 nicht eingehalten wird.[13] Die Entscheidung des Bundesaufsichtsamtes ist eine Einzelfallentscheidung. Eine Befreiung nach Abs. 1 für den gesamten Handels- oder Spekulationsbestand eines Wertpapierdienstleistungsunternehmens etwa im Hinblick auch auf künftige Angebote ist nicht vorgesehen.[14]

III. Antragsberechtigung

9 Nach Abs. 1 antragsberechtigt ist stets nur der **Bieter** selbst, also diejenige natürliche oder juristische Person oder Personenhandelsgesellschaft, die allein oder mit anderen Personen ein Angebot abgibt, ein solches beabsichtigt oder zur Abgabe verpflichtet ist (§ 2 Abs. 4). Sind an einem Angebot mehrere Bieter beteiligt, so ist jeder Bieter für sich antragsberechtigt. Der Antrag ist schriftlich, d. h. auch durch Telefax, zu stellen. Die Antragstellung im Wege der elektronischen Datenfernübertragung ist zulässig, sofern der Absender zweifelsfrei erkennbar ist.

IV. Befreiungsvoraussetzungen, Abs. 2

10 Voraussetzung für den Antrag nach Abs. 1 ist, dass der Bieter selbst, die mit ihm gemeinsam handelnden Personen oder deren Tochterunternehmen die betreffenden Wertpapiere halten oder – sofern ein Erwerb

12 Siehe unten, Rn. 25 ff.
13 Siehe unten, Rn. 26.
14 Anders *U. H. Schneider* (Fn. 9), für § 23 WpHG.

der Wertpapiere noch nicht erfolgt ist – zu halten beabsichtigen, um bestehende oder erwartete Unterschiede zwischen dem Erwerbspreis und dem Veräußerungspreis kurzfristig zu nutzen. Handelt es sich bei den Wertpapieren um stimmberechtigte Aktien, muss zugleich dargelegt werden, dass mit dem Erwerb nicht beabsichtigt ist, auf die Geschäftsführung der Gesellschaft Einfluss zu nehmen. Beide Voraussetzungen müssen jeweils kumulativ bei dem Unternehmen vorliegen, dessen Wertpapierbestand nach Abs. 1 unberücksichtigt bleiben soll.

1. Spekulationsbestand, Nr. 1

Der Antragsteller muss die betreffenden Papiere halten oder zu halten **11**
beabsichtigen, um bestehende oder erwartete Unterschiede zwischen dem Erwerbspreis und dem Veräußerungspreis kurzfristig zu nutzen. Wie in § 23 Abs. 2 WpHG wird zwischen einem **Dauerbestand** und einem **Spekulationsbestand** unterschieden.

a) Begriff und Abgrenzung

Die Freistellungsmöglichkeit nach Abs. 1 war ursprünglich beschränkt **12**
auf den **Handelsbestand** von Wertpapierdienstleistungsunternehmen.[15] Zum Handelsbestand gehören solche Aktien, die der Erbringung von Wertpapierdienstleistungen, wie sie die Geschäftstätigkeit eines Wertpapierdienstleistungsunternehmens ausmachen, zu dienen bestimmt sind. Wertpapierdienstleistungen in diesem Sinne sind nicht nur Rechtsgeschäfte zur Erfüllung von Kaufverträgen, sondern auch solche im Rahmen des Eigenhandels sowie zur Erfüllung etwa von Darlehensverträgen.[16] Zum Handelsbestand können ferner auch Aktien zählen, die ein Wertpapierdienstleistungsunternehmen im Wege der Wertpapierleihe kurzfristig hereinnimmt und weiter verleiht.[17] Ein zum Zwecke der Streuung am Kapitalmarkt einmalig hereingenommenes Paket kann zum Handelsbestand gehören. Dies muss auch für Aktien gelten, die das Unternehmen mit dem Ziel des Paketaufbaus auf eigene Rechnung erwirbt, sofern eine Weiterveräußerung beabsichtigt ist.[18]

Vorstehendem entspricht weitgehend der **Spekulationsbestand** bei Un- **13**
ternehmen, die keine Wertpapierdienstleistungen erbringen. Die Be-

15 Siehe oben, Rn. 5.

16 Vgl. Regierungsbegründung zu § 71 Abs. 1 Nr. 7 AktG, BT-Drucks. 12/6679, S. 83 f.

17 So *U.H. Schneider* (Fn. 9), Rn. 16, zu § 23 WpHG.

18 Anders *U.H. Schneider* (Fn. 9), Rn. 17 und 37 zu § 23 WpHG.

griffe des Spekulations- und des Handelsbestands sind jedoch nicht vollständig inhaltsgleich.[19] Es besteht ein Unterschied in der Zweckbestimmung: Für den Handelsbestand eines Wertpapierdienstleistungsunternehmens kommt es nicht darauf an, ob dieser genutzt werden soll, um durch Erbringung der entsprechenden Wertpapierdienstleistungen ein Entgelt zu erzielen, oder ob bestehende oder erwartete Unterschiede zwischen Erwerb- und Veräußerungspreis kurzfristig ausgenutzt werden sollen. Der Begriff des Spekulationsbestandes ist also insofern enger als er zum einen ein **gewinnorientiertes subjektives Element** und zum anderen das **Merkmal der Kurzfristigkeit** beinhaltet.

14 Bereits an anderer Stelle wurde aufgezeigt, dass die Beschränkung der Freistellungsmöglichkeit des Abs. 1 auf im Spekulationsbestand gehaltene Wertpapiere offensichtlich auf einem **Redaktionsversehen** des Gesetzgebers beruht.[20] Legte man dem Abs. 2 Nr. 1 das gleiche Verständnis zu Grunde wie der parallelen Vorschrift des § 23 Abs. 2 Nr. 1 WpHG, so könnten Wertpapierdienstleistungsunternehmen für ihre im Handelsbestand gehaltenen Wertpapiere niemals eine Befreiung nach Abs. 1 erlangen. Denn zwischen § 23 Abs. 1 und 2 WpHG besteht insofern ein Exklusivitätsverhältnis. Derartiges kann vorliegend nicht gewollt sein, zumal in § 20 eine Entsprechung zu § 23 Abs. 1 WpHG fehlt. Vor diesem Hintergrund erfasst Abs. 2 grundsätzlich auch Wertpapierdienstleistungsunternehmen im Sinne des § 2 Abs. 4 WpHG, die die betreffenden Papiere im Handelsbestand halten. Eine andere Auslegung, d.h. die Beschränkung auf Unternehmen, die keine Wertpapierdienstleistungen erbringen, würde zum weitgehenden Leerlaufen der Vorschrift führen.

15 Der **Spekulationsbestand** lässt sich nicht allein aufgrund objektiver Umstände vom Dauerbestand abgrenzen. Zwei subjektive Merkmale müssen hinzukommen. Dies ist zum einen die Zweckbestimmung, d.h. die Entscheidung des Antragstellers, ob und welche Aktien dem Spekulationsbestand zuzuordnen sind. Die Entscheidung liegt im Ermessen des Antragstellers. Sie muss aber willkürfrei und nachprüfbar sein. Die Entscheidung, d.h. ein entsprechender Beschluss der Geschäftsführung des Antragstellers, ist bereits zur Erleichterung der Überprüfung nach § 23 WpHG aktenkundig zu machen. Zum anderen ist eine Entscheidung darüber erforderlich, dass mit dem Erwerb stimmberechtigter Aktien nicht beabsichtigt ist, „auf die Geschäftsfüh-

19 Vgl. im Einzelnen *U.H. Schneider* (Fn. 9), Rn. 52 sowie oben, Rn. 6.
20 Siehe oben, Rn. 5f.

rung der Gesellschaft Einfluss zu nehmen".[21] Die Führung getrennter Konten für den Spekulationsbestand einerseits und den Dauerbestand andererseits ist zu empfehlen. Denn nur auf diese Weise lässt sich ermitteln, für welche Aktien ggf. das Stimmrecht ausgeübt werden darf.

b) Kurzfristigkeit

Das Erfordernis der „Kurzfristigkeit" ist auf den Haltezeitraum zu beziehen. Darüber, welcher Zeitraum als kurzfristig anzusehen ist, enthalten weder das Gesetz noch die Begründung Anhaltspunkte. Als ein solcher kann möglicherweise § 23 Abs. 1 Nr. 2 EstG dienen, wonach Spekulationsgeschäfte bei Wertpapieren dann Veräußerungsgeschäfte sind, wenn der Zeitraum zwischen Anschaffung und Veräußerung **nicht mehr als ein Jahr** beträgt. Denn diese Bestimmung gibt Aufschluss darüber, welche Zeitspanne nach der Vorstellung des Gesetzgebers mindestens verstrichen sein muss, damit von einer mittelfristigen im Gegensatz zu einer kurzfristigen oder spekulativen Anlage gesprochen werden kann. Eine gleichsam starre (Jahres-) Grenze kann der nur für Privatpersonen geltenden Vorschrift des § 23 Abs. 1 Nr. 2 freilich nicht entnommen werden. Ein tatsächliches Halten über Zeiträume **von mehr als einem Jahr** kann namentlich dann unschädlich sein, wenn sich zwischenzeitlich keine Kursunterschiede ergeben haben, die zu nutzen aus der Sicht des Antragstellers sinnvoll gewesen wäre. Denn – anders als bei § 23 Abs. 1 Nr. 2 EStG – ist das Merkmal der Kurzfristigkeit hier **subjektiv** zu bestimmen, sodass allein die Vorstellung des Antragstellers im Zeitpunkt der Antragstellung nach Abs. 1 maßgeblich ist. Haben diese sich als nicht zutreffend erwiesen, so führt dies nicht zwingend zum Entfallen der Voraussetzungen der Freistellung. Erst wenn der Bieter die Absicht, die Wertpapiere zu Spekulationszwecken zu halten, endgültig zugunsten einer unternehmerischen Beteiligung aufgibt, entfallen die Befreiungsvoraussetzungen. Des Weiteren dürfen vor dem Hintergrund der Genese der Regelung namentlich dann keine überzogenen Anforderungen an das (subjektive) Merkmal der Kurzfristigkeit gestellt werden, wenn es sich bei dem Antragsteller um ein Wertpapierdienstleistungsunternehmen handelt, dass die betreffenden Wertpapiere im Handelsbestand zu halten beabsichtigt.[22] **16**

21 Sog. „Zölibatsklausel". Siehe unten, Rn. 17 f.
22 Siehe oben, Rn. 6.

2. Fehlende Absicht der Einflussnahme, Nr. 2

17 Handelt es sich bei den Wertpapieren um stimmberechtigte Aktien, so muss zugleich dargelegt werden, dass mit dem Erwerb nicht beabsichtigt ist, auf die Geschäftsführung der Gesellschaft Einfluss zu nehmen (sog. **„Zölibatsabsicht“**). Da die Erlaubnis sich sowohl auf den vorhandenen als auch auf den zukünftigen Bestand bezieht, ist über den Wortlaut des § 20 hinaus zu verlangen, dass der Bieter auch die fehlende Absicht darlegt, mit dem zukünftig zu erwerbenden Bestand Einfluss auf die Geschäftsführung zu nehmen.[23] Maßgebend ist dabei die Absicht im Zeitpunkt des Erwerbs. Sie muss im **Zeitpunkt der Antragstellung** noch fortbestehen. Mit „Einfluss auf die Geschäftsführung der Gesellschaft“ meint das Gesetz nicht einen – auch dem Großaktionär ohnehin nicht zustehenden (§ 119 Abs. 2 AktG) – rechtlichen, sondern den, etwa über §§ 101 Abs. 1, 84 Abs. 1 AktG vermittelten, faktischen Einfluss auf die Verwaltung. Die Zielrichtung möglicher Einflussnahme ist weit auszulegen. Die bloße „Zölibatsabsicht“ im maßgeblichen Zeitpunkt genügt nicht. Vielmehr ist zu verlangen, dass sich der Antragsteller in der Folgezeit entsprechend dieser in Acht verhält. Das Verbot der Einflussnahme betrifft nur diejenigen Aktien, für die eine Befreiung nach Abs. 1 beantragt wurde. Hinsichtlich etwaiger übriger Bestände steht dem Antragsteller die Geltendmachung seines Einflusses frei.

18 Weder das Gesetz noch die amtliche Begründung geben Aufschluss darüber, wie im Einzelnen dargelegt werden soll, dass mit dem Erwerb der Aktien nicht beabsichtigt ist, auf die Geschäftsführung der Gesellschaft Einfluss zu nehmen. Auf diesen Umstand ist während des Gesetzgebungsverfahrens verschiedentlich von Seiten der Kleinaktionärsvertreter hingewiesen worden. Im Ergebnis kann nicht mehr verlangt werden als eine in den Antrag aufzunehmende Erklärung über die bestehende „Zölibatsabsicht“. Zu Beweiszwecken sollte ein der Erklärung vorausgegangener Beschluss aktenkundig gemacht werden.

3. Antrag

19 Aus Vorstehendem ergibt sich der **notwendige Inhalt** eines Antrags nach Abs. 1. Dieser muss beinhalten:

– die Angabe, für welche Aktien welcher Gesellschaft und ggf. in welchem Umfang eine Befreiung beantragt wird, sofern der Antrag

23 *Racky* (Fn. 5), Rn. 29.

– ausnahmsweise – auf bestimmte der in Abs. 1 genannten Befreiungsmöglichkeiten beschränkt werden soll,
- eine Begründung für den beantragten Umfang der Erlaubnis,
- einen Nachweis der Errichtung eigener, von den übrigen Beständen getrennter Konten für den Spekulationsbestand,[24]
- eine Erklärung der Geschäftsführung, dass diese Konten ausschließlich zur kurzfristigen Spekulation oder dass die betreffenden Aktien ausschließlich der Erbringung von Wertpapierdienstleistungen zu dienen bestimmt sind und dass eine Einflussnahme auf die Gesellschaft mit den gesondert verbuchten Beständen nicht beabsichtigt ist.

V. Entscheidung des Bundesaufsichtsamtes

Die Entscheidung des Bundesaufsichtsamtes ist eine **gebundene Entscheidung**. Liegen die Voraussetzungen des Abs. 2 vor, hat das Bundesaufsichtsamt daher kein Ermessen.[25] Der Antragsteller hat einen Anspruch auf Erteilung der Befreiung. Mangels spezieller Vorschriften kann das Bundesaufsichtsamt die Gestattung nur unter den Voraussetzungen des § 36 Abs. 1 2. Alt. VwVfG mit Nebenbestimmungen verbinden. Einen Schwerpunkt der Prüfung durch das Bundesaufsichtsamt wird die Frage bilden, ob der Umfang des Handelsbestandes nicht willkürlich ist. Die Bescheidung des Antrags nach Abs. 1 ist gebührenpflichtig.[26] **20**

Liegt im Zeitpunkt des Entstehens einer Angebotspflicht nach § 35 **noch keine Befreiung** vor, so ist der Angebotsverpflichtung auch dann nachzukommen, wenn die Befreiung **bereits beantragt** wurde. Der Antrag nach Abs. 1 hat keine aufschiebende Wirkung. Auch entschuldigt ein Abwarten der Entscheidung des Bundesaufsichtsamtes ein verzögertes Angebot nicht. Wird eine Befreiung erteilt, nachdem bereits ein Angebot nach § 35 abgegeben wurde, so kann dieses nunmehr seitens des Bieters schwerlich für unverbindlich erklärt werden. Auch ohne spezielle gesetzliche Ermächtigung wird man daher das Bundesaufsichtsamt für befugt halten müssen, eine **vorläufige Regelung** zu erlassen.[27] **21**

---

24 A. A. wohl *Racky* (Fn. 5), Rn. 21.

25 Regierungsbegründung, BR-Drucks. 574/01, S. 118.

26 § 2 Nr. 4 GebührenVO. Der Gebührenrahmen beträgt 2000 bis 5000 Euro (§ 4 Abs. 1 GebührenVO).

27 Vgl. *Kopp/Ramsauer*, VwVfG, 7. Aufl., 2000, § 9, Rn. 18.

In diesem Fall ist die Befreiung als durch den Erlass der endgültigen Entscheidung auflösend bedingt oder als mit einem Widerrufsvorbehalt verbunden anzusehen, § 36 Abs. 1 2. Alt., Abs. 2 Nr. 2 und 3 VwVfG.

VI. Rechtsfolgen der Befreiung

1. Nichtberücksichtigung der Papiere

22 Wird dem Antragsteller die begehrte Befreiung erteilt, so sind im Falle eines Angebots über die Papiere, die Gegenstand der Befreiung sind, keine ergänzenden Angaben nach § 11 Abs. 4 Nr. 2 in die **Angebotsunterlage** aufzunehmen. Daneben sind die den Bieter während des Angebotsverfahrens und nach dessen Abschluss treffenden **Veröffentlichungspflichten** des § 23 insoweit nicht anwendbar. Gleiches gilt im Zusammenhang mit den (nur) für Übernahmen geltenden Vorschriften zur Berechnung des ein Pflichtangebot auslösenden Stimmrechtsanteils nach § 29 Abs. 2. Die hiermit verbundene **Befreiung vom Pflichtangebot** beinhaltet die eigentliche Bedeutung der Vorschrift. Die Vorschrift vermeidet insofern Eingriffe in die unternehmerische Freiheit und die im Zusammenhang mit der Vermögensverwaltung für Dritte übernommenen Sorgfaltspflichten des Vermögensverwalters, sofern es sich hierbei um Wertpapierdienstleistungsunternehmen handelt. Begünstigt sind deutsche Kapitalanlagegesellschaften, die Tochtergesellschaften von Kreditinstituten sind, und europäische Kapitalanlagengesellschaften, nicht hingegen etwa US-amerikanische Pensionsfonds. Daneben können die Wertpapiere bei Abgabe eines Angebots bei der **Bestimmung der Gegenleistung**, des Angebotspreises, nach § 31 Abs. 1, 3 und 4 sowie der Geldleistung nach § 31 Abs. 5 unberücksichtigt bleiben. Hierzu ist der Antragsteller nur berechtigt, nicht hingegen verpflichtet. Führt die Berücksichtigung der Papiere etwa zu einem niedrigeren Angebotspreis, so ist dem Bieter diese nach dem Wortlaut der Vorschriften nicht verwehrt.

2. Ruhen des Stimmrechts

23 Nach Abs. 3 unterliegen die Stimmrechte aus Aktien, für die eine Befreiung nach Abs. 1 erteilt wurde, einer **Ausübungssperre**, „wenn" im Falle eines Angebots die Vorschriften über Übernahmeangebote anzuwenden oder ein Pflichtangebot abzugeben wäre, d. h. wenn die Kontrollschwelle des § 29 Abs. 2 überschritten würde.

a) Umfang des Stimmverbots

Der **Wortlaut der Vorschrift** gibt keinen eindeutigen Aufschluss über den Umfang des Stimmverbots, d.h. die Frage, ob die Ausübungssperre nur hinsichtlich derjenigen Stimmrechte besteht, die zu einem Erreichen oder Überschreiten der Kontrollschwelle führen würde **(„kleine Lösung")** oder ob dem Stimmverbot *alle* von der Befreiung nach Abs. 1 erfassten Aktien unterliegen **(„große Lösung")**. Die Auslegung im letzteren Sinne legt der Gesetzeswortlaut („*wenn*") nahe, während die Gesetzesbegründung von einer Ausübungssperre „*insoweit*" (als im Falle eines Angebots die Vorschriften über Übernahmeangebote anzuwenden wären oder ein Pflichtangebot abzugeben wäre) spricht.[28] Diese Formulierung in der Gesetzesbegründung ist ein starkes Argument dafür, dass das in Abs. 3 verwendete „*wenn*" als „*soweit*" zu lesen ist. Allerdings hat der Gesetzgeber trotz der bekannten identischen Unsicherheit in der Auslegung des gleichlautenden § 23 Abs. 4 WpHG[29] nicht die sich nunmehr bietende Gelegenheit zur Klarstellung im Gesetzestext genutzt. 24

Das Problem lässt sich auch nicht in jedem Fall praktisch dadurch lösen, dass der Antrag nach Abs. 1 von vornherein auf diejenigen Papiere beschränkt wird, die zu einem Erreichen oder Überschreiten der Kontrollschwelle führen würden, d.h. durch eine Beschränkung des Antrags auf einen Stimmrechtsanteils von 30% abzgl. einer Stimme. Denn die Regelungsbereiche von Abs. 1 und 3 sind nicht vollständig deckungsgleich. Es kann durchaus ein berechtigtes Interesse des betreffenden Unternehmens bestehen, alle im Spekulations- oder Handelsbestand gehaltenen Aktien etwa im Rahmen eines „schlichten Erwerbsangebots" von der Berechnungsgrundlage für die Gegenleistung auszunehmen. 25

Neben der Gesetzesbegründung sprechen indes auch **Systematik und Gesetzeszweck** für die „kleine Lösung". Die „große Lösung" hätte dagegen nachteilige Auswirkungen auf die Hauptversammlungspräsenzen im Allgemeinen. Insgesamt gelten hier die gleichen Erwägungen wie im Zusammenhang mit der Auslegung des § 23 Abs. 4 WpHG: Es besteht kein zwingender Grund, dass der Umfang von Befreiung und Ausführungsverbot einander vollumfänglich entsprechen müssen. Abs. 3 dient dem Umgehungsschutz der Regelungen betreffend Übernahmeangebote und das Pflichtangebot. Diese werden je- 26

28 Regierungsbegründung, BR-Drucks. 574/01, S. 118.

29 Vgl. dazu *Cahn*, AG 1997, 502, 508, und *U.H. Schneider* (Fn. 9), Rn. 99ff.

doch erst dann relevant, wenn die Kontrollschwelle von 30% erreicht wird. Dementsprechend muss auch ein Umgehungsschutz erst in diesem Moment einsetzen. Zudem würde die Erstreckung des Stimmverbots auf alle von der Befreiung erfassten Stimmrechte zu abwegigen Ergebnissen führen, da ein Stimmverbot in diesem Umfang nach dem Gesetzeswortlaut jedenfalls nur solange Bestand haben könnte, wie aus der Befreiung nach Abs. 1 noch eine Erlaubnis zur Nichtberücksichtigung der Stimmrechte folgt. Sinkt der Spekulations- oder Handelsbestand unter die Kontrollschwelle, so könnte der Antragsteller nunmehr bis zu 30% abzgl. einer Stimme mehr an Stimmrechten ausüben als zuvor. Es ist kein Grund ersichtlich, ihm genau dies vor einem entsprechenden Herabsinken des Spekulations- oder Handelsbestandes zu verwehren. Nach allem sprechen die besseren Argumente für eine **Beschränkung des Stimmverbots auf die 30% abzgl. einer Stimme überschreitenden Stimmrechte** in der Gesellschaft.[30] Dabei ist eine „konsolidierte Betrachtungsweise"[31] anzustellen, d.h. die Bestände gemeinsam handelnder Personen und deren Tochterunternehmen sind für die Ermittlung eines Überschreitens der Schwellenwerte zu addieren. Des Weiteren kann das Stimmverbot dann stets nur diejenigen Stimmrechtsanteile erfassen, für die eine Befreiung nach Abs. 1 erteilt wurde. Ist etwa nur für den Bestand eines Tochterunternehmens des Bieters eine Befreiung erteilt, so kann bei der Konsolidierung der Bestände des Bieters und der mit ihm handelnden Personen das Stimmverbot stets nur den Bestand dieses Tochterunternehmens erfassen.

b) Dauer des Stimmverbots

27 Das Ausführungsverbot nach Abs. 3 besteht solange die Befreiung nach Abs. 1 nicht erloschen ist und so weit die Berücksichtigung der Stimmrechte die Anwendung der §§ 29ff. oder 35ff. auslösen würde.

VII. Erlöschen der Erlaubnis

1. Erlöschensgründe

28 Die Befreiung nach Abs. 1 ist ein **begünstigender Verwaltungsakt mit Dauerwirkung**, dessen Erlöschen sich nach den Vorschriften des VwVfG richtet (§ 43 Abs. 2 VwVfG). Danach endet die Befreiung

30 So im Ergebnis auch *Cahn*, a.a.O., und *U.H. Schneider* (Fn. 9), Rn. 101, für § 23 Abs. 4 WpHG.

31 *Racky* (Fn. 5), Rn. 41.

etwa durch Erledigung, sofern sie beispielsweise für eine einzelne Emission erteilt worden ist und die Papiere veräußert wurden, durch Zeitablauf im Falle der Befristung (§ 36 Abs. 1, 2. Alt., Abs. 2 Nr. 1 VwVfG) durch Eintritt einer auflösenden Bedingung (§ 36 Abs. 1 2. Alt., Abs. 2 Nr. 2 VwVfG), durch Rücknahme einer rechtswidrigen Befreiung (§ 48 VwVfG)[32] oder durch Widerruf einer rechtmäßigen Erlaubnis (§ 49 VwVfG).[33] Einen **speziellen Widerrufsgrund** enthält dabei Abs. 4 Satz 2. Die Befreiung erlischt daneben durch Verzicht des Antragstellers, der nach allgemeinen Grundsätzen jederzeit möglich ist. Im Falle der Rücknahme oder des Widerrufs der Befreiung unterliegt der Adressat des Verwaltungsaktes ab Zugang der Verfügung den Verpflichtungen nach Satz 1. Das Stimmverbot des Abs. 3 besteht bis zum Erlass einer formellen Entscheidung durch das Bundesaufsichtsamt. Verzichtet der Begünstigte auf die Befreiung, so erlischt diese mit Zugang der Erklärung beim Bundesaufsichtsamt, was zugleich zum sofortigen Wegfall des Stimmverbots nach Abs. 3 führt. Im Hinblick auf den Postlauf empfiehlt sich ggf. eine den Anforderungen des § 45 genügende Übersendung der Verzichtserklärung auf elektronischem Wege.

2. „Umwidmung“

Mit der erst nachträglich auf Anregung seitens der Anwaltschaft in den Regierungsentwurf aufgenommenen Vorschrift des Abs. 4 werden Fälle erfasst, in denen der Bieter die Aktien der Zielgesellschaft zunächst im Spekulations- oder Handelsbestand hält, zu einem späteren Zeitpunkt diese aber umwidmet, um sie nunmehr als strategisches Investment im Dauer- oder Anlagebestand zu halten. Entscheiden sich der Bieter, die mit ihm gemeinsam handelnden Personen oder deren Tochterunternehmen, künftig den mit den Stimmrechten verbundenen Einfluss in der Hauptversammlung auszuüben, liegt die für die Erteilung der Befreiung erforderliche Voraussetzung des Abs. 2 nicht mehr vor. Abs. 4 Satz 1 soll daher sicherstellen, dass das Bundesaufsichtsamt unverzüglich (ohne schuldhaftes Zögern, § 121 BGB) über diese Umwidmung und damit über den Wegfall der Befreiungsvoraussetzungen informiert wird. Das Bundesaufsichtsamt ist dann gemäß § 49 Abs. 2 Nr. 3 VwVfG zum Widerruf der Befreiung berechtigt. Dabei enthält Abs. 4 Satz 2 eine spezielle Rechtsvorschrift im Sinne des § 49 29

32 Dazu *Racky* (Fn. 5), Rn. 44 ff.
33 Dazu *Racky* (Fn. 5), Rn. 48 ff.

Abs. 2 Satz 1 Nr. 1 1. Alt. VwVfG. Das Bundesaufsichtsamt kann die Befreiung widerrufen, „wenn die Verpflichtung nach Satz 1 nicht erfüllt worden ist“, d.h. der Antragsteller dem Bundesaufsichtsamt die Umwidmung nicht unverzüglich in der Form des § 45 (schriftlich oder elektronisch) mitgeteilt hat. Darüber hinaus knüpft das Gesetz an einen Verstoß gegen das Gebot der unverzüglichen Benachrichtigung des Bundesaufsichtsamtes keine eigenständigen weiteren Rechtsfolgen in Form von Sanktionen. Entsprechendes gilt, wenn bei elektronischer Mitteilung der Absender nicht eindeutig erkennbar ist.

3. Rechtsfolgen des Erlöschens

30 Ist die Befreiung erloschen, so entfallen das Stimmverbot des Abs. 3 und die in Abs. 1 genannten Erleichterungen. Wird die Erlaubnis zurückgenommen, so kann dies nach Ermessen des Bundesaufsichtsamts mit Wirkung für die Vergangenheit oder für die Zukunft geschehen, § 48 Abs. 1 Satz 1 VwVfG. Nach § 48 Abs. 1 Satz 2 i.V.m. Abs. 2 VwVfG kann die **Rückname mit Wirkung für die Vergangenheit** erfolgen, wenn beispielsweise die Erlaubnis durch unrichtige oder unvollständige Angaben erwirkt wurde. Wird die Befreiung mit Wirkung für die Vergangenheit zurückgenommen, so leben die in Abs. 1 genannten Verpflichtungen rückwirkend auf. Dies kann zur Folge haben, dass ein Angebot nachträglich zu erhöhen, ein unterlassenes (Pflicht-) Angebot zu verzinsen oder Schadenersatz nach § 12 Abs. 1 zu leisten ist.

VIII. Rechtsbehelfe

31 Wird die Erteilung einer Freistellung versagt oder wird sie nur eingeschränkt erteilt, wird die erteilte Befreiung zurückgenommen oder widerrufen, so stehen dem Antragsteller in Abweichung von § 42 VwGO nicht die allgemeinen Rechtsbehelfe der Verpflichtungs- oder Anfechtungsklage nach Widerspruch zur Verfügung, sondern vielmehr die **Beschwerde vor dem Oberlandesgericht Frankfurt am Main** (§ 48 Abs. 4).

§ 21 Änderung des Angebots

(1) Der Bieter kann bis zu einem Werktag vor Ablauf der Annahmefrist

1. die Gegenleistung erhöhen,

2. wahlweise eine andere Gegenleistung anbieten,

3. den Mindestanteil oder die Mindestzahl der Wertpapiere oder den Mindestanteil der Stimmrechte, von dessen Erwerb der Bieter die Wirksamkeit seines Angebots abhängig gemacht hat, verringern oder

4. auf Bedingungen verzichten.

Für die Wahrung der Frist nach Satz 1 ist auf die Veröffentlichung der Änderung nach Absatz 2 abzustellen.

(2) Der Bieter hat die Änderung des Angebots unter Hinweis auf das Rücktrittsrecht nach Absatz 4 unverzüglich gemäß § 14 Abs. 3 Satz 1 zu veröffentlichen. § 14 Abs. 3 Satz 2 und Abs. 4 gilt entsprechend.

(3) § 11 Abs. 1 Satz 2 bis 5, Abs. 3, §§ 12, 13 und § 15 Abs. 1 Nr. 2 gelten entsprechend.

(4) Im Falle einer Änderung des Angebots können die Inhaber von Wertpapieren der Zielgesellschaft, die das Angebot vor Veröffentlichung der Änderung nach Absatz 2 angenommen haben, von dem Vertrag bis zum Ablauf der Annahmefrist zurücktreten.

(5) Im Falle einer Änderung des Angebots verlängert sich die Annahmefrist um zwei Wochen, sofern die Veröffentlichung der Änderung innerhalb der letzten zwei Wochen vor Ablauf der Angebotsfrist erfolgt. Dies gilt auch, falls das geänderte Angebot gegen Rechtsvorschriften verstößt.

(6) Eine erneute Änderung des Angebots innerhalb der in Absatz 5 genannten Frist von zwei Wochen ist unzulässig.

Literatur: *Assmann*, Erwerbs-, Übernahme- und Pflichtangebote nach dem Wertpapiererwerbs- und Übernahmegesetz, AG 2002, 114; *Deutscher Anwaltverein e.V.*, Stellungnahme des Handelsrechtsausschusses des Deutschen Anwaltvereins e.V. zum Referentenentwurf des Bundesministeriums der Finanzen für ein Gesetz zur Regelung von öffentlichen Angeboten zum Erwerb von Wertpapieren und von Unternehmensübernahmen (WÜG) (April 2001) (DAV-Stellungnahme (April 2001)); *Land/Hasselbach*, Das neue deutsche Übernahmegesetz, DB 2000, 1747; *Liebscher*, Das Übernahmeverfahren nach dem neuen Übernahmegesetz, ZIP 2001, 853; *Oechsler*, Der RefE zum Wertpapiererwerbs- und Übernahmegesetz – Regelungsbedarf auf der Zielgeraden!, NZG 2001, 817; *Riehmer/Schröder*, Der Entwurf des Übernahmegesetzes im Lichte von Vodafone/Mannesmann, NZG 2000, 820; *dies.*, Praktische Aspekte bei der Planung, Durchführung und Abwicklung eines Übernahmeangebots, BB 2001, Sonderbeilage 5; *Zinser*, Der britische City Code on Takeovers and Mergers in der Fassung vom 9.3.2001, RIW 2001, 481.

Übersicht

I. Allgemeines

1. Systematische Stellung und Anwendungsbereich

1 Die Vorschrift über die Änderung eines Angebots zählt zu den allgemeinen, **für alle Angebote** geltenden Vorschriften des Dritten Abschnitts des WpÜG. Sie gilt daher nicht nur für Angebote zum Erwerb von Wertpapieren, sondern über den Verweis in den §§ 34 und 39 auch für Übernahmeangebote und Pflichtangebote.[1] § 21 gliedert sich in andere allgemeine Vorschriften über den Inhalt von Angeboten ein, die innerhalb des Dritten Abschnitts den die Verfahrenstechnik betreffenden Vorschriften über die Veröffentlichung des Angebots folgen.

2. Gesetzgebungsverfahren

2 Der Wortlaut der Vorschrift hat sich im Gesetzgebungsverfahren kaum verändert. Abgesehen von der Einfügung des § 21 Abs. 3 mit dem Ver-

1 Zur Abgrenzung vgl. Vorbemerkung vor §§ 29–34, Rn. 15..

weis auf die Vorschriften über den Inhalt eines Angebotsdokuments, welche bereits im Referentenentwurf vorgenommen wurde, ist sie seit dem Diskussionsentwurf unverändert geblieben. In den verschiedenen Konsultationsverfahren wurde praktisch keine Kritik an der vorgeschlagenen Regelung geäußert.[2]

II. Rechtsvergleichung

1. Österreich

3 Das österreichische Übernahmegesetz enthält in § 15 Abs. 1 öÜbG eine § 21 grundsätzlich ähnliche, aber offener formulierte Regelung. Die Vorschrift ermöglicht dem Bieter, die in seinem Angebot vorgesehene Gegenleistung während dessen Laufzeit zu verbessern und das Angebot **zu Gunsten der Beteiligungspapierinhaber** auch sonst zu ändern. Eine solche Änderung ist frühestens am 4. und spätestens am 7. Börsentag nach Einlangen der Anzeige bei der Übernahmekommission zu veröffentlichen. Im Gegensatz zur deutschen Regelung sieht das österreichische Gesetz allerdings in § 15 Abs. 2 öÜbG eine automatische Meistbegünstigung von Beteiligungspapierinhabern vor, die das ungeänderte Angebot bereits angenommen haben.[3]

2. Schweiz

4 Auch in der Schweiz finden sich ähnliche Regelungen. Artikel 28 sBEHG in Verbindung mit Artikel 15 sUEV-UEK erlaubt eine **Änderung des Angebots**, so weit sich diese gesamthaft gesehen zu Gunsten der Empfänger auswirkt (z. B. Erhöhung des Angebotspreises, Aufhebung von Bedingungen). Eine solche Änderung kann bis zum Ablauf des Angebots erfolgen; wird sie weniger als 10 Börsentage vor Ablauf des Angebots veröffentlicht, so muss die Angebotsfrist nach Anzeige der Änderung grundsätzlich um weitere 10 Börsentage verlängert werden.

3. Vereinigtes Königreich

5 Noch flexibler ist die Regelung in Rule 32 des London City Code. Gemäß Rule 32.1 sind **Änderungen** eines Angebots **nicht inhaltlich beschränkt**, sondern unterliegen lediglich **zeitlichen Schranken**. Einzige

---

2 Vgl. z. B. *DAV*-Stellungnahme (April 2001): „im Grundsatz sachgerecht".

3 Zur Rechtslage gemäß WpÜG siehe Rn. 34 ff.

Voraussetzung einer Änderung ist hiernach, dass das Angebot nach einer Änderung mindestens **14 Tage nach** dem Datum der **Bekanntgabe der Änderung zur Annahme offen bleibt**. Demzufolge sind Angebotsänderungen in den letzten 14 Tagen der Angebotsperiode nicht möglich. Diese Bestimmung wird vom Takeover Panel streng ausgelegt. Da z. B. in der Bekanntgabe der Geschäftsergebnisse, des erwarteten Gewinns oder der erwarteten Dividenden oder in der Bekanntgabe sonstiger wesentlicher Unternehmenskennzahlen im Falle von Umtauschangeboten durch die hierdurch gegebene Höherbewertung der Aktien der Bietergesellschaft eine Erhöhung der Gegenleistung gesehen werden kann, sind solche Ankündigungen in den letzten 14 Tagen der Angebotsperiode ebenfalls untersagt. Daneben ist eine Angebotsänderung gemäß Rule 32.2 des London City Code auch dann verboten, wenn der Bieter so genannte **No Increase Statements**, also Verlautbarungen, dass die Gegenleistung des Angebots nicht weiter erhöht wird, gemacht hat. Andererseits können Angebotsänderungen unter bestimmten Voraussetzungen auch vorgeschrieben sein. Dies ist insbesondere dann der Fall, wenn der Bieter gemäß Rule 11 bzw. Rule 9 des London City Code während eines laufenden Angebots verpflichtet wird, ein **Barangebot** herauszulegen, oder auch gemäß Rule 6 des London City Code, wenn der Bieter während der Angebotsphase Aktien der Zielgesellschaft zu einem höheren Preis als unter dem Angebot erwirbt und demzufolge einer **Meistbegünstigungsverpflichtung** unterfällt.

6 Soweit nach den vorstehend genannten Grundsätzen eine Angebotsänderung erfolgt, muss gemäß Rule 32.3 des London City Code allen Aktionären der Zielgesellschaft ein **Recht auf die geänderte Gegenleistung** eingeräumt werden. Gemäß Rule 32.4 des London City Code darf der Bieter im Übrigen neue Angebotsbedingungen (§ 158 BGB), insbesondere die Bedingung der Genehmigung des Angebots durch die Hauptversammlung des Bieters oder die Bedingung der örtlichen Zulassung der vom Bieter angebotenen eigenen Aktien nur dann aufstellen, wenn dies im Zusammenhang mit einer **Angebotsverbesserung** erforderlich ist und vom **Takeover Panel** vorab **genehmigt** wird. Gewisse Sonderregeln gelten für das Angebot einer wahlweisen Gegenleistung (Rule 33 London City Code).

7 Zu beachten ist, dass trotz der offenen Formulierung des London City Code Angebotsänderungen dann nicht zulässig sind, wenn sie einer Rücknahme des Angebots gleichkommen.[4] Eine **Rücknahme** des An-

---

4 *Zinser*, RIW 2001, 481, 486.

gebots ist nämlich grundsätzlich nicht zulässig und kann nur in Ausnahmefällen, so z.B. bei Konkurrenzangeboten oder bei Verteidigungsmaßnahmen, unter Berücksichtigung der Umstände des Einzelfalls vom Panel genehmigt werden. Sinn und Zweck der grundsätzlichen Unzulässigkeit einer Angebotsrücknahme ist der Schutz des Vertrauens in die Lauterkeit des Kapitalmarkts.[5]

4. EU-Richtlinie

§ 21 entspricht im Übrigen der gescheiterten Richtlinie des Europäischen Parlaments und des Rates auf dem Gebiet des Gesellschaftsrechts betreffend Übernahmeangebote. Ihr Entwurf sah in Artikel 10 lit. b vor, dass die Mitgliedstaaten dafür Sorge tragen, dass Vorschriften in Kraft sind, die Fragen der Änderung des Angebots regeln. Artikel 7 Abs. 1 und Abs. 2 der Richtlinie hätten im Übrigen auch die automatische Verlängerung der Annahmefrist bei Änderungen gedeckt. **8**

III. Zulässige Änderungen

Im Gegensatz zu den eben erwähnten Regelungen in Österreich, der Schweiz und des London City Code folgt das WpÜG einem formaleren Ansatz und führt die möglichen Änderungen eines Angebots **abschließend** auf. Dies heißt im Gegenschluss zunächst, dass alle nicht in § 21 Abs. 1 aufgezählten Änderungen eines Angebots durch den Bieter ausgeschlossen sind; insbesondere ist es dem Bieter nicht möglich, abgesehen von den gesetzlich geregelten Sonderfällen, durch eine Änderung des Angebots die Annahmefrist isoliert zu verlängern.[6] Einer der in der bisherigen Praxis wichtigsten Gründe für eine Angebotsänderung entfällt somit zukünftig. **9**

Neben der Begrenzung der möglichen Angebotsänderungen limitiert das WpÜG den Bieter auch **zeitlich**, indem es die Veröffentlichung der Änderung bis zu einem Zeitpunkt von einem Werktag vor Ablauf der Annahmefrist fordert und hierbei strenge Vorgaben für das Verfahren einer Angebotsänderung macht. **10**

---

5 *Zinser* (Fn. 4), 486.

6 So grundsätzlich auch *Thun*, in: Geibel/Süßmann, § 21 Rn. 17ff., der neben den gesetzlich genannten Tatbeständen lediglich eine Änderung der Zuteilungsregeln im Rahmen eines Teilangebots zulassen will, sonstige Änderungen außerhalb des Wortlauts des § 21, insbesondere einen Übergang von einem freiwilligen Erwerbs- zu einem Übernahmeangebot, aber nicht zulassen will. Dem dürfte zu folgen sein. Vgl. zur Verlängerung des Angebots aber auch Rn. 39f.

11 Keine Änderungen im Sinne von § 21 sind **Berichtigungen** der **Angebotsunterlage**. Solche Berichtigungen können sich insbesondere im Hinblick auf das Gebot der angemessenen, richtigen und vollständigen Information in der Angebotsunterlage (§ 11 Abs. 1 Satz 2 und Satz 3) und der hieraus folgenden Aktualisierungspflicht ergeben.[7] Kennzeichen solcher jederzeit zulässigen Berichtigungen ist es, dass die Angebotsbedingungen als solche sich nicht verändern, mithin der Inhalt der gemäß dem Angebot geschlossenen Kauf- oder Tauschverträge gleich bleibt. Der Kreis der unbegrenzt zulässigen Berichtigungen erfasst vor allem Informationen, die den Wertpapierinhabern der Zielgesellschaft darlegen, warum sie das Angebot annehmen sollen, also Motive, Absichten, Erwartungen oder Meinungen des Bieters und insbesondere auch Informationen über die Bietergesellschaft selbst, die in wesentlichen Teilen als Prospektinformation in die Angebotsunterlage aufzunehmen sind.

Im Einzelnen sind folgende Änderungen zulässig:

1. Erhöhung der Gegenleistung

12 Der Bieter kann im Rahmen einer Angebotsänderung zunächst die Gegenleistung erhöhen (§ 21 Abs. 1 Satz 1 Nr. 1). Dies bedeutet, dass er im Falle eines Barangebots einen höheren Geldbetrag anbieten kann oder, sofern Wertpapiere im Rahmen eines Umtauschangebots angeboten werden, eine größere Anzahl dieser Wertpapiere.[8] Eine Erhöhung der Gegenleistung ist aber darüber hinaus auch in der Form möglich, dass im Falle eines Barangebots zusätzlich Wertpapiere oder im Falle eines Umtauschangebots zusätzlich ein Barbetrag angeboten wird.

13 § 21 Abs. 1 Satz 1 Nr. 1 erfasst lediglich Fälle einer vom Bieter **freiwillig** erhöhten Gegenleistung. Kommt es hingegen zu einer **Meistbegünstigungsverpflichtung** gemäß § 31 Abs. 4, gewährt oder vereinbart der Bieter also während der Angebotsdauer eine wertmäßig höhere Gegenleistung als unter dem Angebot, dann tritt eine Änderung des rechtsgeschäftlichen Inhalts der mit den Aktionären der Zielgesellschaft abge-

---

7 Eine selbstständige, bußgeldbewährte Pflicht zur Korrektur einer fehlerhaft gewordenen Angebotsunterlage fehlt im WpÜG indes, vgl. *Oechsler*, NZG 2001, 817, 823 m. w. N.

8 Zu keiner Erhöhung der Gegenleistung im technischen Sinne kommt es dagegen durch die im Laufe eines Angebotsverfahrens eintretenden Kursschwankungen der vom Bieter angebotenen Aktien. Diese sind jedem Umtauschangebot immanent und führen nicht zu einer Angebotsänderung. Sinngemäß gilt dies für Veränderungen des Wertes der Aktien der Zielgesellschaft, vgl. *Thun* (Fn. 6), § 21 Rn. 5.

schlossenen Rechtsgeschäfte kraft Gesetzes ein.[9] Der Bieter ist demzufolge nicht verpflichtet, als Folge einer gemäß § 31 Abs. 4 eintretenden Meistbegünstigungsverpflichtung eine veränderte Angebotsunterlage zu erstellen und diese gemäß § 14 Abs. 3 Satz 1 zu veröffentlichen. Eine solche Pflicht lässt sich auch nicht aus einer analogen Anwendung des § 21 Abs. 1 Nr. 1 aus Gesichtspunkten des Schutzes der Aktionäre der Zielgesellschaft herleiten, da diese durch die in § 23 Abs. 1 Nr. 1 vorgesehenen Publikationsvorschriften[10] ausreichend geschützt sind.[11]

2. Anbieten einer anderen Gegenleistung

Neben einer Erhöhung der Gegenleistung kann der Bieter sodann **wahlweise** eine andere Gegenleistung anbieten (§ 21 Abs. 1 Satz 1 Nr. 2). Sofern den Wertpapierinhabern der Zielgesellschaft weiterhin die Möglichkeit verbleibt, statt der nunmehr angebotenen Gegenleistung auch die ursprüngliche Gegenleistung anzunehmen, ist der Bieter hierbei nicht in der Art und Höhe der alternativ angebotenen Gegenleistung beschränkt. **14**

Insbesondere muss die alternativ angebotene Gegenleistung auch bei Übernahmeangeboten und Pflichtangeboten nicht den in § 31 in Verbindung mit §§ 4 bis 6 der AngebotsVO niedergelegten Grundsätzen entsprechen. Wollte man verlangen, dass sowohl die ursprünglich angebotene also auch die alternativ angebotene Gegenleistung den **Preisvorschriften** entspricht, würde man dem Bieter die Offerte einer echten Alternativgegenleistung verwehren und ihn im Wesentlichen auf die Wahl zwischen einem Bar- und einem Umtauschangebot in den in § 31 Abs. 1 genannten Aktien verweisen. Dies ist nicht angängig und entspricht auch nicht der Intention des Gesetzgebers, den Wertpapierinhabern der Zielgesellschaft Handlungsalternativen zu eröffnen. Durch die Eröffnung einer solchen Wahlmöglichkeit zu Gunsten der Wertpapierinhaber erreicht der Bieter seinerseits regelmäßig eine Erhöhung der Akzeptanz des Angebots. **15**

Besondere Relevanz erlangt § 21 Abs. 1 Satz 1 Nr. 2 auch in den Fällen des § 31 Abs. 3 Nr. 2. Erwirbt der Bieter während der Angebotsphase nämlich mindestens 1% der Aktien der Zielgesellschaft gegen **16**

---

9 *Oechsler* (Fn. 7), 826; vgl. im Übrigen § 31 Rn. 138. Im Ergebnis sind die im amerikanischen Rechtskreis entwickelten Methoden einer Low Ball Offer bzw. Planned Revision deshalb für den Bieter unattraktiv, mögen sie auch bei isolierter Betrachtung von § 21 Abs. 1 Satz 1 Nr. 1 umsetzbar sein; a. A. wohl *Thun* (Fn. 6), § 21 Rn. 6.

10 Hierzu s. u. § 23 Rn. 26 ff.

11 A. A.: *Oechsler* (Fn. 7), 826.

Zahlung einer Geldleistung, hat er gemäß § 31 Abs. 3 auch allen anderen Aktionären der Zielgesellschaft eine Geldleistung in Euro anzubieten.[12] Anders als in den Fällen des § 31 Abs. 4, welcher eine automatische Angebotserhöhung in Fällen einer vom Bieter während der Angebotsfrist gezahlten oder vereinbarten wertmäßig höheren Gegenleistung vorsieht,[13] tritt eine solche automatische Änderung bei einer lediglich **der Art nach anderen Gegenleistung** (Geld statt Aktien) während der Angebotsphase nach dem ausdrücklichen Wortlaut des § 31 Abs. 3 nicht ein. In diesen Fällen ist daher eine Angebotsänderung im Sinne des § 21 Abs. 1 Satz 1 Nr. 2 erforderlich.[14]

3. Verringerung des Mindestanteils oder der Mindestzahl der Wertpapiere oder des Mindestanteils der Stimmrechte und Verzicht auf Bedingungen

17 Neben diesen beiden Alternativen der Angebotsänderung lässt das Gesetz weitere Änderungen zu, die den Bieter stärker an sein Angebot binden. Gemäß § 21 Abs. 1 Satz 1 Nr. 3 kann der Bieter nämlich den Mindestanteil oder die Mindestzahl der Wertpapiere oder den Mindestanteil der Stimmrechte, von dessen Erwerb der Bieter die Wirksamkeit seines Angebots abhängig gemacht hat, verringern. Hierin liegt rechtstechnisch ein **teilweiser Verzicht** auf die Bedingung (zur Zulässigkeit siehe unten). Hintergrund der Änderungsmöglichkeiten in § 21 Abs. 1 Satz 1 Nr. 3 ist die Vorschrift des § 18. Nach dieser Norm sind Bedingungen, deren Eintritt der Bieter selbst herbeiführen könnte, zwar unzulässig, alle sonstigen Angebotsbedingungen sind jedoch erlaubt.

18 Insbesondere ist es einem Bieter hiernach möglich, die Wirksamkeit seines Angebots vom Erwerb eines bestimmten Mindestanteils der Wertpapiere oder Stimmrechte (regelmäßig mindestens einfache Stimmrechtsmehrheit) abhängig zu machen. Eine solche Bedingung soll sicherstellen, dass der Bieter nicht an ein Angebot gebunden ist, in dessen Rahmen er die von ihm für unablässig gehaltene Beteiligungsquote an der Zielgesellschaft nicht erlangen kann. § 21 Abs. 1 Satz 1 Nr. 3 ermöglicht dem Bieter, diese Akzeptanzschwelle im Verlauf des Verfahrens herabzusetzen. Eine solche Vorgehensweise kann z. B. in Betracht kommen, wenn der Bieter in der Endphase seines Angebots feststellt, dass er eine ursprünglich angestrebte qualifizierte

12 Vgl. § 31 Rn. 107 ff.
13 Vgl. § 31 Rn. 138.
14 *Thun* (Fn. 6), § 31 Rn. 37.

Mehrheit nicht erreichen wird, das Angebot aber auch bei Erreichen der einfachen Stimmrechtsmehrheit abwickeln möchte. Wie weit die Mindestannahmequote herabgesetzt werden muss regelt das Gesetz nicht. Insbesondere ist es nicht erforderlich, dass die Annahmequote (neue) zum Zeitpunkt der Veröffentlichung der Änderung bereits erreicht oder überschritten ist.

4. Verzicht auf Bedingungen

Gemäß § 21 Abs. 1 Satz 1 Nr. 4 besteht für den Bieter schließlich 19
auch die Möglichkeit, auf von ihm gesetzte Bedingungen vollständig zu verzichten.[15] Ein solcher Verzicht auf Bedingungen liegt im Interesse der Wertpapierinhaber, da er die Ungewissheit über die Erfüllung (keine schwebende Unwirksamkeit)[16] der unter dem Angebot geschlossenen Kauf- oder Tauschverträge beseitigt.

IV. Zeitlicher Rahmen

Im Gegensatz zur Regelung in Österreich und in der Schweiz (bis 20
zum Ablauf der Annahmefrist), insbesondere aber im Gegensatz zur Regelung in den Vereinigten Staaten (Änderung noch an dem dem Ablauf der Annahmefrist folgenden Werktag, vgl. Rule 14e-1(d) Regulation 14 E zum Securities Exchange Act 1934) ermöglicht § 21 Abs. 1 eine Angebotsänderung nur **bis zu einem Werktag vor Ablauf der Annahmefrist**. Für die Einhaltung der Frist ist gemäß § 21 Abs. 1 Satz 2 die Veröffentlichung der Änderung entscheidend.

Dies bedeutet, dass der Bieter die Angebotsänderungsunterlage spätes- 21
tens am Werktag vor Ablauf der Annahmefrist ordnungsgemäß gemäß § 14 Abs. 3 veröffentlichen muss. Im Zusammenhang mit den Vorschriften über die Gestaltung der Angebotsänderungsunterlage und den formalen Vorgaben für die Veröffentlichung[17] wird in der Praxis die Einhaltung dieser Tagesfrist allerdings nur dann möglich sein, wenn das für die Änderung erforderliche Verfahren bereits einige Tage vorher eingeleitet wurde. Änderungen in der absoluten Schlussphase eines Angebots scheiden dementsprechend, anders als unter der Geltung des Übernahmekodex, aus.

15 Zur Zulässigkeit und zur Abgrenzung von einem Verzicht auf Bedingungsfolgen vgl. *Thun* (Fn. 6), § 21 Rn. 13, 16.
16 Vgl. nur *Jauernig* in: Jauernig, BGB, 9. Aufl., 1999, § 158 Anm. 3.
17 Hierzu sogleich unter Rn. 24 ff.

22 Dass das deutsche Gesetz im Gegensatz zu den genannten ausländischen Regelungen den **Bieter** hier stärker **einschränkt**, ist insbesondere im Hinblick auf die Regelung in § 21 Abs. 5 nicht überzeugend.[18] Insbesondere institutionelle Investoren entscheiden über die Annahme regelmäßig erst ganz in der Schlussphase eines Angebots, oft innerhalb der letzten Stunden der Annahmefrist. Will ein Bieter hierauf mit der gebotenen Flexibilität reagieren, schneidet ihm § 21 Abs. 1 die Möglichkeit solcher Änderungen indes ab. Anlegerschutzgesichtspunkte können hierfür nicht ins Feld geführt werden, da jede Änderung in den letzten zwei Wochen der Annahmefrist gemäß § 21 Abs. 5 eine automatische Verlängerung auslöst und insofern den Wertpapierinhabern der Zielgesellschaft in jedem Fall ein ausreichender Zeitraum für eine wohl abgewogene Entscheidung zur Verfügung steht.

23 § 21 Abs. 1 stellt zur Bestimmung der Frist auf einen **Werktag** (im Gegensatz zu Sonn- und Feiertagen) ab. Dies ist insofern problematisch, als Feiertage bekanntlich nicht bundeseinheitlich, sondern von den einzelnen Bundesländern per Landesgesetz bestimmt werden (z. B. § 1 des Hessischen Feiertagsgesetzes).[19] Hier kann es also aufgrund divergierender Regelungen zu Unterschieden in den Bundesländern kommen. Wertpapiererwerbs- und Übernahmeangebote sind indes regional grundsätzlich nicht beschränkt, sie sind überregional zu veröffentlichen. Dies gilt auch für Änderungen. Der Begriff des Werktages im Sinne des WpÜG kann deshalb, auch aus Gründen des Gebots gleicher Information an alle Wertpapierinhaber der Zielgesellschaft, grundsätzlich nur im Sinne bundeseinheitlicher Werktage verstanden werden.[20]

V. Veröffentlichung der Änderung

24 Jede Änderung des Angebots muss vom Bieter **unverzüglich** gemäß § 14 Abs. 3 Satz 1 veröffentlicht werden (§ 21 Abs. 2). Der Bieter hat dementsprechend eine Angebotsänderungsunterlage einerseits im Internet bekanntzugeben, andererseits durch Abdruck in einem überregionalen Börsenpflichtblatt oder durch Bereithalten zur kostenlosen Ausgabe bei einer geeigneten Stelle im Inland samt Hinweisbekanntmachung zu veröffentlichen; eine vollständige Neuveröffentlichung

18 Siehe hierzu Rn. 39.

19 Vgl. im Übrigen *Grothe,* in: Rebmann/Säcker/Rixecker, MüKo-BGB, Bd. 1, 4. Aufl., 2001, § 193 Rn. 9 f.

20 Ähnlich *Dreyling,* in: Assmann/Schneider, WpHG, 2. Aufl., 1999, § 9 Rn. 20 zu den Meldepflichten nach § 9 WpHG.

der gesamten geänderten Angebotsunterlage ist dagegen nicht erforderlich. Obwohl das Gesetz dies nicht ausdrücklich fordert, bietet es sich an, die Angebotsänderung im selben Börsenpflichtblatt zu veröffentlichen, in dem bereits das Angebot selbst veröffentlicht wurde, so auch die Praxis unter der Geltung des Übernahmekodex.[21]

Gemäß § 21 Abs. 2 Satz 1 muss die Angebotsänderungsunterlage den **ausdrücklichen Hinweis** auf das **Rücktrittsrecht** gemäß § 21 Abs. 4 enthalten. § 21 Abs. 2 Satz 2 ordnet im Übrigen die entsprechende Geltung von § 14 Abs. 3 Satz 2 und Abs. 4 an. Demgemäß ist dem Bundesaufsichtsamt ein **Beleg** über die Veröffentlichung der Angebotsänderungsunterlage zu übersenden und das geänderte Angebot dem **Vorstand der Zielgesellschaft** unverzüglich nach der Veröffentlichung zu übermitteln, damit dieser es – wiederum unverzüglich – dem zuständigen **Betriebsrat** oder, sofern ein solcher nicht besteht, unmittelbar den Arbeitnehmern übermittelt. 25

Für den **Inhalt** der Angebotsänderungsunterlage gelten gemäß § 21 Abs. 3 im Übrigen § 11 Abs. 1 Satz 2 bis 5, Abs. 3, §§ 12, 13 und § 15 Abs. 1 Nr. 2 entsprechend. Dies hat zur Konsequenz, dass auch die Angaben, welche der Bieter im Rahmen einer Änderung des Angebots macht, zum einen diejenigen Daten enthalten müssen, die notwendig sind, um in Kenntnis der Sachlage über das Angebot entscheiden zu können, sowie zum anderen richtig und vollständig, in deutscher Sprache und in einer Form abgefasst sein müssen, die ihr Verständnis und ihre Auswertung erleichtert. Im Falle des erstmaligen Angebots von Wertpapieren im Rahmen einer Änderung der Gegenleistung wird man auch die Aufnahme der in § 2 Nr. 2 AngebotsVO genannten Informationen fordern müssen. 26

Alle Angaben im Rahmen einer solchen Angebotsänderung unterliegen darüber hinaus der **Prospekthaftung** gemäß § 12 und dem **Finanzierungserfordernis** gemäß § 13. Handelt es sich um eine Erhöhung der Gegenleistung oder um eine alternative Gegenleistung, muss der Bieter daher sicherstellen, dass ihm auch nach der Angebotsänderung die zur vollständigen Erfüllung des Angebots notwendigen Mittel zum Zeitpunkt der Fälligkeit des Anspruchs auf die Gegenleistung zur Verfügung stehen.[22] Soweit eine Barkomponente betroffen ist, ist die entspre- 27

---

21 Hierzu *Riehmer/Schröder*, BB 2001 – Sonderbeilage 5, 1, 14; *dies.*, NZG 2000, 820, 823.

22 So auch *Oechsler* (Fn. 7), 826, der darüber hinaus auch für den Fall einer Angebotsänderung gemäß § 31 Abs. 4 eine Erweiterung der Finanzierungsbestätigung fordert.

chende Finanzierungsbestätigung durch ein Wertpapierdienstleistungsunternehmen erforderlich. Im Übrigen kann das Bundesaufsichtsamt eine Angebotsänderung nach § 15 Abs. 1 Nr. 2 **untersagen**, falls (und nur wenn) diese offensichtlich gegen Vorschriften des WpÜG verstößt.

VI. Folgen einer Angebotsänderung

28 Eine nach den vorstehenden Vorschriften zulässige Änderung des Angebots hat zwei Folgen: Einerseits entsteht ein Rücktrittsrecht zu Gunsten der Wertpapierinhaber der Zielgesellschaft, andererseits verlängert sich ggf. die Annahmefrist.

1. Rücktrittsrecht

29 Jede Änderung des Angebots löst zunächst ein Rücktrittsrecht gemäß § 21 Abs. 4 zu Gunsten derjenigen Inhaber von Wertpapieren der Zielgesellschaft aus, welche das ursprüngliche Angebot angenommen haben. Diese können von den bereits geschlossenen Kauf- oder Tauschverträgen bis zum Ablauf der ggf. gemäß § 21 Abs. 5 verlängerten Annahmefrist zurücktreten. Es handelt sich hierbei um ein gesetzliches Rücktrittsrecht, welches allen Angebotsempfängern die Annahme des Angebots zu geänderten Bedingungen ermöglichen soll. Konsequent gilt das Rücktrittsrecht nur zu Gunsten derjenigen Inhaber von Wertpapieren der Zielgesellschaft, die das ursprüngliche Angebot vor der Veröffentlichung des geänderten Angebots gemäß § 21 Abs. 2 in Verbindung mit § 14 Abs. 3 Satz 1 angenommen haben.

30 § 21 Abs. 4 enthält im Übrigen nur ein Rücktritts**recht**, nicht aber eine Verpflichtung, vom ursprünglichen Angebot zurückzutreten und das Angebot zu geänderten Bedingungen anzunehmen. Bleiben die Wertpapierinhaber der Zielgesellschaft demnach untätig, was für einige stets der Fall sein wird, muss das Angebot ggf. zu unterschiedlichen Bedingungen für die einzelnen Wertpapierinhaber der Zielgesellschaft abgewickelt werden; insoweit gilt der Gleichbehandlungsgrundsatz dann nicht. Das Gesetz fordert auch nicht, dass ein Rücktritt stets mit der Annahme des geänderten Angebots verknüpft sein müsste.

31 Die **Folgen** eines Rücktritts sind den §§ 346 ff. BGB zu entnehmen, die nunmehr ausdrücklich anwendbar sind, wenn einer Vertragspartei ein gesetzliches Rücktrittsrecht zusteht (§ 346 Abs. 1 2. Alt. BGB). Danach sind, so weit nicht einer der Tatbestände des § 346 Abs. 2 BGB verwirklicht ist, die empfangenen Leistungen zurückzugewähren

und die gezogenen Nutzungen herauszugeben (§ 346 Abs. 1 BGB). Da aber die wechselseitigen Leistungen im Rahmen von Angeboten regelmäßig erst am Ende der Angebotsphase erbracht werden, wird eine rücktrittsinduzierte Rückabwicklung regelmäßig ausscheiden.

32 Der Rücktritt muss dem Vertragspartner gegenüber erklärt werden (§ 349 BGB). Ein Rücktritt könnte demnach sowohl ausdrücklich also auch konkludent, schriftlich wie auch mündlich erfolgen.[23] Dies führt bei Übernahmeverfahren offensichtlich zu erheblichen und in der Praxis nicht zu bewältigenden Schwierigkeiten. Der Bieter sollte daher die Modalitäten des Rücktritts schon im Angebotsdokument ausführlich regeln. Insbesondere sollte ein Rücktritt nur in Schriftform, möglicherweise sogar auf einem hierzu vom Bieter bereitgestellten Formblatt, erfolgen können; die Beschränkungen in § 309 Nr. 13 BGB sind hierbei zu beachten und die Bedingungen der Ausübung des Rücktrittsrechts dürfen nicht unangemessen sein. Regelmäßig sollten sich die Anforderungen für die Ausübung des Rücktrittsrechts dabei an denen für die Annahme des Angebots orientieren. Der Adressat der Rücktrittserklärungen ist ebenfalls zu bestimmen. Nach allgemeinen Grundsätzen wäre dies der Bieter selbst. Dies ist aber in der Praxis oft nicht zweckmäßig, da die Wertpapierinhaber der Zielgesellschaft das Angebot regelmäßig über ihre jeweiligen Depotbanken annehmen und oft nur mit diesen in unmittelbarem Kontakt stehen.

33 Möglich ist es, die jeweiligen Depotbanken oder einige von ihnen als Empfangsvertreter oder Empfangsboten des Bieters zu bestimmen. Möglich und oft zweckmäßig ist es aber auch, einen Wertpapierdienstleister als zentrale Abwicklungsstelle einzuschalten, welcher die Rücktrittserklärungen – ggf. über die jeweiligen Depotbanken – entgegennimmt. Je nach der hier gewählten Gestaltung kann die Wirksamkeit des Rücktritts bereits mit Zugang bei der Depotbank, mit Zugang bei dem zentralen Wertpapierdienstleister oder auch erst mit Zugang beim Bieter eintreten. Auf die Einzelheiten kann hier angesichts der Vielzahl möglicher Gestaltungen nicht eingegangen werden.

34 Die gemäß § 21 zulässigen Änderungen führen aus der Sicht der Wertpapierinhaber der Zielgesellschaft zu Verbesserungen des Angebots. Sieht man in diesem Verbesserungsaspekt den zentralen Gesichtspunkt einer Angebotsänderung, liegt es nahe, nach einer **automatischen Meistbegünstigung** aller Wertpapierinhaber der Zielgesellschaft zu fragen (eine solche Lösung sieht z.B. § 15 Abs. 2 öÜbG vor). § 21

23 *Vollkommer,* in: Jauernig (Fn. 16), § 349 Anm. 2.

Abs. 4 regelt aber allein ein Rücktrittsrecht zu Gunsten der Wertpapierinhaber der Zielgesellschaft und macht von diesem Grundsatz auch dann keine Ausnahme, wenn die Gegenleistung erhöht wird. Aus praktischer Sicht ist ein solches Erfordernis eines separaten Rücktritts jedenfalls bei einer schlichten Erhöhung einer Bar- oder Aktiengegenleistung schwerfällig, da davon auszugehen ist, dass fast alle Wertpapierinhaber der Zielgesellschaft das Angebot zu der erhöhten Gegenleistung annehmen werden. Hier hätte eine Lösung näher gelegen, die die geänderten Angebotsbedingungen auf alle Wertpapierinhaber der Zielgesellschaft erstreckt, sofern diese nicht widersprechen.

35 Eine Meistbegünstigung im Falle des Erwerbs von Aktien der Zielgesellschaft zu einer höheren Gegenleistung während der Annahmephase folgt allerdings aus § 31 Abs. 4 für Übernahmeangebote. Erwirbt der Bieter während der Angebotsfrist zu einer wertmäßig höheren Gegenleistung als unter dem Angebot oder vereinbart er eine solche höhere Gegenleistung, dann tritt eine automatische Angebotsverbesserung kraft Gesetzes ein.[24] Die Vorschrift des § 31 Abs. 4 greift indes bei einer vom Bieter freiwillig vorgenommenen Erhöhung der Gegenleistung nicht ein, sondern gilt nur für Parallelerwerbe **außerhalb des Angebotsverfahrens**. Voraussetzung des § 31 Abs. 4 ist es nämlich, dass der Bieter Aktien der Zielgesellschaft für eine wertmäßig höhere als die **im Angebot genannte** Gegenleistung erwirbt. Erhöht ein Bieter die Gegenleistung und wird das somit geänderte Angebot angenommen, kommen Vereinbarungen zu Stande, aufgrund derer die Übereignungen von Aktien gerade nicht zu einem über der Angebotsgegenleistung liegenden Wert, sondern zu den Bestimmungen des Angebots verlangt werden kann. Dementsprechend greift der Tatbestand des § 31 Abs. 4 in Fällen der allgemeinen Verbesserung der Angebotsgegenleistung durch den Bieter nicht ein. § 31 Abs. 4 erfasst deshalb für den Fall des Erwerbs während der Annahmefrist nur noch Gestaltungen, in denen ohne eine allgemeine Änderung des Übernahmeangebots Aktien zu einer höheren Gegenleistung erworben werden.[25]

36 Das (bloße) Rücktrittsrecht bei einer Verbesserung des Angebots führt somit dazu, dass die Wertpapierinhaber der Zielgesellschaft zunächst vom alten Angebot zurücktreten und sodann in einem weiteren Schritt das neue, geänderte Angebot annehmen müssen. Allein die korrekte

24 Hierzu § 31 Rn. 138.

25 Für eine solche Auslegung des § 31 Abs. 4 spricht auch die Vorschrift des § 23 Abs. 2, die für den gemäß § 31 Abs. 4 relevanten Zeitraum nur Erwerbe „außerhalb des Angebotsverfahrens" erfasst.

Erfassung der eingehenden Rücktritts- und neuen Annahmeerklärungen stellt einen erheblichen administrativen Aufwand dar. Es ist deshalb fraglich, ob der Bieter durch eine entsprechende Formulierung im Angebotsdokument erreichen kann, dass **Schweigen** der Wertpapierinhaber **als Rücktritt** vom alten Angebot und gleichzeitige Annahme des neuen, verbesserten oder geänderten Angebots gilt.

Nach allgemeinen Grundsätzen der Rechtsgeschäftslehre ist eine solche vertragliche Festlegung beredten Schweigens zulässig, so weit der Bieter hierauf in der Angebotsänderungsunterlage klar und unmissverständlich hinweist.[26] Zusätzlich zu beachten sind aber die besonderen Anforderungen des § 308 Nr. 5 BGB, der dem bisherigen § 10 Nr. 5 AGBG entspricht. Ein Angebotsdokument und auch die Angebotsänderungsunterlage sind **Allgemeine Geschäftsbedingungen**, da sie für eine Vielzahl von Verträgen vorformuliert und einseitig vom Bieter gestellt werden. Sie unterstehen als Verträge über die Veräußerung von Gesellschafteranteilen auch den Regelungen der §§ 305 ff. BGB, weil sie primär eine schuldrechtliche Austauschbeziehung betreffen und nicht die Rechtsbeziehung zur Gesellschaft, demgemäß keine Regelungen auf dem Gebiet des Gesellschaftsrechts im Sinne von § 310 Abs. 4 BGB (vormals § 23 Abs. 1 AGBG) darstellen.[27] Eine Klausel, die den Rücktritt vom ersten Angebot und die Annahme des geänderten Angebots durch beredtes Schweigen vorsieht, muss sich demgemäß an § 308 Nr. 5 BGB messen lassen; § 308 BGB gilt zwar gemäß § 310 Abs. 1 BGB (vormals § 24 AGBG) nicht gegenüber Wertpapierinhabern, die Unternehmer sind, in der Praxis ist jedoch auszuschließen, dass sich ein Angebot ausschließlich an Unternehmer im Sinne dieser Vorschrift richtet, sodass die Vorschrift jedenfalls relevant bleibt. 37

Demzufolge ist eine Klausel über beredtes Schweigen nur dann zulässig, wenn der Bieter den Wertpapierinhabern der Zielgesellschaft eine **angemessene Frist** zur Abgabe einer ausdrücklichen Erklärung einräumt (§ 308 Nr. 5 a) BGB) und sich verpflichtet, die Wertpapierinhaber bei Beginn der Frist auf die vorgesehene Bedeutung ihres Verhaltens **besonders** hinzuweisen (§ 308 Nr. 5 b) BGB). Es erscheint jedenfalls unproblematisch, den Wertpapierinhabern der Zielgesellschaft die Möglichkeit einer ausdrücklichen Erklärung bis zum Ende der gemäß § 21 Abs. 5 verlängerten Annahmefrist einzuräumen. Werden sie in der Angebotsänderungsunterlage ausdrücklich hierauf hingewiesen und da- 38

26 Vgl. hierzu nur *Jauernig,* in: Jauernig (Fn. 16), Anm. 4 a) aa) vor § 116.

27 *Horn,* in: Wolf/Horn/Lindacher, AGBG, 4. Aufl., 1999, § 23 Rn. 74; *Ulmer,* in: Ulmer/Brandner/Hensen, AGBG, 8. Aufl., 1997, § 23 Rn. 21 a.

rüber belehrt, dass im Falle des Unterbleibens einer ausdrücklichen Erklärung ihr Schweigen als Rücktritt vom alten und als Annahme des neuen, geänderten Angebots gilt, dürfte die vorgeschlagene Klausel daher nicht gegen § 308 Nr. 5 BGB verstoßen.[28]

2. Annahmefrist

39 Unter bestimmten Voraussetzungen löst eine Änderung des Angebots eine **gesetzliche Verlängerung** der Annahmefrist aus: ändert der Bieter das Angebot in den letzten zwei Wochen der ursprünglichen Annahmefrist, so verlängert sich die Annahmefrist automatisch um zwei Wochen. Wird das Angebot geändert, soll den Wertpapierinhabern der Zielgesellschaft genügend Zeit verbleiben, um über das neue Angebot bzw. die Ausübung ihres Rücktrittsrechts zu entscheiden.[29] Das Rücktrittsrecht kann bis zum Ablauf der verlängerten Annahmefrist ausgeübt werden (s. o.). Hierdurch hat der Bieter einen gewissen Einfluss auf die Dauer der Annahmefrist. Die Verlängerung der Annahmefrist gemäß § 21 Abs. 5 gilt nach Satz 2 auch dann, falls das geänderte Angebot gegen Rechtsvorschriften verstoßen sollte. Durch die Regelung soll vermieden werden, dass ein Streit über die Zulässigkeit eines geänderten Angebots am Markt Unklarheit über die Annahmefrist auslöst.

40 Die Verlängerung der Annahmefrist wird schon durch das Gesetz angeordnet und ist daher ohne weiteres wirksam, sobald eine Änderung des Angebots innerhalb des genannten Zeitraums erfolgt.[30] Der Bieter ist daher grundsätzlich **nicht** verpflichtet, die Verlängerung des Angebots **separat** zu **veröffentlichen**. Auch eine ausdrückliche Verpflichtung, in der gemäß § 21 Abs. 2 vorzunehmenden Veröffentlichung der Angebotsänderung selbst auf die Verlängerung des Angebots gemäß § 21 Abs. 5 hinzuweisen, besteht ausweislich des Gesetzeswortlautes nicht. Im Gegensatz zur Regelung des § 16 Abs. 3, wo ein besonderer Hinweis auf den geänderten Ablauf der Annahmefrist gesetzlich vorgeschrieben ist, belässt es das WpÜG für den Fall der Angebotsänderung bei dem gemäß § 2 Nr. 9 AngebotsVO erforderlichen Hinweis auf die automatische Änderung der Annahmefrist schon im ursprünglichen Angebotsdokument.[31] Unbenommen bleibt dem Bieter selbstre-

28 Vgl. zur Angemessenheit der Frist zur ausdrücklichen Erklärung auch *Wolf,* in: Wolf/Horn/Lindacher (Fn. 27), § 10 Nr. 5 Rn. 23 f.; *Schmidt,* in: Ulmer/Brandner/Hensen (Fn. 27), § 10 Nr. 5 Rn. 13.

29 *Liebscher*, ZIP 2001, 853, 865.

30 *Pötzsch/Möller*, Sonderbeilage zu WM 31/2000, 1, 9.

31 *Pötzsch/Möller* (Fn. 30), 21 f.; *Thun* (Fn. 6), § 21 Rn. 52.

dend ein freiwilliger Hinweis auf die Verlängerung der Angebotsfrist in der Angebotsänderungsunterlage.

VII. Mehrfache Änderungen

Angebotsänderungen während der Annahmefrist sind grundsätzlich auch mehrfach hintereinander möglich und lösen jedes Mal die oben genannten Rechtsfolgen aus.[32] **Ausgeschlossen** sind weitere Änderungen allerdings dann, wenn bereits ein geändertes Angebot in den letzten zwei Wochen der ursprünglichen Annahmefrist herausgelegt und hierdurch gemäß § 21 Abs. 5 eine Verlängerung der Annahmefrist ausgelöst wurde. Innerhalb der letzten zwei Wochen dieser so verlängerten Annahmefrist ist keine weitere Änderung des Angebots mehr möglich (ähnlich auch Rule 32.1 des London City Code). Die Regelung will vermeiden, dass die in § 21 Abs. 5 angeordnete Verlängerung der Annahmefrist bei Änderungen vom Bieter als Mittel eingesetzt wird, durch mehrfache Änderungen des Angebots die Zielgesellschaft über einen angemessenen Zeitraum hinaus in ihrer Geschäftstätigkeit zu behindern. 41

VIII. Rechtsfolgen von Verstößen

Wer vorsätzlich oder leichtfertig entgegen § 21 Abs. 2 Satz 1 eine Veröffentlichung nicht, nicht richtig, nicht vollständig, nicht in der vorgeschriebenen Weise oder nicht rechtzeitig vornimmt, handelt gemäß § 61 Abs. 1 **ordnungswidrig**. Gleiches gilt für denjenigen, der vorsätzlich oder leichtfertig entgegen § 21 Abs. 2 Satz 2 einen Beleg nicht, nicht richtig oder nicht rechtzeitig übersendet. Im ersteren Fall droht gemäß § 61 Abs. 3 eine Geldbuße bis zu EUR 500.000, in letzterem Fall eine Geldbuße von maximal EUR 200.000. 42

Eine Angebotsänderung kann gemäß § 21 Abs. 3 in Verbindung mit § 15 Abs. 1 Nr. 2 im Übrigen vom Bundesaufsichtsamt **untersagt** werden, wenn die in der Änderungsunterlage enthaltenen Angaben offensichtlich gegen Vorschriften des WpÜG oder einer aufgrund des WpÜG erlassenen Rechtsverordnung verstoßen.[33] Daneben kommt in Extremfällen ein Rückgriff auf die ordnungsrechtliche Generalklausel des § 4 Abs. 1 Satz 3 in Betracht. 43

---

32 Vgl. *Land/Hasselbach*, DB 2000, 1747, 1751 f.; *Assmann*, AG 2002, 114, 123.

33 Vgl. auch *Angerer*, in: Geibel/Süßmann (Fn. 6), § 15 Rn. 37 ff.

§ 22 Konkurrierende Angebote

(1) Konkurrierende Angebote sind Angebote, die während der Annahmefrist eines Angebots von einem Dritten abgegeben werden.

(2) Läuft im Falle konkurrierender Angebote die Annahmefrist für das Angebot vor Ablauf der Annahmefrist für das konkurrierende Angebot ab, bestimmt sich der Ablauf der Annahmefrist für das Angebot nach dem Ablauf der Annahmefrist für das konkurrierende Angebot. Dies gilt auch, falls das konkurrierende Angebot geändert oder untersagt wird oder gegen Rechtsvorschriften verstößt.

(3) Inhaber von Wertpapieren der Zielgesellschaft, die das Angebot angenommen haben, können bis zum Ablauf der Annahmefrist vom Vertrag zurücktreten, sofern der Vertragsschluß vor Veröffentlichung der Angebotsunterlage des konkurrierenden Angebots erfolgte.

Literatur: *Vorläufige Stellungnahme zum Diskussionsentwurf für ein deutsches Übernahmegesetz des gemeinsamen Arbeitsausschusses des Bundesverbands der Deutschen Industrie, des Deutschen Industrie- und Handelstages, der Bundesvereinigung der Deutschen Arbeitgeberverbände und des Gesamtverbandes der Deutschen Versicherungswirtschaft* für Fragen des Unternehmensrechts vom 24. Juli 2000 (BDI/DIHT/BDA/GdDV-Stellungnahme (Juli 2000)); *Deutscher Anwaltverein e.V.*, Stellungnahme des Handelsrechtsausschusses des Deutschen Anwaltvereins e.V. zum Referentenentwurf des Bundesministeriums der Finanzen für ein Gesetz zur Regelung von öffentlichen Angeboten zum Erwerb von Wertpapieren und von Unternehmensübernahmen (WÜG) (April 2001) (DAV-Stellungnahme (April 2001)); *Diekmann*, Hinweise zur Anwendung des Übernahmekodexes der Börsensachverständigenkommission, WM 1997, 897; *Hommelhoff/Witt*, Bemerkungen zum deutschen Übernahmegesetz nach dem Scheitern der Richtlinie, RIW 2001, 561; *Oechsler*, Der RefE zum Wertpapiererwerbs- und Übernahmegesetz – Regelungsbedarf auf der Zielgeraden!, NZG 2001, 817; *Zentraler Kreditausschuss*, Stellungnahme zum Entwurf eines Gesetzes zur Regelung von öffentlichen Angeboten zum Erwerb von Wertpapieren und von Unternehmensübernahmen (Oktober 2001) (ZKA-Stellungnahme); *Zinser*, Der britische City Code on Takeovers and Mergers in der Fassung vom 9.3.2001, RIW 2001, 481; *ders.*, Der Referentenentwurf eines „Gesetzes zur Regelung von öffentlichen Angeboten zum Erwerb von Wertpapieren und von Unternehmensübernahmen" vom 12.3.2001, NZG 2001, 391.

Übersicht

I. Allgemeines

1. Anwendungsbereich und systematische Stellung

§ 22 gilt wie die anderen Vorschriften des Dritten Abschnitts für **alle Arten** vonAngeboten, also nicht nur für Übernahme-, sondern auch für rein freiwillige Wertpapiererwerbsangebote. Materiell enthält die Vorschrift eine Regelung zur **Verlängerung der Annahmefrist** sowie ein **Rücktrittsrecht** zu Gunsten der Wertpapierinhaber der Zielgesellschaft, sodass die systematische Stellung nach den Vorschriften zur Änderung des Angebots verständlich erscheint. Andererseits darf nicht übersehen werden, dass die Hauptbedeutung konkurrierender Angebote im Bereich der **Abwehr gegen feindliche Übernahmeangebote** liegt. Die Vorschrift muss deshalb in Zusammenhang mit § 33 Abs. 1 Satz 2 gesehen werden. Die Suche nach einem konkurrierenden Bieter gehört zu den auch ohne Hauptversammlungsbeschluss ausdrücklich erlaubten Abwehrmaßnahmen einer Zielgesellschaft. **1**

2. Gesetzgebungsverfahren

Die Vorschrift des § 22 hat im Gesetzgebungsverfahren kaum Änderungen erfahren. Die ursprünglich in § 24 Abs. 1 bis 3 DiskE-ÜG enthaltene Regelung ist praktisch wortgleich geblieben und lediglich in der Nummerierung umgestellt worden. **2**

II. Rechtsvergleichung

1. Österreich

3 Das öÜbG enthält in § 17 ebenfalls ein **Rücktrittsrecht** der Inhaber von Beteiligungspapieren, so weit ein konkurrierendes Angebot gemacht wird, und ermächtigt die österreichische Übernahmekommission, die Angebotsfristen im Falle eines konkurrierenden Angebots durch Verordnung zu regeln. Hiervon hat die Übernahmekommission Gebrauch gemacht. Die 1. öÜbV sieht vor, dass alle Angebote für eine Zielgesellschaft (also auch konkurrierende Angebote selbst) spätestens 50 Börsentage nach Beginn der Frist zur Annahme des ersten Angebots enden müssen, bei Vorliegen konkurrierender oder verbesserter Angebote jedoch eine angemessene **Verlängerung** dieser Frist gewährt werden kann, so weit dadurch die Geschäftstätigkeit der Zielgesellschaft nicht ungebührlich behindert wird (§ 13 1. öÜbV). Wird ein konkurrierendes Angebot gestellt, hat dessen Annahmefrist grundsätzlich mindestens 15 Börsentage zu umfassen. Jedenfalls hat das Konkurrenzangebot bis zum Ende der Annahmefrist des ursprünglichen Angebots zu laufen (§ 16 Abs. 1 1. öÜbV). Durch die Abgabe eines konkurrierenden Angebots verlängern sich die Annahmefristen für alle bereits gestellten Angebote bis zum Ende der Annahmefrist für das konkurrierende Angebot, sofern der ursprüngliche Bieter nicht den Rücktritt aufgrund eines Vorbehalts für den Fall der Abgabe eines günstigeren konkurrierenden Angebots erklärt (§ 16 Abs. 2 1. öÜbV).

4 Das österreichische Recht regelt dementsprechend nicht nur die Annahmefrist des ursprünglichen Angebots, sondern gibt auch Vorgaben für die Bestimmung der Annahmefrist des konkurrierenden Angebots selbst, welche im Vergleich zu einem erstmaligen Angebot erheblich stärker eingeschränkt ist. Interessant ist auch die Vorschrift des § 16 Abs. 3 1. öÜbV, welche vorschreibt, dass konkurrierende Angebote mit einer geringeren Gegenleistung als das ursprüngliche Angebot unzulässig sind.

2. Schweiz

5 Das sBEHG enthält in Art. 30 ebenfalls eine Vorschrift für **konkurrierende** Angebote. Danach müssen die Inhaber von Beteiligungspapieren der Zielgesellschaft bei konkurrierenden Angeboten frei über das Angebot wählen können. In Verbindung mit der gemäß Art. 30 Abs. 2 sBEHG erlassenen Verordnung der Schweizer Übernahmekom-

mission über öffentliche Kaufangebote (sUEV-UEK) ist vorgeschrieben, dass ein konkurrierendes Angebot bis spätestens am dritten Börsentag vor Ablauf des vorhergehenden Angebots veröffentlicht werden darf. Gemäß Artikel 49 Abs. 3 sUEV-UEK dauert das konkurrierende Angebot gleich lang wie das vorhergehende Angebot, mindestens jedoch zehn Börsentage. Läuft das konkurrierende Angebot nach dem vorhergehenden Angebot ab, so wird der Ablauf des **vorhergehenden** Angebots ohne weiteres bis zum Ablauf des konkurrierenden Angebots **verlängert** (Artikel 50 Abs. 1 sUEV-UEK). Bei Veröffentlichung eines konkurrierenden Angebots können die Empfänger ihre Annahmeerklärung bezüglich des vorhergehenden Angebots bis zu dessen Ablauf **widerrufen** (Artikel 50 Abs. 2 sUEV-UEK). Wie schon die Regelung in Österreich, ist auch in der Schweiz ein Widerruf des ursprünglichen Angebots bei Herauslegung eines konkurrierenden Angebots möglich (Artikel 50 Abs. 3 sUEV-UEK).

3. Vereinigtes Königreich

Im Vereinigten Königreich gilt für konkurrierende Angebote Rule 33 **6**
des London City Code. In Bezug auf die **Annahmefristen** und Änderungen finden demgemäß die allgemeinen Vorschriften der Rules 31 und 32 des London City Code Anwendung. Bestimmte Ausnahmeregelungen, wenn das „Hauptangebot" für unconditional erklärt worden ist, sehen Rule 33.2 und Rule 33.3 London City Code vor. Nach der allgemeinen Vorschrift der Rule 34 des London City Code können die Anteilseigner ferner, sofern das Angebot noch nicht für verbindlich erklärt worden ist, bis zum 21. Tag nach dem so genannten „First Closing Date" den **Rücktritt** vom Angebot erklären. Mit der Verbindlichkeitserklärung ist ein Rücktritt ausgeschlossen. Besondere Bedeutung erlangt das Rücktrittsrecht bei Vorliegen eines Konkurrenzangebots: Jeder Anteilseigner kann bis zum Erreichen der für die Verbindlichkeit erforderlichen 50%-Schwelle von seinem Rücktrittsrecht Gebrauch machen und das Konkurrenzangebot annehmen.[1] Einem konkurrierenden Bieter ist gemäß Rule 20.2 des London City Code im Übrigen die gleiche Information zur Verfügung zu stellen wie dem ursprünglichen Bieter. Dies sorgt für eine Gleichberechtigung konkurrierender Bieter untereinander und begünstigt die im Sinne der Steigerung des Shareholder Value erwünschten Konkurrenzangebote.

---

1 *Zinser*, RIW 2001, 481, 486.

4. EU-Richtlinie

7 § 22 entspricht im Übrigen den gescheiterten europäischen Vorgaben: Artikel 10c E-ÜbernahmeRL sah vor, dass die Mitgliedstaaten dafür Sorge tragen, dass Vorschriften in Kraft sind, die konkurrierende Angebote regeln, ohne hierfür nähere Detailvorgaben zu machen.

III. Regelungsbereich des § 22

8 Im Gegensatz zu den eben erwähnten Regelungen in Österreich und der Schweiz beschränkt sich § 22 darauf, die **Auswirkungen** eines konkurrierenden Angebots auf das **ursprüngliche** Angebot zu regeln. Die Vorschrift erfasst somit das konkurrierende Angebot als solches in keiner Weise. Für dieses gelten vielmehr die allgemeinen Vorschriften des WpÜG. Spezifische Einschränkungen insbesondere im Hinblick auf die zulässige Dauer der Annahmefrist eines konkurrierenden Angebots oder die anzubietende Gegenleistung sind nicht zu beachten. Sie finden sich auch an anderer Stelle des WpÜG nicht.

9 § 22 definiert zunächst den Begriff eines konkurrierenden Angebots und damit den Anwendungsbereich der Vorschrift, sieht sodann eine Fristverlängerung im Falle der Herauslegung konkurrierender Angebote vor und regelt schließlich ein Rücktrittsrecht zu Gunsten der Inhaber von Wertpapieren der Zielgesellschaft, die das ursprüngliche Angebot bereits angenommen hatten.

IV. Legaldefinition konkurrierender Angebote

10 Gemäß § 22 Abs. 1 sind konkurrierende Angebote Angebote, die während der Annahmefrist des Angebots von einem Dritten abgegeben werden.

1. Angebote im Sinne des § 22

11 Angebote in diesem Sinne können sowohl **einfache Wertpapiererwerbsangebote** als auch **Übernahmeangebote** sein; erfasst werden ebenfalls **Pflichtangebote**. Obwohl dies aus dem Wortlaut von § 22 Abs. 1 nicht unmittelbar folgt, versteht sich von selbst, dass es sich bei einem konkurrierenden Angebot im Übrigen um ein Angebot (auch) für dieselben Wertpapiere der Zielgesellschaft handeln muss, wie das ursprüngliche Angebot. Ein konkurrierendes Angebot muss

demnach den Adressaten des ursprünglichen Angebots eine **konkrete Wahlmöglichkeit** eröffnen, an welchen der Bieter sie ihre Wertpapiere veräußern. Dies schließt nicht aus, dass sich ein konkurrierendes Angebot neben den vom ursprünglichen Angebot erfassten Wertpapieren auch auf weitere Wertpapiere der Zielgesellschaft erstreckt, setzt aber zumindest voraus, dass sich das ursprüngliche und das konkurrierende Angebot in einem Teilbereich überschneiden.

2. Abgabe während der Angebotsfrist

12 Ein konkurrierendes Angebot liegt ferner nur dann vor, wenn es während der Annahmefrist des ursprünglichen Angebots abgegeben wird. Für deren Bestimmung ist dabei nach dem insoweit klaren Wortlaut des § 22 Abs. 1 nur auf die „Annahmefrist" gemäß der allgemeinen Vorschrift des § 16 Abs. 1 abzustellen, nicht hingegen auf die so genannte „weitere Annahmefrist" gemäß § 16 Abs. 2. Angebote Dritter in der 2-wöchigen weiteren Annahmefrist gemäß § 16 Abs. 2 unterfallen den Regelungen des § 22 daher nicht.[2] Hingegen sind etwaige Verlängerungen der Annahmefrist des ursprünglichen Angebots gemäß § 21 Abs. 5 bei der Bestimmung der Annahmefrist im Sinne von § 22 Abs. 1 zu berücksichtigen.[3]

3. Dritte im Sinne des § 22

13 Konkurrierende Angebote sind nur solche, die von einem Dritten abgegeben werden. Insoweit verwendet das Gesetz einen nicht näher definierten Begriff, der zu **Zweifelsfragen** Anlass gibt. Klar ist zunächst, dass es sich bei Dritten im Sinne von § 22 Abs. 1 weder um den ursprünglichen Bieter noch um die Zielgesellschaft selbst handeln

2 So auch *Oechsler*, NZG 2001, 817, 824 sowie *Thun*, in: Geibel/Süßmann, § 22 Rn. 11, 12, dort Rn. 14, 19 auch zur Problematik taggleicher Angebote.

3 Wollte man die Annahmefristen im Sinne von § 22 Abs. 1 unabhängig von etwaigen Verlängerungen aufgrund Angebotsänderung nach § 21 Abs. 5 bestimmen, würde dies zu einer einseitigen Benachteiligung eines Konkurrenzbieters führen. Führt der Erstbieter – möglicherweise als Reaktion auf ein Konkurrenzangebot – nachträglich eine Änderung seines Angebots innerhalb der letzten zwei Wochen der Annahmefrist herbei, verlängert sich bekanntlich die Annahmefrist um weitere zwei Wochen. Würde diese nunmehr verlängerte Annahmefrist nicht auch für das konkurrierende Angebot maßgeblich sein, würde der Konkurrenzbieter benachteiligt. Der Gesetzgeber ging bei der Fassung des § 22 Abs. 2 jedoch von einer gewissen Sachverhaltstypik aus und davon, dass die Annahmefrist eines konkurrierenden Angebots regelmäßig erst zu einem späteren Zeitpunkt ausläuft als die des Erstangebots. Aus diesem Grund muss die hier vertretene Auslegung maßgeblich sein, so auch *Oechsler* (Fn. 2), 824; vgl. daneben *Thun* (Fn. 2), § 22 Rn. 22 ff.

kann. Nicht erfasst sind deshalb insbesondere Gegenangebote der Zielgesellschaft für die Wertpapiere des Bieters im Rahmen einer so genannten pac man defense.[4]

14 Unklar ist jedoch, wie zum Beispiel mit Tochtergesellschaften oder sonst mit dem Bieter verbundenen Unternehmen zu verfahren ist. Bei rein grammatikalischer Auslegung des § 22 Abs. 1 würde es sich auch in diesen Fällen um das Angebot eines Dritten handeln. Eine solche Auslegung erscheint aber nicht angängig. Zu beachten ist nämlich, dass ein Bieter durch die Einschaltung z.B. einer Tochtergesellschaft oder einer anderweitig verbundenen Partei durch Herauslegung eines formal konkurrierenden Angebots über die Grenzen des § 21 hinaus sein Angebot ändern und insbesondere auch die Annahmefrist erheblich verlängern könnte. Dritter im Sinne von § 22 Abs. 1 kann daher nur eine **vom Bieter unabhängige Partei** sein. Gemeinsam handelnde Personen nach der Definition des § 2 Abs. 5 sind deshalb keine Dritten gemäß § 22 Abs. 1. Es hätte nahegelegen, dies ausdrücklich klarzustellen.[5]

4. Abgabe

15 Schließlich muss das konkurrierende Angebot abgegeben sein. Hiermit ist klargestellt, dass das konkurrierende Angebot nur dann die Rechtswirkungen gemäß § 22 Abs. 2 und § 22 Abs. 3 auslöst, wenn es selbst rechtswirksam geworden ist. Hierzu ist eine **Veröffentlichung der Angebotsunterlage** gemäß § 14 Abs. 3 erforderlich; die bloße Veröffentlichung der Entscheidung, ein Angebot abgeben zu wollen, gemäß § 10 Abs. 3 reicht hierfür nicht. Relevant ist das Tatbestandsmerkmal der Abgabe des konkurrierenden Angebots insbesondere dann, wenn ein konkurrierendes Angebot gemäß § 15 untersagt wird. Wird das Angebot bereits vor seiner Veröffentlichung und damit vor seiner Rechtswirksamkeit untersagt und unterbleibt daraufhin eine Veröffentlichung, so ist es nicht abgegeben und kann auch auf den Lauf der Annahmefrist des ursprünglichen Angebots keinen Einfluss haben. Der Wortlaut des § 22 Abs. 2 Satz 2 ist in diesem Zusammenhang jedenfalls missverständlich. Ein konkurrierendes Angebot kann nur dann von Einfluss auf das ursprüngliche Angebot sein, wenn es nach seinem Wirksamwerden und demgemäß nach seiner Veröffentlichung zu einer Untersagungsverfügung kommt.

---

4 Hierzu BDI/DIHT/BDA/GdDV-Stellungnahme (Juli 2000), S. 11.

5 So auch die *DAV*-Stellungnahme (April 2001), § 22.

V. Vorliegen mehrerer konkurrierender Angebote

Das Gesetz geht davon aus, dass es nur ein ursprüngliches und ein konkurrierendes Angebot gibt. In Fällen, in denen mehrere Angebote zusammenfallen, gilt § 22 aber ebenfalls. Kommt es zur aufeinander folgenden Abgabe mehrerer konkurrierender Angebote, löst jedes der konkurrierenden Angebote für sich die Rechtsfolgen des § 22 Abs. 2 und Abs. 3 aus. Letztlich kommt es damit für die Bestimmung der Annahmefrist und das Rücktrittsrecht stets auf das zuletzt veröffentlichte konkurrierende Angebot an. Bei mehreren konkurrierenden Angeboten kann gerade die Verlängerung der Annahmefrist nach § 22 Abs. 2[6] zu für die Zielgesellschaft schwer tragbaren Konsequenzen führen. In Extremfällen wird man hier erwägen müssen, dem Bundesaufsichtsamt die Möglichkeit einer Anordnung gemäß § 4 Abs. 1 Satz 3 dahingehend zu eröffnen, nur eine begrenzte Anzahl konkurrierender Angebote parallel zum ursprünglichen Angebot zuzulassen oder die Annahmefristen stärker einzuschränken.[7] **16**

VI. Verlängerung der Annahmefrist

Rechtsfolge der Abgabe eines konkurrierenden Angebots ist zunächst eine **automatische Verlängerung** der **Annahmefrist** des ursprünglichen Angebots. Gemäß § 22 Abs. 2 bestimmt sich die Annahmefrist des ursprünglichen Angebots automatisch nach dem Ablauf der Annahmefrist für das konkurrierende Angebot. Dies kann ggf. zu einer erheblichen Verlängerung der Annahmefrist des ursprünglichen Angebots führen, wenn zum Beispiel das konkurrierende Angebot am Ende der Annahmefrist des ursprünglichen Angebots mit einer weiteren 10-wöchigen Annahmefrist herausgelegt wird. Eine solche möglicherweise wesentliche Ausweitung der Annahmefrist und demgemäß eine Behinderung der Zielgesellschaft für diesen Zeitraum ist indes vom Gesetzgeber bewusst in Kauf genommen worden. Um für beide Angebote gleiche Rahmenbedingungen zu schaffen, sollen die Annahmefristen parallel enden. Dies soll den Wertpapierinhabern der Zielgesellschaft eine wohlabgewogene Wahl zwischen beiden Angeboten ermöglichen. **17**

---

6 Hierzu sogleich Rn. 17 ff.

7 Der *Zentrale Kreditausschuss* regt an, die automatische Verlängerung bis zum Ende der Annahmefrist eines konkurrierenden Angebots auf die ersten ein bis drei konkurrierenden Angebote zu beschränken; s. ZKA-Stellungnahme, S. 3.

18 § 22 Abs. 2 geht implizit davon aus, dass die Annahmefrist eines konkurrierenden Angebots regelmäßig nach dem Ablauf der Annahmefrist des ursprünglichen Angebots endet.[8] Obwohl dies regelmäßig der Fall sein wird, ist nicht auszuschließen, dass bei einem in der Anfangsphase eines Angebots erfolgenden konkurrierenden Angebot mit einer kurzen Annahmefrist die **Annahmefrist** des **konkurrierenden Angebots vor** derjenigen des **ursprünglichen Angebots** endet. Fraglich ist, ob der gesetzlich vorgesehene Gleichlauf der Annahmefristen auch in diesem Fall gelten kann bzw. wie in diesen Fällen zu verfahren ist. Denkbar und zweckmäßig wäre, in einem solchen Fall die Annahmefrist beider Angebote an der jeweils längeren der beiden Annahmefristen zu orientieren. Eine solche Auslegung geht allerdings über den Wortlaut des § 22 Abs. 2 eindeutig hinaus. Nachdem der Gesetzgeber in den Beratungen zum Gesetzentwurf ausdrücklich auf diese Unklarheit hingewiesen wurde,[9] dürfte die Vorschrift einer solchen erweiternden Auslegung deshalb nicht zugänglich sein. In den seltenen Fällen einer kürzeren Annahmefrist des konkurrierenden Angebots verbleibt es somit beim Wortlaut des § 22 Abs. 2. Da in diesem Fall die Annahmefrist für das ursprüngliche Angebot nicht vor Ablauf der Annahmefrist des konkurrierenden Angebots endet, kommt es zu unterschiedlichen Annahmefristen.

19 Gemäß § 22 Abs. 2 Satz 2 orientiert sich die Annahmefrist des ursprünglichen Angebots auch im Falle einer Änderung des konkurrierenden Angebots an der Annahmefrist des letztgenannten Angebots. **Verlängert** sich die Annahmefrist des konkurrierenden Angebots demgemäß nach § 21 Abs. 5, gilt diese Verlängerung auch für das ursprüngliche Angebot selbst wenn ursprünglich die Annahmefrist des konkurrierenden Angebots vor der des ursprünglichen Angebots geendet hätte.[10] Ferner ist nach § 22 Abs. 2 Satz 2 unerheblich, ob das konkurrierende Angebot gegen Rechtsvorschriften verstößt. Hierdurch soll vermieden werden, dass Streitigkeiten über nicht ordnungsgemäße konkurrierende Angebote zu Zweifelsfragen bei der Bestimmung des Ablaufs der Annahmefrist des ursprünglichen Angebots führen. Nach dem Gesetzeswortlaut ist daneben unerheblich, ob das konkurrierende Angebot untersagt wird. Wie bereits oben[11] ausgeführt wurde, kann dies indes nur für Untersagungsverfügungen nach der Veröffentlichung des konkurrierenden Angebots gelten.

8 So auch die Regierungsbegründung, S. 121 f.
9 *DAV*-Stellungnahme (April 2001), § 22.
10 So auch *Oechsler* (Fn. 2), 824; *Thun* (Fn. 2), § 22 Rn. 21.
11 Siehe Rn. 15.

Fraglich ist schließlich, wie die Fristverlängerung gemäß § 22 Abs. 2 den **Marktteilnehmern mitgeteilt** wird. Zwar verlängert sich die Annahmefrist qua Gesetz, eine Verpflichtung des Bieters, dies den Wertpapierinhabern der Zielgesellschaft separat mitzuteilen, enthält das Gesetz allerdings nicht. Wie schon bei § 21 Abs. 5 bleibt es auch hier bei der Regelung des § 2 Nr. 9 AngebotsVO.[12] **20**

VII. Rücktrittsrecht

Gemäß § 22 Abs. 3 haben Inhaber von Wertpapieren der Zielgesellschaft bei Herauslegung eines konkurrierenden Angebots ein Rücktrittsrecht. Zweck dieses gesetzlichen Rücktrittsrechts ist es, den Wertpapierinhabern der Zielgesellschaft die Möglichkeit zu eröffnen, anstelle des ursprünglichen Angebots das konkurrierende und möglicherweise „bessere" Angebot anzunehmen. Das Rücktrittsrecht ist insofern Ausfluss des **allgemeinen Gleichbehandlungsgrundsatzes**.[13] Gemäß § 22 Abs. 3 2. Halbsatz besteht die Möglichkeit des Rücktritts allerdings nur, sofern die Annahme des ursprünglichen Angebots vor Veröffentlichung der Angebotsunterlage des konkurrierenden Angebots erfolgte. Hintergrund dieser Ausnahme ist, dass ab diesem Zeitpunkt beide Angebote vorliegen und die Wertpapierinhaber der Zielgesellschaft somit von vornherein die Möglichkeit haben, sich in Kenntnis aller Umstände endgültig für eines der beiden Angebote zu entscheiden. Bei einer solchen Sachlage ist ein Rücktrittsrecht nicht mehr erforderlich. **21**

Zu beachten ist, dass die unter dem Übernahmekodex gegebene Möglichkeit des Bieters, in die Bedingungen eines konkurrierenden Angebots innerhalb einer gewissen Frist einzutreten und so das Rücktrittsrecht der Wertpapierinhaber der Zielgesellschaft zu beseitigen,[14] zukünftig nicht mehr gegeben ist. Unbenommen bleibt dem Bieter aber eine Verbesserung seines Angebots gemäß § 21 Abs. 1 Satz 1 Nr. 1, um die Wertpapierinhaber der Zielgesellschaft durch eine erhöhte Gegenleistung von der Annahme des konkurrierenden Angebots abzuhalten.[15] **22**

---

12 Siehe auch § 21 Rn. 40.

13 *Zinser*, NZG 2001, 391, 395.

14 Vgl. Artikel 14 Übernahmekodex samt den Anmerkungen der Übernahmekommission; *Diekmann*, WM 1997, 897, 901.

15 Erhöht der Bieter das Erstangebot während der Laufzeit eines konkurrierenden Angebots, stellt sich die Frage, ob ein Aktionär der Zielgesellschaft, der das Konkur-

23 Im Übrigen gelten für die Ausübung des Rücktrittsrechts die zu § 21 gemachten Ausführungen entsprechend;[16] im Gegensatz zu § 21 macht hier allerdings eine Regelung über beredtes Schweigen ersichtlich keinen Sinn, und auch die Frage einer automatischen Meistbegünstigung stellt sich nicht. Der Bieter kann es daher insoweit beim Gesetz belassen, ohne klarstellende vertragsrechtliche Elemente in das Angebotsdokument aufzunehmen.

§ 23 Veröffentlichungspflichten des Bieters nach Abgabe des Angebots

(1) Der Bieter ist verpflichtet, die Anzahl sämtlicher ihm, den mit ihm gemeinsam handelnden Personen und deren Tochterunternehmen zustehenden Wertpapiere der Zielgesellschaft einschließlich der Höhe der jeweiligen Anteile und der ihm zustehenden und nach § 30 zuzurechnenden Stimmrechtsanteile sowie die sich aus den ihm zugegangenen Annahmeerklärungen ergebende Anzahl der Wertpapiere, die Gegenstand des Angebots sind, einschließlich der Höhe der Wertpapier- und Stimmrechtsanteile

1. nach Veröffentlichung der Angebotsunterlage wöchentlich sowie in der letzten Woche vor Ablauf der Annahmefrist täglich,

2. unverzüglich nach Ablauf der Annahmefrist und

3. unverzüglich nach Ablauf der weiteren Annahmefrist

gemäß § 14 Abs. 3 Satz 1 zu veröffentlichen und dem Bundesaufsichtsamt mitzuteilen. § 14 Abs. 3 Satz 2 und § 31 Abs. 6 gelten entsprechend.

(2) Erwerben bei Übernahmeangeboten, bei denen der Bieter die Kontrolle über die Zielgesellschaft erlangt hat, und bei Pflichtangeboten der Bieter, mit ihm gemeinsam handelnde Personen oder

---

renzangebot bereits angenommen hat, von diesem zu Gunsten des nunmehr erhöhten Erstangebots zurücktreten kann. Ein solches Rücktrittsrecht ist dem WpÜG gegenwärtig nicht ausdrücklich zu entnehmen. Der Zweck des § 22 Abs. 2, Wettbewerbsverzerrungen durch die zufällige zeitgleiche Abfolge der öffentlichen Angebote zu vermeiden, spricht aber für eine analoge Anwendung in diesem Fall; so insbesondere *Oechsler* (Fn. 2), 824; *Thun* (Fn. 2), § 22 Rn. 45.

16 Siehe § 21 Rn. 29–33.

deren Tochterunternehmen nach der Veröffentlichung der Angebotsunterlage und vor Ablauf eines Jahres nach der Veröffentlichung gemäß Abs. 1 Nr. 2 außerhalb des Angebotsverfahrens Aktien der Zielgesellschaft, so hat der Bieter die Höhe der erworbenen Aktien- und Stimmrechtsanteile unter Angabe der Art und Höhe der für jeden Anteil gewährten Gegenleistung unverzüglich gemäß § 14 Abs. 3 Satz 1 zu veröffentlichen und dem Bundesaufsichtsamt mitzuteilen. § 31 Abs. 6 gilt entsprechend.

Literatur: *Assmann/Bozenhardt*, Übernahmeangebote als Regelungsproblem zwischen gesellschaftsrechtlichen Normen und zivilrechtlichen Verhaltensgeboten, ZGR-Sonderheft 1990, S. 1; *Burgard*, Kapitalmarktrechtliche Lehren aus der Übernahme Vodafone-Mannesmann, WM 2000, 611; *Deutscher Anwaltverein e.V.*, Stellungnahme des Handelsrechtsausschusses des Deutschen Anwaltvereins e.V. zum Referentenentwurf des Bundesministeriums der Finanzen für ein Gesetz zur Regelung von öffentlichen Angeboten zum Erwerb von Wertpapieren und von Unternehmensübernahmen (WÜG) (April 2001) (DAV-Stellungnahme (April 2001)); *ders.*, Stellungnahme des Handelsrechtsausschusses des Deutschen Anwaltvereins e.V. zum Regierungsentwurf für ein Gesetz zur Regelung von öffentlichen Angeboten zum Erwerb von Wertpapieren und von Unternehmensübernahmen (WpÜG) (September 2001) (DAV-Stellungnahme (September 2001)); *Reul*, Übernahmeangebote in der ökonomischen Analyse, in: Baum (Hrsg.), Privatrecht und deutsche Einheit, Jahrbuch Junge Zivilrechtswissenschaftler 1990, S. 11 ff.; *Riehmer/Schröder*, Der Entwurf des Übernahmegesetzes im Lichte von Vodafone/Mannesmann, NZG 2000, 820; *dies.*, Praktische Aspekte bei der Planung, Durchführung und Abwicklung eines Übernahmeangebots, BB 2001, Sonderbeilage 5, S. 11 ff.; *Röhrich*, Feindliche Übernahmeangebote, 1992, S. 84 ff.; *Witt*, Regelmäßige „Wasserstandsmeldungen" – unverzichtbarer Bestandteil eines künftigen Übernahmegesetzes, NZG 2000, 809; *ders.*, Die Änderungen der Mitteilungs- und Veröffentlichungspflichten nach §§ 21 ff. WpHG durch das geplante Wertpapiererwerbs- und Übernahmegesetz, AG 2001, 233.

Übersicht

I. Allgemeines

1. Anwendungsbereich und systematische Stellung

1 § 23 Abs. 1 gilt grundsätzlich für alle Angebote, die dem WpÜG unterfallen.[1] Die Norm stellt das übernahmerechtliche Korrelat zu § 21 WpHG und § 20 AktG dar. § 23 Abs. 2 gilt dagegen nach seinem ausdrücklichen Wortlaut nur für Übernahme- und Pflichtangebote.

2. Gesetzeszweck und Kritik

2 § 23 Abs. 1 enthält **umfangreiche Veröffentlichungspflichten** im Hinblick auf die dem Bieter während eines Angebots zustehenden Wertpapiere der Zielgesellschaft und Stimmrechtsanteile und verpflichtet zudem zur Offenlegung der bereits erhaltenen Annahmeerklärungen. Aus noch näher darzulegenden Gründen[2] führen diese Verpflichtungen zu erheblichen Belastungen des Bieters und lassen sich technisch und administrativ nur mit großen Anstrengungen erfüllen; die Verpflichtung wirkt von daher erheblich transaktionskostensteigernd. Jedenfalls für den Bereich **einfacher öffentlicher Erwerbsangebote** dürfte die Pflicht zur Abgabe von laufenden „Wasserstandsmeldungen“[3] eine Überregulierung darstellen.[4]

3 Die in § 23 Abs. 1 vorgeschriebenen „Wasserstandsmeldungen“ lassen sich vor allem auch vor dem Hintergrund von Sinn und Zweck solcher Meldungen bei einfachen Erwerbsangeboten nicht rechtfertigen. Hintergrund der Verpflichtung des Bieters, den Stand der Annahmeerklärungen offen zu legen, ist das sog. **Prisoner's Dilemma**, in welchem sich die Wertpapierinhaber der Zielgesellschaft bei einem Übernahme-

1 Für Übernahmeangebote vgl. § 34 und für Pflichtangebote vgl. § 39.

2 Vgl. unten bei Rn. 27 ff.

3 Vgl. *Witt*, NZG 2000, 809 ff.

4 So insbesondere auch die *DAV*-Stellungnahmen (April und September 2001), § 23, mit dem Vorschlag, § 23 in Abschnitt 4 zu übernehmen.

angebot befinden, nämlich einem Entscheidungskonflikt, was die Anlage- bzw. Desinvestitionsentscheidungen angeht.[5]

Nach der Theorie des Prisoner's Dilemma entscheiden sich Inhaber von Wertpapieren der Zielgesellschaft aufgrund der asymmetrischen Informationslage häufig vorschnell zu einer Veräußerung der Wertpapiere an einen Bieter zu einem Preis, der möglicherweise nicht dem vollen Wert des Unternehmens entspricht und somit keine angemessene Kontrollprämie enthält, weil sie davon ausgehen, dass die persönliche Entscheidung für den Erfolg oder Misserfolg der mit dem Angebot angestrebten Übernahme nicht maßgeblich sein wird, und weil sie befürchten, dass sie sich nach einer erfolgreichen Übernahme in der unerwünschten und den Wert der Anteile tendenziell mindernden Stellung eines reinen Minderheitsaktionärs wiederfinden. Zusätzlich müssen sie in diesem Fall annehmen, dass bei einem Erfolg eines Übernahmeangebots die Unternehmensinteressen „ihrer" Gesellschaft einem fremden Unternehmen untergeordnet sind.[6] 4

Ein ganz entscheidender Gesichtspunkt der theoretischen Rechtfertigung von Wasserstandsmeldungen ist also die immanente Befürchtung eines Inhabers von Wertpapieren einer Zielgesellschaft, einen Kontrollwechsel hinnehmen zu müssen, der die Interessen des betroffenen Wertpapierinhabers möglicherweise nicht vollständig wahrt. Hinzukommt, dass nach einem erfolgreichen Angebot aller Wahrscheinlichkeit nach aufgrund des Kontrollwechsels kein weiteres Übernahmeangebot mehr abgegeben wird und somit eine erneute Gelegenheit, eine in jedem Übernahmeangebot regelmäßig enthaltene Kontrollprämie zu erlangen, nicht mehr besteht.[7] Die hier beschriebene Situation besteht aber **nur** im Falle von **echten Übernahmeangeboten**, die gerade auf einen Kontrollwechsel abzielen. Der beschriebene Entscheidungskonflikt besteht dagegen nicht bei einfachen Angeboten zum Erwerb von Wertpapieren, da hier der betroffene Wertpapierinhaber keine Befürchtungen haben muss, einem neuen Unternehmensherren ausgesetzt zu sein. Dies zeigt, dass die in § 23 Abs. 1 enthaltenen „Wasserstandsmel- 5

5 *Witt* (Fn. 3), 811; siehe auch *Röhrich*, Feindliche Übernahmeangebote, 1992, S. 84 f.; *Hahn*, ZBB 1990, 10, 14; *Reul*, Übernahmeangebote in der ökonomischen Analyse, in: Baum (Hrsg.), Privatrecht und deutsche Einheit, Jahrbuch Junger Zivilrechtswissenschaftler 1990, 1991, S. 11, 26 f.; alle mit umfangreichen weiteren Nachweisen.

6 *Assmann/Bozenhardt*, Übernahmeangebote als Regelungsproblem zwischen gesellschaftsrechtlichen Normen und zivilrechtlichen Verhaltensgeboten, ZGR-Sonderheft 1990, S. 1, 11.

7 *Witt* (Fn. 3), 812.

dungen“ auch von ihrer theoretischen Fundierung her nicht für einfache Wertpapiererwerbsangebote gelten können.

6 Obwohl nach dem Gesagten an eine **teleologische Reduktion** des § 23 Abs. 1 zu denken wäre, dürfte eine solche im Ergebnis ausscheiden: Dem Gesetzgeber waren die Bedenken gegen den Anwendungsbereich des § 23 Abs. 1 wohl bewusst.[8] Trotzdem hat er den Wortlaut des § 23 Abs. 1 im Laufe des Gesetzgebungsverfahrens nicht verändert. Eine mögliche Einschränkung des Anwendungsbereichs ist auch in der Begründung zu § 23 Abs. 1 in keiner Weise angesprochen. Im Gegenteil fällt die Divergenz zum Wortlaut des § 23 Abs. 2 auf, der ausdrücklich nur auf Übernahmeangebote Bezug nimmt. Auch die systematische Stellung des § 23 erlaubt nur den Schluss, dass sich der Gesetzgeber bewusst für eine Geltung des § 23 Abs. 1 für alle Angebote entschieden hat. Dies ist zu bedauern, aufgrund der gegenwärtigen Rechtslage aber nicht anzuzweifeln. Wenn sich die oben geschilderten Bedenken in der Praxis bewahrheiten, sollte das Gesetz baldmöglichst angepasst werden.

7 § 23 Abs. 2 enthält einen **gesonderten Mitteilungstatbestand**: Während § 23 Abs. 1 den Bieter während der Dauer eines Angebots verpflichtet, die oben erwähnten „Wasserstandsmeldungen“ abzugeben sowie das Ergebnis des Angebotes nach Ablauf der Annahmefrist und der weiteren Annahmefrist zu veröffentlichen, enthält § 23 Abs. 2 einen Veröffentlichungstatbestand im Hinblick auf die während eines Angebots und nach dem Ende der Annahmefrist eines Angebots bestehenden Meistbegünstigungsverpflichtungen des § 31 Abs. 4 und Abs. 5. Diese letztgenannte Mitteilungspflicht ist lediglich als Flankierung der Meistbegünstigungsvorschriften zu verstehen. Die systematische Stellung des § 23 Abs. 2 im Dritten Abschnitt vermag von daher nicht vollständig zu überzeugen. § 23 Abs. 2 gilt im Übrigen schon nach seinem ausdrücklichen Wortlaut nur für Übernahme- und Pflichtangebote, sodass auch deshalb eine Eingliederung der Mitteilungspflicht in § 31 näher gelegen hätte.

8 Die in § 23 Abs. 1 und 2 enthaltenen Veröffentlichungspflichten waren bereits im DiskE-ÜG enthalten. Sie haben sich inhaltlich im Laufe des Gesetzgebungsverfahrens nicht verändert. Eine vormals enthaltene Befreiungsmöglichkeit, die es erlaubte, Wertpapierdienstleistungsunternehmen unter bestimmten Voraussetzungen von den Veröffentlichungspflichten auszunehmen (§ 25 Abs. 3 bis 5 DiskE-ÜG), wurde im Laufe des Verfahrens gestrichen. Die Ausnahmevorschriften sahen vor, Stimm-

8 Vgl. insbesondere die *DAV*-Stellungnahmen zu § 23.

rechte aus Aktien unberücksichtigt zu lassen, die von Wertpapierdienstleistungsunternehmen im Handelsbestand gehalten werden oder gehalten werden sollen und mit denen auf die Geschäftsführung der Gesellschaft kein Einfluss genommen werden soll. Eine solche Ausnahme wäre indes nicht überzeugend gewesen, denn die Erfüllung dieser Voraussetzungen durch ein Wertpapierdienstleistungsunternehmen, welches gleichzeitig ein Bieter, also ein Übernahmeinteressent ist, wäre praktisch kaum vorstellbar.[9] Soweit die Tatbestandsvoraussetzungen des § 23 Abs. 1 bzw. § 23 Abs. 2 erfüllt sind, müssen auch solche Unternehmen nunmehr den Veröffentlichungspflichten nachkommen.

Die Vorschriften in §§ 21 ff. WpHG und § 20 AktG sind **neben** § 23 **9**
Abs. 1 **anwendbar**, da dem WpÜG weder eine diesbezügliche gesetzliche Einschränkung zu entnehmen ist, noch ein Regelungswerk existiert, welches § 23 als lex specialis vorgehen könnte. Sowohl der meldepflichtige Tatbestand als auch die Art der Bekanntmachung unterscheidet sich nämlich von der Regelung in § 23 Abs. 1. Nach näherer Maßgabe der §§ 21 ff. WpHG ist bekanntlich lediglich das Erreichen, Überschreiten oder Unterschreiten bestimmter Schwellen von Stimmrechten an einer börsennotierten Gesellschaft meldepflichtig; die Meldung muss gegenüber der betreffenden Gesellschaft selbst und dem BAWe erfolgen.[10] Ähnliches regelt für nicht an einem organisierten Markt börsennotierte Gesellschaften § 20 AktG. Im Gegensatz hierzu sind die Meldepflichten des § 23 von dem Erreichen, Überschreiten oder Unterschreiten der genannten Schwellenwerte vollkommen unabhängig und müssen von vornherein gemäß § 14 veröffentlicht werden. § 23 ist schließlich insoweit erheblich weiter, als sich §§ 21 ff. WpHG und § 20 AktG unstreitig lediglich auf Wertpapiere beziehen, die bereits erworben wurden (oder in bestimmten Fällen einer Zurechnung gemäß § 22 WpHG und §§ 20 Abs. 2, 16 Abs. 2, Abs. 4 AktG) und als rein obligatorische Kauf- bzw. Tauschverträge, die erst mit Eintritt einer oder mehrerer aufschiebender Bedingungen wirksam werden – wie bei Wertpapiererwerbs- und Übernahmeangeboten der Fall –, von §§ 21 ff. WpHG und § 20 AktG nicht erfasst werden.[11]

---

9 Vgl. *Witt* (Fn. 3), 815.

10 Vgl. hierzu ausführlich *Witt*, AG 2001, 233 ff. Zu beachten ist, dass mit der Verabschiedung des WpÜG der Anwendungsbereich von § 21 WpHG auf alle Gesellschaften, die zum Handel an einem organisierten Markt (vormals nur amtlicher Handel) zugelassen sind, erweitert wurde.

11 Vgl. *Witt* (Fn. 3), 810 f.; *Burgard*, WM 2000, 611, 614; *Riehmer/Schröder*, BB 2001, Sonderbeilage 5, 1, 15; die Stellungnahme von *Uwe H. Schneider* sowie *Ulrich Burgard* zum Regierungsentwurf des WpÜG vom 9.10.2001 äußert insofern

II. Rechtsvergleichung

1. Österreich

10 Das österreichische Übernahmegesetz enthält in § 16 Abs. 5 ebenfalls Vorschriften über die **Veröffentlichung der Beteiligungsquote**. Sobald eine Bekanntmachung betreffend ein Angebot oder eine Anzeige erfolgt ist, haben demnach alle am Ausgang des Übernahmeangebots besonders interessierten Rechtsträger den Erwerb und die Veräußerung von Beteiligungspapieren der Zielgesellschaft oder von Optionen, die Beteiligungspapiere der Zielgesellschaft zum Gegenstand haben, der Übernahmekommission unverzüglich bekanntzugeben. Besonders interessierte Rechtsträger im Sinne der Vorschrift sind insbesondere der Bieter, alle mit ihm gemeinsam vorgehenden Rechtsträger, die Zielgesellschaft und die mit ihr konzernmäßig verbundenen Unternehmen, Berater der genannten Unternehmen und Aktionäre, die über stimmberechtigte Aktien im Umfang von mindestens 2 v.H. des Grundkapitals verfügen. Der Adressatenkreis der österreichischen Regelung ist insoweit erheblich weiter als derjenige des § 23. Andererseits ist die Vorschrift auch enger, da nach österreichischem Recht der Erwerb bzw. die Veräußerung von Beteiligungspapieren meldepflichtig ist, nicht hingegen eine Mitteilung über die erhaltenen Annahmeerklärungen erfolgen muss.[12] Der Bieter muss im Übrigen gemäß § 19 Abs. 2 öÜbG das Ergebnis des Übernahmeangebots nach Ablauf der Annahmefrist unverzüglich veröffentlichen.

2. Schweiz

11 Auch das sBEHG beinhaltet in Artikel 27 eine **Verpflichtung zur Ergebnisveröffentlichung**. Zusätzlich statuiert es in Artikel 31 Abs. 1 eine **Meldepflicht** für den Bieter oder Personen, die direkt oder indirekt oder in gemeinsamer Absprache mit Dritten über eine Beteiligung von mindestens 5% der Stimmrechte verfügen, in Fällen des Erwerbs oder Verkaufs von Beteiligungspapieren der Gesellschaft während der

---

im Hinblick auf die in § 22 WpHG vorgenommenen Änderungen die Befürchtung, ein heimliches Anschleichen an eine Zielgesellschaft sei möglich, und will die Meldepflichten des WpHG daher auf solche Stimmrechte ausdehnen, auf deren Übertragung der Meldepflichtige einen Anspruch hat. Diese Sorge dürfte indes überzogen sein; näher liegt eine Beschränkung der Meldepflichten auf dingliche Optionsrechte und Ähnliches, wie sie von der heute wohl herrschenden Auffassung zu § 22 Abs. 1 Nr. 6 WpHG vertreten wird.

12 Vgl. hierzu Rn. 24.

Angebotsfrist. Auch hier wird lediglich der Erwerb bzw. die Veräußerung von Beteiligungspapieren erfasst, nicht aber eine Verpflichtung zur Meldung der eingegangenen Annahmeerklärungen aufgestellt. Werden die unter dem Übernahmeangebot zu Stande kommenden Kauf- bzw. Tauschverträge vollzogen, ergibt sich aus den Artikeln 37 ff. sUEV-UEK, dass der Bieter ab der Veröffentlichung des Angebots bis zum Ende der Angebotsfrist **alle** von ihm getätigten **Transaktionen** täglich in Form einer Gesamtmeldung **melden** muss, welche die Börsentransaktionen in Beteiligungspapieren, außerbörsliche Transaktionen in Beteiligungspapieren samt einer täglichen Detailmeldung über das Volumen jeder Transaktion mit Abschlusszeit und Preis, so weit von der Übernahmekommission verlangt, und eine gesonderte Ausweisung der Optionsrechte umfasst. Ergänzende Vorschriften zur Art der Veröffentlichung des Ergebnisses finden sich in großer Detaillierung in den Artikeln 43 ff. sUEV-UEK.

3. Vereinigtes Königreich

Der London City Code sieht eine **regelmäßige Mitteilung** über die Anzahl der erhaltenen Annahmeerklärungen während der gesamten Dauer eines Angebots ebenso wenig vor. Gemäß Rule 17.1 London City Code ist allerdings die Anzahl der Annahmeerklärungen zusammen mit der Anzahl der bereits vor der Angebotsphase gehaltenen Wertpapiere und der während des Angebots erworbenen Wertpapiere an dem Tag zu **veröffentlichen**, der dem Ablauf des Angebots folgt oder der dem Tag folgt, an dem das Angebot keinen Bedingungen mehr unterliegt, geändert oder verlängert wird. In all diesen Fällen ist jeweils auch die Angabe der Stimmrechtsanteile erforderlich. Mitteilungen nach dem London City Code erfolgen somit nur an bestimmten feststehenden Verfahrensstationen, nicht aber in festen zeitlichen Abständen wie unter dem WpÜG. Im Übrigen enthält der London City Code in Rule 17.2 ein **Rücktrittsrecht** für die Wertpapierinhaber der Zielgesellschaft, wenn die entsprechende Veröffentlichung nicht bis spätestens 15:30 Uhr des betreffenden Tages erfolgt ist. Daneben ist zu beachten, dass nach Sec. 199 (5) (b) und 200 (1) des Company's Act 1985 jedem Aktionär die Pflicht auferlegt ist, eine Erhöhung der Stimmrechtsbeteiligung an einer Gesellschaft über einen vollen Prozentpunkt hinaus der betreffenden Gesellschaft **mitzuteilen**, die diese Informationen dann den anderen Aktionären zugänglich machen muss.[13] **12**

13 Vgl. *Witt* (Fn. 3), 816.

4. EU-Richtlinie

13 § 23 Abs. 1 geht über die Vorgaben der E-ÜbernahmeRL weit hinaus. Dieser schrieb lediglich die Bekanntmachung des Ergebnisses des Angebots, nicht hingegen regelmäßige Meldungen über den Eingang der Annahmeerklärungen vor (vgl. Artikel 10 e E-ÜbernahmeRL).

III. Veröffentlichungspflichten gemäß § 23 Abs. 1

14 Die Veröffentlichungspflichten gemäß § 23 Abs. 1 lassen sich in zwei Untergruppen aufgliedern: einerseits ist der Bieter verpflichtet, die Anzahl und Höhe der ihm zustehenden Beteiligung offenzulegen, einschließlich der ihm zustehenden und gemäß § 30 zuzurechnenden Stimmrechtsanteile, andererseits muss er die Anzahl der ihm aus zugegangenen Annahmeerklärungen zufließenden Wertpapiere bekanntgeben.

Im Einzelnen:

1. § 23 Abs. 1 Satz 1 erste Alternative

15 § 23 Abs. 1 Satz 1 erste Alternative verpflichtet den Bieter zunächst, die Anzahl sämtlicher ihm selbst, mit dem Bieter gemeinsam handelnden Personen oder deren Tochterunternehmen zustehenden Wertpapiere der Zielgesellschaft einschließlich der Höhe der jeweiligen Anteile sowie der ihm bzw. den weiteren Genannten zustehenden Stimmrechtsanteile zu veröffentlichen. Das Gesetz benutzt den anderweitig nicht definierten Begriff der „zustehenden Wertpapiere", ohne dass in der Gesetzesbegründung näher erläutert wird, was hierunter zu verstehen ist. Aus der Begründung ergibt sich lediglich, dass die Vorschrift den Bieter verpflichten soll, die aktuelle Höhe des Wertpapier- und Stimmrechtsbestands an der Zielgesellschaft offenzulegen.[14]

a) Wertpapiere, die dem Bieter zustehen

16 Wertpapiere stehen dem Bieter im Sinne von § 23 Abs. 1 Satz 1 erste Alternative zunächst dann zu, wenn sie dem Bieter dinglich zuzurechnen sind. Dies liegt auf der Hand, ergibt sich aber auch aus dem Vergleich mit § 23 Abs. 1 Satz 1 zweite Alternative. Die sich aus den zugegangenen Annahmeerklärungen ergebende Anzahl der Wertpapiere

14 Regierungsbegründung, BR-Drucks. 574/01, S. 122 f.

beruht regelmäßig nur auf einer schuldrechtlichen Verpflichtung des Bieters, die Wertpapiere zu erwerben. Soll dem Begriff der dem Bieter zustehenden Wertpapiere ein eigenständiger Sinngehalt zukommen, kann es sich hierbei dementsprechend nur um Wertpapiere handeln, die dem Bieter oder einer der genannten mit dem Bieter gemeinsam handelnden Personen dinglich zustehen oder deren Stimmrechte ihm aufgrund anderweitiger gesetzlicher Anordnung zuzurechnen sind.

b) Zuzurechnende Stimmrechte

Eine solche Anordnung enthält das WpÜG sodann in § 30. Die dem Bieter nach § 30 zuzurechnenden **Stimmrechte** stehen ihm ebenfalls im Sinne von § 23 Abs. 1 Satz 1 erste Alternative zu. Genaugenommen kann es sich hierbei nur um dem Bieter in analoger Anwendung des § 30 zuzurechnende Stimmrechte handeln. Andernfalls würde für den Bereich der zuzurechnenden Stimmrechte die Anwendung auf Übernahmeangebote beschränkt bleiben, da die Vorschrift des § 30 ausschließlich bei Übernahmeangeboten gilt. **17**

Es ergeben sich hier zum Teil Überschneidungen, da einige der in § 30 erfassten Sachverhalte auch unter die Zurechnung der von mit dem Bieter gemeinsam handelnden Personen gehaltenen Wertpapiere fallen werden.[15] Hier sind insbesondere die gemäß § 30 Abs. 1 Nr. 1 und die gemäß § 30 Abs. 2 zugerechneten Aktien der Zielgesellschaft zu nennen.[16] **18**

Gemäß § 23 Abs. 1 Satz 2 a. E. gilt im Übrigen die Vorschrift des § 31 Abs. 6 im Rahmen der Veröffentlichungspflichten gemäß § 23 Abs. 1 entsprechend. Dies hat zur Folge, dass einem Erwerb von Wertpapieren **Vereinbarungen gleichgestellt** sind, aufgrund derer die **Übereignung von Aktien verlangt** werden kann. Dies betrifft insbesondere Optionsrechte, Ankaufsrechte und ähnliche Vereinbarungen.[17] Als Erwerb gilt allerdings nicht die Ausübung eines gesetzlichen Bezugsrechts aufgrund einer Erhöhung des Grundkapitals der Zielgesellschaft. **19**

---

15 Siehe hierzu Rn. 21.

16 Bezüglich der sonstigen Einzelheiten der Zurechnungstatbestände gemäß § 30 ist auf die Kommentierung in § 30 Rn. 22 ff. zu verweisen. Eine separate Angabe nach Zurechnungstatbeständen getrennt ist nicht nötig, *Thun*, in: Geibel/Süßmann, § 23 Rn. 12–14.

17 Im Einzelnen siehe § 31 Rn. 157 ff.

c) Bieter selbst

20 Gemäß § 23 Abs. 1 Satz 1 erste Alternative muss der Bieter zunächst die Anzahl der Wertpapiere veröffentlichen und dem Bundesaufsichtsamt mitteilen, die ihm selbst zustehen. Insoweit ergeben sich keine Probleme oder besonderen Schwierigkeiten.

d) Gemeinsam handelnde Personen

21 Anzugeben sind daneben aber auch solche Wertpapiere, die **mit dem Bieter gemeinsam handelnden Personen** im Sinne von § 2 Abs. 5 und **deren Tochterunternehmen** zustehen. Legt der Wortlaut des § 23 Abs. 1 Satz 1 erste Alternative hier zunächst ein redaktionelles Versehen nahe, da er **eigene Tochterunternehmen des Bieters** nicht erwähnt, so ergibt ein Vergleich mit § 2 Abs. 5 Satz 2, dass Tochterunternehmen des Bieters selbst als gemeinsam handelnde Personen im Sinne von § 23 Abs. 1 Satz 1 erste Alternative anzusehen sind. Dementsprechend müssen Bestände an Wertpapieren der Zielgesellschaft, die von natürlichen oder juristischen Personen, die ihr Verhalten im Hinblick auf den Erwerb von Wertpapieren der Zielgesellschaft oder ihre Ausübung von Stimmrechten aus Aktien der Zielgesellschaft mit dem Bieter aufgrund einer Vereinbarung oder in sonstiger Weise abstimmen, gehalten werden, und insbesondere Bestände an Wertpapieren von Tochterunternehmen vom Bieter gemäß § 23 Abs. 1 Satz 1 erste Alternative gemäß § 14 Abs. 3 Satz 1 veröffentlicht und dem Bundesaufsichtsamt mitgeteilt werden.

e) Art der Wertpapiere, Anzahl und Höhe

22 Zu beachten ist zunächst, dass nicht nur die Wertpapiere, die Gegenstand des Angebots sind, sondern **alle** Wertpapiere der Zielgesellschaft im Sinne des § 2 Abs. 2 angegeben werden müssen, um so den Angebotsempfängern ein umfassendes Bild über die Beteiligungsverhältnisse zu verschaffen.

23 Mitzuteilen ist dabei nicht nur die **Anzahl der jeweiligen Wertpapiere** (unter Spezifikation der betreffenden Wertpapiere, z. B. durch Ausweis der Gattung und des Nennbetrags bei Aktien), sondern **zusätzlich** die **Höhe der jeweiligen Anteile** und die dem Bieter zustehenden **Stimmrechtsanteile**. Vom Wortlaut her ist die Formulierung in § 23 Abs. 1 Satz 1 insoweit unglücklich, da sich aus ihr nicht erhellt, was mit der Formulierung „Anteile“ gemeint ist. Im Übrigen ist auch die Harmonisierung mit § 2 Nr. 5 AngebotsVO, welche den Inhalt des Angebotsdo-

kuments regelt und diesbezüglich vorschreibt, dass schon im Angebotsdokument die vom Bieter gehaltenen Wertpapiere offenzulegen sind, missglückt. In beiden Fällen ist die Anzahl der gehaltenen Wertpapiere sowie die kapital- und stimmrechtsmäßige Beteiligung anzugeben, um die gewünschte Publizität für die Wertpapierinhaber der Zielgesellschaft zu erreichen.[18] Auch aus dem Vergleich mit der zweiten Alternative ergibt sich schließlich, dass im Rahmen des § 23 Abs. 1 Satz 1 erste Alternative die Höhe der **Wertpapier**anteile (regelmäßig also die prozentuale Beteiligung am Grundkapital) offengelegt werden muss.

2. Annahmeerklärungen

Über diese Tatbestände hinaus sieht § 23 Abs. 1 Satz 1 zweite Alternative auch eine Veröffentlichung bzw. Mitteilung bezüglich der sich aus den dem Bieter zugegangenen Annahmeerklärungen ergebenden **Anzahl der Wertpapiere**, die **Gegenstand des Angebots** sind, **einschließlich** der **Höhe der Wertpapier- und Stimmrechtsanteile** vor. Hierdurch soll, wie oben erläutert (Rn. 4), den Empfängern des Angebots ein Überblick über die Akzeptanz des Angebots vermittelt werden, um das sog. **Prisoner's Dilemma** zu beseitigen. Nachdem die vom Bieter erworbenen und die ihm zugerechneten Wertpapiere bereits über § 23 Abs. 1 Satz 1 erste Alternative erfasst werden, können für diese Alternative lediglich noch Wertpapiere verbleiben, bezüglich derer durch die Annahmeerklärungen der Empfänger des Angebots Kauf- bzw. Tauschverträge zu Stande gekommen sind, die aber noch nicht durch dingliche Übertragung der entsprechenden Wertpapiere auf den Bieter vollzogen sind. Zu beachten ist zusätzlich, dass sich die Veröffentlichungs- bzw. Mitteilungspflicht gemäß der zweiten Alternative, anders als diejenige der ersten Alternative, lediglich auf solche Wertpapiere bezieht, die Gegenstand des Angebots sind. **24**

Wie schon bei der ersten Alternative ist auch im Rahmen des § 23 Abs. 1 Satz 1 zweite Alternative nicht nur die Anzahl der Wertpapiere, sondern auch die Höhe der jeweiligen Wertpapieranteile sowie die Höhe der Stimmrechtsanteile anzugeben.[19] **25**

3. Zeitlicher Rahmen der „Wasserstandsmeldung"

Nach der Veröffentlichung der Angebotsunterlage gemäß § 14 Abs. 3 ist der Bieter verpflichtet, die gemäß den vorstehenden Grundsätzen **26**

18 Vgl. *Witt* (Fn. 3), 814 und 817; *Assmann*, AG 2002, 114, 121.

19 Die Ausführungen bei Rn. 23 gelten insoweit entsprechend.

ermittelte Anzahl der Wertpapiere bzw. die Höhe der Wertpapier- und Stimmrechtsanteile **wöchentlich** sowie in der letzten Woche vor Ablauf der Annahmefrist sogar **täglich** (gemeint sein kann hier nur: börsentäglich) gemäß § 23 Abs. 1 Satz 1 Nr. 1 in Verbindung mit § 14 Abs. 3 Satz 1 zu veröffentlichen und dem Bundesaufsichtsamt mitzuteilen. Ob die vorgesehenen wöchentlichen Meldungen in der Anfangsphase eines Angebots aus Sicht des Kapitalmarkts unverzichtbar sind, kann trefflich bezweifelt werden. Angesichts der Tatsache, dass insbesondere institutionelle Investoren das Angebot regelmäßig erst in den letzten Tagen der Annahmefrist annehmen, erscheint die **Erforderlichkeit** jedenfalls zu Beginn eines Angebotsverfahrens **sehr zweifelhaft**.[20] Im Übrigen führen Wasserstandsmeldungen zu Beginn eines Angebots aufgrund des beschriebenen Annahmeverhaltens institutioneller Investoren zu einer **nicht marktkonformen Beeinträchtigung der Erfolgsaussichten** eines Bieters. Durch die Bekanntgabe von in der Anfangsphase sehr niedrigen Annahmeschwellen kann nämlich – insofern spiegelbildlich zum Prisoner's Dilemma der Wertpapierinhaber der Zielgesellschaft – eine „self fulfilling prophecy" zu Lasten des Bieters ausgelöst werden.[21]

27 Die Verpflichtung wirft auch in **praktischer Hinsicht** erhebliche **Probleme** auf. Sie setzt nämlich voraus, dass der Bieter in der Lage ist, die Anzahl der ihm zustehenden Wertpapiere sowie die Höhe der Wertpapier- und Stimmrechtsanteile jederzeit verlässlich festzustellen. Mag dies für unmittelbar vom Bieter gehaltene Wertpapiere noch relativ einfach möglich sein, so ist die taggenaue Feststellung der Tochterunternehmen und sonstigen gemeinsam handelnden Personen zustehenden und der zugerechneten Wertpapiere schon erheblich schwieriger zu bewerkstelligen. Um die Anforderungen des § 23 zu erfüllen, werden hier erheblich genauere und zeitnähere Erfassungssysteme implementiert werden müssen.

28 Insbesondere aber die Verpflichtung, den taggenauen Stand der erhaltenen Annahmeerklärungen im Laufe eines Angebots zu veröffentlichen und mitzuteilen, dürfte aus rein tatsächlichen Schwierigkeiten nicht mit 100%-iger Genauigkeit erfüllbar sein. Hintergrund dieser Schwierigkeiten ist, dass die Annahmeerklärungen der Wertpapierinhaber der Zielgesellschaft regelmäßig nicht direkt beim Bieter, son-

20 So insbesondere auch die *DAV*-Stellungnahme (September 2001), S. 8, die „Wasserstandsmeldungen" auf die letzte Woche vor Ablauf der Annahmefrist beschränken will.

21 Hierzu *Riehmer/Schröder*, NZG 2000, 820, 823.

dern über die jeweiligen Depotbanken eingehen. Dies bedeutet, dass die jeweiligen Annahmeerklärungen über die bankeninternen Informationssysteme zunächst bei einer Stelle zusammengeführt werden müssen, um eine verlässliche Grundlage für die Bestimmung der Anzahl der eingegangenen Annahmeerklärungen zu haben.

Zwar kann der Bieter hierfür einen zentralen Agenten benennen, und in jedem Fall müssen die erhaltenen Annahmeerklärungen bei der Clearstream Banking AG oder dem sonst zuständigen Zentralverwahrer zwecks späterer Umbuchung der Aktien zur Vollziehung des Eigentumswechsels zusammengeführt werden, dies aber nimmt eine erhebliche Zeit in Anspruch. In keinem Fall kann stets sichergestellt werden, dass die an einem bestimmten Tag eingegangenen Annahmeerklärungen auch tatsächlich vollständig zum Ende des jeweiligen Tages erfasst sind. Weiter verkompliziert wird diese Erfassung der Annahmeerklärungen, wenn es sich um grenzüberschreitende Angebote handelt, da dann die Annahmeerklärungen ggf. aus mehreren verschiedenen Ländern gesammelt werden müssen. **29**

All dies führt dazu, dass die Anzahl der eingegangenen Annahmeerklärungen regelmäßig erst mehrere Tage nach der Annahme des Angebots durch die betreffenden Wertpapierinhaber zuverlässig festgestellt werden kann. Vom Bieter trotzdem eine Veröffentlichung aller tatsächlich eingegangenen Annahmeerklärungen zu verlangen, hieße deshalb, etwas Unmögliches zu verlangen. Dementsprechend ist die Vorschrift des § 23 Abs. 1 Satz 1 Nr. 1 so auszulegen, dass vom Bieter nur verlangt wird, die aufgrund der **mit angemessener Sorgfalt unter Einsatz der zumutbaren technischen Möglichkeiten** zum jeweiligen Stichtag zweifelsfrei feststellbare Anzahl der eingegangenen Annahmeerklärungen zu veröffentlichen. Dies entspricht im Übrigen auch der Regelung des London City Codes, der eine Mitteilung der Zahl der Annahmeerklärungen etc. nur „as nearly as practicable“ verlangt (Rule 17.1 London City Code). Es sollten dabei aber **hohe Anforderungen** an die **„Ermittlungspflicht“** des Bieters gestellt werden. Der Bieter sollte im Übrigen in der betreffenden Veröffentlichung die Grundlage der Feststellung der Anzahl der Annahmeerklärungen möglichst genau angeben. **30**

Zu beachten ist, dass die Wasserstandsmeldungen gemäß § 23 Abs. 1 Satz 1 Nr. 1 lediglich im **Zeitraum** zwischen der Veröffentlichung der Angebotsunterlage und dem Ablauf der Annahmefrist, nicht hingegen während der weiteren Annahmefrist gemäß § 16 Abs. 2 erforderlich **31** sind. Dies überzeugt deshalb, weil das oben beschriebene Prisoner's Dilemma in der weiteren Annahmefrist denknotwendig nicht mehr bestehen kann. Zu diesem Zeitpunkt steht nämlich bereits fest, ob die vom Bieter angestrebte Mehrheitsbeteiligung, von der ein Angebot regelmäßig abhängig gemacht wird, erzielt wurde oder nicht. Zu einer weiteren Annahmefrist kommt es hingegen nach § 16 Abs. 2 Satz 2 nicht, wenn der Bieter das Angebot von dem Erwerb eines Mindestanteils der Aktien abhängig gemacht hat und dieser Mindestanteil nach Ablauf der Annahmefrist nicht erreicht wurde. Inkonsequent ist deshalb nicht der Ausschluss von Wasserstandsmeldungen in der weiteren Annahmefrist,[22] sondern die Erstreckung des § 23 Abs. 1 auf einfache Wertpapiererwerbsangebote.

4. Ergebnisbekanntmachungen

32 Gemäß § 23 Abs. 1 Satz 1 Nr. 2 ist die Anzahl der Wertpapiere sowie die Höhe der Wertpapier- und Stimmrechtsanteile zusätzlich unverzüglich (§ 121 BGB) nach Ablauf der Annahmefrist, die sich ggf. aus den in §§ 16 Abs. 3, 21 Abs. 5 und 22 Abs. 2 genannten Gründen verlängert, zu veröffentlichen und dem Bundesaufsichtsamt mitzuteilen. Dies entspricht der schon unter dem Übernahmekodex üblichen Ergebnisbekanntmachung.

33 Ferner ist eine Veröffentlichung und Mitteilung nach Ablauf der weiteren Annahmefrist im Sinne von § 16 Abs. 2 erforderlich. Diese Pflicht besteht – da § 16 Abs. 2 nur dort Anwendung findet – nur bei Übernahmeangeboten, nicht hingegen bei einfachen Wertpapiererwerbsangeboten oder Pflichtangeboten.

5. Art der Veröffentlichung

34 Die Veröffentlichung der Anzahl bzw. Höhe der Wertpapiere, Wertpapier- und Stimmrechtsanteile muss in Übereinstimmung mit § 14 Abs. 3 Satz 1 erfolgen; dem Bundesaufsichtsamt ist die entsprechende Anzahl der Wertpapiere bzw. die Höhe der Wertpapier- und Stimmrechtsanteile im Übrigen mitzuteilen und ihm gemäß § 14 Abs. 3 Satz 2 ein Beleg über die Veröffentlichung zu übersenden. Soll die gemäß § 14 Abs. 3 Satz 1 vorgeschriebene Veröffentlichung durch den Abdruck in einem Börsenpflichtblatt erfolgen, setzt dies voraus, dass für die Schlussphase des Angebots bereits im Vorhinein die erforderlichen Meldungen redaktionell vorbereitet werden, sodass sie bei Fest-

22 A. A. aber *Witt* (Fn. 3), 817.

stellung der endgültigen Zahlen unmittelbar vor Redaktionsschluss des betreffenden Börsenpflichtblattes noch rechtzeitig in den Druck gelangen.[23] Eine Alternative hierzu ist die – bloße – Veröffentlichung im Wege der Schalterpublizität, die auch im Rahmen des § 23 zulässig sein dürfte, obwohl sie aus Anlegerschutzgesichtspunkten bedenklich erscheint.

IV. § 23 Abs. 2 WpHG

Systematisch verfehlt enthält § 23 zusätzlich eine die Meistbegünstigungsverpflichtungen in § 31 Abs. 4 und § 31 Abs. 5 ergänzende Regelung. § 23 Abs. 2 gilt lediglich bei **Übernahmeangeboten** und dies auch nur, wenn der Bieter im Rahmen eines solchen Übernahmeangebots die Kontrolle über die Zielgesellschaft erlangt hat.[24] Zusätzlich gilt § 23 Abs. 2 auch im Falle eines **Pflichtangebots**. **35**

1. Meldepflichtige Geschäfte

In diesen Fällen muss der Bieter mit den gemeinsam handelnden Personen oder deren Tochterunternehmen jeden Erwerb von Aktien der Zielgesellschaft außerhalb des Angebotsverfahrens[25] unverzüglich gemäß § 14 Abs. 3 Satz 1 WpHG veröffentlichen und dem Bundesaufsichtsamt mitteilen. Ein solcher **Erwerb außerhalb des Angebotsverfahrens** ist jeder Erwerb, der nicht aus dem Abschluss eines aus dem Angebot resultierenden Kauf- bzw. Tauschvertrages hervorgeht. Insbesondere ist damit der Erwerb über die Börse (obwohl § 31 Abs. 5 nur bei außerbörslichem Erwerb gilt!) oder der Paketerwerb im Rahmen einer privaten Transaktion erfasst. Wann ein Erwerb im Sinne von § 23 Abs. 2 vorliegt, lässt das Gesetz offen. Gemeint sein kann indes **36**

23 Dem Vorschlag in der *DAV*-Stellungnahme, die Veröffentlichung von Wasserstandsmeldungen auf das Internet zu beschränken, ist der Gesetzgeber leider nicht gefolgt. Hinsichtlich der Einzelheiten kann im Übrigen auf die Kommentierung zu § 14 verwiesen werden.

24 Kritisch zu dieser Begrenzung und dem Gesetzgeber ein Redaktionsversehen unterstellend *Thun* (Fn. 16), § 23 Rn. 36ff.

25 Hierbei kann nur ein Angebotsverfahren unter Geltung des WpÜG gemeint sein. Eine Nachveröffentlichungspflicht bezüglich bereits im Jahre 2001 nach Maßgabe des Übernahmekodex durchgeführter Übernahmeangebote existiert somit nicht, sondern nur nach dem 1.1.2002 nach Maßgabe des WpÜG durchgeführte Übernahmeangebote können eine Nachmeldepflicht auslösen; vgl. hierzu *ZKA*-Stellungnahme (Oktober 2001), S. 4.

grundsätzlich nur der dingliche Erwerb von Wertpapieren der Zielgesellschaft; insoweit bietet sich die Heranziehung der zu § 21 WpHG entwickelten Auslegungsgrundsätze an.[26]

37 Einem Erwerb gleichgestellt sind gemäß § 23 Abs. 2 Satz 2 in Verbindung mit § 31 Abs. 6 Vereinbarungen, aufgrund derer die Übereignung von Aktien verlangt werden kann; auch hier gilt die Ausübung eines gesetzlichen Bezugsrechts aufgrund einer Erhöhung des Grundkapitals der Zielgesellschaft nicht als Erwerb.

38 Vom Wortlaut her erfasst § 23 Abs. 2 im Übrigen lediglich den Erwerb von **Aktien** der Zielgesellschaft. Diese terminologische Differenz im Vergleich zu § 23 Abs. 1 und auch zum sonstigen dritten Abschnitt beruht darauf, dass auch die Vorschriften zur Preisgestaltung bzw. zur Meistbegünstigung lediglich von Aktien der Zielgesellschaft, nicht aber von dem im Übrigen verwendeten Begriff der Wertpapiere der Zielgesellschaft, wie er in § 2 Abs. 2 definiert ist, sprechen. Soweit die Preisgestaltungsvorschriften als auch die Meistbegünstigungspflichten ausnahmsweise nicht nur im Falle des Erwerbs von Aktien im technischen Sinne, sondern bei dem Erwerb von anderen Wertpapieren der Zielgesellschaft im Sinne von § 2 Abs. 2 anzuwenden wären,[27] gilt auch die Veröffentlichungspflicht des § 23 Abs. 2.

2. Zeitlicher Rahmen

39 In zeitlicher Hinsicht folgt der Anwendungsbereich der Veröffentlichungspflichten gemäß § 23 Abs. 2 dem zeitlichen Anwendungsbereich der betreffenden Meistbegünstigungspflichten in § 31 Abs. 4 und Abs. 5. Demgemäß muss jeglicher Erwerb von Wertpapieren der Zielgesellschaft ab der Veröffentlichung der Angebotsunterlage im Sinne von § 14 Abs. 3 und bis zum Ablauf eines Jahres nach der Veröffentlichung des Ergebnisses des Übernahmeangebots gemäß § 23 Abs. 1 Satz 1 Nr. 2 unverzüglich veröffentlicht werden. Eine weitere zeitliche Begrenzung ergibt sich daraus, dass § 23 Abs. 2 Satz 1 in Fällen von

26 Vgl. hierzu *Opitz,* in: Schäfer, WpHG/BörsG/VerkProspG-Kommentar, 1999, § 21 WpHG Rn. 20 f.; *Schneider,* in: Assmann/Schneider, WpHG, 2. Aufl., 1999, § 21 Rn. 41 ff.

27 Eine Anwendung der Vorschriften des § 31 auf andere Wertpapiere als Aktien im technischen Sinne kann möglicherweise in Betracht kommen, wenn es um Wertpapiere geht, die eine aktienersetzende Funktion haben, so z. B. bei American Depository Receipts. Ausführlich zum Instrument der American Depository Receipts kürzlich *Wieneke*, Die Stellung des Inhabers von ADRs in der Hauptversammlung der Gesellschaft, AG 2001, 504–513.

Übernahmeangeboten erst dann Anwendung findet, wenn der Bieter die Kontrolle über die Zielgesellschaft erlangt hat.[28]

3. Inhalt der Meldung

40 Gemäß § 23 Abs. 2 Satz 1 2. Halbsatz muss die Veröffentlichung sowohl die Höhe der erworbenen Aktien- und Stimmrechtsanteile als auch die für jeden Anteil gewährte Gegenleistung nach Art und Höhe[29] ausweisen. Unklar bleibt, warum das Gesetz im Gegensatz zur Regelung in § 23 Abs. 1 hier nur die Höhe der Aktien- und Stimmrechtsanteile (richtig Wertpapier- und Stimmrechtsanteile), **nicht hingegen** die **Anzahl der erworbenen Wertpapiere** nennt; dies gilt entsprechend für noch nicht gewährte aber vereinbarte Gegenleistungen. Hier handelt es sich offenbar um ein redaktionelles Versehen; auch im Rahmen des § 23 Abs. 2 sollte dementsprechend nicht nur die Höhe der jeweiligen Wertpapieranteile, sondern auch die Anzahl der erworbenen Wertpapiere und auch eine etwa vereinbarte Gegenleistung in der Veröffentlichung angegeben werden.

41 Wie schon im Rahmen des § 23 Abs. 1 richten sich die Details der vorzunehmenden Veröffentlichung nach § 14 Abs. 3 Satz 1; die Zulassung der Schalterpublizität scheint der Gesetzgeber auch hier für unproblematisch zu halten. Im Gegensatz zur Regelung in § 23 Abs. 1 ist dem Bundesaufsichtsamt hingegen überraschenderweise **kein Beleg** über die Veröffentlichung zuzusenden, da die entsprechende Geltung von § 14 Abs. 3 Satz 2 hier nicht angeordnet wird. Die Gründe hierfür sind nicht ohne weiteres nachvollziehbar.

V. Rechtsfolge von Verstößen

42 Wer eine Veröffentlichung nach § 23 Abs. 1 Satz 1 oder Abs. 2 Satz 1 nicht, nicht richtig, nicht vollständig, nicht in der vorgeschriebenen Weise oder nicht rechtzeitig vornimmt, handelt gemäß § 60 Abs. 1 Nr. 1 ordnungswidrig. Ebenfalls handelt ordnungswidrig, wer entgegen § 23 Abs. 1 Satz 2 einen Beleg nicht, nicht richtig oder nicht rechtzei-

28 Problematisch ist diese Begrenzung vor dem Hintergrund des § 31 Abs. 3 Nr. 2 WpÜG.

29 Im Falle einer Aktiengegenleistung muss dagegen nicht angegeben werden, wie die ausgegebenen Aktien bewertet worden sind. Dies steht im Gegensatz zu § 2 Nr. 3, Nr. 7 AngebotsVO im Rahmen von Vorerwerben. Wollte man die Angabe solcher Bewertungsmethoden auch im Rahmen der Meldepflicht nach § 23 Abs. 2 fordern, würde man die Praktikabilität der Vorschrift in der Praxis aber ad absurdum führen.

tig übersendet. Die **Ordnungswidrigkeit** kann in ersterem Falle mit einer Geldbuße bis zu EUR 500.000, ansonsten mit einer Geldbuße bis zu EUR 200.000 geahndet werden (§ 60 Abs. 3).

43 Im Gegensatz zur oben erwähnten Regelung des London City Code enthält das WpÜG dagegen **kein Rücktrittsrecht** für Wertpapierinhaber der Zielgesellschaft, wenn z. B. Wasserstandsmeldungen nicht ordnungsgemäß oder nicht rechtzeitig erfolgen. Es hätte nahegelegen, eine Regelung aufzunehmen, nach der rückwirkend auf den Zeitpunkt der Fehlinformation der Lauf des Übernahmeangebotsverfahrens gestoppt bzw. dieses bis zu diesem Punkt rückabgewickelt werden muss.[30] Als weitere Sanktion verbleibt daher lediglich die strafrechtliche Verantwortung im Rahmen eines zumindest versuchten Betruges im Sinne von § 263 Abs. 1 StGB. Gegen die Versuchung, einen zu hohen „Wasserstand" zu melden, wirkt auch § 17 Abs. 4 OWiG, der bekanntlich eine Abschöpfung von geldwerten Vorteilen ermöglicht, die durch Ordnungswidrigkeiten erzielt wurden. Sofern ein Betrug verwirklicht ist, kommt außerdem nach Maßgabe von § 73 Abs. 1 und Abs. 2 StGB die Anordnung eines Verfalls des von dem Bieter erzielten Vermögensvorteils in Betracht.

§ 24 Grenzüberschreitende Angebote

Hat der Bieter bei grenzüberschreitenden Angeboten zugleich die Vorschriften eines anderen Staates außerhalb des Europäischen Wirtschaftsraums einzuhalten und ist dem Bieter deshalb ein Angebot an alle Inhaber von Wertpapieren unzumutbar, kann das Bundesaufsichtsamt dem Bieter auf Antrag gestatten, bestimmte Inhaber von Wertpapieren mit Wohnsitz, Sitz oder gewöhnlichem Aufenthalt in dem Staat von dem Angebot auszunehmen.

Literatur: *Bundesverband der Deutschen Industrie, Deutscher Industrie- und Handelstag, Bundesvereinigung der Deutschen Arbeitgeberverbände und Gesamtverband der Deutschen Versicherungswirtschaft*, Stellungnahme zum Regierungsentwurf eines Wertpapiererwerbs- und Übernahmegesetzes – WpÜG vom 27. September 2001 (BDI/DIHT/BDA/GdDV-Stellungnahme (September 2001); *Deutscher Anwaltverein e.V.,* Stellungnahme des Handelsrechtsausschusses des Deutschen Anwaltvereins e.V. zum Regierungsentwurf für ein

30 So insbesondere *Witt* (Fn. 3), 819.

Gesetz zur Regelung von öffentlichen Angeboten zum Erwerb von Wertpapieren und von Unternehmensübernahmen (WpÜG) (September 2001) (DAV-Stellungnahme (September 2001)); *von Hein*, Grundfragen des europäischen Übernahmekollisionsrechts, AG 2001, 213; *Holzborn*, Ausschluss ausländischer Aktionäre nach § 24 WpÜG, BKR 2002, 67; *Möller/Pötzsch*, Das neue Übernahmerecht – Der Regierungsentwurf vom 11.7.2001, ZIP 2001, 1256.

Übersicht

I. Allgemeines

1. Anwendungsbereich und systematische Stellung

1 § 24 ist Teil der Regelungen des Dritten Abschnitts des WpÜG. Dementsprechend gilt die Vorschrift nach ihrer systematischen Stellung für alle Angebote und erfasst neben den Übernahmeangeboten auch einfache Wertpapiererwerbsangebote sowie Pflichtangebote.

2. Gesetzeszweck

2 Der Sache nach geht es um eine Ausnahme von der Regel, dass sich ein Angebot einerseits an alle Aktionäre und Wertpapierinhaber einer Zielgesellschaft richten muss, andererseits jeweils alle emittierten Aktien und Wertpapiere erfassen muss. Bekanntlich sind bei Übernahmeangeboten und Pflichtangeboten gemäß § 32 Teilangebote unzulässig, während sie bei einfachen Wertpapiererwerbsangeboten unter der Voraussetzung einer pro-ratarischen Zuteilung zulässig sind. Auch wenn es nicht um ein Übernahmeangebot oder Pflichtangebot geht, muss der Bieter aber, obwohl er sein Angebot auf einen bestimmten Anteil oder eine bestimmte Anzahl der Papiere der Zielgesellschaft beschränken kann, gleichwohl sein Angebot an alle Aktionäre und Wertpapierinhaber der Zielgesellschaft richten. Für die in § 24 genannten Fälle schafft die Regelung hier eine Erleichterung.

3. Gesetzgebungsverfahren

3 § 24 wurde erst spät im Gesetzgebungsverfahren in den Entwurf des WpÜG eingefügt. Während die Regelung im DiskE-ÜG und RefE-ÜG zunächst Vorschriften zu ergänzenden Veröffentlichungspflichten im Ausland enthielt, also dem Bieter weitergehende Pflichten auferlegte, wurde erst im Regierungsentwurf der Schritt zu einer Ausnahmevorschrift vollzogen. Die in DiskE-ÜG und RefE-ÜG angeordnete Geltung der Vorschriften von ausländischen Staaten und dementsprechend die Verpflichtung des Bieters, auch ausländische Rechtsnormen einzuhalten, war selbstverständlich und eine gesetzliche Regelung diesbezüglich wäre von rein deklaratorischer Natur gewesen. Es bedarf keiner näheren Darlegung, dass ein Angebot, welches Auswirkung in dritten Staaten hat, ohne weiteres die jeweils dort geltenden Rechtsnormen zu beachten hat. Da der deutsche Gesetzgeber die Geltung dieser Normen nicht derogieren kann, kommt nur in Betracht, bei übermäßiger Belastung des Bieters durch solche zusätzlichen Anforderungen die Reichweite des Angebots einzuschränken. Dies ist nunmehr in § 24 vorgesehen.

II. Rechtsvergleichung

1. Österreich

4 Das österreichische Übernahmegesetz enthält keine entsprechende Regelung.

2. Schweiz

5 Eine **globale Befreiungsmöglichkeit** von den übernahmerechtlichen Vorschriften in der Schweiz sieht Art. 4 sUEV-UEK vor. Hiernach kann die Übernahmekommission in besonderen Fällen Ausnahmen von einzelnen Bestimmungen der Verordnung gewähren, sofern diese durch überwiegende Interessen gerechtfertigt sind. Die von § 24 erfassten Fällen lassen sich hierunter subsumieren.

3. Vereinigtes Königreich

6 Wie in Österreich existiert auch im Vereinigten Königreich keine dem § 24 entsprechende Ausnahmeregelung; der London City Code schweigt insoweit.

4. EU-Richtlinie

Der E-ÜbernahmeRL sah in Art. 5 Satz 2 prinzipiell die Pflicht vor, ein Angebot allen Wertpapierinhabern zu unterbreiten. Eine spezifische Ausnahmeregelung für grenzüberschreitende Angebote enthielt der Entwurf nicht; ähnlich wie in der Schweiz war jedoch eine allgemeine Befreiungsregelung in Art. 4 Abs. 5 E-ÜbernahmeRL vorgesehen. 7

III. Voraussetzungen und Rechtsfolgen des § 24

In praktischer Hinsicht ist die Bedeutung des § 24 erheblich. Unter Berücksichtigung der voranschreitenden Globalisierung der Märkte und der fortschreitenden technischen Möglichkeiten zum Handel von an ausländischen Börsenstandorten notierten Papieren[1] ist davon auszugehen, dass sich in sehr vielen Fällen Wertpapiere der Zielgesellschaft, die Gegenstand des Angebots sind, nicht ausschließlich im Eigentum von Staatsbürgern der Bundesrepublik Deutschland bzw. hier ansässigen juristischen Personen befinden. In den vergangenen Jahren haben viele bundesdeutsche Gesellschaften die breiteren Möglichkeiten der Kapitalaufnahme, die insbesondere der US-amerikanische Markt bereitstellt, genutzt.[2] Aufgrund der spezifischen US-amerikanischen Regelungen können dort zwar nicht unmittelbar die Aktien der deutschen Unternehmen notiert werden, aber sog. American Depositary Receipts, kurz ADR's.[3] Die Bedeutung solcher ausländischen, insbesondere US-amerikanischen Zweitnotierungen (dual listing) lässt sich z.B. daran ersehen, dass sich im Falle Vodafone/Mannesmann über 60% der Aktien der Mannesmann AG in ausländischer Hand befanden. 8

Obwohl § 19 (anders als § 32) dem Bieter im Falle eines einfachen Wertpapiererwerbsangebots ermöglicht, das **Angebot auf einen Teil** der Wertpapiere bzw. Aktien der Zielgesellschaft **zu beschränken** – z.B. nur auf 75% der Wertpapiere der Zielgesellschaft zu bieten –, muss sich in Ausprägung des Gleichbehandlungsgrundsatzes in § 3 Abs. 1 ein Wertpapiererwerbsangebot als auch ein Übernahme- oder Pflichtangebot grundsätzlich an alle Wertpapierinhaber der Zielgesell- 9

1 Vgl. hierzu *Kübler*, WM 1986, 1305–1311.

2 Vgl. z.B. AG Report 1997, R 436 (bzgl. Aktien der Hoechst AG); *Bungert/Paschos*, DZWir 1995, 133, 134.

3 Ausführlich zum Instrument der American Depositary Receipts: *Bungert/Paschos*, DZWir 1995, 221 ff. sowie *Wieneke*, AG 2001, 504–513.

schaft richten. Erfolgt im Falle eines einfachen Wertpapiererwerbsangebots ein Teilangebot, ist die umfangmäßige Beschränkung des Teilangebots durch eine pro-ratarische Zuteilung zu berücksichtigen, nicht jedoch durch den vollständigen Ausschluss der betreffenden Wertpapierinhaber. Von dem Grundsatz der verhältnismäßigen Zuteilung kann nur im Ausnahmefall aus Gründen der Praktikabilität abgewichen werden, z. B. um eine extreme Zersplitterung von Anteilen zu vermeiden. Eine Zuteilung z. B. nach dem Prioritätsprinzip ist dagegen stets unzulässig.[4]

10 In Anwendung dieser allgemeinen Grundsätze wäre der Bieter sowohl bei Übernahme- als auch Pflichtangeboten (§§ 32, 39) aber auch bei einfachen Wertpapiererwerbsangeboten daran gehindert, sein Angebot räumlich zu beschränken und demgemäß an ausländischen Börsenorten notierte Wertpapiere der Zielgesellschaft vom Angebot auszunehmen. Folge dieser gesetzlich angeordneten prinzipiell unbeschränkten Reichweite eines Angebotes ist zwanglos, dass die bei Grenzüberschreitung anwendbaren **ausländischen Sachregeln** einzuhalten sind.[5] Die Folge kann sein, dass ein Angebot dem Recht mehrerer Staaten unterfällt.

11 Aus der vorgenannten Situation können für den Bieter Konflikte resultieren.[6] So kann das ausländische Recht beispielsweise dem WpÜG widersprechende Anordnungen vorsehen, auch kann der Bieter aufgrund des ggf. nach den ausländischen Regelungen einzuhaltenden aufsichtlichen Verfahrens daran gehindert sein, die Veröffentlichungspflichten nach dem WpÜG einzuhalten. Insbesondere aber bedeutet

4 Vgl. Regierungsbegründung, BR-Drucks. 574/01, S. 116; i. ü. vgl. Kommentierung zu § 19.

5 Zur Frage, welche übernahmerechtliche Rechtsordnung anwendbar ist und welche Aufsichtsbehörde jeweils zuständig ist: *von Hein*, AG 2001, 213–232 (mit umfangreichen Ausführungen zu allgemeinen Grundsätzen des IPR sowie zur gescheiterten EU-Richtlinie). Überblick über Vorschriften in ausgewählten Staaten bei *Süßmann*, in: Geibel/Süßmann, § 24, Anhang.

6 Dies gilt umso mehr, als der Bieter und regelmäßig auch die Zielgesellschaft nicht wissen kann, in welchem Staate Aktionäre der Zielgesellschaft ihren Wohnsitz, Sitz oder gewöhnlichen Aufenthalt haben, vgl. *Süßmann* (Fn. 5) § 24 Rn. 3. Zu kollisionsrechtlichen Problemen des Kapitalmarktrechts: *Schneider*, AG 2001, 269, 272 ff.; die BDI/DIHT/BDA/GdDV-Stellungnahme (September 2001), S. 13 f., bemerkt, dass z. B. die Einhaltung der US-amerikanischen Börsenvorschriften im Rahmen eines Angebots, welches sich auch an US-Aktionäre richtet, praktisch nur von Gesellschaften erfüllt werden könne, die selbst an einer US-amerikanischen Börse gelistet seien (so z. B. DaimlerChrysler, Deutsche Bank und Celanese). Ob dies richtig ist, mag dahinstehen, die Stellungnahme verdeutlicht indes die Ernsthaftigkeit des Problems.

eine Koordination mehrerer Rechtskreise[7] für den Bieter in vielen Fällen einen **Konflikt** im Hinblick auf die **zeitlichen Anordnungen** des WpÜG. So nimmt zum Beispiel ein Registrierungsverfahren in den USA regelmäßig einen erheblich längeren Zeitraum in Anspruch, als er unter dem WpÜG zur Veröffentlichung des Angebots zur Verfügung steht. Übernahmeangebote werden in den Vereinigten Staaten grundsätzlich von Regulation 14D zum Securities Exchange Act 1934 erfasst. Hiernach sind außerordentlich umfangreiche Registrierungsvorschriften einzuhalten, daneben enthält Regulation 14D auch sehr weitgehende formale Anforderungen an ein Übernahmeangebot.[8]

Allerdings ist zu beachten, dass die US-amerikanische Securities and Exchange Commission am 22.10.1999 mit Wirkung ab dem 24.1. 2000 **erhebliche Erleichterungen für tender offers ausländischer Emittenten in den USA** eingeführt hat.[9] Hiernach sind Angebote zum Erwerb von Wertpapieren ausländischer Emittenten von den Erfordernissen der Regulation 14D grundsätzlich ausgenommen, wenn US-amerikanische Wertpapierinhaber nicht mehr als 10% der jeweiligen Gattung der Wertpapiere, die Gegenstand des Angebots sind, halten und zu gleichwertigen Bedingungen am Angebot teilnehmen können (sog. Tier I Exemption).[10] Eingeschränkte Befreiungsmöglichkeiten bestehen darüber hinaus, wenn in den USA ansässige Wertpapierinhaber bis zu 40% einer Gattung von Wertpapieren eines ausländischen Emittenten halten (sog. Tier II Exemption). **12**

Liegt ein grenzüberschreitendes Angebot in oben beschriebenem Sinne vor und ist dem Bieter deshalb ein Angebot an alle Inhaber von Wertpapieren unzumutbar, kann das Bundesaufsichtsamt eine Beschränkung des Angebots auf bestimmte Wertpapierinhaber gestatten. **13**

---

7 Vgl. *Möller/Pötzsch*, ZIP 2001, 1256, 1258 zur besonderen Relevanz der Rechtsordnungen der USA, von Japan, Kanada und Australien.

8 Rule 14d-3 Regulation D: „No bidder shall make a tender offer if, after consummation thereof, such bidder would be beneficial owner of more than 5% of the class of the subject company's securities for which the tender offer is made, unless as soon as practical on the date of the commencement of the tender offer such bidder (1) files with the Commission a tender offer statement on schedule TO including all exhibits thereto, (2) delivers a copy of such schedule TO, including all exhibits thereto (i) to the subject company and its principle executive office and (ii) to any other any bidder…".

9 Rule „Cross-Border Tender and Exchange Offers, Business Combinations and Rights Offerings", 17CFR Parts 200, 230, 239, 240, 249 und 260, Release No. 33–7759.

10 In diesen Fällen dürfte ein Ausschluss gemäß § 24 regelmäßig nicht in Betracht kommen; so auch *Holzborn*, BKR 2002, 67, 74f.

Hierbei geht es darum, den räumlichen Geltungsbereich des Angebots derart zu beschränken, dass sich das Angebot nicht an die in dem bestimmten Staat ansässigen Inhaber von Wertpapieren richtet.[11] Dementsprechend können Wertpapierinhaber mit Wohnsitz, Sitz oder gewöhnlichem Aufenthalt in dem anderen Staat von dem Angebot ausgenommen werden.

14 Zu beachten ist hierbei, dass ein **grenzüberschreitendes Angebot**, also ein Angebot, welches Wertpapiere bzw. Wertpapierinhaber in anderen Jurisdiktionen betrifft und demgemäß zur Anwendung von ausländischen Rechtsnormen führt, nur dann von § 24 erfasst wird, wenn es sich um Rechtsnormen eines anderen Staates **außerhalb des Europäischen Wirtschaftsraums** handelt. Grund hierfür ist, dass innerhalb des EWR die kapitalmarktrechtlichen und auch übernahmerechtlichen Regelungen trotz des Scheiterns des E-ÜbernahmeRL als ausreichend harmonisiert angesehen werden, um auf Aufnahmen verzichten zu können.

15 Aufgrund der Geltung ausländischer Rechtsnormen muss dem Bieter **unzumutbar** sein, ein Angebot an alle Inhaber von Wertpapieren herauszulegen. Die Begründung zum Gesetzentwurf führt hierzu aus, dass eine Unzumutbarkeit voraussetzt, dass es für den Bieter z. B. aufgrund der erforderlichen Mitwirkung ausländischer Aufsichtsbehörden und deren Entscheidungspraxis bereits zu Beginn des Verfahrens vorhersehbar ist, dass er auch bei Anwendung aller Sorgfalt nicht in der Lage sein wird, die rechtlichen Vorgaben einzuhalten.[12] Eine **rechtliche Unmöglichkeit** der Einhaltung der Normen des WpÜG führt daher zur Unzumutbarkeit gemäß § 24. Andererseits liegt eine Unzumutbarkeit nicht schon dann vor, wenn den Bieter aufgrund der grenzüberschreitenden Wirkung seines Angebots eine finanzielle Mehrbelastung trifft. Es wird abzuwarten sein, wie der **Begriff der Unzumutbarkeit** in der Entscheidungspraxis des Bundesaufsichtsamtes präzisiert und konkretisiert werden wird. Es sollte hierbei ausreichen, wenn mit der Einhaltung der ausländischen Vorgaben ein zusätzlicher Aufwand verbunden wäre, der die Unterbreitung des Angebots insgesamt in Frage stellen würde. Bei der Beurteilung der Zumutbarkeit sollte der Anteil der in den bestimmten Territorien befindlichen Wertpapiere am Grundkapital ebenso berücksichtigt werden, wie die Größe des Zielunterneh-

---

11 Schon unter der Geltung des Übernahmekodex wurden so genannte „Disclaimer“ in kodexkonformen Angeboten nach substantiierter Begründung des Bieters für zulässig erklärt. Dieser Ausschluss bezog sich v. a. auf Aktionäre mit Sitz in den Vereinigten Staaten, Kanada, Australien und zum Teil Japan: *Holzborn* (Fn. 10), 67 f.

12 Regierungsbegründung, BR-Drucks. 574/01, S. 124.

mens und der dazu in Beziehung zu setzende Aufwand für die Erstreckung des Angebots auf das bestimmte Territorium.[13]

§ 24 regelt ausdrücklich lediglich einen **Ausschluss** von Aktionärsgruppen. Daneben denkbar sind aber auch so genannte **Distributionsbeschränkungen**, die es untersagen, die Angebotsunterlage in bestimmte Länder einzuführen oder dorthin in jeglicher Weise zu versenden. Im Unterschied zu einem Ausschluss der betreffenden Aktionäre verbleibt im Falle einer bloßen Distributionsbeschränkung den im Ausland ansässigen Anteilsinhabern durchaus die Möglichkeit, das Angebot anzunehmen. Je nach der betroffenen ausländischen Rechtsordnung kann eine bloße Distributionsbeschränkung andererseits ausreichend sein, um den Bieter vor den jeweiligen nationalen Vorschriften zu schützen.[14] Da im Falle einer bloßen Distributionsbeschränkung ausländische Aktionäre letztlich die Möglichkeit haben, das Angebot anzunehmen und regelmäßig über die internationale Finanzpresse auch ohne eine unmittelbare Versendung der Angebotsunterlage in das betreffende Land hinreichend über das Angebot informiert werden, sind Distributionsbeschränkungen, die keinen Ausschluss der betreffenden Wertpapierinhaber zur Folge haben, nach der hier vertretenen Auffassung **uneingeschränkt zulässig** und unterliegen auch nicht einem Genehmigungserfordernis in analoger Anwendung des § 24.[15] In praktischer Hinsicht kann eine Distributionsbeschränkung entweder so formuliert sein, dass sie bestimmte Staaten auflistet, in die die Angebotsunterlage nicht versandt werden darf, oder aber allgemein in der Art abgefasst sein, dass die Angebotsunterlage nicht in Staaten gelangen soll, in denen dieses ungesetzlich ist. 16

IV. Verfahren

Das Bundesaufsichtsamt wird nur auf **Antrag** des Bieters tätig. Mangels näherer Regelung (z.B. im Gegensatz zu den Vorschriften in §§ 8 ff. AngebotsVO, welche den Antrag auf Befreiung von einem 17

13 Vgl. *DAV*-Stellungnahme (September 2001), S. 10; der DAV bemerkt daneben richtigerweise, dass es unter den Voraussetzungen des § 24 möglich sein müsse, den ausländischen Wertpapierinhabern anstelle eines vollständigen Ausschlusses vom Angebot als „milderes Mittel“ eine andere Form der Gegenleistung anzubieten, z.B. American Depository Receipts. Dem ist beizupflichten. Allerdings ist zu beachten, dass Barleistungen an ausländische Wertpapierinhaber oder eine höhere Gegenleistung zu Gunsten ausländischer Wertpapierinhaber Meistbegünstigungsverpflichtungen zu Gunsten aller Wertpapierinhaber der Zielgesellschaft auslösen.

14 Hierzu ausführlich *Holzborn* (Fn. 10), 69.

15 So auch *Holzborn* (Fn. 10), 70f. mit ausführlicher Abwägung.

Pflichtangebot regeln) ist ein solcher Antrag an das Bundesaufsichtsamt in jeder vom Bieter für angemessen erachteten Form möglich. Der Antrag muss andererseits dem Bundesaufsichtsamt die für die Entscheidung erforderlichen Fakten umfassend darlegen und sollte besonders detailliert darauf eingehen, aus welchen Gründen das Angebot unzumutbar ist. Der Bieter hat daher dem Bundesaufsichtsamt gegenüber die Voraussetzungen für eine Entscheidung nach § 24 eingehend darzustellen und zu belegen.

§ 24 regelt nicht, bis zu welchem Zeitpunkt ein solcher Antrag spätestens gestellt werden muss. Im Hinblick darauf, dass dem Bundesaufsichtsamt eine vollständige Unterlage gemäß § 11 vorzulegen ist, welche somit einen etwaigen Ausschluss von Aktionären bereits enthalten muss, ist davon auszugehen, dass eine Frist für den Antrag nach § 24 dahingehend besteht, dass der Bieter einen solchen spätestens bis zu dem **Zeitpunkt** einzureichen hat, der für die **Übermittlung der Angebotsunterlage** selbst vorgesehen ist.[16] Hieraus folgt dann auch, dass das Bundesaufsichtsamt die Entscheidung über den Antrag nach § 24 innerhalb der Frist treffen muss, die dem Amt für die Prüfung der Angebotsunterlage selbst verbleibt. Ein nachträglicher Ausschluss von Aktionären ist dagegen ausgeschlossen.[17] Im Hinblick auf Sinn und Zweck des § 14 Abs. 2 S. 1 erstreckt sich die **Genehmigungsfiktion** des § 14 Abs. 2 auch auf einen Antrag nach § 24.

18 Zeichnet sich ab, dass ein Angebot grenzüberschreitende Wirkung haben wird und der Bieter bestimmte Jurisdiktionen von seinem Angebot ausnehmen möchte, sollte es schon im Vorfeld der geplanten Ankündigung des Angebotes zu Gesprächen mit dem Bundesaufsichtsamt kommen. Oft ist die Frage, ob ausländische Rechtsordnungen vom Geltungsbereich eines Angebots ausgenommen werden können, für den weiteren Verlauf des Angebots und selbst für die Entscheidung des Bieters, das Angebot überhaupt abzugeben, von zentraler Bedeutung. Eine mögliche Befreiung gemäß § 24 muss daher schon in der Planungsphase eines Angebots berücksichtigt werden.

19 Das Bundesaufsichtsamt kann dem Bieter auf Antrag gestatten, bestimmte Inhaber von Wertpapieren mit Wohnsitz, Sitz oder gewöhnlichem Aufenthalt in dem betreffenden Staat vom Angebot auszunehmen. Hierbei handelt es sich um eine **Ermessensentscheidung** nach

16 *Holzborn* (Fn. 10), 68.
17 *Holzborn* (Fn. 10), 68.

allgemeinen Grundsätzen. Die Entscheidung kann mit Nebenbestimmungen und Auflagen versehen werden.

Aus dem mit einem Ausschluss von bestimmten Wertpapierinhabern im Ausland verfolgten Zweck ergibt sich, dass ein ausdrücklicher Ausschluss so in die Angebotsunterlage eingearbeitet werden muss, dass er bei der ersten Betrachtung der Angebotsunterlage offensichtlich wird. Zweckmäßig ist daher ein Hinweis schon auf dem Titelblatt, der nicht nur in deutscher, sondern daneben auch jeweils in der Landessprache erfolgen sollte.[18] Hinsichtlich der Veröffentlichung über das Internet kann ein Ausschluss durch Dialogfelder mit einem entsprechenden Hinweis auf den Ausschluss vor Zugang zu der Internetseite mit der eigentlichen Angebotsunterlage erfolgen. 20

§ 25 Beschluß der Gesellschafterversammlung des Bieters

Hat der Bieter das Angebot unter der Bedingung eines Beschlusses seiner Gesellschafterversammlung abgegeben, hat er den Beschluß unverzüglich, spätestens bis zum 5. Werktag vor Ablauf der Annahmefrist, herbeizuführen.

Literatur: *Busch*, Bedingungen in Übernahmeangeboten, AG 2002, 145; *Deutscher Anwaltverein e.V.*, Stellungnahme des Handelsrechtsausschusses des Deutschen Anwaltvereins e.V. zum Referentenentwurf des Bundesministeriums der Finanzen für ein Gesetz zur Regelung von öffentlichen Angeboten zum Erwerb von Wertpapieren und von Unternehmensübernahmen (WÜG) (April 2001) (DAV-Stellungnahme (April 2001)); *ders.*, Stellungnahme des Handelsrechtsausschusses des Deutschen Anwaltvereins e.V. zum Regierungsentwurf für ein Gesetz zur Regelung von öffentlichen Angeboten zum Erwerb von Wertpapieren und von Unternehmensübernahmen (WpÜG) (September 2001) (DAV-Stellungnahme (September 2001)); *Land/Hasselbach*, Das neue deutsche Übernahmegesetz, DB 2000, 1747; *Liebscher*, Das Übernahmeverfahren nach dem neuen Übernahmegesetz, ZIP 2001, 853.

18 Ein Verstoß gegen § 11 S. 3 liegt hierin nicht, da es lediglich um zusätzliche Übersetzungen in andere Sprachen geht: *Holzborn* (Fn. 10), 69.

Übersicht

I. Allgemeines

1. Anwendungsbereich und systematische Stellung

1 § 25 gilt für einfache Wertpapiererwerbs- und Übernahmeangebote (§ 34). Da Pflichtangebote grundsätzlich bedingungsfeindlich sind[1] und demnach auch nicht unter die Bedingung eines Beschlusses der Gesellschafterversammlung des Bieters gestellt werden dürfen, spielt § 25 bei Pflichtangeboten keine Rolle (vgl. § 39).

2. Gesetzgebungsverfahren

2 Die Vorschrift hat im Gesetzgebungsverfahren im Hinblick auf den Zeitpunkt, bis zu dem der Gesellschafterbeschluss herbeigeführt werden muss, eine wesentliche Änderung erfahren. Sah der DiskE-ÜG noch die Verpflichtung vor, einen Beschluss der Gesellschafterversammlung unverzüglich, spätestens jedoch innerhalb von zwei Monaten nach Ablauf der Annahmefrist herbeizuführen, wurde dieser Zeitpunkt im RefE-ÜG auf die nunmehr festgeschriebene Frist bis zum 5. Werktag vor Ablauf der Annahmefrist vorverlegt.

II. Rechtsvergleichung

1. Österreich und Schweiz

3 Weder in Österreich noch in der Schweiz existieren vergleichbare Regelungen.

2. Vereinigtes Königreich

4 Der London City Code enthält zwar keine spezifische Regelung für die Beschlussfassung der Gesellschafterversammlung des Bieters, die

1 Vgl. Regierungsbegründung, BR-Drucks. 574/01, S. 153 und Kommentierung zu § 18 Rn. 4, 17 f.

allgemeine Regel der Rule 31.7 des London City Code findet jedoch Anwendung. Danach müssen alle Bedingungen, unter denen das Angebot steht, spätestens innerhalb von 21 Tagen nach dem „First Closing Date" oder dem Datum, zu dem das Angebot für „unconditional" erklärt wird, eintreten.

3. EU-Richtlinie

Der E-ÜbernahmeRL enthielt keine konkrete Vorschrift zum Schutz der Angebotsempfänger bei Angeboten, die unter dem Vorbehalt der Zustimmung der Gesellschafterversammlung des Bieters stehen. Die deutsche Regelung wäre jedoch aufgrund der Gestattung weitergehender Schutzmechanismen in Artikel 3 Abs. 2 b und Artikel 5 Abs. 4 E-ÜbernahmeRL richtlinienkonform gewesen. **5**

III. Voraussetzungen des § 25

§ 10 Abs. 1 Satz 2 verpflichtet den Bieter, seine Entscheidung zur Abgabe eines Angebots unverzüglich zu veröffentlichen. Der Bieter kann diese Veröffentlichung grundsätzlich nicht hinauszögern, weil für die Entscheidung noch ein Beschluss seiner Gesellschafterversammlung erforderlich ist und ein solcher Beschluss noch nicht erfolgt ist. Nur in Ausnahmefällen kann das Bundesaufsichtsamt gemäß § 10 Abs. 1 Satz 3 abweichend hiervon gestatten, eine Veröffentlichung erst nach dem Beschluss der Gesellschafterversammlung vorzunehmen, wenn der Bieter durch geeignete Vorkehrungen sicherstellt, dass dadurch Marktverzerrungen nicht zu befürchten sind. Soweit der Bieter deshalb sein Angebot (im Regelfall) unter die **auflösende Bedingung**[2] der zustimmenden Entscheidung seiner Gesellschafterversammlung stellt,[3] findet die Regelung des § 25 Anwendung. **6**

In diesem Fall ist der Bieter verpflichtet, den erforderlichen Beschluss **unverzüglich** (§ 121 BGB), spätestens jedoch bis zum 5. Werktag vor **7**

2 *Liebscher*, ZIP 2001, 853, 862.

3 Eine solche Bedingung ist trotz der Vorschrift des § 18 Abs. 1 unproblematisch zulässig, da es nicht um eine Potestativbedingung geht, sondern um eine Entscheidung der Hauptversammlung des Bieters. Die Hauptversammlung, mithin die Aktionäre, sind aber mit dem Bieter selbst gerade nicht identisch; a. A. *DAV*-Stellungnahme (September 2001), S. 10 sowie *Busch*, AG 2002, 145, 148 für einen durch einen Mehrheitsgesellschafter beherrschten Bieter. Zur Frage, ob überhaupt ein Gesellschafterbeschluss des Bieters erforderlich ist *Busch*, a. a. O. sowie *Racky*, in: Geibel/Süßmann, § 25 Rn. 2.

Ablauf der Annahmefrist herbeizuführen.[4] Entscheidend ist nach der Gesetzesbegründung hierbei die Beschlussfassung, nicht die Bestandskraft des Beschlusses.[5] Nur dies macht auch Sinn, denn auf das Eintreten der Bestandskraft hat der Bieter wegen der allfälligen Gefahr von Anfechtungsklagen keinerlei Einfluss. Wird ein entsprechender Beschluss innerhalb des gesetzlich genannten Zeitraums gefasst, ist den Empfängern des Angebots rechtzeitig vor Ablauf der Annahmefrist bekannt, ob die ggf. erforderliche Zustimmung der Gesellschafterversammlung des Bieters zu dem Angebot vorliegt und demgemäß das Angebot – vorbehaltlich des Eintritts weiterer Bedingungen – abgewickelt werden wird. Die Vorverlegung des maßgeblichen Zeitpunkts im Vergleich zum DiskE-ÜG ist insofern sachlich geboten, um rechtzeitig vor Ablauf der Annahmefrist Klarheit über den Eintritt aller Bedingungen zu schaffen.[6]

IV. Rechtsfolgen von Verstößen / Ausfall der Bedingung

8 Lehnt die Gesellschafterversammlung des Bieters das Angebot ab, fällt die Bedingung aus. In diesem Fall entfallen die Rechtswirkungen des Angebots mit der endgültigen Verweigerung der Billigung und die auflösende Bedingung, unter der das Angebot abgegeben wurde, tritt ein.[7] Der **Bedingungsausfall** führt weder zu einem Eingreifen der Sperrfrist nach § 26, noch zu einer Verlängerung der Annahmefrist. Der Bieter kann also grundsätzlich ein neues Angebot veröffentlichen, gegebenenfalls auch wieder als bedingtes Angebot.

9 Fraglich ist, welche Rechtsfolgen eintreten, wenn es dem Bieter innerhalb des in § 25 genannten Zeitraums nicht möglich ist, einen Beschluss seiner Gesellschafterversammlung herbeizuführen. Offensichtlich kommt **kein Ordnungswidrigkeitentatbestand** in Betracht, da die Beschlussfassung der Gesellschafterversammlung vom Bieter nicht erzwungen werden kann. Auch eine **Unwirksamkeit des Angebots** nach § 134 BGB in Verbindung mit § 25 dürfte ausscheiden, da § 25

4 Zum Begriff des Werktags vgl. oben § 21 Rn. 23.

5 Regierungsbegründung, BR-Drucks. 574/01, S. 125.

6 *DAV*-Stellungnahme (April 2001), § 25.

7 Gleiches wird bei einer während des Angebots rechtskräftig werdenden Anfechtung des Beschlusses gelten müssen: *Racky* (Fn. 3), § 25 Rn. 13 ff., auch zur Frage der Rechtskraft der Anfechtung erst nach Ende des Angebots. Zur Gefahr eines faktischen Rücktrittsrechts des Bieters in diesem Zusammenhang: *Liebscher* (Fn. 1), 862; *Land/Hasselbach*, DB 2000, 1747, 1751.

kein gesetzliches Verbot, sondern lediglich ein gesetzliches Gebot enthält.[8]

Denkbar wäre, von einem **endgültigen Ausfall der Bedingung** auszugehen, wenn es dem Bieter nicht gelingt, innerhalb des betreffenden Zeitraums einen entsprechenden Gesellschafterbeschluss einzuholen. Dies kommt aber nur dann in Betracht, wenn eine Gesellschafterversammlung des Bieters tatsächlich einberufen wurde und die Billigung des Angebots in derselben scheitert. **Verzögert** der Bieter hingegen schon die **Beschlussfassung** seiner Gesellschafterversammlung, ist das Ergebnis einer solchen Versammlung also noch offen und wird lediglich der Zeitpunkt des § 25 überschritten, kommt nach der hier vertretenen Auffassung lediglich eine **Anordnung des Bundesaufsichtsamts** gemäß § 4 Abs. 1 Satz 3 (allgemeiner Missbrauchstatbestand) in Betracht. **10**

§ 26 Sperrfrist

(1) Ist ein Angebot nach § 15 Abs. 1 oder 2 untersagt worden, ist ein erneutes Angebot des Bieters vor Ablauf eines Jahres unzulässig. Gleiches gilt, wenn der Bieter ein Angebot von dem Erwerb eines Mindestanteils der Wertpapiere abhängig gemacht hat und dieser Mindestanteil nach Ablauf der Annahmefrist nicht erreicht wurde. Satz 1 und 2 gilt nicht, wenn der Bieter zur Veröffentlichung nach § 35 Abs. 1 Satz 1 und zur Abgabe eines Angebots nach § 35 Abs. 2 Satz 1 verpflichtet ist.

(2) Das Bundesaufsichtsamt kann den Bieter auf schriftlichen Antrag von dem Verbot des Absatzes 1 Satz 1 und 2 befreien, wenn die Zielgesellschaft der Befreiung zustimmt.

Literatur: *Deutscher Anwaltverein e.V.*, Stellungnahme des Handelsrechtsausschusses des Deutschen Anwaltvereins e.V. zum Regierungsentwurf für ein Gesetz zur Regelung von öffentlichen Angeboten zum Erwerb von Wertpapie-

---

8 A. A. die *DAV*-Stellungnahme (September 2001), S. 10: man müsse davon ausgehen, dass das Angebot nachträglich unzulässig werde und das Angebotsverfahren nicht mehr bis zum Abschluss durchgeführt werden könne. Offen bleibt, nach welcher Vorschrift eine solche Unzulässigkeit eintreten soll. Im Hinblick auf die vom DAV befürwortete außerordentlich strenge Rechtsfolge eines Verstoßes gegen § 25 wird man hiervon ohne einen ausdrücklichen gesetzlichen Hinweis nicht ausgehen können.

ren und von Unternehmensübernahmen (WpÜG) (September 2001) (DAV-Stellungnahme (September 2001)); *Zinser*, Der britische City Code on Takeovers and Mergers in der Fassung vom 9. 3. 2001, RIW 2001, 481.

Übersicht

I. Allgemeines

1. Übersicht

1 § 26 Abs. 1 ordnet eine **Sperrfrist von einem Jahr** für neue Angebote eines Bieters, dessen Angebot untersagt wurde oder wegen Nichterreichens eines Mindestanteils von Wertpapieren gescheitert ist, an. Ausnahmen hiervon sind nur unter den Voraussetzungen des § 26 Abs. 1 Satz 3 und Abs. 2 möglich.

2. Gesetzeszweck

2 Die einjährige Sperrfrist dient dem **Schutz von Zielgesellschaften**, deren Wertpapiere bereits Ziel eines öffentlichen Angebots waren. Die Gesetzesbegründung stellt darauf ab, dass das Interesse der Zielgesellschaft an einer ungestörten Fortführung ihrer Geschäftstätigkeit das Interesse des Bieters, kurze Zeit nach seinem ersten Angebot erneut ein Angebotsverfahren durchzuführen, überwiege.[1]

3. Anwendungsbereich

3 Die in § 26 angeordnete Sperrfrist gilt sowohl für **Erwerbs-** als auch für **Übernahmeangebote** (§ 34), **nicht** hingegen für **Pflichtangebote** (§ 39).

1 Regierungsbegründung, BR-Drucks. 574/01, S. 125 f.

4. Gesetzgebungsverfahren

4 Der Diskussionsentwurf vom 29.6.2000 sah eine Sperrfrist von einem Jahr nur für den Fall der Untersagung eines Übernahmeangebots vor (§ 18 Abs. 3 Satz 2 DiskE-ÜG). Erst der Referentenentwurf vom 21.3.2001, der in seinen Regelungsbereich auch Erwerbsangebote miteinbezog, ordnete in § 26 RefE-ÜG eine Sperrfrist auch für den Fall des Scheiterns eines Angebots wegen Nichterreichen eines Mindestanteils von Wertpapieren der Zielgesellschaft an.

5. Übernahmekodex

5 Der Übernahmekodex als lediglich freiwillige Regelung von öffentlichen Übernahmeangeboten mit (gewünschter) Selbstverpflichtung der Angesprochenen sah **keine Sanktionsmöglichkeiten** der Übernahmekommission wie etwa die Untersagung eines Angebotes vor. Die Übernahmekommission konnte bei Zuwiderhandlungen gegen den Kodex nur Bemerkungen, Empfehlungen und Entscheidungen veröffentlichen (Art. 21 ÜK). Mithin sah der Übernahmekodex auch keine Sperrfrist nach Untersagung oder Scheitern eines Übernahmeangebotes vor.

II. Rechtsvergleichung

1. Österreich

6 Eine dem deutschen Recht entsprechende Vorschrift über die Sperrfrist enthält § 21 des österreichischen Übernahmegesetzes. Auch § 21 öÜbG ordnet eine **einjährige Sperrfrist** an, geht allerdings in mehrfacher Hinsicht über § 26 hinaus. So wird eine Sperrfrist nicht nur – wie im deutschen Recht – für den Fall der Untersagung oder des Scheiterns des Angebotes wegen Nichterreichen der Akzeptanzschwelle, sondern **schlichtweg** für den Fall des **„Scheiterns“** des Angebots angeordnet. Somit können letztlich sämtliche sachlich gerechtfertigten Bedingungen (vgl. § 8 öÜbG; z.B. die Zustimmung einer Kartellbehörde) im Falle des Nichteintritts der Bedingung zu einem Scheitern des Angebots führen und damit die Sperrfrist des § 21 öÜbG auslösen.[2]

7 Aber nicht nur im Falle des Scheiterns eines Angebotes wird eine Sperrfrist zum Schutz der Zielgesellschaft ausgelöst, sondern auch, wenn der Bieter lediglich die Absicht bzw. Überlegungen, ein Angebot zu stellen, bekannt gemacht, dann aber kein Angebot (innerhalb von

---

2 Vgl. Erläuterungen zur Regierungsvorlage zum öÜbG, § 21, S. 23.

40 Börsentagen nach Bekanntgabe) abgegeben hat (§ 21 Abs. 2 Satz 1 Nr. 1, Satz 2 öÜbG).

8 Weiterhin darf der Bieter nach Abs. 1 Satz 2 während der Sperrfrist keine kontrollierende Beteiligung (§ 22 öÜbG) erwerben, worauf er also beim Erwerb von Aktien der Zielgesellschaft zu achten hat. Demgegenüber sieht § 26 Abs. 1 Satz 2 gerade die Nichtgeltung der Sperrfrist im Falle zwischenzeitlicher Erwerbe vor, die ein Pflichtangebot auslösen würden.

9 Auf Antrag des Bieters und nach Anhörung der Zielgesellschaft kann die Übernahmekommission bei Nichtverletzung der Interessen der Zielgesellschaft und deren Aktionäre die **Sperrfrist verkürzen** (§ 21 Abs. 4 öÜbG).

2. Schweiz

10 Eine Sperrfrist im Falle der Untersagung oder des Scheiterns des Angebotes sieht das schweizerische Recht nicht vor.

3. Vereinigtes Königreich

11 Nach dem London City Code ist es dem Bieter im Falle des Scheiterns eines Übernahmeangebots für die Zeit von **zwölf Monaten untersagt**, ein erneutes Übernahmeangebot abzugeben, es sei denn, das Panel stimmt einem weiteren Angebot zu.[3] Möglich sind dagegen **Teilangebote**, die auf den Erwerb von insgesamt **weniger als 30 %** der Stimmrechte der Zielgesellschaft gerichtet sind, wobei auch die vorher gehaltenen Aktien berücksichtigt werden. Auch darf der Bieter innerhalb dieser einjährigen Sperrfrist nur so viele Anteile der Zielgesellschaft erwerben, als er hierdurch nicht ein Pflichtangebot auslösen würde.[4] Die Sperrfrist wird auch ausgelöst, wenn der Bieter **Ankündigungen** gemacht hat, die auf die baldige Abgabe eines Übernahmeangebotes schließen lassen, dann aber innerhalb einer „angemessenen“ Zeit keine Entscheidung zur Abgabe oder Nichtabgabe eines Übernahmeangebots bekannt gibt.[5] Weiterhin ist derjenige, der ankündigt, kein Übernahmeangebot für eine bestimmte Gesellschaft abgeben zu wollen, für einen Zeitraum von sechs Monaten grundsätzlich an diese Ankündigung gebunden.[6]

3 Rule 35.1 (a) (i) London City Code.
4 Rule 35.1 (a) (ii) London City Code.
5 Rule 35.1 (b) London City Code
6 Rule 2.8 London City Code.

4. EU-Richtlinie

Die Vorschrift des § 26 hätte der Ermächtigung in Art. 3 Abs. 2 lit. b E-ÜbernahmeRL entsprochen, wonach die Mitgliedstaaten für Angebote zusätzliche Bedingungen und strengere Bestimmungen als in der Richtlinie festlegen können, um u. a. das Ziel zu erreichen, dass eine Zielgesellschaft in ihrer Geschäftstätigkeit nicht über einen angemessenen Zeitraum hinaus durch ein Angebot für ihre Wertpapiere behindert werden darf (Art. 3 Abs. 1 lit. f E-ÜbernahmeRL). 12

III. Sperrfrist

1. Eingreifen der Sperrfrist

Die Sperrfrist des § 26 wird in **zwei Fällen** ausgelöst: 13

a) Ein Erwerbs- oder Übernahmeangebot des Bieters wird durch das Bundesaufsichtsamt gemäß § 15 Abs. 1 und 2 untersagt, oder

b) der Bieter macht sein Erwerbs- oder Übernahmeangebot von der Bedingung des Erreichens einer bestimmten Beteiligungshöhe abhängig, dieser Mindestanteil wird jedoch nach Ablauf der Annahmefrist nicht erreicht.

Im ersten Fall wird mit **Bekanntgabe der Untersagungsverfügung** bezüglich des Angebots, im zweiten Fall mit **Ablauf der Annahmefrist** (§ 16) die Sperrfrist von zwölf Monaten ausgelöst. In dieser Zeit darf der Bieter grundsätzlich kein weiteres Angebot in Bezug auf die Zielgesellschaft mehr abgeben.[7] So darf er etwa nach einem Übernahmeangebot nicht nur kein weiteres Übernahmeangebot, sondern auch kein weiteres bloßes Erwerbsangebot mehr abgeben und umgekehrt. 14

Zweck der Anordnung dieser zwölfmonatigen „cool off"-Periode ist es, der Zielgesellschaft innerhalb dieses Zeitraums die ungestörte Fortführung ihrer Geschäftstätigkeit zu ermöglichen, ohne dass sie durch ein späteres Angebotsverfahren des Bieters hierin erneut behindert wird.[8] Auch wird der Bieter durch diese Ausschlussfrist zu einer ordnungsgemäßen Erstellung und Veröffentlichung der Angebotsunterlage angehalten. 15

---

7 Zur Frage, ob sich die Sperrfrist allein auf den Bieter, sondern auch auf **Tochtergesellschaften** oder sonstige im Auftrag oder auf Rechnung des Bieters handelnde Personen bezieht vgl. *Angerer*, in: Geibel/Süßmann, § 26 WpÜG Rn. 24–26 (zweifelhaft).

8 Regierungsbegründung, BR-Drucks. 574/01, S. 125 f.; vgl. bereits oben Rn. 2.

2. Ausnahmen

16 Eine Ausnahme vom Grundsatz der einjährigen Sperrfrist macht Abs. 1 Satz 3 für den Fall, dass der Bieter zur Veröffentlichung der Erlangung der Kontrolle über eine Zielgesellschaft (§ 35 Abs. 1) und zur Abgabe eines Pflichtangebots (§ 35 Abs. 2) **verpflichtet** ist.

17 Anders als etwa der London City Code[9] oder das österreichische Übernahmegesetz[10] bestimmt § 26 nicht ausdrücklich, dass der Bieter innerhalb der Sperrfrist über die Kontrollschwelle hinaus keine Aktien der Zielgesellschaft erwerben darf. Hat dementsprechend der Bieter innerhalb der Sperrfrist Aktien der Zielgesellschaft über die Kontrollschwelle des § 29 Abs. 2 hinaus erworben, soll er auch – entgegen der einjährigen Sperrfrist – **zur Abgabe eines Pflichtangebots** gemäß § 35 Abs. 2 Satz 1 **verpflichtet** sein. Hierdurch soll verhindert werden, dass sich der durch ein Pflichtangebot beabsichtigte **Schutz der Minderheitsaktionäre** in sein Gegenteil verkehrt, denn bei Eingreifen der Sperrfrist auch in dem Falle, dass der Bieter durch zwischenzeitliche Erwerbe die Kontrolle über die Zielgesellschaft erlangt, wäre der Bieter von der Abgabe eines Pflichtangebots gerade befreit.[11]

18 Eine weitere Ausnahme besteht unter den Voraussetzungen des Absatzes 2. Danach kann das Bundesaufsichtsamt den Bieter von dem Verbot zur Abgabe eines Angebots innerhalb der Sperrfrist befreien, wenn die **Zielgesellschaft** der Befreiung **zustimmt**. Entsprechend dem Schutzzweck des § 26 Abs. 1, der die Zielgesellschaft vor weiteren Behinderungen schützen will, ist es nur sachgerecht, gerade dann eine Ausnahme zuzulassen, wenn die von der Norm geschützte Zielgesellschaft selbst auf diesen Schutz verzichtet. Als einen solchen Fall nennt die Gesetzesbegründung exemplarisch, dass die Zielgesellschaft dem Versuch einer Übernahme durch einen Dritten ausgesetzt ist und deshalb selbst den (früheren, aber gescheiterten) Bieter bittet, als weißer Ritter ein konkurrierendes Angebot abzugeben.[12] Um aber der Gefahr vorzubeugen, dass der Bieter auf die Zustimmung der Zielgesellschaft dadurch Einfluss zu nehmen versucht, dass er dem Vorstand der Zielgesellschaft z. B. lukrative Positionen nach der Übernahme zusichert, stellt § 26 Abs. 2 die **Befreiung** von der Sperrfrist in das **Ermessen des Bundesaufsichtsamtes**. Dieses hat dann eine Interessenabwägung vorzunehmen.

---

9 Rule 35.1 (a) (ii) London City Code.
10 § 22 Abs. 1 Satz 2 öÜbG.
11 Regierungsbegründung, BR-Drucks. 574/01, S. 126.
12 Regierungsbegründung, BR-Drucks. 574/01, S. 126.

Das Bundesaufsichtsamt wird nur auf schriftlichen Antrag des Bieters tätig, wobei nach § 45 auch eine Übermittlung des Antrages im Wege der elektronischen Datenfernübertragung zulässig ist. 19

3. Kritik

Nach einem gescheiterten oder untersagten Übernahmeangebot ist eine Sperrfrist von einem Jahr zum Schutz der Zielgesellschaft durchaus angemessen und entspricht auch internationalen Standards. Da bei einem Angebotsverfahren infolge eines Übernahmeangebots die Zielgesellschaft insbesondere die ihre Geschäftstätigkeit einschränkenden Verhaltensvorschriften des § 33 zu beachten hat, ist in diesem Fall die Auslösung der Sperrfrist sachgerecht. Hierdurch wird verhindert, dass der Bieter ohne jegliche Beschränkung ein erneutes Übernahmeangebot abgeben könnte, woraufhin die Zielgesellschaft wiederum die Verhaltenspflichten des § 33 zu beachten hätte. Auf diese Weise könnte der Bieter die Zielgesellschaft gegebenenfalls „zermürben“.[13] 20

Anders verhält es sich hingegen bei **Erwerbsangeboten**. Durch ein solches wird die Zielgesellschaft rechtlich in der Regel nicht behindert, da die Einschränkungen des § 33 hier nicht eingreifen.[14] Demzufolge erscheint es nicht angemessen, an ein erfolgloses oder untersagtes Erwerbsangebot die einjährige Sperrfrist zu knüpfen.[15] 21

IV. Rechtsfolgen von Verstößen

1. Bußgeldvorschriften

Nach § 60 Abs. 1 Nr. 7 in Verbindung mit Abs. 3 kann ein Bußgeld in Höhe von bis zu einer Million Euro verhängt werden, wenn ein Bieter entgegen § 26 Abs. 1 Satz 1 oder 2 ein Angebot abgibt. 22

2. Untersagung des Angebots

Die Abgabe eines Angebots entgegen § 26 stellt zudem einen offensichtlichen Verstoß gegen Vorschriften dieses Gesetzes gemäß § 15 Abs. 1 Nr. 2 dar. Das Bundesaufsichtsamt hat daher das Angebot zu untersagen. 23

---

13 Vgl. insoweit zum London City Code: *Zinser*, RIW 2001, 481, 487.

14 Vgl. insoweit schon die Kritik zu §§ 17 und 18: siehe Kommentierung zu § 17 Rn. 15 ff., § 18 Rn. 20.

15 Vgl. *DAV*-Stellungnahme (September 2001), S. 11.

3. Nichtigkeit der zivilrechtlichen Rechtsgeschäfte (§ 134 BGB)

24 Zu diskutieren ist, ob solche zivilrechtlichen Rechtsgeschäfte gemäß § 134 BGB nichtig sind, die auf der Grundlage eines gemäß § 26 unzulässigen Angebots zu Stande kamen. Die Parallele zu § 15 Abs. 3 könnte dafür sprechen, von einer Nichtigkeit gemäß § 134 BGB auszugehen. Allerdings heißt es in § 15 Abs. 3 Satz 1 ausdrücklich, dass die Veröffentlichung der Angebotsunterlage „verboten" ist. In § 26 ist von der „Unzulässigkeit" eines erneuten Angebots vor Ablauf eines Jahres die Rede. Anscheinend wollte der Gesetzgeber hier eine Abstufung vornehmen und bei Verstößen gegen die Sperrfristregelung **weniger einschneidende Folgen** vorsehen. Schließlich ist darauf hinzuweisen, dass bei einem Verstoß gegen die Vorschriften in § 26 Abs. 1 Satz 1 und Satz 2 das Bundesaufsichtsamt eine Untersagung verfügen und damit das Verbot des § 15 Abs. 3 Satz 2 direkt eingreifen lassen kann.

§ 27 Stellungnahme des Vorstands und Aufsichtsrats der Zielgesellschaft

(1) Der Vorstand und der Aufsichtsrat der Zielgesellschaft haben eine begründete Stellungnahme zu dem Angebot sowie zu jeder seiner Änderungen abzugeben. Die Stellungnahme muß insbesondere eingehen auf

1. die Art und Höhe der angebotenen Gegenleistung,

2. die voraussichtlichen Folgen eines erfolgreichen Angebots für die Zielgesellschaft, die Arbeitnehmer und ihre Vertretungen, die Beschäftigungsbedingungen und die Standorte der Zielgesellschaft,

3. die vom Bieter mit dem Angebot verfolgten Ziele,

4. die Absicht der Mitglieder des Vorstands und des Aufsichtsrats, so weit sie Inhaber von Wertpapieren der Zielgesellschaft sind, das Angebot anzunehmen.

(2) Übermitteln der zuständige Betriebsrat, oder sofern ein solcher nicht besteht, unmittelbar die Arbeitnehmer der Zielgesellschaft dem Vorstand eine Stellungnahme zu dem Angebot, hat der Vorstand unbeschadet seiner Verpflichtung nach Abs. 3 Satz 1 diese seiner Stellungnahme beizufügen.

(3) Der Vorstand und der Aufsichtsrat der Zielgesellschaft haben die Stellungnahme unverzüglich nach Übermittlung der Angebots-

unterlage und deren Änderungen durch den Bieter gemäß § 14 Abs. 3 Satz 1 zu veröffentlichen. Sie haben die Stellungnahme gleichzeitig dem zuständigen Betriebsrat oder, sofern ein solcher nicht besteht, unmittelbar den Arbeitnehmern zu übermitteln. Der Vorstand und der Aufsichtsrat der Zielgesellschaft haben dem Bundesaufsichtsamt unverzüglich einen Beleg über die Veröffentlichung gemäß § 14 Abs. 3 Satz 1 Nr. 2 zu übersenden.

Übersicht

I. Normzweck

1 Nach dem übernahmerechtlichen **Transparenzgrundsatz** (§ 3 Abs. 2) sollen alle Wertpapierinhaber der Zielgesellschaft über ausreichende Informationen verfügen, um in Kenntnis der Sachlage über das Angebot entscheiden zu können. Zu diesen **Informationen** gehört auch die Beurteilung des Angebots durch die Verwaltung der Zielgesellschaft.[1] Abs. 1 Satz 1 verpflichtet deshalb den Vorstand und den Aufsichtsrat, eine Stellungnahme zu dem Angebot sowie jeder seiner Änderungen abzugeben und zu begründen. Durch die Stellungnahme kommt der Vorstand nach der Gesetzesbegründung zugleich seiner gesellschaftsrechtlichen Verpflichtung zur sachgerechten Wahrnehmung der in der Zielgesellschaft zusammentreffenden Interessen nach, deren Träger neben den Aktionären die Arbeitnehmer und das Gemeinwohl sind und deren gegebenenfalls divergierende Interessen im Wege praktischer Konkordanz auszugleichen sind.[2] Die Einbeziehung des Aufsichtsrats in die Pflicht zur Abgabe einer Stellungnahme soll die Gesamtverantwortung von Vorstand und Aufsichtsrat für die Zielgesellschaft betonen.[3]

II. Entstehungsgeschichte

2 § 27 fixiert auf einer kapitalmarktrechtlichen Ebene eine allgemein anerkannte aktienrechtliche Pflicht des Vorstands der Zielgesellschaft, zu einem öffentlichen Übernahmeangebot Stellung zu nehmen (siehe dazu unten Rn. 12).[4] Die Vorschrift hat deshalb im Grundsatz außerhalb der rechtspolitischen Diskussion gestanden. Der Regierungsentwurf hatte die Stellungnahmepflicht noch auf den Vorstand begrenzt.

---

1 Regierungsbegründung, BT-Drucks. 14/7034, S. 52 zum Vorstand; Bericht und Beschlussempfehlung des Finanzausschusses, BT-Drucksache 14/7477, S. 53 zum Aufsichtsrat.

2 Regierungsbegründung, BT-Drucks. 14/7034, S. 52.

3 Bericht und Beschlussempfehlung des Finanzausschusses (Fn. 1), S. 52 f.

4 Eine Stellungnahmepflicht des Vorstands sah auch der Vorschlag für eine europäische Übernahmerichtlinie vor, wobei in dem vom Vermittlungsausschuss am 6. 6. 2001 gebilligten Text des Art. 9 Abs. 1 lit.d – ähnlich wie in § 27 – ausdrücklich klargestelllt wurde, dass in der Stellungnahme auch auf die voraussichtlichen Auswirkungen auf die Arbeitnehmerbelange einzugehen sei, der Vorstand seine Stellungnahme der eigenen Arbeitnehmevertretung übermitteln und deren Stellungnahme seiner eigenen beifügen müsse; siehe dazu *Neye*, ZIP 2001, 1120, 1122. Eine Stellungnahmepflicht des Vorstands enthielt auch Art. 18 des Übernahmekodex der Börsensachverständigenkommission.

Auf die Empfehlung des Finanzausschusses hin ist dann der Aufsichtsrat als weiterer Normadressat in den Anwendungsbereich der Vorschrift einbezogen worden. Ferner wurde der Pflichtinhalt der Stellungnahme um eine Aussage des Vorstands über die Angemessenheit der Gegenleistung des Bieters ergänzt.[5]

III. Rechtsvergleichende Hinweise

1. Regelung im City-Code

3 Die Pflicht des *board of directors* der Zielgesellschaft, gegenüber seinen Aktionären zu dem öffentlichen Angebot Stellung zu nehmen, ist in Rule 25 des City Codes detailliert ausgestaltet.[6]

4 Gemäß Rule 25.1 muss der *board* den Aktionären seine Meinung zu dem vorgelegten Angebot mitteilen und sie über den wesentlichen Inhalt der Beratung informieren, die der *board* von dem(n) von ihm beauftragten unabghängigen Berater(n) erhalten hat.[7] Notes 1 bis 4 zu Rule 25.1 enthalten spezielle Regelungen für die Fälle, in denen der *board* einen beherrschenden Einfluss auf die Zielgesellschaft ausübt (Note 1), der *board* eine uneinheitliche Auffassung zu dem Angebot vertritt (Note 2), ein Mitglied des *board* einem Interessenkonflikt unterliegt (Note 3) oder es sich bei dem Angebot um ein Management-Buy-Out handelt (Note 4).

5 Vorgaben für die inhaltliche Gestaltung der Stellungnahme ergeben sich aus Rule 25.2 bis Rule 25.6. Danach hat der *board* in seiner ersten ausführlichen Informationsunterlage („first major circular") zu den in der Angebotsunterlage des Bieters gemachten Aussagen über die vom Bieter mit der Zielgesellschaft und deren Arbeitnehmern verfolgten Absichten Stellung zu nehmen (Rule 25.2). Gemäß Rule 25.3 sind ferner die Beteiligungsverhältnisse zwischen den an der Über-

5 Dies geht zurück auf einen Vorschlag des Handelrechtsausschusses des Deutschen Anwaltsvereins (DAV) zum Regierungsentwurf, ZIP 2001, 1736, 1738.

6 Vgl. allgemein *Herrmann*, Zivilrechtliche Abwehrmaßnahmen, 1993, S. 211 ff. m. w. N.

7 Für den *board* der Zielgesellschaft besteht nach Rule 3.1 die Verpflichtung, kompetente unabhängige Beratung zur Beurteilung des Angebotes einzuholen. Nach Rule 3.3 sind dabei alle Personen, die mit dem Berater des Bieters in einem Konzernverhältnis stehen oder Interessen oder wirtschaftliche Verbindungen zum Bieter oder der Zielgesellschaft haben, die einen Interessenkonflikt begründen können, als unabhängige Berater ausgeschlossen.

nahme Beteiligten umfassend offenzulegen.[8] Erforderlich ist u. a. auch die Angabe, inwieweit Vorstandsmitglieder der Zielgesellschaft mit Rücksicht auf ihren eigenen Aktienbesitz zur Annahme oder Ablehnung des Angebotes tendieren (Rule 25.3 lit. c). Soweit Mitteilungen zu erfolgen haben, erfordert Rule 25.3 lit. c ergänzende Angaben über den Handel in Aktien der Zielgesellschaft. Gemäß Rule 25.4 muss die Stellungnahme Einzelheiten zu allen Dienstleistungsverträgen (mit einer Laufzeit von mehr als 12 Monaten) der *directors* enthalten, die diese mit der Zielgesellschaft oder einer ihrer Tochtergesellschaften abgeschlossen haben. Die Stellungnahme des *board* muss sämtliche Vereinbarungen im Sinne von Note 6 (b) zu Rule 8 offenlegen, die zwischen der Zielgesellschaft, ihren Gesellschaften oder Tochtergesellschaften und anderen Personen über Aktien der Zielgesellschaft oder anderer „relevant securities" i. S. v. Note 2 zu Rule 8 abgeschlossen worden sind (Rule 25.5). Der *board* hat schließlich eine inhaltliche Zusammenfassung jedes Vertrages vorzulegen, der außerhalb des gewöhnlichen Geschäftsablaufes in den letzten 2 Jahren vor dem Angebot von der Zielgesellschaft oder einer ihrer Tochtergesellschaften abgeschlossen worden ist (Rule 25.6).

6 Zur besseren Information der Aktionäre der Zielgesellschaft regelt Rule 26 die Möglichkeit der Einsichtnahme in einzeln aufgezählte Unterlagen, die vom *board* der Zielgesellschaft auszulegen sind. Dazu gehören neben der Satzung und den beiden letzten Jahresabschlüssen der Zielgesellschaft alle Dienstleistungsverträge der *directors* der Zielgesellschaft mit einer Laufzeit von mehr als 12 Monaten.

2. Regelung in Österreich

7 Nach § 14 Abs. 1 des öÜbG hat der Vorstand der Zielgesellschaft unverzüglich nach der Veröffentlichung der Angebotsunterlage eine Äußerung zu dem Angebot zu verfassen. Diese hat insbesondere eine Beurteilung darüber zu enthalten, ob die angebotene Gegenleistung

8 Darunter fallen nicht nur die Beteiligung der Zielgesellschaft am Bieter, sondern z. B. auch Beteiligungen an der Zielgesellschaft, die sich im Besitz oder unter Kontrolle einer Tochtergesellschaft, eines zur Unternehmensgruppe gehörenden Pensionsfonds, eines mit der Zielgesellschaft verbundenen Fonds oder eines Beraters der Zielgesellschaft befinden. Weiterhin sind alle Beteiligungen im Besitz von Personen anzugeben, die eine Vereinbarung i. S. v. Note 6 (b) zu Rule 8 mit der Zielgesellschaft abgeschlossen haben. Soweit es sich bei dem Übernahmeangebot um ein Aktientauschangebot handelt, werden die Mitteilungspflichten dabei für einzelne Fallgruppen auch auf die Beteiligungsverhältnisse am Bieter ausgedehnt.

und der sonstige Inhalt des Angebots dem Interesse der Arbeitnehmer, der Gläubiger und dem öffentlichen Interesse angemessen Rechnung tragen. Eine ausdrückliche Regelung sieht § 14 Abs. 1 Satz 3 öÜbG ferner für die Situation vor, dass sich der Vorstand außer Stande sieht, eine abschließende Empfehlung abzugeben. In diesem Fall hat er jedenfalls unter Betonung der wesentlichen Gesichtspunkte die Argumente darzustellen, die für die Annahme und für die Ablehnung des Angebots sprechen.

Die Stellungnahmepflicht des Vorstands wird ergänzt durch eine schriftliche Beurteilung des Angebots seitens des nach § 13 öÜbG von der Zielgesellschaft beizuziehenden Sachverständigen (§ 14 Abs. 2 öÜbG). Der Sachverständige hat in seine Beurteilung auch die Äußerung des Vorstandes nach § 14 Abs. 1 öÜbG sowie eine etwaige Stellungnahme des Aufsichtsrats einzubeziehen. **8**

Gemäß § 14 Abs. 3 öÜbG hat der Vorstand seine Äußerung sowie gegebenenfalls die Äußerung des Aufsichtsrats und die Beurteilung des Sachverständigen der Übernahmekommission innerhalb von zehn Börsentagen ab Veröffentlichung der Angebotsunterlagen anzuzeigen und gleichzeitig dem Betriebsrat zu übermitteln und sodann unverzüglich zu veröffentlichen. **9**

Eine Verletzung der dem Vorstand nach § 14 Abs. 1 und Abs. 3 obliegenden Pflichten wird – sofern die Tat nicht den Tatbestand einer gerichtlich strafbaren Handlung erfüllt – als Verwaltungsübertretung verfolgt (§ 35 Abs. 1 Z.2 öÜbG) und kann mit einer Geldstrafe von bis zu AS 36.000 belegt werden. **10**

3. Regelung in der Schweiz

Nach Art. 29 Abs. 1 BEHG hat der Verwaltungsrat der Zielgesellschaft gegenüber den Beteiligungsinhabern einen Bericht vorzulegen, in welchem er zu dem Angebot Stellung nimmt. Der Bericht muss alle Informationen enthalten, die notwendig sind, damit die Aktionäre der Zielgesellschaft die Entscheidung über die Annahme oder Ablehnung des Angebots treffen können. Die Informationen müssen wahr und vollständig sein (Art. 29 Abs. 1 und 2 UEV-UEK). Zu diesen Informationen zählen die Annahme- oder Ablehnungsabsicht derjenigen Aktionäre, die mehr als 5% der Stimmrechte besitzen, sofern diese Absichten dem Verwaltungsrat bekannt sind (Art. 30 Abs. 1 UEV-UEK). Anzugeben sind ferner die beabsichtigten Abwehrmaßnahmen der Zielgesellschaft sowie die Beschlüsse der Generalversammlung nach Art. 29 **11**

Abs. 2 BEHG, die den Vorstand zur Durchführung von Abwehrmaßnahmen ermächtigen (Art. 30 Abs. 1 und 2 UEV-UEK). Ebenfalls der Transparenz dient die Vorschrift des Art. 31 UEV-UEK, wonach in dem Bericht auf mögliche Interessenkonflikte von Mitgliedern des Verwaltungsrats oder der obersten Geschäftsleitung hinzuweisen ist. Offengelegt werden müssen schließlich vertragliche Vereinbarungen zwischen den Mitgliedern des Verwaltungsrats und dem Bieter. Liegen Interessenkonflikte vor, muss der Bericht darlegen, welche Maßnahmen die Zielgesellschaft getroffen hat, um eine nachteilige Auswirkung dieser Interessenkonflikte auf die Aktionäre der Zielgesellschaft zu vermeiden (Art. 31 Abs. 2 und 3 UEV-UEK). Der Bericht des Verwaltungsrats ist in geeigneter Form nach Maßgabe von Art. 32 UEV-UEK i.V.m. Art. 29 Abs. 1 BEHG zu veröffentlichen. Nach jeder Änderung des Angebotes ist ein neuer Bericht des Verwaltungsrats zu veröffentlichen, wobei eine Kurzfassung zulässig ist (Art. 33 Abs. 1 UEV-UEK).

IV. Aktienrechtliche Informations- und Stellungnahmepflicht

12 Bereits vor Inkrafttreten des WpÜG entsprach es der allgemeinen Ansicht im aktienrechtlichen Schrifttum, dass der Vorstand der Zielgesellschaft nach § 76 AktG verpflichtet sei, eine begründete Stellungnahme zu dem Übernahmeangebot des Bieters abzugeben, um einer einseitigen Information der Aktionäre der Zielgesellschaft durch den Bieter entgegenzuwirken.[9] Diese Pflicht wird nunmehr durch § 27 konkretisiert. Sie hat deshalb eine kapitalmarkt- und verbandsrechtliche **Doppelnatur**.

13 Daß auch der Aufsichtsrat verpflichtet sein könnte, eine eigene Stellungnahme abzugeben, ist bislang aktienrechtlich nicht diskutiert worden. Insoweit betritt der Gesetzgeber hier Neuland. Interpretiert man die Stellungnahmepflicht des Aufsichtsrats zugleich als spezialgesetzliche Ausprägung seiner allgemeinen Berichts- und Rechenschaftspflicht gegenüber der Hauptversammlung (vgl. § 171 Abs. 2 AktG),

9 *Hopt*, in: FS Lutter, 2000, S. 1361, 1380; *ders.*, ZGR 1993, 534, 556; *Mertens*, in: Kölner Kommentar zum AktG, § 76 Rn. 26; *Assmann/Bozenhardt*, Übernahmeangebote, S. 104; *Kort*, in: FS Lutter, 2000, S. 1421, 1438; *Krause*, AG 2000, 217, 220; *Rümker*, in: FS Heinsius, 1991, S. 683, 686; *Witte*, BB 2000, 2161, 2163, jeweils m. w. N.; gegen das Bestehen einer solchen Pflicht gegenüber der Gesellschaft, *van Aubel*, Vorstandspflichten bei Übernahmeangeboten, 1996, S. 172; *Mülbert*, IStR 1999, 83, 88.

hat auch die Pflicht des Aufsichtsrats nicht nur einen kapitalmarkt-, sondern auch einen verbandsrechtlichen Charakter. Der kapitalmarktrechtliche Bezug steht hier jedoch deutlicher im Vordergrund als bei der Stellungnahmepflicht des Vorstands.

V. Anwendungsbereich

Aufgrund seiner Stellung im Abschnitt 3 gilt § 27 auch bei einfachen Erwerbsangeboten. Rechtspolitisch besteht keine Veranlassung, den Vorstand der Zielgesellschaft auch in diesen Fällen zu einer Stellungnahme zu verpflichten.[10] Eine Übernahme von § 27 in den Abschnitt 4 des WpÜG ist jedoch nicht erfolgt. 14

VI. Stellungnahmepflicht des Vorstands nach Abs. 1

Nach Abs. 1 Satz 1 hat der Vorstand der Zielgesellschaft eine begründete Stellungnahme zu dem Angebot sowie jeder seiner Änderungen abzugeben. Diese Pflicht kann der Vorstand nur dann ordnungsgemäß erfüllen, wenn er sich zuvor auf der Grundlage einer hinreichenden Informationsbasis ein pflichtgemäßes Urteil darüber gebildet hat, wie das Angebot zu bewerten ist. Deshalb umfasst die Stellungnahmepflicht auch die Pflicht zur Informationsbeschaffung und zur Meinungsbildung. 15

1. Informationsbeschaffung

Im Rahmen seiner Informationsbeschaffungspflicht muss der Vorstand versuchen, möglichst lückenlos Auskunft über die wirtschaftliche Lage des Bieters und die wirtschaftlichen Eckdaten des (potentiellen) Übernahmeangebotes zu erlangen.[11] 16

2. Meinungsbildung

Der Vorstand hat sich sodann eine Meinung darüber zu bilden, wie das Angebot aus Sicht der Zielgesellschaft zu beurteilen ist. Maßgebend ist 17

---

10 So auch die Stellungnahme des *Handelsrechtsausschusses des DAV* zum RegE-WpÜG (Fn. 5), 1738.

11 *Kort* (Fn. 9), S. 1438, unter Hinweis darauf, dass die Informationsbeschaffungspflicht bereits im Vorfeld eines Übernahmeangebotes aktienrechtlich gilt. Für lediglich eine „Obliegenheit zur Selbstinformation" *Schwennicke*, in: Geibel/Süßmann, Komm. zum WpÜG, 2002, § 27 Rn. 11; *van Aubel* (Fn. 9), S. 64.

dabei ausschließlich das Gesellschaftsinteresse (§ 3 Abs. 3).[12] Eigeninteressen der Vorstandsmitglieder müssen unberücksichtigt bleiben. An dieser Stelle entscheidet sich, ob es sich bei einem Übernahmeangebot um ein freundliches oder ein feindliches Angebot handelt, der Vorstand seinen Aktionären also die Annahme des Angebotes empfiehlt oder nicht. Bei der Beurteilung des Angebotes ist dem Vorstand ein weites unternehmerisches Ermessen eingeräumt, das in Anwendung der vom BGH in der ARAG/Garmenbeck-Entscheidung aufgestellten Grundsätze einer nur eingeschränkten gerichtlichen Überprüfung unterliegt.[13] Insoweit ist das deutsche Recht auf der Ebene der Meinungsbildung stark an die US-amerikanische *Business Judgment Rule* angenähert.

3. Abgabe einer Stellungnahme

a) Rechtsnatur

18 Abs. 1 Satz 1 begründet nicht nur das Recht, sondern auch die Pflicht des Vorstands, seine Auffassung zu dem Angebot öffentlich zu verlautbaren. Bei der Abgabe der Stellungnahme handelt es sich um eine **Geschäftsführungsmaßnahme** im Sinne von § 77 Abs. 1 AktG, da der Vorstand die Stellungnahme nicht im eigenen Namen, sondern für die Zielgesellschaft abgibt. Aufgrund ihrer prozeduralen Bedeutung für das Angebotsverfahren ist die Stellungnahme mehr als eine tatsächliche Handlung. Andererseits zeitigt sie weder eine rechtsgeschäftliche noch eine geschäftsähnliche Wirkung. Sie ist deshalb als verbands- und kapitalmarktrechtlicher **Rechtsakt *sui generis*** zu qualifizieren.

b) Beschluss- und Mehrheitserfordernis

19 Die Abgabe der Stellungnahme bedarf eines Vorstandsbeschlusses. Dieser ist aufgrund des in § 77 Abs. 1 Satz 1 AktG niedergelegten Prinzips der Gesamtgeschäftsführung einstimmig zu fassen, es sei denn, dass in der Satzung oder Geschäftsordnung ein hiervon abweichendes Mehrheitserfordernis niedergelegt ist.

c) Sondervoten

20 Ein Recht zur Stellungnahme steht nach der Gesetzesbegründung auch jedem einzelnen Mitglied des Vorstands zu, sofern sich aus „all-

12 Siehe dazu § 3 Rn. 12 ff.
13 BGHZ 135, 244, 253.

gemeinen gesellschaftsrechtlichen Grundsätzen" nichts anderes ergibt.[14] Ein solcher Grundsatz ist die gesetzliche Verschwiegenheitspflicht des Vorstands nach § 93 Abs. 1 Satz 2 AktG, die auch den Verlauf und das Abstimmungsergebnis von Vorstandssitzungen umfasst („vertrauliche Angabe").[15] Da der Vorstand jedoch selbst Herr der in seinen Sitzungen und Beratungen erzeugten vertraulichen Angaben ist, kann er insoweit als Gremium über einen **Dispens von der Verschwiegenheitspflicht** entscheiden. Der Vorstand sollte demnach befugt sein, in entsprechender Anwendung der für den Aufsichtsrat anerkannten Grundsätze dissentierenden Mitgliedern die Abgabe einer gesonderten Stellungnahme unter gleichzeitiger Offenlegung der Dissenses innerhalb des Gremiums zu gestatten.[16] Angesichts der erheblichen Bedeutung einer solchen Entscheidung ist hierfür jedoch ein Beschluss des Gesamtvorstands erforderlich. In jedem Falle empfiehlt es sich, für die Fallkonstellation des § 27 eine spezielle Vorschrift in die Satzung, die Geschäftsordnung oder – so weit vorhanden – die Vertraulichkeitsrichtlinie des Vorstands aufzunehmen.

d) Obligatorischer Inhalt

Abs. 1 Satz 2 legt einen Kanon derjenigen Inhalte fest, die die Stellungnahme in jedem Falle enthalten muss. **21**

Aufgrund der teilweise recht vage gehaltenen Formulierungen (z. B. „Auswirkungen auf die Interessen der Arbeitnehmer und ihrer Vertretungen") wird die Regelung in der Praxis zu Auslegungsschwierigkeiten führen. Diese erhalten vor dem Hintergrund der prekären Haftungssituation des Vorstands (siehe dazu unten Rn. 46 ff.) ein besonderes Gewicht. Hinzu kommt, dass sich der Vorstand bei der inhaltlichen Gestaltung der Stellungnahme nicht selten in einem Interessenkonflikt mit seiner nach § 404 Abs. 1 AktG strafbewehrten Geheimhaltungspflicht (§ 93 Abs. 1 Satz 2 AktG) befinden wird: Gerade die Unangemessenheit des Angebotspreises lässt sich regelmäßig nur durch die Offenlegung preisrelevanter und zukunftsbezogener Informationen belegen, die grundsätzlich der Geheimhaltung unterliegen.[17] Schließlich haben

14 Regierungsbegründung, BT-Drucks. 14/7034, S. 52.

15 BGHZ 64, 325, 332; *Wiesner,* in: Münchner Hdb. AG, 2. Aufl., § 25 Rn. 41.

16 Vgl. zum Aufsichtsrat *Lutter*, Information und Vertraulichkeit im Aufsichtsrat, 2. Aufl., S. 136 ff.; *Semler*, Arbeitshandbuch für AR-Mitglieder, 1999, J 14 f.

17 *Assmann/Bozenhardt*, Übernahmeangebote, S. 105 Fn. 548; *Schwennicke* (Fn. 11), § 27 Rn. 13; für eine analoge Anwendung des § 293 a AktG *Hirte/Schander*, in: von Rosen/Seifert, Die Übernahme börsennotierter Unternehmen, 1999, S. 341, 357.

die nach Abs. 1 Satz 2 Nr. 1 bis 3 erforderlichen Angaben aufgrund ihrer Zukunftsbezogenheit zwangsläufig einen **Prognosecharakter**. Sie können deshalb grundsätzlich allenfalls als vertretbar oder unvertretbar, nicht aber in den Kategorien von richtig oder falsch bewertet werden. Dies spricht dafür, dem Vorstand bei der Ausfüllung des durch Abs. 1 Satz 2 Nr. 1 bis 3 vorgegebenen inhaltlichen Rahmens einen unternehmerischen Beurteilungsspielraum einzuräumen. Vom Vorstand ist demnach zu verlangen, dass er seine Ausführungen auf eine sorgfältig ermittelte Tatsachengrundlage stützt, er zumindest formal auf die in Abs. 1 Satz 2 Nr. 1 bis 3 vorgegebenen Themen eingeht und keine unrichtigen Tatsachenbehauptungen aufstellt. Mit welcher Detailtiefe er im Einzelnen den gesetzlichen Pflichtinhalt abarbeitet, ist demgegenüber seiner am Unternehmensinteresse orientierten sachkundigen Entscheidung überlassen. Dabei ist im Falle eines **freundlichen Übernahmeangebots** eine **Bezugnahme** auf die diesbezüglichen Ausführungen des Bieters in seiner Angebotsunterlage als zulässig anzusehen.

aa) Beurteilung der Angemessenheit der angebotenen Gegenleistung (Nr. 1)

22 Am Ende des Gesetzgebungsverfahrens ist die begrüßenswerte Regelung aufgenommen worden, dass die Stellungnahme auf die Art und Höhe der angebotenen Gegenleistung eingehen muss (siehe dazu oben Rn. 2). Hierin liegt sowohl bei freundlichen als auch bei feindlichen Angeboten ein wesentlicher Bestandteil der Stellungnahme.[18] Hinsichtlich der **Höhe** der Gegenleistung spielt das vom Vorstand der Zielgesellschaft zugrundegelegte Wachstumspotential der Gesellschaft auf einer Stand-alone-Basis im Vergleich zu der erwarteten Wertsteigerung im Falle einer Beteiligung des Bieters oder einer Übernahme durch den Bieter eine maßgebende Rolle. Werden als Gegenleistung Aktien des Bieters zum Tausch angeboten, sollte sich die Beurteilung – so weit möglich – auch auf Chancen und Risiken der Weiterentwicklung des Unternehmens des Bieters erstrecken.

23 Insbesondere ein vollständiges oder teilweises Aktientauschangebot gibt Anlass, ausführlicher auf die **Art** der angebotenen Gegenleistung (z.B. auf deren Liquidität) einzugehen. Auch bei einem reinen Barangebot sind jedoch zumindest knapp gehaltene Ausführungen zur Art der Gegenleistung erforderlich.

18 *Maier-Reimer*, ZHR 165 (2001), 258, 262.

bb) Folgen eines erfolgreichen Angebots – Ziele des Bieters (Nrn. 2 und 3)

Nach Abs. 1 Satz 2 Nr. 2 muss die Stellungnahme des Vorstands auf die voraussichtlichen Folgen eines erfolgreichen Angebots für die Zielgesellschaft, ihre Arbeitnehmer, einschließlich deren Vertretungen und Beschäftigungsbedingungen, und die Standorte der Gesellschaft eingehen. Abs. 1 Satz 2 Nr. 3 verlangt ferner eine Kommentierung der vom Bieter mit dem Angebot verfolgten Ziele. Folgenabschätzung und Zielkritik lassen sich häufig nicht voneinander trennen und können deshalb auch in der Stellungnahme zusammengefasst dargestellt werden. Grundlage der Stellungnahme werden hierbei insbesondere die Angaben des Bieters in der Angebotsunterlage über seine strategische Planung im Hinblick auf die Zielgesellschaft sein. Im Vordergrund dürfte bei Übernahmeangeboten regelmäßig eine Darlegung stehen, dass und warum sich die vom Bieter erwarteten Vorteile der Zusammenführung von Bietergesellschaft und Zielgesellschaft umsetzen (freundliches Angebot) oder nicht umsetzen (feindliches Angebot) lassen können. Siehe zu der insoweit bestehenden Möglichkeit der Bezugnahme auf die Angebotsunterlage im Falle eines freundlichen Übernahmeangebots oben Rn. 21 a. E. Bei einem feindlichen Übernahmeangebot können als Gründe für die fehlende Umsetzbarkeit z. B. strategisch-operative Hindernisse, kartellrechtliche Probleme (Erfordernis der Entflechtung bedeutender Konzerngesellschaften), eine drohende Verschuldung des Bieters oder der Zielgesellschaft[19] oder rechtliche Probleme aufgrund vorhandener Minderheitsbeteiligungen am Aktienkapital der Zielgesellschaft zählen. 24

Bei den möglichen Folgen für die Arbeitnehmer und ihre Vertretungen wird es im Falle von Übernahmeangeboten kollektivarbeitsrechtlich regelmäßig um den Verlust von **Mitbestimmungsrechten** der Arbeitnehmer und des Betriebsrats gehen. So droht der Wegfall des bei der Zielgesellschaft bestehenden Konzernbetriebsrats, wenn in Folge eines vom Bieter angekündigten Beherrschungsvertrages keine eigenständigen Leitungsbefugnisse bei der Zielgesellschaft verbleiben. Dasselbe gilt für den Wegfall der gesetzlichen Voraussetzungen für die Errichtung eines mitbestimmten Aufsichtsrates nach dem MitbestG 1976. Soweit dies unter dem Gesichtspunkt der Transparenz als sinnvoll er- 25

19 Vor letzterer schützt allerdings die Vorschrift des § 71 a AktG, die eine Darlehensgewährung des abhängigen Unternehmens an das herrschende Unternehmen zum Zwecke des Erwerbs von Aktien des abhängigen Unternehmens untersagt.

scheint, sollte der Vorstand ggfs. auch auf individualarbeitsrechtliche Folgen für die Arbeitnehmer oder bestimmte Arbeitnehmergruppen eingehen. Dies bietet sich vor allem dann an, wenn aus Sicht des Vorstandes diesbezügliche ergänzende Angaben des Bieters in der Angebotsunterlage nach § 11 Abs. 2 Satz 2 Nr. 6 zu kommentieren sind (z. B. zu einem geplanten Personalabbau infolge der Verlagerung von Betriebsstätten ins Ausland oder zur Nutzung von Synergieeffekten). Soweit sich anhand der vom Bieter offengelegten Informationen auch Folgen für die Beschäftigungsbedingungen der Arbeitnehmer identifizieren lassen, ist hierauf ebenfalls im Einzelnen einzugehen.

cc) Annahmeabsicht des Vorstands

26 Die Mitglieder des Vorstandes haben, so weit sie Inhaber von Wertpapieren der Zielgesellschaft sind, Auskunft darüber zu geben, ob sie beabsichtigen, das Angebot anzunehmen.[20] Eine Befreiung für das Halten von Kleinstbeteiligungen enthält die Vorschrift nicht. Maßgebender Zeitpunkt für die Bekanntgabeabsicht ist der Zeitpunkt der Abgabe der Stellungnahme. Die **spätere Aufgabe** der einmal bekundeten Absicht bzw. das Fassen einer zunächst nicht bestehenden Absicht ist weder untersagt noch nach dem Wortlaut von § 2 Abs. 1 Satz 2 Nr. 3 publizitätspflichtig, solange sie nicht durch eine Änderung des Angebots veranlasst ist.[21] Der Aussagewert einer solchen Angabe dürfte demnach äußerst begrenzt sein.

e) Fakultativer Inhalt

27 Über die in § 27 Abs. 1 Satz 2 genannte Pflichtinhalte hinaus sollte die Stellungnahme des Vorstandes zweckmäßigerweise noch eine Reihe weiterer Bestandteile enthalten, um den Aktionären der Zielgesellschaft als geeignete Entscheidungshilfe dienen zu können.

aa) Risiken des Angebotes für die Aktionäre

28 Hinweisen sollte der Vorstand auf von ihm ausgemachte rechtliche und steuerliche Risiken, die sich im Falle einer Annahme des Angebo-

20 Vgl. schon *Immenga*, SAG 1975, 89, 94 zu einer entsprechenden aktienrechtlichen Pflicht; dagegen *Hopt*, in: Großkomm. AktG, § 93 Rn. 130; *ders.*, ZGR 1993, 534, 557.

21 So auch *Schwennicke* (Fn. 11), § 27 Rn. 20. Eine Publizitätspflicht wird sich jedoch zukünftig nach dem im Rahmen des 4. Finanzmarktförderungsgesetzes neu geschaffenen § 15 a WpHG (Directors' Dealings) für den Fall der tatsächlichen Annahme des Angebots ergeben.

tes für die Aktionäre der Zielgesellschaft ergeben (z.B. fehlendes Rücktrittsrecht; Folgen eines angekündigten Beherrschungsvertrages; Verwässerung des Gewinns pro Aktie; drohende Ertragsbesteuerung).

bb) Richtigstellung falscher Informationen

Soweit das Angebot des Bieters unrichtige Tatsachen oder Informationen enthält, ist der Vorstand der Zielgesellschaft gehalten, diese richtig zu stellen. **29**

cc) Ankündigung von Abwehrmaßnahmen

Eine Verpflichtung des Vorstands, bereits ins Auge gefasste Abwehrmaßnahmen in der Stellungnahme ausdrücklich anzukündigen, besteht nicht. Es dürfte sich jedoch anbieten, für den Fall, dass die Einschaltung eines „weißen Ritters" geplant ist, dies den Aktionären möglichst schon in der Stellungnahme mitzuteilen, um sie auf die erwarteten alternativen Handlungsmöglichkeiten aufmerksam zu machen. **30**

f) Neutrale Stellungnahme

Nach der Gesetzesbegründung muss die Stellungnahme nicht notwendig einen zustimmenden oder ablehnenden Charakter haben. Denkbar ist vielmehr auch, dass sich der Vorstand einer konkreten Handlungsempfehlung an die Aktionäre enthält.[22] **31**

g) Zustimmung des Aufsichtsrats?

Eine Zustimmung des Aufsichtsrats zu der Abgabe der Stellungnahme ist nach dem Wortlaut von § 27 nicht erforderlich. Angesichts der erheblichen Bedeutung, die der Stellungnahme des Vorstands der Zielgesellschaft bei öffentlichen Angeboten, insbesondere bei Übernahmeangeboten beigemessen wird, ist es für den Vorstand jedoch in aller Regel angezeigt, seine Stellungnahme mit dem Aufsichtsrat vorab zu erörtern.[23] Dies gilt auch im Hinblick auf die eigene Stellungnahmepflicht des Aufsichtsrats (siehe dazu sogleich Rn. 35ff.). Kommen Vorstand und Aufsichtsrat zu einer übereinstimmenden Bewertung des Angebotes, kann zudem durch Abgabe einer gemeinsamen Stellungnahme deren Gewicht erhöht werden. **32**

---

22 Regierungsbegründung, BT-Drucks. 14/7034, S. 52.
23 Regierungsbegründung, BT-Drucks. 14/7034, S. 52

h) Angebotsänderung

33 Eine Stellungnahmepflicht des Vorstands besteht auch im Hinblick auf Änderungen des Angebots nach § 21. Hierbei dürfte es jedoch ausreichend sein, wenn sich die Stellungnahme nur auf die geänderten Teile des Angebotstextes erstreckt. Dies gilt auch dann, wenn der Vorstand aus Anlass der Angebotsänderung zu einer vollständigen oder teilweise neuen Beurteilung des Angebots gelangt. Die nachfolgend (Rn. 44) erläuterten Verfahrensvorschriften und Fristen gelten für die Stellungnahme zu dem geänderten Angebot entsprechend.[24]

i) Berater

34 Die Hinzuziehung externer Berater bei der Vorbereitung der Stellungnahme ist – anders als nach Rule 3.1. des City Codes (siehe dazu oben Fn. 7) sowie § 14 Diskussionsentwurf – in § 27 nicht vorgeschrieben. Gerade im Hinblick auf regelmäßig problematische Bewertungsfragen empfiehlt es sich jedoch, den sachverständigen Rat eines Wirtschaftsprüfers oder einer Investmentbank einzuholen.[25] Dasselbe gilt im Hinblick auf rechtliche und steuerliche Fragestellungen für die Beauftragung von Rechtsanwälten und Steuerberatern.

VII. Stellungnahmepflicht des Aufsichtsrats

35 § 27 Abs. 1 Satz 1 sieht eine eigene Stellungnahmepflicht des Aufsichtsrates vor. Wie sich aus Abs. 2 sowie der Gesetzesbegründung ergibt, hat diese Pflicht nicht den Inhalt, dass Vorstand und Aufsichtsrat gemeinsam eine Stellungnahme abgeben müssen. Der Aufsichtsrat hat vielmehr eine **separate Stellungnahme** zu erstellen.[26] Es ist jedoch möglich, die Stellungnahmen vom Vorstand und Aufsichtsrat in einem gemeinsamen Dokument zusammenzufassen.[27] In der Praxis wird die Stellungnahme durch den Aufsichtsrat schon aufgrund der niedrigen Sitzungsfrequenz des Aufsichtsrats eine Reihe von Problemen mit sich bringen. Allein deshalb die inhaltlichen und formalen Anforderungen an die Stellungnahme des Aufsichtsrats herabzuschrauben, erscheint

24 Vgl. *Schwennicke/Grobys* (Fn. 11), § 27 Rn. 23.
25 *Hopt* (Fn. 9), S. 1381; *ders.*, in: FS Koppensteiner, 2001, S. 61, 78.
26 Beschlussempfehlung und Bericht des Finanzausschusses (Fn. 1), S. 53.
27 Ebda.

jedoch nicht gerechtfertigt.[28] Jedenfalls findet sich hierfür in § 27 kein Anhaltspunkt.[29]

Für die gesetzliche Ausgestaltung der Stellungnahmepflicht des Aufsichtsrats gelten die Ausführungen zur Stellungnahmepflicht des Vorstands (Rn. 15 ff.) mit folgenden Modifikationen entsprechend: **36**

Auch bei der Stellungnahme des Aufsichtsrats handelt es sich um eine verbands- und kapitalmarktrechtliche Rechtshandlung *sui generis*. Da auch der Aufsichtsrat seine Stellungnahme als Organ der Zielgesellschaft für diese abgibt, ist seine Stellungnahme ebenfalls eine Maßnahme der Geschäftsführung im weiteren Sinne. § 27 Abs. 1 stellt insoweit eine spezialgesetzliche Sonderregelung dar, die dem generellen Ausschluss des Aufsichtsrats von der Geschäftsführung nach § 111 Abs. 4 Satz 1 AktG vorgeht. Der Aufsichtsrat entscheidet über die Abgabe der Stellungnahme durch Beschluss gem. § 108 Abs. 1 AktG. Grundsätzlich genügt für die Beschlussfassung – anders als beim Vorstand – die einfache Mehrheit der abgegebenen Stimmen.[30] Abweichende Mehrheitserfordernisse können sich aus der Satzung oder der Geschäftsordnung des Aufsichtsrats ergeben (letzteres ist str.).[31] Übernahmerechtlich zulässig sind auch Sondervoten einzelner Aufsichtsratmitglieder. Auch hier ist jedoch die Verschwiegenheitspflicht der Aufsichtsratsmitglieder nach §§ 116, 93 Abs. 2 Satz 1 AktG zu beachten. Deren Bedeutung wird durch eine spezielle gesetzliche Regelung im Rahmen des Transparenz- und Publizitätsgesetzes voraussichtlich weiter zunehmen.[32] Auch hier ist jedoch ein Dispens von der Verschwiegenheitspflicht durch einen entsprechenden Beschluss des Gesamtaufsichtsrats möglich. **37**

VIII. Stellungnahme der Arbeitnehmerseite

Übermitteln der zuständige Betriebsrat bzw. die Arbeitnehmer dem Vorstand der Zielgesellschaft eine Stellungnahme zu dem Angebot, hat der Vorstand diese seiner Stellungnahme beizufügen. Die Regelung bezweckt, dass die Wertpapierinhaber nicht nur über die Position **38**

28 Anders *Schwennicke* (Fn. 11), § 27 Rn. 5 mit weiteren Einzelheiten.

29 Hier mit dem Topos der teleologischen Reduktion zu arbeiten, wie dies *Schwennicke* (Fn. 11), § 27 Rn. 5 befürwortet, erscheint als voreilig.

30 *Hüffer*, AktG, 4. Auflage, § 108 Rn. 6.

31 Dagegen *Hüffer* (Fn. 30), § 108 Rn. 8; dafür *Lutter/Krieger*, Rechte und Pflichten des Aufsichtsrats, 3. Aufl., § 6 Rn. 249.

32 Vgl. ZIP-Dokumentation (*Seibert*), ZIP 2001, 2192, 2195 f.

des Vorstands, sondern auch über die Haltung der Arbeitnehmer der Zielgesellschaft zu dem Angebot informiert werden.

1. Stellungnahme des Betriebsrats

39 Die Frage, welcher Betriebsrat bei der Zielgesellschaft zuständig ist, folgt den gleichen Grundsätzen, wie bei § 10 Abs. 5 Satz 2.[33] Dies bedeutet: Ist die Zielgesellschaft das herrschende Unternehmen eines Konzerns (§ 18 AktG) und wurde ein Konzernbetriebsrat errichtet, ist dieser der zuständige Betriebsrat. Anderenfalls ist zuständiger Betriebsrat der Gesamtbetriebsrat, sofern bei der Zielgesellschaft ein solcher eingerichtet wurde. In allen übrigen Fällen ist der Betriebsrat zuständig.

40 Ungeachtet der grundsätzlich bestehenden Formfreiheit für die Stellungnahme des Betriebsrats liegt eine Übermittlung i. S. v. Abs. 2 nur dann vor, wenn sie vom Vorstand seiner eigenen Stellungnahme „beigefügt" werden kann. Dies schließt eine nur mündliche Stellungnahme des Betriebsrats aus. Erforderlich ist vielmehr eine schriftliche Äußerung, die ihren Urheber eindeutig erkennen lässt.[34] Für den Betriebsrat besteht ebensowenig eine Pflicht zur Stellungnahme wie eine Vorgabe darüber, wie die Stellungnahme inhaltlich zu gestalten ist.[35]

2. Stellungnahme der Arbeitnehmer

41 Ist bei der Zielgesellschaft kein Betriebsrat eingerichtet, hat der Vorstand eine Stellungnahme der Arbeitnehmer beizufügen. Hierfür gelten die soeben zur Stellungnahme des Betriebsrats gemachten Ausführungen entsprechend. Die Umsetzung dieser Verpflichtung wird in der Praxis zu erheblichen Problemen führen. Mangels Koordinierungspflicht der Arbeitnehmer kann der Vorstand in eine Situation geraten, in der er eine Vielzahl unterschiedlicher Stellungnahmen der Arbeitnehmer beizufügen hat.

3. Pflicht zur Beifügung

42 Seiner Beifügungspflicht genügt der Vorstand, wenn er die Stellungnahme(n) der Arbeitnehmerseite in derselben Art und Weise veröffent-

33 Regierungsbegründung, BT-Drucks. 14/7034, S. 52.
34 *Schwennicke/Grobys* (Fn. 11), § 27 Rn. 25.
35 Zur Hinzuziehung externen Sachverstands durch den Betriebsrat, *Grobys*, in: Geibel/Süßmann, Komm. zum WpÜG, 2002, § 27 Rn. 28.

lich wie seine eigene Stellungnahme.[36] Im Hinblick auf mögliche Missbrauchsfälle besteht die Pflicht zur Beifügung nicht unbeschränkt. Ist die Beifügung dem Vorstand unzumutbar (z. B. wegen eines strafbaren Inhalts der Stellungnahme), entfällt die Beifügungspflicht.[37]

Unberührt hiervon bleibt die Pflicht des Vorstandes zur unverzüglichen Veröffentlichung seiner Stellungnahme. Für den Vorstand wird es daher regelmäßig sinnvoll sein, bereits bei Übermittlung der Angebotsunterlage des Bieters an die Arbeitnehmer nach § 14 Abs. 4 Satz 3 Kontakt mit dem zuständigen Betriebsrat bzw. den Arbeitnehmern aufzunehmen, um abzuklären, ob und wann eine Stellungnahme der Arbeitnehmerseite zu erwarten ist.[38] Vom Gesetzgeber offen gelassen wurde die Frage, ob der Vorstand die Stellungnahme der Arbeitnehmerseite noch **nachträglich** veröffentlichen muss, wenn diese ihre Stellungnahme dem Vorstand zu spät übermittelt. Wortlaut und Gesetzesbegründung geben hierfür nichts her. Es ist deshalb davon auszugehen, dass eine solche Pflicht des Vorstands nicht besteht.[39] 43

IX. Verfahren

Die von Vorstand und Aufsichtsrat einzuhaltenden verfahrensrechtlichen Vorgaben ergeben sich aus Abs. 3. 44

Die Stellungnahme ist unverzüglich nach Veröffentlichung der Angebotsunterlage und deren Änderungen zu veröffentlichen (Abs. 3 Satz 1). Unverzüglich bedeutet ohne schuldhaftes Zögern, wobei in Anlehnung an die Regelung in § 18 Übernahmekodex die Abgabe der Stellungnahme innerhalb von zwei Wochen nach Angebotsvorlage als ausreichend angesehen werden kann.[40] Dies schließt nicht aus, dass die Stellungnahme gleichzeitig mit der Angebotsunterlage veröffentlicht wird. Das ist insbesondere dann denkbar, wenn Verhandlungen zwischen dem Bieter und der Zielgesellschaft vorausgegangen sind und der Vorstand der Zielgesellschaft seinen Wertpapierinhabern die Annahme des Angebots empfehlen will.[41] Wie sich aus dem Verweis

---

36 *Grobys* (Fn. 35), § 27 Rn. 32; *ders.*, NZA 2002, 1, 5.

37 Siehe hierzu eingehend mit Fallgruppenbildung *Grobys* (Fn. 35), § 27 Rn. 33.

38 Regierungsbegründung, BT-Drucks. 14/7034, S. 52.

39 Vgl. auch Stellungnahme des Handelsrechtsausschusses des DAV zum Referentenentwurf, NZG 2001, 420, 426; a. A. mit ausführlicher Begründung *Grobys* (Fn. 35), § 27 Rn. 36 ff.; *ders.*, (Fn. 36), 6.

40 Vgl. auch *Krause*, NJW 2002, 705, 711 (Fn. 68).

41 Regierungsbegründung, BT-Drucks. 14/7034, S. 52.

auf § 14 Abs. 3 ergibt, gelten für die Form der Veröffentlichung dieselben Vorgaben wie für die Veröffentlichung der Angebotsunterlage durch den Bieter.[42]

45 Gleichzeitig mit der Veröffentlichung ist die Stellungnahme den Arbeitnehmern bzw. deren Vertretungen zu übermitteln (Abs. 3 Satz 2).[43] Unverzüglich nach der gemäß § 14 Abs. 3 Satz 1 Nr. 2 vorgenommenen Veröffentlichung ist dem Bundesaufsichtsamt hierüber ein Beleg zu übersenden (Abs. 3 Satz 3).

X. Rechtsfolgen von Verstößen gegen die Stellungnahmepflicht

1. Zivilrechtliche Haftung

46 Ob und inwieweit bloße Verfahrensverstöße bis hin zum völligen Unterlassen der Abgabe einer Stellungnahme sowie inhaltliche Mängel der Stellungnahme (Unvollständigkeit, unrichtige Angaben sowie – wenn auch angesichts des weiten Ermessensspielraums des Vorstands eher theoretisch – ein falscher „Tenor“ der Stellungnahme) auch zivilrechtliche Schadensersatzansprüche von Wertpapierinhabern der Zielgesellschaft nach sich ziehen, ist zweifelhaft. Anders als §12 für die Angebotsunterlage enthält § 27 keine Bestimmung, die die Haftung der Zielgesellschaft sowie von Vorstand und Aufsichtsrat für eine fehlerhafte Stellungnahme regelt. Dies ist deshalb problematisch, weil dadurch Ansprüche der Aktionäre aus allgemeiner zivilrechtlicher Prospekthaftung nicht von vornherein ausgeschlossen sind.[44]

a) Haftung der Verwaltungsmitglieder

aa) Haftung gegenüber der Zielgesellschaft

47 Verletzen der Vorstand oder Aufsichtsrat die ihnen nach § 27 obliegende Pflicht zur Abgabe einer Stellungnahme, stellt dies eine Verletzung der Sorgfaltspflicht ihrer Mitglieder nach § 93 Abs. 1 Satz 1 und § 116 AktG dar. Die Mitglieder des Vorstands und des Aufsichtsrats haften deshalb dem Grunde nach gem. § 93 Abs. 2 und § 116 i.V.m. § 93 Abs. 2 AktG der Zielgesellschaft auf Ersatz des aus der Pflicht-

42 Siehe hierzu § 14 Rn. 25 ff., sowie *Grobys* (Fn. 35), § 27 Rn. 34 f.
43 Siehe hierzu *Schwennicke/Grobys* (Fn. 11), § 27 Rn. 42.
44 Auf dieses Problem haben bereits *Hopt* (Fn. 9), S. 1361, 1399, und *Merkt*, ZHR 165 (2001), 224, 246 f. zum DiskE hingewiesen.

verletzung entstehenden Schadens. Praktisch dürfte eine Schadensersatzpflicht jedoch regelmäßig ausscheiden, da der Gesellschaft durch eine Verletzung der primär auf die Erleichterung der Anlageentscheidung der Aktionäre abzielenden Stellungnahmepflicht kein adäquat kausal verursachter Schaden entsteht.[45]

bb) Haftung gegenüber den Aktionären

Eine Haftung der Verwaltungsmitglieder gegenüber den Aktionären kommt unter dem Gesichtspunkt der allgemeinen Prospekthaftung sowie der deliktischen Haftung (hier insbesondere der Verletzung eines Schutzgesetzes nach § 823 Abs. 2 BGB) in Betracht. **48**

(1) Prospekthaftung

Mangels spezialgesetzlicher Regelung der Haftung von Vorstand und Aufsichtsrat für die Unrichtigkeit und Unvollständigkeit der Stellungnahme ist eine Anwendung der allgemeinen zivilrechtlichen Prospekthaftung nicht ausgeschlossen. Gegen eine Anwendung dieses Haftungsinstituts spricht zwar, dass anders als in den „klassischen" zivilrechtlichen Prospekthaftungsfällen die Stellungnahme nicht im Rahmen eines vorvertraglichen Schuld- und Vertrauensverhältnisses der Anbahnung eines Vertragsabschlusses zwischen der Zielgesellschaft und ihren Aktionären dient. Vielmehr soll die Stellungnahme eine Entscheidungshilfe für die Aktionäre im Hinblick auf die ihnen vom Bieter angebotene Desinvestition aus der Zielgesellschaft darstellen. In dieser Funktion beinhaltet die Stellungnahme jedoch eine Grundlage für die Beurteilung der aktuellen und zukünftigen Vermögensanlage der Aktionäre in Form einer marktbezogenen schriftlichen Erklärung. Sie ist deshalb als ein **Prospekt** im Sinne der bürgerlich-rechtlichen Prospekthaftung anzusehen.[46] **49**

Dass sich die Stellungnahme nicht unmittelbar an eine unbestimmte Vielzahl von Personen richtet, sondern grundsätzlich nur an den Kreis der Inhaber von Wertpapieren der Zielgesellschaft adressiert ist, steht dem nicht entgegen. Jedenfalls bei Inhaberaktiengesellschaften mit **50**

---

45 Vgl. *Baums*, Der Geschäftsleitervertrag, 1987, S. 230ff., *Habersack*, Die Mitgliedschaft – subjektives und „sonstiges" Recht, 1997, S. 247ff.

46 A.A., aber ohne Begründung *Schwennicke* (Fn. 11), § 27 Rn. 51; siehe zu den gängigen Begriffsbestimmungen *Assmann*, in: Assmann/Schütze: Handbuch des Kapitalanlagerechts, 2. Aufl., § 7 Rn. 57; *Siol*, in: Schimansky/Bunte/Lwowski, Bankrechts-Handbuch, 2. Aufl., 2001, § 45 Rn. 47; *Hamann*, in: Schäfer, Wertpapierhandelsgesetz, Börsengesetz, Verkaufsprospektgesetz, 1999, §§ 45, 46 BörsG a.F. Rn. 25.

einem hohen Streubesitzanteil wird die Verwaltung die potenziellen Adressaten der Stellungnahme nicht kennen. Zudem ist der Kreis der Gesellschafter einer Publikumsgesellschaft einem permanenten Wandel unterworfen, sodass sich die Stellungnahme ohnehin mittelbar an einen unbestimmten Adressatenkreis richtet. Zu berücksichtigen ist ferner, dass nach der Rechtsprechung des BGH die Regelungsbedürftigkeit der Prospekthaftung weniger unter dem Aspekt des Verschuldens bei Vertragsverhandlungen *(culpa in contrahendo)*, sondern darin gesehen wird, dass im Interesse eines rechtlich gebotenen Kapitalanlegerschutzes auf eine wahrheitsgemäße und vollständige Aufklärung des Rechtsverkehrs über das Risiko möglicher Anlagen hingewirkt werden muss.[47] Verbindet man dieses Ziel mit dem Umstand, dass Vorstand und Aufsichtsrat kraft ihrer Organkompetenz sowie ihres überlegenen Wissens über die wirtschaftlichen Verhältnisse der Zielgesellschaft und ihre zukünftige strategische Positionierung das besondere Vertrauen der Aktionäre genießen und dieses durch die Abgabe der Stellungnahme auch aktiv in Anspruch nehmen, spricht viel dafür, die Verwaltungsmitglieder hinsichtlich der Stellungnahme den Grundsätzen der bürgerlich-rechtlichen Prospekthaftung im engeren Sinne zu unterwerfen. Gemeinsam mit ihnen haften diejenigen Personen, die mit Rücksicht auf ihre besondere berufliche oder wirtschaftliche Position oder als berufliche Sachkenner insofern eine Garantenstellung einnehmen, als sie durch ihr nach außen in Erscheinung tretendes Mitwirken an der Stellungnahme einem besonderen Vertrauenstatbestand schaffen.[48] Hierzu können unter den vorgenannten Voraussetzungen die von Vorstand und Aufsichtsrat hinzugezogenen Berater gehören (siehe oben Rn. 34).

51 Hinsichtlich der haftungsbegründenden Unrichtigkeit bzw. Unvollständigkeit der Stellungnahme gelten die Ausführungen zur Haftung für die Angebotsunterlage nach § 12 entsprechend.[49]

52 Ein durch eine fehlerhafte Stellungnahme kausal hervorgerufener Schaden kann beim Wertpapierinhaber der Zielgesellschaft dann entstehen, wenn er z. B. durch eine falsche Information davon abgehalten wurde, seine Wertpapiere zu einem günstigen Übernahmeangebotspreis zu veräußern, oder er zu einem Verkauf seiner Papiere unter Wert veranlasst worden ist.[50]

---

47 BGHZ 79, 337, 341, siehe allgemein zur dogmatischen Einordnung der bürgerlichrechtlichen Prospekthaftung *Assmann* (Fn. 46), § 7 Rn. 20.
48 Hierzu allgemein BGHZ 77, 172, 176 f., sowie *Assmann* (Fn. 46), § 7 Rn. 99 m. w. N.
49 § 12 Rn. 16 ff.
50 Vgl. *Assmann/Bozenhardt*, Übernahmeangebote, S. 104.

(2) Deliktische Haftung

Aufgrund seiner eindeutigen Zielrichtung, für die betroffenen Inhaber von Wertpapieren der Zielgesellschaft eine größtmögliche Transparenz zu schaffen, sowie mangels einer der Vorschrift des § 15 Abs. 6 WpHG entsprechenden Ausschlussregelung, stellt § 27 ein Schutzgesetz nach § 823 Abs. 2 BGB dar.[51] Der mit der Vorschrift ebenfalls verfolgte übergeordnete Zweck, einen geordneten und fairen Ablauf des Übernahmeverfahrens sicherzustellen, fällt demgegenüber nicht so stark ins Gewicht, als dass der Schutzgesetzcharakter der Norm verneint werden könnte. Insoweit können Schadensersatzansprüche von Aktionären aus der bürgerlich-rechtlichen Prospekthaftung mit Ansprüchen aus § 823 Abs. 2 BGB konkurrieren. Da es jedoch nicht gerechtfertigt erscheint, dass die Haftung der Verwaltungsmitglieder der Zielgesellschaft weiter reicht als die Haftung des Bieters für die von ihm veröffentlichte Angebotsunterlage, ist die Haftung nach § 823 Abs. 2 in **entsprechender Anwendung von § 12** auf grob fahrlässige und vorsätzliche Handlungen zu beschränken.[52] Denkbar ist ferner eine Haftung der Verwaltungsmitglieder nach § 117 Abs. 1 und 2 AktG und § 826 BGB. 53

cc) Haftung gegenüber dem Bieter

Eine Haftung gegenüber dem Bieter ist auf deliktische Ansprüche aus § 826 BGB beschränkt. In Bezug auf den Bieter hat die Vorschrift des § 27 keinen Schutzgesetzcharakter, da er nicht zum geschützten Personenkreis gehört.[53] 54

b) Haftung der Zielgesellschaft

aa) Prospekthaftung

Zum Kreis der Haftenden zählt bei der allgemeinen bürgerlich-rechtlichen Prospekthaftung auch der Prospekterlasser im Sinne der börsenrechtlichen Terminologie.[54] Dies ist im Falle des § 27 die Zielgesellschaft. Einer Schadensersatzhaftung der Zielgesellschaft dürfte jedoch 55

51 A. A. *Schwennicke* (Fn. 11), § 27 Rn. 47.

52 So auch *Hopt*, in: FS Lutter, 2000, S. 1361, 1369; *Merkt*, ZHR 165 (2001), 224, 246; *Schwennicke* (Fn. 11), § 27 Rn. 52; a. A. *Dimke/Heiser*, NZG 2001, 241, 249.

53 Vgl. auch *Assmann/Bozenhardt*, Übernahmeangebote, S. 104 Fn. 547; *van Aubel* (Fn. 9), S. 85 ff.

54 *Hamann* (Fn. 46), §§ 45, 46 BörsG a. F. Rn. 49 f.; *Assmann* (Fn. 46), § 7 Rn. 102; *Kümpel*, Bank- und Kapitalmarktrecht, 2. Aufl., Rn. 9.345.

im Ergebnis die Vorschrift des § 57 AktG entgegenstehen, sofern der Ersatzanspruch nicht aus freien Rücklagen der Zielgesellschaft erfüllt werden kann, da das Verbot der Einlagenrückgewähr hier – anders als bei der börsengesetzlichen Prospekthaftung – nicht durch eine spezialgesetzliche Regelung verdrängt wird.[55]

cc) Deliktische Haftung

56 Die Zielgesellschaft muss sich ein etwaiges deliktisches Fehlverhalten ihres Vorstands bei der Abgabe der Stellungnahme nach § 31 BGB zurechnen lassen.[56] Sie kommt deshalb als Anspruchsgegner einer deliktischen Haftung nach § 823 Abs. 2 BGB i.V.m. § 27 und § 826 BGB ebenfalls in Betracht. Ob eine Inanspruchnahme der Zielgesellschaft durch einzelne Aktionäre unter dem verbandsrechtlichen Gesichtspunkt der Schadenskollektivierung überhaupt möglich ist, erscheint zwar zweifelhaft. Im Ergebnis wird man dies jedoch bejahen können, da hier dem Aktionär ein eigener, vom Vermögensverlust der Gesellschaft unabhängiger Schaden entstanden ist und er sich aufgrund der Verletzung der gerade auch kapitalmarktrechtlich fundierten Stellungnahmepflicht in einer gläubigerähnlichen Position befindet.

2. Ordnungswidrigkeit

57 Kommen Vorstand und Aufsichtsrat ihrer Pflicht gemäß § 27 Abs. 3 Satz 2 zur rechtzeitigen Übermittlung der Stellungnahme an den Betriebsrat bzw. die Arbeitnehmer nicht nach, wird dies gemäß § 60 Abs. 1 Nr. 2 c als Ordnungswidrigkeit geahndet.[57] Dasselbe gilt gemäß § 60 Abs. 1 Nr. 5 auch für die unterlassene, unrichtige oder nicht rechtzeitige Übersendung des Veröffentlichungsbelegs an das Bundesaufsichtsamt. Demnach ist auch das völlige Unterlassen der Erstellung und Abgabe einer Stellungnahme bußgeldbewehrt.[58]

---

55 Siehe allgemein zu dem problematischen Verhältnis von Prospekthaftung und Kapitalerhaltung in der AG LG Frankfurt, Urt. vom 7. Oktober 1997 (3/11 0 44/96), WM 1998, 1181 mit Bspr. von *Krämer/Baudisch*, WM 1998, 1161 ff.; *Hamann*, (Fn. 46), §§ 45, 46 BörsG a.F. Rn. 46 ff.; *Schwark*, in: FS Raisch, 1995, S. 249 ff., 258 ff.; *Zöllner/Winter*, ZHR 158 (1994), 59, 78.

56 Dies entspricht der herrschenden Ansicht in der jüngeren Lit., *Schwark* (Fn. 55), S. 288; *Zöllner/Winter* (Fn. 55), 78; *Martens*, ZGR 1972, 274; 283 ff. jeweils mit Differenzierungen, a. A. die reichsgerichtliche Rechtsprechung RGZ 54, 128; 62, 29, 71, 97, 88, 271.

57 Siehe § 60 Rn. 29 ff.

58 Siehe im Einzelnen § 60 Rn. 42 ff.

§ 28 Werbung

(1) Um Mißständen bei der Werbung im Zusammenhang mit Angeboten zum Erwerb von Wertpapieren zu begegnen, kann das Bundesaufsichtsamt bestimmte Arten der Werbung untersagen.

(2) Vor allgemeinen Maßnahmen nach Abs. 1 ist der Beirat zu hören.

Übersicht

I. Einführung

1 Übernahmeauseinandersetzungen werden überwiegend als **„Wettbewerb der Konzepte"** von Bieter und Zielgesellschaft ausgetragen. Dabei geht es in erster Linie um die Maximierung des realisierbaren Wertes der Aktien, den der Bieter und die Zielgesellschaft den Aktionären der Zielgesellschaft jeweils in Aussicht stellen. Dem vom Bieter angebotenen Wert in bar oder in Aktien steht das Wertpotential des Zielunternehmens auf einer Stand-alone-Basis gegenüber.[1] Das Substrat dieser Equity-Stories wird regelmäßig mit den Mitteln der Werbung kommuniziert. Die Werbeschlacht zwischen Vodafone und Mannesmann in den Jahren 1999/2000 und in geringerem Umfang auch die werbemäßig unterstützte Übernahmeauseinandersetzung zwischen INA und FAG Kugelfischer im Jahre 2001 sind hierfür markante Beispiele. Insbeson-

1 *Becker*, ZHR 165 (2001), 280, 281.

dere die ausufernden und teilweise polemisierenden Werbekampagnen von Mannesmann und Vodafone haben veranschaulicht, dass die Ordnungsgemäßheit eines Angebotsverfahrens durch nicht reglementierte und irreführende Werbung beeinträchtigt oder zumindest gefährdet werden kann. Ähnliche Phänomene sind bereits aus anderen Bereichen der Finanz- und Kapitalmarktaufsicht bekannt. Der Gesetzgeber hat sich deshalb entschlossen, in Anlehnung an entsprechende Regelungen im Kreditwesengesetz (KWG) und dem Wertpapierhandelsgesetz (WpHG) dem Bundesaufsichtsamt eine Eingriffsbefugnis an die Hand zu geben, um Missständen bei der Werbung im Zusammenhang mit Erwerbs- und Übernahmeangeboten angemessen zu begegnen.

2 Aus **rechtlicher Sicht** können Werbemaßnahmen im Zusammenhang mit einem öffentlichen Übernahmeangebot in dreierlei Hinsicht problematisch sein:

- In einem aktienrechtlichen Sinne bei der Frage, wer für die Entscheidung über die Werbemaßnahme zuständig ist (Vorstand/Aufsichtsrat oder Hauptversammlung) (siehe hierzu unten Rn. 19);
- in einem wettbewerbsrechtlichen Sinne bei der Frage, ob eine Werbemaßnahme unlauteren Wettbewerb darstellt (siehe hierzu unten Rn. 20) und
- in einem aufsichtsrechtlichen Sinne bei der Frage, ob eine ordnungsgemäße Durchführung des Übernahmeangebotes durch die Werbemaßnahme beeinträchtigt oder gefährdet wird.

§ 28 befasst sich ausschließlich mit der letzten Frage und setzt im Übrigen die grundsätzliche Zulässigkeit von Werbung sowohl auf Seiten des Bieters als auch auf Seiten der Zielgesellschaft voraus.[2]

II. Rechtsvergleichende Hinweise

1. Rechtslage in Großbritannien

3 Der City Code enthält detaillierte und sehr restriktive Regelungen zur Zulässigkeit von Werbung im Rahmen einer öffentlichen Übernahme. Nach Rule 19.4 ist dem Bieter sowie der Zielgesellschaft Werbung während der Angebotsphase grundsätzlich untersagt. Hiervon erfasst werden sämtliche für Werbemaßnahmen in Frage kommenden Medien, also nicht nur die Presse, sondern auch Rundfunk- und Plakatkampagnen. Ausnahmen von diesem Verbot werden nur in aufgezählten Fällen

2 Vgl. *Schwennicke*, in: Geibel/Süßmann, Komm. zum WpÜG, § 28 Rn. 7.

zugelassen, so zum Beispiel, wenn eine Imagewerbung nicht auf das Angebot Bezug nimmt und mit diesem nicht in Verbindung gebracht werden kann, oder wenn unstreitige Informationen, wie z. B. Fristen und der Wert des Angebotes, kommuniziert werden. In diesem Fall muss eine Ausnahmegenehmigung durch den Takeover Panel beantragt werden. Einer solchen Genehmigung bedarf es lediglich dann nicht, wenn ausschließlich ein Produkt beworben wird und die Werbung eindeutig in keinem Zusammenhang mit dem Angebot steht. Eine Ausnahmegenehmigung ist mindestens 24 Stunden vor Durchführung der geplanten Werbemaßnahme zu beantragen.[3] Eine restriktive Spezialregelung enthält Rule 19.5 für den Sonderfall der telefonischen Kontaktaufnahme mit Aktionären der Zielgesellschaft.

2. Rechtslage in Österreich

4 Eine ausdrückliche Bestimmung hinsichtlich Werbung im Zusammenhang mit Angeboten enthält das öÜbG nicht. § 4 Nr. 3 öÜbG bestimmt aber, dass im gesamten Übernahmeverfahren und insbesondere auch bei der inhaltlichen Gestaltung und Veröffentlichung des Angebots unrichtige oder irreführende Informationen unzulässig sind.

3. Rechtslage in der Schweiz

5 Eine § 28 entsprechende Bestimmung enthalten weder das sBEHG noch die sUEV-UEK.

III. Untersagungsbefugnis des Bundesaufsichtsamtes

6 § 28 Abs. 1 räumt dem Bundesaufsichtsamt die Befugnis ein, bestimmte Arten der Werbung zu untersagen, um Missständen zu begegnen. Die Regelung ist den Vorschriften der § 23 KWG und § 36b WpHG bewusst nachgebildet.[4]

1. Sachlicher Anwendungsbereich

a) Werbung

7 § 28 enthält keine Legaldefinition des Begriffs Werbung. Der Begriff ist deshalb in einem herkömmlichen Wortsinn zu verstehen und umfasst jede Darbietung von Botschaften mit dem Ziel, das Verhalten des

3 Note 1 zu Rule 19.4.
4 Regierungsbegründung, BT-Drucks. 14/7034, S. 53.

Adressaten, hier also vor allem des Gesellschafters der Zielgesellschaft zu beeinflussen.[5] Typische Werbemittel sind Annoncen in Zeitungen und Zeitschriften, Prospekte, Spots in Rundfunk und Fernsehen, Aussagen auf Plakaten, mündliche Werbehinweise bei Telefonanrufen, im Internet oder in öffentlichen Veranstaltungen, Werbegeschenke und werblich besonders gestaltete Angebote.[6] § 28 umfasst demnach auch sonstige Formen der öffentlichen Kapitalmarktkommunikation, wie zum Beispiel Presse- und Analystenkonferenzen.[7]

8 Abzugrenzen ist die Werbung von der **Information** ohne Suggestions- oder Bekanntmachungsfunktion. Regelmäßig beschränkt sich jedoch die reine Informationsübermittlung beim Bieter auf die Angebotsunterlage und bei der Zielgesellschaft auf die Stellungnahme von Vorstand und Aufsichtsrat nach § 27.[8] Insoweit spricht eine Vermutung dafür, dass jede Form von Kommunikation mit Aktionären außerhalb dieser Informationsmedien Werbung darstellt.

9 Fraglich kann allenfalls die Einordnung so genannter **Road Shows** sein, bei denen der Vorstand der Zielgesellschaft sowie die Geschäftsführung des Bieters versuchen, durch konkrete Ansprache von institutionellen Investoren diese zu einer Ablehnung bzw. Annahme des Übernahmeangebotes zu bewegen. Soweit sich derartige Präsentationen nicht auf die bloße Wiedergabe des Inhalts der Angebotsunterlage bzw. der Stellungnahme nach § 27 beschränken – was regelmäßig nicht der Fall sein dürfte –, ist ihnen der Charakter von Werbemaßnahmen beizumessen, da sie jedenfalls die Verhaltensbeeinflussung der Adressaten bezwecken.

b) Missstände

10 Der unbestimmte Rechtsbegriff des Missstandes im Sinne von § 28 ist anhand der in § 4 Abs. 1 niedergelegten Aufgabenzuweisung an das Bundesaufsichtsamt zu bestimmen. Ein Missstand liegt demnach vor, wenn bestimmte Werbemaßnahmen die ordnungsgemäße Durchführung des Übernahmeangebotes beeinträchtigen oder erhebliche Nachteile für den Wertpapiermarkt bewirken können.

---

5 Anders, aber zirkulär *Schwennicke* (Fn. 2), § 28 Rn. 5: „planvoller Einsatz von Werbemitteln zur Erzielung bestimmter Absatzleistungen oder Beschaffungserfolge".

6 Vgl. *Fischer,* in: Boos/Fischer/Schulte-Mattler, Komm. zum KWG, 2000, § 23 Rn. 5.

7 Vgl. zu § 23 KWG: *Fischer* (Fn. 6), § 23, Rn. 5.

8 Dies bedeutet nicht, dass Angebotsunterlage und Stellungnahme nicht auch Werbecharakter haben können. Sie fallen als speziell geregelte Formen der Kommunikation jedoch nicht unter die Eingriffsbefugnis des § 28.

Ein Missstand kann sich dabei sowohl aus dem **Inhalt** (z. B. unzutreffende Tatsachenbehauptungen, rufschädigende Äußerungen über den Bieter/die Zielgesellschaft oder für diese handelnde Personen), der **Art** der Darstellung (denkbar zum Beispiel bei rein suggestiver Werbung ohne Informationsgehalt) oder der zu ihrer Übermittlung eingesetzten **Medien** (unerbetene Telefon- und Faxwerbung – „Cold Calling") ergeben. Ein Missstand dürfte generell zu bejahen sein, wenn die Durchführung einer Werbemaßnahme zugleich einen Verstoß gegen das UWG beinhaltet.[9] Andererseits ist – insbesondere auch wegen der ungeklärten Anwendbarkeit des UWG auf das Verhältnis Bieter – Zielgesellschaft – ein Verstoß gegen das UWG keine notwendige Bedingung für das Vorliegen eines Missstandes.

Der **Umfang** der durchgeführten Werbemaßnahmen allein vermag demgegenüber grundsätzlich keinen Missstand zu begründen. Dies gilt auch dann, wenn die mit der Werbung verbundenen Kosten den wirtschaftlichen Bestand des Bieters oder der Zielgesellschaft bedrohen.[10] Eine andere Beurteilung mag nur in extrem gelagerten Ausnahmefällen gerechtfertigt sein, so z. B. wenn die Wertpapierinhaber der Zielgesellschaft durch tägliche Postwurfsendungen unter eine Art Dauersuggestion gesetzt werden sollen.

c) Im Zusammenhang mit Angeboten zum Erwerb von Wertpapieren

11 Die Werbung muss im Zusammenhang mit einem Erwerbs- oder Übernahmeangebot stehen, um die Eingriffsbefugnis des Bundesaufsichtsamtes nach § 28 auszulösen. Missstände bei der reinen Leistungswerbung für einzelne Produkte oder bei Maßnahmen zur Hebung des Ansehens von Bieter oder Zielgesellschaft im Allgemeinen (Imagewerbung), deren äußeres Erscheinungsbild keinen Hinweis auf ein Erwerbs- oder Übernahmeangebot nach dem WpÜG vermittelt, können somit lediglich nach der Maßgabe von § 23 KWG bzw. § 36 b WpHG, nicht aber nach § 28 Abs. 1 untersagt werden.

d) Bieter und Zielgesellschaft

12 Die Untersagungsbefugnis des Bundesaufsichtsamtes richtet sich gegen den Bieter und die mit ihm gemeinsam handelnden Personen (§ 2

9 Siehe dazu § 36 b WpHG: *Dreyling*, in: Assmann/Schneider, WpHG, 2. Aufl., § 36 b Rn. 1. Dagegen für § 23 KWG: *Fischer* (Fn. 6), § 23 Rn. 7.

10 *Schwennicke* (Fn. 2), § 28 Rn. 15, unter Hinweis darauf, dass die Solvenzaufsicht nicht Gegenstand des WpÜG ist.

Abs. 5) sowie die Zielgesellschaft gleichermaßen. Es erscheint deshalb als gerechtfertigt, auch Werbemaßnahmen solcher Personen zu erfassen, die als mit der Zielgesellschaft gemeinsam handelnde Personen in entsprechender Anwendung von § 2 Abs. 5 anzusehen sind.

2. Untersagung

13 Abs. 1 erlaubt dem Bundesaufsichtsamt, bestimmte Arten der Werbung zu untersagen. Dabei ist nicht erforderlich, dass bereits Missstände eingetreten sind; auch vorbeugende Maßnahmen zur Verhinderung potentieller Beeinträchtigungen sind zulässig.[11]

14 **Arten** der Werbung können sowohl das zur Übermittlung der Werbebotschaft eingesetzte Medium (Telefonwerbung, Zeitungsannoncen, Werbespots etc.) sowie der Inhalt und Umfang der Werbung darstellen.[12] Die Untersagungsbefugnis des Bundesaufsichtsamtes erstreckt sich dabei auch auf das Verbot einzelner Werbemaßnahmen.[13] Die nach § 28 mögliche Untersagung ist ein Verwaltungsakt, der in Form einer Einzelverfügung ergeht (§ 35 Satz 1 VwVfG). Für die Untersagung gelten die nach dem Verwaltungsverfahrensgesetz einschlägigen Verfahrensbestimmungen (Zustellung, Rechtsmittelbelehrung etc.).

15 Nach der Begründung des Regierungsentwurfs ist das Bundesaufsichtsamt jedoch nicht auf die Untersagung einzelner Werbemaßnahmen beschränkt, sondern kann auch generell bestimmte Werbemaßnahmen oder Werbemethoden untersagen.[14]

3. Anhörung des Beirats (Abs. 2)

16 Nach Abs. 2 ist vor allgemeinen Maßnahmen der Beirat zu hören. Die Anhörungspflicht dient dem Zweck, aufgrund der weit reichenden

---

11 Regierungsbegründung, BT-Drucks. 14/7034, S. 52.

12 Regierungsbegründung, BT-Drucks. 14/7034, S. 52.

13 A. A. für § 23 KWG *Fischer*, (Fn. 6), § 23 Rn. 11.

14 Regierungsbegründung, BT-Drucks. 14/7034, S. 52. Die im Bereich von § 23 KWG und § 36b WpHG mögliche Form der Allgemeinverfügung (§ 35 Satz 2 VwVfG kommt, weil sie anlassbezogen ist (Missstand bei einem konkreten Übernahmeangebot) aufgrund des beschränkten Adressatenkreises (Bieter und Zielgesellschaft) jedoch nur theoretische in Betracht. Bei gleichlautenden Verfügungen an Bieter und Zielgesellschaft dürfte es sich eher um einen Sammel-Verwaltungsakt handeln (siehe zur Abgrenzung *Kopp/Ramsauer*, VwVfG, 7. Aufl. 2000, § 35 Rn. 102 ff.). Abstrakt-generelle Regelungen (Untersagung bestimmter Werbemaßnahmen generell bei Übernahmeangeboten) wären aufgrund ihres Rechtsnormcharakters nicht von § 28 gedeckt.

Wirkung einer allgemeinen Untersagungsverfügung deren Verhältnismäßigkeit durch ein unabhängiges Gremium prüfen zu lassen. Allgemeine Maßnahmen sind die in Rn. 15 genannten Allgemeinverfügungen, soweit diese praktisch in Betracht kommen, sowie Bekanntmachungen über eine zukünftige Verwaltungspraxis (schlichthoheitliche Mitteilungen). Eine zu Unrecht unterbliebene oder nicht ordnungsgemäß durchgeführte Anhörung macht die Maßnahme rechtswidrig. Da die Anhörung auch dem Schutz der subjektiven Rechte der Adressaten der Maßnahme (Bieter- und/oder Zielgesellschaft) dient, kann die Maßnahme, soweit sie den Charakter eines Verwaltungsaktes hat, dann im Wege der Anfechtungsklage (§ 42 Abs. 2 VwGO) angegriffen werden.

4. Rechtsfolgen einer Zuwiderhandlung

Verstoßen der Bieter oder die Zielgesellschaft gegen eine Untersagungsverfügung des Bundesaufsichtsamtes nach Abs. 1, liegt hierin nach § 60 Abs. 2 Nr. 1 eine Ordnungswidrigkeit, die mit einer Geldbuße von bis zu EUR 200.000,– geahndet werden kann.[15] 17

IV. Verhältnis zu anderen Vorschriften

Handelt es sich bei dem Bieter bzw. der Zielgesellschaft um ein Wertpapierdienstleistungsunternehmen oder ein Kreditinstitut, stellt sich die Frage, ob neben § 28 auch § 36b WpHG und/oder § 23 KWG Anwendung finden. Diese Frage kann deshalb von Relevanz sein, weil für auf § 23 KWG gestützte Maßnahmen gegen Missstände bei der Werbung das Bundesaufsichtsamt für das Kreditwesen (BAKred) zuständig ist, während die Untersagungsbefugnis nach § 28 und § 36b WpHG beim Bundesaufsichtsamt liegt. Das Problem wird sich jedoch voraussichtlich aufgrund der Zusammenfassung der beiden vorgenannten Aufsichtsämter in der Bundesanstalt für Finanzdienstleistungsaufsicht nach dem Gesetz über die integrierte Finanzdienstleistungsaufsicht (FinDAG) erledigen. Für den Übergangszeitraum gilt, dass die vorgenannten Vorschriften in keinem Spezialitätsverhältnis zueinander stehen. Dies bedeutet, dass sofern eine bestimmte Werbeart einen Missstand nicht nur im Sinne des § 28, sondern auch im Sinne des § 36b WpHG und/oder des § 23 KWG begründet, sowohl das 18

15 Siehe § 60 Rn. 66.

Bundesaufsichtsamt als auch BAKred jeweils für ihre Zuständigkeitsbereiche eine Untersagung anordnen können.[16]

V. Sonstige Rechtsfragen

1. Aktienrechtliche Zuständigkeit für die Durchführung von Werbemaßnahmen

19 § 28 geht von der grundsätzlichen Zulässigkeit der Durchführung von Werbemaßnahmen sowohl aufseiten des Bieters als auch der Zielgesellschaft aus. Nicht beantwortet wird von der Vorschrift die Frage, wer für die Entscheidung, ob und welche Werbemaßnahmen durchgeführt werden, gesellschaftsrechtlich zuständig ist. Dieses Problem stellt sich vor allem auf Ebene der Zielgesellschaft. Hierzu gelten nach der hier vertretenen Auffassung folgende Grundsätze:

– Werbemaßnahmen der Zielgesellschaft sind Abwehrmaßnahmen und unterliegen damit grundsätzlich dem Erfolgsvereitelungsverbot des § 33 Abs. 1 Satz 1 (siehe hierzu § 33 Rn. 92). Ein Vorrang des § 28 vor § 33 im Sinne einer Freistellung vom Erfolgsverhinderungsverbot für Werbemaßnahmen ist dem Gesetz nicht zu entnehmen.

– Interpretiert man – wie hier – § 33 Abs. 1 Satz 1 als Kompetenznorm (siehe § 33 Rn. 49), ist für die Entscheidung über die Durchführung von Werbemaßnahmen die Hauptversammlung und nicht der Vorstand zuständig.[17] Der Vorstand kann jedoch durch Zustimmung des Aufsichtsrats die Zuständigkeit für Werbemaßnahmen nach § 33 Abs. 1 Satz Alt. 3 erlangen (siehe hierzu § 33 Rn. 121). Hinsichtlich der materiellrechtlichen Bindungen, denen Vorstand und Aufsichtsrat insoweit unterliegen, wird auf die Ausführungen unter § 33 Rn. 126 ff. verwiesen.

2. Anwendbarkeit des UWG?

20 Ebenfalls von § 28 nicht berührt wird die Frage, ob Bieter und Zielgesellschaft bei einem feindlichen Übernahmeangebot hinsichtlich der Gunst der Aktionäre in einem Wettbewerbsverhältnis zueinander ste-

---

16 Vgl. *Fischer* (Fn. 6), § 23 Rn. 4 für das Verhältnis von § 36b WpHG und § 23 KWG.

17 A. A. LG. Düsseldorf, Beschl. vom 14.12.1999 (10 O 495/990) WM 2000, 258; *Krause*, AG 2000, 217 ff.; *Witte*, BB 2000, 2161, 2163 ff.; *Schwennicke* (Fn. 2), 328 Rn. 8; wie hier: *Kort*, in: FS Lutter, S. 1421, 1440; *Dimke/Heiser*, NZG 2001, 241, 249 f.

hen mit der Folge, dass Werbemaßnahmen dem Verbot unlauteren Wettbewerbs nach § 3 UWG unterliegen. Diese Frage wird – so weit ersichtlich – bislang nicht diskutiert. Für das Verhältnis von einem Bieter zu einem konkurrierenden Bieter *(white knight)* ist sie ohne weiteres zu bejahen. Im Ergebnis dürfte dasselbe auch für das Verhältnis von Bieter und Zielgesellschaft gelten, da bei einem als feindlich definierten Übernahmeangebot die Zielgesellschaft – vertreten durch ihren Vorstand – und der Bieter unmittelbar miteinander um die Annahme und Ablehnung des Angebots konkurrieren und dem Vorteil der einen Seite (Bieter) unmittelbar ein Nachteil der anderen Seite (Zielgesellschaft) entspricht und umgekehrt. noch 20

Abschnitt 4

Übernahmeangebote

Vorbemerkungen vor §§ 29 bis 34

Literatur: *Börsensachverständigenkommission beim Bundesministerium der Finanzen*, Standpunkte der Börsensachverständigenkommission zur künftigen Regelung von Unternehmensübernahmen, Februar 1999, S. 20 f.; *Burgard*, Kapitalmarktrechtliche Lehren aus der Übernahme Vodafone-Mannesmann – Zur Verletzung der Mitteilungspflichten nach §§ 21 Abs. 1, 22 Abs. 1 Nr. 6 WpHG und den sich daraus ergebenden Folgerungen für ein Viertes Finanzmarktförderungsgesetz –, WM 2000, 611; *Krieger*, Das neue Übernahmegesetz: Preisfindung beim Übernahmeangebot und Neutralitätspflicht des Vorstands der Zielgesellschaft, in: Henze/Hoffmann-Becking, RWS-Forum 20, Gesellschaftsrecht 2001; *Letzel*, Das Pflichtangebot nach dem Übernahmekodex – mit Vorschau auf das Pflichtangebot nach dem ÜbG, NZG 2001, 260; *Liebscher*, Das Übernahmeverfahren nach dem neuen Übernahmegesetz, ZIP 2001, 853; *Mülbert*, Übernahmerecht zwischen Kapitalmarktrecht und Aktien(konzern)recht – die konzeptionelle Schwachstelle des RegE WpÜG, ZIP 2001, 1221; *Oechsler*, Der RegE zum Wertpapiererwerbs- und Übernahmegesetz – Regelungsbedarf auf der Zielgeraden!, NZG 2001, 817; *Riehmer/Schröder*, Praktische Aspekte bei der Planung, Durchführung und Abwicklung eines Übernahmeangebots, Übernahmekodex und Referentenentwurf des deutschen Wertpapiererwerbs- und Übernahmegesetzes, BB 2001, Beilage 5, 1; *dies.*, Der Entwurf des Übernahmegesetzes im Lichte von Vodafone/Mannesmann, NZG 2000, 820; *Schüppen*, Übernahmegesetz ante portas! – Zum Regierungsentwurf eines „Gesetzes zur Regelung von öffentlichen Angeboten zum Erwerb von Wertpapieren und von Unternehmensübernahmen“ –, WPg 2001, 958; *Zietsch/Holzborn*, Freibrief für pflichtangebotsfreie Unternehmensübernahmen? – Anmerkungen zur Frage des Erfordernisses einer ergänzenden Regelung im neuen Übernahmegesetz (WpÜG) zur Vermeidung der Umgehung der Verpflichtung des Bieters zur Abgabe von Pflichtangeboten, WM 2001, 1753; *Zschocke*, Tagungsbeitrag, in: Finanzplatz e.V., Finanzplatz-Forum „Übernahmegesetz“, 10. August 2000, S. 24 ff.

Übersicht

I. Überblick über die Vorschriften des 4. Abschnitts

1 Der 4. Abschnitt des WpÜG enthält **Sondervorschriften** für **Übernahmeangebote**. Dies sind nach § 29 solche Angebote, die auf den Erwerb der Kontrolle über bestimmte[1] börsennotierte Zielunternehmen gerichtet sind.[2] Nach § 29 Abs. 2 wird als Kontrolle eine Schwelle von 30% der an der Zielgesellschaft gehaltenen Stimmrechte definiert.

2 Gemäß § 30 erfolgt darüber hinaus eine **Zurechnung weiterer Stimmrechte** an den Bieter, die anderen als dem Halter der Stimmrechte gehören. So wird gleichlautend zu dem neu formulierten § 22 WpHG ein bestimmter Kanon von Zurechnungstatbeständen geschaffen.[3] Diese Tatbestände knüpfen an eine wirtschaftliche Zurechnung derjenigen Aktien an den Bieter an, die den von ihm gehaltenen Aktien gleich stehen. Darüber hinaus werden nach § 30 Abs. 2 auch Stimmrechte eines Dritten aus Aktien der Zielgesellschaft dem Bieter zugerechnet, so weit der Bieter oder ein Tochterunternehmen mit diesem Dritten sein Verhalten in Bezug auf die Zielgesellschaft abstimmt.[4]

---

1 Gemäß der Definition in § 1 ist eine Zulassung an einem organisierten Markt erforderlich, der wiederum in § 2 Abs. 7 definiert wird als der amtliche Handel oder geregelte Markt an einer Börse im Inland sowie der geregelte Markt i.S.d. Art. 1 Nr. 13 der Richtlinie 93/22/EWG des Rates vom 10.5.1993 über Wertpapierdienstleistungen (ABl. EG Nr. L 141 S. 27) in einem anderen Staat des Europäischen Wirtschaftsraums.

2 Die Vorschriften sind allerdings nicht anwendbar, wenn das Angebot bereits vor dem 1.1.2002 veröffentlicht worden ist (§ 68 Abs. 2).

3 Entsprechende Zurechnungstatbestände finden sich zu § 20 Abs. 1 (i.V.m. § 16 Abs. 4 AktG), § 134 Abs. 1 Satz 3 und 4 AktG, § 290 Abs. 3 Satz 1 und 2 HGB, § 37 Abs. 1 Ziff. 3 Satz 2 GWB.

4 Diese Regelung stellt eine Anknüpfung an die bis zum Inkrafttreten des WpÜG geltende Fassung des § 22 Abs. 1 Nr. 3 WpHG dar, der indessen noch weitergehende Voraussetzungen für eine Zurechnung aufgestellt hatte.

3 § 31 enthält die grundsätzlichen Regelungen für die **Gegenleistung**, die der Bieter im Rahmen eines Übernahmeangebots anzubieten hat. Diese Regelungen werden in §§ 3 ff. AngebotsVO konkretisiert. Im Grundsatz sind der durchschnittliche Börsenkurs der Aktien der Zielgesellschaft und der Preis für Vorerwerbe durch den Bieter zu berücksichtigen. Grundsätzlich sind Tauschangebote zulässig, unter bestimmten Voraussetzungen ist ein Barangebot erforderlich. Der Bieter muss außerdem die Aktionäre der Zielgesellschaft gleichbehandeln, auch wenn es innerhalb von bestimmten Zeiträumen zu Veränderungen der Gegenleistung kommt.

4 Nach § 32 können Übernahmeangebote unbeschadet der Vorschrift des § 24 zu bestimmten internationalen Sachverhalten **nicht als Teilangebote** abgegeben werden.

5 § 33 regelt den politisch im Vorfeld des Gesetzes heiß diskutierten **Handlungsrahmen der Leitungsorgane der Zielgesellschaft**.

6 § 34 verweist schließlich für Übernahmeangebote generell auf die Vorschriften des 3. Abschnitts (§§ 10 bis 28), so weit sich aus den Vorschriften des 4. Abschnitts nichts anderes ergibt.

II. Sonderregelungen für Übernahmeangebote

7 Nachdem DiskE-ÜG wie auch E-ÜbernahmeRL allein Übernahmeangebote zum Gegenstand hatten, wurde bereits im Referentenentwurf vom 11.3.2001 der Anwendungsbereich des geplanten Gesetzes auf **alle Angebote** zum Erwerb von Wertpapieren der Zielgesellschaft erweitert. Andernfalls wären Angebote, die nicht auf den Erwerb der Kontrolle der Zielgesellschaft abzielen, von der gesetzlichen Regelung ausgespart geblieben. Es hätte sich dann die Frage gestellt, ob auf derartige Erwerbsangebote weiterhin die Regelungen des Übernahmekodex angewendet hätten werden müssen. Dies hätte eine parallele Geltung des Übernahmekodex zum WpÜG bedeuten können. Die Einbeziehung jeglicher Erwerbsangebote ist von daher grundsätzlich zu begrüßen.[5] Dennoch kommt, wie ja auch die ursprüngliche Fokussierung des E-ÜbernahmeRL und der ersten Entwürfe des WpÜG zeigt, den Übernahmeangeboten **besondere Bedeutung** zu.

5 Zu berücksichtigen ist allerdings, dass bei reinen Erwerbsangeboten eine detaillierte Regulierung nicht im gleichen Maße wie bei Übernahme- und Pflichtangeboten erforderlich erscheint (vgl. z.B. oben Kommentierung zu § 17 und 18).

Eine Sonderregelung der Übernahmeangebote rechtfertigt sich aus der zentralen Stellung, die Übernahmeangebote im Kontext der öffentlichen Angebote für Wertpapiere einer börsennotierten Gesellschaft insgesamt haben. Anders als bei reinen Erwerbsangeboten geht es bei Übernahmen um den **Erwerb der Kontrolle** der Zielgesellschaft und damit auch um eine potentielle Änderung der Strategie des Zielunternehmens, vielleicht um eine Neubesetzung von Management-Positionen. Zielgesellschaften, bei denen die Kontrolle über ein Übernahmeangebot im Sinne des WpÜG erworben werden kann, können nicht nur zu den größten und bedeutendsten Unternehmen in Deutschland gehören, ihnen ist grundsätzlich auch gemein, dass ihre **Aktien breit gestreut** sind. Der Bieter muss daher einen breiten Empfängerkreis erreichen, welches u.a. intensive Organisations- und aufwendige, teils **großflächige Kommunikationsmaßnahmen** erfordert. Gerade bei Zielgesellschaften mit breiter Streuung haben sich außerdem Vorstand und Aufsichtsrat in der Regel auf eine stabile Unabhängigkeit eingestellt und wollen sich nur ungern einem Mehrheitsaktionär unterordnen. Übernahmeangebote sind damit **potentiell** solche, die als **feindliche** Übernahmeangebote bezeichnet werden.[6] **8**

Im Rahmen von Übernahmeangeboten zeigen sich damit auch am deutlichsten die gegenpoligen Positionen von Bieter und Leitungsorganen der Zielgesellschaft, für die die Entscheidung des Aktionärs zwangsläufig einschneidende Folgen haben kann. Es ist daher angemessen, den Handlungsrahmen der Leitungsorgane der Zielgesellschaft im Falle eines Übernahmeangebots im 4. Abschnitt des WpÜG zu regeln. **9**

Eine andere Frage ist, ob auch die **Regulierung der Gegenleistung** für alle Übernahmeangebote gemäß § 31 tatsächlich angemessen ist. Die Garantie der bestimmten Höhe der Gegenleistung soll den Minderheitsaktionär schützen und hätte aus diesem Gesichtspunkt auf das Pflichtangebot beschränkt werden können. Dennoch macht eine Regulierung der Gegenleistung für alle Übernahmeangebote Sinn. Denn eine abweichende Regelung hätte zu Übernahmeangeboten führen können, die im Erfolgsfalle, d.h. bei tatsächlichem Erwerb der Kontrolle i.S.d. WpÜG ein (weiteres) Pflichtangebot mit höherer Gegenleistung nach sich gezogen hätten. In diesem Fall dürfen aber die Aktionäre, die das ursprüngliche Übernahmeangebot angenommen haben, nicht schlechter gestellt werden als die Adressaten des Pflichtan- **10**

---

6 Vgl. insbesondere die Vodafone/Mannesmann-Transaktion, vgl. *Riehmer/Schröder*, BB 2001, Beilage 5, passim; *dies.*, NZG 2000, 1820 ff.

gebots. Für diesen Fall hätten daher komplizierte Nachbesserungsregelungen konzipiert werden müssen. Eine Gleichbehandlung der Aktionäre von Beginn an ist in solchen Fällen vorzuziehen.

11 Fraglich ist, ob **§§ 36** und **37**, die sich unmittelbar aufgrund ihres Wortlautes und ihrer Stellung im Gesetz nur auf Pflichtangebote beziehen, **auch auf Übernahmeangebote** zu erstrecken sind.

12 *Beispiel*: An der ZG-AG hält A bereits einen Anteil von 51 Prozent. Die übrigen Anteile befinden sich im Streubesitz. B beabsichtigt, einen Anteil von 35 Prozent zu erwerben. Wählt er den Weg über die Börse, kann er gemäß § 37 in Verbindung mit § 9 Satz 2 Nr. 1 AngebotsVO eine Befreiung von der Angebotspflicht beantragen, da A über einen höheren Stimmrechtsanteil verfügt und nicht zu erwarten ist, dass er die Kontrolle über die ZG-AG ausüben kann. Er wäre dann nicht gemäß § 39 an die Bestimmungen für Übernahmeangebote gebunden. Würde er hingegen versuchen, über ein öffentliches Kaufangebot die 35 Prozent zu erwerben, würde ihn zunächst § 32 daran hindern: er müsste sein Angebot auf sämtliche Aktien ausdehnen. Ebenso wäre er hinsichtlich des anzubietenden Preises an § 31 gebunden.

13 In solchen Fallgestaltungen geht das WpÜG über sein Ziel hinaus. Wenn zum Schutz der außenstehenden Aktionäre kein Pflichtangebot gerechtfertigt ist, besteht auch kein Grund, einen Bieter den Vorschriften des vierten Abschnittes zu unterwerfen.[7]

14 Es wäre daher zu überlegen, entsprechend § 37 einen **Dispens** von den für Übernahmeangebote geltenden besonderen Vorschriften zu beantragen.[8] Dies hätte zur Folge, dass nur die alle Angebote betreffenden Vorschriften der ersten drei Abschnitte gälten.

III. Verhältnis Übernahmeangebot/Pflichtangebot

15 Bei den Übernahmeangeboten nach dem 4. Abschnitt des WpÜG handelt es sich um freiwillige Angebote mit dem Ziel, die Kontrolle der Zielgesellschaft zu erwerben. Die **Pflichtangebote** nach dem 5. Abschnitt des WpÜG regeln demgegenüber eine Konsequenz des Kontrollerwerbs, nämlich die Verpflichtung zur Abgabe eines Angebots an

7 So auch *Oechsler*, NZG 2001, 825.

8 *Oechsler* (Fn. 7), 825, tritt für eine teleologische Reduktion des § 29 Abs. 2 ein. Einen Antrag auf Befreiung diskutiert er allerdings nicht. Letzterer bietet einem Bieter aber ein deutlich höheres Maß an Rechtssicherheit und fügt sich systematisch in das WpÜG ein.

die außen stehenden Aktionäre. Bei einem Pflichtangebot ist also der Mehrheitserwerb nicht unbedingt durch ein Übernahmeangebot im Sinne des 4. Abschnitts erfolgt. Vielmehr ist nach einem Übernahmeangebot, welches unter Einhaltung der gesetzlichen Vorschriften erfolgte, kein Pflichtangebot erforderlich (§ 35 Abs. 3). Es sind jedoch Fälle denkbar, bei denen ein Kontrollerwerb infolge eines öffentlichen Angebots an die Inhaber der Wertpapiere einer Zielgesellschaft erfolgte, ohne dass jedoch die Vorschriften für Übernahmeangebote nach dem WpÜG eingehalten wurden. Dies ist z.B. möglich bei Nichteinhaltung der Regelungen zur Gegenleistung in § 31. Zwar hat das Bundesaufsichtsamt die Möglichkeit und sogar die Pflicht, ein Übernahmeangebot bei offensichtlichem Verstoß gegen Vorschriften des Gesetzes zu untersagen (§ 15 Abs. 1 Nr. 2). Erfolgt eine Untersagung nicht, ist das Übernahmeangebot wirksam. Der Bieter kann die Kontrolle über die Zielgesellschaft i.S.d. § 35 erwerben. In diesem Fall ist das Pflichtangebot noch nicht durch ein reguläres Übernahmeangebot im Sinne des 4. Abschnitts ersetzt. Es ist dann ein eigenständiges Pflichtangebot nach dem 5. Abschnitt erforderlich, und es greift die Nachbesserungspflicht gemäß § 31 Abs. 5 ein.

Hat der Bieter im Falle der Existenz von größeren Aktienpaketen die **Wahl**, ob (1) zunächst das Aktienpaket erworben und danach ein Pflichtangebot abgegeben oder ob (2) sämtliche Aktien der Zielgesellschaft über ein Übernahmeangebot „eingesammelt" werden, bietet das letztere Verfahren dem Bieter größte **Flexibilität** und **erweiterte Steuerungsmöglichkeiten**. Dies liegt insbesondere am Bedingungsverbot bei Pflichtangeboten (§ 37). 16

IV. Gesellschaftsrechtlicher Kontrollerwerb durch erfolgreiches Übernahmeangebot

Kontrollerwerb im Sinne des § 29 hat nicht unbedingt gesellschaftsrechtlichen Erwerb der Kontrolle über die Zielgesellschaft zur Folge. 17

Sicherlich besteht eine gewisse Indizwirkung, dass mit Kontrollerwerb gemäß § 29 auch ein signifikanter gesellschaftsrechtlich vermittelter Einfluss auf die Geschicke der Zielgesellschaft ausgeübt werden kann. Die **Relation zum Gesellschaftsrecht** wird im WpÜG teilweise durch Befreiungsmöglichkeiten vom Pflichtangebot abgesichert. Eine Befreiung kann z.B. erteilt werden, wenn aufgrund des in den zurückliegenden drei ordentlichen Hauptversammlungen vertretenen stimmberechtigten Kapitals nicht zu erwarten ist, dass der Bieter trotz Erreichens der 30%-Schwelle die Kontrolle über die Zielgesellschaft tatsächlich ausüben kann (§ 9 Satz 2, Ziffer 1 AngebotsVO). Weiter ist eine Befreiung trotz Erreichens der 30%-Schwelle dann möglich, wenn ein Dritter über einen höheren Stimmrechtsanteil verfügt und dieser Dritte nicht mit dem Bieter gemeinsam handelt (§ 9 Satz 2, Ziffer 1 AngebotsVO).

1. Kontrolle mit einfacher Mehrheit

18 Generell lässt sich eine deutsche Aktiengesellschaft mit einer einfachen Mehrheit der in der Hauptversammlung vertretenen Stimmrechte kontrollieren.[9] Der Anteil der vom Großaktionär zu kontrollierenden Stimmrechte, um eine solche einfache Mehrheit zu erreichen, hängt von der Präsenz in der Hauptversammlung der betroffenen Gesellschaft ab.

19 Zwar ist der Mehrheitsaktionär – mit welcher Anzahl gehaltener Stimmrechte auch immer – nicht berechtigt, dem Vorstand der Zielgesellschaft rechtlich durchsetzbare verbindliche Weisungen zu erteilen.[10] Hierfür ist vielmehr gemäß § 308 Abs. 1 AktG ein **Beherrschungsvertrag**[11] erforderlich, der nur mit einer Mehrheit von zumindest 75% des in der Hauptversammlung vertretenen Grundkapitals und einfacher Mehrheit der abgegebenen Stimmen beschlossen werden kann (§§ 293 Abs. 1, 133 Abs. 1 AktG). Der Mehrheitsaktionär kann jedoch in anderer Weise den Vorstand der Zielgesellschaft für bestimmte Vorgehensweisen oder auch Maßnahmen gewinnen. In der Regel wird der Vorstand der Zielgesellschaft den Wünschen des Mehrheitsaktionärs nachkommen, so weit es sich um Maßnahmen handelt, die dem Interesse der Gesellschaft entsprechen oder zumindest nicht zuwiderlaufen. Sogar zu **nachteiligen Rechtsgeschäften** oder Maßnahmen darf der Mehrheitsaktionär die kontrollierte Aktiengesellschaft veranlassen bzw. der Vorstand der kontrollierten Aktiengesellschaft diese durchführen, so weit die entsprechenden Nachteile gemäß § 311 AktG **ausgeglichen** werden.[12]

---

9 Zur Zulässigkeit des faktischen Konzern vgl. *Bayer*, in: Kropff/Semler, Münchener Kommentar zum Aktiengesetz, Band 1, 2000, § 18 AktG Rn. 10; *Krieger*, in: Hoffmann-Becking, Münchener Handbuch des Gesellschaftsrechts, Band 4, 2. Auflage, 1999, § 69 Rn. 19; *Hüffer*, Aktiengesetz, 4. Auflage, 1999, § 311 AktG Rn. 6; *Koppensteiner,* in: Zöllner, Kölner Kommentar zum Aktiengesetz, Band 6, 2. Auflage, 1987, Vorb. § 311 AktG Rn. 6 ff.

10 Vgl. *Hüffer* (Fn. 9), § 311 AktG Rn. 8 m. w. N.

11 Darüber hinaus besteht die Möglichkeit, rechtlich verbindliche Leitungsmacht über eine Eingliederung zu erlangen (§ 323 Abs. 1 AktG).

12 *Mertens* und *Haarmann*, in: Hommelhoff/Rowedder/Ulmer (Hrsg.), Max Hachenburg Vierte Gedächtnisvorlesung 2000, 2001, S. 27 ff., S. 45 ff.

Muss sich der Bieter nach Erwerb der für eine einfache Stimmenmehrheit in der Hauptversammlung erforderlichen Aktien erst die tatsächliche Kontrolle durch den Einfluss auf die Leitungsorgane verschaffen, ist dies durch die **Neubesetzung des Aufsichtsrates** und daraufhin des **Vorstands** möglich. Auch unter der Voraussetzung, dass Vorstand und Aufsichtsrat bei einer feindlichen Übernahme über das erfolgreiche Angebotsverfahren hinaus im Amt bleiben, ist es dem Bieter also rechtlich möglich, sich letztendlich durchzusetzen. Hierfür muss das folgende Verfahren durchgeführt werden: Die Abberufung der Anteilseignervertreter im Aufsichtsrat kann nach vielen Satzungen deutscher Aktiengesellschaften aufgrund eines mit **einfacher** Mehrheit des vertretenen Grundkapitals gefassten **Hauptversammlungsbeschlusses** erfolgen. Die gesetzliche Mehrheitsschwelle in § 103 Abs. 1 Satz 2 AktG, die eine 3/4-Mehrheit der abgegebenen Stimmen vorsieht, kann abgesenkt werden.[13] In derselben Hauptversammlung kann ein neuer Aufsichtsrat bestellt werden. Alternativ besteht die Möglichkeit, die Bestellung gemäß § 104 Abs. 1 AktG durch das Gericht vornehmen zu lassen. Eine Abberufung des Vorstands durch den Aufsichtsrat ist mangels anderer wichtiger Gründe nur auf der Basis eines Vertrauensentzuges durch die Hauptversammlung möglich (§ 84 Abs. 3 AktG). In der Hauptversammlung kann daher ein Vertrauensentzug mit grundsätzlich einfacher Mehrheit beschlossen werden, so weit sachliche Gründe nicht fehlen. 20

Ist ein Aufsichtsrat mit neuen Vertretern der Anteilseigner installiert, wird zunächst der neue Aufsichtsratsvorsitzende ermittelt. Dies kann bei nicht der Mitbestimmung unterliegenden Aktiengesellschaften mangels abweichender Satzungsregelung mit einfacher Mehrheit der Mitglieder des Aufsichtsrats erfolgen.[14] Auch die Abberufung und Neubestellung der Mitglieder des Vorstands erfolgt bei Aktiengesellschaften ohne Mitbestimmung mit einfacher Mehrheit im Aufsichtsrat, falls in der Satzung nichts Abweichendes geregelt ist. 21

Bei **paritätischer Mitbestimmung** nach dem MitbestG ist für die Abberufung von Mitgliedern des Vorstands und deren Neuberufung zunächst eine 2/3-Mehrheit der Mitglieder des Aufsichtsrats erforderlich (§ 31 MitbestG).[15] Kommt eine solche Mehrheit nicht zu Stande, 22

---

13 *Hüffer* (Fn. 9), § 103 AktG Rn. 4.

14 *Hüffer* (Fn. 9), § 107 AktG Rn. 3.

15 Auch die Wahl des Aufsichtsratsvorsitzenden und eines Stellvertreters soll mit einer Mehrheit von zwei Dritteln der Mitglieder des Aufsichtsrats erfolgen (§ 27 Abs. 1 MitbestG). Wird diese Mehrheit nicht erreicht, wählen in einem zweiten Wahlgang

kann durch das Aufsichtsratsgremium gemäß § 27 Abs. 3 MitbestG innerhalb eines Monats ein weiterer Vorschlag unterbreitet werden und der Aufsichtsrat daraufhin den Vorstand mit einfacher Stimmenmehrheit bestellen (§ 31 Abs. 3 MitbestG). Kommt auch auf diesem Wege eine Bestellung nicht zu Stande, so hat bei einer erneuten Abstimmung der Aufsichtsratsvorsitzende zwei Stimmen, und wiederum gilt die einfache Mehrheit (§ 31 Abs. 4 MitbestG). Ein solches Verfahren kann einige Wochen, eventuell sogar Monate beanspruchen. Es ist auch aus diesem Grund relativ mühsam.

23 In der **Praxis** ist die Durchführung eines solchen komplizierten Prozesses nur **selten** erforderlich. In den meisten Fällen beugen sich der Vorstand und die Anteilseignervertreter im Aufsichtsrat dem Willen der Aktionäre und bieten zumindest ihren Rücktritt an. Häufig ist der Vorstand der Zielgesellschaft auf Wunsch des neuen Mehrheitsaktionärs zumindest für eine Übergangsperiode noch im Unternehmen tätig.

2. Kontrolle mit 75%-Mehrheit

24 Etwas komfortablere Möglichkeiten hat der Bieter, wenn er 75% der Stimmrechte der Zielgesellschaft erwirbt. Dann kann er allein durch seine Beteiligung **Umstrukturierungsmaßnahmen** durchsetzen (z. B. Formwechsel, Ausgliederung, Verschmelzung) oder einen **Beherrschungsvertrag** abschließen. Aufgrund eines Beherrschungsvertrages sind gemäß § 308 Abs. 1 AktG auch nachteilige Weisungen verbindlich und ohne Nachteilsausgleich durchzuführen. In jedem Falle sind natürlich die für die konkrete Maßnahme vorgeschriebenen Ausgleichs- und Abfindungszahlungen zu erbringen und ggf. weitere Voraussetzungen zu erfüllen. Keine wesentliche Erleichterung kommt dem Bieter für den **Personalwechsel bei den Leitungsorganen** der Zielgesellschaft gegen deren Willen zu. Hier ist das zuvor beschriebene Verfahren durchzuführen.

3. Kontrolle mit 95%-Mehrheit

25 Die größtmögliche Integration der Zielgesellschaft in die Bieter- oder eine andere vom Bieter beherrschte Aktiengesellschaft kann im Wege der **Eingliederung gemäß §§ 319 ff. AktG** erfolgen, wenn die selbstständige Rechtspersönlichkeit der Zielgesellschaft nicht aufgegeben

---

die Vertreter der Anteilseigner den Aufsichtsratsvorsitzenden und die Vertreter der Arbeitnehmer den Stellvertreter, wobei jeweils eine einfache Mehrheit der jeweiligen Mitgliedergruppen erforderlich ist (§ 27 Abs. 2 MitbestG).

werden soll. Die Eingliederung erfordert, dass der Mehrheitsaktionär insgesamt zumindest 95% des Grundkapitals der Zielgesellschaft hält (§ 320 Abs. 1 AktG). Auch im Falle einer Eingliederung ist der Mehrheitsaktionär berechtigt, dem Vorstand der eingegliederten Gesellschaft hinsichtlich der Leitung der Gesellschaft Weisungen zu erteilen (§ 323 Abs. 1 AktG). Die Eingliederung hat allerdings nach § 320 a S. 1 AktG den Übergang aller Aktien an der Zielgesellschaft auf die Hauptgesellschaft zur Folge, die sich nicht schon in deren Hand befinden. Dies bedeutet auch, dass eine **Einstellung des Börsenhandels mit Wertpapieren der Zielgesellschaft** erfolgen muss.[16]

4. Squeeze-out: 95% erforderlich

Ein **Ausschluss von Minderheitsaktionären** ermöglicht die Kontrolle 26
der Zielgesellschaft unbeeinträchtigt von außen stehenden Aktionären. Den Vorschriften zur Eingliederung in §§ 319 ff. AktG sind die neuen Regelungen zum **Zwangsausschluss** von Minderheitsaktionären in § 327 a ff. AktG nachgebildet. Auch hier ist die 95%-Schwelle relevant, denn nach § 327 a AktG kann die Hauptversammlung einer Aktiengesellschaft oder einer KGaA auf Verlangen eines Aktionärs, dem Aktien der Gesellschaft in Höhe von 95% des Grundkapitals gehören, die Übertragung der Aktien der übrigen Aktionäre auf den Hauptaktionär beschließen. Hierbei ist eine angemessene Barabfindung zu gewähren. Für die Feststellung, ob dem Hauptaktionär 95% der Aktien gehören, gilt nach § 327 a Abs. 2 AktG § 16 Abs. 2 und Abs. 4 AktG. Halten Tochtergesellschaften des Bieters ebenfalls Aktien der Zielgesellschaft, können diese bei der Ermittlung der 95%-Schwelle somit hinzugerechnet werden.

5. Absicherung des Kontrollerwerbs

Im Rahmen von Übernahmeangeboten möchte der Bieter in der Regel 27
kein Risiko eingehen, ob eine Kontrolle über die Zielgesellschaft auch tatsächlich möglich sein wird. Der Bieter wird daher sein Übernahme-

16 Die Mehrheitseingliederung gemäß § 320 AktG ist aus diesem Grund vor Einführung der §§ 327 a ff. AktG als Möglichkeit zum Zwangsausschluss von Minderheitsaktionären erkannt worden. Als nachteilig und geradezu kontraproduktiv wirkte indessen, dass den ausgeschiedenen Aktionären nach § 320 b Abs. 1 Satz 2 AktG als Abfindung eigene Aktien der Hauptgesellschaft zu gewähren waren. Auch wenn die Hauptgesellschaft eine abhängige Gesellschaft war, hatten die ausgeschiedenen Aktionäre die Wahl, entweder eine angemessene Barabfindung oder eigene Aktien der Hauptgesellschaft zu erhalten (§ 320 b Abs. 1 Satz 3 AktG).

angebot normalerweise zumindest unter der **Bedingung** abgeben, dass er auch die einfache oder eine bestimmte qualifizierte Mehrheit der Stimmrechte an der Zielgesellschaft erhält. Eine solche Bedingung ist zulässig gemäß § 18 Abs. 1.

§ 29 Begriffsbestimmungen

(1) Übernahmeangebote sind Angebote, die auf den Erwerb der Kontrolle gerichtet sind.

(2) Kontrolle ist das Halten von mindestens 30 Prozent der Stimmrechte an der Zielgesellschaft.

Literatur: Siehe Vorbem. vor §§ 29 bis 34.

Übersicht

I. Allgemeines

1. Gesetzgebungsverfahren

§ 29 definiert die zentralen Begriffe **„Übernahmeangebot“** und **„Kontrolle“**. 1

Bereits der DiskE-ÜG[1] definierte in § 2 Abs. 2 Kontrolle als das Halten von mindestens **30 Prozent der Stimmrechte** an der Zielgesellschaft. Einen Grenzwert von 30 Prozent empfahl auch die *„Expertenkommission Unternehmensübernahmen“* in ihren Eckpunkten vom 17. 5. 2000.[2] 2

Vorbild für den Gesetzgeber waren Regelungen in anderen europäischen Staaten.[3] Angesichts der Hauptversammlungspräsenzen[4] sei ein Grenzwert von 30 Prozent gerechtfertigt,[5] eine niedrigere Kontrollschwelle würde den Unternehmen auf Grund der Regelung über Pflichtangebote die Möglichkeit nehmen, gesellschaftsrechtliche Minderheitsbeteiligungen zu erwerben.[6] 3

Die 30 %-Regelung ist in mehrfacher Hinsicht **kritisiert** worden, wobei die mit dem Kontrollbegriff verknüpfte Angebotspflicht im Fokus stand. Teilweise wurde überhaupt davon abgeraten, Kontrolle durch einen festen Stimmrechtsanteil zu bestimmen.[7] Von anderer Seite 4

---

1 Abgedruckt in NZG 2000, 844.

2 Abgedruckt in *Pötzsch/Möller*, WM 2000, Sonderbeilage 2, S. 37 f.

3 Die Regierungsbegründung, S. 129, verweist auf Regelungen in Frankreich, Italien, Österreich, der Schweiz und im Vereinigten Königreich mit Grenzwerten von 30 Prozent oder ein Drittel der Stimmrechte.

4 *Claussen*, Hauptversammlung und Internet, AG 2001, 161 (163 Fn. 20), verweist auf eine Statistik der DSW für 1994 bis 1999, nach der die Präsenz bei der Hälfte der DAX 30-Unternehmen unter 60 % gelegen habe. Nach *Riegger*, Hauptversammlung und Internet, ZHR 165 (2001), 204 (205), der auf die Ausgabe der WELT v. 11. 8. 2000 verweist, betrug 2000 die durchschnittliche Anwesenheit der größten DAX-Unternehmen 54,5 %.

5 Vgl. Regierungsbegründung, S. 130. *Schiessl*, AG 1999, 450, hält die auf die tatsächliche Präsenz abstellende Regelung des Übernahmekodex (Art. 16 Abs. 1 Nr. 4) für vorzugswürdig.

6 Regierungsbegründung, BR-Drucks. 574/01, S. 129 f.

7 So insbesondere *Börsensachverständigenkommission*, Standpunkte vom Februar 1999, S. 14 f.: Der Kontrollbegriff solle einzelfallgerecht unter Berücksichtigung der HV-Präsenzen definiert werden (qualitativer statt quantitativer Kontrollbegriff). Nach *Schutzgemeinschaft der Kleinaktionäre*, Forderungen zum Übernahmerecht vom 6. 8. 2001, solle die 30 %-Schwelle nur eine pauschale Mindestgrenze sein; abzustellen sei auf die letzten drei Hauptverammlungspräsenzen. *Munscheck*, RIW 1995, 1000, tritt für eine widerlegbare Vermutung als Rechtsfolge einer Grenzwertüberschreitung ein.

wurde für einen höheren Grenzwert[8] eingetreten. Auch sei zu erwägen, ob nicht eine Abänderung des Schwellenwerts in den Statuten der Gesellschaft möglich sein sollte.[9] Schließlich wurde wegen möglicher Wertungswidersprüche eine Harmonisierung von aktienrechtlicher Abhängigkeit (§§ 311 ff. AktG) und übernahmerechtlicher Kontrolle (§ 29 Abs. 2) gefordert.[10] Dennoch hat der Gesetzgeber die 30 %-Regelung nicht geändert.

2. Übernahmekodex

5 Nach Art. 16 Abs. 1 Nr. 1 Übernahmekodex wurde die Kontrolle erst mit Erwerb der Mehrheit der Stimmrechte erreicht.

6 Nach Art. 16 Abs. 1 Nr. 4 Übernahmekodex „erreicht die Kontrolle [wegen Dominanz der Hauptversammlung erst], wer (…) einen Stimmrechtsanteil erlangt, der bei der ersten Beschlussfassung in allen drei vorhergehenden Hauptversammlungen der Zielgesellschaft zu einem Stimmrechtsanteil von jeweils mindestens drei Vierteln des präsenten, stimmberechtigten Grundkapitals geführt hätte."

3. Rechtsentwicklung, ausländische Rechtsordnungen

a) EU-Richtline

7 Nach Art. 5 Abs. 5 des E-ÜbernahmeRL in der Fassung des vom Vermittlungsausschuss gebilligten gemeinsamen Textes vom 6. 6. 2001[11] sollte sich der Anteil der Stimmrechte, der eine Kontrolle begründet, und die Art der Berechnung dieses Anteils nach den Vorschriften des Mitgliedsstaates richten, in dem die Gesellschaft ihren Sitz hat. Die Richtlinie machte also keine Vorgabe für eine konkrete Kontrollschwelle, überließ dies vielmehr den Mitgliedstaaten.

---

8 *Land/Hasselbach*, DB 2000, 1753, Fn. 67 erwarten durch Einsatz des Internets einen Anstieg der Präsenzen, weswegen der Grenzwert zu überprüfen sei. Zum Einsatz neuer Medien siehe auch *Clausen* (Fn. 4), 161 ff. und *Riegger* (Fn. 4), 204 ff.

9 So *Zinser*, NZG 2001, 396, mit Blick auf die Regelungen der Schweiz; besonders bei kleineren Gesellschaften scheine eine gewisse Flexibilität angebracht. *Baums*, Arbeitspapier Nr. 79, S. 6 f., fordert in einem solchen Fall, dass sichergestellt wird, dass Gesellschaften mit solchen Satzungsklauseln die Zulassung zum Amtlichen Handel verweigert werden kann.

10 *Mülbert*, ZIP 2001, 1227.

11 Abgedruckt in *Neye*, Die EU-Übernahmerichtlinie auf der Zielgeraden, ZIP 2001, 1120.

b) Österreich

Nach § 22 Abs. 1 öÜbG trifft eine Angebotspflicht denjenigen, der eine kontrollierende Beteiligung an einer Gesellschaft erlangt. **8**

Eine kontrollierende Beteiligung ermöglicht es dem Bieter, allein oder gemeinsam mit anderen Rechtsträgern, einen beherrschenden Einfluss auf die Zielgesellschaft auszuüben (§ 22 Abs. 2 öÜbG). Eine solche liegt jedenfalls dann vor, wenn die Voraussetzungen eines der folgenden Tatbestände des § 244 Abs. 2 Ziffer 1 bis 3 HGB erfüllt sind:[12] Bieter hält die Mehrheit der Stimmrechte; Bieter hat das Recht, die Mehrheit der Mitglieder des Verwaltungs-, Leitungs- oder Aufsichtsorgans zu bestellen; und/oder Bieter hat das Recht, einen beherrschenden Einfluss auf die Gesellschaft auszuüben. **9**

In zwei Fällen wird das Vorliegen einer kontrollierenden Beteiligung vermutet:[13] nach § 2 Abs. 1 der 1. öÜbV, wenn mindestens **30 Prozent** der auf die ständig stimmberechtigten Aktien entfallenden Stimmrechte erlangt werden, und nach § 3 Abs. 1 der 1. öÜbV, wenn mindestens 20, aber weniger als 30 Prozent erlangt werden und dieser Stimmrechtsanteil in jeder der letzten drei abgehaltenen ordentlichen Hauptversammlungen mehr als die Hälfte der Hauptversammlungsmehrheit dargestellt hätte. **10**

Gesellschaften sind befugt, in ihrer Satzung einen geringen Prozentsatz, jedoch nicht weniger als 20 Prozent festzulegen, bei dem das Vorliegen einer kontrollierenden Beteiligung an ihrer Gesellschaft vermutet wird (§ 22 Abs. 5 Satz 3 2. HS öÜbG). **11**

c) Schweiz

Wie auch nach dem deutschen WpÜG löst nach dem sBEHG das Überschreiten eines gesetzlich bestimmten Grenzwertes ein Pflichtangebot aus. **12**

Nach Art. 32 Abs. 1 Satz 1 sBEHG muss ein Angebot unterbreiten, wer direkt, indirekt oder in gemeinsamer Absprache mit Dritten Beteiligungspapiere erwirbt und damit zusammen mit den Papieren, die er bereits besitzt, den Grenzwert von **1/3 der Stimmrechte** einer Zielgesellschaft überschreitet. **13**

---

12 § 22 Abs. 4 öÜbG.

13 Die 1. Verordnung der Übernahmekommission vom 9.3.1999 zum Übernahmegesetz benennt zugleich auch die Tatbestände, die geeignet sind, die Vermutung zu widerlegen (§§ 2 Abs. 2, 3 Abs. 2 und 4 der 1. öÜbV).

14 Zielgesellschaften können in ihren Statuten den Grenzwert bis auf 49 Prozent der Stimmrechte anheben (Art. 32 Abs. 1 Satz 2 sBEHG).

d) London City Code

15 Nach Rule 9.1 (a) London City Code wird das Pflichtangebot („mandatory offer") mit Erreichen eines Stimmrechtsanteils von **30 Prozent** ausgelöst.

II. Definition der Übernahmeangebote (§ 29 Abs. 1)

16 Ein Angebot ist dann auf den **Erwerb der Kontrolle** gerichtet, wenn – bei einer Annahme des Angebots in dem vom Bieter beabsichtigten Umfang durch alle angesprochenen Aktionäre – der Bieter unter Berücksichtigung seiner eigenen Stimmrechte und der ihm nach § 30 zuzurechnenden Stimmrechte die Kontrolle erlangt.[14]

17 Die Definition der Übernahmeangebote knüpft damit an die Definition der Angebote gemäß § 2 Abs. 1 bis 3 an. Übernahmeangebote gemäß § 29 Abs. 1 bilden eine **Teilmenge** der Angebote gemäß § 2 Abs. 1.

18 Handelt es sich bei einem bestimmten Angebot um ein Übernahmeangebot, hat dies die **zusätzlichen Auflagen und Beschränkungen** der §§ 31, 32 und 33 zur Folge. Daneben gelten die Vorschriften des Abschnitts 3 für jegliche Angebote, so weit kein Widerspruch zu den Vorschriften der §§ 31 bis 33 besteht (§ 34). Werden dem Bieter weniger als 30 % der Stimmrechte zugerechnet und will er den Pflichtenkanon des vierten Abschnittes vermeiden, muss er sein Angebot so begrenzen, dass er unter der 30-Prozent-Schwelle bleibt.[15]

19 Übernahmeangebote müssen auf den **Erwerb** der Kontrolle gerichtet sein. Das bedeutet, dass kein Übernahmeangebot vorliegt, wenn bei schon vorhandener Kontrolle im Sinne des § 29 Abs. 2 weitere Aktien hinzu erworben werden. Soll eine bereits bestehende Kontrolle durch ein Angebot im Sinne von § 2 Abs. 1 ausgebaut werden, finden die Vorschriften des vierten Abschnitts grundsätzlich also keine Anwendung.[16] Die Vorschriften des vierten Abschnitts gelten allerdings für

14 Regierungsbegründung, BR-Drucks. 574/01, S. 129.

15 S. auch *Riehmer/Schröder*, BB 2001, Beilage 5, S. 4 f.

16 Ebenso *Mülbert* (Fn. 10), 1225 Fn. 31. Vgl. auch *Liebscher*, ZIP 2001, 857; *Letzel*, NZG 2001, 268; *Zietsch/Holzborn*, WM 2001, 1754; *Pötzsch/Möller* (Fn. 2), 17.

Pflichtangebote gemäß § 35, wenn den Bieter aufgrund vorangegangenen Kontrollerwerbs die Angebotspflicht nach § 35 Abs. 2 trifft.

Ein Übernahmeangebot muss auf den Erwerb der Kontrolle **gerichtet** sein. Dies könnte zwar auf eine subjektive Komponente hindeuten. Es kommt jedoch nur auf das Vorliegen der objektiven Kriterien an. Es ist damit nicht erforderlich, dass der Bieter den Kontrollerwerb auch beabsichtigt. Dies ergibt sich z. B. auch aus § 9 Satz 1 Nr. 6 AngebotsVO. Danach kann das BAWe eine Befreiung vom Pflichtangebot erteilen, wenn die Kontrolle über die Zielgesellschaft unbeabsichtigt erreicht war, so weit die Schwelle des § 29 Abs. 2 nach der Stellung des Antrags auf die Befreiung vom Pflichtangebot unverzüglich wieder unterschritten wird. 20

Die Definition der Kontrolle durch einen festen Stimmrechtsanteil wird ergänzt durch Vorschriften, nach denen auf Antrag Wertpapiere (§ 20 Abs. 1 und 2) bzw. Stimmrechte aus Aktien (§ 36) bei der Berechnung des Stimmrechtsanteils unberücksichtigt bleiben. 21

III. Halten von Stimmrechten (§ 29 Abs. 2)

1. Allgemeine Voraussetzungen

a) Maßgeblichkeit der Inhaberschaft

Das Stimmrecht hält, wer als Inhaber befugt ist, dieses auszuüben. 22

Nach deutschem Aktienrecht kann nur der Aktionär Inhaber des Stimmrechts sein (**„Abspaltungsverbot“**, § 12 Abs. 1 AktG).[17] Deshalb ist nur er es, der Stimmrechte aus seinen Aktien im Sinne von § 29 Abs. 2 hält.[18] Demnach hält das Stimmrecht nicht, wer als Vertreter (§ 164 BGB) befugt ist, dieses auszuüben (§§ 134 Abs. 3 Satz 1, 129 Abs. 2 AktG) oder es als Legitimationsvertreter (vergl. § 185 BGB) im eigenen Namen ausüben kann (§ 129 Abs. 3 AktG).[19] 23

Haltender im Sinne von § 29 Abs. 2 ist auch derjenige, der über Gegenstände seines Vermögens nicht oder nur eingeschränkt verfügen kann (Minderjährige, Gesellschaften im Falle ihrer Insolvenz, Erben bei Testamentsvollstreckung u. a.). 24

---

17 *Heider*, in: Kropff/Semler (Hrsg.), Münchener Kommentar zum Aktiengesetz, Band 1, 2000, § 8 AktG Rn. 108 und § 12 AktG, Rn. 5; *Hüffer*, Aktiengesetz, 4. Auflage, 1999, § 133 AktG Rn. 17 und § 134 AktG Rn. 21.

18 Zu den Ausnahmen siehe sogleich unter Rn. 32 ff.

19 Inwieweit dem Vertreter diese Stimmrechte zuzurechnen sind, bestimmt sich nach § 30.

b) Maßgeblicher Zeitpunkt und Zeitraum

25 Stimmrechte werden **gehalten**, sobald und solange die volle Inhaberschaft an der Aktie begründet ist.

26 Das bedeutet, dass der anzuwendende gesetzliche Erwerbstatbestand vollständig erfüllt sein muss. Vinkulierte Namensaktien werden demnach erst mit Zustimmung der Gesellschaft (§ 68 Abs. 2 Satz 1 AktG) erworben. Keine Erwerbsvoraussetzung hingegen ist die Eintragung im Aktienregister (§§ 68 Abs. 1 bis 3 und 67 Abs. 3 AktG). Vereinbarte aufschiebende Bedingungen für den Erwerb müssen eingetreten bzw. der Zeitpunkt einer Befristung muss erreicht sein.

27 Das Halten der Stimmrechte endet erst, sobald ein anderer Aktionär Inhaber wird oder die Aktie herrenlos wird.

c) Keine Mindestdauer

28 Das Halten im Sinne von § 29 Abs. 2 setzt keine bestimmte Mindestdauer voraus.

d) Zurechnung an anderen unbeachtlich

29 Werden Stimmrechte aus Aktien, deren Inhaber der Bieter ist, einem anderen nach § 30 zugerechnet, so ist dieses für den Inhaber der Aktien grundsätzlich folgenlos. Die Stimmrechte werden bei ihm **nicht abgezogen**.[20] Auch der Aktionär, der ihm gehörende Aktien für Rechnung eines Dritten hält, der an seinen Aktien zu Gunsten eines Dritten einen Nießbrauch bestellt hat, der ein verbindliches Angebot auf Übereignung seiner Aktien ausgesprochen hat oder der seine Aktien einem Dritten anvertraut hat, hält die Stimmrechte aus diesen Aktien im Sinne von § 29 Abs. 2. Gleiches gilt für einen Aktionär, der Tochterunternehmen einer anderen Person ist.

2. Besondere Fälle

30 Der genannte Grundsatz, wonach jeder Aktionär die Stimmrechte aus seinen Aktien im Sinne von § 29 Abs. 2 hält, ist in bestimmten Fällen einzuschränken. Zum einen folgt dieses bereits aus gesetzlichen Bestimmungen, zum anderen aus einzelnen Zurechnungstatbeständen des § 30.

20 Zu den Ausnahmen siehe sogleich unter Rn. 32 ff.

a) Aktien des Handelsbestandes

Stimmrechte aus Wertpapieren des Handelsbestandes können unter den Voraussetzungen des § 20 Abs. 2 unberücksichtigt bleiben. **31**

b) Verwaltung durch eine Kapitalanlagegesellschaft oder ausländische Investmentgesellschaft

§ 10 Abs. 1 a Satz 2 KAGG bestimmt, dass Stimmrechte aus Aktien, die zu einem von einer **Kapitalanlagegesellschaft** verwalteten Sondervermögen gehören, das kein Spezialfonds ist und dessen Vermögensgegenstände im Miteigentum der Anteilsinhaber stehen, als Stimmrechte der Kapitalanlagegesellschaft im Sinne von § 29 Abs. 2 gelten. Unter diesen Voraussetzungen hält demnach nicht der Anteilsinhaber, der Miteigentümer der Aktien ist, die Stimmrechte, sondern ausschließlich die Kapitalanlagegesellschaft. Durch die Beschränkung dieser Vorschrift auf Publikumsfonds sollen Umgehungsmöglichkeiten der Verpflichtung zur Abgabe eines Angebots bei Kontrollerwerb (§ 35 Abs. 2 Satz 1) durch Einschalten von Spezialfonds verhindert werden.[21] **32**

Stimmrechte aus Aktien, die zu einem von einer **ausländischen Investmentgesellschaft** verwalteten Investmentvermögen gehören, dessen Vermögensgegenstände im Miteigentum der Anteilsinhaber stehen, gelten als Stimmrechte der Investmentgesellschaft, wenn der Anteilsinhaber im Regelfall keine Weisung für die Ausübung der Stimmrechte erteilen kann (§ 15b Abs. 2 Satz 2 AuslInvestmG). **33**

c) Zur Sicherheit übereignete oder verpfändete Aktien

§ 30 Abs. 1 Satz 1 Nr. 3 begründet eine ausschließliche Zurechnung von Stimmrechten aus Aktien, die zur Sicherheit übertragen worden sind. Der Sicherungsnehmer, der Inhaber der Aktien ist, hält diese im Sinne von § 29 Abs. 2 nur, wenn er zur Ausübung der Stimmrechte aus diesen Aktien befugt ist und die Absicht bekundet, die Stimmrechte unabhängig von den Weisungen des Bieters auszuüben. **34**

Diese ausschließliche Zuordnung von Stimmrechten aus zur Sicherheit übereigneten Aktien gilt für Stimmrechte aus verpfändeten Aktien entsprechend. Der Pfandgeber, der im Gegensatz zum Sicherungsübereigner Inhaber der Aktien bleibt, hält diese im Sinne von § 29 Abs. 2, es sei denn der Pfandnehmer ist zur Ausübung der Stimmrechte aus **35**

21 Regierungsbegründung, BR-Drucks. 574/01, S. 180.

diesen Aktien befugt und bekundet die Absicht, die Stimmrechte unabhängig von Weisungen des Bieters auszuüben.

3. Berechnung des Stimmrechtsanteils

a) Allgemeine Formel

36 Der Anteil der Stimmrechte, den ein Aktionär hält, wird bestimmt, indem seine Stimmrechte („Zähler") zu der Gesamtzahl der Stimmrechte der Gesellschaft („Nenner") ins Verhältnis gesetzt wird.

37 Dabei gilt der Grundsatz, dass alle Stimmrechte berücksichtigt werden. So sollen für den Markt klare und erkennbare Vorgaben geschaffen werden.[22]

38 Ob hinsichtlich der Ausübung der Stimmrechte – auch solcher des Bieters – Hindernisse bestehen, ist unbeachtlich.[23] So sind auch Stimmrechte aus Aktien, die die Gesellschaft selbst hält und nach § 71 b AktG oder nach § 328 Abs. 1 AktG nicht ausüben darf, bei der Gesamtzahl der Stimmrechte zu berücksichtigen.[24] Konsequenz ist, dass eine Gesellschaft einen Aktionär, der seine Beteiligung knapp unter dem Grenzwert von 30 Prozent belässt, nicht durch den Erwerb eigener Aktien (vorzeitig) zu einem Pflichtangebot drängen kann.[25]

b) Aufleben von Stimmrechten aus Vorzugsaktien (§ 140 Abs. 2 Satz 1 AktG)

39 Wird der Vorzugsbetrag in einem Jahr nicht oder nicht vollständig gezahlt und der Rückstand im nächsten Jahr nicht neben dem vollen Vorzug dieses Jahres nachgezahlt, haben die Vorzugsaktionäre bis zur Nachzahlung der Rückstände Stimmrecht (§ 140 Abs. 2 Satz 1). Diese Stimmrechte sind zu berücksichtigen.[26]

---

22 So die Regierungsbegründung, BR-Drucks. 574/01, S. 130. Ebenso *Pötzsch/Möller*, (Fn. 2), S. 17.

23 Regierungsbegründung, BR-Drucks. 574/01, S. 130.

24 Das Gegenteil ist in Österreich angeordnet (§ 7 1. ÖÜbV).

25 *Bundesverband der deutschen Industrie/Deutscher Industrie- und Handelskammertag/Bundesvereinigung der deutschen Arbeitgeberverbände/Gesamtverband der deutschen Versicherungswirtschaft (Gemeinsamer Arbeitsausschuss für Fragen des Unternehmensrechts)*, Vorläufige Stellungnahme vom 24.7.2000, S. 20, spricht von „von der Zielgesellschaft gesteuerte Kontrollerlangung"; unzutreffend ist aber die Annahme, Stimmrechte aus eigenen Aktien würden ohne Änderung der Vorschrift unberücksichtigt bleiben.

26 Soweit es um die Berechnung einer Kapitalmehrheit geht, ordnet § 140 Abs. 2 Satz 2 AktG dieses ausdrücklich an. Für eine Berücksichtigung hinsichtlich der Mel-

Hinsichtlich einer möglichen Angebotspflicht bedeutet dies, dass die Gesamtzahl der Stimmrechte zunimmt. Hält ein Aktionär keine oder zumindest nicht überproportional viele Vorzugsaktien, kann sein Stimmrechtsanteil nicht steigen. Ist hingegen der Anteil seiner Vorzugsaktien an den Aktien, die er insgesamt hält, größer als der Anteil aller Vorzugsaktien an allen Aktien der Gesellschaft, steigt sein Stimmrechtsanteil, und eine Angebotspflicht kann begründet werden. Ob wegen der besonderen Art des Kontrollerwerbs eine **Befreiung von der Angebotspflicht** (§ 37 Abs. 1) auf Antrag gewährt wird, muss mangels einer Berücksichtigung in § 9 AngebotsVO bezogen auf den jeweiligen Einzelfall entschieden werden.[27] **40**

§ 30 Zurechnung von Stimmrechten

(1) Stimmrechten des Bieters stehen Stimmrechte aus Aktien der Zielgesellschaft gleich,

1. **die einem Tochterunternehmen des Bieters gehören,**
2. **die einem Dritten gehören und von ihm für Rechnung des Bieters gehalten werden,**
3. **die der Bieter einem Dritten als Sicherheit übertragen hat, es sei denn, der Dritte ist zur Ausübung der Stimmrechte aus diesen Aktien befugt und bekundet die Absicht, die Stimmrechte unabhängig von Weisungen des Bieters auszuüben,**
4. **an denen zu Gunsten des Bieters ein Nießbrauch bestellt ist,**
5. **die der Bieter durch eine Willenserklärung erwerben kann,**
6. **die dem Bieter anvertraut sind, sofern er die Stimmrechte aus diesen Aktien nach eigenem Ermessen ausüben kann, wenn keine besonderen Weisungen des Aktionärs vorliegen.**

Für die Zurechnung nach Satz 1 Nr. 2 bis 6 stehen dem Bieter Tochterunternehmen des Bieters gleich. Stimmrechte des Tochterunternehmens werden dem Bieter in voller Höhe zugerechnet.

---

depflicht nach § 21 Abs. 1 WpHG a. F. ebenso *Wilsing*, BB 1995, 2278 und *Hüffer* (Fn. 17), Anh. § 22 AktG, § 21 WpHG Rn. 6 mit weiteren Nachweisen.

27 Zu einer solchen Einzelfallentscheidung siehe auch die Kommentierung zu § 37 Rn. 1 und 21.

(2) Dem Bieter werden auch Stimmrechte eines Dritten aus Aktien der Zielgesellschaft in voller Höhe zugerechnet, mit dem der Bieter oder sein Tochterunternehmen sein Verhalten in Bezug auf die Zielgesellschaft auf Grund einer Vereinbarung oder in sonstiger Weise abstimmt; ausgenommen sind Vereinbarungen über die Ausübung von Stimmrechten in Einzelfällen. Für die Berechnung des Stimmrechtsanteils des Dritten gilt Absatz 1 entsprechend.

Literatur: *Assmann/Schneider*, Wertpapierhandelsgesetz: Kommentar, 2. Auflage, 1999; *Burgard*, Die Berechnung des Stimmrechtsanteils nach §§ 21 – 23 Wertpapierhandelsgestz, BB 1995, 2069; *ders.*, Kapitalmarktrechtliche Lehren aus der Übernahme Vodafone-Mannesmann – Zur Verletzung der Mitteilungspflichten nach §§ 21 Abs. 1, 22 Abs. 1 Nr. 6 WpHG und den sich daraus ergebenden Folgerungen für ein Viertes Finanzmarktförderungsgesetz –, WM 2000, 611; *Falkenhagen*, Aktuelle Fragen zu den neuen Mitteilungs- und Veröffentlichungspflichten nach Abschnitt 4 und 7 des Wertpapierhandelsgesetzes, WM 1995, 1005; *Koppensteiner*, Einige Fragen zu § 20 AktG, in: FS Rowedder, 1994, S. 213; *Letzel*, Das Pflichtangebot nach dem Übernahmekodex – mit Vorschau auf das Pflichtangebot nach dem ÜbG, NZG 2001, 260; *Nottmeier/Schäfer*, Praktische Fragen im Zuammenhang mit §§ 21, 22 WpHG, AG 1997, 87; *Oechsler*, Der RegE zum Wertpapiererwerbs- und Übernahmegesetz – Regelungsbedarf auf der Zielgeraden!, NZG 2001, 817; *Riehmer/Schröder*, Praktische Aspekte bei der Planung, Durchführung und Abwicklung eines Übernahmeangebots, BB 2001, Beilage 5; *Schäfer*, Wertpapierhandelsgesetz, Börsengesetz mit BörsZulV, Verkaufsprospektgesetz mit VerkProspV: Kommentar, 1999; *Witt*,Vorschlag für eine Zusammenfügung der §§ 21 ff. WpHG und des § 20 AktG zu einem einzigen Regelungskomplex, AG 1998, 171; *ders.*, Die Änderungen der Mitteilungs- und Veröffentlichungspflichten nach §§ 21 ff. WpHG durch das geplante Wertpapiererwerbs- und Übernahmegesetz, AG 2001, 233.

Übersicht

I. Allgemeines

1. Zweck und Wirkung der Stimmrechtszurechnung

1 § 30 ergänzt § 29 Abs. 2. Neben Stimmrechten aus Aktien, die der Bieter selbst hält, werden bei Feststellung des für die Kontrolle maßgeblichen Stimmrechtsanteils von 30 Prozent Stimmrechte berücksichtigt, hinsichtlich derer der Bieter **kraft Rechtsstellung** (§ 30 Abs. 1) oder **abgestimmten Verhaltens** (§ 30 Abs. 2) eine einem Aktionär vergleichbare Stellung innehat.

2 Wie schon der Übernahmekodex[1] hat auch das WpÜG die Zurechnungstatbestände des § 22 Abs. 1 WpHG zum Vorbild. Der Gesetzgeber hat diese aber nicht unverändert übernommen, sondern war bestrebt, durch einzelne Änderungen bisher bestehende Lücken zu schließen und die Einordnung zweifelhafter Sachverhalte zu ermöglichen.[2] Gleichzeitig hat er § 22 Abs. 1 WpHG entsprechend geändert,[3] um so Irritationen am Kapitalmarkt, die bei unterschiedlichen Zurech-

1 Vgl. Artikel 16 Übernahmekodex, der hinsichtlich der Zurechnung von Stimmrechten auf § 22 Abs. 1 Nr. 1 bis 7 WpHG verwies.
2 Regierungsbegründung, BR-Drucks. 574/01, S. 130.
3 Artikel 2 Nr. 2 des Artikel-Gesetzes.

nungsmethoden auftreten würden, zu vermeiden.[4] Freilich bleibt zu beachten, dass beide Gesetze unterschiedliche Rechtsfolgen bei einem Überschreiten bestimmter Stimmrechtsanteile vorsehen und deshalb einzelne Zurechnungstatbestände durchaus je nach Gesetz unterschiedlich auszulegen sind.

3 Folge der erweiterten Stimmrechtszurechnung ist, dass nunmehr auch der **Erwerb der mittelbaren Kontrolle** zu einem Pflichtangebot führt, was § 35 Abs. 1 Satz 1 durch die Formulierung „unmittelbar oder mittelbar" klarstellt.[5] Während unter der Geltung des Übernahmekodex ein Pflichtangebot nur dann abgegeben werden musste, wenn wesentlicher Zweck des Erwerbs der Kontrolle über die Muttergesellschaft das Erreichen der Kontrolle über deren Tochtergesellschaft war,[6] werden nunmehr dem Bieter in jedem Fall die Stimmen der erworbenen Muttergesellschaft an deren Tochtergesellschaften zugerechnet. Demnach ist nicht nur den freien Aktionären der Muttergesellschaft, sondern auch denen der Tochtergesellschaft ein Angebot zu machen.[7] Als Reaktion auf die hierzu geäußerte Kritik[8] ermöglicht § 9 Satz 2 Nr. 3 AngebotsVO aber eine Befreiung vom Pflichtangebot, wenn der Buchwert der Beteiligung der erworbenen Muttergesellschaft an ihrer Tochtergesellschaft weniger als 20% des buchmäßigen Aktivvermögens der Muttergesellschaft beträgt. Der Gesetzgeber will damit typisierend die Fälle erfassen, in denen die Tochtergesellschaft nicht das eigentliche Ziel der Übernahme ist.[9]

4 Für die **Rechtsstellung als Aktionär** hat die Stimmrechtszurechnung grundsätzlich keine Auswirkung. Stimmrechte, die einem Dritten zu-

4 Regierungsbegründung, BR-Drucks. 574/01, S. 177.

5 Vgl. auch § 35 Rn. 17.

6 *Übernahmekommission,* Anmerkungen zu den Änderungen des Übernahmekodex ab 1.1.1998, Artikel 16. Vgl. auch *Börsensachverständigenkommission*, Standpunkte vom Februar 1999, S. 13.

7 *Deutscher Anwaltverein*, Stellungnahme vom April 2001 zu § 29 des Referentenentwurfs, spricht von einer gesetzlichen „poison pill"; ebenfalls kritisch *Bundesverband der deutschen Industrie/Deutscher Industrie- und Handelskammertag/Bundesvereinigung der deutschen Arbeitgeberverbände,* Stellungnahme vom 30.3.2001, S. 6; *Bundesverband der deutschen Industrie/Deutscher Industrie- und Handelskammertag/Bundesvereinigung der deutschen Arbeitgeberverbände/Gesamtverband der deutschen Versicherungswirtschaft (Gemeinsamer Ausschuss für Fragen des Unternehmensrechts)*, vorläufige Stellungnahme vom 24.7.2000, S. 19 f.; *Riehmer/Schröder*, BB 2001, Beilage 5, S. 1.

8 *Möller/Pötzsch*, ZIP 2001, 1260 f.

9 Regierungsbegründung, BR-Drucks. 574/01, S. 212.

gerechnet werden, werden bei dem Aktionär nicht abgezogen, sodass der Aktionär auch diese Stimmrechte im Sinne von § 29 Abs. 2 hält.[10]

2. Rechtsentwicklung, ausländische Rechtsordnungen

a) EU-Richtline

Art. 5 Abs. 1 E-ÜbernahmeRL[11] unterscheidet mit Blick auf den, der Stimmrechte hält, zwischen Bieter und mit ihm **gemeinsam handelnden Personen** nach Art. 2 d E-ÜbernahmeRL (entspricht § 2 Absatz 5). Dem Bieter werden die Stimmen der mit ihm gemeinsam handelnden Personen zugerechnet. Das WpÜG bestimmt Tochterunternehmen als solche (§ 2 Abs. 5 Satz 2) und rechnet deren Stimmrechte dem Bieter zu (§ 30 Abs. 1 Satz 1 Nr. 1). Ebenso werden dem Bieter nach § 30 Abs. 2 Satz 1 Stimmen eines Dritten zugerechnet, mit dem der Bieter sein Verhalten in Bezug auf die Zielgesellschaft abstimmt. 5

b) Österreich

Die das öÜbG ausführende 1. öÜbV enthält in § 5 Tatbestände, die eine **Zurechnung von Stimmrechten**, die im Eigentum Dritter stehen, begründen. 6

Zugerechnet werden Stimmrechte aus Aktien, die im Eigentum Dritter stehen, wenn der Dritte diese im eigenen Namen für Rechnung des Beteiligten hält (§ 5 Abs. 1 Nr. 2 der 1. öÜbV), dem Beteiligten die Möglichkeit eingeräumt wird, diese Stimmrechte ohne ausdrückliche Weisung des Dritten auszuüben (§ 5 Abs. 1 Nr. 4 der 1. öÜbV), oder der Beteiligte diese Aktien dem Dritten als Sicherheit übertragen hat, aber weiterhin zur Ausübung des Stimmrechts befugt ist (§ 5 Abs. 1 Nr. 5 der 1. öÜbV).

Weitere Zurechnungstatbestände bestehen bei Fruchtgenuss (§ 5 Abs. 1 Nr. 6 der 1. öÜbV) und Erwerb mittels Willenserklärung (§ 5 Abs. 1 Nr. 7 der 1. öÜbV). Voraussetzung für eine Zurechnung ist in diesen Fällen, dass der Beteiligte auf die Ausübung des Stimmrechts bei der Wahl der Mitglieder des Aufsichtsrats oder sonst in wesentlichen Angelegenheiten maßgeblichen Einfluss nehmen kann. Gleiches gilt wegen Zurechnung aufgrund einer Vereinbarung (§ 5 Abs. 1 Nr. 2 der 1. öÜbV). 7

---

10 Siehe dazu und zu den Ausnahmen auch § 29, Rn. 31 ff.

11 Abgedruckt in *Neye*, Die EU-Übernahmerichtlinie auf der Zielgeraden, ZIP 2001, 1120.

8 Ferner werden Stimmrechte aus Aktien Dritter zugerechnet, wenn der Beteiligte den Dritten mittelbar oder unmittelbar kontrolliert (§ 5 Abs. 1 Nr. 1 der 1. öÜbV) oder gemeinsam mit ihm vorgeht (§ 5 Abs. 2 der 1. öÜbV).

c) Schweiz

9 Das 1997 in Kraft getretene sBEHG erfasst in Art. 32 Abs. 1 (Pflicht zur Unterbreitung des Angebots) den direkten, indirekten oder in gemeinsamer Absprache mit Dritten erfolgenden Erwerb von Beteiligungspapieren, wobei die Angebotspflicht bei Erreichen des Grenzwerts von 33 1/3 Prozent der Stimmrechte ausgelöst wird.

10 Ein **indirekter Erwerb** liegt nach Art. 26 sBEHV-EBK in Verbindung mit Art. 9 Abs. 3 sBEHV-EBK vor, wenn der Vorgang im Ergebnis das Stimmrecht vermitteln kann (Art. 9 Abs. 3 lit. a sBEHV-EBK). Genannt wird der Erwerb über einen im eigenen Namen und auf Rechnung des Erwerbers handelnden Dritten sowie der Erwerb durch eine beherrschte juristische Person (Art. 9 Abs. 3 lit. b und c sBEHV-EBK). Wird die Herrschaft über eine juristische Person erlangt, werden deren Beteiligungspapiere zugerechnet (Art. 9 Abs. 3 lit. d sBEHV-EBK).

11 In **gemeinsamer Absprache** handelt nach Art. 27 sBEHV-EBK in Verbindung mit Art. 15 Abs. 1 und 2 sBEHV-EBK, wer seine Verhaltensweise im Hinblick auf den Erwerb oder die Veräußerung von Beteiligungspapieren oder die Ausübung von Stimmrechten mit Dritten durch Vertrag oder andere organisatorische Vorkehrungen abstimmt. Genannt werden u. a. stimmrechtsverbundene Aktionärsgruppen.

12 Zu den **Beteiligungspapieren** zählen auch Wandel- und Erwerbsrechte („Optionsrechte“), Art. 2 der Verordnung der Übernahmekommission über öffentliche Kaufangebote (sUEV-UEK).

d) London City Code

13 Der London City Code betrachtet eine Gruppe gemeinsam vorgehender Personen („persons acting in concert“) als eine Person („equivalent of a single person“, vgl. Notes on Rule 9.1 Nr. 4), was eine wechselseitige Zurechnung der Stimmenrechte der einzelnen Personen begründet.

14 Die Definition der **gemeinsam vorgehenden Personen** führt zahlreiche Fälle auf, in denen gemeinsames Vorgehen vermutet wird. Neben Unternehmenstöchtern und deren Tochtergesellschaften wird auch bei einer Beteiligung von 20 % („associated company“) gemeinsames

Vorgehen vermutet. Weiter werden Vorstandsmitglieder („directors") mit deren nahen Angehörigen, Fondsmanager sowie Berater („financial or other professional adviser") erfasst. Stillhalteabkommen können erfasst sein. Kein gemeinsames Vorgehen ist es hingegen, wenn nur bei bestimmten Beschlüssen gemeinsam abgestimmt wird (Notes on Rule 9.1 Nr. 2). Der Einfluss („significant degree of control") auf Aktien, die dem Bieter nicht gehören, gewinnt an Bedeutung, wenn der Bieter von einem Paket nur so viel erwirbt, dass er gerade unter dem Grenzwert bleibt. Nr. 5 der Notes on Rule 9.1 benennt unter dieser Voraussetzung Fallgestaltungen, die dann ein gemeinsames Vorgehen von Erwerber und Inhaber der restlichen Aktien nahe legen.

Eine Aufdeckung von Personen, die gemeinsam mit dem Bieter vorgehen, wird dadurch erleichtert, dass Rule 8.3. bestimmt, dass jeder, der mindestens ein Prozent an der Zielgesellschaft hält oder kontrolliert, dieses anzeigen muss.[12] 15

Während die Bestimmungen zu „persons acting in concert" sehr umfangreich sind, stellt Nr. 12 der Notes on Rule 9.1 dem Erwerb von Aktien kurz und knapp den Erwerb von Stimmrechten bzw. deren Kontrolle gleich. Ausgenommen sind unter bestimmten Voraussetzungen Banken („bank taking security over shares in the normal course of its business"). Hinsichtlich des Erwerbs von Wandelanleihen, Optionsscheinen oder Optionen stellt Nr. 10 der Anmerkungen zu Rule 9.1 klar, dass in der Regel nicht bereits der Erwerb dieser Optionsrechte, sondern erst deren Ausübung ein Pflichtangebot auslösen kann. 16

Das „chain principle" (Nr. 7 der Notes on Rule 9.1) nimmt den **mittelbaren Kontrollerwerb** von der Verpflichtung zum Übernahmeangebot aus, es sei denn, bestimmender Zweck war gerade, mittels des erworbenen Unternehmens die Kontrolle über das andere zu erlangen. 17

II. Zurechnung aufgrund Rechtsstellung (§ 30 Abs. 1)

1. Struktur der geregelten Fälle, „Kettenzurechnung"

Unter den Voraussetzungen des § 30 Abs. 1 Satz 1 Nr. 1 bis 6 stehen Stimmrechten des Bieters Stimmrechte aus Aktien der Zielgesellschaft 18

12 Es wird davon ausgegangen, dass derjenige, der während eines Übernahmeangebots selbst Aktien im größeren Umfang erwirbt, mit dem Bieter gemeinsam vorgeht, vgl. *Oechsler*, NZG 2001, 819 und 825.

gleich, die im Eigentum Dritter stehen und damit nicht schon gemäß § 29 Abs. 2 vom Bieter gehalten werden.

19 § 30 Abs. 1 Satz 1 erfasst zunächst **Zwei-Personen-Verhältnisse**, nämlich solche zwischen dem Bieter und dem Inhaber der Aktie.

20 § 30 Abs. 1 Satz 2 bedingt weiter eine Zurechnung, wenn zwar nicht zwischen dem Bieter und dem Inhaber der Aktien eines der in den § 30 Abs. 1 Satz 1 Nr. 2 bis 6 aufgezählten Rechtsverhältnisse besteht, dafür aber zwischen dem Inhaber und einem Tochterunternehmen des Bieters (**„Kettenzurechnung"**). Damit sind im Vergleich zu § 22 Abs. 1 WpHG a. F. nun auch die Fälle der Zurechnung über ein Tochterunternehmen wegen Sicherungsübereignung, Nießbrauchs und Anvertrauens (§ 22 Abs. 1 Nr. 4, 5, 7 WpHG a. F.) vom Wortlaut erfasst.

21 Eigene und zugerechnete Stimmrechte des Tochterunternehmens werden dem Bieter unabhängig von der Höhe seiner Beteiligung an dem Tochterunternehmen in voller Höhe zugerechnet, § 30 Abs. 1 Satz 3.

2. Die einzelnen Zurechnungstatbestände

a) Tochterunternehmen (§ 30 Abs. 1 Satz 1 Nr. 1)

22 Dem Bieter werden Stimmrechte aus Aktien, die einem Tochterunternehmen gehören, zugerechnet.

23 Tochterunternehmen sind gemäß § 2 Abs. 6 Unternehmen nach § 290 HGB oder solche, auf die ein beherrschender Einfluss ausgeübt werden kann, ohne dass es auf die Rechtsform oder den Sitz ankommt. Damit geht die Vorschrift weiter als § 22 Abs. 3 WpHG a. F., dem ausschließlich das Control-Konzept zu Grunde lag.[13] Im Übrigen wird auf die Kommentierung zu § 2 Abs. 6 verwiesen.

24 Handelt es sich bei dem Tochterunternehmen um eine **Kapitalanlagegesellschaft** oder **ausländische Investmentgesellschaft**, erfolgt **keine Zurechnung**. Diese gelten hinsichtlich des von ihnen verwalteten Sonder- bzw. ausländischen Investmentvermögens nicht als Tochterunternehmen im Sinne des § 30 Abs. 1 Satz 1 Nr. 1 (§ 10 Abs. 1 a Satz 1 KAGG bzw. § 15 b Abs. 2 Satz 1 AuslInvestmG).

---

13 Vgl. *Schneider*, in: Assmann/Schneider, Wertpapierhandelsgesetz: Kommentar, 2. Auflage, 1999, § 22 WpHG Rn. 54 ff.; *Opitz*, in: Schäfer, Wertpapierhandelsgesetz, Börsengesetz mit BörsZulV, Verkaufsprospektgesetz mit VerkProspV: Kommentar, 1999, § 22 WpHG Rn. 2 ff.

b) Für Rechnung des Bieters gehalten (§ 30 Abs. 1 Satz 1 Nr. 2)

Stimmrechte aus Aktien der Zielgesellschaft, die einem Dritten gehören und von diesem für Rechnung des Bieters gehalten werden, sind dem Bieter zuzurechnen. **25**

aa) Halten für Rechnung eines anderen im Allgemeinen

Zahlreiche andere Vorschriften enthalten den Ausdruck „für Rechnung“, beispielsweise § 383 HGB („Kommissionär“).[14] Kennzeichnend ist, dass **rechtliche und wirtschaftliche Zuordnung auseinander fallen**. Dabei ist ein Geschäft jemandem dann wirtschaftlich zuzuordnen, wenn ihn die mit diesem Geschäft verbundenen Chancen und Risiken treffen.[15] Beim Halten von Aktien sind solche relevanten Chancen und Risiken insbesondere Gewinnanteile und Kursveränderungen.[16] **26**

Anders als bei Vorschriften, bei denen es allein um die wirtschaftliche Zuordnung und nicht um möglichen Einfluss auf eine Gesellschaft geht, ist ergänzend Voraussetzung für die Zurechnung des Stimmrechts, dass dem Bieter ein **Weisungsrecht** hinsichtlich der Stimmrechtsausübung zusteht oder der Halter verpflichtet ist, das Stimmrecht im Interesse des Bieters auszuüben.[17] Im Regelfall folgt bereits aus dem Halten von Aktien für einen anderen, dass Stimmrechte, wenn auch nicht weisungsgebunden, so doch interessegebunden auszuüben sind.[18] Ist das wirtschaftliche Risiko aufgeteilt, muss letztlich der Einfluss auf die Ausübung des Stimmrechts über die Zurechnung entscheiden.[19] Dies erfordert eine einzelfallbezogene Betrachtung. **27**

Klarzustellen ist dagegen, dass § 30 Abs. 1 Satz 1 Nr. 2 diejenigen Fälle nicht erfasst, in denen ein Dritter zwar Stimmrechte weisungsge- **28**

---

14 Ebenso §§ 16 Abs. 4 Fall 2 und 3, 56 Abs. 3 Satz 1, 71 a Abs. 2, 71 d Satz 1, 134 Abs. 1 Satz 3 und 4, 291 Abs. 1 Satz 2 AktG; §§ 290 Abs. 3 Satz 1 Fall 2 und 3, 290 Abs. 3 Satz 3 Nr. 1, 290 Abs. 4 Satz 2, 313 Abs. 2, 383 HGB und § 23 Abs. 2 Nr. 3 b GWB.

15 LG Hannover, Urt. v. 29. 3. 1992 – 23 O 64 und 77/91, WM 1992, 1239; *Nottmeier/Schäfer*, AG 1997, 93; *Schneider* (Fn. 13), § 22 WpHG Rn. 24; *Opitz*, in: Schäfer (Fn. 13), § 22 WpHG Rn. 11. A. A. *Koppensteiner*, in: FS Rowedder, 1994, S. 218.

16 Weiter zählen Bezugsrechte, Abfindungs- und Ausgleichsansprüche sowie Liquidationserlöse dazu.

17 Zu § 22 Abs. 1 Nr. 1 WpHG a. F. ebenso *Burgard*, BB 1995, 2072; *Opitz*, in: Schäfer (Fn. 13), § 22 WpHG Rn. 12.

18 Zu § 22 Abs. 1 Nr. 1 WpHG a. F. ebenso *Schneider* (Fn. 13), § 22 WpHG Rn. 25; *Opitz*, in: Schäfer (Fn. 13), § 22 WpHG Rn. 12.

19 Zu § 22 Abs. 1 Nr. 1 WpHG a. F. ebenso *Schneider* (Fn. 13), § 22 WpHG Rn. 26.

bunden für den Bieter ausübt, dabei aber die Aktien nicht für Rechnung des Bieters hält.[20]

bb) Einzelfälle

(1) Treuhandverhältnisse

29 Durch Rechtsgeschäft begründete Treuhandverhältnisse – in der Regel entgeltliche Geschäftsbesorgungen (§ 675 Abs. 1 BGB) – erfüllen regelmäßig die Voraussetzungen des § 30 Abs. 1 Satz 1 Nr. 2, wenn der Treuhänder Inhaber der Aktien ist (sog. **Verwaltungstreuhand**). Die Weisungsbefugnis hinsichtlich der Stimmrechtsausübung folgt aus §§ 675 Abs. 1, 662 BGB.

30 Eine Form der rechtsgeschäftlichen Treuhand ist das Verhältnis zwischen Depository Receipt-Inhaber und Depositärbank.[21] Dem Depository Receipt-Inhaber sind demnach die Stimmrechte aus den Aktien zuzurechnen, die die Depositärbank für ihn hält und die durch die Depository Receipts vertreten werden.

31 Ein besonderer Fall der rechtsgeschäftlichen Treuhand, die Übertragung zur Sicherheit, ist in § 30 Abs. 1 Satz 1 Nr. 3 geregelt.[22] Hinsichtlich Kapitalanlage- und Investmentgesellschaften bestehen ebenfalls Sondervorschriften.[23]

32 Keine Anwendung findet § 30 Abs. 1 Satz 1 Nr. 2 auf **gesetzliche Treuhandverhältnisse** wie elterliche Sorge (§ 1629 BGB), Insolvenzverwaltung (§§ 22, 80 InsO), Nachlassverwaltung (§ 1984 BGB) oder Testamentsvollstreckung (§§ 2205, 2211 BGB). Der Treuhänder ist in diesen Fällen nach deutschem Recht nicht Inhaber der verwalteten Vermögensgegenstände, ihm ist lediglich die Verfügungsbefugnis zugewiesen. Während der Treugeber auch bei fehlender Verfügungsbefugnis Aktien, die in seinem Eigentum stehen, im Sinne von § 29 Abs. 2 hält,[24] kommt bei dem Treuhänder eine Zurechnung nach § 30 Abs. 2 in Betracht.[25]

33 Werden Aktien von einem Treuhänder für mehrere Treugeber gehalten, werden grundsätzlich jedem Treugeber Stimmrechte seiner Quote ent-

20 In Betracht kommt aber eine Zurechnung nach § 30 Abs. 2 Satz 1.

21 *Opitz*, in: Schäfer (Fn. 13), § 22 WpHG Rn. 21; *Schneider* (Fn. 13), § 22 WpHG Rn. 25 a.

22 Siehe Rn. 42 ff.

23 Siehe sogleich Rn. 40 f.

24 Vgl. § 29 Rn. 26.

25 Siehe dazu Rn. 64.

sprechend zugerechnet.[26] Weiter kann eine wechselseitige Zurechnung unter den Treugebern unter den Voraussetzungen von § 30 Abs. 2 erfolgen.[27]

Werden Aktien von dem Treuhänder auf einen weiteren Treuhänder übertragen (sog. **„Kettentreuhand“**), ist fraglich, ob auf diese Weise die Zurechnung beendet wird. Dem (Erst-)Treuhänder des Bieters gehören die Aktien nicht mehr, sodass der Tatbestand vom Wortlaut her nicht mehr einschlägig ist. Abzustellen ist aber auf den **Einfluss auf die Stimmrechtsausübung**.[28] Verliert der Bieters tatsächlich durch den Einbezug weiterer Treuhänder den Einfluss auf die Stimmrechtsausübung, sind ihm die Stimmen nicht mehr zuzurechnen. Behält er aber unverändert Einfluss auf die Stimmrechtsausübung[29] und trägt er weiterhin das wirtschaftliche Risiko,[30] sind ihm die Stimmen auch weiterhin zuzurechnen. 34

(2) Kommissionsgeschäft

Auch bei einem Kommissionsgeschäft (§§ 383 ff. HGB) sind Fallgestaltungen möglich, bei denen eine Stimmrechtszurechnung zu erfolgen hat, nämlich dann, wenn der Bieter einen Kommissionär beauftragt, Aktien der Zielgesellschaft zu erwerben, und der Kommissionär die Aktien zunächst selbst erwirbt und nicht im gleichen Moment an den Bieter übereignet.[31] Bis zur wirksamen Übereignung an den Bieter hält dann der Kommissionär die Aktien für Rechnung des Bieters.[32] Erwirbt aber der Kommissionär, wie bei Wertpapiergeschäften üblich, die Aktien nicht im eigenen Namen, sondern für den, den es angeht (i. e. der Kommittent), so wird letzterer unmittelbar Inhaber der Aktien, ohne dass es einer Zurechnung bedürfte. 35

---

26 Zu § 22 Abs. 1 Nr. 1 WpHG a. F. ebenso *Schneider* (Fn. 13), § 22 WpHG Rn. 31 und 42; *Opitz*, in: Schäfer (Fn. 13) § 22 WpHG, Rn. 14.

27 Siehe dazu Rn. 65.

28 Diesen sieht *Opitz*, in: Schäfer (Fn. 13), § 22 WpHG Rn. 13, allerdings nur beim letzten Treugeber.

29 Diese Voraussetzung betont auch *Witt*, AG 2001, 240, der in Hinblick auf §§ 21, 22 WpHG für eine umfassende Kettenzurechnung eintritt.

30 Einzig diese Voraussetzung nennt *Schneider* (Fn. 13), § 22 WpHG Rn. 33, zu § 22 Abs. 1 Nr. 1 WpHG a. F.

31 Zu denken ist an die Übereignung von vinkulierten Namensaktien, bei denen die Übertragung an die Zustimmung der Gesellschaft gebunden ist (§ 68 Abs. 2 Satz 1 AktG).

32 Zu § 22 Abs. 1 Nr. 1 WpHG a. F. ebenso *Opitz*, in: Schäfer (Fn. 13), § 22 WpHG Rn. 18.

(3) Vermögensverwaltungsgesellschaften (Vorschaltgesellschaften)

36 Stehen Aktien im Eigentum einer Gesellschaft, deren Gesellschafter der Bieter ist, sind Stimmrechte aus diesen Aktien dem Bieter in bestimmten Fällen zuzurechnen. So wenn die Gesellschaft ein **Tochterunternehmen** des Bieters ist (§ 30 Abs. 1 Satz 1 Nr. 1). Weiter sind die Stimmrechte aus Aktien der Gesellschaft dem Bieter nach § 30 Abs. 1 Satz 1 Nr. 2 zuzurechnen, wenn die Gesellschaft die **Aktien für Rechnung des Bieters** – ihres Gesellschafters – hält.[33]

37 Ob eine Gesellschaft Aktien für Rechnung ihrer Gesellschafter hält, muss anhand des Einzelfalls beurteilt werden. Von Bedeutung ist dabei der Gesellschaftszweck. Verfolgt die Gesellschaft neben dem Halten der Aktien noch weitere unternehmerische Zwecke, handelt sie auf eigene Rechnung.[34] Eine Zurechnung an die Gesellschafter nach § 30 Abs. 1 Satz 1 Nr. 2 erfolgt dann nicht. Ist hingegen das Halten der Aktien ihr **alleiniger Zweck**, handelt sie auf Rechnung ihrer Gesellschafter.[35] Die Stimmrechtszurechnung an die Gesellschafter erfolgt dann an die Gesellschafter, die Einfluss auf die Ausübung des Stimmrechts[36] haben. Das kann bei bestehendem Vetorecht auch schon bei einer Minderheitsbeteiligung der Fall sein. Dem Gesellschafter wird dann ein seiner Beteiligung an der Gesellschaft entsprechender Anteil zugerechnet. Zu beachten ist dann ferner noch eine weitere Zurechnung der Stimmrechtsanteile der Mitgesellschafter untereinander nach § 30 Abs. 2 Satz 1,[37] was im Ergebnis zu einer Zurechnung sämtlicher von der Gesellschaft gehaltener Stimmrechte führen kann.

(4) Pensionsgeschäft/Wertpapierleihe

38 **Keine** Stimmrechts**zurechnung** nach § 30 Abs. 1 Satz 1 Nr. 2 begründet der Abschluss eines Wertpapierpensionsgeschäfts oder einer Wertpapierleihe. Veräußert der Bieter Aktien bei gleichzeitiger Vereinbarung des Rückkaufs zu einem bestimmten Preis, trägt er zwar das mit den Aktien verbundene wirtschaftliche Risiko, so würden Kursveränderungen ihn treffen oder ihm zugute kommen. Aus diesem Grund sind auf solche Weise veräußerte Aktien auch während der Laufzeit in

33 Vgl. zu § 22 Abs. 1 Nr. 1 WpHG a.F. *Burgard* (Fn. 17), 2073; *Opitz*, in: Schäfer (Fn. 13), § 22 WpHG Rn. 19; *Schneider* (Fn. 13), § 22 WpHG Rn. 34 ff.

34 *Schneider* (Fn. 13), § 22 WpHG Rn. 35 und 39.

35 *Burgard* (Fn. 17), 2073; *Schneider* (Fn. 13), § 22 WpHG Rn. 42. A. A. *Falkenhagen*, WM 1995, 1007.

36 Diese Voraussetzung betont *Opitz*, in: Schäfer (Fn. 13), § 22 WpHG Rn. 19.

37 Siehe dazu Rn. 64.

der Bilanz als eigene auszuweisen (sog. **echtes Pensionsgeschäft**, vgl. § 340b Abs. 2 HGB). Da aber während dieser Zeit kein Einfluss des Pensionsgebers auf die Stimmrechtsausübung besteht,[38] sind die Stimmrechte aus den veräußerten Aktien nicht ihm, sondern allein dem Pensionsnehmer zuzurechnen.[39] Ebenso wenig ist mit Fälligkeit des Rückübereignungsanspruchs eine Zurechnung nach § 30 Abs. 1 Satz 1 Nr. 5 begründet.[40] Gleiches gilt, wenn an Stelle des Rückkaufs dem Pensionsgeber eine reine Kaufoption eingeräumt ist.

Auch bei der **Wertpapierleihe**, einem Sachdarlehen nach § 607 BGB, **39**
überträgt der Verleiher die Aktien auf den Entleiher, der mit diesen nach Belieben verfügen kann. Mangels Stimmrechtseinfluss scheidet eine Zurechnung beim Verleiher ebenfalls aus.[41]

(5) Kapitalanlagegesellschaften

Kapitalanlagegesellschaften verwalten das Sondervermögen für ge- **40**
meinschaftliche Rechnung der Anteilsinhaber (§ 1 Abs. 1 KAGG), sodass grundsätzlich Stimmrechte aus Aktien, die im Eigentum der Gesellschaft[42] stehen, den Anteilsinhabern nach § 30 Abs. 1 Satz 1 Nr. 2 zuzurechnen wären. Diese **Zurechnung** wird aber durch § 10 Abs. 1a Satz 2 HS 2 KAGG **ausgeschlossen**,[43] so weit es sich bei dem Sondervermögen nicht um einen Spezialfonds[44] handelt.[45]

---

38 *Kümpel/Peters*, Aktuelle Rechtsfragen der Wertpapierleihe, AG 1994, 529, sprechen unter Hinweis auf § 405 AktG selbst dem Inhaber der Aktie das Recht ab, das Stimmrecht auszuüben.

39 Zu § 22 Abs. 1 Nr. 1 WpHG a.F. ebenso *Opitz*, in: Schäfer (Fn. 13), § 22 WpHG Rn. 27 und 31. A. A. *Schneider* (Fn. 13), § 22 WpHG Rn. 49f., und *Nottmeier/Schäfer* (Fn. 15), 93 die allein auf die wirtschaftliche Zuordnung abstellen.

40 Vgl. Rn. 50.

41 A.A. *Schneider*, in Assmann/Schneider, § 32 WpHG Rn. 49; *Burgard*, BB 1995, 2069, 2073; wie hier *Süßmann*, in: Geibel/Süßmann, § 30 WpÜG Rn. 13f.

42 Für den Fall, dass die Aktien im Miteigentum der Anteilsinhaber stehen, siehe § 29 Rn. 34 f.

43 Der *Gemeinsame Ausschuss für Fragen des Unternehmensrecht des Bundesverbandes der deutschen Industrie, des Deutschen Industrie- und Handelskammertages, der Bundesvereinigung der deutschen Arbeitgeberverbände und des Gesamtverbandes der deutschen Versicherungswirtschaft* (Fn. 7), S. 5, trat für eine Gleichbehandlung aller Asset-Manager ein („Level-Playing-Field“).

44 Vgl. die Legaldefinition in § 2 Abs. 2 Satz 1 KAGG, wonach Spezialfonds Sondervermögen sind, deren Anteilsscheine aufgrund schriftlicher Vereinbarungen mit der Kapitalanlagegesellschaft jeweils von nicht mehr als zehn Anteilsinhabern, die nicht natürliche Personen sind, gehalten werden.

45 § 30 Abs. 1 ist dann nicht anwendbar.

41 Werden die Aktien durch eine **ausländische Investmentgesellschaft** verwaltet, ist die Zurechnung ausgeschlossen, wenn die Anteilsinhaber im Regelfall keine Weisung für die Ausübung des Stimmrechts erteilen können (§ 15 b Abs. 2 Satz 2 HS 2 AuslInvestmG).

c) Als Sicherheit übertragen (§ 30 Abs. 1 Satz 1 Nr. 3)

42 Die Vorschrift regelt einen speziellen Fall der Treuhand. Im Unterschied zu § 30 Abs. 1 Satz 1 Nr. 2 führt die Übertragung zur Sicherheit zu einer **ausschließlichen Zuordnung** der Stimmrechte.[46] Ist der Sicherungsnehmer nicht befugt und gewillt, die Stimmrechte weisungsunabhängig auszuüben, sind die Stimmrechte ausschließlich dem Sicherungsgeber zuzurechnen. Darf aber der Sicherungsnehmer die Stimmrechte weisungsunabhängig ausüben und bekundet er den Willen, dieses auch zu tun, dann sind die Stimmrechte aus den ihm zur Sicherheit übereigneten Aktien ausschließlich ihm zuzurechnen.[47]

43 Im Vergleich zu § 22 Abs. 1 Nr. 4 WpHG a. F. ist nach dem WpÜG eine Zurechnung von Stimmrechten aus sicherungsübereigneten Aktien nur ausgeschlossen,[48] wenn der Sicherungsnehmer bekundet, die Stimmrechte **unabhängig von Weisungen** des Sicherungsgebers auszuüben.[49] Diese Ergänzung verdeutlicht, dass Anknüpfungspunkt für die Zurechnung neben einer wirtschaftlichen Zuordnung[50] auch ein bestimmter Einfluss auf die Stimmrechtsausübung ist. Soll keine Zurechnung erfolgen, muss also der Sicherungsgeber nicht nur nachweisen, dass der Sicherungsnehmer befugt und gewillt ist, die Stimmrechte auszuüben, sondern weiter, dass dieser diese weisungsunabhängig auszuüben gewillt ist. Eine Anmeldung des Sicherungsnehmers zur Hauptversammlung bringt Letzteres allein noch nicht zum Ausdruck.

44 Vom Wortlaut des § 30 Abs. 1 Satz 1 Nr. 3 erfasst sind nur die Fälle, in denen der Sicherungsnehmer infolge der Übertragung nach außen die Befugnis zur Stimmrechtsausübung erlangt, im deutschen Recht also nur die Übereignung.

45 Für Aktien, an denen ein **Pfandrecht** bestellt ist, kann aber aufgrund der Ähnlichkeit hinsichtlich der Befugnis zur Stimmrechtsausübung

46 Zu § 22 Abs. 1 Nr. 4 WpHG a. F. ebenso *Burgard* (Fn. 17), 2075.
47 Siehe auch § 29 Rn. 36.
48 Der erweiterten Zurechnung steht § 9 Satz 1 Nr. 4 AngebotsVO gegenüber, der die Befreiung von einem Pflichtangebot ermöglicht, wenn die Aktien zum Zwecke der Forderungssicherung erworben wurden.
49 Der DiskE-ÜG enthielt diesen Zusatz noch nicht.
50 Vgl. insoweit § 246 Abs. 1 Satz 5 HGB für die Bilanzierung des Sicherungsguts.

nichts anderes gelten als das, was auch für zur Sicherheit übereignete Aktien gilt. Es erfolgt auch in diesen Fällen eine ausschließliche Zuordnung. Für einen Pfandgeber bedeutet das Folgendes: als Inhaber der verpfändeten Aktien hält er diese im Sinne von § 29 Abs. 2, es sei denn der Pfandnehmer ist befugt, die Stimmrechte aus den zu seinen Gunsten verpfändeten Aktien auszuüben und bekundet die Absicht, dieses unabhängig von Weisungen des Pfandgebers tun.[51]

d) Nießbrauch (§ 30 Abs. 1 Satz 1 Nr. 4)

Die Vorschrift entspricht dem bisherigen § 22 Abs. 1 Nr. 5 WpHG, nach dem dem aus einem Nießbrauch Berechtigten die Stimmrechte aus den belasteten Aktien zuzurechnen sind. Über § 30 Abs. 1 Satz 2 sind nunmehr auch Stimmrechte aus Aktien erfasst, an denen zu Gunsten eines Tochterunternehmens des Bieters ein Nießbrauch bestellt ist. **46**

Dem Nießbraucher werden die Stimmen aus zu seinen Gunsten belasteten Aktien zugerechnet. Ob ihm die Ausübung des Stimmrechts tatsächlich zusteht, ist unbeachtlich.

e) Durch Willenserklärung erwerben (§ 30 Abs. 1 Satz 1 Nr. 5)

Der Gesetzgeber hat den bisherigen § 22 Abs. 1 Nr. 6 WpHG inhaltlich übernommen. **47**

Erfasst werden Fälle, in denen eine Willenserklärung des Bieters **unmittelbar** zum Erwerb der Aktien führt, er so also Inhaber der Aktien und damit des Stimmrechts wird. Es muss demnach ein **Angebot auf Übereignung** vorliegen, dass der Bieter einseitig annehmen kann.[52] Soweit bei **Inhaberaktien** eine Übergabe für den Erwerb notwendig ist, muss der Bieter deshalb bereits im Besitz der Aktien (§§ 854, 857, 868 BGB) sein oder diesen mit Abgabe der Willenserklärung erlangen.

Ebenfalls unter § 30 Abs. 1 Satz 1 Nr. 5 fallen Fallgestaltungen, in denen zwar nicht eine Willenserklärung, dafür aber eine **andere frei beeinflussbare Handlung des Bieters** unmittelbar zum Erwerb führt; so beispielsweise die Kaufpreiszahlung bei bedingter Übereignung. Ist die Übereignung dagegen an eine Bedingung geknüpft, die der Bieter nicht selbst herbeiführen kann, erfolgt keine Zurechnung.[53] Um eine **48**

---

51 Siehe auch § 29 Rn. 37.

52 Zu § 22 Abs. 1 Nr. 6 WpHG a. F. ebenso *Riehmer/Schröder* (Fn. 7), S. 15.

53 A. A. zu § 22 Abs. 1 Nr. 6 WpHG a. F. *Burgard*, WM 2000, 614, hinsichtlich der Beschlüsse der Hauptversammlung einer bietenden AG. Dabei übersieht er, dass die Gesellschaft durch ihre Vertretungsorgane gerade keinen Einfluss auf die Beschluss-

solche Bedingung handelt es sich, wenn der Erwerb von einer bestimmte Beschlussfassung einer Hauptversammlung abhängig gemacht wird.[54]

49 Hinsichtlich der entsprechenden Vorschrift im WpHG war umstritten, inwieweit auch Tatbestände erfasst werden, in denen dem Meldepflichtigen ein **Anspruch auf Lieferung** oder das Recht, einen solchen auszulösen, zusteht.[55] Gegen eine solche Ausdehnung des § 30 Abs. 1 Satz 1 Nr. 5 spricht zum einen der Wortlaut, in den der Gesetzgeber in Kenntnis der Streits einen schuldrechtlichen Lieferanspruch nicht aufgenommen hat. Zum anderen, und das ist entscheidend, ist ein Pflichtangebot nur dann gerechtfertigt, wenn der Bieter eine Rechtsstellung innehat, die ihm eine Stimmrechtsausübung sichert, die also nicht von Dritten beeinflusst werden kann.[56] Sachgerecht ist demnach die vom Gesetzgeber vorgenommene Unterscheidung, nach der dem Erwerb vorgelagerte Übereignungsansprüche lediglich Einfluss auf Art und Mindesthöhe der Gegenleistung haben (§ 31 Abs. 6 Satz 1).

50 Demnach werden nach § 30 Abs. 1 Satz 1 Nr. 5 Stimmrechte aus Aktien **nicht zugerechnet**, auf die der Bieter als Käufer, als Inhaber einer (ausgeübten) börsengängigen Kaufoption, als Bezugsrechtsinhaber, als Pensionsgeber oder als Wertpapierverleiher einen Übereignungsanspruch hat bzw. haben kann.[57] Gleiches gilt für den Bieter, der auf Termin kauft. Bis zum bestimmten Termin sind die Stimmrechte ihm nicht zuzurechnen. Zwar kann das **Termingeschäft** so ausgestaltet sein, dass der Bieter am Termin unmittelbar ohne weitere

---

fassung ihrer Aktionäre hat. Gegen ihn auch *Riehmer/Schröder* (Fn. 7), S. 15. Für Fälle, in denen die Bedingung eine positive behördliche oder gerichtliche Entscheidung über die kartellrechtliche Unbedenklichkeit ist, tritt *Witt*, AG 1998, 177, hinsichtlich des WpHG für einen zusätzlichen Zurechnungstatbestand ein.

54 Oder auch der Zustimmung zum Erwerb durch die Gesellschaft bei vinkulierten Namensaktien (§ 68 Abs. 2 AktG): bis zur Zustimmung ist die Übertragung der Mitgliedschaft schwebend unwirksam, vgl. BGH, 28.4.1954 – II ZR 8/53, BGHZ 13, 179.

55 Siehe zum einen *Opitz*, in: Schäfer (Fn. 13), § 22 WpHG Rn. 61 und 64f., der sich gegen eine solche Ausweitung ausspricht, und zum anderen *Schneider* (Fn. 13), § 22 WpHG Rn. 91ff. – jeweils mit weiteren Nachweisen.

56 So auch die Regierungsbegründung, BR-Drucks. 574/01, S. 132. Auch *Börsensachverständigenkommission* (Fn. 6), S. 14, hebt hervor, dass es auf den Zeitpunkt ankommt, ab dem die Kontrolle tatsächlich ausgeübt werden kann.

57 Ebenso zum WpHG *Witt* (Fn. 29), 237 und *ders.*, Übernahmen von Aktiengesellschaften und Transparenz der Beteiligungsverhältnisse, 1998, S. 152 (zu § 22 Abs. 1 Nr. 6 WpHG a.F.).

Willenserklärung Inhaber der Aktien wird,[58] doch kann er sich davor gerade nicht Einfluss auf die Stimmrechtsausübung verschaffen.

f) Anvertraut (§ 30 Abs. 1 Satz 1 Nr. 6)

aa) Allgemeines

Nach § 30 Abs. 1 Satz 1 Nr. 6 werden dem Bieter Stimmrechte aus Aktien, die ihm anvertraut sind, zugerechnet, wenn er die Stimmrechte aus diesen Aktien nach eigenem Ermessen ausüben kann, wenn keine besonderen Weisungen des Aktionärs vorliegen. Im Unterschied zum bisherigen Zurechnungstatbestand des § 22 Abs. 1 Nr. 7 WpHG, ist nunmehr **kein besonderes Verwahrverhältnis** mehr erforderlich. Die Aktien können demnach auch bei einem anderen als dem, der zur Ausübung des Stimmrechts bevollmächtigt ist, verwahrt werden.[59] Hinsichtlich der erweiterten Transparenz nach den Vorschriften des WpHG mag das überzeugen, hinsichtlich der Angebotspflicht nach dem WpÜG geht die Vorschrift aber in typischen Konstellationen zu weit, sodass sie **restriktiv auszulegen** ist.[60] 51

bb) Einzelfälle

(1) Fälle gesetzlicher Verfügungsbefugnis

Fraglich ist zunächst, ob elterliche Sorge (§ 1629 BGB), Insolvenzverwaltung (§§ 22, 80 InsO), Nachlassverwaltung (§ 1984 BGB) oder Testamentsvollstreckung (§§ 2205, 2211 BGB) eine Zurechnung nach § 31 Abs. 1 Satz 1 Nr. 6 begründen. Kennzeichnend in diesen Fällen der gesetzlichen Verfügungsbefugnis ist, dass dem Inhaber der Aktien **kein Weisungsrecht** zusteht. Demnach wären nach den oben genannten Grundsätzen dem gesetzlichen Verwalter die Stimmrechte aus den verwalteten Aktien zuzurechnen. Das erscheint aber vor dem Hintergrund einer persönlichen Angebotspflicht nach § 35 Abs. 1 Satz nicht sachgerecht. So ist zu bedenken, dass der Verwalter eine Zurechnung und damit eine persönliche Angebotspflicht nicht dadurch abwenden kann, dass er den Inhaber zu einer Weisung auffordert. 52

Deshalb ist § 30 Abs. 1 Satz 1 Nr. 6 entgegen der zu § 22 Abs. 1 Nr. 7 WpHG a. F. vertretenen Ansicht[61] dahingehend auszulegen, dass 53

58 Zu denken ist an die Annahme eines Angebots zum Ende der Angebotsfrist verbunden mit einem Übereignungsangebot, vgl. *Riehmer/Schröder* (Fn. 7), S. 15.

59 Vgl. Regierungsbegründung, BR-Drucks. 574/01, S. 220.

60 Siehe sogleich Rn. 52 ff.

61 *Opitz*, in: Schäfer (Fn. 13), § 22 WpHG Rn. 80.

der Tatbestand eine **Weisungsbefugnis des Inhabers der Aktien** erfordert, um so Fälle der gesetzlichen Verfügungsbefugnis vom Anwendungsbereich auszuschließen. Unberührt bleibt freilich eine Zurechnung nach § 30 Abs. 2, wenn beispielsweise ein Testamentsvollstrecker, der selbst Aktionär ist, die eigenen Stimmrechte in gleicher Weise ausübt wie die Stimmrechte aus den Aktien des Nachlasses.[62]

(2) Kapitalanlagegesellschaften, andere Formen der rechtsgeschäftlichen Vermögensverwaltung

54 Stimmrechte aus Aktien, die zu einem von der **Kapitalanlagegesellschaft** verwalteten Sondervermögen gehören, das (1) kein Spezialfonds ist und (2) dessen Vermögensgegenstände im Miteigentum der Anteilsinhaber stehen, gelten bereits nach § 10 Abs. 1 a Satz 2 KAGG als von der Kapitalanlagegesellschaft in Sinne von § 29 Abs. 2 gehalten,[63] sodass es keiner Zurechnung mehr bedarf. Gleiches gilt für ausländische Investmentgesellschaften, wenn die Anteilsinhaber im Regelfall keine Weisungen für die Ausübung der Stimmrechte erteilen (§ 15 b Abs. 2 Satz 2 AuslInvestmG).[64]

55 Handelt es sich hingegen um einen **Spezialfonds** oder eine andere Form der rechtsgeschäftlichen[65] Vermögensverwaltung, bei der dem Verwalter Aktien anvertraut sind, erfolgt eine Zurechnung, wenn dem Verwalter die Befugnis eingeräumt ist, die Stimmrechte im eigenen Ermessen auszuüben und keine besondere Weisung des Inhabers der Aktien vorliegt.

(3) Depotstimmrecht der Banken

56 Kreditinstituten, die gemäß § 135 AktG bevollmächtigt sind, das Stimmrecht auszuüben, werden diese Stimmen **nicht zugerechnet**.[66] Erteilt der Aktionär keine besonderen Weisungen, ist das bevollmächtigte Kreditinstitut an den nach § 128 Abs. 2 Satz 1 AktG erteilten Vorschlag gebunden, § 135 Abs. 5 AktG. Diese Bindung und der Umstand, dass bereits der Vorschlag vom Interesse des Aktionärs geleitet sein muss (§ 128 Abs. 2 Satz 3 AktG), begründen, dass eine Stimm-

62 Siehe dazu auch unten unter Rn. 64.
63 Vgl. § 29 Rn. 34.
64 Vgl. § 29 Rn. 35.
65 Zu Fällen der gesetzlichen Verwaltung siehe bereits oben Rn. 52 f.
66 Zu § 22 Abs. 1 Nr. 7 WpHG a. F. a. A. insbesondere *Burgard* (Fn. 17), 2076 f., der auf die Maßgeblichkeit der Transparenzrichtlinie abstellt. Hinsichtlich des WpÜG scheidet dieses Argument aber aus.

rechtsausübung im eigenen Ermessen nicht erfolgen kann. Selbst wenn die Umstände ein Abweichen von dem erteilten Vorschlag erlauben, ist im Interesse des Aktionärs, also nicht nach eigenem Ermessen zu handeln, § 135 Abs. 5 Alt. 2 AktG. Besteht bereits eine eigene unmittelbare oder mittelbare Beteiligung in Höhe von 5 Prozent, kann das Stimmrecht nur gemeinsam mit den eigenen Stimmrechten ausgeübt werden, wenn eine ausdrückliche Weisung vorliegt, § 135 Abs. 1 Satz 3 AktG. Deshalb erfolgt auch in den letztgenannten Fällen keine Zurechnung an das bevollmächtigte Kreditinstitut.

III. Zurechnung wegen abgestimmten Verhaltens (§ 30 Abs. 2)

1. Allgemeines

Während die Tatbestände des ersten Absatzes Stimmrechte aus Aktien zurechnen, auf deren Ausübung der Bieter aufgrund eines Rechtsverhältnisses Einfluss hat, sind nach § 30 Abs. 2 dem Bieter Stimmrechte Dritter zuzurechnen, mit denen er oder sein Tochterunternehmen sein Verhalten in Bezug auf die Zielgesellschaft abstimmt. Erfasst werden nicht nur Aktien, deren Inhaber der Dritte selbst ist, sondern auch solche, die diesem nach den Tatbeständen des ersten Absatzes zuzurechnen sind (§ 30 Abs. 2 Satz 2). 57

Die Vorschrift beschreibt damit einen Tatbestand, der international als **„acting in concert"**[67] bezeichnet wird. Im Unterschied zu § 2 Abs. 5, der gemeinsam handelnde Personen definiert, ist der Anwendungsbereich von § 30 Abs. 2 Satz 1 dadurch weiter, dass vom Wortlaut her sämtliche auf eine Zielgesellschaft bezogene abgestimmten Handlungsweisen erfasst werden, also nicht nur den Erwerb von Wertpapieren[68] oder die Ausübung des Stimmrechts. Weiter sind auch die Tochterunternehmen des Dritten einbezogen, die § 2 Abs. 5 ausklammert.[69] 58

67 Zum London City Code vgl. bereits oben Rn. 14.

68 § 2 Abs. 6 DiskE-ÜG sprach noch von Aktien, sodass der Unterschied zum Zurechnungstatbestand darin lag, dass letzterer auch Dritte erfasst, die Vorzugsaktien an der Zielgesellschaft halten bzw. erwerben wollen. Vgl. auch *Pötzsch/Möller*, WM 2000, Sonderbeilage 2, 19. Bedeutung hätte diese Unterscheidung für den Fall gehabt, dass Tochterunternehmen des Dritten Stimmrechte an der Zielgesellschaft halten.

69 *Oechsler* (Fn. 12), 819, spricht hier von einer „systemischen Verwirrung" und fordert zu Recht einen einheitlichen Tatbestand des gemeinsam handelnden Dritten.

59 Mit Blick auf den bisherigen § 22 Abs. 1 Nr. 3 WpHG[70] ist festzustellen, dass der Gesetzgeber mit § 30 Abs. 2 Satz 1 einen **generalklauselartigen Zurechnungstatbestand** geschaffen hat.[71] Die Zurechnung setzt weder eine verpflichtende Vereinbarung, noch die Verfolgung langfristiger Ziele bezüglich der Geschäftsführung der Gesellschaft voraus. Auch ist der Tatbestand nicht auf einvernehmliche Stimmrechtsausübung begrenzt.[72]

2. Der Tatbestand im Einzelnen

60 Die Vorschrift knüpft die Zurechnung an eine Abstimmung zwischen dem Bieter oder seiner Tochtergesellschaft und einem Dritten. Die Abstimmung muss das Verhalten des Bieters oder seiner Tochtergesellschaft in Bezug auf die Zielgesellschaft betreffen. Mit dieser weiten Formulierung begegnet der Gesetzgeber den Anwendungsproblemen des bisherigen § 22 Abs. 2 Nr. 3 WpHG, der von langfristigen gemeinschaftlichen Zielen bezüglich der Geschäftsführung handelte, die durch einvernehmliche Stimmrechtsausübung zu erreichen seien. Typische Verhaltensweisen sind die bereits in § 2 Abs. 5 Genannten: Erwerb von Wertpapieren der Zielgesellschaft und Ausübung des Stimmrechts. Ausgenommen sind Vereinbarungen über die Stimmrechtsausübung in Einzelfällen bzw. in Bezug auf konkrete Sachverhalte.

61 Das Gesetz definiert „abstimmen" nicht. Als Mittel des Abstimmens wird lediglich die Vereinbarung genannt. Dadurch erschließt sich aber auch schon der Kern des Begriffs, nämlich die **gegenseitige Verständigung**.

62 Eine gegenseitige Verständigung findet ihren deutlichsten Ausdruck in einem **Vertrag**.[73] Kennzeichnend ist die rechtliche Verbindlichkeit. Erfasst wird aber auch eine Vereinbarung, auf deren rechtliche Verbindlichkeit die Parteien – aus welchen Gründen auch immer – verzichten, die aber aufgrund anderer sozialer Normen eine ähnliche Bindung zwischen den Beteiligten erzeugt (sog. **Gentlemen's agreement**).

---

70 S. dazu *Burgard* (Fn. 17), 2074 f.

71 Hinsichtlich § 22 Abs. 2 WpHG spricht *Witt* (Fn. 29), 238, von einer erheblichen Verbesserung der Gesetzesform.

72 Bereits hinsichtlich des Übernahmekodexes stellt *Letzel*, NZG 2001, 264, die Rechtfertigung eines Pflichtangebots wegen einer Zurechnung infolge eines Stimmbindungsvertrags infrage; von der Vereinbarung könne abgewichen werden, zu beachten sei, ob für diesen Fall Vertragsstrafen vorgesehen sind.

73 § 22 Abs. 1 Nr. WpHG a. F. sprach noch von einer verpflichtenden Vereinbarung.

Schwächer in der Art der Verständigung, aber durchaus noch ausreichend kann es sein, dass die Beteiligten **ohne** eine **ausdrückliche** Vereinbarung abgestimmt handeln.[74] Zu denken ist an **Familienmitglieder**, die sich durch eine Familientradition verpflichtet sehen, ihren jeweiligen Anteil an einer Gesellschaft nicht ohne Abstimmung mit den anderen Familienmitgliedern zu verwalten. Für einen Außenstehenden wird es freilich schwierig sein, eine stillschweigende Vereinbarung von einem Verhalten zu unterscheiden, bei dem eine Person ihr Verhalten nur an dem eines Dritten ausrichtet, es etwa kopiert. Beobachtet also beispielsweise ein Marktteilnehmer, dass ein anderer verstärkt Aktien einer Gesellschaft erwirbt, und schließt er sich dem in der Erwartung von Kurssteigerungen an, sind ihm die Stimmen des anderen nicht zuzurechnen. **63**

Die gegenseitige Verständigung kann auch **in einer Person** begründet werden (vgl. § 181 BGB), was die Erkennbarkeit entsprechend erschwert.[75] So sind beispielsweise einem Testamentsvollstrecker, der selbst Aktionär ist und die eigenen Stimmrechte in gleicher Weise ausübt wie die Stimmrechte aus den Aktien des Nachlasses, letztere zuzurechnen. **64**

Ebenfalls von einem abgestimmten Verhalten in Bezug auf die Zielgesellschaft ist auszugehen, wenn **mehrere Personen einvernehmlich einen Dritten** mit der Wahrnehmung ihrer Interessen betrauen. Gründen beispielsweise zwei Personen eine Gesellschaft, deren alleiniger Zweck es ist, Aktien der Zielgesellschaft zu erwerben und die Stimmrechte im Interesse ihrer Gesellschafter auszuüben, so sind jedem Gesellschafter die Stimmrechte des anderen zuzurechnen. **65**

Fraglich erscheint hingegen, ob der Abschluss eines Vorvertrages über den Weiterverkauf bestimmter Betriebsteile der Zielgesellschaft nach erfolgreicher Übernahme ein Verhalten in Bezug auf die Zielgesellschaft darstellt.[76] Folge wäre, dass derjenige, der einen solchen Vertrag mit dem Bieter schließt, selbst einer persönlichen Angebotspflicht ausgesetzt sein könnte. Das ist aber kaum gerechtfertigt, da sich das Verhalten (i.e. der Erwerb bestimmter Betriebsteile) erst nach der **66**

---

74 Regierungsbegründung, BR-Drucks. 574/01, S. 81, nennt in diesem Zusammenhang gleichgerichtetes Abstimmungsverhalten.

75 Durchaus nachahmenswert ist daher der London City Code (definition von acting in concert), der für typische Fälle bestimmt, dass ein gemeinsames Vorgehen vermutet wird (vgl. Rn. 14).

76 Vgl. Regierungsbegründung, BR-Drucks. 574/01, S. 81, wonach der Abschluss eines solchen Vertrages noch nicht den Tatbestand der gemeinsam handelnden Person (§ 2 Abs. 5) begründen soll.

Übernahme manifestieren soll. Deshalb begründet der Abschluss eines solchen Vorvertrages keine Zurechnung nach § 30 Abs. 2 Satz 1. Es handelt sich allenfalls um ein abgestimmtes Verhalten in einem konkreten Einzelfall. (s. o. Rn. 60)

67 **Kein abgestimmtes Verhalten** in Bezug auf die Zielgesellschaft ist die Beratung in die Zielgesellschaft betreffenden Angelegenheiten. Einem Rechtsanwalt, der einen Bieter hinsichtlich der Gestaltung einer Übernahme der Zielgesellschaft berät, sind demnach die Stimmrechte des Bieters nicht aufgrund seiner beratenden Tätigkeit zuzurechnen.

§ 31 Gegenleistung

(1) Der Bieter hat den Aktionären der Zielgesellschaft eine angemessene Gegenleistung anzubieten. Bei der Bestimmung der angemessenen Gegenleistung sind grundsätzlich der durchschnittliche Börsenkurs der Aktien der Zielgesellschaft und Erwerbe von Aktien der Zielgesellschaft durch den Bieter, mit ihm gemeinsam handelnder Personen oder deren Tochterunternehmen zu berücksichtigen.

(2) Die Gegenleistung hat in einer Geldleistung in Euro oder in liquiden Aktien zu bestehen, die zum Handel an einem organisierten Markt zugelassen sind. Werden Inhabern stimmberechtigter Aktien als Gegenleistung Aktien angeboten, müssen diese Aktien ebenfalls ein Stimmrecht gewähren.

(3) Der Bieter hat den Aktionären der Zielgesellschaft eine Geldleistung in Euro anzubieten, wenn er, mit ihm gemeinsam handelnde Personen oder deren Tochterunternehmen

1. **in den drei Monaten vor der Veröffentlichung gemäß § 10 Abs. 3 Satz 1 insgesamt mindestens fünf Prozent der Aktien oder Stimmrechte an der Zielgesellschaft oder**
2. **nach der Veröffentlichung gemäß § 10 Abs. 3 Satz 1 und vor Ablauf der Annahmefrist insgesamt mindestens ein Prozent der Aktien oder Stimmrechte an der Zielgesellschaft**

gegen Zahlung einer Geldleistung erworben haben.

(4) Erwerben der Bieter, mit ihm gemeinsam handelnde Personen oder deren Tochterunternehmen nach Veröffentlichung der Ange-

botsunterlage und vor der Veröffentlichung gemäß § 23 Abs. 1 Satz 1 Nr. 2 Aktien der Zielgesellschaft und wird hierfür wertmäßig eine höhere als die im Angebot genannte Gegenleistung gewährt oder vereinbart, erhöht sich die den Angebotsempfängern der jeweiligen Aktiengattung geschuldete Gegenleistung wertmäßig um den Unterschiedsbetrag.

(5) Erwerben der Bieter, mit ihm gemeinsam handelnde Personen oder deren Tochterunternehmen innerhalb eines Jahres nach der Veröffentlichung gemäß § 23 Abs. 1 Satz 1 Nr. 2 außerhalb der Börse Aktien der Zielgesellschaft und wird hierfür wertmäßig eine höhere als die im Angebot genannte Gegenleistung gewährt oder vereinbart, ist der Bieter gegenüber den Inhabern der Aktien, die das Angebot angenommen haben, zur Zahlung einer Geldleistung in Euro in Höhe des Unterschiedsbetrages verpflichtet. Satz 1 gilt nicht für den Erwerb von Aktien im Zusammenhang mit einer gesetzlichen Verpflichtung zur Gewährung einer Abfindung an Aktionäre der Zielgesellschaft und für den Erwerb des Vermögens oder von Teilen des Vermögens der Zielgesellschaft durch Verschmelzung, Spaltung oder Vermögensübertragung.

(6) Dem Erwerb im Sinne der Absätze 3 bis 5 gleichgestellt sind Vereinbarungen, auf Grund derer die Übereignung von Aktien verlangt werden kann. Als Erwerb gilt nicht die Ausübung eines gesetzlichen Bezugsrechts auf Grund einer Erhöhung des Grundkapitals der Zielgesellschaft.

(7) Das Bundesministerium der Finanzen kann durch Rechtsverordnung, die nicht der Zustimmung des Bundesrates bedarf, nähere Bestimmungen über die Angemessenheit der Gegenleistung nach Absatz 1, insbesondere die Berücksichtigung des durchschnittlichen Börsenkurses der Aktien der Zielgesellschaft und der Erwerbe von Aktien der Zielgesellschaft durch den Bieter, mit ihm gemeinsam handelnder Personen oder deren Tochterunternehmen und die hierbei maßgeblichen Zeiträume sowie über Ausnahmen von dem in Absatz 1 Satz 2 genannten Grundsatz und die Ermittlung des Unterschiedsbetrages nach Absatz 4 und 5 erlassen. Das Bundesministerium der Finanzen kann die Ermächtigung durch Rechtsverordnung auf das Bundesaufsichtsamt übertragen.

Literatur: *Aders/Galli/Wiedemann*, Unternehmenswerte auf Basis der Multiplikatormethode? – Eine Überprüfung mit dem Netto-Ansatz der DCF-Methode –, FB 2000, 197; *Bausch*, Die Multiplikator-Methode – Ein betriebswirtschaftlich sinnvolles Instrument zur Unternehmenswert- und Kaufpreisfindung in Aquisistionsprozessen? –, FB 2000, 448; *Böcking/Nowak*, Marktorientierte Unternehmensbewertung – Darstellung und Würdigung der marktorientierten Vergleichsverfahren vor dem Hintergrund der deutschen Kapitalmarktverhältnisse –, FB 1999, 169; *Dörfler/Gahler/Unterstrasser/Wirichs*, Probleme bei der Wertermittlung von Abfindungsangeboten, Ergebnisse einer empirischen Untersuchung, BB 1994, 156; *Großfeld*, Unternehmens- und Anteilsbewertung im Gesellschaftsrecht, Zur Barabfindung ausscheidender Gesellschafter, 3. Auflage, 1994; *IDW*, IDW Standard: Grundsätze zur Durchführung von Unternehmensbewertungen (IDW S 1) (Stand: 28. 6. 2000), abgedruckt in WPg 2000, 825; *Kohl/Schulte*, Ertragswertverfahren und DCF-Verfahren – Ein Überblick vor dem Hintergrund der Anforderungen des IDW S 1 –, WPg 2000, 1147; *Krieger*, Das neue Übernahmegesetz: Preisfindung beim Übernahmeangebot und Neutralitätspflicht des Vorstands der Zielgesellschaft, in: Henze/Hoffmann-Becking, RWS-Forum 20, Gesellschaftsrecht 2001, 2001; *Küting/Eidel*, Marktwertansatz contra Ertragswert- und Discounted Cash Flow-Verfahren, FB 1999, 225; *Liebscher*, Das Übernahmeverfahren nach dem neuen Übernahmegesetz, ZIP 2001, 853; *Luttermann*, Zum Börsenkurs als gesellschaftsrechtliche Bewertungsgrundlage, Die Maßgeblichkeit des Marktpreises im Zivil- und Steuerrecht, ZIP 1999, 45; *ders.*, Der „durchschnittliche" Börsenkurs bei Barabfindung von Aktionären und Verschmelzungswertrelationen, Besprechung des Beschlusses des Bundesgerichtshofs vom 12. März 2001 – II ZB 15/00, ZIP 2001, 734 („DAT/Altana"), ZIP 2001, 869; *Mülbert*, Übernahmerecht zwischen Kapitalmarktrecht und Aktien(konzern)recht – die konzeptionelle Schwachstelle des RegE WpÜG, ZIP 2001, 1221; *Oechsler*, Der RegE zum Wertpapiererwerbs- und Übernahmegesetz – Regelungsbedarf auf der Zielgeraden!, NZG 2001, 817; *Piltz*, Unternehmensbewertung und Börsenkurs im aktienrechtlichen Spruchstellenverfahren, zugleich Besprechung der Entscheidung BVerfGE 100, 289, ZGR 2001, 185; *ders.*, Die Unternehmensbewertung in der Rechtsprechung, 3. Auflage, 1994; *Riehmer/Schröder*, Der Entwurf des Übernahmegesetzes im Lichte von Vodafone/Mannesmann, NZG 2000, 820; *dies.*, Praktische Aspekte bei der Planung, Durchführung und Abwicklung eines Übernahmeangebots – Übernahmekodex und Referentenentwurf des deutschen Wertpapiererwerbs- und Übernahmegesetzes, BB 2001, Beilage 5; *Schüppen*, Übernahmegesetz ante portas!, – Zum Regierungsentwurf eines „Gesetzes zur Regelung von öffentlichen Angeboten zum Erwerb von Wertpapieren und von Unternehmensübernahmen" –, WPg 2001, 958; *Seppelfricke*, Moderne Multiplikatorverfahren bei der Aktien- und Unternehmensbewertung, FB 1999, 300; *Steiner/Wallmeier*, Unternehmensbewertung mit Discounted Cash Flow-Methoden und dem Economic Value Added-Konzept, FB 1999, 1; *Wenger/Kaserer/Hecker*, Konzernbildung und Ausschluss von Minderheiten im neuen Übernahmerecht: eine verpasste Chance für einen marktorientierten Minderheitenschutz, ZBB 2001, 317; *Zschocke*, Tagungsbeitrag, in: Finanzplatz e.V., Finanzplatz-Forum „Übernahmegesetz", 10. August 2000, S. 24 ff.]

Übersicht

I. Anwendungsbereich, Systematische Stellung, Gesetzgebungsverfahren

1. Regelungsinhalt und -zweck

1 Die Vorschrift gilt für **(freiwillige) Übernahmeangebote** (§ 29 Abs. 1)[1] und durch Verweis des § 39 für **Pflichtangebote** nach § 35 Abs. 2 Satz 1. Für Angebote, die bereits vor dem 1.1.2002 veröffentlicht worden sind, bestimmt § 68, dass die Vorschriften des WpÜG grundsätzlich nicht anzuwenden sind (§ 68 Abs. 2). Anderes gilt, wenn der Bieter aufgrund eines solchen Angebots nach dem In-Kraft-Treten des WpÜG die Kontrolle erlangt. Er unterliegt dann der Angebotspflicht nach § 35 Abs. 2 Satz 1 (§ 68 Abs. 3 Satz 1), kann aber eine Befreiung davon beantragen, wenn das Angebot den Vorgaben der §§ 31 und 32 genügt.

2 § 31 erweitert den Pflichtenkanon des dritten Abschnittes hinsichtlich **Art und Höhe der anzubietenden Gegenleistung**, indem die Vorschrift (1) den Bieter grundsätzlich verpflichtet, eine Geldleistung in

1 *Mülbert*, ZIP 2001, 1223 ff., unterzieht die Mindestpreisregeln für freiwillige Übernahmeangebote einer ausführlichen Kritik. Diese seien weder ökonomisch noch zur Absicherung der Pflichtangebotsregel gerechtfertigt. Weiter stellt er die Vereinbarkeit mit der Niederlassungs- und Kapitalverkehrsfreiheit (Art. 43 ff. und 56 ff. EG) infrage. Kritisch auch *Schüppen*, WPg 2001, 976. Zu dem verfassungsrechtlichen Eckpfeiler und Schranken siehe auch Rn. 22.

Euro oder an einem organisierten Markt zugelassene liquide Aktien anzubieten (§ 31 Abs. 2 Satz 1), (2) in bestimmten Fällen das Angebot einer Geldleistung in Euro vorschreibt (§ 31 Abs. 3), (3) bestimmte Mindestpreise vorschreibt (§ 31 Abs. 1 i.V.m. §§ 3 ff. AngebotsVO), und (4) in bestimmten Fällen den Bieter zu einer höheren Gegenleistung verpflichtet (§ 31 Abs. 4 und 5). Auf Grundlage von § 31 Abs. 7 Satz 1 enthalten §§ 3 bis 7 AngebotsVO nähere Bestimmungen über die Anforderungen an die Angemessenheit der Gegenleistung. Die Vorschriften des § 31 bezwecken zum einen, dass Aktionären der Zielgesellschaft eine angemessene Gegenleistung angeboten wird, und zum anderen, dass, dem allgemeinen Grundsatz des § 3 Abs. 1 folgend, alle Aktionäre der Zielgesellschaft gleich behandelt werden.[2]

Im Gegensatz zu den umwandlungsrechtlichen Regelungen zur Barabfindung (§ 29 Abs. 1 Satz 1, § 207 Abs. 1 Satz 1 UmwG) bestehen bei Übernahmeverfahren enge zeitliche Vorgaben für die Verfahrensbeteiligten. Aus Gründen der Rechtssicherheit und zur Vermeidung von Rechtsstreitigkeiten hielt der Gesetzgeber deshalb die rechtsverbindliche Festlegung von Eckpunkten zur Bestimmung der **Angemessenheit** für wünschenswert. Um die in der Praxis gewonnenen Erfahrungen berücksichtigen zu können, sollen diese Eckpunkte bei Bedarf kurzfristig modifiziert werden können. Aus diesem Grunde wurden die Konkretisierungen der Angemessenheit der Gegenleistung aufgrund Ermächtigung in einer Rechtsverordnung vorgenommen, die schneller und einfacher angepasst werden kann.[3] 3

2. Gesetzgebungsverfahren

Die Bestimmungen zur Gegenleistung[4] waren im Gesetzgebungsverfahren mehreren Änderungen unterworfen. 4

Als Referenzzeitraum für den **durchschnittlichen Börsenkurs** der Aktien der Zielgesellschaft und Vorerwerbe des Bieters sah der DiskE-ÜG[5] einen Zeitraum von sechs Monaten vor (§ 16 Abs. 2, 5

---

2 Siehe auch Regierungsbegründung, BR-Drucks. 574/01, S. 136 und 137.

3 Siehe auch Regierungsbegründung, BR-Drucks. 574/01, S. 135.

4 Nach dem Übernahmekodex waren Bar- und Tauschangebot grundsätzlich uneingeschränkt zulässig, hinsichtlich der Höhe bestimmte Art. 17, dass der Preis mindestens in einem angemessenen Verhältnis zum höchsten Börsenpreis der letzten drei Monate vor Erreichen der Kontrolle liegen muss. Erwarb der Bieter nach Erreichen der Kontrolle und vor Abgabe des Pflichtangebots Wertpapiere der Zielgesellschaft, war der Durchschnittspreis dieser Käufe zu Grunde zu legen.

5 Abgedruckt in NZG 2000, 844.

Satz 1 Nr. 1 Abs. 3 Satz 1 und 3 DiskE-ÜG),[6] was den Empfehlungen der *Börsensachverständigenkommission*[7] und der *Expertenkommission „Unternehmensübernahmen“*[8] entsprach. Die mit dem RefE-ÜG erfolgte Verkürzung begründete der Gesetzgeber damit, dass ein Zeitraum von drei Monaten einen ausreichenden Bezug zur gegenwärtigen Bewertung herstellen würde.[9]

6 **Paketzuschläge**, die der Bieter vor einem öffentlichen Angebot Dritten gewährt, sollten zunächst insoweit berücksichtigt werden, als dass die anzubietende Gegenleistung den Wert der höchsten vom Bieter gewährten Gegenleistung um höchstens 15 Prozent[10] unterschreiten durfte (§ 16 Abs. 3 Satz 3 DiskE-ÜG).[11] Dem lag die Vorstellung zu Grunde, dass der Paketzuschlag Ausdruck einer besonderen ökonomischen Leistung sei, und es deshalb sachgerecht sei, dass Aktionäre, die keine vergleichbare Leistung erbringen, hieran nicht partizipieren.[12] Diese Vorstellung gab der Gesetzgeber mit dem Regierungsentwurf auf: als Ausfluss des allgemeinen Gleichbehandlungsgrundsatzes

---

6 Nach Untersuchungen des BVI anhand repräsentativer Übernahmen gegen Barangebot im Zeitraum von 1998 bis 2000 führe die Verkürzung zu einer durchschnittlichen Schlechterstellung der Minderheitsaktionäre in Höhe von 15 Prozent (*Archner*, Kreditwesen 2001, 1002). Vorzugswürdig sei ein Abstellen auf den höchsten Kurs des Referenzzeitraums („Börsenhöchstpreisregel“).

7 *Börsensachverständigenkommission*, Standpunkte vom Februar 1999; bei drei Monaten bestünde die Gefahr, dass Zufallseinflüsse wie Sondersituationen bei der Gesellschaft, kurzfristige Marktschwankungen und andere Einflüsse nicht die realistische Entwicklung des Börsenkurses widerspiegeln (S. 17).

8 *Expertenkommission „Unternehmensübernahmen“*, Eckpunkte eines künftigen Übernahmegesetzes vom 17.5.2000, abgedruckt in *Pötzsch/Möller*, WM 2000, Sonderbeilage 2, S. 37 f.

9 Begründung zum Referentenentwurf, S. 207.

10 Art. 17 des Übernahmekodex bestimmte ursprünglich, dass der Preis nicht mehr als 25% unter dem Preis liegen sollte, den der Mehrheitsaktionär in den letzten sechs Monaten vor Überschreiten der 50%-Schwelle für Wertpapiere der Zielgesellschaft bezahlt hat. Dem lag die Überlegung zu Grunde, dass der Wert erworbener größerer Pakete unter Umständen höher sein kann als der einzelner Aktien; in einem Paket sei bereits eine Stimmenzahl gebündelt, die einen nennenswerten Einfluss ermöglicht. Ferner werde ein mit dem Erwerb über die Börse verbundener Anstieg des Börsenkurses vermieden (*Übernahmekommission*, Anmerkungen zum Übernahmekodex Börsensachverständigenkommission, Artikel 17). Diese Regelung sei häufig missverstanden und deshalb gestrichen worden (*Übernahmekommission*, Anmerkungen zu den Änderungen des Übernahmekodex ab 1.1.1998, Art. 17). Die *Expertenkommission „Unternehmensübernahmen“* empfahl in ihren Eckpunkten eines künftigen Übernahmegesetzes, Paketzuschläge auf höchstens 15% zu beschränken.

11 So auch noch § 4 Satz 1 des Verordnungsentwurfs zum Referentenentwurf.

12 Vgl. *Pötzsch/Möller*, WM 2000, Sonderbeilage 2, S. 23.

sollen nunmehr die Adressaten eines Übernahme- bzw. Pflichtangebots an Dritten gewährten Paketzuschlägen in vollem Umfang partizipieren können.[13]

Nach § 16 Abs. 1 DiskE-ÜG sollte der Bieter, der **Aktien als Gegenleistung** anbieten will, generell verpflichtet sein, Aktien mit Stimmrecht anzubieten. Demnach wäre er gehindert gewesen, Vorzugsaktionären Vorzugsaktien im Tausch anzubieten. Nach § 31 Abs. 2 besteht diese Pflicht nunmehr nur noch gegenüber Inhabern stimmberechtigter Aktien der Zielgesellschaft.[14] Der Gesetzgeber begründete diese Änderung damit, dass es nicht Zweck der Gegenleistungsregelung sei, die gesellschaftsrechtliche Position der Aktionäre im Hinblick auf das Stimmrecht zu ändern.[15] 7

Die an der zunächst in § 27 Abs. 2 DiskE-ÜG und nun in § 31 Abs. 5 Satz 1 enthaltenen **Pflicht zur Nachbesserung** bei Erwerben innerhalb eines Jahres nach Veröffentlichung des Angebotsergebnisses geübte Kritik[16] wurde erst zum Ende des Gesetzgebungsverfahrens durch den Finanzausschuss[17] berücksichtigt mit der Folge, dass eine Nachbesserung nur noch durch Erwerbe außerhalb der Börse begründet werden kann. 8

Ebenfalls erst auf Empfehlung des Finanzausschusses wurde die Pflicht zu einem Angebot einer **Geldleistung** wegen Erwerben nach 9

---

13 Regierungsbegründung, S. 205. *Archner* (Fn. 6), 999, begrüßt die Streichung des 15 Prozent-Abschlags und hebt die diesbezügliche Initiative des BVI hervor (vgl. auch *Wenger/Kaserer/Hecker*, ZBB 2001, 319f.: „heftiger Protest der Vertreter des Streubesitzes"). Anders der *Zentrale Kreditausschuss*, der sich in seiner Stellungnahme vom 11.10.2001 unter 8. für eine Beibehaltung einer Berücksichtigung von Paketzuschlägen in Höhe von maximal 15 Prozent ausgesprochen hat.

14 *Bundesverband der deutschen Industrie/Deutscher Industrie- und Handelstag/Bundesvereinigung der deutschen Arbeitgeberverbände* sehen darin eine Diskriminierung stimmrechtsloser Vorzugsaktien. (Stellungnahme vom 30.3.2001, S. 11).

15 Regierungsbegründung, BR-Drucks. 574/01, S. 135.

16 *Bundesverband der deutschen Industrie/Deutscher Industrie- und Handelstag/Bundesvereinigung der deutschen Arbeitgeberverbände/Gesamtverband der deutschen Versicherungswirtschaft (Gemeinsamer Arbeitsausschuss für Fragen des Unternehmensrechts)*, vorläufige Stellungnahme, S. 12; *Bundesverband der deutschen Industrie/Deutscher Industrie- und Handelstag/Bundesvereinigung der deutschen Arbeitgeberverbände,* Stellungnahme vom 30. 3. 2001, S. 8; *Deutscher Anwaltverein (Handelsrechtsausschuss)*, Stellungnahme vom April 2001 zu § 31; *Zentraler Kreditausschuss*, Stellungnahme vom 11.10.2001 unter 7. und *Liebscher*, ZIP 2001, 865.

17 Vgl. Beschlussempfehlung und Bericht des Finanzausschusses vom 14.11.2001, BT-Drucks. 14/7477.

Veröffentlichung der Angebotsabsicht gegen Zahlung einer Geldleistung (§ 31 Abs. 3 Nr. 2) an das Überschreiten des Erwerbs von ein[18] Prozent der Aktien oder Stimmrechte geknüpft.

10 Im Hinblick auf die Regelungstechnik ist hervorzuheben, dass der Gesetzgeber seit dem RefE-ÜG davon absieht, die nähere Bestimmung der Angemessenheit der Gegenleistung im Gesetz selbst zu regeln, und statt dessen das Bundesministerium der Finanzen bzw. den Beirat zur näheren Ausgestaltung durch Verordnung ermächtigt hat (§ 31 Abs. 7).

II. Rechtslage in Österreich, der Schweiz und im Vereinigten Königreich

1. Österreich

11 Bei freiwilligen öffentlichen Angeboten beschränkt sich das öÜbG grundsätzlich[19] auf die Regelung von **Parallelerwerben**, die nach der Bekanntgabe, ein Angebot abgeben zu wollen, erfolgen. Derartige Erwerbe sind – so weit sie bessere Konditionen als das Angebot bieten – unzulässig, es sei denn, der Bieter verbessert gleichzeitig das Angebot oder holt die Zustimmung der Übernahmekommission ein.[20]

12 Im Rahmen obligatorischer Angebote ist der Bieter verpflichtet, eine Barabfindung anzubieten.[21] Der **Preis** muss dabei mindestens dem durchschnittlichen Börsenkurs des Beteiligungspapiers während der letzten sechs Monate vor Erreichung der Kontrollschwelle entsprechen. Zusätzlich darf die höchste vom Bieter oder von einem mit ihm gemeinsam handelnden Rechtsträger innerhalb der letzten zwölf Monate in Geld gewährte Gegenleistung nicht um mehr als 15% unter-

18 Der *Deutsche Anwaltverein (Handelsrechtsausschuss)* sprach sich in seiner Stellungnahme vom April 2001 zu § 31 für die Einführung einer Schwelle (2% bis 5%) aus. Ebenso *Krieger*, in: Henze/Hoffmann-Becking, RWS-Forum 20, Gesellschaftsrecht 2001, 2001, S. 296. Art. 5 Abs. 1 der gescheiterten EU-Übernahmerichtlinie in der Fassung des vom Vermittlungsausschuss gebilligten gemeinsamen Textes vom 6. 6. 2001 sah auch für die Parallelerwerbe eine Schwelle von 5% vor.

19 Nach § 22 Abs. 11 öÜbG gelten die Regeln für Pflichtangebote unter besonderen Voraussetzungen auch für freiwillige Angebote.

20 § 16 Abs. 1 und 2 öÜbG.

21 § 22 Abs. 8 S. 1 und 2 öÜbG; Der Bieter kann zusätzlich ein Tauschangebot unterbreiten. Die Attraktivität dieses Angebots hat entscheidenden Einfluss auf die Höhe der Barmittel, die der Bieter benötigt, um alle aufgrund des Pflichtangebots geschlossenen Verträge zu erfüllen.

schritten werden.[22] Sofern der Bieter innerhalb der letzten zwölf Monate Stammaktien erworben hat, das Pflichtangebot aber auch auf den Erwerb anderer Aktien gerichtet ist, muss der für diese Aktien angebotene Preis in einem angemessenen Verhältnis zu der für die Stammaktien gewährten Gegenleistung stehen.[23] Erfolgte der Vorerwerb nicht oder nicht ganz gegen Barzahlung, muss der Gesamtwert der Gegenleistung bei der Berechnung des angemessenen Preises berücksichtigt werden.[24] Gleiches gilt für besondere Umstände, die die Höhe der Gegenleistung bei dem Vorerwerb beeinflusst haben.[25] Alle für die Ermittlung des angemessenen Preises erheblichen Faktoren sind ferner dem nach § 9 Abs. 1 öÜbG zu bestellenden Sachverständigen sowie der Übernahmekommission mitzuteilen.[26]

2. Schweiz

Im schweizerischen Übernahmerecht gelten für Übernahmeangebote und Pflichtangebote **spezifische Preisregelungen**.[27] Danach muss der Preis für die Beteiligungspapiere der Zielgesellschaft mindestens dem Börsenkurs entsprechen und darf den höchsten Preis, den der Bieter in den letzten zwölf Monaten vor der Veröffentlichung des Angebots für Beteiligungspapiere der Zielgesellschaft bezahlt hat, nur um maximal 25% unterschreiten.[28] Als Börsenkurs gilt der um außergewöhnliche Schwankungen bereinigte durchschnittliche Eröffnungskurs der letzten 30 Börsentage vor Veröffentlichung des Angebots.[29] Der Bieter kann zwischen **Barzahlung** und **Aktientausch** als Gegenleistung wählen, selbst wenn der Vorerwerb gegen Barzahlung stattgefunden hat.[30] Auch ein Tauschangebot mit nicht liquiden Aktien ist möglich, erfordert aber eine Bewertung der Aktien durch die Prüfstelle.[31] Detailliert geregelt sind ferner Bewertungsfragen, die auftreten, wenn die Gegenleistung des Vorerwerbs von der Gegenleistung des Angebots ab- 13

22 § 26 Abs. 1 S. 1 und 2 öÜbG.
23 § 26 Abs. 2 öÜbG.
24 § 26 Abs. 3 S. 1 öÜbG.
25 § 26 Abs. 3 S. 2 öÜbG.
26 § 26 Abs. 4 öÜbG.
27 Art. 32 Abs. 4 und 5 sBEHG i.V.m. Art. 37 – 43 sBEHV-EBK. Für freiwillige Übernahmeangebote wird in Art. 10 Abs. 5 S. 2 sUEV-UEK auf die Preisregeln für Übernahmeangebote verwiesen.
28 Art. 32 Abs. 4 sBEHG; Art. 32 Abs. 4 sBEHG i.V.m. Art. 38 sBEHV-EBK.
29 Art. 32 Abs. 4 sBEHG I. V. m. Art. 37 Abs. 2 und 3 sBEHV-EBK.
30 Art. 39 sBEHV-EBK.
31 Art. 42 Abs. 2 sBEHV-EBK.

weicht.[32] Wie im österreichischen Recht ist zudem vorgeschrieben, dass die Preise für verschiedene Arten von Beteiligungspapieren in einem angemessenen Verhältnis zueinander stehen müssen.[33] Eine Erhöhung der Gegenleistung ist im schweizerischen Übernahmerecht ebenfalls vorgesehen. Erwirbt der Bieter nach Veröffentlichung des Angebots Beteiligungspapiere der Zielgesellschaft zu einem über dem Angebotspreis liegenden Preis, ist er verpflichtet, diesen Preis allen Empfängern des Angebots anzubieten.[34]

3. Vereinigtes Königreich

14 Bei **obligatorischen Angeboten** muss den Aktionären der Zielgesellschaft zumindest alternativ zu einem Tauschangebot eine Barabfindung offeriert werden. Die Höhe der Gegenleistung darf den höchsten Preis, den der Bieter oder eine mit ihm gemeinsam handelnde Person während der Angebotsphase und zwölf Monate zuvor für Aktien der Zielgesellschaft gezahlt hat, nicht unterschreiten.[35] Bieter, die ein **freiwilliges Angebot** abgeben, müssen – zumindest alternativ – eine Barabfindung für alle Aktien einer Gattung als Gegenleistung anbieten, wenn sie zwölf Monate vor und innerhalb der Angebotsphase Aktien dieser Gattung gegen Barzahlung erworben haben, und diese Aktien zusammen mehr als zehn Prozent der Stimmrechte aller Aktien dieser Gattung gewähren. Hierbei darf die Höhe der beim Vorerwerb gezahlten Vergütung nicht unterschritten werden.[36] Erfolgt der Erwerb innerhalb der Angebotsphase, bestehen die aufgeführten Verpflichtungen ebenfalls, ohne dass es hierbei auf den Erwerb einer bestimmten Stimmrechtsquote ankommt.[37]

15 Der Erwerb von Aktien der Zielgesellschaft ist ab dem Zeitpunkt, an dem die Abgabe eines Angebots ernsthaft in Erwägung gezogen wird, ohne Zustimmung der Übernahmekommission unzulässig, wenn die Konditionen dieses Erwerbs besser sind als die des Angebots, und der Bieter keine entsprechende Anpassung des Angebots vornimmt.[38] Für **Nacherwerbe** innerhalb von 6 Monaten nach dem Ablauf der Angebotsfrist zu besseren Konditionen gilt das Gleiche, wenn der Bieter

32 Art. 40 sBEHV-EBK.
33 Art. 32 Abs. 4 sBEHG.
34 Art. 10 Abs. 6 sUEV-UEK.
35 Rule 9.5 London City Code.
36 Rule 11.1 (a) London City Code.
37 Rule 11.1 (b) London City Code.
38 Rule 16 London City Code.

oder die mit ihm gemeinsam handelnden Personen mehr als 50% der Stimmrechte der Zielgesellschaft halten.[39]

III. Angemessenheit der Gegenleistung (§ 31 Abs. 1)

§ 31 schränkt den Bieter hinsichtlich der anzubietenden Gegenleistung in zweierlei Weise ein. Zum einen bestimmt Abs. 1 mit Blick auf die Höhe der Gegenleistung, dass diese angemessen sein muss. Zum anderen bestimmt § 31 Abs. 2, welcher Art die Gegenleistung sein darf. **16**

Hinsichtlich der Angemessenheit der angebotenen Gegenleistung sind grundsätzlich der **durchschnittliche**[40] **Börsenkurs der Aktien** der Zielgesellschaft und **Erwerbe**[41] **von Aktien** der Zielgesellschaft durch den Bieter zu berücksichtigen (§ 31 Abs. 1 Satz 2). **17**

Während die Praxis der ordentlichen Gerichtsbarkeit bis 1999 Börsenkurse für grundsätzlich unbeachtlich erklärte und einen „wahren Wert" mittels einer gutachterlichen Unternehmensbewertung zu bestimmen suchte,[42] ordnet nunmehr der Gesetzgeber die **Maßgeblichkeit des** **18**

---

39 Rule 35.3 London City Code.

40 Durch das Abstellen auf einen Durchschnittskurs (anstelle eines reinen Stichtagskurses) soll vermieden werden, dass Kursausschläge unverhältnismäßig stark Berücksichtigung finden (Regierungsbegründung, S. 206). Das Abstellen auf einen Stichtagskurs bezeichnet *Luttermann*, ZIP 2001, 872, als „offenbar untauglich". Preisfindung sei ein fortlaufender Prozess mit Schwankungen. Bei einem Stichtagskurs könne von einer „angemessenen" Bewertung kaum gesprochen werden, eher von einem sowohl lotterieähnlichen als auch manipulierbaren „Zufalls"-Ergebnis. Siehe aber auch *ders.*, ZIP 1999, 47, wo die Stichhaltigkeit des Zufallsarguments und des Arguments der Manipulierbarkeit abgelehnt wird, so weit es um die grundsätzliche Tauglichkeit des Börsenwertes als Bewertungsgrundlage geht. BGH, 12.3.2001 – II ZB 15/00, ZIP 2001, 734, sieht sich veranlasst, aus Gründen der Rechtssicherheit auf einen auf einen bestimmten Zeitpunkt bezogenen Durchschnittskurs abzustellen. Grundsätzlich für einen Stichtagskurs spricht sich hingegen *Piltz*, ZGR 2001, 200 f. (mit weiteren Nachweisen zu diesem Streit) aus.

41 „Ausfluss des allgemeinen Gleichbehandlungsgrundsatzes aller Aktionäre" (Regierungsbegründung, S. 205). Auf das Grundgesetz als Quelle dieses Grundsatzes kann sich der Gesetzgeber dabei aber kaum berufen. Hinsichtlich der Entschädigung außenstehender und ausgeschiedener Aktionäre urteilte das BVerfG, 27.4.1999 – 1 BvR 1613/94, BVerfGE 100, 306, dass es keinen Bedenken begegne, wenn von dem herrschenden Unternehmen tatsächlich gezahlte Preise bei der Bewertung des Anteilseigentums unberücksichtigt bleiben.

42 Siehe dazu nur *Luttermann* (Fn. 40), 870; *Piltz* (Fn. 40), 187 ff. – jeweils mit weiteren Nachweisen. Mit Blick auf die alte Rechtsprechung sprechen *Wenger/Kaserer/Hecker* (Fn. 13), 318, von einer Perspektive des Gesellschafts- und Konzernrechts,

Börsenkurses an. Er folgt damit dem 1999 durch das Bundesverfassungsgericht[43] eingeleiteten Paradigmenwechsel.[44]

19 Wie der Börsenkurs der Aktien der Zielgesellschaft und Erwerbe von Aktien der Zielgesellschaft durch den Bieter zu berücksichtigen sind, ergibt sich aus den Bestimmungen der §§ 3 ff. AngebotsVO. Danach darf die Gegenleistung den nach den Vorschriften der §§ 5 f. AngebotsVO zu errechnenden durchschnittlichen Börsenkurs der Zielgesellschaft nicht unterschreiten,[45] wobei allerdings in besonderen Fällen anstelle des durchschnittlichen Börsenkurses auf eine Unternehmensbewertung abzustellen ist.[46] Erwerbe von Aktien der Zielgesellschaft sind insofern zu berücksichtigen, als dass die Gegenleistung mindestens dem höchsten innerhalb von drei Monaten vor Veröffentlichung der Angebotsunterlage Dritten gewährten Gegenwert entsprechen muss.[47]

20 Werden den Aktionären der Zielgesellschaft **Aktien im Tausch** angeboten, kann die Frage, ob die für eine Aktie der Zielgesellschaft angebotene Anzahl von Aktien ausreichend ist, nur beantwortet werden, wenn auch der Wert der angebotenen Aktien bestimmt ist. Wie dieser zu berechnen ist, ergibt sich aus § 7 AngebotsVO, nämlich in gleicher Weise wie der der Aktien der Zielgesellschaft.[48]

21 Bezieht sich das Angebot auf **verschiedene Aktiengattungen** der Zielgesellschaft, ist die Angemessenheit hinsichtlich jeder Aktiengattung getrennt zu ermitteln (§ 3 Satz 3 AngebotsVO).

1. Verfassungsrechtliche Eckpfeiler und Schranken

22 Der Gesetzgeber sowie der Verordnungsgeber (§ 31 Abs. 7 sowie §§ 3 ff. AngebotsVO) mussten sich im **verfassungsrechtlichen Rahmen** bewegen. Einerseits wird der **Bieter** in seiner allgemeinen Handlungs- und damit Vertragsfreiheit eingeschränkt. Umgekehrt muss das **Unternehmen** davor geschützt werden, sich mit Angeboten auseinander setzen zu müssen, die mit einer hohen Wahrscheinlichkeit erfolg-

für die der Aktienhandel auf organisierten Märkten keine Rolle spielte und dem Börsenkurs folgerichtig keinerlei Bedeutung beikomme.

43 Beschl. v. 27.4.1999 – 1 BvR 1613/94, BVerfGE 100, 289.

44 Auch der BGH hat diesen Wechsel inzwischen vollzogen (Beschl. v. 12.3.2001 – II ZB 15/00, ZIP 2001, 734).

45 Siehe dazu sogleich Rn. 27 ff.

46 Siehe Rn. 36 ff.

47 Im Einzelnen siehe Rn. 69 ff.

48 Siehe auch Rn. 63 ff.

los sein werden. Zweifelhaft ist, ob die **Angebotsempfänger** verfassungsrechtlich zu schützen sind. Ihnen steht es nämlich frei zu verkaufen oder Aktionär zu bleiben. Im Hinblick auf den weiterhin vorhandenen konzernrechtlichen Schutz des Aktiengesetzes (§§ 291 ff. AktG, insbesondere §§ 311 ff. AktG) lässt es sich vertreten, dass die Angebotsempfänger wegen ihrer Freiheit zu verkaufen oder Aktionär zu bleiben, gerade nicht geschützt sind. Ob und inwieweit etwas anderes zu gelten hat, wenn die aktienrechtlichen Konzernrechtsvorschriften zum Schutz der Minderheitsaktionäre im Hinblick auf das WpÜG irgendwann aufgehoben werden sollten, kann derzeit dahingestellt bleiben.

Sollte die AngebotsVO mit ihren detaillierten Bewertungsvorschriften **23**
Preise vorschreiben, die unangemessen hoch sind, so ist nach dem Grundsatz des § 31 Abs. 1 die dann richtige, angemessene Gegenleistung zu ermitteln.

Die **angemessene Gegenleistung** kann theoretisch aus einer **Unter-** **24**
nehmensbewertung oder anhand von Marktdaten, d. h. Börsenkursen, oder anderen tatsächlich erbrachten Gegenleistungen ermittelt werden. Der Gesetzgeber spricht sich dafür aus, dass **„grundsätzlich" von den Marktdaten** auszugehen ist. Das Wort „grundsätzlich" ist hier so zu verstehen, dass auf Marktdaten zurückzugreifen ist, wenn sie verfügbar und als Angemessenheitskriterium geeignet sind. An der Geeignetheit kann es fehlen, wenn die Börsenkurse durch vereinzelte, nicht verallgemeinerungsfähige Transaktionen zu Stande kommen, oder wenn Preise durch Sondereinflüsse (z. B. bei Teilschenkungen in der Familie) nicht aussagekräftig sind. Zweifelhaft ist, ob Verwerfungen, die durch plötzliche Ereignisse die Kurse und Preise verändern, preiserhöhend oder -senkend zu berücksichtigen sind (z. B. Kriegsausbruch, Bürgerkrieg, plötzliche Beeinträchtigungen des freien Kapitalverkehrs, Naturereignisse mit großen Auswirkungen für das Unternehmen; unternehmensbezogene, unerwartete Ereignisse mit großer Relevanz: bahnbrechende Erfindungen werden bekannt; wichtige Arzneimittel müssen wegen Nebenwirkungen zurückgezogen werden; große Rückrufaktion; auf das Unternehmen zurückgehendes, großen Schaden bringendes Ereignis etc.). Grundsätzlich wird man nur in äußersten Ausnahmefällen Gegenleistungen in Abweichung von der AngebotsVO für angemessen halten dürfen. Andererseits ist auch der Anbieter durch Art. 14 GG geschützt. D. h. sein Handeln darf nicht zu Konsequenzen führen, die von ihm Gegenleistungen erwarten lassen, die erkennbar weit über die Angemessenheit hinausgehen. Dies gilt

insbesondere für den Fall eines Pflichtangebotes bei Notübernahmen.[49] Sollte ein Unternehmen aufgrund plötzlicher, unerwarteter Ereignisse mit hoher Kursrelevanz zur Rettung von einem Interessenten übernommen werden, so kann es vollkommen unangemessen sein, das Pflichtangebot auf Kurse zu stützen, die vor dem einschneidenden Ereignis erzielt worden sind. Die Pflicht zu einem derartigen Angebot wäre verfassungsrechtlich nicht haltbar.

25 Aufgrund der Verordnung zur Übertragung der Befugnis zum Erlass von Rechtsverordnungen nach dem Wertpapiererwerbs- und Übernahmegesetz auf das Bundesaufsichtsamt für den Wertpapierhandel ist in einem derartigen Fall das **Bundesaufsichtsamt** verpflichtet, durch Rechtsverordnung für derartige Fälle die Möglichkeit zu schaffen, abweichend von den bisher vorgesehenen Vorschriften den **Angebotspreis festzulegen**.

26 Eine interessante Konstellation der Bewertung ergibt sich, wenn der Kontrollerwerb, der zum Pflichtangebot führt, durch eine **Verschmelzung** zu Stande kam. Man hat es hier mit drei Bewertungen zu tun, die im Prinzip zum selben Ergebnis führen müssten. Zum einen geht es um die Umtauschrelation der beiden verschmolzenen Gesellschaften, die für die Zahl der Aktien, die die aufnehmende Gesellschaft ausgeben muss, maßgeblich ist. Dann geht es um das gegebenenfalls zu gebende Barabfindungsangebot, wenn gemäß § 29 ff. UmwG rechtsformunterschiedliche Gesellschaften verschmolzen wurden. Zum dritten geht es um die Bepreisung des Übernahmeangebots, das der durch die Verschmelzung in Kontrollbesitz gelangende Aktionär abgeben muss. Zwar hat das Bundesverfassungsgericht im Gegensatz zu früherer Auffassung den Börsenkurs als Untergrenze für ein Abfindungsangebot angesehen. Jedoch sind die Börsenkurse typischerweise nicht, zumindest nicht allein maßgeblich für die Festlegung des Umtauschverhältnisses. Insoweit kommt es durch die **Unabgestimmtheit** des UmwG und des WpÜG zu wertungsmäßigen Ungereimtheiten, da sich das Umtauschverhältnis typischerweise mehr an fundamentalen Daten als an Börsenkursen ausrichtet, wobei die Marktkapitalisierung beider Unternehmen, wenn sie an der Börse sind, ein nicht zu unterschätzender Faktor ist. Die Abfindungsregelungen betreffen typischer-

---

49 Vgl. auch *Zentraler Kreditausschuss*, Stellungnahme vom 11. 10. 2001, unter 9.) und *Bundesverband der deutschen Industrie, Deutscher Industrie- und Handelskammertag, Bundesvereinigung der deutschen Arbeitgeberverbände, Gesamtverband der deutschen Versicherungswirtschaft*, Stellungnahme vom 27. 9. 2001, S. 2.

weise Unternehmensbewertungen, die der Ertragswertmethode folgen, aber auch andere Methoden zulassen, wobei seit kurzem aufgrund der Bundesverfassungsgerichtsentscheidung der Börsenkurs als Mindestpreis zu beachten ist. Die Berücksichtigung des Börsenkurses findet aber nicht in derselben formalisierten Form wie beim WpÜG statt. Im Rahmen des dann folgenden Pflichtangebots sind die Börsenkurse nach WpÜG zu berücksichtigen. Aufgrund der unterschiedlichen Zielrichtung des WpÜG dürfte in der unterschiedlichen Ausprägung der Bewertung aber noch keine sachlich ungerechtfertige Ungleichbehandlung liegen, die als Verstoß gegen Artikel 3 GG zu werten wäre.

2. Durchschnittlicher Börsenkurs der Zielgesellschaft (§§ 5 Abs. 1 bis 3 und 6 Abs. 1 bis 5 AngebotsVO)

Auf Grundlage von § 31 Abs. 7 bestimmt § 3 AngebotsVO in Verbindung mit § 5 f. AngebotsVO, wie der durchschnittliche Börsenkurs der Zielgesellschaft zu berücksichtigen ist. Die Gegenleistung darf demnach den durchschnittlichen Börsenkurs nicht unterschreiten (§ 3 Satz 2 AngebotsVO). Hinsichtlich der Börsenkurse ist sodann bestimmt, welcher Zeitraum (Referenzzeitraum) zu berücksichtigen und auf welche Weise der durchschnittliche Börsenkurs zu berechnen ist. Zu beachten ist aber, dass die AngebotsVO in bestimmten Fällen die Durchführung einer Unternehmensbewertung anstelle der Berücksichtigung des durchschnittlichen Bösenkurses anordnet. **27**

a) Referenzzeitraum

Für die Berechnung des durchschnittlichen Börsenkurses ist auf einen Zeitraum von **drei Monaten** abzustellen. Handelt es sich um ein (freiwilliges) Übernahmeangebot (§ 29 Abs. 1), sind die drei Monate vor Veröffentlichung der Angebotsabsicht (§ 10 Abs. 1 Satz 1) zu berücksichtigen, bei einem Pflichtangebot sind es die drei Monate vor Veröffentlichung des Kontrollerwerbs (§ 35 Abs. 1 Satz 1). Sind die Aktien der Zielgesellschaft noch keine drei Monate zugelassen, verkürzt sich der Referenzzeitraum entsprechend, er beginnt dann mit der Einführung in den Handel (§§ 5 Abs. 2 und 6 Abs. 2 AngebotsVO).[50] **28**

50 Problematisch erscheint, dass kein Mindestzeitraum vorgeschrieben wurde, sodass im Extremfall die Zulassung und Einführung am Vortag der Veröffentlichung der Angebotsabsicht genügen würde, um den Börsenkurs zum Maßstab der Angemessenheit zu machen.

b) Berechnung

29 Hinsichtlich der Berechnung des durchschnittlichen Börsenkurses ist zwischen Gesellschaften, deren Aktien zum Handel an einem organisierten Markt im Inland zugelassen sind, und solchen, die es nicht sind, zu unterscheiden.

aa) Zielgesellschaften, deren Aktien zum Handel an einem organisierten Markt im Inland zugelassen sind

30 Nach § 5 Abs. 3 AngebotsVO sind **sämtliche** nach § 9 WpHG[51] **als börslich**[52] **gemeldeten Geschäfte zu berücksichtigen**, wobei Geschäfte des Handelsbestandes auf Antrag unberücksichtigt bleiben können (§ 20 Abs. 1 und 2).

31 Der Verordnungsgeber sah sich hinsichtlich dieser Bestimmung bereits im Rahmen des Gesetzgebungsverfahrens der **Kritik** von Seiten der Praxis ausgesetzt. Zunächst wurde auf die Schwierigkeiten hingewiesen, die Daten sämtlicher Geschäfte zu beschaffen.[53] Diesem Einwand begegnete der Gesetzgeber, indem er eine zeitnahe Veröffentlichung der Kurse durch das Bundesaufsichtsamt vorsah.[54] Weiter wurde aber auch gegen die Vielzahl der zu berücksichtigenden Kurse eingewendet, dass insbesondere für den Kleinanleger keine Transparenz mehr hergestellt werden könne, weshalb ein Abstellen auf Schlusskurse vorzugswürdig sei.[55] Letztlich kann aber nur eine statistische Untersuchung zeigen, welchen Unterschied es hätte, wenn nur auf Tageskurse abgestellt wird und ob der verordnete „Perfektionismus" überhaupt gerechtfertigt ist.

32 Der nach Umsätzen gewichtete **Durchschnittskurs** errechnet sich, indem zunächst Preis und Umsatz jedes Geschäfts multipliziert werden, diese Produkte addiert werden und diese Summe dann durch den Gesamtumsatz geteilt wird.

51 Dazu ausführlich *Süßmann*, Meldepflichten nach § 9 Wertpapierhandelsgesetz, – Zugleich eine Erläuterung der Meldeverordnung und des Meldebogens –, WM 1996, 937.

52 Zu den börslichen Geschäften zählen auch die, die über ein elektronisches Handelssystem einer Börse erfolgen (vgl. § 9 Abs. 2 Nr. 5 WpHG).

53 *Zschocke*, in: Finanzplatz e.V., Finanzplatz-Forum „Übernahmegesetz", S. 26.

54 Vgl. Regierungsbegründung, BR-Drucks. 574/01, S. 208.

55 *Finanzplatz e. V.*, Stellungnahme zum 26.3.2001, S. 4 und *Deutsche Börse*, Stellungnahme vom 8.10.2001, S. 2.

bb) Zielgesellschaften, deren Aktien ausschließlich zum Handel an einem organisierten Markt in einem anderen Staat des EWR zugelassen sind

Sind die Aktien der Zielgesellschaft an mehreren Börsen notiert, sind ausschließlich die **Kurse des Marktes mit dem höchsten Umsatz** zu berücksichtigen (§ 6 Abs. 1 AngebotsVO). Weiter ist dann zu prüfen, ob an dieser Börse eine tägliche Schlussauktion stattfindet. Ist dem so, sind die Kurse dieser Schlussauktion zu berücksichtigen; anderenfalls andere täglich festgestellte Kurse, die zur Bildung eines Durchschnittskurses geeignet sind, § 6 Abs. 3 AngebotsVO. Erfolgt die Notierung nicht in Euro, sind die zu berücksichtigenden Kurse zum Tageskurs in Euro umzurechnen, § 6 Abs. 4 AngebotsVO. 33

Der **durchschnittliche Börsenkurs** errechnet sich dann, indem zunächst alle Kurse addiert werden und diese Summe dann durch die Anzahl der berücksichtigten Kurse geteilt wird (arithmetischer Mittelwert). Auf eine Gewichtung nach Umsatz wurde verzichtet, weil nicht in allen europäischen Ländern entsprechende Daten verfügbar seien.[56] 34

Dem Bieter obliegt es, die Grundlagen der Berechnung so zu dokumentieren, dass eine Prüfung durch das Bundesaufsichtsamt möglich ist, § 6 Abs. 5 AngebotsVO. 35

3. Unternehmensbewertung als Grundlage der Angemessenheitsprüfung (§§ 5 Abs. 4 und 6 Abs. 6 AngebotsVO)

a) Grundsätze für die Unternehmensbewertung

Während grundsätzlich der durchschnittliche Börsenkurs der Zielgesellschaft zu berücksichtigen ist, wenn es um die Frage geht, ob die angebotene Gegenleistung angemessen ist (vgl. § 31 Abs. 1), bestimmen §§ 5 Abs. 4 und 6 Abs. 6 AngebotsVO für einen bestimmten Sachverhalt, dass die **Angemessenheit** der Gegenleistung **anhand einer Unternehmensbewertung** festzustellen ist. 36

Demnach hat eine Unternehmensbewertung dann zu erfolgen, wenn an weniger als einem Drittel der Börsentage[57] Börsenkurse festgestellt worden sind und mehrere nacheinander festgestellte Börsenkurse um mehr als fünf Prozent voneinander abweichen. 37

---

56 Regierungsbegründung, BR-Drucks. 574/01, S. 207.

57 Es geht um die Börsentage des Referenzzeitraums. Sind die Aktien noch keine drei Monate zugelassen, bezieht sich das Drittel auf die Börsentage seit Einführung in den Handel.

38 Begründet wird das Absehen von einer Berücksichtigung des durchschnittlichen Börsenkurses in diesem Fall damit, dass die Kurse dann nicht „aussagekräftig" seien.[58] Gemäß § 2 Nr. 3 AngebotsVO muss der Bieter dann die **angewandten Bewertungsmethoden** in die Angebotsunterlage aufnehmen und darlegen, warum die Anwendung dieser Methoden angemessen ist. Werden mehrere Methoden angewendet, ist anzugeben, welches Umtauschverhältnis oder welcher Gegenwert sich bei der Anwendung der einzelnen Methoden ergeben würde. Weiter ist darzulegen, welches Gewicht den verschiedenen Methoden bei der Bestimmung des Umtauschverhältnisses oder des Gegenwertes und der ihnen zugrunde liegenden Werte beigemessen worden ist und welche besonderen Schwierigkeiten bei der Bewertung der Gegenleistung aufgetreten sind.

39 Zu unterscheiden ist die Berechnung eines **objektivierten** von der eines **subjektiven Unternehmenswertes**. Letztere erfolgt regelmäßig vor dem Hintergrund unternehmerischer Initiativen, wie z. B. im Falle einer Unternehmensübernahme. Ziel in einem solchen Fall ist es, unter Berücksichtigung der vorhandenen individuellen Möglichkeiten und Planungen eine Preisobergrenze zu bestimmen (subjektiver Entscheidungswert).[59] Berücksichtigung finden insbesondere geplante Strukturveränderungen und sich durch einen Zusammenschluss ergebende Synergieeffekte.[60] Bei der Berechnung eines objektivierten Unternehmenswertes wird hingegen davon ausgegangen, dass das Unternehmen bei unverändertem Konzept weitergeführt wird; zu berücksichtigen sind dabei alle realistischen Zukunftserwartungen im Rahmen seiner Marktchancen.[61]

40 Zur Bestimmung der angemessenen Gegenleistung ist der **objektivierte Unternehmenswert** zugrundezulegen, denn zu bestimmen ist, welchen Wert das Unternehmen im Zeitpunkt vor Veröffentlichung der Angebotsabsicht hat, und nicht, welchen Wert es künftig unter anderen Voraussetzungen haben könnte. Zu berücksichtigen ist der Informationsstand wie er sich am Bewertungsstichtag darstellt bzw. wie er bei angemessener Sorgfalt hätte erlangt werden können.[62]

41 Die **Notwendigkeit einer Unternehmensbewertung** wurde im Rahmen der Gesetzgebung in **Zweifel** gezogen: für den Bieter, der nicht

58 Regierungsbegründung, BR-Drucks. 574/01, S. 206.
59 Vgl. IDW S 1, (12).
60 Vgl. IDW S 1 (54) ff.
61 Vgl. IDW S 1 (12).
62 Vgl. IDW S 1 (23).\

über detaillierte Informationen über die Zielgesellschaft verfügt, sei es schwierig, die notwendigen Informationen zu beschaffen. Im Falle illiquider Aktien bestünde im Übrigen keine Notwendigkeit für eine Unternehmensbewertung. Seien die Aktien illiquide, zeige dies, dass größere Pakete in festen Händen seien. Diese werde der Bieter nicht akquirieren können, ohne den Paketaktionären einen angemessen Preis zu bieten. Die Streubesitzaktionäre seien dann durch § 4 AngebotsVO und § 31 Abs. 4 und 5 ausreichend geschützt.[63]

Dieser Kritik ist nicht zuzustimmen. Zwar wird der Bieter regelmäßig[64] nicht über die Informationen verfügen können, die zu einer exakten Berechnung eines objektivierten Unternehmenswertes nach IDW-Standard[65] notwendig sind.[66] Aber es ist nicht etwas außergewöhnliches, dass Unternehmensbewertungen vor dem Hintergrund nicht vollständiger Informationen vorgenommen werden müssen. Gerade Analysten, die ständig Bewertungen vornehmen müssen, sind mit dem Problem konfrontiert, keine detaillierten Informationen aus dem Unternehmen zu haben. 42

b) Einzelne Bewertungsmethoden

aa) Methodendiskussion

Hinsichtlich der anzuwendenden Bewertungsmethoden wird man nicht ohne weiteres auf die Methoden zurückgreifen können, die von den Gerichten in der Vergangenheit im Rahmen von Spruchstellenverfahren als geeignet angesehen wurden. 43

Hintergrund der Überlegung ist, dass die Gerichte in anderen Verfahren, obwohl keinerlei Methodik ein unbedingter Vorrang eingeräumt wurde, grundsätzlich Bewertungen akzeptierten, die aus den Fundamentaldaten des Unternehmens heraus nach einem **Ertragswertverfahren** oder einem **„Discounted Cash Flow"-Verfahren** (dazu siehe unten) zu einem fundamentalen Unternehmensbewertungsergebnis führten. Gemäß Beschluss des Ersten Senats des Bundesverfassungsgerichts vom 27.4.1999[67] hat der Aktionär eine Gegenleistung zu erhalten, wie er sie **typischerweise auch an der Börse** hätte erzielen 44

63 So der *Deutscher Anwaltverein* (Handelsrechtsausschuss), Stellungnahme vom April 2001 zu § 31; *Krieger* (Fn. 18), S. 298. Ebenfalls kritisch, *Liebscher* (Fn. 16), 865, der auf die kurze Angebotsfrist (§ 14 Abs. 1) hinweist.

64 Insbesondere bei sog. „feindlichen Übernahmen".

65 Abgedruckt in WPg 2000, 825 ff.

66 So auch *Krieger* (Fn. 18), S. 298.

67 Beschl. v. 27.4.1999–1 BvR 1613/94, BVerfGE 100, 289.

können. D.h. auch in Fällen, in denen die Börse keine zuverlässigen Anhaltspunkte für die wahrscheinliche Gegenleistung bietet, muss die Unternehmensbewertung zum Ziel haben, einen Preis zu ermitteln, der wahrscheinlich für den Anteil erzielbar gewesen wäre. Der wahrscheinlich richtige Anteilswert ergibt sich aber nicht notwendigerweise als Bruchteil des Gesamtunternehmenswertes.

45 Die Auswahl der Bewertungsmethode im Rahmen des WpÜG hat sich deshalb nach diesem Ziel auszurichten. Dies ergibt sich auch daraus, dass die Findung der angemessenen Gegenleistung aufgrund einer Unternehmensbewertung im Rahmen des WpÜG als absolute Ausnahme für den Fall vorgesehen ist, wo entsprechende Börsenkurse zur Preisfindung nicht herangezogen werden können.

46 Im Rahmen einer Methodendiskussion wird man deshalb **Unternehmensvergleichsverfahren** und **Multiplikatorenverfahren** eine besondere Rolle einräumen müssen.

bb) Multiplikatorenverfahren

47 Diese Verfahren haben schon deshalb eine hohe Bedeutung, weil sie für Außenstehende häufig die einzige Möglichkeit darstellen, eine Bewertung vorzunehmen, da mangels „due diligence" keine weiteren Daten von der Zielgesellschaft dem Anbieter zugänglich sind.

48 Im Rahmen des Multiplikatorenverfahrens werden Ergebnisse/Umsätze/andere Unternehmenskennzahlen der Zielgesellschaft mit Multiplikatoren vervielfältigt, die dann zu Unternehmenswerten führen. Die Multiplikatoren werden aus dem Vergleich mit anderen, aber vergleichbaren Unternehmen gewonnen oder aus sonstigen erhältlichen Wirtschaftsdaten abgeleitet.

49 In der Praxis sind vornehmlich **zwei Methoden der Multiplikatorbewertung** anzutreffen:

- Multiplikator-Bewertung auf Basis der Werte börsennotierter Unternehmen (sog. **Trading Comparables oder börsenorientierte Multiplikatoren**);
- Multiplikator-Bewertung auf Basis der Werte von Unternehmen, die in der Vergangenheit selbst Gegenstand von Akquisition oder Fusion waren (sog. **Transaction Comparables oder transaktionsorientierte Multiplikatoren**).

50 Im Rahmen der **Unternehmensbewertung anhand von Werten anderer börsennotierter Unternehmen** werden in einem ersten Schritt

vergleichbare börsennotierte Referenzgesellschaften gesucht. Für diese Unternehmen wird die Marktkapitalisierung bestimmt, indem die Anzahl der ausgegebenen Aktien der jeweiligen Gesellschaften mit ihrem Börsenkurs multipliziert wird. Zu dem so ermittelten Marktwert des Eigenkapitals werden die Nettofinanzschulden hinzugerechnet, welche sich aus den zinstragenden Verbindlichkeiten abzüglich des Zahlungsmittelbestands ergeben. Auf diese Art und Weise wird der Gesamtunternehmenswert ermittelt. Dieser Schritt ist notwendig, um Unternehmen mit unterschiedlichen Kapitalstrukturen vergleichbar zu machen.

In der Folge werden nun bei Zielunternehmen und Referenzunternehmen folgende Bezugsgrößen typischerweise ermittelt: **51**

- Umsatz
- EBIT (Earnings Before Interest and Taxes)
- EBITDA (Earnings Before Interest, Taxes, Depreciation and Amortization).

Diese Kennziffern werden als Vergleichsgrößen herangezogen.

Die klassischen Vergleichsziffern sind im Übrigen das KGV (Kurs-Gewinn-Verhältnis) und das KCFV (Kurs-Cash Flow-Verhältnis).

Bei bestimmten Industrien, insbesondere Finanzgesellschaften, kann auch der Marktwert/Buchwert-Multiplikator als weiterer Vergleichsmaßstab herangezogen werden.

Die **Unternehmensbewertung anhand von Transaction Comparables** unterscheidet sich methodisch gegenüber der Bewertung auf Basis börsenorientierter Multiplikatoren darin, dass sie als Eigenkapitalwerte effektive Kaufpreise aus vorangegangenen Akquisitionen verwendet. Auch hier werden Referenz- und mithin Transaktionsobjekte gesucht, deren leistungswirtschaftliches Profil mit dem des Zielunternehmens möglichst übereinstimmt. Ebenso folgt diese Methode dem Ansatz, dass man vom Unternehmenswert des Referenzunternehmens ausgeht (also unter Berücksichtigung der zinstragenden Fremdfinanzierung des Unternehmens). **52**

Die **Multiplikatormethode** ist in der Praxis bei Investmentbanken und Analysten stark verbreitet. Sie ist insofern **vorteilhaft**, als sie keine eingehende Auseinandersetzung mit Daten voraussetzt, die nur durch einen Due Diligence-Prozess gewonnen werden können. Die Methodik kann insbesondere dann hilfreich sein, wenn von dem Zielunternehmen gewisse Börsendaten, die für sich genommen nicht aussagekräftig sind, mit berücksichtigt werden. So könnte eine Verifizie- **53** rung dieser Börsendaten durch die Multiplikatormethode erzielt werden. Da die Multiplikatormethode auf die diversen Eigenheiten eines Unternehmens nicht eingehen kann, ist sie insbesondere dann **nicht hilfreich**, wenn das Unternehmen viele Eigenheiten aufweist, die in Referenzunternehmen nicht abgebildet werden können.[68]

cc) Ertragswertverfahren/DCF-Verfahren

54 Das Ertragswert- und Discounted Cash Flow-Verfahren sind die derzeitig als klassisch anzusehenden Bewertungsverfahren, die auch vom Institut der Wirtschaftsprüfer als derzeit maßgeblich angesehen werden.[69] Sowohl das Ertragswert- als auch das Discounted Cash Flow-Verfahren begreifen Unternehmenswerte **als Barwert der mit dem Eigentum an dem Unternehmen verbundenen Nettozuflüsse an die Unternehmenseigner**. Eine ordnungsgemäße Unternehmensbewertung setzt sowohl bei der Bewertung auf der Grundlage von Einnahmen/Überschüssen als auch bei der Bewertung auf der Grundlage von Ertragsüberschüssen voraus, dass aufeinander abgestimmte Planbilanzen, Plangewinn- und Verlustrechnungen sowie Finanzplanungen aufgestellt werden; somit erfordern beide Vorgehensweisen grundsätzlich die **gleichen Rechenwerke**. Ertragsteuern werden sowohl auf Ebene des Unternehmens als auch bei den Unternehmenseignern dann berücksichtigt, wenn diese Steuer mit dem Eigentum an dem Unternehmen verbunden ist. Im Rahmen der Anpassung der Gewinn- und Verlustrechnungen für Ermittlungen des Ertragswertes ist das **bilanzielle Vorsichtsprinzip** außer Acht zu lassen, um dem anderen Ziel einer Unternehmensbewertung gegenüber einer Bilanzierung gerecht zu werden. Im Rahmen der Planung erfolgt eine Aufteilung in **verschiedene Phasen**. Der **Unternehmenswert** wird durch Diskontierung der zukünftigen finanziellen Überschüsse auf den Bewertungsstichtag ermittelt. Dabei ist typischerweise von einer unbegrenzten Lebensdauer des zu bewertenden Unternehmens auszugehen. In bestimmten Fällen kann aber auch von einer begrenzten Lebensdauer auszugehen sein. Dann ist ein Endwert zu schätzen. Der **Kapitalisierungszinssatz** wird typischerweise aus dem Zinssatz bei einer risikofreien Anlage am Kapitalmarkt ermittelt. Dieser so ermittelte Zinssatz wird durch **Risi-**

---

68 Zur Multiplikatormethode vgl. m. w. N. *Bausch*, FB 2000, 448 ff.; *Aders/Galli/Wiedemann*, FB 2000, 197 ff.; *Böcking/Nowak*, FB 1999, 169 ff.; *Seppelfricke*, FB 1999, 300 ff.

69 Vgl. IDW Standard: Grundsätze zur Durchführung von Unternehmensbewertungen (IDW S 1) v. 28. 6. 2000, abgedruckt in WPg 2000, 825.

koabschläge vermindert und durch **Risikozuschläge** erhöht. Dabei wird zwischen unternehmensspezifischen und allgemeinen Risiken unterschieden. Fraglich ist, ob noch ein Risikoabschlag wegen Fehlens des Inflationsrisikos vorzunehmen ist. Der Risikozuschlag kann insbesondere nach dem **Kapitalmarktpreisbildungsmodell** (Capital Asset Pricing Model, CAPM) vorgenommen werden, das auf einem Vergleich der unternehmensindividuellen Aktienrendite mit der Rendite des gesamten Aktienmarktes bzw. des Marktportfolios beruht. Danach entsprechen die Eigenkapitalkosten der Summe aus risikolosem Basiszinssatz und unternehmensindividueller Risikoprämie (unternehmensindividueller Beta-Faktor multipliziert mit der Marktrisikoprämie; dieser entspricht der Differenz zwischen der Rendite des Marktportfolios und dem risikolosen Basiszinssatz).

Bei dem **Kapitalmarktpreisbildungsmodell** wird letztlich auf Markt- 55
vergleichsverfahren zurückgegriffen, wie sie oben beschrieben worden sind. Der Unternehmenswert wird rechentechnisch entweder direkt durch die **Nettokapitalisierung** ermittelt, indem die um Fremdkapitalkosten verminderten finanziellen Überschüsse in einem Schritt diskontiert werden (Ertragswertverfahren, Equity-Ansatz als eine Variante der DCF-Verfahren). Der Unternehmenswert lässt sich rechentechnisch aber auch indirekt (mehrstufig) durch **Bruttokapitalisierung** ermitteln, indem einzelne Komponenten der finanziellen Überschüsse mit unterschiedlichen Zinssätzen kapitalisiert werden oder indem nur die finanziellen Überschüsse aus der Geschäftstätigkeit in einem Schritt diskontiert und anschließend um den Marktwert des Fremdkapitals gemindert werden. Diese Betrachtungsweise liegt dem Konzept des angepassten Barwerts (Adjusted-Present-Value-Ansatz, APV-Ansatz) und auch dem Konzept der gewogenen Kapitalkosten (Weighted-Average-Cost-of-Capital-Ansatz, WACC-Ansatz) zu Grunde, die weitere Varianten der DCF-Verfahren darstellen.

Ertragswert und Discounted Cash Flow-Verfahren sind in Übernahme- 56
verfahren nur **schwierig anzuwenden**, da typischerweise keine Unternehmensplanungen vorliegen und der Zugang zu internen Daten des Zielunternehmens verwehrt ist. Sollten jedoch derartige Daten zur Verfügung stehen (freundliche Übernahme), so hat eine Bewertung nach einer der genannten Methoden in jedem Fall auch zu erfolgen. Im Hinblick auf die Börsenkursorientierung sollte eine Abstimmung mit Multiplikatorenverfahren stattfinden, um eine Plausibilisierung des durch die Ertragswertmethode oder die DCF-Methode gewonnenen Ergebnisses zu ermöglichen.

57 Im Hinblick auf den starken Einfluss des Kapitalisierungszinssatzes auf den zu findenden Wert ist ein allein nach diesen Methoden gewonnenes Ergebnis nicht vollkommen frei von Zweifeln. Andererseits ist die Methodik insofern nachvollziehbar, als die Bewertung allein aus dem Unternehmen selbst entspringt.[70]

dd) Realoptionsbasierte Bewertungsverfahren

58 Als weiteres modernes Bewertungsverfahren ist das sog. realoptionsbasierte Bewertungsverfahren zu nennen. Die Unternehmensbewertung, die die Bewertung nach Optionsmodellen vornimmt, kann anders als ein Ertragswert- oder Discounted Cash Flow-Verfahren auf **Flexibilitäten** Rücksicht nehmen, **die sich in der weiteren Entwicklung eines Unternehmens ergeben**. In der Praxis haben Unternehmen die Möglichkeit, während eines Forschungsprojektes nach Erreichen eines Meilensteins das Projekt fortzusetzen oder abzubrechen. Unternehmen erhalten Zugang zu einem Wachstumsmarkt für die Durchführung sog. Brückenkopfinvestitionen, die zu einem größeren Engagement ausgebaut werden können, aber nicht unbedingt müssen.

59 **Realoptionen** weisen, analog zu Finanzoptionen, **asymmetrische Auszahlungsstrukturen** auf und können mit dem Standardinstrumentarium der **Optionspreistheorie** bewertet werden. Traditionelle, auf der Barwertmethode basierende Investitionsrechenverfahren ermöglichen demgegenüber in nur sehr eingeschränktem Maße die Berücksichtigung von Handlungsflexibilitäten der Unternehmensleitung. Ihre Anwendung impliziert daher eine systematische Fehlbewertung von Investitionsalternativen und allgemeinen Handlungsstrategien. Ferner spricht für die Anwendung von Optionsmodellen die Haftungsbeschränkung des Investors. Er kann typischerweise nicht mehr als seinen Einsatz verlieren. Dementsprechend entspricht der Kauf einer Aktie dem Kauf einer Option.

60 Der Richtigkeit der Überlegung, den Optionscharakter von Beteiligungen zu betonen, steht die Problematik entgegen, Optionen eindeutig zu bewerten. Im Hinblick auf die Schwierigkeiten der eindeutigen Bewertung von Optionen haben sich derartige Bewertungen bisher **am Markt noch nicht durchgesetzt**. Dennoch stellen Bewertungen, die den Optionscharakter von Beteiligungen betonen, grundsätzlich rich-

---

70 Neben dem genannten IDW Standard vgl. auch *Kohl/Schulte*, WPg 2000, 1147 ff.; *Steiner/Wallmeier*, FB 1999, 1 ff.; *Küting/Eidel*, FB 1999, 225 ff. jeweils m. w. N.

tige Bewertungsansätze dar und können daher im Rahmen der Festlegung der Angemessenheit der Gegenleistung berücksichtigt werden.

ee) Andere Verfahren

Andere, überkommene Verfahren wie **Substanzwertverfahren, Mittelwertverfahren, Verfahren der Ermittlung des Wertes von Übergewinnen sowie steuerlich motivierte Verfahren** („Stuttgarter Verfahren") sind grundsätzlich als betriebswirtschaftlich nicht nachvollziehbar als Argumentation abzulehnen. Etwas anderes gilt für Substanzwerte nur dann, wenn es um die Bewertung nicht betriebsnotwendigen Vermögens oder um eine Liquidationsbewertung geht. In derartigen Fällen sind gegebenenfalls geschätzte Einzelveräußerungspreise abzüglich der mit der Veräußerung verbundenen Kosten bzw. Liquidationserlöse anzusetzen.[71] **61**

ff) Rechtsprechung zur Unternehmensbewertung in anderen Rechtsgebieten

Auf die Rechtsprechung zur Unternehmensbewertung im Falle von Abfindungen nach Aktiengesetz und Umwandlungsgesetz kann nur verwiesen werden.[72] **62**

---

71 Vgl. IDW S 1. Textziffer 4.5., WpG 2000 Seite 831 f.

72 Zur Ertragswertmethode vergleiche BGH, 13. 3. 1978 – II ZR 142/76, BGHZ 71, 40; 24. 5. 1993 – II ZR 36/92, WM 1993, 1412; BayObLG, 29. 9. 98–3 Z BR 159/94, BayObLGZ 1998, 231; 19. 10. 1995 – 3 Z BR 17/90, AG 1996, 127; OLG Düsseldorf, 17. 2. 1984 – 19 W 1/81, AG 1984, 216; 11. 4. 1988 – 19 W 32/86, WM 1988, 1052; 11. 1. 1990 – 19 W 6/86, AG 1990, 397; 7. 6. 1990 – 19 W 13/86, AG 1990, 490; 16. 10. 1990 – 19 W 9/88, AG 1991, 106; 12. 2. 1992 – 19 W 3/91, AG 1992, 200; 2. 8. 1994 – 19 W 1/93, WM 1995, 756; 2. 4. 1998 – 19 W 3/93, WM 1998, 2058. Zur Problematik des Risikozuschlags vgl. *Piltz*, Die Unternehmensbewertung in der Rechtsprechung, 3. Auflage 1994, S. 361 ff.; *Großfeld*, Unternehmens- und Anteilsbewertung im Gesellschaftsrecht, Zur Barabfindung ausscheidender Gesellschafter, 3. Auflage 1994, S. 64 ff. sowie *Dörfler/Gahler/Unterstrasser/Wirichs*, BB 1994, 156 ff.; Beispiele aus der Rechtsprechung: BGH, 30. 9. 1981 – IVa ZR 127/80, DB 1982, 106, 107; BayObLG, 19. 10. 1995 – 3 Z BR 17/90, AG 1996, 127, 129; OLG Düsseldorf, 19. 10. 1999 – 19 W 1/96 AktE, DB 2000 81, 83; 2. 8. 1994 – 19 W 1/93, WM 1995, 756, 761; 12. 2. 1992 – 19 W 3/91, AG 1992, 200, 204; 7. 6. 1990 – 19 W 13/86, AG 1990, 490, 494; 11. 1 1990 – 19 W 6/86, AG 90, 397, 400; 11. 4. 1988 – 19 W 32/86, WM 1988, 1052, 1059; OLG Zweibrücken, 9. 3. 1995 – 3 W 133 u. 145/92, WM 1995, 980, 984; LG Dortmund, 10. 6. 1997 – 20 AktE 1/94, AG 1998, 142, 144; 1. 7. 1996 – 20 AktE 2/94, AG 1996, 427, 429; 14. 2. 1996 – 20 AktE 3/94, AG 1996, 278, 280; LG Hamburg, 23. 6. 1995 – 414 O 54/91, AG 1995, 517, 518; LG Mannheim, 29. 3. 1999 – 23 AktE 1/95, AG 2000, 85, 86; LG Frankfurt a. M., 19. 12. 1995 – 3-03 O 162/88, AG 1996, 187, 189.

4. Angemessenheit der Gegenleistung in Aktien (§ 7 AngebotsVO)

63 Neben einer Bewertung der Aktien der Zielgesellschaft nach den Vorschriften der §§ 5 und 6 AngebotsVO macht es das Angebot von Aktien als Gegenleistung erforderlich, auch diese zu bewerten.

64 Es gelten **dieselben Bewertungsvorschriften wie bei der Bewertung der Aktien der Zielgesellschaft** (§ 7 AngebotsVO). Der Gesetzgeber wollte so einheitliche Maßstäbe für die Bewertung von Aktien vorgeben.[73] Maßstab für den Wert angebotener Aktien ist demnach grundsätzlich der **durchschnittliche Börsenkurs** und in Ausnahmefällen das Ergebnis einer **Unternehmensbewertung**. **Erhebliche Börsenkursverschiebungen** können zu Schwierigkeiten bei der aktienrechtlichen Sacheinlagebewertung führen (§ 255 Abs. 2 AktG).[74] Allein das Angebot eines fixierten Wertverhältnisses dürfte unzulässig sein, da sich alle Rechtsfolgen an absoluten Werten orientieren.[75]

65 Will der Bieter die angebotenen Aktien erst bei Erfolg des Angebots im Wege einer **Kapitalerhöhung** schaffen, wäre nach dem Wortlaut der §§ 5 und 6 AngebotsVO die Berücksichtigung des durchschnittlichen Börsenkurses der letzten drei Monate vor Veröffentlichung der Angebotsabsicht ausgeschlossen, da die neuen Aktien in diesem Zeitraum noch nicht notiert sein können. Es müsste dann eine gutachterliche Unternehmensbewertung nach den bereits genannten Grundsätzen erfolgen. Das ist aber vor dem Hintergrund des § 31 Abs. 1 Satz 2 WpÜG, nach dem grundsätzlich auf Marktpreise abzustellen ist, dann unangebracht, wenn die Aktien der Gesellschaft, deren Aktien der Bieter anbieten will, vor Veröffentlichung der Angebotsabsicht nach §§ 5

Zur Frage der Berücksichtigung von Geldentwertungsabschlägen: BGH, 13. 3. 1978 – II ZR 142/76, AG 1978, 196, 199; BayObLG, 19 10. 1995 – 3 Z BR 17/90, AG 1996, 127, 129; OLG Düsseldorf, 19. 10. 1999 – 19 W 1/96 AktE, DB 2000, 81, 82; 2. 8. 1994 – 19 W 1/93, WM 1995, 756, 762; 12. 2. 1992 – 19 W 3/91, AG 1992, 200, 204; 7. 6. 1990 – 19 W 13/86, AG 1990, 490, 494; 11. 1. 1990 – 19 W 6/86, AG 1990, 397, 400; 11. 4. 1988 – 19 W 32/86, WM 1988, 1052, 1059; OLG Stuttgart, 4. 2. 2000 – 4 W 15/98, NZG 2000, 744, 747; OLG Zweibrücken, 9. 3. 1995 – 3 W 133 u. 145/92, WM 1995, 980, 984; LG Dortmund, 10. 6. 1997 – 20 AktE 1/94, AG 1998, 142, 143; LG Dortmund, 1. 7. 1996 – 20 AktE 2/94, AG 1996, 427, 429, LG Frankfurt a. M., 19. 12. 1995 – 3–03 O 162/88, AG 1996, 187, 189; LG Mannheim, 29. 3. 1999 – 23 AktE 1/95, AG 2000, 85, 86; LG Stuttgart, 28. 6. 1993 – 2 KfH O 43/91, ZIP 1993, 1625, 1626.

Zum Liquidationswert vgl. BayObLG, 31. 5. 1995 – 3 Z BR 67/89, WM 1995, 1580; LG Dortmund, 11. 8. 1999 – 20 AktE 15/94, AG 2000, 84.

73 Regierungsbegründung, BR-Drucks. 574/01, S. 208.

74 Vgl. *T. Busch*, Bedingungen zu Übernahmeangeboten, in: Die AG 2002, 145 (151).

75 Vgl. *T. Busch* (Rn. 74), S. 152.

und 6 für die Berechnung eines Durchschnittskurses hätten berücksichtigt werden können. In einem solchen Fall kann nämlich der Wert der Aktien nach Durchführung der Kapitalerhöhung finanzmathematisch bestimmt werden. Zugrunde zu legen sind dann (1) als Wert der Aktien vor der Kapitalerhöhung deren durchschnittlicher Börsenkurs nach § 7 AngebotsVO in Verbindung mit §§ 5 und 6 AngebotsVO und (2) als Ausgabepreis der neuen Aktien der durchschnittliche Börsenkurs der Zielgesellschaft nach §§ 5 und 6 AngebotsVO unter Berücksichtigung des Umtauschverhältnisses.

Keinen unmittelbaren Einfluss auf die Bewertung der angebotenen Aktien haben **Vorerwerbe** des Bieters hinsichtlich dieser Aktien. Der Gesetzgeber hat bewusst § 4 AngebotsVO nicht in die Verweisvorschrift § 7 AngebotsVO aufgenommen.[76] Der Bieter kann also nicht vortragen, er oder gemeinsam mit ihm handelnde Personen und deren Tochterunternehmen hätten einen höheren Preis für die angebotenen Aktien gezahlt und der Wert der angebotenen Gegenleistung sei entsprechend höher anzusetzen. Der Gesetzgeber wollte dem Bieter gerade die Möglichkeit nehmen, durch Erwerb eigener Aktien zu überhöhten Preisen die Bewertung seiner Aktien künstlich zu erhöhen.[77] 66

5. Berücksichtigung von Vorerwerben (§ 4 AngebotsVO)

Neben dem durchschnittlichen Börsenkurs der Aktien der Zielgesellschaft[78] sind gemäß § 31 Abs. 1 Satz 2 Erwerbe von Aktien der Zielgesellschaft durch den Bieter, mit ihm gemeinsam handelnder Personen oder deren Tochterunternehmen hinsichtlich der Angemessenheit der Gegenleistung zu berücksichtigen. 67

Wie dieses zu erfolgen hat, bestimmt § 4 AngebotsVO.

a) Mindestwert

Danach muss die Gegenleistung mindestens dem höchsten Dritten gewährten oder vereinbarten Gegenwert entsprechen. 68

b) Referenzzeitraum

Als Referenzzeitraum sind die drei Monate vor Veröffentlichung der Angebotsunterlage (§ 14 Abs. 2 Satz 1 bzw. § 35 Abs. 2 Satz 1) festgelegt. 69

---

76 Vgl. Regierungsbegründung, BR-Drucks. 574/01, S. 208.
77 Regierungsbegründung, BR-Drucks. 574/01, S. 208.
78 Bzw. dem Ergebnis einer Unternehmensbewertung.

c) Person und Form des Erwerbs

70 Zu berücksichtigen sind Erwerbe des Bieters und mit ihm gemeinsam handelnder Personen[79] sowie deren Tochterunternehmen.[80]

71 Fraglich ist, wie **Erwerbsvorgänge von Mutter- oder Schwestergesellschaften** zu werten sind. Bei Mutter- bzw. Schwestergesellschaften kann es sich natürlich um gemeinsam handelnde Personen im Sinne des § 2 Abs. 5 handeln. Insofern trifft aber das Bundesaufsichtsamt die Beweislast, wenn es aus Aktivitäten von Mutter- bzw. Schwestergesellschaften Rechtsfolgen ableiten will.

72 Dem (dinglichen) **Erwerb** gleichgestellt sind Vereinbarungen, auf Grund derer die Übereignung von Aktien verlangt werden kann; als Erwerb gilt nicht die Ausübung eines gesetzlichen Bezugsrecht aufgrund einer Erhöhung des Grundkapitals der Zielgesellschaft (§§ 4 Satz 2 AngebotsVO in Verbindung mit § 31 Abs. 6).[81]

73 Aktien des **Handelsbestandes** können auf Antrag unberücksichtigt bleiben (§ 20 Abs. 1 und 2).

d) Bestimmung des gewährten bzw. vereinbarten Gegenwertes

74 Während die Bestimmung des Gegenwertes bei einer Geldleistung kein Problem darstellt – Geldleistungen nicht in Euro sind zum Tageskurs umzurechnen –,[82] stellt sich die Frage, auf welche Weise andere Gegenleistungen zu bewerten sind. Die AngebotsVO enthält dazu keine Bestimmungen.

75 Diese Bewertungsfrage ist aber vergleichbar mit der Frage, wie als Gegenleistung angebotene Aktien zu bewerten sind. Diese sind nach § 7 AngebotsVO gemäß der §§ 5 und 6 AngebotsVO zu bewerten, wonach der Durchschnittskurs der letzten drei Monate maßgeblich ist.[83] Auch wenn andere Methoden durchaus vertretbar erscheinen,[84] sollte im Sinne einer einheitlicher Bewertungsmethodik auch die **Dritten gewährte Gegenleistung** nach den in den §§ 5 und 6 AngebotsVO ge-

79 Siehe dazu die Kommentierung zu § 2 Abs. 5.
80 Siehe dazu die Kommentierung zu § 2 Abs. 6.
81 Siehe dazu auch Rn. 157 ff.
82 Bei Optionen, die zum Erwerb gegen Geld berechtigen, ist grundsätzlich der Basispreis der vereinbarte Gegenwert; die Prämie ist nicht zu berücksichtigen. Ist die Option beim Abschluss des Optionsgeschäft „im Geld", ist der Kurs der Aktie der Zielgesellschaft zum Zeitpunkt des Abschlusses der Option maßgeblich.
83 Siehe dazu bereits oben Rn. 27 ff.
84 Gewährte Aktien könnten auch zum Tageskurs bewertet werden.

nannte Grundsätzen erfolgen. § 7 AngebotsVO gilt demnach entsprechend für die Bewertung der Dritten gewährten Gegenleistungen.

Gewährt der Bieter demnach Dritten Aktien, ist grundsätzlich deren durchschnittlicher Börsenkurs der letzten drei Monate vor dem Tausch zu berücksichtigen; dieses auch dann, wenn die für Aktien der Zielgesellschaft gewährten Aktien an einem Markt notiert sind, der einem organisierten Markt im Sinne des § 2 Abs. 7 vergleichbar ist (z.B. Nasdaq oder New York Stock Exchange). Ansonsten hat eine gutachtliche Bewertung zu erfolgen. **76**

e) Korrespondierende Veröffentlichungspflichten

Der Bieter ist sodann verpflichtet, Vorerwerbe im Sinne von §§ 31 Abs. 1 Satz 2 in Verbindung mit § 4 AngebotsVO als ergänzende Angabe in der **Angebotsunterlage** zu veröffentlichen (§ 2 Nr. 7 AngebotsVO). **77**

IV. Mögliche Gegenleistungen (§ 31 Abs. 2)

Die Gegenleistung hat in Euro oder in **liquiden Aktien** zu bestehen, die zum Handel an einem organisierten Markt zugelassen sind. **78**

1. Geldleistung in Euro als Gegenleistung

Durch die Festlegung des Euro wollte der Gesetzgeber vor allem Kleinaktionäre von Währungsrisiken und Wechselkosten freistellen.[85] **79**

Der Euro-Betrag muss Zug um Zug dem Veräußerer gutgeschrieben werden können. Eine Gegenleistung in Schuldverschreibungen reicht nicht. Als Scheck qualifiziert nur ein durch die Zentralbank, die Bundesbank oder Untereinheiten bzw. vergleichbare Einheiten anderer europäischer Länder bestätigter Scheck auf Euro. **80**

2. Aktien als Gegenleistung

a) Gesellschaft, deren Aktien angeboten werden

Das WpÜG trifft keine Bestimmungen hinsichtlich der Gesellschaft, deren Aktien angeboten werden sollen. Dem Bieter steht es also frei, eigene Aktien, Aktien einer Tochtergesellschaft oder Aktien einer an- **81**

---

85 Regierungsbegründung, BR-Drucks. 574/01, S. 135.

deren Gesellschaft anzubieten.[86] **Aktien** sind grundsätzlich alle Wertpapiere, die Mitgliedschaftsrechte an einem Unternehmen gewähren. Genussscheine reichen nicht aus, auch keine Bezugsrechte, Optionen und Ähnliches. Zweifelhaft ist, ob Depotrechte wie zum Beispiel ADR's (American Depositary Receipts) ausreichen, die im Prinzip hinter ihnen stehende Aktien verkörpern. Aufgrund des klaren Wortlautes sollten an dieser Stelle auch keine Depotrechte ausreichen. Diese können selbstverständlich alternativ zu Aktien für Interessierte angeboten werden.

b) Liquidität

82 Das Erfordernis der Liquidität ist dadurch begründet, dass es dem Aktionär der Zielgesellschaft möglich sein soll, die für seine Aktien erhaltene Gegenleistung zu einem angemessenen Preis zu veräußern.[87]

83 Weder das WpÜG noch die AngebotsVO bestimmen aber, unter welchen Voraussetzungen als Gegenleistung angebotene Aktien liquide sind. Dieses wurde zu Recht kritisiert.[88]

84 Einen Anhaltspunkt dafür, wann Aktien **nicht liquide** sind, mag § 5 Abs. 4 AngebotsVO geben.[89] Nach dieser Vorschrift ist der Börsenkurs der Zielgesellschaft als Maßstab für die Angemessenheit der Gegenleistung des Bieters nicht geeignet, wenn an weniger als einem Drittel der Börsentage Börsenkurse festgestellt worden sind und mehrere nacheinander festgestellte Börsenkurse um mehr als fünf Prozent voneinander abweichen. Kriterien sind also **fehlender Handel** und **hohe Volatilität**.

85 Positive Kriterien enthalten die Zulassungsbedingungen im Regelwerk Neuer Markt,[90] die hinsichtlich zuzulassender Aktien unter 3.10 eine **ausreichende Streuung der Aktien** verlangen. Eine solche ist gegeben, wenn **25% des Gesamtnennbetrags** bzw. der **Stückzahl vom**

---

86 Vgl. auch *Krieger* (Fn. 18), S. 295.

87 Regierungsbegründung, S. 135. Kritisch dazu *Schneider/Burgard* in ihrer Stellungnahme vom 9.10.2001, S. 8f.: eine Untersuchung von 40 Transaktionen im Zeitraum von 1998 bis 2000 durch die Unternehmensberatung Roland Berger habe ergeben, dass sich die Kurse der Aktie des Bieters zumindest während der 12 Monate nach einer Übernahme erheblich schlechter entwickelt hätten als der Markt („indexbereinigter Verlust").

88 *Deutscher Anwaltverein* (Handelsrechtsausschuss), Stellungnahme vom April 2001 zu § 31 – „zu unscharf". Ebenso *Krieger* (Fn. 18), S. 296.

89 Vgl. auch *Krieger* (Fn. 18), S. 296; *Riehmer/Schröder*, BB 2001, Beilage 5, 5.

90 Abrufbar unter www.deutsche-boerse.com.

Publikum erworben worden sind, oder wenn wegen der **großen Zahl von Aktien derselben Gattung und ihrer breiten Streuung** im Publikum ein ordnungsgemäßer Handel im Neuen Markt auch mit einem niedrigeren Prozentsatz gewährleistet ist (3.10 Abs. 1 Satz 2 Zulassungsbedingungen Neuer Markt).

Im Gegensatz zu der Beurteilung der Angemessenheit der Gegenleistung, die auf den Börsenkurs der letzten drei Monate vor Veröffentlichung der Angebotsentscheidung (§ 10 Abs. 1 Satz 1) bzw. des Erlangens der Kontrolle (§ 35 Abs. 1 Satz 1) abstellt (§ 5 Abs. 1 AngebotsVO), kommt es bei der Liquidität angebotener Aktien auf den der **Annahmefrist folgenden Zeitraum** an.[91] Entscheidend ist also nicht, ob die angebotenen Aktien in der Vergangenheit zu einem angemessenen Preis hätten veräußert werden können, sondern ob dieses mit Ablauf der Angebotsfrist möglich sein wird.[92] Demnach ist eine Prognose hinsichtlich der Liquidität der angebotenen Aktien erforderlich.[93] Der Begriff der Liquidität ist daher **zukunftsbezogen** und nicht vergangenheitsbezogen zu verstehen. **86**

Jeder Aktionär, dem ein Angebot gemacht wird, muss voraussichtlich in der Lage sein, durch unmittelbare Veräußerung nach Durchführung des Aktientausches den Wert zu erzielen, der der Tauschofferte zu Grunde gelegt wurde. Diese Liquidität ist daher bei Streubesitzen eher anzunehmen als bei Vorhandensein sehr großer Aktienpakete, deren Angebot am Markt möglicherweise den Kurs negativ beeinflussen könnte. Insofern ist die Liquidität durch den Bieter bzw. mit ihm zusammenarbeitende Banken sicherzustellen und dies im Angebot zu dokumentieren. **87**

c) Zulassung an einem organisierten Markt

Was ein organisierter Markt ist, bestimmt § 2 Abs. 7. Zum Tausch angebotene Aktien müssen danach entweder an einer Börse im Inland zum **amtlichen Handel** (vgl. §§ 36 ff. BörsG) oder **geregelten Markt** **88**

---

91 Vgl. auch *Deutscher Anwaltverein* (Handelsrechtsausschuss), Stellungnahme vom April 2001 zu § 31 und Stellungnahme vom September 2001, S. 13.

92 So auch *Krieger* (Fn. 18), S. 296, der allerdings unbegründet davon ausgeht, dass nach der Norm nicht auf die künftige Liquidität abgestellt werden kann. Siehe aber § 13 Abs. 1 Satz 1, der auf den Zeitpunkt der Fälligkeit des Anspruchs auf die Gegenleistung abstellt, und sogleich Rn. 90.

93 Vgl. auch Abschn. 2, 3.10 Abs. 2 Nr. 1 Regelwerk Neuer Markt, wonach auch Aktien zugelassen werden können, wenn durch die Einführung in den Neuen Markt eine ausreichende Streuung erreicht werden soll und die DBAG davon überzeugt ist, dass diese Streuung innerhalb kurzer Frist nach der Einführung erreicht sein wird.

(§§ 71 ff. BörsG) zugelassen sein.[94] Weiter ist eine Zulassung in einem anderen Staat des Europäischen Wirtschaftsraums an einem geregelten Markt im Sinne der Wertpapierdienstleistungsrichtlinie vom 10. 5. 1993[95] möglich.

89 Der Gesetzgeber wollte so zu Gunsten der Aktionäre der Zielgesellschaft einen **Mindestschutz** sicherstellen.[96] Ihm war dabei bewusst, dass diese Vorschrift für Bieter, deren Aktien nicht an einem organisierten Markt im Sinne des § 2 Abs. 7 notiert werden, eine Diskriminierung darstellen kann. Der Gesetzgeber hielt dieses aber für vertretbar, da außereuropäische Unternehmen nicht gehindert seien, ihre Aktien an einer Börse im Europäischen Wirtschaftsraum zuzulassen; der mit dem Angebot veröffentlichte Prospekt könne auch zur Börsenzulassung verwendet werden.[97]

90 Die **Verbindung von Börsenzulassung und Übernahmeangebot**[98] wirft die Frage auf, zu welchem Zeitpunkt die im Tausch angebotenen Aktien zugelassen sein müssen. So wurde im Rahmen der Gesetzgebung die Ansicht vertreten, die Vorschrift verlange, dass die angebotenen Aktien bereits zum Zeitpunkt der Veröffentlichung des Angebots zugelassen sein müssten; § 31 Abs. 2 Satz 1 sei deshalb um eine Öffnungsklausel zu erweitern, die es dem Bieter erlaube, auch Aktien im Tausch anzubieten, die erst bei Erfolg des Angebots zugelassen werden sollen.[99] Diese Auffassung ist aber zu eng. Nach § 13 Abs. 1 Satz 1, der auch bei (freiwilligen) Übernahmeangeboten und Pflicht-

94 Aktien, die im Neuen Markt der Frankfurter Wertpapierbörse (FWB) notiert werden, können ebenfalls aufgrund ihrer Zulassung zum geregelten Markt der FWB (vgl. Ziff. 2.3 Abs. 1 der Zulassungsbedingungen für den Neuen Markt) angeboten werden. Vgl. auch § 2 Rn. 41.

95 ABl. EG Nr. L 141, S. 27.

96 Regierungsbegründung, BR-Drucks. 574/01, S. 136; es werde vermieden, dass Adressaten eines Angebots auf unter Umständen deutlich geringere außereuropäische Vorschriften verwiesen werden.

97 Regierungsbegründung, BR-Drucks. 574/01, S. 136. Durch Art. 6 des Artikel-Gesetzes hat der Gesetzgeber § 4 Abs. 1 VerkProspG dahingehend erweitert, dass für Wertpapiere, die als Gegenleistung im Rahmen eines Angebots nach dem WpÜG angeboten werden, kein Verkaufsprospekt zu erstellen ist (§ 4 Abs. 1 Nr. 9 VerkProspG). Nach § 2 Nr. 2 AngebotsVO muss bereits die Angebotsunterlage für einen Verkaufsprospekt notwendige Angaben enthalten.

98 Zur Aktienemission im Zusammenhang mit einem Übernahmeangebot unter dem Übernahmekodex vgl. auch *Riehmer/Schröder*, NZG 2000, 821. Siehe auch die Kommentierung zu § 13 Rn. 75.

99 *Krieger* (Fn. 18), S. 296; *Deutscher Anwaltverein (Handelsrechtsausschuss)*, Stellungnahme vom April 2001 zu § 31.

angeboten anwendbar ist (§ 34 bzw. § 39), ist auf den Zeitpunkt der Fälligkeit des Anspruchs auf die Gegenleistung abzustellen. Ausreichend, aber auch notwendig ist demnach, dass der Bieter vor Veröffentlichung der Angebotsunterlage die Maßnahmen trifft, die eine Börsenzulassung zum **Zeitpunkt der Fälligkeit der angebotenen Aktien** mit hinreichender Wahrscheinlichkeit sicherstellen.[100]

d) Erhalt des Stimmrechts

Nach § 31 Abs. 2 Satz 2 muss der Bieter, so weit er Aktien zum Tausch anbietet, Aktionären der Zielgesellschaft, die Stimmrecht haben, ebenfalls stimmberechtigte Aktien anbieten. Das bedeutet im Umkehrschluss, dass der Bieter dieses hinsichtlich der Aktionäre der Zielgesellschaft, die kein Stimmrecht haben (z.B. Vorzugsaktionäre), an die sich aber gemäß § 32 auch das Angebot zu richten hat, nicht muss. **91**

Die Verpflichtung, stimmberechtigten Aktionären der Zielgesellschaft im Falle eines Aktientauschs ebenfalls stimmberechtigte Aktien anzubieten, wirft die Frage auf, ob neben dem formellen Kriterium des Stimmrechts auch die **Möglichkeit des tatsächlichen Einflusses** zu fordern ist. **92**

So wurde im Rahmen der Gesetzgebung darauf hingewiesen, dass ein Stimmrecht für den Aktionär faktisch wertlos sei, wenn die Gesellschaft von einem anderen Aktionär beherrscht werde, die Stimmrechtsausübung beschränkt sei oder andere Aktionäre über Mehrfachstimmrechte oder Golden Shares verfügten.[101]

Dieser Hinweis übersieht aber, dass sich genannte Faktoren bereits im Börsenkurs der angebotenen Aktien, der bei der Beurteilung der Angemessenheit zu berücksichtigen ist (§ 7 AngebotsVO), widerspiegeln.[102] Es kann deshalb wohl nur auf das **formelle Kriterium der Stimmberechtigung** ankommen.

Allerdings wird man die Stimmberechtigung dann nicht ausreichen lassen können, wenn durch Ausgestaltung aller anderen Aktien diese Aktie als nicht vollberechtigtes Wertpapier angesehen werden kann. **93**

---

100 Siehe dazu auch die Kommentierung zu § 13 Rn. 75.

101 *Bundesverband der deutschen Industrie/Deutscher Industrie- und Handelstag/Bundesvereinigung der deutschen Arbeitgeberverbände*, Stellungnahme vom 30.3. 2001, S. 12 und Stellungnahme vom 27.9.2001, S. 13. Auch sei unklar, ob die in Skandinavien üblichen 1/10 Stimmrechtsaktien als „stimmberechtigt" oder stimmrechtslos zu betrachten seien.

102 Oder im Rahmen eines Gutachtens zu berücksichtigen sind.

Wenn zum Beispiel das Stimmrecht abstrakt eingeschränkt ist (zum Beispiel nur für bestimmte Abstimmungen, aber nicht für Wahlen), erscheint es zweifelhaft, ob man von einer vollen Stimmberechtigung ausgehen kann. Richtigerweise müssen Inhaber von Stimmrechtsaktien das **volle Stimmrecht** haben und **keiner anderen Aktienklasse formell nachgeordnet** sein. Aktien mit Mehrfachstimmrechten oder Golden Shares dürfen inhaltlich keine abstrakt höheren Rechte als eine vollstimmrechtliche Aktie haben. Die Mehrfachstimmaktie oder die Golden Share verfügen nur über ein mehrfaches an Rechten der stimmberechtigten Aktie.

94 Stimmberechtigt sind nicht **Vorzugsaktien**, auch wenn diese zur Teilnahme an bestimmten Abstimmungen berechtigen und bei Nichtleistung das volle Stimmrecht gewähren. Auch dann, wenn bei Vorzugsaktien das volle Stimmrecht aufgelebt ist, da der Vorzug nicht bedient wurde, handelt es sich nicht um Stimmrechtsaktien.

95 Zweifelhaft ist, ob Vorzugsaktionären Aktien angeboten werden müssen, die vergleichbare Rechte wie deutsche Vorzugsaktien gewähren. Im Hinblick darauf, dass sich eine explizite Regelung nur für die Inhaber stimmberechtigter Aktien im Gesetz befindet, wird man dies nicht verlangen können.

3. Alternative und kombinierte Gegenleistungen

96 Für einen Bieter kann sich die Frage stellen, ob er den Aktionären der Zielgesellschaften verschiedene Gegenleistungen zur Auswahl (vgl. § 262 BGB) anbieten kann (z. B. Aktien oder Euro). Ausdrücklich hat der Gesetzgeber eine solche **Wahlschuld** nicht geregelt. Deren Zulässigkeit ist aber in § 21 Abs. 1 Nr. 2 vorausgesetzt, denn nach dieser Bestimmung darf der Bieter sein Angebot dahingehend ändern, dass er wahlweise eine andere Gegenleistung anbietet. Das Angebot alternativer Gegenleistungen ist also zulässig.

97 § 31 erfordert dann aber im Falle eines solchen Angebots alternativer Gegenleistungen nur, dass eine der wahlweise angebotenen Gegenleistungen den Bestimmungen hinsichtlich Art und Höhe genügt. Höhere Anforderungen wären zum Schutz der Aktionäre der Zielgesellschaft nicht erforderlich. Weiter muss der Bieter nach dem Wortlaut der Vorschrift (nur) **eine** angemessene Gegenleistung anbieten (§ 31 Abs. 1 Satz 1).

98 Dem Anbieter steht es also frei, neben einer Gegenleistung, die den Vorgaben des § 31 Abs. 1 und 2 in Verbindung mit §§ 3 ff. Ange-

botsVO genügt, eine andere als Alternative anzubieten.[103] So kann ein Unternehmen, dessen Aktien nicht zum Handel an einem organisierten Markt zugelassen sind, diese als Alternative zu einer Geldleistung in Euro anbieten.

Die wahlweise angebotenen Gegenleistungen können **im Wert differieren**. Verträge, die hinsichtlich der höherwertigen Gegenleistung zu Stande kommen, beeinflussen den geschuldeten Wert der anderen angebotenen Gegenleistung nicht; denn § 31 Abs. 4 erfasst nur Erwerbsvorgänge, die nicht aufgrund des Angebots erfolgen.[104] 99

Im Übrigen steht es dem Bieter frei, als Gegenleistung für eine Aktie der Zielgesellschaft liquide Aktien, die zum Handel an einem organisierten Markt zugelassen sind, zuzüglich eines bestimmten Betrages in Euro anzubieten **(kombinierte Gegenleistung)**. Eine solche kombinierte Gegenleistung kann sich aber auch als notwendig erweisen, nämlich dann, wenn Aktien zum Tausch angeboten werden sollen und aufgrund des Tauschverhältnisses „Spitzen“ ausgeglichen werden müssen. Sollen also beispielsweise den Aktionären der Zielgesellschaft für je zwei Aktien eine Aktie der Bietergesellschaft angeboten werden, muss den Aktionären der Zielgesellschaft, die über eine ungerade Anzahl von Aktien verfügen, die verbleibende Aktie gegen Euro abgekauft werden. 100

V. Verpflichtung zum Barangebot (§ 31 Abs. 3)

§ 31 Abs. 3 verpflichtet den Bieter, den Aktionären der Zielgesellschaft eine Geldleistung in Euro anzubieten, wenn Aktien der Zielgesellschaft in einem bestimmten Umfang gegen Zahlung einer Geldleistung erworben werden. Auslösen kann diese Pflicht ein Erwerb in den drei Monaten vor Veröffentlichung der Angebotsentscheidung (§ 31 Abs. 3 Nr. 1) und ein Erwerb nach dieser Veröffentlichung und vor Ablauf der Angebotsfrist (§ 31 Abs. Nr. 2). 101

1. Vorerwerb (§ 31 Abs. 3 Nr. 1)

Hat der Bieter in den drei Monaten **vor Veröffentlichung seiner Angebotsentscheidung** gemäß § 10 Abs. 3 Satz 1[105] Aktien der Zielge- 102

103 Ebenso *Liebscher* (Fn. 16), 864.

104 Siehe auch Rn. 152 ff.

105 Bei einem Pflichtangebot ist auf die Veröffentlichung des Kontrollerwerbs gemäß § 35 Abs. 1 Satz 1 abzustellen.

sellschaft gegen Zahlung einer Geldleistung erworben, ist er in zwei Fällen zu einem Barangebot verpflichtet:

Zum einen, wenn er innerhalb dieses Zeitraums und auf diese Weise **fünf Prozent der Aktien** der Zielgesellschaft erworben hat. Neben Aktien mit sind dabei auch solche ohne Stimmrecht (Vorzugsaktien) zu berücksichtigen;[106]

zum anderen, wenn er innerhalb dieses Zeitraums und auf diese Weise **fünf Prozent der Stimmrechte** der Zielgesellschaft erworben hat. Besonderes Gewicht kommt dabei Aktien mit Mehrstimmrecht[107] zu.

103 Aktien, die der Bieter früher erworben hat, sind nicht zu berücksichtigen. Gleiches gilt für Stimmrechte aus diesen Aktien.

104 Durch die Vorschrift soll einerseits ein „Anschleichen" an die Zielgesellschaft unter Ausgrenzung der Minderheitsaktionäre verhindert werden;[108] zugleich sollen dem Bieter Ankäufe in geringem Ausmaß[109] erlaubt sein.[110]

105 Die Vorschrift zum Vorerwerb kommt nur zur Anwendung, wenn Aktien der Zielgesellschaft **gegen Zahlung eines Geldbetrags** erworben werden. Der Erwerb von Aktien im Tausch gegen Schuldverschreibungen, Anteilen an Geldmarktfonds oder ähnlichen Geld nahen Wertpapieren löst laut dem Wortlaut der Vorschrift die Rechtsfolge von § 31

---

106 Vgl. Regierungsbegründung, BR-Drucks. 574/01, S. 137.

107 Mehrstimmrechte dürfen zwar nicht mehr begründet werden (§ 12 Abs. 2 AktG), können aber unter den in § 5 Abs. 1 Satz 1 EGAktG genannten Voraussetzungen weiterbestehen.

108 Kritisch zu dieser Begründung *Bundesverband der deutschen Industrie/Deutscher Industrie- und Handelstag/Bundesvereinigung der deutschen Arbeitgeberverbände/Gesamtverband der deutschen Versicherungswirtschaft (Gemeinsamer Arbeitsausschuss für Fragen des Unternehmensrechts)*, Vorläufige Stellungnahme, S. 10: ein „Anschleichen" an die Gesellschaft werde bereits durch die Meldepflicht einer Beteiligung in Höhe von fünf Prozent gemäß § 21 WpHG verhindert; ebenso *Bundesverband der deutschen Industrie/Deutscher Industrie- und Handelstag/Bundesvereinigung der deutschen Arbeitgeberverbände*, Stellungnahme vom 30.3.2001, S. 7. und *Zentraler Kreditausschuss*, Stellungnahme vom 11.10.2001 unter 6. (vorgeschlagen wird eine Schwelle von 10 Prozent).

109 Die *Expertenkommission „Unternehmensübernahmen"* sprach noch von einem Erwerb „in nicht unerheblichem Umfang", der zu einem Barangebot verpflichten sollte. Für einen Grenzwert von zehn Prozent trat *Bundesverband der deutschen Industrie/Deutscher Industrie- und Handelstag/Bundesvereinigung der deutschen Arbeitgeberverbände/Gesamtverband der deutschen Versicherungswirtschaft (Gemeinsamer Arbeitsausschuss für Fragen des Unternehmensrechts)*, Vorläufige Stellungnahme, S. 10, ein.

110 Regierungsbegründung, BR-Drucks. 574/01, S. 136.

Abs. 3 Nr. 1 nicht aus. Auch nicht erfasst werden Käufe von Gesellschaften oder Anteilen daran, die ihrerseits Aktien an der Zielgesellschaft halten. Etwas anderes würde nur dann gelten, wenn eine solche Gesellschaft, die oder deren Anteile erworben wurden, gemeinsam mit dem Anbieter handelnd die Aktien an der Zielgesellschaft vor dem Erwerb durch den Anbieter erworben hätte.

Der Erwerb aufgrund der Ausführung eines **gesetzlichen Bezugsrechts** aufgrund der Erhöhung des Grundkapitals der Zielgesellschaft gilt nicht als Erwerb, der die Rechtsfolge des Abs. 3 auslöst (§ 31 Abs. 6, dazu siehe unten). 106

2. Parallelerwerb (§ 31 Abs. 3 Nr. 2)

Ein Aktienerwerb gegen eine Gegenleistung in Geld **außerhalb des Angebotsverfahrens nach Veröffentlichung der Angebotsabsicht und vor Ablauf der Angebotsfrist** begründet ebenfalls für den Bieter die Pflicht, den Angebotsempfängern eine Gegenleistung in Euro anzubieten, wenn er 107

innerhalb dieses Zeitraums und auf diese Weise ein Prozent der Aktien der Zielgesellschaft erworben hat;

oder wenn er innerhalb dieses Zeitraums und auf diese Weise **ein Prozent der Stimmrechte** der Zielgesellschaft erworben hat.

Aktien, die der Bieter früher erworben hat, sind auch hier nicht zu berücksichtigen. Gleiches gilt für Stimmrechte aus diesen Aktien. 108

Durch den Grenzwert von einem Prozent werden nicht alle Aktionäre der Zielgesellschaft während eines Angebotsverfahrens gleich behandelt. Dieses nahm der Gesetzgeber aber in Kauf, weil er ohne eine solche „Bagatellgrenze" unbillige Härten[111] für den Bieter befürchtete, der ohne eine solche Grenze bereits aufgrund des Erwerbs einer Aktie gegen Zahlung einer Geldleistung zu einem Barangebot verpflichtet wäre.[112] 109

Mit „ein Prozent der Aktien" ist der **Anteil am Grundkapital** gemeint. Bei Stimmrechten zählen nur **Vollstimmrechte**. 110

Hat der Bieter bereits ein zunächst rechtmäßiges Angebot zum Aktientausch veröffentlicht, begründet ein Erwerb gegen Geld außerhalb 111

---

111 *Schüppen* (Fn. 1), 968, betonte beispielsweise hinsichtlich größerer Unternehmensgruppen den Aufwand zu verhindern, dass zu autonomen Entscheidungen befugte Einheiten kleinere Aktienbestände erwerben.

112 Vgl. Beschlussempfehlung und Bericht des Finanzausschusses vom 14.11.2001, BT-Drucks. 14/7477.

des Angebotsverfahrens die Pflicht, das **Angebot zu ändern**. Er muss dann sein Angebot ändern und neben den bereits angebotenen Aktien wahlweise eine Gegenleistung in Euro anbieten.[113] Die Änderung hat im Rahmen des § 21 Abs. 1 Nr. 2 zu erfolgen.

112 Die **Höhe** der wahlweise anzubietenden Geldleistung muss mindestens dem dem Dritten gezahlten Betrag entsprechen (vgl. § 31 Abs. 4). Als weitere Mindestgrenze ist der sich aus den Angemessenheitsbestimmungen (§ 31 Abs. 1 Satz 1 in Verbindung mit §§ 3 ff. AngebotsVO) ergebende Wert zu beachten. Keinen Mindestwert stellt aber der Wert der bereits angebotenen Aktien dar.[114]

113 *Beispiel:*

Beträgt der gesetzliche Mindestwert der anzubietenden Gegenleistung gemäß § 31 Abs. 1 Satz 1 in Verbindung mit §§ 3 ff. AngebotsVO 100 Euro pro Aktie der Zielgesellschaft und sind die zunächst pro Aktie der Zielgesellschaft angebotenen Aktien gemäß § 7 AngebotsVO mit 150 Euro zu bewerten, dann muss der Bieter, der während der Angebotsfrist Aktien der Zielgesellschaft für 125 Euro erwirbt, sein Angebot ändern und wahlweise eine Geldleistung in Euro anbieten, die nicht unter 125 Euro pro Aktie der Zielgesellschaft liegen darf.

114 Wie beim Vorerwerb kommt die Vorschrift zum Parallelerwerb nicht zur Anwendung, wenn ein Erwerb **nicht gegen Geldleistung** stattfindet, sondern zum Beispiel gegen Schuldverschreibungen, Fonds etc. Ebenso liegt kein Parallelerwerb vor, wenn eine Gesellschaft erworben wird, die ihrerseits Aktien an der Zielgesellschaft hält, wenn der Erwerb durch diese Zwischengesellschaft an der Zielgesellschaft nicht durch gemeinsames Handeln mit dem Bieter erfolgt ist.

115 Der Erwerb aufgrund der Ausübung eines **gesetzlichen Bezugsrechts** aufgrund der Erhöhung des Grundkapitals der Zielgesellschaft gilt auch hier nicht als Erwerb, der die Rechtsfolge des Abs. 3 auslöst (§ 31 Abs. 6 siehe unten).

3. Person und Form des Erwerbs

116 Zu berücksichtigen sind Erwerbe des **Bieters** und mit ihm **gemeinsam handelnder Personen**[115] sowie deren **Tochterunternehmen**.[116]

113 Vgl. auch *Riehmer/Schröder* (Fn. 89), S. 12.
114 Vgl. oben Rn. 99.
115 Siehe dazu die Kommentierung zu § 2 Abs. 5.
116 Siehe dazu die Kommentierung zu § 2 Abs. 6.

Dem **(dinglichen) Erwerb gleichgestellt** sind Vereinbarungen, auf Grund derer die Übereignung von Aktien verlangt werden kann; als Erwerb gilt nicht die Ausübung eines gesetzlichen Bezugsrechts aufgrund einer Erhöhung des Grundkapitals der Zielgesellschaft (§§ 4 Satz 2 AngebotsVO in Verbindung mit § 31 Abs. 6).[117] **117**

Aktien der **Handelsbestandes** können auf Antrag unberücksichtigt bleiben (§ 20 Abs. 1 und 2). **118**

4. Korrespondierende Veröffentlichungspflichten

Im Zusammenhang mit der Pflicht, bei bestimmten Erwerben von Aktien der Zielgesellschaft eine Geldleistung anzubieten, steht die Pflicht, **Erwerbe von Aktien der Zielgesellschaft offenzulegen** (§ 2 Nr. 7 AngebotsVO und § 23 Abs. 2). Die Art und Weise, wie dieses zu geschehen hat, hängt von dem Zeitpunkt des Erwerbs ab. **119**

Für den Zeitraum **vor Veröffentlichung der Angebotsunterlage** sind in der Angebotsunterlage als ergänzende Angabe Art und Umfang der jeweils für den Erwerb von Wertpapieren der Zielgesellschaft gewährten oder vereinbarten Gegenleistungen anzugeben (§ 2 Nr. 7 AngebotsVO). **120**

Werden Aktien der Zielgesellschaft **nach Veröffentlichung der Angebotsunterlage** erworben, sind gemäß § 23 Abs. 2 Art und Höhe der für jeden Anteil gewährten oder vereinbarten Gegenleistung zu veröffentlichen. Bei (freiwilligen) Übernahmeangeboten besteht diese Verpflichtung aber erst, sobald der Bieter die Kontrolle erlangt hat.[118] **121**

VI. Meistbegünstigung im engeren Sinne (§ 31 Abs. 4 und 5)

Die Absätze 4 und 5 enthalten Regelungen zur **Nachbesserung der Gegenleistung** des Bieters, wenn dieser oder mit ihm gemeinsam handelnde Personen in zeitlichem Zusammenhang mit dem Übernahmeverfahren Aktien der Zielgesellschaft zu einer wertmäßig höheren als der in der Angebotsunterlage genannten Gegenleistung erwerben. Hierdurch wird der in § 3 Abs. 1 verankerte allgemeine Gleichbehandlungsgrundsatz konkretisiert.[119] **122**

---

117 Siehe dazu auch Rn. 157 ff.

118 Der Bieter, der zunächst nur Aktien zum Tausch angeboten hat, ist aber bei Parallelerwerb gegen Geld sofort verpflichtet, sein Angebot zu ergänzen (vgl. oben Rn. 111).

119 Regierungsbegründung, BR-Drucks. 574/01, S. 137 f.

123 Beide Vorschriften kommen nur dann zur Anwendung, wenn ein **Anspruch auf die Gegenleistung** besteht oder bestand. Das Scheitern eines Übernahmeangebots – z. B. durch Verfehlen einer Akzeptanzschwelle – schließt auch die Nachbesserung nach Abs. 4 und 5 aus.[120]

1. Parallelerwerb (§ 31 Abs. 4)

a) Voraussetzungen

aa) Referenzzeitraum

124 Der zeitliche Anwendungsbereich der Regelung beginnt mit der **vollständigen Veröffentlichung der Angebotsunterlage**. Erforderlich ist die Bekanntgabe im Internet und die so genannte Zeitungs- oder Schalterpublizität,[121] § 14 Abs. 3 S. 1 Nr. 1 und 2. Die alleinige Bekanntmachung im Internet genügt nicht. Ebensowenig genügt die Schalter- oder Zeitungspublizität, solange es an der Bekanntgabe im Internet fehlt. Entscheidend ist demnach, welche der in § 14 Abs. 3 S. 1 vorgeschriebenen Veröffentlichungspflichten zuletzt erfüllt wurde.

125 Da § 23 Abs. 1 S. 1 hinsichtlich der Art und Weise der Veröffentlichung des Angebotserfolges auf § 14 Abs. 3 S. 1 verweist, gelten für das Ende der Beschränkungen des § 31 Abs. 4 die gleichen Grundsätze.

126 Häufig wird die Zeitungs- oder Schalterpublizität erst nach der Bekanntmachung im Internet vorliegen, sodass das Erscheinungsdatum des überregionalen Börsenpflichtblatts im Regelfall maßgeblich sein dürfte.

bb) Person und Form des Erwerbs

127 Zu berücksichtigen sind Erwerbe des **Bieters** und **mit ihm gemeinsam handelnder Personen**[122] sowie deren **Tochterunternehmen**.[123]

128 Dem (dinglichen) Erwerb gleichgestellt sind Vereinbarungen, auf Grund derer die Übereignung von Aktien verlangt werden kann; als Erwerb gilt nicht die Ausübung eines gesetzlichen Bezugsrechts aufgrund einer Erhöhung des Grundkapitals der Zielgesellschaft (§§ 4 Satz 2 AngebotsVO in Verbindung mit § 31 Abs. 6).[124]

---

120 Regierungsbegründung, BR-Drucks. 574/01, S. 137.
121 Zu den Begriffen vergleiche § 14 Rn. 25 ff.
122 Siehe dazu die Kommentierung zu § 2 Abs. 5.
123 Siehe dazu die Kommentierung zu § 2 Abs. 6.
124 Siehe dazu auch Rn. 157 ff.

Nicht erfasst ist der **Erwerb einer Gesellschaft oder von Anteilen einer Gesellschaft**, die Aktien an der Zielgesellschaft hält, wenn diese Zwischengesellschaft die Aktien an der Zielgesellschaft nicht mit dem Bieter gemeinsam handelnd erworben hat. 129

Aktien der Handelsbestandes können auf Antrag unberücksichtigt bleiben (§ 20 Abs. 1 und 2). 130

cc) Höherwertige Gegenleistung

Eine Nachbesserung kommt nur in Betracht, wenn der Wert der neben dem Übernahmeangebot erbrachten oder versprochenen Gegenleistung den Wert der im Übernahmeangebot offerierten Gegenleistung übersteigt. Während der Übernahmekodex in diesem Zusammenhang von „besseren als den im Angebot angegebenen Bedingungen“ sprach und somit auch andere Vorteile (z.B. den Wegfall einer Bedingung) erfasste,[125] beschränkt sich das WpÜG ausschließlich auf die Erhöhung der Gegenleistung. Ein Parallelerwerb mit identischer Gegenleistung aber sonst günstigeren Konditionen hat somit keine Auswirkungen. 131

Für einen Vergleich der Gegenleistungen des Angebots und des Parallelerwerbs ist deren **Bewertung** entscheidend. 132

Diese Bewertung bereitet keine Probleme, so weit **Bargeld** angeboten wird. Da der Parallelerwerb nicht gegen Euro erfolgen muss, ist gegebenenfalls eine Umrechnung vorzunehmen. Maßgeblich ist der Umrechnungskurs zum Zeitpunkt des Parallelerwerbs. 133

Besteht die Gegenleistung des öffentlichen Übernahmeangebots aus **liquiden Aktien**, richtet sich deren Bewertung gem. § 7 AngebotsVO i.V.m. §§ 5, 6 AngebotsVO nach dem durchschnittlichen Börsenkurs der letzten drei Monate vor der Ankündigung nach § 10 Abs. 1 S. 1 oder § 35 Abs. 1 Satz 1. 134

Nach diesen Vorschriften sind auch liquide Aktien zu bewerten, die der Bieter im Rahmen eines Parallelerwerbs als Gegenleistung gewährt oder versprochen hat.[126] Allerdings müssen diese Aktien nicht an einem organisierten Markt in einem anderen Staat des Europäi- 135

125 Vgl. Art. 13 und 15 des Übernahmekodexes sowie *Riehmer/Schröder* (Fn. 89), S. 12.

126 Dies ergibt sich zwar nicht zwingend aus § 7 AngebotsVO, der wohl ausschließlich auf die Gegenleistung im Rahmen des Übernahmeangebots abzielt. Im Interesse einer möglichst praktikablen Bewertung der Gegenleistung erscheint es jedoch angemessen, die Regelung auch auf Parallelerwerbe zu erstrecken.

schen Wirtschaftsraums zugelassen sein.[127] Dennoch sollten die Bewertungsvorschriften der §§ 5, 6 AngebotsVO Anwendung finden, so weit die Aktien an einem Markt gehandelt werden, dessen Regeln mit denen eines organisierten Marktes i. S. d. § 2 Abs. 7 vergleichbar sind (z. B. Nasdaq, New York Stock Exchange). Es ist kein Grund ersichtlich, warum die Bewertung von Aktien, die an vergleichbaren Märkten gelistet sind, anderen Regeln folgen soll als die Bewertung im Europäischen Wirtschaftsraum notierter Aktien.

136 Schwierige Bewertungsfragen treten allerdings auf, wenn der Parallelerwerb durch Tausch gegen **nicht börsennotierte Aktien oder gegen andere Leistungen, die keinen Marktwert haben**, erfolgt. In diesen Fällen muss eine an den Umständen des Einzelfalls ausgerichtete Bewertung der Gegenleistung vorgenommen werden. Da der Bieter nach § 23 Abs. 2 grundsätzlich nur verpflichtet ist, die Art und die Höhe der Gegenleistung zu veröffentlichen, dürfte ein Aktionär, der seine Rechte aus § 31 Abs. 4 geltend machen will, bei der Bewertung der Gegenleistung des Parallelerwerbs häufig überfordert sein. In Anbetracht des Umstandes, dass der Aktionär in einem Zivilprozess den höheren Wert der bei dem Parallelerwerb erbrachten Gegenleistung beweisen müsste, bestehen berechtigte Zweifel, ob die Regelung tatsächlich einen wirksamen Umgehungsschutz bietet. Wünschenswert wäre in diesem Zusammenhang die Anordnung eines Spruchstellenverfahrens entsprechend §§ 305 Abs. 5, 306 AktG gewesen.

137 Im Regelfall dürfte dem Aktionär aber ein **Auskunftsanspruch** nach den Grundsätzen von Treu und Glauben gegen den Bieter zur Seite stehen. Derartige Ansprüche bestehen, wenn eine Partei eines Vertragsverhältnisses über das Bestehen und/oder den Umfang eines Anspruchs im Ungewissen ist, sich diese Partei die erforderlichen Informationen nicht auf zumutbare Weise beschaffen kann und der andere Vertragsteil zur Auskunftserteilung unschwer in der Lage ist.[128] Da der Bieter bei einem Parallelerwerb die von ihm erbrachte Gegenleistung bewerten wird, ist die Offenlegung der hierfür erforderlichen Grundlagen und seiner daraus gezogenen Schlüsse regelmäßig ohne größeren Aufwand möglich. Dem ehemaligen Aktionär der Zielgesellschaft obliegt es dann, die Bewertung des Bieters zu überprüfen und eventuelle Mängel vor Gericht zu beweisen.

---

127 Denkbar wäre zum Beispiel, dass ein in den USA notiertes Unternehmen einen Parallelerwerb durch Tausch eigener Aktien durchführt.

128 Vgl. Insoweit *Heinrichs*, in: Palandt, Bürgerliches Gesetzbuch, 60. Auflage, 2001, § 261 BGB Rn. 8 ff.

b) Rechtsfolgen

Liegen die Voraussetzungen des § 31 Abs. 4 vor, erhöht sich die im öffentlichen Übernahmeangebot enthaltene Gegenleistung **automatisch** um die Differenz zwischen der Gegenleistung des Übernahmeangebots und der Gegenleistung des Parallelerwerbs.[129] Die erhöhte Gegenleistung wird somit **Bestandteil des Kauf- bzw. Tauschvertrages**. **138**

Nach der Gesetzesbegründung zum Regierungsentwurf soll sich die **Art der erhöhten Gegenleistung** nicht ändern, sondern ausschließlich nach § 31 Abs. 2 und 3 bestimmt werden.[130] Soweit sich hieraus keine Besonderheiten ergeben, richtet sich die Art der erhöhten Gegenleistung grundsätzlich nach der im Angebot vorgesehenen Art. Nach dem Schutzzweck des § 31 sollte eine Zuzahlung in Euro aber jedenfalls zulässig sein.[131] **139**

Eine **Barangebotspflicht** kann sich im Rahmen des Parallelerwerbs ergeben, wenn dieser zwischen der Veröffentlichung nach § 10 Abs. 3 und dem Ablauf der Annahmefrist gegen Barzahlung erfolgt, § 31 Abs. 3 Nr. 2. In diesem Fall wäre nicht nur die Differenz in bar auszugleichen, sondern auch die im Übernahmeangebot vorgesehene Gegenleistung in bar anzubieten.[132] **140**

2. Nacherwerb (§ 31 Abs. 5)

a) Voraussetzungen

Der zeitliche Anwendungsbereich des § 31 Abs. 5 schließt sich unmittelbar an den Anwendungsbereich des § 31 Abs. 4 an.[133] Er beginnt demzufolge mit **Abschluss der Veröffentlichung des Angebotserfolgs** gem. §§ 23 Abs. 1 S. 1 Nr. 2, 14 Abs. 3 S. 1. Die einjährige Frist endet gemäß §§ 187 Abs. 1, 188 Abs. 2 1. Alt. BGB mit Ablauf des Tages, der dem Tag entspricht, an dem die letzte der nach § 14 Abs. 3 S. 1 bestehenden Veröffentlichungspflichten erfüllt wurde. **141**

§ 31 Abs. 5 erfasst im Gegensatz zu Abs. 4 nur **außerbörsliche Erwerbe**. Aufgrund dieser Einschränkung des Anwendungsbereichs wird die unternehmerische Handlungsfreiheit des Bieters nur in einem geringen Maß beeinträchtigt, sodass Bedenken gegen die Angemessen- **142**

---

129 *Pötzsch/Möller* (Fn. 12), S. 24 zum DiskE-ÜG.
130 Regierungsbegründung, BR-Drucks. 574/01, S. 138.
131 *Krieger* (Fn. 18), S. 300.
132 *Riehmer/Schröder* (Fn. 89), S. 12.
133 Regierungsbegründung, BR-Drucks. 574/01, S. 137.

heit der Regelung nicht bestehen.[134] Die sonstigen Voraussetzungen des § 31 Abs. 5 sind mit denen des § 31 Abs. 4 identisch, insbesondere ist auch während der Frist des § 31 Abs. 5 der außerbörsliche Erwerb einer Aktie ausreichend, um dessen Rechtsfolgen auszulösen.

b) Ausnahmen nach § 31 Abs. 5 Satz 2

143 Ist der Bieter gesetzlich zur **Zahlung einer Abfindung** verpflichtet, entfällt nach § 31 Abs. 5 Satz 2 die in Satz 1 geregelte Nachzahlungspflicht.[135] Als Beispielsfälle nennt die Gesetzesbegründung den Abschluss von Beherrschungs- und Gewinnabführungsverträgen, die Eingliederung, den Ausschluss von Minderheitsaktionären sowie Maßnahmen nach dem UmwG.[136] Die Regelung trägt dem Umstand Rechnung, dass bei den angesprochenen Verfahren die Höhe der Abfindung regelmäßig im Rahmen eines langwierigen Spruchstellenverfahrens zu bestimmen ist, und der Bieter nicht über einen längeren Zeitraum mit erheblichen Kostenrisiken belastet werden soll.[137]

144 Die Regelung setzt eine **gesetzliche Verpflichtung zur Zahlung der Abfindung** voraus. Nicht anwendbar ist sie folglich, wenn die Abfindung nur eine Alternative darstellt[138] oder auf einer vertraglichen Verpflichtung beruht.

145 Von der Nachzahlungspflicht befreit ist der Bieter ebenfalls, wenn er Teile des Vermögens der Zielgesellschaft unmittelbar durch Verschmelzung, Spaltung oder Vermögensübertragung erwirbt. Da hier schon begrifflich kein Erwerb von Aktien der Zielgesellschaft vorliegt, handelt es sich ausschließlich um eine klarstellende Regelung.[139]

---

134 Zur Kritik am Regierungsentwurf, der eine Ausnahme für Erwerbe über die Börse noch nicht vorsah, vgl.: *Krieger* (Fn. 18), S. 301; *Deutscher Anwaltverein e.V.*, Stellungnahme vom April 2001 zum Referentenentwurf-WpÜG, § 31 Nr. 6; ähnlich auch *Liebscher* (Fn. 16), S. 853, 865; *Bundesverband der deutschen Industrie/Deutscher Industrie- und Handelstag/Bundesvereinigung der deutschen Arbeitgeberverbände,* Stellungnahme vom 30. 3. 2001, S. 8.

135 Vgl. auch zum Übernahmekodex OLG München, 10.1.2001–7 U 3 569/00, AG 2001, 537, wonach aktienrechtlich zwingend vorgesehene Abfindungsangebote nicht zu einer Nachbesserungspflicht nach Art. 15 Übernahmekodex führen (kein „besseres freiwilliges Angebot").

136 Regierungsbegründung, BR-Drucks. 574/01, S. 138.

137 Regierungsbegründung, BR-Drucks. 574/01, S. 138f.

138 So z.B. beim Delisting nach § 43 BörsG und § 54a Abs. 1 der Börsenordnung der Frankfurter Wertpapierbörse.

139 Regierungsbegründung, BR-Drucks. 574/01, S. 139.

c) Rechtsfolgen

Ein Nacherwerb gem. § 31 Abs. 5 lässt die im Rahmen des Übernahmeangebots geschlossenen Verträge unberührt.[140] Der ehemalige Aktionär der Zielgesellschaft erhält einen **separaten Anspruch** gegen den Bieter auf Ausgleich der Wertdifferenz der Gegenleistungen. Dieser Ausgleich ist **zwingend in Euro** zu entrichten. 146

3. Verhältnis zu Abs. 3 Nr. 2

Hat der Bieter zunächst Aktien als Gegenleistung angeboten und erwirbt er dann Aktien der Zielgesellschaft gegen eine Geldleistung, die über dem Wert der angebotenen Aktien liegt, verwirklicht er sowohl den Tatbestand des § 31 Abs. 3 Nr. 2 als auch den des § 31 Abs. 4. 147

Beispiel: 148

Wert der bisher angebotenen Aktien gem. § 7 AngebotsVO: 120 Euro, der Bieter erwirbt nach Veröffentlichung der Angebotsunterlage und vor Ablauf der Angebotsfrist Aktien zu 130 Euro.

Fraglich erscheint, ob in einem solchen Fall die **Rechtsfolgen beider Tatbestände greifen oder ob eine die andere verdrängt**. Bezogen auf das Beispiel bedeutet dies, ob der Bieter nur sein Angebot ändern muss, indem er alternativ eine Geldleistung in Höhe von mindestens 130 Euro anbietet oder ob daneben auch hinsichtlich der angebotenen Aktien eine Vertragsanpassung gemäß § 31 Abs. 4 erfolgt, also nicht mehr Aktien im Wert von 120, sondern im Wert von 130 Euro geschuldet werden. In dem einen Fall hätten die Aktionäre der Zielgesellschaft die Wahl zwischen Aktien im Wert von 120 Euro und einer Geldleistung in Höhe von 130 Euro, in dem anderen zwischen Aktien im Wert von 130 Euro und 130 Euro in bar. Weiter wäre denkbar, dass Rechtsfolge in dem genannten Beispiel ist, dass ausschließlich eine Vertragsanpassung in der Weise erfolgt, dass nunmehr anstelle von Aktien im Wert von 120 Euro eine Geldleistung in Höhe von 130 Euro geschuldet wird. Dagegen spricht aber schon der Wortlaut des § 31 Abs. 4, der lediglich von einer wertmäßigen Erhöhung spricht, also nicht von einer Änderung der Art der Gegenleistung. Auch kann eine Änderung in eine Barleistung aus Sicht des Angebotsempfängers nachteilig sein, nämlich dann, wenn dieser von einer Kurssteigerung ausgeht und/oder seiner Entscheidung einen anderen 149

140 Regierungsbegründung, BR-Drucks. 574/01, S. 138; *Pötzsch/Möller* (Fn. 12), S. 24.

Wert der angebotenen Aktien zu Grunde legt als den nach § 7 AngebotsVO bestimmten. Dieses Argument ist nicht zuletzt deshalb gewichtig, weil bei einer automatischen Vertragsanpassung gerade kein Rücktrittsrecht gewährt wird. Insofern kommen allein die beiden erst genannten Alternativen in Betracht.

150 Aus dem Gesichtspunkt der Gleichbehandlung aller Aktionäre ist es ausreichend, in einem solchen Fall der Verwirklichung beider Tatbestände **lediglich § 31 Abs. 3 Nr. 2 anzuwenden**. Angebotsempfänger, die bereits das Aktienangebot angenommen haben, können zurücktreten und die Geldleistung annehmen (§ 21 Abs. 4). Im Unterschied zu einem höherwertigen Parallelerwerb gegen Aktien profitieren sie zwar nicht unmittelbar von der Dritten gewährten höherwertigen Leistung. Dafür können sie aber wegen des Rücktrittsrechts von dem Wahlrecht zwischen Aktien- oder Barleistung profitieren. Kein anderes gilt im Übrigen, wenn der Bieter freiwillig sein Angebot ändert, ohne zuvor von einem Dritter Aktien der Zielgesellschaft erworben zu haben. Auch lässt sich ein stärkerer Eingriff in die Privatautonomie des Bieters, der eine zusätzliche gesetzliche Vertragsanpassung hinsichtlich der Anzahl der angebotenen Aktien bedeuten würde, nicht rechtfertigen, denn § 31 Abs. 3 Nr. 2 ermöglicht bereits allein die Gleichbehandlung aller Aktionäre. Deshalb ist in einem Fall, in dem der Bieter zunächst Aktien anbietet und dann Aktien der Zielgesellschaft zu einem höheren Wert in bar erwirbt, allein § 31 Abs. 3 Nr. 2 anzuwenden.

4. Verhältnis zu § 21

151 Erhöht der Bieter während der Annahmefrist sein Angebot, und ändert er die Angebotsunterlage entsprechend, stellt sich die Frage, ob auch hier eine Meistbegünstigung nach § 31 Abs. 4 erfolgen muss.[141] Würde man dies bejahen, wäre das in § 21 Abs. 4 vorgesehene Rücktrittsrecht bei Übernahme- und Pflichtangeboten gegenstandslos, da § 31 entsprechend der Verweisungsvorschrift des § 34 als speziellere Regelung vorrangig ist.

152 Ein **Konkurrenzverhältnis** der beiden Normen ist jedoch **abzulehnen**. § 31 Abs. 4 regelt ausschließlich Erwerbe, die außerhalb eines öffentlichen Angebots erfolgen. Eindeutig ist insoweit der Wortlaut des § 23 Abs. 2, der auf Parallel- und Nacherwerbe Bezug nimmt. Erfasst werden alle Verträge, die zu anderen (besseren) als in der Ange-

141 Vgl. dazu auch § 21 Rn. 35.

botsunterlage vorgesehenen Konditionen abgeschlossen werden. Dies ergibt sich schon aus dem Umstand, dass jede Abweichung von der Angebotsunterlage eine neue Angebots- oder Annahmeerklärung des Bieters erfordert,[142] und somit zu einem von dem öffentlichen Angebot unabhängigen Vertragsschluss führt.

Ändert der Bieter demgegenüber seine Angebotsunterlage, erfolgen auch Erwerbe nach dieser Änderung im Rahmen des nunmehr geltenden öffentlichen Angebots. Von der Angebotsunterlage abweichende Konditionen werden nicht vereinbart, wenn Aktionäre der Zielgesellschaft das geänderte öffentliche Angebot annehmen. **153**

Von der Meistbegünstigung des § 31 Abs. 4 profitieren die Aktionäre, die das Angebot in seiner ursprünglichen Fassung angenommen haben, daher nur, wenn nach der Änderung des Angebots ein Parallelerwerb erfolgt, dessen Gegenleistung auch die bereits erhöhte Gegenleistung des geänderten Angebots wertmäßig übersteigt. In diesem Fall muss allen Aktionären die Differenz zur Gegenleistung des Parallelerwerbs gezahlt werden. Auf die Ausübung des nach § 21 bestehenden Rücktrittsrechts kommt es nicht an. **154**

5. Korrespondierende Veröffentlichungspflichten

Hinsichtlich der korrespondierenden Veröffentlichungspflichten kann auf die obigen Ausführungen verwiesen werden. **155**

Soweit im Schrifttum teilweise in Erwägung gezogen wird, der Bieter müsse bei einem Parallelerwerb analog § 21 Abs. 1 Nr. 1, Abs. 2 und 3 eine **veränderte Angebotsunterlage** erstellen,[143] kann dem nicht gefolgt werden. Gemäß § 23 Abs. 2 muss der Bieter im Falle eines Parallel- oder Nacherwerbs unverzüglich die Art und Höhe der gewährten Gegenleistung veröffentlichen.[144] Weitere Pflichten sieht das Gesetz nicht vor. Eine planwidrige Regelungslücke besteht somit nicht. Da eine analoge Anwendung anderer Veröffentlichungspflichten im Falle eines Verstoßes auch die Möglichkeit der Verhängung eines Bußgeldes nach §§ 61 Abs. 1 Nr. 1 b), 21 Abs. 2 bieten würde, erscheint eine Ausdehnung der Veröffentlichungspflichten zudem bedenklich. Sie ist letztendlich auch überflüssig, da dem Aktionär hin- **156**

---

142 Eine Annahmeerklärung des Bieters reicht aus, wenn ein geändertes Angebot im Sinne des § 150 Abs. 2 BGB unterbreitet wird.

143 So *Oechsler*, NZG 2001, 817, 826.

144 Bei Übernahmeangeboten besteht diese Pflicht nur, wenn die Kontrolle erlangt wird.

sichtlich der Bewertung der Gegenleistung des Parallel- oder Nacherwerbs ein Auskunftsanspruch gegen den Bieter zusteht.[145]

VII. Gleichstellung von Erwerb und Anspruch auf Übereignung/Ausübung eines Bezugsrechts (§ 31 Abs. 6)

1. Anspruch auf Übereignung (§ 31 Abs. 6 Satz 1)

157 Dem Rechtserwerb stellt § 30 Abs. 6 Satz 1 Vereinbarungen gleich, aufgrund derer die Übereignung von Aktien verlangt werden kann.[146]

158 Dadurch soll eine Umgehung der gesetzlichen Mindestanforderungen an die Gegenleistung vermieden werden.[147]

159 Neben **Kaufverträgen** werden damit auch Optionen[148] erfasst, die zu einem Erwerb berechtigen (sog. **Call-Options**). Diese müssen nicht ausgeübt sein. Der Inhaber kann vor Ausübung zwar noch nicht die Übereignung verlangen, doch kann er diese durch eigene Erklärung herbeiführen. Aus dem Zweck der Norm, der Vermeidung von Umgehungsgeschäften,[149] folgt, dass bereits der Abschluss des Optionsvertrages eine Vereinbarung im Sinne von § 31 Abs. 6 Satz 1 ist.[150]

160 Erfasst von § 31 Abs. 6 sind ebenso **Wandelanleihen** und **Optionsanleihen**.

161 Fraglich ist, ob dies auch dann gilt, wenn diese erst nach einer längeren Frist ausgeübt werden können. Nach dem Wortlaut der Vorschrift wird man dies bejahen müssen, da die Bedingtheit oder Befristetheit von Ansprüchen nicht zur Einschränkung der Anwendung dieser Vorschrift führen.

145 Vgl. oben Rn. 136 f.

146 Unberücksichtigt lässt das Gesetz Fälle des mittelbaren Erwerbs, i.e. der Erwerb von Anteilen einer Muttergesellschaft, der eine Angebotspflicht gegenüber freien Aktionären eines Tochterunternehmens auslösen kann.

147 Regierungsbegründung, BR-Drucks. 574/01, S. 139.

148 Zur dogmatischen Einordnung des Rechtsverhältnisses zwischen Inhaber und Stillhalter der Option sowie des dieses Rechtsverhältnisses begründenden Vorgangs siehe nur *Kramer*, in: Münchener Kommentar zum Bürgerlichen Gesetzbuch, Band 1, 4. Auflage, 2001, Vor § 145 BGB Rn. 50 ff.

149 Vgl. die Regierungsbegründung, BR-Drucks. 574/01, S. 139. Dort ist auch vom Abschluss von Optionsverträgen die Rede.

150 Unbeachtlich ist dann im Weiteren, ob die Option ausgeübt wird oder verfällt. Die Gleichstellung ist in diesen Fällen dann zwar nicht durch ein tatsächlich vorgenommenes Geschäft mit Dritten gerechtfertigt, anstelle dessen aber durch die kundgetane Bereitschaft des Bieters, eventuell ein solches abzuschließen.

Bei Optionen, insbesondere aber auch bei Optionsanleihen und Wandelanleihen bedarf es der **Ermittlung der Geldleistung bzw. der Bewertung der Gegenleistung**. Geldleistung und Gegenleistung sind bei Optionen, Wandel- und Optionsanleihen nicht oder nur teilweise erbracht. Gemeint sein dürfte, dass die Vorschriften § 31 Abs. 3 bis 5 zur Anwendung kommen im Hinblick auf eine bei Ausübung der Option zu leistende Geldleistung (§ 31 Abs. 3) oder auch andere Gegenleistung (§ 31 Abs. 4 und 5). Bei Wandel- und Optionsanleihen wird man diese Leistung finanzmathematisch ermitteln müssen. Sollte der Zeitpunkt der ersten möglichen Ausübung der Option bzw. Wandlung nach dem Ablauf der Annahmefrist liegen, müsste der so ermittelte Wert auch gegebenenfalls auf diesen Zeitpunkt abgezinst werden, wenn nicht aufgrund von Einzahlungen und Zinszahlungen eine derartige Abzinsung sich erübrigt. 162

Keine Vereinbarung im Sinne des § 31 Abs. 6 Satz 1 trifft der Bieter, der Dritten das Recht einräumt, ihm Aktien anzudienen (Schreiben einer sog. **Put-Option**). Entscheidend ist, dass **er** das Recht hat, die Übereignung zu verlangen bzw. dieses herbeiführen kann.[151] Übt aber der Inhaber der Put-Option diese aus, dann ist der Bieter durch den herbeigeführten Kaufvertrag berechtigt, die Übereignung der Aktien zu verlangen, und eine Gleichstellung mit einem Erwerb erfolgt. 163

Die Vereinbarung ist dem Zeitraum zuzuordnen, in dem sie getroffen worden ist. 164

2. Ausübung eines gesetzlichen Bezugsrechts (§ 31 Abs. 6 Satz 2)

Kein Erwerb ist die Ausübung eines gesetzlichen Bezugsrechts. Der Gesetzgeber begründet dieses damit, dass der Bieter so nicht seinen Anteil an der Zielgesellschaft erhöhe, sondern lediglich die bestehende Beteiligung im bisherigen Umfang beibehalte.[152] Gemeint ist demnach nur die Ausübung solcher Bezugsrechte, die dem Bieter als Aktionär der Zielgesellschaft zustehen. Erwirbt er Bezugsrechte anderer Aktionäre, kann das eine Verpflichtung zum Barangebot auslösen. 165

Die Vorschrift wurde als zu eng **kritisiert**, so werde beispielsweise der Erwerb von der Zielgesellschaft (Weiterveräußerung eigener Ak- 166

151 Anders mögen Put-Optionen zu beurteilen sein, die bei Abschluss „im Geld" sind. In diesen Fällen liegt es nahe, dass der Optionsvertrag einen Kaufvertrag verdecken soll (§ 117 Abs. 2 BGB).

152 Regierungsbegründung, BR-Drucks. 574/01, S. 140.

tien) nicht erfasst.[153] Auch in einem solchen Fall fließe die Gegenleistung an die Zielgesellschaft und komme allen Aktionären gleichermaßen zugute.[154] De lege ferenda ist diese Kritik durchaus beachtenswert; de lege lata ist eine Erweiterung des Ausnahmetatbestands auf alle Fälle, in denen die Gegenleistung der Gesellschaft selbst zugute kommt, ausgeschlossen, denn die gesetzliche Ausnahme ist nicht durch den Zufluss der Gegenleistung an die Gesellschaft begründet, sondern durch einen fehlenden Anstieg der Beteiligung des Bieters an der Zielgesellschaft.

VIII. Sanktionen bei unzulässiger bzw. unangemessener Gegenleistung

167 Ein Angebot, das den Anforderungen hinsichtlich **Art und Höhe der Gegenleistung** widerspricht, ist nach § 15 Abs. 1 Nr. 2 durch das Bundesaufsichtsamt zu **untersagen**, wenn der Verstoß offensichtlich ist.

168 Kommt der Bieter der Verpflichtung nicht nach, gemäß § 2 Nr. 7 AngebotsVO Erwerbsvorgänge vor Veröffentlichung der Angebotsunterlage als **ergänzende Angabe** in die Angebotsunterlage aufzunehmen, ist das Angebot nach § 15 Abs. 1 Nr. 1 **zu untersagen**.

169 Unterlässt es der Bieter, **Parallel- und Nacherwerbe** gemäß § 23 Abs. 2 zu **veröffentlichen**, handelt er **ordnungswidrig** (§ 60 Abs. 1 Nr. 1 b), wenn er die Veröffentlichung vorsätzlich oder leichtfertig unterlässt.

170 Zur **Verzinsung** der im Rahmen eines Pflichtangebotes geschuldeten Gegenleistung ist der Bieter gemäß § 38 Nr. 1 verpflichtet, wenn sein Angebot nicht den Bestimmungen des § 31 genügt, er also seine Angebotspflicht nicht vollständig erfüllt.[155] In einem solchen Fall[156] tritt ferner ein Rechtsverlust gemäß § 59 ein.

---

153 *Deutscher Anwaltverein (Handelsrechtsausschuss)*, Stellungnahme vom April 2001 zu § 31. Ebenso *Krieger* (Fn. 18), S. 302.

154 In seiner Stellungnahme vom April 2001 zu § 31, weist der *Deutscher Anwaltverein (Handelsrechtsausschuss)*, auf den Fall hin, dass der im Vorfeld des Angebots motiviert sein könnte, sich durch ein „generöses" Agio bei der Gesellschaft „gut einzuführen".

155 Siehe auch § 38 Rn. 9; vgl. auch *Schüppen* (Fn. 1), 973, der darauf abstellt, dass das Angebot so mangelhaft ist, dass es untersagt werden muss.

156 Siehe dazu auch § 59 Rn. 10.

Hinsichtlich der Einhaltung der Bestimmungen des § 31 kommen dem Bundesaufsichtsamt **umfangreiche Ermittlungsbefugnisse** zu. Nicht nur der Bieter, mit ihm gemeinsam handelnde Personen sowie deren Tochterunternehmen (§ 40 Abs. 1), sondern auch die Zielgesellschaft, deren Aktionäre und ehemalige Aktionäre sowie Wertpapierdienstleistungsunternehmen (§ 40 Abs. 2 und 3)[157] und inländische Börsen (§ 40 Abs. 4) können zur Auskunftserteilung und Vorlage von Unterlagen verpflichtet werden. 171

IX. Übersicht der maßgeblichen Zeiträume

172

Drei Monate vor Veröffentlichung der Angebotsabsicht nach § 10 Abs. 3 Satz 1	Der Erwerb von fünf Prozent der Aktien oder Stimmrechte der Zielgesellschaft gegen Zahlung einer Geldleistung löst die Pflicht aus, eine Geldleistung in Euro anzubieten (§ 31 Abs. 3 Nr. 1). Die Gegenleistung darf den durchschnittlichen Börsenkurs der Zielgesellschaft dieses Zeitraums nicht unterschreiten (§§ 5 Abs. 1, 6 Abs. 1 AngebotsVO). Werden Aktien als Gegenleistung angeboten, gilt ihr durchschnittlicher Börsenkurs dieses Zeitraums als ihr Wert (§ 7 AngebotsVO i.V.m. §§ 5 Abs. 1, 6 Abs. 1 AngebotsVO).
Nach Veröffentlichung der Angebotsabsicht nach § 10 Abs. 3 Satz 1 und vor Ablauf der Angebotsfrist	Der Erwerb von insgesamt mindestens ein Prozent der Aktien oder Stimmrechte an der Zielgesellschaft gegen Zahlung einer Geldleistung löst die Pflicht aus, eine Geldleistung in Euro anzubieten (§ 31 Abs. 3 Nr. 2).
Drei Monate vor Veröffentlichung der Angebotsunterlage	Der Wert der Gegenleistung darf den Wert Dritten in diesem Zeitraum gewährter Gegenleistungen nicht unterschreiten (§ 4 AngebotsVO).

157 Erfasst werden weiter die Personen, deren Stimmrechte dem Bieter zuzurechnen sind, § 40 Abs. 3 Satz 2.

Nach Veröffentlichung der Angebotsunterlage und vor Veröffentlichung des Ergebnisses nach § 23 Abs. 1 Satz 2	Die geschuldete Gegenleistung erhöht sich entsprechend, wenn in diesem Zeitraum Dritten eine wertmäßig höhere Gegenleistung gewährt wird (§ 31 Abs. 4).
Innerhalb eines Jahres nach Veröffentlichung des Ergebnisses nach § 23 Abs. 1 Satz 2	Der Bieter schuldet den entsprechenden Differenzbetrag, wenn er in diesem Zeitraum Dritten außerhalb der Börse eine wertmäßig höhere Gegenleistung gewährt (§ 31 Abs. 5).

X. EU-Richtlinie

173 Der gescheiterte Richtlinienvorschlag enthielt Vorgaben für die Gegenleistung des Bieters nur im Hinblick auf Pflichtangebote, die nach Erreichen der Kontrollschwelle abgegeben werden müssen. Eine Geldleistung als mögliche Gegenleitung war danach zunächst erforderlich, wenn die angebotene Gegenleistung nicht aus liquiden Wertpapieren, die zum Handel auf einem geregelten Markt zugelassen sind, bestanden hätte.[158] Die Möglichkeit einer Barabfindung musste der Bieter außerdem anbieten, wenn er innerhalb eines Zeitraums von drei Monaten vor Bekanntgabe des Angebots sowie innerhalb der Annahmefrist mehr als 5% der Aktien oder der Stimmrechte an der Zielgesellschaft bar erworben hätte.[159] Diese Pflicht bestand auch, wenn der Bieter die Aktien oder Stimmrechte nicht allein, sondern zusammen mit einer mit ihm gemeinsam handelnden Person erworben hätte. Hinsichtlich der Barangebotspflicht bei obligatorischen Angeboten entspricht die Regelung des § 31 Abs. 2 und 3 damit weitgehend den Vorgaben des gescheiterten Richtlinienvorschlags. Sofern der Richtlinienvorschlag den Mitgliedsstaaten das Recht einräumte, weitergehende Schutzbestimmungen zu erlassen,[160] hat der deutsche Gesetzgeber durch die Einbeziehung von Übernahmeangeboten und die Regelung der Gegenleistungshöhe sowie des Parallel- und Nacherwerbs hiervon Gebrauch gemacht.

158 Art. 5 Abs. 1 S. 3 E-ÜbernahmeRL.
159 Art. 5 Abs. 1 S. 4 E-ÜbernahmeRL.
160 Art. 4 Abs. 4 E-ÜbernahmeRL.

§ 32 Unzulässigkeit von Teilangeboten

Ein Übernahmeangebot, das sich nur auf einen Teil der Aktien der Zielgesellschaft erstreckt, ist unbeschadet der Vorschrift des § 24 unzulässig.

Literatur: *Börsensachverständigenkommission beim Bundesministerium der Finanzen*, Standpunkte der Börsensachverständigenkommission zur künftigen Regelung von Unternehmensübernahmen, Februar 1999, S. 20f.

Übersicht

I. Grundlagen

1. Regelungsgegenstand und -zweck

1 Die Vorschrift verpflichtet den Bieter, ein **freiwilliges Übernahmeangebot** oder **Pflichtangebot stets als Vollangebot** abzugeben. Unbeschadet der Regelung in § 19, die die Zulässigkeit nicht auf Kontrollerwerb gerichteter „schlichter Erwerbsangebote", die lediglich auf einen bestimmten Anteil oder eine bestimmte Anzahl von Wertpapieren der Zielgesellschaft gerichtet sind, voraussetzt, entfällt die Möglichkeit eines Teilangebots bei Angeboten, die den Erwerb der Kontrolle über die Zielgesellschaft bezwecken oder dem Kontrollerwerb als Pflichtangebot nachfolgen. Hier ist der Bieter nach §§ 32 und 39 stets verpflichtet, ein Vollangebot abzugeben, um sämtlichen Aktionären ein Austrittsrecht oder ein alternatives Investment zu ermöglichen.

Beim **Pflichtangebot** ergibt sich der Ausschluss von Teilangeboten bereits aus der Natur der Sache. Eine Begrenzung auf einen Teil der Aktien der Zielgesellschaft widerspricht dem Grundgedanken des Pflichtangebots, dass bei einem Kontrollwechsel der Aktionär die Möglichkeit haben muss, seine Anteile zu veräußern. Bei einem Teilangebot wäre er gezwungen, entweder einige Anteile zu behalten oder die restlichen Aktien zu unter Umständen deutlich schlechteren Konditionen über die Börse zu verkaufen. Beim teilweisen Pflichtangebot würde der Anleger sein Wahlrecht verlieren, sodass weniger unter dem Aspekt des Gleichbehandlungsgrundsatzes, sondern aus Gründen des Anlegerschutzes ein teilweises Pflichtangebot nicht sachgerecht wäre.[1]

2 Der Gleichbehandlungsgrundsatz des § 3 Abs. 1 fordert nicht zwingend das Verbot des **freiwilligen Übernahmeangebots**, das nur auf einen bestimmten Anteil der Stimmrechte an der Zielgesellschaft gerichtet ist. Die gebotene Gleichbehandlung aller Aktionäre ließe sich auch hier durch verhältnismäßige Zuteilung sicherstellen, wie sie § 19 beim „schlichten Erwerbsangebot“ vorschreibt.[2] Hierdurch ließen sich auch die schädlichen Auswirkungen eines sog. „Windhundrennens“ vermeiden, etwa dass die vorgesehene Angebotsfrist nicht zur sorgfältigen Prüfung des Angebots genutzt wird. Indes sprechen weitere spezifische Gefahren, die öffentliche Teilangebote für die unkoordiniert handelnden Anleger mit sich bringen, für die getroffene Regelung: Ausgeschlossen werden partielle Angebote rein spekulativen Charakters. Ferner wird vermieden, dass die Aktionäre der Zielgesellschaft mit den Wertpapieren, die nicht im Zuge eines Teilangebots erworben werden und die sie nach dessen Durchführung noch in Händen halten, einen Vermögensverlust durch Wertminderung dieser Titel erleiden.[3]

3 Für den Gesetzgeber war vorliegend allerdings vor allem die praktische Überlegung maßgebend, dass jemand, der eine Kontrollmehrheit aufgrund eines freiwilligen Teilangebots erlangt hat, nicht verpflichtet sein soll, im Anschluss an dieses Übernahmeangebot nunmehr ein weiteres Angebot – diesmal als Pflichtangebot und damit in jedem Fall als Vollangebot – abzugeben, da dies zu unnötigem Zeit- und Kostenaufwand führen würde. Insofern kommt dem freiwilligen Übernahmeangebot, das bereits den an das Pflichtangebot gestellten Anforderungen entspricht, eine „befreiende Wirkung“ zu.[4]

---

1 *Börsensachverständigenkommission*, Standpunkte, S. 20 f.

2 Vgl. *Assmann/Bozenhardt*, in: Assmann/Basaldua/Bozenhardt/Peltzer (Hrsg.), Übernahmeangebote, ZGR-Sonderheft 9, 1990, 1, 88 ff.

3 *Baums*, ZIP 1989, 1376, 1378. Kritisch *Hasselbach*, DB 2000, 1747, 1751; *Schiessl*, AG 1999, 442, 450.

4 Regierungsbegründung, BR-Drucks. 574/01, S. 69 f.

2. Genese der Regelung

a) Übernahmekodex der Börsensachverständigenkommission und „Baums-Entwurf" von 1997

4 Nach Art. 10 des Übernahmekodex' der Börsensachverständigenkommission war der Bieter nicht verpflichtet, sein (freiwilliges) Übernahmeangebot auf alle Wertpapiere der Zielgesellschaft zu erstrecken. Für den Fall der „Überzeichnung" eines Teilangebots war eine anteilige Berücksichtigung der das Angebot annehmenden Aktionäre der Zielgesellschaft vorgeschrieben. Das anteilige Zuteilungsverfahren war in der Angebotsunterlage zu erläutern. Eine entsprechende Regelung sahen der 1997 vorgelegte „*Baums*-Entwurf" eines „Gesetzes zu öffentlichen Übernahmeangeboten"[5] sowie der auf diesem beruhende Entwurf der SPD-Fraktion im Deutschen Bundestag[6] vor.

b) Gesetzgebungsverfahren

5 Sowohl der Diskussions- als auch der Referentenentwurf enthielten ein absolutes Verbot des Teilangebots ohne jede Ausnahmeregelung oder Vorbehalt. Der Zusatz „unbeschadet der Vorschrift des § 24" wurde erst auf Anregungen aus der Wirtschaft unter Hinweis namentlich auf die strengen US-amerikanischen Börsenvorschriften in den Regierungsentwurf aufgenommen.[7]

3. Rechtsvergleichende Hinweise

a) Österreich

6 Die Bestimmung des § 20 öÜbG lässt **freiwillige Übernahmeangebote**, nicht hingegen Pflichtangebote (§ 22 Abs. 1 öÜbG), **in Form von Teilangeboten** zu. Vorgeschrieben ist in diesem Fall eine Berücksichtigung der das Angebote annehmenden Aktionäre der Zielgesellschaft pro-rata.

b) Schweiz

7 Die schweizerische Regelung entspricht dagegen im Ergebnis derjenigen des § 32. Nach Art. 10 Abs. 5 sUEV-UEK muss sich das Angebot dann auf alle Beteiligungspapiere der Zielgesellschaft erstrecken, wenn es Papiere umfasst, deren Erwerb die Pflicht zur Unterbreitung

5 Abgedruckt in ZIP 1997, 1310 ff.
6 BT-Drucks. 13/8164.
7 Im Einzelnen unten, Rn. 11.

eines Angebots auslösen würde. Es gilt dann die für Pflichtangebote bestehende Preisregelung.

c) Großbritannien

8 Nach Rule 36.1 London City Code[8] darf ein **Teilangebot nur mit Zustimmung des Panel** abgegeben werden. Die Zustimmung wird regelmäßig dann erteilt, wenn der Anteilsbesitz des Bieters unter 30% der Stimmrechte in der Zielgesellschaft bleibt. Dem liegt der Gedanke zu Grunde, dass in diesem Fall mangels eines Kontrollwechsels ein besonderer Minderheitenschutz entbehrlich ist. Ein Teilangebot, das zu einer Beteiligung von mehr als 30% führen würde, ist dagegen nur dann zulässig, wenn vorab mindestens 50% der Adressaten des Angebots zustimmen (Rule 36.5 London City Code). Bei „Überzeichnung" sind die das Angebot annehmenden Aktionäre pro-rata zu berücksichtigen (Rule 36.7 London City Code). Während der Laufzeit eines Teilangebots darf der Bieter keine weiteren Anteile an der Zielgesellschaft erwerben (Rule 36.3 London City Code), um nicht das geltende Gleichbehandlungsgebot zu unterlaufen: Einzelne Aktionäre der Zielgesellschaft könnten ihre gesamten Anteile veräußern, während andere eine Abfindung pro-rata erhalten würden.

II. Vollangebot

9 Das Angebot hat sich **stets an sämtliche Aktionäre** der Zielgesellschaft zu richten. „Aktionär" in diesem Sinne ist auch, wer erst nach Abgabe des Angebots (aber vor Ablauf der Annahmefrist), etwa durch Ausübung eines Wandlungsrechts, Aktionär der Zielgesellschaft geworden ist. **Nicht einzubeziehen** sind hingegen Aktien, die erst nach Ablauf der Annahmefrist innerhalb der weiteren Annahmefrist nach § 16 Abs. 2 entstehen. Dies folgt bereits aus dem Wortlaut des § 16 Abs. 2 Satz 1, der voraussetzt, dass die betreffenden Aktionäre das Angebot (vor Ablauf der Annahmefrist) angenommen „haben", was aber impliziert, dass sie dazu jedenfalls die Möglichkeit gehabt haben müssen. Dies ist jedoch dann nicht der Fall, wenn die Aktionärseigenschaft erst nach Ablauf der Annahmefrist begründet wird. Nicht einzubeziehen in die Verpflichtung zum Vollangebot sind demgemäß solche Wertpapiere der Zielgesellschaft, die in Aktien umgewandelt werden können, sofern das entsprechende Bezugs- oder Wandlungsrecht nicht

8 Hierzu, betreffend Teilangebote, *Zinser*, RIW 2001, 481, 485.

vor Ablauf der Annahmefrist ausgeübt wird.[9] Das Angebot muss sich auf **alle** von der Zielgesellschaft **emittierten Aktiengattungen** erstrecken, d.h. sowohl Stamm- als auch Vorzugsaktien erfassen.[10] Inhabern von Vorzugsaktien ohne Stimmrecht stehen nach § 140 Abs. 1 AktG – mit Ausnahme des Stimmrechts – sämtliche Mitgliedsrechte eines Aktionärs zu. Sie sind daher von Unternehmensübernahmen in gleicher Weise betroffen wie die Inhaber stimmberechtigter Aktien.[11] Das Angebot ist auf **sämtliche Aktien** der Zielgesellschaft zu erstrecken, ohne dass es auf deren Zulassung zum Handel an einem organisierten Markt ankommt. Ein **unzulässiges Teilangebot**, d.h. ein Teilangebot, dass zu einem Stimmrechtsanteil des Bieters an der Zielgesellschaft von mehr als 30% führen würde, ist nach § 15 Abs. 1 Nr. 2 vom Bundesaufsichtsamt **zu untersagen**.

Die Vorschrift verpflichtet den Bieter nur zum Erwerb, nicht hingegen zum Behalten ggf. aller Aktien der Zielgesellschaft. Der Schutzzweck der Vorschrift gebietet es nicht, dem Bieter die sofortige Weiterveräußerung des „überschüssigen Teils" an Aktien der Zielgesellschaft nach Durchführung des (Voll-) Angebots zu untersagen. Von vornherein **ausgenommen vom Grundsatz des Vollangebots** sind aber solche Aktien der Zielgesellschaft, die nach § 35 Abs. 2 Satz 3 nicht zum Gegenstand eines Pflichtangebots gemacht werden müssten, d.h. eigene Aktien der Zielgesellschaft, Aktien der Zielgesellschaft, die abhängigen oder im Mehrheitsbesitz der Zielgesellschaft stehenden Unternehmen gehören, sowie solche Aktien der Zielgesellschaft, die zwar einem Dritten gehören, jedoch für Rechnung der Zielgesellschaft, eines von der Zielgesellschaft abhängigen oder in deren Mehrheitsbesitz stehenden Unternehmens gehalten werden.[12] Insoweit fehlt es an einem Schutzbedürfnis von Minderheitsaktionären. 10

III. Grenzüberschreitende Angebote

Bei grenzüberschreitenden Angeboten kann das Bundesaufsichtsamt dem Bieter auf Antrag gestatten, bestimmte Inhaber von Wertpapieren mit Wohnsitz, Sitz oder gewöhnlichem Aufenthalt in einem Staat außerhalb des Europäischen Wirtschaftsraums **von dem Angebot aus-** 11

9 Kritisch zur Nichteinbeziehung von Wandelanleihen und Optionsscheinen in das Pflichtangebot: *Houben*, WM 2000, 1873, 1874f., 1879.

10 *Land*, DB 2001, 1707, 1711; *Thun*, in: Geibel/Süßmann, WpÜG, § 32, Rn. 2.

11 So die Regierungsbegründung, BR-Drucks. 574/01, S. 141.

12 So zutreffend *Thun* (Fn. 10), Rn. 4ff.

noch 11 **zunehmen**, wenn die zusätzliche Beachtung der Vorschriften dieses Staates für den Bieter unzumutbar wäre. Die praktische Relevanz dieser erst nachträglich in den Regierungsentwurf aufgenommenen Regelung dürfte erheblich sein. In vielen Fällen befindet sich ein Teil der Aktien, die Gegenstand des Angebots sind, in ausländischer Hand. Sind diese oder sog. „Depositary Receipts" in anderen Staaten zum Handel zugelassen, so hat ein grenzüberschreitendes Angebot auch das **Recht des jeweiligen anderen Staates** zu berücksichtigen. In den USA wäre etwa die „Cross-Border Tender and Exchange Offer Rule" der SEC vom 24.1.2000 anwendbar. Wird eine Ausnahmebewilligung nach § 24 erteilt, so ist das Angebot zwar auf alle Aktien, nicht aber an alle Aktionäre zu richten. Die etwa von US-Amerikanern gehaltenen Aktien können dann (nur) über europäische Börsen erworben werden.[13]

§ 33 Handlungen des Vorstands der Zielgesellschaft

(1) Nach Veröffentlichung der Entscheidung zur Abgabe eines Übernahmeangebotes bis zur Veröffentlichung des Ergebnisses nach § 23 Abs. 1 Satz 2 Nr. 2 darf der Vorstand der Zielgesellschaft keine Handlungen vornehmen, durch die der Erfolg des Angebotes verhindert werden könnte. Dies gilt nicht für Handlungen, die auch ein ordentlicher und gewissenhafter Geschäftsleiter einer Gesellschaft, die nicht von einem Übernahmeangebot betroffen ist, vorgenommen hätte, für die Suche nach einem konkurrierenden Angebot sowie für Handlungen, denen der Aufsichtsrat der Zielgesellschaft zugestimmt hat.

(2) Ermächtigt die Hauptversammlung den Vorstand vor dem in Absatz 1 Satz 1 genannten Zeitraum zur Vornahme von Handlungen, die in die Zuständigkeit der Hauptversammlung fallen, um den Erfolg von Übernahmeangeboten zu verhindern, sind diese Handlungen in der Ermächtigung der Art nach zu bestimmen. Die Ermächtigung kann für höchstens 18 Monate erteilt werden. Der Beschluß der Hauptversammlung bedarf einer Mehrheit, die mindestens drei Viertel des bei der Beschlußfassung vertretenen Grundkapitals umfaßt; die Satzung kann eine größere Kapital-

13 Siehe im Einzelnen die Kommentierung zu § 24.

mehrheit und weitere Erfordernisse bestimmen. Handlungen des Vorstands auf Grund einer Ermächtigung nach Satz 1 bedürfen der Zustimmung des Aufsichtsrats.

(3) Dem Bieter und mit ihm gemeinsam handelnden Personen ist es verboten, Vorstands- und Aufsichtsratsmitgliedern der Zielgesellschaft im Zusammenhang mit dem Angebot ungerechtfertigte Geldleistungen oder andere ungerechtfertigte geldwerte Vorteile zu gewähren oder in Aussicht zu stellen.

Literatur: *Abeltshauser*, Leitungshaftung im Kapitalgesellschaftsrecht, Zu den Sorgfaltspflichten von Unternehmensleitern im deutschen und im US-amerikanischen Kapitalmarktrecht, 1998; *Adams*, Der Markt für Unternehmenskontrolle und sein Missbrauch, AG 1989, 333; *ders.*, Höchststimmrechte, Mehrfachstimmrechte und sonstige wundersame Hindernisse auf dem Markt für Unternehmenskontrolle, AG 1990, 63; *ders.*, Was spricht gegen eine unbehinderte Übertragbarkeit der in Unternehmen gebundenen Ressourcen durch ihre Eigentümer?, AG 1990, 243; *Altmeppen*, Neutralitätspflicht und Pflichtangebot nach dem neuen Übernahmerecht, ZIP 2001, 1073; *Assman/Bozenhardt*, Übernahmeangebote als Regelungsproblem zwischen gesellschaftsrechtlichen Normen und zivilrechtlich begründeten Verhaltensgeboten, in: Assmann/Basaldua/Peltzer, Übernahmeangebote, ZGR-Sonderheft 9, 1990, S. 1; *van Aubel*, Vorstandspflichten bei Übernahmeangeboten, 1996; *Bästlein*, Zur Feindlichkeit öffentlicher Übernahmeangebote, Eine ökonomische Betrachtung von Ursachen und Auswirkungen unter besonderer Berücksichtigung der deutschen Situation, 1997; *Baudisch*, Nochmals: Neutralitätspflicht des Vorstandes und Entscheidungsbefugnis der Hauptversammlung im Übernahmerecht, AG 2001, 251; *Baums*, Notwendigkeit und Grundzüge einer gesetzlichen Übernahmeregelung, in: v. Rosen/Seifert (Hrsg.), Die Übernahme börsenorientierter Unternehmen, 1999, S. 165 ff.; *ders.*, Vorschlag eines Gesetzes zu öffentlichen Übernahmeangeboten, ZIP 1997, 1310; *Bogenschütz*, Abwehrmechanismen bei unfreundlichen Übernahmen, ZfgKW 1990, 1024; *Bohrer*, Unfreundliche Unternehmensübernahmen nach dem schweizerischen Kapitalmarkt- und Aktienrecht, 1997; *Braschler*, Abwehrmaßnahmen gegenüber Unfriendly Takeover Bids in den USA und in der Schweiz, 1992; *Bungert*, Pflichten des Managements bei der Abwehr von Übernahmeangeboten nach US-amerikanischem Gesellschaftsrecht – Das Urteil Paramount Communications Inc. v. QVC Network Inc. des Delaware Supreme Court, AG 1994, 297; *ders.*, Die Liberalisierung des Bezugsrechtsausschlusses im Aktienrecht, NJW 1998, 488; *Busch*, Die Notwendigkeit der spezialgesetzlichen Regelung von öffentlichen Übernahmeangeboten in Deutschland, 1996; *Cahn*, Grenzen des Markt- und Anlegerschutzes durch das WpHG, ZHR 162 (1998), 1; *Cooper*, In search of flexibility – a British view of the proposed Takeover Directive, EuZW 1991, 289; *Daum*, Die unkoordinierte Übernahme einer Aktiengesellschaft nach deutschem Recht, 1992; *Depser*, Der Vorschlag der EG-

Kommission zur Takeover-Richtlinie im Spiegel der amerikanischen Takeover-Erfahrung, RIW 1992, 351; *Dimke/Heiser*, Neutralitätspflicht, Übernahmegesetz und Richtlinienvorschlag 2000, NZG 2001, 241; *Doralt*, Überlegungen zur Gestaltung der Vorschriften über das Recht des öffentlichen Übernahmeangebotes in Österreich, in: FS Kropff 1997, S. 53 ff.; *Drygala*, Die neue deutsche Übernahmeskepsis und ihre Auswirkungen auf die Vorstandspflichten nach § 33 WpÜG, ZIP 2001, 1861; *Dummler*, Die Übernahme der GmbH, Takeover-Strategien und ihre Abwehr im Rahmen von M&A-Transaktionen, 1993; *Ebenroth/Daum*, Die Kompetenz des Vorstands einer Aktiengesellschaft bei der Durchführung und Abwehr koordinierter Übernahmen (Teil I), DB 1991, 1105; *dies.*, Die Kompetenz des Vorstands einer Aktiengesellschaft bei der Durchführung und Abwehr unkoordinierter Übernahmen (Teil II), DB 1991, 1157; *Ebenroth/Rapp*, Abwehr von Unternehmensübernahmen, DWiR 1991, 2; *Escher-Weingart/Kübler*, Erwerb eigener Aktien, Deutsche Reformbedürfnisse und europäische Fesseln?, ZHR 162 (1998), 537; *Falkenhausen*, Das Takeover-Game – Unternehmenskäufe in den USA, in: FS Stiefel, 1987, 163; *Flassak*, Der Markt für Unternehmenskontrolle, 1995; *Frank/Moreland*, Unternehmerisches Ermessen des Vorstands bei feindlichen Übernahmeversuchen in den USA: Die Time-Entscheidung, RIW 1989, 761; *Frei*, Öffentliche Übernahmeangebote in der Schweiz: Mit besonderer Berücksichtigung der Übernahmeregelung im Bundesgesetz über die Börsen und den Effekthandel, 1998; *Fürhoff/Wölk*, Aktuelle Fragen zur Ad hoc-Publizität, WM 1997, 449; *Götz*, Nochmals: Neutralitätspflicht des Vorstandes und Entscheidungsbefugnis der Hauptversammlung im Übernahmerecht, AG 2001, 254; *Haberlandt*, Aktienrechtliche Maßnahmen zur Abwehr unerwünschter Beteiligungen, BB 1975, 353; *Hahn*, Die Regulierung von Übernahmen in der Europäischen Gemeinschaft, ZBB 1990, 10; *ders.*, Die feindliche Übernahme von Aktiengesellschaften. Eine juristisch-ökonomische Analyse, 1992; *Harbarth*, Abwehr feindlicher Übernahmen in den USA, ZVglRWiss 100 (2001), 275; *Harrer/Grabowski*, Abwehrtechniken bei feindlichen Übernahmeversuchen, DStR 1992, 1326; *Hauschka/Roth*, Übernahmeangebote und deren Abwehr im deutschen Recht, AG 1988, 181; *Helmis*, Regulierung von Unternehmensübernahmen in den USA, RIW 2001, 825; *Herkenroth*, Konzernierungsprozesse im Schnittfeld von Konzernrecht und Übernahmerecht – Rechtsvergleichende Untersuchung der Allokationseffizienz unterschiedlicher Spielregeln von Unternehmensübernahmen, 1994; *Herrmann*, Zivilrechtliche Abwehrmaßnahmen gegen unfreundliche Übernahmeversuche in Deutschland und Großbritannien, 1993; *Hirte*, Bezugsrechtsausschluss und Konzernbildung: Minderheitenschutz bei Eingriffen in die Beteiligungsstruktur des Aktienrechts, 1986; *ders.*, Der Kampf um Belgien – Zur Abwehr feindlicher Übernahmen, ZIP 1989, 1233; *Hlawati/Birkner/Graf*, Abwehrmaßnahmen gegen Hostile Takeovers, ecolex 2000, 84 ff.; *Hommelhoff/Witt*, Bemerkungen zum deutschen Übernahmegesetz nach dem Scheitern der Richtlinie, RIW 2001, 561; *Hopt*, Präventivmaßnahmen zur Abwehr von Übernahme- und Beteiligungsversuchen, in: Festgabe Heinsius, WM 1991, Sonderdruck, S. 22 ff.; *ders.*, Aktionärskreis und Vorstandsneutralität, ZGR 1993, 534; *ders.*, Die Haftung von Vorstand und Aufsichtsrat – Zugleich ein Beitrag zur Corporate Governance-Debatte, in: FS Mestmäcker, 1996, S. 909 ff.; *ders.*, Europäisches und deutsches Übernahmerecht, ZHR 161 (1997), 368; *ders.*, Auf dem Weg zum deutschen Übernahmegesetz, in: FS Zöllner, 1998, Band I, S. 253 ff.; *ders.*, Verhaltenspflichten des Vorstands der Zielgesellschaft bei feindlichen Übernahmen – zur aktien- und übernahmerechtlichen Rechtslage in Deutschland und Europa, in: FS Lutter, 2000, S. 1361 ff.; *ders.*, Auf dem Weg zum deutschen Übernahmegesetz – Gemeinsamer Standpunkt des Rates zur 13. Richtlinie und Diskussionsentwurf des Übernahmegesetzes, in: FS Koppensteiner, 2001, S. 61; *Immenga*, Öffentliche Übernahmeangebote (Take over bids): eine rechtsvergleichende Untersuchung der Regelungsprobleme, SAG 1975, 89; *ders.*, Vertragliche Vinkulierung von Aktien, AG 1992, 79; *Immenga/Noll*, Feindliche Übernahmeangebote aus wettbewerbspolitischer Sicht, EG-Kommission, 1990; *Joussen*, Die Treuepflicht des Aktionärs bei feindlichen Übernahmen, BB 1992, 1075; *Jud/Terlitka/Zöllner*, Der Rückerwerb eigener Aktien als Instrument der Abwehr von Übernahmeangeboten, ecolex 2000, 91; *Kallmeyer*, Die Mängel des Übernahmekodex der Börsensachverständigenkommission, ZHR 161 (1997), 435; *ders.*, Neutralitätspflicht des Vorstandes und Entscheidungsbefugnis der Hauptversammlung im Übernahmerecht, AG 2000, 553; *Kalss*, Das neue Übernahmegesetz als Teil des Kapitalmarktrechts in Österreich, NZG 1999, 421; *Kessler*, Übernahmeangebote (take-over bids) im englischen Gesellschafts- und Börsenrecht, 1971; *Kiem*, Der Hauptversammlungsentscheid zur Legitimation von Abwehrmaßnahmen nach dem neuen Übernahmegesetz, ZIP 2000, 1509; *Kiethe*, Vorstandshaftung aufgrund fehlerhafter Due Diligence beim Unternehmenskauf, NZG 1999, 976; *Kirchner*, Neutralitäts- und Stillhaltepflicht des Vorstandes der Zielgesellschaft im Übernahmerecht, AG 1999, 481; *ders.*, Szenarien einer „feindlichen" Unternehmensübernahme: Alternative rechtliche Regelungen im Anwendungstest, BB 2000, 105; *ders.*, Managementpflichten bei „feindlichen" Übernahmeangeboten, WM 2000, 1821; *Kirchner/Painter*, European Takeover Law – Towards a European Modified Business Judgment Rule for Takeover Law, EBOR 2000, 353; *Klein*, Abwehrmöglichkeiten gegen feindliche Übernahmen in Deutschland, NJW 1997, 2085; *Klug*, Der Erwerb eigener Aktien als Instrument zur Abwehr feindlicher Übernahmen, 2001; *Knoll*, Die Übernahme von Kapitalgesellschaften, 1992; *Körner*, Die Neuregelung der Übernahmekontrolle nach deutschem und europäischem Recht – insbesondere zur Neutralitätspflicht des Vorstands, DB 2001, 367; *Kort*, Zur Treuepflicht des Aktionärs, ZIP 1990, 294; *ders.*, Rechte und Pflichten des Vorstands der Zielgesellschaft bei Übernahmeversuchen; in: FS Lutter, 2000, S. 1421 ff.; *Krause*, Zur Gleichbehandlung der Aktionäre bei Übernahmeangeboten und Beteiligungserwerb – Teil I –, WM 1996, 845; *ders.*, Zur Gleichbehandlung der Aktionäre bei Übernahmeangeboten und Beteiligungserwerb, – Teil II –, WM 1996, 893; *ders.*, Das obligatorische Übernahmeangebot – Eine juristische und ökonomische Analyse, 1996; *ders.*, Zur Pool- und Frontenbildung im Übernahmekampf und zur Organzuständigkeit für Abwehrmaßnahmen gegen „feindliche" Übernahmen, AG 2000, 217; *ders.*, Das neue Übernahmerecht, NJW 2002, 705; *ders.*, Prophylaxe gegen feindliche Übernahmeangebote, AG 2002, 133; *Krieger*, Das neue Übernahmegesetz: Preisfindung beim Übernahmeangebot und Neutralitätspflicht des Vorstands der Zielgesellschaft, in: Henze/Hoffmann-Becking (Hrsg.), Gesellschaftsrecht 2001, RWS-Forum 2001, 289; *ders.*, Aktionärsklage zur Kontrolle des Vorstands- und Aufsichtsratshandelns, ZHR 163 (1999), 343; *Kübler/Schmidt*, Gesellschaftsrecht und Konzentration, 1988; *Lammers*, Verhaltenspflichten von Verwaltungsorganen in Übernahmeauseinandersetzungen. Eine rechtsvergleichende Untersuchung des US-amerikanischen, deutschen und europäischen Rechts, 1994; *Land*, Das neue Wertpapierrechts- und Übernahmegesetz – Anmerkungen zum Regierungsentwurf, DB 2001, 1707; *Leibner*, Möglichkeiten der „feindlichen Übernahme" von Aktiengesellschaften durch öffentliche Angebote und Maßnahmen der Zielgesellschaft im Rahmen des geänderten EG-Richtlinienentwurfs, 1994; *Liebscher*, Konzernbildungskontrolle – Rechtsformspezifische und rechtsformunabhängige Aspekte der Problematik eines konzernrechtlichen Präventivschutzes im Rahmen des Konzernierungsprozesses, 1995; *ders.*, Das Übernahmeverfahren nach dem neuen Übernahmegesetz, ZIP 2001, 853; *Lüttmann*, Kontrollwechsel in Kapitalgesellschaften – Eine vergleichende Untersuchung des englischen, US-amerikanischen und deutschen Rechts, 1992; *Lutter*, Grenzen zulässiger Einflussnahme im faktischen Konzern – Nachbehandlung zum Mannesmann/Vodafone Takeover, in: FS Peltzer, 2001, S. 241; *Lutter/Schneider*, Die Beteiligung von Ausländern an inländischen Aktiengesellschaften – Möglichkeiten der Beschränkung nach geltendem Recht und Vorschläge de lege ferenda, ZGR 1975, 182; *Maier-Reimer*, Verhaltenspflichten des Vorstands der Zielgesellschaft bei feindlichen Übernahmen, ZHR 165 (2001), 258; *Marquardt*, Gesellschafts- und steuerrechtliche Instrumente zur Abwehr feindlicher Übernahmen, WiB 1994, 537; *May*, Die Sicherung des Familieneinflusses auf die Führung der börsengehandelten Aktiengesellschaft: Zugleich ein Beitrag zur Gestaltungsfreiheit im Gesellschaftsrecht, 1992; *Meier-Schatz*, Managermacht und Marktkontrolle. Bemerkungen zur amerikanischen Debatte um Übernahmeangebote und Markt für Unternehmenskontrolle, ZHR 149 (1985), 76; *Menichetti*, Verteidigungstrategien des Managements bei Unternehmensübernahmen in den USA, WiSt 1990, 521; *Merkt*, Verhaltenspflichten des Vorstands der Zielgesellschaft bei feindlichen Übernahmen, ZHR 165 (2001), 224; *Mestmäcker*, Verwaltung, Konzerngewalt und Rechte der Aktionäre, 1958; *Michalski*, Abwehrmechanismen gegen unfreundliche Übernahmeangebote („unfriendly takeovers") nach deutschem Aktienrecht, AG 1997, 152; *Möller/Pötzsch*, Das neue Übernahmerecht – der Regierungsentwurf vom 11.7.2001, ZIP 2001, 1256; *Mülbert*, Die Zielgesellschaft im Vorschlag 1997 einer Takeover-Richtlinie – zwei folgenreiche Eingriffe ins deutsche Aktienrecht, IStR 1999, 83; *Mülbert/Birke*, Das übernahmerechtliche Behinderungsverbot – die angemessene Rolle der Verwaltung einer Zielgesellschaft in einer feindlichen Übernahme, WM 2001, 705; *Neye*, Der Gemeinsame Standpunkt des Rates zur 13. Richtlinie – ein entscheidender Weg zu einem europäischen Übernahmerecht, AG 2000, 289; *Otto*, Gebundene Aktien: Vertragliche Beschränkungen der Ausübung und Übertragbarkeit von Mitgliedschaftsrechten zu Gunsten der AG, AG 1991, 369; *Paefgen*, Gesellschaftsrechtlicher Präventivschutz in Delaware, RIW 1991, 103; *ders.*, Kein Gift ohne Gegengift: Sortimentserweiterung in der Bereitschaftsapotheke gegen idiosynkratische Unternehmenskontrollwechsel – Statuarische Gestaltungsmöglichkeiten zur Herstellung der Waffengleichheit im Übernahmekampf, AG 1991, 189; *ders.*, Alle Macht dem Management, AG 1991, 41; *Peltzer*, Von Räubern, weißen Rittern und Jungfrauen – die Taktiken der amerikanischen takeovers, ZfgKW 1986, 291; *ders.*, Prophylaktische Verteidigungsstrategien gegen unerwünschte Übernahmeversuche, ZfgKW 1988, 577; *ders.*, Hostile Takeovers in der Bundesrepublik Deutschland? – Möglichkeiten und Hindernisse, ZIP 1989, 69; *Pennington*, The City Code On Takeover And Mergers, in: FS Duden, 1997, 379; *Pluskat*, Das Scheitern der europäischen Übernahmerichtlinie, WM 2001, 1937; *Reul*, Die Pflicht zur Gleichbehandlung der Aktionäre bei privaten Kontrolltransaktionen, 1991; *Roßkopf*, Selbstregulierung von Übernahmeangeboten in Großbritannien, 2000; *Roth*, Höchststimmrechte: Furcht vor den Ölscheichs oder Verselbstständigung des Managements, ZRP 1975, 204; *Rümker*, Übernahmeangebote – Verhaltenspflichten des Vorstandes der Zielgesellschaft und Abwehrmöglichkeiten, in: FS Heinsius, 1991, 683; *Schander*, Abwehrstrategien gegen feindliche Übernahmen und ihre Zulässigkeit im Lichte der Aktienrechtsreform, BB 1997, 1801; *ders.*, Der Rückkauf eigener Aktien nach KonTraG und Einsatzpotentiale bei Übernahmetransaktionen, ZIP 1998, 2087; *ders.*, Aktienrückkauf und Abwehr von Übernahmeversuchen, M&A Review 1998, 314; *ders.*, Selbstregulierung versus Kodifizierung – Versuch einer Standortbestimmung des deutschen Übernahmerechts, NZG 1998, 799; *Schander/Posten*, Zu den Organpflichten bei Unternehmensübernahmen, ZIP 1997, 1534; *Uwe H. Schneider*, Gesetzliches Verbot für Stimmrechtsbeschränkungen bei der Aktiengesellschaft, AG 1990, 56; *ders.*, Die Zielgesellschaft nach Abgabe eines Übernahme- oder Pflichtangebots, AG 2002, 125; *ders./Burgard*, Übernahmeangebote und Konzerngründung – Zum Verhältnis von Übernahmerecht, Gesellschaftsrecht und Konzernrecht, DB 2001, 963; *Seifert/Voth*, Marktdisziplin statt Konsens: Übernahmen und die Nachteile des deutschen Corporate-Governance-Modells, in: von Rosen/Seifert, Die Übernahme börsennotierter Unternehmen, 1999, S. 187; *Steinmann*, Präventive Abwehrmaßnahmen zur Verhinderung unfreundlicher Übernahmen mit Mitteln des Aktienrechts, 1989; *Stinge*, Zur Zulässigkeit von Abwehrmaßnahmen im Aktien- und Übernahmerecht, GesRZ, 1999, 113; *Stoll*, Rechtliche Aspekte feindlicher Unternehmensübernahmen in Deutschland, BB 1989, 457; *Strenger*, Das deutsche Übernahmegesetz – Ausgewogenheit zwischen Unternehmens- und Anlegerinteressen als Pflichtprogramm, WM 2000, 952; *Strotmann*, Feindliche Übernahmen in den USA, 1994; *Sünner*, Take-overs made in USA, AG 1987, 276; *ders.*, Zur Abwehr feindlicher Unternehmensübernahmen in Deutschland, in: FS Quack, 1991, S. 457; *Thaeter*,

Zur Abwehr feindlicher Übernahmeversuche im RegE eines Gesetzes zur Regelung von öffentlichen Angeboten zum Erwerb von Wertpapieren und von Unternehmensübernahmen, NZG 2001, 789; *Thaeter/Barth*, RefE eines Wertpapiererwerbs- und Übernahmegesetzes, NZG 2001, 545; *Thoma*, Das Wertpapiererwerbs- und Übernahmegesetz im Überblick, NZG 2002, 105; *Thümmel*, Haftungsrisiken von Vorständen und Aufsichtsräten bei der Abwehr von Übernahmeversuchen, DB 2000, 461; *Trockels*, Verteidigungsmaßnahmen gegen „Corporate Takeovers" in den USA, ZVglRwiss 89 (1990), 56; *Utzig*, Feindliche Übernahmen – der Acker wandert zum besseren Wirt, Die Bank 1997, 430; *Wackerbarth*, Von golden shares und poison pills: Waffengleichheit bei internationalen Übernahmeangeboten, WM 2001, 1741; *Wagner*, Das neue Wertpapiererwerbs- und Übernahmegesetz (WpÜG), Die Bank, 2002, 66; *ders.*, Standstill Agreements bei feindlichen Übernahmen nach US-amerikanischem und deutschem Recht, 1999; *Weisgerber*, Der Übernahmekodex in der Praxis, ZHR 161 (1997), 421; *Weisner*, Dead-Hand-Bestimmungen in der US-amerikanischen Rechtsprechung – ein Überblick, RIW 2001, 191; *ders.*, Abwehrmaßnahmen gegen feindliche Übernahmen, ZRP 2000, 520; *ders.*, Verteidigungsmaßnahmen gegen unfreundliche Übernahmeversuche in den USA, Deutschland und nach europäischem Recht, 2000; *Weisser*, Feindliche Übernahmeangebote und Verhaltenspflichten der Leitungsorgane, 1994; *Werner*, Probleme „feindlicher" Übernahmen im Aktienrecht, 1998; *ders.*, Haftungsrisiken bei Unternehmensakquisitionen: Die Pflicht des Vortands zur Due Diligence, ZIP 2000, 989; *Wiese/Demisch*, Unternehmensführung bei feindlichen Übernahmeangeboten, DB 2001, 849; *Wiesner*, Protektionismus oder Marktöffnung? – Zur Übernahmerichtlinie zeichnet sich ein Paradigmenwechsel ab, ZIP 2002, 208; *Winter/Harbarth*, Verhaltenspflichten von Vorstand und Aufsichtsrat der Zielgesellschaft bei feindlichen Übernahmeangeboten nach dem WpÜG, ZIP 2002, 1; *Wirth*, Vinkulierte Namensaktien: Ermessen des Vorstandes bei der Zustimmung zur Übertragung? – Ein Instrument zur Abwehr feindlicher Übernahmen?, DB 1992, 617; *Witte*, Diskussionsentwurf zur Regelung von Unternehmensübernahmen: Abwehrmöglichkeiten des Vorstands der Zielgesellschaft, BB 2000, 2161; *Wolf*, Konzerneingangsschutz bei Übernahmeangeboten. Neue Entwicklungen zu Verteidigungsmaßnahmen im Spannungsfeld zum EU-Richtlinienvorschlag, AG 1998, 212; *Wymeersch*, Unternehmensführung in Westeuropa, AG 1995, 299; *Zinser*, Der RefE eines „Gesetzes zur Regelung von öffentlichen Angeboten zum Erwerb von Wertpapieren und Unternehmensübernahmen" vom 12.3.2001, NZG 2001, 391; *Zschocke*, Europapolitische Risiken: Das neue Wertpapiererwerbs- und Übernahmegesetz, DB 2002, 79; *ders.*, Das neue Übernahmerecht in Österreich im Vergleich zum Übernahmerecht in Frankreich, Belgien und der Niederlande, in: v. Rosen/Seifert (Hrsg.), Die Übernahme börsennotierter Unternehmen, 1999, 77; *Zwissler*, Übernahmerecht in Österreich, AG 1999, 411.

Übersicht

I. Einführung: Aktienrechtliche Neutralitätspflicht und übernahmerechtliches Verhinderungsverbot

1. Rechtspolitischer und rechtsdogmatischer Hintergrund

1 Die Frage, ob und unter welchen Voraussetzungen die Verwaltung der Zielgesellschaft Maßnahmen gegen ein von ihr abgelehntes (feindliches) Übernahmeangebot ergreifen darf, ist wie keine andere übernahmerechtliche Thematik Gegenstand einer intensiven rechtspolitischen und –dogmatischen Diskussion in Deutschland. Dabei hat sich eine kaum mehr überschaubare Gemengelage von kapitalmarkttheoretischen, aktienrechtlichen, rechtsvergleichenden sowie betriebs- und volkswirtschaftlichen Argumenten herausgebildet.[1] Die Verabschie-

1 Siehe allein aus der jüngsten rechtspolitischen Literatur: *Drygala*, ZIP 2001, 1861 ff.; *Grunewald*, AG 2001, 287 ff.; *Hopt*, in: FS Lutter, 2000, S. 1361 ff.; *Kirchner*, AG 1999, 481 ff.; *Kirchner/Painter*, EBOR, 2000, 353 ff.; *Kort*, in: FS Lutter, 2000, S. 1421 ff.; *Maier-Reimer*, ZHR 165 (2001), 258 ff.; *Merkt*, ZHR 165 (2001), 224 ff.; *Mülbert/Birke*, WM 2001, 705 ff.; *Uwe H. Schneider/Burgard*, DB 2001, 963 ff.; *Wackerbarth*, WM 2001, 1741 ff.; *Wiese/Demisch*, DB 2001, 849 ff. sowie jüngst *Uwe H. Schneider*, AG 2002, 125 ff.

dung des WpÜG hat diese Diskussion – jedenfalls was die kapitalmarktrechtliche Seite anbetrifft – zu einem vorläufigen Ende gebracht. Angesichts einer Reihe offener Auslegungsfragen zu § 33 ist jedoch damit zu rechnen, dass sich die rechtspolitische Auseinandersetzung zwischen Befürwortern und Gegnern einer strengen Neutralitätspflicht auf rechtsdogmatischer Ebene fortsetzen wird. Die folgenden Ausführungen verfolgen nicht das Ziel, die bisherige Diskussion in ihren detailreichen Facetten vollständig nachzuzeichnen. Vielmehr soll ein allgemeiner Überblick über die rechtliche Einordnung der wesentlichen Standpunkte und Lösungsansätze vermittelt werden.

a) Der Vorstand der Zielgesellschaft im Konfliktfeld zwischen Eigen-, Unternehmens- und Aktionärsinteressen

Gibt ein Bieter ein öffentliches Übernahmeangebot ab, wird ein ökonomisch handelnder **Aktionär** der Zielgesellschaft prüfen, worin die größtmögliche Steigerung der Rendite seiner Kapitalanlage liegt: In dem Verkauf seiner Anteile zu einem um eine Kontrollprämie erhöhten Preis bzw. im Tausch der Anteile in potentiell ertragreichere Anteile des Bieters oder im Halten der Anteile aufgrund der Einschätzung, dass das höhere Renditepotential in der eigenständigen Zielgesellschaft liegt. Im ersteren Fall ist das Interesse des Anlegers auf eine erfolgreiche Übernahme gerichtet; im letzteren auf ein Scheitern des Übernahmeversuchs. Demgegenüber wird der **Vorstand** der Zielgesellschaft regelmäßig ein Interesse daran haben, seine persönliche Stellung in der Gesellschaft zu erhalten und damit den Übernahmeversuch abzuwehren. Unabhängig hiervon wird ein gewissenhafter Vorstand auch die Interessen der sog. *Stakeholders*, also insbesondere der **Arbeitnehmer** der Zielgesellschaft, in die Bewertung des Übernahmeangebots einbeziehen und möglicherweise auch unter diesem Aspekt eine ablehnende Haltung gegenüber dem Übernahmeversuch einnehmen. Je nach Entscheidung seiner Aktionäre gerät der Vorstand somit in einen **Konflikt zwischen seinem Eigeninteresse, dem Interesse der *Stakeholders* und dem Aktionärsinteresse.**[2] Wie dieser Konflikt sinnvoll aufgelöst werden kann, ist Gegenstand der Diskussion über die Verhaltenspflichten der Verwaltung der Zielgesellschaft im Falle eines öffentlichen Übernahmeangebots. 2

2 In der ökonomischen Literatur allgemein auch als Principal-Agent Konflikt diskutiert; siehe hierzu im übernahmerechtlichen Kontext *Wiese/Demisch* (Fn. 1), 849 f.

b) Keine Neutralitätspflicht im engeren Sinne

3 Soweit diese Diskussion unter dem Schlagwort „Neutralitätspflicht" geführt wird, ist dies zumindest missverständlich.[3] Nach allgemeiner Ansicht sind Vorstand und Aufsichtsrat keineswegs verpflichtet, gegenüber einem Übernahmeangebot eine neutrale Haltung einzunehmen. Vielmehr hat sich die Verwaltung eine **eigene Meinung** über das Übernahmeangebot zu bilden und im Rahmen einer detaillierten Stellungnahme gegenüber den Aktionären zu artikulieren (§ 27). Ferner ist es dem Vorstand erlaubt, für seine Position und die Strategie seines Unternehmens zu werben, wie sich mittelbar aus der Vorschrift des § 28 ergibt. Der Vorstand darf sich sogar gemäß § 33 Abs. 1 Satz 2 um ein konkurrierendes Angebot (*white knight*) bemühen, um das feindliche Übernahmeangebot abzuwehren. Es geht also nicht um Neutralität schlechthin, sondern um die Frage, in welchem Umfang der Vorstand aufgrund seiner Geschäftsleitungskompetenz (§ 76 AktG) befugt ist, durch Maßnahmen der Zielgesellschaft eine erfolgreiche Übernahme zu be- bzw. verhindern und damit in die Entscheidungsfreiheit der Aktionäre einzugreifen.

c) Aktienrechtliches Neutralitätsgebot

4 Als Rechtsproblem ist diese Frage zunächst unter verbandsrechtlichen Aspekten des deutschen Aktienrechtes diskutiert worden. Fest steht dabei, dass aufgrund der aktienrechtlich zwingend vorgegebenen **Kompetenzverteilung zwischen Vorstand und Hauptversammlung** der Vorstand von vornherein bestimmte Abwehrmaßnahmen nur mit vorheriger Zustimmung der Hauptversammlung durchführen kann (z.B. Kapitalmaßnahmen oder wesentliche Strukturänderungen, die nach der Holzmüller-Rechtsprechung des BGH in die Entscheidungszuständigkeit der Hauptversammlung fallen). Jenseits dieses gesicherten aktienrechtlichen Grundsatzes sind **dogmatische Herleitung, Inhalt und Geltungsform der aktienrechtlichen Verhaltenspflichten des Vorstands** einer von einem feindlichen Übernahmeangebot betroffenen Gesellschaft **umstritten**.

3 Hierauf weisen zu Recht *Baums*, in: v. Rosen/Seifert, Übernahme börsennotierter Unternehmen, 1999, S. 165, 177; *Grunewald* (Fn. 1), 288 f.; *Maier-Reimer* (Fn. 1), 259 und *Schüppen*, WpG 2001, 958, 970 hin.

aa) Verbandsrechtliche Begründungsansätze

(1) Pflicht zu Fremdinteressenwahrnehmung. Allgemein wird aus der Pflicht des Vorstands zur Fremdinteressenwahrnehmung gefolgert, dass sich die Verwaltung einer aktiven Einflussnahme auf die Zusammensetzung des Aktionärskreises grundsätzlich zu enthalten habe.[4] Im Vordergrund steht dabei die Einschätzung, dass der Vorstand aufgrund seines persönlichen Interesses am eigenen Machterhalt eine denkbar schlechte Instanz zur stellvertretenden, zentralisierten Wahrnehmung der Interessen der Aktionäre und der *Stakeholders* sei.[5] 5

(2) Pflicht zur Gleichbehandlung. Ferner soll sich eine Neutralitätspflicht im vorgenannten Sinne aus der Pflicht des Vorstands zu einer Gleichbehandlung aller Aktionäre (§ 53 a AktG) ergeben.[6] 6

(3) Kritik. Diese herkömmliche Herleitung der aktienrechtlichen Neutralitätspflicht ist jedoch auf Kritik gestoßen: Zum einen entspricht es mittlerweile der wohl herrschenden Meinung, dass ein allgemeiner aktienrechtlicher Grundsatz, wonach der Vorstand auf die Zusammensetzung des Aktionärskreises keinen Einfluss nehmen dürfe, in dieser generellen Form nicht besteht.[7] Denn jedenfalls ist der Vorstand berechtigt, sich bei der Platzierung junger Aktien aus einer Kapitalerhöhung unter Ausschluss des Bezugsrechts um neue Investoren zu bemühen, etwa zur Anbahnung oder Vertiefung strategischer Allianzen. Zum anderen bezieht sich der Gleichbehandlungsgrundsatz nur auf solche Fälle, in denen derzeitige Aktionäre Auseinandersetzungen um Anteile und Herrschaft in der Aktiengesellschaft austragen. Nimmt man nicht eine Vorwirkung des Gleichbehandlungsgrundsatzes an, gibt dieser somit für eine Neutralitätspflicht gegenüber einem Bieter, der noch nicht Aktionär der Zielgesellschaft ist, nichts her.[8] 7

---

4 *Adams*, AG 1990, 243, 245; *Assmann/Bozenhardt,* in: Assmann/Basaldua/Bozenhardt/Peltzer, S. 112 ff.; *Ebenroth/Daum*, DB 1991, 1157, 1158; *Hirte/Schander,* in: von Rosen/Seifert, S. 341, 348; *Hopt*, in: Großkomm. z. AktG, 4. Aufl., 1999, § 93 Rn. 122; *Krause*, AG 2000, 217, 218; *Krieger,* in: Münchner Hdb. des Gesellschaftsrechts, Bd. 4, Aktiengesellschaft, 2. Aufl., 1999, § 69 Rn. 15; (kritisch zur Neutralitätspflicht jüngst jedoch *ders.*, in: Henze/Hoffmann-Becking, Gesellschaftsrecht 2001, RWS-Forum 20, 2001, S. 289, 303 ff.); *Michalski*, AG 1997, 152, 159; *Rümker*, in: FS Heinsius, 1991, S. 683, 688 ff. sowie bereits *Mestmäcker,* Verwaltung, S. 14 ff., 139 ff.

5 *Assmann/Bozenhardt* (Fn. 4), 112; *Hahn*, ZBB 1990, 10, 19; *Hopt*, ZGR 1993, 534, 540 ff.

6 *Ebenroth/Daum* (Fn. 4), 1158; *Mertens,* in: Kölner Komm. zum AktG, 2. Aufl., 1999, § 76 Rn. 26.

7 *Maier-Reimer* (Fn. 1), 259 m. w. N. sowie Rn. 3.

8 *Hopt,* (Fn. 5), 546.

bb) Kapitalmarktbezogener Begründungsansatz

8 In der jüngeren Literatur wird deshalb zu Recht dazu übergegangen, auch das aktienrechtliche Neutralitätsgebot primär kapitalmarktbezogen zu begründen: Der Vorstand dürfe nicht die **Chance der Aktionäre** vereiteln, zu attraktiven Bedingungen ihre Aktien an den Bieter, also am Kapitalmarkt, zu verkaufen.[9] Geschützt wird der Aktionär demnach nicht in seiner Eigenschaft als Inhaber mitgliedschaftlicher Rechte an der Zielgesellschaft, sondern in seiner Rolle als Kapitalmarktteilnehmer.

cc) Inhalt der Neutralitätspflicht

9 Ebenso umstritten wie die dogmatische Herleitung der aktienrechtlichen Neutralitätspflicht ist die Frage, ob und in welchem Umfang der Vorstand ein vom Aktionärsinteresse verschiedenes **Unternehmens- bzw. Gesellschaftsinteresse** wahrzunehmen hat (siehe hierzu § 3 Rn. 15). Dies hat teilweise Auswirkungen auf die inhaltliche Ausgestaltung der Neutralitätspflicht, wobei die hierzu getroffenen Aussagen häufig wenig konkret sind und zudem zwischen der Vor- und der Nachangebotsphase differenziert wird. Generell lässt sich – mit der unvermeidlichen Unschärfe – folgender Meinungsstand ausmachen:

10 Diejenigen, die das Unternehmensinteresse als stets identisch mit dem Aktionärsinteresse ansehen, vertreten die Ansicht, dass sich der Vorstand – jedenfalls in der Phase nach Vorlage des Angebots (*post bid*) – **jeglicher aktiver Einflussnahme auf das Übernahmeangebot zu enthalten** habe, die über die Abgabe einer begründeten Stellungnahme hinausgehe.[10] Dem wird überwiegend von denjenigen Stimmen gefolgt, die in das Unternehmensinteresse auch die Interessen der *Stakeholders* einbeziehen bzw. diese Frage nicht ausdrücklich problematisieren.[11] Ausnahmen werden lediglich für Missbrauchsfälle diskutiert, in denen der Zielgesellschaft z. B. die Übernahme durch eine Mafia-Organisation oder einen politisch exponierten ausländischen Staat oder die rechtswidrige Zerschlagung droht.[12]

9 *Grunewald* (Fn. 1), 289; *Merkt* (Fn. 1), 247 ff.

10 *Adams* (Fn. 4), 246; *Ebenroth/Daum* (Fn. 4), 1158; *Hopt* (Fn. 5), 549 f.; *ders.*, (Fn. 1), 1376; *Wackerbarth* (Fn. 1), 1744.

11 *Assmann/Bozenhardt* (Fn. 4), 112 ff.; *Hahn* (Fn. 5), 19; *Hirte/Schander*, in: von Rosen/Seifert (Hrsg.), Die Übernahme börsennotierter Unternehmen, 1999, S. 341, 348; *Immenga*, AG 1992, 79, 81; *Krause*, AG 1995, 209, 214; *ders.*, WM 1996, 845, 851; *ders.*, AG 2000, 217 ff.; *Mertens* (Fn. 6), Rn. 26; *Rümker* (Fn. 4), S. 688; *Strenger*, WM 2000, 952; *Wolf*, AG 1998, 212, 219.

12 Die Einzelheiten hierzu sind, sowohl was die Fallgruppenbildung als auch die dogmatische Begründung anbetrifft, außerordentlich umstritten, siehe hierzu den zusam-

Nach einer anderen Ansicht soll der Vorstand aufgrund seiner Verpflichtung auf das Unternehmensinteresse, das berechtigte Belange der *Stakeholders* einbeziehe, berechtigt sein, innerhalb seines unternehmerischen Handlungsermessens **Abwehrmaßnahmen gegen einen feindlichen Übernahmeversuch** zu ergreifen, ohne hierzu ausdrücklich von der Hauptversammlung ermächtigt sein zu müssen.[13] 11

dd) Organpflicht oder Kompetenznorm?

Umstritten ist schließlich, ob die aktienrechtliche Neutralitätspflicht dogmatisch als Organpflicht der Vorstandsmitglieder im Sinne des § 76 AktG[14] oder als Kompetenzregelung zu verstehen ist, die eine Entscheidung über Abwehrmaßnahmen der Geschäftsführungsbefugnis des Vorstandes entzieht und in die exklusive Zuständigkeit der Hauptversammlung verweist.[15] Nimmt man an, dass § 33 die aktienrechtliche Neutralitätspflicht jedenfalls insoweit überformt, als die Verhaltenspflichten des Vorstands in dem in § 33 Abs. 1 Satz 1 genannten Zeitraum betroffen sind (siehe dazu unten Rn. 45), ist die Frage dahingehend zu entscheiden, dass es sich auch bei aktienrechtlicher Neutralitätspflicht um eine **Zuständigkeitsnorm** handelt (siehe unten Rn. 48). Diese Aussage bezieht sich jedoch nur auf den Fall einer konkreten Übernahmesituation (siehe zu derselben Frage in Bezug auf präventive Abwehrmaßnahmen unten Rn. 55). 12

ee) Fortgeltung im Vorangebotsstadium *(pre bid)*

Soweit ein originäres aktienrechtliches Neutralitätsgebot im vorgenannten Sinne besteht, behält es auch nach Inkrafttreten des WpÜG seine Bedeutung für die Begrenzung präventiver Maßnahmen des Vorstandes, die ohne Ansehung eines konkreten Übernahmeangebotes er- 13

---

menfassenden Überblick bei *Winter/Harbarth*, ZIP 2002, 1, 2 sowie *Schwennicke*, in: Geibel/Süßmann, Komm. zum WpÜG, § 33 Rn. 16f.

13 *Kirchner*, AG 1999, 481, 487 (allerdings unter Fokussierung auf den übernahmerechtlichen Aspekt der Problematik unter dem Stichwort *„qualified business judgement rule"*, siehe dazu unten Rn. 17); *Kort* (Fn. 1), S. 1421, 1434; *Krieger*, in: Henze/Hoffmann-Becking (Fn. 4), 303f.; *Wiese/Demisch* (Fn. 1), 850; weitergehend *Werner*, Probleme „feindlicher" Übernahmen im Aktienrecht, 1998, 16; *Martens*, in: FS Beusch, 1993, S. 529, 542 ff.; *Bungert*, ZHR 159 (1995), 261, 267.

14 So *van Aubel*, Vorstandspflichten bei Übernahmeangeboten, 1996, S. 155 ff.

15 So *Hopt* (Fn. 5), 548 ff.; *Mülbert*, IStR 1999, 83, 88 für den vor allem in der Praxis relevanten Fall, dass ein erfolgreiches Übernahmeangebot zur faktischen Abhängigkeit der Zielgesellschaft und damit zu einer Änderung des Verbandszwecks führt.

griffen werden (siehe zu präventiven Abwehrmaßnahmen der Zielgesellschaft allgemein Rn. 54 ff.).

d) Übernahmerechtliches Verhinderungsverbot

14 Im Hinblick darauf, dass sich feindliche öffentliche Unternehmensübernahmen nicht unter Privaten, sondern auf dem *Kapitalmarkt* abspielen, sind die Verhaltenspflichten der Zielgesellschaft spätestens seit Beginn der 90er Jahre auch kapitalmarktbezogen interpretiert worden.[16] Dabei hat es in Deutschland lange Zeit an praktischen Fällen für feindliche Übernahmen gefehlt.[17] Nicht zuletzt deshalb und mangels einer gesetzlichen Regelung für öffentliche Unternehmensübernahmen[18] ist in Deutschland die kapitalmarktrechtliche Diskussion über die Neutralitätspflicht primär akademisch-referierend unter Orientierung an der anglo-amerikanischen Rechtspraxis und der europäischen Rechtsentwicklung verlaufen.[19] Dies änderte sich mit der Initiative der Bundesregierung für ein deutsches Übernahmegesetz infolge der Vodafone/Mannesmann-Übernahme und der Vorlage des Diskussionsentwurfes für ein „Gesetz zur Regelung von Unternehmensübernahmen" im Juni 2000. Spätestens zu diesem Zeitpunkt setzte eine intensive Diskussion darüber

16 Grundlegend *Hopt* (Fn. 5), 534 ff.; vgl. ferner *Dimke/Heiser,* NZG 2001, 241, 253.

17 Als Gründe hierfür werden u. a. der unterdurchschnittliche Streubesitz, die Einflussnahme der Banken über das Depotstimmrecht sowie das Mitbestimmungsrecht genannt, das viele potentielle Bieter abschrecke. Siehe hierzu *Michalski*, AG 1997, 152; *Becker*, ZHR 165 (2001), 280; *Herkenroth*, Konzernierungsprozesse, 1994, S. 81 ff.; *Witt*, Übernahmen von Aktiengesellschaften, 1998, S. 59 ff. m. w. N. Öffentlichkeitswirksame feindliche Übernahmeversuche hat es deshalb bis Ende der 90er Jahre nur in den Fällen Continental/Pirelli und Thyssen/Krupp gegeben (siehe hierzu eingehend *Witt*, a. a. O., S. 52 ff.). Demgemäß waren auch die bei feindlichen Übernahmen gerichtlich zu klärenden Sachfragen auf einzelne, isolierte Problemstellungen begrenzt, wie z. B. die Frage des Anspruchs auf Zustimmung zur Übertragung vinkulierter Namensaktien (LG Aachen, Urt. vom 19. 5. 1992 – 41 O 30/92 – AMB/AGF, ZIP 1992, 924) oder die Zulässigkeit von Höchststimmrechten (LG Hannover, Urt. vom 29. 5. 1992 – 23 O 64 u. 77/91 – Continental/Pirelli, ZIP 1992, 1236). Die erste grundlegende Gerichtsentscheidung zu den Rechtsproblemen im Zusammenhang mit einer feindlichen Übernahme erging dann zu Mannesmann/Vodafone (LG Düsseldorf, Beschluss vom 14. 12. 1999 – 10 O 495/99, WM 2000, 528).

18 Da Art. 19 Übernahmekodex auf dem Prinzip der freiwilligen Selbstverpflichtung beruhte, führte diese Vorschrift in der rechtspolitischen und -praktischen Diskussion eher ein Schattendasein, vgl. auch *Weisgerber,* ZHR 161 (1997), 421, 428, der darauf hinweist, dass die mangelnde Akzeptanz des Übernahmekodex bei den Unternehmen beispielhaft auf die strenge Neutralitätspflicht in Art. 19 zurückzuführen gewesen sei.

19 Siehe hierzu u. a. *Herkenroth* (Fn. 17), passim.

ein, wie die Verhaltenspflichten im Rahmen eines Übernahmegesetzes, und damit kapitalmarktrechtlich zu bestimmen sind.[20]

aa) Markt für Unternehmenskontrolle

Die vorherrschende Meinung geht davon aus, dass die kapitalmarktrechtliche Festlegung von Verhaltenspflichten der Zielgesellschaft dem Zweck dient, adäquate Bedingungen für einen **funktionierenden Markt für Unternehmenskontrolle** zu schaffen.[21] Wie dieses Ziel erreicht werden kann, ist umstritten. Die sich gegenüberstehenden Lager favorisierten dabei entweder das übernahmerechtliche Konzept des Londoner City Codes (strikte Neutralitätspflicht der Verwaltung) oder – mit den für eine Einpassung in das deutsche Aktienrecht erforderlichen Modifikationen[22] – die US-amerikanische *Business Judgement Rule* (weitgehende Befugnis der Verwaltung zu Abwehrmaßnahmen). 15

Die **Befürworter einer strikten Neutralitätspflicht** sehen diese für die Schaffung eines effizienten Marktes für Unternehmenskontrolle als unerlässlich an. Ohne Neutralitätspflicht sei der Interessenkonflikt nicht aufzulösen, in dem sich Vorstand und Aufsichtsrat der Zielgesellschaft befänden, wenn ihnen im Falle einer erfolgreichen Übernahme die Abberufung durch den neuen Mehrheitsaktionär drohe. Lasse man Maßnahmen des Vorstandes gegen den Übernahmeversuch 16

20 Siehe Fn. 1.

21 Nach der in den USA entwickelten Theorie des Marktes für Unternehmenskontrolle finden Übernahmen statt, weil der Bieter die Zielgesellschaft als schlecht geführt identifiziert hat und glaubt, durch die Berufung einer neuen Unternehmensführung den Wert des Unternehmens steigern zu können. Diesem Markt für Unternehmenskontrolle wird der zusätzliche Vorteil zugeschrieben, dass über ihn die aus der Trennung von Eigentümerstellung und Unternehmenskontrolle in Publikums-AG's resultierenden (Agency-)Kosten reduziert werden können. Siehe hierzu: *Adams*, AG 1989, 333 ff.; *ders.* (Fn. 4), 63 ff.; *Dimke/Heiser* (Fn. 16), 253 ff.; *Meier-Schatz*, ZHR 149 (1985), 76, 93; *Hopt* (Fn. 5), 543 ff.; *Mülbert/Birke* (Fn. 1), 706; *Seifert/Voth*, in: von Rosen/Seifert, S. 187, 192 ff.; *Herrmann*, Zivilrechtliche Abwehrmaßnahmen, 1993, S. 7 ff.; jeweils m. w. N. kritisch zum Regelungstopos „Markt für Unternehmenskontrolle"; *Uwe H. Schneider/Burgard* (Fn. 1), 963 ff.; *Krause*, WM 1996, 893, 896; *Reul*, Pflicht zur Gleichbehandlung, 1991, S. 133 ff. Will man auf feindliche Übernahmen als Kontrollinstrument verzichten, steht als weitere externe Kontrollinstanz des Managements nur die Kreditgeber der Gesellschaft zur Verfügung; *Michalski* (Fn. 17), 152. Dies dürfte nach den Erfahrungen, die man in Deutschland gemacht hat, im Hinblick auf die internationale Wettbewerbsfähigkeit des Finanzplatzes Deutschland nicht ausreichend sein. Es kann also nicht darum gehen, einen Markt für Unternehmenskontrolle zu verhindern, sondern die Bedingungen zu optimieren, unter denen ein solcher Markt effizient funktioniert.

22 Siehe dazu Rn. 17.

uneingeschränkt zu, bestehe die Gefahr, dass die Verwaltung die Übernahme nicht im Interesse der Aktionäre bzw. der Gesellschaft, sondern allein zum Zwecke des eigenen Machterhalts behindere. Die Entscheidungsfreiheit der Aktionäre, eigenständig über die Annahme des Übernahmeangebotes zu entscheiden, sei damit gefährdet. Dies führe zu einer Verzerrung des Marktes für Unternehmenskontrolle und erhöhe die Kosten für Unternehmensübernahmen in nicht gerechtfertigter Weise.[23]

17 Demgegenüber betonen die **Gegner einer strikten Neutralitätspflicht**, dass sich nur bei einer weitgehenden Handlungsfreiheit der Verwaltung eine für das Unternehmen betriebswirtschaftlich schädliche Übernahme abwenden und der Druck auf die Aktionäre zur Annahme des Angebotes abmildern lasse.[24] Ferner werde durch die Neutralitätspflicht die Entscheidungskompetenz über Abwehrmaßnahmen der Verwaltung entzogen, ohne dass sie stattdessen von der Hauptversammlung ausgeübt werden könne. Denn aufgrund der kurzen Angebotsfrist sei die Durchführung einer Hauptversammlung, in der die Aktionäre den Vorstand zur Vornahme von Abwehrhandlungen ermächtigen könnten, nicht möglich.[25] Der Markt für Unternehmenskontrolle könne unter diesen Bedingungen nicht optimal funktionieren. Das Übergewicht des Bieters müsse deshalb durch eine begrenzte Handlungsfreiheit des Vorstandes, im wohlverstandenen Unternehmensinteresse Abwehrmaßnahmen zu ergreifen, ausgeglichen werden. Als Maßstab hierfür solle eine qualifizierte *business jugdement rule* nach Vorbild des US-amerikanischen Gesellschaftsrechts dienen. Demnach solle der Vorstand der Zielgesellschaft berechtigt sein, sofort und unmittelbar mit Abwehrmaßnahmen auf ein von ihm als feindlich qualifiziertes Übernahmeangebot zu reagieren. Sämtliche von ihm ergriffenen Abwehrmaßnahmen habe er öffentlich bekannt zu machen und den Aktionären die Möglichkeit einzuräumen, die Durchführung der

23 Eingehend *Mülbert/Birke* (Fn 1), 705 ff.; *Wackerbarth* (Fn. 1), 1742 ff. jeweils m. w. N.

24 Sog. *Stampede* oder *Prisoners' Dilemma*: Veräußern die Aktionäre ihre Anteile nicht, finden sie sich unter Umständen bei einer erfolgreichen Übernahme in der Position eines isolierten Minderheitsaktionärs. Dies hat zur Folge, dass sie ihre Aktien nur zu einem unter dem ursprünglichen Angebot liegenden Preis an den Übernehmenden veräußern können (z. B. im Rahmen eines Beherrschungsvertrages oder einer Eingliederung), vgl. hierzu *Assmann/Bozenhardt* (Fn. 4), S. 11; *Lüttmann*, Kontrollwechsel, 1992, S. 38 f.

25 *Kirchner* (Fn. 1), 488; *ders.*, BB 2000, 105, 110. Diesem Argument dürfte durch die in § 16 Abs. 4 geschaffenen Erleichterungen für die Einberufung und Durchführung einer Hauptversammlung weitgehend der Boden entzogen sein.

Abwehrmaßnahmen durch ein ablehnendes Votum (das zweckmäßigerweise über das Internet herbeizuführen) sei zu untersagen.[26]

bb) Obligatorischer Hauptversammlungsbeschluss der Zielgesellschaft?

Ein gänzlich abweichendes Konzept der möglichen Reaktionen der Zielgesellschaft auf ein Übernahmeangebot verfolgen diejenigen Stimmen, nach denen die Entscheidung über eine zustimmende oder ablehnende Haltung der Zielgesellschaft in jedem Fall von der Hauptversammlung der Zielgesellschaft getroffen werden soll.[27] Demnach liegt es nicht in der Hand des Vorstands, sondern in der **Kompetenz der Hauptversammlung**, das Übernahmeangebot als freundlich oder feindlich zu qualifizieren. Umstritten ist, welche **Rechtsfolgen** sich aus einem **ablehnenden Hauptversammlungsbeschluss** ergeben. Nach Ansicht *Kallmeyers* soll der Vorstand in diesem Falle ermächtigt sein, alle denkbaren Abwehrmaßnahmen zu ergreifen, sofern deren Voraussetzungen nach allgemeinem Gesellschaftsrecht vorliegen.[28] *Uwe H. Schneider/Burgard* favorisieren demgegenüber eine Lösung, derzufolge das Übernahmeangebot insgesamt unzulässig werden soll.[29] Der Sache nach geht es hier also um die Etablierung eines übernahmerechtlichen Konzerneingangsschutzes durch die Hauptversammlung.[30] **18**

Der Gesetzgeber ist diesen Konzepten – wie sogleich dargestellt werden wird – nicht gefolgt.

cc) Level-Playing-Field für öffentliche Übernahmen

In der jüngsten Diskussion hat zudem eine erhebliche Rolle gespielt, dass – anders als in den meisten Mitgliedstaaten der EU – seit Inkrafttreten des Gesetzes zur Kontrolle und Transparenz im Unternehmensbereich (KonTraG) im Jahre 1998 keine Handhabe für die Hauptversammlung mehr besteht, durch entsprechende **Satzungsgestaltung** **19**

26 *Kirchner/Painter* (Fn. 1), 382 ff.; *Kirchner*, AG 1999, 489, 490.

27 *Kallmeyer*, AG 2000, 553, 554; *Uwe H. Schneider/Burgard* (Fn. 1), 968 f.

28 *Kallmeyer* (Fn. 27), 554; dagegen: *Baudisch*, AG 2001, 251 ff.; *Götz*, AG 2001, 254 f.

29 *Uwe H. Schneider/Burgard* (Fn. 1), 968. Einen ähnlichen Konzernierungsschutz durch die Hauptversammlung hatten auch der Gesetzesvorschlag der SPD aus dem Jahre 1997 (Entwurf eines Gesetzes zur Regelung von Unternehmensübernahmen vom 25. 6. 1997, BT-Drucksache 13/8164) sowie *Baums*, ZIP 1997, 1320 ff., vorgesehen, vgl. dazu auch *Schander*, NZG 1998, 799, 803 ff.; *Hopt*, in: FS Zöllner, S. 253, 267 ff.

30 Dagegen *Drygala* (Fn. 1), 1864.

feindliche Übernahmeversuche von vornherein zu erschweren (z. B. durch die Schaffung von Mehr- oder Höchststimmrechten).[31] Aus diesem Grunde wurde argumentiert, dass solange kein Level-Playing-Field für öffentliche Übernahmen in Europa und den USA existiere, deutsche Unternehmen sich ohne eine weitgehende Befugnis des Vorstands zur Ergreifung von Abwehrmaßnahmen in einem Wettbewerbsnachteil gegenüber der europäischen und der US-amerikanischen faktisch aufgenommenen Konkurrenz befänden.[32]

2. Die Entscheidung des Gesetzgebers zu Gunsten eines eingeschränkten Verhinderungsverbots – Entstehungsgeschichte des § 33

20 Die zuvor beschriebene intensive Auseinandersetzung über Umfang und Grenzen eines übernahmerechtlichen Verhinderungsverbotes spiegelt sich in der Entstehungsgeschichte des § 33 wider, die bis zu deren Scheitern im Juni 2001 maßgebend von der europäischen Übernahmerichtlinie beeinflusst war.

a) Die Neutralitätspflicht in der europäischen Diskussion

21 Die über 25-jährige Auseinandersetzung über eine europäische Richtlinie auf dem Gebiet des Gesellschaftsrechts zur Regelung von Übernahmeangeboten („Übernahmerichtlinie") ist im besonderen Maße von der

---

31 Siehe hierzu nur: *Claussen*, DB 1998, 177 ff.; *Lingemann/Wasmann*, BB 1998, 853, 854.

32 *Uwe H. Schneider/Burgard* (Fn. 1), 965 f. *Kirchner/Painter* (Fn. 1), 384 f.; *Klaus-Heiner Lehne,* in FAZ vom 31. 8. 2000, Nr. 202, S. 20; *ders.*, in FAZ vom 13. 9. 2000, Nr. 213, S. 19; *ders.*, in FAZ vom 11. 11. 2000, Nr. 263, S. 23; siehe dazu auch *Drygala,* (Fn. 1) 1868 ff., der mit Blick auf die Situation in den USA zu Recht darauf hinweist, dass dort grundsätzlich andere rechtliche Rahmenbedingungen für öffentliche Übernahmen bestanden haben bzw. nach wie vor bestehen (Möglichkeit von „two tiers" und -„front loaded" offers, Ermessensbindung des board of directors auf das Aktionärsinteresse, höhere Intensität der Rechtskontrolle durch die Aktionäre), die jeden Vergleich mit der Rechtslage in Deutschland stark relativieren. Zu beachten ist ferner, dass auch die jüngsten Vorschläge der von der EU-Kommission berufenen Expertengruppe (Report of the High Level Group of Company Law Experts on issues related to takeover bids vom 10. Januar 2002; abrufbar unter *http://www.europa.eu.int/comm/internalmarket/en/company/official/index.htm*) die Geltung des one-share-one-vote-Prinzips für eine obligatorische Beschlussfassung der Hauptversammlung der Zielgesellschaft über die Durchführung von Abwehrmaßnahmen vorsehen, siehe dazu *Wiesner*, ZIP 2002, 208 ff.; dies deutet darauf hin, dass die Level-Playing-Field-Diskussion in Europa zukünftig intensiver geführt werden wird, als dies bislang der Fall gewesen ist.

Frage dominiert worden, wie die Rechte und Pflichten der Verwaltung der Zielgesellschaft in Ansehung eines feindlichen Übernahmeangebotes auszugestalten seien. Dabei waren sämtliche Richtlinienentwürfe seit dem auf seinen britischen Verfasser *Pennington* zurückgehenden ersten Vorschlag von 1974 vom angelsächsischen Neutralitätskonzept des City Codes geprägt. Demnach sollte der Vorstand einer strikten Neutralitätspflicht unterliegen und sich jeglicher Maßnahmen enthalten, die ohne vorherige Zustimmung der Hauptversammlung zu einer Vereitelung des Übernahmeangebotes führen könnten.[33] Dabei ist im Laufe der Entwicklung **eine stetige Abschwächung des strikten Neutralitätsgebotes** feststellbar. Zuletzt kam dies in den Änderungen zum Ausdruck, die sich in dem letzten Entwurf für eine 13. Richtlinie auf dem Gebiet des Gesellschaftsrechts über Übernahmeangebote zur Regelung von Unternehmensübernahmen in Europa vom 6. 6. 2001 gegenüber der Fassung des Gemeinsamen Standpunktes des Rates vom 19. 6. 2000 ergeben hatten. Die Neutralitätspflicht in Art. 9 war zwar im Kern erhalten geblieben. Neu aufgenommen wurde jedoch die Möglichkeit für die Mitgliedstaaten, das Einholen der Genehmigung der Hauptversammlung für Abwehrmaßnahmen des Vorstandes schon zu einem Zeitpunkt zu ermöglichen, in dem der Vorstand gewahr wird, dass die Abgabe eines Übernahmeangebotes unmittelbar bevorsteht. Ebenfalls neu war die Regelung, dass Entscheidungen, die vor Beginn der vorgenannten Frist getroffen worden, aber noch nicht teilweise oder vollständig umgesetzt sind, nur der Genehmigung und Bestätigung durch die Hauptversammlung bedürfen, wenn die Entscheidung außerhalb des normalen Geschäftsverlaufs gefasst wurde und ihre Umsetzung dazu führen könnte, dass der Erfolg des Angebots vereitelt wird. Die **Fortsetzung der normalen Geschäftstätigkeit** sollte für die Zielgesellschaft also auch nach einem Übernahmeangebot möglich sein. Ferner wurde in lit. c) ausdrücklich bestimmt, dass die Hauptversammlung, die über die Durchführung von Abwehrmaßnahmen entscheiden soll, mit einer kurzen Ladungsfrist von zwei Wochen einberufen werden darf.[34] Sämtliche dieser Erleichterungen für den Vorstand der Ziel-

noch 21

33 Siehe zum Pennington-Entwurf und dem Vorschlag für eine 13. Richtlinie über Übernahmeangebote vom 14. 3. 1989 *Assmann/Bozenhardt* (Fn. 4), S. 208 ff., sowie zur Entwicklung des Richtlinienentwurfs, *Roßkopf*, Selbstregulierung von Übernahmeangeboten, 2000, S. 266 ff.

34 Der Text des Richtlinienvorschlags vom 6.6.2001 ist abgedruckt in ZIP 2001, 1123 ff., dazu *Neye*, ZIP 2001, 1120, 1222 ff., sowie Einl. Rn. 13 ff.; zum Gemeinsamen Standpunkt vom 19.6.2000 *Neye*, AG 2000, 289 ff.; *Hopt*, in: FS Koppensteiner, 2001, S. 61, 63 ff. und Einl. Rn. 14 ff.

gesellschaft haben die 13. Richtlinie nicht davor bewahrt – unter maßgebendem Einfluss der deutschen Seite! – letztlich vor dem Europäischen Parlament zu scheitern.[35]

b) Der Übernahmekodex

22 Auch die Verhaltenspflichten der Zielgesellschaft nach dem Übernahmekodex waren deutlich von dem Konzept einer **strikten Neutralitätspflicht** nach dem Vorbild des City Codes geprägt:

So war nach Art. 18 und 19 Übernahmekodex die Zielgesellschaft zwar berechtigt, gegenüber ihren Aktionären in sachlich begründeter Weise zu dem Übernahmeangebot Stellung zu nehmen. Jenseits dieses Rechts zur Stellungnahme hatte sich die Zielgesellschaft jedoch jeder Äußerung oder sonstigen Maßnahme zu enthalten, die geeignet war, den Erfolg des Übernahmeangebotes negativ zu beeinflussen. Dem lag die Überlegung zu Grunde, dass dem Vorstand der Zielgesellschaft im Rahmen eines Übernahmeangebotes nicht die Funktion zukomme, als regulatives Gegengewicht zu dem Anbietenden zu wirken, da der Vorstand häufig Eigeninteressen verfolge, die sich nicht notwendig mit den Interessen der Aktionäre und des Unternehmens deckten.[36]

c) Der Diskussionsentwurf

23 Ungeachtet des Umstandes, dass sich die öffentliche politische Meinung in Deutschland unter dem Eindruck der Übernahmeschlacht zwischen *Vodafone* und *Mannesmann* gegen eine strikte Neutralitätspflicht gewendet hatte, war der vom Bundesministerium der Finanzen im Juni 2000 vorgelegte Diskussionsentwurf eines „Gesetzes zur Regelung von

35 Vgl. dazu *Pluskat*, WM 2001, 1937 f.; *Hommelhoff/Witt*, RIW 2001, 561 f.; *Wackerbarth* (Fn. 1), 1741.

36 Dies kommt in den „Standpunkten der Börsensachverständigenkommission zur künftigen Regelung von Unternehmensübernahmen" vom Februar 1999 unter dem Stichwort „Verpflichtungen der Zielgesellschaft" (Seite 22) deutlich zum Ausdruck: „Die Befugnis der Einflussnahme auf den Kreis der Aktionäre kommt grundsätzlich nur der Hauptversammlung als Organ der Eigentümer zu. Diese Erwägungen werden durch die in Art. 8 a des Richtlinienentwurfs vorgesehene Stillhalteverpflichtung der Zielgesellschaft während laufender Angebotsfrist bestätigt, wonach das Leitungs- und Verwaltungsorgan der Zielgesellschaft Abwehrmaßnahmen grundsätzlich zu unterlassen hat. […]. Bei der Stillhaltepflicht geht es letztendlich um den Schutz der Aktionäre vor Manipulationen durch die Leitungs- und Verwaltungsorgane und die Verhinderung gesetzlich nicht vorgesehener, autonomer Entscheidungen des Vorstandes und dessen unzulässige Einflussnahme auf die Zusammensetzung des Aktionärskreises."

Unternehmensübernahmen"[37] stark von den erwarteten europäischen Vorgaben nach Art. 8 der Übernahmerichtlinie geprägt. Demgemäß sah § 31 des Diskussionsentwurfes ein **striktes Stillhaltegebot** für Vorstand und Aufsichtsrat der Zielgesellschaft vor, das nur durch einen eng begrenzten Ausnahmekatalog in § 31 Abs. 3 gelockert war.[38]

d) Der Referentenentwurf

Dieser Vorschlag ist noch in § 33 des Referentenentwurfs des WpÜG vom März 2001 unverändert beibehalten worden.[39] Hinzugefügt worden war im Referentenentwurf lediglich der nunmehr auch Gesetz gewordene Absatz 4, wonach es dem Bieter verboten ist, den Mitgliedern 24

37 Abgedruckt in NZG 2000, 844 ff.

38 § 31 ÜbernahmeG DiskE hatte folgenden Wortlaut:
„§ 31 Verhalten von Vorstand und Aufsichtsrat der Zielgesellschaft, Abwehrmaßnahmen
(1) Nach Veröffentlichung der Entscheidung zur Abgabe eines Übernahmeangebots bis zur Veröffentlichung des Ergebnisses nach § 25 Abs. 1 Nr. 3 haben der Vorstand und der Aufsichtsrat der Zielgesellschaft alle Handlungen zu unterlassen, die geeignet sind, den Erfolg des Übernahmeangebots zu verhindern.
(2) Ein Verstoß gegen die Pflicht nach Absatz 1 liegt vorbehaltlich Absatz 3 insbesondere bei folgenden Maßnahmen vor:
1. die Ausgabe von Aktien,
2. der Erwerb eigener Aktien durch die Zielgesellschaft,
3. der Abschluss von Rechtsgeschäften, die zur Folge haben, dass der Aktiv- oder Passivbestand der Zielgesellschaft in bedeutender Weise geändert würde.
(3) Als Verstoß gegen die Pflicht nach Absatz 1 gelten nicht
1. die Suche nach einem konkurrierenden Übernahmeangebot,
2. Handlungen aufgrund eines Beschlusses der Hauptversammlung der Zielgesellschaft, der nach Veröffentlichung der Angebotsunterlage getroffen wurde,
3. die Ausgabe von Aktien unter Wahrung des Bezugsrechts der Aktionäre, sofern der zu Grunde liegende Beschluss der Hauptversammlung der Zielgesellschaft nicht früher als 18 Monate vor Veröffentlichung der Angebotsunterlage erfolgt ist,
4. die sorgfältige Führung der laufenden Geschäfte im Interesse der Gesellschaft,
5. der Erwerb von Aktien der Zielgesellschaft mit der Absicht, diese im Handelsbestand zu halten, sofern die Voraussetzungen des § 55 Abs. 2 vorliegen,
6. die Erfüllung von vertraglichen oder sonstigen Rechtspflichten, die vor der Veröffentlichung der Entscheidung zur Abgabe eines Übernahmeangebots begründet worden sind."
Siehe dazu *Witte*, BB 2000, 2161 ff.; *Kiem*, ZIP 2000, 1509 ff.; *Kirchner*, WM 2000, 1821 ff.; *Körner*, DB 2001, 367 ff.; *Dimke/Heiser* (Fn. 16), 241 ff.

39 Siehe dazu *Altmeppen*, ZIP 2001, 1073, 1074 ff.; *Zinser*, NZG 2001, 391 ff.; *Pluskat*, DStR 2001, 897, 900; *Liebscher*, ZIP 2001, 853, 856 ff.; *Thaeter/Barth*, NZG 2001, 545 ff.; *Schneider/Burgard* (Fn. 1), 963 ff.

der Verwaltung der Zielgesellschaft im Zusammenhang mit dem Übernahmeangebot **ungerechtfertigte Vorteile** zu gewähren.

e) Der Regierungsentwurf

25 Nachdem die europäische Übernahmerichtlinie im Juni 2001 buchstäblich in letzter Sekunde vor dem Europäischen Parlament gescheitert war und es insoweit keine europarechtlichen Vorgaben für eine Ausgestaltung des Neutralitätsgebotes mehr gab, wurde in den Regierungsentwurf des WpÜG eine abgeschwächte Form des Neutralitätsgebots eingearbeitet.[40] Danach wurde am Erfolgsverhinderungsverbot als Grundsatz zwar festgehalten. § 33 Abs. 2 sah nunmehr jedoch für die Hauptversammlung die Möglichkeit zur Fassung so genannter **Vorratsbeschlüsse** vor. Ferner wurde in § 33 Abs. 1 Satz 2 zusätzlich ein Ausnahmetatbestand aufgenommen, wonach das Erfolgsverhinderungsverbot für solche Handlungen nicht gelte, die auch der Vorstand einer von einem Übernahmeangebot nicht betroffenen Gesellschaft vorgenommen hätte.[41]

f) Änderungen am Regierungsentwurf im parlamentarischen Verfahren

26 Hatte das Erfolgsverhinderungsverbot im Regierungsentwurf zumindest noch der Struktur nach eine gewisse Ähnlichkeit mit dem Neutralitätsgebot in der Europäischen Übernahmerichtlinie, ist das Erfolgsverhinderungsverbot dann im Laufe des parlamentarischen Verfahrens zur völligen Bedeutungslosigkeit denaturiert worden. Offenbar auf maßgebendem Druck der Automobilindustrie und der Gewerkschaften hin, ist § 33 Abs. 1 Satz 2 nach einer entsprechenden Empfehlung des Finanzausschusses des Bundestages um einen weiteren Ausnahmetatbestand erweitert worden, der aufgrund seiner weit reichenden Wirkung das Erfolgsverhinderungsverbot faktisch aufhebt:[42] Danach soll das Verbot dann nicht gelten, wenn der Vorstand eine Abwehrmaßnahme mit **Zustimmung des Aufsichtsrats** der Zielgesellschaft vorgenommen hat. § 33 Abs. 2 Satz 1 ist dahingehend ergänzt bzw. präzisiert worden, dass Vorratsbeschlüsse nur für solche Handlungen in Frage kommen, die in die Zuständigkeit der Hauptversammlung fallen. Ferner soll es für einen Vorratsbeschluss ausreichen, dass die Handlungen, zu deren Vornahme der Vorstand ermächtigt wird „der

---

40 Siehe hierzu *Möller/Pötzsch*, ZIP 2001, 1256, 1259 f.; *Land*, DB 2001, 1707, 1711 f.
41 Dazu kritisch *Drygala* (Fn. 1), 1861 ff.
42 Beschlussempfehlung und Bericht des Finanzausschusses, BT-Drucks. 14/7477, S. 25 f. mit Begründung S. 53.

Art nach" bestimmt sind. Im Regierungsentwurf hatte es noch geheißen, dass die Handlungen „im Einzelnen" zu bestimmen seien.

II. Rechtsvergleichende Hinweise

Im Folgenden soll zum Zwecke der besseren Einordnung der deutschen Regelung ein kurzer Überblick über die wesentlichen Merkmale vermittelt werden, die die Verhaltenspflichten der Zielgesellschaft in anderen Rechtsordnungen aufweisen. 27

1. Rechtslage in den USA

Wie das gesamte US-amerikanische Übernahmerecht sind auch die Regelungen zu den Verhaltenspflichten der Verwaltung der Zielgesellschaft durch eine Gemengelage zwischen bundesstaatlichem Gesetzesrecht (*Williams Act*), einzelstaatlichen Regelungen und einer weit gefächerten Judikatur gekennzeichnet.[43] 28

a) Williams Act

Grundlage für die rechtliche Regelung feindlicher Übernahmen (hostile takeovers) ist der *Williams Act*.[44] Dieses Gesetz verfolgt das Ziel, den Anteilseignern der Zielgesellschaft eine ausreichende Informationsbasis und hinreichend Zeit für ihre Entscheidung über die Annahme oder Nichtannahme des Übernahmeangebotes zu sichern. Dadurch soll eine faire und gleiche Behandlung der betroffenen Anteilseigner gewährleistet werden. Das Gesetz regelt also im Wesentlichen das **Verfahren bei einem öffentlichen Übernahmeangebot**.[45] 29

b) Gesellschaftsrechtliche Treuepflichten des Leitungsorgans

Die Rechte und Pflichten des Leitungsorgans der Zielgesellschaft im Hinblick auf die Durchführung von konkreten Abwehrmaßnahmen gegen das Übernahmeangebot ergeben sich hingegen aus dem **Gesell-** 30

43 Siehe eingehend hierzu *Herkenroth* (Fn. 17), S. 128 ff.; *Weisner*, RIW 2001, 191 ff.; *Weisser*, Feindliche Übernahmeangebote, 1994, S. 9 ff.

44 Williams Act, 15 u.s.c., ss. 78m (d) – (e) und 78n (d) – (f) (1996). Der Williams Act wurde im Jahre 1968 als Reaktion auf eine Welle feindlicher Übernahmeangebote in den 60er Jahren erlassen. Er stellt eine Ergänzung des Securities Exchange Act (SEA) aus dem Jahre 1934 dar, der neben allgemeinen kapitalmarktrechtlichen Vorschriften insbesondere die Regulierung von Insider-Geschäften zum Inhalt hat.

45 *Kirchner*, BB 2000, 105, 107 f.; *Kirchner/Painter* (Fn. 1), 373 f.; *Herkenroth* (Fn. 17), S. 128 ff.; *Helmis*, RIW 2001, 825, 826 ff.

schaftsrecht der einzelnen Bundesstaaten, wie es entweder gesetzlich fixiert oder durch die Rechtsprechung ausgeprägt worden ist. Maßstab sind hierbei die treuhänderischen Pflichten des Leitungsorgans (*fiduciary duties*), die den **Handlungsspielraum des *board of directors*** bei Abwehrstrategien gegen feindliche Übernahmeangebote definieren.[46] Demnach fallen Entscheidungen im Zusammenhang mit der Abwehr von Übernahmeangeboten wie jede andere Geschäftsführungsmaßnahme auch grundsätzlich in den Zuständigkeitsbereich der Verwaltung. Gerichtlicher Prüfungsmaßstab für die Zulässigkeit von Verteidigungsmaßnahmen der Zielgesellschaft im Falle eines öffentlichen Übernahmeangebotes ist die *business judgement rule*. Hierbei handelt es sich um eine – auch außerhalb des Kontextes von Unternehmensübernahmen geltende – Beweislastregel, die die widerlegbare Vermutung begründet, dass die Verwaltung einer Aktiengesellschaft bei geschäftlichen Entscheidungen unter Berücksichtigung aller ihr zu diesem Zeitpunkt zur Verfügung stehenden Informationen in dem guten Glauben gehandelt hat, die Entscheidung zum Besten der Gesellschaft zu treffen.[47]

31 Im Falle einer **konkreten Übernahmebedrohung** und des daraus resultierenden potentiellen Konflikts zwischen dem Gesellschafts- bzw. Aktionärsinteresse und den Eigeninteressen des Managements unterliegt der Vorstand der Zielgesellschaft einer besonderen Treuepflicht. Maßstab für die Beurteilung, ob der Vorstand beim Ergreifen von Abwehrmaßnahmen dieser Treuepflicht genügt hat, ist die qualifizierte (*qualified* oder *enhanced*) *business judgement rule*. Diese zeichnet sich vor allem dadurch aus, dass sie zu einer Umkehr der Beweislast führt: Der Vorstand muss die Zulässigkeit und Argumentation seiner Entscheidung nachweisen.[48] Je nach Fallkonstellation wird die qualifizierte *business judgement rule* entweder durch die *Unocal*- oder durch die *Revlon*-Doktrin konkretisiert.

32 Nach der ***Unocal*-Doktrin** ist der *board of directors* der Zielgesellschaft grundsätzlich nicht zur Neutralität gegenüber dem Übernahmeangebot verpflichtet, sondern kann aus seiner eigenen Zuständigkeit heraus **Abwehrmaßnahmen** ergreifen. Dabei hat er jedoch die Verhältnismäßigkeit von Verteidigungsmaßnahmen und Übernahmebedro-

46 Dabei wird zwischen der *duty of due care* und der *duty of loyality* unterschieden, siehe dazu im Einzelnen *Lammers*, Verhaltenspflichten, 1994, S. 38; *Merkt*, US-amerikanisches Gesellschaftsrecht, 1991, Rn. 672.

47 *Helmis* (Fn. 45), 832.

48 *Herkenroth* (Fn. 17), S. 168 ff., m. w. N.

hung zu beweisen.[49] Dieser relativ weite Handlungsspielraum des Vorstandes verengt sich nach der ***Revlon*-Doktrin**, wenn die Übernahme der Zielgesellschaft unabwendbar ist und es nur noch darum geht, welchem von mehreren Bietern für die Anteile der Zielgesellschaft der Vorzug zu geben ist; in diesem Fall hat das Leitungsorgan der Zielgesellschaft sich allein daran zu orientieren, welcher Preis für die Anteilseigner der günstigste ist, und entsprechend das **bestmögliche Angebot** für seine Aktionäre auszuhandeln.[50] Aufgrund ihrer unterschiedlichen Auswirkungen kreisen die Gerichtsentscheidungen in den USA häufig um die Frage, ob und ab wann die restriktive *Revlon*-Doktrin oder die eher großzügige *Unocal*-Doktrin zur Anwendung kommt.[51] Verletzt der *board* seine treuhänderischen Verhaltenspflichten im Rahmen einer Übernahmeauseinandersetzung, stehen den Aktionären **verschiedene Klagemöglichkeiten** zur Verfügung. Im Vordergrund des Interesses steht hierbei die *derivative suit*, bei der die klagenden Anteilseigner Schadensersatzansprüche der Zielgesellschaft geltend machen. In Betracht kommt jedoch auch die *direct suit*, mit der der Aktionär aus einem Anspruch wegen einer Verletzung seines eigenen Mitgliedschaftsrechts gegen den *board* vorgeht und sich regelmäßig mit anderen Anteilseignern zu einer sog. *class action* zusammenschließt.[52]

2. Rechtslage im Vereinigten Königreich

Anders als in den USA war man sich in *Großbritannien* seit dem Auf- 33
treten der ersten Übernahmeangebote in den 50er und 60er Jahren einig, dass die **Verwaltung der Zielgesellschaft nicht durch Abwehrmaßnahmen in laufende Übernahmeangebote** eingreifen sollte.[53] Hieran hat sich bis heute nichts geändert. Nach Principle No. 7 in Ver-

49 Unocal Corp. vs. Mesa Petroleum Co., 493 Ald. 946 (Del. 1985); *Lammers*, Verhaltenspflichten, 1994, S. 64 ff.

50 Revlon vs. Mac Andrews and Forbes Holdings Inc., 506 Ald. 173 (Del. 1985), siehe dazu ausführlich *Kirchner/Painter* (Fn. 1), 367 ff.; *Harbarth*, ZVglRwiss 160 (2001), 275, 285 f.; *Weisner*, Verteidigungsmaßnahmen, 2000, S. 91 ff., jeweils m. w. N.

51 *Kirchner* (Fn. 43), 108; *Kirchner/Painter* (Fn. 1), 369 ff. unter Verweis auf die Paramount Communication vs. Time Inc. und Paramount Communication vs. QVC Network, Inc.- Entscheidungen, siehe zu letzterer *Bungert*, AG 1994, 297 ff.

52 Siehe zum Rechtsschutzsystem: *Merkt*, US-amerikanisches Gesellschaftsrecht, 1991, Rn. 849 ff.; *Ulmer*, ZHR 163 (1999), 302 ff. sowie speziell zur class action *Eichholtz*, Die US-amerikanische Class Action und ihre deutschen Funktionsäquivalente, 2002, passim.

53 *Krause*, WM 1996, 845, 849; zur Entwicklung des City Codes *Roßkopf* (Fn. 33), S. 86 ff.

bindung mit Rule 21 des City Codes darf der *board* der Zielgesellschaft, sobald er Grund zu der Annahme hat, dass ein Übernahmeangebot bevorsteht, ohne Einwilligung der Hauptversammlung keine Maßnahmen in den Angelegenheiten der Gesellschaft treffen, „which could effectively result in any bona fide offer being frustrated or in the shareholders being denied an opportunity to decide on its merits." Damit ist es dem *board* untersagt, Aktien aus genehmigtem Kapital auszugeben, Umtausch- oder Bezugsrechte auf von der Gesellschaft ausgegebene Wertpapiere zu schaffen oder einzuräumen, bedeutende Vermögenswerte („assets of material amount") zu verkaufen oder zu kaufen oder Verträge außerhalb des normalen Geschäftsverlaufs abzuschließen.[54] Dementsprechend verlangt Rule 37.3 (a) für den Erwerb eigener Aktien durch die Zielgesellschaft die Zustimmung der Hauptversammlung, es sei denn, dass eine bereits zuvor eingegangene Verpflichtung zum Erwerb besteht. Auch die Anstellungsverträge der *directors*, ihre Aktienoptionsprogramme und ihre Pensionsrechte dürfen außerhalb des normalen Geschäftsgangs ohne Zustimmung des Panel nicht substantiell verbessert werden (Notes 6–8 on Rule 21). Demgegenüber ist die **Suche nach einem *white knight***, der ein konkurrierendes Angebot abgibt, ohne weiteres zulässig (Rule 25.1).[55]

3. Rechtslage in Österreich

34 Das österreichische Übernahmegesetz lehnt sich hinsichtlich der Verhaltenspflichten der Zielgesellschaft eng an Art. 9 des seinerzeitigen Entwurfs einer europäischen Übernahmerichtlinie an. So ist es nach § 12 öÜbG Vorstand und Aufsichtsrat der Zielgesellschaft **untersagt, Abwehrmaßnahmen** (wie zum Beispiel eine Kapitalerhöhung) gegenüber dem öffentlichen Übernahmeangebot des Bieters zu ergreifen, **es sei denn,** Vorstand und Aufsichtsrat waren zur Abwehrmaßnahme zum Zeitpunkt der Abgabe des Angebotes bereits gesetzlich oder vertraglich verpflichtet oder durch einen nach Bekanntwerden der Übernahmeabsichten des Bieters getroffenen Hauptversammlungsbeschluss ausdrücklich ermächtigt.[56]

---

54 *Zinser*, RIW 2001, 481, 485 f.; eingehend *Herrmann* (Fn. 1), S. 209 ff.; *Herkenroth* (Fn. 17), S. 271 ff.

55 Siehe im Übrigen zu Stellungnahmepflicht des Board § 27 Rn. 30 ff.

56 *Hlawati/Birkner/Graf*, ecolex 2000, 84 ff.; *Jud/Terlitza/Zöllner*, ecolex 2000, 91 ff.; *Kalss*, NZG 1999, 421, 427; *Stinge*, GesRZ 1999, 113 ff.; *Zschocke*, in: v. Rosen/Seifert, Übernahme börsennotierter Unternehmen, 1999, S. 77, 88; *Zwissler*, AG 1999, 411, 413.

4. Rechtslage in der Schweiz

Auch in der Schweiz unterliegt der Verwaltungsrat der Zielgesellschaft bei der Durchführung von **Abwehrmaßnahmen gegen ein öffentliches Übernahmeangebot** einer Reihe von **Beschränkungen**. Nach Art. 29 Abs. 2 BEHG darf der Verwaltungsrat von der Veröffentlichung des Angebotes bis Veröffentlichung des Angebotsergebnisses keine Rechtsgeschäfte durchführen, mit denen der Aktiv- oder Passivbestand der Gesellschaft in bedeutender Weise verändert würde. Dies gilt nicht, sofern das Rechtsgeschäft auf einem entsprechenden Beschluss der Generalversammlung beruht, wobei es unerheblich ist, ob dieser Beschluss vor oder nach der Veröffentlichung des Angebotes gefasst wurde. In Art. 35 UEK werden folgende weitere gesetzwidrige Abwehrmaßnahmen genannt: Erwerb oder Veräußerung von Betriebsteilen mit einem Wert von mehr als 10 % der Bilanzsumme; Verkauf oder Belastung von Betriebsteilen oder von immateriellen Werten, die der Bieter zum Hauptgegenstand seines Angebotes gemacht hat; Abschluss von Verträgen mit Mitgliedern des Verwaltungsrates oder der obersten Geschäftsleitung, die unüblich hohe Entschädigungen für den Fall des Ausscheidens aus der Gesellschaft vorsehen; Ausgabe von Aktien aufgrund genehmigten Kapitals unter Ausschluss des Bezugsrechts der Aktionäre. Nicht in Art. 35 UEV-UEK aufgezählte Verteidigungsmaßnahmen bleiben damit grundsätzlich statthaft, sofern sie sich innerhalb des geltenden Aktienrechts und der Regelung von Art. 29 BEHG bewegen (Art. 36 UEV-UEK). Dem Verwaltungsrat verbleibt somit ein gewisser Handlungsspielraum für die Durchführung einzelner Abwehrmaßnahmen.[57] Die Regelung in der Schweiz steht somit der US-amerikanischen *business judgement rule* näher als dem Konzept des City-Codes.[58] 35

III. Die faktische Zuständigkeit des Vorstandes für die Entscheidung über Abwehrmaßnahmen nach dem umgekehrten Regel-Ausnahme-Prinzip des § 33

1. Regelungsstruktur des § 33 Abs. 1 und 2

Mit der Vorschrift des § 33 in der letztendlich verabschiedeten Fassung hat der Gesetzgeber einer Normstruktur, die auf dem Gedanken einer strengen Neutralitätspflicht nach dem Vorbild des City Codes 36

57 *Bohrer*, Unfreundliche Unternehmensübernahmen, 1997, 233 ff.; *Kirchner* (Fn. 45), 107.

58 *Kirchner* (Fn. 45), 107.

und des Vorschlags für eine 13. EU-Richtlinie auf dem Gebiet des Gesellschaftsrechts über Übernahmeangebote basiert, ein rechtspolitisches Konzept „übergestülpt", das eine **weitgehende Handlungsfreiheit des Vorstandes der Zielgesellschaft bei der Durchführung von Abwehrmaßnahmen** favorisiert. Ausgehend von dem Prinzip eines Übernahmeverhinderungsverbots (§ 33 Abs. 1 Satz 1) sind in den § 33 Abs. 1 Satz 2 und § 33 Abs. 2 eine Reihe von Ausnahmetatbeständen geschaffen worden, durch die dem Vorstand der Zielgesellschaft ein Katalog von Verhaltensoptionen an die Hand gegeben wird, der das Verhinderungsverbot faktisch außer Kraft setzen dürfte. So wird der Vorstand vom Erfolgsverhinderungsverbot befreit, wenn einer der folgenden Tatbestände erfüllt ist:

a) Der Vorstand wird zur Vornahme der Abwehrmaßnahme von der **Hauptversammlung ermächtigt**. Wird die Ermächtigung *vor* Veröffentlichung der Entscheidung zur Abgabe des Übernahmeangebots erteilt, muss sie den weiteren Anforderungen des Abs. 2 genügen.

b) Der Vorstand nimmt eine Abwehrmaßnahme vor, die einer **sorgfaltsgemäßen Geschäftsführung** des Vorstands entspricht und nicht durch das Übernahmeangebot veranlasst ist (Abs. 1 Satz 2 Alt. 1).

c) Bei der Abwehrmaßnahme handelt es sich um die Suche nach einem **konkurrierenden Angebot** (*white knight*) (Abs. 1 Satz 2 Alt. 2).

d) Der **Aufsichtsrat** der Zielgesellschaft hat der Handlung **zugestimmt** (Abs. 1 Satz 2 Alt. 3).

37 Die Befreiungstatbestände stehen in keinem Rangverhältnis zueinander: Wenn feststeht, dass die erfolgsverhindernde Handlung durch eine geeignete Ermächtigung der Hauptversammlung gedeckt ist, bedarf das Vorliegen einer der Voraussetzungen von Abs. 1 Satz 2 keiner Prüfung mehr und umgekehrt. Angesichts der **Reichweite der Ausnahmetatbestände** in Abs. 1 Satz 2 wird jedoch die Möglichkeit für die Hauptversammlung, einen Vorratsbeschluss nach Maßgabe von § 33 Abs. 2 zu fassen, in der Praxis voraussichtlich nur eine untergeordnete Rolle spielen.[59] Denn der Sache nach weist § 33 Abs. 1 Satz 2 dem Vorstand der Zielgesellschaft die Zuständigkeit für die Entscheidung über Abwehrmaßnahmen zu, sodass es einer speziell auf die Vornahme von Abwehrhandlungen gerichteten Ermächtigung durch die Hauptversammlung in

59 So auch die Einschätzung von *Winter/Harbarth* (Fn. 12), 12.

vielen Fällen nicht bedürfen wird. Dass gleichwohl die Normstruktur des § 33 eine grundsätzliche Zuständigkeit der Hauptversammlung für die Entscheidung über Abwehrmaßnahmen fixiert, wird die Handhabbarkeit und Akzeptanz der Vorschrift in der Rechtspraxis nicht unbedingt befördern.

Unabhängig hiervon lässt sich – wie anhand der nachfolgenden Erläuterungen noch im Einzelnen darzulegen sein wird – folgendes feststellen: **38**

- § 33 beinhaltet eine **radikale Abkehr von der Neutralitätspflicht** des Vorstandes, wie sie im Grundsatz seit vielen Jahren *common sense* im deutschen Aktienrecht gewesen ist (siehe oben Rn. 4 ff.),
- § 33 wird dazu beitragen, **öffentliche Übernahmen** börsennotierter Aktiengesellschaften in Deutschland **gegen den Willen des Managements wesentlich zu erschweren**, wenn nicht gar unmöglich zu machen. Mit dieser Stärkung der Macht von Vorstand und Aufsichtsrat der Zielgesellschaft gehen keine Eingriffsbefugnisse der Hauptversammlung oder erweiterte Rechtsschutzmöglichkeiten der außenstehenden Aktionäre einher. Insoweit geht § 33 weit über das hinaus, was die Befürworter einer Implementierung der US-amerikanischen *business judgement rule* in das deutsche Übernahmerecht gefordert haben[60] (siehe dazu oben Rn. 17). Insgesamt erscheint die Norm demnach rechtspolitisch äußerst fragwürdig.[61] Wenn das maßgebende Argument für eine Stärkung des Managements das Fehlen eines Level Playing Fields in Europa für öffentliche Übernahmen gewesen ist, hätte es nahe gelegen, die durch das KonTraG abgeschaffte Möglichkeit der Einführung von Höchst- und Mehrstimmrechten für börsennotierte Aktiengesellschaften wieder rückgängig zu machen. Auf diese Weise wäre der Hauptversammlung ein Teil ihrer Kompetenz zurückgegeben worden, die sie im Rahmen des KonTraG verloren hat. Die einseitige Stärkung des Managements der Zielgesellschaft erscheint demgegenüber – auch unter dem Gesichtspunkt einer nach wie vor anzustrebenden europäischen Harmonisierung – als der falsche Weg.

2. Verfassungsrechtliche Bedenken

Gegen § 33 sind – vor allem mit Blick auf den Ausnahmetatbestand des Abs. 1 Satz 2 Alt. 3 (Zustimmung des Aufsichtsrats) – bereits kurze Zeit nach Verabschiedung des WpÜG verfassungsrechtliche Be- **39**

60 Vgl. Fn. 13.
61 So auch *Winter/Harbarth* (Fn. 12), 3; *Zschocke*, DB 2002, 79, 82.

noch 39 denken angemeldet worden.[62] Das nach **Art. 14 GG geschützte Eigentumsrecht der Aktionäre** der Zielgesellschaft werde verletzt, wenn der Aktionär in seiner Dispositionsfreiheit durch eine Gesetzesnorm behindert werde, die es einem Dritten (Vorstand) gestatte, die Verkaufsabsicht des Aktionärs durch Abwehrmaßnahmen gegen das Übernahmeangebot zu vereiteln. Dieses Problem stellt sich in besonderer Weise, wenn es sich bei der Zielgesellschaft um ein dem MitBestG 1976 unterliegendes Unternehmen handelt und damit die Hälfte der Aufsichtsratsmitglieder nicht der Anteilseigner-, sondern der Arbeitnehmerseite angehören. In diesem Falle kommt dem Aufsichtsrat allenfalls in eingeschränktem Umfang die Rolle eines „Aktionärsausschusses" zu.[63] Die ohnehin nur begrenzte Möglichkeit der Aktionäre zu einer über die Aufsichtsratsmitglieder vermittelten Einflussnahme auf die dem Aufsichtsrat zur Zustimmung vorgelegten Abwehrmaßnahmen verflüchtigt sich demnach in der paritätisch mitbestimmten Zielgesellschaft noch weiter.[64] Allein deshalb sollte jedoch § 33 nicht voreilig die Verfassungsmäßigkeit abgesprochen werden: Die kapitalmarktbezogene Dispositionsbefugnis des Aktionärs als solche unterliegt zwar grundsätzlich keinen verbandsrechtlichen Bindungen. Ihr Gegenstand, das Mitgliedschaftsrecht, ist jedoch in einen korporativen Rahmen eingebunden, in dem neben dem Interesse des Aktionärs an einer unbeschränkten Veräußerbarkeit seiner Aktien eine Reihe weiterer Interessen (insbesondere der *Stakeholders*) im Wege einer praktischen Konkordanz sinnvoll zu einem **einheitlichen Unternehmensinteresse** zusammengeführt und ausgeglichen werden müssen. Diese Interessen können durchaus gegen eine Konzernierung der Zielgesellschaft gerichtet sein. Die Aufgabe, das Unternehmensinteresse zu definieren, obliegt dem Vorstand. Ihm darüber hinaus die Befugnis an die Hand zu geben, in einer konkreten Übernahmesituation das Unternehmensinteresse aktiv zu verteidigen und dadurch in die Entscheidungsfreiheit der Aktionäre einzugreifen, mag man rechtspolitisch und rechtssystematisch für verfehlt halten. Einen Verstoß gegen Art. 14 GG begründet eine solche politische Entscheidung jedoch so-

62 *Lutter*, Handelsblatt vom 20.12.2001, S. 10; *Winter/Harbarth* (Fn. 12), 8; *Zschocke* (Fn. 61), 82 f.; dagegen *Uwe H. Schneider* (Fn. 1), 129.

63 Hierauf weisen zurecht *Winter/Harbarth* (Fn. 12), 8 hin.

64 Dabei sollte jedoch nicht übersehen werden, dass es den Anteilseignervertretern auch in der mitbestimmten Zielgesellschaft möglich ist, durch ein einstimmiges Abstimmungsverhalten – notfalls über die Zweitstimme des Aufsichtsratsvorsitzenden – einen Zustimmungsbeschluss des Aufsichtsrats zu einer unliebsamen Abwehrmaßnahme zu verhindern (vgl. § 29 MitBestG).

lange nicht, wie **Vorstand und Aufsichtsrat** bei der Entscheidung über Abwehrmaßnahmen **nachprüfbaren rechtlichen Bindungen unterliegen** und das **Interesse der Anteilseigner** an einer **freien Veräußerbarkeit ihrer Aktien** bei der von Vorstand und Aufsichtsrat vorzunehmenden Ermessensausübung zu berücksichtigen ist. Dies ist gegebenenfalls durch eine verfassungskonforme Auslegung der Ausnahmetatbestände des § 33 Abs. 1 Satz 2 Alt. 1 und Alt. 3 sicherzustellen (siehe hierzu auch unten Rn. 126 ff.).

IV. Zum Verhältnis von übernahme- und aktienrechtlichen Verhaltenspflichten der Zielgesellschaft

Vor allem aufgrund der prinzipiellen Abkehr des § 33 vom bislang herrschenden aktienrechtlichen Verständnis einer Neutralitätspflicht der Verwaltung der Zielgesellschaft im Falle eines feindlichen Übernahmeangebotes bedarf das Verhältnis von § 33 zu den aktienrechtlichen Verhaltenspflichten der Zielgesellschaft einer grundsätzlichen Klärung. **40**

Dabei sind die normativen Maßstäbe für die Beurteilung des Übernahmeangebotes durch den Vorstand und die von ihm zu ergreifenden prozeduralen Maßnahmen von den Bewertungsnormen für Abwehrmaßnahmen im eigentlichen Sinne zu unterscheiden. **41**

1. Beurteilung des Übernahmeangebotes durch den Vorstand

Der Vorstand der Zielgesellschaft hat nicht nur das Recht, sondern auch die Pflicht, sich nach Kenntniserlangung von einem Übernahmeangebot eine Meinung darüber zu bilden, ob er dem Übernahmeangebot zustimmt oder es ablehnt. Dies folgt verbandsrechtlich aus den Vorschriften der §§ 76, 93 Abs. 1 AktG.[65] Übernahmerechtlich ergibt sich eine entsprechende **Meinungsbildungs- und Stellungnahmepflicht** aus der Vorschrift des § 27 Abs. 1 Satz 1 (siehe hierzu § 27 Rn. 12). Maßstab für eine sorgfaltsgemäße Meinungsbildung ist in beiden Fällen ausschließlich das **Gesellschaftsinteresse**. Dies ergibt sich aktienrechtlich wiederum aus § 76 AktG sowie übernahmerechtlich aus § 3 Abs. 3. Der Vorstand darf also das Übernahmeangebot nicht etwa deshalb ablehnen, weil er nach erfolgreicher Übernahme seine Abberufung befürchten muss. Die Vorschrift des § 33 ist auf der Ebene der Meinungsbildung noch nicht berührt. **42**

65 *Hopt* (Fn. 1), 1379 f.; *Assmann/Bozenhardt* (Fn. 4), S. 103 ff.

2. Abwehrmaßnahmen des Vorstandes

43 Ist der Vorstand zu der Auffassung gelangt, dass aus Sicht des Unternehmensinteresses eine Übernahme der Zielgesellschaft durch den Bieter nachteilig ist, und lehnt er deshalb das Übernahmeangebot ab, stellt sich die Frage, welche Abwehrmaßnahmen er gegen das Übernahmeangebot ergreifen darf. Rechtlicher Maßstab für die Zulässigkeit von Abwehrmaßnahmen waren bis zum Inkrafttreten des WpÜG – mangels Gesetzesgeltung von § 19 Übernahmekodex – das **aktienrechtliche Neutralitätsgebot** sowie die **organisationsverfassungsrechtlichen Bindungen**, denen der Vorstand bei Durchführung bestimmter Maßnahmen im Verhältnis zu dem Aufsichtsrat und der Hauptversammlung unterliegt. Als weiterer Bewertungsmaßstab ist nunmehr die **kapitalmarktrechtliche Vorschrift des § 33** hinzugetreten. Dies wirft die Frage nach dem Verhältnis von aktien- und übernahmerechtlichen Beurteilungsmaßstäben auf.

44 Dieses Problem stellt sich in zweierlei Hinsicht:

- Zum einen ist das Verhältnis des Verhinderungsverbotes nach § 33 Abs. 1 und 2 zum aktienrechtlichen Neutralitätsgebot zu klären.
- Zum anderen geht es um das Verhältnis von § 33 zu sonstigen aktienrechtlichen Vorschriften und hier vor allem um die Reichweite der Befugnis der Hauptversammlung, im Rahmen einer Ermächtigung des Vorstandes (sei es *vor* oder *nach* Veröffentlichung der Übernahmeabsicht des Bieters) diesen von seinen aktienrechtlichen Bindungen (z.B. Sorgfaltspflicht nach § 93 AktG, Vorlagepflicht nach der Holzmüller-Rechtsprechung des BGH gemäß § 119 Abs. 2 AktG; Beachtung der 10%-Grenze für den Erwerb eigener Aktien nach § 71 Abs. 1 Nr. 8 AktG etc.) zu befreien.

3. Verhältnis von übernahmerechtlichem Verhinderungsverbot und aktienrechtlichem Neutralitätsgebot

45 Der Gesetzgeber hat die Frage, ob die weit reichenden Handlungsmöglichkeiten des Vorstandes nach § 33 Abs. 1 neben dem sehr viel strenger gefassten Neutralitätsgebot nach herrschender aktienrechtlicher Meinung bestehen oder das geltende Aktienrecht insoweit „überformen“, nicht ausdrücklich geklärt.[66] Im letzteren Falle würde

66 Nach der Begründung des Regierungsentwurfs stellt die in § 33 Abs. 1 Satz 1 enthaltene Regelung zwar eine gesetzliche Ausformung der bereits nach gegenwärtiger Rechtslage für den Vorstand bei Unternehmensübernahmen geltenden Verhaltenspflichten dar (Begründung RegE, BT-Drucks. 14/7034, S. 57). Da durch die weit rei-

es sich bei § 33 nicht nur um eine kapitalmarktrechtliche, sondern auch um eine aktienrechtliche Vorschrift außerhalb des AktG handeln. Es entspricht sicherlich dem Willen des Gesetzgebers, einem Vorstand, der bei einem feindlichen Übernahmeversuch Abwehrmaßnahmen innerhalb des durch § 33 vorgegebenen Rahmens ergreift, nicht dem Risiko auszusetzen, sich aufgrund eines aktienrechtlichen Pflichtenverstoßes dem Risiko einer Schadensersatzpflicht nach § 93 Abs. 2 AktG auszusetzen. Andernfalls würde § 33 in der Praxis leerlaufen.

Will man diese Konsequenz vermeiden, bietet sich nur die Möglichkeit, § 33 insoweit entweder als übernahmerechtliche *lex specialis* zum geltenden Aktienrecht oder als materiell aktienrechtliche Spezialregelung außerhalb des AktG anzusehen. Angesichts dessen, dass sich auch in § 33 Abs. 2 originär aktienrechtliche Vorschriften finden (siehe dazu unten Rn. 99), erscheint die Interpretation als **materielles Aktienrecht** vorzugswürdig. Eine diesbezügliche Klarstellung des Gesetzgebers wäre allerdings wünschenswert gewesen. 46

4. Verhältnis von § 33 zu sonstigen, insbesondere organisationsverfassungsrechtlichen Vorschriften des AktG

Anders zu beurteilen ist das Verhältnis des übernahmerechtlichen Verhinderungsverbotes und seiner Ausnahmen zu den zwingenden Vorschriften des Aktienrechtes über die materiellen und verfahrensmäßigen Voraussetzungen für die Durchführung von Geschäftsleitungsmaßnahmen des Vorstandes. Letztere bleiben von der Vorschrift des § 33 unberührt. Dies bedeutet, dass § 33 den **Vorstand der Zielgesellschaft von seinen aktienrechtlichen Bindungen nicht befreit** und auch der Hauptversammlung eine solche Möglichkeit nicht einräumt. Die Hauptversammlung kann somit in einem Ermächtigungsbeschluss nach § 33 Abs. 2 den Vorstand nicht von seiner Pflicht zu einer sorgfaltsgemäßen Geschäftsführung (§§ 93, 76 AktG) befreien. Der Vorstand darf also z.B. nicht dazu ermächtigt werden, Abwehrmaßnahmen durchzuführen, die zu einer Schädigung des Gesellschaftsvermögens führen oder den Unternehmensgegenstand ändern.[67] Dasselbe gilt für sämtliche übrigen aktienrechtlichen Vorschriften, die für die 47

chenden Ausnahmetatbestände in § 33 Abs. 1 Satz 2 das Erfolgsverhinderungsverbot jedoch faktisch aufgehoben ist, passt diese Begründung nicht mehr zum aktuellen Normtext. Sie ist insoweit auch nicht durch die Beschlussfassung und den Bericht des Finanzausschusses des Deutschen Bundestages aktualisiert worden.

67 In diesem Sinne auch *Altmeppen* (Fn. 39), 1078; *Krause* AG 2002, 133, 136; *Winter/Harbarth* (Fn. 12), 4, 15, siehe auch unten Rn. 111 und 126.

Durchführung von konkreten Abwehrmaßnahmen einschlägig sein können (so zum Beispiel die Beachtung der 10%-igen Obergrenze für den Erwerb eigener Aktien nach § 71 Abs. 1 Nr. 8 AktG). Hätte der Gesetzgeber dies anders regeln wollen, hätte er dies durch eine ausdrückliche Vorschrift klarstellen müssen. Dies ist nicht geschehen.

V. Das Verhinderungsverbot

1. Normzweck

48 Nach der Begründung des Regierungsentwurfs soll durch das in Abs. 1 Satz 1 niedergelegte Verhinderungsverbot den Aktionären als den Adressaten des Übernahmeangebots ermöglicht werden, in Kenntnis der Sachlage selbst über ein Übernahmeangebot zu entscheiden. Diese **Entscheidungsfreiheit** würde eingeschränkt, wenn die Verwaltung der Zielgesellschaft ohne eine entsprechende Ermächtigung der Hauptversammlung durch eigenständige Entscheidungen den Erfolg eines Übernahmeangebots verhindern könnte.[68] Die Gesetzesbegründung knüpft damit formell an die oben (Rn. 8) beschriebene kapitalmarktbezogene Fundierung des Verhinderungsverbotes an. Diese ursprünglich verfolgte und formell nicht aufgegebene Zwecksetzung läuft jedoch angesichts der **vielfältigen Ausnahmetatbestände** des § 33 Abs. 1 Satz 2, die eine Befreiung vom Erfolgsverhinderungsverbot ohne Einschaltung der Hauptversammlung vorsehen, weitgehend leer.

2. Kompetenznorm oder Organpflicht?

49 Anhand des Normtextes nicht zweifelsfrei beantworten lässt sich die Frage, ob es sich bei § 33 um eine Kompetenznorm handelt oder die Vorschrift für den Vorstand eine Organpflicht begründet.[69] Die Regelung im Diskussions- und Referentenentwurf war noch als Verhaltenspflicht des Vorstands konzipiert, da dort in Abs. 1 ein Verbot der Vornahme von Abwehrmaßnahmen ausgesprochen wurde, für das nach Abs. 3 eine Reihe von Ausnahmen galten, u. a. für Handlungen aufgrund eines *post bid* gefassten Beschlusses der Hauptversammlung.[70]

---

68 Regierungsbegründung, BT-Drucks. 14/7034, S. 57.

69 Siehe zur Relevanz dieser Frage für die Rechtsfolgenseite *Merkt* (Fn. 1), 246, anders offenbar *Krieger* (Fn. 4), 319 f., der auch auf Grundlage des RefE (Organpflicht) einen Unterlassungsanspruch der Aktionäre bejaht.

70 Siehe Fn. 38.

Von diesem Konzept hat sich der Regierungsentwurf gelöst, indem er in Abs. 1 Satz 1 die Zulässigkeit von Abwehrmaßnahmen unter den generellen Vorbehalt der Ermächtigung durch die Hauptversammlung gestellt hat.[71] Die Vorschrift war demnach als Kompetenznorm ausgestaltet.[72] Der Wortlaut des letztlich Gesetz gewordenen Abs. 1 Satz 1 fällt zwar wieder auf eine verbotsnormähnliche Terminologie zurück („darf keine Handlungen vornehmen“). Dies dürfte seine Ursache jedoch primär darin haben, dass durch die Aufnahme des Ausnahmetatbestandes in Abs. 1 Satz 2 Alt. 2 (Zustimmung durch den Aufsichtsrat) der Wortlaut des RegE irreführend gewesen wäre: Erfolgsverhindernde Maßnahmen des Vorstands bedürfen nunmehr eben nicht notwendig der Ermächtigung durch die Hauptversammlung, sondern können ggf. auch mit Zustimmung des Aufsichtsrats durchgeführt werden. An der Grundkonzeption der Norm, wonach die Kompetenz zur Entscheidung über Abwehrmaßnahmen prinzipiell der Hauptversammlung zugewiesen wird, sollte sich hierdurch nichts ändern. Die Begründung zur Beschlussfassung des Finanzausschusses distanziert sich insoweit auch nicht von der Begründung des Regierungsentwurfs. Die Vorschrift ist deshalb insgesamt nach wie vor als **Regelung über die Zuständigkeit für die Entscheidung über Abwehrmaßnahmen** konzipiert.[73] Diese liegt **grundsätzlich bei der Hauptversammlung**, wie sich aus § 33 Abs. 2 ergibt. Dabei bringt Abs. 1 Satz 1 das für den Vorstand allgemein geltende Verbot zum Ausdruck, sich über die gesetzliche Zuständigkeitsverteilung hinwegzusetzen.[74] Abs. 1 Satz 2 normiert die Voraussetzungen, unter denen der Vorstand ausnahmsweise für die Entscheidung über Abwehrmaßnahmen zuständig ist.

3. Sachlicher Anwendungsbereich – Normadressat

Die Beschränkung von Abwehrmaßnahmen der Verwaltung gilt nur **50**
für den Fall eines **Übernahmeangebots**. Dies bedeutet, dass die Verwaltung in Ansehung eines **einfachen Erwerbsangebotes** übernahme-

71 § 33 Abs. 1 Satz 1 RegE hatte folgenden Wortlaut: „Nach Veröffentlichung der Entscheidung zur Abgabe eines Angebots bis zur Veröffentlichung des Ergebnisses nach § 23 Abs. 1 Satz 1 Nr. 2 bedürfen Handlungen des Vorstands und des Aufsichtsrats der Zielgesellschaft, durch die der Erfolg des Angebots verhindert werden könnte, der Ermächtigung der Hauptversammlung.“

72 So die Einschätzung der „Väter“ des Regierungsentwurfs *Möller/Pötzsch* (Fn. 40), 1259; dies entspricht auch dem Normzweck nach der amtlichen Begründung, die Entscheidungsfreiheit der Aktionäre sicherzustellen (siehe Rn. 48).

73 So auch *Winter/Harbarth* (Fn. 12), 17; a. A.: *Schwennicke* (Fn. 12), § 33 Rn. 18.

74 Vgl. dazu *Merkt* (Fn. 1), 245.

rechtlich keinen Beschränkungen unterliegt. Ob dies im Hinblick auf die umfassende Erleichterung für die Einberufung einer Hauptversammlung nach § 16 Abs. 4, die auch für den Fall der Abgabe eines einfachen Erwerbsangebotes gilt, sinnvoll ist, erscheint zweifelhaft.[75] Zu beachten ist jedoch im Falle eines einfachen Erwerbsangebotes das aktienrechtliche Neutralitätsgebot (siehe dazu Rn. 4 ff.).

51 Das **Erfolgsverhinderungsverbot richtet sich** – anders als noch in der Fassung des Regierungsentwurfs, der auch den Aufsichtsrat in den Anwendungsbereich der Norm einbezog – nur **gegen den Vorstand**. Dies ist durch die Einführung des weiteren Ausnahmetatbestandes des § 33 Abs. 1 Satz 2 Alt. 3 (Zustimmung des Aufsichtsrats) bedingt: Würde der Aufsichtsrat selbst einem Erfolgsverhinderungsverbot unterliegen, könnte er den Vorstand nicht zur Vornahme von Abwehrmaßnahmen ermächtigen (siehe dazu auch unten Rn. 128).

4. Zeitlicher Anwendungsbereich

52 Zeitlich setzen die Verhaltenspflichten von Vorstand und Aufsichtsrat mit dem Tag der **Bekanntgabe der Absicht des Bieters**, ein Übernahmeangebot vorzulegen, ein. Die Verhaltenspflichten enden mit der **Veröffentlichung des Ergebnisses** des Übernahmeangebotes nach § 23 Abs. 1 Satz 1 Nr. 2. Dieser zeitliche Rahmen gilt auch für das Eingreifen der Ausnahmen vom Verhinderungsverbot nach Abs. 1 Satz 2. Dies ist zwar nicht unproblematisch, weil der konkrete Inhalt des Angebots im Zeitpunkt der Veröffentlichung der Entscheidung zur Abgabe eines Angebots noch nicht bekannt ist und auch die Stellungnahmepflicht des Vorstandes nach § 27 noch nicht eingreift. Eine quasi-präventive Abwehrmaßnahme gegen ein Übernahmeangebot, das noch gar nicht vorliegt, sondern nur angekündigt ist, erscheint deshalb als „verfrüht". Der Wortlaut von Abs. 1 Satz 1, der nicht zwischen Verbot und Ausnahmen differenziert, lässt jedoch eine zeitliche Verlagerung der Ausnahmetatbestände auf den Zeitpunkt der Angebotsvorlage nicht zu.[76] Der Vorstand hat allerdings den Umstand, dass die konkreten Konditionen des Angebots (insbesondere die Art und Höhe der Gegenleistung) noch nicht bekannt sind, im Rahmen seines unternehmerischen Handlungsermessens zu berücksichtigen (Fehlen

---

75 *Oechsler*, NZG 2001, 817, 824.

76 Dagegen sehen *Winter/Harbarth* (Fn. 12), 14, Abwehrmaßnahmen mit Zustimmung des Aufsichtsrats (Abs. 1 Satz 2 Alt. 3) und in Ausübung einer Vorratsermächtigung (Abs. 2) bis zum Zeitpunkt der Vorlage der Angebotsunterlage nach § 12 Abs. 2 als unzulässig an.

einer tauglichen Entscheidungsgrundlage) und gegebenenfalls mit der Durchführung von Abwehrmaßnahmen bis zur **Vorlage nach Auswertung der Angebotsunterlage** zuzuwarten. Entsprechendes gilt für den Aufsichtsrat in den Fällen des Abs. 1 Satz 2 Alt. 3. Ab welchem Zeitpunkt der Vorstand von einem Vorratsbeschluss nach Abs. 2 Gebrauch machen kann, ist dem Vorratsbeschluss selbst zu entnehmen, gegebenenfalls im Wege der Auslegung. Im Zweifel dürfte die Ermächtigung ebenso wie die Ausnahmetatbestände des Abs. 1 Satz 2 bereits ab dem Zeitpunkt der Veröffentlichung der Entscheidung zur Abgabe eines Angebots eingreifen.

Von § 33 nicht berührt ist die Frage der **Zulässigkeit von Präventivmaßnahmen** gegen eine feindliche Übernahme, die ein Unternehmen ergreift, ohne dass ein konkretes Übernahmeangebot vorliegt oder angekündigt worden ist. Die Zulässigkeit der Implementierung solcher struktureller Abwehrmechanismen ist deshalb **rein aktienrechtlich** zu beurteilen.[77] **53**

5. Exkurs: Präventive Abwehrmaßnahmen

Aufgrund des sachlichen Zusammenhangs zu § 33 sollen die Möglichkeiten und Grenzen präventiver Abwehrmechanismen im Rahmen einer kurzen Übersicht dargestellt werden. **54**

a) Kompetenz für Präventivmaßnahmen

Die Frage, wer für die Entscheidung über eine präventive Abwehrmaßnahme zuständig ist, richtet sich nach allgemeinen aktienrechtlichen Grundsätzen. Eine Zuständigkeit der **Hauptversammlung** kann sich aus ausdrücklichen Anordnungen des Aktiengesetzes (z.B. für Kapitalerhöhungen) oder aus § 119 Abs. 2 AktG i.V.m. der Holzmüller-Rechtsprechung des BGH ergeben.[78] Dem Vorstand für präventive Verteidigungsmaßnahmen gegen feindliche Übernahmeangebote bereits generell die Geschäftsführungskompetenz abzusprechen und damit über solche Maßnahmen stets von der Hauptversammlung ent- **55**

---

77 Vgl. *Winter/Harbarth* (Fn. 12), 4. Für eine analoge Anwendung der Ausnahmetatbestände des § 33 auf präventive Abwehrmaßnahmen zur Vermeidung eines Wertungswiderspruchs zwischen § 33 und dem aktienrechtlichen Neutralitätsgebot *Krause* (Fn. 67) 136. Ob der Raum für eine Analogie eröffnet ist, erscheint jedoch angesichts der eindeutigen und insoweit abschließenden Regelung, die der Gesetzgeber zum zeitlichen Anwendungsbereich des § 33 getroffen hat, als zweifelhaft. Insoweit dürfte es an einer planwidrigen Regelungslücke fehlen.

78 BGHZ 83, 122.

scheiden zu lassen, ginge zu weit. Insoweit kommt § 33 Abs. 1 Satz 1 auch keine „Ausstrahlungswirkung" in den Zeitraum vor Bekanntgabe der Angebotsabsicht zu.[79]

b) Beispiele für Präventivmaßnahmen

56 Im Folgenden sollen – ohne Anspruch auf Vollständigkeit – einige präventive Abwehrmaßnahmen beispielhaft dargestellt werden:[80]

aa) Ausgabe besonderer Vorzugstitel

57 In den USA weit verbreitet ist die Technik, **Übernehmer durch Satzungsrecht von der Ausübung einzelner** schuldrechtlich in besonderen Titeln verbriefter **Rechte auszuschließen**. Hierzu zählen etwa Sonderbezugsrechte, die sich unter der Bedingung einer Übernahme auf günstige Anteile an der übernommenen, für den Fall einer Verschmelzung sogar auf Anteile einer übernehmenden Gesellschaft beziehen (sogenannte flip-in- und flip-over-Bestimmungen).[81]

58 Eine Anwendung derartiger Mechanismen in Deutschland ist nicht möglich. Sämtliche der vorgenannten Regelungen würden gegen den **aktienrechtlichen Gleichbehandlungsgrundsatz** (§ 53 a AktG) verstoßen bzw. einen **unzulässigen Vertrag zu Lasten Dritter** darstellen.[82]

bb) Börsengang einer abhängigen Tochtergesellschaft

59 Ein probates präventives Abwehrmittel hält das WpÜG selbst bereit, indem es in § 35 Abs. 1 den Bieter verpflichtet – vorbehaltlich einer Befreiung gemäß § 9 Satz 2 Nr. 3 WpÜG-AngebotsVO –, ein **Übernahmeangebot für jedes von der Zielgesellschaft abhängige börsennotierte Unternehmen abzugeben.**[83] Die Erfüllung dieser Verpflichtung wird ein Übernahmeangebot aus Sicht des Bieters regelmäßig verteuern und zusätzliche Liquidität bzw. im Falle eines Umtauschangebotes Aktienkapital binden. Dies könnte für die Finanzierung des Übernahmeangebotes ein unüberwindbares Hindernis bedeuten.

79 Ebenso *Kirchner* (Fn. 1), 487 ff.; differenzierend *Mülbert* (Fn. 15), 88 f.
80 Siehe hierzu jüngst den instruktiven Überblick von *Krause* (Fn. 67), 133 ff.
81 *Hauschka/Roth*, AG 1988, 181, 189 f.; *Weisner* (Fn. 50), S. 21 f.; *Knoll*, Übernahme von Kapitalgesellschaften, 1992, S. 210 ff.
82 *Michalski* (Fn. 4), 158; *Weisner* (Fn. 50), S. 223.
83 Vgl. *Uwe H. Schneider/Burgard* (Fn. 1), 966; *Krause* (Fn. 67), 143 sowie § 35 Rn. 16 ff.

cc) Entsendungsrechte

Ferner können in der Satzung Entsendungsrechte i. S. v. § 101 Abs. 2 AktG niedergelegt werden, durch die bestimmten Aktionären oder Inhabern bestimmter Aktien das Recht eingeräumt wird, **Mitglieder in den Aufsichtsrat zu entsenden.**[84] Entsendungsrechte können zwar nur für höchstens ein Drittel der Aufsichtsratsmandate der Anteilseignerseite vorgesehen werden (§ 101 Abs. 2 Satz 4 AktG). Handelt es sich bei der Zielgesellschaft um eine im Sinne des MitBestG 1976 mitbestimmte Gesellschaft, vermag der Bieter nach erfolgreicher Übernahme jedoch gegen den Willen der Arbeitnehmervertreter im Aufsichtsrat und der von den entsendungsberechtigten Aktionären bestellten Aufsichtsratsmitglieder **keine Vorstandspersonalentscheidung** mehr zu treffen.[85] 60

dd) Erwerb eigener Aktien

Der Erwerb eigener Aktien durch die Zielgesellschaft ist – anders als in den USA – in Deutschland **keine geeignete Präventivmaßnahme.**[86] Wenn überhaupt kommt der Erwerb eigener Aktien als Reaktion auf ein konkretes Übernahmeangebot (also *post bid*) in Betracht (siehe dazu unten Rn. 85). Ein Erwerb auf „Vorrat" im Hinblick auf ein zukünftig erwartetes Übernahmeangebot ist mangels eines unmittelbar bevorstehenden Schadens jedenfalls nicht von § 71 Abs. 1 Satz 1 Nr. 1 AktG gedeckt. Denkbar wäre allenfalls, dass der Vorstand aufgrund einer ausdrücklichen Ermächtigung der Hauptversammlung nach § 71 Abs. 1 Nr. 8 AktG präventiv – also ohne Ansehung eines konkreten Übernahmeangebotes – eigene Aktien für die Zielgesellschaft erwirbt. 61

ee) Genehmigtes Kapital (§ 202 ff. AktG)

Vor Inkrafttreten des WpÜG ist in der Literatur darüber diskutiert worden, ob und unter welchen Voraussetzungen die Hauptversammlung im Rahmen der Schaffung eines genehmigten Kapitals den Vorstand dazu ermächtigen kann, im Falle eines zukünftigen Übernahme- 62

84 *Assmann/Bozenhardt* (Fn. 4), S. 138 f.; *Knoll* (Fn. 81), S. 241; siehe zu den Möglichkeiten, darüber hinaus besondere Wahlbestimmungen für den Aufsichtsrat vorzusehen, die eine Besetzung des Aufsichtsrats mit Vertrauensleuten des Bieters erschweren, *Krause* (Fn. 67), 142.

85 Vgl. § 31 Abs. 2 bis 5 MitBestG 1976 sowie *Peltzer*, ZfgKW 1988, 578, 582.

86 Herrschende Meinung: *Assmann/Bozenhardt* (Fn. 4), S. 132 ff.; *Ebenroth/Rapp*, DWiR 1991, 2, 4 f.; *Hauschka/Roth* (Fn. 81), 187; *Michalski* (Fn. 4), 155; *Schwennicke* (Fn. 12), § 33 Rn. 69 m. w. N.

angebotes ad-hoc eine **Kapitalerhöhung unter Ausschluss des Bezugsrechtes der Aktionäre** durchzuführen und auf diese Weise zum Beispiel einem weißen Ritter den Zugang zum Aktionärskreis zu verschaffen.[87] Diese Frage ist aufgrund der nunmehr eindeutigen Regelung in § 33 Abs. 2, die einen solchen Ermächtigungsbeschluss zulässt, geklärt (siehe dazu unten Rn. 98 ff.).

ff) Gestaffelter Aufsichtsrat/Vorstand

63 Die **Amtszeit der Aufsichtsratsmitglieder** der Aktionäre dauert längstens bis zur Beendigung der Hauptversammlung, die über die Entlastung für das vierte Geschäftsjahr nach dem Beginn der Amtszeit beschließt (§ 102 Abs. 1 AktG). Eine vorherige Abberufung setzt einen Hauptversammlungsbeschluss mit Drei-Viertel-Mehrheit voraus, es sei denn, dass die Satzung ein anderes Mehrheitserfordernis bestimmt (§ 103 Abs. 1 Satz 2 AktG). In Deutschland ist es üblich, dass die Amtszeiten aller Vertreter der Anteilseignerseite gleich lang sind. Von dieser Praxis kann jedoch abgewichen werden: § 102 Abs. 1 AktG ist insoweit dispositiv, als er nur einen zeitlichen Rahmen für die Bestellung vorsieht. Damit ist es möglich, anfangs kürzere Bestellzeiten für einen Teil der Organmitglieder zu bestimmen, um so eine **Fächerung des Wiederbestellzyklus** zu erreichen. Damit steht nicht das gesamte Leitungsgremium, sondern immer nur eine Gruppe von Organmitgliedern zur Disposition, sodass es dem Bieter nicht möglich ist, sofort die Kontrolle zu erlangen bzw. den Moment abzupassen, in dem die gesamte Anteilseignerseite zur Bieterwahl ansteht (sogenannter *staggered board*). Dieser Schutzmechanismus kann noch dadurch verstärkt werden, dass **qualifizierte Mehrheitserfordernisse** für die Abberufung von Aufsichtsratsmitgliedern in die Satzung aufgenommen werden. Praktisch häufig ist jedoch noch der Fall anzutreffen, dass über eine allgemeine Satzungsbestimmung, wonach sämtliche Beschlüsse der Hauptversammlung mit einer einfachen Mehrheit der Stimmen des bei der Beschlussfassung vertretenen Grundkapital gefasst werden können, sofern das Gesetz nicht zwingend etwas anderes vorsieht, die Abwahl mit einer lediglich 50 %igen Mehrheit möglich ist.

64 **Gestaffelte Amtszeiten** sind in entsprechender Weise auch für den **Vorstand** möglich.[88]

87 Siehe Fn. 122.
88 *Hopt*, WM-Festgabe Heinsius, 1991, S. 22, 28.

gg) Konzerngründungsklauseln

Im wissenschaftlichen Schrifttum ist die Verwendung satzungsmäßiger Konzerngründungsklauseln erwogen worden, wonach eine faktische Konzernierung der Gesellschaft nur nach qualifiziertem Mehrheitsbeschluss der Hauptversammlung gestattet ist.[89] Die **Zulässigkeit** solcher Klauseln erscheint im Hinblick auf § 23 Abs. 5 AktG i.V.m. §§ 311 ff. AktG, die von der Zulässigkeit der faktischen Konzernierung ohne Zustimmung der Hauptversammlung ausgehen, als **sehr zweifelhaft**. Die h.M. lehnt sie aus diesem Grunde jedenfalls ab.[90] 65

hh) Regelungen für Verschmelzungen und Eingliederungen

Übernahmehindernden Charakter haben auch solche Maßnahmen, die für den Zeitraum nach der Erlangung einer Anteilsmehrheit durch den Bieter die **Durchführung strategischer Strukturveränderungen in der Zielgesellschaft** erschweren. Angesichts der strikten Vorgaben, die das deutsche Umwandlungs- und Gesellschaftsrecht für die Verschmelzung (§§ 2 ff., 60 ff. UmwG), die Eingliederung (§§ 319 ff. AktG), den Beherrschungsvertrag (§§ 291 ff. AktG) und das Squeeze-Out (§§ 327 ff. AktG) vorsieht, ist der Gestaltungsspielraum hierfür jedoch sehr begrenzt und beschränkt sich im Wesentlichen auf die Anordnung **strengerer als im Gesetz vorgesehener Mehrheitsverhältnisse**.[91] 66

ii) Schaffung kartellrechtlicher Probleme

Die Zielgesellschaft kann durch den **Erwerb von Beteiligungen** eine Situation schaffen, in welcher der Durchführung des Übernahmeangebotes wettbewerbsrechtliche Hindernisse entgegenstehen.[92] Gelingt es der Zielgesellschaft, ein Unternehmen zu erwerben, das mit dem Bieter in direktem Wettbewerb steht, kann deshalb die Übernahme der Zielgesellschaft zu einem kartellrechtlich relevanten Zusammenschluss mit 67

89 Siehe dazu *Uwe H. Schneider*, AG 1990, 56, 61 f.; *Seydel*, Konzernbildungskontrolle bei der Aktiengesellschaft, 1995, S. 312 ff.; *Binnewies*, Die Konzerneingangskontrolle bei der abhängigen Gesellschaft, 1996, S. 354 ff.

90 *Krause* (Fn. 67), 141; *Habersack*, in: Emmerich/Habersack, Aktien- und GmbH-Konzernrecht, 2. Aufl., 2001, Vor § 311 Rn. 2; *Kropff*, in: Münch. Komm. AktG, 2000, Vor § 311 Rn. 80; *Mülbert*, Aktiengesellschaft, Unternehmensgruppe und Kapitalmarkt, 2. Aufl., 1996, S. 455.

91 Siehe hierzu *Michalski* (Fn. 4), 157.

92 Diese Form der Verteidigung durch die Herbeiführung von „Antitrust-Problemen" ist in den USA relativ häufig anzutreffen, vgl. *Hauschka/Roth* (Fn. 81), 192.

der üblichen Folge einer Untersagungsverfügung führen.[93] In einem solchen Falle besteht jedoch **für den Bieter** die Möglichkeit, sich vorsorglich gegenüber der Kartellbehörde bereit zu erklären, die durch den Zusammenschluss herbeigeführte Unternehmens- und Marktstruktur nach erfolgreicher Übernahme durch Veräußerung der entsprechenden Unternehmensteile wieder aufzulösen.[94]

jj) Schuldrechtliche Übertragungsbeschränkungen

68 Rein schuldrechtliche Vereinbarungen zwischen Aktionären der Zielgesellschaft untereinander bzw. den Aktionären und der Zielgesellschaft über Übertragungsbeschränkungen (z.B. Vorkaufsrechte, Andienungspflichten und Vereinbarungen über Verfügungsbeschränkungen) können **grundsätzlich unbeschränkt vereinbart werden**. Diese Vereinbarungen haben jedoch keine dingliche Wirkung, sodass gegen sie verstoßende Verfügungen nach § 137 BGB gleichwohl wirksam sind. Hinzu kommen **praktische Probleme** bei der Herbeiführung solcher schuldrechtlicher Bindungen bei Publikumsgesellschaften mit großem Streubesitz.[95]

kk) Stillhaltevereinbarungen (*Standstill Agreements*)

69 Bei einem Stillhalteabkommen handelt es sich um einen **Vertrag zwischen der Zielgesellschaft und einem Investor** mit dem Ziel, entweder eine drohende Übernahmeauseinandersetzung mit dem Investor zu vermeiden, oder – falls es sich um einen „freundlichen Dritten" handelt – durch Veräußerung von Anteilen an den Dritten eine bevorstehende feindliche Übernahme abzuwenden (*white squire defence*).[96]

---

93 Ein entsprechendes kartellrechtliches Problem bestand für Vodafone bei der Übernahme der Mannesmann AG, die zuvor eine Mehrheitsbeteiligung an dem britischen Telekommunikationsunternehmen Orange plc. erworben hatte.

94 Vgl. *Assmann/Bozenhardt* (Fn. 4), S. 147. In entsprechender Weise ist auch Vodafone gegenüber der EU-Kommission vorgegangen. Siehe zu den hieraus erwachsenden aktienrechtlichen Problemen einer Veräußerung der Orange plc. durch Mannesmann auf Veranlassung von Vodafone nach § 311 AktG: *Mertens* und *Haarmann,* in: Hommelhoff/Rowedder/Ulmer, Max Hachenburg Vierte Gedächtnisvorlesung 2000, 2001, S. 27 ff., S. 45 ff.; *Lutter*, in: FS Peltzer, 2001, S. 241 ff.

95 Vgl. *Assmann/Bozenhardt* (Fn. 4), S. 120; *Lutter/Uwe H. Schneider*, ZGR, 1975, 182, 188.

96 Der *white squire* unterscheidet sich vom *white knight* dadurch, dass Letzterer ebenso wie der feindliche Bieter eine Übernahme der Zielgesellschaft anstrebt, während der white squire lediglich eine bedeutende Beteiligung, verbunden mit einer entsprechenden schuldrechtlichen Vereinbarung mit der Zielgesellschaft über die Ausübung seiner Mitgliedschaftsrechte erwirbt, vgl. *Wagner*, Standstill Agreements, 2000, S. 40 ff.

Die rechtlichen Probleme der *white squire defence* entsprechen denjenigen der wechselseitigen Beteiligung (siehe dazu unten Rn. 73). **70**

ll) Stimmrechtsbeschränkungen

Mit dem Wegfall der Zulässigkeit von Höchststimmrechten für börsennotierte Unternehmen im Rahmen des KonTraG ist der wohl wirksamste präventive Schutzmechanismus gegen feindliche Übernahme weggefallen.[97] **71**

mm) Vinkulierte Namensaktien (§ 68 Abs. 2 AktG)

Die Möglichkeit, die **freie Veräußerbarkeit von Aktien der Zielgesellschaft zu beschränken** (z.B. durch Bindung an die Zustimmung von Vorstand und/oder Aufsichtsrat), sieht das Gesetz nur für Namensaktien vor (§ 68 Abs. 2 AktG). Praktisch durchführbar sein dürfte eine solche Abwehrmaßnahme zudem nur im **Gründungsstadium** der Gesellschaft bzw. bei der Ausgabe junger Aktien unter Ausschluss des Bezugsrechts der Aktionäre, da für eine nachträgliche Beschränkung gemäß § 180 Abs. 2 AktG die Zustimmung sämtlicher Aktionäre erforderlich ist.[98] Im Übrigen vermag das Zustimmungserfordernis des § 68 Abs. 2 AktG lediglich den dinglichen Rechtsübergang zu verhindern. **Schuldrechtliche Vereinbarungen (z.B. Stimmbindungsverträge)**, die auf eine Umgehung des § 68 Abs. 2 AktG gerichtet sind, werden zwar grundsätzlich ebenfalls von der Vinkulierung erfasst.[99] Dies hindert die Parteien jedoch nicht, ihr Verhalten faktisch an dem unwirksamen Stimmbindungsvertrag auszurichten.[100] **72**

97 Vor Inkrafttreten des KonTraG begründete Höchststimmrechte sind zum 30. 6. 2000 ausgelaufen, vgl. § 5 Abs. 7 EGAktG. Dementsprechend hat das in der Satzung der Mannesmann AG niedergelegte Höchststimmrecht im Abwehrkampf gegen das Übernahmeangebot von Vodafone plc. letztlich keine Wirkung mehr entfaltet; siehe zur alten Rechtslage *Hopt* (Fn. 88), S. 24 ff.; *Michalski* (Fn. 4), 158 f.; *Weisner* (Fn. 50), S. 155 ff.

98 Siehe zu der weiteren Frage, ob im Falle einer wirksamen Vinkulierung ein Übernahmeversuch als Grund für die Verweigerung der Zustimmung zur Übertragung der vinkulierten Namensaktien geltend gemacht werden darf: *Assmann/Bozenhardt* (Fn. 4), S. 117 f.

99 *Hüffer*, AktG, 4. Aufl., § 68 Rn. 12; *Hopt* (Fn. 88), S. 27; *Weisner* (Fn. 50), S. 181 ff.

100 Vgl. *Krause* (Fn. 67), 138; kritisch zum Instrument der Vinkulierung als Abwehrmaßnahme auch *Kossmann*, BB 1985, 1365; *Otto*, DB Beilage 12/1988, 6.

nn) Wechselseitige Beteiligungen

73 Ein weiteres Instrument zur präventiven Abwehr feindlicher Übernahmeversuche ist das Eingehen **wechselseitiger Beteiligungen zwischen nahe stehenden Unternehmen**. Mit Hilfe derartiger Kreuzverflechtungen lässt sich – in der Wirkungsweise ähnlich wie der Erwerb eigener Aktien sowie der Kapitalerhöhung unter Bezugsrechtsausschluss (allerdings ohne den dort erforderlichen zusätzlichen Verfahrens- und Kapitalaufwand) – eine **Reduzierung des Streubesitzanteils** am Grundkapital der Zielgesellschaft bzw. eine teilweise „Verriegelung" des Aktionärskreises erreichen.[101] Nachteile der wechselseitigen Beteiligung bestehen in der Verwässerung des Kapitals, dem Autonomiegewinn der Verwaltung sowie dem möglichen Flexibilitätsverlust aufgrund gegenseitiger Abhängigkeit.[102] Folgende Fallkonstellationen sind auseinanderzuhalten:

(1) Qualifizierte wechselseitige Beteiligung (§ 19 Abs. 2, Abs. 3 AktG)

74 Die Herstellung einer wechselseitigen Beteiligung durch ein **von der potentiellen Zielgesellschaft abhängiges Unternehmen** in der Weise, dass das abhängige Unternehmen Aktien der Zielgesellschaft erwirbt, verstößt gegen die Vorschrift des § 71 d Satz 2 i.V.m. Satz 1 AktG, die ein solches Geschäft den für den Erwerb eigener Aktien geltende Regelungen unterwirft. Demnach wäre der fragliche Aktienerwerb mangels Abwehr eines unmittelbar drohenden Schadens i. S. v. § 71 Abs. 1 Nr. 1 AktG unzulässig. Dessen ungeachtet wäre die Transaktion weder in ihrer dinglichen Wirksamkeit betroffen (§ 71 d Satz 4 i.V.m. § 71 Abs. 4 AktG) noch einer Sanktion durch § 405 Abs. 1 AktG ausgesetzt.[103] Verzichtet demnach der Veräußerer auf die Geltendmachung eines Herausgabeanspruches nach § 812 Abs. 1 S. 1 BGB, unterliegt das herrschende Unternehmen lediglich den Veräußerungs- und Einziehungspflichten aus § 71 d S. 4 i.V.m. § 71 c AktG, wobei die relativ großzügig bemessenen zeitlichen Fristen nach § 71 c Abs. 1 und 3 AktG zu beachten sind.[104] Demnach kommt im Ergebnis das Eingehen einer qualitativen wechselseitigen Beteiligung mit einem abhängigen Konzernunternehmen als präventive Abwehrmaßnahme grundsätzlich in Betracht.

101 Siehe hierzu eingehend *Assmann/Bozenhardt* (Fn. 4), S. 134 ff.; *Sünner*, in: FS Quack, 1991, S. 457, 469.

102 *Krieger* (Fn. 4), § 68 RdNr. 92 m. w. N.

103 Hierauf weisen zurecht *Assmann/Bozenhardt* (Fn. 4), S. 135 ff. hin.

104 Siehe hierzu *Hüffer*, AktG, 4. Aufl., 1999, § 71 c Rn. 8.

(2) Einfache wechselseitige Beteiligung (§ 19 Abs. 1 AktG)

Sind die in Frage stehenden Gesellschaften in der Weise miteinander wechselseitig verbunden, dass **jedem Unternehmen mehr als 25% der Anteile des anderen gehören**, ohne dass dem eine Mehrheitsbeteiligung oder ein Abhängigkeitsverhältnis i.S.v. § 17 Abs. 1 AktG zu Grunde liegt, findet hinsichtlich der Geltendmachung der Rechte aus den jeweils am anderen Unternehmen gehaltenen Anteile § 328 AktG Anwendung. Dies bedeutet, dass abgesehen von der Beteiligung einer ausländischen Gesellschaft jenes Unternehmen, welches zuerst über den Eintritt einer wechselseitigen Beteiligung im Sinne von § 19 Abs. 1 AktG informiert wurde, seine Rechte aus den der Beteiligung zugrunde liegenden Anteilen nur bis zur Höhe von 25% aller Anteile des anderen Unternehmens geltend machen darf. Ungeachtet dieses – **planbaren** – **Rechtsverlustes** ist die hiermit verbundene Möglichkeit zur Reduzierung der für die Kontrollerlangung eines feindlichen Bieters erforderlichen übernahmefähigen Aktien grundsätzlich attraktiv.[105] 75

6. Das Verhinderungsverbot als Eignungstatbestand

Bei der Beurteilung, ob eine Handlung der Ermächtigung durch die Hauptversammlung bedarf, ist darauf abzustellen, ob die Handlung **objektiv** geeignet ist, den Erfolg des Übernahmeangebotes zu verhindern. Ob mit der konkreten Handlung eine Verhinderungsabsicht verbunden ist, soll nach dem Willen des Gesetzgebers unerheblich sein.[106] Indem das Gesetz die hinter einer Maßnahme stehende Motivation nicht berücksichtigt, unterwirft es auch ambivalente Maßnahmen, die einerseits zur Erfolgsverhinderung geeignet sind, andererseits aber auch ohne Ansehung des Übernahmeversuchs aufgrund des Unternehmensinteresses sachlich gerechtfertigt sind, dem Handlungsverbot des Satz 1. Dieser weite Anwendungsbereich des Erfolgsverhinderungsverbotes wird jedoch durch die Ausnahmetatbestände des § 33 Abs. 1 Satz 2 weitgehend eingeschränkt. 76

105 *Assmann/Bozenhardt* (Fn. 4), S. 136f.; *Krause* (Fn. 67), 140.

106 Regierungsbegründung, BT-Drucks. 14/7034, S. 57. § 33 Abs. 1 RefE hatte noch im Wortlaut auf die objektive Eignung zur Erfolgsverhinderung abgestellt („… haben der Vorstand und der Aufsichtsrat der Zielgesellschaft alle Handlungen zu unterlassen, die geeignet sind, den Erfolg des Angebotes zu verhindern.“). Inhaltlich sollte sich hieran durch die Neuformulierung von Abs. 1 Satz 1 nach dem Willen des Gesetzgebers nichts ändern, siehe auch *Winter/Harbarth* (Fn. 12), 3f.; *Schwennicke* (Fn. 12), § 33 Rn. 19.

7. Verhinderung des Angebotserfolgs

77 Der **Erfolg eines Übernahmeangebotes** im Sinne des Abs. 1 beinhaltet **zwei Komponenten**:

(i) Erlangung der angestrebten Aktienmehrheit an der Zielgesellschaft mit der Folge eines entsprechenden **beherrschenden Einflusses** auf die Gesellschaft;

(ii) Wahrung des **wirtschaftlichen Interesses des Bieters** an der Erlangung der unternehmerischen Kontrolle über die Zielgesellschaft.

a) Verhinderung der Ausübung beherrschenden Einflusses

78 Geeignet zur Verhinderung der Komponente (i) des Angebotserfolgs sind folgende Kategorien von Maßnahmen:[107]

aa) Ausgabe von Aktien

79 Die Ausgabe von Aktien **verteuert** die Übernahme für den Bieter. Hat der Bieter sein Übernahmeangebot von dem Erreichen einer bestimmten Beteiligungshöhe abhängig gemacht, führt die Ausgabe von Aktien zudem dazu, dass der Bieter eine größere Zahl an Aktien erwerben muss, um die von ihm gewünschte Beteiligungshöhe zu erreichen.[108] Eine **Eignung zur Erfolgsverhinderung** liegt deshalb bei folgenden Fällen der Aktienausgabe vor:

(1) Zur Durchführung einer Kapitalerhöhung gegen Bar- oder Sacheinlagen, §§ 181 bis 191 AktG, §§ 202 bis 206 AktG (genehmigtes Kapital)

80 Unerheblich ist, ob das Bezugsrecht der Aktionäre gewahrt ist, da auch in diesem Fall aus Sicht des Bieters ein **Verteuerungs- und ein Verwässerungseffekt** eintritt.[109] Bei einem Bezugsrechtsausschluss

---

107 Siehe dazu grundlegend *Assmann/Bozenhardt* (Fn. 4), S. 115 ff.

108 Regierungsbegründung, BT-Drucks. 14/7034, S. 57 f.; *Schwennicke* (Fn. 12), § 33 Rn. 21 ff.

109 Soweit in der Literatur Bagatellgrenzen für die Ausgabe von Aktien mit Bezugsrecht „in verhältnismäßig geringem Umfang" diskutiert werden, *Maier-Reimer* (Fn. 1), 267; *Schwennicke* (Fn. 12), § 33 Rn. 24, ist dies problematisch, weil die Eignung zur Erfolgsbehinderung von den Finanzierungsmöglichkeiten des Bieters abhängt und damit nur einzelfallbezogen beurteilt werden kann. Abzulehnen sind jedenfalls pauschale Bagatellgrenzen wie z. B. 10 % des Grundkapitals, so aber *Schwennicke* (Fn. 12), § 33 Rn. 25.

tritt jedoch noch der Umstand hinzu, dass der Bieter einen erweiterten Aktionärskreis von seinem Übernahmeangebot überzeugen muss.

(2) Zur Durchführung einer bedingten Kapitalerhöhung, §§ 192 bis 201 AktG

Praktisch relevant ist vor allem die Aktienausgabe zur Erfüllung von ausgeübten Umtausch- oder Bezugsrechten der Gläubiger von Wandelschuldverschreibungen (§ 192 Abs. 2 Nr. 1 AktG) und von Stock Options (§ 192 Abs. 2 Nr. 3 AktG). 81

(3) Zur Ausführung einer Kapitalerhöhung aus Gesellschaftsmitteln

Zweifelhaft ist, ob auch eine nominelle Kapitalerhöhung, bei der der Zielgesellschaft effektiv kein frisches Kapital zugeführt wird, eine Verhinderungseignung besitzt. Zu bejahen ist dies dann, wenn bei **Nennbetragsaktien** neue Aktien an die Aktionäre ausgegeben werden. Soll dies nicht zu einer Verhinderung des Angebotes führen, ist der Bieter faktisch gezwungen, die Höhe der angebotenen Barzahlung bzw. im Falle des Aktientauschs die Umtauschquote an den niedrigeren Unternehmenswert anzupassen, der von einer Aktie der Zielgesellschaft repräsentiert wird. 82

Anders verhält es sich, wenn – wie in der Praxis mittlerweile der Regelfall – das Grundkapital der Zielgesellschaft in **Stückaktien** eingeteilt ist und auf die Ausgabe neuer Aktien verzichtet wird (vgl. § 207 Abs. 2 Satz 2 AktG). Hier erhöht sich zwar der rechnerische Anteil pro Aktie am Grundkapital. Der auf eine Aktie entfallende anteilige Unternehmenswert bleibt jedoch identisch, sodass sich insoweit keine Auswirkungen auf das Übernahmeangebot ergeben. In Betracht kommt allerdings theoretisch, dass die Umwandlung freier Rücklagen in gebundenes Grundkapital, die nur durch eine Kapitalherabsetzung wieder rückgängig gemacht werden kann, das wirtschaftliche Interesse des Bieters an der Übernahme beeinträchtigt (siehe dazu oben (ii) sowie sogleich Rn. 93 ff.). Dies kann nur einzelfallbezogen beurteilt werden. 83

bb) Ausgabe von Wandel- oder Optionsanleihen (§ 221 AktG), Stock Options (*naked warrants*)

Durch die Ausgabe von Wandel- oder Optionsanleihen kann der Vorstand mit zeitversetzter Wirkung zu einer **Verbreiterung des im freien Umlauf befindlichen Aktienkapitals** beitragen, und zwar bezogen auf den Zeitpunkt der Ausübung der Wandel- und Options- 84 rechte durch die Berechtigten mit der Folge eines Bezugs von jungen Aktien der Zielgesellschaft aus einem bedingten oder genehmigten Kapital. Dasselbe gilt für die Ausgabe von Stock Options in Form von „nackten“ Aktienoptionen (*naked warrants*) an Führungskräfte der Zielgesellschaft nach § 192 Abs. 2 Nr. 3 AktG. Auch diese Maßnahmen unterfallen deshalb dem Erfolgsverhinderungsverbot nach Abs. 1 Satz 1.

cc) Erwerb eigener Aktien (§ 71 Abs. 1 AktG)

85 Der Erwerb eigener Aktien durch die Zielgesellschaft führt aufgrund der verstärkten Nachfrage am Markt zu einem **erhöhten Börsenpreis** der Aktien, was die Attraktivität des Übernahmeangebotes des Bieters beeinträchtigt, diesen gegebenenfalls zu einer Nachbesserung seines Übernahmeangebotes zwingt und damit die Übernahme verteuert. Zudem **verringert sich die Anzahl der vom Bieter** mit seinem Übernahmeangebot **erreichbaren Aktien**, was die Chancen einer für den Bieter erfolgreichen Übernahme gegebenenfalls mindern kann.[110]

dd) Veräußerung eigener Aktien

86 Durch die Wiederveräußerung erworbener eigener Aktien der Zielgesellschaft **erhöht sich die Zahl der mit Rechten versehenen Aktien** – der Zielgesellschaft stehen aus den eigenen Aktien keine Rechte zu (§ 71 b AktG) –, was die Übernahme für den Bieter ebenfalls verteuert.[111] Dies gilt unabhängig davon, ob die Veräußerung über die Börse oder in sonstiger Weise, also etwa an einen bisherigen Nicht-Aktionär unter Ausschluss des Bezugsrechts der Altaktionäre erfolgt. Handelt es sich bei dem Bieter um eine Person, die das Übernahmeangebot nicht annehmen will (*white squire*), kann dies die erfolgsmindernde Wirkung deutlich erhöhen. Nicht unter das Verbot aus Abs. 1 Satz 1 fällt hingegen die **Einziehung eigener Aktien** (nach § 71 c AktG oder aufgrund einer Ermächtigung nach § 71 Abs. 1 Nr. 8 AktG), da sie zu einer Verknappung des Aktienmaterials führt und damit dem Bieter die Übernahme tendenziell erleichtert.

110 Regierungsbegründung, BT-Drucks. 14/7034, S. 57 f.; *Schwennicke* (Fn. 12), § 33 Rn. 27 f. m. w. N. Siehe zu dem – vor allem in den USA praktizierten, in Deutschland jedoch unzulässigen – Sonderfall des Erwerbs eigener Aktien in Form des so genannten *Greenmailing: Escher-Weingart/Kübler*, ZHR 162 (1998), 537, 555; *Michalski* (Fn. 4); *Weisner* (Fn. 50), S. 220; *van Aubel* (Fn. 14), S. 19 f.

111 Anders als bei der Ausnutzung eines genehmigten Kapitals erhöht sich jedoch nicht die Zahl der existierenden Aktien.

ee) Wechselseitige Beteiligung

Auch das Eingehen einer wechselseitigen Beteiligung mit einem befreundeten Unternehmen bewirkt eine **Verringerung** der von dem Bieter mit seinem Übernahmeangebot **erreichbaren Aktien** (siehe hierzu oben Rn. 73 ff.) und unterfällt damit dem Verbot des Abs. 1 Satz 1. 87

ff) Gegenangebot auf die Aktien des Bieters (*pac man*)

Gibt die Zielgesellschaft ihrerseits ein Übernahmeangebot auf die Aktien des Bieters ab, liegt hierin zwar keine Maßnahme, die sich unmittelbar gegen das Übernahmeangebot des Bieters richtet. Gleichwohl ist ein solches Angebot geeignet, den Erfolg des Übernahmeangebotes zu verhindern. Denn gelingt es der Zielgesellschaft, vor Abschluss des Erstangebots die Mehrheit an der Bietergesellschaft zu erlangen, steht dem Übernahmeangebot das **Erwerbsverbot** des § 71 d Satz 2 AktG entgegen. Auch bereits die Erlangung einer mehr als 25%-igen Beteiligung an der Bietergesellschaft reicht im Falle eines inländischen Bieters aus, die Anwendbarkeit der §§ 19, 328 AktG herbeizuführen und damit den Übernahmeerfolg zu verhindern, da der Bieter wegen der Wirkung des § 328 Abs. 1 AktG auch im Falle der Erlangung einer Aktienmehrheit keinen beherrschenden Einfluss auf die Zielgesellschaft ausüben kann.[112] 88

gg) Einschaltung eines konkurrierenden Bieters (*white knight*)

Auch die Suche nach einem Konkurrenzangebot ist der Sache nach geeignet, den Erfolg des Übernahmeangebots zu verhindern, da bei einem attraktiven Konkurrenzangebot die Aktionäre der Zielgesellschaft das Angebot des Bieters regelmäßig nicht annehmen werden.[113] 89

---

112 Siehe zu der *aktienrechtlichen* Diskussion über die Zulässigkeit der pac-man-Strategie, *Schwennicke* (Fn. 12), § 33 Rn. 52 m. w. N.; sowie zu den rechtlichen Problemen, die bei der Abgabe eines Gegenangebotes durch eine Vorschaltgesellschaft (Sicherungs-GmbH) der Zielgesellschaft entstehen, *Krause* (Fn. 67), 139; *Sünner*, in: FS Quack, 1991, S. 457, 470.

113 Die Eignung zur Erfolgsverhinderung entfällt nicht dadurch, dass durch das Konkurrenzangebot die Handlungsmöglichkeiten der Aktionäre der Zielgesellschaft faktisch erweitert werden. Insoweit ließe sich zwar über eine teleologische Reduktion des Abs. 1 Satz 1 nachdenken. Einer solchen bedarf es jedoch angesichts der eindeutigen Ausnahmeregelung in Abs. 1 Satz 2 Alt. 2 nicht.

hh) Gestaffelter Aufsichtsrat/gestaffelter Vorstand

90 Die oben unter Rn. 63 f. erläuterten Maßnahmen sind, sofern sie ad-hoc vorgenommen werden, ebenfalls geeignet, den Angebotserfolg zu vereiteln. In diesen Fällen vermag der Bieter auch nach Erlangung einer Mehrheit der Stimmrechte und des Kapitals einer Zielgesellschaft seinen beherrschenden Einfluss nur unter erheblichen Einschränkungen auszuüben.

ii) Schaffung kartellrechtlicher Probleme

91 Der ad-hoc vorgenommene Erwerb von Beteiligungen durch die Zielgesellschaft kann ebenfalls geeignet sein, den Übernahmeerfolg zu verhindern, wenn der Bieter wegen kartellrechtlicher Hinderungsgründe die im Übrigen erfolgreiche Übernahme aufgrund einer Untersagungsverfügung der Kartellbehörde nicht vollziehen kann.

jj) Werbung/Road Shows

92 Auch Werbemaßnahmen der Zielgesellschaft, einschließlich des gezielten Ansprechens bestimmter Aktionärsgruppen im Rahmen so genannter Road Shows, sind geeignet, den Angebotserfolg zu verhindern, und unterliegen damit dem Verbot von Abs. 1 Satz 1. Etwas anderes gilt nur für die obligatorische Stellungnahme des Vorstands zu dem Übernahmeangebot, die durch § 27 privilegiert und damit – auch insoweit sie werbenden und erfolgsbehindernden Charakter hat – in jedem Falle zulässig ist (siehe dazu auch § 28 Rn. 8).

b) Beeinträchtigung des wirtschaftlichen Interesses an erfolgreicher Übernahme

93 Gegen die Komponente (ii) des Angebotserfolgs sind potentiell sämtliche Maßnahmen zur Veränderung der Vermögensverhältnisse der Zielgesellschaft gerichtet. Hierunter fallen:

aa) Verkauf wesentlicher Bestandteile des Gesellschaftsvermögens (*crown jewels*)

94 Die Veräußerung wesentlicher Bestandteile des Gesellschaftsvermögens, an denen der Bieter z.B. zur Erzielung von Synergieeffekten oder zur Verstärkung seiner wettbewerbsrechtlichen Stellung wirtschaftlich interessiert ist, kann eine Übernahme aus Sicht des Bieters

wirtschaftlich unattraktiv erscheinen lassen.[114] Ab wann es sich bei einem Aktivposten in der Bilanz um einen wesentlichen Vermögensbestandteil handelt, lässt sich regelmäßig nur einzelfallbezogen beantworten. Dabei ist maßgebend auch auf das konkrete wirtschaftliche Interesse des Bieters abzustellen, so weit es z. B. in der Angebotsunterlage oder anderweitig erkennbar geworden ist. Als Faustregel gilt, dass die Veräußerung eines Vermögensgegenstands zur Verhinderung des Angebotserfolgs jedenfalls nur dann geeignet sein dürfte, wenn es sich um einen **Bestandteil des Anlagevermögens** nach § 266 Abs. 2 A. HGB handelt.[115]

bb) Wesentliche Veränderungen der Passivseite

Während die Veräußerung eines wesentlichen Bestandteil des Gesellschaftsvermögens die Aktivseite der Bilanz der Zielgesellschaft betrifft, sind auch **Veränderungen in der Finanzierungsstruktur** denkbar, die das wirtschaftliche Interesse des Bieters an einer erfolgreichen Übernahme verhindern können. Hierzu können insbesondere Maßnahmen zur Fremdkapitalaufnahme, die den Verschuldungsgrad der Zielgesellschaft erhöhen (z. B. durch die Emission einer Anleihe[116] oder die Aufnahme eines Bankkredits), oder die Umschichtung von langfristigen in kurzfristige Verbindlichkeiten zählen. Da solche Maßnahmen jedoch nicht GuV-wirksam sind, sondern bilanziell allenfalls zu einer Bilanzverlängerung führen, ist ihre Eignung zur Erfolgsverhinderung stets einzelfallabhängig zu prüfen.[117] Häufig wird dieses Problem ohnehin nicht relevant werden, weil die Aufnahme von Fremdka- **95**

---

114 Siehe zu den verschiedenen Varianten von Umstrukturierungsmaßnahmen zur Abwehr von Übernahmeangeboten (z. B. in Form der Übertragung von Vermögensgegenständen an Dritte unter der aufschiebenden Bedingung eines erfolgreichen Übernahmeangebots bzw. unter Einräumung einer Kaufoption an den Dritten im Wege eines sog. *Asset lock up*); *Hauschka/Roth* (Fn. 81), 193; *Krause* (Fn. 67), 143; *van Aubel* (Fn. 14), 22 f.

115 Zu weitgehend der Pauschalierungsansatz bei *Schwennicke* (Fn. 12), § 33 Rn. 30, der Eignung zur Erfolgsverhinderung „in der Regel" verneint, wenn der Wert des veräußerten Vermögensbestandteils „10% der Bilanzsumme oder 10% der Marktkapitalisierung der Zielgesellschaft" nicht übersteigt.

116 Siehe zur potentiell erfolgsverhindernden Wirkung der Begebung von Wandel- und Optionsanleihen im Übrigen oben Rn. 84.

117 Eine klare Eignung zur Erfolgsverhinderung ist z. B. im Falle der sog. *Poison debts* gegeben, bei denen das Fremdfinanzierungsinstrument mit einer vorzeitigen Fälligkeit bei einem erfolgreichen feindlichen Übernahmeangebot oder bereits bei der Abgabe eines feindlichen Übernahmeangebots (dann präventive Maßnahme) versehen wird, siehe hierzu *Krause* (Fn. 67), 143.

pital im Zusammenhang mit einer anderen, eindeutig erfolgsbehindernden Abwehrmaßnahme erfolgt (Beispiel: Mit dem aufgenommenen Fremdkapital wird der Erwerb einer bedeutenden Beteiligung zur Schaffung kartellrechtlicher Probleme finanziert). Ansonsten wird ein Verstoß gegen das Erfolgsverhinderungsverbot im Ergebnis regelmäßig am Eingreifen des Ausnahmetatbestandes des § 33 Abs. 1 Satz 2 Alt. 1 scheitern.

cc) Besondere Abfindungsversprechen für ausscheidende Organmitglieder

96 Abs. 1 Satz 1 ist auch einschlägig, wenn der Bieter aufgrund entsprechend gestalteter Anstellungsverträge bzw. satzungsmäßiger Vergütungsregelungen befürchten muss, dass im Falle einer vorzeitigen Abberufung von Vorstands- und Aufsichtsratsmitgliedern aus wichtigem Grund das abberufene Organmitglied Anspruch auf eine Abfindungszahlung hat („*Golden Parachutes*"). Diesbezügliche Abfindungsansprüche würden das Vermögen der Zielgesellschaft vermindern und damit die Attraktivität der Übernahme ebenfalls beeinträchtigen, soweit sie im Rahmen der §§ 84, 87 AktG überhaupt zulässig sind.[118]

VI. Ausnahmen vom Verhinderungsverbot

97 Zur Befreiung von dem vorgenannten Erfolgsverhinderungsverbot hält § 33 eine Reihe von Ausnahmemöglichkeiten bereit. Dabei sehen die Ausnahmetatbestände des § 33 Abs. 1 Satz 2 eine Befreiung vom Verbot des Abs. 1 Satz 1 ohne Einschaltung der Hauptversammlung vor. Demgegenüber enthält § 33 Abs. 2 die Möglichkeit für die Hauptversammlung, im Wege eines so genannten Vorratsbeschlusses den Vorstand zur Durchführung von Abwehrmaßnahmen gegen ein feindliches Übernahmangebot zu ermächtigen. Auch wenn sämtliche Ausnahmetatbestände formal in keinem Rangverhältnis zueinander stehen, kommt der Ermächtigung durch die Hauptversammlung faktisch die stärkste Legimitationswirkung zu. Ihre Kommentierung soll deshalb den Tatbeständen des § 33 Abs. 1 Satz 2 vorangestellt werden.

118 Siehe hierzu *Hahn*, Feindliche Übernahme von Aktiengesellschaften, 1992, S. 216; *Lüttmann* (Fn. 24), S. 169; *Weisner* (Fn. 50), S. 233 ff. m. w. N.

1. Ermächtigung durch die Hauptversammlung

a) Grundlagen

Wird der Vorstand von der Hauptversammlung zur Durchführung von Abwehrmaßnahmen ermächtigt, beruht dies auf einer Entscheidung der Aktionäre, die einer Beschränkung ihrer Entscheidungsmöglichkeiten im Falle eines Übernahmeangebotes zu Gunsten eines erweiterten Handlungsspielraums des Managements zugestimmt haben.[119] Der Gesetzgeber geht dabei davon aus, dass die Entscheidung über die Durchführung von Abwehrmaßnahmen grundsätzlich in die Zuständigkeit der Hauptversammlung fällt (siehe dazu oben Rn. 49). Das Tatbestandsmerkmal **„Handlungen, die in die Zuständigkeit der Hauptversammlung fallen"** (Abs. 2 Satz 1) umfasst damit sämtliche dem Erfolgsverhinderungsverbot des Abs. 1 Satz 1 unterliegende Abwehrmaßnahmen des Vorstands (siehe zu diesen oben Rn. 77 ff.).[120] Ihre umfassende Zuständigkeit kann die Hauptversammlung im Wege der **Ermächtigung einzelfallbezogen auf den Vorstand** übertragen.[121] Der Kanon möglicher Abwehrmaßnahmen, zu deren Vornahme der Vorstand ermächtigt werden kann, ergibt sich dabei zunächst aus dem Aktiengesetz. Zu nennen sind hier die Ermächtigung zum Erwerb eigener Aktien nach § 71 Abs. 1 Nr. 8 AktG sowie die Ermächtigung zur Durchführung einer Kapitalerhöhung (genehmigtes Kapital) nach § 202 Abs. 1 und 2 AktG. Das Aktiengesetz enthält hingegen keine Ermächtigungsgrundlage für solche Fälle, in denen dem Vorstand Handlungsfreiheit für die Vornahme sonstiger Maßnahmen zu dem spezifischen Zweck der Abwehr einer feindlichen Übernahme eingeräumt werden soll (Schaffung kartellrechtlicher Probleme unterhalb der Holzmüller-Schwelle, Eingehen wechselseitiger Beteiligungen etc.). Dies gilt sowohl für den Fall, dass ein öffentliches Angebot weder vorliegt noch in unmittelbarer Zukunft zu erwarten ist (*pre bid*), wie auch für den Fall, dass der Bieter ein Übernahmeangebot bereits vorgelegt oder angekündigt hat (*post bid*). Aufgrund des Prinzips der **formellen Satzungsstrenge** (§ 23 Abs. 5 AktG) konnte eine solche Möglichkeit auch nicht durch eine von der Hauptversammlung beschlossene Satzungsbestimmung geschaffen werden. Mit § 33 sieht 98

119 Regierungsbegründung, BT-Drucks. 14/7034, S. 58.

120 Die Ausnahmetatbestände des § 33 Abs. 1 Satz 2 spielen hierbei keine Rolle, da sie zum Zeitpunkt des Ermächtigungsbeschlusses (*pre bid*) noch nicht anwendbar sind.

121 Siehe zu diesem Wirkungsmechanismus der Ermächtigung *Lutter,* in: Kölner Komm. zum AktG, 2. Aufl., 1995, § 202 Rn. 10.

nunmehr das WpÜG eine solche **Ermächtigungsgrundlage** vor. Damit herrscht nun auch Klarheit darüber, ob der Vorstand im Rahmen eines genehmigten Kapitals (§ 202 AktG) ermächtigt werden kann, im Falle eines feindlichen Übernahmeangebotes eine Kapitalerhöhung unter Ausschluss des Bezugsrechtes der Aktionäre als Abwehrmittel einzusetzen.[122] Diese Frage wird nunmehr durch § 33 Abs. 2 im Sinne einer Zulässigkeit derartiger Vorratsbeschlüsse eindeutig beantwortet. Dasselbe gilt für das Parallelproblem der Ermächtigung zum Erwerb eigener Aktien nach § 71 Abs. 1 Nr. 8 AktG zum Zweck der Übernahmeabwehr.[123] Im Umkehrschluss sowie aufgrund des generellen Erfolgsverhinderungsverbots nach § 33 Abs. 1 Satz 1 heißt dies jedoch auch, dass ohne eine spezielle Ermächtigung nach § 33 Abs. 2 der Vorstand von einer allgemeinen („unechten") Ermächtigung, z. B. zur Durchführung einer Kapitalerhöhung, keinen Gebrauch zur Abwehr einer feindlichen Übernahme machen darf, es sei denn, er stützt sich auf einen der in § 33 Abs. 1 Satz 2 genannten Ausnahmetatbestände (siehe hierzu unten Rn. 112 f.).

99 Wie sich aus dem systematischen Zusammenhang von Abs. 2 sowie der Entstehungsgeschichte der Norm ergibt, besteht diese Möglichkeit auch für einen *post bid* gefassten Ermächtigungsbeschluss, ohne dass dies ausdrücklich im Gesetz geregelt ist. § 33 stellt insoweit – ebenso wie § 16 Abs. 4 – eine aktienrechtliche Vorschrift außerhalb des AktG dar.

100 Der Vorstand der Zielgesellschaft, die von einem feindlichen Übernahmeangebot betroffen ist, kann demnach im Zeitpunkt der Veröffentlichung der Entscheidung des Bieters zur Abgabe des Angebotes **folgende rechtlichen Rahmenbedingungen für die Durchführung von Abwehrmaßnahmen** vorfinden:

(i) Es liegt ein **„echter" Vorratsbeschluss** der Hauptversammlung nach § 33 Abs. 2 vor.

---

122 Bis zum Siemens/Nold-Urteil des BGH (BGHZ 136, 133) wurde die Frage allgemein verneint, da es insoweit an einer hinreichend konkreten Beschreibung des Einsatzzwecks fehlte und die Erhaltung der bisherigen Mehrheits- und Herrschaftsverhältnisse als Grund für den Auschluss des Bezugsrechtes nicht anerkannt wurde, vgl. *Hopt* (Fn. 88), S. 6; *Lutter* (Fn. 121), § 186 Rn. 74; *Michalski* (Fn. 4), 161; *Knoll* (Fn. 81), S. 244. Nach den Erleichterungen, die das Siemens/Nold-Urteil für die sachliche Rechtfertigung des Bezugsrechtsausschlusses im Ermächtigungsbeschluss gebracht hat, ist vorsichtig erwogen worden, nunmehr entsprechende „Vorratsbeschlüsse" zuzulassen *Bungert*, NJW 1998, 488, 492; *Mülbert* (Fn. 15), 90 f.; *Wolf* (Fn. 11), 216. Allgemein durchgesetzt hatte sich diese Auffassung jedoch nicht.

123 *Krause*, AG 2000, 217, 219 m. w. N. zum seinerzeitigen Meinungsstand in Fn. 36.

(ii) Es liegt nur ein **allgemeiner aktienrechtlicher Ermächtigungsbeschluss der Hauptversammlung ohne übernahmerechtlichen Hintergrund** vor (z. B. Ermächtigung zur Erhöhung des Grundkapitals nach § 202 AktG; Ermächtigung zum Erwerb eigener Aktien nach § 71 Abs. 1 Nr. 8 AktG), so genannter **„unechter" Vorratsbeschluss**.

(iii) Es liegt **weder ein echter noch ein unechter Vorratsbeschluss** vor.

In sämtlichen Fällen steht es dem Vorstand frei, sofern er sich nicht **101** auf einen der Befreiungstatbestände in § 33 Abs. 1 Satz 2 Alt. 1 oder 3 stützen will, während der Laufzeit des Angebotes unter Nutzung der Erleichterungen des § 16 Abs. 4 eine spezielle Ermächtigung der Hauptversammlung für die Durchführung von Abwehrmaßnahmen einzuholen **(Abwehrhauptversammlung)**.[124] Praktisch relevant werden dürfte diese Option in erster Linie beim Fehlen eines „echten" Vorratsbeschlusses, also in den Fallgruppen (ii) und (iii). Aber auch, wenn der Vorstand mit einer Ermächtigung aufgrund eines echten Vorratsbeschlusses nach Abs. 2 ausgestattet ist, kann sich die Notwendigkeit ergeben, zusätzlich eine weitergehende Ermächtigung *post bid* zu erlangen, z. B. wenn die im Vorratsbeschluss erteilte Ermächtigung inhaltlich als nicht ausreichend erscheint oder auf die spezifische Übernahmesituation nicht passt.

Will sich der Vorstand auf eine **Ermächtigung der Hauptversamm- 102 lung** zur Durchführung einer Abwehrmaßnahme stützen, müssen folgende **Voraussetzungen** erfüllt sein:

(1) Die Ermächtigung muss **zum Zeitpunkt der Vornahme der Abwehrmaßnahme** vorliegen. Eine nachträglich ausgesprochene Zustimmung der Hauptversammlung reicht nach dem Willen des Gesetzgebers nicht aus.[125]

(2) Die Ermächtigung muss **wirksam** sein, das heißt, sie darf nicht an inhaltlichen Fehlern (Verstoß gegen Gesetz oder Satzung) oder Verfahrensmängeln leiden, die zu einer Nichtigkeit des Ermächtigungsbeschlusses führen. Eine Anfechtung des Ermächtigungsbeschlusses beseitigt zwar zunächst nicht seine Wirksamkeit, setzt den Vorstand jedoch dem Risiko aus, im Falle einer erfolgreichen

124 Siehe zu diesen *post-bid*-Beschlüssen auch *Winter/Harbarth*, (Fn. 12), 13 f.; *Schwennicke* (Fn. 12), § 33 Rn. 57 ff. sowie *Uwe H. Schneider* (Fn. 1), 131 f., zu den möglichen Beschlussinhalten.

125 Regierungsbegründung, BT-Drucks. 14/7034, S. 58.

Anfechtungsklage ohne taugliche Ermächtigungsgrundlage gehandelt zu haben.[126]

(3) Die Abwehrmaßnahme muss von der Ermächtigung gedeckt sein. Sie darf also nicht über den im dem Ermächtigungsbeschluss gesteckten **Rahmen** hinausgehen oder eine gänzlich andere Maßnahme sein, als in der Ermächtigung vorgesehen wurde.

103 Als Äußerung des organschaftlichen Willens der Hauptversammlung unterliegt jeder Ermächtigungsbeschluss den **allgemeinen verfahrensrechtlichen und inhaltlichen Anforderungen**, die das Aktienrecht an sein Zustandekommen stellt. Darüber hinaus gibt es jedoch für Ermächtigungsbeschlüsse nach § 33 Abs. 2 ein **übernahmerechtlich geprägtes „Aktiensonderrecht"**.

b) „Echter" Vorratsbeschluss nach Abs. 2

104 Für echte Vorratsbeschlüsse, die im Hinblick auf einen zukünftig erwarteten feindlichen Übernahmeversuch ergehen, sieht § 33 Abs. 2 eine Reihe von **speziellen** formellen und inhaltlichen Rechtmäßigkeitsvoraussetzungen vor, die neben den **allgemeinen aktienrechtlichen Erfordernissen** zu beachten sind. Der sachliche Grund für diese zusätzlichen Rechtmäßigkeitsvoraussetzungen liegt darin, dass bei echten Vorratsbeschlüssen den Aktionären die Entscheidungsfreiheit über die Annahme oder die Ablehnung hinsichtlich eines künftigen Übernahmeangebotes entzogen wird, ohne dass zum Zeitpunkt der Beschlussfassung durch die Hauptversammlung der Bieter oder der Inhalt des Angebotes bekannt sind.[127]

aa) Bestimmtheit der Abwehrmaßnahmen

105 Nach Satz 1 ist erforderlich, dass die Handlungen, zu denen der Vorstand ermächtigt wird, ihrer Art nach bestimmt werden. Nähere Vorgaben darüber, wie diesem Bestimmtheitserfordernis genügt werden kann, ergeben sich aus der Gesetzesbegründung. Danach ist es erforderlich und ausreichend, wenn der Ermächtigungsbeschluss die Art der Abwehrmaßnahme abstrakt umschreibt (z. B. Durchführung einer Kapitalerhöhung, Veräußerung von Beteiligungen, Erwerb eigener Aktien, Abgabe eines Gegenangebots auf die Aktien des Bie-

126 Der Vorschlag des Bundesrats, Vorratsbeschlüsse nach § 33 Abs. 2 mit einem stärkeren Bestandsschutz auszustatten als „normale" Hauptversammlungsbeschlüsse (BR-Drucksache 574/01, S. 3 ff.), ist zu recht nicht aufgegriffen worden, vgl. dazu *Winter/Harbarth* (Fn. 12), 13.

127 Regierungsbegründung, BT-Drucks. 14/7034, S. 58.

ters).[128] Damit wird für die öffentliche Hauptversammlung die Möglichkeit geschaffen, dem Vorstand quasi eine **„Blankettermächtigung"** zu erteilen, die inhaltlich so gut wie nicht konkretisiert ist. Dies gilt vor allem für den Fall der Ermächtigung zur Veräußerung von Beteiligungen und anderen *crown jewels*. Es bleibt abzuwarten, ob sich in der Praxis die Hauptversammlungen börsennotierter Aktiengesellschaften in dieser Weise ihrer eigenen (Rest-)Kompetenzen im Zusammenhang mit öffentlichen Übernahmeangeboten entäußern werden.

Genügt der Ermächtigungsbeschluss den Bestimmtheitserfordernissen nicht, ist er gemäß § 241 Nr. 3 AktG nichtig. **106**

bb) Zeitliche Begrenzung: 18 Monate

Nach Satz 2 kann die Ermächtigung für höchstens 18 Monate erteilt werden. Da es sich bei dieser Höchstfrist um eine Ermächtigungsschranke handelt, muss die Frist entsprechend den Regelungen in § 202 Abs. 2 oder § 221 Abs. 2 Satz 1 AktG **im Beschluss** selbst gesetzt werden. Ferner muss die Fristsetzung **konkret** erfolgen („bis 30. Juni 2003" oder „vom Tag der Beschlussfassung an für 18 Monate"). Wenn es daran fehlt, kann nicht im Wege der Auslegung auf die gesetzliche Höchstfrist zurückgegriffen werden. Vielmehr ist der Ermächtigungsbeschluss gemäß § 241 Nr. 3 nichtig.[129] **107**

cc) Qualifizierte Mehrheit (Abs. 1 Satz 3)

Nach Satz 3 bedarf der Ermächtigungsbeschluss einer Mehrheit von drei Vierteln des bei der Beschlussfassung vertretenen Grundkapitals. Darüber hinaus kann die Satzung eine größere Kapitalmehrheit und weitere Erfordernisse vorsehen. Ist dies nicht der Fall, kann **ein Bieter, der 25 % oder mehr, aber zunächst weniger als 30 % der Stimmrechte** an der Zielgesellschaft erwirbt und sodann **länger als 18 Monate** als Minderheitsgesellschafter in der Gesellschaft verbleibt, bevor er ein Übernahmeangebot abgibt, auf diese Weise verhindern, dass ihn ein Vorratsbeschluss bei der Übernahme behindert.[130] **108**

128 Beschlussempfehlung und Bericht des Finanzausschusses, BT-Drucksache 14/7477, S. 53 Der Regierungsentwurf hatte noch gefordert, dass die Abwehrmaßnahmen „im Einzelnen" bestimmt sein müssten. Hiervon ist dann der Bundestag auf eine Kritik des Bundesrates an der vermeintlichen Unbestimmtheit der Regelung (BR-Drucksache 574/1/01, S. 5) hin abgewichen.

129 *Schwennicke* (Fn. 12), § 33 Rn. 78; siehe zur Parallelproblematik bei § 71 Abs. 1 Nr. 8 AktG: *Hüffer* (Fn. 99), § 71 Rn. 19e.

130 *Land* (Fn. 40), 1712, Fn. 61.

dd) Das Gebrauchmachen vom Vorratsbeschluss

(1) Ermessensfehlerfreie Entscheidung des Vorstandes (§§ 76, 93 AktG)

109 Ist der Vorstand aufgrund eines echten Vorratsbeschlusses nach Abs. 2 zur Durchführung einer Abwehrmaßnahme berechtigt, hat er im Rahmen seines pflichtgemäßen unternehmerischen Ermessens (§§ 76, 93 AktG) darüber zu entscheiden, ob und in welchem Umfang er von der ihm im Voraus erteilten Ermächtigung tatsächlich Gebrauch macht. Seine Entscheidung hat er dabei ausschließlich am **Unternehmensinteresse** auszurichten, wie sich aus § 3 Abs. 3 ergibt.

(2) Zustimmung des Aufsichtsrats

110 Nach Abs. 2 Satz 4 bedarf der Vorstand bei der Durchführung von Abwehrmaßnahmen, deren Grundlage ein echter Vorratsbeschluss nach Abs. 2 Satz 1 ist, **stets** der **Zustimmung des Aufsichtsrats**. Hierin sieht der Gesetzgeber das erforderliche Korrelat für den Umstand, dass der dem Vorstandshandeln zugrunde liegende Hauptversammlungsbeschluss nicht in Kenntnis des konkreten Angebots erfolgte.[131] Aus dem Charakter der Zustimmung als präventiver Überwachungsmaßnahme folgt, dass diese als **Einwilligung**, das heißt vor Durchführung der Maßnahme, erteilt werden muss. Insoweit gelten hier nach der Gesetzesbegründung die gleichen Grundsätze wie bei § 111 Abs. 4 Satz 2 AktG. Eine Ausnahme für eilbedürftige Geschäfte wird man dabei nicht zulassen können, weil Eilbedürftigkeit immer gegeben sein dürfte und damit das Zustimmungserfordernis oft nur noch auf eine informative Überwachung hinausliefe.

ee) Reichweite des Vorratsbeschlusses: Suspendierung von ansonsten zwingendem Aktienrecht?

111 Mangels anders lautender ausdrücklicher gesetzlicher Anordnung kann ein Vorratsbeschluss nach Abs. 2 nur **innerhalb der rechtlichen Grenzen gefasst werden**, die durch das **geltende Aktienrecht** vorgegeben werden. Dies bedeutet, dass der Vorstand lediglich dazu ermächtigt werden kann, mit einer im Übrigen aktienrechtskonformen

131 Regierungsbegründung, BT-Drucks. 14/7034, S. 58. Der Gesetzgeber hat damit den alternativen Vorschlag von *Kirchner/Painter* (Fn. 1), 382, wonach die Möglichkeit einer Abstimmung der Aktionäre über das Internet nach Vorlage des konkreten Angebots geschaffen werden sollte, nicht aufgegriffen.

Abwehrmaßnahme den Zweck zu verfolgen, einen feindlichen Übernahmeversuch abzuwehren und damit aktiv sowohl Einfluss auf die Zusammensetzung des Aktionärskreises als auch auf die Entscheidungsfreiheit der Aktionäre hinsichtlich der Annahme und der Ablehnung des Übernahmeangebotes zu nehmen. *Beispiel:* Während ohne eine entsprechende Ermächtigung der Hauptversammlung der Erwerb eigener Aktien nach § 71 Abs. 1 Nr. 8 AktG zum alleinigen Zweck der Abwehr einer feindlichen Übernahme unzulässig ist,[132] kann eine solche Zweckverfolgung durch einen Vorratsbeschluss der Hauptversammlung legitimiert werden. Nicht befreien kann die Hauptversammlung den Vorstand hingegen von der Einhaltung der 10%igen Erwerbsobergrenze nach § 71 Abs. 1 Nr. 8 AktG. Dasselbe gilt für die Anwendung der Holzmüller-Doktrin des Bundesgerichtshofs[133] auf einzelne Abwehrmaßnahmen. *Beispiel:* Die Hauptversammlung kann den Vorstand ermächtigen, zur Abwehr einer feindlichen Übernahme durch Hinzuerwerb einer bedeutenden Beteiligung kartellrechtliche Probleme für den potentiellen Übernehmer zu schaffen bzw. entsprechende Maßnahmen vorzubereiten und einzuleiten. Ob der konkrete Beteiligungserwerb dann seinerseits **nochmals der Zustimmung der Hauptversammlung** aufgrund der **Holzmüller-Rechtsprechung** bedarf, ist gesondert zu prüfen, ohne dass hierauf die zuvor erteilte Ermächtigung der Hauptversammlung Einfluss hätte. In keinem Fall kann der Ermächtigungsbeschluss der Hauptversammlung von dem Erfordernis einer nochmaligen Vorlage der sich als strukturverändernd erweisenden Abwehrmaßnahme an die Hauptversammlung nach § 119 Abs. 2 AktG suspendieren.[134] Nach der hier vertretenen Ansicht wäre es ferner rechtswidrig, wenn der Vorstand von seiner Ermächtigung in einer Weise Gebrauch machen würde, die zu einer **Schädigung des Gesellschaftsvermögens** führt. *Beispiel:* Ausgabe neuer Aktien aus genehmigtem Kapital und unter Ausschluss des Bezugsrechts (§§ 202, 203 AktG) an einen Dritten („white knight“) unterhalb des vom Bieter gebotenen Preises.[135] Dasselbe gilt, wenn der Vorstand aufgrund einer Ermächtigung gemäß § 71 Abs. 1 Nr. 8 Satz 5 AktG eigene Aktien der Zielgesellschaft abweichend von § 53 a AktG weiter veräußert.[136] Entsprechendes gilt schließlich auch für die Pflicht des Vorstands, noch 111

132 Dem Vorstand fehlt insoweit richtiger Ansicht nach die Geschäftsführungskompetenz; *Mülbert* (Fn. 15), 88 f.

133 BGHZ 83, 127.

134 *Thaeter*, NZG 2001, 789 f.

135 *Krause* (Fn. 11), 219.

136 *Mülbert* (Fn. 15), 83, 91.

beim Ausschluss des Bezugsrechts den höchstmöglichen Ausgabebetrag zu erzielen, und zwar auch dann, wenn dieser über dem „inneren" Wert der Aktie liegt.[137] Die Ausgabe neuer Aktien aus genehmigtem Kapital und unter Ausschluss des Bezugsrechts an einen Dritten (*white knight*) unterhalb des vom Bieter gebotenen Preises wäre demnach unzulässig.[138] Auch die Hauptversammlung kann hierzu nicht ausdrücklich ermächtigen, da dies zu einer unzulässigen Schädigung des Gesellschaftsvermögens führen und damit einen Treuepflichtverstoß der Aktionäre begründen würde.[139] Aufgrund dieser nach wie vor bestehenden aktienrechtlichen Restriktionen wird sich der **echte Vorratsbeschluss** voraussichtlich nur als **bedingt taugliches Instrument** zur präventiven Abwehr von feindlichen Übernahmeversuchen erweisen.

c) „Unechter" Vorratsbeschluss: Ermächtigung außerhalb des § 33 Abs. 2

112 Fehlt es an einem echten Vorratsbeschluss nach Abs. 2 und liegt stattdessen lediglich eine **allgemeine Ermächtigung** zur Vornahme etwa einer Kapitalmaßnahme (genehmigtes Kapital; Ermächtigung zum Erwerb eigener Aktien) vor (sog. **unechte Ermächtigung**), stellte sich bislang die Frage, ob und unter welchen Voraussetzungen der Vorstand im Übernahmekampf von dieser Ermächtigung mit der Zielsetzung Gebrauch machen darf, den Übernahmeversuch abzuwehren.[140] Entscheidungserheblich ist dieses Problem dann, wenn die Abwehrmaßnahme keine Schädigung des Gesellschaftsvermögens bewirkt (zum Beispiel weil neue Aktien zu einem Preis ausgegeben werden, der dem Angebot des Bieters entspricht oder dieses übersteigt) und auch aus anderen Gründen nicht von vornherein unzulässig ist. Das grundsätzliche Erfolgsverhinderungsverbot nach § 33 Abs. 1 Satz 1 steht einer solchen Maßnahme nunmehr entgegen. Eine Zulässigkeit des Vorstandshandelns kann sich in den vorgenannten Fällen jedoch aus den Vorschriften des § 33 Abs. 1 Satz 2 Alt. 1 und Alt. 3 ergeben. Etwas anderes würde nur dann gelten, wenn man die Regelung in § 33 Abs. 2 zu „echten" Ermächtigungen dergestalt als abschließend ansieht, dass der Vorstand generell eine Abwehrmaßnahme nur auf eine Ermächtigung stützen darf, die den Anforderungen des Abs. 2 ge-

137 Siehe dazu *Lutter* (Fn. 121), § 204 Rn. 14.
138 *Mülbert* (Fn. 15), 91; *Krause* (Fn. 67), 134; wohl auch *Bungert* (Fn. 122), 492.
139 Vgl. *Altmeppen* (Fn. 39), 1078; *Uwe H. Schneider* (Fn. 1), 132.
140 Siehe zum Meinungsstand *Krause* (Fn. 11), 219 Fn. 36; *Wagner* (Fn. 96), S. 231 f.

nügt.[141] Abs. 2 ist jedoch nur insoweit abschließend, als es um speziell auf Abwehrmaßnahmen gegen ein feindliches Übernahmeangebot gerichtete Ermächtigungen geht. Für eine darüber hinausgehende **„Sperrwirkung" des Abs. 2** gegenüber den Ausnahmetatbeständen des Abs. 1 Satz 2 ergeben sich **weder aus dem Wortlaut der Norm noch aus der Gesetzesbegründung Anhaltspunkte**.[142]

Alt. 1 scheidet allerdings aus, wenn die Art und Weise des Gebrauchmachens von der Ermächtigung allein durch das feindliche Übernahmeangebot veranlasst ist und sich nicht anderweitig sachlich rechtfertigen lässt (siehe hierzu Rn. 114). Besondere Bedeutung wird hier deshalb die **Befreiung durch die Zustimmung des Aufsichtsrates** nach § 33 Abs. 1 Satz 2 Alt. 3 erlangen. Auf diese Weise kann ein unechter Vorratsbeschluss, der ohne Ansehung eines Übernahmeangebotes gefasst wurde, zu einem effizienten Abwehrinstrument gegen eine feindliche Übernahme umgestaltet werden: Sofern der Vorstand hierfür die Zustimmung des Aufsichtsrates erhält, kann er von einem genehmigten Kapital oder der Ermächtigung zum Erwerb eigener Aktien mit dem alleinigen Zweck Gebrauch machen, ein feindliches Übernahmeangebot zu vereiteln (siehe unten Rn. 124). **113**

2. Der Einwand fehlender Kausalität des Übernahmeangebots für die Verhinderungshandlung (Abs. 1 Satz 2 Alt. 1)

Abs. 1 Satz 2 Alt. 1 trägt dem Umstand Rechnung, dass der Vorstand der Zielgesellschaft auch nach der Veröffentlichung des Übernahmeangebots zu einer **ordnungsgemäßen Geschäftsführung** und der Wahrnehmung der in der Zielgesellschaft zusammentreffenden Interessen der Aktionäre, der Arbeitnehmer und des Gemeinwohls verpflichtet bleibt[143]. Der Bieter hat also keinen Anspruch darauf, die Zielgesellschaft in genau demselben Zustand zu übernehmen, wie sie im Zeitpunkt der Veröffentlichung der Entscheidung zur Abgabe des Übernahmeangebotes bestanden hat. Anderenfalls könnte der Bieter das operative Geschäft der Zielgesellschaft durch bloße Abgabe eines Übernahmeangebotes lahmlegen, was nicht gewollt ist[144]. Es soll also dem Management möglich bleiben, das **Tagesgeschäft weiterzufüh-** **114**

141 So *Bayer,* in: ZGR-Symposion 2002: Übernahmerecht (bei Drucklegung noch nicht erschienen).

142 So im Ergebnis auch *Krause* (Fn. 67), 137; *Thoma*, NZG 2002, 105, 110; *Winter/Harbarth* (Fn. 12), 12.

143 Regierungsbegründung, BT-Drucks. 14/7034, S. 58.

144 Regierungsbegründung, BT-Drucks. 14/7034, S. 58.

ren und bereits **eingeschlagene Unternehmensstrategien weiterzuverfolgen**. Andererseits können auch Maßnahmen im Rahmen der ordentlichen Geschäftstätigkeit, noch viel eher jedoch unternehmensstrategische Handlungen (wie z. B. Investitions- oder Desinvestitionsentscheidungen), geeignet sein, den Erfolg des Angebots zu verhindern.[145] *Beispiel:* Das Going-Public eines Tochterunternehmens (siehe dazu oben Rn. 59). Zur Lösung dieses Konflikts stellt § 33 Abs. 1 Satz 2 Alt. 1 die Regel auf, dass solche Handlungen vorgenommen werden dürfen, die auch ein ordentlicher und gewissenhafter Geschäftsleiter einer Gesellschaft, die nicht von einem Übernahmeangebot betroffen ist, durchgeführt hätte.

115 Der Sache nach geht es also um die Prüfung, ob die Vornahme der erfolgsverhindernden Handlung **durch das Übernahmeangebot des Bieters veranlasst ist**. Dies ist dann nicht der Fall, wenn sich die Maßnahme auch ohne Ansehung des Übernahmeangebotes als **ermessensfehlerfreie Maßnahme** sachlich rechtfertigen lässt.[146] Dabei ist der Wortlaut des Satzes 2 zumindest missverständlich formuliert, weil nicht feststeht, wie sich ein in der Realität nicht existierender Vorstand einer fiktiven (nicht von einem Übernahmeangebot betroffenen) Gesellschaft verhalten hätte.[147] Das liegt vor allem daran, dass dem Vorstand nach der ARAG/Garmenbeck-Entscheidung des BGH aus dem Jahre 1997 ein weites und nur eingeschränkt gerichtlich überprüfbares Ermessen eingeräumt ist, womit seine Handlungen (insbesondere unternehmensstrukturelle) gesetzlich nicht determiniert sind.[148] Maßgebend und gemeint ist folglich nicht, ob der Vorstand einer fiktiven Gesellschaft dieselbe Handlung vorgenommen hätte, sondern **ob der Vorstand der von dem Übernahmeangebot betroffenen Zielgesellschaft die erfolgsverhindernde Maßnahme auch bei Außerachtlassung des Übernahmeangebots** nach dem Maßstab des § 93 Abs. 1 AktG **hätte vornehmen *dürfen***.[149] Dies gilt nicht nur für den alltäglichen

---

145 Diese Frage ist auf Grundlage des Diskussions- und des Referentenentwurfs, die keine § 33 Abs. 1 Satz 2 Fall vergleichbare Regelung enthielten, in der Literatur intensiv diskutiert worden, vgl. *Maier-Reimer* (Fn. 1), 258, 268 ff.; *Krieger* (Fn. 4), 307 f.

146 Ähnlich *Winter/Harbarth* (Fn. 12), 7, die darauf abstellen, ob die Abwehrmaßnahme auf eine vor der Bekanntgabe des Angebots entwickelte Unternehmensstrategie zurückgeführt werden kann.

147 *Winter/Harbarth* (Fn. 12), 6; siehe zu dem parallel gelagerten Problem bei der Prüfung der Nachteiligkeit im Rahmen des § 311 AktG: *Haarmann* (Fn. 94), S. 59 ff.

148 BGHZ 135, 244, 253.

149 So auch *Winter/Harbarth* (Fn. 12), 6, sowie ausführlich *Drygala* (Fn. 1), 1865 ff.

Geschäftsverkehr, sondern auch für außergewöhnliche Geschäfte, sofern der Vorstand hier nicht nach den Regeln der Holzmüller-Rechtsprechung des BGH eine Zustimmung der Hauptversammlung benötigt.[150] Aufgrund der gesetzlich angeordneten Ausblendung des Übernahmeangebots lässt sich auch nicht über den Verweis auf § 93 AktG eine Geltung des aktienrechtlichen Neutralitätsgebots in die Norm hineininterpretieren. Letzteres soll vielmehr gerade ausgeschlossen sein mit der Folge, dass der Vorstand nur an die allgemeinen, für die Unternehmensführung geltenden rechtlichen Regeln gebunden ist.[151] Aufgrund seiner demnach erheblichen Reichweite wird der Befreiungstatbestand des § 33 Abs. 1 Satz 2 Alt. 1 in der Praxis voraussichtlich größere Bedeutung erlangen als das Instrument der Vorratsbeschlüsse nach § 33 Abs. 2. Die **Beweislast** für die Zulässigkeit der Handlung liegt in entsprechender Anwendung des § 93 Abs. 2 Satz 2 AktG beim **Vorstand der Zielgesellschaft**.

Bei folgenden Fällen dürfte eine **Vermutung** dafür bestehen, dass die Handlung des Vorstands ***nicht*** durch das Übernahmeangebot veranlasst ist: 116

(i) der Erwerb von Aktien der Zielgesellschaft mit der Absicht, diese im Handelsbestand zu halten, sofern die Voraussetzungen des § 20 Abs. 2 Nr. 1 und 2 vorliegen,[152]

(ii) die Erfüllung von vertraglichen oder sonstigen Rechtspflichten, die vor der Veröffentlichung der Entscheidung zur Abgabe eines Angebots begründet worden sind,[153]

(iii) sämtliche Handlungen, für die vor Veröffentlichung der Entscheidung zur Abgabe eines Angebots bereits die Zustimmung des Aufsichtsrates eingeholt bzw. mit deren Durchführung bereits begonnen wurde.

3. Die Suche nach einem konkurrierenden Angebot (Abs. 1 Satz 2 Alt. 2)

Nach Abs. 1 Satz 2 Alt. 2 ist ferner die Suche nach einem konkurrierenden Angebot (*white knight*) zulässig. Sowohl aktienrechtlich als 117

150 *Drygala* (Fn. 1), 1866; *Winter/Harbarth* (Fn. 12), 6.

151 Zutreffend *Drygala* (Fn. 1), 1867 sowie eingehend zu der – zu bejahenden! – Frage, ob die ARAG-Grundsätze auch im Rahmen des § 33 Abs. 1 Satz 2 Alt. 1 anwendbar sind *Winter/Harbarth* (Fn. 12), 6f.

152 Vgl. § 31 Abs. 3 Nr. 5 RefE (s. Fn. 38).

153 Vgl. § 31 Abs. 3 Nr. 6 RefE (s. Fn. 38).

auch übernahmerechtlich hat es bereits vor dem Inkrafttreten des WpÜG der allgemeinen Ansicht entsprochen, dass es dem Vorstand möglich sein muss, durch Hinzuholen eines weiteren Bewerbers im Interesse aller Aktionäre für **möglichst attraktive Angebotskonditionen** zu sorgen.[154] Eine solche Maßnahme ist zwar ebenfalls geeignet den Angebotserfolg zu verhindern (siehe oben Rn. 89). Der **Handlungsspielraum des Aktionärs** der Zielgesellschaft wird dabei aber nicht eingeschränkt, sondern **erweitert**: Liegt ein konkurrierendes Angebot vor, können die Aktionäre wählen, welches der beiden Angebote sie im Hinblick auf den gebotenen Preis sowie die strategische Zielrichtung der Bieter für attraktiver halten.[155] In der Initiierung eines solchen Auktionsverfahrens wird in der übernahmetheoretischen Literatur eine wesentliche Aufgabe des Vorstandes der Zielgesellschaft gesehen.[156] Eine Pflicht des Vorstandes zur Suche nach einem *white knight* wird man jedoch nicht annehmen können[157]. Insoweit verbleibt es bei dem am Unternehmensinteresse ausgerichteten Ermessensspielraum des Vorstandes, innerhalb dessen er pflichtgemäß über eine sachgerechte Reaktion auf das von ihm als feindlich definierte Übernahmeangebot zu entscheiden hat. Regelmäßig wird der Vorstand der Zielgesellschaft jedoch die Einschaltung eines weißen Ritters zumindest in Betracht ziehen, um die Chancen einer erfolgreichen Abwehr des Übernahmeangebotes zu erhöhen.[158]

118 Die Suche nach einem konkurrierenden Angebot umfasst sämtliche Aktivitäten, die darauf gerichtet sind, dass ein weiterer Bieter ein konkurrierendes Angebot abgibt. Hierzu werden insbesondere Gespräche mit industriellen Investoren oder Finanzinvestoren bzw. Investorengruppen zählen.

119 Eine vom § 33 Abs. 1 Satz 2 Alt. 2 nicht beantwortete, weil rein verbandsrechtliche Frage ist, ob und in welchem Umfang der Vorstand berechtigt ist, einem möglichen konkurrierenden Bieter Einblick in das Unternehmen im Wege einer **Due Diligence** zu verschaffen. Im Rahmen der allgemeinen aktien- und insiderrechtlichen Bindungen ist

154 Vgl. nur *Hopt* (Fn. 4), § 93 Rn. 126; *Körner*, DB 2001, 367, 368; *Maier-Reimer* (Fn. 1), 262; *Mülbert* (Fn. 15), 89 sowie die in Fn. 3 Genannten.

155 *Hopt*, ZGR 1993, 534, 557; *Winter/Harbarth* (Fn. 12), 4.

156 Vgl. *Dimke/Heiser* (Fn. 16), 255 m. w. N.

157 A. A. *Busch*, Notwendigkeit der spezialgesetzlichen Regelung, 1996, S. 109.

158 So soll dem Vernehmen nach die Mannesmann AG im Januar 2000 versucht haben, den französischen Mischkonzern Vivendi als weißen Ritter zur Abwehr des Übernahmeangebotes von Vodafone plc. zu gewinnen.

die Weitergabe der Kerndaten des Unternehmens an den potentiellen weißen Ritter als zulässig anzusehen.[159] Sämtliche Maßnahmen, die über die bloße Anbahnung eines konkurrierenden Angebotes hinaus darauf gerichtet sind, dem weißen Ritter eine **Beteiligung an der Zielgesellschaft** zu verschaffen, sind demgegenüber nicht von Abs. 1 Satz 2 Alt. 2 gedeckt. Der Vorstand darf also beispielsweise nicht unter Nutzung eines genehmigten Kapitals unter Ausschluss des Bezugsrechts der Aktionäre neue Aktien an den weißen Ritter ausgeben. Hierfür bedürfte er vielmehr einer speziellen Ermächtigung der Hauptversammlung nach § 33 Abs. 2 oder der Zustimmung des Aufsichtsrats nach Abs. 1 Satz 2 Alt. 3. Ebenso ist eine Mitwirkung der Hauptversammlung bereits aus aktien- bzw. umwandlungsrechtlichen Gründen für die Durchführung einer Abwehrfusion erforderlich.[160]

4. Die Zustimmung durch den Aufsichtsrat (Abs. 1 Satz 2 Alt. 3)

Nach § 33 Abs. 1 Satz 2 Alt. 3 gilt das Erfolgsverhinderungsverbot des **120**
Satzes 1 für die Fälle nicht, in denen der Aufsichtsrat einer Handlung des Vorstandes zugestimmt hat. Dieser Ausnahmetatbestand stellt den wohl **schwerwiegendsten Eingriff in das Erfolgsverhinderungsverbot** dar. Er bringt die prinzipielle Entscheidung des Gesetzgebers zum Ausdruck, entgegen der Normstruktur des § 33 faktisch dem Vorstand die Zuständigkeit für das Ergreifen von Abwehrmaßnahmen zuzuweisen.

a) Zuständigkeitszuweisung durch den Aufsichtsrat

Die Vorschrift wirft zunächst ein grundlegendes Auslegungsproblem **121**
auf: Nach der Gesetzesbegründung soll dem Vorstand ermöglicht werden, „innerhalb seiner Geschäftsführungskompetenz" Abwehrmaßnahmen auch dann durchzuführen, wenn der Aufsichtsrat diesen Maßnahmen zuvor zugestimmt hat. Maßnahmen, die nach allgemeinen gesellschaftsrechtlichen Grundsätzen in die Zuständigkeit der Hauptversammlung fallen, sollen demgegenüber weiterhin in deren Zuständigkeit verbleiben.[161] Dies hat der Gesetzgeber durch einen entsprechenden

---

159 *Hopt* (Fn. 1), S. 1384; *Winter/Harbarth* (Fn. 12), 5 speziell zum weißen Ritter; sowie allgemein zur Due Diligence *Kiethe*, NZG 1999, 976; *Werner*, ZIP 2000, 989 ff.; *Lutter*, ZIP 1997, 613 ff.

160 Siehe hierzu *Hopt* (Fn. 1), S. 1384 f.. Das bloße Eintreten des Vorstands der Zielgesellschaft für das Übernahmeangebot des weißen Ritters löst demgegenüber keine Holzmüller-Vorlagepflicht aus, siehe *Winter/Harbarth* (Fn. 12), 5.

161 Beschlussempfehlung und Bericht des Finanzausschusses, BT-Drucksache 14/7477, S. 53.

klarstellenden Hinweis in § 33 Abs. 2 Satz 1 zum Ausdruck gebracht, wonach Vorratsbeschlüsse nur bei entsprechender Zuständigkeit der Hauptversammlung gefasst werden können. Problematisch daran ist, dass der Gesetzgeber hier eine Geschäftsführungskompetenz des Vorstandes unterstellt, die er ihm zuvor, nämlich durch die Vorschrift des § 33 Abs. 1 Satz 1 entzogen und der Hauptversammlung zugewiesen hat (siehe dazu oben Rn. 49). Mit anderen Worten: § 33 Abs. 1 Satz 2 Alt. 3 setzt eine Zuständigkeit des Vorstandes voraus, die durch diese Norm erst geschaffen werden soll. Auflösen lässt sich dieser Zirkelschluss nur, indem die Norm dahingehend interpretiert wird, dass dem Aufsichtsrat die Kompetenz zugewiesen wird, durch seine Zustimmung zu der konkreten Abwehrmaßnahme diese nicht nur **inhaltlich zu billigen**, sondern zugleich die **Kompetenz des Vorstandes** in seinem Verhältnis zur Hauptversammlung für die Durchführung der Abwehrmaßnahme **zu schaffen**. Denn erst durch die Zustimmung des Aufsichtsrates wird die an sich nach § 33 Abs. 1 Satz 1 gegebene Zuständigkeit der Hauptversammlung aufgehoben und fällt die Kompetenz für das Ergreifen der Abwehrmaßnahme in die Geschäftsführungsbefugnis des Vorstandes. Diese **Doppelfunktion der Zustimmung durch den Aufsichtsrat** stellt ein Novum im deutschen Aktienrecht dar. Es bleibt abzuwarten, wie die Vorschrift des § 33 Abs. 1 Satz 2 Alt. 3 durch die Rechtspraxis tatsächlich gehandhabt werden wird.

b) Relevante Fallgruppen

122 Soweit nachhaltig wirksame Abwehrmaßnahmen, wie z.B. eine Abwehrfusion oder eine den Holzmüller-Grundsätzen unterfallende Veräußerung von *crown jewels*, von so grundlegender Bedeutung sind, dass sie bereits **nach allgemeinen gesellschaftsrechtlichen Grundsätzen der Zustimmung durch die Hauptversammlung** bedürfen, kann diese nicht durch die Zustimmung des Aufsichtsrats nach Satz 2 Alt. 3 ersetzt werden (siehe oben Rn. 47). Praktische Bedeutung wird der Ausnahmetatbestand deshalb nur für solche Abwehrmaßnahmen erlangen, bei denen nach allgemeinem Aktienrecht eine Einbindung der Hauptversammlung nicht vorgesehen ist **(Maßnahmen ohne obligatorische HV-Zustimmung)** oder diese schon früher, aber ohne Ansehung des Übernahmeangebots stattgefunden hat **(unechte Ermächtigungen)**.

aa) Maßnahmen ohne obligatorische HV-Zustimmung

123 Hier geht es vor allem um die Durchführung von *Road Shows* und sonstige Werbemaßnahmen, die der Vorstand außerhalb einer Übernahmesituation aus eigener Geschäftsführungskompetenz veranlassen könnte, die jedoch dem Verhinderungsverbot nach Abs. 1 Satz 1 unterliegen. In Betracht kommen ferner die Abgabe eines Gegenangebots auf die Aktien des Bieters (*pac man*) sowie der Erwerb oder die Veräußerung bedeutender Vermögensgegenstände bzw. wesentliche Änderungen in den Finanzierungsstrukturen der Zielgesellschaft unterhalb der ein Zustimmungserfordernis der Hauptversammlung auslösenden Holzmüller-Schwelle. Sämtliche dieser Maßnahmen können nunmehr mit Zustimmung des Aufsichtsrats durchgeführt werden.[162]

bb) Unechte Ermächtigungen

124 Abs. 1 Satz 2 Alt. 3 ist ferner relevant, wenn die Hauptversammlung ohne Ansehung eines konkreten oder zukünftig erwarteten Übernahmeangebotes einen Ermächtigungsbeschluss gefasst hat (z. B. zum Erwerb eigener Aktien oder ein genehmigtes Kapital) und der Vorstand nunmehr mit dem Ziel der Abwehr eines feindlichen Übernahmeangebotes von dieser Ermächtigung Gebrauch machen will. Noch auf Basis des Regierungsentwurfes wäre er hieran – vorbehaltlich des Ausnahmetatbestandes nach § 33 Abs. 1 Satz 2 Alt. 1 – durch das allgemeine Erfolgsverhinderungsverbot nach Abs. 1 Satz 1 gehindert gewesen. Nunmehr kann der Vorstand mit Zustimmung des Aufsichtsrates auch von einer „unechten" Ermächtigung der Hauptversammlung als Abwehrinstrument Gebrauch machen.[163] Angesichts dieser weit reichenden Vorstandskompetenz wird man es jedoch für zulässig erachten müssen, dass die Hauptversammlung durch eine dementsprechende ausdrückliche Regelung im Ermächtigungsbeschluss, Vorstand und Aufsichtsrat eine „Zweckentfremdung" des Ermächtigungsbeschlusses zur Abwehr eine feindlichen Übernahme von vornherein untersagen kann.

c) Materiellrechtliche Bindungen des Vorstands

125 Der Vorstand ist bei der Entscheidung, ob und welche Abwehrmaßnahmen er ergreifen und dem Aufsichtsrat zur Zustimmung vorlegen will, nicht frei.

---

162 Siehe insbesondere zum *pac man Schwennicke* (Fn. 12), § 33 Rn. 52 ff.

163 *Winter/Harbarth* (Fn. 12), 9; *Zschocke* (Fn. 61), 83; *Schwennicke* (Fn. 12), § 33 Rn. 59; a. A. *Bayer* (Fn. 141), siehe dazu oben Rn. 112.

126 Einerseits unterliegt er der allgemeinen **aktienrechtlichen Kompetenzabgrenzung gegenüber der Hauptversammlung**, die auch durch eine Zustimmung des Aufsichtsrats nicht aufgehoben werden kann (siehe oben Rn. 46).[164] Der Vorstand muss also, wenn er z. B. eine für den Bieter interessante Beteiligung der Zielgesellschaft (*crown jewels*) veräußern will, darauf achten, ob er nicht nach der Holzmüller-Rechtsprechung des BGH einer Vorlagepflicht gegenüber der Hauptversammlung unterliegt. Ist dies nicht der Fall, hat sich der Vorstand bei der Entscheidung, ob und welche Abwehrmaßnahmen er ergreift, vom **Interesse der Zielgesellschaft** (§ 3 Abs. 3) leiten zu lassen. Insoweit kommt ihm grundsätzlich der weite, an der US-amerikanischen *business judgement rule* orientierte Ermessenspielraum nach der Rechtsprechung des BGH (ARAG/Garmenbeck) zugute.[165] Bei einer ausschließlichen Inbezugnahme des Unternehmensinteresses, wie es § 3 Abs. 3 vorsieht, bliebe das außerhalb der Gesellschaftssphäre angesiedelte **Interesse der Aktionäre** an einer freien Veräußerbarkeit ihrer Anteile ausgeblendet. Dies erscheint angesichts des Umstandes, dass die Eigentümerstellung der Aktionäre verfassungsrechtlich unterlegt ist (Art. 14 GG) und insbesondere bei paritätisch mitbestimmten Zielgesellschaften auch der Aufsichtsrat nur unzureichend als „verlängerter Arm“ der Hauptversammlung korrigierend eingreifen kann, im Hinblick auf die mögliche Verfassungswidrigkeit von Abs. 1 Satz 2 Alt. 3 als problematisch (siehe hierzu bereits oben Rn. 39). Hier sollte deshalb im Wege einer **verfassungskonformen Auslegung** der Norm das vorgenannte Aktionärsinteresse in das Abwägungsprogramm des Vorstands aufgenommen werden. Unterstützenwert erscheint insoweit der Vorschlag von *Winter/Harbarth,* wonach ein „qualifiziertes Unternehmensinteresse“ vorliegen muss, das gegen das Interesse der Aktionäre, über die Annahme des Angebots unbeeinträchtigt von Abwehrmaßnahmen des Vorstands zu entscheiden, abzuwägen ist. Eine nicht zu beanstandende Qualifizierung des Übernahmeangebots als feindlich führt demnach nicht automatisch dazu, dass jedwede Abwehrmaßnahme sachlich gerechtfertigt ist. Diese Rechtfertigung kann auch nicht durch eine Zustimmung des Aufsichtsrates ersetzt werden. Im Zweifel wird der Vorstand deshalb gut beraten sein, die Entschei-

---

164 *Zschocke* (Fn. 61), 89.

165 BGHZ 135, 244, 253. Einschränkend *Winter/Harbarth* (Fn. 12), 9 f., wonach die ARAG-Grundsätze nur dann anzuwenden sind, wenn der Vorstand in concreto keinem Interessenkonflikt ausgesetzt ist (z. B. wegen kurzfristigem Eintritt der Vorstandsmitglieder in den Ruhestand).

dung über die Durchführung einer Abwehrmaßnahme durch einen *post bid* zu fassenden Beschluss der Hauptversammlung dieser anheimzugeben.[166]

d) Neutralitätspflicht des Aufsichtsrats?

Fraglich ist, welchen normativen Bindungen der Aufsichtsrat bei seiner Entscheidung über eine ihm vom Vorstand zur Zustimmung vorgelegte Abwehrmaßnahme unterliegt. Die aktienrechtliche Literatur ist bislang davon ausgegangen, dass der **Aufsichtsrat** in derselben Weise wie der Vorstand verpflichtet ist, sich gegenüber einem Übernahmeangebot grundsätzlich **neutral** zu verhalten.[167] **127**

Noch der Referentenentwurf des WpÜG erstreckte dementsprechend das Erfolgsverhinderungsverbot nach Abs. 1 Satz 1 auf Vorstand *und* Aufsichtsrat.[168] Abweichend hiervon hat der Gesetzgeber nunmehr in Abs. 1 Satz 1 das Verhinderungsverbot auf den Vorstand beschränkt. Dies erscheint auch zwingend, weil andernfalls die in Abs. 1 Satz 2 Alt. 3 zum Ausdruck kommende Entscheidung zu Gunsten einer weitgehenden Handlungsfreiheit des Vorstands konterkariert würde. Wenn der Aufsichtsrat seinerseits einem Verhinderungsverbot unterliegt, macht die Möglichkeit für den Vorstand, grundsätzlich jede Abwehrmaßnahme außerhalb des Zuständigkeitsbereichs der Hauptversammlung mit Zustimmung des Aufsichtsrats durchführen zu können, keinen Sinn. Der Aufsichtsrat hat deshalb bei seiner Entscheidung **keine Neutralität** zu üben, sondern ist ebenso wie der Vorstand grundsätzlich an das **Unternehmensinteresse** (§ 3 Abs. 3) gebunden. Insoweit steht dem Aufsichtsrat in demselben Maße ein unternehmerisches Handlungsermessen zu Gebote wie dem Vorstand.[169] Dies bedeutet zugleich, dass im Zuge einer verfassungskonformen Auslegung von § 33 Abs. 1 Satz 2 Alt. 3 auch der Aufsichtsrat das **Interesse der Aktionäre** an einer ungehinderten Veräußerung ihrer Aktien in sein Abwägungsprogramm aufzunehmen hat. Insoweit gelten die oben unter Rn. 126 gemachten Ausführungen entsprechend. **128**

166 Noch weitergehend *Winter/Harbarth* (Fn. 12), 10, die unter Verweis auf Ziff. III. 7. („best practice") des Corporate-Governance-Kodex für die Unternehmensleitung und -überwachung deutscher börsennotierter Gesellschaften (abrufbar unter www.corporate-governance-code.de), abgedruckt in ZIP 2002, 452 ff., eine Vorlage*pflicht* des Vorstands de lege lata erwägen, wenn sich der Vorstand in einem Interessenkonflikt befindet.

167 *Hopt* (Fn. 54), 565; *Mülbert* (Fn. 15), 89.

168 Siehe Fn. 106.

169 Im Ergebnis ebenso *Winter/Harbarth* (Fn. 12), 11.

e) Zeitpunkt und Verfahren der Zustimmung

129 Ebenso wie bei der nach § 33 Abs. 2 Satz 4 erforderlichen Zustimmung des Aufsichtsrates bedarf der Vorstand auch für die Durchführung einer auf § 33 Abs. 1 Satz 2 Alt. 3 gestützten Abwehrmaßnahme der **vorherigen Zustimmung des Aufsichtsrates**. Eine nachträgliche Genehmigung reicht nicht aus.[170]

130 Im übrigen unterliegt der Zustimmungsbeschluss den **allgemeinen Regelungen**, die sich aus dem Aktiengesetz (§ 108 AktG), der Satzung der Zielgesellschaft und der Geschäftsordnung des Aufsichtsrats ergeben. Eine Delegation der Beschlussfassung an einen Ausschuss ist zwar zulässig, da es sich um keine Vorbehaltsaufgabe nach § 107 Abs. 3 AktG handelt; sie dürfte jedoch angesichts der grundlegenden Bedeutung der Entscheidung für das Unternehmen und seine Aktionäre als wenig zweckmäßig erscheinen.

VII. Sonstige Verhaltenspflichten der Verwaltung

1. Aktienrechtliche Pflichten

131 Unabhängig von den Regelungen in § 33 gelten die allgemeinen aktienrechtlichen Pflichten des Vorstandes und des Aufsichtsrates der Zielgesellschaft auch bei einem feindlichen Übernahmeangebot. Hierzu zählt vor allem die **Verschwiegenheitspflicht** (§ 93 Abs. 1 Satz 2 AktG).[171]

2. Kapitalmarktrechtliche Pflichten

a) Insiderhandelsverbot

132 Vorstand und Aufsichtsrat unterliegen ohne Einschränkungen dem Insiderhandelsverbot nach §§ 12 ff. WpHG.[172] Die Mitglieder der Verwaltung dürfen ihre Kenntnisse von der Vorbereitung eines (künftigen) Übernahmeangebotes sowie die dagegen geplanten Verteidigungsmaßnahmen nicht zum Erwerb oder der Veräußerung von Aktien der Zielgesellschaft oder des Bieters ausnutzen.[173] Die Kenntnisverschaffung

---

170 *Winter/Harbarth* (Fn. 12), 8.

171 Siehe hierzu *Hopt* (Fn. 4), § 93 Rn. 187 ff.

172 Zu dessen aktienrechtlicher Geltung nach §§ 76, 93 AktG: *Hopt* (Fn. 4), § 93 Rn. 173 ff.

173 Siehe allgemein zu Insiderproblematik bei öffentlichen Übernahmeangeboten: *Wittich*, in: v. Rosen/Seifert, Bei Übernahme börsennotierter Unternehmen, 1999, 377,

und Kenntniserlangung von Insiderinformationen im Rahmen von Vertragsverhandlungen über den Erwerb eines Aktienpaketes unterfällt hingegen nicht dem Insiderhandelsverbot, sodass sich hieraus keine Beschränkungen für eine **Due Diligence-Prüfung durch einen konkurrierenden Bieter** ergeben.[174] Dasselbe kann bei dem Abbruch von Verhandlungen über eine freundliche Übernahme im Vorfeld eines feindlichen Übernahmeangebotes gelten.[175]

b) Ad-hoc-Publizität

Die ad-hoc-Publizitätspflicht für Emittenten nach § 15 WpHG dürfte für den Vorstand der Zielgesellschaft bei feindlichen Übernahmeangeboten nur **ausnahmsweise** relevant werden. Die Tatsache, dass ein feindliches Übernahmeangebot droht, ist jedenfalls aufseiten der Zielgesellschaft nicht ad-hoc publizitätspflichtig, da sie nicht in deren Tätigkeitsbereich eingetreten ist.[176] Die Zielgesellschaft kann jedoch durch nach Vorlage des Übernahmeangebotes getroffene Entscheidungen selbst ad-hoc publizitätspflichtig werden.[177] **133**

c) Kursbetrugsverbot/Kursmanipulationsverbot

Der Vorstand der Zielgesellschaft unterliegt zudem dem kapitalmarktrechtlichen Verbot einer manipulativen Einwirkung auf die Börsen- und Marktpreisbildung. Dieses Verbot ist gegenwärtig noch in § 88 BörsG niedergelegt und wird zukünftig im Rahmen des 4. Finanzmarktförderungsgesetzes in § 20a WpHG geregelt sein. Dem Vorstand ist es also nicht gestattet, durch kursmanipulative Eingriffe in den Aktienkurs der Zielgesellschaft das Übernahmeangebot künstlich zu verteuern.[178] **134**

d) Pflichten gegenüber den Arbeitnehmern

Unmittelbare aktienrechtliche Pflichten des Vorstandes gegenüber den Arbeitnehmern bestehen in einer Übernahmesituation nicht. Zu den **135**

---

381 ff.; *Hopt*, ZGR 1991, 17, 32 f., 37 f.; *ders.*, in: FS Heinsius, S. 296, 310–314; *ders.*, in: Bankrecht-Handbuch, 2. Aufl., 2000, § 107 Rz. 60; *Assmann*, AG 1994, 237, 252 f.; *ders.*, in: Assmann/Schneider, WpHG, 2. Aufl., 1999, § 14 Rn. 79 ff.; *Cahn*, ZHR 162 (1998), 1, 18.

174 *Hopt* (Fn. 1), S. 1396 m. w. N.

175 *Hopt* (Fn. 1), S. 1397.

176 *Wittich* (Fn. 173), S. 381.

177 *Hopt*, ZHR 159 (1995), 135, 153 Fn. 90; *Fürhoff/Wölk*, 1997, 449, 452; *Kümpel*, in: Assmann/Schneider (Fn. 173), § 15 Rn. 40 a.

178 In diesem Fall läge zudem ein Verstoß gegen das Erfolgsverhinderungsverbot nach § 33 Abs. 1 Satz 1 vor.

nunmehr speziell geregelten übernahmerechtlichen Pflichten gegenüber den Arbeitnehmern siehe §§ 10 Abs. 5 Satz 2, 14 Abs. 4, 27 Abs. 1 und 2.

VIII. Rechtsfolgen eines Verstoßes gegen das Verhinderungsverbot

1. Unterlassungsanspruch gegen Abwehrmaßnahmen

136 Während eines laufenden Übernahmeangebotsverfahrens steht für die Aktionäre der Zielgesellschaft, die sich gegen unzulässige Abwehrmaßnahmen ihres Vorstandes wehren wollen, die Frage im Vordergrund, ob sie die Unterlassung der Abwehrmaßnahmen im Klagewege erzwingen können. Dies wird in Abhängigkeit von der Beurteilung, ob die Neutralitätspflicht des Vorstandes eine Organpflicht beinhaltet oder auf einer Zuständigkeitszuweisung beruht, **unterschiedlich beurteilt**. Nach Auffassung des LG Düsseldorf, hat ein einzelner Aktionär grundsätzlich keinen Anspruch auf Unterlassung von Maßnahmen zur Abwehr einer feindlichen Übernahme.[179] Dies soll jedenfalls dann gelten, wenn das Vorstandsverhalten nicht schwerwiegend in die Mitgliedschaftsrechte der Aktionäre und deren im Anteilseigentum verkörperten Vermögensinteressen eingreift, sodass nach der Holzmüller-Rechtsprechung des BGH[180] keine Zuständigkeit der Hauptversammlung nach § 119 Abs. 2 AktG gegeben ist. Nach der Gegenansicht, die die Neutralitätspflicht als eine Kompetenznorm ansieht, stellt die Verletzung des Neutralitätsgebots einen Eingriff in die Kompetenzen der Hauptversammlung dar, der mit einem **Unterlassungsanspruch analog §§ 823 Abs. 2, 1004 BGB** geltend gemacht werden kann.[181] Dem ist nach der hier vertretenen Auffassung zuzustimmen (siehe dazu oben Rn. 49).[182] Demnach besteht ein Unterlassungsanspruch der Aktionäre gegen Handlungen des Vorstandes, die das Erfolgsverhinderungsverbot nach § 33 Abs. 1 Satz 1 verletzen.

137 Der Anspruch richtet sich nur **gegen die Zielgesellschaft**, der das pflichtwidrige Verhalten des Vorstands gemäß § 31 BGB zuzurechnen

---

179 LG Düsseldorf, WM 2000, 528 = AG 2000, 233; zust. *Krause*, AG 2000, 217 ff.; *Witte* (Fn. 8), 2163 f.; *Schwennicke* (Fn. 12), § 33 Rn. 86.

180 BGHZ 83, 122 ff.

181 *Bayer*, NJW 2000, 609, 611; *Hopt* (Fn. 1), S. 1386 Fn. 108; *Kiem* (Fn. 38), 1513; *Kort* (Fn. 1), S. 1441; *Krieger*, ZHR 163 (1999), 343, 358; *Schüppen* (Fn. 3), 971; *Winter/Harbarth* (Fn. 12), 17.

182 Siehe zu derselben Auslegungsfrage beim Diskussionsentwurf: *Merkt* (Fn. 1), 245 m. w. N. in Fn. 95.

ist, da das die Grundlage des geltend gemachten Anspruchs bildende Mitgliedschaftsverhältnis nicht absolut, sondern nur verbandsinnenrechtlich geschützt ist.[183]

Allerdings steht ein solcher Unterlassungsanspruch in Anlehnung an die von *Krieger* vertretene Aufassung nicht jedem einzelnen Aktionär, sondern nur einer **Aktionärsminderheit** der in § 122 Abs. 2 AktG genannten Größenordnung zu, um insoweit einen Gleichklang mit einem entsprechenden Anspruch auf Einberufung einer Hauptversammlung herzustellen.[184] **138**

2. Anspruch auf Einberufung der Hauptversammlung

Ein Anspruch der Aktionäre auf Einberufung der Hauptversammlung mit dem Ziel, eine Entscheidung der Hauptversammlung über die Durchführung von Abwehrmaßnahmen herbeizuführen, besteht im Rahmen der Voraussetzungen des § 122 Abs. 1 AktG.[185] **139**

3. Zivilrechtliche Schadensersatzansprüche

a) Vorbemerkung

Die Frage, welche zivilrechtlichen Rechtsfolgen sich aus einer Verletzung des Erfolgsverhinderungsverbotes nach § 33 Abs. 1 Satz 1 ergeben, führt mitten in das dogmatisch noch nicht hinreichend durchgebildete Gebiet des **aktienrechtlichen und deliktischen Individualrechtsschutzes für den einzelnen Aktionär**.[186] Die hier ohnehin bestehenden Unsicherheiten werden durch die problematische Vorschrift des § 33 noch verstärkt. Die Norm eröffnet zwar für Vorstand und Aufsichsrat grundsätzlich einen weiten Handlungsspielraum bei der Durchführung von Abwehrmaßnahmen. Die exakte Reichweite der einzelnen Befreiungen vom Erfolgsverhinderungsverbot ist jedoch gegenwärtig noch nicht hinreichend ausgeleuchtet. Aus diesem Grunde dürfte in der Praxis die Beurteilung von Haftungsrisiken der Verwaltung ebenso wie die von Erfolgsaussichten etwaiger Schadensersatzan- **140**

---

183 Vgl. BGHZ 83, 122, 134; *K. Schmidt*, GesR, 3. Aufl., § 21 V 3, S. 651; *Zöllner*, ZGR 1988, 392 (430), für eine unmittelbare Haftung auch der Vorstandsmitglieder *Habersack* (Fn. 90), § 311 Rn. 28.

184 *Krieger* (Fn. 181), 358.

185 Vgl. LG Düsseldorf, AG 2000, 233, 234 f.; *Krieger* (Fn. 181), 356.

186 *Baums*, Gutachten zum 63. Juristentag, 2000, F 222, spricht im Hinblick auf die Individualschadensersatzklage von einem „literarisch verhältnismäßig wenig behandelten und noch nicht konsolidierten Bereich".

sprüche der Aktionäre vorläufig mit einer erheblichen Rechtsunsicherheit behaftet sein. Vor diesem Hintergrund sollen die nachfolgenden Ausführungen einen Überblick über mögliche Anspruchsgrundlagen geben, ohne die hiermit verbundenen dogmatischen Detailfragen abschließend zu behandeln oder gar zu klären. Anknüpfungspunkt für Schadensersatzansprüche ist der Umstand, dass ein Verstoß gegen das Erfolgsverhinderungsverbot nach Abs. 1 Satz 1 die **zivilrechtliche Wirksamkeit** der Abwehrmaßnahme im Außenverhältnis **unberührt** lässt. Insoweit ändert Abs. 1 Satz 1 nichts an der unbeschränkten Vertretungsbefugnis des Vorstands nach § 82 Abs. 1 AktG.[187]

b) Haftung der Mitglieder des Vorstands

141 § 33 enthält als öffentlich-rechtliche Norm keine eigene Anspruchsgrundlage für eine Schadensersatzhaftung der durch eine pflichtwidrige Abwehr eines Übernahmeangebots geschädigten Beteiligten.[188] § 33 konkretisiert jedoch die vom Vorstand beim Ergreifen von Abwehrmaßnahmen gegen ein feindliches Übernahmeangebotes zu beachtende **aktienrechtliche Sorgfaltspflicht**.

aa) Haftung gegenüber der Zielgesellschaft

142 Verletzt der Vorstand schuldhaft das Verhinderungsverbot nach Abs. 1 Satz 1, haften seine Mitglieder nach **§ 93 Abs. 2 Satz 2 AktG** auf Ersatz des der Gesellschaft hieraus resultierenden Schadens.

(1) Pflichtverletzung

143 Eine Pflichtverletzung kann zum einen darin bestehen, dass der Vorstand zu Unrecht angenommen hat, das Übernahmeangebot liege nicht im Unternehmensinteresse und sei deshalb abzulehnen (*Entscheidung über das Ob von Abwehrmaßnahmen*). Eine schuldhafte Pflichtverletzung kann insoweit jedoch nur dann angenommen werden, wenn sich die Entscheidung aus Sicht der Verwaltung als **ermessensfehlerhaft** darstellt, also sachfremde Erwägungen angestellt (z. B. Eigeninteresse vor Unternehmensinteresse) oder keine sorgfältige Analyse des Angebots vorgenommen wurden. Die **Beweislast** für eine Ermessensfehlerfreiheit der Entscheidung liegt beim Vorstand (§ 93 Abs. 2 Satz 2 AktG). Stellt sich bereits die ablehnende Haltung des Vorstands ge-

187 *Schwennicke* (Fn. 12), § 33 Rn. 85.
188 Anders neuerdings §§ 37b und c WpHG-E nach dem RegE des 4. Finanzmarktförderungsgesetzes im Falle eines Verstoßes gegen die Ad-hoc-Publizitätspflicht.

genüber dem Übernahmeangebot als ermessensfehlerhaft dar, haften die Vorstandsmitglieder für sämtliche Schäden, die aus den Abwehrmaßnahmen resultieren. Dies gilt unabhängig davon, ob sich die Abwehrmaßnahmen im Übrigen in dem von § 33 gesteckten Rahmen bewegen. Denn deren Zulässigkeit setzt voraus, dass jedenfalls die Definition des Übernahmeangebots als „feindlich" innerhalb des unternehmerischen Ermessens des Vorstands lag.

Zum anderen verletzt der Vorstand seine Sorgfaltspflicht, wenn er zwar ermessensfehlerfrei das Übernahmeangebot als feindlich definiert, sich aber bei der Durchführung von Abwehrmaßnahmen nicht innerhalb des durch § 33 festgelegten Handlungsrahmens bewegt (*Entscheidung über das Wie von Abwehrmaßnahmen*). **144**

(2) Schaden

Der bei der Zielgesellschaft aus einer pflichtwidrigen Abwehrhandlung entstandene Schaden bemisst sich gemäß §§ 249 ff. BGB nach dem **Vergleich des aktuellen Gesellschaftsvermögens** (Ist-Zustand) **mit einem fiktiven Gesellschaftsvermögen bei pflichtgemäßem Verhalten** des Vorstands (Soll-Zustand). Der Schaden besteht regelmäßig in der Verringerung des Unternehmensergebnisses, die durch die Abwehrmaßnahme bedingt ist. **Beispiele** (für unmittelbar aufwandswirksame Maßnahmen): Beratungs-, Anzeige- und sonstige Werbekosten.[189] **145**

(3) Kausalität

Die Verursachung des Schadens durch den Vorstand wird regelmäßig ohne weiteres zu bejahen sein, da er die Abwehrmaßnahme veranlasst hat. **146**

(4) Geltendmachung

Zuständig für die Geltendmachung des Haftungsanspruchs der Zielgesellschaft ist gemäß § 112 AktG der **Aufsichtsrat**. Sind Vorstand und Aufsichtsrat betroffen, weil letzterer der Abwehrmaßnahme zugestimmt hat, empfiehlt sich die Bestellung eines **besonderen Vertre-** **147**

189 *Thümmel,* DB 2000, 461, 462. Im übrigen kommt es auf das Erleiden eines buchhalterischen Verlustes nicht an. Auch wenn z.B. eine Unternehmensbeteiligung der Zielgesellschaft (*crown jewels*) über ihrem Buchwert veräußert wird, erleidet die Gesellschaft einen Schaden, so weit der Veräußerungserlös unterhalb des Verkehrswertes der Beteiligung lag.

ters nach § 147 Abs. 3 AktG. Darüber hinaus haben die Aktionäre die Möglichkeit, die Geltendmachung des Ersatzanspruchs der Gesellschaft nach Maßgabe von § 147 AktG zu erzwingen.

bb) Haftung gegenüber den Aktionären

(1) Haftung nach § 93 Abs. 2 AktG

148 Den Aktionären gegenüber haften die Vorstandsmitglieder nicht unmittelbar nach § 93 Abs. 2 AktG. § 93 Abs. 2 AktG ist auch nicht Schutzgesetz im Sinne von § 823 Abs. 2 BGB. Dasselbe gilt für den Bußgeldtatbestand des § 60 Abs. 1 Nr. 8.[190] Denn § 93 Abs. 1 und 2 AktG dient dem Schutz der Gesellschaft vor unsorgfältiger Geschäftsführung durch den Vorstand.[191] Den Aktionären steht lediglich die Möglichkeit offen, eine **Klage der Zielgesellschaft gegen die Vorstandsmitglieder** unter den Voraussetzungen des § 147 AktG zu **erzwingen**.

(2) Haftung nach § 823 Abs. 1 BGB

149 Eine unmittelbare deliktische Haftung der Vorstandsmitglieder nach § 823 Abs. 1 scheidet mangels **Eingriffs in das Mitgliedschaftsrecht der Aktionäre** ebenfalls aus.[192]

(3) Haftung nach § 823 Abs. 2 BGB

150 Nach dem erklärten Willen des Gesetzgebers dient das Erfolgsverhinderungsverbot dem Zweck, den Aktionären der Zielgesellschaft als den Adressaten des Übernahmeangebots zu ermöglichen, in Kenntnis der Sachlage über das Übernahmeangebot zu entscheiden (siehe oben Rn. 48). Die **Entscheidungsfreiheit des einzelnen Aktionärs** ist damit als **Schutzrecht i. S. v. § 823 Abs. 2 BGB** anzusehen, mag das Erfolgsverhinderungsverbot auch im Übrigen der Sicherstellung eines fairen und geordneten Übernahmeverfahrens im Allgemeinen dienen.

190 *Winter/Harbarth* (Fn. 12), 16.

191 *Hüffer* (Fn. 99), § 93 Rn. 19, *Wiesner,* in: Münchener Handbuch AG, 2. Aufl., § 26 Rn. 28 m. w. N.

192 *Schwennicke* (Fn. 12), § 33 Rn. 89; sowie allgemein *Hüffer*, ZHR 161 (1997), 867, 870 ff.; *Reuter*, in: FS Lange, 1992, S. 707, 721 ff.; *ders.*, AcP 1997 (1997), 322, 329 ff.; *Zöllner*, ZGR 1988, 392, 408; *Grunewald*, Die Gesellschafterklage in der Personengesellschaft und der GmbH, 1990, S. 102 ff.; a. A. *Habersack* (Fn. 90), Vor § 311 Rn. 28; in Anlehnung an die Schärenkreuzer-Entscheidung des BGH (BGHZ 110, 323, 327), sowie *Mertens*, in: Münchener Komm. zum BGB, Bd. 5, 3. Aufl., 1997, § 823 Rn. 152.

Anderenfalls hätte der Gesetzgeber dies durch einen ausdrücklichen Ausschluss der Haftung entprechend der Regelung zur Haftung bei einer fehlerhaften Ad-hoc-Mitteilung in § 15 Abs. 6 Satz 1 WpHG klarstellen müssen.[193] Dies ist jedoch nicht geschehen. Eine schuldhafte Verletzung des Erfolgsverhinderungsverbots durch den Vorstand löst damit eine Direkthaftung der Vorstandsmitglieder gegenüber den Aktionären aus.[194]

Fraglich ist, worin für den Aktionär ein ersatzfähiger **Schaden** liegen kann. Die durch die Abwehrmaßnahmen entstandene Kostenbelastung der Gesellschaft kommt hierfür nicht in Betracht, weil sich bei den Aktionären hieraus allenfalls ein nicht ersatzfähiger Reflexschaden (entsprechend der Wertverringerung ihrer Aktien) ergibt.[195] Dasselbe gilt im Ergebnis für einen Kursverlust, den der Aktionär aufgrund einer möglichen niedrigeren Börsenbewertung der Zielgesellschaft infolge des Scheiterns des Übernahmeversuches erleidet. Ein ersatzfähiger Schaden ist dem Aktionär jedoch dann entstanden, wenn er durch eine den Übernahmeerfolg vereitelnde Abwehrmaßnahme des Vorstands daran gehindert wird, das Angebot des Bieters wirksam anzunehmen (z.B. weil das Angebot wegen Nichterreichens der zur Bedingung gemachten Annahmequote unwirksam wird). Der Schaden besteht in diesem Falle in der **Differenz** zwischen dem **Verkehrswert der vom Bieter angebotenen Gegenleistung** und dem **Verkehrswert der vom annahmewilligen Aktionär gehaltenen Aktien** der Zielgesellschaft. Abzustellen ist auf die Wertrelation zum Zeitpunkt der hypothetischen Realisierung des Veräußerungsgewinns, also auf das Datum des Wirksamwerdens des Kauf- bzw. Tauschvertrages zwischen Bieter und Aktionär gemäß den Bedingungen der Angebotsunterlage. Erhebliche Probleme wird in der Praxis die Feststellung der **haftungsbegründenden Kausalität** zwischen unzulässiger Abwehrmaßnahme und Erfolgsvereitelung bereiten, da ein Misserfolg des Angebots wegen Nichterreichens der vom Bieter zur Bedingung gemachten Beteiligungshöhe auch auf anderen Gründen (z.B. der Unattraktivität des Angebots im 151

193 Durch die Vorschrift des § 15 Abs. 6 WpHG sollte nach dem Willen des Gesetzgebers sichergestellt werden, dass § 15 WpHG nicht als Schutzgesetz nach § 823 Abs. 2 BGB qualifiziert wird, Bericht des Finanzausschusses des Deutschen Bundestags, BT-Drucksache 12/7918, S. 102, sowie *Kümpel*, in: Assmann/Schneider (Fn. 173), § 15 WpHG Rn. 188

194 A.A. *Winter/Harbarth* (Fn. 12), 16; *Schwennicke* (Fn. 12), § 33 Rn. 88; siehe allgemein zur Haftung der Verwaltungsmitglieder nach § 823 Abs. 2: *Hopt* (Fn. 4), § 93 Rn. 478 f.; *Mertens* (Fn. 6), § 93 Rn. 171.

195 *Thümmel* (Fn. 189), 464.

Allgemeinen) beruhen kann. Hier werden gegebenenfalls von der Rechtsprechung Beweiserleichterungsregeln zu entwickeln sein.

(4) Sonstige Anspruchsgrundlagen

152 Eine unmittelbare Haftung der Vorstandsmitglieder kann ferner nach § 826 BGB sowie nach § 117 Abs. 2 Satz 1 AktG in Betracht kommen. Eine Haftungslage nach § 117 AktG ist z. B. dann gegeben, wenn der Aufsichtsratsvorsitzende den Vorstand zu bestimmten Abwehrmaßnahmen drängt.[196]

c) Haftung der Mitglieder des Aufsichtsrats

153 Für die Haftung der Aufsichtsratsmitglieder gelten die zum Vorstand gemachten Ausführungen grundsätzlich entsprechend. Gesetzlicher Anknüpfungspunkt der **Haftung gegenüber der Zielgesellschaft** ist dabei § 116 i.V.m. § 93 Abs. 2 AktG. Anders als beim Vorstand, der als geschäftsführendes Organ die unzulässige Abwehrmaßnahme umsetzt, ergibt sich die Pflichtverletzung der Mitglieder des Aufsichtsrats daraus, dass sie einer nicht durch das Unternehmensinteresse (§ 3 Abs. 3) gerechtfertigten Abwehrmaßnahme zugestimmt (mag auch die Zustimmung formal die Befreiung vom Erfolgsverhinderungsverbot nach Abs. 1 Satz 2 Alt. 3 ausgelöst haben) oder sie bei einem „Alleingang" des Vorstands ihre Überwachungsaufgabe unvertretbar vernachlässigt haben.[197]

d) Haftung der Zielgesellschaft

154 Eine Haftung der Zielgesellschaft **gegenüber ihren Aktionären** kommt nur nach Deliktsrecht (§§ 823 Abs. 2, 826 BGB) in Betracht. Dabei muss sich die Gesellschaft einen Verstoß ihrer Verwaltungsmitglieder gegen das Erfolgsverhinderungsverbot (Abs. 1 Satz 1) nach § 31 BGB zurechnen lassen.[198] Ebenso wie bei einer schuldhaften Verletzung der Stellungnahmepflicht nach § 27 ist auch hier eine unmittelbare Inanspruchnahme der Zielgesellschaft nicht verbandsrechtlich ausgeschlossen, so weit der geschädigte Aktionär einen von einem

196 *Thümmel* (Fn. 189), 464. Theoretisch denkbar, aber praktisch nicht relevant sind ferner die Fälle eines unmittelbaren konzernrechtlichen Klagerechts des einzelnen Aktionärs gegen die Vorstandsmitglieder nach den Spezialvorschriften des §§ 310 Abs. 4, 318 Abs. 4 i.V.m. § 309 Abs. 4 AktG, die die „Sperrwirkung des § 147 AktG" durchbrechen.

197 Vgl. *Thümmel* (Fn. 189), 463.

198 Siehe hierzu die Nachweise bei § 27 Rn. 56 Fn. 56.

etwaigen Vermögensverlust der Gesellschaft unabhängigen Schaden (Verlust der Veräußerungschance) erleidet und sich damit in einer einem Gesellschaftsgläubiger ähnlichen Position befindet.[199]

e) Haftung gegenüber dem Bieter

Mangels einer rechtsgeschäftlichen oder gesetzlichen Sonderverbindung zwischen Bieter und Zielgesellschaft bzw. deren Organen kommt eine Haftung der Zielgesellschaft und ihrer Verwaltungsmitglieder gegenüber dem Bieter nur unter dem Gesichtspunkt einer Schutzgesetzverletzung nach § 823 Abs. 2 BGB in Betracht. § 33 Abs. 1 kommt jedoch im Verhältnis zum Bieter nicht der Charakter eines Schutzgesetzes zu. Der Straftatbestand des Betruges (§ 263 StGB) dürfte regelmäßig ausscheiden. Dasselbe gilt für eine Haftung der Zielgesellschaft aus § 826 BGB.[200] **155**

4. Ordnungswidrigkeit

Verstöße gegen das Erfolgsverhinderungsverbot nach § 33 Abs. 1 werden gemäß § 60 Abs. 1 Nr. 8 als Ordnungswidrigkeit geahndet und können gemäß § 60 Abs. 3 mit einem Bußgeld in Höhe von bis zu Euro 1.000.000,00 belegt werden (siehe hierzu § 60 Rn. 54 ff.). **156**

IX. Das Verbot der ungerechtfertigten Vorteilsgewährung nach Abs. 3

1. Normzweck

Angesichts der erheblichen wirtschaftlichen Bedeutung von Unternehmensübernahmen besteht die Gefahr, dass der Bieter in bestimmten Situationen versuchen wird, den Vorstand oder Aufsichtsrat der Zielgesellschaft während des Übernahmeverfahrens durch das Versprechen von Vorteilen zu einem bestimmten Verhalten zu veranlassen. Dies kann beispielsweise dann der Fall sein, wenn es dem Bieter darum geht zu verhindern, dass der Vorstand der Zielgesellschaft eine ablehnende Stellungnahme zu dem Übernahmeangebot abgibt. Dasselbe gilt, wenn der Bieter die Verwaltung der Zielgesellschaft dazu bewegen möchte, ihren Widerstand gegen ein bislang als feindlich definiertes Übernahmeangebot aufzugeben. Um zu vermeiden, dass durch eine solche Vor- **157**

199 Siehe § 27 Rn. 56.
200 Vgl. *Thümmel* (Fn. 189), 464; *Schwennicke* (Fn. 12), § 33 Rn. 92.

gehensweise Zweifel an der Unabhängigkeit der Entscheidungen des Vorstands oder des Aufsichtsrats der Zielgesellschaft entstehen, enthält Abs. 3 ein Verbot nicht gerechtfertigter Vorteilsgewährungen.[201] Die Vorschrift, die im Diskussionsentwurf des Übernahmegesetzes noch nicht enthalten war, ist unter dem Eindruck der Vorwürfe, die gegen ehemalige Vorstandsmitglieder der Mannesmann AG im Zusammenhang mit der Übernahme durch Vodafone plc erhoben worden sind, in das Gesetz aufgenommen worden.

2. Normadressaten

158 Das Verbot richtet sich **gegen den Bieter** (§ 2 Abs. 4) und **mit ihm gemeinsam handelnde Personen** (§ 2 Abs. 5). Ein Verbot für die Mitglieder der Verwaltung der Zielgesellschaft, unrechtmäßige Vorteile anzunehmen, enthält die Vorschrift nicht. Ein entsprechendes Verbot ergibt sich jedoch – unterstellt man, dass die Unrechtmäßigkeit des Vorteils das Versprechen einer sorgfaltspflichtwidrigen Handlung der Verwaltung als Gegenleistung beinhaltet – aus § 93 Abs. 1 Satz 1 AktG.

3. Inaussichtstellen ungerechtfertigter Vorteile

a) Geldleistung oder geldwerter Vorteil

159 **Geldleistungen** sind Zahlungen in bar, per Scheck oder Banküberweisung.

160 Unter dem Begriff des **geldwerten Vorteils** fallen sämtliche Leistungen, die das Verwaltungsmitglied in seiner wirtschaftlichen Lage objektiv besserstellen (z. B. Sachleistungen wie Pkw, Grundeigentum, Reisen, Wertpapiere, Optionen, Nutzungsrechte sowie die Freistellung von Verbindlichkeiten).

161 Vom Normzweck erfasst werden auch **mittelbare Vorteile**, die Angehörigen und sonstigen nahe stehenden Personen oder Institutionen (z. B. einer von dem Verwaltungsmitglied beherrschten Gesellschaft) eingeräumt werden.

b) Zusammenhang mit dem Angebot

162 Das Inaussichtstellen des Vorteils muss in einem **sachlichen und zeitlichen Zusammenhang** mit dem Übernahmeangebot stehen. Da Zweck der Norm ist, bereits **bloße Zweifel an der Unabhängigkeit der Ver-**

201 Regierungsbegründung, BT-Drucks. 14/7034, S. 59.

waltung der Zielgesellschaft zu vermeiden, ist nicht erforderlich, dass die Vorteilsgewährung unter die Bedingung eines bestimmten Handelns der Verwaltung gestellt wird. Ausreichend dürfte es vielmehr sein, wenn aufgrund objektiver Umstände die Vermutung naheliegt, dass das Inaussichtstellen des Vorteils durch den Bieter durch die bloße Erwartung einer wie auch immer gearteten Gegenleistung des betreffenden Verwaltungsmitglieds motiviert ist.

c) Gewähren und Inaussichtstellen

Gewähren meint die unmittelbare Zuwendung des Vorteils an das jeweilige Verwaltungsmitglied. Eine Vorteilsgewährung ist auch darin zu sehen, dass gegenüber der Verwaltung ein anspruchsbegründendes Leistungsversprechen abgegeben wird (der Vorteil liegt dann in der Einräumung des Leistungsanspruchs). **163**

Unter den Begriff des **Inaussichtstellens** fallen ferner sämtliche Erklärungen des Bieters, die ohne anspruchsbegründende Wirkung die Ankündigung einer zukünftigen geldwerten Leistung beinhalten. Die Grenzen zur Gewährung eines Vorteils können im Einzelfall fließend sein, haben praktisch jedoch keine Auswirkungen. Fehlt es an einer Vorteilsgewährung, weil das zu Grunde liegende Rechtsgeschäft z. B. wegen eines Verstoßes gegen § 31 Abs. 2 Satz 2 AktG nichtig ist, liegt gleichwohl das Inaussichtstellen dieses Vorteiles vor. **164**

d) Fehlende Rechtfertigung

Abs. 4 untersagt nicht jedwede Leistung des Bieters an die Mitglieder der Verwaltung. Vielmehr ist die Vorschrift auf **„ungerechtfertigte"** Vorteilsgewährungen beschränkt. Nach der Gesetzesbegründung sind ungerechtfertigt solche Zusagen, mit denen die Organe der Zielgesellschaft zu einem nicht am Interesse ihrer Gesellschaft und ihrer Anteilseigner orientierten Verhalten bewegt werden sollen.[202] Demnach können solche Zusagen gerechtfertigt sein, die auch aus Sicht der Zielgesellschaft und ihrer Anteilseigner **aus sachlich nachvollziehbaren Erwägungen** gewährt werden.[203] Diese Formulierung ist geeignet, zu Missverständnissen zu führen. Unter sachlich nachvollziehbaren Erwägungen könnten auch solche verstanden werden, die der Bieter angestellt hat, um seinem Angebot zum Erfolg zu verhelfen.[204] So **165**

202 Regierungsbegründung, BT-Drucks. 14/7034, S. 59.
203 ebda.
204 Vgl. *Schüppen* (Fn. 3), 972.

nennt die Gesetzesbegründung als Beispiel für einen gerechtfertigten Vorteil den Fall, dass dem Vorstand der Zielgesellschaft eine Weiterbeschäftigung in Aussicht gestellt wird. Die Rechtfertigung einer solchen Zusage soll sich daraus ergeben, dass die Qualität des Managements einen wesentlichen Faktor für die Bewertung des Unternehmens darstellt und u.U. die Übernahme insgesamt oder der gebotene Preis nur im Falle der Weiterbeschäftigung einzelner oder aller Organmitglieder der Gesellschaft vertretbar sei. Dies ist zwar richtig. Die Rechtmäßigkeit einer solcher Vorteilsgewährung ergibt sich jedoch nicht aus dem berechtigten Interesse des Bieters an der Wahrung seiner wirtschaftlichen Interessen in Form einer erfolgreichen Übernahme, sondern daraus, dass auch die Zielgesellschaft selbst, vertreten durch ihren Aufsichtsrat (§ 112 AktG), dem Vorstand gegenüber eine solche Weiterbeschäftigungszusage im Rahmen des aktienrechtlich Zulässigen (§ 84 AktG) abgeben dürfte. Als Regel gilt demnach, dass solche **Vorteile gerechtfertigt** sind, **die dem Vorstand auch von der Zielgesellschaft selbst hätten gewährt oder in Aussicht gestellt werden dürfen**. Ob dies der Fall ist, muss einzelfallbezogen unter Berücksichtigung der gesetzlichen Vorgaben (z.B. § 87 AktG) beantwortet werden.

4. Offenlegung nach § 11 Abs. 2 Satz 3 Nr. 3

166 Die Regelung in § 33 Abs. 3 korrespondiert mit der in § 11 Abs. 2 Satz 3 Nr. 3 enthaltenen Verpflichtung des Bieters, in der Angebotsunterlage Angaben über Organmitgliedern der Zielgesellschaft gewährte Geldleistungen bzw. geldwerte Vorteile zu machen (siehe hierzu § 11 Rn. 53ff.).

5. Rechtsfolgen einer ungerechtfertigten Vorteilsgewährung

167 Bei § 33 Abs. 3 handelt es sich nach dem Willen des Gesetzgebers um ein **gesetzliches Verbot** gemäß § 134 BGB.[205] Demnach ist die Zusage eines ungerechtfertigten Vorteiles nichtig. Eine bereits gewährte Leistung ist nach § 812 Abs. 1 Satz 1 Alt. 1 BGB kondizierbar. Dem Kondiktionsanspruch kann jedoch ggf. die Einrede des § 817 Satz 2 BGB entgegen gehalten werden.

168 Bemerkenswert ist, dass ein Verstoß gegen § 33 Abs. 3 nicht als Ordnungswidrigkeit nach § 60 geahndet wird.

---

205 Regierungsbegründung, BR-Drucks. 574/01, S. 59.

§ 34 Anwendung der Vorschriften des Abschnitts 3

Für Übernahmeangebote gelten die Vorschriften des Abschnitts 3, so weit sich aus den vorstehenden Vorschriften nichts anderes ergibt.

Übersicht

I. Allgemeines

1. Regelungsgegenstand und -zweck

1 Die Einführung der Verweisungsvorschrift wurde erforderlich, nachdem während des Gesetzgebungsverfahrens der Anwendungsbereich des Gesetzes ausgedehnt wurde auf öffentliche Angebote zum Erwerb von Wertpapieren, die nicht auf den Erwerb der Kontrolle über die Zielgesellschaft abzielen („schlichte Erwerbsangebote") und das nach wie vor im Zentrum des Gesetzes stehende Übernahmeangebot Gegenstand eines besonderen (vierten) Abschnitts wurde. Wie die gescheiterte europäische Richtlinie war das Gesetz ursprünglich als reines „Übernahmegesetz" konzipiert. Im Unterschied zum Diskussionsentwurf ist das **Übernahmeangebot** nach der in Kraft getretenen Fassung des Gesetzes nunmehr gesetzestechnisch – und dogmatisch zutreffend – ein **Spezialfall des öffentlichen Kaufangebots**. Nach der Konzeption des Gesetzes sind auf Kontrollerlangung gerichtete Übernahmeangebote (§ 29) Spezialfälle der in Abschnitt 3 geregelten Angebote. Dieses dogmatische Verhältnis kommt nunmehr in § 34 zum Ausdruck, der entsprechend dem vom Gesetzgeber auch hier verwandten „Baukastenprinzip" die für alle öffentlichen Angebote geltenden Vorschriften auf das Übernahmeangebot für anwendbar erklärt, sofern sich aus den Spezialvorschriften des vierten Abschnitts betreffend Übernahmeangebote nichts anderes ergibt. Eine solche **speziellere Regelung** ist § 32, der die Ausgestaltung von Übernahmeangeboten als Teilangebot für unzulässig erklärt. Im übrigen betreffen die für Übernahmeangebote geltenden Sondervorschriften die bei derartigen Angeboten zu gewährende Gegenleistung (§ 31) und enthalten besondere

Vorgaben für Handlungen des Managements der Zielgesellschaft während eines Übernahmeangebots (§ 33).[1]

2 Neben den allgemeinen Vorschriften und den die Zuständigkeit der Aufsichtsbehörde betreffenden Regelungen im ersten und zweiten Abschnitt gelten für Übernahmeangebote – generell gesprochen – die Anforderungen des dritten Abschnitts an die Angebotsunterlage, die verfahrensrechtlichen Regelungen sowie die Vorschriften zur Änderung des Angebots und die Verpflichtung des Vorstands der Zielgesellschaft, zügige und transparente Übernahmeverfahren sicherzustellen.[2]

2. Genese der Regelung

3 Die in der Vorschrift auf das Übernahmeangebot prinzipiell für anwendbar erklärten Regelungen des dritten Abschnitts waren ursprünglich allein für dieses sowie für das Pflichtangebot vorgesehen, da sich der Diskussionsentwurf bekanntlich noch nicht auf die nunmehr im zweiten Abschnitt geregelten **„schlichten Erwerbsangebote"** erstreckte. Gleichwohl waren die Regelungen des dritten Abschnitts im Wesentlichen bereits im Diskussionsentwurf enthalten. Im Einzelfall ist daher die Anwendung der Anforderungen des dritten Abschnitts auf Übernahmeangebote, für die sie ursprünglich konzipiert waren, regelmäßig weniger problematisch als die Anwendung auf die die Interessen und Rechtspositionen der Aktionäre der Zielgesellschaft in geringerem Maße berührenden „schlichten Erwerbsangebote". Wenn etwa die mitunter restriktiven Anforderungen an den Inhalt der Angebotsunterlage bereits beim „schlichten Erwerbsangebot" zu beachten sind, so muss dies grundsätzlich **„erst recht"** bei einem Angebot gelten, nach dessen Durchführung sich die in der Zielgesellschaft verbleibenden Aktionäre mit einem neuen, die Gesellschaft kontrollierenden Großaktionär konfrontiert sehen. Exemplarisch sei verwiesen auf die Bestimmung des § 11 Abs. 2 Satz 3 Nr. 2, wonach die Angebotsunterlage „ergänzende Angaben" enthalten muss über die Absichten des Bieters im Hinblick auf die künftige Geschäftstätigkeit der Zielgesellschaft. Diese vor die Klammer gezogene allgemeine Vorschrift ist recht eindeutig auf das einen Kontrollwechsel bezweckende Angebot zugeschnitten. So führt die Regierungsbegründung in diesem Zusammenhang aus, dass die Angaben nach § 11 Abs. 2 Satz 3 Nr. 2 sich im Falle des „schlichten Erwerbsangebots" regelmäßig auf den Hinweis

1 Siehe im Einzelnen die Vorbemerkung zu §§ 29 bis 34, Rn. 7 ff.

2 Zu Einzelheiten siehe sogleich unten, Rn. 4 ff.

beschränken können, dass entsprechende Absichten mit der Abgabe des Angebots nicht verbunden sind.[3] Ähnliches gilt für die Regelungen in §§ 14 Abs. 4, 15 Abs. 1 Nr. 3 und 4 sowie 27 Abs. 1 Satz 2 Nr. 3.[4] Die Vorschrift des § 16 Abs. 2 gilt ausdrücklich nur für Übernahmeangebote, sodass die dort vorgesehene **„Zaunkönig-Regelung"**, nach der Minderheitsaktionären bei erfolgreichen Übernahmeangeboten eine weitere Annahmefrist von zwei Wochen eingeräumt wird, systematisch richtig hätte im vierten Abschnitt erfolgen müssen. Gleiches gilt für die Regelung des § 23 Abs. 2. Auf Übernahmeangebote zugeschnitten und bei „schlichten Erwerbsangeboten" nicht immer sachgerecht sind die in §§ 17 und 18 getroffenen Regelungen. Das Verbot der *invitatio ad offerendum* nach § 17 mag beim Übernahme- und Pflichtangebot sachgerecht sein. Beim „schlichten Erwerbsangebot" sind hingegen Zweifel an einem entsprechenden Schutzbedürfnis der Aktionäre der Zielgesellschaft berechtigt.[5] Gleiches gilt hinsichtlich des in § 18 Abs. 1 ausgesprochenen grundsätzlichen Verbotes von Bedingungen, deren Eintritt der Bieter oder ihm zuzurechnende Dritte selbst herbeiführen können.[6] Auf Übernahmeangebote zugeschnitten ist schließlich die in § 28 vorgesehene Befugnis des Bundesaufsichtsamts zur Beschränkung von Werbemaßnahmen für die Annahme oder Ablehnung eines Angebots.

II. Die Vorschriften des dritten Abschnitts im Einzelnen

In vollem Umfang auf Übernahmeangebote anwendbar sind die Regelungen des § 10 betreffend die Veröffentlichung der Entscheidung zur Abgabe eines Angebots. Lediglich bei Pflichtangeboten nach §§ 35 ff. erübrigt sich eine Veröffentlichung nach § 10 Abs. 1 Satz 1.[7] **4**

Die Vorschriften der §§ 11 und 12 über die Angebotsunterlage und die Haftung für die Angebotsunterlage gelten grundsätzlich auch für Übernahmeangebote. Dabei erübrigen sich allerdings beim Übernahmeangebot im Rahmen der Angaben über die Wertpapiere, die Gegenstand des Angebots sind (§ 11 Abs. 2 Satz 2 Nr. 3), Angaben über das Zuteilungsverfahren beim – hier nach § 32 ausgeschlossenen – Teilan- **5**

3 Regierungsbegründung, BR-Drucks. 574/01, S. 100.
4 Zur problematischen Anwendung der Anforderungen des § 15 Abs. 1 Nr. 3 auf das „schlichte Erwerbsangebot" siehe die Kommentierung zu § 15, Rn. 15.
5 Siehe die Kommentierung zu § 17, Rn. 15.
6 Siehe die Kommentierung zu § 18, Rn. 20.
7 Siehe die Kommentierung zu § 10, Rn. 4.

gebot. Art und Höhe der für Wertpapiere der Zielgesellschaft gebotenen Gegenleistung (§ 11 Abs. 2 Satz 2 Nr. 4) sind beim Übernahmeangebot in § 31 inhaltliche Grenzen dergestalt gesetzt, dass lediglich ein Angebot auf Geldleistung oder Leistung liquider Aktien der Zielgesellschaft in Betracht kommt, wobei auch die Höhe des Angebots nicht frei bestimmbar ist.

6 Gleiches gilt hinsichtlich der in § 13 aufgestellten Anforderungen an die Finanzierung des Angebots. Die Vorschrift ist **gleichermaßen** auf **„schlichte Erwerbsangebote"** und auf **Übernahmeangebote** anwendbar. Unterschiede in den Anforderungen im Einzelnen sind allenfalls quantitativer Natur. Dies bedeutet jedoch keineswegs, dass die Anforderungen an die Finanzierungsverantwortung des Bieters beim „schlichten Erwerbsangebot" stets geringer sind als bei einem auf Kontrollerwerb gerichteten Angebot. Maßgeblich ist allein der Umfang der aufzuwendenden Mittel, nicht hingegen, ob mit dem Angebot die Kontrolle über die Zielgesellschaft erlangt werden soll oder nicht. So kann etwa der Erwerb von („nur") 10% der Anteile an einer DAX 30-Gesellschaft, der nicht zum Überschreiten der Kontrollschwelle führt, mit einem größeren Finanzierungsaufwand verbunden sein als die Erlangung der Kontrolle über eine kleinere Gesellschaft mit geringerer Börsenkapitalisierung, insbesondere wenn der Bieter bereits Anteile an der Zielgesellschaft hält.

7 Die Vorschrift des § 14 über die Übermittlung und Veröffentlichung der Angebotsunterlage betrifft „schlichte Erwerbsangebote" und Übernahmeangebote gleichermaßen. Besonderheiten bestehen wiederum beim Pflichtangebot.[8] Gleiches gilt für die Untersagungstatbestände des § 15. Unterschiede in den dort unter Bezug genommenen Anforderungen nach §§ 11 und 14 sind inhaltlicher Natur.[9]

8 Die Vorschrift des § 16 betreffend Annahmefristen und die Einberufung von Hauptversammlungen bei der Zielgesellschaft gilt auch für Übernahmeangebote. § 16 Abs. 2 enthält eine nur für diese geltende Sonderregelung.[10]

9 Das in § 17 enthaltene Verbot der *invitatio ad offerendum* ist im Gegensatz zum „schlichten Erwerbsangebot" beim Übernahmeangebot nicht anzuzweifeln. Desgleichen ist die Vorschrift des § 18 primär auf

8 Siehe die Kommentierung zu § 14, Rn. 3.
9 Siehe oben, Rn. 3.
10 Siehe oben, Rn. 3.

Übernahmeangebote zugeschnitten.[11] Besonderheiten gelten beim Pflichtangebot.[12]

Die Zuteilungsregel des § 19 gilt hingegen nur bei „schlichten Erwerbsangeboten", da nur diese in Gestalt von Teilangeboten zulässig sind. Insofern enthält § 32 eine spezielle Regelung für Übernahmeangebote.[13] Eine Zuteilungsregelung erübrigt sich. 10

§ 20 enthält die vor die Klammer gezogene generelle Regelung für im Spekulations- oder Handelsbestand des Bieters gehaltene Wertpapiere der Zielgesellschaft. Hinsichtlich der Rechtsfolgen einer Befreiung nach § 20 Abs. 1 ist zwischen „schlichten Erwerbsangeboten" und Übernahmeangeboten zu differenzieren.[14] Die dort vorgesehenen Erleichterungen in Bezug auf die Angebotsunterlage (§ 11 Abs. 4 Nr. 2) und die Veröffentlichungspflichten nach § 23 betreffen beide Angebotsarten. Seine eigentliche Wirkung entfaltet der Befreiungstatbestand des § 20 beim Übernahme- und Pflichtangebot, indem die betreffenden Wertpapiere bei der Berechnung des Stimmrechtsanteils nach § 29 Abs. 2 sowie der Bestimmung der Gegenleistung nach § 31 Abs. 1, 3 und 4 und der Gegenleistung nach § 31 Abs. 5 unberücksichtigt bleiben können. 11

Die Vorschrift des § 21 über die Änderung eines Angebots gilt uneingeschränkt auch für Übernahmeangebote.[15] Entsprechendes gilt für die Regelung konkurrierender Angebote in § 22 und die Veröffentlichungspflichten des Bieters nach Abgabe des Angebots gemäß § 23. § 23 Abs. 2 gilt nur für Übernahme- und Pflichtangebote.[16] 12

Keine Besonderheiten bestehen **hinsichtlich der übrigen Vorschriften** des dritten Abschnitts. Die Regelungen der §§ 24 bis 28 gelten gleichermaßen für Übernahmeangebote wie für „schlichte Erwerbsangebote". Die Regelung in § 25 (Beschluss der Gesellschafterversammlung des Bieters) erübrigt sich lediglich beim Pflichtangebot.[17] Die Regelungen der §§ 27 und 28 sind in erster Linie auf Übernahmeangebote zugeschnitten.[18] 13

11 Siehe oben, Rn. 3.
12 Siehe die Kommentierung zu § 18, Rn. 4.
13 Siehe hierzu die Kommentierung zu § 32, Rn. 3 und 4.
14 Siehe die Kommentierung zu § 20, Rn. 3.
15 Einzelheiten bei § 21, Rn. 15.
16 Siehe oben, Rn. 3.
17 Siehe die Kommentierung zu § 25, Rn. 1.
18 Siehe oben, Rn. 3.

Abschnitt 5

Pflichtangebote

Vorbemerkung vor §§ 35 bis 39

Literatur: *Altmeppen*, Neutralitätspflicht und Pflichtangebot nach dem neuen Übernahmerecht, ZIP 2001, 1073; *Assmann/Basaldua/Bozenhardt/Peltzer*, Übernahmeangebote, ZGR-Sonderheft 9, Berlin/New York 1990; *Benner-Heinacher*, Mindeststandards für Übernahmeregeln in Deutschland, DB 1997, 2521; *Buck*, Übernahmeangebote – Probleme des aktuellen Richtlinienvorschlags der EG, in: Europäisierung des Privatrechts, Jahrbuch Junger Zivilrechtswissenschaftler 1997, hrsg. von Weber u. a., Stuttgart 1998, S. 157; *Doralt* (Hrsg.), Konzernrecht und Kapitalmarktrecht, München/Wien/Bern 2001; *Fleischer/Körber*, Der Rückerwerb eigener Aktien und das Wertpapiererwerbs- und Übernahmegesetz, BB 2001, 2589; *Forum Europaeum Konzernrecht*, Konzernrecht für Europa, ZGR 1998, 672; *Geibel/Süßmann*, Erwerbsangebote nach dem Wertpapiererwerbs- und Übernahmegesetz, BKR 2002, 52; *Habersack/Mayer*, Der neue Vorschlag einer Takeover-Richtlinie – Überlegungen zur Umsetzung in das nationale Recht, ZIP 1997, 2141; *Harbarth*, Kontrollerlangung und Pflichtangebot, ZIP 2002, 321; *Hecker*, Regulierung von Unternehmensübernahmen und Konzernrecht, Teile I und II, Wiesbaden 2000; *Herkenroth*, Konzernierungsprozesse im Schnittfeld von Konzernrecht und Übernahmerecht – Rechtsvergleichende Untersuchungen der Allokationseffizienz unterschiedlicher Spielregeln von Unternehmensübernahmen, Berlin 1994; *Holzborn/Friedhoff*, Die Befreiung vom Pflichtangebot bei Sanierung der Zielgesellschaft nach § 37 WpÜG, § 9 Satz 1 Nr. 3 RVWpÜG, BKR 2001, 114; *Hommelhoff*, Konzerneingangsschutz durch Takeover-Recht? – Eine Betrachtung zur europäischen Rechtspolitik, in: Festschrift für Johannes Semler, hrsg. von Bierich u. a., Berlin/New York 1993, S. 455; *Hommelhoff/Kleindiek*, Takeover-Richtlinie und europäisches Konzernrecht, AG 1990, 106; *Hommelhoff/Witt*, Bemerkungen zum deutschen Übernahmegesetz nach dem Scheitern der Richtlinie, RIW 2001, 561; *Hopt*, Europäisches und deutsches Übernahmerecht, ZHR 161 (1997), 368; *Houben*, Die Gestaltung des Pflichtangebots unter dem Aspekt des Minderheitenschutzes und der effizienten Allokation der Unternehmenskontrolle, WM 2000, 1873; *Kallmeyer*, Die Mängel des Übernahmekodex der Börsensachverständigenkommission, ZHR 161 (1997), 435; *ders.*, Pflichtangebot nach dem Übernahmekodex und dem Neuen Vorschlag 1997 einer Takeover-Richtlinie, ZIP 1997, 2147; *Knoll*, Die Übernahme von Kapitalgesellschaften: Unter besonderer Berücksichtigung des Schutzes von Minderheitsaktionären nach amerikanischem, englischem und deutschem Recht, Baden-Baden 1992; *Krause*, Das obligatorische Übernahmenangebot –

Eine juristische und ökonomische Analyse, Baden-Baden 1996; *ders.*, Zur Gleichbehandlung der Aktionäre bei Übernahmeangeboten und Beteiligungserwerb, WM 1996, 845 und 893; *ders.*, Die geplante Takeover-Richtlinie der Europäischen Union mit Ausblick auf das geplante deutsche Übernahmegesetz, NZG 2000, 905; *ders.*, Das neue Übernahmerecht, NJW 2002, 705; *Kuhr*, Der Minderheitenschutz bei Übernahmeangeboten in Deutschland und Frankreich unter dem Einfluss der 13. EG-Richtlinie, Konstanz 1992; *Land*, Das neue deutsche Wertpapiererwerbs- und Übernahmegesetz – Anmerkungen zum Regierungsentwurf, DB 2001, 1707; *Land/Hasselbach*, Das neue deutsche Übernahmegesetz – Einführung und kritische Anmerkungen zum Diskussionsentwurf, DB 2000, 1747; *Letzel*, Das Pflichtangebot nach dem Übernahmekodex – mit Vorausschau auf das Pflichtangebot nach dem ÜbG, NZG 2001, 260; *Loritz/Wagner*, Das „Zwangsangebot" der EG-Takeover-Richtlinie aus verfassungsrechtlicher Sicht, WM 1991, 709; *Meier-Schatz*, Die neue Börsenrechtsordnung der Schweiz – ein Überblick, ZBB 1997, 325; *Mertens*, Förderung von, Schutz vor, Zwang zu Übernahmeangeboten?, AG 1990, 252; *Möller*, Rechtsmittel und Sanktionen nach dem WpÜG, AG 2002, 170; *Möller/Pötzsch*, Das neue Übernahmerecht – Der Regierungsentwurf vom 11. Juli 2001, ZIP 2001, 1256; *Mülbert*, Übernahmerecht zwischen Kapitalmarktrecht und Aktien(konzern)recht – die konzeptionelle Schwachstelle des RegE WpÜG, ZIP 2001, 1221; *Munscheck*, Das Übernahmeangebot als Konzernbildungskontrolle – Überlegungen zu Höhe und Ausgestaltung des Stimmrechtsanteils, der die Angebotsverpflichtung auslöst, RIW 1995, 998; *Oechsler*, Der RegE zum Wertpapiererwerbs- und Übernahmegesetz – Regelungsbedarf auf der Zielgeraden!, NZG 2001, 817; *Pluskat*, Das Scheitern der europäischen Übernahmerichtlinie, WM 2001, 1937; *Rau-Bredow*, Ökonomische Analyse obligatorischer Übernahmeangebote, DBW 1999, 763; *Reul*, Die Pflicht zur Gleichbehandlung der Aktionäre bei privaten Kontrolltransaktionen – Eine juristische und ökonomische Analyse, Tübingen 1991; *ders.*, Übernahmeangebote in der ökonomischen Analyse – zur Kritik des aktuellen Richtlinienvorschlags der EG, in: Privatrecht und deutsche Einheit, Jahrbuch Junger Zivilrechtswissenschaftler 1990, hrsg. von Baum u. a., Stuttgart 1991, S. 11; *Riehmer/Schröder*, Praktische Aspekte bei der Planung, Durchführung und Abwicklung eines Übernahmeangebots, BB Beilage 5/2001, 1; *Roth/Zinser*, Österreichisches Übernahmegesetz vom 1.1. 1999; Musterregelung für das deutsche Recht?, EWS 2000, 233; *Sandberger*, Teilübernahmeangebote und Zwangsübernahmeangebote im Europäischen Takeover-Recht, DZWiR 1993, 319; *Schander*, Selbstregulierung versus Kodifizierung – Versuch einer Standortbestimmung des deutschen Übernahmerechts, NZG 1998, 799; *Schneider/Burgard*, Übernahmeangebote und Konzerngründung – Zum Verhältnis von Übernahmerecht, Gesellschaftsrecht und Konzernrecht, DB 2001, 963; *Schüppen*, Übernahmegesetz ante portas! – Zum Regierungsentwurf eines „Gesetzes zur Regelung von öffentlichen Angeboten zum Erwerb von Wertpapieren und von Unternehmensübernahmen", WPg 2001, 958; *Seibt/Heiser*, Regelungskonkurrenz zwischen neuem Übernahmerecht und Umwandlungsrecht, ZHR 165 (2001), 466; *Stockenhuber*,

Take-Overs nach österreichischem Übernahmerecht, RIW 1999, 752; *Thoma*, Das Wertpapiererwerbs- und Übernahmegesetz im Überblick, NZG 2002, 105; *Wackerbarth*, Von golden shares und poison pills: Waffengleichheit bei internationalen Übernahmeangeboten, WM 2001, 1741; *Weber-Rey/Schütz*, Zum Verhältnis von Übernahmerecht und Umwandlungsrecht, AG 2001, 325; *Wenger/Kaserer/Hecker*, Konzernbildung und Ausschluss von Minderheiten im neuen Übernahmerecht: Eine verpasste Chance für einen marktorientierten Minderheitenschutz, ZBB 2001, 317; *Werner*, Probleme „feindlicher" Übernahmeangebote im Aktienrecht, Berlin/New York 1989; *Wirth/Weiler*, Änderung des Übernahmekodex ab 1.1.1998: Das erweiterte Pflichtangebot, DB 1998, 117; *Witt*, Übernahmen von Aktiengesellschaften und Transparenz der Beteiligungsverhältnisse, Köln u.a. 1998; *Wolf*, Konzerneingangsschutz bei Übernahmeangeboten, AG 1998, 212; *Zietsch/Holzborn*, Freibrief für pflichtangebotsfreie Unternehmensübernahmen?, WM 2001, 1753; *Zinser*, Pflichtangebotsregelungen in europäischen Staaten, NZG 2000, 573; *ders.*, Der RefE eines „Gesetzes zur Regelung von öffentlichen Angeboten zum Erwerb von Wertpapieren und von Unternehmensübernahmen" vom 12.3.2001, NZG 2001, 391; *ders.*, Der Entwurf eines Übernahmegesetzes, ZRP 2001, 363; *ders.*, Das neue Gesetz zur Regelung von öffentlichen Angeboten zum Erwerb von Wertpapieren und von Unternehmensübernahmen vom 1. Januar 2002, WM 2002, 15; *Zschocke*, Europapolitische Mission: Das neue Wertpapiererwerbs- und Übernahmegesetz, DB 2002, 79; *Zwissler*, Übernahmerecht in Österreich, AG 1999, 411.

Übersicht

I. Regelungsgegenstand und Systematik des fünften Abschnitts

1 Der fünfte Abschnitt des Gesetzes sieht ein Pflichtangebot vor; ging es im vierten Abschnitt um „Spielregeln" für den Fall, dass jemand mit Hilfe eines (freiwilligen) öffentlichen Kauf- oder Tauschangebots

an alle Aktionäre die Kontrolle über die Zielgesellschaft *erlangen will* (vgl. § 29 Abs. 1), so statuiert § 35 für den Fall, dass die Kontrolle *erlangt wird*, die Verpflichtung des Kontrollinhabers, allen Aktionären ein Kauf- oder Tauschangebot zu unterbreiten. Mit dieser Angebotspflicht will der Gesetzgeber einem Minderheitsaktionär im Falle eines Kontrollwechsels, dem kein öffentliches Übernahmeangebot vorausgegangen ist, die Möglichkeit geben, seine Beteiligung an dem Unternehmen zu einem angemessenen Preis zu veräußern (Regierungsbegründung, BR-Drucks. 574/01, S. 3 f. und 69).

Der Wille, eine Angebotspflicht gesetzlich zwingend zu regeln, war für den Gesetzgeber wesentliches Motiv, das WpÜG zum 1. 1. 2002 in Kraft zu setzen. Dahinter stand die Erwatung, dass infolge der Änderung des § 8 b KStG, zu der es mit Wirkung zum Veranlagungszeitraum 2002 gekommen ist,[1] sich die Beteiligungsverhältnisse bei vielen Aktiengesellschaften umfassend ändern würden. 2

Pflichtangebotsregelungen sind mittlerweile sehr weit verbreitet. Sie finden sich im nationalen Recht zahlreicher europäischer Staaten, die entsprechende Regelwerke teilweise schon vor vielen Jahren, teilweise im Vorgriff auf die (nunmehr vorerst gescheiterte) EG-Übernahmerichtlinie erlassen haben (s. sogleich Rn. 6 ff.). Unter Aufgabe langjähriger Bedenken meinte der deutsche Gesetzgeber daher, im Interesse der **Wettbewerbsfähigkeit des Finanzplatzes Deutschland** und dessen **Attraktivität für Anleger aus dem Ausland** nicht zurückstehen zu dürfen. So muss nun derjenige, der 30 % der Stimmrechte und damit die Kontrolle über eine Zielgesellschaft erlangt, dies veröffentlichen und allen anderen Aktionären ein Angebot zum Erwerb ihrer Aktien unterbreiten (§ 35 Abs. 1 und 2). 3

Mit Blick darauf, dass es in bestimmten Fällen unangemessen sein kann, eine Angebotspflicht zu statuieren, wurden in § 36 und § 37 **Aus-** 4

1 Und zwar durch das Steuersenkungsgesetz vom 20. 12. 2000 (BGBl. I S. 1850): Gewinne einer Kapitalgesellschaft aus der Veräußerung von Anteilen an anderen Kapitalgesellschaften sind von der Besteuerung freigestellt worden; falls die Anteilsinhaber natürliche Personen sind, werden nach § 3 Nr. 40 EStG n. F. die Veräußerungsgewinne nur zur Hälfte besteuert. Zu diesen Neuerungen vgl. nur *Dieterlen/Schaden*, BB 2000, 2492 ff. – § 8 b KStG wie § 3 Nr. 40 EStG sind durch das Gesetz zur Fortentwicklung des Unternehmenssteuerrechts vom 20. 12. 2001 (BGBl. I S. 3858) neuerlich geändert worden, und zwar gleichfalls mit Wirkung zum Veranlagungszeitraum 2002; diese Änderungen lassen die entscheidende Stoßrichtung der vorherigen Änderung (Steuerfreiheit bzw. bloß hälftige Besteuerung von Veräußerungsgewinnen) unberührt, verstärken sie sogar noch.

nahmetatbestände verankert. Dabei geht es in § 36 um die Nichtberücksichtigung *bestimmter* Stimmrechte bei der Feststellung, ob die Kontrollschwelle erreicht oder überschritten wurde; in den dort (abschließend) aufgeführten Fällen entscheidet das Bundesaufsichtsamt ohne Ermessen und ohne Einbeziehung des Interesses der Minderheitsaktionäre an einem (Pflicht-)Angebot. § 37 hingegen stellt (i.V.m. §§ 8 bis 12 AngebotsVO) eine „offene" Regelung dar, die es dem Bundesaufsichtsamt ermöglicht, in bestimmten anderen als den Fällen des § 36 den divergierenden Interessen des Kontrollinhabers und der Minderheitsaktionäre angemessen Rechnung zu tragen; auf Antrag kann der Kontrollinhaber *in toto* von der Veröffentlichungs- und der Angebotspflicht befreit werden.

5 Nach dem Konzept des Gesetzes, wie es in § 39 Ausdruck findet, gelten für Pflichtangebote grundsätzlich die **gleichen Vorschriften wie für freiwillige Übernahmeangebote**. Dies beruht auf der Überlegung, dass jemand, der infolge eines freiwilligen Übernahmeangebots die Kontrolle in einer Gesellschaft innehat, nicht verpflichtet sein soll, ein weiteres Angebot abzugeben, weil dies zu unnötigem Zeit- und Kostenaufwand führen würde (Regierungsbegründung, BR-Drucks. 574/01, S. 69f.). Eine solche **„befreiende Wirkung" des freiwilligen Übernahmeangebots** im Hinblick auf ein Nachfolgendes Pflichtangebot ist in § 35 Abs. 3 statuiert; dies hält der Gesetzgeber jedoch nur dann für gerechtfertigt, wenn das freiwillige Übernahmeangebot bereits jenen Anforderungen unterliegt, die für ein Pflichtangebot gelten, weil anderenfalls die für ein Pflichtangebot geltenden Schutzmechanismen, insbesondere die Mindestpreisregelung (vgl. § 31) unterlaufen werden könnten (Regierungsbegründung, BR-Drucks. 574/01, S. 70). Konsequent sind Teilangebote, also Übernahmeangebote, die sich nur auf einen Teil der Zielgesellschaftsaktien erstrecken, unzulässig (§ 32). Es ist zu begrüßen, dass die geschilderte Konzeption den merkwürdigen Dualismus zwischen freiwilligem Übernahmeangebot und Pflichtangebot vermeidet, wie ihn der gescheiterte Entwurf einer **EG-Übernahmerichtlinie** vorgeben wollte:[2] Dort wollte man Teil-Übernahmeangebote zulassen; eine Angebotspflicht sollte freilich nur für den Fall nicht bestehen, dass die Kontrolle infolge eines an alle Aktionäre der Zielgesellschaft gerichteten freiwilligen Übernahmeangebots erlangt sein würde (Art. 5 Abs. 2 E-ÜbernahmeRL).

---

2 So mit Recht *Altmeppen*, ZIP 2001, 1073, 1081.

II. Pflichtangebote in anderen europäischen Staaten

1. Frankreich

In Frankreich ist die **Angebotspflicht** im *Règlement général* des Rates der Finanzmärkte (Conseil des Marchés Financiers – CMF) geregelt (RCMF). Danach muss, wer allein oder gemeinsam mit in Abstimmung (*de concert*) mit ihm handelnden Personen eine Beteiligung von **mehr als einem Drittel am Grundkapital oder an den Stimmrechten einer börsennotierten Gesellschaft** (*société anonyme*) erwirbt, den CMF informieren und ein Angebot an alle anderen Aktionäre abgeben (Art. 5-5-2 RCMF). Die Angebotspflicht wird außerdem ausgelöst im Falle der Erlangung der **Kontrolle über einen Rechtsträger, der seinerseits zu mehr als einem Drittel an der Zielgesellschaft** beteiligt ist (Art. 5-5-3 RCMF); dabei wird „Kontrolle" ab einer 40%igen Beteiligung vermutet (Art. L 233-3 Code de Commerce).[3] 6

2. Großbritannien

In Großbritannien hält man mit Blick auf Übernahmeangebote bis heute an dem selbstregulierenden System des City Code on Takeovers and Mergers fest, der einen nicht-rechtlichen Verhaltenskodex der britischen Finanzwirtschaft darstellt.[4] Nach rule 9.1 des London City Code muss derjenige, der allein oder im Zusammenwirken mit anderen einen **Stimmrechtsanteil von 30% an einer Gesellschaft** (*public limited company*) erreicht, allen anderen Aktionären ein Angebot unterbreiten; ob die Aktien der Gesellschaft an der Börse notiert werden oder nicht, ist unerheblich. Das Angebot muss unter der Bedingung stehen, dass der Bieter mindestens 50% der Stimmrechte erlangt; gelingt dies nicht, soll der Bieter die Annahmeerklärungen verfallen lassen und seine Beteiligung auf unter 30% reduzieren.[5] 7

---

3 Zur französischen Regelung von Pflichtangeboten vgl. *Helms*, Konzernrecht und Kapitalmarktrecht in Frankreich, in: Doralt, Konzernrecht und Kapitalmarktrecht, 2001, S. 69, 90ff.; *Klein/Stucki*, RIW 2001, 488, 490.

4 Allgemein zum britischen City Code, der mittlerweile in der siebten Auflage vom 9.3.2001 vorliegt, vgl. *Witt*, Übernahmen von Aktiengesellschaften und Transparenz der Beteiligungsverhältnisse, 1998, S. 125 m. w. Nachw.

5 Zu rule 9 des London City Code vgl. *Prentice*, Konzernrecht und Kapitalmarktrecht in Großbritannien, in: Doralt, Konzernrecht und Kapitalmarktrecht, 2001, S. 99, 120ff.; *Zinser*, RIW 2001, 481, 484f.

3. Italien

8 Unter dem Regime des seit dem 1.7.1998 geltenden Börsengesetzes (*Testo unico delle disposizioni in materia di intermediazione finanziaria* – T.U.) muss in Italien derjenige, der 30% der **Stammaktien einer börsennotierten Gesellschaft** (*società per azioni*) erwirbt, der Börsenaufsichtsbehörde CONSOB Mitteilung machen und innerhalb von 30 Tagen ein Übernahmeangebot für die restlichen Stammaktien abgeben (Art. 106 Abs. 1 T.U.). Hinter dieser Regelung steckt der Gedanke, dass, wer 30% hält, in Hauptversammlungen regelmäßig über die Präsenzmehrheit verfügt.

9 In Italien löst aber auch das **Überschreiten der 90%-Schwelle** die Angebotspflicht aus: Sind derart viele Stammaktien einer börsennotierten Gesellschaft in einer Hand vereinigt, so ist ein Pflichtangebot für alle stimmberechtigten Aktien abzugeben (Art. 108 T.U.; sog. *offerta residuale*). Hinter dieser Regelung steht der Gedanke, bei einer so großen Zusammenballung sei kein ordnungsgemäßer Börsenhandel mitsamt marktgerechter Preisbildung mehr gewährleistet. So setzt denn auch die CONSOB den zu offerierenden Preis fest. Ein solches Angebot ist dann nicht abzugeben, wenn der betreffende Aktionär innerhalb von vier Monaten nach Überschreiten der 90%-Schwelle einen free float sicherstellt, der einen regulären Börsenhandel ermöglicht; dies kann durch eine Kapitalerhöhung, aber auch durch Aktienveräußerung geschehen.[6]

4. Österreich

10 Nach dem österreichischen Übernahmegesetz (öÜbG), das seit dem 1.1.1999 in Kraft ist, unterliegt der Pflicht zur Abgabe eines Angebots an alle anderen Aktionäre, wer eine kontrollierende Beteiligung an einer börsennotierten Aktiengesellschaft erlangt (§ 22 Abs. 1 öÜbG). Der Begriff der kontrollierenden Beteiligung wird in § 22 Abs. 2 bis 6 öÜbG näher definiert; kontrollierend ist jedenfalls eine Beteiligung, die es dem Bieter allein oder gemeinsam mit anderen, mit denen er abgestimmt vorgeht, ermöglicht, einen **beherrschenden Einfluss auf die Zielgesellschaft** auszuüben (§ 22 Abs. 2 öÜbG).

---

6 Zur Regelung von Pflichtangeboten in Italien vgl. *Kindler*, Konzernrecht und Kapitalmarktrecht in Italien, in: Doralt, Konzernrecht und Kapitalmarktrecht, 2001, S. 123, 147 ff.; *Schmid*, AG 1999, 402, 407 ff.; *Diemer/Hasselbach*, NZG 2000, 824, 829 f.

Darüber hinaus hat die Übernahmekommission zwei Tatbestände statuiert, bei deren Vorliegen eine **kontrollierende Beteiligung widerleglich vermutet** wird. Dies ist einerseits eine Beteiligung, die 30% oder mehr der Stimmrechte der Zielgesellschaft vermittelt, andererseits eine Beteiligung von mindestens 20%, aber weniger als 30% der Stimmrechte der Zielgesellschaft, wenn diese Beteiligung ausgereicht hat oder hätte, um in jeder der letzten drei ordentlichen Hauptversammlungen die einfache Mehrheit zu repräsentieren (§§ 2 Abs. 1, 3 Abs. 1 der 1. öÜbV i. V. mit § 22 Abs. 5 öÜbG). Außerdem unterliegt der Angebotspflicht, wer eine kontrollierende Beteiligung, aber weniger als 50% der Stimmrechte hält, und innerhalb von zwölf Monaten weitere Aktien der Zielgesellschaft erwirbt, die ihm zusätzlich 2% oder mehr der Stimmrechte vermitteln (§ 1 der 2. öÜbV i. V. mit § 22 Abs. 6 öÜbG). Die Satzung der Zielgesellschaft kann vorsehen, dass schon eine 20%ige Stimmrechtsbeteiligung die Vermutung des Vorliegens einer kontrollierenden Beteiligung begründet (§ 27 Abs. 1 Ziff. 1 öÜbG).[7] 11

5. Schweiz

Unter dem Regime des seit dem 1. 1. 1998 geltenden Bundesgesetzes über die Börsen und den Effektenhandel (sBEHG) lautet die **Pflichtangebotsregelung** in der Schweiz wie folgt: Wer direkt oder indirekt oder in gemeinsamer Absprache mit Dritten so viele Aktien einer börsennotierten Gesellschaft erwirbt, dass er zu **mehr als einem Drittel an den Stimmrechten der Gesellschaft** beteiligt ist, muss ein Angebot an alle Inhaber börsennotierter Beteiligungspapiere der Zielgesellschaft abgeben; (Ziel-) Gesellschaften können in ihren Statuten einen höheren Grenzwert festlegen, höchstens aber einen solchen von 49% der Stimmrechte (Art. 32 Abs. 1 sBEHG).[8] 12

---

7 Zur Regelung von Pflichtangeboten in Österreich vgl. *Zwissler*, AG 1999, 411, 415 ff.; *Stockenhuber*, RIW 1999, 752, 757 ff.; *Roth/Zinser*, EWS 2000, 233, 237 f.; *Zinser*, NZG 2000, 573, 576 f. Vgl. außerdem die jeweiligen Anmerkungen zur „Regelung in Österreich“ in der Kommentierung der §§ 35 ff.

8 Zur schweizerischen Regelung von Pflichtangeboten vgl. *Meier-Schatz*, ZBB 1997, 325, 341 f.; *Nobel*, Konzernrecht und Kapitalmarktrecht in der Schweiz, in: Doralt, Konzernrecht und Kapitalmarktrecht, 2001, S. 227, 232 f.; *Zinser*, NZG 2000, 573, 575 f. Vgl. außerdem die jeweiligen Anmerkungen zur „Regelung in der Schweiz“ in der Kommentierung der §§ 35 ff.

III. Diskussion und Entwicklung auf europäischer Ebene

13 Im Rahmen der jahrelangen Bemühungen der EG-Kommission, das Übernahmeangebote betreffende Recht in den Mitgliedstaaten anzugleichen (oder überhaupt erst auf den Weg zu bringen), waren die Aufnahme eines **Pflichtangebots** in die angestrebte Richtlinie und seine Ausgestaltung lange Zeit hindurch ein **zentraler Streitpunkt**. Die Meinungsverschiedenheiten zwischen den Mitgliedstaten hatten maßgeblichen Anteil daran, dass sich die Verabschiedung einer 13. Richtlinie immer wieder verzögerte. In den Jahren 1999/2000 waren sie jedoch überwunden, wie im gemeinsamen Standpunkt des Ministerrats vom 19.6.2000 deutlich wurde; dass die Richtlinie im Sommer 2001 (vorläufig) gescheitert ist, beruhte dann ausschließlich auf Uneinigkeit darüber, inwieweit die Verwaltung der Zielgesellschaft befugt sein sollte, Abwehrmaßnahmen gegen missliebige Übernahmen zu ergreifen, und/oder inwieweit sie passiv zu bleiben hatte (dazu § 33 Rn. 21). Ein neuerlicher Anlauf der EG-Kommission für eine Übernahmerichtlinie dürfte daher, was die Verankerung eines Pflichtangebots angeht, auf keine Schwierigkeiten stoßen.

14 Bereits im **ersten Richtlinienentwurf von 1989** war ein Pflichtangebot vorgesehen. Wer durch Erwerb von Wertpapieren einen bestimmten Anteil der Stimmrechte in einer börsennotierten oder relativ großen Gesellschaft erwerben wollte, sollte zur Abgabe eines Angebots an alle Aktionäre der Gesellschaft verpflichtet sein (Art. 4 Abs. 1 des Richtlinienvorschlags in der Fassung von 1989); der maßgebliche Schwellenwert sollte im nationalen Recht festzusetzen sein und **höchstens 1/3 aller Stimmrechte** in der Gesellschaft betragen.[9] Im **Richtlinienentwurf von 1990** wurde diese Bestimmung weitgehend beibehalten; es sollte freilich nicht mehr auf das subjektive Element ankommen, ob der Betreffende erwerben *wollte*, sondern darauf, ob er den festgesetzten Stimmrechtsanteil (ein Drittel oder weniger) tatsächlich *hielt* (Art. 4 Abs. 1 des Richtlinienentwurfs in der Fassung von 1990).[10]

---

9 Zur Regelung von Pflichtangeboten im Richtlinienentwurf von 1989 vgl. *Basaldua*, Der Vorschlag für eine dreizehnte Richtlinie des Rates auf dem Gebiet des Gesellschaftsrechts über öffentliche Übernahmeangebote, in: Assmann/Basaldua/Bozenhardt/Peltzer, Übernahmeangebote, ZGR-Sonderheft 9, 1990, S. 157, 170 ff.; *Peltzer*, Übernahmeangebote nach künftigem Europa-Recht und dessen Umsetzung in deutsches Recht, ebda., S. 179, 191 ff.; *Baums*, ZIP 1989, 1376 ff.; *Grunewald*, WM 1989, 1233, 1236 ff.

10 Zu Art. 4 des Richtlinienentwurf in der Fassung von 1990 *Knoll*, Die Übernahme von Kapitalgesellschaften, 1992, S. 172 ff.; *Grunewald*, WM 1991, 1361, 1362 ff.; *Sandberger*, DZWiR 1993, 319, 322 ff.; *Munscheck*, RIW 1995, 388, 391 ff.

Angesichts der anhaltenden Bedenken insbesondere in Deutschland gegen ein Pflichtangebot schlug die EG-Kommission im **Richtlinienentwurf von 1996** eine andere Richtung ein und versuchte, die unterschiedlichen Regelungsmodelle, wie sie in den Mitgliedstaaten zum Schutz von Minderheitsaktionäre verfolgt werden, gleichberechtigt nebeneinander zu stellen. Es sollte der Entscheidung des einzelnen Mitgliedstaats überlassen bleiben, ob er für den Fall des Erwerbs eines die Kontrolle über eine börsennotierte Gesellschaft begründenden Anteils an deren Stimmrechten ein Pflichtangebot statuieren wollte; ein solches sollte sich dann auch nur auf einen **wesentlichen Teil der Wertpapiere** der betreffenden Gesellschaft erstrecken müssen (Art. 10 Abs. 1 des Richtlinienentwurfs in der Fassung von 1996). Alternativ zu einem derartigen Pflichtangebot sollten die Mitgliedstaaten für den Fall des Kontrollerwerbs **andere geeignete und mindestens gleichwertige Vorkehrungen** zum Schutze der Minderheitsaktionäre der betroffenen Gesellschaft vorsehen können (Art. 3 Abs. 1 des Richtlinienentwurfs in der Fassung von 1996); diese Regelung, die als „Scheinharmonisierung" bezeichnet wurde,[11] war erklärtermaßen auf Deutschland und sein Konzernrecht (dazu unten Rn. 29 ff.) zugeschnitten. Die **genaue Höhe des Stimmrechtsanteils**, der die Kontrolle über eine Gesellschaft begründet, und seine Berechnung sollten sich nach dem Recht des jeweiligen Mitgliedstaats richten (Art. 3 Abs. 2 des Richtlinienentwurfs in der Fassung von 1996).[12] In der **Vorschlagsfassung von 1997** kam es nur zu kleineren Änderungen. So wurde der Begriff des „wesentlichen Teils" der Wertpapiere, auf den sich das Pflichtangebot mindestens sollte beziehen müssen (falls ein Mitgliedstaat ein solches statuieren sollte), dahingehend präzisiert, dass eine **Schwelle von 70 %** der Wertpapiere der Zielgesellschaft nicht unterschritten werden sollte (Art. 10 Abs. 2 des Richtlinienentwurfs in der Fassung von 1997).[13] 15

Der **gemeinsame Standpunkt des Ministerrats** vom 19.6.2000 dokumentierte, dass in der Zwischenzeit in keinem Mitgliedstaat (auch nicht in Deutschland) länger Bedenken gegen ein Pflichtangebot be- 16

11 *Buck*, Übernahmeangebote – Probleme des aktuellen Richtlinienvorschlags der EG, in: Europäisierung des Privatrechts, Jahrbuch Junger Zivilrechtswissenschaftler 1997, hrsg. von Weber u.a., 1998, S. 157, 167.

12 Zur Regelung von Pflichtangeboten im Richtlinienentwurf von 1996 vgl. *Buck* (Fn. 11), S. 164 ff.; *Roos*, WM 1996, 2177, 2183 ff.; *Peter*, SZW/RSDA 1996, 177, 178 f.; *Hopt*, ZHR 161 (1997), 368, 384 ff.; *Krause*, AG 1996, 209, 211 ff.

13 Zu Artt. 3, 10 des Richtlinienentwurf in der Fassung von 1997 *Habersack*, Europäisches Gesellschaftsrecht, 1999, Rn. 346 ff.; *Kallmeyer*, ZIP 1997, 2147 f.; *Witt*, EWS 1998, 318, 322 f.

standen. Nach Art. 5 Abs. 1 des Richtlinienvorschlags in dieser Fassung sollten die Mitgliedstaaten für den Fall, dass jemand einen bestimmten, die Kontrolle begründenden Anteil an den Stimmrechten einer börsennotierten Gesellschaft erlangen würde, dafür zu sorgen haben, dass Vorschriften zum Zuge kommen, nach denen die betreffende Person zum Schutz der Minderheitsaktionäre **zur Abgabe eines Angebots verpflichtet** sein würde. Der Anteil der Stimmrechte, der eine Kontrolle begründet, und die Art der Berechung dieses Anteils sollten sich nach den Vorschriften des Mitgliedstaates bestimmen, in dem die Gesellschaft ihren Sitz hat (Art. 5 Abs. 5 des Richtlinienvorschlags in der Fassung des gemeinsamen Standpunkts). Andere **geeignete und mindestens gleichwertige Vorkehrungen** zum Schutz der Minderheitsaktionäre der Gesellschaft sollten in den Mitgliedstaaten nur noch für eine Übergangszeit von einem Jahr nach dem Umsetzungsstichtag anstelle eines Pflichtangebots bestehen dürfen, sofern diese Vorkehrungen eigens für den Fall des Übergangs der Kontrolle vorgesehen wären und besondere finanzielle Gegenleistungen für die Minderheitsaktionäre zum Gegenstand hätten; anschließend sollten weitere Instrumente zum Schutz der Aktionärsinteressen neben dem Pflichtangebot nur bestehen können, sofern sie den normalen Gang des Angebotsverfahrens nicht behindern würden (Art. 5 Abs. 3 und 4 des Richtlinienvorschlags in der Fassung des gemeinsamen Standpunkts).[14]

17 Im anschließenden Vermittlungsverfahren wurde Art. 5 des gemeinsamen Standpunkts unverändert in den vom Vermittlungsausschuss gebilligten Text vom 6.6.2001 übernommen, der schlussendlich am 4.7.2001 vom Europäischen Parlament abgelehnt wurde.

IV. Pflichtangebote nach dem Übernahmekodex

18 Als man in Deutschland im Jahre 1979 im Bereich des Übernahmerechts den Weg der freiwilligen Selbstkontrolle einschlug, blieben **Pflichtangebote noch außen vor**. Die „Leitsätze für öffentliche freiwillige Kauf- und Umtauschangebote" der Börsensachverständigenkommission vom Januar 1979 enthielten, wie der Titel schon deutlich macht, keine Verpflichtung zur Abgabe eines Angebots.

19 Der sog. Übernahmekodex der Börsensachverständigenkommission beim Bundesfinanzministerium vom 14.7.1995, der ab dem 1.10.1995

14 Zu Art. 5 des Richtlinienentwurfs in der Fassung des gemeinsamen Standpunkts von 2000 *Neye*, AG 2000, 289, 292 f.; *Pötzsch/Möller*, WM Beilage 2/2000, S. 1, 8.

aufgrund freiwilliger Unterwerfung der beteiligten Personen Anwendung finden sollte, sah dann allerdings – und damals durchaus überraschend – in seinem Art. 16 ein **Pflichtangebot** vor. Wer durch börslichen oder außerbörslichen Erwerb die Schwelle von **50 % der Stimmrechte** einer börsennotierten Aktiengesellschaft (oder KGaA) überschritt, war gehalten, allen anderen Aktionären der Zielgesellschaft ein Angebot zur Übernahme ihrer Anteile zu machen, sofern weder der Mehrheitsaktionär selbst noch die Zielgesellschaft innerhalb von 18 Monaten nach Überschreiten der 50 %-Schwelle Beschlüsse über einen Unternehmensvertrag mit der Zielgesellschaft, deren Eingliederung oder Formwechsel oder ihre Verschmelzung mit dem Mehrheitsaktionär herbeiführte. Dass man diese Ausnahmen statuierte, beruhte auf der Einschätzung, der gesellschaftsrechtliche Minderheitenschutz, wie er im Rahmen der jeweiligen Transaktion besteht, sei ausreichend. Kein Pflichtangebot sollte aber u. a. auch dann abzugeben sein, wenn der Mehrheitsaktionär innerhalb von 18 Monaten nach Überschreiten der 50 %-Schwelle von der Angebotsabgabe durch die Hauptversammlung der Zielgesellschaft befreit wurde (und zwar ohne Beteiligung des Mehrheitsaktionärs an der betreffenden Beschlussfassung).[15]

In der geänderten Fassung, in welcher der Übernahmekodex ab dem 1. 10. 1998 und – insoweit – bis zum 31. 12. 2001 bestand, wurde Art. 16 **erheblich verschärft**: Es wurde in Art. 16 des Kodex für die Angebotspflicht nunmehr auf die Erreichung der Kontrolle über eine börsennotierte Aktiengesellschaft (oder KGaA) abgestellt. Dabei hatte die Kontrolle nicht nur erreicht, wer über die Mehrheit der Stimmrechte oder den maßgeblichen personellen Einfluss verfügte; ausreichend war es vielmehr auch, wenn dem betreffenden Aktionär **aufgrund einer mit anderen Aktionären der Zielgesellschaft getroffenen Vereinbarung** die **Mehrheit der Stimmrechte** allein oder gemeinsam mit anderen Aktionären zustand oder wenn er einen Stimmrechtsanteil erlangte, der bei der ersten Beschlussfassung in allen **drei vorhergehenden ordentlichen Hauptversammlungen** zu einem Stimmrechtsanteil von jeweils mindestens **drei Vierteln des präsenten, stimmberechtigten Grundkapitals** geführt hätte.[16] Die Fälle, in denen ausnahmsweise kein Angebot 20

15 Zur Regelung von Pflichtangeboten im Übernahmekodex von 1995 vgl. *Assmann*, AG 1995, 563, 569 ff.; *Schuster*, Die Bank 1995, 609, 611 ff.; *Thoma*, ZIP 1996, 1725, 1726 ff.; *Kallmeyer*, AG 1996, 169, 170; *ders.*, ZHR 161 (1997), 435, 436 ff.; *Weisgerber*, ZHR 161 (1997), 421, 426 ff.

16 Zu Art. 16 des Übernahmekodex in der geänderten Fassung *Wirth/Weiler*, DB 1998, 117 ff.; *Schander*, NZG 1998, 799, 801 f.; *Roth/Zinser*, EWS 2000, 233, 238 f.; *Zin-*

abzugeben war, blieben im Wesentlichen unverändert; die von der Angebotspflicht befreiende, nachfolgende Verschmelzung der Zielgesellschaft sollte freilich nicht mehr eine solche mit dem Mehrheitsaktionär sein müssen.

V. Festlegung der die Angebotspflicht auslösenden Schwelle auf 30% der Stimmrechte

21 Im nunmehr geltenden WpÜG ist die **Kontrolle**, deren Erlangung die Angebotspflicht auslöst, als Halten von **mindestens 30 % der Stimmrechte** an der Zielgesellschaft definiert (§ 29 Abs. 2). Hierbei hat sich der Gesetzgeber einerseits an den Regelungen in **anderen Rechtsordnungen** orientiert, die zumeist Grenzwerte von 30% oder einem Drittel der Stimmrechte vorsehen, andererseits an den **Präsenzen in den Hauptversammlungen** börsennotierter deutscher Unternehmen, in denen eine Beteiligung von 30% in aller Regel eine Mehrheit vermittelt (Regierungsbegründung, BR-Drucks. 574/01, S. 4, 69 und 129); eine niedrigere Kontrollschwelle (z.B. 25%) hätte hingegen, so die Regierungsbegründung, den Unternehmen aufgrund der Regelung über Pflichtangebote die Möglichkeit genommen, Minderheitsbeteiligungen zu erwerben (BR-Drucks. 574/01, S. 129 f.).

22 Anders als im Übernahmekodex hat man sich also für eine feste und einheitliche quantitative Kontrollschwelle entschieden. Dies hat den Vorteil, dass den Beteiligten ein hohes Maß an **Planungssicherheit** geboten wird, und stellt zudem die technisch einfachere Lösung dar.[17] Aber schon der Hinweis der Regierungsbegründung auf die Präsenzen in der Hauptversammlung zeigt, dass das, was im Übernahmekodex festgelegt war (dazu soeben Rn. 20), nicht völlig außer Acht gelassen werden soll. Denn nach Maßgabe des § 37 Abs. 1 kann das Bundesaufsichtsamt **vom Pflichtenkanon** nach § 35 Abs. 1 Satz 1 und Abs. 2 Satz 1 **befreien**, sofern dies im Hinblick auf die tatsächliche Möglichkeit zur Ausübung der Kontrolle in der Zielgesellschaft gerechtfertigt erscheint. Beispielhaft führt § 9 Satz 2 Nr. 2 AngebotsVO den Fall an,

---

ser, NZG 2000, 573, 577 f.; *Letzel*, NZG 2001, 260 ff.; *Riehmer/Schröder*, BB 2001, Beilage 5, S. 1, 9 ff.

17 *Houben*, WM 2000, 1873, 1878 f.; *Zinser*, NZG 2001, 391, 396; *ders.*, ZRP 2001, 363, 366; *ders.*, WM 2002, 15, 21; vgl. auch *Zietsch/Holzborn*, WM 2001, 1753, 1754; gegen die Heranziehung eines bestimmten Kontrollrechtsanteils als alleiniges Kriterium der Auslösung einer Angebotsverpflichtung *Munscheck*, RIW 1995, 998, 999 ff.; für eine höhere Schwelle als 30% *Pluskat*, WM 2001, 1937, 1942.

in dem aufgrund regelmäßig hoher Hauptversammlungspräsenzen der Erwerber trotz einer Stimmrechtsbeteiligung von 30% nicht über die Mehrheit in der Hauptversammlung verfügen kann; so vermag das Bundesaufsichtsamt den Besonderheiten von Fällen Rechnung zu tragen, die anders liegen, als es der typisierenden Festlegung der 30%-Schwelle entspricht (dazu § 37 Rn. 22).

Leider hat der Gesetzgeber die **Anregung aus dem Schrifttum**[18] nicht aufgenommen, entsprechend der Regelung in der Schweiz (dazu o. Rn. 12 und § 35 Rn. 14) zuzulassen, dass die einzelne (Ziel-)Gesellschaft die **Kontrollschwelle in ihrer Satzung** individuell höher als bei 30% der Stimmrechte festlegt. Mit Recht ist außerdem gefordert worden, die Angemessenheit der 30%-Grenze in Zukunft unter Berücksichtigung der insbesondere durch den verstärkten Einsatz des Internets und sonstiger Neuer Medien zu erwartenden Steigerung der Präsenzen in Hauptversammlungen erneut zu überprüfen.[19] **23**

Im Schrifttum sind die Folgen der Ungleichbehandlung beklagt worden, zu denen es kommt, weil die bereits **bei Inkrafttreten des Gesetzes bestehenden Kontrollpositionen keine Angebotspflicht** auslösen (so Regierungsbegründung, BR-Drucks. 574/01, S. 147: keine Erfassung von „Altfällen"): Wer eine solche Position bereits „mitbringe", profitiere davon, dass nunmehr niemand mehr die Schwelle von 30% überschreiten könne, ohne ggf. sämtlichen Mitaktionären ihre Anteile abkaufen zu müssen; dies führe zu einer Verfestigung bestehender Beherrschungsstrukturen.[20] Weil es im WpÜG an Überleitungsvorschriften fehle, müsse in bestimmten Fällen weder (bis Ende 2001) ein Angebot nach dem Übernahmekodex (dazu o. Rn. 20) noch ein solches nach § 35 WpÜG (ab 2002) unterbreitet werden, auch wenn es nach dem 31. 12. 2001 zu einer Aufstockung der Beteiligung komme; die Folge sei ein Defizit an Schutz für die Minderheitsaktionäre.[21] **24**

Dass hier ein erhebliches **Umgehungspotential** liegt, ist nicht von der Hand zu weisen. Aus verfassungsrechtlichen Gründen wäre es freilich undenkbar gewesen, die Angebotspflicht rückwirkend zu statuieren.[22] Andererseits ist bedauerlich, dass der Gesetzgeber sich nicht zu einer Ergänzung des § 35 hat entschließen können, wie sie im Schrifttum vor- **25**

---

18 *Zinser*, NZG 2001, 391, 396; *ders.*, ZRP 2001, 363, 366.

19 *Land/Hasselbach*, DB 2000, 1747, 1753 Fn. 67.

20 *Altmeppen* (Fn. 2), 1081 f.; im gleichen Sinne bereits *Sandberger*, DZWiR 1993, 319, 325; vgl. auch *Zschocke*, DB 2002, 79, 84 f.

21 *Zietsch/Holzborn*, WM 2001, 1753, 1754. Vgl. auch *Thoma*, NZG 2002, 105, 112.

22 Dies räumt auch *Altmeppen* (Fn. 2), 1081 f., ein; ebenso *Harbarth*, ZIP 2002, 321, 324.

geschlagen worden ist:[23] Man hätte denjenigen, der bereits bei Inkrafttreten des WpÜG über eine Kontrollposition verfügt, dem Pflichtenkanon des § 35 Abs. 1 und 2 für den Fall unterwerfen sollen, dass er die **Schwelle von 50 % der Stimmrechte** an der Zielgesellschaft erreicht oder überschreitet. Und Gleiches hätte für die entsprechende Vergrößerung einer Kontrollposition angeordnet werden sollen, die **im Zeitpunkt der erstmaligen Zulassung der Aktien** der betreffenden Gesellschaft zum Handel an einem organisierten Markt (§ 2 Abs. 7), also dann bereits vorhanden ist, wenn das WpÜG erstmals Anwendung findet.

VI. Der Schutz von Minderheitsaktionären als Ziel der Angebotspflicht; Pflichtangebot und Konzernrecht

26 Der Gesetzgeber hat wenig Mühe darauf verwendet, die Notwendigkeit eines gesetzlich normierten Pflichtangebots näher zu begründen; er begnügt sich vielmehr mit dem Hinweis, ein **Minderheitsaktionär** solle im Falle eines Kontrollwechsels, dem kein öffentliches Übernahmeangebot vorausgegangen sei, die Möglichkeit haben, seine Beteiligung an dem Unternehmen zu einem **angemessenen Preis** veräußern zu können (Regierungsbegründung, BR-Drucks. 574/01, S. 3 f. und 69). Dies überrascht, wenn man sich in Erinnerung ruft, dass eine gesetzlich verankerte Angebotspflicht hierzulande viele Jahre lang allgemein abgelehnt wurde und teilweise noch heute abgelehnt oder jedenfalls mit Skepsis betrachtet wird.[24] So beruhte der Widerstand

---

23 *Zietsch/Holzborn* (Fn. 21), 1755. Vergleichbare Vorschläge sind verschiedentlich (und z. T unter Verweis auf die österreichische Regelung; dazu Rn. 11 und § 35 Rn. 11) auch in der Anhörung zum WpÜG-Entwurf vor dem Finanzausschuss des Bundestages am 18. 10. 2001 gemacht worden, so vom Bundesverband Deutscher Investment- und Vermögensverwaltungs-Gesellschaften e.V., dem Zentralen Kreditausschuss der Banken- und Sparkassenverbände und von der Börsensachverständigenkommission beim Bundesfinanzministerium. Kritisch zu alledem *Meyer*, in: Geibel/Süßmann, Kommentar zum WpÜG, 2002, § 35 Rn. 41.

24 Vgl. nur *Assmann/Bozenhardt*, Übernahmeangebote als Regelungsproblem zwischen gesellschaftsrechtlichen Normen und zivilrechtlich begründeten Verhaltensgeboten, in: Assmann/Basaldua/Bozenhardt/Peltzer, Übernahmeangebote, ZGR-Sonderheft 9, 1990, S. 1, 49 ff.; *Mertens*, AG 1990, 252, 256 ff.; *Hommelhoff/Kleindiek*, AG 1990, 106 ff.; *Sandberger*, DZWiR 1993, 319, 325 ff.; und noch aus jüngster Zeit Altmeppen, ZIP 2001, 1073, 1080 ff. – *Loritz/Wagner*, WM 1991, 709 ff., haben bereits vor gut einer Dekade verfassungsrechtliche Bedenken gegen ein gesetzlich verankertes Pflichtangebot geltend gemacht; vgl. auch *Beckmann*, Übernahmeangebote in Europa, 1995, S. 108 ff.; *Krause*, Das obligatorische Übernahmeangebot, 1996, S. 162 ff.; *Thoma*, ZIP 1996, 1731, 1733 f.; *Kallmeyer*, ZHR 161 (1997), 435, 436; *Meyer* (Fn. 23), § 35 Rn. 10 ff.

Deutschlands gegen die geplante EG-Übernahmerichtlinie lange Zeit hindurch maßgeblich darauf, dass die Richtlinie nach der Vorstellung fast aller anderen Mitgliedstaaten ein Pflichtangebot vorsehen sollte (dazu o. Rn. 13 ff.).

Die Übernahmekommission als das Gremium, das zur Überwachung der Einhaltung des Übernahmekodex fungierte (vgl. dessen Artt. 20 ff.), hatte in ihren Anmerkungen zum Kodex vom Sommer 1996[25] auch auf die **Chancengleichheit unter allen Aktionären** verwiesen: Minderheitsaktionäre könnten ohne ein Pflichtangebot nicht notwendig an den Chancen einer Mehrheitsübernahme (Verkauf zu einem deutlich über dem Börsenkurs liegenden Preis) partizipieren und damit ihre Vermögensposition sichern. Dieses Postulat, das mit Recht als ein für den Aktienhandel zumindest überraschendes bezeichnet worden ist,[26] findet sich in der Regierungsbegründung nicht. Jedenfalls darf der Höchstpreis, den der Bieter in den letzten drei Monaten selbst gezahlt hat, im Pflichtangebot nicht unterschritten werden (§ 4 AngebotsVO), und ein so genannter Paketzuschlag, wie er beim Erwerb größerer Aktienblöcke außerhalb der Börse regelmäßig gezahlt wird, muss somit unverkürzt an die Übrigen Aktionäre weitergegeben werden. Dies ist eine durchaus fragwürdige Regelung.[27] Denn es gehört zum Wesen eines **marktwirtschaftlichen Systems**, dass die Preisfindung allein Sache der Beteiligten ist, und es besteht keine Veranlassung oder gar Verpflichtung, andere Marktteilnehmer an den Vorteilen eines wirtschaftlich guten Geschäfts in vollem Umfang partizipieren zu lassen oder ihnen gar ein ähnlich gutes Geschäft anzutragen.[28] Andererseits ist nicht von der Hand zu weisen, dass Aktien beherrschter Unternehmen regelmäßig schlechter bewertet werden als Aktien von Gesellschaften, deren Anteile breit gestreut sind. Hintergrund ist, dass die mit Stimmrechten einhergehende **Möglichkeit der Unternehmenskontrolle** einen **eigenen wirtschaftlichen Wert** besitzt. Solange die Aktien einer Gesellschaft breit gestreut sind, verteilt sich dieser Mehrwert als eine Art antizipierte Kontrollprämie gleichmäßig auf alle stimmberechtigten Anteile, während er sich nach einer 27

25 Zitiert bei *Letzel*, NZG 2001, 260, 261; abgedruckt auch bei *Schuster/Zschocke*, Übernahmerecht – Takeover Law, 1996, S. 102 ff.

26 *Letzel* (Fn. 25), 262.

27 Zur Frage der angemessenen Höhe des Pflichtangebots ausführlich *Houben* (Fn. 17), 1879 ff.

28 So mit Recht *Letzel* (Fn. 25), 262.

Übernahme auf die vom Kontrollinhaber gehaltenen Anteile beschränkt.[29]

28 Das Bestreben, den Minderheitsaktionär davor zu schützen, dass sein Anteil durch das Auftreten eines Mehrheitsaktionärs (oder durch dessen späteres Handeln) entwertet wird, kommt demnach auch dem **Wertpapiermarkt** als solchem zugute. Dass dieser **funktionsfähig** und **liquide** ist, stellt eine Grundvoraussetzung für wirtschaftliches Wachstum dar; er ist aber nur dann für Anleger attraktiv, wenn die Gefahr einer möglichen Vermögenseinbuße als Folge einer Übernahme möglichst gering ist.[30] Das Pflichtangebot ist daher mit Recht als ein Tribut bezeichnet worden, den das Aktienrecht, in dem es einen Fremdkörper darstellt, dem Kapitalmarkt zollen muss.[31]

29 War das Ziel des **Minderheitenschutzes** bei Kontrollwechseln seit jeher unstreitig, so wurde doch immer wieder darauf verwiesen, das deutsche Konzernrecht biete Minderheitsaktionären hinreichenden Schutz. Schlagwortartig zusammengefasst lautet das Argument, der bestehende Konzern*bestands*schutz reiche aus, ein (zusätzlicher) Konzern*eingangs*schutz sei nicht erforderlich oder allein jedenfalls nicht ausreichend.[32]

30 Obwohl eine Pflichtangebotsregelung als Präventivschutz im Aktienkonzernrecht fungiert, hat der deutsche Gesetzgeber zu keiner Zeit erwogen, das Pflichtangebot an die Stelle des materiellen Aktienkonzernrechts der §§ 291 ff. AktG zu setzen, das Leitungsmacht und Verantwortung in Einklang bringt; ebenso wenig wollte der gescheiterte Entwurf einer EG-Übernahmerichtlinie dies vorgeben (vgl. o. Rn. 16 a. E.). Die Annahme, die **konzernrechtlichen Schutzvorschriften** für die außenstehenden Aktionäre (und die Gläubiger) abhängiger Aktiengesellschaften gegen die mit der Beherrschung verbundenen Gefahren und Nachteile seien wegen des Pflichtangebots entbehrlich, wäre zudem verfehlt. Denn nicht nur, dass die Anwendungsbereiche von

29 *Houben* (Fn. 17), 1874; vgl. auch *Basaldua* (Fn. 9), S. 172; *Schneider/Burgard*, DB 2001, 963, 965; a. A. *Letzel* (Fn. 25), 262.

30 *Houben* (Fn. 17), 1873; vgl. auch *Reul*, Übernahmeangebote in der ökonomischen Analyse – zur Kritik des aktuellen Richtlinienvorschlags der EG, in: Privatrecht und deutsche Einheit, Jahrbuch Junger Zivilrechtswissenschaftler 1990, hrsg. von Baum u. a., 1991, S. 11, 24 f.

31 *Weber-Rey/Schütze*, AG 2001, 325, 329 f.

32 Vgl. nur *Assmann*, AG 1995, 563, 570; *Altmeppen* (Fn. 2), 1082 f.; *Pluskat*, WM 2001, 1937, 1941 f.; ablehnend gegenüber einem europarechtlich vorgegebenen Pflichtangebot mit Blick auch auf ein künftiges einheitliches europäisches Konzernrecht früher auch *Hommelhoff/Kleindiek*, AG 1990, 106, 108 ff.; vgl. auch *Forum Europaeum Konzernrecht*, ZGR 1998, 672, 727 f.

WpÜG und Aktienkonzernrecht nicht die gleichen sind; anders als im anglo-amerikanischen Rechtskreis entspricht die *wholly owned company* hierzulande eben auch nicht dem gesellschaftsrechtlichen Idealbild; im Gegenteil: die börsennotierte (Publikums-)Aktiengesellschaft mit kontrollierendem Mehrheitsaktionär und außenstehenden Aktionären ist in Deutschland selbstverständlich. Auch nach einem Pflichtangebot soll es weiterhin regelmäßig Minderheitsaktionäre geben, die in der Zielgesellschaft verbleiben und für deren Schutz das abgestuftes System von cheques and balances im Recht des faktischen wie des Vertragskonzerns unverzichtbar ist. Das Pflichtangebot soll keinesfalls – indirekt – dazu führen, dass die Minderheitsaktionäre aus der Gesellschaft hinausgedrängt werden;[33] das läge regelmäßig auch gar nicht im Sinne des Kontrollinhabers.

Das **Konzernrecht**, wie es im Bereich der EU in vergleichbarer Form **31**
nur in Portugal anzutreffen ist, beruht in Deutschland auf folgendem konzeptionellen Ansatz: Je mehr das herrschende Unternehmen der abhängigen Aktiengesellschaft an Nachteilen zufügen darf oder zufügt, umso höher ist seine Einstehenspflicht gegenüber den außenstehenden Aktionären bzw. der abhängigen Gesellschaft selbst. So finden, wenn das Abhängigkeitsverhältnis nicht vertraglich umgesetzt wird, die Regeln über den **faktischen Konzern** (§§ 311 ff. AktG) Anwendung; diese Regeln bringen keine rechtlich abgesicherte Beherrschung durch Weisungsbefugnis mit sich, verpflichten das herrschende Unternehmen aber zum Ausgleich von wirtschaftlichen Nachteilen, die es der Tochtergesellschaft aufgrund seines wirtschaftlichen Einflusses zufügt. Die Befolgung dieser Regeln wird durch eine eigene Berichterstattungspflicht des Tochtervorstands über die Nachteile (Abhängigkeitsbericht) und einen eigenen, nur an den Aufsichtsrat der Tochter zu erstattenden Prüfungsbericht des Abschlussprüfers abgesichert. Die vorgelagerte Phase des Eintritts einer Gesellschaft in ein (faktisches) Konzernverhältnis wird im Konzerngesellschaftsrecht hingegen nicht geregelt; insbesondere muss den außenstehenden Aktionären weder in dieser Phase noch zu irgendeinem späteren Zeitpunkt ein Abfindungsangebot unterbreitet werden. Das **Pflichtangebot** bedeutet eine **Vorverlegung des vom Konzernrecht bezweckten Schutzes**, bringt für börsennotierte Gesellschaften also ein Mehr, nämlich Konzern*eingangs*schutz im faktischen Konzern, ja sogar schon bei der (vom Gesetz als wahrscheinlich fingierten) Abhängigkeit. Dies Mehr mag man angesichts

33 So bereits *Hommelhoff/Kleindiek*, AG 1990, 106, 111; vgl. auch *Wackerbarth*, WM 2001, 1741, 1745 f.

der Effektivität der §§ 311 ff. AktG für entbehrlich halten;[34] es entspricht aber mittlerweile internationalem Standard, jedem Aktionär die Möglichkeit zu geben, seine Anlageentscheidung unter veränderten Umständen in der Gesellschafterstruktur (Entstehen einer Kontrollposition) zu überdenken und ggf. zu verändern; so trägt das Pflichtangebot der Tatsache Rechnung, dass sich der Aktionär in einem weitgehend anonymen Kapitalmarkt ohne eigenes Zutun einer Situation ausgesetzt sehen kann, in der er seine Anlageentscheidung nicht mehr fortsetzen möchte.[35]

32 Weil Pflichtangebotsregelung wie §§ 311 ff. AktG auf den Minderheitsschutz abzielen, ist gefordert worden, die Voraussetzungen der **aktienrechtlichen Abhängigkeit** und der **übernahmegesetzlichen Kontrolle** tatbestandlich zu **harmonisieren**; vorgeschlagen wurde, für die Kontrollschwelle des WpÜG solle der aktiengesetzliche Abhängigkeitstatbestand maßgeblich sein, wobei das Bestehen einer kontrollbegründenden Abhängigkeitslage bei einem 30 %igen Stimmrechtsanteil vermutet werden solle.[36] Dies ist durchaus überzeugend; angesichts der schwierigen Subsumtion unter § 17 Abs. 1 AktG überwiegen aber die Vorteile einer festen und einheitlichen quantitativen Kontrollschwelle (dazu o. Rn. 22)

33 Anders als beim faktischen Konzern stellt sich die Situation beim in §§ 291 ff. AktG geregelten **Vertragskonzern** dar: Durch Abschluss eines Unternehmensvertrages erwirbt das herrschende Unternehmen das Recht zur Inanspruchnahme des Gewinns oder zur vollständigen Beherrschung der abhängigen Tochter-AG; im Falle eines Beherrschungsvertrages darf das herrschende Unternehmen der Tochter auch Nachteile zufügen. In jedem Fall unternehmensvertraglicher Verbindung muss das herrschende Unternehmen den Minderheitsaktionären der Tochter einen **angemessenen Ausgleich** und die Möglichkeit des **Ausscheidens gegen angemessene Abfindung** gewähren (§§ 304, 305 AktG). Dies kann bei börsennotierten Gesellschaften nun dazu führen, dass zwei Erwerbsangebote nacheinander abzugeben sind: zunächst das Pflichtangebot nach § 35 Abs. 2 und nach Abschluss eines Unternehmensvertrages das Abfindungsangebot gemäß § 305 AktG.

---

34 *Altmeppen* (Fn. 2), 1082; a. A. *Wolf*, AG 1998, 212, 220; *Houben* (Fn. 17), 1875 ff., die eine Pflichtangebotsregel gerade wegen der angeblichen Mangelhaftigkeit des konzernrechtlichen Minderheitsschutzes für unverzichtbar halten; vgl. auch *Wackerbarth* (Fn. 33), 1745 mit Fn. 46.

35 *Weber-Rey/Schütz*, AG 2001, 325, 328.

36 *Mülbert*, ZIP 2001, 1221, 1227; *Harbarth*, ZIP 2002, 321, 323.

Es ist zu bedauern, dass das WpÜG – anders als der Übernahmekodex (dazu o. Rn. 19f.) – keine Befreiung von der Angebotspflicht für den Fall vorsieht, dass der Kontrollinhaber seine Absicht darlegt, mit der Zielgesellschaft einen Unternehmensvertrag zu schließen. Eine solche Regelung wäre mangels entgegenstehender Vorgaben von europäischer Seite möglich und angesichts des dargelegten **Dualismus von Pflichtangebot und Abfindungsangebot** auch wünschenswert gewesen.[37] **34**

VII. Ökonomische Diskussion

In ökonomischer Hinsicht sind Pflichtangebotsregeln hochumstritten. **35** Die Kritik geht in unterschiedliche, ja gegensätzliche Richtung.[38] Einerseits heißt es, die Angebotspflicht erschwere und **vereitle ggf. wünschenswerte, weil effizienzsteigernde Transaktionen**, da sie den Kontrollwechsel zu teuer mache;[39] der Markt für Unternehmenskontrolle werde in einen Markt für Unternehmen transferiert.[40] Hierzu ist zu bemerken: Zwar ist es richtig, dass Übernahmeaspiranten regelmäßig einen höheren finanziellen Einsatz leisten müssen, wenn sie nach Erlangung der Kontrolle allen Minderheitsaktionären ein Pflichtangebot unterbreiten müssen; ob auf diesem Wege sinnvolle Transaktionen verhindert werden, kann aber nur die ökonomische Analyse erweisen.[41] Jedenfalls werden wirtschaftlich nicht sinnvolle und damit gerade unerwünschte Transaktionen dadurch erschwert oder sogar ausgeschlossen, dass die bei Kontrolltransaktionen regelmäßig notwendige und im Falle einer Angebotspflicht umso notwendigere Fremdfinanzierung nur zu erheblichen Kosten oder gar nicht realisiert werden kann.[42]

Andererseits wird angeführt, es werde **mittelbar ein Zwang zur Konzentration und Konzernbildung** geschaffen, was wirtschaftspolitisch fragwürdig sei.[43] Das ist freilich – wie gesehen werden sollte – eine statische Betrachtungsweise, die außer Acht lässt, dass der Kontrollin- **36**

---

37 In diese Richtung bereits *Riehmer/Schröder*, BB 2001, Beilage 5, S. 1, 10.

38 Vgl. den Überblick bei *Hopt*, ZHR 161 (1997), 368, 385f. m. w. Nachw.

39 Vgl. nur *Assmann/Bozenhardt* (Fn. 24), S. 49; *Sandberger*, DZWiR 1993, 319, 321; *Hommelhoff/Kleindiek*, AG 1990, 106, 108.

40 *Reul* (Fn. 30), S. 23.

41 So mit Recht *Krause*, WM 1996, 893, 898; *Reul* (Fn. 30), S. 24; zur ökonomischen Analyse von Pflichtangeboten *Rau-Bredow*, DBW 59 (1999), 763ff.; *Houben* (Fn. 17), 1881f.

42 *Krause* (Fn. 41), 898; *Houben* (Fn. 17), 1878; skeptisch *Wackerbarth* (Fn. 33), 1746.

43 Vgl. nur *Werner*, Probleme „feindlicher“ Übernahmeangebote im Aktienrecht, 1989, S. 15; *Kallmeyer*, ZHR 161 (1997), 435, 436.

noch 36 haber, dem nach seinem Pflichtangebot viele Aktien angetragen werden, nicht gehindert ist, diese ganz oder teilweise wieder zu veräußern und die so zugeflossenen Mittel anderweit zu verwenden.[44] Außerdem ist die Annahme der unerwünschten Konzentrationsförderung schon deshalb unzutreffend, weil die Konzentration, verstanden als die Zusammenfassung von Ressourcen und die für ihren Einsatz notwendige Bündelung von Entscheidungsbefugnissen, eher geringer ausfällt, wenn das Erlangen einer Kontrollposition infolge der Angebotspflicht mehr Mittel erfordert und bindet; denn dies führt insgesamt zu geringeren Einflussmöglichkeiten, könnte mit den zusätzlich aufgewendeten Mitteln doch ggf. eine andere Kontrollposition erworben werden.[45]

§ 35 Verpflichtung zur Veröffentlichung und zur Abgabe eines Angebots

(1) Wer unmittelbar oder mittelbar die Kontrolle über eine Zielgesellschaft erlangt, hat dies unter Angabe der Höhe seines Stimmrechtsanteils unverzüglich, spätestens innerhalb von sieben Kalendertagen, gemäß § 10 Abs. 3 Satz 1 und 2 zu veröffentlichen. Die Frist beginnt mit dem Zeitpunkt, zu dem der Bieter Kenntnis davon hat oder nach den Umständen haben mußte, daß er die Kontrolle über die Zielgesellschaft erlangt hat. In der Veröffentlichung sind die nach § 30 zuzurechnenden Stimmrechte für jeden Zurechnungstatbestand getrennt anzugeben. § 10 Abs. 2, 3 Satz 3 und Abs. 4 bis 6 gilt entsprechend.

(2) Der Bieter hat innerhalb von vier Wochen nach Veröffentlichung der Erlangung der Kontrolle über eine Zielgesellschaft dem Bundesaufsichtsamt eine Angebotsunterlage zu übermitteln und nach § 14 Abs. 2 Satz 1 ein Angebot zu veröffentlichen. § 14 Abs. 2 Satz 2, Abs. 3 und 4 gilt entsprechend. Ausgenommen von der Verpflichtung nach Satz 1 sind eigene Aktien der Zielgesellschaft, Aktien der Zielgesellschaft, die einem abhängigen oder im Mehrheitsbesitz stehenden Unternehmen der Zielgesellschaft gehören, und Aktien der Zielgesellschaft, die einem Dritten gehören, jedoch für Rechnung der Zielgesellschaft, eines abhängigen oder eines im

44 *Houben* (Fn. 17), 1877.
45 So mit Recht *Krause* (Fn. 41), 898.

Mehrheitsbesitz stehenden Unternehmens der Zielgesellschaft gehalten werden.

(3) Wird die Kontrolle über die Zielgesellschaft auf Grund eines Übernahmeangebots erworben, besteht keine Verpflichtung nach Absatz 1 Satz 1 und Absatz 2 Satz 1.

Literatur: s. Vorbem. vor §§ 35 bis 39.

Übersicht

I. Systematische Stellung, Zweck und Gegenstand der Regelung

1 Im fünften Abschnitt des Gesetzes steht § 35 im Zentrum. Wer die Kontrolle über eine Zielgesellschaft erlangt, wird verpflichtet, dies zu veröffentlichen und allen anderen Aktionären ein Angebot auf Erwerb ihrer Aktien zu machen. So wird der in diesem Gesetzesabschnitt verfolgte **Schutz der Minderheitsaktionäre** materiell verwirklicht. Die

Angebotspflicht hindert den Kontrollinhaber freilich nicht, auch anderweitig Aktien der Zielgesellschaft zu erwerben. Sollte er dabei jedoch eine höhere als die im Angebot offerierte Gegenleistung gewähren oder vereinbaren (was regelmäßig der Fall sein dürfte), so muss er die höhere Gegenleistung gemäß § 31 Abs. 4 (der über § 39 auch für Pflichtangebote gilt) allen Angebotsempfängern gewähren; dies gilt unabhängig davon, ob letztere das Angebot bereits angenommen haben oder nicht.

2 Der Pflichtenkanon der Abs. 1 und 2 ist weitgehend parallel zu den für alle Angebote und Übernahmeangebote geltenden Regelungen der §§ 10 ff. abgefasst: An Stelle der Entscheidung zur Abgabe eines Angebots (§ 10 Abs. 1 Satz 1, der gemäß § 39 für Pflichtangebote gerade nicht gilt) ist die **Erlangung der Kontrolle zu veröffentlichen** (Abs. 1). Dies ist konsequent, weil die Entscheidung über die Angebotsabgabe mit der Kontrollerlangung (vom Gesetzgeber) getroffen worden ist. Es folgen die Übermittlung der Angebotsunterlage an das Bundesaufsichtsamt und schließlich die Veröffentlichung des Angebots (Abs. 2).

3 Abs. 3 setzt das gesetzgeberische Konzept, dass **Übernahmeangebote** und Pflichtangebote grundsätzlich identischen Regelungen unterliegen (vgl. § 39), konsequent um: Die Pflichten aus Abs. 1 und 2 bestehen dann nicht, wenn die Kontrolle über die Zielgesellschaft aufgrund eines (ordnungsgemäß abgegebenen) Übernahmeangebots erworben wurde. Eine Übergangsregelung für Fälle, in denen die Kontrolle nach dem 1.1.2002 aufgrund eines Angebots erlangt wird, das vor dem 1.1.2002 veröffentlicht wurde, findet sich in § 68 Abs. 3.

II. Gesetzgebungsverfahren

4 Eine § 35 vergleichbare Vorschrift war bereits im **Referentenentwurf** vom 12.3.2001 (dort ebenfalls § 35) vorgesehen. Der Referentenentwurf enthielt in § 35 Abs. 1 Satz 1 allerdings noch nicht die Worte „unmittelbar oder mittelbar" und wollte eine Veröffentlichungsfrist von – maximal – zwei Werktagen (nicht: sieben Kalendertagen) statuieren.[1]

1 Eine längere Maximalfrist hatte vor allen anderen der *Handelsrechtsausschuss des Deutschen Anwaltvereins* in seiner Stellungnahme zum Referentenentwurf des WpÜG vom April 2001 gefordert, NZG 2001, 420, 429.

Eine § 35 Abs. 1 und 2 ähnelnde Vorschrift fand sich auch bereits im **Diskussionsentwurf** vom 29. 6. 2000 (dort § 33 Abs. 1 und 2). Allerdings fehlte es an einer Bestimmung darüber, wann die Veröffentlichungsfrist zu laufen beginnt (also an einer Parallele zu § 35 Abs. 1 Satz 2 WpÜG); auch eine § 35 Abs. 2 Satz 2 und 3 WpÜG entsprechende Regelung war nicht vorgesehen. Die Frist für die Veröffentlichung der Angebotsunterlage sollte zudem nur zwei, nicht vier Wochen betragen. 5

Eine § 35 Abs. 3 WpÜG entsprechende Regelung sah auch der Diskussionsentwurf in seinem § 37 vor. § 33 Abs. 3 des Diskussionsentwurfs bestimmte für den Fall der (wechselseitigen) Zurechnung infolge abgestimmten Verhaltens (jetzt § 30 Abs. 2 WpÜG), dass die Verpflichtungen, die gleichzeitig mehrere Personen treffen, von einer dieser Personen erfüllt werden können (Fall der Absorption); eine solche Regelung enthält das WpÜG nicht. 6

III. Regelung in Österreich

Der **Pflicht zur Abgabe eines Angebots** unterliegt nach österreichischem Recht, wer eine **kontrollierende Beteiligung** an einer börsennotierten Aktiengesellschaft erlangt (§ 22 Abs. 1 öÜbG). Der Begriff der kontrollierenden Beteiligung wird in § 22 Abs. 2 bis 6 öÜbG näher definiert, wobei der Gesetzgeber freilich der Übernahmekommission, die als Verordnungsgeberin fungiert, erhebliche Spielräume gelassen hat. 7

Eine kontrollierende Beteiligung ist eine Beteiligung, die es dem Bieter allein oder gemeinsam mit anderen, mit denen er abgestimmt vorgeht (vgl. § 23 Abs. 1 öÜbG und § 9 der 1. öÜbV), ermöglicht, einen beherrschenden Einfluss auf die Zielgesellschaft auszuüben (§ 22 Abs. 2 öÜbG). Gemäß § 22 Abs. 4 öÜbG liegt jedenfalls unter den Voraussetzungen des § 244 Abs. 2 Ziff. 1 bis 3 öHGB eine kontrollierende Beteiligung vor, also wenn der betreffende Aktionär über die **Mehrheit der Stimmrechte** oder den **maßgeblichen personellen Einfluss** verfügt oder ihm das Recht zur Ausübung eines **beherrschenden Einflusses** zusteht. 8

Auf der Grundlage der entsprechenden Ermächtigung in § 22 Abs. 5 öÜbG hat die Übernahmekommission in §§ 2 und 3 der 1. öÜbV zwei Tatbestände statuiert, bei deren Vorliegen eine kontrollierende Beteiligung widerleglich **vermutet** wird. Dies ist einerseits eine Beteiligung, die 30% oder mehr der Stimmrechte der Zielgesellschaft vermittelt 9

(§ 2 Abs. 1 der 1. öÜbV), andererseits eine Beteiligung von mindestens 20%, aber weniger als 30% der Stimmrechte der Zielgesellschaft, falls diese Beteiligung ausgereicht hat oder hätte, um in jeder der letzten drei ordentlichen Hauptversammlungen die einfache Mehrheit zu repräsentieren (§ 3 Abs. 1 der 1. öÜbV).

10 Die **Satzung der Zielgesellschaft** kann vorsehen, dass schon eine 20%ige Stimmrechtsbeteiligung die Vermutung des Vorliegens einer kontrollierenden Beteiligung begründet (§ 27 Abs. 1 Ziff. 1 öÜbG). Bis zum Ende des Jahres 1999 konnten sich Zielgesellschaften zudem durch eine entsprechende Satzungsklausel für eine generelle Unanwendbarkeit des 3. Teils des Übernahmegesetzes über Pflichtangebote entscheiden (sog. *opting out*; § 3 Abs. 1 aus Art. IV öEGÜbG).

11 In Ausnutzung einer entsprechenden Ermächtigung (§ 22 Abs. 6 öÜbG) hat die Übernahmekommission eine **Angebotspflicht für einen weiteren Fall** statuiert: Erwirbt ein Aktionär, der eine kontrollierende Beteiligung, aber weniger als 50% der Stimmrechte hält, innerhalb von zwölf Monaten weitere Aktien der Zielgesellschaft, die ihm zusätzlich 2% oder mehr der Stimmrechte vermitteln, so muss er ein Angebot nach § 22 öÜbG unterbreiten (§ 1 der 2. öÜbV).

12 In jedem Fall muss, wenn die Voraussetzungen für die Entstehung der Angebotspflicht vorliegen, dies der **Übernahmekommission** innerhalb von 20 Börsentagen **angezeigt** werden (§ 22 Abs. 1 a. E. öÜbG); außerdem muss der betreffende Aktionär seine Angebotspflicht nach Maßgabe des § 5 Abs. 3 Nr. 2 und Abs. 4 öÜbG **unverzüglich bekanntmachen** und den **Verwaltungsorganen der Zielgesellschaft mitteilen**.

13 Gemäß § 3 der 2. öÜbV genügt die Mitteilung an die Übernahmekommission, ist also kein Angebot abzugeben, falls die kontrollierende Beteiligung durch ein öffentliches Übernahmeangebot i. S. des Übernahmegesetzes erlangt wurde und die Beteiligung des Erwerbers (und der mit ihm gemeinsam vorgehenden Personen) anschließend nicht mehr als 47% beträgt.

IV. Regelung in der Schweiz

14 In der Schweiz muss ein Angebot abgeben, wer direkt oder indirekt oder in gemeinsamer Absprache mit Dritten so viele Aktien einer börsennotierten Gesellschaft erwirbt, dass er zu **mehr als einem Drittel an den Stimmrechten** der Gesellschaft beteiligt ist; (Ziel-)Gesellschaften können in **ihren Statuten einen höheren Grenzwert** festle-

gen, höchstens aber einen solchen von 49% der Stimmrechte (Art. 32 Abs. 1 sBEHG). Das Angebot, das sich nur auf die kotierten (börsennotierten) Beteiligungspapiere der Zielgesellschaft zu erstrecken hat (Art. 32 Abs. 1 Satz 1 sBHEG), muss innerhalb von zwei Monaten nach Überschreiten des Grenzwertes unterbreitet werden (Art. 36 Abs. 1 sBEHV-EBK).

Unbeachtlich ist, auf welche Weise der Grenzwert überschritten worden ist: durch Marktkäufe, Paketerwerb außerhalb der Börse oder durch ein Übernahmeangebot. 15

V. Unmittelbare oder mittelbare Erlangung der Kontrolle

Die Erlangung der Kontrolle über eine Zielgesellschaft löst die Verpflichtung zur Veröffentlichung nach Abs. 1 sowie die Angebotspflicht nach Abs. 2 aus. Ob die Kontrolle infolge Zusammenballung mehrerer großer Aktienpakete oder vieler Klein- und Kleinstbeteiligungen entsteht **(die Zielgesellschaft also zuvor „kontrollfrei" war)** oder ob die kontrollvermittelnde Beteiligung en bloc von einem Aktionär auf den anderen übergeht **(die Zielgesellschaft also kontrolliert war und bleibt)**, ist ohne Bedeutung.[2] Entscheidend ist lediglich, dass ein Aktionär die Kontrolle, die er bis dato nicht innehatte, erlangt. Dass auch der bloße Transfer der Kontrolle einbezogen ist, macht guten Sinn: Die neuerliche Ausstiegsmöglichkeit entspricht der Regelung bei der Auswechslung des herrschenden Unternehmen im Beherrschungs- oder Gewinnabführungsvertrag.[3] 16

Die Kontrolle über eine Zielgesellschaft erlangt, wer **30% der Stimmrechte** (§ 29 Abs. 2) an einer inländischen Aktiengesellschaft oder KGaA erreicht oder überschreitet, deren Aktien zum Handel an einem organisierten Markt zugelassen sind (§§ 2 Abs. 3, 1). Auf welche Weise die Kontrolle erlangt wurde, ist unerheblich, ebenso, ob eine natürliche oder eine juristische Person aus dem In- oder dem Ausland die Kontrolle erlangt. Erfasst wird **jede Form des Erwerbs stimmberechtigter Aktien** (Regierungsbegründung, BR-Drucks. 574/01, S. 146), sei dieser ein rechtsgeschäftlicher (über die Börse oder außerbörslich) oder ein außerrechtsgeschäftlicher, beruhe er etwa auf Gesamtrechtsnachfolge (§ 1922 BGB; Verschmelzung). Maßgeblich ist jeweils der dingliche Aktienerwerb. 17

2 Wie hier *Seibt/Heiser*, ZHR 165 (2001), 466, 479; *Harbarth*, ZIP 2002, 321, 323.

3 Vgl. nur *Hüffer*, Kommentar zum AktG, 4. Aufl., 1999, § 305 Rn. 2 und § 295 Rn. 5.

18 Bei der Feststellung, ob die 30%-Schwelle erreicht oder überschritten worden ist, sind nicht nur die Stimmrechte aus Aktien zu berücksichtigen, die dem betreffenden Aktionär selbst gehören. Es werden ihm vielmehr Stimmrechte aus bestimmten anderen Aktien nach Maßgabe des § 30 (der über § 39 auch hier Anwendung findet) **zugerechnet** (s. die Kommentierung zu § 30). So kann sogar jemand, dem selbst keine Aktien gehören, dem Pflichtenkanon aus Abs. 1 und 2 unterliegen, sofern er die 30%-Schwelle allein durch ihm zugerechnete Stimmrechte erreicht oder überschreitet.

19 Zur Kontrollerlangung kann es infolge des Erwerbs stimmberechtigter Aktien durch den betreffenden Aktionär selbst ebenso wie infolge des Erwerbs durch eine Person kommen, deren Stimmrechte dem betreffenden Aktionär zugerechnet werden (z. B. durch ein Tochterunternehmen). Ausreichend sind aber auch Verhaltensweisen, die zu einer Zurechnung von Stimmrechtsanteilen nach § 30 führen (Regierungsbegründung, BR-Drucks. 574/01, S. 146); so kann auch infolge der Begründung von Zurechnungsverhältnissen die 30%-Schwelle erreicht oder überschritten werden. Bsp.: Erwirbt die A-GmbH, die 10% der Stimmrechte an der amtlich börsennotierten B-AG hält, die Mehrheit der Anteile der C-GmbH, die ihrerseits zu 25% an der B-AG beteiligt ist, so erlangt die A-GmbH die Kontrolle über die B-AG. Steht an der Stelle der C-GmbH die C-AG, deren Aktien am Neuen Markt notiert werden, so erwirbt A zugleich die Kontrolle über die B-AG wie über die C-AG und unterliegt mit Blick auf beide Gesellschaften dem Pflichtenkanon aus Abs. 1 und 2. Und ist die A-GmbH selbst gar nicht an der börsennotierten B-AG beteiligt, erwirbt ihre Tochtergesellschaft C-GmbH aber 30% der Stimmrechte an der B-AG, so erlangt die A-GmbH (ebenso wie die C-GmbH; zur fehlenden Absorption Rn. 33 f.) die Kontrolle über die B-AG. (Sämtliche angeführten Beispiele sind Anwendungsfälle des Zurechnungstatbestandes der §§ 39, 30 Abs. 1 Satz 1 Nr. 1.)

20 Wenn Abs. 1 Satz 1 ausdrücklich die **mittelbare Erlangung der Kontrolle** genügen lässt, so wird nicht bloß klargestellt, was angesichts der Zurechnung von Stimmrechten gemäß §§ 39, 30 Abs. 1 Satz 1 Nr. 1 ohnehin gilt:[4] Denn erfasst werden nicht nur Fälle, in denen ein Mutterunternehmen infolge der Zurechnung von Stimmrechten aus Aktien, die seinem Tochterunternehmen gehören, den Pflichten aus Abs. 1 und

4 So aber *Möller/Pötzsch*, ZIP 2001, 1256, 1260; a. A. *Land*, DB 2001, 1707, 1713, der in der Einfügung der Worte „unmittelbar oder mittelbar" im Regierungsentwurf, die Diskussions- wie Referentenentwurf noch nicht enthielten, mit Recht eine substantielle Änderung sieht.

2 unterfällt. Vielmehr geht dann, wenn die Kontrolle über eine Zielgesellschaft erlangt wird, die Erlangung der Kontrolle über deren Tochtergesellschaften einher, und diese Kontrollerlangung ist eine mittelbare;[5] unerheblich ist dabei, ob die Zielgesellschaft ihrerseits zum Tochterunternehmen des Kontrollerwerbers i. S. des § 2 Abs. 6 wird oder nicht.[6] Jedenfalls werden die **Töchter der Zielgesellschaft** – sofern börsennotiert – **selbst zu Zielgesellschaften**, und auch an ihre (Minderheits-)Aktionäre[7] ist ein (Pflicht-)Angebot zu richten (Regierungsbegründung, BR-Drucks. 574/01, S. 146). Mit Blick auf diese Konstellation wurde in § 9 Satz 2 Nr. 3 AngebotsVO als beispielhafter Sachverhalt für eine Befreiung nach § 37 aufgenommen: Beträgt der Buchwert der Beteiligung der (zweiten) Gesellschaft an der (dritten) Gesellschaft weniger als 20% des buchmäßigen Aktivvermögens der (zweiten) Gesellschaft, so ist eine Befreiung von den Pflichten aus § 35 Abs. 1 und 2 möglich (vgl. § 37 Rn. 19 ff.).

Den **Kontrollerwerb auf Grund eines (ordnungsgemäß abgegebenen) Übernahmeangebots** nimmt Abs. 3 ausdrücklich von den Verpflichtungen nach Abs. 1 und 2 aus (s. dazu Rn. 54 ff.). Außerdem ist **Befreiung durch das Bundesaufsichtsamt** nach Maßgabe des § 37 **21**

5 Die „mittlere" Gesellschaft, d. h. die Gesellschaft, über welche die Kontrolle erlangt wurde, muss gerade wegen der Anknüpfung an den Begriff der Kontrolle (§ 29 Abs. 2) eine börsennotierte Aktiengesellschaft (oder KGaA) sein; a. A. *Meyer*, in: Geibel/Süßmann, Kommentar zum WpÜG, 2002, § 35 Rn. 27 f. Die untere Gesellschaft muss ein Tochterunternehmen i. S. des § 2 Abs. 6 sein. Folglich ist keine mittelbare Kontrollerlangung gegeben bei jeweils nur 30%iger Stimmrechtsbeteiligung, wenn also jemand 30% der Stimmrechte an einer börsennotierten Gesellschaft erwirbt, die ihrerseits 30% der Stimmrechte an einer anderen börsennotierten Gesellschaft hält; so mit Recht der *Handelsrechtsausschusss des Deutschen Anwaltvereins* in seiner Stellungnahme zum Regierungsentwurf des WpÜG vom 21.9.2001, NZG 2001, 1003, 1007, mit der Begründung, aus dem Zusammenspiel von § 29 Abs. 2 und der Zurechnungsregel des § 30 Abs. 1 Satz 1 Nr. 1 ergebe sich, dass die Kontrolle nur durch ein Tochterunternehmen i. S. von § 2 Abs. 6 vermittelt werden könne; a. A. *Meyer*, a. a. O., § 35 Rn. 29 f.

6 Das Erreichen oder Überschreiten von 30% der Stimmrechte allein macht die Zielgesellschaft nicht zum Tochterunternehmen i. S. des § 2 Abs. 6, und folglich werden die Stimmrechte aus den von der Zielgesellschaft gehaltenen Aktien nicht ohne weiteres dem Kontrollinhaber nach §§ 39, 30 Abs. 1 Satz 1 Nr. 1 zugerechnet; insofern unzutreffend die Regierungsbegründung zu § 35 (BR-Drucks. 574/01, S. 146), und *Krause*, NJW 2002, 705, 713. Wie hier *Harbarth*, ZIP 2002, 321, 324 (Fn. 20); *Geibel/Süßmann*, BKR 2002, 52, 63.

7 An die Muttergesellschaft, d. h. die Zielgesellschaft, über welche die Kontrolle erlangt wurde, muss ein Angebot nur in dem (geringen) Umfang gerichtet werden, wie er unten in Rn. 49 dargelegt wird. Es gilt das dort für Tochterunternehmen Ausgeführte.

i.V. mit §§ 8 bis 12 AngebotsVO möglich; das Bundesaufsichtsamt lässt nach Maßgabe des § 36 auch die Nichtberücksichtigung bestimmter Stimmrechte zu, wenn es um die Feststellung geht, ob die Kontrolle erlangt wurde.

22 Hat die **Kontrollposition bereits bei Inkrafttreten des Gesetzes** bestanden, so wird die Kontrolle nicht „erlangt" und werden die Verpflichtungen nach Abs. 1 und 2 nicht ausgelöst (Regierungsbegründung, BR-Drucks. 574/01, S. 147: keine Erfassung von „Altfällen"; dazu Vorbem. vor §§ 35 bis 39 Rn. 24 f.); nichts anderes kann für eine Kontrollposition gelten, die im Zeitpunkt der **erstmaligen Zulassung der Aktien** der betreffenden Gesellschaft zum Handel an einem organisierten Markt bereits vorhanden ist. Eine solche von Anfang an bestehende Kontrollposition kann beliebig ausgebaut werden, ohne dass eine Angebotspflicht ausgelöst würde; dabei ist auch unerheblich, ob die zunächst nicht ausübbare Kontrolle möglicherweise später tatsächlich ausgeübt werden kann (dazu § 37 Rn. 17 Fn. 12). Ohne weiteres aufgestockt werden kann auch jede andere Kontrollposition, wenn ihre Erlangung nach Abs. 1 veröffentlicht und nach Abs. 2 ein Angebot abgegeben worden ist. Hingegen unterliegt erneut den Verpflichtungen aus Abs. 1 und 2, wer die Kontrolle innehatte, dann unter die 30%-Schwelle zurückgefallen ist und diese später neuerlich erreicht oder überschreitet (zur Befreiungsmöglichkeit s. § 37 Rn. 16).

23 Ausreichend, aber eben auch erforderlich ist, dass ein Aktionär die Kontrolle, die er bis dato nicht innehatte, erlangt. Es muss also ein zuvor nicht vorhandenes Einflusspotential entstehen. Daher lösen **Transaktionen in Aktien der Zielgesellschaft** zwischen dem Aktionär und jenen Personen, deren Stimmrechte ihm zugerechnet werden (oder zwischen solchen Personen) nicht die Verpflichtungen nach Abs. 1 und 2 aus. Es besteht kein schützenswertes Interesse der Minderheitsaktionäre daran, (erneut) ein (Pflicht-)Angebot zu erhalten; das Transparenzbedürfnis wird durch die Mitteilungs- und Veröffentlichungspflichten nach §§ 21 ff. WpHG befriedigt. Bsp.: A hält 25% an der amtlich börsennotierten B-AG. An weiteren 10% der B-Aktien, die C gehören, ist zu Gunsten des A ein Nießbrauch bestellt (sodass die Stimmrechte aus diesen Aktien gemäß §§ 39, 30 Abs. 1 Satz 1 Nr. 4 dem A zugerechnet werden). Erwirbt A nunmehr die 10% von C, so wird er dadurch nicht (neuerlich) angebotspflichtig.

24 Bei der **Ermittlung, ob die 30%-Schwelle** erreicht oder überschritten worden ist, sind sowohl mit Blick auf die Zahl der maßgeblichen

Stimmrechte des betreffenden Aktionärs („Zähler") als auch hinsichtlich der Gesamtzahl aller von der betreffenden Zielgesellschaft begebenen Stimmrechte („Nenner") zahlreiche Besonderheiten zu beachten. Insofern gilt das zu § 29 Abs. 2 (Feststellung, ob eine Übernahmeangebot gegeben ist) Ausgeführte; s. § 29 Rn. 24 ff. Die Nichtberücksichtigung bestimmter Stimmrechte im „Zähler" lässt das Bundesaufsichtsamt nach Maßgabe des § 36 sowie des § 20 (der über § 39 auch hier Anwendung findet) zu; s. die jeweilige Kommentierung.

VI. Kontrollerlangung und Umwandlungsfälle

Neben dem Erwerb von Anteilen an einer börsennotierten Aktiengesellschaft (oder KGaA) kann auch deren Verschmelzung auf einen anderen Rechtsträger einen Vorgang darstellen, der möglicherweise die Pflichten nach Abs. 1 und 2 auslöst.[8] Gleiches gilt für den umgekehrten Fall der Verschmelzung eines anderen Rechtsträgers auf eine börsennotierte Gesellschaft. Dabei stellen sich Fragen nach dem **Konkurrenzverhältnis zwischen den §§ 35 ff. und den Vorschriften des Umwandlungsgesetzes.**[9] Der Gesetzgeber hat insofern bewusst auf eine ausdrückliche gesetzliche Regelung verzichtet; ob besondere Regelungen für bestimmte Fallkonstellationen im Schnittbereich zwischen Umwandlungs-, Aktien- und Übernahmerecht in der Praxis erforderlich seien, bleibe, so die Regeierungsbegründung (BR-Drucks. 574/01, S. 73), abzuwarten, da zunächst mit den neuen Vorschriften des WpÜG Erfahrungen gewonnen werden sollten. Der Gesetzgeber hat gut daran getan, die Bewältigung dieser komplexen Problematik zunächst Wissenschaft und Rechtsprechung zu überlassen; die in absehbarer Zeit zu sammelnden Erfahrungen werden ihm das Anschauungsmaterial liefern, damit er über sein Eingreifen und die gegebenenfalls zu statuierenden Rechtssätze befinden kann. 25

---

8 Wenn oben Rn. 17 a. E. ausgeführt wird, dass auch der Erwerb stimmberechtigter Aktien infolge Gesamtrechtsnachfolge, namentlich Verschmelzung, zur Erlangung der Kontrolle über eine Zielgesellschaft führen kann, so bezieht sich dies auf die Aktionärsebene; nachfolgend geht es im Text hingegen um Verschmelzungen, an denen die Zielgesellschaft selbst in der einen oder anderen Weise beteiligt ist.

9 Dazu ausführlich *Seibt/Heiser*, ZHR 165 (2001), 466 ff., die auch auf Sondergestaltungen eingehen (u. a. Verschmelzungen durch Neugründung, Spaltungsvorgänge, Umwandlungsvorgänge auf einer vorgelagerten Beherrschungsstufe); vgl. auch *Weber-Rey/Schütz*, AG 2001, 325 ff.

1. Verschmelzung mit einer börsennotierten Aktiengesellschaft als übertragendem Rechtsträger

26 De lege lata könnten sich verschiedene Konstellationen als problematisch erweisen: Zum einen ist denkbar, dass eine **börsennotierte Aktiengesellschaft**[10] **auf einen anderen Rechtsträger verschmolzen** wird mit der Folge, dass bei dem übernehmenden Rechtsträger die dominante Position eines Anteilsinhabers entsteht oder bestehen bleibt. Eine solche Verschmelzung[11] hat den Untergang der übertragenden Gesellschaft zur Folge (§ 20 Abs. 1 Nr. 2 UmwG),[12] sodass über diese Gesellschaft keine Kontrolle (mehr) erlangt und die Pflichten nach Abs. 1 und 2 nicht ausgelöst werden können.[13] Zudem ist, wenn es sich bei dem anderen Rechtsträger nicht gleichfalls um eine Aktiengesellschaft handelt (dazu sogleich Rn. 27), dem Schutz der Minderheitsaktionäre der übertragenden Gesellschaft,[14] wie ihn § 35 verfolgt, Genüge getan: Dies freilich nicht dadurch, dass alle Aktien der übertragenden Gesellschaft in einem angemessenen und überprüfbaren Verhältnis in Anteile des übernehmenden Rechtsträgers umgetauscht werden (vgl. §§ 5 Abs. 1 Nr. 3, 9, 14 UmwG);[15] denn dadurch wird zwar zu Gunsten aller Aktionäre der übertragenden Gesellschaft sicher gestellt, dass der Wert der jeweiligen Beteiligung durch die Umwandlung nicht verringert wird. Aber der Einzelne wird nicht davor geschützt, sich unerwartet in der Position eines Minderheits-Anteilsinhabers in dem von einem anderen dominierten (übernehmenden) Rechtsträger wiederzufinden. Vielmehr besteht der Minderheitenschutz darin, dass jeder Aktionär, der gegen den Verschmelzungsbeschluss

---

10 Oder KGaA; zur Vereinfachung wird nachfolgend jeweils nur auf börsennotierte Aktiengesellschaften abgestellt.

11 Verschmelzung durch Aufnahme, § 2 Nr. 1 UmwG. Zu Stimmrechten aus Aktien der Zielgesellschaft, die im Rahmen eines Rechtsformwechsels erlangt werden, und ihrer Nichtberücksichtigung bei der Berechnung des für die Kontrollerlangung maßgeblichen Stimmrechtsanteils nach § 36 Nr. 2 s. § 36 Rn. 18.

12 Die Aktionäre der untergehenden Gesellschaft erhalten Anteile am übernehmenden Rechtsträger (§ 20 Abs. 1 Nr. 3 UmwG).

13 So mit Recht *Weber-Rey/Schütz*, AG 2001, 325, 328 ff.

14 Den Alt-Anteilsinhabern des übernehmenden Rechtsträgers ist nur dann, wenn dieser (ebenfalls) eine börsennotierte Aktiengesellschaft ist, nach § 35 Abs. 2 ein Angebot zu unterbreiten, und dies zudem nur für den Fall, dass der Kontrollinhaber nicht schon zuvor (d.h. vor der Verschmelzung) die Kontrollposition innehatte; dazu Rn. 28 ff. Weil in allen anderen Fällen keine Angebotspflicht besteht, ist es auch ohne Bedeutung, ob der dominierende Anteilsinhaber bereits vor der Verschmelzung ein solcher war oder nicht.

15 So aber *Weber-Rey/Schütz*, AG 2001, 325, 329.

der übertragenden Gesellschaft **Widerspruch** zur Niederschrift erklärt,[16] seine Anteile gegen angemessene Barabfindung an den übernehmenden Rechtsträger veräußern kann (§§ 29 ff. UmwG).[17] Zwar wird die Gegenleistung beim Pflichtangebot anders ermittelt (§ 31 i.V. mit §§ 3 ff. AngebotsVO) als beim **umwandlungsrechtlichen Abfindungsangebot**, und zum Erwerb der Aktien ist unter dem Regime des Umwandlungsrechts der Rechtsträger selbst und nicht dessen dominierender Anteilseigner verpflichtet. Gleichwohl muss der von §§ 29 ff. UmwG ausgehende Schutz de lege lata als ausreichend angesehen werden: Hierfür streitet maßgeblich die Tatsache, dass die Definition der Kontrolle als Innehaben von 30% der Stimmrechte (§ 29 Abs. 2) spezifisch für börsennotierte Gesellschaften gilt; bei anderen Rechtsträgern liegen die Verhältnisse regelmäßig anders. Ob der Schutz der §§ 35 ff. gleichwohl ausgeweitet werden sollte, liegt in den Händen des Gesetzgebers.

Anders stellt sich die Situation allerdings dann dar, wenn **übernehmender Rechtsträger ebenfalls eine Aktiengesellschaft ist, ohne dass diese börsennotiert ist;**[18] in einem solchen Fall, der auch als „kaltes Delisting" bezeichnet wird, ist der übernehmende Rechtsträger nicht verpflichtet, nach Maßgabe der §§ 29 ff. UmwG ein Abfindungsangebot zu unterbreiten.[19] Weil §§ 35 ff. WpÜG mangels Börsennotierung der übernehmenden Gesellschaft gleichfalls nicht anwendbar sind, ist eine **Schutzlücke** zu beklagen. Diese Lücke kann wohl nur der Gesetzgeber schließen: Zwar liegt es nahe, §§ 29 ff. UmwG analog heranzuziehen, und dies nicht nur mit Blick auf § 29 Abs. 1 Satz 2 UmwG, demzufolge eine Abfindung auch dann anzubieten ist, wenn bei einer Verschmelzung von Rechtsträgern derselben Rechtsform die Anteile oder Mitgliedschaften an dem übernehmenden Rechtsträger Verfügungsbeschränkungen unterworfen sind; auch an Satz 1 der Vor- 27

16 Ob weitere Voraussetzung ist, dass der betreffende Aktionär auch gegen den Verschmelzungsbeschluss gestimmt hat, ist umstritten; vgl. einerseits *Grunewald*, in: Lutter, Kommentar zum UmwG, 2. Aufl., 2000, § 29 Rn. 10, andererseits *Marsch-Barner*, in: Kallmeyer, Kommentar zum UmwG, 2. Aufl., 2001, § 29 Rn. 13, jeweils m. w. Nachw.

17 *Weber-Rey/Schütz*, AG 2001, 325, 328 f., legen außerdem dar, dass die umwandlungsrechtlichen Vorschriften auch den Anforderungen genügen, die das Bundesverfassungsgericht an Beschlüsse einer Anteilsmehrheit stellt, durch die das Aktieneigentum einer Minderheit betroffen wird.

18 Ist der übernehmende Rechtsträger eine börsennotierte Gesellschaft, so stellt sich die Situation anders dar; dazu sogleich in Rn. 28 ff.

19 § 29 UmwG ist nach seinem Abs. 1 Satz 1 nur bei sog. Mischverschmelzungen anwendbar.

schrift könnte man denken, entwickeln sich doch börsennotierte und nicht börsennotierte Aktiengesellschaft mehr und mehr zu zwei verschiedenen Rechtsformen. Doch es fehlt wohl an der Planwidrigkeit der Regelungslücke und damit an einer wesentlichen Analogievoraussetzung.[20] Was §§ 35 ff. betrifft, ist daran zu denken, dass der Kontrollbegriff des § 29 Abs. 2 auch mit Blick auf nicht börsennotierte Aktiengesellschaft nicht passt, sodass unklar wäre, in welchen Fällen eine Analogie zu § 35 (so man sich für diese entscheidet) und damit eine Angebotspflicht in Betracht käme.

2. Verschmelzung mit einer börsennotierten Aktiengesellschaft als aufnehmendem Rechtsträger

28 Gleichfalls denkbar ist, dass **ein Rechtsträger auf eine börsennotierte Gesellschaft verschmolzen wird** mit der Folge, dass bei der übernehmenden Aktiengesellschaft die Kontrollposition eines Aktionärs (30%iger Stimmrechtsanteil, § 29 Abs. 2) entsteht oder bestehen bleibt. Entsteht eine solche Position, so werden grundsätzlich die **Verpflichtungen aus Abs. 1 und 2** ausgelöst (vorher nicht bestehende Kontrolle!): Jedenfalls den **Altaktionären** der übernehmenden Gesellschaft ist ein Angebot zu unterbreiten.[21] Auch die **Neuaktionäre**, d. h. die bisherigen Anteilsinhaber des übertragenden Rechtsträgers, sehen sich in die Position von Minderheitsaktionären in einer kontrollierten Gesellschaft gedrängt. Sie sind daher jedenfalls dann in das Angebot mit einzubeziehen, wenn der übertragende Rechtsträger ebenfalls eine Aktiengesellschaft war,[22] da in einem solchen Fall keine Austrittsmöglichkeit nach §§ 29 ff. UmwG besteht; dies gilt unabhängig davon, inwieweit der Kontrollinhaber bereits an der übertragenden Aktiengesellschaft beteiligt war, und zwar deshalb, weil der Kontrollbegriff des § 29 Abs. 2 WpÜG auch mit Blick auf nicht börsennotierte Aktiengesellschaft nicht passt. Anders liegen die Dinge freilich, wenn der übertragende Rechtsträger eine börsennotierte Aktiengesellschaft war, die bereits von derselben Person i. S. des § 29 Abs. 2 WpÜG kontrolliert wurde; hier ist derjenige, der vor wie nach der Verschmelzung in einer börsennotierten Gesellschaft demselben Kontrollinhaber gegenübersteht, nicht schutzbedürftig.[23]

---

20 In diesem Sinne mit Recht *Seibt/Heiser*, ZHR 165 (2001), 466, 485 ff.

21 So mit Recht *Seibt/Heiser*, ZHR 165 (2001), 466, 479 f.

22 Ob diese Aktiengesellschaft eine börsennotierte war oder nicht, kann dabei keine Rolle spielen.

23 Ebenso *Seibt/Heiser*, ZHR 165 (2001), 466, 479 f.

Sollte sich die Situation mit Blick auf § 29 UmwG deshalb anders darstellen, weil eine sog. **Mischverschmelzung** gegeben ist, so stehen §§ 35 ff. WpÜG und §§ 29 ff. UmwG nebeneinander. Hier muss man den Neuaktionären der übernehmenden Gesellschaft wohl das Recht einräumen, nach eigener Wahl sich entweder von der Gesellschaft abfinden zu lassen oder ihre Aktien an den Kontrollaktionär zu veräußern.[24] Eine andere Lösung der Konkurrenzsituation kann nur vom Gesetzgeber ausgehen. 29

Behält hingegen **der kontrollierende Aktionär der aufnehmenden börsennotierten Gesellschaft seine Kontrollposition** (wenn auch in verwässerter Form), so sind die **Altaktionäre** der Gesellschaft nicht schutzbedürftig, weil sie sich in der Position von Minderheitsaktionären unverändert demselben Kontrollinhaber gegenübersehen. Für die **Neuaktionäre**, die früher Anteilsinhaber des übertragenden Rechtsträgers waren, gilt das zuvor (Rn. 28 f.) Ausgeführte; denn wie sich die Aktionärsstruktur in der übernehmenden Gesellschaft vor der Verschmelzung darstellte, ist für die Berücksichtigung ihrer Interessen nicht von Bedeutung. Das bedeutet freilich eines: Obwohl der betreffende Aktionär in der aufnehmenden Gesellschaft die Kontrolle nicht i. S des § 35 Abs. 1 „erlangt“, so hat er dennoch den Neuaktionären ein (Pflicht-)Angebot zu unterbreiten, sofern der übertragende Rechtsträger entweder eine nicht börsennotierte Aktiengesellschaft oder aber eine börsennotierte Aktiengesellschaft war, in der nicht derselbe Aktionär die Kontrolle innehatte. In diesem Umfang ist § 35 Abs. 2 also schutzzweckorientiert auszulegen: Für den hinzukommenden Minderheitsaktionär stellt sich die Situation so dar, als ob in der Gesellschaft eine vorher nicht vorhandene Kontrollposition entstehen würde; sein Interesse daran, seine Beteiligung zu einem angemessenen Preis veräußern zu können, und die Tatsache, dass das Umwandlungsrecht ihn nicht schützt, rechtfertigt es, § 35 Abs. 2 teleologisch zu erweitern.[25] 30

3. Keine Befreiung von der Angebotspflicht durch beabsichtigte Verschmelzung

Nicht ins WpÜG aufgenommen wurden die Ausnahmen von der Angebotspflicht, wie sie in Art. 16 des Übernahmekodex (dazu Vorbem. vor §§ 35 bis 39 Rn. 19 f.) vorgesehen waren. Wenn also der Kontroll- 31

24 Weil der übertragende Rechtsträger eben keine Aktiengesellschaft war, kann es keine Rolle spielen, in welchem Umfang der neue Kontrollinhaber am übertragenden Rechtsträger beteiligt war.

25 Im gleichen Sinne *Seibt/Heiser*, ZHR 165 (2001), 466, 481 f.

erlangung alsbald die Verschmelzung der Zielgesellschaft mit dem Kontrollinhaber (oder einem dritten Rechtsträger, etwa einer Tochtergesellschaft des Kontrollinhabers) folgen sollte, wie es zur Finanzierung der Übernahme regelmäßig notwendig und in der Praxis daher üblich ist, so löst die Kontrollerlangung dennoch die Verpflichtungen aus Abs. 1 und 2 aus; den gesellschaftsrechtlichen Minderheitenschutz, wie er im Rahmen der nachfolgenden Transaktion besteht, sieht der Gesetzgeber mithin nicht als ausreichend an.[26]

VII. Normadressat; keine Absorption

32 Dem Pflichtenkanon der Abs. 1 und 2 unterliegt, wer die Kontrolle selbst oder infolge Zurechnung von Stimmrechten anderer Personen nach Maßgabe der §§ 39, 30 erlangt. Dass Abs. 2 den Angebotspflichtigen als „Bieter“ bezeichnet, ist zirkulär, weil § 2 Abs. 4 seinerseits als Bieter (u. a.) denjenigen definiert, der zur Angebotsabgabe verpflichtet ist.

33 Das Gesetz enthält keine Regelung der Frage, ob **mehrere Aktionäre, welche die Kontrolle infolge Zurechnung zur gleichen Zeit erlangen**, allesamt zur **Veröffentlichung** und zur **Angebotsabgabe** verpflichtet sind. Bsp.: Die A-AG hält 10% an der amtlich notierten B-AG; ihr Tochterunternehmen, die Y-GmbH, die schon zu 15% an der B-AG beteiligt ist, erwirbt weitere 15% hinzu. Oder: A und B, die je 20% an der am Neuen Markt notierten C-AG halten, beschließen, ihr Verhalten mit Blick auf die C-AG künftig abzustimmen. – Der Diskussionsentwurf eines Übernahmegesetzes vom 29. 6. 2000 sah für den Fall der (wechselseitigen) Zurechnung infolge abgestimmten Verhaltens (jetzt § 30 Abs. 2 WpÜG) noch vor, dass die Verpflichtungen, die gleichzeitig mehrere Personen treffen, von einer dieser Personen erfüllt werden können (§ 33 Abs. 3 DiskE-ÜG). Diese oder eine vergleichbare Regelung hat man weder in den Referentenentwurf vom 12. 3. 2001 noch später in den Regierungsentwurf übernommen. Die **Dritten, deren Stimmrechte** nach Maßgabe der §§ 39, 30 **zugerechnet** werden, sind daher nicht davon befreit, (auch) selbst ihren **Stimmrechtsanteil zu veröffentlichen** und ein **Angebot abzugeben**, wenn sie allein oder ihrerseits infolge Zurechnung von Stimmrechten die

26 Zustimmend dazu *Seibt/Heiser*, ZHR 165 (2001), 466, 488 f.; vgl. auch *Harbarth*, ZIP 2002, 321, 323; *Krause*, NJW 2002, 705, 713 f., der bei einer Gruppe zusammenwirkender Personen den Inhaber des höchsten Stimmrechtsanteils „in die Pflicht nehmen“ will.

Kontrolle erlangen; es gibt also keine Absorption. Hierfür streitet nicht nur die Tatsache, dass der Dritte nicht in allen Fällen des § 30 Abs. 1 den Einfluss auf die Stimmrechtsausübung verliert; man denke nur an § 30 Abs. 1 Satz 1 Nr. 5, demzufolge Stimmrechte aus Aktien zugerechnet werden, die der Bieter durch eine Willenserklärung erwerben kann. Denn selbst so weit der Dritte diesen Einfluss verliert, ist dies ohne Bedeutung, weil § 35 nicht eine Veröffentlichungs- und Angebotspflicht bloß desjenigen statuiert, der Einfluss auf die Stimmrechtsausübung hat oder haben kann. Außerdem fehlt eine Norm, die § 24 WpHG vergleichbar wäre, demzufolge das Mutterunterunternehmen die Mitteilungspflichten nach § 21 WpHG für das Tochterunternehmen erfüllen kann; und die in § 35 Abs. 1 Satz 3 WpÜG vorgeschriebene Aufschlüsselung der erfassten Stimmrechte zeigt, dass die Abgleichung verschiedener Daten für notwendig gehalten wird.

Zwar entspricht es nicht dem Ziel des Gesetzes, bei Kontrollerlangung durch einen Aktionär oder mehrere abgestimmt handelnde Aktionäre die Minderheitsaktionäre zwischen mehreren Angeboten wählen zu lassen (die zudem regelmäßig einen identischen Inhalt haben dürften), zumal sie sich bei wirtschaftlicher Betrachtungsweise nur einem Kontrollinhaber gegenübersehen. Es macht aber guten Sinn, eine entsprechende Korrektur im Einzelfall dem Bundesaufsichtsamt anheim zu stellen; dieses kann nach Maßgabe des § 37 WpÜG sowie der §§ 8 ff. AngebotsVO **von den Verpflichtungen** nach Abs. 1 und 2 **befreien** (s. § 37 Rn. 18).[27] 34

VIII. Pflicht zur Veröffentlichung, Abs. 1

1. Art und Weise der Veröffentlichung

Die **Kontrollerlangung** ist gemäß § 10 Abs. 3 Satz 1 und 2 zu **veröffentlichen** (Abs. 1 Satz 1). § 10 Abs. 2, 3 Satz 3 und Abs. 4 bis 6 gilt entsprechend (Abs. 1 Satz 4). Es ist demnach in toto den Vorgaben zu folgen, die §§ 10, 34 für die Veröffentlichung der Entscheidung zur Abgabe eines Angebots bzw. Übernahmeangebots vorsehen; so soll eine ungesteuerte Verbreitung der marktrelevanten und für Insiderhandel äußerst anfälligen Information verhindert werden; s. die Kommentierung zu § 10. Stichwortartig: Vor der Veröffentlichung ist die Kon- 35

27 Zu alledem auch *Seibt/Heiser*, ZHR 165 (2001), 466, 491 f.; *Meyer* (o. Fn. 5), § 35 Rn. 27, gesteht Mutter- und Tochterunternehmen, die zugleich angebotspflichtig werden, quasi ein Wahlrecht zu, wer ein Angebot abgeben soll.

trollerlangung den Börsen, an denen Wertpapiere des Bieters, der Zielgesellschaft oder anderer durch das Angebot unmittelbar betroffener Gesellschaften zum Handel zugelassen sind, und dem Bundesaufsichtsamt **mitzuteilen** (§ 10 Abs. 2 Satz 1); die anschließende **Veröffentlichung** ist in mindestens einem überregionalen Börsenpflichtblatt oder (bereichsöffentlich) über ein elektronisch betriebenes, bei Marktteilnehmern weit verbreitetes Informationsverbreitungssystem vorzunehmen (§ 10 Abs. 3 Satz 1); die Veröffentlichung, die auch über den Ort der Internetveröffentlichung des späteren Angebots Auskunft geben muss (§ 10 Abs. 3 Satz 2) und der keine anderweitige Veröffentlichung vorausgehen darf (§ 10 Abs. 3 Satz 3), ist den (vorher informierten) Börsen und dem Bundesaufsichtsamt zu übersenden (§ 10 Abs. 4); dem Vorstand der Zielgesellschaft ist schriftlich Mitteilung zu machen (§ 10 Abs. 5). § 10 ist § 15 WpHG nachgebildet und geht diesem daher vor (§ 10 Abs. 6); mithin ist eine gesonderte ad-hoc-Mitteilung im Falle der Kontrollerlangung nicht abzugeben.

2. Inhalt der Veröffentlichung

36 In der Veröffentlichung muss der Kontrollinhaber neben seinen Personalien die Höhe seines **Stimmrechtsanteils** angeben (Abs. 1 Satz 1). Gemeint ist die Summe der Stimmrechte aus selbst gehaltenen Aktien sowie der nach §§ 39, 30 zuzurechnenden Stimmrechte; letztere sind für jeden Zurechnungstatbestand (§ 30 Abs. 1 und 2) getrennt anzugeben (Abs. 1 Satz 3). Dies ermöglicht dem Bundesaufsichtsamt, die verschiedenen bei ihm eingehenden Daten abzugleichen und die Mitteilungen auf ihre Richtigkeit hin zu überprüfen. Die Dritten, deren Stimmrechte zugerechnet werden, müssen allerdings nicht namentlich genannt werden.[28]

37 Es sind sowohl der prozentuale Stimmrechtsanteil als auch die absolute Anzahl der Stimmrechte zu nennen. Keine Angaben sind hingegen zu machen über das Ausmaß der letzten oder vorhergehender Änderungen, über den Zeitpunkt bzw. Zeitraum des Erwerbs sowie – selbst wenn bekannt – über die Person oder Personen, von der bzw. denen erworben wurde.

28 So für die vergleichbare Vorschrift des § 22 Abs. 2 WpHG a. F. (nunmehr Abs. 4 derselben Norm) *Falkenhagen*, WM 1995, 1005, 1008; *Burgard*, BB 1995, 2069, 2070 Fn. 19; *Witt*, Übernahmen von Aktiengesellschaften und Transparenz der Beteiligungsverhältnisse, 1998, S. 150 Fn. 70.

3. Veröffentlichungsfrist

Die Erlangung der Kontrolle ist **unverzüglich** (d. h. ohne schuldhaftes Zögern, § 121 Abs. 1 Satz 1 BGB), spätestens innerhalb von sieben Kalendertagen, zu veröffentlichen (Abs. 1 Satz 1). Diese Frist bezieht sich auf die Veröffentlichung gemäß § 10 Abs. 3 Satz 1 und 2; die vorher erforderlichen Mitteilungen nach § 10 Abs. 2 müssen demnach so rechtzeitig erfolgen, dass die Veröffentlichung fristgerecht möglich ist. Primär ist das „unverzüglich" zu beachten, sodass auch das Ausschöpfen der – lediglich die äußerste Grenze bildenden – sieben Kalendertage ein schuldhaftes Zögern bedeuten kann. Umgekehrt muss nicht immer sofort veröffentlicht werden; der betreffende Aktionär kann vielmehr, sofern veranlasst, zunächst sachkundigen Rat einholen.[29] 38

Fristbeginn ist der Zeitpunkt der Kenntniserlangung oder des Beginns fahrlässiger Nichtkenntnis von der Kontrollerlangung als dem zur Veröffentlichung verpflichtenden Sachverhalt (Abs. 1 Satz 2)[30]. Auf den Zeitpunkt des Erwerbs der stimmberechtigten Aktien (der zur Kontrollerlangung geführt hat) kommt es nicht an, weil häufig nicht der Veröffentlichungspflichtige selbst Erwerber ist. 39

IX. Angebotspflicht, Abs. 2

1. Pflicht zur Übermittlung einer Angebotsunterlage

Wer die Kontrolle über eine Zielgesellschaft erlangt, hat den übrigen Aktionären ein Angebot auf Erwerb ihrer Aktien zu unterbreiten (Abs. 2 Satz 1). Dafür ist zunächst eine Angebotsunterlage zu erstellen und dem Bundesaufsichtsamt zu übermitteln; Letzteres überprüft die Unterlage sodann auf Vollständigkeit und offensichtliche Gesetzesverstöße. Für die Angebotsunterlage, insbesondere ihre **Form und ihren Inhalt**, gilt § 11 (der über § 39 auch auf Pflichtangebote Anwendung findet, wegen deren Bedingungsfeindlichkeit freilich mit Ausnahme von § 11 Abs. 2 Satz 2 Nr. 5); außerdem gilt § 2 AngebotsVO (weil das Pflichtangebot zwingend ein Vollangebot ist, freilich mit Ausnahme des § 2 Nr. 6 AngebotsVO). Hinsichtlich der Angebotsunter- 40

---

29 So für den vergleichbaren Fall des § 21 Abs. 1 WpHG *Schneider,* in: Assmann/Schneider, Kommentar zum WpHG, 2. Aufl., 1999, § 21 Rn. 84.

30 In den Fällen, in denen Umwandlungsvorgänge zur Kontrollerlangung führen (s. o. Rn. 25 ff.), ist maßgeblicher Zeitpunkt derjenige der Bekanntmachung i. S. v. § 19 Abs. 2 und 3 UmwG über die Handelsregistereintragung (*Seibt/Heiser*, ZHR 165 [2001], 466, 470).

lage kommen die generell für Angebote geltenden §§ 12 und 13 (Haftung für die Angebotsunterlage; Finanzierung des Angebots) über § 39 zur Anwendung.

41 Die Angebotsunterlage muss innerhalb von **vier Wochen** nach der Veröffentlichung der Kontrollerlangung an das Bundesaufsichtsamt übermittelt werden. Ob fristgerecht veröffentlicht worden ist, spielt keine Rolle; eine **verspätete Veröffentlichung** verkürzt die Vier-Wochen-Frist also nicht. Diese wird entsprechend §§ 187 ff. BGB berechnet.

42 Der Kontrollinhaber hat freilich die Möglichkeit, beim Bundesaufsichtsamt die **Verlängerung der Frist um bis zu vier Wochen** zu beantragen. Zwar verweist Abs. 2 Satz 1 und 2 nicht auf § 14 Abs. 1 Satz 3, der eine solche Verlängerung bei Angeboten zum Erwerb von Wertpapieren (und über § 34 auch bei Übernahmeangeboten) zulässt: Die Überlegung, die dieser Vorschrift zu Grunde liegt (Unangemessenheit der Vier-Wochen-Frist in bestimmten Fällen; vgl. § 14 Rn. 9 ff.), kommt bei Pflichtangeboten aber gleichermaßen zum Tragen; zudem ist § 14 Abs. 1 Satz 3 über § 39 auch für Pflichtangebote anwendbar. Das Redaktionsversehen (das maßgeblich darauf beruht, dass § 14 Abs. 1 Satz 3 erst auf Empfehlung des Finanzausschusses des Bundestages eingefügt wurde) lässt sich durch Anwendung des § 14 Abs. 1 Satz 3 korrigieren.[31]

43 Abs. 2 Satz 1 und 2 verweist nicht auf § 14 Abs. 1 Satz 2. Dass demzufolge das Bundesaufsichtsamt dem Bieter den Tag des Eingangs der Angebotsunterlage nicht **bestätigen** soll, ist jedoch nicht nachvollziehbar. Denn zur Berechnung der Frist für die Veröffentlichung nach Abs. 2 Satz 1 i.V.m. § 14 Abs. 2 Satz 1 muss der Kontrollinhaber den genauen Zeitpunkt des Eingangs kennen; zudem ist § 14 Abs. 1 Satz 2 über § 39 auch für Pflichtangebote anwendbar. Auch dies Redaktionsversehen ist durch Anwendung des § 14 Abs. 1 Satz 2 zu korrigieren.

2. Pflicht zur Veröffentlichung eines Angebots

a) Art und Weise der Angebotsveröffentlichung; Veröffentlichungsfrist

44 Im Anschluss an die Übermittlung der Angebotsunterlage an das Bundesaufsichtsamt ist nach § 14 Abs. 2 Satz 1 ein Angebot zu veröffentlichen (Abs. 2 Satz 1). § 14 Abs. 2 Satz 2, Abs. 3 und 4 gilt entsprechend (Abs. 2 Satz 2). Es ist demnach sehr weitgehend den Vorgaben zu folgen, die §§ 14, 34 für die Veröffentlichung der Angebotsunter-

31 Wie hier *Thoma*, NZG 2002, 105, 107.

lage (bei Angeboten und Übernahmeangeboten) vorsehen; s. die Kommentierung zu § 14. Stichwortartig: Die **Angebotsunterlage** ist durch Bekanntgabe im Internet sowie durch Abdruck in einem überregionalen Börsenpflichtblatt oder durch Bereithalten zur kostenlosen Ausgabe zu **veröffentlichen** (§ 14 Abs. 3 Satz 1); dies hat **unverzüglich** (d.h. ohne schuldhaftes Zögern, § 121 Abs. 1 Satz 1 BGB) nach der Freigabe des Angebots durch das Bundesaufsichtsamt oder nach Ablauf von zehn Werktagen seit Eingang der Angebotsunterlage beim Bundesaufsichtsamt zu geschehen (§ 14 Abs. 2 Satz 1). Dem **Vorstand der Zielgesellschaft** ist die Angebotsunterlage unverzüglich nach ihrer Veröffentlichung zu **übermitteln** (§ 14 Abs. 4).

Das Bundesaufsichtsamt kann das Angebot nach Maßgabe des § 15 (der über § 39 auch hier Anwendung findet) **untersagen** (Regierungsbegründung, BR-Drucks. 574/01, S. 148). Dies ergibt sich aus § 38 Nr. 3, folgt aber auch aus allgemeinen Überlegungen: Das Interesse der angesprochenen Aktionäre, ein vollständiges und gesetzeskonformes (Pflicht-)Angebot zu erhalten, überwiegt ihr Interesse daran, dass der Kontrollinhaber überhaupt ein Angebot abgibt. Zu den Sanktionen, die den Kontrollinhaber im Falle der Untersagung des Angebots treffen können, unten Rn. 59f. **45**

Abs. 2 Satz 1 und 2 verweist nicht auf § 14 Abs. 2 Satz 3. Dass demzufolge das Bundesaufsichtsamt **vor einer Untersagung** des Angebots die **Frist** nach § 14 Abs. 2 Satz 1 nicht soll verlängern können, ist jedoch nicht nachvollziehbar. Eine solche Verlängerungsmöglichkeit erscheint bei Pflichtangeboten sogar noch stärker geboten als bei freiwilligen (Übernahme-)Angeboten, weil der Zeitraum, in dem die Angebotsunterlage zu erstellen ist, hier viel kürzer ist als dort; zudem ist § 14 Abs. 2 Satz 3 über § 39 auch für Pflichtangebote anwendbar. Auch dies Redaktionsversehen ist durch Anwendung des § 14 Abs. 2 Satz 3 zu korrigieren. **46**

b) Umfang des Angebots; ausgenommene Aktien

Das Pflichtangebot, das nach Abs. 2 Satz 1 abzugeben ist, darf kein Teil-, sondern muss stets ein **Vollangebot** sein, sich also auf alle von der Zielgesellschaft emittierten Aktien (Stammaktien wie Vorzugsaktien) erstrecken. Dies ergibt sich aus § 32, der Teil-Übernahmeangebote für unzulässig erklärt und über § 39 auch für Pflichtangebote Anwendung findet, sowie aus § 39 selbst, demzufolge § 19 (Zuteilung bei Teilangeboten) gerade nicht gilt (dazu § 39 Rn. 13). Nur ein Vollangebot **47** entspricht der Schutzrichtung des Pflichtangebots und dem Interesse der (d. h. aller) Minderheitsaktionäre daran, die Gesellschaft anlässlich der Kontrollerlangung durch einen Mitaktionär verlassen zu können.[32]

48 In bestimmten Konstellationen fehlt es aber an einem solchen Schutzbedürfnis des Minderheitsaktionärs. Konsequent statuiert Abs. 2 Satz 3, dass **bestimmten Aktieninhabern kein Angebot** zu unterbreiten ist, wobei der Gesetzgeber den Personenkreis der Regelung des § 71 d Satz 2 AktG (Erwerb eigener Aktien durch Dritte) nachgebildet hat. So braucht sich das Pflichtangebot nicht auf eigene Aktien der Zielgesellschaft zu beziehen und – wegen der Zurechnung zur Zielgesellschaft – ebenso wenig auf solche Aktien der Zielgesellschaft, die einem von der Zielgesellschaft abhängigen (§ 17 AktG) oder in ihrem Mehrheitsbesitz stehenden (§ 16 AktG) Unternehmen gehören. Ausgenommen sind außerdem Aktien der Zielgesellschaft, die einem Dritten gehören, jedoch für Rechnung der Zielgesellschaft, eines von ihr abhängigen oder in ihrem Mehrheitsbesitz stehenden Unternehmens gehalten werden (Fall der mittelbaren Stellvertretung); auch diese Aktien stehen wirtschaftlich der Zielgesellschaft selbst zu. Nicht recht glücklich, aber wohl der Parallelität zu § 71 d Satz 2 AktG geschuldet, ist die Tatsache, dass der Gesetzgeber mit Blick auf die in Abs. 2 Satz 3 statuierten Zurechnungskonstellationen nicht auch (wie in § 30) auf Tochterunternehmen, wie sie in § 2 Abs. 6 definiert sind, abstellt.

49 Umgekehrt zu dem in Abs. 2 Satz 3 Geregelten stellt sich die Frage, **in welchem Umfang auch denjenigen Aktieninhabern ein Angebot zu unterbreiten ist, deren Stimmrechte dem Bieter nach §§ 39, 30 zugerechnet werden** (wodurch dieser ggf. überhaupt erst angebotspflichtig geworden ist). Hier muss man unterscheiden:[33] Soweit die Aktien, deren Stimmrechte zugerechnet werden, dem Bieter bereits wirtschaftlich zustehen, braucht sich das Angebot auf sie nicht zu beziehen. Dies sind – vergleichbar der Regelung des Abs. 2 Satz 3 – Aktien, die einem Tochterunternehmen (§ 2 Abs. 6) des Bieters gehören oder die einem Dritten gehören und von diesem für Rechnung des

---

32 *Houben*, WM 2000, 1873, 1874 f., 1879, beklagt mit Recht die Nichteinbeziehung von Wandelanleihen und Optionsscheinen: Denn mit der Wandlung bzw. der Ausübung des Optionsrechts entsteht eine neue Gruppe von Minderheitsaktionären, die nicht durch das Pflichtangebot geschützt wird, und diese zukünftigen müssen wie die derzeitigen Aktionäre behandelt werden.

33 *A.A. Mülbert*, ZIP 2001, 1221, 1223, und *Meyer* (Fn. 5), § 35 Rn. 49, die meinen, das Pflichtangebot brauche sich auf alle diejenigen Aktien nicht zu erstrecken, deren Stimmrechte dem Kontrollinhaber nach §§ 39, 30 zugerechnet werden.

Bieters (oder seines Tochterunternehmens) gehalten werden (Fall der mittelbaren Stellvertretung) und deren Stimmrechte dem Bieter daher nach §§ 39, 30 Abs. 1 Satz 1 Nr. 1 und 2 und Satz 2 zugerechnet werden. Auch brauchen abgestimmt handelnde Aktionäre, deren Stimmrechte wechselseitig zugerechnet werden (§§ 39, 30 Abs. 2), einander (bzw. den Tochterunternehmen und mittelbaren Stellvertretern des/der jeweils anderen) kein Angebot zu unterbreiten; denn jedes Mitglied der betreffenden Aktionärsgruppe ist Teil des Pools, dessen Bildung zum Erreichen oder Überschreiten der 30%-Schwelle geführt hat. Hingegen muss der Bieter den Inhabern derjenigen Aktien, deren Stimmrechte ihm (oder einem mit ihm abgestimmt handelnden Aktionär) nach § 39 i. V. mit den übrigen Tatbeständen des § 30 Abs. 1 zugerechnet werden, ein Angebot unterbreiten. Dies mag folgendes Beispiel verdeutlichen: Nach §§ 39, 30 Abs. 1 Satz 1 Nr. 5 und Satz 2 werden dem Bieter Stimmrechte aus Aktien zugerechnet, die er (oder sein Tochterunternehmen) durch eine Willenserklärung erwerben kann. Hier hängt es ausschließlich vom Willen des Bieters (oder seines Tochterunternehmens) ab, ob der Aktieninhaber seine Anteile veräußern kann; dieser muss daher den von einem Pflichtangebot ausgehenden Schutz erhalten.

c) Angebotskonditionen

Was die Konditionen eines Pflichtangebots betrifft, finden weitgehend die für Übernahmeangebote (§ 29 Abs. 1) geltenden Regelungen Anwendung. So stellen Pflichtangebote – zivilrechtlich gesehen – stets **bindende** Anträge dar (§§ 39, 17): Hierin kommt geradezu ein Charakteristikum von Pflichtangeboten zum Ausdruck; denn es würde ihrem Wesen zuwiderlaufen, wollte man dem Bieter weitere Entscheidungsfreiheit lassen, obwohl Aktionäre ihre Abgabebereitschaft bekundet haben. Außerdem dürfen Pflichtangebote **nicht unter dem Vorbehalt des Widerrufs oder Rücktritts** abgegeben werden (§§ 39, 18 Abs. 2). Sie dürfen zudem – und darin liegt ein Unterschied zu den Übernahmeangeboten und ein weiteres Charakteristikum von Pflichtangeboten – **nicht von Bedingungen abhängig** gemacht werden; § 18 Abs. 1, aus dem im Umkehrschluss folgt, dass ein Angebot unter einer Bedingung abgegeben werden kann, gilt gemäß § 39 gerade nicht für Pflichtangebote (dazu § 39 Rn. 11 f.). 50

Eine Spezialregelung mit Blick auf die Laufzeit von Pflichtangeboten sieht das Gesetz nicht vor. Daher gelten §§ 39, 16 Abs. 1: Die **Annahmefrist** darf nicht weniger als vier Wochen und grundsätzlich nicht 51 mehr als zehn Wochen betragen. Eine sog. weitere Annahmefrist i. S. des § 16 Abs. 2 (der gemäß § 39 für Pflichtangebote nicht gilt) besteht nicht.

52 Die vom Bieter zu offerierende und zu gewährende **Gegenleistung** ist, was ihre Art und ihre Höhe betrifft, in § 31 geregelt. Diese Bestimmung gilt über § 39 auch für Pflichtangebote; die ergänzenden Vorschriften der §§ 3 bis 7 AngebotsVO finden ausdrücklich für Übernahmeangebote wie für Pflichtangebote Anwendung.

53 Die Höhe der Gegenleistung ist für Stammaktien und für Vorzugsaktien getrennt zu ermitteln (§ 3 Satz 3 AngebotsVO); dies ist gemäß § 3 Abs. 1 WpÜG zulässig.

X. Befreiende Wirkung eines freiwilligen Übernahmeangebots, Abs. 3

54 Den Verpflichtungen nach Abs. 1 und 2 unterliegt nicht, wer die Kontrolle über die Zielgesellschaft aufgrund eines Übernahmeangebots (§ 29 Abs. 1) erworben hat (Abs. 3); es muss sich freilich um ein Übernahmeangebot handeln, das im Einklang mit den Vorschriften des 4. Abschnitts abgegeben worden ist. Ob Aktienerwerbe außerhalb des Übernahmeangebots zur Kontrollerlangung beigetragen haben, ist unbeachtlich; für die befreiende Wirkung des Übernahmeangebots ist von entscheidender Bedeutung nur, dass derjenige Erwerbsakt, aufgrund dessen die 30%-Schwelle erreicht bzw. überschritten worden ist, im Rahmen eines freiwilligen Übernahmeangebots (d. h. bis zum Ende von dessen Annahmefrist) erfolgt ist.[34] Zu beachten ist außerdem, dass ein freiwilliges Übernahmeangebot nur mit Blick auf die betreffende Zielgesellschaft selbst befreiende Wirkung nach Abs. 3 hat: Wird zugleich **(mittelbar) die Kontrolle über eine börsennotierte Tochtergesellschaft** der Zielgesellschaft erlangt, so verbietet es der Schutzgedanke des § 35, den Kontrollinhaber etwa auch von der Pflicht zu befreien, an die (Minderheits-)Aktionäre der Tochter ein (Pflicht-)Angebot zu richten (zu dieser Pflicht oben Rn. 20).

55 Die Regelung des Abs. 3 entspricht dem konzeptionellen Ansatz des Gesetzes, (freiwillige) Übernahmeangebote und Pflichtangebote weitgehend den gleichen Regelungen zu unterwerfen (vgl. § 39); so sind

---

34 *Harbarth*, ZIP 2002, 321, 327; *Geibel/Süßmann*, BKR 2002, 52, 53; *Meyer* (Fn. 5), § 35 Rn. 52.

beide immer Vollangebote und unterliegen mit Blick auf die Angebotskonditionen den gleichen Regelungen (§§ 39, 32, 31). Genügt ein Übernahmeangebot aber bereits den Anforderungen, die an ein Pflichtangebot gestellt werden, so wird es als „unnötiger Zeit- und Kostenaufwand“ angesehen, im Anschluss an ein freiwilliges Übernahmeangebot ein weiteres Übernahmeangebot – dann als Pflichtangebot – zu verlangen (vgl. Regierungsbegründung, BR-Drucks. 574/01, S. 148).[35] Mit anderen Worten: Jeder (Minderheits-)Aktionär bekommt nur *eine* Chance, seine Aktien an den neuen Kontrollaktionär zu veräußern.

Diese Regelung begegnet **Bedenken**: Denn das Übernahmeangebot ist ein auf Erwerb der Kontrolle *gerichtetes* Angebot (§ 29 Abs. 1), während das Pflichtangebot der Kontrollerlangung folgt. Im Falle eines Übernahmeangebots weiß der einzelne Aktionär der Zielgesellschaft also nicht, ob das Angebot zur Kontrollerlangung durch den Bieter führt oder nicht; es besteht für ihn also die Chance, wenn er seine Aktien nicht veräußert und sich genügend andere Aktionäre ebenso verhalten, in einer kontrollfreien Gesellschaft zu verbleiben. Zwar schreibt § 16 Abs. 2 Satz 1 bei Übernahmeangeboten eine sog. weitere Annahmefrist zwingend vor; so müssen, wenn nach Maßgabe des § 23 Abs. 1 Satz 1 Nr. 2 veröffentlicht worden ist, wie viele Aktionäre das Übernahmeangebot innerhalb der Annahmefrist angenommen haben und wie groß damit die Beteiligung des Bieters ist,[36] die bis dahin nicht veräußerungswilligen Aktionäre zwei Wochen lang die Möglichkeit haben, das Übernahmeangebot doch noch anzunehmen **(„Zaunkönigregel“)**. Diese Chance der nachträglichen Annahme kommt aber nur dann der Situation beim Pflichtangebot gleich, wenn die Kontrollerlangung durch den Bieter nach Ablauf der ursprünglichen Annahmefrist feststeht. Dies muss aber durchaus nicht so sein; es ist denkbar, dass der Bieter zu diesem Zeitpunkt noch nicht erfolgreich war und z.B. nur über 25% der Stimmrechte in der Zielgesellschaft verfügt, ohne dass er sein Angebot von dem Erwerb eines höheren Mindestanteils abhängig gemacht hätte (was das Angebot scheitern ließe und gemäß § 16 Abs. 2 Satz 2 dazu führte, dass keine weitere Annahmefrist läuft). In einem solchen Fall müssen die angesprochenen Aktio- **56**

35 Abs. 3 bedeutet nicht, dass auch dann kein Pflichtangebot erforderlich ist, wenn mittelbar die Kontrolle über eine börsennotierte Gesellschaft (d.h. über eine Tochtergesellschaft der Zielgesellschaft) erlangt wird. Zu den Fällen mittelbarer Kontrollerlangung, in denen auch an die (Minderheits-)Aktionäre der Tochtergesellschaft ein Angebot zu richten ist, vgl. oben Rn. 20.

36 Zu den „Wasserstandsmeldungen“ und allgemein zum Gefangenendilemma, in dem sich die Aktionäre im Falle eines Übernahmeangebots befinden, *Witt*, NZG 2000, 809 ff.

näre auch während der weiteren Annahmefrist ihre Entscheidung in der Ungewissheit treffen, ob der Kontrollerwerb gelingen wird oder nicht, und sind damit im **„Gefangenendilemma“**; wegen Abs. 3 wird aber, auch wenn der Bieter die Kontrolle doch noch erlangt, kein Pflichtangebot abzugeben sein – eine klare **Schutzlücke**, die der Gesetzgeber offenbar nicht gesehen hat: Er erklärt, § 16 Abs. 2 Satz 1 sei nur anwendbar, „sofern das Angebot erfolgreich ist“ (Regierungsbegründung, BR-Drucks. 574/01, S. 112); dafür gibt es im Gesetzestext aber keinen Anhaltspunkt.[37]

XI. Sanktionen

57 Wer die Kontrolle über eine Zielgesellschaft erlangt, dies aber vorsätzlich oder leichtfertig entgegen Abs. 1 Satz 1 nicht, nicht richtig, nicht vollständig, nicht in der vorgeschriebenen Weise oder nicht rechtzeitig **veröffentlicht**, handelt **ordnungswidrig** (§ 60 Abs. 1 Nr. 1 lit. a). Ordnungswidrigkeitstatbestände, die im Falle der vorsätzlichen oder leichtfertigen Nichterfüllung von Verpflichtungen aus Abs. 1 Satz 4 i.V.m. § 10 erfüllt sind, finden sich in § 60 Abs. 1 Nr. 2 lit. a und b, Nr. 3 und 4.

58 Das Unterlassen der Veröffentlichung gemäß § 10 Abs. 3 Satz 1 hat außerdem nach Maßgabe des § 38 Nr. 1 einen **Zinsanspruch** der Aktionäre zur Folge. Hinzu kommt schließlich der **Rechtsverlust** nach Maßgabe des § 59.

59 Wer die Kontrolle über eine Zielgesellschaft erlangt, aber vorsätzlich oder leichtfertig entgegen Abs. 2 Satz 1 dem Bundesaufsichtsamt keine oder eine nicht richtige oder nicht vollständige **Angebotsunterlage** übermittelt oder die Angebotsunterlage nicht in der vorgeschriebenen Weise oder nicht rechtzeitig übermittelt, handelt ebenfalls **ordnungswidrig** (§ 60 Abs. 1 Nr. 2 lit. a); dies schließt auch den Fall ein, dass eine (nicht den gesetzlichen Vorgaben entsprechende) Angebotsunterlage an das Bundesaufsichtsamt übermittelt und von diesem das Angebot nach Maßgabe des § 15 untersagt wird (vgl. dazu oben Rn. 45). Eine Ordnungswidrigkeit liegt auch dann vor, wenn vorsätzlich oder leichtfertig entgegen Abs. 2 Satz 1 kein Angebot veröffentlicht oder ein Angebot nicht richtig, nicht vollständig, nicht in der vor-

37 Wie hier *Geibel/Süßmann*, BKR 2002, 52, 61, die zudem mit Recht darauf hinweisen, dass während der Dauer der weiteren Annahmefrist keine täglichen „Wasserstandsmeldungen“ vorgeschrieben sind (vgl. § 23 Abs. 1 Satz 1 Nr. 3).

geschriebenen Weise oder nicht rechtzeitig veröffentlicht wird (§ 60 Abs. 1 Nr. 1 lit. a). Ordnungswidrigkeitstatbestände, die im Falle der vorsätzlichen oder leichtfertigen Nichterfüllung von Verpflichtungen aus Abs. 2 Satz 2 i. V. m. § 14 erfüllt sind, finden sich in § 60 Abs. 1 Nr. 2 lit. b, Nr. 3 und 5.

Außerdem hat auch das Unterlassen der Angebotsabgabe gemäß § 14 Abs. 3 Satz 1 nach Maßgabe des § 38 Nr. 2 einen **Zinsanspruch** der Aktionäre zur Folge; Gleiches gilt nach § 38 Nr. 3 für den Fall, dass dem Bieter ein Angebot i. S. des Abs. 2 Satz 1 nach § 15 Abs. 1 Nr. 1, 2 oder 3 untersagt worden ist. Hinzu kommt schließlich ebenfalls der **Rechtsverlust** nach Maßgabe des § 59. **60**

XII. Schutzgesetzqualität der Vorschrift i. S. von § 823 Abs. 2 BGB

§ 35 ist Schutzgesetz i. S. von § 823 Abs. 2 BGB mit der Folge der Schadensersatzpflicht im Falle eines Verstoßes.[38] Dafür spricht nicht nur, dass § 35 keinen ausdrücklichen Ausschluss einer solchen Schadensersatzpflicht vorsieht, wie ihn § 15 Abs. 6 Satz 1 WpHG für die Verletzung der Verpflichtung zur ad-hoc-Publizität statuiert. Entscheidend ist vor allem, dass die Pflichten nach § 35 zwar der Funktionsfähigkeit der Wertpapiermärkte dienen, dass sich der Schutzbereich der Vorschrift hierin aber nicht erschöpft; denn § 35 hat zugleich **individualschützenden Charakter**. Der Gesetzgeber will nämlich dem Minderheitsaktionär im Falle eines Kontrollwechsels, dem kein öffentliches Übernahmeangebot vorausgegangen ist, die Möglichkeit geben, seine Beteiligung an dem Unternehmen zu einem angemessenen Preis veräußern zu können (Regierungsbegründung, BR-Drucks. 574/01, S. 3 f. und 69). **61**

Kommt der Kontrollinhaber also seiner Pflicht zur Veröffentlichung der Kontrollerlangung und/oder derjenigen zur Abgabe eines Angebots nicht nach, so können die Aktionäre, an die das Angebot zu richten gewesen wäre, Ersatz des Schadens verlangen, der ihnen dadurch entsteht, dass sie ihre Aktien nicht zu einem bestimmten Zeitpunkt und zu einem bestimmten Preis veräußern können. Angesichts der recht präzisen Vorgaben für die zu offerierende Gegenleistung wird sich die Schadenshöhe durchaus ermitteln lassen und eine gerichtliche Schadensschätzung (§ 287 ZPO) regelmäßig nicht erforderlich sein. **62**

38 A. A. *Tschauner*, in: Geibel/Süßmann, Kommentar zum WpÜG, 2002, § 59 Rn. 79 ff.

XIII. Verhältnis zu den gescheiterten EG-Richtlinienplänen

63 Die gescheiterte EG-Übernahmerichtlinie sollte sowohl in der Fassung des gemeinsamen Standpunkts des Ministerrats vom 19.6.2000 als auch in der Fassung des vom Vermittlungsausschuss gebilligten gemeinsamen Textes vom 6.6.2001 im jeweiligen Art. 5 Abs. 1 den Mitgliedstaaten die **Statuierung eines Pflichtangebots** auferlegen. Demzufolge sollten die Mitgliedstaaten für den Fall, dass jemand einen bestimmten, die Kontrolle begründenden Anteil an den Stimmrechten einer börsennotierten Gesellschaft erlangen würde, dafür zu sorgen haben, dass Vorschriften zum Zuge kommen, nach denen die betreffende Person zum Schutz der Minderheitsaktionäre zur Abgabe eines Angebots verpflichtet sein würde. Der Anteil der Stimmrechte, der eine Kontrolle begründet, und die Art der Berechung dieses Anteils sollten sich nach den Vorschriften des Mitgliedstaates bestimmen, in dem die Gesellschaft ihren Sitz hat (Art. 5 Abs. 5 E-ÜbernahmeRL).

64 Art. 5 Abs. 3 E-ÜbernahmeRL sollte es Mitgliedstaaten, die zum Zeitpunkt der Annahme der Richtlinie **andere geeignete und mindestens gleichwertige Vorkehrungen zum Schutz der Minderheitsaktionäre** der Gesellschaft vorsehen, abweichend von Absatz 1 der Vorschrift erlauben, diese Vorkehrungen für einen Übergangszeit von einem Jahr nach dem Umsetzungsstichtag weiterhin anzuwenden, sofern diese Vorkehrungen eigens für den Fall des Übergangs der Kontrolle vorgesehen wären und besondere finanzielle Gegenleistungen für die Minderheitsaktionäre zum Gegenstand hätten. Gemäß Art. 5 Abs. 4 E-ÜbernahmeRL sollten die Mitgliedstaaten zusätzlich zu den Schutzbestimmungen nach Absätzen 1 und 3 der Vorschrift weitere Instrumente zum Schutz der Aktionärsinteressen vorsehen können, sofern diese Instrumente den normalen Gang des Angebotsverfahrens gemäß Absatz 1 der Vorschrift nicht behindert hätten.

65 Nach Art. 5 Abs. 2 E-ÜbernahmeRL sollte für den Fall, dass die Kontrolle infolge eines allen Wertpapierinhabern im Einklang mit der Richtlinie für alle Wertpapiere unterbreiteten **freiwilligen Angebots** erlangt sein würde, keine Verpflichtung zur Abgabe eines Angebots mehr bestehen.

§ 36 Nichtberücksichtigung von Stimmrechten

Das Bundesaufsichtsamt läßt auf schriftlichen Antrag zu, daß Stimmrechte aus Aktien der Zielgesellschaft bei der Berechnung des Stimmrechtsanteils unberücksichtigt bleiben, wenn die Aktien erlangt wurden durch

1. **Erbgang, Erbauseinandersetzung oder unentgeltliche Zuwendung unter Ehegatten, Lebenspartnern oder Verwandten in gerader Linie und bis zum dritten Grade oder durch Vermögensauseinandersetzung aus Anlaß der Auflösung einer Ehe oder Lebenspartnerschaft,**
2. **Rechtsformwechsel oder**
3. **Umstrukturierungen innerhalb eines Konzerns.**

Literatur: s. Vorbem. vor §§ 35 bis 39.

Übersicht

I. Systematische Stellung, Zweck und Gegenstand der Regelung

§ 36 ermöglicht es, dass die Stimmrechte aus bestimmten Aktien unberücksichtigt bleiben; die systematische Stellung der Vorschrift im Gesetz zeigt, dass es (anders als bei § 20) um die Nichtberücksichtigung nur bei der Feststellung geht, ob die 30%-Schwelle der Stimmrechte erreicht oder überschritten und ob damit die **Kontrolle** (§ 29 Abs. 2) erlangt worden ist und die Verpflichtungen nach § 35 Abs. 1 und 2 bestehen. Der Gesetzgeber hat in Nr. 1 bis 3 – abschließend – 1 bestimmte Fälle kodifiziert, in denen eine solche Nichtberücksichtigung möglich ist; diesen Fällen soll gemein sein, dass es um Sachverhalte geht, bei denen die Abgabe eines Pflichtangebots nicht sachgerecht erscheint.[1] Wie im Rahmen des § 35 (s. dort Rn. 16) ist es auch für § 36 ohne Bedeutung, ob die Kontrolle, würde man die Stimmrechte aus den betreffenden Aktien berücksichtigen, erstmals entsteht oder von einem Aktionär auf einen anderen übergeht.

2 Die Nichtberücksichtigung ist nur auf **Antrag** des betreffenden Aktionärs an das Bundesaufsichtsamt hin möglich; dies muss, wenn die Voraussetzungen der Nr. 1, 2 oder 3 vorliegen, dem Antrag entsprechen, hat also **kein Entscheidungsermessen**.

3 In § 36 geht es um die Nichtberücksichtigung *bestimmter* Stimmrechte. Sollte der betreffende Aktionär trotz zugelassener Nichtberücksichtigung einiger Stimmrechte infolge anderer (eigener oder nach §§ 39, 30 zugerechneter) Stimmrechte die 30%-Schwelle erreichen oder überschreiten, so unterliegt er dem Pflichtenkanon des § 35 Abs. 1 und 2. Anders ist es bei § 37 (i.V. mit §§ 8 bis 12 AngebotsVO): Diese Vorschrift ermöglicht es dem Bundesaufsichtsamt, auf Antrag eines Aktionärs, der die Kontrolle erlangt hat, diesen *in toto* von den Verpflichtungen nach § 35 Abs. 1 und 2 zu befreien.

II. Gesetzgebungsverfahren

4 Eine § 36 vergleichbare Vorschrift war bereits im Diskussionsentwurf vom 29.6.2000 (dort § 35 Abs. 1) und im Referentenentwurf vom 12.3.2001 (dort § 36) vorgesehen. Beide früheren Entwürfe wollten allerdings den Lebenspartner noch nicht mit einbeziehen; außerdem sollte es statt „unentgeltliche Zuwendung“ jeweils „Schenkung“ heißen, und es sollten jeweils sämtliche Verwandte erfasst werden, nicht nur solche in gerader Linie und bis zum dritten Grade.

5 Der Diskussionsentwurf sah in seinem § 35 Abs. 2 und 3 noch vor, dass eine Nichtberücksichtigung von Stimmrechten auch in Fällen möglich ist, in denen angesichts des regelmäßigen und ständigen Wechsels im Bestand keine Daueranlage von Aktien beabsichtigt ist (Handelsbestand). Eine solche Vorschrift findet sich nunmehr in § 20 WpÜG, was auf dem erweiterten Anwendungsbereich dieser Norm sowie darauf beruht, dass der Diskussionsentwurf dem Gesetz nur Über-

1 Regierungsbegründung, BR-Drucks. 574/01, S. 148.

nahmen und Übernahmeangebote unterwerfen wollte, nicht aber sämtliche öffentliche Angebote zum Erwerb von Aktien einer börsennotierten inländischen Gesellschaft, d.h. nicht solche Angebote, die nicht auf Kontrollerwerb gerichtet sind.

III. Regelung in Österreich

In Österreich besteht die in § 22 öÜbG verankerte **Angebotspflicht** 6 dann nicht, wenn die kontrollierende Beteiligung auf einem familien- oder erbrechtlichen Sachverhalt beruht (Schenkung zwischen Angehörigen etc.), wenn es zu Aktientransfers innerhalb eines Konzerns kommt oder wenn Aktien auf eine „Familien-Privatstiftung" übertragen werden (§ 24 Abs. 1 öÜbG). Die Pflicht zur **Bekanntmachung der Kontrollerlangung** sowie zur entsprechenden **Mitteilung an die Verwaltungsorgane der Zielgesellschaft** (§ 5 Abs. 3 Nr. 2 öÜbG) besteht freilich auch in diesen Fällen.

Auf der Grundlage der entsprechenden Ermächtigung in § 24 Abs. 2 7 öÜbG hat die Übernahmekommission in § 11 der 1. öÜbV Voraussetzungen bestimmt, bei deren Vorliegen Kreditinstitute von der **Pflicht zur Angebotsabgabe** befreit sind.

IV. Regelung in der Schweiz

In der Schweiz besteht **keine Angebotspflicht**, wenn die betreffenden 8 Stimmrechte durch Schenkung, Erbgang, Erbteilung, eheliches Güterrecht oder Zwangsvollstreckung erworben werden (Art. 32 Abs. 3 sBEHG). Die Beanspruchung einer solchen Ausnahme ist weder der Bankenkommission noch der Übernahmekommission zu melden (Art. 33 Abs. 3 sBEHV-EBK).

Weitere Fälle, in denen **keine Angebotspflicht** besteht, sind in Art. 33 9 Abs. 1 sBEHV-EBK aufgelistet; dazu gehören etwa Fälle, in denen die maßgebliche Schwelle im Rahmen einer Sanierung infolge eines Kapitalschnitts überschritten wird. Die Beanspruchung einer solchen Ausnahme ist der Bankenkommission und der Übernahmekommission zu melden; diese können innerhalb von fünf Tagen Widerspruch erheben, wenn die Voraussetzungen des Art. 33 Abs. 1 sBEHV-EBK nicht erfüllt sind (Art. 33 Abs. 2 sBEHV-EBK).

V. Voraussetzungen einer Nichtberücksichtigungserlaubnis

1. Nr. 1

10 Nr. 1 lässt die Nichtberücksichtigung von Stimmrechten aus Aktien der Zielgesellschaft zu, die aufgrund bestimmter **erb- bzw. familienrechtlicher Transaktionen** erlangt wurden. Mit dieser Regelung soll nach dem Willen des Gesetzgebers verhindert werden, dass die **Nachfolgeplanung bei Familienunternehmen** durch Pflichtangebote gestört und die Fortführung des jeweiligen Unternehmens ggf. wirtschaftlich unmöglich gemacht wird.[2]

11 Die Worte **„unter Ehegatten, Lebenspartnern oder Verwandten in gerader Linie und bis zum dritten Grade"** beziehen sich nicht nur auf „unentgeltliche Zuwendung", sondern auch auf „Erbgang oder Erbauseinandersetzung". Denn die Regierungsbegründung zu dieser Vorschrift (BR-Drucks. 574/01, S. 149) und zu § 37 wie auch die Regelung des § 9 Satz 1 Nr. 1 AngebotsVO (dazu § 37 Rn. 10) lassen erkennen, dass auch Erbgänge und Erbauseinandersetzungen allein unter den bezeichneten nahe stehenden Personen erfasst sein sollen.[3] Wie beim Erbgang kommt es auch im Falle der Erbauseinandersetzung für das Vorliegen des familienrechtlichen Näheverhältnisses allein auf die Beziehung zum Erblasser an.[4]

12 **Erbgang** umfasst neben der (auf gewillkürter oder auf Intestaterbfolge beruhenden) Erbschaft, die zur Gesamtrechtsnachfolge führt (§ 1922 Abs. 1 BGB), auch die Nach- und die Ersatzerbschaft. **Erbauseinandersetzung** bedeutet insbesondere die Aufhebung der (Mit-)Erbengemeinschaft (Gemeinschaft zur gesamten Hand) bei mehreren Erben (§§ 2032 ff. BGB), wie sie grundsätzlich jeder Miterbe jederzeit verlangen kann (§ 2042 Abs. 1 BGB). Aber auch Schenkungen von Todes wegen (vgl. § 2301 Abs. 1 BGB)[5] sowie Vermächtnisse, also durch Testa-

2 Regierungsbegründung, BR-Drucks. 574/01, S. 149.

3 In diesem Sinne bereits mit Blick auf die ungeschickte Formulierung der Nr. 1 noch im Regierungsentwurf vom 11.7.2001 (in dem das „oder" zwischen „Erbgang" und „Erbauseinandersetzung" stand) der *Handelsrechtsausschuss des Deutschen Anwaltvereins* in seiner Stellungnahme vom 21.9.2001, NZG 2001, 1003, 1008. Vgl. dazu auch *Harbarth*, ZIP 2002, 321, 328 Fn. 60.

4 So mit Recht *Harbarth*, ZIP 2002, 321, 328.

5 Inwieweit man das Schenkungsversprechen von Todes wegen als Vermächtnis oder als Erbeinsetzung betrachtet (dazu *Musielak*, in: MünchKommBGB, Band 9, 3. Aufl., 1997, § 2301 Rn. 14 m. w. Nachw. in Fn. 47), ist ohne Bedeutung, weil Erbgang und Erbauseinandersetzung gleichermaßen erfasst werden.

ment oder Erbvertrag begründete Einzelzuwendungen von Todes wegen, die zu einem schuldrechtlichen Anspruch gegen den Beschwerten führen (§§ 2147 ff. BGB), werden erfasst. Von dem Erben nach Maßgabe der §§ 2303 ff. BGB zu leistende Pflichtteile bleiben regelmäßig außer Betracht, weil der Pflichtteilsanspruch stets auf Geld geht[6]; nimmt der Pflichtteilsberechtigte jedoch Aktien an Erfüllungs statt an (vgl. § 364 Abs. 1 BGB), so werden diese erfasst.

Unentgeltliche Zuwendung meint Zuwendungen, die unabhängig von einer Gegenleistung gewährt werden. Dies sind insbesondere Schenkungen i. S. des § 516 Abs. 1 BGB, auch verschleierte Schenkungen, aber ebenso vom Schenker zu Lebzeiten vollzogene Schenkungen von Todes wegen (vgl. § 2303 Abs. 2 BGB). Auch im Rahmen einer vorweggenommenen Erbfolge durchgeführte Transaktionen (d. h. solche Transaktionen, die bereits zu Lebzeiten des Erblassers Rechte und Pflichten begründen) werden erfasst, wenn sie wirklich unentgeltlich sind; dies ist bereits dann nicht der Fall, wenn von dem Begünstigten etwa die Verpflichtung zur Alters- oder Krankheitspflege übernommen wird. 13

Ehegatte setzt das Bestehen einer Ehe, **Lebenspartner** das Bestehen einer Lebenspartnerschaft nach dem Gesetz zur Beendigung der Diskriminierung gleichgeschlechtlicher Gemeinschaften: Lebenspartnerschaften (LPartG) vom 16. 2. 2001[7] voraus, das seit dem 1. 8. 2001 in Kraft ist.[8] Dass die Ehegatten bzw. Lebenspartner möglicherweise getrennt leb(t)en, spielt keine Rolle. 14

Verwandte in gerader Linie sind nach § 1589 Satz 1 BGB Personen, deren eine von der anderen abstammt. Nach § 1589 Satz 2 BGB bestimmt sich der Grad der Verwandtschaft nach der Zahl der sie vermittelnden Geburten; da nur Verwandte in gerader Linie und bis zum dritten Grade erfasst werden, sind äußerstenfalls Aktienerwerbe zwischen dem Urenkel und dem Urgroßvater freigestellt. Für Fälle, in denen ein weniger enges oder gar kein Verwandtschaftsverhältnis besteht bzw. bestand, kommt eine Befreiung nach § 37 i. V. mit §§ 8 bis 12 AngebotsVO in Betracht;[9] s. dazu § 37 Rn. 10. 15

---

6 *Edenhofer*, in: Palandt, Kommentar zum BGB, 61. Aufl., 2002, Überbl vor § 2303 Rn. 1.

7 BGBl. I S. 266.

8 Zum neuen familienrechtlichen Institut der eingetragenen Lebenspartnerschaft *Kaiser*, JZ 2001, 617 ff.; *Dethloff*, NJW 2001, 2598 ff.

9 Regierungsbegründung, BR-Drucks. 574/01, S. 149.

16 Ehe, Lebenspartnerschaft oder Verwandtschaft müssen mit Blick auf Erbgang und Erbauseinandersetzung zwischen dem Erblasser und dem Begünstigten (Erbe, Vermächtnisnehmer usf.), mit Blick auf die unentgeltliche Zuwendung zwischen dem Zuwendenden und dem Zuwendungsempfänger bestehen bzw. bestanden haben.

17 **Vermögensauseinandersetzung** anlässlich der Auflösung einer Ehe oder Lebenspartnerschaft umfasst güterrechtlich veranlasste Transaktionen anlässlich der Aufhebung oder Scheidung einer Ehe (§§ 1313 ff., 1564 ff. BGB) bzw. Transaktionen, zu denen es infolge der Beendigung des Vermögensstandes anlässlich der Aufhebung einer Lebenspartnerschaft (§§ 15 ff. LPartG)[10] kommt. Das Gesetz verzichtet bewusst auf eine ausdrückliche Bezugnahme auf die Vorschriften des BGB und des LPartG, um auch Auflösungen von Ehen und Lebenspartnerschaften nach ausländischem Recht zu erfassen (Regierungsbegründung, BR-Drucks. 574/01, S. 149).

2. Nr. 2

18 Nr. 2 lässt die Nichtberücksichtigung von Stimmrechten aus Aktien der Zielgesellschaft zu, die im Rahmen eines **Rechtsformwechsels** erlangt wurden. Dass die Verpflichtungen nach § 35 Abs. 1 und 2 ausgelöst werden können und damit überhaupt Bedarf nach einer Nichtberücksichtigung besteht, setzt aber jedenfalls voraus, dass ein **Übertragungsvorgang** stattfindet. Dies ist bei den im fünften Buch des **Umwandlungsgesetzes** geregelten Fällen des Rechtsformwechsels nicht der Fall, weil – wie sich aus § 190 Abs. 1 UmwG ergibt – die rechtliche Identität des formwechselnden Rechtsträgers fortbesteht; daher werden diese Fälle nicht erfasst.[11] Das Umwandlungsgesetz legt freilich enumerativ fest, welche Rechtsträger ihrer Rechtsform nach unter dem Regime des Umwandlungsgesetzes formwechselfähig sind, und zwar in einem Katalog „formwechselnder Rechtsträger" (§ 191 Abs. 1 UmwG) und in einem Katalog „Rechtsträger neuer Rechtsform" (§ 191 Abs. 2 UmwG). Weil eine Zulassung weiterer Fälle auch durch analoge Anwendung des Umwandlungsgesetzes nicht möglich ist,[12]

---

10 Zur Aufhebung einer Lebenspartnerschaft *Kaiser*, JZ 2001, 617, 621 f.; *Dethloff*, NJW 2001, 2598, 2603 f.

11 Regierungsbegründung, BR-Drucks. 574/01, S. 149.

12 Zu diesem numerus clausus der Formwechselfälle unter dem Regime des Umwandlungsgesetzes vgl. *Decher,* in: Lutter, Kommentar zum UmwG, 2. Aufl., 2000, § 190 Rn. 11 ff.; *Meister/Klöcker,* in: Kallmeyer, Kommentar zum UmwG, 2. Aufl., 2001, § 190 Rn. 11 f.

bleiben für Nr. 2 also alle **diejenigen „Kombinationen", die § 191 Abs. 1 und 2 UmwG nicht erfasst**.

3. Nr. 3

Nr. 3 lässt die Nichtberücksichtigung von Stimmrechten aus Aktien der Zielgesellschaft zu, die durch **Umstrukturierungen innerhalb eines Konzerns** erlangt wurden. Dabei ist nach dem Willen des Gesetzgebers der **aktienrechtliche Konzernbegriff** zu Grunde zu legen (Regierungsbegründung, BR-Drucks. 574/01, S. 150); maßgeblich ist somit § 18 AktG, der wie die gesamten §§ 15 ff. AktG rechtsformneutral ist, also auch dann Anwendung findet, wenn das abhängige Unternehmen nicht die Rechtsform Aktiengesellschaft (oder KGaA) hat, sondern Gesellschaft mbH oder auch Personengesellschaft ist.[13] Nach § 18 Abs. 1 AktG bilden ein herrschendes und ein oder mehrere abhängige Unternehmen (zu diesen Begriffen § 17 Abs. 1 AktG), die unter der einheitlichen Leitung des herrschenden Unternehmens zusammengefasst sind, einen **(Unterordnungs-)Konzern**; nach § 18 Abs. 2 AktG bilden rechtlich selbstständige Unternehmen, die unter einheitlicher Leitung zusammengefasst sind, ohne dass das eine Unternehmen von dem anderen abhängig ist, einen **(Gleichordnungs-)Konzern**. 19

Es geht in Nr. 3 also um Transaktionen in Aktien der Zielgesellschaft, die zwischen einzelnen Konzerngesellschaften stattgefunden haben. Dass die Verpflichtungen nach § 35 Abs. 1 und 2 ausgelöst werden können und damit überhaupt Bedarf nach einer Nichtberücksichtigung besteht, setzt aber jedenfalls voraus, dass sich das **Einflusspotential des betreffenden Aktionärs erhöht** (s. § 35 Rn. 23). Im **Unterordnungskonzern** ist mit Blick auf das herrschende Unternehmen daher folgendes zu beachten: Angesichts der Zurechnung von Stimmrechten nach §§ 39, 30 Abs. 1 Satz 1 Nr. 1 (demzufolge Stimmrechte aus Aktien, die einem Tochterunternehmen des Bieters gehören, diesem zugerechnet werden) vergrößert sich der Stimmrechtsanteil des herrschenden Unternehmens regelmäßig nicht dadurch, dass es zu Verschiebungen innerhalb des Konzerns kommt.[14] 20

Hingegen findet Nr. 3 mit Blick auf **abhängige Unternehmen** ebenso Anwendung wie mit Blick **auf Unternehmen, die Teil eines Gleichordnungskonzerns** sind. Diese Unternehmen können nach Nr. 3 die Nicht- 21

13 Vgl. nur BGH, Urt. vom 5.12.1983 – II ZR 242/82, BGHZ 89, 162, 167; Urt. vom 20.2.1989 – II ZR 167/88, BGHZ 107, 7, 15.

14 Vgl. auch *Seibt/Heiser*, ZHR 165 (2001), 466, 492 f.

berücksichtigung von Stimmrechten aus Aktien beanspruchen, die sie durch Umstrukturierungen innerhalb des jeweiligen Konzerns, also infolge von Transaktionen mit anderen Konzernunternehmen, erlangen. Ihr Einflusspotential erhöht sich zwar; den Verpflichtungen nach § 35 Abs. 1 und 2 sollen sie infolge solcher Transaktionen aber nicht unterfallen, und zwar mit Rücksicht darauf, dass sich das Einflusspotential der wirtschaftlichen Einheit Konzern insgesamt nicht verändert.

4. Umfang

22 Der Gesetzestext stellt für die Möglichkeit der Nichtberücksichtigung von Stimmrechten nicht allein auf Aktien ab, die der betreffende Aktionär (d.h. regelmäßig der angebotspflichtige Kontrollinhaber) in der beschriebenen Weise erlangt hat. Es geht vielmehr um Aktien, die auf welchem Wege auch immer *erlangt wurden*. Daraus ergibt sich, dass ggf. auch Aktien der Zielgesellschaft, die dem Kontrollinhaber nicht gehören, von einer **Nichtberücksichtigungserlaubnis** erfasst werden können, **Aktien also, deren Stimmrechte dem Betreffenden nach Maßgabe der §§ 39, 30 zugerechnet werden**. Voraussetzung ist freilich, dass der mit der Vorschrift verfolgte Zweck erfüllt ist. Bsp.: A ist zu 15%, sein Bruder B zu 10% an der im geregelten Markt gehandelten D-AG beteiligt. Beide stimmen ihr Verhalten mit Blick auf die D-AG aufgrund einer langfristigen Vereinbarung ab (sodass die Stimmrechte aus ihren Aktien gemäß §§ 39, 30 Abs. 2 wechselseitig zugerechnet werden). Erbt nun A von seinem Vater C (mit dem keinerlei Abstimmung bestanden hatte) dessen 15%-Paket an D-Aktien, so kann A die Nichtberücksichtigung der ererbten Aktien beim Bundesaufsichtsamt nach Nr. 1 beantragen; werden die von A ererbten Aktien in die Vereinbarung mit B einbezogen, so kann auch B die Nichtberücksichtigung dieser Aktien beantragen.

VI. Verfahren

1. Antrag

23 Die Erlaubnis, bei der Berechnung des für § 35 Abs. 1 und 2 i.V.m. § 29 Abs. 2 maßgeblichen Stimmrechtsanteils Stimmrechte aus bestimmten Aktien nicht berücksichtigen zu müssen, ist beim Bundesaufsichtsamt **schriftlich zu beantragen**. Der Antrag muss also dem Schriftformerfordernis des § 126 Abs. 1 BGB genügen, d.h. schriftlich abgefasst und unterzeichnet sein; in Ausnutzung des von § 126 Abs. 3

BGB n.F.[15] geschaffenen Spielraums erklärt § 45 Satz 2 eine Übermittlung im Wege der elektronischen Datenfernübertragung für zulässig, sofern der Absender zweifelsfrei zu erkennen ist.

Das Gesetz sieht keine **Frist** für die Antragstellung vor. Sollte der betreffende Aktionär ohne Nichtberücksichtigungserlaubnis den Verpflichtungen aus § 35 Abs. 1 und 2 unterliegen, so muss es freilich in seinem eigenen Interesse liegen, so zeitnah zu operieren, dass das Bundesaufsichtsamt über den Antrag noch vor Ablauf der Frist nach § 35 Abs. 1 (die maximal sieben Kalendertage beträgt) entscheiden kann. Andererseits ist eine **vorzeitige Antragstellung** zulässig. Ein Aktionär kann also auch bzw. bereits dann eine Nichtberücksichtigungserlaubnis beantragen, wenn er auch ohne eine solche (noch) nicht die Kontrolle über die Zielgesellschaft erlangt und mithin (noch) nicht dem Pflichtenkanon des § 35 Abs. 1 und 2 unterfällt; einen gewissen zeitlichen Zusammenhang mit der Kontrollerlangung wird man freilich verlangen müssen. **24**

Der Antrag muss deutlich werden lassen, **in welchem Umfang und auf welcher rechtlichen Grundlage eine Nichtberücksichtigungserlaubnis** begehrt wird. Erforderlich ist daher zum einen die Angabe, um wie viele Aktien (und damit Stimmrechte) welcher Gesellschaft es geht. Zum anderen ist darzulegen, ob und inwieweit der Antrag auf Nr. 1, 2 oder 3 gestützt wird; die jeweiligen Voraussetzungen sind ggf. durch Verträge, Depotauszüge o.ä. nachzuweisen. Nicht anzugeben ist die Zahl der vom Antragsteller bereits gehaltenen oder ihm zuzurechnenden Stimmrechte. **25**

2. Nichtberücksichtigungserlaubnis

Das Bundesaufsichtsamt hat bei der Entscheidung über den Antrag **kein Ermessen**. Es muss die Tatbestandsvoraussetzungen nach Nr. 1, 2 oder 3 pflichtgemäß prüfen und bei deren Vorliegen die Nichtberücksichtigung der Stimmrechte aus den betreffenden Aktien erlauben. Rechtsqualitativ ist die Nichtberücksichtigungserlaubnis ein **(begünstigender) Verwaltungsakt**.[16] §§ 35 ff. VwVfG finden also Anwendung. **26**

Das Bundesaufsichtsamt kann die Nichtberücksichtigungserlaubnis auf Kosten des Adressaten im Bundesanzeiger **veröffentlichen** (§ 44). **27**

---

15 D.h. in der seit dem 1.8.2001 geltenden Fassung des Gesetzes zur Anpassung der Formvorschriften des Privatrechts und anderer Vorschriften an den modernen Rechtsgeschäftsverkehr vom 13.7.2001 (BGBl. I S. 1542); dazu *Noack*, in: Dauner-Lieb u.a. (Hrsg.), Das neue Schuldrecht, 2002, § 15; *Hähnchen*, NJW 2001, 2831 ff.

16 Vgl. dazu *Harbarth*, ZIP 2002, 321, 328.

Der Adressat hat nach Maßgabe des § 47 auch die **Kosten** der Nichtberücksichtigungserlaubnis selbst zu tragen.

3. Rechtsbehelfe

28 **Versagt** das Bundesaufsichtsamt die Nichtberücksichtigungserlaubnis (ganz oder teilweise) oder **entscheidet** es ohne zureichenden Grund **nicht** in angemessener Frist über einen entsprechenden Antrag, so kann der Antragsteller **Beschwerde** einlegen (§ 48 Abs. 3; Form und Frist: § 51); über die Beschwerde entscheidet ausschließlich das OLG Frankfurt a.M. (§ 48 Abs. 4). **Einstweiliger Rechtsschutz** ist angesichts der Ähnlichkeit der Beschwerde zur Verpflichtungsklage nach § 123 VwGO möglich; er besteht in der vorläufigen Erlaubnis, die betreffenden Stimmrechte nicht zu berücksichtigen. Vor Erhebung der Beschwerde ist nach Maßgabe des § 41 Abs. 1 ein **Widerspruchsverfahren** durchzuführen; über den Widerspruch entscheidet der Widerspruchsausschuss (§ 6 Abs. 1 Satz 2).

29 Wird eine Nichtberücksichtigungserlaubnis **widerrufen** (was nach Maßgabe des § 48 Abs. 2 VwVfG möglich ist), so ist gegen diese Verfügung gleichfalls die **Beschwerde** statthaft (§ 48 Abs. 1); diese Beschwerde hat nach § 49 **aufschiebende Wirkung**.

VII. Rechtsfolgen der Nichtberücksichtigungserlaubnis

30 Soweit die Nichtberücksichtigungserlaubnis reicht, darf der begünstigte Aktionär die Stimmrechte aus den betreffenden Aktien bei der Berechnung des für § 35 Abs. 1 und 2 i. V. mit § 29 Abs. 2 maßgeblichen Stimmrechtsanteils unberücksichtigt lassen. Die Stimmrechte können **weiter ausgeübt werden**, auch wenn im Falle ihrer Berücksichtigung der betreffende Aktionär den Verpflichtungen aus § 35 Abs. 1 und 2 unterläge; eine § 20 Abs. 3 entsprechende Norm existiert nicht.

31 Dass der begünstigte Aktionär, der über 30% oder mehr der Stimmrechte verfügt, infolge der Nichtberücksichtigung nicht nur kein Angebot abzugeben, sondern nicht einmal die Kontrollerlangung zu **veröffentlichen** hat, erscheint auf den ersten Blick unbefriedigend, zumal die Kontrolle (mangels Parallele zu § 20 Abs. 3) wirklich ausgeübt werden kann. Auf eine gegenteilige Regelung (wie sie sich in Österreich findet; s. Rn. 6) konnte aber verzichtet werden. Denn zum einen ist mangels Anwendbarkeit der §§ 35 Abs. 1 Nr. 4, 10 Abs. 6 der § 15 WpHG nicht verdrängt, und die Kontrollerlangung dürfte regelmäßig

eine **ad hoc zu publizierende Tatsache** sein. Zum anderen kann das Bundesaufsichtsamt die **Nichtberücksichtigungserlaubnis** nach eigenem Ermessen im Bundesanzeiger **veröffentlichen** (§ 44) und somit die Kapitalmärkte und die Öffentlichkeit informieren, wenn es dies für erforderlich hält; das verbleibende Defizit an Transparenz – die Veröffentlichung lässt nicht deutlich werden, wie groß genau die Beteiligung des betreffenden Aktionärs ist – lässt sich nur dadurch beseitigen, dass der Gesetzgeber in § 21 Abs. 1 WpHG mehr Beteiligungsschwellen aufnimmt, deren Erreichen oder Überschreiten veröffentlicht werden muss; dies ist verschiedentlich gefordert worden.[17]

VIII. Nichtberücksichtigung nach anderen Vorschriften

Eine Nichtberücksichtigung von Stimmrechten bei der Berechnung des für § 35 Abs. 1 und 2 i.V.m. § 29 Abs. 2 maßgeblichen Stimmrechtsanteils ist (auch) nach **Maßgabe des § 20** möglich (der gemäß § 39 auch für Pflichtangebote Anwendung findet). Ein wichtiger Unterschied zu § 36 liegt darin, dass Stimmrechte, die aufgrund einer Befreiung nach §§ 39, 20 Abs. 1 und 2 unberücksichtigt bleiben, gemäß § 20 Abs. 3 nicht ausgeübt werden können, wenn im Falle ihrer Berücksichtigung die Verpflichtungen nach § 35 Abs. 1 und 2 bestünden; s. dazu § 20 Rn. 23ff. Bei der Feststellung, ob § 20 Abs. 3 einschlägig ist, müssen Stimmrechte, die infolge Erlaubnis nach § 36 nicht zu berücksichtigen sind, außer Betracht bleiben. 32

IX. Verhältnis zu den gescheiterten EG-Richtlinienplänen

Die gescheiterte EG-Übernahmerichtlinie sollte weder in der Fassung des gemeinsamen Standpunkts des Ministerrats vom 19.6.2000 noch in der Fassung des vom Vermittlungsausschuss gebilligten gemeinsamen Textes vom 6.6.2001 eine Aussage darüber enthalten, ob die Mitgliedstaaten in bestimmten Fällen die **Nichtberücksichtigung von Stimmrechten** sollten zulassen dürfen, wenn es um die Berechnung des für die Angebotspflicht maßgeblichen Stimmrechtsanteils geht. Jedoch sollte Art. 5 Abs. 5 E-ÜbernahmeRL vorsehen, dass sich der Anteil der Stimmrechte, der eine Kontrolle begründet, und die Art der Berechung dieses Anteils nach den Vorschriften des Mitgliedstaates bestimmen sollten, in dem die Gesellschaft ihren Sitz hat. 33

17 Vgl. nur *Witt*, AG 2001, 233, 241 m.w.Nachw.

§ 37 Befreiung von der Verpflichtung zur Veröffentlichung und zur Abgabe eines Angebots

(1) Das Bundesaufsichtsamt kann auf schriftlichen Antrag den Bieter von den Verpflichtungen nach § 35 Abs. 1 Satz 1 und Abs. 2 Satz 1 befreien, sofern dies im Hinblick auf die Art der Erlangung, die mit der Erlangung der Kontrolle beabsichtigte Zielsetzung, ein nach der Erlangung der Kontrolle erfolgendes Unterschreiten der Kontrollschwelle, die Beteiligungsverhältnisse an der Zielgesellschaft oder die tatsächliche Möglichkeit zur Ausübung der Kontrolle unter Berücksichtigung der Interessen des Antragstellers und der Inhaber der Aktien der Zielgesellschaft gerechtfertigt erscheint.

(2) Das Bundesministerium der Finanzen kann durch Rechtsverordnung, die nicht der Zustimmung des Bundesrates bedarf, nähere Bestimmungen über die Befreiung von den Verpflichtungen nach § 35 Abs. 1 Satz 1, Abs. 2 Satz 1 erlassen. Das Bundesministerium der Finanzen kann die Ermächtigung durch Rechtsverordnung auf das Bundesaufsichtsamt übertragen.

Literatur: s. Vorbem. vor §§ 35 bis 39.

Übersicht

I. Systematische Stellung, Zweck und Gegenstand der Regelung

§ 37 ergänzt § 36. Dieser erfasst Fallgestaltungen, in denen die **Berücksichtigung der Stimmrechte** aus bestimmten Aktien als **nicht angemessen** erscheint, wenn es um die Feststellung geht, ob die 30%-Schwelle der Stimmrechte erreicht oder überschritten und ob damit die Kontrolle (§ 29 Abs. 2) erlangt worden ist und die Verpflichtungen aus § 35 Abs. 1 und 2 bestehen. In den in § 36 (abschließend) aufgeführten Fällen entscheidet das Bundesaufsichtsamt ohne Ermessen und ohne Einbezug des Interesses der Minderheitsaktionäre daran, ein (Pflicht-)Angebot zu erhalten. § 37 hingegen enthält eine „offene" Regelung, die es dem Bundesaufsichtsamt ermöglicht, in anderen als den Fällen des § 36 den divergierenden Interessen angemessen Rechnung zu tragen und den Kontrollinhaber in toto von den Verpflichtungen nach § 35 Abs. 1 und 2 zu befreien. 1

Die Befreiung von der Pflicht zur Veröffentlichung der Kontrollerlangung nach § 35 Abs. 1 und zur Abgabe eines Angebots nach § 35 Abs. 2 steht daher im **Ermessen** des Bundesaufsichtsamtes. Hinzu kommt zweierlei: Es werden vom Gesetzgeber in Abs. 1 nicht Befreiungstatbestände enumerativ (also in Gestalt eines abschließenden „Katalogs") aufgeführt, sondern Befreiungen lediglich im Hinblick auf bestimmte, freilich allgemein gehaltene Fallgestaltungen für möglich erklärt; und das Bundesaufsichtsamt muss in jedem Fall das **Interesse des Befreiung begehrenden Kontrollinhabers und dasjenige der Minderheitsaktionäre gegeneinander abwägen**. 2

II. Rechtsverordnung, Abs. 2

Abs. 2 Satz 1 ermächtigt das Bundesministerium der Finanzen, durch Rechtsverordnung nähere Bestimmungen über die Befreiung von den Verpflichtungen nach § 35 Abs. 1 Satz 1 und Abs. 2 Satz 1 zu erlassen. Von dieser Ermächtigung, die nach Abs. 2 Satz 2 durch Rechtsverordnung auf das Bundesaufsichtsamt übertragen werden kann (was bislang nicht geschehen ist), hat das Ministerium in Gestalt des vierten Abschnittes (§§ 8 bis 12) der Verordnung über den Inhalt der Angebotsunterlage, die Gegenleistung bei Übernahmeangeboten und Pflichtangeboten und die Befreiung von der Verpflichtung zur Veröffentlichung und zur Abgabe eines Angebots **(AngebotsVO)** vom 27.12.2001 (BGBl. I S. 4263) – abgedruckt im Anhang – Gebrauch gemacht. 3

4 Ziel der Ermächtigung des Bundesministeriums der Finanzen nach Abs. 2 ist es, angesichts der Vielzahl der für eine Befreiung nach Abs. 1 in Betracht kommenden Fälle die erforderliche **Rechtssicherheit** für die Beteiligten zu schaffen.[1] Konsequent enthält die Rechtsverordnung neben verfahrensrechtlichen Vorgaben (§§ 8, 10 bis 12 AngebotsVO) in § 9 eine Liste beispielhafter Sachverhalte, bei denen eine Befreiung nach Abwägung der Umstände des Einzelfalls typischerweise naheliegt; auf einen enumerativen Katalog hat man auch in der Rechtsverordnung mit der Begründung verzichtet, die Ausnahmefälle, in denen eine Befreiung in Betracht komme, ließen sich nicht abschließend bestimmen (Regierungsbegründung, BR-Drucks. 574/01, S. 209).

III. Gesetzgebungsverfahren

5 Eine § 37 entsprechende Vorschrift war bereits im Diskussionsentwurf vom 29.6.2000 (dort § 36) und im Referentenentwurf vom 12.3.2001 (dort § 37) vorgesehen.

IV. Regelung in Österreich

6 In Österreich besteht nach Maßgabe des § 25 Abs. 1 öÜbG in bestimmten Fällen **keine Angebotspflicht**, etwa bei geringfügiger und nur vorübergehender oder unbeabsichtigter Kontrollerlangung oder im Falle eines Aktienerwerbs zu Sanierungszwecken. Dennoch ist der Übernahmekommission in jedem Fall Mitteilung über die Kontrollerlangung und über den befreienden Umstand zu machen; auch die Pflicht zur Bekanntmachung der Kontrollerlangung sowie zur entsprechenden Mitteilung an die Verwaltungsorgane der Zielgesellschaft (§ 5 Abs. 3 Nr. 2 öÜbG) besteht fort. Die Übernahmekommission kann anordnen, dass auch dann, wenn einer der in § 25 Abs. 1 öÜbG bestimmten Fälle vorliegt, ein Angebot abzugeben ist; Voraussetzung ist, dass nach den tatsächlichen Verhältnissen des Einzelfalls eine Gefährdung der Vermögensinteressen der Aktionäre in der Zielgesellschaft zu besorgen ist (§ 25 Abs. 2 öÜbG).

1 Regierungsbegründung, BR-Drucks. 574/01, S. 151.

V. Regelung in der Schweiz

In der Schweiz kann die Aufsichtsbehörde in bestimmten berechtigten Fällen **Ausnahmen von der Angebotspflicht** gewähren, etwa dann, wenn die Überschreitung der maßgeblichen Schwelle aus einer Verringerung der Gesamtzahl der Stimmrechte bei der Zielgesellschaft resultiert, sowie bei nur vorübergehender Überschreitung des Grenzwerts und im Falle des Erwerbs von Aktien zu Sanierungszwecken (Art. 32 Abs. 2 sBEHG). 7

Weitere Fälle, in denen eine Befreiung von der Angebotspflicht möglich ist, sind in Art. 34 Abs. 2 sBEHV-EBK aufgelistet; dazu gehören etwa Fälle, in denen der Erwerber die Zielgesellschaft nicht kontrollieren kann, weil eine andere Person oder Gruppe über einen höheren Stimmanteil verfügt. 8

Mit der Gewährung einer Ausnahme können **Auflagen** verbunden werden; die Aufsichtsbehörde kann dem Aktionär Verpflichtungen für die Zukunft auferlegen (Art. 34 Abs. 3 sBEHV-EBK). Jede erteilte Befreiung ist im Schweizerischen Handelsamtsblatt zu veröffentlichen. Die an der Zielgesellschaft Beteiligten können gegen die Befreiung Einspruch („Einsprache") bei der Bankenkommission erheben (Art. 34 Abs. 4 sBEHV-EBK). 9

VI. Voraussetzungen einer Befreiung nach Abs. 1

1. Gesetzlich normierte Befreiungsfälle

a) Art der Erlangung

Eine Befreiung ist im Hinblick auf die Art der Erlangung, d. h. der Erlangung der Stimmrechte, möglich; dabei muss nicht an aktuelle (zur Kontrollerlangung führende), sondern kann auch an zurückliegende Erwerbe angeknüpft werden. Zu denken ist hier beispielsweise an Fälle des Erbgangs, der Erbauseinandersetzung oder der unentgeltlichen Zuwendung, die nicht von § 36 Nr. 1 (dazu § 36 Rn. 10 ff.) erfasst werden,[2] weil der Erblasser bzw. Zuwendende und der betreffende Aktionär weder verheiratet noch als Lebenspartner verbunden oder weniger eng als i. S. des § 36 Nr. 1 (etwa Geschwister) oder überhaupt nicht verwandt sind bzw. waren. Gerade die letztgenannten Fälle werden in § 9 10

2 Regierungsbegründung, BR-Drucks. 574/01, S. 150.

Satz 1 Nr. 1 und 2 AngebotsVO als beispielhafte Sachverhalte für eine Befreiung nach § 37 aufgeführt; so will man vermeiden, dass die **Fortführung** solch' **kleiner** und **mittlerer Unternehmen** durch ein Pflichtangebot erschwert oder wirtschaftlich unmöglich gemacht wird, bei denen eine Nachfolgelösung unter Ehegatten, Lebenspartnern oder Verwandten gerader Linie nicht in Betracht kommt, aber beispielsweise geeignete Mitarbeiter als Nachfolger zur Verfügung stehen.[3]

b) Mit der Kontrollerlangung beabsichtigte Zielsetzung

11 Eine Befreiung ist außerdem im Hinblick auf die mit der Kontrollerlangung beabsichtigte Zielsetzung möglich. Hier ist beispielsweise an Erwerbsvorgänge im Zusammenhang mit **Unternehmenssanierungen** zu denken.[4] Speziell hierauf stellt auch § 9 Satz 1 Nr. 3 AngebotsVO ab; die Verpflichtung zur Angebotsabgabe könnte in solchen Fällen unerwünschte Auswirkungen auf die Bereitschaft zur Beteiligung an Sanierungsbemühungen haben, was den Interessen auch der Minderheitsaktionäre und der Arbeitnehmer zuwiderliefe.[5] Das Schutzinteresse des WpÜG verlangt als Voraussetzung für eine Befreiung, dass die Zielgesellschaft sanierungsbedürftig *und* sanierungsfähig ist.[6]

12 In § 9 Satz 1 Nr. 4 AngebotsVO wird als beispielhafter Sachverhalt für eine Befreiung nach § 37 auch die **Kontrollerlangung zum Zwecke der Forderungssicherung** angeführt. Eine Befreiung kann in einem solchen Fall geboten sein, um die Refinanzierung von Unternehmen durch Verpfändung von Wertpapieren der Zielgesellschaft nicht zu behindern.[7] Zwar ist die Eigentümerstellung des Sicherungsnehmers durch den Sicherungszweck zeitlich begrenzt und wird eine Einflussnahme auf die Zielgesellschaft regelmäßig auch gar nicht angestrebt; aus Gründen des Umgehungsschutzes ist aber dennoch eine Ermessensentscheidung des Bundesaufsichtsamtes im Einzelfall erforderlich.[8] Wie gerade diese Fallgestaltung zeigt, sind die Übergänge zum Befreiungsfall „nur vorübergehende Kontrolle" (dazu sogleich Rn. 13 ff.) regelmäßig fließend.

13 § 9 Satz 1 Nr. 5 AngebotsVO führt außerdem den Fall an, dass es zur Kontrollerlangung infolge einer **Verringerung der Gesamtzahl der**

3 Regierungsbegründung, BR-Drucks. 574/01, S. 209.
4 Regierungsbegründung, BR-Drucks. 574/01, S. 150.
5 Regierungsbegründung, BR-Drucks. 574/01, S. 209.
6 Dazu ausführlich *Holzborn/Friedhoff*, BKR 2001, 114 ff.
7 Regierungsbegründung, BR-Drucks. 574/01, S. 210.
8 Regierungsbegründung, BR-Drucks. 574/01, S. 210.

Stimmrechte an der Zielgesellschaft kommt. Dies kann etwa dadurch geschehen, dass deren Kapital durch Einziehung von Aktien herabgesetzt wird (§ 237 AktG). Neben diesem sind aber auch alle anderen Fälle in Betracht zu ziehen, in denen ein Aktionär die 30%-Schwelle der Stimmrechte ohne Erhöhung der Zahl der maßgeblichen Stimmrechte seiner Aktien („Zähler") erreicht oder überschreitet, sondern allein infolge der Verringerung der Gesamtzahl aller von der Zielgesellschaft begebenen Stimmrechte („Nenner").

c) Nur vorübergehende Kontrolle

Wenn nach der Kontrollerlangung die 30%-Schwelle der Stimmrechte unterschritten wird, kann dies ebenfalls Grundlage für eine Befreiung sein. So ist denkbar, dass ein Aktionär **unbeabsichtigt** (etwa infolge des Fehlers eines Mitarbeiters) die **Kontrolle über eine Zielgesellschaft** erlangt, seine Beteiligung anschließend aber unverzüglich wieder unter 30% reduziert. In einem solchen Fall, den § 9 Satz 1 Nr. 6 AngebotsVO als beispielhaften Fall für eine Befreiung nach § 37 anführt, würde es dem Sinn des Abstellens auf die Kontrolle – Verfolgung bestimmter Absichten mit Blick auf die Zielgesellschaft – zuwiderlaufen und wäre es nicht zum Schutze des Minderheitsaktionäre geboten, den Erwerber zu einem Pflichtangebot anzuhalten. 14

Durch eine **befristete Befreiung** kann das Bundesaufsichtsamt dem betreffenden Aktionär die Möglichkeit geben, seine Beteiligung ohne Abgabe eines Pflichtangebots kursschonend abzusenken.[9] Zur Vermeidung von Missbräuchen ist eine Einzelfallentscheidung aber unerlässlich.[10] Insbesondere muss sichergestellt sein, dass der Aktionär im Zeitraum, in dem seine Kontrollposition besteht, die Geschäftsführung der Zielgesellschaft nicht beeinflusst. 15

Wenn das Bundesaufsichtsamt im Falle der unbeabsichtigten Kontrollerlangung befreien kann, so muss für den umgekehrten Fall Entspre- 16

9 Regierungsbegründung, BR-Drucks. 574/01, S. 210.

10 Regierungsbegründung, BR-Drucks. 574/01, S. 210f. *Geibel/Süßmann*, BKR 2002, 52, 63f., meinen, es bestehe zwar eine Veröffentlichungspflicht nach § 35 Abs. 1, aber keine Angebotspflicht nach § 35 Abs. 2, wenn der betreffende Aktionär am Beginn der Annahmefrist des Pflichtangebots die 30%-Schwelle bereits wieder unterschritten habe. Dies erscheint nicht nur kaum praktikabel; dass diese Sehweise nicht überzeugend ist, erweist sich, wenn *Geibel/Süßmann* a. a. O. empfehlen, der Aktionär solle auf freiwilliger Basis eine Mitteilung analog § 35 Abs. 1 über das Unterschreiten der Kontrollschwelle veröffentlichen. Wie hier i. E. *Harbarth*, ZIP 2002, 321, 331. Vgl. auch Rn. 34.

chendes gelten: Wer die **Kontrolle innehat, dann unbeabsichtigt unter die 30%-Schwelle zurückfällt und diese anschließend wieder erreicht** oder überschreitet, erlangt zwar neuerlich die Kontrolle über die Zielgesellschaft und unterfällt wiederum den Verpflichtungen nach § 35 Abs. 1 und 2. Eine Befreiung im Einzelfall muss aber möglich sein.

d) Beteiligungsverhältnisse an der Zielgesellschaft

17 Eine Befreiung kommt außerdem mit Blick auf die Beteiligungsverhältnisse an der Zielgesellschaft in Betracht. Hier ist beispielsweise an den Fall zu denken, in dem einem Aktionär, der die 30%-Schwelle der Stimmrechte erreicht oder überschreitet, ein anderer Aktionär (oder eine Gruppe abgestimmt handelnder Aktionäre) mit einem noch höheren Stimmrechtsanteil gegenübersteht.[11] Dieser Fall, in dem die **tatsächliche Kontrolle über die Zielgesellschaft nicht ausgeübt werden kann** (hier zeigt sich der fließende Übergang zum nachfolgend dargestellten Befreiungsfall; s. Rn. 22), wird in § 9 Satz 2 Nr. 1 AngebotsVO zutreffend als beispielhafter Sachverhalt für eine Befreiung nach § 37 angeführt.[12]

18 Denkbar ist aber auch der Fall, dass eine **Person, deren Stimmrechte einem anderen Aktionär nach Maßgabe der §§ 39, 30 zugerechnet werden**, zugleich mit dem anderen die 30%-Schwelle erreicht oder überschreitet und damit angesichts der fehlenden Absorption (s. § 35 Rn. 33 ff.) gleichfalls dem Pflichtenkanon des § 35 Abs. 1 und 2 unterliegt.[13] Dies mag folgendes Beispiel illustrieren: Die A-AG hält 5% an der amtlich börsennotierten B-AG; die C-GmbH, 100%ige Tochter der A-AG, beteiligt sich zu 30% an der B-AG. Hier der A-AG wie auch der

11 Regierungsbegründung, BR-Drucks. 574/01, S. 150. Denkbar ist freilich auch der Fall, dass ein anderer Aktionär über einen gleich hohen Stimmrechtsanteil verfügt; dazu *Harbarth*, ZIP 2002, 321, 331.

12 *Oechsler*, NZG 2001, 817, 825, will mit Blick auf Fälle, in denen ein anderer Aktionär zu mehr als 30% an der Zielgesellschaft beteiligt ist, sogar noch weiter gehen: Die Regeln über Übernahmeangebote wie diejenigen über Pflichtangebote passten auf solche Fälle nicht, und daher sei eine telelogische Reduktion des § 29 Abs. 2 zu befürworten. Wie hier (d.h. für Anwendbarkeit des § 29 Abs. 2, aber Befreiungsmöglichkeit nach § 37) *Thoma*, NZG 2002, 105, 111. Wer bereits bei Inkrafttreten des Gesetzes (oder bei dessen erstmaliger Anwendbarkeit) die Kontrolle innehatte, sie aber tatsächlich nicht ausüben konnte, wird auch dann nicht angebotspflichtig, wenn ihm die tatsächliche Möglichkeit der Kontrollausübung später zufällt; so mit Recht *Meyer*, in: Geibel/Süßmann, Kommentar zum WpÜG, 2002, § 35 Rn. 42.

13 Im gleichen Sinne (und sogar für eine Reduktion des Ermessens des Bundesaufsichtsamts auf null in solchen Fällen) *Seibt/Heiser*, ZHR 165 (2001), 466, 491 f.

C-GmbH die Angebotspflicht aufzuerlegen, würde der wirtschaftlichen Einheit „A/C-Konzern“ doppelte Verpflichtungen aufbürden und die Minderheitsaktionäre im Ergebnis nicht einmal zusätzlich schützen, sondern ihnen nur die Möglichkeit geben, zwischen zwei (regelmäßig identischen) Angeboten auszuwählen; niemandem wäre gedient.[14]

e) Mittelbare Kontrollerlangung bei unbedeutenden Tochtergesellschaften

Schwer zu kategorisieren, am ehesten aber wohl der Fallgruppe „Mit der Kontrollerlangung beabsichtigte Zielsetzung“ (und nicht den „Beteiligungsverhältnissen an der Zielgesellschaft“) zuzuordnen ist der Fall, den § 9 Satz 2 Nr. 3 AngebotsVO als weiteren beispielhaften Sachverhalt für eine Befreiung nach § 37 anführt: Wer aufgrund der Erlangung der Kontrolle über eine (zweite) Gesellschaft[15] **mittelbar die Kontrolle über eine (dritte) Zielgesellschaft** erlangt (dazu § 35 Rn. 20), soll mit Blick auf letztere von den Pflichten nach § 35 Abs. 1 und 2 befreit werden können, wenn der Buchwert der Beteiligung der (zweiten) Gesellschaft an der (dritten) Zielgesellschaft **weniger als 20 % des buchmäßigen Aktivvermögens** der (zweiten) Gesellschaft beträgt.[16] Wird die Kontrolle auf die beschriebene Weise – mittelbar – erlangt, so entspricht dies häufig gar nicht der eigentlichen Zielsetzung des betreffenden Aktionärs, und dies ist umso eher anzunehmen, wenn der Wert des Tochterunternehmens gegenüber dem Gesamtwert der Muttergesellschaft wirtschaftlich in den Hintergrund tritt.[17] Zudem sind die Aktionäre von Tochterunternehmen von einem Kontrollwechsel auf der Ebene der Muttergesellschaft viel weniger betroffen als die Ak- 19

14 Der dargelegte Fall lässt sich ohne weiteres unter „Beteiligungsverhältnisse an der Zielgesellschaft“ subsumieren (aber auch unter „Art der Erlangung“; so *Harbarth*, ZIP 2002, 321, 323 und 331). § 9 Satz 2 AngebotsVO ist daher mit Recht nicht um eine weitere Ziffer erweitert worden, wie es aber der *Handelsrechtsausschuss des Deutschen Anwaltvereins* in seiner Stellungnahme zum Regierungsentwurf des WpÜG vom 21.9.2001, NZG 2001, 1003, 1007, angeregt hatte; die gleichfalls geforderte Einschränkung des von der Tochtergesellschaft Anzubietenden nach dem Vorbild des § 305 Abs. 2 Nr. 2 AktG ist denkbarer Inhalt einer Auflage, mit der die Befreiung verbunden werden kann (dazu Rn. 23 und 29 a.E.).

15 Diese (zweite) Gesellschaft muss wegen der Anknüpfung an den Begriff der Kontrolle (§ 29 Abs. 2) eine börsennotierte Aktiengesellschaft (oder KGaA) sein; s. dazu § 35 Rn. 20 Fn. 5. Dass § 9 Satz 2 Nr. 3 AngebotsVO bloß von „Gesellschaft“ spricht, ist insofern ungenau.

16 Eine Einschränkung des Pflichtangebots für Fälle des mittelbaren Kontrollerwerbs hatten mit Recht *Riehmer/Schröder*, BB 2001, Beilage 5, 1, 10f., gefordert.

17 Regierungsbegründung, BR-Drucks. 574/01, S. 212.

tionäre der Muttergesellschaft, und eine besonders weite Angebotspflicht könnte die Übernahme einer Gesellschaft, die über viele börsennotierte Töchter verfügt, verteuern oder sogar unmöglich machen.[18]

20 Eine Befreiung von der Angebotspflicht (nur) zu erlauben, wenn der Buchwert der mittelbaren Beteiligung unter 20% des buchmäßigen Aktivvermögens der Muttergesellschaft liegt, hat zwar den Vorteil der objektiven Nachprüfbarkeit für sich.[19] Man mag diesen Befreiungstatbestand freilich als zu eng gefasst ansehen; jedenfalls sollte der Kontrollinhaber im Einzelfall die Möglichkeit haben, auch durch Heranziehung anderer Parameter zu belegen, dass es ihm bei der Übernahme nicht maßgeblich um die Erlangung der (mittelbaren) Kontrolle über die Tochtergesellschaft ging.[20]

21 Entscheidend für das Bestehen einer Angebotspflicht ist in dem von § 9 Satz 2 Nr. 3 AngebotsVO angeführten Fall immer die Erlangung der Kontrolle über die mittlere (Ziel-)Gesellschaft. Folglich ist in Anknüpfung an diesen Kontrolltatbestand jede sonstige Befreiung auch mit Blick auf die dritte Zielgesellschaft denkbar. Bsp.: Führt die 30%ige Stimmrechtsbeteiligung in der mittleren Zielgesellschaft nicht zur Möglichkeit der Kontrollausübung (dazu sogleich Rn. 22), so hat die Befreiung von der Angebotspflicht mit Blick auf die mittlere Zielgesellschaft zur Folge, dass auch mit Blick auf die börsennotierten Tochtergesellschaften kein Angebot zu unterbreiten ist.

---

18 Regierungsbegründung, BR-Drucks. 574/01, S. 212; der *Handelsrechtsausschuss des Deutschen Anwaltvereins* führt in seiner Stellungnahme zum Regierungsentwurf des WpÜG vom 21.9.2001, NZG 2001, 1003, 1007, aus, eine zu weit gezogene Angebotspflicht könnte wie eine gesetzliche „poison pill" wirken; vgl. auch *Schneider/Burgard*, DB 2001, 963, 966, und *Schüppen*, WPg 2001, 958, 967, die freilich allesamt nicht auf § 9 Satz 2 Nr. 3 AngebotsVO eingehen.

19 *Zschocke*, DB 2002, 79, 80.

20 Dagegen bestehen keine Bedenken, weil die Aufzählung der Befreiungstatbestände in der § 9 der AngebotsVO nur beispielhaft zu verstehen ist. – Schon der *Handelsrechtsausschuss des Deutschen Anwaltvereins* hatte sich in seiner Stellungnahme zum Regierungsentwurf des WpÜG vom 21.9.2001, NZG 2001, 1003, 1007, für eine Quote von 50% des buchmäßigen Aktivvermögens der Muttergesellschaft ausgesprochen und vorgeschlagen, dem Bundesaufsichtsamt auch andere Kriterien für eine Befreiung an die Hand zu geben (Anteil der Tochter an Umsatz, Ertrag, Mitarbeiterzahl u.ä.). In der Anhörung zum WpÜG-Entwurf vor dem Finanzausschuss des Bundestages am 18.10.2001 hat auch der Zentrale Kreditausschuss der Banken- und Sparkassenverbände angeregt, die Möglichkeiten des Dispenses vom Pflichtangebot für alle oder einzelne Tochtergesellschaften der Zielgesellschaft auszudehnen. Vgl. auch *Krause*, NJW 2002, 705, 713; *Meyer* (Fn. 12), § 37 Rn. 37.

f) Tatsächliche Möglichkeit der Kontrollausübung

Schließlich kann auch im Hinblick auf die tatsächliche Möglichkeit der Kontrollausübung eine Befreiung erteilt werden; gemeint ist selbstverständlich das Fehlen dieser Möglichkeit. So ist etwa ein Fall denkbar, in dem aufgrund **regelmäßig hoher Hauptversammlungspräsenzen** der Erwerber trotz einer Stimmrechtsbeteiligung von 30% nicht über die Mehrheit in der Hauptversammlung verfügt;[21] diesen Fall führt § 9 Satz 2 Nr. 2 AngebotsVO als beispielhaften Sachverhalt für eine Befreiung nach § 37 an, wobei auf die Präsenzen in den zurückliegenden drei ordentlichen Hauptversammlungen abgestellt wird. Dem liegt folgende Überlegung zu Grunde: Wird typisierend festgelegt, dass 30% der Stimmrechte die Kontrolle über die Zielgesellschaft (d.h. maßgeblichen Einfluss) ermöglichen, so soll das Bundesaufsichtsamt den Besonderheiten tatsächlich anders liegender Fälle Rechnung tragen können.[22] Dass in § 9 Satz 2 Nr. 2 AngebotsVO auf die Präsenzen in den letzten drei ordentlichen Hauptversammlungen abgestellt wird, bedeutet nicht (und das ist zu begrüßen), dass andere Nachweise fehlender Möglichkeit der Kontrollausübung nicht ebenfalls zulässig wären. 22

2. Interessenabwägung

In jedem Fall, in dem es über einen Antrag auf Befreiung nach § 37 entscheidet, muss das Bundesaufsichtsamt zwischen dem **Interesse des Antragstellers an einer Befreiung** von den Verpflichtungen aus § 35 Abs. 1 und 2 und dem Interesse der **Minderheitsaktionäre** daran, ein (Pflicht-)Angebot zu erhalten, nach pflichtgemäßem Ermessen abwägen. Dies gilt nicht nur für die Frage des Ob einer Befreiung, sondern auch und besonders mit Blick auf die Ausgestaltung der Befreiung – wenn es also darum geht, diese mit **Nebenbestimmungen** (Befristungen, Bedingungen, Widerrufsvorbehalt, Auflagen) zu versehen. Nebenbestimmungen können nach allgemeinem Verwaltungsrecht eingesetzt werden (§ 36 VwVfG); dies sollte mit Blick auf Veränderungen der Beteiligungssituation in der Zielgesellschaft und zur Vermeidung von Missbräuchen bzw. Umgehungen geschehen.[23] 23

---

21 Regierungsbegründung, BR-Drucks. 574/01, S. 151.

22 Regierungsbegründung, BR-Drucks. 574/01, S. 211 f.

23 So verliert eine Befreiung nach § 37 etwa in folgenden Fällen ihren Sinn und darf nicht weiter bestehen: Infolge sinkender Hauptversammlungspräsenzen ergibt sich für einen zunächst befreiten Aktionär (dazu Rn. 22) nach einiger Zeit doch die tatsächliche Möglichkeit der Kontrollausübung. Oder: Einem Aktionär, der zu 30%

VII. Verfahren

1. Antrag

a) Form

24 Die Befreiung von den Verpflichtungen aus § 35 Abs. 1 Satz 1 und Abs. 2 Satz 1 ist beim Bundesaufsichtsamt **schriftlich zu beantragen**. Der Antrag muss also dem Schriftformerfordernis des § 126 Abs. 1 BGB genügen, d. h. schriftlich abgefasst und unterzeichnet sein; in Ausnutzung des von § 126 Abs. 3 BGB n. F.[24] geschaffenen Spielraums erklärt § 45 Satz 2 eine Übermittlung im Wege der elektronischen Datenfernübertragung für zulässig, sofern der Absender zweifelsfrei zu erkennen ist.[25]

b) Frist

25 Der Antrag kann **vor Erlangung der Kontrolle** über die Zielgesellschaft und **innerhalb von sieben Kalendertagen danach** gestellt werden (§ 8 Satz 2 AngebotsVO). Eine vorzeitige Antragstellung ist dann vorstellbar, wenn die Kontrollerlangung vorhersehbar ist, etwa beim Kontrollerwerb zum Zwecke der Forderungssicherung.[26] Die Frist von sieben Kalendertagen entspricht dem, was § 35 Abs. 1 Satz 1 als Maximum für die Veröffentlichung der Kontrollerlangung vorgibt.[27] Auch werden beide Fristen gleich berechnet: Sie beginnen jeweils mit dem Zeitpunkt, zu dem der Bieter Kenntnis davon hat oder nach den

---

oder mehr an den Stimmrechten einer börsennotierten Gesellschaft beteiligt ist, stand bisher ein anderer Aktionär (oder eine Gruppe abgestimmt handelnder Aktionäre) gegenüber, so dass er nach § 37 befreit wurde (dazu Rn. 17); nunmehr veräußert der andere Aktionär aber so viele Aktien, dass sich seine Beteiligung entscheidend verringert. In beiden angeführten Fällen gilt Gleiches selbstverständlich dann, wenn die Voraussetzungen der Befreiung dadurch wegfallen, dass der Aktionär seine Beteiligung ausbaut; vgl. dazu *Harbarth*, ZIP 2002, 321, 324 f.; *Meyer* (Fn. 12), § 37 Rn. 32 f. Ausführlich zu Nebenbestimmungen bei der Befreiungserteilung wie auch zu nachfolgenden Änderungen der Entscheidungsgrundlage *Meyer*, a. a. O., § 37 Rn. 40 ff.

24 D. h. in der seit dem 1. 8. 2001 geltenden Fassung des Gesetzes zur Anpassung der Formvorschriften des Privatrechts und anderer Vorschriften an den modernen Rechtsgeschäftsverkehr vom 13. 7. 2001 (BGBl. I S. 1542); dazu *Noack*, in: Dauner-Lieb u. a. (Hrsg.), Das neue Schuldrecht, 2002, § 15; *Hähnchen*, NJW 2001, 2831 ff.

25 Zweifelnd *Meyer* (Fn. 12), § 37 Rn. 5.

26 Regierungsbegründung, BR-Drucks. 574/01, S. 208.

27 Dass der Antrag nicht primär unverzüglich zu stellen ist, sieht *Meyer* (Fn. 12), § 37 Rn. 8, mit Recht als Redaktionsversehen an.

Umständen haben muss, dass er die Kontrolle über die Zielgesellschaft erlangt hat (§ 35 Abs. 1 Satz 2; § 8 Satz 2 HS 2 AngebotsVO). Diese Kongruenz der Fristen ist geradezu zwingend, weil der Antrag auf Befreiung von einer Verpflichtung denknotwendig nur bis zu dem Zeitpunkt gestellt werden kann, da der Verpflichtung nachzukommen ist. Es müsste demnach (auch ohne eine Antragsfrist) im Interesse des Antragstellers liegen, so zeitnah zu operieren, dass das Bundesaufsichtsamt über den Antrag noch vor Ablauf der Frist nach § 35 Abs. 1 Satz 1 entscheiden kann.

Durch die relativ kurze Antragsfrist wird eine längere Ungewissheit über die Verpflichtung zur Abgabe eines Angebots vermieden; eine rasche Klarstellung der Pflichten des Kontrollinhabers sieht der Verordnungsgeber als geboten an, um Marktverzerrungen zu verhindern, die durch Gerüchte am Markt entstehen könnten.[28] **26**

c) Inhalt

Der Antrag muss deutlich werden lassen, dass eine Befreiung nach § 37 begehrt wird. Erforderlich sind zuvörderst die Nennung der Personalien des Antragstellers sowie die Angabe, um welche Zielgesellschaft es geht (vgl. § 10 Nr. 1 und 2 AngebotsVO). Außerdem muss der Antrag die Anzahl der vom Bieter und den gemeinsam handelnden Personen (zu diesem Begriff § 2 Abs. 5 WpÜG) zur Zeit der Antragstellung bereits gehaltenen Aktien und Stimmrechte und die ihnen nach §§ 39, 30 WpÜG zuzurechnenden Stimmrechte enthalten (§ 10 Nr. 3 AngebotsVO). Damit die Einhaltung der Antragsfrist des § 8 Satz 2 AngebotsVO überprüft werden kann, muss zudem der Tag angegeben werden, an dem die 30%-Schwelle der Stimmrechte überschritten wurde (§ 10 Nr. 4 AngebotsVO; streng genommen müsste es heißen: „erreicht oder überschritten wurde"). Schließlich muss der Antragsteller die seinen Antrag begründenden Tatsachen angeben (§ 10 Nr. 5 AngebotsVO). Es muss dabei deutlich werden, worauf der Antrag gestützt wird; weil § 37 Abs. 1 recht allgemein gehalten ist und § 9 AngebotsVO keinen abschließenden Katalog von Befreiungstatbeständen enthält, kann, muss aber nicht, auf diese Normen Bezug genommen werden. Jedenfalls sind die zur Beurteilung und Bearbeitung des Antrags erforderlichen Unterlagen unverzüglich dem Bundesaufsichtsamt einzureichen (§ 11 AngebotsVO). Nicht ausdrücklich vorgeschrieben, aber sicherlich opportun ist für den Antragsteller die **27**

---

28 Regierungsbegründung, BR-Drucks. 574/01, S. 209.

Darlegung, warum sein Interesse an einer Befreiung vom Pflichtenkanon des § 35 Abs. 1 und 2 das Interesse der Zielgesellschaftsaktionäre daran, ein Pflichtangebot zu erhalten, überwiegt.

2. Befreiung

28 Nach Eingang des Antrags geht das Bundesaufsichtsamt in **zwei Schritten** vor: Zunächst prüft es, ob der Antrag und die eingereichten **Unterlagen** den Anforderungen der §§ 10 und 11 AngebotsVO entsprechen (§ 12 Satz 1 AngebotsVO). Sollten die Dokumente **nicht vollständig** sein, so wird der Antragsteller unverzüglich aufgefordert, sie innerhalb einer angemessenen Frist zu ergänzen; entspricht der Antragsteller dieser Aufforderung nicht in der vorgegebenen Frist, so gilt der Antrag als zurückgenommen (§ 12 Satz 2 und 3 AngebotsVO). Mit dieser Regelung soll eine missbräuchliche Verzögerung des Befreiungsverfahrens verhindert werden.[29]

29 Sobald das Bundesaufsichtsamt alle Umstände ermittelt hat, die für die Beurteilung des Antrags von Bedeutung sind, **entscheidet es unverzüglich über den Befreiungsantrag**; dies muss so sein, auch wenn es in der AngebotsVO nicht ausdrücklich festgelegt ist (anders noch § 13 AngebotsVO i. d. F. des Regierungsentwurfs). Dabei kommt dem Bundesaufsichtsamt **Ermessen** zu: Es muss die Voraussetzungen einer Befreiung pflichtgemäß prüfen und bei deren Vorliegen das Interesse des Antragstellers an einer Befreiung von den Verpflichtungen des § 35 Abs. 1 und 2 und das Interesse der Zielgesellschaftsaktionäre daran, ein (Pflicht-)Angebot zu erhalten, gegeneinander abwägen und nach pflichtgemäßem Ermessen entscheiden. Rechtsqualitativ ist die Befreiung ein **(begünstigender) Verwaltungsakt**. §§ 35 ff. VwVfG finden also Anwendung, insbesondere § 36 VwVfG (Möglichkeit von Nebenbestimmungen; dazu bereits Rn. 23).

30 Das Bundesaufsichtsamt kann die Befreiung auf Kosten des Adressaten im Bundesanzeiger veröffentlichen (§ 44). Der Adressat hat nach Maßgabe des § 47 auch die Kosten der Befreiung selbst zu tragen.

3. Rechtsbehelfe

31 **Versagt** das Bundesaufsichtsamt die Befreiung oder **entscheidet** es ohne zureichenden Grund **nicht** in angemessener Frist über einen entsprechenden Antrag, so kann der Antragsteller **Beschwerde** einlegen

29 Regierungsbegründung, BR-Drucks. 574/01, S. 213.

(§ 48 Abs. 3; Form und Frist: § 51); über die Beschwerde entscheidet ausschließlich das OLG Frankfurt a.M. (§ 48 Abs. 4). **Einstweiliger Rechtsschutz** ist angesichts der Ähnlichkeit der Beschwerde zur Verpflichtungsklage nach § 123 VwGO möglich; er besteht in der vorläufigen Befreiung von den Pflichten aus § 35 Abs. 1 und 2. Vor Erhebung der Beschwerde ist nach Maßgabe des § 41 Abs. 1 ein **Widerspruchsverfahren** durchzuführen; über den Widerspruch entscheidet der Widerspruchsausschuss (§ 6 Abs. 1 Satz 2).

Wird eine Befreiung **widerrufen** (was nach Maßgabe des § 48 Abs. 2 VwVfG möglich ist), so ist gegen diese Verfügung gleichfalls die **Beschwerde** statthaft (§ 48 Abs. 1); diese Beschwerde hat nach § 49 aufschiebende Wirkung. 32

VIII. Rechtsfolgen der Befreiung

Soweit seinem Antrag stattgegeben wird, ist der begünstigte Aktionär von den Verpflichtungen aus § 35 Abs. 1 Satz 1 und Abs. 2 Satz 1 befreit, und zwar in toto; es wird nicht, wie im Rahmen des § 36, die Nichtberücksichtigung nur bestimmter Stimmrechte erlaubt. Der Begünstigte kann die **Stimmrechte** aus seinen Aktien **weiter ausüben**; eine § 20 Abs. 3 entsprechende Norm existiert nicht. 33

Dass der begünstigte Aktionär, der über 30% oder mehr der Stimmrechte verfügt, nicht nur von der Angebotspflicht befreit wird, sondern nicht einmal die Kontrollerlangung zu veröffentlichen hat, erscheint auf den ersten Blick jedenfalls dann unbefriedigend, wenn die Kontrolle (mangels Parallele zu § 20 Abs. 3) wirklich ausgeübt werden kann. Auf eine gegenteilige Regelung (wie sie sich in Österreich findet; s. Rn. 6) konnte aber verzichtet werden. Denn zum einen ist mangels Anwendbarkeit der §§ 35 Abs. 1 Nr. 4, 10 Abs. 6 der § 15 WpHG nicht verdrängt, und die Kontrollerlangung dürfte regelmäßig eine **ad hoc zu publizierende Tatsache** sein. Zum anderen kann das **Bundesaufsichtsamt** die Befreiung nach eigenem Ermessen im Bundesanzeiger **veröffentlichen** (§ 44) und somit die Kapitalmärkte und die Öffentlichkeit informieren, wenn es dies für erforderlich hält. 34

IX. Verhältnis zu den gescheiterten EG-Richtlinienplänen

Die gescheiterte EG-Übernahmerichtlinie sollte weder in der Fassung des gemeinsamen Standpunkts des Ministerrats vom 19.6.2000 noch 35 in der Fassung des vom Vermittlungsausschuss gebilligten gemeinsamen Textes vom 6. 6. 2001 eine Aussage darüber enthalten, ob die Mitgliedstaaten in bestimmten Fällen **Ausnahmen von der Angebotspflicht** sollten zulassen dürfen.

36 Gleichwohl sollte Art. 5 Abs. 5 E-ÜbernahmeRL in beiden genannten Fassungen vorsehen, dass sich der Anteil der Stimmrechte, der eine Kontrolle begründet, und die Art der Berechung dieses Anteils **nach den Vorschriften des Mitgliedstaates** bestimmen sollten, in dem die Gesellschaft ihren Sitz hat. Außerdem wollte man gemäß Erwägungsgrund 10 in der Präambel der Richtlinie zulassen, dass die **Aufsichtsorgane** im Sinne einer flexiblen Übernahmeregelung **unter bestimmten Voraussetzungen Ausnahmen** und abweichende Regelungen erlauben.

§ 38 Anspruch auf Zinsen

Der Bieter ist den Aktionären der Zielgesellschaft für die Dauer des Verstoßes zur Zahlung von Zinsen auf die Gegenleistung in Höhe von fünf Prozentpunkten auf das Jahr über dem jeweiligen Basiszinssatz verpflichtet, wenn

1. **er entgegen § 35 Abs. 1 Satz 1 keine Veröffentlichung gemäß § 10 Abs. 3 Satz 1 vornimmt,**
2. **er entgegen § 35 Abs. 2 Satz 1 kein Angebot gemäß § 14 Abs. 3 Satz 1 abgibt oder**
3. **ihm ein Angebot im Sinne des § 35 Abs. 2 Satz 1 nach § 15 Abs. 1 Nr. 1, 2 oder 3 untersagt worden ist.**

Literatur: s. Vorbem. vor §§ 35 bis 39

Übersicht

I. Systematische Stellung, Zweck und Gegenstand der Regelung

§ 38 ordnet die Verzinsung der vom Bieter im Rahmen eines Pflichtangebots zu offerierenden und zu erbringenden Gegenleistung an. Voraussetzung ist, dass derjenige, der die Kontrolle über die Zielgesellschaft erlangt, bestimmten Verpflichtungen aus § 35 Abs. 1 und 2 nicht nachkommt. Unterliegen diesen Verpflichtungen angesichts der fehlenden Absorption (s. § 35 Rn. 33 ff.) mehrere Personen, so trifft jede von ihnen, die nicht nach § 37 befreit worden ist, die Verzinsungspflicht. Diese Pflicht gilt freilich nicht bei allen denkbaren Verstößen gegen Verpflichtungen im Zusammenhang mit der Angebotspflicht; der Anwendungsbereich der Vorschrift ist kleiner als derjenige der §§ 59 und 60. 1

Es handelt sich bei § 38 um eine **Sanktionsnorm**, sodass die Vorschrift besser in den Abschnitt 8 des Gesetzes eingestellt worden wäre. 2

II. Gesetzgebungsverfahren

Eine § 38 entsprechende Vorschrift war bereits im Diskussionsentwurf vom 29.6.2000 und im Referentenentwurf vom 12.3.2001 (dort jeweils ebenfalls § 38) vorgesehen. Beide früheren Entwürfe wollten allerdings noch ausdrücklich eine Verpflichtung zur Zahlung von Zinsen auf die Gegenleistung in Höhe von fünf Prozentpunkten auf das Jahr über dem Basiszinssatz nach § 1 des Diskontsatz-Überleitungs-Gesetzes vom 9.6.1998 (BGBl. I S. 1242) statuieren. Im Referentenentwurf fehlten zudem die Worte „für die Dauer des Verstoßes“. 3

III. Regelung in Österreich

Das österreichische Übernahmerecht kennt **keine Zinszahlungspflicht** desjenigen, der seiner Pflicht zur Angebotsabgabe nicht nachkommt. 4

IV. Regelung in der Schweiz

Das schweizerische Übernahmerecht kennt **keine Zinszahlungspflicht** desjenigen, der seiner Pflicht zur Angebotsabgabe nicht nachkommt. 5

V. Fälle der Zinszahlungspflicht

1. Nr. 1

6 Die Verzinsungspflicht gilt nach Nr. 1 für den Fall, dass der Bieter entgegen § 35 Abs. 1 Satz 1 **keine Veröffentlichung** gemäß § 10 Abs. 3 Satz 1 vornimmt. Nach § 35 Abs. 1 Satz 1 i. V. mit § 10 Abs. 3 Satz 1 ist die **Erlangung der Kontrolle** (dazu § 35 Rn. 16 ff.) in mindestens einem überregionalen Börsenpflichtblatt oder (bereichsöffentlich) über ein elektronisch betriebenes, bei Marktteilnehmern weit verbreitetes Informationsverbreitungssystem zu veröffentlichen. Zum notwendigen Inhalt der Veröffentlichung, die unverzüglich, spätestens innerhalb von sieben Kalendertagen zu geschehen hat, siehe § 35 Rn. 36 f.

7 Kommt der Kontrollinhaber dieser Pflicht nicht nach, so schuldet er den Aktionären Zinsen. Gleiches muss gelten für den Fall, dass die beschriebene Verpflichtung **nicht richtig, nicht vollständig oder nicht in der vorgeschriebenen Weise** erfüllt wird. Nicht erfasst werden die sonstigen Verpflichtungen, die § 35 Abs. 1 Satz 1 und 4 i. V. mit § 10 Abs. 2 bis 6 statuiert. So kommt es etwa dann zu keiner Verzinsungspflicht, wenn die Kontrollerlangung den Börsen und dem Bundesaufsichtsamt entgegen § 35 Abs. 1 Satz 4 i. V. mit § 10 Abs. 2 Satz 1 nicht mitgeteilt wird.

2. Nr. 2

8 Die Verzinsungspflicht gilt nach Nr. 2 auch für den Fall, dass der Bieter entgegen § 35 Abs. 2 Satz 1 **kein Angebot** gemäß § 14 Abs. 3 Satz 1 abgibt. Nach § 35 Abs. 2 Satz 2 (nicht Satz 1) i. V. mit § 14 Abs. 3 Satz 1 ist die **Angebotsunterlage** durch Bekanntgabe im Internet sowie durch Abdruck in einem überregionalen Börsenpflichtblatt oder durch Bereithalten zur kostenlosen Ausgabe **zu veröffentlichen**; dies hat unverzüglich nach der Freigabe des Angebots durch das Bundesaufsichtsamt oder nach Ablauf von zehn Werktagen seit Eingang der Angebotsunterlage beim Bundesaufsichtsamt zu geschehen (§ 35 Abs. 2 Satz 1 i. V. mit § 14 Abs. 2 Satz 1).

9 Kommt der Kontrollinhaber dieser Pflicht nicht nach, so schuldet er den Aktionären Zinsen. Gleiches muss gelten für den Fall, dass die beschriebene Verpflichtung **nicht richtig, nicht vollständig oder nicht in der vorgeschriebenen Weise** erfüllt wird. Nicht erfasst werden die sonstigen Verpflichtungen, die § 35 Abs. 2 Satz 1 und 2 i. V. mit § 14 Abs. 2 bis 4 statuiert. So kommt es etwa dann zu keiner Verzinsungs-

pflicht, wenn die Angebotsunterlage dem Vorstand der Zielgesellschaft entgegen § 35 Abs. 2 Satz 2 i. V. mit § 14 Abs. 4 nicht übermittelt wird.

3. Nr. 3

Die Verzinsungspflicht gilt nach Nr. 3 schließlich für den Fall, dass dem Bieter ein **Angebot** i. S. des § 35 Abs. 2 Satz 1 nach § 15 Abs. 1 Nr. 1, 2 oder 3 **untersagt** worden ist. Nach Maßgabe des § 15 (der über § 39 auch für Pflichtangebote Anwendung findet) kann das Bundesaufsichtsamt, dem der Bieter die Angebotsunterlage nach § 35 Abs. 2 Satz 1 zu übermitteln hat, das Angebot wegen Unvollständigkeit oder offensichtlicher Gesetzesverstöße untersagen; außerdem ist eine Untersagung möglich, wenn überhaupt keine Angebotsunterlage übermittelt worden ist. Untersagt das Bundesaufsichtsamt aus einem dieser Gründe das Angebot, so schuldet der angebotspflichtige Kontrollinhaber den Aktionären Zinsen. **10**

Durch die Nr. 3 führt – mittelbar – also auch eine Verletzung der Verpflichtung zur Übermittlung einer Angebotsunterlage an das Bundesaufsichtsamt, wie sie § 35 Abs. 2 Satz 1 vorschreibt, von Nr. 2 aber nicht erfasst wird, zu einer Verzinsungspflicht. **11**

4. Verschuldenserfordernis

Nach dem Gesetzeswortlaut entsteht die Zinszahlungspflicht unabhängig vom Verschulden. Dies ist bemängelt worden.[1] Mit Blick auf die Verletzung der Pflichten nach § 35 Abs. 1 und 2 zeigt sich aber, dass es zu einer solchen nur kommen kann, wenn die Kontrollerlangung nicht innerhalb einer Frist veröffentlicht wird, die erst mit Kenntnis oder fahrlässiger Nichtkenntnis des betreffenden Aktionärs von seiner Kontrollposition beginnt (§ 35 Abs. 1 Satz 1 und 2); und die Frist für die Pflichten nach § 35 Abs. 2 berechnet sich ab der Erfüllung derjenigen nach Absatz 1 derselben Vorschrift. **Der zur Verzinsungspflicht führende Verstoß setzt also Vorsatz oder Fahrlässigkeit voraus** und damit ein Verschulden bezogen auf die Beteiligung als tatbestandliche Voraussetzung. Ein entschuldbarer, weil **unvermeidbarer Rechtsirrtum** hinsichtlich der Pflichten des Kontrollinhabers kann freilich die Anwendung des § 38 (der strafähnlichen Charakter hat) verhindern. **12**

---

1 So etwa in der Anhörung zum WpÜG-Entwurf vor dem Finanzausschuss des Bundestages am 18.10.2001, und zwar von den Spitzenverbänden der deutschen Wirtschaft.

VI. Inhalt der Zinszahlungspflicht

1. Dauer

13 Die Verzinsungspflicht besteht für die **Dauer des Verstoßes**. Im Falle der **Nr. 1** sind also Zinsen zu zahlen vom Ablauf der Frist an, deren Einhaltung § 35 Abs. 1 Satz 1 und 2 für die Veröffentlichung der Kontrollerlangung vorgibt. Wird diese nicht unverzüglich, spätestens innerhalb von sieben Kalendertagen richtig, vollständig und in der vorgeschriebenen Weise veröffentlicht, so beginnt die Zinszahlungspflicht. Sie endet, sobald die Veröffentlichung nachgeholt, d.h. richtig, vollständig und in der vorgeschriebenen Weise vorgenommen wird. Wird nach Maßgabe des § 37 Befreiung erteilt, so endet die Zinszahlungspflicht mit der Befreiung. Gleiches gilt für die Gestattung einer Nichtberücksichtigung nach § 36 oder § 20, wenn der Betreffende ohne eine solche Nichtberücksichtigung – d.h. bis dahin – den Verpflichtungen nach § 35 Abs. 1 Satz 1 unterlag.

14 Im Falle der **Nr. 2** sind Zinsen zu zahlen vom Ablauf der Frist an, deren Einhaltung § 35 Abs. 2 Satz 2 (nicht Satz 1) i.V.m. § 14 Abs. 2 Satz 1 für die Veröffentlichung des Angebots vorgibt. Wird das Angebot nicht unverzüglich nach seiner Freigabe durch das Bundesaufsichtsamt oder nach Ablauf von zehn Werktagen seit Eingang der Angebotsunterlage beim Bundesaufsichtsamt richtig, vollständig und in der vorgeschriebenen Weise veröffentlicht, so beginnt die Zinszahlungspflicht. Sie endet auch hier, sobald die Veröffentlichung nachgeholt, d.h. das Angebot richtig, vollständig und in der vorgeschriebenen Weise veröffentlicht wird. Eine Befreiung nach § 37 beendet auch insofern die Zinszahlungspflicht; Gleiches gilt für die Gestattung einer Nichtberücksichtigung nach § 36 oder § 20, wenn der Betreffende ohne eine solche Nichtberücksichtigung – d.h. bis dahin – den Verpflichtungen nach § 35 Abs. 2 Satz 1 unterlag.

15 Im Falle der **Nr. 3** sind Zinsen zu zahlen ab dem Zeitpunkt, an dem die Untersagung des Angebots dem angebotspflichtigen Kontrollinhaber zugeht. Die Zinszahlungspflicht endet, sobald ein richtiges und vollständiges Angebot in der vorgeschriebenen Weise veröffentlicht wird.

16 Was die genaue **Bestimmung des Tages** betrifft, **ab dem Zinsen zu zahlen** sind, gilt § 187 Abs. 1 BGB entsprechend.[2] Der Tag, in dessen

2 Grundlegend zur Berechnung von Zinszahlungszeiträumen *Borges*, WM 1998, 105, 106; vgl. auch BGH, Urt. vom 24. 1. 1990 – VIII ZR 296/88, NJW-RR 1990, 518, 519.

Lauf das für den Beginn der Verzinsungspflicht maßgebliche Ereignis fällt, wird also nicht mitgezählt (sog. Zivilkomputation), und es wird nur nach vollen Tagen gerechnet. Maßgebliches Ereignis ist bei Nr. 1 und 2 der Ablauf der dort jeweils in Bezug genommenen Frist, bei Nr. 3 der Zugang der Untersagung beim angebotspflichtigen Kontrollinhaber.

Die **Verzinsungspflicht endet** entsprechend § 188 Abs. 1 BGB mit 17
Ablauf des Tages, an dem die Kontrollerlangung bzw. das Angebot veröffentlicht wird. Dass die Gegenleistung erst später zu erbringen ist, spielt keine Rolle; denn das wäre auch bei fristgerechter Veröffentlichung nach § 35 Abs. 1 und 2 so, und es soll nur die Verzögerung erfasst werden.

2. Höhe

Es sind Zinsen auf die Gegenleistung in Höhe von **fünf Prozentpunk-** 18
ten auf das Jahr über dem jeweiligen Basiszinssatz zu zahlen. Gemeint ist der Basiszinssatz der Deutschen Bundesbank gemäß § 1 Diskontsatz-Überleitungs-Gesetz (DÜG), der jeweils mit Beginn des 1. Januar, 1. Mai und 1. September jedes Jahres angepasst wird;[3] er beträgt seit dem 1.1.2002 2,71% p.a. und wird mit Beginn des 1.5. 2002 neuerlich geändert.

Der Zinssatz, der sich zu **Beginn der Verzinsungspflicht** errechnet, 19
bleibt für deren gesamte Dauer maßgeblich.

Die Zinsen sind in jedem Fall in Geld, d.h. in Euro, zu zahlen. Dies 20
gilt auch, wenn und so weit die offerierte Gegenleistung in liquiden Aktien besteht, die zum Handel an einem organisierten Markt zugelassen sind (vgl. § 31 Abs. 2, der über § 39 auch für Pflichtangebote gilt). Für die Zwecke der Zinsberechnung müssen die offerierten Aktien ggf. bewertet werden. Folgt dem Verstoß, der zur Zinszahlungs-

3 Bezugsgröße für den Basiszinssatz – dieser ist am 1.1.1999 dem Diskontsatz der Deutschen Bundesbank nachgefolgt – ist gemäß § 1 der Basiszins-Bezugsgrößen-Verordnung vom 10.2.1999 (BGBl. I S. 139) der Zinssatz für längerfristige Refinanzierungsgeschäfte der Europäischen Zentralbank (LRG-Satz). – Der im Zuge der Schuldrechtsmodernisierung (Gesetz zur Modernisierung des Schuldrechts vom 26.11.2001 [BGBl. I S. 3138]) zum 1.1.2002 in § 247 BGB eingefügte Basiszinssatz des Bürgerlichen Gesetzbuchs ist nur insoweit an die Stelle des Basiszinssatzes nach dem DÜG getreten, als er als Bezugsgröße für Zinsen und andere Leistungen in Rechtsvorschriften des Bundes auf dem Gebiet des Bürgerlichen Rechts und des Verfahrensrechts der Gerichte verwendet wird (Art. 229 § 7 Abs. 1 Nr. 1 EGBGB). Ansonsten gelten DÜG und Basiszins-Bezugsgrößen-Verordnung weiter.

pflicht führt, kein Angebot (dazu Rn. 13 f.), so ist für die Verzinsung die geringste zulässige Gegenleistung zugrunde zu legen.

3. Berechtigte Aktionäre

21 Dem Gesetzestext ist keine Aussage dazu zu entnehmen, ob Zinsen **an alle Aktionäre** zu zahlen sind, an die das Pflichtangebot zu richten ist, oder **nur an diejenigen, die das Angebot (später) annehmen**; denn dass die Zinsen „auf die Gegenleistung" zu zahlen sind, legt nur die Bemessungsgrundlage fest.

22 In der Regierungsbegründung (BR-Drucks. 574/01, S. 152) heißt es freilich, die zu erbringende Gegenleistung *erhöhe* sich. Demzufolge entspricht es wohl dem Willen des Gesetzgebers, dass **nur denjenigen Aktionären, die eine Gegenleistung erhalten**, auch Zinsen zustehen; das sind lediglich die Aktionäre, die das Angebot annehmen. Eine befriedigende Regelung ist dies nicht, wenn man bedenkt, dass es somit vom Umfang, in dem das Angebot angenommen wird, abhängt, in welchem Ausmaß der säumige Kontrollinhaber Zinsen zu zahlen hat. Außerdem endet der Zeitraum des Verstoßes, der zur Zinszahlungspflicht führt, ggf. mit einer Befreiung nach § 37 oder einer Nichtberücksichtigungserlaubnis nach § 36 oder § 20 (dazu Rn. 13 f.), so dass gar kein Angebot folgt.

VII. Verhältnis zu den gescheiterten EG-Richtlinienplänen

23 Die gescheiterte EG-Übernahmerichtlinie sollte weder in der Fassung des gemeinsamen Standpunkts des Ministerrats vom 19. 6. 2000 noch in der Fassung des vom Vermittlungsausschuss gebilligten gemeinsamen Textes vom 6. 6. 2001 spezielle **Sanktionsnormen** enthalten. Im jeweiligen Art. 12 sollte den Mitgliedstaaten allerdings auferlegt werden, Sanktionen festzulegen, die bei Verstößen gegen die gemäß der Richtlinie erlassenen Vorschriften anzuwenden sein würden; diese Sanktionen sollten so weit gehen müssen, dass sie zur Einhaltung der Vorschriften hinreichend effektiv anreizen.

§ 39 Anwendung der Vorschriften des Abschnitts 3 und 4

Für Angebote nach § 35 Abs. 2 Satz 1 gelten mit Ausnahme von § 10 Abs. 1 Satz 1, § 14 Abs. 1 Satz 1, § 16 Abs. 2, § 18 Abs. 1, §§ 19, 25, 26 und 34 die Vorschriften der Abschnitte 3 und 4 sinngemäß.

Literatur: s. Vorbem. vor §§ 35 bis 39.

Übersicht

I. Systematische Stellung, Zweck und Gegenstand der Regelung

§ 39 setzt das gesetzgeberische Konzept um, demzufolge **für Übernahmeangebote und Pflichtangebote** grundsätzlich **dieselben Vorschriften** Anwendung finden (Regierungsbegründung, BR-Drucks. 574/01, S. 152). Mit Ausnahme der in der Vorschrift angeführten Normen gelten demnach für **(Pflicht-)Angebote** nach § 35 Abs. 2 Satz 1 die **allgemein für Angebote zum Erwerb von Wertpapieren geltenden Vorschriften des Abschnitts 3** sowie **die für Übernahmeangebote geltenden Vorschriften des Abschnitts 4** sinngemäß. 1

Die Vorschrift ist wenig glücklich konzipiert. Denn die Abschnitte 3 und 4 des Gesetzes stehen nicht gleichgewichtig nebeneinander. Abschnitt 4 enthält vielmehr für Übernahmeangebote einige ergänzende und einige Spezialregelungen mit der Folge, dass gemäß § 34 die Vorschriften des Abschnitts 3 für Übernahmeangebote nur insoweit gelten, als sich aus den Regelungen des Abschnitts 4 nichts anderes ergibt. Es 2 ist also denknotwendig ausgeschlossen, dass für Pflichtangebote die Vorschriften des Abschnitts 3 *und* des Abschnitts 4 (eingeschlossen § 34) sinngemäß gelten. Zwar wird § 34 von § 39 ausdrücklich ausgenommen; so wird aber das Pflichtangebot zu einem **Spezialfall gleichermaßen gegenüber dem Angebot zum Erwerb von Wertpapieren wie gegenüber dem Übernahmeangebot** erklärt, und dies obwohl das Übernahmeangebot im Gesetz als Spezialfall des Angebots ausgestaltet ist. Das Pflichtangebot soll aber ein Spezialfall zum Übernahmeangebot sein, wie es dem erwähnten gesetzgeberischen Konzept entspricht (das dann in § 35 Abs. 3 seinen Ausdruck gefunden hat; dazu § 35 Rn. 54 ff.).[1] Daher wäre eine Regelung des Inhalts vorzuziehen gewesen, dass für Pflichtangebote die für Übernahmeangebote geltenden Vorschriften des Abschnitts 4 Anwendung finden, und zwar einschließlich der Normen des Abschnitts 3, die über die Brücke des § 34 auch für Übernahmeangebote gelten – und ausschließlich eben der in § 39 ausdrücklich ausgenommenen Vorschriften.

II. Gesetzgebungsverfahren

3 Eine § 39 entsprechende Regelung war bereits im **Referentenentwurf** vom 12.3.2001 (dort ebenfalls § 39) vorgesehen.

4 Im **Diskussionsentwurf** vom 29.6.2000 (dort ebenfalls § 39) war noch ein umfassender Verweis der Art vorgesehen, dass die für Übernahmeangebote geltenden Vorschriften auf Pflichtangebote Anwendung finden sollten, so weit sich aus den speziell für Pflichtangebote geltenden Normen nicht anderes ergäbe. Dies ging damit einher, dass der Diskussionsentwurf dem Gesetz nur Übernahmen und Übernahmeangebote unterwerfen wollte, nicht aber sämtliche öffentliche Angebote zum Erwerb von Aktien einer börsennotierten inländischen Gesellschaft, d.h. nicht solche Angebote, die nicht auf den Erwerb der Kontrolle gerichtet sind.

III. Regelung in Österreich

5 In Österreich finden auf **Pflichtangebote** die Vorschriften des 2. Teils des Übernahmegesetzes über freiwillige Übernahmeangebote (§§ 4 ff. öÜbG) Anwendung, so weit im 3. Teil des Gesetzes über Pflichtange-

1 Im gleichen Sinne *Schüppen*, WPg 2001, 958, 967.

bote (§§ 22 ff. öÜbG) nichts anderes bestimmt wird (§ 22 Abs. 7 öÜbG).

Umgekehrt finden die Bestimmungen des 3. Teils (mit Ausnahme von § 22 Abs. 10 öÜbG, demzufolge Pflichtangebote bedingungsfeindlich sind) auf freiwillige Übernahmeangebote Anwendung, nach deren Inhalt der Bieter zusammen mit gemeinsam mit ihm vorgehenden Personen eine kontrollierende Beteiligung erlangen könnte. 6

IV. Regelung in der Schweiz

In der Schweiz sind auf **Pflichtangebote** neben Art. 32 sBHEG und Artt. 25 bis 43 sBEHV-EBK die Artt. 22 bis 31, 33 und 52 bis 54 sBEHG sowie bestimmte Ausführungsbestimmungen über öffentliche Kaufangebote anwendbar (Art. 24 sBEHV-EBK). 7

V. Nicht anzuwendende Vorschriften

1. § 10 Abs. 1 Satz 1

§ 10 Abs. 1 Satz 1, demzufolge der Bieter seine Entscheidung zur Abgabe eines Angebots unverzüglich gemäß Abs. 3 Satz 1 derselben Vorschrift zu veröffentlichen hat, wird für Pflichtangebote durch § 35 Abs. 1 Satz 1 ersetzt. Denn an **Stelle** der **Entscheidung zur Angebotsabgabe** setzt bei Pflichtangeboten die **Erlangung der Kontrolle** (§ 29 Abs. 2) die Pflicht zur Abgabe eines Angebots sowie das Verfahren in Gang. Die Kontrollerlangung ist nach Maßgabe des § 35 Abs. 1 (in dem dann freilich auf § 10 Abs. 2 bis 6 verwiesen wird) zu veröffentlichen; dazu § 35 Rn. 35. Wegen des unmittelbaren Bezugs zu § 10 Abs. 1 Satz 1 finden auch die Sätze 2 und 3 der Vorschrift keine Anwendung.[2] 8

2. § 14 Abs. 1 Satz 1

§ 14 Abs. 1 Satz 1, demzufolge der Bieter innerhalb von vier Wochen nach der Veröffentlichung der Entscheidung zur Abgabe eines Angebots dem Bundesaufsichtsamt die Angebotsunterlage zu übermitteln hat, wird für Pflichtangebote durch § 35 Abs. 2 Satz 1 ersetzt. Auch insoweit steht **an der Stelle der Entscheidung zur Angebotsabgabe** bei Pflicht- 9

2 So mit Recht *Meyer*, in: Geibel/Süßmann, Kommentar zum WpÜG, 2002, § 39 Rn. 3.

angeboten die **Erlangung der Kontrolle**. Zur Anwendbarkeit des § 14 Abs. 1 Sätze 2 und 3 sowie Abs. 2 Satz 3 vgl. § 35 Rn. 42 f. und 46.

3. § 16 Abs. 2

10 § 16 Abs. 2 gewährt bei Übernahmeangeboten (nicht nur bei erfolgreichen Übernahmeangeboten, wie die Regierungsbegründung, BR-Drucks. 574/01, S. 152, behauptet; s. dazu § 35 Rn. 56) denjenigen Aktionären, die das Angebot während der (ursprünglichen) Laufzeit nicht angenommen haben, eine sog. weitere Annahmefrist von zwei Wochen **(„Zaunkönigregel")**. Da Pflichtangebote aber – anders als Übernahmeangebote, die auf Kontrollerlangung *gerichtet* sind (§ 29 Abs. 1) – der Kontrollerlangung nachfolgen, besteht kein Bedürfnis für einen zusätzlichen Annahmezeitraum.

4. § 18 Abs. 1

11 § 18 Abs. 1, demzufolge ein Angebot nicht von Bedingungen abhängig gemacht werden darf, deren Eintritt der Bieter, mit ihm gemeinsam handelnde Personen oder deren Tochterunternehmen oder im Zusammenhang mit dem Angebot für diese Personen und Unternehmen tätige Berater ausschließlich selbst herbeiführen können, ist für Pflichtangebote gleichfalls nicht anwendbar. Dies heißt freilich nicht, dass ein Pflichtangebot von solchen Bedingungen abhängig gemacht werden dürfte. Im Gegenteil: Das Pflichtangebot ist seiner Natur nach **generell bedingungsfeindlich**, da der Bieter nicht die Möglichkeit haben darf, seine Verpflichtung zur Angebotsabgabe (und d.h. zum Erwerb aller Aktien, welche die Minderheitsaktionäre veräußern wollen) durch Setzen von Bedingungen zu unterlaufen. Es ist – streng genommen – also nicht § 18 Abs. 1 unanwendbar für Pflichtangebote. Gemeint ist vielmehr: die im Umkehrschluss aus § 18 Abs. 1 folgende grundsätzliche Möglichkeit, ein Angebot aufschiebend oder auflösend bedingt abzugeben, besteht bei Pflichtangeboten nicht.[3]

12 Liegt im Pflichtangebot ein Verstoß gegen andere gesetzliche Vorschriften (etwa kartellrechtliche Beschränkungen), so ist das Pflichtangebot unter einer entsprechenden **(Rechts-)Bedingung** abzugeben, weil das Gesetz den Bieter sonst zu einem rechtswidrigen Verhalten verpflichten würde (Regierungsbegründung, BR-Drucks. 574/01, S. 153). Hingegen

3 Im gleichen Sinne bereits der *Handelsrechtsausschuss des Deutschen Anwaltvereins* in seiner Stellungnahme zum Regierungsentwurf des WpÜG vom 21.9.2001, NZG 2001, 1003, 1007.

kann das Angebot keinesfalls von der Zustimmung der Gesellschafterversammlung oder anderer Organe des Bieters abhängig gemacht werden, weil die Angebotspflicht unabhängig von internen Zustimmungserfordernissen besteht.[4]

5. § 19

§ 19, der für den Fall, dass ein **Teilangebot** abgegeben wird (d.h. ein Angebot, das sich nur auf einen Teil der Zielgesellschaftsaktien erstreckt), eine proratarische Berücksichtigung der veräußerungswilligen Aktionäre anordnet, gilt für Pflichtangebote ebenfalls nicht. Dies bedeutet freilich nicht, dass bei einem Pflichtangebot etwa auf beliebige Weise zugeteilt werden dürfte. Im Gegenteil: Das Pflichtangebot hat seiner Natur nach immer ein **Vollangebot** zu sein, weil – wenn er denn will – jeder Minderheitsaktionär seine Anteile soll veräußern können. Es ist – streng genommen – also nicht § 19 unanwendbar für Pflichtangebote. Gemeint ist vielmehr: Die sich aus § 19 ergebende Möglichkeit, ein Teilangebot abzugeben, besteht bei Pflichtangeboten nicht. Dies ergibt sich aber bereits aus § 32, der Teil-Übernahmerangebote für unzulässig erklärt und über § 39 auch für Pflichtangebote gilt. Hier zeigt sich in eklatanter Weise, dass § 39 missglückt ist (vgl. oben Rn. 2). 13

6. § 25

In § 25 geht es um Angebote, die unter der Bedingung eines Beschlusses der Gesellschafterversammlung des Bieters abgegeben werden. Wegen der generellen **Bedingungsfeindlichkeit** des Pflichtangebots, insbesondere aber wegen der Unbeachtlichkeit der Gesellschafterzustimmung für die Angebotspflicht (dazu bereits Rn. 12), ist eine solche Angebotsabgabe bei Pflichtangeboten nicht zulässig. 14

7. § 26

§ 26, der in seinem Abs. 1 Satz 1 und 2 ein **erneutes Angebot eines Bieters**, dessen Angebot nach § 15 Abs. 1 oder 2 untersagt worden ist oder der mit seinem Angebot eine angestrebte Mindestbeteiligung nicht erreicht hat, **für den Zeitraum eines Jahres für unzulässig** erklärt, gilt für Pflichtangebote nicht. Dies ist für den erstgenannten Fall sinnvoll und einleuchtend: Denn auch ein Pflichtangebot kann nach 15

4 Ausführlich dazu *Meyer* (Fn. 2), § 39 Rn. 7.

§ 15 (der über § 39 Anwendung findet) untersagt werden, wie sich auch aus § 38 Nr. 3 ergibt; eine anschließende **Sperrfrist ginge aber zu Lasten der Minderheitsaktionäre**, deren Schutz die Angebotspflicht des Kontrollinhabers nach § 35 Abs. 2 Satz 1 gerade dient; und man würde dem Kontrollinhaber geradezu die Chance einräumen, sich seinen Verpflichtungen zu entziehen.

16 Mit Blick auf den zweiten Fall (Nicht-Erreichen einer angestrebten Mindestbeteiligung) macht der Ausschluss des § 26 hingegen keinen Sinn. Denn ein Pflichtangebot darf angesichts seiner **generellen Bedingungsfeindlichkeit** nicht vom Erreichen einer Mindestbeteiligung abhängig gemacht werden.

17 Wenn § 26 in § 39 als für Pflichtangebote unanwendbar deklariert wird, so ist dies scharf **abzugrenzen gegenüber der Regelung des § 26 Abs. 1 Satz 3**, derzufolge Satz 1 und 2 derselben Vorschrift nicht gelten, wenn der Bieter dem Pflichtenkanon aus § 35 Abs. 1 Satz 1 und Abs. 2 Satz 1 unterliegt. Denn dort wird der Fall erfasst, dass der vormalige Bieter durch zwischenzeitliche Zuerwerbe die Kontrolle über die Zielgesellschaft erlangt hat und damit angebotspflichtig geworden ist (während er es bei Angebotsabgabe noch nicht war); in einem solchen Fall wäre es gleichfalls unangemessen, über eine Sperrfrist den Minderheitsaktionären den Schutz zu versagen, den die Angebotspflicht nach § 35 Abs. 2 Satz 1 ihnen gerade bieten soll.

8. § 34

18 Schließlich wird § 34, der die „Parallelregelung zu § 39 für den Bereich der Übernahmeangebote“ enthält (so Regierungsbegründung, BR-Drucks. 574/01, S. 153), als für Pflichtangebote nicht anwendbar erklärt – eine nicht sonderlich geglückte Regelung (vgl. oben Rn. 2).

VI. Gleichfalls nicht anzuwendende Vorschriften

19 Über die in § 39 genannten Vorschriften aus den Abschnitten 3 und 4 hinaus gibt es weitere, die für Pflichtangebote nicht gelten. So ist angesichts der generellen Bedingungsfeindlichkeit des Pflichtangebots § 11 Abs. 2 Satz 2 Nr. 5 nicht anwendbar, demzufolge in der Angebotsunterlage die Bedingungen anzugeben sind, von denen die Wirksamkeit des Angebots abhängt. Gleiches gilt für § 21 Abs. 1 Nr. 3 und 4 (Verringerung der angestrebten Mindestbeteiligung; Verzicht auf Bedingungen). § 23 Abs. 1 Satz 1 Nr. 3 („Wasserstandsmeldung“ nach

Ablauf der weiteren Annahmefrist) gilt deshalb nicht, weil es beim Pflichtangebot keine weitere Annahmefrist gibt (s. o. Rn. 10).

VII. Anzuwendende Vorschriften

Alle anderen Vorschriften der Abschnitte 3 und 4 **gelten** nach der Anordnung des § 39 für Pflichtangebote **sinngemäß**. 20

Problematisch ist § 33: In dieser Vorschrift geht es um die **Zulässigkeit von Handlungen der Zielgesellschaftsorgane, durch die der Erfolg des Angebots** (genauer: des Übernahmeangebots) **verhindert** werden könnte. Der Erfolg eines Übernahmeangebots kann nur in der Übernahme selbst, d. h. in der mit dem Angebot angestrebten Erlangung der Kontrolle (vgl. § 29 Abs. 1), liegen; und um deren Verhinderung geht es dem Zielgesellschaftsmanagement dann auch regelmäßig. Einen solchen Erfolg gibt es beim Pflichtangebot nicht, weil dies der Kontrollerlangung nachfolgt. Im Gegenteil: Es erscheint durchaus nicht abwegig davon auszugehen, dass mancher angebotspflichtige Kontrollinhaber möglichst wenige (weitere) Aktien möchte erwerben müssen. Aber eine solche Sichtweise vernachlässigt die mit dem Pflichtangebot angesprochenen Minderheitsaktionäre: In ihrem Interesse liegt es, möglichst unbeeinflusst vom Zielgesellschaftsmanagement über das Angebot entscheiden zu können. Dies ist der Fall gleichermaßen beim Pflicht- wie beim Übernahmeangebot, weswegen § 33 für Pflichtangebote sinngemäß gelten muss. 21

Nicht anders ist mit Blick auf § 27 zu entscheiden: Die **begründete Stellungnahme**, die der Vorstand und der Aufsichtsrat der Zielgesellschaft zum (Übernahme-)Angebot abzugeben haben, soll den angesprochenen Aktionären eine wohlinformierte Entscheidung ermöglichen. Weil dies Bedürfnis auch bei Pflichtangeboten besteht, muss die Vorschrift sinngemäß gelten.[5] 22

VIII. Verhältnis zu den gescheiterten EG-Richtlinienplänen

Die gescheiterte EG-Übernahmerichtlinie sollte weder in der Fassung des gemeinsamen Standpunkts des Ministerrats vom 19. 6. 2000 noch in der Fassung des vom Vermittlungsausschuss gebilligten gemeinsamen Textes vom 6. 6. 2001 irgendwelche Vorgaben enthalten, nach de- 23

---

5 Wie hier *Seibt/Heiser*, ZHR 165 (2001), 466, 473.

nen die für freiwillige Übernahmeangebote geltenden Vorschriften auch für Pflichtangebote Anwendung finden sollten.

24 Aber auch unter dem Regime der gescheiterten Richtlinie war das **Pflichtangebot als Spezialfall zum (freiwilligen) Übernahmeangebot** konzipiert. Dies wollte man in Art. 5 Abs. 2 E-ÜbernahmeRL zum Ausdruck bringen: Nach dieser Bestimmung sollte für den Fall, dass die Kontrolle infolge eines allen Wertpapierinhabern im Einklang mit der Richtlinie für alle Wertpapiere unterbreiteten freiwilligen Angebots erlangt sein würde, keine Verpflichtung zur Abgabe eines Angebots mehr bestehen.

Abschnitt 6

Verfahren

§ 40 Ermittlungsbefugnisse des Bundesaufsichtsamtes

(1) Der Bieter, die mit ihm gemeinsam handelnden Personen sowie deren Tochterunternehmen haben auf Verlangen des Bundesaufsichtsamtes Auskünfte zu erteilen und Unterlagen vorzulegen, die das Bundesaufsichtsamt benötigt zur Überwachung der Einhaltung der Pflichten

1. nach § 10 Abs. 1 bis 5 Satz 1, § 14 Abs. 1 bis 4 Satz 1, § 21 Abs. 2, §§ 23, 27 Abs. 2 und 3 und § 31 Abs. 1 bis 6 oder auf Grund einer nach § 31 Abs. 7 erlassenen Rechtsverordnung, § 35 Abs. 1 und 2 Satz 1 und 2 und

2. nach § 11 Abs. 1 oder zur Prüfung, ob die Angebotsunterlage die Angaben enthält, die nach § 11 Abs. 2 oder einer auf Grund des § 11 Abs. 4 und 5 erlassenen Rechtsverordnung erforderlich sind.

(2) Die Zielgesellschaft hat auf Verlangen des Bundesaufsichtsamtes Auskünfte zu erteilen und Unterlagen vorzulegen, die das Bundesaufsichtsamt zur Überwachung der Einhaltung der Pflichten nach § 10 Abs. 5 Satz 2, § 14 Abs. 4 Satz 2, §§ 27 und 33 benötigt.

(3) Die Zielgesellschaft, deren Aktionäre und ehemaligen Aktionäre sowie Wertpapierdienstleistungsunternehmen haben auf Verlangen des Bundesaufsichtsamtes Auskünfte zu erteilen und Unterlagen vorzulegen, die das Bundesaufsichtsamt zur Überwachung der Einhaltung der Pflichten nach § 31 Abs. 1, auch in Verbindung mit einer Rechtverordnung nach Abs. 7, und § 35 Abs. 1 und 2 benötigt. Dies gilt entsprechend für Personen und Unternehmen, deren Stimmrechte dem Bieter nach § 30 zuzurechnen sind.

(4) Die inländischen Börsen haben auf Verlangen des Bundesaufsichtsamtes Auskünfte zu erteilen und Unterlagen vorzulegen, die das Bundesaufsichtsamt zur Überwachung der Einhaltung der Pflichten nach § 31 Abs. 1, 4 und 5, jeweils auch in Verbindung mit einer Rechtsverordnung nach Abs. 7, benötigt.

(5) Der zur Erteilung einer Auskunft Verpflichtete kann die Auskunft auf solche Fragen verweigern, deren Beantwortung ihn selbst oder einen der in § 383 Abs. 1 Nr. 1 bis 3 der Zivilprozeßordnung bezeichneten Angehörigen der Gefahr strafgerichtlicher Verfolgung oder eines Verfahrens nach dem Gesetz über Ordnungswidrigkeiten aussetzen würde. Der Verpflichtete ist über sein Recht zur Verweigerung der Auskunft zu belehren.

Literatur: *Deutscher Anwaltverein e.V.*, Stellungnahme des Handelsrechtsausschusses des Deutschen Anwaltvereins e.V. zum Referentenentwurf des Bundesministeriums der Finanzen für ein Gesetz zur Regelung von öffentlichen Angeboten zum Erwerb von Wertpapieren und von Unternehmensübernahmen (WÜG) (April 2001) (DAV-Stellungnahme (April 2001)); *Land*, Das neue deutsche Wertpapiererwerbs- und Übernahmegesetz, DB 2001, 1707.

Übersicht

I. Allgemeines

1. Systematische Stellung

1 Abschnitt 6 (§§ 40 bis 47) enthält **Verfahrensvorschriften**. Diese orientieren sich an den Regelungen des GWB. Ausschlaggebend für die Anlehnung waren die Sachnähe der Verfahren zu Fusionskontrollverfahren und die langjährige Bewährung dieser Regelungen in der Praxis.[1] In diesem Zusammenhang wurde vorgetragen, dass es zweifelhaft sei, ob diese Parallele zum GWB durchweg trägt oder ob es nicht besser wäre, für das Verwaltungsverfahren weitgehend auf die

1 Regierungsbegründung, BR-Drucks. 574/01, S. 68.

Regeln des VwVfG und der VwGO zu verweisen, zumindest jedoch die Verfahrensvorschriften des WpÜG durch eine entsprechende Verweisung erheblich zu verkürzen.[2]

§ 40 ist Gegenstand dieser Verfahrensvorschriften des 6. Abschnitts und regelt im Rahmen des Verwaltungsverfahrens durch das BAWe dessen **Ermittlungsbefugnisse**.

2. Gesetzeszweck

§ 40 verleiht dem BAWe die zur Wahrnehmung seiner Aufgaben erforderlichen Befugnisse bei der Überwachung der Einhaltung der Pflichten der Beteiligten an einem Übernahmeverfahren. Hierbei handelt es sich um eine besondere und gegenüber § 4 Abs. 1 Satz 3 **speziellere Befugnisnorm**. Das BAWe kann hiernach von der Zielgesellschaft, deren Aktionären und ehemaligen Aktionären sowie Wertpapierdienstleistungsunternehmen Auskünfte sowie Unterlagen verlangen.[3] 2

3. Parallelvorschriften

Befugnisse des BAWe sind auch in § 29 Abs. 1 WpHG enthalten. Für die Kartellbehörden ist das Auskunftsverlangen in § 59 GWB geregelt. 3

4. Gesetzgebungsverfahren

Gegenüber dem Diskussions- und dem Referentenentwurf wurden im Regierungsentwurf und im letztlich verabschiedeten Gesetzestext die Vorschriften, auf die zur Überwachung der Einhaltung der Pflichten verwiesen wird, erweitert und redaktionell angepasst. Der Referentenentwurf vom 12. 3. 2001 enthielt überdies einen Abs. 5, nach dem Bediensteten des BAWe zur Wahrnehmung ihrer Aufgaben das Betreten der Grundstücke und Geschäftsräume des Bieters und der Zielgesellschaft gestattet und insoweit das Grundrecht der Unverletzlichkeit der Wohnung (Art. 13 GG) eingeschränkt wurde; diese Vorschrift war ab dem Regierungsentwurf nicht mehr enthalten. 4

5. Übernahmekodex

Ermittlungsbefugnisse der Übernahmekommission waren im Übernahmekodex nicht geregelt. 5

---

2 *DAV*-Stellungnahme (April 2001), § 40.

3 *Land*, DB 2001, 1707, 1713.

II. Rechtsvergleichung

1. Österreich

6 Nach § 30 Abs. 4 des österreichischen Übernahmegesetzes haben der Bieter, die mit ihm gemeinsam vorgehenden Rechtsträger, die Verwaltungsorgane der Zielgesellschaft und die Sachverständigen sowie alle sonstigen Berater der Übernahmekommission die zur Beurteilung des Angebots zweckdienlichen Angaben zu machen und jederzeit auf ihr Verlangen alle verfügbaren Informationen über das Angebot mitzuteilen sowie die Auskünfte zu geben und Unterlagen herauszugeben, welche die Übernahmekommission zur Erfüllung ihrer Aufgaben für notwendig erachtet. Bei Erfüllung dieser Pflicht besteht die Verpflichtung zur Wahrung des Bankgeheimnisses nicht, so weit ein Kreditinstitut Sachverständiger ist. Gemäß § 30 Abs. 5 öÜbG sind alle Veröffentlichungen, Bekanntmachungen, in die Öffentlichkeit gelangten Stellungnahmen und sonstigen Äußerungen des Bieters, der Verwaltungsorgane der Zielgesellschaft, der Sachverständigen und aller sonstigen Berater der Übernahmekommission unverzüglich zur Kenntnis zu bringen, so weit sie ihr nicht vor der Veröffentlichung anzuzeigen sind.

2. Schweiz

7 Gemäß Art. 35 Abs. 2 des Schweizerischen Bundesgesetzes über die Börsen und den Effektenhandel müssen Personen und Gesellschaften, die der Aufsicht unterstehen, der Aufsichtsbehörde – der Eidgenössische Bankenkommission – alle Auskünfte und Unterlagen geben, die sie zur Erfüllung ihrer Aufgabe verlangt. Dieser Pflicht unterstehen außerdem (a) Personen, die maßgebend an einer Börse oder an einem Effektenhändler beteiligt sind; (b) Revisionsstellen; (c) Personen und Gesellschaften, die einer Meldepflicht unterstehen; (d) Anbieter von öffentlichen Kaufangeboten; (e) Zielgesellschaften. Nach Art. 23 Abs. 3 Satz 2 sBEHG kann auch die Übernahmekommission Auskünfte und Unterlagen einfordern, allerdings nur von Anbietern und Zielgesellschaften.

3. Vereinigtes Königreich

8 Der City Code on Takeovers and Mergers (London City Code) enthält keine ausdrückliche Regelung der Ermittlungsbefugnisse des Takeover Panel. Jedoch stehen diesem allgemeine Ermittlungsbefugnisse zu und er kooperiert mit anderen Behörden.[4] Im Rahmen dieser Zusammen-

4 Vgl. Kommentierung zu § 4 II.3, § 7 II.3 und § 8 II.3.

arbeit kann ggf. auf die weit reichenden Ermittlungsbefugnisse des Department of Trade and Industry zurückgegriffen werden.

4. EU-Richtlinie

Erwägungsgrund 17 des E-ÜbernahmeRL sah vor, dass die Aufsichtsorgane zur ordnungsgemäßen Wahrnehmung ihrer Aufgaben die Parteien des Angebots jederzeit zur Erteilung von Auskünften, die das Angebot betreffen, auffordern können. Konkrete Vorgaben hinsichtlich der Befugnisse der Aufsichtsbehörden waren in dem E-ÜbernahmeRL nicht enthalten. 9

III. Eingriffsvoraussetzungen

Die Ermittlungsbefugnisse nach § 40 Abs. 1 bis 4 haben allesamt gemein, dass nur solche **Auskünfte zu erteilen** und **Unterlagen vorzulegen** sind, die für das BAWe **zur Überwachung** der Einhaltung der näher spezifizierten Pflichten **erforderlich** sind. Ob die Auskünfte und Vorlage von Unterlagen „zur Überwachung der Einhaltung der Pflichten erforderlich" sind, ist ein **unbestimmter Rechtsbegriff**, bei dem davon auszugehen ist, dass dem BAWe ein **Beurteilungsspielraum** zusteht.[5] Die Ermittlungen sind zulässig, wenn das BAWe die Kenntnis der Tatsachen zur Überprüfung der Einhaltung der genannten Vorschriften benötigt. Aus dieser Verknüpfung ergibt sich, dass der Erlass einer Anordnung beabsichtigt oder zumindest als möglich in Betracht kommen muss. Anders als in § 59 GWB müssen sich die Auskünfte allerdings nicht auf die wirtschaftlichen Verhältnisse beziehen. 10

Das **Auskunftsersuchen** muss auf den gesetzlich zugelassen Inhalt beschränkt sein und die formellen Voraussetzungen – nämlich Angabe von Rechtsgrundlage, Gegenstand und Zweck des Auskunftsverlangens – beachten. Falls die begehrten Informationen nicht veröffentlicht oder durch das mildere Mittel der Auskunft zu erlangen sind, sondern nur durch Einsicht und Prüfung, kann das BAWe die **Vorlage entsprechender Unterlagen** verlangen. So wird eine Einsicht und Prüfung dann erforderlich sein, wenn es nicht nur auf die Übermittlung von Fakten und Geschehensabläufen ankommt, sondern vor allem auf deren Auswertung.[6] 11

---

5 *Schäfer/Geibel*, Wertpapierhandelsgesetz/Börsengesetz/Verkaufsprospektgesetz, 1999, § 29 WpHG Rn. 8; vgl. auch *Süßmann*, in: Geibel/Süßmann, § 40 WpÜG Rn. 24.

6 *Immenga/Mestmäcker*, Kartellgesetz, 3. Aufl., 2001, § 59 Rn. 19, 24, 30, 44.

IV. Normadressaten nach § 40 Abs. 1

12 Normadressaten nach § 40 Abs. 1 sind der **Bieter** im Sinne des § 2 Abs. 4, **die mit ihm gemeinsam handelnden Personen** im Sinne des § 2 Abs. 5 **sowie deren Tochterunternehmen** im Sinne des § 2 Abs. 6. Abgestellt wird auf die Einhaltung der in den Abschnitten 3 bis 5 aufgeführten Pflichten. Hierbei handelt es sich bei den in Nr. 1 genannten Pflichten insbesondere um die Pflicht zur form- und fristgerechten Veröffentlichung der Entscheidung zur Abgabe eines Angebots und der Angebotsunterlage sowie deren Änderung. Die gleichen Befugnisse werden dem BAWe eingeräumt, um die Einhaltung der Bestimmungen über die Gegenleistung nach § 31 wirkungsvoll überwachen zu können. Nr. 2 betrifft die Pflicht zur Erstellung einer Angebotsunterlage, die alle Angaben enthalten muss, die notwendig sind, um in Kenntnis der Sachlage über das Angebot zu entscheiden. Die Auskunfts- und Vorlagepflichten sind Voraussetzungen für eine Beurteilung, ob eine Untersagung des Angebots nach § 15 auszusprechen und ein Ordnungswidrigkeitenverfahren nach § 60 einzuleiten ist.[7]

V. Normadressat nach § 40 Abs. 2

13 Normadressat in Abs. 2 ist die **Zielgesellschaft** im Sinne des § 2 Abs. 3. Neben der Pflicht zur unverzüglichen Unterrichtung der Arbeitnehmer der Zielgesellschaft bzw. deren Vertretung sowie der Pflicht zur Abgabe einer Stellungnahme unter Beteiligung der Arbeitnehmer sind die Vorstand und Aufsichtsrat der Zielgesellschaft treffenden Vorgaben im Hinblick auf ihre Handlungen bei Übernahmeangeboten genannt.[8]

VI. Normadressaten nach § 40 Abs. 3

14 Normadressaten gemäß § 40 Abs. 3 sind die **Zielgesellschaft** (§ 2 Abs. 3), deren **Aktionäre** und **ehemaligen Aktionäre** sowie **Wertpapierdienstleistungsunternehmen** im Sinne des § 2 Abs. 4 WpHG. Gemäß § 40 Abs. 3 Satz 2 sind Normadressaten ferner **Personen und Unternehmen, deren Stimmrechte dem Bieter** nach § 30 **zuzurechnen** sind.

15 Die Auskunfts- und Vorlagepflichten nach Abs. 3 sind notwendig, um zu ermitteln, ob eine Person wegen des Erlangens der Kontrolle über die

7 Regierungsbegründung, BR-Drucks. 574/01, S. 154.
8 Regierungsbegründung, BR-Drucks. 574/01, S. 154.

Zielgesellschaft ein Pflichtangebot abgeben muss. Die Erfahrungen des BAWe bei der Überwachung der Einhaltung der Meldepflichten nach den §§ 21, 22 WpHG haben gezeigt, dass eine effektive Aufsicht über die Beteiligungsverhältnisse an Unternehmen nur möglich ist, wenn nicht nur bei dem Pflichtigen, sondern auch bei anderen Aktionären oder ehemaligen Aktionären und der betroffenen Gesellschaft Ermittlungen angestellt werden können.[9] Vom Wortlaut her sind Aktionäre im In- wie im Ausland erfasst, jedoch sind Ermittlungsbefugnisse des BAWe gegenüber Aktionären im Ausland völkerrechtlich begrenzt.[10]

Die Auskunfts- und Vorlagepflichten bestehen für den Normadressa- 16
tenkreis auch hinsichtlich der Überwachung der Einhaltung der Anforderungen an die Gegenleistung nach § 31 Abs. 1, auch in Verbindung mit der WpÜG-Angebotsverordnung. Hierdurch kann auch bei den Aktionären oder ehemaligen Aktionären der Preis ermittelt werden, zu dem sie dem Bieter ihre Aktien verkauft haben, was für die Bestimmung des Mindestpreises wesentlich ist.[11]

VII. Normadressaten nach § 40 Abs. 4

Für die Überwachung der Einhaltung der Regelungen über die 17
Gegenleistung ist es für das BAWe notwendig, von den **inländischen Börsen** alle Börsenkurse und Umsätze eines Wertpapiers für den fraglichen Zeitraum übermittelt zu bekommen. Diese Daten liegen den Börsen vor und sind verhältnismäßig einfach aufzubereiten, sodass die Verpflichtung nach Abs. 4 keine unzumutbare Belastung darstellt.[12]

Gegenüber **sonstigen Dritten** besteht kein Auskunfts- und Unterlagenvorlagerecht des BAWe.

VIII. Rechtsbehelf, Durchsetzung

Soweit das BAWe ein formales Verlangen auf Auskunft oder Vorlage 18
von Unterlagen erlässt, handelt es sich hierbei um eine Verfügung, gegen die **Widerspruch** gemäß § 41 und nach Durchführung des Widerspruchsverfahrens **Beschwerde** gemäß § 48 erhoben werden kann.

9 Regierungsbegründung, BR-Drucks. 574/01, S. 155.
10 *Schäfer/Geibel* (Fn. 5), § 29 Rn. 5.
11 Regierungsbegründung, BR-Drucks. 574/01, S. 155.
12 Regierungsbegründung, BR-Drucks. 574/01, S. 155.

19 Zur Durchsetzung seiner Verfügungen kann sich das BAWe **Zwangsmitteln** gemäß § 46 bedienen. Ein Verstoß gegen § 40 Abs. 1, 2 oder 3 Satz 1, auch in Verbindung mit Satz 2, stellt eine **Ordnungswidrigkeit** dar, die mit einer Geldbuße bis Euro 200 000 bewehrt ist (§ 60 Abs. 2 Nr. 2, Abs. 3).

IX. Auskunftsverweigerungsrecht (§ 40 Abs. 5)

20 Nach Abs. 5 steht den Auskunftspflichtigen ein Auskunftsverweigerungsrecht zu, wenn sie sich selbst oder einen nahen Angehörigen (§ 383 Abs. 1 Nrn. 1 bis 3 ZPO) belasten würden. Damit wird dem rechtsstaatlichen Gedanken der Unzumutbarkeit der Selbstanzeige Rechnung getragen. Der zur Auskunft Verpflichtete ist über sein Auskunftsverweigerungsrecht zu belehren.[13]

§ 41 Widerspruchsverfahren

(1) Vor Einlegung der Beschwerde sind Rechtmäßigkeit und Zweckmäßigkeit der Verfügungen des Bundesaufsichtsamtes in einem Widerspruchsverfahren nachzuprüfen. Einer solchen Nachprüfung bedarf es nicht, wenn der Abhilfebescheid oder der Widerspruchsbescheid erstmalig eine Beschwer enthält. Für das Widerspruchsverfahren gelten die §§ 68 bis 73 der Verwaltungsgerichtsordnung, so weit in diesem Gesetz nichts Abweichendes geregelt ist.

(2) Das Bundesaufsichtsamt trifft seine Entscheidung innerhalb einer Frist von zwei Wochen ab Eingang des Widerspruchs. Bei besonderen tatsächlichen oder rechtlichen Schwierigkeiten oder bei einer Vielzahl von Widerspruchsverfahren kann das Bundesaufsichtsamt die Frist durch unanfechtbaren Beschluss verlängern.

(3) Die Beteiligten haben an der Aufklärung des Sachverhaltes mitzuwirken, wie es einem auf Förderung und raschen Abschluß des Verfahrens bedachten Vorgehen entspricht. Den Beteiligten können Fristen gesetzt werden, nach deren Ablauf weiterer Vortrag unbeachtet bleibt.

13 Regierungsbegründung, BR-Drucks. 574/01, S. 155.

(4) Der Widerspruchsausschuß kann das Verfahren ohne mündliche Verhandlung dem Vorsitzenden durch unanfechtbaren Beschluß zur alleinigen Entscheidung übertragen. Diese Übertragung ist nur zulässig, sofern die Sache keine wesentlichen Schwierigkeiten in tatsächlicher und rechtlicher Hinsicht aufweist und die Entscheidung nicht von grundsätzlicher Bedeutung sein wird.

Literatur: *Assmann/Schneider*, Wertpapierhandelsgesetz (WpHG), 2. Aufl., Köln 1999; *Aha*, Rechtsschutz der Zielgesellschaft bei mangelhaften Übernahmeangeboten, AG 2002, 160 ff.; *Berger*, Das deutsche Übernahmerecht nimmt Formen an, Die Bank 8/2000, S. 558; *Dagtoglou*, Kollegialorgane und Kollegialakte der Verwaltung, Stuttgart 1960; *Erichsen* (Hrsg.), Allgemeines Verwaltungsrecht, 11. Aufl., Berlin 1998; *Eyermann*, Verwaltungsgerichtsordnung, 11. Aufl., München 2000; *Fieberg/Reichenbach/Messerschmidt/Neuhaus*, VermG (Gesetz zur Regelung offener Vermögensfragen), Bd. I, München, Stand Dezember 2000; *Geibel/Süßmann*, WpÜG, München 2002; *Glassen/v. Hahn/Kersten/Rieger* (Hrsg.), Frankfurter Kommentar (FK) zum GWB, Bd. I 1999; *Hontheim*, Das Gesetz zur Anpassung der Formvorschriften des Privatrechts und anderer Formvorschriften an den modernen Rechtsverkehr, NWB 2001/Heft 39, S. 2757; *Immenga/Mestmäcker*, GWB, 3. Auflage München 2001; *Knack*, VwVfG, 7. Aufl., Köln u. a. 2000; *Kopp/Schenke*, VwGO, 12. Aufl., München 2000; *Lüke/Wax* (Hrsg.), Münchner Kommentar zur Zivilprozessordnung, Band 1, 2. Aufl., München 2000; *Maurer*, Allgemeines Verwaltungsrecht, 13. Aufl., München 2000; *Maunz-Dürig*, Grundgesetz, Stand: Juli 2001; *Möller*, Rechtsmittel und Sanktionen nach dem Wertpapiererwerbs- und Übernahmegesetz, AG 2002, 170 ff.; *Mußgnug*, Die Beiladung zum Rechtsstreit um janusköpfige und privatrechtsrelevante Verwaltungsakte, NVwZ 1988, 33; *Obermayer*, VwVfG, 3. Aufl., Neuwied 1999; *Pietzner*, Zur reformatio in peius im Widerspruchsverfahren, in: VerwArch 81 (1990), 261 ff.; *Pietzner/Ronellenfitsch*, Das Assessorexamen im öffentlichen Recht, 10. Aufl., Düsseldorf 2000; *Pötzsch/Möller*, Das künftige Übernahmerecht, WM Sonderbeilage Nr. 2/2000; *Schenke*, Verwaltungsprozessrecht, 6. Aufl., Heidelberg 1998; *Schenke/Ruthig*, Amtshaftungsansprüche von Bankkunden bei der Verletzung staatlicher Bankenaufsichtspflichten, NJW 1999, S. 2324; *Schnorbus*, Drittklagen im Übernahmeverfahren, ZHR 166 (2002), 72 ff.; *Schoch/Schmidt-Aßmann/Pietzner*, Verwaltungsgerichtsordnung, Stand Januar 2001; *Schüppen*, Übernahmegesetz ante portas!, WPg 2001, S. 958 ff.; *Skouris*, Bescheidungsform bei Identität von Ausgangs- und Widerspruchsbehörde, DÖV 1982, 133 ff.; Stellungnahme des Handelsrechtsausschusses des DAV e.V. vom April 2001, NZG 2001, 420 ff.; *Stelkens/Bonk/Sachs*, Verwaltungsverfahrensgesetz, 6. Aufl., München 2001; *Zöller*, Zivilprozessordnung, 22. Aufl., Köln 2001; *Zschocke*, Europapolitische Mission: Das neue Wertpapiererwerbs- und Übernahmegesetz, DB 2002, 79 ff.

Übersicht

I. Allgemeines

1. System des Rechtsschutzes

1 Das WpÜG sieht in den §§ 41 ff. ein **zweistufiges System** des Rechtsschutzes gegen Verfügungen des Bundesaufsichtsamtes vor. Diese sind zunächst im Rahmen eines **Widerspruchsverfahrens** auf Recht- und Zweckmäßigkeit zu überprüfen. Dem Widerspruchsverfahren schließt sich das **Beschwerdeverfahren** (§§ 48 ff.) vor dem OLG Frankfurt an.

2 Das **Widerspruchsverfahren** des WpÜG ist dem Widerspruchsverfahren des Verwaltungsrechts nachgebildet. Somit ist gegen Maßnahmen des Bundesaufsichtsamtes aufgrund des WpÜG genauso wie gegen Maßnahmen auf Grundlage etwa des WpHG oder des KWG zunächst regelmäßig ein außergerichtliches Vorverfahren durchzuführen (Gleichlauf des Rechtsbehelfsverfahrens). Das Widerspruchsverfahren dient der Selbstkontrolle der Verwaltung, der Entlastung der Gerichte und auch dem Rechtsschutz der an einem Verfahren nach dem WpÜG Beteiligten.[1]

1 Regierungsbegründung, BR-Drucks. 574/01, S. 156.

Lücken im WpÜG sind durch **Rückgriff auf Regelungen des VwVfG** bzw. der VwGO zu schließen, hier insbesondere der §§ 68 bis 73 VwGO.

Indem das WpÜG ausdrücklich ein Widerspruchsverfahren vorsieht, schreibt es den üblichen **„ersten“** Rechtsbehelf gegen Verwaltungsentscheidungen vor. Damit unterscheidet sich das Rechtsbehelfsverfahren des WpÜG deutlich vom Rechtsbehelfsverfahren des GWB (zwei gerichtliche Instanzen ohne Widerspruchsverfahren), obgleich sich das Beschwerdeverfahren in weiten Teilen an Regelungen des GWB anlehnt (dazu §§ 48 ff.). 3

Das Widerspruchsverfahren ist ein förmliches Verwaltungsverfahren vor dem Bundesaufsichtsamt bzw. vor dem Widerspruchsausschuss. Es schließt sich dem Verwaltungsverfahren vor dem Bundesaufsichtsamt an.[2] Das Verwaltungsverfahren wird entweder **auf Antrag** eines Beteiligten (z.B. Antrag auf Nichtberücksichtigung von Stimmrechten, § 36) oder **von Amts** wegen (z.B. Vorbereitung einer Anordnung nach § 4 Abs. 1 Satz 3 oder eines Auskunftsersuchens nach § 40) eingeleitet und ist auf den Erlass einer Verfügung gerichtet.[3] Anders als im GWB (§§ 54 ff.) ist das Verwaltungsverfahren als solches jedoch nicht besonders im WpÜG geregelt, so dass hier auf die Vorschriften des VwVfG zurückzugreifen ist. 4

2. Vergleich mit anderen Rechtsordnungen

Das **österreichische Übernahmegesetz** (öÜbG) sieht **kein Rechtsschutzverfahren** gegen Verfügungen der Übernahmekommission (dazu Kommentierung § 4 Rn. 9) vor. Sie unterliegen nach § 30 Abs. 1 öÜbG keiner Aufhebung oder Änderung im Verwaltungsrechtsweg. Das öÜbG ähnelt dabei dem alten Übernahmekodex, der ebenfalls keine Überprüfung von Entscheidungen vorgesehen hat, was vor dem Hintergrund des Art. 19 Abs. 4 GG (Rechtsschutzgarantie) nur mit der Freiwilligkeit des Übernahmekodex erklärt werden konnte. 5

Nach dem **Schweizer Übernahmerecht** ist nach entsprechender Mitteilung durch die Übernahmekommission allein die Aufsichtsbehörde nach dem Gesetz über die Börsen und den Effektenhandel befugt, Verfügungen zu erlassen. Gegen diese Verfügungen ist nach Art. 39 des 6

2 Zum Widerspruchsverfahren als (weiteres) Verwaltungsverfahren *Stelkens/Kallerhoff*, in: Stelkens/Bonk/Sachs, VwVfG, 6. Aufl., § 79 Rn. 2, 6.

3 Zum Begriff des Verwaltungsverfahrens vgl. § 9 VwVfG. Daneben existieren jedoch noch weitere Handlungsmöglichkeiten der Verwaltung (schlichtes Verwaltungshandeln etc.). Gegen solche Maßnahmen ist das Widerspruchsverfahren nicht statthaft.

Gesetzes die **Verwaltungsgerichtsbeschwerde** an das Bundesgericht statthaft (näher hierzu und zum London City Code vgl. Kommentierung zu § 4 Rn. 10 ff.).

3. Gescheiterte EU-Richtlinie

7 Der gescheiterte Entwurf der Richtlinie auf dem Gebiet des Gesellschaftsrechts betreffend Übernahmeangebote vom 19. Juni 2000[4] stellte in Art. 4 Abs. 6 hinsichtlich der Umsetzung in den einzelnen Mitgliedstaaten klar, dass die Richtlinie nicht die Befugnis der Mitgliedstaaten berühre festzulegen, ob und unter welchen Voraussetzungen die Parteien des Angebots Rechte im Verwaltungs- oder Gerichtsverfahren geltend machen können.

II. Zulässigkeit des Widerspruchs

1. Statthaftigkeit

a) Vorliegen einer Verfügung

8 Der Widerspruch ist gegen Verfügungen des Bundesaufsichtsamtes statthaft. „Verfügungen" sind Verwaltungsakte im Sinne des § 35 VwVfG: Es handelt sich um einseitige hoheitliche Einzelfallregelungen. Entsprechend den Vorschriften der VwGO wird nicht zwischen Anfechtungs- und Verpflichtungswiderspruch unterschieden.[5] Vielmehr kann sich der Widerspruch sowohl gegen belastende Verfügungen des Bundesaufsichtsamtes (Anfechtungswiderspruch) als auch gegen die Ablehnung einer beantragten begünstigenden Verfügung (Verpflichtungswiderspruch) richten.[6]

b) Nebenbestimmungen, Teilanfechtung

9 Die **isolierte Anfechtbarkeit von Nebenbestimmungen** (vgl. § 36 VwVfG: Auflage, Bedingung, Befristung etc.), denkbar z. B. im Rahmen von Verfügungen nach § 4 oder § 40 oder auch § 20 (vgl. § 20

4 Vgl. Text des gemeinsamen Standpunktes des Rates der Europäischen Union im Hinblick auf den Erlass der Richtlinie des Europäischen Parlamentes und des Rates auf dem Gebiet des Gesellschaftsrechts betreffend Übernahmeangebote vom 19. 6. 2000, Text des RL-Entwurfs abgedruckt in: *Pötzsch/Möller*, WM 2000 Sonderbeilage Nr. 2, 32 ff.

5 Anders beim Beschwerdeverfahren, vgl. § 48.

6 *Kopp/Schenke*, VwGO, 12. Aufl., § 69 Rn. 3.

Rn. 8), richtet sich nach allgemeinen, immer wieder diskutierten Grundsätzen. Nach inzwischen wohl überwiegender Auffassung ist eine solche isolierte Anfechtung zulässig, wenn der verbleibende Hauptverwaltungsakt sinnvoller- und rechtmäßigerweise Bestand haben kann.[7] Eine isolierte Anfechtung selbstständiger Auflagen ist danach regelmäßig möglich, wenn und sofern sie von der Hauptverfügung trennbar sind (vgl. dazu i.Ü. die Kommentierung zu § 48 Rn. 8). Von der Anfechtung von Nebenbestimmungen ist die *Teil*anfechtung zu unterscheiden. Hat der Verwaltungsakt einen teilbaren Inhalt (verschiedene Regelungen), kann die Anfechtung auch auf einen Teil des Verwaltungsakt beschränkt werden (näher bei § 48 Rn. 9).

2. Frist und Form

a) Frist

Gemäß § 41 Abs. 1 i.V.m. § 69 VwGO beginnt das Widerspruchsverfahren mit der Erhebung des Widerspruchs. Der Widerspruch ist innerhalb eines Monats nach Bekanntgabe der Verfügung bei der Behörde zu erheben, die die Verfügung erlassen hat (§ 41 Abs. 1 i.V.m. § 70 Abs. 1 S. 1 VwGO), d.h. beim Bundesaufsichtsamt. Für die Fristberechnung gelten über § 57 Abs. 2 VwGO und § 222 ZPO die §§ 187ff. BGB, vgl. dazu auch das Fristberechnungsbeispiel bei § 51 Rn. 2. Der Lauf der Monatsfrist setzt jedoch entsprechend § 58 VwGO eine ordnungsgemäße Rechtsbehelfsbelehrung voraus. 10

b) Form

Der Widerspruch ist schriftlich – also schriftlich abgefasst und eigenhändig unterschrieben[8] – oder zur Niederschrift der Behörde einzulegen. Für die **Schriftform** ausreichend ist aber auch die Einlegung durch Telegramm, Telex und Telefax.[9] Die Einhaltung der Form und Frist als wesentliche Voraussetzung einer Durchführung des Vorverfah- 11

7 Dazu *Pietzner/Ronellenfitsch*, Das Assessorexamen im öffentlichen Recht, 10. Aufl., 2000, § 9 III 1a Rn. 17ff., 21.; zu den anderen Auffassungen und allgemein *Schenke*, Verwaltungsprozessrecht, 6. Aufl., 1998, Rn. 287ff., 292f.

8 *Dolde*, in: Schoch/Schmidt-Aßmann/Pietzner, VwGO, Stand: Januar 2001, § 70 Rn. 4.

9 Ausgehend von Sinn und Zweck des Schriftformerfordernisses genügt es nach BVerwG, 17.10.1968 – II C 112.65, BVerwGE 30, 274 sogar, wenn aus dem Schriftsatz samt Anlagen und dem Briefumschlag sicher erkennbar wird, dass der Widerspruch vom Widerspruchsführer in den Rechtsverkehr gebracht worden ist. Fraglich ist, ob künftig auch die elektronische Signatur der Schriftform im Verwaltungsverfahren genügen wird, dazu *Hontheim,* NWB 2001/Heft 39, 2757, 2764.

rens ist nach dem Regelungszweck zugleich Sachurteilsvoraussetzung für das spätere Beschwerdeverfahren (dazu § 48 Rn. 20). Der Widerspruch ist im eigenen Interesse zu begründen, auch wenn es keinen gesetzlichen Begründungszwang gibt.

3. Widerspruchsbefugnis

a) Widerspruch des unmittelbar Betroffenen

12 Wer widerspruchsbefugt ist, regelt § 41 nicht. Es ist auf die §§ 68 ff. VwGO und die dazu ergangene Judikatur zurückzugreifen. Insbesondere ist trotz der Hervorhebung des Erwägungsgrundes der „Selbstkontrolle der Verwaltung" in der Regierungsbegründung[10] nicht davon auszugehen, dass sich der Gesetzgeber hier im Gegensatz zu den §§ 68 ff. VwGO für ein objektives Beanstandungsverfahren entschieden hat. Vielmehr muss der Widerspruchsführer geltend machen, durch die Rechtswidrigkeit oder Unzweckmäßigkeit der Verfügung in seinen subjektiven Rechten verletzt worden zu sein (entsprechend § 42 Abs. 2 VwGO). Nach h. M. muss es sich um ein subjektiv-*öffentliches* Recht handeln, d. h. um ein subjektives Recht kraft einer Norm des öffentlichen Rechts.[11] Beim *Anfechtungswiderspruch* des belasteten Adressaten ist die Geltendmachung eines subjektiven Rechts unproblematisch, da sich jedenfalls aus Art. 2 Abs. 1 GG ein materieller Aufhebungsanspruch ergeben kann.[12] Schwieriger wird es beim *Verpflichtungswiderspruch*. Hier muss der Widerspruchsführer ein Recht auf Erlass der beantragten Verfügung geltend machen. Dafür muss er sich auf einen Rechtssatz berufen können, der nicht nur im öffentlichen Interesse erlassen wurde, sondern – zumindest auch – dem Schutz von Individualinteressen zu dienen bestimmt ist.[13] Beispiele hierfür sind der Anspruch auf Nichtberücksichtigung von Stimmrechten (§ 36) oder auch der Anspruch auf ermessensfehlerfreie Entscheidung über die Befreiung von der Verpflichtung zur Veröffentlichung und zur Abgabe eines Angebots nach § 37 Abs. 1, da diese Vorschriften die Interessen der Antragsteller nicht nur als Rechtsreflex schützen sollen. § 4

10 Regierungsbegründung, BR-Drucks. 574/01, S. 156.

11 Rechtsmacht im Bereich des öffentlichen Rechts, dazu mit Nachweisen *Happ*, in: Eyermann, VwGO, 11. Aufl., § 42 Rn. 83 b; *Wahl/Schütz*, in: Schoch/Schmidt-Aßmann/Pietzner, VwGO, Stand: Januar 2001, § 42 Abs. 2 Rn. 57 ff.

12 *Happ*, in: Eyermann, VwGO, 11. Aufl., § 42 Rn. 88.

13 Sog. *Schutznormtheorie*, st. Rspr. des BVerwG, z. B. BVerwG, 17.6.1993 – 3 C 3.89 BVerwGE 92, 313, 317; dazu *Wahl/Schütz*, in: Schoch/Schmidt-Aßmann/Pietzner, VwGO, Stand: Januar 2001, § 42 Abs. 2 Rn. 45.

Abs. 2 ändert an diesem Individualschutz der unmittelbar Betroffenen nichts.[14]

b) Drittwiderspruch

13 Erhebliche Bedeutung hat § 4 Abs. 2 demgegenüber für die Beurteilung der Zulässigkeit von Drittwidersprüchen. Nach allgemeinen verwaltungsrechtlichen Grundsätzen muss der Dritte im Rahmen eines *Anfechtungswiderspruchs* geltend machen, dass der angegriffene Verwaltungsakt möglicherweise eine drittschützende Norm verletzt hat.[15] § 4 Abs. 2 schließt jedoch gerade eine solche *Drittgerichtetheit* der Aufsichtspflicht aus.[16] Die Folge ist, dass durch § 4 Abs. 2 nicht nur Schadensersatzansprüche Dritter wegen Amtspflichtverletzung (§ 839 BGB, Art. 34 GG) ausgeschlossen werden,[17] sondern es auch Dritten **mangels Vermittlung von subjektiven Rechten durch das WpÜG** unmöglich gemacht wird, sich gegen Aufsichtsmaßnahmen mit Widerspruch und Beschwerde mit der Behauptung zu wehren, Vorschriften des Übernahmegesetzes seien verletzt worden.[18] Zwar ist es theoretisch denkbar, dass sich der Dritte im Rahmen einer Anfechtung einer

---

14 § 4 Abs. 2 hat nicht etwa den Zweck, jegliche Geltendmachung subjektiver Rechte aus Vorschriften des WpÜG zu verhindern. Allerdings sollen sich nur die von Aufsichtsmaßnahmen *unmittelbar* Betroffenen auf Regelung des WpÜG berufen können. So heißt es auch in der Regierungsbegründung zu § 4 Abs. 2: „Unberührt bleibt die Pflicht zu rechtmäßigem Verhalten in Bezug auf die von Aufsichtsmaßnahmen unmittelbar betroffenen Personen und Unternehmen. Soweit ihnen gegenüber schuldhaft Amtspflichten verletzt werden, gelten die allgemeinen Grundsätze." Wie hier *Schnorbus*, ZHR 166 (2002), 72, 85. Jedes andere Verständnis wäre im Übrigen auch mit der Rechtsschutzgarantie des Art. 19 Abs. 4 GG unvereinbar, dazu *Schmidt-Aßmann*, in: Maunz-Dürig, Grundgesetz, Stand: Juli 2001, Art. 19 Abs. IV Rn. 6 ff., 266.

15 Nach der herrschenden *Möglichkeitstheorie* reicht auch für den drittschützenden Charakter der betreffenden Norm die Möglichkeit einer solchen aus. Ob die u. U. verletzte Norm tatsächlich drittschützend ist, ist eine Frage der Begründetheit des Rechtsbehelfs.

16 Dazu Kommentierung zu § 4 Rn. 43 ff. Hier zeigt sich deutlich der Charakter des WpÜG als Aufsichtsgesetz, das nur ausnahmsweise die Verhältnisse Privater regelt (dazu § 66). Entsprechende Vorschriften finden sich auch in § 4 Abs. 2 WpHG, § 6 Abs. 3 KWG und § 1 Abs. 4 Börs G für die Tätigkeit der Börsenaufsichtsbehörde.

17 Dies war die eigentliche Intention des Gesetzgebers, dazu *Schüppen*, WPg 2001, 958, 972.

18 Eingehend etwa zum gleichlautenden § 4 Abs. 2 WpHG und seine Folgen in Bezug auf Dritte *Schenke/Ruthig*, NJW 1994, 2324, insb. 2326; zur Unzulässigkeit einer Klage gegen das Bundesaufsichtsamt aufgrund § 4 Abs. 2 WpHG wegen fehlender Rechtsverletzung nach § 42 Abs. 2 VwGO auch *Dreyling*, in: Assmann/Schneider, WpHG, 2. Aufl., § 4 Rn. 25 f. Die Entstehungsgeschichte des WpÜG macht deutlich, dass dieser Ausschluss von Drittrechten nicht immer beachtet wurde, vgl. dazu insbesondere Anhang § 41 Rn. 3; wie hier *Zschocke*, DB 2002, 79, 84; *Süßmann*,

Verfügung des Bundesaufsichtsamtes auf andere, seinem Schutz dienende Rechtsvorschriften, etwa auf die Grundrechte selbst beruft und hieraus eine Rechtsverletzung geltend macht. Aufgrund des Anwendungsvorrangs einfachen Gesetzesrechts dürfte jedoch – die Verfassungsmäßigkeit des § 4 Abs. 2 unterstellt – eine Berufung direkt auf die Grundrechte ebenfalls nicht erfolgversprechend sein.[19]

14 Entsprechend fehlt für das Begehr eines Dritten auf Tätigwerden des Bundesaufsichtsamt (*Verpflichtungswiderspruch*) die Widerspruchsbefugnis, wenn sich der Dritte hierbei auf Normen des WpÜG stützt. Ein Rückgriff auf Grundrechte wird im Rahmen eines Verpflichtungswiderspruchs allein aus grundsätzlichen Überlegungen heraus scheitern, da aus Grundrechten regelmäßig keine konkreten Leistungsansprüche abgeleitet werden können.[20]

III. Entscheidung über den Widerspruch

1. Zuständigkeit und Verfahren

a) Widerspruchsausschuss als Widerspruchsbehörde

15 Beim Bundesaufsichtsamt wird ein Widerspruchsausschuss zur Überprüfung umstrittener Entscheidungen des Amtes gebildet.[21] **Nur** Widersprüche gegen die in § 6 Abs. 1 genannten Verfügungen des Bundesaufsichtsamtes (vgl. Kommentierung zu § 6 Rn. 10) gelangen vor den Widerspruchsausschuss.[22] Genauso wie der Übernahmerat hat auch der

in: Geibel/Süßmann, WpÜG, 2002, § 41 Rn. 4. Ähnlich *Schnorbus*, ZHR 166 (2002), 72, 78 ff., jedoch mit eigenem Ansatz (104 ff.).

19 Zum Anwendungsvorrang einfachen Gesetzesrechts und zur Problematik des Rekurrierens auf Grundrechtsverletzungen bei qualifizierten Grundrechtsbeeinträchtigungen bzw. Eingriffen in den Kernbereich eines Grundrechts vgl. *Erichsen*, in: Erichsen (Hrsg.), Allgemeines Verwaltungsrecht, 11. Aufl., 1998, § 11 Rn. 35 f. (grds. kein Rückgriff auf Grundrechte); nicht so weitgehend *Maurer*, Allgemeines Verwaltungsrecht, 13. Aufl., 2000, § 8 Rn. 10 ff. Denkbar wäre unter dieser Prämisse der Rückgriff auf die Grundrechte etwa im Falle der Existenzvernichtung; noch „grundrechtsfreundlicher" *Aha*, AG 2002, 160, 161 f., 165, der bei mangelhafter Angebotsunterlage (§ 11) einen grundrechtlich relevanten Eingriff in die Rechte der Zielgesellschaft für möglich hält.

20 Zum Komplex Grundrechte und Leistungsansprüche vgl. nur *Maurer* (Fn. 19), § 8 Rn. 14; *Erichsen* (Fn. 19), § 11 Rn. 36.

21 Dazu insbesondere Kommentierung zu § 6; vgl. bereits die „Empfehlungen der Expertenkommission „Unternehmensübernahmen" vom 17.5.2000/Eckpunkte eines künftigen Übernahmegesetzes", abgedr. in *Pötzsch/Möller* (Fn. 4), 37 ff.

22 Dazu *Pötzsch/Möller* (Fn. 4), 28.

Widerspruchsausschuss die Funktion, den Sachverstand der Wirtschaft und die Erfahrungen der bisherigen Übernahmekommission in die Entscheidungen des Bundesaufsichtsamtes zu integrieren.[23] Detailliertere Regelungen zum Widerspruchsausschuss finden sich in der auf Grund des § 6 Abs. 4 Satz 1 erlassenen Verordnung über die Zusammensetzung und das Verfahren des Widerspruchsausschusses beim Bundesaufsichtsamt für den Wertpapierhandel (WpÜG-Widerspruchsausschuss-Verordnung) vom 27. 12. 2001.[24] Der Widerspruchsausschuss wird mit Beamten und mit ehrenamtlichen Beisitzern besetzt, die vom Beirat vorgeschlagen werden (§§ 5 Abs. 3 Satz 3, 6 Abs. 2; § 1 Abs. 1 WpÜG-Widerspruchssausschuss-Verordnung); die Benennung im Einzelfall obliegt dem Präsidenten des Bundesaufsichtsamts (§ 6 Abs. 3, § 1 Abs. 1 WpÜG-Widerspruchsausschuss-Verordnung). Letztlich hat sich der deutsche Gesetzgeber damit für ein Kombinationsmodell[25] der Aufsicht über die Einhaltung der Übernahmevorschriften entschieden. Der Widerspruchsausschuss ist ein Ausschuss nach § 88 VwVfG, der als Widerspruchsbehörde im Sinne des § 73 Abs. 2 VwGO fungiert (ähnlich dem Widerspruchsausschuss nach §§ 26, 36 VermG).[26] Handlungen und Entscheidungen dieses Gremiums sind dem Aufsichtsamt selbst zuzurechnen. Der Widerspruchsausschuss entscheidet durch eine Verwaltungsentscheidung, die ihrerseits Verwaltungsakt ist. Sind der Vorsitzende und zwei Beisitzer anwesend, ist der Widerspruchsausschuss nach § 6 Abs 3 der WpÜG-Widerspruchsausschuss-Verordnung beschlussfähig. Der Widerspruchsausschuss entscheidet in der Regel ohne mündliche Verhandlung. Weist die Angelegenheit besondere Schwierigkeiten tatsächlicher oder rechtlicher Art auf, kann der Vorsitzende eine mündliche Verhandlung anordnen.[27]

b) Bundesaufsichtsamt als Widerspruchsbehörde

Für Widersprüche, die sich **nicht** gegen die in § 6 Abs. 1 genannten **16**
Verfügungen richten, die also nicht vor den Widerspruchsausschuss gelangen, ist das Bundesaufsichtsamt selbst gemäß § 73 Abs. 1 Nr. 2 VwGO Widerspruchsbehörde, da die oberste Bundesbehörde, hier das Bundesministerium für Finanzen, von Einzelentscheidungen entlastet

23 *Berger*, Die Bank 8/2000, 558, 560.
24 BGBl. I, 4261
25 So *Berger* (Fn. 23), S. 560.
26 Gesetz zur Regelung offener Vermögensfragen (Vermögensgesetz – VermG), Neufassung vom 21. 12. 1998, BGBl. I 4026.
27 § 6 Abs. 1 WpÜG-Widerspruchsausschuss-Verordnung.

werden soll. Ausgangs- und Widerspruchsbehörde sind damit in solchen Fällen identisch.

c) Verfahren

17 Ist der Widerspruchsausschuss gemäß § 41 Abs. 4 zuständig, ist die **Aufsichtsbehörde** nicht gehindert, dem Widerspruch vorher **abzuhelfen** (entsprechend § 72 VwGO). Hilft das Aufsichtsamt dem Widerspruch jedoch nicht ab, legt es den Widerspruch dem **Widerspruchsausschuss** vor.[28] Als **Abhilfe- bzw. Widerspruchsbehörde** haben das Bundesaufsichtsamt und der Widerspruchsausschuss den Ausgangsbescheid umfassend in tatsächlicher und rechtlicher Hinsicht auf **Recht- und Zweckmäßigkeit** hin zu überprüfen. Neues Vorbringen muss berücksichtigt werden; umgekehrt ist die Nachprüfung nicht auf die vorgebrachten Einwände beschränkt. Die Sachherrschaft des Bundesaufsichtsamtes bzw. des Widerspruchsausschusses folgt aus §§ 72, 73 VwGO bzw. aus der Identität von Ausgangs- und Widerspruchsverfahren.[29] Maßgeblich ist die Rechtslage bei Erlass der eigenen Widerspruchs-/Abhilfeentscheidung.[30]

18 Sind Ausgangs- und Widerspruchsbehörde **identisch** (vgl. oben Rn. 16), überprüft gemäß der internen Aufgabenverteilung zunächst die Fachabteilung, die die Verfügung erlassen hat, den Widerspruch. Wird die Verfügung nicht zurückgenommen, was auch bei nur teilweiser Begründetheit des Widerspruchs der Fall sein kann, erlässt das Bundesaufsichtsamt einen Widerspruchbescheid.[31]

d) reformatio in peius

19 Eine **„Verböserung"** im Widerspruchsverfahren ist durch die Ausgangs- bzw. Widerspruchsbehörde **zulässig**. Allerdings gilt dieser Grundsatz

28 Zur Parallelsituation im Rahmen der §§ 26, 36 VermG vgl. *Redeker/Hirtschulz*, in: Fieberg/Reichenbach/Messerschmidt/Neuhaus, VermG, Stand: Dezember 2000, § 36 Rn. 24 f., 30 f.

29 Dazu einerseits *Kopp/Schenke* (Fn. 6), § 72, Rn. 4 und *Rennert*, in: Eyermann, VwGO, 11. Aufl., § 68 Rn. 12 (§§ 72, 73 VwGO); zur umfassenden Sachentscheidungsbefugnis von Ausgangs- und Widerspruchsbehörde aufgrund des Verständnisses des Widerspruchsverfahrens als Fortsetzung des Ausgangsverfahrens („Einheit") *Dolde*, in: Schoch/Schmidt-Aßmann/Pietzner, VwGO, Stand: Januar 2001, § 68 Rn. 36 m. w. N. aus der Rspr.

30 *Rennert*, in: Eyermann, VwGO, 11. Aufl., § 68 Rn. 14.

31 Kritisch zu solch einer Praxis *Skouris*, DÖV 1982, 133 ff., der bei Identität von Ausgangs- und Widerspruchsbehörde in allen Fällen eine Entscheidung durch Widerspruchsbescheid befürwortet.

hier **nur bei Identität** von Ausgangs- und Widerspruchsbehörde (oben Rn. 16).[32] Die Kompetenz zur „Verböserung" eines Bescheides für die Widerspruchsbehörde setzt nämlich zusätzlich zur allgemeinen Sachentscheidungsbefugnis die Weisungsbefugnis der Widerspruchsbehörde voraus, die sich in der Regel aus der Tatsache der Fachaufsicht ergibt oder aber eine ausdrückliche Ermächtigung voraussetzt.[33] Dies ist jedoch im Rahmen des WpÜG nicht der Fall. Der Widerspruchsausschuss ist nicht etwa Fachaufsichtsbehörde des Bundesaufsichtsamtes und auch § 73 Abs. 2 VwGO vermittelt keine derartigen Weisungsrechte. Ebenso fehlt eine ausdrückliche Ermächtigung zur *reformatio in peius*. In den Fällen des § 6 Abs. 1 ist eine Verböserung also **nicht** zulässig.

2. Entscheidungsfrist und Verfahrensförderungspflicht

a) 2-Wochen-Frist

Mit der Einführung der 2-Wochen-Frist in § 41 Abs. 2 hat nach Auf- 20
fassung der Bundesregierung eine „zentrale Regelung für die **zügige Durchführung** von Widerspruchsverfahren" Eingang in das WpÜG gefunden.[34] Die Frist soll nicht nur für Entscheidungen des Bundesaufsichtsamtes, sondern auch für Widerspruchsverfahren vor dem Widerspruchsausschuss (§ 41 Abs. 4) gelten.[35] § 41 Abs. 2 geht hier klar von einem Regel-Ausnahme-Verhältnis aus. Nur in „besonders gelagerten Einzelfällen" soll eine Entscheidung nach Ablauf der 2-Wochen-Frist ergehen dürfen. Ein **fristverlängernder Beschluss** setzt jedoch in jedem Fall voraus, dass besondere tatsächliche oder rechtliche Schwierigkeiten in einem Verfahren auftreten oder eine Vielzahl von Widerspruchsverfahren zu bearbeiten sind. Als Beispiel hierfür nennt die Regierungsbegründung die Notwendigkeit umfangreicher Sachverhaltsaufklärungen oder das Abwarten von Auskünften ausländischer Aufsichtsbehörden.[36] Durch diese Erfordernisse soll der „Ausnahmecharakter" von Fristverlängerungen sichergestellt werden.[37] Da die

---

32 Dazu *Pietzner,* VerwArch 1990, 261, 271.

33 Zur viel diskutierten Verböserungskompetenz der Widerspruchsbehörde vgl. nur *Pietzner* (Fn. 32), 261 ff., insb. 268 ff. (271), 279 ff. (281); zum Erfordernis fachaufsichtlicher Befugnisse oder aber einer ausdrücklichen Ermächtigung zur *reformatio in peius* BVerwG, 27. 11. 1958 – III C 275.57 BVerwGE 8, 45; *Pietzner/Ronellenfitsch* (Fn. 7), § 40 Rn. 24 ff.

34 Regierungsbegründung, BR-Drucks. 574/01, S. 156. Zum Grundsatz der Beschleunigung des Verfahrens im WpÜG überhaupt vgl. § 3 Rn. 19 ff.

35 Regierungsbegründung, BR-Drucks. 574/01, S. 156 f.

36 Regierungsbegründung, BR-Drucks. 574/01, S. 156.

37 Regierungsbegründung, BR-Drucks. 574/01, S. 156.

Entscheidung jedoch durch unanfechtbaren Beschluss erfolgt, ist die Sicherstellung dieses „Ausnahmecharakters" in der Praxis nicht justitiabel.

b) Verfahrensförderungspflicht

21 Alle Verfahrensbeteiligten (dazu unten Rn. 23 ff.) trifft eine Verfahrensförderungspflicht (§ 41 Abs. 3). Sie haben an der Aufklärung des Sachverhalts mitzuwirken, wie es einem auf Förderung und raschen Abschluss des Verfahrens bedachten Vorgehen entspricht. Werden vom Bundesaufsichtsamt gesetzte Fristen nicht eingehalten, bleibt das verspätete Vorbringen unbeachtlich. Diese **Präklusions- und Beschleunigungsvorschriften** sollen die Grundlage für die Einhaltung der Zwei-Wochen-Frist bilden.[38] Allerdings handelt es sich lediglich um einen Fall der *formellen Präklusion*, d.h. mit Ablauf der Einwendungsfrist sind die Einwendungen lediglich im Rahmen des behördlichen Verfahrens, nicht jedoch auch für das Beschwerdeverfahren ausgeschlossen.[39]

3. Übertragung auf Einzelperson

22 Um zu einer Verfahrensbeschleunigung zu gelangen, kann der Widerspruchsausschuss das Verfahren dem **Vorsitzenden** zur alleinigen Entscheidung übertragen. Der Beschluss ist unanfechtbar und soll nach der Regierungsbegründung auch im Wege telefonischer oder schriftlicher Beschlussfassung oder Nutzung elektronischer Datenfernübertragung möglich sein.[40] Es handelt sich dabei um eine Zuständigkeitsübertragung, die nur durch Gesetz erfolgen konnte.[41] Allerdings ist fraglich, inwieweit eine solche Übertragung noch mit dem Gedanken der Hinzuziehung außerbehördlichen Sachverstandes vereinbar ist. Allein deshalb dürfte sich diese Übertragung auf Ausnahmefälle beschränken.

---

38 Regierungsbegründung, BR-Drucks. 574/01, S. 156.

39 Zur materiellen und formellen Präklusion *Engelhardt*, in: Obermayer, VwVfG, 3. Aufl., § 73 Rn. 108; *Happ*, in: Eyermann, VwGO, 11. Aufl., § 42 Rn. 106, 108; *Schmidt-Aßmann*, in: Maunz-Dürig, Grundgesetz, Stand: Juli 2001, Art. 19 Abs. IV Rn. 258 ff.

40 Regierungsbegründung, BR-Drucks. 574/01, S. 157

41 Dazu allgemein *Dagtoglou*, Kollegialorgane und Kollegialakte der Verwaltung, 1960, S. 65 f.

4. Beteiligte am Verfahren

a) Gesetzgebungsverfahren

Bis wenige Tage vor der abschließenden 2. und 3. Lesung des Gesetzesentwurfes im Bundestag waren die Verfasser des Entwurfes, die beteiligten Ausschüsse im Gesetzgebungsverfahren sowie – sofern sie sich überhaupt mit der Frage der Beteiligteneigenschaft beschäftigten – auch die Kommentatoren der Entwürfe zum WpÜG[42] offensichtlich davon ausgegangen, dass für die Beteiligteneigenschaft im Rahmen des Verwaltungsverfahrens vor dem Bundesaufsichtsamt sowie über § 79 VwVfG (analog) im Rahmen des Widerspruchsverfahrens auf § 13 VwVfG zu rekurrieren sei.[43] Die gewollte Geltung insbesondere des § 13 Abs. 1 Nr. 4, Abs. 2 VwVfG (**Hinzuziehung Dritter** zum Verfahren im Wege der notwendigen oder der einfachen Hinzuziehung) war darüber hinaus aus dem früheren § 53 (heute § 52) und der entsprechenden Begründung des Regierungsentwurfes zu entnehmen: § 53 (alt) bestimmte nämlich in den Entwürfen, dass am Verfahren vor dem Beschwerdegericht neben dem Beschwerdeführer und dem Bundesaufsichtsamt auch solche Personen und Personenvereinigungen beteiligt seien, „die vom Bundesaufsichtsamt hinzugezogen worden sind“. Wie die entsprechende Vorschrift im Kartellverfahren (§ 67 Abs. 1 Nr. 3 GWB) sollte § 53 (alt) sicher stellen, dass im Verwaltungs- und im Beschwerdeverfahren die gleichen Beteiligten erfasst sein würden (Grundsatz der Verfahrenskontinuität).[44] 23

Im Zuge der abschließenden Beratungen im Finanzausschuss des Deutschen Bundestages hat zu diesem Thema jedoch ein Meinungsumschwung stattgefunden. § 53 (alt) erhielt die jetzige Fassung (§ 52), die **Beteiligung** von am Verwaltungsverfahren beteiligten **Dritten** wurde **gestrichen**. Begründet wurde dies damit, „dass in Verfahren vor dem Bundesaufsichtsamt ausschließlich der Adressat einer Verfügung bzw. derjenige, der geltend macht, einen Anspruch auf den Erlass einer Verfügung zu haben, beteiligt ist. Dementsprechend erfolgt auch keine Hinzuziehung von Personen bzw. Personenvereinigungen durch das Bundesaufsichtsamt“.[45] Folglich geht nun der Gesetzgeber 24

42 Z. B. Stellungnahme des Handelsrechtsausschusses des DAV e.V., NZG 2001, 420, 430.

43 Zu Geltung des § 13 VwVfG *Bonk/Schmitz*, in: Stelkens/Bonk/Sachs, VwVfG, 6. Aufl., § 13 Rn. 46.

44 Dazu *Schmidt*, in: Immenga/Mestmäcker, GWB, 3. Aufl., § 67 Rn. 5 m. w. N.

45 Beschlussempfehlung und Bericht des Finanzausschusses (7. Ausschuss) des Deutschen Bundestages vom 14. 11. 2001 („II. Einzelbegründung“), BT-Drucks. 14/7477, S. 75.

davon aus, dass im Verwaltungs- und Widerspruchsverfahren nur der **Antragsteller** bzw. **Widerspruchsführer** selbst beteiligt sind.

b) Stellungnahme

25 § 13 VwVfG unterscheidet die einfache und die notwendige (§ 13 Abs. 2 Satz 2) Hinzuziehung Dritter zum Verwaltungsverfahren. Voraussetzung für die *notwendige Hinzuziehung* ist, dass der Ausgang des Verfahrens (d.h. die Verfügung) für einen Dritten rechtsgestaltende Wirkung hat. Eine rechtsgestaltende Wirkung ist gegeben, wenn der das Verfahren abschließende Verwaltungsakt unmittelbare Rechtswirkung für den Dritten auslöst, d.h. ein subjektives – öffentliches oder privates – Recht begründet, aufhebt oder verändert.[46] Typisch hierfür sind Verwaltungsakte mit Doppelwirkung (Gedanke des § 42 Abs. 2 VwGO).[47] Da aus den Normen des WpÜG vor dem Hintergrund des § 4 Abs. 2 keine Drittrechte abgeleitet werden können,[48] können Dritte unter Berufung auf das WpÜG in der Tat nicht notwendig hinzugezogen werden; weil eine sonstige Rechtsverletzung praktisch nicht in Betracht kommt (vgl. dazu § 41 Rn. 13 und § 52 Rn. 7 ff.), ist der Begründung des Finanzausschusses insoweit im Ergebnis zuzustimmen.

26 Für eine *einfache Hinzuziehung* ist jedoch lediglich erforderlich, dass die *rechtlichen Interessen* des Dritten durch den Ausgang des Verfahrens berührt werden können. Es gelten dabei die gleichen Anforderungen wie in §§ 66, 72 ZPO sowie § 13 Abs. 1 Nr. 4, Abs. 2 VwVfG und § 65 VwGO. *Rechtliche* Interessen sind materielle nach öffentlichem oder privatem Recht geschützte Positionen[49] und gehen über *wirtschaftliche* Interessen, wie sie die kartellrechtliche Beiladungsvorschrift des § 54 GWB genügen lässt, hinaus.[50] Eine rein tatsächliche Betroffenheit oder etwa die Beeinträchtigung wirtschaftlicher Chancen genügen nicht, andererseits ist jedoch eine Rechtsverletzung (§ 42 Abs. 2 VwGO) nicht erforderlich.[51] Typische Fälle der Berührung

---

46 Vgl. *Clausen*, in: Knack, VwVfG, 7. Aufl., § 13 Rn. 18 m.w.N; VG Berlin, 10.4. 1984 – 16 A 225.83, DVBl. 1984, 1186 f.

47 Zum Zusammenhang zwischen der Verletzung subjektiver Rechte und notwendiger Hinzuziehung bzw. Beiladung *Schmidt*, in: Immenga/Mestmäcker, GWB, 3. Aufl., § 54 Rn. 46; VG Berlin, 10.4.1984 – 16 A 225.83, DVBl. 1984, 1186 f.

48 Dazu oben Rn. 13 sowie Anhang § 41 Rn. 3 ff.

49 VG Berlin, 10.4.1984 – 16 A 225.83, DVBl. 1984, 1186, 1188.

50 Kritisch zur Gegenüberstellung von „rechtlichem" und „wirtschaftlichem" Interesse („Missverständnis") *Schmidt,* in: Immenga/Mestmäcker, GWB, 3. Aufl., § 54 Rn. 38

51 So zur Parallelvorschrift § 65 VwGO *Schmidt,* in: Eyermann, VwGO, 11. Aufl., § 65 Rn. 11.

rechtlicher Interessen sind z. B. privatrechtsgestaltende Verfügungen[52] oder Regressfälle.[53] Die Rechtsposition des Beiladungsfähigen muss durch den Verfahrensausgang verbessert oder verschlechtert werden. Da der Drittschutz im Rahmen des WpÜG, sofern nicht ausdrücklich anders bestimmt ist, nur einen Rechts*reflex* darstellt, ist eine Beiladung Dritter aufgrund von Vorschriften des WpÜG ausgeschlossen.

Allerdings ergibt sich aus dem Vorgesagten auch, dass eine Berührung **27** rechtlicher Interessen nicht unbedingt auf Vorschriften des WpÜG gestützt werden muss. Insofern sind Fälle der **einfachen Beiladung** durchaus **denkbar** und § 13 VwVfG (entgegen der Auffassung des Finanzausschusses) grds. anwendbar.[54] Rechtlich, insbesondere verfassungsrechtlich geboten, ist eine solche Hinzuziehung aber wohl nicht.[55] Obgleich also eine Hinzuziehung Dritter im Verwaltungsverfahren nach dem Ermessen der Behörde möglich ist, wird sie im Übernahmeverfahren in der Praxis keine Rolle spielen.

IV. Entbehrlichkeit des Widerspruchsverfahrens

1. Erstmalige Beschwer durch Abhilfe-/Widerspruchsbescheid

§ 41 Abs. 1 Satz 2 ist § 68 Abs. 1 Satz 2 Nr. 2 VwGO nachgebildet. **28** Eines Widerspruchsverfahrens bedarf es danach nicht, wenn der Abhilfebescheid (§ 72 VwGO) oder der Widerspruchsbescheid erstmalig eine Beschwer (Möglichkeit der Verletzung subjektiver Rechte) enthält. Die Vorschrift findet ihre Rechtfertigung darin, dass eine Selbstkontrolle bereits stattgefunden hat und eine zweite Überprüfung in einem erneuten Widerspruchsverfahren zu unnötigen Verzögerungen beim Rechtsschutz führen würde.[56] Da mangels Drittgerichtetheit der WpÜG-Normen die ansonsten typischen Dreieckskonstellationen in diesem Zusammenhang regelmäßig keine Rolle spielen (dazu bereits Rn. 13 f.), könnte § 41 Abs. 1 Satz 2 etwa in Fällen einer neuen oder

52 Zur umstrittenen *mittelbaren*, durch einen (weiteren) Hinzugezogenen vermittelten Betroffenheit privater Rechte VGH Kassel, 25. 3. 1986 – 2 WD 46/85, NJW 1987, 1036; dagegen *Mußgnug*, NVwZ 1988, 33 ff.

53 Dazu *Vollkommer*, in: Zöller, ZPO, 22. Aufl., § 66 Rn. 13.

54 So wohl grds. auch *Möller*, AG 2002, 170.

55 Vgl. dazu *Bonk/Schmitz*, in: Stelkens/Bonk/Sachs, VwVfG, 6. Aufl., 2001, § 13 Rn. 37 m. w. N.; *Schmidt-Aßmann*, in: Maunz-Dürig, Grundgesetz, Stand: Juli 2001, Art. 19 Abs. IV Rn. 272.

56 Regierungsbegründung, BR-Drucks. 574/01, S. 156

nachteiligen Kostenentscheidung oder auch einer *reformatio in peius* (dazu oben Rn. 19) relevant werden.

2. Sonstige Fälle der Entbehrlichkeit

29 Entsprechend der verwaltungsgerichtlichen Rechtsprechung dürfte die Durchführung des Widerspruchsverfahrens als „Vorschaltrechtsbehelf" zur Beschwerde dann entbehrlich sein, wenn sich das Bundesaufsichtsamt auf die Beschwerde einlässt, ohne den Mangel des Widerspruchsverfahrens zu rügen (Fälle der rügelosen Einlassung). Auch in Fällen der Fortsetzungsfeststellungsbeschwerde (dazu § 48 Rn. 25) sollte bei Erledigung der Hauptsache vor der Einlegung des Widerspruchs ein Widerspruchsverfahren nicht mehr erforderlich sein.[57]

Anhang § 41

Im Regierungsentwurf war folgender § 42 vorgesehen:

§ 42

Schadensersatz bei Rechtsmißbrauch

(1) Erweist sich der Widerspruch nach § 41 oder die Beschwerde nach § 49 als von Anfang an ungerechtfertigt, ist der Widerspruchsführer oder der Beschwerdeführer verpflichtet, den Beteiligten den Schaden zu ersetzen, der ihnen durch einen Mißbrauch des Widerspruchs- oder Beschwerderechts entstanden ist.

(2) Ein Mißbrauch ist es insbesondere,

1. ***die Untersagung des Angebots durch vorsätzlich oder grob fahrlässig vorgetragene falsche Angaben zu erwirken,***
2. ***die Überprüfung mit dem Ziel zu beantragen, das Angebotsverfahren zu behindern oder Konkurrenten zu schädigen oder***
3. ***Widerspruch oder Beschwerde in der Absicht einzulegen, diese später gegen Geld oder andere Vorteile zurückzunehmen.***

---

57 Allerdings dürfte dies ein eher theoretisches Problem sein. Zu den sonstigen diskutierten Fällen einer Entbehrlichkeit und zur Möglichkeit der Nachholung des Widerspruchsverfahrens vgl. *Dolde*, in: Schoch/Schmidt-Aßmann/Pietzner, VwGO, Stand: Januar 2001, § 68 Rn. 10ff.

Anmerkungen:

1. Gesetzgebungsverfahren

§ 42 ist erst zwei Tage vor der Verabschiedung des WpÜG durch den Deutschen Bundestag nach abschließender Beratung des Finanzausschusses[1] gestrichen worden. Vorangegangen waren kritische Anmerkungen des Bundesrates zu § 42.[2] Als Begründung zur Streichung des § 42 führt der Bericht des Finanzausschusses aus, die Vorschrift habe keinen praktischen Anwendungsbereich, da Dritte durch Verfügungen des Bundesaufsichtsamtes nicht in ihren Rechten verletzt sein können und demzufolge keinen Widerspruch oder Beschwerde einlegen können, der als missbräuchlich zu qualifizieren wäre. 1

Die Begründung zum Regierungsentwurf hatte dieses Problem offensichtlich nicht gesehen. Die Schadensersatzverpflichtung des § 42 war § 125 Abs. 1 und 2 GWB nachgebildet, der den missbräuchlichen Antrag auf Einleitung eines Nachprüfverfahrens bei der Vergabekammer und die missbräuchliche sofortige Beschwerde gegen Entscheidungen der Vergabekammer regelt. Hintergrund für diese Vorschrift war nach der Regierungsbegründung, dass das vielfach hohe wirtschaftliche Interesse von Bieter und Zielgesellschaft, insbesondere im Zusammenhang mit Unternehmensübernahmen, die Gefahr des Missbrauchs der Rechtsschutzmöglichkeiten in sich berge. Dem sollte durch eine besondere Schadensersatzpflicht entgegengewirkt werden. Widerspruchsführer bzw. Beschwerdeführer, welche die Rechtsschutzmöglichkeiten missbräuchlich einsetzen, müssten danach, so die Vorstellung noch des Regierungsentwurfes, mit hohen Schadensersatzforderungen rechnen.[3] 2

2. Stellungnahme

Die Begründung zur Streichung des § 42 steht und fällt mit der Aussage, dass Dritte keinen Widerspruch bzw. keine Beschwerde gegen eine Verfügung des Bundesaufsichtsamtes einlegen können, da sie nicht geltend machen können, in eigenen Rechten verletzt zu sein. Diese Aussage ist zutreffend und ist auch in anderen Zusammenhängen zu beachten (vgl. § 41 Rn. 13f., § 42 Rn. 5, § 48 Rn. 10ff., § 52 Rn. 2ff.). Die kurzfristige Streichung des § 42 zeigt jedoch, wie spät 3

1 Vgl. Beschlussempfehlung und Bericht des Finanzausschusses (7. Ausschuss) des Deutschen Bundestages vom 14.11.2001, BT-Drucks. 14/7477, S. 75.

2 Vgl. BT-Drucks. 14/7034, Anlage 2, S. 86.

3 Regierungsbegründung, BR-Drucks. 574/01, S. 157.

die Konsequenz fehlenden Drittschutzes durch das WpÜG erkannt worden ist. Obgleich § 4 Abs. 2 von Anfang an Bestandteil aller Entwürfe zum WpÜG war, war man sich offensichtlich der daraus zu ziehenden Konsequenzen nicht bewusst. Es lässt sich nur vermuten, dass die Aufmerksamkeit allzu sehr auf den Ausschluss möglicher Amtshaftungsansprüche Dritter gerichtet war, ohne dass gleichzeitig beachtet wurde, dass Dritte dadurch notwendigerweise lediglich im Rahmen eines Rechts*reflexes* durch Vorschriften des WpÜG geschützt werden mit der Folge, dass Dritte aus diesem Gesetz keine subjektiven Rechte ableiten können[4] (dazu auch § 4 Rn. 43 ff.).

4 Bedeutung hat dies im Übrigen nicht nur im Rahmen des Verwaltungsverfahrens, sondern auch für die – damit zu verneinende – Frage, ob Vorschriften des WpÜG Schutzgesetze im Sinne des § 823 Abs. 2 BGB sind.[5] Die Qualität eines Schutzgesetzes haben nämlich nur solche Normen, die, gegebenenfalls auch neben dem Schutz der Allgemeinheit, gerade dazu dienen sollen, den einzelnen oder einzelne Personenkreise vor Rechtsgutverletzungen zu schützen. § 4 Abs. 2 verneint genau jene individuelle Schutzrichtung für lediglich mittelbar betroffene Dritte; es handelt sich beim WpÜG um reines Aufsichtsrecht mit der Folge, dass auch Schadensersatzansprüche Dritter aus § 823 Abs. 2 BGB wegen Verletzung etwa von im WpÜG normierten Verhaltenspflichten ausscheiden. Wie bereits unter Rn. 3 ausgeführt, erfolgt der Schutz von Individualinteressen zum Beispiel von Aktionären nur in Form eines Rechtsreflexes. Ein solcher ist jedoch für den Schutzzweckcharakter im Sinne des § 823 Abs. 2 BGB nicht ausreichend.[6] Die Situation ist hier vergleichbar mit der des WpHG, des KWG und des Börsengesetzes.[7] Dennoch wird für einige Vorschriften des WpÜG, etwa für § 9 Abs. 1, § 12, § 27 etc. der Charakter eines

4 So auch deutlich *Schnorbus*, ZHR 166 (2002), 72, 80. Zu den sich daraus ergebenden Spannungen innerhalb des Gesetzes S. 117.

5 Dazu auch § 66 Rn. 8.

6 *Kümpel*, in: Assmann/Schneider, WpHG, 2. Aufl., § 15 Rn. 186.

7 Vgl. z.B. *Fischer*, in: Boos/Fischer/Schulte-Mattler, KWG, Einf. Rz. 51, der sich hierfür ebenfalls auf § 6 Abs. 4 des KWG stützt, welcher klarstellt, dass der Schutzzweck der Bankenaufsicht allein dem öffentlichen Interesse dient. Nach hier vertretener Auffassung kann man auch nicht argumentieren, die Tatsache des Ausschlusses von Drittwidersprüchen nach § 4 Abs. 2 stehe nicht eventuellen später möglichen Schadensersatzansprüchen nach § 823 Abs. 2 entgegen. Es wäre nämlich widersprüchlich, den geschädigten Dritten auf Schadensersatzansprüche nach § 823 in Verbindung mit Vorschriften des WpÜG zu verweisen und ihm gleichzeitig etwa ein subjektiv-öffentliches Recht auf Einschreiten gegen Rechtsverstöße, zum Beispiel durch subjektiv-rechtliche Auslegung des § 4 Abs. 1, zu verwehren.

Schutzgesetzes in Anspruch genommen (vgl. dazu auch Vor § 59 Rn. 8).[8] Letztlich sind diese Zweifelsfragen Ausdruck eines in sich widersprüchlichen Regelungssystems und „handwerklicher Mängel".[9]

Aufgrund der Streichung des § 42 sind die §§ 43 ff. WpÜG eine Stelle nach vorne gerückt. Die geänderte Zählung ist insbesondere bei Verweisung auf die Regierungsbegründung zu beachten, da sich diese auf die „alte" Zählung bezieht. Zur Frage, ob eine solche Änderung zwischen dem Abschluss des Gesetzgebungsverfahrens im Bundestag und Bundesrat und der Verkündung im Bundesgesetzblatt rechtmäßigerweise erfolgen kann, vgl. Einleitung Rn. 12. 5

§ 42 Sofortige Vollziehbarkeit

Der Widerspruch gegen Maßnahmen des Bundesaufsichtsamtes nach § 4 Abs. 1 Satz 3, § 15 Abs. 1 oder 2 , § 28 Abs. 1 oder § 40 Abs. 1 bis 4 hat keine aufschiebende Wirkung.

Literatur: vgl. § 41.

Übersicht

I. Aufhebung des Suspensiveffekts

Grundsätzlich hat der Widerspruch gegen eine Verfügung des Bundesaufsichtsamtes aufschiebende Wirkung **(Suspensiveffekt)**, um die Schaffung von vollendeten Tatsachen zu verhindern (§ 41 i.V.m. § 80 Abs. 1 VwGO). Der Suspensiveffekt tritt unabhängig von der Zuläs- 1

8 Siehe hierzu die Kommentierungen § 9 Rn. 26f., § 12 Rn. 9, § 27 Rn. 48, § 35 Rn. 61, § 33 Rn. 150f. Teilweise wird als Argument das Fehlen einer Norm vorgebracht, die ähnlich dem § 15 Abs. 6 Satz 1 WpHG ausdrücklich vorschreibt, dass sich aus einem Verstoß gegen das Gesetz keine Schadensersatzansprüche gegenüber Dritten ergeben. Dem kann jedoch entgegen gehalten werden, dass es sich bei dieser Regelung lediglich um eine vom Gesetzgeber erforderlich gehaltene *Klarstellung*, nicht jedoch um einen *konstitutiven* Ausschluss des Schutzgesetzcharakters handelt, vgl. *Kümpel*, in: Assmann/Schneider, WpHG, 2. Aufl., § 15 Rn. 188ff.

9 *Schnorbus*, ZHR 166 (2002), 72, 117.

sigkeit des Rechtsbehelfs ein. Etwas anderes kann nach wohl überwiegender Auffassung nur bei offensichtlicher Unzulässigkeit gelten, etwa wenn Dritte sich auf eine Verletzung der Vorschriften des WpÜG stützen.[1] Nach der in der Rechtsprechung herrschenden „Vollziehbarkeitstheorie“[2] wird durch den Suspensiveffekt die Vollziehbarkeit des Verwaltungsakts gehemmt. Damit ist dem Bundesaufsichtsamt jede auf Vollzug der Verfügung gerichtete Maßnahmen untersagt. Die aufschiebende Wirkung beginnt mit der Einlegung des Rechtsbehelfs, sie wirkt jedoch zurück auf den Zeitpunkt des Erlasses des Verwaltungsakts. Bereits **vorgenommene Vollzugsmaßnahmen** sind nach wohl überwiegender Auffassung **rückgängig** zu machen.[3] Die aufschiebende Wirkung endet mit der Rechtskraft der Entscheidung im Widerspruchs- bzw. Rechtsmittelverfahren.

2 Der Grundsatz der aufschiebenden Wirkung wird für die in § 42 aufgezählten Fälle durchbrochen (§ 80 Abs. 2 Nr. 3 VwGO). So hat der Widerspruch des Bieters gegen die Untersagung seines Angebots (§ 15 Abs. 1 und 2) **keine aufschiebende Wirkung**, ebenso wenig der Widerspruch des Adressaten einer auf § 28 (unzulässige Werbung) gestützten Verfügung. Auch Widersprüche gegen sämtliche Maßnahmen des Bundesaufsichtsamtes auf Grundlage der generellen Befugnisnorm des § 4 Abs. 1 Satz 3 haben keinen Suspensiveffekt genauso wie Widersprüche gegen Auskunfts- und Vorlageersuchen nach § 40. Ausdrücklich geregelt ist außerdem in § 46, dass der Widerspruch gegen die Androhung und Festsetzung von Zwangsmitteln nach dem VwVG keine aufschiebende Wirkung hat. Gleiches gilt für Kostenbescheide nach § 47 i.V.m. § 80 Abs. 2 Satz 1 Nr. 2 VwGO.[4]

3 Während durch eine Verfügung nach § 15 ausschließlich der Bieter betroffen ist, können sich die anderen erwähnten Verfügungen prinzipiell sowohl gegen den Bieter als auch gegen die Zielgesellschaft richten, auch wenn die Gesetzesbegründung zum Regierungsentwurf den jetzigen § 42 vornehmlich als eine Norm zum Schutze der Interessen der Zielgesellschaft ansah, die den Interessen des Bieters vorgehen soll-

---

1 Zum Meinungsstand über die Voraussetzungen des Suspensiveffektes *Kopp/Schenke*, VwGO, 12. Aufl., § 80 Rn. 49 ff.

2 Zur Vollziehbarkeitstheorie im Gegensatz zur Wirksamkeitstheorie *Schmidt,* in: Eyermann, VwGO, 11. Aufl., § 80 Rn. 6.

3 Zur Frage der Verpflichtung der Behörde, inzwischen erfolgte Vollziehungsmaßnahmen – die allerdings die seltene Ausnahme sein dürften – rückgängig zu machen *Schmidt*, in: Eyermann, VwGO, 11. Aufl., § 80 Rn. 15. (str.).

4 *Süßmann*, in: Geibel/Süßmann, WpÜG, 2002, § 42 Rn. 4.

ten.[5] Letztlich muss man § 42 vor dem Hintergrund der gewollten **Beschleunigung des Verfahrens** sehen. Marktverzerrungen und Verunsicherung der Anleger sollen so weit wie möglich in Grenzen gehalten werden.[6]

Der Suspensiveffekt kann in den Fällen des § 42 durch die **Anordnung der aufschiebenden Wirkung** erreicht werden (vgl. § 50). Umgekehrt kann in den anderen Fällen das Bundesaufsichtsamt die **sofortige Vollziehung** einer Verfügung **anordnen** (vgl. § 50 Rn. 2 ff.). 4

II. Kein Drittwiderspruch

Sowohl im Diskussionsentwurf zum WpÜG[7] als auch im Referentenentwurf [8] gab es einen Absatz 2, wonach bestimmte Drittwidersprüche gegen den Adressaten begünstigender Verwaltungsakte (z. B. Nichtberücksichtigung von Stimmrechten nach § 36) keine aufschiebende Wirkung haben sollten. Das Vollzugsinteresse des Begünstigten gehe dem Aussetzungsinteresse des Dritten vor.[9] Diese Vorschrift widersprach jedoch diametral dem ebenfalls schon vorhandenen § 4 Abs. 2, der genau eine solche Drittgerichtetheit der Vorschriften des WpÜG schon immer ausgeschlossen hat (dazu Kommentierung Anhang § 41 Rn. 3, § 41 Rn. 13 f. und auch zu § 4 Rn. 43 ff.). Dies ist offensichtlich erkannt und durch Wegfall dieses Absatzes 2 berücksichtigt worden. 5

§ 43 Bekanntgabe und Zustellung

(1) Verfügungen, die gegenüber einer Person mit Wohnsitz oder einem Unternehmen mit Sitz außerhalb des Geltungsbereichs dieses Gesetzes ergehen, gibt das Bundesaufsichtsamt der Person bekannt, die als Bevollmächtigte benannt wurde. Ist kein Bevoll-

---

5 Dazu Regierungsbegründung, BR-Drucks. 574/01, S. 158

6 In diese Richtung auch Regierungsbegründung, BR-Drucks. 574/01, S. 158. Andernfalls würde bei Widersprüchen gegen Anordnungen nach § 40 die aufschiebende Wirkung zu einer Verzögerung der Sachverhaltsaufklärung führen und damit eine zügige Durchführung von Verfahren behindern.

7 § 43 Abs. 2 DiskE-ÜG, abgedruckt in: NZG 2000, 844 ff.

8 § 43 Abs. 2 RefE-ÜG, abrufbar unter www.bundesfinanzministerium.de/fach/abteilungen/geldkred/wüeg/index.htm.

9 So die Begründung zum RefE-ÜG, S. 159.

mächtigter benannt, so erfolgt die Bekanntgabe durch öffentliche Bekanntmachung im Bundesanzeiger.

(2) Ist die Verfügung zuzustellen, so erfolgt die Zustellung bei Personen mit Wohnsitz oder Unternehmen mit Sitz außerhalb des Geltungsbereichs dieses Gesetzes an die Person, die als Bevollmächtigte benannt wurde. Ist kein Bevollmächtigter benannt, so erfolgt die Zustellung durch öffentliche Bekanntmachung im Bundesanzeiger.

Übersicht

I. Allgemeines

1. Systematische Stellung

1 § 43 ist Teil der Verfahrensvorschriften des 6. Abschnitts.

2. Gesetzeszweck

2 Zweck des § 43 ist es, die Wirksamkeit von Verfügungen des BAWe schnellstmöglich herbeizuführen.

3. Parallelvorschriften

3 § 61 Abs. 1 Sätze 2 und 3 GWB enthält ähnliche Regelungen.

4. Gesetzgebungsverfahren

4 Im Rahmen des Gesetzgebungsverfahrens ist – bis auf die Nummerierung – § 43 seit dem Diskussionsentwurf vom 29.6.2000 unverändert geblieben.

5. Übernahmekodex

5 Der Übernahmekodex enthielt keine entsprechende Vorschrift.

II. Rechtsvergleichung

1. Österreich

Gemäß § 10 Abs. 2 des österreichischen Übernahmegesetzes hat der Bieter mit Sitz, Wohnsitz oder gewöhnlichem Aufenthalt im Ausland gleichzeitig mit der Anzeige des Angebots einen **Zustellungsbevollmächtigten** mit Sitz, Wohnsitz oder Zweigstelle im Inland namhaft zu machen. Dieser muss die Voraussetzungen gemäß § 9 Abs. 2 öÜbG erfüllen oder Rechtsanwalt oder Notar sein. Gemäß § 33 Abs. 3 öÜbG hat die Übernahmekommission in der Veröffentlichung über die Einleitung des Verfahrens den Bieter und mit ihm gemeinsam vorgehende Rechtsträger mit Sitz, Wohnsitz oder gewöhnlichem Aufenthalt im Ausland aufzufordern, Zustellungsbevollmächtigte gemäß § 10 Abs. 2 öÜbG zu bestellen. Hat ein Bieter bzw. ein mit ihm gemeinsam vorgehender Rechtsträger mit Sitz, Wohnsitz oder gewöhnlichem Aufenthalt im Ausland nach der Veröffentlichung gemäß Abs. 3 keinen Zustellungsbevollmächtigten namhaft gemacht, kann die Übernahmekommission nach § 33 Abs. 7 öÜbG auf Kosten des Bieters einen Zustellungsbevollmächtigten bestellen. 6

2. Schweiz

Im Schweizer Bundesgesetz über die Börsen und den Effektenhandel und in der Verordnung der Übernahmekommission über öffentliche Kaufangebote sind keine § 43 entsprechenden Regelungen enthalten. 7

3. Vereinigtes Königreich

Der City Code on Takeovers and Mergers (London City Code) enthält keine § 43 entsprechenden Regelungen. 8

4. EU-Richtlinie

Art. 8 der gescheiterten EU-Richtlinie enthielt eine Regelung zur Bekanntmachung. Diese betraf jedoch vorrangig die Verpflichtung, dass die Mitgliedstaaten dafür sorgen sollten, dass Vorschriften in Kraft sind, nach denen das Angebot sowie alle erforderlichen Informationen oder Unterlagen in geeigneter Weise bekannt zu machen sind. Vorschriften zu Bekanntgabe und Zustellung von Verfügungen der Aufsichtsbehörden waren in der gescheiterten EU-Richtlinie nicht enthalten. 9

III. Bekanntgabe

10 Nach § 43 Abs. 1 wird das BAWe ermächtigt, **gegenüber ausländischen Unternehmen und Personen** Verfügungen öffentlich bekanntzugeben, sofern kein Bevollmächtigter für die Bekanntgabe im Inland bestellt wurde. Die Vorschrift stellt insofern eine spezialgesetzliche Ermächtigung im Sinne von § 41 Abs. 3 Satz 1 VwVfG dar. Da die Bekanntgabe von Verfügungen am Sitz oder Wohnort einer Person oder eines Unternehmens mit Sitz im Ausland regelmäßig mit erheblichen Verzögerungen verbunden ist, hat es der Gesetzgeber im Interesse einer zügigen Durchführung von Angebotsverfahren für geboten gehalten, die Wirksamkeit von Verfügungen des BAWe schnellstmöglich herbeizuführen.[1] Das BAWe ist nicht gehindert, zur Erleichterung der Rechtsverfolgung dem Betroffenen eine Ausfertigung der Verfügung zur übersenden, jedoch ist auch in diesem Fall die Verfügung mit der öffentlichen Bekanntgabe erlassen, die sich nach § 41 Abs. 4 VwVfG richtet. Die Rechtsbehelfsfrist beginnt in jedem Fall mit der öffentlichen Bekanntgabe (§ 41 Abs. 4 Satz 3 VwVfG in Verbindung mit § 70 VwGO).

IV. Zustellung

11 § 43 Abs. 2 stellt klar, dass die Möglichkeiten der beschleunigten Bekanntgabe von Verfügungen des BAWe **gegenüber Unternehmen und Personen mit Sitz im Ausland** auch auf die Zustellung als besondere Form der Bekanntgabe Anwendung finden. Dies ist erforderlich, da §§ 14 und 15 VwZG besondere Erfordernisse für die Zustellung im Ausland regeln.[2]

12 Verfügungen des BAWe, die zugestellt werden müssen, sind beispielsweise Widerspruchsbescheide (§ 41 Abs. 1 Satz 3 in Verbindung mit § 73 Abs. 3 Satz 1 VwGO) oder die Androhung von Zwangsmitteln nach § 46 in Verbindung mit § 13 Abs. 7 Satz 1 VwVG.

---

1 Regierungsbegründung, BR-Drucks. 574/01, S. 158.
2 Regierungsbegründung, BR-Drucks. 574/01, S. 158.

§ 44 Veröffentlichungsrecht des Bundesaufsichtsamtes

Das Bundesaufsichtsamt kann seine Verfügungen nach § 4 Abs. 1 Satz 3, § 10 Abs. 2 Satz 3, § 15 Abs. 1 und 2, § 20 Abs. 1, § 28 Abs. 1, § 36 oder § 37 Abs. 1, auch in Verbindung mit einer Rechtsverordnung nach Abs. 2, auf Kosten des Adressaten der Verfügung im Bundesanzeiger veröffentlichen.

Übersicht

I. Allgemeines

Nach der Vorschrift des § 44 kann das BAWe seine Verfügungen im Bundesanzeiger veröffentlichen. 1

1. Systematische Stellung

§ 44 ist Teil der Verfahrensvorschriften des 6. Abschnitts. 2

2. Parallelvorschriften

§ 62 GWB sieht eine Bekanntmachung bestimmter Verfügungen der Kartellbehörde im Bundesanzeiger vor. 3

3. Gesetzgebungsverfahren

Im Rahmen des Gesetzgebungsverfahrens erfolgten lediglich redaktionelle Änderungen. 4

4. Übernahmekodex

Der Übernahmekodex enthielt keine entsprechende Regelung. 5

II. Rechtsvergleichung

1. Österreich

6 Gemäß § 32 des österreichischen Übernahmegesetzes hat der Vorsitzende der Übernahmekommission allgemeine Stellungnahmen, die einer im Einzelfall ergangenen Stellungnahme zugrunde liegende Rechtsauffassung sowie Entscheidungen in geeigneter Weise zu veröffentlichen, so weit diese **über den Einzelfall hinausgehende Bedeutung** haben; hierbei sind berechtigte Interessen des Bieters, der Zielgesellschaft und sonstiger Beteiligten an der Wahrung von Geschäftsgeheimnissen tunlichst zu berücksichtigen.

2. Schweiz

7 Art. 8 sUEV-UEK enthält eine Vorschrift zur Veröffentlichung, wonach die **Voranmeldung** landesweite Verbreitung finden muss, indem sie in zwei oder mehreren Zeitungen auf deutsch und französisch veröffentlicht wird. Sie muss mindestens einem der bedeutenden elektronischen Medien, welche Börseninformationen verbreiten, zugestellt werden.

3. Vereinigtes Königreich

8 Der London City Code enthält **keine Regelung** über Veröffentlichungen von Maßnahmen des Takeover Panel.

4. EU-Richtlinie

9 Die gescheiterte EU-Richtlinie enthielt keine entsprechenden Regelungen zur Veröffentlichung von Entscheidungen der Aufsichtsbehörde.

III. Veröffentlichungsrecht des BAWe

10 Verfügungen, die das BAWe nach einer der in § 44 genannten Vorschriften erlassen hat, kann es im Bundesanzeiger veröffentlichen. Grund für die Veröffentlichung ist nicht das Anprangern von Missständen und Unternehmen, sondern die **Information der Finanzmärkte**, insbesondere der Minderheitsaktionäre der Zielgesellschaft, die über das laufende Verfahren objektiv und sachlich informiert werden sollen.[1] Das BAWe

1 Regierungsbegründung, BR-Drucks. 574/01, S. 159.

hat über die Veröffentlichung nach pflichtgemäßem Ermessen zu entscheiden.[2] Die Kosten der Veröffentlichung trägt der Adressat der Verfügung.

§ 45 Mitteilungen an das Bundesaufsichtsamt

Anträge und Mitteilungen an das Bundesaufsichtsamt haben in schriftlicher Form zu erfolgen. Eine Übermittlung im Wege der elektronischen Datenfernübertragung ist zulässig, sofern der Absender zweifelsfrei zu erkennen ist.

Übersicht

I. Allgemeines

§ 45 ermöglicht, dass Anträge und Mitteilungen an das BAWe nicht nur in schriftlicher Form, sondern auch unter gewissen Voraussetzungen mittels elektronischer Datenfernübertragung erfolgen können. 1

1. Systematische Stellung

§ 45 ist Teil der Verfahrensvorschriften des 6. Abschnitts. 2

2. Gesetzgebungsverfahren

Gegenüber dem Diskussionsentwurf vom 29. 6. 2000 und dem Referentenentwurf vom 12. 3. 2001 wurde die letztlich verabschiedete Regelung redaktionell überarbeitet. 3

2 Anders § 62 GWB, wonach die Kartellbehörde in den genannten Fällen keinen Ermessensspielraum hat.

3. Übernahmekodex

4 Der Übernahmekodex enthielt keine entsprechende Regelung.

II. Rechtsvergleichung

1. Österreich

5 Das österreichische Übernahmegesetz enthält keine entsprechende Regelung.

2. Schweiz

6 Nach Art. 31 Abs. 5 des Schweizerischen Bundesgesetzes über die Börsen und den Effektenhandel erlässt die Übernahmekommission Bestimmungen über Form und Frist der in § 31 näher geregelten Meldung.

3. Vereinigtes Königreich

7 Der London City Code enthält keine § 45 entsprechende Regelung.

4. EU-Richtlinie

8 In der gescheiterten EU-Richtlinie existierten keine Vorgaben zur Regelung der Form von Mitteilungen an die Aufsichtsbehörde.

III. Schriftliche Mitteilungen an das BAWe

9 Gemäß § 45 Satz 1 haben Anträge und Mitteilungen an das BAWe in schriftlicher Form zu erfolgen. Hierbei ist nicht zwingend die gesetzliche Schriftform gemäß § 126 Abs. 1 BGB zu verstehen, wonach die Urkunde von dem Aussteller eigenhändig durch Namensunterschrift oder mittels notariell beglaubigtem Handzeichen unterzeichnet werden muss, jedoch muss der Antrag bzw. die Mitteilung schriftlich – also nicht nur mündlich – vorliegen und hierbei der Absender eindeutig zu identifizieren sein. Eine Übertragung mittels Telefax ist somit zulässig.[1]

---

1 GmS-OGB, NJW 2000, 2340 m. w. N.

IV. Elektronische Mitteilungen an das BAWe

Durch § 45 Satz 2 soll den Beteiligten eines Verfahrens die Möglichkeit eröffnet werden, moderne Kommunikationsmittel für Anträge und Mitteilungen an das BAWe zu nutzen. Damit können die im Gesetz nur knapp gesetzten Fristen effektiv ausgeschöpft werden.[2] Bei der Nutzung elektronischer Datenfernübertragung ist die eindeutige Identifizierbarkeit des Absenders und die Authentizität der Mitteilung von besonderer Bedeutung, sodass § 45 Satz 2 fordert, dass der **Absender zweifelsfrei zu erkennen** ist. Gemäß der Begründung zum Regierungsentwurf[3] wird die vom Gesetz geforderte Erkennbarkeit des Absenders bei Nutzung **elektronischer Signaturen** gewährleistet. Elektronische Signaturen sind im Signaturgesetz (SigG) vom 16.5.2001[4] geregelt. Es handelt sich hierbei gemäß § 2 Nr. 1 SigG um Daten in elektronischer Form, die anderen elektronischen Daten beigefügt oder logisch mit ihnen verknüpft sind und die zur Authentifizierung dienen. Dies ist ausreichend, denn weder der Wortlaut des § 45 Satz 2 noch die Begründung hierzu verlangen den Einsatz der elektronischen Form im Sinne des § 126a BGB, die gemäß § 126 Abs. 3 BGB der Schriftform gleichgestellt wird, jedoch höhere Anforderungen an die elektronische Signatur stellt (hierfür muss eine sog. „qualifizierte elektronische Signatur" im Sinne des § 2 Nr. 3 SigG vorliegen).[5] 10

§ 46 Zwangsmittel

Das Bundesaufsichtsamt kann Verfügungen, die nach diesem Gesetz ergehen, mit Zwangsmitteln nach den Bestimmungen des Verwaltungs-Vollstreckungsgesetzes durchsetzen. Es kann auch Zwangsmittel gegen juristische Personen des öffentlichen Rechts anwenden. Widerspruch und Beschwerde gegen die Androhung und Festsetzung der Zwangsmittel nach §§ 13 und 14 des Verwaltungs-Vollstreckungsgesetzes haben keine aufschiebende Wirkung. Die Höhe des Zwangsgeldes beträgt abweichend von § 11 des Verwaltungs-Vollstreckungsgesetzes bis zu 500 000 Euro.

2 Regierungsbegründung, BR-Drucks. 574/01, S. 150.
3 Regierungsbegründung, BR-Drucks. 574/01, S. 159.
4 BGBl. I. 2001, 876.
5 Strenger wohl *Süßmann*, in: Geibel/Süßmann, § 45 WpÜG Rn. 4.

Übersicht

I. Allgemeines

1 Diese Vorschrift regelt die Möglichkeit des BAWe, bei Nichtbefolgung seiner Verfügungen diese mit Zwangsmitteln nach den Bestimmungen des VwVG durchzusetzen.

1. Systematische Stellung

2 § 46 ist Teil der Verfahrensvorschriften des 6. Abschnitts.

2. Parallelvorschriften

3 Die Vorschrift entspricht weitgehend § 10 WpHG und § 50 KWG. § 93 VAG enthält eine ähnliche Regelung in Bezug auf Zwangsmittel des Bundesaufsichtsamtes für das Versicherungswesen.

3. Gesetzgebungsverfahren

4 Die Regelung ist seit dem Diskussionsentwurf vom 29. 6. 2000 – bis auf die Nummerierung – unverändert geblieben.

4. Übernahmekodex

5 Der Übernahmekodex enthielt keine Regelung über den Einsatz von Zwangsmitteln.[1]

II. Rechtsvergleichung

1. Österreich

6 Das österreichische Übernahmegesetz enthält keine Regelungen über den Einsatz von Zwangsmitteln.

1 Vgl. *Krause*, NJW 2002, 705, 706 zu „Vollzugsdefiziten" des Übernahmekodex.

2. Schweiz

Das Schweizer Übernahmerecht enthält keine Regelungen über den Einsatz von Zwangsmitteln. 7

3. Vereinigtes Königreich

Der London City Code enthält keine Regelungen über den Einsatz von Zwangsmitteln. 8

4. EU-Richtlinie

Gemäß Art. 12 der gescheiterten EU-Richtlinie hätte jeder Mitgliedstaat die Sanktionen festlegen sollen, die bei Verstößen gegen die gemäß dieser Richtlinie erlassenen Vorschriften anzuwenden wären. Diese Sanktionen hätten so weit gehen müssen, dass sie einen hinreichenden Anreiz zur Einhaltung dieser Vorschriften darstellten. Auch wenn unter Sanktionen zumeist zivil- und strafrechtliche Konsequenzen sowie Bußgeldvorschriften verstanden werden, sind hierunter auch Zwangsmittel zur Durchsetzung von Verfügungen der Aufsichtsbehörden anzusehen. 9

III. Spezialgesetzliche Regelungen zu Zwangsmitteln

§ 46 Satz 1 bestimmt allgemein, dass das BAWe Verfügungen, die nach dem WpÜG ergehen, mit **Zwangsmitteln** nach den Bestimmungen **des VwVG** durchsetzen kann. Dies entspricht §§ 6 ff. VwVG, sodass Satz 1 lediglich deklaratorischen Charakter hat. Voraussetzung ist, dass eine Verfügung nach dem WpÜG, also ein Verwaltungsakt im Sinne des § 35 VwVfG vorliegt. § 46 bezieht sich lediglich auf Verfügungen, die nach dem WpÜG ergehen, also beispielsweise nicht auf Verfügungen des BAWe, die diese auf Grundlage des WpHG erlassen hat. 10

Satz 2 bestimmt abweichend von § 17 VwVG, dass die Zwangsmittel **auch gegen juristische Personen des öffentlichen Rechts** zulässig sind. 11

Um eine schnelle Durchsetzung der Verfügungen des BAWe zu ermöglichen, regelt Satz 3, dass Widerspruch (nach § 41) und Beschwerde (nach § 48) gegen die Androhung und Festsetzung der Zwangsmittel nach §§ 13 und 14 VwVG **keine aufschiebende Wirkung** haben. Hierdurch wird nach § 80 Abs. 2 Nr. 3 VwGO der Grundsatz des § 80 Abs. 1 Satz 1 VwGO, wonach Widerspruch und Anfechtungsklage aufschiebende Wirkung haben, abbedungen. 12

13 Satz 4 stellt eine Spezialregelung zu § 11 Abs. 3 VwVG dar, wonach lediglich ein Zwangsgeld bis zur Höhe von 2 000 DM vorgesehen ist. Nach der Begründung zum Regierungsentwurf[2] ist ein erheblich höheres **Zwangsgeld** angesichts des wirtschaftlichen Interesses der Adressaten der Verwaltungsakte notwendig und mit höchstens 500 000 Euro auch sachgerecht.

§ 47 Kosten

Das Bundesaufsichtsamt erhebt für Amtshandlungen auf Grund von § 10 Abs. 2 Satz 3, §§ 14 und 15 Abs. 1 oder 2, §§ 20, 24, 28 Abs. 1, §§ 36, 37 Abs. 1, auch in Verbindung mit einer Rechtsverordnung nach Abs. 2, oder § 41 in Verbindung mit § 6 Kosten (Gebühren und Auslagen). Das Bundesministerium der Finanzen bestimmt die Kostentatbestände im Einzelnen und die Höhe der Kosten durch Rechtsverordnung, die nicht der Zustimmung des Bundesrates bedarf. Das Bundesministerium der Finanzen kann die Ermächtigung durch Rechtsverordnung auf das Bundesaufsichtsamt übertragen.

Übersicht

I. Allgemeines

1 Nach § 47 kann das BAWe für Amtshandlungen nach dem WpÜG Kosten (Gebühren und Auslagen) erheben.

2 Regierungsbegründung, BR-Drucks. 574/01, S. 160.

1. Systematische Stellung

§ 47 ist Teil der Verfahrensvorschriften des 6. Abschnitts. 2

2. Gesetzgebungsverfahren

Der Diskussionsentwurf vom 29. 6. 2000 sah vor, dass lediglich Gebühren erhoben werden dürfen, also keine Auslagen. Außerdem galt dies nur für „Entscheidungen" des BAWe, wohingegen im verabschiedeten Gesetzestext von „Amtshandlungen" die Rede ist. 3

3. Übernahmekodex

Der Übernahmekodex enthielt keine Kostenregelung. 4

II. Rechtsvergleichung

1. Österreich

Nach § 31 Abs. 3 öÜbG kann das die Wiener Börse leitende und verwaltende Börseunternehmen eine Gebührenordnung für das Verfahren vor der Übernahmekommission erlassen; die darin vorzusehenden vom Bieter und von der Zielgesellschaft zu entrichtenden Gebühren sollen aufwandsdeckend sein. Die **Gebührenordnung** hat den Erlag von angemessenen Kosten- und Gebührenvorschüssen vorzusehen. Die Übernahmekommission ist vor Erlassung der Gebührenordnung zu hören. 5

2. Schweiz

Nach Art. 62 sUEV-UEK erhebt die Übernahmekommission bei Unterbreitung des Angebots von jedem Anbieter eine Gebühr für die Prüfung des Angebots. Die **Gebühr** wird im Verhältnis zum Gesamtbetrag des Angebots in Abhängigkeit von diesem nach bestimmten Promille-Anteilen berechnet. Sie beträgt mindestens 20 000 SFR und höchsten 200 000 SFR. In einfachen Fällen kann die Gebühr bis zu 50% vermindert werden. In Ausnahmefällen kann der Ausschuss eine Gebühr festlegen, die weniger als 20 000 SFR beträgt. Die Verordnung enthält eine Regelung zur Ermittlung des Gesamtbetrags des Angebots bei Tauschangeboten. Ferner sieht sie vor, dass in besonderen Fällen, namentlich wenn die Zielgesellschaft einem Ausschuss besondere Arbeit verursacht, der Ausschuss entscheiden kann, dass auch die Zielgesellschaft eine Gebühr zu entrichten hat. Diese Gebühr richtet sich 6 nach dem verursachten Zeitaufwand, beträgt aber höchstens die Gebühr, die der Anbieter zu bezahlen hat. Schließlich wird auch eine Gebühr für die Prüfung von näher bezeichneten Gesuchen erhoben, die je nach Komplexität des Falles und Arbeitsaufwandes bis zu 50 000 SFR betragen kann.

3. Vereinigtes Königreich

7 Der London City Code enthält eine Regelung zu „Document Charges" bei Angeboten mit einem Wert von 1 Mio. GBP oder höher. Die **Gebühren** sind prozentual vom Wert des Angebots abhängig. Der London City Code enthält weiter Regelungen über die Ermittlung des Wertes des Angebots, die Zahlung der Gebühren und bezüglich **Steuern** (hiernach wird auf Handlungen des Takeover Panel keine Value Added Tax (VAT) erhoben).

4. EU-Richtlinie

8 In der gescheiterten EU-Richtlinie waren keine Kostenregelungen enthalten.

III. Kostenerhebung für Amtshandlungen

9 Für **Amtshandlungen**, die auf Grundlage der in § 47 Satz 1 genannten Vorschriften ergangen sind, kann das BAWe Kosten erheben. Nach § 47 können auch Amtshandlungen des BAWe gebührenpflichtig sein, die nicht unmittelbar (positiven) Entscheidungscharakter haben.[1] **Kosten** umfassen sowohl Gebühren für die Tätigkeit des BAWe selbst, als auch Auslagen des BAWe im Zusammenhang mit der Durchführung seiner Tätigkeit (vgl. § 10 VwKostG). Die gebührenpflichtigen Handlungen sind in § 2 GebührenVO näher bestimmt, die Auslagen in § 3 GebührenVO. Gemäß § 1 Abs. 1 Nr. 1 VwKostG findet das Verwaltungskostengesetz Anwendung, da das BAWe eine selbstständige Bundesoberbehörde im Geschäftsbereich des Bundesministeriums der Finanzen ist (§ 3 Abs. 1 WpHG).[2]

10 Die Begründung zum Regierungsentwurf[3] führt aus, dass die Beteiligung der betroffenen Unternehmen und Personen an den Kosten der

1 Regierungsbegründung, BR-Drucks. 574/01, S. 160.
2 S.a. den Verweis auf § 10 VwKostG in § 3 Satz 2 GebührenVO.
3 Regierungsbegründung, BR-Drucks. 574/01, S. 160.

Beaufsichtigung sachgerecht sei, da die Einführung einer staatlichen Beaufsichtigung von Verfahren zum Erwerb von Wertpapieren aufgrund eines öffentlichen Angebots die Transparenz am Kapitalmarkt erhöhe. Dies diene unter anderem den Interessen der Zielgesellschaft wie denen des Bieters, insbesondere da letzterer einen besonderen Nutzen aus der Erhöhung der Vertrauenswürdigkeit und Transparenz seines Angebots zieht. Die Anknüpfung an Amtshandlungen des BAWe sichert eine praktikable und sachgerechte Aufteilung der Kosten der Aufsicht zwischen den Beteiligten.

IV. Rechtsverordnung

Nach § 47 Satz 2 bestimmt das Bundesministerium der Finanzen die Kostentatbestände im Einzelnen und die Höhe der Kosten durch Rechtsverordnung, die nicht der Zustimmung des Bundesrates bedarf. Das Bundesministerium der Finanzen hat hiervon durch die „Verordnung über Gebühren nach dem Wertpapiererwerbs- und Übernahmegesetz“ (WpÜG-Gebührenverordnung – GebührenVO) vom 27.12.2001 Gebrauch gemacht. Hierin sind der Anwendungsbereich, die gebührenpflichtigen Handlungen, Auslagen, Höhe der Gebühren und Vorschuss geregelt. Nach § 47 Satz 3 kann das Bundesministerium der Finanzen die Ermächtigung durch Rechtsverordnung auf das BAWe übertragen. Hierdurch soll die Möglichkeit eröffnet werden, die Kostensätze schnell an Veränderungen der Märkte und der Kosten der Beaufsichtigung anzupassen, um hierdurch dem Äquivalenzprinzip in besonderem Maße Rechnung zu tragen.[4] Tatsächlich jedoch wurde die GebührenVO vom Bundesministerium der Finanzen erlassen. 11

4 Regierungsbegründung, BR-Drucks. 574/01, S. 160.

Abschnitt 7
Rechtsmittel

§ 48 Statthaftigkeit, Zuständigkeit

(1) Gegen Verfügungen des Bundesaufsichtsamtes ist die Beschwerde statthaft. Sie kann auch auf neue Tatsachen und Beweismittel gestützt werden.

(2) Die Beschwerde steht den am Verfahren vor dem Bundesaufsichtsamt Beteiligten zu.

(3) Die Beschwerde ist auch gegen die Unterlassung einer beantragten Verfügung des Bundesaufsichtsamtes statthaft, auf deren Vornahme der Antragsteller ein Recht zu haben behauptet. Als Unterlassung gilt es auch, wenn das Bundesaufsichtsamt den Antrag auf Vornahme der Verfügung ohne zureichenden Grund in angemessener Frist nicht beschieden hat. Die Unterlassung ist dann einer Ablehnung gleich zu erachten.

(4) Über die Beschwerde entscheidet ausschließlich das für den Sitz des Bundesaufsichtsamtes in Frankfurt am Main zuständige Oberlandesgericht.

Literatur: *Bader*, Die Ergänzung von Ermessenserwägungen im verwaltungsgerichtlichen Verfahren, NVwZ 1999, 120; *Bechtold*, GWB, 2. Aufl., München 1999; *Dormann*, Die Bedeutung subjektiver Rechte für das Kartellbeschwerdeverfahren, WuW 2000, 245 ff.; *Emmerich*, Kartellrecht, 9. Aufl., München 2001; *Eyermann*, Verwaltungsgerichtsordnung, 11. Aufl., München 2000; Frankfurter Kommentar (FK) zum Kartellrecht, Bd. V, Stand: Juli 2001; *Geibel/Süßmann*, WpÜG, München 2002; *Immenga/Mestmäcker*, GWB, 3. Aufl., 2001; *Kohlmeier*, Beschwer als Beschwerdevoraussetzung, Baden-Baden 1997; *Kremer*, Die kartellverwaltungsrechtliche Beschwerde, Berlin 1988; *Langen/Bunte*, Kommentar zum deutschen und europäischen Kartellrecht (KartR), Bd. 1, 9. Aufl., Neuwied 2001; *Laufkötter*, Die Rolle des Dritten im neuen Recht der Zusammenschlusskontrolle, WuW 1999, 671 ff.; *Maunz-Dürig*, Grundgesetz, Stand: Juli 2001; *Pötzsch/Möller*, Das künftige Übernahmerecht, WM Sonderbeilage Nr. 2/2000; *Schenke*, Das Nachschieben von Gründen nach dem 6. VwGO-Änderungsgesetz, VerwArch 1999, 232 ff.

Übersicht

I. Vorbemerkung

1 Das Beschwerdeverfahren des WpÜG ist im Grundsatz an das Beschwerdeverfahren des GWB (§§ 63 ff. GWB) gegen Maßnahmen der Kartellbehörden im Rahmen der Bekämpfung von Wettbewerbsbeschränkungen angelehnt. Grund hierfür waren für den Gesetzgeber v. a. die Sachnähe der Verfahren zu Fusionskontrollverfahren und die besondere Sachkunde des Oberlandesgerichts bei der Beurteilung wirtschaftlicher Sachverhalte.[1] Das Kartellbeschwerdeverfahren wiederum trägt – wie der Terminus „Beschwerde" bereits erkennen lässt – **Züge des FGG-Verfahrens**. Dieser Bezug zum FGG-Verfahren wird heute gemeinhin als (verfehlte) rechtshistorische Tatsache angesehen, da es sich beim Kartellbeschwerdeverfahren – und gleiches gilt für das Beschwerdeverfahren nach §§ 48 ff. – um ein **echtes Verwaltungsstreitverfahren** handelt.[2] Gleichwohl ist bisweilen der Einfluss der FGG-Regelungen unverkennbar (z. B. bei der Divergenzvorlage, vgl. § 56 Abs. 6).

2 Wie das GWB-Verfahren, so ist auch das WpÜG-Beschwerdeverfahren geprägt von Anleihen aus der VwGO, schließlich handelt es sich wie

1 Vgl. Regierungsbegründung, BR-Drucks. 574/01, Allgemeiner Teil, S. 68

2 Vgl. z. B. *Schmidt*, in: Immenga/Mestmäcker, GWB, 3. Aufl., § 63 Rn. 3 m. w. N.; *Emmerich*, Kartellrecht, 9. Aufl. 2001, S. 367.

bereits erwähnt sachlich um ein *Verwaltungsstreitverfahren*. Jedoch verdrängen die §§ 48 ff. die eigentlich gegebene Zuständigkeit der Verwaltungsgerichte nach § 40 Abs. 1 Satz 1 VwGO. Da die Ausgestaltung trotz genereller Anlehnung Abweichungen gegenüber dem verwaltungsgerichtlichen Verfahren aufweist, nämlich – wie im GWB – Regelungen **verschiedener** Verfahrensordnungen (VwGO, FGG sowie – vgl. § 58 – ZPO) übernommen worden sind,[3] kann bei Lücken nicht generell auf die VwGO-Regeln zurückgegriffen werden (dazu auch § 58).

3 Allerdings hat sich der Gesetzgeber auch nicht dafür entscheiden können, das Rechtsbehelfsystem des GWB in seiner Gänze zu übernehmen (zu den Unterschieden bereits § 41 Rn. 3 f.), sondern hat dem Beschwerdeverfahren ein **Widerspruchsverfahren vorgeschaltet**. Dies entspricht zwar der öffentlich-rechtlichen Natur der Streitigkeit. Es unterstreicht jedoch auch einmal mehr, dass der Gesetzgeber eine bislang **einzigartige Vermengung von Verfahrensvorschriften** in Kauf genommen hat. Die Aufgabe wird sein, die jeweils passenden Regelungen aus dem Verwaltungsprozess, dem Zivilprozess, dem Kartellverfahrensrecht und – subsidiär – des FGG-Verfahrensrechts herauszuarbeiten und Gesetzeslücken in sachgerechter Anwendung dieser Regelungen zu schließen, z. B. beim Beschwerdegegenstand (Rn. 7), den Sachurteilsvoraussetzungen und auch beim Entscheidungstenor.

4 Die §§ 48 ff. gelten nur für **übernahmerechtliche Verwaltungssachen** nach dem WpÜG. Sofern das Bundesaufsichtsamt oder eine dessen Kompetenzen wahrnehmende Nachfolgebehörde (dazu Einleitung Rn. 6 und unten Rn. 26) aufgrund anderer Gesetze tätig wird, richtet sich der Rechtsschutz nach allgemeinem Recht bzw. nach entsprechenden Sonderregeln der anderen Vorschriften (z. B. des WpHG).

5 Der Rechtsschutz gegen Verfügungen des Bundesaufsichtsamtes ist beherrscht vom Willen zur **Verfahrensbeschleunigung** unter Wahrung des grundgesetzlich verbürgten Gebots effektiven Rechtsschutzes.[4] Eine Rechtsbeschwerde zum BGH wie im GWB gibt es im Verwaltungsverfahren nicht (nur im Ordnungswidrigkeitenverfahren, vgl. § 63, dazu auch Kommentierung § 56 Rn. 13). Dies ist Ausdruck des Beschleunigungswillens des Gesetzgebers genauso wie die Konzentration verwaltungsrechtlicher und ordnungswidrigkeitenrechtlicher Entscheidungen bei einem Gericht.

---

3 Zum GWB *Kollmorgen*, in: Langen/Bunte, KartR, 9. Aufl., § 63 Rn. 3

4 Hierzu auch *Pötzsch/Möller*, WM Sonderbeilage Nr. 2/2000, 29.

Die gescheiterte **Europäische Richtlinie** auf dem Gebiet des Gesellschaftsrechts betreffend Übernahmeangebote vom 19.6.2000[5] hatte den Mitgliedstaaten einen großen **Spielraum** für Rechtsschutzregelungen gelassen. Erwägungsgrund (12) stellte etwa klar, dass den Mitgliedstaaten die Entscheidung darüber überlassen sei, ob im Rahmen der Umsetzung der Richtlinie Rechte vorgesehen würden, die in Verwaltungs- oder Gerichtsverfahren, sei es in Verfahren gegen ein Aufsichtsorgan oder zwischen Parteien des Angebots, geltend gemacht werden könnten. Art. 4 Abs. 6 des RL-Entwurfs bestätigte diesen Grundsatz. 6

II. Besondere Zulässigkeitsvoraussetzungen der Anfechtungsbeschwerde (Absätze 1 und 2)

1. Statthaftigkeit

a) Vorliegen einer Verfügung

Die Anfechtungsbeschwerde (§ 48 Abs. 1, 2) ist das statthafte **Rechtsmittel gegen** eine **belastende Verfügung** des Bundesaufsichtsamtes. Da in aller Regel zwei solche Verfügungen vorliegen werden (Ausgangs- und Widerspruchsbescheid), ist der Beschwerdegegenstand der ursprüngliche Verwaltungsakt in der Gestalt, die er durch den Widerspruchsbescheid gefunden hat (entsprechend § 79 Abs. 1 Nr. 1 VwGO). Verfügungen im Sinne des § 48 Abs. 1 sind z. B. die Untersagung des Angebots nach § 15 Abs. 1 oder eine Untersagungsverfügung (Werbung) nach § 28 sowie alle auf § 4 Abs. 1 Satz 3 gestützten belastenden Anordnungen und Auskunftsverlangen nach § 40. Die Verfügung muss grundsätzlich wirksam sein. Zur Erledigung der Verfügung vgl. Kommentierung zu § 56 Rn. 9. 7

b) Nebenbestimmungen

Das Aufsichtsamt ist nach allgemeinen Grundsätzen befugt, Verfügungen auch mit Nebenbestimmungen zu erlassen.[6] Ob eine Nebenbestimmung **selbstständig anfechtbar** ist, richtet sich nach mittlerweile 8

5 Vgl. Text des gemeinsamen Standpunktes des Rates der Europäischen Union im Hinblick auf den Erlass der Richtlinie des Europäischen Parlamentes und des Rates auf dem Gebiet des Gesellschaftsrechts betreffend Übernahmeangebote vom 19.6.2000, Text des RL-Entwurfs abgedruckt in: *Pötzsch/Möller*, WM 2000 Sonderbeilage Nr. 2, 32 ff.

6 Regierungsbegründung, BR-Drucks. 574/01, S. 151 stellt diesen Grundsatz noch einmal klar.

wohl überwiegender Auffassung danach, ob es sich um eine lediglich ergänzende Regelung handelt und die eigentliche Regelung auch ohne diese Ergänzung sinnvoll und rechtens wäre oder ob die Nebenbestimmung ein integrierender Bestandteil der Verfügung ist (dazu auch § 41 Rn. 9). So sind selbstständige Auflagen – auch einer i. Ü. begünstigenden Verfügung – regelmäßig anfechtbar, nicht aber unselbstständige Auflagen, Bedingungen und Befristungen, wobei es nicht auf die Bezeichnung, sondern auf den Inhalt ankommt. Ist nach diesen Grundsätzen eine isolierte Anfechtung einer Nebenbestimmung nicht möglich, muss sich die Beschwerde wie auch der Widerspruch auf die Verfügung insgesamt beziehen, ggf. in Gestalt einer Verpflichtungsbeschwerde (Verpflichtungswiderspruch).[7]

c) Teilanfechtung

9 Auch eine Teilanfechtung einer Verfügung ist grds. möglich, sofern es sich inhaltlich um eine **teilbare Verfügung** handelt, d.h. der verbleibende Rest-VA nicht seinen Sinn und seine Grundlage verliert oder zum „aliud" wird.[8] Von der Möglichkeit einer Teilanfechtung geht i.Ü. auch § 51 Abs. 4 („inwieweit") aus.

2. Beschwerdebefugnis

a) Regelfall

10 Zur Einlegung der Beschwerde sind nach Abs. 2 alle am Verwaltungsverfahren vor dem Bundesaufsichtsamt **Beteiligten** berechtigt. Für den Regelfall ist die Vorschrift unproblematisch: Am Verfahren vor dem Bundesaufsichtsamt beteiligt sind der Adressat einer Verfügung des Bundesaufsichtsamtes bzw. derjenige, der geltend macht, einen Anspruch auf Erlass der Verfügung zu haben. Die Beschwerdebefugnis deckt sich hier mit der Widerspruchsbefugnis.[9]

b) Formalisierte Beschwerdebefugnis?

11 Wenn im Verwaltungsverfahren vor dem Bundesaufsichtsamt jedoch **Dritte** im Wege der einfachen Hinzuziehung zu Verfahrensbeteiligten werden (dazu § 41 Rn. 26f.), stellt sich die aus dem Kartellrecht bekannte Streitfrage, ob allein diese Verfahrensstellung ausreicht, um

7 Dazu *Bechtold*, GWB, 2. Aufl., § 63 Rn. 3.
8 Vgl. *Happ,* in: Eyermann, VwGO, 11. Aufl., § 42 Rn. 17.
9 Zur Widerspruchsbefugnis § 41 Rn. 12ff..

eine Beschwerdebefugnis des Dritten nach § 48 Abs. 2 zu begründen (sog. **„formalisierte Beschwerdebefugnis“**).[10] Der Regierungsbegründung zu § 48 Abs. 2 ist zu dieser Frage nichts zu entnehmen. Aus der Stellungnahme des Finanzausschusses vom 14. 11. 2001[11] ist jedoch unschwer zu erkennen, dass an einen *nicht* unmittelbar Betroffenen als Beschwerdeführer überhaupt nicht gedacht worden ist. Man könnte das Fehlen der Beteiligung Dritter im Beschwerdeverfahren (dazu § 52) jedoch sogar als Argument *für* eine formalisierte Beschwerdebefugnis verwenden: wenn im Verwaltungsverfahren hinzugezogene Dritte im nachfolgenden Beschwerdeverfahren nicht *als Dritte* beteiligt werden können, eröffnet § 48 Abs. 2 für diese Dritten die Möglichkeit, als **Beschwerdeführer** (!) am Gerichtsverfahren teilzunehmen.

c) Fehlende Abstimmung der Vorschriften

Die geschilderten Probleme ergeben sich letztlich daraus, dass das **Verwaltungs- und** das **Gerichtsverfahren** nur äußerst **mangelhaft** aufeinander **abgestimmt** sind. Der Gesetzgeber hat Verfahrensbestimmungen aus anderen Rechtsgebieten herangezogen, ohne auf deren Besonderheiten Rücksicht zu nehmen (zu dieser Vermengung bereits Rn. 1 ff.) Die möglichen Drittbezüge des Kartellverfahrens erschweren es, die dort geltenden Verfahrensregeln schlicht auf das nur im *öffentlichen* Interesse bestehende *Aufsichtsrecht* des WpÜG zu übertragen (vgl. zu diesem Komplex auch § 4 Rn. 43 ff., § 41 Rn. 13 f., Anhang § 41 Rn. 3 f.). 12

Es stellt sich die folgende Frage: Sollen **Dritte**, die in ihrem **rechtlichen Interesse berührt** werden, analog § 65 VwGO beigeladen wer- 13

10 Allerdings ist hier zu beachten, dass der Meinungsstreit im Rahmen des § 63 GWB vor dem Hintergrund ausgetragen wird, dass unter Geltung des § 63 Abs. 2 i.V.m. § 54 Abs. 2 Nr. 3 GWB und der Annahme einer formalisierten Beschwerdebefugnis bereits solche am Verwaltungsverfahren Beteiligten beschwerdebefugt wären, deren rein *wirtschaftliche* (!) Interessen – wenn auch erheblich – durch den Ausgang des Verfahrens berührt würden. Es käme dort letztlich zu einer unkontrollierbaren Häufung von Beschwerdeberechtigten, weshalb teilweise die Annahme einer formalisierten Beschwerdebefugnis in § 63 Abs. 2 GWB abgelehnt bzw. über eine restriktive Auslegung des Erfordernisses einer materiellen Beschwer ausgehebelt wird (dazu *Schmidt*, in: Immenga/Mestmäcker, GWB, 3. Aufl., § 63, Rn. 21 ff., 27). Da jedoch eine Verfahrensbeteiligung im Verwaltungsverfahren vor dem Bundesaufsichtsamt nach § 13 VwVfG zumindest eine Berührung *rechtlicher* Interessen voraussetzt, stellt sich das Problem der formalisierten Beschwerdebefugnis im Rahmen des § 48 Abs. 2 nicht in dieser Schärfe.

11 Beschlussempfehlung und Bericht des Finanzausschusses (7. Ausschuss) des Deutschen Bundestages vom 14.11.2001, BT-Drucks. 14/7477, S. 75. Dazu auch § 41, Rn. 24 und Anhang § 41.

den können oder steht ihnen die formalisierte Beschwerdebefugnis des § 48 Abs. 2 zu? Sofern Dritte nach § 13 VwVfG zum Verfahren vor dem Bundesaufsichtsamt hinzugezogen worden sind,[12] spricht mehr für die Annahme einer formalisierten Beschwerdebefugnis nach § 48 Abs. 2, da keine ergänzungsbedürftige „Lücke" des Gesetzes vorliegt.

14 Allerdings ergeben sich daraus Folgeprobleme: Selbst wenn man – wie hier vertreten – konsequenterweise für die „materielle Beschwer" die Betroffenheit in rechtlichen Interessen ausreichen lässt,[13] stellt sich nämlich die Frage, ob eine Beschwerde ohne Geltendmachung einer Rechts*verletzung* überhaupt Erfolg haben kann. Dies hängt letztlich davon ab, ob man für die „Begründetheit" der Beschwerde die Rechtswidrigkeit der angegriffenen Verfügung ausreichen lässt oder aber zusätzlich eine Rechtsverletzung fordert.[14] Für den Dritten günstiger wäre es natürlich, für die Begründetheit der Beschwerde die tatsächliche Beeinträchtigung der rechtlichen Interessen neben einer *objektiv* gegebenen Rechtswidrigkeit der Verfügung ausreichen zu lassen.[15] Das Erfordernis einer Rechtsverletzung würde nämlich die formalisierte Beschwerdebefugnis aushebeln. Letztlich ist deshalb am Grundsatz der kongruenten Ausgestaltung von Zulässigkeit und Begründetheit eines Rechtsbehelfs festzuhalten, um die Erhebung zulässiger, aber von vornherein unbegründeter Rechtsbehelfe zu vermeiden.[16]

---

12 Dazu bereits § 41 Rn. 23 ff.

13 Unten Rn. 23. Vgl. dazu auch *Laufkötter*, WuW 1999, 671, 674.

14 Unklar ist die Sachlage im Rahmen der Parallelvorschrift § 71 GWB: für eine bloße Rechtswidrigkeitsprüfung unabhängig von einer Rechtsverletzung (ohne Begründung) *Schmidt*, in: Immenga/Mestmäcker, GWB, 3. Aufl.,§ 71 Rn. 12, in diese Richtung wohl auch *Kollmorgen*, in: Langen/Bunte, KartR, 9. Aufl., § 71 Rn. 24 (‚unbegründet' als Synonym für ‚rechtswidrig'); für das Erfordernis einer Rechtsverletzung wohl eher *Quack*, in: FK, Bd. V, Stand: Juli 2001, § 62 GWB a. F. Rn. 19; eine reine Rechtswidrigkeitsprüfung im Rahmen der sofortigen Beschwerde (§ 116 GWB) andeutend *Bechtold* (Fn. 7), § 116 Rn. 2; deutlich für *reine* Rechtswidrigkeitsprüfung *Kremer*, Die kartellverwaltungsrechtliche Beschwerde, 1988, S. 117 f.

15 So im Ergebnis auch für die formalisierte Beschwerdebefugnis im GWB und der Rüge der Verletzung rein objektiv wirkenden Rechts *Laufkötter*, WuW 1999, 671, 675; ähnlich konsequent *Kremer* (Fn. 14), S. 118: Nur soweit eine Anfechtungsbeschwerde kraft möglicher Rechtsverletzung analog § 42 Abs. 2 VwGO anzuerkennen sei, sei eine Rechtsverletzung bei der Begründetheitsprüfung erforderlich.

16 Zu diesem Zusammenhang *Dormann*, WuW 2000, 245, 253, die jedoch für § 63 Abs. 2 GWB das Erfordernis einer geltend gemachten Rechtsverletzung verlangt; ohne solche Bedenken offenbar *Quack*, in: FK, Bd. V, Stand: Juli 2001, § 62 GWB a. F. Rn. 19; für das Kartellbeschwerdeverfahren ähnlich wie hier *Kremer*, Die kartellverwaltungsrechtliche Beschwerde, 1988, S. 117; *Kohlmeier*, Beschwer als Beschwerdevoraussetzung, 1997, S. 104, 108.

Eine andere Frage ist, was gelten soll, wenn *keine* Hinzuziehung von Dritten im Verwaltungsverfahren erfolgt ist (dazu § 52 Rn. 9). 15

III. Besondere Zulässigkeitsvoraussetzungen der Verpflichtungsbeschwerde

1. Statthaftigkeit

Die Verpflichtungsbeschwerde nach Absatz 3 ist statthaft, wenn der Beschwerdeführer das Begehr verfolgt, dem Bundesaufsichtsamt durch das Gericht die **Verpflichtung zum Erlass eines Verwaltungsakts** auferlegen zu lassen. Hauptanwendungsfall ist der Antrag, einen die beantragte Verfügung ablehnenden Bescheid des Bundesaufsichtsamtes aufzuheben und die Verpflichtung des Bundesaufsichtsamtes zum Erlass des Verwaltungsaktes auszusprechen. Obwohl die Verpflichtungsbeschwerde damit Elemente einer Anfechtungsbeschwerde enthält, ist sie eine Beschwerde eigener Art, da durch die Aufhebung der erlassenen Verfügung allein der Beschwerdeführer sein Ziel nicht erreicht. In Anlehnung an die Terminologie des Verwaltungsrechts kann man hier von einer *Versagungsgegenbeschwerde* oder *Vornahmebeschwerde* sprechen. Ein Unterfall dieser Beschwerde ist die **Bescheidungsbeschwerde**. Damit wird beantragt, dass das Gericht die ablehnende Verfügung des Bundesaufsichtsamtes aufhebt und es zur Neuentscheidung über den Antrag des Beschwerdeführers verpflichtet, etwa weil Ermessensfehler gerügt werden oder die Sache nicht spruchreif ist. 16

Die Verpflichtungsbeschwerde ist auch statthaft, wenn das Bundesaufsichtsamt den Antrag des Beschwerdeführers ohne zureichenden Grund in angemessener Frist nicht beschieden hat (*Untätigkeitsbeschwerde*). 17

2. Beschwerdebefugnis

Zunächst muss der Beschwerdeführer beim Bundesaufsichtsamt einen **Antrag** auf die begehrte Verfügung gestellt haben, damit dem Bundesaufsichtsamt Gelegenheit zur Entscheidung gegeben wird. Der Beschwerdeführer muss zudem behaupten, auf die von ihm beantragte und in der Folge nicht erlassene Verfügung ein Recht zu haben. Letztlich gilt der Grundsatz des § 42 Abs. 2 VwGO: Der Beschwerdeführer muss geltend machen, durch die Ablehnung oder Unterlassung der Verfügung in seinen subjektiven Rechten verletzt zu sein (§ 41 Rn. 12ff.), also einen entsprechende **Anspruch auf Erlass der Verfü-** 18

gung zu haben.[17] Dies ist wiederum in Anlehnung an die verwaltungsgerichtliche Rechtsprechung nicht der Fall, wenn offensichtlich und eindeutig nach keiner Betrachtungsweise das vom Beschwerdeführer behauptete Recht bestehen oder ihm zustehen kann.[18] Bei gebundenen Entscheidungen, z.B. § 36 (Anspruch auf Nichtberücksichtigung von Stimmrechten), ist dies eher erfolgversprechend als bei Ermessensentscheidungen, da eine Ermessensreduktion in wenigen Fällen anerkannt werden wird (es bleibt dann nur noch die Bescheidungsbeschwerde bei Geltendmachung fehlerhafter Ermessensausübung). Der Verpflichtungsantrag eines *Dritten*, gestützt auf Vorschriften des WpÜG, ist von vornherein unzulässig, da Verfügungen nicht im Drittinteresse erlassen werden (§ 4 Abs. 2, dazu auch § 41 Rn. 12ff., 14).

19 Für die *Untätigkeitsbeschwerde* ist darüber hinaus Voraussetzung, dass der Antrag des Beschwerdeführers ohne zureichenden Grund in angemessener Frist nicht beschieden worden ist. Die Regierungsbegründung[19] nimmt hier ausdrücklich Bezug auf den ähnlichen § 75 VwGO, nach dem die „angemessene Frist“ drei Monate beträgt, nicht ohne allerdings zu bemerken, dass diese Frist in „Verfahren nach diesem Gesetz, bei denen häufig eine schnelle Entscheidung gefragt ist, beispielsweise die Befreiung von der Pflicht zur Abgabe eines Angebots nach § 36, […] regelmäßig als zu lang [erscheint]“. Es sei jedoch auf den Einzelfall abzustellen. Vor diesem Hintergrund wird man die Interpretation durch die Rechtsprechung auf Grundlage der Anforderungen der Praxis abwarten müssen.

IV. Allgemeine Sachurteilsvoraussetzungen für Anfechtungs- und Verpflichtungsbeschwerde

1. Ordnungsgemäße Durchführung des Widerspruchsverfahrens

20 Die ordnungsgemäße Durchführung des Widerspruchsverfahrens ist für die **Anfechtungs- und Vornahmebeschwerde** (nicht für die Untätigkeitsbeschwerde) Sachurteilsvoraussetzung für das Beschwerdegericht. Dies folgt aus der Vorschaltfunktion des Verfahrens und § 68 VwGO analog. Der Widerspruch muss insbesondere form- und fristgemäß ein-

17 So zur Verpflichtungsbeschwerde im Kartellrecht *Schmidt*, in: Immenga/Mestmäcker, GWB, 3. Aufl., § 63, Rn. 31.

18 *Happ*, in: Eyermann, VwGO, 11. Aufl., § 42 Rn. 93; auch *Kollmorgen*, in: Langen/Bunte, KartR, 9. Aufl., § 63 Rn. 29 m.w.N. aus der Rspr. des BGH.

19 Regierungsbegründung, BR-Drucks. 574/01, S. 161.

gelegt worden sein, ansonsten wird die Beschwerde als unzulässig verworfen. Zur Entbehrlichkeit des Widerspruchsverfahrens § 41 Rn. 28 f.

2. Form und Frist

Die Beschwerde muss form- und fristgerecht eingelegt worden sein, dazu § 51. 21

3. Rechtsschutzbedürfnis

Das Rechtsschutzinteresse als allgemeine Zulässigkeitsvoraussetzung fehlt z. B. bei schikanösen Beschwerden, die nicht durch ein schützenswertes Interesse gerechtfertigt sind. 22

Es muss eine *formelle* Beschwer des Beschwerdeführers vorliegen, d. h. dem Antrag des Beschwerdeführers auf eine begünstigende Verfügung darf nicht (voll) entsprochen worden sein oder der Beschwerdeführer muss die Rechtswidrigkeit einer belastenden Verfügung geltend machen.[20] Die ebenfalls erforderliche *materielle* Beschwer[21] ist aufgrund der vom Beschwerdeführer geltend zu machenden Rechtsverletzung stets gegeben. Die Frage, ob auch die **Berührung rechtlicher Interessen** für die materielle Beschwerde ausreicht, stellt sich – wie bei § 63 GWB – nur dann, wenn man – wie hier vertreten – **Dritten** im Rahmen von § 48 Abs. 2 eine Beschwerdebefugnis unabhängig von der Geltendmachung einer Rechtsverletzung zugesteht. (vgl. dazu Rn. 10 ff.). Dann muss nämlich für die materielle Beschwer die Berührung rechtlicher Interessen ausreichen, ansonsten würde die für Dritte gerade „formalisierte" Beschwerdebefugnis in § 48 Abs. 2 leer laufen.[22] 23

V. Weitere Beschwerdearten

Anfechtungs- und Verpflichtungsbeschwerde gehen von einem Handeln des Bundesaufsichtsamtes in Form der Verfügung aus. Sofern Rechtsschutz gegen „schlichtes Verwaltungshandeln" erforderlich 24

20 Zur formellen Beschwer BGH, 31. 10. 1978 – KVR 7/77, WuW/E 1562, 1563 – Air-Conditioning-Anlagen –.

21 Diese Voraussetzung gilt allerdings nicht für das Bundesaufsichtsamt selbst, vgl. *Bechtold* (Fn. 7), § 63 Rn. 5.

22 Es ist nicht zu verkennen, dass damit vom grundsätzlich im Verwaltungsrecht herrschenden Verständnis einer „Beschwer" abgewichen wird, wonach diese stets eine subjektive Rechtsverletzung voraussetzt (vgl. nur *Happ*, in: Eyermann, VwGO, 11. Aufl., § 124 Rn. 133). Zur entsprechenden Diskussion im Kartellrecht vgl. nur *Laufkötter*, WuW 1999, 671, 674; *Dormann*, WuW 2000, 245, 247.

wird, kommt jedoch eine allgemeine **Leistungs- bzw. Unterlassungsbeschwerde** in Betracht, ggf. auch als vorbeugende Unterlassungsbeschwerde, da vor dem Hintergrund der Rechtsschutzgarantie des Art. 19 Abs. 4 GG der Rechtsschutz nicht von der Art des Verwaltungshandelns abhängig sein kann.[23]

25 Zulässig ist – so ergibt sich bereits aus § 56 Abs. 2 Satz 2 – auch die **Fortsetzungsfeststellungsbeschwerde** (auch „nachträgliche Feststellungsbeschwerde" genannt), wenn sich die Verfügung nach Einlegung der Anfechtungsbeschwerde, aber vor der Entscheidung des Gerichts durch Zurücknahme oder auf andere Weise erledigt hat. Voraussetzung ist, dass der Beschwerdeführer ein berechtigtes Interesse an der Feststellung der Unzulässigkeit oder Unbegründetheit der Verfügung hat, z.B. für die Vorbereitung eines zu erwartenden und nicht aussichtslos erscheinenden Schadensersatzprozesses (z.B. denkbar nach rechtswidriger Untersagung des Angebots).[24] Wie im Rahmen des GWB-Verfahrens und des VwGO-Verfahrens findet die Fortsetzungsfeststellungbeschwerde bei Bedarf auch entsprechend auf Fälle der Erledigung vor Einlegung der Beschwerde oder auch auf die Verpflichtungsbeschwerde Anwendung.[25]

VI. Beschwerdegericht und Verfahrensregeln

1. OLG als Tatsacheninstanz, Untersuchungsgrundsatz

26 **Zuständig** ist ausschließlich das **OLG Frankfurt am Main**. Im Referentenentwurf hieß es an dieser Stelle noch „das Oberlandesgericht, in dessen Bezirk das Bundesaufsichtsamt seinen Sitz hat". Die ausdrückliche Erwähnung des OLG Frankfurt ist vor dem Hintergrund des ge-

---

23 Für das GWB-Verfahren ist das mittlerweile anerkannt, vgl. nur *Bechtold* (Fn. 7), § 63 Rn. 7, wenn auch nicht unbestritten (a.A. etwa Emmerich (Fn. 2), S. 367). Anders wohl auch die Auffassung des Gesetzgebers zum WpÜG, vgl. Regierungsbegründung, S. 161. Zum Rechtsschutz unabhängig von der Form des Verwaltungshandelns *Schmidt-Aßmann*, in: Maunz-Dürig, Grundgesetz, Stand: Juli 2001, Art. 19 Abs. IV Rn. 66; vgl. auch *Zehetmeier-Müller/Grimmer*, in: Geibel/Süßmann, WpÜG, 2002, § 48 Rn. 3, 7, 12 ff.

24 Es sei hier daran erinnert, dass § 4 Abs. 2 nur Amtshaftungsansprüche von Dritten, nicht jedoch Schadensersatzansprüche unmittelbar Betroffener ausschließen will, vgl. dazu § 41 Rn. 12. Zu den Voraussetzungen eines Feststellungsinteresse im Verwaltungsrecht, die auch für das Beschwerdeverfahren heranzuziehen sind, vgl. nur *Schmidt*, in: Eyermann, VwGO, 11. Aufl., § 113 Rn. 84.

25 Zu dieser analogen bzw. sogar doppelt-analogen Anwendung *Bechtold* (Fn. 7) § 63 Rn. 8 m.w.N.

planten Gesetzes über die integrierte Finanzdienstleistungsaufsicht[26] zu verstehen, wonach die Bundesaufsichtsämter für das Kreditwesen, das Versicherungswesen und für den Wertpapierhandel in eine „Bundesanstalt für Finanzdienstleistungsaufsicht" zusammengelegt werden sollen und die neue Behörde einen Doppelsitz (Bonn und Frankfurt am Main) erhält.[27] Allerdings hätte es letztlich einer solchen ausdrücklichen Festlegung dennoch nicht bedurft, da nach § 1 Art. 1 Abs. 3 des Gesetzentwurfes für alle Klagen gegen die Bundesanstalt Frankfurt am Main als deren Sitz gilt.

Das OLG Frankfurt ist **Tatsacheninstanz**. Deshalb kann die Beschwerde auch auf **neue Tatsachen** und Behauptungen gestützt werden (Absatz 1 Satz 2). Neu sind Tatsachen, die im Verfahren vor dem Bundesaufsichtsamt weder von diesem selbst noch – sofern vorhanden – von den anderen Beteiligten[28] im Verfahren vorgetragen worden sind. Damit wird auch die aus Beschleunigungsgründen in § 41 Abs. 3 eingefügte Präklusionsvorschrift gemildert[29] (nur *formelle* Präklusion, vgl. Kommentierung zu § 41 Rn. 21). Auch ein **Nachschieben von Gründen** durch das Bundesaufsichtsamt ist nach allgemeinen Grundsätzen zulässig, solange bei gleichem Sachverhalt eine andere Begründung vorgebracht, die Rechtsgrundlage jedoch unverändert bleibt[30] und – so muss man ergänzen – der Verwaltungsakt dadurch nicht in seinem Wesen verändert wird.[31] **27**

Für das Verfahren gilt der **Untersuchungsgrundsatz** (§ 55). **28**

2. Einlegung und Rücknahme der Beschwerde

Für die Einlegung der Beschwerde besteht **Anwaltszwang** (dazu § 53). Nicht geregelt ist die Rücknahme der Beschwerde. Entsprechend den Regelungen im Kartell- und Zivilverfahren ist vor Beginn der mündlichen Verhandlung die Rücknahme ohne Einverständnis des Bundesaufsichtsamtes zulässig. Nach Beginn der mündlichen Verhandlung ist die Zustimmung des Bundesaufsichtsamtes zur Rücknahme der Beschwerde erforderlich. **29**

---

26 BR-Drucks. 156/02.

27 Art. 1 (Gesetz über die Bundesanstalt für Finanzdienstleistungsaufsicht) des Gesetzentwurfes. Zur integrierten Finanzmarktaufsicht auch Einl. Rn. 6 sowie § 4 Rn. 24.

28 Dazu bereits Rn. 10 ff.

29 Vgl. auch Regierungsbegründung, BR-Drucks. 574/01, S. 161.

30 BGH, 12.2.1980 – KVR 3/79, WuW/E 1678, 1679 f. – Valium II -.

31 Vgl. dazu allgemein für den Verwaltungsprozess *Bader*, NVwZ 1999, 120; *R.-P. Schenke*, VerwArch 1999, 232, insb. 247 ff.

§ 49 Aufschiebende Wirkung

Die Beschwerde hat aufschiebende Wirkung, soweit durch die angefochtene Verfügung eine Befreiung nach § 10 Abs. 1 Satz 3 oder § 37 Abs. 1, auch in Verbindung mit einer Rechtsverordnung nach Abs. 2, oder eine Nichtberücksichtigung von Stimmrechtsanteilen nach § 36 widerrufen wird.

Literatur: vgl. § 48

Übersicht

I. Grundsätzlich kein Suspensiveffekt

1 Ob ein Rechtsbehelf **aufschiebende Wirkung** entfaltet (Suspensiveffekt, dazu § 42 Rn. 1), bestimmt sich nach den Vorschriften des jeweils anwendbaren Verfahrensrechts. Es gibt keinen allgemeinen Grundsatz dergestalt, dass Rechtsbehelfe oder zumindest Rechtsmittel ohne weiteres, d. h. stets und automatisch, den angegriffenen Verwaltungsakt in seiner Vollziehbarkeit hemmen.[1] So gesteht § 80 Abs. 1 VwGO Widerspruch und Anfechtungsklage aufschiebende Wirkung zu, während zum Beispiel nach § 24 Abs. 1 und 2 FGG die Beschwerde nur in gewissen Fällen aufschiebende Wirkung entfaltet und ansonsten das Gericht die Aussetzung der Vollziehung nur gesondert anordnen kann. Denkt man an die Möglichkeit der vorläufigen Vollstreckbarkeit von Urteilen, die mit Rechtsmitteln angegriffen werden, gilt ähnliches auch für den Streit zwischen Privaten im Zivilprozess.

2 Vor diesem Hintergrund wird klar, dass die Beschwerde – nur – in den in § 49 aufgezählten Fällen die angegriffene Verfügung suspendiert. Im Übrigen hat sie keine aufschiebende Wirkung. Hierdurch soll insbesondere der Gefahr des Missbrauchs des Instituts der Beschwerde **(Verzögerung des Rechtsstreits)** begegnet werden.

1 Zur herrschenden Vollziehbarkeitstheorie bereits § 42 Rn. 1.

II. Suspensiveffekt in Fällen des § 49

§ 49 erkennt den Suspensiveffekt nur solchen Beschwerden zu, die sich gegen Verfügungen richten, mit denen zuvor zuerkannte, wesentliche Rechtspositionen wieder entzogen werden **(Widerrufsverfügungen)**. Der Terminus „widerrufen" ist hierbei nicht technisch wie im Verwaltungsrecht als Aufhebung eines *rechtmäßigen* Verwaltungsaktes, sondern **generell** als Aufhebung eines Verwaltungsaktes zu verstehen, da die Entscheidung über die Rechtmäßigkeit der aufgehobenen Verfügung erst im Rechtsbehelfsverfahren getroffen werden kann. Legt der Bieter gegen diese Widerrufsverfügung Beschwerde ein, so hat diese Beschwerde in den folgenden Fällen **ausnahmsweise** aufschiebende Wirkung. 3

Das Bundesaufsichtsamt widerruft die zuvor dem Bieter ausgesprochene Gestattung, die Veröffentlichung der Entscheidung zur Abgabe eines Angebots erst nach dem Beschluss der Gesellschafterversammlung vorzunehmen;[2] das Bundesaufsichtsamt widerruft die Befreiung des Bieters von der Pflicht zur Veröffentlichung und Abgabe eines Pflichtangebots (§ 37); das Bundesaufsichtsamt widerruft seine Entscheidung, bei der Ermittlung des Aktienbestands an der Zielgesellschaft bestimmte Aktien unberücksichtigt zu lassen (§ 36). 4

Die aufschiebende Wirkung beginnt mit der Einlegung der Beschwerde und wirkt nach allgemeinen Grundsätzen zurück auf den Zeitpunkt des Erlasses des Verwaltungsaktes.[3] Nach Sinn und Zweck der Vorschrift – Beibehaltung der aufschiebenden Wirkung des Rechtsbehelfs nur in ganz besonders wesentlichen und kostspieligen Situationen – ist die Regelung des § 49 abschließend. Andere Fälle können über § 50 gelöst werden. 5

III. Verhältnis zu § 42

Die (Anfechtungs-)Beschwerde hat nur ausnahmsweise aufschiebende Wirkung. Demgegenüber ist bei einem (Anfechtungs-)Widerspruch der Suspensiveffekt nur für bestimmte – wenn auch nicht wenige – Fälle ausgeschlossen. Theoretisch ergeben sich eine überschaubare Anzahl von Abweichungen: 6

---

2 Bis zum 14.11. verwies § 49 noch auf § 10 Abs. 2 Satz 3 (Redaktionsversehen).

3 H. M., vgl. nur *Schmidt*, in: Eyermann, VwGO, 11. Aufl., § 80 Rn. 15; *Zehetmaier-Müller/Grimmer*, in: Geibel/Süßmann, WpÜG, 2002, § 49 Rn. 4; zur aufschiebenden Wirkung i. Ü. § 42 Rn. 1.

- Geht der Betroffene gegen die in § 42 (und § 46) genannten Verfügungen des Bundesaufsichtsamtes vor, so haben weder Widerspruch noch die Beschwerde aufschiebende Wirkung. Damit dürfte ein Großteil der Fälle in der Praxis abgedeckt werden.
- Geht es um die in § 49 genannten Fälle, entfaltet sowohl die Beschwerde als auch der Widerspruch aufschiebende Wirkung. Angesichts der Zielrichtung des § 49 ist dies auch sachgerecht.
- Nur wenn die Beschwerde Verfügungen betrifft, die weder in § 42 noch in § 49 genannt sind (Bsp.: Widerruf einer Gestattung nach § 10 Abs. 2 Satz 3), ergeben sich Unterschiede. Der Widerspruch hat aufschiebende Wirkung, die Beschwerde hingegen nicht.

7 Es ist zweifelhaft, ob sich der Gesetzgeber dieser Diskrepanz überhaupt bewusst gewesen ist. In der Regierungsbegründung finden sich keine Anzeichen, zumal die berührten Fälle eher selten vorkommen dürften. Im Übrigen mag das Fehlen einer ausdrücklichen Regelung auch an der kurzen Entscheidungsfrist des § 41 (2 Wochen) liegen, die noch als vertretbar hingenommen wurde. Die Frage ist jedoch, ob in diesen Fällen durch die Anordnung der sofortigen Vollziehung auch die aufschiebende Wirkung des Widerspruchs ausgeschaltet werden kann (dazu § 50 Rn. 6 ff.).

§ 50 Anordnung der sofortigen Vollziehung

(1) Das Bundesaufsichtsamt kann in den Fällen des § 49 die sofortige Vollziehung der Verfügung anordnen, wenn dies im öffentlichen Interesse oder im überwiegenden Interesse eines Beteiligten geboten ist.

(2) Die Anordnung nach Absatz 1 kann bereits vor der Einreichung der Beschwerde getroffen werden.

(3) Auf Antrag kann das Beschwerdegericht die aufschiebende Wirkung von Widerspruch oder Beschwerde ganz oder teilweise anordnen oder wiederherstellen, wenn

1. die Voraussetzungen für die Anordnung nach Absatz 1 nicht vorgelegen haben oder nicht mehr vorliegen,

2. ernstliche Zweifel an der Rechtmäßigkeit der angefochtenen Verfügung bestehen oder

3. die Vollziehung für den Betroffenen eine unbillige, nicht durch überwiegende öffentliche Interessen gebotene Härte zur Folge hätte.

(4) Der Antrag nach Absatz 3 ist schon vor Einreichung der Beschwerde zulässig. Die Tatsachen, auf die der Antrag gestützt wird, sind vom Antragsteller glaubhaft zu machen. Ist die Verfügung im Zeitpunkt der Entscheidung schon vollzogen, kann das Gericht auch die Aufhebung der Vollziehung anordnen. Die Anordnung der aufschiebenden Wirkung kann von der Leistung einer Sicherheit oder von anderen Auflagen abhängig gemacht werden. Sie kann auch befristet werden.

(5) Beschlüsse über Anträge nach Absatz 3 können jederzeit geändert oder aufgehoben werden. Soweit durch sie den Anträgen entsprochen ist, sind sie unanfechtbar.

Literatur: *Bechtold*, GWB, 2. Aufl., München 1999; *Emmerich*, Kartellrecht, 9. Aufl., München 2001; *Eyermann*, Verwaltungsgerichtsordnung, 11. Aufl., München 2000; Frankfurter Kommentar (FK) zum Kartellrecht, Bd. V, Stand: Juli 2001; *Finkelnburg/Jank*, Vorläufiger Rechtsschutz im Verwaltungsstreitverfahren, 4. Aufl., 1998; *Hörtnagel/Stratz*, Die Neuregelung des vorläufigen Rechtsschutzes durch das 4. VwGO-Änderungsgesetz, VBlBW 1991, 326; *Hübschmann/Hepp/Spitaler*, AO/FGO, 10. Aufl., Stand: August 2001; *Immenga/Mestmäcker*, GWB, 3. Aufl., 2001; *Klemp*, Suspensiveffekt und Anordnung der sofortigen Vollziehung im Kartellverfahren, DB 1977, 709; *Kopp/Schenke*, VwGO, 12. Aufl., 2000; *Langen/Bunte,* Kommentar zum deutschen und europäischen Kartellrecht (KartR), Bd. 1, 9. Aufl., Neuwied 2001; *Möller*, Rechtsmittel und Sanktionen nach dem Wertpapiererwerbs- und Übernahmegesetz, AG 2002, 170ff.; *Redeker*, Die Neugestaltung des vorläufigen Rechtsschutzes, NVwZ 1991, 526; *Schenke*, Probleme der Vollziehungsanordnung gemäß § 80 Abs. 2 Satz 1 Nr. 4, § 80a Abs. 1 Nr. 1 und Abs. 2 VwGO, in: VerwArch 2000, S. 587ff.; *Schoch*, Vorläufiger Rechtsschutz und Risikoverteilung im Verwaltungsrecht, Heidelberg 1988; *Schoch/Schmidt-Aßmann/Pietzner*, VwGO, Stand: Januar 2001; Stellungnahme des Handelsrechtsausschusses des DAV e.V. vom April 2001, NZG 2001, S. 420; *Stelkens/Bonk/Sachs*, Verwaltungsverfahrensgesetz, 6. Aufl., München 2001; *Westrick/Loewenheim*, GWB, Stand 1. 10. 1981.

Übersicht

I. Regelungszweck

1 § 50 regelt den **vorläufigen Rechtsschutz** im gerichtlichen Beschwerdeverfahren und ist dem § 65 GWB nachgebildet, der sich wiederum an § 80 VwGO und § 69 FGO anlehnt.[1] Die Vorschrift erfüllt zwei Funktionen: Die sofortige Vollziehung einer Verfügung soll auch in solchen Fällen möglich sein, in denen (ausnahmsweise) der Rechtsbehelf aufschiebende Wirkung hat. Andererseits soll es in konkreten Fällen möglich sein, die – häufig durch Gesetz zunächst ausgeschlossene – aufschiebende Wirkung von Widerspruch bzw. Beschwerde anzuordnen. Da es um die Beseitigung bzw. Herstellung der aufschiebenden Wirkung von Widerspruch und Beschwerde geht, findet § 50 nur auf die *Anfechtung* von Verfügungen Anwendung.

1 Die Begründung zum Regierungsentwurf, S. 162, erwähnt ausdrücklich die Entsprechung zu § 80 Abs. 2 Nr. 4 VwGO.

II. Behördliche Anordnung der sofortigen Vollziehung (Absätze 1 und 2)

1. Anordnungskompetenz und Anordnungszeitpunkt

Abs. 1 ermächtigt das Bundesaufsichtsamt,[2] in den Fällen des § 49 – d.h. sofern eine **Beschwerde** gegen eine bestimmte Verfügung ausnahmsweise **aufschiebende Wirkung** hat bzw. hätte – die sofortige Vollziehung der Verfügung anzuordnen. Bei dieser Formulierung, die aus § 65 GWB übernommen wurde, wurde jedoch die **Existenz des Widerspruchsverfahrens nicht beachtet**. Die Frage ist deshalb, wie sich die Anordnung der sofortigen Vollziehung nach Absatz 1 auf einen möglichen oder bereits eingelegten Widerspruch auswirken kann bzw. darf (dazu sogleich unter a)). Darüber hinaus ist zu klären, ob das Bundesaufsichtsamt auch dann zur Anordnung der sofortigen Vollziehung berechtigt ist, wenn nur der Widerspruch, nicht jedoch die Beschwerde Suspensiveffekt entfaltet (zu dieser Fallgruppe bereits § 49 Rn. 6f.), also kein Fall des § 49 vorliegt (dazu sogleich unter b)). **2**

a) Sofortige Vollziehung und Widerspruch

Nach den allgemeinen Grundsätzen des Verwaltungsrechts, die im Übrigen z.B. auch im Kartellverwaltungsverfahren gelten, kann die **Anordnung der sofortigen Vollziehung** einer Verfügung sofort mit der betreffenden Verfügung verbunden werden oder aber erst später ergehen.[3] Die zuständige Behörde ist insbesondere nicht verpflichtet abzuwarten, ob der Adressat der Verfügung einen Rechtsbehelf einlegt oder nicht. **3**

Gleiches muss auch **„in den Fällen des § 49"** gelten. Gegen eine Verfügung der in § 49 genannten Art hätte auch ein Widerspruch aufschiebende Wirkung (dazu § 49 Rn. 6). § 50 Abs. 1 kann nun aber unter keinem sachlichen Gesichtspunkt so verstanden werden, dass das Bundesaufsichtsamt die Durchführung des Widerspruchverfahrens erst abwarten muss, ehe es die sofortige Vollziehung der angegriffenen **4**

---

2 Nach der Regierungsbegründung, BR-Drucks. 574/01, S. 162, entspricht der heutige § 50 WpÜG § 80 Abs. 2 Nr. 4 VwGO. Danach kann sowohl die Ausgangsbehörde als auch die Widerspruchsbehörde, also – übertragen auf das WpÜG – sowohl das Bundesaufsichtsamt als auch der Widerspruchsausschuss (!) die sofortige Vollziehung der Verfügung anordnen, dazu *Kopp/Schenke*, VwGO, 12. Aufl., § 80, Rn. 83.

3 So auch bereits *Klemp*, DB 1977, 709, 711; ebenso wohl *Bechtold*, GWB, 2. Aufl., § 65 Rn. 6; allgemein *Schmidt,* in: Eyermann, VwGO, 11. Aufl., § 80 Rn. 32.

Verfügung anordnen kann.[4] Eine solche Auslegung fordert auch nicht Absatz 2, wenn er die Möglichkeit aufzeigt, die Vollzugsanordnung bereits ‚vor der Einreichung der *Beschwerde*' zu treffen. Vielmehr soll dadurch lediglich klar gestellt werden, (1) dass – wie es allgemein anerkannten Grundsätzen entspricht (oben Rn. 3) – nicht abgewartet werden muss, ob tatsächlich ein Rechtsbehelf eingelegt wird und (2) dass das Bundesaufsichtsamt mit der Einlegung der Beschwerde nicht die Anordnungsbefugnis verliert.[5] Letztlich sind die Absätze 1 und 2 so zu verstehen, dass das Bundesaufsichtsamt die sofortige Vollziehung der Verfügung bereits vor Einlegung von Widerspruch und Beschwerde anordnen, insbesondere sogleich mit der Verfügung selbst verbinden kann mit der Folge, dass **auch ein etwaiger Widerspruch keine aufschiebende Wirkung** entfaltet, obgleich diese Konsequenz nicht ausdrücklich genannt ist.[6]

5 Die Anordnung kann spätestens bis zur Unanfechtbarkeit der Verfügung erlassen werden.

b) Suspensiveffekt außerhalb des § 49

6 Die Frage ist, ob etwas anderes gelten kann in Fällen, in denen *nur* der Widerspruch, **nicht jedoch** die Beschwerde gegen die betreffende Verfügung aufschiebende Wirkung entfaltet (dazu § 49 Rn. 6 f.). Dem Wortlaut des Absatz 1 nach kann das Bundesaufsichtsamt solche Verfügungen nicht für sofort vollziehbar erklären, sondern müsste in der Tat bis zu einem Monat (Widerspruchsfrist) und zwei Wochen (Entscheidungsfrist), wenn nicht sogar noch länger (vgl. die Möglichkeit eines fristverlängernden Beschlusses nach § 41 Abs. 2 Satz 2), abwarten, um die Verfügung mit einiger Sicherheit[7] vollziehen zu können. Dies wäre nicht nur ganz und gar untypisch, sondern auch sachlich nicht gerechtfertigt: Die Hürden für die Behörde, eine Verfügung für sofort vollziehbar zu erklären, sind recht hoch (dazu unten Rn. 8 ff.)

---

4 Zeitlich gesehen hieße das, bis zu einem Monat Widerspruchsfrist und grds. zwei Wochen Entscheidungsfrist (§ 41) abwarten zu müssen.

5 In diese Richtung auch Regierungsbegründung, S. 163; *Zehetmaier-Müller/Grimmer,* in: Geibel/Süßmann, WpÜG, 2002, § 50 Rn. 8.

6 Auch die Regierungsbegründung, BR-Drucks. 574/01, S. 163, übersieht offensichtlich diesen Punkt. So heißt es dort, die sofortige Vollziehung bewirkte, dass die durch § 49 vorgesehene aufschiebende Wirkung der Beschwerde nicht eintritt oder – werde die sofortige Vollziehung erst nach Einlegung der Beschwerde angeordnet – entfällt. Damit werde die Verfügung vollziehbar.

7 Zur Verpflichtung zur Rückgängigmachung von Vollzugmaßnahmen, die vor Einlegung eines suspendierenden Widerspruchs erfolgen, § 42 Rn. 1.

und nach der Vorstellung des Gesetzgebers sogar ausreichend für ganz wesentliche, zum Teil für den Adressaten sehr einschneidend wirkende Verfügungen. Es ist nicht einzusehen, weshalb die selten vorkommenden Verfügungen, die weder in § 42 noch in § 49 genannt sind, von dieser Möglichkeit der sofortigen Vollziehung ausgeschlossen sein sollten. Vielmehr liegt eine **Lücke** vor, die dadurch entstanden ist, dass schlicht die Formulierung des § 65 GWB übernommen worden ist, ohne das Widerspruchsverfahren hinreichend zu berücksichtigen. Diese Lücke ist zu schließen, indem in **erweiternder Auslegung** der Absätze 1 und 2 bzw. notfalls unter Zuhilfenahme des Instituts der **Analogie** das Bundesaufsichtsamt berechtigt ist, durch die Anordnung sofortiger Vollziehung die aufschiebende Wirkung eines Rechtsbehelfs – sei es eines Widerspruchs oder einer Beschwerde – zu verhindern.

Gegen diese Lösung nahe liegende **Einwände** unter Berufung auf den **Vorbehalt des Gesetzes** bzw. auf den **Bestimmtheitsgrundsatz**[8] überzeugen nicht: Zwar ist die Anordnung der sofortigen Vollziehung eines Verwaltungsakts selbst eine hoheitliche Maßnahme, die in den Rechtskreis des Bürgers eingreift,[9] auch wenn es sich nach wohl h. M. nicht um einen Verwaltungsakt handelt.[10] Es gilt also der Vorbehalt des Gesetzes, eine Ermächtigungsgrundlage ist erforderlich. Allerdings sind erweiternde Auslegungen und Analogien auch im Vorbehaltsbereich nicht ausgeschlossen.[11] Vielmehr ist eine analoge Anwendung einfachgesetzlicher Vorschriften – wie hier vertreten – von Verfassungs wegen grundsätzlich nicht zu beanstanden.[12] Gerade wenn – wie hier der Fall – der Gesetzgeber nicht von vornherein jede Einzelheit mit voller Sicherheit überblickt hat, darf die Auslegung des Gesetzes nicht zu streng am Wortlaut haften, sondern muss dem wirklichen Sinn der jeweiligen Bestimmung so weit als möglich Rechnung tragen.[13] Zwar hat das BVerfG einer zuweilen ausufernden Analogi- 7

8 Zur Rechtssicherheit als Element des Rechtsstaatprinzip BVerfG, 3.4.1990 –1 BvR 1186/89, BVerfGE 82, 6, 12; zum Bestimmtheitsgrundsatz auch BVerfG, 14.8.1996 – 2 BvR 2088/93, NJW 1996, 3146.

9 BVerfG 19.6.1973 – 1 BvL 39/69 und 14/72, BVerfGE 35, 263, 275; *Schenke*, VerwArch 2000, 587, 588 f.; wohl auch *Emmerich*, Kartellrecht, 9. Aufl. 2001, S. 367, der die Parallelvorschrift § 65 GWB als Befugnisnorm ansieht.

10 Nachweise bei *Schmidt*, in: Eyermann, VwGO, 11. Aufl., § 80 Rn. 33; *Schenke*, VerwArch 2000, 587, 588 f.

11 *Sachs*, in: Stelkens/Bonk/Sachs, VwVfG, 6. Aufl., § 44 Rn. 52 f.

12 Zur verfassungsrechtlichen Zulässigkeit analoger Rechtsanwendung BVerfG, 3.4.1990 – 1 BvR 1186/89, BVerfGE 82, 6, 11.

13 BVerfG, 24.5.1967 – 1 BvL 18/65, BVerfGE 22, 28, 37.

sierung von Ermächtigungsgrundlagen in seiner Entscheidung vom 14.8.1996 eine Absage erteilt. Jedoch bezog sich diese Entscheidung auf einen Fall, in dem eine Aufrechnungsermächtigung zu Gunsten der öffentlichen Gewalt auch gegen solche Hauptforderungen angewandt wurde, die der Gesetzgeber wegen des ihnen eigentümlichen Charakters bewusst nicht in die Ermächtigung miteinbezogen hatte.[14] Demgegenüber handelt es sich hier um eine dem **Sinn und Zweck** des § 50 und auch den Sinnzusammenhang der §§ 42 und 49 entsprechende Analogie, die dem **objektiven Willen des Gesetzgebers** entspricht und gegenüber welcher der – aus § 65 GWB übernommene – Wortlaut zurücktreten muss.[15]

2. Voraussetzungen

8 Die sofortige Vollziehung darf nur angeordnet werden, wenn sie im Einzelfall durch das **öffentliche Interesse** oder durch das **überwiegende Interesse eines Beteiligten** geboten ist. Die Regelung entspricht § 80 Abs. 2 Nr. 4 VwGO, der auch bereits im Kartellverfahren vor Inkrafttreten des alten § 63 a GWB (heute § 65 GWB) entsprechend angewandt worden war.[16] Zunächst ist deshalb ein solches öffentliches Interesse bzw. ein Interesse eines Beteiligten festzustellen (dazu sogleich). Sodann hat eine **Abwägung** zwischen diesen Interessen und dem Interesse des betroffenen Verfügungsadressaten stattzufinden. Auch wenn der Terminus „überwiegend" nur in Bezug auf das „Interesse eines Beteiligten" verwendet wird, bedeutet dies nicht etwa, dass eine Abwägung beim Vorliegen eines öffentlichen Interesses entfallen könnte.[17]

a) Öffentliches Interesse

9 Nach der Regierungsbegründung setzt die Anordnung der sofortigen Vollziehung voraus, dass „gerade wegen der Sachlage des Einzelfalles ein *besonderes öffentliches Interesse* an ihr besteht"[18]. Ein solches be-

14 Zu weitgehend *Schenke*, VerwArch 2000, 587, 598, der damit eine Analogie zu Lasten des Bürgers als ausgeschlossen ansieht.

15 Zu diesen Auslegungsmethoden bereits BVerfG, 21.5.1968 – 2 BvL 10/66 und 3/67, BVerfGE 24, 3, 15; BVerfG, 24.5.1967 – 1 BvL 18/65, BVerfGE 22, 28, 37.

16 Zur Thematik *Quack*, in: FK, Bd. V, Stand: Juli 2001, § 63 a GWB a. F., Rn. 9 m. w. N. Zur Parallele zu § 80 Abs. 2 Nr. 4 VwGO Regierungsbegründung S. 162.

17 Allg. Meinung zu den Parallelvorschriften, vgl. *Kollmorgen*, in: Langen/Bunte, KartR, 9. Aufl., § 65 Rn. 3; BVerfG, 18.7.1973 – 1 BvR 23, 155/73, BVerfGE 35, 382, 402 ff.; auch Regierungsbegründung, BR-Drucks. 574/01, S. 163.

18 Regierungsbegründung, BR-Drucks. 574/01, S. 162 (Hervorhebung nicht im Original).

sonderes öffentliches Interesse soll z.B. dann gegeben sein, wenn ohne die sofortige Vollziehung bedeutende Nachteile für die Marktintegrität durch Marktverzerrung infolge der zu erwartenden langen Dauer des Rechtsmittelverfahrens zu befürchten sind. Es geht also um solche Interessen, die an den **Zielen der Aufsicht** ausgerichtet sind (Schutz vor Marktverzerrung und vor Wettbewerbsverhinderung, Schutz vor Behinderung der Geschäftstätigkeit insbesondere des Zielunternehmens). Letztlich nimmt jedoch der Begriff des „besonderen öffentlichen Interesses" bereits Teile des Abwägungsprozesses vorweg und sollte deshalb nicht im Sinne eines feststehenden Begriffes missverstanden werden.[19] Mit dem „besonderen" öffentlichen Interesse soll lediglich ausgedrückt werden, dass an den Tatbestand des öffentlichen Interesses und noch mehr an die Feststellung des *überwiegenden* öffentlichen Interesses **erhebliche Anforderungen** zu stellen sind.[20] Das öffentliche Interesse muss gewichtig, die sofortige Vollziehung nicht nur gerechtfertigt, sondern „geboten" sein, allein Zweckmäßigkeit reicht nichts aus.[21] Das besondere öffentliche Interesse stellt sich damit als Ergebnis einer Abwägung aller im konkreten Fall betroffenen öffentlichen Interessen und der Interessen des Verfügungsadressaten dar, insbesondere unter Berücksichtigung der Natur, Schwere und Dringlichkeit des Interesses an der Vollziehung bzw. an der aufschiebenden Wirkung. Darüber hinaus ist auch die Möglichkeit oder Unmöglichkeit einer etwaigen Rückgängigmachung der getroffenen Regelung und ihrer Folgen zu berücksichtigen.[22] Im Rahmen des Abwägungsprozesses hat das Bundesaufsichtsamt auch summarisch die Voraussetzungen des Absatzes 3 Nr. 2–3 zu prüfen. Es darf also Gesichtspunkte nicht unberücksichtigt lassen, die nach Absatz 3 zur Wiederherstellung der aufschiebenden Wirkung führen könnten. Das Vollzugsinteresse muss über das allgemeine Interesse am Erlass der Verfügung hinausgehen,[23] sonst würde entgegen dem Gesetzeswillen die sofortige Vollziehung zur Regel und die aufschiebende Wirkung – über den Ausschluss nach §§ 42, 49 hinaus – zur Ausnahme. noch 9

19 Ähnlich auch BVerfG, 18.7.1973 – 1 BvR 23, 155/73, BVerfGE 35, 382, 402.

20 Vgl. KG Berlin, 16.7.1993 – Kart. 11/93, WuW/E 5132f. – Empfehlung Ersatzwagenkostenerstattung –: „strenger Maßstab".

21 *Quack*, in: FK, Bd. V, Stand: Juli 2001, § 63a GWB a.F. Rn. 11.

22 *Kopp/Schenke* (Fn. 2), § 80 Rn. 90; zum Interessenbewertungsaspekt einer Rückgängigmachung bzw. eines möglichen Schadensersatz auch *Kollmorgen*, in: Langen/Bunte, KartR, 9. Aufl., § 65 Rn. 6; *Klemp* (Fn. 3), 709, 712.

23 Vgl. dazu allgemein *Klemp* (Fn. 3), 709, 712 m.w.N. aus der Rechtsprechung.

b) Überwiegendes Interesse eines Beteiligten

10 Die Bedeutung dieses Tatbestandsmerkmals ist fraglich. Zunächst einmal ist ganz allgemein festzustellen, dass die Anordnung der sofortigen Vollziehung eines Verwaltungsaktes zu Gunsten von Individualinteressen Dritter § 4 Abs. 2 widerspricht, nach dem das Bundesaufsichtsamt seine Aufgaben ausschließlich im öffentlichen Interesse wahrnimmt. Im Übrigen müsste man konsequenterweise nach der Schutznormtheorie dann auch diesen Beteiligten ein Recht aus § 50 Abs. 1 auf ermessensfehlerfreie Entscheidung über einen von ihnen gestellten Antrag auf Anordnung der sofortigen Vollziehung zugestehen, was mit dem Ausschluss von aus dem WpÜG ableitbaren Drittrechten unvereinbar wäre (vgl. zu diesem Komplex § 4 Rn. 43 ff., § 41 Rn. 13 f., 23 ff., Anhang § 41 Rn. 3 ff., § 48 Rn. 10 ff.).

11 Darüber hinaus ist schon unklar, wer mit dem Terminus **„eines Beteiligten"** überhaupt gemeint sein kann. Die für die Parallelvorschriften wie § 80 Abs. 2 Nr. 4 VwGO oder § 65 GWB typischen Dreieckskonstellationen (aufgrund eines Verwaltungsaktes mit Doppelwirkung) werden im Übernahmerecht nicht praktisch.[24]

12 Da jedenfalls eine Betroffenheit nur in außerrechtlichen, insbesondere wirtschaftlichen oder ideellen Interessen keine „Beteiligteneigenschaft" im Sinne des § 50 Abs. 1 erzeugen kann, bleibt nur die Auslegung, dass durch den Verwaltungsakt, dessen sofortige Vollziehung begehrt wird, **zumindest** die **rechtlichen Interessen** des „Beteiligten" berührt werden müssen.[25]

13 Daraus ergibt sich erstens, dass es sich bei dem Beteiligten um einen Beteiligten im Sinne des § 13 VwVfG handeln können muss[26] und zweitens, dass sich das überwiegende Interesse des Beteiligten nicht aus Vorschriften des WpÜG ergibt.

14 Auch hier hat der Gesetzgeber das Zusammenspiel zwischen der Aufsicht in Übernahmeangelegenheiten aus rein öffentlichem Interesse, der möglichen Hinzuziehung Dritter zum Verfahren (Dritte als Verfahrensbeteiligte) und den Schutz von beteiligten Interessen nicht hinreichend beachtet. Die Anordnung der sofortigen Vollziehung zu Gunsten eines Beteiligten kann nur in Fällen einer einfachen Hinzuzie-

---

24 Vgl. dazu die Kommentierung zu § 41 Rn. 13 ff.

25 Dazu *Finkelnburg/Jank*, Vorläufiger Rechtsschutz im Verwaltungsstreitverfahren, 4. Aufl. 1998, Rn. 778.

26 Zu den Voraussetzungen § 41 Rn. 25 ff.

hung Dritter zum Verfahren denkbar sein und dürfte deshalb (zur Hinzuziehung Dritter § 41 Rn. 23 ff.) in der Praxis letztlich keine Rolle spielen.

3. Rechtsnatur, Verfahren, Rechtsbehelf

a) Rechtsnatur, Verfahren

Die Rechtsnatur der Anordnung der sofortigen Vollziehung ist umstritten.[27] Jedoch hat dieser Streit praktisch keine Relevanz. Genauso wie bei § 65 GWB[28] wird man auch für die Anordnung der sofortigen Vollziehung nach § 50 Abs. 1 annehmen müssen, dass sie – jedenfalls analog § 80 Abs. 3 VwGO – zu **begründen** und den Beteiligten, zumindest dem Anordnungsadressaten, **förmlich zuzustellen** ist. Fehlt eine hinreichende Begründung,[29] so rechtfertigt dies bereits die Wiederherstellung der aufschiebenden Wirkung nach Absatz 3. Ein **Nachholen der Begründung** dürfte nicht möglich sein. Das Bundesaufsichtsamt hat jedoch die Möglichkeit, eine neue Anordnung der sofortigen Vollziehung mit neuer Begründung zu erlassen (zur davon zu unterscheidenden Problematik des Nachschiebens von Gründen vgl. § 48 Rn. 27, § 55 Rn. 3).[30] Liegen die Voraussetzung für eine Anordnung vor, so kann das Bundesaufsichtsamt nach pflichtgemäßem Ermessen entscheiden, ob es die sofortige Vollziehbarkeit anordnen will oder nicht. Die sofortige Vollziehung wird von Amts wegen angeordnet, jedoch kann dies durchaus auf Anregung eines Dritten geschehen.[31] Zuständig für den Erlass der Anordnung ist das Bundesaufsichtsamt, auch wenn in der Hauptsache bereits Beschwerde eingelegt worden ist. 15

---

27 Für Verwaltungsakt *Loewenheim*, in: Westrick/Loewenheim, GWB, Stand: 1. 10. 1981, § 63 GWB a.F. Rn. 8; *Quack*, in: FK, Bd. V, Stand: Juli 2001, § 63 a GWB a.F. Rn. 24; dazu auch *Schmidt,* in: Immenga/Mestmäcker, GWB, 3. Aufl., § 65 Rn. 8; auch oben Rn. 7.

28 *Kollmorgen*, in: Langen/Bunte, KartR, 9. Aufl., § 65 Rn. 10; *Schmidt,* in: Immenga/Mestmäcker, GWB, 3. Aufl., § 65 Rn. 8.

29 Zu den Begründungsanforderungen *Schmidt,* in: Immenga/Mestmäcker, GWB, 3. Aufl., § 65 Rn. 8.

30 *Quack*, in: FK, Bd. V, Stand: Juli 2001, § 63 a GWB a.F. Rn. 24.

31 Unter Berücksichtigung des § 4 Abs. 2 verleiht § 50 Abs. 1 Dritten kein Recht auf ermessensfehlerfreie Entscheidung. Anders § 80 a VwGO und – str. – § 65 GWB (dazu *Schmidt*, in: Immenga/Mestmäcker, GWB, 3. Aufl., § 65 Rn. 8), allerdings fehlt dort auch eine dem § 4 Abs. 2 WpÜG entsprechende Vorschrift.

b) Rechtsbehelfe

16 Die Rechtsbehelfe gegen die Anordnung sind abschließend in Absatz 3 geregelt. Weder eine Anfechtungs- noch eine Verpflichtungsbeschwerde gegen die Anordnung der sofortigen Vollziehung sind statthaft.

III. Aussetzen der Vollziehung durch das Bundesaufsichtsamt

17 Im Gegensatz zu § 65 Abs. 3 Satz 2 GWB und auch zu § 80 Abs. 4 Satz 1 VwGO ist in § 50 **nicht** die Befugnis des Aufsichtsamtes enthalten, die Vollziehung einer ihrer Verfügungen auszusetzen. Diese Befugnis war schon im Referentenentwurf nicht enthalten, was Anlass zu Kritik etwa durch den Handelsrechtsausschuss des DAV gab.[32]

18 Auch ohne eine explizite Regelung ergibt sich diese Aussetzungsbefugnis jedoch bereits nach allgemeinen Grundsätzen aus der **allgemeinen Sachzuständigkeit der Behörde**, die die Verfügung erlassen hat (Ausgangsbehörde).[33] Die Ausgangsbehörde – hier das Bundesaufsichtsamt – kann im Rahmen ihrer Sachherrschaft die Anordnung der sofortigen Vollziehung sogar gänzlich aufheben.[34] Entsprechende Befugnisse aufgrund Sachherrschaft (vgl. Kommentierung zu § 41 Rn. 17) hat auch der als Widerspruchsbehörde handelnde Widerspruchsausschuss, jedoch nur für die Dauer des Widerspruchsverfahrens.[35]

IV. Anordnung und Wiederherstellung der aufschiebenden Wirkung durch das Beschwerdegericht (Absatz 3)

1. Materielle Voraussetzungen

19 Nach Absatz 3 „kann" das Beschwerdegericht die aufschiebende Wirkung von Widerspruch und Beschwerde anordnen oder wiederherstellen. Diese Regelung kommt dann zum Zuge, wenn Widerspruch bzw.

32 Stellungnahme des *Handelsrechtsausschusses des DAV e.V.*, NZG 2001, 420, 430.

33 *Schoch*, Vorläufiger Rechtsschutz und Risikoverteilung im Verwaltungsrecht, 1988, S. 1290; zweifelnd wohl *Redeker*, NVwZ 1991, 526, 528; vgl. dazu auch *Hörtnagel/Stratz*, VBlBW 1991, 326, 327; unklar für die Zeit nach Erlass des Verwaltungsaktes *Finkelnburg/Jank* (Fn. 25), Rn. 785.

34 *Schoch* (Fn. 33), S. 1290.

35 Da der Widerspruchsausschuss nicht Fachaufsichtsbehörde ist (vgl. Kommentierung zu § 41 Rn. 19), kann er eine solche Aussetzung außerhalb des Widerspruchsverfahrens auch nicht etwa anordnen.

Beschwerde keine aufschiebende Wirkung haben (insbesondere Fälle des § 42, Antrag lautet auf „Anordnung" der aufschiebenden Wirkung) oder das Bundesaufsichtsamt die sofortige Vollziehung nach Absatz 1 angeordnet hat (Antrag auf „Wiederherstellung" der aufschiebenden Wirkung). Angesichts der hohen Anforderungen handelt es sich vor dem Hintergrund effektiven Rechtsschutzes in Wahrheit um eine **„Muss"**-Vorschrift,[36] sofern die Voraussetzungen der Nr. 1, 2 oder 3 gegeben sind.

a) Nr. 1

Das Beschwerdegericht hat die **formelle und materielle Rechtmäßigkeit der Vollzugsanordnung** des Bundesaufsichtsamtes zu überprüfen und bei Vorliegen eines entsprechenden Mangels die aufschiebende Wirkung von Widerspruch oder Beschwerde wiederherzustellen.[37] Eine nicht hinreichende Begründung der Vollzugsanordnung (formeller Mangel) führt zur Wiederherstellung der aufschiebenden Wirkung. Des Weiteren wird das Beschwerdegericht die aufschiebende Wirkung z.B. wiederherstellen, wenn das Bundesaufsichtsamt zu Unrecht das öffentliche Interesse oder das überwiegende Interesse eines Beteiligten bejaht hat oder wenn ein solches Interesse nach Erlass der Anordnung, aber vor der Entscheidung des Beschwerdegerichts entfallen ist.[38] Es besteht hier keine Einschätzungsprärogative der Verwaltung.[39] **20**

b) Nr. 2

Auch **ernstliche Zweifel an der Rechtmäßigkeit** der mit der Beschwerde angefochtenen **Hauptsacheverfügung** verpflichten das Beschwerdegericht zur Anordnung oder Wiederherstellung der aufschiebenden Wirkung. Ernstliche Zweifel können sich in tatsächlicher oder in rechtlicher Hinsicht ergeben, so etwa wenn es um komplexe und **21**

36 So zur Parallelvorschrift des jetzigen § 65 GWB *Quack*, in: FK, Bd. V, Stand: Juli 2001, § 63 a GWB a.F. Rn. 34: es gebe nur *eine* richtige Ermessensausübung; vgl. i.Ü. auch Regierungsbegründung, BR-Drucks. 574/01, S. 163 f.; wie hier *Zehetmeier-Müller/Grimmer*, in: Geibel/Süßmann, WpÜG, 2002, § 50 Rn. 12.

37 So zur Parallelvorschrift § 80 VwGO, *Kopp/Schenke* (Fn. 2), § 80 Rn. 146.

38 Regierungsbegründung, BR-Drucks. 574/01, S. 163 f., vgl. auch *Quack*, in: FK, Bd. V, Stand: Juli 2001, § 63 a GWB a.F. Rn. 35.

39 Zur Parallelvorschrift im GWB *Kollmorgen*, in: Langen/Bunte, KartR, 9. Aufl., § 65 Rn. 12: „umfassende gerichtliche Kontrolle".

noch nicht geklärte grundsätzliche Rechtsfragen geht[40] oder aber ernste verfassungsrechtliche Zweifel bestehen.[41]

22 Fraglich ist, welche Anforderungen an die **„ernstlichen Zweifel"** zu stellen sind. Im Rahmen der Parallelvorschriften (§ 65 Abs. 3 Nr. 2 GWB, § 69 Abs. 3 i.V.m. Abs. 2 Satz 2 FGO, § 80 Abs. 4 VwGO) wird teils ein **„offenes"** Verfahren als ausreichend angesehen, teils werden jedoch auch **strengere Maßstäbe** angelegt.[42] Letztlich hängt jedoch die Ernstlichkeit der Zweifel nach richtiger Ansicht von den **Umständen des Einzelfalles** ab. Hat die sofortige Vollziehung für den Betroffenen keine schwerwiegenden Nachteile, wird ein „offener" Verfahrensausgang für eine Anordnung bzw. Wiederherstellung der aufschiebenden Wirkung wohl nicht ausreichen.[43]

c) Nr. 3

23 Das Beschwerdegericht hat die aufschiebende Wirkung der Beschwerde herzustellen oder anzuordnen, wenn die Vollziehung für den Betroffenen eine **unbillige**, nicht durch überwiegende öffentliche Interessen gebotene **Härte** zur Folge hätte. Die Vorschrift ist an § 65 GWB, § 80 Abs. 4 S. 3 VwGO und § 69 Abs. 2 FGO angelehnt. Nur schwerwiegende **Nachteile und Eingriffe**, die **nicht oder nur schwer reparabel** sind, können eine „unbillige Härte" sein.[44] Einigkeit dürfte

40 KG, 15.11.1974 – Kart. 40/74, WuW/E OLG 1547 – Valium – Librium –; *Kollmorgen*, in: Langen/Bunte, KartR, 9. Aufl., § 65 Rn. 13.

41 BVerfG, 21.2.1961 – 1 BvR 314/60, BVerfGE 12, 180, 186 f., *Klemp* (Fn. 3), 709, 713.

42 So setzt die Anordnung/Wiederherstellung der aufschiebenden Wirkung nach § 69 FGO keine überwiegende Erfolgsaussicht des Rechtsbehelfs voraus. Es müssen jedoch gewichtige Gesichtspunkte gegen eine Rechtmäßigkeit der angefochtenen Maßnahme bestehen, vgl. *Birkenfeld*, in: Hübschmann/Hepp/Spitaler, AO/FGO, 10. Aufl., Stand: August 2001, § 69 Rn. 286 f., 786; zu § 65 GWB vgl. *Klemp* (Fn. 3), 709, 713; *Quack*, in: FK, Bd. V, Stand: Juli 2001, § 63 a GWB a. F. Rn. 36, differenzierend *Kollmorgen*, in: Langen/Bunte, KartR, 9. Aufl., § 65 Rn. 13; streitig für § 80 Abs. 4 VwGO, vgl. nur *Kopp/Schenke* (Fn. 2), § 80 Rn. 116 m. w. N.; OVG Bremen DVBl. 1985, 1182, 1183; *Finkelnburg/Jank* (Fn. 25), Rn. 865; für strengen Maßstab *Zehetmaier-Müller/Grimmer*, in: Geibel/Süßmann, WpÜG, 2002, § 50 Rn. 14.

43 So für § 65 Abs. 3 Nr. 2 GWB KG WuW/E 5263, 5266; dazu auch *Kollmorgen*, in: Langen/Bunte, KartR, 9. Aufl., § 65 Rn. 13. Die Übernahme dieses Maßstabes rechtfertigt sich aus den vergleichbar gewichtigen Interessen, die im Kartellverfahren und auch in Angebotsverfahren nach dem WpÜG auf dem Spiele stehen und die sich deutlich vom Durchschnitt der im Allgemeinen Verwaltungsverfahren sowie im Steuerverfahren betroffenen Interessen unterscheiden dürften.

44 Vgl. z. B. *Kopp/Schenke* (Fn. 2), § 80, Rn. 116 m. w. N.; *Schmidt*, in: Immenga/Mestmäcker, GWB, 3. Aufl., § 65 Rn. 14. Zu den Wechselwirkungen zwischen dem „Härtegrad" und den Erfolgsaussichten eines Rechtsmittels vgl. bereits *Klemp*

darin bestehen, dass Existenzbedrohungen oder gar -vernichtungen nicht hinzunehmen sind.[45]

2. Verfahrensfragen (Absätze 4 und 5)

a) Antrag

Die Entscheidung des Gerichts setzt einen entsprechenden Antrag eines Verfahrensbeteiligten voraus, der von der Vollziehbarkeit der Verfügung betroffen ist.[46] Der Antrag kann vor der Einlegung der Beschwerde gestellt werden (§ 50 Abs. 4 Satz 1). Diese Vorschrift geht offensichtlich vom Regelfall aus, dass Widerspruch schon eingelegt wurde, bevor ein Antrag nach Absatz 3 gestellt wird.[47] Vergleicht man § 50 jedoch mit § 80 Abs. 5 VwGO, ist dies nicht zwingend. Vielmehr geht eine weit verbreitete Meinung zu § 80 Abs. 5 VwGO davon aus, dass in der Hauptsache kein Rechtsbehelf eingelegt sein muss, dessen aufschiebende Wirkung angeordnet oder wiederhergestellt werden kann. Der Antrag kann damit sogar schon **vor Einlegung des Widerspruchs** gestellt werden;[48] allerdings kann eine Entscheidung des Beschwerdegerichts erst erfolgen, wenn die Hauptverfügung tatsächlich durch Rechtsbehelf (Widerspruch oder Beschwerde) angefochten worden ist.[49] Entsprechend der Auslegung zum Kartellverfahren unterliegt der Antrag nicht der Form und Frist des § 51[50] und auch nicht dem Anwaltszwang.[51] 24

(Fn. 3), 709, 713; *Quack*, in: FK, Bd. V, Stand: Juli 2001, § 63 a a.F. Rn. 40; auch Regierungsbegründung, BR-Drucks. 574/01, S. 164, wonach den Erfolgsaussichten des Rechtsmittels sogar entscheidende Bedeutung beigemessen wird.

45 Zu § 69 Abs. 2 und 3 FGO BFH, 31.1.1967 – VI S 9/66, NJW 1967, 1440; zu § 80 Abs. 5 i.V.m. Abs. 4 Satz 3, 2. Alt. VwGO BayVGH, 25.1.1988 – 6 CS 87.O3857 BayVBl 1988, 727.

46 *Kollmorgen*, in: Langen/Bunte, KartR, 9. Aufl., § 65 Rn. 17.

47 So stellt die Regierungsbegründung allein darauf ab, dass dem Betroffenen die Einlegung der *Beschwerde* deshalb nicht zugemutet werden solle, da diese in der Regel sowieso keine aufschiebende Wirkung entfalte (S. 164).

48 Str., in diese Richtung VGH Mannheim, 30.4.1994 – 1 S 1144/94, DVBl. 1995, 302, 303; ebenso *Kopp/Schenke* (Fn. 2), § 80, Rn. 139.

49 Die wohl überwiegende Auffassung vertritt eine solche „Wartepflicht" des Gerichts im Rahmen der §§ 80 VwGO, 65 GWB, vgl. *Kollmorgen*, in: Langen/Bunte, KartR, 9. Aufl., § 65 Rn. 18; *Schmidt*, in: Eyermann, VwGO, 11. Aufl., § 80 Rn. 65 m.w.N.; *Klemp* (Fn. 3), 713; dagegen *Schmidt,* in: Immenga/Mestmäcker, GWB, 3. Aufl., § 65 Rn. 15; *Quack*, in: FK, Bd. V, Stand: Juli 2001, § 63 a GWB a.F. Rn. 46; gegen eine Wartepflicht auch *Möller*, AG 2002, 170, 171.

50 *Schmidt,* in: Immenga/Mestmäcker, GWB, 3. Aufl., § 65 Rn. 15; *Loewenheim*, in: Westrick/Loewenheim (Fn. 27), § 65, § 63 a a.F. Rn. 14; *Klemp* (Fn. 3), 709, 714.

51 Nach *Schmidt,* in: Immenga/Mestmäcker, GWB, 3. Aufl., § 65 Rn. 15, zweifelhaft wegen § 68 GWB, der im Grunde § 53 WpÜG entspricht.

b) Prüfungsumfang und Glaubhaftmachung

25 Wird eine Antrag auf Anordnung bzw. Wiederherstellung der aufschiebenden Wirkung gestellt, so kann das Gericht diesen Antrag nicht zurückweisen, ohne alle Voraussetzungen der Nr. 1 bis 3 zu prüfen. Dies muss auch gelten, wenn der Antrag nur auf einen der Tatbestände gestützt ist. Die Tatsachen, auf die der Antrag gestützt wird, sind glaubhaft zu machen. Diese Glaubhaftmachung kann nach § 294 ZPO auch im Wege der Versicherung an Eides statt erbracht werden.[52] Da es sich um ein summarisches Verfahren handelt, besteht über die glaubhaft gemachten Tatsachen hinaus grds. keine weitergehende Ermittlungspflicht des Gerichts.[53] Das Gericht entscheidet durch Beschluss.

c) Beseitigung von Vollzugsfolgen und Anordnung von Auflagen

26 Absatz 4 Satz 3 gibt dem Gericht die Befugnis, auch schon im Verfahren zur Gewährleistung vorläufigen Rechtsschutzes die Vollzugsfolgen ganz oder teilweise zu beseitigen. Entsprechend dem Zweck des einstweiligen Rechtsschutzes sind hierbei allerdings **nur vorläufige Regelungen** möglich. Eine **Vorwegnahme der Hauptsache** ist nur insoweit zulässig, als dies zur Gewährung effektiven Rechtsschutzes schlechthin notwendig ist.[54]

27 **Auflagen und Fristen**, wie sie in Satz 4 und 5 nun ebenfalls vorgesehen sind, dienen ebenfalls dem Zweck, die möglichen Folgen der Anordnung zu begrenzen.[55] Die Regelungen orientieren sich an § 80 Abs. 5 Sätze 4 bis 5 VwGO und § 65 Abs. 4 Sätze 4 bis 5 GWB. Dabei ist der Terminus **„Auflage"** nicht als selbstständig vollstreckbare Anordnung im Sinne des § 36 VwVfG zu verstehen, sondern bezeichnet **allgemein Nebenbestimmungen**, die auf die Zwecke des gerichtlichen Eilverfahrens zugeschnitten sind.[56] Ihre Nichtbeachtung be-

---

52 Regierungsbegründung, BR-Drucks. 574/01, S. 164.
53 Näher *Klemp* (Fn. 3), 709, 713.
54 Regierungsbegründung, BR-Drucks. 574/01, S. 164.
55 Regierungsbegründung, BR-Drucks. 574/01, S. 164.
56 Dazu VGH Mannheim, 9.5.1983 – 10 S 630/83 zu § 80 Abs. 5 Satz 4 VwGO; *Schoch*, in: Schoch/Schmidt-Aßmann/Pietzner, VwGO, Stand: Januar 2001, § 80 Rn. 296; *Schmidt*, in: Immenga/Mestmäcker, GWB, 3. Aufl., § 65 Rn. 15, bevorzugt den Ausdruck „Bedingungen", allerdings ist zu beachten, dass damit *keine aufschiebenden* Bedingungen gemeint sein dürfen, die dem Prozessrecht fremd sind, dazu *Schmidt*, in: Eyermann, VwGO, 11. Aufl., § 80 Rn. 91.

rechtigt das Gericht zu einer Änderung nach § 50 Abs. 5.[57] Insbesondere kann die *Anordnung* und – so muss man wohl ergänzen – auch die Wiederherstellung der aufschiebenden Wirkung[58] von der **Leistung einer Sicherheit** abhängig gemacht werden. Sie dient der Sicherung des Antragsgegners für den Fall, dass in einem späteren Hauptsacheverfahren die Verfügung des Bundesaufsichtsamtes bestätigt wird und durch die zwischenzeitliche Anordnung der aufschiebenden Wirkung ein Schaden entstanden ist.[59]

Wie diese **Sicherheit** gestaltet sein muss, sagt das Gesetz nicht. Im Rahmen des § 65 GWB wird, sofern die Frage überhaupt angesprochen wird, auf die §§ 232 ff. BGB rekurriert,[60] allerdings spricht der prozessuale Charakter[61] auch für eine analoge Anwendung der Grundsätze der §§ 921 Satz 2, 108 ZPO. Jedenfalls kann die Sicherheitsleistung z. B. im Wege der Bürgschaft oder der Hinterlegung von Geld erbracht werden. 28

d) Änderungsbefugnis des Gerichts (Absatz 5)

Nach Absatz 5 Satz 1 kann das Beschwerdegericht jederzeit seine Beschlüsse über Anträge nach Absatz 1 ändern oder aufheben. Die Vorschrift entspricht § 80 Abs. 7 Satz 1 VwGO. Diese Befugnis steht dem Gericht von Amts wegen zu und ist unabhängig von einer gegebenenfalls noch möglichen Beschwerde. Voraussetzung für eine Änderung oder Aufhebung soll nach der Regierungsbegründung sein, dass sich die Umstände, von denen das Beschwerdegericht bei seinem Beschluss 29

57 Es müssen hier die gleiche Grundsätze gelten wie im Rahmen des § 80 Abs. 5 und 7 VwGO, dazu VGH Mannheim, 9. 5. 1983 – 10 S 630/83, NJW 1984, 1369.

58 Dem Wortlaut nach wird nur die Anordnung nicht jedoch die Wiederherstellung erfasst. Bei § 80 Abs. 5 Satz 4 VwGO ist es umgekehrt: Dem Wortlaut nach kann nur bei einer *Wiederherstellung* der aufschiebenden Wirkung eine Sicherheitsleistung angeordnet werden. Allerdings wird die Vorschrift dennoch auch im Rahmen von *Anordnungs*entscheidungen angewandt (dazu *Schoch,* in: Schoch/Schmidt-Aßmann/Pietzner, VwGO, Stand: Januar 2001, § 80 Rn. 293; *Schmidt*, in Eyermann, VwGO, 11. Aufl., § 80 Rn. 88). Da die Regierungsbegründung (S. 164) ausdrücklich die Entsprechung zu § 80 Abs. 5 VwGO erwähnt, sollte § 50 Abs. 4 Satz 4 ebenso ausgelegt werden. Diese Auslegung entspricht auch § 65 Abs. 4 Satz 4 GWB, nach dem sowohl die Anordnung als auch die Wiederherstellung der aufschiebenden Wirkung von einer Sicherheitsleistung abhängig gemacht werden kann.

59 Regierungsbegründung, BR-Drucks. 574/01, S. 164.

60 *Quack*, in: FK, Bd. V, Stand: Juli 2001, § 63 a GWB a. F. Rn. 55.

61 Dazu *Schoch*, in: Schoch/Schmidt-Aßmann/Pietzner, VwGO, Stand: Januar 2001, § 80, Rn. 296.

ausgegangen ist, nachträglich geändert haben, so dass eine neue Bewertung geboten ist.[62]

V. Einstweilige Anordnungen

30 § 50 regelt **nur** den vorläufigen Rechtsschutz **in Anfechtungssachen**. Begehrt der Beschwerde- bzw. Widerspruchsführer den **Erlass eines ihn begünstigenden Verwaltungsaktes** (z. B. die Befreiung vom Pflichtangebot oder die Nichtzurechnung von Stimmrechten), sieht das WpÜG **keinen** solchen vorläufigen Rechtsschutz vor. Der Gesetzgeber sah hierfür offenbar kein Bedürfnis. Eine vorgeschaltete vorläufige Regelung würde wohl auch den verfolgten Grundsätzen der Verfahrensbeschleunigung und der Klarheit für den Rechtsverkehr zuwiderlaufen. Sollte sich in einzelnen Fällen ein solcher Rechtsschutz dennoch als unbedingt erforderlich erweisen, etwa weil in der Praxis die gewollte Beschleunigung des Verfahrens nicht erreicht wird und sich Entscheidungen über Gebühr verzögern mit schwerwiegenden Folgen für den Antrag stellenden Bieter oder die Zielgesellschaft, so muss nach der **Rechtsprechung des Bundesverfassungsgerichts** der **Gedanke** des **§ 123 VwGO** dennoch **Anwendung** finden und vorläufiger Rechtsschutz gewährt werden.[63]

§ 51 Frist und Form

(1) Die Beschwerde ist binnen einer Notfrist von einem Monat bei dem Beschwerdegericht schriftlich einzureichen. Die Frist beginnt mit der Bekanntgabe oder der Zustellung des Widerspruchsbescheides des Bundesaufsichtsamtes.

(2) Ergeht auf einen Antrag keine Verfügung, so ist die Beschwerde an keine Frist gebunden.

(3) Die Beschwerde ist zu begründen. Die Frist für die Beschwerdebegründung beträgt einen Monat; sie beginnt mit der Einlegung der Beschwerde und kann auf Antrag von dem Vorsitzenden des Beschwerdegerichts verlängert werden.

62 Regierungsbegründung, BR-Drucks. 574/01, S. 165.

63 BVerfG, 19.10.1977 – 2 BvR 42/76, BVerfGE 46, 166, 179.

(4) Die Beschwerdebegründung muß enthalten

1. die Erklärung, inwieweit die Verfügung angefochten und ihre Abänderung oder Aufhebung beantragt wird, und

2. die Angabe der Tatsachen und Beweismittel, auf die sich die Beschwerde stützt.

Literatur: *Hähnchen*, Das Gesetz zur Anpassung der Formvorschriften des Privatrechts und anderer Vorschriften an den modernen Rechtsverkehr, NJW 2001, 2831, 2832; *Immenga/Mestmäcker*, GWB, 3. Aufl., 2001; *Langen/Bunte*, Kommentar zum deutschen und europäischen Kartellrecht (KartR), Bd. 1, 9. Aufl., Neuwied 2001; *Kopp/Schenke*, VwGO, 12. Aufl., München 2000; *Thomas/Putzo*, ZPO, 23. Aufl., München 2001.

Übersicht

I. Regelungsgegenstand und -zweck

1 Absätze 1 und 2 regeln Frist und Form der Beschwerde sowie die Stelle, bei der sie einzureichen ist. Absätze 3 und 4 enthalten Vorgaben für die Begründung der Beschwerde. Die Vorschriften dienen der **Verfahrenseffizienz**, gehen in diese Richtung aber nicht so weit, dass die Interessen der Beteiligten unzumutbar beeinträchtigt werden. Sie lehnen sich an entsprechende Vorschriften der VwGO (§§ 124a Abs. 3, 82 VwGO) und der ZPO (§ 519 ZPO a. F.)[1] sowie des GWB (§ 66 GWB) an.[2]

II. Frist und Form der Beschwerde

1. Frist

2 Die Beschwerdefrist von **einem Monat** beginnt mit Bekanntgabe oder Zustellung des Widerspruchsbescheids des Bundesaufsichtsamtes. Ent-

1 Fassung gültig bis zum 31.12.2001, vor Inkrafttreten des Gesetzes zur Reform des Zivilprozesses.

2 Dazu Regierungsbegründung, BR-Drucks. 574/01, S. 165.

sprechend § 58 VwGO ist Voraussetzung für den Lauf der Beschwerdefrist eine **ordnungsgemäße Rechtsbehelfsbelehrung**. Ergeht keine Verfügung, gibt es keine Fristbindung (Absatz 2). Gemäß § 58 i.V.m. § 222 ZPO, §§ 187, 188 BGB endet die Monatsfrist mit Ablauf des Tages des Folgemonats, der durch seine Zahl dem Tag der Zustellung/Bekanntgabe entspricht (Bsp.: Zustellung 15. September, Fristende: 15. Oktober). Fällt das Ende der Frist auf einen Sonntag, einen allgemeinen Feiertag oder einen Sonnabend, so endet die Frist mit dem Ablauf des nächsten Werktages (§ 222 Abs. 2 ZPO). Die Monatsfrist ist eine **Notfrist**, d.h. bei Zustellungsmängeln wird die Frist nicht in Gang gesetzt (§ 58 i.V.m. § 187, 2 ZPO); die Notfrist ist unabänderlich (§ 224 Abs. 1 ZPO), insbesondere nicht verlängerbar. Bei unverschuldeter Versäumung findet die **Wiedereinsetzung** nach § 58 i.V.m. § 233 ZPO statt (dazu sogleich Rn. 3).

2. Form

3 In der Beschwerdeschrift muss deutlich gemacht werden, dass gegen ein **bestimmtes Verhalten des Bundesaufsichtsamtes** vorgegangen wird und dass hierüber gerichtlich entschieden werden soll. Schriftform erfordert grds. die eigenhändige Unterschrift,[3] wobei aufgrund des Anwaltszwangs (§ 53) die **Unterzeichnung** durch den **anwaltlichen Vertreter** erfolgen muss. Für den geforderten Schriftzug von Hand (kein maschinengeschriebener Name) reicht nach gefestigter Rechtsprechung eine bloße Paraphe nicht aus,[4] ebenso wenig ein Faksimilestempel[5] oder eine „gekrümmte Linie“.[6] Lesbarkeit der Unterschrift ist hingegen nicht erforderlich.[7] Vom Erfordernis der eigenhändigen (Original)Unterschrift sind zahlreiche Ausnahmen anerkannt, so ist nach st. Rspr. die Übermittlung eines bestimmenden Schriftsatzes durch Telegramm, Fernschreiben und Telefax zulässig, solange technisch alles unternommen wird, um die Urheberschaft und das gewollte Inverkehrbringen des Schriftstückes nachzuweisen.[8] Konsequenterweise hat die höchstrich-

---

3 Zum Schriftformerfordernis für bestimmende Schriftsätze in den verschiedenen Verfahrensordnungen vgl. *Reichold*, in: Thomas/Putzo, ZPO, 23. Aufl., § 129 Rn. 5 ff.; *Schmidt,* in: Immenga/Mestmäcker, GWB, 3. Aufl., § 66 Rn. 3.

4 BGH, 10.7.1997 – IX ZR 24/97, NJW 1997, 3380.

5 BFH, 7.8.1974 – II R 169/70, DB 1975, 88; VG Wiesbaden, 14.10.1993 – 8/1 G 20.646/93, NJW 1994, 537.

6 BGH, 21.3.1974 – VII ZB 2/74, NJW 1974, 1090.

7 BGH, 10.7.1997 – IX ZR 24/97, NJW 1997, 3380; BAG, 30.8.2000 – 5 AZB 17/00, NJW 2001, 316.

8 RGZ 151, 82; BGH, 28.2.1983 – Anw.Z(B) 2/83, NJW 1983, 1498; BGH, 25.3.1986 – IX ZB 15/86, NJW 1986, 1759; insbesondere zum Erfordernis der Un-

terliche Rechtsprechung diese Grundsätze auch auf das PC-Fax ausgedehnt,[9] künftig wird wohl auch die elektronische Signatur – eine entsprechende technische Ausstattung des Gerichts vorausgesetzt – die Schriftform ersetzen können.[10] Eingegangen ist der durch Telefax übermittelte Schriftsatz in dem Zeitpunkt, in dem er vom Empfangsgerät vollständig ausgedruckt ist, falls der Ausdruck nicht durch einen Fehler in seiner Funktion oder Bedienung verzögert worden ist (in solchen Fällen ist an Wiedereinsetzung zu denken, § 58). Zur Sicherheit sollte die Beschwerde dem Gericht direkt übermittelt werden.[11] Eine Heilung von Schriftformmängeln ist innerhalb der Rechtsbehelfsfrist mit ex-nunc Wirkung möglich (zweckmäßigerweise durch Neuvornahme).

III. Beschwerdebegründung

Die Beschwerde muss begründet werden. Für die Berechnung der **Beschwerdebegründungsfrist** von **einem Monat ab Einlegung der Beschwerde** gilt das oben zur Beschwerdefrist Gesagte. Da die Beschwerdebegründungsfrist keine Notfrist ist, kann sie auf Antrag vom Vorsitzenden des Beschwerdegerichts **verlängert** werden (Absatz 3 Satz 2 a. E.). Absatz 4 Nr. 1 macht deutlich, dass eine Verfügung auch nur teilweise angefochten werden kann (dazu auch oben § 48 Rn. 9). 4

---

terschriftswiedergabe auf der Telekopie BGH, 20.9.1989 – IVb ZB 91/89, NJW 1990, 188; BayObLG, 13.10.1994 – 1 ZBR 39/94, NJW 1995, 668; vgl. auch BVerwG, 25.11.1970 – IV C 119.68, BVerwGE 36, 296.

9 Gemeinsamer Senat der Obersten Gerichtshöfe des Bundes (GemSOGB), 5.4.2000 – GmS-OGB 1/98, NJW 2000, 2340. Die Person des Erklärenden sei in der Regel dadurch eindeutig bestimmt, dass seine Unterschrift eingescannt oder der Hinweis aufgebracht sei, dass der benannte Urheber wegen der gewählten Übertragungsform nicht unterzeichnen kann.

10 Vgl. dazu Gesetz zur Anpassung der Formvorschriften des Privatrechts und anderer Vorschriften an den modernen Rechtsverkehr vom 13.7.2001, BGBl. I 1542, in Kraft seit dem 1.8.2001; Gesetz über Rahmenbedingungen für elektronische Signaturen (Signaturgesetz) vom 16. Mai 2001, BGBl. I 876. Obgleich § 130a ZPO und § 86a VwGO bislang diese neue Schriftform nur für vorbereitende Schriftsätze erlauben, dürfte dies ebenso für bestimmende Schriftsätze gelten. Zur Ersatzfunktion auch *Thomas*, in: Thomas/Putzo, ZPO, 23. Aufl., Einl. VII, Rn. 7; *Hähnchen*, NJW 2001, 2831, 2832.

11 Zur streitigen Frage, ob dem Schriftformerfordernis genügt ist, wenn die Beschwerde als Telekopie einem privaten Zwischenempfänger übermittelt und von diesem durch einen Boten überbracht wird, vgl. Nachweise bei *Kopp/Schenke*, VwGO, 12. Aufl., § 81, Rn. 9 Fn. 27.

1. Beschwerdeanträge

5 Notwendiger Inhalt der Beschwerde sind zunächst die Beschwerdeanträge, aus denen sich der **Umfang**, insbesondere eine etwaige Beschränkung der Beschwerde ergibt (Absatz 4 Nr. 1). Es muss klar sein, in welchen Grenzen die Entscheidung des Bundesaufsichtsamtes angefochten wird.

2. Tatsachen und Beweismittel

6 Absatz 4 Nr. 2 ist auf alle Beschwerdearten, nicht nur auf die Anfechtungsbeschwerde, anzuwenden. Sie dient der Zusammenfassung und Klarstellung des Streitstoffes und ist Ausdruck der Verfahrensförderungspflicht der Beteiligten (zur Verfahrensförderungspflicht auch § 41 Rn. 21). Obgleich nach dem Wortlaut nur **Tatsachen und Beweismittel**, auf die sich die Beschwerde stützt, angegeben werden müssen, dürfte daneben wie im Rahmen des § 66 Abs. 4 Nr. 2 GWB ein **Mindestmaß an sachlicher Begründung** erforderlich sein.[12] Der Beschwerdeführer muss darlegen, an welchen Punkten er die vom Bundesaufsichtsamt vorgenommene Würdigung und deren Rechtsansichten angreift. Angesichts des geltenden **Untersuchungsgrundsatzes** dürfen die Anforderungen hierfür jedoch nicht überspannt werden,[13] pauschale Angriffe jedoch oder die bloße Bezugnahme auf im Verwaltungs- bzw. Widerspruchsverfahren vorgebrachte Argumente reichen nicht aus. Ist eine Beschwerde solchermaßen zulässig eingelegt, prüft das OLG Frankfurt von Amts wegen – jedoch innerhalb der vorgegeben Grenzen (Absatz 4 Nr. 1) – die Rechts- und Sachlage, ohne an die Ausführungen in der Beschwerdebegründung gebunden zu sein.

3. Präklusion?

7 Unter Geltung des Untersuchungsgrundsatzes gibt es **keine strikte** Präklusion. Neue Argumente können, wurde die Beschwerde einmal in zulässiger Weise eingelegt und begründet, auch noch nach Ablauf der Begründungsfrist vorgebracht werden. Auch eine dem § 87b VwGO entsprechende Präklusionsvorschrift (Präklusion nach erfolgloser Fristsetzung des Gerichts) fehlt im WpÜG. Jedoch hat fehlendes

12 *Kollmorgen*, in: Langen/Bunte, KartR, 9. Aufl., § 66 Rn. 6; *Schmidt*, in: Immenga/Mestmäcker, GWB, 3. Aufl., § 66 Rn. 14 m.w.N.

13 Zu den unterschiedlichen Begründungsanforderungen bei Anfechtungs- und Verpflichtungsbeschwerde, die sich letztlich auch aus der Natur der Sache ergeben, vgl. *Schmidt*, in: Immenga/Mestmäcker, GWB, 3. Aufl., § 66 Rn. 14.

Vorbringen trotz gerichtlichen Ersuchens zur Folge, dass nach § 55 Abs. 3 ohne Verletzung des Untersuchungsgrundsatzes ohne Berücksichtigung der betreffenden Umstände entschieden werden kann.[14]

§ 52 Beteiligte am Beschwerdeverfahren

An dem Verfahren vor dem Beschwerdegericht sind der Beschwerdeführer und das Bundesaufsichtsamt beteiligt.

Literatur: *Bechtold*, GWB, 2. Aufl., München 1999; *Dormann*, Die Bedeutung subjektiver Rechte für das Kartellbeschwerdeverfahren, WuW 2000, 245 ff.; *Geibel/Süßmann*, WpÜG, München 2002; *Kopp/Schenke*, VwGO, 12. Aufl., München 2000; *Kremer*, Die kartellverwaltungsrechtliche Beschwerde, Berlin 1988; *Maunz-Dürig*, Grundgesetz, Stand: Juli 2001; *Schmidt*, Notwendige Beiladung betroffener Dritter im Kartellverwaltungsverfahren, BB 1981, 758 ff.

Übersicht

I. Allgemeines

§ 52 in seiner jetzigen Fassung regelt die Beteiligteneigenschaft von **Beschwerdeführer** und **Bundesaufsichtsamt** im Beschwerdeverfahren vor dem OLG Frankfurt am Main. Indem das Bundesaufsichtsamt als Beteiligter aufgeführt wird, wird gleichzeitig normiert, dass Beschwerdegegner nicht etwa nach dem Rechtsträgerprinzip die Bundesrepublik Deutschland als Körperschaft ist.[1] Dass der Beschwerdeführer am Beschwerdeverfahren beteiligt ist, versteht sich hingegen von selbst. **1**

14 Vgl. zur Parallelvorschrift § 66 GWB *Kollmorgen*, in: Langen/Bunte, KartR, 9. Aufl., § 66 Rn. 7.

1 Zu den möglichen Ausnahmen durch Bundesrecht – hier durch das WpÜG – vom in § 78 VwGO normierten Rechtsträgerprinzip z.B. *Kopp/Schenke*, VwGO, 12. Aufl., § 78 Rn. 10.

II. Drittbeteiligung

1. Unterschiede zum sonstigen Verfahrensrecht

2 Auffällig ist, dass § 52 **keine Beteiligung Dritter** am Prozess zulässt. Dies steht im Gegensatz zu den Vorschriften anderer Verfahrensordnungen: im Zivilprozess ist eine mögliche Drittbeteiligung etwa in den Regelungen zur Streithilfe/Streitverkündung enthalten; im Verwaltungsprozess sind gem. § 63 VwGO in Verbindung mit § 65 VwGO neben dem Kläger und dem Beklagten auch die Beigeladenen Beteiligte am Verfahren. Beiden Verfahrensordnungen ist gemeinsam, dass eine Beiladung Dritter zum Prozess durch das Gericht erfolgt.

3 Einen anderen Weg geht z. B. § 67 GWB: eine Hinzuziehung Dritter zum Verfahren muss von Gesetzes wegen durch die Kartellbehörde im Rahmen des *Verwaltungsverfahrens* erfolgen. § 67 GWB nimmt auf eine solche Hinzuziehung Dritter Bezug und ordnet an, dass die gleichen Personen bzw. Personenvereinigungen auch im Beschwerdeverfahren beteiligt sein sollen (Grundsatz der *Verfahrenskontinuität*).

2. Genese der Vorschrift

a) Änderung im Finanzausschuss

4 Noch im Regierungsentwurf entsprach § 52 (ursprünglich § 53) der Regelung in § 67 GWB. Am Verfahren vor dem Beschwerdegericht sollten außer dem Beschwerdeführer und dem Bundesaufsichtsamt auch „Personen und Personenvereinigungen, die vom Bundesaufsichtsamt **hinzugezogen** worden sind", beteiligt sein. In seiner abschließenden Beratung, zwei Tage vor der Verabschiedung des WpÜG im Deutschen Bundestag,[2] empfahl der Finanzausschuss des Deutschen Bundestages jedoch die gänzliche Streichung dieses Passus mit der Folge, dass der Wortlaut des § 52 – ein Unikum im deutschen Verfahrensrecht – **keine Beteiligung Dritter** am Rechtsmittelverfahren vorsieht.

5 Es stellt sich die Frage nach der Berechtigung einer solchen Regelung. In seiner Begründung führt der Finanzausschuss aus:

6 *„Die Neufassung der Vorschrift berücksichtigt, dass in Verfahren vor dem Bundesaufsichtsamt ausschließlich der Adressat einer Verfügung*

2 Beschlussempfehlung und Bericht des Finanzausschusses (7. Ausschuss) des Deutschen Bundestages vom 14.11.2001, BT-Drucks. 14/7477, S. 75

bzw. derjenige, der geltend macht, einen Anspruch auf den Erlass einer Verfügung zu haben, beteiligt ist. Dementsprechend erfolgt auch keine Hinzuziehung von Personen bzw. Personenvereinigungen durch das Bundesaufsichtsamt.“

b) Stellungnahme

Der Finanzausschuss sah aufgrund des **mangelnden Drittbezuges** der Vorschriften des WpÜG keinen praktischen Anwendungsbereich für eine Drittbeteiligung am Verfahren. Allerdings hat sich der Finanzausschuss damit zu sehr vom Bild einer **notwendigen Hinzuziehung** leiten lassen (dazu § 41 Rn. 25) und die **mögliche** Hinzuziehung Dritter aus Ermessenserwägungen nicht hinreichend beachtet. 7

Während eine notwendige Hinzuziehung Dritter im Verwaltungsverfahren tatsächlich kaum praktisch werden wird (§ 41 Rn. 23 ff.), ist eine Berührung rechtlicher Interessen Dritter durch den Ausgang des Verfahrens nicht von vornherein ausgeschlossen. Theoretisch können sich durchaus Fälle der **„einfachen Hinzuziehung“** zum Verfahren vor dem Bundesaufsichtsamt ergeben (siehe oben § 41 Rn. 26 f.). Da § 52 nun nicht mehr den Grundsatz der Verfahrenskontinuität beinhaltet, sind diese nicht automatisch als Dritte am Beschwerdeverfahren beteiligt und werden auch vom Gericht selbst nicht beigeladen.[3] Sie können am Beschwerdeverfahren daher *nur* aufgrund eigener Beschwerdebefugnis beteiligt sein (vgl. hierzu und der sich hieraus ergebenden Problematik § 48 Rn. 12 ff.). 8

Eine andere Frage ist, wie mit **Dritten**, die die **Verletzung eigener Rechte** geltend machen, zu verfahren ist, die *nicht* im Verwaltungsverfahren hinzugezogen worden sind.[4] In Betracht kommt entweder eine erweiternde Auslegung von § 48 Abs. 2 bzw. der Rückgriff auf den Rechtsgedanken in § 42 Abs. 2 VwGO, § 48 Abs. 2 (Beschwerdebefugnis)[5] oder aber eine analoge Anwendung von § 65 VwGO 9

3 Es besteht auch kein verfassungsrechtliches Gebot der einfachen Beiladungsmöglichkeit.

4 Zu diesen theoretisch denkbaren Fällen einer Rechtsverletzung bereits § 41 Rn. 13.

5 Im Rahmen des § 63 Abs. 2 GWB, der Parallelvorschrift zu § 48 Abs. 2, wird diese Lösung zuweilen nur für den Fall vertreten, dass der Dritte sich zuvor auch um Hinzuziehung bemüht habe bzw. gegen die Ablehnung einer Hinzuziehung vorgegangen ist, dazu z. B. *Dormann*, WuW 2000, 245, 248 f. Für eine Beschwerdebefugnis kraft möglicher Rechtsverletzungen analog § 42 Abs. 2 VwGO zum Beispiel *Kremer*, Die kartellverwaltungsrechtliche Beschwerde, 1988, S. 99.

(notwendige Beiladung zum Beschwerdeverfahren).[6] Fest steht, dass Art. 19 Abs. 4 GG eine mögliche Teilnahme des Dritten am Verfahren gebietet.[7]

§ 53 Anwaltszwang

Vor dem Beschwerdegericht müssen die Beteiligten sich durch einen bei einem deutschen Gericht zugelassenen Rechtsanwalt oder Rechtslehrer an einer deutschen Hochschule im Sinne des Hochschulrahmengesetzes mit Befähigung zum Richteramt als Bevollmächtigten vertreten lassen. Das Bundesaufsichtsamt kann sich durch einen Beamten auf Lebenszeit mit Befähigung zum Richteramt vertreten lassen.

Literatur: *Pötzsch/Möller*, Das künftige Übernahmerecht, WM Sonderbeilage Nr. 2/2000; *Möller*, Rechtsmittel und Sanktionen nach dem Wertpapiererwerbs- und Übernahmegesetz, AG 2002, 170 ff.

1 Vor dem Beschwerdegericht herrscht Anwaltszwang.[1] Angesichts der OLG-Zuständigkeit entspricht dies aus dem Zivilprozess bekannten Grundsätzen. Daneben mag auch das Interesse an einer zielführenden Begründung des Rechtsbehelfs und an einer Beschleunigung des Verfahrens eine Rolle gespielt haben.[2] Der Ort der Niederlassung des Rechtsanwalts und die Dauer seiner Zulassung sind unerheblich. Indem ein Rechtslehrer an einer deutschen Hochschule „im Sinne des Hochschulrahmengesetzes", d. h. zum Beispiel auch ein Hochschulleh-

6 Aufgrund der Abschaffung des früheren § 53 Nr. 3 kann hiergegen auch nicht vorgebracht werden, dass eine Beiladung nur durch das Bundesaufsichtsamt erfolgen dürfe. Nach *Zehetmaier-Müller/Grimmer*, in: Geibel/Süßmann, WpHG, 2002, § 52 Rn. 3 ff. fallen hierunter auch die Fälle, in denen der im Verwaltungsverfahren hinzugezogene Dritte, nicht jedoch der unmittelbar Betroffene selbst, Beschwerde einlegt. Die unmittelbar Betroffenen seien dann analog § 65 VwGO notwendig beizuladen. Dem ist zuzustimmen.

7 Zur verfassungsmäßigen Pflicht zur Beiladung Dritter, die die Verletzung eigener Rechte geltend machen vgl. *Schmidt-Aßmann*, in: Maunz-Dürig, Grundgesetz, Stand: Juli 2001, Art. 19 Abs. IV Rn. 272; *Schmidt*, BB 1981, 758, 759; grds. auch *Bechtold*, GWB, 2. Aufl., § 63 Rn. 4.

1 Zu den Ausnahmen nach § 58 Nr. 2 i.V.m. § 78 Abs. 3 und 4 ZPO *Möller*, AG 2002, 170, 172.

2 Hierzu *Pötzsch/Möller*, WM Sonderbeilage Nr. 2/2000, S. 29.

rer an einer Fachhochschule (§ 1 HRG), als Vertreter in Betracht kommt, sofern er die Befähigung zum Richteramt besitzt, entspricht § 53 dem seit 1.1.2002 neu gefassten § 67 Abs. 1 VwGO.

Anwaltszwang besteht **nur** für die unter § 48 fallende Beschwerde, und zwar bereits für die Einlegung der Beschwerde. Er umfasst die mündliche Verhandlung (§ 54) sowie alle im Beschwerdeverfahren eingereichten Schriftsätze, nicht dagegen Handlungen im Rahmen vorläufigen Rechtsschutzes (dazu § 50). 2

§ 54 Mündliche Verhandlung

(1) Das Beschwerdegericht entscheidet über die Beschwerde auf Grund mündlicher Verhandlung; mit Einverständnis der Beteiligten kann ohne mündliche Verhandlung entschieden werden.

(2) Sind die Beteiligten in dem Verhandlungstermin trotz rechtzeitiger Benachrichtigung nicht erschienen oder gehörig vertreten, so kann gleichwohl in der Sache verhandelt und entschieden werden.

Literatur: *Baumbach/Lauterbach/Albers/Hartmann*, Zivilprozessordnung, 59. Aufl., München 2001; *Eyermann*, Verwaltungsgerichtsordnung, 11. Aufl., München 2000; *Geibel/Süßmann*, WpÜG, München 2002; *Immenga/Mestmäcker*, GWB, 3. Auflage, München 2001; *Kopp/Schenke*, VwGO, 12. Aufl. 2000; *Thomas/Putzo*, ZPO, 23. Aufl., München 2001.

Übersicht

I. Allgemeines

Anders als im Verfahren vor dem Bundesaufsichtsamt ist im Beschwerdeverfahren grundsätzlich die mündliche Verhandlung vorgeschrieben (Grundsatz der Mündlichkeit und der Unmittelbarkeit).[1] Die 1

1 Zu diesen Grundsätzen *Hartmann*, in: Baumbach/Lauterbach/Albers/Hartmann, ZPO, 59. Aufl., § 128 Rn. 1 f.

Vorschrift des § 54 Abs. 1 ist § 69 GWB nachgebildet. Dass im Einverständnis der Parteien von einer mündlichen Verhandlung abgesehen werden kann, entspricht den Vorschriften § 128 Abs. 2 ZPO[2] und § 101 Abs. 2 VwGO.

II. Mündliche Verhandlung

1. Sachentscheidung

2 Der Grundsatz der mündlichen Verhandlung gilt **nur** für die **Sachentscheidung** des Beschwerdegerichts (§ 56 Abs. 1: Beschluss). Wird also z.B. die Beschwerde als **unzulässig** verworfen, ist zwar die Gewährung rechtlichen Gehörs, nicht jedoch eine mündliche Verhandlung erforderlich (entsprechend § 101 Abs. 3 i.V.m. § 125 Abs. 2 VwGO) und auch vor der Ergreifung **vorläufiger Maßnahmen** ist keine mündliche Verhandlung vonnöten. Gleiches gilt für gerichtliche **Maßnahmen nach § 50** oder für die **isolierte Kostenentscheidung** z.B. nach Rücknahme der Beschwerde.[3]

2. Verzichtserklärung

3 Das Einverständnis zu einer Entscheidung ohne mündliche Verhandlung unterliegt dem **Anwaltszwang**: Die (schriftliche)[4] Erklärung muss als Prozesshandlung eindeutig (Schweigen reicht nicht aus) und unbedingt sein[5] und ist grds. unwiderruflich[6] und unanfechtbar, auch solange die anderen Beteiligten noch keine diesbezüglichen Erklärungen abgegeben haben.[7]

4 Das Einverständnis mit dem schriftlichen Verfahren bezieht sich im Zweifel nicht auf den gesamten Prozess, sondern **nur** auf die **nächste**

---

2 Eine Regelung entsprechend dem neu in die ZPO eingefügten § 128a ZPO gibt es nicht (dürfte wohl auch kaum praktisch werden).

3 Dazu auch *Zehetmaier-Müller/Grimmer*, in: Geibel/Süßmann, WpÜG, 2002, § 54 Rn. 3.

4 Zur Notwendigkeit der Schriftform außerhalb der mündlichen Verhandlung *Reichold*, in: Thomas/Putzo, ZPO, 23. Aufl., § 128 Rn. 24; *Geiger*, in: Eyermann, VwGO, 11. Aufl., § 101 Rn. 6.

5 Str, ob auch ausdrücklich, vgl. *Schmidt,* in: Immenga/Mestmäcker, GWB, 3. Aufl., § 69 Rn. 3 mit vielen unterschiedlichen Nachweisen; *Kopp/Schenke*, VwGO, 12. Aufl., § 101, Rn. 5 m.w.N.

6 Eine Widerrufsmöglichkeit dürfte jedoch analog § 128 Abs. 2 Satz 1 ZPO bei einer wesentlichen Änderung der Prozesslage in Betracht kommen.

7 *Kopp/Schenke* (Fn. 5), § 101, Rn. 6 m.w.N.

anstehende mündliche Verhandlung. Danach ist der Verzicht auf die mündliche Verhandlung verbraucht.[8] Sämtliche Beteiligte müssen auf die mündliche Verhandlung verzichten; auch dann ist aber das Gericht nicht verpflichtet, sondern **nur berechtigt**, im schriftlichen Verfahren zu entscheiden.[9]

III. Ausbleiben von Beteiligten

Mit der Regelung des Absatz 2 soll verhindert werden, dass die Beteiligten die Fortführung des Verfahrens verzögern (Prozessverschleppung), indem sie einem Verhandlungstermin fernbleiben oder sich nicht vertreten lassen.[10] Die Vorschrift ersetzt die Regelungen eines Säumnisverfahrens, welches aufgrund des geltenden Untersuchungsgrundsatzes (§ 55) unzulässig wäre.[11] Wie in § 69 GWB, so ist auch in § 54 Abs. 2 nicht vorgeschrieben, dass auf die Folge des Ausbleibens in der Ladung hinzuweisen ist.[12] Aufgrund des Untersuchungsgrundsatzes wird das Gericht nur dann eine Sachentscheidung treffen, wenn es **Spruchreife** für gegeben hält. Nur in seltenen Fällen dürfte die Anberaumung einer erneuten mündlichen Verhandlung rechtlich geboten sein.[13] 5

§ 55 Untersuchungsgrundsatz

(1) Das Beschwerdegericht erforscht den Sachverhalt von Amts wegen.

(2) Das Gericht hat darauf hinzuwirken, daß Formfehler beseitigt, unklare Anträge erläutert, sachdienliche Anträge gestellt, ungenügende tatsächliche Angaben ergänzt, ferner alle für die Feststellung und Beurteilung des Sachverhalts wesentlichen Erklärungen abgegeben werden.

---

8 *Kopp/Schenke* (Fn. 5), § 101, Rn. 8; *Schmidt,* in: Immenga/Mestmäcker, GWB, 3. Aufl., § 69 Rn. 3 m.w.N.

9 *Schmidt*, in: Immenga/Mestmäcker, GWB, 3. Aufl., § 69, Rn. 3; *Kopp/Schenke* (Fn. 5), Rn. 4.

10 Regierungsbegründung, BR-Drucks. 574/01, S. 166.

11 Dazu *Geiger*, in: Eyermann, VwGO, 11. Aufl., § 86, Rn. 2.

12 Anders in § 102 Abs. 2 VwGO.

13 Dazu *Zehetmaier-Müller/Grimmer*, in: Geibel/Süßmann, WpÜG, 2002, § 54 Rn. 9.

(3) Das Beschwerdegericht kann den Beteiligten aufgeben, sich innerhalb einer zu bestimmenden Frist über aufklärungsbedürftige Punkte zu äußern, Beweismittel zu bezeichnen und in ihren Händen befindliche Urkunden sowie andere Beweismittel vorzulegen. Bei Versäumung der Frist kann nach Lage der Sache ohne Berücksichtigung der nicht beigebrachten Beweismittel entschieden werden.

Literatur: *Eyermann*, Verwaltungsgerichtsordnung, 11. Aufl., München 2000; *Geibel/Süßmann*, WpÜG, München 2002; *Kopp/Schenke*, VwGO, 12. Aufl., München 2000; *Immenga/Mestmäcker*, GWB, 3. Auflage, München 2001; *Möller*, Rechtsmittel und Sanktionen nach dem Wertpapiererwerbs- und Übernahmegesetz, AG 2002, 170 ff.; *Redeker*, Untersuchungsgrundsatz und Mitwirkung der Beteiligten im Verwaltungsprozess, DVBl. 1981, 83 f.; *Schoch/Schmidt-Aßmann/Pietzner*, Verwaltungsgerichtsordnung, Stand Januar 2001.

Übersicht

I. Untersuchungsgrundsatz (Absatz 1)

1 Absatz 1 ordnet nach dem Vorbild des Verwaltungsrechts (§ 86 VwGO) und des Kartellrechts (§ 70 GWB) für das Beschwerdeverfahren den **Untersuchungsgrundsatz (Amtsermittlungsgrundsatz, Inquisitionsmaxime)** an.[1] Der Untersuchungsgrundsatz steht im Gegensatz zu dem das Zivilprozessrecht beherrschenden Beibringungs- oder Verhandlungsgrundsatz. Das Gericht stellt die zur Entscheidung über die Beschwerde erforderlichen tatsächlichen Ermittlungen von Amts wegen an, ohne an Vorbringen oder Beweisanträge der Beteiligten gebunden zu sein (vgl. § 86 VwGO). Dies gilt jedoch nur im Rahmen

1 Die Regierungsbegründung verwendet im Zusammenhang mit dem Untersuchungsgrundsatz fälschlicherweise den Begriff „Offizialprinzip". Zum Begriffspaar „Offizialmaxime"/„Untersuchungsgrundsatz" und den jeweils unterschiedlichen Tätigkeiten, die von Amts wegen vorzunehmen sind (Bsp.: Einleitung des Verfahrens oder Bestimmung des Streitgegenstandes bei Offizialmaxime von Amts wegen) *Geiger*, in: Eyermann, VwGO, 11. Aufl., § 86 Rn. 3; *Dawin*, in: Schoch/Schmidt-Aßmann/Pietzner, VwGO, Stand: Januar 2001, § 86 Rn. 13.

des von den Beteiligten bestimmten **Streitgegenstandes.**[2] Tatsachen, die nicht rechtserheblich oder nicht beweisbedürftig sind, muss das Gericht nicht aufklären, übereinstimmenden Tatsachenvortrag der Beteiligten wird das Gericht im Rahmen seiner freien Beweiswürdigung als bewiesen ansehen, sofern kein Anlass für Ermittlungen besteht.[3] Überhaupt hat der Untersuchungsgrundsatz nicht zur Folge, dass das Beschwerdegericht allen denkbaren Möglichkeiten nachgehen muss. Vielmehr setzen Aufklärungs- und Ermittlungspflichten erst ein, wenn sich aus dem Vortrag der Parteien oder aus dem Sachverhalt als solchem bei sorgfältiger Überlegung der sich aufdrängenden Gestaltungsmöglichkeiten ein **Anlass zu weiteren Ermittlungen** ergibt.[4]

Begrenzt wird der Untersuchungsgrundsatz durch *Mitwirkungsobliegenheiten* der Beteiligten. Grundsätzlich hat jeder Prozessbeteiligte den Prozessstoff umfassend vorzutragen, also auch bei der Sachverhaltsaufklärung mitzuwirken, insbesondere dann, wenn es um Tatsachen aus „seiner Sphäre" geht.[5] Kommen die Beteiligten dieser Pflicht nicht nach, hat dies grds. eine Verringerung der Anforderungen an die Aufklärungspflicht des Gerichts zur Folge;[6] das Gericht ist nicht etwa verpflichtet, von sich aus umfangreiche Ermittlungen durchzuführen.[7] Dies gilt umso mehr, als der Beschwerdeführer vor dem Beschwerdegericht anwaltlich vertreten ist (vgl. § 53). Die Mitwirkungspflicht umfasst hier auch die **Stellung von Beweisanträgen** bzw. entsprechende Anregungen an das Gericht. Kommt der anwaltliche Vertreter dieser Pflicht nicht nach, wird dies regelmäßig zur Folge haben, dass sich dem Beschwerdegericht die Notwendigkeit, die Sachverhaltserforschung von Amts wegen voranzutreiben, nicht aufdrängen muss.[8] Darüber hinaus ist das Gericht nicht gehindert, aus der Mitwir- 2

2 So darf das Gericht nicht über den Beschwerdeantrag hinausgehen (*ne ultra petita*) und die Beteiligten haben es grundsätzlich in der Hand, die Rechtshängigkeit etwa durch Rücknahme der Beschwerde zu beseitigen; dazu auch z.B. *Kopp/Schenke*, VwGO, 12. Aufl., § 86 Rn. 5 m.w.N.

3 *Geiger*, in: Eyermann, VwGO, 11. Aufl., § 86 Rn. 10.

4 Vgl. zu § 70 GWB BGH, 27.2.1969 – KVR 5/68, WuW/E 990, 993 – Papierfiltertüten II –; Zum Grundsatz des „Sich-Aufdrängens" auch *Dawin*, in: Schoch/Schmidt-Aßmann/Pietzner, VwGO, Stand: Januar 2001, § 86 Rn. 64 ff.

5 *Kopp/Schenke* (Fn. 2), § 86 Rn. 11 mit Verweisen.

6 *Kopp/Schenke* (Fn. 2), § 86 Rn. 12. Die Amtsermittlungspflicht endet dort, wo die – materielle – Mitwirkungslast der Beteiligten beginnt, vgl. BVerwG, 6.12.1963 – VIII B 29/63, NJW 1964, 786; *Redeker*, DVBl. 1981, 83 f.

7 *Schmidt*, in: Immenga/Mestmäcker, GWB, 3. Aufl., § 70 Rn. 7.

8 Vgl. dazu BVerwG, 6.12.1963 – VIII B 29/63, NJW 1964, 786 f.; *Dawin*, in: Schoch/Schmidt-Aßmann/Pietzner, VwGO, Stand: Januar 2001, § 86 Rn. 80 m.w.N.

kungsverweigerung eines Beteiligten auch negative Schlüsse zu ziehen, sofern ihm eine Mitwirkung möglich und zumutbar gewesen wäre.[9] Das Risiko der Nichtaufklärbarkeit einer Tatsache (objektive Beweislast) trifft diejenige Partei, die sich auf die nicht-erweisliche Tatsache beruft. Bei belastenden Verfügungen wird dies regelmäßig das Bundesaufsichtsamt sein.[10]

3 Zur Sachverhaltsaufklärung kann sich das Gericht **aller Beweismittel der ZPO** bedienen (§ 58 Nr. 2), d.h. der Vernehmung von Sachverständigen, Zeugen und Beteiligten sowie des Augenscheins und des Urkundsbeweises. Dabei gilt der Grundsatz der Unmittelbarkeit der Beweisaufnahme. Ein förmlicher Beweisbeschluss ist nur erforderlich, wenn die Beweisaufnahme ein besonderes Verfahren[11] oder eine Vertagung der Verhandlung erfordert, i.Ü. stets bei Vernehmung eines Beteiligten (§ 450 ZPO). Das Bundesaufsichtsamt kann Gründe für seine angefochtene Entscheidung nur insoweit **„nachschieben"**, als sich dadurch das Wesen der Verfügung nicht ändert.[12]

II. Richterliche Hinweispflicht (Absatz 2)

4 Nach Absatz 2 ist das Gericht angehalten darauf hinzuwirken, dass die Beteiligten eindeutige Anträge stellen und die zur Erstellung des Sachverhalts notwendigen Angaben machen, damit der Prozess zügig geführt werden kann. Die Vorschrift entspricht § 139 Abs. 1 ZPO und § 86 Abs. 3 VwGO[13] und steht in engem Zusammenhang mit dem Verbot von Überraschungsentscheidungen (§ 56 Abs. 1) und dem Grundsatz des rechtlichen Gehörs. Die richterliche Hinweispflicht umfasst nicht die rechtliche Beratung eines Beteiligten, sondern dient der sachgemäßen Durchführung des konkreten Verfahrens.

9 *Kopp/Schenke* (Fn. 2), § 86 Rn. 12; Rechtsgedanke der Beweisvereitelung (§ 444 ZPO), *Geiger*, in: Eyermann, VwGO, 11. Aufl., § 86, Rn. 20.

10 *Zehetmaier-Müller/Grimmer*, in: Geibel/Süßmann, WpÜG, 2002, § 55 Rn. 8; *Möller*, AG 2002, 170, 172.

11 BVerwG, 31.8.1964 – VIII C 350.63, BVerwGE 19, 231, 238: etwa bei § 98 VwGO in Verbindung mit § 358 ZPO

12 Zum Kartellverwaltungsverfahren KG, 12.3.1982 – Kart. 4/82, WuW/E 2617, 2619 – Tankstellenpreise. Dazu auch § 48 Rn. 27.

13 Regierungsbegründung, BR-Drucks. 574/01, S. 166.

III. Mitwirkungshandlungen der Beteiligten (Absatz 3)

Das Gericht kann das Verfahren auch bei Säumnis oder Untätigkeit der Beteiligten fortführen. Dazu dienen neben § 54 Abs. 2 (Verhandlung und Entscheidung in Abwesenheit eines Beteiligten) insbesondere die in Absatz 3 dem Gericht gewährten Befugnisse.[14] Kommen die Beteiligten der auferlegten Pflicht innerhalb der bestimmten – angemessenen – Frist nicht nach, so ist es dem Gericht erlaubt, nach Lage der Sache ohne Berücksichtigung der nicht beigebrachten Beweismittel zu entscheiden und aus der Versäumung entsprechende Schlüsse zu ziehen. 5

IV. Maßgebender Zeitpunkt der Entscheidung

Bei der **Verpflichtungsbeschwerde** ist die Sach- und Rechtslage im Zeitpunkt der letzten mündlichen Verhandlung entscheidend. Dies entspricht verwaltungsprozessualen Grundsätzen, wie sie auch im Kartellverwaltungsstreitverfahren gelten.[15] Wird auf die mündliche Verhandlung verzichtet, ist maßgeblich der Zeitpunkt der gerichtlichen Entscheidung. 6

Bei der **Anfechtungsbeschwerde** ist die Bestimmung des maßgeblichen Zeitpunkts schwieriger. Von der Regel, dass für die gerichtliche Prüfung die Sach- und Rechtslage zum Zeitpunkt der letzten Behördenentscheidung maßgeblich ist (im Regelfall wäre das der Zeitpunkt des Widerspruchsbescheids),[16] wird für Verwaltungsakte mit Dauerwirkung eine Ausnahme gemacht. Solche Dauerverwaltungsakte sind dadurch gekennzeichnet, dass sie sich nicht durch eine Änderung der Sach- bzw. Rechtslage erledigen. Sie wirken, obgleich rechtswidrig geworden, fort.[17] In solchen Fällen ist die Sach- und Rechtslage im Zeitpunkt der letzten mündlichen Verhandlung bzw. im Zeitpunkt der Gerichtsentscheidung maßgebend. 7

Bei einer **Leistungsbeschwerde** wird der maßgebliche Zeitpunkt regelmäßig mit dem einer Verpflichtungsbeschwerde übereinstimmen. 8

---

14 Regierungsbegründung, BR-Drucks. 574/01, S. 167.

15 Zum Kartellverfahren *Schmidt*, in: Immenga/Mestmäcker, GWB, 3. Aufl., § 71 Rn. 8.; allgemein *Schmidt*, in: Eyermann, VwGO, 11. Aufl., § 113 Rn. 45 ff.

16 Dazu allgemein für das Verwaltungsprozessrecht *Schmidt*, in: Eyermann, VwGO, 11. Aufl., § 113 Rn. 45 ff.

17 Solche Situationen können sich im Einzelfall zum Beispiel bei Untersagungsverfügungen nach § 4 Abs. 1 ergeben.

In den Fällen einer **nachträglichen Feststellungsbeschwerde** in Form einer „erledigten Anfechtungsbeschwerde" ist wie bei dieser der Zeitpunkt des Erlasses der Verfügung bzw. der Zeitpunkt der letzten Behördenäußerung entscheidend. Handelt es sich jedoch bei der Fortsetzungsfeststellungsbeschwerde um die Weiterverfolgung eines erledigten Verpflichtungsbegehrens, so dürfte die Sach- und Rechtslage zum Zeitpunkt der Erledigung maßgebend sein.[18]

§ 56 Beschwerdeentscheidung; Vorlagepflicht

(1) Das Beschwerdegericht entscheidet durch Beschluß nach seiner freien, aus dem Gesamtergebnis des Verfahrens gewonnenen Überzeugung. Der Beschluß darf nur auf Tatsachen und Beweismittel gestützt werden, zu denen die Beteiligten sich äußern konnten. Das Beschwerdegericht kann hiervon abweichen, soweit Beigeladenen aus berechtigten Interessen der Beteiligten oder dritter Personen Akteneinsicht nicht gewährt und der Akteninhalt aus diesen Gründen auch nicht vorgetragen worden ist. Dies gilt nicht für solche Beigeladene, die an dem streitigen Rechtsverhältnis derart beteiligt sind, daß die Entscheidung auch ihnen gegenüber nur einheitlich ergehen kann.

(2) Hält das Beschwerdegericht die Verfügung des Bundesaufsichtsamtes für unzulässig oder unbegründet, so hebt es sie auf. Hat sich die Verfügung vorher durch Zurücknahme oder auf andere Weise erledigt, so spricht das Beschwerdegericht auf Antrag aus, daß die Verfügung des Bundesaufsichtsamtes unzulässig oder unbegründet gewesen ist, wenn der Beschwerdeführer ein berechtigtes Interesse an dieser Feststellung hat.

(3) Hält das Beschwerdegericht die Ablehnung oder Unterlassung der Verfügung für unzulässig oder unbegründet, so spricht es die Verpflichtung des Bundesaufsichtsamtes aus, die beantragte Verfügung vorzunehmen.

(4) Die Verfügung ist auch dann unzulässig oder unbegründet, wenn das Bundesaufsichtsamt von seinem Ermessen fehlerhaft Ge-

18 *Schmidt*, in: Immenga/Mestmäcker, GWB, 3. Aufl., § 71 Rn. 9. Zu den genannten Arten der Beschwerde § 48 Rn. 24f.

brauch gemacht hat, insbesondere wenn es die gesetzlichen Grenzen des Ermessens überschritten oder durch die Ermessensentscheidung Sinn und Zweck dieses Gesetzes verletzt hat.

(5) Der Beschluß ist zu begründen und den Beteiligten zuzustellen.

(6) Will das Beschwerdegericht von einer Entscheidung eines Oberlandesgerichts oder des Bundesgerichtshofs abweichen, so legt es die Sache dem Bundesgerichtshof vor. Der Bundesgerichtshof entscheidet anstelle des Oberlandesgerichts.

Literatur: *Bassenge/Herbst*, Gesetz über die Angelegenheiten der freiwilligen Gerichtsbarkeit, Rechtspflegergesetz, 8. Aufl., Heidelberg 1999; *Bechtold*, GWB, 2. Aufl., München 1999; *Bumiller/Winkler*, Freiwillige Gerichtsbarkeit, 7. Aufl., München 1999; *Eyermann*, Verwaltungsgerichtsordnung, 11. Aufl., München 2000; *Felix*, Einheit der Rechtsordnung – Zur verfassungsrechtlichen Relevanz einer juristischen Argumentationsfigur, 1988; *Geibel/Süßmann*, WpÜG, München 2002; *Immenga/Mestmäcker*, GWB, 3. Auflage, München 2001; *Kopp*, Das Rechtliche Gehör in der Rechtsprechung des Bundesverfassungsgerichts, AöR 106 (1981), 604; *Kremer*, Die kartellverwaltungsrechtliche Beschwerde, Berlin 1988; *Langen/Bunte*, Kommentar zum deutschen und europäischen Kartellrecht (KartR), Bd. 1, 9. Aufl., Neuwied 2001; *Maunz-Dürig*, Grundgesetz, Stand: Juli 2001; *Möller*, Rechtsmittel und Sanktionen nach dem Wertpapiererwerbs- und Übernahmegesetz, AG 2002, 170 ff.; *Thomas/Putzo*, ZPO, 23. Aufl., München 2001; *Schmidt*, Kartellverfahrensrecht – Kartellverwaltungsrecht – Bürgerliches Recht, Köln u.a. 1977; *Zöller*, Zivilprozessordnung, 22. Aufl., Köln 2001.

Übersicht

I. Entscheidung des Beschwerdegerichts

1. Beschluss

1 Das Beschwerdegericht entscheidet durch Beschluss nach seiner freien Überzeugung. Wie im Kartellverfahren (§ 71 Abs. 1 GWB), Verwaltungsverfahren (§ 108 Abs. 1 VwGO) und im Zivilprozess (§ 286 ZPO) gilt dabei der **Grundsatz der freien Beweiswürdigung**, d.h. das Beschwerdegericht ist – außer im Fall gesetzlicher Vermutungen und Beweisregeln – nicht an feste Beweisregeln gebunden.[1] Für die richterliche Überzeugung genügt dabei ein für das praktische Leben brauchbarer Grad von Gewissheit.[2] Grundlage der Würdigung ist das Gesamtergebnis des Verfahrens. Nach Absatz 5 ist der Beschluss zu begründen und den Beteiligten zuzustellen.

2. Rechtliches Gehör

a) Verbot von Überraschungsentscheidungen

2 Absatz 1 Satz 2 (Verbot von Überraschungsentscheidungen bzw. Verwertungsverbot) ist Ausdruck des Grundsatzes des rechtlichen Gehörs (Art. 103 GG).[3] Die Beteiligten (§ 52)[4] müssen die Möglichkeit haben, sich zu dem Sachverhalt und auch zur Rechtslage zu äußern, Anträge zu stellen und Ausführungen zu machen. Dem entspricht die grundsätzliche Pflicht des Gerichts, die Ausführungen der Prozessbeteiligten zur Kenntnis zu nehmen und in Erwägung zu ziehen.[5] Nach der Regierungsbegründung[6] ist Absatz 1 Satz 2 eine notwendige Ergänzung zu § 55 Abs. 3, da er sicherstellt, dass nur solche Tatsachen und Beweismittel, zu denen sich die Beteiligten äußern konnten, Grundlage des Beschlusses sein dürften. Nicht entscheidend ist, ob die Beteiligten diese Gelegenheit wahrgenommen haben.

---

1 Zum Wesen der freien Beweiswürdigung, insbesondere zu den Konsequenzen für die Begründung der Entscheidung (vgl. § 286 Abs. 1 Satz 2 ZPO, § 108 Abs. 1 Satz 2 VwGO) *Thomas*, in: Thomas/Putzo, ZPO, 23. Aufl., § 286 Rn. 2 ff.

2 BGH, 14.1.1993 – IX ZR 238/91, NJW 1993, 935, 937; BGH, 18.1.2000 – VI ZR 375/98, NJW 2000, 953, 954. Ein solcher Grad von Wahrscheinlichkeit, dass er den Zweifeln Schweigen gebietet, ohne sie völlig auszuschließen.

3 Dazu allgemein *Schmidt*, in: Eyermann, VwGO, 11. Aufl., § 108 Rn. 10 ff.

4 Zur Frage der Beteiligung Dritter vgl. § 52 Rn. 2 ff. m.w.N.

5 BVerfG, 17.5.1983 – 2 BvR 731/80, BVerfGE 64, 135, 143 f., allgemein zum Grundsatz des rechtlichen Gehörs *Kopp*, AöR 106 (1981), 604.

6 Regierungsbegründung, BR-Drucks. 574/01, S. 167.

b) Ausnahmen für nicht notwendig Beigeladene

§ 56 Abs. 1 Sätze 3 und 4 sowie der „mitzulesende" § 57 sind aus den Beschwerdevorschriften des GWB übernommen worden. Die Vorschriften setzen die mögliche Existenz von (einfach und notwendig) Beigeladenen voraus. Der Gesetzgeber, der selbst gerade nicht von einer solchen Verfahrensbeteiligung Dritter ausgeht (vgl. dazu bereits § 41 Rn. 23 ff., Anhang § 41 Rn. 3 f., § 48 Rn. 10 ff.), hat die Vorschriften dennoch – quasi „unbesehen" – in das WpÜG übernommen, ohne auf diese Friktionen zu achten. **3**

Auf die denkbare Möglichkeit der einfachen Beiladung *praeter legem* in analoger Anwendung des § 65 VwGO wurde bereits verwiesen (§ 48 Rn. 13). Theoretisch möglich ist auch der Fall, dass die Existenzvernichtung Dritter im Raume steht und sich das Beschwerdegericht aus Verfassungsgründen gezwungen sieht, diese Dritten (notwendig) beizuladen.[7] **4**

Für **nicht notwendig Beigeladene**[8] wird das Prinzip des Absatz 1 Satz 2 im Interesse des Geheimnisschutzes eingeschränkt. Gegenüber diesen Beigeladenen kann die Entscheidung auch auf Tatsachen und Beweismittel gestützt werden, hinsichtlich derer Akteneinsicht nicht gewährt wurde und der Inhalt der Akten auch nicht vorgetragen worden ist. Hintergrund hierfür sind die berechtigten Interessen Beteiligter oder Dritter, da in einem Verfahren nach diesem Gesetz vom Bieter oder von der Zielgesellschaft eventuell Interna vorgetragen werden müssen, die der Öffentlichkeit im Falle eines Scheiterns des Angebots nicht bekannt gegeben werden sollen.[9] Die Entscheidung, von der Ermächtigung des Absatzes 1 Satz 3 Gebrauch zu machen, trifft das Gericht nach pflichtgemäßem Ermessen, wobei es die einander gegenüberstehenden Interessen abwägen wird. Für notwendig Beigeladene gilt diese Ermächtigung ausdrücklich nicht, so dass hier ein Verwertungsverbot des nicht vorgetragenen Akteninhalts besteht. **5**

---

7 Zu diesen Aspekten § 48 Rn. 12 f., § 41 Rn. 13, § 52 Rn. 9.

8 Anders für notwendig Beigeladene. Diese haben die gleiche Stellung wie die anderen Beteiligten (Erg.: „Hauptbeteiligten") im Verfahren und eine Entscheidung darf nur auf Tatsachen und Beweismittel gestützt werden, zu denen diese sich äußern konnten (vgl. Regierungsbegründung, BR-Drucks. 574/01, S. 167).

9 Regierungsbegründung, BR-Drucks. 574/01, S. 167.

II. Inhalt der Entscheidung (Absätze 2 und 3)

6 Ist eine Beschwerde unzulässig, so verwirft das Beschwerdegericht die Beschwerde (als unzulässig); hat sie sachlich keinen Erfolg, wird sie zurückgewiesen (als unbegründet). Zum maßgeblichen Zeitpunkt für die Beschwerdeentscheidung vgl. § 55 Rn. 6 ff., zur Problematik des Nachschiebens von Gründen § 48 Rn. 27, § 55 Rn. 3.

1. Anfechtungsbeschwerde

7 Nach Absatz 2 hebt das Beschwerdegericht bei Erfolg der Anfechtungsbeschwerde[10] die Verfügung des Bundesaufsichtsamtes auf. Diese Formulierung ist wortgleich mit § 71 Abs. 2 Satz 1 GWB, berücksichtigt aber nicht hinreichend das vorgeschaltete Widerspruchsverfahren. Da sich die Beschwerde regelmäßig gegen den **Ausgangsbescheid** des Bundesaufsichtsamtes **in der Gestalt**, die er **durch** den **Widerspruchsbescheid** gefunden hat, richtet (dazu § 48 Rn. 7), müssen letztlich beide Bescheide aufgehoben werden. Wie bereits erörtert, ist auch eine Teilanfechtung möglich (zur Teilanfechtung vgl. Kommentierung § 48 Rn. 9), auch wenn das aus Absatz 2 Satz 1 nicht deutlich hervorgeht.

2. Verpflichtungsbeschwerde

8 Hat die Verpflichtungsbeschwerde Erfolg (Absatz 3), so spricht das Gericht die Verpflichtung des Bundesaufsichtsamtes aus, die beantragte Verfügung vorzunehmen, und zwar unter Aufhebung des Ausgangs- und ggf. des Widerspruchsbescheids. Ist die Sache noch nicht spruchreif oder war der Antrag nur auf ermessensfehlerfreie Bescheidung gerichtet, verpflichtet das Gericht bei erfolgreicher Beschwerde das Bundesaufsichtsamt, die Verfügung und den Widerspruchsbescheid **aufzuheben** und **unter Beachtung** der Rechtsauffassung des Gerichts über den Antrag des Beschwerdeführers **neu zu entscheiden** (Bescheidungsbeschluss analog § 113 Abs. 5 Satz 2 VwGO).

3. Sonstige Beschwerden

a) Erledigung der Verfügung (Absatz 2 Satz 2)

9 Hat sich die Verfügung durch Zurücknahme oder auf andere Weise erledigt (z.B. durch beidseitige Erledigungserklärung oder aber das Gericht stellt nach eigener Prüfung die Erledigung fest), entscheidet das

10 Zur Frage der Notwendigkeit einer Rechtsverletzung § 48 Rn. 14.

Gericht nur noch über die Kosten. Anderes gilt nur, wenn der Beschwerdeführer ein **berechtigtes Interesse** an der Feststellung der Unzulässigkeit oder Unbegründetheit der angegriffenen Verfügung hat und entsprechend seine Beschwerde auf eine **Fortsetzungsfeststellungsbeschwerde** umstellt (ausdrücklicher Antrag). Für dieses Feststellungsinteresse genügt jedes vernünftigerweise anzuerkennendes Interesse rechtlicher, wirtschaftlicher und ideeller Art (vgl. dazu auch Kommentierung zu § 48 Rn. 25).[11] Absatz 2 Satz 2 ist auch auf die Verpflichtungsbeschwerde analog anwendbar (dazu § 48 Rn. 25). Antrag und Beschlusstenor lauten auf Feststellung, dass die angefochtene Verfügung oder die Weigerung des Bundesaufsichtamts, eine beantragte Verfügung zu erlassen, rechtswidrig gewesen ist.[12]

b) Sonstige Beschwerden

Im Falle einer **Leistungsbeschwerde** entscheidet das Beschwerdegericht nach den aus dem Verwaltungsprozess bekannten Grundsätzen. Bei Erfolg wird das Bundesaufsichtsamt „verurteilt", eine bestimmte Handlung vorzunehmen. **10**

III. Ermessenskontrolle (Absatz 4)

Absatz 4 stellt klar, dass das Beschwerdegericht entsprechend den Grundsätzen des § 114 VwGO eine **Rechtmäßigkeitskontrolle** des ausgeübten behördlichen Ermessens vornimmt. Wie im Rahmen des gleichlautenden § 71 Abs. 5 Satz 1 GWB gibt der Wortlaut „oder durch die Ermessensentscheidung Sinn und Zweck dieses Gesetzes verletzt hat" jedoch darüber hinaus Anlass zu fragen, ob dem Gericht damit auch eine weitergehende Befugnis zur **Zweckmäßigkeitskontrolle** eingeräumt wird. Die h. M. befürwortet für § 71 Abs. 5 Satz 1 GWB eine solche erweiterte Kontrolle des Verwaltungshandelns durch das Gericht.[13] Besondere Bedeutung erlangt diese Zweckmäßigkeitskontrolle bei der Über- **11**

11 KG, 6.9.1995 – Kart. 17/94, WuW/E 5495 ff., 5501 f. – Fortsetzungsfeststellungsinteresse; *Möller*, AG 2002, 170, 173.

12 Zur Parallelvorschrift § 71 GWB, *Schmidt,* in: Immenga/Mestmäcker, GWB, 3. Aufl., § 71 Rn. 33. Näher zu den Voraussetzungen der Fortsetzungsfeststellungsbeschwerde *Schmidt,* in: Immenga/Mestmäcker, GWB, 3. Aufl., § 71 Rn. 21 ff.

13 *Kollmorgen*, in: Langen/Bunte, KartR, 9. Aufl., § 71 Rn. 45 m. w. N.; Nachweise auch bei *Schmidt*, in: Immenga/Mestmäcker, GWB, 3. Aufl., § 71 Rn. 37 m. w. N., wobei *Schmidt* (Rn. 37 ff.) die Formel von der Zweckmäßigkeitskontrolle für irreführend hält; *Kremer*, Die kartellverwaltungsrechtliche Beschwerde, 1988, S. 109 zu § 70 Abs. 5 GWB a. F.

prüfung des Entschließungsermessens. Hier kann das Gericht seine eigenen Erwägungen an die Stelle der Erwägungen des Bundesaufsichtsamtes setzen und etwa unter Berücksichtigung von Sinn und Zweck des Gesetzes zum Schluss kommen, dass die Behörde in einem konkreten Fall unter Berücksichtigung des Übermaßverbotes überhaupt keine Maßnahmen hätte ergreifen dürfen.[14] Im Übrigen läuft die erweiterte Kontrollmöglichkeit auf eine Art Vertretbarkeitskontrolle hinaus.[15] Diese Auslegung empfiehlt sich auch für § 56, insbesondere vor dem Hintergrund, dass die weitgehenden Befugnisse des Bundesaufsichtsamtes nur in ganz eingeschränktem Rahmen von Privaten kontrolliert und Fehler sanktioniert werden können (Normen des WpÜG sind z.B. keine Schutzgesetze im Sinne des § 823 Abs. 2 BGB, vgl. dazu Anhang § 41 Rn. 4).

IV. Rechtsweg und Rechtsmittel

1. Rechtsweg

12 Wie bereits dargelegt (vgl. § 48, Rn. 1 ff.), handelt es sich beim Beschwerdeverfahren um ein Verwaltungsstreitverfahren, das dem OLG Frankfurt am Main zugewiesen ist. Eine solche Verbindung ist nicht nur aus dem Kartellverwaltungsverfahren bekannt (§§ 63 ff. GWB), sondern findet sich auch in §§ 23 ff. EGGVG (Vorgehen gegen Justizverwaltungsakte). Genau wie dort übt das OLG Frankfurt am Main auch hier aufgrund gesetzlicher Zuweisung materiell Verwaltungsgerichtsbarkeit aus.[16]

2. Rechtsmittel

13 Indem sich das Verwaltungsstreitverfahren vor dem **OLG Frankfurt am Main** an die Vorschriften der §§ 63 ff. GWB anlehnt, übernimmt es auch Anleihen aus dem FGG-Verfahren (dazu bereits § 48 Rn. 1).

---

14 Zur Verhältnismäßigkeit von Mittel und Zweck *Kollmorgen*, in: Langen/Bunte, KartR, 9. Aufl., § 71 Rn. 46.

15 Standen mehrere gleichwertige Maßnahmen zur Auswahl und hat sich die Behörde für eine dieser Möglichkeiten entschieden, wird das Gericht keine fehlerhafte Ermessensausübung rügen, vgl. *Kremer* (Fn. 13), S. 109; in diese Richtung für die Parallelnorm § 70 Abs. 5 GWB a.F. wohl auch *Schmidt*, Kartellverfahrensrecht – Kartellverwaltungsrecht – Bürgerliches Recht, 1977, S. 578; unklar zur Reichweite der Ermessenskontrolle nach § 56 Abs. 4 im Vergleich zu § 114 VwGO *Möller*, AG 2002, 170, 173; *Zehetmeier-Müller/Grimmer*, in: Geibel/Süßmann, WpÜG, 2002, § 56 Rn. 14.

16 *Gummer*, in: Zöller, ZPO, 22. Aufl., EGGVG § 25 Rn. 2.

Sowohl im Kartellverwaltungsverfahren (§ 74 GWB) als auch im FGG-Verfahren (§§ 27 ff. FGG) ist ein zweiter Rechtszug (Rechtsbeschwerde bzw. weitere Beschwerde zum BGH bzw. zum OLG) vorgesehen. Im WpÜG fehlt eine solche Regelung. Da jedoch jede Verfahrensordnung selbst den Instanzenzug regelt und die Beschränkung des WpÜG auf **nur einen Rechtszug** auch nicht gegen Art. 19 Abs. 4 GG verstößt,[17] entfällt in jedem Falle eine Übertragung der GWB- und FGG-Vorschriften hinsichtlich des Instanzenzuges auf das WpÜG. Im Übrigen zeigt schon ein Blick auf § 63 (Möglichkeit der Rechtsbeschwerde nur bei Ordnungswidrigkeiten), dass der Gesetzgeber es absichtlich bei einem Rechtszug hat bewenden lassen.

V. Divergenzvorlage

14 Die Vorschrift ähnelt den Vorlageregelungen in § 124 Abs. 2 GWB, § 28 Abs. 2 FGG, § 29 Abs. 1 EGGVG und § 36 Abs. 3 ZPO sowie 541 ZPO a. F.[18] Allerdings ist gerade im Vergleich mit diesen Vorschriften unklar, welchen Anwendungsbereich Absatz 6 überhaupt haben kann:

1. Abweichen von einer Entscheidung eines anderen OLG

a) Hintergrund und Parallelvorschriften

15 Hintergrund für die Divergenzvorlage zum Beispiel nach § 124 Abs. 2 GWB und § 29 Abs. 1 EGGVG, die der Regelung in § 28 Abs. 2 FGG nachempfunden sind, ist, dass ein OLG in letzter, teils zudem auch in erster Instanz einen Rechtsstreit entscheidet. Da nun aber bundesweit verschiedene Oberlandesgerichte, wenn auch in landesrechtlich ggf. konzentrierter Zuständigkeit, zur Entscheidung über die entsprechenden Rechtsangelegenheiten (etwa in Vergabesachen) berufen sind, soll die jeweils geltende Vorlageverpflichtung die **bundeseinheitliche Rechtsprechung** (in Vergabesachen oder in Angelegenheiten der freiwilligen Gerichtsbarkeit usw.) gewährleisten.[19] Es soll letztlich verhindert werden, dass es zu unterschiedlichen Rechtsentwicklungen in den einzelnen OLG-Bezirken kommt.[20] Die Vorlage von Rechtsfragen

---

17 Art. 19 Abs. 4 GG erfordert keinen Instanzenzug, dazu *Schmidt-Aßmann*, in: Maunz-Dürig, Grundgesetz, Stand: Juli 2001, Art. 19 Rn. 45.

18 Zivilprozessordnung, Gesetzesstand 1.3.2001, vor Inkrafttreten des Gesetzes zur Reform des Zivilprozesses am 1.1.2002.

19 *Stockmann*, in: Immenga/Mestmäcker, GWB, 3. Aufl., § 124 Rn. 10; *Bechtold*, GWB, 2. Aufl., § 124 Rn. 3.

20 *Stockmann*, in: Immenga/Mestmäcker, GWB, 3. Aufl., § 124 Rn. 10.

an den BGH im Falle der Abweichung von einer Entscheidung „eines anderen OLG“ setzt deshalb stets voraus, dass das „andere“ OLG im gleichen rechtlichen Verfahren tätig geworden ist: Im Falle des § 124 Abs. 2 GWB heißt dies eben im Rahmen eines Vergabeverfahrens, bei § 29 Abs. 1 EGGVG und § 28 Abs. 2 FGG im Rahmen des Verfahrens der freiwilligen Gerichtsbarkeit.[21] Unter diesen Voraussetzungen begründet auch die unterschiedliche Beurteilung entscheidungserheblicher Vorfragen eine Vorlagepflicht.[22]

b) Unterschiede

16 Diese Situation liegt hier jedoch gerade nicht vor: Da einzig und **allein** das OLG Frankfurt am Main **zuständig** ist, kann es bei Beschwerden nach §§ 48 ff. **keine Abweichungen** in der Bewertung von Rechtsfragen des WpÜG geben. Der in seinem Wortlaut schlicht aus § 124 Abs. 2 GWB übernommene Absatz 6 passt danach für den hier vorliegenden Fall nicht. Etwas anderes könnte nur gelten, wenn es zur Bildung mehrerer Senate für Wertpapiererwerbs- und Übernahmesachen (§ 67) beim OLG Frankfurt am Main käme[23] und Absatz 6 auch Binnendivergenzen zwischen den einzelnen mit Beschwerden nach §§ 48 ff. befassten Senaten erfassen würde: Zumindest die Regierungsbegründung lässt hierauf jedoch keine Schlüsse zu. Zwar könnte die Erwähnung des Bergriffes „Binnendivergenzen“ in der Regierungsbegründung[24] auf den ersten Blick in diese Richtung deuten. Jedoch wird aus dem Satzzusammenhang klar, dass damit nur eine Binnendivergenz innerhalb von Senaten mit unterschiedlichen Aufgabenbereichen (einerseits Beschwerdeverfahren nach §§ 48 ff., andererseits Zivilprozess) gemeint ist. Unter Berücksichtigung der *ratio* des Absatz 6 erscheint es aber dennoch geboten, eine Vorlageverpflichtung gerade bei *innergerichtlichen Abweichungen* von Senaten für Wertpapiererwerbs- und Übernahmesachen zu bejahen.[25] Der zuletzt ent-

---

21 So ausdrücklich für die freiwillige Gerichtsbarkeit (einschließlich §§ 23 ff. EGGVG) *Bassenge/Herbst*, FGG, 8. Aufl., § 28 Rn. 4; *Bumiller/Winkler*, FGG, 7. Aufl., § 28 Rn. 8.

22 Zur Divergenzvorlage bei Präjudizien vgl. im Rahmen des § 541 ZPO a. F. *Gummer*, in: Zöller, ZPO, 22. Aufl., § 541 Rn. 36.

23 Zu dieser Möglichkeit auch Regierungsbegründung, BR-Drucks. 574/01, S. 175.

24 Regierungsbegründung, BR-Drucks. 574/01, S. 168.

25 So für den Rechtsentscheid nach § 541 ZPO a. F. *Gummer*, in: Zöller, ZPO, 22. Aufl., § 541 Rn. 54; ebenso für § 36 Abs. 3 ZPO *Vollkommer*, in: Zöller, ZPO, 22. Aufl., § 36 Rn. 10; a. A. für § 28 FGG *Bassenge/Herbst* (Fn. 21), § 28 Rn. 4, allerdings unter Hinweis auf eine sehr alte Entscheidung.

scheidende Senat muss dann jedoch analog § 132 Abs. 3 GVG bei dem anderen Senat zunächst anfragen, ob dieser an seiner Rechtsauffassung festhält. Wird dies verneint, besteht keine Vorlagepflicht an den BGH.[26]

c) Rechtsweg- und verfahrensordnungübergreifende Vereinheitlichung?

Der Gesetzgeber war jedoch offenbar darüber hinaus der Ansicht, dass eine Abweichung zu „einem anderen OLG" auch dann vorliege, wenn **sonstige Oberlandesgerichte in Zivilprozessen** (vgl. § 66), insbesondere solchen, die Schadensersatzansprüche zum Gegenstand haben, mit der Anwendung von Vorschriften dieses Gesetzes befasst sind: Beurteilt ein OLG im Zuge einer solchen bürgerlich-rechtlichen Streitigkeit eine Rechtsfrage des WpÜG anders als das OLG, das gemäß §§ 48 ff. materiell die Verwaltungsgerichtsbarkeit ausübt, müsste – so die Vorstellung des Gesetzgebers – das OLG zunächst die Rechtsfrage dem BGH vorlegen.[27] Damit würde jedoch der bislang stets anerkannte Sinn einer Vorlagepflicht in extremer und noch nie dagewesener Weise ausgedehnt: **17**

Bislang wurde eine **Vorlagepflicht** regelmäßig nur bei **gleicher Rechtswegzuständigkeit und Gerichtsbarkeit** anerkannt. So entschied das OLG Karlsruhe im Rahmen des § 541 ZPO a. F. (Rechtsentscheid), dass diese Vorschrift die „Herstellung der Rechtseinheit nur in bürgerlich-rechtlichen Streitigkeiten über Wohnraummietsachen" erstrebe. Ebenso wenig wie § 121 Abs. 2 GVG eine Vorlagepflicht eines Strafsenats bei Abweichungen von der Beurteilung eines Zivilsenates eines OLG begründe, könne dies umgekehrt gelten.[28] Auch lässt sich nicht etwa allgemein sagen, der Grundsatz der „Einheit der Rechtsordnung" verlange eine Vorlage an das nächsthöhere Gericht, wann immer eine abweichende Beurteilung einer Rechtsfrage in welcher Gerichtsbarkeit auch immer in Rede stehe.[29] Eine solche **18**

---

26 So zu § 541 ZPO a. F. *Gummer*, in: Zöller, ZPO, 22. Aufl., § 541 Rn. 54.

27 Vgl. Regierungsbegründung, BR-Drucks. 574/01, S. 168. Ebenso *Möller*, AG 2002, 170, 173; *Zehetmeier-Müller/Grimmer*, in: Geibel/Süßmann, WpÜG, 2002, § 56 Rn. 21.

28 OLG Karlsruhe, 22. 9. 1981 – 3 ReMiet 5/81, NJW 1982, 344 f.; ähnlich *Vollkommer*, in: Zöller, ZPO, 22. Aufl., § 36 Rn. 10.

29 Zur Bedeutung der Einheit der Rechtsordnung ausführlich *Felix*, Einheit der Rechtsordnung – Zur verfassungsrechtlichen Relevanz einer juristischen Argumentationsfigur, 1988; in seiner Entscheidung vom 24. 6. 1988 stellte zudem auch das BVerfG klar, dass – Thema war wiederum die Vorlagepflicht für einen Rechtsentscheid in Mietsachen – eine Abweichung auch zu einer Entscheidung des Bundesverfassungsgerich-

Kehrtwende, wäre sich der Gesetzgeber dieser Tatsache bewusst gewesen, hätte vermutlich in der Begründung zum Gesetzentwurf auch mehr als einen lapidaren Satz verdient, zumal der Wortlaut der Vorschrift, der wie beschrieben in Anlehnung insbesondere an § 124 Abs. 2 GWB gewählt worden ist, in keiner Weise auf eine solche rechtswegunabhängige Rechtsvereinheitlichung schließen lässt. Letztlich spricht viel dafür, dass man – wie auch an anderen Stellen – eine Vorschrift des GWB in das WpÜG übernommen hat, ohne die Unterschiede in beiden Rechtsgebieten hinreichend zu beachten.[30]

19 Der Anwendungsbereich der **Vorlagepflicht** ist damit auf **Binnendivergenzen** zwischen nach § 67 eingerichteten Senaten für Wertpapiererwerbs- und Übernahmesachen beschränkt. Die Vorlage erfolgt durch nicht anfechtbaren Beschluss des Beschwerdegerichtes.

2. Abweichen von einer Entscheidung des BGH

20 Während für die Voraussetzung der Abweichung von der Entscheidung „eines anderen OLG“ gute Gründe dafür sprechen, dass es kaum je zu einer Vorlage an den BGH kommen wird, ist fraglich, ob eine gewollte Abweichung von einer Entscheidung des BGH schon dann vorliegen kann, wenn der BGH sich zu der in Rede stehenden Rechtsfrage im Rahmen *irgendeines* Verfahrens geäußert hat.[31] Konkret hieße das: Legt der BGH etwa im Rahmen eines Schadensersatzprozesses auf Grundlage der §§ 12, 13 in der Revisionsinstanz eine Vorschrift des WpÜG in einer bestimmten Art und Weise aus, so müsste das OLG Frankfurt am Main, sollte es im Rahmen eines Beschwerdeverfahrens von dieser Auslegung des BGH abweichen wollen – gesetzt den Fall, die Auslegung wäre entscheidungserheblich – diese Rechtsfrage dem BGH vorlegen. Es ist die Frage, ob es dafür zwingende Gründe gibt. Bislang wurde sogar bei Abweichungen zu Entscheidungen des BVerfG nicht die Rechtsfigur der Einheit der Rechtsordnung bemüht.[32] Daher **fehlt** für die Variante „Abweichung von einer Entscheidung des BGH“ jeder Anwendungsbereich.

---

tes keine Vorlagepflicht begründe (BVerfG, 24. 6. 1988 – 1 BvR 736/88, NJW 1988, 2233), sondern die Vorschrift wörtlich zu nehmen sei. Anlass zu einer erweiternden Auslegung unter dem Aspekt „Einheit der Rechtsordnung“ sah das BVerfG nicht.

30 Dazu bereits Kommentierung zu § 48 Rn. 12 m. w. N.

31 Für diese Auslegung des § 28 Abs. 2 FGG ausdrücklich *Bassenge/Herbst* (Fn. 21), § 28 Rn. 4 mit Verweis auf BGH MDR 1953, 612.

32 Vgl. Fn. 29.

§ 57 Akteneinsicht

(1) Die in § 52 bezeichneten Beteiligten können die Akten des Beschwerdegerichts einsehen und sich durch die Geschäftsstelle auf ihre Kosten Ausfertigungen, Auszüge und Abschriften erteilen lassen. § 299 Abs. 3 der Zivilprozeßordnung gilt entsprechend.

(2) Einsicht in Vorakten, Beiakten, Gutachten und Unterlagen über Auskünfte ist nur mit Zustimmung der Stellen zulässig, denen die Akten gehören oder die die Äußerung eingeholt haben. Das Bundesaufsichtsamt hat die Zustimmung zur Einsicht in die ihm gehörigen Unterlagen zu versagen, soweit dies aus wichtigen Gründen, insbesondere zur Wahrung von berechtigten Interessen Beteiligter oder dritter Personen, geboten ist. Wird die Einsicht abgelehnt oder ist sie unzulässig, dürfen diese Unterlagen der Entscheidung nur insoweit zu Grunde gelegt werden, als ihr Inhalt vorgetragen worden ist. Das Beschwerdegericht kann die Offenlegung von Tatsachen oder Beweismitteln, deren Geheimhaltung aus wichtigen Gründen, insbesondere zur Wahrung von berechtigten Interessen Beteiligter oder Dritter verlangt wird, nach Anhörung des von der Offenlegung Betroffenen durch Beschluß anordnen, soweit es für die Entscheidung auf diese Tatsachen oder Beweismittel ankommt, andere Möglichkeiten der Sachaufklärung nicht bestehen und nach Abwägung aller Umstände des Einzelfalles die Bedeutung der Sache für die Sicherung eines ordnungsgemäßen Verfahrens das Interesse des Betroffenen an der Geheimhaltung überwiegt. Der Beschluß ist zu begründen. In dem Verfahren nach Satz 4 muß sich der Betroffene nicht anwaltlich vertreten lassen.

Literatur: Frankfurter Kommentar (FK) zum Kartellrecht, Bd. V, Stand: Juli 2001; *Geibel/Süßmann*, WpÜG, München 2002; *Immenga/Mestmäcker*, GWB, 3. Aufl., 2001.

Übersicht

I. Reichweite des Akteneinsichtsrechts

1 Die Vorschrift ist – mit Abweichungen – § 72 GWB nachgebildet. Die Verfahrensbeteiligten[1] haben grundsätzlich ein **umfassendes Akteneinsichtsrecht**. Dieses Recht bezieht sich nur auf das **Beschwerdeverfahren** in Verwaltungssachen, nicht also auf Ordnungswidrigkeitsverfahren, wie sich schon aus der systematischen Stellung der Vorschrift im 6. Abschnitt des Gesetzes ergibt.[2]

2 Zu den **Akten**, in die Einsicht genommen werden kann, gehören zunächst die Akten des Beschwerdegerichts selbst. Ausgenommen von der Einsicht sind gemäß § 57 Abs. 1 i.V.m. § 299 Abs. 3 ZPO Entwürfe zu Beschlüssen und Verfügungen, die zu ihrer Vorbereitung gelieferten Arbeiten sowie die Schriftstücke, die gerichtsinterne Abstimmungen betreffen.[3] Die Geschäftsstelle stellt zum Zweck der Einsicht auf Verlangen Kopien her. Zu den Akten, in die Einsicht genommen werden kann, gehören aber auch die in Absatz 2 Satz 1 genannten Vorakten, Beiakten, Gutachten und Auskünfte. Gemeint sind damit Akten des Verwaltungsverfahrens vor dem Bundesaufsichtsamt, beigezogene Akten aus anderen behördlichen oder gerichtlichen Verfahren sowie insbesondere die vom Bundesaufsichtsamt nach § 40 eingeholten Auskünfte. Diese Akten werden in Absatz 2 gesondert aufgezählt, weil die Einsichtnahme die **Zustimmung** der Stellen voraussetzt, denen die Akten gehören, d.h. die über sie verfügen können,[4] oder die die Auskunft eingeholt haben. Häufig wird diese Stelle das Bundesaufsichtsamt sein.

3 Nach Absatz 2 Satz 2 hat das Bundesaufsichtsamt die Erteilung der Zustimmung **zu versagen**, soweit dies aus wichtigen Gründen, insbesondere zur Wahrung berechtigter Interessen Beteiligter oder dritter Personen, geboten ist. Die Regierungsbegründung gibt keinen Hinweis auf die Art der berechtigten Interessen. Zu denken ist an den Bereich sensibler Geschäftsdaten, die nicht ans Licht der Öffentlichkeit gezerrt werden sollen. Ist eine andere Stelle als das Bundesaufsichtsamt verfügungsbefugt, so richtet sich die Zustimmungserteilung nach § 99 Abs. 1 VwGO analog.[5]

---

1 Zur Problematik der Beteiligung Dritter § 52 Rn. 2 ff.; § 48 Rn. 10 ff.

2 Regierungsbegründung, BR-Drucks. 574/01, S. 169.

3 Vgl. auch Regierungsbegründung, BR-Drucks. 574/01, S. 169.

4 Auf die zivilrechtliche Eigentümerstellung kommt es nicht an, vgl. Regierungsbegründung, BR-Drucks. 574/01, S. 169.

5 H. M. zur Parallelvorschrift § 72 GWB, statt aller *Schmidt*, in: Immenga/Mestmäcker, GWB, 3. Aufl., § 72 Rn. 6 m.w.N. Zur Frage eines möglichen Vorgehens gegen eine

Erteilt die zuständige Stelle ihre Zustimmung, so hat das Beschwerdegericht diese Entscheidung grundsätzlich hinzunehmen. Aus der Formulierung „wird die Einsicht abgelehnt *oder ist sie unzulässig*", kann man – ebenso wie bei der Parallelvorschrift § 72 GWB – überdies den Schluss ziehen, dass es Fälle geben kann, in denen die zuständige Stelle zwar ihre Zustimmung erteilt, jedoch das Gericht die Einsichtnahme ablehnt. Jedoch dürfte das Beschwerdegericht nur bei Vorliegen offensichtlicher Rechtswidrigkeit der behördlichen Erlaubnis gehalten sein, die Zustimmung zur Akteneinsicht zu versagen.[6] 4

II. Verwendung von der Einsicht ausgeschlossener Akten

Wird die Akteneinsicht abgelehnt oder ist sie unzulässig, dürfen diese Unterlagen der Entscheidung nur insoweit zu Grunde gelegt werden, als ihr Inhalt vorgetragen worden ist.[7] Um die Folgen dieser Regelung abmildern zu können, verschafft Absatz 2 Satz 4 dem Beschwerdegericht dennoch eine Verwertungsmöglichkeit. So kann das Gericht in einem Zwischenverfahren in besonders gelagerten Fällen nach entsprechender Güterabwägung die Offenlegung von Tatsachen und Beweismitteln anordnen, sofern es gerade auf diese Beweismittel ankommt. Zu klären wird im Übrigen sein, ob dem Beschwerdegericht vor einem solchen Zwischenverfahren noch die Befugnis zustehen soll, die nach § 57 Abs. 2 Satz 2 verweigerte Akteneinsicht gemäß § 99 Abs. 2 VwGO analog in einem „in camera"-Verfahren zu überprüfen.[8] 5

---

verweigerte Zustimmung im Rahmen der Parallelvorschrift § 72 GWB (Leistungsklage gegen die betreffende Behörde), vgl. *Schmidt,* in: Immenga/Mestmäcker, GWB, 3. Aufl., § 72 Rn. 6

6 So zu § 72 GWB *Quack*, in: FK, Bd. V, Stand: Juli 2001, § 71 a.F. Rn. 19.

7 Zur Ausnahme für die nicht notwendig Beigeladenen vgl. § 56 Rn. 5.

8 Dafür *Zehetmaier-Müller/Grimmer*, in: Geibel/Süßmann, WpÜG, 2002, § 57 Rn. 4. Für Parallelnorm § 72 GWB auch schon *Schmidt*, in: Immenga/Mestmäcker, GWB, 3. Aufl., § 72 Rn. 7.

§ 58 Geltung von Vorschriften des Gerichtsverfassungsgesetzes und der Zivilprozeßordnung

Im Verfahren vor dem Beschwerdegericht gelten, soweit nichts anderes bestimmt ist, entsprechend

1. **die Vorschriften der §§ 169 bis 197 des Gerichtsverfassungsgesetzes über Öffentlichkeit, Sitzungspolizei, Gerichtssprache, Beratung und Abstimmung und**
2. **die Vorschriften der Zivilprozeßordnung über Ausschließung und Ablehnung eines Richters, über Prozeßbevollmächtigte und Beistände, über die Zustellung von Amts wegen, über Ladungen, Termine und Fristen, über die Anordnung des persönlichen Erscheinens der Parteien, über die Verbindung mehrerer Prozesse, über die Erledigung des Zeugen- und Sachverständigenbeweises sowie über die sonstigen Arten des Beweisverfahrens, über die Wiedereinsetzung in den vorigen Stand gegen die Versäumung einer Frist.**

1 Die Verweisungen der Nr. 1 und Nr. 2 ergänzen die in den §§ 48 ff. ausdrücklich normierten Regelungen für das Beschwerdeverfahren. Ist eine Frage in den §§ 48 ff. nicht geregelt, finden die genannten Vorschriften des GVG und der ZPO entsprechende Anwendung. Eine direkte Anwendung ist ausgeschlossen, da es sich bei dem Beschwerdeverfahren sachlich um ein Verwaltungsverfahren handelt (dazu § 48 Rn. 2).

2 Der Verweisungskatalog des § 58 ist nicht abschließend. Weder wird der Rückgriff auf andere Vorschriften des GVG oder der ZPO noch der Rückgriff auf die Regeln etwa der VwGO ausgeschlossen.

Abschnitt 8

Sanktionen

Vorbemerkungen zu § 59

Übersicht

I. Allgemeines

Das Gesetz ist von einem Geflecht von **Durchsetzungsmechanismen** und **Sanktionen** durchzogen. Zu nennen sind 1
- das Verwaltungsverfahren (s. unten Rn. 3 ff.),
- das Verwaltungsstrafverfahren (Ordnungswidrigkeiten, §§ 60–65),
- gesellschaftsrechtliche Sanktionen (Rechtsverlust gem. § 59),
- (zivilrechtliche) Haftungsansprüche (s. unten Rn. 4 ff.).

Trotz der Generalüberschrift „Sanktionen" ist im achten Abschnitt des Gesetzes das der Durchsetzung seiner Verhaltensge- und verbote dienende „Straf- und Drohpotential" nur partiell normiert. Den Hauptanteil hat §§ 60–65 mit den Tatbeständen und Verfahren des Verwaltungsstrafrechts. Daneben steht monolithisch der § 59, der mit „Rechtsverlust" überschrieben ist und als gesellschaftsrechtliche Sanktion zur Durchsetzung des Pflichtangebots große praktische Bedeutung hat. 2

II. Verwaltungsverfahren und Haftungsansprüche

Im **Verwaltungsverfahren** besteht eine weitgehende Blankettermächtigung des Bundesaufsichtsamtes für den Wertpapierhandel, denn dieses ist gem. § 4 Abs. 1 Satz 2 WpÜG ermächtigt, alle **Anordnungen** zu treffen, die geeignet und erforderlich sind, um Missstände zu beseitigen oder zu verhindern. In einzelnen Gesetzesbestimmungen wird 3 diese Pauschalermächtigung näher konkretisiert. Im Zentrum steht dabei die Möglichkeit des Bundesaufsichtsamtes, Angebote gem. § 15 WpÜG zu untersagen. Ist dies geschehen, so knüpft sich hieran wiederum gem. § 26 WpÜG eine Sperrfrist von einem Jahr, innerhalb derer ein erneutes Angebot des Bieters unzulässig ist.

4 Einen in aller Regel sehr effizienten (präventiven) Durchsetzungsmechanismus stellen **Haftungs- und Schadensersatzansprüche** dar. Anspruchsgrundlagen ergeben sich zum Teil ausdrücklich aus dem WpÜG, zum Teil aus allgemeinen Anspruchsnormen. In wichtigen Bereichen sind die zivilrechtlichen Folgen von Verstößen gegen das Gesetz allerdings umstritten.

5 An ausdrücklichen Haftungsnormen im Gesetz sind vor allem § 12 (Haftung für die Angebotsunterlage), § 13 Abs. 2 (Haftung des Wertpapierdienstleistungsunternehmens für Finanzierungsbestätigung) und § 38 (Verzinsung bei verzögertem Pflichtangebot) zu nennen.

6 Anwendbar sind auch die **allgemeinen aktien- und gesellschaftsrechtlichen Haftungstatbestände**, sowohl für die Organmitglieder des Bieters als auch für die Organe der Zielgesellschaft.[1] Daneben kommen ggf. auch **Unterlassungsansprüche** und deren Durchsetzung im Zivilverfahren in Betracht.[2]

7 Zweifelhaft und für die Rechtsfolgen eines weiteren Verstoßes erheblich ist, ob § 26 zugleich auch gesetzliches Verbot i. S. d. § 134 BGB ist. Abschreckungswirkung entfaltet ohnehin, dass ein Verstoß gegen die Sperrfrist in jedem Fall rechtswidriges Handeln darstellt und damit die Organe des Bieters potentiell schadenersatzpflichtig macht. Dennoch wird man wohl auch annehmen müssen, dass § 26 als Verbotsgesetz einzustufen und daher zur Nichtigkeit des Angebots und von auf dessen Basis abgeschlossenen Verträgen führen würde.[3]

8 Die für den Haftungsbereich umstrittenste Frage ist, ob einzelne Normen des WpÜG **Schutzgesetze** im Sinne des § 823 Abs. 2 BGB darstellen können. Dabei ist zunächst zu berücksichtigen, dass für andere Kapitalmarktgesetze eine drittschützende Funktion einzelner Normen grundsätzlich abgelehnt wird[4] und zivilrechtliche Haftungsansprüche Dritter nur kraft ausdrücklicher Normierung aner-

1 Hierzu *Thümmel*, DB 2000, 461.

2 Vgl. etwa oben *Röh*, § 33 Rn. 136.

3 A. A. *Riehmer/Schröder*, § 26 Rn. 24.

4 Vgl. §§ 4 Abs. 2 WpHG, 1 Abs. 4 BörsG, 6 Abs. 4 KWG, dazu *Schäfer/Geibel*, WpHG/BörsG/VerkProspG, § 4 WpHG Rn. 24 f.

kannt werden.[5] Auch für das WpÜG lässt sich aus der in § 4 Abs. 2 vorgesehenen Beschränkung der Behörde auf eine Tätigkeit im öffentlichen Interesse eine generelle Verneinung von Individualschutz durch Normen des WpÜG ableiten.[6] Andererseits wird zu einzelnen Normen die Auffassung vertreten, dass sie individualschützenden Charakter haben sollen.[7] Letztlich wird wohl eines – derzeit noch fernen – Tages die Rechtsprechung zu entscheiden haben, welcher Auffassung der Vorzug zu geben ist. Im übrigen bedeutet das Fehlen von Individualschutz und einer Drittgerichtetheit der Behördentätigkeit nicht, dass nicht bei konkreten Pflichtverletzungen **Amtshaftungsansprüche** gem. § 839 BGB gegenüber den unmittelbar am Verfahren Beteiligten in Betracht kommen.

III. Durchsetzung des Pflichtangebots

Ein besonders massives Instrumentarium sieht das Gesetz zur Durchsetzung von Pflichtangeboten in § 35 vor. Wer es versäumt, den Erwerb der Kontrolle zu veröffentlichen, das Pflichtangebot zu veröffentlichen oder wer ein Pflichtangebot so mangelhaft abgibt, dass es untersagt werden muss, ist für die Dauer des Verstoßes zur **Zahlung von Zinsen** auf die Gegenleistung in Höhe von 5 Prozentpunkten über dem Basiszinssatz[8] verpflichtet (§ 38). Außerdem bestehen **Rechte aus den Aktien**, die dem Bieter an der Zielgesellschaft zustehen, nicht für den Zeitraum, für den die Pflichten zur Mitteilung des Kontrollerwerbs oder der Angebotsabgabe gem. § 35 Abs. 1 nicht erfüllt werden (§ 59). Schließlich sind vorsätzliche oder leichtfertige Verstöße gegen die verschiedenen sich aus § 35 ergebenden Verpflichtungen auch als **Ordnungswidrigkeiten** sanktioniert (§ 60 Abs. 1 Nr. 1 a, § 60 Abs. 1 Nr. 2 a und b, § 60 Abs. 1 Nr. 3, § 60 Abs. 1 Nr. 4, § 60 Abs. 1 Nr. 5). 9

---

5 Deshalb Vorschlag zur Neuregelung der §§ 37b, 37c WpHG im 4. Entwurf des FinMarktFördG.

6 So *Schüppen/Schweizer*, § 42 Rn. 5.

7 So *Röh*, § 33 Rn. 150 und *Hommelhoff/Witt*, § 35 Rn. 61.

8 Der Basiszinssatz nach § 247 BGB gilt zwar gemäß Art. 229 § 7 Nr. 1 EGBGB für Rechtsvorschriften des bürgerlichen Rechts und des Gerichtsverfahrensrechts. Fraglich ist, ob § 38 WpÜG (Verzinsung der schuldrechtlichen Gegenleistungspflicht des Bieters aus dem Kauf- oder Tauschvertrag über die Aktien der Zielgesellschaft) darunter fällt; dagegen *Hommelhoff/Witt*, § 38 Rn. 18 (Fn. 3).

§ 59 Rechtsverlust

Rechte aus Aktien, die dem Bieter, mit ihm gemeinsam handelnden Personen oder deren Tochterunternehmen gehören oder aus denen ihm, mit ihm gemeinsam handelnden Personen oder deren Tochterunternehmen Stimmrechte gemäß § 30 Abs. 1 Satz 1 Nr. 2 zugerechnet werden, bestehen nicht für die Zeit, für welche die Pflichten nach § 35 Abs. 1 oder 2 nicht erfüllt werden. Dies gilt nicht für Ansprüche nach § 58 Abs. 4 des Aktiengesetzes und § 271 des Aktiengesetzes, wenn die Veröffentlichung oder das Angebot nach § 35 Abs. 1 Satz 1 oder Abs. 2 Satz 1 nicht vorsätzlich unterlassen wurde und nachgeholt worden ist.

Literatur: *Assmann/Schneider* (Hrsg.), Kommentar zum WpHG, 2. Aufl., Köln 1999; *Burgard*, Die Offenlegung von Beteiligungen, Abhängigkeits- und Konzernlagen bei der Aktiengesellschaft, Berlin 1990; *Hoffmann-Becking* (Hrsg.), Münchener Handbuch des Gesellschaftsrechts, Band 4: Aktiengesellschaft, 2. Aufl., München 1999; *Hüffer*, Verlust oder Ruhen von Aktionärsrechten bei Verletzung aktienrechtlicher Mitteilungspflichten?, in: Festschrift für Karlheinz Boujong, hrsg. von Ebenroth u. a., München 1996, S. 277; *Koppensteiner*, Einige Fragen zu § 20 AktG, in: Festschrift für Heinz Rowedder, hrsg. von Pfeiffer u. a., München 1994, S. 213; *Möller*, Rechtsmittel und Sanktionen nach dem WpÜG, AG 2002, 170; *Schäfer* (Hrsg.), Kommentar zu WpHG, BörsG und VerkProspG, Stuttgart u. a. 1999; *Witt*, Die Änderungen der Mitteilungs- und Veröffentlichungspflichten nach §§ 21 ff. WpHG und §§ 20 f. AktG durch das Dritte Finanzmarktförderungsgesetz und das KonTraG, WM 1998, 1153; *ders.*, Die Änderungen der Mitteilungs- und Veröffentlichungspflichten nach §§ 21 ff. WpHG durch das geplante Wertpapiererwerbs- und Übernahmegesetz, AG 2001, 233; s. außerdem Vorbem. vor §§ 35 bis 39.

Übersicht

I. Systematische Stellung, Zweck und Gegenstand der Regelung

1 Am Beginn des mit „Sanktionen" überschriebenen Abschnitts 8 des Gesetzes steht eine Sanktionsnorm, die zeigt, welches Gewicht der Gesetzgeber dem in Abschnitt 5 des Gesetzes kodifizierten Pflichtangebot – d. h. namentlich den Verpflichtungen des die Kontrolle innehabenden Aktionärs nach § 35 Abs. 1 und 2 – beimisst. Er sieht den in § 59 angeordneten **Rechtsverlust** zur Durchsetzung der genannten Pflichten angesichts derer Bedeutung als erforderlich an (Regierungsbegründung, BR-Drucks. 574/01, S. 170) und fügt deshalb den Bußgeldandrohungen des § 60 und der **Verzinsungspflicht** nach § 38 eine Sanktionsnorm mit gravierenden Rechtsfolgen hinzu.

2 Wer entgegen § 35 Abs. 1 nicht veröffentlicht, dass er die Kontrolle über eine Zielgesellschaft erlangt hat, oder gegen die Verpflichtung aus § 35 Abs. 2 verstößt, dem Bundesaufsichtsamt eine Angebotsunterlage zu übermitteln und ein (Pflicht-)Angebot zu veröffentlichen, **verliert** nach Satz 1 für die Dauer des Verstoßes die **Rechte aus seinen Aktien**; darüber hinaus gehen auch die Rechte aus bestimmten Aktien verloren, aus denen dem Bieter Stimmrechte zugerechnet werden.

3 Kapitalmarktrechtliche Pflichtverletzungen werden mit gesellschaftsrechtlichen Rechtsfolgen verknüpft. Die §§ 35 ff. haben somit wesentliche aktienrechtliche Relevanz: Wie schon §§ 23 Abs. 4, 28 WpHG ordnet auch § 59 (und gleichermaßen übrigens § 20 Abs. 3) den – grundsätzlich – endgültigen Verlust von Aktionärsrechten an. Es wird also in den Kernbereich der Mitgliedschaft des Aktionärs und überdies in die Willensbildung und Entscheidungsfindung in der Hauptversammlung der Zielgesellschaft eingegriffen.

4 Satz 2 **beschränkt den Rechtsverlust** trotz nicht erfüllter Verpflichtungen aus § 35 Abs. 1 oder 2. Legt der Bieter dar und kann er nachweisen, dass die unterlassene Veröffentlichung der Kontrollerlangung oder

die unterlassene Angebotsabgabe ohne Vorsatz unterblieben ist, und holt er das Versäumte nach, so kann er den Verlust der Ansprüche auf Dividende und auf Liquidationserlös vermeiden.

5 § 59 ist insgesamt dem § 28 WpHG nachgebildet, sodass die zu dieser Vorschrift entwickelten Grundsätze hier gleichfalls gelten (Regierungsbegründung, BR-Drucks. 574/01, S. 170). § 28 WpHG ordnet einen vergleichbaren Rechtsverlust für den Fall an, dass ein Aktionär die ihm nach § 21 Abs. 1 und 1a WpHG obliegende Pflicht nicht erfüllt, das Erreichen, Überschreiten oder Unterschreiten bestimmter Schwellen der Stimmrechtsbeteiligung an einer börsennotierten Gesellschaft dieser und dem Bundesaufsichtsamt mitzuteilen. Der Anwendungsbereich des § 28 WpHG ist zeitgleich mit dem Inkrafttreten des Wertpapiererwerbs- und Übernahmegesetzes durch die Erweiterung des Anwendungsbereichs des § 21 WpHG vergrößert worden.[1] Erfasst werden nunmehr die Beteiligungen an allen Gesellschaften, deren Aktien zum Handel an einem organisierten Markt zugelassen sind. Letzteren definiert § 2 Abs. 5 WpHG in einer § 2 Abs. 7 WpÜG vergleichbaren Weise; damit stimmt der Anwendungsbereich der §§ 21 ff. WpHG mit demjenigen des Wertpapiererwerbs- und Übernahmegesetzes (vgl. § 1) überein. Mit der kapitalmarktrechtlichen Vorschrift des § 28 WpHG korrespondiert § 20 Abs. 7 AktG, der einen Rechtsverlust desjenigen kodifiziert, der seine (konzernrechtlichen) Pflichten zur Mitteilung bestimmter Beteiligungen nach § 20 Abs. 1 und 4 AktG nicht erfüllt; § 20 AktG findet nach seinem Abs. 8 insgesamt nur für Aktien solcher Aktiengesellschaften Anwendung, die nicht von §§ 21 ff. WpHG erfasst werden.

II. Gesetzgebungsverfahren

6 Eine § 59 entsprechende Vorschrift war bereits im Diskussionsentwurf vom 29.6.2000 und im Referentenentwurf vom 12.3.2001 (dort jeweils § 60) vorgesehen. Beide früheren Entwürfe wollten allerdings mit dem Bieter gemeinsam handelnde Personen und deren Tochterunternehmen nicht erfassen.

---

1 Vgl. Art. 2 Ziffer 1 des als Artikelgesetz konzipierten Gesetzes zur Regelung von öffentlichen Angeboten zum Erwerb von Wertpapieren und von Unternehmensübernahmen (dessen Art. 1 das WpÜG bildet); dazu *Witt*, AG 2001, 233, 234 ff.

III. Regelung in Österreich

In Österreich **ruht das Stimmrecht des Aktionärs**, der seiner Verpflichtung zur Angebotsabgabe nach §§ 22 ff. öÜbG oder zur Mitteilung an die Übernahmekommission nach § 25 Abs. 1 öÜbG nicht nachkommt (§ 34 Abs. 1 öÜbG). 7

Auf Antrag des Bieters oder jedes mit ihm gemeinsam vorgehenden Rechtsträgers (vgl. § 23 Abs. 1 öÜbG) kann die Übernahmekommission in Fällen geringfügiger Pflichtverletzung eine Ausnahme vom Ruhen der Stimmrechte gewähren (§ 34 Abs. 2 öÜbG). Umgekehrt kann die Übernahmekommission bei schweren Pflichtverletzungen das Ruhen auch der sonstigen Rechte des betreffenden Aktionärs verfügen; solange Vermögensrechte ruhen, verfallen die entsprechenden Zahlungen zu Gunsten der Gesellschaft (§ 34 Abs. 3 öÜbG). 8

IV. Regelung in der Schweiz

In der Schweiz kann der Richter die **Ausübung des Stimmrechts** desjenigen, der die Angebotspflicht nicht beachtet, durch einstweilige Verfügung **suspendieren**, wenn die Aufsichtsbehörde, die Zielgesellschaft oder ein Aktionär der Zielgesellschaft dies beantragen (Art. 32 Abs. 7 sBEHG). 9

V. Nichterfüllung der Veröffentlichungs- und Angebotspflicht

Der Rechtsverlust nach Satz 1 setzt voraus, dass die Pflichten aus § 35 Abs. 1 (Veröffentlichung der Erlangung der Kontrolle über die Zielgesellschaft) oder Abs. 2 (Übermittlung einer Angebotsunterlage an das Bundesaufsichtsamt und Veröffentlichung eines Angebots) nicht erfüllt werden. Dabei werden (anders als im Rahmen des § 38; s. dort Rn. 6 ff.) alle Verpflichtungen erfasst, die § 35 Abs. 1 und 2 statuiert. Es genügt also, wenn derjenige, der die Kontrolle (§ 29 Abs. 2) über eine Zielgesellschaft erlangt, **einer einzigen Pflicht** (z. B. derjenigen zur Übermittlung der Angebotsunterlage an den Vorstand der Zielgesellschaft, § 35 Abs. 2 Satz 2 i. V. mit § 14 Abs. 4) nicht, nicht richtig, nicht vollständig oder nicht in der vorgeschriebenen Form nachgekommen ist. 10

11 Ist der angebotspflichtige Kontrollinhaber nach Maßgabe des § 37 von dem Pflichtenkanon des § 35 Abs. 1 und 2 befreit, so greift die Sanktion des Satzes 1 selbstverständlich nicht. Gleiches gilt für denjenigen Kontrollinhaber, dem für einige oder sämtliche Stimmrechte eine Nichtberücksichtigungserlaubnis nach § 36 oder nach § 20 erteilt wurde und der infolgedessen den Verpflichtungen aus § 35 Abs. 1 und 2 nicht unterfällt.

12 Ob ein **Verschulden** Voraussetzung für den Rechtsverlust ist, war für §§ 20 Abs. 7 AktG a. F., 28 WpHG a. F.[2] lange umstritten;[3] auch die Einführung eines Satzes 2 in diese beiden Vorschriften (der § 59 Satz 2 WpÜG gleicht) brachte keine Klarheit. Mit Blick auf die Verletzung der Pflichten nach § 35 Abs. 1 und 2 zeigt sich aber, dass es zu einer solchen nur kommen kann, wenn die Kontrollerlangung nicht innerhalb einer Frist veröffentlicht wird, die erst mit Kenntnis oder fahrlässiger Nichtkenntnis des betreffenden Aktionärs von seiner Kontrollposition beginnt (§ 35 Abs. 1 Satz 1 und 2); und die Frist für die Pflichten nach § 35 Abs. 2 berechnet sich ab der Erfüllung derjenigen nach Absatz 1 derselben Vorschrift. Außerdem hat die Veröffentlichung nach § 35 Abs. 1 primär unverzüglich, d. h. ohne *schuldhaftes* Zögern (§ 121 Abs. 1 Satz 1 BGB), zu erfolgen. Der zum Rechtsverlust nach § 59 Satz 1 führende Verstoß setzt also Vorsatz oder Fahrlässigkeit voraus und damit ein Verschulden bezogen auf die Beteiligung als tatbestandliche Voraussetzung. Ein entschuldbarer, weil unvermeidbarer Rechtsirrtum hinsichtlich der Pflichten des Kontrollinhabers kann freilich die Anwendung des § 59 (der strafähnlichen Charakter hat) verhindern.[4]

2 Gemeint ist die Fassung der Normen vor deren Änderung durch das Dritte Finanzmarktförderungsgesetz vom 24. 3. 1998 (BGBl. I 1998, S. 529).

3 Vgl. die Zusammenstellung bei *Witt*, Übernahmen von Aktiengesellschaften und Transparenz der Beteiligungsverhältnisse, 1998, S. 187f. Fn. 271; die Frage eines Verschuldenserfordernisses war auch von KG, Beschl. vom 14. 6. 1990–2 W 1088/90, ZIP 1990, 925, 927, nicht beantwortet worden.

4 Ebenso *Tschauner*, in: Geibel/Süßmann, Kommentar zum WpÜG, 2002, § 59 Rn. 15 ff.; wie hier für § 28 WpHG *Opitz*, in: Schäfer (Hrsg.), Kommentar zu WpHG, BörsG und VerkProspG, 1999, § 28 WpHG Rz 6 ff.; *Schneider*, in: Assmann/Schneider, Kommentar zum WpHG, 2. Aufl., 1999, § 28 Rz 36; für § 20 Abs. 7 AktG wie für § 28 WpHG *Hüffer*, Kommentar zum Aktiengesetz, 4. Aufl., 1999, § 20 Rn. 11 und Anh. § 22 AktG, § 28 WpHG Rn. 4.

VI. Rechtsfolgen

1. Rechtsverlust, Satz 1

a) Betroffene Rechte

Die Nichterfüllung der Pflichten aus § 35 Abs. 1 oder 2 führt nach der Überschrift zum **„Rechtsverlust"**, also dazu, dass die Rechte aus bestimmten Aktien für die Zeit des Pflichtverstoßes nicht bestehen. Der Verlust erfasst sowohl die Mitverwaltungs- als auch die Vermögensrechte. Wie die Formulierung **„Rechte aus Aktien"** und die zeitliche Begrenzung des Rechtsverlusts zeigen, bleibt die Mitgliedschaft selbst bestehen; daher dürfen die Aktionärsrechte nur insoweit verloren gehen, als **nicht die Mitgliedschaft** selbst, d. h. die Substanz der Aktien tangiert ist. Insofern liegt in der Einbeziehung des **Anspruchs auf den Anteil am Liquidationserlös** (§ 271 Abs. 1 AktG) ein eklatanter systematischer Bruch (dazu Rn. 16). **13**

aa) Mitverwaltungsrechte

Von der Sanktion des Satzes 1 werden zum einen die Mitverwaltungsrechte betroffen. Hierzu gehören insbesondere das **Recht auf Teilnahme an der Hauptversammlung** (§ 118 Abs. 1 AktG), das **Stimmrecht** (§§ 12, 134 AktG) und das **Auskunftsrecht** – und zwar dasjenige nach § 131 AktG ebenso wie die speziellen Auskunfts- und Informationsrechte, die im Zusammenhang mit Unternehmensverträgen, Eingliederungen und Umwandlungsmaßnahmen bestehen; erfasst werden auch die **Anfechtungsbefugnis** (§ 245 AktG) sowie **Rechte, die einer Minderheit oder einem einzelnen Aktionär** zustehen (z. B. aus §§ 120 Abs. 1 Satz 2, 142 Abs. 2 Satz 1, 258 Abs. 2 Satz 3 AktG). **14**

bb) Vermögensrechte

Von der Sanktion des Satzes 1 sind zum anderen bestimmte Vermögensrechte betroffen. Hierzu gehören das **Dividendenrecht** (genauer: das Recht auf anteiligen Bilanzgewinn, § 58 Abs. 4 AktG) sowie das **Recht zum Bezug junger Aktien aus einer Kapitalerhöhung gegen Einlagen** (§ 186 Abs. 1 AktG; bei Ausnutzung eines genehmigten Kapitals i. V. mit § 203 Abs. 1 Satz 1 AktG[5]) und das **Bezugsrecht im Falle der Ausgabe von Wandel- oder Gewinnschuldverschreibungen oder von Genussrechten** (§ 221 Abs. 4 Satz 1 AktG). **15**

---

5 Bei der bedingten Kapitalerhöhung (§§ 192 ff. AktG) gibt es kein Bezugsrecht der Altaktionäre (vgl. nur *Hüffer* (Fn. 4), § 192 AktG Rn. 3).

16 Aber auch das **Recht auf den Anteil am Liquidationserlös** (§ 271 Abs. 1 AktG) ist einbezogen, wie sich aus Satz 2 (dazu Rn. 28 ff.) ergibt. Hier liegt ein systematischer Bruch, da der Anspruch auf Beteiligung am Liquidationserlös als letztes Vermögensrecht des Aktionärs aus seiner Beteiligung die vermögensmäßige Fortsetzung des Stammrechts ist und durch die Anordnung seines Verlusts somit in die vermögensmäßige Substanz der Mitgliedschaft eingegriffen wird; dies ist seit dem Inkrafttreten des Dritten Finanzmarktförderungsgesetzes[6] zum 1.4.1998 schon für die Sanktionsnormen der §§ 20 Abs. 7 AktG, 28 WpHG zu beklagen[7] und gerade deshalb unverständlich, weil Eingriffe in die vermögensmäßige Substanz der Mitgliedschaft auch nach der Begründung des seinerzeitigen Regierungsentwurfs[8] ausdrücklich vermieden werden sollten.

b) Nicht betroffene Rechte

17 Von der Sanktion des Satzes 1 werden, weil in die Substanz der Mitgliedschaft eingegriffen würde, bestimmte Vermögensrechte nicht betroffen. Hierzu gehören **das Recht zum Bezug junger Aktien aus einer Kapitalerhöhung aus Gesellschaftsmitteln** (§ 212 AktG) und **das Recht auf Entgelt bei Einziehung von Aktien** (§ 237 AktG). Von Satz 1 gleichfalls nicht erfasst werden **Ausgleichs-, Umtausch- und Abfindungsansprüche**, die im Zusammenhang mit Unternehmensverträgen, Eingliederungen und Umwandlungsvorgängen bestehen (z.B. aus §§ 305, 320b AktG, 29 Abs. 1 UmwG), sowie das **Recht auf Rückzahlung des Grundkapitals**, wie es im Falle einer (ordentlichen) Kapitalherabsetzung entstehen kann (vgl. §§ 222 Abs. 3, 225 Abs. 2 AktG).

18 Zwar ist es in der Tat widersprüchlich, alle diese Vermögensrechte als von der Sanktion des Satz 1 nicht betroffen anzusehen, wenn doch der Anspruch auf den Anteil am Liquidationserlös erfasst wird;[9] aber im

6 Vom 24.3.1998 (BGBl. I 1998, S. 529).

7 Vgl. nur *Witt*, WM 1998, 1153, 1156f. Fn. 30 und 37; *Hüffer* (Fn. 4), § 20 AktG Rn. 13 und Anh. § 22 AktG, § 28 WpHG Rn. 4, jeweils m. w. Nachw.; a. A. (Nichterfassung des Anspruchs aus § 271 Abs. 1 AktG durch § 28 Satz 1 WpHG) *Opitz* (Fn. 4), § 28 WpHG Rn. 19.

8 Begründung des Regierungsentwurfs eines Dritten Finanzmarktförderungegesetzes, BR-Drucks. 605/97, S. 95.

9 So mit Blick auf § 28 WpHG für den Anspruch aus § 212 AktG ausdrücklich *Schneider* (Fn. 4), § 28 WpHG Rn. 34. A.A., d.h. für Einbeziehung des Rechts zum Bezug junger Aktien aus einer Kapitalerhöhung in die Sanktion des § 59, *Tschauner* (Fn. 4), § 59 Rn. 32f.

Sinne einer „Schadensbegrenzung“ muss diese Widersprüchlichkeit, die allein der Gesetzgeber zu verantworten hat, hingenommen werden.

c) Betroffene Personen bzw. Aktien

Der Rechtsverlust nach Satz 1 betrifft die (und zwar sämtliche[10]) Aktien nicht nur des **Bieters**, d.h. des angebotspflichtigen Kontrollinhabers, der seine Pflichten aus § 35 Abs. 1 oder 2 nicht erfüllt. Einbezogen sind auch Aktien, die einem **Tochterunternehmen** (§ 2 Abs. 6) **des Bieters** gehören (und deren Stimmrechte – so weit vorhanden – dem Bieter daher nach §§ 39, 30 Abs. 1 Satz 1 Nr. 1 zugerechnet werden). Dies konzernweite Ausübungsverbot gilt unabhängig davon, ob und inwieweit der Bieter auch ohne Zurechnung der Stimmrechte aus den Aktien des Tochterunternehmens die 30%-Schwelle erreicht oder überschritten hätte. Bei Bieter wie Tochterunternehmen sind jeweils **Stamm- wie auch Vorzugsaktien** betroffen (Regierungsbegründung, BR-Drucks. 574/01, S. 170). Dies mag mit Blick auf vom Tochterunternehmen gehaltene stimmrechtslose Vorzugsaktien (§§ 12 Abs. 1 Satz 2, 139ff. AktG) überraschen, weil aus letzteren dem Bieter keine Stimmrechte zugerechnet werden (können); angesichts der wirtschaftlichen Einheit, die ein Konzern darstellt, müssen aber die Rechte aus allen Aktien der Zielgesellschaft verloren gehen, die vom Bieter oder einer seiner Töchter gehalten werden. **19**

Vom Rechtsverlust nach Satz 1 werden darüber hinaus drei weitere Gruppen von Aktien erfasst: Dies sind erstens (Stamm- oder Vorzugs-) Aktien, die **mit dem Bieter gemeinsam handelnden Personen** gehören. Diese sind gemäß § 2 Abs. 5 Satz 1 natürliche oder juristische Personen, die ihr Verhalten im Hinblick auf ihren Erwerb von Wertpapieren der Zielgesellschaft oder ihre Ausübung von Stimmrechten aus Aktien der Zielgesellschaft mit dem Bieter auf Grund einer Vereinbarung oder in sonstiger Weise abstimmen, und damit regelmäßig diejenigen Personen, deren Stimmrechte dem Bieter nach §§ 39, 30 Abs. 2 Satz 1 zugerechnet werden. Weil diese Zurechnung wechselseitig erfolgt, sind mangels Absorption (§ 35 Rn. 33ff.) zugleich mit dem Bieter immer auch mit ihm gemeinsam handelnde Personen dem Pflichtenkanon des § 35 Abs. 1 und 2 unterworfen. **Ob sie diese Pflichten erfüllt haben oder nicht** (oder infolge Befreiung gemäß § 37 nicht zu erfüllen brauchen), **spielt keine Rolle**, solange der Bieter (genauer: solange auch nur einer aus der abgestimmt handelnden Aktionärsgruppe) mit der Pflichtenerfüllung **20**

10 D.h. nicht nur die Aktien, deren Stimmrechte zum Erreichen der 30%-Schwelle erforderlich sind. So auch *Tschauner* (Fn. 4), § 59 Rn. 38.

säumig ist. Angesichts des gemeinsamen Handelns der Aktionärsgruppe müssen auch stimmrechtslose **Vorzugsaktien** einbezogen werden, obwohl aus diesen gar keine Stimmrechte (wechselseitig) zugerechnet werden (können). Die Tatsache, dass gemäß § 2 Abs. 5 Satz 2 Tochterunternehmen des Bieters als mit diesem gemeinsam handelnde Personen gelten, zeigt, dass der Gesetzgeber in Satz 1 für den Rechtsverlust besser auf alle Aktien abgestellt hätte, aus denen dem Bieter oder seinem Tochterunternehmen Stimmrechte aus § 30 Abs. 2 zugerechnet werden.

21 Dies hätte genügt auch mit Blick auf die zweitens ebenfalls erfassten **(Stamm- oder Vorzugs-)Aktien**, die dem **Tochterunternehmen einer mit dem Bieter gemeinsam handelnden Person** gehören. Denn gemäß § 39, 30 Abs. 2 Satz 2 i. V. mit Abs. 1 Nr. 1 gehören zu den Stimmrechten, die dem Bieter zugerechnet werden, auch solche aus Aktien von Tochterunternehmen der abgestimmt handelnden Person.

22 Drittens erfasst der Rechtsverlust nach Satz 1 Aktien, aus denen dem Bieter, mit ihm gemeinsam handelnden Personen oder deren Tochterunternehmen Stimmrechte gemäß § 30 Abs. 1 Satz 1 Nr. 2 zugerechnet werden, Aktien also, die einem Dritten gehören und von diesem **für Rechnung einer der genannten Personen gehalten werden** (Fall der mittelbaren Stellvertretung). Hier verbietet der Gesetzeswortlaut freilich die Einbeziehung stimmrechtsloser **Vorzugsaktien**; denn selbst wenn diese von einem Dritten für Rechnung eines anderen gehalten werden, kann es nicht zu einer Zurechnung von Stimmrechten kommen. Hintergrund der Einbeziehung auch dieser dritten Gruppe von Aktien in die Sanktion des Satzes 1 ist, dass das Halten von Aktien für einen anderen voraussetzt, dass der andere – hier insbesondere der Bieter – im Innenverhältnis neben den wesentlichen vermögensmäßigen Risiken (unabhängig von der Herrschaft über die mit den Aktien verbundenen übrigen Rechte, insbesondere Stimm- und sonstige Verwaltungsrechte) jedenfalls einen Teil der vermögensmäßigen Chancen der Anteile trägt; weil mit der Zuordnung des wirtschaftlichen Risikos jedoch auch die rechtliche, jedenfalls aber die tatsächliche Möglichkeit einhergeht, dem formalen Rechtsinhaber im Hinblick auf die betreffenden Aktien Anweisungen zu geben, hat der andere – obwohl selbst nicht Rechtsinhaber – doch eine dem Rechtsinhaber wirtschaftlich vergleichbare Position inne, die es rechtfertigt, die Sanktion des Abs. 1 auch auf solche Aktien zu erstrecken.[11] Auch diese Erstre-

11 Zum Merkmal des Haltens „für Rechnung eines anderen" im Rahmen des § 20 Abs. 1 Satz 2 i. V. mit § 16 Abs. 4 AktG, das demjenigen in § 30 Abs. 1 Satz 1 Nr. 2

ckung ist unabhängig davon, ob der Bieter sogar ohne Zurechnung der Stimmrechte des Dritten die 30%-Schwelle erreicht oder überschritten hätte.

Nicht nachvollziehbar ist, warum der Gesetzgeber der Sanktion des Satzes 1 nicht auch Aktien unterworfen hat, aus denen dem Bieter, mit ihm gemeinsam handelnden Personen oder deren Tochterunternehmen Stimmrechte gemäß §§ 39, 30 Abs. 1 Satz 1 Nr. 3, 4 oder 6 zugerechnet werden. Dies sollte nachgeholt werden. Gemeint sind Aktien, die der Bieter (oder eine der anderen Personen) einem **Dritten zur Sicherheit übertragen** hat, ohne dass dieser die Stimmrechte ausüben kann oder ausüben will, Aktien, an denen zu Gunsten des Bieters (oder einer der anderen Personen) ein **Nießbrauch** bestellt ist, sowie Aktien, die dem Bieter (oder einer der anderen Personen) **anvertraut** sind mit der Möglichkeit der Stimmrechtsausübung nach eigenem Ermessen, falls besondere Weisungen des Aktionärs fehlen. Die **Nichteinbeziehung aller dieser Aktien** in die Sanktion des Satzes 1 ist mit Blick auf § 28 Satz 1 WpHG bereits bemängelt worden, und zwar deshalb, weil der betreffenden Person aus diesen Aktien jeweils bestimmte (Vermögens- oder Mitverwaltungs-)Rechte zustehen.[12] Zwar könnte eine solche Einbeziehung gegenüber dem jeweiligen Dritten, dem die Aktien gehören, deren Stimmrechte zugerechnet werden, und der ggf. eigene Rechte verliert, unbillig erscheinen, zumal er den Bieter nicht zur Erfüllung der Pflichten aus § 35 Abs. 1 und 2 zwingen kann; angesichts des Gesetzeszwecks und der anderenfalls bestehenden Umgehungsmöglichkeiten erscheint eine solche Regelung aber unausweichlich. Zudem hat der Dritte sich mit dem säumigen Kontrollinhaber in Bezug auf seine Aktien irgendwie rechtsgeschäftlich eingelassen: Kommt dieser seinen Pflichten nicht nach, so kann dem Dritten, dessen Aktien in die dann eingreifende Sanktion einbezogen **23**

WpÜG entspricht, LG Hannover, Urt. vom 29.5.1992–23 O 64 und 77/91, WM 1992, 1239, 1244 m. w. Nachw.; zustimmend dazu *Meyer-Landrut*, DWiR 1992, 422, 423, und *Dreher*, EWiR § 20 AktG 1/92, 949, 950. Im hier vertretenen Sinne auch *Koppensteiner*, Festschrift Rowedder (1994), hrsg. von Pfeiffer u.a., S. 213, 218 ff., der die Übernahme nur eines Teils der Risiken und der Chancen genügen lässt, aber – entscheidend – die Kontrolle der Stimmrechte verlangt.

12 Vgl. *Witt*, AG 2001, 233, 241 mit Fn. 86; bereits für die frühere Fassung des § 28 WpHG *ders.*, Übernahmen von Aktiengesellschaften und Transparenz der Beteiligungsverhältnisse, 1998, S. 267 ff.; wie hier mit Blick auf die Zurechnungstatbestände des früheren § 22 Abs. 1 Nr. 4 und 7 WpHG (jetzt § 22 Abs. 1 Satz 1 Nr. 3 und 6 WpHG, der § 30 Abs. 1 Satz 1 Nr. 3 und 6 WpÜG entspricht) *Opitz* (Fn. 4), § 28 WpHG Rn. 35 f.

werden, zwar ein **Schaden** entstehen; er muss aber hinnehmen, dass man ihn wegen eines Ausgleichs an den Kontrollinhaber verweist.[13]

24 Dass Aktien, deren Stimmrechte dem Bieter (oder den gleichgestellten Personen) nach §§ 39, 30 Abs. 1 Satz 1 Nr. 5 zugerechnet werden (weil sie **durch eine Willenserklärung erworben werden können**), in die Sanktion des Satzes 1 nicht einbezogen werden, ist nicht zu beanstanden, mag es angesichts des enormen Umgehungspotentials auch unbefriedigend erscheinen. Es muss (und kann) aber hingenommen werden angesichts der Tatsache, dass dem Dritten an diesen Aktien noch sämtliche Rechte uneingeschränkt zustehen, der Bieter also (noch) keine Rechte aus ihnen ausüben kann. Sobald sich daran etwas ändert (und die Stimmrechte aus den betreffenden Aktien einem der insofern anders zu behandelnden Zurechnungstatbestände unterfallen), werden die Aktien – selbstverständlich – von der Sanktion des Satzes 1 erfasst (bzw. sollten erfasst werden).

d) Dauer des Rechtsverlusts

25 Der Rechtsverlust nach Satz 1 besteht solange und nur solange, bis der Verpflichtung nach § 35 Abs. 1 und 2 genügt wird, also ebenso wie § 38 für die Dauer des Verstoßes. Jedenfalls ist der Rechtsverlust ein **endgültiger**, d.h. die betroffenen Rechte ruhen nicht etwa nur bis zur Nachholung des Versäumten (was namentlich für das Dividendenrecht und das Bezugsrecht bei Kapitalerhöhungen gegen Einlagen und auf den Anteil am Liquidationserlös von Bedeutung ist). Dies ergibt sich aus dem Wortlaut des Satz 1 („bestehen nicht") und aus Satz 2, demzufolge bestimmte Rechte unter bestimmten Voraussetzungen ausnahmsweise nicht endgültig verloren gehen.

26 **Entscheidender Zeitpunkt** für den Verlust des Rechts auf Dividende ist der Beschluss der Hauptversammlung über die Verwendung des Bilanzgewinns nach § 174 AktG. Eine bis dahin nachgeholte Erfüllung der Pflichten aus § 35 Abs. 1 und 2 sichert die gesamte Dividende; denn eine Art „Stückdividende" gibt es – ebenso wie im Rahmen des Aktienhandels – nicht. Für das Recht auf Bezug junger Aktien bei einer Kapitalerhöhung gegen Einlagen – und damit auch für seinen Verlust – ist der Zeitpunkt des Kapitalerhöhungsbeschlusses maßgeblich.[14] Für

13 So bereits mit Blick auf § 20 Abs. 7 AktG a.F. *Burgard*, Die Offenlegung von Beteiligungen, Abhängigkeits- und Konzernlagen bei der Aktiengesellschaft, 1990, S. 59.

14 Zu beiden im Text behandelten Vermögensrechten wie hier *Tschauner* (Fn. 4), § 59 Rn. 25 und 29. Zu denselben Rechten im Zusammenhang mit § 20 Abs. 7 AktG vgl.

den Anspruch auf den Anteil am Liquidationserlös und seinen Verlust kommt es auf den Zeitpunkt der Auflösung (§ 262 Abs. 1 AktG), regelmäßig also des Liquidationsbeschlusses an.[15] Was die hauptversammlungsgebundenen Aktionärsrechte auf Teilnahme, Auskunft und Stimmabgabe angeht, ist eine Ausübung aus der Natur der Sache heraus nicht mehr denkbar, wenn die Hauptversammlung abgeschlossen ist. Für die Ausübbarkeit von Minderheitsrechten kommt es hingegen auf den Zeitpunkt an, in dem das jeweilige Recht ausgeübt werden soll. Gleiches gilt für das Recht zur Anfechtung von Hauptversammlungsbeschlüssen, wobei zu beachten ist, dass die Anfechtungsbefugnis in einigen Fällen (vgl. § 245 Abs. 1 Nr. 1 und 2 AktG) an die Teilnahme bzw. an die unberechtigte Nicht-Zulassung zur Hauptversammlung gebunden ist.

e) Kein Rechtsverlust beim Rechtsnachfolger

Der Rechtsverlust nach Satz 1 trifft nur den Bieter und die sonstigen genannten Aktionäre. Werden die betreffenden Aktien veräußert, so kann der Erwerber die Rechte aus den Aktien – freilich nur für die Zukunft – geltend machen. Dies gilt selbstverständlich nicht, wenn der Erwerber gleichfalls in den von Satz 1 erfassten Personenkreis fällt. **27**

2. Ausnahmen, Satz 2

Nach Maßgabe des Satzes 2 kann der Bieter in bestimmten Fällen und in bestimmtem Umfang einen Rechtsverlust nach Satz 1 vermeiden. **28**

Voraussetzung ist zum einen, dass gegen die Verpflichtungen aus § 35 Abs. 1 oder 2 nicht vorsätzlich verstoßen worden ist; jede Form eines nur fahrlässigen Verstoßes kann also zur Anwendung von Satz 2 führen. Es muss ein **kapitalmarktrechtlicher Vorsatzbegriff**[16] gelten: Demnach liegt ein vorsätzlicher Verstoß (nur) dann vor, wenn dem Kontrollinhaber die Merkmale, insbesondere Tatsachen bekannt sind, die zum objektiven Tatbestand gehören, dessen Erfüllung die Pflichten aus § 35 Abs. 1 und 2 auslöst, und er diese Pflichten bewusst nicht er- **29**

Hüffer, Festschrift Boujong (1996), hrsg. von Ebenroth u. a., S. 277, 290 ff. Im Falle der Ausnutzung eines genehmigten Kapitals ist der Vorstandsbeschluss, die Kapitalerhöhung durchzuführen, bzw. – so erforderlich – die Zustimmung des Aufsichtsrats maßgeblich.

15 So für § 20 Abs. 7 AktG wie für § 28 WpHG *Krieger*, in: Münchener Handbuch des Gesellschaftsrechts, Band 4: Aktiengesellschaft, hrsg. von Hoffmann-Becking, 2. Aufl., 1999, § 68 Rn. 132 und 155.

16 Dazu ausführlich *Tschauner* (Fn. 4), § 59 Rn. 67 ff. (auch Irrtumsfälle aufgreifend); vgl. auch *Schneider* (Fn. 4), § 28 WpHG Rn. 39 ff.

füllt oder sich mit einer Verletzung abfindet. Dass er nicht vorsätzlich gehandelt hat, muss der angebotspflichtige Kontrollinhaber beweisen; die Beweislastumkehr kommt in der Formulierung des Satzes 2 zum Ausdruck (Regierungsbegründung, BR-Drucks. 574/01, S. 170).

30 Außerdem muss **das Unterlassene ordnungsgemäß nachgeholt werden**; dies hat, obwohl das Gesetz insofern keine Frist vorgibt, unverzüglich nach Kenntniserlangung oder mit dem Für-Möglich-Halten der Verpflichtungen nach § 35 Abs. 1 und 2 zu geschehen und ist gleichfalls vom Kontrollinhaber nachzuweisen.[17]

31 Von Satz 2 werden freilich nur das **Dividendenrecht** (genauer: das Recht auf anteiligen Bilanzgewinn, § 58 Abs. 4 AktG) und das **Recht auf den Anteil am Liquidationserlös** (§ 271 Abs. 1 AktG) erfasst und damit privilegiert. Mag man diese Privilegierung mit Blick auf den Anteil am Liquidationserlös noch einsehen (der von Satz 1 gar nicht erfasst werden dürfte), so ist – wie schon mit Blick auf §§ 20 Abs. 7 AktG, 28 WpHG bemängelt wurde[18] – kein nachvollziehbarer Grund dafür erkennbar, dass es zu einer unterschiedlichen Behandlung des Dividendenrechts einerseits und des Rechts auf Bezug junger Aktien bei einer Kapitalerhöhung gegen Einlagen andererseits kommt.

VII. Ausübung der Rechte trotz Rechtsverlusts

1. Vermögensrechte

32 **Zu Unrecht ausbezahlte Dividende** kann (und muss) die Zielgesellschaft von einem bei der Entgegennahme bösgläubigen Empfänger zurückverlangen, und zwar gestützt nicht etwa auf Ansprüche infolge ungerechtfertigter Bereicherung, sondern auf § 62 Abs. 1 Satz 2 AktG. Diese Norm umfasst nicht nur die verbotene Einlagenrückgewähr (§ 57 AktG), sondern alle Leistungen, die Aktionäre entgegen aktienrechtlichen Vorschriften empfangen haben.[19] Sind im Rahmen einer

17 Ebenso *Tschauner* (Fn. 4), § 59 Rn. 70f.; wie hier für § 28 Satz 2 WpHG *Schneider* (Fn. 4), § 28 WpHG Rn. 45; *Opitz* (Fn. 4), § 28 WpHG Rn. 56, verweist nur auf das fehlende Fristerfordernis.

18 *Witt*, WM 1998, 1153, 1157.

19 Ausführlich *Tschauner* (Fn. 4), § 59 Rn. 55ff.; wie hier für § 20 Abs. 7 AktG *Witt*, Übernahmen von Aktiengesellschaften und Transparenz der Beteiligungsverhältnisse, 1998, S. 192 m.w.Nachw. in Fn. 281; *Hüffer* (Fn. 14), S. 292: für § 20 Abs. 7 AktG wie für § 28 WpHG *Krieger* (Fn. 15), § 68 Rn. 131 und 155; für § 28 WpHG ausführlich *Opitz* (Fn. 4), § 28 WpHG Rn. 47ff.

Kapitalerhöhung gegen Einlagen **junge Aktien zu Unrecht bezogen** worden, so hat der betreffende Aktionär nach § 62 Abs. 1 Satz 2 AktG der Gesellschaft den Vermögenswert zu vergüten, der den Bezugsansprüchen entspricht; ein Anspruch auf Rückgewähr besteht nicht.[20] Gleiches gilt für einen **zu Unrecht erhaltenen Liquidationserlös**.

2. Mitverwaltungsrechte

Wird entgegen Satz 1 die Stimme abgegeben, so ist diese unwirksam; ein **Beschluss der Hauptversammlung**, für den Stimmen ursächlich waren, die entgegen Satz 1 berücksichtigt wurden, ist nach Maßgabe des § 243 Abs. 1 AktG **anfechtbar** und muss, falls er angefochten wird, für **nichtig** erklärt werden.[21] Die Stimmrechtsausübung trotz entsprechenden Verbots nach Satz 1 stellt de lege lata keine Ordnungswidrigkeit dar. Eine entsprechende Erweiterung des Anwendungsbereichs des § 405 Abs. 3 Nr. 5 AktG wäre freilich zu begrüßen. 33

Wird eine Anfechtungsklage von einem nach Satz 1 nicht anfechtungsberechtigten Aktionär erhoben, so ist dessen fehlende Berechtigung bis zur mündlichen Verhandlung von Amts wegen zu berücksichtigen; ein rechtskräftiges Urteil wird von der fehlenden Befugnis nicht berührt.[22] 34

VIII. Behandlung verfallener Rechte

1. Vermögensrechte

Nicht ausgeschüttete Dividenden, die auf Aktien entfallen, welche vom Rechtsverlust nach Satz 1 betroffen sind, sind bei der Zielgesellschaft, die von der Auszahlungsverbindlichkeit frei wird, nicht etwa auf neue Rechnung ertragswirksam zu vereinnahmen mit der Folge, dass sie in den Jahresabschluss des laufenden Geschäftsjahres eingehen. Denn dies würde zu unakzeptablen Ergebnissen führen: Dividendenbeträge, die nach Maßgabe des Satzes 1 nicht ausgezahlt oder ent- 35

---

20 Dies ist str.; wie hier für § 20 Abs. 7 AktG *Hüffer* (Fn. 14) S. 294; a. A. *Koppensteiner*, in: Kölner Kommentar zum AktG, Band 1, hrsg. von Zöllner, 2. Aufl. 1988, § 20 Rn. 55. Offengelassen für § 59 WpÜG von *Tschauner* (Fn. 4), § 59 Rn. 58.

21 Ebenso *Tschauner* (Fn. 4), § 59 Rn. 60; wie hier für § 28 WpHG *Hüffer*, Kommentar zum Aktiengesetz, 4. Aufl. 1999, Anh. § 22 AktG, § 28 WpHG Rn. 3; *Schneider* (Fn. 4), § 28 WpHG Rn. 21 f.

22 In diesem Sinne für Aktionäre, die nach § 28 WpHG nicht anfechtungsberechtigt sind, *Opitz* (Fn. 4), § 28 WpHG Rn. 52.

gegen Satz 1 an Aktionäre ausgezahlt, von diesen aber nach Maßgabe des § 62 Abs. 1 Satz 2 AktG an die Zielgesellschaft zurückerstattet worden sind, stehen ausschließlich denjenigen Aktionären zu, die Inhaber des Dividendenanspruchs für das betreffende Jahr sind oder waren; sie müssen daher auch nur unter diesen Aktionären verteilt werden.[23] Eine solche Verteilung ist zwar angesichts der Regelung des Satzes 2, derzufolge der Dividendenanspruch in bestimmten Fällen auch noch nachträglich geltend gemacht werden kann, nicht unkompliziert, lässt sich aber realisieren.[24]

36 Anders werden mit Blick auf den Rechtsverlust sanktionsbefangener Aktien nicht gewährte **Bezugsrechte bei Kapitalerhöhungen gegen Einlagen** behandelt. Die entsprechenden Beträge können von der Zielgesellschaft (ähnlich wie die sog. „freien Spitzen") verwertet werden und sind bei dieser in das „gezeichnete Kapital" bzw. die Kapitalrücklage (§ 266 Abs. 3 Ziffer A. I. bzw. II. HGB) einzustellen; dass ein außerordentlicher Ertrag aus dieser Verwertung dem unberechtigten Aktionär über die Gewinnverteilung für das nächste Jahr wieder zufließen könnte, ist hinzunehmen.[25]

37 Ein nach Satz 1 **nicht ausgezahlter Liquidationserlös** ist unter den anderen (berechtigten) Aktionären zu verteilen.

2. Nichtberücksichtigung erfasster Aktien und Stimmrechte bei Berechnung von Mehrheiten und Präsenz

38 Ein Rechtsverlust nach Satz 1 führt auch dazu, dass die betroffenen Aktien und die aus ihnen fließenden Stimmrechte bei der Berechnung weder der Kapital- noch der Stimmenmehrheit berücksichtigt werden dürfen; außerdem müssen die Aktien bei der Ermittlung des bei der Beschlussfassung in der Hauptversammlung vertretenen Grundkapitals außer Betracht bleiben. Denn anderenfalls würde ihnen – mittelbar – ein Gewicht zukommen, das der Gesetzgeber ihnen nicht zugestehen will.[26]

---

23 Wie hier *Tschauner* (Fn. 4), § 59 Rn. 50 f.; mit Blick auf § 20 Abs. 7 AktG a. F. bereits ausführlich *Witt* (Fn. 19), S. 189 ff. Fn. 278 m. w. Nachw. auch zur Gegenansicht.

24 Dies stellt *Opitz* (Fn. 4), § 28 WpHG Rn. 42, mit Blick auf § 28 WpHG ausführlich dar.

25 So bereits *Tschauner* (Fn. 4), § 59 Rn. 53; zur Parallele bei § 28 WpHG ausführlich *Opitz* (Fn. 4), § 28 WpHG Rn. 43 f.; vgl. auch *Hüffer* (Fn. 21), Anh. § 22 AktG, § 28 WpHG Rn. 4.

26 Ebenso *Tschauner* (Fn. 4), § 59 Rn. 54; wie hier für § 28 WpHG *Schneider* (Fn. 4), § 28 WpHG Rn. 24; *Witt* (Fn. 19), S. 163 Fn. 140.

IX. Verhältnis zu den gescheiterten EG-Richtlinienplänen

Die gescheiterte EG-Übernahmerichtlinie sollte weder in der Fassung des gemeinsamen Standpunkts des Ministerrats vom 19.6.2000 noch in der Fassung des vom Vermittlungsausschuss gebilligten gemeinsamen Textes vom 6.6.2001 spezielle **Sanktionsnormen** enthalten. Im jeweiligen Art. 12 sollte den Mitgliedstaaten allerdings auferlegt werden, Sanktionen festzulegen, die bei Verstößen gegen die gemäß der Richtlinie erlassenen Vorschriften anzuwenden sein würden; diese Sanktionen sollten so weit gehen müssen, dass sie zur Einhaltung der Vorschriften hinreichend effektiv anreizen. 39

Vorbemerkungen zu § 60

Literatur: *Achenbach*, Diskrepanzen im Recht der ahndenden Sanktionen gegen Unternehmen, in: FS für Stree und Wessels, 1993, S. 545; *ders.*, Die Sanktionen gegen die Unternehmensdelinquenz im Umbruch, JuS 1990, 601; *Achenbach/Wannemacher*, Beraterhandbuch zum Steuer- und Wirtschaftsstrafrecht, 1. Teil, 2. Erg. Lief. (Januar 1999); *Altmeppen*, Neutralitätspflicht und Pflichtangebot nach dem neuen Übernahmerecht, ZIP 2001, 1073; *Assmann*, Insiderrecht und Kreditwirtschaft, WM 1996, 1337; *Assmann/Schneider*, Wertpapierhandelsgesetz – Kommentar, 2. Aufl., 1999; *Demuth/Schneider*, Die besondere Bedeutung des Gesetzes über Ordnungswidrigkeiten für Betrieb und Unternehmen, BB 1970, 642; *Enderle*, Blankettstrafgesetze – Verfassungs- und strafrechtliche Probleme von Wirtschaftsstraftatbeständen, 2000; *Erbs/Kohlhaas*, Strafrechtliche Nebengesetze, Band III, 142. Erg. Lief. (Juni 2001); *Frankfurter Kommentar* zum Kartellrecht, 46. Lief. (September 2000); *Franzen/Gast-de Haan/Joecks*, Steuerstrafrecht, 5. Aufl., 2001; *Geibel/Süßmann*, Wertpapiererwerbs- und Übernahmegesetz (WpÜG), Kommentar, 2002; *Gemeinschaftskommentar*: Gesetz gegen Wettbewerbsbeschränkungen und europäisches Kartellrecht, 1980; *Göhler*, Gesetz über Ordnungswidrigkeiten – Kommentar, 12. Aufl., 1998; *Harbarth*, Kontrollerlangung und Pflichtangebot, ZIP 2002, 321; *Heidelberger Kommentar* zum Ordnungswidrigkeitengesetz, 1999; *Hopt*, Europäisches und deutsches Übernahmestrafrecht, ZHR 161 (1997), 368; *ders.*, Grundsatz- und Praxisprobleme nach dem Wertpapierhandelsgesetz, ZHR 159 (1995), 135; *Hüneröder*, Die Aufsichtspflichtverletzung im Kartellrecht, 1989; *Immenga/Mestmäcker*, Gesetz gegen Wettbewerbsbeschränkungen – Kommentar, 3. Aufl., 2001, 2. Aufl., 1992; *Jescheck/Weigend*, Lehrbuch des Strafrechts, Allgmeiner Teil, 5. Aufl., 1996; *Karlsruher Kommentar* zum Gesetz über Ordnungswidrigkeiten, 2. Aufl., 2000; *Kallmayer*, Die Mängel des Übernahmekodex der Börsensachverständigenkommission, ZHR

161 (1997), 435; *Kohlmann*, Steuerstrafrecht – Kommentar, 29. Lief. (November 2001); *Kühl*, Strafrecht Allgemeiner Teil, 3. Aufl., 2000; *Lackner/Kühl*, Strafgesetzbuch mit Erläuterungen, 24. Aufl., 2001; *Land*, Das neue deutsche Wertpapiererwerbs- und Übernahmegesetz, DB 2001, 1707; *Leipziger Kommentar*, Großkommentar zum Strafgesetzbuch, 11. Aufl., 1992 ff.; *Lütt*, Das Handlungsunrecht der Steuerhinterziehung, 1988; *Mitsch*, Recht der Ordnungswidrigkeiten, 1995; *Möller*, Rechtsmittel und Sanktionen nach dem Wertpapiererwerbs- und Übernahmegesetz, AG 2002, 170; *Müller*, Die Stellung der juristischen Person im Ordnungswidrigkeitenrecht, 1985; *Müller-Gugenberger/Bieneck*, Wirtschaftsstrafrecht – Handbuch des Wirtschaftsstraf- und -ordnungswidrigkeitenrechts, 3. Aufl., 2000; *Nater*, Die Strafbestimmungen des Börsengesetzes über die Börsen und den Effektenhandel (Börsengesetz BEHG), 2001; *Nomos Kommentar* zum Strafgesetzbuch, Band 1, Allgemeiner Teil, 1. Aufl., 1995; *Oechsler*, Der ReE zum Wertpapiererwerbs- und Übernahmegesetz – Regelungsbedarf auf der Zielgeraden!, NZG 2001, 817; *Otto*, Aktienstrafrecht, 1997; *Pötzsch/Möller*, Das künftige Übernahmerecht – Der Diskussionsentwurf des Bundesministeriums der Finanzen zu einem Gesetz zur Regelung von Unternehmensübernahmen und der gemeinsame Standpunkt des Rates zur europäischen Übernahmerichtlinie –, WM 2000 (Sonderbeilage Nr. 2), 3; *Rebmann/Roth/Herrmann*, Gesetz über Ordnungswidrigkeiten – Kommentar, Band 1, 3. Aufl., 2000; *Rengier*, Bußgeldbewehrte Auskunftspflichten, dargestellt am Beispiel des Umweltordnungswidrigkeitenrechts, in: FS für R. Schmitt, 1992, S. 263; *ders.*, Die öffentlich-rechtliche Genehmigung im Strafrecht, ZStW 101 (1989), 874; *Riehmer/Schröder*, Praktische Aspekte bei der Planung, Durchführung und Abwicklung eines Übernahmeangebots, BB 2001, Beilage zu Heft 5, 1*; *Rogall*, Dogmatische und kriminalpolitische Probleme der Aufsichtspflichtverletzung in Betrieben und Unternehmen (§ 130 OWiG), ZStW 98 (1986), 573; *Roxin*, Strafrecht Allgemeiner Teil, Band 1, 3. Aufl., 1997; *Samson*, Irrtumsprobleme im Steuerstrafrecht, in: Kohlmann (Hrsg.), Strafverfolgung und Strafverteidigung im Steuerstrafrecht, 1983, S. 99; *K. Schmidt*, Gesellschaftsrecht, 3. Aufl., 1997; *ders.*, Zur Verantwortung von Gesellschaften und Verbänden im Kartell- und Ordnungswidrigkeitenrecht, wistra 1990, 131; *Schönke/Schröder*, Strafgesetzbuch Kommentar, 26. Aufl., 2001; *Schroth*, Unternehmen als Normadressaten und Sanktionssubjekte – Eine Studie zum Unternehmensstrafrecht, 1993; *Schüppen*, Übernahmegesetz ante portas – Zum Regierungsentwurf eines „Gesetzes zur Regelung von öffentlichen Angeboten zum Erwerb von Wertpapieren und von Unternehmensübernahmen", Die Wirtschaftsprüfung 2001, 958; *Systematischer Kommentar* zum Strafgesetzbuch, Band 1, Allgemeiner Teil, 7. Aufl., 36. Lief. (April 2001); *Thiemann*, Aufsichtspflichtverletzung in Betrieben und Unternehmen, 1976; *Tiedemann*, Die „Bebußung" von Unternehmen nach dem 2. Gesetz zur Bekämpfung der Wirtschaftskriminalität, NJW 1988, 1169; *ders.*, Die strafrechtliche Vertreter- und Unternehmenshaftung, NJW 1986, 1842; *ders.*, Strafrechtliche Grundprobleme im Kartellrecht, NJW 1979, 1849; *ders.*, Tatbestandsfunktionen im Nebenstrafrecht, 1969; *Wabnitz/Janovsky*, Handbuch des Wirtschafts- und Steuerstraf-

rechts, 2000; *Weber*, Die Überspannung der staatlichen Bußgeldgewalt, ZStW 92 (1980), 313; *Wegner*, Ist § 30 OWiG tatsächlich der „Königsweg" in den Banken – Strafverfahren?, NJW 2001, 1979; *ders.*, Die Auswirkungen fehlerhafter Organisationsstrukturen auf die Zumessung der Unternehmensgeldbuße, wistra 2000, 361; *ders.*, Die Systematik der Zumessung unternehmensbezogener Geldbußen, 2000; *Weisgerber*, Der Übernahmekodex in der Praxis, ZHR 161 (1997), 421; *Winter/Harbarth*, Verhaltenspflichten von Vorstand und Aufsichtsrat der Zielgesellschaft bei feindlichen Übernahmeangeboten nach dem WpÜG, ZIP 2002, 1.

Übersicht

I. Die gesetzliche Regelung im Überblick

1. Das Gesetzgebungsverfahren

1 Bis zum Inkrafttreten des WpÜG am 1.1.2002[1] gab es in Deutschland keine gesetzlichen Regelungen zu öffentlichen Unternehmensübernahmen und damit angesichts der Erfordernisse des in Art. 103 Abs. 2 GG, § 3 OWiG verankerten Gesetzlichkeitsprinzips („Keine Ahndung ohne Gesetz") auch keine Möglichkeit, Pflichtverstöße als Ordnungswidrigkeit zu ahnden. Das Verhalten der Beteiligten an einem öffentlichen Angebotsverfahren wurde vielmehr zunächst durch die Leitsätze für Übernahmeangebote, die die Börsensachverständigenkommission (BSK) beim Bundesministerium der Finanzen Ende der 70er Jahre als Wohlverhaltensregeln aufstellte,[2] geregelt. Seit dem 1.10.1995 (geändert mit Wirkung vom 1.1.1998) diente dann der Übernahmekodex, ebenfalls erarbeitet von der BSK, als rechtlicher Rahmen.[3] Die in der Praxis durchaus bewährten Richtlinien des Übernahmekodex mussten von börsen-

1 BGBl. I, 3822.
2 Abgedruckt bei *Baumbach/Hopt*, HGB, 30. Aufl., 2000 (18), S. 1644 ff.
3 Der Text des Übernahmekodex der BSK vom 14.7.1995 ist abgedruckt in: ZIP 1995, 1467–1470, der des Übernahmekodex 1995 in der geänderten Fassung vom 28.11.1997 in: NZG 2000, 390–392.

notierten inländischen Unternehmen aber nur beachtet werden, wenn sie dieses Regelwerk zuvor freiwillig anerkannt hatten. Damit stand einer flächendeckenden Geltung des Übernahmekodex seine rechtliche Unverbindlichkeit entgegen. Als Sanktion bei Zuwiderhandlungen war in Art. 21 Abs. 2 des Übernahmekodex vorgesehen, dass die Geschäftsstelle der Übernahmekommission nach Anhörung der Betroffenen ihre Bemerkungen, Empfehlungen und Entscheidungen zu dem vorliegenden Übernahmefall veröffentlichen konnte. Diese sog. öffentliche Rüge hing zwar nicht von einer Anerkennung des Übernahmekodex durch die betroffene Person ab,[4] konnte also breiter eingesetzt werden. Die „Waffe Publizität"[5] mussten allerdings zumindest ausländische Bieter nicht fürchten.[6]

Da seit Mitte der 90er Jahre die starke Verzahnung der börsennotierten **2**
Unternehmen in Deutschland (Stichwort: „Deutschland AG") aufgebrochen ist und auch in der bundesdeutschen Praxis feindliche Übernahmen unter großer Beachtung durch die Medien stattfanden,[7] empfahl nicht nur die BSK, den Zustand der freiwilligen Selbstkontrolle zu überwinden und verlässliche gesetzliche Rahmenbedingungen für Unternehmensübernahmen in Deutschland zu schaffen. Gleichzeitig verstärkte die Diskussion auf europäischer Ebene über die – aus damaliger Sicht unmittelbar bevorstehende – Verabschiedung der 13. EU-(Rahmen-)Richtlinie auf dem Gebiet des Gesellschaftsrechts betreffend Übernahmeangebote[8] die Bemühungen um die Schaffung eines nationalen Übernahmegesetzes. Vor diesem Hintergrund legte die von der Bundesregierung einberufene Expertenkommission „Unternehmensübernahmen"

---

4 Vgl. *Assmann*, AG 1995, 563, 564; *Hopt*, ZHR 161 (1997), 368, 401; *Diekmann*, WM 1997, 897, 903; *Kallmeyer*, ZHR 161 (1997), 435, 450, mit der kritischen Frage nach der Rechtsgrundlage für eine solche Sanktion, wenn eine Anerkennung des Übernahmekodex *nicht* stattgefunden hatte; ablehnend *Kirchner/Ehricke*, AG 1988, 105, 108 f.

5 *Thoma*, ZIP 1996, 1725, 1726; *Kirchner/Ehricke* (Fn. 4), 108; *Krause*, AG 1996, 209, 215 und *Groß*, DB 1996, 1909, 1910, sprechen sogar von „Pranger".

6 Die Gefahr dieser informellen Sanktion sah man vor allem in irrationalen Reaktionen des Marktes aufgrund einer Mobilisierung der Öffentlichkeit bzw. einschlägiger Verkehrskreise, vgl. *Kallmeyer* (Fn. 4), 451; *Letzel*, NZG 2001, 260, 267; *Benner-Heinacher*, DB 1997, 2521, 2523, stuft die öffentliche Rüge dagegen als weitgehend wirkungslos ein; *Diekmann* (Fn. 4), 903, sieht darin ein „unscharfes Mittel".

7 In jüngerer Zeit sind insbesondere die Übernahmeangebote von Krupp-Hoesch für Thyssen (1997), von Vodafone AirTouch plc für Mannesmann (1999/2000) sowie von INA für FAG Kugelfischer (2001) zu nennen.

8 Vgl. zum letzten Entwurf vom 6.6.2001 und seinen Vorläufern nur *Pluskat*, WM 2001, 1937 f.; zum Scheitern der Richtlinie im Europäischen Parlament am 4.7.2001 siehe *Wackerbarth*, WM 2001, 1741 f.; *Schüppen*, Die Wirtschaftsprüfung 2001, 958, 959; *Pluskat* (Fn. 8), 1937 ff.

am 17.5.2000 ihre zehn Eckpunkte als Grundlage für das Gesetzgebungsverfahren vor.[9] Der die Sanktionen betreffende neunte Eckpunkt sieht vor, dass die Einhaltung der gesetzlichen Vorgaben unter anderem durch **angemessene Bußgelder** sicherzustellen ist. Unter Berücksichtigung dieser Empfehlungen legte das für dieses Gesetzgebungsvorhaben federführende Bundesministerium der Finanzen (BMF) am 29.6.2000 einen Diskussionsentwurf zum Entwurf eines Gesetzes zur Regelung von Unternehmensübernahmen (DiskE-ÜG)[10] im Umfang von 66 Vorschriften vor, der nach Anhörung der betroffenen Wirtschaftskreise am 25.7.2000 überarbeitet wurde und in den – ebenfalls 66 Vorschriften umfassenden – Referentenentwurf zum Entwurf eines Gesetzes zur Regelung von öffentlichen Angeboten zum Erwerb von Wertpapieren und von Unternehmensübernahmen (RefE-WpÜG) vom 12.3.2001[11] mündete. Schon am 11. 7. 2001 präsentierte das BMF dann den – auf 68 Vorschriften erweiterten – Gesetzesentwurf der Bundesregierung zum Entwurf eines Gesetzes zur Regelung von öffentlichen Angeboten zum Erwerb von Wertpapieren und von Unternehmensübernahmen (RegE),[12] der in den parlamentarischen Beratungen auf 69 Vorschriften anwuchs, noch in einigen, zum Teil wesentlichen Punkten geändert wurde[13] und seit dem 1.1.2002 mit 68 Einzelvorschriften als WpÜG gilt.

3 Die nunmehr in § 60 – zuvor in § 61 – enthaltenen zahlreichen Ordnungswidrigkeitentatbestände wurden im Laufe des Gesetzgebungsverfahrens mehrfach – allerdings nicht grundlegend – geändert. Im Weiteren sollen kurz die wichtigsten Veränderungen vorgestellt werden:

Der in § 60 Abs. 3 kodifizierte, dreifach gestufte Bußgeldrahmen sah im DiskE-ÜG und RefE-ÜG noch Geldbußen in Höhe von 1,5 Millionen Euro für die schweren Pflichtverstöße, 500 000 Euro für die mittleren und 250 000 Euro für die leichten Verfehlungen vor. Die Abstufung der Bußgelder orientierte sich an den Vorgaben des § 39 Abs. 3 WpHG. Der RegE hat die Geldbuße in § 61 Abs. 3 bei den schweren und leichten Ordnungswidrigkeiten auf 1 Million Euro bzw. 200 000

---

9 Abgedruckt in Anlage 2 bei: *Pötzsch/Möller*, WM 2000, Sonderbeilage Nr. 2, 37 f.

10 Der Text ist abgedruckt in: NZG 2000, 844 ff.; zum Inhalt und zur Struktur des DiskE-ÜG ausführlich *Pötzsch/Möller* (Fn. 9), 13 ff.

11 Der RegE-WpÜG mitsamt Begründung ist unter http://www.bundesfinanzministerium.de abzurufen; zum wesentlichen Inhalt *Pluskat*, DStR 2001, 897 ff.

12 Der Text ist abgedruckt in: ZIP 2001, 1262 ff.; einen Überblick über die wesentlichen Änderungen gegenüber dem Referentenentwurf geben *Möller/Pötzsch*, ZIP 2001, 1256 ff.

13 Vgl. die Änderungen der §§ 14, 27 und 33, die Streichung des § 42 sowie die Anfügung von Übergangsregelungen in § 68.

Euro gesenkt. Damit droht das WpÜG immer noch deutlich höhere Geldbußen an als der für den Regelfall geltende § 17 Abs. 1 OWiG (5 Euro – 1000 Euro).[14]

Festzuhalten ist weiterhin, dass die Zahl der bußgeldbewehrten Pflichtverstöße im Rahmen der Überarbeitung des DiskE-ÜG nicht unerheblich reduziert wurde. Neben der redaktionellen Zusammenfassung bzw. Umformulierung von Zuwiderhandlungen sind dabei auch zuvor als gewichtig eingestufte – und daher mit Geldbuße bis zu 1,5 Millionen Euro ahndbare – Pflichtverstöße (etwa das von § 61 Abs. 1 Nr. 5 DiskE-ÜG erfasste Anbieten einer zu geringen Gegenleistung entgegen § 16 Abs. 3 oder Abs. 4 DiskE-ÜG) ersatzlos weggefallen.

Auffällig ist, dass schon im RefE-ÜG der noch in § 61 Abs. 1 Nr. 8 DiskE-ÜG enthaltene und als schwerer Ordnungsverstoß bewertete **bestechungsähnliche Tatbestand** im Katalog der Bußgeldvorschriften fehlte. Danach wurde mit Geldbuße bis zu 1,5 Millionen Euro bedroht, wer „entgegen § 29 einem Vorstandsmitglied der Zielgesellschaft im Zusammenhang mit der Übernahme Geldleistungen oder andere geldwerte Vorteile gewährt oder in Aussicht stellt". Zwar wird auch im geltenden Recht (§ 33 Abs. 3)[15] bei ungerechtfertigter Vorteilsgewährung ein solches Verhalten ausdrücklich als Verbot definiert – sog. „lex Esser".[16] Eine Begründung für das Absehen von einer ordnungswidrigkeitsrechtlichen Sanktion in diesen Fällen findet sich in den Gesetzesmaterialien allerdings nicht.[17] Erwartungen dahingehend, gravierende Fälle unlauteren Verhaltens auf Seiten des Bieters oder der Leitungspersonen der Zielgesellschaft würden von Strafgesetzen erfasst (etwa als Bestechlichkeit und Bestechung im geschäftlichen Verkehr gem. § 299 StGB oder als Untreue gem. § 266 StGB), werden wohl an den Tatbestandsvoraussetzungen dieser Normen scheitern.

---

14 Vgl. das Gesetz zur Einführung des Euro in Rechtspflegegesetzen und in Gesetzen des Straf- und Ordnungswidrigkeitenrechts, zur Änderung der Mahnvordruckverordnungen sowie zur Änderung weiterer Gesetze v. 13.12.2001, BGBl. I, 3574, 3578.

15 Die Vorschrift ist im Zusammenhang mit der in § 11 Abs. 2 Satz 3 Nr. 3 enthaltenen Verpflichtung des Bieters zu lesen, in der Angebotsunterlage Angaben über Geldleistungen oder andere geldwerte Vorteile, die Vorstands- oder Aufsichtsratsmitgliedern der Zielgesellschaft gewährt oder in Aussicht gestellt werden, zu machen.

16 *Schüppen* (Fn. 8), 971, sieht erhebliche Meinungsverschiedenheiten über die Auslegung des Merkmals „ungerechtfertigt" voraus.

17 Nach Hintergrundinformationen aus dem Finanzministerium ist die Sanktionierung dieses Pflichtverstoßes allein aus *pragmatischen Gründen* entfallen. Dem BAWe als der für die Verfolgung von Übernahmeordnungswidrigkeiten zuständigen Behörde soll jedenfalls in der ersten Phase nach Inkrafttreten des WpÜG die unter Umständen schwierige Ermittlungsarbeit in einschlägigen Fällen erspart bleiben.

Erstmals im RegE-WpÜG – jetzt in der entsprechenden Norm des § 60 – unter Bußgeldandrohung gestellte Pflichtverstöße (vgl. § 61 Abs. 1 Nr. 2 b – Handeln entgegen § 14 Abs. 4 i.V.m. § 21 Abs. 2 Satz 2 – und § 61 Abs. 1 Nr. 2 c – Handeln entgegen § 27 Abs. 3 Satz 2) berücksichtigen zumeist Informationsinteressen von Arbeitnehmern der Zielgesellschaft.

2. Die systematische Stellung der Bußgeldvorschriften im Rahmen der Regelungsinstrumente des WpÜG

4 Der Gesetzgeber hat im WpÜG einen bunten Strauß sehr unterschiedlicher Sanktionen vorgesehen, um die Beteiligten an einem öffentlichen Angebotsverfahren zur Beachtung der im Gesetz festgeschriebenen Verhaltenspflichten anzuhalten. Regelungstechnisch arbeitet er dabei weitgehend mit Instrumenten, die insbesondere aus dem Kartellrecht (GWB), aber auch aus dem Kapitalmarkt- (WpHG) und Gesellschaftsrecht (insbesondere AktG) bekannt sind.

5 Als Mittel der **Repression** sind zunächst die Bußgeldtatbestände im 8. Abschnitt des WpÜG, der mit **Sanktionen** überschrieben ist,[18] zu nennen. In für das „Nebenordnungswidrigkeitenrecht" typischer Weise fasst hier § 60 am Schluss des WpÜG in Abs. 1 und 2 eine Fülle von Ordnungswidrigkeitentatbeständen zusammen, deren Verwirklichung gemäß § 60 Abs. 3 mit Geldbuße geahndet werden kann.[19] Begrifflich handelt es sich um Ordnungswidrigkeiten i. S. v. § 1 Abs. 1 OWiG mit der Folge, dass gem. § 2 OWiG die allgemeinen Vorschriften des OWiG Anwendung finden.

6 Eine weitere Möglichkeit, auf eine ordnungsgemäße Durchführung des Wertpapiererwerbs- und Übernahmeverfahrens hinzuwirken oder erhebliche Nachteile für den Wertpapiermarkt abzuwenden,[20] stellen die **öffentlich-rechtlichen Anordnungen** – meist Verwaltungsakte[21] – des Bundesaufsichtsamts für den Wertpapierhandel (BAWe) dar. Im WpÜG vorgesehen sind Untersagungen des Angebots wegen fehlender bzw.

18 Allerdings enthält der 8. Abschnitt keinen vollständigen Sanktionenkatalog.

19 Die Bußgeldvorschriften im Überblick bei *Möller*, AG 2002, 170, 174 f.; vgl. zur Struktur des Ordnungswidrigkeitenrechts *Mitsch*, Recht der Ordnungswidrigkeiten, 1995, I § 2 Rn. 4.

20 So die allgemeine Beschreibung der Aufgaben des Bundesaufsichtsamts für den Wertpapierhandel in § 4 Abs. 1.

21 Zum Katalog möglicher Maßnahmen des BAWe im Bereich der Wirtschaftsaufsicht nach WpHG vgl. *Dreyling*, in: Assmann/Schneider, Wertpapierhandelsgesetz – Kommentar, 2. Aufl., 1999, § 4 Rn. 17 ff.

mangelhafter Angebotsunterlage (§ 15 Abs. 1, Abs. 2) oder von Werbemaßnahmen (§ 28) ebenso wie Anordnungen im Rahmen der sog. Missstandsaufsicht (§ 4 Abs. 1)[22] sowie die zur Durchsetzung der Verfügungen bzw. zur Überwachung der Einhaltung der Pflichten notwendigen Zwangs- und Ermittlungsbefugnisse. Im weiteren Sinne zu den Sanktionen gehört auch das Recht des BAWe gem. § 44, auf Kosten des Adressaten Anordnungen zur Beseitigung oder Verhinderung von Missständen, Untersagungsverfügungen u. ä. im Bundesanzeiger zu veröffentlichen (Effekt der öffentlichen Rüge). Ob neben den im WpÜG geregelten formellen Handlungsmöglichkeiten des BAWe auch **formlose Mittel** der Aufsichtsbehörde, wie sie sich in der Praxis des Bundeskartellamts etwa in Gestalt von Beratungen, Hinweisen, Abmahnungen etc. entwickelt haben,[23] eine Rolle spielen werden, bleibt abzuwarten.[24]

Neben die Maßnahmen repressiver und gestaltender Natur treten eine Reihe von besonderen **zivilrechtlichen Reaktionsformen**, die den Anreiz zur Beachtung der im WpÜG kodifizierten Verhaltenspflichten erhöhen sollen.[25] Verschiedene Vorschriften sehen als Sanktion für eine Pflichtverletzung die **Zahlung von Schadensersatz** vor. Diese deliktsrechtliche Haftungsfolge kann ausgelöst werden durch fehlerhaft erstellte Angebotsunterlagen (§ 12 Abs. 1) oder durch unzutreffende schriftliche Bestätigungen einer ausreichenden Finanzierung der Gegenleistung (§ 13 Abs. 2). Ergänzt wird das Sanktionsspektrum durch einen Zinsanspruch der Aktionäre der Zielgesellschaft gemäß § 38 in Fällen, in denen der Bieter bestimmten, im Zusammenhang mit einem Pflichtangebot stehenden besonders bedeutsamen Pflichten nicht nachkommt. Anzuführen ist hier auch die Unwirksamkeitsfolge gem. § 134 BGB bei untersagten Angeboten in den Fällen des § 15 Abs. 3 Satz 2 sowie das von § 26 **7**

22 Vgl. dazu für die parallele Vorschrift im WpHG *Dreyling*, in: Assmann/Schneider (Fn. 21), § 4 Rn. 12 ff.

23 Zum Institut der – unverbindlichen – Stellungnahme der Übernahmekommission im österreichischen Übernahmegesetz *Winner/Gall*, wbl 2000, 1 f.; die formlosen Mittel der Kartellaufsicht behandelt ausführlich *K. Schmidt*, in: Immenga/Mestmäcker, Gesetz gegen Wettbewerbsbeschränkungen – Kommentar, 3. Aufl., 2001, Vor § 34 Rn. 14 ff., der dort auch auf die Kritik an der formlosen Tätigkeit der Kartellbehörden unter dem Gesichtspunkt des Unterlaufens rechtsstaatlicher Schutzgarantien des förmlichen Verwaltungsverfahrens eingeht.

24 Der Gesetzeszweck, öffentliche Angebotsverfahren möglichst zügig unter Rückgriff auf sachverständigen Rat (vgl. die Zusammensetzung des Beirats gem. § 5) durchzuführen, sowie einzelne Vorschriften des WpÜG (etwa § 14 Abs. 2 Satz 3) lassen vermuten, dass sich auch in diesem Bereich bald ein informelles Verfahren etablieren wird.

25 Zu zivilrechtlichen Durchsetzungsmechanismen, die nicht im WpÜG geregelt sind, vgl. *Schüppen* (Fn. 8), 972.

Abs. 1 angeordnete Verbot, vor Ablauf eines Jahres ein erneutes Angebot abzugeben (sog. Sperrfrist), wenn das BAWe das erste Angebot gem. § 15 Abs. 1 oder 2 untersagt hat oder das Angebot mangels Akzeptanz der Wertpapierinhaber gescheitert ist. Dass der privaten Verfolgung von kapitalmarktrechtlichen Pflichtverstößen nach §§ 12 Abs. 1, 13 Abs. 2 angesichts der für beide Vorschriften geltenden weit reichenden Tatbestandseinschränkungen gem. § 12 Abs. 2, Abs. 3 in der Praxis eine große Bedeutung zukommen wird, muss jedoch bezweifelt werden.

§ 59 ordnet den **Verlust von Rechten** aus Aktien (sog. Ausübungssperre) an, wenn der Bieter und andere Personen es unterlassen, die Erlangung der Kontrolle nach § 35 Abs. 1 Satz 1 zu veröffentlichen oder ein Pflichtangebot i. S. v. § 35 Abs. 2 zu übermitteln und zu veröffentlichen. Diese Norm ist § 28 WpHG und § 20 Abs. 7 AktG nachgebildet. Die Verletzung dieser Pflichten führt hier gem. § 59 Satz 1 verschuldensunabhängig zu weit reichenden gesellschaftsrechtlichen Folgen (insbes. zeitweisem Verlust des Stimmrechts). Nach § 59 Satz 2 kann der Bieter allerdings den Verlust der Ansprüche auf Dividende und auf Liquidationserlös vermeiden, wenn er darlegt und beweist, dass die unterlassene Veröffentlichung oder die Nichtabgabe des Pflichtangebots ohne Vorsatz unterblieben und nachgeholt worden ist.

8 Für Verstöße gegen besonders bedeutsame Pflichten sieht das Gesetz sogar mehrere Sanktionen vor. So führt etwa das Unterlassen der Veröffentlichung der Kontrollerlangung (§ 35 Abs. 1 Satz 1) sowie die Nichtabgabe des Pflichtangebots (§ 35 Abs. 2 Satz 1) nicht nur zum Rechtsverlust gem. § 59. Der Pflichtvergessene hat daneben auch mit einer Schadensersatzzahlung gem. § 12 Abs. 1 (i.V.m. § 39), mit einer Zinszahlung gem. § 38, mit Untersagungsverfügungen gem. § 15 Abs. 1, Abs. 2 (i.V.m. § 39) sowie mit einer Geldbuße wegen Begehung einer Ordnungswidrigkeit (§ 60 Abs. 1 Nr. 1 a) zu rechnen.

9 Ob und wie effektiv die im Gesetz enthaltenen Sanktionen das Verhalten der Beteiligten an einem öffentlichen Angebotsverfahren im Sinne eines funktionierenden Kapitalmarkts beeinflussen werden, muss die Praxis zeigen. In der Literatur zum Übernahmerecht wird der Handlungssteuerung durch Androhung von Bußgeldern verschiedentlich mit Skepsis begegnet.[26] Die Bedenken sind sicherlich berechtigt, wenn – wie in Österreich – nur Verwaltungsstrafen von öS 50 000 (ca. 3500 Euro) bis zu einer Höhe von öS 500 000 (ca. 35 000 Euro) ver-

---

26 Vgl. *Benner-Heinacher* (Fn. 6), 2524; *Land/Hasselbach*, DB 2000, 1747, 1754; *Thaeter*, NZG 2001, 789, 790; *Zinser*, WM 2002, 15, 22.

hängt werden können (§ 35 Abs. 2 öÜbG).[27] Aber selbst bei Geldbußen von bis zu 1 Million Euro, die natürlichen (etwa Vorstandsmitgliedern) oder juristischen Personen drohen, wenn sie gewichtige Pflichten verletzen, ist ein nachdrücklicher Lenkungseffekt vor dem Hintergrund des Gesamtvolumens einer Übernahme und der Tatsache, dass gegen Vorstandsmitglieder verhängte Geldbußen nicht selten vom Unternehmen übernommen werden,[28] eher zweifelhaft.[29] Zuzustimmen ist der in der Literatur geäußerten Meinung, nach der die in § 59 geregelte sog. Ausübungssperre ein wirksames – wenn nicht das wirksamste[30] – Sanktionsinstrument des Übernahmerechts darstellt. Denn sie verhindert während der Dauer der Pflichtverletzung, dass der Übernehmer durch Geltendmachung seiner Stimmrechte auf der Hauptversammlung den beherrschenden Einfluss auf die Zielgesellschaft ausüben kann, auf den es ihm gerade ankommt.

Die Eingliederung der in § 60 enthaltenen Bußgeldvorschriften in den **10**
Gesamtzusammenhang des übernahmerechtlichen Regelungsinstrumentariums ändert allerdings nichts daran, dass es sich dabei um Ordnungswidrigkeitentatbestände mit spezifischem Sanktionscharakter (nachdrückliche Pflichtenmahnung des Betroffenen!)[31] handelt. Ihre Ansiedlung in der Nähe des Strafrechts und ihre Einbeziehung in das Wirtschaftsstrafrecht im weiteren Sinne hat zur Folge, dass nicht nur die rechtsstaatlichen Anforderungen an die Normen, die die Ahndungsvoraussetzungen enthalten, ebenso streng sind wie im Strafrecht,[32] sondern

---

27 Die Skepsis in Bezug auf das österreichische Recht teilen *Roth/Zinser*, EWS 2000, 233, 239; *Kalss*, NZG 1999, 421, 430; *Gruber*, wbl 1999, 10, 15; *Dorda*, ecolex 1998, 843, 849.

28 Die Abwälzung der finanziellen Sanktion verhindert häufig jeden generalpräventiven Effekt, vgl. dazu *Tiedemann*, Kartellrechtsverstöße und Strafrecht, 1976, S. 179; *Volk*, JZ 1993, 429, 430; *Marxen*, JZ 1988, 286, 289.

29 *Zinser*, NZG 2001, 391, 397, hält ein Bußgeld von bis zu *fünf Millionen Euro* für sachgerecht.

30 So *Benner-Heinacher* (Fn. 6), 2523; vgl. weiter *Dorda* (Fn. 27), 849; *Kalss* (Fn. 27), 430: „Das Ruhen des Stimmrechts stellt die schärfste Sanktion dar." Auch der Gesetzgeber führt den Rechtsverlust bei der Auflistung wirksamer Sanktionen an erster Stelle auf, vgl. Regierungsbegründung, S. 31.

31 Vgl. BVerfG, 16.7.1969 – 2 BvL 2/69, BVerfGE 27, 18, 33; BVerfG, 21.6.1977 – 2 BvR 70, 361/75, BVerfGE 45, 272, 288 f.; *Göhler*, Gesetz über Ordnungswidrigkeiten – Kommentar, 12. Aufl., 1998, Vor § 1 Rn. 9; *Mitsch* (Fn. 19), I § 3 Rn. 10 m.w.N. in Fn. 50; *Otto*, Jura 1998, 409, 417.

32 § 3 OWiG („Keine Ahndung ohne Gesetz") enthält die gleichen inhaltlichen Vorgaben wie § 1 StGB und Art. 103 Abs. 2 GG; zur Anwendbarkeit des Art. 103 Abs. 2 GG auch auf Ordnungswidrigkeiten vgl. nur BVerfG, 25.10.1966 – 2 BvR 506/63, BVerfGE 20, 323, 331, 333; BVerfG, 4.2.1975 – 2 BvL 5/74, BVerfGE 38, 348,

auch das strafrechtliche Schuldprinzip ohne Abstriche gilt.[33] Damit ist es jedoch nicht ausgeschlossen, das Ordnungswidrigkeitenrecht des WpÜG als **Teil der Wirtschaftsaufsicht** zu begreifen. Wie *K. Schmidt* für das Kartellrecht zutreffend hervorhebt, wäre eine funktionierende präventive Wirtschaftsaufsicht, der es vornehmlich um die Einhaltung der Rechtsordnung geht, nicht realisierbar, wenn zu den – in die Zukunft wirkenden – verwaltungs- und zivilrechtlichen Handlungsmöglichkeiten der Kartellbehörden nicht vergangenheitsbezogene Sanktionen hinzukämen.[34]

11 In einer Übersicht lässt sich das Regelungsinstrumentarium des WpÜG wie folgt darstellen:

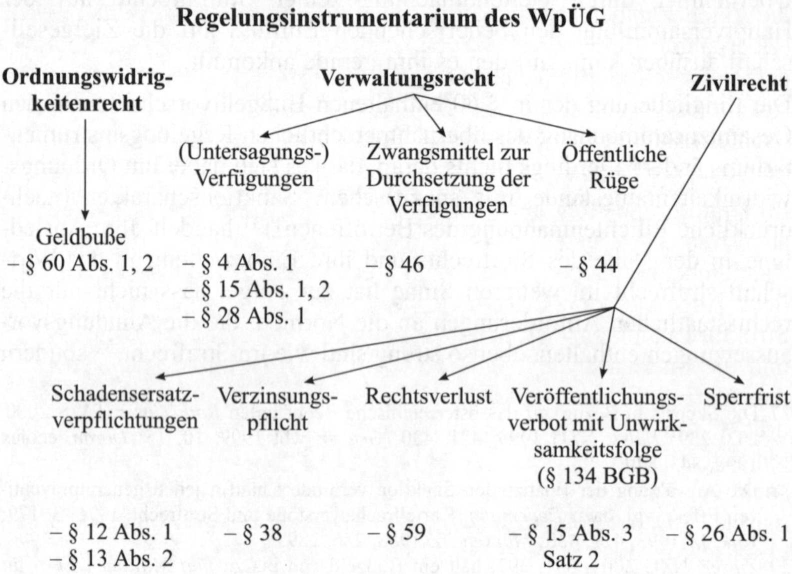

371; BVerfG, 23.10.1985 – 1 BvR 1053/82, BVerfGE 71, 108, 114; *Kunig*, in: v. Münch/Kunig, Grundgesetz – Kommentar, 5. Aufl., 2001, Art. 103 Rn. 19.

33 Vgl. dazu im Kontext der Kartellordnungswidrigkeiten *Achenbach*, in: Frankfurter Kommentar zum Kartellrecht, 46. Lief. (September 2000), Vor § 81 Rn. 4.

34 *K. Schmidt*, wistra 1990, 131, 133, 137 f.; ihm zustimmend *Achenbach*, in: FK-GWB (Fn. 33), Vor § 81 Rn. 4; *Otto* (Fn. 31), 417; dazu auch *Ransiek*, Unternehmensstrafrecht: Strafrecht, Verfassungsrecht, Regelungsalternativen, 1996, S. 333; differenzierend *Dannecker/Biermann*, in: Immenga/Mestmäcker (Fn. 23), Vor § 81 Rn. 163; § 81 Rn. 342.

3. Zum Rechtsgut der Bußgeldvorschriften

Die Bestimmung des Rechtsguts einer Sanktionsnorm setzt eine Analyse des vom jeweiligen Tatbestand geschützten Interesses voraus. Dieser Vorgang fällt bei den in § 60 angeführten Bußgeldvorschriften deshalb nicht ganz leicht, weil durch die dort aufgelisteten Pflichtverstöße in der Regel unmittelbar oder mittelbar vielfältige Interessen berührt werden. So ist etwa durch eine nicht veröffentlichte Entscheidung des Bieters zur Abgabe eines Angebots (§ 60 Abs. 1 Nr. 1 a i.V.m. § 10 Abs. 1 Satz 1) nicht nur das Interesse an ausreichender und gleichmäßiger Information der Aktionäre[35] oder der Organmitglieder der Zielgesellschaft betroffen. Ein Interesse an (möglichst frühzeitiger) Unterrichtung haben z.B. auch die Akteure an den Finanzmärkten, um ihre Entscheidungen auf die neue (Übernahme-)Situation einstellen zu können[36] sowie die Arbeitnehmer der Zielgesellschaft. Weiterhin finden sich in § 60 etwa Ordnungswidrigkeitentatbestände, die dem BAWe ein Handeln ermöglichen oder erleichtern sollen (z.B. § 60 Abs. 1 Nr. 5 – Belegübersendungsverpflichtung oder § 60 Abs. 2 Nr. 2 – Auskunfts- und Vorlageverpflichtung). **12**

Im Hintergrund steht aber immer das – zum Wohle der Allgemeinheit angestrebte – Ziel des Gesetzgebers, durch das WpÜG verlässliche Rahmenbedingungen für Unternehmensübernahmen und andere öffentliche Angebote zum Erwerb von Wertpapieren zu schaffen, um einen Strukturwandel am Wirtschaftsstandort Deutschland zu ermöglichen und die internationale Wettbewerbsfähigkeit des bundesdeutschen Finanzplatzes sicherzustellen.[37] Es geht also – etwas verkürzt ausgedrückt – im WpÜG um eine Sicherung der Bedingungen eines geordneten öffentlichen Angebotsverfahrens und damit – in erweiterter Perspektive – um die Aufrechterhaltung eines funktionierenden Kapitalmarkts.[38] Dabei kommt der Gleichbehandlung der Aktionäre der Zielgesellschaft, dem Schutz von Minderheitsaktionären, der Information der Verfahrensbeteiligten und der Transparenz des Verfahrens insgesamt eine besondere Bedeutung zu (vgl. § 3). Das derart definierte öf-

---

35 Direkt wird das Vermögen der Anleger durch die in § 60 aufgeführten Pflichtverstöße nirgendwo angegriffen. Die zahlreichen Veröffentlichungs- und Mitteilungspflichten wollen nur darauf hinwirken, dass eine rationale Verkaufs- oder Tauschentscheidung auf möglichst breiter und richtiger Informationsbasis erfolgt.

36 Die Pflicht zur unverzüglichen Veröffentlichung der Bieterentscheidung gem. § 10 Abs. 1 Satz 1 bezweckt, die Öffentlichkeit frühzeitig über marktrelevante Daten zu informieren und damit Insidergeschäfte zu verhindern, vgl. Regierungsbegründung, S. 39.

37 Vgl. Regierungsbegründung, BT-Drucks. 14/7034, S. 27.

38 Vgl. *Schüppen* (Fn. 8), 961: „Das WpÜG ist systematisch Kapitalmarktrecht"; ebenso *Mülbert*, ZIP 2001, 1221, 1222.

fentliche Allgemeininteresse lässt sich nicht – jedenfalls nicht vollständig – in verschiedene Einzel- oder Gruppeninteressen (von betroffenen Wertpapierinhabern, Arbeitnehmern usw.) auflösen. Diese werden vielmehr nur als **Reflex** geschützt, treten also hinter das übergeordnete Interesse des Staates an einem geordneten öffentlichen Angebotsverfahren und – in erweitertem Zusammenhang – hinter den Schutz des Vertrauens der Anleger, aber auch potentieller Bieter an einem funktionierenden Kapitalmarkt zurück.

13 Für eine solche – das Allgemeininteresse hervorhebende – Bewertung der Schutzrichtung der Ordnungswidrigkeitentatbestände spricht weiter § 4 Abs. 2. Nach dieser Vorschrift nimmt das BAWe seine Aufgabe nur im **öffentlichen Interesse** war und nicht im Interesse einzelner Aktionäre oder Gruppeninteressen.[39] Auch folgende (Kontroll-)Überlegung weist auf den eher überindividuellen Charakter des Schutzgegenstandes der Ordnungswidrigkeitentatbestände hin: Würden sich z. B. einige oder gar alle Verfahrensbeteiligten im Einzelfall mit einer Nichtveröffentlichung der Bieterentscheidung zur Abgabe eines Angebots oder der Angebotsunterlage selbst (§ 60 Abs. 1 Nr. 1 a) einverstanden erklären, bliebe ein nichtdisponibles überschießendes Schutzinteresse bestehen. Dem Gesetzgeber ging es losgelöst von den Umständen des Einzelfalles und den beteiligten Personen jedenfalls auch darum, weltweit das Signal auszusenden, dass Unternehmensübernahmen in Deutschland in einem geordneten und berechenbaren Verfahren stattfinden werden, um auf diese Weise den deutschen Kapitalmarkt für Anleger und Unternehmer attraktiv zu gestalten.

14 Damit bestätigt sich der Befund, der schon hinsichtlich der Sanktionstatbestände anderer kapitalmarktrechtlicher Regelungen (§§ 38, 39 WpHG, § 90 BörsG) herausgearbeitet wurde: Kapitalmarktrecht bezweckt in erster Linie **Funktionenschutz**. Den primären Regelungszweck sieht man dabei ganz herrschend im Schutz des öffentlichen Interesses an effizienten und funktionsfähigen Märkten,[40] eine Teilfunktion dieses Effizienzschutzes übernimmt im Bereich des öffentlichen Angebots- und Übernahmeverfahrens seit dem 1. 1. 2002 das WpÜG.[41]

---

39 Daraus folgt allerdings nicht, wie *Hopt* (ZHR 159 [1995], 135, 160) zutreffend für die vergleichbare Regelung in § 4 Abs. 2 WpHG hervorgehoben hat, dass „das WpHG … insgesamt nur im öffentlichen Interesse ergangen" sei.

40 Vgl. *Hopt* (Fn. 4), 374 f.; *Kümpel/Ott*, Kapitalmarktrecht, 6. Lief., 1995, S. 38; *Schwark*, in: FS für Stimpel, 1995, S. 1087, 1091; *Dimke/Heiser*, NZG 2001, 241, 252 m. w. N.

41 Es lässt sich allerdings kaum übersehen, dass ein Rechtsgut „Funktionenschutz" keinerlei strafrechts- bzw. ordungswidrigkeitenrechtsbegrenzende Aufgaben mehr über-

Schützen die Ordnungswidrigkeitentatbestände des § 60 Abs. 1, Abs. 2 danach vornehmlich **überindividuelle** Interessen, kommt dem Einwilligungs- und Notwehrrecht in diesem Kontext keine Bedeutung zu. Wer dagegen etwa Aktionärs- oder Arbeitnehmerinteressen als weiteres Rechtsgut durch Ordnungswidrigkeitentatbestände (z.B. § 60 Abs. 1 Nr. 1a – Nichtveröffentlichung der Angebotsunterlage entgegen § 14 Abs. 2 Satz 1) geschützt sieht, muss das Verhältnis zum überindividuellen Rechtsgut „Funktionierender Kapitalmarkt" klären. Nur bei einem kumulativen Schutz beider Rechtsgüter führt das Einverständnis zur Tatbestandslosigkeit des Verhaltens, während bei Annahme eines Alternativitätsverhältnisses die Ordnungswidrigkeit unberührt bleibt.[42] Tritt der Individualschutz der Ordnungswidrigkeitentatbestände des § 60 in den Hintergrund, wird man auch die Möglichkeit, einschlägige Verbzw. Gebote als Schutzgesetze im Sinne von § 823 Abs. 2 BGB einzustufen, in der Regel ablehnen müssen.[43] Diese Feststellung entbindet allerdings nicht von der Aufgabe, die Frage des Schutzgesetzcharakters für jede einzelne Bußgeldnorm sorgsam zu prüfen.[44]

4. Aufbau und Systematik der Bußgeldtatbestände

a) Kategorisierung der Pflichtverstöße

Die nach Tathandlungen geordneten Bußgeldvorschriften des § 60 Abs. 1, Abs. 2 enthalten eine Zusammenstellung von Pflichtverstößen, die der Gesetzgeber durch die Androhung von Bußgeldern verhindern will. Der ständige Wechsel zwischen schweren, mittleren und leichten Übernahmeordnungswidrigkeiten[45] erschwert zwar den Überblick über die Bußgeldvorschriften. Im Vergleich mit den Bußgeldtatbestän- **15**

nehmen kann, sondern den staatlichen Zugriff nur noch legitimiert. *Volk*, in: FS für Tröndle, 1989, S. 219, 230f., ist zuzustimmen, wenn er in Bezug auf Tatbestände mit vergleichbaren „funktionalistischen" Rechtsgütern wie §§ 264, 265b, 266a StGB ausführt, dass sich letztlich kaum noch feststellen lasse, ob diese „durch die Tathandlung nun eigentlich verletzt oder nur gefährdet" seien.

42 Vgl. zur Problematik im Kontext der falschen Verdächtigung (§ 164 StGB) *Roxin*, Strafrecht Allgemeiner Teil, 3. Aufl., 1997, § 13 Rn. 32; *Lenckner*, in: Schönke/Schröder, Strafgesetzbuch – Kommentar, 26. Aufl., 2001, § 164 Rn. 1 f.

43 Vgl. zur Problematik bzgl. des Charakters der Insiderhandelsverbote gem. § 14 WpHG *Assmann*, in: Assmann/Schneider (Fn. 21), Vor § 12 Rn. 43a.

44 So für das WpHG *Hopt*, in: Das zweite Finanzmarktförderungsgesetz in der praktischen Umsetzung, 1996, S. 3 (6f.); *ders.* (Fn. 39), 160.

45 Aus begriffsökonomischen Gründen wird nachfolgend bei Ordnungswidrigkeiten, die im WpÜG enthalten sind, von *Übernahmeordnungswidrigkeiten* gesprochen. Diese Sprachregelung erfolgt in Anlehnung an das Kartellrecht. Dort hat sich für Verstöße gegen bußgeldbewehrte Pflichten der Begriff *Kartellordnungswidrigkeit*

den des § 81 Abs. 1 GWB, die nach *Achenbach* eine „chaotische Struktur" aufweisen,[46] ist die Regelung des § 60 aber im Ergebnis noch recht übersichtlich gestaltet.

16 Das Gesetz schichtet in § 60 Abs. 1 zunächst die Bußgeldtatbestände, deren Verwirklichung Vorsatz oder Leichtfertigkeit voraussetzen, von den in Abs. 2 genannten Bußgeldvorschriften ab, die schon bei einfacher Fahrlässigkeit die Möglichkeit einer Bußgeldverhängung vorsehen.

17 Eine weitere Kategorisierung lässt sich nach dem Gewicht des Pflichtverstoßes vornehmen. Die Ordnungswidrigkeiten können vor diesem Hintergrund in **drei Gruppen** eingeteilt werden: In die erste Gruppe fallen die Pflichtverstöße, die vom Gesetzgeber als schwerwiegend eingestuft werden und daher mit Geldbuße bis zu 1 Million Euro geahndet werden können. § 60 Abs. 1 knüpft hier an Kernvorschriften des WpÜG an, die den geregelten Ablauf des Angebotsverfahrens gewährleisten sollen bzw. dem Schutz der Minderheitsaktionäre dienen (§ 60 Abs. 1 Nr. 1 a, 3, 6, 7, 8). Daneben finden sich in einer zweiten Gruppe Ordnungswidrigkeiten, deren Unrecht eine mittlere Schwere aufweist. Mit Geldbuße bis zu 500 000 Euro werden hier Verstöße gegen Pflichten geahndet, die die vorstehend skizzierten Kernpflichten ergänzen (§ 60 Abs. 1 Nr. 1 b, 2 a, 4). Schließlich können in einer dritten Gruppe die leichteren Übernahmerechtsverstöße zusammengefasst werden, die in der Sache eine Reaktion auf Verwaltungsungehorsam darstellen. Hier sieht das Gesetz eine Ahndung mit Geldbuße bis zu 200 000 Euro vor (§ 60 Abs. 1 Nr. 2 b, 2 c, 5, Abs. 2 Nr. 1, 2).

18 Unter Rückgriff auf das Kriterium der Abhängigkeit der Bußgeldtatbestände vom übrigen Recht des WpÜG[47] lassen sich die unterschiedlich gewichteten Übernahmeordnungswidrigkeiten noch folgendermaßen unterteilen:

19 Als **streng verwaltungsaktsakzessorischer** Tatbestand sind zunächst § 60 Abs. 2 Nr. 1 und Nr. 2 einzustufen, die ohne das Vorliegen eines behördlichen Einzelakts nicht verwirklicht werden könnten. Zu dieser Tatbestandsgruppe wird man aber auch § 60 Abs. 1 Nr. 6 und Nr. 7 (i.V.m. § 26 Abs. 1 Satz 1) zählen müssen. § 60 Abs. 1 Nr. 6 verbietet

---

eingebürgert, vgl. statt vieler: *Dannecker/Biermann*, in: Immenga/Mestmäcker (Fn. 23), Vor § 81 Rn. 19 und passim.

46 *Achenbach*, wistra 1999, 241, 242.

47 Vgl. zu diesem Kriterium *Tiedemann*, in: Immenga/Mestmäcker (Fn. 23), Vor § 38 a.F. Rn. 13 ff. m.w.N.; *ders.* (Fn. 28), S. 22 f.

es, entgegen § 15 Abs. 3 eine Veröffentlichung vorzunehmen. Damit gilt das in § 15 Abs. 3 angeordnete Veröffentlichungsverbot nur, wenn das BAWe das Angebot zuvor untersagt hat. In gleicher Weise mittelbar verwaltungsaktsakzessorisch ist das in § 26 Abs. 1 Satz 1 enthaltene Verbot, vor Ablauf eines Jahres ein erneutes Angebot abzugeben, wenn das erste Angebot nach § 15 Abs. 1 oder 2 vom BAWe untersagt worden ist. Als im **weiteren Sinne akzessorisch** sind die in § 60 zahlenmäßig weitaus überwiegenden Ordnungswidrigkeitentatbestände zu qualifizieren, die an außerbußgeldrechtlich errichtete Ver- oder Gebote des WpÜG anknüpfen. Ein Teil dieser gelockert akzessorischen Ordnungswidrigkeitentatbestände ist zugleich der Kategorie der sog. **Ungehorsamstatbestände** zuzuordnen.[48] Dieses Tatbestandstypus erfasst vor allem Verhaltensweisen, die den Behörden die Aufsichts- und Ermittlungsarbeit erschweren, indem z.B. Auskünfte nicht oder nicht vollständig erteilt bzw. Vorlagepflichten ignoriert werden. In diese Rubrik bagatellhafter Ordnungswidrigkeiten wird man neben § 60 Abs. 2 Nr. 2 zumindest auch noch Verstöße betreffend die Übersendung von Belegen gem. § 60 Abs. 1 Nr. 5 einordnen können. Völlig eigenständige, von keiner anderen Norm abhängige Bußgeldtatbestände finden sich im Katalog des § 60 Abs. 1, Abs. 2 dagegen nicht.

b) Blankettcharakter der Ordnungswidrigkeitentatbestände?

Die Bußgeldvorschriften des § 60 Abs. 1, Abs. 2 sanktionieren durchweg Verstöße gegen Pflichten, die in den vorstehenden Abschnitten 3 bis 6 des WpÜG näher beschrieben werden. Sie sind also im Hinblick auf die inhaltliche Bestimmung der Unrechtsmaterie „offen" im Sinne von unvollständig. Um einen vollständigen, subsumtionsfähigen Ordnungswidrigkeitentatbestand zu erhalten, muss der Rechtsanwender die außerbußgeldrechtlichen Normen, auf die mit der Formulierung „entgegen § …" vollinhaltlich Bezug genommen wird[49] (sog. Ausfüllungsnorm), in den Tatbestand der verweisenden Norm (sog. Verweisungs- oder Sanktionsnorm) hineinlesen.[50] Dabei erleichtert **20**

48 *Tiedemann,* in: Immenga/Mestmäcker (Fn. 23), Vor § 38 a.F. Rn. 14, weist aber zugleich darauf hin, dass die gewählte Terminologie nicht frei von Mehrdeutungen ist.

49 Vgl. die Empfehlungen des BMJ zur Ausgestaltung von Straf- und Bußgeldvorschriften im Nebenstrafrecht, 1999, Rn. 93.

50 Zur Behandlung dieser zusammengesetzten Normen unter dem Gesichtspunkt der Auslegung und der Anwendung des Analogieverbots siehe *Tiedemann*, in: Immenga/Mestmäcker (Fn. 23), Vor § 38 a.F. Rn. 22 ff.; *Enderle*, Blankettstrafgesetze, 2000, S. 152 ff., 204 ff.

das Gesetz in § 60 dem Normadressaten und -interpreten dadurch das Verständnis, dass es mit Ausnahme des § 60 Abs. 2 Nr. 1 die Tathandlung nicht nur mit dem substanzlosen – da allein den formalen Rechtsverstoß bezeichnenden – „Zuwiderhandeln" umschreibt, sondern das bußgeldbewehrte Verhalten konkret angibt. Wie Vorschriften dieses Typs, bei dem Ver- oder Gebot und Sanktionsnorm[51] getrennt geregelt werden, rechtlich zu behandeln sind, ist heftig umstritten. Die dazu unter dem Stichwort „Blankettgesetz" geführte Diskussion[52] hat praktische Bedeutung vor allem für die straf- und ordnungswidrigkeitenrechtliche Irrtumslehre.

21 Nach dem **engen Blankettbegriff,**[53] dem die ältere Rechtsprechung[54] anhing und der noch heute von einem Teil der Lehre[55] vertreten wird, stellt im Ergebnis kein Bußgeldtatbestand des § 60 ein echtes Blankettgesetz dar. Voraussetzung dafür wäre nämlich im Grundsatz, dass die Ausfüllung des „offenen" Tatbestandes einer anderen Rechtsetzungsinstanz als der, die die Strafandrohung geschaffen hat, überlassen wird (z. B. dem Landesgesetzgeber oder der Verwaltung anstelle des Bundesgesetzgebers). Da bei § 60 die Ausfüllungsnormen aber von derselben legislativen Instanz aufgestellt wurden, die auch die Sanktionsnormen geschaffen hat,[56] handelt es sich nach dieser Kategorisierung vielmehr um **unechte Blankette**.[57]

---

51 In ihrer – in § 60 allerdings nicht vorkommenden – Reinform enthält die Sanktionsnorm nur die Bußgeldandrohung.

52 Ausführlich zu den verfassungsrechtlichen und strafrechtlichen Problemen von Blankettstrafgesetzen *Enderle* (Fn. 50); weiter *Bachmann*, Vorsatz und Rechtsirrtum im Allgemeinen Strafrecht und im Steuerstrafrecht, 1993, S. 23 ff.

53 Der Begriff lässt sich zurückführen auf *Binding*, Die Normen und ihre Übertretung, Bd. I, 4. Aufl., 1922, § 24; *ders.*, Handbuch des Strafrechts, Bd. I, 1885, S. 180, 228.

54 BGH, 9.3.1954 – 3 StR 12/54, BGHSt 6, 30, 40 f.

55 Vgl. *Tiedemann*, in: Immenga/Mestmäcker (Fn. 23), Vor § 38 a. F. Rn. 19 ff. m. w. N.; *Dannecker*, in: Wabnitz/Janovsky, Handbuch des Wirtschafts- und Steuerstrafrechts, 2000, § 15 Rn. 31; siehe auch *Otto*, Aktienstrafrecht, 1997, Vor § 399 Rn. 111 ff.

56 Behördliche Anordnungen (wie in § 60 Abs. 2 Nr. 1) sollen jedenfalls dann nicht zur Qualifizierung als Blankettgesetz führen, wenn die Straf- bzw. Bußgeldnorm formal in sich vollständig ist und die Einzelakte nur als Tatbestandsmerkmale der Norm wirken, siehe *Tiedemann*, Tatbestandsfunktionen im Nebenstrafrecht, 1969, S. 94 f. m. w. N.

57 Die Gründe für diese Kategorisierung entstammen überwiegend dem Verfassungsrecht, da bei der Blankettausfüllung durch einen anderen Normgeber gehobene verfassungsrechtliche Anforderungen bestehen. Während sich für die *unechten Blankette* beim Verweis auf Vorschriften desselben Gesetzgebers lediglich Probleme der Bestimmtheit der Verweisung stellen, werfen die *echten Blankette* wegen der Delegation von Gesetzgebungsbefugnissen bzw. der Verlagerung der Tatbestandsfestle-

In der Sache setzt sich heute allerdings zunehmend die Erkenntnis durch, dass der unter verfassungsrechtlichem Blickwinkel geformte formale Blankettbegriff zu eng ist und jedenfalls zur Lösung von materiell-inhaltlichen Irrtumsfragen wenig beitragen kann.[58] Eine Begriffserweiterung erfolgt daher in zweierlei Hinsicht: Einmal soll es einer Einstufung als (echtem) Blankett nicht entgegenstehen, dass die ausfüllende Norm durch dieselbe Instanz gesetzt wird. Zum zweiten werden Gesetze, die sich nicht auf die Formulierung der Straf- oder Bußgeldandrohung beschränken, sondern auch einen unvollständigen („Rumpf-")Tatbestand aufweisen, der durch die blankettausfüllende Norm ergänzt werden muss, als (Teil-)Blankette eingestuft.[59] Als Beispiel sei hier nur auf § 264 Abs. 1 Ziff. 3 StGB hingewiesen, der ein Täterverhalten „entgegen den Vorschriften über die Subventionsvergabe" voraussetzt.[60] **22**

Diese Ausdehnung der Blankettgesetze erhöht die Schwierigkeiten bei der Abgrenzung zu den Gesetzen mit normativen Tatbestandsmerkmalen erheblich. Folgte aus der Anwendung des engen – nach formalen Kriterien abgrenzenden – Blankettbegriffs, dass die unechten Blankette als Vollstrafgesetze (im weiteren Sinne) und damit als Tatbestände mit normativen Tatbestandsmerkmalen eingestuft wurden, muss bei einem erweiterten Blankettverständnis ein materielles Abgrenzungskriterium gefunden werden.[61] Das ist deshalb nicht ganz einfach, weil sowohl Vorschriften mit normativen Tatbestandsmerkmalen (z. B. § 242 StGB mit dem Merkmal „fremd") als auch Blankettmerkmale enthaltende Gesetze (z. B. § 264 Abs. 1 Ziff. 3 StGB – „entgegen den Vorschriften über die Subventionsvergabe") konkretisierungs- und (wert-)ausfüllungsbedürftig sind. Die zahlreichen dazu in Literatur und Rechtsprechung entwickelten Abgrenzungsformeln können hier nicht im Einzelnen skizziert werden.[62] Hingewiesen sei daher nur auf ein überzeugendes Abgrenzungskriterium von *Puppe*.[63] Ihrer Meinung **23**

---

gung zusätzliche verfassungsrechtliche Fragen im Hinblick auf die Beachtung des Demokratie-, Rechtsstaats- und Bundesstaatsprinzips sowie von Publikationserfordernissen auf, *Enderle* (Fn. 50), S. 84 f. m. w. N.

58 Kritisch etwa *Tiedemann* (Fn. 56), S. 9 f., 91, 387 f.; *Dannecker/Biermann*, in: Immenga/Mestmäcker (Fn. 23), Vor § 81 Rn. 27 m. w. N.

59 *Enderle* (Fn. 50), S. 81.

60 Weitere Beispiele finden sich bei *Puppe*, in: Nomos Kommentar zum Strafgesetzbuch, 1. Aufl., 1995, § 16 Rn. 80.

61 *Enderle* (Fn. 50), S. 84, 90.

62 Vgl. zum Meinungsstand ausführlich *Enderle* (Fn. 50), S. 90 ff.

63 *Puppe*, in: NK-StGB (Fn. 60), § 16 Rn. 16 f.; *dies.*, GA 1990, 145, 162 ff.

nach zeichnen sich (Teil-)Blankettgesetze dadurch aus, dass sie für sich allein gelesen keine sinnvolle Bestimmungsnorm ergeben. Die aus § 264 Abs. 1 Ziff. 3 StGB ableitbare Verhaltensnorm würde etwa lauten: „Du sollst Deinen Subventionsgeber über diejenigen Tatsachen nicht in Unkenntnis lassen, über die Du zu informieren nach den für die Subventionsvergabe geltenden Vorschriften verpflichtet bist". Der Tatbestand der Sanktionsnorm muss also – um sinnvoll zu sein – jeweils durch die Tatbestände der Norm ergänzt werden, auf die die Blankettmerkmale verweisen. Von diesen Blankettmerkmalen unterscheidet sie solche Tatbestandsmerkmale, die Rechte oder Rechtsverhältnisse beschreiben (z. B. „eine fremde Sache" in § 242 StGB). Diese Merkmale verweisen nur auf **Rechtsfolgen**, die in anderen Rechtsvorschriften angeordnet sind, nicht aber auf die Tatbestände dieser anderen Rechtsnormen.[64] Im Beispiel lässt sich allein aus dem Diebstahlstatbestand die sinnvolle Bestimmungsnorm bilden: „Du sollst keine Sachen wegnehmen, die im fremden Eigentum stehen!", ohne dass der Dieb wissen muss, wie der Eigentümer die Sachen erworben hat. Allerdings muss der Dieb für eine Strafbarkeit gem. § 242 StGB das normative Tatbestandsmerkmal „fremd" in seiner sozialen Bedeutungskenntnis in laienhafter Parallelwertung erfasst haben.

24 Vor diesem Hintergrund handelt es sich bei den Ordnungswidrigkeitentatbeständen des § 60 durchweg um **Teilblankettgesetze**, da sich eine sinnvolle Verhaltensnorm nur bilden lässt, wenn auch die jeweilige Ausfüllungsnorm mit herangezogen wird. So geht etwa ohne die Angaben des die Pflicht umschreibenden § 10 Abs. 1 Satz 1 zum Normadressaten, zum Veröffentlichungsgegenstand etc. der Normbefehl ins Leere.

5. Der räumliche Geltungsbereich des § 60

25 Der räumliche Anwendungsbereich des § 60 ergibt sich aus dem in § 5 i.V.m. § 7 OWiG niedergelegten **Territorialitätsprinzip** (Gebietsgrundsatz). Danach können Ordnungswidrigkeiten – sofern das Gesetz nichts anderes bestimmt[65] – nur geahndet werden, wenn sie im räum-

---

64 *Puppe*, in: NK-StGB (Fn. 60), § 16 Rn. 18; in diesem Sinne (für das Steuerstrafrecht) ebenfalls *Samson*, in: Kohlmann (Hrsg.), Strafverfolgung und Strafverteidigung im Steuerstrafrecht, 1983, S. 99, 111 f.

65 Zur Ausfüllung dieser sog. *Vorbehaltsklausel* durch ausdrückliche gesetzliche Vorschriften oder stillschweigende Regelungen siehe *Göhler* (Fn. 31), § 5 Rn. 5 ff. m. w. N. Ein wichtiges Beispiel enthält § 130 Abs. 2 GWB, wonach das Gesetz auf alle Wettbewerbsbeschränkungen anzuwenden ist, die sich innerhalb der BRD auswirken, selbst wenn sie außerhalb des Geltungsbereichs des OWiG veranlasst worden sind.

lichen Geltungsbereich des OWiG (Inland) begangen worden sind. Der Status des Täters als Inländer oder Ausländer ist irrelevant.[66] Da im Zusammenhang mit übernahmerechtlichen Ordnungswidrigkeiten keine Spezialgesetze existieren, ist Anknüpfungspunkt für die Ahndbarkeit und Verfolgbarkeit einer Ordnungswidrigkeit[67] gem. § 60 also ein Begehungsort im Staatsgebiet der BRD.[68] Die zur Bestimmung des Handlungsortes maßgeblichen Kriterien hält § 7 Abs. 1 OWiG bereit. Eine Handlung ist danach an jedem Ort begangen, an dem der Täter tätig geworden ist oder im Falle des Unterlassens hätte tätig werden müssen **(Tätigkeitsort)** oder an dem der zum Tatbestand gehörende Erfolg eingetreten ist oder nach der Vorstellung des Täters eintreten sollte **(Erfolgsort)**.[69] Abweichend von § 6 OWiG wird hier der Handlungsbegriff in einem den Erfolg mitumfassenden Sinne verstanden.[70] § 7 Abs. 2 OWiG regelt darüber hinaus bei Beteiligungsverhältnissen gem. § 14 OWiG noch die Fälle, in denen die Tatbestandsverwirklichung an einem anderen Ort eintritt oder nach der Vorstellung des Beteiligten eintreten sollte, als an dem, an dem der Beteiligte selbst gehandelt hat.[71]

Setzt man mit der (noch) überwiegenden Ansicht den „zum Tatbestand gehörenden Erfolg" i.S.v. § 7 Abs. 1 OWiG (§ 9 Abs. 1 StGB) mit dem Erfolgsbegriff der allgemeinen Tatbestandslehre gleich und fordert einen vom tatbestandsmäßigen Verhalten abzulösenden Unrechtserfolg in Form einer Verletzung oder konkreten Gefährdung des Rechtsgutsobjekts,[72] kann der Erfolgsort für die Anwendbarkeit der in **26**

66 *Bohnert*, in: Karlsruher Kommentar zum Gesetz über Ordnungswidrigkeiten, 2. Aufl., 2000, Einleitung Rn. 181.

67 § 5 i.V.m. § 7 OWiG stellen *Anwendungsvorschriften* dar, die das materielle Ordnungswidrigkeitenrecht in seinem Geltungsbereich einschränken, vgl. für die Parallelvorschriften im Strafrecht *Hoyer*, in: Systematischer Kommentar zum Strafgesetzbuch, 7. Aufl., 36. Lief. (April 2001), Vor § 3 Rn. 4.

68 Zum Inland zählen gem. § 5 OWiG auch Schiffe und Flugzeuge (*Flaggenprinzip*), vgl. dazu *Rebmann/Roth/Herrmann*, Gesetz über Ordnungswidrigkeiten – Kommentar, 3. Aufl., 2000, § 5 Rn. 13 ff.

69 Das Gesetz lehnt bei der Bestimmung des Handlungsortes die einseitige Orientierung an der Erfolgs- oder Tätigkeitstheorie ab und folgt dem sog. *Ubiquitätsprinzip*. Danach kann Ort der Handlung sowohl der Tätigkeitsort (bzw. der Ort der pflichtwidrigen Unterlassung) als auch der Ort des (u.U. nur vorgestellten) Erfolgseintritts sein, vgl. *Rogall*, in: KK-OWiG (Fn. 66), § 7 Rn. 2.

70 *Göhler* (Fn. 31), § 7 Rn. 2; *Rogall*, in: KK-OWiG (Fn. 66), § 7 Rn. 5.

71 *Göhler* (Fn. 31), § 7 Rn. 7.

72 Vgl. nur *Eser*, in: Schönke/Schröder (Fn. 42), § 9 Rn. 6; *Lackner/Kühl*, Strafgesetzbuch mit Erläuterungen, 24. Aufl., 2001, § 9 Rn. 2; KG, 16.3.1999 – (5) 1 Ss 7/98 (8/98), NJW 1999, 3500, 3502; OLG München, 17.4.1990 – 2 Ws 339/90, StV

noch
26 § 60 aufgeführten Ordnungswidrigkeitentatbestände keine Rolle spielen.[73] Denn es handelt sich bei diesen Tatbeständen durchweg um – durch Tun oder Unterlassen zu verwirklichende – **abstrakte Gefährdungsdelikte**, die gerade keinen Erfolg im Vorstehenden Sinne aufweisen müssen.[74] Vielmehr hat der Gesetzgeber des WpÜG in § 60 Verhaltensweisen unter Bußgeldandrohung gestellt, von denen seiner Einschätzung nach typischerweise Gefährdungen für einen effizienten und funktionierenden Kapitalmarkt ausgehen. Die abstrakte Gefahr für das überindividuelle Rechtsgut der Aufrechterhaltung eines funktionierenden Kapitalmarkts erscheint dabei nicht als (ungeschriebenes) Tatbestandsmerkmal, sondern stellt nur das gesetzgeberische Motiv für die Schaffung des Bußgeldtatbestandes dar.[75] Damit ist für die Festlegung des Handlungsortes bei Delikten gem. § 60 maßgeblich allein der **Tätigkeitsort**, der wiederum je nach Deliktstyp der Präzision bedarf. Beim **Begehungsdelikt**, das in § 60 in Form des schlichten Tätigkeitsdelikts vielfach vorkommt (z.B. in § 60 Abs. 1 Nr. 7), ist Handlungsort der Ort, an dem sich der Täter zur Zeit seines – zumindest als Versuch ahndbaren – Tätigwerdens aufhält.[76] Bei den **Unterlassungsdelikten** ist maßgeblich, wo der Täter hätte handeln müssen. Hinsichtlich der im Kontext des § 60 allein interessierenden **echten (erfolgsunabhängigen) Unterlassungsdelikte**[77] (z.B. Verletzung der Pflicht, eine Veröffentlichung, Mitteilung oder Unterrichtung vorzu-

---

1991, 504, 505; tendenziell ebenso, die Frage aber ausdrücklich offen lassend BGH, 9.10.1964 – 3 StR 34/64, BGHSt 20, 45, 52; anderer Ansicht aber BGH, 22.8.1996 – 4 StR 217/96, BGHSt 42, 235, 242 und BGH, 12.12.2000, 1 StR 184/00, NStZ 2001, 305.

73 Vgl. zu den Bemühungen, durch eine *weite Auslegung* des Erfolgsbegriffs i.S.v. § 9 Abs. 1 StGB bei den im Internet begangenen abstrakten Gefährdungsdelikten die Anwendbarkeit des deutschen Strafrechts herbeizuführen, nur *Sieber*, NJW 1999, 2065 ff.; *Klengel/Hecker*, CR 2001, 243 ff., jeweils m.w.N.; zur Kritik daran unter systematischen, rechtspolitischen und völkerrechtlichen Gesichtspunkten *Leupold/Bachmann/Pelz*, MMR 2000, 648 ff.

74 Damit soll nicht in Abrede gestellt werden, dass auch abstrakte Gefährdungsdelikte einen Erfolg aufweisen können (etwa der Erfolg der Zerstörung nach Brandlegung im Rahmen von § 306a Abs. 1 StGB); nach h.M. handelt es sich dabei nur nicht um einen den Erfolgsort i.S.v. § 9 StGB begründenden Erfolg, siehe nur *Eser*, in: Schönke/Schröder (Fn. 42), § 9 Rn. 6 m.w.N.

75 Generell zur Kategorisierung der Deliktstypen *Roxin* (Fn. 42), § 10 Rn. 102 ff. m.w.N.; *Rengier*, in: KK-OWiG (Fn. 66), Vor § 8 Rn. 14 ff.

76 *Rogall*, in: KK-OWiG (Fn. 66), § 7 Rn. 7.

77 Der Handlungsort der *unechten Unterlassungsdelikte* (dazu *Rogall*, in: KK-OWiG [Fn. 66], § 7 Rn. 8) ist deshalb ohne Bedeutung, weil – wie ausgeführt – keiner der Bußgeldtatbestände einen tatbestandsmäßigen Unrechtserfolg aufweist, den der Garant abwenden müsste.

nehmen, § 60 Abs. 1 Nr. 1, Nr. 2) wird regelmäßig ein Handeln im räumlichen Geltungsbereich des OWiG verlangt.[78] Damit ist Ort der Handlung in diesen Fällen stets das Inland.[79]

Vor diesem Hintergrund sind bußgeldbewehrte Pflichtverstöße im Rahmen öffentlicher Angebotsverfahren jedenfalls dann unproblematisch nach deutschem Ordnungswidrigkeitenrecht ahndbar, wenn der Normadressat (der Bieter, Organmitglieder der Zielgesellschaft etc.) des Bußgeldtatbestands in Deutschland tätig geworden ist oder hier seinen Handlungspflichten hätte nachkommen müssen. Übernahmeverfahren werden allerdings häufig von Bietern mit Verwaltungssitz im Ausland betrieben.[80] Hier bereiten auch die Fälle zunächst noch wenig Schwierigkeiten, in denen ein im Ausland ansässiges Bieterunternehmen etwa seinen Veröffentlichungs-, Mitteilungs-, Belegübersendungs-, Auskunfts- oder Vorlagepflichten nicht oder nur unzureichend nachkommt (vgl. § 60 Abs. 1 Nr. 1, 2, 5, § 60 Abs. 2 Nr. 2). Da der Bieter bei den vorstehend aufgeführten **echten Unterlassungsordnungswidrigkeiten**[81] seine Pflichten im Inland erfüllen muss, der Handlungsort also in der BRD liegt, ist es unschädlich, wenn sich der Täter im Zeitpunkt des Unterlassens im Ausland aufhält.[82] 27

Komplizierter wird die Beurteilung, wenn es sich bei dem einschlägigen Bußgeldtatbestand um ein **schlichtes Tätigkeitsdelikt** handelt und die bußgeldbewehrte verbotswidrige Handlung (zumindest teilweise) im Ausland vorgenommen wird. Die Bestimmung des Handlungsortes wird hier maßgeblich davon abhängen, wie die jeweilige Tathandlung zu definieren ist. Veröffentlicht etwa ein ausländischer Bieter entge- 28

---

78 Vgl. OLG Stuttgart, 8.5.1979 – 3 ARs 82/79, DAR 1980, 188; OLG Saarbrücken, 3.10.1974 – Ss 55/74, NJW 1975, 506, 507; *Rebmann/Roth/Herrmann* (Fn. 68), § 7 Rn. 4; *Göhler* (Fn. 31), § 7 Rn. 5.

79 *Rogall*, in: KK-OWiG (Fn. 66), § 7 Rn. 8.

80 Vgl. nur aus jüngerer Zeit die Übernahme der Mannesmann AG durch das britisch-amerikanische Mobilfunkunternehmen Vodafone AirTouch plc (mittlerweile Vodafone Group plc).

81 Ob Tathandlungen, die im Anschluss an unbestritten echte Unterlassungen (z.B. eine Veröffentlichung „nicht … vornimmt") nur eine unzureichende Pflichterfüllung erfassen („nicht richtig", „nicht vollständig", etc.), ebenfalls als *echte Unterlassungen* einzustufen sind, bedarf bei der Kommentierung der Einzelpflichtverstöße noch der Erörterung; hingewiesen sei an dieser Stelle nur auf *Rengier*, in: FS für R. Schmitt, 1992, S. 263, 277 f., der diese Frage jedenfalls für das Auskunftsersuchen bejaht.

82 Ganz h.M., vgl. nur *Göhler* (Fn. 31), § 7 Rn. 5; *Rogall*, in: KK-OWiG (Fn. 66), § 7 Rn. 8; *Rebmann/Roth/Herrmann* (Fn. 68), § 7 Rn. 4; *U. H. Schneider*, AG 2001, 269, 277 f.

noch 28 gen dem – durch eine Untersagungsverfügung des BAWe ausgelösten – Verbot nach § 15 Abs. 3 seine Angebotsunterlagen im Internet oder einem überregionalen Börsenpflichtblatt (§ 14 Abs. 3), muss für die Anwendung des § 60 Abs. 1 Nr. 6 der Begriff der Veröffentlichung geklärt werden. Versteht man unter Veröffentlichung, dass ein größerer, nach Zahl und Individualität unbestimmter oder durch nähere Beziehung nicht verbundener Personenkreis bestimmte Informationen in bestimmter Form unmittelbar wahrnehmen kann,[83] und berücksichtigt weiter, dass es für die Annahme eines Handlungsortes in Deutschland erforderlich, aber auch genügend ist, dass ein Teilstück eines tatbestandsmäßigen Gesamtverhaltens im räumlichen Geltungsbereich der BRD begangen wird,[84] spricht viel dafür, jedenfalls dann von einem Tatort im Inland auszugehen, wenn die vom ausländischen Bieter im Ausland zusammengestellten Informationen über die Grenze nach Deutschland an den Betreiber des Börsenpflichtblatts bzw. des elektronischen Informationssystems (etwa Reuters oder VWD) geschickt und erst dann einem breiteren Publikum bekannt gemacht werden. Die auf Verursachung der Informationsverbreitung durch das Publikationsorgan zielende Tathandlung des Bieters ragt hier gleichsam in das Bundesgebiet hinein und begründet deshalb einen inländischen Handlungsort.[85] Etwas anderes mag gelten, wenn die zur Veröffentlichung bereitgestellten Informationen auf einem im Ausland platzierten Server abgelegt werden. Handelt der Täter selbst nicht im räumlichen Geltungsbereich des OWiG, ist in geeigneten Fällen zu erwägen, einen inländischen Tätigkeitsort unter Rückgriff auf die Rechtsfigur der mittelbaren Täterschaft festzulegen (Handlungsort ist auch der Tätigkeitsort des Tatmittlers)[86] bzw. in Konstellationen sonstiger Beteiligung i. S. v. § 14 OWiG das Verhalten des (vorgestellten Haupt-)Täters tatortmäßig zuzurechnen.[87]

83 In diesem Sinne wird im Rahmen von §§ 186, 353d StGB der Begriff der Öffentlichkeit definiert, siehe nur *Lenckner*, in: Schönke/Schröder (Fn. 42), § 186 Rn. 19; *Lenckner/Perron*, in: Schönke/Schröder (Fn. 42), § 353d Rn. 46 m. w. N.

84 *Rogall*, in: KK-OWiG (Fn. 66), § 7 Rn. 9.

85 Die Möglichkeit, auch bei abstrakten Gefährdungsdelikten den Handlungsort gem. § 7 Abs. 1 OWiG an ein (über den Vollzug der Tathandlung hinausgehendes) tatbestandsmäßiges Ereignis (= Erfolg) zu knüpfen, scheidet nach hier vertretener Ansicht aus; zur Gegenmeinung vgl. *Hoyer*, in: SK-StGB (Fn. 67), § 9 Rn. 7 m. w. N.

86 BGH, 15. 1. 1991 – 1 StR 617/90, wistra 1991, 135; RG, 2. 3. 1933 – II 834/32, RGSt 67, 130, 138; *Gribbohm*, in: Leipziger Kommentar, Großkommentar zum Strafgesetzbuch, 11. Aufl., 1992 ff., § 9 Rn. 10.

87 *Rogall*, in: KK-OWiG (Fn. 66), § 7 Rn. 15.

6. Übernahmerechtliche Sanktionen in anderen Rechtsordnungen

a) Vorgaben durch das Recht der Europäischen Union

Sanktionsrechtliche Regelungen zu Unternehmensübernahmen durch öffentlichen Aktienkauf oder -tausch finden sich weder im Primär- noch im Sekundärrecht der Europäischen Union. Das überraschende Scheitern der 13. EU-Richtlinie im Europäischen Parlament am 4. 7. 2001[88] hat die Realisierbarkeit dieses – auf die Harmonisierung der kapitalmarktrechtlichen Vorschriften zielenden – Projekts zudem sehr unsicher gemacht. Der deutsche Gesetzgeber hat bei der Schaffung des WpÜG allerdings in Erwartung der vorstehenden Richtlinie die Vorgaben des Gemeinsamen Standpunktes des Rates zur 13. EU-Richtlinie vom 19. 6. 2000 schon berücksichtigt.[89] In Art. 12 der geplanten (Rahmen-)Richtlinie, der die Sanktionen betrifft, wird es den Mitgliedsstaaten freigestellt, wie Verstöße gegen die aufgrund der Richtlinie erlassenen Vorschriften zu ahnden sind. Sie müssen nur so weit gehen, dass sie einen hinreichenden Anlass zur Einhaltung dieser Vorschriften darstellen. **29**

b) Sanktionsmöglichkeiten in anderen europäischen Staaten

Das Übernahmerecht anderer europäischer Länder weist zumeist ein ganz ähnlich ausdifferenziertes Sanktionsinstrumentarium auf wie das WpÜG. Für einige dieser Staaten soll im Folgenden der Sanktionsmechanismus kurz skizziert werden. **30**

aa) Österreich

Das in Österreich seit dem 1. 1. 1999 geltende Übernahmegesetz (öÜbG)[90] greift zur Absicherung des Übernahmeverfahrens vornehmlich auf Verwaltungsstraftatbestände sowie zivil-/verbandsrechtliche Maßnahmen zurück. Da den Verwaltungsstraftatbeständen (§ 35 öÜbG) angesichts der niedrigen Strafsätze – vor der Euroeinführung (öS 50 000 – öS 500 000) – kaum abschreckende Wirkung zugemessen wird,[91] kommt den zivilrechtlichen Reaktionsmöglichkeiten bei der **31**

88 Vgl. dazu *Land*, DB 2001, 1707 f.; *Zschocke*, DB 2002, 79 f.

89 Vgl. *Pötzsch/Möller* (Fn. 9), 14 ff.; siehe auch *Altmeppen*, ZIP 2001, 1073, 1074.

90 BGBl. I, Nr. 127/1998. Das Gesetz sowie die Gesetzesmaterialien sind auf der Homepage des österreichischen Parlaments abrufbar (http://www.parlinkom.gv.at). Einen guten Überblick über das österreichische Übernahmegesetzes geben *Stockenhuber*, JAP 1999/2000, 35 ff., 90 ff.; *Bydlinski/Winner*, ÖBA 1998, 913 ff.

91 Statt vieler: *Roth/Zinser* (Fn. 27), 239; *Gruber* (Fn. 27), 15.

Sanktionierung pflichtwidrigen Verhaltens eine besondere Bedeutung zu.[92] Ganz im Vordergrund steht hier gem. § 34 Abs. 1 öÜbG das ex lege angeordnete Ruhen des Stimmrechts (sog. Ausübungssperre) aus allen Aktien des Bieters, der Beteiligungspapiere unter Verletzung der für öffentliche Übernahmeangebote geltenden Bestimmungen erworben hat oder der kontrollierenden Beteiligung kein Pflichtangebot (bzw. im Falle einer Ausnahme gem. § 25 Abs. 1 öÜbG dem Kontrollerwerb keine Mitteilung) folgen ließ.[93] Bei geringfügigen Verletzungen kann die Übernahmekommission gem. § 34 Abs. 2 öÜbG Dispens erteilen, während ihr bei schweren Verletzungen (i. S. v. § 34 Abs. 5 öÜbG) auch die Möglichkeit eingeräumt ist, das Ruhen der sonstigen Rechte des Bieters aus Aktien (z. B. der Dividendenrechte und der Bezugsausübungs- und -verkaufsrechte) anzuordnen; diese Vermögensrechte verfallen dann zu Gunsten der Gesellschaft (§ 34 Abs. 3 öÜbG). Im letzteren Fall können die Veräußerer von Aktien innerhalb von sechs Monaten ab Bekanntmachung der diesbezüglichen Entscheidung der Übernahmekommission vom Vertrag zurücktreten und bereits durchgeführte Verkäufe rückgängig machen (§ 34 Abs. 4 öÜbG). Anders als das WpÜG enthält das öÜbG keine speziellen Schadensersatzregelungen.[94]

bb) Schweiz

32 In der Schweiz finden sich die Bestimmungen über öffentliche Kaufangebote in den Art. 22 bis 33 sowie 52 und 53 des – als Rahmengesetz ausgestalteten – Bundesgesetzes über die Börsen und den Effektenhandel (sBEHG).[95] Daneben regeln verschiedene Verordnungen diese Rechtsmaterie.[96] Bei der Sanktionierung übernahmerechtswidri-

92 So die Erwartung von *Kalss* (Fn. 27), 430; *Dorda* (Fn. 27), 849; *Gruber* (Fn. 27), 15; *Zwissler*, AG 1999, 411, 417.

93 *Bydlinski/Winner* (Fn. 90), 923, halten die Ausübungssperre für die voraussichtlich wirksamste Sanktion, weil die Durchsetzbarkeit des Entzugs von Stimmrechten – im Gegensatz zur Eintreibbarkeit von Verwaltungsstrafen – auch bei Bietern mit Sitz im Ausland gesichert ist; vgl. auch die Gesetzesbegründung zu § 34 öÜbG.

94 Weitere Einzelheiten bei *Kalss* (Fn. 27), 430; *Bydlinski/Winner* (Fn. 90), 923 f.; *Nowotny*, RdW 1998, 655, 659.

95 sBEHG vom 24. 3. 1995, SR (= Systematische Sammlung des Bundesrechts) 954.1. Das sBEHG wurde gestaffelt in Kraft gesetzt. Die das öffentliche Kaufangebot betreffenden Vorschriften traten zum 1. 1. 1998 in Kraft, vgl. *Nater*, Die Strafbestimmungen des Bundesgesetzes über die Börsen und den Effektenhandel (Börsengesetz, sBEHG), 2001, S. 5.

96 Angaben dazu bei *Nater* (Fn. 95), S. 6 f.

gen Verhaltens hat sich der Gesetzgeber des sBEHG eher zurückgehalten.

Sanktionen verwaltungsstrafrechtlicher Art enthalten allein die Art. 41 Abs. 1 und Art. 42 sBEHG. Eine Ahndung mit Geldbuße kommt danach nur in Betracht, wenn der Täter vorsätzlich[97] entweder gegen bestimmte Meldepflichten verstoßen hat oder Mitglieder der Zielgesellschaft im Hinblick auf die Anfertigung bzw. Veröffentlichung der vorgeschriebenen Stellungnahme pflichtwidrig gehandelt haben. Während die in Art. 42 sBEHG vorgesehene Bußgeldobergrenze von 200 000 Franken vor dem Hintergrund der von Unternehmensübernahmen häufig betroffenen hohen Vermögenswerte recht niedrig angesetzt ist, kann Vergleichbares für den Bußgeldrahmen des Art. 41 Abs. 2 sBEHG nicht gesagt werden. Danach besteht die Möglichkeit, die Geldbuße bis zum Doppelten des Kauf- oder Verkaufspreises festzusetzen. Sie wird berechnet aufgrund einer Differenz zwischen dem Anteil, über den der Meldepflichtige neu verfügt, und dem letzten von ihm gemeldeten Grenzwert.[98] Je nach Transaktionsvolumen kann hier das Bußgeld im Einzelfall sehr hoch ausfallen.[99] Diese Kritik relativiert sich allerdings schon dadurch erheblich, dass die zulässige Höchstbuße bei der Ahndung einer juristischen Person oder eines sonstigen Verbandes gem. Art. 7 des Verwaltungsstrafrechtsgesetzes[100] 5 000 Franken beträgt. Im Ergebnis werden damit viele – jedenfalls vom deutschen Gesetzgeber als für die Durchführung des öffentlichen Angebotsverfahrens bedeutsam eingestufte – Pflichten nicht durch Bußgeldvorschriften abgesichert. Stattdessen setzt man auf die größere Präventivwirkung verwaltungsrechtlicher Sanktionen.[101] So hat gem. Art. 35 Abs. 3 sBEHG die Eidgenössische Bankenkommission als Aufsichtsbehörde nach Kenntniserlangung (insbesondere durch die gem. Art. 23 sBEHG einzusetzende Übernahmekommission) von Gesetzesverletzungen und sonstigen Missständen durch Verfügungen und in anderer Weise dafür zu sorgen, dass der ordnungsgemäße Zustand wiederhergestellt und der Missstand beseitigt wird. Werden vollstreckbare Verfügungen der Aufsichtsbehörde **33**

97 Die Begründung für die Beschränkung auf vorsätzliches Verhalten findet sich bei *Nater* (Fn. 95), S. 71 ff.

98 Kritisch zu dieser Formel *Nater* (Fn. 95), S. 140 f.

99 Zahlreiche Stimmen in der schweizerischen Literatur halten diesen Bußgeldrahmen für völlig überzogen, vgl. dazu die Nachweise bei *Nater* (Fn. 95), S. 142.

100 SR 313.0.

101 *Nater* (Fn. 95), S. 165.

nach vorangegangener Mahnung innerhalb der Frist nicht befolgt, kann die Aufsichtsbehörde auf Kosten der säumigen Person oder Gesellschaft gem. Art. 35 Abs. 2 sBEHG die angeordnete Handlung selber vornehmen. Zudem kann die Aufsichtsbehörde vollstreckbare Verfügungen nach vorheriger Androhung im Schweizerischen Handelsamtsblatt veröffentlichen.

34 Im Gegensatz zum Übernahmerecht vieler anderer europäischer Staaten sieht das sBEHG bei der Verletzung von Pflichten im Zusammenhang mit der Veröffentlichung und Abgabe eines **Pflichtangebots** keinen – verbreitet als besonders präventionsmächtig eingestuften – Stimmrechtsverlust ex lege vor.[102] Stattdessen kann der Richter gem. Art. 32 Abs. 7 sBEHG die Ausübung des Stimmrechts desjenigen, der die Angebotspflicht nicht beachtet, durch einstweilige Verfügung suspendieren, wenn die Aufsichtsbehörde, die Zielgesellschaft oder einer ihrer Aktionäre dieses verlangen. Darüber hinaus sind zivilrechtliche Sanktionen etwa in Form von Schadensersatzverpflichtungen u. U. bei der Verletzung von Informationspflichten gem. Art. 29 Abs. 1 sBEHG möglich.[103] Auch kann der Verkäufer gem. Art. 26 sBEHG vom Vertrag zurücktreten oder bereits abgewickelte Verkäufe rückgängig machen, wenn diese auf der Grundlage eines untersagten Angebots abgeschlossen oder getätigt worden sind.

cc) Großbritannien

35 In Großbritannien wird das Verhalten der Beteiligten an einem öffentlichen Angebotsverfahren durch den City Code on Takeovers and Mergers, einem auf Selbstregulierung beruhenden Verhaltenskodex der Beteiligten, geregelt.[104] Obwohl der City Code kein staatlich gesetztes Recht enthält, ist seine Beachtung nicht freiwillig und in das Belieben der Marktteilnehmer gestellt. Die dem Panel on Takeovers and Mergers als Aufsichtsorgan zur Verfügung stehenden Sanktionsmittel, die hier nicht im Einzelnen dargestellt werden können, sind vielmehr recht vielfältig und flexibel.[105] Eingesetzt wird die öffentliche Rüge ebenso wie die Aussetzung von City Code-Regeln zu Gunsten der an-

---

102 In der Literatur wird der gesetzgeberische Verzicht auf das Instrument einer Verwirkung und Suspendierung von Stimmrechten zum Teil kritisiert, siehe zur Diskussion *Nater* (Fn. 95), S. 144 f.

103 In den zivilrechtlichen Sanktionen vgl. *Nater* (Fn. 95), S. 144 ff., 164.

104 Einen Überblick über dieses Regelwerk in der Fassung vom 9. 3. 2001 liefert *Zinser*, RIW 2001, 481 ff.

105 Vgl. dazu eine knappe Skizze bei *Bittner*, RIW 1992, 182, 185 ff.

deren Partei oder die Anweisung an die Banken und Börsenmakler, nicht mehr für eine bestimmte Gesellschaft in einem Takeover tätig zu werden.

II. Strafrecht und öffentliche Angebotsverfahren

1. Keine Pönalisierung der Verstöße gegen Pflichten aus dem WpÜG

Eine Kriminalisierung von Verstößen gegen kapitalmarktrechtliche **36**
Pflichten, wie sie etwa im WpHG (§ 38) oder im BörsG (§§ 88, 89) ihren Niederschlag gefunden hat, ist – so weit ersichtlich – im Hinblick auf die Formulierung von Sanktionsvorschriften des WpÜG nicht diskutiert worden.[106] Dieser Befund ist, wie ausländische Übernahmeregelungen (etwa Italien)[107] zeigen, nicht selbstverständlich. Der Grund dafür, übernahmerechtliches Fehlverhalten der Beteiligten nur als Ordnungswidrigkeit zu behandeln, dürfte darin liegen, dass nach Ansicht aller an der Diskussion über ein sachangemessenes Übernahmerecht beteiligter Kreise kein in § 60 aufgeführter Pflichtverstoß als so gravierend i. S. v. sozialschädlich einzustufen ist, dass er Kriminalstrafe verdient. Weder ein Zuwiderhandeln gegen die von § 60 zahlreich in Bezug genommenen Informations-, Auskunfts- oder Vorlagepflichten noch ein Verstoß gegen die sog. Neutralitätspflicht soll – jedenfalls zurzeit – einen sozial-ethisch fundierten Tadel, wie er durch ein Strafurteil ausgesprochen würde, rechtfertigen. Das Bewusstsein für die Bedeutung eines effektiven und funktionsfähigen Kapitalmarkts müsste sich noch erheblich schärfen, um Angriffen auf dieses recht großflächige und diffuse Rechtsgut mit dem Strafrecht zu begegnen.[108]

---

106 Weder in den Gesetzesmaterialien noch in den Gesetzesvorschlägen (vgl. *Baums*, ZIP 1997, 1310, 1311 ff., sowie den darauf aufbauenden Gesetzesentwurf der SPD-Fraktion vom 2.7.1997 [BT-Drucks. 13/8164 mit Begründung]), die im Vorfeld des Gesetzgebungsverfahrens unterbreitet wurden, finden sich für eine Kriminalisierung Anhaltspunkte; kritisch zum SPD-Entwurf *Hopt*, in: FS für Zöllner, 1997, S. 253, 268 ff. und *Schander*, NZG 1998, 799, 804 f.

107 Vgl. zum italienischen Übernahmerecht *Schmid*, AG 1999, 402, 411: Freiheitsstrafe bis zu einem Jahr, wenn der Bieter seinen Anzeigepflichten nicht nachkommt.

108 Auf die über viele Jahre sehr kontrovers geführte Diskussion zur Pönalisierung von Kartellrechtsverstößen, die mittlerweile zur Strafbarkeit der wettbewerbsbeschränkenden Absprachen bei Ausschreibungen gem. § 298 StGB geführt hat, sei hier nur hingewiesen, vgl. dazu *Achenbach*, in: FK-GWB (Fn. 33), Vor § 81 Rn. 13 ff.; *Dannecker/Biermann*, in: Immenga/Mestmäcker (Fn. 23), Vor § 81 Rn. 1 ff.; *Tiedemann* (Fn. 28), S. 25 ff., 95 ff.

2. Flankierender Strafrechtsschutz

37 Die Grenzen erlaubten Verhaltens ergeben sich für die an einem öffentlichen Angebotsverfahren Beteiligten nicht nur aus den Bußgeldtatbeständen des § 60 WpÜG, sondern werden u.a. auch durch Strafvorschriften abgesteckt.

38 Übernahmen sind – so *Hopt* – „ein beliebtes Tummelfeld von Insidern".[109] Besondere Bedeutung kommt zunächst den strafbewehrten Insiderhandelsverboten gem. § 38 WpHG i.V.m. § 14 WpHG zu. Insiderrechtlich unbedenklich ist es noch, wenn der Bieter und die für ihn in offener oder verdeckter Stellvertretung tätigen Finanzmittler zeitlich vor dem Übernahmeangebot Aktien der Zielgesellschaft erwerben. Hier handelt es sich nur um die Durchführung eines zuvor gefassten Plans zum Aufkauf von Wertpapieren und nicht um die Ausnutzung von Insiderinformationen.[110] Schwierig in der Beurteilung und mit erheblichem Strafbarkeitsrisiko behaftet ist dagegen der Fall des sog. **warehousing**. Dieses ist dadurch gekennzeichnet, dass der spätere Bieter einen Kreis von seinem Vorhaben voraussichtlich wohlgesonnener Dritter über die Übernahmeangebotspläne informiert und sie gleichzeitig, mehr oder weniger eindeutig, ermuntert, ihrerseits Wertpapiere der Zielgesellschaft zu erwerben. Folgen die Angesprochenen dieser Aufforderung, um daraus eigene Vorteile zu ziehen, die nicht bloß in der Vergütung eines fremdnützigen Handelns für den Bieter liegen, ist darin die Ausnutzung einer Insiderinformation zu sehen.[111] Weitere Einzelheiten zum warehousing und zu möglichen Verstößen gegen das Insiderhandelsverbot durch Organmitglieder der Bieter- und Zielgesellschaft sind der Spezialliteratur zu entnehmen.[112]

39 Der Absicherung des Informationsflusses zwischen Verfahrensbeteiligten und BAWe dient § 203 Abs. 2 StGB. Diese Strafnorm schützt die in § 9 Abs. 1 genannten Unternehmen und Personen gegen das unbe-

---

109 *Hopt* (Fn. 4), 412; ebenso *Hausmaninger/Herbst*, ÖBA 1997, 911, 917.

110 Vgl. *Assmann/Cramer*, in: Assmann/Schneider (Fn. 21), § 14 Rn. 81–83; *Assmann*, WM 1996, 1337, 1354 f.; *Cahn*, ZHR 162 (1998), 1, 18 ff.; *Hopt*, in: FS für Heinsius, 1991, S. 289, 296 ff.; *Weisgerber*, ZHR 161 (1997), 421, 429 f.; kritisch allerdings *Grunewald*, WM 1991, 1361, 1364 f.

111 *Assmann* (Fn. 110); *Assmann/Cramer*, in: Assmann/Schneider (Fn. 21), § 14 Rn. 84.

112 Einen guten Einstieg gibt *Assmann/Cramer*, in: Assmann/Schneider (Fn. 21), § 14 Rn. 84 ff.; die Bedeutung der Insider-Handelsverbote für die Gestaltung des Übernahmeverfahrens betonen *Riehmer/Schröder*, BB 2001, Beilage zu Heft 5, 1*, 3*; aus der monographischen Literatur siehe nur *Tippach*, Das Insider-Handelsverbot und die besonderen Rechtspflichten der Banken, 1995, S. 196 ff.

fugte Offenbaren von Tatsachen, die nach dieser Vorschrift der Verschwiegenheitspflicht der Beschäftigten des BAWe und der nach § 7 Abs. 2 beauftragten Personen unterliegen.[113] Der Straftatbestand der Verletzung der Geheimhaltungspflicht (§ 404 AktG) ist zu beachten, wenn der Vorstand der Zielgesellschaft nach einem befreundeten Unternehmen (sog. white knight) sucht, das noch vor der öffentlichen Bekanntgabe des Übernahmeangebots aufgefordert wird, im eigenen Namen und für eigene Rechnung Aktien des Zielunternehmens zu erwerben, um die Zahl übernahmefähiger Papiere zu reduzieren.[114]

Bei der Beschreibung des Handlungsrahmens der Übernahmebeteiligten sind weiterhin die Straftatbestände der Untreue (§ 266 StGB), des Betruges (§ 263 StGB) und der Bestechlichkeit und Bestechung im geschäftlichen Verkehr (§ 299 StGB) in den Blick zu nehmen.[115] Besonders sorgfältiger Prüfung bedarf bei der Untreue die – unter dem Gesichtspunkt der Tatbestandsbestimmtheit (Art. 103 Abs. 2 GG) bedenklich unscharf formulierte – Vermögensbetreuungspflichtverletzung. Gewähren etwa die einschlägigen pflichtenbeschreibenden Regelungen (z.B. § 33 Abs. 1, Abs. 2 WpÜG, § 93 Abs. 1 AktG hinsichtlich der Abwehr einer Übernahme durch den Vorstand der Zielgesellschaft) einen Ermessensspielraum, wird ganz herrschend nur dann ein untreuerelevanter Pflichtverstoß angenommen, wenn die Handlungsweisen und Zielsetzungen der betroffenen Person eindeutig unvertretbar sind.[116] Daran wird es häufig fehlen. Der Betrugstatbestand schützt vor täuschungsbedingten Vermögensschäden, die vom Täter herbeigeführt werden, um sich oder einen Dritten stoffgleich zu bereichern. Diskutiert wurde unter dem Gesichtspunkt des Betruges etwa der Fall eines Bieters, der zur Erhöhung der Erfolgsaussichten seines Übernahmeangebots zu hohe „Wasserstandsmeldungen" i.S.v. § 23 Abs. 1 veröffentlicht und dadurch Aktionäre der Zielgesellschaft zum **40**

113 Einzelheiten bei *Lenckner*, in: Schönke/Schröder (Fn. 42), § 203 Rn. 43 ff.

114 Vgl. *Thümmel*, DB 2000, 461, 464; allgemein zu sanktionsbewehrten aktienrechtlichen Geheimhaltungspflichten *Ziemons*, AG 1999, 493 ff.; zur Zulässigkeit der Weitergabe von Unternehmensinterna durch den Vorstand bei einer freundlichen Transaktion etwa *Schroeder*, DB 1997, 2161 ff.; *Oechsler*, NZG 2001, 817, 819 f.

115 Im Zusammenhang mit der Übernahme der Mannesmann AG durch Vodafone AirTouch plc wurde im Hinblick auf das Verhalten des Vorstandsvorstandes der Mannesmann AG, Herrn Klaus Esser, verschiedentlich der Vorwurf der Untreue und der Bestechlichkeit erhoben; vgl. dazu die Zeitungsberichte von *J.H. Bauer*, FAZ v. 18.2.2000, 22; *Peltzer*, Börsen-Zeitung v. 22.2.2000, 10; zur Strafanzeige wegen Untreue siehe FAZ v. 7.3.2000, 21, und *Binz/Sorg*, BB 2002 (Heft 3), I.

116 Vgl. nur *Tiedemann*, in: FS für Tröndle, 1989, S. 319, 328.

Verkauf ihrer Aktien bewegt.[117] Die Möglichkeit der Bestrafung wegen Betruges wird hier maßgeblich davon abhängen, ob ein – auf die Täuschung zurückzuführender – Vermögensschaden vorliegt und dem Täter die Bereicherungsabsicht nachzuweisen ist. Eine Strafbarkeit gem. § 299 StGB scheitert im hier interessierenden Kontext regelmäßig daran, dass die Person – etwa ein Vorstandsmitglied der Zielgesellschaft – einen Vorteil nicht dafür „fordert, sich versprechen lässt oder annimmt, dass sie einen anderen bei dem Bezug von Waren oder gewerblichen Leistungen im Wettbewerb in unlauterer Weise bevorzugt".[118]

III. Täterkreis und Sonderdelikt

1. Allgemeines zum Normadressaten

41 Als Täter eines Delikts kommt nur in Betracht, wer durch den Normappell einer Straf- oder Bußgeldvorschrift zum Handeln oder Unterlassen aufgefordert wird. Die Normadressateneigenschaft entscheidet damit ganz wesentlich über den Kreis tauglicher Täter.[119] Das – im StGB zusammengefasste – Kernstrafrecht enthält überwiegend Tatbestände, die den potentiellen Täter nur mit „Wer" kennzeichnen und im Weiteren die Tathandlung sowie – bei Erfolgsdelikten – den Taterfolg beschreiben. Täter eines solchen Delikts kann grundsätzlich **Jedermann** sein. Die möglichen Täter dieser „Jedermanns"- oder auch „Allgemeindelikte" bestimmen sich nach den allgemeinen Regeln des § 25 StGB bzw. § 14 OWiG.

42 Im sog. Nebenstrafrecht (insbesondere Wirtschaftsstrafrecht) sowie im Ordnungswidrigkeitenrecht dominieren dagegen die **Sonderdelikte**, die nur von einem gesetzlich begrenzten Täterkreis begangen werden

117 *Witt*, NZG 2000, 809, 819.

118 Die Vorschrift schützt vorrangig das Allgemeininteresse an „lauteren" Wettbewerbsbedingungen (*Heine*, in: Schönke/Schröder [Fn. 42], § 299 Rn. 2) und nicht – in Anlehnung an die §§ 331 ff. StGB – die „Reinheit der Geschäftsführung". In Reaktion auf den Fall „Esser" fordert *Burgard* (WM 2000, 611, 612 mit Fn. 12) eine tatbestandliche Erweiterung des § 299 StGB.

119 Zum Verhältnis von Normadressat und tauglichem Täter vgl. *Schroth*, Unternehmen als Normadressaten und Sanktionssubjekte, 1993, S. 17 f. Konkret richtet sich die dem Tatbestand zu Grunde liegende *Verhaltensnorm* an den (potentiellen) Täter, während sich die aus Tatbestand und Rechtsfolge zusammengesetzte *Sanktionsnorm* an die Strafverfolgungsbehörden wendet, vgl. dazu nur *Vogel*, Norm und Pflicht bei den unechten Unterlassungsdelikten, 1993, S. 27.

können.[120] Wer die im Tatbestand konkret umschriebenen besonderen Eigenschaften nicht aufweist, scheidet als Täter (und damit auch als Mittäter, mittelbarer Täter oder Nebentäter) aus; eine Strafbarkeit kommt dann nur noch als Teilnehmer (Anstifter oder Gehilfe) in Frage.

Sonderdelikte können in zwei Formen auftreten.[121] Einmal verwendet das Gesetz zur Bestimmung des Normadressaten bestimmte soziale Statusmerkmale (etwa Unternehmer, Betriebsinhaber, Arbeitgeber, Fahrzeughalter). Hier handelt es sich um den Kernbereich der sog. **vertypten Sonderdelikte** (oder auch echte Sonderdelikte oder Sonderdelikte im engeren Sinne[122]). Darüber hinaus sind **Sonderdelikte kraft Sachzusammenhangs** (Sonderdelikte im weiteren Sinne) anerkannt, bei denen sich die Beschränkung des Kreises der Handlungs- oder Unterlassungspflichtigen erst aus dem Gesamtzusammenhang der Norm ergibt. Die Bestimmung des Deliktscharakters (Allgemein- oder Sonderdelikt) ist hier eine Frage der **Auslegung** der Regelung nach Sinn und Zweck und bereitet häufig Schwierigkeiten. **43**

Entschärft wird dieses Abgrenzungsproblem im Ordnungswidrigkeitenrecht allerdings durch den Einheitstäterbegriff (§ 14 OWiG), der eine Ahndung schon dann ermöglicht, wenn nur bei einem der Beteiligten die das Sonderdelikt kennzeichnenden Merkmale vorliegen.[123] **44**

Eine weitere Ausweitung erfährt der Kreis tauglicher Normadressaten in Vertretungsverhältnissen gem. § 14 StGB, § 9 OWiG, in denen die für die Täterschaft vorausgesetzten besonderen persönlichen Merkmale zwar nicht beim handelnden Vertreter, wohl aber in der Person des Vertretenen vorliegen. Besondere Zurechnungsregeln sorgen hier dafür, dass die Zielsetzung der Sonderdelikte nicht ohne Weiteres konterkariert wird.[124] Die durch Qualifikationszurechnung erfolgende Haftung des Vertreters eines von ihm repräsentierten Unternehmens ist im Wirtschaftsstrafrecht i. w. S. von besonderer Bedeutung. Einzelheiten dazu werden später behandelt. **45**

---

120 Vgl. *Rengier*, in: KK-OWiG (Fn. 66), Vor § 8 Rn. 18, mit diversen Beispielen.

121 Vgl. zum Folgenden *Rogall*, in: KK-OWiG (Fn. 66), § 9 Rn. 35 ff. m. w. N.; grundlegend *Bruns*, GA 1982, 1, 3 ff.

122 Die Terminologie ist uneinheitlich.

123 *Rogall*, in: KK-OWiG (Fn. 66), § 9 Rn. 38; *Dannecker/Biermann*, in: Immenga/Mestmäcker (Fn. 23), Vor § 81 Rn. 44; *Tiedemann*, NJW 1979, 1849, 1850; *Mitsch* (Fn. 19), I § 3 Rn. 22.

124 *Müller-Gugenberger*, in: Müller-Gugenberger/Bieneck, Wirtschaftsstrafrecht, 3. Aufl., 2000, § 22 Rn. 13; *Göhler* (Fn. 31), § 9 Rn. 2.

46 Die praktische Bedeutung der Differenzierung zwischen Allgemein- und Sonderdelikten liegt im Ordnungswidrigkeitenrecht also vornehmlich darin, dass Alleintäter, die weder zu den Vertretern i. S. v. § 9 OWiG zu rechnen sind, noch selbst die Sonderdeliktsmerkmale aufweisen, nicht verfolgt werden können. Gleiches gilt bei Beteiligungsverhältnissen i. S. v. § 14 OWiG dann, wenn keiner der Beteiligten die besonderen Merkmale aufweist.

47 Bei der Suche nach den geeigneten Normadressaten ist allerdings nicht nur die Differenzierung zwischen Allgemein- und Sonderdelikt zu beachten. Weiterhin ist die Frage zu beantworten, welche Eigenschaften die Person, an die sich der Normbefehl richtet, aufweisen muss. In den Normadressatenkreis der Allgemeindelikte fallen sicher **natürliche Personen**, bei den Sonderdelikten jedoch nur dann, wenn sie die besonderen Anforderungen an die Täterqualität erfüllen (etwa den Status des Unternehmensinhabers). Ob daneben auch überindividuelle Einheiten wie **juristische Personen** oder **Personen(handels)gesellschaften** als Empfänger von Normbefehlen in Betracht kommen, ist umstritten.[125] Jedenfalls für das Ordnungswidrigkeitenrecht setzt sich nach der Neufassung des § 30 OWiG (Geldbuße gegen juristische Personen und Personenvereinigungen) durch das 2. WiKG im Jahre 1986 zunehmend die Auffassung durch, dass Normbefehle sich nicht nur an natürliche Personen, sondern auch an juristische Personen sowie Personenvereinigungen richten können, diesen also ebenfalls die Tätereignung zukommt.[126]

---

125 Vgl. zum Meinungsstreit im Überblick *Müller-Gugenberger*, in: Müller-Gugenberger/Bieneck (Fn. 124), § 23 Rn. 28 ff.

126 So *Dannecker/Biermann*, in: Immenga/Mestmäcker (Fn. 23), Vor § 81 Rn. 39 ff., 72; *Tiedemann*, NJW 1988, 1169, 1171 f.; *Achenbach*, in: FK-GWB (Fn. 33), Vor § 81 Rn. 49; *Rogall*, in: KK-OWiG (Fn. 66), § 30 Rn. 10; *Lemke*, in: Heidelberger Kommentar zum Ordnungswidrigkeitengesetz, 1999, § 30 Rn. 10; *K. Schmidt* (Fn. 34), 132 f., 137; vgl. auch die amtliche Begründung zum 2. WiKG (BT-Drucks. 10/318, S. 40) sowie *Müller-Gugenberger*, in: Müller-Gugenberger/Bieneck (Fn. 124), § 57 Rn. 23; zweifelnd *Schroth*, wistra 1986, 158 (163); zur Gegenansicht siehe *Mitsch* (Fn. 19), II § 3 Rn. 19. Die klassische Strafrechtslehre lehnt mangels Handlungs- und Schuldfähigkeit von überindividuellen Einheiten wie Personenverbänden und Unternehmen eine Unternehmenstäterschaft ab, siehe hierzu nur *Roxin* (Fn. 42), § 8 Rn. 55 f.; *Jescheck/Weigend*, Lehrbuch des Strafrechts, Allgemeiner Teil, 5. Aufl., 1996, S. 225, 227 ff.

2. Der taugliche Täterkreis nach WpÜG

Der Wortlaut des § 60 Abs. 1, Abs. 2 („Wer“) deutet zunächst darauf hin, dass sämtliche Ordnungswidrigkeitentatbestände des Übernahmerechts als **Jedermanns-Delikte** ausgestaltet sind. Andererseits ist anerkannt, dass der Täterkreis bei (Teil-)Blankettvorschriften – wie sie § 60 durchweg enthält – nicht sinnvoll festgelegt werden kann, ohne den Adressaten der **außerbußgeldrechtlichen Ausfüllungsnorm** in den Blick zu nehmen. Schränkt diese Ausfüllungsnorm den Kreis der Handlungs- oder Unterlassungspflichtigen ein, soll diese Beschränkung auf die Sanktionsnorm des Ordnungswidrigkeitentatbestandes durchschlagen, wenn nicht besondere Umstände entgegenstehen.[127] Die Bestimmung des Deliktscharakters (Allgemein- oder Sonderdelikt) hängt damit ganz maßgeblich von der **Auslegung des jeweiligen Tatbestandes** ab. **48**

Der Adressatenkreis der Vorschriften, auf die § 60 zur Blankettausfüllung verweist, ist nun sehr groß und unübersichtlich. Die Mehrzahl der Normen richtet sich an den **Bieter**, dem etwa unterschiedliche Veröffentlichungs-, Mitteilungs-, Unterrichtungs- oder Übermittlungspflichten auferlegt werden. Das WpÜG bestimmt den Begriff des Bieters aus Gründen der gesetzestechnischen Vereinfachung vorab in § 2 Abs. 4. Diese Vorschrift enthält eine (Grund-)Definition, die durch § 2 Abs. 5, Abs. 6 ergänzt wird. Nach § 2 Abs. 4 sind Bieter „natürliche oder juristische Personen oder Personengesellschaften, die allein oder gemeinsam mit anderen Personen ein Angebot abgeben, ein solches beabsichtigen oder zur Abgabe verpflichtet sind“. In § 2 Abs. 5 findet sich dann die Legaldefinition der gemeinsam handelnden Personen, die wiederum auf den in § 2 Abs. 6 näher beschriebenen Begriff des Tochterunternehmens zurückgreift. **49**

Der Gesetzgeber hat die Merkmale des Bieterbegriffs in § 2 Abs. 4 – mit den Ergänzungen in § 2 Abs. 5, Abs. 6 – ersichtlich in dem Bestreben festgelegt, damit das Verhalten sämtlicher Personen zu erfassen, die ein öffentliches Angebot in den verschiedenen Verfahrensstadien abgeben oder dieses zumindest beabsichtigen. Mit dieser weiten, generalklauselartigen Bieterdefinition soll insbesondere sichergestellt werden, dass die nach dem WpÜG zu erfüllenden Verpflichtungen **50**

---

127 *Dannecker/Biermann*, in: Immenga/Mestmäcker (Fn. 23), Vor § 81 Rn. 41; so schon in der Vorauflage *Tiedemann*, in: Immenga/Mestmäcker (Fn. 23), Vor § 38 a.F. Rn. 30; vgl. auch *Müller-Gugenberger*, in: Müller-Gugenberger/Bieneck (Fn. 124), § 57 Rn. 23; *Achenbach*, in: FK-GWB (Fn. 33), Vor § 81 Rn. 51.

einem möglichst großen Normadressatenkreis auferlegt werden.[128] Es wäre allerdings vorschnell, nunmehr die blankettausfüllenden außerbußgeldrechtlichen Vorschriften, die den Normadressaten mit „Bieter" beschreiben, durchweg oder auch nur in der Mehrzahl als **Jedermanns-Delikte** einzustufen. Denn es gilt die Regel, dass ein Allgemeindelikt immer, aber auch nur dann vorliegt, wenn sich durch Auslegung der Gesamtnorm ergibt, dass der Täterkreis nicht durch bestimmte Statusbezeichnungen oder besondere, auf persönlichen Gründen beruhende Pflichtenstellungen eingeschränkt ist.

51 Mustert man vor diesem Hintergrund die einschlägigen Ordnungswidrigkeitentatbestände durch, ist festzustellen, dass die von § 60 in Bezug genommenen Ausfüllungsnormen, die sich an den Bieter richten, sowohl in Form des Allgemein- als auch des Sonderdelikts auftreten. Die besondere Pflichtenlage des Normadressaten, die sich in § 2 Abs. 4 schon andeutet („… ein Angebot abgeben, ein solches beabsichtigen oder zur Abgabe verpflichtet sind") und dann in einzelnen Ordnungswidrigkeitentatbeständen konkretisiert wird, führt dazu, dass die an den Bieter adressierten Vorschriften im Ergebnis weitgehend als Sonderdelikte einzustufen sind. Gleichsam in Form eines **umgekehrten Trichters** nehmen die Pflichten für Personen, die ein öffentliches Angebotsverfahren betreiben, zu. Ist der Bieter nach einem u. U. komplexen Entscheidungsfindungsprozess zunächst nur angehalten, seine Entscheidung gem. § 10 Abs. 1 Satz 1 unverzüglich in einer bestimmten Form zu veröffentlichen, treffen denjenigen, der die Trichteröffnung durchschritten hat, eine Vielzahl von in § 10 Abs. 5, Abs. 6, §§ 11 ff. näher umschriebenen Pflichten.[129]

52 So richtet sich die gem. § 60 Abs. 1 Nr. 1a i.V.m. § 10 Abs. 1 Satz 1 bußgeldbewehrte Pflicht, die Entscheidung zur Abgabe des Angebots unverzüglich in bestimmten Medien zu veröffentlichen, noch an **Jedermann**, also gleichermaßen an natürliche wie juristische Personen oder Personengesellschaften, die fest planen, ein Angebot i. S. v. § 2 Abs. 1 abzugeben. Für die Einstufung dieses Ordnungswidrigkeitentatbestandes als Allgemeindelikt spricht auch das Interesse des Gesetzgebers, zur Verhinderung von Insidergeschäften das Veröffentlichungsgebot möglichst früh aufzustellen und umfassend durchzusetzen. Einer anderen Beurteilung unterliegen dagegen die in § 60 Abs. 1 Nr. 1a sowie

---

128 Vgl. auch die Regierungsbegründung, BT-Drucks. 14/7034, S. 33 f. Bei den Bietern wird es sich in der Praxis regelmäßig um juristische Personen handeln.

129 Vgl. § 10 Rn. 2: Veröffentlichung der Entscheidung gemäß § 10 hat „verfahrenseröffnende Funktion".

§ 60 Abs. 1 Nr. 2a, jeweils i.V.m. § 35 Abs. 2 Satz 1, unter Bußgeldandrohung gestellten Pflichten, innerhalb von vier Wochen nach der Veröffentlichung der Erlangung der Kontrolle über eine Zielgesellschaft dem BAWe eine Angebotsunterlage zu übermitteln und nach § 14 Abs. 2 Satz 1 ein Angebot zu veröffentlichen. Diese Pflichten treffen nicht Jedermann, sondern nur denjenigen, der mindestens 30% der Stimmrechte an der Zielgesellschaft hält (§ 29 Abs. 2). Die Inhaberschaft eines qualifizierenden Kontrollbesitzes an Aktien führt hier zu Sonderpflichten der Person, die wiederum das Delikt als Sonderdelikt kennzeichnen. Hinsichtlich der Einordnung weiterer Ordnungswidrigkeitentatbestände, die den Bieter als Normadressaten nennen, ist auf die Kommentierung der einzelnen Vorschriften des § 60 zu verweisen.

Der Normadressatenkreis der Bußgeldvorschriften umfasst weiterhin **53** die – in § 2 Abs. 3 legaldefinierte – Zielgesellschaft (§ 60 Abs. 2 Nr. 2 i.V.m. § 40 Abs. 2, Abs. 3), deren Vorstand (§ 60 Abs. 1 Nr. 2b i.V.m. § 10 Abs. 5 Satz 2 oder § 14 Abs. 4 Satz 2, § 60 Abs. 1 Nr. 8) oder Aufsichtsrat (§ 61 Abs. 1 Nr. 1b, 2c, 5), die Aktionäre und ehemaligen Aktionäre der Zielgesellschaft (§ 60 Abs. 2 Nr. 2 i.V.m. § 40 Abs. 3) sowie Wertpapierdienstleistungsunternehmen und sonstige Personen und Unternehmen (§ 60 Abs. 2 Nr. 2 i.V.m. § 40 Abs. 3). Da hier ausschließlich bestimmten natürlichen oder juristischen Personen bußgeldbewehrte Pflichten auferlegt werden, sind diese Tatbestände allesamt als **Sonderdelikte** einzuordnen. Gleiches gilt für die Ordnungswidrigkeitentatbestände, in denen das Zuwiderhandeln gegen das in einer Anordnung des BAWe aufgestellte Verbot oder Gebot sanktioniert wird (z.B. § 60 Abs. 2 Nr. 1). Hier kann Täter nur derjenige sein, an den sich die Anordnung richtet.[130]

IV. Anwendung des Ordnungswidrigkeitengesetzes – einige Grundsätze im Überblick

Gemäß § 2 OWiG gilt das Ordnungwidrigkeitengesetz für Ordnungs- **54** widrigkeiten nach Bundesrecht und Landesrecht gleichermaßen. Es ist damit auch auf die in § 60 enthaltenen Ordnungswidrigkeitentatbestände des WpÜG als Bundesgesetz anzuwenden. Im Folgenden sollen einige für die Anwendung des OWiG wichtige Grundbegriffe der Allgemeinen Vorschriften des Ersten Teils (§§ 1–34 OWiG), der thematisch und strukturell dem Allgemeinen Teil des StGB (§§ 1–79b

130 Vgl. nur *Achenbach*, in: FK-GWB (Fn. 33), § 81 Rn. 215.

StGB) nachgebildet ist,[131] skizziert werden. Weitere Details sind den Kommentaren zum OWiG zu entnehmen.

1. Bestimmtheitsgrundsatz und Analogieverbot als Ausprägungen des Gesetzlichkeitsprinzips (Art. 103 Abs. 2 GG, § 3 OWiG)

55 Ausweislich des § 3 OWiG ist auch im Ordnungswidrigkeitenrecht der – verfassungsrechtlich verankerte (Art. 103 Abs. 2 GG) – Grundsatz der Gesetzlichkeit zu beachten. Danach kann eine Handlung als Ordnungswidrigkeit nur geahndet werden, wenn die Möglichkeit der Ahndnung gesetzlich bestimmt war, bevor die Handlung begangen wurde. Obwohl § 3 OWiG nahezu wortgleich dem § 1 StGB entspricht, stellt sich die h. M. auf den Standpunkt, dass die aus dem Gesetzlichkeitsgrundsatz abzuleitenden Prinzipien[132] angesichts der nur strafrechtsähnlichen Rechtsfolge weniger streng gehandhabt werden müssen als im Strafrecht.[133]

56 Das aus Art. 103 Abs. 2 GG folgende **Bestimmtheitsgebot** fordert den Gesetzgeber auf, Gesetze so zu gestalten, dass der Bürger sich anhand der Rechtsnormen darüber orientieren kann, was unter Androhung von Bußgeld verboten ist und welche Sanktion bei einer Normübertretung gegen ihn verhängt werden kann.[134] Das BVerfG ist bei der Überprüfung von Gesetzen unter diesem Gesichtspunkt allerdings äußerst großzügig und lässt Strafgesetze selbst dann unbeanstandet, wenn die darin verwendeten Begriffe besonders auslegungsbedürftig sind.[135]

Zwar lässt sich bei den Ordnungswidrigkeitentatbeständen des § 60 – wie ausgeführt – eine sinnvolle Verhaltensnorm nur bilden, wenn die

---

131 *Mitsch* (Fn. 19), I § 2 Rn. 8.

132 § 3 OWiG enthält vier Prinzipien: Verbot gewohnheitsrechtlicher Ahndung, Bestimmtheitsgebot, Rückwirkungsverbot, Analogieverbot, vgl. im Überblick *Roxin* (Fn. 42), § 5 Rn. 7 ff.

133 BVerfG, 25.7.1962 – 2 BvL 4/62, BVerfGE 14, 245, 251; BVerfG, 14.5.1969 – 2 BvR 238/68, BVerfGE 26, 41, 42; *Tiedemann* (Fn. 56), S. 197 ff.; *Rogall*, in: KK-OWiG (Fn. 66), § 3 Rn. 1 ff.; *Göhler* (Fn. 31), § 3 Rn. 1; *Dannecker/Biermann*, in: Immenga/Mestmäcker (Fn. 23), Vor § 81 Rn. 28 m. w. N.; a. A. *Weber*, ZStW 92 (1980), 313, 318, 344 f.; *Achenbach*, in: FK-GWB (Fn. 33), Vor § 81 Rn. 30; *Mitsch* (Fn. 19), II § 1 Rn. 6.

134 Vgl. BVerfG, 4.2.1975 – 2 BvL 5/74, BVerfGE 38, 348, 371 f.; BVerfG, 11.2.1976 – 2 BvL 2/73, BVerfGE 41, 314, 319; BVerfG, 22.10.1980 – 2 BvR 1172, 1238/79, BVerfGE 55, 144, 152; BGH, 22.8.1996 – 4 StR 217/96, BGHSt 42, 79, 83 m. w. N.; instruktiv zum Bestimmtheitsgebot *Rogall*, in: KK-OWiG (Fn. 66), § 3 Rn. 26 ff.

135 So *Achenbach*, in: FK-GWB (Fn. 33), Vor § 81 Rn. 43.

Sanktionsnorm und die in Bezug genommene Ausfüllungsnorm zusammengelesen werden. Dennoch ist hier wie auch bei vergleichbaren Rechtsmaterien (etwa § 39 WpHG oder § 81 GWB) von einer ausreichenden Bestimmtheit der in Rede stehenden Teilblankettgesetze auszugehen.

Lassen sich normative Tatbestandsmerkmale in unterschiedlicher Weise interpretieren und wird dadurch der Verhaltensbefehl unsicher, sollte dem Bestimmtheitsgebot dadurch Rechnung getragen werden, dass möglichst der – ernsthaft vertretenen – **engen Auslegung** der Vorzug gegeben wird.[136] Auf diese Weise lässt sich auch die Gefahr einer sog. **Normspaltung**[137] begegnen. Diese droht, wenn die Ausfüllungsnorm im zivil- oder verwaltungsrechtlichen Kontext im Sinne einer wirtschaftlichen Betrachtungsweise weiter ausgelegt wird als im Zusammenhang mit der Verhängung einer Geldbuße. Ein Teil der Rechtsprechung und die überwiegende Literatur plädieren hier im Interesse der Rechtsklarheit und damit der Rechtssicherheit für eine **einheitliche** und daher **„enge"** Rechtsanwendung.[138] **57**

Nach dem ebenfalls aus dem Gesetzlichkeitsprinzip abzuleitenden **Analogieverbot** ist es jedenfalls in Bezug auf den Besonderen Teil eines Gesetzes[139] (§ 60) unzulässig, zu Lasten des Betroffenen eine Bußgeldnorm auf einen vom Gesetz nicht geregelten, ihm aber ähnelnden Fall auszudehnen. Das Analogieverbot wird ganz herrschend in der Weise interpretiert, dass eine Auslegung nur innerhalb des möglichen Wortsinnes der einschlägigen Rechtsnorm statthaft ist.[140] Diese Grenze gilt sowohl für die einfache als auch für die verfassungs- und gemeinschaftsrechtskonforme Auslegung.[141] **58**

---

136 Dazu *Dannecker/Biermann*, in: Immenga/Mestmäcker (Fn. 23), Vor § 81 Rn. 35; *Achenbach*, in: FK-GWB (Fn. 33), Vor § 81 Rn. 44 m. w. N.

137 Begriffsschöpfung von *Tiedemann* (Fn. 123), 1851.

138 BGH, 24.2.1978 – I ZR 79/76, NJW 1978, 1856f. m.w.N.; *Dannecker/Biermann*, in: Immenga/Mestmäcker (Fn. 23), Vor § 81 Rn. 35 m. w. N. auch zur Gegenansicht; die Vorzüge einer unterschiedlichen Norminterpretation betont dagegen *Cahn* (Fn. 110), 9ff.

139 Vorzugswürdig erscheint allerdings die weit verbreitete Ansicht, nach der das Analogieverbot nicht nur für die besonderen Tatbestände, sondern auch für den Allgemeinen Teil des StGB und OWiG gilt, vgl. nur *Rogall*, in: KK-OWiG (Fn. 66), § 3 Rn. 62 m. w. N.

140 Statt vieler: BVerfG, 10.1.1995 – 1 BvR 718, 719, 722, 723/89, BVerfGE 92, 1, 12; *Rogall*, in: KK-OWiG (Fn. 66), § 3 Rn. 52ff.; *ebenda* auch zu den Kritikern dieser Grenzziehung.

141 *Rogall*, in: KK-OWiG (Fn. 66), § 3 Rn. 82f.

2. Unterlassen

59 Bei zahlreichen Ordnungswidrigkeitentatbeständen des § 60 wird das **Unterlassen** einer bestimmten Handlung[142] und damit der Verstoß gegen ein **Gebot** sanktioniert.[143] Durchweg handelt es sich bei den angesprochenen Tatbeständen um **echte („schlichte") Unterlassungsordnungswidrigkeiten** in Form von abstrakten Gefährdungsdelikten. Das Gesetz setzt hier für die Ahndbarkeit des Täters nur voraus, dass dieser eine gebotene Handlung nicht ausgeführt hat, nicht aber, dass er es unterlassen hat, einen konkreten Unrechtsverletzungs- oder Gefährdungserfolg abzuwenden. Davon getrennt zu beantworten ist die Frage, ob § 8 OWiG, der das „Begehen durch Unterlassen" und damit nach eingebürgerter Terminologie das sog. **unechte Unterlassungsdelikt**[144] regelt, auf die in § 60 ebenfalls zahlreich vorhandenen „schlichten" Tätigkeitsdelikte Anwendung findet. Die klassische Ansicht lehnt das ab, da es in diesen Fällen an einem vom Garanten abzuwendenden tatbestandsmäßigen Außenwelt-Erfolg, der sich von der Handlung trennen lasse, fehle.[145] Die Gegenansicht legt vornehmlich aus kriminalpolitischen Gründen den im Rahmen des § 8 OWiG verwendeten Erfolgsbegriff weit aus.[146] Danach wird als Erfolg auch eine Wirkung oder Folge erfasst, die von dem tatbestandlichen Ereignis ausgeht, das der Garant abzuwenden unterlässt. Damit hängt es von der Auslegung der einzelnen Bußgeldtatbestände des § 60 ab, ob ein Erfolgsmerkmal in diesem Sinne vorhanden ist. Ist das zu bejahen, folgt daraus, dass auch Tätigkeitsdelikte durch Unterlassen begangen werden können.[147] In einem solchen Fall muss der Täter als

---

142 Zur Abgrenzung des Unterlassens vom Tun *Rengier*, in: KK-OWiG (Fn. 66), § 8 Rn. 4 f.

143 Vgl. die bußgeldbewehrten Pflichten gem. § 60 Abs. 1 Nr. 1, 2, 4, 5, Abs. 2 Nr. 2.

144 Statt vieler: *Stree*, in: Schönke/Schröder (Fn. 42), Vor § 13 Rn. 134 ff.; *ebenda* auch zur umstrittenen Abgrenzung der echten von den unechten Unterlassungsdelikten.

145 Vgl. OLG Köln, 13.5.1982 – 1 Ss 145/82 Z, VRS 63 (1982), 394; BGH, 1.4.1958 – 1 StR 24/58, BGHSt 11, 353, 356; *Göhler* (Fn. 31), § 8 Rn. 1; *Rebmann/Roth/Herrmann* (Fn. 68), § 8 Rn. 2; *Jescheck*, in: LK (Fn. 86), § 13 Rn. 2 m. zahlreichen w. N.

146 *Rengier*, in: KK-OWiG (Fn. 66), § 8 Rn. 10 ff. m. w. N.

147 BayObLG, 18.8.1978 – 1 St 147/77, JR 1979, 289, 290 f.; *Göhler* (Fn. 31), § 81 Rn. 1. *Achenbach* (in: FK-GWB [Fn. 33], § 81 Rn. 173) sieht im Bereich der Kartellordnungswidrigkeiten allein im *Zugang* unrichtiger Angaben bei der Kartellbehörde ein Erfolgsmerkmal im oben genannten Sinne, sodass § 81 Abs. 1 Nr. 2 GWB, der als Begehungsdelikt ausgestaltet ist, unter Rückgriff auf § 8 OWiG auch durch Unterlassen begangen werden könne. Selbst wenn diese Annahme richtig

Garant[148] ein gebotenes Verhalten unterlassen haben, das mit an Sicherheit grenzender Wahrscheinlichkeit den Erfolg abgewendet hätte.[149] Die darüber hinaus in § 8 OWiG enthaltene Entsprechensklausel („wenn das Unterlassen der Verwirklichung des gesetzlichen Tatbestandes durch ein Tun entspricht") findet nach allgemeiner Ansicht im Bereich des Ordnungswidrigkeitenrechts kaum Anwendungsfälle.[150]

Jede Unterlassungsordnungswidrigkeit setzt voraus, dass dem Täter die gebotene Handlung physisch real möglich und zumutbar ist.[151] Kann die erforderliche Handlung im Zeitpunkt der Pflichtenentstehung aus objektiven oder in der Person des Täters wurzelnden Gründen nicht durchgeführt werden, ist zur Unrechtsbegründung an eine Verlagerung des Pflichtenverstoßes ins Vorfeld des eigentlichen Tatverhaltens (sog. „omissio libera in causa") zu denken. **60**

Zu beachten ist weiter, dass als Täter eines Sonderdelikts oder eigenhändigen Delikts nur in Betracht kommt, wer zum Adressatenkreis der Sondernorm gehört bzw. die tatbestandlich gebotene Handlung persönlich – eben eigenhändig – vornehmen muss.[152] Fehlen diese Voraussetzungen bei der in Rede stehenden Person, kann diese nur noch als Beteiligter gem. § 14 OWiG geahndet werden, wenn zumindest ein anderer Mitwirkender die tatbestandsmäßigen Voraussetzungen erfüllt. **61**

3. Vorsatz und Fahrlässigkeit

Nach § 10 OWiG kann wegen einer Ordnungswidrigkeit nur der vorsätzlich handelnde Täter geahndet werden, sofern das Gesetz nicht **62**

---

sein sollte, ist eher zweifelhaft, ob sich vergleichbare Normen im Bereich des § 60 auffinden lassen. Hier etwa die *verbotswidrige Bekanntgabe einer Angebotsunterlage* gem. § 60 Abs. 1 Nr. 3 einzuordnen, verbietet sich wohl, da – anders als bei § 81 Abs. 1 Nr. 2 GWB – die Tatbestandserfüllung keinen Informationszugang bei bestimmten Adressaten voraussetzt. Anders mag das bei § 60 Abs. 1 Nr. 4 sein, wenn man auf den Eingang des zu übersendenden Belegs beim BAWe etc. abstellt.

148 Ausführlich zu den Garantenstellungen *Rengier*, in: KK-OWiG (Fn. 66), § 8 Rn. 21 ff.; siehe auch *Achenbach*, in: FK-GWB (Fn. 33), Vor § 81 Rn. 35 ff.

149 Zu den weiteren Einzelmerkmalen des unechten Unterlassungsdelikts siehe *Stree*, in: Schönke/Schröder (Fn. 42), Vor § 13 Rn. 139 ff. m. w. N.

150 *Rengier*, in: KK-OWiG (Fn. 66), § 8 Rn. 56.

151 *Rengier*, in: KK-OWiG (Fn. 66), § 8 Rn. 55, 57 m. w. N.

152 Zur umstrittenen Frage, in welchem Umfang die Tätigkeitsdelikte des Ordnungswidrigkeitenrechts eigenhändiger Natur sind, siehe *Rengier*, in: KK-OWiG (Fn. 66), § 8 Rn. 22 m. w. N.

fahrlässiges Handeln ausdrücklich mit Geldbuße bedroht. Der Gesetzgeber des § 60 hat von der Ausdehnung der Ahndbarkeit in der Weise Gebrauch gemacht, dass er in Abs. 1 neben die vorsätzliche die leichtfertige und in Abs. 2 die einfach fahrlässige Begehungsweise unter Bußgeldandrohung gestellt hat. Die Rechtfertigung für die Einbeziehung auch nur fahrlässigen Verhaltens in Abs. 2 wird darin gesehen, dass es dem Normadressaten in jedem Fall zuzumuten sei, vollziehbaren Anordnungen der Behörde nachzukommen.[153]

63 Der Vorsatz meint die subjektive Beziehung zwischen dem Täter und den Tatumständen, die wiederum unter die abstrakten gesetzlichen Tatbestandsmerkmale zu subsumieren sind. Weitere subjektive Unrechtselemente (wie etwa die Zueignungs- oder Bereicherungsabsicht in §§ 242, 263 StGB), die ebenfalls dem subjektiven Tatbestand zuzuordnen sind, treten in § 60 nicht auf. Im Einzelnen ist zwischen Intensität und Gegenstand des Vorsatzes zu unterscheiden.

64 Der verbreiteten unpräzisen Kurzformel, nach der Vorsatz „das Wissen und Wollen der Tatbestandsverwirklichung" sei,[154] lässt sich zumindest entnehmen, dass der Vorsatz ein intellektuelles und ein voluntatives Element enthält. Die überwiegende Lehre und Praxis differenziert bei dem in § 10 OWiG angesprochenen Tatbestandsvorsatz zwischen drei Erscheinungsformen:[155]

65 Beim direkten Vorsatz 1. Grades (dolus directus 1. Grades oder auch Absicht) ist das Willenselement besonders stark ausgeprägt. Dem Täter kommt es auf die Tatbestandsverwirklichung oder den zum Tatbestand gehörenden Erfolg als End- oder Zwischenziel an.

66 Direkter Vorsatz 2. Grades (dolus directus 2. Grades oder Wissentlichkeit) liegt bezüglich solcher Tatumstände vor, deren Existenz oder Verursachung der Täter für sicher oder mit einem Ziel notwendig verbunden hält.

67 Über die Definition des Eventualvorsatzes (dolus eventualis oder – missverständlich[156] – auch bedingter Vorsatz) als der schwächsten Vor-

---

153 Regierungsbegründung, BT-Drucks. 14/7034, S. 68.

154 Statt vieler: *Göhler* (Fn. 31), § 10 Rn. 2.

155 Zum Folgenden siehe nur *Rengier*, in: KK-OWiG (Fn. 66), § 10 Rn. 5 ff.; *Cramer/Sternberg-Lieben*, in: Schönke/Schröder (Fn. 42), § 15 Rn. 64 ff.

156 Die Bezeichung eines psychologischen Sachverhalts, in dem der Täter die Tatbestandserfüllung nur für möglich hält, als „bedingter Vorsatz" ist deshalb missverständlich, weil tatsächlich ein „unbedingter Handlungswille" vorliegt. Wäre der Täter bezüglich der Tatausführung innerlich noch unentschlossen, fehlte es gerade am Vorsatz. Bedingt im Sinne von ungewiss ist daher allein der Eintritt bestimmter ob-

satzform wird heftig gestritten. Der Streit betrifft allerdings primär das „Ob" und „Wie" einer voluntativen Komponente bei den Erfolgsdelikten, während bei den Tätigkeits- und Unterlassungsdelikten, die in § 60 geregelt sind, das weitgehend konsentierte intelektuelle Moment des dolus eventualis im Vordergrund steht.[157] Danach muss der Täter über die Möglichkeit der Tatbestandsverwirklichung reflektiert haben und als Ergebnis seiner Überlegungen zu dem Schluss gekommen sein, dass das von ihm geplante Tun oder Unterlassen möglicherweise den Tatbestand einer Ordnungswidrigkeit erfüllen wird. So handelt etwa der Bieter mit dolus eventualis, wenn er davon ausgeht, dass die in der Angebotsunterlage enthaltenen inhaltlichen oder ergänzenden Angaben (vgl. § 14 Abs. 2 Satz 1 i.V.m. § 11) falsch sein könnten, er sie aber dennoch ohne Überprüfung veröffentlicht (§ 60 Abs. 1 Nr. 1 a). Da das WpÜG in keinem Bußgeldtatbestand eine besondere Vorsatzform voraussetzt, reicht jeweils zur Tatbestandsverwirklichung dolus eventualis aus.

Der Unrechtskern fahrlässig begangener Tätigkeits- und Unterlas- **68**
sungsdelikte, wie sie in § 60 enthalten sind, besteht in einem **sorgfaltswidrigen** Handeln oder Unterlassen. Bestimmt man auf Unrechtsebene die Sorgfaltswidrigkeit mit der h. M. allein nach objektiven Kriterien, ist also zu fragen, ob der Täter die für einen besonnenen und gewissenhaften Angehörigen seines Verkehrskreises erforderliche Sorgfalt außer Acht gelassen und so trotz genereller Vorhersehbarkeit einen Tatbestand verwirklicht hat.[158] Erkennbar gefährliches Verhalten ist allerdings nur dann verboten, wenn es die Grenze des **erlaubten Risikos** überschreitet.[159]

---

jektiver Ereignisse, vgl. dazu *Cramer/Sternberg-Lieben*, in: Schönke/Schröder (Fn. 42), § 15 Rn. 72.

157 *Cramer*, in: Assmann/Schneider (Fn. 21), § 39 Rn. 9.

158 *Rengier*, in: KK-OWiG (Fn. 66), § 10 Rn. 18 ff.; *Cramer/Sternberg-Lieben*, in: Schönke/Schröder (Fn. 42), § 15 Rn. 121, jeweils m. w. N. Die Argumente der Gegenmeinung, die die Sorgfaltswidrigkeit allein an den Kenntnissen und Fähigkeiten des individuellen Täters orientieren wollen, finden sich bei *Samson*, in: SK-StGB (Fn. 67), Anh. zu § 16 Rn. 12 ff. Ergeben sich aus einer bestimmten Stellung oder Tätigkeit (etwa als Fahrer eines Kfz, aber auch als Bieter im Rahmen eines öffentlichen Angebotsverfahrens) bestimmte Pflichten, wird herrschend verlangt, dass sich der Pflichtadressat Kenntnis von den Pflichten verschafft (*Göhler* [Fn. 31], § 10 Rn. 10). Unter dem Gesichtspunkt der *Übernahmefahrlässigkeit* kann die Pflichtwidrigkeit darin liegen, dass jemand Tätigkeiten ausübt, für die er die erforderlichen Fähigkeiten nicht besitzt (BGH, 8.2.1957 – 1 StR 514/56, BGHSt 10, 133, 135; *Rengier*, in: KK-OWiG [Fn. 66], § 10 Rn. 24).

159 *Rengier*, in: KK-OWiG (Fn. 66), § 10 Rn. 18; Vor §§ 15, 16 Rn. 35 ff.; *Cramer/Sternberg-Lieben*, in: Schönke/Schröder (Fn. 42), § 15 Rn. 127, jeweils m. w. N.

69 Bei der Fahrlässigkeit wird herkömmlich in Anknüpfung an die innere Beziehung des Täters zur konkreten Tatbestandsverwirklichung zwischen zwei Erscheinungsformen unterschieden. Da beide Formen die Fahrlässigkeitshaftung auslösen, kommt dieser Differenzierung Relevanz allerdings nur für die Bußgeldbemessung zu.[160]

Bewusste Fahrlässigkeit liegt vor, wenn der Täter die Erfüllung des objektiven Tatbestandes für möglich hält, aber pflichtwidrig darauf vertraut, dass es dazu nicht kommen werde.[161] **Unbewusst fahrlässig** handelt, wer die Möglichkeit der Tatbestandsverwirklichung gar nicht erkennt, obwohl sie bei sorgfaltsgemäßem Verhalten generell erkennbar war.[162]

70 Anders als im Zivilrecht (§ 276 BGB) erfordert die Fahrlässigkeitshaftung im Straf- und Ordnungswidrigkeitenrecht, dass dem Täter ein persönlicher Vorwurf gemacht werden kann. Der Täter muss also, um schuldhaft zu handeln, nach seinen ganz persönlichen Fähigkeiten und Kenntnissen in der Lage gewesen sein, die Möglichkeit der Tatbestandsverwirklichung vorauszusehen und die generell erforderliche Sorgfalt anzuwenden.[163] In Ausnahmefällen kann die Fahrlässigkeitsschuld auch unter dem Gesichtspunkt eines unzumutbaren pflichtgemäßen Verhaltens entfallen.[164]

71 § 60 Abs. 1 knüpft die Verhängung einer Geldbuße nicht nur an vorsätzlich, sondern auch an **leichtfertig** begangene Pflichtverstöße. Bei der Leichtfertigkeit handelt es sich um einen gesteigerten Grad der Fahrlässigkeit, der im Zivilrecht etwa der groben Fahrlässigkeit (vgl. § 277 BGB) entspricht.[165] Allerdings setzt leichtfertiges Verhalten als Unterfall der Fahrlässigkeit im Straf- und Ordnungswidrigkeitenrecht neben der unrechtsbezogenen objektiven Komponente auch ein individualbezogenes Element als Teil der Schuld voraus.[166] Der Täter muss besonders sorgfaltswidrig handeln (qualifizierte Pflichtwidrigkeit), also aus besonderer Gleichgültigkeit oder grober Unachtsamkeit

160 *Göhler* (Fn. 31), § 10 Rn. 19; *Rengier*, in: KK-OWiG (Fn. 66), § 10 Rn. 15.

161 Vgl. BGH, 4.11.1988 – 1 StR 262/88, BGHSt 36, 1, 9f.; BGH, 18.8.1995 – 2 StR 372/95, NStZ-RR 1996, 2f.; *Rengier*, in: KK-OWiG (Fn. 66), § 10 Rn. 12.

162 *Rengier*, in: KK-OWiG (Fn. 66), § 10 Rn. 15; *Göhler* (Fn. 31), § 10 Rn. 6.

163 Vgl. BayOblG, 28.10.1997 – 4 St RR 221/97, NJW 1998, 3580; *Rengier*, in: KK-OWiG (Fn. 66), § 10 Rn. 40ff.

164 Siehe dazu *Rengier*, in: KK-OWiG (Fn. 66), § 10 Rn. 43ff.

165 Vgl. die Rechtsprechungsnachweise bei *Rengier*, in: KK-OWiG (Fn. 66), § 10 Rn. 49.

166 *Cramer/Sternberg-Lieben*, in: Schönke/Schröder (Fn. 42), § 15 Rn. 205; *Göhler* (Fn. 31), § 10 Rn. 20; *Rengier*, in: KK-OWiG (Fn. 66), § 10 Rn. 49.

(Leichtsinn) außer Acht lassen, dass bei seinem Handeln die Tatbestandsverwirklichung besonders nahe liegt, sich gleichsam aufdrängt (qualifizierte Voraussehbarkeit).[167] Der leichtfertig handelnde Täter verletzt die gebotene Sorgfalt in „ungewöhnlich hohem Maße" und versäumt „die Anstellung einfachster ganz nahe liegender Überlegungen".[168] Er beachtet nicht, „was im gegebenen Fall jedem hätte einleuchten müssen"[169] oder verletzt eine besonders ernst zu nehmende Pflicht. Ob ein Verhalten als leichtfertig einzustufen ist, ist im Wesentlichen Tatfrage.[170]

4. Irrtum

Ein Irrtum über straf- oder ordnungswidrigkeitenrechtlich relevante Umstände kann sich für den Täter in unterschiedlicher Weise auswirken. Beim **einfachen Irrtum** (auch Irrtum zu Gunsten genannt) stellt sich der Täter eine Lage vor, die für ihn günstiger ist als die Wirklichkeit. § 11 OWiG unterscheidet in diesen Fällen zwischen dem vorsatzausschließenden Tatumstandsirrtum und dem Verbotsirrtum.[171] Stellt er sich dagegen eine Situation vor, die ungünstiger ist als die Wirklichkeit (**umgekehrter Irrtum** oder auch Irrtum zu Ungunsten), führt das zum Versuch oder zum (straflosen) Wahndelikt. Da § 60 keine Versuchsstrafbarkeit vorsieht, bleibt im Folgenden die schwierige Unterscheidung zwischen Versuch und Wahndelikt außer Betracht. Aber auch zur äußerst umstrittenen Abgrenzung von Tatumstands- und Verbotsirrtum können hier nur einige Grundlinien aufgezeigt werden.[172] Die Abgrenzungsproblematik ist in der Praxis allerdings dadurch etwas entschärft, dass in § 60 neben dem vorsätzlichen auch das einfach fahrlässige **72**

167 BGH, 9.11.1984 – 2 StR 257/84, BGHSt 33, 66, 67; *Rengier*, in: KK-OWiG (Fn. 66), § 10 Rn. 49.

168 BGH, 9.5.1955 – II ZR 31/54, BGHZ 17, 191, 199.

169 BGH, 11.5.1953 – IV ZR 170/52, BGHZ 10, 14, 16; BGH, 9.5.1955 – II ZR 31/54, BGHZ 17, 191, 199.

170 BGH, 30.9.1887 – 4 ARs 7/87, NStZ 1988, 277.

171 Gesetzlich nicht geregelt ist die Behandlung des zu Gunsten des Täters wirkenden Erlaubnistatumstandsirrtums. Die von der Rechtsprechung und der herrschenden Lehre vertretene eingeschränkte Schuldtheorie lässt bei irriger Annahme rechtfertigender Umstände den Vorsatz entfallen und kommt nur dann zum Verbotsirrtum, wenn der Täter die Existenz oder die Reichweite eines Rechtfertigungsgrundes zu seinen Gunsten verkennt, vgl. aus der Rechtsprechung nur BGH, 10.3.1983 – 4 StR 375/82, BGHSt 31, 264, 286f.; BGH, 18.9.1991 – 2 StR 288/91, NJW 1992, 516, 517, jeweils m.w.N.; weiter dazu *Rengier*, in: KK-OWiG (Fn. 66), § 11 Rn. 103ff.

172 Ausführlich zum Ganzen *Rengier*, in: KK-OWiG (Fn. 66), § 11 Rn. 2ff.

(Abs. 2) bzw. leichtfertige (Abs. 1) Verhalten sanktioniert ist, sodass Nachweisprobleme im subjektiven Bereich an Gewicht verlieren.

a) Tatumstandsirrtum

73 Ein Täter handelt gem. § 11 Abs. 1 Satz 1 OWiG ohne Vorsatz, wenn er „bei Begehung einer Handlung einen Umstand nicht kennt, der zum gesetzlichen Tatbestand gehört." Auf eine Vermeidbarkeit der unzutreffenden oder fehlenden Vorstellung kommt es beim Tatumstandsirrtum – anders als beim Verbotsirrtum – nicht an. Eine Ahndbarkeit ist in diesem Fall nur noch wegen einer fahrlässigen Handlung möglich, sofern diese mit Bußgeld bedroht ist.

74 Entsprechend irrt sich im Bereich der (echten) Unterlassungsdelikte mit vorsatzausschließender Wirkung, wem das aktuelle konkrete (Mit-) Bewusstsein von der Möglichkeit, durch eigene Aktivitäten (wie Aufzeichnungen, Meldungen, Führen eines Baubuches etc.) die Verwirklichung des Tatbestandes verhindern zu können, fehlt.[173]

75 Hinsichtlich des Gegenstandes des Vorsatzes wird herkömmlich zwischen **deskriptiven** und **normativen** Tatbestandsmerkmalen unterschieden.[174] Deskriptive Merkmale – die in den Gesetzen in Reinform allerdings kaum vorkommen – zeichnen sich dadurch aus, dass sie der Umgangssprache entnommen und sinnlich wahrnehmbar sind (Beispiel: Hund als Sache i. S. v. § 303 StGB). Für den Vorsatz genügt es hier, wenn der Täter diejenigen tatsächlichen Umstände kennt, die das Tatbestandsmerkmal erfüllen. Auf eine zutreffende Subsumtion soll es nicht ankommen, sodass ein Subsumtionsirrtum – jedenfalls auf Tatbestandsebene – unbeachtlich ist. Dagegen entstammen die in den Tatbeständen weitaus überwiegenden normativen Merkmale der Rechtssprache (im vorliegenden Kontext etwa Bieterentscheidung, Angebot, Kontrollerlangung). Als Vorsatztäter kann dann nur derjenige geahndet werden, der den Begriffskern des normativen Tatbestandsmerkmals wenigstens laienhaft erfasst hat (sog. **Parallelwertung in der Laiensphäre**). Diese „Bedeutungskenntnis" hinsichtlich der in § 60 verwendeten Tatbestandsmerkmale wird bei professionell beratenen Leitungs-

---

173 Vgl. BGH, 11.4.2001 – 3 StR 456/00, NStZ 2001, 600, 601 f.; *Rengier*, in: KK-OWiG (Fn. 66), § 11 Rn. 34.

174 Vgl. zum Folgenden nur *Rengier*, in: KK-OWiG (Fn. 66), § 11 Rn. 12 ff.; *Cramer/Sternberg-Lieben*, in: Schönke/Schröder (Fn. 42), § 15 Rn. 17 ff.; kritisch zu dieser Unterscheidung *Puppe* (Fn. 63), 149, die darauf hinweist, dass für eine Bestrafung aus dem Vorsatzdelikt bei jedem Merkmal die Sinnkenntnis dazugehört.

personen auf der Seite der Bieter und Zielgesellschaften regelmäßig vorhanden sein.[175]

b) Inhalt und Vermeidbarkeit eines Verbotsirrtums

Ein Verbots- oder (bei Unterlassungsdelikten) Gebotsirrtum ist gem. **76**
§ 11 Abs. 2 OWiG dann gegeben, wenn dem Täter im Handlungs- oder Unterlassungszeitpunkt „die Einsicht (fehlt), etwas Unerlaubtes zu tun, namentlich weil er das Bestehen oder die Anwendbarkeit einer Rechtsvorschrift nicht kennt". In einer prägnanten Kurzformel ausgedrückt: Der Täter weiß, was er tut, er weiß aber nicht, dass sein Verhalten verboten ist.

Die Rechtsfolge des unvermeidbaren Verbotsirrtums besteht im Aus- **77**
schluss der Vorwerfbarkeit der Handlung; das entspricht im Kriminalstrafrecht dem Handeln ohne Schuld. Der Verbotsirrtum beseitigt also nicht den Vorsatz, sondern betrifft allein die Schuld.[176] Anerkannt ist darüber hinaus, dass beim Vorliegen eines vermeidbaren Verbotsirrtums, der in § 11 Abs. 2 OWiG nicht ausdrücklich geregelt ist, in analoger Anwendung des § 17 Satz 2 StGB das Bußgeld grundsätzlich gemildert wird.[177]

Der Verbotsirrtum ist unvermeidbar – so liest man in einer von der Recht- **78**
sprechung anerkannten Grundsatzentscheidung des BGH zum (Kartell-)Ordnungswidrigkeitenrecht –, „wenn der Täter trotz der ihm nach den Umständen des Falles, seiner Persönlichkeit sowie seinem Lebens- und Berufskreis zuzumutenden Anspannung des Gewissens die Einsicht in

---

175 Im Bereich des Kartellrechts geht der BGH davon aus, dass ein im Geschäftsleben erfahrener verantwortlicher Vertreter eines Unternehmens in der Regel auch die wettbewerbsrechtliche Bedeutung tatsächlicher wirtschaftlicher Gegebenheiten erkennt, sodass sich der Tatrichter nur dann mit der Frage der „Bedeutungserkenntnis" auseinander setzen muss, wenn der zu entscheidende Fall konkrete Anhaltspunkte dafür bietet, dass dem Betroffenen eine solche Erkenntnis ausnahmsweise fehlte, BGH, 23.4.1985 – KRB 8/84 – „Nordmende", WuW/E BGH, 2145, 2147.

176 Diesem herrschenden Grundsatz liegt die *Schuldtheorie* zu Grunde, der der Gesetzgeber im Anschluss an BGH, 18.3.1952 – GSSt 2/51, BGHSt 2, 194 gefolgt ist; zur Kritik an dieser legislatorischen Entscheidung und den Versuchen, jedenfalls im Ordnungswidrigkeitenrecht die *„Vorsatztheorie"* oder eine *„weiche Schuldtheorie"* zur Anwendung zu bringen, siehe *Rengier*, in: KK-OWiG (Fn. 66), § 11 Rn. 4–8.

177 Vgl. aus der Rechtsprechung nur BayObLG, 25.4.1995 – 3 ObOWi 11/95, wistra 1995, 360, 361 f.; KG, 23.11.1993 – 2 Ss 207/93 – 3 Ws (B) 624/93, NZV 1994, 159 f.; OLG Schleswig, 24.10.1984 – 1 SsOWi 499/84, SchlHA 1985, 76, 77; weiter *Göhler* (Fn. 31), § 11 Rn. 29; *Rengier*, in: KK-OWiG (Fn. 66), § 11 Rn. 125.

das Unrechtmäßige seines Handelns nicht zu gewinnen vermochte … Das setzt voraus, dass er alle seine geistigen Erkenntniskräfte eingesetzt und etwa auftauchende Zweifel durch Nachdenken und erforderlichenfalls durch Einholung von Rat beseitigt hat … Hätte der Täter bei gehöriger Anspannung seines Gewissens das Unrechtmäßige seines Tuns erkennen können, so ist sein Verbotsirrtum verschuldet."[178]

79 Diese Formel zur Abgrenzung des unvermeidbaren vom vermeidbaren Verbotsirrtum begegnet zumindest im Nebenstraf- und Ordnungswidrigkeitenrecht Bedenken. Denn die dort von den Sanktionsnormen in Bezug genommenen Ver- und Gebote schützen häufig nur eine bestimmte Ordnung oder dienen allein der Arbeitserleichterung der Verwaltung mit der Folge, dass diese Pflichten in der Regel weniger tief oder überhaupt nicht im Gewissen der Normadressaten verwurzelt sind und eine „Anspannung aller Gewissens- und Geisteskräfte" zumeist nicht weiterführt. Der Täter muss hier vielmehr einen **Anlass** haben, sich um die rechtliche Erheblichkeit seines Verhaltens zu kümmern.[179] Ein solcher Anlass zum Nachdenken kann sich etwa daraus ergeben, dass der Täter an der Rechtmäßigkeit seines Verhaltens zweifelt, eine bestimmte berufliche Tätigkeit ausübt oder sich in einem rechtlich geregelten Bereich bewegt und zumindest dies weiß.[180]

80 Die Rechtsprechung stellt an die Gewissensanspannung höhere Anforderungen als an die erforderliche Sorgfalt bei dem Fahrlässigkeitsdelikt und legt auch bei den Erkundigungspflichten strenge Maßstäbe an.[181] So müssen sich insbesondere Führungskräfte in der Wirtschaft mit dem für sie einschlägigen Rechtsrahmen vertraut machen[182] – in Übernahmesituationen etwa mit dem neuen WpÜG. Kommen Zweifel hinsichtlich der Rechtmäßigkeit des Verhaltens auf, ist bei vertrauenswürdigen und kompetenten Auskunftspersonen Rechtsrat einzuholen.[183] Den

---

178 BGH, 27.1.1966 – KRB 2/65, BGHSt 21, 18, 20.

179 In diesem Sinne *Cramer/Sternberg-Lieben*, in: Schönke/Schröder (Fn. 42), § 17 Rn. 15; *Roxin* (Fn. 42), § 21 Rn. 52 ff., jeweils m. w. N.

180 Zu den Anlass gebenden Umständen *Cramer/Sternberg-Lieben*, in: Schönke/Schröder (Fn. 42), § 17 Rn. 16 ff.; *Rudolphi*, in: SK-StGB (Fn. 67), § 17 Rn. 31 ff.; *Rengier*, in: KK-OWiG (Fn. 66), § 11 Rn. 64 ff.

181 Ständige Rechtsprechung, vgl. nur für das Ordnungswidrigkeitenrecht BGH, 27.1.1966 – KRB 2/65, BGHSt 21, 18, 20 f.; BGH, 1.6.1977 – KRB 3/76, BGHSt 27, 196, 202; kritisch dazu *Rengier*, in: KK-OWiG (Fn. 66), § 11 Rn. 62 m. w. N.

182 Rechtsprechungsnachweise bei *Rengier*, in: KK-OWiG (Fn. 66), § 11 Rn. 67 und *Achenbach*, in: FK-GWB (Fn. 33), Vor § 81 Rn. 138.

183 Vgl. BGH, 13.11.1953 – 5 StR 496/53, BGHSt 5, 111, 118; weitere Belege bei *Göhler* (Fn. 31), § 11 Rn. 26.

Ausführungen eines Rechtsanwalts, der den Sachverhalt umfassend geprüft hat, kann man regelmäßig vertrauen, wenn keine Umstände vorliegen, die zu Zweifeln Anlass geben können.[184] Die Auskunft der eigenen Rechtsabteilung eines Unternehmens soll angesichts der wirtschaftlichen Interessenverknüpfung bei zweifelhafter Rechtslage nicht ausreichen.[185] Handelt der Betroffene auf der Grundlage einer unrichtigen Auskunft einer Behörde, führt das mit großer Wahrscheinlichkeit zu einem nicht vorwerfbaren Verbotsirrtum.[186] Auch auf Gerichtsentscheidungen namentlich höherer Gerichte kann sich der Täter grundsätzlich verlassen.[187]

Die Vermeidbarkeit des Verbotsirrtums ergibt sich allerdings nicht schon daraus, dass es der Täter pflichtwidrig unterlassen hat, ihm zuzumutende Auskünfte einzuholen. Nach der jüngeren Rechtsprechung insbesondere der Oberlandesgerichte bedarf es vielmehr der zusätzlichen Feststellung, dass die Einholung von Auskünften dem Täter tatsächlich auch die Erkenntnis verschafft hätte, sein Handeln könnte rechtswidrig sein.[188] **81**

Einlassungen des Betroffenen dahingehend, man habe sich über die Sach- und/oder Rechtslage geirrt, sind unter Umständen schwer zu widerlegen und führen daher zur Anwendung des Grundsatzes „in dubio pro reo". Die Behörden begegnen diesem Vortrag in der Praxis häufig dadurch, dass sie vor der Verhängung einer Bußgeldsanktion den Betroffenen abmahnen oder sein Verhalten untersagen.[189] **82**

Die Entscheidung darüber, ob sich der Täter in einem Tatumstandsirrtum (§ 11 Abs. 1 OWiG) oder Verbotsirrtum (§ 11 Abs. 2 OWiG) befindet, kann insbesondere bei der Anwendung von Blankettgesetzen Schwierigkeiten bereiten. Die h. M. behandelt nämlich Irrtümer über normative Tatbestandsmerkmale anders als Fehlvorstellungen über Blankettmerkmale.[190] **83**

---

184 OLG Düsseldorf, 23.3.1981 – 5 Ss (OWi) 120/81 I, NStZ 1981, 265 f. m. w. N.; *Rengier*, in: KK-OWiG (Fn. 66), § 11 Rn. 77 m. w. N.

185 OLG Koblenz, 19.10.1989 – 1 Ss 393/89, LRE 25 (1990), 70; differenzierend *Rengier*, in: KK-OWiG (Fn. 66), § 11 Rn. 78 m. w. N.

186 Rechtsprechungsnachweise bei *Rengier*, in: KK-OWiG (Fn. 66), § 11 Rn. 68 ff.

187 Ausführlich zur Rechtsprechung *Rengier*, in: KK-OWiG (Fn. 66), § 11 Rn. 81 ff.

188 Eindeutiges Bekenntnis zum Erfordernis der hypothetischen Kausalität durch das BayObLG, 8.9.1988 – RReg. 5 St 96/88, NJW 1989, 1744, 1745; ebenso OLG Hamburg, 2.8.1995 – 2 Ss 113/94, JR 1996, 521, 523 f.

189 Vgl. *Rengier*, in: KK-OWiG (Fn. 66), § 11 Rn. 126.

190 Nachweise zum Streitstand bei *Cramer/Sternberg-Lieben*, in: Schönke/Schröder (Fn. 42), § 15 Rn. 99.

Konsens mit der Gegenmeinung besteht noch im Ausgangspunkt: Da das Blankettgesetz durch den Tatbestand der blankettausfüllenden Norm zu ergänzen ist, muss der Täter die einzelnen Merkmale dieser Ausfüllungsnorm kennen, um vorsätzlich zu handeln.[191] Umstritten ist dagegen, ob neben den Tatbestandsmerkmalen der Ausfüllungsnorm auch deren **Existenz und Wirksamkeit** zum Tatbestand des Blankettgesetzes zu zählen und damit Bezugspunkt des Vorsatzes ist. Die h. M. lehnt das ab und stuft einen Irrtum über Existenz und Gültigkeit eines blankettausfüllenden Ver- oder Gebots in konsequenter Anwendung der in § 17 StGB (entsprechend § 11 Abs. 2 OWiG) normierten Schuldtheorie nur als Verbotsirrtum ein,[192] wenn nicht die Auslegung des Tatbestandes ergibt, dass der Vorsatz die Kenntnis des Ver- oder Gebots umfassen muss.[193] Danach würde z. B. ein Bieter, der zwar grundsätzlich darüber informiert ist, dass eine Pflicht zur vollständigen und richtigen Veröffentlichung einer **Angebotsunterlage** besteht, die Pflicht zur Veröffentlichung der **Entscheidung zur Abgabe eines Angebots** jedoch nicht kennt (§ 60 Abs. 1 Nr. 1 a i. V. m. § 10 Abs. 1 Satz 1), im Verbotsirrtum handeln. Die Verhängung der Geldbuße ihm gegenüber würde jetzt nur noch von der Frage der Vermeidbarkeit des Irrtums abhängen. Sehr praktisch ist die Möglichkeit eines Irrtums über die Existenz einer Verhaltensnorm, auf die in der Sanktionsnorm **ausdrücklich** Bezug genommen wird (etwa § 60 in Abs. 1 Nr. 1 a: „… entgegen § 10 Abs. 1 Satz 1 …") allerdings nicht. Gegen das Vorliegen von Irrtümern in diesem Bereich ist auch die Tatsache anzuführen, dass Angebotsverfahren zumeist unter hohem Beratungsaufwand betrieben werden und viele Einzelheiten des WpÜG lange in der (Fach-)Öffentlichkeit diskutiert wurden.

84 Aber unabhängig von diesen empirischen Fragen spricht viel dafür, der Gegenmeinung zu folgen. Diese verlangt bei den blankettausfüllenden Normen für den Vorsatz die Kenntnis des Täters von der Existenz und Gültigkeit der Ausfüllungsnorm und folgt insoweit im Ergebnis der Vorsatztheorie (bzw. behandelt die Blankettmerkmale als normative Tatbestandsmerkmale). Diese in der Literatur stark vertretene Ansicht[194] hat

191 Zum Folgenden *Puppe*, in: NK-StGB (Fn. 60), § 16 Rn. 79 ff. m. w. N.; *Rudolphi*, in: SK-StGB (Fn. 67), § 15 Rn. 19.

192 Für das Ordnungswidrigkeitenrecht vgl. *Rengier*, in: KK-OWiG (Fn. 66), § 11 Rn. 25 f.; *Göhler* (Fn. 31), § 11 Rn. 21.

193 Vgl. *Lackner/Kühl* (Fn. 72), § 17 Rn. 22 m. w. N. Gerade bei den echten Unterlassungsdelikten muss dem Vorsatztäter zumindest ansatzweise die Gebotsnorm bekannt sein, vgl. dazu *Rengier*, in: KK-OWiG (Fn. 66), § 11 Rn. 33 ff.

194 Pars pro toto: *Tiedemann*, in: FS für Geerds, 1995, S. 95, 98 ff.

nicht nur den Wortlaut der Verweisungsnorm auf ihrer Seite, da die in der Ausfüllungsnorm geregelten Ver- oder Gebote durch das Blankettgesetz ausdrücklich zum Tatbestandsmerkmal gemacht werden.[195] Sie trägt auch dem Umstand Rechnung, dass Verstöße gegen Pflichten, die im Verwaltungsrecht bzw. in Wirtschaftsaufsichtsgesetzen wie dem WpÜG geregelt sind und an die das Blankettgesetz nur anknüpft, meist wertneutral sind, jedenfalls aber nicht zum Kernbereich der elementaren rechtsethisch begründeten Regeln des Zusammenlebens gehören.[196] Das Wissen um das ver- oder gebotene Verhalten vermittelt dem Täter regelmäßig keinen Impuls zum Nachdenken über die Rechtswidrigkeit seines Verhaltens, sodass es unangemessen erscheint, die strengeren Grundsätze der Verbotsirrtumsregelungen anzuwenden.

5. Rechtswidrigkeit und Rechtfertigungsgründe

Sind die Voraussetzungen des objektiven und subjektiven Tatbestandes **85** einer Übernahmeordnungswidrigkeit gegeben, ist das erfasste Täterverhalten regelmäßig als rechtswidrig bzw. – unter materiellen Gesichtspunkten betrachtet – als unrechtmäßig einzustufen, wenn nicht ausnahmsweise ein rechtfertigender Sachverhalt vorliegt. Der Tatbestandsverwirklichung kommt nach überkommener Ansicht im Hinblick auf die Rechtswidrigkeit des Verhaltens eine Indizwirkung zu, die allerdings durch Rechtfertigungsgründe widerlegt werden kann.[197] Ein Recht zur Vornahme einer im Sinne von § 60 an sich verbotenen Handlung oder Unterlassung könnte sich vornehmlich aus einem **behördlichen Erlaubnisakt** (Genehmigung) sowie unter **Notstandsgesichtspunkten** ergeben.

Demgegenüber wird den Rechtfertigungsgründen der Notwehr (§ 15 **86** OWiG) sowie der gewohnheitsrechtlich anerkannten (mutmaßlichen) Einwilligung[198] im vorliegenden Kontext keine Bedeutung zukommen. Denn bei den durch § 60 geschützten Interessen handelt es sich primär um solche der Allgemeinheit, sodass die Möglichkeit der Erteilung einer wirksamen Einwilligung an der fehlenden Rechtsträgerschaft und Dispositionsbefugnis der konkret betroffenen Einzelperson und die Ausübung des Notwehrrechts am Fehlen eines notwehrfähigen Rechtsguts scheitert.

---

195 *Puppe*, in: NK-StGB (Fn. 60), § 16 Rn. 83.
196 Vgl. *Puppe*, in: NK-StGB (Fn. 60), § 16 Rn. 85.
197 Zu dieser „Regel-Ausnahme-Beziehung" von Tatbestand und Rechtfertigung siehe statt vieler: *Jescheck/Weigend* (Fn. 126), S. 324.
198 Vgl. dazu *Lenckner*, in: Schönke/Schröder (Fn. 42), Vor § 32 Rn. 33 ff. m. w. N.

87 In der Praxis werden voraussichtlich behördliche Gestattungsakte, wie sie etwa in § 10 Abs. 1 Satz 3, Abs. 2 Satz 3, Abs. 4 Satz 2, § 20, § 26 Abs. 2, § 36 und § 37 vorgesehen sind, eine nicht unbedeutende Rolle spielen. Obwohl Einigkeit darüber besteht, dass sich der Täter beim Vorliegen einer behördlichen Genehmigung grundsätzlich nicht strafbar bzw. bußbar macht, herrscht hinsichtlich der deliktssystematischen Einordnung der behördlichen Genehmigung als Tatbestandsausschluss- oder Rechtfertigungsgrund noch einige Unklarheit.[199] Überwiegend orientiert man sich an der entsprechenden verwaltungsrechtlichen Regelung (Ausfluss der sog. **Verwaltungsakzessorietät des Straf- bzw. Ordnungswidrigkeitenrechts**).[200] Danach wird bei einem sog. **präventiven Verbot mit Erlaubnisvorbehalt** der Genehmigung tatbestandsausschließende Wirkung zugemessen,[201] während bei einem sog. **repressiven Verbot mit Befreiungs-/Ausnahmevorbehalt** die behördliche Erlaubnis „nur" rechtfertigen soll. Die Begründung für die unterschiedliche Wirkung der Genehmigung lautet wie folgt: Der ein präventives Verbot mit Erlaubnisvorbehalt ausgestaltende Tatbestand sei im Falle einer Genehmigung deshalb nicht erfüllt, weil sich die handelnde oder unterlassende Person **sozialadäquat** verhält, das Verhalten also generell zulässig ist. Das Verbot wird allein deshalb aufgestellt, um „bestimmte (grundrechtlich geschützte) Tätigkeiten auf ihre Ungefährlichkeit hin zu überprüfen", während die Kontrolle „nicht das Ziel hat, bestimmte Tätigkeiten generell zu untersagen".[202] Demgegenüber stuft der Gesetzgeber das in Rede stehende Verhalten beim repressiven Verbot mit Befreiungsvorbehalt generell als **sozial schädlich** bzw. unerwünscht ein und beschränkt die Erlaubniserteilung auf Ausnahmefälle. Vor dem Hintergrund eines dreistufigen Deliktsaufbaus sei damit das sozial auffällige Täterverhalten tatbestandsmäßig und könne nur im Einzelfall nach Abwägung der kollidierenden Interessen mit Rücksicht auf höherrangige Interessen gerechtfertigt wer-

---

199 Vgl. dazu nur *Kühl*, Strafrecht Allgemeiner Teil, 3. Aufl., 2000, § 9 Rn. 119ff. m. w. N. Die unterschiedliche deliktssystematische Einordnung wirkt sich vor allem auf die Behandlung von Irrtumsfragen aus. Ihre praktische Bedeutung ist allerdings gering, da auch die Rechtsprechung den Irrtum über die tatsächlichen Voraussetzungen eines Rechtfertigungsgrundes analog § 16 StGB (= § 11 Abs. 1 OWiG) behandelt, vgl. aus jüngerer Zeit BGH, 10.2.2000 – 4 StR 558/99, NJW 2000, 1348, 1350 m. w. N.; für die Notwendigkeit einer genauen Differenzierung dagegen *Rengier*, ZStW 101 (1989), 874, 882ff.

200 Statt vieler: *Lenckner*, in: Schönke/Schröder (Fn. 42), Vor § 32 Rn. 61.

201 Normtheoretisch wird die fehlende Erlaubnis als ein *negatives Tatbestandsmerkmal* eingestuft, vgl. dazu *Rengier*, in: KK-OWiG (Fn. 66), Vor §§ 15, 16 Rn. 15; *Mitsch* (Fn. 19), II § 5 Rn. 22.

202 Vgl. *Rengier* (Fn. 199), 874ff.

den.[203] Kritiker behandeln demgegenüber die Ergebnisse, die durch die Übertragung verwaltungsrechtlicher Kritieren auf das Straf- und Ordnungswidrigkeitenrecht erzielt werden, nur als **widerlegbare Vermutung** und machen stattdessen die deliktssystematische Zuordnung der Genehmigung von der Auslegung des jeweiligen Tatbestandes abhängig.[204] noch **87**

Vor diesem Hintergrund spricht z. B. viel dafür, die behördliche Erlaubnis i. S. v. § 37 – um nur ein Beispiel herauszugreifen – als Rechtfertigungsgrund zu qualifizieren. Nach § 37 kann das BAWe auf schriftlichen Antrag des Bieters beim Vorliegen von fünf Fallgruppen, die in § 9 RVO-WpÜG näher beschrieben werden, eine Befreiung von der in § 35 Abs. 1 Satz 1, Abs. 2 Satz 1 angeordneten Verpflichtung zur Veröffentlichung und zur Abgabe eines Angebots aussprechen. Wer also die Kontrollerlangung über eine Zielgesellschaft oder die (Pflicht-)Angebotsunterlage nicht, nicht richtig etc. veröffentlicht, handelt gem. § 60 Abs. 1 Nr. 1 a i.V.m. § 35 Abs. 1 Satz 1, Abs. 2 Satz 1 unabhängig von der Genehmigung verbotswidrig; sein Verhalten kann nur im Einzelfall nach einer Höherbewertung der Interessen des Antragstellers gegenüber den Interessen der Aktionäre der Zielgesellschaft[205] im Rahmen einer Abwägung gerechtfertigt werden.

Anders liegt der Fall dagegen bei der Nichtberücksichtigung von Stimmrechten gem. § 36. Hier muss – im Sinne einer gebundenen Entscheidung – das BAWe in den in § 36 abschließend aufgeführten Fällen Stimmrechte bei der Berechnung der Stimmrechtsanteile für die nach § 35 Abs. 1 Satz 1 maßgebliche Kontrollschwelle in Höhe von 30 % unberücksichtigt lassen. Damit entsteht beim Vorliegen der in § 36 dargelegten Konstellationen die in § 35 Abs. 1 Satz 1 umschriebene – und gem. § 60 Abs. 1 Nr. 1 a bußgeldbewehrte – Pflicht schon gar nicht. Der von der Behörde zu erteilende Bescheid über die Nichtberücksichtigung von Stimmrechten dient damit allein der Kontrolle über potentielle Gefahren für die kapitalmarktrechtliche Ordnung. Eine solche Situation ist typisch für **präventive Verbote mit Erlaubnisvorbehalt**, bei denen die fehlende Erlaubnis als ein **negatives Tatbestandsmerkmal** einzustufen ist.[206] Daher spricht viel dafür,

---

203 Für die Anhänger der Lehre von den negativen Tatbestandsmerkmalen ist dagegen die Frage, ob die Genehmigung den Tatbestand oder die Rechtswidrigkeit betrifft, nur zweitrangig.

204 Vgl. *Rengier* (Fn. 199), 878 ff.; *Kühl* (Fn. 199), § 9 Rn. 123 ff. m. w. N.

205 Vgl. zu den kollidierenden Interessen die Regierungsbegründung, BT-Drucks. 14/7034, S. 61; näher *Harbarth*, ZIP 2002, 321, 330 ff.

206 Dazu *Rengier*, in: KK-OWiG (Fn. 66), Vor §§ 15, 16 Rn. 15; *Mitsch* (Fn. 19), II § 5 Rn. 22.

beim Vorliegen einer Zulassung gem. § 36 schon die Tatbestandsmäßigkeit des Verhaltens im Sinne von § 60 Abs. 1 Nr. 1a i.V.m. § 35 Abs. 1 Satz 1 zu verneinen, da das „Täter“-Verhalten als Ausprägung der allgemeinen Handlungsfreiheit sozialadäquat bzw. wertneutral ist.

88 Die rechtliche Behandlung der behördlichen Gestattungsakte wird unter verschiedenen Gesichtspunkten streitig diskutiert:

Umstritten ist zunächst, ob der Adressat der Verfügung streng an den – in Bestandskraft erwachsenen – behördlichen Einzelakt gebunden ist **oder** ob es stattdessen auf die „materielle“ Rechtmäßigkeit der Anordnung ankommt mit der Konsequenz, dass die materielle Genehmigungsfähigkeit ausreichen würde, um eine Ahndbarkeit auszuschließen. Die h. M. lässt einen „Durchgriff“ auf die „materielle“ Rechtswidrigkeit nicht zu, sondern fordert einen „formellen Gestattungsakt“.[207] Denn ungeachtet der Genehmigungsfähigkeit oder sogar -pflicht liege mit dem Pflichtverstoß zugleich ein Verstoß gegen Anmelde- oder Antragsvorschriften vor, der die Ahndung rechtfertige. Nur wenn ein entsprechendes Genehmigungsverfahren durchgeführt wurde, sei sichergestellt, dass die Dispositionsbefugnis der zuständigen Behörde gewahrt worden sei.[208] Zudem sei eine Rückwirkung außerstrafrechtlicher Akte (hier: der späteren Genehmigung) im Straf- und Ordnungswidrigkeitenrecht ausgeschlossen.[209]

89 Weiterhin herrscht Uneinigkeit über die Reichweite der Verwaltungsaktsakzessorietät. Konkret wird über die Frage gestritten, ob auch **rechtswidrige** belastende Verfügungen und Anordnungen mit Geldbuße geahndet werden können.[210] Die vorherrschende Ansicht orientiert sich an den Vorgaben des Verwaltungsverfahrensgesetzes (VwVfG) und sieht nur beim Verstoß gegen eine nichtige und daher gem. § 43 Abs. 3 VwVfG unwirksame Verfügung von einer Bußgeldsanktion ab.[211] Nach der in § 44 Abs. 1 VwVfG enthaltenen Generalklausel ist eine Verfügung nichtig, „soweit der Verwaltungsakt an

207 Zum Streitstand siehe *Rengier*, in: KK-OWiG (Fn. 66), Vor §§ 15, 16 Rn. 22b ff. m. w. N. auch zur Rechtsprechung.

208 Vgl. *Kühl* (Fn. 199), § 9 Rn. 138 m. w. N.

209 Zur Argumentation *Dannecker/Biermann*, in: Immenga/Mestmäcker (Fn. 23), Vor § 81 Rn. 48.

210 Den Streitstand skizzieren *Dannecker/Biermann*, in: Immenga/Mestmäcker (Fn. 23), Vor § 81 Rn. 50f., und *Lenckner*, in: Schönke/Schröder (Fn. 42), Vor § 32 Rn. 62, jeweils m. w. N.

211 Zur Argumentation vgl. *Achenbach*, in: FK-GWB (Fn. 33), § 81 Rn. 221f., und *Hirsch*, in: LK (Fn. 86), Vor § 32 Rn. 162ff.; dort jeweils auch Nachweise zur Gegenansicht.

einem besonders schwerwiegenden Fehler leidet und dies bei verständiger Würdigung aller in Betracht kommenden Umstände offenkundig ist"; spezielle Nichtigkeitsgründe kodifiziert § 44 Abs. 2 VwVfG. Weist der Verwaltungsakt sonstige inhaltliche Mängel auf, die nicht zur Nichtigkeit führen, lässt diese Ansicht nach Eintritt der formellen Unanfechtbarkeit die Bußgeldsanktion zu.

Schließlich wird die Frage kontrovers diskutiert, ob die legitimierende Wirkung der Genehmigung auch dann eintritt, wenn der Bürger diese **rechtsmissbräuchlich** erlangt, insbes. durch Täuschung erschlichen hat.[212] Der BGH hat vor Einführung der das Umweltstrafrecht betreffenden Missbrauchsklausel in § 330 d Nr. 5 StGB die Frage verneint und in Übereinstimmung mit der überwiegenden Ansicht zur Behandlung der Rechtsmissbrauchsfälle (Täuschung, Zwang, Bestechung, nach BGH auch Kollusion) ein Handeln ohne Genehmigung angenommen.[213] Ob nach Einfügung von § 330 d Nr. 5 in das StGB sowie der Existenz anderer sektoraler gesetzlicher Missbrauchsklauseln (§ 311 Abs. 1 StGB, § 34 Abs. 8 AWG) weiterhin auf die allgemeine Rechtsmissbrauchslehre zurückgegriffen werden kann, ist unklar und heftig umstritten.[214] Die wohl h. M. lässt dies jenseits der als abschließende Regelung gedachten Sondernormen zu.[215] **90**

Inwieweit Übernahmerechtsverstöße unter Rückgriff auf die Notstandsregelung in § 16 OWiG gerechtfertigt werden können, lässt sich ohne praktisches Fallmaterial nur schwer vorhersehen. Nach dieser Vorschrift handelt nicht rechtswidrig, „wer in einer gegenwärtigen, nicht anders abwendbaren Gefahr für Leben, Leib, Freiheit, Ehre, Eigentum oder ein anderes Rechtsgut eine Handlung begeht, um die Gefahr von sich oder einem anderen abzuwenden, ... wenn bei Abwägung der widerstreitenden Interessen, namentlich der betroffenen Rechtsgüter und des Grades der ihnen drohenden Gefahren, das geschützte Rechtsgut das beeinträchtigte wesentlich überwiegt". Die Rechtfertigungswirkung tritt jedoch nur ein, „soweit die Handlung ein angemessenes Mittel ist", um „die Gefahr abzuwenden". Die Norm begründet eine **passive Solidaritätspflicht** für denjenigen, auf dessen Güter zwecks Abwehr einer Gefahr für höherwertige Interessen nachteilig eingewirkt wird, während sie den Eingreifenden beim Vorliegen **91**

212 Ausführlich zu dieser Frage *Lenckner*, in: Schönke/Schröder (Fn. 42), Vor § 32 Rn. 63 ff.; vgl. auch *Rengier*, in: KK-OWiG (Fn. 66), Vor §§ 15, 16 Rn. 21 a.
213 BGH, 3. 11. 1993 – 2 StR 321/93, BGHSt 39, 381, 387.
214 Dazu *Rengier*, in: KK-OWiG (Fn. 66), Vor §§ 15, 16 Rn. 21 a.
215 Vgl. *Lenckner*, in: Schönke/Schröder (Fn. 42), Vor § 32 Rn. 63 ff. m. w. N.

der Voraussetzungen des Rechtfertigungsgrundes von der ordnungswidrigkeitsrechtlichen Haftung entlastet.

92 Die Reichweite der Rechtfertigungsnorm wird insbesondere durch die Anforderungen an die Notstandshandlung bestimmt. So muss die Beeinträchtigung der durch die Bußgeldtatbestände des § 60 geschützten Interessen (funktionierender Kapitalmarkt nebst Anlegerschutz) zunächst ein geeignetes und zugleich das relativ mildeste Mittel der Gefahrenabwehr sein, um das Täterverhalten zu rechtfertigen. Hieran wird es häufig schon fehlen. So ist es – um nur ein Beispiel zu nennen – schwer vorstellbar, in welcher Situation das vorsätzliche bzw. leichtfertige Unterlassen der Veröffentlichung der Angebotsunterlage oder die qua Angebotsunterlage erfolgende bewusste Falschinformation der Aktionäre der Zielgesellschaft (§ 60 Abs. 1 Nr. 1 a) ein adäquates Mittel zur Verteidigung von Bieterinteressen an der Übernahme oder Beherrschung der Zielgesellschaft sein könnte.

93 Nicht selten entscheidet sich die Frage der Rechtfertigung aber erst nach Vornahme einer umfassenden Interessenabwägung, wie sie in § 16 OWiG als Kernstück der Prüfung vorgesehen ist. Hier muss das Interesse an der Gefahrabwendung das Interesse an der Nichtvornahme (Begehungsdelikt) oder Vornahme (Unterlassungselikt) dieser Handlung („Erhaltungsinteresse") wesentlich überwiegen. Zwar haben die Rechtsgüter der Bußgeldtatbestände häufig ein erheblich geringeres Gewicht als die Rechtsgüter der Straftatbestände und die bußgeldtatbestandsmäßigen Handlungen eine niedrigere Eingriffsintensität als die straftatbestandsmäßigen Handlungen mit der Folge, dass ein wesentlich überwiegendes Gefahrabwendungsinteresse im Vergleich zum ordnungswidrigkeitenrechtlichen Erhaltungsinteresse leichter zu begründen ist als im Vergleich zum strafrechtlichen Erhaltungsinteresse.[216] Das bedeutet, dass z. B. individuellen Schutzinteressen (Leben, Leib etc.) bei der Abwägung im Allgemeinen Vorrang vor Ordnungsinteressen wie dem funktionierenden Kapitalmarkt einzuräumen ist. Grundsätzlich ist zu berücksichtigen, dass der Gesetzgeber schon bei der Schaffung der in § 60 in Bezug genommenen Ausfüllungsnormen auf einer vorgelagerten abstrakten Ebene eine Abwägung der durch ein öffentliches Angebotsverfahren betroffenen Interessen vorgenommen hat. Daher lässt sich etwa der Verstoß gegen die in § 33 Abs. 1 Satz 1 festgeschriebene Verpflichtung des Vorstandes der Zielgesellschaft, keine Handlungen vorzunehmen, durch die der Erfolg

216 *Mitsch* (Fn. 19), II § 5 Rn. 16 m. w. N.

des Angebots verhindert werden könnte (§ 60 Abs. 1 Nr. 8), nicht mit dem pauschalen Argument rechtfertigen, man wolle die feindliche Übernahme verhindern und damit Arbeitsplätze retten. Denn durch das als Grundsatz in § 33 Abs. 1 verankerte Erfolgsverhinderungsverbot hat der Gesetzgeber deutlich gemacht, dass die Entscheidung über die Abwehr des öffentlichen Angebots grundsätzlich den Aktionären als den wirtschaftlichen Eigentümern der Aktiengesellschaft zustehen soll.[217]

Hält das Gesetz Genehmigungs-, Erlaubnis-, Verwaltungsverfahren etc. bereit (für das WpÜG etwa die Befreiung von der Veröffentlichung der Kontrollerlangung und des Pflichtangebots gem. § 37), ist die Beschreitung dieses Wegs das allein angemessene Gefahrenabwehrmittel; § 16 OWiG kommt hier nicht zur Anwendung.[218] **94**

Bei Unterlassungsdelikten finden grundsätzlich dieselben Rechtfertigungsgründe Anwendung wie bei Begehungsdelikten; nur der rechtfertigende Notstand (hier: sog. Pflichtenkollision) erfährt geringfügige Modifizierungen.[219] **95**

V. Die Beteiligung an Ordnungswidrigkeiten gem. § 60

Obwohl in § 30 OWiG die Möglichkeit eröffnet wird, Geldbußen auch gegen juristische Personen und Personenvereinigungen zu verhängen, knüpft die Ahndbarkeit von Ordnungswidrigkeiten immer (noch) an das tatbestandsmäßige Verhalten einer **natürlichen Person** an. Diese Gesetzeslage trägt deutliche Züge eines Kompromisses, der den erwünschten sanktionsrechtlichen Zugriff auf den überindividuellen Verband als Sanktionssubjekt ebenso berücksichtigt wie tradierte individualstrafrechtliche Zurechnungsgrundsätze.[220] Nachfolgend sollen zentrale und für die Anwendung der Bußgeldvorschriften des WpÜG relevante Beteiligungsgrundsätze vorgestellt werden. Dabei ist auch **96**

---

217 Zur Auflösung dieses Grundsatzes durch die verschiedenen Ausnahmetatbestände in § 33 Abs. 1 Satz 2 siehe § 60 Rn. 66 ff.

218 Vgl. *Rengier*, in: KK-OWiG (Fn. 66), § 16 Rn. 43.

219 Siehe dazu *Rengier*, in: KK-OWiG (Fn. 66), Vor §§ 15, 16 Rn. 3 ff.

220 Dazu mit umfassenden Nachweisen *E. Müller*, Die Stellung der juristischen Person im Ordnungswidrigkeitenrecht, 1985, S. 16 ff., 44 ff.; vgl. auch *Schwinge*, Strafrechtliche Sanktionen gegenüber Unternehmen im Bereich des Umweltstrafrechts, 1995, S. 66 f.; *K. Schmidt* (Fn. 34), 132; *Tiedemann* (Fn. 126), 1170 f.; *Deruyck*, ZStW 103 (1991), 705, 715 f.; *Dannecker/Biermann*, in: Immenga/Mestmäcker (Fn. 23), Vor § 81 Rn. 72 ff.

auf Besonderheiten einzugehen, die in vergleichbaren Regelungen des materiellen Strafrechts (§§ 25–29 StGB) keine Entsprechung finden.

1. Handeln für einen anderen (§ 9 OWiG)

a) Funktion der Norm

97 Die von den Ordnungswidrigkeitentatbeständen des § 60 konstituierten Pflichten richten sich in der Praxis öffentlicher Angebotsverfahren ganz überwiegend an juristische Personen, insbesondere an Unternehmen (bzw. Unternehmensträger) in ihrer Funktion als Bieter. Da juristische Personen als reine Rechtskonstruktionen unfähig sind, selbst zu handeln oder zu unterlassen, stellt die Rechtsordnung in § 9 OWiG und – nahezu wortgleich – in § 14 StGB Rechtsnormen zur Verfügung, die festlegen, wer für die juristische Person in verantwortlicher Weise auftreten kann. Beide vorgenannten Vorschriften regeln die sog. **Organ- und Vertreterhaftung** bei Delikten, die ausdrücklich oder nach dem Sachzusammenhang ein besonderes Tätermerkmal voraussetzen. Sie sind in einer modernen Wirtschaft, die durch eine weitgehende innerbetriebliche Arbeitsteilung geprägt ist, notwendig, wenn der primäre Normadressat seine Aufgaben und Pflichten nicht selbst wahrnimmt oder wahrnehmen kann und daher andere stellvertretend für ihn handeln.[221] Verwirklicht in diesen Fällen der Vertreter den Tatbestand, so könnte ohne eine Sondervorschrift weder er noch der Vertretene zur Verantwortung gezogen werden: der Normadressat nicht, weil er nicht gehandelt hat, und der Vertreter nicht, weil er die zur Tatbestandserfüllung vorausgesetzte Täterqualifikation nicht besitzt.[222] Um diese aus der Sicht des Gesetzgebers kriminalpolitisch unangemessene **Ahndungslücke** zu schließen, erweitert § 9 OWiG die personelle Reichweite bestimmter Straf- und Bußgeldvorschriften, indem besondere ahndungsbegründende Tätermerkmale auf Personen „überwälzt" werden, die in einem vom Gesetz näher umschriebenen Vertretungs- oder Auftragsverhältnis für den eigentlichen Normadressaten handeln.[223]

---

221 *Lenckner/Perron*, in: Schönke/Schröder (Fn. 42), § 14 Rn. 1.

222 Amtliche Begründung EEGOWiG, BT-Drucks. V/1319, S. 62.

223 In diesem Sinne etwa *Bruns* (Fn. 121), 8, 35; *Achenbach*, in: FS für Stree und Wessels, 1993, S. 545, 547, der in diesem Zusammenhang von einem „juristischen Patt" spricht; *Lenckner/Perron*, in: Schönke/Schröder (Fn. 42), § 14 Rn. 1, 4; kritisch zur verbreiteten Vorstellung einer durch § 9 OWiG bewirkten „Merkmalsüberwälzung" aber *Rogall*, in: KK-OWiG (Fn. 66), § 9 Rn. 11, der zuvor ausführlich die normtheoretische Struktur des § 9 OWiG behandelt.

b) Anwendungsbereich der Norm

Eine Anwendung der Vorschriften über die Organ- und Vertreterhaftung kommt nur und erst in Betracht, wenn nach Auslegung der anzuwendenden Straf- oder Bußgeldvorschriften feststeht, dass es sich nicht um ein Allgemeindelikt handelt, der Tatbestand also nicht von Jedermann (einschließlich des Vertreters) erfüllt werden kann.[224] § 9 OWiG bezieht sich im Wesentlichen auf die schon oben vorgestellten zwei Fallgruppen der Sonderdelikte. Die Vorschrift betrifft also einmal Tatbestände, die schon dem Wortlaut nach auf einen bestimmten Personenkreis zugeschnitten sind (Vorstand der Zielgesellschaft etc.), und zum anderen Normen, die – wie in § 60 häufig – nach ihrem Sachzusammenhang nur für bestimmte Personen gelten können. Voraussetzung ist dabei immer, dass die bußgeldbewehrte Norm Pflichten oder Aufgaben beschreibt, die durch Dritte wahrgenommen werden können, insbesondere also nicht höchstpersönlicher Natur sind.[225] Der Kreis der Personen, die durch eine Zurechnung der fraglichen Qualifikationsmerkmale zu tauglichen Normadressaten der Sonderdelikte werden können, ist durch § 9 OWiG normativ bindend und damit grundsätzlich abschließend umschrieben.[226] **98**

Ob die Rechtshandlung, welche die Vertretungsbefugnis oder das Auftragsverhältnis begründen sollte, unwirksam ist, spielt gem. § 9 Abs. 3 OWiG keine Rolle. Es genügt damit die tatsächliche Übernahme des Aufgabenkreises. Die Rechtsprechung und ein Teil der Lehre wendet die Bestimmungen über die Organhaftung (§ 9 Abs. 1 OWiG) allerdings nicht nur auf Fälle einer zivilrechtlich unwirksamen oder fehlerhaften Organbestellung an. Vielmehr sollen zur Vermeidung von Gesetzesumgehungen[227] auch Personen in die Pflichtenstellung einrücken, bei denen eine wirksame Bestellung überhaupt nicht geplant war, die aber gleichwohl mit Zustimmung oder Duldung des Vertretenen neben oder anstelle von bestellten Organen eine organgleiche Position eingenommen haben (sog. **faktisches Organ**).[228] Die Gegenan- **99**

224 *Rebmann/Roth/Herrmann* (Fn. 68), § 9 Rn. 1; *Rogall*, in: KK-OWiG (Fn. 66), § 9 Rn. 22 m.w.N.; *Samson*, in: SK-StGB (Fn. 67), § 14 Rn. 2a.

225 *Rogall*, in: KK-OWiG (Fn. 66), § 9 Rn. 32 ff. m.w.N.

226 Vgl. *Rogall*, in: KK-OWiG (Fn. 66), § 9 Rn. 23 m.w.N.; *Lenckner/Perron*, in: Schönke/Schröder (Fn. 42), § 14 Rn. 4.

227 So etwa BGH, 24.6.1952 – 1 StR 153/52, BGHSt 3, 32, 37; BGH, 28.6.1966 – 1 StR 414/65, BGHSt 21, 101, 105; BGH, 22.9.1982 – 3 StR 287/82, BGHSt 31, 118, 122; *Dierlamm*, NStZ 1996, 153, 155.

228 Zum „faktischen" Geschäftsführer aus der jüngeren Rechtsprechung nur BGH, 22.9.1982 – 3 StR 287/82, BGHSt 31, 118, 122; BGH, 8.11.1989 – 3 StR 249/89,

sicht hält diese Lehre vom faktischen Organ für unvereinbar mit dem in Art. 103 Abs. 2 GG verankerten Gesetzlichkeitsprinzip.[229]

Die Regelung über die Vertreter- und Organhaftung führt nicht zu einem befreienden Pflichtenübergang auf den Vertreter. Vielmehr deutet schon das Merkmal „auch" in § 9 Abs. 1 OWiG darauf hin, dass eine ahndungsrechtliche Verantwortlichkeit des Vertretenen beim Vorliegen der weiteren Ahndungsvoraussetzungen in seiner Person bestehen bleibt,[230] die Pflichtendelegation also seine Verantwortung nicht bricht.

c) Fallgruppen der Vertretung

100 § 9 OWiG unterscheidet bei der Organ- und Vertreterhaftung zwischen der **gesetzlichen Vertretung** (Abs. 1) und der **gewillkürten Vertretung** (Abs. 2).

aa) Gesetzliche Vertretung (§ 9 Abs. 1 OWiG)

Adressaten der Merkmalszurechnung können gem. § 9 Abs. 1 Nr. 1 OWiG zunächst vertretungsberechtigte Organe juristischer Personen sowie Mitglieder dieser Organe sein. Juristische Personen sind Organisationen mit eigener Rechtspersönlichkeit. Als vertretungsberechtigte und daher mit Leitungsbefugnissen ausgestattete Organe sind im vorliegenden Zusammenhang insbesondere zu nennen der Vorstand der Aktiengesellschaft (§§ 76 Abs. 2, 78 AktG), der Komplementär bei der KGaA (§ 278 AktG, § 170 HGB) sowie der Geschäftsführer der GmbH (§§ 13 Abs. 1, 35 GmbHG).[231] Bei mehrgliedrigen Organen rückt jedes Mitglied des Organs in die Pflichtenstellung der juristischen Person ein. Dabei spielt es zunächst keine Rolle, wie die Zuständigkeiten intern durch Satzung, Geschäftsordnung etc. aufgeteilt

---

wistra 1990, 97, 98; BGH, 10.7.1996 – 3 StR 50/96, NJW 1997, 66, 67; BayObLG, 20.2.1997 – 5 St RR 159/96, NJW 1997, 1936; BGH, 10.5.2000 – 3 StR 101/00, wistra 2000, 307, 308 f. m. w. N.; aus der Lehre *Schünemann*, in: LK (Fn. 86), § 14 Rn. 68 ff.; *Dierlamm* (Fn. 227), 156 f.

229 Dezidiert gegen eine „tatsächliche" Betrachtungsweise neben der Anwendung von § 9 OWiG (§ 14 StGB) *Tiedemann*, NJW 1977, 777, 779; *ders.* (Fn. 125), 1850 f.; weiter *Dannecker/Biermann*, in: Immenga/Mestmäcker (Fn. 23), Vor § 81 Rn. 59; *Rogall*, in: KK-OWiG (Fn. 66), § 9 Rn. 48, jeweils m. w. N.

230 Vgl. OLG Düsseldorf, 16.8.1989 – 5 Ss (OWi) 298/89 – (OWi) 126/89 I, wistra 1990, 78, 79; OLG Karlsruhe, 17.9.1980 – 2 Ss 80/80, NStZ (bei *Göhler*) 1981, 55; *Lenckner/Perron*, in: Schönke/Schröder (Fn. 42), § 14 Rn. 7 m. w. N.

231 Eine Auflistung weiterer vertretungsberechtigter Organe findet sich bei *Rogall*, in: KK-OWiG (Fn. 66), § 9 Rn. 43 f.

sind.[232] Ob bzw. wann das intern nicht zuständige Organ für Vorgänge außerhalb seines Geschäftsbereichs tatsächlich persönlich verantwortlich gemacht werden kann, ist dann eine nach allgemeinen Regeln zu entscheidende Frage.[233] noch **100**

Richtet sich die Bußgeldnorm dagegen direkt an das Organ der juristischen Person (z. B. an den Vorstand der Zielgesellschaft [AG oder KGaA] gem. § 60 Abs. 1 Nr. 1 b i.V.m. § 27 Abs. 3 Satz 1), bedarf es der Haftungserstreckung durch Pflichtenüberleitung gem. § 9 OWiG nicht, obwohl materiell ein Handeln für einen anderen vorliegt. Denn Normadressat ist hier von vornherein das Leitungsorgan.[234]

§ 9 Abs. 1 Nr. 2 OWiG erfasst daneben die vertretungsberechtigten Gesellschafter einer Personenhandelsgesellschaft, also einer Personengesellschaft, deren Zweck auf den Betrieb eines Handelsgewerbes gerichtet ist. Danach gehören zum Kreis tauglicher Organwalter die zur Vertretung ermächtigten Gesellschafter der OHG (§ 125 HGB) und die persönlich haftenden Gesellschafter (Komplementäre) der KG (§§ 161, 170 HGB).[235] Bei der GmbH & Co. KG ist vertretungsberechtigter Gesellschafter die GmbH, für die durch eine weitere „Überwälzung" des in Rede stehenden Merkmals gem. § 9 Abs. 1 Nr. 2 OWiG ihr Geschäftsführer zum Normadressaten wird.[236] Die Partnerschaftsgesellschaft wie die Gesellschaft bürgerlichen Rechts (GbR)[237] gehören nicht zu den Personenhandelsgesellschaften, da sie kein Handelsgewerbe ausüben (vgl. nur § 1 Abs. 1 Satz 2 PartGG). Bei den anderen körperschaftlich organisierten Personenvereinigungen (nichtrechtsfähiger Verein, Gewerkschaften) sind die Gesellschafter selbst Normadressaten.[238] Soweit Vertreter handeln, die der Personenvereini-

---

232 Vgl. BGH, 15. 10. 1996 – VI ZR 319/95, BGHZ 133, 370, 377; BGH, 8. 11. 1989 – 3 StR 249/89, wistra 1990, 97, 98; OLG Bremen, 2. 3. 1981 – Ss (B) 120/80, NStZ 1981, 265; OLG Hamm, 28. 10. 1970 – 4 Ss OWi 423/70, NJW 1971, 817; OLG Koblenz, 16. 4. 1970 – 1 Ws (a) 155/70, VRS 39 (1970), 117, 119; *Rogall*, in: KK-OWiG (Fn. 66), § 9 Rn. 45 m. w. N.

233 *Lenckner/Perron*, in: Schönke/Schröder (Fn. 42), § 14 Rn. 19.

234 Vgl. *Lenckner/Perron*, in: Schönke/Schröder (Fn. 42), § 14 Rn. 4.

235 Zur Einbeziehung der Europäischen Wirtschaftlichen Interessenvereinigung (EWIV) siehe *Rogall*, in: KK-OWiG (Fn. 66), § 9 Rn. 51, 53.

236 BGH, 4. 4. 1979 – 3 StR 488/78, BGHSt 28, 371, 372; BGH, 29. 11. 1983 – 5 StR 616/83, wistra 1984, 71; *Rogall*, in: KK-OWiG (Fn. 66), § 9 Rn. 53 m. w. N.

237 Die GbR fällt auch nach der bahnbrechenden Entscheidung des II. Zivilsenats des BGH v. 29. 1. 2001 (II ZR 331/00, NJW 2001, 1056) zur (Außen-)GbR nicht unter § 9 Abs. 1 und § 30 Abs. 1 OWiG; vgl. dazu die Ausführungen unter Rn. 130.

238 Amtliche Begründung EEGOWiG, BT-Drs. V/1319, S. 63; *Rogall*, in: KK-OWiG (Fn. 66), § 9 Rn. 51.

gung nicht angehören, kommt eine Ahndung nur im Rahmen von § 9 Abs. 2 OWiG in Betracht.[239]

§ 9 Abs. 1 Nr. 3 erstreckt schließlich die Normadressateneigenschaft auf alle gesetzlichen Vertreter, also Personen, deren Vertretungsbefugnis sich nicht aus einer Vollmacht ergibt, sondern sich in Begründung und Inhalt allein aus dem Gesetz ableitet. Dazu sind Eltern und Vormünder, aber auch Parteien kraft Amtes wie Insolvenzverwalter, Nachlassverwalter und Testamentsvollstrecker zu rechnen.[240]

bb) Gewillkürte Vertretung (§ 9 Abs. 2 OWiG)

101 Die Fälle der gewillkürten Vertretung (sog. Substitutenhaftung) werden durch § 9 Abs. 2 OWiG geregelt. Erfasst wird grundsätzlich nur die Vertretung in Betrieben (Abs. 2 Satz 1) und Unternehmen (Abs. 2 Satz 2) sowie das Auftreten für Stellen, die Aufgaben der öffentlichen Verwaltung wahrnehmen (Abs. 2 Satz 3), nicht aber eine gewillkürte Vertretung im privaten Bereich.[241] Die Rechtsform, unter der der Betrieb oder das Unternehmen geführt wird, ist ebenso unerheblich wie die Frage, ob Inhaber des Verbandes eine juristische Person, eine Personengesellschaft oder eine natürliche Person ist.[242]

102 Die Ausdehnung der ordnungswidrigkeitenrechtlichen Verantwortung setzt zunächst in allen Fällen gewillkürter Vertretung voraus, dass die Pflichten vom Inhaber des Betriebes (bzw. des Unternehmens) oder einem sonst dazu Befugten übertragen werden.[243] Soweit der Betriebsinhaber keine natürliche Person und damit nicht schon als primärer Normadressat zur Pflichtendelegation an Beauftragte im Rahmen des § 9 Abs. 2 OWiG befugt ist, erfolgt die Beauftragung durch die Organe der juristischen Person oder – im Falle von Personengesellschaften – durch die zur Vertretung der Gesellschaft berechtigten Gesellschafter.[244] Daneben kann die Handlungsermächtigung auch durch einen zur Auftragserteilung sonst Befugten erteilt werden. Die Befugnis zur Beauftragung kann sich im Einzelfall aus gesetzlichen Vorschriften ergeben.[245] Im

239 *Marxen*, in: NK-StGB (Fn. 60), § 14 Rn. 50.

240 Einzelheiten bei *Rebmann/Roth/Herrmann* (Fn. 68), § 9 Rn. 23 ff.; *Rogall*, in: KK-OWiG (Fn. 66), § 9 Rn. 55 f.

241 *Cramer*, in: Assmann/Schneider (Fn. 21), Vor § 38 Rn. 21.

242 *Rogall*, in: KK-OWiG (Fn. 66), § 9 Rn. 65 m.w.N.

243 Vgl. BayObLG, 21.9.1993 – 2 ObOWi 354/93, NZV 1994, 82.

244 *Rebmann/Roth/Herrmann* (Fn. 68), § 9 Rn. 35.

245 Vgl. Amtliche Begründung EEGOWiG, BT-Drs. V/1319, S. 64 mit Beispielen; *Demuth/Schneider*, BB 1970, 642, 645.

Normalfall wird sie sich aber auf eine generelle oder spezielle Vollmacht sowie auf die Betrauung mit Organisationsaufgaben zurückführen lassen.[246] Da die übertragenen Aufgaben Selbstständigkeit und Entscheidungsbefugnis („in eigener Verantwortung") in der Auftragsdurchführung voraussetzen, werden in der Regel auch nur Personen, die ebenfalls mit Entscheidungsmacht ausgestattet sind und Leitungsverantwortung tragen (z.B. ein Prokurist), zur Auftragserteilung berechtigt sein.[247]

Als gewillkürter Vertreter sieht § 9 Abs. 2 Satz 1 Nr. 1 OWiG zunächst die Personen vor, die vom Betriebsinhaber etc. beauftragt sind, den Betrieb (oder das Unternehmen) ganz oder zum Teil zu leiten. Die „Überwälzung" der Pflichten auf den Vertreter setzt immer voraus, dass der Betreffende mit der eigenverantwortlichen Wahrnehmung von **Leitungsaufgaben** beauftragt worden ist und diese auch wirklich übernommen hat.[248] Die Leitungsfunktion kann sich dabei beziehen auf den Gesamtbetrieb oder eine betriebliche Organisationseinheit. Damit können auch Leiter von (verselbstständigten) Teilbereichen eines Betriebs (Personal, Revision, Buchhaltung, Recht etc.) in die Pflichtenstellung des Betriebsinhabers einrücken und beim Vorliegen der weiteren Voraussetzungen straf- und bußgeldrechtlich zur Verantwortung gezogen werden.[249] Dieser Befund kann im Rahmen eines öffentlichen Angebotsverfahrens für Personen mit Leitungsaufgaben z.B. dann relevant werden, wenn ihre Abteilung mit der Vorbereitung und Erstellung der Angebotsunterlagen betraut worden ist. **103**

Liegen die Voraussetzungen des § 9 Abs. 2 Satz 1 Nr. 1 OWiG nicht vor, ist immer zu prüfen, ob der Fall nicht von § 9 Abs. 2 Satz 1 Nr. 2 OWiG erfasst wird. Diese Norm dehnt die bußgeldrechtliche Verantwortung auf solche Personen aus, die vom Betriebsinhaber etc. ausdrücklich beauftragt sind, in eigener Verantwortung Aufgaben wahrzunehmen, die dem Inhaber des Betriebes obliegen. Um eine Gleichwer- **104**

---

246 *Rogall*, in: KK-OWiG (Fn. 66), § 9 Rn. 72 m. w. N.

247 *Demuth/Schneider* (Fn. 245), 645; *Rebmann/Roth/Herrmann* (Fn. 68), § 9 Rn. 35.

248 *Rogall*, in: KK-OWiG (Fn. 66), § 9 Rn. 75 m. w. N.

249 *Rebmann/Roth/Herrmann* (Fn. 68), § 9 Rn. 38 m. w. N. Die Gleichstellung des Teilleiters mit dem (Gesamt-)Betriebsleiter erfordert, dass der Betriebsteil eine herausgehobene Selbstständigkeit und Bedeutung hat (OLG Karlsruhe, 26.8.1974 – Ss [B] 135/74, VRS 48 [1975], 157; *Schünemann*, in: LK [Fn. 86], § 14 Rn. 57); für eine einschränkende Auslegung in Zweifelsfällen daher *Rogall*, in: KK-OWiG (Fn. 66), § 9 Rn. 77; eine weite Auslegung präferieren dagegen OLG Stuttgart, 28.5.1980 – 1 Ss 406/80, Die Justiz 1980, 419, 420; *Göhler* (Fn. 31), § 9 Rn. 21; *Achenbach*, in: FK-GWB (Fn. 33), Vor § 81 Rn. 57, jeweils m. w. N.

tigkeit der Pflichterfüllung durch den Vertreter und den vertretenen Betriebsinhaber sicherzustellen, muss der ausdrücklich[250] Beauftragte in einem Teilbereich eine sachliche Entscheidungskompetenz besitzen.[251] Da der Beauftragte dem Betrieb nicht angehören muss, kommen als Normadressaten gem. § 9 Abs. 2 Satz 1 Nr. 2 OWiG auch für den Betrieb tätige Anwälte, Wirtschaftsprüfer, Steuerberater etc. in Betracht, sofern sie eigenverantwortlich handeln.[252] Beschränkt sich ihre Aufgabe dagegen auf eine rein beratende Tätigkeit, während die Entscheidungskompetenz beim Betriebsinhaber verbleibt, liegen die Voraussetzungen einer wirksamen Beauftragung nicht vor.[253] Die im Rahmen eines öffentlichen Angebotsverfahrens professionell auf Seiten des Bieters oder der Zielgesellschaft mitwirkenden Rechts- und Finanzberater fallen damit regelmäßig nicht in den Anwendungsbereich der Vorschrift, da jedenfalls die Letztentscheidungsbefugnis hinsichtlich der Veröffentlichung der Bieterentscheidung, der Erstellung der Angebotsunterlage etc. bei den betroffenen Unternehmensleitern verbleibt.

d) Handeln „als" Organ bzw. „aufgrund" des Auftrages

105 Die Anwendbarkeit des § 9 OWiG setzt voraus, dass die darin angesprochenen Personen in ihrer Eigenschaft „als" Organ bzw. „aufgrund" des Auftrages handeln (oder unterlassen). Dieser sog. **Vertretungsbezug der Handlung**[254] wird unterschiedlich interpretiert. Die zu § 14 StGB vom BGH im Rahmen der Abgrenzung von Insolvenzdelikten und Untreue entwickelte **Interessentheorie** verlangt, dass der Täter bei seiner Tat jedenfalls *auch* im Interesse des Vertretenen gehandelt hat.[255] Das

---

250 Das Merkmal der „Ausdrücklichkeit" soll sicherstellen, dass dem Auftragnehmer gegenüber deutlich zum Ausdruck gebracht wird, dass dieser nun zur eigenverantwortlichen Wahrnehmung der Aufgaben verpflichtet ist; es hat also in erster Linie eine Rechtssicherheit und Transparenz gewährleistende Funktion, *Rebmann/Roth/Herrmann* (Fn. 68), § 9 Rn. 42 m. w. N.

251 Den Begriff der Eigenverantwortlichkeit behandelt ausführlich *Rogall*, in: KK-OWiG (Fn. 66), § 9 Rn. 80.

252 Vgl. nur *Rogall*, in: KK-OWiG (Fn. 66), § 9 Rn. 78, 81; *Schmid*, in: Müller-Gugenberger/Bieneck (Fn. 124), § 30 Rn. 64; *Dörn*, DStZ 1993, 478, 480.

253 *Demuth/Schneider* (Fn. 245), 646; *Rogall*, in: KK-OWiG (Fn. 66), § 9 Rn. 81; *Dörn* (Fn. 252), 481: „In dem weiten Zwischenbereich der Erteilung eines Rats und selbstständigen Erklärungen ist es Tatfrage, ob der Berater im Einzelfall ausdrücklich beauftragt wurde, eigenverantwortlich Aufgaben des Betriebsinhabers wahrzunehmen".

254 *Marxen*, in: NK-StGB (Fn. 60), § 14 Rn. 30 ff.

255 Ständige Rechtsprechung seit BGH, 16.5.1962 – 2 StR 76/62, GA 1963, 307; BGH, 21.5.1969 – 4 StR 27/69, NJW 1969, 1494; BGH, 4.4.1979 – 3 StR 488/

nötige Interesse soll dabei nach wirtschaftlichen Gesichtspunkten ermittelt werden.[256] Handelt der Täter ausschließlich eigennützig oder nur „gelegentlich" der Vertretertätigkeit, ist er danach nicht als Vertreter tätig.[257] Eine starke Strömung in der strafrechlichen Lehre fordert dagegen einen objektiv funktionalen Zusammenhang des Vertreterhandelns mit der Vertreterposition (sog. **Funktionstheorie**).[258]

Besondere Schwierigkeiten bereitet bei der Bestimmung des Vertretungsbezugs die Frage, wer bei einem mehrgliedrigen Organ als Vertreter handelt (oder unterlässt), wenn die Vertretungsmacht durch Geschäftsverteilung intern auf verschiedene Geschäftsbereiche verteilt ist, also etwa innerhalb des Bieterunternehmens die Pflicht zur Veröffentlichung der Angebotsunterlage gem. § 14 Abs. 2 Satz 1 aufgrund des Geschäftsverteilungsplans nur ein Vorstandsmitglied trifft und dieses seiner Verpflichtung nicht oder nur unzureichend nachkommt. Die oben angenommene Normadressaten-/Tätereigenschaft aller Organe, der gesellschaftsrechtlich der Grundsatz der kollektiven Verantwortung entspricht, muss im Bereich des Straf- und Ordnungswidrigkeitenrechts unter dem Gesichtspunkt der tatbestandlichen Voraussetzungen eines Unterlassungsdelikts (insbesondere der Möglichkeit und Zumutbarkeit des gebotenen Handelns) modifiziert werden.[259] Hat etwa in einem ressortaufgeteilten Vorstand ein hochspezialisierter technischer Vorstand mit dem federführend von der Rechtsabteilung durchgeführten öffentlichen Angebotsverfahren nichts weiter zu tun und sind Mängel in der Abwicklung nicht offenkundig, wird man dem nichtressortzuständigen Vorstandsmitglied das Fehlverhalten mangels Kenntnis der seine Interventionspflicht auslösenden tatsächlichen Anhaltspunkte schwerlich anlasten können.[260] **106**

78, BGHSt 28, 371, 372 ff.; 34, 221 ff.; aus der Literatur *Arloth*, NStZ 1990, 570 ff.; *Schäfer*, wistra 1990, 81, 83 ff.; *Marxen*, in: NK-StGB (Fn. 60), § 14 Rn. 31 f.; *Demuth/Schneider* (Fn. 245), 644; siehe auch *Schünemann*, in: LK (Fn. 86), § 14 Rn. 51.

256 BGH, 21.5.1969 – 4 StR 27/69, NJW 1969, 1494; BGH, 20.5.1981 – 3 StR 94/81, BGHSt 30, 127, 128 m.w.N.

257 BGH, 21.5.1969 – 4 StR 27/69, NJW 1969, 1494 f.

258 So etwa *Göhler* (Fn. 31), § 9 Rn. 15a; *Lenckner/Perron*, in: Schönke/Schröder (Fn. 42), § 14 Rn. 26; teilweise werden Interesse und Funktion in die Betrachtung einbezogen, vgl. *Rogall*, in: KK-OWiG (Fn. 66), § 9 Rn. 61; *Rebmann/Roth/Herrmann* (Fn. 68), § 9 Rn. 28.

259 Instruktiv dazu *Rogall*, in: KK-OWiG (Fn. 66), § 9 Rn. 62 ff.; *Demuth/Schneider* (Fn. 245), 644 f.; weiter *Rebmann/Roth/Herrmann* (Fn. 68), § 9 Rn. 29 ff.

260 Siehe zur persönlichen Haftung der Vorstandsmitglieder im ressortaufgeteilten Vorstand einer AG *Heimbach/Boll*, VersR 2001, 801 ff.

2. Beteiligung und Einheitstäterbegriff (§ 14 OWiG)

107 Aus Gründen der vereinfachten Rechtsanwendung geht das deutsche Ordnungswidrigkeitenrecht von einem **einheitlichen Täterbegriff** aus.[261] Abweichend von den §§ 25 ff. des StGB kommt es danach für die Beteiligung an einer Ordnungswidrigkeit auf die Unterscheidung von Täterschaft und Teilnahme nicht an. § 14 Abs. 1 Satz 1 OWiG bestimmt vielmehr in nivellierender Weise, dass jeder, der sich an einer Ordnungswidrigkeit beteiligt, ordnungswidrig handelt, unabhängig davon, in welcher Form er zur Verwirklichung des Tatbestandes beiträgt. Der Anwendungsbereich und zahlreiche Details dieser Vorschrift sind umstritten. Konsens besteht nur darüber, dass § 14 OWiG die Differenzierung zwischen Mittäterschaft, Anstiftung und Beihilfe aufhebt.[262] In einer grundlegenden Entscheidung aus dem Jahre 1983 hat der BGH für die Rechtspraxis darüber hinaus insoweit Klarheit geschaffen, dass die Beteiligung i. S. v. § 14 Abs. 1 Satz 1 OWiG die vorsätzliche Mitwirkung an einem vorsätzlichen Handeln eines anderen voraussetzt.[263] Die „Anstiftung" oder „Beihilfe" zur fahrlässig begangenen Ordnungswidrigkeit werden damit ebenso wenig erfasst wie die fahrlässige „Anstiftung" oder „Beihilfe" zum vorsätzlich begangenen Delikt eines anderen.[264] In Betracht kommt hier allerdings die eigene fahrlässige (Neben-)Täterschaft eines tauglichen Normadressaten an einer fahrlässig begehbaren Ordnungswidrigkeit.[265]

---

261 Vgl. die amtliche Begründung EGOWiG, BT-Drs. V/1269, S. 28, 48; *Rebmann/ Roth/Herrmann* (Fn. 68), § 14 Rn. 4; *Lemke*, in: HK-OWiG (Fn. 126), § 14 Rn. 2; zweifelnd im Hinblick auf den Eintritt eines Vereinfachungseffekts *Rengier*, in: KK-OWiG (Fn. 66), § 14 Rn. 14 f.; *Mitsch* (Fn. 19), II § 9 Rn. 19. Zweck der Regelung ist es dagegen nicht, die Ahndungsmöglichkeiten gegenüber dem Strafrecht auszuweiten, vgl. *Göhler* (Fn. 31), § 14 Rn. 2; *Fischötter*, in: Gemeinschaftskommentar: Gesetz gegen Wettbewerbsbeschränkungen und europäisches Kartellrecht, 1980, Vor § 38 a. F. Rn. 14 m. w. N.

262 Siehe z. B. KG, 28.10.1985 – 3 Ws (B) 50/85, VRS 70 (1986), 294, 295; OLG Karlsruhe, 5.12.1985 – 3 Ss 121/85, NStZ 1986, 128, 129 m. w. N.; *Brammsen*, NJW 1980, 1729 m. w. N. Nach h. M. soll § 14 OWiG die mittelbare Täterschaft und die Nebentäterschaft nicht erfassen, siehe nur *Mitsch* (Fn. 19), II § 9 Rn. 23, 27; *Achenbach*, in: Bausteine des europäischen Strafrechts, 1995, S. 283, 286; *Rengier*, in: KK-OWiG (Fn. 66), § 14 Rn. 4 m. w. N. auch zur Gegenansicht.

263 BGH, 6.4.1983 – 2 StR 547/82, BGHSt 31, 309, 311 ff. mit zust. Besprechung von *Göhler*, wistra 1983, 242, und abl. Anmerkung von *Kienapfel*, NJW 1983, 2236 f.; eine ausführliche Rechtfertigung dieser Entscheidung unternimmt *Rengier*, in: KK-OWiG (Fn. 66), § 14 Rn. 5 ff.

264 Dezidiert anderer Ansicht *Mitsch* (Fn. 19), II § 9 Rn. 57; *Kienapfel*, NJW 1970, 1826, 1830.

265 OLG Karlsruhe, 5.12.1985 – 3 Ss 121/85, NStZ 1986, 128 f. m. w. N.; ausführlich dazu *Rengier*, in: KK-OWiG (Fn. 66), § 14 Rn. 104 ff.

In unverkennbarer Parallele zum System der Täterschafts- und Teilnahmeregelungen des StGB fordert die h. M. für die Verwirklichung des **objektiven Tatbestandes** der Beteiligung zunächst das Vorliegen einer vorsätzlich und rechtswidrig begangenen Bezugstat (§ 14 Abs. 2 und 3 OWiG).[266] Dabei ist es – als Ausdruck limitierter Akzessorietät – für die Ahndbarkeit des Beteiligten unerheblich, wenn der Täter der Bezugstat („Haupttat") nicht vorwerfbar i. S. v. §§ 1 Abs. 1, 12 OWiG handelt (§ 14 Abs. 3 Satz 1 OWiG). Bestimmt das Gesetz, dass besondere persönliche Merkmale die Möglichkeit der Ahndung ausschließen, so gilt dies nur für den Beteiligten, bei dem sie vorliegen (§ 14 Abs. 3 Satz 2 OWiG). **108**

Eine Beteiligung i. S. v. § 14 Abs. 1 Satz 1 OWiG liegt nach h. M. vor, wenn das in Frage stehende Verhalten des Beteiligten für die Verwirklichung des Bußgeldtatbestandes ursächlich oder förderlich war.[267] Ersichtlich werden hier die Mindestvoraussetzungen des objektiven Tatbeitrags unter Rückgriff auf Kriterien beschrieben, die im Strafrecht – nicht ohne berechtigte Kritik[268] – zur Beihilfe als der schwächsten Teilnahmeform entwickelt worden sind. Ausreichend für eine Beteiligung ist demnach eine mitwirkende Kausalität in dem Sinne, dass das Verhalten des Beteiligten die Tatbestandsverwirklichung ermöglicht, erleichtert, intensiviert oder absichert.[269] Eine Beteiligung ist auch in Form des Unterlassens möglich, bei unechten Unterlassungsdelikten jedoch nur dann, wenn die Voraussetzungen einer Garantenstellung gegeben sind.[270] Zur Ahndbarkeit muss hier in Umkehrung vorstehender Erwägungen zur Beteiligung durch Tun festgestellt werden, dass der Beteiligte es unterlassen hat, den Ablauf der Tat zu verhindern, zu erschweren, abzuschwächen oder für den Täter riskanter zu machen.[271] **109**

---

266 So etwa *Rebmann/Roth/Herrmann* (Fn. 68), § 14 Rn. 13; *Lemke*, in: HK-OWiG (Fn. 126), § 14 Rn. 4; *Rengier*, in: KK-OWiG (Fn. 66), § 14 Rn. 5, 8 ff.; differenzierend *Göhler* (Fn. 31), § 14 Rn. 5 a ff.; ablehnend *Mitsch* (Fn. 19), II § 9 Rn. 57.

267 Statt vieler: *Lemke*, in: HK-OWiG (Fn. 126), § 14 Rn. 5; *Göhler* (Fn. 31), § 14 Rn. 6. Die h. M. lässt dabei eine Beteiligungshandlung im Stadium der Vorbereitung bis zur Beendigung der Tat zu, vgl. *Rengier*, in: KK-OWiG (Fn. 66), § 14 Rn. 25 m. w. N.

268 Vgl. *Samson*, in: SK-StGB (Fn. 67), § 27 Rn. 8, 15, 18.

269 Siehe *Rengier*, in: KK-OWiG (Fn. 66), § 14 Rn. 22 f.; *Achenbach*, in: FK-GWB (Fn. 33), Vor § 81 Rn. 62, jeweils m. w. N.

270 Zur fehlenden praktischen Bedeutung des § 14 im Bereich des Unterlassungsdelikts vgl. *Rengier*, in: KK-OWiG (Fn. 66), § 14 Rn. 28.

271 BGH, 19. 12. 1997 – 5 StR 569/96, BGHSt 43, 381, 397 m. w. N.; BGH, 25. 8. 1982 – 1 StR 78/82, StV 1982, 516, 517, jeweils zu § 27 StGB; BayObLG, 27. 8. 1993 –

110 Der **subjektive Tatbestand** einer Beteiligung gemäß § 14 OWiG setzt nach heute ganz überwiegender Ansicht Vorsatz hinsichtlich sämtlicher objektiver Tatbestandsmerkmale sowie der Vollendung der Bezugstat voraus.[272] Das bedeutet vor allem, dass der Beteiligte die in Aussicht genommene Bezugstat in ihren wesentlichen Umrissen kennen muss und sich der Vorsatz weiterhin auf die unterstützende Wirkung seines eigenen Tatbeitrags zu erstrecken hat.[273]

111 Besonderes Augenmerk ist bei der Prüfung einer ahndbaren Beteiligung auf § 14 Abs. 1 Satz 2 OWiG zu legen. Danach reicht es für die Ahndung aus, wenn besondere persönliche Merkmale i. S. v. § 9 Abs. 1 OWiG, welche die Möglichkeit der Ahndung begründen, nur bei einem Beteiligten vorliegen. Diese ahndbarkeitsausdehnende Vorschrift ermöglicht es, auch Personen, denen das Gesetz nicht primär oder nach Delegation gem. § 9 OWiG Sonderpflichten auferlegt, ordnungswidrigkeitenrechtlich zur Verantwortung zu ziehen, selbst wenn sie sich nur – nach herkömmlicher strafrechtlicher Terminologie – als „Gehilfe" oder „Anstifter" beteiligen.[274] Dies können im Rahmen von öffentlichen Übernahmeverfahren einmal **externe Berater** von Bieter oder Zielgesellschaft (Finanz-/Investmentberater, Rechtsanwälte, Wirtschaftsprüfer etc.) sein, wenn sie vorsätzlich an einer vorsätzlich begangenen Pflichtverletzung des Normadressaten gem. § 60 mitwirken, aber auch **Betriebsangehörige in untergeordneter Stellung.**[275] Man denke nur an einen Rechts- oder Finanzberater, der dazu anstiftet oder sonst bewusst daran mitwirkt, dass der über die Pflichten nach WpÜG

---

2 ObOWi 280/93, NJW 1994, 62, 63; KG, 28.10.1985 – 3 Ws (B) 50/85, VRS 70 (1986), 294, 297; *Rengier*, in: KK-OWiG (Fn. 66), § 14 Rn. 27.

272 Klarstellend BGH, 6.4.1983 – 2 StR 547/82, BGHSt 31, 309, 311 ff.; weiter BGH, 7.4.1983 – 1 StR 207/83, NStZ 1983, 462; BGH, 12.9.1984 – 3 StR 245/84, StV 1985, 100, jeweils zu § 27 StGB; ausführlich zum Streitstand und den ausgetauschten Argumenten *Rengier*, in: KK-OWiG (Fn. 66), § 14 Rn. 5 ff.

273 Näher *Rengier*, in: KK-OWiG (Fn. 66), § 14 Rn. 31 ff., und – für das Kartellrecht – *Achenbach*, in: FK-GWB (Fn. 33), Vor § 81 Rn. 64.

274 Kritisch zu dieser „Täterschaft ohne Täterqualität" *Welp*, VOR 1972, 299, 318, 320; *Rebmann/Roth/Herrmann* (Fn. 68), § 14 Rn. 26; vgl. auch *Mitsch* (Fn. 19), II § 9 Rn. 48; zur Verteidigung von § 14 Abs. 1 Satz 2 OWiG ausführlich *Rengier*, in: KK-OWiG (Fn. 66), § 14 Rn. 40 ff.

275 Vgl. für den Bereich der Kartellordnungswidrigkeiten *Fischötter*, in: Gemeinschaftskommentar (Fn. 261), Vor § 38 a. F. Rn. 14; *Rengier*, in: KK-OWiG (Fn. 66), § 14 Rn. 67. Das BKartA hat eine Beteiligung i. S. v. § 9 OWiG a. F. (jetzt § 14 OWiG) an Kartellordnungswidrigkeiten in Fällen angenommen, in denen Firmenjuristen beratend tätig waren, z. B. Vertragstexte entwarfen und/oder Zusammenkünfte veranlasst hatten, BKartA v. 15.3.1972 – KartB 21/72 – „Polyamid", BKartA WuW/E 1393, 1395, 1398, 1402, 1404, 1406.

aufgeklärte Bieter die Kontrollerlangung nicht unverzüglich veröffentlicht (§ 60 Abs. 1 Nr. 1 a i.V.m. § 35 Abs. 1 Satz 1).

Aus dem Kreis ahndbarer Beteiligungen i. S. v. § 14 Abs. 1 OWiG ausgeschieden werden die Fälle sog. **notwendiger Beteiligung**. Dabei handelt es sich um das Verhalten einer Person, das nach der Deliktsbeschreibung im Bußgeldtatbestand unverzichtbare Bedingung dafür ist, dass dieser Tatbestand überhaupt von einer anderen Person als Täter verwirklicht werden kann.[276] Zwar existieren erhebliche Unsicherheiten über die Beantwortung der Frage, unter welchen besonderen Umständen die Beteiligung ahndungslos ist, wenn deren allgemeine Voraussetzungen vorliegen.[277] In Rechtsprechung und Literatur werden jedoch zwei Fallgruppen übereinstimmend beurteilt:[278] **112**

Der notwendig Beteiligte kann zunächst dann nicht ordnungswidrigkeitenrechtlich geahndet werden, wenn er sich auf die bloße Mitwirkung an der vom Gesetzgeber vorausgesetzten Tatbestandsverwirklichung beschränkt, also über seine „Rolle" nicht hinaus geht. Damit kann etwa gegen den Betreiber eines überregionalen Börsenpflichtblattes, der die ihm vom Bieter übermittelte Angebotsunterlage nicht rechtzeitig oder nicht richtig veröffentlicht, auch dann keine Geldbuße verhängt werden, wenn er erkennt, dass der Bieter seine diesbezüglichen Pflichten vorsätzlich verletzt. Denn seine Beteiligung beschränkt sich auf die von § 60 Abs. 1 Nr. 1 a i.V.m. § 14 Abs. 2 Satz 1, Abs. 3 Satz 1 vorausgesetzte Mitwirkung an der Veröffentlichung. Als Adressat einer ordnungswidrigkeitenrechtlichen Sanktion kommt weiter derjenige nicht in Betracht, der zwar mehr tut, als zur Erfüllung des Tatbestandes erforderlich ist, durch den Tatbestand aber gerade geschützt werden soll. In Zweifelsfällen muss vom Sinn und Zweck des jeweiligen Tatbestandes her der Kreis der notwendig Beteiligten ergründet werden, deren Ahndung der Gesetzgeber nicht gewollt zu haben scheint.[279]

---

276 *Mitsch* (Fn. 19), II § 9 Rn. 41; *Rebmann/Roth/Herrmann* (Fn. 68), § 14 Rn. 19.

277 Vgl. zur identischen Problematik im Strafrecht *Roxin*, in: LK (Fn. 86), Vor § 26 Rn. 32 ff.; *Samson*, in: SK-StGB (Fn. 67), Vor § 26 Rn. 59 ff.; guter Überblick bei *Magata*, Jura 1999, 246 ff.

278 Näher *Rengier*, in: KK-OWiG (Fn. 66), § 14 Rn. 52 ff.; *Samson*, in: SK-StGB (Fn. 67), Vor § 26 Rn. 62 f.

279 *Rengier*, in: KK-OWiG (Fn. 66), § 14 Rn. 55.

3. Verletzung der Aufsichtspflicht in Betrieben und Unternehmen (§ 130 OWiG)

a) Funktion und Charakter der Norm

113 Die moderne (Volks-)Wirtschaft ist gekennzeichnet durch Arbeitsteilung und Dezentralisation. Innerhalb der einzelnen Wirtschaftseinheiten führt das zumeist dazu, dass Aufgaben, die der Betriebs- oder Unternehmensinhaber[280] aus Gründen einer optimalen Ressourcenverwendung, begrenzter Kapazität oder aus sonstigen Erwägungen nicht selbst wahrnehmen kann oder will, auf Mitarbeiter übertragen werden. Adressat der das Wirtschaftsleben regelnden Normen bleibt aber in aller Regel der Inhaber des Betriebs oder Unternehmens (der sog. Geschäftsherr) mit der Folge, dass vielfach Handlung und Verantwortung auseinander fallen.[281] Um hier keine unangemessene Ahndungslücke entstehen zu lassen, ordnet das Recht – wie dargestellt – zunächst in § 9 OWiG (§ 14 StGB) eine Pflichtenübertragung von der Unternehmensebene auf Leitungsorgane und bestimmte Vertreter („Zurechnung von oben nach unten") an, sodass diese beim Vorliegen der weiteren Voraussetzungen nunmehr straf- oder bußgeldrechtlich zur Verantwortung gezogen werden können. Allerdings werden dadurch die Betriebs- oder Unternehmensangehörigen, die der Inhaber zur Aufgaben- und Pflichtenerfüllung einschaltet, ohne sie mit Leitungsaufgaben zu betrauen, nicht erfasst. Das Fehlverhalten dieser Mitarbeiter könnte daher – wenn nicht ausnahmsweise einmal die Voraussetzungen des § 14 Abs. 1 Satz 2 OWiG oder der in den Einzelheiten umstrittenen **Garantiehaftung** des Betriebsinhabers gem. § 13 StGB, § 8 OWiG[282] vorliegen – nicht geahndet werden. Der Schließung dieser Zurechnungslücke dient der Bußgeldtatbestand der Aufsichtspflichtverletzung gem. § 130 OWiG.[283] Danach kann mit Geldbuße – die in § 130 Abs. 2 OWiG abgestuft ist – geahndet werden, wer als Inhaber eines Betriebes oder Unternehmens vorsätzlich oder fahrlässig die Aufsichtsmaßnahmen unterlässt, die erforderlich sind, um in dem Betrieb oder Unternehmen Zuwiderhandlungen gegen Pflichten, die den Inha-

280 Zur Gleichstellung von Betrieb und Unternehmen siehe nur *Göhler* (Fn. 31), § 130 Rn. 5 i.V.m. § 9 Rn. 42 ff.; *Müller-Gugenberger*, in: Müller-Gugenberger/Bieneck (Fn. 124), § 23 Rn. 9 ff.

281 Vgl. EOWiG, BT-Drucks. V/1269, S. 69; *Schünemann*, wistra 1982, 41, 42; *Rogall*, ZStW 98 (1986), 573, 576; *Achenbach* (Fn. 262), S. 284.

282 Dazu nur *Rengier*, in: KK-OWiG (Fn. 66), § 8 Rn. 47–50; *Rogall* (Fn. 281), 613 ff., 618 ff.

283 Näher zum Vorstehenden *Rogall*, in: KK-OWiG (Fn. 66), § 130 Rn. 4.

ber als solchen treffen und deren Verletzung mit Strafe oder Geldbuße bedroht ist, zu verhindern oder wesentlich zu erschweren („Zurechnung von unten nach oben"). Ziel der Vorschrift ist es sicherzustellen, dass in Betrieben und Unternehmen Vorkehrungen gegen die Begehung von betriebsbezogenen Zuwiderhandlungen getroffen werden. Ihr Grundgedanke besteht in Folgendem: Inhaber wirtschaftlich tätiger Verbände, die mit dem Betrieb/Unternehmen eine Gefahrenquelle eröffnen, gleichzeitig aber nicht sämtliche sie treffende Pflichten selbst erfüllen können, müssen durch eine sachangemessene Aufsicht zumindest Sorge dafür tragen, dass aus ihrem Organisationskreis heraus möglichst keine Normverstöße begangen werden.[284] Das Unrecht der Tat ergibt sich also nicht aus der Verletzung konkreter betriebsbezogener Pflichten von Unternehmensmitarbeitern bzw. eingeschalteter Person, sondern vielmehr aus dem vorgelagerten Verstoß des Betriebsinhabers gegen seine Aufsichtspflicht. Die tatsächliche Begehung einer Zuwiderhandlung gegen betriebsbezogene Pflichten wird dabei allgemein nur als echte, strafeinschränkend wirkende **objektive Bedingung der Ahndung** betrachtet.[285]

Herkömmlich wird § 130 OWiG als *echtes Unterlassungsdelikt* charakterisiert, bei dem sich das tatbestandsmäßige Verhalten in der Nichtvornahme der erforderlichen Aufsichtsmaßnahmen erschöpfe.[286] Diese Analyse führt in der Literatur verbreitet zu der Annahme, dass es sich um ein **abstraktes Gefährdungsdelikt** handelt.[287] Das schlichte Unterlassen der notwendigen Aufsichtsmaßnahmen wird danach als generell gefährlich für das Schutzgut des § 130 OWiG in Gestalt der durch die einzelnen betriebsbezogenen Straf- und Bußgeldvorschriften geschützten Rechtsgüter eingestuft.[288] **114**

---

284 *Rogall*, in: KK-OWiG (Fn. 66), § 130 Rn. 1; *Rebmann/Roth/Herrmann* (Fn. 68), § 130 Rn. 2 m.w.N. § 130 OWiG ist daher Ausdruck einer in besonderer Weise ausgeformten Garantenhaftung, *Göhler* (Fn. 31), § 130 Rn. 2 m.w.N.

285 BGH, 9.7.1984 – KRB 1/84 – „Schlussrechnung" – WuW/E BGH 2100, 2101; *Rebmann/Roth/Herrmann* (Fn. 68), § 130 Rn. 5 a m.w.N.

286 BGH, 9.7.1984 – KRB 1/84, NStZ 1985, 77; OLG Düsseldorf, 10.8.1984 – 5 Ss (OWi) 250/84 – 199/84 I, MDR 1985, 78; OLG München, 24.3.1983 – 6 U 2101/82, DB 1984, 498 f.; aus der Literatur siehe nur *Göhler* (Fn. 31), § 130 Rn. 9 m.w.N.

287 *Hecker*, GewArch 1999, 320, 322; *Thiemann*, Aufsichtspflichtverletzung in Betrieben und Unternehmen, 1976, S. 113 f.; *Cramer*, in: Karlsruher Kommentar zum Gesetz über Ordnungswidrigkeiten, 1. Aufl., 1989, § 130 Rn. 19 ff.; weitere Nachweise bei *Hüneröder*, Die Aufsichtspflichtverletzung im Kartellrecht, 1989, S. 106 ff.

288 Ausführlich zum Rechtsgut des § 130 OWiG *Rogall* (Fn. 281), 585 ff.; *ders.*, in: KK-OWiG (Fn. 66), § 130 Rn. 12 ff. m.w.N.

115 Die berechtigte Kritik dahingehend, dass sich ohne Berücksichtigung der konkret begangenen Zuwiderhandlungen keine im Sinne von Art. 103 Abs. 2 GG hinreichend bestimmte Verhaltensnorm beschreiben lasse, sowie Bedenken im Hinblick auf die Vereinbarkeit der Norm mit dem Schuldgrundsatz hat zahlreiche Literaturvertreter zu einem Umdenken bewegt.[289] Die heute wohl h. A. betont, dass eine enge Verknüpfung von Aufsichtsmaßnahmen und Zuwiderhandlungen besteht.[290] Sie ergänzt daher in verfassungskonformer Auslegung den Tatbestand des § 130 OWiG um das ungeschriebene Merkmal der **betriebstypischen Gefahr** gerade solcher Zuwiderhandlungen, wie sie tatsächlich von dem Mitarbeiter begangen worden sind.[291] Der Normadressat dieses – nunmehr als **konkretes Gefährdungsdelikt** sui generis verstandenen und damit engeren – Tatbestandes handelt erst dann in ordnungswidrigkeitenrechtlich relevanter Weise, wenn er infolge Versäumens der erforderlichen Aufsichtsmaßnahmen nicht verhindert hat, dass die nahe Gefahr von betrieblichen Zuwiderhandlungen eines bestimmten Typus entsteht bzw. diese Gefahr nicht beseitigt.[292] Als Tatbestandsmerkmal muss diese Gefahr vom Aufsichtspflichtigen erkannt worden sein oder ihm im Rahmen der Fahrlässigkeit zumindest erkennbar gewesen sein.

116 Der Bußgeldtatbestand der Aufsichtspflichtverletzung wird ganz überwiegend als echter **Auffangtatbestand**, zum Teil als subsidiär behandelt.[293] In der Sache besteht Konsens darüber, dass er nur dann Geltung beanspruchen soll, wenn eine Handlung (oder Unterlassung) des Aufsichtspflichtigen nicht bereits als Beteiligung an der Zuwiderhandlung (gem. § 14 OWiG an einer Ordnungswidrigkeit bzw. nach §§ 25 ff. StGB an einer Straftat) oder als vorsätzliche bzw. fahrlässige (Neben-)Täterschaft durch Mitverursachung der im Betrieb begangenen Zuwiderhandlung geahndet werden kann.[294]

---

289 Grundlegend *Rogall* (Fn. 281), 588 ff., 597 ff.; *ders.*, in: KK-OWiG (Fn. 66), § 130 Rn. 16 f.; zustimmend *Achenbach*, in: FK-GWB (Fn. 33), Vor § 81 Rn. 83.

290 OLG Karlsruhe, 9.6.1980 – 1 Ss 4/80, Die Justiz 1980, 395; *Göhler* (Fn. 31), § 130 Rn. 9; *Rebmann/Roth/Herrmann* (Fn. 68), § 130 Rn. 13; *Többens*, NStZ 1999, 1, 3.

291 Methodisch geht diese Auffassung dabei den Weg der *teleologischen Reduktion*, vgl. *Rogall* (Fn. 281), 597; siehe weiter *Achenbach*, in: FK-GWB (Fn. 33), Vor § 81 Rn. 83; *Otto* (Fn. 31), 414.

292 *Rogall* (Fn. 281), 599 f.

293 Vgl. die Nachweise bei *Rogall*, in: KK-OWiG (Fn. 66), § 130 Rn. 108.

294 *Göhler* (Fn. 31), § 130 Rn. 26 m. w. N.

Die wichtigste Bedeutung der Vorschrift ergibt sich daraus, dass die zuständige Behörde beim Vorliegen einer Aufsichtspflichtverletzung nach § 30 OWiG gegen die betroffene juristische Person oder Personengesellschaft eine Geldbuße verhängen kann.[295]

b) Normadressatenkreis

§ 130 OWiG begrenzt zunächst den Normadressatenkreis auf die Inhaber von Betrieben oder Unternehmen (Sonderdelikt). Als „Inhaber" qualifiziert man herkömmlich denjenigen, den die Erfüllung der durch die Anknüpfungstatbestände der Aufsichtspflichtverletzung sanktionierten Pflichten trifft, gleichgültig, ob es sich dabei um eine natürliche Person oder einen Personenverband handelt.[296] Dem Betriebs- resp. Unternehmensinhaber gleichgestellt – und damit in die Verantwortung einbezogen – werden die Personen, die gem. § 9 OWiG als Organe, Vertreter oder Beauftragte anzusehen sind. **117**

Damit scheiden schon nach Wortlaut und Funktion der Vorschrift insbesondere private Bieter, die ein öffentliches Angebotsverfahren betreiben, aber auch private Aktionäre, die i. S. v. § 60 Abs. 2 Nr. 2 um Auskunft gebeten werden, als tauglicher Täter aus. Ihre Ahndung kann nur nach allgemeinen ordnungswidrigkeitsrechtlichen Grundsätzen erfolgen.

c) Tathandlung

Der objektive Tatbestand des § 130 OWiG setzt ein Unterlassen der Aufsichtsmaßnahmen voraus, die erforderlich und zumutbar sind, um der Gefahr von Zuwiderhandlungen gegen betriebs- und unternehmensbezogene Pflichten zu begegnen.[297] Auf diese unrechtsbegründenden Tatumstände einschließlich der betriebsspezifischen Zuwiderhandlungsgefahren müssen sich Vorsatz oder Fahrlässigkeit beziehen, während es sich bei der konkret begangenen Zuwiderhandlung nur um eine unrechts- und schuldgelöste objektive Ahndbarkeitsbedingung handelt. **118**

Die erforderlichen Aufsichtsmaßnahmen werden vom Gesetz nicht abschließend bestimmt. § 130 Abs. 1 Satz 2 OWiG erwähnt beispielhaft **119**

295 *Rogall*, in: KK-OWiG (Fn. 66), § 130 Rn. 6; zu weiteren Konsequenzen der Regelung *Rogall*, a. a. O., Rn. 5.

296 OLG Karlsruhe, 9.6.1980 – 1 Ss 4/80, Die Justiz 1980, 395; KG, 17.3.1971 – 2 Ws (B) 232/70, JR 1972, 121; *Rogall*, in: KK-OWiG (Fn. 66), § 130 Rn. 23; zur Einbeziehung von Konzernen und öffentlichen Unternehmen siehe *Rogall*, a. a. O., Rn. 25 ff. m. w. N.

297 Statt vieler: *Rogall*, in: KK-OWiG (Fn. 66), § 130 Rn. 36.

(„auch") die Bestellung, sorgfältige Auswahl und Überwachung von Aufsichtspersonen. Aus dem Gesetzestext lassen sich aber weitere Anhaltspunkte für eine Konkretisierung der Aufsichtspflichten ableiten. So wird hier wie auch sonst üblich das Merkmal „erforderlich" in der Weise interpretiert, dass die Aufsichtsmaßnahmen nicht nur **geeignet**, sondern auch das **mildeste Mittel** sein müssen, um betriebsbezogene Verstöße zu verhindern.[298] Darüber hinaus sollen die erforderlichen Aufsichtsmaßnahmen nur dann der „gehörigen" Aufsicht i. S. v. § 130 Abs. 1 Satz 1 OWiG unterfallen, wenn sie auch **objektiv zumutbar** sind und die **Eigenverantwortung der Betriebsangehörigen** beachten.[299] Schließlich ergibt sich zwingend aus der Struktur eines Unterlassungsdelikts, dass vom Betriebsinhaber nur Aufsichtsmaßnahmen verlangt werden können, die ihm auch physisch-real möglich sind.

120 Obwohl in Rechtsprechung und Lehre Übereinstimmung darüber besteht, dass die jeweils gebotenen Aufsichtsmaßnahmen letztlich nur aufgrund der Besonderheiten des Einzelfalles konkretisiert werden können, hat *Rogall* versucht, die im Schrifttum bereits angelegte Systematisierung der Aufsichtspflichten weiter voranzutreiben. Zwischen den Eckpunkten des erlaubten Risikos einerseits und dem Vertrauensgrundsatz andererseits hat er die den Betriebsinhaber treffenden Pflichten in einem 5-Stufen-Modell angeordnet.[300] Danach hat der Aufsichtspflichtige zunächst für eine **sorgfältige Auswahl** von geeigneten und zuverlässigen Mitarbeitern und ggf. Aufsichtspersonen zu sorgen (1. Stufe). Weiterhin ist er verpflichtet, eine sachgerechte **Organisation** und Aufgabenverteilung vorzunehmen (2. Stufe). Die Mitarbeiter müssen darüber hinaus angemessen – u. U. wiederholt – über ihre **Aufgaben** und **Pflichten instruiert** und **aufgeklärt** werden (3. Stufe). Weiterhin bedarf es einer ausreichenden **Überwachung** und **Kontrolle** der Mitarbeiter, die auch durch regelmäßige (überraschende) Stichproben erfolgt. Sind in einem Unternehmen bereits Unregelmäßigkeiten aufgetreten, kommt eine gesteigerte Aufsichtspflicht in Betracht (4. Stufe). Schließlich ist der Aufsichtspflichtige gehalten, **gegen Verstöße einzuschreiten** (5. Stufe), wobei ggf. Sanktionen anzudrohen und auch zu

298 Ausführlich dazu *Rogall*, in: KK-OWiG (Fn. 66), § 130 Rn. 37 ff.

299 Vgl. BGH, 1.10.1985 – KRB 5/85, NStZ 1986, 34, 35, und BGH, 11.3.1986 – KRB 8/85, wistra 1986, 222, 223; weitere Details bei *Rogall*, in: KK-OWiG (Fn. 66), § 130 Rn. 49; *Göhler* (Fn. 31), § 130 Rn. 12.

300 *Rogall*, in: KK-OWiG (Fn. 66), § 130 Rn. 40; eine Konkretisierung der Pflichten auf den einzelnen Stufen findet sich in Rn. 51 ff.; vgl. für die Kartellordnungswidrigkeiten eine ähnliche Systematisierung bei *Achenbach*, in: FK-GWB (Fn. 33), Vor § 81 Rn. 80.

verhängen sind. Alle diese Pflichten bilden nach *Rogall* einen einheitlichen, zusammengehörigen Komplex, in dem die Pflichten vielfach voneinander abhängen und sich im Einzelfall ergänzen.

Trotz zulässiger Pflichtendelegation und Bestellung von Aufsichtspersonen verbleibt beim Betriebsinhaber immer die Oberaufsicht.[301]

Sofern die im Rahmen öffentlicher Angebotsverfahren auftretenden Unternehmen die ihnen nach WpÜG auferlegten bußgeldbewehrten Pflichten mit eigenem Personal erfüllen, muss die Unternehmensleitung die beteiligten Mitarbeiter selbst oder durch geeignete Personen im skizzierten Umfang beaufsichtigen, will sie sich oder das Unternehmen nicht der Gefahr einer Bußgeldhaftung aussetzen. Hier müssen wegen der Ausnahmesituation eines öffentlichen Übernahmeverfahrens häufig ad hoc sachgerechte Kontroll- und Aufsichtsstrukturen geschaffen werden, die auch die regelmäßig stattfindende Zusammenarbeit mit externen Beratern zu berücksichtigen haben. **121**

d) Die Zuwiderhandlung gegen „betriebsbezogene" Pflichten

§ 130 OWiG erfordert für eine Bußgeldhaftung zudem, dass in dem Betrieb oder Unternehmen Zuwiderhandlungen gegen Pflichten stattgefunden haben, die den Inhaber des Betriebs oder Unternehmens „als solchen" treffen und deren Verletzung mit Strafe oder Geldbuße bedroht ist. Da es sich bei der Zuwiderhandlung nach allgemeiner Meinung um eine objektive Bedingung der Ahndung handelt, braucht sich der Vorsatz oder die Fahrlässigkeit nicht auf sie zu erstrecken. Notwendig aber auch ausreichend ist vielmehr, dass die Zuwiderhandlung durch gehörige Aufsicht verhindert oder wesentlich erschwert worden wäre. **122**

Die Anforderungen an die Pflichten, die den Inhaber „als solchen" treffen – sie werden allgemein als „betriebsbezogen" bezeichnet –, sind umstritten. Eine restriktive Lehre vertritt unter Hinweis auf Wortlaut und ratio legis des § 130 OWiG die These, dass nur Sonderdelikte die erforderliche Betriebsbezogenheit aufweisen können.[302] Die h.M. ist dagegen der Auffassung, dass sich Pflichten, die den Inhaber „als solchen" treffen, auch aus Allgemeindelikten ergeben können, wenn diese nur im Zusammenhang mit der Führung des Betriebes oder Unternehmens stehen.[303] **123**

---

301 *Göhler* (Fn. 31), § 130 Rn. 15 m.w.N.; zur mehrstufigen Aufsichtspflicht *Rogall*, in: KK-OWiG (Fn. 66), § 130 Rn. 66 ff. m.w.N.

302 *Rogall*, in: KK-OWiG (Fn. 66), § 130 Rn. 80 m.w.N.

303 Statt vieler: *Göhler* (Fn. 31), § 130 Rn. 18; *Rebmann/Roth/Herrmann* (Fn. 68), § 130 Rn. 7.

Danach handelt es sich bei den gem. § 60 bußgeldbewehrten Pflichten jedenfalls dann um betriebsbezogene Pflichten i.S.v. § 130 OWiG, wenn die Adressaten der Bußgeldnormen juristische Personen sind, die – durch Mitarbeiter – einen Betrieb oder ein Unternehmen führen und im Rahmen von öffentlichen Angebotsverfahren auf Seiten des Bieters oder der Zielgesellschaft auftreten. Die Tatsache, dass die Beteiligung an einem öffentlichen Angebotsverfahren in aller Regel sowohl für den Bieter als auch für die Zielgesellschaft eine Ausnahmesituation darstellt, also jenseits des eigentlichen „Kerngeschäfts" stattfindet, ändert nichts daran, dass die ihnen vom WpÜG auferlegten Pflichten gerade im Zusammenhang mit der Führung des Unternehmens stehen. Zur Frage, ob **betriebsbezogene** Pflichten nur von **Betriebsangehörigen** verletzt werden können, wird sogleich Stellung genommen.

Eine gem. § 130 OWiG ahndbare Aufsichtspflichtverletzung setzt nicht voraus, dass die im Betrieb ausgeführte Zuwiderhandlung eine volldeliktisch begangene Straftat oder Ordnungswidrigkeit ist. Es genügt, wenn die Verletzung der Pflicht, die allein den Betriebsinhaber trifft, mit Strafe oder Geldbuße **bedroht** ist.[304] Dadurch werden auch Fälle erfasst, in denen der Täter der Zuwiderhandlung als Normadressat der Straf- oder Bußgeldvorschrift ausscheidet, weil sie sich nur an einen Betriebsinhaber bzw. seine Organe oder Vertreter richtet. Ist die Zuwiderhandlung nur bei vorsätzlicher Begehung mit Strafe oder Geldbuße bedroht, wird auch beim Täter Vorsatz verlangt. Daneben muss die Pflichtverletzung rechtswidrig („**Zuwider**handlung"), aber nicht vorwerfbar begangen worden sein.[305]

124 Die Zuwiderhandlung wird in aller Regel von Mitarbeitern des eigenen Betriebes/Unternehmens der aufsichtspflichtigen Person begangen. Über die Frage, unter welchen Voraussetzungen auch ein Handeln **Betriebsfremder** die Haftung des Betriebsinhabers auslösen kann, herrscht Streit. Die h.M. lässt es ausreichen, dass jemand bei der Wahrnehmung von Betriebsangelegenheiten (nicht notwendig: im räumlichen Bereich des Betriebes) eine dem Inhaber obliegende

304 *Göhler* (Fn. 31), § 130 Rn. 21 m.w.N. An der Einstufung der Aufsichtspflichtverletzung als bloße Ordnungswidrigkeit ändert sich auch dann nichts, wenn die zu verhindernde Zuwiderhandlung eine Straftat ist. Vorschläge de lege ferenda, die Aufsichtspflichtverletzung zur Straftat heraufzustufen, wenn es sich bei der nicht abgewendeten Zuwiderhandlung um eine Straftat handelt, haben sich bisher nicht durchgesetzt, vgl. *Achenbach*, in: FK-GWB (Fn. 33), Vor § 81 Rn. 76 m.w.N.

305 Zu allem: *Göhler* (Fn. 31), § 130 Rn. 21 m.w.N.

Pflicht verletzt.[306] Damit kommen als Adressaten der gebotenen Aufsichtsmaßnahmen auch Personen in Betracht, die nur vorübergehend mit Aufgaben des Betriebes betraut sind (etwa Sachverständige) oder sogar ohne Auftragsverhältnis für den Betriebsinhaber tätig werden.[307] Eine Minderheitenansicht stuft dagegen nur diejenigen als taugliche „Täter" der Zuwiderhandlung ein, die in die Organisations-/Verantwortungssphäre des Geschäftsherrn eingebunden sind und dessen Weisungen unterliegen.[308]

Die Frage nach den Grenzen der Aufsichtspflichten kann auch in der **125**
Praxis öffentlicher Angebotsverfahren Bedeutung erlangen. Denn angesichts der Schwierigkeit und Komplexität der Materie ist es bei der Vorbereitung, Durchführung und Abwicklung von Übernahmeangeboten auf Bieterseite ebenso wie in der Sphäre der Zielgesellschaft hinsichtlich der Gestaltung möglicher Reaktionen auf das Angebot üblich – wenn nicht unumgänglich –, in erheblichem Maße auf externen Sachverstand (Finanzberater, Rechtsanwälte, Wirtschaftsprüfer etc.) zurückzugreifen.[309] Geht man mit der – vorzugswürdigen – Minderheitenansicht davon aus, dass schon der von § 130 OWiG verwendete Begriff der „Aufsicht" sowie Sinn und Zweck der Norm ein **Subordinationsverhältnis** von Betriebsinhaber und „Täter" der Zuwiderhandlung voraussetzen,[310] kommt eine Haftung von Leitungsorganen der Bieter- und Zielgesellschaft für das Fehlverhalten der externen Berater kaum jemals in Betracht. Es würde an der Lebenswirklichkeit vorbeigehen, wollte man die eingeschalteten professionellen Know-how-Träger, die eigenverantwortlich tätig werden und mit den Betriebsinhabern regelmäßig durch einen von § 675 BGB (entgeltliche Geschäfts-

306 BayObLG, 8.4.1998 – ObOWi 30/98, NStZ 1998, 575; OLG Hamm, 27.2.1992 – Ss OWi 652/91, NStZ 1992, 499; OLG Düsseldorf, 24.4.1991 – 5 Ss (OWi) 322/90 – (OWi) 79/90 III, wistra 1991, 275, 277; *Rebmann/Roth/Herrmann* (Fn. 68), § 130 Rn. 8; *Göhler* (Fn. 31), § 130 Rn. 19; *Senge*, in: Erbs/Kohlhaas, Strafrechtliche Nebengesetze, 142. Lief. (Juni 2001), § 130 Rn. 23; *Schmid*, in: Müller-Gugenberger/Bieneck (Fn. 124), § 30 Rn. 99; *Lemke*, in: HK-OWiG (Fn. 126), § 130 Rn. 17.

307 Vgl. KG, 26.8.1985 – 3 Ws (B) 101/85, VRS 70 (1986), 29; OLG Köln, 13.11.1973 – Ss (OWi) 179/73, GewArch 1974, 141, 143; *Demuth/Schneider* (Fn. 245), 648.

308 *Rogall* (Fn. 281), 606; *ders.*, in: KK-OWiG (Fn. 66), § 130 Rn. 92; *Achenbach*, in: FK-GWB (Fn. 33), Vor § 81 Rn. 78; *Hecker* (Fn. 287), 324.

309 Vgl. zu den praktischen Fragen bei der Vorbereitung und Durchführung von Übernahmeangeboten *Riehmer/Schröder* (Fn. 112), 1* ff.; *dies.*, NZG 2000, 820 ff.; *Oechsler*, NZG 2001, 817, 819 f.

310 Vor allem *Rogall*, in: KK-OWiG (Fn. 66), § 130 Rn. 92.

besorgung) erfassten Vertrag verbunden sind, als Betroffene eines Direktionsrechts ansehen, ihr Verhältnis zum Auftraggeber also als „arbeitnehmerähnlich" bewerten. Wer dagegen mit der h. M. in erweitertem Umfang auch das pflichtwidrige Handeln Betriebsfremder als Zuwiderhandlung i. S. v. § 130 OWiG interpretiert, muss in einem nächsten Schritt die Frage des Bestehens von Aufsichtsmöglichkeiten und des erforderlichen Zurechnungszusammenhangs von Aufsichtspflichtverletzung und Zuwiderhandlung besonders gründlich prüfen. Für das Ergebnis wird viel davon abhängen, wie konkret die Zusammenarbeit mit den externen Beratern organisiert ist. In der Praxis finden sich hier recht unterschiedliche Szenarien: Zum Teil liegt die Führung im Unternehmen, das intern zur Projektbegleitung die Abteilungen/Mitarbeiter mit dem nötigen Sachverstand zusammenzieht.[311] In anderen Fällen sind die Know-how-Träger die beteiligten Investmentbanken, die maßgeblich das Angebotsverfahren betreuen. In aller Regel wird die Unternehmensleitung aber fortlaufend über den aktuellen Stand des Projekts informiert, sodass die Oberaufsicht bei ihr verbleibt.

126 Die Ahndbarkeit des Aufsichtspflichtigen setzt nach dem Inkrafttreten des 2. UKG am 1. 11. 1994[312] weiter voraus, dass die begangene Zuwiderhandlung durch gehörige Aufsicht verhindert oder wesentlich erschwert worden wäre. Abgelöst wurde damit die umstrittene frühere Formulierung, die forderte, dass die Zuwiderhandlung durch gehörige Aufsicht „hätte verhindert werden können". Das alte Recht war in Rechtsprechung und Literatur in der Weise ausgelegt worden, dass die Ahndung der Aufsichtspflichtverletzung von dem Nachweis abhing, dass die Zuwiderhandlung bei gehöriger Aufsicht mit an Sicherheit grenzender Wahrscheinlichkeit verhindert worden wäre.[313] Nunmehr soll es ausreichen, wenn „sich das Risiko von Zuwiderhandlun-

---

311 Dominieren rechtliche Themen (kartell-/kapitalmarktrechtliche Fragestellungen; Interpretation/Gestaltung von Beherrschungsverträgen u. ä.), wird dies zumeist die Rechtsabteilung sein.

312 31. Strafrechtsänderungsgesetz – 2. Gesetz zur Bekämpfung der Umweltkriminalität – (31. StrÄndG – 2. UKG) vom 27. 6. 1994 (BGBl. I, 1440).

313 Hier wurde herrschend unter Rückgriff auf die Dogmatik zum unechten Unterlassungsdelikt eine hypothetische Kausalität zwischen Aufsichtspflichtverletzung und Zuwiderhandlung verlangt, vgl. nur BGH, 24. 3. 1981 – KRB 4/80, wistra 1982, 34 f.; BGH, 22. 1. 1976 – KRB 1/75, MDR 1976, 504; *Brenner*, DRiZ 1975, 72, 74; *Demuth/Schneider* (Fn. 245), 649. Durch die Gesetzesänderung wollte der Gesetzgeber ausdrücklich Anwendungsschwierigkeiten beseitigen, die aus vorstehender Interpretation erwuchsen, siehe den RegE des 31. StrÄndG – 2. UKG, BT-Drucks. 12/192, S. 33.

gen erheblich erhöht, weil die erforderliche Aufsicht außer Acht gelassen wurde".[314]

VI. Bußgeldhaftung von juristischen Personen und Personenvereinigungen (§ 30 OWiG)

1. Funktion und Anwendungsbereich der Vorschrift

Die Besonderheit der bußgeldrechtlichen Haftung besteht darin, dass **127**
– anders als im geltenden Strafrecht – neben natürlichen Personen auch überindividuelle Einheiten (konkret: Unternehmen in ihrer Funktion als Unternehmensträger) als Sanktionssubjekte in Betracht kommen.[315] Nach § 30 OWiG kann gegen juristische Personen und gleichgestellte Personenvereinigungen eine Verbands-/Unternehmensgeldbuße[316] verhängt werden, wenn deren Leitungspersonen eine Straftat oder Ordnungswidrigkeit begangen haben, durch die entweder eine den Verband treffende Pflicht verletzt oder für den Verband eine Bereicherung eingetreten oder erstrebt worden ist. Diese in ihren dogmatischen Grundlagen äußerst umstrittene Vorschrift[317] dient mehreren Zwecken. Zum einen soll sie die sanktionsmäßige Gleichbehandlung des Verbandes mit der natürlichen Person sicherstellen. Denn ohne die Möglichkeit der Verhängung einer Geldbuße gegen eine juristische Person oder Personenvereinigung könnte z.B. „gegen einen Einzelun-

---

314 So der RegE zum 31. StrÄndG – 2. UKG, BT-Drs. 12/192, S. 33; *Göhler* (Fn. 31), § 130 Rn. 22; zu weiteren Einzelheiten, insbesondere zum Maß der tatbestandlichen Risikoerhöhung („wesentlich erschwert") sowie zum in der Literatur zunehmend geforderten Schutzzweckzusammenhang siehe *Rogall*, in: KK-OWiG (Fn. 66), § 130 Rn. 97 ff., der dort (a.a.O. Rn. 98) auch zutreffend darauf hinweist, dass schon das alte Recht i.S.d. Risikoerhöhungslehre hätte ausgelegt werden können.

315 Vgl. zur Frage der Normadressaten- und Tätereigenschaft von Unternehmensträgern *Müller-Gugenberger,* in: Müller-Gugenberger/Bieneck (Fn. 124), § 23 Rn. 28 ff. m.w.N.; ablehnend gegenüber einer eigenen Unternehmenstäterschaft jüngstens BGH, 5.12.2000 – 1 StR 411/00, JR 2001, 425, 426 mit Anmerkung *König*. Die jüngere Diskussion zur Etablierung einer umfassenderen Verantwortlichkeit von Verbänden und zur Stärkung effektiver Unternehmenssanktionen skizzieren unter Einbeziehung internationaler Bezüge *Cramer/Heine*, in: Schönke/Schröder (Fn. 42), Vor § 25 Rn. 119 ff., und *Rogall*, in: KK-OWiG (Fn. 66), § 30 Rn. 229 ff.

316 Weitere Rechtsfolgen, die nach dem OWiG unmittelbar gegen das Unternehmen verhängt werden können, regeln § 29 OWiG (Einziehung) und § 29a Abs. 2 OWiG (Verfall); zum unternehmensbezogenen Verfall ausführlicher *Achenbach*, in: FK-GWB (Fn. 33), Vor § 81 Rn. 113 ff.

317 Siehe dazu instruktiv *Rogall*, in: KK-OWiG (Fn. 66), § 30 Rn. 1 ff. mit vielen w.N.

ternehmer, der unter Verletzung der ihm obliegenden Pflichten als Unternehmer eine Straftat oder eine Ordnungswidrigkeit selbst begeht, die Strafe oder Geldbuße unter Berücksichtigung des wirtschaftlichen Werts seines Unternehmens und der für dieses Unternehmen erzielten oder beabsichtigten Vorteile festgesetzt werden, während bei einer entsprechenden Pflichtverletzung durch das Organ einer juristischen Person die Strafe oder Geldbuße nur unter Berücksichtigung seiner persönlichen wirtschaftlichen Verhältnisse festgesetzt werden kann. Die hiernach zulässige Strafe oder Geldbuße würde vielfach in keinem angemessenen Verhältnis zur Tragweite der Tat stehen und weder geeignet sein, die der juristischen Person zugeflossenen Gewinne abzuschöpfen noch die Erzielung solcher Gewinne zu bekämpfen".[318] Der Gesetzgeber verfolgt also mit der Verbandsgeldbuße neben der Gleichbehandlung von natürlichen und juristischen Personen auch das Ziel, den Verbänden mit ihrem juristisch verselbstständigten Vermögen diejenigen Gewinne wieder abzunehmen, die ihnen durch die Straftat oder Ordnungswidrigkeit ihrer Organe zugeflossen sind. Hinzu treten die Sanktionsgründe, die auch bei den straf- und bußgeldrechtlichen Sanktionen gegen handelnde natürliche Personen angeführt werden. Neben der **repressiven** Reaktion auf Normverstöße der Leitungsorgane strebt man mit der Verhängung einer Verbandsgeldbuße weiterhin eine **generalpräventive** Wirkung an. So sollen die Verbandsmitglieder dazu angehalten werden, ihre Führungskräfte sorgfältig auszuwählen und zu überwachen, während der einzelne Unternehmensrepräsentant daran erinnert werden soll, dass Rechtsverstöße nicht nur für ihn, sondern auch für den Verband negative Folgen haben können.[319]

128 Die Regelung des § 30 OWiG steht in einem inneren Zusammenhang mit § 9 und § 130 OWiG; erst aus dem Zusammenspiel dieser Normen erschließt sich die ganze Bedeutung der Verbandsgeldbuße als Instrument der Bekämpfung von Zuwiderhandlungen in Betrieben und Unternehmen.[320] Die von § 9 OWiG bewirkte Zurechnung besonderer persönlicher Merkmale vom Vertretenen auf das vertretungsberechtigte Organ bzw. den Vertreter schafft häufig erst die Voraussetzung dafür, dass die in § 30 OWiG aufgeführten Leitungspersonen Täter der

---

318 Begr. zu § 19 EOWiG = § 30 OWiG n.F., BT-Drucks. V/1269, S. 59; siehe auch BGH, 11.3.1986 – KRB 8/85, wistra 1986, 221, 222.

319 *Rebmann/Roth/Herrmann* (Fn. 68), Vor § 30 Rn. 8; *Mitsch* (Fn. 19), III § 3 Rn. 6; *Fischötter*, in: Gemeinschaftskommentar (Fn. 261), Vor § 38 a.F. Rn. 22.

320 Vgl. *Többens* (Fn. 290), 7 f.; *Rogall*, in: KK-OWiG (Fn. 66): Kern eines Unternehmens- und Verbandsstrafrechts.

erforderlichen Anknüpfungstat sein können. § 130 OWiG wiederum stellt die praktisch wichtigste Anknüpfungstat dar und ermöglicht beim Vorliegen einer Aufsichtspflichtverletzung ein Einschreiten gegen den Verband auch in den Fällen, in denen die nicht verhinderte betriebsbezogene Zuwiderhandlung unterhalb der Organ- oder Vertreterebene begangen worden ist.[321]

2. Die Voraussetzungen des § 30 OWiG

a) Sanktionsfähige Verbände

Eine Verbandsgeldbuße kann nur gegen juristische Personen, nicht- **129**
rechtsfähige Vereine und Personenhandelsgesellschaften verhängt werden.[322] Dagegen scheiden das Unternehmen des Einzelkaufmanns sowie Vorgesellschaften aus, sofern sie sich nicht einer der in § 30 OWiG genannten Gesellschaftsformen zuordnen lassen.[323] Die Partnerschaftsgesellschaft für Angehörige freier Berufe gehört nicht zu den Personenhandelsgesellschaften, da die Partnerschaft kein Handelsgewerbe ausübt (§ 1 Abs. 1 Satz 2 PartGG). Gleiches gilt für die Gesellschaft bürgerlichen Rechts (GbR), die zwar eine Personengesellschaft darstellt, deren Zweck aber nicht auf den Betrieb eines Handelsgewerbes gerichtet ist. Sofern sie ein solches Gewerbe ausübt, wird sie automatisch zur OHG oder KG und rückt damit in die Position des Normadressaten des § 30 OWiG (ebenso bei § 9 Abs. 1 OWiG) ein.[324] Die überwiegende Auffassung grenzt die GbR aus dem Kreis der Normadressaten und Sanktionssubjekte i. S. v. § 30 OWiG vornehmlich mit der Begründung aus, dass bei der GbR die Gesellschafter selbst Normadressaten seien und zudem eine Geldbuße gegen eine GbR schon deshalb nicht in Frage komme, weil diese nicht parteifähig sei.[325] Im Hintergrund dieser Meinung steht die Konstruktion der sog. „individualistischen Gesamt-

---

321 *Rebmann/Roth/Herrmann* (Fn. 68), Vor § 30 Rn. 8 a; zur Teilkongruenz der Voraussetzungen von §§ 9, 30, 130 OWiG vgl. *Rogall*, in: KK-OWiG (Fn. 66), § 30 Rn. 21.

322 Zu den Einzelheiten vgl. *Rogall*, in: KK-OWiG (Fn. 66), § 30 Rn. 30 ff. Der Streit darüber, ob auch juristische Personen des öffentlichen Rechts zum Kreis tauglicher Sanktionsadressaten gehören – von der h. M. bejaht –, kann hier dahingestellt bleiben, da als Beteiligte an öffentlichen Angebotsverfahren regelmäßig nur Kapitalgesellschaften in Betracht kommen werden.

323 *Rebmann/Roth/Herrmann* (Fn. 68), § 30 Rn. 2 ff. m. w. N.

324 *Rogall,* in: KK-OWiG (Fn. 66), § 30 Rn. 37 f. m. w. N.

325 Vgl. EOWiG, BT-Drucks. V/1269, S. 59; *Göhler* (Fn. 31), § 30 Rn. 6; *Rebmann/Roth/Herrmann* (Fn. 68), § 30 Rn. 7; BayObLG, 19. 8. 1996 – 3 ObOWi 68/96, NStZ-RR 1997, 94; kritisch dazu *Achenbach* (Fn. 223), S. 550 ff.; *K. Schmidt* (Fn. 34), 134 ff., jeweils m. w. N.

handslehre", nach der nur die Gesellschafter einer GbR unmittelbar und ausschließlich Schuldner der begründeten Verbindlichkeiten werden können und sowohl mit dem gesamthänderisch gebundenen Vermögen als auch mit ihrem sonstigen Privatvermögen haften.[326]

130 Ein viel beachtetes Urteil des II. Zivilsenats des BGH vom 29.1. 2001[327] hat hinsichtlich der rechtlichen Behandlung der GbR nunmehr in Anlehnung an eine in der Literatur stark vertretene sog. „neue Gesamthandslehre" endgültig und eindeutig eine Neuorientierung vollzogen.[328] Danach besitzt die (Außen-)GbR Rechtsfähigkeit, so weit sie durch die Teilnahme am Rechtsverkehr eigene Rechte und Pflichten begründet. In diesem Rahmen wird ihr im Zivilprozess zugleich die aktive und passive Parteifähigkeit zuerkannt. Schließlich bekennt sich der Senat zur Akzessorietätstheorie, nach der die Gesellschafter einer Außen-GbR analog § 128 Satz 1 HGB für Gesellschaftsverbindlichkeiten haften. Durch dieses folgenreiche Grundlagenurteil wird der herkömmlichen Begründung für die Ausklammerung der GbR aus § 30 OWiG (sowie § 9 Abs. 1 OWiG) in der Sache weitgehend der Boden entzogen. Gegen eine Einbeziehung der GbR sperrt sich aber weiterhin der Wortlaut des § 30 OWiG, der als Sanktionssubjekt eine Personen**handels**gesellschaft voraussetzt, sodass unter Berücksichtigung des aus Art. 103 Abs. 2 GG abzuleitenden Analogieverbotes viel dafür spricht, die GbR bis zu einer Gesetzesänderung auch weiterhin aus dem Kreis tauglicher Normadressaten des § 30 OWiG auszuscheiden.[329]

131 Hat die juristische Person oder Personenvereinigung nach Abschluss der zu sanktionierenden Tat ihre Rechtsform gewechselt – etwa die Zielgesellschaft nach der Übernahme durch die Bietergesellschaft –, so steht dies der Festsetzung einer Geldbuße gem. § 30 OWiG gegen die neue Gesellschaft nicht entgegen, wenn das Unternehmen der Sache nach dasselbe geblieben ist und unter die von § 30 OWiG genannten Organisationsformen fällt.[330] Bei der Übernahme eines Unternehmens durch

---

326 Siehe zum dogmatischen Hintergrund der Gesellschafterhaftung und den dazu vertretenen Meinungen *K. Schmidt*, Gesellschaftsrecht, 3. Aufl., § 60 III 4; *Ulmer*, in: Münchner Kommentar zum Bürgerlichen Gesetzbuch, 3. Aufl., 1997, § 714 Rn. 25 ff.

327 BGH, 29.1.2001 – II ZR 331/00, NJW 2001, 1056 (in der Fortführung von BGH, 27.9.1999 – II ZR 371/98, BGHZ 142, 315).

328 Vgl. dazu die überwiegend zustimmende Besprechung von *K. Schmidt*, NJW 2001, 993 ff.; kritisch dagegen *Peifer*, NZG 2001, 296 ff.; weitere Nachweise bei *Schatz*, NZG 2002, 153.

329 Ebenso *Tschauner*, in: Geibel/Süßmann, WpÜG, 2002, § 60 Rn. 73.

330 Näher *Rogall*, in: KK-OWiG (Fn. 66), § 30 Rn. 43 ff.; *Göhler* (Fn. 31), § 30 Rn. 38 ff.; *Rebmann/Roth/Herrmann* (Fn. 68), § 30 Rn. 50.

ein anderes kommt es darauf an, ob eine wirtschaftliche Fortführung wesentlicher Teile des übernommenen Unternehmens vorliegt. Der BGH hält es dabei für ausreichend, wenn das haftende Vermögen „weiterhin vom Vermögen der verantwortlichen natürlichen Person getrennt ist, in gleicher oder ähnlicher Weise wie bisher eingesetzt wird und in der neuen juristischen Person einen wesentlichen Teil des gesamten Vermögens ausmacht“.[331] Anderes gilt aber, wenn die Unternehmensidentität durch Verschmelzung geändert wird.[332]

b) Vorliegen einer Anknüpfungstat

Die Festsetzung einer Geldbuße gegen den Verband setzt voraus, dass eine ihm zurechenbare Anknüpfungstat begangen worden ist.

aa) Bestimmter Täterkreis

§ 30 OWiG knüpft an das Fehlverhalten einer Leitungsperson an, deren Kreis in Abs. 1 enumerativ aufgeführt ist. Dort werden als mögliche Täter benannt das vertretungsberechtigte Organ einer juristischen Person sowie das Mitglied eines solchen Organs (Nr. 1), der Vorstand eines nicht rechtsfähigen Vereins oder das Mitglied eines solchen Vorstandes (Nr. 2), die vertretungsberechtigten Gesellschafter einer Personenhandelsgesellschaft (Nr. 3) sowie ein Generalbevollmächtigter oder in leitender Stellung tätiger Prokurist oder Handlungsbevollmächtigter dieser Verbände.[333] Das Merkmal „vertretungsberechtigt“ in § 30 Abs. 1 Nr. 1, 3 OWiG ist dabei nicht i. S. einer konkreten, rechtsgeschäftlich eingeräumten Vertretungsmacht zu verstehen. Entscheidend ist vielmehr die generelle, aus der Organstellung abzuleitende Vertretungsbefugnis, die andere Gesellschaftsorgane (Aufsichtsrat, Hauptversammlung) nicht besitzen.[334] Daher hindert eine interne Beschrän- **132**

331 BGH, 11.3.1986 – KRB 8/85, wistra 1986, 221, 222; dazu *Göhler* (Fn. 31), § 30 Rn. 38c.

332 *Dannecker/Biermann*, in: Immenga/Mestmäcker (Fn. 23), Vor § 81 Rn. 79 m. w. N. aus der Kartellrechtsprechung.

333 Zur näheren Bestimmung der Leitungspersonen vgl. *Rogall*, in: KK-OWiG (Fn. 66), § 30 Rn. 51 ff. Dort (Rn. 64) auch zur umstrittenen – insbesondere von der Rechtsprechung bejahten – Frage, ob die Verhängung einer Geldbuße gegen eine GmbH & Co. KG zulässig ist. Trotz weitergehender Forderungen hat der Gesetzgeber durch das 31. StrÄndG – 2. UKG in § 30 Abs. 1 Nr. 4 den Täterkreis der Bezugstaten nur behutsam ausgedehnt und eine Substitutenhaftung abgelehnt, vgl. *Achenbach*, in: Achenbach/Wannemacher, Beraterhandbuch zum Steuer- und Wirtschaftsstrafrecht, 1. Teil, 2. Lief. (Januar 1999), § 3 Rn. 10.

334 *Göhler* (Fn. 31), § 30 Rn. 13 m. w. N.

kung der Vertretungsmacht die Verhängung einer Verbandsgeldbuße nicht. Gleiches gilt im Falle der Überschreitung einer im Innenverhältnis einer mehrköpfigen Unternehmensleitung begründeten Zuständigkeitsgrenze, wenn eine betriebsbezogene Straftat oder Ordnungswidrigkeit einer zum Täterkreis des § 30 OWiG gehörenden Person gegeben ist.[335]

133 Auf die zivilrechtlich wirksame Bestellung zum Organ kommt es nach h. M. nicht an; maßgeblich sei vielmehr – wie bei § 9 Abs. 3 und § 29 Abs. 2 OWiG – eine faktische Betrachtungsweise, die auf die tatsächliche Innehabung und Ausübung der Funktion abstellt.[336]

134 Eine im Kontext von Übernahmeverfahren nicht unwichtige Ausweitung des Täterkreises einer Anknüpfungstat findet sich in § 59 KWG (ebenso in § 39 HypothekenbankG, § 40 SchiffsbankG). Nach dieser Vorschrift ist § 30 OWiG auch auf Geschäftsleiter (Legaldefinition in § 1 Abs. 2 KWG) anzuwenden, die nicht nach „Gesetz, Satzung oder Gesellschaftsvertrag" zur Vertretung des Unternehmens berufen sind. Damit wird ausdrücklich auch das faktische Geschäftsführungsorgan erfasst.

bb) Unternehmensbezogene Straftat oder Ordnungswidrigkeit

135 Anknüpfungstaten i. S. v. § 30 OWiG sind Straftaten oder Ordnungswidrigkeiten, die eine der in Abs. 1 aufgeführten Personen in Ausübung ihrer Leitungsfunktion begangen hat und durch die entweder Pflichten verletzt worden sind, die die juristische Person oder Personenvereinigung betreffen (Abs. 1 1. Var.), oder durch die der Verband bereichert wird oder werden sollte (Abs. 1 2. Var.). Jeweils muss die Bezugstat – wie sich aus § 1 Abs. 1 OWiG ergibt – rechtswidrig und vorwerfbar begangen worden sein.

(1) Betriebsbezogene Pflichten

136 Als haftungsauslösendes Ereignis kommen zunächst einmal Verstöße gegen Pflichten in Betracht, die „die juristische Person oder die Personenvereinigung treffen" und nach verbreiteter Terminologie als „be-

335 *Achenbach*, in: FK-GWB (Fn. 33), Vor § 81 Rn. 100 m. w. N.

336 BGH, 28.6.1966 – 1 StR 414/65, BGHSt 21, 101 ff.; *Göhler* (Fn. 31), § 30 Rn. 14 m. w. N. Ein Teil des Schrifttums sieht im Rückgriff auf eine faktische Betrachtungsweise mangels ausdrücklicher Regelung in § 30 OWiG eine verfassungsrechtlich verbotene, da sanktionenbegründende Analogie zu Lasten des Betroffenen; näher *Achenbach* (Fn. 223), S. 561 f.; *Wegner*, NJW 2001, 1979, 1980 m. w. N.

triebsbezogen“ bezeichnet werden.[337] Erfasst werden in erster Linie solche straf- oder bußgeldbewehrten Pflichten, die sachlich aus dem besonderen Wirkungskreis des Verbandes resultieren und sich daher in Form von Ver- oder Geboten an die juristische Person oder Personenvereinigung als Normadressaten richten.[338] Da sich die in § 60 Abs. 1, 2 enthaltenen Aufforderungen zur Veröffentlichung, Übermittlung, Mitteilung etc. von Entscheidungen, Angebotsunterlagen oder sonstigen Informationen ganz überwiegend an juristische Personen wenden und die Teilnahme an öffentlichen Angebotsverfahren aufgrund der Führung eines Unternehmens erfolgte, sind viele der in § 60 in Bezug genommenen Pflichtverstöße betriebsbezogen mit der Folge, dass im Falle einer schuldhaften Pflichtverletzung durch die entsprechenden Leitungspersonen eine Geldbuße gegen das Unternehmen verhängt werden kann.

Besonders praxisrelevant ist die auf den Betrieb bezogene Aufsichtspflicht gem. § 130 OWiG, deren Verletzung als Ordungswidrigkeit geahndet werden kann.[339] Denn regelmäßig werden Straftaten oder Ordnungswidrigkeiten im Betrieb und Unternehmen nicht durch Organe etc., sondern unterhalb der Leitungsebene durch Personen begangen, deren Fehlverhalten als Anknüpfungstat gem. § 30 OWiG nicht ausreicht. Hier ermöglicht die Ahndung gem. § 130 OWiG einen „Durchgriff“ auf den Unternehmensträger, wenn ein nach § 30 OWiG tauglicher Repräsentant des Unternehmens seine Aufsichtspflicht verletzt hat.[340] Unterlässt es etwa der Unternehmensführer bzw. sein mit Leitungsbefugnissen ausgestatteter Repräsentant in der Situation eines öffentlichen Angebotsverfahrens, zur Überwachung von straf- oder bußgeldbewehrten Pflichten ein effektives Aufsichts- und Kontrollsystem einzurichten, kann dieser Anknüpfungstat auch im Rahmen von Unternehmensübernahmen eine Bedeutung zukommen. **137**

Zu den betriebsbezogenen Pflichten können schließlich auch die Jedermann treffenden Pflichten gehören, sofern sie sich für den Verband im Zusammenhang mit der Führung des Betriebs ergeben.[341] Nach

337 Statt vieler: *Göhler* (Fn. 31), § 30 Rn. 18 ff.; *Lemke*, in: HK-OWiG (Fn. 126), § 30 Rn. 36.

338 Näher dazu *Schroth* (Fn. 116), S. 43 ff.

339 Vgl. BGH, 1.10.1985 – KRB 5/85, NStZ 1986, 79; OLG Düsseldorf, 22.6.1983 – 5 Ss (OWi) 140/83 – 91/83 III, NStZ 1984, 366, 367, sowie die Rechtsprechungsübersicht bei *Leube*, wistra 1987, 41, 44 ff., zum Kartellordnungswidrigkeitenrecht.

340 *Rogall*, in: KK-OWiG (Fn. 66), § 30 Rn. 75.

341 *Göhler* (Fn. 31), § 30 Rn. 20 m.w.N.; Einzelheiten bei *Rogall*, in: KK-OWiG (Fn. 66), § 30 Rn. 76.

hier vorgenommener Einstufung unterfällt dieser Fallgruppe z. B. die Veröffentlichungspflicht hinsichtlich der Bieterentscheidung gem. § 60 Abs. 1 Nr. 1 a i. V. m. § 10 Abs. 1 Satz 1.

(2) Bereicherung des Verbandes

138 § 30 Abs. 1 2. Var. OWiG lässt es ausreichen, wenn durch die Anknüpfungstat eine Bereicherung des Unternehmens bewirkt oder erstrebt wird. Auf die Betriebsbezogenheit der Pflichtverletzung im Vorstehenden Sinne kommt es dabei nicht an.[342] In dieser Tatvariante kommt deutlich der Zweck der Vorschrift zum Ausdruck, bei den Verbänden die Gewinne wieder abzuschöpfen, die ihnen durch Delikte ihrer Leitungspersonen (etwa in Form von Betrug oder Erpressung) zu Unrecht zugeflossen sind, sowie das Ziel, derartige Manipulation zu verhindern.[343] Zwischen der Anknüpfungstat und der (erstrebten) Bereicherung muss ein Kausalnexus folgenden Inhalts bestehen: Liegt tatsächlich eine Bereicherung vor, muss sie auf die Anknüpfungstat zurückzuführen sein, war sie nur beabsichtigt, so muss die Anlasstat nach der Vorstellung der Leitungsperson dazu dienen, dem Verband einen Vermögensvorteil zu verschaffen.[344]

Ersatzansprüche Dritter (insbesondere § 823 Abs. 2 BGB) schließen – wie auch in der Dogmatik zum Vermögensstrafrecht weitgehend anerkannt – eine eingetretene Bereicherung auf Seiten der juristischen Person oder Personenvereinigung und damit die Anwendung des § 30 OWiG nicht aus, da ansonsten auf Opferseite im Regelfall kein Schaden festgestellt werden könnte.[345]

cc) Handeln „als" Leitungsperson

139 Schließlich verlangt § 30 OWiG, dass der Täter der Anknüpfungstat in Wahrnehmung der Angelegenheiten des Unternehmens, also „als" Organ etc., gehandelt hat. Dem Merkmal „als" kommt dabei die Funktion zu, das die Verbandsgeldbuße auslösende Vertreterverhalten vom Handeln als Privatperson abzuschichten. Wie bei § 9 OWiG (§ 14 StGB) wird auch hier gefordert, dass die Handlung (oder Unterlas-

342 *Göhler* (Fn. 31), § 30 Rn. 22 m. w. N.

343 Vgl. *Demuth/Schneider* (Fn. 245), 651; *Rebmann/Roth/Herrmann* (Fn. 68), § 30 Rn. 31.

344 Dazu sowie zur umstrittenen Frage der Haftungseinschränkung unter dem Gesichtspunkt des Schutzzwecks der Norm *Rogall*, in: KK-OWiG (Fn. 66), § 30 Rn. 84 ff.

345 *Göhler* (Fn. 31), § 30 Rn. 23 m. w. N.

sung) „Vertretungsbezug" hat, zwischen der Anknüpfungstat und dem Pflichten- und Aufgabenkreis des Vertreters somit ein innerer Zusammenhang besteht.[346] Daran soll es fehlen, wenn die Leitungsperson ausschließlich in eigenem Interesse oder (nur) bei Gelegenheit der Tätigkeit als Vertreter handelt.[347] § 60 knüpft in allen Tatvarianten an Pflichten an, die die Leitungsperson in Wahrnehmung der Angelegenheiten des Verbandes erfüllen muss, sodass es kaum jemals am Vertretungsbezug fehlen wird.

3. Verbandsgeldbuße als Rechtsfolge

Liegen die Voraussetzungen des § 30 OWiG vor, kann gegen den Verband selbst eine Geldbuße festgesetzt werden. **140** Die bis zum Inkrafttreten des 2. WiKG 1986[348] nur als „Nebenfolge" der Anknüpfungstat angedrohte Geldbuße erscheint heute als „echte Hauptfolge eigener Art" bzw. „selbstständige Sanktion", deren Verhängung in pflichtgemäßem Ermessen („kann") der Entscheidungsinstanz steht.[349]

Das Gesetz macht die Höhe der Geldbuße von der Anknüpfungstat abhängig:

Beim Vorliegen einer vorsätzlich begangenen Straftat beträgt das **141** Höchstmaß der Verbandsgeldbuße 500000 Euro; im Falle der fahrlässig verwirklichten Straftat dagegen 250000 Euro (§ 30 Abs. 2 Satz 1 OWiG).

Handelt es sich beim Fehlverhalten der Leitungsperson um eine Ordnungswidrigkeit, bestimmt sich das Höchstmaß der Geldbuße nach der für die Ordnungswidrigkeit angedrohten Geldbuße (§ 30 Abs. 2 Satz 2 OWiG).[350] Dabei ist § 17 Abs. 2 OWiG zu beachten, wonach für fahrlässiges Handeln nur die Hälfte des angedrohten Höchstbetrages vorgesehen ist, wenn die Bußgelddrohung nicht zwischen vorsätzlichem

346 *Rogall*, in: KK-OWiG (Fn. 66), § 30 Rn. 89.

347 BGH, 18.7.1996 – 1 StR 386/96, NStZ 1997, 30, 31; *Göhler* (Fn. 31), § 30 Rn. 24 ff. m.w.N.

348 Zweites Gesetz zur Bekämpfung der Wirtschaftskriminalität (2. WiKG) vom 15.5.1986, BGBl. I 1986, 721.

349 Vgl. *Achenbach*, in: FK-GWB (Fn. 33), Vor § 81 Rn. 101 m.w.N.

350 Der durch das Korruptionsbekämpfungsgesetz (KorrBG) vom 13.8.1997, BGBl. I 1997, S. 2038, eingeführte § 30 Abs. 2 Satz 3 OWiG hat eine spezielle Funktion. Diese Vorschrift soll beim Vorliegen von Ausschreibungsabsprachen, die sowohl § 81 Abs. 1 i.V.m. § 1 GWB als auch § 298 StGB oder § 263 StGB unterfallen, sicherstellen, dass – entgegen § 21 OWiG – der über DM 1 Million hinausgehende mehrerlösbezogene Sonderbußgeldrahmen des § 81 Abs. 2 Satz 1 1. Var. GWB weiter Anwendung findet, vgl. BT-Drucks. 13/8079, S. 16 (noch zu § 38 GWB a.F.).

und fahrlässigem Handeln unterscheidet. Die von § 60 Abs. 1 erfasste Leichtfertigkeit stellt eine qualifizierte Form der Fahrlässigkeit dar und ist daher dieser Kategorie zuzuordnen.

142 Die Geldbuße kann gem. § 30 Abs. 3 i.V.m. § 17 Abs. 4 OWiG die skizzierten Höchstgrenzen überschreiten, wenn der Bußgeldrahmen im Einzelfall nicht ausreicht, um den aus der Ordnungswidrigkeit gezogenen wirtschaftlichen Vorteil abzuschöpfen (sog. **Abschöpfungsfunktion der Geldbuße**).[351] Mit der in § 17 Abs. 4 OWiG für den Regelfall („soll") festgelegten unteren Grenze der Vorteilsabschöpfung kann zugleich dem Gesichtspunkt Rechnung getragen werden, dass die für den Verband handelnden Personen häufig die „Kosten" der Aufdeckung einer Straftat oder Ordnungswidrigkeit exakt berechnet haben.[352] Im Einzelnen ist hier noch vieles ungeklärt.

143 Über die Festsetzung der Geldbuße gegen die juristische Person oder Personenvereinigung wird grundsätzlich in einem einheitlichen Verfahren entschieden, das sich sowohl gegen den Täter der Anknüpfungstat als auch gegen den Verband richtet (sog. **kumulative Verbandsgeldbuße**).[353] Für ein solches Procedere sprechen neben verfassungsrechtlichen Gründen (Vermeidung einer „Doppelbestrafung") auch prozessökonomische Erwägungen.[354] § 30 Abs. 4 OWiG lässt aber daneben die isolierte Festsetzung der Geldbuße gegen den Verband in einem selbstständigen Verfahren zu (sog. **isolierte Verbandsgeldbuße**), wenn wegen der Straftat oder Ordnungswidrigkeit eine natürliche Person nicht verfolgt oder das Verfahren insoweit eingestellt wird, sofern die Nichtverfolgbarkeit der Leitungsperson nicht auf rechtlichen Gründen (insbesondere Verjährung der Anknüpfungstat sowie Fehlen eines Strafantrags) beruht (§ 30 Abs. 4 Satz 3 1. HS OWiG).[355] Durch die Abkopplung der Verbandsgeldbuße von der Ahndung der Anknüpfungstat im selbstständigen Verfahren ist es möglich, die Geldbuße gegen den Verband auch dann zu verhängen, wenn der Täter der konkre-

351 *Wegner* (Fn. 336), 1982 m. w. N.
352 Vgl. *Cramer*, in: Assmann/Schneider (Fn. 21), Vor § 38 Rn. 76.
353 Zuständig ist das für die Verfolgung der Anknüpfungstat berufene Organ, also bei einer Ordnungswidrigkeit eine Verwaltungsbehörde und bei einer Straftat das Gericht, vgl. nur *Göhler* (Fn. 31), § 30 Rn. 43.
354 Siehe *Rogall*, in: KK-OWiG (Fn. 66), § 30 Rn. 155 ff. m. w. N.; *Deruyck* (Fn. 220), 717; *Tschauner*, in: Geibel/Süßmann (Fn. 329), § 60 Rn. 92. In der Bebußung von Vertreter und Verband liegt dagegen nach allgemeiner Ansicht kein Verstoß gegen den Grundsatz „ne bis in idem", da sich die Sanktionen gegen unterschiedliche Personen richten, vgl. *Rebmann/Roth/Herrmann* (Fn. 68), § 30 Rn. 38 m. w. N.
355 Zu den Einzelheiten vgl. *Rogall*, in: KK-OWiG (Fn. 66), §30 Rn. 141 ff. m. w. N.

ten Anknüpfungstat nicht ermittelt ist.[356] Bei dieser sog. **anonymen Verbandsgeldbuße** muss allerdings für jede denkbare Fallkonstellation sicher festgestellt werden, dass nur jemand aus dem Täterkreis des § 30 Abs. 1 OWiG tatbestandsmäßig-rechtswidrig und vorwerfbar eine geeignete Anknüpfungstat begangen hat.[357]

4. Geldbuße gegen ausländische juristische Personen und Personengesellschaften

Öffentliche Angebote zum Erwerb von Aktien einer in Deutschland ansässigen Zielgesellschaft werden nicht selten von ausländischen Kapitalgesellschaften unterbreitet.[358] Damit ergibt sich im Rahmen der Behandlung des § 30 OWiG die Frage, ob beim Verstoß gegen bußgeldbewehrte Pflichten nach dem WpÜG Geldbußen auch gegen ausländische juristische Personen und Personengesellschaften verhängt werden können. Eine Antwort auf diese Frage hat sich insbesondere daran auszurichten, inwieweit die betroffenen ausländischen Gesellschaften in der Struktur und Führung mit den von § 30 OWiG erfassten Sanktionsadressaten vergleichbar sind. Sie kann hier nur grob skizziert werden. Einzelheiten sind der Spezialliteratur zu entnehmen.[359] **144**

§ 30 OWiG ermöglicht die Verhängung einer Geldbuße gegen recht unterschiedlich strukturierte Gesellschaften. Juristische Personen, auch wenn sie kein Handelsgewerbe betreiben (vgl. § 3 AktG, § 1 GmbHG), sind ebenso erfasst wie Personenvereinigungen mit Ausnahme der GbR. Daraus wird gefolgert, dass grundsätzlich alle ausländischen juristischen Personen als sanktionsfähige Gesellschaften in Betracht kommen, sofern sie nur in Deutschland nicht als GbR eingestuft würden. Als haftungsauslösend sieht man das straf- oder bußgeldbewehrte Verhalten sämtlicher der für eine ausländische Gesellschaft handelnden Personen an, die vergleichbar dem in § 30 OWiG umschriebenen Täterkreis mit Leitungsbefugnissen oder Vertretungs- **145**

---

356 *Achenbach* (Fn. 333), § 3 Rn. 19 m. w. N.

357 *Achenbach*, JuS 1990, 601, 606; *Göhler* (Fn. 31), § 30 Rn. 40; BGH, 8.2.1994 – KRB 25/93, wistra 1994, 232, 233.

358 So z. B. 1999/2000 die feindliche Übernahme der Mannesmann AG durch die amerikanisch-britische Vodafone AirTouch plc.

359 Hinzuweisen ist hier vor allem auf *Papachristos*, Sanktionen gegen ausländische juristische Personen, Personenvereinigungen und Handelsgesellschaften, 1998, S. 144 ff. Der folgende Text orieniert sich an *Cramer*, in: Assmann/Schneider (Fn. 21), Vor § 38 Rn. 80 ff.; vgl. auch *Tschauner*, in: Geibel/Süßmann (Fn. 329), § 60 Rn. 82 ff.

macht ausgestattet sind. Dem Begriff des „Organs“ unterfallen daher der „Verwaltungsrat“ einer AG nach schweizerischem Recht ebenso wie der „Chairman“ des anglo-amerikanischen Rechtskreises.[360]

146 Eine Straftat oder Ordnungswidrigkeit eines Organs oder Vertreters kann weiterhin nur dann mit Verbandsgeldbuße geahndet werden, wenn sie nach deutschem Recht verfolgbar ist. Diese Frage ist bereits ausführlich im Zusammenhang mit dem „Geltungsbereich des WpÜG“ behandelt worden. Darauf muss hier verwiesen werden.

147 Soweit die Ahndung gem. § 30 Abs. 1 1. Var. OWiG die Verletzung einer betriebsbezogenen Pflicht voraussetzt, gilt Folgendes:[361]

Eine ausländische Gesellschaft, die sich in der BRD betätigt, hat selbstverständlich die deutschen Vorschriften und damit nicht nur die Bestimmungen des StGB und des OWiG, sondern auch die des WpÜG zu beachten. Relevant für die Anwendung des § 30 OWiG sind allerdings nur die Normen, die – wie dargelegt – dem besonderen Wirkungskreis des Verbandes entstammen. Differenzierter ist die Situation zu beurteilen, wenn der Verwaltungssitz der Gesellschaft im Ausland liegt. Eine Anwendung des § 30 OWiG setzt in diesem Fall voraus, dass der Täter der Anknüpfungstat entweder in der BRD tätig geworden ist bzw. im Falle des Unterlassens hätte tätig werden müssen oder sein Verhalten im Inland einen Erfolg herbeigeführt hat oder nach der Vorstellung des Täters herbeiführen sollte (vgl. § 7 OWiG). Dagegen unterfällt ein Verstoß gegen bußgeldbewehrte (betriebsbezogene) Pflichten, der im Ausland begangen wird und keinerlei Auswirkungen im Inland hat, nicht der bundesrepublikanischen Ahndungsgewalt, da diese an den Hoheitsgrenzen endet. Wie ausgeführt, erfordern viele als echte Unterlassungsdelikte ausgestaltete Bußgeldvorschriften des § 60 Abs. 1, Abs. 2 ein Handeln in der BRD, sodass auch eine Gesellschaft mit Sitz im Ausland eine nach deutschem Recht ahndbare Ordnungswidrigkeit begeht.

148 Der BGH erweitert den Erfolgsbegriff i. S. v. § 9 StGB (§ 7 OWiG) um die objektive Strafbarkeits-/Ahndbarkeitsbedingung, sodass – wichtig für die Anwendbarkeit des § 130 OWiG – deutsches Ordnungswidrigkeitenrecht auch dann gilt, wenn sich nur die objektive

360 Vgl. *Papachristos* (Fn. 359), S. 157.

361 Dagegen kommt es bei der durch die Organtat eingetretenen oder erstrebten Bereicherung des Unternehmens i. S. v. § 30 Abs. 1 2. Var. OWiG nicht auf die Betriebsbezogenheit der verletzten Pflichten an, sodass stets die Möglichkeit eines Durchgriffs auf das Unternehmen besteht.

Bedingung der Ahndbarkeit im Inland realisiert.[362] Dem ist mit einer starken Literaturauffassung zu widersprechen.[363] Bei den objektiven Ahndbarkeitsbedingungen handelt es sich um unrechts- und schuldgelöste rein äußere Umstände. Als Merkmale, die anerkannterweise die Strafbarkeit einschränken, würden sie, folgte man der Ansicht des BGH, entgegen ihrer Funktion bei der Bestimmung des Geltungsbereichs des deutschen Sanktionenrechts strafbarkeitsausdehnende Bedeutung erlangen. noch **148**

Da § 130 OWiG sicherstellen soll, dass Betriebsinhaber ihren betrieblichen Aufsichtspflichten nachkommen, das deutsche Ordnungswidrigkeitenrecht aber Unternehmen mit Sitz im Ausland nicht vorschreiben kann, wie sie ihren Betrieb zu organisieren und damit ihren Aufsichtspflichten nachzukommen haben, würden Unterlassungen in diesem Bereich nicht von § 130 OWiG erfasst. Daran ändert sich nach vorstehender Argumentation nichts, wenn ausnahmsweise einmal die Zuwiderhandlungen eingeschalteter Personen im Inland begangen worden sind, da der Eintritt der objektiven Ahndbarkeitsbedingungen im Inland nicht zur Anwendung deutschen Ordnungswidrigkeitenrechts führt.

§ 60 Bußgeldvorschriften

(1) Ordnungswidrig handelt, wer vorsätzlich oder leichtfertig

1. entgegen

a) § 10 Abs. 1 Satz 1, § 14 Abs. 2 Satz 1 oder § 35 Abs. 1 Satz 1 oder Abs. 2 Satz 1 oder

b) § 21 Abs. 2 Satz 1, § 23 Abs. 1 Satz 1 oder Abs. 2 Satz 1 oder § 27 Abs. 3 Satz 1

eine Veröffentlichung nicht, nicht richtig, nicht vollständig, nicht in der vorgeschriebenen Weise oder nicht rechtzeitig vornimmt,

2. entgegen

a) § 10 Abs. 2 Satz 1, auch in Verbindung mit § 35 Abs. 1 Satz 4, § 14 Abs. 1 Satz 1 oder § 35 Abs. 2 Satz 1,

---

362 Vgl. BGH, 22.08.1996 – 4 StR 217/96, BGHSt 42, 235, 242 f.; weiterhin *Eser*, in: Schönke/Schröder (Fn. 42), § 9 Rn. 7 m.w.N.

363 Vgl. nur *Rogall*, in: KK-OWiG (Fn. 66), § 7 Rn. 11; *Satzger*, NStZ 1998, 117; *Stree*, JuS 1965, 465, 474; *Cramer*, in: Assmann/Schneider (Fn. 21), Vor § 38 Rn. 102.

b) § 10 Abs. 5, auch in Verbindung mit § 35 Abs. 1 Satz 4, oder § 14 Abs. 4, auch in Verbindung mit § 21 Abs. 2 Satz 2 oder § 35 Abs. 2 Satz 2 oder

c) § 27 Abs. 3 Satz 2

eine Mitteilung, Unterrichtung oder Übermittlung nicht, nicht richtig, nicht vollständig, nicht in der vorgeschriebenen Weise oder nicht rechtzeitig vornimmt,

3. entgegen § 10 Abs. 3 Satz 3, auch in Verbindung mit § 35 Abs. 1 Satz 4, oder § 14 Abs. 2 Satz 2, auch in Verbindung mit § 35 Abs. 2 Satz 2, eine Veröffentlichung vornimmt oder eine Angebotsunterlage bekannt gibt,

4. entgegen § 10 Abs. 4 Satz 1, auch in Verbindung mit § 35 Abs. 1 Satz 4, eine Veröffentlichung nicht, nicht richtig, nicht vollständig oder nicht rechtzeitig übersendet,

5. entgegen § 14 Abs. 3 Satz 2, auch in Verbindung mit § 21 Abs. 2 Satz 2, § 23 Abs. 1 Satz 2 oder § 35 Abs. 2 Satz 2, oder entgegen § 27 Abs. 3 Satz 3 einen Beleg nicht, nicht richtig oder nicht rechtzeitig übersendet,

6. entgegen § 15 Abs. 3 eine Veröffentlichung vornimmt,

7. entgegen § 26 Abs. 1 Satz 1 oder 2 ein Angebot abgibt oder

8. entgegen § 33 Abs. 1 Satz 1 eine dort genannte Handlung vornimmt.

(2) Ordnungswidrig handelt, wer vorsätzlich oder fahrlässig

1. einer vollziehbaren Anordnung nach § 28 Abs. 1 zuwiderhandelt oder

2. entgegen § 40 Abs. 1, 2 oder 3 Satz 1, auch in Verbindung mit Satz 2, eine Auskunft nicht, nicht richtig, nicht vollständig oder nicht rechtzeitig erteilt oder eine Unterlage nicht, nicht richtig, nicht vollständig oder nicht rechtzeitig vorlegt.

(3) Die Ordnungswidrigkeit kann in den Fällen des Abs. 1 Nr. 1 Buchstabe a, Nr. 3, 6 bis 8 mit einer Geldbuße bis zu 1 Million Euro, in den Fällen des Abs. 1 Nr. 1 Buchstabe b, Nr. 2 Buchstabe a und Nr. 4 mit einer Geldbuße bis zu fünfhunderttausend Euro, in den übrigen Fällen mit einer Geldbuße bis zu zweihunderttausend Euro geahndet werden.

Schrifttum: siehe Vorbemerkungen zu § 60 WpÜG

Übersicht

I. Die Ordnungswidrigkeitentatbestände gem. § 60 Abs. 1

1 § 60 Abs. 1 enthält eine Reihe von Ordnungswidrigkeitentatbeständen, die letztlich alle dem Zweck dienen, ein faires und geordnetes Angebotsverfahren sicherzustellen und somit an der Aufrechterhaltung eines funktionierenden Kapitalmarkts ausgerichtet sind. Bußgeldtatbestände mit hohem materiellen Gewicht (Geldbuße bis zu 1 Million Euro) wechseln sich dabei mit mittelschweren Ordnungswidrigkeiten (Geldbuße bis zu 500000 Euro) und leichteren „Formalverstößen" (Geldbuße bis zu 200000 Euro) in beliebiger Reihenfolge ab. Im Einzelnen sind die im Folgenden skizzierten Zuwiderhandlungen bei vorsätzlicher oder leichtfertiger Begehungsweise sanktioniert:

1. Verstöße gegen Veröffentlichungspflichten (§ 60 Abs. 1 Nr. 1 a, b)

2 nach

- § 10 Abs. 1 Satz 1,
- § 14 Abs. 2 Satz 1,
- § 35 Abs. 1 Satz 1 oder Abs. 2 Satz 1,
- § 21 Abs. 2 Satz 1,
- § 23 Abs. 1 Satz 1 oder Abs. 2 Satz 1 oder
- § 27 Abs. 3 Satz 1.[1]

a) Allgemeines

3 Nach § 60 Abs. 1 Nr. 1 kann mit Bußgeld bis zu 1 Million Euro (Nr. 1 a) bzw. 500000 Euro (Nr. 1 b) geahndet werden, wer entgegen

1 Nicht erfasst wird die Pflicht des Bieters, die ihm vom Vorstand der Zielgesellschaft zugegangene Mitteilung über die Einberufung der Hauptversammlung der Zielgesellschaft in einem überregionalen Börsenpflichtblatt zu veröffentlichen (§ 16 Abs. 3 Satz 3). Es ist davon auszugehen, dass der Gesetzgeber dieses Verhalten nicht für sanktionswürdig hielt. Gleiches gilt für die Mitteilungs- und Belegübersendungspflicht gem. § 16 Abs. 3 Satz 2 und 4.

den jeweils in Bezug genommenen blankettausfüllenden Normen **eine Veröffentlichung nicht, nicht richtig, nicht vollständig, nicht in der vorgeschriebenen Weise oder nicht rechtzeitig vornimmt**. Sanktioniert werden hier Verstöße gegen Veröffentlichungspflichten, die der Herstellung von Informationsgleichheit für die am Angebotsverfahren Beteiligten (insbesondere für die Aktionäre der Zielgesellschaft) dienen. Die Aneinanderreihung mehrerer, sich teilweise überschneidender Tathandlungen findet sich häufig im Ordnungswidrigkeitenrecht.[2] Durch diese Gesetzestechnik soll sichergestellt werden, dass möglichst alle Formen einer Rechtsgutsbeeinträchtigung erfasst werden.

4 § 60 Abs. 1 Nr. 1 verlangt nun vom Täter in der ersten Tatvariante unzweifelhaft ein Tun; es handelt sich also um ein **Gebot**. Hier wird das vollständige Unterlassen einer Veröffentlichung sanktioniert. Weniger eindeutig ist die Bestimmung des Normcharakters – also die Einstufung als Gebots- oder Verbotsnorm – in den folgenden Tatvarianten („nicht richtig", „nicht vollständig", „nicht in der vorgeschriebenen Weise" oder „nicht rechtzeitig vornimmt"). Bei unbefangener und isolierter Betrachtung könnte der Gegenstand des Gesollten als Unterlassen, die Norm also als **Verbot** interpretiert werden, da derjenige, der z. B. „nicht richtig" oder „nicht vollständig" veröffentlicht, unbestreitbar handelt. Aus diesem Anknüpfungspunkt wird verbreitet – allerdings ohne weitergehende Begründung – geschlossen, dass es sich bei Tatbeständen von der Struktur des § 60 Abs. 1 Nr. 1, die neben dem auf die spezielle Tathandlung bezogenen „nicht" noch weitere Tatvarianten aufführen („nicht richtig", „nicht vollständig", etc.), nur in der ersten Tatvariante um ein (echtes) Unterlassungsdelikt handelt, während der Täter bei der Verwirklichung der weiteren Tatvarianten tatbestandsmäßig i. S. eines positiven Tuns handeln soll.[3] Diese Auffassung ist jedoch erheblichen Bedenken ausgesetzt:[4]

---

2 Beispiele hierzu bei *Rengier*, in: FS für R. Schmitt, 1992, S. 263, 271 f.

3 Vgl. *Achenbach*, in: Frankfurter Kommentar zum Kartellrecht, 46. Lief. (September 2000), § 81 Rn. 231 ff., 173; *Dannecker/Biermann*, in: Immenga/Mestmäcker, Gesetz gegen Wettbewerbsbeschränkungen – Kommentar, 3. Aufl., 2001, § 81 Rn. 206, 209, 296, 301, 305. Ein Handeln wird auch angenommen, wenn der Täter im Rahmen von § 264 Abs. 1 Nr. 1 StGB (Subventionsbetrug) oder § 370 Abs. 1 Nr. 1 AO (Steuerhinterziehung) über Tatsachen „unrichtige oder unvollständige Angaben macht", vgl. *Tiedemann*, in: Leipziger Kommentar, Großkommentar zum Strafgesetzbuch, 11. Aufl., 1992 ff., § 264 Rn. 81; *Joecks*, in: Franzen/Gast-de Haan/Joecks, Steuerstrafrecht, 5. Aufl., 2001, § 370 AO Rn. 119 ff.

4 Der folgende Gedanke ist von *Lütt*, Das Handlungsunrecht der Steuerhinterziehung, 1988, S. 6 ff. und passim, im Bereich des Steuerstrafrechts anlässlich der Frage entwickelt worden, in welchem Verhältnis § 370 Abs. 1 Nr. 1 AO zu § 370 Abs. 1 Nr. 2

Da Sollensinhalt der Verbotsnorm die Unterlassung ist, kann der Bieter dem Normbefehl nachkommen, in dem er überhaupt nicht veröffentlicht. Wer überhaupt keine Veröffentlichung vornimmt, veröffentlicht weder unrichtig noch unvollständig. Verhält sich der Bieter allerdings in dieser Weise, verstößt er gegen die erste Tatvariante des § 60 Abs. 1 Nr. 1, die gerade eine richtige und vollständige Veröffentlichung verlangt. Da sich hier Verbot und Gebot auf die **identische** Handlung beziehen, vom Bieter also gleichzeitig ein Unterlassen und Handeln hinsichtlich der Veröffentlichung verlangt wird, ergibt sich ein Verstoß gegen die Grundsätze der Sollenslogik. Dieser Widerspruch, der auf einer gegensätzlich wirkenden Motivation beruht, kann unter sollenslogischen Gesichtspunkten nicht aufgelöst werden. Wer der Auffassung ist, dass der Normadressat der Verbotsnorm dadurch Folge leisten kann, dass er vollständig und richtig veröffentlicht,[5] hat Recht; nur fordert er vom Täter das schon aufgrund der Gebotsnorm verlangte Verhalten. Allein die Beachtung der Verbotsnorm (etwa: „Veröffentliche nicht unrichtig oder unvollständig!") führt zu keiner vollständigen Gebotserfüllung. Das normlogische Dilemma könnte allerdings vermieden werden, wenn sämtliche Tatvarianten des § 60 Abs. 1 Nr. 1 als **Gebote** eingestuft werden würden. 5

In der Kombination mit dem umfassenderen Gebot, eine Veröffentlichung (überhaupt) vorzunehmen, handelt es sich also bei den Tatvarianten 2 bis 5 nur um Ergänzungen der Grundnorm, die lediglich **klarstellenden** Charakter haben.[6] Dem Täter wird also nicht vorgeworfen, dass er veröffentlicht hat. Vielmehr ist in ordnungswidrigkeitenrechtlicher Hinsicht zu beanstanden, dass er seiner Verpflichtung (dem Gebot) nicht nachgekommen ist, „richtig", „vollständig", „in der vorgeschriebenen Weise" oder „rechtzeitig" zu veröffentlichen.[7] 6

AO steht. Dort behandelt man herrschend denjenigen als Täter eines Begehungsdelikts, der gem. § 370 Abs. 1 Nr. 1 AO „den Finanzbehörden oder anderen Behörden über steuerlich erhebliche Tatsachen unrichtige oder unvollständige Angaben macht". § 370 Abs. 1 Nr. 2 AO enthält dagegen – insoweit unbestritten – die Unterlassungsvariante: „die Finanzbehörden pflichtwidrig über steuerlich erhebliche Tatsachen in Unkenntnis lässt …", siehe nur *Kohlmann*, Steuerstrafrecht – Kommentar, 29. Lief. (November 2001), § 370 Rn. 18.1. *Lütt* qualifiziert demgegenüber auch § 370 Abs. 1 Nr. 1 AO als Gebotsnorm.

5 Vgl. *Wulf*, Handeln und Unterlassen im Steuerstrafrecht, 2001, S. 46 m. w. N.

6 In diesem Sinne auch *Rengier* (Fn. 2), S. 272.

7 *Beispiel*: Wer in einer Angebotsunterlage von zehn erforderlichen Informationen nur fünf angibt, dem wird nicht vorgeworfen, dass er die fünf Informationen geliefert hat, sondern dass er es unterlassen hat, auch über die restlichen fünf Punkte Angaben zu

7 Ganz besonders deutlich wird das in der Tatvariante „eine Veröffentlichung … nicht rechtzeitig vornimmt“. So verletzt etwa das Gebot, gem. § 10 Abs. 1 Satz 1 die Entscheidung zur Angebotsabgabe unverzüglich zu veröffentlichen, nicht nur der Bieter,[8] der nach Entschlussfassung und dem Verstreichenlassen einer gewissen Zeit („unverzüglich“) überhaupt keine Veröffentlichung vornimmt und damit die Deliktsvollendung herbeiführt.[9] Den Tatbestand verwirklicht durch Unterlassen auch, wer verspätet veröffentlicht. Jeweils wird die vom Täter zu einem bestimmten Zeitpunkt erwartete Handlung nicht erbracht mit der Folge, dass nach einem gewissen Zeitablauf die Tatbestandsvollendung vorliegt. Die Quantität der nach der Tatbestandsvollendung verstrichenen Zeit ist dann grundsätzlich nur noch für die Bußgeld**zumessung** relevant. Allerdings ist das Unrecht, gemessen am „Zeitschaden“, bei einem Delikt, das wie § 60 Abs. 1 Nr. 1 a i.V.m. § 10 Abs. 1 Satz 1 den Insiderhandel verhindern will, kaum quantifizierbar, da Insiderinformationen hier jederzeit dem geschützten Rechtsgut schaden können. Aber auch die Tatvarianten 3 und 4 haben im Vergleich mit dem Tatverhalten „eine Veröffentlichung … **nicht** oder **nicht richtig** vornimmt“ nur deklaratorische Bedeutung, da sie lediglich unterschiedliche Angriffsweisen auf Inhalt und Form der Veröffentlichung darstellen, die dann jeweils „nicht richtig“ erfolgt. Für die vom Gesetzgeber gewählte Auffächerung des Tatverhaltens spricht allerdings die Anschaulichkeit und die Vermeidung möglicher Auslegungsschwierigkeiten.

8 Zu den Tathandlungen selbst ist in aller Kürze Folgendes auszuführen:

Unrichtig ist eine Veröffentlichung, wenn die in ihr enthaltenen Informationen mit der Wirklichkeit nicht übereinstimmen. Sieht man – wie hier vorgeschlagen – auch in einer **unvollständig** veröffentlichten Information eine Gebotsverletzung, ist zur Feststellung der Unvollständigkeit auf den Maßstab des rechtlich Geschuldeten abzustellen. Unvollständig veröffentlicht also derjenige, der über weniger informiert, als er muss.[10] Verstöße gegen die Pflicht, rechtzeitig und in der vorgeschriebenen Weise zu veröffentlichen, lassen sich durch einen Ver-

---

machen. Das Handeln führt in diesen Fällen also nicht zur Verbotsverletzung, vielmehr wird allein das Unterlassen beanstandet.

8 Mit der Bildung der Angebotsabsicht rückt die betreffende Person gem. § 2 Abs. 4 in die Bieterstellung ein.

9 § 60 sieht keine Sanktion für den Versuch vor.

10 Schwierigkeiten bereitet dagegen die Feststellung der Unvollständigkeit der Angabe, wenn das entsprechende Verhalten als positives Tun eingestuft wird, vgl. dazu *Joecks*, in: Franzen/Gast-de Haan/Joecks (Fn. 3), § 370 Rn. 129.

gleich des tatsächlichen Verhaltens mit der vom Gesetz geforderten Handlung – etwa „unverzügliche" Veröffentlichung (§ 10 Abs. 1 Satz 1) oder Einhaltung eines bestimmten Veröffentlichungsweges gem. § 10 Abs. 3 Satz 1 und § 14 Abs. 3 Satz 1 – feststellen.

Strukturell handelt es sich bei den in § 60 Abs. 1 Nr. 1 aufgeführten **9** Bußgeldvorschriften um **echte Unterlassungsordnungswidrigkeiten** in Form **abstrakter Gefährdungsdelikte**. Der Gesetzgeber geht davon aus, dass das Unterlassen der vorgeschriebenen Veröffentlichung für die Aufrechterhaltung eines funktionierenden Kapitalmarkts generell gefährlich ist; auf eine konkrete Gefährdung oder Verletzung dieses primär geschützten Rechtsgutes kommt es ausweislich der Tatbestandsfassung für die Ahndbarkeit des Verhaltens nicht an.

b) Einzelne Pflichtverstöße

aa) § 10 Abs. 1 Satz 1 – Veröffentlichung der Angebotsentscheidung

Die als Jedermanns-Delikt ausgestaltete Vorschrift des § 10 Abs. 1 **10** Satz 1[11] verlangt vom Bieter, dass er seine Entscheidung zur Abgabe eines Angebots unverzüglich – also ohne schuldhaftes Zögern (§ 121 Abs. 1 Satz 1 BGB) – gem. Abs. 3 Satz 1 veröffentlicht.[12] Durch eine möglichst frühzeitige Information der „Bereichsöffentlichkeit"[13] über marktrelevante Daten soll das Ausnutzen von Spezialwissen verhindert und somit dem Insiderhandel vorgebeugt werden.[14] Eine Ausnahme, die zur Beschreibung der Verhaltenspflicht mit heranzuziehen ist, sieht § 10 Abs. 1 Satz 3 vor. Danach kann das BAWe dem Bieter auf Antrag abweichend von § 10 Abs. 1 Satz 2 gestatten, eine Veröffentlichung erst nach dem Beschluss der Gesellschafterversammlung vorzunehmen, wenn der Bieter durch geeignete Vorkehrungen sicherstellt, dass dadurch Marktverzerrungen nicht zu befürchten sind. Dem Befreiungsbescheid wird man **rechtfertigende Wirkung** zuschreiben müssen. Denn dieser behördliche Befreiungsakt greift nur in besonders gelagerten Fällen ein und ändert nichts an dem tatbestandsmäßigen Ordnungswidrigkeitenunrecht, das der Gesetzgeber grundsätzlich in einer verzögerten Veröffentlichung der Entscheidung erblickt.[15]

11 Dazu Vor § 60 Rn. 52.
12 Zum Begriff der „Veröffentlichung" siehe Vor § 60 Rn. 28.
13 § 10 Rn. 36.
14 Regierungsbegründung, BT-Drucks. 14/7034, S. 39.
15 Vgl. auch Vor § 60 Rn. 87.

11 Die in § 10 Abs. 1 Satz 1 vorgesehene Veröffentlichungspflicht hinsichtlich der Entscheidung zur Abgabe eines Angebots ist aus verschiedenen Gründen problematisch. Der Hauptmangel der Bußgeldvorschrift besteht darin, dass die Entstehung der Pflicht allein an einen inneren Entscheidungsakt des Täters geknüpft wird.[16] Damit bleibt in Fällen, in denen der Bieter – ohne darüber mit anderen zu sprechen – den Entschluss zur Abgabe eines Angebots fasst und es unterlässt, die Entscheidung unverzüglich zu veröffentlichen, der Pflichtverstoß unentdeckt; jedenfalls wird er ihm zumeist nur beim Vorliegen eines Geständnisses nachweisbar sein. Dieses aus der Normstruktur folgende Defizit mag bei juristischen Personen oder Personengesellschaften, die als Bieter auftreten, in der Praxis kaum Bedeutung erlangen, da sich hier der Wille zur Abgabe eines Angebots zumindest bei mehrgliedrigen Leitungsorganen regelmäßig im Rahmen von mehrstufigen Entscheidungsprozessen[17] manifestiert. Die Beweisprobleme lassen sich aber jedenfalls dann kaum überwinden, wenn sich natürliche Personen ohne Rücksprache mit anderen zur Angebotsabgabe entschließen. Auch für diese Konstellation muss die Norm aber eine sinnvolle Regelung bereithalten.

Völlig unklar ist weiter, wie die Situation ordnungswidrigkeitenrechtlich zu beurteilen ist, in der der Bieter nach Entschlussfassung z. B. sieben Tage lang die gebotene Veröffentlichung unterlässt und dann den Entschluss zur Angebotsabgabe aufgibt. An einer vollendeten Pflichtverletzung lässt sich zunächst nicht zweifeln. Es drängt sich allerdings die Frage auf, ob der Wegfall des Entschlusses zur Angebotsabgabe ahndungsrechtlich wirklich ohne Bedeutung sein soll. Denkbar wäre es, die Entscheidung wegen der späteren Aufgabe in analoger Anwendung von Vorschriften über die Tätige Reue (z. B. §§ 264 Abs. 5, 264a Abs. 3, 306e StGB) so zu behandeln, als sei er nie gefasst worden. Für eine Nichtahndung in diesem Fall spräche auch, dass dem Funktionieren des Kapitalmarkts zu keiner Zeit eine Gefahr drohte. Zu klären wäre zudem, wann die bußgeldbewehrte Veröffentlichungspflicht in Konstellationen entsteht, in denen der Bieter sich jetzt fest dazu entschließt, beim Vorliegen bestimmter objektiver Umstände in der Zukunft ein Angebot abzugeben. Die Strafrechtsdogmatik zum Vorsatz spricht hier von einem Entschluss auf bewusst unsicherer Tatsachengrundlage, der als vollgültiger Vorsatz behandelt

---

16 Eine ähnliche Problematik im Kontext von § 392 Abs. 2 AO a. F. behandelt *Samson*, GA 1970, 321, 325.

17 Dazu § 10 Rn. 19 ff.

wird.[18] Aber lässt sich das mit der Annahme vereinbaren, wegen der gravierenden rechtlichen und wirtschaftlichen Folgen nur dann eine Veröffentlichungspflicht i. S. v. § 10 Abs. 1 S. 1 entstehen zu lassen, wenn der Bieter sich sicher sein kann, dass er das Angebot abgeben kann und will?[19]

Festzuhalten ist nach alledem, dass der Gesetzgeber mit der Anordnung der Verpflichtung, schon den (nicht manifestierten) **Entschluss** zur Abgabe eines Angebots zu veröffentlichen, über sein Ziel, dem Insiderhandel vorzubeugen, hinausgeschossen ist.[20] § 60 Abs. 1 Nr. 1a i.V.m. § 10 Abs. 1 Satz 1 gerät in seiner jetzigen Fassung in bedenkliche Nähe zu einem „Gesinnungsordnungswidrigkeitenrecht“. Eine sinnvolle Einschränkung der Norm gebietet es, für die Pflichtentstehung zumindest eine Manifestation des Bieterwillens in der Außenwelt (Willensverobjektivierung) zu fordern. **12**

bb) § 14 Abs. 2 Satz 1 – Veröffentlichung der Angebotsunterlage

§ 14 Abs. 2 Satz 1 fordert vom Bieter, die Angebotsunterlage als dem „zentralen Dokument öffentlicher Erwerbsangebote“[21] in den in Abs. 3 Satz 1 angegebenen Medien unverzüglich zu veröffentlichen, wenn das BAWe die Veröffentlichung gestattet hat oder wenn seit dem Eingang der Angebotsunterlage zehn Werktage verstrichen sind, ohne dass das BAWe das Angebot untersagt hat. In besonderen Fällen kann das BAWe gem. § 10 Abs. 2 Satz 3 die Frist um bis zu fünf Werktage verlängern, sodass die gebotene Pflichterfüllung um diese Zeit hinausgeschoben wird. Als Täter kommt hier nur derjenige in Betracht, dem vorher die Pflicht zur Veröffentlichung seiner Entscheidung zur Abgabe eines Angebots gem. § 10 Abs. 1 Satz 1 oblegen hat. Es handelt sich also um ein Sonderdelikt. Wie bei jeder (echten) Unterlassungsordnungswidrigkeit sind die physisch-reale Handlungsmöglichkeit und die Zumutbarkeit die entscheidenden Anknüpfungspunkte für **13**

18 Vgl. nur *Eser*, in: Schönke/Schröder, Strafgesetzbuch Kommentar, 26. Aufl., 2001, § 22 Rn. 18ff.

19 § 10 Rn. 22.

20 Zwar enthält der gemeinsame Standpunkt des Rates zur 13. EU-Richtlinie unter Punkt (10) der erwogenen Gründe den Hinweis, zur Bekämpfung von Insidergeschäften die Bieter zu verpflichten, „ihren Beschluss, ein Angebot zu unterbreiten, so früh wie möglich bekanntzugeben und das Aufsichtsorgan von dem Angebot zu unterrichten“ , vgl. dazu *Neye*, AG 2000, 289, 296. Die Umsetzung dieser angesichts des Scheiterns der EU-Richtlinie nicht verbindlichen Vorgabe sollte jedoch in einer Weise erfolgen, die rechtsstaatlich möglichst unangreifbar ist.

21 § 11 Rn. 1.

die Ahndbarkeit. Da § 60 den Versuch einer Übernahmeordnungswidrigkeit nicht unter Bußgeldandrohung stellt, hängt die Ahndbarkeit vom Vollendungszeitpunkt ab. Gem. § 14 Abs. 2 Satz 1 muss die Veröffentlichung der Angebotsunterlage **unverzüglich**, also ohne schuldhaftes Zögern (§ 121 Abs. 1 Satz 1 BGB), erfolgen. Das Ziel einer raschen Durchführung öffentlicher Übernahmeverfahren sowie regelmäßig fehlender Beratungsbedarf im Hinblick auf die Veröffentlichung erfordern bei der Konkretisierung des unbestimmten Rechtsbegriffs in diesem Zusammenhang einen restriktiven Maßstab.[22]

cc) § 35 Abs. 1 Satz 1 und Abs. 2 Satz 1 – Veröffentlichung der Kontrollerlangung und der (Pflicht-)Angebotsunterlage

14 Erlangt jemand die Kontrolle über eine Zielgesellschaft, hat er nach § 35 Abs. 1 Satz 1 diese Information unter Angabe der Höhe seines Stimmrechtsanteils unverzüglich, spätestens aber innerhalb von sieben Kalendertagen, gem. § 10 Abs. 3 Satz 1 und 2 zu veröffentlichen. § 35 Abs. 2 Satz 1 fordert im Anschluss daran, dass der Bieter innerhalb von vier Wochen nach der Veröffentlichung der Kontrollerlangung dem BAWe eine Angebotsunterlage übermittelt und nach § 14 Abs. 2 Satz 1 die Angebotsunterlage unverzüglich auf den in § 14 Abs. 3 Satz 1 beschriebenen Wegen veröffentlicht. Bei der Entstehung der bußgeldbewehrten Pflicht gem. § 35 Abs. 2 Satz 1 ist Abs. 2 Satz 3 zu berücksichtigen, nach dem bestimmte Aktien bei der Errechnung des Kontrollbesitzes nicht mitzuzählen sind. Wird die Kontrolle über die Zielgesellschaft auf Grund eines Übernahmeangebots erworben, entfällt gem. § 35 Abs. 3 die Verpflichtung nach Abs. 1 Satz 1 und Abs. 2 Satz 1.

Mit der – heftig umstrittenen[23] – Verpflichtung des Kontrollinhabers, allen Aktionären der Zielgesellschaft ein Angebot auf Erwerb ihrer Aktien zu unterbreiten, bezweckt der Gesetzgeber den Schutz der Minderheitsaktionäre, die sich nach dem Kontrollwechsel möglicherweise einem anderen „Unternehmensherrn" gegenüber sehen. In der Sache stellt der in § 35 Abs. 1 und 2 für das Pflichtangebot aufgestellte Pflichtenkatalog das Gegenstück zu den gem. §§ 10 ff. geltenden Regelungen dar: Statt der Entscheidung zur Abgabe eines Angebots (§ 10 Abs. 1 Satz 1, der gem. § 39 für Pflichtangebote nicht gilt)

---

22 Zu Einzelheiten vgl. § 14 Rn. 24.

23 Vgl. zur Diskussion nur *Altmeppen*, ZIP 2001, 1073, 1080 ff.; *Letzel*, NZG 2001, 260 ff.; *Liebscher*, ZIP 2001, 853, 866.

ist die Erlangung der Kontrolle zu veröffentlichen (Abs. 1). Es schließen sich an die Übermittlung der Angebotsunterlage an das BAWe und die Veröffentlichung des Angebots (Abs. 2).[24] Die unmittelbare oder mittelbare[25] Kontrolle über eine Zielgesellschaft erlangt, wer 30% der Stimmrechte (§ 29 Abs. 2) an einer inländischen AG oder KGaA, deren Aktien zum Handel an einem organisierten Markt zugelassen sind (§§ 1, 2 Abs. 3), erreicht oder überschreitet. Dabei sind nicht nur Stimmrechte aus eigenen Aktien zu berücksichtigen, sondern auch die, die dem betreffenden Aktionär nach Maßgabe des § 30 (i.V.m. § 39) zugerechnet werden. Die in § 35 Abs. 1 Satz 1 genannte Sieben-Tages-Frist ist eine Höchstfrist, die nur ausgeschöpft werden darf, wenn nach Kenntnis oder dem Beginn fahrlässiger Unkenntnis von der Kontrollerlangung die Veröffentlichung der Kontrollerlangung nicht früher vorgenommen werden konnte.

dd) § 21 Abs. 2 Satz 1 – Veröffentlichung des geänderten Angebots

§ 21 Abs. 2 Satz 1 verpflichtet den Bieter im Falle einer Änderung des Angebots, die Änderung unter Hinweis auf das Rücktrittsrecht nach Abs. 4 unverzüglich gem. § 14 Abs. 3 Satz 1 zu veröffentlichen. Die zulässigen Änderungen des Angebots sind in § 21 Abs. 1 Satz 1 in vier Fallgruppen abschließend aufgeführt. Sie können bis zu einem Werktag vor Ablauf der Angebotsfrist vorgenommen werden. Die Vorschrift gilt nicht nur für Angebote zum Erwerb von Wertpapieren, sondern über den Verweis in den §§ 34 und 39 auch für Übernahmeangebote und Pflichtangebote.[26] Angebotsänderungen müssen gem. § 21 Abs. 2 Satz 1 unverzüglich, also ohne schuldhaftes Zögern (§ 121 Abs. 1 Satz 1 BGB), veröffentlicht werden. Das Ereignis, an das diese zeitliche Vorgabe anknüpft, ist die – sich objektiv in irgendeiner Weise manifestierende[27] – Änderung des Angebots. Im Interesse einer raschen Durchführung des Angebotsverfahrens und der regelmäßig fehlenden Notwendigkeit, externe Berater hinzuzuziehen, muss die Veröffentlichung in kurzem zeitlichen Abstand (höchstens einige Tage) nach der Änderung des Angebots erfolgen. **15**

24 Vgl. § 35 Rn. 2.
25 Dazu § 35 Rn. 20.
26 Vgl. § 21 Rn. 1.
27 Bliebe es vor der Veröffentlichung bei einem bloßen Änderungsentschluss, entstünde wiederum die bereits unter § 60 Rn. 11 f. erörterte Problematik.

ee) § 23 Abs. 1 Satz 1 und Abs. 2 Satz 1 – „Wasserstandsmeldungen“ nach Abgabe des Angebots

16 § 23 Abs. 1 Satz 1 regelt in schwer verständlicher Weise umfangreiche Veröffentlichungspflichten, die den Bieter nach Abgabe des Angebots treffen. Sie beziehen sich auf die ihm während der Durchführung des Angebotsverfahrens zustehenden Wertpapiere der Zielgesellschaft und die daraus abzuleitenden Stimmrechtsanteile sowie auf die bereits erhaltenen Annahmeerklärungen einschließlich der Höhe der Wertpapier- und Stimmrechtsanteile (sog. „Wasserstandsmeldungen“).[28] Im Hintergrund der Verpflichtung des Bieters, in den in § 23 Abs. 1 Satz 1 festgelegten Zeitabständen den Stand der ihm dinglich oder schuldrechtlich zustehenden bzw. aufgrund gesetzlicher Anordnung gem. § 30 zuzurechnenden Wertpapier- und Stimmrechtsanteile offenzulegen, steht das sog. Prisoners’ Dilemma.[29] Darunter versteht man im hiesigen Zusammenhang verkürzt ausgedrückt den Konflikt, in dem sich die Aktionäre der Zielgesellschaft befinden, die – über das Verkaufsverhalten der anderen Wertpapierinhaber der Zielgesellschaft regelmäßig nur unzureichend oder gar nicht informiert – ihre Verkaufs- oder Tauschentscheidung treffen müssen. Diese missliche Situation führt häufig dazu, dass Wertpapierinhaber vorschnell ihre Aktien an einen Bieter zu einem Preis veräußern, der möglicherweise nicht dem vollen Wert des Unternehmens entspricht und somit keine angemessene Kontrollprämie enthält. Diesen Entscheidungszwang versucht der Gesetzgeber durch regelmäßige Zwischenberichte in den in § 14 Abs. 3 Satz 1 vorgeschriebenen Medien zu vermeiden oder wenigstens abzumildern. § 23 Abs. 1 Satz 1 gilt wie § 23 Abs. 2 Satz 1 für alle Angebote, die dem WpÜG unterfallen. Das ergibt sich aus dem Wortlaut der Normen ebenso wie aus der Systematik des Gesetzes sowie den Verweisungen in § 34 und § 39.

17 Von den in § 60 Abs. 1 Nr. 1 erwähnten Tathandlungen wird jedenfalls eine unterlassene oder zu niedrig bemessene Wasserstandsmeldung als Anwendungsfall einer „nicht“ oder „nicht richtig“ vorgenommenen Veröffentlichung kaum praktisch werden. Denn der Bieter wird die Verpflichtung zur Bekanntgabe von Daten zu veräußerten oder getauschten Aktien eher als Chance begreifen.[30] Viel näher liegt da die Annahme,

28 Begriff von *Witt*, NZG 2000, 809.
29 Dazu *Witt* (Fn. 28), 811 ff. m. w. N.; § 23 Rn. 2.
30 Zu den praktischen Schwierigkeiten der Vorbereitung zeitnaher Wasserstandsmeldungen vgl. § 23 Rn. 27 ff.

dass der Bieter einen zu hohen Wasserstand meldet, um auf diese Weise die Erfolgsaussichten seiner Übernahmepläne zu erhöhen.[31]

In Ergänzung zu § 23 Abs. 1 sieht Abs. 2 Satz 1 bei erfolgreichen Übernahmeangeboten und bei Pflichtangeboten zusätzliche Mitteilungs- und Veröffentlichungspflichten vor. Auslöser für die Pflicht des Bieters, die Höhe der erworbenen Aktien- und Stimmrechtsanteile unter Angabe der Art und Höhe der für jeden Anteil gewährten Gegenleistung unverzüglich gem. § 14 Abs. 3 Satz 1 zu veröffentlichen, sind bestimmte Transaktionen des Bieters und mit diesem gemeinsam handelnde Personen „außerhalb des Angebotsverfahrens". Die in Abs. 2 geforderten Informationen sind bedeutsam für die von einer Übernahme betroffenen Aktionäre hinsichtlich der in § 31 Abs. 4, Abs. 5 enthaltenen Nachbesserungsansprüche.[32] **18**

ff) § 27 Abs. 3 Satz 1 – Veröffentlichung der Stellungnahme des Vorstands und Aufsichtsrats der Zielgesellschaft

Für eine rationale Verkaufs- oder Tauschentscheidung der Aktionäre der Zielgesellschaft ist die in § 27 Abs. 1 Satz 1 enthaltene – sämtliche Angebote erfassende – Verpflichtung des Vorstands und des Aufsichtsrats der Zielgesellschaft, eine begründete Stellungnahme zu dem Angebot sowie zu jeder seiner Änderungen abzugeben, von besonderer Bedeutung. § 27 Abs. 1 Satz 2 legt hier einen Kanon von Gegenständen fest, zu denen in jedem Fall Stellung genommen werden muss. Um den angesprochenen Aktionären als wirkliche Entscheidungshilfe dienen zu können, sollte die Stellungnahme zweckmäßigerweise noch auf einige weitere Aspekte eingehen.[33] § 27 Abs. 3 Satz 1 ordnet nun zur Schaffung von Transparenz für die Angebotsbeteiligten an, dass Vorstand und Aufsichtsrat unabhängig voneinander – wenn auch u. U. in einem gemeinsamen Dokument zusammengefasst – das Angebot zu beurteilen haben und ihre Stellungnahmen unverzüglich nach Übermittlung der Angebotsunterlage und deren Änderungen durch den Bieter auf den in § 14 Abs. 3 Satz 1 beschriebenen Wegen veröffentlichen müssen. Der Zeitpunkt, zu dem die Veröffentlichung zu erfolgen hat, hängt wiederum von dem konkretisierungsbedürftigen Tatbestandsmerkmal der **Unverzüglichkeit** ab. Denkbar ist, dass der Veröffentlichung der Angebotsunterlage durch den Bieter Verhandlungen zwi- **19**

31 Vgl. *Witt* (Fn. 28), 818 f.

32 Regierungsbegründung, BT-Drucks. 14/7034, S. 51.

33 Zu den Einzelheiten siehe Kommentierung zu § 27 Rn. 21 ff.

schen diesem und der Zielgesellschaft vorausgegangen sind, und der Vorstand der Zielgesellschaft seinen Aktionären die Annahme des Angebots empfehlen will. In diesem Fall kommt der Vorstand der Verpflichtung zur Veröffentlichung seiner Stellungnahme „ohne schuldhaftes Zögern" u. U. nur dann nach, wenn er diese nahezu zeitgleich mit der Angebotsunterlage veröffentlicht.[34] Ansonsten wird man dem Vorstand und auch dem Aufsichtsrat eine angemessene Frist einräumen müssen, um eine fundierte, die in § 27 Abs. 1 Nr. 1 bis 4 niedergelegten Gesichtspunkte berücksichtigende Beurteilung des Angebots abgeben zu können.

2. Verstöße gegen Mitteilungspflichten (§ 60 Abs. 1 Nr. 2 a, b)

nach

– § 10 Abs. 2 Satz 1 oder § 10 Abs. 5 Satz 1, jeweils auch i.V.m. § 35 Abs. 1 Satz 4.

a) Allgemeines

20 § 60 Abs. 1 Nr. 2 bedroht denjenigen mit Bußgeld bis zu 500 000 Euro (Nr. 2 a) bzw. 200 000 Euro (Nr. 2 b), der unter Verstoß gegen bestimmte Pflichten **eine Mitteilung nicht, nicht richtig, nicht vollständig, nicht in der vorgeschriebenen Weise oder nicht rechtzeitig vornimmt**. Diese Tathandlungen entsprechen denen aus § 60 Abs. 1 Nr. 1 mit dem einzigen Unterschied, dass sie sich hier nicht auf eine Veröffentlichung, sondern auf eine Mitteilung beziehen. Es handelt sich demnach ebenfalls durchweg um **Gebote**. Der Täter kann dafür zur Verantwortung gezogen werden, dass er es unterlässt, bestimmten Personen Mitteilungen zu machen, ihnen also Informationen vorenthält. Dieses Verhalten stuft der Gesetzgeber als abstrakt gefährlich für einen funktionierenden Kapitalmarkt ein, sodass es auf konkrete Gefährdungen oder Verletzungen dieses – recht diffusen[35] – Rechtsgutes nicht ankommt.

b) Einzelne Pflichtverstöße

aa) § 10 Abs. 2 Satz 1 – Mitteilung der Entscheidung zur Abgabe eines Angebots

21 Der Bieter muss gem. § 10 Abs. 2 Satz 1 seine Entscheidung zur Abgabe eines Angebots nach Abs. 1 Satz 1 vor der Veröffentlichung (gem. § 10

34 Vgl. Regierungsbegründung, BT-Drucks. 14/7034, S. 52.
35 Vgl. zum Rechtsgut der Bußgeldvorschriften Vor § 60 Rn. 12 ff.

Abs. 3 Satz 1) bestimmten Personen mitteilen.[36] Adressaten der Mitteilung sind neben den Geschäftsführern der in Abs. 1 Nr. 1 und 2 näher beschriebenen Börsen das BAWe. Die Mitteilung an die relevanten Börsen soll den dortigen Akteuren die Entscheidung darüber ermöglichen, ob die Feststellung des jeweiligen Börsenpreises auszusetzen oder einzustellen ist. Die Vorabmitteilung an das BAWe will sicherstellen, dass die Behörde ihren Aufsichts- und Ermittlungsaufgaben nachkommen kann.[37] Die Mitteilung muss gem. § 10 Abs. 2 Satz 1 zwischen der Entschlussfassung und der Veröffentlichung der Angebotsentscheidung, die unverzüglich nach der Entscheidung zu erfolgen hat, vorgenommen werden. § 10 Abs. 1 Satz 3 lässt es allerdings in Fällen einer Gestattung durch das BAWe zu, dass der Bieter mit Wohnort oder Sitz im Ausland die Mitteilung nach Satz 1 gleichzeitig mit der Veröffentlichung vornehmen kann, wenn dadurch die Entscheidungen der Geschäftsführungen über die Aussetzung oder Feststellung des Börsenpreises nicht beeinträchtigt werden. Hierbei handelt es sich um einen – zu Gunsten des Täters wirkenden – Befreiungstatbestand, der bei der Beschreibung der in § 10 Abs. 2 Satz 1 niedergelegten Pflicht zu berücksichtigen ist.

bb) § 10 Abs. 2 Satz 1 i.V.m. § 35 Abs. 1 Satz 4 – Mitteilung der Kontrollerlangung

In der Kombination mit § 35 Abs. 1 Satz 4 sollen die in § 10 Abs. 2 Satz 1 beschriebenen Mitteilungspflichten auch die Kontrollerlangung (gem. § 29 Abs. 2 das „Halten von mindestens 30% der Stimmrechte an der Zielgesellschaft“) erfassen. Konkret ist die Erlangung der unmittelbaren oder mittelbaren Kontrolle über eine Zielgesellschaft vor deren Veröffentlichung gem. § 10 Abs. 3 Satz 1 und 2 den relevante Börsen sowie dem BAWe mitzuteilen. Die Veröffentlichung wiederum hat gem. § 35 Abs. 1 Satz 1 und 2 unverzüglich, spätestens innerhalb von sieben Kalendertagen nach dem Zeitpunkt, zu dem der Bieter Kenntnis von der Kontrollerlangung hat oder nach den Umständen haben musste, zu erfolgen. 22

Die vom Gesetzgeber dabei verwendete Verweisungstechnik ist ärgerlich verwirrend. Gem. § 35 Abs. 1 Satz 4, der von § 60 Abs. 1 Nr. 2a i.V.m. § 10 Abs. 2 Satz 1 in Bezug genommen wird, **gilt** § 10 Abs. 2, Abs. 3 Satz 3 und Abs. 4 bis Abs. 6 entsprechend.[38] Ein Blick in die 23

36 Die Vorschrift ist § 15 Abs. 2 Satz 1 WpHG nachgebildet.
37 § 10 Rn. 34, 42.
38 Richtig müsste es wohl heißen: „... *gelten* entsprechend“; so auch die Formulierungen in §§ 9 Abs. 2 Satz 1, 21 Abs. 3 und § 23 Abs. 1 Satz 2.

Normen, auf die verwiesen wird, bringt nur mühsam Erkenntnis. Der Verweis des § 35 Abs. 1 Satz 4 auf § 10 Abs. 2 führt in einen Zirkel, da § 10 Abs. 2 Satz 1 bereits die Ausgangsnorm darstellt („… entgegen § 10 Abs. 2 Satz 1, auch i.V.m. § 35 Abs. 1 Satz 4 …"). Den weiteren in Bezug genommenen Vorschriften, die der sorgfältige Rechtsanwender der Reihe nach studiert, lässt sich ebenfalls kein sinnvoller Verhaltensbefehl entnehmen, da diese ganz andere Sachverhalte regeln.[39]

24 Dieser Befund ist für Ordnungwidrigkeitentatbestände, die den Anforderungen des verfassungsrechtlich verankerten Gesetzlichkeitsprinzips gem. Art. 103 Abs. 2 GG genügen müssen und dem Normadressaten eine Verhaltensorientierung verschaffen sollen, sehr bedenklich. Zwar ist nach einigem Nachdenken klar, was der Gesetzgeber mit seinem Verweis in § 35 Abs. 1 Satz 4 bezweckt: Er will erreichen, dass im Falle der in § 35 Abs. 1 Satz 1 beschriebenen Kontrollerlangung eine Mitteilung an bestimmte Personen zu erfolgen hat. Nur hätte er diesen Normbefehl auch eindeutig im Gesetz festschreiben müssen, wenn er später Personen, die objektiv einen Pflichtverstoß begangen haben, zur Verantwortung ziehen will. Ein verstehbarer Imperativ hätte etwa wie folgt formuliert werden können: „Ordnungswidrig handelt, wer vorsätzlich oder leichtfertig entgegen § 35 Abs. 1 Satz 1 i.V.m. § 10 Abs. 2 Satz 1 eine Kontrollerlangung nicht mitteilt".

cc) § 10 Abs. 5, auch i.V.m. § 35 Abs. 1 Satz 4 – Mitteilung der Entscheidung zur Abgabe eines Angebots bzw. der Kontrollerlangung

25 § 10 Abs. 5 Satz 1 verpflichtet den Bieter, dem Vorstand der Zielgesellschaft unverzüglich nach der Veröffentlichung gem. § 10 Abs. 3 Satz 1 die Entscheidung zur Abgabe eines Angebots schriftlich mitzuteilen. Dazu ist die Übersendung einer Kopie der Veröffentlichung gem. § 10 Abs. 3 Satz 1 ausreichend.[40] Durch diese Benachrichtigung wird der Vorstand der Zielgesellschaft einmal in die Lage versetzt, mit den Vorbereitungsarbeiten für seine gem. § 27 Abs. 1 erforderliche Stellungnahme zu beginnen und die Arbeitnehmervertretung oder die Arbeitnehmer bzw. den Aufsichtsrat der Zielgesellschaft zu informieren. Die Mitteilung über die Veröffentlichung der Entscheidung zur Abgabe eines Angebots dient aber vor allem dazu, den Vorstand auf

39 Es gipfelt in dem entsprechend anzuwendenden § 10 Abs. 6: „§ 15 des Wertpapierhandelsgesetzes gilt nicht für Entscheidungen zur Abgabe eines Angebots".
40 Vgl. § 10 Rn. 58.

die Beschränkung seines Handlungsrahmens durch § 33 Abs. 1 hinzuweisen.[41]

Ein Pflichtangebot hat abzugeben, wer mindestens 30% der Stimmrechte an der Zielgesellschaft hält und diese damit i. S. d. § 29 Abs. 2 kontrolliert. § 10 Abs. 5 Satz 1 i.V.m. § 35 Abs. 1 Satz 4 schreibt nun dem Kontrollinhaber vor, den Vorstand der Zielgesellschaft von der Kontrolle über die Zielgesellschaft schriftlich zu benachrichtigen. Die bereits formulierte Kritik an der vom Gesetzgeber gewählten Verweisungstechnik[42] ist hinsichtlich dieser Tatbestandsvariante zu wiederholen. **26**

3. Verstöße gegen Unterrichtungspflichten (§ 60 Abs. 1 Nr. 2 b)

nach

– § 10 Abs. 5, auch i.V.m. § 35 Abs. 1 Satz 4.

a) Allgemeines

Eine mit Geldbuße bis zu 200 000 Euro ahndbare Ordnungswidrigkeit gem. § 60 Abs. 1 Nr. 2b i.V.m. § 10 Abs. 5, auch i.V.m. § 35 Abs. 1 Satz 4, setzt voraus, dass der Täter **eine Unterrichtung nicht, nicht richtig, nicht vollständig, nicht in der vorgeschriebenen Weise oder nicht rechtzeitig vornimmt**. Da eine bestimmte Form für die Unterrichtung nicht vorgesehen ist, damit also auch durch Absenden einer E-Mail informiert werden kann,[43] hat die auf eine „vorgeschriebene Weise" abstellende Tatvariante hier keinen Anwendungsbereich. Mit Bußgeld bedroht wird jeweils das Unterlassen der im Tatbestand beschriebenen Tathandlungen. Die Ordnungswidrigkeit kann nur von Personen begangen werden, die zuvor zur Veröffentlichung der Angebotsentscheidung verpflichtet und damit in die Bieterposition eingerückt waren. **27**

b) Pflichtverstöße gem. § 10 Abs. 5 Satz 2, auch i.V.m. § 35 Abs. 1 Satz 4 – Unterrichtung über die Mitteilung gem. § 10 Abs. 5 Satz 1

§ 10 Abs. 5 Satz 2 verpflichtet den Vorstand der Zielgesellschaft, den zuständigen Betriebsrat oder, sofern ein Betriebsrat nicht besteht, unmittelbar die Arbeitnehmer, unverzüglich über die ihm vom Bieter über dessen Entscheidung zur Abgabe eines Angebots zugegangene Mitteilung zu informieren. § 35 Abs. 1 Satz 4 erstreckt – in unglück- **28**

---

41 Ausführlicher § 33 passim.

42 Vgl. § 60 Rn. 23 f.

43 Vgl. § 10 Rn. 61.

licher Formulierung[44] – die Unterrichtungspflicht des Vorstandes auf die Kontrollerlangung gem. § 35 Abs. 1, die ebenso wie die Entscheidung zur Abgabe eines Angebots verfahrenseröffnende Funktion hat. Der Sinn der Regelung besteht darin, die Arbeitnehmer in die Lage zu versetzen, ihre Rechte wahrnehmen zu können.[45] Da die Unterrichtung des Aufsichtsrates der Zielgesellschaft durch den Vorstand im WpÜG nicht vorgesehen[46] und dementsprechend nicht bußgeldbewehrt ist, kann ein diesbezüglicher Verstoß keine bußgeldrechtlichen Folgen auslösen.

4. Verstöße gegen Übermittlungspflichten (§ 60 Abs. 1 Nr. 2 a, b, c)

nach

- § 14 Abs. 1 Satz 1,
- § 35 Abs. 2 Satz 1,
- § 14 Abs. 4, auch i.V.m. § 21 Abs. 2 Satz 2 oder § 35 Abs. 2 Satz 2 oder
- § 27 Abs. 3 Satz 2.

a) Allgemeines

29 § 60 Abs. 1 Nr. 2 bedroht mit Bußgeld bis zu 500 000 Euro (Nr. 2 a) oder 200 000 Euro (Nr. 2 b, c), wer den **Geboten** zur Übermittlung bestimmter Unterlagen **nicht, nicht richtig, nicht vollständig, nicht in der vorgeschriebenen Weise oder nicht rechtzeitig** nachkommt. Wegen vorstehender Unterlassungen kann nur in die Pflicht genommen werden, wer zuvor zur Erstellung der tatgegenständlichen Unterlagen gesetzlich aufgefordert war. Die Ordnungswidrigkeitentatbestände, die auf die Tathandlung der Übermittlung abstellen, sind demnach allesamt als Sonderdelikte einzustufen.

30 § 60 Abs. 1 Nr. 2 will durch die Bußgeldbewehrung verschiedener Übermittlungspflichten sicherstellen, das wichtige Dokumente (Angebotsunterlage und Stellungnahme des Vorstandes der Zielgesellschaft) an bestimmte Beteiligte des Angebotsverfahrens weitergereicht werden. Die Tathandlung der **Übermittlung** wird man in der Weise zu interpretieren haben, dass dem Empfänger die schriftlich (nicht unbedingt in Papierform)[47] verkörperten Informationen zugegangen sind und er die

44 Siehe zur problematischen Verweisungstechnik schon unter § 60 Rn. 23 f.
45 Regierungsbegründung, BT-Drucks. 14/7034, S. 40.
46 Anders bei wichtigen Anlässen gem. § 90 Abs. 1 Satz 2 AktG.
47 Das WpÜG lässt die Form der Informationsübermittlung offen.

Möglichkeit hatte, sie zur Kenntnis zu nehmen.[48] Durch die Übermittlung soll der Fortgang des Verfahrens ebenso gewährleistet werden wie die ausreichende Information der Verfahrensbeteiligten.

b) Die einzelnen Pflichtverstöße

aa) § 14 Abs. 1 Satz 1 – Übermittlung der Angebotsunterlage

Die Angebotsunterlage stellt ohne Zweifel das wichtigste Informationsmedium für die am Übernahmeverfahren beteiligten Parteien dar.[49] Während § 14 Abs. 2 Satz 1 anordnet, dass die Angebotsunterlage unter näher spezifizierten Voraussetzungen unverzüglich in bestimmten Medien zu veröffentlichen ist, verpflichtet § 14 Abs. 1 Satz 1 den Bieter im Vorfeld dieser Veröffentlichung dazu, die Angebotsunterlage innerhalb von vier Wochen nach Kundgabe der Angebotsabgabeabsicht dem BAWe zu übermitteln. Gemäß § 14 Abs. 1 Satz 3 kann das BAWe auf Antrag des Bieters die Übermittlungsfrist um bis zu vier Wochen verlängern, wenn dem Bieter die Einhaltung der Frist nach § 14 Abs. 1 Satz 1 auf Grund eines grenzüberschreitenden Angebots oder erforderlicher Kapitalmaßnahmen nicht möglich ist. Der Zweck der Vorlage besteht vornehmlich darin, dem BAWe eine Prüfung des Angebots auf Vollständigkeit und offensichtliche Gesetzesverstöße zu ermöglichen.[50] Der Bieter muss dem Übermittlungsgebot grundsätzlich innerhalb von vier Wochen nach Erscheinen der Veröffentlichung der Angebotsabgabeabsicht nachkommen.[51] Versäumt er diese Frist, muss er nicht nur mit einem Bußgeld wegen eines Pflichtverstoßes gem. § 60 Abs. 1 Nr. 2a rechnen. Gem. § 15 Abs. 1 Nr. 3 hat das BAWe darüber hinaus das Angebot zu untersagen mit der weiteren Folge, dass der Bieter nach § 26 Abs. 1 Satz 1 für die Dauer eines Jahres kein weiteres Angebot abgeben darf. **31**

bb) § 35 Abs. 2 Satz 1 – Übermittlung der Unterlage eines Pflichtangebots

Die in § 35 Abs. 2 Satz 1 enthaltene Übermittlungspflicht ist parallel zu der Pflicht aus § 14 Abs. 1 Satz 1 ausgestaltet. Der Bieter hat also grundsätzlich innerhalb von vier Wochen nach der Veröffentlichung **32**

---

48 Zu den Anforderungen an den Informationsgehalt der Unterlagen siehe § 11 i.V.m. § 2 RVO-WpÜG und § 27 Abs. 1.

49 § 11 Rn. 9.

50 Zum Umfang der Prüfung vgl. § 14 Rn. 16f.

51 Zu Fristbeginn und -berechnung § 14 Rn. 13.

der Kontrollerlangung dem BAWe eine Angebotsunterlage zu übermitteln. Von dieser Verpflichtung ist der Bieter gem. § 35 Abs. 3 befreit, wenn er die Kontrolle über die Zielgesellschaft auf Grund eines Übernahmeangebots erworben hat.

cc) § 14 Abs. 4, auch i.V.m. § 21 Abs. 2 Satz 2 oder § 35 Abs. 2 Satz 2 – Übermittlung der Angebotsunterlage an den Vorstand der Zielgesellschaft und die Arbeitnehmer(vertretung)

33 § 14 Abs. 4 schreibt in Satz 1 dem Bieter vor, die Angebotsunterlage dem Vorstand der Zielgesellschaft unverzüglich nach Veröffentlichung gem. Abs. 3 Satz 1 zu übermitteln. Der Erhalt der Angebotsunterlage soll es dem Vorstand und (nach Weiterleitung) dem Aufsichtsrat ermöglichen, ihre Stellungnahme nach § 27 abzugeben und Maßnahmen gem. § 33 zu prüfen.[52]

Der Vorstand wiederum hat gem. § 14 Abs. 4 Satz 2 die Angebotsunterlage unverzüglich dem zuständigen Betriebsrat oder, bei Nichtbestehen, unmittelbar den Arbeitnehmern zu übermitteln. Dadurch sollen die Arbeitnehmer bzw. der zuständige Betriebsrat in die Lage versetzt werden, anhand der nach § 11 Abs. 2 mitzuteilenden Angaben ihre Stellungnahme gem. § 27 Abs. 2 vorzubereiten, die der Vorstand seiner Beurteilung des Angebots beizufügen hat.

34 Aus der durch § 60 Abs. 1 Nr. 2b in Bezug genommenen Verknüpfung von § 14 Abs. 4 mit § 21 Abs. 2 Satz 2 und § 35 Abs. 2 Satz 2 ergibt sich, dass die vorstehenden Übermittlungspflichten auch das geänderte Angebot bzw. die Pflichtangebotsunterlage betreffen. Die Ermittlung der bußgeldbewehrten Verhaltenspflichten ist – wie bereits für andere Tatbestandsvarianten ausgeführt – durch die gewählte Verweisungstechnik wiederum etwas mühsam, da die für entsprechend anwendbar erklärten Vorschriften vielfach nicht einschlägig sind.[53]

dd) § 27 Abs. 3 Satz 2 – Übermittlung der Stellungnahme des Vorstands und Aufsichtsrats der Zielgesellschaft

35 Der Vorstand und der Aufsichtsrat der Zielgesellschaft haben unverzüglich nach Übermittlung der Angebotsunterlage und deren Änderungen durch den Bieter eine begründete Stellungnahme zu veröffentlichen und diese gem. § 27 Abs. 3 Satz 2 gleichzeitig dem zuständigen Be-

52 Vgl. § 14 Rn. 30.
53 Vgl. § 60 Rn. 23 f., 26.

triebsrat oder, sofern ein solcher nicht besteht, unmittelbar den Arbeitnehmern zu übermitteln. Dadurch sollen die Arbeitnehmer bzw. deren Vertretung in die Lage versetzt werden, ihre Rechte wahrzunehmen.

5. Verstöße gegen Veröffentlichungs- und Bekanntgabeverbote (§ 60 Abs. 1 Nr. 3)

nach
- § 10 Abs. 3 Satz 3, auch i.V.m. § 35 Abs. 1 Satz 4, oder
- § 14 Abs. 2 Satz 2, auch i.V.m. § 35 Abs. 2 Satz 2.

a) Allgemeines

Gem. § 60 Abs. 1 Nr. 3 kann mit Geldbuße bis zu 1 Million Euro geahndet werden, wer unter Verstoß gegen die in den Ausfüllungsnormen beschriebenen Pflichten **eine Veröffentlichung vornimmt oder eine Angebotsunterlage bekannt gibt**. Aus der Bußgeldhöhe ist abzuleiten, dass der Gesetzgeber diese Zuwiderhandlung als schwergewichtig einstuft. Die Ordnungswidrigkeitentatbestände fordern vom Täter ein Unterlassen bestimmter, für einen funktionierenden Kapitalmarkt abstrakt gefährlicher Handlungen, stellen also **Handlungsverbote** auf. Ausweislich der Gesetzesbegründung sollen die in Nr. 3 genannten Ordnungswidrigkeitentatbestände sicherstellen, dass der gesetzlich vorgeschriebene Veröffentlichungsweg eingehalten wird und eine Veröffentlichung erst nach Prüfung der Angebotsunterlage durch das BAWe erfolgt.[54] **36**

b) Einzelne Pflichtverstöße

aa) § 10 Abs. 3 Satz 3, auch i.V.m. § 35 Abs. 1 Satz 4 – Verbot einer vorausgehenden anderweitigen Veröffentlichung

Vor der Veröffentlichung der Entscheidung zur Abgabe eines Angebots gem. § 10 Abs. 3 Satz 1 in einem überregionalen Börsenpflichtblatt oder einem weit verbreiteten elektronisch betriebenen Informationsverbreitungssystems ist es gem. § 10 Abs. 3 Satz 3 verboten, eine Veröffentlichung in anderer Weise vorzunehmen. Dieser Tatbestand, der § 15 Abs. 3 Satz 2 WpHG nachgebildet ist, sichert die Reihenfolge, in der die Veröffentlichung der Angebotsabgabeabsicht zu erfolgen hat und gibt zudem den Veröffentlichungsweg vor. Die Vorschrift wirkt dadurch gleichzeitig einer unkontrollierten Verbreitung von Informationen, die den Insiderhandel fördern, entge- **37**

---

54 Regierungsbegründung, BT-Drucks. 14/7034, S. 68.

gen.[55] Einiges spricht dafür, die Vorschrift, die nach ihrem Wortlaut den Täterkreis nicht beschränkt, als Jedermanns-Delikt einzustufen. Denn jeder, der die Entscheidung getroffen hat, davon erfährt oder eine Angebotsabgabeabsicht behauptet, kann den Tatbestand erfüllen und damit die vorstehend skizzierten Schutzzwecke beeinträchtigen.

38 Nach der in § 60 Abs. 1 Nr. 3 hergestellten Verweisungskette von § 10 Abs. 3 Satz 3 und § 35 Abs. 1 Satz 4 (i.V.m. § 10 Abs. 3 Satz 3)[56] soll das Verbot einer vorausgehenden anderweitigen Veröffentlichung auch für die Kontrollerlangung gelten.

bb) § 14 Abs. 2 Satz 2, auch i.V.m. § 35 Abs. 2 Satz 2 – Verbot einer vorausgehenden Bekanntgabe der Angebotsunterlage

39 Eine Bekanntgabe der Angebotsunterlage vor deren Veröffentlichung nach § 14 Abs. 2 Satz 1 ist gem. § 14 Abs. 2 Satz 2 untersagt. Der Begriff der Bekanntgabe umfasst bei unbefangener Annäherung an den Wortsinn eine Informationsverbreitung, der neben der Veröffentlichung (verkürzt: Wahrnehmungsmöglichkeit von Information durch einen unbestimmten Personenkreis) auch die gezielte Informationsweitergabe an bestimmte Personen unterfällt. Der Zweck der Vorschrift besteht darin, dem BAWe eine ungestörte Prüfung der Angebotsunterlage auf Vollständigkeit, Plausibilität und offenkundige Gesetzesverstöße zu ermöglichen und die Beteiligten am Angebotsverfahren sowie die Akteure am Kapitalmarkt vor ungeprüften Angebotsunterlagen zu bewahren, die später möglicherweise untersagt oder korrigiert werden müssen. Durch den Verweis auf § 35 Abs. 2 Satz 2 wird das Bekanntgabeverbot auf die Pflichtangebotsunterlage erweitert.

6. Verstöße gegen die Verpflichtung, eine Veröffentlichung zu übersenden (§ 60 Abs. 1 Nr. 4)

nach

– § 10 Abs. 4 Satz 1, auch i.V.m. § 35 Abs. 1 Satz 4.

a) Allgemeines

40 Als Ordnungswidrigkeit mit Geldbuße bis zu 500 000 Euro kann geahndet werden, wer entgegen § 10 Abs. 4 Satz 1, auch i.V.m. § 35

55 Vgl. § 10 Rn. 56.

56 Auch bei diesem Verweis auf § 35 Abs. 1 Satz 4 sind vier von fünf Normen, die entsprechend gelten sollen, nicht einschlägig, während sich der Hinweis auf § 10 Abs. 3 Satz 3 als Zirkel herausstellt.

Abs. 1 Satz 4, **eine Veröffentlichung nicht, nicht richtig, nicht vollständig oder nicht rechtzeitig übersendet**. Die vorstehenden Bußgeldtatbestände enthalten **Gebote**, deren Verletzung ausweislich des Bußgeldrahmens vom Gesetzgeber als mittelschweres Ordnungswidrigkeitenunrecht qualifiziert wird. Zum Handeln aufgefordert ist der Bieter, der die Veröffentlichung nach § 10 Abs. 3 Satz 1 vorgenommen hat.

b) Pflichtverstöße gem. § 10 Abs. 4 Satz 1, auch i.V.m. § 35 Abs. 1 Satz 4 – Übersendung einer Veröffentlichung gem. § 10 Abs. 3 Satz 1

Nach der Vorschrift des § 10 Abs. 4 Satz 1 hat der Bieter die Veröf- **41**
fentlichung der Angebotsabgabeabsicht nach § 10 Abs. 3 Satz 1 unverzüglich den Geschäftsführungen der in Abs. 2 Satz 1 Nr. 1 und 2 erfassten Börsen und dem BAWe zu übersenden.[57] Mit der „Übersendung einer Veröffentlichung" ist wahrscheinlich gemeint, dass den genannten Stellen unter Angabe der Modalitäten der Publizierung der genaue Wortlaut der Veröffentlichung zugänglich gemacht werden muss, um damit das „Ob" und den Inhalt der Veröffentlichung nachzuweisen.[58] Die Form der Übersendung lässt das Gesetz offen. Sicher ist der Transport (einer Kopie) der Veröffentlichung per Post ausreichend. Gleiches wird für die Mitteilung qua Telefax zu gelten haben. Die Regelung bezweckt eine sachgerechte Kontrolle der Beachtung der Veröffentlichungspflichten durch den Bieter. § 10 Abs. 4 Satz 2 sieht allerdings einen Verzicht auf die Übersendung in dem Fall vor, in dem das BAWe nach Abs. 2 Satz 3 Bietern mit Wohnort oder Sitz im Ausland gestattet hat, die Mitteilung nach Abs. 2 Satz 1 gleichzeitig mit der Veröffentlichung vorzunehmen. Da hier Mitteilung und Veröffentlichung zeitgleich erfolgen, soll eine gesonderte Übersendung der Veröffentlichung, die mit der Mitteilung inhaltlich identisch ist, überflüssig sein.[59] Angesichts der Begründung für den Ausnahmefall fragt man sich allerdings, warum der Gesetzgeber dennoch eine Pflicht zur Übersendung der Veröffentlichung geschaffen hat, die bei Missachtung sogar mit Bußgeld bis zu 500 000 Euro geahndet werden kann. Denn offensichtlich geht der Gesetzgeber davon aus, dass das BAWe von der Veröffentlichung erfährt und deshalb eine Übersendung der Veröffentlichung entbehrlich ist. § 35 Abs. 1 Satz 4 dehnt wiederum

57 § 10 Abs. 4 ist § 15 Abs. 4 WpHG nachgebildet.

58 Vgl. für die ähnlich lautende Vorschrift des § 39 Abs. 1 Nr. 4 WpHG *Cramer*, in: Assmann/Schneider, Wertpapierhandelsgesetz – Kommentar, 2. Aufl., 1999, § 39 Rn. 37.

59 Regierungsbegründung, BT-Drucks. 14/7034, S. 40.

die Übersendungspflicht auf die Veröffentlichung der Kontrollerlangung nach § 10 Abs. 3 Satz 1 und Satz 2 aus.

7. Verstöße gegen Belegübersendungspflichten (§ 60 Abs. 1 Nr. 5)

nach
- § 14 Abs. 3 Satz 2, auch i.V.m. §§ 21 Abs. 2 Satz 2, 23 Abs. 1 Satz 2 oder 35 Abs. 2 Satz 2, oder
- § 27 Abs. 3 Satz 3.

a) Allgemeines

42 Ein Bußgeld in Höhe von maximal 200 000 Euro droht § 60 Abs. 1 Nr. 5 demjenigen an, der bestimmte **Belege nicht, nicht richtig oder nicht rechtzeitig übersendet**. Sanktioniert werden können hier „Formalverstöße" gegen **Gebote**, deren Zweck darin besteht, dem BAWe eine sachgerechte Kontrolle der Einhaltung der Veröffentlichungspflichten zu ermöglichen.[60] Als Täter kommen die Personen in Betracht, die schon die Pflicht trifft, die Dokumente zu fertigen, über deren Veröffentlichung nunmehr ein Beleg verlangt wird.

b) Einzelne Pflichtverstöße

aa) § 14 Abs. 3 Satz 2, auch i.V.m. §§ 21 Abs. 2 Satz 2, 23 Abs. 1 Satz 2 oder § 35 Abs. 2 Satz 2 – Übersendung bestimmter Belege über die Veröffentlichung

43 § 14 Abs. 3 Satz 2 schreibt dem Bieter vor, unverzüglich einen Beleg über die Veröffentlichung nach § 14 Abs. 3 Satz 1 Nr. 2 zu übersenden. Empfänger des Belegs ist das BAWe. Nach letztgenannter Norm ist die Angebotsunterlage zu veröffentlichen durch Abdruck in einem überregionalen Börsenpflichtblatt oder durch Bereithalten zur kostenlosen Ausgabe bei einer geeigneten Stelle im Inland, auf die in einem überregionalen Börsenpflichtblatt hinzuweisen ist. Die Pflicht wird im Falle der sog. **Zeitungspublizität** etwa dadurch erfüllt, dass eine Ausgabe des jeweiligen Börsenpflichtblattes als Beleg übersendet wird. In der Situation der sog. **Schalterpublizität** genügt eine Übersendung des Börsenpflichtblattes mit dem Hinweis auf die Bekanntmachung.[61]

---

60 Regierungsbegründung, BT-Drucks. 14/7034, S. 68.
61 Siehe § 14 Rn. 26.

Durch die Anordnung, dass § 14 Abs. 3 Satz 2 auch i.V.m. § 21 Abs. 2 Satz 2 gilt, erstreckt sich die Pflicht des Bieters zur unverzüglichen Übersendung eines Beleges auch auf die Veröffentlichung einer geänderten Angebotsunterlage.[62] Da § 35 Abs. 2 Satz 2 ebenfalls zur Verweisungskette gehört, soll das BAWe auch einen Beleg über die Veröffentlichung der Pflichtangebotsunterlage erhalten. Bemerkenswert ist, dass ausweislich des Wortlauts von § 60 Abs. 1 Nr. 5 keine Verpflichtung dazu besteht, dem BAWe einen Beleg über das **veränderte** Pflichtangebot zu übersenden, obwohl die Anwendung von § 21 in § 39 nicht ausgeschlossen wurde. Gegen eine Verknüpfung des § 21 Abs. 2 Satz 2 auch mit § 35 Abs. 2 Satz 2 sperrt sich das Analogieverbot, das im Straf- und Ordnungswidrigkeitenrecht eine Rechtsschöpfung zu Lasten des Täters untersagt. **44**

Eine weitere bußgeldbewehrte Pflicht ergibt sich aus der Kombination von § 14 Abs. 3 Satz 2 und § 23 Abs. 1 Satz 2. Danach muss der Bieter dem BAWe jeweils unverzüglich einen Beleg über die Veröffentlichung der – in den Fristen des § 23 Abs. 1 Satz 1 vorzunehmenden – sog. „Wasserstandsmeldungen" übersenden.[63] **45**

bb) § 27 Abs. 3 Satz 3 – Übersendung des Veröffentlichungsbelegs betreffend die Stellungnahme des Vorstands und des Aufsichtsrats

Schließlich ordnet § 27 Abs. 3 Satz 3 an, dass der Vorstand und der Aufsichtsrat der Zielgesellschaft dem BAWe unverzüglich einen Beleg über die Veröffentlichung seiner Stellungnahme gem. § 14 Abs. 3 Satz 1 Nr. 2 zu übersenden haben. Dieser Pflicht entspricht, wer dem BAWe eine Ausgabe des jeweiligen Börsenpflichtblatts mit der Stellungnahme bzw. dem Hinweis auf die Bekanntmachung schickt. **46**

8. Veröffentlichung entgegen § 15 Abs. 3 (§ 60 Abs. 1 Nr. 6)

a) Allgemeines

Den Ordnungswidrigkeitentatbestand des § 60 Abs. 1 Nr. 6 verwirklicht, wer **entgegen § 15 Abs. 3 eine Veröffentlichung vornimmt**. Das in § 15 Abs. 3 verankerte Verbot der Veröffentlichung der Angebotsunterlage setzt wiederum voraus, dass das BAWe das Angebot zuvor nach § 15 Abs. 1 oder 2 untersagt hat. Insoweit ist der Tatbestand **47**

62 Demgegenüber geht der in § 21 Abs. 2 Satz 2 angeführte Verweis auf § 14 Abs. 4 ins Leere, da es dort um Übermittlungspflichten von Bieter und Vorstand der Zielgesellschaft geht.

63 Zu den praktischen Schwierigkeiten dieses Procedere vgl. § 23 Rn. 27 ff.

(mittelbar) verwaltungsaktsakzessorisch. Der Bußgeldandrohung von bis zu 1 Million Euro lässt sich entnehmen, dass der Gesetzgeber den Verstoß gegen das dem Tatbestand zu Grunde liegende Verbot als schwergewichtig einstuft. Das tatbestandsmäßige Unrecht resultiert im Wesentlichen daraus, dass der Bieter bei der Erstellung der Angebotsunterlage – als dem „zentralen Dokument öffentlicher Erwerbsangebote“[64] – und dessen Veröffentlichung wichtige Vorschriften missachtet und das BAWe daraufhin das Angebot untersagt. Die Bestimmung des Bußgeldrahmens wird aber auch der Ungehorsam gegenüber der behördlichen Anordnung beeinflusst haben. Ausweislich der Gesetzesbegründung soll das Verbot der Veröffentlichung von Angeboten im Falle einer Untersagung durch das BAWe Nachdruck verleihen.[65] Als Täter kommt nur der Adressat der Untersagungsverfügung in Betracht.

b) Pflichtverstoß gem. § 15 Abs. 3 – Verbot einer Veröffentlichung der Angebotsunterlage nach Untersagung

48 § 15 Abs. 3 Satz 1 ordnet ein gesetzliches Verbot der Veröffentlichung der Angebotsunterlage an, wenn das Angebot nach Abs. 1 oder 2 vom BAWe untersagt wurde. Der in den parlamentarischen Beratungen eingefügte Satz 2 stellt nunmehr ausdrücklich klar, dass Aktienkauf- oder Tauschverträge, die infolge eines trotz des Verbots abgegebenen Angebots abgeschlossen werden, nichtig sind (§ 134 BGB). Durch die Anordnung des Verbots soll verhindert werden, dass der Bieter unter Umgehung eines ordnungsgemäßen Verfahrens Wertpapiere der Zielgesellschaft rechtswirksam erwirbt. Geschäfte, die entgegen diesem Verbot abgeschlossen werden, sind nach Bereicherungsrecht rückabzuwickeln.[66] Die Verbotsfolge knüpft gem. § 43 an sofort vollziehbare Untersagungsverfügungen an, die das BAWe gem. § 15 Abs. 1 in vier Fallgruppen erlassen **muss**, während bei Veröffentlichungen, die nicht in der in § 14 Abs. 3 Satz 1 vorgeschriebenen Form erfolgen, gem. § 15 Abs. 2 eine Untersagung des Angebots erfolgen **kann.** Einbezogen in die Regelung des § 15 Abs. 1[67] sind die in Nr. 1 und Nr. 2 in Bezug genommenen Rechtsverordnungen, zu denen der Bundesfinanzminister ermächtigt wird.

---

64 Vgl. § 11 Rn. 1.

65 Regierungsbegründung, BT-Drucks. 14/7034, S. 68.

66 Regierungsbegründung, BT-Drucks. 14/7034, S. 46.

67 § 15 Abs. 1 ist im Kern § 8 a Abs. 2 Satz 1 VerkProspG nachgebildet.

9. Angebotsabgabe entgegen § 26 Abs. 1 Satz 1 oder 2 (§ 60 Abs. 1 Nr. 7)

a) Allgemeines

Weiterhin stuft es der Gesetzgeber als schwere Ordnungswidrigkeit ein, wenn der Bieter **entgegen § 26 Abs. 1 Satz 1 oder 2 ein Angebot abgibt**. Die Handlung innerhalb der gesetzlich angeordneten Sperrfrist kann hier mit Bußgeld bis zu 1 Million Euro geahndet werden. Bei § 60 Abs. 1 Nr. 7 handelt es sich um einen **Verbotstatbestand** in Form eines **Sonderdelikts**, den nur verwirklichen kann, wer sich als Bieter zuvor in bestimmter Weise verhalten hat. **49**

Die Bedeutung der Tatbestandsmerkmale „ein Angebot abgibt" ist unklar. Bei wortgetreuer Auslegung reicht es zur Tatbestandsverwirklichung aus, dass der Täter im Rahmen von privaten Geschäftsverhandlungen ein Angebot zum Kauf oder Tausch von Aktien abgibt.[68] Zieht man allerdings die Gesetzesbegründung zu Rate, erfährt man, dass die Tatbestandsvarianten in § 60 Abs. 1 Nr. 6 und 7 den Verboten der Veröffentlichung von Angeboten im Falle einer Untersagung durch das BAWe Nachdruck verleihen sollen.[69] Das spräche dafür, auch die „Angebotsabgabe" i. S. v. § 60 Abs. 1 Nr. 7 als „Veröffentlichung des Angebots" zu verstehen, obwohl diese Tatbestandsvariante – anders als § 60 Abs. 1 Nr. 6 – den Begriff der „Veröffentlichung" gerade nicht verwendet. Hier wäre eine Präzisierung des Wortlauts wünschenswert. **50**

b) Einzelheiten zum Pflichtverstoß

§ 60 Abs. 1 Nr. 7 knüpft an § 26 Abs. 1 Satz 1 oder 2 an. Die in den Bußgeldtatbestand hineinzulesende Pflicht besteht im Falle des § 26 Abs. 1 Satz 1 darin, als Bieter nach der Untersagung des Angebots durch das BAWe gem. § 15 Abs. 1 oder 2 vor Ablauf eines Jahres kein erneutes Angebot abzugeben. Diese Tatbestandsvariante ist nur anzuwenden, wenn eine Untersagungsverfügung der Behörde vorliegt und insoweit (mittelbar) verwaltungsaktsakzessorisch. Satz 2 des § 26 Abs. 1 ordnet eine Sperrfrist für den Fall an, in dem der Bieter ein Angebot von dem Erwerb eines Mindestanteils der Wertpapiere abhängig gemacht hat und dieser Mindestanteil nach Ablauf der Annahmefrist nicht erreicht wurde. Der Gesetzgeber rechtfertigt die Anordnung **51**

---

68 Nicht erfasst ist nach der gewählten Formulierung die im Vorfeld der Angebotsabgabe zu treffende Entscheidung darüber, später ein Angebot abzugeben, vgl. § 10 Abs. 1 Satz 1.

69 Regierungsbegründung, BT-Drucks. 14/7034, S. 68.

einer Sperrfrist in beiden Fällen damit, dass das Interesse der Zielgesellschaft an einer ungestörten Fortführung ihrer Geschäftstätigkeit das Interesse des Bieters, kurze Zeit später erneut ein Angebotsverfahren durchzuführen, überwiege.[70]

52 Die vom Gesetzgeber in § 26 Abs. 1 Satz 3 und Abs. 2 vorgesehenen Einschränkungen der Geltung der Sperrfrist sind bei der Beschreibung der bußgeldbewehrten Pflicht jeweils mitzuberücksichtigen. Gem. § 26 Abs. 1 Satz 3 ist das in § 26 Abs. 1 Satz 1 und 2 enthaltene Verbot, vor Ablauf eines Jahres kein weiteres Angebot abzugeben, aufgehoben, wenn der Bieter zur Veröffentlichung nach § 35 Abs. 1 Satz 1 und zur Abgabe eines Angebots nach § 35 Abs. 2 Satz 1 verpflichtet ist. Ohne die Rücknahme des Verbots würde sich die Sperrfrist zu Lasten der Minderheitsaktionäre auswirken, die durch die Regeln über ein Pflichtangebot gerade geschützt werden sollen.

53 § 26 Abs. 2 sieht vor, dass das BAWe den Bieter auf schriftlichen (oder im Wege der elektronischen Datenübertragung übermittelten, vgl. § 46) Antrag von dem Verbot des Abs. 1 Satz 1 und 2 befreien kann, wenn die Zielgesellschaft der Befreiung zustimmt. Ein vom BAWe nach Ausübung von Ermessen erteilte Bescheid wirkt **rechtfertigend**, da dem Bieter nur aufgrund der Besonderheiten des Einzelfalles Dispens erteilt werden kann.

10. Vornahme einer zur Verhinderung des Übernahmeerfolgs geeigneten Handlung (§ 60 Abs. 1 Nr. 8)

a) Allgemeines

54 Zum Kreis schwerer Übernahmeordnungswidrigkeiten ist auch § 60 Abs. 1 Nr. 8 zu zählen. Danach kann mit Geldbuße bis zu 1 Million Euro geahndet werden, wer **entgegen § 33 Abs. 1 Satz 1 eine dort genannte Handlung vornimmt**. Die Frage, ob und unter welchen Voraussetzungen die Verwaltung der Zielgesellschaft Maßnahmen gegen ein von ihr abgelehntes (feindliches) Übernahmeangebot ergreifen darf, ist unter dem Stichwort „Neutralitätspflicht des Vorstandes" lange und intensiv unter rechtspolitischem und rechtsdogmatischem Blickwinkel diskutiert worden.[71] Dabei haben sich kapitalmarkttheoretische, aktienrechtliche, rechtsvergleichende und betriebs- sowie

70 Regierungsbegründung, BT-Drucks. 14/7034, S. 51.

71 Statt vieler: *Hopt*, in: FS für Lutter, 2000, S. 1361 ff.; *Merkt*, ZHR 165 (2001), 224 ff.; *Schneider/Burgard*, DB 2001, 963 ff.

volkswirtschaftliche Argumente in einer kaum noch überschaubaren Gemengelage ineinander verschlungen.[72] Die in § 33 RegE vorgesehene **abgeschwächte Form eines Neutralitätsgebots** war Ausdruck eines Kompromisses zwischen der Forderung nach einer strikten Neutralitätspflicht des Vorstandes auf der einen Seite und einer weitgehenden Freiheit in der Abwehr des Übernahmeangebots auf der anderen Seite. Die Abschwächung der Neutralitätspflicht ergab sich daraus, dass gem. § 33 Abs. 1 Satz 2 RegE bestimmtes Verteidigungsverhalten wie die Freistellung von der Neutralitätspflicht bei Maßnahmen, die auch der sorgfältige Leiter einer nicht vom Übernahmeangebot betroffenen Gesellschaft vorgenommen hätte sowie die Suche nach einem konkurrierenden Bieter ausdrücklich zugelassen wurden. Im Streit um die dogmatische Einordnung der Neutralitätspflicht hatte sich der Gesetzgeber zunächst gegen eine Organpflicht und für die Ausgestaltung des § 33 RegE als Kompetenznorm (zu Gunsten der Aktionäre der Hauptversammlung) entschieden.[73] Nachdem auf Initiative des Bundestags-Finanzausschusses gleichsam „in letzter Minute" auch Abwehrmaßnahmen des Vorstands mit Zustimmung des Aufsichtsrats generell zugelassen worden sind (§ 33 Abs. 1 Satz 2 Var. 3) und der ehemals in § 33 Abs. 1 Satz 1 enthaltene Vorbehalt einer Ermächtigung durch die Hauptversammlung gestrichen wurde, ist die Charakterisierung des § 33 höchst unsicher geworden. Zwar verbietet der den Grundsatz enthaltene § 33 Abs. 1 Satz 1 dem Vorstand der Zielgesellschaft, Handlungen vorzunehmen, durch die der Erfolg des Angebots verhindert werden könnte. Angesichts der weit reichenden Befreiungen gem. § 33 Abs. 1 Satz 2 sowie dem prognostizierten schmalen Anwendungsbereich des § 33 Abs. 2 (Vorratsbeschlüsse)[74] werden jedoch berechtigte Zweifel vorgetragen, dass die Pflicht zu neutralem Vorstandshandeln der Grundsatz und das Recht zur Abwehr die Ausnahme darstelle. Rechtssystematisch und rechtspolitisch bedenklich sei es jedenfalls, dass dem Vorstand bei dem skizzierten weiten Verständnis der Norm letztlich die Wahl bleibe, ob er zu einer Vielzahl von Abwehrmaßnahmen die Hauptversammlung oder aber besser nur den Aufsichtsrat um Zustimmung bitten solle. Ein solches, dem deutschen Gesellschaftsrecht bislang fremdes Wahlrecht vermöge systema- noch **54**

72 Vgl. § 33 Rn. 1.

73 So die Interpretation durch *Möller/Pötzsch*, ZIP 2001, 1256, 1259, die auf Seiten der Ministerialbürokratie maßgeblich an der Entstehung des Gesetzes beteiligt waren; *Drygala,* ZIP 2001, 1861, 1870.

74 *Winter/Harbarth*, ZIP 2002, 1, 12.

tisch schwerlich zu befriedigen.[75] Dennoch plädiert man in ersten Stellungnahmen trotz – im Vergleich zum RegE – verändertem Wortlaut unter Hinweis auf die Normstruktur für eine Einstufung des § 33 Abs. 1 Satz 1 als **Kompetenznorm**. Denn in Fällen, in denen das Vorstandshandeln nicht durch die Ausnahmevorschriften des § 33 Abs. 1 Satz 2 gedeckt sei, könne es allein durch eine Vorratsermächtigung gem. § 33 Abs. 2 oder einen Ad hoc-Ermächtigungsbeschluss nach Bekanntgabe des Angebots legitimiert werden.[76]

55 Das tatbestandsmäßige Verhalten wird in § 33 Abs. 1 Satz 1 allein durch die Eigenschaft ausgewiesen, den Erfolg des Übernahmeangebots verhindern zu können. Auf eine tatsächliche Angebotsverhinderung kommt es nach dieser Formulierung ebenso wenig an wie auf einen Verhinderungsvorsatz, der die konkrete Handlung begleitet.[77] Tatbestände dieser Struktur werden als **Eignungsdelikte** charakterisiert und der Kategorie der abstrakten Gefährdungsdelikte zugeordnet. Sie zeichnen sich dadurch aus, dass der Richter nach den im Gesetz genannten, auf bestimmte Gefährdungsmerkmale bezogenen Faktoren entscheiden muss, ob die Handlung unter den gegebenen Umständen typischerweise geeignet ist, ein Rechtsgut zu schädigen. Dabei kommt es auf die konkreten Auswirkungen des Verhaltens nicht an; vielmehr muss stets nach einem generalisierenden Maßstab beurteilt werden.[78] Maßgebend für die Tatbestandsverwirklichung nach § 33 Abs. 1 Satz 1 ist daher, ob die Handlungen **objektiv geeignet** sind, den Erfolg eines Übernahmeangebots zu verhindern.[79]

56 Das Abstellen auf die objektive Eignung einer Maßnahme eröffnet dem Tatbestand des § 60 Abs. 1 Nr. 8 i.V.m. § 33 Abs. 1 Satz 1 allerdings einen extrem weiten Einzugsbereich, da jegliches Handeln erfasst wird, welches sich in irgendeiner Weise (auch im Zusammenwirken mit anderen Ursachen) nachteilig auf das Übernahmeangebot auswirken könnte. Zu bedenken ist weiterhin, dass es grundsätzlich Schwierigkeiten bereitet, ohne Berücksichtigung von Vorstellung und Willen des Täters, also allein anhand objektiver Maßstäbe, bei ambivalentem Verhalten objektiv tatbestandsmäßiges von sozialadäquatem

---

75 *Winter/Harbarth* (Fn. 74), 9.

76 *Winter/Harbarth* (Fn. 74), 17; auch § 33 Rn. 49.

77 In diesem Sinne will auch der Gesetzgeber den Tatbestand verstanden wissen, vgl. Regierungsbegründung, BT-Drucks. 14/7034, S. 57.

78 *Heine*, in: Schönke/Schröder (Fn. 18), Vor § 306 Rn. 3 m.w.N.; grundlegend zu den Eignungsdelikten *Hoyer*, Die Eignungsdelikte, 1987.

79 So ausdrücklich auch die Regierungsbegründung, BT-Drucks. 14/7034, S. 57.

tatbestandslosem Verhalten abzuschichten.[80] Der weite Anwendungsbereich des Erfolgsverhinderungsverbots wird jedoch durch die Ausnahmetatbestände des § 33 Abs. 1 Satz 2 wieder stark eingeschränkt.

Als Normadressat des § 33 Abs. 1 Satz 1 kommt nur der Vorstand der Zielgesellschaft in Betracht. Die Vorschrift ist daher als **echtes Sonderdelikt** einzustufen. 57

b) Einzelheiten zum Pflichtverstoß

Der Zweck des in § 33 Abs. 1 Satz 1 niedergelegten **Verhinderungsverbots** soll nach der – noch zum RegE verfassten und nicht aufgegebenen! – Gesetzesbegründung darin bestehen, den Aktionären als den Adressaten des Übernahmeangebots zu ermöglichen, in Kenntnis der Sachlage selbst über ein Übernahmeangebot zu entscheiden. Diese Entscheidungsfreiheit würde eingeschränkt, wenn der Vorstand der Zielgesellschaft ohne eine entsprechende Ermächtigung der Hauptversammlung durch eine eigenständige Entscheidung den Erfolg eines Übernahmeangebots vereiteln könnten.[81] Es fällt schwer, den modifizierten Wortlaut des § 33 (insbesondere die Anfügung des in § 33 Abs. 1 Satz 2 Var. 3 normierten Befreiungstatbestandes) mit einer derart interpretierten ratio der Norm in Einklang zu bringen. 58

Die in § 33 Abs. 1 Satz 1 in Form eines Grundsatzes angeordnete Beschränkung von Abwehrmaßnahmen der Verwaltung der Zielgesellschaft betrifft nur Übernahmeangebote, nicht jedoch einfache Wertpapiererwerbsangebote.[82] Zeitlich setzt die Beschränkung mit dem Tag der Veröffentlichung der Angebotsabgabeabsicht ein und endet mit der Veröffentlichung des Ergebnisses des Angebots nach § 23 Abs. 1 Satz 1 Nr. 2. 59

Der von § 33 Abs. 1 Satz 1 in Bezug genommene Erfolg eines Übernahmeangebots kann vornehmlich in zweierlei Formen auftreten: Einmal geht es dem Bieter um die Erlangung der Aktienmehrheit an der Zielgesellschaft, um auf die Gesellschaft einen entsprechenden beherrschenden Einfluss ausüben zu können. Daneben hat er regelmäßig ein 60

80 Jüngstes Beispiel für diese Schwierigkeiten im Strafrecht sind die Versuche, nach Inkrafttreten des 6. StrRG (1.4.1998) im Rahmen der modifizierten §§ 244 Abs. 1 Nr. 1, 250 Abs. 1 Nr. 1 StGB den Begriff des gefährlichen Werkzeugs allein objektiv zu definieren, vgl. dazu nur *Küper,* JZ 1999, 187 ff.

81 Regierungsbegründung, BT-Drucks. 14/7034, S. 57.

82 § 33 Rn. 50. Hinsichtlich einfacher Erwerbsangebote ist daher das aus dem Aktienrecht (dazu § 33 Rn. 4) folgende Neutralitätsgebot zu beachten.

manifestes Interesse an der wirtschaftlichen Substanz der Zielgesellschaft.[83]

61 Der Tatbestand des § 33 Abs. 1 Satz 1 setzt nun nicht voraus, dass das Übernahmeangebot durch das Handeln der Verwaltung der Zielgesellschaft tatsächlich vereitelt wurde oder diesbezüglich auch nur eine konkrete Gefahr bestand. Ausreichend ist vielmehr, dass das Handeln den Erfolg des Angebots hätte verhindern können, von ihm also eine abstrakte Gefahr für eine erfolgreiche Übernahme der Zielgesellschaft ausgeht.

62 Als zur Verhinderung des Angebots geeignet werden insbesondere Maßnahmen der Verwaltung angesehen, die die Aktien – und davon die Übernahme – verteuern oder die Anzahl der vom Bieter und seinem Übernahmeangebot erreichbaren Aktien verringern und auf diese Weise die Chancen einer erfolgreichen Übernahme mindern.[84] Der Verkauf wesentlicher Bestandteile des Gesellschaftsvermögens (crown jewels) oder besondere Abfindungsversprechen für ausscheidende Organmitglieder höhlen das Vermögen der Zielgesellschaft aus und machen dadurch die Übernahme für den Bieter ggf. unattraktiv.[85] Daneben können aber auch wesentliche Veränderungen der Passivseite der Bilanz der Zielgesellschaft das wirtschaftliche Interesse des Bieters an einer erfolgreichen Übernahme beeinträchtigen.

63 Anders als noch im RegE-ÜG vorgesehen steht das im geltenden § 33 Abs. 1 Satz 1 aufgestellte Erfolgsverhinderungsverbot (und damit die Beschränkung der Handlungsbefugnisse des Vorstands) nicht weiter unter dem generellen Vorbehalt einer Ermächtigung durch die Hauptversammlung. Statt dessen sehen drei – zum Teil weit reichende – Ausnahmetatbestände in § 33 Abs. 1 Satz 2 eine Befreiung vom Verbot des Abs. 1 Satz 1 ohne Einschaltung der Hauptversammlung vor. Daneben räumt § 33 Abs. 2 der Hauptversammlung bei Beachtung bestimmter Kautelen die Möglichkeit ein, in Form eines sog. Vorratsbeschlusses den Vorstand zur Durchführung von Abwehrmaßnahmen gegen ein feindliches Übernahmeangebot zu ermächtigen.[86] Der Sache nach handelt es sich sowohl bei den in § 33 Abs. 1 Satz 2 aufgeführten Kriterien als auch bei der Ermächtigung durch die Hauptversammlung

83 Vgl. § 33 Rn. 77.

84 Vgl. dazu die Auflistung der einschlägigen Maßnahmen in der Kommentierung zu § 33 Rn. 78ff. sowie die Beispiele in der Regierungsbegründung, BT-Drucks. 14/7034, S. 57f.

85 § 33 Rn. 93ff.

86 Regierungsbegründung, BT-Drucks. 14/7034, S. 58.

um **negative Tatbestandsmerkmale**, die fehlen müssen, damit der objektive Tatbestand verwirklicht wird.

Ermächtigungen zur Durchführung von Abwehrmaßnahmen, die **vor** dem in Abs. 1 Satz 1 genannten Zeitraum erteilt werden (sog. **echte Vorratsbeschlüsse**), müssen die in § 33 Abs. 2 enthaltenen Vorgaben berücksichtigen. Satz 1 erfordert, dass die Abwehrmaßnahmen in die Zuständigkeit der Hauptversammlung fallen und in der Ermächtigung **der Art nach** konkretisiert werden. Möglich sind damit „blankettartige" Ermächtigungsbeschlüsse (z. B. Durchführung einer Kapitalerhöhung, Veräußerung von Beteiligungen, Erwerb eigener Aktien, Abgabe eines Gegenangebots auf die Aktien des Bieters).[87] Die Ermächtigung kann für höchstens 18 Monate erteilt werden (Satz 2) und muss auf einem Beschluss der Hauptversammlung beruhen, der von einer Mehrheit, die mindestens drei Viertel des bei der Beschlussfassung vertretenen Grundkapitals umfasst, gefasst wurde; die Satzung kann eine größere Kapitalmehrheit und weitere Erfordernisse bestimmen (Satz 3). Schließlich bedarf der Vorstand bei der konkreten Durchführung von Abwehrmaßnahmen stets der Zustimmung des Aufsichtsrats. Da das Gesetz nichts anderes regelt, kann ein Vorratsbeschluss nach § 33 Abs. 2 nur innerhalb der rechtlichen Grenzen gefasst werden, die das geltende Aktienrecht vorgibt.[88] **64**

Die weiteren Anforderungen an die Ermächtigung unter ordnungswidrigkeitenrechtlichen Gesichtspunkten decken sich zum Teil mit denen, die an eine Einwilligung im Straf- oder Ordnungswidrigkeitenrecht gestellt werden. Das verfassungsrechtlich verankerte Schuldprinzip sowie das Rückwirkungsverbot (Art. 103 Abs. 2 GG, § 3 OWiG) verlangen, dass die Ermächtigung im Zeitpunkt der Vornahme der Abwehrmaßnahmen vorliegen muss. Die Ermächtigung muss weiter wirksam sein, d. h. sie darf nicht an inhaltlichen Fehlern (Verstoß gegen Gesetze oder Satzungen) oder Verfahrensmängel leiden, die zu einer Nichtigkeit des Ermächtigungsbeschlusses führen. Auch Willensmängel der auf der Hauptversammlung den Beschluss fassenden Teilnehmer – etwa basierend auf einer Täuschung oder mangelhafter Aufklärung – mögen die Wirksamkeit des Beschlusses beeinflussen. Voraussetzung ist weiter, dass die Abwehrmaßnahme von der Ermächtigung **65**

---

87 Siehe Beschlussempfehlung und Bericht des Finanzausschusses, BT-Drucks. 14/7477, S. 53.

88 Vgl. § 33 Rn. 111; zur Bewertung sog. *unechter Vorratsbeschlüsse* siehe § 33 Rn. 100, 112 f.; Hauptversammlungsbeschlüsse nach Ankündigung des Angebots behandeln *Winter/Harbarth* (Fn. 74), 13 f.

gedeckt ist, anderenfalls fehlt es schon an einer Ermächtigung des Vorstandshandelns.[89]

66 Handlungen der Verwaltung der Zielgesellschaft, durch die der Erfolg des Angebots verhindert werden könnte, bedürfen gem. § 33 Abs. 1 Satz 2 dann nicht der Ermächtigung der Hauptversammlung, wenn sie entweder auch „ein ordentlicher und gewissenhafter Geschäftsleiter einer Gesellschaft, die nicht von einem Übernahmeangebot betroffen ist, vorgenommen hätte", der Suche nach einem Bieter, der ein konkurrierendes Angebot abgibt (sog. **white knight**), dienen oder den Abwehrhandlungen der Aufsichtsrat der Zielgesellschaft zugestimmt hat. Durch die erste Variante soll erreicht werden, dass das Management trotz Vorliegens eines Übernahmeangebots das „normale Tagesgeschäft" weiterführen und eingeschlagene Unternehmensstrategien weiter verfolgen kann.[90] Die Suche nach einem konkurrierenden Anbieter akzeptiert man deshalb, weil durch diese Maßnahme die Entscheidungsfreiheit der Aktionäre ausschließlich erweitert wird.[91] § 33 Abs. 1 Satz 2 Var. 3 setzt das Erfolgsverhinderungsverbot des Abs. 1 Satz 1 für die Fälle außer Kraft, in denen der Aufsichtsrat einer Abwehrmaßnahme des Vorstands zugestimmt hat. Wie erwähnt ist dieser Befreiungstatbestand „in letzter Minute" auf Initiative des Bundesfinanzausschusses zur Stärkung der Vorstandsbefugnisse in einer Übernahmesituation in das Gesetz aufgenommen worden. Es stellt den stärksten Angriff auf die in § 33 Abs. 1 Satz 1 verankerte Neutralitätspflicht des Vorstands dar und ist schon kurz nach Inkrafttreten des Gesetzes am 1.1.2002 heftiger, auch verfassungsrechtlich fundierter (Art. 14 GG) Kritik ausgesetzt.[92]

67 Der in § 33 Abs. 1 Satz 2 Var. 1 vorgesehene Tatbestandsausschluss kommt zum Tragen, wenn das konkrete Handeln auch in einer Situation vorgenommen worden wäre, in der kein Übernahmeangebot vorliegt. Das heißt, zur Beantwortung der Frage, ob ein sozialadäquates (tatbestandsloses) oder ein tatbestandsmäßiges Handeln vorliegt – Prämisse: Es existiert keine (wirksame) Ermächtigung der Hauptversammlung – ist in einem hypothetischen Vergleichsfall allein das

89 Vgl. zum Ganzen § 33 Rn. 102.

90 Ausführlich dazu *Winter/Harbarth* (Fn. 74), 5 ff.

91 Regierungsbegründung, BT-Drucks. 14/7034, S. 147 f. Ein Konflikt mit der Neutralitätspflicht des Vorstands entsteht hier schon gar nicht, vgl. *Winter/Harbarth* (Fn. 74), 4 m.w.N.

92 Vgl. *Winter/Harbarth* (Fn. 74), 4, 8; *Zschocke*, DB 2002, 79, 82 ff.; § 33 Rn. 39, 120 ff.

Übernahmeangebot wegzudenken, während die Handlung unverändert bleibt. Damit stellt die Prüfung das Gegenstück zum Verfahren bei der Feststellung einer Erfolgszurechnung im Rahmen eines Fahrlässigkeitsdelikts dar. Dort ist für eine hypothetische Situation die Frage zu beantworten, ob auch bei **rechtmäßigem Alternativverhalten** derselbe Erfolg eingetreten wäre, der aufgrund des pflichtwidrigen Verhaltens tatsächlich eingetreten ist.[93]

Die Frage, ob ein gedachter Vorstand in einer Situation, in der kein **68**
Übernahmeangebot existiert, ebenfalls die Handlung vorgenommen hätte, ist häufig nicht einfach zu beantworten. Die Antwort wird zusätzlich dadurch erschwert, dass dem Vorstand hinsichtlich der Leitung der Geschäfte ein weites und nur eingeschränkt gerichtlich überprüfbares Ermessen eingeräumt ist.[94] Nach ersten Stellungnahmen in der Literatur soll es bei der Beantwortung dieser Frage allerdings nicht darauf ankommen, ob ein Geschäftsleiter in der hypothetischen Situation ohne Übernahmeangebot die Handlung auch tatsächlich vorgenommen hätte[95] – was sich kaum jemals mit Sicherheit sagen lasse. In Anlehnung an die Auslegung der Parallelvorschrift des § 317 Abs. 2 AktG soll vielmehr entscheidend sein, ob der Geschäftsleiter die Handlung hätte **vornehmen dürfen**.[96] Ein starkes Indiz dafür, dass die Handlung des Vorstands nicht durch das Übernahmeangebot veranlasst ist, liegt in den Fällen vor, in denen die Entscheidung für die Durchführung der Handlung in der von § 33 Abs. 1 Satz 1 erfassten Phase **vor** der Veröffentlichung der Entscheidung zur Abgabe eines Angebots getroffen wurde. Zu denken ist etwa an eine bereits vor der Veröffentlichung der Angebotsabsicht eingeschlagene manifestierte Unternehmensstrategie oder an die Abwicklung von Verträgen, die vor der Eröffnung des Angebotsverfahrens geschlossen wurden.[97] Demgegenüber wird man bei Maßnahmen, die während des laufenden Angebotsverfahrens angestoßen werden und grundsätzlich geeignet sind, das Übernahmeangebot zu verhindern, kaum jemals ausschließen können, dass sie nicht auch durch das Übernahmeangebot bedingt sind. Hier wird es im Einzelfall darauf ankommen, inwieweit die bußgeld-

93 Siehe nur *Lenckner*, in: Schönke/Schröder (Fn. 18), Vor § 13 Rn. 99 m. w. N.

94 Vgl. die ARAG-Entscheidung des BGH, 21.4.1997 – II ZR 175/95, BGHZ 135, 244, 253; näher zur Anwendung der ARAG-Standards auf § 33 Abs. 1 Satz 2 Var. 3 *Winter/Harbarth* (Fn. 74), 6 f.

95 So aber *Thaeter*, NZG 2001, 789.

96 Vgl. *Winter/Harbarth* (Fn. 74), 6; ausführlich *Drygala* (Fn. 73), 1865 ff.; § 33 Rn. 115.

97 Vgl. weiter § 33 Rn. 116.

verhängende Instanz zu der Überzeugung gelangt, dass sie die getroffene Maßnahme auch ohne Vorliegen eines Übernahmeangebots als ermessensfehlerfreie Geschäftsführungshandlung sachlich rechtfertigen lässt. Zweifel gehen hier nach dem Grundsatz in dubio pro reo zu Gunsten des Täters.[98] Hier eröffnet sich zudem ein weites Feld für vorsatzausschließende Tatumstandsirrtümer gem. § 11 Abs. 1 OWiG, wenn die Verwaltung der Zielgesellschaft nicht von anderer Seite (etwa durch die Behörde) „verbösert" (i. S. v. aufgeklärt) wird.

69 § 33 Abs. 1 Satz 2 ordnet in seiner zweiten Variante darüber hinaus an, dass die Suche nach einem Bieter, der ein konkurrierendes Angebot abgibt (white knight), nicht unter das Erfolgsverhinderungsverbot fällt und damit als tatbestandslos einzustufen ist.[99]

Die 3. Var. des § 33 Abs. 1 Satz 2 ermöglicht es dem Vorstand der Zielgesellschaft schließlich, ohne besondere Ermächtigung durch die Hauptversammlung allein mit Zustimmung des Aufsichtsrats Maßnahmen zur Abwehr des Übernahmeangebots treffen zu können. Dieser – von der Neutralitätspflicht dispensierende – Ausnahmetatbestand wird unter rechtspolitischen und verfassungsrechtlichen Gesichtspunkten als hoch problematisch eingestuft, weil er es zulässt, dass bei Konsens von Vorstand und Aufsichtsrat ohne Beteiligung der Aktionäre (als wirtschaftlicher Eigentümer der AG) ein möglicherweise in deren Interesse liegendes Übernahmeangebot abgewehrt werden kann.[100] Praktische Relevanz wird dieser Variante vornehmlich für Abwehrhandlungen vorausgesagt, die nicht in Verfolgung einer bereits eingeschlagenen Unternehmensstrategie erfolgen und daher auf § 33 Abs. 1 Satz 2 Var. 1 gestützt werden können[101] oder die Hauptversammlung ohne Ansehung eines konkreten oder zukünftig erwarteten Übernahmeangebots einen Ermächtigungsbeschluss gefasst hat (z. B. zum Erwerb eigener Aktien oder dem Ausnutzen genehmigten oder bedingten Kapitals) und der Vorstand nunmehr zum Zwecke der Abwehr eines feindlichen Übernahmeangebots von dieser Ermächtigung Gebrauch machen will.[102]

---

98 Unter kapitalmarktrechtlichen Gesichtspunkten liegt die Beweislast für die Zulässigkeit demgegenüber in entsprechender Anwendung des § 93 Abs. 2 Satz 2 AktG bei der Verwaltung der Zielgesellschaft, vgl. § 33 Rn. 115.

99 Zu Einzelheiten vgl. § 33 Rn. 117 ff.

100 *Zschocke* (Fn. 92), 82 ff.; *Winter/Harbarth* (Fn. 74), 8 ff.

101 *Winter/Harbarth* (Fn. 74), 8.

102 *Zschocke* (Fn. 92), 83; zu den Einzelheiten dieses Ausnahmetatbestandes vgl. § 33 Rn. 120 ff.

II. Die Ordnungswidrigkeitentatbestände gem. § 60 Abs. 2

§ 60 Abs. 2 fasst einige Ordnungswidrigkeitentatbestände zusammen, die als Rechtsfolge maximal ein Bußgeld von 200 000 Euro vorsehen. In allen Tatvarianten werden Zuwiderhandlungen gegen vollziehbare Anordnungen des BAWe sanktioniert. Der Pflichtverstoß besteht also jeweils in dem Ungehorsam gegen den behördlichen Befehl. Eine Ordnungswidrigkeit liegt schon bei einfach fahrlässiger Begehung vor. Der Gesetzgeber rechtfertigt diese Absenkung der subjektiven Anforderungen damit, dass es den Normadressaten in jedem Fall zuzumuten sei, vollziehbaren Anordnungen nachzukommen.[103] **70**

1. Zuwiderhandlungen entgegen einer vollziehbaren Anordnung nach § 28 Abs. 1 (§ 60 Abs. 2 Nr. 1)

a) Allgemeines

Ordnungswidrig gem. § 60 Abs. 2 Nr. 1 handelt, wer vorsätzlich oder fahrlässig **einer vollziehbaren Anordnung nach § 28 Abs. 1 zuwiderhandelt**. Die Anordnungen gem. § 60 Abs. 2 Nr. 1 enthalten einen eigenen Normbefehl, stellen also nicht nur ein generelles gesetzliches (Missbrauchs-)Verbot klar.[104] Der Charakter des Ordnungswidrigkeitentatbestandes ergibt sich aus dem Inhalt der Anordnung. In § 28 Abs. 1 wird dem BAWe die Möglichkeit eingeräumt, bestimmte Arten der Werbung zu untersagen, um dadurch Missständen bei der Werbung im Zusammenhang mit Angeboten zum Erwerb von Wertpapieren zu begegnen.[105] Da die Behörde hier **Verbote** ausspricht, stellt auch die Zuwiderhandlung ein Begehungsdelikt (schlichtes Tätigkeitsdelikt) dar. Unter Bußgeldandrohung wird ein Verhalten gestellt, das nach Einschätzung des Gesetzgebers für einen funktionierenden Kapitalmarkt generell gefährlich ist; auf die Gefährdung im Einzelfall kommt es nicht an. Es handelt sich damit um ein abstraktes Gefährdungsdelikt. Täter kann nur derjenige sein, an den sich die Anordnung richtet, denn nur dem Adressaten wird das in der Anordnung näher beschriebene Verhalten verboten. § 60 Abs. 2 Nr. 1 ist also ein Sonderdelikt des Zustellungsadressaten der Anordnung.[106] **71**

---

103 Regierungsbegründung, BT-Drucks. 14/7034, S. 68.

104 So *Dannecker/Biermann*, in: Immenga/Mestmäcker (Fn. 3), § 81 Rn. 253, zum vergleichbaren § 81 Abs. 1 Nr. 6a GWB.

105 Die Regelung ist den Vorschriften der § 23 KWG und § 36b WpHG nachgebildet.

106 Siehe für vergleichbare Konstellationen im Kartellordnungswidrigkeitenrecht *Achenbach*, in: FK-GWB (Fn. 3), § 81 Rn. 215, 218.

b) Voraussetzungen der Ahndbarkeit

72 Die Ahndbarkeit gem. § 60 Abs. 2 Nr. 1 setzt eine sofort vollziehbare Untersagungsverfügung des BAWe voraus.

Als Grundlage für die Schaffung einer bußgeldbewehrten Pflicht kommt die Anordnung (ein Verwaltungsakt i. S. v. § 35 VwVfG) nur dann in Betracht, wenn sie hinreichend bestimmt ist. Denn der Adressat der behördlichen Verfügung muss voraussehen können, welches Verhalten unter Bußgeldandrohung gestellt wurde, damit er sein Verhalten danach ausrichten kann.[107] Diese Anforderung folgt aus Art. 103 Abs. 2 GG und § 3 OWiG sowie aus § 37 VwVfG.

73 Gemäß § 28 Abs. 2 ist vor allgemeinen Maßnahmen, also der Untersagung generell bestimmter Werbemaßnahmen oder Werbemethoden, der Beirat zu hören. Eine zu Unrecht unterbliebene oder nicht ordnungsgemäß durchgeführte Anhörung macht die Maßnahme rechtswidrig.[108]

74 Die Verhängung einer Geldbuße ist erst zulässig, wenn die Anordnung **vollziehbar** ist. Damit erfüllt die Nichtbeachtung der Anordnung nur dann den Tatbestand, wenn sie für den Betroffenen verbindlich ist, also nicht mehr anfechtbar oder ohne Rücksicht auf die Einlegung eines Rechtsmittels sofort vollziehbar ist.[109] Gem. § 42 hat der Widerspruch gegen Maßnahmen des BAWe nach § 28 Abs. 1 aus Gründen der Beschleunigung des Angebotsverfahrens keine aufschiebende Wirkung, sodass Anordnungen, mit denen bestimmte Formen der Werbung untersagt werden, sofort vollziehbar sind.[110] Dass die Ahndbarkeit auch an den Verstoß gegen sofort vollziehbare, aber noch nicht unanfechtbar gewordene Verwaltungsakte anknüpfen kann, hat das BVerfG bestätigt.[111]

---

107 Einzelheiten dazu bei *Dannecker/Biermann*, in: Immenga/Mestmäcker (Fn. 3), § 81 Rn. 254; dort auch Nachweise zur Rechtsprechung. Die Anordnung gem. § 60 Abs. 2 Nr. 1 muss nicht – anders als nach § 38 Abs. 1 Nr. 4 bis 6 GWB a. F. – ausdrücklich auf die Bußgeldvorschrift verweisen; vgl. dazu *Dannecker/Biermann*, a. a. O., Rn. 255 f.

108 Vgl. § 28 Rn. 16; zu den Konsequenzen des Vorliegens eines rechtswidrigen (pflichtenbegründenden) Verwaltungsakts für den Bußgeldtatbestand vgl. Vor § 60 Rn. 89.

109 OLG Koblenz, 26. 7. 1990 – 2 Ss 264/90, VRS 80 (1991), 50, 51 f.; *Göhler*, Gesetz über Ordnungswidrigkeiten – Kommentar, 12. Aufl., 1998, Vor § 1 Rn. 17 b m. w. N.; siehe auch *Odenthal*, NStZ 1991, 418, 419 ff.

110 Zur Frage, inwieweit inhaltlich fehlerhafte Anordnungen die Möglichkeit der Bußgeldverhängung beeinflussen, vgl. Vor § 60 Rn. 88 ff.

111 BVerfG, 15. 6. 1989 – 2 BvL 4/87, NJW 1990, 37, 39.

2. Verstoß gegen Auskunfts- und Vorlagepflichten gem. § 40 Abs. 1, Abs. 2, Abs. 3 Satz 1 auch i.V.m. Satz 2 (§ 60 Abs. 2 Nr. 2)

a) Allgemeines

§ 60 Abs. 2 Nr. 2 erhebt Verstöße gegen ein formelles Verlangen des BAWe nach Auskunft oder Vorlage von Unterlagen zur Ordnungswidrigkeit. Konkret kann mit Geldbuße bis zu 200 000 Euro geahndet werden, wer **entgegen § 40 Abs. 1, Abs. 2 oder Abs. 3 Satz 1, auch i.V.m. Satz 2, eine Auskunft nicht, nicht richtig, nicht vollständig oder nicht rechtzeitig erteilt oder eine Unterlage nicht, nicht richtig, nicht vollständig oder nicht rechtzeitig vorlegt**. Sanktioniert werden jeweils Verstöße gegen **Gebote**.[112] Der Grund für die Bußgeldbewehrung dieser formalen Ordnungsverstöße besteht darin, dem BAWe die Durchsetzung ihrer Befugnisse zu erleichtern.[113] In den in Bezug genommenen Vorschriften des § 40 Abs. 1 bis 3 werden zahlreichen Normadressaten, zumeist Beteiligte des Angebotsverfahrens,[114] Auskunfts- und Vorlagepflichten auferlegt, um der Behörde die Überwachung der Einhaltung besonders herausgehobener Pflichten zu ermöglichen. **75**

Wer zur Auskunft oder zur Vorlage von Unterlagen verpflichtet ist, wird in § 40 Abs. 1 bis 3 im Einzelnen aufgeführt. Indem § 60 Abs. 2 Nr. 2 auf diese Normen Bezug nimmt, umgrenzt die Vorschrift gleichzeitig den Kreis tauglicher Täter. § 60 Abs. 2 Nr. 2 ist daher als Sonderdelikt einzustufen. **76**

Nach hier vorgenommener Interpretation handelt es sich nicht nur bei der Nichterteilung von Auskünften bzw. der unterlassenen Vorlage von Unterlagen um **Gebotsverstöße**, sondern auch bei den nachfolgenden Tathandlungen.[115]

---

112 Vgl. zur Charakterisierung der Tatvarianten § 60 Rn. 4ff.

113 Vgl. Regierungsbegründung, BT-Drucks. 14/7034, S. 68. Nimmt man den Gedanken der Subsidiarität des Ordnungswidrigkeitenrechts ernst, ist zumindest zu erwägen, ob angesichts der Möglichkeiten des Verwaltungszwangs die Bußgeldbewehrung der von § 60 Abs. 2 Nr. 2 in Bezug genommenen Mitwirkungspflichten nicht abzuschaffen ist; in diesem Sinne für die Auskunftsbußgeldtatbestände *Rengier* (Fn. 2), S. 277; grundlegend dazu *Weber*, ZStW 92 (1980), 313, 322ff.

114 Konkret: Bieter (§ 2 Abs. 4), die mit dem Bieter gemeinsam handelnden Personen (§ 2 Abs. 5), Tochterunternehmen (§ 2 Abs. 6), Zielgesellschaft (§ 2 Abs. 3), Vorstand und Aufsichtsrat der Zielgesellschaft, Aktionäre, ehemalige Aktionäre, Wertpapierdienstleistungsunternehmen, Personen und Unternehmen, deren Stimmrechte dem Bieter nach § 30 zuzurechnen sind.

115 Vgl. dazu § 60 Rn. 4ff.

b) Voraussetzungen der Ahndbarkeit

77 Ein Verstoß gegen § 60 Abs. 2 Nr. 2 setzt zunächst eine förmliche Verfügung des BAWe voraus, in der Auskunft oder die Vorlage von Unterlagen verlangt wird. Diese Bedingung lässt sich zwar § 40 Abs. 1 bis 3 als Bezugsnormen – anders als etwa nach § 81 Abs. 1 Nr. 8 GWB i.V.m. § 59 Abs. 6 GWB – nicht ausdrücklich entnehmen. Es ist aber nahezu unbestritten, dass dem Auskunfts- bzw. Vorlageverlangen der Behörde Verwaltungsaktsqualität zukommt.[116] Aus dem Erfordernis eines förmlichen pflichtbegründenden Verwaltungsakts folgt gleichzeitig, dass freiwillig erteilte Auskünfte aufgrund eines informellen Auskunftsersuchens ebenso wenig § 60 Abs. 2 Nr. 2 unterfallen wie Auskünfte, mit denen die Auskunftsperson freiwillig über die durch ein formelles Auskunftsverlangen begründete Auskunftspflicht inhaltlich hinausgeht.[117]

78 Das Recht auf Auskunft und Vorlage von Unterlagen wird in § 40 Abs. 1 bis 3 nur in der Weise begrenzt, das der begehrte Gegenstand vom BAWe „zur Überwachung der Einhaltung (bestimmter) Pflichten" benötigt wird. Um hier Feststellungen darüber treffen zu können, ob der Normadressat die Auskunft oder die Unterlage unrichtig, unvollständig oder nicht rechtzeitig erteilt bzw. vorgelegt hat, muss die Behörde möglichst genau angeben, worüber sie Auskunft begehrt und welche Unterlagen vorzulegen sind. Die aus dem straf- und ordnungswidrigkeitenrechtlichen Bestimmtheitsgrundsatz[118] abzuleitenden Anforderungen an die Konkretisierung des Verwaltungsakts betreffen insbesondere auch die Rechtzeitigkeit der Pflichterfüllung.[119] Kommt es der Behörde also auf eine Pflichterfüllung zu einem ganz bestimmten Zeitpunkt an, hat sie in der Verfügung eine Frist anzugeben, bis wann Auskunft zu erteilen ist oder die Unterlagen vorgelegt werden müssen.

79 Der pflichtenbegründende Verwaltungsakt muss nicht bestandskräftig sein; ausreichend ist seine sofortige Vollziehbarkeit.[120] Da der Wider-

---

116 Dazu *Rengier* (Fn. 2), S. 265 ff.

117 *Achenbach*, in: FK-GWB (Fn. 3), § 81 Rn. 226 m. w. N.

118 Verankert in Art. 103 Abs. 2 GG, § 1 StGB und § 3 OWiG.

119 Vgl. *Dannecker/Biermann*, in: Immenga/Mestmäcker (Fn. 3), § 81 Rn. 293.

120 *Dannecker/Biermann*, in: Immenga/Mestmäcker (Fn. 3), § 81 Rn. 294, zu einer parallelen Vorschrift im Kartellordnungswidrigkeitenrecht; zur Frage, ob nach Anordnung der aufschiebenden Wirkung des Widerspruchs gem. § 50 Abs. 3 durch das Beschwerdegericht ein Verstoß gegen die dann nicht vollziehbare Anordnung nach § 40 Abs. 1, 2 oder 3 Satz 1 der Ordnungswidrigkeitentatbestand gem. § 60 Abs. 2 Nr. 2 verwirklicht werden kann, *Tschauner*, in: Geibel/Süßmann, WpÜG, 2000, § 60 Rn. 34 f.

spruch gegen Maßnahmen des BAWe nach § 40 Abs. 1 bis 4 gem. § 42 keine aufschiebende Wirkung hat, können Auskunfts- oder Vorlageverfügungen taugliche Grundlage einer Tat gem. § 60 Abs. 2 Nr. 2 sein.

Die in den Vorbemerkungen zu § 60 skizzierten Ausführungen zur Behandlung inhaltlich fehlerhafter Verwaltungsakte gelten hier entsprechend.[121] **80**

Ist eine Person zur Erteilung einer Auskunft verpflichtet, hat sie gem. § 40 Abs. 5 ein **Auskunftsverweigerungsrecht** hinsichtlich solcher Fragen, deren Beantwortung sie selbst oder einer der in § 383 Abs. 1 Nr. 1 bis 3 ZPO bezeichneten Angehörigen der Gefahr einer strafgerichtlichen Verfolgung oder eines Verfahrens nach dem Ordnungswidrigkeitengesetz – praktisch vor allem bzgl. § 60 – aussetzen würde. Der Verpflichtete ist über sein Recht zur Verweigerung der Auskunft zu belehren.[122] Das Auskunftsverweigerungsrecht schließt jedoch nur dann die Rechtswidrigkeit des Handelns[123] aus, wenn es tatsächlich in Anspruch genommen wird. Soweit der Betroffene Auskünfte erteilt, müssen diese richtig sein. Da das Auskunftsverweigerungsrecht sich regelmäßig nur auf bestimmte Fragen und nicht auf die gesamte Auskunft bezieht, ist die Nichterteilung der gesamten Auskunft ebenfalls regelmäßig ordnungswidrig.[124] **81**

Ein Recht, die Vorlage von Unterlagen zu verweigern, ist verwaltungsrechtlich nicht vorgesehen. Nach verbreiteter – und zutreffender – Meinung soll jedoch die Vorlagepflicht entfallen, wenn sich aus den vorzulegenden geschäftlichen Unterlagen die Gefahr strafrechtlicher oder ordnungswidrigkeitenrechtlicher Verfolgung ergibt.[125] Denn die Annahme einer Vorlagepflicht würde bedeuten, dass die bußgeldbewehrte Rechtspflicht einer aktiven Mitwirkung an der eigenen Verfolgung (bzw. der Verfolgung naher Angehöriger) bestünde. Darin läge ein Verstoß gegen den auch für das Ordnungswidrigkeitenrecht gelten- **82**

---

121 Vgl. Vor § 60 Rn. 89.

122 Ohne Belehrung ist die Aussage im späteren Prozess nicht verwertbar, vgl. BGH, 27.2.1992 – 5 StR 190/91, BGHSt 38, 214, 218 ff.; auch BGH, 12.10.1993 – 1 StR 475/93, BGHSt 39, 349, 350.

123 So *Achenbach*, in: FK-GWB (Fn. 3), § 81 Rn. 231; nach *Dannecker/Biermann*, in: Immenga/Mestmäcker (Fn. 3), § 81 Rn. 297, entfällt schon die Tatbestandsmäßigkeit.

124 *Dannecker/Biermann*, in: Immenga/Mestmäcker (Fn. 3), § 81 Rn. 297.

125 Vgl. *Achenbach*, in: FK-GWB (Fn. 3), § 81 Rn. 236; *Dannecker/Biermann*, in: Immenga/Mestmäcker (Fn. 3), § 81 Rn. 307, jeweils m. w. N.

den rechtsstaatlichen Grundsatz, dass niemand gezwungen werden darf, an seiner eigenen Verfolgung mitzuwirken (nemo tenetur se ipsum accusare).[126]

III. Die Geldbuße gem. § 60 Abs. 3

83 § 60 Abs. 3 gibt den Bußgeldrahmen für Pflichtverstöße nach § 60 Abs. 1 und Abs. 2 vor. Die Regelung modifiziert die in § 17 OWiG allgemein für die Zumessung von Geldbußen getroffenen Bestimmungen. Bei der Festsetzung der Geldbuße ist zwingend zwischen der Festlegung des abstrakten Bußgeldrahmens einerseits und der Zumessung der konkreten Geldbuße innerhalb dieses Rahmens andererseits zu unterscheiden.[127] Die konkrete Bußgeldbemessung wird dann wiederum in zwei Schritten vorgenommen: Neben die Zumessung der Geldbuße als **Sanktion** gem. § 17 Abs. 3 OWiG tritt die **Abschöpfung** des aus der Tat gezogenen wirtschaftlichen Vorteils nach § 17 Abs. 4 Satz 1 OWiG.[128] Reicht das gesetzliche Höchstmaß zur Abschöpfung nicht aus, kann der Bußgeldrahmen auch überschritten werden (§ 17 Abs. 4 Satz 2 OWiG). Jede Bußgeldbemessung hat das verfassungsrechtlich verbürgte Prinzip der Verhältnismäßigkeit und das der schuldangemessenen Sanktionierung zu beachten.[129]

84 Diese Verfassungsprinzipien sind nach vordringender Meinung auch bei der Zumessung von Geldbußen in Fällen der Tatmehrheit gem. § 20 OWiG zu beachten.[130] Nach dieser Vorschrift wird – abweichend von §§ 53, 54 Abs. 1 StGB – bei der Verhängung mehrerer Geldbußen keine Gesamtgeldbuße durch Erhöhung der höchsten verwirkten Einzelgeldbuße gebildet (sog. **Asperationsprinzip**). Vielmehr sind nach wortlautgetreuer Anwendung die Geldbußen für jede einzelne Handlung gesondert festzusetzen und zusammen zu vollstrecken (sog. **Kumulationsprinzip**); eine Möglichkeit der Begrenzung der Gesamt-

---

126 Zur Frage, inwieweit das Auskunfts- und Herausgabeverweigerungsrecht auch für juristische Personen gilt, siehe *Achenbach*, in: FK-GWB (Fn. 3), § 81 Rn. 232, 237, sowie Vor § 61 Rn. 34 ff.

127 FG Baden-Württemberg, 12.1.1996 – 9 K 208/94, EFG 1996, 530; *Göhler* (Fn. 109), § 17 Rn. 25, 47; *Steindorf*, in: Karlsruher Kommentar zum Gesetz über Ordnungswidrigkeiten, 2. Aufl., 2000, § 17 Rn. 1 f., 23; weiter *Achenbach*, BB 2000, 1116, 1119; *Wegner*, NJW 2001, 1979 m. w. N.

128 *Achenbach*, in: FK-GWB (Fn. 3), § 81 Rn. 252.

129 Ausführlich dazu *Achenbach*, WuW 1997, 393, 395 f.

130 BayObLG, 29.6.1994 – 3 ObOWi 54/94, NJW 1994, 2303, 2304 f.; *Geppert*, NStZ 1996, 118, 119 f.; *Achenbach*, in: FK-GWB (Fn. 3), Vor § 81 Rn. 150 m. w. N.

geldbuße sieht das OWiG nicht vor. Um jenseits von Bagatellfällen die unter dem Gesichtspunkt schuldangemessener Bestrafung bedenklichen Summierungseffekte abzuschwächen, werden in der Literatur unterschiedliche Einschränkungen diskutiert.[131]

1. Gestaffelter Bußgeldrahmen

Die Regelung in § 60 Abs. 3 enthält einen nach der Bedeutung des Pflichtverstoßes dreifach abgestuften Bußgeldrahmen. Die Mindestgeldbuße beträgt gem. § 17 Abs. 1 OWiG auch für Übernahmeordnungswidrigkeiten 5 Euro. Bei der Bestimmung der Obergrenze des Bußgeldrahmens differenziert das Gesetz: **85**

Für schwerwiegende Übernahmeordnungswidrigkeiten, also Verletzungen von Pflichten, die dem geregelten Ablauf des Angebotsverfahrens oder dem Schutz von Minderheitsaktionären dienen (§ 60 Abs. 1 Nr. 1a, 3, 6 bis 8), sieht das Gesetz eine Geldbuße bis zu 1 Million Euro vor. Zuwiderhandlungen gegen Pflichten, die die vorstehend skizzierten Kernpflichten ergänzen (§ 60 Abs. 1 Nr. 1b, 2a, 4), können im Höchstmaß mit Geldbuße bis zu 500 000 Euro geahndet werden. In den Fällen leichter Übernahmerechtsverfehlungen, die in der Sache eine Reaktion auf Verwaltungsungehorsam darstellen (§ 60 Abs. 1 Nr. 2b, 2c, 5, Abs. 2 Nr. 1, 2), kann schließlich eine Geldbuße von bis zu 200 000 Euro verhängt werden. Alle in § 60 Abs. 3 vorgesehenen Bußgeldrahmenobergrenzen liegen deutlich über der in § 17 Abs. 1 OWiG beschriebenen Höchstgrenze von 1000 Euro, die ohne spezialgesetzliche Regelung gelten würde. In der Anhebung der Obergrenzen spiegeln sich nach Ansicht des Gesetzgebers die wirtschaftlichen Interessen wider, die regelmäßig mit öffentlichen Angeboten zum Erwerb von Wertpapieren und Unternehmensübernahmen verbunden sind.[132] **86**

Da § 60 Abs. 3 im Höchstmaß nicht zwischen einer vorsätzlichen und fahrlässigen Begehungsweise unterscheidet, kann gem. § 17 Abs. 2 OWiG in Fällen der Fahrlässigkeit die Ordnungswidrigkeit im Höchstmaß nur mit der Hälfte des angedrohten Höchstbetrages der Geldbuße geahndet werden.

---

131 Vgl. *Achenbach*, in: FK-GWB (Fn. 3), Vor § 81 Rn. 151, mit einem Überblick über die Limitierungsversuche.

132 Regierungsbegründung, BT-Drucks. 14/7034, S. 68

2. Die konkrete Zumessung der Geldbuße

87 Innerhalb des zuvor fixierten Bußgeldrahmens wird in einem nächsten Schritt der Bußgeldbetrag konkret zugemessen.

a) Die Zumessung der Geldbuße als Sanktion

§ 17 Abs. 3 Satz 1 OWiG stellt hier als Grundlage der Sanktionierung einer natürlichen Person die **Bedeutung** der Ordnungswidrigkeit sowie den **Vorwurf**, der den Täter trifft, heraus. Neben diesen in der Sache das Unrecht und die Schuld betreffenden Zumessungsgesichtspunkten kommen auch die wirtschaftlichen Verhältnisse des Täters in Betracht, sofern es sich nicht um geringfügige Ordnungswidrigkeiten handelt (§ 17 Abs. 3 Satz 2 OWiG).

aa) Allgemeines

88 Die konkrete Bußgeldbemessung hat als Grundregel zu beachten, dass das Höchstmaß der Geldbuße nur für die denkbar schwersten Fälle vorgesehen ist, d.h. für solche, in denen das höchste Unrechts- und Schuldmaß vorliegt und ein Bußgeldmilderungsgrund nicht ersichtlich ist.[133] Der Mittelwert der Geldbuße findet daher auf die denkbar durchschnittlich schweren Fälle Anwendung. Bei den in der Praxis überwiegenden Durchschnittsfällen ist das Bußgeld weit unter demjenigen anzusetzen, das für durchschnittlich schwere Fälle ermittelt wird.[134]

89 Allgemein anerkannt ist, dass neben den in § 17 Abs. 3 OWiG ausdrücklich genannten Zumessungskriterien auch die **Ahndungszwecke** bei der Festsetzung der Geldbuße zu berücksichtigen sind. Die Erwägung, durch erhöhte Geldbußen potentielle Täter vor einer Nachahmung abzuschrecken (negative Generalprävention), findet sich in den Entscheidungen der Gerichte und Behörden ebenso wie der Ansatz, durch eine spürbare Sanktion des einzelnen Täters diesen vor Wiederholungen abzuschrecken und ihm die Bedeutung des Pflichtverstoßes vor Augen zu führen (Spezialprävention).[135] Zu beanstanden ist aller-

133 *Achenbach* (Fn. 129), 398 mit zahlreichen Rechtsprechungsnachweisen; weiter *Göhler* (Fn. 109), § 17 Rn. 25; *Steindorf*, in: KK-OWiG (Fn. 127), § 17 Rn. 37.

134 OLG Köln, 26.2.1988 – Ss 17/88 (B) – 30, NJW 1988, 1606; *Göhler* (Fn. 109), § 17 Rn. 25; *Rebmann/Roth/Herrmann*, Gesetz über Ordnungswidrigkeiten – Kommentar, 3. Aufl., 2000, § 17 Rn. 14.

135 Vgl. die Nachweise bei *Steindorf*, in: KK-OWiG (Fn. 127), § 17 Rn. 42; *Rebmann/Roth/Herrmann* (Fn. 134), § 17 Rn. 16; für das Kartellrecht *Dannecker/Biermann*,

dings, dass die Praxis häufig völlig losgelöst von den Bußgeldbemessungsfaktoren des § 17 Abs. 3 OWiG die Zumessung der Geldbuße direkt auf präventive Erwägungen stützt.[136]

Unbestritten ist darüber hinaus, dass das in § 46 Abs. 3 StGB geregelte **Doppelverwertungsverbot** auch bei der Bußgeldbemessung sinngemäß Anwendung findet. Dementsprechend dürfen Umstände, die schon zum Tatbestand der Bußgeldnorm gehören oder die das generelle gesetzgeberische Motiv für die Bußgeldandrohung darstellen, bei der Zumessung der Geldbuße nicht ein zweites Mal herangezogen werden.[137] So wäre es etwa unzulässig, die allgemeine Bedeutung eines fairen und geordneten Angebotsverfahrens als spezieller Ausprägung des Rechtsguts „Funktionsfähigkeit des Kapitalmarkts" bei der Zumessung der Geldbuße heranzuziehen, da der Gesetzgeber dieses Schutzinteresse schon bei der Schaffung der Bußgeldtatbestände berücksichtigt hat. Auch ein bußgeldschärfender Einfluss der Tatsache, dass der Bieter überhaupt gegen eine vollziehbare Anordnung des BAWe gehandelt hat (§ 60 Abs. 2 Nr. 1 i.V.m. § 28 Abs. 1), würde einen Verstoß gegen das Doppelverwertungsverbot darstellen, da die Sanktionierung von Verwaltungsungehorsam bereits das Motiv des Gesetzgebers darstellt. **90**

bb) Die einzelnen Zumessungsfaktoren

(1) Bedeutung der Ordnungswidrigkeit

Der durch die **Bedeutung der Ordnungswidrigkeit** als vorrangigem Bußgeldzumessungsfaktor[138] angesprochene Unrechtsgehalt der Tat ergibt sich maßgeblich aus dem Grad der Gefährdung oder Beeinträchti- **91**

---

in: Immenga/Mestmäcker (Fn. 3), § 81 Rn. 342; *Achenbach*, in: FK-GWB (Fn. 3), § 81 Rn. 309 f.

136 Kritisch in diesem Sinne *Steindorf*, in: KK-OWiG (Fn. 127), § 17 Rn. 42; *Achenbach*, in: FK-GWB (Fn. 3), § 81 Rn. 308; *Dannecker/Biermann*, in: Immenga/Mestmäcker (Fn. 3), § 81 Rn. 342.

137 OLG Düsseldorf, 30.10.1992 – 5 Ss (OWi) 345/92 – (OWi) 144/92 I, wistra 1993, 119; *Rebmann/Roth/Herrmann* (Fn. 134), § 17 Rn. 17 m. vielen w. N.

138 Nach verbreiteter Literaturauffassung soll der in § 17 Abs. 3 Satz 1 OWiG zuerst genannten „Bedeutung der Ordnungswidrigkeit" als tatbezogenem Zumessungsfaktor gegenüber täterbezogenen Umständen ein gewisser Vorrang zukommen, so *Achenbach*, in: FK-GWB (Fn. 3), § 81 Rn. 280 m. w. N.; *Dannecker/Biermann*, in: Immenga/Mestmäcker (Fn. 3), § 81 Rn. 345; ähnlich *Rebmann/Roth/Herrmann* (Fn. 134), § 17 Rn. 15; *Steindorf*, in: KK-OWiG (Fn. 127), § 17 Rn. 33. Damit unterscheidet sich die Bußgeldzumessung deutlich von der Strafzumessung gem. § 46 Abs. 1 StGB. Diese Norm stellt in S. 1 als maßgeblichen Strafzumessungsfaktor die *Schuld* des Täters voran, vgl. *Steindorf*, in: KK-OWiG (Fn. 127), § 17 Rn. 33.

gung der geschützten Rechtsgüter oder Interessen sowie dem Ausmaß der Gefährdung oder Beeinträchtigung.[139] Da die Verhängung von Geldbußen vornehmlich dazu dient, eine bestimmte Ordnung durchzusetzen, wird die Bedeutung der Ordnungswidrigkeit daran zu messen sein, inwieweit die Aufrechterhaltung der Ordnung in dem bestimmten Sachbereich durch Pflichtverstöße gefährdet oder beeinträchtigt wird oder ist.[140] Bei allen Vorbehalten gegenüber dem von den Bußgeldtatbeständen des § 60 primär geschützten – recht substanzarmen – Rechtsgut der Funktionsfähigkeit des Kapitalmarkts in seinen speziellen Ausprägungen und ohne die Möglichkeit, auf einschlägige verwaltungsbehördliche oder gerichtliche Entscheidungen zurückgreifen zu können, sollen im Folgenden einige Kriterien angegeben werden, die unter dem Gesichtspunkt der Bedeutung der Übernahmeordnungswidrigkeiten die Bußgeldzumessung beeinflussen können.

92 Viele Bußgeldtatbestände des § 60 beschreiben die Tathandlung durch Begriffe, die hinsichtlich der Unrechtsdimension graduierbar sind. So kann z.B. die „Unrichtigkeit" oder „Unvollständigkeit" der Veröffentlichung einer Angebotsunterlage[141] oder deren Änderung (§ 60 Abs. 1 Nr. 1 i.V.m. § 14 Abs. 2 Satz 1 oder § 21 Abs. 2 Satz 1) eher unbedeutende Informationen betreffen und daher unter Unrechtsgesichtspunkten marginal sein. Unrechtserhöhend und damit bußgeldschärfend wird es sich dagegen regelmäßig auswirken, wenn in der Veröffentlichung wichtige Informationen fehlen oder gar in Täuschungsabsicht zentrale Passagen der Veröffentlichung unrichtig verfasst werden, sodass die Angebotsunterlage als wichtige Grundlage[142] für die Verkaufs- oder Tauschentscheidung der Aktionäre der Zielgesellschaft unbrauchbar wird und die Gefahr einer – u.U. gravierenden – Fehlinvestition droht. Ähnliche Unrechtsabstufungen lassen sich u.U. hinsichtlich der in § 60 Abs. 1 Nr. 1 angesprochenen Art und Weise der Veröffentlichung[143] (§§ 10 Abs. 3, 14 Abs. 3) sowie im

---

139 OLG Köln, 26.2.1988 – Ss 17/88 (B) – 30, NJW 1988, 1606; *Rebmann/Roth/Herrmann* (Fn. 134), § 17 Rn. 16 m.w.N.

140 Statt vieler: *Göhler* (Fn. 109), § 17 Rn. 16; mögliche Zumessungskriterien in alphabetischer Reihenfolge listet auf *Steindorf*, in: KK-OWiG (Fn. 127), § 17 Rn. 38 ff.

141 Die inhaltlichen Anforderungen an die Angebotsunterlage ergeben sich aus § 11 Abs. 1 – 4 sowie § 2 RVO-WpÜG.

142 Daneben ist die Stellungnahme des Vorstands und des Aufsichtsrats der Zielgesellschaft (vgl. § 27 Abs. 3 Satz 1) als Informationsbasis von herausgehobener Bedeutung.

143 So erscheint es auf den ersten Blick plausibel, denjenigen Bieter höher zu bebußen, der – entgegen der Pflicht aus § 14 Abs. 3 – die Veröffentlichung der Angebotsun-

Hinblick auf die nach Fristablauf verstrichene Zeit vornehmen. Vorstehende Erwägungen können allerdings nur einen groben Anhaltspunkt bieten. Letztlich hängt alles von den Umständen des Einzelfalles ab.

Bußgeldverschärfend wird man sicherlich in Ansatz bringen müssen, **93**
wenn es den Leitungsorganen der Zielgesellschaft gelingt, durch den Einsatz unzulässiger (da nicht durch einen Beschluss der Hauptversammlung oder durch die Befreiungstatbestände gem. § 33 Abs. 1 Satz 2 abgedeckter) Abwehrmittel die Übernahme vollständig zu vereiteln (vgl. § 60 Abs. 1 Nr. 8 i.V.m. § 33 Abs. 1 Satz 1). Aber auch unerlaubte Abwehrmaßnahmen, die die Unternehmensübernahme nur ernsthaft gefährden können, werden bei der Bußgeldbemessung schwerer zu gewichten sein als Aktionen, die das Risiko der erfolgreichen Durchführung eines öffentlichen Angebotsverfahrens nur leicht erhöhen. Dabei wird hier nicht verkannt, dass es häufig schwierig oder gar unmöglich sein wird, eine spezifische Risikosituation gerade auf bestimmtes Tatverhalten zurückzuführen.

Setzt der Bieter oder der Vorstand der Zielgesellschaft entgegen einer vollziehbaren Anordnung des BAWe gem. § 28 Abs. 1 hohe Beträge für die Werbung ein oder wirbt er verfügungswidrig in einer bestimmten Art und Weise, wird je nach Bedeutung des Pflichtverstoßes auch das die Höhe der Geldbuße zum Nachteil des Täters beeinflussen.

Die erhebliche und nachhaltige Behinderung der Behörde in der Ausübung ihrer Pflichten wird – wie im Kartellrecht[144] – regelmäßig die Qualifizierung der Ordnungswidrigkeit als von untergeordneter Bedeutung ausschließen.[145]

Bußgeldmindernd könnte sich auswirken, wenn die Ordnungswidrig- **94**
keit eines Verhaltens ausschließlich auf der Missachtung **formeller Voraussetzungen** beruht.[146] Zu denken ist etwa an einen Bieter, der –

---

terlage nicht nur im Internet, sondern auch in einem überregionalen Börsenpflichtblatt etc. unterlassen hat. Die Chance des Aktionärs oder sonst am Angebotsverfahren Beteiligten, Kenntnis vom Angebot und seinen Konditionen zu erlangen, kann dadurch unter Umständen erheblich schwinden.

144 Vgl. KG v. 26.10.1994 – Kart. 13/94 – „Geldbuße bei Anzeigepflichtverletzung", WuW/E OLG 5361, 5363.

145 Weitere Kriterien zur Bemessung des Unrechtsgehalts der Handlung im Kartellordnungswidrigkeitenrecht finden sich bei *Dannecker/Biermann*, in: Immenga/Mestmäcker (Fn. 3), § 81 Rn. 347 ff.

146 Vgl. mit Beispielen aus dem Kartellordnungswidrigkeitenrecht *Achenbach*, in: FK-GWB (Fn. 3), § 81 Rn. 292.

entgegen § 60 Abs. 1 Nr. 1a i.V.m. § 35 Abs. 1 Satz 1 – die Überschreitung der Kontrollschwelle nicht unverzüglich veröffentlicht, obwohl in seiner Person die Voraussetzungen der Nichtberücksichtigung von Stimmrechten (§ 36) vorliegen,[147] der Bieter es aber unterlässt, einen diesbezüglichen schriftlichen Antrag zu stellen. Gleiches gilt bei Verstößen gegen die Pflicht zur Veröffentlichung der Kontrollerlangung sowie zur Abgabe eines Angebots (§ 60 Abs. 1 Nr. 1a i.V.m. § 35 Abs. 2 Satz 1), wenn die Voraussetzung des Befreiungstatbestandes gem. § 37 i.V.m. § 9 RVO-WpÜG vorliegen, der Bieter es aber wiederum versäumt, einen schriftlichen Antrag zu stellen.[148] Die Bußgeldfestsetzung könnte auch positiv beeinflussen, wenn ein Verstoß gegen § 60 Abs. 1 Nr. 6 festgestellt wird, obwohl die Voraussetzungen der Untersagungsverfügung gem. § 15 Abs. 3 erkennbar nicht vorliegen.[149]

(2) Der den Täter treffende Vorwurf

95 Die Bußgeldhöhe wird aber nicht nur durch die Bedeutung der Ordnungswidrigkeit bestimmt. Daneben stellt – obgleich mit einem gewissen Nachrang – auch der (Schuld-)Vorwurf, der den Täter trifft, bei der Bußgeldfestsetzung einen durchaus eigenständigen Faktor dar.[150] Dabei ist allerdings die Frage, ob der Täter die Ordnungswidrigkeit vorsätzlich oder fahrlässig begangen hat, als Zumessungsfaktor ohne Bedeutung, da diese Aufteilung schon bei der Festlegung des Bußgeldrahmens zu berücksichtigen ist (vgl. § 17 Abs. 2 OWiG). Vielmehr bemisst sich der Vorwurf nach den in der Person des Täters bei der Begehung der Ordnungswidrigkeit vorhandenen besonderen Umständen, welche den Grad seines vorwerfbaren Verhaltens bestimmen, ihn also erhöhen oder mildern.[151] Diese **täterbezogenen** Zumessungsfaktoren können recht facettenreich sein.[152]

147 In diesem Fall *muss* das BAWe die Nichtberücksichtigung von Stimmrechten zulassen.

148 Im Unterschied zu § 36 ist der Behörde bei der Befreiung gem. § 37 allerdings *Ermessen* eingeräumt.

149 Vgl. zu einer ähnlichen Fallkonstellation im Kartellordnungswidrigkeitenrecht *Achenbach*, in: FK-GWB (Fn. 3), § 81 Rn. 292.

150 Vgl. *Lemke*, in: Heidelberger Kommentar zum Ordnungswidrigkeitengesetz, 1999, § 17 Rn. 18; *Steindorf*, in: KK-OWiG (Fn. 127), § 17 Rn. 51; abweichend *Göhler* (Fn. 109), § 17 Rn. 17.

151 *Lemke*, in: HK-OWiG (Fn. 150), § 17 Rn. 18.

152 Die Einzelkriterien in alphabetischer Reihenfolge behandelt *Steindorf*, in: KK-OWiG (Fn. 127), § 17 Rn. 54 ff.

Bei Verstößen gegen § 60 sind als bußgeldsteigernde Umstände in diesem Sinne denkbar etwa eine besonders gleichgültige (Verweigerungs-)Haltung gegenüber den bußgeldbewehrten Pflichten des WpÜG, die sich auch in mehrfachen, nicht notwendig gleichartigen Übernahmeordnungswidrigkeiten, die bereits geahndet wurden, ausdrücken kann.[153] Das in § 60 Abs. 1 alternativ neben dem Vorsatz als Ahndbarkeitsvoraussetzung geforderte leichtfertige Verhalten, welches ebenfalls unter die Bußgelddrohung für fahrlässiges Verhalten fällt (§ 17 Abs. 2 OWiG), wird stets mit einer Geldbuße zu belegen sein, die im oberen Bereich des für fahrlässige Verstöße vorgesehenen Rahmens liegt.[154] Auch wird die Art des beim Täter vorhandenen Vorsatzes (dolus directus 1. oder 2. Grades bzw. dolus eventualis) die Unrechtsschwere beeinflussen. **96**

Erhebliches Gewicht für die Bußgeldzumessung haben die vom Täter mit der Tat verfolgten Ziele.[155] So macht es einen wesentlichen Unterschied aus, ob der Vorstand der Zielgesellschaft z. B. eine „Abwehrschlacht" nur deshalb organisiert, um die eigene Position im Unternehmen zu sichern oder eine möglichst hohe Abfindung zu erzielen, oder ob er Gleiches im Unternehmensinteresse etwa zur Abwehr von unseriösen Bietern tut. Die Schwierigkeiten, diese inneren Haltungen voneinander abzuschichten, sind allerdings nicht zu übersehen. **97**

Der Grad der persönlichen Verantwortung und die zur Umsetzung des übernahmerechtswidrigen Zieles aufgewendete Energie werden die Bußgeldhöhe daneben ebenso maßgeblich beeinflussen wie gewisse Auswirkungen der Zuwiderhandlungen, soweit sie für den Täter voraussehbar waren.[156]

Die berufliche Stellung als solche soll grundsätzlich nicht zu einem gesteigerten Vorwurf gegenüber dem Täter führen.[157] Anderes soll gelten, wenn aufgrund einer gehobenen Position unter dem Gesichtspunkt anwachsender Verantwortung auch der Vorwurf der Pflichtverletzung gesteigert wird, etwa der Täter als Justitiar eines Unterneh- **98**

---

153 Vgl. *Achenbach*, in: FK-GWB (Fn. 3), § 81 Rn. 294; zur Behandlung bereits getilgter oder tilgungsreifer Eintragungen in einem Register vgl. *Göhler* (Fn. 109), § 17 Rn. 20 a.

154 Vgl. OLG Düsseldorf, 30.10.1992 – 5 Ss (OWi) 345/92 – (OWi) 144/92 I, wistra 1993, 119; *Göhler* (Fn. 109), § 17 Rn. 18.

155 Statt vieler: *Rebmann/Roth/Herrmann* (Fn. 134), § 17 Rn. 18.

156 Vgl. zu den Kriterien *Achenbach*, in: FK-GWB (Fn. 3), § 81 Rn. 296; *Lemke*, in: HK-OWiG (Fn. 150), § 17 Rn. 18.

157 *Göhler* (Fn. 109), § 17 Rn. 19 m. w. N.

mens in besonderem Maße Sorge für die Beachtung kartellrechtlicher Pflichten zu tragen hat.[158]

Zu Gunsten des Täters wird dagegen zu berücksichtigen sein, wenn die Behörde übernahmerechtswidriges Verhalten fördert oder aufgrund einer Zusammenarbeit mit der Behörde beim Täter der Ordnungswidrigkeit der Eindruck entstehen konnte, diese dulde sein Verhalten.[159] Öffentliche Angebotsverfahren werden unter hohem Zeitdruck durchgeführt. Erwachsen daraus unter Umständen organisatorische Zwangslagen, mögen diese im Einzelfall ebenfalls die Vorwerfbarkeit des Pflichtverstoßes mildern. Gleiches gilt für kooperatives Verhalten des Täters nach der Tat.[160]

(3) Die wirtschaftlichen Verhältnisse des Täters

99 Nach § 17 Abs. 3 Satz 2 OWiG kommen auch die wirtschaftlichen Verhältnisse des Täters für die Bemessung der Geldbuße in Betracht, sofern es sich nicht ausnahmsweise um eine geringfügige Ordnungswidrigkeit handelt. Geringfügige Ordnungswidrigkeiten[161] werden bei Übernahmeordnungswidrigkeiten kaum vorkommen, sodass die wirtschaftlichen Verhältnisse des Täters hier stets zu berücksichtigen sind. Die Funktion der Klausel besteht darin, bei der Behandlung verschiedener Täter oder Beteiligter Ungerechtigkeiten und Ungleichheiten auszuschließen, die aus verschiedener wirtschaftlicher Potenz bei gleichem Unrecht und gleicher Schuld resultieren können.[162] Zumindest in der Praxis der Kartellbehörden und -gerichte werden die wirtschaftlichen Verhältnisse der Betroffenen bei den „großen Kartellrechtsordnungswidrigkeiten“ im Rang den in § 17 Abs. 3 Satz 1 genannten Zumessungsfaktoren gleichgestellt.[163]

100 Grundlage für die Bemessung der Geldbußenhöhe ist die wirtschaftliche Leistungsfähigkeit des Betroffenen. Daher müssen die allgemeine

---

158 KG, 14.1.1972 – KartB 23/71 – „Zahnpasten“, WuW/E OLG 1265, 1268.

159 Vgl. OLG Frankfurt, 17.3.1989 – 3 WS (Kart.) 31/89 – „Gießener Modell“, WuW/E OLG 4484, 4488; *Achenbach*, in: FK-GWB (Fn. 3), § 81 Rn. 298.

160 Vgl. zu den angesprochenen Faktoren *Achenbach*, in: FK-GWB (Fn. 3), § 81 Rn. 299 ff. m.w.N.

161 Als Grenzen zwischen noch geringfügiger und nicht mehr geringfügiger Ordnungswidrigkeit werden Beträge – vor der Umstellung auf Euro – zwischen DM 75 und DM 500 genannt, vgl. die Zusammenstellung bei *Wegner*, wistra 2000, 361, 362 m. Fn. 11, sowie *Rebmann/Roth/Herrmann* (Fn. 134), § 17 Rn. 27.

162 *Mitsch*, Recht der Ordnungswidrigkeiten, 1995, III § 2 Rn. 12.

163 *Achenbach*, in: FK-GWB (Fn. 3), § 81 Rn. 304.

wirtschaftliche Lage des Betroffenen, sein (geschätztes) Einkommen, sein Betriebs- und Privatvermögen sowie der Umfang seiner Schulden, sofern sie die Zahlungsfähigkeit des Betroffenen auf lange Sicht beeinträchtigen, beachtet werden.[164] Unberücksichtigt bleiben die wirtschaftlichen Verhältnisse des Unternehmens, wenn dem Täter das Unternehmen nicht gehört, er vielmehr nur (leitender) Angestellter ist.[165]

b) Die Vorteilsabschöpfung gemäß § 17 Abs. 4 OWiG

Nach dem Grundsatz „Die Ordnungswidrigkeit darf sich für den Täter nicht lohnen!" ordnet § 17 Abs. 4 OWiG für den Regelfall an, dass die Geldbuße den wirtschaftlichen Vorteil, den der Täter aus der Ordnungswidrigkeit gezogen hat, überschreiten soll **(Abschöpfungsfunktion der Geldbuße)**.[166] In der Praxis bestimmt dieser Vorteil die **untere Grenze der Geldbuße**.[167] Denn erst nach vollständiger Gewinnneutralisation kann die nach § 17 Abs. 3 OWiG unter Berücksichtigung der Ahndungszwecke bemessene Geldbuße ihre **Sanktionsfunktion** erfüllen. Zu diesem Zweck kann gem. § 17 Abs. 4 Satz 2 OWiG bei der Bußgeldbemessung das gesetzliche Höchstmaß der Geldbuße überschritten werden. § 17 Abs. 4 OWiG, der auf vorsätzliche wie fahrlässige Zuwiderhandlungen gleichermaßen Anwendung findet,[168] soll sicherstellen, dass der Täter aus der Ordnungswidrigkeit keinen Gewinn zieht oder – aus anderer Perspektive betrachtet – verhindern, dass „wirtschaftsdeviantes Verhalten hinsichtlich der Möglichkeit und der Folgen einer eventuellen Entdeckung genau geplant und kalkuliert werden" kann.[169] Die Vorschrift dient damit demselben Zweck wie der strafrechtliche Verfall des aus einer Zuwiderhandlung Erlangten nach den §§ 73 ff. StGB.[170] **101**

Der wirtschaftliche Vorteil im Sinne dieser Vorschrift wird allgemein **102**
„weit" interpretiert. Erfasst werden nicht nur Umstände, die sich bilan-

164 Vgl. *Steindorf*, in: KK-OWiG (Fn. 127), § 17 Rn. 87; *Rebmann/Roth/Herrmann* (Fn. 134), § 17 Rn. 26.
165 *Dannecker/Biermann*, in: Immenga/Mestmäcker (Fn. 3), § 81 Rn. 364.
166 Vgl. nur *Achenbach*, in: FK-GWB (Fn. 3), § 81 Rn. 311 mit vielen w. N.
167 OLG Düsseldorf, 3.8.1994 – 2 Ss (OWi) 223/94, wistra 1995, 75, 76; OLG Hamm, 12.4.1979 – 6 Ss OWi 334/79, MDR 1979, 870; *Göhler* (Fn. 109), § 17 Rn. 38, jeweils m.w.N.; zur umstrittenen Methode der Geldbußenfestsetzung *Achenbach*, in: FK-GWB (Fn. 3), § 81 Rn. 313; *Wegner*, Die Systematik der Zumessung unternehmensbezogener Geldbußen, S. 61 ff.
168 OLG Hamm, 12.4.1979 – 6 Ss OWi 334/79, MDR 1979, 870.
169 *Wegner* (Fn. 161), 363 f.
170 *Dannecker/Biermann*, in: Immenga/Mestmäcker (Fn. 3), § 81 Rn. 390.

zieren lassen, sondern auch sonstige Vorteile wirtschaftlicher Art.[171] Dabei ist bei Berücksichtigung bestimmter Kautelen eine Schätzung zulässig. In jedem Fall darf aber nur der wirtschaftliche Vorteil berücksichtigt werden, der dem Täter selbst und nicht etwa der juristischen Person zugeflossen ist.

Die konkrete Bemessung erfolgt nach Saldierungsgrundsätzen unter Anlegung eines wirtschaftlichen Maßstabs. Maßgebend ist danach ein Vergleich der Vermögenssituation des Betroffenen **vor** und **nach** Begehung der Tat. Wie bei jeder echten Saldierung sind dem aus der Ordnungswidrigkeit resultierenden Zuwachs an Vermögenswerten (Entgelte, Einnahmen, Gewinne), die zur Erlangung dieses Zuwachses vom Sanktionsadressaten tatsächlich getätigten eigenen Aufwendungen finanzieller Art gegenüber zu stellen. Es kommt also auf den erzielten **Nettovorteil** an.[172] Einzelheiten sind hier insbesondere im Hinblick auf die Berücksichtigung bestimmter Passivposten bei der Saldierung umstritten.[173]

103 Die Bedeutung der Vorteilsabschöpfung als (möglicher) Teil und Faktor der Bußgeldbemessung ist hinsichtlich der Ahndung von Übernahmeordnungswidrigkeiten nicht leicht auszumachen, da es bisher an einschlägigem Fallmaterial fehlt. Voraussichtlich wird § 17 Abs. 4 OWiG in diesem Rahmen aber kaum eine Rolle spielen. Ein wichtiger Grund dürfte dafür in Folgendem liegen:

Voraussetzung für eine Vorteilsabschöpfung ist, dass die Vermögensmehrung dem Täter **gerade wegen** der Ordnungswidrigkeit zugeflossen ist, zu deren Ahndung die Geldbuße verhängt wird.[174] Erforderlich ist also, dass die Ordnungswidrigkeit **kausal** für den Vermögenszuwachs geworden ist. Diese Kausalbeziehung wird – sofern aufgrund des bußgeldbewehrten Pflichtverstoßes überhaupt eine positive Veränderung der Vermögenssituation des Sanktionsadressaten eingetreten ist – häufig nicht vorliegen oder jedenfalls nicht nachzuweisen sein. Man denke etwa an eine Situation, in der der Bieter entgegen § 60 Abs. 1 Nr. 1b i.V.m. § 23 Abs. 1 Satz 1 die Zahl der ihm zuzurechnenden Wertpapier- und Stimmrechtsanteile in der Veröffentlichung zu hoch angibt („nicht richtig", da zu niedrig angegebener

171 *Wegner* (Fn. 161), 364 m. w. N.

172 Zur Berechnung des wirtschaftlichen Vorteils im Einzelnen vgl. *Steindorf*, in: KK-OWiG (Fn. 127), § 17 Rn. 122 ff.; *Achenbach*, in: FK-GWB (Fn. 3), § 81 Rn. 320 ff.

173 Zu den streitigen Punkten im Überblick *Wegner* (Fn. 161), 364.

174 *Göhler* (Fn. 109), § 17 Rn. 44; *Achenbach*, in: FK-GWB (Fn. 3), § 81 Rn. 320.

„Wasserstand“).[175] Daraufhin entschließen sich viele weitere Aktionäre zum Verkauf und die für den Bieter wirtschaftlich sehr vorteilhafte Unternehmensübernahme gelingt. Zur Feststellung der Kausalität ist unter Rückgriff auf die in der strafrechtlichen Rechtsprechung anerkannte conditio-sine-qua-non-Formel[176] zu fragen, ob der Verkauf der Wertpapiere durch den einzelnen Aktionär entfallen wäre, wenn der „Wasserstand“ korrekt veröffentlicht worden wäre. Darauf lässt sich kaum jemals eine eindeutige Antwort geben, da die Motivationen für die Verkaufsentscheidung sehr unterschiedlich ausfallen können.[177] Darüber hinaus wäre auch bei festgestellter Kausalität die konkrete Angabe des erzielten wirtschaftlichen Vorteils mit großen Schwierigkeiten verbunden.

3. Verbandsgeldbuße

Die Festsetzung von Verbandsgeldbußen wegen einer Übernahmeordnungswidrigkeit erfolgt gem. § 30 Abs. 2 Satz 2 OWiG grundsätzlich innerhalb des gleichen Bußgeldrahmens, der auch für die Anknüpfungstat des Organs oder Vertreters gilt. Damit richtet sich die Verhängung der Geldbuße bei der Einzelperson ebenso wie beim Verband nach dem dreifach gestuften Bußgeldrahmen des § 60 Abs. 3. Besondere Beachtung verdient folgende Konstellation, die die Verletzung der betrieblichen Aufsichtspflicht gem. § 130 OWiG betrifft: Knüpft die Sanktion gegen die juristische Person oder die Personenvereinigung an eine fahrlässig verwirklichte Übernahmeordnungswidrigkeit eines Mitarbeiters an und ist die Aufsichtsratspflichtverletzung ihrerseits vom Betriebsinhaber oder seinem Repräsentanten fahrlässig begangen, so verringert sich das Bußgeldhöchstmaß durch zweimalige Anwendung des § 17 Abs. 2 OWiG auf ein Viertel des jeweils möglichen Höchstmaßes. **104**

Obwohl § 30 Abs. 3 OWiG zur Frage der Bußgeldbemessung nur auf die Vorteilsabschöpfungsregelung des § 17 Abs. 4 OWiG verweist, wendet die allgemeine Ansicht auch die in § 17 Abs. 3 OWiG enthaltenen Zumessungsfaktoren auf den Verband selbst an.[178] Da eine Ver- **105**

175 Vgl. *Witt* (Fn. 28), 818 f., der diese Konstellation als möglichen Anwendungsfall von § 17 Abs. 4 OWiG erwähnt.

176 Vgl. die Nachweise bei *Lenckner*, in: Schönke/Schröder (Fn. 18), Vor § 13 Rn. 73.

177 Im Hintergrund der Problematik steht die schwierige und bisher nicht befriedigend beantwortete Frage, wie überhaupt *psychisch vermittelte Kausalität* festzustellen ist.

178 Statt vieler: *Dannecker/Biermann*, in: Immenga/Mestmäcker (Fn. 3), § 81 Rn. 369 m. w. N. auch zur Rechtsprechung.

noch 105 bandsgeldbuße nur verhängt werden kann, wenn zuvor eine rechtswidrige und schuldhafte Anknüpfungstat einer Leitungsperson festgestellt wurde, geht man bei der konkreten Bußgeldbemessung **zweistufig** vor.[179]

Die Geldbuße nach § 30 OWiG bemisst sich auf einer ersten Stufe nach dem Unrechtsgehalt der Bezugstat und deren Auswirkungen auf den geschützten Ordnungsbereich.[180] Daneben wird auf einer zweiten Stufe die Höhe der Verbandsgeldbuße auch durch solche Gesichtspunkte beeinflusst, die sich auf das Unternehmen als solches beziehen. In Ansatz zu bringen sind hier etwa das Interesse des Unternehmens an dem mit der Ordnungswidrigkeit bezweckten Erfolg, die Tatsache einer Wiederholungstat oder betriebliche Organisationsmängel.[181]

Auch die wirtschaftlichen Verhältnisse des Unternehmens sind bei der Bemessung der Geldbuße von maßgeblicher Bedeutung.[182] In Anlehnung an die – zum großen Teil durch Rechtsprechung untermauerte – Diskussion im Kartellordnungswidrigkeitenrecht wären hier Faktoren wie Umsatzvolumen, Verlustsituation oder Auswirkung hoher Geldbußen auf das Unternehmen (keine nachhaltige Existenzgefährdung bzw. Gefährdung der Wettbewerbsfähigkeit) zu berücksichtigen.[183] Bußgeldmindernd soll es sich auswirken, wenn der wegen der (Kartellrechts-)Ordnungswidrigkeit selbst mit einem Bußgeld belegte Unternehmensinhaber im Falle der Verhängung einer Verbandsgeldbuße (wirtschaftlich) in zweifacher Weise belastet würde.[184] Anerkannt ist,

---

179 Dazu *Achenbach*, in: FK-GWB (Fn. 3), § 81 Rn. 345 ff. m. w. N.

180 BGH, 24.4.1991 – KRB 5/90, wistra 1991, 268, 269; BGH, 29.1.1998 – 1 StR 64/97, NJW 1998, 2373, 2375; *Steindorf*, in: KK-OWiG (Fn. 127), § 17 Rn. 143.

181 Vgl. dazu allgemein *Göhler* (Fn. 109), § 30 Rn. 36 a m. w. N.; Rechtsprechungsnachweise aus dem Kartellrecht liefert *Achenbach*, in: FK-GWB (Fn. 3), § 81 Rn. 347; die steuerrechtliche Behandlung der Geldbuße skizzieren *Rogall*, in: KK-OWiG (Fn. 127), § 30 Rn. 137 ff.; *Wegner* (Fn. 127), 1982 f.; ausführlicher dazu *Achenbach* (Fn. 127), 1116 ff.; *Cramer*, wistra 1996, 248 ff.

182 Ausführlicher dazu *Dannecker/Biermann*, in: Immenga/Mestmäcker (Fn. 3), § 81 Rn. 369 f.

183 *Achenbach*, in: FK-GWB (Fn. 3), § 81 Rn. 347 ff. m. w. N. zur Rechtsprechung.

184 Beispiel: Der Täter ist Komplementär einer KG, bei der im Übrigen nur noch eine sehr geringe Kommanditeinlage existiert, KG, 2.9.1974 – Kart 17/74 – „Tierpflegemittel", WuW/E OLG 1569 f.; *Fischötter*, in: Gemeinschaftskommentar: Gesetz gegen Wettbewerbsbeschränkungen und europäisches Kartellrecht, 46. Lief. (September 2000), § 38 a. F. Rn. 160. Streitig ist hingegen, ob es die Bußgeldhöhe reduziert, wenn Mitglieder oder Gesellschafter des Verbandes, die an der Tat nicht selbst beteiligt sind, unangemessen hart getroffen werden können; dafür *Göhler* (Fn. 109), § 30 Rn. 36 a; *Achenbach*, in: FK-GWB (Fn. 3), § 81 Rn. 349 m. w. N.

dass sich bei der Festsetzung einer Geldbuße gegen den Verband der Umstand, dass gegen das allein schuldhaft handelnde Organ keine Sanktion verhängt wird, nicht bußgelderhöhend auswirken darf.[185]

Innerhalb eines Konzerns sind die wirtschaftlichen Verhältnisse der Konzernmutter bei der Bußgeldbemessung dann nicht zu berücksichtigen, wenn das zu bebußende Unternehmen keinen Beherrschungs- oder Gewinnabführungsvertrag abgeschlossen hat. Ein „wirtschaftlich-faktischer Zurechnungsdurchgriff auf die Ressourcen des Mutterunternehmens" ist damit abzulehnen.[186]

Ob sich für die Verbandsgeldbuße in ihrer Abschöpfungsfunktion[187] im Bereich der Übernahmeordnungswidrigkeiten ein größerer Anwendungsbereich ergibt, ist unsicher. Hier bleibt abzuwarten, ob und in welchem Umfang Beteiligte an öffentlichen Angebotsverfahren in der Praxis gerade durch die Ordnungswidrigkeit wirtschaftliche Vorteile erzielen. 106

IV. Verjährung

Angesichts fehlender Sondervorschriften im WpÜG gelten für die Verjährung der Verfolgung von Übernahmeordnungswidrigkeiten die §§ 31–33 OWiG; die Verjährung der Vollstreckung regelt § 34 OWiG. § 31 OWiG knüpft den Ausschluss der Verfolgung an das Höchstmaß der im Gesetz abstrakt vorgesehenen Bußgeldobergrenze. Danach verjährt die Verfolgung von Übernahmeordnungswidrigkeiten unabhängig von ihrem in § 60 Abs. 3 dreifach gestaffelten Schweregrad einheitlich nach drei Jahren. Denn selbst in Fällen einer fahrlässig begangenen leichteren Übernahmeordnungswidrigkeit (Reduzierung der Bußgeldobergrenze gem. § 17 Abs. 2 OWiG auf die Hälfte) liegt das Bußgeldhöchstmaß von 100000 Euro noch weit über der Grenze des § 31 Abs. 2 Nr. 1 OWiG. 107

185 *Göhler* (Fn. 109), § 17 Rn. 26e; *Achenbach*, in: FK-GWB (Fn. 3), § 81 Rn. 350 m.w.N.

186 *Klusmann*, in: Wiedemann, Handbuch des Kartellrechts, 1999, § 57 Rn. 92; *Dannecker/Biermann*, in: Immenga/Mestmäcker (Fn. 3), § 81 Rn. 370; siehe auch KG, 21.6.1990 – Kart. 12/89 – WuW/E OLG 4572, 4574.

187 Diesem Gesichtspunkt kommt im Kartellordnungswidrigkeitenrecht, das in § 81 Abs. 2 die Möglichkeit eröffnet, eine Geldbuße bis zur dreifachen Höhe des durch die Zuwiderhandlung erlangten Mehrerlöses zu verhängen, eine besondere Bedeutung zu; vgl. *Achenbach*, in: FK-GWB (Fn. 3), § 81 Rn. 264 ff. m.w.N.

108 Die Verfolgungsverjährung beginnt mit der Beendigung der Übernahmeordnungswidrigkeit, d. h. mit dem Abschluss der letzten dem Tatbestand unterfallenden Handlung oder mit dem Eintritt eines zum Tatbestand gehörenden Erfolges (§ 31 Abs. 3 OWiG). Im Falle einer Aufsichtspflichtverletzung gem. § 130 OWiG beginnt die Verjährungsfrist mit der Beendigung der Anknüpfungstat.[188]

109 Der Lauf der Verjährung kann durch die in § 33 Abs. 1 und Abs. 2 OWiG aufgeführten Verfahrenshandlungen **unterbrochen** werden. Nach jeder Unterbrechung beginnt die Verjährung von Neuem (§ 33 Abs. 3 Satz 1 OWiG). Die Grenze der **absoluten Verjährung** ist aber dann erreicht, wenn das Doppelte der gesetzlichen Verjährungsfrist verstrichen ist. Für die Übernahmeordnungswidrigkeiten liegt die Grenze einheitlich bei sechs Jahren. § 33 Abs. 1 Satz 2 OWiG wurde bisher nach einer verbreiteten Ansicht entnommen, dass die Verjährungsfrist für die Taten natürlicher Personen und juristischer Personen und Personenvereinigungen, für die gehandelt wurde, getrennt laufen.[189] Der BGH ist dem in einer jüngeren Entscheidung entgegengetreten. In dem Fall, in dem eine Straftat oder eine Ordnungswidrigkeit einer natürlichen Person die Haftung einer juristischen Person nach § 30 OWiG auslöst, sollen danach im Verfahren gegen die juristische Person die für die Tat der natürlichen Person maßgeblichen Vorschriften über die Verjährung gelten.[190] Von einer verjährungsunterbrechenden Handlung gegen eine natürliche Person wurde allerdings schon seit längerem angenommen, dass sie auch zu einer Unterbrechung der Verjährung gegenüber der juristischen Person und der Personenvereinigung führt, selbst dann, wenn das Verfahren gegen den Nebenbetroffenen (§ 88 OWiG) erst nachträglich eingeleitet wird.[191]

---

188 *Dannecker*, NStZ 1985, 49, 56; *Dannecker/Biermann*, in: Immenga/Mestmäcker (Fn. 3), § 81 Rn. 408 m. w. N.; näher zur Verjährung der Aufsichtspflichtverletzung *Achenbach*, in: FK-GWB (Fn. 3), Vor § 81 Rn. 87 ff.

189 Vgl. *Weller*, in: KK-OWiG (Fn. 127), § 33 Rn. 105 ff.; *Göhler* (Fn. 109), § 30 Rn. 42.

190 BGH, 5.12.2000 – 1 StR 411/00, JR 2001, 425 mit zustimmender Anmerkung *König*.

191 BGH, 5.7.1995 – KRB 10/95 – „Unternehmens-Geldbuße", WuW/E BGH 3015 ff.; *Dannecker/Biermann*, in: Immenga/Mestmäcker (Fn. 3), § 81 Rn. 411 m. w. N.

Vorbemerkungen zu §§ 61 ff.

Literatur: *Achenbach*, Diskrepanzen im Recht der ahndenden Sanktionen gegen Unternehmen, Festschrift für Stree und Wessels, 1993, S. 545; *ders.*, Verfahrenssichernde und vollstreckungssichernde Beschlagnahme im Strafverfahren, NJW 1976, 1068; *ders.*, Die Verselbstständigung der Unternehmensgeldbuße bei strafbaren Submissionsabsprachen – ein Papiertiger?, wistra 1998, 168; *ders.*, Pönalisierung von Ausschreibungsabsprachen und Verselbstständigung der Unternehmensgeldbuße durch das Korruptionsbekämpfungsgesetz 1997, WuW 1997, 958; *Amelung*, Grundfragen der Verwertungsverbote bei beweissichernden Haussuchungen im Strafverfahren, NJW 1991, 2533; *ders.*, Die „Beweislastverteilung" bei unterlassener Belehrung des Beschuldigten, wistra 1993, 99; *ders.*, Die Entscheidung des BVerfG zur „Gefahr im Verzug" i. S. des Art. 13 II GG, StV 2001, 337; *Axster*, Verwertbarkeit rechtswidrig erlangter Beweismittel durch die Kartellbehörden, Rechtsfragen der Ermittlung von Kartellordnungswidrigkeiten, FIW-Schriftenreihe, Heft 69, S. 25; *W. Bauer*, Zur Frage des Aussageverweigerungsrechts juristischer Personen und Personenvereinigungen, WuW 1989, 304; *Baur*, Mangelnde Bestimmtheit von Durchsuchungsbeschlüssen, wistra 1983, 99; *Beulke*, Hypothetische Kausalverläufe im Strafverfahren bei rechtswidrigem Vorgehen von Ermittlungsorganen, ZStW 103 (1991), 657; *Bohnert*, Teileinspruch im Ordnungswidrigkeitenverfahren, NZV 1988, 201; *Bringewat*, Grenzen der Beschlagnahmefreiheit im Ermittlungsverfahren nach dem GWB, BB 1974, 1559; *Ciolek-Krepold*, Durchsuchung und Beschlagnahme in Wirtschaftsstrafsachen, NJW-Schriftenreihe, Bd. 68, 1999; *Dahs*, Die Entbindung des Rechtsanwalts von der Schweigepflicht im Konkurs der Handelsgesellschaft, Festschrift für Kleinknecht, 1985, S. 63; *Dannecker*, Beweiserhebung, Verfahrensgarantien und Verteidigungsrechte im europäischen Kartellordnungswidrigkeitenverfahren als Vorbild für ein europäisches Sanktionsverfahren, ZStW 111 (1999), 257; *Demuth*, Mängel des Bußgeldbescheids und ihre Auswirkungen, VOR 1973, 44; *Dingeldey*, Der Schutz der strafprozessualen Aussagefreiheit durch Verwertungsverbote bei außerstrafrechtlichen Aussage- und Mitwirkungspflichten, NStZ 1984, 529; *Geibel/Süßmann*, Wertpapiererwerbs- und Übernahmegesetz, 2002; *Gillmeister*, Ermittlungsrechte im deutschen und europäischen Kartellordnungswidrigkeitenverfahren, Rechtsvergleichende Untersuchungen zur gesamten Strafrechtswissenschaft, Bd. 19, 1985; *Grützner/Reimann/Wissel*, Richtiges Verhalten bei Kartellamtsermittlungen im Unternehmen, 3. Aufl., 1993; *Hassemer*, Das Zeugnisverweigerungsrecht des Syndikusanwalts, wistra 1986, 1; *Hecker*, Verwertungsverbot infolge unterlassener Betroffenenbelehrung?, NJW 1997, 1833; *Hermanns*, Ermittlungsbefugnisse der Kartellbehörden nach deutschem und europäischem Recht, 2. Aufl., 1978; *König*, Neues Strafrecht gegen die Korruption, JR 1997, 397; *Krekeler*, Beweisverwertungsverbote bei fehlerhaften Durchsuchungen, NStZ 1993, 263; *Lieberknecht*, Die Behandlung von Geschäftsgeheimnissen im deutschen und EG-Recht, WuW

1988, 833; *A. Möller*, Rechtsmittel und Sanktionen nach dem Wertpapiererwerbs- und Übernahmegesetz, AG 2002, 170; *E. Müller,* Die Stellung der juristischen Person im Ordnungswidrigkeitenrecht, 1985; *Neuhaus*, Zur Fernwirkung von Beweisverwertungsverboten, NJW 1990, 1221; *Park*, Der Anwendungsbereich des § 110 StPO bei Durchsuchungen in Wirtschafts- und Steuerstrafsachen, wistra 2000, 453; *Raisch*, „Ne bis in idem“ bei Sanktionen nach deutschem und europäischem Kartellrecht, Festschrift für Beitzke, 1979, S. 965; *Rogall*, Beweisverbote im System des deutschen und des amerikanischen Strafverfahrensrechts, Zur Theorie und Systematik des Strafprozessrechts, Festschrift für Rudolphi, 1995, S. 113; *ders.*, Hypothetische Ermittlungsverläufe im Strafprozess, NStZ 1988, 385; *Roxin*, Anmerkung zu BGH JZ 1992, 918, JZ 1992, 923; *ders.*, Das Zeugnisverweigerungsrecht des Syndikusanwalts, NJW 1992, 1129; *ders.*, Anmerkung zu BGH NStZ 1989, 375, NStZ 1989, 376; *J. Schlüter,* Die Strafbarkeit von Unternehmen in einer prozessualen Betrachtung, Schriften zum Strafrecht und Strafprozessrecht, Bd. 45, 2000; *K. Schmidt,* Kartellverfahrensrecht – Kartellverwaltungsrecht – Bürgerliches Recht, 1977; *ders.*, Zur Verantwortung von Gesellschaften und Verbänden im Kartellordnungswidrigkeitenrecht, wistra 1990, 131; *P. Schmitt,* Probleme des Zeugnisverweigerungsrechts (§ 53 I Nr. 3 StPO, § 383 I Nr. 6 ZPO) und das Beschlagnahmeverbot (§ 97 StPO) bei Beratern juristischer Personen – zugleich ein Beitrag zu der Entbindungsbefugnis des Konkursverwalters, wistra 1993, 9; *Schomburg*, Internationale Rechtshilfe in Strafsachen aus der Sicht des Strafverteidigers und des Beistands, StV 1983, 38; *ders./Lagodny,* Internationale Rechtshilfe in Strafsachen, 3. Aufl., 1998; *Schroth*, Der Regelungsgehalt des 2. Gesetzes zur Bekämpfung der Wirtschaftskriminalität im Bereich des Ordnungswidrigkeitenrechts, wistra 1986, 158; *Tiedemann,* Strafrechtliche Grundprobleme im Kartellrecht, NJW 1979, 1849; *ders.*, Wirtschaftsstrafrecht und Wirtschaftskriminalität, Bd. I, Allgemeiner Teil, 1976; *Wabnitz/Janowsky,* Handbuch des Wirtschafts- und Steuerstrafrechts, 2000; *Weiß*, Haben juristische Personen ein Aussageverweigerungsrecht?, JZ 1998, 289; *v. Winterfeld*, Zur Vernehmung von Zeugen durch das Bundeskartellamt in Kartellordnungswidrigkeitenverfahren, BB 1976, 344.

Übersicht

I. Rechtsgrundlagen und anwendbare Vorschriften

Die §§ 61 ff. im 8. und 9. Abschnitt des WpÜG betreffen im Wesentlichen das **Verfahren wegen einer Übernahmeordnungswidrigkeit**, daneben enthält § 66 Bestimmungen über die **Zuständigkeit in bürgerlichen Rechtsstreitigkeiten**. Soweit die §§ 61 ff. Aussagen über das Verfahren wegen einer Übernahmeordnungswidrigkeit treffen, beschränken sie sich auf die Regelung behördlicher und gerichtlicher Zuständigkeiten im Verfahren, das sich im Übrigen nach dem OWiG richtet, das für alle Ordnungswidrigkeiten nach Bundesrecht und Landesrecht auch ohne Verweisung anzuwenden ist, § 2 OWiG; darüber hinaus gelten insbesondere die Vorschriften der StPO und des GVG entsprechend, § 46 Abs. 1 OWiG.[1] 1

Das Verfahren wegen einer Übernahmeordnungswidrigkeit gliedert sich in **zwei Teile**, die durch den Erlass des Bußgeldbescheids durch die Behörde voneinander abgegrenzt sind. Der *erste Teil* betrifft das behördliche Verfahren vor dem nach § 61 zuständigen Bundesaufsichtsamt für den Wertpapierhandel (BAWe) und ist seiner Natur nach ein Verwaltungsverfahren. Trotz der Sanktionsverhängung durch das BAWe handelt es sich um keine Rechtsprechungstätigkeit i. S. d. Art. 92 GG.[2] Seiner Form nach ist dieser Teil des Verfahrens dem Strafbefehlsverfahren der StPO nachgebildet, § 71 Abs. 1 OWiG i.V.m. §§ 407 ff. StPO. Entsprechend gibt § 46 Abs. 2 OWiG der Verwaltungsbehörde, so weit ihre Zuständigkeit reicht, die Rechte und Pflichten einer Staatsanwaltschaft 2

1 Soweit nicht anders angegeben, verstehen sich die genannten Vorschriften der StPO und des GVG jeweils in Verbindung mit der Verweisungsnorm des § 46 Abs. 1 OWiG.

2 BVerfG, 16. 7. 1969–2 BvL 2/69, BVerfGE 27, 18, 28.

(StA) bei der Strafverfolgung. Aus der einer StA entsprechenden Stellung des BAWe folgt, dass jene Vorschriften der StPO, die für Ermittlungshandlungen eines Gerichts gelten, auf das BAWe auch nicht entsprechend anwendbar sind.[3] Darüber hinaus bestimmt § 46 Abs. 3 bis 5 OWiG, dass bestimmte Maßnahmen aus der StPO nicht oder nur eingeschränkt zulässig sind.[4] Der *zweite Teil* des Verfahrens betrifft das gerichtliche Verfahren nach Einspruch gegen den Bußgeldbescheid, für das die StA die Funktion der Anklagebehörde übernimmt, § 69 Abs. 4 OWiG, und die Verwaltungsbehörde lediglich ein im Ermessen des Gerichts[5] liegendes Anhörungsrecht hat, § 76 Abs. 1 und 2 OWiG.

3 Der Gesetzgeber des WpÜG hat durch die vom OWiG abweichenden Vorschriften im 8. und 9. Abschnitt über die Zuständigkeiten von Gerichten und der Verwaltungsbehörde versucht, eine Zuständigkeitskonzentration[6] um einer Sachverstandskonzentration willen zu erzielen und um der Bedeutung der Verstöße gegen Bestimmungen des WpÜG Rechnung zu tragen.[7] Die Erreichung dieses Ziels wird jedoch dadurch in Frage gestellt, dass der Gesetzgeber – wie beim GWB – sich nicht dazu bereit finden konnte, für Übernahmeordnungswidrigkeiten Sonderregeln gegenüber dem auf die Ahndung massenhaft begangener Bagatellverstöße zugeschnittenen OWiG[8] zu schaffen, die zu einer stärkeren Verfahrensstellung der Verwaltungsbehörde nach Einspruch führten.[9] De lege lata verliert das BAWe nach Einspruch die Herrschaft über das Verfahren an die StA, die hinsichtlich dieser Rechtsmaterie weniger sachverständig ist. Die unveränderte Anwendung des OWiG auf Ermittlung und Ahndung von Übernahmeordnungswidrigkeiten wird auch dadurch erschwert, dass das der StPO nachgebildete Ordnungswidrigkeitenverfahren auf die Ahndung individuellen Unrechts zugeschnitten ist, das WpÜG hingegen in der Mehrzahl[10] Ver-

3 *Lampe*, in: Karlsruher Kommentar zum OWiG, 2. Aufl., 2000, § 46 Rn. 5.

4 Siehe dazu *Göhler*, OWiG, 12. Auf. 1998, § 46 Rn. 11 ff.

5 Zur Ermessensreduzierung bei besonderem Sachverstand der Behörde siehe *Fischötter*, in: Gemeinschaftskommentar zum GWB, 4. Aufl., § 82 a. F. Rn. 17; *Kaiser*, NJW 1968, 1814, 1817.

6 Regierungsbegründung, BT-Drucks. 14/7034, S. 29; s. auch *A. Möller*, AG 2002, 170, 173.

7 Regierungsbegründung, BT-Drucks. 14/7034, S. 69.

8 *Dannecker/Biermann*, in: Immenga/Mestmäcker, Kommentar zum Kartellgesetz, 3. Aufl., 2001, Vor § 81 Rn. 146.

9 Kritisch zur insoweit entsprechenden Regelung des GWB: *Dannecker/Biermann*, in: Immenga/Mestmäcker (Fn. 8), Vor § 81 Rn. 146.

10 Zwar kann der Bieter als einer der Normadressaten im WpÜG auch eine natürliche Person sein (§ 2 Abs. 4), in der Regel wird es sich jedoch um eine JP/PV handeln.

und Gebote aufstellt, die den Personenverband treffen.[11] Daher wäre eine Modifizierung der Vorschriften des OWiG für Übernahmeordnungswidrigkeiten wünschenswert, die zu einer Aufwertung der Verfahrensstellung von Verwaltungsbehörde einerseits und juristischer Person (JP) bzw. Personenverband (PV) andererseits führte.[12]

II. Gesetzgebungsverfahren

Die Zuständigkeitsregelungen des GWB haben als Vorbild für die Vorschriften über das Ordnungswidrigkeitenverfahren bei Verstößen gegen § 60 gedient.[13] So sah bereits der **Diskussionsentwurf** vom 29.6. 2000 Regelungen zur zuständigen Verwaltungsbehörde (§ 62 DiskE-ÜG), zur Zuständigkeit des OLG für das Verfahren nach Einspruch (§ 64 DiskE-ÜG), für die Wiederaufnahme gegen den Bußgeldbescheid (§ 65 DiskE-ÜG) und für gerichtliche Entscheidungen im Vollstreckungsverfahren (§ 66 DiskE-ÜG) vor, die nahezu unverändert aus dem zweiten Abschnitt des dritten Teils des GWB übernommen worden waren. 4

Der **Referentenentwurf** vom 12.3.2001 brachte demgegenüber keine sachlichen Änderungen. Erst der Regierungsentwurf vom 11.7.2001 fügte dem 8. Abschnitt einen 9. Abschnitt an, der bürgerliche Rechtsstreitigkeiten (§ 67 RegE-ÜG, jetzt § 66) und die Einrichtung eines besonderen Spruchkörpers für Wertpapier- und Übernahmesachen beim OLG (§ 68 RegE-ÜG, jetzt § 67) betrifft. Darüber hinaus wurde im 8. Abschnitt eine Regelung zur Rechtsbeschwerde an den BGH eingefügt (§ 64 RegE-ÜG, jetzt § 63) und eine Vorschrift über Zustellungserleichterungen für Bußgeldbescheide im Ausland entfernt, die noch im DiskE-ÜG als § 63 enthalten war. Durch diese Änderungen hat der Gesetzgeber das WpÜG noch stärker am Vorbild GWB orientiert. 5

Der **wesentliche Unterschied zum GWB** liegt darin, dass dem BAWe als Verwaltungsbehörde anders als den Kartellbehörden (§ 82 GWB) **keine Befugnis zur selbstständigen Verhängung einer Geldbuße** nach § 30 Abs. 4 Satz 2 OWiG gegeben wurde. Durch § 82 GWB, der durch die Änderung der §§ 30 Abs. 4 Satz 2 und 40 OWiG[14] möglich 6

11 Vgl. für das Kartellrecht *K. Schmidt*, wistra 1990, 131, 137.

12 Zur Verfahrensstellung der JP/PV siehe unten Rn. 34 ff.

13 Vgl. Regierungsbegründung, BT-Drucks. 14/7034, S. 29.

14 Alle drei Vorschriften sind durch das Korruptionsbekämpfungsgesetz v. 13.8.1997, BGBl. I, S. 2038, eingeführt worden.

geworden war, werden Kartellbehörden in die Lage versetzt, eine Unternehmensgeldbuße nach § 30 OWiG auch dann zu verhängen, wenn Anknüpfungstat eine Straftat ist, für deren Verfolgung allein die StA zuständig ist. Der Gesetzgeber hatte die selbstständige Verhängung für notwendig erachtet, weil mit Einführung des § 298 StGB Submissionsabsprachen zur Straftat hochgestuft worden waren und damit die Verhängung von Unternehmensgeldbußen insoweit allein den Strafgerichten oblegen hätte, bei denen die Vorschrift des § 30 OWiG wohl weitgehend unbekannt ist.[15] Gleichzeitig hatte er die Einführung dieser besonderen Kompetenz für derart wichtig gehalten, dass ihm die sich daraus ergebende Aufspaltung von Individualsanktionsverfahren und Verbandssanktionsverfahren vom Ermittlungs- bis zum Rechtsbehelfsverfahren[16] hinnehmbar erschien.[17] Ein Grund für die Nichtübernahme in das WpÜG mag die Einschätzung gewesen sein, dass wegen des Fehlens einer dem § 298 StGB entsprechenden „bereichsspezifischen" Strafvorschrift für Verstöße gegen die Regelungen des WpÜG eine zwingende Abgabe an die StA bei Übernahmeordnungswidrigkeiten nach § 41 Abs. 1 OWiG selten sein dürfte.[18]

III. Einleitung und Einstellung des Bußgeldverfahrens und Opportunitätsprinzip

1. Grundsätze

7 Das für das behördliche Verfahren wegen einer Übernahmeordnungswidrigkeit nach § 61 zuständige BAWe kann das Verfahren einleiten, wenn es Kenntnis von Tatsachen erhält, die den **Verdacht einer Übernahmeordnungswidrigkeit** nach § 60 begründen. Dabei ist es denkbar, dass dem BAWe diese Tatsachen erst durch eine Anzeige bekannt werden. Regelmäßig wird das BAWe jedoch das Verfahren von Amts wegen aufgrund eigener Erkenntnisse aus dem in der Regel vorgeschalteten Verwaltungsverfahren einleiten können. Die so gewonnenen Erkenntnisse sind in den in den Rn. 47 ff. und 71 ff. dargestellten Grenzen im Ordnungswidrigkeitenverfahren grundsätzlich verwertbar.

15 Vgl. *Achenbach*, WuW 1997, 958, 961.

16 Vgl. *Achenbach* (Fn. 15), 962.

17 Kritisch dazu: *König*, JR 1997, 397, 403; *Achenbach*, wistra 1998, 168, 171 f.; *Göhler* (Fn. 4), § 30 Rn. 34 f.

18 Siehe zur Tatidentität zwischen Übernahmeordnungswidrigkeit und Straftat § 61 Rn. 5 ff.

Das Ordnungswidrigkeitenverfahren wird vom **Opportunitätsgrundsatz** beherrscht. Danach kann das BAWe das Verfahren nicht nur einstellen, solange es bei ihm anhängig ist, § 47 Abs. 1 Satz 2 OWiG. Der Opportunitätsgrundsatz gilt vielmehr ganz allgemein nach § 47 Abs. 1 OWiG und erstreckt sich auch auf die Verfahrenseinleitung, den Umfang des Verfahrensgegenstands und auf den Umfang der Tatsachenermittlung,[19] während der im Strafverfahren geltende Legalitätsgrundsatz nach § 152 Abs. 2 StPO[20] dort nur hinsichtlich der Einstellung und der Beschränkung des Verfahrensgegenstands durchbrochen wird, §§ 153 ff. StPO. 8

Bei der Entscheidung über das Verfahren hat das BAWe allerdings **Ermessensgrenzen** zu beachten,[21] sodass insbesondere eine verfahrensleitende Entscheidung nicht von solchen Zwecken abhängig gemacht werden darf, die dem Sinn des Verfahrens wegen einer Übernahmeordnungswidrigkeit fremd sind. Während die §§ 153, 153 b, d und e StPO als Durchbrechungen des Legalitätsprinzips im Ordnungswidrigkeitenverfahren entsprechende Anwendung im Sinne ermessensleitender Gesichtspunkte finden können,[22] verbietet § 47 Abs. 3 OWiG, die Einstellung von einer Geldzahlung abhängig zu machen.[23] Zu den verfahrenszweckorientierten Erwägungen gehört es auch, die Einleitung oder Fortführung des Verfahrens von einer Abwägung zwischen dem erwarteten Ermittlungsergebnis und der Bedeutung der Ordnungswidrigkeit einerseits und dem Ermittlungsaufwand insbesondere bei unklarer Sachlage andererseits abhängig zu machen.[24] 9

2. Einzelne Ermessensgesichtspunkte

Zweifelhaft ist hingegen, ob das BAWe das Bußgeldverfahren als **Instrument** des **verwaltungsaufsichtsrechtlichen Zwangs** einsetzen darf; etwa um die an einem Übernahmeverfahren Beteiligten durch Einleitung eines Bußgeldverfahrens zu zwingen, die Zuwiderhandlung gegen ein gesetzliches oder behördliches Verbot abzustellen. Diese insbesondere für den Bereich der Kartellordnungswidrigkeiten disku- 10

19 *Göhler* (Fn. 4), § 47 Rn. 24.

20 *Schoreit*, in: Karlsruher Kommentar zur StPO, 4. Aufl., 1999, § 152 Rn. 13.

21 *Bohnert*, in: KK-OWiG (Fn. 3), § 47 Rn. 104 f.; kritisch zum Opportunitätsprinzip als Unsicherheitsfaktor im Ordnungswidrigkeitenverfahren: *Tiedemann*, NJW 1979, 1849, 1855.

22 *Göhler* (Fn. 4), § 47 Rn. 1.

23 Im Strafverfahren möglich nach § 153 a StPO.

24 *Göhler* (Fn. 4), § 47 Rn. 3 f.

tierte Frage[25] hat weniger mit der Einordnung des Ordnungswidrigkeitenrechts als „quasi-strafrechtliches" Sanktionsinstrumentarium einerseits oder wirtschaftsaufsichtsrechtliches[26] andererseits zu tun,[27] sondern bestimmt sich vielmehr nach dem Verhältnis der im WpÜG vorgesehenen präventiven Befugnisse des BAWe im Verwaltungsverfahren zu den im Ordnungswidrigkeitenverfahren verhängbaren Sanktionen in ihrer Eigenschaft als Grundrechtseingriffe. Danach ist das BAWe neben verschiedenen speziellen Befugnissen (§ 15 Abs. 1, 2; § 28 Abs. 1) in § 4 Abs. 1 Satz 3 generell ermächtigt, Verfügungen zu erlassen, um Verfahrensmissstände oder erhebliche Nachteile für den Wertpapiermarkt zu verhindern oder zu beseitigen. Nach § 46 können Verfügungen aufgrund dieser Generalklausel mit den Mitteln der Verwaltungsvollstreckung durchgesetzt werden. Daher erscheint der Einsatz des Bußgeldverfahrens als Verwaltungszwang unzulässig, weil das Bußgeldverfahren einen gegenüber dem Verwaltungsverfahren weiteren – zweiten – Grundrechtseingriff darstellt,[28] der vor dem Hintergrund des umfassenden präventiven Eingriffsinstrumentariums des BAWe i. d. R. als nicht erforderlich i. S. d. Verhältnismäßigkeitsgrundsatzes betrachtet werden muss.[29] Etwas anderes mag gelten, wenn als Aufsichtsmaßnahme nur eine solche Verfügung in Frage kommt, die das Übernahmeverfahren suspendiert, vgl. § 15 Abs. 1 oder Abs. 2, da insoweit der das behördliche Bußgeldverfahren abschließende Bußgeldbescheid als weniger intensiv eingreifende Maßnahme erscheinen kann.

11 Hinsichtlich der praktischen Bedeutung dieser Frage sind allerdings die unterschiedlichen Rollen des Übernahmebußgeldverfahrens und des Kartellbußgeldverfahrens zu beachten. Anders als im Kartellrecht, in dem die Behörde i. d. R. von Gesetzesverstößen erst nach ihrer Begehung erfährt, sodass das Bußgeldverfahren häufig das „erste" Zwangsinstrumentarium darstellt, wird das Übernahmeverfahren vom Zeitpunkt der Übermittlung der Beschlussfassung nach § 10 Abs. 1 an

25 *K. Schmidt* (Fn. 11), 133, 137; *Dannecker/Biermann,* in: Immenga/Mestmäcker (Fn. 8), Vor § 81 Rn. 163.

26 *K. Schmidt*, Kartellverfahrensrecht, 1977, S. 296 ff., 302 u. 304 ff.

27 So auch *Dannecker/Biermann,* in: Immenga/Mestmäcker (Fn. 8), Vor § 81 Rn. 163.

28 Der Bußgeldbescheid als Ziel des Bußgeldverfahrens wird wegen der zurückliegenden Nichtbeachtung eines Ver- oder Gebots erlassen und dient nicht mehr der Verhinderung genau dieser verbotenen Grundrechtsbetätigung, vgl. für das Strafrecht: *Lagodny*, Strafrecht vor den Schranken der Grundrechte, 1996, S. 7.

29 So auch i. E. für das Kartellordnungswidrigkeitenverfahren: *Fischötter* (Fn. 5), Vorb. §§ 81–85 a. F. Rn. 12.

vom BAWe „begleitet". Aufgrund dieser früh beginnenden Zusammenarbeit zwischen Behörde und den nach dem WpÜG Verpflichteten wird das **Bußgeldverfahren** auf die Rolle **nachträglicher Ahndung beschränkt** bleiben, sodass das BAWe kaum in die Versuchung kommen wird, das Bußgeldverfahren als Verwaltungszwang einzusetzen.[30]

Soweit das BAWe ein zukünftiges Nichteinleiten eines Bußgeldverfahrens für bestimmte Fallgruppen zusagt (sog. **Negativattest**), ist dies nicht schlechthin unzulässig. Ermessensfehlerhaft ist es jedoch, wenn sich das BAWe ohne Vorbehalt der Entscheidungsfreiheit im jeweiligen Einzelfall im Voraus so bindet, dass in der Folge im Einzelfall eine Ermessensunterschreitung vorliegt.[31] Denkbar sind demgegenüber jedoch **Selbstbindungen**, die lediglich zu einer Regelreduzierung des Ermessens führen. **12**

Ebenfalls soll es nach h.M. nicht schlechthin unzulässig sein, wenn das BAWe das Bußgeldverfahren zu dem **Zweck** betreibt, eine **Rechtsfrage zu klären**.[32] Dies dürfte gerade in der ersten Zeit nach Inkrafttreten des WpÜG relevant werden. Dieser Rechtsauffassung ist allerdings nur zuzustimmen, so weit es sich um spezifisch ordnungswidrigkeitenrechtliche Fragen handelt, die innerhalb des Verwaltungsverfahrens nicht geklärt werden können; anderenfalls handelt es sich um eine sachfremde Erwägung. **13**

Eine Zusage, gegenüber einem einer Übernahmeordnungswidrigkeit Verdächtigen kein Bußgeldverfahren einzuleiten, um ihn als **Kronzeugen** behandeln zu können, wird überwiegend jedenfalls für Hauptverantwortliche für unzulässig gehalten.[33] Damit kommen überhaupt nur solche Personen als Kronzeugen in Betracht, deren Beteiligung – in **14**

---

30 Darüber hinaus ist zu beachten, dass eine solche Instrumentalisierung rechtlicher Überprüfung nicht zugänglich ist, da weder Einleitung noch Einstellung des Verfahrens nach § 47 Abs. 1 OWiG mit Rechtsmitteln angegriffen werden können, vgl. *Tiedemann*, Wirtschaftsstrafrecht I, 1976, S. 128, 149 f.

31 Vgl. *Dannecker/Biermann*, in: Immenga/Mestmäcker (Fn. 8), Vor § 81 Rn. 157; strenger *Tiedemann* (Fn. 21), 1855.

32 *Dannecker/Biermann*, in: Immenga/Mestmäcker (Fn. 8), Vor § 81 Rn. 154; *Fischötter* (Fn. 5), Vorb. §§ 81–85 a.F. Rn. 15; *Wrage-Molkenthin/Bauer,* in: Frankfurter Kommentar zum Kartellrecht, 48. Lief. Okt. 2001, § 81 a.F. Rn. 23; a. A. *Hintze*, WuW 1970, 571, 576; vgl. zum Nebeneinander von wirtschaftsstrafrechtlicher und wirtschaftsaufsichtrechtlicher Funktion des Bußgeldverfahrens: *K. Schmidt* (Fn. 26), S. 296 ff.

33 *Dannecker/Biermann*, in: Immenga/Mestmäcker (Fn. 8), Vor § 81 Rn. 158; *Fischötter* (Fn. 5), Vorb. §§ 81–85 a.F. Rn. 16; a. A. *Wrage-Molkenthin/Bauer* (Fn. 32), § 81 a.F. Rn. 25.

der Regel durch eine Beschäftigung unterhalb der Leitungsebene beim Bieter oder bei der Zielgesellschaft – von geringem Gewicht ist und deren Bedeutung als persönliches Beweismittel über die durch Beschlagnahme von Urkunden erlangten sächlichen Beweismittel hinaus naturgemäß beschränkt sein dürfte.

15 Ganz allgemein stehen verfahrensleitende Entscheidungen unter der Herrschaft des **Verhältnismäßigkeitsprinzips**.[34] Mit der Zeit werden sich Ermessensgrenzen auch dadurch herausbilden, dass in Folge der Verfolgungstätigkeit des BAWe eine Verwaltungspraxis und damit eine **Selbstbindung** über Art. 3 Abs. 1 GG eintritt.[35]

3. Verfahrenseinstellung

16 Aus denselben Ermessenserwägungen, die dem BAWe erlauben, von der Einleitung eines Verfahrens abzusehen, kann es das einmal eingeleitete Verfahren auch nach § 47 Abs. 1 Satz 2 OWiG einstellen. Die Einstellung wegen **mangelnder Verurteilungswahrscheinlichkeit** aus Gründen des materiellen Ordnungswidrigkeitenrechts oder wegen des Bestehens eines Verfahrens- oder Verfolgungshindernisses nach § 170 Abs. 2 StPO geht dieser Einstellung aus **Opportunitätsgründen** allerdings vor.[36] Die Einstellung nach § 170 Abs. 2 StPO steht nicht im Ermessen des BAWe. Grundsätzlich gehört zu den nach § 170 Abs. 2 StPO zu berücksichtigenden Verfahrenshindernissen auch die **anderweitige Rechtshängigkeit** derselben prozessualen Tat, wegen der die Verwaltungsbehörde einen Bußgeldbescheid erlassen will, da der Grundsatz „ne bis in idem" aus Art. 103 Abs. 3 GG auch vor der Belastung mit mehreren Verfahren schützt.[37] Allerdings wird eine Verfahrensparallelität bei deutschen Behörden kaum praktisch werden können, da eine Zuständigkeitskonkurrenz nur mit einer StA auftreten kann, die von den §§ 40, 41 Abs. 1 OWiG jedoch bereits zu Gunsten der StA gelöst worden ist. Da für ein EG-Übernahmebußgeldverfahren[38] im EG-Vertrag keine Rechtsgrundlagen zur Verfügung stehen, kommt eine mögliche Doppelverfolgung nur im Verhältnis zu nationa-

---

34 *Bohnert*, in: KK-OWiG (Fn. 3), § 47 Rn. 105.

35 Siehe ferner zur Bindungswirkung von Weisungen (hier durch das BMF als nach § 3 Abs. 1 FVwG u. § 3 Abs. 1 WpHG aufsichtsführende Behörde, vgl. *Dreyling*, in: Assmann/Schneider, WpHG, 2. Aufl., 1999, § 3 Rn. 4): *Dannecker/Biermann*, in: Immenga/Mestmäcker (Fn. 8), Vor § 81 Rn. 153.

36 *Bohnert*, in: KK-OWiG (Fn. 3), § 47 Rn. 98, 102.

37 BGH, 14. 8. 1991 – StB 15/91, BGHSt 38, 54, 57.

38 Siehe zum Verhältnis des EU-Bußgeldverfahrens zum deutschen Bußgeldverfahren: *Raisch*, FS für Beitzke, 1979, S. 965 f.

len Bußgeld- oder Strafverfahren im Ausland in Betracht, so weit sich das nationale Recht in seiner Anwendung nicht auf den Erwerb von Wertpapieren von Zielgesellschaften mit Sitz im jeweiligen Inland beschränkt.[39] Die **Verfolgung im Ausland** entfaltet allerdings grundsätzlich keine Sperrwirkung gegenüber einem Bußgeldverfahren nach dem OWiG, da insoweit das Verbot der Doppelverfolgung nicht gilt.[40] Auch nach Art. 54 des Schengener Durchführungsübereinkommens[41] (SDÜ) und dem weitgehend gleichlautenden EG-ne-bis-in-idem-Übereinkommen[42] tritt eine Sperrwirkung nur gegenüber dem anderweitigen **rechtskräftigen Urteil**[43] ein. Jedoch kommt eine Ermesseneinstellung nach § 47 Abs. 1 OWiG bei Vorliegen einer ausländischen Entscheidung in Betracht, die den Unrechtsgehalt der Tat voll abgilt, anderenfalls ist bei der Bußgeldbemessung die ausländische Entscheidung anzurechnen, vgl. § 51 Abs. 3 StGB[44] sowie § 86 Abs. 2 OWiG.

IV. Rechtsstellung des Betroffenen und Verteidigung

1. Allgemeines

Dem einer Übernahmeordnungswidrigkeit Verdächtigen, der mit Ein- **17**
leitung des Bußgeldverfahrens[45] die Stellung eines Betroffenen erhält,[46] ist in Anlehnung an § 163 a Abs. 1 Satz 2 StPO **Gelegenheit zur Äußerung** zu geben, § 55 Abs. 1 OWiG, bevor ein Bußgeldbe-

39 Während in der Schweiz, vgl. Art. 22 Abs. 1 sBEHG, und in Österreich, vgl. § 2 öÜbG, nur Handlungen im Zusammenhang mit dem Erwerb qualifizierter Beteiligungen an Zielgesellschaften mit Sitz im Inland erfasst werden, kommt es nach dem italienischen Einheitsgesetz für die Finanzierungsvermittlung i.V.m. Art. 25 des Gesetzes vom 31.5.1995, Nr. 218/1998, darauf an, dass die Zielgesellschaft in Italien gegründet wurde, vgl. *T. Schmid*, AG 1999, 402, 404, sodass es nicht ausgeschlossen ist, dass Handlungen des Vorstands einer in Italien gegründeten Zielgesellschaft mit Sitz in Deutschland sowohl nach § 60 Abs. 1 Nr. 8 als auch nach Art. 173 des Einheitsgesetzes verfolgt werden (zit. nach *T. Schmid*, a.a.O., 411).

40 BVerfG, 31. 3. 1987 – 2 BvM 2/86, BVerfGE 75, 1, 15; BGH, 17. 12. 1970 – KRB 1/70, BGHSt 24, 54, 57.

41 BGBl. 1993 II, S. 1010, 1902; 1994 II, S. 631; 1996 II, S. 242, 2542; 1997 II, S. 966.

42 BGBl. 1998 II, S. 2227 f.

43 Vgl. zu diesem Begriff: BGH, 2. 2. 1999 – 5 StR 596/96, StV 1999, 244 ff. mit Anmerkung *Schomburg*.

44 BGH, 17. 12. 1970 – KRB 1/70, BGHSt 24, 54, 60 f.; *Steindorf*, in: KK-OWiG (Fn. 3), § 84 Rn. 18.

45 Siehe dazu oben Rn. 7 ff.

46 Zur Betroffenenstellung der JP/PV siehe unten Rn. 34 ff.

scheid erlassen wird. Ob diese Regelung der Bedeutung von Übernahmeordnungswidrigkeiten noch angemessen ist, die über den Bagatellcharakter sonstiger Ordnungswidrigkeiten deutlich hinausgehen, mag bezweifelt werden,[47] eine mündliche Anhörung mit Protokollierung, wie es das Strafverfahren fordert, wird von Art. 103 Abs. 1 GG jedoch nicht garantiert.[48] Einen Anspruch auf rechtliches Gehör hat auch die juristische Person bzw. die Personenvereinigung (JP/PV), gegen die eine Verbandsgeldbuße verhängt werden soll, ohne dass sie bereits die Befugnisse eines Betroffenen hat, vgl. § 87 Abs. 2 OWiG; insoweit folgt der Anspruch unmittelbar aus Art. 103 Abs. 1 GG. Die Anhörung kann bei voraussichtlicher Einstellung des Verfahrens unterbleiben, § 163 a Abs. 1 Satz 1 StPO.[49]

18 Der Betroffene kann sich in jeder Lage des Verfahrens der Hilfe eines **Verteidigers** bedienen, § 137 Abs. 1 StPO. Auf dieses Recht muss er nach § 55 Abs. 2 Satz 1 OWiG nicht hingewiesen werden.[50]

19 Richtet sich das Verfahren gegen mehrere Betroffene, etwa die Mitglieder des Vorstandes der Zielgesellschaft, so ist die Verteidigung durch einen **gemeinsamen Verteidiger** unzulässig, § 146 StPO[51] (vgl. auch § 60 OWiG, der auf § 146 a StPO verweist). Die Verteidigung durch verschiedene Rechtsanwälte derselben Sozietät bleibt hingegen möglich, solange jeder Rechtsanwalt nur je einen Betroffenen aufgrund einer Einzelvollmacht verteidigt.[52]

20 Obwohl anerkannt ist, dass **Betroffener und Einziehungsbeteiligter** nach den §§ 146, 434 Abs. 1 Satz 2 StPO nicht gemeinsam verteidigt werden dürfen,[53] und die JP/PV mit Erlass des Bußgeldbescheids die

47 Siehe zur gleich gelagerten Frage bei Kartellordnungswidrigkeiten: *Dannecker/Biermann*, in: Immenga/Mestmäcker (Fn. 8), Vor § 81 Rn. 187; zweifelnd auch BGH, 19. 12. 1995 – KRB 33/95, BGHSt 41, 385, 390 f.

48 BGH, 1. 12. 1966 – KRB 1/66, WuW/E BGH, 858, 861.

49 *Wache*, in: KK-OWiG (Fn. 3), § 55 Rn. 26.

50 Siehe zu einer dahingehenden Pflicht der Behörde bei schwieriger Sach- oder Rechtslage aus dem Grundsatz des fairen Verfahrens: *Dannecker/Biermann*, in: Immenga/Mestmäcker (Fn. 8), Vor § 81 Rn. 188.

51 BVerfG, 21. 6. 1977 – 2 BvR 70, 361/75, BVerfGE 45, 272, 282; OLG Karlsruhe, 19. 8. 1976 – 3 Ss (B) 43/76, NJW 1977, 161; das gilt auch für mehrere JP/PV, etwa den Bieter und mit ihm verbundene juristische Personen, wenn gegen die Organe wegen derselben Tat ein Bußgeldverfahren durchgeführt wird, *Göhler* (Fn. 4), § 88 Rn. 14.

52 BVerfG, 21. 6. 1977 – 2 BvR 70, 361/75, BVerfGE 45, 272, 295 ff.; OLG Karlsruhe, 22. 10. 1998 – 2 Ws 243/98, NStZ 1999, 212 mit abl. Anm. *Stark*.

53 OLG Düsseldorf, 4. 2. 1988 – 2 Ws 128/87, NStZ 1988, 289, 290; *Boujong*, in: KK-OWiG (Fn. 3), § 87 Rn. 67.

Verfahrensstellung eines Einziehungsbeteiligten mit den Befugnissen eines Betroffenen erhält,[54] geht die ganz h. M. davon aus, dass eine gemeinsame Verteidigung von persönlich betroffenem Organ und der JP/PV i. S. d. § 30 OWiG nicht gegen § 146 StPO verstoße.[55] Das für diese Ansicht vorgebrachte Argument, Interessenkonflikte blieben erfahrungsgemäß aus,[56] vermag hingegen nicht zu überzeugen, da § 146 StPO den Interessenkonflikt unwiderleglich vermutet, sodass es auf gemachte Erfahrungen nicht ankommt. Auch die lediglich entsprechende Anwendung über § 46 Abs. 1 OWiG spricht nicht für die h. M., da insoweit ebenfalls ein Interessenkonflikt nicht ausgeschlossen ist.[57]

Dem **Syndikusanwalt** ist die forensische Verteidigung seiner Arbeitgeberin nach § 46 BRAO verboten; das gilt nach dem Sinn dieser Vorschrift auch hinsichtlich der Organe seiner Arbeitgeberin.[58] 21

2. Akteneinsicht

Der **Verteidiger** des Betroffenen hat zum Zwecke wirksamer Verteidigung[59] das Akteneinsichtsrecht nach § 147 StPO. Der Betroffene selbst hat daneben kein Akteneinsichtsrecht; die Vorschrift des § 49 Abs. 1 OWiG gilt nur für den sich selbst verteidigenden Betroffenen.[60] Der Verteidiger kann und muss dem Betroffenen jedoch über den Akteninhalt berichten, so weit es eine sachgerechte Verteidigung erfordert. In demselben Umfang ist er auch zur Überlassung von Ablichtungen an den Betroffenen befugt.[61] Dazu gehören auch Informationen über eine bevorstehende Durchsuchung oder Beschlagnahme, wenn die Mitteilung nicht dem Zweck dient, den Untersuchungszweck zu vereiteln.[62] Ist für die Beurteilung komplizierter Akteninhalte besonderer, nur beim Betroffenen vorhandener Sachverstand erforder- 22

54 Siehe dazu näher unten Rn. 34 ff.

55 BVerfG, 21. 6. 1977 – 2 BvR 70, 361/75, BVerfGE 45, 272, 288; BGH, 14. 10. 1976 – KRB 1/76, NJW 1977, 156, 157; *Boujong,* in: KK-OWiG (Fn. 3), § 88 Rn. 15; *Kurz*, in: KK-OWiG (Fn. 3), § 60 Rn. 77.

56 Siehe die Stellungnahme des KG in: BVerfG, 21. 6. 1977 – 2 BvR 70, 361/75, BVerfGE 45, 272, 285 f. (zum Kartellbußgeldverfahren).

57 Zweifelnd auch *Göhler* (Fn. 4), § 88 Rn. 14. Wie hier: *Dannecker/Biermann*, in: Immenga/Mestmäcker (Fn. 8), Vor § 81 Rn. 189, die zu diesem Ergebnis jedoch unter Heranziehung von § 30 OWiG gelangen.

58 *Henssler*, in: Henssler/Prütting, BRAO, 1997, § 46 BRAO Rn. 27.

59 *Laufhütte*, in: KK-StPO (Fn. 20), § 147 Rn. 1.

60 *Göhler* (Fn. 4), § 49 Rn. 1.

61 BGH, 3. 10. 1979 – 3 StR 264/79, BGHSt 29, 99, 102 m. w. N.

62 *Laufhütte*, in: KK-StPO (Fn. 20), § 147 Rn. 8.

lich, kann ausnahmsweise eine **Akteneinsicht des Betroffenen** unter Aufsicht des Verteidigers zulässig sein.[63]

23 Kann die Akteneinsicht den **Untersuchungszweck** gefährden,[64] so darf das BAWe, § 147 Abs. 5 Satz 1, 1. Var. i.V.m. § 46 Abs. 2 OWiG, diese im Rahmen des § 147 Abs. 3 StPO versagen oder beschränken, § 147 Abs. 2 StPO, solange der Abschluss der Ermittlungen nicht in den Akten vermerkt ist. Zu diesem Vermerk ist das BAWe nach § 61 OWiG verpflichtet. Besteht das Recht ab diesem Zeitpunkt wieder uneingeschränkt, ist dem Verteidiger Mitteilung hiervon zu machen, § 147 Abs. 6 Satz 2 StPO.

24 **Verletzte** i. S. d. § 406 e StPO i.V.m. § 46 Abs. 3 Satz 4, 2. Hs. OWiG haben zwar ein Akteneinsichtsrecht, jedoch sind Verletzte i. S. d. § 406 d bis f StPO jedenfalls nicht solche Personen, die durch die Tat nur als Mitglied der Rechtsgemeinschaft betroffen sind, weil die verletzte Norm nur überindividuelle Rechtsgüter schützt.[65] Da die Ordnungswidrigkeitentatbestände des § 60 ausschließlich überindividuelle Rechtsgüter schützen,[66] wird das Akteneinsichtsrecht des Verletzten im Verfahren ausschließlich wegen einer Übernahmeordnungswidrigkeit nicht relevant werden.

25 **Andere Dritte** haben grundsätzlich nur ein Auskunftsrecht nach den §§ 475, 477 Abs. 3 StPO und dies auch nur, so weit ein die schutzwürdigen Belange des Betroffenen überwiegendes berechtigtes Interesse schlüssig vorgetragen wird.[67] Zu den schutzwürdigen Belangen des Betroffenen gehören insbesondere dessen Geschäfts- und Betriebsgeheimnisse.[68]

---

63 OLG Zweibrücken, 8. 10. 1976 – Ws 186/76, NJW 1977, 1699; zum Problem des Konflikts von Akteneinsichtsrecht einerseits und dem Schutz von aus den Akten ersichtlichen Geschäftsgeheimnissen andererseits siehe *Fischötter* (Fn. 5), Vorb. §§ 81–85 a. F. Rn. 31 ff. und *Lieberknecht*, WuW 1988, 833, 839.

64 Siehe weiterführend *Laufhütte*, in: KK-StPO (Fn. 20), § 147 Rn. 9.

65 *Hilger*, in: Löwe-Rosenberg, StPO, 24. Aufl., 1988, Vorbem. 5. Buch Rn. 18 a. E. m. w. N.

66 Siehe Vor § 60 Rn. 12.

67 *Kleinknecht/Meyer-Goßner*, StPO, 45. Aufl., 2001, § 475 Rn. 1.

68 *Kleinknecht/Meyer-Goßner* (Fn. 67), § 475 Rn. 3. Vgl. auch die Verpflichtung aus § 9 Abs. 1 Satz 1, deren Verletzung i.V.m. § 839 BGB zu einer nach Art. 34 GG auf das BAWe übergeleiteten Schadensersatzverpflichtung der Mitarbeiter des BAWe führen kann. Weitergehend kommt auch eine Strafbarkeit nach § 203 Abs. 2 Nr. 1, 2, 6 StGB in Betracht.

V. Bußgeldbescheid und Abschluss des Verfahrens

Stellt das BAWe das Verfahren nicht ein,[69] so erlässt es einen Bußgeldbescheid, § 65 OWiG. Der Bußgeldbescheid schließt nur das behördliche Bußgeldverfahren ab. Mit ihm fällt die Behörde im Gegensatz zum gerichtlichen Urteil keinen „Wahrspruch", sondern einen vorläufigen Spruch in einem Vorschaltverfahren, dem sich der Betroffene durch **Nichteinlegung des Einspruchs** unterwerfen kann, aber nicht muss.[70] Wird gegen eine JP/PV ein Bußgeld nach § 30 OWiG festgesetzt, so darf ihr gegenüber ein gesonderter Bußgeldbescheid nur im selbstständigen Verfahren nach § 30 Abs. 4 Satz 1 erlassen werden, arg. e contrario § 88 Abs. 2.[71] **26**

Seiner Rechtsnatur nach handelt es sich bei dem Bußgeldbescheid um einen **Verwaltungsakt** i. S. d. § 35 Satz 1 VwVfG, für den jedoch **besondere Regeln** gelten. Wird der Bußgeldbescheid mit dem Einspruch angefochten, so hat er lediglich eine der **Anklageschrift** bzw. dem Strafbefehl nach Einspruch vergleichbare Funktion und soll demnach nur den Verfahrensgegenstand in persönlicher und sachlicher Hinsicht festlegen.[72] Aus demselben Grunde prüft das Gericht den Bußgeldbescheid nicht auf seine Rechtmäßigkeit (vgl. auch § 411 Abs. 4 StPO) und hebt ihn auch nicht auf, wenn es eine von der Verwaltungsbehörde abweichende Entscheidung trifft. **27**

Grundsätzlich beeinträchtigen nur **besonders schwere Mängel** den Bestand des angefochtenen Bußgeldbescheids als Verfahrensvoraussetzung mit der Folge eines Verfahrenshindernisses, das nach § 206 a StPO bzw. nach § 260 Abs. 3 StPO i.V.m. § 71 OWiG zur Einstellung führt.[73] **Inhaltliche Mängel**, vgl. § 66 OWiG, sind nur insoweit beachtlich, als sie die Funktion des Bußgeldbescheids als Verfahrensgrundlage beseitigen; also die Tat nicht hinreichend klar in persönlicher und sachlicher Hinsicht bezeichnet wird, sodass Unsicherheit über den zu verhandelnden Gegenstand besteht. Dasselbe gilt für einen unzulässigen oder unbestimmten Rechtsfolgenausspruch.[74] **Ver-** **28**

69 Siehe zur Verfahrenseinstellung oben Rn. 16.

70 *Kurz*, in: KK-OWiG (Fn. 3), § 65 Rn. 8 m. w. N.

71 *Göhler* (Fn. 4), § 88 Rn. 3.

72 BGH, 16. 6. 1970 – 5 StR 111/70, BGHSt 23, 280, 281; BGH, 8. 10. 1970 – 4 StR 190/70, BGHSt 23, 336, 340 f.

73 *Kurz*, in: KK-OWiG (Fn. 3), § 66 Rn. 38 m. w. N.; zur strittigen Frage der Heilung durch Ergänzung vgl. BGH, 8. 10. 1970 – 4 StR 190/70, BGHSt 23, 336, 340 einerseits; *Demuth*, VOR 1973, 44, 53 ff., 59 andererseits.

74 *Göhler* (Fn. 4), § 66 Rn. 48.

fahrensmängel, wie etwa die fehlende Anhörung oder die unberechtigte Verweigerung der Akteneinsicht, sind hinsichtlich der Wirksamkeit des Bußgeldbescheids unbeachtlich und entfalten im gerichtlichen Verfahren nur Wirkung, so weit sie ausnahmsweise ein Beweisverwertungsverbot nach sich ziehen.[75]

29 Wird der Bußgeldbescheid nicht angefochten, so erwächst er nach § 84 Abs. 1 OWiG in partielle Rechtskraft. Auch beim nicht angefochtenen Bußgeldbescheid führen nur schwere Mängel, die überdies nach den §§ 44, 46 VwVfG offensichtlich sein müssen, zu seiner **Nichtigkeit**. In Abhängigkeit von seiner Funktion der Rechtskraftwirkung und als Grundlage der Vollstreckung ist eine Nichtigkeit dann anzunehmen, wenn dem Bußgeldbescheid der Umfang der Rechtskraft nicht hinreichend sicher zu entnehmen ist bzw. aus ihm wegen inhaltlicher Unbestimmtheit bzw. nach dem OWiG nicht vorgesehener Rechtsfolgen keine Vollstreckung möglich ist.[76] Darüber hinaus führen nur solche Verfahrensfehler zur Nichtigkeit, die gegen elementare Grundsätze der Rechtsordnung verstoßen.[77] Ein bereits bestehender Bußgeldbescheid, der sich auf dieselbe prozessuale Tat bezieht, macht den zweiten Bußgeldbescheid jedenfalls dann nichtig, wenn offensichtlich ist, dass Tatidentität vorliegt.[78] Diese Konstellation dürfte jedoch aus dem bereits oben genannten Grund des faktischen Ausschlusses paralleler Verfahren[79] kaum praktisch werden.

VI. Beweiserhebung und Beweisverwertung

1. Persönliche Beweismittel

30 Bei der Gewinnung von Beweismitteln durch Vernehmung von Personen sind die **Beweiserhebungsverbote der StPO** zu beachten, die teilweise nach § 46 Abs. 1 OWiG entsprechende Anwendung im Übernahmeordnungswidrigkeitenverfahren finden. Für eine Vernehmung kommen die unterschiedlichsten Informationsträger aus dem Umkreis der an einer Übernahme beteiligten juristischen Personen in Betracht.[80] Neben den Mitarbeitern des Bieters oder der Zielgesellschaft,

75 *Dannecker/Biermann*, in: Immenga/Mestmäcker (Fn. 8), Vor § 81 Rn. 197; siehe zum Beweisverwertungsverbot unten Rn. 47 ff. und 71 ff.
76 *Kurz*, in: KK-OWiG (Fn. 3), § 66 Rn. 77.
77 BGH, 16. 10. 1980 – StB 29, 30 u. 31/80, BGHSt 29, 351, 353 f.
78 *Bohnert*, NZV 1988, 201, 205; a. A. *Steindorf*, in: KK-OWiG (Fn. 3), § 84 Rn. 9.
79 Siehe oben Rn. 16.
80 Auch auf Bieterseite wird i. d. R. eine JP/PV am Übernahmeverfahren beteiligt sein.

unter denen die organschaftlichen Vertreter eine herausragende Stellung einnehmen, können auch dritte Personen zur Aufklärung beitragen, wie etwa beratende Rechtsanwälte, nichtvertretungsberechtigte Gesellschafter der Zielgesellschaft oder die organschaftlichen Vertreter der mit dem Bieter gemeinsam handelnden JP/PV.

a) Organschaftliche Vertreter der Bieter- oder Zielgesellschaft

31 Werden die Mitglieder des vertretungsberechtigten **Organs** im Ordnungswidrigkeitenverfahren vernommen, so muss ihre **Doppelstellung** als Verdächtige der Anknüpfungstat i. S. d. § 30 OWiG einerseits und als Vertreter der JP/PV andererseits beachtet werden. Machen sich die vertretungsberechtigten Organe verdächtig, den in § 60 in Bezug genommenen Pflichten entweder nicht selbst nachgekommen zu sein oder ihnen zuwider gehandelt zu haben[81] bzw. im (Regel-)Fall der Delegation der Pflichterfüllung ihre Aufsichtspflicht verletzt zu haben, § 130 OWiG, so kommt für das BAWe neben einer Bußgeldsanktion gegen die vertretungsberechtigten Organmitglieder regelmäßig die Verhängung einer Verbandsgeldbuße nach § 30 OWiG in Betracht, da die Pflichten des WpÜG in der Mehrzahl die JP/PV treffen. Diese Doppelfolge von Fehlverhalten der Mitglieder des vertretungsberechtigten Organs einer JP/PV wirft Fragen nach **Auskunftspflichten** und **Schweigerechten der Organmitglieder** im Verhältnis zur JP/PV auf. Die Grenzen der Auskunftspflicht hängen einerseits von der Gestaltung der Verfahrensrollen der Beteiligten zueinander ab, andererseits von der Bestimmung der Verfahrensrechte der JP/PV.

32 Grundsätzlich ist das Verfahren gegenüber der natürlichen Person als Verdächtige der Anknüpfungstat und der JP/PV einheitlich als sog. **verbundenes Verfahren** zu führen.[82] Der Grund für die Durchführung eines einheitlichen Verfahrens liegt nicht nur in der prozessökonomischen Erwägung, dass Grundlage der Bußgeldbemessung für das Individuum als auch für den Verband dieselbe Tat ist. Das verbundene Verfahren soll insbesondere Bußgeldentscheidungen verhindern, die einer **doppelten Ahndung** desselben Unrechts nahe kommen, weil der Täter der Anknüpfungstat am Kapital der JP bzw. an der PV beteiligt

81 Die Pflichten treffen zwar in der Mehrzahl den Bieter oder die Zielgesellschaft, es erfolgt jedoch eine Merkmalsüberwälzung nach § 9 Abs. 1 OWiG, vgl. *Achenbach*, FS Stree/Wessels, 1993, S. 545, 547; kritisch dazu *Rogall*, in: KK-OWiG (Fn. 3), § 9 Rn. 11.

82 Umkehrschluss zu § 30 Abs. 4 Satz 1 OWiG; *Rogall*, in: KK-OWiG (Fn. 3), § 30 Rn. 141; *Göhler* (Fn. 4), § 30 Rn. 28.

ist und durch die Festsetzung der Geldbußen in getrennten Verfahren die Vermögenssituation der natürlichen Person zweifach berücksichtigt wird, vgl. § 17 Abs. 3 Satz 2 OWiG.[83]

33 Um ein einheitliches Verfahren in dem Falle zu gewährleisten, dass ein Bußgeldverfahren gegen die der Anknüpfungstat Verdächtigen geführt wird, ist die JP/PV an diesen Verfahren **zwingend** zu **beteiligen**, § 444 Abs. 1 StPO i.V.m. § 88 Abs. 1 Hs. 1 OWiG. Durch die Beteiligung, für die im behördlichen Bußgeldverfahren das BAWe zuständig ist, § 88 Abs. 1 i.V.m. § 36 Abs. 1 Nr. 1 OWiG, § 61, im Verfahren nach Einspruch das OLG, § 444 Abs. 1 Satz 1 StPO i.V.m. § 62, wird die JP/PV zur **Nebenbeteiligten**. Die Änderung der rechtlichen Qualifikation der Verbandsgeldbuße durch das 2. WiKG, bei der aus der Verbandsgeldbuße als Nebenfolge eine Hauptfolge gemacht wurde, ändert an der Verfahrensstellung der JP/PV als Nebenbeteiligte nichts.[84] Es ist daher irreführend, davon zu sprechen, die JP/PV habe die Stellung eines Beschuldigten (Betroffenen).[85] Nähme die JP/PV eine Betroffenenstellung bereits durch die Verfahrensbeteiligung und die Qualität der Sanktionsregelung des § 30 OWiG ein, bedürfte es der ausdrücklichen Anordnung in § 88 Abs. 3 i.V.m. § 87 Abs. 2 Satz 1 OWiG nicht, nach der die JP/PV vom Erlass des Bußgeldbescheids an die Befugnisse eines Betroffenen hat.[86]

aa) Schweigerechte im Zusammenhang mit der JP/PV

34 Vor Erlass des Bußgeldbescheids hat die JP/PV grundsätzlich auch nicht die Befugnisse eines Betroffenen.[87] Die Gegenansicht,[88] die der JP/PV im Ermittlungsverfahren aufgrund der Neufassung des § 30 OWiG die Rechtsstellung eines Hauptbetroffenen und damit sämtliche Befugnisse eines Hauptbetroffenen geben will,[89] ist abzulehnen. Aus der Heraufstufung der Verbandsgeldbuße zur Hauptfolge folgt nur, dass die Verfahrensvorschriften der §§ 88, 87 OWiG änderungsbedürf-

83 *Gössel*, in: Löwe-Rosenberg (Fn. 65), § 444 Rn. 7; *Göhler* (Fn. 4), § 30 Rn. 29 f.

84 BGH, 5. 12. 2000 – 1 StR 411/00, NJW 2001, 1436, 1438; *Boujong*, in: KK-OWiG (Fn. 3), § 88 Rn. 3.

85 So aber *Wrage-Molkenthin/Bauer* (Fn. 32), § 81 a. F. Rn. 50.

86 Siehe zu dieser Unterscheidung zwischen „Rechtsstellung" und „Befugnissen": *Rebmann/Roth/Herrmann*, OWiG, 3. Aufl., (5. Lief. Jan. 2001), § 87 Rn. 33.

87 *Boujong*, in: KK-OWiG (Fn. 3), § 88 Rn. 10 und § 87 Rn. 47; *Göhler* (Fn. 4), § 88 Rn. 5 und § 87 Rn. 23.

88 *Dannecker/Biermann*, in: Immenga/Mestmäcker (Fn. 8), Vor § 81 Rn. 169; *Wrage-Molkenthin/Bauer* (Fn. 32), § 81 a. F. Rn. 50; *Bauer*, WuW 1989, 304, 305.

89 *Schroth*, wistra 1986, 158, 163.

tig sind.[90] De lege lata ist jedoch davon auszugehen, dass die JP/PV nur die Stellung einer **Nebenbeteiligten** hat, die überhaupt erst mit Erlass des Bußgeldbescheids wie eine **Betroffene** behandelt wird. Vor Erlass des Bußgeldbescheides wird die JP/PV wie ein **Einziehungsbeteiligter** behandelt, sodass sie nicht sämtliche Rechte aus einer entsprechenden Anwendung der §§ 163 a, 136 StPO erhält. Soweit es allerdings um ihre **Vernehmung** geht, ist § 432 Abs. 2 über § 444 Abs. 2 Satz 2 StPO mit der Folge anzuwenden, dass die Vorschriften über die Vernehmung eines Beschuldigten (Betroffenen) gelten.[91] Anders als beim Einziehungsbeteiligten, der als Beschuldigter nur vernommen wird, so weit es die Einziehung betrifft, zu allen anderen Fragen aber als Zeuge vernommen werden kann,[92] gelten bei der JP/PV die Regeln über die Betroffenenvernehmung umfassend mit der Folge der Unzulässigkeit einer Beteiligungsbeschränkung nach § 431 Abs. 2 StPO. Die Verbandsgeldbuße unterscheidet sich von der Einziehung dadurch, dass § 30 OWiG für die Verhängung der Verbandsgeldbuße gerade voraussetzt, dass der Hauptbetroffene eine rechtswidrige und schuldhafte Anknüpfungstat begangen hat.[93]

Das aus diesem Verfahrensrecht folgende **Schweigerecht** wird grundsätzlich von den satzungsmäßigen Vertretern wahrgenommen, § 444 Abs. 1 StPO i.V.m. § 88 Abs. 1 OWiG.[94] **35**

Teilweise wird der JP/PV jedoch nur ein **Auskunftsverweigerungsrecht** aus § 55 Abs. 1, 1. Var. StPO direkt oder analog zugestanden.[95] Das Bundesverfassungsgericht hat der JP/PV das Recht abgesprochen, sich nicht selbst einer Ordnungswidrigkeit bezichtigen zu müs- **36**

---

90 *Dannecker/Biermann*, in: Immenga/Mestmäcker (Fn. 8), Vor § 81 Rn. 168; siehe auch oben Rn. 33.

91 *Kleinknecht/Meyer-Goßner* (Fn. 67), § 432 Rn. 3; *Boujong*, in: KK-StPO (Fn. 20), § 432 Rn. 7; *Dannecker/Biermann*, in: Immenga/Mestmäcker (Fn. 8), Vor § 81 Rn. 168; *Gillmeister*, Ermittlungsrechte im deutschen und europäischen Kartellordnungswidrigkeitenverfahren, 1985, S. 54; *v. Winterfeld*, BB 1976, 344, 345; *E. Müller*, Die Stellung der juristischen Person im Ordnungswidrigkeitenrecht, 1985, S. 106.

92 *Kleinknecht/Meyer-Goßner* (Fn. 67), § 431 Rn. 14.

93 *Boujong*, in: KK-StPO (Fn. 20), § 444 Rn. 5; *Gössel*, in: Löwe-Rosenberg (Fn. 65), § 444 Rn. 19; irreführend insoweit *Wrage-Molkenthin/Bauer* (Fn. 32), § 81 a.F. Rn. 79.

94 So im Ergebnis auch: *Göhler* (Fn. 4), § 88 Rn. 5; *Boujong*, in: KK-OWiG (Fn. 3), § 88 Rn. 10.

95 *Fischötter* (Fn. 5), Vorb. §§ 81–85 a.F. Rn. 48; *Klusmann*, in: Wiedemann, Handbuch des Kartellrechts, 1999, § 57 Rn. 37; *Grützner/Reimann/Wissel*, Richtiges Verhalten bei Kartellamtsermittlungen im Unternehmen, 3. Aufl., 1993, Rn. 162.

sen,[96] weil Art. 19 Abs. 3 GG eine entsprechende Anwendung des nemo-tenetur-Grundsatzes auf JP/PV nicht zulasse.[97] Diese Entscheidung berührt nicht nur das Schweigerecht des – verfolgten – Betroffenen. Die vertretungsberechtigten Organe dürften auch auf solche Fragen nicht unter Berufung auf § 55 StPO schweigen, bei deren Beantwortung sie die JP/PV in die Gefahr zukünftiger Verfolgung wegen einer Ordnungswidrigkeit (Verbandsgeldbuße nach § 30 OWiG) brächten, da auch § 55 StPO Ausdruck des dem § 136 Abs. 1 Satz 2 StPO zugrunde liegenden nemo-tenetur-Grundsatzes ist.[98]

37 Nach den oben gewonnenen Erkenntnissen kommt es jedoch auf die Frage, ob das Grundgesetz durch den auch[99] aus Art. 1 Abs. 1 i.V.m. Art. 2 Abs. 1 GG fließenden nemo-tenetur-Grundsatz einer JP/PV ein Schweigerecht überhaupt oder nur in der Form einer entsprechenden Anwendung des Auskunftsverweigerungsrechts aus § 55 StPO gewährt, nicht an. Denn unabhängig von grundrechtlichem Schutz genießt die JP/PV im Bußgeldverfahren sowohl vor wie nach Erlass des Bußgeldbescheids *hinsichtlich der Auskunftsverpflichtung* die **Rechte einer Betroffenen** jedenfalls aus einfachem Recht. Diesem vom Grundgesetz möglicherweise nicht gebotenen Schutzstandard, der auch durch Art. 6 Abs. 1 EMRK für das Ordnungswidrigkeitenverfahren mit dem Rang eines einfachen Gesetzes gewährleistet wird,[100] hat sich ganz offensichtlich auch der Gesetzgeber des WpÜG angeschlossen. In § 40 Abs. 5 Satz 1 wird den nach § 40 Abs. 1 bis 3 Auskunftspflichtigen bereits **im Verwaltungsverfahren** ein dem § 55 StPO nachgebildetes **Auskunftsverweigerungsrecht** gewährt. Auskunftsverpflichtet ist nach § 40 Abs. 2 und 3 auch die Zielgesellschaft und damit eine JP, vgl. § 2 Abs. 3. Erkennt der Gesetzgeber damit ein Auskunftsverweigerungsrecht der JP/PV wegen der Gefahr sich selbst zu

---

96 BVerfG, 26. 2. 1997 – 1 BvR 2172/96, BVerfGE 95, 220, 242; anders noch BVerfG, 26. 2. 1975 – 2 BvR 820/74, BB 1975, 1315.

97 Dagegen instruktiv *Weiß*, JZ 1998, 289, 293 ff.; sowie für das Europäische Kartellordnungswidrigkeitenverfahren: *Dannecker*, ZStW 111 (1999), 257, 283 ff. Der EuGH hat JP/PV zumindest im Grundsatz das Recht zugestanden, sich nicht selbst einer Ordnungswidrigkeit bezichtigen zu müssen, zuerst in: EuGH, 18. 10. 1989 – 374/87, EuGH Slg. 1989, 3283, 3350 Ziff. 34 f. („Orkem").

98 *Dannecker/Biermann*, in: Immenga/Mestmäcker (Fn. 8), Vor § 81 Rn. 169; *J. Schlüter*, Strafbarkeit von Unternehmen, 2000, S. 238 f.: § 55 Abs. 1, 1. Var. StPO als zeitliche Vorverlagerung des Schutzes aus § 136 Abs. 1 Satz 2 StPO.

99 Vgl. *Weiß* (Fn. 97), 293: Daneben soll dieser Grundsatz auch auf dem Rechtsstaatsprinzip fußen.

100 EuGMR, 21. 2. 1984, EuGRZ 1985, 62, 67 f., Ziff. 53; EuGMR, 25. 8. 1987, EuGRZ 1987, 399, 402, Ziff. 57.

belasten, § 40 Abs. 5 Satz 1, 1. Var., im vorgeschalteten Verwaltungsverfahren an, erscheint es zumindest nahe liegend, dass der Gesetzgeber davon ausgegangen ist, dass die JP/PV **im Bußgeldverfahren** ein **Schweigerecht** gem. § 136 Abs. 1 Satz 2 StPO besitzt, anderenfalls die Gewährung eines Auskunftsverweigerungsrechts als vorgelagerter Schutz im Verwaltungsverfahren wenig sinnvoll erschiene.

bb) Verfahrensstellung der Organmitglieder

Wird das verbundene Verfahren gegenüber Mitgliedern des vertretungsberechtigten Organs als auch unter Nebenbeteiligung der JP/PV geführt, so haben die betroffenen Organmitglieder die Rechte aus den §§ 163 a, 136 Abs. 1 Satz 2 StPO hinsichtlich ihrer eigenen Verfolgung aus eigenem Recht. Als Betroffene können sie nicht die Verfahrensrolle eines Zeugen einnehmen, weder gegen sich selbst, noch gegen Mitbetroffene in demselben Verfahren.[101] Der daraus teilweise gezogene Schluss, wegen dieser umfassenden **Schweigebefugnis** aus eigenem Recht komme dem Streit um das Aussage- oder Auskunftsverweigerungsrecht der JP/PV praktische Relevanz nur im Ausnahmefall des selbstständigen Verfahrens nach § 30 Abs. 4 OWiG zu,[102] ist zumindest irreführend. Denn die **betroffenen Organmitglieder** sind nach h.M. von der **Vertretung** der JP/PV im Verfahren wegen der Gefahr eines Interessenkonflikts **ausgeschlossen.**[103] Die JP/PV wird entweder von nicht betroffenen Organmitgliedern vertreten, einem nach den §§ 444 Abs. 2 Satz 2, 434 Abs. 1 StPO für das konkrete Verfahren gewählten oder durch einen vom Gericht nach den §§ 29 BGB, 85 AktG bestellten Vertreter. Diese Personen nehmen die Betroffenenrechte der JP/PV wahr, sodass es auf das Schweigerecht der betroffenen Organmitglieder aus eigenem Recht hinsichtlich seiner Wirkung für die JP/PV nicht ankommt. Scheidet ein Mitglied des vertretungsberechtigten Organs hingegen von vornherein als Tatverdächtiger aus, so bleibt die Möglichkeit, die JP/PV im Verfahren zu vertreten mit der Folge, dass diese natürliche Person **als Zeuge ausschei-** 38

101 BGH, 18. 10. 1956 – 4 StR 278/56, BGHSt 10, 8, 10 f.; *Wrage-Molkenthin/Bauer* (Fn. 32), § 81 a.F. Rn. 78.

102 Wegen des vom BGH vertretenen formalen Mitbeschuldigtenbegriffs, vgl. BGH, 18.10.1956 – 4 StR 278/56, BGHSt 10, 8, 10 f., nach dem das Verbot der Vernehmung als Zeuge endet, wenn selbstständige Verfahren gegen die materiell Mitbeschuldigten geführt werden; siehe *Fischötter* (Fn. 5), Vorb. §§ 81–85 a.F. Rn. 46.

103 *Boujong*, in: KK-OWiG (Fn. 3), § 88 Rn. 2; *Rogall*, in: KK-OWiG (Fn. 3), § 30 Rn. 179; *Gössel*, in: Löwe-Rosenberg (Fn. 65), § 444 Rn. 25; *E. Müller* (Fn. 91), S. 103.

det.[104] Vertritt ein solches Mitglied die JP/PV nicht, weil ein besonderer Vertreter bestellt wurde, so kommt eine **Vernehmung als Zeuge** in Betracht, was es angezeigt erscheinen lässt, nicht-verdächtige Organmitglieder nicht von vornherein von der Vertretung der JP/PV im Bußgeldverfahren auszuschließen.

39 Abzulehnen ist die insoweit vermittelnde Lösung, die den – nicht betroffenen – Mitgliedern des vertretungsberechtigten Organs das Recht aus § 55 Abs. 1, 1. Var. StPO wegen der Gefahr der Belastung der JP/PV geben will.[105] Denn für ein **Auskunftsverweigerungsrecht** aus § 55 StPO ist solange **kein Raum**, wie die JP/PV (bereits) am Verfahren beteiligt ist: Ein Organ vertritt die JP/PV mit der Folge der Möglichkeit der Ausübung des **Schweigerechts** des Betroffenen aus § 136 Abs. 1 Satz 2 StPO i.V.m. den §§ 88, 87 OWiG bzw. §§ 444 Abs. 2 Satz 2, 432 Abs. 2 StPO oder es vertritt die JP/PV nicht mit der Folge der **Zeugnisfähigkeit** und unbeschränkten Aussageverpflichtung, so weit es die JP/PV betrifft. (Mit-)betroffene Organmitglieder können keine Zeugen sein, sodass sich die Frage nach dem Recht aus § 55 StPO für sie nicht stellt. Ein Auskunftsverweigerungsrecht im Hinblick auf die JP/PV kommt **nur für vertretungsberechtigte nicht betroffene Organe** in Betracht, solange gegen die JP/PV noch nicht ermittelt wird. Mit Eröffnung des Ermittlungsverfahrens erstarkt dieses Recht zum **Schweigerecht** aus den §§ 163 a, 136 Abs. 1 Satz 2, 432 Abs. 2 StPO.

40 Nach dem vorstehend Bemerkten hat es die Behörde auch nicht durch eine **Verfahrenseinstellung** gegenüber einigen oder allen Organmitgliedern in der Hand, das Schweigerecht durch die Durchführung eines selbstständigen Verfahrens nur gegenüber der JP/PV nach § 30 Abs. 4 OWiG zu umgehen,[106] sodass den Organmitgliedern in diesem Fall auch nicht das Recht aus § 55 Abs. 1, 1. Var. StPO wegen der Gefahr der Belastung der JP/PV gewährt werden muss. Mit der Verfahrenseinstellung den bislang betroffenen Organen gegenüber endet für diese zwar die Betroffenenstellung, aber es entfällt zugleich der Hinderungsgrund für die Vertretung der JP/PV, sodass die Organe wieder

---

104 *Wrage-Molkenthin/Bauer* (Fn. 32), § 81 a. F. Rn. 80.

105 *Fischötter* (Fn. 5), Vorb. §§ 81–85 a. F. Rn. 46; *Neumann*, Aussageverweigerungsrecht der Organmitglieder, in: Rechtsfragen der Ermittlung von Kartellordnungswidrigkeiten, 1974, S. 11, 14.

106 So aber wohl *Fischötter* (Fn. 5), Vorb. §§ 81–85 a. F. Rn. 46; *Göhler* (Fn. 4), § 88 Rn. 5; *v. Winterfeld* (Fn. 91), 345. Siehe näher zur Verfahrenseinstellung aus Opportunitätserwägungen § 61 Rn. 16 und 10 ff.

die Betroffenenrechte der JP/PV wahrnehmen. Der Beantwortung der Frage, ob die Verfahrenseinstellung allein zum Zwecke der Umgehung des Aussageverweigerungsrechts gegen das Verbot willkürlicher Rechtsausübung verstößt mit der Folge, dass der formale Zeuge materiell wie ein Betroffener zu behandeln ist,[107] kommt daher bei Organen einer JP/PV keine entscheidende Bedeutung zu.

Frühere Mitglieder des vertretungsberechtigten Organs nehmen im Verfahren gegen die JP/PV für diese weder das Schweigerecht des Betroffenen noch ein Auskunftsverweigerungsrecht aus § 55 Abs. 1, 1. Var. StPO analog wahr.[108] Die Grenzen ihrer Auskunftspflicht bestimmen sich ausschließlich aus eigenem Recht, sodass eine uneingeschränkte Auskunftspflicht besteht, wenn ihre Verfolgung wegen einer Ordnungswidrigkeit zweifellos ausgeschlossen ist. 41

b) Andere Mitarbeiter im Unternehmen

Andere Mitarbeiter der Bieter- oder Zielgesellschaft können, so weit sie nicht selbst Betroffene in demselben Verfahren sind, als **Zeugen** vernommen werden.[109] Das gilt auch für die besonderen Vertreter i. S. d. § 30 BGB sowie für Prokuristen und vergleichbare Angestellte der Leitungsebene. Die Fähigkeit, Betroffenenrechte für die JP/PV wahrzunehmen, richtet sich nämlich nicht danach, ob jemand tauglicher Täter einer Anknüpfungstat i. S. d. § 30 Abs. 1 OWiG sein kann,[110] sondern nach Gegenstand und Umfang der Vertretungsbefugnis. 42

Eine unter den sonstigen Mitarbeitern der JP/PV herausgehobene Stellung besitzt der in einem festen Anstellungsverhältnis zur JP/PV stehende zugelassene **Syndikusanwalt**, vgl. § 46 BRAO, da er das **Zeugnisverweigerungsrecht** aus § 53 Abs. 1 Nr. 3 StPO in Anspruch neh- 43

---

107 BGH, 18. 10. 1956 – 4 StR 278/56, BGHSt 10, 8, 12; *Dannecker/Biermann*, in: Immenga/Mestmäcker (Fn. 8), Vor § 81 Rn. 166; *Fischötter* (Fn. 5), Vorb. §§ 81–85 a. F. Rn. 47; anders *Wrage-Molkenthin/Bauer* (Fn. 32), § 81 a. F. Rn. 97, die die Möglichkeit der Vernehmung eines Tatverdächtigen als Zeugen allein von der Verbindlichkeit der Zusicherung der Behörde abhängig machen wollen, von einer Verfolgung ihm gegenüber abzusehen. Dabei wird allerdings übersehen, dass die Rechtmäßigkeit einer Zusicherung in einer dreipoligen Beziehung auch von den Nachteilen für den Dritten abhängt.

108 BVerfG, 26. 2. 1975 – 2 BvR 820/74, BB 1975, 1315; *Wrage-Molkenthin/Bauer* (Fn. 32), § 81 a. F. Rn. 81; *Dannecker/Biermann*, in: Immenga/Mestmäcker (Fn. 8), Vor § 81 Rn. 169 a. E.

109 OLG Frankfurt, 20. 9. 1968 – 2 Ws (B) 144/68, GA 1969, 124; *Wrage-Molkenthin/Bauer* (Fn. 32), § 81 a. F. Rn. 82.

110 A. A. wohl *J. Schlüter* (Fn. 98), S. 226, für die besonderen Vertreter i. S. d. § 30 BGB.

men kann, so weit er eine ihrer Natur nach anwaltliche Tätigkeit ausübt.[111] Nach der Konzeption des § 46 BRAO entspricht auch der angestellte Rechtsanwalt dem Bild eines unabhängigen Organs der Rechtspflege, das ohne eine Sphäre vertraulicher Kommunikation nicht auskommt.[112] Dabei ist zu beachten, dass sich das Vertrauensverhältnis nicht auf die Beratung organschaftlicher Vertreter oder den Personenkreis des § 30 Abs. 1 OWiG beschränkt, sondern alle Unternehmensangehörigen erfasst.[113]

c) Dritte Personen

44 Bei der Vorbereitung und Durchführung eines Übernahmeangebots sind insbesondere auf Bieterseite, aber auch auf Seiten der Zielgesellschaft in Reaktion auf ein Übernahmeangebot, zahlreiche externe Berater und Dienstleister tätig.[114] Überwiegend sind diese Personen für eine optimale Beratung und Unterstützung auf eine umfassende Information durch den Bieter bzw. die Zielgesellschaft und deren Mitarbeiter angewiesen, sodass sie als **Zeugen** im Bußgeldverfahren eine wichtige Rolle spielen können. Besondere Bedeutung dürfte den Mitgliedern der Leitungsorgane von Tochterunternehmen (§ 290 Abs. 1 HGB) und solchen juristischen Personen zukommen, mit denen der Bieter oder seine Tochterunternehmen ihr Verhalten in Bezug auf die Zielgesellschaft abgestimmt haben und deren Stimmrechte dem Bieter zugerechnet werden, § 30 Abs. 1 Nr. 1 und Abs. 2 Satz 1. Da diese Organmitglieder in der Regel von dem geplanten Verhalten des Bieters in Kenntnis gesetzt werden, im Falle des abgestimmten Verhaltens sogar zwangsläufig Kenntnis erhalten müssen, sind sie als wertvolle Informationsquellen zu betrachten, die im Bußgeldverfahren gegen den Bieter als Zeugen benannt werden können.

45 Ein **Zeugnisverweigerungsrecht** insbesondere aus § 53 Abs. 1 Nr. 3 StPO besitzen nicht alle dieser möglichen Informationsträger. Der von § 53 Abs. 1 StPO erfasste Kreis der Berufsgruppen ist abschließend und einer erweiternden Auslegung nicht zugänglich.[115] Daher sind Mit-

111 *Hassemer*, wistra 1986, 1, 13 f.; *Roxin*, NJW 1992, 1129, 1134; *Kleinknecht/Meyer-Goßner* (Fn. 67), § 53 Rn. 15.

112 *Roxin* (Fn. 111), 1131 f.

113 *Dannecker/Biermann*, in: Immenga/Mestmäcker (Fn. 8), Vor § 81 Rn. 170.

114 Siehe zu den praktischen Gesichtspunkten eines Übernahmeangebots aus der Sicht des beratenden Rechtsanwalts: *Riehmer/Schröder*, BB 2001, Beilage 5, 1 ff.

115 BVerfG, 24. 5. 1977 – 2 BvR 988/75, BVerfGE 44, 353, 378; BVerfG, 15. 1. 1975 – 2 BvR 65/74, BVerfGE 38, 312, 321; BVerfG, 19. 1. 1979 – 2 BvR 995/78, NJW 1996, 1987.

arbeiter von Finanzdienstleistungsunternehmen oder Unternehmensberater, so weit sie nicht gleichzeitig eine Zulassung als Wirtschaftsprüfer, Steuerberater oder Rechtsanwalt besitzen, uneingeschränkt aussagepflichtig. Dasselbe gilt für die Mitglieder der Leitungsorgane verbundener JP/PV bzw. mit dem Bieter oder der Zielgesellschaft abgestimmt handelnder JP/PV. Hier kommt hinzu, dass anders als etwa bei Finanzdienstleistungsunternehmen, bei denen der Verdacht der Beteiligung an einer Übernahmeordnungswidrigkeit über § 14 OWiG mit der Folge des Auskunftsverweigerungsrechts aus § 55 Abs. 1, 1. Var. StPO entstehen kann, so weit der Finanzdienstleister Aufgaben im Bereich des Angebots übernimmt, bei diesen Personen ein Tatverdacht häufiger ausscheiden dürfte, sodass ihrer Vernehmung keine Schweigerechte entgegenstehen.

Die in § 53 Abs. 1 Nr. 3 StPO genannten Personengruppen besitzen ein **46**
begrenztes Zeugnisverweigerungsrecht. Geschützt werden nur Tatsachen, die ihnen bei ihrer Berufsausübung anvertraut worden oder bekannt geworden sind.[116] Werden die von § 53 Abs. 1 Nr. 3 StPO erfassten Personen von der Schweigepflicht entbunden, so besteht eine Aussagepflicht, § 53 Abs. 2 StPO, eine etwaige Geheimnisoffenbarung ist in diesem Fall nicht unbefugt i.S.d. § 203 StGB.[117] Für die **Entbindung von der Schweigepflicht** ist der Träger des Geheimhaltungsinteresses zuständig.[118] Ist eine JP/PV in einem Bußgeldverfahren beteiligt, so kommt neben den Angestellten der Leitungsebene insbesondere die JP/PV selbst als Träger des Interesses in Betracht. Da es sich bei der Entbindungserklärung um eine Prozesshandlung handelt,[119] gelten die zivilrechtlichen Vertretungsgrundsätze, sodass die Erklärung jedenfalls[120] von allen zum Zeitpunkt der Entbindungserklärung aktiven Mitgliedern des vertretungsberechtigten Organs abgegeben werden muss.[121] Erfolgt keine Entbindungserklärung, so entscheidet allein der

116 Siehe dazu näher *Kleinknecht/Meyer-Goßner* (Fn. 67), § 53 Rn. 7 ff.

117 *Schünemann*, in: Leipziger Kommentar zum StGB, 11. Aufl., 2000, § 203 Rn. 128.

118 *Senge*, in: KK-OWiG (Fn. 3), § 53 Rn. 46.

119 *Kleinknecht/Meyer-Goßner* (Fn. 67), § 53 Rn. 45.

120 Ob man darüber hinaus auch die – ausgeschiedenen – Organwalter als Interessenträger begreift, die gegenüber dem Berufsgeheimnisträger gehandelt haben, ist umstritten; siehe *Dahs*, FS für Kleinknecht, 1985, S. 63, 77 einerseits; BGH, 30. 11. 1989 – III ZR 112/88, NJW 1990, 510, 512 andererseits. Die Frage ist insbesondere bedeutsam für die Mitglieder des vertretungsberechtigten Organs der Zielgesellschaft, die nach Abschluss eines Übernahmeverfahrens häufig aus ihrer Leitungsposition ausscheiden.

121 A. A. *P. Schmitt*, wistra 1993, 9, 11, die ausschließlich jene Organmitglieder als zuständig begreift, die die Tatsachen im Rahmen der Vertrauensbeziehung mitgeteilt

Berufsgeheimnisträger über die Bereitschaft zur Aussage. Er muss von seinem Zeugnisverweigerungsrecht keinen Gebrauch machen.[122] Die Aussage bleibt nach ständiger Rechtsprechung auch dann verwertbar, wenn der Berufsgeheimnisträger damit gegen § 203 StGB verstößt.[123] Als Entscheidungshilfe behält § 53 Abs. 1 StPO einen Anwendungsbereich für Fälle, die nicht bereits gegen § 203 StGB verstoßen.

d) Beweisverwertungsverbote

47 Die dargestellten Auskunfts- und Aussageverweigerungsrechte werden teilweise durch sog. **unselbstständige Beweisverwertungsverbote** flankiert, die an die Rechtswidrigkeit der vorausgegangenen Beweiserhebung knüpfen.[124] Darüber hinaus können **selbstständige Verwertungsverbote** relevant werden, wenn sich die Verwertung von Beweismitteln trotz ihrer rechtmäßigen Gewinnung ausnahmsweise[125] als ungerechtfertigter Grundrechtseingriff insbesondere in den Kernbereich des Allgemeinen Persönlichkeitsrechts aus Art. 1 Abs. 1 i.V.m. Art. 2 Abs. 1 GG[126] darstellt.

48 Ein **unselbstständiges Verwertungsverbot** setzt voraus, dass das BAWe eine die **Beweisgewinnung regelnde Vorschrift verletzt** hat. Eine solche Verletzung liegt jedenfalls dann vor, wenn das BAWe die **Einleitung des Bußgeldverfahrens** zur Vermeidung des Schweigerechts aus den §§ 163 a Abs. 3 Satz 2, 136 Abs. 1 Satz 2 StPO **missbräuchlich hinaus zögert**, vgl. § 136 a Abs. 3 Satz 2 StPO. Gleiches gilt für das **Unterlassen** der nach § 40 Abs. 5 Satz 2 vorgeschriebenen **Belehrung**.[127]

---

haben, auch wenn sie zum Zeitpunkt der Entbindungserklärung die JP/PV nicht mehr vertreten.

122 BGH, 20. 11. 1962 – 5 StR 426/62, BGHSt 18, 146, 147; *Senge*, in: KK-StPO (Fn. 20), § 53 Rn. 7.

123 BGH, 28. 10. 1960 – 4 StR 375/60, BGHSt 15, 200, 202; *Paulus*, in: Kleinknecht/Müller/Reitberger, Kommentar zur StPO, 28. Lief. Juli 2001, § 53 Rn. 50; a. A. *Roxin*, Strafverfahrensrecht, 25. Aufl., 1998, 26/22; *Welp*, FS für Gallas, 1973, S. 391, 406 f.

124 Vgl. *Roxin* (Fn. 123), 24/23.

125 Regelmäßig ergibt sich die Rechtsgrundlage der Verwertung bereits aus der die Beweiserhebung gestattenden Norm, vgl. *Rogall*, FS für Rudolphi, 1995, S. 113, 146 f., wenn sich die Verwertung innerhalb des Normzwecks der Erhebungsgrundlage hält, vgl. BVerfG, 13. 1. 1981 – 1 BvR 116/77, BVerfGE 56, 37, 50; BVerfG, 15. 12. 1983 – 1 BvR 209, 269, 362, 420, 440, 484/83, BVerfGE 65, 1, 46.

126 BVerfG, 31. 1. 1973 – 2 BvR 454/71, BVerfGE 34, 238, 245.

127 *Dannecker/Biermann*, in: Immenga/Mestmäcker (Fn. 8), Vor § 81 Rn. 186; *Göhler* (Fn. 4), § 55 Rn. 8 a.

Ein unselbstständiges Verwertungsverbot ergibt sich auch dann, wenn der Betroffene im Bußgeldverfahren nicht vom BAWe über das Schweigerecht aus § 136 Abs. 1 Satz 2 StPO bzw. der Zeuge nicht über das Auskunftsverweigerungsrecht aus § 55 StPO belehrt worden ist.[128] Zwar hat es der BGH ausdrücklich offen gelassen, ob das von ihm anerkannte Verwertungsverbot wegen unterlassener Beschuldigtenbelehrung durch die Polizei im Ermittlungsverfahren wegen einer Straftat auch im Ordnungswidrigkeitenverfahren gilt.[129] Jedoch dürften diese Grundsätze auf das Ordnungswidrigkeitenverfahren übertragbar sein, da es sich beim Schweigerecht um ein elementares Betroffenenrecht handelt und ein qualitativer Unterschied zwischen Strafverfahren und Ordnungswidrigkeitenverfahren jedenfalls insoweit nicht besteht.[130] Es ist allerdings zu beachten, dass der Betroffene der Verwertung einer unter diesen Umständen zu Stande gekommenen Aussage nur dann erfolgreich begegnen kann, wenn tatsächliche Anhaltspunkte dafür vorliegen, dass die Belehrung unterblieben ist. Zweifel darüber gehen zu Lasten des Betroffenen.[131] Zu beachten ist auch, dass dem Betroffenen aufgrund einer nicht ihm, sondern einem Zeugen gegenüber unterbliebenen Belehrung gem. § 55 Abs. 2 StPO nach der Rechtsprechung kein Verwertungsverbot zugute kommt, da es insoweit an einer Drittwirkung fehlen soll.[132] Im verbundenen Verfahren nach § 30 Abs. 4 OWiG führt das dazu, dass die Nichtbelehrung solcher Unternehmensangehörigen, die mangels Vertretungseigenschaft wegen ihrer Zeugenrolle der JP/PV als Dritte gegenüber stehen, nicht zu einem Verwertungsverbot zu Gunsten der JP/PV führt.[133] noch 48

---

128 Zur Belehrungspflicht vgl. *Rebmann/Roth/Hermann* (Fn. 86), § 55 Rn. 6 (Betroffener); sowie *Göhler* (Fn. 4), § 59 Rn. 8 (Zeuge).

129 BGH, 27. 2. 1992 – 5 StR 190/91, BGHSt 38, 214, 228.

130 So auch *Hecker*, NJW 1997, 1833 f.; a. A. *Göhler* (Fn. 4), § 55 Rn. 9.

131 BGH, 27. 2. 1992 – 5 StR 190/91, BGHSt 38, 214, 224; vgl. zur Parallelität von beweisrechtlicher und revisionsrechtlicher Bedeutung von Verfahrensmängeln *Bauer*, wistra 1993, 99, 100 einerseits und *Roxin*, JZ 1992, 923 f. andererseits.

132 BGH, 27. 2. 1992 – 5 StR 190/91, BGHSt 38, 214, 220; BayObLG, 1. 12. 1993 – 4 StR 190/93, NStZ 1994, 250, 251; dagegen etwa: *Roxin* (Fn. 123), 24/26 und 36.

133 Vgl. auch *J. Schlüter* (Fn. 98), S. 235, für das Unternehmensstrafverfahren. Ob der Verstoß gegen ein Beweisverbot über das unmittelbar durch den rechtswidrigen Gewinnungsakt erlangte Beweismittel hinaus auch alle weiteren Beweismittel unverwertbar macht, die erst aufgrund des rechtswidrig erlangten Beweismittels bekannt geworden sind (sog. Fernwirkung), lässt sich nicht allgemein beantworten – der BGH hat eine Fernwirkung nur sehr vereinzelt angenommen und lässt sie in der Regel bei der durch Vorhalt des unzulässig erlangten Beweismittels erzielten Aussage enden: vgl. BGH, 18. 4. 1980 – 2 StR 731/79, BGHSt 29, 244, 251; BGH, 24. 8. 1983–3 StR 136/83, BGHSt 32, 68, 70; BGH, 28. 4. 1987 –

49 Ist die Beweisgewinnung ohne Rechtsverstoß erfolgt, unterliegen die Beweise grundsätzlich keinem Verwertungsverbot. Ausnahmsweise kann ein **selbstständiges Verwertungsverbot** eingreifen, wenn die Beweise aufgrund von Auskunftspflichten gewonnen wurden, die gegenüber dem Auskunftspflichtigen zwangsweise durchgesetzt werden können oder sanktionsbewehrt sind, da in diesem Fall der Auskunftspflichtige und später Betroffene in eine dem § 136 a StPO vergleichbare Zwangslage gerät, die nach dieser Vorschrift zu einem Verwertungsverbot führt.[134] Daher können sich selbstständige Verwertungsverbote insbesondere dann ergeben, wenn Beweismittel außerhalb des Bußgeldverfahrens mit seinen Schutzrechten für den Betroffenen gewonnen werden.

50 Bei Übernahmeordnungswidrigkeiten gerät demnach zunächst das vorgeschaltete oder gar teilweise parallel laufende Verwaltungsverfahren nach den §§ 40 ff. in den Blick, da nach § 40 Auskunftspflichten bestehen, die nach § 46 mit Mitteln der Verwaltungsvollstreckung durchgesetzt werden können und überdies in § 60 Abs. 2 Nr. 2 bußgeldbewehrt sind. Da jedoch der Gesetzgeber gem. § 40 Abs. 5 ein Auskunftsverweigerungsrecht für den (möglicherweise) später Betroffenen bereits auf der Stufe der Beweiserhebung vorgesehen hat,[135] sind Beweisergebnisse aus dem **ordnungsgemäß durchgeführten Verwaltungsverfahren** grundsätzlich verwertbar.[136]

51 Soweit das BAWe Beweismittel durch die in § 7 Abs. 1 geregelte **Zusammenarbeit mit** den dort genannten **inländischen Aufsichtsbehörden** erhält, kommt ein selbstständiges Verwertungsverbot ebenso wenig in Betracht, da die §§ 59 Abs. 5 GWB, 44 Abs. 6 KWG und 83 Abs. 2 VAG ein dem § 40 Abs. 5 ähnliches Auskunftsverweigerungsrecht enthalten.[137] Zwar geht der Gesetzgeber des WpÜG begrü-

---

5 StR 666/86, BGHSt 34, 362, 364 – und hängt von Zweck und Reichweite des verletzten Beweisverbotes selbst ab, vgl. *Rogall* (Fn. 125), S. 113, 157 f.; *Neuhaus*, NJW 1990, 1221, 1222; weitergehend *Roxin* (Fn. 123), 24/47.

134 Vgl. BVerfG, 13. 1. 1981 – 1 BvR 116/77, BVerfGE 56, 37, 51 f.

135 Vgl. zu dieser eingeschränkten Wahlmöglichkeit zwischen Grundrechtsschutz auf der Stufe der Beweisgewinnung und nachgängigem Schutz durch Verwertungsverbot: BVerfG, 13. 1. 1981 – 1 BvR 116/77, BVerfGE 56, 37, 49 f.; *Gillmeister* (Fn. 91), S. 41 f.

136 *Dannecker/Biermann*, in: Immenga/Mestmäcker (Fn. 8), Vor § 81 Rn. 186; *Wrage-Molkenthin/Bauer* (Fn. 32), § 81 a. F. Rn. 62.

137 Dies entspricht nachkonstitutionellem Legislativstandard, sodass die Gemeinschuldnerentscheidung, BVerfG, 13. 1. 1981 – 1 BvR 116/77, BVerfGE 56, 37 ff., in der ein selbstständiges Verwertungsverbot entwickelt wurde, insoweit keine Auswirkungen hat, vgl. *Dingeldey*, NStZ 1984, 529, 534.

ßenswerterweise weiter, indem er abweichend von den zuvor genannten Vorschriften in § 40 Abs. 5 Satz 2 eine Belehrungspflicht vorschreibt. Da jedoch die h. M. zu § 59 Abs. 6 GWB bereits de lege lata von einem Verwertungsverbot bei unterlassener Belehrung auch ohne ausdrückliche Regelung ausgeht,[138] dürften sich insoweit ebenfalls keine Unterschiede zu Beweismitteln ergeben, die nach § 40 erlangt worden sind.

Zu denken ist an ein selbstständiges Verwertungsverbot jedoch in Fäl- 52
len, in denen das BAWe Beweismittel durch die **Zusammenarbeit mit ausländischen Aufsichtsbehörden** nach § 8 Abs. 3 erhält, die diese – rechtmäßig – in einem Verfahren gegenüber dem Betroffenen gewonnen haben, da die von § 8 Abs. 3 geforderte Beachtung der Zweckbindung die Betroffenenrechte dann nicht genügend schützt, wenn in dem ausländischen Verfahren eine zwangsweise durchsetzbare Auskunftsverpflichtung besteht, die nicht von einem § 40 Abs. 5 vergleichbaren Auskunftsverweigerungsrecht begrenzt wird, sodass eine dem § 136 a StPO vergleichbare Zwangslage besteht.[139]

2. Durchsuchung und Beschlagnahmung

Neben Zeugenaussage und Geständnis spielen im übernahmerechtli- 53
chen Ermittlungsverfahren insbesondere Urkunden eine besondere Rolle als Beweismittel. Zur Gewinnung dieser Beweismittel kann das BAWe die ermittlungsrechtlichen Zwangsmittel der Durchsuchung, §§ 102 ff. StPO, und der Beschlagnahme, §§ 94 ff. StPO, einsetzen, deren Rechtsgrundlagen über § 46 Abs. 1 OWiG auch im Bußgeldverfahren Anwendung finden.[140]

a) Durchsuchung

Von den verschiedenen Arten der Durchsuchung dürfte neben der Durch- 54
suchung zur **Auffindung von Einziehungsgegenständen** nach § 111 b Abs. 2 Satz 3 StPO[141] im Verfahren wegen einer Übernahmeordnungswidrigkeit allein die Durchsuchung zur **Auffindung von Beweismitteln** in Geschäftsräumen des Betroffenen oder Dritten relevant sein.

---

138 *Dannecker/Biermann,* in: Immenga/Mestmäcker (Fn. 8), Vor § 81 Rn. 186; *Wrage-Molkenthin/Bauer* (Fn. 32), § 81 a. F. Rn. 62; *Gillmeister* (Fn. 91), S. 45.

139 Vgl. BVerfG, 13. 1. 1981 – 1 BvR 116/77, BVerfGE 56, 37, 52.

140 Zu den Einschränkungen der Befugnisse der Verwaltungsbehörde gegenüber dem Strafverfahren nach § 46 Abs. 3 OWiG vgl. *Wache,* in: KK-OWiG (Fn. 3), § 46 Rn. 19 ff.

141 Siehe dazu näher *Kleinknecht/Meyer-Goßner* (Fn. 67), § 111 b Rn. 1, 4–10.

55 Während § 102 StPO für die **Durchsuchung beim Verdächtigen** eine einfache Auffindungsvermutung genügen lässt, für die es nach h. M. bereits genügt, wenn sie lediglich von kriminalistischer Erfahrung getragen wird,[142] setzt die **Durchsuchung bei dritten Personen** nach § 103 StPO eine durch konkrete Tatsachen gestützte qualifizierte Auffindungsvermutung hinsichtlich bestimmter Beweismittel oder einer gesuchten Spur voraus.[143] In diesem Zusammenhang kommt der Frage Bedeutung zu, ob die **JP/PV als Verdächtige** zu betrachten ist, wenn die Verhängung einer Verbandsgeldbuße in Betracht kommt. Das ist auch dann zu bejahen, wenn man die JP/PV nicht als Adressaten der ordnungswidrigkeitenrechtlichen Ver- und Gebote ansieht,[144] da die beim Verdächtigen gegenüber dem Unbeteiligten reduzierten Voraussetzungen des Eingriffs in das Recht aus Art. 13 GG daher rühren, dass der Verdächtige den Anlass zum Eingriff selbst gesetzt hat. Da der JP/PV das Verhalten der in § 30 Abs. 1 OWiG genannten Personen zugerechnet wird, das Anlass zu der Ermittlungsmaßnahme gegeben hat, ist sie als Verdächtige zu behandeln.[145]

56 Betroffener braucht der Verdächtige i. S. d. § 102 StPO nicht zu sein, er erhält diese Rolle jedoch bereits mit dem Antrag des BAWe auf Anordnung der Durchsuchung nach § 102 StPO,[146] da es sich dabei um den ersten Akt der Ermittlungsbehörde handelt, der erkennbar auf eine **Behandlung des Verdächtigen als Betroffenen** abzielt.[147]

57 Zur **Anordnung der Durchsuchung** ist grundsätzlich nur der **Richter** befugt, § 105 Abs. 1 StPO. Zuständig ist trotz des das Verfahren wegen einer Übernahmeordnungswidrigkeit tragenden Konzentrationsgedankens nicht das OLG, sondern das Amtsgericht des Bezirks, in dem die Durchsuchungshandlung vorzunehmen ist, § 161 Abs. 1 Satz 1 StPO, bzw. bei einer Erstreckung über mehr als einen Amtsgerichtsbe-

---

142 OLG Schleswig 24. 8. 1977 – 1 Ss 541/77, SchlHA 1978, 183, 184; *Wache*, in: KK-OWiG (Fn. 3), Vor § 53 Rn. 125. Hinsichtlich der Ordnungswidrigkeit, wegen der ermittelt wird, müssen jedoch Tatsachen vorliegen, die einen Anfangsverdacht begründen, vgl. *Wache*, in: KK-OWiG (Fn. 3), Vor § 53 Rn. 124.

143 BGH, 15. 10. 1999 – 2 BJs 20/97 – 2 – StB 9/99, NStZ 2000, 154; OLG Celle, 16. 7. 1982 – 3 VAs 18/81, StV 1982, 561, 562.

144 Nach *Dannecker/Biermann*, in: Immenga/Mestmäcker (Fn. 8), Vor § 81 Rn. 173, ist der Verband selbst Täter.

145 *Gillmeister* (Fn. 91), S. 55 f.; *Hermanns*, Ermittlungsbefugnisse der Kartellbehörden nach deutschem und europäischem Recht, 2. Aufl., 1978, S. 27; so im Ergebnis auch: *Wrage-Molkenthin/Bauer* (Fn. 32), § 81 a. F. Rn. 102; *Fischötter* (Fn. 5), Vor §§ 81–85 a. F. Rn. 54.

146 Nicht eindeutig *Fischötter* (Fn. 5), Vor §§ 81–85 a. F. Rn. 54.

147 So wohl auch *Nack*, in: KK-StPO (Fn. 20), § 102 Rn. 1.

zirk das Amtsgericht am Sitz des BAWe, § 161 Abs. 1 Satz 2 StPO. **Ausnahmsweise** steht die Anordnungsbefugnis auch dem **BAWe**, im Falle des § 102 StPO auch der **Polizei** als Hilfsbeamten nach den §§ 152 StPO, 46 Abs. 2 OWiG zu, § 105 Abs. 1 StPO.

Der **Durchsuchungsbeschluss** hat Angaben zur Tat, hinsichtlich der ein Verdacht besteht, zu enthalten sowie die erwarteten Beweismittel mindestens näherungsweise zu bezeichnen.[148] Der anordnende Richter hat auch die Verhältnismäßigkeit der Durchführung der Durchsuchung zu gewährleisten, indem er durch eine geeignete Begrenzung von Durchsuchungsgegenstand und Durchsuchungszweck sicherstellt, dass unverhältnismäßige Eingriffe in das Recht aus Art. 13 GG unterbleiben.[149] Der Beschluss hat Ausführungen zu diesem Punkt zu enthalten, § 34 StPO.[150] **58**

Der Erlass eines Durchsuchungsbeschlusses zur gezielten Suche nach „Zufallsfunden" ist ebenso unzulässig[151] wie zur Suche nach beschlagnahmefreien Beweismitteln.[152] Bei der Durchführung hat der Verdächtige kein Anwesenheitsrecht, sofern er nicht selbst Gewahrsamsinhaber ist. Dasselbe gilt für seinen Verteidiger.[153] **59**

Während der **Durchführung der Durchsuchung** sind ein vom BAWe verhängter Hausarrest etwa über die Mitarbeiter einer JP/PV oder eine Telefonsperre unzulässig.[154] Da § 164 StPO eine gegenwärtige Störung am Ort der Amtshandlung voraussetzt, und auch der Durchsuchungsbeschluss als Rechtsgrundlage nicht in Betracht kommt, kann das BAWe einer **Vereitelung des Durchsuchungserfolges** nur dadurch zuvorkommen, dass die Durchsuchung sich auf alle Betriebsstätten etwa des Bieters und evtl. Tochterunternehmen und solche Personen erstreckt, mit denen das Verhalten abgestimmt worden ist.[155] Das Argument hohen Personalaufwands bei einer solchen konzertierten **60**

---

148 BVerfG, 26. 5. 1976 – 2 BvR 294/76, BVerfGE 42, 212, 220 f.; siehe näher zum Inhalt des Durchsuchungsbeschlusses: *Baur*, wistra 1983, 99 ff.

149 BVerfG, 26. 5. 1976 – 2 BvR 294/76, BVerfGE 42, 212, 220.

150 *Baur* (Fn. 148), 100 f.

151 LG Baden-Baden, 16. 5. 1989 – 1 Qs 321/88, wistra 1990, 118.

152 *Kleinknecht/Meyer-Goßner* (Fn. 67), § 103 Rn. 7 m. w. N.

153 *Dannecker/Biermann*, in: Immenga/Mestmäcker (Fn. 8), Vor § 81 Rn. 177; weitergehend *Hermanns* (Fn. 145), S. 45; eingehend zum Anwesenheitsrecht: *Gillmeister* (Fn. 91), S. 61 ff.

154 *Rieß*, in: Löwe-Rosenberg (Fn. 65), § 164 Rn. 8; *Dannecker/Biermann*, in: Immenga/Mestmäcker (Fn. 8), Vor § 81 Rn. 178; *Wrage-Molkenthin/Bauer* (Fn. 32), § 81 a. F. Rn. 114; a. A. *Rengier*, NStZ 1981, 372, 375; *Ciolek-Krepold*, Durchsuchung und Beschlagnahme in Wirtschaftsstrafsachen, 1999, Rn. 134.

155 Vgl. *Gillmeister* (Fn. 91), S. 77–79.

Durchsuchung ersetzt die fehlende Rechtsgrundlage nicht. Das gilt auch dann, wenn der Bieter über ausländische Niederlassungen verfügt. Hier ist im Wege internationaler Rechtshilfe um die Unterstützung durch die zuständige ausländische Behörde nachzusuchen.[156]

b) Beschlagnahme

61 Gegenstände von potenzieller Beweisbedeutung für das Ordnungswidrigkeitenverfahren[157] können[158] beschlagnahmt werden, wenn der Gewahrsamsinhaber diese nicht freiwillig herausgibt, § 94 Abs. 2 StPO. Die Beschlagnahme steht, wie die Durchsuchung, unter einem **Richtervorbehalt**, § 98 Abs. 1 Satz 1, 1. Hs. StPO. Die **Eilzuständigkeit** des BAWe, § 98 Abs. 1 Satz 1, 2. Hs. StPO i.V.m. § 46 Abs. 2 OWiG besteht mit der Maßgabe, dass ihre Anordnung der nachträglichen richterlichen Bestätigung bedarf, § 98 Abs. 2 StPO. Hinsichtlich des Inhalts der Beschlagnahmeanordnung gilt das zum Durchsuchungsbeschluss Gesagte entsprechend, wobei eine möglichst genaue Bezeichnung der zu beschlagnahmenden Gegenstände erforderlich ist.[159]

62 Besondere Bedeutung kommt im Übernahmeordnungswidrigkeitenverfahren dem **Beschlagnahmeverbot aufgrund eines Zeugnisverweigerungsrechts** nach § 53 Abs. 1 StPO zu, das eine Umgehung des Zeugnisverweigerungsrechts verhindern soll.[160] Danach dürfen schriftliche Mitteilungen zwischen dem Betroffenen und den in § 53 Abs. 1 Nr. 1 bis 3 b StPO Genannten sowie sonstige Aufzeichnungen und Gegenstände, auf die sich das Zeugnisverweigerungsrecht erstreckt, jedenfalls bei diesen Personen nicht beschlagnahmt werden, § 97 Abs. 1 StPO. Sofern es sich bei dem Zeugnisverweigerungsberechtigten um den **Verteidiger des Betroffenen** handelt, erfasst das Beschlagnahmeverbot unabhängig von den in § 97 Abs. 2 StPO vorausgesetzten Gewahrsamsverhältnissen sämtliche Schriftstücke, die die Verteidigung

156 Siehe dazu näher unten Rn. 66 ff.

157 BGH, 5. 1. 1979 – 1 BJs 226/78/StB/246/78, NStZ 1981, 94; *Kleinknecht/Meyer-Goßner* (Fn. 67), § 94 Rn. 6.

158 Das Opportunitätsprinzip des § 47 Abs. 1 OWiG betrifft nicht nur Einleitung und Einstellung des Verfahrens sowie den Umfang der Verfolgung, sondern a majore ad minus auch den Aufklärungsumfang, *Göhler* (Fn. 4), § 47 Rn. 5; *Gillmeister* (Fn. 91), S. 94. Siehe zur Beschlagnahmepflicht im Strafverfahren: *Achenbach*, NJW 1976, 1068.

159 BVerfG, 3. 9. 1991 – 2 BvR 279/90, wistra 1992, 60 [61]; *Wrage-Molkenthin/Bauer* (Fn. 32), § 81 a. F. Rn. 124; *Fischötter* (Fn. 5), Vor §§ 81–85 a. F. Rn. 58.

160 BVerfG, 8. 3. 1972 – 2 BvR 28/71, BVerfGE 32, 373, 385; BGH, 3. 12. 1991 – 1 StR 120/90, BGHSt 38, 144, 146.

wegen einer Übernahmeordnungswidrigkeit oder einer Straftat betreffen, da § 148 StPO durch die Garantie freien Verkehrs zwischen Betroffenem und Verteidiger § 97 StPO ergänzt.[161] Das gilt auch für vorbereitende Überlegungen des Verteidigers und persönliche Aufzeichnungen des Betroffenen zum Zwecke der Verteidigung.[162] Zu den Verteidigern i. S. d. § 148 StPO kann auch der **Syndikusanwalt** einer JP/PV gehören, gegen die im Rahmen der Verhängung einer Verbandsgeldbuße nach § 30 OWiG ermittelt wird, sodass es auch hier nicht auf die Gewahrsamsverhältnisse ankommt.[163] Die Gegenmeinung übersieht, dass dem Syndikusanwalt nach § 46 BRAO lediglich die forensische Tätigkeit, also die Vornahme von Prozesshandlungen für seinen Dienstherrn, verboten ist,[164] während er im behördlichen Ermittlungsverfahren gerade gegenüber dem BAWe durchaus im Rahmen der Verteidigung seines Arbeitgebers handeln kann.[165] Im Interesse einer Beschlagnahmefreiheit auch solcher Unterlagen des Syndikusanwalts, die nicht Verteidigungsunterlagen sind, aber aus der Beratung der JP/PV stammen, ist eine abgesonderte Aufbewahrung aller Unterlagen zu empfehlen, die einen Mitgewahrsam der vertretungsberechtigten Organe der JP/PV ausschließen.[166]

Das BAWe wird im Falle eines Übernahmeordnungswidrigkeitenverfahrens insbesondere an den Unterlagen interessiert sein, die **beratenden Dritten** (z. B. Rechtsanwälten) von den Beteiligten an einem Übernahmeverfahren als Informationsgrundlage übergeben worden sind. Auch wenn diese Schriftstücke möglicherweise bereits vor Anbahnung des Beratungsverhältnisses entstanden sind, sind sie doch aufgrund dieses besonderen Vertrauensverhältnisses übergeben worden und damit als Gegenstände nach § 97 Abs. 1 Nr. 3 StPO **beschlagnahmefrei**.[167] Soweit Berater mit der Wahrnehmung von Aufgaben be- **63**

161 BGH, 13. 8. 1973 – 1 BJs 6/71 – StB 34/73, NJW 1973, 2035; BGH, 13. 11. 1989 – 1 BGs 351/89 – GBA – 1 BJs 33/89–6, NJW 1990, 722; *Kleinknecht/Meyer-Goßner* (Fn. 67), § 97 Rn. 37.

162 BGH, 25. 2. 1998 – 3 StR 490/97, BGHSt 44, 46, 48 f.; BGH, 13. 8. 1973 – 1 BJs 6/71 – StB 34/73, NJW 1973, 2035, 2036 f.; *Fischötter* (Fn. 5), Vor §§ 81–85 a. F. Rn. 60.

163 So aber *Fischötter* (Fn. 5), Vor §§ 81–85 a. F. Rn. 66; Stellungnahme Präs. BKartA WuW 1983, 283, 286.

164 *Henssler* (Fn. 58), § 46 BRAO Rn. 22, 24.

165 *Gillmeister* (Fn. 91), S. 96 f.; im Ergebnis ähnlich *Wrage-Molkenthin/Bauer* (Fn. 32), § 81 a. F. Rn. 133.

166 Zum Mitgewahrsam des Beschuldigten siehe BGHSt 19, 374.

167 LG Berlin, 1. 3. 1989 – 520 Qs 22/89, NJW 1990, 1058; *Wrage-Molkenthin/Bauer* (Fn. 32), § 81 a. F. Rn. 134; *Fischötter* (Fn. 5), Vor §§ 81–85 a. F. Rn. 63; *Hermanns* (Fn. 145), S. 40; *Gillmeister* (Fn. 91), S. 108; *Göhler* (Fn. 4), Vor § 59

traut worden sind, die nach dem WpÜG den Bieter oder die Zielgesellschaft treffen und bei denen der Verstoß bußgeldbewehrt ist, muss beachtet werden, dass daraus der **Verdacht einer „Teilnahme“** nach § 14 OWiG der Berater an einer Ordnungswidrigkeit der Mitarbeiter von Bieter/Zielgesellschaft entstehen kann und dieser Verdacht, der nicht hinreichend i. S. v. § 203 StPO zu sein braucht,[168] zu einem **Ausschluss der Beschlagnahmefreiheit** nach § 97 Abs. 2 Satz 3 StPO führt, wenn gegen die Mitarbeiter wegen dieser Ordnungswidrigkeit ermittelt wird. Die aus dem Verdacht einer Anschlussstraftat folgende Einschränkung der Beschlagnahmefreiheit ist im Ordnungswidrigkeitenverfahren unanwendbar, da die §§ 257 ff. StGB eine Straftat als Vortat erfordern, vgl. § 11 Abs. 1 Nr. 5 StGB, und § 46 Abs. 1 OWiG von dieser Voraussetzung nicht entbindet.[169]

64 Zweifelhaft ist, ob dasselbe gilt, wenn die den Beratern übergebenen Unterlagen sog. **instrumenta et producta sceleris** darstellen, etwa weil sie den Beschluss des Bieters fixieren, ein Angebot zum Erwerb von Wertpapieren abzugeben, vgl. §§ 10 Abs. 1 Satz 1, 60 Abs. 1 Nr. 1 a, da § 97 Abs. 2 Satz 3 StPO insoweit nur von „Straftat“ spricht.[170] Normzweckmäßig erscheint es, auch Ordnungswidrigkeiten wegen der entsprechenden Anwendung des § 97 Abs. 2 Satz 3 StPO über § 46 Abs. 1 OWiG genügen zu lassen, jedoch den Begriff der instrumenta et producta sceleris eng zu interpretieren.[171] Ein über die Grenzen der Beschlagnahmefreiheit des § 97 Abs. 2 StPO hinausgehender Ausschluss der Beschlagnahmefreiheit wegen Missbrauchs ist weder erforderlich[172] noch wegen Verstoßes gegen den Gesetzesvorbehalt rechtlich zulässig.[173] Das **Durchsichtsrecht** des BAWe nach

Rn. 80; *Nack*, in: KK-StPO (Fn. 20), § 97 Rn. 14, 16; *Krämer*, BB 1975, 1225, 1227 f. Die Gegenansicht, LG Braunschweig, 23. 6. 1978 – 36 Qs 67/78, NJW 1978, 2108, 2109; LG Stade, 27. 10. 1983 – 12 Qs 5/83, wistra 1986, 41; LG Darmstadt, 18. 3. 1988 – 9 Qs 1188/87, NStZ 1988, 286; *Dannecker/Biermann*, in: Immenga/Mestmäcker (Fn. 8), Vor § 81 Rn. 182, die sich von dem Argument der Gefahr eines Missbrauchs der Beschlagnahmefreiheit leiten lässt, orientiert sich nicht am Normzweck der §§ 53, 97 StPO.

168 *Kleinknecht/Meyer-Goßner* (Fn. 67), § 97 Rn. 20.

169 *Dannecker/Biermann*, in: Immenga/Mestmäcker (Fn. 8), Vor § 81 Rn. 181; a. A. *Bringewat*, BB 1974, 1559, 1561.

170 *Gillmeister* (Fn. 91), S. 102 f.; *Hermanns* (Fn. 145), S. 39 f., folgern daraus, dass eine Ordnungswidrigkeit als Bezugspunkt solcher Gegenstände nicht genügt.

171 So *Dannecker/Biermann*, in: Immenga/Mestmäcker (Fn. 8), Vor § 81 Rn. 181.

172 *Dannecker/Biermann*, in: Immenga/Mestmäcker (Fn. 8), Vor § 81 Rn. 182.

173 *Krämer* (Fn. 167), 1229; *Fischötter* (Fn. 5), Vor §§ 81–85 a.F. Rn. 164, zweifelt insgesamt an der Relevanz dieses Streits.

§ 110 Abs. 1 StPO i.V.m. § 46 Abs. 2 OWiG wird von Beschlagnahmeverboten nicht berührt, da die Durchsicht den Zweck hat, die Beschlagnahmefähigkeit der Papiere erst festzustellen.[174]

Wird der nach § 53 Abs. 1 Nr. 2 bis 3 b StPO Zeugnisverweigerungsberechtigte von seiner Verschwiegenheitspflicht entbunden, entfällt das Beschlagnahmeverbot,[175] in den anderen Fällen bleibt es bestehen.[176] **65**

c) Durchsuchung und Beschlagnahme im Rahmen internationaler Rechtshilfe

Erachtet das BAWe eine Durchsuchung und Beschlagnahme[177] etwa bei einem Bieter im Ausland wegen des Verdachts einer Übernahmeordnungswidrigkeit für erforderlich, bedarf es der vom ausländischen Staat konsentierten Rechtshilfe, da jedenfalls mit Zwang verbundene Handlungen deutscher Behörden im Ausland außerhalb völkerrechtlicher Vereinbarungen (vgl. Artt. 40, 41 SDÜ) das Hoheitsrecht des anderen Staates verletzen.[178] Die **Zustimmung des ausländischen Staates** und die **Vorschriften über die Durchführung der Rechtshilfe** ergeben sich aus zwischenstaatlichen Vereinbarungen, im Bereich des Europarates aus dem **EuRhÜbk**.[179] **66**

Das gegenüber zwischenstaatlichen Vereinbarungen nur subsidiär anwendbare[180] **IRG** regelt nur innerstaatliche Voraussetzungen der Rechtshilfe und enthält für sog. „ausgehende Ersuchen" lediglich punktuelle Regelungen, da es sich insoweit in erster Linie um eine Frage innerstaatlichen Verfahrensrechts handelt.[181] **67**

---

174 OLG Frankfurt, 23. 10. 1996 – 3 VAs 4/96, NStZ-RR 1997, 74.

175 BGH, 3. 12. 1991 – 1 StR 120/90, BGHSt 38, 144, 145; a. A. *Bringewat*, NJW 1974, 1740, 1742.

176 *Nack*, in: KK-OWiG (Fn. 3), § 97 Rn. 5 m. w. N.

177 Zum besonderen Problem der Vernehmung eines im Ausland befindlichen Zeugen (§ 244 Abs. 3 Satz 2, 5. Fall StPO!) vgl. *Schomburg/Lagodny*, Internationale Rechtshilfe in Strafsachen, 3. Aufl., 1998, Vor § 68 IRG Rn. 17 ff.

178 *Schomburg/Lagodny* (Fn. 177), Vor § 68 IRG Rn. 24 f.

179 Europäisches Rechtshilfeübereinkommen BGBl. 1964 II, S. 1369, 1386; 1976 II, S. 1799; 1982 I, S. 2071.

180 Vgl. zur Prüfungsreihenfolge: *Schomburg/Lagodny* (Fn. 177), EuRhÜbk, Vorb. Hauptteil II B, S. 515.

181 *Schomburg*, StV 1983, 38, 43; siehe auch RiVASt Nr. 114 für die förmlichen Anforderungen an ein Ersuchen um Durchsuchung und Beschlagnahme, die jedoch als rein interne Verwaltungsvorschrift keine Gesetzeskraft entfaltet und daher ein Gericht nicht bindet.

68 Das EuRhÜbk, das derzeit wichtigste Übereinkommen in Sachen Rechtshilfe,[182] ist zwar nach h. A. auch auf Verfahren wegen einer Ordnungswidrigkeit anwendbar,[183] verlangt jedoch, dass das Verfahren bei einer **Justizbehörde** anhängig ist, Art. 1 Abs. 1 EuRhÜbk, wozu Verwaltungsbehörden wie das BAWe nicht gehören,[184] sodass auch ein Ersuchen der StA um Amtshilfe oder gar die Abgabe des Bußgeldverfahrens an diese insgesamt keine Verpflichtung für den ausländischen Staat begründet, dem Ersuchen nachzukommen.[185] Diese Einschränkung **gilt nicht** im Verhältnis zu den **Vertragsstaaten des SDÜ**, vgl. Art. 49 a) SDÜ, und einigen weiteren Staaten aufgrund bilateraler Abkommen,[186] zu denen auch die Schweiz gehört, Art. I a) Ergänzungsvertrag zum EuRhÜbk,[187] nicht jedoch Österreich, Art. I (1) Ergänzungsvertrag zum EuRhÜbk.[188]

69 Die Rechtshilfe bei Durchsuchung und Beschlagnahme ist im Bereich des EuRhÜbk zusätzlich von der **gegenseitigen Ahndbarkeit** und der **Vereinbarkeit des Ersuchens mit dem Recht des ersuchten Staates** abhängig,[189] was für die Vertragsstaaten des SDÜ durch Art. 51 a) SDÜ jedoch wieder eingeschränkt wird.[190] Darüber hinaus sind stets die **Voraussetzungen der innerstaatlichen Ermächtigungsgrundlagen** für Durchsuchungen und Beschlagnahme zu beachten.[191]

70 Befugt, ein Durchsuchungs- und Beschlagnahmeersuchen zu stellen, ist nach Art. 74 IRG grundsätzlich das **BMJ**,[192] sofern nicht vorrangige zwischenstaatliche Verträge etwas anderes vorsehen.[193]

---

182 Vgl. *Bohnert*, in: KK-OWiG (Fn. 3), Einleitung Rn. 202.

183 *Göhler* (Fn. 4), Vor § 67 Rn. 31; *Bohnert*, in: KK-OWiG (Fn. 3), Einleitung Rn. 205.

184 *Göhler* (Fn. 4), Vor § 59 Rn. 23; vgl. auch die Erklärung der Bundesrepublik Deutschland zu Art. 24 EuRhÜbk, BGBl. 1976 II, S. 1799.

185 Vgl. *Bohnert,* in: KK-OWiG (Fn. 3), Einleitung Rn. 207.

186 Zusammenstellung bei *Göhler* (Fn. 4), Vor § 59 Rn. 23 a.

187 BGBl. 1975 II, S. 1171; 1976 II, S. 1818.

188 BGBl. 1975 II, S. 1157; 1976 II, S. 1818.

189 Vorbehaltserklärung der BRD nach Art. 5 EuRhÜbk, BGBl. 1976 II, S. 1799.

190 *Schomburg/Lagodny* (Fn. 177), Anm. zu Art. 51 SDÜ; *Veh*, in: Wabnitz/Janovsky, Handbuch des Wirtschafts- und Steuerstrafrechts, 2000, 19/144.

191 Allgemein zu innerstaatlichen Voraussetzungen: *Schomburg/Lagodny* (Fn. 177), Vor § 68 IRG Rn. 2.

192 Vgl. zur Delegation: *Schomburg/Lagodny* (Fn. 177) § 74 IRG Rn. 3, und die Zuständigkeitsvereinbarung zu Art. 74 Abs. 2 IRG vom 1. 7. 1993, BAnz. 1993, 6383.

193 Vgl. etwa Art. VIII (3) Ergänzungsvertrag zum EuRhÜbk mit der Schweiz, a. a. O. (Fn. 187).

d) Verwertungsverbote bei Durchsuchung und Beschlagnahme

Auch für Durchsuchungen und Beschlagnahme stellt sich die Frage der Verwertbarkeit der durch sie hervorgebrachten Beweismittel. Sie lässt sich nicht für alle Fälle rechtsfehlerhafter Beweisgewinnung einheitlich beantworten. Sie hängt zum einen vom **Schutzzweck der verletzten Norm**,[194] zum anderen aber von verschiedenen **Abwägungsgrößen**[195] ab, unter denen das Gewicht des Rechtsverstoßes, die innere „Tatseite" der Verfolgungsorgane sowie hypothetische rechtmäßige Ermittlungsverläufe eine herausragende Rolle einnehmen.[196] 71

Obwohl durch einen Senatsbeschluss des Bundesverfassungsgerichts vom 30. 4. 1997 die Möglichkeiten, Rechtsschutz gegenüber Ermittlungsmaßnahmen auch nach Erledigung der Maßnahme zu erlangen,[197] deutlich erweitert worden sind,[198] hat dies keinen Einfluss auf die Frage der Verwertung eines derart erlangten Beweismittels im Ordnungswidrigkeitenverfahren, da die **Rechtmäßigkeit der Ermittlungsmaßnahme** von der **Verwertung getrennt** zu betrachten ist und daher zu unterschiedlichen Ergebnissen führen kann.[199] 72

Umgeht das BAWe **bewusst Verfahrensschranken** bei Durchsuchungen oder Beschlagnahme, um an Beweismittel zu gelangen, die ansonsten unerreichbar wären, sind die so gewonnenen Beweise unverwertbar.[200] Dasselbe gilt, wenn der Verfahrensverstoß **Grundrechte in besonderem Maße beeinträchtigt** und **zum verfolgten Zweck in keinem angemessenen Verhältnis** steht,[201] wie auch stets dann, wenn es sich um einen **besonders schwerwiegenden Rechtsverstoß** handelt.[202] 73

194 So die sog. Schutzzwecklehre, vgl. nur *Beulke*, ZStW 103 (1991), 657, 664.

195 Sog. Abwägungslehre, vgl. *Rogall* (Fn. 125), S. 113, 154 f.

196 Siehe zu dieser Verbindung von Schutzzweck und Abwägungslehre: *Beulke* (Fn. 194), 657 ff.

197 Siehe zur Beschwerde gegenüber behördlichen und richterlichen Ermittlungsmaßnahmen: § 62 Rn. 5 ff.

198 BVerfG, 30. 4. 1997 – 2 BvR 817/90, NJW 1997, 2163, 2164.

199 BVerfG, 30. 4. 1997 – 2 BvR 817/90, NJW 1997, 2163, 2164.

200 Vgl. AG Offenbach, 5. 4. 1993 – 22 Ls 19 Js 3253. 3/91 a-b (nr), StV 1993, 406, 407; *Nack*, in: KK-StPO (Fn. 20), Vor § 94 Rn. 9.

201 BVerfG, 24. 5. 1977 – 2 BvR 988/75, BVerfGE 44, 353, 378 f. Dazu gehört auch das bewusste Überschreiten der in der jeweiligen Anordnung gesteckten Grenzen: LG Bremen, 13. 7. 1984 – 43 Qs 298/84, wistra 1984, 241; LG Arnsberg, 27. 6. 1983 – 3 Qs 43/83, ZIP 1984, 889, 891.

202 *Kleinknecht/Meyer-Goßner* (Fn. 67), § 94 Rn. 21 m. w. N.

74 Darüber hinaus soll nur die Beschlagnahme nach § 97 Abs. 2 StPO beschlagnahmefreier Gegenstände zu einer Unverwertbarkeit,[203] andere Verfahrensverstöße nach h. M. hingegen nicht zu dieser Rechtsfolge führen.[204] Dieser Rechtsauffassung ist jedenfalls für das Ordnungswidrigkeitenverfahren nur in beschränktem Umfang zuzustimmen.[205] Kennt schon das Strafverfahren **keine Wahrheitsermittlung um jeden Preis**,[206] muss dies umso stärker im Ordnungswidrigkeitenverfahren gelten, in dem wegen des grundsätzlich geringeren Gewichts des staatlichen Verfolgungsanspruchs[207] die Ermittlung der Wahrheit häufiger gegenüber den berührten **Grundrechten der Verfahrensbeteiligten**, insbesondere aus Art. 1 Abs. 1 i.V.m. Art. 2 Abs. 1 und Art. 13 GG, wird zurücktreten müssen.

75 Danach führt das **Fehlen einer vorgängigen erforderlichen Durchsuchungsanordnung**, § 105 Abs. 1 StPO,[208] stets zu einer Unverwertbarkeit der bei der Durchführung der Durchsuchung gezielt oder zufällig hervorgebrachten Beweise unabhängig davon, ob die Voraussetzungen für eine Durchsuchungsanordnung vorlagen und eine Anordnung nach einem hypothetischen Ermittlungsverlauf hätte ergehen können.[209] Könnte das Erfordernis der vorgängigen Durchsuchungsanordnung mit dem Hinweis auf einen hypothetischen Ermittlungsverlauf umgangen werden, entschiede letztlich doch die Verwaltungsbehörde allein über die Einhaltung der Grenzen der Verhältnismäßigkeit.[210] Et-

203 BGH, 3. 12. 1997 – 5 StR 269/97, NStZ 1998, 309, 310; *Rudolphi*, in: Systematischer Kommentar zur StPO, 23. Lief. April 2001, § 97 Rn. 64. Zum nachträglichen Wegfall der Beschlagnahmevoraussetzungen bzw. nachträglichem Wegfall der Beschränkungen des § 97 Abs. 2 Satz 3 StPO vgl. *Rudolphi*, a. a. O., § 97 Rn. 37 und 65.

204 *Nack*, in: KK-StPO (Fn. 20), Vor § 94 Rn. 8.

205 So auch *Dannecker/Biermann*, in: Immenga/Mestmäcker (Fn. 8), Vor § 81 Rn. 176 a. E.

206 BGH, 14. 6. 1960 – 1 StR 683/59, BGHSt 14, 358, 365.

207 Dies folgt unabhängig von dem Streit um die Abgrenzung von Straftat und Ordnungswidrigkeit bereits aus der gesetzlichen Entscheidung des § 47 OWiG für das Opportunitätsprinzip; vgl. dazu *Bohnert*, in: KK-OWiG (Fn. 3), Einleitung Rn. 82 ff.

208 Jedenfalls in der Durchsuchungsanordnung. Für die Beschlagnahmeanordnung wird das, so weit ersichtlich, nicht vertreten, wohl, weil auch eine nachträgliche Anordnung grundsätzlich möglich ist, vgl. § 108 StPO. Siehe dazu *Rudolphi*, in: SK-StPO (Fn. 203), § 98 Rn. 40: generell kein Verwertungsverbot.

209 So aber BGH, 17. 2. 1989 – 2 StR 402/88, NJW 1989, 1741, 1744 („Weimar"); *Nack*, in: KK-StPO (Fn. 20), § 105 Rn. 21; *Rudolphi*, in: SK-StPO (Fn. 203), § 105 Rn. 30 (h. M.); wie hier etwa: *Krekeler*, NStZ 1993, 263, 264; *Rogall*, NStZ 1988, 385, 391; differenzierend: *Beulke* (Fn. 194), 673 f.; *Roxin*, NStZ 1989, 376, 379.

210 Siehe dazu BVerfG, 26. 5. 1976 – 2 BvR 294/76, BVerfGE 42, 212 [220]; BVerfG, 20. 2. 2001 – 2 BvR 1444/00, StV 2001, 207, 210.

was anderes soll jedoch bei fahrlässiger Annahme der Voraussetzungen von Gefahr im Verzug gelten.[211] Auf demselben Grundgedanken fußt auch die Unverwertbarkeit bei **nicht hinreichender Bestimmtheit** von **Durchsuchungs- oder Beschlagnahmebeschluss**,[212] da die Anordnung in diesem Fall keinerlei Eingriffsgrenzen aufweist.[213]

Einfache Verfahrensverstöße bei der Durchführung einer Durchsuchung, etwa gegen die Vorschriften der §§ 104, 105 Abs. 2, 106, 107, 109 und 110 Abs. 3 StPO, führen nicht zu einem Verwertungsverbot.[214] Unverwertbar sind jedoch vom BAWe beschlagnahmte Postsendungen und Telegramme, da insoweit ein ausdrückliches Verbot in § 46 Abs. 3 Satz 1, 4. Var. OWiG besteht und es sich nicht lediglich um einen Zuständigkeitsmangel handelt. **76**

Ein **selbstständiges Verwertungsverbot** kann sich daraus ergeben, dass sich das BAWe im Verwaltungsverfahren nach § 40 Abs. 1 bis 4 zulässigerweise Unterlagen vorlegen lässt und so an Beweismittel für ein späteres Bußgeldverfahren gelangt. Anders als bei der Auskunftspflicht ist die Lage des Vorlagepflichtigen der des Insolvenzschuldners aus § 97 Abs. 1 Satz 2 InsO vergleichbar.[215] Im Gegensatz zur Auskunft ist die Vorlagepflicht nicht durch ein Vorlageverweigerungsrecht analog § 40 Abs. 5 im Verwaltungsverfahren begrenzt, obwohl gerade im Übernahmeverfahren Unterlagen mindestens ebenso gut selbstbelastend wirken können wie eine Aussage,[216] und die Vorlagepflicht sowohl mit den Mitteln des Verwaltungszwangs durchgesetzt werden **77**

---

211 BGH, 25. 2. 1985 – 1 StE – 4/85, NStZ 1985, 262; *Dannecker/Biermann*, in: Immenga/Mestmäcker (Fn. 8), Vor § 81 Rn. 176; umfassend: *Amelung*, StV 2001, 337, 340 ff.; a. A. AG Braunschweig, 23. 4. 2001 – 9 Cs 806 Js 52114/2000 (nr), StV 2001, 393, 394 f. sowie *Baxster*, in: Rechtsfragen der Ermittlung in Kartellordnungswidrigkeiten, 1974, S. 25, 34; die Frage, ob die Voraussetzungen der „Gefahr im Verzug" vorgelegen haben, unterliegt nach BVerfG. 20. 2. 2001 – 2 BvR 1444/00, BVerfG StV 2001, 207, 211 in Abkehr von der bis dahin ständigen Rechtsprechung voller gerichtlicher Nachprüfung; ihre fahrlässige Annahme führt zur Rechtswidrigkeit der Durchsuchung.

212 BVerfG, 24. 5. 1977 – 2 BvR 988/75, BVerfGE 44, 353, 371 f. für den Durchsuchungsbefehl.

213 Weitergehend *Krekeler* (Fn. 209), 265 f., der auch aus dem Zugrundelegen der falschen Ermächtigungsnorm (§ 102 statt § 103 StPO und umgekehrt) ein Verwertungsverbot folgert. Einschränkend: *Amelung*, NJW 1991, 2533, 2537.

214 *Krekeler* (Fn. 209), 267 f.; *Amelung* (Fn. 213), 2538; zum Streit um Verstöße gegen § 110 Abs. 1, Abs. 2 StPO: *Park*, wistra 2000, 453, 458.

215 Vgl. dazu BVerfG, 13. 1. 1981 – 1 BvR 116/77, BVerfGE 56, 37 ff.

216 Vgl. für das Kartellverfahren: *Quack*, in: Frankfurter Kommentar zum Kartellrecht (Fn. 32), § 46 a. F. Rn. 85.

kann, § 46, als auch von § 60 Abs. 2 Nr. 2 bei Nichterfüllung mit einem Bußgeld bedroht ist. Damit befindet sich der Vorlagepflichtige in genau der Lage, die § 136 a StPO verhindern will.[217] Im Bußgeldverfahren hingegen wären Informationen auf diesem Wege nicht zu erlangen, da der Betroffene dort keiner Herausgabepflicht nach § 95 StPO unterliegt.[218] Eine Verwertung im Bußgeldverfahren wegen einer Übernahmeordnungswidrigkeit gegen den Vorlagepflichtigen als später Betroffenen verstößt daher gegen den nemo-tenetur-Grundsatz.[219]

78 Dieser durch das Fehlen einer entsprechenden Regelung gekennzeichnete legislative Zustand ist veränderungsbedürftig;[220] kann aber nicht durch die analoge Anwendung von § 40 Abs. 5 oder gar § 97 StPO[221] behoben werden, da dem die Entscheidung des Gesetzgebers entgegensteht, der die Regelung des § 59 Abs. 5 GWB unverändert in das WpÜG übernommen hat, obwohl für diese Vorschrift Vorschläge in der Literatur bestanden, das Auskunftsverweigerungsrecht um ein Vorlageverweigerungsrecht zu ergänzen.[222] Andererseits darf der Gesetzgeber von dem Recht, die Mitwirkung an der Aufklärung von Ordnungswidrigkeiten oder Straftaten zu verweigern, nur absehen, wenn höherwertige Rechtsgüter der anderen Verfahrensbeteiligten dies rechtfertigen.[223] Indem der Gesetzgeber in § 40 Abs. 5 jedoch ein Auskunftsverweigerungsrecht gewährt, scheint er die beteiligten Rechtsgüter nicht für hochwertig genug zu halten. Solange das Gesetz ein Vorlageverweigerungsrecht nicht vorsieht, ist der Schutz des Allgemeinen Persön-

---

217 Vgl. zu dieser Voraussetzung eines selbstständigen Verwertungsverbots: BVerfG, 13. 1. 1981 – 1 BvR 116/77, BVerfGE 56, 37, 52. Die Entscheidung BVerfG, 22. 10. 1980 – 2 BvR 1172, 1238/79, BVerfGE 55, 144, 151, in der das BVerfG eine Erweiterung des Auskunftsverweigerungsrechts auf Unterlagen für nicht geboten erachtet hat, steht dieser Erkenntnis nicht entgegen, da es dort um Einsichtnahme ging, bei der eine aktive Mitwirkung nicht erforderlich ist.

218 *Rudolphi*, in: SK-StPO (Fn. 203), § 95 Rn. 5. Insoweit unterscheiden sich die im Bußgeldverfahren erlaubten Zwangsmittel der Durchsuchung und Beschlagnahme von einer Herausgabe- oder Vorlagepflicht, als sie einer Mitwirkung des Betroffenen nicht bedürfen.

219 Vgl. dazu BVerfG, 13. 1. 1981 – 1 BvR 116/77, BVerfGE 56, 37, 50 f.

220 So für das Kartellverwaltungsverfahren: *Quack* (Fn. 216), § 46 a. F. Rn. 85.

221 So für das Kartellverwaltungsverfahren: *Grützner/Reimann/Wissel* (Fn. 95), Rn. 131; *Dannecker/Biermann*, in: Immenga/Mestmäcker (Fn. 8), § 81 Rn. 307; dagegen *Quack* (Fn. 216), § 46 a. F. Rn. 103; *Klaue*, in: Immenga/Mestmäcker (Fn. 8), § 59 Rn. 54.

222 *Quack* (Fn. 216), § 46 a. F. Rn. 85; *Grützner/Reimann/Wissel* (Fn. 95), Rn. 131.

223 Für das Insolvenzverfahren: BVerfG, 13. 1. 1981 – 1 BvR 116/77, BVerfGE 56, 37, 49 f.

lichkeitsrechts der Vorlageverpflichteten daher mit einem selbstständigen Verwertungsverbot im Ordnungswidrigkeitenverfahren zu gewährleisten.[224]

§ 61 Zuständige Verwaltungsbehörde

Verwaltungsbehörde im Sinne des § 36 Abs. 1 Nr. 1 des Gesetzes über Ordnungswidrigkeiten ist das Bundesaufsichtsamt.

Literatur: *Bangard*, Aktuelle Probleme der Sanktionierung von Kartellabsprachen, wistra 1997, 161; *Bohnert*, Sortierte Einstellung – Vom unerlaubten Surfen im Ahndungsrecht –, GA 2000, 113; *Göhler*, Zum Bußgeld- und Strafverfahren wegen verbotswidrigen Kartellabsprachen, wistra 1996, 132; *Hausmaninger/Herbst*, Überlegungen zum Entwurf eines Übernahmegesetzes, ÖBA 1997, 911; *Kindhäuser*, Anmerkung zu BGH JZ 1997, 98, JZ 1997, 101; *Rieß/Hilger*, Das neue Strafverfahrensrecht, NStZ 1987, 204; *Schärf*, Ist die Übernahmekommission verfassungswidrig?, RdW 1999, 320; *J. Schmidt*, Verfahrenseinstellung beim Zusammentreffen von Straftat und Ordnungswidrigkeit, wistra 1998, 211; vgl. i. Ü. die Schrifttumsangaben Vorbemerkungen zu §§ 61 ff.

Übersicht

I. Zuständigkeit i. S. d. § 36 Abs. 1 Nr. 1 OWiG

Für die Verfolgung und Ahndung von Ordnungswidrigkeiten ist 1
grundsätzlich die Verwaltungsbehörde zuständig, § 35 Abs. 1 und Abs. 2 OWiG. Die Vorschrift des § 61 regelt die **sachliche Zuständigkeit des BAWe** als Verwaltungsbehörde für die Verfolgung und Ahn-

224 Vgl. für das Insolvenzverfahren: BVerfG, 13. 1. 1981 – 1 BvR 116/77, BVerfGE 56, 37, 50.

dung i. S. d. § 36 Abs. 1 Nr. 1 OWiG von Übernahmeordnungswidrigkeiten nach § 60. Mit dieser Regelung weist der Gesetzgeber die Zuständigkeit einer Bundesbehörde zu, die durch Erfahrungen bei der Verfolgung von Ordnungswidrigkeiten nach § 39 WpHG, vgl. § 40 WpHG, Sachkunde im Bereich von Wertpapierordnungswidrigkeiten erworben hat.[1] Da § 61 mit dem BAWe nur *eine* sachlich zuständige Behörde nennt, regelt die Vorschrift nicht auch zugleich die örtliche Zuständigkeit i. S. d. §§ 37 ff. OWiG, da diese Frage nur bei mehreren sachlich zuständigen Behörden beantwortet werden muss.[2]

2 Zu den von § 61 erfassten Handlungen des BAWe gehören die Verfahrenseinleitung, Ermittlungsmaßnahmen nach der StPO, § 46 Abs. 2 OWiG, so weit sie nicht von § 46 Abs. 3 bis 5 OWiG verboten oder modifiziert werden, bzw. so weit ihre Anordnung nicht ausnahmsweise dem Richter vorbehalten ist, wie grundsätzlich bei Durchsuchung, § 105 Abs. 1 StPO i.V.m. § 46 Abs. 1 OWiG,[3] und Beschlagnahme, § 98 Abs. 1 StPO. Ebenfalls zählen die Einstellung nach § 170 Abs. 2 StPO und § 47 Abs. 1 OWiG, sowie der Erlass eines Bußgeldbescheides, § 65 OWiG, dazu.

II. Regelung in Österreich und in der Schweiz

3 Für *Österreich* bestimmt § 35 Abs. 3 öÜbG[4], dass in Abweichung von der regelmäßigen Zuständigkeit der Bezirksverwaltungsbehörde nach § 26 VStG[5] die bei der Wiener Börse eingerichtete Übernahmekommission, § 28 Abs. 1 öÜbG, für Untersuchung und Bestrafung sachlich zuständig ist.[6] Die **Übernahmekommission** ist – wie nach dem WpÜG – zugleich Aufsichtsbehörde für das Übernahmeverfahren, § 29 Abs. 1 öÜbG. Im Unterschied zum deutschen Recht, in dem die Kontrolle der Bußgeldentscheidungen von einem Gericht vorgenommen wird, unterliegen die Bescheide der Übernahmekommission einer

1 Regierungsbegründung, BT-Drucks. 14/7034, S. 2.

2 Abweichend *Tschauner*, in: Geibel/Süßmann, Wertpapiererwerbs- und Übernahmegesetz, 2002, § 61 Rn. 1. Siehe zur Definition der örtlichen Zuständigkeit: *Göhler*, OWiG, 12. Aufl., 1998, § 37 Rn. 1.

3 Soweit nicht anders angegeben, verstehen sich die genannten Vorschriften der StPO jeweils in Verbindung mit der Verweisungsnorm des § 46 Abs. 1 OWiG.

4 BGBl. I Nr. 127/1999; BGBl. I Nr. 189/1999.

5 Verwaltungsstrafgesetz v. 1991, BGBl. I Nr. 52/1991.

6 Ebenso wie in Deutschland haben auch in Österreich Sachverstandsargumente dazu geführt, diese besondere Zuständigkeit einzurichten; vgl. *Hausmaninger/Herbst*, Übernahmegesetz, 1999, § 35 Rn. 8.

zweitinstanzlichen Kontrolle im Verwaltungsweg durch den Unabhängigen Verwaltungssenat Wien, § 35 Abs. 3 öÜbG i.V.m. § 51 VStG („Berufung"), was zur Äußerung verfassungsrechtlicher Bedenken geführt hat.[7]

In der *Schweiz* obliegt die Verfolgung und Beurteilung von Ordnungswidrigkeiten nach den Artt. 41 und 42 sBEHG[8] dem **Eidgenössischen Finanzdepartement** (EFD), Art. 44 Abs. 2 sBEHG.[9] Nach dem sBEHG fallen im Gegensatz zu Deutschland und Österreich die Aufsichtsbehörde – Eidgenössische Bankenkommission (EBK), Art. 34 sBEHG – und die für Ordnungswidrigkeiten zuständige Behörde, das EFD, auseinander. 4

III. Zuständigkeit der Staatsanwaltschaft

1. Regelung der §§ 40 Abs. 1, 41 Abs. 1 OWiG

Die grundsätzliche **Zuständigkeit des BAWe** als Verwaltungsbehörde wird **durchbrochen**, wenn die Übernahmeordnungswidrigkeit zusammen mit einer Straftat eine prozessuale Tat i. S. d. § 264 StPO bildet, § 40 Abs. 1 OWiG.[10] Diese sog. **primäre Zuständigkeit der StA** für die Verfolgung eines einheitlichen Lebensvorganges[11] auch unter dem rechtlichen Gesichtspunkt einer Ordnungswidrigkeit entsteht kraft Gesetzes, ohne dass es einer besonderen Übernahme durch die StA bedarf.[12] Der primären Zuständigkeit der StA entspricht die **Abgabepflicht der Verwaltungsbehörde** nach § 41 Abs. 1 OWiG,[13] die als Minus eine Übersendung ihrer Vorgänge beinhaltet, wenn die StA bereits ein Ermittlungsverfahren wegen der Tat eingeleitet hat.[14] Das BAWe muss das Verfahren selbst dann noch nach § 41 Abs. 1 OWiG 5

7 *Hausmaninger/Herbst*, ÖBA 1997, 911, 916; dagegen *Schärf*, RdW 1999, 320.

8 Bundesgesetz über die Börsen und den Effektenhandel v. 24.3.1995, AS 1997, 68.

9 *Lebrecht*, in: Vogt/Watter, Kommentar zum schweizerischen Kapitalmarktrecht, 1999, Art. 44 BEHG Rn. 8, 12.

10 *Lampe*, in: Karlsruher Kommentar zum OWiG, 2. Aufl., 2000, § 40 Rn. 2.

11 Zum Begriff der prozessualen Tat, der mit dem der materiellen Tateinheit, wie er in § 21 Abs. 1 OWiG vorausgesetzt wird, vgl. *Bohnert*, in: KK-OWiG (Fn. 10), § 21 Rn. 4, nicht identisch ist, vgl. BGH, 20. 5. 1969 – 5 StR 658/68, BGHSt 22, 375, 385; BGH, 5. 11. 1969 – 4 StR 519/68, BGHSt 23, 141, 146 f., 148 f.

12 *Göhler* (Fn. 2), § 40 Rn. 2; vgl. aber RiStBV Nr. 273 Abs. 3 Satz 3.

13 A. A. für Kartellordnungswidrigkeiten: *Fischötter*, in: Gemeinschaftskommentar zum GWB, 4. Aufl., Vorb. §§ 81–85 a. F. Rn. 7: Kein Vorrang der Straftat. Siehe zu den Folgen der Nichtabgabe: *Lampe*, in: KK-OWiG (Fn. 10), § 41 Rn. 9 ff.

14 *Lampe*, in: KK-OWiG (Fn. 10), § 41 Rn. 6; *Göhler* (Fn. 2), § 41 Rn. 6.

an die StA abgeben, wenn bereits ein Bußgeldbescheid erlassen wurde und dieser rechtskräftig geworden ist, § 84 OWiG.[15] Diese Regelung mag aus Sicht der insoweit „sachverständigeren" Verwaltungsbehörde unbefriedigend erscheinen,[16] da die Verfolgung von Ordnungswidrigkeiten nach § 60 spezielle Kenntnisse u. a. im Wertpapier- und Gesellschaftsrecht voraussetzt, über die die StA in der Regel nicht verfügt. Gleichwohl wird die Abgabepflicht bei Übernahmeordnungswidrigkeiten nur geringe Auswirkungen haben, da die in § 60 normierten Handlungen bzw. Unterlassungen jedenfalls nicht typischerweise mit Straftaten eine tatgeschichtliche Einheit bilden werden.

2. Zusammentreffen von Übernahmeordnungswidrigkeit und Straftat

6 Soweit § 60 den Verstoß gegen Veröffentlichungs- bzw. Mitteilungspflichten mit Buße sanktioniert, § 60 Abs. 1 Nr. 1, 2, 4 und 5, ist es zwar nicht ausgeschlossen, dass eine hinter dem Inhalt der Pflichten zurückbleibende Mitteilung bzw. Veröffentlichung zugleich eine **Täuschung** i. S. d. § 263 StGB oder eine **unrichtige Angabe** i. S. d. § 264 a Abs. 1 StGB bzw. § 88 Nr. 1 BörsenG darstellen kann. Jedoch sind Verstöße gegen die Mitteilungs- bzw. Veröffentlichungspflichten i. d. R. nur dann geeignet, eine der vorgenannten Strafvorschriften zu erfüllen, wenn sich die Veröffentlichung an Aktionäre der Zielgesellschaft richtet. Da unrichtige Angaben in der für die Entscheidung der Aktionäre wesentlichen Angebotsunterlage nicht mit Buße bewehrt sind, ist nicht zu erwarten, dass Übernahmeordnungswidrigkeiten häufig eine tatgeschichtliche Berührung mit den §§ 263, 264 a StGB, 88 BörsenG haben werden.

7 Ähnliches gilt für die Tathandlung des Bekanntgebens einer Angebotsunterlage des § 60 Abs. 1 Nr. 3 und dem in den §§ 14 Abs. 1 Nr. 2, 38 Abs. 1 Nr. 2 WpHG unter Strafe gestellten **Mitteilen von Insidertatsachen durch den Primärinsider**: Normadressat des § 60 Abs. 1 Nr. 3 ist allein der Bieter. Durch das Bekanntgeben einer Angebotsunterlage wird insbesondere der Aktienkurs der Zielgesellschaft beeinflusst. Der Bieter ist jedoch in Bezug auf die Zielgesellschaft kein Primärinsider.[17]

---

15 *Lampe,* in: KK-OWiG (Fn. 10), § 41 Rn. 8.

16 Siehe dazu für das Kartellrecht: *Bangard*, wistra 1997, 161, 163 ff.

17 *Assmann/Cramer,* in: Assmann/Schneider, Kommentar zum WpHG, 2. Aufl., 1999, § 14 Rn. 41.

Auch § 203 StGB kommt für die Bildung einer mit den Verstößen gegen § 60 gemeinsamen Tat nicht in Betracht, da das Sonderdelikt des § 203 StGB[18] von den in § 60 verpflichteten Personen grundsätzlich nicht begangen werden kann. Soweit Rechtsanwälte oder weitere, in § 203 Abs. 1 Nr. 3 StGB genannte, besonders verpflichtete Personen durch Mitteilungen Geheimnisse offenbaren, geschieht dies in der Regel im Auftrag des Bieters und damit nicht unbefugt. 8

Eine tatgeschichtliche Überschneidung mit § 299 StGB – **Bestechlichkeit im öffentlichen Verkehr** – kommt für die Mitglieder des Vorstands der Zielgesellschaft nicht in Betracht. Seit dem RefE-ÜG hat der Gesetzgeber auf eine Bebußung des Verbots des § 33 Abs. 3, das den Vorstandsmitgliedern die Annahme von Geldern vom Bieter verbietet, verzichtet.[19] 9

Denkbar ist ein Zusammentreffen der Ordnungswidrigkeit des jetzigen § 60 Abs. 1 Nr. 8 durch Mitglieder des Vorstands der Zielgesellschaft mit einer **Untreue** nach § 266 StGB. Stehen Handlungen der Mitglieder des Vorstands im Widerspruch zur Neutralitätspflicht aus § 33 Abs. 1[20] bzw. aus den §§ 76, 93 AktG[21], kommt ein Missbrauch bzw. ein Verstoß gegen eine Vermögensbetreuungspflicht nach § 266 StGB in Betracht. Es muss jedoch nicht typischerweise zu einem Schaden i. S. d. § 266 StGB kommen, da auch solche Abwehrmaßnahmen, die gegen die Neutralitätspflicht verstoßen, durchaus zu einer Werterhöhung der Zielgesellschaft als betreutes Vermögen führen können. 10

3. Folgen der Einstellung durch die StA

Hat die StA das Verfahren hinsichtlich der Straftat und der Übernahmeordnungswidrigkeit geführt, und stellt sie es hinsichtlich der Ordnungswidrigkeit oder insgesamt hinsichtlich der verfolgten Tat ein, ist es dem BAWe verwehrt, wegen der Übernahmeordnungswidrigkeit erneut ein Verfahren einzuleiten.[22] Das BAWe ist nach § 44 OWiG auch an die Einschätzung der StA gebunden, ob Straftat und Ordnungswid- 11

18 *Tröndle/Fischer*, StGB, 50. Aufl., 2001, § 203 Rn. 1 b.

19 Dagegen scheitert die Überschneidung nicht schon daran, dass Wertpapiere keine Waren i. S. d. § 299 StGB wären, vgl. *Heine*, in: Schönke/Schröder, StGB, 26. Aufl., 2001, § 299 Rn. 22 u. § 298 Rn. 5.

20 Vgl. *Land/Hasselbach*, DB 2000, 1747, 1752; *Liebscher*, ZIP 2001, 853, 866 f.; krit. dazu *Thaeter/Barth*, NZG 2001, 545, 548 f.; *Winter/Harbarth*, ZIP 2002, 1, 3 ff.

21 *Hopt*, FS für Lutter, 2000, S. 1361, 1375 m. w. N.

22 *Lampe*, in: KK-OWiG (Fn. 10), § 42 Rn. 21.

rigkeit eine gemeinsame Tat bilden.[23] Stellt die StA das Ermittlungsverfahren nur unter dem Gesichtspunkt der Straftat ein, muss sie die Sache an das BAWe abgeben, § 43 Abs. 1, 1. Fall OWiG, wenn die Tat als Ordnungswidrigkeit verfolgbar ist, also hinreichende tatsächliche Anhaltspunkte dafür bestehen, dass die Tat eine Ordnungswidrigkeit darstellt und Anhaltspunkte für Verfahrenshindernisse fehlen.[24]

12 Nach h. M. soll eine Verfolgbarkeit der Ordnungswidrigkeit nicht nur nach einer Einstellung des Strafverfahrens aus Legalitätsgründen gem. § 170 Abs. 2 StPO, sondern auch dann bestehen, wenn die StA das Strafverfahren nach den §§ 153 ff. StPO aus Gründen der Opportunität eingestellt hat.[25] Nach einer Einstellungsentscheidung der StA nach § 153 a Abs. 1 StPO ist hingegen nach allgemeiner Ansicht eine Verfolgbarkeit der Ordnungswidrigkeit ausgeschlossen, da § 153 a Abs. 1 StPO eine Sachentscheidung hinsichtlich der prozessualen Tat enthält, die eine Ahndung der Ordnungswidrigkeit ausschließt.[26]

13 Eine Übernahme der Verfolgung durch die StA nach § 42 Abs. 1 OWiG wegen einer mit der Ordnungswidrigkeit zusammenhängenden Straftat (sog. **sekundäre Zuständigkeit**) wird in der Regel nicht in Betracht kommen,[27] da die Übernahme nur bei Sachdienlichkeit erfolgen soll, § 42 Abs. 2 OWiG. Nach dem erklärten Ziel des Gesetzgebers, den besonderen Sachverstand des BAWe zu nutzen,[28] dürfte eine Übernahme durch die StA dem Zweck des Gesetzes widersprechen und in der Regel nicht geeignet sein, der Sache zu dienen.

---

23 *Lampe*, in: KK-OWiG (Fn. 10), § 44 Rn. 5; *Lemke*, Heidelberger Kommentar zur StPO, 3. Aufl., 2001, § 44 Rn. 2.

24 *Göhler* (Fn. 2), § 43 Rn. 5.

25 BGH, 19. 12. 1995 – KRB 33/95, BGHSt 41, 385, 390; KG, 6. 9. 1996 – Kart. 22/95, NStZ 1997, 138; *Göhler*, wistra 1996, 132, 133 f.; *Kleinknecht/Meyer-Goßner*, StPO, 45. Aufl., 2001, § 153 Rn. 6; *Kindhäuser*, JZ 1997, 101, 103; gegen diese Möglichkeit sortierter Einstellung: *Bohnert*, GA 2000, 113, 117 ff., mit dem beachtlichen Argument, dass der Grundsatz der Einstellung hinsichtlich der gesamten prozessualen Tat in § 154 a StPO nur ausnahmsweise und nur insoweit durchbrochen wird, als leichtere Taten abgeschichtet werden können, sodass der Verfahrensrest gerade nicht in der Ordnungswidrigkeit bestehen könne. Ablehnend auch OLG Frankfurt, 4. 5. 1995 – 11 Ws (Kart) 5/94, wistra 1995, 279, 280 f.; *J. Schmidt*, wistra 1998, 211, 213 f., 215 f.

26 *Lampe*, in: KK-OWiG (Fn. 10), § 43 Rn. 5; *Kleinknecht/Meyer-Goßner* (Fn. 25), § 153 a Rn. 35.

27 Siehe zum Unterschied zu § 40: *Lampe*, in: KK-OWiG (Fn. 10), § 42 Rn. 1.

28 Regierungsbegründung, BT-Drucks. 14/7034, S. 2.

IV. Verfahren nach Einspruch

1. Einspruchseinlegung

Legt der Betroffene oder, wenn der Bußgeldbescheid eine Nebenfolge enthält, auch der Nebenbeteiligte Einspruch ein,[29] endet das behördliche Bußgeldverfahren und es wird ein Wechsel von der Exekutive zur Judikative herbeigeführt, ohne dass, wie sonst bei Verwaltungsakten, der Akt der Exekutive selbst überprüft wird.[30] 14

Der Einspruch ist **binnen zwei Wochen** seit Zustellung des Bußgeldbescheids **beim BAWe** als erlassende Verwaltungsbehörde einzulegen, § 67 Abs. 1 OWiG.[31] Eine in Verkennung des Einspruchs als Rechtsbehelf eigener Art erfolgte Einlegung beim Oberlandesgericht ist nur dann wirksam und fristgerecht, wenn das OLG den Einspruch an das BAWe weiterleitet und er dort innerhalb der Frist eingeht.[32] Bei unverschuldetem Fristversäumnis ist eine **Wiedereinsetzung in den vorigen Stand** durch das BAWe möglich, § 52 OWiG.

Der Einspruch ist – wie bei Rechtsbehelfen sonst auch – bedingungsfeindlich.[33] Eine gegenständliche Beschränkung ist jedenfalls hinsichtlich einzelner prozessualer Taten möglich,[34] sog. vertikale Beschränkung[35]; nach § 67 Abs. 2 OWiG jedoch auch hinsichtlich abtrennbarer Teile innerhalb einer prozessualen Tat.[36] Eine Teilanfechtung der Rechtsfolge ist dann nicht möglich, wenn der Bußgeldbescheid nur die nach § 66 OWiG vorgeschriebenen Angaben enthält, da 15

---

29 Die JP/PV, gegen die ein Bußgeld nach § 30 OWiG festgesetzt worden ist, legt Einspruch als Nebenbeteiligte ein, §§ 87 Abs. 2 Satz 1, 67 Abs. 1 OWiG, auch wenn es sich bei der Verbandsgeldbuße um eine Hauptfolge handelt.

30 *Bohnert*, in: KK-OWiG (Fn. 10), § 67 Rn. 1.

31 Zur Form siehe *Göhler* (Fn. 2), § 67 Rn. 19 ff.

32 *Göhler* (Fn. 2), § 67 Rn. 14; umstritten ist, ob eine telefonische Übermittlung genügt, vgl. OLG Hamm, 25. 4. 1985 – 1 Vas 149/84, NStZ 1985, 472 einerseits und OLG Düsseldorf, 10. 3. 1983 – 4 StO 1–2/83, NStZ 1984, 184 m. Anm. *Maul* andererseits.

33 *Bohnert*, in: KK-OWiG (Fn. 10), § 67 Rn. 61; str. bei Rechtsbedingungen, bejahend BGH, 16. 5. 1973 – 2 StR 497/72, BGHSt 25, 187, 189.

34 OLG Köln, 13. 7. 1993 – Ss 272/93 (B), wistra 1993, 350, 351; *Bohnert*, in: KK-OWiG (Fn. 10), § 67 Rn. 57.

35 Vgl. *Roxin*, Strafverfahrensrecht, 25. Aufl., 1998, 51/18.

36 Angesichts der Funktion des Bußgeldbescheids als bloßes Ahndungsangebot eine umstrittene Regelung, vgl. *Göhler* (Fn. 2), § 67 Rn. 34 d ff.; *Rebmann/Roth/Herrmann*, OWiG, 3. Aufl. (Stand: 5. Lief. Jan. 2001), § 67 Rn. 6.

sich das Gericht in diesem Fall kein Bild über Unrechts- und Schuldgehalt der Tat machen kann.[37]

16 Legt bei einem Bußgeldbescheid, der **auch** eine **Verbandsgeldbuße** gegenüber einer JP/PV festsetzt, nur das der Anknüpfungstat bezichtigte Organ im eigenen Namen Einspruch ein, so erwächst der Bußgeldbescheid der JP/PV gegenüber in Teilrechtskraft. Nimmt der Einspruchsberechtigte den Einspruch zurück oder verzichtet er auf seine Einlegung, so wird der Bußgeldbescheid sofort (teil-)rechtskräftig, da Rücknahme und Verzicht in der Regel unwiderruflich und unanfechtbar sind.[38]

2. Zwischenverfahren

17 Mit Einlegung des Einspruchs beginnt das sog. Zwischenverfahren, § 69 OWiG. Ist der **Einspruch unzulässig**, so verwirft ihn das BAWe nach § 69 Abs. 1 Satz 1 OWiG als unzulässig. Diese Entscheidung kann nach den §§ 69 Abs. 1 Satz 2, 62 Abs. 1 Satz 2 OWiG mit einem Antrag auf gerichtliche Entscheidung an das nach § 62, § 68 OWiG zuständige OLG angefochten werden, wobei das BAWe zunächst selbst prüft, ob es dem zulässigen und begründeten Antrag abhilft, § 62 Abs. 2 Satz 2 OWiG i.V.m. § 306 Abs. 2, 1. Hs. StPO.[39] Einen unzulässigen Antrag darf es angesichts des Wortlauts des § 62 Abs. 2 OWiG nicht selbst als unzulässig verwerfen.[40] Die Entscheidung des OLG ist unanfechtbar, § 62 Abs. 2 Satz 3 OWiG. Hebt das OLG den Verwerfungsbescheid des BAWe auf, so geht die Sache an das BAWe zur Durchführung des Zwischenverfahrens zurück.

18 Ist der **Einspruch zulässig** (bzw. der Verwerfungsbescheid nach § 69 Abs. 1 Satz 1 OWiG aufgehoben worden), so prüft das BAWe den Sachverhalt umfassend neu, ggf. unter Anstellung neuer Ermittlungen. Teil dieser Prüfungspflicht ist entgegen dem Wortlaut des § 69 Abs. 2 Satz 3 („kann") auch, dem Betroffenen Gelegenheit zu Einwendungen zu geben.[41] Erweist sich die Beschuldigung im Bußgeldbescheid als unzutreffend oder stellt sich eine Ahndung als nicht geboten dar, § 47 Abs. 1

37 OLG Düsseldorf, 9. 10. 1996 – 2 Ss 313/96 – 87/96II, NStZ-RR 1997, 113, 114; *Rieß/Hilger*, NStZ 1987, 204, 206.

38 BGH, 29. 11. 1983 – 4 StR 681/83, NStZ 1984, 181 (zum Verzicht); *Göhler* (Fn. 2), § 67 Rn. 40.

39 *Rebmann/Roth/Herrmann* (Fn. 36), § 62 Rn. 21.

40 *Rebmann/Roth/Herrmann* (Fn. 36), § 62 Rn. 21; *Kurz,* in: KK-OWiG (Fn. 10), § 62 Rn. 21; a. A. *Göhler* (Fn. 2), § 62 Rn. 19 a.

41 *Göhler* (Fn. 2), § 69 Rn. 19.

OWiG, nimmt das BAWe den Bußgeldbescheid zurück.[42] Anderenfalls übersendet es die Akten über die StA an das OLG, § 69 Abs. 3 Satz 1 OWiG. Dadurch wird die StA, deren Zuständigkeit sich nach der des Gerichts i. S. v. § 68 OWiG richtet[43] (gem. § 62 also die StA bei dem OLG am Sitz des BAWe), Verfolgungsbehörde, § 69 Abs. 4 Satz 1 OWiG, und erhält dieselben Befugnisse wie das BAWe zuvor.[44]

Auch die StA hat eine umfassende Prüfungspflicht und kann das Verfahren nach Anhörung des BAWe nach § 170 Abs. 2 StPO oder nach § 47 Abs. 1 OWiG einstellen[45] oder weitere Ermittlungen durchführen, § 69 Abs. 4 Satz 2, 2. Hs. OWiG. Eine Rückgabe an das BAWe wegen ungenügender Aufklärung ist ausgeschlossen.[46] Trifft die StA keine dieser Entscheidungen, so legt sie die Akten dem OLG vor. 19

§ 62 Zuständigkeit des Oberlandesgerichtes im gerichtlichen Verfahren

(1) Im gerichtlichen Verfahren wegen einer Ordnungswidrigkeit nach § 60 entscheidet das für den Sitz des Bundesaufsichtsamtes in Frankfurt am Main zuständige Oberlandesgericht; es entscheidet auch über einen Antrag auf gerichtliche Entscheidung (§ 62 des Gesetzes über Ordnungswidrigkeiten) in den Fällen des § 52 Abs. 2 Satz 3 und des § 69 Abs. 1 Satz 2 des Gesetzes über Ordnungswidrigkeiten. § 140 Abs. 1 Nr. 1 der Strafprozessordnung in Verbindung mit § 46 Abs. 1 des Gesetzes über Ordnungswidrigkeiten findet keine Anwendung.

(2) Das Oberlandesgericht entscheidet in der Besetzung von drei Mitgliedern mit Einschluss des vorsitzenden Mitglieds.

Literatur: *Achenbach,* Bußgeldverhängung bei Kartellordnungswidrigkeiten nach dem Ende der fortgesetzten Handlung, WuW 1997, 393; *W. Bauer*, Mehrere Bußen gegen die Juristische Person bei Beteiligung mehrerer Organmit-

42 Siehe zur umstrittenen Rücknahmemöglichkeit ohne zulässigen Einspruch zwischen Zustellung und Ablauf der Einspruchsfrist: *Bohnert,* in: KK-OWiG (Fn. 10), § 69 Rn. 26 f.

43 *Göhler* (Fn. 2), § 69 Rn. 39.

44 *Göhler* (Fn. 2), § 69 Rn. 52.

45 Nicht jedoch den Bußgeldbescheid zurücknehmen, vgl. *Göhler* (Fn. 2), § 69 Rn. 46.

46 *Bohnert*, in: KK-OWiG (Fn. 10), § 69 Rn. 98.

glieder an einer Kartellordnungswidrigkeit?, wistra 1992, 47; *ders.*, Die Bedeutung der Entscheidung des Kartellsenats des Bundesgerichtshofs vom 20. 4. 1993 – KRB 15/92, wistra 1993, 267 – für den „Zielkonflikt“ zwischen § 96 I GWB und § 82 OWiG, wistra 1994, 132; *Berz*, Rechtskraft und Sperrwirkung im Ordnungswidrigkeitenrecht, 1971; *Göhler*, Ist die fortgesetzte Handlung mit der Entscheidung des Großen Senats in Strafsachen, wistra 1994, 185, auch in Bußgeldsachen praktisch verabschiedet?, wistra 1995, 300; *ders.*, Die Zuständigkeit des Kartellsenats zur strafrechtlichen Seite eines bei ihm anhängigen Falles, wistra 1994, 17; *ders.*, Zur Rechtskraftwirkung von Bußgeldentscheidungen, wistra 1991, 91; *Herdegen*, Bemerkungen zum Beweisantragsrecht, NStZ 1984, 97; *ders.*, Das Beweisantragsrecht, NStZ 1998, 444; *Hilger*, Über den „Richtervorbehalt“ im Ermittlungsverfahren, JR 1990, 485; *Molière*, Die Rechtskraft des Bußgeldbeschlusses, Schriften zum Prozessrecht, Bd. 41, 1975; *Odersky*, Der Wechsel zwischen Kartellbußgeldverfahren und Strafverfahren, Festschrift für Salger, 1995, 357; *Rieß*, Die sachliche Zuständigkeit beim Wechsel von Kartellordnungswidrigkeit und Straftat, NStZ 1993, 513; *Roxin*, Zur richterlichen Kontrolle von Durchsuchungen und Beschlagnahmen, StV 1997, 654; *Tiedemann*, Die Bebußung von Unternehmen nach dem 2. Gesetz zur Bekämpfung der Wirtschaftskriminalität, NJW 1988, 1169; *Weiß*, Kartellgericht oder Strafgericht?, Festschrift für Traub, 467; vgl. i. Ü. die Schrifttumsangaben Vor §§ 61 ff.

Übersicht

I. Sachliche Zuständigkeit des OLG

1 § 62 regelt die erstinstanzliche sachliche Zuständigkeit des OLG für das gerichtliche Verfahren wegen einer Übernahmeordnungswidrigkeit nach **Einspruch**.[1] Der Grund für diese Abweichung von § 68 OWiG liegt darin, dass der Gesetzgeber wie im behördlichen Verfahren bereits eine Sachverstandskonzentration dadurch herbeiführen will, dass

1 *Tschauner*, in: Geibel/Süßmann, Wertpapiererwerbs- und Übernahmegesetz, 2002, § 62 Rn. 1: auch die örtliche Zuständigkeit.

er das Gericht, das bereits im verwaltungsrechtlichen Beschwerdeverfahren nach § 49 entschieden hat, auch über die Übernahmeordnungswidrigkeit entscheiden lässt.[2] Darüber hinaus entscheidet das Gericht auch über den **Antrag auf gerichtliche Entscheidung gegen den Verwerfungsbescheid** des BAWe wegen Unzulässigkeit des Einspruchs nach den §§ 69 Abs. 1 Satz 2, 62 OWiG sowie über den Antrag auf gerichtliche Entscheidung gegen den Verwerfungsbescheid des BAWe wegen Wiedereinsetzung in den vorigen Stand, §§ 52 Abs. 2 Satz 3, 62 OWiG. Diese Entscheidungen des OLG ergehen ohne mündliche Verhandlung in der Form des Beschlusses.[3]

Die sachliche Zuständigkeit des OLG beschränkt sich auf das gericht- 2
liche Verfahren nach Einspruch, sodass für Ermittlungsmaßnahmen im Bußgeldverfahren der Behörde die allgemeinen Vorschriften gelten, auch wenn § 62 Abs. 2 Satz 1 OWiG auf das nach § 68 OWiG zuständige Gericht verweist,[4] anderenfalls wäre eine besondere Nennung des Antrags auf gerichtliche Entscheidung in § 62 Abs. 1 Satz 1, 2. Hs. überflüssig.

1. Vergleichbare Regelung in Österreich und in der Schweiz

In *Österreich* überprüft der **Unabhängige Verwaltungssenat Wien** 3
die Straferkenntnisse[5] der Übernahmekommission im Rahmen der Berufung, § 35 Abs. 3 öÜbG,[6] die sich nach den §§ 51 ff. VStG richtet.[7]

In der *Schweiz* kann der Betroffene im ordentlichen Verfahren[8] den 4
Strafbescheid des **Eidgenössischen Finanzdepartements (EFD)** wegen einer Ordnungswidrigkeit i. S. d. Art. 3 VStrR[9] mit der Einsprache nach den Artt. 67 ff. VStrR beim EFD selbst anfechten. Hilft das EFD der Einsprache nicht ab, so erlässt es eine Strafverfügung, gegen die ge-

2 Regierungsbegründung, BT-Drucks. 14/7034, S. 69.
3 *Göhler*, OWiG, 12. Aufl. 1998, § 62 Rn. 30 a.
4 Vgl. zur identischen Bestimmung des § 83 GWB: *Fischötter*, in: Gemeinschaftskommentar zum GWB, 4. Aufl., § 82 a. F. Rn. 1; *Dannecker/Biermann*, in: Immenga/Mestmäcker, Kommentar zum Kartellgesetz, 3. Aufl., 2001, § 83 Rn. 2; *Kurz*, in: Karlsruher Kommentar zum OWiG, 2. Aufl., 2000, § 62 Rn. 23.
5 Die Verwaltungsübertretungen nach österreichischem Recht, § 1 Abs. 1 Verwaltungsstrafgesetz v. 1991 (VStG), BGBl. I Nr. 52/1991, entsprechen den Ordnungswidrigkeiten nach deutschem Recht.
6 BGBl. I Nr. 127/1999; BGBl. I Nr. 189/1999.
7 *Schärf*, RdW 1999, 320.
8 Zum abgekürzten Verfahren, in dem der Strafbescheid nur noch mit der Revision nach den Artt. 84 ff. VStrR anfechtbar ist, siehe Art. 65 VStrR.
9 Bundesgesetz über das Verwaltungsstrafrecht v. 22. 3. 1974, AS 1974, 1857.

richtliche Beurteilung bei den zuständigen **kantonalen Strafgerichten** verlangt werden kann, Art. 72 Abs. 1 VStrR.[10] Das Verfahren richtet sich nach den Artt. 73 bis 80 VStrR und den kantonalen Strafprozessordnungen bzw. nach dem BStP.[11]

2. Anfechtbarkeit hoheitlicher Maßnahmen im Bußgeldverfahren

5 Maßnahmen des BAWe im behördlichen Bußgeldverfahren unterliegen keiner umfassenden selbstständigen gerichtlichen Nachprüfung. Nach § 62 Abs. 1 Satz 2 OWiG dürfen sich die Maßnahmen in ihrer Bedeutung nicht darauf beschränken, dass sie nur Teil der sachlichen Aufklärung bilden,[12] sodass Rechtsschutz für den Betroffenen bereits dadurch gewährleistet ist, dass sie voller Überprüfung im gerichtlichen Verfahren nach Einspruch unterliegen. Vielmehr kann eine Einzelmaßnahme nach § 62 Abs. 1 Satz 2 OWiG nur angefochten werden, wenn sie **selbstständige Bedeutung** dadurch erlangt, dass sie in den **Rechtskreis einer Person** eingreift.[13] Zu den Maßnahmen mit eigenständiger Bedeutung gehören insbesondere die **Durchsuchung**, §§ 102 ff. StPO, und die **Beschlagnahme**, §§ 94 ff. StPO,[14] nicht jedoch die Einleitung des Verfahrens, die Ablehnung beantragter Ermittlungen, die Anordnung einer Zeugenvernehmung oder der Abschluss der Ermittlungen nach § 61 OWiG.[15] Nach h. M. soll zu den nicht selbstständig anfechtbaren Maßnahmen auch die Versagung der Akteneinsicht gegenüber dem Verteidiger gehören.[16] Ebenfalls nicht anfechtbar ist die Verfahrenseinstellung durch das BAWe nach § 47 Abs. 1 OWiG oder nach § 170 Abs. 2 StPO.[17]

6 Sofern eine Maßnahme angefochten werden kann, ist das Amtsgericht, in dessen Bezirk das BAWe sitzt (z. Zt. Amtsgericht Frankfurt/M.), örtlich zuständig, § 68 Abs. 1 Satz 1 OWiG. Das gilt auch für den An-

---

10 *Lebrecht*, in: Vogt/Watter, Schweizerisches Kapitalmarktrecht, 1999, § 44 BEHG Rn. 21, 24.

11 Bundesgesetz über die Bundesstrafrechtspflege v. 15. 6. 1934, AS 50, 685 und BS 3, 303.

12 OLG Stuttgart, 17. 7. 1973 – 1 Ws 214/73, NJW 1973, 2309, 2310; OLG Hamm, 17. 8. 1977 – 3 Ws 482/77, NJW 1978, 283, 284; jeweils zu § 305 StPO.

13 *Kleinknecht/Meyer-Goßner*, StPO, 45. Aufl., 2001, § 305 Rn. 5.

14 Für diese Zwangsmaßnahmen folgt das bereits aus § 98 Abs. 2 Satz 2 StPO i. V. m. § 46 Abs. 1 OWiG; vgl. *Kleinknecht/Meyer-Goßner* (Fn. 12), § 98 Rn. 19, 23.

15 *Kurz*, in: KK-OWiG (Fn. 4), § 62 Rn. 5.

16 *Laufhütte*, in: Karlsruher Kommentar zur StPO, 4. Aufl., 1999, § 147 Rn. 18 m. w. N.; dagegen *Bohnert*, in: KK-OWiG (Fn. 4), § 69 Rn. 78.

17 *Wache*, in: KK-OWiG (Fn. 4), Vor § 53 Rn. 178; *Göhler* (Fn. 3), Vor § 59 Rn. 160.

trag auf gerichtliche Entscheidung gegen Durchsuchung und Beschlagnahme, da § 62 Abs. 2 Satz 1 i.V.m. § 68 Abs. 1 Satz 1 OWiG der Regelung des § 98 Abs. 2 Satz 3 bis 5 StPO vorgeht.[18]

Die **Anfechtung richterlicher Ermittlungshandlungen** richtet sich ausschließlich nach der **StPO.**[19] So kann die Anordnung einer Durchsuchung oder einer Beschlagnahme nach § 304 StPO mit der einfachen Beschwerde angefochten werden.[20] 7

3. Prozessuale Überholung

Für alle Ermittlungsmaßnahmen gilt, dass sie grundsätzlich nur so lange angefochten werden können, wie der von der Maßnahme Betroffene **noch beschwert** ist. Nach ihrem Abschluss können sie i.d.R. nicht mehr angegriffen werden.[21] Dabei ist zu beachten, dass etwa eine Durchsuchung noch so lange andauert, wie aufgefundene Papiere nach § 110 StPO durchgesehen werden, auch wenn das in den Räumen der Behörde geschieht;[22] eine Beschlagnahme so lange andauert, wie die amtliche Verwahrung besteht.[23] Eine Anfechtbarkeit trotz sog. prozessualer Überholung war von der Rechtsprechung[24] lange entgegen Kritik aus der Literatur[25] nur bei einem **nachwirkenden Feststellungsinteresse** zugelassen worden, das sich lediglich aus einer Wiederholungsgefahr oder einem Rehabilitationsinteresse infolge besonders diskriminierender Auswirkungen ergeben konnte.[26] 8

Das BVerfG hat seine Rechtsprechung dahingehend geändert, dass dem Gebot des Art. 19 Abs. 4 GG bei Maßnahmen, die erstens schwerwiegende Grundrechtseingriffe darstellen[27] und zweitens typischerweise vor möglicher richterlicher Nachprüfung wieder beendet sind, sodass sich die direkte Belastung nach dem regelmäßigen Verfahrensablauf auf eine Zeitspanne beschränkt, in der der Betroffene die richterliche Ent- 9

---

18 Vgl. *Göhler* (Fn. 3), § 68 Rn. 3 a.

19 *Kurz,* in: KK-OWiG (Fn. 4), § 62 Rn. 3.

20 *Kleinknecht/Meyer-Goßner* (Fn. 13), § 98 Rn. 31; § 105 Rn. 15.

21 *Kleinknecht/Meyer-Goßner* (Fn. 13), Vor § 296 Rn. 17.

22 BGH, 23. 11. 1987 – I BJs 55/81 – 4 – I BGs 517/87, StV 1988, 90.

23 BVerfG, 5. 8. 1966 – 1 BvR 586/62, 610/63 und 512/64, BVerfGE 20, 162, 173.

24 BVerfG, 11. 10. 1978 – 2 BvR 1055/76, BVerfGE 49, 329, 337 ff.; BGH, 21. 11. 1978 – 1 BJs 93/77 – StB 210/78, BGHSt 28, 206, 209.

25 *Gössel*, GA 1995, 238, 240; *Hilger*, JR 1990, 485, 488; *Rudolphi*, in: Systematischer Kommentar zur StPO, 23. Lief. April 2001, § 98 Rn. 24.

26 BGH, 1. 12. 1988 – I BGs 1113/88, BGHSt 36, 30, 32.

27 Was sich etwa aus einem grundgesetzlich angeordneten Richtervorbehalt ablesen lässt, BVerfG, 30. 4. 1997 – 2 BvR 817/90, NJW 1997, 2163, 2164.

scheidung nicht erlangen kann, nur durch Annahme eines **Rechtsschutzinteresses nach Beendigung** genügt wird.[28] Dies gilt insbesondere für eine Durchsuchung,[29] soll aber auch bei einer Beschlagnahme in Betracht kommen.[30] Auch der BGH lässt nun die Überprüfung der Art und Weise einer abgeschlossenen Durchsuchung zumindest dann zu, wenn diese nicht bereits in der richterlichen Anordnung geregelt war.[31]

10 Nach § 62 Abs. 2 ist der Wertpapiererwerbs- und Übernahmesenat (§ 67)[32] abweichend von der in § 122 Abs. 2 Satz 1 GVG vorgesehenen fünfköpfigen **Besetzung eines Senats** bei erstinstanzlicher Zuständigkeit des OLG mit **drei** Richtern besetzt. Das entspricht der Besetzung bei Entscheidungen als Rechtsmittelgericht, vgl. § 122 Abs. 1 GVG und § 80 a Abs. 1 OWiG. Mindestens irreführend ist die Begründung im RegE-ÜG zu § 63 Abs. 2 (jetzt § 62 Abs. 2),[33] die diese Regelung als von der Einzelrichterentscheidung des § 68 OWiG abweichend bezeichnet und damit eine personale Aufwertung verbindet. § 62 Abs. 1, nicht § 62 Abs. 2, weicht von § 68 OWiG ab. Die Besetzungsregel des § 62 ist eine zahlenmäßige Herabstufung.

11 Nach § 62 Abs. 1 Satz 2 ist die Mitwirkung eines **Verteidigers** im gerichtlichen Verfahren entgegen § 140 Abs. 1 Nr. 1 StPO nicht notwendig. Der Gesetzgeber will dadurch einerseits unangemessene Belastungen für den Betroffenen in Fällen geringer Bußgeldhöhen vermeiden.[34] Andererseits nennt die Begründung im RegE-ÜG auch den Fall der Beschränkung des Einspruchs auf die Bußgeldhöhe.[35] Dies vermag nicht so recht einzuleuchten. Zum einen ist eine solche Beschränkung i. d. R. unwirksam,[36] sodass in diesem Fall ein unbeschränkter Einspruch vorliegt. Zum anderen sind Feststellungen zum Unrechts- und Schuldgehalt auch dann erforderlich, wenn das Gericht nur über die Höhe entscheiden soll, was den Unterschied zur uneingeschränkten Überprüfung gering erscheinen lässt. Bei Übernahmeordnungswidrig-

---

28 BVerfG, 30. 4. 1997 – 2 BvR 817/90, NJW 1997, 2163, 2164.

29 BVerfG, 30. 4. 1997 – 2 BvR 817/90, NJW 1997, 2163, 2164.

30 LG Neuruppin, 11. 7. 1997 – 14 Qs 59 Js 315/96 (155/97), StV 1997, 506; kritisch dazu *Roxin*, StV 1997, 654, 656.

31 BGH, 7. 12. 1998 – 5 AR (VS) 2/98, BGHSt 44, 265, 267; BGH, 25. 8. 1999 – 5 AR (VS) 1/99, BGHSt 45, 183, 186 f.

32 Siehe zu diesem besonderen Spruchkörper die Kommentierung zu § 67.

33 Regierungsbegründung, BT-Drucks. 14/7034, S. 69.

34 Regierungsbegründung, BT-Drucks. 14/7034, S. 69.

35 Regierungsbegründung, BT-Drucks. 14/7034, S. 69.

36 Siehe oben § 61 Rn. 15.

keiten wird die **Bestellung eines Verteidigers** nach pflichtgemäßem Ermessen des Vorsitzenden Richters wegen der Schwierigkeit der Sach- oder Rechtslage i. d. R. angezeigt sein, § 140 Abs. 2 Satz 1 StPO.[37]

II. Verfahren bei der Entscheidung des OLG über den Einspruch

1. Grundsätze

Verwirft das OLG nicht ausnahmsweise den Einspruch nach § 70 OWiG selbst als unzulässig,[38] findet das **Hauptverfahren** nach den Vorschriften der StPO über das Verfahren nach zulässigem Einspruch gegen einen Strafbefehl statt, § 71 Abs. 1 OWiG i.V.m. § 411 Abs. 1, 3, 4 StPO. Anders als im Verfahren nach der StPO kann das OLG jedoch auch ohne Hauptverhandlung durch **Beschluss** entscheiden, wenn StA und Betroffener nicht widersprechen, § 72 Abs. 1 OWiG. Die Entscheidung des Gerichts lautet wie die Entscheidung aufgrund einer Hauptverhandlung (Urteil) auf Freispruch, Festsetzung einer Geldbuße und/oder Nebenfolge oder Einstellung und ist ebenso wie das Urteil der Rechtskraft fähig.[39] Der wesentliche Unterschied der Beschlussentscheidung zur Entscheidung aufgrund einer Hauptverhandlung besteht neben der **Nichtanwendbarkeit der §§ 261 und 264 StPO**[40] in der Geltung des **Verbots einer reformatio in peius** hinsichtlich des Rechtsfolgenausspruchs,[41] § 72 Abs. 3 Satz 2 OWiG. Die Möglichkeit der reformatio in peius bei der Entscheidung nach Hauptverhandlung hingegen ergibt sich aus der entsprechenden Anwendung des § 411 Abs. 4 StPO.[42] In dieser allein im schriftlichen Verfahren als Ausnahme verbotenen Verschlechterung der Ausgangsentscheidung der Behörde zeigt sich wiederum die Funktion des Bußgeldbescheids 12

37 Vgl. für das Kartellbußgeldverfahren: *Dannecker/Biermann,* in: Immenga/Mestmäcker (Fn. 4), § 83 Rn. 3.

38 Wegen der primären Zuständigkeit der Behörde zur Verwerfung wegen Unzulässigkeit, § 69 Abs. 1 Satz 1 OWiG, kommt eine Verwerfung durch das Gericht nur dann in Betracht, wenn die Behörde die Unzulässigkeit übersehen oder abweichend vom Gericht den Einspruch als zulässig angesehen hat, vgl. *Göhler* (Fn. 3), § 70 Rn. 1. Das OLG ist dabei nicht an seine eigene vorgängige Beschlussentscheidung nach § 69 Abs. 1 Satz 2 OWiG gebunden, vgl. *Bohnert* in: KK-OWiG (Fn. 4), § 70 Rn. 2 a.

39 *Senge*, in: KK-OWiG (Fn. 4), § 72 Rn. 57.

40 *Senge*, in: KK-OWiG (Fn. 4), § 72 Rn. 58.

41 BGH, 14. 10. 1959 – 2 StR 291/59, BGHSt 14, 5, 7.

42 *Göhler* (Fn. 3), § 71 Rn. 4.

als bloße Verfahrensgrundlage und Beschuldigung. Das OLG hebt den Bußgeldbescheid im Urteil oder Beschluss nicht auf.[43]

13 Allgemein richtet sich das Verfahren im Regelfall der Hauptverhandlung nach den für das Strafverfahren geltenden Regeln, §§ 213 ff. und 243 ff. StPO. Bei der **Beweiserhebung** bietet das OWiG dem Gericht allerdings Vereinfachungen gegenüber der StPO an. So findet sich in § 77a OWiG mit der Möglichkeit, Aussagen durch Protokollverlesungen zu ersetzen, eine Ausnahme von dem auch im gerichtlichen Bußgeldverfahren im Grundsatz geltenden Prinzip der Unmittelbarkeit,[44] § 250 StPO i.V.m. § 46 Abs. 7 OWiG.

14 Nach § 77 Abs. 1 OWiG bestimmt das Gericht den **Umfang der Beweisaufnahme**. Eine substantielle Einschränkung gegenüber der Regelung des § 244 Abs. 2 StPO enthält diese Vorschrift nicht, da einerseits die Bestimmung des Umfangs der Beweisaufnahme weder im freien Ermessen des Gerichts liegt,[45] noch sich die Verurteilung des Betroffenen auf eine an geringeren Anforderungen orientierte richterliche Überzeugungsbildung stützen darf.[46] Andererseits gebietet auch § 244 Abs. 2 StPO nicht, jedem als nutzlos oder fern liegend erkannten Beweismittel nachzugehen.[47] Die Bedeutung des § 77 Abs. 1 OWiG erschließt sich vielmehr im Zusammenhang mit dem in der Einstellungsmöglichkeit des Gerichts nach § 47 Abs. 2 OWiG zu Tage tretenden **Opportunitätsprinzip**: Das Gericht muss unter Berücksichtigung der Bedeutung der Sache die Wahrheitserforschung nur so weit treiben, wie eine pflichtgemäße Ermessensausübung dies gebietet,[48] darüber hinaus kann es das Verfahren bei Sachen geringer Bedeutung nach § 47 Abs. 2 OWiG einstellen.

15 Eine deutlich effektivere Beschränkung der Beweisaufnahme ergibt sich aus den Ablehnungsgründen des § 77 Abs. 2 OWiG, die neben die im Bußgeldverfahren ebenfalls anwendbaren Ablehnungsgründe des § 244 Abs. 3, Abs. 4 StPO treten.[49] Das im Strafverfahren über das Aufklärungsgebot des § 244 Abs. 2 StPO hinausgehende **Beweisan-**

43 Siehe zur Funktion des Bußgeldbescheids oben Vor §§ 61 ff. Rn. 27 ff.

44 *Göhler* (Fn. 3), § 77a Rn. 1.

45 *Göhler* (Fn. 3), § 77 Rn. 4.

46 *Senge*, in: KK-OWiG (Fn. 4), § 77 Rn. 4.

47 BGH, 31. 3. 1989 – 2 StR 706/88, BGHSt 36, 159, 164 f.; zur Bestimmung des Umfangs der Aufklärungspflicht durch Beweisantizipation *Herdegen*, NStZ 1998, 444, 445 f.

48 Vgl. *Mitsch*, Recht der Ordnungswidrigkeiten, 1995, IV 8/16.

49 *Senge*, in: KK-OWiG (Fn. 4), § 77 Rn. 13.

tragsrecht[50] ist im Bußgeldverfahren **stark eingeschränkt**, sodass hier ein über die Aufklärungspflicht hinausgehender Beweiserhebungsanspruch grundsätzlich nicht besteht.[51] Der Umfang der nach § 77 Abs. 1 OWiG gebotenen Aufklärungspflicht bestimmt daher im Gegensatz zum Strafprozess wesentlich die Möglichkeit der Ablehnung nach § 77 Abs. 2 OWiG,[52] sodass der Betroffene den Umfang der Beweisaufnahme im Bußgeldverfahren nicht wesentlich mitbestimmen kann.

2. Übergang zum Strafverfahren, § 81 OWiG

Problematisch stellt sich die Situation dann dar, wenn im gerichtlichen Verfahren nach Einspruch der Wertpapiererwerbs- und Übernahmesenat des OLG **hinreichenden Tatverdacht einer Straftat** für gegeben hält.[53] Für die Lösung dieses Zuständigkeitsdilemmas werden für den Anwendungsbereich des GWB im Wesentlichen drei Lösungsvorschläge angeboten.[54] Herrschend und jedenfalls für das WpÜG zu bevorzugen ist eine **Verweisungslösung**, die dem Bestreben der StPO entspricht, eine Verfahrenseinstellung bei sachlicher, erstinstanzlicher Unzuständigkeit zu vermeiden:[55] Nachdem das OLG das Bußgeldverfahren unter Hinweis auf den veränderten rechtlichen Gesichtspunkt in das Strafverfahren nach § 81 Abs. 1, Abs. 2 Satz 1 OWiG **übergeleitet** hat, **verweist** es die Sache wegen nun eingetretener Unzuständigkeit an das **zuständige Strafgericht**, das über die Tat auch unter dem Gesichtspunkt einer Übernahmeordnungswidrigkeit entscheidet, § 82 Abs. 1 OWiG. Die – bindende – Verweisung erfolgt nach Ansicht des BGH analog § 270 StPO,[56] nach a. A. analog § 209 Abs. 1 StPO.[57] 16

Abzulehnen ist die **Einstellungslösung**, bei der das Verfahren vom OLG nach § 206a bzw. § 260 Abs. 3 StPO i.V.m. § 46 Abs. 1 OWiG 17

50 *Herdegen*, NStZ 1984, 97, 99.

51 *Senge*, in: KK-OWiG (Fn. 4), § 77 Rn. 16; *Göhler* (Fn. 3), § 77 Rn. 11 a.E.; *Wrage-Molkenthin/Bauer*, in: Frankfurter Kommentar zum Kartellrecht, 48. Lief. Okt. 2001, § 82 a.F. Rn. 37.

52 Siehe zu den Voraussetzungen im Einzelnen: *Senge*, in: KK-OWiG (Fn. 4), § 77 Rn. 15 (zu Nr. 1) und Rn. 19 ff. (zu Nr. 2).

53 Zum Zusammentreffen von Straftat und Übernahmeordnungswidrigkeit siehe oben § 61 Rn. 6ff.

54 Siehe zur Darstellung der Diskussion: *Odersky*, FS für Salger, 1995, S. 357, 363 ff.

55 *Rieß*, NStZ 1993, 513, 514.

56 BGH, 20. 4. 1993 – KRB 15/92, BGHSt 39, 202, 206 f. = BGH WuW/E BGH 2865, 2867 f.: Das OLG sei wegen beschränkter Rechtsfolgenkompetenz kein Gericht höherer Ordnung, vgl. § 269 StPO. Nun auch KG, 6. 9. 1996 – Kart. 22/95, NStZ 1997, 138, 139; zustimmend *Weiß*, FS für Traub, 1994, 467, 476 f.

57 *Rieß* (Fn. 55), 515.

noch 17 wegen Vorliegens des ständigen Verfahrenshindernisses seiner sachlichen Unzuständigkeit eingestellt wird, sodass eine Ahndung wegen dieser prozessualen Tat in der Folge von der Anklageerhebung der StA vor einem zuständigen Gericht abhängt.[58] Auch der **Fortführung des Verfahrens als Strafverfahren** mit anschließender (möglicher) Aburteilung (auch) der Straftat durch das OLG[59] in Abweichung von den allgemeinen Regeln über die erstinstanzliche Zuständigkeit des OLG in Strafsachen aus § 120 GVG[60] kann nicht zugestimmt werden. Die erstinstanzliche Zuständigkeit eines OLG im Bußgeldverfahren lässt sich in das System der erstinstanzlichen Zuständigkeiten und dem Übergang vom Bußgeld- in das Strafverfahren zwar nicht völlig bruchlos einfügen, die Verweisungslösung verursacht aber die wenigsten Verwerfungen. Die von der Gegenmeinung als Argument angeführte Vorschrift des § 95 GWB über die Ausschließlichkeit der gerichtlichen Zuständigkeiten beschränkt sich auf die im GWB geregelten bürgerlichen Rechtsstreitigkeiten.[61] Der ausdehnenden Deutung, mit § 95 GWB sei eine Konzentration der Kartellrechtspflege auch in Bußgeldsachen bei wenigen sachkundigen Gerichten (OLG) angestrebt worden,[62] hat der Gesetzgeber durch die Nichtübernahme in das WpÜG eine Absage erteilt: Da es für Übernahmeordnungswidrigkeiten mit dem OLG am Sitz des BAWe nur ein sachlich zuständiges Gericht gibt und die Zuständigkeit in Bußgeldsachen ohnehin nicht der Parteivereinbarung unterliegt, hat er eine Übernahme in das WpÜG nicht für erforderlich gehalten und dadurch die eingeschränkte Bedeutung des § 95 GWB bestätigt.[63] Ähnliches gilt für die Ansicht, die dem OLG eine erweiterte Rechtsfolgenkompetenz geben will. Hätte der Gesetzgeber des WpÜG dem OLG diese Aburteilungsbefugnis auch für Straftaten geben wollen, hätte er § 62 in Kenntnis der Position des BGH dazu nicht wortgleich aus dem GWB übernehmen dürfen.

58 KG, 23. 3. 1992 – Kart. 10/91, WuW/E OLG, 4983, 4984, 4988; *Bauer/Wrage-Molkenthin*, WuW 1993, 734, 736 f.; *Bauer*, wistra 1994, 132, 134 f., der diese Lösung auf eine analoge Anwendung des § 389 StPO stützt.

59 Nach Hinweis auf die Veränderung des rechtlichen Gesichtspunkts gemäß § 81 OWiG.

60 *Göhler*, wistra 1994, 17, 19; *ders.*, wistra 1994, 260 f.; *Schäfer/Harms*, in: Löwe-Rosenberg, StPO, 24. Aufl., 1988, § 121 GVG Rn. 23 a; *Dannecker/Biermann*, in: Immenga/Mestmäcker (Fn. 4), § 83 Rn. 23.

61 *K. Schmidt*, in: Immenga/Mestmäcker (Fn. 4), § 95 Rn. 2.

62 *Bauer* (Fn. 58), 133 f.

63 Siehe auch § 67 Abs. 1 über die ausschließliche Zuständigkeit der Landgerichte in bürgerlichen Rechtsstreitigkeiten.

Im **umgekehrten Fall**, in dem ein für die Aburteilung von Straftaten erstinstanzlich zuständiges Gericht, §§ 24 f., 74c GVG, hinreichenden Verdacht einer Straftat verneint, hinsichtlich einer Übernahmeordnungswidrigkeit jedoch für gegeben hält, ist zu differenzieren: Wird die Feststellung erst nach Eröffnung des Hauptverfahrens getroffen, so ist ein Übergang zum Bußgeldverfahren und damit auch eine Verweisung nach § 270 StPO an das OLG ausgeschlossen, § 82 Abs. 1 OWiG.[64] Im Eröffnungsverfahren hingegen hat das Strafgericht die Sache dem OLG analog § 225a StPO vorzulegen, wenn nicht die StA die Anklage zurücknimmt und die Sache nach § 43 Abs. 1 OWiG an das BAWe abgibt.[65] Die Verneinung der Eröffnungszuständigkeit durch das Strafgericht ist nach § 82 Abs. 2 OWiG nicht möglich, sodass einer Aburteilungsbefugnis des Gerichts auch nicht der fehlende Bußgeldbescheid entgegensteht.[66] 18

III. Rechtskraftwirkung

Erwächst das **Urteil des OLG** in Rechtskraft, so entfaltet es im Gegensatz zum Bußgeldbescheid, der lediglich die Verfolgung wegen einer Ordnungswidrigkeit hinsichtlich derselben prozessualen Tat ausschließt, § 84 Abs. 1 OWiG,[67] **volle Rechtskraftwirkung**. Eine Sperrwirkung tritt daher auch im Verhältnis zur strafrechtlichen Verfolgung ein, § 84 Abs. 2 Satz 1 OWiG.[68] Dieselbe Wirkung entfalten der **urteilsersetzende Beschluss** nach § 72 OWiG und die **entsprechenden Sachentscheidungen des Beschwerdegerichts**, § 84 Abs. 2 Satz 2 OWiG. 19

Andere gerichtliche **Entscheidungen**, die das Verfahren nicht endgültig erledigen, teilen diese umfassende Rechtskraftwirkung **nicht**, dazu gehören insbesondere die Einstellung nach § 153 Abs. 2 StPO und nach § 47 Abs. 2 OWiG. Ihre Wirkung beschränkt sich darauf, dass 20

---

64 BGH, 19. 5. 1988 – 1 StR 600/87, NJW 1988, 3162, 3163; *Steindorf*, in: KK-OWiG (Fn. 4), § 82 Rn. 15; *Rieß* (Fn. 55), 516.

65 *Steindorf*, in: KK-OWiG (Fn. 4), § 82 Rn. 4; *Göhler* (Fn. 3), § 82 Rn. 5; *Rieß* (Fn. 55), 516.

66 So aber OLG Frankfurt, 4. 7. 1988 – 6 Ws (Kart.) I/88, WuW/E OLG 4361, 4362; *Wrage-Molkenthin/Bauer* (Fn. 51), § 81 a. F. Rn. 11; *Weiß* (Fn. 56), 472.

67 Siehe dazu *Molière*, Die Rechtskraft des Bußgeldbeschlusses, 1975; allgemein zur Rechtskraft im Ordnungswidrigkeitenrecht: *Berz*, Rechtskraft und Sperrwirkung im Ordnungswidrigkeitenrecht, 1971.

68 OLG Stuttgart, 17. 10. 1996 – 1 Ss 275/96, NZV 1997, 91, 92; *Göhler*, wistra 1991, 91, 95.

die Verfolgung der Tat nur aufgrund neuer Tatsachen und Beweismittel möglich ist.[69]

21 Der Umfang der Rechtskraft richtet sich nach der von der Sachentscheidung erfassten **prozessualen Tat**;[70] die Sperrwirkung reicht demnach so weit, wie Tatidentität vorliegt.[71] Das gilt auch, wenn einzelne Teile der Tat zum Zeitpunkt der Festsetzung der Geldbuße unbekannt waren.[72] In zeitlicher Hinsicht ist zu beachten, dass sich die Rechtskraft nur auf den Handlungszeitraum bis zum Erlass des – später – rechtskräftigen Bußgeldbescheids bzw. Urteils (oder Beschlusses) erstreckt. Die Bußgeldentscheidung stellt bei zeitlich gestreckten Ordnungswidrigkeiten, die aufgrund einer rechtlichen Bewertungseinheit[73] oder als Dauerordnungswidrigkeit[74] eine prozessuale Tat bilden, eine Zäsur dar.[75]

22 Ist die **Geldbuße wegen** einer **Aufsichtspflichtverletzung** nach § 130 OWiG verhängt worden, erfasst die Rechtskraftwirkung alle durch die Aufsichtspflichtverletzung verursachten Zuwiderhandlungen gegen die Tatbestände des § 60, sodass die Verurteilung wegen der Aufsichtspflichtverletzung die Festsetzung einer Geldbuße gegen dieselbe Person wegen Beteiligung, § 14 OWiG, jedenfalls dann sperrt, wenn sich die Beteiligung auf das Unterlassen allgemeiner Maßnahmen beschränkt.[76]

69 *Göhler* (Fn. 3), § 84 Rn. 15; *Steindorf*, in: KK-OWiG (Fn. 4), § 84 Rn. 16; jeweils mit einer Zusammenstellung weiterer Entscheidungen. Die Einstellung nach § 153 a Abs. 2 StPO hingegen ist, ähnlich dem Bußgeldbescheid, teilrechtskraftfähig, als sie eine erneute Verfolgung der Tat bis zur Grenze des Vergehens ausschließt, wenn die Auflagen erfüllt sind; das schließt die Sperrwirkung gegenüber der Verfolgung als Ordnungswidrigkeit mit ein, OLG Hamm, 30. 4. 1981 – 3 Ss 559/81, MDR 1981, 870, 871 m. Anm. *Göhler*, NStZ 1982, 11, 14; *Steindorf*, in: KK-OWiG (Fn. 4), § 84 Rn. 15.

70 Siehe zum Tatbegriff oben § 61 Rn. 5 und BGH, 16. 3. 1989 – 4 StR 60/89, BGHSt 36, 151, 159.

71 OLG Jena, 12. 7. 1999 – 1 Ss 71/99, NStZ 1999, 516, 517.

72 OLG Stuttgart, 17. 10. 1996 – 1 Ss 275/96, NZV 1997, 91, 92.

73 Siehe dazu *Göhler*, NStZ 1995, 300, 302.

74 Siehe zu diesem Begriff BGH, 18. 10. 1995 – 3 StR 211/95, NStZ 1996, 129, 130; BGH,7. 8. 1996 – 3 StR 318/96, NStZ 1997, 79.

75 OLG Düsseldorf, 6. 5. 1991 – 5 Ss [OWi] 56/91, VRS 81 (1991), 304, 305 f.; OLG Dresden, 4. 6. 1997 – 2 Ss (OWi) 131/97, NStZ-RR 1997, 314; BayObLG, 29. 4. 1982 – 2 Qs OWi 53/82,VRS 63 (1982), 221, 222. Siehe zu der – aufgegebenen – Figur der fortgesetzten Handlung im Ordnungswidrigkeitenrecht: BGH, 19. 4. 1995 – KRB 33/95, BGHSt 41, 385; BGH, 19. 12. 1995- KRB 32/95, WuW/E BGH 3043, 3049; *Achenbach*, WuW 1997, 393, 394 ff. mit Hinweis auf die rechtliche Problematik kumulierter sehr hoher Geldbußen nach Aufgabe dieser Rechtsfigur.

76 BGH, 10. 12. 1985 – KRB 3/85, wistra 1986, 111, 112; BGH, 25. 10. 1988, WuW/E BGH 2543, 2544 m. kritischer Anm. *Bauer/Wrage-Molkenthin*, WuW 1989, 789, 791 ff.; das gilt auch umgekehrt, BGH, 10. 11. 1992 – KRB 18/92, wistra 1993, 110 f.

Bei der Verhängung einer **Verbandsgeldbuße** nach § 30 OWiG bewirkt die Rechtskrafterstreckung, dass bei Beteiligung mehrerer Personen an einer Pflichtverletzung als Anknüpfungstat nur eine Geldbuße nach § 30 OWiG festgesetzt werden darf.[77] 23

§ 63 Rechtsbeschwerde zum Bundesgerichtshof

Über die Rechtsbeschwerde (§ 79 des Gesetzes über Ordnungswidrigkeiten) entscheidet der Bundesgerichtshof. Hebt er die angefochtene Entscheidung auf, ohne in der Sache selbst zu entscheiden, so verweist er die Sache an das Oberlandesgericht, dessen Entscheidung aufgehoben wird.

Literatur: *Baukelmann*, Die Zulassung der Rechtsbeschwerde im Bußgeldverfahren, 1983; *Göhler*, Empfiehlt sich eine Änderung des Rechtsbeschwerdeverfahrens in Bußgeldsachen?, Festschrift K. Schäfer, 1980, 39; vgl. i. Ü. die Schrifttumsangaben Vor §§ 61 ff.

Übersicht

I. Das Rechtsbeschwerdeverfahren

1. Zuständigkeit, § 63 Satz 1

§ 63 Satz 1 regelt die Zuständigkeit für die Verhandlung des Rechtsmittels der Rechtsbeschwerde im Bußgeldverfahren. Die Sachentscheidung des OLG in Form von Urteil oder Beschluss nach § 72 OWiG ist 1

77 *Tiedemann*, NJW 1988, 1169, 1173; *Bauer*, wistra 1992, 47, 49 f.; a. A. KG, 21. 3. 1986 – U (Kart.) 2/82, WuW/E OLG 3838 f. (noch zu § 30 OWiG a. F.).

ausschließlich mit der Rechtsbeschwerde nach § 79 OWiG anfechtbar. Berufung oder Revision kommen daneben nicht in Betracht.[1] Die Rechtsbeschwerde folgt **weitgehend** den **Regeln über die Revision**, § 79 Abs. 3 Satz 1 OWiG,[2] sodass die Überprüfung der Sachentscheidung darauf beschränkt ist, ob eine Rechtsnorm nicht oder nicht richtig vom OLG angewendet worden ist, § 337 Abs. 2 StPO.

2 **Sachlich zuständig** für die Entscheidung über die Rechtsbeschwerde ist nach § 63 Satz 1 der **BGH**.[3] Sowohl der DiskE-ÜG als auch der RefE-ÜG wiesen eine dem § 63 entsprechende Vorschrift noch nicht auf. Dabei kann es sich eigentlich nur um ein Versehen gehandelt haben. Dass damit ursprünglich die Beschränkung des Verfahrens auf nur eine Instanz beabsichtigt war, kann dem Fehlen dieser Vorschrift nicht entnommen werden. Denn einerseits trifft das vom ersten Entwurf an durchgängig verfolgte Ziel der Sicherstellung rascher Verfahren, um die Zielgesellschaft nicht unnötig lange in ihrer Geschäftstätigkeit zu behindern, nur auf die Kontrolle verwaltungsrechtlicher Entscheidungen zu.[4] Andererseits ist das Rechtsmittel der Rechtsbeschwerde gegen die Sachentscheidung des OLG in Bußgeldsachen bereits aufgrund von § 79 Abs. 1 OWiG gegeben und der BGH zur Entscheidung darüber nach § 135 Abs. 1, 1. Fall GVG berufen, sodass § 63 Satz 1 klarstellende Funktion hat.

2. Regelung in der Schweiz und in Österreich

3 In der *Schweiz* richtet sich die Anfechtbarkeit der Urteile der kantonalen Strafgerichte nach den jeweiligen kantonalen Strafprozessordnungen. Gegen letztinstanzliche Urteile ist die Nichtigkeitsbeschwerde wegen Verletzung von Bundesrecht an den Kassationsgerichtshof nach Art. 83 VStrR i.V.m. den Artt. 269 ff. BStP gegeben.[5] In *Österreich* findet eine revisionsrechtliche Überprüfung der Entscheidung der Übernahmekommission nicht statt.[6]

---

1 *Göhler*, OWiG, 12. Aufl. 1998, Vor § 79 Rn. 4.
2 Soweit nicht anders vermerkt, verstehen sich die Vorschriften der StPO und des GVG jeweils i.V.m. der Verweisungsnorm des § 79 Abs. 3 Satz 1 OWiG.
3 Siehe zum Spruchkörper: § 67 Rn. 6.
4 Regierungsbegründung, BT-Drucks. 14/7034, S. 29.
5 *Lebrecht*, in: Vogt/Watter, Schweizerisches Kapitalmarktrecht, 1999, Art. 44 BEHG Rn. 25 f.
6 *Schärf*, RdW 1999, 320.

II. Zulässigkeit der Rechtsbeschwerde

1. Statthaftigkeit

Entgegen seinem Wortlaut („zulässig“) regelt § 79 Abs. 1 OWiG nicht die Zulässigkeit der Rechtsbeschwerde insgesamt, sondern **nur** den Teilaspekt der **Statthaftigkeit**.[7] Danach ist die Statthaftigkeit der Rechtsbeschwerde gegen die Sachentscheidungen des OLG eingeschränkt, § 79 Abs. 1 Satz 1 OWiG. Liegen die Voraussetzungen der Nr. 1 bis 5 des § 79 Abs. 1 Satz 1 OWiG nicht vor, was angesichts der zu erwartenden Bußgeldhöhen im Verfahren wegen einer Übernahmeordnungswidrigkeit jenseits der Grenze des § 79 Abs. 1 Nr. 1 OWiG von 250 €[8] selten vorkommen dürfte, ist eine Rechtsbeschwerde nur statthaft, wenn sie vom BGH zugelassen wird.[9] Zu beachten ist, dass der **Antrag auf Zulassung** nur bei Entscheidungen des OLG in Urteilsform gestellt werden kann, § 79 Abs. 1 Satz 2 OWiG. 4

Von vornherein **nicht statthaft** ist die Rechtsbeschwerde gegen die nicht urteilsersetzenden **Beschlüsse** des OLG, die das Verfahren **einstellen**. Sofern der Beschluss überhaupt anfechtbar ist,[10] erfolgt die Anfechtung durch Beschwerde nach § 304 StPO bzw. sofortige Beschwerde nach § 311 StPO (§ 206 a Abs. 2 StPO). Zuständig für die Entscheidung darüber ist der BGH, § 135 Abs. 2, 2. Fall GVG. Dasselbe gilt für die **Verwerfung des Einspruchs** durch Beschluss nach § 70 Abs. 1 OWiG, gegen den nach § 70 Abs. 2 OWiG die sofortige Be- 5

---

7 *Steindorf*, in: Karlsruher Kommentar zum OWiG, 2. Aufl. 2000, § 79 Rn. 49. Siehe zu dieser Voraussetzung jedes Rechtsmittels: BGH, 4.1.1995 – 3 StR 493/94, NStZ 1995, 248.

8 § 79 Abs. 1 Nr. 1 OWiG geändert durch Art. 24 Nr. 8 a) des Gesetzes zur Einführung des Euro in Rechtspflegegesetzen und in Gesetzen des Straf- und Ordnungswidrigkeitenrechts, zur Änderung der Mahnvordruckverordnungen sowie zur Änderung weiterer Gesetze v. 13. 12. 2001, BGBl. I, 3574, 3578.

9 Über die Rechtsnatur des Antrags auf Zulassung besteht keine Einigkeit, siehe *Göhler* (Fn. 1), § 80 Rn. 18 einerseits und *Steindorf*, in: KK-OWiG (Fn. 7), § 80 Rn. 5 f. andererseits. Jedenfalls handelt es sich dabei um kein Rechtsmittel, da der Antrag die Sache selbst nicht in die nächste Instanz bringt. Siehe zur Zulassung insgesamt *Baukelmann*, Die Zulassung der Rechtsbeschwerde im Bußgeldverfahren, 1983; sowie *Göhler*, FS für Schäfer, 1980, 39 ff.

10 Die Einstellung aus Opportunitätsgründen nach § 47 Abs. 2 OWiG ist allein für die StA und auch nur dann anfechtbar, wenn sie an der Einstellung nicht beteiligt wurde, obwohl dies hätte erfolgen müssen, § 75 Abs. 2 OWiG; vgl. *Bohnert*, in: KK-OWiG (Fn. 7), § 47 Rn. 121 (str. für den Betroffenen, vgl. *Bohnert*, in: KK-OWiG (Fn. 7), § 47 Rn. 118). Die Einstellung durch das OLG aus anderen Gründen durch Beschluss ist nach § 304 Abs. 4 Satz 2 Nr. 2 StPO überhaupt nur für den Fall des § 206 a StPO anfechtbar; BGH, 22. 12. 1992 – 3 BJs 960/91, NJW 1993, 1279, 1280; *Rautenberg*, in: Heidelberger Kommentar zur StPO, 3. Aufl. 2001, § 304 Rn. 22.

schwerde statthaft ist.[11] Die Entscheidung nach § 74 Abs. 2 OWiG jedoch, mit der der Einspruch ohne Verhandlung verworfen wird, ist mit der Rechtsbeschwerde anfechtbar, § 79 Abs. 1 Nr. 1 bis 3 OWiG, da er in Urteilsform ergeht. § 79 Abs. 1 Nr. 4 OWiG gilt hier nicht, da es sich um keine Entscheidung über die Zulässigkeit der Sache selbst handelt,[12] sodass auch die wertmäßigen Einschränkungen der Nr. 1 bis 3 gelten.

2. Beschwerdeberechtigung

6 **Berechtigt**, die Rechtsbeschwerde einzulegen, sind nach § 296 Abs. 1 StPO der **Betroffene** und die **StA**, letztere auch zu Gunsten des Betroffenen, § 296 Abs. 2 StPO. Das BAWe als Verwaltungsbehörde besitzt eine solche Berechtigung nicht.[13] Das BAWe ist auch nicht zu beteiligen, weil § 76 OWiG im Rechtsbeschwerdeverfahren keine Anwendung findet, da die besondere Sachkunde der Behörde bei der rein rechtlichen Überprüfung durch den BGH typischerweise nicht erforderlich ist.[14]

7 Da auch die JP/PV durch den Bußgeldbescheid die Befugnisse eines Betroffenen erhält, legt auch diese selbstständig Rechtsbeschwerde ein. Tut sie es nicht, so erwächst das Urteil/der Beschluss ihr gegenüber auch dann in Rechtskraft, wenn ein anderer Betroffener die Entscheidung angefochten hat. An der Entscheidung des Rechtsmittelgerichts nimmt sie nur nach Maßgabe des § 357 StPO teil.[15]

3. Beschwer

8 Die Anfechtung ist nur zulässig, so weit der Beschwerdeführer selbst durch die Entscheidung beschwert ist,[16] sodass bei einem Freispruch oder der Verfahrenseinstellung durch Urteil oder urteilsersetzenden Beschluss nach den §§ 72, 79 Abs. 1 Nr. 3 OWiG dem Betroffenen

---

11 In diesem Fall findet ein Ausschluss durch § 304 Abs. 4 Satz 2 StPO nicht statt, da die Regelung des § 70 Abs. 2 OWiG dieser Vorschrift der StPO vorgeht, BGH, 27. 5. 1986 – KRB 3/86, NJW 1987, 451, 452.

12 Auch eine entsprechende Anwendung kommt nicht in Betracht: OLG Düsseldorf, 17. 3. 1988 – 5 Ss (OWi) 66/88–59/88I, NJW 1988, 1681; BayObLG, 4. 12. 1969 – 2 a Ws (B) 95/69, NJW 1970, 622, 623.

13 *Göhler* (Fn. 1), Vor § 79 Rn. 8.

14 *Kaiser*, NJW 1968, 1814, 1817; *Steindorf*, in: KK-OWiG (Fn. 7), Vor § 79 Rn. 12; a. A. *Rebmann/Roth/Herrmann*, OWiG, 3. Aufl. (Stand: 5. Lief. Jan. 2001), § 79 Rn. 15; *Göhler* (Fn. 1), Vor § 79 Rn. 8.

15 BGH, 8. 5. 1990 – KRB 20/90, wistra 1991, 30, 31.

16 BGH, 21. 3. 1979 – 2 StR 743/78, BGHSt 28, 327, 330; *Kleinknecht/Meyer-Goßner*, StPO, 45. Aufl. 2001, Vor § 296 Rn. 8; a. A. *Plöd,* in: Kleinknecht/Müller/Reitberger, StPO, 28. Lief. Juli 2001, Vor § 296 Rn. 13.

grundsätzlich keine Rechtsbeschwerde zusteht,[17] da der **Betroffene** nur durch Entscheidungen beschwert ist, die einen **unmittelbaren Nachteil** für ihn enthalten.[18] Die **StA** ist bereits dann beschwert, wenn die **Entscheidung unrichtig** ist.[19]

4. Form und Frist

Die Rechtsbeschwerde muss binnen **einer Woche** bei dem Gericht eingelegt werden, dessen Entscheidung angefochten wird (iudex a quo); hier beim OLG, § 341 Abs. 1 StPO.[20] Die Rechtsbeschwerde ist innerhalb eines Monats seit Ablauf der Einlegungsfrist bzw. Zustellung des Urteils oder Beschlusses (Regelfall) zu **begründen**, § 345 Abs. 1 StPO. Die Begründung für den Betroffenen muss von einem Verteidiger oder Rechtsanwalt unterzeichnet sein, § 345 Abs. 2 StPO, und ebenfalls beim iudex a quo angebracht werden, § 345 Abs. 1 Satz 1 StPO. **9**

Diese Zulässigkeitsvoraussetzungen der §§ 341, 345 StPO werden vom OLG selbst geprüft, die Rechtsbeschwerde wird von ihm durch Beschluss als unzulässig verworfen, wenn diese Voraussetzungen nicht vorliegen. Alle anderen Zulässigkeitsvoraussetzungen[21] darf das OLG als Tatgericht nicht prüfen;[22] unterlässt der Beschwerdeführer allerdings, den Verwerfungsbeschluss nach § 346 Abs. 2 StPO beim Beschwerdegericht mit dem Antrag auf Entscheidung anzufechten, so ist die Überschreitung der Prüfungsbefugnis ohne Einfluss auf den Eintritt der Rechtskraft.[23] Zu den Zulässigkeitsvoraussetzungen, die vom BGH als Beschwerdegericht geprüft werden, gehört auch der Inhalt der Begründung der Rechtsbeschwerde nach § 344 StPO.[24] Danach müssen sich der Umfang der Anfechtung und der Umfang der begehrten Urteilsaufhebung sowie die Art der erhobenen Rüge (Sach- oder Verfahrensrüge) aus der Begründung ergeben.[25] **10**

---

17 *Dannecker/Biermann*, in: Immenga/Mestmäcker, Kommentar zum Kartellgesetz, 3. Aufl. 2001, § 84 Rn. 5.

18 *Rieß*, in: Karlsruher Kommentar zur StPO, 4. Aufl. 1999, Vor § 296 Rn. 5.

19 OLG Düsseldorf, 5. 3. 1990 – 2 Ss 335/89 – 64/89III, NStZ 1990, 292, 293; KG, 23. 3. 1994 – 5 Ws 107/94, JR 1994, 372.

20 Zu Einzelheiten der Fristberechnung vgl. *Steindorf*, in: KK-OWiG (Fn. 7), § 79 Rn. 55 ff. und § 43 StPO.

21 Vgl. die Zusammenstellung bei *Kleinknecht/Meyer-Goßner* (Fn. 16), § 346 Rn. 2.

22 BGH, 21. 1. 1959 – 4 StR 523/58, MDR 1959, 507; *Hanack*, in: Löwe-Rosenberg, StPO, 24. Aufl. 1988, § 346 Rn. 2.

23 *Hanack* (Fn. 22), § 346 Rn. 19.

24 Siehe eingehend zu den Voraussetzungen des § 344 StPO: *Gribbohm*, NStZ 1983, 97 ff.

25 *Kleinknecht/Meyer-Goßner* (Fn. 16), § 344 Rn. 1.

11 Bei der **Sachrüge** genügt der Satz, dass die Verletzung sachlichen Rechts gerügt werde;[26] die Begründung der Sachrüge ist, da sie nur eine Argumentationshilfe darstellt, auch nicht an die Frist des § 345 Abs. 1 StPO gebunden.[27]

12 Deutlich strengere Anforderungen bestehen für die Begründung der **Verfahrensrüge**, die sowohl einen bestimmten Verfahrensverstoß bezeichnen[28] als auch sämtliche Tatsachen dafür ohne Bezugnahme enthalten muss, sodass das Beschwerdegericht allein anhand der Begründung feststellen kann, ob der behauptete Mangel vorliegt.[29] Ausführungen zur Frage, ob die angefochtene Entscheidung auf dem Verfahrensverstoß beruht, vgl. § 337 Abs. 1 StPO, braucht die Begründung nicht zu enthalten.[30]

III. Begründetheit der Rechtsbeschwerde

13 Die Rechtsbeschwerde ist begründet, wenn die angefochtene Entscheidung das Gesetz verletzt und zudem auf den Gesetzesverstoß beruht, § 337 StPO.

1. Sachrüge

14 Bei der behaupteten Verletzung einer Norm des materiellen Rechts ist zu beachten, dass der Beschwerdeführer die unrichtige Feststellung der der Entscheidung zugrunde liegenden Tatsachen durch das OLG grundsätzlich nicht angreifen kann.[31] Unterliegt damit das Ergebnis der Beweiswürdigung des OLG selbst keiner Überprüfung, sind rechtliche Fehler bei der Beweiswürdigung gleichwohl durch die sog. **Darstellungsrüge** angreifbar,[32] da die Tatsachenfeststellungen im Urteil des Tatrichters eine revisionsrechtliche Prüfung nur ermöglichen, wenn sie eine tragfähige Grundlage des Urteils darstellen.[33] Widersprüche, Lücken und Verstöße gegen Denk- oder Erfahrungssätze durch den Tatrichter, die diese Tragfähigkeit beseitigen, stellen einen Rechtsfehler dar, der auf diese Form der Sachrüge hin zu beachten ist.[34]

---

26 BGH, 22. 1. 1974 – 1 StR 586/73, BGHSt 25, 272, 275.
27 BGH, 24. 6. 1993 – 4 StR 166/93, NStZ 1993, 552; *Hanack* (Fn. 22), § 344 Rn. 90.
28 *Kuckein,* in: KK-StPO (Fn. 18), § 344 Rn. 33.
29 BGH, 25. 3. 1998 – 3 StR 686/97, StV 1998, 360, 361.
30 BGH, 26. 5. 1981 – 1 StR 48/81, BGHSt 30, 131, 135 (zu § 338 Nr. 8 StPO).
31 *Kleinknecht/Meyer-Goßner* (Fn. 16), § 337 Rn. 26.
32 Vgl. dazu *Hanack* (Fn. 22), § 337 Rn. 120 ff.
33 *Hanack* (Fn. 22), § 337 Rn. 121.
34 *Kleinknecht/Meyer-Goßner* (Fn. 16), § 337 Rn. 28 ff. m. zahlreichen N. aus der Rspr.

2. Verfahrensrüge

Rügt der Beschwerdeführer die Verletzung einer Rechtsnorm über das Verfahren, prüft das Beschwerdegericht im Gegensatz zur Sachrüge nur im **Umfang des gerügten Verfahrensfehlers**, § 342 Abs. 1 StPO. Etwas anderes gilt hinsichtlich der Verfahrensvoraussetzungen und den Verfahrenshindernissen: Diese prüft das Beschwerdegericht von Amts wegen und umfassend, da ihr Vorliegen bzw. Fehlen darüber entscheidet, ob das Beschwerdegericht überhaupt in der Sache selbst entscheiden darf.[35] Zu beachten ist, dass der BGH einen beachtlichen Verstoß nur bei solchen Normen bejaht, die den **Rechtskreis des Betroffenen** berühren.[36] 15

Hinsichtlich des **Beruhens** der angefochtenen Entscheidung auf dem Rechtsfehler unterscheidet das Gesetz zwischen **relativen**, § 337 StPO, und **absoluten**, § 338 StPO, **Rechtsbeschwerdegründen**. Bei den absoluten wird das Beruhen vom Gesetz unwiderleglich vermutet. § 338 StPO gilt im Bußgeldverfahren entsprechend.[37] Hinsichtlich der einzelnen Gründe muß auf die einschlägige Literatur verwiesen werden.[38] Unter den relativen Rechtsbeschwerdegründen, bei denen es genügt, wenn der Rechtsfehler für die Entscheidung möglicherweise kausal ist,[39] ist der Verstoß gegen Voraussetzungen der Entscheidung nach § 72 OWiG der praktisch bedeutsamste.[40] 16

IV. Entscheidung des Beschwerdegerichts

Der BGH entscheidet als Beschwerdegericht grundsätzlich durch Beschluss, § 79 Abs. 5 Satz 1 OWiG. Eine Freiheit, zwischen einer Entscheidung durch Urteil oder durch Beschluss zu wählen, hat das Beschwerdegericht nur dann, wenn sich die Rechtsbeschwerde gegen ein Urteil des OLG richtet, § 79 Abs. 5 Satz 2 OWiG. 17

Liegen **Verfahrenshindernisse** vor oder fehlen **Verfahrensvoraussetzungen**, so stellt das Beschwerdegericht das Verfahren in der Hauptverhandlung durch Urteil nach § 206 Abs. 3 StPO, sonst durch Be- 18

---

35 *Roxin*, Strafverfahrensrecht, 25. Aufl. 1998, 53/55.

36 BGH, 21. 1. 1958 – GSST 4/57, BGHSt (GrS) 11, 213, 214; BGH, 3. 11. 1981 – 5 StR 566/81, BGHSt 30, 255, 257; kritisch dazu *Schünemann*, JA 1982, 123, 126 f.

37 *Steindorf*, in: KK-OWiG (Fn. 7), § 79 Rn. 109; *Göhler* (Fn. 1), § 79 Rn. 27 e.

38 *Wrage-Molkenthin/Bauer*, in: Frankfurter Kommentar zum Kartellrecht, 48. Lief. Okt. 2001, § 83 a. F. Rn. 32 ff.; *Steindorf*, in: KK-OWiG (Fn. 7), § 79 Rn. 108 ff.

39 BGH, 15. 11. 1968 – 4 StR 190/68, BGHSt 22, 278, 280.

40 Vgl. zu diesem Mangel OLG Rostock, 16. 8. 1993 – 2 Ss (OWi) 44/93I, NStZ 1993, 597; *Steindorf*, in: KK-OWiG (Fn. 7), § 79 Rn. 114.

schluss nach § 206 a StPO ein.[41] Das gilt jedenfalls für solche Verfahrenshindernisse, die erst nach Erlass des erstinstanzlichen Urteils eingetreten sind.[42]

19 Ist die Rechtsbeschwerde aus anderen als den in den §§ 341, 345 StPO genannten Gründen **unzulässig**, so verwirft das Beschwerdegericht das Rechtsmittel als unzulässig in der Regel in der Form des Beschlusses. Eine Zurückverweisung an das Tatgericht kommt bei Unzulässigkeit nicht in Betracht.[43]

20 Ist die Rechtsbeschwerde zulässig, verwirft das Beschwerdegericht das Rechtsmittel als **unbegründet**, wenn die angefochtene Entscheidung keine beachtlichen Rechtsfehler aufweist. Der Möglichkeit, bei **offensichtlicher Unbegründetheit** auf Antrag der StA hin das Rechtsmittel durch einstimmigen Beschluss zu verwerfen, § 349 Abs. 2, Abs. 3 StPO, kommt im Bußgeldverfahren nicht dieselbe Bedeutung zu wie im Strafverfahren, da die Entscheidung ohne Hauptverhandlung hier ohnehin die Regel ist.[44]

21 Erachtet das Beschwerdegericht die Rechtsbeschwerde wegen eines beachtlichen Rechtsfehlers für **begründet**, so hebt es die angefochtene Entscheidung auf, § 353 StPO.[45] Der **Umfang der Aufhebung** richtet sich nach dem Rechtsfehler der Entscheidung. Das Beschwerdegericht darf die Entscheidung nur insoweit aufheben, wie sie von dem Rechtsfehler beeinflusst ist.[46] Das gilt auch für die der angefochtenen Entscheidung zu Grunde liegenden tatsächlichen Feststellungen, § 353 Abs. 2 StPO.[47]

22 Anders als im Revisionsrecht der StPO, wo nach § 354 Abs. 1 StPO eine **eigene Sachentscheidung des Revisionsgerichts** nur im Ausnahmefall geboten ist, wenn erstens die der angefochtenen Entscheidung zu Grunde liegenden Feststellungen von der Aufhebung wegen eines sachlich-rechtlichen Mangels nicht betroffen sind und zweitens nur eine einzige Sachentscheidung möglich bleibt,[48] eröffnet § 79 Abs. 6

41 *Steindorf*, in: KK-OWiG (Fn. 7), § 79 Rn. 154.
42 BGH, 17. 7. 1968 – 3 StR 117/68, BGHSt 22, 213, 217; hinsichtlich der bereits vor Erlass bestehenden Mängel ist das umstritten vgl. *Roxin* (Fn. 35), 53/60.
43 *Kleinknecht/Meyer-Goßner* (Fn. 16), § 349 Rn. 1.
44 *Steindorf*, in: KK-OWiG (Fn. 7), § 79 Rn. 160.
45 Zweifelhaft, ob auch im Falle der Einstellung eine Aufhebung „zur Klarstellung" zu erfolgen hat; vgl. *Steindorf*, in: KK-OWiG (Fn. 7), § 79 Rn. 154.
46 *Kuckein*, in: KK-StPO (Fn. 18), § 353 Rn. 7.
47 Siehe zur Aufhebung der (Urteils-)Feststellungen: *Hanack* (Fn. 22), § 353 Rn. 16 ff.
48 *Hanack* (Fn. 22), § 354 Rn. 1; *Kleinknecht/Meyer-Goßner* (Fn. 16), § 354 Rn. 2; *Steindorf*, in: KK-OWiG (Fn. 7), § 79 Rn. 152.

OWiG dem Beschwerdegericht in erheblich weiterem Umfang die Möglichkeit und wegen des Vorrangs der eigenen Sachentscheidung aus prozessökonomischen Gründen auch die Verpflichtung zu eigener Sachentscheidung[49] **(sog. Durchentscheiden)**. Sind weitere tatsächliche Feststellungen entweder nicht erforderlich oder nicht möglich und hat der Tatrichter ausreichende Feststellungen zur Sache getroffen, die eine Beschwerdeentscheidung tragen können,[50] kann das Beschwerdegericht jede Entscheidung treffen, die auch das Tatgericht hätte treffen können.[51] Dabei ist anders als beim erstinstanzlichen Verfahren[52] das **Verschlechterungsverbot** zu beachten, § 358 Abs. 2 StPO. Keine Verschlechterung bedeutet es jedoch, wenn lediglich der Schuldspruch „verbösert" wird.[53] Ein Verschlechterungsverbot besteht nicht, so weit die StA Rechtsbeschwerde zu Ungunsten des Betroffenen eingelegt hat und das Rechtsmittel nicht lediglich zu Gunsten des Betroffenen Erfolg hatte, § 301 StPO.[54] Eine **(nachrangige) Zurückverweisung** mit anschließender Neuentscheidung kommt in Betracht, wenn weitere tatsächliche Feststellungen erforderlich und möglich sind.[55]

V. Regelung des § 63 Satz 2

Abweichend von § 354 Abs. 2 StPO, der die Zurückverweisung an einen *anderen* Spruchkörper zur erneuten Überprüfung vorschreibt, erlaubt § 79 Abs. 6 OWiG dem Beschwerdegericht in Bußgeldsachen grundsätzlich zu wählen, ob es die Sache an denselben Spruchkörper zur Entscheidung zurückverweist oder nach § 354 Abs. 2 StPO vorgeht.[56] Im **23**

49 *Göhler* (Fn. 1), § 79 Rn. 46.

50 OLG Hamburg, 29. 9. 1971 – 1 Ss 73/71 OWi, NJW 1972, 66. Anderenfalls kann ein Verstoß gegen das Gebot des gesetzlichen Richters vorliegen, Art. 101 Abs. 1 GG: BVerfG, 16. 4. 1980 – 1 BvR 505/78, BVerfGE 54, 100, 115; BVerfG, 7. 7. 1994 – 2 BvR 2295/93, NJW 1995, 443, 444 (Kammerbeschluss).

51 *Göhler* (Fn. 1), § 79 Rn. 45.

52 Siehe oben § 62 Rn. 12.

53 OLG Düsseldorf, 10.5.1995 – 5 Ss (OWi) 144/95 – (OWi) 67/95 I, GewArch 1995, 383, 384; OLG Düsseldorf, 20. 6. 1990 – 5 Ss [OWi] 190/90 – [OWi] 089/90I VRS 80 (1991), 52, 54.

54 BGH, 18. 9. 1991 – 2 StR 288/91, BGHSt 38, 66, 67.

55 OLG Düsseldorf, 20. 6. 1997 – 5 Ss (OWi) 151/97 – (OWi) 87/97 I, GewArch 1998, 296, 297; *Rebmann/Roth/Herrmann* (Fn. 14), § 79 Rn. 19. Siehe zu der problematischen Möglichkeit des Beschwerdegerichts, aus bereits vom Tatrichter festgestellten Tatsachen aufgrund von Erfahrungssätzen auf weitere Tatsachen zu schließen: *Dannecker/Biermann*, in: Immenga/Mestmäcker (Fn. 17), § 84 Rn. 8 m.w.N.

56 *Göhler* (Fn. 1), § 79 Rn. 48.

Interesse der Konzentration der Wertpapiererwerbs- und Übernahmerechtspflege bei wenigen Gerichten[57] schränkt § 63 Satz 2 diese Wahlfreiheit ein, indem die Sache an das OLG zurückverwiesen werden muss, dessen Entscheidung aufgehoben wurde.[58] Da mit dieser Regelung einerseits sichergestellt werden soll, dass der bei dem spezialisierten Spruchkörper (Wertpapiererwerbs- und Übernahmesenat, § 67) des OLG konzentrierte Sachverstand genutzt werden kann,[59] andererseits der Gesetzgeber beim Vorwurf einer Ordnungswidrigkeit die Überprüfung durch einen anderen Spruchkörper nicht für erforderlich hält,[60] kommt eine Verweisung an einen anderen Senat beim OLG nicht in Betracht.[61]

24 Das OLG ist bei seiner – erneuten – Entscheidung ebenso an das **Verschlechterungsverbot** gebunden wie das Beschwerdegericht.[62] Darüber hinaus ist es nach § 358 Abs. 1 StPO an die rechtliche Beurteilung durch das Beschwerdegericht **gebunden**, so weit sie die Aufhebungsbegründung trägt.[63]

---

57 Regierungsbegründung, BT-Drucks. 14/7034, S. 29.

58 Vgl. zu dem gleichlautenden § 84 GWB: *Wrage-Molkenthin/Bauer* (Fn. 38), § 83 a.F. Rn. 55.

59 Die Begründung des RegE-ÜG verweist insoweit auf § 84 GWB, BT-Drucks. 14/7034, S. 69, für den anerkannt ist, dass an den jeweiligen Kartellsenat verwiesen wird; vgl. *Dannecker/Biermann*, in: Immenga/Mestmäcker (Fn. 17), § 84 Rn. 3.

60 OLG Frankfurt, 1. 2. 1979 – 3 Ws [B] 25/79 OWiG, VRS 57 (1979), 206 f.

61 So auch *Tschauner*, in: Geibel/Süßmann, Wertpapiererwerbs- und Übernahmegesetz, 2002, § 63 Rn. 3.

62 OLG Oldenburg, 14. 1. 1997 – Ss 542/96, NStZ 1997, 397.

63 BGH, 19. 12. 1996 – 5 StR 472/96, NZV 1997, 183, 184; siehe näher zum Umfang der Bindung: *Kuckein*, in: KK-StPO (Fn. 18), § 358 Rn. 7 ff.

§ 64 Wiederaufnahme gegen Bußgeldbescheid

Im Wiederaufnahmeverfahren gegen den Bußgeldbescheid des Bundesaufsichtsamts (§ 85 Abs. 4 des Gesetzes über Ordnungswidrigkeiten) entscheidet das nach § 62 Abs. 1 zuständige Gericht.

§ 65 Gerichtliche Entscheidung bei der Vollstreckung

Die bei der Vollstreckung notwendig werdenden gerichtlichen Entscheidungen (§ 104 des Gesetzes über Ordnungswidrigkeiten) werden von dem nach § 62 Abs. 1 zuständigen Gericht erlassen.

Literatur: *Schünemann*, Das strafprozessuale Wiederaufnahmeverfahren propter nova und der Grundsatz „in dubio pro reo", ZStW 84 (1972), 870; *Wasserburg*, Die Funktion des Grundsatzes „in dubio pro reo" im Additions- und Probationsverfahren, ZStW 94 (1982), 914; *ders.*, Die Wiederaufnahme des Strafverfahrens, 1983; *Wenzel*, Zahlung fremder Bußgelder durch Behörden, wistra 1990, 9; vgl. i. Ü. die Schrifttumsangaben Vorbemerkungen zu §§ 61 ff.

Übersicht

I. Allgemeines

1 Die §§ 64 und 65 regeln die gerichtliche Zuständigkeit für das Wiederaufnahmeverfahren und die im Vollstreckungsverfahren erforderlichen gerichtlichen Entscheidungen. Den durch beide Vorschriften berührten Verfahrensabschnitten ist die **Rechtskraft der zu Grunde liegenden Bußgeldentscheidungen** gemeinsam, § 85 Abs. 1, § 89 OWiG. Rechts-

kräftig ist eine Entscheidung, die nicht mehr mit einem Rechtsbehelf angefochten werden kann.[1]

Hinsichtlich der von ihnen geregelten Zuständigkeit verweisen beide Vorschriften auf § 62 und damit auf die **gerichtliche Zuständigkeit nach Einspruch**. Mag damit auch eine Zuständigkeitskonzentration beim OLG eintreten, so sind die §§ 64, 65 keine aus dem besonderen Konzentrationsbestreben des Gesetzgebers des WpÜG entstandenen Regelungen, die das Übernahmeordnungswidrigkeitenverfahren von dem generellen Bußgeldverfahren unterscheiden.[2] Vielmehr folgt die in den §§ 64, 65 geregelte Zuständigkeit dem bereits durch das OWiG in den §§ 68, 85 Abs. 4 Satz 1, 104 Abs. 1 Nr. 1 vorgegebenen Modell einer zur gerichtlichen Zuständigkeit für das Verfahren nach Einspruch akzessorischen Zuständigkeit im Wiederaufnahme- und Vollstreckungsverfahren.

II. Zuständigkeit bei Wiederaufnahme gegen Bußgeldbescheid, § 64

1. Bußgeldbescheid

2 § 64 regelt nur die sachliche Zuständigkeit für das Wiederaufnahmeverfahren **gegen den rechtskräftigen Bußgeldbescheid**. Von § 64 nicht erfasst werden alle anderen von § 85 Abs. 1 OWiG gemeinten (rechtskräftigen) Bußgeldentscheidungen – so das Urteil nach Einspruch, der urteilsersetzende Beschluss nach § 72 OWiG, die Urteile und Beschlüsse des Beschwerdegerichts nach § 79 Abs. 5, Abs. 6 OWiG sowie Urteil und Strafbefehl im Strafverfahren.[3]

3 § 64 regelt ebenfalls nicht die Zuständigkeit für die **erneute Hauptverhandlung** nach § 373 Abs. 1 StPO, die auf ein erfolgreiches Wiederaufnahmeverfahren folgt. Diese Zuständigkeit regelt sich nach den allgemeinen Vorschriften,[4] insbesondere nach § 62, bzw. wenn eine Verurteilung des Betroffenen aufgrund eines Strafgesetzes erstrebt wird, vgl. § 85 Abs. 3 Satz 1 OWiG, nach den Vorschriften des GVG über die erstinstanzliche Zuständigkeit in Strafsachen.

---

1 *Göhler*, OWiG, 12. Aufl. 1998, § 89 Rn. 2.

2 Diesen Eindruck vermittelt jedoch die Begründung zu § 66 (jetzt § 65), Regierungsbegründung, BT-Drucks. 14/7034, S. 69.

3 Vgl. die Zusammenstellung bei *Steindorf*, in: Karlsruher Kommentar zum OWiG, 2. Aufl., 2000, § 85 Rn. 4.

4 *Rotberg*, OWiG, 4. Aufl. 1969, § 85 Rn. 13.

2. Gerichtliche Bußgeldentscheidungen

Richtet sich der Antrag auf Wiederaufnahme gegen eine gerichtliche Entscheidung, durch die ein Bußgeld festgesetzt worden ist, so bestimmt sich die Zuständigkeit nach § 140a GVG, vgl. § 85 Abs. 1 OWiG i.V.m. § 367 Abs. 1 Satz 1 StPO.[5] **4**

Für den Fall, dass sich der Wiederaufnahmeantrag **gegen** eine **Bußgeldentscheidung des OLG** richtet, ist für die Entscheidung darüber nach § 140a Abs. 6 Satz 1 GVG ein anderer Senat desselben OLG zuständig, das die Entscheidung getroffen hat, auf deren Beseitigung der Antrag zielt.[6] Für diese Fälle ist aus Gründen des Erfordernisses des gesetzlichen Richters aus Art. 101 Abs. 1 GG[7] ein **Auffangsenat** bereits vor Stellung des Antrages auf Wiederaufnahme[8] im Geschäftsverteilungsplan nach § 21e Abs. 1 Satz 1 GVG zu bestimmen,[9] aus dem sich die Zuteilung der Sache nach allgemeinen abstrakten Merkmalen ergeben muss.[10] Die für § 85 GWB vertretene Gegenansicht,[11] die aus Gründen der Spezialisierung allein § 140a Abs. 1 GVG anwenden will mit der Folge, dass ein anderes OLG zuständig wäre,[12] ist auf das WpÜG nicht übertragbar, da der Grundgedanke der Spezialisierung, der auch im WpÜG gilt,[13] überhaupt nur dann ein Abweichen von der Regel des § 140a Abs. 6 Satz 1 GVG erforderlich machen könnte, wenn spezialisierte Spruchkörper bei mehr als einem OLG zur Verfügung ständen.

---

5 A. A. *Fischötter*, in: Gemeinschaftskommentar zum GWB, 4. Aufl., § 84 a. F. Rn. 1, der die Zuständigkeit unmittelbar aus § 83 GWB herleiten will, der § 62 entspricht.

6 Dies entspricht der zu der § 64 entsprechenden Vorschrift des § 85 GWB vertretenen h. M., vgl. BGH, 25. 9. 1987 – 2 Ars 251/87, WuW/E BGH 2467, 2468; *Göhler*, NStZ 1988, 65, 68; *Wrage-Molkenthin/Bauer*, in: Frankfurter Kommentar zum Kartellrecht, 48. Lief. Okt. 2001, § 84 a. F. Rn. 2; *Steindorf*, in: KK-OWiG (Fn. 3), § 85 Rn. 33; *Rebmann/Roth/Herrmann*, Ordnungswidrigkeitengesetz, 3. Aufl. (Stand Jan. 2001), § 85 Rn. 33 a.

7 Vgl. dazu BVerfG, 24. 3. 1964 – 2 BvR 42,83,89/63, BVerfGE 17, 294, 298 ff.

8 Ungenau BGH, 25. 9. 1987 – 2 Ars 251/87, WuW/E BGH 2467, 2468, *Tschauner*, in: Geibel/Süßmann, Wertpapiererwerbs- und Übernahmegesetz, 2002, § 64 Rn. 2, nach denen „gegebenenfalls" ein Auffangsenat zu bilden sei.

9 Vgl. *Wrage-Molkenthin/Bauer* (Fn. 6), § 84 a. F. Rn. 3.

10 BGH, 17. 8. 1960 – 2 StR 237/60, BGHSt 15, 116, 117; *Diemer*, in: Karlsruher Kommentar zur StPO, 4. Aufl., 1999, § 21 e GVG Rn. 11.

11 *Dannecker/Biermann*, in: Immenga/Mestmäcker, Kommentar zum Kartellgesetz, 3. Aufl. 2001, § 85 Rn. 3.

12 Ggf. durch Bestimmung des BGH nach § 13a StPO, vgl. *Dannecker/Biermann*, in: Immenga/Mestmäcker (Fn. 11), § 85 Rn. 3.

13 Vgl. Regierungsbegründung, BT-Drucks. 14/7034, S. 69.

3. Grundzüge des Wiederaufnahmeverfahrens

5 Die Wiederaufnahme des Verfahrens hat die Beseitigung einer Entscheidung zum Ziel, die das Verfahren bereits rechtskräftig abgeschlossen hat, und dadurch die erneute Überprüfung des Verfahrensgegenstands.[14] Da dieser außerordentliche Rechtsbehelf[15] den aus Gründen der Rechtssicherheit geltenden[16] Grundsatz der Rechtskraft durchbricht,[17] ist der Antrag immer dann **nicht zulässig**, wenn das Verfahrensrecht eine erneute Überprüfung zur Verfügung stellt, die ohne Durchbrechung auskommt. So ist die Wiederaufnahme gegenüber dem Bußgeld*bescheid* zu Ungunsten des Betroffenen stets ausgeschlossen, weil der Bußgeldbescheid nur hinsichtlich der Ordnungswidrigkeit, nicht jedoch hinsichtlich einer Straftat in Rechtskraft erwächst, § 84 Abs. 1 OWiG;[18] die Wiederaufnahme im Bußgeldverfahren aber ganz allgemein zu Ungunsten des Betroffenen nur zum Ziel der Herbeiführung einer Verurteilung wegen einer Straftat zulässig ist, § 85 Abs. 3 Satz 1 OWiG.[19]

6 Der aus der die Rechtskraft durchbrechenden Wirkung folgende Ausnahmecharakter der Wiederaufnahme führt dazu, dass im Wiederaufnahmeverfahren der sonst im Straf- und Bußgeldverfahren geltende Grundsatz **„in dubio pro reo"** keine Anwendung findet.[20]

7 Das Verfahren der Wiederaufnahme sowie die Gründe für eine Wiederaufnahme richten sich im Wesentlichen nach den §§ 359 ff. StPO, 85 Abs. 1 OWiG. Insoweit wird auf die einschlägige Literatur zur Wiederaufnahme verwiesen.[21]

8 Für das Bußgeldverfahren sind nur drei wichtige **Besonderheiten bei den Wiederaufnahmegründen** hervorzuheben.[22] Die Wiederaufnah-

---

14 *Mitsch*, Recht der Ordnungswidrigkeiten, 1995, IV § 9 Rn. 1.

15 *Steindorf*, in: KK-OWiG (Fn. 3), § 85 Rn. 1.

16 BVerfG, 1. 7. 1953 – 1 BvL 23/51, BVerfGE 2, 380, 403.

17 Vgl. zu dem daraus folgenden Ausnahmecharakter: *Steindorf*, in: KK-OWiG (Fn. 3), § 85 Rn. 8.

18 *Göhler* (Fn. 1), § 85 Rn. 18.

19 *Steindorf*, in: KK-OWiG (Fn. 3), § 85 Rn. 19.

20 BGH, 3. 12. 1992 – StB 6/92, BGHSt 39, 75, 85; *Gössel*, in: Löwe-Rosenberg, StPO, 24. Aufl. 1988, § 359 Rn. 155; a. A. *Schünemann*, ZStW 84 (1972), 870, 873 und passim; *Wasserburg*, ZStW 94 (1982), 914 ff. Das gilt nicht für die erneute Hauptverhandlung.

21 Siehe aus der monografischen Literatur: *Wasserburg*, Die Wiederaufnahme des Strafverfahrens, 1983, S. 226 ff.

22 Vgl. näher zu den Wiederaufnahmegründen: *Steindorf*, in: KK-OWiG (Fn. 3), § 85 Rn. 6 ff.

megründe des § 362 StPO für die Wiederaufnahme zu Ungunsten des Betroffenen sind einerseits durch § 85 Abs. 3 Satz 1 OWiG dadurch eingeschränkt, dass die Wiederaufnahme gegenüber einer gerichtlichen Bußgeldentscheidung zum Zwecke der Verurteilung wegen einer Ordnungswidrigkeit auch dann unzulässig ist, wenn die Voraussetzungen des § 362 Nr. 1 bis 4 StPO vorliegen. Dient die Wiederaufnahme hingegen dem Zweck der Verurteilung wegen eines Strafgesetzes, so durchbricht § 85 Abs. 3 Satz 2 OWiG andererseits den im Wiederaufnahmeverfahren der StPO geltenden Grundsatz,[23] dass die Rechtskraft eines Urteils zu Ungunsten des Betroffenen nicht durchbrochen werden kann, (selbst) wenn neue Tatsachen oder Beweismittel belegen, dass die Tat ein Verbrechen darstellt.[24] Entsprechend gilt die Erleichterung des § 85 Abs. 3 Satz 2 OWiG dann nicht, wenn der Betroffene im Strafverfahren – nicht im Bußgeldverfahren – rechtskräftig zu einer Geldbuße verurteilt worden ist.[25]

Erstrebt der Betroffene die Wiederaufnahme (**Wiederaufnahme zu Gunsten**, vgl. § 359 StPO), so wird der praktisch wichtigste Wiederaufnahmegrund zu Gunsten des Betroffenen aus § 359 Nr. 5 StPO,[26] die Wiederaufnahme wegen neuer Tatsachen oder neuer Beweismittel[27] durch § 85 Abs. 2 OWiG zweifach eingeschränkt, indem einerseits hinsichtlich der vermögensmäßigen Belastung nur solche Bußgeldentscheidungen im Wiederaufnahmeverfahren angegriffen werden können, gegen die auch die Rechtsbeschwerde statthaft gewesen wäre, vgl. §§ 79 Abs. 1 Nr. 1, 85 Abs. 2 Nr. 1 OWiG. Andererseits darf der Eintritt der formellen Rechtskraft der Bußgeldentscheidung noch nicht drei Jahre zurückliegen, § 85 Abs. 2 Nr. 2 OWiG.[28] **9**

Wie im Rechtsbeschwerdeverfahren gilt bei der Wiederaufnahme zu Gunsten des Betroffenen das **Verbot der Schlechterstellung**, § 373 Abs. 2 Satz 1 StPO i.V.m. § 85 Abs. 1 OWiG. **10**

Nach h. L. findet auch der besondere Wiederaufnahmegrund des § 79 Abs. 1 BVerfGG im Bußgeldverfahren entsprechende Anwendung.[29] **11**

---

23 *Gössel* (Fn. 20), § 362 Rn. 2.

24 *Steindorf*, in: KK-OWiG (Fn. 3), § 85 Rn. 28; anders beim Geständnis des Verurteilten, vgl. § 362 Nr. 4 StPO..

25 *Göhler* (Fn. 1), § 85 Rn. 20.

26 *Steindorf*, in: KK-OWiG (Fn. 3), § 85 Rn. 8.

27 Siehe zu diesen Begriffen: *Kleinknecht/Meyer-Goßner*, StPO, 45. Aufl. 2001,§ 359 Rn. 21 ff.

28 Vgl. *Rebmann/Roth/Herrmann*, OWiG, 3. Aufl. (Fn. 6), § 85 Rn. 22.

29 Nachweise bei *Steindorf*, in: KK-OWiG (Fn. 3), § 85 Rn. 21.

Die Rechtsprechung will hingegen ausschließlich mit dem Rechtsbehelf des § 103 Abs. 1 Nr. 1 OWiG helfen.[30]

II. Gerichtliche Entscheidungen bei der Vollstreckung, § 65

1. Vollstreckungsverfahren nach den §§ 89 ff. OWiG

12 § 65 regelt die Zuständigkeit für alle gerichtlichen Entscheidungen bei der Vollstreckung von Bußgeldentscheidungen i. S. v. § 89 OWiG. Das Vollstreckungsverfahren, das anders als das Erkenntnisverfahren vom **Legalitätsprinzip** beherrscht wird,[31] richtet sich nach den §§ 89 ff. OWiG.

13 Zu den **Bußgeldentscheidungen** i. S. v. § 89 OWiG zählen sämtliche Sachentscheidungen, in denen eine Geldbuße oder Nebenfolge i. S. d. Ordnungswidrigkeitengesetzes festgesetzt wird unabhängig davon, ob es sich um eine Entscheidung der Verwaltungsbehörde (Bußgeldbescheid) oder um eine gerichtliche Entscheidung im Bußgeld- oder im Strafverfahren handelt.[32] Nicht dazu gehören die Verwerfung des Einspruches als unzulässig nach § 70 und § 74 Abs. 3 OWiG sowie Entscheidungen nach § 62 Abs. 2 OWiG.[33]

14 Der rechtskräftige Bußgeldbescheid wird vom BAWe als Verwaltungsbehörde, die den Bußgeldbescheid erlassen hat, vollstreckt, § 90 i.V.m. § 92 1. Fall OWiG. Das Verfahren richtet sich, da das BAWe eine Bundesbehörde ist, nach dem Verwaltungsvollstreckungsgesetz des Bundes,[34] § 90 Abs. 1 OWiG. Die rechtskräftige gerichtliche Entscheidung wird hingegen von der StA beim OLG vollstreckt, § 91 OWiG i.V.m. § 451 Abs. 1 StPO.[35]

15 **Gerichtliche Entscheidungen**, die bei der Vollstreckung erforderlich werden, sind nach § 104 OWiG insbesondere die Entscheidung des Gerichts über die nach § 103 OWiG gegebenen **Vollstreckungsrechtsbehelfe**, sowie die **Anordnung der Erzwingungshaft** nach § 96

30 Nachweise bei *Steindorf*, in: KK-OWiG (Fn. 3), § 85 Rn. 21; *Göhler* (Fn. 1), § 103 Rn. 4.

31 *Wenzel*, wistra 1990, 9, 11.

32 *Göhler* (Fn. 1), § 89 Rn. 2 ff.; *Boujong*, in: KK-OWiG (Fn. 3), § 89 Rn. 9 f.

33 *Göhler* (Fn. 1), § 89 Rn. 2, 4; *Boujong*, in: KK-OWiG (Fn. 3), § 89 Rn. 9.

34 Verwaltungsvollstreckungsgesetz v. 27.4.1953, BGBl. 1953 I, S. 157, BGBl. 1997 I, S. 3039.

35 *Kleinknecht/Meyer-Goßner* (Fn. 27), § 451 Rn. 4; vgl. auch *Dannecker/Biermann*, in: Immenga/Mestmäcker (Fn. 11), § 86 Rn. 1.

Abs. 1 OWiG.[36] Mit dem Rechtsbehelf nach § 103 OWiG kann der Betroffene einerseits Einwendungen gegen die Vollstreckung als solche erheben (insbesondere Vollstreckungshindernisse vorbringen),[37] wobei die Einwendungen grundsätzlich nach Erlass der Bußgeldentscheidung entstanden sein müssen; eine Überprüfung der Rechtmäßigkeit der bußgeldrechtlichen Entscheidung findet nicht statt.[38] Vor Erlass entstandene Einwendungen finden nur dann Berücksichtigung, wenn sie dem Vollstreckungsverfahren die Grundlage dadurch nehmen, dass sie den Bußgeldbescheid als Vollstreckungstitel vernichten, indem sie ausnahmsweise[39] zu seiner Nichtigkeit führen.[40]

Die Art und Weise einzelner Vollstreckungsmaßnahmen kann der Betroffene andererseits nach § 103 Abs. 1 Nr. 3 OWiG überprüfen lassen, wenn es sich um Maßnahmen zur Vollstreckung des Bußgeldbescheids, nicht anderer Bußgeldentscheidungen handelt.[41] Mit § 103 Abs. 1 Nr. 2 OWiG können bestimmte Vollstreckungsmaßnahmen angegriffen werden. **16**

Die gerichtlichen Entscheidungen des OLG sind **unanfechtbar**, § 304 Abs. 4 Satz 2 StPO i.V.m. § 46 Abs. 1 OWiG.[42] **17**

2. Vollstreckung gegenüber Ausländern

Die Vollstreckung von Bußgeldentscheidungen gegenüber Ausländern, etwa dem ausländischen Bieter oder den ausländischen Mitgliedern des vertretungsberechtigten Organs einer Bietergesellschaft, ist nur eingeschränkt möglich. Ihnen kann zur Sicherung der Vollstreckung **nicht die Ausreise versagt** werden, § 62 Abs. 1 und 2 AuslG. Allerdings kann eine **Sicherheitsleistung** und die **Bestellung eines Zustellungsbevollmächtigten** verlangt werden, § 132 StPO i.V.m. § 46 Abs. 1 OWiG.[43] **18**

---

36 Bei der Anordnung der Erzwingungshaft folgt die Notwendigkeit richterlicher Entscheidung aus dem Richtervorbehalt aus Art. 104 Abs. 2 Satz 1 GG. Siehe ferner zu den möglichen Entscheidungen insgesamt die Zusammenstellung bei *Boujong*, in: KK-OWiG (Fn. 3), § 104 Rn. 4.

37 *Boujong*, in: KK-OWiG (Fn. 3), § 103 Rn. 5 m.w.N.

38 *Göhler* (Fn. 1), § 103 Rn. 4 m.w.N.

39 Siehe oben Vor §§ 61 ff., Rn. 28.

40 *Boujong*, in: KK-OWiG (Fn. 3), § 103 Rn. 7 m.w.N.

41 *Boujong*, in: KK-OWiG (Fn. 3), § 103 Rn. 9.

42 Vgl. für die entsprechende Regelung bei Kartellsachen: *Mitsch* (Fn. 14), IV § 10 Rn. 7; *Göhler* (Fn. 1), § 104 Rn. 15; *Boujong*, in: KK-OWiG (Fn. 3), § 104 Rn. 16; für Wertpapiererwerbs- und Übernahmesachen: *Tschauner*, in: Geibel/Süßmann, Wertpapiererwerbs- und Übernahmegesetz, 2002, § 65 Rn. 6.

43 *Rogall*, in: KK-OWiG (Fn. 3), § 5 Rn. 20.

19 Die **Vollstreckung im Ausland durch ausländische Behörden** ist nach zwischenstaatlichen Vereinbarungen, die gegenüber dem IRG vorrangig anzuwenden sind, momentan nur im Verhältnis zu **Österreich** möglich, nach § 9 Abs. 1 des Vertrages vom 31. 8. 1988.[44] Das EuRhÜbk[45] umfasst nicht den Bereich der Vollstreckung von Bußgeldentscheidungen, Art. 1 Abs. 2 EuRhÜbk.[46] Im Bereich der vertragslosen Vollstreckungsrechtshilfe nach § 71 IRG scheitert die Vollstreckung im Ausland grundsätzlich daran, dass die BRD den Grundsatz der Gegenseitigkeit zurzeit nicht verbürgen kann, da nach § 48 Abs. 1 Nr. 1 IRG der Abschluss einer generellen völkerrechtlichen Vereinbarung erforderlich ist, die nur im Verhältnis zu Österreich besteht.[47]

44 BGBl. 1990 II, 1334.
45 Vgl. Vor §§ 61 Rn. 68.
46 *Bohnert*, in: KK-OWiG (Fn. 3), Einl. Rn. 215.
47 LG Erfurt, 20. 12. 1995 – 1 Qs 207/95, NStZ-RR 1996, 180; *Göhler* (Fn. 1), Vor § 89 Rn. 14.

Abschnitt 9

Gerichtliche Zuständigkeit, Übergangsregelungen

§ 66 Gerichte für Wertpapiererwerbs- und Übernahmesachen

(1) Für bürgerliche Rechtsstreitigkeiten, die sich aus diesem Gesetz ergeben, sind ohne Rücksicht auf den Wert des Streitgegenstandes die Landgerichte ausschließlich zuständig. Satz 1 gilt auch für die in § 12 Abs. 6 genannten Ansprüche und für den Fall, daß die Entscheidung eines Rechtsstreits ganz oder teilweise von einer Entscheidung abhängt, die nach diesem Gesetz zu treffen ist. Für Klagen, die auf Grund dieses Gesetzes oder wegen der in § 12 Abs. 6 genannten Ansprüche erhoben werden, ist auch das Landgericht zuständig, in dessen Bezirk die Zielgesellschaft ihren Sitz hat.

(2) Die Rechtsstreitigkeiten sind Handelssachen im Sinne der §§ 93 bis 114 des Gerichtsverfassungsgesetzes.

(3) Die Landesregierungen werden ermächtigt, durch Rechtsverordnung bürgerliche Rechtsstreitigkeiten, für die nach Absatz 1 ausschließlich die Landgerichte zuständig sind, einem Landgericht für die Bezirke mehrerer Landgerichte zuzuweisen, wenn eine solche Zusammenfassung der Rechtspflege in Wertpapiererwerbs- und Übernahmesachen dienlich ist. Sie werden ferner ermächtigt, die Entscheidung über Berufungen und Beschwerden gegen Entscheidungen der nach Absatz 1 zuständigen Landgerichte in bürgerlichen Rechtsstreitigkeiten einem oder einigen der Oberlandesgerichte zuzuweisen, wenn in einem Land mehrere Oberlandesgerichte errichtet sind. Die Landesregierungen können die Ermächtigungen auf die Landesjustizverwaltungen übertragen. Durch Staatsverträge zwischen den Ländern kann die Zuständigkeit eines Landgerichts für einzelne Bezirke oder das gesamte Gebiet mehrerer Länder begründet werden.

(4) Wird gegen eine Entscheidung des Gerichts für Wertpapiererwerbs- und Übernahmesachen Berufung eingelegt, können sich die Parteien durch Rechtsanwälte vertreten lassen, die bei dem Ober-

landesgericht zugelassen sind, vor das die Berufung ohne eine Regelung nach Absatz 3 gehören würde. Die Mehrkosten, die einer Partei dadurch erwachsen, daß sie sich nach Satz 1 durch einen nicht bei dem Prozeßgericht zugelassenen Anwalt vertreten läßt, sind nicht zu erstatten.

Literatur: *Assmann/Schneider*, Wertpapierhandelsgesetz, 2. Aufl. Köln 1999; *Baumbach/Lauterbach/Albers/Hartmann*, Zivilprozessordnung, 59. Aufl. München 2001; *Bechtold*, GWB, 2. Aufl. München 1999; *Emmerich*, Kartellrecht, 9. Aufl. München 2001; Frankfurter Kommentar zum Kartellrecht, Bd. III, Stand: Juli 2001; *Thümmel*, Haftung für geschönte Ad-hoc-Meldungen, DB 2001, 2331 ff.

Übersicht

I. Allgemeines

1 § 66 ist den §§ 87 ff. GWB nachgebildet. Während das Beschwerdeverfahren vor dem OLG Frankfurt sachlich ein **Verwaltungsstreitverfahren** ist (vgl. § 48 Rn. 1, 3), enthält § 66 einige **Sonderbestimmungen** für **bürgerlich-rechtliche Streitigkeiten**. Gemeint sind damit Streitigkeiten, für die nach § 13 GVG der Rechtsweg zu den Zivilgerichten eröffnet ist. Soweit in § 66 keine Sonderregelungen enthalten sind, gelten im Übrigen die Bestimmungen der ZPO und des GVG.

II. Bürgerliche Rechtsstreitigkeiten im Sinne von Absatz 1

1. Zivilrechtsweg

2 Die **Abgrenzung** von bürgerlich-rechtlichen zu öffentlich-rechtlichen Streitigkeiten folgt den allgemeinen Grundsätzen. Erfasst werden Streitigkeiten zwischen Privaten oder Streitigkeiten zwischen einem Privaten und einem Träger hoheitlicher Gewalt, sofern sich dieser nicht der besonderen, ihm zugeordneten Rechtssätze des öffentlichen

Rechts bedient, sondern sich den für jedermann geltenden zivilrechtlichen Regelungen unterstellt. Wichtig ist in diesem Zusammenhang, dass auch bei schlichtem Verwaltungshandeln des Bundesaufsichtsamtes Streitigkeiten hieraus nicht etwa zivilrechtlicher Natur sind, sondern verwaltungsrechtliche Streitigkeiten bleiben, die ggf. dem OLG Frankfurt als Beschwerdegericht gemäß § 48 zugewiesen sind. Unabhängig von diesen Grundsätzen sind wie stets besondere Rechtswegzuweisungen zu beachten.

2. Relevanz des WpÜG

Fraglich ist, wann sich solche bürgerlichen Rechtsstreitigkeiten „aus diesem Gesetz" (Absatz 1) ergeben. Vor dem Hintergrund von Sinn und Zweck des § 66, nämlich die Konzentration der mit dem WpÜG zusammenhängenden Fragen bei einigen wenigen Gerichten, ist eine **weite Auslegung** des Tatbestandsmerkmals angezeigt. Eine Streitigkeit aus diesem Gesetz ist bereits dann anzunehmen, wenn der prozessuale Anspruch (Streitgegenstand) nicht ohne Berücksichtigung von Vorschriften aus dem WpÜG zu lösen ist. Die letztlich streitentscheidende Norm muss keine des WpÜG sein. Allerdings kommt bei diesem Verständnis den in *Satz 2* geregelten Vorfragestreitigkeiten keine eigenständige Bedeutung zu. 3

Diese im Rahmen eines neuen Gesetzes eigentlich überflüssige gestufte Zuständigkeitsbegründung in Absatz 1 Sätze 1–2 ist nur vor dem Hintergrund des § 87 GWB und seiner Historie zu verstehen: Die Vorgängervorschrift des § 87 GWB bestimmte schon immer, dass besondere Kartell-Landgerichte immer dann zuständig seien, wenn Ansprüche geltend gemacht würden, die sich *unmittelbar* aus dem GWB ergaben. Waren andere Normen streitentscheidend, aber dennoch kartellrechtliche Fragen vorher *inzident* zu prüfen, blieben die Nicht-Kartellgerichte für den gesamten Prozess zuständig, mussten jedoch den Rechtsstreit aussetzen, bis ein Kartell-Landgericht über diese Vorfrage entschieden hatte. Erst mit der Einführung des heute geltenden § 87 Abs. 1 Satz 2 GWB, dem § 66 Abs. 1 Satz 2 nachempfunden ist, wurde dieser Zustand geändert und die Kartell-Landgerichte auch bei bloßer Inzidentprüfung für den gesamten Prozess zuständig.[1] 4

§ 66 Abs. 1 hat diese Zweiteilung übernommen: Satz 1 hat danach Fallgestaltungen zum Gegenstand, in denen sich der Klaganspruch **unmittelbar** auf Vorschriften des WpÜG stützt. Die Zuweisung der bür- 5

1 Vgl. dazu etwa *Emmerich*, Kartellrecht, 9. Aufl. 2001, S. 368.

gerlichen Rechtsstreitigkeiten an die Landgerichte „für den Fall, dass die Entscheidung des Rechtsstreits ganz oder teilweise von einer Entscheidung abhängt, die nach diesem Gesetz zu treffen ist" (Satz 2), bezieht sich auf Fälle in denen das Gericht Fragen des Übernahmerechts zwar **inzident** prüfen muss,[2] die letztlich entscheidungserhebliche Norm jedoch aus einem anderen Gesetz entnommen wird.

6 Als Ergebnis ist damit festzuhalten, dass bürgerlich-rechtliche Streitigkeiten immer dann nach Absatz 1 ausschließlich den Landgerichten zugewiesen sind, wenn der Streitgegenstand in irgendeiner Weise die Heranziehung von Normen des WpÜG erfordert.

3. Mögliche Klagen

7 Theoretisch erfasst Absatz 1 nach allgemeinen zivilrechtlichen Grundsätzen Leistungs-, Feststellungs- und Gestaltungsklagen. Allerdings ist der Anwendungsbereich dieser Klagen sehr beschränkt, da das WpÜG **Dritten grds. keine subjektiven Rechte**, d.h. keine Ansprüche, vermittelt. So kann etwa eine Zielgesellschaft keine Ansprüche mit der Begründung geltend machen, der Bieter habe gegen Vorschriften des WpÜG verstoßen oder aber der Bieter habe Weisungen des Bundesaufsichtsamtes nicht beachtet.[3] Ihr bleibt in solchen Fällen nur die *Anregung* an das Bundesaufsichtsamt, selbst als Aufsichtsbehörde tätig zu werden und Missstände zu unterbinden, etwa nach § 4 Abs. 1. In größerem Umfange möglich dürften Klagen mit klärungsbedürftigen Übernahmefragen als Vorfragen sein.

8 Ausdrücklich als Beispiel für eine bürgerliche Rechtsstreitigkeit nach Absatz 1 genannt ist der **Prospekthaftungsanspruch** nach § 12 Abs. 6 (auch in Verbindung mit § 13 Abs. 3).[4] In Betracht kommt aber auch ein **Amtshaftungsanspruch** eines unmittelbar von einer Verfügung des Bundesaufsichtsamtes Betroffenen, der insbesondere durch § 4 Abs. 2 nicht etwa ausgeschlossen wird.[5] Möglich sind des

---

2 Das bedeutet auch, dass die Prüfung dieser Vorfrage tatsächlich erforderlich sein muss, um Spruchreife herbeizuführen. Zu diesem Erfordernis der *Vorgreiflichkeit* und der summarischen Prüfung durch das Gericht vgl. auch *Meyer-Lindemann*, in: FK, Bd. III, Stand: Juli 2001, § 87 Rn. 46. Kommt das Gericht zu dem Schluss, dass keine Vorgreiflichkeit vorliegt, wird es sich für unzuständig erklären und den Rechtsstreit auf Antrag nach § 281 ZPO an die allgemein sachlich und örtlich zuständigen Gerichte verweisen.

3 Zu dieser Problematik und den teils abweichenden Auffassungen Anhang § 41 Rn. 4 m.w.N.

4 So auch die Regierungsbegründung, S. 174.

5 Dazu § 41 Rn. 12.

Weiteren **Schadensersatzansprüche Dritter** gegen am Übernahmeverfahren Beteiligte aus unerlaubter Handlung. Zwar sind die Vorschriften des WpÜG keine Schutzgesetze im Sinne des § 823 Abs. 2 BGB, da ihnen vor dem Hintergrund des § 4 Abs. 2 der Drittbezug fehlt.[6] Wird jedoch durch eine Handlung z. B. des Bieters eine andere Rechtsvorschrift, die ein Schutzgesetz darstellt, verletzt (z. B. Straftatbestände wie Betrug, § 263 StGB, oder auch Grundrechte), sind hieraus resultierende Schadensersatzansprüche grundsätzlich nicht ausgeschlossen. Gleiches gilt für Ansprüche aus vorsätzlicher sittenwidriger Schädigung (§ 826 BGB).[7]

III. Ausschließliche Zuständigkeit der Landgerichte

Für die genannten bürgerlich-rechtlichen Streitigkeiten sind die Landgerichte ausschließlich zuständig **(sachliche Zuständigkeit)**. Diese ausschließliche Zuständigkeit geht anderen Zuständigkeitsregelungen vor und ist von Amts wegen zu beachten (Sachurteilsvoraussetzung). 9

Die **örtliche Zuständigkeit** richtet sich nach den allgemeinen Vorschriften des Zivilprozesses (§§ 12 ff. ZPO), die auch neben dem in Absatz 1 Satz 3 geregelten besonderen Gerichtsstand des Sitzes der Zielgesellschaft gelten. Unklar ist, welche Fälle dieser besondere Gerichtsstand erfasst. Die von den Sätzen 1 – 2 abweichende Wortwahl „auf Grund dieses Gesetzes“, die sprachlich auch die Inzidentkontrolle nach Satz 2 umfasst, sowie der systematische Zusammenhang lassen jedoch den Schluss zu, dass dieser besondere Gerichtsstand für sämtliche bürgerlichen Rechtsstreitigkeiten nach Absatz 1 gilt. 10

Wird die Klage beim sachlich unzuständigen Amtsgericht oder beim örtlich unzuständigen Landgericht (vgl. Absatz 3) eingereicht, hat sich 11

6 Zu diesem Zusammenhang bereits Anhang § 41 Rn. 4 m. w. N.

7 Die Rechtslage ist hier ähnlich wie im Wertpapierhandelsgesetz (WpHG). Auch die Vorschriften des WpHG, insbesondere auch § 15 Abs. 1 WpHG, sind keine Schutzgesetze im Sinne des § 823 Abs. 2 BGB. Dennoch ergeben sich aus dem Deliktsrecht Möglichkeiten für Schadensersatzansprüche (dazu *Kümpel*, in: Assmann/Schneider, WpHG, § 15 Rn. 192 ff.). Die Entscheidung des Landgerichts Augsburg vom 24. 9. 2001, Az. 3 O 4995/00 im Fall *Infomatec* hat allerdings an dieser klaren Struktur Zweifel aufkommen lassen. In seinem Urteil maß das Gericht zwar nicht dem (verletzten) § 15 WpHG Drittschutz bei, wohl aber dem entsprechenden Straftatbestand des § 88 BörsG. Jedoch hat sich das Gericht in dieser Entscheidung zumindest auch auf § 826 BGB gestützt. Eine rechtskräftige Entscheidung in dieser Sache und insbesondere die Klärung dieser Rechtsfrage durch den BGH stehen noch aus. Instruktiv zu dieser Thematik *Thümmel*, DB 2001, 2331 ff.

das Gericht für unzuständig zu erklären und den Rechtsstreit auf Antrag nach § 281 ZPO an das zuständige Gericht zu verweisen.

IV. Handelssachen (Absatz 2)

12 Die Rechtsstreitigkeiten im Sinne des Absatz 1 sind Handelssachen im Sinne des §§ 93 bis 114 GVG, unabhängig davon, ob die in § 95 GVG genannten Voraussetzungen überhaupt vorliegen **(Rechtsfolgenverweisung)**. Die Qualifizierung als Handelssache hat zur Folge, dass der Rechtsstreit vor den ggf. bei den zuständigen Landgerichten eingerichteten **Kammern für Handelssachen** (KfH) verhandelt wird, wenn dies der Kläger in seiner Klage bzw. einem gleichzeitig eingereichten sonstigen Schriftsatz beantragt. Der Kläger hat die **freie Wahl** zwischen Zivilkammer und KfH; hat er die Wahl getroffen, ist er daran gebunden.[8] Hat der Kläger sein Wahlrecht durch Versäumung des Antrags eingebüßt, kann nur noch der Beklagte nach § 98 GVG die Verweisung an die KfH beantragen.

V. Konzentration der Rechtspflege (Absätze 3 und 4)

13 Absätze 3 und 4 sind der Regelung in § 89 GWB nachgebildet, die wiederum großteils dem heutigen § 143 PatG entspricht. Die Ermächtigung, durch Rechtsverordnung bürgerliche Rechtsstreitigkeiten nach Absatz 1 einem oder mehreren Landgerichten[9] und Berufungs- bzw. Beschwerdeverfahren einem oder einigen Oberlandesgerichten im jeweiligen Bundesland zuzuweisen, dient der Konzentration der Prozesse bei möglichst wenigen Gerichten und damit der **Vereinheitlichung der Rechtsprechung** zu bürgerlich-rechtlichen Wertpapier- und Übernahmesachen. Im Rahmen des Kartellrechts und auch des Patentrechts wurde in großem Ausmaß von der entsprechenden Ermächtigung Gebrauch gemacht. Die entsprechenden Rechtsverordnungen der Länder zu den Wertpapier- und Übernahmesachen bleiben noch abzuwarten.

14 Ähnlich wie § 143 Abs. 3 PatG, so sieht auch § 66 Abs. 4 vor, dass die Konzentration der bürgerlichen Rechtsstreitigkeiten bei möglichst wenigen Gerichten nicht dazu führt, dass sich die Parteien im Rahmen

8 *Albers*, in: Baumbach/Lauterbach/Albers/Hartmann, ZPO, 59. Aufl., § 96 GVG Rn. 2.
9 *Bechtold*, GWB, 2. Aufl., § 89 Rn. 1: Auch über die OLG-Grenzen hinaus.

von Berufungsverfahren nur von **Rechtsanwälten** vertreten lassen können, die an genau demjenigen Oberlandesgericht zugelassen sind, dem Berufungsverfahren nach Absatz 3 Satz 2 zugewiesen sind. Vielmehr ist – sozusagen „fiktiv" – zu ermitteln, welches Oberlandesgericht ohne die Regelung in Absatz 3 Satz 2 örtlich zuständig wäre. Ist der betreuende Rechtsanwalt an diesem fiktiv zuständigen Oberlandesgericht zugelassen, kann er auch vor dem qua Rechtsverordnung nach Absatz 3 zuständigen Oberlandesgericht auftreten. Für die jeweils vertretene Partei hat dies jedoch zur Folge, dass die hieraus resultierenden Mehrkosten nicht erstattet werden.

§ 67 Senat für Wertpapiererwerbs- und Übernahmesachen beim Oberlandesgericht

In den ihm nach § 48 Abs. 4, § 62 Abs. 1, §§ 64 und 65 zugewiesenen Rechtssachen entscheidet das Oberlandesgericht durch einen Wertpapiererwerbs- und Übernahmesenat.

Literatur: vgl. die Schrifttumsangaben Vorbemerkungen zu §§ 61 ff.

Übersicht

I. Regelungsinhalt

1 § 67 enthält zwei Aussagen. Zum einen bestimmt die Vorschrift, die erst der RegE-ÜG enthielt, über die **funktionelle** – geschäftsmäßige – **Zuständigkeit** des Wertpapiererwerbs- und Übernahmesenats als Spruchkörper. Zum anderen enthält § 67 auch eine Regelung von justizverwaltungsrechtlicher Natur, da der Wertpapiererwerbs- und Übernahmesenat durch die Justizverwaltung zunächst eingerichtet und besetzt werden muss.

2 Der Wertpapiererwerbs- und Übernahmesenat ist weder ein Strafsenat noch ein Zivilsenat; vielmehr handelt es sich um einen **spezialisierten Spruchkörper** ähnlich der Bestimmung des § 46 Abs. 7 OWiG über

die Einrichtung der Senate für Bußgeldsachen.[1] Der Wortlaut des § 67 lehnt sich eng an die Vorschrift des § 46 Abs. 7 OWiG an und unterscheidet sich dadurch von dem Vorbild des § 91 GWB, der in Satz 1 ausdrücklich bestimmt, dass der Kartellsenat zu „bilden" sei. Mit dem Wortlaut des § 46 Abs. 7 OWiG sollte klargestellt werden, dass die besondere Zuweisung nicht eine Vermehrung der Spruchkörper bezwecke.[2] Aus der Begründung des Gesetzgebers des WpÜG geht nicht hervor, ob eine vergleichbare Überlegung ausschlaggebend war, § 67 an § 46 Abs. 7 OWiG zu orientieren und abweichend von § 91 GWB zu formulieren, sodass im Rahmen der Geschäftsverteilung die Möglichkeit besteht, einem bereits bestehenden Senat beim OLG die Geschäfte des Wertpapiererwerbs- und Übernahmesenats zu übertragen.[3] Allerdings ist anders als bei § 46 Abs. 7 OWiG[4] nicht klar, ob diese Geschäfte auf einen Zivilsenat oder Strafsenat verteilt werden sollen. Daher liegt es näher, dass der Gesetzgeber des WpÜG die Bedeutung der Wortlautparallelität zu § 46 Abs. 7 OWiG nicht gesehen hat und von der zahlenmäßigen Vermehrung der Spruchkörper beim OLG ausgegangen ist.[5]

II. Zugewiesene Rechtsmaterien

3 Der Wertpapiererwerbs- und Übernahmesenat entscheidet über die **verwaltungsrechtliche Beschwerde gegen Verfügungen des BAWe**, § 48 Abs. 1 und 4, und über die dem OLG zur Entscheidung zugewiesenen **Bußgeldsachen** nach den §§ 62, 64 und 65. Auch hinsichtlich der geregelten Zuständigkeiten entspricht die Vorschrift dem Vorbild des § 91 GWB nur teilweise, da nach § 91 GWB der Kartellsenat zusätzlich dazu aufgerufen ist, über Berufung und Beschwerde in bürgerlichen Rechtsstreitigkeiten zu entscheiden. Über die Rechtsmittel der Berufung und Beschwerde in **bürgerlichen Rechtsstreitigkeiten**,

1 Vgl. für § 91 GWB: *Dannecker/Biermann*, in: Immenga/Mestmäcker, Kommentar zum Kartellgesetz, 3. Aufl. 2001, § 83 Rn. 5.

2 Erster Bericht des BT-Sonderausschusses für die Strafrechtsreform zum EGStGB, BT-Drucks. VII/1261, S. 40.

3 Vgl. zu § 46 Abs. 7 OWiG *Lampe*, in: Karlsruher Kommentar zum OWiG, 2. Aufl. 2000, § 46 Rn. 49.

4 Über die Bußgeldverfahren entscheiden Spruchkörper, die für Strafsachen zuständig sind.

5 Allerdings geht der Gesetzgeber nicht davon aus, dass es auf Länderebene zu zusätzlichen Kosten durch das WpÜG kommen werde, Regierungsbegründung, BT-Drucks. 14/7034, S. 3. Nicht eindeutig auch *A. Möller*, AG 2002, 170, 174.

seien sie Wertpapiererwerbs- und Übernahmesachen[6] nach § 66 Abs. 1, oder allgemeine Zivilrechtssachen, die nicht von § 66 Abs. 1 erfasst werden, entscheidet nach § 119 GVG das **allgemein zuständige OLG** und damit ein Zivilsenat.[7] Anders als im Kartellverfahrensrecht, wo Kartellrechtssachen i. S. d. § 87 Abs. 1 GWB auch Kartellberufungssachen bzw. zivilprozessuale Kartellbeschwerdesachen darstellen,[8] beschränkt sich die gerichtliche Spruchkörperkonzentration im WpÜG auf Verwaltungs- und Bußgeldsachen. Wertpapiererwerbs- und Übernahmesachen i. S. d. § 66 Abs. 1 sind keine Wertpapiererwerbs- und Übernahmeberufungssachen. Das Ziel des Gesetzgebers des WpÜG, durch eine sachliche (§ 48 Abs. 4, § 62) und funktionelle (§ 67) Zuständigkeitskonzentration die besondere Sachkunde spezialisierter Spruchkörper nutzen zu können,[9] wird dadurch nur zum Teil erreicht.

III. Geschäftsverteilung

Soweit die Begründung zum RegE-ÜG davon ausgeht, es könnten bei Bedarf auch mehrere solcher Senate gebildet werden,[10] muss unterschieden werden. Soweit sich die Begründung darauf bezieht, dass ein **neuer, zusätzlicher Senat** gebildet wird, ist zwar der Präsident des OLG in seiner Funktion als Justizverwaltung zu dieser Entscheidung berufen, § 8 Abs. 2 GVGVO.[11] Über die **haushaltsrechtlichen Voraussetzungen** entscheidet jedoch das Landesparlament, sodass die Justizverwaltung die Zahl der Senate nur im Rahmen der zu Verfügung stehenden Planstellen bestimmt. Ist aus haushaltsrechtlichen Gründen die Bildung eines weiteren ordentlichen Wertpapiererwerbs- und Übernahmesenats beim OLG nicht möglich, so kann vorübergehend ein **Hilfssenat** gebildet werden, wenn anderenfalls eine Überlastung des ordentlichen Senats dazu führt, dass verwaltungsrechtliche 4

6 Vgl. zu dem entsprechenden Begriff „Kartellrechtssache": *K. Schmidt,* in: Immenga/Mestmäcker (Fn. 1), § 91 Rn. 7 ff.

7 Das gilt auch dann, wenn die Landesregierungen von der in § 66 Abs. 3 Satz 2 enthaltenen Ermächtigung Gebrauch machen, die Rechtsmittelzuständigkeit bei einem OLG zu konzentrieren.

8 *K. Schmidt*, in: Immenga/Mestmäcker (Fn. 1), § 87 Rn. 1.

9 Regierungsbegründung, BT-Drucks. 14/7034, S. 29.

10 Regierungsbegründung, BT-Drucks. 14/7034, S. 70.

11 Diese Bestimmung gilt in Hessen (der Senat ist beim OLG Frankfurt einzurichten) als Landesrecht fort, vgl. *Böttcher*, in: Löwe-Rosenberg, StPO, 24. Aufl. 1988, § 8 GVGVO Rn. 2.

und bußgeldrechtliche Wertpapiererwerbs- und Übernahmesachen nicht in angemessener Weise und Zeit erledigt werden können und die Betroffenen in ihrem Recht auch ein faires Verfahren verletzt werden.[12] Eine ständige Einrichtung darf dieser Senat jedoch nicht sein, da dies einen Verstoß gegen das Gebot des gesetzlichen Richters aus Art. 101 Abs. 1 Satz 2 GG darstellte.[13]

5 Ob allerdings überhaupt eine derartige **Verfahrensfülle** in verwaltungsrechtlichen und bußgeldrechtlichen Wertpapiererwerbs- und Übernahmesachen entstehen wird, darf bezweifelt werden, da einerseits das Übernahmebußgeldverfahren nicht dieselbe Bedeutung hat wie etwa das Kartellbußgeldverfahren nach dem GWB,[14] andererseits das Verwaltungsverfahren wegen der notwendigen Zusammenarbeit der Beteiligten nach dem WpÜG stark informelle Züge trägt, die Streitigkeiten um verwaltungsrechtliche Verfügungen des BAWe nicht eben wahrscheinlich machen.

6 Eine entsprechende **Spruchkörperbestimmung für den BGH** als Beschwerdegericht weist das WpÜG nicht auf; eine dem § 94 GWB entsprechende Regelung fehlt. Bei dem BGH entscheidet über die Rechtsbeschwerde nach § 79 OWiG ein **Senat für Bußgeldsachen** nach § 46 Abs. 7 OWiG.[15] Eine weitere Beschwerde gegen die Beschwerdeentscheidung des OLG in verwaltungsrechtlichen Streitigkeiten findet nach dem WpÜG nicht statt.

§ 68 Übergangsregelungen

(1) Der Widerspruchsausschuß besteht bis zur Bestellung von ehrenamtlichen Beisitzern auf Grund von Vorschlägen des Beirats nach § 5 Abs. 3 Satz 3, spätestens bis zum 30. Juni 2002, ausschließlich aus den in § 6 Abs. 2 Satz 1 Nr. 1 und 2 genannten Personen.

---

12 Siehe zum Hilfskartellsenat BGH, 27. 5. 1986 – KRB 13/85, WuW/E BGH 2295.

13 BGH, 7. 6. 1983 – 4 StR 9/83, BGHSt 31, 389, 390 ff.; BGH, 22. 8. 1985 – 4 StR 398/85, BGHSt 33, 303, 304.

14 Siehe oben Vor §§ 61 Rn. 11.

15 Das ist nach dem Geschäftsverteilungsplan des BGH, Strafsenate, für das Jahr 2002 der 2. Strafsenat, der in seiner Eigenschaft als Bußgeldsenat entscheidet, http://www.uni-karlsruhe.de/~BGH/gesvst02.htm#sts2 und http://www.uni-karlsruhe.de/~BGH/gvpl02.htm#schluss (Stand: 5.3.2002).

(2) Dieses Gesetz findet vorbehaltlich Absatz 3 keine Anwendung auf Gebote, die vor dem 1. Januar 2002 veröffentlicht wurden.

(3) Wer nach dem 1. Januar 2002 die Kontrolle auf Grund eines Angebots erlangt, das vor dem 1. Januar 2002 veröffentlicht wurde, hat die Verpflichtung nach § 35 Abs. 1 Satz 1 und Abs. 2 Satz 1 einzuhalten. Das Bundesaufsichtsamt befreit den Bieter auf schriftlichen Antrag von den Verpflichtungen nach Satz 1, wenn das Angebot den Vorgaben nach § 31 und 32 entspricht. Über Widersprüche gegen Verfügungen des Bundesaufsichtsamtes nach Satz 2 entscheidet der Widerspruchsausschuß.

Übersicht

I. Regelungsgegenstand

1 Eine Übergangsregelung ist erst in einem sehr späten Gesetzgebungsstadium aufgrund der Beschlussempfehlung des Finanzausschusses[1] in das Gesetz aufgenommen worden. Geregelt werden in den drei Absätzen drei wesentliche Übergangsprobleme.[2]

II. Besetzung des Widerspruchsausschusses (Abs. 1)

2 Gemäß § 6 Abs. 2 besteht der Widerspruchsausschuss aus dem Präsidenten des Bundesaufsichtsamtes (oder einem von ihm beauftragten Beamten), zwei vom Präsidenten des Bundesaufsichtsamtes beauftragten Beamten sowie drei vom Präsidenten des Bundesaufsichtsamtes bestellten ehrenamtlichen Beisitzern. Für die Auswahl der ehrenamtlichen Beisitzer sieht § 6 Abs. 4 eine nähere Regelung der Einzelheiten vor. Da Verfahrensregelung und -durchführung bis zum Inkrafttreten des Gesetzes nicht möglich waren, bestand Handlungsbedarf: indem Abs. 1 bis zur erstmaligen Ernennung von ehrenamtlichen Beisitzern,

1 Bericht des Finanzausschusses, BT Drucksache 14/7477 vom 14.11.2001.

2 Rätselhaft *Zschocke,* DB 2002, 79, 84, der meint, das WpÜG sehe „keine besonderen“ Übergangsregelungen vor und die Norm im Übrigen falsch – als § 69 – zitiert.

längstens bis zum 30.6.2002 eine reduzierte Besetzung des Widerspruchsausschusses zulässt, wird gewährleistet, dass der Widerspruchsausschuss bereits bei Inkrafttreten des Gesetzes arbeitsfähig ist.[3]

III. Keine Anwendung des WpÜG auf „Altfälle" (Abs. 2)

3 Die im Vorfeld als problematisch angesehene Behandlung von öffentlichen Erwerbsangeboten, die vor In-Kraft-Treten des Gesetzes abgegeben wurden, ist nun aufgrund der Empfehlung des Finanzausschusses in Abs. 2 geregelt. Danach finden die Verfahrensvorschriften des Gesetzes auf alle öffentlichen Angebote, die vor dem 1.1.2002 abgegeben wurden, grundsätzlich keine Anwendung. Mit den Worten des Berichtes des Finanzausschusses wird „hierdurch … den Beteiligten eines laufenden öffentlichen Angebots dessen Abschluss auf der Grundlage des bisherigen Rechts ermöglicht und ein reibungsloser Übergang vom bisherigen Rechtszustand zur künftigen Rechtslage gewährleistet sein".[4]

IV. Kontrollerlangung aufgrund „Altangebot" (Abs. 3)

4 Nach dem 31.12.2001 erfolgende Erwerbe lösen aber unter den Voraussetzungen des § 35 ein Pflichtangebot unter Anwendung der neuen Vorschriften aus, auch wenn das der Erlangung der Kontrolle zugrunde liegende Angebot bereits vor dem 1.1.2002 abgegeben wurde. Das **Überschreiten der 30%-Schwelle** musste also 2001 **bereits vollzogen** und nicht nur geplant bzw. angelegt sein, wenn der Bieter das Eingreifen der neuen Pflichtangebotsvorschriften vermeiden wollte.

5 Nach der Systematik des WpÜG ist ein Pflichtangebot nicht abzugeben, wenn die **Kontrolle aufgrund eines Übernahmeangebots** erlangt wurde (§ 35 Abs. 3). Um insoweit keine Diskriminierung von vor Inkrafttreten des WpÜG abgegebenen Angeboten zuzulassen, hat der Gesetzgeber in Abs. 3 Satz 2 die Möglichkeit zur Gleichbehandlung geschaffen. Bieter, die vor dem 1.1.2002 ein den Anforderungen des WpÜG entsprechendes Übernahmeangebot (insbesondere als Vollangebot und unter Berechnung der Gegenleistung gem. § 31)[5] abgege-

3 Bericht des Finanzausschusses (Fn. 1), S. 71.
4 Bericht des Finanzausschusses (Fn. 1), S. 71.
5 Vgl. Bericht Finanzausschusses (Fn. 1), S. 71.

ben haben,[6] können auf schriftlichen Antrag von der Verpflichtung zur Abgabe eines Angebots befreit werden. Sowohl angesichts des Regelungszweckes als auch angesichts des Wortlauts der Vorschrift ist die Befreiung ohne Ermessensspielraum zu gewähren, wenn das Altangebot den inhaltlichen Vorgaben des neuen Rechts entsprach.

Wenn die 30%-Schwelle vor dem 31. 12. 2001 überschritten wurde, so **6**
löst **weiterer Zuerwerb** auch bei Überschreiten weiterer Schwellenwerte (z.B. 50%, 75%) nach dem WpÜG **kein Pflichtangebot** aus.[7] Demgegenüber sah der Übernahmekodex der Börsen-sachverständigenkommission ein Pflichtangebot bei Überschreiten der 50% bzw. 75% – Grenze vor (Art. 16 und 17 Übernahmekodex). Der Kodex ist nicht formal aufgehoben worden. Daher könnte die Auffassung vertreten werden, dass er für alle Unternehmen, die ihn anerkannt haben und die diese Anerkennung nicht widerrufen haben, unverändert weiter gilt. Nicht zu verkennen ist aber, dass der Übernahmekodex ausdrücklich *anstelle* einer gesetzlichen Regelung „Selbstregulierung“ anstrebte. Mit dem In-Kraft-Treten einer umfassenden gesetzlichen Normierung der Materie hat sich dieser Zweck erledigt. Richtigerweise wird man daher davon ausgehen müssen, dass der **Übernahmekodex** seit dem 1. 1. 2002 **keinerlei Geltung** mehr beanspruchen kann.

6 Auf die Einhaltung der Regeln des Übernahmekodex kommt es demgegenüber nicht mehr an, a. A. ohne Begründung *Zschocke*, DB 2002, 79, 85.

7 *Zietzsch/Holzborn*, WM 2001, 1753, 1755 hatten eine andere gesetzliche Regelung vorgeschlagen; vgl. auch *Geibel/Süßmann,* BKR 2002, 52, 62 in/bei FN 70.

Verordnung über die Zusammensetzung, die Bestellung der Mitglieder und das Verfahren des Beirats beim Bundesaufsichtsamt für den Wertpapierhandel (WpÜG-Beiratsverordnung)

Vom 27. Dezember 2001

Auf Grund des § 5 Abs. 2 Satz 1 des Wertpapiererwerbs- und Übernahmegesetzes vom 20. Dezember 2001 (BGBl. I S. 3822) verordnet das Bundesministerium der Finanzen:

§ 1 Bestellung von Stellvertretern für Mitglieder des Beirats

Für jedes Mitglied des Beirats ist ein erster und zweiter Stellvertreter zu bestellen. Scheidet ein Mitglied des Beirats vorzeitig aus, rückt sein Stellvertreter bis zum Ablauf der ursprünglichen Bestellung des ausgeschiedenen Mitglieds nach. Steht kein Stellvertreter zur Verfügung, erfolgt eine Nachbestellung bis zum Ablauf der ursprünglichen Bestellung des ausgeschiedenen Mitglieds.

§ 2 Vorzeitige Beendigung der Mitgliedschaft

Die Mitgliedschaft im Beirat erlischt außer mit Ablauf der Amtszeit durch vorzeitige Beendigung. Das Bundesministerium der Finanzen kann die Mitgliedschaft durch Widerruf der Bestellung aus wichtigem Grund vorzeitig beenden. Ein wichtiger Grund liegt insbesondere dann vor, wenn ein Mitglied nicht mehr der Gruppe nach § 5 Abs. 1 Satz 2 des Wertpapiererwerbs- und Übernahmegesetzes angehört, zu deren Vertretung es bestellt wurde, oder ein Mitglied den Widerruf der Bestellung aus persönlichen Gründen beantragt.

§ 3 Sitzungen des Beirats

(1) Der Präsident des Bundesaufsichtsamtes bestimmt den Termin der Sitzung. Sitzungen sind auch auf Antrag von mindestens acht Mitgliedern anzuberaumen. Der Präsident lädt die Mitglieder des Beirats sowie die Vertreter der Bundesministerien der Finanzen, der Justiz sowie für Wirtschaft und Technologie zu den Sitzungen des Beirats ein. Die Einladung muss die Zeit und den Ort der Sitzung sowie die Tagesordnung enthalten. Kann ein Mitglied an der Sitzung nicht teilnehmen, so hat es den Präsidenten des Bundesaufsichtsamtes hierüber unverzüglich zu unterrichten.

(2) Die Sitzungen des Beirats sind nicht öffentlich. Der Präsident kann weitere Vertreter des Bundesaufsichtsamtes zu der Sitzung hinzuziehen. Die Mitglieder des Beirats unterliegen der Verschwiegenheitspflicht nach § 9 Abs. 1 des Wertpapiererwerbs- und Übernahmegesetzes.

§ 4 Beschlussfassung

Der Beirat ist beschlussfähig, wenn mindestens acht Mitglieder anwesend sind. In der Sitzung hat jedes Mitglied eine Stimme. Beschlüsse des Beirats bedürfen der einfachen Mehrheit der abgegebenen Stimmen. Für die Unterbreitung der Vorschläge für die ehrenamtlichen Mitglieder des Widerspruchsausschusses und deren Vertreter ist eine Mehrheit von zwei Dritteln der Mitglieder erforderlich.

§ 5 Protokolle

(1) Über die Sitzungen und Beschlüsse ist vom Bundesaufsichtsamt ein Protokoll zu fertigen, das der Sitzungsleiter und der Protokollführer zu unterzeichnen haben. Das Protokoll muss Angaben enthalten über

1. den Ort und den Tag der Sitzung,
2. die Namen der anwesenden Personen,
3. die behandelten Gegenstände der Tagesordnung,
4. die Ergebnisse und gefassten Beschlüsse.

Die Wirksamkeit der gefassten Beschlüsse ist nicht von ihrer Protokollierung abhängig. Das Protokoll ist den Mitgliedern des Beirats und den sonstigen Teilnehmern zu übersenden.

(2) Das Protokoll gilt als genehmigt, wenn innerhalb von drei Werktagen nach seiner Übersendung kein Mitglied schriftlich Einwendungen erhoben hat. Über Einwendungen entscheidet der Sitzungsleiter abschließend.

§ 6 Entschädigung der Mitglieder

Die Mitglieder des Beirats verwalten ihr Amt als unentgeltliches Ehrenamt. Sie erhalten für ihre Tätigkeit Tagegelder und Reisekostenvergütung nach den Richtlinien des Bundesministeriums der Finanzen über die Abfindung der Mitglieder von Beiräten, Ausschüssen, Kommissionen und ähnlichen Einrichtungen im Bereich des Bundes vom 9. November 1981 (GMBl S. 515), zuletzt geändert durch das Rundschreiben des Bundesministeriums der Finanzen vom 19. März 1997 (GMBl S. 172).

§ 7 Inkrafttreten

Diese Verordnung tritt am 1. Januar 2002 in Kraft.

Verordnung über die Zusammensetzung und das Verfahren des Widerspruchsausschusses beim Bundesaufsichtsamt für den Wertpapierhandel (WpÜG-Widerspruchsausschuss-Verordnung)

Vom 27. Dezember 2001

Auf Grund des § 6 Abs. 4 Satz 1 des Wertpapiererwerbs- und Übernahmegesetzes vom 20. Dezember 2001 (BGBl. I S. 3822) verordnet das Bundesministerium der Finanzen:

§ 1 Bestellung und Abberufung der Mitglieder des Widerspruchsausschusses

(1) Der Präsident des Bundesaufsichtsamtes wählt aus der gemäß § 5 Abs. 3 Satz 3 des Wertpapiererwerbs- und Übernahmegesetzes erstellten Vorschlagsliste des Beirats 15 Personen aus und bestellt sie als ehrenamtliche Beisitzer des Widerspruchsausschusses.

(2) Die ehrenamtlichen Beisitzer müssen nach § 15 des Bundeswahlgesetzes wählbar sein.

§ 2 Vorzeitige Beendigung der Bestellung

Der Präsident des Bundesaufsichtsamtes kann einen Beisitzer nach § 86 des Verwaltungsverfahrensgesetzes abberufen. In diesem Fall wird ein neuer Beisitzer nach § 1 Abs. 1 bis zum Ablauf der ursprünglichen Bestellung des abberufenen Beisitzers bestellt.

§ 3 Reihenfolge der Mitwirkung

(1) Die ehrenamtlichen Beisitzer sind zu den Sitzungen des Widerspruchsausschusses auf Grund einer Liste (Beisitzerliste) heranzuziehen.

(2) Die Reihenfolge der ehrenamtlichen Beisitzer auf der Beisitzerliste wird in einer Sitzung des Widerspruchsausschusses durch Los bestimmt. Das Los zieht der Vorsitzende. Die Beisitzerliste wird vom Vorsitzenden geführt. Scheidet ein ehrenamtlicher Besitzer aus und wird ein neuer bestellt, tritt dieser an die Stelle des ausscheidenden Beisitzers in der Beisitzerliste.

(3) Bei Verhinderung eines ehrenamtlichen Beisitzers ist der in der Liste nachfolgende zur Mitwirkung berufen.

§ 4 Von der Mitwirkung ausgeschlossene Personen

(1) Unbeschadet der §§ 20 und 21 des Verwaltungsverfahrensgesetzes sind ehrenamtliche Beisitzer, die bei dem Bieter oder der Zielgesellschaft, bei einem mit diesen verbundenen Unternehmen oder bei einer mit diesen gemeinsam handelnden Person beschäftigt sind, von der Mitwirkung an Entscheidungen des Widerspruchsausschusses ausgeschlossen. Satz 1 gilt auch für ehrenamtliche Beisitzer, die bei einem Unternehmen beschäftigt sind, das für den Bieter, die Zielgesellschaft oder eine mit diesen gemeinsam handelnde Person im Zusammenhang mit dem Angebot tätig geworden ist. Den in den Sätzen 1 und 2 genannten Beschäftigten stehen Mitglieder von Organen gleich.

(2) Im Falle des Ausschlusses eines ehrenamtlichen Beisitzers bestimmt der Vorsitzende nach § 3 Abs. 2 einen anderen ehrenamtlichen Beisitzer.

(3) Unbeschadet der §§ 20 und 21 des Verwaltungsverfahrensgesetzes sind beamtete Beisitzer von der Mitwirkung an Entscheidungen des Widerspruchsausschusses ausgeschlossen, wenn sie an dem Erlass der angegriffenen Entscheidung beteiligt waren.

§ 5 Einladung zur Sitzung des Widerspruchsausschusses

Der Vorsitzende des Widerspruchsausschusses beruft den Widerspruchsausschuss ein und lädt die Beisitzer und die Beteiligten ein. Die Einladung muss die Zeit und den Ort der Sitzung sowie Angaben zum Gegenstand des Widerspruchsverfahrens und der Besetzung des Wider-spruchsausschusses enthalten. Der Vorsitzende kann die Sitzung nach Bedarf auch an einem anderen Ort als dem Sitz des Bundesaufsichtsamtes anberaumen. In dringenden Fällen kann die Einladung auch telefonisch erfolgen.

§ 6 Entscheidungen des Widerspruchsausschusses

(1) Der Widerspruchsausschuss entscheidet in der Regel ohne mündliche Verhandlung. Sofern die Angelegenheit besondere Schwierigkeiten tatsächlicher oder rechtlicher Art aufweist, kann der Vorsitzende eine mündliche Verhandlung anordnen.

(2) Die Sitzungen des Widerspruchsausschusses sind nicht öffentlich.

(3) Der Widerspruchsausschuss ist bei Anwesenheit des Vorsitzenden und zweier Beisitzer beschlussfähig.

§ 7 Entschädigung ehrenamtlicher Beisitzer

Die ehrenamtlichen Beisitzer des Widerspruchsausschusses verwalten ihr Amt als unentgeltliches Ehrenamt. Sie erhalten für ihre Tätigkeit Tagegelder und Reisekostenvergütung nach den Richtlinien des Bundesministeriums der Finanzen über die Abfindung der Mitglieder von Beiräten, Ausschüssen, Kommissionen und ähnlichen Einrichtungen im Bereich des Bundes vom 9. November 1981 (GMBl S. 515), zuletzt geändert durch das Rundschreiben des Bundesministeriums der Finanzen vom 19. März 1997 (GMBl S. 172).

§ 8 Inkrafttreten

Diese Verordnung tritt am 1. Januar 2002 in Kraft.

Verordnung über den Inhalt der Angebotsunterlage, die Gegenleistung bei Übernahmeangeboten und Pflichtangeboten und die Befreiung von der Verpflichtung zur Veröffentlichung und zur Abgabe eines Angebots (WpÜG-Angebotsverordnung)

Vom 27. Dezember 2001

Auf Grund des § 11 Abs. 4, § 31 Abs. 7 Satz 1 und § 37 Abs. 2 Satz 1 des Wertpapiererwerbs- und Übernahmegesetzes vom 20. Dezember 2001 (BGBl. I S. 3822) verordnet das Bundesministerium der Finanzen:

Inhaltsübersicht

Erster Abschnitt
Anwendungsbereich

§ 1 Anwendungsbereich

Diese Verordnung ist auf Angebote gemäß § 2 Abs. 1 des Wertpapiererwerbs- und Übernahmegesetzes anzuwenden.

Zweiter Abschnitt
Inhalt der Angebotsunterlage

§ 2 Ergänzende Angaben der Angebotsunterlage

Der Bieter hat in seine Angebotsunterlage folgende ergänzende Angaben aufzunehmen:

1. Name oder Firma und Anschrift oder Sitz der mit dem Bieter gemeinsam handelnden Personen und der Personen, deren Stimmrechte aus Aktien der Zielgesellschaft nach § 30 des Wertpapiererwerbs- und Übernahmegesetzes Stimmrechten des Bieters gleichstehen oder ihm zuzurechnen sind, sowie, wenn es sich bei diesen Personen um Gesellschaften handelt, die Rechtsform;

2. Angaben nach § 7 des Verkaufsprospektgesetzes in Verbindung mit der Verkaufsprospekt-Verordnung, sofern Wertpapiere als Gegenleistung angeboten werden; wurde für diese Wertpapiere innerhalb von zwölf Monaten vor Veröffentlichung der Angebotsunterlage ein Verkaufsprospekt, ein Prospekt, auf Grund dessen die Wertpapiere zum Börsenhandel mit amtlicher Notierung zugelassen worden sind, oder ein Unternehmensbericht im Inland in deutscher Sprache veröffentlicht, genügt die Angabe, dass ein Prospekt oder ein Unternehmensbericht veröffentlicht wurde und wo dieser erhältlich ist, sowie die Angabe der seit der Veröffentlichung des Prospekts oder des Unternehmensberichts eingetretenen Änderungen;

3. die zur Festsetzung der Gegenleistung angewandten Bewertungsmethoden und die Gründe, warum die Anwendung dieser Methoden angemessen ist, sowie die Angabe, welches Umtauschverhältnis oder welcher Gegenwert sich bei der Anwendung verschiedener Methoden, sofern mehrere angewandt worden sind, jeweils ergibt; zugleich ist darzulegen, welches Gewicht den verschiedenen Methoden bei der Bestimmung des Umtauschverhältnisses oder des Gegenwerts und der ihnen zugrunde liegenden

Werte beigemessen worden ist, welche Gründe für die Gewichtung bedeutsam waren, und welche besonderen Schwierigkeiten bei der Bewertung der Gegenleistung aufgetreten sind;

4. die Maßnahmen, die die Adressaten des Angebots ergreifen müssen, um dieses anzunehmen und um die Gegenleistung für die Wertpapiere zu erhalten, die Gegenstand des Angebots sind, sowie Angaben über die mit diesen Maßnahmen für die Adressaten verbundenen Kosten und den Zeitpunkt, zu dem diejenigen, die das Angebot angenommen haben, die Gegenleistung erhalten;
5. die Anzahl der vom Bieter und von mit ihm gemeinsam handelnden Personen und deren Tochterunternehmen bereits gehaltenen Wertpapiere sowie die Höhe der von diesen gehaltenen Stimmrechtsanteile unter Angabe der ihnen jeweils nach § 30 des Wertpapiererwerbs- und Übernahmegesetzes zuzurechnenden Stimmrechtsanteile getrennt für jeden Zurechnungstatbestand;
6. bei Teilangeboten der Anteil oder die Anzahl der Wertpapiere der Zielgesellschaft, die Gegenstand des Angebots sind, sowie Angaben über die Zuteilung nach § 19 des Wertpapiererwerbs- und Übernahmegesetzes;
7. Art und Umfang der von den in Nummer 5 genannten Personen und Unternehmen jeweils für den Erwerb von Wertpapieren der Zielgesellschaft gewährten oder vereinbarten Gegenleistung, sofern der Erwerb innerhalb von drei Monaten vor der Veröffentlichung gemäß § 10 Abs. 3 Satz 1 des Wertpapiererwerbs- und Übernahmegesetzes oder vor der Veröffentlichung der Angebotsunterlage gemäß § 14 Abs. 3 Satz 1 des Wertpapiererwerbs- und Übernahme-gesetzes erfolgte; dem Erwerb gleichgestellt sind Vereinbarungen, auf Grund derer die Übereignung der Wertpapiere verlangt werden kann;
8. Angaben zum Erfordernis und Stand behördlicher, insbesondere wettbewerbsrechtlicher Genehmigungen und Verfahren im Zusammenhang mit dem Erwerb der Wertpapiere der Zielgesellschaft;
9. der Hinweis auf die Annahmefrist im Falle einer Änderung des Angebots nach § 21 Abs. 5 des Wertpapiererwerbs- und Übernahmegesetzes und die Annahmefrist im Falle konkurrierender Angebote nach § 22 Abs. 2 des Wertpapiererwerbs- und Übernahmegesetzes sowie im Falle von Übernahmeangeboten der Hinweis auf die weitere Annahmefrist nach § 16 Abs. 2 des Wertpapiererwerbs- und Übernahmegesetzes;
10. der Hinweis, wo die Angebotsunterlage gemäß § 14 Abs. 3 Satz 1 des Wertpapiererwerbs- und Übernahmegesetzes veröffentlicht wird;
11. der Hinweis auf das Rücktrittsrecht nach § 21 Abs. 4 und § 22 Abs. 3 des Wertpapiererwerbs- und Übernahmegesetzes und
12. Angaben darüber, welchem Recht die sich aus der Annahme des Angebots ergebenden Verträge zwischen dem Bieter und den Inhabern der Wertpapiere der Zielgesellschaft unterliegen.

Dritter Abschnitt
Gegenleistung bei Übernahmeangeboten und Pflichtangeboten

§ 3 Grundsatz

Bei Übernahmeangeboten und Pflichtangeboten hat der Bieter den Aktionären der Zielgesellschaft eine angemessene Gegenleistung anzubieten. Die Höhe der Gegenleistung darf den nach den §§ 4 bis 6 festgelegten Mindestwert nicht unterschreiten. Sie ist für Aktien, die nicht derselben Gattung angehören, getrennt zu ermitteln.

§ 4 Berücksichtigung von Vorerwerben

Die Gegenleistung für die Aktien der Zielgesellschaft muss mindestens dem Wert der höchsten vom Bieter, einer mit ihm gemeinsam handelnden Person oder deren Tochterunternehmen gewährten oder vereinbarten Gegenleistung für den Erwerb von Aktien der Zielgesellschaft innerhalb der letzten drei Monate vor der Veröffentlichung nach § 14 Abs. 2 Satz 1 oder § 35 Abs. 2 Satz 1 des Wertpapiererwerbs- und Übernahmegesetzes entsprechen. § 31 Abs. 6 des Wertpapiererwerbs- und Übernahmegesetzes gilt entsprechend.

§ 5 Berücksichtigung inländischer Börsenkurse

(1) Sind die Aktien der Zielgesellschaft zum Handel an einer inländischen Börse zugelassen, muss die Gegenleistung mindestens dem gewichteten durchschnittlichen inländischen Börsenkurs dieser Aktien während der letzten drei Monate vor der Veröffentlichung nach § 10 Abs. 1 Satz 1 oder § 35 Abs. 1 Satz 1 des Wertpapiererwerbs- und Übernahmegesetzes entsprechen.

(2) Sind die Aktien der Zielgesellschaft zum Zeitpunkt der Veröffentlichung nach § 10 Abs. 1 Satz 1 oder § 35 Abs. 1 Satz 1 des Wertpapiererwerbs- und Übernahmegesetzes noch keine drei Monate zum Handel an einer inländischen Börse zugelassen, so muss der Wert der Gegenleistung mindestens dem gewichteten durchschnittlichen inländischen Börsenkurs seit der Einführung der Aktien in den Handel entsprechen.

(3) Der gewichtete durchschnittliche inländische Börsenkurs ist der nach Umsätzen gewichtete Durchschnittskurs der dem Bundesaufsichtsamt für den Wertpapierhandel (Bundesaufsichtsamt) nach § 9 des Wertpapierhandelsgesetzes als börslich gemeldeten Geschäfte.

(4) Sind für die Aktien der Zielgesellschaft während der letzten drei Monate vor der Veröffentlichung nach § 10 Abs. 1 Satz 1 oder § 35 Abs. 1 Satz 1 des Wertpapiererwerbs- und Übernahmegesetzes an weniger als einem Drittel der Börsentage Börsenkurse festgestellt worden und weichen mehrere nacheinander festgestellte Börsenkurse um mehr als 5 Prozent voneinander ab, so hat die Höhe der Gegenleistung dem anhand einer Bewertung der Zielgesellschaft ermittelten Wert des Unternehmens zu entsprechen.

§ 6 Berücksichtigung ausländischer Börsenkurse

(1) Sind die Aktien der Zielgesellschaft ausschließlich zum Handel an einem organisierten Markt im Sinne des § 2 Abs. 7 des Wertpapiererwerbs- und Übernahmegesetzes in einem anderen Staat des Europäischen Wirtschaftsraums im Sinne des § 2 Abs. 8 des Wertpapiererwerbs- und Übernahmegesetzes zugelassen, muss die Gegenleistung mindestens dem durchschnittlichen Börsenkurs während der letzten drei Monate vor der Veröffentlichung nach § 10 Abs. 1 Satz 1 oder § 35 Abs. 1 Satz 1 des Wertpapiererwerbs- und Übernahmegesetzes des organisierten Marktes mit den höchsten Umsätzen in den Aktien der Zielgesellschaft entsprechen.

(2) Sind die Aktien der Zielgesellschaft zum Zeitpunkt der Veröffentlichung nach § 10 Abs. 1 Satz 1 oder § 35 Abs. 1 Satz 1 des Wertpapiererwerbs- und Übernahmegesetzes noch keine drei Monate zum Handel an einem Markt im Sinne des Absatzes 1 zugelassen, so muss der Wert der Gegenleistung mindestens dem durchschnittlichen Börsenkurs seit Einführung der Aktien in den Handel an diesem Markt entsprechen.

(3) Der durchschnittliche Börsenkurs ist der Durchschnittskurs der börsentäglichen Schlussauktion der Aktien der Zielgesellschaft an dem organisierten Markt. Wird an dem organisierten Markt nach Absatz 1 keine Schlussauktion durchgeführt, ist der Durchschnittskurs auf der Grundlage anderer, zur Bildung eines Durchschnittskurses geeigneter Kurse, die börsentäglich festgestellt werden, zu bestimmen.

(4) Werden die Kurse an dem organisierten Markt nach Absatz 1 in einer anderen Währung als in Euro angegeben, sind die zur Bildung des Mindestpreises herangezogenen Durchschnittskurse auf der Grundlage des jeweiligen Tageskurses in Euro umzurechnen.

(5) Die Grundlagen der Berechnung des durchschnittlichen Börsenkurses sind im Einzelnen zu dokumentieren.

(6) § 5 Abs. 4 ist anzuwenden.

§ 7 Bestimmung des Wertes der Gegenleistung

Besteht die vom Bieter angebotene Gegenleistung in Aktien, sind für die Bestimmung des Wertes dieser Aktien die §§ 5 und 6 entsprechend anzuwenden.

Vierter Abschnitt
Befreiung von der Verpflichtung zur Veröffentlichung und zur Abgabe eines Angebots

§ 8 Antragstellung

Der Antrag auf Befreiung von der Pflicht zur Veröffentlichung nach § 35 Abs. 1 Satz 1 des Wertpapiererwerbs- und Übernahmegesetzes und zur Abgabe eines Angebots nach § 35 Abs. 2 Satz 1 des Wertpapiererwerbs- und

Übernahmegesetzes ist vom Bieter beim Bundesaufsichtsamt zu stellen. Der Antrag kann vor Erlangung der Kontrolle über die Zielgesellschaft und innerhalb von sieben Kalendertagen nach dem Zeitpunkt gestellt werden, zu dem der Bieter Kenntnis davon hat oder nach den Umständen haben musste, dass er die Kontrolle über die Zielgesellschaft erlangt hat.

§ 9 Befreiungstatbestände

Das Bundesaufsichtsamt kann insbesondere eine Befreiung von den in § 8 Satz 1 genannten Pflichten erteilen bei Erlangung der Kontrolle über die Zielgesellschaft

1. durch Erbschaft oder im Zusammenhang mit einer Erbauseinandersetzung, sofern Erblasser und Bieter nicht verwandt im Sinne des § 36 Nr. 1 des Wertpapiererwerbs- und Übernahmegesetzes sind,
2. durch Schenkung, sofern Schenker und Bieter nicht verwandt im Sinne des § 36 Nr. 1 des Wertpapiererwerbs- und Übernahmegesetzes sind,
3. im Zusammenhang mit der Sanierung der Zielgesellschaft,
4. zum Zwecke der Forderungssicherung,
5. auf Grund einer Verringerung der Gesamtzahl der Stimmrechte an der Zielgesellschaft,
6. ohne dass dies vom Bieter beabsichtigt war, soweit die Schwelle des § 29 Abs. 2 des Wertpapiererwerbs- und Übernahmegesetzes nach der Antragstellung unverzüglich wieder unterschritten wird.

Eine Befreiung kann ferner erteilt werden, wenn

1. ein Dritter über einen höheren Anteil an Stimmrechten verfügt, die weder dem Bieter noch mit diesem gemeinsam handelnden Personen gemäß § 30 des Wertpapiererwerbs- und Übernahmegesetzes gleichstehen oder zuzurechnen sind,
2. auf Grund des in den zurückliegenden drei ordentlichen Hauptversammlungen vertretenen stimmberechtigten Kapitals nicht zu erwarten ist, dass der Bieter in der Hauptversammlung der Zielgesellschaft über mehr als 50 Prozent der vertretenen Stimmrechte verfügen wird,
3. auf Grund der Erlangung der Kontrolle über eine Gesellschaft mittelbar die Kontrolle an einer Zielgesellschaft im Sinne des § 2 Abs. 3 des Wertpapiererwerbs- und Übernahmegesetzes erlangt wurde und der Buchwert der Beteiligung der Gesellschaft an der Zielgesellschaft weniger als 20 Prozent des buchmäßigen Aktivvermögens der Gesellschaft beträgt.

§ 10 Antragsinhalt

Der Antrag muss folgende Angaben enthalten:

1. Name oder Firma und Wohnsitz oder Sitz des Antragstellers,

2. Firma, Sitz und Rechtsform der Zielgesellschaft,
3. Anzahl der vom Bieter und den gemeinsam handelnden Personen bereits gehaltenen Aktien und Stimmrechte und die ihnen nach § 30 des Wertpapiererwerbs- und Übernahmegesetzes zuzurechnenden Stimmrechte,
4. Tag, an dem die Schwelle des § 29 Abs. 2 des Wertpapiererwerbs- und Übernahmegesetzes überschritten wurde, und
5. die den Antrag begründenden Tatsachen.

§ 11 Antragsunterlagen

Die zur Beurteilung und Bearbeitung des Antrags erforderlichen Unterlagen sind unverzüglich beim Bundesaufsichtsamt einzureichen.

§ 12 Prüfung der Vollständigkeit des Antrags

Das Bundesaufsichtsamt hat nach Eingang des Antrags und der Unterlagen zu prüfen, ob sie den Anforderungen der §§ 10 und 11 entsprechen. Sind der Antrag oder die Unterlagen nicht vollständig, so hat das Bundesaufsichtsamt den Antragsteller unverzüglich aufzufordern, den Antrag oder die Unterlagen innerhalb einer angemessenen Frist zu ergänzen. Wird der Aufforderung innerhalb der vom Bundesaufsichtsamt gesetzten Frist nicht entsprochen, gilt der Antrag als zurückgenommen.

Fünfter Abschnitt
Schlussvorschrift

§ 13 Inkrafttreten

Diese Verordnung tritt am 1. Januar 2002 in Kraft.

Verordnung über Gebühren nach dem Wertpapiererwerbs- und Übernahmegesetz (WpÜG-Gebührenverordnung)

Vom 27. Dezember 2001

Auf Grund des § 47 Satz 2 des Wertpapiererwerbs- und Übernahmegesetzes vom 20. Dezember 2001 (BGBl. I S. 3822) in Verbindung mit dem 2. Abschnitt des Verwaltungskostengesetzes vom 23. Juni 1970 (BGBl. I S. 821) verordnet das Bundesministerium der Finanzen:

§ 1 Anwendungsbereich

Das Bundesaufsichtsamt für den Wertpapierhandel (Bundesaufsichtsamt) erhebt zur Deckung der Verwaltungskosten für die nachfolgend aufgezählten Handlungen nach dem Wertpapiererwerbs- und Übernahmegesetz Gebühren und Auslagen nach Maßgabe dieser Verordnung.

§ 2 Gebührenpflichtige Handlungen

Gebührenpflichtige Handlungen sind:

1. die Bescheidung eines Antrages auf gleichzeitige Vornahme der Mitteilung und der Veröffentlichung nach § 10 Abs. 2 Satz 3 des Wertpapiererwerbs- und Übernahmegesetzes,
2. die Gestattung der Veröffentlichung der Angebotsunterlage oder das Verstreichenlassen der in § 14 Abs. 2 Satz 1 des Wertpapiererwerbs- und Übernahmegesetzes genannten Frist,
3. die Untersagung des Angebotes nach § 15 Abs. 1 oder 2 des Wertpapiererwerbs- und Übernahmegesetzes,
4. die Bescheidung eines Antrages auf Befreiung nach § 20 Abs. 1 des Wertpapiererwerbs- und Übernahmegesetzes,
5. die Bescheidung eines Antrages auf Ausnahme bestimmter Inhaber von Wertpapieren von einem Angebot nach § 24 des Wertpapiererwerbs- und Übernahmegesetzes,
6. die Untersagung von Werbung nach § 28 Abs. 1 des Wertpapiererwerbs- und Übernahmegesetzes,
7. die Bescheidung eines Antrages auf Nichtberücksichtigung von Aktien der Zielgesellschaft bei der Berechnung des Stimmrechtsanteils nach § 36 des Wertpapiererwerbs- und Übernahmegesetzes,
8. die Bescheidung eines Antrages auf Befreiung von der Verpflichtung zur Veröffentlichung und zur Abgabe eines Angebotes nach § 37 Abs. 1 des Wertpapiererwerbs- und Übernahmegesetzes,
9. die Bescheidung eines Widerspruchs nach § 41 in Verbindung mit § 6 des Wertpapiererwerbs- und Übernahmegesetzes.

§ 3 Auslagen

Als Auslagen werden die Kosten der Veröffentlichung nach § 44 des Wertpapiererwerbs- und Übernahmegesetzes sowie die Kosten, die im Rahmen des Widerspruchsverfahrens den Mitgliedern des Widerspruchsausschusses für die Teilnahme an den Sitzungen entstehen, erhoben.

Im Übrigen gilt § 10 des Verwaltungskostengesetzes.

§ 4 Höhe der Gebühren

(1) Die Gebühr beträgt für Amtshandlungen

– nach § 2 Nr. 1: 1 000 Euro,

– nach § 2 Nr. 4: 2 000 Euro bis 5 000 Euro,

– nach § 2 Nr. 5, 6 oder 7: 3 000 Euro bis 10 000 Euro,

– nach § 2 Nr. 8: 5 000 Euro bis 20 000 Euro,

– nach § 2 Nr. 2 oder 3: 10 000 Euro bis 100 000 Euro.

(2) Die Gebühr beträgt für Entscheidungen über Widersprüche gegen Amtshandlungen

– nach § 2 Nr. 1: 2 000 Euro,

– nach § 2 Nr. 4: 4 000 Euro bis 10 000 Euro,

– nach § 2 Nr. 5, 6 oder 7: 6 000 Euro bis 20 000 Euro,

– nach § 2 Nr. 8: 10 000 Euro bis 40 000 Euro,

– nach § 2 Nr. 2 oder 3: 20 000 Euro bis 200 000 Euro.

Die Gebühr beträgt für Entscheidungen über Widersprüche gegen Amtshandlungen nach § 4 Abs. 1 Satz 3 oder § 10 Abs. 1 Satz 3 des Wertpapiererwerbs- und Übernahmegesetzes: 3 000 Euro bis 10 000 Euro.

(3) Wird ein Antrag zurückgenommen oder erledigt er sich auf andere Art und Weise, nachdem das Bundesaufsichtsamt die Bearbeitung begonnen hat, so ist die Hälfte der Gebühr zu entrichten.

§ 5 Vorschuss

Das Bundesaufsichtsamt erhebt für Amtshandlungen nach § 2 Nr. 2, 3 und 9 einen Vorschuss in Höhe von 50 vom Hundert der Gebühr nach § 4.

§ 6 Inkrafttreten

Diese Verordnung tritt am 1. Januar 2002 in Kraft.

Literaturverzeichnis

Abeltshauser, Thomas E.	Leitungshaftung im Kapitalgesellschaftsrecht, 1998
Achenbach, Hans	Bußgeldverhängung bei Kartellordnungswidrigkeiten nach dem Ende der fortgesetzten Handlung, WuW 1997, 393.
ders.	Die Sanktionen gegen die Unternehmensdelinquenz im Umbruch, JuS 1990, 601.
ders.	Die Verselbständigung der Unternehmensgeldbuße bei strafbaren Submissionsabsprachen – ein Papiertiger?, wistra 1998, 168.
ders.	Diskrepanzen im Recht der ahndenden Sanktionen gegen Unternehmen, in: Beiträge zur Rechtswissenschaft: Festschrift für Walter Stree und Johannes Wessels zum 70. Geburtstag, 1993, S. 545.
ders.	Pönalisierung von Ausschreibungsabsprachen und Verselbständigung der Unternehmensgeldbuße durch das Korruptionsbekämpfungsgesetz 1997, WuW 1997, 958.
ders.	Verfahrenssichernde und vollstreckungssichernde Beschlagnahme im Strafverfahren, NJW 1976, 1068.
Achenbach, Hans/ Wannemacher, Wolfgang J.	Beraterhandbuch zum Steuer- und Wirtschaftsstrafrecht, 1. Teil, 2. Erg.-Lieferung (Januar 1999).
Adams, Michael	Der Markt für Unternehmenskontrolle und sein Mißbrauch, AG 1989, 333.
ders.	Höchststimmrechte, Mehrfachstimmrechte und sonstige wundersame Hindernisse auf dem Markt für Unternehmenskontrolle, AG 1990, 63.
ders.	Was spricht gegen eine unbehinderte Übertragbarkeit der in Unternehmen gebundenen Ressourcen durch ihre Eigentümer?, AG 1990, 243.
Aders, Christian/ Galli, Albert/ Wiedemann, Florian	Unternehmenswerte auf Basis der Multiplikatormethode?, FB 2000, 197.
Aha, Christof	Rechtsschutz der Zielgesellschaft bei mangelhaften Übernahmeangeboten, AG 2002, 160.
Altmeppen, Holger	Das künftige deutsche Insiderrecht, AG 1994, 237.

Altmeppen, Holger	Neutralitätspflicht und Pflichtangebot nach dem neuen Übernahmerecht, ZIP 2001, 1073.
Amelung, Kurt	Die „Beweislastverteilung" bei unterlassener Belehrung des Beschuldigten, wistra 1993, 99.
ders.	Die Entscheidung des BVerfG zur „Gefahr im Verzug" i. S. des Art. 13 II GG, StV 2001, 337.
ders.	Grundfragen der Verwertungsverbote bei beweissichernden Hausdurchsuchungen im Strafverfahren, NJW 1991, 2533.
Archner, Gernot	Das Wertpapiererwerbs- und Übernahmegesetz (WpÜG) aus Sicht der Investmentbranche, ZKredW 2001, 999.
Assmann, Heinz-Dieter	Erwerbs-, Übernahme- und Pflichtangebote nach dem Wertpapiererwerbs- und Übernahmegesetz aus der Sicht der Bietergesellschaft, AG 2002, 114.
ders.	Insiderrecht und Kreditwirtschaft, WM 1996, 1337.
Assmann, Heinz-Dieter/ Basaldua, Nathalie/ Peltzer, Martin	Übernahmeangebote, ZGR-Sonderheft 9, 1990.
Assmann, Heinz-Dieter/ Schneider, Uwe H.	Wertpapierhandelsgesetz: Kommentar, 2. Aufl., 1999.
Assmann, Heinz-Dieter/ Schütze, Rolf A.	Handbuch des Kapitalanlagerechts, 2. Aufl., 1998.
Axster, Oliver	Verwertbarkeit rechtswidrig erlangter Beweismittel durch die Kartellbehörden, in: Rechtsfragen der Ermittlung von Kartellordnungswidrigkeiten, FIW-Schriftenreihe, Heft 69, 25.
Bader, Johann	Die Ergänzung von Ermessenserwägungen im verwaltungsgerichtlichen Verfahren, NVwZ 1999, 120.
Bangard, Annette	Aktuelle Probleme der Sanktionierung von Kartellabsprachen, wistra 1997, 161.
Bassenge, Peter/ Herbst, Gerhard	Gesetz über die Angelegenheiten der freiwilligen Gerichtsbarkeit, Rechtspflegergesetz: Kommentar, 8. Aufl., 1999.
Bästlein, Hanno M.	Zur Feindlichkeit öffentlicher Übernahmeangebote. Eine ökonomische Betrachtung von Ursachen und Auswirkungen unter besonderer Berücksichtigung der deutschen Situation, 1997.

Baudisch, Matthias/ Götz, Alexander	Nochmals: Neutralitätspflicht des Vorstandes und Entscheidungsbefugnis der Hauptversammlung im Übernahmerecht, AG 2001, 251.
Bauer, Wolfram	Die Bedeutung der Entscheidung des Kartellsenats des Bundesgerichtshofs vom 20. 4. 1993 – KRB 15/ 92, wistra 1993, 267 – für den „Zielkonflikt" zwischen § 96 I GWB und § 82 OWiG, wistra 1994, 132.
ders.	Mehrere Bußen gegen die Juristische Person bei Beteiligung mehrerer Organmitglieder an einer Kartellordnungswidrigkeit?, wistra 1992, 47.
ders.	Zur Frage des Aussageverweigerungsrechts juristischer Personen und Personenvereinigungen, WuW 1989, 304.
Baukelmann, Peter	Die Zulassung der Rechtsbeschwerde im Bußgeldverfahren, 1983.
Baums, Theodor	Notwendigkeit und Grundzüge einer gesetzlichen Übernahmeregelung, in: v. Rosen, Die Übernahme börsenorientierter Unternehmen, 2000, S. 165.
ders.	Vorschlag eines Gesetzes zu öffentlichen Übernahmeangeboten, ZIP 1997, 1310.
Baur, Ulrich	Mangelnde Bestimmtheit von Durchsuchungsbeschlüssen, wistra 1983, 99.
Bausch, Alexander	Die Multiplikator-Methode – Ein betriebswirtschaftlich sinnvolles Instrument zur Unternehmenswert- und Kaufpreisfindung in Aquisitionsprozessen?, FB 2000, 448.
BDI/DIHT/BDA/GdDV	Vorläufige Stellungnahme zum Diskussionsentwurf für ein deutsches Übernahmegesetz des gemeinsamen Arbeitsausschusses für Fragen des Unternehmensrechts vom 24. Juli 2000 (Bundesverband der Deutschen Industrie, des Deutschen Industrie- und Handelstages, der Bundesvereinigung der Deutschen Arbeitgeberverbände und des Gesamtverbandes der Deutschen Versicherungswirtschaft, -Stellungnahme (Juli 2000)).
BDI/DIHT/BDA/GdDV	Stellungnahme zum Regierungsentwurf eines Wertpapiererwerbs- und Übernahmegesetzes – WpÜG vom 27. September 2001 (Bundesverband der Deutschen Industrie, Deutscher Industrie- und Handelstag, Bundesvereinigung der Deutschen Arbeitgeberverbände und Gesamtverband der Deutschen Versicherungswirtschaft, -Stellungnahme (September 2001)

BDI/DIHT/BDA	Stellungnahme zum Referentenentwurf für ein Wertpapiererwerbs- und Übernahmegesetz – WÜG, 30. März 2001 (Bundesverband der deutschen Industrie, Deutscher Industrie- und Handelstag, Bundesvereinigung der deutschen Arbeitgeberverbände, -Stellungnahme (März 2001)).
Bechtold, Rainer	Kartellgesetz, Gesetz gegen Wettbewerbsbeschränkungen: Kommentar, 2. Aufl., 1999.
Becker, Ralph	Gesellschaftsrechtliche Probleme der Finanzierung von Leveraged-Buy-Outs, DStR 1998, 1429.
Beckmann, Ralph	Der Richtlinienvorschlag betreffend Übernahmeangebote auf dem Weg zu einer europäischen Rechtsangleichung, DB 1995, 2407.
Benner-Heinacher, Jella S.	Mindeststandards für Übernahmeregeln in Deutschland, DB 1997, 2521.
Berger, Matthias	Das deutsche Übernahmerecht nimmt Formen an, Die Bank 2000, 558.
Berger, Klaus Peter	Unternehmensübernahmen in Europa, ZIP-Report 1991, 1644.
Berz, Ulrich	Rechtskraft und Sperrwirkung im Ordnungswidrigkeitenrecht, 1971.
Bess, Jürgen	Eine europäische Regelung für Übernahmeangebote, AG 1976, 169.
Beulke, Werner	Hypothetische Kausalverläufe im Strafverfahren bei rechtswidrigem Vorgehen von Ermittlungsorganen, ZStW 103 (1991), 657.
Böcking, Hans-Joachim/ Nowak, Karsten	Marktorientierte Unternehmensbewertung – Darstellung und Würdigung der marktorientierten Vergleichsverfahren vor dem Hintergrund der deutschen Kapitalmarktverhältnisse –, FB 1999, 169.
Bogenschütz, Eugen	Abwehrmechanismen bei unfreundlichen Übernahmen, ZfgKW 1990, 1024.
Bohnert, Joachim	Sortierte Einstellung – Vom unerlaubten Surfen im Ahndungsrecht –, GA 2000, 113.
ders.	Teileinspruch im Ordnungswidrigkeitenverfahren, NZV 1988, 201.

Bohrer, Andreas	Unfriendly Takeovers: Unfreundliche Unternehmensübernahmen nach dem schweizerischen Kapitalmarkt- und Aktienrecht, 1997.
Braschler, Christoph	Abwehrmaßnahmen gegenüber Unfriendly Takeover Bids in den USA und in der Schweiz, 1992.
Brawenz, Christian	Die Prospekthaftung nach allgemeinem Zivilrecht, 1991.
Bringewat, Peter	Grenzen der Beschlagnahmefreiheit im Ermittlungsverfahren nach dem GWB, BB 1974, 1559.
BSK/BMF	Standpunkte der Börsensachverständigenkommission zur künftigen Regelung von Unternehmensübernahmen, Februar 1999, S. 20.
BSK/ÜK	Stellungnahme zum Entwurf eines Gesetzes zur Regelung von öffentlichen Angeboten zum Erwerb von Wertpapieren und von Unternehmensübernahmen, 12. Oktober 2001 (Börsensachverständigenkommission/Übernahmekommission-Stellungnahme).
Buck, Petra	Übernahmeangebote – Probleme des aktuellen Richtlinienvorschlags der EG, in: Weber, Christoph, et al., Europäisierung des Privatrechts, Jahrbuch Junger Zivilrechtswissenschaftler 1997, 1998, S. 157.
Bumiller, Ursula/ Winkler, Karl	Freiwillige Gerichtsbarkeit, 7. Aufl., 1999.
Bungert, Hartwin	Die Liberalisierung des Bezugsrechtsausschlusses im Aktienrecht, NJW 1998, 488.
ders.	Pflichten des Managements bei der Abwehr von Übernahmeangeboten nach US-amerikanischem Gesellschaftsrecht – Das Urteil Paramount Communications Inc. v. QVC Network Inc. des Delaware Supreme Court, AG 1994, 297.
Burgard, Ulrich	Ad-hoc Publizität bei gestreckten Sachverhalten und mehrstufigen Entscheidungsprozessen, ZHR 162 (1998), 51.
ders.	Die Berechnung des Stimmrechtsanteils nach §§ 21 – 23 Wertpapierhandelsgesetz, BB 1995, 2069.
ders.	Die Offenlegung von Beteiligungen, Abhängigkeits- und Konzernlagen bei der Aktiengesellschaft, 1990.
ders.	Kapitalmarktrechtliche Lehren aus der Übernahme Vodafone-Mannesmann, WM 2000, 611.

Busch, Torsten — Bedingungen in Übernahmeangeboten, AG 2002, 145.

Busch, Hans Wilhelm — Die Notwendigkeit der spezialgesetzlichen Regelung von öffentlichen Übernahmeangeboten in Deutschland, 1996.

Byttebier, K. — Protective and Defensive Measures Against Hostile Take-overs, in: Wymeersch, Eddy, Further perspectives in financial integration in Europe, 1994, S. 181.

Cahn, Andreas — Grenzen des Markt- und Anlegerschutzes durch das WpHG, ZHR 162 (1998), 1.

Ciolek-Krepold, Katja — Durchsuchung und Beschlagnahme in Wirtschaftsstrafsachen, NJW-Schriftenreihe, Bd. 68, 1999.

Claussen, Carsten P. — Wie ändert das KonTraG das Aktiengesetz?, DB 1998, 177.

Cooper, Richard D.B. — In search of flexibility – a British view of the proposed Takeover Directive, EuZW 1991, 289.

Dagtoglou, Prodromos D. — Kollegialorgane und Kollegialakte der Verwaltung, 1960.

Dahs, Hans — Die Entbindung des Rechtsanwalts von der Schweigepflicht im Konkurs der Handelsgesellschaft, in: Strafverfahren im Rechtsstaat. Festschrift für Theodor Kleinknecht zum 75. Geburtstag am 18. August 1985, 1985, S. 63.

Dannecker, Gerhard — Beweiserhebung, Verfahrensgarantien und Verteidigungsrechte im europäischen Kartellordnungswidrigkeitenverfahren als Vorbild für ein europäisches Sanktionsverfahren, ZStW 111 (1999), 257.

Daum, Thomas — Die unkoordinierte Übernahme einer Aktiengesellschaft nach deutschem Recht, 1993.

DAV — Stellungnahme des Handelsrechtsausschusses des Deutschen Anwaltvereins e.V. zum Referentenentwurf des Bundesministeriums der Finanzen für ein Gesetz zur Regelung von öffentlichen Angeboten zum Erwerb von Wertpapieren und von Unternehmensübernahmen (WpÜG) (April 2001) (DAV-Stellungnahme (April 2001)).

ders. — Stellungnahme des Handelsrechtsausschusses des Deutschen Anwaltvereins e.V. zum Regierungsentwurf für ein Gesetz zur Regelung von öffentlichen Angeboten zum Erwerb von Wertpapieren und von Unternehmensübernahmen (WpÜG) (September 2001) (DAV-Stellungnahme (September 2001)).

Demuth	Mängel des Bußgeldbescheids und ihre Auswirkungen, VOR 1973, 44.
Demuth, Hennrich/ Schneider, Tilmann	Die besondere Bedeutung des Gesetzes über Ordnungswidrigkeiten für Betrieb und Unternehmen, BB 1970, 642.
Depser, Ingrid	Der Vorschlag der EG-Kommission zur Takeover-Richtlinie im Spiegel der amerikanischen Takeover-Erfahrung, RIW 1992, 351.
Diekmann, Hans	Hinweise zur Anwendung des Übernahmekodexes der Börsensachverständigenkommission, DB 1996, 1909.
ders.	Hinweise zur Anwendung des Übernahmekodexes der Börsensachverständigenkommission, WM 1997, 897.
Dimke, Andreas/ Heiser, Kristian J.	Neutralitätspflicht, Übernahmegesetz und Richtlinienvorschlag 2000, NZG 2001, 241.
Dingeldey, Thomas	Der Schutz der strafprozessualen Aussagefreiheit durch Verwertungsverbote bei außerstrafrechtlichen Aussage- und Mitwirkungspflichten, NStZ 1984, 529.
Doralt, Peter	Überlegungen zur Gestaltung der Vorschriften über das Recht des öffentlichen Übernahmeangebotes in Österreich, in: Aktien- und Bilanzrecht: Festschrift für Bruno Kropff, 1997, S. 53.
ders.	Konzernrecht und Kapitalmarktrecht, 2001.
Dörfler, Wolfgang/ Gahler, Wolfgang/ Unterstraßer, Stefan/ Wirichs, Robert	Probleme bei der Wertermittlung von Abfindungsangeboten. Ergebnisse einer empirischen Untersuchung, BB 1994, 156.
Dormann, Ulrike	Die Bedeutung subjektiver Rechte für das Kartellbeschwerdeverfahren, WuW 2000, 245.
Drygala, Tim	Die neue deutsche Übernahmeskepsis und ihre Auswirkungen auf die Vorstandspflichten nach § 33 WpÜG, ZIP 2001, 1861.
Dummler, Martin	Die Übernahme der GmbH, Takeover-Strategien und ihre Abwehr im Rahmen von M&A-Transaktionen, 1993.
Dürig, Markus	Öffentliche Übernahmeangebote – Kollisionsrechtliche Anknüpfung, RIW 1999, 746.

Ebenroth, Carsten Thomas/Daum, Thomas	Die Kompetenz des Vorstands einer Aktiengesellschaft bei der Durchführung und Abwehr koordinierter Übernahmen (Teil I), DB 1991, 1105.
dies.	Die Kompetenz des Vorstands einer Aktiengesellschaft bei der Durchführung und Abwehr unkoordinierter Übernahmen (Teil II), DB 1991, 1157.
Ebenroth, Carsten Thomas/Rapp, Angela	Abwehr von Unternehmensübernahmen, DWiR 1991, 2.
Emmerich, Volker	Kartellrecht, 9. Aufl., 2001.
Enderle, Bettina	Blankettstrafgesetze – Verfassungs- und strafrechtliche Probleme von Wirtschaftsstraftatbeständen, 2000.
Erbs, Georg/Kohlhaas, Max	Strafrechtliche Nebengesetze, Band III, 142. Erg. Juni 2001.
Erichsen, Hans-Uwe/Martens, Wolfgang	Allgemeines Verwaltungsrecht, 11. Aufl., 1998.
Escher-Weingart, Christina/Kübler, Friedrich	Erwerb eigener Aktien, Deutsche Reformbedürfnisse und europäische Fesseln? ZHR 162 (1998), 537.
Eyermann, Erich/Fröhler, Ludwig	Verwaltungsgerichtsordnung, 11. Aufl., 2000.
Falkenhagen, Klaus	Aktuelle Fragen zu den neuen Mitteilungs- und Veröffentlichungspflichten nach Abschnitt 4 und 7 des Wertpapierhandelsgesetzes, WM 1995, 1005.
Falkenhausen, Bernhard	Das Takeover-Game – Unternehmenskäufe in den USA, in: Festschrift für Ernst C. Stiefel zum 80. Geburtstag, 1987, 163.
Felix, Dagmar	Einheit der Rechtsordnung: zur verfassungsrechtlichen Relevanz einer juristischen Argumentationsfigur, 1988.
Fieberg, Gerhard/Reichenhaus, Harald/Messerschmidt, Burkhard/Neuhaus, Heike	VermG (Gesetz zur Regelung offener Vermögensfragen): Kommentar Bd. I, Stand: Dezember 2000.
Finkelnburg, Klaus/Jank, Klaus Peter	Vorläufiger Rechtsschutz im Verwaltungsstreitverfahren, 4. Aufl., 1998.
Flassak, Hansjörg	Der Markt für Unternehmenskontrolle, 1995.
Fleischer, Holger	Finanzielle Unterstützung des Aktienerwerbs und Leveraged Buyout, AG 1996, 494.

Fleischer Holger	Zum Begriff des öffentlichen Angebots im Wertpapiererwerbs- und Übernahmegesetz, ZIP 2001, 1653.
Fleischer, Holger/ Körber, Torsten	Der Rückerwerb eigener Aktien und das Wertpapiererwerbs- und Übernahmegesetz, BB 2001, 2589.
Forum Europaeum Konzernrecht	Konzernrecht für Europa, ZGR 1998, 672.
Frank, William P./ Moreland, Allen	Unternehmerisches Ermessen des Vorstands bei feindlichen Übernahmeversuchen in den USA: Die Time-Entscheidung, RIW 1989, 761.
Franzen, Klaus/ Gast-de Haan, Brigitte/ Joecks, Wolfgang	Steuerstrafrecht, 5. Aufl., 2001.
Frei, Wolfgang	Öffentliche Übernahmeangebote in der Schweiz: Mit besonderer Berücksichtigung der Übernahmeregelung im Bundesgesetz über die Börsen und den Effekthandel, 1998.
Fürhoff, Jens/ Wölk, Armin	Aktuelle Fragen zur „Ad hoc-Publizität", WM 1997, 449.
Geibel, Stephan/ Süßmann, Rainer	Erwerbsangebote nach dem Wertpapiererwerbs- und Übernahmegesetz, BKR 2002, 52.
dies.	Wertpapiererwerbs- und Übernahmegesetz (WpÜG), Kommentar, 2002.
Gerber, Olaf	Die Prospekthaftung bei Wertpapieremissionen nach dem Dritten Finanzmarktförderungsgesetz, 2001.
Gillmeister, Ferdinand	Ermittlungsrechte im deutschen und europäischen Kartellordnungswidrigkeitenverfahren, Rechtsvergleichende Untersuchungen zur gesamten Strafrechtswissenschaft, Folge 3, Bd. 19, 1985.
Glassen, Helmut/ v. Hahn, Helmuth/ Kersten, Hans-Christian	Frankfurter Kommentar zum Kartellrecht, Band I bis V, Stand: November 2001.
Goedecke, Claus/ Heuser, Friedericke	NaStraG: Erster Schritt zur Öffnung des Aktienrechts für moderne Kommunikationstechniken, BB 2001, 369.

Göhler, Erich — Die Zuständigkeit des Kartellsenats zur strafrechtlichen Seite eines bei ihm anhängigen Falles, wistra 1994, 17.

ders. — Empfiehlt sich eine Änderung des Rechtsbeschwerdeverfahrens in Bußgeldsachen?, Festschrift für Karl Schäfer zum 80. Geburtstag am 11. Dezember 1979, 1980, S. 39.

ders. — Gesetz über Ordnungswidrigkeiten: Kommentar, 12. Aufl., 1998.

ders. — Ist die fortgesetzte Handlung mit der Entscheidung des Großen Senats in Strafsachen, wistra 1994, 185, auch in Bußgeldsachen praktisch verabschiedet?, wistra 1995, 300.

ders. — Zum Bußgeld- und Strafverfahren wegen verbotswidrigen Kartellabsprachen, wistra 1996, 132.

ders. — Zur Rechtskraftwirkung von Bußgeldentscheidungen, wistra 1991, 91.

Großfeld, Bernhard — Unternehmens- und Anteilsbewertung im Gesellschaftsrecht: zur Barabfindung ausscheidender Gesellschafter, 3. Aufl., 1994.

Grützner, Winfried/Reimann, Thomas/Wissel, Holfer — Richtiges Verhalten bei Kartellamtsermittlungen im Unternehmen, 3. Aufl., 1993.

Haberlandt, Helmut — Aktienrechtliche Maßnahmen zur Abwehr unerwünschter Beteiligungen, BB 1975, 353.

Habersack, Matthias/Mayer, Christian — Der neue Vorschlag einer Takeover-Richtlinie, Überlegungen zur Umsetzung in das deutsche Recht, ZIP 1997, 2141.

Hahn, Dieter — Die feindliche Übernahme von Aktiengesellschaften. Eine juristisch-ökonomische Analyse, 1992.

ders. — Die Regulierung von Übernahmen in der Europäischen Gemeinschaft, ZBB 1990, 10.

Hähnchen, Susanne — Das Gesetz zur Anpassung der Formvorschriften des Privatrechts und anderer Vorschriften an den modernen Rechtsverkehr, NJW 2001, 2831.

Hamann, Uwe — Die Angebotsunterlage nach dem WpÜG – ein praxisorientierter Überblick, ZIP 2001, 2249.

Harbarth, Stephan — Abwehr feindlicher Übernahmen in den USA, ZVglRWiss 100 (2001), 275.

Harbarth, Stephan	Kontrollerlangung und Pflichtangebot, ZIP 2002, 321
Harrer, Herbert/ Grabowski, Olaf	Abwehrtechniken bei feindlichen Übernahmeversuchen, DStR 1992, 1326.
Hassemer, Winfried	Das Zeugnisverweigerungsrecht des Syndikusanwalts, wistra 1986, 1.
Hauschka, Christoph E./ Roth, Thomas	Übernahmeangebote und deren Abwehr im deutschen Recht, AG 1988, 181.
Hausmaninger, Christian/ Herbst, Christoph	Übernahmegesetz. Kurzkommentar, 1999.
dies.	Überlegungen zum Entwurf eines Übernahmegesetzes, ÖBA 1997, 911.
Hecker, Renate	Regulierung von Unternehmensübernahmen und Konzernrecht, Teile I und II, 2000.
Hecker, Bernd	Verwertungsverbot infolge unterlassener Betroffenenbelehrung?, NJW 1997, 1833.
Hermanns, Ferdinand	Ermittlungsbefugnisse der Kartellbehörden nach deutschem und europäischem Recht, 2. Aufl., 1978.
Helmis, Sven	Regulierung von Unternehmensübernahmen in den USA, RIW 2001, 825.
Herdegen, Gerhard	Bemerkungen zum Beweisantragsrecht, NStZ 1984, 97.
ders.	Das Beweisantragsrecht, NStZ 1998, 444.
Herkenroth, Klaus E.	Konzernierungsprozesse im Schnittfeld von Konzernrecht und Übernahmerecht: rechtsvergleichende Untersuchungen der Allokationseffizienz unterschiedlicher Spielregeln von Unternehmensübernahmen, 1994.
Herrmann, Marcus	Zivilrechtliche Abwehrmaßnahmen gegen unfreundliche Übernahmeversuche in Deutschland und Großbritannien: eine rechtsvergleichende Untersuchung unter Berücksichtigung des künftigen europäischen Rechts,1993.
Hilger, Hans	Über den „Richtervorbehalt“ im Ermittlungsverfahren, JR 1990, 485.
Hirte, Heribert	Bezugsrechtsausschluß und Konzernbildung: Minderheitenschutz bei Eingriffen in die Beteiligungsstruktur des Aktienrechts, 1986.

Hirte, Heribert	Der Kampf um Belgien – Zur Abwehr feindlicher Übernahmen, ZIP 1989, 1233.
Hlawati/Birkner/Graf	Abwehrmaßnahmen gegen Hostile Takeovers, ecolex 2000, 84.
Hoffmann-Becking, Michael	Münchener Handbuch des Gesellschaftsrechts, Band 4: Aktiengesellschaft, 2. Aufl., 1999.
Holzborn, Timo	Ausschluß ausländischer Aktionäre nach § 24 WpÜG, BKR 2002, 67.
Holzborn, Timo/ Friedhoff, Martin	Die Befreiung vom Pflichtangebot bei Sanierung der Zielgesellschaft nach § 37 WpÜG, § 9 Satz 1 Nr. 3 RVWpÜG, BKR 2001, 114.
Hommelhoff, Peter	Konzerneingangsschutz durch Takeover-Recht? – Eine Betrachtung zur europäischen Rechtspolitik, in: Festschrift für Johannes Semler zum 70. Geburtstag am 28. April 1993, 1993, S. 455.
Hommelhoff, Peter/ Kleindiek, Detlef	Takeover-Richtlinie und europäisches Konzernrecht, AG 1990, 106.
Hommelhoff, Peter/ Witt, Carl-Heinz	Bemerkungen zum deutschen Übernahmegesetz nach dem Scheitern der Richtlinie, RIW 2001, 561.
Hontheim, Gangolf	Das Gesetz zur Anpassung der Formvorschriften des Privatrechts und anderer Formvorschriften an den modernen Rechtsverkehr, NWB 2001, 2757.
Hopt, Klaus J.	Auf dem Weg zum deutschen Übernahmegesetz, in: Festschrift für Wolfgang Zöller zum 70. Geburtstag, 1999, Band I, S. 253.
ders.	Aktionärskreis und Vorstandsneutralität, ZGR 22 (1993), 534.
ders.	Die Haftung von Vorstand und Aufsichtsrat – Zugleich ein Beitrag zur Corporate Governance-Debatte, in: Festschrift für Ernst-Joachim Mestmäcker zum 70. Geburtstag, 1996, S. 909.
ders.	Europäisches und deutsches Insiderrecht, ZGR 20 (1991), 17.
ders.	Europäisches und deutsches Übernahmerecht, ZHR 161 (1997), 368.
ders.	Grenzen einer nachträglichen Stimmrechtsbeschränkung, BB 1976, 1042.
ders.	Grundsatz- und Praxisprobleme nach dem Wertpapierhandelsgesetz, ZHR 159 (1995), 135.

Hopt, Klaus J. — Insiderwissen und Insiderkonflikte im europäischen und deutschen Bankenrecht, in: Festschrift für Theodor Heinsius zum 65. Geburtstag am 25. September 1991, 1991, S. 289.

ders. — Präventivmaßnahmen zur Abwehr von Übernahme- und Beteiligungsversuchen, Festgabe Heinsius, WM 1991, Sonderdruck, S. 22.

ders. — Verhaltenspflichten des Vorstands der Zielgesellschaft bei feindlichen Übernahmen – zur aktien- und übernahmerechtlichen Rechtslage in Deutschland und Europa, in: Deutsches und europäisches Gesellschafts-, Konzern- und Kapitalmarktrecht: Festschrift für Marcus Lutter zum 70. Geburtstag, 2000, S. 1361.

Hörtnagel, Robert/ Stratz, Christian — Die Neuregelung des vorläufigen Rechtsschutzes durch das 4. VwGO-Änderungsgesetz, VBlBW 1991, 326.

Houben, Eike — Die Gestaltung des Pflichtangebots unter dem Aspekt des Minderheitenschutzes und der effizienten Allokation der Unternehmenskontrolle, WM 2000, 1873.

Hübschmann, Walter/ Hepp, Ernst/Spitaler, Armin — AO/FGO, 10. Aufl., Stand: August 2001.

Hüffer, Uwe — Aktiengesetz, 4. Aufl., 1999.

ders. — Verlust oder Ruhen von Aktionärsrechten bei Verletzung aktienrechtlicher Mitteilungspflichten?, in: Verantwortung und Gestaltung: Festschrift für Karlheinz Boujong zum 65. Geburtstag 1996, S. 277.

Hüneröder, Johann-Friedrich — Die Aufsichtspflichtverletzung im Kartellrecht – § 130 OWiG, 1989.

IDW — IDW Standard: Grundsätze zur Durchführung von Unternehmensbewertungen (IDW S 1) (Stand: 28.6. 2000), abgedruckt in WPg 2000, 825.

Immenga, Ulrich — Vertragliche Vinkulierung von Aktien, AG 1992, 79.

Immenga, Ulrich/ Mestmäcker, Ernst-Joachim/ Dannecker, Gerhard — GWB, Kommentar, 3. Aufl., 2001.

Immenga, Ulrich/ Noll, Bernd — Feindliche Übernahmeangebote aus wettbewerbspolitischer Sicht, EG-Kommission, 1990.

Jescheck, Hans-Heinrich/ Weigend, Thomas	Lehrbuch des Strafrechts, Allgmeiner Teil, 5. Aufl., 1996.
Joussen, Edgar	Die Treuepflicht des Aktionärs bei feindlichen Übernahmen, BB 1992, 1075.
Jud/Terlitka/Zöllner	Der Rückerwerb eigener Aktien als Instrument der Abwehr von Übernahmeangeboten, ecolex 2000, 91.
Kallmeyer, Harald	Die Mängel des Übernahmekodex der Börsensachverständigenkommission, ZHR 161 (1997), 435.
ders.	Neutralitätspflicht des Vorstandes und Entscheidungsbefugnis der Hauptversammlung im Übernahmerecht, AG 2000, 553.
ders.	Pflichtangebot nach dem Übernahmekodex und dem Neuen Vorschlag 1997 einer Takeover-Richtlinie, ZIP 1997, 2147.
Kalss, Susanne	Das neue Übernahmegesetz als Teil des Kapitalmarktrechts in Österreich, NZG 1999, 421.
Karollus, Martin/ Geist, Reinhard	Das österreichische Übernahmegesetz – (K)ein Papiertiger?! – eine Fallstudie, NZG 2000, 1145.
Keßler, Manfred	Übernahmeangebote (take-over bids) im englischen Gesellschafts- und Börsenrecht, 1971.
Kiem, Roger	Der Hauptversammlungsentscheid zur Legitimation von Abwehrmaßnahmen nach dem neuen Übernahmegesetz, ZIP 2000, 1509.
Kiethe, Kurt	Vorstandshaftung aufgrund fehlerhafter Due Diligence beim Unternehmenskauf, NZG 1999, 976.
Kindhäuser, Urs	Anmerkung zu BGH JZ 1997, 98; JZ 1997, 101.
Kirchner, Christian	Managementpflichten bei „feindlichen“ Übernahmeangeboten, WM 2000, 1821.
ders.	Neutralitäts- und Stillhaltepflicht des Vorstandes der Zielgesellschaft im Übernahmerecht, AG 1999, 481.
ders.	Szenarien einer „feindlichen“ Unternehmensübernahme: Alternativer rechtliche Regelungen im Anwendungstest, BB 2000, 105.
Kirchner, Christian/ Ehricke, Ulrich	Funktionsdefizite des Übernahmekodex der Börsensachverständigenkommission, AG 1998, 105.
Kirchner/Painter	European Takeover Law – Towards a European Modified Business Judgment Rule for Takeover Law, EBOR 2000, 353.

Klass, Tobias	Der Buy-Out von Aktiengesellschaften, 2000.
Klein, Albrecht	Abwehrmöglichkeiten gegen feindliche Übernahmen in Deutschland, NJW 1997, 2085.
Klemp, Wolfram	Suspensiveffekt und Anordnung der sofortigen Vollziehung im Kartellverfahren, DB 1977, 709.
Knack, Hans Joachim	VwVfG, 7. Aufl., 2000.
Knoll, Heinz-Christian	Die Übernahme von Kapitalgesellschaften: Unter besonderer Berücksichtigung des Schutzes von Minderheitsaktionären nach amerikanischem, englischem und deutschem Recht, 1992.
Kohl, Torsten/ Schulte, Jörn	Ertragswertverfahren und DCF-Verfahren – Ein Überblick vor dem Hintergrund der Anforderungen des IDW S 1 –, WPg 2000, 1147.
Kohlmann, Günter	Steuerstrafrecht – Kommentar, 29. Lieferung: November 2001.
König, Peter	Neues Strafrecht gegen die Korruption, JR 1997, 397.
Kopp, Ferdinand	Das Rechtliche Gehör in der Rechtsprechung des Bundesverfassungsgerichts, AöR 106 (1981), 604.
Koppensteiner, Hans-Georg	Einige Fragen zu § 20 AktG, in: Festschrift für Heinz Rowedder zum 75. Geburtstag, 1994, S. 213.
Körner, Marita	Die Neuregelung der Übernahmekontrolle nach deutschem und europäischem Recht – insbesondere zur Neutralitätspflicht des Vorstands, DB 2001, 367.
Kort, Michael	Neuere Entwicklungen im Recht der Börsenprospekthaftung (§§ 45 ff. BörsG) und der Unternehmensberichthaftung (§§ 77 BörsG), AG 1999, 9.
ders.	Rechte und Pflichten des Vorstands der Zielgesellschaft bei Übernahmeversuchen; in: Festschrift für Marcus Lutter zum 70. Geburtstag, 2000, S. 1421 ff..
ders.	Zur Treuepflicht des Aktionärs, ZIP 1990, 294.
Krause, Hartmut	Aktionärsklage zur Kontrolle des Vorstands- und Aufsichtsratshandelns, ZHR 163 (1999), 343.
ders.	Das neue Übernahmerecht, NJW 2002, 705.
ders.	Das obligatorische Übernahmenangebot – eine juristische und ökonomische Analyse, 1996.
ders.	Der revidierte Vorschlag einer Takeover-Richtlinie (1996), AG 1996, 209.

Krause, Hartmut — Die geplante Takeover-Richtlinie der Europäischen Union mit Ausblick auf das geplante deutsche Übernahmegesetz, NZG 2000, 905.

ders. — Prophylaxe gegen feindliche Übernahmeangebote, AG 2002, 133.

ders. — Zur Gleichbehandlung der Aktionäre bei Übernahmeangeboten und Beteiligungserwerb, WM 1996, 845 und 893.

ders. — Zur Pool- und Frontenbildung im Übernahmekampf und zur Organzuständigkeit für Abwehrmaßnahmen gegen „feindliche" Übernahmen, AG 2000, 217.

Krekeler, Wilhelm — Beweisverwertungsverbote bei fehlerhaften Durchsuchungen, NStZ 1993, 263.

Kremer, Matthias-Gabriel — Die kartellverwaltungsrechtliche Beschwerde, 1988.

Kreuzer, Karl — Öffentliche Übernahmeangebote, 1992.

Krieger, Gerd — Das neue Übernahmegesetz: Preisfindung beim Übernahmeangebot und Neutralitätspflicht des Vorstands der Zielgesellschaft, in: Henze, Hartwig/Forum Gesellschaftsrecht, Gesellschaftsrecht 2001, 2001.

Kübler, Friedrich/Schmidt, Reinhard — Gesellschaftsrecht und Konzentration, 1988.

Kühl, Kristian — Strafrecht Allgemeiner Teil, 3. Aufl., 2000.

Kuhr, Hans-Peter — Der Minderheitenschutz bei Übernahmeangeboten in Deutschland und Frankreich unter dem Einfluss der 13. EG-Richtlinie, 1992.

Kümpel, Siegfried — Insiderrecht und „Ad hoc-Publizität", WM 1996, 653.

Küting, Karlheinz/Eidel, Ulrike — Marktwertansatz contra Ertragswert- und Discounted Cash Flow-Verfahren, FB 1999, 225.

Lammers, Brigitte — Verhaltenspflichten von Verwaltungsorganen in Übernahmeauseinandersetzungen. Eine rechtsvergleichende Untersuchung des US-amerikanischen, deutschen und europäischen Rechts, 1994.

Land, Volker — Das neue deutsche Wertpapiererwerbs- und Übernahmegesetz – Anmerkungen zum Regierungsentwurf –, DB 2001, 1707.

Land, Volker/Hasselbach, Kai — Das neue deutsche Übernahmegesetz – Einführung und kritische Anmerkungen zum Diskussionsentwurf, DB 2000, 1747.

Langen, Eugen/ Bunte, Hans-Josef — Kommentar zum deutschen und europäischen Kartellrecht (KartR), Bd. 1, 9. Aufl., 2001.

Laufkötter, Regina — Die Rolle des Dritten im neuen Recht der Zusammenschlußkontrolle, WuW 1999, 671.

Lehmann, Michael — Die zivilrechtliche Haftung der Banken für informative Angaben im deutschen und europäischen Recht, WM 1985, 181.

Leibner, Wolfgang — Möglichkeiten der „feindlichen Übernahme" von Aktiengesellschaften durch öffentliche Angebote und Maßnahmen der Zielgesellschaft im Rahmen des geänderten EG-Richtlinienentwurfs, 1994.

Letzel, Hans-Joachim — Das Pflichtangebot nach dem Übernahmekodex – mit Vorschau auf das Pflichtangebot nach dem ÜbG, NZG 2001, 260.

Lieberknecht, Otfried — Die Behandlung von Geschäftsgeheimnissen im deutschen und EG-Recht, WuW 1988, 833.

Liebscher, Thomas — Das Übernahmeverfahren nach dem neuen Übernahmegesetz, ZIP 2001, 853.

ders. — Konzernbildungskontrolle, Rechtsformspezifische und rechtsformunabhängige Aspekte der Problematik eines konzernrechtlichen Präventivschutzes im Rahmen des Konzernierungsprozesses, 1995.

Lingemann, Stefan/ Wasmann, Dirk — Mehr Kontrolle und Transparenz im Aktienrecht: Das KonTraG tritt in Kraft, BB 1998, 853.

Loritz, Karl-Georg/ Wagner, Klaus-R. — Das „Zwangsangebot" der EG-Takeover-Richtlinie aus verfassungsrechtlicher Sicht, WM 1991, 709.

Lütt, Hans-Jürgen — Das Handlungsunrecht der Steuerhinterziehung, 1988.

Lutter, Marcus — Grenzen zulässiger Einflußnahme im faktischen Konzern – Nachbehandlung zum Mannesmann/Vodafone Takeover, in: Festschrift für Martin Peltzer zum 70. Geburtstag, 2001, S. 241.

Lutter, Marcus/ Schneider, Uwe H. — Die Beteiligung von Ausländern an inländischen Aktiengesellschaften – Möglichkeiten der Beschränkung nach geltendem Recht und Vorschläge de lege ferenda, ZGR 4 (1975), 182.

Lutter, Marcus/ Wahlers, Henning W. — Der Buyout: Amerikanische Fälle und die Regeln des deutschen Rechts, AG 1989, 1.

Luttermann, Claus	Zum Börsenkurs als gesellschaftsrechtliche Bewertungsgrundlage. Die Maßgeblichkeit des Marktpreises im Zivil- und Steuerrecht, ZIP 1999, 45.
ders.	Der „durchschnittliche" Börsenkurs bei Barabfindung von Aktionären und Verschmelzungswertrelationen, Besprechung des Beschlusses des Bundesgerichtshofs vom 12. März 2001 – II ZB 15/00, ZIP 2001, 734 („DAT/Altana"), ZIP 2001, 869.
Lüttmann, Ruth	Kontrollwechsel in Kapitalgesellschaften – Eine vergleichende Untersuchung des englischen, US-amerikanischen und deutschen Rechts, 1992.
Maier-Reimer, Georg	Verhaltenspflichten des Vorstands der Zielgesellschaft bei feindlichen Übernahmen, ZHR 165 (2001), 258.
Marquardt, Michael	Gesellschafts- und steuerliche Instrumente zur Abwehr feindlicher Übernahmen, WiB 1994, 537.
Martens, Klaus-Peter	Der Einfluß von Vorstand und Aufsichtsrat auf Kompetenz und Struktur der Aktionäre – Unternehmensverantwortung contra Neutralitätspflicht, in: Festschrift für Karl Beusch zum 68. Geburtstag am 31. Oktober 1993, 1993, S. 529.
Maurer, Hartmut	Allgemeines Verwaltungsrecht, 13. Aufl., 2000.
May, Peter	Die Sicherung des Familieneinflusses auf die Führung der börsengehandelten Aktiengesellschaft: Zugleich ein Beitrag zur Gestaltungsfreiheit im Gesellschaftsrecht, 1992.
Meier-Schatz, Christian-J.	Die neue Börsenrechtsordnung der Schweiz – ein Überblick, ZBB 1997, 325.
ders.	Managermacht und Marktkontrolle. Bemerkungen zur amerikanischen Debatte um Übernahmeangebote und Markt für Unternehmenskontrolle, ZHR 149 (1985), 76.
Menichetti, Marco J.	Verteidigungstrategien des Managements bei Unternehmensübernahmen in den USA, WiSt 1990, 521.
Merkt, Hanno	Verhaltenspflichten des Vorstands der Zielgesellschaft bei feindlichen Übernahmen, ZHR 165 (2001), 224.
Mertens, Hans-Joachim	Förderung von, Schutz vor, Zwang zu Übernahmeangeboten?, AG 1990, 252.

Mestmäcker, Ernst-Joachim	Verwaltung, Konzerngewalt und Rechte der Aktionäre, 1958.
Michalski, Lutz	Abwehrmechanismen gegen unfreundliche Übernahmeangebote („unfriendly takeovers") nach deutschem Aktienrecht, AG 1997, 152.
Mitsch, Wolfgang	Recht der Ordnungswidrigkeiten, 1995.
Molière, Rainer	Die Rechtskraft des Bußgeldbeschlusses, Schriften zum Prozessrecht, Bd. 41, 1975.
Möller, Andreas	Rechtsmittel und Sanktionen nach dem Wertpapiererwerbs- und Übernahmegesetz, AG 2002, 170.
Möller, Andreas/ Pötzsch, Thorsten	Das neue Übernahmerecht – der Regierungsentwurf vom 11. 7. 2001, ZIP 2001, 1256.
Mülbert, Peter O.	Die Zielgesellschaft im Vorschlag 1997 einer Takeover-Richtlinie – zwei folgenreiche Eingriffe ins deutsche Aktienrecht, IStR 1999, 83.
ders.	Österreichische Übernahmekommission, Entscheidung in der Sache HVB/Bank Austria, NZG 2001, 282.
ders.	Übernahmerecht zwischen Kapitalmarktrecht und Aktien(konzern)recht – die konzeptionelle Schwachstelle des RegE WpÜG, ZIP 2001, 1221.
Mülbert, Peter O./ Birke, Max	Das übernahmerechtliche Behinderungsverbot – die angemessene Rolle der Verwaltung einer Zielgesellschaft in einer feindlichen Übernahme, WM 2001, 705.
Müller, Ekkehard	Die Stellung der juristischen Person im Ordnungswidrigkeitenrecht, 1985.
Müller-Gugenberger, Christian/ Bieneck, Klaus	Wirtschaftsstrafrecht – Handbuch des Wirtschaftsstraf- und -ordnungswidrigkeitenrechts, 3. Aufl., 2000.
Munscheck, Karsten	Das Übernahmeangebot als Konzernbildungskontrolle – Überlegungen zu Höhe und Ausgestaltung des Stimmrechtsanteils, der die Angebotsverpflichtung auslöst, RIW 1995, 998.
Mußgnug, Reinhard	Die Beiladung zum Rechtsstreit um janusköpfige und privatrechtsrelevante Verwaltungsakte, NVwZ 1988, 33.
Nater, Marc Sven	Die Strafbestimmungen des Börsengesetzes über die Börsen und den Effektenhandel (Börsengesetz, BEHG), 2001.

Neuhaus, Ralf	Zur Fernwirkung von Beweisverwertungsverboten, NJW 1990, 1221.
Neye, Hans-Werner	Der neue Vorschlag der Kommission für eine dreizehnte Richtlinie über Übernahmeangebote, DB 1996, 1121.
Nottmeier, Horst/ Schäfer, Holger	Praktische Fragen im Zusammenhang mit §§ 21, 22 WpHG, AG 1997, 87.
Obermayer, Klaus	VwVfG, 3. Aufl., 1999.
Odersky, Walter	Der Wechsel zwischen Kartellbußgeldverfahren und Strafverfahren, Straf- und Strafverfahrensrecht, Recht und Verkehr, Recht und Medizin: Festschrift für Hannskarl Salger zum Abschied aus seinem Amt als Vizepräsident des Bundesgerichtshofes, 1995, 357.
Oechsler, Jürgen	Der RegE zum Wertpapiererwerbs- und Übernahmegesetz – Regelungsbedarf auf der Zielgeraden!, NZG 2001, 817.
Otto, Harro	Aktienstrafrecht, 1997.
Otto, Hans-Jochen	Fremdfinanzierte Übernahmen – Gesellschafts- und steuerrechtliche Kriterien des Leveraged Buy-Out, DB 1989, 1389.
ders.	Gebundene Aktien: Vertragliche Beschränkungen der Ausübung und Übertragbarkeit von Mitgliedschaftsrechten zugunsten der AG, AG 1991, 369.
Paefgen, Thomas Christian	Alle Macht dem Management, AG 1991, 41.
ders.	Gesellschaftsrechtlicher Präventivschutz in Delaware, RIW 1991, 103.
ders.	Kein Gift ohne Gegengift: Sortimentserweiterung in der Bereitschaftsapotheke gegen idiosynkratische Unternehmenskontrollwechsel – Statuarische Gestaltungsmöglichkeiten zur Herstellung der Waffengleichheit im Übernahmekampf, AG 1991, 189.
Park, Tido	Der Anwendungsbereich des § 110 StPO bei Durchsuchungen in Wirtschafts- und Steuerstrafsachen, wistra 2000, 453.
Peltzer, Martin	Der Kommissionsentwurf für eine 13. Richtlinie über Übernahmeangebote vom 07.02.1996, AG 1997, 145.

Peltzer, Martin — Hostile Takeovers in der Bundesrepublik Deutschland? – Möglichkeiten und Hindernisse, ZIP 1989, 69.

ders. — Prophylaktische Verteidigungsstrategien gegen unerwünschte Übernahmeversuche, ZfgKW 1988, 577.

ders. — Rechtliche Problematik der Finanzierung des Unternehmenskaufs beim MBO, DB 1987, 973.

ders. — Von Räubern, weißen Rittern und Jungfrauen – die Taktiken der amerikanischen takeovers, ZfgKW 1986, 291.

Pennington, Robert R. — The City Code On Takeover And Mergers, in: Festschrift für Konrad Duden zum 70. Geburtstag, 1997, S. 379.

Pietzke, Rudolf — Das zwingende Übernahmeangebot bei Erwerb einer Kontrollmehrheit, in: Festschrift für Wolfgang Fikentscher zum 70. Geburtstag, 1998, S. 601.

Pietzner, Rainer — Zur reformatio in peius im Widerspruchsverfahren, VerwArch 81 (1990), 261.

Piltz, Detlev J. — Die Unternehmensbewertung in der Rechtsprechung, 3. Aufl., 1994.

ders. — Unternehmensbewertung und Börsenkurs im aktienrechtlichen Spruchstellenverfahren, zugleich Besprechung der Entscheidung BVerfGE 100, 289, ZGR 2001, 185.

Pluskat, Sorika — Das Scheitern der europäischen Übernahmerichtlinie, WM 2001, 1937.

Pötzsch, Thorsten/ Möller, Andreas — Das künftige Übernahmerecht – der Diskussionsentwurf des Bundesministeriums der Finanzen zu einem Gesetz zur Regelung von Unternehmensübernahmen und der Gemeinsame Standpunkt des Rates zur europäischen Übernahmerichtlinie –, WM 2000 (Sonderbeilage Nr. 2), S. 3.

Raisch, Peter — „Ne bis in idem" bei Sanktionen nach deutschem und europäischem Kartellrecht, in: Festschrift für Günther Beitzke zum 70. Geburtstag am 26. April 1979, 1979, S. 965.

Rau-Bredow, Hans — Ökonomische Analyse obligatorischer Übernahmeangebote, Die Betriebswirtschaft, 1999, 763.

Rebmann, Kurt/ Roth, Werner/ Herrmann, Siegfried — Gesetz über Ordnungswidrigkeiten – Kommentar, Band 1, 3. Aufl., 2000.

Redeker, Konrad — Die Neugestaltung des vorläufigen Rechtsschutzes, NVwZ 1991, 526.

ders. — Untersuchungsgrundsatz und Mitwirkung der Beteiligten im Verwaltungsprozess, DVBl 1981, 83.

Rengier, Rudolf — Bußgeldbewehrte Auskunftspflichten, dargestellt am Beispiel des Umweltordnungswidrigkeitenrechts, in: Festschrift für Rudolf Schmitt zum 70. Geburtstag, 1992, 263.

ders. — Die öffentlich-rechtliche Genehmigung im Strafrecht, ZStW 101 (1989), 874.

Reul, Jürgen — Die Pflicht zur Gleichbehandlung der Aktionäre bei privaten Kontrolltransaktionen – Eine juristische und ökonomische Analyse, 1991.

ders. — Übernahmeangebote in der ökonomischen Analyse – zur Kritik des aktuellen Richtlinienvorschlags der EG, in: Baum, Harald, et al., Kapitalmarktrecht, Schadensrecht, Privatrecht und deutsche Einheit, Jahrbuch Junger Zivilrechtswissenschaftler 1990, 1991, S. 11.

Riehmer, Klaus/ Schröder, Oliver — Der Entwurf des Übernahmegesetzes im Lichte von Vodafone/Mannesmann, NZG 2000, 820.

dies. — Praktische Aspekte bei der Planung, Durchführung und Abwicklung eines Übernahmeangebots, BB 2001, Sonderbeilage 5.

Rieß, Peter — Die sachliche Zuständigkeit beim Wechsel von Kartellordnungswidrigkeit und Straftat, NStZ 1993, 513.

Rieß, Peter/ Hilger, Hans — Das neue Strafverfahrensrecht, NStZ 1987, 204.

Rogall, Klaus — Beweisverbote im System des deutschen und des amerikanischen Strafverfahrensrechts, in: Zur Theorie und Systematik des Strafprozessrechts, Symposium zu Ehren von Hans-Joachim Rudolphi, 1995, S. 113.

ders. — Dogmatische und kriminalpolitische Probleme der Aufsichtspflichtverletzung in Betrieben und Unternehmen (§ 130 OWiG), ZStW 98 (1986), 573.

Rogall, Klaus	Hypothetische Ermittlungsverläufe im Strafprozess, NStZ 1988, 385.
Röhrich, Martina	Feindliche Übernahmeangebote, 1992, S. 84.
Roos, Michael	Der neue Vorschlag für eine EG-Übernahme-Richtlinie, WM 1996, 2177.
Roth, Günther H.	Höchststimmrechte: Furcht vor den Ölscheichs oder Verselbständigung des Managements, ZRP 1975, 204.
Roth, Marianne/ Zinser, Alexander	Österreichisches Übernahmegesetz vom 1.1.1999; Musterregelung für das deutsche Recht?, EWS 2000, 233.
Roxin, Claus	Anmerkung zu BGH NStZ 1989, 375; NStZ 1989, 376.
ders.	Anmerkung zu BGH, JZ 1992, 918; JZ 1992, 923.
ders.	Das Zeugnisverweigerungsrecht des Syndikusanwalts, NJW 1992, 1129.
ders.	Strafrecht Allgemeiner Teil, Band 1, 3. Aufl., 1997.
ders.	Zur richterlichen Kontrolle von Durchsuchungen und Beschlagnahmen, StV 1997, 654.
Rümker, Dietrich	Übernahmeangebote – Verhaltenspflichten des Vorstandes der Zielgesellschaft und Abwehrmöglichkeiten, in: Festschrift für Theodor Heinsius zum 65. Geburtstag am 25. September 1991, 1991, S. 683.
Samson, Erich	Irrtumsprobleme im Steuerstrafrecht, in: Kohlmann, Günther, Strafverfolgung und Strafverteidigung im Steuerstrafrecht, 1983, 99.
Sandberger, Georg	Teilübernahmeangebote und Zwangsübernahmeangebote im Europäischen Takeover-Recht, DZWiR 1993, 319.
Schäfer, Frank A.	Wertpapierhandelsgesetz, Börsengesetz mit BörsZulV, Verkaufsprospektgesetz mit VerkProspV, Kommentar, 1999.
Schander, Albert	Abwehrstrategien gegen feindliche Übernahmen und ihre Zulässigkeit im Lichte der Aktienrechtsreform, BB 1997, 1801.
ders.	Aktienrückkauf und Abwehr von Übernahmeversuchen, M&A Review 1998, 314.
ders.	Der Rückkauf eigener Aktien nach KonTraG und Einsatzpotentiale bei Übernahmetransaktionen, ZIP 1998, 2087.

Schander, Albert — Selbstregulierung versus Kodifizierung – Versuch einer Standortbestimmung des deutschen Übernahmerechts, NZG 1998, 799.

Schander, Albert/ Lucas, Johannes — Die Ad-hoc Publizität im Rahmen von Übernahmevorhaben, DB 1997, 2109.

Schander, Albert/ Posten, Olaf H. — Zu den Organpflichten bei Unternehmensübernahmen, ZIP 1997, 1534.

Schärf — Ist die Übernahmekommission verfassungswidrig?, RdW 1999, 320.

Schenke, Ralf Peter — Das Nachschieben von Gründen nach dem 6. VwGO-Änderungsgesetz, VerwArch 1999, 232.

Schenke, Wolfgang-Rüdiger — Verwaltungsprozeßrecht, 6. Aufl., 1998.

Schenke, Wolfgang/ Ruthig, Josef — Amtshaftungsansprüche von Bankkunden bei der Verletzung staatlicher Bankenaufsichtspflichten, NJW 1989, 2324.

Schilling, Wolf Ulrich — Shareholdervalue und Aktiengesetz, BB 1997, 373.

Schlüter, Jan — Die Strafbarkeit von Unternehmen in einer prozessualen Betrachtung, Schriften zum Strafrecht und Strafprozessrecht, Bd. 45, 2000.

Schmidt, Karsten — Gesellschaftsrecht, 3. Aufl., 1997.

ders. — Kartellverfahrensrecht – Kartellverwaltungsrecht – Bürgerliches Recht, 1977.

ders. — Notwendige Beiladung betroffener Dritter im Kartellverwaltungsverfahren, BB 1981, 758.

ders. — Zur Verantwortung von Gesellschaften und Verbänden im Kartellordnungswidrigkeitenrecht, wistra 1990, 131.

Schmidt, Jens — Verfahrenseinstellung beim Zusammentreffen von Straftat und Ordnungswidrigkeit, wistra 1998, S. 211.

Schmitt, Petra — Probleme des Zeugnisverweigerungsrechts (§ 53 I Nr. 3 StPO, § 383 I Nr. 6 ZPO) und das Beschlagnahmeverbot (§ 97 StPO) bei Beratern juristischer Personen – zugleich ein Beitrag zu der Entbindungsbefugnis des Konkursverwalters, wistra 1993, 9.

Schneider, Uwe H. — Die Zielgesellschaft nach Abgabe eines Übernahme- oder Pflichtangebots, AG 2002, 125.

ders. — Gesetzliches Verbot für Stimmrechtsbeschränkungen bei der Aktiengesellschaft, AG 1990, 56.

Schneider, Uwe H./ Burgard, Ulrich — Übernahmeangebote und Konzerngründung – Zum Verhältnis von Übernahmerecht, Gesellschaftsrecht und Konzernrecht, DB 2001, 963.

Schnorbus, York — Drittklagen im Übernahmeverfahren, ZHR 166 (2002), 72.

Schoch, Friedrich — Vorläufiger Rechtsschutz und Risikoverteilung im Verwaltungsrecht, 1988.

Schoch, Friedrich/ Schmidt-Aßmann, Eberhard/ Pietzner, Rainer — Verwaltungsgerichtsordnung, Stand: Januar 2001.

Schomburg, Wolfgang — Internationale Rechtshilfe in Strafsachen aus der Sicht des Strafverteidigers und des Beistands, StV 1983, 38.

Schomburg, Wolfgang/ Lagodny, Otto — Internationale Rechtshilfe in Strafsachen, 3. Aufl., 1998.

Schroth, Hans-Jürgen — Der Regelungsgehalt des 2. Gesetzes zur Bekämpfung der Wirtschaftskriminalität im Bereich des Ordnungswidrigkeitenrechts, wistra 1986, 158.

ders. — Unternehmen als Normadressaten und Sanktionssubjekte – Eine Studie zum Unternehmensstrafrecht, 1993.

Schünemann, Bernd — Das strafprozessuale Wiederaufnahmeverfahren propter nova und der Grundsatz „in dubio pro reo“, ZStW 84 (1972), 870.

Schüppen, Matthias — Übernahmegesetz ante portas!, – Zum Regierungsentwurf eines „Gesetzes zur Regelung von öffentlichen Angeboten zum Erwerb von Wertpapieren und von Unternehmensübernahmen“ –, WPg 2001, 958.

Schuster, Gunnar — Der neue Vorschlag einer EG-Takeover-Richtlinie und seine Auswirkungen auf den Übernahmekodex, EuZW 1997, 237.

Schuster, Gunnar/ Zschocke, Christian — Übernahmerecht: Takeover-Law, 1996.

Schwark, Eberhard — Börsengesetz, 2. Aufl., 1994.

Seibt, Christoph H./ Heiser, Kristian J. — Regelungskonkurrenz zwischen neuem Übernahmerecht und Umwandlungsrecht, ZHR 165 (2001), 466.

Seppelfricke, Peter — Moderne Multiplikatorverfahren bei der Aktien- und Unternehmensbewertung, FB 1999, 300.

Sittmann, Jörg	Die Prospekthaftung nach dem Dritten Finanzmarktförderungsgesetz, NZG 1998, 490.
Skouris, Wassilios	Bescheidungsform bei Identität von Ausgangs- und Widerspruchsbehörde, DÖV 1982, 133.
Steiner, Manfred/ Wallmeier, Martin	Unternehmensbewertung mit Discounted Cash Flow-Methoden und dem Economic Value Added-Konzept, FB 1999, 1.
Steinmann, Markus	Präventive Abwehrmaßnahmen zur Verhinderung unfreundlicher Übernahmen mit Mitteln des Aktienrechtes, 1989.
Stelkens, Paul/ Bonk, Heinz Joachim/ Sachs, Michael	Verwaltungsverfahrensgesetz, 6. Aufl., 2001.
Stinge	Zur Zulässigkeit von Abwehrmaßnahmen im Aktien- und Übernahmerecht, GesRZ, 1999, 113.
Stockenhuber, Peter	Take-Overs nach österreichischem Übernahmerecht, RIW 1999, 752.
Stoll, Jutta	Rechtliche Aspekte feindlicher Unternehmensübernahmen in Deutschland, BB 1989, 457.
dies.	Zum Vorschlag der EG Kommission für die 13. Richtlinie auf dem Gebiet des Gesellschaftsrechts über Übernahmeangebote, BB 1989, 1489.
Strenger, Christian	Das deutsche Übernahmegesetz – Ausgewogenheit zwischen Unternehmens- und Anlegerinteressen als Pflichtprogramm, WM 2000, 952.
Strotmann, Christian	Feindliche Übernahmen in den USA, 1994.
Sünner, Eckart	Takeovers made in USA, AG 1987, 276.
Thaeter, Ralf	Zur Abwehr feindlicher Übernahmeversuche im RegE eines Gesetzes zur Regelung von öffentlichen Angeboten zum Erwerb von Wertpapieren und von Unternehmensübernahmen, NZG 2001, 789.
Thaeter, Ralf/ Barth, Daniel	Referentenentwurf eines Wertpapiererwerbs- und Übernahmegesetzes, NZG 2001, 545.
Theisen, Manuel René	Der Konzern, 2000.
Thiemann, Werner	Aufsichtspflichtverletzung in Betrieben und Unternehmen, 1976.
Thoma, Georg F.	Das Wertpapiererwerbs- und Übernahmegesetz im Überblick, NZG 2002, 105.

Thümmel, Roderich — Haftung für geschönte Ad-hoc-Meldungen, DB 2001, 2331.

ders. — Haftungsrisiken von Vorständen und Aufsichtsräten bei der Abwehr von Übernahmeversuchen, DB 2000, 461.

Tiedemann, Klaus — Die strafrechtliche Vertreter- und Unternehmenshaftung, NJW 1986, 1842.

ders. — Die Bebußung von Unternehmen nach dem 2. Gesetz zur Bekämpfung der Wirtschaftskriminalität, NJW 1988, 1169.

ders. — Strafrechtliche Grundprobleme im Kartellrecht, NJW 1979, 1849.

ders. — Tatbestandsfunktionen im Nebenstrafrecht, 1969.

ders. — Wirtschaftsstrafrecht und Wirtschaftskriminalität, Bd. I, Allgemeiner Teil, 1976.

Trockels, Friedrich — Verteidigungsmaßnahmen gegen „Corporate Takeovers“ in den USA, ZVglRwiss 89 (1990), 56.

Übernahmekommission — Anmerkungen zum Übernahmekodex der Börsensachverständigenkommission, Juli 1996.

Übernahmekommission — Drei Jahre Übernahmekodex/Bericht der Übernahmekommission.

Utzig, Siegfried — Feindliche Übernahmen – der Acker wandert zum besseren Wirt, Die Bank 1997, 430.

van Aubel, Thomas — Vorstandspflichten bei Übernahmeangeboten, 1996.

Volkswagen AG — Stellungnahme zum Regierungsentwurf des Übernahmegesetzes vom 18. Oktober 2001 (VW AG-Stellungnahme).

von Hein, Jan — Grundfragen des europäischen Übernahmekollisionsrechts, AG 2001, 213.

von Winterfeld, Achim — Zur Vernehmung von Zeugen durch das Bundeskartellamt in Kartellordnungswidrigkeitenverfahren, BB 1976, 344.

Vortmann, Jürgen/Buthmann, Friedhelm J. — Prospekthaftung und Anlageberatung: Handbuch, 2000.

Wabnitz, Heinz-Bernd/Janowsky, Thomas — Handbuch des Wirtschafts- und Steuerstrafrechts, 2000.

Wackerbarth, Ulrich — Von golden shares und poison pills: Waffengleichheit bei internationalen Übernahmeangeboten, WM 2001, 1741.

Wagner, Oliver	Das neue Wertpapiererwerbs- und Übernahmegesetz (WpÜG), Die Bank, 2002, 66.
ders.	Standstill Agreements bei feindlichen Übernahmen nach US-amerikanischem und deutschem Recht, 1999.
Wasserburg, Klaus	Die Funktion des Grundsatzes „in dubio pro reo" im Additions- und Probationsverfahren, ZStW 94 (1982), 914.
ders.	Die Wiederaufnahme des Strafverfahrens, 1983.
Weber, Ulrich	Die Überspannung der staatlichen Bußgeldgewalt, ZStW 92 (1980), 313.
Weber-Rey, Daniela/ Schütz, Bernhard G.	Zum Verhältnis von Übernahmerecht und Umwandlungsrecht, AG 2001, 325.
Wegner, Carsten	Die Auswirkungen fehlerhafter Organisationsstrukturen auf die Zumessung der Unternehmensgeldbuße, wistra 2000, 361.
ders.	Die Systematik der Zumessung unternehmensbezogener Geldbußen, 2000.
ders.	Ist § 30 OWiG tatsächlich der „Königsweg" in den Banken – Strafverfahren?, NJW 2001, 1979.
Weisgerber, Thomas	Der Übernahmekodex in der Praxis, ZHR 161 (1997), 421.
Weisner, Arnd	Abwehrmaßnahmen gegen feindliche Übernahmen, ZRP 2000, 620.
ders.	Dead-Hand-Bestimmungen in der US-amerikanischen Rechtsprechung – ein Überblick, RIW 2001, 191.
ders.	Verteidigungsmaßnahmen gegen unfreundliche Übernahmeversuche in den USA, Deutschland und nach europäischem Recht, 2000.
Weiß, Wolfgang	Haben juristische Personen ein Aussageverweigerungsrecht?, JZ 1998, 289.
Weiss, Helmut	Kartellgericht oder Strafgericht?, in: Festschrift für Fritz Traub zum 65. Geburtstag, 1994, 467.
Weisser, Ralf Dieter	Feindliche Übernahmeangebote und Verhaltenspflichten der Leitungsorgane, 1994.
Wenger, Ekkehard/ Kaserer, Christoph/ Hecker, Renate	Konzernbildung und Ausschluss von Minderheiten im neuen Übernahmerecht: Eine verpasste Chance für einen marktorientierten Minderheitenschutz, ZBB 2001, 317.

Wenzel, Frank — Zahlung fremder Bußgelder durch Behörden, wistra 1990, 9.

Werner, Rüdiger — Haftungsrisiken bei Unternehmensaquisitionen: Die Pflicht des Vorstands zur Due Diligence, ZIP 2000, 989.

Werner, Winfried — Probleme „feindlicher" Übernahmeangebote im Aktienrecht, 1989.

Westrick, Ludger/Loewenheim, Ulrich — Gesetz gegen Wettbewerbsbeschänkungen. Kommentar, Stand 1. 10. 1981.

Wiese, Götz Tobias/Demisch, Dominik — Unternehmensführung bei feindlichen Übernahmeangeboten, DB 2001, 849.

Wiesner, Peter M. — Protektionismus oder Marktöffnung? – Zur Übernahmerichtlinie zeichnet sich ein Paradigmenwechsel ab, ZIP 2002, 208.

Winter, Martin/Harbarth, Stephan — Verhaltenspflichten von Vorstand und Aufsichtsrat der Zielgesellschaft bei feindlichen Übernahmeangeboten nach dem WpÜG, ZIP 2002, 1.

Wirth, Gerhard — Vinkulierte Namensaktien: Ermessen des Vorstandes bei der Zustimmung zur Übertragung? – Ein Instrument zur Abwehr feindlicher Übernahmen? DB 1992, 617.

Wirth, Gerhard/Weiler, Lothar — Änderung des Übernahmekodex ab 1. 1. 1998: Das erweiterte Pflichtangebot, DB 1998, 117.

Witt, Carl-Heinz — Die Änderungen der Mitteilungs- und Veröffentlichungspflichten nach §§ 21 ff. WpHG durch das geplante Wertpapiererwerbs- und Übernahmegesetz, AG 2001, 233.

ders. — Die Änderungen der Mitteilungs- und Veröffentlichungspflichten nach §§ 21 ff. WpHG und §§ 20 f. AktG durch das Dritte Finanzmarktförderungsgesetz und das KonTraG, WM 1998, 1153.

ders. — Regelmäßige „Wasserstandsmeldungen" – unverzichtbarer Bestandteil eines künftigen Übernahmegesetzes, NZG 2000, 809.

ders. — Übernahmen von Aktiengesellschaften und Transparenz der Beteiligungsverhältnisse, 1998.

ders. — Vorschlag für eine Zusammenfügung der §§ 21 ff. WpHG und des § 20 AktG zu einem einzigen Regelungskomplex, AG 1998, 171.

Witte, Jürgen	Diskussionsentwurf zur Regelung von Unternehmensübernahmen: Abwehrmaßnahmen des Vorstandes der Zielgesellschaft, BB 2000, 2161.
Wolf, Martin	Konzerneingangsschutz bei Übernahmeangeboten. Neue Entwicklungen zu Verteidigungsmaßnahmen im Spannungsfeld zum EU-Richtlinienvorschlag, AG 1998, 212.
Wymeersch, Eddy	Unternehmensführung in Westeuropa, AG 1995, 299.
Zietsch, Udo/ Holzborn, Timo	Freibrief für pflichtangebotsfreie Unternehmensübernahmen? – Anmerkungen zur Frage des Erfordernisses einer ergänzenden Regelung im neuen Übernahmegesetz (WpÜG) zur Vermeidung der Umgehung der Verpflichtung des Bieters zur Abgabe von Pflichtangeboten, WM 2001, 1753.
Zinser, Alexander	Der britische City Code on Takeovers and Mergers in der Fassung vom 9. 3. 2001, RIW 2001, 481.
ders.	Der Entwurf eines Übernahmegesetzes, ZRP 2001, 363.
ders.	Der geänderte Vorschlag einer Takeover-Richtlinie vom 10. 11. 1997, EWS 1999, 133.
ders.	Der Referentenentwurf eines "Gesetzes zur Regelung von öffentlichen Angeboten zum Erwerb von Wertpapieren und von Unternehmensübernahmen" vom 12. 3. 2001, NZG 2001, 391.
ders.	Pflichtangebotsregelungen in europäischen Staaten, NZG 2000, 573.
ders.	Das neue Gesetz zur Regelung von öffentlichen Angeboten zum Erwerb von Wertpapieren und von Unternehmensübernahmen vom 1. Januar 2002, WM 2002, 15.
ZKA	Stellungnahme zum Entwurf eines Gesetzes zur Regelung von öffentlichen Angeboten zum Erwerb von Wertpapieren und Unternehmensübernahmen vom 11. Oktober 2001 (Zentraler Kreditausschuß -Stellungnahme).
Zöllner, Wolfgang/ Hanau, Hans	Die verfassungsrechtlichen Grenzen der Beseitigung von Mehrstimmenrechten bei Aktiengesellschaften, AG 1997, 206.

Zschocke, Christian	Das neue Übernahmerecht in Österreich im Vergleich zum Übernahmerecht in Frankreich, Belgien und der Niederlande, in: v. Rosen, Die Übernahme börsennotierter Unternehmen, 2000, S. 77.
ders.	Europapolitische Mission: Das neue Wertpapiererwerbs- und Übernahmegesetz, DB 2002, 79.
ders.	Tagungsbeitrag, in: Finanzplatz e.V., Finanzplatz-Forum „Übernahmegesetz“, 10. August 2000, S. 24.
Zwissler, Thomas	Übernahmerecht in Österreich, AG 1999, 411.

Sachregister